BASES Y RETOS DE LA CONTRATACIÓN PÚBLICA EN EL ESCENARIO GLOBAL

Depósito Legal: DC2017001676
ISBN: 978-980-365-402-3

Editado por: Editorial Jurídica Venezolana
Avda. Francisco Solano López, Torre Oasis, P.B., Local 4, Sabana Grande,
Apartado 17.598 – Caracas, 1015, Venezuela
Teléfono 762.25.53, 762.38.42. Fax. 763.5239
http://www.editorialjuridicavenezolana.com.ve
Email fejv@cantv.net

Impreso por: Lightning Source, an INGRAM Content company
para Editorial Jurídica Venezolana International Inc.
Panamá, República de Panamá.
Email: ejvinternational@gmail.com

Diagramación, composición y montaje
por: Francis Gil, en letra Times New Roman, 10
Interlineado exacto 11, Mancha 19 x 12.5

BASES Y RETOS DE LA CONTRATACIÓN PÚBLICA EN EL ESCENARIO GLOBAL

EDITORES:

JAIME RODRÍGUEZ–ARANA MUÑOZ
CARLOS E. DELPIAZZO RODRÍGUEZ
OLIVO RODRÍGUEZ HUERTAS
SERVIO TULIO CASTAÑOS GUZMÁN
MARÍA DEL CARMEN RODRÍGUEZ MARTÍN–RETORTILLO

Editorial Jurídica Venezolana

2 0 1 7

CONTENIDO

PRÓLOGO

Santo Domingo, por derecho propio, vuelve a ser la capital del Derecho Administrativo Iberoamericano. Lo fue en 2012 y, de nuevo, en 2017, asume de nuevo este merecido título gracias.

Efectivamente, un año más, fiel a su cita con los estudiosos del Derecho Administrativo Iberoamericano, ve la luz un nuevo libro que recoge las actas del XVI Foro Iberoamericano de Derecho Administrativo celebrado en Santo Domingo los días 2 y 3 de octubre de 2017. En esta ocasión, como ya es costumbre entre los profesores que integran esta corporación académica destinada al estudio y a la investigación del Derecho Administrativo en la región, los estudios se envían al editor con la antelación suficiente para que se pueda entregar el libro ya compuesto al inicio de las sesiones del Foro. De esta manera, con los textos en letra impresa, los debates y comentarios de los colegas son más relevantes pues previamente han podido analizar las opiniones de los profesores en el texto que se entrega justo al inicio de las sesiones académicas.

El tema que concentra los trabajos de los profesores del FIDA ha sido este año la contratación pública, una política pública tan vinculada a la mejora de las condiciones de vida de los habitantes. En efecto, el modelo de Estado en el que se inserta hoy el Derecho Administrativo es el del Estado social y democrático de Derecho, en el que la función promocional de los Poderes públicos es esencial para la realización de la dignidad del ser humano y de sus derechos fundamentales. Hasta el punto de que en nuestro tiempo, la centralidad de la dignidad humana reclama que las normas, las estructuras, los procedimientos, los presupuestos públicos, y sobre todo los contratos públicos, se diseñen precisamente en función y al servicio de la dignidad humana.

Este año el FIDA recuerda con toda justicia y merecimiento a una destacada maestra del Derecho Público que se ha distinguido por su dedicación a la cátedra y a la investigación y a quienes los estudiosos y cultivadores de esta rama del Derecho Público debemos tantos conocimientos y reflexiones que han forjado ciertamente el Derecho Administrativo Iberoamericano. Este año el FIDA distingue especialmente a la profesora Rosina de la Cruz Alvarado, exponente de la mejor escuela de administrativistas comprometidos con la libertad y la justicia. Una mujer que, como todos sabemos, ha llevado y lleva con garbo su condición de hija de esta gran nación que es la República Dominicana.

En los primeros años del Foro, esta institución académica de estudiosos y cultores del Derecho Administrativo Iberoamericano se circunscribía realmente al encuentro de los profesores en torno a un tema de estudio previamente seleccionado. Entonces, años 2000 a 2003, con el concurso entonces de los funcionarios del Instituto de Administración Pública del Reino de España, se organizaban los debates en torno a la cuestión previamente determinada que, como era lógico, versaba sobre la función pública. Más tarde, con el compromiso de socializar el conocimiento y ayudar al desarrollo del Derecho Administrativo en cada uno de los países de la región, se estableció que al calor del Foro se celebrara un Congreso Internacional sobre los temas de mayor interés para la comunidad nacional de administrativistas encargada de la organización del Foro.

En esta ocasión, tras estudiar con sumo interés las sugerencias y comentarios de quienes serían anfitriones en Santo Domingo, se decidió por unanimidad en la Asamblea del foro de 2016, celebrada en la Universidad del Rosario en Bogotá a finales de octubre del año anterior, que el tema objeto de los debates de la sesión de 2017 se centrara en la contratación pública.

En este sentido, los colegas, siguiendo las rigurosas y precisas directivas que elabora el secretario general año a año, profesor Carlos Delpiazzo, empezaron a redactar sus ponencias que entregaron a tiempo para la publicación. Desde México hasta Argentina, contando con España y Portugal, los plazos se cumplieron y hoy podemos saludar como una venturosa realidad el ejemplar que los estudiosos del Derecho Administrativo tienen en sus manos. Un libro que esperamos contribuya al estudio y la investigación de una de dimensiones más importantes y relevantes del Derecho Administrativo cual es la de su compromiso inquebrantable con la justicia social, en especial con la centralidad del ser humano y sus derechos fundamentales.

Se trata, en efecto, de una obra colectiva en la que han participado un grupo selecto de profesores de Derecho Administrativo del espacio iberoamericano. Los temas tratados giran como queda expuesto en torno a la contratación pública y el lector encontrará aspectos generales como la misma esencia social del Derecho Administrativo, el estudio de los derechos sociales fundamentales, o, entre otros, las obligaciones del Estado en relación con derechos sociales.

El espacio jurídico administrativo iberoamericano va siendo, poco a poco, una realidad. Libros como el que el lector ahora tiene en sus manos ayudan sobremanera a la consolidación de esta realidad cultural, histórica y jurídica que tanto futuro tiene por delante. En este sentido, gracias a proyectos editoriales como este, ya es una realidad, fruto de la colaboración de una quincena de Universidades de la región, el programa de doctorado interuniversitario en Derecho Administrativo Iberoamericano que, de seguro, fortalecerá los estudios e investigaciones en esta rama del derecho Público Iberoamericano.

Esta publicación es el resultado de un trabajo conjunto de un buen grupo de profesores de Derecho Administrativo de la región iberoamericana que pretenden contribuir al estudio de esta disciplina académica poniendo a disposición de los operadores jurídicos y de los estudiosos del Derecho Público en general todas las instituciones y categorías del Derecho Administrativo desde una mirada iberoamericana. Ya son varios los trabajos que, desde esta metodología se han ido publicando estos años merced a la colaboración y generosa cooperación de instituciones académicas y profesionales del derecho.

Esperamos que este libro sirva de verdad para afianzar la comunidad iberoamericana de Derecho Administrativo que, en Santo Domingo, durante los días 2 a 6 de octubre de 2017, ha recibido un nuevo impulso gracias a este magno evento académico que es el Foro iberoamericano que, junto al gran Congreso Internacional sobre los temas más vanguardistas de nuestra área de conocimiento, concita todos los años el interés y el estudio de una buena parte de la comunidad jurídica del Derecho Administrativo.

En fin, a todos cuantos han hecho posible que el Foro Iberoamericano de Derecho Administrativo se haya realizado con el rigor y la seriedad demostrada, dedicamos este nuevo producto intelectual de los profesores del Foro Iberoamericano de Derecho Administrativo

Santo Domingo, 2 de octubre de 2017

Jaime Rodríguez–Arana Muñoz
Presidente del Foro Iberoamericano de Derecho Administrativo

Carlos Delpiazzo Rodríguez
Secretario General del Foro Iberoamericano de Derecho Administrativo

Olivo Rodríguez Huertas
Co–Presidente del Comité Organizador del XVI Foro Iberoamericano de Derecho Administrativo

Servio Tulio Castaños Guzmán
Co–Presidente del Comité Organizador del XVI Foro Iberoamericano de Derecho Administrativo

María Rodríguez Martín–Retortillo
Coordinadora Editorial del Foro Iberoamericano de Derecho Administrativo

I. DESAFÍOS DE LA GLOBALIZACIÓN PARA LA CON–TRATACIÓN PÚBLICA (Enumeración Analítica; Trans–formaciones; Incidencia de las Tics)

1. LA CONTRATACIÓN COMO FORMA ALTERNATIVA DE REGULACIÓN

Javier Barnes
Catedrático de Derecho Administrativo (España)

I. INTRODUCCIÓN: PROBLEMAS CLÁSICOS Y CONTEMPORÁNEOS DE LA CONTRATACIÓN

1. La actividad concertada: contratos administrativos y convenios

La correcta adjudicación de los contratos de bienes y servicios (los típicos contratos públicos o administrativos) no es la única perspectiva que interesa, como tampoco lo es la adecuada ponderación del interés general con ocasión de la celebración de convenios, conciertos, acuerdos de todo tipo con el sector privado, señaladamente cuando éstos presentan carácter normativo. Eso es mucho pero no lo es todo.

Por encima o más allá de la tradicional visión del Derecho Administrativo de la contratación pública –centrada en la formación de la voluntad y en sus efectos, de un lado y, de otro, circunscrita a los contratos que tienen por objeto bienes y servicios–, en las páginas que siguen se esboza una perspectiva adicional que, primero, la integra con otras modalidades de colaboración y pacto con el Estado (tales como convenios, acuerdos o conciertos) y, después, la complementa al considerar que unos y otros constituyen en mayor o menor medida una *forma alternativa de regulación*[1]. La óptica clásica ha distinguido esas dos categorías –contratos y convenios, por decirlo simplificadamente– porque, en efecto, tanto por su objeto como por el contexto en que se inscriben presentan características diversas. Mientras el contrato típico pretende abastecer o suministrar bienes y servicios a la propia Administración, la provisión de infraestructuras, o la prestación de servicios públicos a la sociedad, por su parte, el convenio ha pretendido entre otras cosas regular un sector, o establecer un régimen específico para la solución de un problema, u organizar la prestación de un servicio social. Pese a sus diferencias, ambas categorías son expresión en última instancia de la colaboración o cooperación entre el sector público y el privado y representan una forma alternativa de regulación, como se razona más adelante.

A nuestros efectos, podemos distinguir dentro del género de los pactos que el Estado realiza entre contratación administrativa –la relativa a las obras, servicios, suministros y otras actividades típicas adjudicadas en régimen de concurrencia– y el acuerdo, el con-

---

1 *Cfr.* C. Harlow / R. Rawlings, *Law and Administration*, Cambridge University Press, Cambridge, 3ª edición, p. 339.

cierto o el convenio, de carácter o contenido normativo –convenios urbanísticos o medioambientales, conciertos educativos o sanitarios, acuerdos con organizaciones en régimen de autorregulación, reglamentos negociados, o acuerdos interadministrativos, por ejemplo–. Hablaremos de contrato administrativo y de convenio, respectivamente, como síntesis de ambas categorías. Y utilizamos aquí y a nuestro limitado propósito el término "pacto" como abreviatura genérica que incluya esa heterogénea variedad de especies relativas a la acción concertada del Estado.

Uno y otro operan como instrumentos regulatorios de carácter contractual. Ambas categorías son expresión de una emergente "cultura contractual"[2], entendida como una modalidad de gobernanza descentralizada y fragmentada –son múltiples los centros de poder que celebran toda clase de pactos–, y que se caracteriza por la colaboración del sector privado en el desempeño de funciones o la realización de actividades y servicios que afectan de modo relevante a la sociedad.

2. Dos tesis para el debate: el pacto como fórmula alternativa de regulación y sus consecuencias.

Las tesis para el debate que aquí se postulan puede formularse en dos pasos escalonados:

a) La actividad concertada como forma alternativa de regulación

Primero, los pactos –en sentido amplio y, por tanto, comprensivo no sólo de los contratos administrativos, sino también de la variadas formas de convenio, acuerdo o concierto– constituyen un vehículo de regulación. *El pacto es susceptible de generar un efecto o impacto regulador equivalente o análogo al de las normas cuando éstas pretenden organizar y disciplinar un ámbito determinado de la vida económica o social.* La acción concertada supone un cierto desplazamiento de la tradicional forma de regulación (centralizada, jerárquica, unilateral y coactiva, acompañada de un sistema coercitivo y sancionatorio), hacia la colaboración consensuada. El pacto, en cualquiera de sus modalidades, es *fuente* de normas y principios de naturaleza jurídico–administrativa, que, sin duda, trascienden el círculo de las partes intervinientes, para afectar de un modo difuso (por ejemplo, un convenio medioambiental) o concentrado (beneficiarios o usuarios de un servicio público, por ejemplo) a la sociedad. Y, sin embargo, ya se trate de la gobernanza tradicional o de la gobernanza contractual, el gobierno resulta indelegable, extremo éste sobre el que habremos de abundar.

Resulta más fácil apreciar que el pacto del Estado constituye una modalidad de regulación cuando nos referimos a los convenios reguladores de una determinada actividad –convenios medioambientales o urbanísticos, por ejemplo–, o a los supuestos en que se acuerda el contenido de las normas –reglamentos negociados–, o cuando se establecen acuerdos con organizaciones en régimen de autorregulación –en materia de normalización, por ejemplo–. Ello no obstante, también los contratos administrativos poseen elementos reguladores. Piénsese, en particular, en aquellos contratos administrativos de cierta complejidad y duración cuyo objeto consiste en la prestación de servicios públicos a amplias capas de la población y extensos territorios. En tales supuestos, deviene evidente que lo que en las cláusulas y pliegos se haya establecido no es sólo la *ley del con-*

2 *Cfr.* Jody Freeman, "The contracting State", *28 FLA. ST. U. L. REV.* 155 (2000), 156, 158.

trato entre las partes, sino también la *ley del servicio público* de que se trate respecto de la sociedad. Así, por ejemplo, el contrato con una empresa privada por el que la Administración organiza la recogida y el tratamiento de residuos urbanos de todo un conjunto de municipios durante más de una década, por ejemplo, encarna de manera significativa la entera política pública en ese ámbito: la política pública de tratamiento y recogida de residuos en esa región será lo que sea el contrato a cuyo través aquélla se materializa. En otras palabras: lo que se haya pactado en los pliegos y cláusulas, y lo que se disponga durante su ejecución, resultará determinante y decisivo en ese tiempo y espacio.

Y si a ese contrato se le añaden cláusulas sociales, laborales y ambientales, que condicionan directa e indirectamente todo un sector o mercado, podremos concluir que opera como fuente de normas administrativas de evidente trascendencia. En términos generales, puede, pues, afirmarse que si para la ciencia económica el contrato administrativo representa en esencia una forma de entrega de bienes y servicios públicos, o de infraestructuras, para el Derecho, sin embargo, el contrato es algo más que eso, es *una forma alternativa de regulación*. Sea como fuere, lo cierto es que pese a la preeminencia que han adquirido el convenio y el contrato como instrumento regulador, parece necesario profundizar en las consecuencias e implicaciones que ello tiene para el Derecho Administrativo.[3] Y de aquí se sigue la siguiente tesis.

b) El tratamiento jurídico de la actividad concertada como actividad reguladora

Segundo, si toda forma de pacto, y también la contratación administrativa, representa una estrategia y forma alternativa de regulación de la vida económica y social, los mecanismos tradicionales del Derecho Público que se refieren a la producción normativa tendrán algo que decir: desde los principios relativos a la legitimidad de esa producción a las exigencias derivables del Estado de Derecho. Así, y a título de ejemplo, la participación en la gestación de esos pactos será uno de los imperativos que quepa derivar de su comprensión reguladora; y de la mano de la participación habrán de ir, de un lado, no sólo la transparencia –condición o presupuesto de ésta–, sino también la ponderación y motivación del diseño que finalmente se realice del pacto, a fin de que la participación sea efectiva y real, y no un mero trámite "pro forma". En síntesis: si estamos ante una modalidad alternativa de regulación, parece razonable postular que a ésta se le trasladen ciertos principios propios o característicos de la acción conformadora del Estado, con los ajustes correspondientes. El legislador habrá de establecer las reglas fundamentales, tanto sustantivas como de procedimiento, de la acción concertada, así como conocer su praxis para adaptarlas oportunamente; la Administración deberá estar dotada de la capacidad para preparar, supervisar y dirigir lo establecido en el pacto, esto es, la programación e implementación; los interesados y beneficiarios investidos de facultades para participar tanto en la fase de preparación como de ejecución y, en su caso, para reclamar; y, desde luego, los actores no estatales que son parte del pacto habrán de interiorizar y practicar principios y normas características del Derecho Administrativo, tales como la transparencia, el trato justo y no discriminatorio, la objetividad o la eficacia. De lo contrario, la acción concertada sufriría un evidente menoscabo no ya sólo en lo que a la legitimidad democrática se refiere, sino también en punto al control político y jurídico de una actividad trascendente para la sociedad y que, como más adelante se observa, en modo alguno resulta residual.

3 En sentido análogo, Jody Freeman, "The contracting State", *28 FLA. ST. U. L. REV.* 155 (2000), 156.

c) Síntesis

Contrato y regulación –entendidos ambos términos en sentido muy amplio– constituyen dos componentes capitales de la nueva arquitectura de una gobernanza[4] que bien podría calificarse de "gobernanza contractual"[5].

La perspectiva de la regulación permite aunar las diversas especies de pacto y pone el énfasis en otras vertientes –más allá de la adjudicación en régimen de concurrencia en unos casos, o la preservación del interés general, en otros, por decirlo simplificadamente–. *Cómo se regula a través del contrato se sitúa en el centro del análisis.*

3. Objeto y plan

El objeto preferente, aunque no exclusivo, del presente trabajo son los contratos administrativos desde la perspectiva de la regulación, habida cuenta de que los convenios y acuerdos de toda clase de carácter o contenido normativo presentan una vertiente más evidente a nuestros efectos.

En primer término, hemos de notar que la contratación administrativa, no obstante su expansión (II), sigue anclada en sus facetas más tradicionales (III). Seguidamente, conviene identificar las manifestaciones más claras del contrato como instrumento regulador (IV) y las consecuencias que de ello se derivan (V).

II. LA CONTRATACIÓN PÚBLICA: DE PERFIL BAJO A PILAR DEL ESTADO. EL "ESTADO CONTRATANTE"

La contratación administrativa ha pasado en pocas décadas de ser una institución de bajo perfil a convertirse en un pilar del Estado.

En primer lugar, por su crecimiento exponencial. Se estima, por ejemplo, que las autoridades públicas gastan el equivalente del 16 % del producto interior bruto de la Unión Europea en la compra de mercancías, como equipos para oficinas, elementos para la construcción y vehículos para transporte; servicios, como los de mantenimiento de edificios, transporte, limpieza y restauración; y obras[6], así como para la gestión de servicios públicos para la sociedad. Al fin y al cabo, el Estado del Bienestar se hace realidad a través de la contratación.

En segundo término, porque la contratación, antaño localizada en el corazón del Estado, en la Administración de más alto nivel y corte ministerial, se haya hoy descentralizada: todas las organizaciones administrativas, todas las autoridades y poderes públicos están investidos de la potestad para celebrar contratos. El número de sujetos contratantes

---

4 *Cfr.* C. Harlow / R. Rawlings, *Law and Administration*, Cambridge University Press, Cambridge, 3ª edición, p. 339.

5 *Cfr.* Jody Freeman, "The contracting State", *28 FLA. ST. U. L. REV. 155* (2000), p. 156.

6 La referencia es recurrente. Entre tantas fuentes, puede citarse COMUNICACIÓN DE LA COMISIÓN AL PARLAMENTO EUROPEO, AL CONSEJO, AL COMITÉ ECONÓMICO Y SOCIAL EUROPEO Y AL COMITÉ DE LAS REGIONES Contratación pública para un medio ambiente mejor, COM (2008) 400 final, Nº 1.1.

Cabe señalar que, para la mayoría de las autoridades públicas, las obras de construcción y renovación y los gastos de mantenimiento de los edificios representan un porcentaje muy importante de los gastos anuales, en algunos casos superior al 50%.

se ha multiplicado. Prueba de ello es el mismo cambio de título que encabeza esa legislación (de "contratos del Estado" ha pasado a llamarse de "contratos del sector público").

En tercer lugar, porque se ha dilatado de modo imparable el ámbito subjetivo de la contratación administrativa: desde las Administraciones territoriales a su sector público, aun cuando se sometan al Derecho Privado; desde las personas jurídico–públicas a las empresas privadas que, en determinadas condiciones, operan en los sectores regulados, y así sucesivamente. El concepto de "poder adjudicador" derivado de la legislación europea resulta ilustrativo de ese movimiento.

A todo ello han contribuido ciertos fenómenos que retroalimentan de un modo u otro el recurso a la contratación, tales como las nuevas formas de organización del Estado social (en numerosos sectores se ha pasado de "Estado gestor" o "prestador" a "Estado garante de la prestación" o del mínimo existencial, lo que remite a la colaboración del sector privado); la privatización, entendida como transferencia de relevantes responsabilidades y funciones al sector privado, bajo la supervisión y dirección de la Administración; o la transferencia de competencias y funciones dentro del Estado desde las instancias centrales hacia los niveles regionales y, sobre todo, a las Administraciones locales, mucho más dependientes del sector privado, en la medida en que no están equipadas de los suficientes medios para su realización por sí, lo que constituye una vía de externalización indirecta. En el ámbito de la Unión Europea, por su parte, la apuesta por la creación de un mercado único de servicios ha supuesto un paralelo abandono de no pocas actividades monopolizadas por el Estado a fin de que sean prestadas por el sector privado en régimen de competencia. El contrato, en todos estos escenarios, adquiere un evidente protago-nismo.

Si a los contratos típicos que tienen por objeto la provisión de bienes y servicios para el consumo de los Gobiernos y Administraciones y, en especial, para la prestación de servicios públicos o de interés general a la sociedad y la provisión de infraestructuras, se añaden los convenios de contenido normativo entre la autoridad pública y la industria (en materia urbanística o ambiental, por ejemplo), en sus más variadas manifestaciones, o los conciertos de todo tipo (sanidad, educación, por ejemplo), resulta fácil advertir la preeminencia administrativa y reguladora que subyace al pacto.

Lejanos han quedado los tiempos en que pudo afirmarse que "el Estado no pacta"[7], en el entendimiento de que las relaciones entre el Estado y el individuo se hallaban presididas por la idea de subordinación, y en donde la típica acción estatal habría de expresarse propiamente a través de actos administrativos[8] y, en todo caso, por medio de las formas de regulación tradicional, en las que la unilateralidad se erige en un elemento destacado.

---

7 Principio, de larga influencia en la dogmática, formulado por Otto Mayer. *Cfr.* "Zur Lehre vom öffentlichrechtlichen Vertrag", *AöR*, vol. 3, 1888. Afirmará que "resulta impensable un verdadero contrato del Estado en el ámbito del Derecho Público" (*ibídem*). Tomo la cita de H. Bauer § 36 "Verwaltungsverträge", en Hoffmann-Riem, Schmidt-Aßmann, Voßkuhle (editores) *Grundlagen des Verwaltungsrechts*, Band II, C.H. Beck, 2ª ed., Munich, 2012, p. 1257. Con todo, se trata de afirmaciones que han de ponerse en su debido contexto, en su intento de construir una rama del Derecho, el administrativo, con autonomía del Derecho Privado.

8 *Ibidem*.

Bien puede decirse hoy, por el contrario, que asistimos a una verdadera "revolución contractual"[9], y que nos hallamos en la era del "Estado contratante"[10]. El contrato representa el "producto estrella" del Estado social: ha desbordado la esfera económica para introducirse en el ámbito social y, en términos más amplios e indirectamente, en la realización de tantas políticas públicas.

III. PERSPECTIVAS COMPLEMENTARIAS DEL DERECHO ADMINISTRATIVO –Y DE LA CONTRATACIÓN ADMINISTRATIVA– MÁS ALLÁ DEL CONTROL

Pese al crecimiento exponencial que la contratación ha experimentado, la comprensión teórica y la atención prestada a esta institución gira aún –en buena parte– en derredor de los elementos tradicionales. Y ello en un doble sentido: primero, circunscrita a los contratos típicos mediante los que se prestan bienes y servicios (dejando además fuera del foco de atención otras manifestaciones del Estado contratante, como el convenio y el concierto, de ordinario regulados y teorizados al margen del cuerpo normativo de aquéllos)[11]; y, segundo, concentrada en los aspectos que guardan relación más directa con la protección de los derechos e intereses involucrados en la adjudicación y, más tarde, durante la ejecución del contrato y, desde la óptica de la Administración, en el cumplimiento del contrato y la satisfacción del interés general a él subyacente.

Los grandes principios que rigen la adjudicación del contrato (con la libre concurrencia a la cabeza, en respuesta a la inversión de la regla de la asignación directa del Derecho Privado) han terminado por subjetivizarse a fin de permitir su invocación ante los tribunales por parte de todos los interesados. Y así los principios de libertad de acceso a los licitadores; de no discriminación e igualdad de trato entre los candidatos; de publicidad y transparencia de los procedimientos, entre otros, se han convertido en derechos e intereses legítimos esgrimibles ante la Administración y los órganos jurisdiccionales. Mediante la impugnabilidad y cuestionamiento de estos derechos e intereses se propagan los valores que esos principios encierran. Se produce de ese modo un "efecto acordeón" sobre la Administración entre la ley y el sector privado. En forma paralela, las prerrogativas de la Administración contratante en beneficio de la ejecución y debido cumplimiento del contrato, de un lado, y, de otro, del interés general en presencia se han aquilatado con el paso del tiempo y han merecido una comprensible atención.

---

9 *Cfr.* C. Harlow / R. Rawlings, *Law and Administration*, Cambridge University Press, Cambridge, 3ª edición, pp. 338 y ss.

10 *Cfr.* Jody Freeman, "The contracting State", *28 FLA. ST. U. L. REV. 155* (2000).

11 Acaso a ello no sea ajeno en el caso europeo (y en el marco de otros ámbitos internacionales, como la Organización Mundial del Comercio) el hecho de que las competencias transferidas a la Unión Europea y a otros instituciones internacionales se ciñen a la libre circulación de bienes y servicios, quedando en manos del Estado otras expresiones como los convenios y conciertos. La traslación al interior del Estado de esas normas a un cuerpo legal unitario podría explicar el tratamiento diferenciado y autónomo de los contratos de contenido no normativo.

Por lo demás, constituyen otra expresión del Estado contratante las concesiones demaniales, según los casos. Así, por ejemplo, la concesión de aprovechamiento de aguas públicas ha gozado en el Derecho español, como en otros ordenamientos, de un marcado carácter contractual, pese a que no se sustancien formalmente mediante contratos típicos. Durante la vigencia de la Ley de Aguas de 13 de junio de 1879, la jurisprudencia ha interpretado los artículos 147 y ss. de la misma ("De la concesión de aprovechamiento") desde esa perspectiva. *V.*, por ejemplo, la STS (Sala Tercera) de 17 de julio de 1998.

Ciertamente, la contratación pública ha superado la barrera estatal y no resulta ya ajena, antes al contrario, a la globalización del mercado de obras, servicios y suministros, lo que ha obligado a escorar su regulación tanto a nivel interno como supraestatal[12] e internacional[13] hacia aquellos elementos que permiten materializar una mayor concurrencia más allá de las fronteras nacionales. La libre prestación de servicios, tanto en el seno de la Unión Europea, como en el marco de otros tratados comerciales y organizaciones regionales, constituye uno de los pilares en que sustentar esa expansión de la contratación pública. Con todo, esta tendencia globalizadora –que subraya la libre competencia por encima de cualquier otra consideración[14]– no ha supuesto un desplazamiento del eje localizado en la justiciabilidad de la contratación, fenómeno éste que, por lo demás y como se apunta de inmediato, no es exclusivo de la contratación, sino un signo de identidad del Derecho Administrativo clásico.

1. La perspectiva del control del Derecho Administrativo y su dimensión judicial

La dogmática tradicional del Derecho Administrativo, en efecto, ha situado su centro de gravedad en la defensa judicial del individuo frente a la acción administrativa. Al fin y al cabo, la función primigenia de esta rama del Derecho ha consistido en "embridar el poder con el Derecho" y, por consecuencia, en la protección de los derechos e intereses legítimos. Las construcciones clásicas –tutela judicial, derecho subjetivo, procedimiento, principio de legalidad, reserva de ley, interdicción de la arbitrariedad y del trato discriminatorio, proporcionalidad, entre tantas– responden a esta perspectiva.

En otro orden de consideraciones, conviene poner de relieve que el control judicial resulta más practicable cuando se dirige contra las actuaciones "formalizadas", que de ordinario ponen fin a un procedimiento: el acto administrativo, la adjudicación del contrato, o la aprobación de un reglamento, por ejemplo[15]. Ello explica que las cuestiones menos permeables a la revisión jurisdiccional –como las actuaciones materiales no formalizadas, las negociaciones previas, o la preparación de esos "productos finales", por ejemplo– hayan ocupado un lugar menor dentro del Derecho Administrativo, y, desde luego, todo lo que afecte a esferas ajenas a la legalidad subjetiva, como la excelencia (calidad, eficacia, eficiencia, entre otros parámetros). Importa el aprobado en términos

---

12 Paradigmáticamente, la legislación de la Unión Europea (directivas sobre contratación).

13 Así, por ejemplo, el Acuerdo de Contratación Pública negociado en el marco de la Organización Mundial del Comercio.

14 A mero título de ejemplo: los límites a la modificación del contrato en su tiempo lo fueron en defensa del contratista; hoy, ante todo, lo son en defensa de la libre competencia.

15 Licencias, autorizaciones, permisos o concesiones, ayudas y subvenciones, revocaciones, órdenes y prohibiciones, sanciones y límites, expropiaciones, privaciones y daños patrimoniales, limitaciones dominicales, exacciones y tributos, reclamaciones o recursos constituyeron inicialmente el centro de atención del Derecho Administrativo clásico. Se trata de *actuaciones singulares* que discurren de ordinario a través de un cauce bilateral, puesto que la relación jurídica que se traba conecta a dos sujetos: el privado –llamado "particular"–y la Administración, sin presencia de terceros con intereses potencialmente contrapuestos, salvo, claro está, en los procedimientos competitivos (contratos, concursos). La relación multilateral constituye la excepción. El esquema es simple: la Administración ha de dar respuesta al individuo en virtud de lo que la ley haya dispuesto para cada caso.

Todo un arsenal de técnicas jurídicas persigue *compensar* y *limitar* el impacto que la acción administrativa –rodeada de crecientes privilegios y potestades exorbitantes– es susceptible de producir sobre el *individuo*.

jurídicos, no la alta calificación, extremo éste menos aprehensible y mensurable y no residenciable desde un enfoque clásico ante los tribunales.

Desde este ángulo de *protección individual*, se han construido, por ejemplo, la teoría del acto administrativo (de gravamen o restrictivo de derechos, en particular)[16]; el procedimiento administrativo para su dictado[17]; la expropiación[18] o la responsabilidad extracontractual; la institución de la nulidad como vicio en origen, en el entendimiento de que sólo la retroacción defiende o repara la lesión producida sobre el individuo[19]; la contratación administrativa como sistema de garantías en más o en menos[20]; el régimen legal de la propiedad[21]; el principio de proporcionalidad, como escudo que modera la actividad limitadora[22]... El concepto mismo de "intervención" o "injerencia" del poder sobre la esfera de libertad –verdadera unidad de medida– responde a esta lógica de defensa. Es un Derecho administrativo concentrado –en cuanto sistema científico– en la fachada externa, en lo que sucede fuera del "edificio administrativo" y se proyecta sobre los derechos e intereses individuales. La organización interna, la preparación previa de lo que se exterioriza, parece presentar menos interés. Es de la "actividad externa" de la Administración de donde proviene la amenaza o el peligro. O así se ha entendido en una etapa inicial.

La justicia administrativa, por tanto, se sitúa en el epicentro del entero sistema y acapara los mejores esfuerzos (y, dentro de aquélla, el centro de gravedad del control jurisdiccional se sitúa en la discrecionalidad administrativa, en todas sus variantes o especies).

Se trata, en fin, de un Derecho esencialmente *formalizado* (acto, procedimiento, contrato...) y de carácter *forense*. El acto administrativo no se entiende si no es en clave procesal[23]; como tampoco el procedimiento autorizatorio plagado de garantías, o en vía de recurso; la desviación de poder; la construcción misma de la discrecionalidad y del concepto jurídico indeterminado, concebidos como mecanismos de control y síntesis de

16 Las clases de acto, por ejemplo, responden igualmente a la idea de defensa o protección: definitivo o de trámite, expreso o presunto, declarativo de derechos o restrictivo, firme y consentido, agota o no la vía administrativa, etc.

17 Modelado a tal propósito a la luz del patrón del proceso judicial (civil o penal), como mecanismo de defensa.

18 Concebido, entre otros aspectos, como procedimiento escalonado, de racionalización y ponderación de los distintos juicios que han de emitirse: presencia de interés general, necesidad de ocupación, justiprecio…

19 Entendida como fórmula reparadora de la lesión cometida.

20 Como sistema asimétrico, en el que frente a las órdenes y prerrogativas de la Administración (órdenes, modificaciones, interpretaciones... unilaterales), se levantan un conjunto de garantías en protección del contratista (equilibrio económico del contrato...).

21 Así, al tiempo que la función social justifica o legitima la delimitación del contenido dominical, se establecen los límites o umbrales, a partir de los cuales esa delimitación se transforma en una intervención susceptible de compensación…

22 Sobre el tema, véase el Nº monográfico de *Cuadernos de Derecho público*, Nº 5, 1998.

23 Hasta las mismas clases de acto responden a su fiscalización o impugnación ulterior: acto que agota la vía administrativa, acto firme y consentido, acto de trámite y acto definitivo, etc.

la divisoria o frontera entre el judicial y el ejecutivo y la Administración; y así sucesivamente.[24]

Es un Derecho Administrativo, construido inicialmente a la sombra del Derecho Privado –bien sea para imitarlo, o bien para separarse de él, aunque sin escapar del todo a su influjo–, y que, como aquél, se resuelve en una suerte de lenguaje binario (legal–ilegal; legítimo–ilegítimo). Estamos, en efecto, ante un *sistema defensivo*, que expulsa del ordenamiento lo que sea reputado de ilegal. El Derecho Administrativo no cuestiona si la decisión es la óptima, la mejor entre las posibles, ni siquiera si es buena o no; como tampoco se ocupa de medir o evaluar si ésta alcanza el resultado apetecido, si se lleva a su puro y debido efecto y si alcanza los objetivos pretendidos. Tan sólo mira su legalidad, en esencia legalidad *subjetiva*, esto es, si se acomoda a lo que la ley para la tutela los derechos e intereses individuales ha dispuesto previamente. Es un "Derecho Administrativo de la defensa individual"[25], que es tanto como decir de "defensa judicial".

2. El control de la adjudicación y de la ejecución del contrato

Y en esa misma órbita se inscribe, como ya notábamos, la contratación: aquí preocupan en esencia la adjudicación en régimen de concurrencia y las cuestiones asociadas a su ejecución, puesto que son las que generan más conflicto en la práctica y resultan residenciables ante los órganos de control. A tal propósito, y en torno a la libre concurrencia, publicidad, transparencia y no discriminación, entre otros principios, se construyen derechos e intereses que legitiman el acceso a la jurisdicción.

La evolución normativa de la contratación no ha hecho sino fortalecer la perspectiva de control. Tres estrategias a ese propósito cabría subrayar ahora a modo de ejemplo: la expansión de las causas de nulidad absoluta en materia de contratación, en abierto contraste con la regla general de la anulabilidad del Derecho Administrativo que luce en la legislación de procedimiento[26]; la introducción de controles en sede administrativa anticipados al control jurisdiccional[27]; y la amplitud de las infracciones invocables en vía

24 Para una introducción, véase J. Barnes "Presentación de la traducción" en E. Schmidt-Aßmann, *La teoría general del Derecho Administrativo como sistema*, INAP-Marcial Pons, Madrid, 2003, pp. XVII y ss. Asimismo, del mismo autor "Prólogo", en J.-B. Auby, *La globalización, el Derecho y el Estado*, Global Law Press-Editorial Derecho Global, Sevilla, 2012, pp. 13 y ss.

25 Javier Barnes, "Procedimientos administrativos y nuevos modelos de gobierno. Algunas consecuencias para la transparencia", en *Derecho Administrativo de la Información y Administración transparente*, Marcial Pons, Madrid, 2010, pp. 49-79. Coordinador: Ricardo García Macho.

26 Si tomamos como ejemplo, a meros efectos ilustrativos de la Unión Europea, el Real Decreto Legislativo 3/2011, de 14 de noviembre, por el que se aprueba el texto refundido de la Ley de Contratos del Sector Público, cabría citar, de un lado, el art. 32 (causas de nulidad de Derecho Administrativo), que amplía expresamente el listado de causas de nulidad de la legislación de procedimiento; y el art. 37, relativo de los supuestos especiales de nulidad contractual.

27 Así, la cuestión de nulidad a la que se refiere el art. 39 del texto citado en nota anterior, y, en particular, el recurso especial en materia de contratación previo a la interposición del recurso jurisdiccional, ante órgano administrativo independiente, a que alude el art. 40 del mismo. Por lo demás, la impugnabilidad de los actos de trámite, o la denuncia de la infracción del acto de trámite, experimenta una cierta consolidación, si no expansión, a través del referido recurso especial, como parece inferirse de los apartado 2 y 3 del art. 40.

administrativa y jurisdiccional[28]. Preocupa la correcta aplicación de las normas y la observancia de los límites que ésta establece.

Esta perspectiva de control –inseparablemente unida a la idea de defensa del individuo– nunca puede ser exagerada bastante en ninguna parcela del Derecho Administrativo. El respeto de las normas que presiden la contratación y, señaladamente, la adjudicación del contrato resulta siempre perfectible.

Ahora bien, esa óptica, con ser irrenunciable, deja, sin embargo, muchas cosas fuera del campo de visión, entre otras las que no guardan relación con la libre concurrencia y ulterior ejecución, como las que se refieren a una mejor preparación del contrato, una eficaz dirección, o la consecución de unos óptimos resultados en las prestaciones. De ahí la necesidad de su completud, de sumar estratos. Al fin y al cabo, no se trata sólo de erradicar la patología en la aplicación de las normas, sino también de una mejor configuración y diseño del contrato, antes de su adjudicación, y de una mejor dirección en la ejecución del mismo.

3. Más allá de la perspectiva de control de la contratación pública. En especial, el espacio para diseñar el contrato y ejercer su dirección

Sin entrar aún en la perspectiva reguladora que los contratos poseen[29], parece oportuno advertir las otras caras o facetas que éstos presentan, más allá del control de la adjudicación y de la ejecución.

a) El espacio de libertad para la configuración del contrato

La premisa de base es la siguiente: la legislación contractual no sólo establece límites y prohibiciones, sino también objetivos y, en definitiva, un marco de referencias suficientemente amplio para diseñar el contrato en positivo, en beneficio de una mejor satisfacción del interés general.

Nótese, en efecto, que la legislación de contratos públicos cumple, de un lado, una función limitadora excluyendo determinadas acciones o supuestos; y, de otro, una función orientadora, abriendo opciones diversas y ofreciendo directrices sobre el posible contenido de los distintos contratos, cuya materialización en cada caso deja un amplio espacio a la creatividad. De entrada, la Administración puede elegir el tipo de contrato más adecuado a las necesidades dimanantes del interés general, delimitar su entero objeto –como contrato mixto, por ejemplo–, las concretas cláusulas y el contenido de los pliegos –más allá de los establecidos con carácter general u obligatorio–. La preparación del contrato no está mecánicamente predeterminada por la legislación. Ésta deja un amplio margen de maniobra. El principio de libertad de pactos representa el punto de partida de este planteamiento. De tal modo que puede afirmarse que la configuración de cada contrato en términos jurídicos –señaladamente de los más complejos– constituye una difícil tarea.[30]

---

28 Así se deduce de cuanto ha quedado dicho en las dos notas anteriores en punto a las causas de nulidad y anulabilidad, del objeto de la cuestión de nulidad y del recurso especial.

29 *Infra* N° IV y V.

30 En sentido análogo, *vid.* H. Bauer § 36 "Verwaltungsverträge", en Hoffmann-Riem, Schmidt-Aßmann, Voßkuhle (editores) *Grundlagen des Verwaltungsrechts,* Band II, C.H. Beck, 2ª ed., Munich, 2012.

b) El espacio para la dirección del contrato

Esta dimensión positiva no se detiene en la preparación del contrato, en su mejor diseño dentro del amplio margen de discrecionalidad que la legislación dispensa, con sus notables efectos multiplicadores *pro futuro* durante toda la vida del contrato. Se extiende igualmente a la dirección del contrato durante su ejecución. Sin embargo, la legislación, en la fase *ex post*, regula con mayor detalle las prerrogativas de la Administración y los derechos del contratista, en detrimento de los principios y criterios que habrían de guiar en positivo esa dirección en favor de un mejor resultado final, así como las eventuales patologías del sistema.[31]

A título de ejemplo, cabe advertir que la *dirección* del contrato a lo largo de su vigencia, una vez adjudicado, señaladamente en aquellos escenarios complejos y de larga duración (concesión de obra o de servicio público, o de colaboración público–privada, por ejemplo), entraña mayor dificultad técnica y jurídica que la *adjudicación* misma. Y, sin embargo, la legislación y la doctrina no se han ocupado suficientemente de esta problemática. Y ello no ya sólo por los problemas que la ejecución puede deparar. Por cuidada que sea la preparación, y detalladas las funciones, objetivos y responsabilidades, la técnica jurídica tiene sus límites. Y es que no es posible encerrar en el papel toda la realidad. Así, por ejemplo, concretar la calidad de una prestación sanitaria o educativa –dejando al margen los indicadores formales– no es una tarea sencilla. Para no pocos servicios y funciones la incompleta contractual resulta inevitable. La misma supervisión puede verse obstaculizada, bien por falta de recursos humanos, o bien por escasa familiaridad con el objeto del contrato. Una supervisión débil impide conocer si el contrato está produciendo los efectos deseados.

Es claro que la finalidad de interés general a la que sirve la contratación en última instancia no se resuelve en la adjudicación en sí, ni en la libre concurrencia en el acceso a la licitación –éstas no son más que un mero instrumento–, sino en la prestación de servicios públicos de alta calidad y en las mejores condiciones, entendidos éstos en sentido amplio, y, en última instancia, la puesta a disposición de la sociedad de los medios que faciliten que la libertad y la igualdad sean reales y efectivas. Desde ese ángulo y en contextos de cierta complejidad, el contrato no se deja ejecutar de un modo automático, como si de los pliegos y cláusulas cupiera inferir la solución a todas las cuestiones, mediante una simple deducción mecánica de lo que en éste se haya dispuesto. Más allá de la resolución de eventuales problemas (típicamente, los desequilibrios económico–financieros que no queden a cubierto por el principio de riesgo y ventura), el contrato requiere una supervisión y vigilancia, una dirección o impulso, permanentes y cotidianos. A tal fin, la legislación ha de proveer de la organización y de los recursos humanos adecuados, de la capacidad e independencia necesarias, así como de los criterios, directrices y principios que hayan de tenerse en cuenta para una gestión y ejecución más eficaz y eficiente del contrato. No son suficientes las previsiones tradicionales de la legislación de contratos, tales como, por ejemplo, los previos informes de viabilidad de un contrato determinado; como tampoco bastan las actuaciones preparatorias de los

31 El Título IV ("Gobernanza") de la Directiva europea 2014 (24), del Parlamento europeo y del Consejo, de 26 de febrero de 2014, sobre contratación pública, constituye un paso positivo en favor de una mejor supervisión en la gestión del contrato, aun cuando aquí, bajo el concepto de "dirección", hacemos referencia más actividades que las de supervisión.

contratos de concesión de obra pública[32], de servicio público[33] o de colaboración público–privado[34]. La dirección tiene lugar a partir del día siguiente de la adjudicación.

El ejercicio de la discrecionalidad tanto en lo que hace al diseño del contrato *ex ante*, como a su dirección *ex post* suele ocupar un lugar menos destacado en la legislación. El respeto de la legalidad (la observancia de los límites) acapara los mejores esfuerzos. Baste anotar marginalmente que resulta necesario enriquecer la comprensión tradicional de la contratación pública, para incorporar la perspectiva positiva, y en la que la reflexión sobre las muchas variantes o modalidades que la configuración y diseño de cada contrato permite, de un lado, y las potestades y referentes para una óptima dirección del contrato, de otro, constituyen pilares fundamentales.

IV. LA CONTRATACIÓN COMO MODALIDAD O ESTRATEGIA DE REGULACIÓN

1. Introducción. De Estado regulador a Estado contratante.

El tema que aquí se plantea es, pues, la "regulación por contratación", esto es, la regulación de un sector o actividad mediante la contratación pública, señaladamente cuando se trata de contratos de servicio público (en sentido amplio). Aún mayor regulación por contratación pueden cumplir los convenios, conciertos y toda clase de pactos de contenido normativo. El Derecho Administrativo ha de interiorizar el "modelo contractual de gobernanza"[35], un modelo que no es jerárquico ni centralizado[36] y que, por consecuencia, requiere de mecanismos distintos a los tradicionales.

Para comprender el contorno de esa función reguladora que los contratos despliegan, se han de tener en cuenta dos principios de base:

a) La función de gobierno que a los poderes públicos corresponde no es delegable[37], aun cuando el Estado no preste por sí determinadas actividades y las externalice mediante contrato. Ahora bien, la contratación –como alternativa a prestarlas por medios propios (*in house*)– no supone la dejación o abandono de sus responsabilidades. El contrato constituye un medio meramente instrumental. Como se ha puesto de manifiesto desde la

---

32 Por ejemplo, y por lo que hace al caso español, arts. 128 y ss. del ya citado Texto Refundido de Contratos del Sector Público de 2011.

33 *Ibidem*, arts. 132 y s.

34 *Ibidem*, arts. 134 y ss.

35 En sentido análogo, Jody Freeman, "The contracting State", *28 FLA. ST. U. L. REV.* 155 (2000), 156, 159.

36 *Ibidem*, p. 160.

37 Desde los principios constitucionales de EE.UU., fácilmente extrapolables, se ha afirmado que "Any organization, whether public or private, wants the freedom to decide how to make decisions. This includes decisions about whether to perform functions directly (in house) or indirectly (outsource). All firms, including government, confront this classic make or buy choice. The "best" choice is the most efficient one determined by an organization's core mission. But even though government shares aspects of private firm behavior, it operates under different constraints. Unlike private firms, government cannot outsource the governance function itself. Under principles of democratic theory, the public is connected to the governance function. Public control is assured by making that function a nondelegable duty under the Constitution." *Cfr.* Paul R. Verkuil, "The Non-Delegable Duty to Govern", 31-SPG Admin. & Reg. L. News 4 Page 1. Con carácter más general, puede verse *Government by Contract: Outsourcing and American Democracy*, edited by Jody Freeman, Martha Minow, Harvard University Press, 2009.

doctrina especializada, la emergencia del "Estado contratante" no significa una retirada del Estado[38], como tampoco entraña la cooperación entre el Estado y la sociedad, y la transferencia a ésta de nuevas responsabilidades, su debilitamiento o el alumbramiento del una suerte de Estado minimalista.[39] Supone, más precisamente, un nuevo reparto de responsabilidades entre el Estado y la sociedad[40] o, si se prefiere, el rediseño –parcial– de la función estatal en lo que hace a su forma de gobernar.[41] En ese contexto y sentido, el Estado pasa de ser regulador directo a Estado contratante (parcialmente, desde luego). Su presencia, sin embargo, no es cuestionable.

Y b) el contrato no es solo una relación jurídica entre Administración y contratista, o entre las distintas partes, sino, a la postre, una fórmula para organizar un sector social o económico (transporte, medio ambiente, sanidad, educación, etc.).

2. Nueva prerrogativa, nueva gobernanza contractual[42]

H.L.A. Hart señalaba, aunque con énfasis puesto en los de carácter normativo, que los contratos constituyen *una forma de ejercicio de un limitado poder legislativo* por parte de los Gobiernos, Administraciones y agencias.[43] La contratación pública, dicho de otro modo, constituye un vehículo para establecer reglas.[44] Ya en 1979, Daintith advertía que la regulación mediante contrato representaba una nueva prerrogativa del Ejecutivo y de las Administraciones. Y ello porque el convenio y el contrato pueden incorporar de forma estandarizada cláusulas y exigencias de interés público, que, por su extensión e intensidad, son susceptibles de exceder en mucho los objetivos e intereses recíprocos que las partes contratantes pudieran tener, y que bien podría haberlas establecido el propio legislador. A través del convenio y del contrato el Gobierno y la Administración pueden promover políticas públicas de largo alcance hasta entonces objeto de la acción legislativa.[45]

---

38 *Cfr.* Jody Freeman, "The contracting State", *28 FLA. ST. U. L. REV.* 155 (2000), 156, 158.

39 Significativo en este sentido es el movimiento de reforma del Derecho Administrativo en Alemania. Pueden ahora destacarse E. Schmidt-Aßmann, *La teoría general del Derecho Administrativo como sistema*, INAP-Marcial Pons, Madrid, 2003, así como su contribución en *Innovación y reforman en el Derecho Administrativo, 2.0* (obra colectiva editada por Javier Barnes), Global Law Press-Editorial Derecho Global, Sevilla, 2012.

40 *V.*, las dos notas anteriores.

41 En sentido análogo, Jody Freeman, "The contracting State", *28 FLA. ST. U. L. REV.* 155 (2000), 156, 158.

El mundo actual parece marcado por un sistema mixto de administración –entendida ésta en sentido objetivo y funcional–. Y ello porque la línea divisoria entre el sector público y el sector privado se ha desplazado en un doble sentido. De un lado, porque al sujeto o actor no estatal se le reconocen o atribuyen nuevas funciones y tareas de interés general; de otro, porque la separación no es ya tan rígida; es cambiante, y se dan numerosos puntos de contacto.

42 Tomo el título prestado de los autores citados en nota anterior, p. 345.

43 *Cfr.* The Concept of Law, Charendon, 2ª edición, 1994, p. 96, *apud* C. Harlow / R. Rawlings, *Law and Administration*, Cambridge University Press, Cambridge, 3ª edición, p. 345.

44 C. Harlow / R. Rawlings, *Law and Administration*, Cambridge University Press, Cambridge, 3ª edición, p. 345.

45 *Cfr.* T. Daintith, "Regulation by Contract: The new Prerrogative" (1979) 32 *CLP* 41, 41-2. *Apud* C. Harlow / R. Rawlings, *Law and Administration*, Cambridge University Press, Cambridge, 3ª edición, pp. 345 y s.

3. Algunas manifestaciones de la regulación mediante la contratación administrativa

Excedería en mucho cualquier intento de clasificación de las múltiples y heterogéneas modalidades de la acción concertada del Estado, como también las diferentes expresiones de esta forma alternativa de regulación. El objetivo de estas líneas es más modesto, y no es otro que poner de relieve la perspectiva reguladora. Y para ello es suficiente traer algunos ejemplos, a fin de señalar, y ello es lo relevante, la necesidad de una mayor atención de la dimensión reguladora desde el Derecho Administrativo contemporáneo.

En ese sentido, y por lo que hace a los contratos de prestación de bienes y servicios de cierta complejidad y duración (servicios públicos, colaboración público–privado, concesión de obra pública, por ejemplo), cabría inferir su carácter regulador, y de forma muy simplificada, de los siguientes elementos:

– Que tiene carácter regulador –en el sentido de disciplinar un sector, un servicio, un mercado o una actividad– se deduce ya a primera vista, primero, de la confección de los pliegos y de las cláusulas –la ley del contrato–, que determinará sin duda cómo sea, y en qué se traduzca, la política pública en la que el contrato se inserte –la ley del servicio–;

– Y, en segundo lugar, de las cláusulas laborales, sociales o medioambientales que el contrato pueda haber establecido. En este último aspecto, se regula, a través del objeto del contrato, no ya sólo la actividad en sí (un servicio público de cierta trascendencia, como el ejemplo de la recogida y tratamiento de residuos urbanos de una región), con todo lo que ello implica, sino también una política pública, como puede ser la generación indirecta de un mercado respetuoso con el medio ambiente, a la vista del peso específico que en la economía tiene la contratación pública. Como afirma la Comisión europea, "(l)a contratación pública puede configurar tendencias de producción y consumo, y una demanda significativa de productos «más ecológicos» por las autoridades públicas creará mercados para los productos y servicios respetuosos con el medio ambiente o ampliará los ya existentes Con ello ofrecerá también a las empresas un incentivo para desarrollar tecnologías ambientales[46]. Una utilización más sostenible de los recursos naturales y de las materias primas beneficiaría tanto al medio ambiente como a la economía."[47]

– Ese carácter regulador se pone de manifiesto igualmente en la *dirección* del contrato en sí durante la vigencia de éste (y con ello la del sector o actividad en que se sitúe), a través de las potestades de dirección, interpretación, control y eventual modificación que asisten a la Administración contratante. Nótese que la dirección no consiste sólo en evitar desviaciones o patologías (incumplimientos contractuales), sino en asegurar una óptima satisfacción de las prestaciones contractuales; no tiene, pues, por objeto exclusivo la prevención o la reparación de lo que no es conforme a Derecho, sino también la optimización de las actividades (en particular, los servicios públicos).

---

46 Una tecnología medioambiental es la diseñada para impedir o reducir los impactos ambientales, en cualquier fase del ciclo de vida de los productos o actividades.

47 *Cfr.* COMUNICACIÓN DE LA COMISIÓN AL PARLAMENTO EUROPEO, AL CONSEJO, AL COMITÉ ECONÓMICO Y SOCIAL EUROPEO Y AL COMITÉ DE LAS REGIONES Contratación pública para un medio ambiente mejor, COM (2008) 400 final, Nº 1.1.

V. ALGUNAS CONSECUENCIAS DEL ENTENDIMIENTO DE LA CONTRATACIÓN COMO FORMA ALTERNATIVA DE REGULACIÓN

1. Recapitulación: el contrato como ley del servicio público y el convenio como reglamento pactado

A resultas de cuanto antecede es de destacar, primero, que el contrato administrativo (o contrato público) con vocación social o *ad extra* opera como la ley del servicio público (así, en los supuestos de contratos de gestión de servicio público, de concesión de obra, de colaboración público–privada, entre otros). Y el convenio o concierto equivale a un reglamento pactado o negociado (convenios ambientales o urbanísticos, conciertos educativos o sanitarios, por ejemplo).

Uno y otro funcionan, pues, como *instrumentos reguladores*, con efectos de estructura variable sobre la sociedad (sobre el servicio público, el mercado, el sector, o el ámbito donde se inserten).

La dimensión *reguladora* de la contratación no hace sino sumar y enriquecer las perspectivas clásicas de la institución. Así, la preparación del contrato adquiere autonomía y significado propios respecto de la adjudicación misma, que ya no es el todo. La confección de los pliegos y de las cláusulas (sean técnicas, particulares, generales, específicas, ambientales o sociales) no responde sólo a consideraciones económicas entre las partes, sino que ha de girar esencialmente en torno a la idea de regulación: antes que la ley del contrato, habrá de ser la ley del servicio. Del mismo modo, la ejecución del contrato –y su focalización en el cumplimiento– da paso a la idea de dirección, caracterizada por el seguimiento en favor de la optimización de las prestaciones objeto del contrato.

2. El tratamiento del pacto –señaladamente, del contrato– como forma de regulación.

a) Principios generales

A modo de marco, conviene resaltar los siguientes principios básicos:

– En primer término, y en cuanto se trata de una prerrogativa o potestad administrativa con evidentes implicaciones reguladoras, el parlamento no puede permanecer ajeno al fenómeno de la actividad concertada, no ya sólo para consentirla o no, y en qué medida, sino, de seguido, para fijar las reglas o principios, objetivos y garantías, sustantivos, orgánicos o de procedimiento, que habrán de observarse en el proceso, tanto en la fase previa como en la posterior. Las virtualidades de la ley en este ámbito no concluyen con sus previsiones en punto a la adjudicación y ejecución del contrato. Tal ha sido la dimensión económica que ha prevalecido en el ámbito de la contratación. A ella ha de añadirse, para disciplinar adecuadamente desde el Derecho Administrativo la realidad del Estado contratante, la óptica reguladora. La responsabilidad última que garantice la vigencia de los principios de legitimidad democrática, de Estado de Derecho y de eficacia[48], recae sobre el legislador.

– El legislador, en ese sentido, ha de tener en cuenta que la función de gobierno –y el consiguiente control de su ejercicio– es irrenunciable, como se ha recordado, sin que esa

48 Por ejemplificarlo en la Constitución española de 1978, pueden recordarse los arts. 1, 103.1.

premisa varíe un ápice por el hecho de que la actividad sea desplegada por el propio aparato estatal o sea confiada al sector privado. De ahí se infiere no sólo la obligación constitucional de establecer las reglas de juego del entero proceso, sino de ejercer el adecuado control parlamentario de la acción concertada, por más que se trate de un fenómeno sumamente fragmentado o disperso a consecuencia de las múltiples y variadas instancias contratantes en el seno del Estado, a fin de supervisar la práctica de los convenios y contratos, en cuanto instrumentos reguladores que son.

– Por la misma razón, la relevante función (delegada, atribuida, o reconocida) de gobierno que, por su parte, a la Administración incumbe por decisión del legislador no puede tampoco obviarse. Ha de tenerse en cuenta que la materialización del Estado contratante queda en manos de la Administración: el legislador le otorga a ésta amplias facultades para organizar el servicio o pactar con el sector privado. Que el Estado contratante responda en verdad a las exigencias de los principios constitucionales antes mencionados depende en alta medida del buen hacer de la Administración. Ello implica, primero, que la Administración ha de sustraerse de la visión tradicional del contrato o convenio como un exclusivo acuerdo entre partes sin impacto o contenido normativo, para, en segundo término, concebir el diseño y la ejecución del contrato como una forma de regulación del sector o ámbito de que se trate.

– Desde la óptica asistencial propia del Estado social, legislador y Administración son, en definitiva, responsables y garantes del resultado final en el orden prestacional, y de la consecución del mínimo existencial. El instrumento protagonista, una vez fijados por el legislador cuáles son esos mínimos y los resultados que han de quedar salvaguardados, es, sin duda, la acción concertada cuya realización a la Administración corresponde.

b) Normas e instrumentos específicos trasladables a la acción concertada del Estado contratante.

Si observamos las reglas habituales de la contratación pública, que se traducen en su mayor parte en complejos procedimientos administrativos tanto para su adjudicación, como para la resolución de las incidencias que pueda suscitar la ejecución, resulta fácil advertir que en ellos se hallan de ordinario ausentes las normas que rigen y caracterizan los procedimientos de elaboración de disposiciones generales, siendo así que el contrato con todos sus documentos y pliegos, incorpora normas que son exigibles, eso sí, en términos contractuales, normas que al fin y al cabo exceden –en los supuestos que contemplamos– la esfera de las partes, como acontece, por ejemplo, en un contrato o concierto para la prestación asistencial o médica. Los contratos a su vez constituyen un medio –así, en el caso de la sanidad pública y en tantos servicios públicos económicos– para establecer estándares. El sector social o económico queda condicionado por lo que el contrato o contratos centrales hayan dispuesto. A lo que se suma, según sabemos, la posibilidad de establecer cláusulas sociales, laborales o medioambientales igualmente trascendentes, directa o indirectamente sobre el conjunto de la sociedad y de los mercados.

La conclusión que de ello se desprende es evidente y ya se ha esbozado: la imperiosa necesidad de que el legislador dispense al procedimiento administrativo de contratación un tratamiento que vaya más allá de la óptica dominante –adjudicación y ejecución– a fin de trasladar, con los ajustes oportunos, los principios básicos de la elaboración de normas infralegales: transparencia, participación, ponderación, motivación y control. Principios éstos que habrán de presidir tanto el diseño o configuración del contrato, como su dirección. La efectiva participación de la sociedad (interesados, beneficiarios, público en general) y de otras Administraciones representa el eje o la síntesis de un proceso regulador, tanto por lo que presupone (transparencia y control), como por lo que de ella se desprende (ponderación de los intereses en juego, cooperación interadministrativa, motivación de las decisiones finalmente adoptadas). Esa participación podrá ir acompañada, como ha quedado dicho, por la facultad de reclamación individual, lo que entraña una forma adicional de control del proceso regulador, que complemente el control parlamentario o político que habrá de realizar, pese a las dificultades intrínsecas de una acción concertada tan diseminada por todo el Estado, el propio parlamento. Los terceros beneficiarios de un contrato administrativo pueden supervisar que ambas partes cumplen con sus obligaciones.[49] En suma, pues, la cooperación entre Administración y sector privado, y entre las distintas Administraciones, no ya sólo para el intercambio de una información recíproca, sino también para una acción social coherente, constituye el marco en el que insertar la reforma de la legislación relativa a la acción concertada como instrumento de regulación.

Gestar una "ley del servicio" o un "reglamento paccionado" y dirigir luego de su celebración el ámbito o sector involucrado durante todo el período de su vigencia es una tarea de suma complejidad, muy superior a la de la adjudicación misma. Es obligada una profunda reflexión sobre las reformas que permitan la regulación –diseño y dirección–, ya sea orgánicas, procedimentales o sustantivas, a tal efecto. La Administración ha de estar dotada –para atender su indeclinable función de gobierno– de los recursos humanos y especializados para desarrollarla con eficacia (por ejemplo, desde gerentes del contrato, pasando por la cooperación interadministrativa, hasta la contratación de expertos que la asesoren oportunamente).

No ha de olvidarse, en fin, que las partes privadas de todo pacto, en la medida en que se colocan en una estructura y contexto reguladores, han de operar con respeto de principios de actuación provenientes de la cultura del Derecho Administrativo en relación con los terceros beneficiarios, tales como la transparencia, audiencia, motivación, o control a través, entre otras opciones, de un defensor del usuario, por ejemplo).

49 En sentido análogo, Jody Freeman, "The contracting State", *28 FLA. ST. U. L. REV.* 155 (2000), 156, 158.

2. NOVAS DIMENSÕES DO DIREITO DOS CONTRATOS PÚBLICOS

Mário Aroso de Almeida

1. Enquadramento

1. Pode dizerse que, ao longo dos últimos anos, se formou e consolidou, no âmbito do Direito Administrativo português, um sector normativo autónomo e diferenciado, que deu corpo ao que hoje pode ser qualificado como o *Direito dos Contratos Públicos*, que, sendo constituído por um vasto conjunto de regras e inspirado por um acervo de princípios imbuídos de uma lógica própria que os diferencia dos demais princípios gerais por que se rege a atividade administrativa, pode dizerse que apresenta uma ideia de sistema[50]. O fenómeno pode ser facilmente identificado pelo volume e complexidade do quadro normativo aplicável neste domínio, assim como da importante produção doutrinal que, por referência a esse quadro normativo, tem vindo a desenvolver, de modo sistemático, uma teorização própria.

Para a sua consolidação, desempenhou papel determinante a publicação do Código dos Contratos Públicos (CCP) em 2008. O CCP foi, na verdade, a primeira tentativa de disciplinar, de modo estruturado, no ordenamento jurídico português, todo um conjunto de matérias que nunca antes tinham sido objeto naquele país de um regime comum de âmbito geral. A sua publicação e a relevante produção doutrinal que, em seu torno, desde logo se formou foram da maior importância para a consolidação deste sector normativo[51].

2. Cumpre, entretanto, notar que a evolução registada em Portugal mais não é do que o reflexo de uma evolução ocorrida no contexto europeu e global, no qual o nosso ordenamento jurídico se insere. Com efeito, é reconhecido, na doutrina comparada, o espeta-

50 *Cfr.* MIGUEL ASSIS RAIMUNDO, *A formação dos contratos públicos — Uma concorrência ajustada ao interesse público,* Lisboa, 2013, p. 33 e nota 26.

51 Em geral sobre os regimes introduzidos pelo CCP, *Cfr.* MARCELO REBELO DE SOUSA/ANDRÉ SALGADO DE MATOS, *Contratos Públicos — Direito Administrativo Geral — Tomo III,* Lisboa, 2008, e *Direito Administrativo Geral,* tomo III, 2ª ed., Lisboa, 2009, pp. 274 segs.; MARIA JOÃO ESTORNINHO, *Curso de Direito dos Contratos Públicos — Por um contratação pública sustentável,* Coimbra, 2012; PEDRO GONÇALVES, *Direito dos Contratos Públicos,* Coimbra, 2015; LOURENÇO VILHENA DE FREITAS, *Direito dos Contratos Públicos e Administrativos,* Lisboa, 2014; ALEXANDRA LEITÃO, *Lições de Direito dos Contratos Públicos,* Lisboa, 2014; MÁRIO ESTEVES DE OLIVEIRA/RODRIGO ESTEVES DE OLIVEIRA, *Concursos e outros procedimentos de contratação pública,* Coimbra, 2011; *Estudos de contratação pública* (coord. de Pedro Gonçalves), 3 vols., Coimbra, 2008 e 2009.

cular crescimento, em dimensão e relevância, tanto jurídica, como económica e social, que, ao longo das últimas décadas, se tem registado da utilização do contrato pelos poderes públicosà escala europeia e global, e em domínios diferentes daqueles em que ele era tradicionalmente utilizado[52]. Falase, por isso, na emergência de um novo paradigma de Administração Pública, a *Administração contratante*[53], que se projeta nos mais diversos planos da organização e funcionamento da Administração Pública[54].

Foi, para o efeito, determinante a mudança de paradigma que ocorreu a partir dos finais da década de setenta do século passado, traduzida na adoção de um modelo de ação pública assente numa nova "conceptualização das atividades estaduais em termos de mercado" [55] e, por isso, apostado na realização de parcerias com o sector privado para a prossecução de fins de interesse geral, designadamente através da concessão da exploração de bens ou serviços públicos a privados e, inclusivamente, do *outsourcing* de funções de soberania, em domínios como os da segurança pública, do sistema prisional e

---

52 *Cfr.*, entre tantos, JEAN-BERNARD AUBY, "Comparative approaches to the rise of contract in the public sphere", *Public Law* 2007, p. 41, e "Contracting out and 'public values': a theoretical and comparative approach", in SUSAN-ROSE ACKERMAN/PETER LINDSETH (eds.), *Comparative Administrative Law*, Cheltenham, 2010, p. 512; PAUL CRAIG, *Administrative Law*, 7ª ed., Londres, 2012, pp. 107 segs.; CAROL HARLOW/RICHARD RAWLINGS, *Law and Administration*, 3ª ed., Cambridge, 2009, pp. 338 segs. Na doutrina portuguesa, *Cfr.*, por todos, MARIA JOÃO ESTORNINHO, *Contratos da Administração Pública*, Coimbra, 1999, pp. 11 e 19.

53 A expressão cunhada por IAN HARDEN, *The Contracting State*, Buckingham, 1992, tem sido múltiplas vezes glosada a propósito do fenómeno de contratualização administrativa em referência no texto: *Cfr.*, v.g., JODY FREEMAN, "The contracting state", *Florida State University Law Review* nº 28 (2000), pp. 155 segs. A análise empreendida pelo Autor centrava-se, no entanto, especificamente no fenómeno do recurso a técnicas de contratualização entre órgãos ou serviços públicos (na mesma senda, *Cfr.* ANNE C. L. DAVIES, *Accountability — A Public Law analysis of Government by Contract*, Oxford, 2001). Para uma análise da relevância nos planos estrutural e institucional do fenómeno da contratualização administrativa, nas suas diversas dimensões, *Cfr.*, entretanto, MARK FREEDLAND, "Government by Contract Re-examined — Some functional issues", in *Law and Administration in Europe — Essays in Honour of Carol Harlow*, Oxford, 2003, pp. 123 segs.; e a circunstanciada exposição de PATRICK BIRKINSHAW, "Contrats publics et contractualisation de l' action publique: un point de vue anglais", *Revue Française de Droit Administratif* 2006, pp. 1015 segs.

54 Como assinala PASCALE GONOD, "La réforme du droit administratif", in MATHIAS RUFFERT (ed.), *The Transformation of Administrative Law in Europe*, Munique, 2007, p. 86, "por *contratualização do direito administrativo* pretende-se designar o desenvolvimento das relações contratuais em vias de se tornar o modo habitual, *normal*, da ação administrativa. Esta abordagem da ação pública que resume o termo de *governança* traduz, portanto, uma transformação que toca múltiplas relações: com o sector privado (montagem de sistemas de parceria público-privada, fenómeno da externalização...); entre as coletividades (no quadro da descentralização); entre as autoridades administrativas e os administrados no quadro da melhoria das relações com os administrados, erigidos neste contexto — de modo original — em *cidadãos;* no próprio seio das administrações, pois a renovação da gestão pública assenta nomeadamente na contratualização dos meios ou ainda das relações entre serviços centrais e serviços desconcentrados".

55 *Cfr.* CAROL HARLOW/RICHARD RAWLINGS, *Law and Administration*, pp. 338 segs.. Na síntese de PATRICK BIRKINSHAW, "Contrats publics et contractualisation de l' action publique: un point de vue anglais", *Revue Française de Droit Administratif* 2006, p. 1020, "o registo do contrato dá eco de certos temas centrais da filosofia conservadora desde o início dos anos 80, como nomeadamente a crença no individualismo, a confiança no mercado para o desenvolvimento de relações responsáveis, o controlo dos poderes e a teoria segundo a qual a maximização da liberdade de escolha do consumidor e da concorrência condiciona o melhoramento da qualidade do serviço".

da defesa nacional[56]; e, por outro lado, no recurso à contratação entre entidades públicas ou entre órgãos ou serviços públicos, como instrumento de organização das relações jurídicas interadministrativas e intraadministrativas, designadamente no plano da adoção de modelos supostamente mais eficientes, importados do sector privado, de contratualização do atingimento de objetivos pelos serviços administrativos[57].

O contrato é, entretanto, reconhecido como um instrumento particularmente adequado às exigências contemporâneas do exercício do poder, num contexto em que, mesmo nos clássicos domínios do exercício dos poderes de autoridade da Administração, se prefere o consenso à coerção, recorrendo à negociação para orientar a conduta dos agentes sociais no sentido mais favorável à prossecução do interesse público[58].

2. A contratação pública no contexto europeu e global

3. É reconhecida a importância do fenómeno da contratualização na Administração contemporânea, e, em particular, da relevância supranacional do Direito dos Contratos Públicos. Com efeito, se é verdade que, na doutrina comparada, novas dimensões supranacionais tendem hoje a ser associadas ao estudo do Direito em geral e, em particular, ao estudo do Direito Administrativo [59], o Direito dos Contratos Públicos é, desse ponto de vista, reconhecido como um laboratório privilegiado de análise, por ser daqueles em que,

56 Colocando-se, neste particular, a questão da determinação dos termos em que se deve proceder ao enquadramento jurídico das relações emergentes de contratos deste tipo. Sobre o problema em geral, *Cfr.*, v.g., MICHAEL TAGGART, "'The peculiarities of the English's Resisting the Public/Private Law Distinction", in *Law and Administration in Europe — Essays in Honour of Carol Harlow,* Oxford, 2003, pp. 118-120; JEAN-BERNARD AUBY, "Contracting out and 'public values': a theoretical and comparative approach", pp. 511 segs.; MARK FREEDLAND, "Government by contract and public law", *Public Law* 1994, pp. 86 segs.; MARK FREEDLAND, "The evolving approach to the public/private distinction in English law", e ANNE C. L. DAVIES, "English law's treatment of government contracts: the problem of wider public interests", ambos in MARK FREEDLAND/JEAN-BERNARD AUBY (eds.), *The Public Law/Private Law Divide — Une entente assez cordiale?,* Londres, 2006, pp. 99 segs. e 113 segs., respetivamente; JODY FREEMAN/MARTHA MINOW, *Government by Contract — Outsourcing and American Democracy,* Cambridge, 2009; FARNETI/PADOVANI/YOUNG, "Governance of Outsourcing and Contractual Relationships", in OSBORNE (ed.), *The New Public Governance? Emerging perspectives on the theory and practice of public governance,* New York, 2010, pp. 255 segs.; ANDREAS ABEGG, "The evolution of the contracting State and his Courts", *American Journal of Comparative Law,* vol. 59 (2011), pp. 612-615, com outras referências.

57 Para uma perspectiva geral, *Cfr.*, v.g., JEAN-BERNARD AUBY, "Comparative approaches to the rise of contract in the public sphere", pp. 42 segs., e "Contracting out and 'public values': a theoretical and comparative approach", pp. 512-513; CAROL HARLOW/RICHARD RAWLINGS, *Law and Administration,* pp. 352 segs.; KAREN YEUNG, "Competition law and the public/private divide", in MARK FREEDLAND/JEAN-BERNARD AUBY (eds.), *The Public Law/Private Law Divide — Une entente assez cordiale?,* Oxford, 2006, pp. 151-152.

58 *Cfr.* LAURENT RICHER/FRANÇOIS LICHÈRE, *Droit des Contrats Administratifs,* 10ª ed., Paris, 2016, pp. 51-52. Subjacente à emergência da Administração contratante parece estar, na verdade, o fenómeno do *pan-contratualismo,* assente numa *ideologia do contrato,* que tem vindo a ser identificado nas sociedades modernas, no quadro de um novo paradigma de *pós-modernismo jurídico,* caracterizado pela substituição da coerção pelo consenso e do comando pela negociação: *Cfr.*, a propósito, ORIOL MIR PUIGPELAT, *Globalización, Estado y Derecho. Las trasformaciones recientes del Derecho Administrativo,* Madrid, 2004, pp. 73-75.

59 *Cfr.* VASCO PEREIRA DA SILVA, "Do Direito Administrativo nacional ao Direito Administrativo sem fronteiras", in VASCO PEREIRA DA SILVA/INGO WOLFGANG SARLET (eds.), *Direito Administrativo sem fronteiras, e-book,* Lisboa, 2011, pp. 214-215.

no domínio específico dos regimes de contratação pública [60], foram dados passos mais seguros no sentido da harmonização dos quadros normativos aplicáveis no espaço europeu e global[61].

Ora, do nosso ponto de vista, uma das dimensões mais interessantes do fenómeno tem precisamente que ver com o facto de ele se processar à escala europeia e global. Com efeito, essa circunstância tem contribuído para aproximar os diferentes ordenamentos jurídicos nacionais, que, a partir de tradições distintas entre si, têm vindo, por esse motivo, a fazer um interessante caminho de aproximação dos respetivos quadros normativos [62] e tem despertado a atenção da doutrina para o interesse da realização de estudos de Direito comparado sobre a matéria [63].

Desde logo no plano europeu, atendendo à relevância de que se reveste o Direito da União Europeia no domínio da contratação pública, mas também no plano, mais vasto, do hoje chamado *espaço global* [64], revestindose, nessa perspetiva, de particular interesse o estabelecimento de comparações e paralelos entre os dois planos, atendendo à interpenetração de conteúdos que é possível surpreender nos diferentes instrumentos que, no plano supranacional, regulam a matéria dos procedimentos de contratação pública, sob a

---

60 Utilizamos o conceito de contratação pública no sentido estrito hoje corrente em Portugal, que se refere à disciplina dos procedimentos de formação dos contratos públicos: nesse sentido, *Cfr.*, por todos, MARIA JOÃO ESTORNINHO, "O projeto de revisão do CPTA e os contratos da Administração Pública", *Cadernos de Justiça Administrativa* nº 101, p. 48.

61 *Cfr.*, por todos, JOSÉ ANTÓNIO MORENO MOLINA, *Derecho global de la contratación pública,* México, 2011; HILDE CAROLI CASAVOLA, "Global rules for public procurement", in ROZEN NOGELLOU/ULRICH STELKENS (eds.), *Droit Comparé des Contrats Publics — Comparative Law on Public Contracts,* Bruxelas, 2010, pp. 27 segs.; STEPHAN W. SCHILL, "Transnational legal approaches to Administrative Law: conceptualizing public contracts in globalization", *Rivista trimestrale di diritto pubblico* 2014, pp. 1 segs., com amplas referências. Na doutrina portuguesa, *Cfr.*, por todos, as sínteses de CLÁUDIA VIANA, "A globalização da contratação pública e o quadro jurídico internacional", in *Estudos de Contratação Pública,* vol. I, Coimbra, 2008, pp. 23 segs., e *Os princípios comunitários na contratação pública,* Coimbra, 2007, pp. 73 segs..

62 Sobre o tema, *Cfr.*, v.g., JEAN-BERNARD AUBY, "L' internationalisation du droit des contrats publics", *Droit Administratif* 2005, pp. 5 segs., e "Comparative approaches to the rise of contract in the public sphere", p. 41. Subjacente ao fenómeno está, naturalmente, o contexto da globalização (*Cfr.*, a propósito, ORIOL MIR PUIGPELAT, *Globalización, Estado y Derecho,* pp. 62-63) e, nesse contexto, a circunstância de o peso político, económico e cultural dos Estados Unidos da América vir conduzindo ao alastramento global das soluções institucionais e regulatórias adotadas naquele país (*Cfr.* GIULIO NAPOLITANO, "I grandi sistemi del Diritto Amministrativo", in GIULIO NAPOLITANO (ed.), *Diritto Amministrativo Comparato,* Milão, 2007, p. 3).

63 *Cfr.*, por exemplo, ERMINIO FERRARI (ed.), *I contratti della pubblica amministrazione in Europa,* Turim, 2003; ROZEN NOGELLOU/ULRICH STELKENS (eds.), *Droit Comparé des Contrats Publics,* e, a propósito, o texto introdutório deste último livro, de ROZEN NOGELLOU/ULRICH STELKENS, pp. 2-5; JEAN-BERNARD AUBY, "Les problèmes posés par le développement du contrat en droit administratif comparé", in *Contrats Publics — Mélanges en l' honneur du Professeur Michel Guibal,* vol. I, Montpellier, 2006, pp. 411 segs.

64 De entre a inabarcável bibliografia sobre o vasto e complexo tema do Direito Administrativo global, que não cumpre abordar aqui, para além do já clássico texto seminal de BENEDICT KINGSBURY/NICO KRISCH/RICHARD B. STEWART, "The emergence of global administrative law", in http://law.duke.edu/journals/lcp, *Cfr.*, v.g., SABINO CASSESE, *Il Diritto Globale: Giustizia e Democracia oltre lo Stato,* Turim, 2009; JOSÉ LUIS MEILÁN GIL, *Una aproximación al Derecho Administrativo Global,* Sevilha, 2011; CAROL HARLOW, "Global Administrative Law: the quest for principles and values", *The European Journal of International Law* 2006, pp. 187 segs.; ORIOL MIR PUIGPELAT, *Globalización, Estado y Derecho, passim.*

égide dos acordos da Organização Mundial do Comércio, e que, na realidade, têm sido o motor da integração dos mercados públicos à escala global, com reflexo no conteúdo das Diretivas da União Europeia em matéria de contratação pública [65].

4. A consolidação da União Europeia como uma *comunidade de Direito,* regida por um vasto conjunto de normas organizatórias e materiais que formam um verdadeiro ordenamento jurídico, estruturado de modo sistemático, que é o Direito da União Europeia, permite que hoje se reconheça a existência, no espaço da União Europeia, de um verdadeiro *Direito Administrativo europeu* [66], como um *corpo normativo* que integra as regras e princípios que, ao nível europeu, estruturam a organização e o funcionamento da Administração e disciplinam matérias de Direito Administrativo no espaço da União [67]

---

65 Com efeito, a aproximação dos ordenamentos juridicos neste domínio deve-se ao surgimento de instrumentos internacionais de harmonização de procedimentos em matéria de compras públicas, sustentado na circunstância, decorrente da globalização, de se ter difundido pelo mundo ocidental uma doutrina comum no sentido da promoção do comércio livre: como assinala MORENO MOLINA, *Derecho global de la contratación pública,* p. 85, o fenómeno não é, pois, apenas europeu, mas global, na medida em que, à escala global, "da análise das normas, acordos e negociações em matéria de contratos públicos retira-se, por um lado, a inquestionável tendência para a formação de um direito comum da contratação pública e, por outro lado, que este direito se baseia em cada vez mais decisivos princípios gerais", dado que "os princípios e valores dos acordos e instrumentos internacionais sobre contratação pública são muito similares". Sobre a importância, neste contexto, dos acordos da Organização Mundial do Comércio, *Cfr.*, por exemplo, SUE ARROWSMITH/ROBERT D. ANDERSON, *The WTO regime on government procurement: challenge and reform,* Cambridge, 2011; ROBERT D. ANDERSON/ANNE CAROLINE MÜLLER, "The Revised WTO Agreement on Government Procurement as an Emergin Pillar of the World Trading System: Recent Developments", in *Trade, Law and Development* 2015, vol. II, pp. 42 segs.; ROBERT D. ANDERSON/STEVEN L. SCHOONER/COLLIN D. SWAN, "The WTO's Revised Government Procurement Agreement - An Important Milestone Toward Greater Market Access and Transparency in Global Public Procurement Markets", *The Government Contractor* 2012, pp. 1 segs.. Também merecem, no entanto, referência muitos outros instrumentos internacionais, como a lei-modelo elaborada pela Comissão das Nações Unidas para o Direito Comercial Internacional (CNUDMI) e as normas aprovadas pelo FMI, pelo Banco Mundial e pela OCDE: para uma apreciação geral, *Cfr.*, por todos, MORENO MOLINA, *Derecho global de la contratación pública,* pp. 9 segs..

66 Em geral, *Cfr.* MARIO P. CHITI (ed.), *Diritto amministrativo europeo,* Milão, 2013; PAUL CRAIG, *EU Administrative Law,* 2ª ed., Oxford, 2012; THOMAS VON DANWITZ, *Europaïsches Verwaltungsrecht,* Berlim, 2008; MARIO CHITI/GUIDO GRECO, *Tratato di Diritto Amministrativo Europeo - Parte Generale,* vols. I e II, Milão, 2007. JÜRGEN SCHWARZE, *Europaïsches Verwaltungsrecht,* 2ª ed., Berlim, 2005; SANTIAGO GONZÁLEZ-VARAS IBAÑEZ, *El Derecho Administrativo Europeo,* 3ª ed., Sevilha, 2005. Na doutrina portuguesa, SUZANA TAVARES DA SILVA, *Direito Administrativo Europeu,* Coimbra, 2010; MARIA LUISA DUARTE, *Direito Administrativo da União Europeia,* Coimbra, 2008.

67 Cumpre, a este propósito, referir que, na doutrina comparada, o conceito de Direito Administrativo Europeu tem sido utilizado em diferentes acepções: *Cfr.*, a propósito, FAUSTO DE QUADROS, *A nova dimensão do Direito Administrativo — O Direito Administrativo português na perspectiva comunitária,* Coimbra, 1998, pp. 21 segs., e "Global Law, Plural Constitucionalism and Global Administrative Law" in JAVIER ROBALINO-ORELLANA/JAIME RODRÍGUEZ-ARANA MUÑOZ (eds.), *Global Administrative Law — Towards a Lex Administrativa,* Londres, 2010, pp. 337-338; JEAN-BERNARD AUBY/JACQUELINE DUTHEIL DE LA ROCHÈRE in JEAN-BERNARD AUBY/JACQUELINE DUTHEIL DE LA ROCHÈRE (eds.), *Droit administratif européen,* Bruxelas, 2007, pp. 3 segs.; MIGUEL PRATA ROQUE, *Direito Processual Administrativo Europeu,* Coimbra, 2011, pp. 49-52. Numa dessas acepções, que se pode qualificar como respeitante ao Direito Administrativo da União Europeia, enquanto segmento do Direito da União Europeia, ele é utilizado por referência ao quadro disciplinador do exercício das competências administrativas dos órgãos da União e sua articulação com os órgãos das Administrações Públicas nacionais dos Estados-membros. Noutra dessas acepções, o conceito é, entretanto, utilizado num sentido mais vasto, que se estende ao estudo dos regimes de Direito Administrativo

— sendo que o mais interessante fenómeno que decorre da consolidação da União Europeia como uma comunidade de Direito é o fenómeno de harmonização dos ordenamentos internos dos Estados–membros, por força ou influência do Direito europeu, a que tem sido dado o nome de *europeização,* que tem dado corpo ao que pode ser qualificado como um *Direito comum europeu* em diversos domínios sectoriais [68] [69].

Ora, se há domínio em que a *europeização* dos ordenamentos jurídicos nacionais atingiu hoje um ponto tal que é possível afirmar a existência de um verdadeiro *Direito Administrativo comum europeu,* esse é o domínio da contratação pública. Com efeito, por razões que se prendem com o propósito que o inspira de construir o mercado interior europeu, promovendo a existência de condições não discriminatórias de acesso dos ope-

---

dos ordenamentos jurídicos internos dos Estados-Membros que, por serem impostos ou induzidos pelo Direito da União Europeia, mercê do princípio do primado e do papel que aos Estados-membros da União compete na execução do Direito da União, traduzem um fenómeno de *europeização* desses ordenamentos. No plano da nossa análise, é esta segunda dimensão do conceito de Direito Administrativo Europeu que nos interessa, por ser nesse domínio que se concretiza a transposição para os ordenamentos internos dos Estados-membros da União das Diretivas europeias em matéria de contratação pública.

68 É geralmente reconhecido que o processo de *europeização* em referência no texto resulta de um fenómeno de *cross-fertilization,* marcado por influências recíprocas entre o Direito da União e os ordenamentos jurídicos dos Estados-membros, mediante o qual o Tribunal de Justiça da União vai beber às tradições dos ordenamentos jurídicos nacionais elementos que reelabora e projeta como expressão de um Direito comum. Sobre o fenómeno, na doutrina portuguesa, *Cfr.* MARIA JOÃO ESTORNINHO, *Direito Europeu dos Contratos Públicos,* Coimbra, 2006, pp. 21 segs., e *Curso de Direito dos Contratos Públicos,* pp. 57 segs.; FAUSTO DE QUADROS, *Direito da União Europeia,* 3ª ed., Coimbra, 2013, pp. 566 segs., e "A europeização do contencioso administrativo", in *Estudos em Homenagem ao Professor Doutor Marcello Caetano,* Coimbra, 2006, pp. 387-390; PAULO OTERO, *Legalidade e Administração Pública,* Coimbra, 2003, pp. 457 segs.; MIGUEL PRATA ROQUE, *A Dimensão Transnacional do Direito Administrativo,* Lisboa, 2014, pp. 858 segs., e "O Direito Administrativo Europeu — Um motor da convergência dinâmica dos Direitos Administrativos nacionais", in *Estudos em Homenagem ao Prof. Doutor Sérvulo Correia,* vol. II, Coimbra, 2010, pp. 903 segs.; e o n.º 58 da revista *Cadernos de Justiça Administrativa,* dedicado ao tema da "Europeização e fronteiras do Direito Administrativo". *Cfr.* também JÜRGEN SCHWARZE (ed.), *L'état actuel et les perspectives du droit administratif européen,* Bruxelas, 2010, e *Das Verwaltungsrecht unter europäischem Einfluß,* Baden-Baden, 1996; J. H. HANS (Org.), *Europeanisation of Public Law,* Groningen, 2007; MATHIAS RUFFERT, "The transformation of Administrative Law as a transnational methodological project", in MATHIAS RUFFERT (ed.), *The Transformation of Administrative Law in Europe,* pp. 42 segs.; KARL-HEINZ LADEUR (ed.), *The Europeanisation of Administrative Law: transforming national procedure-making decisions,* Ashgate-Dartmouth, 2002; F. SNYDER (ed.), *The Europeanisation of Law: The legal effects of european integration,* Oxford, 2000; STEFAN KADELBACH, *Allgemeines Verwaltungsrecht unter europaïschen Einfluß,* Tübingen, 1999; e a pioneira obra coordenada por MAURO CAPPELLETTI, *Nouvelles perspectives du droit commun de l' Europe,* Florença-Bruxelas, 1978, com um importante texto de JEAN RIVERO, "Vers un droit commun européen: nouvelles perspectives en droit administratif", a pp. 389 segs..

69 O tema tem sido objeto do notável esforço de investigação que envolveu a elaboração do *Handbuch Ius Publicum Europaeum,* em seis volumes, que, sob a coordenação de ARMIN VON BOGDANDY, SABINO CASSESE e PETER HUBER, tem sido publicado em Heidelberg desde 2007, reunindo dezenas de trabalhos de investigação de importantes administrativistas europeus, dirigidos, a partir da análise retrospectiva das tradições jurídicas nacionais dos diferentes países do espaço europeu, a identificar as linhas de aproximação que entre elas se têm vindo a definir sob o impulso da europeização dos respectivos ordenamentos jurídicos. Para o efeito que aqui importa, reveste-se de particular interesse o texto de síntese de ARMIN VON BOGDANDY, "Verwaltungsrecht im europäischen Rechtsraum — Perspektiven einer Disziplin", publicado no vol. IV, de 2011, a pp. 3 segs., em que é enfatizado que o desenvolvimento de uma ciência do Direito Administrativo europeu se alimenta das ciências do Direito Administrativo dos Estados membros da União, sustentado no estudo comparado das respectivas evoluções históricas.

radores económicos dos diferentes países membros da União à adjudicação dos mais relevantes contratos celebrados pelas entidades administrativas (e entidades equiparadas), o Direito da União Europeia tem vindo, como é sabido, a desenvolver, desde o início dos anos setenta do século passado, um aturado esforço no sentido da harmonização do Direito aplicável em cada um dos Estados–membros aos procedimentos de formação dos contratos públicos, tendo, desse modo, construído o que pode ser qualificado como um verdadeiro *Direito europeu da contratação pública* [70].

5. Cumpre, em todo o caso, notar que o Direito europeu da contratação pública não tem o propósito, nem o alcance, de fornecer um quadro normativo disciplinador, na sua globalidade, das relações jurídicas emergentes dos contratos públicos, em termos de poder ser qualificado como um Direito comum europeu dos contratos públicos.

Com efeito, o objeto primacial de regulação do Direito europeu da contratação pública são os procedimentos de formação dos contratos públicos, sendo de âmbito circunscrito os aspetos em que mesmo as mais recentes Diretivas de 2014 se referem a aspetos relativos à execução dos contratos públicos, e apenas na medida em que isso se revela necessário, pela estreita conexão dos aspetos em causa com os regimes da contratação pública e, portanto, com a defesa dos valores que aqueles regimes visam proteger [71].

Não se pretende com isto negar a *orientação estratégica* que o Direito Europeu hoje se propõe imprimir às regras de contratação pública que produz, como instrumento ao serviço da *sustentabilidade económica, social e ambiental* do espaço europeu [72] — evo-

70 *Cfr.* MARIA JOÃO ESTORNINHO, *Curso de Direito dos Contratos Públicos,* pp. 58 segs., e *Contratos da Administração Pública,* p. 64; CLÁUDIA VIANA, *Os princípios comunitários na contratação pública,* pp. 25 segs. e 301 segs.; MORENO MOLINA, *Derecho global de la contratación pública,* p. 30.

71 Como faz notar MARIO E. COMBA, "Principles of EU law relevant to the performance of public contracts", in MARTIN TRYBUS/ROBERTO CARANTA/GUNILLA EDELSTAM, *EU Public Contract Law — Public procurement and beyond,* Bruxelas, 2013, p. 318, já anteriormente à aprovação das Diretivas de 2014 era sabido que havia casos de "ultra-atividade" ou de "força expansiva", mediante os quais o Direito europeu da contratação pública se projetava sobre a fase de execução dos contratos, do que a jurisprudência *Pressetext,* a que adiante se fará referência, era exemplo ilustrativo. Por conseguinte, as Diretivas de 2014 só vieram regular a execução dos contratos públicos, em defesa dos valores da contratação pública, nas dimensões em que, à luz da anterior jurisprudência do Tribunal de Justiça, já era reconhecido que se projetava a referida "ultra-atividade". Na mesma linha, *Cfr.* PEDRO GONÇALVES, *Direito dos Contratos Públicos,* p. 66, e CLÁUDIA VIANA, *Os princípios comunitários na contratação pública,* pp. 246-247, que reconhece que "a europeização dos contratos públicos incide fundamentalmente nas fases da preparação e adjudicação dos contratos, mas vai mais longe, atingindo o contrato e a sua execução, se isso for necessário — e apenas na medida do necessário — para garantir o cumprimento da legalidade pré-contratual e a liberalização no espaço europeu". No dizer de JOSÉ LUÍS MEILÁN GIL, "Las prerrogativas de la Administración en los contratos administrativos: propuesta de revisión", *Revista de Administración Pública* nº 191 (2013), p. 27, "a Diretiva europeia sobre contratos públicos não se pronuncia sobre as prerrogativas [do contraente público no âmbito das relações contratuais administrativas]. Presta a sua atenção à seleção do contratante e só entra na execução do contrato quando [esta] possa incidir naquela". *Cfr.* também LAURENT RICHER/FRANÇOIS LICHÈRE, *Droit des Contrats Administratifs,* p. 45; PASCALE GONOD/FABRICE MELLERAY/PHILIPPE YOLKA, *Traité de Droit Administratif,* Paris, 2011, p. 260.

72 Como referem DACIAN DRAGOS/BOGDANA NEAMTU, "Sustainable public procurement in the EU: experiences and prospects", in FRANÇOIS LICHÈRE/ROBERTO CARANTA/STEEN TREUMER (eds.), *Modernising Public Procurement: The New Directive,* Copenhaga, 2014, pp. 302-303, entende-se por *desenvolvimento sustentável* o desenvolvimento que satisfaz as necessidades do presente sem comprometer a capacidade das gerações futuras para satisfazerem as suas próprias necessidades e que compreende três dimensões: económica, social e ambiental. Sobre o tema, no quadro do Direito europeu da

lução que se inscreve num contexto em que a própria União Europeia, enquanto tal, tem vindo a assumir objetivos de crescimento económico e de políticas públicas, sobretudo no domínio do ambiente e da inovação[73]. Mas apenas notar que, mesmo nesse plano, do que continua a tratar–se é, no essencial, de *regular a contratação pública, e não as relações contratuais públicas no seu conjunto.*

Por conseguinte, pode dizer–se que, mesmo na mais recente das suas versões, o Direito europeu da contratação pública, no essencial, se limita a regular os procedimentos que as entidades administrativas (e entidades equiparadas) devem observar quando pretendam dirigir–se ao mercado para adquirir bens ou serviços ou convocar a colaboração de particulares no desenvolvimento da sua atividade, sem ter, no essencial, por objeto disciplinar os termos em que se processam as relações que entre as partes se desenvolvem, a partir do momento em que os contratos são celebrados [74]. Pelo que, quando se fala num Direito comum europeu dos contratos públicos, é, na realidade, de um *Direito comum europeu da contratação pública* que se fala[75].

3. Princípios jurídicos conformadores do Direito da Contratação Pública

6. Da identificação dos valores e interesses que são primacialmente prosseguidos pelo Direito da contratação pública depende a determinação do elenco dos princípios e do conteúdo que lhes corresponde e a interpretação do modo como eles encontram expressão nas regras da contratação pública. Colocando–se, neste contexto, a complexa questão

---

contratação pública anterior às Diretivas de 2014, *Cfr.* ROBERTO CARANTA/MARTIN TRYBUS (eds.), *Green and social procurement in Europe,* Copenhaga, 2010; DIOGO DUARTE DE CAMPOS, "A admissibilidade de políticas secundárias na contratação pública: a consideração de factores ambientais e sociais", in *Estudos de Direito Público — Coleção PLMJ,* Coimbra, 2011, pp. 127 segs..

73 De entre a vasta bibliografia sobre o enquadramento das Diretivas de 2014 na Estratégia Europa 2020 para um crescimento inteligente, sustentável e inclusivo, *Cfr.*, na doutrina portuguesa, sobretudo os trabalhos de MARIA JOÃO ESTORNINHO, em particular *Direito Europeu dos Contratos Públicos,* pp. 53 segs., *Curso de Direito dos Contratos Públicos,* pp. 415 segs., "Por uma visão ética da contratação pública", in *Liber Amicorum Fausto de Quadros,* vol. II, Coimbra, 2016, pp. 303 segs., e, por último, "A transposição das Diretivas europeias de 2014 e o Código dos Contratos Públicos: por uma contratação pública sustentável e amiga do bem comum", in MARIA JOÃO ESTORNINHO (ed.), *A transposição das Diretivas Europeias de 2014 e o Código dos Contratos Públicos,* e-book, ICJP, Lisboa, 2016; e, na doutrina mais recente, ainda no mesmo e-book, VASCO PEREIRA DA SILVA, "Para um novo Código dos Contratos Públicos ambientalmente sustentável", e PEDRO CERQUEIRA GOMES, "The innovative Innovation Partnerships under the new EU directive for the public sector", *Public procurement law review* 2014, pp. 211 segs., e "Políticas estratégicas na nova Diretiva 2014/24/EU — objetivos sociais e ambientais", *Revista de Contratos Públicos* n.º 11, pp. 89 segs.. Na doutrina comparada, *Cfr.* DRAGOS/NEAMTU, "Sustainable public procurement in the EU: experiences and prospects", pp. 301 segs.; ROBERTO CARANTA, "Sustainable procurement", in MARTIN TRYBUS/ROBERTO CARANTA/GUNILLA EDELSTAM, *EU Public Contract Law — Public procurement and beyond,* pp. 165 segs.; JUAN JOSÉ PERNAS GARCÍA (ed.), *Contratación Pública Estratégica,* Navarra, 2013, e, nesta obra, a síntese de TERESA MEDINA ARNÁIZ, "Comercio justo y contratación pública", pp. 263-266.

74 *Cfr.*, v.g., MARTIN TRYBUS, "Public contracts in European Union internal market law: foundations and requirements", in ROZEN NOGELLOU/ULRICH STELKENS (eds.), *Droit Comparé des Contrats Publics,* p. 81; MICHEL FROMONT, *Droit administratif des États européens,* Paris, 2006, p. 303; XAVIER BEZANÇON, "Typologie, contenu et droit comparé des contrats publics", *Revue du marché unique européen* n.º 3, 1999, p. 65; MEILÁN GIL, *Categorias jurídicas en el Derecho Administrativo,* Madrid, 2011, p. 144.

75 Utilizado o conceito de contratação pública, voltamos a recordá-lo, no sentido estrito que o refere à disciplina dos procedimentos de formação dos contratos públicos.

da relação conflitual que se estabelece entre os *valores da contratação pública e outros interesses públicos envolvidos* — questão que com acuidade crescente se coloca, designadamente no espaço europeu, da conciliação dos valores e interesses prosseguidos pelo Direito da contratação pública com os valores associados à prossecução de outros interesses públicos que as entidades públicas têm a seu cargo.

Como pano de fundo da análise, importa ter presente que, sem prejuízo da relevância que o Direito europeu da contratação pública assume como condicionante, de fonte supranacional, das soluções que, nesse domínio, são consagradas nos ordenamentos jurídicos europeus, há *determinantes de âmbito nacional do Direito da contratação pública*, que a regulação da contratação pública, antes de ser exigida pelo Direito da União Europeia, é uma necessidade que a qualquer Estado moderno se impõe por imperativos que lhe são próprios, e, portanto, que o Direito da contratação pública não deve ser apenas analisado à luz do enquadramento que para ele resulta das Diretivas e princípios decorrentes do Direito da União Europeia e da elaboração que, em torno deles, tem sido produzida pela doutrina do Direito europeu da contratação pública. Na verdade, discutir os princípios do Direito da contratação pública à face do Direito nacional não é a mesma coisa que discutir que princípios presidem ao Direito europeu da contratação pública [76]

A nosso ver, são dois os valores de Direito público determinantes do Direito da contratação pública. O primeiro concretiza–se no *princípio da racionalidade e eficiência na gestão dos recursos públicos.* A importância deste princípio, neste contexto, resulta de um imperativo inerente à natureza pública das entidades contratantes e dos recursos cuja gestão lhes está confiada: o imperativo, que aos poderes públicos se impõe, de gerirem de modo objetivo e de tirarem o maior partido possível, no domínio da contratação que fazem, dos recursos públicos escassos que lhes são confiados para gerir como coisa alheia, que, sendo em grande medida obtida através da imposição de sacrifícios à comunidade, é pertença de todos [77].

Este imperativo exige, desde logo, racionalidade nas decisões que são tomadas a montante dos procedimentos de seleção de contratantes, a começar pela *decisão de contratar,* que pressupõe a identificação de necessidades a satisfazer e o reconhecimento do recurso ao mercado como a via mais adequada para obter a respetiva satisfação. É escassa a regulação existente em Portugal neste domínio, se abstrairmos de regimes como o do *comparador público,* no domínio das PPP, mas é reconhecida a necessidade de as entidades públicas investirem no *planeamento* da contratação que fazem e, por isso, de

---

76 Basta ver a discussão, na doutrina do Direito europeu da contratação pública, sobre a questão de saber se o interesse na obtenção de *value for money* na contratação pública constitui um objetivo visado pelo Direito da União Europeia sobre a matéria: *Cfr.*, por todos, SUE ARROWSMITH, *The Law of Public and Utilities Procurement: Regulation in the EU and UK,* 3ª ed., Londres, 2014, pp. 171 segs.. Sublinhando as diferenças que separam a lógica do Direito europeu da contratação pública, em contraponto com a lógica própria dos Estados nacionais, *Cfr.* MARIA JOÃO ESTORNINHO, *Curso de Direito dos Contratos Públicos,* pp. 61, 312-313, 316 e 368 segs.. O ponto foi, entretanto, desenvolvido, na doutrina portuguesa, por MIGUEL ASSIS RAIMUNDO, *A formação dos contratos públicos.* Assinalando a natureza de enquadramento —*framework nature* — de que se reveste o Direito europeu da contratação pública para os Direitos nacionais dos Estados membros da União, *Cfr.* SUE ARROWSMITH, *The Law of Public and Utilities Procurement,* pp. 174-178.

77 *Cfr.* MIGUEL ASSIS RAIMUNDO, *A formação dos contratos públicos*, pp. 70 e 385; PEDRO GONÇALVES, *Direito dos Contratos Públicos,* pp. 127 segs...

um enquadramento normativo que promova a eficiência neste plano, sustentada na profissionalização e na formação dos responsáveis pelos procedimentos de contratação[78].

O mesmo imperativo exige, por outro lado, que, quando decidam avançar para procedimentos de seleção de contratantes, *as entidades adjudicantes escolham as propostas mais eficientes*, que, permitindo–lhes obter a "melhor equação possível entre as utilidades que obtêm e os recursos que disponibilizam", assegurem a mais racional e eficiente utilização dos recursos públicos envolvidos[79]. Faz–se apelo, a este propósito, ao conceito de *best value for money*, cuja utilização, neste contexto, nada tem, a nosso ver, de criticável, porque é conciliável com o reconhecimento de que, dependendo do tipo de contratação concreta de que se trate, o *interesse financeiro da entidade pública,* concretizado no legítimo propósito de obter "o melhor negócio possível", pode ser enquadrado pela definição, no procedimento em causa, de parâmetros dirigidos a salvaguardar ou prosseguir a satisfação de interesses públicos de outra natureza [80].

O outro valor determinante do Direito da contratação pública concretiza–se no *princípio da igualdade*. Consagrado, em termos gerais, no artigo 13.º da Constituição da República Portuguesa e, em particular, no seu artigo 266.º como um dos princípios gerais da atividade administrativa, este princípio assume um sentido específico no âmbito do Direito da contratação pública, que justifica uma análise mais circunstanciada. Com efeito, a importância deste princípio, neste contexto, resulta de um imperativo que, por ser inerente à natureza pública das entidades contratantes e dos recursos cuja gestão lhes está confiada, é conatural e, por isso, ínsito ao Direito da contratação pública: o imperativo, que aos poderes públicos se impõe, de distribuírem de modo não discriminatório os recursos públicos escassos que, em grande medida, arrecadam através da imposição de sacrifícios à comunidade, ou outros benefícios que esteja na sua posse facultarem de modo diferenciado a determinados membros da comunidade [81].

---

78 *Cfr.*, a propósito, PATRICIA VALCÁRCEL FERNÁNDEZ, "Colaboración público-privada, estabilidad presupuestaria y principio de eficiencia de los fondos públicos", in *Observatorio de Contratos Públicos 2011,* Navarra, 2012, pp. 450 segs.; CARLOS AYMERICH CANO, "Crisis económica y contratación pública", in PERNAS GARCÍA (ed.), *Contratación Pública Estrategica,* pp. 86 segs.; GIMENO FELIÚ, *El nuevo paquete legislativo comunitário sobre contratación pública,* Navarra, 2014, pp. 207 segs., e "Las nuevas Directivas - cuarta generación - en matéria de contratación pública", *Revista Española de Derecho Administrativo* nº 159, pp. 103-104.

79 *Cfr.* MIGUEL ASSIS RAIMUNDO, *A formação dos contratos públicos*, pp. 57, 368, 374 e 381; PEDRO GONÇALVES, ""Concorrência e contratação pública", in *Estudos em Homenagem a Miguel Galvão Teles,* vol. I, Coimbra, 2012, p. 492. Reconhecendo a relevância de que, no plano da regulação da contratação pública em qualquer ordenamento jurídico, se reveste o interesse na obtenção de *value for money*, *Cfr.* SUE ARROWSMITH, *The Law of Public and Utilities Procurement,* pp. 17 segs. e 171 segs..

80 *Cfr.*, a propósito, STEVEN SCHOONER, "Desiderata: objectives for a system of governent contract law", *Public Procurement Law Review* 2002, pp. 103 segs., e STEVEN SCHOONER/DANIEL GORDON/JESSICA CLARK, "Public procurement systems: unpacking stakeholder aspirations and expectations", in: http//scholarship.law.gwu.edu/faculty_publications/111.

81 *Cfr.* MIGUEL ASSIS RAIMUNDO, *A formação dos contratos públicos*, pp. 27-28 e 51 segs.. *Cfr.* também PETER TREPTE, *Regulating procurement (understanding the ends and means of public procurement regulation),* Oxford, 2004, pp. 139 segs., e *Public Procurement in the EU — A practicioner's guide,* 2ª ed., Oxford, 2007, pp. 13-15. Para CLÁUDIA VIANA, *Os princípios comunitários na contratação pública,* pp. 111 segs., o princípio da igualdade, enquanto princípio basilar do Direito da União Europeia e princípio de Direito Administrativo de grande importância para as administrações públicas nacionais, é o princípio estruturante do regime jurídico da contratação pública.

No contexto da formação de contratos que envolvem a transferência de recursos públicos para privados ou, em todo o caso, a constituição pública de benefícios na respetiva esfera jurídica e, portanto, que desempenham uma função distributiva de recursos ou outros benefícios públicos, o referido imperativo exige que seja assegurada a *igualdade de oportunidades de acesso aos benefícios públicos* dos interessados em obter as utilidades que dependem da celebração desses contratos[82].

Os valores subjacentes aos princípios enunciados são valores de Direito público, de interesse público, que, a nosso ver, em primeira linha se perfilam como determinantes do Direito da contratação pública. Pode, por isso, dizerse que os princípios enunciados são os *princípios determinantes* do Direito da contratação pública.

Os princípios enunciados confluem, entretanto, no sentido de impor a *organização de procedimentos administrativos concorrenciais, públicos e transparentes* para a seleção daqueles com quem as entidades públicas contratam. Dos princípios referidos decorrem, pois, os *princípios da concorrência,* da *publicidade* e da *transparência,* que se pode dizer que são os princípios mais distintivos do Direito da contratação pública[83]. A nosso ver, isso deve–se precisamente ao facto de não serem os princípios determinantes, mas princípios instrumentais [84], que, por terem por objeto dar execução aos objetivos visados pelos princípios determinantes (como vimos, da igualdade de oportunidades de acesso à contratação pública e da racionalidade e eficiência na gestão dos recursos públicos), encontram expressão concreta em múltiplas regras que deles são corolários, desse modo adquirindo grande visibilidade.

---

82 Não se afigura, pois, aceitável o entendimento que, na Alemanha, tem prevalecido nesta matéria, cristalizado na importante e muito criticada decisão do Supremo Tribunal Administrativo de 2 de maio de 2007, segundo a qual, fora do âmbito de aplicação das Diretivas europeias, como o Estado, quando escolhe a quem compra bens ou serviços, atua como um mero adquirente no mercado e não como titular de poderes de autoridade, essa escolha não traduz o exercício do seu poder público de autoridade, pelo que não se rege pelo Direito Administrativo, mas é uma escolha tomada no âmbito do procedimento de direito privado que precede a celebração de um contrato de direito privado, pelo que não consubstancia a prática de um ato administrativo e não é passível de impugnação pelos interessados nesse procedimento: *Cfr.*, por todos, MARTIN BURGI, *Vergaberecht,* Munique, 2016, pp. 58-59, com indicação de referências. Em Portugal, é, pelo contrário, hoje pacífico o reconhecimento da natureza jurídico-pública dos procedimentos de formação dos contratos de direito privado da Administração. Já no sentido da qualificação como atos administrativos das decisões através das quais a Administração realiza escolhas que, embora não imponham obrigações ou sacrifícios aos particulares, sempre se lhes impõem, no sentido de que, por exprimirem um poder de decisão quanto ao modo de disposição de recursos públicos, a todos comprometem e vinculam quanto à determinação do modo de prosseguir interesses que, por serem públicos, pertencem a todos, *Cfr.* MÁRIO AROSO DE ALMEIDA, *Anulação de atos administrativos e relações jurídicas emergentes,* Coimbra, 2002, pp. 90-91, com indicação de referências.

83 *Cfr.*, a respeito, JOSÉ ANTÓNIO MORENO MOLINA, "El sometimiento de todos los contratos públicos a los princípios generales de contratación", in *Administración y Justicia: Liber amicorum Tomás-Ramón Fernández,* vol. II, Navarra, 2012, pp. 3429 segs.; CLÁUDIA VIANA, *Os princípios comunitários na contratação pública,* pp. 115 segs..

84 Assim, quanto à transparência, MARIO E. COMBA, "Variations in the scope of the new EU public procurement Directives of 2014: efficiency in public spending and a major role of the approximation of laws", in FRANÇOIS LICHÈRE/ROBERTO CARANTA/STEEN TREUMER (eds.), *Modernising Public Procurement: The New Directive,* p. 42; SUE ARROWSMITH, *The Law of Public and Utilities Procurement,* pp. 164 e 264; PETER TREPTE, *Public Procurement in the EU,* p. 17; e, quanto à concorrência, PEDRO GONÇALVES, "Concorrência e contratação pública", pp. 489-490.

A dimensão procedimental reveste–se de especial relevo e assume, por isso, um alcance específico no contexto em análise, na medida em que a organização de *procedimentos abertos à concorrência* é condição da *igualdade de oportunidades no acesso à celebração de contratos públicos* e, por outro lado, a colocação em competição das propostas concorrentes promove as condições para a *escolha pelas entidades adjudicantes das propostas mais eficientes.* Nesta perspetiva, a promoção da concorrência entre os agentes económicos é, pois, função da igualdade de acesso e da maior racionalidade e eficiência na escolha das propostas, nessa perspetiva devendo ser lidas, a nosso ver, tanto as normas que visam prevenir o favorecimento ilegítimo de determinados agentes económicos pelas entidades adjudicantes, como as normas que visam prevenir hipóteses de conluio entre concorrentes [85].

A *publicidade* e a *transparência* dos procedimentos promovem a objetividade das decisões (v. g., através da prévia definição dos critérios de adjudicação), a sua visibilidade pelos concorrentes e pela comunidade em geral (através da documentação dos atos procedimentais e da fundamentação e publicitação das decisões, incluindo das decisões relativas aos contratos celebrados por ajuste direto, que se funda na legítima pretensão da comunidade de conhecer as formas e termos da atribuição de contratos sem publicidade e concorrência, para poder fiscalizar a observância das normas e critérios por que se rege a atribuição concorrencial dos contratos públicos)[86] e o escrutínio e responsabilização dos respetivos agentes *(accountability)*[87].

A publicidade e a transparência previnem, assim, discriminações e favorecimentos passíveis de porem em causa a racionalidade e a eficiência na gestão dos recursos públicos e a igualdade de oportunidades no acesso à contratação — revestindose, neste domínio, de especial relevo a consagração de regimes dirigidos a prevenir os *conflitos de interesses,* matéria à qual o Direito europeu da contratação pública tem dedicado particular atenção, em resultado de uma evolução que o conduziu a promover a *integridade* na contratação pública, impondo a adoção de políticas de *prevenção da corrupção* neste domínio [88].

---

85 *Cfr.* MIGUEL ASSIS RAIMUNDO, *A formação dos contratos públicos*, pp. 57 e 378; PEDRO GONÇALVES, "Concorrência e contratação pública", pp. 492-493 e 513, nota 72.

86 *Cfr.* MIGUEL ASSIS RAIMUNDO, *A formação dos contratos públicos*, p. 54.

87 *Cfr.* SUE ARROWSMITH, *The Law of Public and Utilities Procurement,* pp. 164 segs. e 264 segs.; GIMENO FELIÚ, *El nuevo paquete legislativo comunitario sobre contratación pública,* pp. 18 segs.; PETER TREPTE, "Transparency requirements", in NIELSEN/STEEN TREUMER (eds.), *The New EU Public Procurement Directives,* Copenhaga, 2005, pp. 49 segs., e *Public Procurement in the EU,* pp. 15 segs.; CHRISTOPHER BOVIS, "The principles of public procurement regulation", in CHRISTOPHER BOVIS (ed.), *Research Handbook on EU Public Procurement Law,* Cheltenham, 2016, pp. 35 segs. e 46 segs.. Importa, no entanto, notar que as análises a que a doutrina do Direito europeu da contratação pública procede do princípio da transparência tendem a centrar-se sobre as questões suscitadas pela jurisprudência *Telaustria* do Tribunal de Justiça da União Europeia e pelas subsequentes comunicações da Comissão Europeia sobre o conteúdo do dever de transparência a observar nos procedimentos de formação de contratos excluídos do âmbito de aplicação das Diretivas (contratos abaixo dos limiares e, até à Diretiva 2014/23, concessões). Na doutrina portuguesa, *Cfr.* CLÁUDIA VIANA, *Os princípios comunitários na contratação pública,* pp. 153 segs.; RODRIGO ESTEVES DE OLIVEIRA, "Os princípios gerais da contratação pública", in *Estudos de Contratação Pública,* vol. I, Coimbra, 2008, pp. 51 segs..

88 Em geral sobre o tema da integridade e do combate à corrupção no Direito europeu da contratação pública, *Cfr.*, v.g., GABRIELLA RACCA/CHRISTOPHER YUKINS, *Integrity and efficiency in sustainable procurement,* Bruxelas, 2014; P. BRAUN/C. BERISPEK, "Conflicts of interest in public award

7. O Direito dos Contratos Públicos reveste–se, entretanto, também de particular interesse por ser um dos mais relevantes sectores do Direito Administrativo em que se evidencia a tensão dialética que, em tantos domínios da vida administrativa, se estabelece, não só entre interesse público e interesses privados, mas também entre interesses públicos conflituantes entre si, na busca de um justo equilíbrio, segundo critérios de ponderação devidamente estruturados [89] — sendo que a questão se coloca com particular nitidez no âmbito da contratação pública, em que se evidencia a necessidade de conjugar na justa medida os diferentes interesses públicos subjacentes à exigência da observância de regras procedimentais na formação dos contratos que envolvem o recurso ao mercado para a satisfação de necessidades públicas. Reveste–se, pois, de especial interesse o estudo da tensão que se estabelece entre os valores que inspiram o Direito da contratação pública, a que fizemos referência até aqui, e valores associados à prossecução de outros interesses, no quadro mais vasto de valores jurídico–públicos que as entidades públicas têm a seu cargo.

Na perspectiva de quem entenda que o Direito da contratação pública deve ser um Direito de proteção do mercado e dos seus valores contra interferências perniciosas dos poderes públicos, as entidades públicas não serão admitidas a dirigirse ao mercado senão numa perspectiva de estrita racionalidade económica, como se de entidades privadas se tratassem, cabendo ao Direito da contratação pública impedir que, na contratação a que procedem, elas sejam determinadas por outras motivações do que o objetivo de realizar bons negócios, colocando, desse modo, em causa o normal funcionamento das regras do mercado [90].

A perspetiva mais defensável parece ser, no entanto, aquela que preconiza a adoção de soluções de equilíbrio, aptas a conciliar os valores da contratação pública com outras exigências igualmente dignas de consideração, relacionadas com a prossecução de outras políticas públicas. O problema colocase, portanto, em termos de ponderação de valores conflituantes, na busca das soluções mais adequadas [91].

É nesta perspetiva que deve ser encarada a discussão que, no espaço europeu, se tem desenvolvido em torno do problema da atendibilidade, no âmbito da contratação pública, de critérios relacionados com a prossecução de objetivos de política social e ambiental,

---

procedures", *Public Procurement Law Review* 2008, nº 3, pp. 53 segs.; GIMENO FELIÚ, *El nuevo paquete legislativo comunitario sobre contratación pública,* pp. 24 segs., com outras referências. A preocupação transcende, hoje, no entanto, claramente as fronteiras do espaço europeu: *Cfr.*, por todos, ROBERT ANDERSON/WILLIAM KOVACIC/ANNA CAROLINA MÜLLER, "Ensuring integrity and competition in public procurement markets: a dual challenge for good governance", in SUE ARROWSMITH/ROBERT ANDERSON (eds.), *The WTO regime on government procurement: challenge and reform,* pp. 681 segs.. Na doutrina portuguesa, *Cfr.* MIGUEL ASSIS RAIMUNDO, *A formação dos contratos públicos*, pp. 71 (e nota 100) e 361 segs..

89 *Cfr.*, v.g., MARTIN BEYELER, *Ziele und Instrumente des Vergaberechts,* Zurique, 2008, pp. 5 segs..

90 Veja-se, nesta perspectiva, ALBERT SANCHEZ GRAELLS, "Public procurement and competition: some challenges arising from recent developments in EU public procurement law", in CHRISTOPHER BOVIS (ed.), *Research Handbook on EU Public Procurement Law,* pp. 444-445, criticando em particular as políticas de aquisição executadas por centrais de compras.

91 *Cfr.* ROBERTO CARANTA, "Sustainable procurement", in MARTIN TRYBUS/ROBERTO CARANTA/GUNILLA EDESTAM (eds.), *EU Public Contract Law — Public Procurement and beyond,* p. 165; BEATE STAJFELL/ANJA WIESBROCK, "Why should public procurement be about sustainability?", in BEATE STAJFELL/ANJA WIESBROCK (eds.), *Sustainable public procurement under EU Law,* Cambridge, 2015, p. 4.

como acontece quando nos procedimentos de formação de contratos se consagrem cláusulas dirigidas à proteção das pequenas e médias empresas, à promoção do emprego e da igualdade de género, à integração de pessoas com deficiência, à eficiência e poupança energética, etc., de modo a dar preferência a propostas que promovam a criação de postos de trabalho, que sejam apresentadas por pequenas ou médias empresas, que envolvam produtos ou processos de fabrico amigos do ambiente, ou mesmo de excluir propostas que envolvam a inobservância de certo tipo de padrões sociais ou ambientais, etc.[92].

Na verdade, tende hoje a ser reconhecida a importante função que a contratação pública pode desempenhar, enquanto instrumento de intervenção do Estado na vida económica e social, e, portanto, que, dependendo do tipo de contratação de que se trate, as entidades públicas devem poder determinar estrategicamente os termos e condições em que se vão dirigir ao mercado, tendo presente que a contratação pública, pelo efeito indutor de comportamentos que produz, pode e deve ser utilizada como um instrumento de prossecução de políticas públicas de âmbito geral ou, como tende a dizer–se, horizontal ou transversal [93].

A verdade, porém, é que o Direito europeu da contratação pública, proibindo a discriminação de agentes económicos em função da nacionalidade, impede a adoção de políticas de preferência a empresas nacionais ou que imponham barreiras artificiais à construção do mercado interior europeu. Ora, isso implica que a discricionariedade das entidades submetidas ao Direito europeu da contratação pública quanto à opção de prosseguirem políticas públicas nos seus procedimentos de contratação fica submetida a esses condicionalismos e, por conseguinte, ao crivo da verificação da sua compatibilidade com eles [94].

Cumpre, no entanto, referir que, em domínios sectoriais, há obrigações que, para os Estados membros, resultam de instrumentos vinculativos que adotam políticas da União Europeia com direta incidência no domínio da contratação pública [95]. E, por outro lado,

---

92 Sobre o tema, *Cfr.*, por todos, MARIA JOÃO ESTORNINHO, *Direito europeu dos contratos públicos*, pp. 56 segs.; ARROWSMITH/KUNZLIK, *Social and environmental policies in EC procurement law*, *passim*, com amplas referências; CHRISTOPHER MCDRUDDEN, "Using public procurement to achieve social outcomes", *Natural Resources Forum* 2004, n.º 4, pp. 257 segs.; e as diversas exposições em PERNAS GARCÍA (ed.), *Contratación Pública Estratégica*.

93 Em geral sobre o tema, *Cfr.* NUNO CUNHA RODRIGUES, *A contratação pública como instrumento de política económica*, Coimbra, 2013; GIMENO FELIÚ, *El nuevo paquete legislativo comunitario sobre contratación pública*, pp. 39 segs.; PETER TREPTE, *Regulating procurement (understanding the ends and means of public procurement regulation)*, pp. 137 segs..

94 *Cfr.* CLÁUDIA VIANA, *Os princípios comunitários na contratação pública*, pp. 55-56 e 62; ARROWSMITH/KUNZLIK, *Social and environmental policies in EC procurement law*, pp. 10, 16 segs. e 36-37, para quem "a questão crítica é a da extensão com que a natureza pública de tal comprador *restringe* ou *deve restringir* a sua autonomia de modo a poder constranger a sua capacidade para prosseguir políticas horizontais", devendo entender-se que "às políticas horizontais de contratação deve ser dado igual peso que às outras políticas e devem ser permitidas a menos que haja uma boa razão para restringi-las", mas também que "existe potencial para *conflito* entre as políticas horizontais de contratação e a política do mercado único", pelo que as instituições europeias não excedem os seus poderes ao proceder a esse crivo, "considerado o papel da UE em *limitar* a discricionariedade dos Estados membros na implementação de políticas horizontais".

95 *Cfr.* DACIAN DRAGOS/BOGDANA NEAMTU, "Sustainable public procurement in the EU: experiences and prospects", in LICHÈRE/CARANTA/TREUMER (eds.), *Modernising Public Procurement: The New Directive*, pp. 308-309, com referência ao regime da Diretiva 2009/33/CE, do Regulamento 106/2008, e, embora já sem caráter vinculativo, das Diretivas 2006/32/CE e 2010/30/UE.

que, por impulso da jurisprudência do Tribunal de Justiça desde os Acórdãos *Beentjes, Concordia Bus* e *Max Havellaar,* o Direito europeu da contratação pública tem vindo a fazer uma importante evolução no sentido de admitir explicitamente e mesmo incentivar a utilização da contratação pública para a prossecução de políticas públicas, com maior enfoque para as políticas ambientais: evolução encetada nas Diretivas de 2004 e da qual as Diretivas de 2014 representam o corolário até ao momento [96].

Embora não possa deixar de ser assinalada a timidez dos passos que as Diretivas de 2014 deram neste domínio, na medida em que, no essencial, as soluções que consagraram não são vinculativas (*cfr.* considerando 95 da Diretiva 2014/24/UE), remetendo a efetiva relevância das dimensões sociais e ambientais para o domínio das boas práticas a adotar pelos Estados membros, pelo que assentam mais numa lógica de incentivo aos Estados do que de imposição de soluções, e ainda assim com imposição de limites e restrições [97] — circunstância devida ao caráter compromissório das Diretivas, num contexto em que as opiniões ainda permanecem muito divididas, no espaço europeu, no que diz respeito à utilização da contratação pública para a prossecução de políticas de sustentabilidade social e ambiental [98].

8. Uma última referência a um outro problema que, ao longo dos últimos anos, ganhou relevância crescente no espaço europeu: o problema da imposição, por razões fundadas no Direito da contratação pública, de limites à modificabilidade dos contratos públicos duradouros.

Com efeito, merece referência a evolução recente do Direito europeu da contratação pública, desencadeada pelo Tribunal de Justiça da União Europeia e, entretanto, positivada nas Diretivas de 2014, no sentido do reconhecimento de que os contratos submetidos às regras da contratação pública não podem ser livremente modificados durante o seu período de execução, seja pelo contraente público, seja por acordo das partes, porque as mesmas razões que exigem que a celebração de certos contratos públicos seja precedida da realização de procedimentos concorrenciais públicos e transparentes também

---

96 Para a circunstanciada análise da evolução jurisprudencial e dos sucessivos documentos produzidos pela Comissão Europeia, e respetivos reflexos nas Diretivas de 2004 e de 2014, *Cfr.* DRAGOS/NEAMTU, "Sustainable public procurement in the EU: experiences and prospects", pp. 303 segs.; GIMENO FELIÚ, *El nuevo paquete legislativo comunitario sobre contratación pública,* pp. 31 segs., e "Las nuevas Directivas - cuarta generación - en matéria de contratación pública", pp. 68 segs..

97 *Cfr.* STAJFELL/WIESBROCK, "Why should public procurement be about sustainability?", e SUZANNE KINGSTON, "The uneasy relationship between EU environmental and economic policies", ambos in BEATE STAJFELL/ANJA WIESBROCK (eds.), *Sustainable public procurement under EU Law,* pp. 16-18 e 31-33, respetivamente. Para CHRISTOPHER BOVIS, "The principles of public procurement regulation", p. 57, *"there is no attempt yet to instil a type of European public policy across the common market"* em razão das resistências decorrentes das diferenças jurídicas e políticas existentes entre os Estados membros e do próprio questionamento de que é objeto a própria necessidade de um denominador comum de política pública na União Europeia. O Autor lamenta, no entanto, o facto, alegando que a contratação pública poderia desempenhar um papel importante para a integração europeia de padrões jurídicos e políticos necessários para reforçar a competitividade da Europa perante as forças muito poderosas com que se vê confrontada no contexto do mercado global.

98 *Cfr.* DRAGOS/NEAMTU, "Sustainable public procurement in the EU: experiences and prospects", pp. 313-314, e LUKE BUTLER, "Inovation in public procurement: towards the "Inovation Union", in LICHÈRE/CARANTA/TREUMER (eds.), *Modernising Public Procurement: The New Directive,* p. 346.

determinam a necessidade da imposição de limites aos poderes de modificação de que gozam as partes nos contratos celebrados na sequência desses procedimentos [99].

Reconhecese, assim, que um regime de contratação pública só estará completo se impuser limites à possibilidade da introdução de modificações em relação aos termos da adjudicação e se, por outro lado, assegurar a publicidade e a sindicabilidade de tais modificações através da publicitação das modificações introduzidas — tratandose este de um tema de grande atualidade no espaço da União Europeia e, portanto, em Portugal, em virtude das disposições inovadoras que as Diretivas de 2014 introduziram sobre a matéria [100].

A nosso ver, a questão complexa que, neste plano, se coloca, é a da necessidade da ponderação de valores conflituantes, na busca das soluções mais adequadas para alcançar um ponto de equilíbrio.

Na verdade, cumpre recordar que a teoria do contrato administrativo francês nasceu precisamente para dar resposta à necessidade da introdução de modificações em contratos que implicavam a constituição de relações duradouras entre as partes, para adequar esses contratos à evolução das necessidades de interesse público a que eles visavam dar resposta. Nesse contexto nasceu, com efeito, a afirmação da titularidade na esfera do contraente público do poder de modificação unilateral dos contratos administrativos e, em função disso, da própria identidade do contrato administrativo como um instrumento mais facilmente modificável e, portanto, mais flexível, em função da evolução do interesse público, do que o contrato privado.

Ora, não pode deixar de reconhecer–se que a imposição de limites à possibilidade de modificação dos contratos públicos por razões fundadas no Direito da contratação pública, ao impor um maior grau de estabilidade aos contratos públicos, sob pena da necessidade do regresso ao mercado para promover um novo procedimento adjudicatório, se coloca numa relação de tensão com a tradição referida e, portanto, com os valores que essa tradição nasceu para prosseguir, da melhor adequabilidade dos contratos administra-

---

99 Sobre o tema e a evolução da jurisprudência do Tribunal de Justiça da União Europeia sobre a matéria, *Cfr.*, por exemplo, JAN HEBLY/PAUL HEIJNSBROEK, "When amending leads to ending: a teorectical and practical insight into the retendering of contracts after a material change", in GUSTAVO PIGA/STEEN TREUMER (eds.), *The applied law and economics of public procurement*, Oxford, 2013, pp. 163 segs.; MARIO E. COMBA, "Principles of EU law relevant to the performance of public contracts", pp. 322 segs.; GIMENO FELIÚ, *El nuevo paquete legislativo comunitário sobre contratación pública,* pp. 169 segs.; FRANCISCO VÁZQUEZ MATILLA, *La modificación de los contratos públicos,* Pamplona, 2015.

100 Sobre o regime das Diretivas de 2014 sobre a matéria, *Cfr.*, por exemplo, STEEN TREUMER, "Contract changes and the duty to retender under the new EU public procurement directive", *Public Procurement Law Review* 2014, pp. 148 segs., e "Regulation of contract changes in the new procurement directive", in LICHÈRE/CARANTA/TREUMER (eds.), *Modernising Public Procurement: The New Directive,* pp. 281 segs.; SUE ARROWSMITH, *The Law of public utilities procurement*, pp. 577 segs.; GIMENO FELIÚ, *El nuevo paquete legislativo comunitário sobre contratación pública,* pp. 179 segs., e "Las nuevas Directivas - cuarta generación - en matéria de contratación pública", pp. 74 segs.. Na doutrina portuguesa, *Cfr.* ISABEL CELESTE FONSECA, "Pressupostos e limites da modificação do contrato público existente: um velho tema, novas dificuldades", in MARIA JOÃO ESTORNINHO (ed.), *A transposição das Diretivas Europeias de 2014 e o Código dos Contratos Públicos,* e-book, ICJP, Lisboa, 2016; PEDRO GONÇALVES, *Direito dos Contratos Públicos,* pp. 569 segs.; MÁRIO AROSO DE ALMEIDA, *Teoria Geral do Direito Administrativo,* pp. 464 segs.; PEDRO MATIAS PEREIRA/CARLA MACHADO, "Modificação e rescisão do contrato", *Revista de Contratos Públicos* nº 12, pp. 80 segs..

tivos à evolução do interesse público — num contexto em que a necessidade de promover procedimentos concorrenciais consome tempo e implica custos, sobretudo quando, para o efeito, haja que resolver o contrato existente, indemnizando o cocontratante [101].

O problema que neste plano se coloca é, portanto, o do tendencial conflito entre a estabilidade e a adequação à mudança. Como o evidencia a evolução ocorrida no Direito europeu da contratação pública, desde os primeiros acórdãos do Tribunal de Justiça sobre a matéria até ao regime consagrado nas Diretivas de 2014, a questão, neste como nos outros domínios, centra–se na determinação da justa medida, do grau adequado de equilíbrio, na identificação de soluções que, não absolutizando os valores da contratação pública, permitam harmonizá–los com os valores da adequabilidade dos contratos administrativos à evolução do interesse público e da racionalidade e eficiência no dispêndio dos recursos públicos [102].

101 *Cfr.*, a propósito, FABRICE GARTNER, "Des rapports entre contrats administratifs et intérêt général", *Revue Française de Droit Administratif* 2006, pp. 19 segs.; GONOD/MELLERAY/YOLKA, *Traité de Droit Administratif*, p. 260.

102 Para a interessante proposta, neste contexto, da substituição do poder do contraente público de modificação unilateral do contrato por razões de interesse público, quando essa possibilidade não esteja desde o início prevista nas peças do procedimento, por um novo regime em que essa modificação só possa ser decretada por um órgão para-jurisdicional, mediante prévia verificação da conformidade da modificação em causa com os limites impostos pelas Diretivas, *Cfr.* JOSÉ LUÍS MEILÁN GIL, "Las prerrogativas de la Administración en los contratos administrativos: propuesta de revisión", pp. 37-39.

3. LA CONTRATACIÓN PÚBLICA EN LOS SISTEMAS MIXTOS. UNA VALORACIÓN A PARTIR DE LA COMPARACIÓN ENTRE LOS REGÍMENES MEXICANO Y CANADIENSE

*Luis José Béjar Rivera**

I. INTRODUCCIÓN

Como ya es una tradición desde hace mucho tiempo, el Foro Iberoamericano de Derecho Administrativo se reúne año con año para discutir sobre los grandes temas o categorías del derecho administrativo, y todo gracias a los buenos oficios de nuestro presidente el profesor Jaime Rodríguez–Arana Muñoz, quien con no pocos esfuerzos facilita estos encuentros académicos que nos permiten estar día con día debatiendo y conociendo más sobre la disciplina a la que dedicamos nuestra vida académica. Es por ello, que nuevamente agradezco de forma muy especial al Dr. Rodríguez–Arana por su esfuerzo y dedicación para lograr ya, la reunión número XVI de nuestro Foro. También no es menos meritorio y por supuesto es de agradecerse nuevamente a nuestro querido colega, el profesor Olivo Rodríguez Huertas, quien nuevamente será nuestro anfitrión para la reunión 2017 en Santo Domingo, República Dominicana.

Para el Foro de profesores se ha determinado que eje temático serán los contratos administrativos, sobre los cuales, sabemos es una de las grandes categorías del derecho administrativo y uno de los pilares sobre los cuales está cimentada nuestra disciplina.

En el caso mexicano, la contratación administrativa ha tenido un trayecto por decir lo menos bastante accidentado.

Es importante recordar que desde la época de la Colonia ya se tenía una especie de regulación sobre las concesiones, principalmente mineras y bancarias, aunque se sabe que tratándose de concesiones, su conceptualización como contrato o como acto especial, por lo menos en el caso mexicano, depende de una determinada época.

Sin embargo, no consideramos necesarios retrotraernos tan atrás en el tiempo para encontrar precisamente este camino que ha seguido la institución del contrato administrativo, y baste con señalar, tal como lo dice Miguel Galindo Camacho:

* Licenciado en Derecho por el ITESO. Maestro en Ciencias Jurídicas y Doctor en Derecho por la Universidad Panamericana, Campus México. Profesor Investigador de la Universidad Panamericana, Campus México. Miembro del Sistema Nacional de Investigadores del CONACYT. *Visiting Research Fellow* de la Facultad de Derecho de la Universidad de Montreal.

"En México, hasta principios de la década de los cincuentas los contratos que consideramos como administrativos eran considerados contratos regidos por el derecho privado"[1].

A partir de la segunda mitad del siglo pasado, los contratos administrativos cobraron su dimensión propia dentro del derecho público, a partir de múltiples leyes que se han ido transformando con el paso del tiempo, desde la Ley de Inspección de contratos y obras públicas de 1966, la ley de obra pública de 1980 y la ley de adquisiciones, arrendamientos y servicios relacionados con bienes nacionales de 1985, a la ley de adquisiciones y obras públicas de 1993 a las vigentes hoy en día (aunque con senda reformas): Ley de Obras Públicas y Servicios Relacionados con las Mismas (LOPSRM), Ley de Adquisiciones, Arrendamientos y Servicios del Sector Público (LAASSP) y la Ley de Asociaciones Público Privadas (LAPP), como parte del gran marco de contrataciones a nivel federal.

En el caso canadiense, se tiene que comprender primero que nada, el sistema jurídico tan peculiar al cual están incorporados.

En principio, Canadá es un país que se rige por el *common law*, por tanto, su manejo legislativo en el ámbito federal es mínimo y en gran medida operan por políticas y lineamientos en sede administrativa, muchos de los cuales, están cimentados en la llamada *freedom of executive action2*, y por otra parte, por una cuestión histórica (y que no es el punto resolver ese tema ahora), la Provincia de Quebec se ha desenvuelto bajo el modelo de *civil law* o tradición romano–canónica, cuya influencia es directa del derecho francés.

Así, el sistema canadiense en sí mismo, es un sistema mixto, aunque inclinado hacia el *common law* y por ello, es que aún en Quebec, muchas de las disposiciones normativas existentes, no hacen más que recoger los principios y jurisprudencia propios del *common law*, con la particularidad de que aquellos que hemos sido formados en la tradición romano–canónica, muchas de sus disposiciones y fallos, no nos resultan ajenas a los principios de la contratación pública.

En este tenor, en el ámbito de Quebec, la *Loi sur les contrats des organismes publics* (LCOP), es relativamente reciente, y en ámbito federal, se han regido mediante la expedición de reglamentos al respecto, al día de hoy por medio del *Règlement sur les marchés de l'État* (RME), aunque no son todos los documentos normativos que regulan la contratación pública en Canadá, si podemos decir que para efectos de este trabajo, serán en todo caso a los que nos referiremos.

Lo anterior nos lleva al planteamiento que con este trabajo pretendemos. La contratación pública hoy en día, sin importar a cual familia o tradición jurídica corresponda, tiene exactamente los mismos objetivos, es decir, asegurarse del correcto uso de los recursos públicos, de tal forma que, en un sistema altamente reglado como el mexicano, siguiendo nuestros modelos latinoamericanos, y por otra parte, un sistema poco reglado (y con incidencias regladas) como el canadiense, nos muestran claramente la institución de la contratación pública como algo perfectamente homologable y que incluso, en su dialogo, como lo demuestra Quebec con el gobierno nacional canadiense, es posible encontrar situaciones muy similares, problemáticas comunes y por ende, soluciones

1 Galindo Camacho, Miguel, *Derecho Administrativo II,* Porrúa, México, 1996, p. 121.

2 Este principio encuentra su origen en el derecho británico con el fallo *Rederiaktiebolaget Amphitrite v. The King*.

comunes también, a pesar de la diversidad existente en los caminos tomados, de tal forma que ambos sistemas pueden aprender bastante del otro.

Así, cobra aún mayor relevancia si tomamos en consideración que en el entorno globalizado en el que coexistimos hoy en día, resulta indispensable que existan estos mecanismos de diálogo y tráfico jurídico, máxime en los casos como el mexicano y el canadiense que forman parte del tan discutido en los últimos tiempos, el Tratado de Libre Comercio de América del Norte (TLCAN), donde el tráfico comercial entre ambos países, incluye también negocios en el ámbito de la contratación pública.

Así, el objetivo de este trabajo es comprobar que la institución de los contratos administrativos no es una institución estática, y por el contrario, está en constante movimiento, en principio, por una evolución natural, pero también, con motivo de la globalización es que las instituciones se van transformando, adaptando e incluso, sufren trasplantes de otros sistemas jurídicos.

Lo anterior, pretendemos demostrarlo a partir de la influencia que Canadá, en el ámbito nacional ha recibido de la regulación de Quebec, donde a pesar de las enormes diferencias entre ambos sistemas han logrado coexistir a lo largo de los años y más aún, a dialogar armónicamente y de manera cotidiana y natural. Por otra parte, en el derecho mexicano, donde como ya lo señalamos en líneas precedentes, el modelo de contratación pública que se maneja es el adquirido del derecho francés, una realidad es que a partir de la creación de las Empresas Productivas del Estado (EPE) con motivo de la reforma energética, donde a pesar de pertenecer al propio Estado y que éstas ya no se consideran parte de la Administración Pública, aunque si de interés público, se ha optado por establecer modelos de contratación mucho más flexibles y porque no decirlo, mucho más propios de los modelos del *common law*.

Por tanto, el desarrollo de esta aportación será a partir de mostrar las similitudes que ambos modelos, mexicano y canadiense, guardan en relación a la contratación pública, tanto en su regulación general y en concreto, tocaremos algunos puntos relativos a los llamados contratos energéticos en México, demostrando así, la influencia que el derecho mexicano ha recibido de los sistemas de *common law* y como se han (intentado) trasplantar a nuestro sistema jurídico.

Reiteramos, la idea es que el análisis anterior, lo estaremos presentando en un *vis à vis* con el derecho canadiense, caracterizado en sí mismo como un sistema mixto (por lo que hace a la Provincia de Quebec), pero con una tendencia mayor hacia el *common law*, y como en realidad, no encontramos grandes diferencias entre uno y otro, y más aún, vemos una creciente influencia de los modelos contractuales de los sistemas anglosajones sobre el derecho mexicano.

En todo caso, nuestra pretensión con este trabajo es demostrar que efectivamente, un sistema mixto en la contratación administrativa puede funcionar (más allá de lo perfectible que pueda resultar en varios casos), si es que tenemos claro las reglas que aplican, que los modelos sean el resultado de un cuidadoso estudioso sobre la conveniencia de ciertas prácticas, y por supuesto, que facilite este nuevo tráfico jurídico global.

II. LA ADJUDICACIÓN DE LOS CONTRATOS ADMINISTRATIVOS.

Antes de abordar el tema de la adjudicación de los contratos administrativos, como punto de partida, es importante destacar que tanto México como Canadá han asumido los compromisos internacionales en esta materia y han ratificado la Convención de la Organización de las Naciones Unidas contra la Corrupción, de la que se desprende lo siguiente:

> "*Artículo 9.* Contratación pública y gestión de la hacienda pública
>
> 1. Cada Estado Parte, de conformidad con los principios fundamentales de su ordenamiento jurídico, adoptará las medidas necesarias para establecer sistemas apropiados de contratación pública, basados en la transparencia, la competencia y criterios objetivos de adopción de decisiones, que sean eficaces, entre otras cosas, para prevenir la corrupción. Esos sistemas, en cuya aplicación se podrán tener en cuenta valores mínimos apropiados, deberán abordar, entre otras cosas:
>
> a) La difusión pública de información relativa a procedimientos de contratación pública y contratos, incluida información sobre licitaciones e información pertinente u oportuna sobre la adjudicación de contratos, a fin de que los licitadores potenciales dispongan de tiempo suficiente para preparar y presentar sus ofertas;
>
> b) La formulación previa de las condiciones de participación, incluidos criterios de selección y adjudicación y reglas de licitación, así como su publicación;
>
> c) La aplicación de criterios objetivos y predeterminados para la adopción de decisiones sobre contratación pública a fin de facilitar la ulterior verificación de la aplicación correcta de las reglas o procedimientos;
>
> d) Un mecanismo eficaz de examen interno, incluido un sistema eficaz de apelación, para garantizar recursos y soluciones legales en el caso de que no se respeten las reglas o los procedimientos establecidos conforme al presente párrafo;
>
> e) Cuando proceda, la adopción de medidas para reglamentar las cues– tiones relativas al personal encargado de la contratación pública, en particular declaraciones de interés respecto de determinadas contrataciones públicas, procedimientos de preselección y requisitos de capacitación."[3]

Este convenio ha sido incorporado a los sistemas jurídicos sobre los cuales nos estamos refiriendo en este trabajo y nos parece que aún antes de que la Convención fuese firmada, tanto México como Canadá habían asumido ya en su regulación interna los alcances de dicha convención, de tal forma que dicho pacto no hace más que ratificar posiciones existentes.

Ahora bien, tal y como se señaló en líneas precedentes, la regulación de los contratos administrativos en México, aún cuando no es propiamente reciente, se entiende que en su dimensión dentro del derecho público tiene relativamente pocos años.

Así, a partir de lo preceptuado en la Constitución Política de los Estados Unidos Mexicanos (CPEUM), los párrafos tercero y cuarto del artículo 134 señalan:

> "*Art. 134.–* ...
>
> Las adquisiciones, arrendamientos y enajenaciones de todo tipo de bienes, prestación de servicios de cualquier naturaleza y la contratación de obra que realicen, se adjudicarán o llevarán a cabo a través de licitaciones públicas mediante convocatoria pública para que libremente se presenten proposiciones solventes en sobre cerrado, que será abierto públicamente, a fin de asegurar al Estado las mejores condiciones disponibles en cuanto a precia, calidad, financiamiento, oportunidad y demás circunstancias pertinentes.

3 Resolución 58/4 Asamblea General de la Organización de las Naciones Unidas, 31 de octubre de 2003, Convención de las Naciones Unidas contra la corrupción.

> Cuando las licitaciones a que hace referencia el párrafo anterior no sean idóneas para asegurar dichas condiciones, las leyes establecerán las bases, procedimientos, reglas, requisitos y demás elementos para acreditar la economía, eficacia, eficiencia, imparcialidad y honradez que aseguren las mejores condiciones para el Estado."

La CPEUM es muy clara en cuanto a su regulación, en pocas palabras, todos los contratos del Estado deberán ser mediante licitación pública abierta, salvo que no resulte idóneo en términos de la legislación reglamentaria.

En este sentido, también ya habíamos señalado que la legislación reglamentaria de este precepto constitucional se concreta esencialmente en tres cuerpos normativos (aunque no los únicos), la LOPSRM, la LAASSP y la LAPP.

En cuanto a sus contenidos, podemos en términos generales afirmar que por lo menos la LOPSRM y la LAASSP son leyes espejo, es decir, en su contenido resultan prácticamente idénticas (con alguna variación por artículo, pero no mucho más allá de ello).

La primera de las normas regula a los contratos de obra pública y demás contratos complementarios y otras figuras complementarias, como sería el caso de la concesión de bienes o servicios[4]. Por su parte, la LAASSP regula las adquisiciones, arrendamientos y contratos de servicios que recibe la Administración Pública de los particulares.

En ambos casos, se establece, siguiendo la directriz constitucional que todos los contratos se adjudicarán a partir de un procedimiento de licitación pública[5].

La jurisprudencia mexicana ha señalado a propósito de la licitación lo siguiente:

> **"LICITACIÓN PÚBLICA. SU NATURALEZA JURÍDICA**.– La licitación pública consiste en un llamado que la administración pública hace a los particulares de forma impersonal para que le formulen ofertas a fin de llevar a cabo una contratación, lo que, de acuerdo con la doctrina, tiene dos consecuencias: a) Quien se presenta y formula una oferta debe ajustarse estrictamente a las condiciones fijadas en el llamado, quedando obligado a mantenerlas durante el plazo que en éste se establezca; y, b) La administración puede aceptar o rechazar las ofertas que se le hagan, sin responsabilidad alguna, siempre y cuando respete la legalidad del procedimiento. Así, aquel llamado implica un conjunto de actos que conforman un procedimiento preparatorio de la actividad contractual del Estado, por lo que la naturaleza jurídica de la licitación pública es la de un procedimiento administrativo integrado por una diversidad de actos administrativos y simples actos de la administración, como formas jurídicas preparatorias de su actividad contractual, de manera que su omisión invalida los contratos produciendo su nulidad absoluta o de pleno derecho, la que pueden invocar la propia administración, el particular contratante y los terceros interesados."[6]

---

4 En términos generales, en el derecho mexicano se puede afirmar, que por lo menos en el ámbito federal, la concesión no es un contrato, sino que corresponde a los llamados actos especiales. A mayor abundamiento, *Cfr.* Santofimio Gamboa, Jaime Orlando & Béjar Rivera, Luis José, *Las concesiones públicas. Fundamentación teórica,* Novum, México, 2014.

5 Por licitación pública entendemos: *"[...] procedimiento administrativo por el cual la administración pública elige como cocontratante a la persona, física o jurídica, que le ofrece las condiciones más convenientes para el Estado."* López-Elías, José Pedro, *Aspectos jurídicos de la licitación pública en México,* IIJ-UNAM, México, 1999, p. 53.

6 Tesis Aislada I.4o.A.586 A, emitida por el Cuarto Tribunal Colegiado en Materia Administrativa del Primer Circuito, Novena Época, visible en el Semanario Judicial de la Federación y su Gaceta (SJFyG), Tomo XXVI, Julio de 2007, p. 2653.

En el derecho canadiense, tanto en el ámbito de la Provincia de Quebec, como en el derecho nacional, se establece que el mecanismo por excelencia para adjudicar un contrato será la licitación pública (*l'appel d'offre* o *call for tender*), y al respecto, la Corte Superior de la Provincia de Quebec, Canadá, ha señalado de forma muy interesante:

> "El procedimiento de licitación pública tiene diversos objetivos, entre ellos destacan los siguientes:
>
> 1. Permite a la administración pública financiar a las obras públicas al mejor precio posible, por medio de la competencia y eliminando las colusiones y esquemas que produzcan patrocinio y otras colusiones.
> 2. Permite a toda persona competente hacer negocios con el gobierno y los organismos dependientes.
> 3. Establecer un régimen de equidad en el procedimiento de concesión de los contratos en la búsqueda de favorecer la igualdad de oportunidades, de la importancia de adoptar reglas comunes aplicables por igual a todos los interesados."[7]

En un tenor muy similar, una Tesis Aislada del Cuarto Tribunal Colegiado en Materia Administrativa del Primer Circuito señala:

> "**LICITACIÓN PÚBLICA. PRINCIPIOS ESENCIALES QUE RIGEN EL PROCEDIMIENTO ADMINISTRATIVO RESPECTIVO**.– El procedimiento administrativo de licitación se rige por los siguientes principios esenciales: 1) Concurrencia, que asegura a la administración pública la participación de un mayor número de ofertas, lo cual permite tener posibilidades más amplias de selección y obtención de mejores condiciones en cuanto a precio, calidad, financiamiento y oportunidad, entre otras; 2) Igualdad, que es la posición que guardan los oferentes frente a la administración, así como la posición de cada uno de ellos frente a los demás; 3) Publicidad, que implica la posibilidad de que los interesados conozcan todo lo relativo a la licitación correspondiente, desde el llamado a formular ofertas hasta sus etapas conclusivas; y, 4) Oposición o contradicción, que deriva del principio de debido proceso que implica la intervención de los interesados en las discusiones de controversia de intereses de dos o más particulares, facultándolos para impugnar las propuestas de los demás y, a su vez, para defender la propia."[8]

Nos resulta por demás interesante que surgen dos criterios en el mismo sentido y prácticamente las mismas razones en relación a los principios y valores detrás de la licitación pública, no obstante de surgir de dos sistemas jurídicos completamente distintos como sería el canadiense y el mexicano. Ya retomaremos este punto más adelante.

En el caso del derecho mexicano, ambos cuerpos normativos establecen que se acudirá en primer término a la licitación abierta nacional (salvo que un tratado internacional establezca lo contrario), en caso de que la licitación abierta no funcionase, se acudirá a la invitación a por lo menos tres personas o licitación cerrada (aunque esta denominación no es utilizada por el legislador).

También consideramos importante destacar en este punto, que en relación a la Asociación Público–Privada, la LAPP, no hace mención de que para la adjudicación del contrato se utilizará la licitación pública, sino que se refiere a un procedimiento de con-

---

7 Spécialistes en combustion S.D. (1976) lée c. Centre hospitalier Robert-Giffard, 1999 CanLII 11432 (QC CS)

8 Tesis I.4o.A.587 A, Cuarto Tribunal Colegiado en Materia Administrativa del Primer Circuito, Noveno Época, Semanario Judicial de la Federación y su Gaceta (SJFyG), Tomo XXVI, Julio de 2007, p. 2652.

curso[9]. Aunque en un sentido práctico en cuanto a la redacción de la norma no podemos afirmar que realmente esto implique alguna diferencia real con la licitación pública, no se deber perder de vista que tanto la licitación como el concurso son procedimientos al alcance del Estado para seleccionar, en el caso de las primeras, las mejores condiciones para el Estado, en contraposición al concurso, cuyo objetivo es buscar a la persona idónea. El concurso, en términos generales, es uno de los mecanismos propios para elegir a los funcionarios públicos, no para la celebración de un contrato administrativo, sin embargo, tratando de entender la naturaleza de la asociación público–privada, podemos interpretar que la intención del legislador al señalar que se refiere a concurso como procedimiento adjudicatorio, es que se trata de buscar al *socio* idóneo para el Estado, no limitarse a encontrar las mejores condiciones para el Estado.

En este tenor, para algunos podría ser esto un motivo de impugnación en la vía de amparo, toda vez que al no referirse expresamente a licitación pública, se podría entender que está violando el texto del artículo 134 constitucional. A nuestro juicio, consideramos que este no sería un argumento suficiente para la impugnación y al parecer, al día de hoy, no hay ningún pronunciamiento judicial al respecto.

Ahora bien, del propio texto constitucional se desprende que si la licitación no resultase el medio idóneo para la adjudicación de un contrato, la legislación reglamentaria establecerá los mecanismos y las razones por las cuales no se agotará la licitación y por tanto se acudirá a la adjudicación directa.

Estas razones, reguladas por los artículos 41 de la LAASSP y 42 de la LOPSRM, se pueden sintetizar de la siguiente manera:

- Cuando se trate de bienes o servicios sobre los que no exista ninguna alternativa, o bien, se trate de una titularidad o licenciamiento de una patente o derechos de autor, o por tratarse de obras de arte.
- Peligre o se altere el orden social, la economía, los servicios públicos, salud pública, la seguridad o el ambiente de alguna zona o región del país como consecuencia de un caso fortuito o fuerza mayor.
- Pérdidas o costos adicionales importantes, cuantificados y justificables.
- Contratos tenga fines exclusivamente militares, se ponga en riesgo la seguridad nacional o la seguridad pública.
- Por urgencia en la obtención de los bienes, servicios o la ejecución de la obra.
- Cuando se haya rescindido un contrato adjudicado por licitación pública.
- Se trate de bienes perecederos, granos y productos alimenticios básicos o semiprocesados.
- Servicios de consultorías, asesorías, estudios o investigaciones.

---

9 *Cfr.* Art. 38 de la LAPP. Por concurso, en palabras de Héctor Escola entendemos: *"[...] el procedimiento de oposición que se lleva a cabo para elegir el cocontratante de la Administración Pública atendiendo principalmente a la capacidad científica, técnica, cultural o artística de las personas que se presentan a él, a fin de seleccionar a aquellas que tengan la mayor capacidad."* Citado por Lucero Espinosa, Manuel, *La licitación pública,* 2ª ed. Actualizada, Porrúa, México, 2002, p. 40.

- Bienes, servicios o ejecución de trabajos como dación en pago.
- Bienes o servicios relativos a la operación de instalaciones nucleares.
- Contratos derivados de un contrato marco[10].
- Trabajos que requieran fundamentalmente mano de obra campesina o urbana marginada.

En el derecho canadiense, específicamente en la Provincia de Quebec, se refieren a la adjudicación directa como un contrato *gré à gré* (*mutual agreement contract*), denominación también adoptada en el ámbito federal, y que estos aparecen por excepción al procedimiento licitatorio.

En cuanto a lo regulado en el ámbito local, el artículo 13 de la LCOP, se establecen como excepción a la licitación:

"1° si existe una situación de urgencia, importe peligro para las personas o para la propiedad;

2° si solo existe un contratista posible, en virtud de la existencia de una garantía, un derecho de propiedad o un derecho exclusivo, como sería el caso de los derechos de propiedad intelectual o un derecho basado en la exclusividad de una licencia o patente, o por su valor artístico, patrimonial o museológico de la propiedad requerida o servicio;

3° si el contrato involucra información confidencial o protegida, cuya apertura en una licitación ponga en riesgo su confidencialidad o bien, lesione al interés público;

4° si el organismo público considera que puede acreditar [...] que la licitación pública no serviría para tutelar al interés público dado el objeto del contrato; o,

5° En cualquier otro caso determinado por la regulación gubernamental."[11]

Por su parte, en el ámbito federal encontramos que destacan: a) los casos de urgencia, b) limites en cuanto a montos, es decir, que se trate de cantidades relativamente pequeñas, c) cuando la licitación no sea el mecanismo adecuado para la tutela del interés público y, d) cuando el contrato solo pueda ser ejecutado por una sola persona[12].

Es importante señalar que en el derecho de Canadá, el contrato de Asociación Público–Privada (*partenariat public–privé*) está regulado también por la por la LCOP, y por tanto, también están sometidos a las reglas de la licitación pública.

Aún cuando los documentos normativos del país del norte se encuentras en supuestos mucho más abiertos que los del derecho mexicano, la realidad es que a *grosso modo*, no hay una diferencia real entre las excepciones a la licitación contempladas por ambos países.

---

10 El contrato marco es un acuerdo de voluntades que celebra un órgano público con uno o más posibles proveedores, mediante el cual se establecen de manera general las especificaciones técnicas y de calidad, alcances, precios y condiciones que regularán la adquisición o arrendamiento de bienes o la prestación de servicios que, posteriormente, mediante contratos específicos, en su caso, formalicen otros órganos administrativos. *Cfr.* Párrafo segundo del Art. 17 de la LAASSP.

11 Art. 13, *LCOP*.

12 *Cfr.* Art. 6, *RME*.

III. LOS TIPOS DE CONTRATOS ADMINISTRATIVOS.

Aunque al lector le deben resultar familiares, los diversos tipos de contratos administrativos que se contemplan en el derecho mexicano son: a) obra pública[13], b) adquisiciones[14], c) arrendamientos[15], d) servicios[16] y e) asociación público–privada[17], dando por descontado que en líneas precedentes hemos señalado a los contratos marco, pero como se especificó, este tipo de contratos es más bien un contrato de adhesión previo a las adquisiciones.

Nuevamente, la doble influencia que existe en el derecho canadiense (especialmente en el derecho de Quebec) se hace presente en el tema de los contratos administrativos,

---

13 Regulado por la LOPSRM, y que en palabras del profesor español Ramón Parada entendemos como: *"[...] el celebrado entre la Administración y un empresario, cuyo objeto sea la construcción de bienes que tengan naturaleza inmueble, la realización de trabajos que modifiquen la forma o la sustancia del terreno o del subsuelo, la reforma, reparación, conservación o demolición de los objetos anteriores."* Parada, Ramón, *Derecho Administrativo I. Parte General* (13ª ed.), Marcial Pons, Madrid, 2002, p. 339.

14 Regulado por la LAASSP.

15 *Idem.*

16 *Idem.* En términos de lo dispuesto por el artículo 3 de la LAASSP, los contratos regulados por ella son:

I. *Las adquisiciones y los arrendamientos de bienes muebles;*

II. *Las adquisiciones de bienes muebles que deban incorporarse, adherirse o destinarse a un inmueble, que sean necesarios para la realización de las obras públicas por administración directa, o los que suministren las dependencias y entidades de acuerdo con lo pactado en los contratos de obras públicas;*

III. *Las adquisiciones de bienes muebles que incluyan la instalación, por parte del proveedor, en inmuebles que se encuentren bajo la responsabilidad de las dependencias y entidades, cuando su precio sea superior al de su instalación;*

IV. *La contratación de los servicios relativos a bienes muebles que se encuentren incorporados o adheridos a inmuebles, cuyo mantenimiento no implique modificación alguna al propio inmueble, y sea prestado por persona cuya actividad comercial corresponda al servicio requerido;*

V. *La reconstrucción y mantenimiento de bienes muebles; maquila; seguros; transportación de bienes muebles o personas, y contratación de servicios de limpieza y vigilancia;*

VI. *La prestación de servicios de largo plazo que involucren recursos de varios ejercicios fiscales, a cargo de un inversionista proveedor, el cual se obliga a proporcionarlos con los activos que provea por sí o a través de un tercero, de conformidad con un proyecto para la prestación de dichos servicios;*

VII. *La prestación de servicios de personas físicas, excepto la contratación de servicios personales subordinados o bajo el régimen de honorarios;*

VIII. *La contratación de consultorías, asesorías, estudios e investigaciones, y*

IX. *En general, los servicios de cualquier naturaleza cuya prestación genere una obligación de pago para las dependencias y entidades, salvo que la contratación se encuentre regulada en forma específica por otras disposiciones legales. Corresponderá a la Secretaría de la Función Pública, a solicitud de la dependencia o entidad de que se trate, determinar si un servicio se ubica en la hipótesis de esta fracción."*

17 Regulada por la LAPP, y que en términos de su artículo 2 son: "[...] *aquellos que se realicen con cualquier esquema para establecer una relación contractual de largo plazo, entre instancias del sector público y del sector privado, para que la prestación de servicios del sector público o al usuario final y en los que se utilice infraestructura provista total o parcialmente por el sector privado con objetivos que aumenten el bienestar social y los niveles de inversión en el País."*

con una fuerte influencia del derecho francés, al igual que nosotros en el derecho mexicano, en el cual se señala que:

> "Los contratos de la administración son [...] muy numerosos y de una gran diversidad. Y dentro de esa masa desordenada, dos grandes categorías se distinguen y están enmarcadas especialmente dentro de la ley: los contratos públicos [marchés publics] y las delegaciones del servicio público, son formas de contratos bastante antiguos [...]"[18]

Siguiendo esta influencia, en la LCOP, se establecen como contratos administrativos:

> "(1) los contratos de suministro o adquisiciones, incluyendo los contratos para la compra o renta de bienes muebles, y que pueden incluirse los costos de instalación, funcionamiento y mantenimiento de dichos bienes;
>
> (2) los contratos de obra pública, regulados por la Ley de Construcciones (Loi sur le bâtiment), por lo que el contratista debe ser titular de una licencia en términos del capítulo IV de dicha ley;
>
> (3) los contratos de servicios, distintos de los contratos para integrar obras de arte a la arquitectura y al ambiente de los edificios y espacios públicos.

Igualmente se consideran contratos sujetos a esta ley, con independencia de que recurran a fondos públicos o no:

> (1) los contratos de asociación público–privada, cuyo objeto sea el desarrollo de un proyecto de infraestructura, en los que el organismo público se asocia con un contratista para el diseño, ejecución y la explotación de dicha infraestructura;
>
> (2) cualquier otro contracto que así se determine por reglamento de gobierno."

En el ámbito federal, el RME, establece que serán considerados contratos administrativos: a) Adquisición de bienes (artículos, productos, instrumentos, mercancías, materiales o suministros), b) la contratación de servicios (excepto la contratación de personal calificado al servicio de su Majestad), y c) contratos de obra pública, en los que se incluyen los trabajos de construcción, reparación, renovación o restauración de una obra, exceptuando las navieras (se incluyen la instalación de estructuras prefabricadas, obras de dragado, demoliciones y la renta de equipo directamente vinculada a la ejecución del contrato)[19].

IV. REGLAS PARA LA EJECUCIÓN DE LOS CONTRATOS.

En cuanto a la ejecución de los contratos, son muchos temas los que se pueden abordar y, sin duda, a todos y cada uno de ellos les podríamos dedicar sendas páginas para analizar todos sus alcances. Sin embargo, para efectos de este trabajo, procuraremos hacer, al igual que lo hemos estados haciendo en las páginas precedentes, un ejercicio de confrontación de las distintas reglas que existen en los dos regímenes que hemos estado analizando.

---

18 Morand-Deviller, Jacqueline, *Droit administratif,* 12ª ed., Montchrestien lextenso éditions, París 2011, p. 394.

19 *Cfr.* Art. 2, RME.

IV.1. Fiscalización de los contratos administrativos.

En primer término, y sin duda se trata de uno de los temas de mayor calado en los últimos años, se refiere a las reglas relativas a la fiscalización de los contratos administrativos.

Tratándose de las adquisiciones, arrendamientos y servicios, la LAASSP establece en su artículo 58, que la autoridad podrá verificar la calidad de los bienes o servicios objeto del contrato. En contraposición, en términos del artículo 53 de la LOPSM, la autoridad designará a un funcionario público: *"[...] quien fungirá como su representante ante el contratista y será el responsable directo de la supervisión, vigilancia, control y revisión de los trabajos, incluyendo la aprobación de las estimaciones presentadas por los contratistas."*[20]

Tratándose de las APP, la LAPP señala que la función de supervisión la ejercerá la Secretaría de la Función Pública, la cual será responsable de verificar el cumplimiento de la asociación y en su caso, imponer las sanciones correspondientes[21]. Asimismo, la dependencia contratante, podrá designar a un interventor cuando se ponga en peligro la ejecución de la APP y tendrá derecho, a los rendimientos correspondientes si es que estos se generan, en tanto el asociado regulariza su situación[22].

En el derecho canadiense, tratándose de la legislación de Quebec, se establece que el titular de la dependencia pública tendrá la obligación de nombrar a un oficial de cumplimiento de reglas contractuales[23]. Asimismo, la función de verificación y fiscalización de la ejecución de los contratos recaerá en el *Conseil du trésor*[24] quien en muchos sentidos, funciona como un ministerio de administraciones públicas.

En el contexto de la contratación administrativa canadiense, aún cuando se parte de la base de que no existe ninguna diferencia esencial entre un contrato de derecho privado y uno de derecho público, se asume que, en virtud de interés público a tutelar tratándose de los segundos, el contratista tiene la obligación de soportar todo tipo de verificaciones y fiscalizaciones en cuanto al cumplimiento del objeto del contrato, dentro de un margen de razonabilidad y justicia natural. Los criterios bajo los cuales se verificarán los cumplimientos serán guiados a partir de los diversos *Cahiers des charges et devis généraux*[25], los cuales funcionan como normas técnicas de vinculación jurídica indirecta, es decir, se trata de normas de derecho suave[26].

Resulta obvio que de la facultad de fiscalización con la que cuenta la Administración Pública tratándose de los contratos administrativos, se desprende la facultad de sanción,

---

20 Art. 53 LOPSRM.

21 *Cfr*. Art. 125 LAPP.

22 *Cfr*. Art. 112 LAPP.

23 *Cfr*. Arts. 21.0.1 y 21.0.2 LCOP.

24 *Cfr*. Art. 21.1 LCOP.

25 A falta de una mejor traducción, *Cuadernos de Especificaciones y Especificaciones Generales* que expide cada dependencia según corresponda a su actividad. A guisa de ejemplo, *Cfr*. http://collections.banq.qc.ca/ark:/52327/bs2748781, que contiene el *Cahier des charges et devis généraux – Infrastructures routières – Services de nature techniques*, Gobierno de Quebec, 2017, consultada el día 28 de febrero de 2017.

26 En el caso del derecho mexicano, esto perfectamente podría ser equiparado como las Normas Oficiales Mexicanas y circulares administrativas que rigen en materia de contratos públicos.

y que a decir en el derecho francés, se puede presentar a partir de: a) una sanción pecuniaria, b) interrupción del contrato por culpa del contratista y, c) Rescisión del contrato[27].

IV.2. Modificación de contratos administrativos.

En términos generales, podemos hablar de que existen cuatro formas de modificación de los contratos administrativos: a) por mutuo consentimiento, b) por situaciones supervenientes, c) por intervención directa de legislador y, d) modificación unilateral del contrato por parte de la Administración.

La primera de las formas se refiere al mutuo consentimiento, es decir, por acuerdo de las partes, y que podemos decir que forma parte de la naturaleza de los contratos. No obstante, no se debe perder de vista que mientras que en los contratos de derecho privado se rigen por la autonomía de la voluntad y por tanto, el contrato como tal se convierte en *lex inter partes*, en los contratos administrativos propios de los sistemas que siguen al derecho francés, no los podemos entender en esos términos, sino que la voluntad, por lo menos de la administración, está sometida a plenitud a la ley.

En el derecho mexicano, la legislación en materia de contratos administrativos admite la celebración de convenios modificatorios, principalmente cuando sea necesario realizar ajustes de precios o incluso en cuanto a las condiciones de plazos y entregas, siempre y cuando no sea por causas imputables a ninguna de las partes. En todo caso, estos convenios: *"[...] no podrán, en modo alguno, afectar las condiciones que se refieran a la naturaleza y características esenciales del objeto del contrato original, ni convenirse para eludir en cualquier forma el cumplimiento de esta Ley o de los tratados."*[28]

Es decir, está legislada la posibilidad de modificar los contratos administrativos por mutuo consentimiento, siempre y cuando se trate de modificaciones necesarias para el debido cumplimiento del objeto del contrato.

En contraposición, en el derecho canadiense, toda vez que el contrato administrativo, insistimos, se rige por el derecho común, se entiende entonces que el principio de la inmutabilidad de las obligaciones contractuales también será aplicado a éstos[29]. Así, en esta línea de pensamiento, se parte de la base de que el contrato admite modificaciones, pero tienen que ser planteadas de forma cuidadosa, máxime que la legislación aplicable es bastante restrictiva en este sentido. No obstante, la Corte Suprema canadiense ha hecho una interpretación un poco más flexible al respecto, y distingue incluso, entre modificaciones sustanciales y modificaciones accesorias, y en todo caso, será cuestión de analizar el caso concreto[30] para determinar si la modificación resulta contraria a derecho o no, por lo que hace a las cuestiones sustanciales, pero tratándose de las accesorias, incluso ha incorporado reglas de aceptación tácita, de tal forma, que si es posible encontrar modificaciones, sin necesidad de que éstas sean convenidas, aún cuando si tiene que existir algún tipo de expresión por escrito (por ejemplo el pago en un ajuste de precios).

27 *Cfr.* Morand-Deviller, Jacqueline, *Op. Cit.*, p. 406.

28 Párrafo Cuarto, Art. 59 LOPSRM.

29 *Cf.* Garant, Patrice, *Droit administratif*, 6ª ed., Éditions Yvon Blais, Cowansville, 2016, pp. 427-428.

30 *Cfr. Adricon v. East Angus* [1978] 1 RCS 1107.

El segundo supuesto, relativo a la fuerza mayor o causa superveniente no imputable a ninguna de las partes, tanto en el derecho mexicano como en el canadiense se contempla la posibilidad de suspender la ejecución del contrato y en todo caso, se cubrirán los montos correspondientes a los trabajos ya realizados, los bienes efectivamente entregados o los servicios ya prestados[31].

Ahora bien, la modificación del contrato por intervención del legislador, se debe partir de lo siguiente: es poco probable que el legislador realice algún tipo de modificación a la ley y que esto llegue a impactar directamente a la ejecución de un contrato[32]; sin embargo, es razonable estar abiertos a esta posibilidad, así que dependiendo de la situación concreta que se presente, el contratista podría llegar a recurrir a la indemnización en determinado momento o que la Administración se vea en la necesidad de hacer alguna modificación en relación a la ejecución del contrato. Esta posición resulta más que válida para ambos sistemas jurídicos.

Sin embargo, no está por demás tener la prevención que hace el profesor mexicano Miguel Alejandro López Olvera:

> "No es en los actos individuales donde la administración despliega toda su arbitrariedad: es en la redacción de largos y pesados reglamentos, seudo normas generales que luego maliciosamente alega limitarse a cumplir, cuando ella misma los ha preparado y emitido."[33]

Insistimos, resulta poco probable que la Administración Pública modifique su normatividad con el fin de eludir una responsabilidad contractual y en todo caso, en un sistema como el mexicano, cualquier modificación normativa apareja en sus disposiciones transitorias prevenciones relativas a situaciones que se pudiesen presentar en virtud de los contratos que se estén ejecutando.

En contraposición, en el derecho canadiense autores como Garant estiman que bajo ciertas condiciones, el Reglamento en sí, si podría modificar un contrato, pero para que la Administración pueda modificar ese reglamento, deberá contar con autorización legislativa para ello, y por supuesto, podría incurrir en algún tipo de responsabilidad[34].

Por último, prácticamente toda la doctrina iberoamericana contempla la posibilidad de la modificación unilateral del contrato administrativo, principalmente encontrando su origen en el derecho francés. En palabras de Martine Lombard & Gilles Dumont:

> "El poder de modificación unilateral de los contratos está reconocido desde hace mucho tiempo por la jurisprudencia. El Consejo de Estado ha admitido, desde 1910 que un prefecto podría modificar el servicio de una compañía de trenes, ya establecido en el contrato (CE 21 de marzo de 1910, Compagnié générale française des tramways, GAJA nº 21), ya que cuenta con el poder suficiente y necesario para determinar dichas modificaciones y adiciones con el

---

31 *Cfr.* Arts. 55 BIS LAASSP, 45 BIS LOPSRM y 1470 del Código Civil de Quebec (CCQ).

32 Se suelen incluir disposiciones transitorias para salvar la ejecución de las obras, la prestación de los servicios o las adquisiciones derivadas.

33 López Olvera, Miguel Alejandro, *La instancia administrativa. Problemas actuales de la justicia administrativa. Principios y fuentes del proceso administrativo. Órgano y procedimientos judiciales,* Ediar, Buenos Aires, 2008, p. 81.

34 *Cf. Lévis (Ville) c. Services sanitaires Champlain ltée*, 1987 CanLII 501 (QC CA), <http://canlii.ca/t/1ppm2>, consultado el día 8 de febrero de 2017.

fin de asegurarse de que, protegiendo al interés público, el servicio funcionará de forma normal [...]"[35]

Sin embargo, México no está adherido a esta posición, pues las modificaciones que puede hacer sobre el contrato administrativo, deberá hacerlas dentro de los límites que le marca la legislación y mediante la celebración de un convenio modificatorio, teniendo como límite, tal como se indicó en líneas precedentes, que no se modifique el objeto y alcances del contrato, y aún ante cuestiones imprevisibles, a menos que el objeto del contrato desaparezca, no se puede decir que la modificación del contrato pueda llevarse a cabo de forma unilateral.

De igual forma, en el derecho canadiense, el cual, como se indicó, se parte del principio de la inmutabilidad de la obligación, por lo que podríamos aventurarnos a señalar, siguiendo a Garant[36], que incluso, la teoría de la impresión no está contemplada por su sistema jurídico (por lo menos en el ámbito de Quebec), De hecho, la Corte de Apelaciones de Quebec, así lo ha señalado con anterioridad[37].

IV.3. Rescisión del contrato administrativo

Entendiendo la rescisión como: *"[...] privación de efectos de un negocio jurídico por sí mismo válido para lo futuro, por medio de una declaración de voluntad [...]"*[38]

Siguiendo a la profesora emérita de la Universidad de París I (Panthéon–Sorbonne), Jacqueline Morand–Deviller, la rescisión puede presentarse de tres formas: a) Rescisión como sanción, b) Rescisión por causa del interés general y, c) Rescisión por inejecución no infractora[39].

En el derecho mexicano, se contempla la rescisión administrativa como una forma de sanción, siempre y cuando se agote el procedimiento sancionador respectivo[40]. Siguiendo el mismo orden de ideas, la rescisión por causa de interés general está regulada en México, tanto en la LAASSP[41] como en la LOPSRM[42], pero no así para las APP. Por último, la rescisión por inejecución no infractora, no está regulada como tal en el derecho mexicano y se entiende más bien como una terminación anticipada del contrato, tomando en consideración que le resultaría imposible al contratista cumplir con el objeto del contrato. En estos casos, dependiendo de la etapa de ejecución en la que se encuentre el contrato será la consecuencia inmediata, sin embargo, no está por demás señalar que en todo caso, la fianza otorgada como garantía para el cumplimiento del contrato podrá ser ejecutada por la Administración.

En el derecho canadiense, las causales de rescisión de los contratos administrativos deberán estar debidamente contenidas dentro del clausulado del propio contrato; con la

---

35 Lombard, Martine & Dumont, Gilles, *Droit administratif*, 8ª ed., Dalloz, Paris 2009, p. 286.

36 *Cr.* Garant, Patrice, *Op. Cit.*, pp.434-435.

37 *Cf. Walsh & Brais Inc. c. Montréal (Communauté urbaine)*, 2001 CanLII 20665 (QC CA), <http://canlii.ca/t/1fcm7>, consultado el día 8 de febero de 2017.

38 AA. VV., *Enciclopedia Jurídica Mexicana, t. VI*, IIJ-UNAM/Porrúa, México, 2002, p. 255.

39 *Cfr.* Morand-Deviller, Jacqueline, *Op. Cit.*, pp. 407-409.

40 *Cfr.* Arts. 61 LOPSRM; 54 LAASSP y, 122 LAPP.

41 *Cfr.* Art. 54 BIS LAASSP.

42 *Cfr.* Art. 60, párrafo segundo LOPSRM.

peculiaridad de que las causales en sí, no están reguladas en la LCOP (Quebec) ni en el RME (ámbito federal). Sin embargo, en los *Cahier des charges et devis généraux*, se establecen causales de rescisión específicas dependiendo el tipo de contrato específico, sin embargo, adicionalmente, deberán estar contenidas en las cláusulas. Por supuesto, si fuese el caso, el contratista podrá solicitar la indemnización correspondiente y exigir el pago por los trabajos efectivamente realizados.

Tratando de hacer una interpretación en este punto, no se debe perder de vista que el contrato administrativo (en el derecho canadiense), esencialmente no difiere de un contrato de derecho privado, por tanto, el contrato en sí, como hemos insistido a lo largo de este trabajo en una verdadera *lex inter partes* y, por tanto, las causales de rescisión deberán estar contenidas en el clausulado del contrato, pues es finalmente, lo que aplica al caso concreto.

En todo caso, la rescisión por parte de la autoridad deberá estar soportada por una cláusula contenida en el contrato y debidamente justificada la decisión de la autoridad[43].

V. GLOBALIZACIÓN, DERECHO COMPARADO Y SISTEMAS MIXTOS.

Con el fin de lograr el objetivo aquí planteado, es importante detenernos un poco en la explicación en cuanto a los efectos de la globalización en el derecho, sobre la necesidad del ejercicio comparatista y por supuesto, que implicaciones tiene en los sistemas mixtos, o por lo menos, en los estándares de diálogo que se requieren para entender mejor la institución jurídica que estamos tratando.

Más allá de lo mucho que se pueda discutir en relación con el tema de globalización, desde sus primeras implicaciones, así como la falta de un cuidado especial en la expresión[44], la realidad es que hoy en día, el acceso a la información de todo el mundo es prácticamente en tiempo real; ya no es necesario que dos personas estén reunidas físicamente para realizar algún negocio gracias a las telecomunicaciones actuales, por poner un ejemplo, y por ende, las relaciones jurídicas se ven afectadas. Así, en este tenor, Juan Antonio Casanovas Esquivel, siguiendo a William Twinning, señala que son tres los desafíos que nos presenta la globalización en el ámbito del derecho:

> "a) Desafía las teorías que conciben a los Estados Nación y a los sistemas jurídicos como entidades cerradas e impermeables.
>
> b) Desafía la teoría de que el estudio del Derecho se puede circunscribir a dos tipos de ordenamientos: el derecho estatal y el derecho internacional público.
>
> c) Desafía la suficiencia y validez del marco y vocabulario conceptuales del marco jurídico."[45]

No tenemos una verdadera oportunidad de agotar este tema en concreto en este trabajo, sin embargo, si nos sirve como punto de partida para evidenciar que las distintas influencias que se tienen hoy en día en virtud del tráfico jurídico existente, más allá de los derechos más tradicionales como el internacional público y el internacional privado,

---

43 *Cfr.* Garant, Patrice, *Op. Cit.*, pp. 434-435.

44 *Cfr.* Beck, Ulrich (Trad. Bernardo Moreno & Ma. Rosa Borrás), *¿Qué es la globalización?*, Barcelona, Paidós, 1998, pp. 53 y sigs.

45 Casanovas Esquivel, Juan Antonio, *Derecho Comparado y Cine. Estudio sobre el cine como recurso pedagógico para la enseñanza del derecho comparado,* Tesis Doctoral, Universidad Panamericana, Campus México, México, 2017, p. 17.

vemos un verdadero fenómeno, no solo de un tráfico jurídico con nuevas exigencias regulatorias, sino que además se pueden respirar prácticamente situaciones como trasplantes jurídicos o bien, adaptaciones o tropicalizaciones de diversas instituciones jurídicas que no son propias del derecho interno, mejor dicho, que son tomadas de otros sistemas jurídicos diversos al nuestro, y aún cuando en principio, nos pronunciamos por establecer que las instituciones jurídicas para que funcionen, es necesario que éstas surjan de la propia idiosincrasia y necesidades de cada Estado, la realidad es que no podemos decir que esto funcione así. La aparición de estandarizaciones internacionales como son las normas y directrices de derecho suave emitidas por la Organización y Cooperación para el Desarrollo Económico (OCDE), circulares emitidas por el Banco Mundial y el Fondo Monetario Internacional, son claros ejemplos de que existe una realidad de homologar, en la medida de lo posible, una serie de instituciones jurídicas, y aún cuando dicha homologación no resultase posible *in extremis*, si se tienen que desarrollar los puentes de diálogo necesarios para ello.

A inicios del presente trabajo señalamos que la Convención de las Naciones Unidas en contra de la Corrupción establece una serie de estándares para los contratos administrativos, con total y absoluta independencia del entendimiento que cada sistema jurídico tenga sobre el tema, es decir, sin importar si se trata de un contrato administrativo entendido en la esfera del *common law*, donde la voluntad de las partes se privilegia por encima del sometimiento a la ley, propia de la visión francesa de estos contratos, dichos estándares tienen que cumplirse y funcionar. En pocas palabras, no es tan importante el camino que se siga sino el objetivo que se persigue y que, esencialmente es el mismo.

Los trasplantes jurídicos son piezas fundamentales para la construcción y evolución del derecho en el mundo[46]. Baste con señalar que en términos generales, la construcción del derecho administrativo mexicano está tomada en gran medida de instituciones del derecho francés y se han adoptado muchas formas propias del derecho español. En contraposición, el derecho canadiense toma la mayoría de sus instituciones del derecho británico, excepto en la provincia de Quebec, donde su mayor influencia es el derecho francés, sin embargo, en su coexistencia, claramente uno y otro sistema ha influido mutuamente en su evolución y desarrollo.

Los trasplantes jurídicos son una realidad y a propósito de esto, señala Mariana Mota Prado[47] los sistemas jurídicos, aún tan diversos como el *common law* y el *civil law*, tienden cada vez más a parecerse, pues este fenómeno, por lo menos en América Latina, casos como el brasileño y en concreto el mexicano, ha tomado en gran medida el modelo norteamericano de agencia regulatoria independiente, en México a partir de la creación a rango constitucional de los Órganos Constitucionales Autónomos[48], pero en cuanto a su

46 A mayor abundamiento, *Cfr.* Bonilla Maldonado, Daniel, "Teoría del derecho y trasplante jurídicos: la estructura del debate", en Bonilla Maldonado, Daniel (Ed.), *Teoría del derecho y trasplantes jurídicos,* Siglo del Hombre editores (Universidad de los Andes), Bogotá, 2009, p. 11.

47 *Cfr.* Mota Prado, Mariana, "Presidential Dominance from a Comparative Prespective: The Relationship between the Executive Branch and Regulatory Agencies in Brazil", en *Comparative Administrative Law* (Rose-Ackerman, Susan & Lindseth, Peter L. (eds.), Edward Elgar, Stockport, 2011, consultado en http://ssrn.com/abstract=1690815, el día 3 de marzo de 2017.

48 No viene al caso discutir en este punto la diferencia entre órgano y organismos, pues a nuestro juicio, parecería que para el legislador mexicano, resultan términos completamente similares, y como ejemplos: El Instituto Federal de Telecomunicaciones, la Comisión Nacional de Hidrocarburos y la Comisión Reguladora de Energía.

efectividad, dependerá de la forma en que sea acogido por el sistema jurídico preexistente, sea en su capacidad de adaptar e incorporar a la nueva institución o bien, que el propio sistema demuestre su rechazo a partir de criterios jurisprudenciales.

Ante una férrea formación jurídica, sea en un sistema o en otro, y para efectos de este artículo, refiriéndonos únicamente al tema de contratación pública, resulta indispensable conocer a las instituciones jurídicas a partir de la visión que los diversos sistemas jurídicos tengan al respecto, máxime que como en el caso de México y Canadá, son socios comerciales en virtud del TLC y esto también tiene alcances sobre los contratos administrativos que se celebran, donde incluso, la legislación mexicana autoriza la participación de empresas extranjeras y brinda ciertas facilidades cuando esta relación se presente por un tratado comercial[49]. Sin importar si un jurista es prácticamente, académico o consultor gubernativo, hoy en día es indispensable concebir al derecho, no solo desde una posición nacional, sino que se tiene que tener la mente abierta a otras realidades jurídicas de los más diversos orígenes50. En síntesis, en palabras de Antonio Pérez Luño:

> "[...] El nuevo orden mundial de una sociedad interconectada y globalizada invita a contemplar los sistemas de fuentes del Derecho desde una perspectiva universalista [...] los ciudadanos y juristas del siglo XXI deben ser conscientes de esa superación del marco territorial de los Estados nacionales, en lo que atañe al significado y operatividad de los sistemas normativos [...] Los esquemas rígidos de interpretación de las fuentes, basados en la soberanía estatal, en las fronteras nacionales y en compartimentos explicativos cerrados, son del todo inadecuados e insuficientes para captar los problemas de nuestro tiempo [...]."[51]

El profesor de Huelva, Javier Barnés señala que el ejercicio del derecho administrativo comparado es tiene una presencia global, la cual se advierte en el ejercicio cotidiano del derecho, sea en la función pública, los legisladores y los tribunales al momento de dictar sus fallos, además de su ejercicio en el seno de los organismos trasnacionales y, con total independencia de los objetivos que en cada caso se persiguen, la finalidad común es la obtención de nuevos conocimientos[52].

Aún así, el ejercicio comparatista no resulta fácil en materia de contratos administrativos. Al respecto señala Janina Boughey:

> "Existen [...] inconsistencias entre jurisdicciones relativas a la cuestión de si el derecho administrativo afecta también a los contratos del gobierno. [...] La mayoría de las jurisdicciones del common law tratan a los contratos celebrados por el gobierno de la misma forma que los contratos privados, atendiéndolos con los principios propios del derecho contractual. En contraste, en varias jurisdicciones de civil law, incluyendo la francesa y la española, muchos de los contratos celebrados por los organismos públicos se distinguen de los contratos celebrados entre particulares, y son sujetos de la jurisdicción administrativa, bajo las reglas del

---

49 *Cfr.* Arts. 14 LAASSP; 30, fracción II LOPSRM y; 6 LAPP.

50 *Cfr.* Foster, Nicholas H.D., "The Journal of Comparative Law: a New Scholary Resource", en *The Journal of Comparative Law*, Londres, Volume 1, Número 1, 2006, pp. 1-12.

51 Pérez Luño, Antonio Enrique, *El desbordamiento de las fuentes del derecho*, La Ley, Madrid, 2011, pp. 100-101.

52 Barnés, Javier, "Sobre el método del análisis comparado en el derecho administrativo: el caso del procedimiento y de la justicia administrativa", visible en https://www.researchgate.net/publication/294932866_SOBRE_EL_METODO_DEL_ANALISIS_COMPARADO_EN_EL_DERECHO_AD MINISTRATIVO_EL_CASO_DEL_PROCEDIMIIENTO_Y_DE_LA_JUSTICIA_ADMINISTRATIVA_en_prensa, consultado el día 3 de marzo de 2017.

derecho administrativo. Sin embargo, otras tradiciones civilistas, como la Holandesa y, hasta hace poco tiempo, la Alemana, teóricamente tratan a los contratos celebrados por el gobierno como contratos de derecho privado, pero sometidos a reglas especiales sobre ciertas categorías de contratos. Auby argumenta que la forma en que cada sistema legal define los límites entre el derecho contractual y el derecho administrativo 'está directamente relacionado al modo en que el sistema asume la división entre derecho público y derecho privado'"[53]

Complementando un poco lo anterior, no está por demás recordar que el profesor argentino Juan Carlos Cassagne[54] nos dice que no es posible identificar los contratos que celebra el Estado en una categoría unívoca, que permita hacer un divorcio real entre la doctrina del derecho privado y la doctrina del derecho público.

En el derecho mexicano, la contratación pública se ha entendido como un instrumento que le permite al Estado eficientar sus finanzas públicas, distribuyendo el gasto, asegurando las mejores condiciones para éste en cuanto a sus adquisiciones e incluso, como una forma de ser partícipes de la vida económica, abriendo un campo adicional en el mercado y que le permita activar la economía en ciertos sectores, así como un punto más para la participación ciudadana y a la vez, satisfaciendo necesidades de carácter colectivo.

En contraposición, en el derecho anglosajón, la contratación pública se entiende como parte de un movimiento privatizador de la actividad pública (el cual por cierto, no es ajeno a los sistemas del *civil law* y que se han estudiado bajo el concepto de la huía del derecho administrativo[55] [56]. En este tenor, señala Murray Hunt:

> "Además de la privatización en su sentido más obvio, la reinvención del gobierno ha tomado una variedad de formas. Actividades que previamente estaban sometidas a un control administrativo duro, han sido desreguladas y otras actividades que anteriormente desarrollaban directamente los órganos públicos han sido 'contratadas' con el sector privado. Tal vez, de forma más dramática, las técnicas de la administración pública han sido rediseñadas en el molde del sector comercial privado [...] El contrato ha remplazado a la orden y el control como paradigma de la regulación."[57]

Para el derecho canadiense, los contratos administrativos resultan ser una categoría híbrida, aunque se establece que se regulan, por decirlo de alguna manera, en cuanto al contenido obligacional, por el CCQ, sin embargo cuentan con una serie de disposiciones del orden del derecho público, contenidas en la LCOP y el RME, entre otras disposiciones, de tal forma, que no podemos decir que esté inclinado al derecho público o al derecho privado. En este sentido, Julie McCann y Martin Thiboutot señalan:

---

53 Boughey, Janina, "Administrative Law: The next frontier for comparative law", en *International and Comparative Law Quarterly,* N° 62, Cambridge, 2013, pp. 69-70.

54 *Cfr.* Cassagne, Juan Carlos, *El contrato administrativo,* 3ª ed., AbeledoPerrot, Buenos Aires, 2009, pp. 5 y ss.

55 A mayor abundamiento, *Cfr.* Rodríguez-Arana Muñoz, Jaime, "La vuelta al Derecho Administrativo (A vueltas con lo privado y lo público)", en *Revista de Derecho,* N° 7, Año IV, Facultad de Derecho. Universidad de Montevideo, 2005, pp. 94-95, en http://revistaderecho.um.edu.uy/wp-content/uploads/2012/12/Rodriguez-Arana-La-vuelta-al-Derecho-Administrativo-A-vueltas-con-lo-privado-y-lo-publico.pdf, consultada el día 6 de marzo de 2017.

56 *Cfr.* Greve, Carsten & Ejersbo, Niels, *Contracts as Reinvented Institutions in the Public Sector: Cros-Cultural Comparison,* Praeger, Westport 2005, pp. 2 y sigs.

57 Hunter, Murray, "Constitutionalism and the Contractualisation of Government in the United Kingdom", en *The province of Administrative Law* (Taggart, Michael, ed.), Hart Publishing, Oxford 1997, p. 21.

"Los contratos administrativos son de una naturaleza hibrida. Están sometidos a la vez tanto a reglas de derecho privado, (abundantes) reglas de derecho público y a principios jurisprudenciales que se han formado por el common law de los contratos administrativos."[58]

Si bien es cierto, hemos sostenido a lo largo de este trabajo que la contratación administrativa en México sigue el modelo francés, donde el sometimiento a la ley sustituye a la autonomía de la voluntad prototípica de las relaciones jurídicas de derecho privado, también en este punto es importante señalar que dentro del sector energético, la contratación del Estado, a partir de las estructuras administrativas denominadas EPE, ha cambiado radicalmente, y de hecho, bien podríamos afirmar que se trata de un modelo mixto de contratación, mucho más cercano al existente en países como Canadá (aunque en gran medida inspirado en el modelo anglosajón de *government by contract*).

En materia de hidrocarburos, la Ley de Hidrocarburos (LH) establece que para la asignación de los contratos de exploración y extracción[59] se seguirá el procedimiento de licitación pública[60], el cual será tramitado por la Comisión Nacional de Hidrocarburos (CNH). En este punto es importante destacar que en términos de lo dispuesto por el artículo 27 de la CPEUM, los hidrocarburos son propiedad de la Nación, y ello, es potestad exclusiva de Ésta permitir la contratación, así como otros mecanismos de derecho público, tales como las autorizaciones, permisos y concesiones que se pudieran presentar. Sin embargo, a propósito de los sistemas mixtos en la contratación administrativa, hay algunas disposiciones en la LH que llaman la atención.

En primer lugar, el artículo 93 de la LH establece lo siguiente:

> **"Artículo 97.–** En lo no previsto por esta Ley, se consideran mercantiles los actos de la industria de Hidrocarburos, por lo que se regirán por el Código de Comercio y, de modo supletorio, por las disposiciones del Código Civil Federal."

Y de la mano de lo anterior, de acuerdo a lo preceptuado en el párrafo séptimo del numeral 23 de la LH, están expresamente excluidas en cuanto a su aplicación la LAASSP y la LOPSRM.

Adicionalmente, señala la norma en comento que las causales de terminación y rescisión del contrato de exploración y extracción deberán estar contenidas dentro de sus cláusulas[61].

Visto lo anterior, claramente estamos frente a un modelo de contratación dentro del derecho mexicano muy similar a la concepción anglosajona del contrato administrativo,

58 McCann, Julie & Thiboutot, Martin, "Régime contractuel de l'État", en *JurisClasseur Québec. Droit Administratif*, LexisNexis, Montréal 2016, p. 19/4

59 En términos del Art. 4, fracción XIV de la LH, se entiende por exploración: "*Actividad o conjunto de actividades que se valen de métodos directos, incluyendo la perforación de pozos, encaminadas a la identificación, descubrimiento y evaluación de Hidrocarburos en el Subsuelo, en un área definida*" y, por extracción, la fracción XV del citado numeral señala que es: "*Actividad o conjunto de actividades destinadas a la producción de Hidrocarburos, incluyendo la perforación de pozos de producción, la inyección y la estimulación de yacimientos, la recuperación mejorada, la Recolección, el acondicionamiento y separación de Hidrocarburos, la eliminación de agua y sedimentos, dentro del Área Contractual o de Asignación, así como la construcción, localización, operación, uso, abandono y desmantelamiento de instalaciones para la producción.*"

60 *Cfr.* Art. 13 LH.

61 *Cfr.* Frac. VIII, Art. 19 LH.

es decir, se trata de un contrato regido, en principio por el derecho privado, pero dotado de una serie de disposiciones propias del derecho público, como sería el procedimiento de adjudicación e incluso, adicionalmente, se señala en el artículo 20 de la LH, que la CNH podría rescindir administrativamente y de forma unilateral el contrato en ciertos casos.

Por otra parte, en el sector eléctrico, encontramos la existencia de varios tipos de contratos: a) Cobertura eléctrica, b) Interconexión legado y, c) Legado para el Suministro Básico. Estos contratos son celebrados por conducto de las diversas autoridades del sector como la Comisión Reguladora de Energía y el Centro Nacional de Control de Energía (CENACE), en cuanto a la regulación en materia de electricidad, la Ley de la Industria Eléctrica (LIE) establece en su artículo 106 de la LIE establece que no se serán aplicables las disposiciones de la LAASSP ni la LOPSRM, y complementando lo anterior, claramente en el párrafo segundo de su artículo 5 lo siguiente:

> "**Artículo 5.–** …
>
> En lo no previsto por esta Ley, se consideran mercantiles los actos de la industria eléctrica, por lo que se regirán por el Código de Comercio y, de modo supletorio, por las disposiciones del Código Civil Federal."

En estas condiciones, claramente hay una disposición expresa de la ley de *mercantilizar* a los contratos del Estado en el sector eléctrico, con un ingrediente adicional, la LIE frecuentemente alude a la negociación como base para contratar, a diferencia de las contrataciones tradicionales, donde la voluntad de las partes se manifiesta de forma mucho más limitada. En palabras del jurista argentino, Manuel María Díez:

> "[…] la conjunción de voluntades se opera adhiriéndose el contratista a las cláusulas prefijadas por el Estado para los respectivos casos. En estos casos la manifestación común se produce sin discusión, por simple adhesión del administrado, que acepta las cláusulas contractuales preparadas y redactadas por el Estado."[62]

No obstante, aún en los sistemas de contratación administrativa del *common law*, también existe una cierta limitante en cuanto a la voluntad de las partes, especialmente para la Administración Pública, tal como lo señala el profesor canadiense Denis Lemieux:

> "La libertad contractual de las personas públicas están mucho más limitadas que de las personas privadas, a pesar de que el Código Civil, que se aplica a todos los contratos públicos en Quebec, dice que el Estado y las personas morales de derecho público tienen la plena capacidad de una persona de derecho privado […]."[63]

Mucho es lo que podríamos abundar en este tema, pero sin duda nos llevaría a un desvío innecesario del mismo, y nos hemos limitado a establecer un panorama general del régimen de contratos del Estado en el derecho mexicano, confrontándolo con las reglas generales de la contratación administrativa canadiense, como ese ejercicio mediante el cual podemos ver dos sistemas de contratación administrativa que en si mismos resultan ser sistemas mixtos, no obstante, en su concepción más básica, la contratación

---

62 Díez, Manuel María, *Manual de Derecho Administrativo*, 4ª ed., Plus Ultra, Buenos Aires 1985, p. 288.

63 Lemieux, Denis, "Canada", en *Droit Comparé des Contrats Publics* (Noguellou, Rozen & Stelkens, Ulrich (Eds.), Bruylant, Bruselas 2010, p. 457.

administrativa en México corresponde al sistema francés, mientras que la misma institución en el derecho canadiense corresponde al *common law*, no obstante, vemos que, en ambos casos, al interior de su régimen jurídico, nos movemos en sistemas verdaderamente mixtos.

VI. CONCLUSIONES

A lo largo de este trabajo nuestra pretensión fue mostrar un vis à vis entre dos regímenes contractuales aparentemente opuestos, el mexicano y el canadiense. El primero de ellos, seguidor de la tradición francesa de los contratos administrativos, mientras que el segundo, hunde sus raíces en el derecho británico. Los contratos administrativos en México, en principio, fuertemente regulados por la legislación y por el sometimiento de la Administración a la ley; el segundo, autonomía de la voluntad para contratar, prácticamente no haciendo ningún tipo de distinción entre el contrato privado y el contrato administrativo.

En esta tesitura, y debido a circunstancias muy específicas de cada uno de estos países, se han visto inversos en un modelo mixto de contratación administrativa. En el caso de México, la fuerte influencia que ha tenido el derecho norteamericano, ha llevado a que la contratación administrativa en el sector energético, fruto de las reformas constitucionales de 2014 provocaron, se ha establecido un modelo de contratos, históricamente administrativos a la usanza francesa, hoy en día, no solo se comportan como contratos privados, sino que la propia legislación los enmarca en el derecho mercantil o comercial. En Canadá en cambio, debido al fuerte raigambre que se tiene en la Provincia de Quebec, donde se guían principalmente por el derecho francés, se tiene una fuerte codificación para la materia contractual, y por tanto, tienen un sistema mixto en su contratación.

No deja de llamar la atención que en ambos casos, la jurisprudencia ha establecido más o menos las mismas reglas y principios en sistemas jurídicos tan diferentes como el *common law* y el *civil law*, y sin embargo, hacia su régimen interno los hacen coexistir, en principio sin mayores problemas, como parte de su proceso de evolución natural, parecería que en los países que siguen la tradición romano–canónica, cada vez recurre más a instrumentos del derecho anglosajón, y a la inversa, estos últimos, cada vez más se apoyen en legislación propia del *civil law*.

Esto sin duda, no está exento de problemas, tan simples como el entendimiento que bajo cada sistema se tienen de las instituciones jurídicas, sin embargo, no se debe perder de vista que los objetivos son los mismos, aunque las palabras sean distintas, y esto en gran medida no es más que una manifestación más de la globalización jurídica que vivimos hoy en día, dado que se ha convertido en una verdadera necesidad para el jurista contemporáneo, en cualquiera de sus facetas, no estar cerrado a su propio derecho nacional, ni siquiera a su propio sistema jurídico, sino que resulta imperioso, en todas las áreas del ejercicio de la profesión conocer el derecho de los otros.

Al final del día, se trata de conocer más, al propio sistema y a los ajenos, con el fin de aprender, crecer, adaptar y evolucionar más nuestra ciencia jurídica, tomando en cuenta que siempre podemos aprender más si es que admitimos la necesidad de los ejercicios comparatistas frente a una nueva realidad de un derecho más universal.

VII. BIBLIOGRAFÍA

A.A., *JurisClasseur Québec. Droit Administratif,* Lexis Nexis, Montréal 2016.

AA. VV., *Enciclopedia Jurídica Mexicana,* t. VI, IIJ–UNAM/Porrúa, México, 2002.

Bonilla Maldonado, Daniel, "Teoría del derecho y trasplante jurídicos: la estructura del debate", en Bonilla Maldonado, Daniel (Ed.), *Teoría del derecho y trasplantes jurídicos,* Siglo del Hombre editores (Universidad de los Andes), Bogotá, 2009.

Boughey, Janina, "Administrative Law: The next frontier for comparative law", en *International and Comparative Law Quarterly,* N° 62, Cambridge, 2013.

Casanovas Esquivel, Juan Antonio, *Derecho Comparado y Cine. Estudio sobre el cine como recurso pedagógico para la enseñanza del derecho comparado,* Tesis Doctoral, Universidad Panamericana, Campus México, México, 2017.

Cassagne, Juan Carlos, *El contrato administrativo,* 3ª ed., Abeledo Perrot, Buenos Aires, 2009.

Díez, Manuel María, *Manual de Derecho Administrativo,* 4ª ed., Plus Ultra, Buenos Aires 1985.

Foster, Nicholas H.D., "The Journal of Comparative Law: a New Scholary Resource", en *The Journal of Comparative Law*, Vol. 1, N° 1, Londres, 2006.

Galindo Camacho, Miguel, *Derecho Administrativo II,* Porrúa, México, 1996.

Garant, Patrice, *Droit administratif,* 6ª ed., Éditions Yvon Blais, Cowansville, 2010.

Greve, Carsten & Ejersbo, Niels, *Contracts as Reinvented Institutions in the Public Sector: Cros–Cultural Comparison,* Praeger, Westport, 2005.

Lombard, Martine & Dumont, Gilles, *Droit administratif,* 8ª ed., Dalloz, Paris, 2009.

López Olvera, Miguel Alejandro, *La instancia administrativa. Problemas actuales de la justicia administrativa. Principios y fuentes del proceso administrativo. Órgano y procedimientos judiciales,* Ediar, Buenos Aires, 2008.

López–Elías, José Pedro, *Aspectos jurídicos de la licitación pública en México,* IIJ–UNAM, México, 1999.

Lucero Espinosa, Manuel, *La licitación pública,* 2ª ed. Actualizada, Porrúa, México, 2002.

Morand–Deviller, Jacqueline, *Droit administratif,* 12ª ed., Montchrestien lextenso éditions, París, 2011.

Noguellou, Rozen & Stelkens, Ulrich (Eds.), *Droit Comparé des Contrats Publics,* Bruylant, Bruselas, 2010.

Parada, Ramón, *Derecho Administrativo I. Parte General* (13ª ed.), Marcial Pons, Madrid, 2002.

Pérez Luño, Antonio Enrique, *El desbordamiento de las fuentes del derecho*, La Ley, Madrid, 2011.

Rodríguez–Arana Muñoz, Jaime, "La vuelta al Derecho Administrativo (A vueltas con lo privado y lo público)", en *Revista de Derecho,* No. 7, Año IV, Facultad de Derecho. Universidad de Montevideo, 2005.

Rose–Ackerman, Susan & Lindseth, Peter L. (eds.), *Comparative Administrative Law,* Edward Elgar, Stockport, 2011.

Santofimio Gamboa, Jaime Orlando & Béjar Rivera, Luis José, *Las concesiones públicas. Fundamentación teórica,* Novum, México, 2014.

Taggart, Michael (Ed.), *The province of Administrative Law*, Hart Publishing, Oxford, 1997.

Legislación

Code Civil du Québec.

Constitución Política de los Estados Unidos Mexicanos

Ley de Adquisiciones, Arrendamientos y Servicios del Sector Público

Ley de Asociaciones Público Privadas

Ley de Obras Públicas y Servicios Relacionados con las Mismas

Loi sur les contrats des organismes publics

Règlement sur les marchés de l'État

Ley de Hidrocarburos

Ley de la Industria Eléctrica

Internet

http://papers.ssrn.com

http://scj.scjn.gob.mx

http://www.canlii.org

http://www.researchgate.net

http://www.scc–csc.ca/home–accueil/index–eng.aspx

http://revistaderecho.um.edu.uy

4. INFLUENCIA INTERNACIONAL EN LA CONTRATACIÓN PÚBLICA

*José Luis Benavides**

La contratación pública es un campo particularmente sensible a la influencia internacional. Los recursos importantes destinados a los proyectos públicos, su alto porcentaje de impacto en la economía nacional, las complejidades técnicas o las precariedades presupuestales son algunos de los factores más visibles por los que se acude a las empresas extranjeras en la contratación. Desde la construcción de ferrocarriles en el siglo XIX hasta las Asociaciones Público Privadas contemporáneas, pasando por la exploración y explotación petrolera y carbonífera, los complejos hidroeléctricos, los modelos de contratos de *joint venture* en telecomunicaciones en los años 80s, son ejemplos de proyectos contractuales con alta participación extranjera. La seguridad jurídica para la atracción de contratistas y capital foráneos, así como la influencia de modelos internacionales y la cada vez más fácil circulación de información y documentación, hacen de la contratación pública uno de los temas más sensibles a la globalización jurídica[1]. Pero, al mismo tiempo, en la influencia internacional también es tema sensible la corrupción. Las mismas razones de importancia económica y atracción de inversionistas auspician los delitos transnacionales, que han salido a la superficie con tanta amplitud en época reciente, con trascendencia e implicaciones igualmente transnacionales.

La evolución de las manifestaciones de la internacionalización refleja su progresión. El *lobby* directo de las empresas extranjeras sobre los Gobiernos para la configuración de contratos del siglo XIX tuvo un carácter distinto con la intervención de la banca multilateral que, a partir de los años 70s, creó mecanismos para asegurar la buena inversión de los recursos prestados o donados a los países con destino a proyectos estratégicos, mediante la imposición de reglas de contratación aplicables por las entidades contratantes para el desarrollo de estos proyectos[2].

Desde 1974 fue concibió un folleto para la "utilización de consultores por el Banco Mundial y sus prestatarios", así como las normas para adquisiciones con préstamos del Banco, que se actualizaron y complementaron en 1981, determinando los pasos a seguir y la supervisión sistemática del Banco. Estas reglas han sido objeto de actualizaciones

---

* Profesor investigador. Departamento de Derecho Administrativo. Universidad Externado de Colombia.

1 Jean-Bernard Auby, *La globalisation, le droit et l'État*, 2a ed., LGDJ, Paris, 2010, pg. 62

2 José Luis Benavides, "La internacionalización de los contratos públicos" en José Luis Benavides, *Contratos públicos. Estudios*. Universidad Externado de Colombia, Bogotá, 2014, pg. 41 ss.

progresivas hasta hoy[3]. Los criterios de economía y eficiencia en la ejecución de los proyectos, la igualdad de oportunidades y el fomento de nutrida participación de proponentes, así como la transparencia del proceso de contratación, constituyen valores esenciales de estos procesos. El Banco supervisa así todo el ciclo de los proyectos contractuales derivados de los préstamos que otorga, desde su concepción hasta su pago efectivo, pasando por la validación de la adjudicación, la supervisión de las modificaciones y mecanismos paralelos antifraude, que le permiten exigir revocatorias de la adjudicación, incluso en etapa de ejecución de los contratos. Además, para la fiel aplicación de sus reglas, el Banco organiza regularmente formaciones *on–line*, destinadas a los funcionarios responsables de los procesos en los distintos países. L*a* misma dinámica ha sido también aplicada por el Banco Interamericano de Desarrollo (BID) y, en general, por la banca multilateral. El impacto de estas reglas al interior de los países prestatarios es evidente. La legislación colombiana permite la aplicación su aplicación directa, como modalidad de extraterritorialidad de la ley[4], más fuerte que cualquier tratado o compromiso internacional, y numerosas legislaciones latinoamericanas han adoptado normas similares[5].

La influencia de la banca multilateral no se limita a los proyectos que ella financia. Al comienzo del siglo XXI, y luego de varias crisis en los proyectos financiados para infraestructura básica, la banca multilateral se orientó hacia el refuerzo integral de la legislación contractual en los países prestatarios. El Banco Mundial creó así una guía metodológica para la *evaluación de los sistemas nacionales de adquisiciones*, destinada a los países en vía de desarrollo y los países donantes, concebida como herramienta "para determinar la calidad y efectividad de los sistemas nacionales de adquisiciones"[6] y, sobre la base de los indicadores elaborados por el grupo de trabajo del Banco, la OCDE elaboró en 2004 una "metodología para la evaluación de los sistemas nacionales de adquisiciones", actualizada hasta 2016[7], cuyo fundamento fue presentado en los siguientes términos:

Los países en desarrollo y los donantes bilaterales y multilaterales trabajaron conjuntamente bajo el auspicio del Comité de Asistencia al Desarrollo (CAD) de la OCDE

---

3 La última versión revisada es de 2014:

http://siteresources.worldbank.org/INTPROCUREMENT/Resources/Procurement_GLs_Spanish_Final_Jan2011_revised_July1-2014.pdf

4 Ley 80/1993, art. 13, inciso 4º, subrogado por Ley 1150/2007, *Artículo 20. De la contratación con organismos internacionales*. Los contratos o convenios financiados en su totalidad o en sumas iguales o superiores al cincuenta por ciento (50%) con fondos de los organismos de cooperación, asistencia o ayudas internacionales, podrán someterse a los reglamentos de tales entidades. En caso contrario, se someterán a los procedimientos establecidos en la Ley 80 de 1993. Los recursos de contrapartida vinculados a estas operaciones podrán tener el mismo tratamiento".

5 Argentina (Dto. 1023/01, art. 5); Chile (L-19886/03, art. 3.c); Paraguay (L-2051/03, art. 2.º, c); Ecuador (Ley Orgánica del Sistema Nacional de Contratación Pública, Nº 395 de 2008); El Salvador (Dto-Ley 868/00, art. 4.º); Honduras (Dto. 74/01, art. 1.º); México (Ley de obras públicas y servicios relacionados de 2000, art. 12); Nicaragua (L-323/99, art. 3.º); Panamá (L-22/06, art. 6.º); Paraguay (L-2051/03, art. 2.º); Perú (Dto-Ley 1017/08, art. 3.º); Uruguay (L-15903/87, art. 486) y Venezuela (Ley de contrataciones públicas de 2009, art. 4.º).

6 Metodología para la Evaluación de los Sistemas Nacionales de Adquisiciones Públicas. Versión 4. 2007. Pg. 2. www.worldbank.org

7 https://www.oecd.org/governance/ethics/ES_MAPS_Draft_consultation.pdf.

en la iniciativa de una Mesa Redonda para desarrollar un conjunto de herramientas y normas reconocidas y aceptadas en el ámbito internacional que tienen como objetivo proporcionar una guía para mejorar los sistemas de adquisiciones públicas y los resultados que estos producen. La iniciativa de la Mesa Redonda culminó con la adopción en diciembre de 2004 de la Declaración de Johannesburgo y el compromiso de adopción de la Herramienta de Indicadores de Base para la Evaluación de los Sistemas Nacionales de Adquisiciones[8].

La aspiración de Colombia de hacer parte de la OCDE ha llevado a una cercanía particular de la Institución con la agencia Colombia Compra Eficiente, fruto de lo cual fue presentado en 2016 un documento evaluativo de nuestro sistema de contratación titulado: "Hacia la contratación pública eficiente en Colombia. Haciendo la diferencia"[9].

Desde otra perspectiva, el régimen de los contratos públicos ha tenido una fuerte influencia internacional por los capítulos de compras públicas en los Tratados de Libre Comercio. Ellos incorporan reglas de contratación para las entidades enumeradas por cada tratado, a partir de los umbrales del valor del contrato, también precisados en los respectivos tratados. Estas reglas se refieren específicamente al trato nacional dado a las empresas extranjeras del país signatario y a principios generales que deben integrarse en la contratación, con lo cual se incentiva la incorporación generalizada de las prácticas internacionales en contratación, más allá de la aplicación específica de cada tratado[10]. En este sentido, es importante recordar que los TLC proliferan en el mundo y vehiculan valores comunes difundidos a través de ellos. Así, los países desarrollados con los que se han suscrito numerosos tratados han suscrito, a su vez, el importante Acuerdo sobre Compras Públicas de la OMC[11]. Igualmente, los países europeos han suscrito TLC a través de la Unión Europea, que a su vez tiene una nutrida reglamentación sobre contratos públicos, mediante directivas de la Comisión. Por esta vía, aunque Colombia, ni ningún país latinoamericano, haya suscrito el acuerdo de la OMC, ni sea miembro de la Unión Europea, los valores, principios y prácticas regulados en las normas de contratación allí definidos impregnan los términos de los capítulos de compras públicas de los TLC suscritos por Colombia.

La importancia de los tratados se pone de presente en el manual elaborado por Colombia Compra "para el manejo de los Acuerdos Comerciales en Procesos de Contratación", acuerdos que ya se elevan a diez (10) en 2017[12].

Finalmente, también es importante destacar dos influencias que, si bien pueden considerarse indirectas, también son trascendentes en la evolución de la contratación nacional.

---

8 Metodología.... OCDE, versión 2006.

9 OECD (2016), Towards Efficient Public Procurement in Colombia: Making the Difference, OECD Publishing, Paris. DOI: http://dx.doi.org/10.1787/9789264252103-en.

10 José Luis Benavides y José Manuel Álvarez, "International arbitration and public contracts in Latin America", en Mathias Audit (dir.) *Contracts publics et arbitrage international*, Bruylant, Bruselas, pgs 45-80.

11 Ver presentación completa del acuerdo en la página de la OMC:
https://www.wto.org/spanish/tratop_s/gproc_s/gp_gpa_s.htm.

12 https://www.colombiacompra.gov.co/sites/cce_public/files/cce_documents/cce_manual_acuerdos_comerciales_web.pdf

La primera proviene de la Comisión de las Naciones Unidas para el Derecho Mercantil Internacional (CNUDMI, más conocida por sus siglas en inglés UNCITRAL), que ha adelantado trabajos de reflexión profunda para la unificación de las prácticas contractuales. Creada por la Asamblea General de Naciones Unidas en 1966 para reducir las limitaciones del comercio internacional por las disparidades entre las leyes nacionales, la Comisión tiene una sección dedicada a la contratación pública que produjo un primer documento en 1987: *Guía jurídica para la redacción de contratos internacionales de construcción de instalaciones* industriales. En los años 90s, el interés evolucionó hacia la contratación de bienes, obras y servicios, concebida como una *ley modelo*, y no solo como una guía normativa. Y al comienzo del siglo XXI, los trabajos se orientaron hacia los proyectos de participación privada, primero, con una *Guía legislativa sobre proyectos de infraestructura con financiación privada*, promulgada en el año 2000, y complementada luego con las disposiciones legales modelo sobre la materia en 2004. En 2011 la Comisión concebiría una *Ley modelo* de contratación pública, con una perspectiva más general, el año siguiente, una *Guía* para la incorporación al derecho interno de esta ley modelo, y en 2013 publicaría las *Directrices para la promulgación de un reglamento de la contratación pública.*

El trabajo de la Comisión, consultable en su Página Internet[13], incluidos los numerosos documentos de trabajo[14], es fuente de inspiración para los países, por tratarse de la reunión de los expertos de todo el mundo, que ofrece un panorama global y ratificado de buenas prácticas en materia contractual.

La segunda influencia se origina en la reunión de altos funcionarios latinoamericanos desde el 2003, con el objetivo de analizar los programas de modernización de la contratación pública. Como resultado, se creó la Red Interamericana de Compras Públicas (RICG) en 2005, integrada por las instituciones gubernamentales que tienen la máxima responsabilidad relacionada con la regulación, la gestión y la modernización de las compras públicas en los países de la región. Con el apoyo del Instituto para la Conectividad en las Américas (ICA), del Banco Interamericano de Desarrollo (BID) y de la OEA, se creó la Red, como instrumento que auspicia la generación de espacios de reflexión, intercambio y cooperación entre las distintas instituciones de los países miembros. Incluso se ha desarrollado una página Internet en la que se encuentra información sobre los regímenes contractuales del continente y se difunden la actualidad y actividades del sector (www.ricg.org).

La Red tiene una actividad intensa, no solo por la reunión periódica de todos los directores de las agencias de contratación pública del Continente, sino también por la organización de grupos de trabajo en distintas áreas temáticas, que han comprendido los análisis y las buenas prácticas sobre múltiples temas relacionados con las reformas, los apoyos financieros a las Mipymes o las compras públicas sustentables. La Red también ha publicado numerosas investigaciones promovidas por ella y múltiples documentos de trabajo[15]. El intercambio de información y experiencias entre todos los países del Con-

13 http://www.uncitral.org/uncitral/es/uncitral_texts/procurement_infrastructure.html

14 http://www.uncitral.org/uncitral/es/commission/working_groups.html

15 Las distintas publicaciones pueden consultarse en la siguiente dirección Internet: http://ricg.org/primer-componente/contenido/129/es/

tinente americano sin duda refuerzan las medidas adoptadas en los derechos locales y promueven buenas prácticas generalizadas.

La influencia de estas distintas fuentes internacionales se puede apreciar concretamente en el nacimiento y desarrollo creciente y decidido de nuevas herramientas de contratación que se apoyan en las nuevas tecnologías para crear la contratación electrónica. Al revisar, en un primer acápite, su implementación y el cambio que han conllevado en la contratación, podremos apreciar, en un segundo acápite, a qué punto la influencia internacional, más allá de los aspectos técnicos, conlleva un profundo cambio conceptual en la contratación pública.

1. e–PROCUREMENT: MÁS ALLÁ DE LA PUBLICIDAD

Sin lugar a dudas, la contratación electrónica es uno de los aspectos que ha tenido un avance concreto y perceptible en nuestra contratación pública. Estamos lejos ya del texto original de la Ley 80 de 1993 que ordenaba la publicación de la apertura de las licitaciones a través de "hasta tres (3) avisos con intervalos entre dos (2) y cinco (5) días calendario… en diarios de amplia circulación en el territorio de jurisdicción de la entidad", previendo incluso la bucólica lectura por bando en los pequeños poblados, y la fijación de avisos en lugares públicos (art. 30.3). El salto tecnológico por la era Internet propició un primer paso de cambio sustancial, en torno a la publicidad en la contratación, que luego, con el estímulo de la banca multilateral, llevaría a la implementación de la contratación electrónica en todo el subcontinente latinoamericano.

1.1. Un primer paso: ampliación de la publicidad

La revolución tecnológica impuso la generalización del acceso a Internet y los esfuerzos institucionales han llevado conectividad a los poblados más modestos. La publicidad se amplió originalmente mediante un anexo especial del Diario Oficial, el Diario Único de Contratación, creado por una de las tantas leyes anticorrupción (Ley 190/1995, art. 59), que fue finalmente suprimido por una de las tantas leyes anti trámites (Dto. 019/2012, art. 223), para reemplazarlo por la publicación en la página Web del Sistema Electrónico para Contratación Pública (SECOP). De igual manera, el texto original del Estatuto General de Contratación imponía la publicación por dos veces de los actos sancionatorios en medios de comunicación social escrita" y en el Diario Oficial, así como comunicación a la cámara de comercio y a la Procuraduría (art. 31). El mismo decreto ley anti trámites sustituyó la publicación en diario por la del SECOP (art. 218).

El Sistema Electrónico para la Contratación Pública (SECOP), creado por el artículo 3° de la Ley 1150/2007 comportó un cambio esencial en la concepción de la publicidad de los procesos de contratación con la implementación del Portal Único de contratación en marzo de 2003. Del simple aviso de difusión del inicio del proceso licitatorio, único medio de publicidad previsto y regulado por el Estatuto General de Contratación original, se pasó a la concebir "un punto único de ingreso de información y de generación de reportes para las entidades estatales y la ciudadanía" (lit. b)), de tal suerte que permitiese concentrar la información oficial de toda la contratación, realizada con dineros públicos, mediante la definición de los patrones necesarios que permitieran su difusión, a través de medios electrónicos (lit. c)).

El anclaje de la difusión generalizada de la contratación estaba así creado y el desarrollo reglamentario, así como las orientaciones de la Agencia Colombia Compra se encargarían de definir la amplitud de la difusión, aunque, haya quedado pendiente la integración complementaria y tecnológica con el Registro Único Empresarial (RUE), ordenado por el mismo texto (lit. d), y con el Registro Único de Proponentes, llevado por las cámaras de comercio.

La misma Ley 1150/2007 adicionó una herramienta temprana de publicidad, al concebir la publicación de los proyectos de pliegos de condiciones y de los estudios previos del futuro contrato (art. 8°), y la reglamentación actual del Decreto 1082/2015 extendió la publicidad, mediante la regla general de publicación en el Sistema de todos los documentos y actos del proceso de contratación.

Con todo, pese a esta ampliación formidable de la publicidad, el salto tecnológico está en realidad en su génesis. El mismo texto referido de la Ley 1150/2007 contempló, no solo el uso de las nuevas tecnologías para la difusión y publicidad de las actuaciones contractuales, sino también para la realización misma de los procesos de contratación. Apoyándose en la Ley 527/1999, sobre el comercio electrónico, el artículo 3° previó el uso estructural de los medios electrónicos para "la sustanciación de las actuaciones, la expedición de los actos administrativos, los documentos, contratos y en general los actos derivados de la actividad precontractual y contractual". La implementación del SECOP II, iniciada diez años después de la Ley 1150 por la agencia Colombia Compra, tenía sus bases concretas en estas disposiciones.

1.2. El aporte internacional

Mirando el panorama internacional, la creación no era una invención local, sino la secuencia lógica de algo comenzado ya hace tiempo. Hemos expuesto las técnicas de evaluación de los sistemas de contratación nacional por parte de los organismos internacionales, en particular el sistema de valoración desarrollado por el Banco Mundial y la OCDE. Estos análisis promovieron específicamente el desarrollo de la contratación electrónica y la publicidad mediante medios vinculados a Internet.

El documento CONPES 3186 de 2002, titulado: *Una Política de Estado para la Transparencia y Eficiencia en la Contratación Pública*, describe en sus antecedentes la visita del Banco Mundial realizada en abril del 2000, quien realizó un análisis de la regulación colombiana para ...

> ... "diseñar y poner en marcha un sistema destinado a divulgar la información relacionada con los anuncios de adquisición, los documentos de licitación y el otorgamiento de los contratos a las partes interesadas y al público, *estableciendo de esta manera las bases para las adquisiciones públicas en línea*" (pg. 4) (se resalta).

De manera más explícita, el CONPES N° 3249 del año siguiente, denominado *Política de Contratación Pública para un Estado Gerencial*, traía la primera concepción de un "Sistema Integral de Contratación Electrónica", con el objetivo específico de lograr una información electrónica centralizada de todos los proyectos en curso, dejando su trazabilidad histórica, mediante la gestión contractual electrónica, y la realización de negocios en línea. Más allá del portal único de contratación, por el que se propendía, el documento se orientó hacia la formulación de un "Sistema Integral de Contratación Electrónica" (SICE) que permitiría una gran difusión de todos los documentos del proceso contractual, la gestión misma de los procedimientos que serían así estandarizados, todo lo cual sería establecido a partir de un comité especializado interinstitucional de contratación pública.

Con el apoyo económico del BID, dentro de un proyecto para la reestructuración de la administración pública, este comité interinstitucional fue creado para comenzar la implementación de la estrategia formulada por los CONPES, con el nombre de Comité Intersectorial de Contratación Pública (CINCO), hasta que fue suprimido por el Decreto 4170/2011, por el que se creó la Agencia Nacional de Contratación Pública – Colombia Compra Eficiente.

La influencia de las instancias internacionales es más profunda y diversa. Ella no solo se da con la anterior descripción del apoyo activo de la banca multilateral en la concepción de las reformas tendientes a este fin, sino que parte de la decidida promoción de la contratación electrónica, a través de todo un sistema de contratación. En un documento de 2003, el Banco Mundial consideraba ya que el uso de medios electrónicos en la contratación es uno de los componentes esenciales de la reforma del Estado, debido al impacto de la contratación en toda la actividad pública y en la economía nacional en los países en vía de desarrollo, donde el principal comprador es el Estado y donde la contratación no se realiza de manera transparente y eficiente[16].

Para el Banco, el impacto de la contratación en el desarrollo se da con la difusión más transparente y amplia de la información, en beneficio de un mejor gobierno, así como de los proponentes y del control por la ciudadanía sobre el gasto público, generando a la vez simplificación en los procesos, con mayor eficacia y economías. Además, los sistemas electrónicos ofrecen mejores posibilidades de difusión de la información general y particular de los contratos, desde la publicidad de la normatividad aplicable hasta los textos específicos de los contratos y documentos contractuales, pasando por la publicación de los planes anuales de contratación, la difusión de los documentos de los procesos de contratación y las decisiones de la administración, todo lo cual promueve la vigilancia generalizada temprana por parte de instancias gubernamentales y por la ciudadanía.

El Banco indica así experiencias de ahorros específicos en los procesos de contratación, calculados en 22% en Brasil y 20% en Rumania, y consistentes en menores costos del trámite, simplificaciones por la presentación de ofertas en línea, que evitan desplazamientos, y aumento de la competencia con mejores precios y de mayor calidad. No obstante, los logros y ventajas no son posibles sin una correcta implementación interna de los dispositivos, que comprenda tanto la adaptación normativa como la formación de los funcionarios y la orientación de todos los partícipes en la contratación, para un cambio frente a la manera de gestionarla. El Banco insiste así que la implementación tecnológica no puede limitarse a la adquisición de ciertos *hardware* y *software* sofisticados. Ella pasa, imperiosamente, por una buena implementación y una política de formación para el cambio en la gestión contractual, que permitan reducir, en términos reales, las oportunidades de prácticas corruptas y mejorar la calidad de la actividad.

En 2006, el Banco apoyaba la implementación de procesos de contratación electrónica, bajo estándares internacionales y con la retroalimentación de las buenas prácticas locales en América Latina (Argentina, Brasil, Chile, El Salvador, Guatemala, México), en los países magrebíes (Argelia, Marruecos, Túnez), Asia meridional (Afganistán, Bangladesh, Bután, India), Europa del este y Asia central (Armenia, Azerbaiyán, Croa-

16 Electronic government procurement (e-GP). World Bank Draft Strategy- http://siteresources.worldbank.org/INTPROCUREMENT/Resources/eGPStrategyfortheWBword.doc

cia, Georgia, Kazakstán), este del Asia y Pacífico (Camboya, China, Indonesia, Vietnam) y África (Camerún, Cabo Verde, Gana, Ruanda).

Como resultado específico, se presentaba la experiencia mejicana donde, gracias a la implementación de "Compranet", apoyada por el BID, se logró ampliar la participación de oferentes de 7 a 12 por proceso, sin declaraciones desiertas, reduciendo el tiempo del trámite de licitaciones de 120 a 80 días.

Esta política de incentivos a la contratación pública no se limita al Baco Mundial. En asocio con el BID y con Banco Asiático de Desarrollo (BAD), los tres bancos concebirían una hoja de ruta para la estrategia de la contratación electrónica[17], en la que se explica cómo la tradicional preocupación sobre la inversión pública en infraestructuras ha sido complementada con la importancia de invertir en nuevas tecnologías al servicio de la gestión pública, en particular de la contratación electrónica, identificada por el la Comisión Europea para el desarrollo de América Latina y el Caribe como uno de los grandes motores tecnológicos de la economía.

Esta hoja de ruta parte de una advertencia general sobre su carácter indicativo, en el sentido de necesitar la implementación adecuada a las fortalezas, debilidades y grado de desarrollo de cada país. Ello no impide que se pueda aplicar a cualquier país, si se implementa de forma progresiva, y entendiendo que su cobertura es integral, en la medida en que la contratación electrónica comprende una combinación de cambios políticos, desarrollo legal y de recursos humanos y cambios culturales frente a la tecnología tanto en la administración como en el sector privado. Por ello, la hoja de ruta insiste en errores comunes que han forjado fracasos, al concebir que el problema es netamente tecnológico, sin abordar un verdadero cambio institucional, o concebir todo el sistema como mecanismo de control, sin advertir la imperiosa necesidad de simplificación y estandarización previa, como prerrequisito de mejores mecanismos de control.

A partir de esta orientación metodológica preliminar, el documento enuncia la importancia de concebir y tratar todo el ciclo contractual, que va mucho más allá del contrato mismo, a partir de cuatro etapas principales: (1) la preparación del proyecto, (2) el proceso de selección del contratista, (3) la implementación del contrato (que corresponde a su ejecución) y (4) los servicios post–venta, con las garantías de calidad y de estabilidad. El uso de tecnologías de la información, en particular Internet, los estándares y procedimientos simplificados, las bases de datos y las comunicaciones permitirán así, según los bancos, lograr los tres objetivos mayores de la contratación: (1) gobernanza, con mayor transparencia y responsabilidad, (2) eficacia, con mejor balance de la relación calidad–precio y (3) desarrollo equilibrado, con mayor competitividad, desarrollo de los negocios y desarrollo regional.

De manera progresiva, el sistema se implementa inicialmente con la generalización de la publicación de información contractual, para abordar luego los procesos de interacción con los actores contractuales, la transacción y, finalmente, la transformación general del sistema. Se proponen así pasos específicos progresivos para lograr el desarrollo exitoso de ciertos fundamentos estratégicos esenciales (capacidad institucional,

17 World Bank. 2004. Electronic government procurement -Roadmap- https://openknowledge.worldbank.org/bitstream/handle/10986/19010/882490WP0Box380GP0RoadMap0March2009.pdf?sequence=1&isAllowed=y

gobernanza, nuevas funcionalidades implementadas, infraestructura y servicios en la Web, integración de terceros y evaluación permanente).

Las anteriores estrategias son desarrolladas por el Banco Mundial a través de varios documentos de trabajo con gran detalle para su implementación local por los países:

- Contratación en línea: Guía de referencia[18].
- Contratación pública electrónica estratégica: Introducción para los gerentes públicos[19].
- Contratación pública electrónica estratégica: Guía de planificación estratégica[20]
- Contratación pública electrónica. Prueba de autoevaluación[21].
- Guía de activación de compradores y proveedores. Contratación pública electrónica[22].

Por su parte, el Banco Interamericano de Desarrollo, además de participar en esta política del Banco Mundial, promovió la creación de la Red Interamericana de Compras Gubernamentales (RICG), referida en la introducción de este estudio, que nació incluso como red de e–Compras Gubernamentales en 2004, luego del "I seminario Interamericano sobre e–Compras Gubernamentales" realizado en Lima en 2003. Después, seguirían otros dos seminarios importantes en Sao Paulo (2004) y Chile (2005).

Bajo la misma concepción expuesta, la Red concibe una noción multifuncional del ciclo contractual, en el que los sistemas de compras públicas tienen función esencial de **utilidad pública**, con el Estado como proveedor de bienes y servicios a los ciudadanos, junto con una **función administrativa**, orientada a asegurar la transparencia y el control del gasto público, a través de herramientas que minimicen los escenarios que atenten contra el uso eficiente de recursos, y una **función económica**, vinculada a la adquisición de bienes y servicios al menor costo posible[23].

---

18 e-Procurement Reference Guide.
https://openknowledge.worldbank.org/bitstream/handle/10986/19028/882160WP0Box380ementReferenceGuide.pdf?sequence=1

19 Strategic electronic government procurement. Strategic overview: un introduction for executives.
http://documentos.bancomundial.org/curated/es/794991468152096524/pdf/882520WP0Box380icOverview0March2004.pdf

20 Strategic electronic government procurement. Strategic planning guide
https://openknowledge.worldbank.org/bitstream/handle/10986/19031/882530WP0Box380anningGuide0June2004.pdf?sequence=1&isAllowed=y

21 Electronic government procurement (e-GP). Readiness self-assessment.
https://openknowledge.worldbank.org/bitstream/handle/10986/19029/882480WP0Box380ssAssessment0Nov2004.pdf?sequence=1&isAllowed=y

22 Buyer and supplier activation – Guide Electronic government procurement.
https://openknowledge.worldbank.org/bitstream/handle/10986/19052/883180WP0Buyer00Box385191B00PUBLIC0.pdf?sequence=1&isAllowed=y

23 Juan Araya Allende. "Las compras públicas en los Acuerdos Regionales de América Latina con Países Desarrollados". CEPAL, División de Comercio Internacional e Integración. *Serie Comercio Internacional* N° 67; Santiago de Chile, abril de 2006.

Con relación a las compras electrónicas, la Red estimula el intercambio de experiencias y ha publicado múltiples estudios específicos, entre los que se destacan[24]:

- Comercio Electrónico. Caso Panamá (2011)
- El modelo de la Ley UNCITRAL y las Compras Gubernamentales Electrónicas (2012)
- Experiencia en MIPYMES y Compras Electrónicas. Experiencia Ecuador (2012)
- Compras Electrónicas: Experiencia México (2012)
- Hacia una mitología para la medición de los beneficios de las compras gubernamentales electrónicas (2012)
- Compras Electrónicas: Experiencia Costa Rica (2013)
- El sistema coreano en el sistema de Compras Públicas de Costa Rica SICOP/Merlink (2016)

1.3. La implementación en América Latina

En estas condiciones, no es una simple coincidencia que todos los países del Continente hayan establecido estructuras similares para la implantación de sistemas institucionales de contratación con autoridades técnicas a su cabeza, a manera de órganos rectores con competencias similares de gestión del sistema, promoción y regulación de estándares de contratación, mediante instrucciones, modelos, guías y documentos tipo, gestión de los registros de proveedores y administración de contratos marco y otras modalidades de agregación de demanda, como tenemos en Colombia. Un cuadro comparativo resulta ilustrativo de esta política común:

PAÍS	AUTORIDAD GESTORA DEL SISTEMA	PORTAL INTERNET
Argentina	Oficina Nacional de Contrataciones	www.argentinacompra.gov.ar
Bolivia	Sistema de Contrataciones Estatales	www.sicoes.gob.bo
Brasil	Secretaría de Logística y Tecnología de Información	www.comprasnet.gov.br
Chile	Dirección Chile Compra	www.chilecompra.cl
Colombia	Agencia Nacional de Contratación Colombia Compra Eficiente	www.contratos.gov.co

Yasmin Natalia Jorge y María Soledad Rodríguez, "Sistemas de compras públicas e integración regional en América Latina y el Caribe". Programa ICT4GP. *Serie de documentos de trabajo*. N° 10. Universidad Nacional de San Martin. Buenos Aires, 2011.

http://biblioteca.ricg.org/download.php?len=es&id=27&nbre=Documento%20de%20Trabajo%20No10.pdf&ti=application/pdf&tc=Publicaciones

24 Ver el listado completo con hipervínculos a los textos en: http://ricg.org/compras-electronicas/contenido/451/es/

PAÍS	AUTORIDAD GESTORA DEL SISTEMA	PORTAL INTERNET
Costa Rica	Dirección de Administración de Bienes y Contratación Administrativa	www.hacienda.go.cr/comprared
Ecuador	Servicio Nacional de Contratación Pública	http://portal.compraspublicas.gob.ec/sercop/
El Salvador	Unidad Normativa de Adquisiciones y Contrataciones	www.comprasal.gob.sv
Guatemala	Dirección Normativa de Contrataciones y Adquisiciones del Estado	www.guatecompras.gt/
Haití	Comisión Nacional de las Compras Públicas	www.cnmp.gouv.ht
Honduras	Oficina Normativa de Contrataciones y Adquisiciones del Estado	www.honducompras.gob.hn/
Jamaica	Office of de Contractor General	www.ocg.gov.jm/ocg/
México	Unidad de Política de Contrataciones Públicas	www.compranet.gob.mx
Nicaragua	Contrataciones del Estado	www.nicaraguacompra.gob.ni
Panamá	Dirección General de Contrataciones Públicas	www.panamacompra.gob.pa
Paraguay	Dirección Nacional de Contrataciones Públicas	www.contrataciones.gov.py
Perú	Organismo Supervisor de las Contrataciones del Estado (OSCE)	www.osce.gob.pe
República Dominicana	Dirección General de Contrataciones Públicas	http://www.comprasdominicana.gov.do/
Uruguay	Agencia de Compras y Contrataciones del Estado (ACCE)	www.comprasestatales.gub.uy
Venezuela	Servicio Nacional de Contrataciones	www.snc.gob.ve

En desarrollo de esta política decidida hacia la contratación electrónica, muchos países han implementado los acuerdos o contratos marco, un mecanismo mediante el cual se seleccionan proveedores mediante una licitación pública para que ofrezcan en línea, a través del portal Internet del Órgano Rector de la contratación, una serie de productos y servicios agrupados en temáticas genéricas, de tal suerte que las entidades públicas pueden realizar la compra mediante tiendas virtuales, en las que encuentran catálogos de productos, solicitando ofertas a los proveedores disponibles para el bien o servicio, y seleccionando el contratista a través de orden de compra al más económico. La ley 1150/2007 (art. 2° par. 5°) previó esta modalidad de selección abreviada para los bienes y servicios de común utilización por la administración, cuyas condiciones técnicas uniformes pueden ser identificadas de manera clara a través de fichas técnicas, con lo cual el único criterio de selección será el precio. La extensión del procedimiento ha sido formidable: En 2017 existían ya 32 acuerdos marco, posicionando a Colombia a la cabeza entre los países latinoamericanos por el número de acuerdos, incluso por encima de Chile, líder indiscutible en la contratación electrónica en Latinoamérica, quien tenía 31.

La figura se extiende en todo el sub–continente americano, como lo registran los Portales Internet de los distintos países. Así, Costa Rica cuenta en 2017 con 14 acuerdos marco, Honduras: 9, Perú: 5, Paraguay: 4 y Uruguay 2. Algunos países han comenzado tardíamente la implementación o han suscrito acuerdos que no se renovaron recientemente. Así, en la misma época, México solo tenía un acuerdo, sobre licencias de Software y 5 en proyecto, aunque registraba 13 que habían concluido para el 2017. De igual manera Panamá tuvo 13 acuerdos que finalizaron entre 2010 y 2011 y en marzo de 2017 tramitaba 2, para suministro de artículos institucionales de las entidades y suministro de impresoras y combustibles. Del mismo modo, países como Argentina y Uruguay tan solo tuvieron reglamentación reciente en la materia, de tal suerte que tienen solo 3 acuerdos y 1, respectivamente, en el primer trimestre de 2017.

Es posible que la disparidad de desarrollo de la figura se explique por el orden de implementación del proceso de la contratación electrónica. Las orientaciones del Banco Mundial para el e–GP (*Electronic Governement Procurement*) recomiendan implementar sucesivamente los procesos de publicidad de la contratación, la realización del proceso de contratación y su seguimiento y, por último, los convenios marco y otras modalidades de agregación de demanda[25]. En el caso de México, la implementación del procedimiento contractual electrónico surgió del Tratado de Libre Comercio de América del Norte TLCAN), suscrito con Canadá y Estados Unidos en 1992, como un instrumento sensible para lograr mayor transparencia, y fue concretado en la plataforma CompraNet[26] en 1996[27] hasta el desarrollo actual del "Sistema Electrónico de Información Pública Gubernamental sobre Adquisiciones, Arrendamientos, Servicios, Obras Públicas y Servicios Relacionados con las Mismas". En Uruguay, la Agencia para el Desarrollo de Gobierno Electrónico (AGESIC) fue creada en 2005[28], para liderar la estrategia de implementación del gobierno electrónico, y alberga el "Canal de compras públicas", que realiza el proceso preparatorio, los procesos de selección y la gestión de la ejecución del contrato en línea, bajo las orientaciones del *Government Resource Planning GRP*, utilizado internacionalmente[29].

En Brasil, también existe un proceso electrónico genérico para los procedimientos administrativos[30] a la base del portal de contratación: Comprasnet[31]. Las nuevas tecno-

25 Ver *Electronic Governement Procurement*. Roadmap. 2004, citado.

26 https://compranet.funcionpublica.gob.mx/

27 Jorge Arturo Ordaz Cruz y Crystal Palacios Velázquez, *Compras Gubernamentales y Tecnologías de la información: caso Compranet en México*. Colección de Tesis digitales Universidad de las Américas. Puebla. 2007 (http://catarina.udlap.mx/u_dl_a/tales/documentos/lad/ordaz_c_ja/portada.html)

28 Ley N° 17930/2005, art. 72 y dto. 205/2006.

29 http://comprasestatales.gub.uy/inicio/compradores/canal-compras/

30 Decreto nº 8539, de 08/10/2015.

31 http://www.comprasgovernamentais.gov.br/

Ver "Costação Eletrônica. Orientações para o FORNECEDOR, en

logías fueron implementadas en el procedimiento de subasta llamado "Pregão" desde 2002, extendida luego al procedimiento de "Régimen Diferenciado de Contrataciones", procedimiento particularmente flexible en su gestión, y luego aplicado a las licitaciones. Incluso la regulación establece que esta última ha de realizarse preferentemente mediante contratación electrónica, con el uso de criterios de selección que no se limitan al precio de las ofertas[32]. Por su parte Chile ha implementado un portal especial para las licitaciones del Estado (www.mercadopublico.cl), Costa Rica implementó el Sistema Integrado de Compras Públicas como Plataforma Tecnológica de Uso Obligatorio de la Administración Central para la Tramitación de los Procedimientos de Contratación Administrativa", "SICOP" (www.sicop.go.cr)[33], Ecuador, creó el Servicio Nacional de Contratación Pública (http://portal.compras-publicas.gob.ec/ser-cop/), Panamá implementó el portal www.panamacom-pra.gob.pa, República Dominicana, tiene el Sistema Informático para la Gestión de las Compras y Contrataciones del Estado Dominicano (https://comunidad.com-prasdominicana.gob.do)[34] y Colombia el Sistema Electrónico de Contratación Pública "SECOP II" (www.colombiacom-pra.gov.co/secop/secop–ii).

Otros países han tomado más tiempo en la implementación de sus Sistemas electrónicos, como Argentina (https://comprar.gob.ar/ComprasElectronicas.aspx)[35] o Perú (http://www.perucompras.gob.pe/)[36]. Con poco desarrollo en la materia están los países que tan solo han implementado la publicidad de los procesos de contratación (El Salvador, Haití), la subasta electrónica (Guatemala), la publicidad de los planes anuales de compras (Venezuela[37]) o la implementación de los primeros acuerdos marco (Nicaragua[38]).

Sin lugar a dudas el balance en la materia es una decidida implementación de procesos de contratación electrónica que cubrirá un segmento cada vez mayor de la contratación de los países latinoamericanos. La influencia del derecho internacional es palmaria y la participación activa de los organismos internacionales como la OCDE, la banca multilateral y la RICG ha sido por completo determinante en la implementación.

Esta implementación comienza habitualmente en los contratos para el suministro de bienes y servicios corrientes, que se calcula equivalen al 80% del volumen de la contra-

---

http://www.comprasgovernamentais.gov.br/arquivos/manuais/mancotacaofornec.pdf

32 Ley 12.462/2011.

33 Jorge Enrique Romero Pérez, *Contratación electrónica del Estado*, Ud. UCR, San José, 2013

34 Ver manuales de procesos contractuales en línea en
http://www.comprasdominicana.gov.do/web/guest/guias-y-manuales-del-portal-transaccional#

35 Decreto N° 1030/2016, implementación general por la Oficina Nacional de Contrataciones. Comunicación general 20/02/2017.

36 La Central de Compras Públicas – PERÚ COMPRAS fue creada mediante el Decreto Legislativo N° 1018 el 03 de junio del 2008, pero ejerce sus funciones a partir del 18 de marzo del 2016. La Central de Compras Públicas – PERÚ COMPRAS es un organismo público adscrito al Ministerio de Economía y Finanzas con autonomía técnica, funcional y administrativa, cuyo objetivo principal es optimizar las contrataciones públicas a nivel nacional, a través de sistemas y procedimientos dinámicos y eficientes, con personal altamente especializado y aprovechando el uso de las tecnologías de la información y la economía de escala. Ejerce competencia a nivel nacional.

37 http://compras.snc.gob.ve/aplicacion/compras/PECE.pdf.

38 Por donación del software por el Ecuador se están implementando los primeros acuerdos marco sobre papelería y llantas.

tación pública, con un valor equivalente al 20% del total de la contratación de un país. Luego, los procesos electrónicos suelen extenderse a toda la contratación, incluida la contratación de obras y servicios complejos que, según cálculo de organismos internacionales, equivale al 20% del volumen de contratos, con un peso del 80% en el presupuesto de contratación.

Cada una de estos grupos de contratación tiene desafíos particulares. El primer grupo, sobre bienes comunes y de condiciones técnicas uniformes, es campo privilegiado de los acuerdos o convenios marco, que brindan la oportunidad de ofrecer un número creciente de bienes y servicios a través de los catálogos de las tiendas públicas virtuales. Pero, ya se han identificado problemas complejos frente a la calidad de los productos, vinculados con las dificultades en la definición correcta de las condiciones técnicas de las fichas respectivas, y a la rigidez que impone esta estandarización. Igualmente es complejo el problema de la calidad obtenida y la efectividad en el cumplimiento de las condiciones ofrecidas. El dispositivo contractual genera una triangulación de la relación, en la que las entidades realizan la compra directa a los proveedores en la tienda virtual, pero la relación fuerte, el control y la vigilancia en el cumplimiento de los acuerdos por parte de los proveedores es responsabilidad de las agencias que administran el convenio marco. Existe entonces una ruptura entre el control y el destinatario final del producto o servicio, lo que dificulta la implementación del seguimiento efectivo en la ejecución del contrato.

Por otra parte, los beneficios, universalmente afirmados, sobre las ventajas económicas para las entidades no siempre se han dado y las grandes entidades argumentan con frecuencia haber obtenido en el pasado mejores precios y mejor calidad en sus compras directas. Existe así un reto para las agencias rectoras, gerentes de los acuerdos marco, consistente en lograr la selección de proveedores que verdaderamente ofrezcan buenos precios y buena calidad de los objetos contratados. El reto se amplía frente a la necesidad de adoptar estrategias que no generen monopolios de hecho para las grandes empresas proveedoras que absorberán a las medianas como subcontratistas, en particular en los servicios y bienes ofrecidos en las provincias y las ciudades pequeñas, e incluso medianas.

Por su parte, la contratación electrónica de los grandes proyectos debe responder al reto de concebir mecanismos con flexibilidad, frente a las condiciones técnicas propuestas por los oferentes y la valoración de sus propuestas mediante factores no restringidos al precio. Por ello, lo modelos más complejos de contratación, destinados a los proyectos de APP o de concesión, suelen tener en otros países un esquema de contratación más flexible y particular para la mejor apreciación concreta, tanto de proponentes como de sus propuestas.

2. CAMBIOS CONCEPTUALES

La influencia internacional en los contratos ha generado un cambio en la aproximación a los mismos hasta el punto de hacer tambalear y comenzar a derrumbar la concepción del contrato administrativo, distante del contrato de derecho privado.

Nuestra tradicional influencia del derecho administrativo francés incluyó la caracterización de la teoría general del contrato administrativo, marcada por sus particulares finalidades de interés general y su objeto vinculado a los servicios públicos o a funciones administrativas. Estas particularidades conllevaban la integración de poderes extraordinarios de la administración contratante, inadmisibles en los contratos entre particulares.

Nuestra concepción, vivida como natural e innata a los contratos de la administración, partía sin embargo de equívocos y bases inexactas. El derecho administrativo francés estructuró su teoría general del contrato administrativo en la primera mitad del siglo XX hasta la obra de *Péquignot* en 1945, que estructura por primera vez una *Teoría general del contrato administrativo*, distante de la teoría general del contrato de derecho privado[39]. No obstante, este contrato particular no corresponde a todos los contratos de la administración pública, en la medida en que las particularidades que le otorgan un régimen administrativo se derivan de la realización de misiones especiales confiadas al contratista, vinculadas a funciones esenciales de la administración contratante. Este objeto particular, confiado al contratista, hace que la administración no pueda desprenderse de sus responsabilidades para el logro de sus competencias funcionales administrativas y, por consiguiente, deba conservar poderes derogatorios del régimen común de los contratos, aún incluso cuando los textos legales, reglamentarios o contractuales no los contemplen. La administración ha de preservar el logro de las misiones vehiculadas a través del contrato y, por ello, sus poderes innatos, derivados de su condición de autoridad pública, no desaparecen por haber sido omitidos en las reglas contractuales. Más aún, la administración ha de ejercerlos por encima del contrato, mediante los poderes que le son propios, como autoridad del poder público[40].

Esta situación de privilegio exorbitante de la administración no se justifica en todos los contratos que suscribe, sino solo en aquellos que involucran el cumplimiento de sus misiones especiales. Por ello, la teoría general del contrato administrativo se forjó para los contratos de concesión, donde el objeto mismo del contrato es la prestación de un servicio público o la realización y gestión de infraestructuras destinadas a un servicio público. Estos valores estuvieron igualmente involucrados en el contrato de obra pública por la especial destinación de esta última al servicio público.

Por el contrario, existen otros numerosos contratos en los que la administración adquiere bienes y servicios suministrados por el contratista, en los cuáles el contrato no se vincula a las misiones específicamente administrativas sino de manera muy indirecta y, por ello, no se justifican las condiciones particularmente administrativas del régimen contractual, de tal suerte que estos contratos se rigen por el derecho privado. Este tratamiento dual de los contratos de la administración generó, en el derecho francés, la distinción entre contratos administrativos y contratos privados de la administración, especie esta última que, en realidad, constituye un volumen muy importante de los que suscribe la administración. Por ello, las "compras públicas" de bienes y servicios, destinadas solamente a suplir las necesidades corrientes de la administración, sin relación directa con sus objetivos misionales, estuvieron regidas por el derecho privado.

Además, esta realidad de especialidad matizada del contrato administrativo francés constituyó una verdadera excepción, en el contexto europeo, por cuanto la concepción fue tan solo exportada a España y Portugal. En efecto, no solo el Reino Unido y los

39 Georges Péquignot, *Théorie générale du contrat adminsitratif*, A. Pédone. Paris, 1945.

40 Sobre esta esencia del contrato administrativo francés, ver la controversia entre los profesores L'Huillier y De Laubadère en José Luis Benavides, *El contrato estatal: entre el derecho público y el derecho privado*. 2ª ed. Universidad Externado de Colombia, 2004, núms 407-409, pg. 334 y ss.

países de influencia del *common law* tienen una concepción generalizada de los contratos de la administración regidos por el derecho comercial, sino también la mayoría de los países de Europa continental. La concepción alemana, de la mano de Otto Mayer, encuentra incompatible la figura del contrato, manifestación del acuerdo de voluntades, con la preservación de potestades de poder público, expresión necesaria de actuación unilateral[41]. En estos términos, los contratos administrativos identificados por la ley alemana corresponden a ciertas modalidades, verdaderamente imposibles entre los particulares, como los convenios de urbanismo o los acuerdos que regulan aspectos impositivos con los particulares. Por su parte, bien sea el derecho italiano, el belga, el de los Países Bajos, los países nórdicos, Suiza y los países de la antigua influencia soviética, todos conciben un régimen privado para los contratos de la administración[42].

En estas condiciones, la concepción francesa es por completo restringida en el mundo, pese a que la hayamos vivido como "universal", en razón de la influencia reforzada del derecho francés en América Latina, a través del derecho español. Esta distorsión de lo que serían la "regla universal" o, por lo menos, del supuesto régimen generalizado de los contratos públicos, también distrajo la atención sobre dos condiciones específicas de los contratos de la Administración, comunes a todos los países.

Por una parte, la diferenciación entre el régimen jurídico del contrato y el procedimiento de selección de los contratistas. La concepción generalizada del régimen privado de los contratos no concierne la forma como la administración selecciona a sus contratistas. Los contratos constituyen un medio privilegiado de ejecución de recursos públicos, lo que exige reglas particulares para comprometerlos, así como para garantizar la igualdad de quienes se beneficiarán económicamente por la ejecución de los contratos. La selección de los contratistas de la administración exige así procedimientos eminentemente administrativos, con independencia de la naturaleza jurídica del contrato que se suscriba luego del proceso de selección. Esta realidad es tan generalizada que aún en Francia los procesos de contratación de las compras de bienes y servicios, calificadas en su mayoría de contratos privados, estuvieron tradicionalmente sometidos al Código de Compras Públicas[43].

Por otra parte, el régimen privado de los contratos no ha impedido que en los regímenes jurídicos de todos los países sea necesario reconocer a la administración contratante poderes de vigilancia y control para asegurar el logro del objeto contractual. No estando sometidos a un régimen general administrativo, derogatorio del régimen privado, estos poderes han de estar *contractualizados*, lo cual se logra a través de cláusulas específicas que los consagran, sistemáticamente introducidas en los contratos, así como mediante condiciones generales de contratación. Los poderes unilaterales de la administración derivan su fuerza vinculante de la regla contractual para asegurar la ejecución

---

41 Ulrich Stelkens, reporte del derecho alemán, en Rozen Noguellou y Ulrich Stelkens (ed) *Droit compare des contrats publics Comparative law on public contracts*, Bruylant, Bruselas, 2010, pg. 307 ss

42 *Droit compare des contrats publics...* cit., contiene los reportes nacionales que dan cuenta de esta realidad en: Sudáfrica, Alemania, Australia, Austria, Bélgica, Canadá, Dinamarca, Estonia, Finlandia, India, Inglaterra, Italia, Países Bajos, Polonia, Rusia, Ruanda, Suiza y Taiwan.

43 Laurent Richer, *Droit des contrats* administratifs, 9 ed., LGDJ, Paris, 2014, N° 183, pg. 101. André de Laubadère, Franck Moderne, Pierre Delvolvé, *Traité des contrats administratifs*, T.I, LGDJ, París, 1983, N° 195. pg. 252 y ss.

del contrato, sin que con ello se considere que la administración ejerza prerrogativas de poder público.

Estas realidades y concepciones generalizadas en la mayoría de países del mundo han logrado un refuerzo creciente de su influencia por la globalización y la dinámica de las fuentes internacionales descritas en la introducción de este estudio. Ella va más allá de la discusión doctrinal de los años 90s sobre la huida del derecho administrativo hacia el derecho privado, para consolidar, cada vez más, las bases y el anclaje profundo de todo contrato de la administración en la teoría general del contrato, de origen privado.

2.1. Abandono de la sustantividad del contrato administrativo

Los defensores a ultranza de la sustantividad del contrato administrativo resaltan sus particularidades por involucrar finalidades de interés general y ser suscritos y gestionados por una persona pública que tiene prerrogativas de poder público (como lo hacía el doctrinante español Gaspar Ariño en un agudo estudio en 1977[44]). Se observa así que el contrato de la administración enfrenta necesariamente la dicotomía entre el acto de autoridad y el negocio bilateral, cuya tensión atraviesa todo el contrato[45]. No obstante, esta realidad no se reputa sistemáticamente de todas las relaciones contractuales de la administración y, lo más significativo, la tensión entre la prerrogativa pública y el proceder contractual cede frente a este último, incitando, de manera creciente, a incluir, en la misma regla contractual, la delimitación y regulación, cada vez más estricta, de los poderes de la administración. Además, como lo expresaba el mismo Gaspar Ariño en el estudio referido, "... lo que caracteriza un sistema de contratación, esto es, lo que constituye el *derecho material*, no es el clausulado de un contrato, sino las normas aplicables ante el silencio de las partes..."[46].

La constitucionalización formidable de toda la gestión administrativa repudia cada vez con mayor fuerza los poderes innatos de la administración y exige que, tanto por seguridad jurídica, como por legitimación de la autoridad y por control de su ejercicio, todo poder esté previsto explícitamente, de preferencia, incluso, en normas legales. El *silencio de las partes* (al que se refiere Gaspar Ariño) no beneficia así los poderes de la administración, en la medida en que, estando definidos estos poderes por normas positivas, de manera explícita, ellos integran necesariamente la regla contractual, como lo prescribe de manera explícita nuestro código civil en su artículo 1603[47].

Este reforzamiento de la regla contractual es uno de los factores de mayor influencia internacional en los contratos, lo que se manifiesta en la propensión al refuerzo del

---

44 Gaspar Ariño, "Contrato de Estado y *common law*", estudio preliminar al libro de José Ignacio Modedero Gil, *Doctrina del contrato del Estado*. Instituto de estudios fiscales, Madrid, 1977, pg. 7 y ss.

45 En el mismo sentido, Santiago González-Varas Ibáñez, resalta la subsistencia de poderes supracontractuales en cabeza de la Corona, en el régimen Inglés. *Tratado de derecho administrativo. T.IV, El Contrato administrativo*. Madrid, Thomson Civitas, 2008. Tercera parte: Prerrogativas y selección del contratista desde el punto de vista de la figura del contrato administrativo. Modelos privados y públicos de contratación administrativa, en especial la ejecución del contrato.

46 *Idem.*, pg. 52

47 Código Civil, *Artículo 1603. Ejecución de buena fe*. Los contratos deben ejecutarse de buena fe, y por consiguiente obligan **no solo a lo que en ellos se expresa, sino a todas las cosas** que emanan precisamente de la naturaleza de la obligación, o **que por ley pertenecen a ella**. (se resalta)

derecho privado. De manera más genérica, ello comporta también cambios conceptuales en el sistema de fuentes de la actividad contractual.

2.2. Incertidumbre sobre el sentido de la función administrativa

La Ley 80/1993 fue objeto de esta influencia y por ello reafirmó la fuerza creativa del contrato, como fuente normativa, mediante el reconocimiento de la autonomía de la voluntad (arts. 32 y 40), como parte de los principios de la contratación (art. 23), y a través de la reafirmación de un régimen jurídico contractual mixto, que parte del derecho comercial, complementado con las reglas especiales de derecho administrativo (art. 13). En la concepción del legislador de 1993, el gerente público debía así preservar el carácter instrumental del contrato para lograr fines públicos, con la flexibilidad inherente que ello implica, teniendo en cuenta, en todo caso, que la gestión pública implica unas limitaciones importantes.

En este sentido, tanto la Corte Constitucional[48] como el Consejo de Estado[49] explicaron el carácter particular de la autonomía de la voluntad aplicada a la Administración, en el sentido de imponer unas finalidades, valores y el respeto a reglas públicas que nunca se pueden olvidar. La jurisprudencia corrigió la percepción errada sobre el sentido de los contratos regidos enteramente por el derecho privado, en virtud de leyes especiales, explicando que ello nunca puede significar la libertad del servidor público para gestionar el contrato a su antojo y capricho. Los recursos públicos involucrados en el contrato y el necesario logro de finalidades de interés general y no el interés particular del funcionario, ni los intereses particulares de terceros, imponen una concepción y gestión particular de la "autonomía privada", marcadas por los valores de la administración, lo que llevó a la afirmación de los principios de la función administrativa en todo contrato de la administración (Ley 1150/2007, art. 13).

No obstante, la guía de toda la gestión contractual por estos principios presenta dificultades mayores para determinar su alcance concreto, comenzando por la incertidumbre sobre la noción misma de "función administrativa". La Constitución colombiana le destina el capítulo 5°, dentro del título VII, sobre la Rama Ejecutiva, estableciendo los principios que la orientan, sin definir concretamente su sentido y alcance (art. 209). Además, la Carta no es clara, cuando enuncia conceptos cercanos, como el de la *función pública*, al que otorga en ocasiones el sentido técnico estricto de relación laboral de los servidores públicos con el Estado, y por ello le consagra el capítulo 2° del título V, sobre la organización del Estado. En el mismo sentido, la Carta atribuye al Procurador General la "vigilancia superior de la conducta oficial de quienes desempeñen *funciones públicas*, inclusive las de elección popular" (art. 276.6), y el artículo 110 prohíbe a quienes desempeñen *funciones públicas* hacer contribuciones a los partidos políticos, so pena de remoción del cargo o pérdida de investidura. No obstante, otros artículos conciben la función pública de manera más genérica, identificándola con tareas públicas, al prescribir que "la administración de justicia es *función pública*" (art. 228), que el "control fiscal es una *función pública*" (art. 267) o que la ley podrá asignar *funciones públicas* a los colegios profesionales (art. 26).

---

48 CC sent. C-949/01.

49 CE, sec. III, sent. 01/12/08, exp. 35827, sent. 14/04/10, exp. 36054,

La jurisprudencia ha identificado genéricamente la función administrativa con el cumplimiento de tareas propias de la administración. Refiriéndose a la diferencia entre la asunción de funciones administrativas por los particulares y la privatización, la Corte Constitucional considera que la primera "significa simplemente la posibilidad dada a aquellos de participar en la gestión de los asuntos administrativos, en las condiciones y bajo los parámetros señalados por la Constitución, la ley y los reglamentos"[50].

Ante la tradicional dificultad doctrinal de la definición de función administrativa, el Profesor Vidal Perdomo identifica los elementos esenciales para identificarla, a partir de las orientaciones de la Carta y de la Ley 489/1998, esencial en la materia. Un primer elemento orgánico es la vinculación de la función administrativa a la rama ejecutiva del poder público (CN, título VII, capítulo 5°). Pero la función administrativa es más amplia, por cuanto no se limita a las tareas que orgánicamente se atribuyen al Ejecutivo, sino que cubre genéricamente actividades de la "administración pública", que también son realizadas, aunque no sea la esencia de sus actividades funcionales, por órganos de las otras ramas del poder público (Legislativa, judicial), así como por los órganos autónomos e independientes (Contraloría, Procuraduría, organización electoral)[51].

En este sentido, el artículo 209 de la Carta orienta de manera general la actividad de la administración al prescribir que "está al servicio de los intereses generales" y organiza genéricamente su funcionamiento, al establecer las técnicas mediante las cuales se desarrolla al interior de la administración (descentralización, desconcentración y delegación). En cuanto a la Ley 489/1998, el título orienta su objetivo general, esto es, el de regular el "funcionamiento de las entidades del orden nacional". El artículo 1° define su objeto específico, comenzando por la regulación "del ejercicio de la función administrativa" y el artículo 4° delimita la "función administrativa del Estado" por su finalidad genérica, al precisar que ella "busca la satisfacción de las necesidades generales de todos los habitantes". Sin definirla concretamente, los textos establecen así que la función administrativa comprende las diversas tareas de la administración que buscan un interés general, a lo cual se adicionan los principios que deben guiar su desarrollo específico. Complementando los indicados en la Carta (art. 209) con los de la Ley 489/1998 (art. 3°), estos principios orientadores de la función administrativa destacan la neutralidad de la actuación frente a intereses particulares (igualdad, imparcialidad, participación), las calidades de la actuación, tanto técnicas (eficacia, eficacia, economía, celeridad), como éticas (moralidad, responsabilidad), y la difusión que debe tener toda actuación de la administración (transparencia, publicidad).

También refuerza este sentido genérico de la función administrativa la referencia del artículo constitucional 210 a la creación o autorización de las entidades descentralizadas con fundamento en "*los principios que orientan la **actividad** administrativa*", asimilándola a la *función administrativa*, cuyos principios ha enunciado el artículo que lo precede: 209.

50 Sent. C-166/95, ratificada por las sentencias C-316/95, C-543/01 y C-233/02.

51 Jaime Vidal Perdomo. "Sobre la función administrativa" en Jaime Vidal Perdomo, Eduardo Ortiz Ortiz, Agustín Gordillo y Allan R Brewer-Carías, *La función administrativa y las funciones del Estado. Cuatro amigos, cuatro visiones sobre el derecho administrativo en América Latina*. Caracas. Ed. Jurídica Venezolana. Caracas, 2014. pg. 37.

No obstante, la jurisprudencia, tanto constitucional como administrativa, ha dado ciertas pautas para delimitar la amplitud de la función administrativa, lo que ha sido particularmente específico en las funciones administrativas ejercidas por los particulares, autorizada por la Carta (art. 210).

La Corte Constitucional ha identificado la función administrativa con la función pública, al citar el artículo 209 de la Carta, para referirse indistintamente a la función pública y a la función administrativa:

> "... la Corte encuentra necesario recordar que para garantizar la vigencia de los principios superiores que gobiernan el ejercicio de la **función pública** (**Art. 209** de la Carta), el régimen de inhabilidades e incompatibilidades aplicables a los servidores públicos, resulta también extensivo a los particulares que vayan a ejercer **funciones administrativas**, ..."[52].(se resalta)

Pero también ha considerado que la función administrativa es una especie dentro del género "función pública":

Cabe recordar, así mismo, que la Constitución califica expresamente como "funciones públicas" la administración de justicia (art. 228 C.P.) y el control fiscal (art. 267 C.P.), en tanto que el artículo 209 se refiere a la "función administrativa" (art. 209 C.P.) **especie dentro del género función pública**[53]. (se resalta)

En el mismo sentido, con ocasión de la demanda contra una universidad privada por el incremento de matrículas a sus alumnos, el Consejo de Estado analizó el alcance de la función administrativa, como expresión de la función pública:

Sobre lo primero se tiene que la función administrativa es una de las funciones del poder público, o sea, una clase de función pública, de modo que el género es función pública y una de sus especies es la función administrativa, en la medida en que ésta se inscribe en la función ejecutiva, de suerte que su primera característica es la de ser inherente al poder del Estado, igual que lo son las demás funciones públicas clásicas: la legislativa y la jurisdiccional, correspondientes a las tres ramas en lo que constituye la tradicional división tripartita del poder público, según lo consagra el artículo 113 la Constitución Política[54].

Bajo las mismas orientaciones del Pr. Vidal Perdomo, el Consejo de Estado asume así una concepción orgánica de la función administrativa precisando que, como es propia de la función realizada por una de las tres ramas del poder público (la rama Ejecutiva), la función administrativa exige, justamente, ejercicio de autoridad.

De modo que la naturaleza de la función administrativa está determinada ante todo por su origen y su inmanencia al Poder Público, en cuanto es sustancialmente expresión o forma suya de manifestarse, y no porque se trate de actividad desarrollada por el Estado, o regulada, vigilada y controlada por el mismo cuando la presten los particulares, caso este en el cual tales mecanismos de intervención estatal no convierten *per se* la actividad o el servicio de que se trate en función administrativa pues, si así fuere, habría que considerar como función administrativa actividades mercantiles como la bancaria,

---

52 CC, sent. C-866/99.

53 CC, sent. C-037/03.

54 CE, sec. I, auto 20/03/2003, exp. AG-065.

la bursátil, de seguros, etc., o servicios públicos como el de transporte público de pasajeros, aéreo o terrestre, entre otros, a cargo de los particulares.

La función administrativa es siempre actividad del poder estatal, sea que se realice por órganos o autoridades públicas o por particulares…

Al analizar la actividad de la Federación Nacional de Cultivadores de Palma de Aceite – FEDEPALMA y un contrato que ésta había suscrito con una empresa para ejecutar recursos del Fondo de estabilización de precios que administra, el Consejo de Estado, con apoyo en la anterior providencia, también consideró:

> … como es sabido y lo ha puesto de presente la Corporación, "la función administrativa es una de las funciones del poder público, o sea, una clase de función pública, de modo que el género es función pública y una de sus especies es la función administrativa, en la medida en que ésta se inscribe en la función ejecutiva, de suerte que su primera característica es la de ser inherente al poder del Estado, igual que lo son las demás funciones públicas clásicas: la legislativa y la jurisdiccional, correspondientes a las tres ramas en lo que constituye la tradicional división tripartita del poder público, según lo consagra el artículo 113 la Constitución Política[55].

Bajo la misma concepción, la presencia de potestades públicas también ha sido el factor diferenciador de la función administrativa (pública) de los servicios públicos. Para la Core Constitucional, "el servicio público se manifiesta esencialmente en prestaciones a los particulares. La función pública se manifiesta, a través de otros mecanismos que requieren de las potestades públicas y que significan, en general, ejercicio de la autoridad inherente del Estado"[56].

En el mismo sentido, el Consejo de Estado precisa las particularidades de la función administrativa (pública), inherente a la actividad del Estado, lo que la distancia de las actividades realizadas por las empresas particulares. La "función pública es toda actividad ejercida por los órganos del Estado para la realización de sus fines y, excepcionalmente, por expresa delegación legal o por concesión, por parte de los particulares". Pero, citando al doctrinante argentino Manuel María Diez, el Consejo de Estado precisa que "es de señalar que la función pública significa una actividad de Estado que no puede jamás concebirse como análoga a la de un particular, aun cuando se tratara de una empresa"[57] [58].

Por esta razón, al analizar actividades de servicio público aseguradas por particulares, la Corporación ha considerado que el servicio público de transporte terrestre no constituye una función pública[59], como tampoco lo es el servicio público de educación[60], la telefonía celular[61], o la mensajería exprés[62].

55 CE, sec. I, auto. 01/12/2007, exp. 772.

56 CC, sent. C-037/03.

57 Manuel María Diez, *Derecho Administrativo*, T. III, Ed. Omeba, Buenos Aires, 1967, pg. 330.

58 CE, sec. III, sent. 05/08/1999, exp. ACU-798.

59 CE, sec. V, sent. 05/08/2004, exp. ACU-0271.

60 CE, sec. I, auto 20/03/2003, exp. AG-065, sec. III, sent. 18/11/1999, exp. ACU-1016.

61 CE, sec. III, sent. 26/06/2001, exp. ACU-356 y sec. V, sent. 16/08/2012, exp. 00106-01(ACU).

62 CE, sec. V, sent. 19/02/2004, exp. ACU-1843.

Por su parte, la Corte Constitucional también ha encontrado en el ejercicio de prerrogativas públicas el ingrediente particular de la función pública que permite diferenciarla de los servicios públicos. Si bien estos últimos son "inherentes a la finalidad social del Estado" no son identificables con la función pública.

El servicio público se manifiesta esencialmente en prestaciones a los particulares. La función pública se manifiesta, a través de otros mecanismos que requieren de las potestades públicas y que significan, en general, ejercicio de la autoridad inherente del Estado[63].

Este factor esencial también ha permitido a la Corte considerar que, en la medida en que los particulares solo son sujetos disciplinables cuando ejercen "prerrogativas propias de poder público", tan solo los serán los contratistas que tengan estas potestades particulares, lo que se limita esencialmente a los interventores:

Por lo demás ha de tenerse en cuenta el evento de aquellas personas que contratan con el Estado pero sin asumir el ejercicio de funciones públicas, dado que solamente en determinados casos la ejecución de un contrato implica su ejercicio en cuanto se asuman prerrogativas propias del poder público (CC, sent C–037/03).

La Corte también ha explicado que esta restricción de la calificación de la labor confiada al contratista, al destacar que mediante el contrato no se le confían tareas que son propias de la Administración en su condición de autoridad pública, sino la realización de una prestación que permitirá a la administración realizar sus misiones institucionales.

Los contratistas, como sujetos particulares, no pierden su calidad de tales porque su vinculación jurídica a la entidad estatal no les confiere una investidura pública, pues si bien por el contrato reciben el encargo de realizar una actividad o prestación de interés o utilidad pública, con autonomía y cierta libertad operativa frente al organismo contratante, ello no conlleva de suyo el ejercicio de una función pública.

Lo anterior es evidente, si se observa que el propósito de la entidad estatal no es el de transferir funciones públicas a los contratistas, las cuales conserva, sino la de conseguir la ejecución práctica del objeto contractual, en aras de realizar materialmente los cometidos públicos a ella asignados. Por lo tanto, por ejemplo, en el contrato de obra pública el contratista no es receptor de una función pública, su labor que es estrictamente material y no jurídica, se reduce a construir o reparar la obra pública que requiere el ente estatal para el alcanzar los fines que le son propios. Lo mismo puede predicarse, por regla general, cuando se trata de la realización de otros objetos contractuales (suministro de bienes y servicios, compraventa de bienes muebles, etc.).

En las circunstancias descritas, el contratista se constituye en un colaborador o instrumento de la entidad estatal para la realización de actividades o prestaciones que interesan a los fines públicos, pero no en un delegatario o depositario de sus funciones[64].

La Corte desagrega así los contratos de la administración, al observar que tan solo en unos especiales podría concebirse que el contratista realiza directamente tareas propias de la administración y no se limita a suministrarle insumos (bienes, servicios, obras) para el cumplimiento de los cometidos de aquella:

---

63 CC, sent C-037/03.

64 CC, sent. C-563/98.

Sin embargo [explica la Corte en la misma sentencia], conviene advertir que el contrato excepcionalmente puede constituir una forma, autorizada por la ley, de atribuir funciones públicas a un particular; ello acontece cuando la labor del contratista no se traduce y se agota con la simple ejecución material de una labor o prestación específicas, sino en el desarrollo de cometidos estatales que comportan la asunción de prerrogativas propias del poder público, como ocurre en los casos en que adquiere el carácter de concesionario, o administrador delegado o se le encomienda la prestación de un servicio público a cargo del Estado, o el recaudo de caudales o el manejo de bienes públicos, etc.

Con todo, si atendemos la jurisprudencia unívoca posterior, tanto de la misma Corte como del Consejo de Estado, incluso en estos eventos contractuales no estaremos sistemáticamente en ejercicio de funciones administrativas por los contratistas, sino en cuento comporten, de manera específica, ejercicio de potestades públicas.

Bajo este entendimiento de la función administrativa, resultaba coherente que la Corte hubiese rechazado el reproche de la demanda de inconstitucionalidad del artículo 6° de la ley 1118/2006 por establecer que todos sus contratos de la empresa nacional de petróleos, Ecopetrol 21, 1. se regirían por las reglas del derecho privado[65]. La Corte observó que la empresa no ejerce funciones administrativas por cumplir actividades de carácter industrial y comercial y, por consiguiente, no era pertinente afirmar que la aplicación del derecho privado a sus contratos contraría los principios de la función administrativa, previstos por la Constitución (art. 209):

> ... a pesar de que ECOPETROL S.A. sigue siendo parte de la estructura de la administración pública, por pertenecer al nivel descentralizado y ser un organismo vinculado, por lo que no puede ser considerada como un particular, debe tenerse en cuenta su cambio de naturaleza jurídica y su nueva condición de sociedad de economía mixta con características dentro de las cuales no cabe el ejercicio de *función administrativa*, ya que debe cumplir actividades de naturaleza industrial y comercial conforme al derecho privado, por lo que no es pertinente aludir a la violación de aquellos principios consagrados en el artículo 209 superior[66].

Pese a lo anterior, la Corte concluye que:

> ... si bien ECOPETROL S.A., no tendrá por finalidad el ejercicio de funciones administrativas ello no implica que sus actos no deban someterse a los principios consagrados en el artículo 209 de la Constitución, pues sigue siendo una entidad pública en la que la Nación conserva como mínimo el ochenta por ciento (80%) de las acciones, en circulación.

65 Ley 1118/2006, *Artículo 6o. Régimen aplicable a ecopetrol S.A.* Todos los actos jurídicos, contratos y actuaciones necesarias para administrar y desarrollar el objeto social de Ecopetrol S. A., una vez constituida como sociedad de economía mixta, se regirán exclusivamente por las reglas del derecho privado, sin atender el porcentaje del aporte estatal dentro del capital social de la empresa.

66 CC, sent. C-722/07. La Corte se ratificaba así en su concepción expuesta con ocasión de la exequibilidad del artículo 2° de la Ley 80/1993 respecto de las empresas de economía mixta, al resaltar la exclusión de la función administrativa en razón de las tareas industriales y comerciales que desarrollan.

"... en la medida en que la sociedad de economía mixta ostenta legalmente características dentro de las cuales no cabe el ejercicio de *"función administrativa"* ya que conforme a la misma ley debe cumplir actividades industriales y comerciales conforme al derecho privado, no es pertinente aludir a violación de aquellos principios propios de la función administrativa por la circunstancia de que el legislador asigne a la entidad un régimen de derecho privado, bien entendido que como lo señaló esta Corporación y ya se dio cuenta en esta misma providencia" (CC, sent. C-629/03).

¿Si las funciones de la empresa no son administrativas, por qué deben someterse al artículo 209 que fija los principios, justamente, de la función administrativa?

Esta contradicción flagrante puede explicarse por la percepción genérica de la función administrativa, en el sentido de actividad de la administración que implica, por ese solo hecho, una dimensión particular de actividad de la empresa. Tal vez por ello la Corte resalta el que la empresa sigue siendo una entidad pública con un alto capital público.

2.3. Confusión entre la función administrativa y sus principios

La aplicación de los principios de la función administrativa podría orientar la gestión contractual de manera muy genérica. Los principios serían así orientaciones básicas en sus componentes antes descritos, de prevalencia del interés general y distancia con intereses particulares, la efectividad técnica y calidad ética de toda actuación administrativa, así como su actuar transparente. En esta concepción, estos lineamientos tan solo tienen un alcance orientador de la gestión (como todo principio), sin que su concreción específica esté definida. En otros términos, si la actividad contractual no comporta función administrativa, la alusión a los principios de ésta tan solo puede ser parámetro referente inspirador, sin que sean aplicables concretamente las manifestaciones de los principios que gobiernan concretamente el funcionamiento de la administración.

Más aún, esta visión derivada de la apreciación jurisprudencial sobre la actividad contractual privada de las empresas del Estado, también sería aplicable a la actividad contractual regida por el Estatuto General de la Contratación (Ley 80/1993), si se tiene en cuenta que, como hemos visto, lo explica la jurisprudencia, los contratos no son vehículo de la función administrativa, en la medida en que la gran mayoría se limita a proveer bienes, servicios y obras a la Administración para que ella pueda cumplir sus tareas misionales administrativas, sin que el contrato mismo constituya una de ellas.

No obstante, esta no ha sido la orientación de la jurisprudencia que, poco a poco fue ganando terreno hacia la concepción de la actividad contractual como una verdadera y cabal expresión de la función administrativa.

El primer paso en esta dirección fue la expansión de la jurisdicción administrativa. Bajo la concepción del objeto de la jurisdicción administrativa en el Código Contencioso Administrativo (CCA) de 1984, ella "est[aba] instituida para juzgar las controversias y litigios **administrativos** originados en la actividad de las Entidades Públicas"[67] (se resalta), lo que implicaba actuaciones fruto de la función administrativa, como lo había establecido la jurisprudencia de manera uniforme[68], excluyendo así, naturalmente, los

67 CCA, *Artículo 82* (mod. Ley 446/1998) La Jurisdicción de lo Contencioso Administrativo está instituida para juzgar las controversias y litigios administrativos originados en la actividad de las Entidades Públicas, y de las personas privadas que desempeñen funciones propias de los distintos órganos del Estado.

68 CE, sec. II, sent. 01/01/1994, exp. 1994N8935: "Es la jurisdicción de lo Contencioso Administrativo una expresión del poder público instituida como juez de la función administrativa"; sec I, sent. 26/02/1998, exp. ACU-171: "Las empresas industriales y comerciales del Estado, si bien se encuentran enmarcadas dentro de la estructura de la rama ejecutiva del poder público (Art.115 c.p.) no son autoridades administrativas, en razón de la actividad que desarrollan, que no es función administrativa, y por el sometimiento de sus actos y de sus hechos a las reglas del derecho privado y a la justicia ordinaria, salvo respecto de aquellos actos que realicen para el cumplimiento de funciones administrativas que les haya confiado la ley, en tanto son actos administrativos(Art. 31 decreto 3130 de 1968)"; sec I, sent. 11/03/2004, exp. AP-90297: "los artículos 82 y 83 señalan cuál es el objeto de la jurisdicción de lo con-

contratos regidos por el derecho privado. El Consejo de Estado asumió sin embargo la competencia de manera creciente, primero frente a los contratos de condiciones uniformes de servicios públicos[69], luego, frente a los contratos de las universidades públicas[70] y las Empresas Sociales del Estado[71], calificados todos por la ley de contratos de derecho privado. El Consejo de Estado hizo valer la importancia de la prestación del servicio público esencial, en el primer caso, y el interés general orientador de las actuaciones en los otros casos. El paso sería consolidado con la reforma al artículo 82 del CCA, promovida por el Consejo de Estado, consistente en erradicar la función administrativa del objeto de la jurisdicción, extendida así a la "actividad de las entidades públicas"[72]. El cambio del criterio material al criterio simplemente orgánico, que incluso incluyó las empresas públicas y hasta las sociedades de economía mixta con capital público mayoritario[73], convertía así al juez administrativo en juez de la administración, con la acepción genérica de entidades públicas, sin importar el régimen jurídico que ellas apliquen. La concepción sería conservada por el Código de Procedimiento Administrativo y de lo Contencioso Administrativo (CPACA) en su artículo 104[74], con la muy ambigua calificación de las actividades de las entidades públicas sujetas "al derecho administrativo", en la medida en que la división tajante entre derecho administrativo y derecho privado es cada vez más inasible. Por lo demás, en temas contractuales, la jurisdicción absorbe

---

tencioso administrativo, esto es, juzgar las controversias y litigios administrativos (actos, hechos, omisiones, operaciones administrativas y contratos administrativos) originados en esa actividad administrativa tanto de las entidades públicas, como de las personas privadas a quienes se les considera autoridades en virtud del ejercicio de las funciones administrativas que desempeñen"; sec. III, sent. 18/03/2004, exp. 14733: las competencias "previstas para esta jurisdicción, de lo contencioso administrativo, abarcan toda la función administrativa desde la conducta involuntaria representada en hechos, omisiones y operaciones administrativas, hasta las conductas voluntarias dirigidas a la producción de efectos jurídicos, como los actos administrativos y contratos celebrados por ella (arts 82 y 83 del C. C. A.)".

69 CE, Salal Plena, auto 23/09/97, exp. S-701.

70 CE, sec. III, auto 20/08/98, exp. 14202.

71 CE, sec. III, auto 19/04/01, exp. 18409.

72 CCA, *Artículo 82* (mod. Ley 1107/2006). La jurisdicción de lo contencioso administrativo está instituida para juzgar las controversias y litigios originados en la actividad de las entidades públicas incluidas las sociedades de economía mixta con capital público superior al 50% y de las personas privadas que desempeñen funciones propias de los distintos órganos del Estado.

73 Para que no cupiera duda sobre la amplitud incluyente de actividades que no comportan función administrativa, el parágrafo especificó: "PARÁGRAFO. Para los solos efectos de este Código, se entiende por entidad pública todo órgano, organismo o entidad estatal, con independencia de su denominación; las sociedades o empresas en las que el Estado tenga una participación igual o superior al 50% de su capital; y los entes con aportes o participación estatal igual o superior al 50%".

74 CPACA, *Artículo 104. De la jurisdicción de lo contencioso administrativo.* La Jurisdicción de lo Contencioso Administrativo está instituida para conocer, además de lo dispuesto en la Constitución Política y en leyes especiales, de las controversias y litigios originados en actos, contratos, hechos, omisiones y operaciones, sujetos al derecho administrativo, en los que estén involucradas las entidades públicas, o los particulares cuando ejerzan función administrativa.

Igualmente conocerá de los siguientes procesos:

...

2. Los relativos a los contratos, cualquiera que sea su régimen, en los que sea parte una entidad pública o un particular en ejercicio de funciones propias del Estado.

3. Los relativos a contratos celebrados por cualquier entidad prestadora de servicios públicos domiciliarios en los cuales se incluyan o hayan debido incluirse cláusulas exorbitantes.

hoy todos los contratos de las entidades públicas, "cualquiera sea su régimen" (núm. 2), excluyendo tan solo a los de las empresas prestadoras de servicios públicos domiciliarios, siempre y cuando no contengan cláusulas excepcionales (núm. 3).

El segundo paso de la jurisprudencia consistiría en concebir que el funcionamiento mismo de la gestión contractual de los contratos de derecho privado estaba orientado por los principios de la primera parte del Código Contencioso Administrativo[75], destinado a los procedimientos administrativos no contenciosos, lo que auspició también la modificación legislativa de la ley 1150/2007, que ordena aplicar los principios constitucionales de la *función administrativa* a los contratos de las entidades exceptuadas del Estatuto General de Contratación[76].

Este paso de la jurisprudencia la llevaba a concebir la actuación contractual no solo se orienta por los principios de la función administrativa, sino que hace parte de ella, en su expresión más concreta, esto es, en la expedición de actos administrativos. Afirmar la aplicación del artículo 3° del CCA implica concebir la actuación contractual como administrativa y aplicar todo el régimen de la primera parte del Código, esto es, la regulación del procedimiento administrativo general para la producción de actos administrativos.

El tercer paso, definitivo, de la jurisprudencia sería asumir que no solo las actuaciones unilaterales de la administración que anteceden el contrato corresponden a esta dinámica, sino incluso, también, la gestión de su ejecución, de tal suerte que cualquier reclamación del contratista no se enmarca dentro de la dinámica de cualquier contrato, con la flexibilidad que ello comporta, sino es manifestación del derecho constitucional de petición. Por consiguiente, su desarrollo responde al procedimiento administrativo, la respuesta de la administración constituye un acto administrativo y su silencio genera un acto ficto que, en todo caso, deberá ser demandado ante el Contencioso Administrativo si el contratista no está conforme[77].

Esta sustantividad expansiva del contrato va mucho más allá del contrato administrativo más clásico, en el que se afirman "ciertos" poderes administrativos de la administración en "ciertos contratos", para concebir que toda la gestión contractual, de cualquier contrato es, por naturaleza, expresión del proceder administrativo. La autonomía de la administración enunciada como principio de la gestión contractual por el Estatuto General de la Contratación, como hemos visto, se diluye en la concepción rígida del principio de legalidad, equiparando la dinámica contractual a las actividades unilaterales de la administración.

La anterior evolución jurisprudencial y normativa de nuestra contratación pública contrasta con las tendencias internacionales que, a través del refuerzo del derecho pri-

---

75 CE, Sala de Consulta y Servicio Civil, Conc. 06/04/00, exp. 1263.

76 Ley 1150/2007. *Artículo 13. Principios generales de la actividad contractual para entidades no sometidas al estatuto general de contratación de la administración pública.* Las entidades estatales que por disposición legal cuenten con un régimen contractual excepcional al del Estatuto General de Contratación de la Administración Pública, aplicarán en desarrollo de su actividad contractual, acorde con su régimen legal especial, los principios de la función administrativa y de la gestión fiscal de que tratan los artículos 209 y 267 de la Constitución Política, respectivamente según sea el caso y estarán sometidas al régimen de inhabilidades e incompatibilidades previsto legalmente para la contratación estatal.

77 CE, sec. III.C. sent. 12/02/14, exp. 21576; sent. 03/12/14, exp. 28833.

vado, se orientan a modificar el rígido sistema normativo administrativo de fuentes jurídicas de la actividad contractual.

2.4. Tendencias internacionales

Como se ha expuesto, la concepción del contrato fundada en el derecho privado no consiste en afirmar la defensa de la voluntad del funcionario que lo concibe para atender sus fines personales o de terceros, distantes del interés general. La regla de selección imparcial del contratista, fundada en la igualdad de oportunidades de los oferentes, así como la estructuración del proyecto según los interés públicos no son incompatibles con el régimen jurídico del contrato enraizado en la teoría general del contrato privado. Las reglas de contratación pública del derecho europeo ratifican esta realidad, en la medida que ellas son aplicadas por los 28 países de la Unión Europea, que tienen regímenes jurídicos del contrato de la administración, la mayoría de los cuales se rige por el derecho privado[78]. Incluso, la consagración contractual de poderes unilaterales de la administración que garanticen la buena realización del proyecto o su adaptación a circunstancias de interés general tampoco es incompatible con el régimen jurídico fundado en el derecho privado.

Por el contrario, la concepción internacional modula el sistema de fuentes de los procedimientos contractuales y refuerza la fuente contractual que rige la ejecución del contrato. Se perfilan así influencias crecientes de los modelos de contratación con origen en las tendencias internacionales. La descripción del proceso de asentamiento y extensión de la contratación electrónica es un elemento determinante de cambios fundamentales en la percepción de la forma de contratar. La concentración de los esfuerzos en los desarrollos tecnológicos en torno a los procesos de contratación ilustra, además, la percepción de la gran mayoría de contratos que suscribe la administración, como simples instrumentos de provisión de obras, bienes y servicios. El reemplazo de la terminología de contrato administrativo, estatal o público, por la de "compras públicas" refleja fielmente el acento sobre el carácter instrumental y económico del contrato que no lo vincula directamente a tareas administrativas, sino que ofrece medios a la administración para permitirle asegurarlas.

2.4.1. *Cambios en la concepción de los procesos de selección*

En el pasado reciente, bajo la presión de los organismos multilaterales, en particular del Banco Mundial, los procesos de contratación se orientaron hacia su estructuración rígida que supone la definición clara de la prestación a realizar, relegando los procesos de contratación a la competición entre oferentes sobre el precio ofertado. El cambio sustancial de la selección objetiva original de la Ley 80/1993, introducido por la Ley 1150/2007, es un ejemplo de esta clara influencia.

Mientras la Ley 80/1993 partió de la autonomía de las entidades en la definición de los factores de escogencia de la oferta más favorable y su ponderación en los pliegos de condiciones (art. 29 original[79]), el artículo 5° de la Ley 1150/2007 restringe de manera

78 Juan José Pernás García. "Tendencias y novedades del derecho comunitario de la contratación administrativa" en Pablo Moreno Cruz y José Luis Benavides, *La contratación pública en América Latina*, Universidad Externado de Colombia, 2016, pg. 717 y ss.

79 Ley 80/1993, art. 29 original: "...Ofrecimiento más favorable es aquel que, teniendo en cuenta los factores de escogencia, tales como cumplimiento, experiencia, organización, equipos, plazo, precio y la

fundamental la forma de valoración de las ofertas. En primer lugar, al excluir la valoración de diversos factores referidos, en principio, a condiciones del proponente (capacidad jurídica, condiciones de experiencia, capacidad financiera y de organización), que serán objeto de simple verificación, restringiendo los factores de selección a los aspectos económicos y técnicos de la oferta. En segundo lugar, la ley también estableció la manera como se realiza la valoración de estos dos aspectos de la oferta, mediante la definición de dos métodos específicos: su ponderación a través de la definición de puntajes o fórmulas, o bien, su ponderación mediante la mejor relación costo–beneficio. El reglamento iría más lejos, definiendo las condiciones de aplicación de la ponderación costo–beneficio, y monetizando los distintos elementos de valoración[80].

La Ley también definió de manera de seleccionar los consultores, centrando la evaluación sobre los aspectos técnicos de la oferta o el proyecto y prohibiendo la valoración económica de la oferta. Finalmente, la ley impuso el precio ofrecido como único el criterio de selección para la adquisición de bienes y servicios de características técnicas uniformes (art. 5°).

El proceder fue reflejo de las Políticas de contratación de la Banca Multilateral que concibieron los distintos procesos de selección a partir del objeto del contrato y privilegiaron la mayor monetización posible de los factores de selección, como estrategia para evitar la valoración subjetiva de las ofertas[81].

Por su parte, los Tratados de Libre Comercio han tenido gran influencia al imponer reglas esenciales que limitan la protección de la industria nacional en pro del trato igualitario a empresas del país extranjero signatario del acuerdo. Si bien la legislación conserva algunas medidas, como la restricción de procesos de selección a Mipymes locales

---

ponderación precisa, detallada y concreta de los mismos, contenida en los pliegos de condiciones o términos de referencia o en el análisis previo a la suscripción del contrato, si se trata de contratación directa, resulta ser el más ventajoso para la entidad, sin que la favorabilidad la constituyan factores diferentes a los contenidos en dichos documentos, sólo alguno de ellos, el más bajo precio o el plazo ofrecido…"

80 Dto. 1082/15, art. 2.2.1.2.4.2.2.

81 Banco Mundial. Normas adquisición de obras bienes y servicios distintos de consultoría. 2004.

http://siteresources.worldbank.org/INTPROCUREMENT/Resources/ProcGuid-10-06-RevMay10-sp1.pdf

Evaluación y Comparación de las Ofertas

2.49 La evaluación de las ofertas tiene por objeto determinar el costo de cada una de ellas para el Prestatario de manera que permita compararlas sobre la base del costo evaluado de cada una. Con sujeción a lo dispuesto en el párrafo 2.58, la oferta que resulte con el costo evaluado más bajo (51), sin que sea necesariamente aquella cuyo precio cotizado sea el más bajo, debe ser seleccionada para la adjudicación…

….

2.52 Los documentos de licitación deben especificar también los factores pertinentes, además del precio, que han de considerarse en la evaluación de las ofertas y la manera en que han de aplicarse a fin de determinar la oferta evaluada más baja. En el caso de bienes y equipo, los factores que se pueden tomar en cuenta comprenden, entre otros, el calendario de pagos, el plazo de entrega, los costos de operación, la eficiencia y compatibilidad del equipo, la disponibilidad de servicio y repuestos, la capacitación necesaria, la seguridad contra accidentes y los beneficios ambientales. Los factores distintos del precio que hayan de utilizarse para determinar la oferta evaluada como la más baja deben expresarse, en la medida posible, en términos monetarios, o en las disposiciones pertinentes en los documentos de licitación.

ello está subordinado a los umbrales y términos establecidos en los capítulos de compras públicas de los tratados[82].

En la actualidad, las tendencias internacionales indican la revisión de concepciones difundidas en el pasado. La experiencia en los distintos países ha demostrado al Banco Mundial que los métodos de selección de contratistas determinados por los objetos contractuales son en extremo rígidos. Existen procesos licitatorios donde es importante valorar la experiencia de los proponentes o la conformación de su equipo de trabajo, como ocurre en los servicios informáticos o en obras complejas. En contraste, no es sistemático que en la consultoría sea esencial valorar el perfil y experiencia del proponente, en la medida en que hay proyectos de estructura estándar, donde lo determinante es el precio. La contratación brasilera incluso ha incluido en sus acuerdos marco obras sencillas, que permiten elaboración de fichas técnicas estándar[83].

Luego de tres años de intensas valoraciones en muchos países, el Banco Mundial aprobó en 2015 una nueva política para las reglas de adquisiciones por él financiadas, fundadas en una mejor valoración de costo–beneficio de los proyectos, el desarrollo sostenible y una visión más integral de los proyectos, contenida en el documento *Nuevo marco para la contratación pública*[84]. Por su parte, las últimas directivas europeas sobre contratación pública buscan una real simplificación de los procesos de contratación, teniendo en cuanta su necesaria flexibilidad y adaptación a los distintos proyectos, así como la integración acentuada de factores de selección ambientales, sociales y de innovación[85].

A nivel latinoamericano estas tendencias han conllevado la introducción de factores de este tipo en los procesos de selección[86], con una noción amplia de contratación sos-

---

82 Ley 1150/2007, *artículo 12. Promoción del desarrollo en la contratación pública.* (Artículo modificado por el artículo 32 de la Ley 1450 de 2011). El nuevo texto es el siguiente: De conformidad con lo dispuesto en los artículos 13, 333 y 334 de la Constitución Política, el Gobierno Nacional definirá las condiciones y los montos de acuerdo con los compromisos internacionales vigentes, para que en desarrollo de los procesos de selección, las entidades estatales adopten en beneficio de las Mipymes, convocatorias limitadas a estas en las que, previo a la Resolución de apertura del proceso respectivo, se haya manifestado el interés del número plural de Mipymes que haya sido determinado en el reglamento…

Dto. 1082/2015, *Artículo 2.2.1.2.4.2.2. Convocatorias limitadas a mipyme.* La Entidad Estatal debe limitar a las Mipyme nacionales con mínimo un (1) año de existencia la convocatoria del Proceso de Contratación en la modalidad de licitación pública, selección abreviada y concurso de méritos cuando:

1. El valor del Proceso de Contratación es menor a ciento veinticinco mil dólares de los Estados Unidos de América (US$125.000), liquidados con la tasa de cambio que para el efecto determina cada dos años el Ministerio de Comercio, Industria y Turismo; y…

83 Tarcila Reis y Eduardo Jordão, "Informe nacional: Brasil", en Pablo Moreno Cruz y José Luis Benavides, *La contratación pública en América Latina*, *op.cit.* pg. 181-230.

84 http://consultations.worldbank.org/consultation/procurement-policy-review-consultations.

85 José Antonio Moreno Molina, *Las nuevas directivas de la Unión Europea sobre la contratación pública y su necesidad de incorporación al derecho español*, ponencia para las Jornadas de Letrados de CCAA, 2015. Juan José Pernás García. "Tendencias y novedades del derecho comunitario de la contratación administrativa", *cit.*, pg. 717 y ss.

http://www.castillalamancha.es/sites/default/files/documentos/pdf/20150603/nuevas_directivas_ue_contratacion.pdf

86 Ver documentos de la RICG:

http://biblioteca.ricg.org/documentos-de-investigacion/categoria/3/es/

tenible[87], e incluso existen propuestas originales, como el catálogo dinámico inclusivo del Ecuador, concebido como una herramienta de TICs, que privilegia no solo la sostenibilidad ambiental, sino también la social, para favorecer la adquisición de bienes y servicios de producción nacional, que son ofertados por los actores de la economía popular y solidaria, artesanos, micro y pequeñas empresas, productores de exclusiva producción nacional[88]. De manera más general, los procesos de selección reintroducen el uso de la *Contratación como instrumento de mercado al servicio de los objetivos de las políticas* y específicamente *como apoyo a específicas políticas públicas*[89], como orientadores de la política pública contractual.

2.4.2. *Cambios en el sistema de fuentes*

Finalmente, el panorama latinoamericano indica una clara orientación hacia la estructura del Sistema de compras públicas en el que los órganos rectores, como nuestra Colombia Compra, tienen un papel preponderante de creación normativa que cambia la concepción de las fuentes jurídicas. La concepción de Colombia Compra como agencia gubernamental no encaja en la estructura tradicional de nuestra organización administrativa, al tratarse de un organismo técnico que, sin embargo, al tenor de su norma de creación, tiene la función de implementar políticas de contratación, absolver consultas y expedir circulares externas sobre la aplicación de normas de contratación[90].

La producción de Colombia Compra es abundante, mediante la expedición de numerosos manuales y guías, modelos de contratos, modelos de pliegos de condiciones e incluso modelos específicos de documentos del proceso de contratación, como la resolución de adjudicación para licitaciones públicas, el aviso de convocatoria para los procesos de contratación o la resolución de apertura[91]. Su competencia para "desarrollar, implementar y difundir ... instrumentos y herramientas que faciliten las compras y contratación pública y promuevan las mejores prácticas, la eficiencia, transparencia y competitividad..."[92] auspicia una dinámica creciente de producción. No obstante, este crecimiento exponencial de producción no puede concebirse como una competencia reglamentaria extendida, mediante normas de vinculación estricta, según la percepción tradicional jerárquica de la normatividad administrativa. La gran mayoría de estas especificaciones desbordarían los parámetros legales, como marco referente y limitante del reglamento necesario para su "cumplida ejecución", como enmarca la Constitución esta función gubernamental[93]. Sería incomprensible que estas limitaciones a la potestad

---

Panorama actual de las compras públicas socialmente responsables en Centroamérica (2013)

Implementando Compras Públicas Sostenibles en América Latina y el Caribe (2015)

Medición del impacto y avance de la compra pública sustentable en América Latina y el Caribe (2015)

87 Juan José Pernás García (dir), *La contratación pública sostenible: una perspectiva iberoamericana*. Bubok, A Cataluña, 2015

88 http://portal.compraspublicas.gob.ec/sercop/catalogos-dinamicos-inclusivos-2/

89 En torno a estos dos temas se estructura el interesante libro colectivo dirigido por Juan José Pernás Gacía, *Contratación pública estratégica*, Pamplona, Ed. Aranzadi, 2013.

90 Dto. 4170/2011, art. 3°. Funciones.

91 https://www.colombiacompra.gov.co/manuales-guias-y-pliegos-tipo/manuales-y-guias

92 Dto. 4170/2011, art. 3°, N° 2°.

93 CN. Artículo 189. Corresponde al Presidente de la República como Jefe de Estado, Jefe del Gobierno y Suprema Autoridad Administrativa:

reglamentaria del Presidente no fueran limitante para un organismo técnico, que, como tal, no hace parte del Gobierno Nacional[94].

Las tareas de estos organismos rectores parecen entonces orientarse más a una labor de acompañamiento y apoyo a las entidades contratantes, más que a una verdadera producción normativa vinculante. Sin embargo, ello no significa que su producción no tenga ningún efecto vinculante por cuanto la autoridad técnica de la Agencia en su producción impone tenerlos en cuenta para apreciar, de manera concreta la pertinencia y alcance de su aplicación en cada proyecto. En este sentido se orienta la concepción de la misma Agencia en su proyecto de nuevo estatuto general de contratación, aunque afirma el carácter estrictamente vinculante de sus circulares, lo que no parece pertinente, en la medida en que el régimen de la Agencia no establece su ámbito de expedición.

> ***Artículo 66. Alcance de los documentos expedidos por Colombia Compra Eficiente.*** Las Circulares expedidas por Colombia Compra Eficiente como ente rector del Sistema de Compra Pública son de obligatorio cumplimiento.
>
> Los documentos expedidos por Colombia Compra Eficiente en el ejercicio de sus funciones son una guía que las Entidades Estatales deben tener en cuenta en su actividad contractual. Si una guía contenida en un documento expedido por Colombia Compra Eficiente no es aplicable a un Proceso de Compra en particular, por la especificidad o la particularidad del mismo, la Entidad Estatal debe justificar en los documentos del proceso el motivo por el cual debe alejarse de la buena práctica recogida por Colombia Compra Eficiente.

* * *

La influencia internacional en la contratación ha transformado los instrumentos técnicos de la administración para su gestión. La imposición tecnológica desbordará de manera creciente el papel inicial de publicidad del Portal institucional de la contratación (SECOP) hacia la implementación de métodos en línea. La obligación de publicar los planes anuales de compra, el uso sistemático de la codificación de bienes y servicios de acuerdo con el código estándar de productos y servicios de Naciones Unidas[95] y el peso cada vez mayor de preocupaciones técnicas económicas en la elaboración de la estructuración de los contratos son tan solo un preámbulo de la realización integral de los procesos contractuales en línea que ya se están implementando de manera decidida en la plataforma SECOP II. La dinámica constituye un complemento frente a un cambio sustancial en torno a los acuerdos marco de precios, que ha reemplazado ya el proceso de contratación adelantado por las entidades mediante la banalización de la compra pública, a través de la tienda virtual del Estado, que ya cuenta con su propia página

---

....

11. Ejercer la potestad reglamentaria, mediante la expedición de los decretos, resoluciones y órdenes necesarios para la cumplida ejecución de las leyes.

José Luis Benavides. "Potestad reglamentaria en contratación pública" en José Luis Benavides. *Contratos públicos. Estudios*. Universidad Externado de Colombia, Bogotá, 2014, pg. 149-184.

94 CN, art. 115: "...El Gobierno nacional está formado por el Presidente de la República, los ministros del despacho y los directores de departamentos administrativos. El Presidente y el ministro o director de departamento correspondientes, en cada negocio particular, constituyen el Gobierno".

95 Colombia Compra produjo al respecto una Guía para la codificación de bienes y servicios de acuerdo con el código estándar de productos y servicios de Naciones Unidas.

https://www.colombiacompra.gov.co/sites/default/files/manuales/manualclasificador.pdf

Internet[96]. La expansión formidable de los acuerdos marco, con los 32 ya suscritos por Colombia Compra, comprenden áreas tan diversas como adquisición y servicios vinculados con vehículos, tiquetes aéreos, bienes y servicios informáticos, papelería, aseo y cafetería, dotación de vestuario, servicios hospitalarios y suministros de alimentación para programas públicos. La vocación de expansión hacia otras áreas, presentes ya en los acuerdos marco de otros países latinoamericanos, permite prever la cobertura adicional en temas de capacitación y formación, mobiliario de oficina, campañas y estrategias de comunicación, servicios médicos y material hospitalario y paramédico, alojamiento, libros, imprenta, maquinaria corriente, suministros de construcción e incluso obras estandarizadas.

La amplitud de las áreas así cubiertas refleja a qué punto las necesidades corrientes de la administración están siendo automatizadas por estos procesos particulares. Ello desplaza el centro de atención hacia las condiciones técnicas que será necesario implementar para garantizar la provisión de calidad y buen precio, así como los mecanismos nuevos de seguimiento de la ejecución contractual, que está por inventar, por cuanto no parece suficiente el control autónomo e integral por Colombia Compra, ante las quejas de las entidades compradoras.

Pero la amplitud de los acuerdos marco indica una transformación más profunda, al poner en primer plano aspectos eminentemente técnicos y económicos, por encima de los conceptos jurídico administrativos de la contratación pública. La expansión de la contratación electrónica conlleva la subordinación del derecho a los aspectos técnicos. La implementación de los procesos de contratación en las plataformas informáticas conllevará múltiples definiciones jurídicas que estarán estandarizadas y automatizadas por el sistema, como la acreditación de condiciones particulares, las definiciones de bienes y productos e incluso de modalidades de cumplimiento de las obligaciones contractuales, todas las cuales estarán definidas por el "sistema" con la rigidez propia de los procedimientos informáticos.

Superando las discusiones válidas sobre la fuerza vinculante estricta o técnica, del valor de *hard law* o de *soft law* de la producción de las Agencias de compras públicas, la implementación generalizada de procesos en línea impondrá sus consideraciones, visiones y conceptos incluidos en un proceso automatizado.

Los nuevos retos serán entonces muy distintos de los que ahora vemos, en la medida en que la contratación entera estará gobernada por las consideraciones técnicas y económicas que desplazan las orientaciones clásicas de la caracterización del contrato público por los objetivos particulares y los medios exorbitantes de control y adaptación del contrato.

Es este, en realidad, el sentido último de la prevalencia del derecho privado en la contratación. El énfasis en el contenido comercial de toda transacción económica, introduce nuevos conceptos y preocupaciones o, tal vez, remodela y actualiza los tradicionales frente a las preocupaciones contemporáneas. El derecho constitucional a la igualdad, que gobierna los procedimientos de la contratación, se materializa en la protección de la libre competencia y la apertura de oportunidades a todas las empresas, nacionales y extranjeras. Los objetivos de imparcialidad y las calidades técnicas de la contratación se modulan hacia las condiciones de eficacia y eficiencia económica y las decisiones fun-

96 https://www.colombiacompra.gov.co/tienda-virtual-del-estado-colombiano

dadas sobre balance entre costos y beneficios. Las exigencias de cumplimento de objetivos públicos de manera ética, evolucionan hacia la noción de rendición de cuentas (*accountability*) y el uso de la contratación con valores comerciales y valores estratégicos de la gestión pública.

La noción misma del contrato público saldrá así profundamente modificada y será necesario repensar sus verdaderas particularidades frente al contrato entre particulares, con lo cual el respeto a los principios de la función administrativa también tendrá un significado y un alcance particulares. Su concreción seguramente nos permitiría confirmar que no son para nada contrarios a los de la hoja de ruta de la Banca Multilateral, que hemos resumido antes en sus objetivos de gobernanza, mejor relación calidad/precio y mayor competitividad, con desarrollo equilibrado, en un entorno de mejor capacidad institucional, mejor integración de terceros y la evaluación permanente de toda la gestión contractual, mediante una información extendida y abierta.

El dilema derecho público – derecho privado es tal vez, hoy más que nunca, ilusorio.

BIBLIOGRAFÍA

ÁLVAREZ, José Manuel y BENAVIDES, José Luis. "International arbitration and public contracts in Latin America", en Mathias Audit (dir.) *Contracts publics et arbitrage international*, Bruylant, Bruselas, pgs 45–80.

ARAYA ALLENDE, Juan. "Las compras públicas en los Acuerdos Regionales de América Latina con Países Desarrollados". CEPAL, División de Comercio Internacional e Integración. *Serie Comercio Internacional* N° 67; Santiago de Chile, abril de 2006.

ARIÑO, Gaspar. "Contrato de Estado y *common law*", estudio preliminar al libro de José Ignacio Modedero Gil, *Doctrina del contrato del Estado*. Instituto de estudios fiscales, Madrid, 1977, pg. 7–62.

AUBY, Jean–Bernard. *La globalisation, le droit et l'État*, 2a ed., LGDJ, Paris, 2010.

BENAVIDES, José Luis. "La internacionalización de los contratos públicos" en BENAVIDES, José Luis *Contratos públicos. Estudios*. Universidad Externado de Colombia, Bogotá, 2014, pg. 15–65.

BENAVIDES, José Luis. "Potestad reglamentaria en contratación pública" en BENAVIDES, José Luis *Contratos públicos. Estudios*. Universidad Externado de Colombia, Bogotá, 2014, pg. 149–184.

BENAVIDES, José Luis. *El contrato estatal: entre el derecho público y el derecho privado*. 2ª ed. Universidad Externado de Colombia, 2004.

De LAUBADERE, André, MODERNE, Franck y DELVOLVE, Pierre. *Traité des contrats administratifs*, T.I, LGDJ, París, 1983.

DIEZ, Manuel María. *Derecho Administrativo*, T. III, Ed. Omeba, Buenos Aires, 1967.

GONZÁLEZ–VARAS IBÁÑEZ, Santiago. *Tratado de derecho adminis-trativo. T.IV, El Contrato administrativo*. Madrid, Thomson Civitas, 2008.

JORGE, Yasmín Natalia y SOLEDAD RODRÍGUEZ, María. "Sistemas de compras públicas e integración regional en América Latina y el Caribe". Programa ICT4GP. *Serie de documentos de trabajo*. Nº 10. Universidad Nacional de San Martin. Buenos Aires, 2011.

MORENO CRUZ, Pablo y BENAVIDES, José Luis. *La contratación pública en América Latina*, Universidad Externado de Colombia, 2016.

MORENO MOLINA, José Antonio. *Las nuevas directivas de la Unión Europea sobre la contratación pública y su necesidad de incorporación al derecho español*, ponencia para las Jornadas de Letrados de CCAA, 2015.

NOGUELLOU, Rozen y STELKENS, Ulrich (ed) *Droit compare des contrats publics Comparative law on public contracts*, Bruylant, Bruselas, 2010.

ORDAZ CRUZ, Jorge Arturo y PALACIOS VELÁZQUEZ, Crystal. *Compras Gubernamentales y Tecnologías de la información: caso Compranet en México*. Colección de Tesis digitales Universidad de las Américas. Puebla. 2007.

PEQUIGNOT, Georges. *Théorie générale du contrat adminsitratif*, A. Pédone. Paris, 1945.

PERNAS GARCIA, Juan José. "Tendencias y novedades del derecho comunitario de la contratación administrativa" en MORENO CRUZ, Pablo y BENAVIDES, José Luis. *La contratación pública en América Latina*, Universidad Externado de Colombia, 2016, pg. 717– y 777.

PERNÁS GARCÍA, Juan José (dir), *La contratación pública sostenible: una perspectiva iberoamericana*. Bubok, A Cataluña, 2015

REIS, Tarcila y JORDÃO, Eduardo. "Informe nacional: Brasil", en MORENO CRUZ, Pablo y BENAVIDES, José Luis. *La contratación pública en América Latina*, Universidad Externado de Colombia, 2016, pgs. 181–230.

RICHER, Laurent. *Droit des contrats* administratifs, 9 ed., LGDJ, Paris, 2014.

ROMERO PÉREZ, Jorge Enrique. *Contratación electrónica del Estado*, Ud. UCR, San José, 2013

STELKENS, Ulrich. "Reporte del derecho alemán", en NOGUELLOU, Rozen y STELKENS, Ulrich (ed) *Droit compare des contrats publics Comparative law on public contracts*, Bruylant, Bruselas, 2010, pg. 307–340.

VIDAL PERDOMO, Jaime. "Sobre la función administrativa" en VIDAL PERDOMO, Jaime, ORTIZ ORTIZ, Eduardo, GORDILLO, Agustín y BREWER–CARÍAS, Allan *R. La función administrativa y las funciones del Estado. Cuatro amigos, cuatro visiones sobre el derecho administrativo en América Latina*. Caracas. Ed. Jurídica Venezolana. Caracas, 2014. pg. 30–45.

Referencias Internet generales

(Todas las referencias Internet del artículo fueron consultadas el 22/03/2017)

Agencia Colombia Compra Eficiente

https://www.colombiacompra.gov.co/

Comisión de las Naciones Unidas para el Derecho Mercantil Internacional (CNUDMI)

http://www.uncitral.org

Contratación pública y desarrollo de la infraestructura
http://www.uncitral.org/uncitral/es/uncitral_texts/procurement_infrastructure.html

Organización para la Cooperación y el Desarrollo Económicos (OCDE)
www.oecd.org

Towards Efficient Public Procurement in Colombia: Making the Difference, OECD Publishing, Paris, 2016. DOI:
http://dx.doi.org/10.1787/9789264252103–en

Organización Mundial de Comercio
www.worldbank.org

Acuerdo sobre Contratación Pública.
https://www.wto.org/spanish/tratop_s/gproc_s/gp_gpa_s.htm

Red Interamericana de Compras Gubernamentales (RICG)
http://ricg.org

5. APUNTES SOBRE LA INCIDENCIA DE LOS TICS EN LA DINÁMICA DE LAS DIFERENTES ADMINISTRACIONES PÚBLICAS DENTRO DEL ESTADO PERUANO

Eloy Espinosa–Saldaña Barrera (*) (**)

I. EL USO DE TECNOLOGÍAS DE LA INFORMACIÓN Y COMUNICACIÓN (TICS) EN LA ADMINISTRACIÓN PÚBLICA

El uso de las Tecnologías de la Información y Comunicación (TICs) en las diferentes administraciones públicas produce grandes cambios, tanto en las instituciones que configuran esas administraciones como en los administrados. Ello como consecuencia de que brinda la posibilidad de contar con medios tecnológicos de avanzada; potencia a las personas y actores sociales; apoya a las instituciones a presentar y ofrecer información a través de medios digitales; y permite compartir información entre las entidades así como capacitar a los empleados de las mismas –incluso facilita un mejor monitoreo de su desempeño[1]. En suma, el empleo de las TICs en el ámbito de la gestión pública presenta grandes ventajas, las cuales se han difundido al punto que hoy en día podemos referirnos a la existencia de un Gobierno Electrónico, un Gobierno Digital, o una Administración Electrónica.

1.1 Gobierno Electrónico.

Con la expresión "Gobierno electrónico" (la cual se hace extensiva a expresiones como Gobierno Digital, Administración Electrónica o Administración Digital) se alude

(*) Magistrado del Tribunal Constitucional del Perú, Profesor Visitante o conferencista invitado en diferentes universidades y centros de estudio de Alemania, Italia, Francia, España, entre otros países europeos, latinoamericanos, asiáticos o africanos. Catedrático de Derecho Administrativo y de Derecho Constitucional en diversas universidades peruanas, así como en la Academia de la Magistratura (Escuela Judicial Peruana), de la cual fue su Director General. Integrante de las mesas directivas de las Asociaciones Peruanas de Derecho Administrativo y Derecho Procesal, el Instituto Iberoamericano de Derecho Procesal, el Instituto Iberoamericano de Derecho Procesal Constitucional y la Red Peruana de Docentes de Derecho Constitucional. Integrante de, entre otras instituciones, del Foro Iberoamericano de Derecho Administrativo, la Asociación Internacional de Derecho Administrativo, el Instituto Internacional de Derecho Administrativo y las asociaciones mundial e iberoamericana de Derecho Constitucional.

(**) El autor agradece la colaboración de Carlos Reyes Esteves en la recopilación del material utilizado en el presente texto. Sin embargo, es el suscrito el único responsable de las afirmaciones que se hacen a lo largo del mismo.

1 SALAZAR TRIGOSO, Aníbal- "Importancia de las TIC en la Administración pública regional y local". En: *Actualidad Gubernamental*, N° 61 - Noviembre 2013 p. I-1

al uso de tecnologías para hacer más eficiente la labor de la administración del Estado, entregándose a los ciudadanos(as) una mejor y rápida información, y brindando mejores servicios a dichas personas.

No se trata entonces de una mera instalación de una mayor o menor cobertura tecnológica, sino que implica una propuesta de "reingeniería" y de modernización de toda la gestión estatal. Por tanto, supone un cambio en los paradigmas de gestión pública De este modo, conviene no perder de vista que el gobierno electrónico se ubica dentro de un proceso más amplio de reforma y modernización del Estado[2].

1.2 Principios más relevantes que deben guiar el quehacer del Gobierno Electrónico, previstos por la Carta Iberoamericana de Gobierno Electrónico de 2010[3]

a. Principio de igualdad: En ningún caso el uso de medios electrónicos pueda implicar la existencia de restricciones o discriminaciones para los ciudadanos que se relacionen con las Administraciones Públicas por medios no electrónicos, tanto con respecto al acceso a la prestación de servicios públicos como en lo referido a cualquier actuación o procedimiento administrativo, sin perjuicio de las medidas dirigidas a incentivar la utilización de los medios electrónicos.

b. Principio de legalidad: Los trámites procedimentales, sin perjuicio de su simplificación general, constituyen garantías de imprescindible cumplimiento para todos los ciudadanos y ciudadanas. Debe también tenerse presente que el principio de legalidad también comprende en el contexto de la Carta Iberoamericana el respeto a la privacidad. Por ende, el uso de comunicaciones electrónicas comporta la sujeción de todas las Administraciones Públicas a la observancia de las normas de procedimiento, competencia y contenido en materia de protección de datos personales.

c. Principio de conservación: Garantiza que las comunicaciones y documentos electrónicos se conservan en las mismas condiciones que por los medios tradicionales.

d. Principio de transparencia y accesibilidad: Garantiza que la información de las Administraciones Públicas y el conocimiento de los servicios por medios electrónicos se haga en un lenguaje comprensible, según el perfil del destinatario.

e. Principio de proporcionalidad: Busca que los requerimientos de seguridad sean adecuados a la naturaleza de la relación que se establezca con la Administración.

f. Principio de responsabilidad: De acuerdo con dicho principio, las informaciones oficiales que se faciliten por medios electrónicos no pueden beneficiarse de una cláusula general de irresponsabilidad, ni incorporar una cláusula especial de esta naturaleza. En caso contrario, se dejará constancia con caracteres muy visibles y reiterados de que se trata de una página o portal electrónico no oficial y que no forma parte del sistema de Gobierno Electrónico.

g. Principio de adecuación tecnológica: Las administraciones elegirán las tecnologías más adecuadas para satisfacer sus necesidades. Se recomienda el uso de estándares abiertos y de software libre en razón de la seguridad, sostenibilidad a largo plazo y para

---

2 JIJENA LEIVA, Renato- Gobierno Electrónico, transformación tecnológica del Gobierno y Derecho. En: *Revista FORO ACADÉMICO* Año XIII N° 15. Agosto de 2016. p. 201 - 203

3 Carta Iberoamericana de Gobierno Electrónico. Artículo 6

prevenir que el conocimiento público no sea privatizado. En ningún caso este principio supondrá limitación alguna al derecho de los ciudadanos a emplear la tecnología de su elección en el acceso a las Administraciones Públicas.

1.3. Obligación de los Estados para materializar páginas web para sus instituciones[4]

Elemento que caracteriza esta nueva dinámica propia del Gobierno Electrónico es el de la obligación establecida a los Estados de materializar páginas web para las diversas reparticiones de sus Administraciones públicas. Ahora bien, esa obligación no puede ejercerse de cualquier manera.

Debe entonces tenerse presente que, por ejemplo, las Administraciones serán responsables de la integridad, veracidad y calidad de los datos, servicios e informaciones en sus sitios electrónicos y portales. Además, conviene anotar que los sitios electrónicos estarán dotados de los sistemas de firma electrónica mediante los cuales se identifique a su titular y garantice la comunicación segura con los mismos.

De otro lado, en los sitios electrónicos no podrán figurar avisos de exención de responsabilidad por el contenido de las mismas. En cualquier caso, en los sitios electrónicos constará el órgano responsable de los mismos, así como de la necesaria puesta al día de lo que allí se consigna. Finalmente, en estos sitios también constarán la norma que autoriza su creación y el contenido de tal norma; y los mecanismos y sistemas que permiten el establecimiento de comunicaciones seguras cuando estas sean necesarias

1.4. Implicancias de la adopción de TICs por parte de la Administración Pública

En la misma línea de lo recientemente señalado, y en estricto respecto de la lógica de limitación del poder que debe caracterizar a todo Estado Constitucional, la adopción del uso de dichas tecnologías implica, como mínimo, que las diferentes administraciones públicas puedan cumplir con lo siguiente:

- Dotar de infraestructuras tecnológicas y de acceso a éstas, tanto a la administración como a la ciudadanía;
- Organizar toda la información disponible;
- Establecer canales de comunicación con formas de participación activa entre la administración y la ciudadanía; gestionar la capacidad de escuchar a la ciudadanía;
- Disponer todos los trámites que una persona, empresa o institución pública necesita realizar con la administración;
- Cooperar con otras administraciones para simplificar de cara a la ciudadanía las gestiones con la administración;
- Asegurar la identificación precisa del ciudadano que se pone en contacto con la administración en forma digital y la veracidad de los datos que se tramitan

4 Carta Iberoamericana de Gobierno Electrónico. Artículo 14

dentro de los marcos de confidencialidad y confianza adecuados para cada tipo de interacción[5].

El cumplimiento de estas obligaciones demanda, entre otros factores, diseñar una política de administración electrónica orientada principalmente en cuatro ámbitos de trabajo:

a) La prestación de servicios públicos electrónicos para ciudadanos y empresas, en las que se supere, en algunos casos, tiempo y distancias.

b) La incorporación de tecnologías digitales en la administración pública para competir como cliente en la red en su calidad de gran inversor y demandante de bienes y servicios externos.

c) La formulación de una nueva administración que impulse la normativa necesaria que permita el desarrollo del comercio electrónico y las nuevas formas de relación en la red.

d) El acceso digital a la información, generada desde las instituciones públicas, que contribuirá a reforzar su credibilidad y transparencia, al tiempo que mejorará la respuesta a la legítima demanda ciudadana por información oportuna y confiable

Sin embargo, conviene anotar que la modernización de cualquier gobierno por medio de la incorporación de las nuevas tecnologías de la información no puede significar la automatización de "viejos vicios" burocráticos a través de aplicaciones del gobierno electrónico, inutilizando sus ventajas[6]. Aquello último trae como consecuencia lógica entender, tal como ya se señaló en este mismo texto, el "Gobierno Electrónico" debe ser parte de una reforma mayor de modernización del Estado.

1.5 El empleo de TICs en el Procedimiento Administrativo

Las bases de los procedimientos administrativos que rigen los actos de los órganos de la Administración Pública del Estado constituyen un marco normativo de innegable importancia.

Por ello, esa normativa, necesariamente adaptada a las posibilidades de actuación que hoy otorgan los TICs, debe prever la regulación de plazos a las decisiones formales de los órganos públicos, con el otorgamiento de valor al silencio administrativo (o a la inacción de los funcionarios públicos), el establecimiento de derechos para los ciudadanos y la fijación de reglas para la transparencia y probidad de los actos administrativos. Asimismo, resulta deseable que la normativa vigente en este nuevo escenario aluda expresamente al uso de documentos y expedientes electrónicos como un soporte posible o

5 ÁVILA BARRIOS, Delia- "El uso de las TICs en el entorno de la nueva gestión pública mexicana". En: *Andamios*. Vol. 11 nº 24, México. Enero- Febrero. 2014. http://www.redalyc.org/pdf/628/62832750013.pdf

6 RINCÓN CÁRDENAS, Erick- "Gobierno electrónico y el control del gasto público a través de nuevas tecnologías: una aproximación crítica y preliminar al e-control" En: *Estudios Socio-Jurídicos*. Vol.5 N°2. Bogotá Julio-Diciembre 2003. En: http://www.scielo.org.co/scielo.php?script=sci_arttext&pid=S0124-05792003000200003

alternativo al papel para la realización de actos y procedimientos administrativos y de la gestión estatal.[7]

1.1.1. La necesidad de replantear las garantías exigibles dentro de los diferentes Procedimientos Administrativos a partir del empleo de TICs

Conviene tener presente que muchas de las garantías hasta hoy habitualmente reconocidas a los administrados fueron establecidas desde los parámetros propios de la concepción tradicional del procedimiento administrativo. Aquello es lo que sucede singularmente con aquellas vinculadas a una determinada fase del mismo o las que se conciben en relación con actuaciones que tienen lugar en el seno de un procedimiento formalizado. Sin duda alguna esos supuestos hoy no se ajustan adecuadamente a planteamientos propios del empleo de TICs, muchos de los cuales se caracterizan incluso por la ausencia de procedimiento en sentido estricto o, al menos, en la alteración de las reglas de ordenación y tramitación secuenciales.

Por ello, debe replantearse la posición jurídica del administrado, considerando el contexto distinto que brinda el empleo de TICs.[8]Ello en base a consideraciones como las siguientes:

A. *Libertad de Información a través de las TICs*

A través de las TICs se permite acceder a la información pública de manera más fácil y rápida. Sin embargo, ello implica que la seguridad jurídica respecto de la actuación administrativa y la gestión del procedimiento descanse en buena medida en la existencia de garantías tecnológicas suficientemente robustas en el ordenamiento jurídico y, de manera especial, en lo referido al efectivo cumplimiento de dichas garantías.

B. *Interoperabilidad*

Justo es reconocer que en el escenario de los TICs los riesgos en cuanto a la integridad y autenticidad son ciertamente muy superiores y, asimismo, las potenciales amenazas de accesos indebidos se incrementan notablemente. Por ello, siempre deberá evaluarse si la regulación vigente en cada Estado asegura suficientemente que las posibilidades de innovación tecnológica del procedimiento cuentan con un adecuado correlato jurídico en el sentido de que garanticen el manejo de la información de los administrados[9].

Conviene entonces en este contexto rescatar la relevancia de la "Interoperabilidad". Inicialmente se entiende como Interoperabilidad a la capacidad de dos o más sistemas informáticos para intercambiar datos entre sí. Ese concepto es luego desarrollado por la

7 JIJENA LEIVA, Renato- "Gobierno Electrónico, transformación tecnológica del Gobierno y Derecho". En: *Revista Foro Académico* Año XIII N° 15. Agosto de 2016. p. 207

8 VALERO TORRIJOS, Julián- "La simplificación del procedimiento administrativo desde la perspectiva de la innovación tecnológica: las claves jurídicas de una relación de desencuentro". Comunicación presentada al *IX Congreso de la Asociación Española de Profesores de Derecho Administrativo* (Santiago de Compostela, 7 y 8 de febrero de 2014) p. 10. http://www.um.es/idertec/wp-content/uploads/2014/02/eAd_simplificacion.pdf.

9 VALERO TORRIJOS, Julián- "La simplificación del procedimiento administrativo desde la perspectiva de la innovación tecnológica: las claves jurídicas de una relación de desencuentro". Comunicación presentada al *IX Congreso de la Asociación Española de Profesores de Derecho Administrativo* (Santiago de Compostela, 7 y 8 de febrero de 2014) p.9 http://www.um.es/idertec/wp-content/uploads/2014/02/eAd_simplificacion.pdf

Comunidad Europea y el Marco Iberoamericano de Interoperabilidad[10], indicándose ahora que Interoperabilidad es la capacidad de diferentes organizaciones o instituciones para interactuar de forma organizada y coordinada, intercambiando información y datos mediante los sistemas de TICs, con el fin de alcanzar objetivos comunes mutuamente beneficiosos[11].

En el marco de la Administración Pública, Interoperabilidad será entonces aquella capacidad Administrativa, Técnica y Política, que permite utilizar las TICs relevantes en el marco de un Gobierno Electrónico coordinado. En otras palabras, la Interoperabilidad es una herramienta que faciliita la interacción entre las diferentes entidades de la administración con miras a alcanzar de una mejor manera los fines del Estado[12].

C. *Inclusión Digital*

Con el término Inclusión Digital sea alude a la dimensión digital de la inclusión social. Se busca entonces permitir el acceso de todos los ciudadanos(as) a las TICs, logrando así utilizar y desarrollar sus capacidades. Este contexto abarca no solo el acceso a Internet, sino también el conocimiento y uso beneficioso de las TIC como herramientas a través de las cuales se obtengan mejores niveles educativos, sociales, participativos y productivos.

En ese sentido, la Política Nacional de Gobierno Electrónico 2013–2017 estableció como objetivo "Fomentar la inclusión digital de todos los ciudadanos, especialmente a los sectores vulnerables, a través de la generación de capacidades y promoción de la innovación tecnológica, respetando la diversidad cultural y el medio ambiente". En este sentido, el Estado viene acrecentando el Proyecto de Inclusión Digital a través de la creación de espacios donde se capacita a los ciudadanos en programas de Alfabetización Digital[13].

D. *Derecho a la igualdad e implementación de TICs por parte del Estado*

Íntimamente vinculado con lo establecido en un punto anterior de este mismo texto, el respeto del derecho a la igualdad debe encontrar un correlato en el empleo de TICs. De esta forma, la estrategia del empleo de TICs debe ser diseñada pensando en el acceso de todos los usuarios que incluye, entre otros, a personas en situación de discapacidad. "Como ejemplo podemos decir que, si ponemos un video en la web con subtítulos, éste será fácil de entender para las personas con dificultades auditivas; o, si ponemos en la web una imagen con lectura de texto como sustituto o alternativo, permitirá a los usuarios con discapacidad visual utilizar lectores de pantalla para acceder al contenido"[14].

---

10 Aprobado por la XII conferencia Iberoamericana de Ministros de Administración Pública y Reforma del Estado

11 JIJENA LEIVA, Renato- Gobierno Electrónico, transformación tecnológica del Gobierno y Derecho. En: *Revista FORO ACADÉMICO* Año XIII N° 15. Agosto de 2016. p. 212

12 CÉSPEDES BABILÓN, Edda Karen- Convergencia de la interoperabilidad, accesibilidad e inclusión digital en el marco del nuevo Gobierno de la Información y el Derecho Informático. En *Revista Foro Académico*, Año XIII N° 15. Agosto de 2016. p. 77.

13 *Ibid.*, p. 88

14 *Ibid.*, p. 86 y 87

E. *Transparencia en el sistema de compras del Estado*

El empleo de TICs en el marco del sistema de contrataciones y adquisiciones del Estado indudablemente contribuye a alcanzar la transparencia con la que los diferentes actos y contratos del Estado requieren para facilitar su control, tanto por parte de los órganos competentes para ello, como de la ciudadanía e incluso para los propios proveedores del Estado.

En Latinoamérica, por ejemplo, tenemos los casos de México y Chile, como algunos de los primeros países de la región que pusieron en función sus sistemas de compras y licitaciones a través de páginas de internet, las cuales permiten consultar toda la información de las licitaciones públicas, desde la publicación de las convocatorias hasta los datos relevantes de los contratos.

De acuerdo con la oficina mexicana, el sistema de compras por internet ha permitido proporcionar tanto información equitativa a todos los proveedores como mecanismos de seguimiento y registros estadísticos de las adquisiciones gubernamentales e incluso ha sido la página del Estado más consultada en diversas ocasionas según Estadísticas de la propia administración mexicana. En ese mismo sentido, encontramos lo ocurrido con el sistema de compras del Estado de Guatemala, el cual fue incluso ganador del Premio a la Excelencia del Banco Mundial.[15]

Con los sistemas descritos se está produciendo información más oportuna y eficaz. Hay una mejor vigilancia de los recursos públicos, la gestión es más transparente y se fomenta la responsabilidad de los funcionarios públicos. Ahora bien, es cierto también tener presente que para que se efectivice la ventaja de la transparencia que brindan las TICs se requiere contar con una contraloría fuerte. Ello confirma una vez más que el Gobierno Electrónico se enmarca en una reforma más amplia del Estado[16].

II. SITUACIÓN DE LAS TICS EN LA ADMINISTRACIÓN PÚBLICA PERUANA

La finalidad última de la Política Nacional de Modernización de la Gestión Pública que hoy busca impulsarse en el Perú es la de lograr que las deficiencias encontradas en el sector público sean superadas. Y es que hoy una de las deficiencias actuales en determinados niveles del Estado Peruano está íntimamente ligada a la carencia de sistemas integrados y modelos de gestión eficientes.

Por lo tanto, dentro de los objetivos específicos del proceso de gestión pública en la modernización del Estado se ha considerado la implementación del gobierno electrónico mediante el empleo de TICs para los procesos de planificación, gestión, ejecución y control de los proyectos de avanzada que realizan los organismos del Estado. Se busca con ello lograr una mayor eficiencia en el uso de los recursos del Estado. Y es que, además de los beneficios y desafíos que la implementación del Gobierno Electrónico

15 RUIZ PÉREZ, Héctor Jair- **Sistema Integrado de Administración Financiera y Control SIAF-SAG.** Ministerio de Finanzas Públicas. http://www.flacsochile.org/old_sites/sipalonline/practicas/complete_html/SIAF_SAG.html

16 RINCÓN CÁRDENAS, Erick- "Gobierno electrónico y el control del gasto público a través de nuevas tecnologías: una aproximación crítica y preliminar al e-control". En: *Estudios Socio-Jurídicos*. Vol. 5 N° 2. Bogotá Julio-Diciembre 2003. En: http://www.scielo.org.co/scielo.php?script=sci_art-text&pid=S0124-05792003000200003

presenta en el Perú, como se relata líneas abajo, justo es anotar como el empleo de TICs intenta permitir cumplir con otro de los objetivos de la política de modernización del Estado, que es la sostenibilidad: es decir, proteger y promover el adecuado aprovechamiento del medioambiente[17].

1.1. Lineamientos para el Gobierno Electrónico en Perú y la Oficina Nacional de Gobierno Electrónico e Informática

La ONGEI es la Oficina Nacional de Gobierno Electrónico e Informática, ente rector del sistema nacional de informática que se encuentra adscrito a la Presidencia de Consejo de Ministros (PCM). Esta oficina impulsa y fomenta el uso de las TICs para la modernización y desarrollo del Estado, y actúa como ente rector del Sistema Nacional de Informática, Finalmente, dirige y supervisa la Política Nacional de Informática y Gobierno Electrónico. Su visión es lograr la transformación de las relaciones del Estado, personas y empresas, mediante el uso efectivo de las Tecnologías de la Información y la Comunicación, contribuyendo así con la materialización de un proceso de modernización, descentralización y transparencia del Estado que pueda satisfacer las necesidades y demandas de la sociedad, y que conlleven a la inclusión social y al bienestar general.

Su misión es implementar la Política y la Estrategia Nacional de Gobierno Electrónico, impulsando el desarrollo de capacidades y servicios públicos de calidad, facilitando y agilizando el acceso de los ciudadanos a la información y servicios del Estado, y contribuyendo hacia la consolidación de un Gobierno abierto multicultural.

En ese contexto, en el Perú el Gobierno Electrónico permite innovar las políticas pensadas en el ciudadano y apoyar la descentralización e inclusión social efectuando las siguientes acciones:

- Mejora de la calidad de atención a la ciudadanía, acercando el Estado al ciudadano en cualquier lugar del país y fuera de él. En ese sentido se han tomado acciones que, por ejemplo, incidan en la Simplificación de trámites, los Módulos de Atención al Ciudadano (MAC), la Ventanilla Única de Comercio Exterior (VUCE) y el Gobierno Móvil.
- Mejora del funcionamiento del Estado, orientado a que las "reglas de juego" aplicables sean comunes y claras y permitan un mayor orden y mejor funcionamiento del Estado. Ello es lo que, por ejemplo, busca apuntalarse con el Gobierno Electrónico, la mejora de los Sistemas de Compras Públicas y Servicio Civil.
- Mejora de la estructura del Estado y su funcionamiento con responsabilidades, procesos, reglas claras de organización y gestión que promuevan entidades ágiles y modernas. Aquello requiere poner especial incidencia en temas como los de Descentralización, Ley Orgánica del Poder Ejecutivo, y reorganización de entidades.

---

17 ORTIZ, María Úrsula- "Tecnología de la Información y Gestión Pública", en *El Peruano 17 de octubre de 2016*. http://www.elperuano.pe/noticia-tecnologia-de-informacion-y-gestion-publica-44746.aspx

1.2. La Agenda Digital Peruana

Con miras a lograr la modernización del Estado a través del Gobierno Electrónico, se ha emitido el Decreto Supremo N 066–2011–PCM, que constituye la Agenda Digital Peruana 2.0. Dicha Agenda tiene como objetivos a los siguientes:

1. Asegurar el acceso inclusivo y participativo de la población en áreas urbanas y rurales a la Sociedad de la Información y del Conocimiento.

2. Integrar, expandir y asegurar el desarrollo de competencias para el acceso y participación de la población en la Sociedad de la Información y del Conocimiento.

3. Garantizar mejores oportunidades de uso y apropiación de las TIC que aseguren tanto a la inclusión social como el acceso a servicios sociales que permita el ejercicio pleno de la ciudadanía y el desarrollo humano en pleno cumplimiento de las metas del milenio.

4. Impulsar la investigación científica, el desarrollo tecnológico y la innovación, teniendo como base en las prioridades nacionales de desarrollo I+D+I.

5. Incrementar la productividad y competitividad a través de la innovación en la producción de bienes y servicios, con el desarrollo y aplicación de las TIC.

6. Desarrollar la industria nacional de TIC competitiva e innovadora y con presencia internacional.

7. Promover una Administración Pública de calidad, orientada a la población.

8. Insertar la Agenda Digital 2.0 en las políticas locales, regionales, sectoriales y nacionales, a fin de desarrollar la Sociedad de la Información y el Conocimiento.

Asimismo, conviene también presente que existen factores considerados críticos, pero a la vez, necesarios, para lograr los objetivos de la Política Nacional de Gobierno Electrónico. Según la propia norma, esos factores son los siguientes[18]:

1. Apoyo político al más alto nivel
2. Liderazgo institucional y compromiso inter institucional
3. Disponibilidad de recursos financieros, humanos y tecnológicos
4. Conectividad y accesibilidad a nivel nacional
5. Contar con marco normativo actualizado en materia de Gobierno Electrónico
6. Difusión, capacitación y sensibilización en Gobierno Electrónico.

1.1.1. Obligaciones del Estado para generar una política de Gobierno Electrónico real en el Perú[19]

A continuación presentaré lo que asumo son los desafíos más importantes en la materialización del Gobierno Electrónico en el Perú. Para ello, he tomado en consideración los objetivos previstos por el Decreto Supremo 066–2011–PCM

---

18 BARRIENTOS, Ronal- "Gobierno Electrónico". En: *Memoria del Seminario Internacional Modernización de la Gestión Pública en el Perú. Hacia un Estado al Servicio del ciudadano*. pp. 54 y 55. 2012

19 Agenda Digital Peruana 2.0 [Decreto Supremo N 066-2011-PCM]. Comisión Multisectorial para el seguimiento y evaluación del Plan de Desarrollo de la Sociedad de la Información en el Perú. 2011.

1.1.2. Necesidad de implementar las TICs en la administración pública aplicando incentivos económicos, o apelando al principio de subsidiariedad

Según ha previsto el Decreto Supremo N° 066–2011–PCM, es obligación del Estado apuntar a que la posibilidad de contar con conexión de alta velocidad no deba ser una prerrogativa de las zonas "rentables" o con mayor demanda de estos servicios en el país.

En ese sentido, compete al Estado velar por que ese tipo de conexión esté disponible en todo el país. Siendo el Perú un país con una geografía compleja, distribuciones poblacionales disímiles entre las diferentes regiones del país, y con importantes diferencias también en la posibilidad de acceso continuo a servicios de energía eléctrica (por mencionar el más resaltante para la temática de infraestructura TIC), la prestación de servicios de acceso a Internet es distinta dependiendo de en qué zona geográfica uno se encuentre. En este contexto, es relevante, nuevamente, el contar con un adecuado marco normativo y una política pública que entienda y permita intervenciones diferenciadas, con incentivos y acciones de mediación que impulsen una mayor infraestructura de telecomunicaciones en el país.

En el caso peruano también se considera necesario generar los mecanismos que faciliten una mayor inversión en infraestructura de telecomunicaciones, la cual permita avanzar en los niveles de cobertura y acceso de Internet a nivel nacional. En esta línea se considera que debe ir tanto el impulso de asociaciones público privadas como una mayor inversión pública en el tema. Aquello servirá como incentivo para que organizaciones privadas puedan brindar acceso utilizando algunas tecnologías como banda ancha móvil u otras nuevas tecnologías que vayan surgiendo.

1.1.3. Alfabetización informacional

De acuerdo con la Declaración de Alejandría, "La alfabetización informacional se encuentra en el corazón mismo del aprendizaje a lo largo de la vida. Capacitar a las personas de toda clase y condición para buscar, evaluar, utilizar y crear información eficazmente, con el fin de conseguir sus metas personales, sociales, ocupacionales y educativas". Además, esta capacitación en temas informáticos juega un rol fundamental para reducir las desigualdades y para promover la tolerancia y comprensión mutua mediante el uso de información en contextos multiculturales y multilingües.

Por ello se requiere también asumir como una política pública la reducción progresiva de la brecha de información, que, juntamente con los esfuerzos por lograr mayor conectividad, se logre incorporar a la mayor cantidad de personas al uso de las TIC. Para ello se requiere, en primer término, de un trabajo articulado con los gobiernos regionales y municipios de manera que se impulsen programas de capacitación al adulto mayor. Luego, se necesitarán programas de alfabetización digital donde, a través del desarrollo de contenidos, acordes a las necesidades de las personas en los diferentes ámbitos en los que se desarrolla, se impulsen más y mejores competencias, así como conocimientos y habilidades fundamentales para la apropiación y uso de la información y de las TIC.

A ese esfuerzo se deben sumar programas que se materialicen conjuntamente con telecentros y cabinas públicas. En ese sentido es que se debe buscar la consolidación de asociaciones de cabinas públicas, y el desarrollo de modelos de negocios que impulsen alternativas e incentivos adecuados para ello.

1.1.4. Implementación de TICs en el Sistema de impartición de Justicia

Se ha previsto como objetivo del Estado el de implantar un sistema de justicia totalmente informatizado, sostenido en sistemas informáticos flexibles y parametrizables, con capacidad de adaptación a las diversas instancias del Sector. Además estas instancias, en los próximos años, deberán encontrarse interconectadas e interaccionando con la mayor velocidad de acceso posible.

Se debe abordar el desarrollo de sistemas informáticos que faciliten la interacción de los órganos del sistema de justicia con los(as) justiciables y sus abogados(as), así como la promoción de sistemas informáticos que faciliten el desarrollo de los diferentes procesos judiciales a través de sus diversos órganos jerárquicos jurisdiccionales.

Lo señalado se puede abordar a través de sistemas que permitan la presentación de escritos y demandas a los tribunales en formato electrónico que facilite el seguimiento e intercambio de información entre las instancias correspondientes del sistema de justicia, siempre bajo entornos seguros que impidan la desprotección de los datos personales y la confidencialidad.

Por otra parte, se debe impulsar sistemas que aporten a la gestión administrativa del sistema de justicia, mejorando la calidad en la atención y celeridad de los procesos, siempre dentro de los plazos establecidos por ley. Estos sistemas deben permitir la gestión de expedientes judiciales electrónicos con la misma validez y garantías jurídicas que tiene el expediente físico, además de un archivamiento y digitalización del archivo, o un sistema de gestión estadístico para un adecuado monitoreo de procesos y mejor toma de decisiones. Estos son solo algunos de los ámbitos a considerar, siempre buscando facilitar el seguimiento de la actividad jurisdiccional y detectar dónde son susceptibles de mejora para poder realizarlas.

Además, otro aspecto que se recomienda analizar es el de acceso ciudadano a información del sistema de justicia, por ejemplo, a través de los denominados Portales de Justicia, destinados a facilitar el acceso a información pública sobre los diferentes servicios generados por las diferentes entidades componentes del sistema.

Finalmente, conviene tener presente que el desarrollo de estas actividades dentro del sistema de justicia peruano también debe considerar impulsar procesos de gestión e intercambio de información con otras entidades públicas como el Registro Nacional de Identificación y Estado Civil (Reniec), la Superintendencia Nacional Tributaria (Sunat), o la Superintendencia Nacional de Registros Públicos (SUNARP). También en la medida de lo posible con los notarios. Conviene además llevar adelante proyectos de interconexión y interoperabilidad de los sistemas informáticos notariales con aquellos sistemas informáticos que poseen las entidades que configuran el sistema de justicia. El objetivo de todo ello es buscar aprovechar las ventajas de la adopción de TIC para reducir costos de transacción, así como brindar servicios más eficientes y transparentes, a partir de modelos transaccionales y documentos electrónicos.

1.1.5. Mención especial al acceso al Sistema Peruano de Información Jurídica (SPIJ)

Conviene aquí tener presente como desde el año pasado el Gobierno peruano ha liberado el ingreso al sistema SPIJ, mediante el cual se permite a los ciudadanos(as) acceder a un sistema gratuito y actualizado de las normas vigentes e incluso poder consultar normas derogadas.

Cabe mencionar además que ya en el año 2014 se había puesto a disposición del público una aplicación para poder acceder al SPIJ desde teléfonos móviles.

1.1.6. La inclusión de grupos vulnerables en el uso de las TICs como objetivo del Estado peruano

En este contexto debe tenerse presente como desde el Estado peruano se debe asegurar que se tomen las acciones pertinentes para abordar adecuadamente los casos de personas con capacidades diferentes, así como la diversidad existente. Todo ello desde el foco de la igualdad de derechos, consagrando así la no discriminación, la accesibilidad universal y la reducción de barreras para los diversos grupos vulnerables.

Ello no implica solamente el impulso de políticas de incentivo para que los ciudadanos accedan a un computador y a Internet, o asegurar que centros de acceso como son las cabinas públicas y telecentros se encuentren preparados para apoyar a diferentes usuarios como personas con capacidades diferentes, adultos mayores, niños, pueblos indígenas, afrodescendientes, entre otros. Conlleva, además, la posibilidad de generar proyectos de alfabetización digital y programas de fortalecimiento de capacidades, así como el desarrollo de aplicaciones y contenidos que reconozcan situaciones de multiculturalidad u otras.

1.1.7. Inclusión de TICs como herramientas para fortalecer la política de Seguridad Ciudadana

Como plantea la Constitución Política del Perú, al referirse a los derechos fundamentales de la persona, la defensa de la persona humana y el respeto de su dignidad, son el fin supremo de la sociedad y del Estado. Llevado esto al plano de la seguridad interna, la Policía Nacional cumple un rol fundamental, en tanto debe garantizar, mantener y restablecer el orden interno, además de prevenir, investigar y combatir la delincuencia.

En esta tarea, también corresponde articular a las municipalidades para lograr mitigar un fenómeno que se ha convertido en una de las mayores preocupaciones de la ciudadanía. En ese sentido, se puede apreciar a la seguridad ciudadana como un bien público que el Estado debe garantizar y salvaguardar. En este ámbito, también las TIC son herramientas de mucha utilidad que deben ser usadas para coadyuvar en éste esfuerzo. En ese sentido, las TIC facilitan el desarrollo de acciones preventivas, así como de acciones de soporte. Además, permiten una mejor coordinación de los esfuerzos de diferentes entidades públicas y de la comunidad para acciones de disuasión, control y coerción de la inseguridad y violencia.

1.3. Estado actual de las Estrategias de empleo de TICs por parte del Estado Peruano

Un principio fundamental del Gobierno Electrónico es el de la entrega de información, servicios y trámites a la sociedad utilizando los canales que las TIC pueden soportar. En ese sentido, se deben usar estrategias multicanales en tanto se puedan disponer de canales presenciales, como de los propios, vinculados a tecnologías de información, como el Internet, telefonía fija y móvil, televisión digital interactiva, entre otros canales, para así poder brindar más y mejores servicios a la ciudadanía.

Actualmente uno de los canales más usados sigue siendo el de los portales institucionales, los mismos que son, informativos, interactivos o transaccionales, dependiendo esto último del desarrollo tecnológico que posee la entidad pública. Sin embargo, el desarrollo de las TIC en lo referido a tecnología móvil de comunicación, unido al alto nivel de penetración de la telefonía móvil en el Perú, abren un canal más inclusivo, pues más allá de la posibilidad de acceder o no a un dispositivo móvil más avanzado, un porcentaje mayoritario de peruanos tienen acceso y usan un teléfono celular. Sobre dicho teléfono celular se puede ampliar la gama de servicios e información que, como Estado, podemos brindar a los ciudadanos y entidades privadas, canal que puede convertirse, en el corto plazo, en el principal medio de comunicación entre el Estado y el ciudadano.

En esa misma línea, no se debe perder de vista a la telefonía fija, y más recientemente, a la utilización de la televisión Digital Interactiva, como otros medios de entrega de servicios y trámites a la población. Ante ello, existe una responsabilidad, de parte de la Presidencia del Consejo de Ministros a través de la Oficina Nacional de Gobierno Electrónico e Informática (ONGEI). A dicha oficina corresponde analizar el tema. Le toca además hacer el seguimiento a las entidades públicas que vienen impulsado las mejores prácticas en la entrega de servicios, utilizando para ello canales como el de la telefonía fija, la telefonía móvil o la televisión digital, adicionales a Internet, generando además los instrumentos para así orientar a las entidades públicas en este quehacer. Se buscaba así que, para el año 2015, un porcentaje significativo de los trámites y servicios públicos sean brindados en línea, utilizando los canales de comunicación existentes.[20] Aquello en líneas generales se obtuvo, aunque todavía hay mucho por hacer al respecto.

1.4. Obligación del Estado de establecer un marco normativo general para la implementación de TICs en la Administración Pública

El sector público en cualquier Estado requiere de un marco normativo que establezca hasta dónde y cómo las entidades pueden desarrollar las diferentes actividades referidas a las TICs. En ese sentido, y ya viendo el caso peruano, es relevante asegurar que el Perú cuente con un marco normativo para la regulación del uso de las TIC en las diversas reparticiones de la Administración Pública. Se busca así evitar vacíos o duplicidades, así como asegurar una adecuada gestión de ciertos temas. Entre ellos están, por ejemplo, el de la interoperabilidad de los servicios públicos usando estándares abiertos, la protección de datos personales y del secreto comercial, la materialización del voto electrónico, la seguridad y estabilidad de los sistemas informáticos, la propiedad del software y procesos adquiridos por el estado, entre otros.

Otra materia a considerar es la vinculada a la gestión del software y de procesos gubernamentales. Allí es importante considerar si se cuenta o no con un Repositorio Nacional de Software y Procesos, el cual permitiría a las instituciones del Estado centralizar el código fuente del software y los procesos de gestión de propiedad estatal. El software y los procesos contenidos en este repositorio servirán para su reutilización e materialización en las entidades que lo requieran, facilitando de esta forma el despliegue del gobierno electrónico de manera rápida y eficiente.[21]

20 Agenda Digital Peruana 2.0 [Decreto Supremo N 066-2011-PCM] Comisión Multisectorial para el seguimiento y evaluación del Plan de Desarrollo de la Sociedad de la Información en el Perú. 2011. pp. 58 y 59

21 Agenda Digital Peruana 2.0 [Decreto Supremo N 066-2011-PCM] Comisión Multisectorial para el seguimiento y evaluación del Plan de Desarrollo de la Sociedad de la Información en el Perú. 2011. p. 62.

1.5. Uso de Páginas web por parte del Estado peruano como política de empleo de TICs

Desde los años noventa del siglo pasado en adelante, y a nivel de desarrollo tecnológico, nos encontramos con que en el Perú se produce un proceso de cambios con el ingreso del Internet. De esta manera surge la página web del Congreso de la República (1995); y los diarios, negocios y las universidades incursionan en Internet. Este proceso se va afianzar e institucionalizar a partir del año 2000 con un gran desarrollo normativo y la creación de nuevas entidades como la Oficina Nacional de Gobierno Electrónico e Informática (2003).

Es más, en el 2001 se aprueba la directiva para el uso del servicio de correo electrónico en las entidades de la administración pública y se da lugar a la creación del Portal del Estado Peruano como portal de máxima jerarquía entre los portales de la administración pública.

Posteriormente se crea el portal de servicios al ciudadano y empresas (2006), y se establece que este portal sirve de ventanilla única del Estado para acceder a servicios (2007). Además, en el año 2010 se establecen los lineamientos para la materialización del portal de transparencia estándar en las entidades de la administración pública.

El progreso descrito muestra como las entidades públicas peruanas entendieron a las páginas web o portales como espacios para brindar información a los ciudadanos. Luego se propició la prestación de servicios en línea, y, finalmente, se procedió a interactuar con los ciudadanos iniciando espacios de consulta como chats, foros, entre otros. Como producto de ese proceso, hoy se pueden identificar 764 servicios en línea que pertenecen al Congreso; el Poder Judicial; los Organismos Constitucionales Autónomos; y a todos los Ministerios y los Organismos Públicos Especializados (Reguladores y Técnicos) adscritos a ellos. Por lo menos 64 de esos servicios actualmente promueven la interacción de diferentes reparticiones públicas con la ciudadanía.

De igual manera, el Estado peruano, por lo menos en el discurso, ha manifestado un compromiso continuo por promover el Gobierno Abierto en el país. En ese sentido puede anotarse como en abril de 2012 el Perú presentó el "Plan de Acción para una Sociedad de Gobierno Abierto (2012–2014)", haciéndose parte con ello parte de la denominada Alianza para el Gobierno Abierto.

Asimismo, se ha buscado afianzar este proceso con la publicación de la Política Nacional de Modernización de la Gestión Pública (PNMGP), la cual tiene como objetivo general orientar, articular e impulsar en todas las entidades públicas un proceso de modernización hacia una gestión pública para resultados que impacte positivamente en el bienestar del ciudadano y el desarrollo del país.

Del mismo modo, conviene tener presente que se plantean como objetivos específicos de la PNMGP a los siguientes: promover que las entidades públicas en los tres niveles de gobierno cuenten con objetivos claros, medibles, alcanzables y acordes con las Políticas Nacionales y Sectoriales; y asegurar la transparencia, la participación, la vigilancia y la colaboración ciudadana en el debate de las políticas públicas, así como en la expresión de opinión sobre la calidad de los servicios públicos y el desempeño de las entidades. Esta política, por cierto, reconoce el papel de las TICs, al considerar como ejes estratégicos al Gobierno Electrónico, el Gobierno Abierto y la articulación interinstitucional[22].

1.6. Avances en la materialización de la estrategia nacional de gobierno electrónico en el Perú[23]

1.1.1. Incorporación de nuevos servicios y facilidades en el Portal de Servicios al Ciudadano y Empresas – PSCE (www.serviciosalciudadano.gob.pe), Portal que se constituye en el punto de convergencia de los servicios que proporciona el Estado peruano.

El PSCE recoge actualmente 24 780 trámites. De ellos 23 612 son informativos, 550 interactivos y 578 transaccionales. Además, cuenta con 220 servicios y 419 formatos que pueden ser bajados.

1.1.2. Fortalecimiento y mejora del Portal del Estado Peruano (PEP), con relación a la integración funcional de instituciones públicas en el manejo de contenidos

El Portal del Estado Peruano permite el acceso a todas las instituciones públicas y a los principales portales de nuestro Estado: PSCE, SEACE, Parlamento, Transparencia, Defensa Civil, Huascarán, IRTP, Portal Municipal, SUNAT, Eventos, CODESI, Etc. A la fecha se está trabajando una nueva versión del Portal, y se estima que en el mes de febrero de 2009 se haga el respectivo lanzamiento.

1.1.3. Creación de un espacio virtual entre el gobierno y la sociedad civil para difundir la información e iniciativas gubernamentales (foros electrónicos).

Hoy en el Perú existen instituciones que han instituido foros electrónicos en sus portales. Ello es lo que ha ocurrido con el Portal del Congreso, el cual cuenta con foros como el Parlamento Virtual Peruano, los Foros Legislativos Virtuales, el Foro para la alfabetización en MINEDU, etc.

1.1.4. Materialización de servicios de orientación al ciudadano mediante Call Center y el PSCE.

El Portal de Servicios al Ciudadano y Empresas, PSCE, ya ha sido materializado, y viene cumpliendo con los objetivos de orientar a los ciudadanos sobre los trámites a realizar con el Estado. Es más, entidades estatales como Essalud, SEDAPAL o Sunat, entre otras instituciones, ya han implementado call centers.

---

22 Mesa Torre, Cristian- "Gestión de las redes sociales en la administración pública del Perú: espacio de innovación para una mejor relación Estado-ciudadano". En: *XX Congreso Internacional del CLAD sobre la Reforma del Estado y de la Administración Pública*, Lima, Perú, 10- 13 nov. 2015. p. 6 http://www2.congreso.gob.pe/sicr/cendocbib/con4_uibd.nsf/8206FC3A85B5C5AE05257F5C00743314/$FILE/mestor.pdf

23 La información a la cual aquí hago referencia ha sido recopilada en parte por Aníbal Salazar Trigoso en su artículo "Importancia de las TIC en la Administración pública regional y local". En: *Actualidad Gubernamental*, N° 61 - Noviembre 2013 p. I-3.

1.1.5. Utilización de otros medios tecnológicos, como radio, televisión, entre otros, en la promoción y difusión de los servicios al ciudadano mediante el uso de Tecnologías de información brindadas por el Estado.

Con motivo de mejorar el grado de conocimiento, por parte de la ciudadanía, de los portales del Estado, la ONGEI ha emprendido un programa de difusión de los diversos servicios que se ofrecen al ciudadano a través de portales del Estado, básicamente mediante radiodifusión y campañas zonales. Es más, en ese sentido se han emitido spots televisivos en canal 7 (el canal de televisión estatal) y en circuitos cerrados de las instituciones públicas que dan servicios al ciudadano. Un conjunto de acciones que todavía devienen en insuficientes, pero que van por el camino correcto

1.1.6. Establecer programas de materialización y promoción de servicios en línea a través de cabinas públicas de Internet, así como de talleres en el interior del país para capacitar en el uso y operación de los servicios disponibles que tiene el Estado.

A través de programas apoyados por la Cooperación Internacional desde el año 2008, se han llevado a cabo un conjunto de presentaciones para los Gobiernos Regionales y Locales sobre la importancia del concepto de Gobierno Electrónico y la promoción de las mejores prácticas al respecto, las cuales se hicieron en coordinación con la Secretaría de Gestión Pública y la Secretaría de Descentralización.

1.1.7. Utilizar la infraestructura existente en las instituciones públicas en la promoción y difusión de servicios al ciudadano y facilidades de Gobierno Electrónico a nivel nacional, regional y local.

Actualmente se busca que cada institución pública peruana realice su propio programa de difusión de los servicios que ofrece. Una acción adicional emprendida es la de difundir los conceptos de Gobierno Electrónico y del Sistema Nacional de Informática en las Regiones.

1.1.8. Hacer alianzas con las Facultades de las Universidades que tienen la responsabilidad de la enseñanza profesional de la informática, así como la promoción de sistemas para la difusión del Gobierno Electrónico; y captar a los mejores profesionales para su incorporación a la administración pública.

Cada día son más las universidades que se interesan por los temas normativos que se emprenden desde la ONGEI y se está recibiendo continuas invitaciones para realizar charlas en ellas para hacer conocer el accionar de la ONGEI y de CODESI

1.1.9. Desarrollar y establecer la plataforma de red transaccional del Estado y creación de mecanismos que permitan administrar los costos de los servicios, de acuerdo a procesos de generación de valor y a las tasas establecidas por las instituciones participantes.

Luego de la aprobación del Estudio de Factibilidad del Gobierno Electrónico bajo la denominación de "MODERNIZACIÓN DE LOS SERVICIOS ADMINISTRATIVOS DEL ESTADO PERUANO, PARA MEJORAR LA EFICIENCIA EN LA PRESTACIÓN A NIVEL NACIONAL", la ONGEI, en coordinación con el Programa de Modernización y Descentralización del Estado (PMDE), estará convocando concurso público para la adquisición de los equipos que permitan implantar en el Estado la Plataforma de interoperabilidad (red transaccional) y medio de pago virtual, previa revisión por experto internacional de los términos de referencia.

1.1.10. Desarrollar y establecer la Infraestructura de Llaves Públicas (PKI) como soporte al uso del Sistema de Firmas Electrónicas y Certificaciones Digitales del Estado.

Se ha aprobado el Nuevo Reglamento de la Ley de Firmas y Certificados Digitales. Es más, hoy la ONGEI, con el apoyo del PMDE, ha programado llevar a cabo el fortalecimiento de la autoridad administrativa competente (Indecopi) para que esa entidad pueda ejercer sus funciones próximamente. Dentro del Indecopi, esta función ha sido asignada a la Comisión de Reglamentos Técnicos y Comerciales. Por otro lado, también el Reniec ha hecho las adecuaciones estructurales respectivas para convertirse en la ECERNEP (Certificadora Raíz del Estado Peruano). En mérito a ello ha creado la Gerencia de Certificación Digital en su interior.

1.1.11. Impulsar la Plataforma de Medio de Pago Virtual del Estado, de forma que, para los servicios en línea que se implementen, se permitan realizar los pagos correspondientes desde Internet.

El medio de pago virtual está siendo implantado gradualmente por diversas instituciones públicas. Sin embargo, el proyecto de Gobierno Electrónico busca implantar un SWITCH transaccional. Allí se van a materializar las reglas de negocio para que los servicios que requieran pago en línea puedan conectarse con la pasarela de pago del Banco de la Nación o con cualquier banco privado.

1.1.12. Desarrollar y establecer el Sistema de Información Territorial del Perú mediante el uso de sistemas de información geográficos referenciales (GIS), que permitan, sobre la base de los recursos disponibles, infraestructura existente, población, proyectos de desarrollo social y económico, determinar de forma integral los avances en la implementación de Políticas, Programas y Proyectos asociados a políticas institucionales y de Estado.

En ese sentido se han realizado Talleres (datos espaciales, metadatos, arquitectura, acceso). Se ha definido la política y el plan nacional de la Infraestructura de Datos Espaciales (IDEP); el Proyecto piloto del IDEP; la aprobación del Estudio a Nivel de Perfil del Proyecto de Implementación de la infraestructura de datos Espaciales del Perú; la aprobación y emisión de la R.M. 325–2007–PCM, que crea el Comité permanente para el desarrollo de la IDEP; y la realización del Primer Taller Nacional de Infraestructura de Datos Espaciales, con la participación de gobiernos regionales y locales, y con el objetivo de difundir y coordinar la materialización de la IDEP.

1.1.13. Desarrollar, establecer y materializar el Sistema Electrónico de Compras y Adquisiciones del Estado (SEACE).

Hasta donde llega nuestro conocimiento, el SEACE tiene en producción los siguientes módulos: Plan anual de adquisiciones y contrataciones; registro de todos los procesos de selección de contratación pública con cuantías menores a 4 UIT (100 % electrónicas); compras por catálogo electrónico de productos (en base a convenios marco); subasta inversa electrónica; consultas y estadísticas varias, abiertas para cualquier persona sin restricciones. De otro lado, y en mérito a un proyecto trabajado con el BID y ejecutado por PCM/PMDE, se adquirió la plataforma de hardware y software; se convocó a licitación el desarrollo de la nueva versión del SEACE; y se ha concursado la contratación del servicio de supervisión de la instalación y configuración de la plataforma adquirida y del desarrollo de la nueva versión del SEACE.

1.1.14. Desarrollar, establecer y materializar el proyecto de Documento Nacional de Identidad (DNI) Electrónico

Reniec está desarrollando y materializando ya el proyecto respectivo. Además, se encuentra exponiendo en distintos foros la visión que ellos tienen sobre este tema. Así mismo, viene coordinando muy estrechamente con la ONGEI, dado que Reniec también es parte del Proyecto de Gobierno Electrónico que viene materializando el Estado peruano.

1.1.15. Implementar sistemas de participación ciudadana y de elecciones democráticas que permitan implementar de forma efectiva uso del voto electrónico (asociados al uso de certificados digitales).

La Oficina Nacional de Procesos Electorales (ONPE), en concordancia con el mandato de la Ley 28581, ha expuesto su propuesta de plan para su implantación gradual en la CODESI. Además, ha participado en actividades donde el público ha hecho prácticas de lo que implica la aplicación del Voto Electrónico.

1.7. Accesibilidad a páginas web del Estado y aplicaciones móviles para personas en situación de discapacidad

En el Perú, mediante Resolución Ministerial N°126–2009–PCM, se aprobaron los Lineamientos para la Accesibilidad a Páginas Web y Aplicaciones para Telefonía Móvil, estableciéndose así las técnicas y pautas que ayudarán a las Entidades Públicas en la elaboración de contenidos accesibles, la mejora de sus páginas web y el asentamiento de las bases para el desarrollo de las aplicaciones a utilizar en equipos móviles. Todo ello dentro del marco de la Sociedad de la Información y promoción de la inclusión social, entre otros factores[24].

1.8. Propuestas para implementar TICs en el Perú, buscando así fortalecer el Gobierno Electrónico

Como se ha visto en el punto anterior, el gobierno digital o gobierno abierto representa una oportunidad para fomentar una mayor transparencia de las entidades públicas a través de la apertura de datos. Con ello se busca propiciar una mayor participación y colaboración de los ciudadanos.

El social media o las redes sociales se presentan entonces como herramientas dinamizadoras de ambos procesos, puesto que, tanto el gobierno electrónico como el gobierno abierto tienen como principal beneficiario el ciudadano. Sin embargo, no queda claro cuáles son los límites al respecto entre ambas esferas. Ahora bien, y muy a despecho de esas imprecisiones, lo importante aquí es que se reconoce la importancia de las redes sociales como mecanismo para promoción de la transparencia. Además, se les entiende como una oportunidad para generar espacios de participación; y se apunta con ellas la

---

24 Ver en ese sentido, CÉSPEDES BABILÓN, Edda Karen- Convergencia de la interoperabilidad, accesibilidad e inclusión digital en el marco del nuevo Gobierno de la Información y el Derecho Informático. En: *Revista Foro Jurídico*. Año XIII. N° 15. Agosto de 2016. p. 87

necesidad de contar con estrategias, y con una mayor atención y rigurosidad en la gestión de la información, entre otros factores.

Lo expuesto, por cierto, no inhibe de hacer nuestras propuestas que a futuro algunos ya han propuesto que se pueden plantear sobre el particular. Entre ellas se encuentran las siguientes:

- Formalizar el cargo de gestor de redes sociales al interior de las entidades públicas.
- Contar con una política gubernamental nacional sobre las redes sociales
- Buscar que las entidades públicas desarrollen sus respectivas reglas de convivencia en redes sociales.
- Realizar una actualización continua del directorio de redes sociales del Estado. En ese escenario, el Instituto Nacional de Estadística e Informática (INEI) deberá incorporar información sobre las redes sociales que utilizan los ciudadanos.
- Continuar y potenciar a labor que viene desempeñando la Presidencia del Consejo de Ministros con los gestores de las redes sociales del Estado.
- Fomentar cursos de capacitación especializados para los gestores de las redes sociales del Estado.
- Para buscar evitar las dificultades que trae la rotación de personal en las áreas vinculadas con estas labores, se debe buscar propiciar la generación de mecanismos que permitan registrar la actividad previa realizada dentro de cada entidad (documentos, metodologías, entre otros).
- Desarrollar estudios de mayor profundidad que permitan evidenciar las buenas prácticas en cada uno de los ministerios y demás entidades públicas, y que además, permitan reconocer las potencialidades de las redes sociales.[25]

1.9. Algunas reformas al texto original de la Ley del Procedimiento Administrativo General y su incidencia en el empleo de TICs

Entre las distintas reformas hechas a la ley del Procedimiento Administrativo General , necesario es anotar que dos de ellas cuentan con clara incidencia en lo que respecta al empleo de TICs por parte de la Administración Pública: los Decretos Legislativos 1310 y 1246

25 Coincido entonces en este punto con lo señalado en este punto por MESA TORRE, Cristian- Gestión de las redes sociales en la administración pública del Perú: espacio de innovación para una mejor relación Estado-ciudadano.. En: *XX Congreso Internacional del CLAD sobre la Reforma del Estado y de la Administración Pública*, Lima, Perú, 10- 13 nov. 2015. p. 8 y 9 http://www2.congreso.gob.pe/sicr/cendocbib/con4_uibd.nsf/8206FC3A85B5C5AE05257F5C00743314/$FILE/mestor.pdf

1.1.1. Implementación del Sistema PIDE como medida de simplificación administrativa prevista por el Decreto Legislativo Nº 1310, publicado el 30 de diciembre del año 2010

El sistema PIDE permite la materialización de servicios públicos en línea, ya sea por medios electrónicos o por el intercambio electrónico de datos entre entidades del Estado a través de internet, telefonía móvil y otros medios tecnológicos disponibles. En este decreto se exige a las entidades del Estado que para el 31 de diciembre de 2018 sus sistemas de trámite documentario deben estar interconectados para el envío automático de documentos electrónicos. Esta medida facilitará la interoperabilidad del Estado.

Allí también se aclara que el "**Diario Oficial El Peruano Electrónico**" tendrá el mismo valor legal que su versión en físico. Es más, se señala que se tendrá por publicada una norma y cumplida una obligación con la publicación electrónica.[26]

Lo aquí planteado se encuentra recogido en lo previsto en el artículo 16 de la Carta Iberoamericana de Gobierno Electrónico, pues en esa norma se recogen criterios para la regulación de los documentos electrónicos por parte de los Estados. Entre dichos criterios se encuentran los siguientes, los cuales ya se ven reflejados en la normativa peruana vigente:

Equivalencia de los documentos electrónicos con los documentos en papel. Ello implica que los particulares o las Administraciones Públicas pueden aportar a los expedientes, o utilizar en sus relaciones con otras Administraciones Públicas o con terceros, documentos electrónicos cuya autenticidad y origen resulte acreditada en mérito a lo previsto en los medios electrónicos a los cuales se ha hecho referencia antes.

a) **Validez:** Se asume que los documentos tramitados electrónicamente por los ciudadanos mantienen la misma validez que aquellos que hubiesen sido tramitados físicamente.

Conservación y gestión de los datos: Los documentos, actos y actuaciones electrónicas deberán guardase en archivos electrónicos que garanticen la integridad, autenticidad, mantenimiento y conservación sin posibilidades de manipulación o alteración indebida. Las Administraciones Públicas asegurarán que tales documentos sean accesibles y, cuando fuere necesario, traspasados a otros formatos y soportes de forma que permanezcan siempre accesibles.

1.1.2. Interoperabilidad de las entidades de la Administración Pública según lo previsto por el Decreto Legislativo 1246, publicado el 10 de noviembre de 2016

1.1.3 El Decreto Legislativo en cuestión tiene una previsión con incidencia en el empleo de las TICs muy importante, pues hace referencia a la interoperabilidad de las distintas entidades de la Administración.

Así establece que las entidades públicas, de manera gratuita, deben permitir o poner a disposición de las demás entidades que lo requieran, la información o bases de datos que administren, recaben, sistematicen, creen o posean respecto de los usuarios o admi-

26 Ver al respecto REVOREDO, Abel- Medidas Adicionales de Simplificación Administrativa. En: *Diario Gestión*. 9 de enero de 2017. http://blogs.gestion.pe/cyberlaw/2017/01/medidas-adicionales-de-simplificacion-administrativa.html

nistrados. En el caso en que la información se encuentre protegida por la Ley de Protección de Datos Personales, las entidades públicas involucradas deberán obtener previamente la autorización expresa e indubitable del usuario o administrado.[27]

Ahora bien, la norma establece específicamente que las entidades del gobierno deben poner de manera obligatoria a disposición de las demás entidades, información de manera gratuita relacionada con:

i. identificación y estado civil;
ii. antecedentes penales;
iii. antecedentes judiciales;
iv. antecedentes policiales;
v. Grados y títulos;
vi. vigencia de poderes y designación de representantes legales y
vii. titularidad o dominio sobre bienes registrados.

Es pertinente mencionar que, conforme lo precisa el numeral 3.1 del artículo 3° del Decreto Legislativo N° 1246, se indica que las entidades de la Administración Pública que posean y administren la información mencionada anteriormente deben ponerla a disposición de manera gratuita y permanente a las entidades gubernamentales correspondientes para que ingresen a una dinámica de interoperabilidad, dentro del plazo máximo de sesenta (60) días hábiles computados a partir de la publicación de la norma aquí recientemente mencionada.

Se indica también en el artículo 5 del Decreto Legislativo que vengo comentando que no se exigirán los certificados o constancias de habilitación profesional o similares expedidos por los Colegio Profesionales cuando dicha calidad pueda ser verificada a través del respectivo portal institucional. En este punto cabe precisar que la exigencia de la acreditación del documento expedido por los Colegios Profesionales de Abogados era un requisito de admisibilidad cuando se presentaba un reclamo o apelación tributaria. Ello toda vez que dicho dato se debía consignar como documento anexo al Formulario 6000, que es la Hoja de Información Sumaria aprobada por la Sunat.

Sin embargo, cabe indicar que la propia norma establece que en aquellas zonas donde no se cuente con la cobertura de acceso a Internet, sí será necesaria la acreditación documental[28].

A MODO DE CONCLUSIÓN

Uno de los cambios más ostensibles e indisimulables en la actualidad es, sin duda alguna, el del uso de los TICs en las diversas actividades humanas. En ese sentido, el quehacer de las diferentes administraciones públicas se encuentra muy lejos de ser una excepción al respecto. Es más, bien puede decirse que, si se toman ciertos recaudos (res-

27 Información extraída de "Resumen del primer paquete de medidas sobre Simplificación Administrativa en las Entidades Públicas". Grupo Contable. http://www.grupocontable.pe/4605-2/.

28 Ver al respecto ALVA MATEUCCI, Mario. Bienvenidas las medidas de simplificación administrativa. En http://blog.pucp.edu.pe/blog/blogdemarioalva/2016/11/16/bienvenidas-las-medidas-desimplificacion-administrativa/

pecto a ciertos principios, enfrentamiento y superación de determinados retos) esta cada vez más relevante incidencia puede tener ciertos efectos harto beneficiosos.

Explico los alcances de esta última información que acabo de formular. Y es que, frente a una serie de reparos que, con razón o sin ella se hacen a la labor de distintas reparticiones estatales, el uso de los TICs aparece, por ejemplo, como una alternativa que puede proporcionar transparencia en el quehacer estatal en materias tan sensibles, como, por ejemplo, los sistemas de compras.

Además, los TICs pueden, por lo mismo, facilitar el acceso a información estatal. Un buen ejemplo de ello es lo que viene a propósito de lo prescrito en al artículo 14 de la Carta Iberoamericana de Gobierno Electrónico, en donde se establece la obligación de contar con una página web.

Elementos como los dos que acabo de reseñar hacen posible colocar como uno de los posibles aportes de los TICs al del establecimiento de canales de comunicación entre las diversas reparticiones de las administraciones públicas y la ciudadanía, o en su caso, a la mejora de los canales ya existentes.

En síntesis, todo lo aquí reseñado permite establecer una mejor organización de la labor estatal, lo cual supone la reingeniería y modernización de lo que actualmente se tiene en funciones. Aquello redunda (o por lo menos busca redundar) en una situación de mejoría a favor de los ciudadanos(as) en espacios tan relevantes como el de una prestación más rápida y eficiente de los diversos servicios públicos.

Ahora bien, alcanzar tan loables objetivos implica, sobre todo, trabajar de acuerdo con determinados parámetros. Estoy aquí hablando básicamente del respeto de ciertos principios, bien sintetizados en este tema en particular dentro de los denominados "Principios del Gobiernos Electrónico", previstos por cierto en la Carta Iberoamericana de Gobierno Electrónico de 2010.

En ese escenario, y si de asegurar un uso de los TICs en el quehacer estatal que haga factible la transparencia, el acceso a la información, la existencia o fortalecimiento de canales de comunicación, o la mejor organización de la labor del Estado se trata, no debe soslayarse el respeto a principios como los de igualdad, legalidad, conservación, transparencia y accesibilidad, proporcionalidad, responsabilidad o adecuación tecnológica.

Y es que los TICs, en aplicación al principio de igualdad, no pueden ser usados para restringir irrazonablemente, y menos aún, para discriminar del acceso a los servicios públicos a cualquier ciudadano(a). Además, en el caso de los TICs, tal como informa el llamado principio de legalidad, el respeto al trámite, así como a la privacidad de los actores involucrados deviene en garantías indispensables.

Conviene además, en la línea de lo recogido como principio de conservación, debe garantizarse que las comunicaciones y los documentos preparados o adaptados a nuevas circunstancias a través de los TICs deben mantenerse en las mismas condiciones otorgadas a los denominados "medios tradicionales". Y si de transparencia y accesibilidad hablamos, resulta oportuno también, entre otros factores, buscar la información y el conocimiento generado o almacenado mediante el uso de TICs debe consignarse en un lenguaje comprensible para cualquier ciudadano(a).

De otro lado, y en la línea que puede inscribirse dentro del principio de proporcionalidad, cabe, sin duda, establecer recaudos o plantear requerimientos al uso de los TICs para luego, en función a ello, preservar el respeto a una serie de derechos fundamentales y bienes constitucionalmente protegidos. Ello es sin duda válido si esos recaudos o esos requerimientos son adecuados a la naturaleza de la labor administrativa en cuestión.

A su vez, el respeto al principio de responsabilidad en el uso de los TICs va a llevar a tener presente que las informaciones facilitadas por el uso de los TICs no pueden ser proporcionadas buscando eludir cualquier repercusión posterior a través de la utilización de cláusulas de irresponsabilidad. Finalmente, y en escrupuloso cumplimiento del principio de adecuación tecnológica, los TICs a utilizarse deben ir en función a las necesidades que se quieran atender.

Se hace necesario pues apuntalar cualquier labor humana y justificar su desarrollo en base al cumplimiento de determinados principios. Ahora bien, el cumplimiento de esos principios no obsta para que la tarea invocada tenga dificultades para alcanzar los objetivos buscados o que precisamente para la consecución de las metas buscadas pueda soslayarse hacer frente a la superación de ciertos retos.

Esto último que acabo de afirmar debe predicarse del uso de los TICs en el diverso quehacer de las diferentes reparticiones estatales. Resulta necesario tener presente que este uso de los TICs en este escenario involucra grandes ventajas para el mejor desarrollo de las tareas encomendadas a esas reparticiones estatales. Sin embargo, también resulta necesario observar que este mejor uso de los TICs en este contexto involucra la superación de una serie de retos a afrontar.

A ese nivel, el de los retos a afrontar, es mucho lo que puede decirse. Ahora bien, y a modo de apretado resumen, diré que, en primer término resulta oportuno observar que la incorporación de los TICs en el desarrollo de una serie de actividades a cargo de las diferentes reparticiones públicas no puede involucrar proceder a la automatización de viejos vicios a través de nuevas formas. Por ello, antes de materializar el uso de estas nuevas tecnologías a usarse y llegar a la automatización de una serie de procedimientos de vital importancia, hay que mejorar e incluso transformar esos procedimientos.

De otro lado, la invocación al respeto de una serie de principios no necesariamente involucra que sea fácil orientar nuestra labor en base a dichos principios. Una invocación en ese mismo sentido puede hacerse en lo referido a la aplicación de los TICs al quehacer estatal. Orientar la labor de las reparticiones públicas conforme a, por ejemplo, los principios del llamado gobierno electrónico también puede generar el tener que afrontar una serie de retos.

Finalmente, un reto a afrontar si lo que se quiere es tener un mejor uso de los TICs tiene que ver con que, como bien lo señala el artículo 16 de la Carta Iberoamericana de Gobierno Electrónico de 2010, la regulación de todos estos temas debe darse de acuerdo con ciertos criterios: equivalencia entre documentos electrónicos y los documentos en papel; desarrollo de pautas para la conservación y gestión de datos, lo cual incluye garantizar elementos como los de integridad, autenticidad, mantenimiento o conservación.

La experiencia peruana aquí reseñada demuestra que se han hecho importantes avances en el sentido correcto, pero que también queda mucho por hacer y apuntalar en ese tenor. Esperemos entonces que desde los espacios adecuados se tomen las mejores decisiones al respecto. La mejor atención de los derechos y requerimientos ciudadanos, fin último de las diferentes Administraciones públicas en todo Estado Constitucional que se precie de serlo así lo reclama.

6. "RETOS DE LA CONTRATACIÓN PÚBLICA PANAMEÑA ANTE EL ESCENARIO GLOBAL, EN LAS DIFERENTES ETAPAS DEL PROCESO LICITATORIO"

Carlos Gasnell Acuña[1]

I. DESAFÍOS DE LA GLOBALIZACIÓN PARA LA CONTRATACIÓN PÚBLICA PANAMEÑA

A. *Enumeración analítica*

Los desafíos para la contratación pública en el escenario global son enormes, y las leyes que se aprueben solamente pueden incidir parcialmente en el cambio de la realidad. Transparencia Internacional por ejemplo ha identificado de manera recurrente en sus estudios, que es a través de sobrecostos en los contratos de obras, suministros, servicios y consultorías, como se ejecutan gran parte de los actos de corrupción política y administrativa, muchas veces como una forma de devolver favores por las donaciones recibidas en las campañas políticas. De modo que los retos están relacionados con cómo ejecutar de manera eficiente el presupuesto para el desarrollo de políticas públicas, con transparencia, generando libre competencia, a costos razonables, midiendo los riesgos y distribuyéndolos, y exigiendo rendición de cuentas a los incumplidores de los contratos con el Estado.

De modo que podríamos enumerar los desafíos para la contratación pública en el escenario global de la siguiente manera:

1. La identificación de los riesgos de corrupción en el sistema de contratación pública, y el establecimiento de mecanismos de control, que no representen excesiva burocratización.
2. Encontrar métodos para dotar al sistema de mayor transparencia tanto en la fijación de precios de referencia, como en las evaluación es y adjudicaciones.
3. Involucrar a la empresa privada en la búsqueda de soluciones integrales y participativas para mejorar las contrataciones públicas y generar mayor confianza, empezando con la firma de pactos de integridad.
4. Priorizar en la planificación de las licitaciones.

---

1 Abogado, profesor de Derecho Administrativo. Doctor en Derecho por la Universidad Complutense de Madrid. Socio Director CGA Abogados y Consultores.

5. Generar mecanismos para reducir la excesiva discrecionalidad en la evaluación de las propuestas, en la adjudicación y en la ejecución de los contratos.
6. Sanciones ejemplares para quienes abusen del sistema.
7. Estabilidad y profesionalización para todos los servidores públicos que participan del sistema de contratación pública.

B. *Transformaciones*

Las transformaciones son necesarias para que la ciudadanía confíe en que los mecanismos contenidos en las leyes de contratación pública son las mejores herramientas para la ejecución eficiente y efectiva del presupuesto público con equidad y transparencia. Actualmente son percibidas en Panamá, por muchas personas, como uno de los vehículos para la devolución de favores políticos, sobre todo las contrataciones directas. El resultado de las auditorías de la Contraloría General de la República, que evidencian que hubo sobrecostes por más de 318 millones de dólares en cinco obras construidas en la ciudad capital, adjudicadas a empresas de Brasil, España, México y Costa Rica[2], no hacen más que ayudar a que aumente esta percepción ciudadana.

Las transformaciones en la contratación pública, en Panamá y en muchos países de la región, no han representado cambios en el modelo de adquisición de bienes y servicios, o en la contratación de obras y su ejecución, sino modificaciones cosméticas que no alteran el status quo.

Las transformaciones deberían partir del momento en que se planifica la contratación, de la existencia de un plan nacional de adquisiciones, que incluya las obras públicas, precios de referencia estandarizados por tipo de adquisición, criterios y metodologías de evaluación con guías y recomendaciones, registros de proponentes que reduzcan la discrecionalidad de las instituciones públicas, contrataciones más abiertas, más transparentes, con mayor participación de los licitantes incluso en la preparación de los pliegos de cargos, que conviertan a la contratación pública en un medio para la consecución de las políticas públicas, no en un fin en sí misma. Un medio que debe servir para muchos propósitos, entre ellos la inclusión a través de potenciar la participación y contratación de empresas que tengan políticas para incluir a personas con discapacidad, que trabajen con procesos de producción más limpia, altos estándares de calidad (cumplimiento de normas ISO), elevados estándares éticos, entre otros parámetros.

C. *Incidencia de las TICs*

Las tecnologías de la información son fundamentales para hacer frente a los riesgos que está enfrentando la contratación pública en el escenario global. Los portales electrónicos de contratación pública se han convertido en herramientas para que la ciudadanía tenga acceso a la información relacionada con la contratación, desde la fijación de los precios de referencia, la publicación del pliego y la adjudicación del contrato, sin embargo, han demostrado ser insuficientes para combatir la corrupción en las contrataciones. En Panamá hay mucha transparencia en los portales electrónicos, pero esto no ha evitado

2 *V.*, la información completa en http://www.lavanguardia.com/vida/20170518/422696940980/contralor-defiende-auditorias-que-revelaron-sobrecostes-en-5-obras-de-panama.html y en http://www.prensa.com/politica/Auditorias-Odebrecht-Panama-Ministerio-Publico_0_4743275650.html.

contrataciones con evidentes y exagerados sobrecostos, lo cual a veces es explicado por algunos servidores públicos, justificando que se trata, de una consecuencia natural de que el Estado cancele sus facturas con retraso.

Se requiere ir más allá; que las organizaciones de la sociedad civil, fundamentalmente los gremios, como las cámaras de comercio, las organizaciones profesionales, los industriales, se pongan de acuerdo y creen observatorios de la contratación pública, firmen acuerdos o pactos de integridad, de modo que se pueda analizar la información cruzada que se encuentra en el portal electrónico de contratación pública y producir datos que sirvan para la adopción de mejores políticas y controles en materia de contratación pública. En Panamá, de vez en cuando vemos reportajes periodísticos relacionados con sobrecostos en las licitaciones, o la cantidad de contratos que son asignados a una misma empresa en diferentes instituciones públicas, pero luego del escándalo y las explicaciones poco claras, a todos los ciudadanos se les olvida el reportaje. Los portales electrónicos de contrataciones deben ser una fuente permanente de datos que sirvan para además de controlar los excesos, mejorar las políticas públicas en materia de contratación pública, por ejemplo, para la mejora constante de los pliegos de cargos, de las metodologías de evaluación, y desde luego evitar la corrupción, entre otros aspectos.

II. PLANIFICACIÓN DE LA CONTRATACIÓN PÚBLICA

La buena planificación de la contratación pública es el punto de partida para lograr mejores precios, mayor participación de los licitantes y por ende cumplir de mejor forma con la satisfacción de las necesidades colectivas, evitando las contrataciones excepcionales o directas que tienen tan mala prensa, además de alejarse de las tentaciones y escándalos de corrupción que rodean la mala planificación, que incluso es percibida muchas veces como intencional, para producir las crisis y luego invocar vías de excepción.

A. *Valoración de necesidades*

Las necesidades de las instituciones deberían formar parte de un Plan Nacional de Adquisiciones, que contenga una estimación de los bienes, obras y servicios que cada institución tiene proyectado contratar sobre la base del presupuesto aprobado, incluso, con un cronograma también estimado, que permita a los posibles licitantes también programar su participación en las distintas licitaciones.

B. *Presupuestación y financiación*

Los presupuestos públicos, contienen una estimación de los ingresos y gastos durante un periodo fiscal. Cada institución establece sus prioridades, sin embargo, no hay nada en la legislación sobre contratación pública panameña que obligue a realizar un análisis científico de dichas prioridades, de modo que la ejecución de obras beneficie a la mayor cantidad de población posible en atención a sus necesidades. De manera que la localización de un hospital, un colegio o un polideportivo, no necesariamente tiene que ver con las necesidades más apremiantes de la población. En consecuencia, puede destinarse presupuesto para la construcción de un polideportivo donde para beneficiar a población que ya cuenta con uno, tal vez más pequeño, mientras que puede existir esta misma necesidad en una población que no cuente con infraestructura deportiva que ayude a los jóvenes a alejarse del ocio. Todo dependerá de otros factores, relacionado más con la política, que con la estadística o los estudios existentes.

Mientras se logra que los presupuestos sean más participativos, o que el presupuesto se diseñe sobre la base de prioridades más científicas y menos políticas, vamos a tener una contratación pública que no responda necesariamente a políticas públicas bien estructuradas, cuando esta no debería ser más que el medio para alcanzar fines relacionados con el bien común.

C. *Contratación e inversión pública*

En el año 2017, según un informe de la Comisión Económica para América Latina y el Caribe (CEPAL), publicado en el 2016, la inversión pública en Panamá representó en los años 2,000, 2014 y 2015, aproximadamente un 12%, respecto al Producto Interno Bruto. En el año 2017, se aprobó un presupuesto de $4,764 millones para inversiones. Según noticia publicada en el diario La Estrella de Panamá, nuestro país es el segundo con mayor inversión pública en América Latina y el Caribe, detrás de Bolivia.

De acuerdo con las cifras de la CEPAL, los niveles de inversión pública de los otros países están muy distantes. En el periodo evaluado, la inversión pública promedio en Colombia ascendió a 5.8% respecto al PIB, 4.5% en Honduras y Perú, 4.4% en Chile, 4.2% en México y 4% en Costa Rica y Brasil.

En el caso de Nicaragua, las cifras indican que la inversión pública asciende a 3.8% del PIB, en Paraguay 3.2% y Argentina y Uruguay a 3%. Los países con menos inversión estatal en la Región son República Dominicana (2.8%), El Salvador (2.2%) y Haití (1.7%).

Estas cifras de inversión en Panamá, se traducen en la construcción de la Línea dos (2) del metro, ampliación de la infraestructura aeroportuaria, construcción de escuelas en todas las provincias, recuperación de espacios públicos, estacionamiento soterrados, entre otros, lo cual además de dinamizar la economía, representa un reto en materia de control de los excesos que se pueden dar en la contratación de "mega obras" estatales.

Aquí juega un papel fundamental la regulación sobre los precios de referencia o estimados de las obras, la delimitación de los riesgos contractuales, los cuales deben estar definidos en el contrato cuando comienza la relación contractual, las cláusulas de equilibrio contractual, las reglas sobre modificaciones o adendas al contrato, las reglas sobre solución de controversias, entre otros aspectos que guardan relación con la correcta planificación del contrato y con la transparencia con la que se debe manejar una relación contractual de ejecución prolongada entre el Estado y los particulares.

Un ejemplo claro de lo importancia de lo que acabamos de señalar lo vivimos con la ampliación del Canal, donde a pesar de estar definidas las reglas del juego en complejos contratos firmados entre la Autoridad del Canal de Panamá y el consorcio adjudicatario de las obras de ampliación, se produjeron disputas cuya resolución aún se encuentra en manos de tribunales arbitrales.

III. PREPARACIÓN DE LOS CONTRATOS POR LA ADMINISTRACIÓN

A. *Elaboración de pliegos de condiciones*

En la legislación panameña, la normativa contiene prácticamente un manual que permite determinar el contenido obligatorio del pliego de cargos o pliego de condiciones.

El artículo 25 de la Ley 22 de 2006 contiene todos los requisitos que debe contener como mínimo el pliego de condiciones y le corresponde a la entidad licitante su elaboración, no obstante los posibles proponentes, tienen la posibilidad de incidir en la mejora de los pliegos haciendo observaciones a los mismos en una "reunión previa y homologación", contemplada en la ley de manera obligatoria, para los contratos que excedan la suma de 175,000.00 (Por debajo de este monto la reunión se realizará a solicitud de los interesados en participar), donde se levanta un acta de las observaciones y solicitudes relacionadas con el pliego, y la institución luego de hacer las valoraciones u análisis de las mismas decide si las adopta o no, procediendo a publicar la modificación del pliego en el portal Panamacompra como una adenda al pliego de condiciones, e incluso modificando la fecha de la convocatoria, si considera que dichas modificaciones requieren el otorgamiento de un plazo adicional para que los posibles licitantes preparen de mejor manera sus propuestas.

B. *Prevención de la corrupción*

Hay una relación directa entre los pliegos de condiciones de las licitaciones y la corrupción política y la administrativa. Es un hecho público, que la licitación pública es el mecanismo que muchas veces se utiliza para la devolución de favores políticos, como las donaciones de campaña, de modo que la antelación con la que se publiquen los pliegos de cargos para garantizar mayor participación, y la posibilidad de hacer observaciones a los mismos, es fundamental para contrarrestar las posibilidades de prácticas corruptas y deshonestas en la contratación pública.

La antelación con la que se realice la publicación del pliego de condiciones, debe ser razonable y permitir a los licitantes conocer de antemano las condiciones generales y especiales de la contratación en particular. En Panamá hay reglas de antelación, las cuales son proporcionales a los montos y a la complejidad de los contratos. La regla general para contratos complejos, fundamentalmente de obras públicas, es de 40 días calendario, no obstante, la Ley 22 de 2006, que ha sufrido una gran cantidad de modificaciones donde se ha sacrificado transparencia por acelerar los procesos de contratación, ha establecido unos baremos que no necesariamente guardan relación con la posible complejidad de una licitación.

La norma señala que cuando el objeto del contrato recae en obras, la publicación de la convocatoria se efectuará con un plazo de no menor de cuatro días hábiles, si el monto del contrato es mayor de treinta mil balboas (B/.30,000.00) y no excede los ciento setenta y cinco mil balboas (B/.175,000.00), lo cual parece razonable tratándose de obras menores, a pesar de que puede haber requisitos de difícil obtención en un plazo de cuatro días. Para las licitaciones entre (B/.175,000.00) que no excede los cinco millones de balboas (B/.5,000,000.00), se deben publicar con una antelación no menor de ocho (8) días hábiles. Este plazo, si se toma como un mínimo y no como la regla podría ser funcional, para que a partir de allí se determinen plazos mayores en función del monto y la complejidad, lo cual no es necesariamente lo que ocurre en la práctica. Si la licitación excede los cinco millones de dólares el plazo no será menor de cuarenta días, no obstante, la ley establece la posibilidad que la entidad contratante establezca un plazo menor que, en ningún caso, será menor de diez días calendario, en las siguientes circunstancias:

a. Cuando la entidad contratante haya publicado un aviso en el Sistema Electrónico de Contrataciones Públicas "PanamaCompra" que contenga una descripción del acto público, los plazos aproximados para la presentación de las ofertas y, cuando resulte apropiado, las condiciones para la participación en dicho acto.

b. Cuando se produzca un estado de urgencia, debidamente acreditado, que haga impráctico o no viable cumplir con el plazo previsto. En este caso, la entidad contratante emitirá una resolución al respecto, la cual deberá ser publicada en el Sistema Electrónico de Contrataciones Públicas "PanamaCompra".

Principalmente con la segunda excepción, se abre la puerta para que quienes cuenten con información privilegiada puedan cumplir con el pliego de condiciones, en virtud de que es "impráctico" por la situación, cumplir con la antelación mínima contenida en la regla general.

Adicional a estas oportunidades, la legislación panameña sobre contratación pública aprobó la creación de "Licitaciones abreviadas" y "licitaciones apremiantes", las cuales, más que procedimientos diferenciados de los ya contenidos en la Ley (Licitaciones Públicas, Licitaciones por Mejor Valor, entre otras), lo que representan es una reducción de los plazos para sacrificar transparencia por velocidad en las contrataciones.

Esta licitación abreviada se incorporó como uno más de los procedimientos de la Ley 22 de 2006 a través de la Ley 69 de 2009, en el mes de noviembre, seis meses después de que el gobierno del presidente Ricardo Martinelli asumiera el poder. Esta Ley señala que la "La licitación abreviada es el procedimiento de selección de contratista en el que el Estado selecciona y adjudica con base en el menor precio o, en los actos de mejor valor, en la mayor ponderación, siempre que se cumpla con todos los requisitos y aspectos técnicos exigidos en el pliego de cargos. Se podrá utilizar cuando el monto de la contratación sea superior a los treinta mil balboas (B/.30,000.00), el objeto de la contratación responda a la necesidad de satisfacer el interés social o estado de urgencia y **se requiera que se efectúe en términos de tiempo menores a los dispuestos en otras modalidades de contratación descritas en esta Ley, lo que deberá justificar el representante legal en la respectiva convocatoria**."

Como se puede observar no hay mayores requisitos, salvo justificar en la convocatoria responde al interés social o se quiere hacer frente a un estado de urgencia, que perfectamente puede estar disfrazando una evidente falta de planificación.

En caso de que la institución decida utilizar este procedimiento, debe anunciarlo en el portal PanamaCompra y en el tablero de la entidad licitante con un plazo mínimo de tres días hábiles, siempre que el monto de la contratación no sea superior a los tres millones de dólares, mientras que si se trata de sumas mayores el plazo mínimo de antelación será de cinco días hábiles.

Resulta claro, que preparar una oferta para una licitación de más de tres millones de dólares en un plazo de cinco días hábiles, resulta muy complicado, lo cual favorece desde luego a quienes cuenten con información privilegiada, en función de contactos políticos u ofrecimientos indebidos.

Respecto a las compras menores apremiantes, la Ley establece que "Excepcionalmente, cuando se trate de situaciones relacionadas con la salud humana, la atención de calamidades o catástrofes, situaciones de caso fortuito o fuerza mayor o que pongan en riesgo el funcionamiento de la entidad, el representante legal o el servidor público delegado mediante resolución motivada, podrá convocar una compra menor apremiante con una **antelación mínima de dos horas** a la recepción de propuestas y la entrega del bien o la prestación del servicio podrá ser inmediata."

Estos procedimientos apremiantes aprobados en el año 2007, empezaron rápidamente a generalizarse, y se siguen utilizando como fórmulas para ocultar los desórdenes en la planificación, así como para huir de los plazos generales. No hay estadística sobre la cantidad de licitaciones que se han llevado a cabo con un solo proponente, luego de la aprobados estos procedimientos que reducen los plazos contenidos en las reglas generales, ya que cabe resaltar, en la legislación panameña es posible adjudicar si solo se presenta un particular o compañía que cumpla con el pliego de condiciones y presente un precio dentro de los márgenes de riesgosidad u onerosidad, no obstante, hay indicios, producto de investigaciones de denuncias de corrupción, en donde se puede apreciar gran cantidad de licitaciones abreviadas adjudicadas con supuestos sobrecostos, en donde participó solamente un proponente, seguramente el que contaba con la información privilegiada para presentar la propuesta en una compleja licitación, cumpliendo con el reducido plazo de tres o cinco días hábiles, o de contrataciones menores apremiantes.

C. *Contratación pública y libre competencia*

La Ley 22 de 2006, entre sus innovaciones, incluyó la posibilidad de adjudicar la licitación pública, como ya fue mencionado, cuando se presente un solo proponente, lo cual tal vez sea positivo en función del principio de economía, pero no para la necesaria comparación de propuestas en beneficio de los mejores intereses del Estado que debería ser la regla, o por lo menos una aspiración natural de la Administración.

En un escenario, donde los precios de referencia son calculados científicamente, no hay licitaciones abreviadas y apremiantes, entre otras distorsiones de la contratación pública panameña, tal vez podría ser visto como una buena opción el adjudicar la licitación al único proponente que atendió el llamado de convocatoria, si su propuesta cumple con todos los requisitos del pliego de condiciones, o con el porcentaje mínimo que señala la Ley en caso de licitaciones por mejor valor donde el precio es uno más de los parámetros de evaluación. Sin embargo, valdría la pena reevaluar esta posibilidad, u otorgarle mayores herramientas de fiscalización a la Contraloría General de la República, para verificar las razones por las cuales no ha habido competencia o interés en participar por parte de los particulares o empresas.

IV. PREPARACIÓN DE LOS CONTRATOS POR LOS INTERESADOS

Quienes son los interesados en la contratación pública. El Estado que debe reconocer que no puede satisfacer los intereses de la colectividad sin la colaboración de los particulares o empresas, o estos particulares o empresas que ven en el Estado al gran empleador y al gran consumidor de bienes, servicios y consultorías, así como al gran ejecutor de obras y "megaobras" públicas y por lo tango como un dinamizador de la economía, que brinda oportunidades de negocios con el sector público.

La respuesta tal vez está en el equilibrio, y en entender que el Estado y la empresa privada comparten necesidades y experiencia y que posiblemente si la participación fuese compartida, tendríamos mejores pliegos y bases de condiciones.

A. *Elaboración de las ofertas*

En Panamá las ofertas, entendiendo como tales, la publicación de las licitaciones, y no los ofrecimientos por parte de los licitantes, las realiza unilateralmente el Estado, a través de las instituciones, y son preparadas por el equipo de profesionales de cada entidad pública. La oportunidad de realizar observaciones o realizar aportes al pliego de cargos, surge en la reunión previa y homologación, para la cual no siempre se cuenta con el tiempo suficiente para revisar de forma prolija dicho documento, lo que genera en ocasiones cuestionamientos a estas bases a través de "acciones de reclamo" ante la Dirección General de Contrataciones Pública, lo cual dilata el procedimiento, y en ocasiones se le recomienda a las instituciones que aclaren las situaciones objetadas por los posibles licitantes.

La mejora de la calidad de los pliegos, con la participación efectiva y activa de los licitantes es fundamental para mejorar la competencia en las licitaciones, generar confianza y reducir los riesgos de corrupción.

B. *Cuestiones de admisibilidad y conveniencia*

La admisibilidad y conveniencia, son dos temas que pueden verse desde diferentes perspectivas. Una de ellas guarda relación con la razonabilidad. Que es lo razonable con relación por ejemplo de la admisibilidad y conveniencia de regular ciertas materias. El tema de la admisibilidad de propuestas que provengan de empresas que están siendo investigadas por casos de corrupción, o sobre las cuales pesan serios indicios de que han cometido actos de corrupción en el respectivo país o en el extranjero, independientemente pesen sobre estas condenas en firme.

Este es un asunto que merece un debate profundo. En Panamá, en el proyecto de Ley 305 que reforma la Ley 22 de 2006 sobre contratación pública, discutido en el año 2016, se planteó la posibilidad de inadmitir propuestas de empresas que estén siendo investigadas por casos de corrupción nacional o transnacional, con referencia expresa a las empresas del caso Lavajato (Odebrecht, entre otras). Esto generó una gran polémica en función de que el Gobierno en su redacción mantuvo solamente la prohibición o limitación para empresas, sobre cuyos representantes, pese una condena en firme, y solamente cuando existan condenas en firme en el territorio Panameño.[3] El Proyecto de Ley, fue vetado parcialmente por el presidente de la República, no por el artículo mencionado, sino por objeción a otros artículos, y actualmente se encuentra en lista de discusión en la Asamblea Nacional.

Sobre este tema, y los criterios de admisibilidad de las propuestas de empresas que sean objeto de investigaciones por delitos de corrupción y otros delitos contra la Administración Pública, y la conveniencia de que formen parte de las legislaciones sobre contratación pública, surgen varias dudas, entre ellas:

---

3 Este es el artículo del proyecto de ley 305 que generó mayor polémica en la discusión del mismo. "*Incapacidad Legal para contratar.*

1...

2...

8. En el caso de personas naturales, haber sido condenadas, en los cinco años que anteceden a la contratación, por sentencia judicial definitiva por la comisión de delitos contra la Administración Pública; Blanqueo de Capitales o cualquier otro delito contra el orden económico; Terrorismo y Financiamiento del Terrorismo o cualquier otro delito contra la seguridad colectiva; delitos contra el patrimonio económico; y delitos contra la fe pública, con penas de prisión de un año o más, ***por un tribunal panameño****.*

En el caso de las empresas o personas jurídicas cuyos accionistas mayoritarios, es decir, aquellos que posean el 51% o más de las acciones de la sociedad, directores, dignatarios y representante legal, hayan sido condenados por sentencia judicial definitiva por los delitos anteriormente descritos, siempre que el delito esté vinculado a las actividades de la empresa o a sus empresas afiliadas, consorciadas o accionistas.

1. Hasta donde hacer llegar la prohibición o limitación. En principio las investigaciones involucran a las empresas, pero las condenas son para los representantes legales, dignatarios y beneficiarios de las cuentas bancarias de las empresas. La prohibición de contratar alcanzaría a todas estas personas.

2. ¿Cuál sería la sanción específica para la empresa, además de la inhabilitación para contratar? ¿Esto se haría extensivo al grupo económico de la empresa investigada?. ¿Investigaciones solamente a nivel del país, o incluiría también los escándalos e investigaciones fuera de las fronteras del país donde se lleva a cabo la licitación o contratación?. ¿Qué grado de avance de la investigación se tomaría en cuenta para imponer la limitación?, Como se puede ver, son varias las interrogantes que hay que absolver antes de tomar una determinación sobre este complejo tema.

En este sentido la legislación colombiana a través de la Ley 1474 de 12 de julio de 2011, "por la cual se dictan normas orientadas a fortalecer los mecanismos de prevención, investigación y sanción de actos de corrupción y la efectividad del control de la gestión pública", mucho antes de estos escándalos ya había previsto situaciones de este tipo y sus correspondientes sanciones. En su primer artículo, esta ley, modifica la Ley 80 de 1993 que regula la contratación pública en dicho país sudamericano de la siguiente forma:

> "**ARTÍCULO 1. INHABILIDAD PARA CONTRATAR DE QUIENES INCURRAN EN ACTOS DE CORRUPCIÓN.** El literal j) del numeral 1 del artículo 8 de la ley 80 de 1993 quedará así: Las personas naturales que hayan sido declaradas responsables judicialmente por la comisión de delitos contra la administración pública cuya pena sea privativa de la libertad o **que afecten el patrimonio del Estado o quienes hayan sido condenados por delitos relacionados con la pertenencia, promoción o financiación de grupos ilegales, delitos de lesa humanidad, narcotráfico en Colombia o en el exterior**, o soborno transnacional, con excepción de delitos culposos. Esta inhabilidad se extenderá a las sociedades en las que sean socias tales personas, a sus matrices y a sus subordinadas, con excepción de las sociedades anónimas abiertas. La inhabilidad prevista en este literal se extenderá por un término de veinte (20) años."

Por otro lado, habría que profundizar en el debate de determinar si es necesario que exista una norma que habilite a las instituciones para establecer la prohibición expresa, o es suficiente con que se establezca como condición especial de la licitación específica, el no encontrarse en ninguna de las situaciones que se quieren evitar.

V. SUSTENTABILIDAD DE LOS CONTRATOS PÚBLICOS

Tomando en cuenta que la contratación pública debe ser un medio o complemento de otras políticas públicas, y no un fin, ya deberían haberse generalizado en la región la adopción de medidas legislativas y reglamentarias para premiar a las empresas que cuenten con procesos más limpios, que hayan adoptado mecanismos de inclusión en sus procesos, y que tengan dentro de su dinámica interna, herramientas para garantizar el cumplimiento de altos estándares éticos, tanto de sus colaboradores como de sus proveedores y subcontratistas.

A. **Dimensión ambiental**. No hay en la legislación panameña sobre contratación pública normas que expresamente otorguen algún tipo de incentivo a las empresas que tengan producción más limpia o que tengan altos estándares medioambientales, sin embargo, nada impide que en los pliegos de cargos se incluya como un criterio de evaluación con su correspondiente metodología de ponderación el contar con algún mecanismo limpio de producción, haber obtenido algún premio nacional o internacional en materia ambiental, algún estándar ISO relacionado con este tema, o demostrar de alguna forma que se cuenta con políticas de reciclaje, por ejemplo.

No obstante, lo anterior, hay que destacar, que en el Proyecto de Ley 305 de 2016, aprobado en tercer debate en la Asamblea (último debate) que fue vetado parcialmente por el presidente de la República, el cual reforma sustancialmente la Ley de contratación Pública en Panamá (Ley 22 de 2006), se incluyen normas que obligan al uso racional y eficiente de la energía. La norma propuesta es del siguiente tenor:

> "Artículo 25–A. Uso eficiente del agua y la energía. Las entidades licitantes incluirán en los pliegos de cargos condiciones y requisitos para el uso racional y eficiente del agua y la energía y la conservación de los recursos naturales.

La compra de equipos que utilicen energía eléctrica y/o energía primaria deberá cumplir con el índice para la eficiencia energética normado y reglamentado por la Dirección General de Normas y Tecnología Industrial del Ministerio de Comercio e Industrias".

B. **Dimensión social**. Con este tema, ocurre lo mismo que lo señalado en la dimensión ambiental de la contratación pública en Panamá. La normativa, no incentiva expresamente que se incluyan mecanismos para impulsar alguna política social, pero nada impide que en los pliegos de cargos o base de condiciones, se le otorgue valor, reconociendo puntajes adicionales, a las empresas que demuestren que cuenten con políticas inclusivas, por ejemplo las que cuenten con una cuota de contratación de personas con discapacidad, cumplan al 100% con las leyes sobre discapacidad a lo interno de sus empresas, tengan políticas de igualdad de género, respeten las leyes sobre contratación de menores de edad, tengan políticas de responsabilidad social empresarial (RSE), entre otras.

C. **Dimensión ética**. Este tema, está íntimamente relacionado con el control de la corrupción, aunque de forma indirecta. En la legislación panameña el principio de responsabilidad señala que los servidores públicos, están obligados a procurar el cumplimiento de los fines de la contratación, a vigilar la correcta ejecución del objeto del contrato, y a proteger los derechos de la entidad licitante, sin perjuicio de los intereses legítimos de los contratistas y terceros. Adicionalmente se señala, que sus actuaciones estarán regidas por una conducta ajustada al ordenamiento jurídico, y serán responsables ante las autoridades por infracciones a la Constitución o a la ley, y por extralimitación de funciones o por omisión en el ejercicio de esta. incluso existen normas que establecen sanciones de multa para los funcionarios, más allá de la posibilidad de que enfrenten cargos penales, sanciones administrativas o demandas civiles por su actuar o sus omisiones. Los servidores públicos igualmente tienen que actuar de acuerdo al Código Uniforme de Ética de los Servidores Públicos aprobado en el año 2004, o las normas especiales que se hayan aprobado al respecto.

Por otro lado, se encuentran las limitaciones que establecen las normas internacionales anti soborno aprobadas y ratificadas por los diferentes países, y la posición en que se encuentran las empresas de países que tienen leyes internacionales sobre soborno transnacional, o que han firmado convenios contra el soborno transnacional, frente a empresas de países que no son tan rígidos al respecto.

A pesar de la existencia de la normativa descrita, faltan normas que desarrollen efectivamente las sanciones por incumplimiento de la conducta ética de los servidores públicos en materia de contratación pública, y mayores incentivos para que las empresas adopten mecanismos internos o pactos éticos, no obstante, al igual que con las dos dimensiones arriba analizadas, nada impide que se incluya dentro de los pliegos de cargos la obligación de que las empresas que participan en las licitaciones firmen declaraciones anti soborno, y las tengan que hacer extensivas a sus subcontratistas, por ejemplo.

VI. PRINCIPIOS RECTORES DE LA CONTRATACIÓN PÚBLICA

A. *Importancia de los principios generales.*

Los principios generales en la contratación son fundamentales en la correcta interpretación de las normas contractuales. Es una práctica generalizada en la región, y Panamá no escapa a ello, la inclusión de los principios rectores de la contratación pública dentro del propio articulado de la Ley, lo cual convierte en normativos y les otorga mayor fuerza. En Panamá, los principios de transparencia, economía, responsabilidad, eficacia y eficiencia, equilibrio contractual, se encuentran desarrollados en la legislación, y son el complemento que permite la adopción de decisiones no solamente apegadas a derecho, sino al espíritu que sostiene el fin último de la contratación pública, relacionado con la ejecución eficiente del presupuesto público, mediante la ejecución de contratos donde se proejan los intereses del Estado garantizándose criterios de justicia en la adjudicación de dichos contratos.

Los principios de la Contratación Pública, ayudan a las administraciones públicas a tomar decisiones más razonables en las diferentes etapas del procedimiento de contratación, desde la concepción del mismo, incluso en las etapas en las cuales los licitantes no tienen mayor injerencia, como la planificación del acto y la formulación del presupuesto, la requisición del producto, servicio u obra, entre otros. Y esto es así, porque las normas, difícilmente puede contemplar todas las situaciones que se van a dar en el procedimiento y los principios tienen esa difícil misión de acompañar al principio de legalidad que debe regir el actuar de la Administración y ayudar a interpretar de la mejor manera las normas y procedimientos

Hay un principio, no desarrollado en las legislaciones, pero si en la doctrina, que es el principio de razonabilidad de las decisiones administrativas, el cual cada vez debería adquirir mayor preponderancia. De hecho, consideramos que las instituciones públicas deberían hacer un "test" o examen de razonabilidad interno, de muchas de las decisiones que se adoptan en materia de contratación pública.

B. *Incidencia en la planificación, preparación y ejecución de contratos públicos*

Los principios de la contratación pública, especialmente el de transparencia, deberían tener siempre incidencia en la planificación de la contratación, no obstante, esta forma parte de la etapa precontractual donde no tienen injerencia los futuros contratistas, ni los gremios, o la sociedad civil organizada, quienes pudieran estar interesados en opinar al respecto. De manera que habría que estudiar la posibilidad de que existan mecanismos más participativos, o mayores justificaciones a la hora de decidir aspectos importantes de una licitación. Muchas veces las decisiones están más cercanas al ámbito político que al técnico, y estas no cuentan con mecanismos claros de control.

La legislación panameña sobre contratación pública de manera expresa señala que "las actuaciones de quienes intervengan en la contratación pública, se desarrollarán con fundamento en los principios de eficiencia, eficacia, transparencia, debido proceso, publicidad, economía y responsabilidad, de conformidad con los postulados que rigen la función administrativa", y adicionalmente se señala que "igualmente le serán aplicables las normas que regulan la conducta de los servidores públicos, las reglas de interpretación de la contratación, los principios generales del Derecho, las normas del Derecho Administrativo y las normas en materia civil y comercial que no sean contrarias a esta Ley". La legislación peruana en este mismo sentido expresa que "desde el inicio de las actuaciones hasta la finalización de la ejecución del contrato, toda cuestión vinculada con la contratación deberá interpretarse sobre la base de una rigurosa observancia de los principios que anteceden", los cuales citamos más arriba.

Lo anterior es una invitación a pensar la contratación pública en función de los principios normativos o no, que influyen de forma directa o indirecta en los diferentes tipos de contratos que realiza el Estado para satisfacer las necesidades colectivas. Es más, debería existir dentro de los procedimientos internos de las instituciones una especia de "test de razonabilidad" a la luz de principios básicos de la contratación en las diferentes etapas dependiendo del grado de necesidad de invocar determinado principio. Por ejemplo, en la etapa de preparación de los pliegos de condiciones de la licitación, el principio de transparencia será fundamental, mientras que, durante el procedimiento de presentación de propuestas, evaluación y adjudicación, el de responsabilidad adquirirá más preponderancia, mientras que al momento de la adjudicación el de responsabilidad, acompañado del de motivación, y durante la ejecución del contrato, el de economía, equilibrio contractual, eficiencia, eficacia entre otros.

En Panamá, por ejemplo, el principio de transparencia, obliga a que los actos administrativos que se expidan en la actividad contractual o con ocasión de ella, salvo los de mero trámite, se motiven en forma detallada y precisa, e igualmente los informes de evaluación precontractual, el acto de adjudicación y la declaratoria de desierto del acto. Igualmente, en el artículo 18 del texto único de la Ley 22 de 2006, que regula la contratación pública en Panamá, hay una prohibición expresa a las autoridades de actuar con desviación de poder o abuso de autoridad, señalando que deben ejercer su competencia exclusivamente para los fines previstos en la ley.

VII. POTESTADES Y DERECHOS EN LA CONTRATACIÓN PÚBLICA

Mucho se ha discutido sobre si los contratos públicos constituyen o no acuerdos de voluntades, o se trata de contratos de adhesión donde los particulares o colaboradores del Estado no tienen mucha opción de incidir en el pliego de cargos o bases de condiciones, más allá de la oportunidad que brindan por ejemplo en Panamá, las reuniones previas y de homologación del pliego y del contrato.

Lo cierto, es que si uno revisa las normas sobre contratación pública de los países de Iberoamérica, lo cual seguramente se repetirá en otras latitudes, está lleno de potestades exorbitantes, muchas de las cuales deberían ser superadas, tomando en cuenta que cada vez se requiere más colaboración con las particulares y menos imposición y autoritarismo, de modo que la anhelada gobernanza como aspiración en la ejecución de políticas públicas, se traslade a materias como la contratación administrativa donde se requiere cada vez más la participación activa de los posibles licitaciones.

Los gobiernos no tienen toda la información, esta se encuentra fragmentada entre varios actores, y en la práctica se observa como la velocidad genera pliegos incompletos, con incongruencias, errores, los cuales son advertidos con posterioridad, postergándose las licitaciones con el agravante de la desconfianza....

A. *Eficacia vinculante de los contratos*

Los modelos de contratos en Panamá, obligatoriamente deben ser incluidos en los pliegos de cargos o bases de condiciones, de modo que pueda ser conocido el alcance de los mismos antes de que los licitantes hagan sus respectivas propuestas. En este tema de la eficacia vinculante de los contratos, podemos estudiar varios momentos. El de la firma del contrato, donde en teoría deben nacer derechos y obligaciones para ambas partes, sin embargo la Ley panameña no reconoce eficacia jurídica a los contratos hasta que se obtiene el refrendo del mismo, el cual es otorgado por la Contraloría General de la República.

De manera que habría que diferenciar entre el perfeccionamiento de la adjudicación el cual se da cuando la resolución de adjudicación es notificada en el caso de los procesos licitatorios competitivos, se agota la posibilidad de recursos, y se procede a la firma del contrato, o en los casos de contrataciones directas o por procedimiento excepcional, cuando se da la autorización de los entes superiores que avalan dicha excepción, y el perfeccionamiento del contrato, el cual se da con el aval de la Contraloría General de la República. Sin el refrendo de este constitucional de control no nace a la vida jurídica el contrato, y así lo ha reiterado la jurisprudencia de la Sala Tercera de la Corte Suprema de Justicia. De modo que los contratos son realmente vinculantes para ambas partes luego del refrendo. Antes del mismo, nacen algunos derechos, pero no se cuenta con el derecho a que se le extienda por ejemplo la orden de proceder con la ejecución de la obra.

En el caso de que se hayan obtenido todas las autorizaciones superiores, y los avales previos al refrendo de la Contraloría General de la República, y se decida ejercer la facultad de entidad licitante (antes denominada facultad de rechazo), la legislación panameña contempla la posibilidad de que las compañías que son objeto de este "rechazo" por parte de la institución por razones de interés pública, luego de que el contrato está firmado, puedan solicitar la compensación de todos los gastos en que incurrieron, lo cual no puede interpretarse como una indemnización.

B. *Colaboración entre las partes*

No hay en la legislación panameña sobre contratación pública, muchos espacios que promuevan la colaboración entre las partes. El tema de la colaboración público privada, no ha tenido buena acogida, a pesar de los esfuerzos de diferentes gobiernos de aprobar normas para hacerla viable. De manera que la colaboración entre las partes se reduce a lo estipulado en la normativa sobre contratación pública y el espacio que se otorga a los pliegos de condiciones para establecer mecanismos de colaboración que no puedan interpretarse como una renuncia de derechos por parte del Estado o un desequilibrio a favor de los contratistas.

La legislación panameña, establece la posibilidad de que se convoque una licitación para contratos llave en mano, y la legislación establece cláusulas sobre equilibrio contractual para evitar que ante ciertas situaciones sea el Estado o el contratista, sea el que asuma toda la carga frente al cambio de circunstancias, no obstante faltan normas que obliguen a la adecuada repartición de riesgos en la ejecución del contrato, lo cual se incluye en los pliegos cuando existe esa debida previsión en la institución pública, lo cual no es incluido con habitualidad en los pliegos de condiciones, por lo que cuando surgen las controversias empieza la discusión sobre quién debe asumir la carga.

De modo que uno de los retos puntuales en Panamá es lograr que haya mayor confianza en los procesos licitatorios, para que la colaboración público privada sea vista con mayor naturalidad y haya espacios de negociación públicos y transparentes, desde la preparación de los pliegos hasta la ejecución del contrato.

C. *Solución de controversias*

Las instituciones públicas en Panamá, siempre cuentan con la posibilidad de sanear el procedimiento antes de la adjudicación. Sin embargo, luego de la adjudicación de las licitaciones a través de resolución motivada o de la entrega de la orden de compra, las instituciones pierden competencia, y esta la asume el Tribunal Administrativo de Contrataciones Públicas.

El tema de someter las controversias que surjan en los procedimientos de contratación públicas a entes administrativos externos, en Panamá, generó críticas desde la aprobación de la Ley 22 de 2006, no solamente por la creación del propio ente, el cual está compuesto por tres magistrados (en el ámbito administrativo), cuya creación representa para el Estado, un nuevo y elevado gasto, sino porque desde su aprobación, se empezó a exigir una fianza para interponer lo que la ley denomina como "recurso de impugnación", el cual al principio tenía límites en función del tipo de contratación, pero que durante el Gobierno de Ricardo Martinelli, se elevó de un 10% a un 15% y adicionalmente se cambió su efecto de suspensivo a devolutivo.

En Panamá, prácticamente desapareció la vía administrativa para efecto de interposición de recursos en contra de las decisiones más importantes que se adoptan en materia de contratación pública. Con anterioridad se interponían recursos de reconsideración y/o apelación, lo que fue reemplazado con el "recurso de impugnación", y la exigencia de una elevada fianza, además de su efecto devolutivo, lo cual la desnaturaliza completamente e inhibe a los que hayan sido afectados por una decisión arbitraria de contar con un canal accesible para solicitar el auxilio de la justicia.

Adicional a esta instancia, existe la posibilidad de interponer una "acción de reclamo", sin necesidad de abogado (hasta un monto de 50,000.00) ante la Dirección General de Contrataciones Públicas, y siempre se trate de situaciones irregulares que se presenten en los procedimientos de selección de contratistas antes de la Adjudicación de la Licitación o se haya dictado la declaratoria de desierto, de lo contrario esta Dirección pierde competencias para conocer de esta acción.

D. *Interpretación*

En Panamá, la interpretación de los contratos es una potestad de las entidades licitantes. Así lo expresa el artículo 22 de la Ley 22 de 2006, que expresamente señala, que en la interpretación de las normas sobre contratos públicos, de los procedimientos de selección de contratista, de los casos de excepción de procedimientos de selección de contratista y de las cláusulas y estipulaciones de los contratos, se tendrán en consideración los intereses públicos, los fines y los principios de dicha ley, así como la buena fe, la igualdad y el equilibrio entre las obligaciones y los derechos que caracterizan los contratos conmutativos

Por otro lado, se encuentra la facultad de la Dirección General de Contratación Pública, la cual puede emitir directrices, orientaciones y absolver consultas sobre el contenido de la Ley, lo cual constituyen instrumentos de "soft law", que puede incidir en la interpretación de los contratos.

BIBLIOGRAFÍA CONSULTADA

BREWER–CARÍAS, Allan R. *Principios del Procedimiento Administrativo en América Latina*. Legis Editores S.A., Colombia, 2003.

CASSAGNE, Ezequiel. *El Principio de Razonabilidad en el Procedimiento Administrativo*, en AAVV, *Procedimiento Administrativo* (dir. Héctor Pozo Gowland, David Halperín, Oscar Aguilar Valdez, Fernando Juan Lima y Armando Canosa), T. I, *La Ley*, 2012, p. 681 y ss. Disponible en:

http://www.cassagne.com.ar/publicaciones/El_principio_de_razonabilidad_en_el_Procedimiento_Administrativo._.pdf

CAVALLI YEE, Carlos Alberto. *Compendio Sobre Contratación Pública en Panamá. Marco Teórica, Jurisprudencia, Procedimientos y Recursos ante las Autoridades Administrativas*. Editorial Portobelo, Panamá, 2013.

CEDEÑO ALVARADO, Ernesto. *Temas Actuales sobre Contratación Pública*. Editorial Universal Books, 2009.

-*La Contratación Pública en Panamá*. 2001.

-*Compendio de normas sobre Contratación Pública*. 2007

-*Aspectos procesales de la contratación pública en Panamá*.

-*Jurisprudencia sobre Contratación Pública*. 2004

GASNELL ACUÑA, Carlos. *Cómo Contratar Eficientemente con el Estado, un análisis crítico de la Ley 56 que regula la contratación en Panamá*. Panamá, 2004.

-"Comentarios sobre la nueva Ley de Contratación Pública". *Revista Debate* N°14, 2008. Asamblea Nacional de Diputados.

-*La Ley 22 de 2006 y su Decreto Reglamentario* (Texto comentado). 2010.

NAVARRETE MEDINA, Paulina. "La modificación de los contratos públicos. Una mirada comparativa a la normativa de la Unión Europea", España y Chile, en Aletheia, *Cuadernos Críticos del Derecho*. 2–2016. http://www.liberlex.com.

RAZQUÍN LIZARRAGA, Martín María. "Las Nuevas Directivas Sobre Contratación Pública de 2014: Aspectos Clave y Propuestas para su Transformación en España". *Revista de Administración Pública*, N° 196, Madrid, enero–abril (2015)

DOCUMENTOS ELECTRÓNICOS

La Contratación Pública en Panamá. Junta de Andalucía, 2010. http://www.extenda.com.pa/LinkClick.aspx?fileticket=Eq7irgSn%2Fzg%3D&tabid=38

7. OPEN GOVERNMENT: CONSUSTANCIAL CON EL SISTEMA DEMOCRÁTICO Y REPUBLICANO DE GOBIERNO, ASÍ COMO CON EL ESTADO SOCIAL Y CONSTITUCIONAL DE DERECHO

Marco Aurelio González Maldonado[1]

1. Introducción

La idea del gobierno abierto se desarrolla con fuerte impulso de los gobiernos nacionales, con lo cual quieren equilibrar la balanza ante la necesidad de legitimación frente a sus gobernados, debido al descrédito de los gobernantes y a la necesidad de proveer mejores servicios públicos en ejercicio de la función pública. Al mismo tiempo, la sociedad exige más transparencia y acceso a la información pública, en una especie de empoderamiento y asunción de su poder soberano, también por los mismos motivos antes expuestos: el deseo de recibir mejores servicios y la necesidad de que la limitación de sus derechos (para garantizar la convivencia pacífica) y los pagos de sus tributos se vean recompensados con la atención del interés general.

Ello no trasluce sino el descontento ciudadano (o desafección, en términos politológicos) y su contracara, la necesidad de ofrecer una moneda de cambio por parte de la clase dirigencial–política. A pesar de la profusa producción doctrinaria sobre el asunto, la realidad parece vivir en torno a la construcción de ese entendimiento que impide vislumbrar la real finalidad de la transparencia. Esta no tiene una finalidad en sí misma, ya que debe complementarse con una facilidad en el acceso a los datos públicos y una comprensión sobre la forma de utilizarlos, lo que conlleva un rol activo de las instituciones públicas para lograr el involucramiento de los ciudadanos en los asuntos generales y en la marcha de las políticas públicas.

---

1 Abogado (2003) y escribano público (2004) en la Universidad Nacional de Asunción. Doctor en Derecho (2012) por la Universidad de Castilla-La Mancha, España. Maestro en Derecho (2007) por la UNAM, México; Máster en Derecho de la Contratación Pública (2010) por la Universidad de Castilla-La Mancha, España; Máster en Democracia y Buen Gobierno (2011) y Máster en Gestión Pública y Derecho Económico (2016) por la Universidad de Salamanca, España; Especialista en Justicia Administrativa (2006) por el Tribunal Federal de Justicia Fiscal y Administrativa (México); Especialista en Administración Pública y Combate a la Corrupción (2005), así como en Delitos Financieros y Fiscales (2006) por el Instituto Nacional de Ciencias Penales (México). Gerente de la Unidad Jurídica del Banco Central del Paraguaya. Profesor de Derecho Administrativo y Deontología Jurídica en la Facultad de Derecho, así como de la materia Regímenes Políticos y Sistemas de Gobierno en la Escuela de Ciencias Sociales, ambas facultades de la Universidad Nacional de Asunción. Miembro de la Federación Iberoamericana de Derecho Administrativo y de la Asociación de Derecho Público del Mercosur.

No basta con decir que se es transparente y se publican los datos. Estos deben proveerse de manera legible, fácil y pensando siempre en la forma que los mismos puedan comprenderse, de manera tal que provoque aquel involucramiento; para cuyo efecto se requiere una toma de conciencia, primero, y un rol activo, consecuente, en procura de que esos datos sean útiles y utilizados por la sociedad.

Además, la real intención de la transparencia y el acceso a la información va más allá de eso, procura la colaboración de la ciudadanía para satisfacer el interés público. Esa colaboración implica, a su vez, la necesidad de comprender el real alcance de todo eso: que los gobernantes y funcionarios públicos asuman la necesidad y el derecho de los ciudadanos a esta coparticipación, así como que por fin se comprometan con el servicio público y ese interés general pocas veces aterrizado, aunque muchas veces mencionado (aunque la mayoría de las veces con fines que lo desnaturalizan).

La idea del presente trabajo es colaborar con la difusión del alcance que debe tener la frase "gobierno abierto" y confrontarla con la realidad para exponerla en su real dimensión, lo cual permitirá comprender la imbricación de todo este desarrollo en los derechos sociales "fundamentales".

La invocación de la transparencia debiera entenderse como una exigencia inherente de la función pública y no como una peculiaridad de solo aquellos actos de gobierno que "se consideran" públicos, argumento recurrente para justificar la restricción u ocultamiento de ciertas informaciones a la ciudadanía o a los particulares recurrentes; excepción que debe realizarse respecto de aquellas informaciones sensibles, verdaderamente motivadas y fundadas en una razón plausible y explícita.

Pero no puede tolerarse ya una restricción porque la finalidad de las decisiones o virtualidad de los documentos pueden "mal interpretarse". La democracia es justamente eso, el espacio donde todos tienen derecho a manifestar sus opiniones. "Quien nada debe, nada teme" reza un conocido proverbio, pero es más elocuente el recordar que la función pública es un apostolado o que debiera tener un carácter vicarial que exige honrar una confianza delegada solo, única y exclusivamente para precautelar la armonía social y el respeto de los derechos fundamentales, cuyos matices serán aquí estudiados.

La exposición pública, el debate de las decisiones públicas y la justificación de estas es algo que pertenece al ámbito público, por lo que a éste es inherente la necesaria transparencia y justificación de las razones que motivan las acciones en el ejercicio de la función estatal. Esta es la causa, precisamente, de la exigencia procesal regulada en muchos países donde se determina la prueba de verdad respecto de los funcionarios públicos, de modo que estos se vean obligados a probar la veracidad de sus aseveraciones y la legalidad de sus actuaciones, cuando estas sean controvertidas.[2]

Como fácilmente se puede apreciar, todo ello conlleva un cambio en el entendimiento de aquello que debe estar a disposición de las personas interesadas y de quienes pudiera interesar, cristalizándolo hacia la comprensión de que todo cuanto se hace (en ejercicio de una función pública) debe estar orientado a legitimar la actividad que se desarrolla y demostrar que es la mejor decisión (como objetivo) o, cuanto menos, que es una deci-

---

2 Como ejemplo se puede citar el artículo 23 de la Constitución paraguaya: *De la prueba de verdad. (...) Dichas pruebas serán admitidas cuando el proceso fuera promovido por la publicación de censuras a la conducta pública de los funcionarios del Estado, y en los demás casos establecidos expresamente por la ley.*

sión razonable, de modo a generar la confianza que le permita continuar en el cargo y provocar la colaboración y/o participación ciudadana en la ejecución de las políticas públicas.

La *legitimatio ad causam* debiera ser la única meta frente a la presencia del clientelismo y a los mecanismos de acceso al poder por parte de personas que buscan solo la protección y/o satisfacción de intereses personales, lastimosamente presente en la realidad mundial. Solo la conducta ejemplar y la concienciación permitirá el cambio del *status quo*, para cuyo efecto se precisa de gente comprometida, honesta y patriótica; frente a la proliferación de los malos ejemplos que "venden" noticias y que nublan nuestro entendimiento para conducirnos (o querer llevarnos) por el camino más fácil, cómodo y beneficioso de la corrupción, la arrogancia y/o la condescendencia; pero al mismo tiempo perjudicial para las generaciones futuras, el interés general y la satisfacción de todas las construcciones sobre las que se cimenta una sociedad "organizada".

Teoría y *praxis* son dos conceptos tan disociados que llegamos a confundir lo que a cada cual incumbe. En esa vorágine se alza el "gobierno abierto" para recordar los valores de nuestros cimientos y la finalidad de las cosas, haciendo un recorrido hasta justificar (e implorar) la necesidad de un comportamiento ético y proactivo por parte de todo aquel que ejerce una función pública e, incluso, por quienes desarrollan alguna actividad con impacto social. Esto, debido a que la toma de conciencia no reposa exclusivamente en el funcionario estatal, sino también en el ciudadano que debe comprender que la ciudadanía se construye entre todos y que mejores gobiernos vendrán solo con un mayor involucramiento de la ciudadanía en los asuntos públicos; ya sea pidiendo, proponiendo, reclamando, preguntando, exigiendo u ofreciendo ayuda e ideas para mejorar o discutir las concepciones, proyectos y ejecuciones de las políticas públicas.

Es experiencia común que las autoridades solo empiezan a cuidarse cuando advierten la repercusión mediática de sus actuaciones, porque los medios masivos de comunicación y las redes sociales provocan, presionan y exponen *vox populi* lo que es un secreto a voces: el uso del aparato estatal para mantener el prebendarismo que mantenga el *status quo*. Solo cuando la ciudadanía llega al hartazgo y se manifiesta se da cuenta de su verdadero poder.

Un ejemplo de todo esto se dio en Paraguay, cuando en el año 2015, producto de las sucesivas publicaciones sobre el despilfarro y clientelismo en la Universidad Nacional de Asunción, acaso la más prestigiosa y resguardo de la esperanza nacional, se desnudaron casos increíbles de la forma de acceder a los cargos y la utilización de los rubros "docentes" en quienes ni siquiera habían culminado una carrera universitaria; a raíz de lo cual se sucedieron manifestaciones estudiantiles que tomaron las facultades y que culminaron con la renuncia de un rector y 6 decanos, junto con algunos vicedecanos.[3]

Vivimos nuevos tiempos, las redes sociales pueden mucho (Grecia es otro claro ejemplo)[4] y las autoridades lo saben. El arma que usan para congraciarse (la transparen-

3 *Cfr.* http://www.ultimahora.com/asi-se-inicio-la-investigacion-el-caso-froilan-n933601.html; http://cnnespanol.cnn.com/2015/10/01/tras-semanas-de-protestas-envian-a-prision-al-exrector-de-universidad-nacional-de-asuncion/; https://actualidad.rt.com/actualidad/186914-estudiantes-paraguay-levantarse-corrupcion; http://www.abc.com.py/edicion-impresa/opinion/una-no-te-calles-1411683.html. Fecha de consultas: 8 de marzo de 2017.

4 Es conocida la crisis griega donde, a partir del descubrimiento opaco de las finanzas nacionales, los ciudadano realizaron numerosas manifestaciones, lo que obligó a realizar referéndums, cambios de auto-

cia) les sale caro, pero no hay de otra. Aunque por medios informales (grabaciones, videos, cámaras ocultas) los hechos son revelados y la paciencia está agotada! Para legitimar el ejercicio del poder hay demostrar calidad de gestión. Ojalá que todos entiendan esto, porque, debemos reconocer, el poder de los medios sociales llega hasta donde los medios tienen poder. Sobre todo en América Latina, existen muchas zonas grises (ausencia de Estado) y el acceso a los medios es todavía precario, o el nivel de analfabetismo y precariedad hace que las prioridades de los ciudadanos sean otras. De ahí que el mayor reto de la transparencia, participación y colaboración esté en los gobiernos locales (municipios/distritos).

Aun cuando la transparencia sea una gran arma para luchar contra todo eso, la cosa no termina allí; su finalidad va aún más allá: busca (o debiera buscar) que el acceso a los datos despierte el interés ciudadano, que este asuma su rol, que se dé cuenta que "ciudadanía" solo se construye entre todos; que a partir de ese interés se inmiscuya y proponga iniciativas, críticas y alternativas de solución a los problemas que enfrenta la Administración pública y que ellas sean escuchadas, valoradas y proyectadas sobre las actividades que ejecuta, en una interacción que aterrice en una colaboración, que no siempre implica comunión de pensamientos, pero sí en un diálogo abierto que provoque mejores decisiones y acciones públicas. Esta es la razón por la que renunciamos a parte de nuestra libertad para confiarla a nuestras autoridades.

Los orígenes mismos de la democracia (gobierno del pueblo) nos recuerdan siempre que ella no pertenece ni incumbe solo al Estado, es asunto de todos los ciudadanos y la función gubernamental es justamente salvaguardar los derechos civiles y políticos de todos.

Si esto no hemos aprendido, es que no sirve de nada la historia!

2. Antecedentes del gobierno abierto

Es punto en común afirmar que el mayor impulso o comienzo de la preocupación institucional de cada país por implementar políticas de "gobierno abierto" se da a partir del memorando ejecutivo sobre *transparencia y gobierno abierto* del entonces presidente de los Estados Unidos Barack Obama, en el año 2009, documento donde se asumen explícitamente las finalidades del acceso a la información propulsado, el que no se va a agotar en la transparencia, sino que le dará un cometido concreto: lograr la participación y colaboración ciudadanas, en aras a satisfacer los principios de eficiencia y eficacia, herramientas para asegurar la confianza pública.[5]

Es cierto que a partir de ello se han asumido políticas claras y compromisos concretos, junto con la implementación de determinaciones puntuales y sectoriales para concretar y evaluar políticas nacionales y regionales que faciliten la transparencia y el cumpli-

---

ridades y elecciones basadas en promesas (que en algunos casos no se cumplieron y motivaron otras tantas), renuncias y una serie de decisiones y confrontaciones que hicieron asumir un rol más activo de la población civil. *Cfr.* http://elpais.com/tag/c/d8009888d6a42fd55e4a6675807540e0; http://www.rtve.es/noticias/20170306/cronologia-crisis-grecia/329528.shtml. Fecha de consultas: 8 de marzo de 2017.

5 Alvaro Ramírez-Alujas, "Gobierno abierto y modernización de la gestión Pública. Tendencias actuales y el (inevitable) camino que viene. Reflexiones seminales", *Revista Enfoques: Ciencia Política y Administración Pública*, Vol. IX, N° 15, Universidad Central de Chile, Santiago de Chile, Diciembre, 2011, pp. 99-125.

miento de sus objetivos. Con ese impulso se ha creado la Alianza para el Gobierno Abierto – AGA (*Open Government Partnership*),[6] un esfuerzo multilateral del que forman parte numerosos países de todo el mundo para propiciar y aunar esfuerzos concretos para hacer realidad políticas concretas de transparencia, participación y colaboración ciudadanas, de modo que las decisiones públicas no se busquen solo en el seno burocrático de la Administración, sino que se salga en búsqueda de ayuda ciudadana para efervecer el "espíritu público" y coadyuvar en la lucha contra la corrupción, al tiempo de facilitar una rendición de cuentas efectiva, aprovechando las nuevas tecnologías. Todo esto se traduce, es la intención, en la solidificación de los retos que impone la gobernanza democrática, fundada en la calidad de los servicios públicos.

Sin embargo, antes de desarrollar los conceptos esbozados de manera sintética en el párrafo anterior, bien vale recordar que, aunque no con los matices mencionados, la preocupación por el *open government* no es nueva, ya que hunde sus raíces en acciones concretas que a lo largo del tiempo han ido adoptando diversos países en aras a satisfacer la cada vez más creciente insatisfacción ciudadana, la demanda pública de acceso a los datos públicos (del manejo del erario, principalmente) y la necesidad de contar con herramientas que ayuden a combatir la corrupción. Básicamente, el debate y la exigencia giraba en torno a la necesidad de combatir la opacidad burocrática (el secretismo estatal), la necesidad de garantizar el acceso a la información, la creación de leyes para garantizarlo y para hacer costumbre la rendición de cuentas y responsabilidad por los perjuicios en la administración de la cosa pública. En un intento de sistematización, a continuación se mencionan algunos de los impulsos más notorios en el tema que nos ocupa:[7]

- 1766: Suecia incorpora a su legislación la libertad de prensa y el derecho de acceso a los archivos.

- 1956: compromiso de los principales partidos políticos de EE.UU. para garantizar el acceso abierto a la información pública.

- 1966: en EE.UU. se dicta la Ley de Acceso a la Información Pública (*Freedom of Information Act*).

- Finales de los años 70': en Inglaterra se dan diversas iniciativas para "abrir las ventanas" de la Administración para someter todo al escrutinio ciudadano y erradicar el secretismo con que se manejaban los gobernantes. La idea que quedó instaurada a partir de ahí fue la rendición de cuentas y la asunción de responsabilidad.

- Revolución digital: la aparición de Internet provocó la necesidad de que las Administraciones públicas se adapten al desarrollo y la modernidad, facilitando trámites y servicios, lo que se ha caracterizado como *administración electrónica*.[8]

- Los 90': promoción en todos los países de leyes que regulan el acceso a la información pública y la protección de datos personales.

---

6 Para mayor información, puede consultarse en: http://www.opengovpartnership.org/es.

7 *Cfr*. Joaquín Sánchez Trigueros, "Los antecedentes del gobierno abierto: una mirada retrospective en la evolución de la Administración pública", pp. 67-84, en *Revista Enfoques*, Vol. XIII, Núm. 23, Univesidad Central de Chile, Chile (Santiago), 2015.

8 Ernesto Jinesta Lobo, "Administraciones públicas electrónicas: retos y desafíos para su regulación", IVSTITIA, Año 22, N° 261-262, Costa Rica. Puede consultarse en: http://www.ernestojinesta.com/_REVISTAS/ADMINISTRACIONES%20P%C3%9ABLICAS%20ELECTR%C3%93NICAS%20-%202008.PDF. Fecha de consulta: 10 de marzo de 2017.

- 2001: El Libro Blanco de la Gobernanza Europea define a la *gobernanza* como el conjunto de *normas, procesos y comportamientos de los sistemas social y político debidos a la interacción de los actores involucrados, a partir de la apertura, participación, responsabilidad, eficacia y coherencia.* El diálogo suplanta a la imposición, el autoritarismo cede frente a la colaboración y el acceso a la información es inherente a la ciudadanía.

- Carta Iberoamericana de Participación Ciudadana en la Gestión Pública, adoptada en Estoril el 1 de diciembre de 2009 por la XIX Cumbre Iberoamericana de Jefes de Estado y de Gobierno a iniciativa precisamente del Centro Latinoamericano de Administración para el Desarrollo.

- 2013: Aprobación de la Carta Iberoamericana de los Derechos y Deberes del Ciudadano, aprobado por el Centro Latinoamericano para el Desarrollo (CLAD).

Sin lugar a dudas, el proceso evolutivo continúa, pues, además de las iniciativas globales y el esfuerzo de las iniciativas (tanto gubernamentales como no gubernamentales) por configurar bases sólidas de un entendimiento que subyace a la propia democracia, su permeabilidad en todas las capas sociales y en muchos de los gobernantes, sobre todo en América Latina, todavía no ha calado al nivel deseado; lo que hace que el gobierno abierto continúe en evolución y precise de educación, ejemplos, esfuerzos y conciencia de todas las personas para su consolidación.

Giannini había clarificado cómo la diferencia entre Derecho público y privado se ha ido esfumando y sus fronteras distorsionando con (i) la utilización de herramientas del Derecho privado por parte de las instituciones públicas y (ii) la obligatoriedad para las empresas privadas de precautelar y tutelar el interés público en el desarrollo de su actividad (como ejemplo bastan los bancos, las telefónicas y el servicio de transporte).[9] Lo que queda, desde mi perspectiva, es el grado de afectación a la ciudadanía, determinada por varios factores (como los culturales) para configurar en cada espacio de tiempo y lugar la relevancia de las cosas, así como el grado de interés de la ciudadanía en los diversos asuntos. Desde actividades netamente privadas (como el fútbol) hasta organizaciones no gubernamentales con subvención pública despiertan el interés por sus manejos y exigen que la *accountability* llegue hasta ellas. Todo esto sin siquiera mencionar la lucha contra el lavado de dinero y otros delitos (como aconteció con el sonado caso *Panama papers*).[10]

Las repercusiones del interés y empoderamiento ciudadano no podrá comprenderse sin asumir que los tiempos presentes imponen un redimensionamiento de las cosas; todo cuanto sea de interés social debe ser accesible al público, siempre que con ello no se vulnere la privacidad de las personas (aunque relativizada respecto de los servidores

---

9 *V.*, Massimo Severo Giannini, *Derecho administrativo*, traducción de Ortega Álvarez, Luis, Ministerio para las Administraciones públicas, Madrid, 1991, p. 65 y ss. También, del mismo autor, *El poder público. Estados y Administraciones públicas*, traducción de Ortega Álvarez, Luis, Civitas, Madrid, 1991, p. 49 y ss. En el mismo sentido, CASSESE, Sabino, La Globalización jurídica (trad. L. Ortega, I. Martín e I. Gallego), Instituto Nacional de Administración Pública y Marcial Pons, Madrid-Barcelona, 2006, págs. 35 y ss.

10 La revelación de asociaciones e intermediaciones que personas públicas o conocidas de todos los países del mundo utilizaban para camuflar o no declarar movimientos de dinero, lo que provocó no pocas suspicacias y revuelo en la sociedad, con algunos casos de derivaciones judiciales. *Cfr.* https://panamapapers.icij.org/.

públicos) y datos reservados que deben ser protegidos en beneficio de todos (como la seguridad nacional). Al fin y al cabo, el espíritu público se construye socialmente sobre la base de un entendimiento común que haga posible una convivencia pacífica.

A partir de tales premisas, es legítimo el interés por acceder a los datos "públicos" y, en principio, todo dato o actividad generados por una institución pública o entidad que gestione el interés público o administre dinero estatal deben estar abiertos para todos los interesados. Ahora, cuando exista justificación suficiente para mantener ciertos datos en reserva, debe reconocerse ese derecho (o deber), pero ello conlleva el deber de argumentar razonablemente los motivos de tal restricción. Esta debe ser la excepción, que sí las hay, no la regla, y las razones que fundan el derecho a la información (que no tienen poco peso) deben acreditarse en cada caso de denegación de información o restricción de datos, en caso de solicitud.

Todo ello demanda, a su vez, una Administración proactiva en la facilitación de información de interés general, consciente de ese deber intrínseco de la ciudadanía, devenido de la raíz y sustento del sistema democrático y ensalzado como consecuencia de la opacidad con que muchos gobernantes manejaban el dinero y los asuntos públicos para enriquecerse, mantenerse en el poder, satisfacer intereses particulares y afectar de manera grave el interés público presente en la prestación de los servicios estatales. El reto está, como se ha dicho antes, en dimensionar la finalidad del acceso a la información y que el gobierno abierto no se agota en la transparencia; el desafío está en comprender e insertar en la conciencia social que ese es apenas el primer paso para una finalidad más loable y que se justifica en los mismos principios democráticos, que tiende a luchar contra los mismos males, que busca recuperar los valores del "contrato social" y que pretende la eficiencia en la gestión de los servicios públicos. Determinar el alcance de estas finalidades de la transparencia será el objeto del siguiente epígrafe.

3. Características del gobierno abierto

Como ejes principales tenemos a (i) la transparencia y apertura, (ii) la participación y (iii) la colaboración. La finalidad es mejorar la gestión pública y fortalecer el sustrato de los sistemas democráticos, de modo a facilitar una rendición de cuentas adecuada, la asunción de responsabilidades por el manejo de la cosa pública y la lucha contra la corrupción. La idea es propiciar un gobierno que no solo facilite el acceso a la información y el diálogo, sino que al mismo tiempo los propicie e impulse, asumiendo que en un espacio democrático se deben ofrecer las herramientas y oportunidades para que la ciudadanía manifieste su parecer, aun cuando solo tienda a satisfacer intereses sectoriales.

Se busca la confrontación de ideas para mejorar las decisiones públicas, utilizando al máximo las tecnologías y los sistemas de redes (formales e informales, personales y telemáticos). Ello debiera ocurrir sin restricciones ni barreras de ningún tipo, donde los ciudadanos se sientan seguros de acercar sus críticas, opiniones y propuestas de manera directa, sin intermediarios de ningún tipo, y que ellas sean escuchadas, evaluadas e implementadas, en su caso, en un proceso comunicacional fluido.[11]

11 Oscar Oszlak, "Gobierno abierto: hacia un nuevo paradigma de gestión pública", *Colección de documentos de trabajo sobre e-Gobierno 5*, Red de Gobierno Electrónico de América Latina y el Caribe (Red GEALC), Septiembre de 2013.

Este entendimiento se basa en una toma de conciencia de que el poder público se funda en la delegación confiada por los ciudadanos para retribuir servicios de calidad.[12] Es en el ámbito de la contratación pública, particularmente sensible porque implica manejo de dinero público y es el principal foco de corrupción, donde comenzaron por gestarse políticas serias de acceso a la información y donde se vislumbra de mejor manera la necesidad de controlar todos los procedimientos inherentes a la gestión; no solo los pagos que se realizan, sino también (y quizás más importante) los requisitos exigidos, las exclusiones, los criterios de adjudicación, las necesidades y los réditos (o pérdidas) que se obtienen en las compras públicas.

El concepto reposa en un empoderamiento por conocer y juzgar el manejo de los recursos públicos, en un espacio confiable que propicie la participación (tanto en los concursos como en el control) para evitar la corrupción, ganar eficiencia y ofrecer datos que pueda servir a la ciudadanía para tomar decisiones y/o generar nuevos productos para la sociedad. Para un mejor entendimiento, intentaremos desgranar los componentes antes expuestos.

3.1. La transparencia y apertura

Implica exponer los datos elaborados y las tareas llevadas a cabo en el ejercicio de una función pública, haciéndolo de manera clara, legible y facilitando su utilización. Determina una acción positiva buscando que se sepa el rol y las actividades que se realizan para cumplirlo, que la búsqueda sea facilitada y que se permita la reutilización de los datos.

Deben facilitarse la búsqueda de los datos y el acceso a los mismos en formatos que lo permitan y, sobre todo, que sean compatibles con los formatos de otras fuentes de información pública, de modo que las actualizaciones de los datos públicos puedan ser utilizados o reutilizados "en línea" o en tiempo real. Este es uno de los principales retos del gobierno abierto. Si no se unifican criterios de formatos, los datos ni siquiera sirven a las instituciones públicas para cruzar sus informaciones en aras de un cruzamiento que les permita una optimización de recursos y una mayor eficiencia; en síntesis, un mejor control.

Las relaciones internacionales, los efectos irradiadores de una economía nacional en la economía mundial (como la crisis económica del 2007–2008 en EE.UU.) por efectos de la globalización y la interrelación entre los operadores económicos, así como la necesidad de intercambiar datos a nivel global para un mejor control, una mejor evaluación, para una mejor recomendación y para adoptar mejores decisiones imponen no solo el tráfico fluido de la información, sino que ella sea canalizada en formatos compatibles y accesibles para luego ser comparados y complementados con otros datos, los que también deben obedecer al mismo patrón. Un claro ejemplo de esto es el esfuerzo que realiza el Fondo Monetario Internacional con la implementación, en mayo de 2015, del *Sistema General de Divulgación de Datos reforzado (SGDD)*, una plataforma de *Intercambio de Datos y Metadatos Estadísticos (SDMX)*,[13] software ofrecido a todos los países con el fin de fomentar la transparencia y promover el desarrollo estadístico, creando

12 Jaime Rodríguez-Arana, *El ciudadano y el poder público: el principio y el derecho al buen gobierno y a la buena administración*, Reus, Madrid, 2012.

13 Para mayor información, puede consultarse en: http://dsbb.imf.org

sinergias para una correcta divulgación de datos y supervisión de los mismos, por parte de cualquier ciudadano de todo el mundo, los propios gobiernos y los organismos internacionales; todo para facilitar el acceso a información crucial para el monitoreo de la situación económica y para la evaluación de las políticas macroeconómicas. Resulta que, muchas veces, ni siquiera las instituciones de un mismo país otorgan sus datos de manera compatible, ya que los diferentes organismos proveedores de datos (como la secretaría de economía, de hacienda pública, de industria, de estadísticas, de planificación y el banco central) suelen proveer sus informaciones (aunque transparentes) en formatos distintos, lo que, cuanto menos, problematiza el cruzamiento y consolidación de indicadores, incluso a nivel nacional. Con este tipo de implementaciones se benefician las mismas instituciones públicas nacionales para un tratamiento consolidado (y no estanco) de los datos útiles comunes, también los inversores que contarán con datos fiables que otorgarán ratios razonables para tomar sus decisiones, y ni qué decir los organismos internacionales y la ciudadanía toda; pues se vuelve fuente de investigación científica, incluso, para advertir comportamientos y provocar discusiones útiles en torno a mejores decisiones.

La compatibilidad de formatos facilita su reutilización y compatibilización con otros datos relacionados, lo que permite la interoperabilidad de los datos y será la base para que opere la colaboración ciudadana, como se verá más adelante.

Además de los formatos, la facilidad pasa por una ubicación sin contratiempos en las webs institucionales o en los motores de búsqueda, promocionando y siendo proactivos en la divulgación de los datos e informaciones públicos. El esfuerzo debe consistir en tratar de despertar el interés ciudadano por acceder a esos datos y conocer la forma en que pueden ser útiles.

La transparencia de va de la mano con hacer público todo, como regla, y otorgar carácter reservado (con el correspondiente deber de secreto) solo como excepción, cuando se acrediten circunstancias que así lo ameriten. Como la generación de datos por parte de las instituciones públicas es de lo más heterogénea, por las particularidades propias de cada ámbito y especialidad, no es posible hacer un catálogo general o patrón al que respondan estas reglas, las que deben circunscribirse al caso concreto en un análisis racional/proporcional de los diferentes intereses en juego.

Por la función misma ejercida por un agente estatal, todo el desarrollo de su cometido, en principio, debe tener carácter público, ya que afecta al cumplimiento de disposiciones normativas a través de las cuales se encomienda la satisfacción del interés público; y sin acceso al procedimiento administrativo, a los pasos, trámites y decisiones no se podrá contrastar si ese interés público fue satisfecho, por lo que deben ser accesibles para ese control republicano (de las instituciones e instancias respectivas) y democrático (de la ciudadanía), con mayor razón cuando se trata del manejo del dinero público.[14] Así también, en principio, solo los datos relativos a una persona física o jurídica tienen el carácter reservado, cuando se tratan de datos personales o patrimoniales cuyo acceso

14 *Cfr*. Resolución N° 2008-013658 de la Sala Constitucional de la Corte Suprema de Justicia de Costa Rica. 05/09/2008.

público no se justifica y/o debe ser resguardado, máxime cuando existe un deber de reserva en torno a esos datos (como los datos bancarios).[15]

En Paraguay, por ejemplo, se planteó la cuestión luego de un caso emblemático en el que un ciudadano solicitó a su municipio (en el año 2007) un informe sobre el manejo de las cuentas públicas en el que incluía documentación sobre el anexo del personal municipal, cuánto ganaban y qué funciones cumplían, lo que le fue denegado en sede administrativa y también en primera y segunda instancias de un juicio de amparo constitucional; aunque luego revocado (haciendo lugar al pedido de información) por la Corte Suprema de Justicia (en el año 2013).[16] El fallo se basó en el artículo 28 de la Constitución paraguaya que "reconoce el derecho de las personas a recibir información veraz, responsable y ecuánime. Las fuentes públicas de información son libres para todos" y en que ese derecho es inherente al desarrollo de la personalidad humana, caracterizándolo como un derecho humano. El alcance del mismo: el derecho ciudadano de acceder al listado de salarios y todo emolumento que percibe el funcionario público fue pronto acogido por todas las instituciones públicas, a raíz de una orden presidencial de transparentar esos datos, y fue dado aún sin existir una ley sobre el particular; ley que sería promulgada finalmente un año más tarde (2014).

A partir de este entendimiento, las diversas legislaciones que se aprueban en todo el mundo determinan la obligación positiva del Estado de proveer todo tipo de información solicitada por cualquier persona interesada (faz pasiva) y, sobre todo, el deber de ofrecer una plataforma informativa (actualizada en forma periódica, cada mes, por lo regular) que esté disponible en una base de datos accesible permanentemente a la ciudadanía (faz activa); so pena de sanciones y penalidades que al efecto se determinan para quienes nieguen o no cumplan con su deber de proporcionar los datos públicos. Las leyes suelen establecer un catálogo de información mínima, obligatoriedad de dar respuesta positiva a los pedidos de informaciones y documentos públicos, así como incentivar la provisión de más datos que la información mínima requerida.

Por el manejo del dinero público, el ámbito de las contrataciones estatales suele tener su ley especial de información mínima accesible al público y las administraciones reguladoras ofrecen aplicaciones para facilitar la fluidez de esas informaciones, como aplicaciones que notifican cuando los llamados son publicados, en función del interés sectorial que cada interesado programe o para cualquier tipo de información en que uno se encuentre interesado. Estos organismos reguladores ofrecen plataformas de seguimientos, sin perjuicio de la obligación de cada entidad por la difusión que en otros medios esté obligada.

Así, la información debe ser facilitada en medios y formatos accesibles y compatibles, de modo que pueda cumplirse con la finalidad de un gobierno abierto, como primer

---

15 Es la interpretación de la Corte Interamericana de Derechos Humanos en el caso "Claude Reyes vs. Chile", en el cual se fundamentó que el artículo 13 de la Convención Americana de los Derechos Humanos estipula expresamente el derecho que tiene toda persona al acceso a la información bajo el control del Estado, con las salvedades permitidas bajo el régimen de restricciones de la Convención. En Paraguay, este razonamiento puede apreciarse en el Acuerdo y Sentencia N° 68 de fecha 22 de setiembre de 2016, dictado por el Tribunal de Apelación en lo Civil y Comercial, Tercera Sala de la Capital, en los autos: "Sonia Esquivel Mattos c/ BCP s/ Amparo".

16 A través de una acción de inconstitucionalidad. La sentencia de la Corte Suprema de Justicia puede consultarse en: http://www.pj.gov.py/descargas/AYS-1306.pdf.

paso para cumplir con la finalidad instaurada por el *open government*. Como podrá luego apreciarse, este primer escalón es fundamental para los dos estadios siguientes, de modo a satisfacer los objetivos trazados, pero no es el único ni eficiente si no se lo piensa en función de la participación y colaboración.

3.2. La participación

Es el sometimiento de las decisiones y los datos al escrutinio público, a través de canales formales e informales para generar el debate y diálogo antes de adoptar decisiones públicas y, durante la ejecución de las mismas, para evaluarlas y reencauzarlas, en su caso. Es la búsqueda del consenso, aunque este no se logre, pero se busca agotar las instancias y conocer todas las perspectivas y repercusiones posibles para adoptar mejores decisiones. Busca combatir las decisiones aisladas o de gabinete que estén alejadas de la realidad y problemática concretas. Los consejos consultivos en las autoridades reguladoras, conformados por los sectores supervisados, los clúster o mesas de diálogos y la representación de los sectores afectados por las decisiones en los Consejos o juntas directivas de las entidades (como sucede en las universidades) son ejemplos de políticas de participación.

Una sana participación se basa, a su vez, en una adecuada educación ciudadana acerca del rol de las instituciones y la generación de confianza en que los reclamos serán (cuanto menos) escuchados y respondidos; para lo cual se precisan respuestas oportunas, trato paciente y deferencial, así como celeridad en los procedimientos de toma de decisiones.

Debe reconocerse que el reto está en facilitar y posibilitar la participación de todos los sectores a quienes pueden interesar las políticas públicas, dado que generalmente son los sectores más favorecidos, mejor organizados o con mayores recursos quienes logran acceder a las "mesas de diálogos". Nuevamente, la asunción de medidas positivas tendientes a propiciar esta participación se hace clave, para cuyo efecto son de gran utilidad las redes telemáticas y personales, pero, sobre todo, la innovación en esquemas de participación de acuerdo a las disponibilidades con que se cuenta.

A este respecto cabe traer a colación los procedimientos electrónicos y las facilidades para realizar los trámites y pagos burocráticos, en un mundo donde la movilización cada día se hace más densa y dificultosa, al tiempo que afloran las aplicaciones y softwares que permiten la interacción ciudadana–estatal. Todas las alternativas para facilitar la participación y evitar la burocratización de los procedimientos requieren esfuerzos, proactividad y creatividad, en aras a facilitar la vida del ciudadano y justificar la función pública que se desarrolla.

Para el efecto se precisa, además, procedimientos sencillos y amigables, ofreciendo al ciudadano alternativas de participación y de realizar sus trámites en función de las diferentes capacidades que cabe reconocer en un mundo globalizado y desigual. Pero sobre todo, la participación reposa en la confianza ciudadana de que sus reclamos serán razonablemente atendidos y respondidos con posiciones sólidas y contraargumentos lógicos. Solo cuando una administración se maneja sobre la base de tales premisas permite generar esa empatía y ganas de participar. Medidas como la "protección del denunciante" manteniendo el anonimato de las denuncias, por ejemplo, son importantes, pero solo en la medida en que se confíe en la discreción de las autoridades y en la ausencia de represalias estatales o la creación de animadversión por ejercer el derecho ciudadano de preguntar, proponer y cuestionar las decisiones públicas.

La participación debe ser vista como ese diálogo con el auditorio universal, del que nos hablaban Perelman y Habermas, donde conviven personas de diferentes ideologías y formas de pensar, lo que obliga a justificar las decisiones con la intención de convencer a los demás, imaginándose el decisor todas las variables posibles (valiéndose justamente de la participación) para elaborar una exhaustiva explicación de sus razones. La intención debiera ser que se acepte, aunque no se comparta, la razonabilidad de las decisiones. Es el precio de la democracia y de una sociedad heterogénea, es la imposición de la globalización y de la interacción social.

De este modo, la legitimidad en el ejercicio de una función pública se va a determinar por la razonabilidad de las decisiones, factor que provocará la confianza que trae calma y gobernabilidad, entendida ésta como la paz social y política; ya que la opacidad en el manejo de la cosa pública es la que despierta suspicacias y desconfianza. La legalidad de la designación ha cedido ante la necesidad de legitimar el cargo con decisiones razonadas y con medidas eficientes que tiendan a ofrecer resultados concretos, y que justifiquen la existencia del servicio público. Es la gestión la que habrá de legitimarse con estas acciones, para cuyo efecto se precisa de la invasión de este espíritu público en la conciencia ciudadana, para aceptar los cargos y para cumplir con el rol de contralor social. Sin este entendimiento, la misma democracia pierde sentido. Es justamente el redimensionamiento del republicanismo nacido para garantizar el *accountability* o rendición de cuentas y responsabilidad de los gobernantes, no solo ya entre las diferentes instituciones públicas, sino extendiéndolo a toda la sociedad.[17]

3.3. La colaboración

Es la reutilización de la información pública para crear nuevos servicios para la sociedad o parte de ella, de allí que se insistía en la interoperabilidad de los datos y formatos de los que hablábamos en el tópico correspondiente a transparencia y apertura. Es la manifestación del principio de subsidiariedad que propende la intervención estatal solo donde la iniciativa privada no llega. Es la manifestación del principio de eficiencia que propone solo la actividad necesaria para motivar que la ciudadanía produzca los bienes y servicios que necesita; lo que de ningún modo significa falta de regulación y de intervención pública en el control debido para evitar abusos, colusión entre proveedores o consumidores, asimetría de la información y externalidades negativas.

En términos de acceso a la información, la colaboración se da cuando personas del sector privado se valen de los datos públicos para crear nuevos servicios reutilizándolos o combinándolos con otros datos públicos, de la misma o de diferente institución; nuevos servicios que satisfagan las necesidades que al efecto puedan existir. La utilización de datos públicos en aplicaciones (de empresas privadas) para teléfonos inteligentes es una clara muestra de que esta colaboración sucede en la realidad y cada vez más con mayor dinamismo, como por ejemplo las aplicaciones que miden el tráfico o la asiduidad de los transportes públicos a partir de los datos que ofrecen las instituciones públicas y que son ofrecidas por iniciativas privadas en tiempo real, luego de una combinación de datos accesibles.

17 Aljeandra Naser y Alvaro Ramírez Alujas, *Plan de gobierno abierto. Una hoja de ruta para los gobiernos de la región*, CEPAL-Naciones Unidas, Santiago de Chile, 2014.

Muchas veces, la fragmentación y especialidad de las entidades estatales impide asociar el interés en la combinación de sus datos con los existentes en otros entes (ya sea de Derecho público o privado), así como las facilidades que ello podría acarrear. No es rol del Estado suplantar la iniciativa privada, antes bien, su deber es propiciarla y a través de los datos que genera puede ofrecer una alternativa más para cumplir con su finalidad.

El grado de desarrollo de una sociedad está determinado, en gran parte, por la calidad y pujanza de su ciudadanía, la que con trabajo, persistencia e innovación crea nuevos nichos de mercados y ofrece la satisfacción de nuevas necesidades.[18] A través de la transparencia y apertura se crea una vía más para propiciar el emprendedurismo. Si a ello sumamos el aprovechamiento de los canales telemáticos, se puede satisfacer, a su vez, de mejor manera la participación ciudadana; ya que se facilita el acceso a los datos y la interacción necesaria para proponer o cuestionar las decisiones públicas.

La instauración de un gobierno colaborativo exige asumir el desafío de incluir, interesar e implicar a los ciudadanos, empresas y demás agentes sociales en la búsqueda de soluciones conjuntas para resolver problemas sociales o de interés común, para cuyo efecto se precisa de coordinación, cooperación y mucha paciencia para no cortar los diálogos que se generan en torno a este cometido.

Ejemplos de colaboración se observan en las ayudas humanitarias ante catástrofes naturales, donde, con la generación de datos o informaciones públicas y privadas, la sociedad civil se organiza y es más eficiente que la acción estatal; como cuando el Estado proporciona los puntos más vulnerables o los datos de las personas más necesitadas, a partir de lo cual la comunidad se involucra para ayudar. Otros ejemplos colaborativos son Wikipedia y el software libre Linux. Por su parte, en EE.UU., a partir de los datos ofrecidos virtualmente por las agencias nacionales, los particulares han creado aplicaciones capaces de medir el rendimiento y ejecución de las políticas públicas, valiéndose de expertos para la generación de contenidos que propicien la participación y colaboración.

Con todo, los factores que propician el *gobierno abierto* son la transparencia, la accesibilidad, la promoción y la capacidad de respuesta por parte de las administraciones públicas, lo que, en la medida de la razonabilidad de las respuestas y decisiones, genera la confianza que permitirá la participación ciudadana y, a partir de ésta, la colaboración para ofrecer más y mejores servicios a la ciudadanía. Claro, ello debe mirarse con los lentes del siglo XXI, donde para el aprovechamiento de las herramientas tecnológicas debe asumirse el hecho de que la propiedad intelectual es compartida, tratándose de datos públicos generados en ejercicio de una actividad pública.

4. Relación con los derechos sociales fundamentales

4.1. Origen de los derechos sociales fundamentales

Existen dos dimensiones de los derechos fundamentales: desde el punto de vista formal y desde el punto de vista material. No obstante, previamente debe decirse que las mismas devienen de una misma raíz, los derechos humanos, a partir de lo cual van a

18 Centro Latinoamericano de Administración para el Desarrollo (CLAD), *Informe de Conclusiones y Recomendaciones. Coloquio Iberoamericano sobre Gobierno Abierto: Lecciones y Desafíos para la Región*. 4 y 5 de septiembre de 2014, Asunción, Paraguay. Puede consultarse en: http://www.gobiernoabierto.gov.py/sites/default/files/InformeFINALGobAbCLAD2014%20(1).pdf (Fecha de consulta: 8 de marzo de 2017).

configurar el carácter fundamental en función de su expresión y calificación indicativa en la Constitución (visión formal) o a partir de su naturaleza intrínseca (visión material). Sin embargo, antes de adentrarnos en esa diferenciación, aunque sea someramente, bien vale recordar el origen de la aparición de los derechos humanos, los que empiezan a gestarse como arma de lucha contra las arbitrariedades del poder, por lo que son reivindicados los derechos liberales en las revoluciones burguesas, para hacer respetar los derechos personales y como garantía de pervivencia del régimen democrático. De ahí que la primera generación de los derechos humanos sean los derechos civiles y políticos.[19]

Luego, las sucesivas violaciones a tales derechos merecieron la atención del derecho internacional, sobre todo después de las dos guerras mundiales, lo que desnudó la importancia de reconocer y proteger también los derechos sociales, económicos y culturales, de modo a hacer efectivos los derechos civiles y políticos. Es decir, se pudo apreciar la estrecha relación entre los **derechos de primera generación** (civiles y políticos) y estos que vinieron a denominarse **de segunda generación** (sociales, económicos y culturales), dada la interacción e interdependencia entre ambas categorías y, sobre todo, los numerosos puntos en común de ambas esferas de protección, en función de la imbricación e irradiación de los respectivos postulados (flexibles e indeterminados) en ámbitos comunes del desarrollo de la personalidad y dignidad humanas. Ello no obstante, se ha mantenido la preeminencia para los primeros, como una especie de jerarquía normativa.[20]

Los **derechos de tercera generación** (a la educación, al medio ambiente saludable, a la resistencia a la opresión) van a aparecer luego de comprobarse que ni siquiera los de primera y segunda generación bastaban para garantizar el respeto de la dignidad humana que proclamaban; pues donde falten garantías para el desarrollo de la personalidad humana, como sucede con la contaminación, la opresión, la falta de educación o de salud para asegurar el derecho a la vida, de nada sirven los postulados del Estado de Derecho.[21]

Surge así el **Estado Social de Derecho** para englobar todas las generaciones de los derechos humanos y predicar un rol activo del Estado, así como la asunción de obligaciones concretas, para hacer respetar los derechos que garanticen el libre desarrollo de la personalidad humana en condiciones dignas e igualitarias. Al unísono, en el seno de la teoría económica vio la luz la teoría del Estado de Bienestar, justamente, para armonizar el libre desarrollo de la empresa privada pero con respeto de los derechos de las personas en posiciones desventajosas, para equilibrar las asimetrías del mercado (entre ellas las de información), corregir sus distorsiones y colusiones, regular las externalidades (positivas y negativas) y contrarrestar las posiciones dominantes. La estructura del Estado "social" asigna así un rol activo al Estado, asume una función social en el rol empresarial (princi-

---

19 Horacio Spector, "Capítulo 43. Derechos Humanos", Enciclopedia de Filosofía y Teoría del Derecho, vol. 2, pp. 1521-1569, Universidad Nacional Autónoma de México, Instituto de Investigaciones Jurídicas. Puede consultarse en: https://archivos.juridicas.unam.mx/www/bjv/libros/8/3796/23.pdf (Fecha de Consulta: 8 de marzo de 2017).

20 Laura Victoria García Matamoros, "Los derechos sociales desde la perspectiva de los derechos fundamentales", pp. 59-82, en *OPINIÓN JURÍDICA*, Vol. 3, N° 6. Puede consultarse en: https://dialnet.unirioja.es/descarga/articulo/5237975.pdf (Fecha de Consulta: 6 de marzo de 2017).

21 Gastón Concha y Alejandra Naser (Editores), *El desafío hacia el gobierno abierto en la hora de la igualdad*, Cepal-Naciones Unidas, Santiago de Chile, 2012.

palmente en donde más se afecta a los bienes y servicios de primera necesidad), sin descuidar el principio de subsidiariedad; a cuyo efecto habrá de realizarse un análisis de magnitudes, pros y contras para la intervención y/o regulación pública. La intervención estatal en el ámbito económico resulta necesaria para prevenir y contrarrestar la manipulación y dominio que las grandes corporaciones ejercen sobre el mercado, pues muchas veces sobreponen sus propios objetivos de desarrollo al desarrollo económico sostenido y al respeto de los consumidores. GALBRAITH nos lo advertía:

> "La soberanía del consumidor es, quiero repetir, una idea que todavía se considera válida en las facultades de economía y, por lo general, se apela a ella para defender el actual sistema económico. Los académicos están apegados a sus curvas y ecuaciones. En alguna ocasión, describir lo que ocurre en realidad me convirtió en objeto de las críticas de adustos expertos en la materia, que me indicaron que la publicidad y las técnicas de venta eran absolutamente irrelevantes. La curva de la demanda estaba en lo cierto: quien llevaba la batuta era el consumidor. Una y otra vez se me recordó con severidad que incluso la todopoderosa Ford Motor Company no había conseguido convencer a los consumidores de que comprara el Edsel, el sofisticado automóvil bautizado en memoria del antiguo presidente de la compañía Edsel Ford. El Edsel era una prueba de la soberanía del consumidor, cuyo poder ni siquiera un Ford podía subvertir.
>
> La creencia en una economía de mercado en que el consumidor es soberano es uno de los mayores fraudes de nuestra época. La verdad es que nadie intenta vender nada sin procurar también dirigir y controlar su respuesta. Nadie intenta vender nada sin procurar también dirigir y controlar su respuesta".[22]

La participación de los empresarios en la economía está orientada a la satisfacción (económica) del beneficio propio. Si esto sucede dentro de un marco donde existen competidores que se presionan recíprocamente en igualdad de condiciones, se produce un resultado coherente y los consumidores o usuarios de los servicios proveídos por los agentes económicos se benefician con la calidad del producto. Para que ello suceda de tal manera, las condiciones en las que se genera la competencia no deben dar lugar a fallos en el funcionamiento del mercado. Al presentarse estos, la intervención estatal se torna imperiosa para asegurar la maximización de la eficiencia.

Como es obvio, la intervención estatal conlleva también una ineficiencia (en términos de coste, por su funcionamiento, para la sociedad), por lo que aquella solo debe darse cuando existan fallos sustanciales que la justifiquen.

El Estado, a los efectos de crear condiciones para un desarrollo sostenible, se ve forzado a crear los climas adecuados para que los inversores se fijen en él. Para asegurar este cometido, delega estas funciones a entes reguladores autónomos y con una gran capacidad de decisión para adoptar medidas preventivas y/o correctivas oportunas. Ahora, como también se ha visto, las decisiones de estos órganos van más allá de las consideraciones que son deseadas por los ciudadanos, como los impactos globales de las crisis en determinados países o regiones. Pero esto no quiere decir que las instituciones públicas pueden desconocer sin más los derechos de libertad y propiedad, en menoscabo de los intereses de las entidades reguladas y de los consumidores finales.

22 John Kenneth Galbraith, *La economía del fraude inocente. La verdad de nuestro tiempo*, Crítica, España (Barcelona), 2004, p. 32.

Como ellas han de planificar sus decisiones con la finalidad de precautelar todos los sectores involucrados en la actividad que les cabe regular, conviene tener presente los principios jurídicos en juego.

Ahora, para hacer plausibles y determinar la manera más "justa" de esa intervención estatal, la misma debe sopesar los diferentes intereses, principios y valores que reconoce el ordenamiento jurídico, confrontándolos con la realidad propia de cada momento y las circunstancias que rodean al problema concreto que quiere corregir con su intervención. Las decisiones deben analizar las alternativas y sopesar las razones, en función de que los intereses colectivos no son más que la suma de intereses individuales y diferentes acciones son reflejadas por diferentes principios y valores que los justifican. Como ellos tienen, en su mayoría, raigambre constitucional, la cuestión se vuelve delicada.

Debido al auge del Derecho constitucional, sobre todo en el debate sobre el alcance de las disposiciones de la carta magna y los límites (o no) del juez para inaplicar las disposiciones legales en función del alcance de los derechos superiores del ordenamiento jurídico, en contraposición con el ámbito y materia del legislador (y del administrador), van a surgir las tesis formales y materiales de **los derechos fundamentales**; que no son otra cosa que los derechos humanos reconocidos por el ordenamiento jurídico o inmanentes a él, en función de las diferentes posturas. Esto es particularmente importante para el tema aquí desarrollado porque los principios que van a ser confrontados en el debate son los relacionados con los derechos sociales, en un análisis de (i) cuáles derechos serán objeto de tutela constitucional, (ii) si poseen un núcleo esencial indisponible para el legislador, (iii) si su definición y delimitación compete al legislador o al juez (constitucional), (iv) si la omisión configura una violación al principio y, por ende, al Derecho, con lo cual se genera responsabilidad, etc.

Desde el punto de vista material, los derechos fundamentales van a ser concebidos como aquellos derechos que hacen a la esencia misma del Estado y fundan las disposiciones del ordenamiento jurídico. Es una concepción valorativa de los derechos fundamentales y busca que los derechos sociales sean comprendidos en ese contexto, de modo a ampliarlos en función de las respectivas circunstancias temporales y espaciales. Esta posición basa su entendimiento en que el ordenamiento jurídico de cada sociedad se funda en unos valores preexistentes o consustanciales con la tradición jurídica, al tiempo de responder a los valores democráticos y fundarse en la dignidad del ser humano.[23] El problema que ofrece esta tesis, en estado puro, es el de la delimitación de los derechos.

Desde el punto de vista formal, los derechos fundamentales son aquéllos expresamente reconocidos en las constituciones como tales, parámetro objetivo que servirá de guía al legislador, al juez y al funcionario público para encuadrar sus respectivas funciones. Si bien reconoce la carga valorativa de los derechos fundamentales, determina que su existencia e irradiación solo puede determinarse a partir de su reconocimiento en el ordenamiento jurídico/constitucional; de ahí su fundamentalidad, pero reconociendo su

---

23 Martín Borowski, *La estructura de los derechos fundamentales*, Traducción de Carlos Bernal Pulido, Universidad Externado de Colombia, Serie de Teoría Jurídica y Filosofía del Derecho, N° 25, Colombia (Bogotá), 2003. Defendiendo la misma tesis *Cfr.* Conrado Hesse, "Significado de los derechos fundamentales, en *Manual de Derecho Constitucional*, Marcial Pons, España (Madrid), 1996.

universalidad y conexión con valores morales. Es la tesis de Ferrajoli,[24] la que parte del reconocimiento expreso que hacen algunas Constituciones al listar un catálogo de los derechos fundamentales. La primera fue la Constitución alemana, a la que luego fueron siguiendo otros países, principalmente en Europa; pero fundada, sobre todo, en la jurisprudencia del Tribunal Constitucional Alemán desde el año 1951.[25]

Smitt conjuga ambas teorías y dice que los derechos fundamentales son las que fundamentan la existencia del Estado y que, por ende, aparecen reconocidos como tales en la Constitución.[26] Por su parte, Alexi[27] va a circunscribir una visión formal de los derechos fundamentales para reconocer que son tales los que expresamente se determinan de tal manera en las Constituciones, pero le va a dar un matiz peculiar al afirmar que también existen adscripciones que pueden desprenderse de las disposiciones constitucionales fundamentales, de modo que por vía de esa adscripción, por vía interpretativa, puedan extenderse los efectos "fundamentales" de las disposiciones a otros casos no determinados expresamente. A este efecto, el profesor alemán se va a valer de la diferenciación entre disposición y norma, justificando un análisis analítico pero en conjunción con "evaluaciones adicionales y, como fundamento de las mismas, conocimientos empíricos" [28] Con todo, la diferenciación entre disposición y norma, y como consecuencia de que ambas son derivaciones de los derechos fundamentales reconocidos, junto con el alcance operativo que le da a los principios (junto con las reglas), va a desprenderse nuevamente la preocupación por la extensión o delimitación de los derechos fundamentales. Para tranquilizar las aguas, Alexi va a ofrecer una estructura argumentativa que "racionaliza" el debate y ofrece coherencia a los fundamentos, al tiempo de embarcarlos en la dinámica de la sociedad globalizada y nueva gobernanza.

Aunque esta tesis de Alexi no es pacífica y ha recibido críticas respetables,[29] no obstante lo cual ha de rescatarse la estructura que ofrece para el debate y la exigencia de una explicación y explicitación suficientes del intérprete para fundar sus decisiones y respaldarlas en elementos objetivos; con lo cual se desnudan los argumentos y se exige una carga justificativa exhaustiva, ofreciendo al mismo tiempo una herramienta válida para conjugar la subjetividad inherente a toda interpretación que se realiza sobre valores y

---

24 L. Ferrajoli, J.J. Moreso y M. Atienza, *La teoría del Derecho en el paradigma constitucional*, segunda edición, Fundación Coloquio Jurídico Europeo, Madrid, 2009, pp. 29 y 50-51. Luigi Ferrajoli, "Principia iuris. Una discusión teórica", *Doxa*, Nº 31, 2008, pp. 393-434.

25 Carlos Bernal Pulido, en "Estudio introductorio" al libro de Robert Alexi, *Teoría de los derechos fundamentales*, Traducción y estudio introductorio de Carlos Bernal Pulido, segunda edición, Centro de Estudios Políticos y Constitucionales, España (Madrid), 2012, p. XXVII y ss. Aquí se destaca la mención expresa en la Ley Fundamental de la República Federal de Alemania, adoptada el 23 de marzo de 1949, aunque reconoce la referencia en constituciones (también alemanas) anteriores, pero aclarando que el desarrollo empieza con la labor del Tribunal Constitucional de dicho país a partir del año 1951, en interpretación de la Constitución del 49.

26 Carl Smitt, *Teoría de la Constitución*, segunda reimpresión, Alianza Editorial, Madrid, 1996.

27 Robert Alexi, *Teoría de los derechos fundamentales*, Traducción y estudio introductorio de Carlos Bernal Pulido, segunda edición, Centro de Estudios Políticos y Constitucionales, España (Madrid), 2012.

28 *Íbidem*, p. 27.

29 Puede consultarse unas síntesis sobre la oposición a la tesis de Alexi puede consultarse las críticas del profesor español Juan Antonio García Amado, en los siguientes enlaces: https://www.youtube.com/watch?v=bCBcrayDYp8 y http://www.garciamado.es/2015/02/un-ejemplo-de-alexy-sobre-buenas-ponderaciones-analisis-critico/. Fecha de consultas: 9 de marzo de 2017.

principios que rodean a conceptos elásticos e imprecisos, como los derechos fundamentales, lo que de cualquier manera conecta al Derecho con la moral.[30]

Desde mi punto de vista, el tema pasa por advertir que tanto las reglas como los principios contienen conceptualizaciones elásticas o poco precisas, los que permiten una configuración por la vía de la adscripción o interpretación, dado que, finalmente, todo gira en torno a la dignidad de la personalidad humana, a partir del reconocimiento expreso de dicha centralidad en todas las constituciones contemporáneas. Ello hace que deba recurrirse a la integralidad de los derechos, dada la transversalidad de los mismos y el compartimiento de ámbitos comunes en la razón práctica. Así, se hace difícil eludir la afectación a la dignidad humana cuando hablamos de derechos personales o sociales. No basta que el Estado respete las libertades básicas, sino que ofrezca condiciones dignas e igualitarias para el desarrollo de su personalidad y su participación activa en la vida democrática de los pueblos, esencia del renunciamiento recíproco que realizamos en el contrato social.

> "A diferencia del Estado de Derecho que atiende exclusivamente a un concepto formal de igualdad y libertad, en el Estado Social de Derecho la igualdad material es determinante como principio fundamental que guía las tareas del Estado con el fin de corregir las desigualdades existentes, promover la inclusión y la participación y garantizar a las personas o grupos en situación de desventaja el goce efectivo de sus derechos fundamentales".[31]

Con todo, los derechos sociales fundamentales van a exigir una acción u omisión estatal que tienda a garantizar los valores de la personalidad humana en un mundo que respete los derechos individuales, pero cuidando de corregir las desigualdades y buscando una integración efectiva de las personas en la sociedad, a partir de la participación democrática que requiere de salud, educación y facilidades para la mentada inclusión.

Al fin y al cabo, aun desde la perspectiva de la visión formal de los derechos fundamentales, dado que los principales principios reconocidos o contenidos en las Constituciones como garantía de la libertad y contra la arbitrariedad del poder, todos ellos pueden ser reconducidos al concepto abstracto de "dignidad humana", a partir de cuya conceptualización se pueden formular adscripciones (en los términos de Alexi) o vincularlos con los contenidos morales (de los que habla Ferrajoli) de las disposiciones para, finalmente, darle sentido y forma al resultado interpretativo que conduzcan a sostener la necesidad de proteger ciertos derechos sociales como vía para proteger la dignidad humana.

> "Se parte, por tanto, de la afirmación de que todos los derechos se fundamentan en la dignidad humana concretada en los valores de la libertad, igualdad, solidaridad y seguridad, valores que no son inmutables y objetivos sino flexibles y abiertos al diálogo intercultural y a la transformación de las necesidades humanas".[32]

> "Así, los derechos económicos, sociales y culturales no sólo son reflejo de la igualdad sustancial sino, al mismo tiempo, son derechos de integración que permiten crear las condi-

30 Marco Aurelio González Maldonado, *La proporcionalidad como estructura argumentativa de ponderación: un análisis crítico*, Novum, México, 2011.

31 Corte Constitucional de Colombia, Sentencia C-1064 de 2001.

32 Cristina Monereo Atienza, "Herramientas para una Teoría de los derechos sociales (Discusión doctrinal)", p. 270, puede consultarse en: https://dialnet.unirioja.es/descarga/articulo/2220973.pdf. Fecha de consulta: 10 de marzo de 2017.

ciones para una participación efectiva de los ciudadanos en una sociedad democrática. De ahí se comprende que muchos autores hayan utilizado un argumento de libertad para justificar los derechos sociales. La libertad es también fundamento de los derechos sociales".[33]

Haciendo un repaso por algunos derechos sociales (fundamentales) tenemos el derecho a la educación, a la salud, a una vivienda digna y al mínimo vital; los que hacen mella directa en la dignidad humana y pueden vincularse con derechos individuales positivizados en las diferentes Constituciones; como el derecho a la libertad, ya que para poder uno determinarse libremente debe conocer (estar educado) y sostenerse económicamente (con el mínimo vital) para no depender sus acciones de otros poderes fácticos, a más de precisar una atención sanitaria básica. Del mismo modo, para proteger el derecho a la propiedad, primero hay que delimitar lo que ha de entenderse por "propiedad", pues si no abarca el derecho a acceder a ella, no podría (por ejemplo) hablarse de tal derecho, para lo cual se precisa garantizar las condiciones mínimas para obtenerla, lo que implica la creación de condiciones para la generación de empleo, una vivienda digna y un salario mínimo vital, aunque sea solo para mantener la propiedad de cuanto posee. De allí las restricciones frente a los principios de libertad, generando "territorios inviolables" sobre la dignidad humana (según explica Bobbio), "cotos" vedados (en los términos de Garzón Valdés) o una "esfera de lo indecible" (tesis de Ferrajoli).[34]

De hecho, siguiendo dicho tren de ideas, puede advertirse que la solidaridad se construye en ese entrecruzamiento de derechos, balanceando las afectaciones que se producen a los intereses públicos y moldeando o regulando la conducta del ser humano o las personas jurídicas para precautelar las finalidades públicas, cuando las circunstancias lo ameritan. Como dijimos líneas arriba, la voluntad general e individual se encauza de modo que los poderes públicos y los particulares se orienten, pero no admitiendo un deber general de solidaridad o colaboración, sino que debe ser atendido en función a una regulación definida que haga el balance y determine los roles precisos en cada campo de actuación.

Otro factor que respecto de dicho balance es exigido por la necesaria existencia de intereses heterogéneos es el carácter universal de los derechos, esto es, la generalización para reconocer en todas las personas los derechos sociales; lo que hace advertir otro factor determinante: la escasez de los recursos. Esto implica un adecuado tratamiento de los derechos sociales, en la necesidad de un estudio previo para no hacer un reconocimiento vago o abstracto que pueda ocasionar aún más problemas. Por ejemplo, el reconocimiento del derecho a la salud es un derecho social, *a priori* universal, pero que debe analizarse un impacto en las arcas del Estado para definir las políticas públicas y las decisiones judiciales (de reconocimiento). Ante esta realidad, los gobiernos suelen limitar la cantidad de inversión en medicamentos disponibles o el grado complejidad asegurado por el Estado, bajo el entendido de que mayores complicaciones admiten mayores

33 *Íbidem*, p. 271.

34 Cristina Monereo Atienza, Teoría formal y material de los derechos fundamentales. Reflexiones en torno a la teoría de los derechos fundamentales de Luigi Ferrajoli", en *Cuaderno electrónico de Filosofía del Derecho,* Número 27, 2013. Puede consultarse en: https://ojs.uv.es/index.php/CEFD/article/view/1776/2978. Fecha de consulta: 9 de marzo de 2017.

gastos.[35] Esto implica que *ningún derecho constitucional es un derecho ilimitado y absoluto.*[36]

Por eso, en esa interrelación de principios y derechos, cabe reconocer un análisis de magnitudes para advertir la necesidad de darle prevalencia a uno u otro, en el entendido de que ninguno tiene carácter absoluto, porque lo contrario sería determinar una escala de principios o derechos (y valores), donde el que se encuentre primero prevalecería siempre frente a los que se encuentren en algún nivel inferior. Esa prevalencia solo cabe advertir frente al caso concreto, de manera a sopesar las diferentes circunstancias del caso concreto. Frente a los derechos que son reconocidos constitucionalmente cabe una correlación de otras reglas de juego, como el impacto financiero/presupuestario que implican los reconocimientos de los derechos sociales; de ahí que Alexi advierta con la necesidad de un reconocimiento (solo a priori) de los derechos para analizar las causas, alternativas y consecuencias de las decisiones, para luego dar respuesta a la necesidad de reconocer la función prestacional que se encuentra detrás de los derechos sociales (fundamentales). A tal efecto, el citado autor enlaza el reconocimiento de los derechos prestacionales con las siguientes condiciones: (i) si la prestación es urgente para garantizar el principio de la libertad fáctica, (ii) si se cumple con el principio de la división de poderes y de la democracia, donde debe reconocerse la competencia y limitación presupuestarias del Estado, (iii) así como la necesidad de considerar, confrontar y valorar los principios contrapuestos a los que se quiere proteger con el reconocimiento del derecho a la prestación, vinculada con la libertad de otras personas.[37]

En el marco de dicha correlación y entendimiento debe confluir el razonamiento en torno al derecho de acceso a la información y su contraparte, el deber de publicidad por parte del Estado, frente a la protección de los datos personales; donde, según las circunstancias, puede justificarse una publicidad de esos datos o exigirse su resguardo y privacidad. Por ejemplo, en muchos países (como Paraguay) la legislación prevé el deber de publicar la lista de funcionarios públicos con sus respectivos salarios, mientras que en otros países (como España) ello no está configurado como obligación en la legislación (acaso), por ser considerada como una información privada. El reconocimiento de los derechos y la forma de aterrizarlos, hacerlos exigibles y provocar su cumplimiento es una labor constructiva y de reconocimiento del contexto social, a partir del diálogo participativo y colaborativo que se construya sobre una idea común o una necesidad que surja (como normalmente ocurre) de las malas experiencias con los malos administradores públicos.

Por último, retomando las ideas antes expuestas, el derecho a un gobierno abierto se califica como un derecho social directamente imbricado en los derechos de información, de libertad de opinión, en los principios democrático y el republicano; pues para ejercer el derecho a estar informado el Estado de provocar y facilitar los datos, así como hacerlos amigables, debe hacer público los datos de interés, para que pueda hablarse de participación y elección pensada y libre de los representantes, así como facilitar el *accounta-*

35 G. Peces-Barba Martínez, "Escasez y derechos humanos", en J. Ma. Sauca (ed.), *Problemas actuales de los derechos humanos*, Universidad Carlos III/BOE, Madrid, 1994, pp. 193-213.

36 Sentencias del Tribunal Constitucional español: STC 11/1981, de 8 de abril y STC 181/1990, de 15 de noviembre.

37 Robert Alexi, Robert Alexi, *Teoría de los derechos fundamentales*, *Op. Cit.*, p. 454 y ss.

bility social de las instituciones republicanas; sin ataduras a los prejuicios de los medios de comunicación, al dinero de los políticos, a las precariedades; y con capacidad de que la ciudadanía se sienta parte de su gobierno, colaborando activamente con el desarrollo del país, esencia de la democracia y sus reglas.

4.2. La forma en que interactúan los derechos "sociales" fundamentales para el Derecho administrativo

No se puede construir una teoría de la Administración ni asegurar su autonomía frente al normativismo legal en una determinada fase de la evolución, debe conjugarse el desenvolvimiento de las instituciones del Derecho administrativo con la finalidad perseguida por las normas y el respeto de la libertad individual, en un marco de equilibrio que responda o enfrente los problemas que se suscitan en la práctica de cada ámbito de la Administración. Cada parte es diferente al resto o guarda peculiaridades diferenciadoras, lo que explica la diversificación de la Administración en varias esferas, así como la imposibilidad de una regulación unitaria de la materia.[38] El reto del Derecho administrativo está en concordar el Estado social de Derecho con la realidad administrativa, en un marco de garantías que permita el cumplimiento de los cometidos públicos y la defensa de los derechos de los administrados.

Pero, para establecer las competencias de la Administración y sus límites hay que ir por parte. La interpretación *in bonam parte* parece no admitir discusión, pues el respeto a los superiores valores constitucionales y la exigencia de que la ley respete el principio de proporcionalidad justifican ese tipo de interpretación. La actividad administrativa estará justificada y respaldada en cuanto ella sea dada para ampliar la esfera de los derechos de las personas, cuando se mejoren las condiciones del ejercicio de los derechos y se ofrezca un mejor servicio a la comunidad.

> "la habilitación de poderes exorbitantes y facultades de actuación debe ser previa y establecida en la Ley. Lo cual no significa que no puedan flexibilizarse las rigideces de la vinculación positiva extrema, en especial cuando las intervenciones administrativas pueden servir para proteger y ampliar la esfera de derechos e intereses de las personas".[39]

Es más, ello se erige en una exigencia constitucional, como refiere claramente el artículo 45 de la Constitución paraguaya que dice: "La enunciación de los derechos y garantías no reconocidos en esta Constitución no debe entenderse como negación de otros que, siendo inherentes a la personalidad humana, no figuren expresamente en ella. La

---

38 Ernst Forsthoff, *Tratado de Derecho Administrativo*, Instituto de Estudios Políticos, España (Madrid), 1958, pp. 80-81: "la misión de una teoría moderna de la Administración tendría que consistir en analizar las modalidades de la acción administrativa conforme a sus elementos reales y personales, y de este modo obtener una medida que permita conocer los límites de la Administración y dentro de ellos mostrar las exigencias personales y objetivas de una Administración óptima. Entonces a que tiene que responder en cada una de ellas –Administración interna, económica, financiera y cultural- difieren entre sí mucho más de lo que comúnmente se cree. El Derecho administrativo es, en esencia, la ejecución de específicas decisiones y distinciones jurídicas, que tienen por misión realizar finalidades jurídicas. Estas finalidades radican en el campo del equilibrio entre las necesidades estatales y la libertad individual. Sólo donde este equilibrio se realiza por medio de decisiones y distinciones específicamente jurídicas, las funciones estatales se elevan del nivel de los actos de mera ejecución y participan en la dignidad del Derecho. Así se caracteriza la substancia del Derecho Administrativo".

39 Ricardo Rivero, *Derecho Administrativo*, Ratio Legis, España (Salamanca), 2015, p. 130.

falta de ley reglamentaria no podrá ser invocada para negar ni para menoscabar algún derecho o garantía".

León Duguit advertía que, pasado el entusiasmo de la revolución y al tomar conciencia de las cosas, hay que dimensionar que los cometidos estatales deben girar en torno a la noción del "servicio público", sustituyendo el concepto de soberanía como fundamento del Derecho público, ya que el concepto de soberanía es una mera abstracción para justificar el uso del poder. Así, la justificación del uso del poder será la finalidad del cometido público y no una mera construcción metafísica como la utilización de la "excusa" de la soberanía para justificar usos y abusos de la Administración. El mismo Hauriou llegaría a decir también que *la soberanía y la ley no están ya en primera línea ni desempeñan el primer papel en la combinación práctica de las fuerzas.*[40]

El poder de dominación no es un derecho subjetivo del Estado, sino una función social que debe denominarse servicio público para dimensionar su alcance y cometido.[41] El servicio público, nos dice Duguit, va a ser la obligación que el ordenamiento jurídico impone a los gobernantes, ya que:

> "El fundamento del derecho público no es el derecho subjetivo de mando, es la regla de organización y de gestión de los servicios públicos".[42]

> "La conciencia moderna descarta las hipótesis metafísicas, por lo que la ley no puede ser un mandato de la voluntad soberana, sino solo expresión de la voluntad de los gobernantes. Fuera de esto, todo es ficción".[43]

Así, la finalidad de actividad pública, a través de sus agentes, será organizar los servicios públicos para garantizar su funcionamiento; a partir de lo cual surge un deber objetivo de los gobernantes, no un derecho.[44]

Ese signo finalístico de la actividad administrativa le va a conferir un carácter teleológico, el que no es ajeno a las otras ramas del Derecho, aunque en estas no sea tan dominante como en el Derecho administrativo. Prueba de ello es la pervivencia de esta rama jurídica sin que sus principios siquiera estén positivizados en muchos países, como en Paraguay (no hay una ley de procedimientos administrativos ni un código procesal propio), a pesar de lo cual fue construyendo su edificio sobre un conjunto de principios

---

40 Maurice Hauriou, *Précis de droit administratif*, sdi, 1909, p. 9.

41 Hasta la regulación jurídica de la esclavitud nació con una finalidad social: "prueba suficiente del reconocimiento *ab initio* del siervo como persona en el Derecho Romano, debe llamarse a la atención que en el Digesto la esclavitud es presentada como una medida que –en sus orígenes– buscó atenuar el rigor del derecho de guerra: D.1.5.4 (Fl. 9 inst.) 2. *Servi ex eo apellanti sunt, quod imperatores captivos vendere ac per hoc servare nec occidere solent*. La clemencia encentra la propia justificación en la parentela entre todos los pertenecientes a la *societas* humana y en la consiguiente prohibición de lastimar al propio igual [...] Asesinar al enemigo es legítimo hasta tanto sea capaz de perjudicar, no es más una vez que haya sido neutralizado con la prisión". Maurizio De Oliveira Lagoa Sforza, "El siervo, una persona", pp. 509-546, *Revista de la Facultad De Derecho y Ciencias Sociales U.N.A.*, Universidad Nacional de Asunción, Paraguay (Asunción), 2009, p. 532.

42 León Duguit, *Las transformaciones del Derecho Público*, Traducción con estudio preliminar de Adolfo Posada y Ramón Jaén, Librería Francisco Beltrán, España (Madrid), sai, p. 117.

43 *Idem.*

44 Recordemos que para Duguit el Derecho es una creación psicológica de la sociedad para garantizar la convivencia social, la organización y la atribución de responsabilidades; determinantes para asegurar la prestación de los servicios públicos.

que se han consolidado en sede doctrinal y jurisprudencial (legalidad, ejecutividad, in dubio pro actione, informalidad a favor del administrado, buena fe, proporcionalidad, etc.); aunque cabe reconocer que no sin trastrabilleos al principio.[45] En Brasil y Bolivia, por ejemplo, ni siquiera existe una jurisdicción especializada para lo contencioso administrativo (entendido en el fuero común/civil), lo que no ha impedido la consolidación de institutos propios y diferenciados del Derecho civil.

Esa peculiaridad finalística hace operables los principios construidos aun en contra de una disposición legal expresa, cuando la razonabilidad o circunstancias lo ameritan, como sucede con el principio de proporcionalidad en las sanciones, con las medidas o el "permiso" de corregir omisiones secundarias en las peticiones a la Administración (principio de informalidad a favor del administrado),[46] el derecho a la defensa aun cuando la ley contenga una consecuencia jurídica y no prevea un procedimiento previo, etc. Esa forma de aplicar el Derecho es lo que iba a conceder al método teleológico carta de ciudadanía en el Derecho administrativo.[47]

Con el método teleológico se busca la finalidad de la ley para hallar la coherencia normativa. Sin embargo, los juicios de Nüremberg van a demostrar que la ley ya no se identifica con el Derecho, cuando la ley es injusta y atenta contra los derechos inmanentes de la personalidad humana. Así, aun cuando los funcionarios de Hitler se adecuaban a los preceptos normativos y faltaban normas sancionadoras de sus conductas, violaron el Derecho y por ello fueron juzgados y condenados. Fue así porque había un principio general del Derecho que reconoce y consagra el respeto a la dignidad de la personalidad humana. Perelman dirá:

> "Hay principios que aunque no constituyan objeto de una legislación expresa, se imponen a todos aquellos para quienes el derecho no es sólo expresión de la voluntad del legislador, sino de los valores que tiene por misión promover, entre los cuales figura en primer plano la justicia".[48]

---

45 Bonifacio Ríos Avalos, "El Código Civil y la Responsabilidad del Estado", pp. 841-858, *Derecho Privado*, La Ley, Paraguay (Asunción), 2007.

46 Como cuando se presenta un recurso mal denominado o ante una autoridad jerárquica diferente a la que tiene que resolver la pretensión.

47 Ernst Forsthoff, *Tratado de Derecho Administrativo, Op. Cit.*, p. 228 y ss.; p. 230: "La aceptación del elemento teleológico en la aplicación del Derecho significó un desvío consciente de los principios conceptualistas y constructivistas sobre la aplicación del Derecho propios del positivismo, el cual, partiendo del dogma de la plenitud del ordenamiento jurídico como un todo unitario y sin lagunas, aceptó el principio de que la ley tenía que interpretarse desde la ley y sólo desde la ley. En Derecho administrativo pesa decisivamente el hecho de que el mismo Estado, que es sujeto de la Administración, no puede reducirse a un esquema racional, ni en cuanto a su forma externa visible, ni en cuanto a sus fines"; p. 232: "Mientras que el Derecho civil y el Derecho penal han cristalizado en una regulación codificada, sistemática aun cuando no completa, y que ha dado expresión normativa a lo esencial, el Derecho administrativo se presenta en una multitud de normas jurídicas (leyes, reglamentos, ordenanzas), cuyo contenido generalmente es incompleto, de suerte que hay que recurrir a los ´principios jurídicos reconocidos´ para que ayuden a completar la base jurídica del obrar administrativo"; p. 234: "…hay que reconocer que la supuesta falta de forma normativa del Derecho administrativo es dada inmediata y necesariamente con la función de la Administración e irá siempre unida a ella. Por lo demás, esto constituye precisamente un atractivo del Derecho administrativo como objeto científico, por cuanto que en él la averiguación y la aplicación del Derecho tiene que dominar una escala extraordinariamente rica de posibilidades lógicas, que van desde la más estricta ordenación legal hasta los principios no escritos".

48 Ch. Perelman, *La lógica jurídica y la nueva retórica*, Civitas, España (Madrid), 1988, p. 97.

La dimensión del Derecho a partir de los principios (fundamentales, constitucionales y generales del Derecho) es el punto donde se condensan los grandes valores jurídicos que constituyen la esencia de un determinado ordenamiento, encuadrándolo por materias, primero, pues cada rama específica del Derecho va formulando sus cánones y el Derecho administrativo no es ajeno a ello; para luego encontrar que a todo tipo de rama jurídica se aplican principios que son universales (como el de igualdad, bien común y otros). Así, habrá de notarse que el sistema jurídico propone una serie de valores que lo justifican, deben ser tenidos en cuenta y que se presentan como obligatorios para cualquier autoridad encargada de una actividad orientada a satisfacer el interés público. La búsqueda de estas finalidades tiene el carácter de deber (antes que poder), lo cual caracteriza a la función pública en sentido jurídico;[49] entendiendo que el poder es otorgado al Estado para satisfacer el interés general, lo que es conducido, dentro del Derecho, por los principios que se van proclamando para una mayor eficiencia en la tarea interpretativa. Los principios sirven "para dilucidar el sentido de una norma o dar la razón de ella y hasta para integrar nuevas formulaciones jurídicas".[50]

En el contexto del Estado democrático y social de Derecho, el Estado (poder) se somete a la razón y no la razón al poder, el Derecho se convierte en un instrumento para racionalizar el poder y su consecuencia es que las decisiones no se justifican ya por la autoridad de quien los dicta, sino por razones prácticas y criterios positivizados en una esfera de posibilidad fáctica. Siendo así, el presupuesto del nuevo Derecho es la razón práctica.[51]

> "El Estado es el ejercicio racional del poder público. Reconocerle todo ese espacio, pero también encerrarle en él, es el verdadero objeto de una Teoría del Derecho Público".[52]

Lo pone de manifiesto Ibáñez: el intérprete–aplicador del Derecho es co–legislador al atribuir significado a la norma, tiene una dimensión creadora que hay que asumirla, de modo que abramos los ojos frente al autismo/monólogo que se hizo tendencia y se ve reflejado en la falta de motivación de las sentencias y de los actos administrativos. Lo peligroso, nos recuerda el mismo autor, no es a dónde nos puede llevar ese entendimiento, porque ya nos trajo y aquí estamos; lo peligroso es la falta de conciencia que impide preparar adecuadamente al jurista que precisa nuestra época.[53]

Además, si notamos que las leyes contienen expresamente principios y directrices, junto con las reglas, la conjugación y optimización de los principios debe provocar que esa interacción sea explicitada en la fundamentación de las decisiones administrativas,

---

49 *Cfr.* Celso Antonio BANDEIRA DE MELLO, en *Discricionariedade e controle jurisdicional*, 2da. ed., Malheiros, Brasil, 1993, p. 13.

50 Juan Carlos CASSAGNE, *Los Principios Generales del Derecho en el Derecho Administrativo*, Abeledo-Perrot, Argentina (Buenos Aires), 1992, p. 43.

51 Manuel Atienza, "Sobre el control de la discrecionalidad administrativa. Comentarios a una polémica", en *Revista Española de Derecho Administrativo*, N° 85, Civitas, España (Madrid), enero-marzo de 1995.

52 Maurice Hauriou, *Précis de droit administratif*, *Op. Cit.*

53 Perfecto Andrés Ibáñez, "Legalidad, jurisdicción y democracia", *puede consultarse en:* http://ilsa.org.co:81/biblioteca/dwnlds/dyj/jyd01/jyd01-legalidad.pdf (6 de marzo de 2017).

para que no aparezcan menciones a uno o más principios, sin determinar por qué se escoge uno y no otro que *a priori* se puede contraponer.[54]

La distinción entre reglas y principios en la configuración del ordenamiento jurídico actual resulta particularmente compleja, porque depende de criterios no formulados en forma de todo o nada, sino en términos relativos, como el grado de abstracción (los principios poseen un alto grado y las reglas una abstracción reducida), el grado de determinabilidad frente a los casos concretos (los principios son vagos e indeterminados y las reglas son susceptibles de aplicación directa), el carácter fundamental en el sistema de fuentes (los principios tienen un papel estructurante debido a su posición jerárquica / constitucionalización de los mismos), la proximidad a la idea del Derecho (los principios son estándares de exigencia de justicia y las reglas pueden ser normas vinculantes con un contenido meramente funcional) y la naturaleza normativa (los principios se configuran también como fundamento de las reglas y tienen un identidad irradiante sobre todo el ordenamiento jurídico).[55]

Cabe tener presente que el principio de legalidad implica que la Administración se encuentra vinculada a la ley y al Derecho, por lo que la configuración de este último en reglas y principios afecta también al Derecho administrativo, ámbito donde tal vez los principios adquieren mayor relevancia, debido a su carácter no codificado y a la dificultad con que tropieza su codificación, por incumbir su radio de acción a instituciones de diversas índoles y con estructura funcional diferenciadas entre sí.

Siguiendo dicho tren de ideas, los principios dejan de ser simples declaraciones desprovistas de cualquier vinculación para constituirse en fundamentadores y ordenadores de todo el sistema, lo cual implica que son mandatos obligatorios delante de cualquier persona pública o privada, esto es, tienen aplicación directa.[56] Lo que queda es la comprensión de que la tarea de interpretación normativa se desenvuelve en este campo, por más que ello traiga intranquilidad, pues los paradigmas cambian y la anhelada seguridad jurídica y certeza judicial son cosas de una etapa superada por la contingencia del mundo en que vivimos; por lo que sería un error pretender seguir aferrándose a la literalidad de la interpretación haciendo caso omiso a los avatares de la vida (jurídica).[57]

---

54 Marco Aurelio González Maldonado, *La proporcionalidad como estructura argumentativa de ponderación: un análisis crítico*, Novum, México, 2011.

55 J.J. Gomes CANOTILHO, *Direito Constitucional y Teoria da Constitucao*, quinta edición, Almedina, Portugal (Coimbra), 2002, pp. 1143-1147.

56 *Ibidem*, p. 1160 y ss.

57 Para una caracterización de la modernidad o posmodernidad (aquí lo utilizamos como sinónimos en virtud a que de tal manera lo utilizan diversos autores), véase A. GIDDENS, Z. BAUMAN, N. LUHMANN, U. BECK, *Las consecuencias perversas de la Modernidad. Modernidad, contingencia y riesgo*, Josetxo Beriain (Comp.), trad. Celso Sánchez Capdequí, Anthropos, España (Barcelona), 1996. En tal obra, GIDDENS nos refiere en la página 35 que: "...la vida social moderna está caracterizada por un profundo proceso de reorganización del tiempo y del espacio, emparejado con la expansión de mecanismos de desmembración... La reorganización del tiempo y del espacio añadida a los mecanismos de desmembración radicalizan y globalizan los rasgos institucionales de la modernidad; transforman el contenido y la naturaleza de la vida cotidiana. En el marco de lo que denomino modernidad 'superior' o 'tardía' -nuestro mundo de la presente cotidianidad- el sí-mismo, como los contextos institucionales más amplios en los que el existe, tiene que hacerse reflexivamente. Sin embargo, **esta tarea debe llevarse a cabo entre una confusa diversidad de opciones y posibilidades**". Giddens continúa diciendo, asimismo, en la página 36, que "la modernidad es una cultura del riesgo", y en las páginas 67 y 68: "El ímpetu de cambio más o menos constante, profundo y veloz, como característica de las instituciones modernas,

El Estado de Derecho es el estado de la razón, lo que debe verse reflejado en el *considerando* de las resoluciones administrativas, en la búsqueda de convencimiento al auditorio universal del que habla Perelman,[58] con una exposición fundada y clara de la motivación que justifica las acciones que se toman.

Con esta dinámica no será válida cualquier "razón", sino la exposición de las prescripciones legales, sus finalidades y la naturaleza de sus instituciones, en confrontación con las diversas alternativas posibles y la razonabilidad de las determinaciones asumidas.[59] A partir de buenos argumentos se pueden construir mejores argumentos, en la

---

unido a la reflexividad estructurada, supone que en el nivel de la práctica diaria, así como en la interpretación filosófica, **nada puede ser dado acríticamente por supuesto**. El comportamiento que es apropiado para nuestros días, mañana puede ser visto de forma muy distinta a la luz de nuevas circunstancias o en virtud de otras exigencias en el orden del conocimiento. Al mismo tiempo, habida cuenta de que diariamente muchas operaciones entran en juego, las actividades están adecuadamente rutinizadas mediante su recombinación a través del espacio-tiempo". Cabe resaltar, en el mismo sentido, a Zigmunt Bauman, quien, en la página 73 de la obra en comento sostiene: "la ambivalencia no es producto de cierta patología del lenguaje o del discurso. Se trata, más bien, de un aspecto normal que surge a cada momento en la práctica lingüística", en la página 76 continúa diciendo: "La lucha contra la ambivalencia es, por ello, autodestructiva y autopropulsora. Tal lucha perdura con un vigor desmedido ya que al pretender resolver los problemas de ambigüedad los fomenta. Su intensidad, sin embargo, varía con el tiempo dependiendo de la disponibilidad de fuerza suficiente para controlar el volumen de ambivalencia, y también de la mayor o menor conciencia de que la reducción de la ambivalencia es un problema del descubrimiento y aplicación de la tecnología apropiada: un problema de ingeniería", en la página 85 manifiesta que "La modernidad es lo que es –una marcha obsesiva hacia adelante– , no porque quizás siempre quiere más, sino porque nunca avanza bastante; no porque incremente sus ambiciones y retos, sino porque sus retos son encarnizados y sus ambiciones frustradas. La marcha debe proseguir ya que todo **lugar de llegada es una estación provisional**". Encontramos el mismo concepto en LUHMANN, cuando en las páginas 134, 135, 136 y 141 de la citada obra dice: "…**hay demasiadas razones por las que algo de manera improbable puede cambiar su curso como para considerarlas en un cálculo racional**. …las pretensiones de racionalidad se encuentran progresivamente en una relación precaria con el tiempo. …basta, primeramente, con aceptar, en referencia a las consecuencias de diversas decisiones, las diferentes funciones de beneficio y las distribuciones de la probabilidad y, en segundo lugar, caracterizar la decisión como arriesgada en virtud de la variabilidad de resultados. La renuncia al riesgo supone, bajo las condiciones actuales, renuncia a la racionalidad. …la seguridad absoluta es inalcanzable, Siempre puede ocurrir algo inesperado". (las negritas son nuestras). Así, puede notarse las razones por las cuales las reglas van cediendo paso a los principios, pues, ante la imposibilidad de una previsión de todas las posibles hipótesis, se previene tal situación con el establecimiento de aquéllos (principios) para así adecuarlos a los posibles casos que se presenten, de cuya consecuencia resultan normas más generales que embarcarían más efectivamente las contingencias.

58 Perelman utiliza el concepto "auditorio universal" para referirse a todas las personas interesadas en las decisiones, de modo que los argumentos utilizados puedan ser contrastados con otros argumentos, lo que es común en doctrina, para construir, reafirmar o modificar las razones utilizadas. Las razones deben también considerar las razones contrarias y, en su caso, rebatirlas con argumentos claros y objetivos, así como deben justificar las premisas utilizadas, de modo a *"provocar y acrecentar la adhesión de los espíritus a tesis que se presentan para su asentimiento"*. Ch. Perelman, *La lógica jurídica y la nueva retórica, Op. Cit.*, p. 139. Esta retórica, dice Perelman, tiene por objeto (i) tratar de persuadir por medio del discurso, (ii) demostrar la veracidad de las premisas utilizadas, (iii) que la intensidad de la adhesión a una tesis puede ser de una intensidad variable y (iv) que no se refiere tanto a la verdad como a la adhesión. La finalidad del discurso jurídico (justificación de las premisas y decisiones) debe tener por finalidad el convencimiento de la objetividad y racionalidad. La argumentación presupone "el deseo de realizar y de mantener un contacto con inteligencias, de querer persuadir en el orador y querer escuchar en el auditorio". *Íbidem*, pp. 142-143.

59 Como refiere Prieto Sanchís: "El razonamiento del jurista deja de ser una actividad meramente cognoscitiva para convertirse en una actividad creadora de Derecho. Ciertamente, no de una creación libre o arbitraria, sino de una creación guiada y encauzada desde el mismo orden jurídico, y que pretende alcanzar

medida en que las razones se expongan a la crítica y satisfagan el deseo de objetividad del justiciable.[60]

Este proceso dialéctico y mayor esfuerzo por justificar las premisas utilizadas (y no darlas por satisfechas) va a provocar el *contacto entre inteligencias* para llegar a las raíces de las motivaciones y construir argumentos más profundos. Lo contrario es la superficialidad y la justificación de motivos con premisas no explicadas, sino dadas como supuestas o simplemente no dar respuesta, ocultar la justificación. Cuanto más cuestionable o trascendente sea la determinación asumida, tanto más cargado debe estar el *considerando* de la misma, para que la actividad, respuesta o intervención sea clara y se pueda advertir su razonabilidad. Todo acto de la administración debe responder a motivos objetivos, razonados y plausibles, los que deben manifestarse para poder ser aprehensibles.[61]

Baste el hilo conductor para advertir la raíz del asunto: la actividad del funcionario público solo se justifica en la medida que tienda a prestar el servicio público a su cargo, lo que exige una rendición de cuentas constante para justificar el ejercicio de su poder, solo dado para la prestación eficiente de ese servicio y sin lo cual pierde legitimidad, legalidad y razón de ser en su cometido. Si esto es así, la prestación eficiente del servicio debe ser acreditada y para ello solo puede valerse de la apertura de los datos a la ciudadanía, de modo que esta pueda evaluar la gestión y manifestar su conformidad o disconformidad. Más adelante veremos como este control social también incide en la mejor prestación de los servicios.

Basado en dicho entendimiento puede comprenderse que en el Preámbulo mismo de la Carta Iberoamericana de los Derechos y Deberes del Ciudadano, aprobado por el Centro Latinoamericano para el Desarrollo (CLAD) se diga que: "La buena Administración Pública es, pues, una obligación inherente a los Poderes Públicos en cuya virtud el quehacer público debe promover los derechos fundamentales de las personas fomentan-

---

soluciones coherentes con éste; pero creación, al fin y al cabo". Luis Prieto Sanchís, *Apuntes de teoría del Derecho*, tercera edición, Trotta, España (Madrd), 2008, p. 212. Sosteniendo una tesis contraria (positivista), Alchourrón y Bulygin dirán: "Justificar normativamente la calificación deóntica de una conducta por medio de un sistema normativo consiste en mostrar que de ese sistema se infiere (es consecuencia del sistema) la obligación, la prohibición o la permisión de la conducta de que se trata". Carlos Eduardo Alchourrón y Eugenio Bulygin, *Sistemas normativo. Introducción a la metodología de las ciencias jurídicas*, segunda edición, Astrea, Argentina (Buenos Aires), 2015, p. 236. El punto en común entre ambas tesis podría encontrarse en que los principios generales del Derecho, la finalidad de las instituciones contenidas en las disposiciones legales permiten extraer premisas a ser utilizadas en la aplicación del Derecho, lo que converge con la tesis finalista y razonada del Derecho. Como dice Guastini: "De hecho, la noción de fuente ampliamente dominante en la doctrina jurídica parece no ser puramente material ni puramente formal, sino mixta. En el sentido de que, para identificar las fuentes del derecho, los juristas usan tanto un criterio formal como un criterio material. a) Por un lado (criterio formal), tienden a considerar fuentes del derecho todos los actos y hechos que están autorizados para producir normas, también cuando, de hecho, no tienen contenido normativo (como ocasionalmente sucede). b) Por otro lado (criterio material), tienden también a considerar fuentes del derecho todos los actos y hechos que, de hecho, producen normas, incluso si no existe una norma sobre la producción jurídica que los autorice a producirlas". Ricardo Guastini, *Distinguiendo. Estudios de teoría y metateoría del derecho*, Gedisa, España (Barcelona), 1999, p. 88.

60 Un texto donde se ejemplifica cómo interactúan y se complementan la razón y los valores puede leerse en Jurgen Habermas y Joseph Ratzinger, *Entre razón y religión. Dialéctica de la secularización*, Fondo de Cultura Económica, México, 2008.

61 Luis Enrique Chase Plate, *La Motivación del acto administrativo*, sdi, Paraguay (Asunción), 1978.

do la dignidad humana de forma que las actuaciones administrativas armonicen criterios de objetividad, imparcialidad, justicia y equidad, y sean prestadas en plazo razonable. La buena Administración Pública adquiere una triple funcionalidad. En primer término, es un principio general de aplicación a la Administración Pública y al Derecho Administrativo. En segundo lugar, es una obligación de toda Administración Pública que se deriva de la definición del Estado Social y Democrático de Derecho, especialmente de la denominada tarea promocional de los poderes públicos en la que consiste esencialmente la denominada cláusula del Estado social: crear las condiciones para que la libertad y la igualdad de la persona y de los grupos en que se integra sean reales y efectivas, removiendo los obstáculos que impidan su cumplimiento y facilitando la participación social. En tercer lugar, desde la perspectiva de la persona, se trata de un genuino y auténtico derecho fundamental a una buena Administración Pública, del que se derivan, como reconoce la presente Carta, una serie de derechos concretos, derechos componentes que definen el estatuto del ciudadano en su relación con las Administraciones Públicas y que están dirigidos a subrayar la dignidad humana. La Administración Pública debe estar al servicio objetivo de los intereses generales. Unos intereses que en el Estado Social y Democrático de Derecho ya no se definen unilateralmente por las Administraciones Públicas. Por el contrario, los Poderes Públicos deben salir al encuentro de los ciudadanos para que de forma integrada y armónica se realice la gran tarea constitucional de la construcción democrática, profundamente humana, solidaria y participativa, de las políticas públicas. Una función que en este tiempo debe diseñarse desde las coordenadas de la participación social".

5. Imbricación en la forma de entender la "función pública"

Ya que la Administración pública es la encargada de llevar a cabo los cometidos públicos, bien merece hacer una breve referencia a los factores que determinan su configuración, ya que ella ha ido evolucionando con el tiempo.[62]

5.1. El primer modelo conocido fue el **clásico o burocrático**, cuyo propulsor principal fue Max Weber. Consistía en organizar una estructura rígida, vertical y celosa del ritual. Es el modelo que intenta centrar su eficiencia en el reparto piramidal de funciones, distribución de responsabilidades y cumplidoras estrictas de los procedimientos que garanticen la ecuanimidad de las decisiones, luego de adoptarse las precauciones necesarias que faciliten el control y la identificación de los responsables.

Su finalidad era el respeto irrestricto al principio de legalidad e imparcialidad, y aquella es prevalente incluso a los resultados, a la eficacia. Este modelo buscaba precautelar la integridad de la función pública, pero al mismo tiempo se lo endilga de "cerrado" por no propiciar ni preocuparse de la participación ciudadana, asumiendo el aparato público la exclusividad de la definición y control de la gestión pública. El Estado se ocupaba de todo y se potencia con la aparición del Estado del Bienestar, con lo cual ha aumentado considerablemente el aparato administrativo.

Como consecuencia, se ha expandido la Administración con muy poca capacidad de dar respuesta oportuna y eficiente a los problemas que se presentaban, debido la inflexibilidad de las normas, los procedimientos y la jerarquía. Esto hizo repensar la estructura

62 Joaquín Sánchez Trigueros, *Op. Cit.*

organizacional en la búsqueda de eficacia y satisfacción de una cada vez mayor demanda social.

5.2. Irrumpe **el *neogerencialismo* o la Nueva Gestión Pública**, corriente liberal, para meter el dedo en la llaga, señalar las ineficiencias, los fracasos y la obsolescencia del modelo burocrático, al tiempo de abonar nuevas fórmulas para solucionar los problemas, facilitando las soluciones.

Como bien lo apunta Ferraro,[63] los postulados del neogerencialismo son: la nula intervención estatal en la economía, ya que el mercado es autosuficiente y la actuación de los organismos públicos debe ser diseñada como si fueran actores del sector privado; también se postula que la contratación con la gerencia pública debe obedecer a una retribución por resultados, procurando así la generación de incentivos en la labor gubernativa. Propende, sobre todo, la privatización de las empresas estatales.

Con esta forma de organización, la preocupación está dada por alcanzar resultados, para cuyo efecto se propugnan formas privadas de organización, flexibilización de las normas. Una visión gerencialista y basada en incentivos para motivar al funcionariado, al tiempo de separar las funciones para que exista una especialización de funciones que ofrezca soluciones concretas a los problemas concretos.

Sin embargo, como producto de dicho pensamiento, ha proliferado la creación de nuevas entidades y se ha descuidado la coordinación de las actividades, lo que ha generado ámbitos comunes de competencia, falta de coordinación y duplicación de esfuerzos con datos parciales para responder a problemas globales. Esto, junto con el olvido de involucrar a la ciudadanía, a la persona, para la toma de decisiones, ha generado su fracaso; dado que estimaba que las necesidades sociales iban a ser satisfechas por el mercado, con lo cual ha perdido su norte.

Como herencia puede considerarse a la creación de varias agencias independientes que actúan de manera descoordinada (al haber muchas, se hace difícil y receloso el intercambio de información) y esto provoca no pocos problemas de coordinación y de deslinde de responsabilidades.[64] Un reflejo de tales observaciones se representa en el análisis realizado por Chase Plate,[65] donde se da cuenta de esta discordancia operativa y del caos que se presenta cuando existe más de una institución que se considera competente para ciertos asuntos, generándose una disputa que tarda algún tiempo en ser solucionado. Estas disputas, a su vez, generan roces y ocultamiento de información entre instituciones que debieran colaborar en el marco de acciones conjuntas.

Es curioso, pero el más patente resabio de ello constituye el sistema presidencialista modelo del presidencialismo americano, los EE.UU., país donde existe un sistema de agencias independientes (tanto del poder ejecutivo como del poder legislativo), en contraposición de los sistemas presidenciales latinoamericanos donde el aparato burocrático depende del poder ejecutivo. La curiosidad viene dada porque se ha copiado solo una parte del modelo presidencia, un poder ejecutivo fuerte, acaso obnubilado por el caci-

63 En *Íbidem*, p. 123 y ss.

64 Un estudio en la doctrina donde se destaca en otros países esta relativa independencia de las instituciones públicas, del parlamento y hacia él, puede verse en *La modernización del Estado. El camino a seguir*, INAP – OCDE, Madrid, 2006.

65 En Luis Enrique Chase Plate, "La función pública en Paraguay", voz en *La profesionalización de la Función Pública en Iberoamérica*, INAP, Madrid, 2002, pp. 175 a 206.

quismo latinoamericano; pero desentendiéndose de involucrar al legislativo en la labor gubernativa. Ello ha producido un efecto sobre el que luego volveremos: la falta de entendimiento entre el ejecutivo y el legislativo, la ausencia de correspondabilidad del Congreso en las políticas públicas, lo que ocasiona problemas de gobernabilidad y falta de interés en el resultado de las acciones del gobierno o, más bien, el interés legislativo por el fracaso de las acciones del gobierno para obtener rédito electoral en las siguientes elecciones. Esta falta de preocupación, por falta de responsabilidad, suele desembocar en crisis institucionales, por lo que no puede escapar del análisis de una estructura administrativa que pretenda ser eficiente.

5.3. Se presenta **el neoweberianismo o la Nueva Gobernanza** buscando paliar las debilidades de los modelos antes descritos, llamando la atención en el eje sobre el que debe girar toda reforma estatal: la interacción con la sociedad, el gobierno asociado y la necesidad de centrar la vista en las necesidades sociales. Para ello se vale de un objetivo clave, la recuperación del espíritu público.

Como es lógico suponer, las consecuencias negativas de los modelos buorcrático y neogerencial hicieron que se replantee el tema de la orientación que debe tener una reforma del Estado (o de la burocracia). Ha quedado claro que a un esquema organizativo debe también seguir una serie de medidas que coadyuven a lograr una administración más eficiente; medidas tales como la profesionalización de la función pública, retribución digna e incentivos a los funcionarios, acceso meritorio a los cargos, recuperación del espíritu público (muy desvalorizado), un refuerzo de las relaciones interorganizacionales y una propensión a dar mayor participación a los actores sociales en el diseño de las políticas públicas.

Todo ello, recuerda Ferraro,[66] sostiene y justifica la tendencia actual a darle mayor razón a las premisas de la corriente neoweberiana, la que se basa en los principios antes indicados, a consecuencia del fracaso de las propuestas neogerenciales y la necesidad de una reformulación de weberianismo clásico, destinados a reforzar el espíritu e intervención del servicio público, pero con un cambio de paradigma: los sectores privados afectados deben tener activa participación en la formulación, control y redefinición de las políticas estatales, de modo a complementar la democracia representativa. Sobre todo, se postula una orientación a darle mayor importancia a los resultados que al apego irrestricto a las formalidades, hay que conseguir los mejores resultados y a ello debe apuntalar cada organización pública.

Estas ideas parecen haber calado en leyes nacionales donde se prevé, entre otras cosas:[67] una justa retribución salarial; la implementación del servicio civil de carrera, basado en la profesionalización de la función y el acceso por medio de concursos, de modo a incentivar la preparación de los recursos humanos, con lo cual, a su vez, se genera un orgullo el pertenecer al aparato estatal, pues se revaloriza su cargo y se va creando una

66 En *Reinventando el Estado…*, *Op. Cit.*

67 Un ejemplo se tiene con la confrontación de estos datos en Paraguay: "Hoy tenemos que el 40% de los ingresos al sector público, desde agosto del 2008 hasta ahora, se produjeron a través de concursos públicos de oposición. Pasamos del 0% al 40%. Esto significa que 31.410 personas se postularon y 11.620 cargos fueron concursados hasta febrero de este año. Falta el 60% porque no tenemos instalados todos los mecanismos que vuelvan esto obligatorio, un sistema de bloqueo a un nombramiento o un contrato que no se realiza mediante el procedimiento adecuado, pero este mecanismo lo (que) estamos construyendo". Francisco BORRÁS MARIMÓN, *La reforma del Estado: la dinámica de Paraguay… Op. Cit.*

identidad pública que enorgullece las tareas; se crea una memoria institucional que ayuda a resolver más rápido similares problemas que se presentan en el tiempo y evita cometer los mismos errores del pasado; se da un control y una redefinición de las políticas públicas gracias al seguimiento proyectado; se promueve la capacitación permanente de los funcionarios; se crea un sistema colaborativo y participativo que incita las consulta ciudadanas y sectoriales, así como la inclusión de la representación social o sectorial en los órganos de decisión, etc.

La idea central de esta nueva forma de concebir el ejercicio del poder es la aceptación de que el funcionario público pierde su papel central, adquiere un rol colaborativo y facilitador en la toma de decisiones, aunque ello no implique sacarle la última palabra para tomar las decisiones, pero implica un proceso previo que debe impulsar, buscando siempre expandir las redes (formales e informales) a través de la tecnología pero, al mismo tiempo, sin descuidar las relaciones interpersonales y las redes clásicas. El rol, cabe reconocer, es más complejo de lo que parece, ya que se deben conjugar los diferentes intereses sectoriales y velar por la protección de la minoría indefensa (ya que siempre tendrán mayores posibilidades de participación los sectores más pudientes o mejor organizados) y del interés general. Es el problema más difícil de sobrellevar, lo que a su vez exige un mayor esfuerzo y más capacidad de gestión.

Pero los beneficios bien merecen el esfuerzo, ya que con esas medidas se logar generar mayor confianza ciudadana en el gobierno, garantizar mejores resultados a menor coste, elevar los niveles de cumplimiento de los deberes ciudadanos, asegurar la equidad de acceso a la formulación de políticas públicas y fomentar la innovación y nuevas actividades en beneficio de la sociedad, al tiempo de mejorar la eficacia mediante el aprovechamiento de los conocimientos y los recursos de los ciudadanos que de otra forma se enfrentan a barreras para participar.[68]

5.4. Un punto que solía ser descuidado cuando se hablaba de reforma del Estado o cuando se estudiaban las alternativas para una Administración eficiente era el de la **gobernabilidad o entendimiento entre los poderes ejecutivo y legislativo**. La omisión es atribuida a la separación que se dio entre la Ciencia Política y Ciencia de la Administración, desde que se los empezó a estudiar en forma autónoma, como si cada una pudiera funcionar sin la otra. De este modo, la ciencia política perdió el componente de la realidad que lo haga aterrizar en lecciones provechosas para concretar una finalidad útil. Del mismo modo, la ciencia de la administración intentó construir un sistema al margen de las vicisitudes y los problemas políticos, no pudiendo al efecto contribuir con esquemas de solución cuando los resquemores del ambiente político obstruyen la toma de decisiones de política pública. Al fin y al cabo, el sistema representativo de la democracia exige econtrar alternativas para que puedan adoptarse decisiones en un mundo tan heterogéneo, social e ideológicamente.

Aunque a muchos asusten las recomendaciones de Maquiavelo (en El Príncipe), ellas estaban orientadas, justamente, a que el príncipe tome decisiones que puedan ofrecer gobernabilidad. Eran otros tiempos, eso está claro, por lo que no cabe mirarlo con las lentes del siglo XXI. Hoy vivimos en democracia y son otras las herramientas con las

68 Expert meeting on "Building an open and innovative government for better policies and service delivery", OCDE, Paris, 8-9 June 2010, puede consultarse en http://www.oecd.org/gov/46560128.pdf (3 de marzo de 2017).

que se cuentan, pero la preocupación de entonces, que desde hace unas décadas fue retomada por la ciencia política, pervive en la búsqueda de alternativas que permitan el diálogo y el consenso en el medio de intereses contrapuestos, objetivos e ideas discímiles. La ciencia política recuperó su conciencia y se preocupa de ofrecer alternativas válidas en escenarios diferentes, cada uno determinado por sus experiencias propias y valores culturales, asociando las herramientas que ofrecen su ciencia y la ciencia de la administración, de modo que sirvan sus investigaciones para provocar mejores estructuras o reglas de juego en función de gobierno; ya que "...el contexto en el que van emergiendo las políticas de reforma se nos presenta como un conjunto de factores parcialmente coincidentes y divergentes, que deben examinarse detenidamente en cada caso".[69]

Tal es así que uno de los principales retos es elaborar propuestas que permitan una especie de diálogo entre el sistema burocrático (la Administración pública), tradicionalmente pensado en América Latina como reducto exclusivo del poder ejecutivo, y el sistema político, representado por el poder legislativo, tradicionalmente deliberativo y sin involucramiento en la gestión de las políticas públicas; lo que suele generar que las mayorías (plurales ideológicamente) del Congreso, cuando no coinciden con el partido o movimiento del presidente, adoptan decisiones obstruccionistas a las iniciativas del ejecutivo, con lo cual se impiden las tomas de decisiones (como leyes importantes, autorizaciones para designaciones de embajadores o directores de entes públicos, endeudamiento, aceptar donaciones, etc.) con el solo objetivo de generar caos, desgobierno, imposibilidad de acción o simplemente molestar; de modo a generar con ello rédito electoral en las siguientes elecciones. El legislador no se siente corresponsable ni interesado en el éxtido de las políticas públicas y ello es un problema que se refleja en el día a día de la política latinoamericana.

Lo curioso del caso es que América Latina ha copiado el modelo presidencial estadounidense, país donde existe mucha vinculación y a la vez independencia entre el poder ejecutivo, el Congreso y las agencias independientes, pero no ha seguido ese esquema de interdependencia institucional, veamos. En EE.UU. existe un sistema de agencias independientes, las que en el modelo latinoamericano serían los ministerios e instituciones públicas, pero allá no dependen jerárquicamente del poder ejecutivo ni del poder legislativo, aunque ambos deban confluir sus voluntades para la designación de las respectivas autoridades. Como consecuencia, institucionalmente se ha ido consolidando un sistema donde ambos poderes del Estado propugnan el éxito de las agencias independientes; el ejecutivo porque sin ese éxito no puede hablar de plan de gobierno y el Congreso porque ha designado diferentes comisiones al frente de cada cual tiene a sus representantes y ha encomendado la atención de las diferentes agencias, en función de cada ámbito de especialidad (una comisión a cargo de una o más agencias específicas).

De esta manera, los políticos (representantes del Congreso) han conciliado sus intereses electorales con el buen funcionamiento de las instituciones, involucrándose más en las funciones de éstas. Con ello se provoca una mayor especialidad de los congresistas, pues cada uno está asignado a un área específico (comisiones parlamentarias), donde adquiere un gran conocimiento del manejo y principales problemas de esa área, lo cual, a su vez, le otorgará mayores herramientas para colaborar positivamente (en la aprobación

69 Francisco LONGO y Koldo ECHEBARRIA, "La nueva gestión pública en la reforma del núcleo estratégico del gobierno: experiencias latinoamericanas", pp. 97 a 151, en *Nueva gestión pública y regulación en América Latina. Balances y desafíos*, CLAD, Venezuela, s/f, p. 141.

de presupuestos y leyes regulativas) en el manejo del negocio público. Si todo esto lo maneja convenientemente, del éxito de esas intervenciones públicas puede quitar rédito político al publicar sus buenos resultados, esto le ocasionaría una alta estima pública. Asimismo, como el legislador–político se ve inmerso en una frecuente interrelación con los funcionarios y directores de las instituciones, es fácil predecir que su influencia o incidencia en ellos crecerá.

Esto último no debe asustarnos, pues de hecho siempre ha existido, existe en la actualidad y es muy difícil que deje de existir. La influencia, el partidismo o clientelismo es muy difícil erradicar, hay que aceptarlo como una realidad y tratar de encontrar medidas para lograr que los efectos de tal ocurrencia sean lo menos perniciosos posible. Y tal menester puede ser alcanzado si se logra que la clase política de verdad se involucre en las políticas públicas y sienta como necesario e imprescindible el éxito de las acciones atinentes a su comisión parlamentaria, situación que le obligará a no recomendar a cualquiera para los puestos donde tenga injerencia.[70]

La principal falencia o el mayor déficit de las pretensiones normativas constituye el hecho de pretender erradicar toda injerencia política o a los políticos de la función gubernativa. Sencillamente porque esto no va a ocurrir. Como se ha dicho, hay que lograr capitalizar hacia una acción objetiva tal realidad e intentar sacarle el máximo beneficio posible, pero para ello hace falta asumir cómo son las cosas. De nada sirve obviar la realidad, es ella quien debe estar presente en toda propuesta normativa para no caer en el olvido y, aún si se quiere moldear esa realidad, primero hay que tenerla presente para luego plantear soluciones viables y "cumplibles".

Pretender que una ley sea letra muerta, aún antes de de que salga a luz, es una actitud nada pragmática y, por ello, está muy alejada de brindar una solución valedera; este suele ser el motivo de los grandes fracasos en la implementación de reformas normativo–estructurales. Solamente pueden solucionarse las cosas si uno se enfrenta a los hechos y propone medidas factibles. De otro modo, los problemas continuarán y el irrespeto grosero a las leyes también continuará, situación nada alentadora y contradictoria de los postulados de un Estado de Derecho.

Es por tales motivos que la influencia política (o clientelismo político, como quiera llamársele), una realidad acuciante, no puede ser desconocida ni se puede pretender erradicarla por completo, porque no va a ocurrir. Lo que sí se puede intentar es moldearla, buscando que esa influencia negativa que ahora tiene se viabilice hacia actitudes que propicien un buen y mejor desarrollo de las políticas y función públicas.[71] Además, ella no siempre es perjudicial o negativa. Piénsese, por ejemplo, en que antes de esta influencia multisectorial de los políticos en la función administrativa sólo había una persona (o un solo partido político) que tenía "competencia" para ejercer tales influencias. Ahora, en pleno tiempos democráticos, por lo menos puede observarse que la recepción de recomendaciones e injerencias provienen de múltiples fracciones, producto quizás de la

70 Un ejemplo de esta situación ocurre en Chile. Al respecto, véase el artículo de Agustín FERRARO, *Friends in High Places: Congressional Influence on the Bureaucracy in Chile,* Latin American Politics and Society, Volume 50, Issue 2, Summer 2008, pp. 101-129. Puede consultarse en: http://onlinelibrary.wiley.com/doi/10.1111/j.1548-2456.2008.00014.x/abstract. Fecha de consulta: 9 de marzo de 2017.

71 Bajo un matiz diferente, pero con iguales propósitos, puede verse OCDE, *La modernización del Estado: el camino a seguir,* Instituto Nacional de Administración Pública (INAP), Madrid, 2006, p. 62.

necesaria negociación entre diversos sectores para obtener "contraprestaciones" o favores, con lo cual no se afirma que sea un estadio ideal, pero sí puede sostenerse que se acerca mucho más a un régimen democrático que el vigente anteriormente, conforme se ha explicado.

5.5. Capitalización de la injerencia política. Un modo de capitalizar la influencia de los políticos en el ámbito burocrático es intentando viabilizar las intervenciones de ellos de una manera que sea provechosa para la Administración, tal y como ocurre en Chile, por ejemplo.[72]

En Chile, pese a haber una prohibición constitucional a la injerencia de los parlamentarios en la Administración, ellos tienen una activa participación en las decisiones de los órganos burocráticos y una fuerte influencia en las designaciones. Aunque de manera informal, esto constituye una realidad institucionalizada por la práctica. Ello, puede considerarse, provoca muchos beneficios en el cumplimiento de las políticas públicas, pues los órganos administrativos cuentan con personas involucradas o interiorizadas de sus actividades y compenetradas con las autoridades de aquéllos, lo que facilita el diálogo para la aprobación de leyes favorables y, cuanto menos, son escuchados cuando se presentan propuestas legislativas que inciden en su campo de acción; asimismo, pueden contar con más posibilidades de obtener los recursos (presupuestarios) correspondientes para la ejecución de sus planes, debido a ese mismo contacto con los parlamentarios. De igual manera, éstos mantienen una fluida comunicación (encuentros informales, pedidos de informes y contacto permanente con las personas a quienes recomiendan en los puestos administrativos), lo que les permite tener conocimiento cabal de cuanto ocurre en la unidad administrativa correspondiente.

Todo esto, si bien se mantiene (y a lo mejor aumenta) el grado de recomendaciones e influencias de los parlamentarios (políticos) en la función gubernativa, puede generar, en el resto de los países latinoamericanos, no pocos efectos positivos; pues, además de los mencionados en el párrafo anterior, piénsese por ejemplo en que estos mecanismos se plasmen en disposiciones normativas y que toda la sociedad sepa de esta vinculación, con ello también crece la responsabilidad de los políticos, quienes deberían cuidarse bastante de recomendar a personas capaces, pues la inoperancia de sus recomendados serán conocidos y pueden ser culpados de los efectos perniciosos que las intervenciones de su apadrinado tuvieron lugar. Así, al tener una consideración negativa por parte de la sociedad, puede perder la opción de reelección frente al electorado, tal como ocurre en los EE.UU., según hemos comentado anteriormente, donde los políticos fundan el éxito de su carrera política en el éxito de su vinculación con los logros de las agencias (unidades burocráticas de ejecución de políticas públicas).

Así, lo que se propone no es cambio de cultura, sino institucionalizar la cultura para responsabilizar políticamente (y, por qué no, jurídicamente en algún momento, si todo va bien) a los parlamentarios y personas con injerencia en las designaciones y decisiones administrativas; a partir de la conjunción de elementos políticos con la ciencia de la administración se pretende crear un sentimiento de recelo en los políticos para que estos se sientan interesados y compenetrados con el éxito de la empresa estatal y el buen funcionamiento de sus instituciones vinculadas. Lo que se intenta es sumar "...agentes de

72 Según lo explica muy bien Agustín FERRARO en *Friends in High Places: Congressional Influence on the Bureaucracy in Chile*, *Op. Cit.* Otros ejemplos constituyen Alemania y EE.UU.

cambio capaces de llevar adelante las reformas, al representar una coalición de poder e intereses suficiente para vencer obstáculos y resistencias. Uno de los elementos más interesantes de la nueva gestión pública en los países occidentales ha sido su asociación a un protagonismo político desconocido por la reforma administrativa anterior".[73]

No olvidemos que al involucrarse el legislador de una manera activa, automáticamente adquiere una especialización de las funciones de la entidad con quien mantiene fluida comunicación, lo cual redunda en una mayor calidad de las leyes. Esta especialización será debida al constante intercambio de información, por un lado, y al incentivo político (interés) de la retribución en confianza electoral (o mayor prestigio) con el buen desempeño de sus recomendados y los éxitos alcanzados por las políticas que a su campo de acción incumben.

Ahora, estas recomendaciones o aplicaciones en otros países (diferentes a los ejemplos citados) pueden no tener acogida o no ser recomendables por coyunturas circunstaciales de cada país, pero lo que no puede negarse es la importancia de conocer nuestras realidades, aceptarlas y a partir de ahí ofrecer alternativas de solución que nos lleve a una acción política más responsable e interesada en el bienestar general de nuestros representantes; con la idea de sumar también en ellos el "espíritu público" necesario para adoptar mejores decisiones de política pública.

Al fin y al cabo, si queremos involucrar a la ciudadanía y empoderarla para colaborar con la función pública, no debemos olvidarnos de hacer lo propio con los primeros llamados a construir ese gobierno más transparente, participativo y colaborativo que propugna el *open government*: nuestros representantes. Finalmente, *la democracia se construye con demócratas*.[74]

6. Conclusiones

Ha quedado atrás el Estado de Derecho, conceptualización que ha debido congeniarse con el Estado social, el Estado democrático y con el Estado constitucional; todo lo cual ha enraizado a la dignidad humana como fundamento y sustento de todo Estado. Así, los poderes públicos están al servicio del ser humano y los ciudadanos ya no son meros receptores de los servicios públicos. El ejercicio del poder solo puede ser comprendido desde la óptica de los intereses generales, cuya legitimación exige el adecuado manejo de la cosa pública, lo que se manifiesta en la razonabilidad de las decisiones, en la objetividad de las acciones y en la proporcionalidad de las consecuencias; en un marco donde las decisiones ya no se imponen, se consensuan o, cuanto menos, debe propenderse a ello y, cuando no, que los argumentos agoten las intenciones y tengan la finalidad de convencer al auditorio.

La interacción social exigida en nuestros tiempos impone recurrir a estrategias de participación para que se produzca el proceso dialógico legitimador antes aludido. La sociedad ha demostrado y sigue demostrando que se involucra en el gobierno y que su ayuda otorga beneficios antes impensados. A su vez, requiere del esfuerzo de toda la sociedad, aunque principalmente de los gobernantes, así como de la creatividad para crear nuevas redes de comunicación, formales e informales, innovadoras y tradicionales, valiéndose de las relaciones interpersonales y, sobre todo, de la tecnología para acercar a

73 Francisco LONGO y Koldo ECHEBARRIA, *Op. Cit.*, p. 142.

74 Título de una protesta ciudadana en México en el año 2015.

funcionarios y ciudadanos en pro de un entendimiento que, a su vez, genere el espíritu del "servicio público". Ciudadanía y función pública debe girar en torno a la causa y finalidad de esa coexistencia: la convivencia pacífica y la satisfacción del interés general. Para ello se precisa recuperar el sentimiento público que debe estar presente en ambos bandos y sin el cual no se puede construir un Estado civilizado.

La asunción de ese rol por parte del Estado define al *gobierno abierto*, caracterizado por ser *transparente* y facilitar el *libre acceso a la información*, con la finalidad de demostrar que el ejercicio del poder se realiza con el presupuesto que lo justifica, la objetividad. Sin esta objetividad se desnaturaliza la función y sin la transparencia y el libre acceso se impide cumplir con la finalidad del encargo público: dar confianza y hacer patente que el contrato social es una realidad, que los ciudadanos pueden elegir porque conocen y pueden juzgar a sus gobernantes, de modo a cumplir con los valores de la democracia y no hacer de ella una utopía. El acceso a la información debe caracterizarse por la facilidad y debe también ofrecerse en formatos compatibles con todos los datos públicos, de modo que pueda generarse un verdadero control (interinstitucional y ciudadano) que genere responsabilidad. El libre acceso, así, debe propender a su reutilización para generar nuevos servicios y debe ser apreciado que es desarrollado para lograr la participación y colaboración ciudadanas, no para agotarse en la simple publicidad. La transparencia y el libre acceso son el primer paso de la democracia y del republicanismo, son la base para desarrollo del gobierno participativo y colaborativo. Si los datos públicos pierden este norte, pierden su esencia.

La participación ciudadana en las funciones públicas tiende a irradiar ese sentimiento público en todos los actores de la sociedad, al tiempo que implica reconocer que hace a la esencia de la dignidad humana poder incidir, opinar, proponer, criticar y decidir sobre la base de informaciones veraces que permita al ciudadano sentirse ciudadano. Se traduce en ser escuchado, para cuyo efecto debe tenerse las respuesta a sus preguntas, los contraargumentos de sus razones y el monitoreo de sus propuestas. Sin este involucramiento, el ciudadano pierde objetividad a la hora de decidir y de votar a sus representantes. A su turno, sin esta participación, se pierde un control importante que ayuda en la lucha contra la corrupción y la impunidad. Sin la participación se desperdician ideas para adoptar mejores decisiones y se pierde el contacto con la realidad. Sin la participación se esfuma la democracia y el gobierno republicano se hace ilusorio. Para una efectiva participación se requiere, además, respuestas objetivas y oportunas, fundamentos y plazos razonables en los procedimientos administrativos y la existencia de canales válidos y accesibles a disposición de la ciudadanía. Implica el esfuerzo por dar cabida a la ciudadanía en las decisiones públicas.

La colaboración, por su parte, pretende que toda la información generada por la publicidad y participación (retroalimentación de las ideas) sea aprovechada para generar nuevos servicios para la sociedad. Es el resultado de la experiencia y empoderamiento ciudadano para involucrarse en la generación de informaciones y servicios de utilidad, con diversos fines: morales, políticos, económicos, etc. Para la colaboración existen diferentes modelos asociativos público–privados, pero todos redundan en beneficio social, por lo que debe implicar un cambio de mentalidad en el gobernante, asumiendo la propiedad universal de los datos públicos. El ciudadano no debe temer colaborar, proponer o criticar y el gobernante no debe temer consultar, pedir o dar participación a la ciudadanía. Su preocupación debe radicar en dar igual participación a todos los sectores involucrados, evitando el acaparamiento de los sectores mejores posicionados en desmedro de las clases o grupos en condiciones más precarias o con menos posibilidades de participación. En su búsqueda por la colaboración no debe descuidar la protección del interés público y de los valores sociales.

Así, la transparencia y libre acceso, dimensionada en su finalidad se encuentra fuertemente imbricada en el reconocimiento de la dignidad humana y, por ende, inmiscuida en los principios de libertad e igualdad, característica que lo envuelve con el manto de los derechos sociales fundamentales. Esto implica un reconocimiento de que debe ser satisfecho en toda su dimensión y con su finalidad subyacente, pero recordando que pervive con otros derechos, como el de protección de los datos personales, lo que torna necesario un análisis de magnitudes frente a cada caso concreto para determinar una solución contextual y reconocedora de los intereses (y las posibilidades) en disputa. El análisis ya no se basa solo en justificar las decisiones, sino en razonar en torno a las diferentes opciones interpretativas posibles y demostrar por qué la decisión adoptada es la más racional de todas. Esto implica desnudar los argumentos para confrontarlos con otros argumentos y así construir mejores razonamientos, con la idea de mejorar las decisiones y hacer patente en toda acción pública que ella se funda en su necesidad de satisfacer el interés general.

Por último, para que todo ello sea posible, no debemos desconocer la realidad política y que la forma en que se estructura la administración del poder, y su interrelación, constituyen la materia prima para que el desarrollo y aplicación del gobierno abierto sean efectivos. Si desarrollamos los derechos en forma teórica, pero no acompañamos con propuestas que los hagan plausibles, de nada sirve el esfuerzo; y para ello, en primer lugar, se debe reconocer cómo funcionan las cosas y a qué patrones obedecen los actores políticos. A partir de dicho relevamiento se deben conjugar estrategias que otorguen incentivos a esos patrones y provoquen que el sentimiento público salga triunfante, de modo a construir barreras útiles que obstaculicen la primacía del interés particular por sobre el interés general. Se debe buscar la forma de que verdaderamente participen los principales actores de todo este cometido y ello solo es posible con diseños estructurales que reconozcan la dificultad y se ingenien con alternativas válidas.

Sin el compromiso de todos, el gobierno abierto seguirá siendo ilusión, pero, eso sí, cada vez menos ilusión en la medida que cada sector se empodere más de su rol participativo. La ciudadanía viene demostrando que, cuando hay voluntad, se puede, se contagia, se irradia y se progresa en la construcción social de un entendimiento común en torno a la necesidad de un gobierno abierto.

8 EL CONTRATO PÚBLICO COMO UNIDAD

José Luis Meilán Gil[1]

1. Planteamiento

La bibliografía sobre los contratos en los que interviene el Estado, llámese como se quiera, para sintetizar quien ostenta legítimamente un poder al servicio del interés general, el bien común clásico, es innumerable. Todos los que de una u otra manera nos dedicamos profesionalmente al estudio o aplicación del Derecho administrativo hemos tenido que encontrarnos con esos contratos. Lo he hecho en varias ocasiones que están publicadas y a las que me remito.

En esa materia como en otras las bases constitucionales influyen en la regulación positiva de esos contratos como demuestran los diferentes itinerarios seguidos que no son del caso de desarrollar. En ese sentido es ilustrativo lo que ha ocurrido en la Unión Europea en la que conviven tradiciones jurídicas distintas, de la que ha acordado separarse el Reino Unido. Pero también es comprobable cómo, por vía doctrinal se ha extendido una concepción jurídica comúnmente adoptada de esos contratos, de lo que Latinoamérica es una muestra, con independencia de cuál sea el control judicial. Está, a su vez condicionada, y no siempre reconocido, por la orientación fundamental del Derecho administrativo correspondiente a los postulados de un Estado de Derecho en una sociedad, si puede utilizarse el singular, que no se corresponde a la actual de un mundo globalizado y democrático.

El interés general o público es la razón de ser de estos contratos; pero no se visualiza del mismo modo en todos los ordenamientos. En el que podría denominarse de orientación francesa, se manifiesta en la existencia de prerrogativas en lo que se diferenciarían de los contratos entre particulares. Existe una amplia experiencia y una muy rica contribución teórica y práctica. Desde el punto de vista del control judicial, cuando existe una jurisdicción especializada, al margen o dentro del poder judicial, los problemas son menores que cuando solo se cuenta con un único tipo. La cuestión se complica, cuando como en el caso de los EEUU solo se concibe un único tipo de contrato y de control judicial.

En todo caso, puede comprobarse como suficientemente generalizada la distinción de licitación y contrato hasta el punto de estar reguladas en leyes distintas, o si se quiere ser

---

1 Catedrático de Derecho administrativo, Miembro de la Comisión General de Codificación y de la Real Academia Gallega de Jurisprudencia y Legislación, Ex Consejero de Estado.

más precisos, sometidos a regulaciones diferentes. Un caso paradigmático es el de Puerto Rico, donde la licitación se rige por normas jurídico–administrativas propias del Derecho americano y el contrato por el Derecho civil de raíz española. En ese sentido la licitación es uno de los varios procedimientos administrativos previstos; pero también cuando se regulan en una misma ley, como sucede en España, se refieren a dos fases de la contratación que se corresponden a la preparación y adjudicación del contrato y al contrato mismo. Existiría una fase "precontractual", identificándose el contrato con la ejecución, incluida la extinción. En ese direcion se ha afirmado (Morón) que la contratación tendría una fase interna y una fase externa.

Esta posición ampliamente compartida y brillantemente expuesta se encuentra ligada a una concepción del contrato administrativo en el que operan prerrogativas de la Administración, a diferencia de lo que sucede en el que celebran los particulares, el contrato civil para simplificar.

La terminología colabora a confirmar esa dualidad. La licitación tiene por fin seleccionar el contratista, la otra parte con la que se formalizará el contrato; el contrato se adjudica. En las Directivas de la Unión Europea al poder público contratante se denomina poder adjudicador. En este clima conceptual y terminológico, se entiende que en sede doctrinal haya podido sostenerse que la adjudicación es un acto de la Administración, que genera el contrato, en cuyo análisis no es momento de entretenerse y que se critique (Martínez López–Muñiz), no sin razón que el contrato, en una trasposición innecesariamente servil de la Directiva de la UE, nace con la formalización que en España tenía tradicionalmente una función formal que acreditaba la existencia del contrato.

La contratación pública es un término genérico que rebasa el de contrato público en sentido jurídico, aunque englobe todas sus manifestaciones. Puede ser entendida desde su importancia económica y social en el conjunto de la actividad del Estado o en casos de integración supraestatal como la Unión Europea. Es un instrumento eficaz para las políticas públicas que respondan a las necesidades y aspiraciones de la sociedad en que vivimos, que no está ya encerrada en el marco de un Estado. En ese sentido se habla de una "contratación estratégica"(Pernas), que responde a reclamos políticos para la mejora de la sociedad que ya es global, para el "honeste vivere" clásico, que trasciende lo individual y repudia la corrupción más o menos rampante que erosiona la convivencia democrática; pero los juristas no somos ni politólogos, ni moralistas, ni demagogos pregoneros de utopías.

Los juristas operamos de acuerdo con categorías o construcciones jurídicas, por supuesto en el ámbito del Derecho administrativo que me atreví a decir en el comienzo de mi actividad académica manifiesta su servidumbre respecto de la oportunidad, su apego a la política, y en último término, del concepto de Estado en que se construyeron. De ahí que sea oportuno revisarlas, rastrear su origen y comprobar hasta qué punto han sido erigidas en dogmas inamovibles, en lo que la doctrina científica tiene mucho que ver y si responden a las nuevas demandas actuales.

Es lo que he procurado hacer en la tarea científica y que me ha llevado a sostener el contrato público como una unidad, que integra las dos fases antes referidas, sin separar la licitación del contrato, ni de identificar éste con la ejecución y a proponer que de él, y no de prerrogativas de la Administración ajenas al mismo surgen derechos y obligaciones para las partes que es lo definitorio del contrato como supraconcepto, que abarca al del poder público y al realizado por los particulares.

Ha sido, consecuencia de un itinerario que expongo de un modo resumido y que intenta conducir a un posible punto de encuentro entre los ordenamientos jurídicos sobre contratación pública en un mundo globalizado.

2. El comienzo del itinerario

2.1 Ese itinerario, que es constatable en lo publicado, empieza con el posicionamiento ante la definición del Derecho administrativo, al poner el acento en los intereses colectivos o generales y no en la Administración, que no es titular de ellos sino servidora de los mismos; quedó incorporado a la Constitución española de 1978, en lo que intervine. Me apartaba de la doctrina dominante y me congratula comprobar que algún seguidor fiel de ella (Carro) testimonie ahora que los intereses generales caractericen recientes construcciones del Derecho público europeo.

Desde el comienzo rechacé que todo lo público sea Administración. No es cuestión tampoco de desarrollar, pero satisface reconocer que se acepte, aunque no sin contradicciones, en la ley de contratos del sector público, por influencia de la UE, que en ese sector se incluyan entes públicos que no tienen la consideración de Administraciones públicas.

2.2. Análogo planteamiento hice en 1968, al acceder a la cátedra universitaria, respecto del contrato administrativo, sobre el que existía una amplia y consolidada doctrina. Para su identificación no partí, como era usual, del Derecho civil, sino del acto administrativo, característico del Derecho administrativo, una manifestación del ejercicio de potestad, inusual o inexistente en el Derecho civil. Era la percepción de la realidad, de cómo actúa la Administración, que impone, autoriza, prohíbe, o contrata. Respondía también a lo que se desprendía de la historia, que no comienza con los revolucionarios franceses.

Las capitulaciones de Santa Fe entre los Reyes y Colón evidenciaban las diferentes consecuencias jurídicas de calificar como contrato una decisión de lo que hoy llamamos Administración. Los pleitos colombinos que los sucesores entablan con la Corona versaban sobre una disyuntiva: merced, revocable, o contrato que vinculaba y hacía irrevocable la decisión regia. Una doctrina aceptada comúnmente de la que son exponentes Belluga, Vázquez de Menchaca y reconoce Dou y Bassols al comienzo del siglo XIX que sistematiza el Derecho público anterior afirmando que el privilegio de variar los pactos y condiciones después de hecho un contrato, no es fundado en las leyes romanas.

El mismo problema, comprobé que se había planteado en los EEUU y en Inglaterra, con diferentes argumentos. En concreto el problema americano provenía de la constitucional *contract clause*, de carácter confesadamente privado, que sigue vigente: la prohibición de que una ley dañe las obligaciones del contrato, *impairing the obligations of Contract.* Ese singular es el único contrato que se reconoce, el que regula las relaciones entre particulares y al que debe someterse el *government*. En sentencias entonces citadas, los casos Fletcher v. Peck (1810) y Darmounth College v. Woodward (1819) se plantearon las consecuencias de aplicar la citada cláusula que suponía la irrevocabilidad del contrato. Una solución consistió en no considerar como contrato las concesiones de tierras, distinguir *grants* de privilegios y *licenses,* interpretar que el acuerdo no es un contrato, tratando de conocer la voluntad del *government* en función de las cláusulas contenidas en aquel.

La *contract clause* no ha impedido el reconocimiento del interés general, llámese como se quiera, que existe en todo contrato que celebra el poder público. Pero en el caso americano, por imposición de esa cláusula constitucional se procura de modo que no altere la noción del contrato entendida *more civile*.

Así es cómo debe entenderse la afirmación recurrente de la jurisprudencia americana de que el *government* contrata como un particular. Contrata como tal porque acepta la estructura fundamental del contrato entre particulares. Sucede que no tiene la libertad de la autonomía de la voluntad propia del particular; ha de introducir en la única regulación jurídica apelaciones al *general welfare* o fórmulas análogas como *police power*, cuando es necesario o razonable un *important public purpose* y en todo caso ha de estarse a las cláusulas insertas en el contrato o que excepcionalmente existan razones fundadas para entenderlas incluidas.

2.3 Resultaba también notable que en Francia, donde se ha desarrollado la teoría de contrato administrativo como exorbitante del civil, desde su comienzo, aquel contrato está íntimamente relacionado con el acto, hasta el punto de ser una clase de él.

La identificación de acto y contrato a efectos del control jurisdiccional, iniciada por los revolucionarios franceses para preservar de invalidez las ventas de bienes nacionales y consolidar la revolución haciendo propietarios a los partidarios va a incidir en la construcción del contrato administrativo que ha influido en España y en países de Latinoamérica. La explicación teórica de por qué se someten a una jurisdicción especial reside en que se trata de actos de la Administración en un discutible entendimiento de la separación de poderes.

Una cita socorrida del arrêt Terrier de 6 de febrero de 1903 es paradigmática de lo afirmado: "todo lo que concierne a la organización y funcionamiento de los servicios públicos propiamente dichos, *ya actúe la Administración por vía de contrato, ya lo haga por vía de autoridad*, constituye una operación administrativa, que es, por su naturaleza, del dominio de la jurisdicción administrativa". Más todavía; junto a los actos de autoridad surgen los actos de gestión que darán lugar a unos peculiares contratos y consolidan su sustantividad con las innovaciones tecnológicas y una burguesía triunfante a lo largo del siglo XIX.

2.4. El planteamiento del contrato administrativo desde la diferencia con el acto administrativo supuso, de entrada, prescindir de la construcción exportada desde Francia. El contrato administrativo como modulación del contrato civil, paradigma contractual que se manifestaría en el reconocimiento de privilegios o prerrogativas de la Administración justificadas en el interés general de la que es titular y que lo determina. Responde a una concepción del Derecho administrativo como Derecho de la Administración, personaje poderoso que baja del Olimpo, según expresión de Hauriou, cargada de privilegios que heredan los revolucionarios del *Ancien Régime*.

Las prerrogativas en el contrato administrativo responden a la consideración de la Administración como *puissance publique*. El encuentro de la *puissance publique* y el contrato, se ha dicho, exige una delicada conciliación. El contrato perdería su significación si estuviese a merced de los privilegios unilaterales de uno de los contratantes. El asunto se hace especialmente problemático cuando la Administración utiliza su poder no solo para asegurar la ejecución del contrato, sino para imprimirle una orientación *détachée de la stricte observation des clauses conventionelles* (Laubadère) apelando al interés general.

De un lado está el poder de la Administración y de otro los derechos del contratista, un equilibrio que ha de mantenerse, (Ariño, L. Rodríguez) por exigencias de la propia naturaleza del contrato. Ese poder en el seno del contrato se manifiesta a través de actos unilaterales, "inmediatamente ejecutivos", la *décision exécutoire*, el acto administrativo. Esta es la realidad, que no siempre se reconoce.

Desde esa perspectiva se entiende con naturalidad, entre otras prerrogativas, la *potestas variandi,* el *factum principis*. Ese poder quedará compensado con el mantenimiento del equilibrio del contrato, cláusula *rebus sic stantibus* y teoría de la imprevisión (el arrêt de Bordeaux como consecuencia de la guerra del 14–18 es el gran descubrimiento). Cosas bien conocidas.

2.5. Lo que interesa subrayar es que esa concepción del contrato administrativo se corresponde con la del Derecho administrativo característico del Estado de Derecho liberal. Es Derecho de la Administración, titular del poder, definidora y garante del interés general. Todos los esfuerzos, de otra parte encomiables, se dirigen a controlar el exceso de poder, a luchar contra las inmunidades del Poder. De ahí una situación de superioridad que pugna con la concepción civilista, la única que se admite, del contrato. Una superioridad formal, aunque la realidad revela una deferencia hacia los particulares, como corresponde a la burguesía dominante y de lo que hay testimonios suficientes.

2.6. La dialéctica acto–contrato, desde una perspectiva dogmática, sugerida por doctrina alemana (Martens), llevaba implícita la referencia de ambas figuras a la norma. Ambas son aplicación de una norma, pilares estructurales para una construcción del Derecho administrativo. La norma vendría a ser la expresión de lo que de un modo genérico es el interés general, entendido por quienes tienen en cada momento la potestad de definirlo, de las políticas públicas diríamos en el lenguaje actual.

También esto alejaba el planteamiento del contrato administrativo del contrato civil entre particulares. La norma no se reduce a la ley. Por razones prácticas indispensables para el buen ejercicio de la res pública y la satisfacción o realización del interés general, existen normas o disposiciones administrativas que rebasan la dualidad ley–reglamento (Jellinek, Gallego), entendido este como un singular. Esas disposiciones desarrollan el reglamento, lo completan, no lo aplican a diferencia del acto y del contrato.

La diferenciación del contrato y el acto responde a la distinta posición de la voluntad del particular en el supuesto de hecho concreto a que se refieren. En unos casos, se reduce a su aceptación; el particular es simplemente destinario del acto unilateral que se le impone. En otros, actos necesitados de aceptación, caso de ayudas, subvenciones, actos de "fomento", la voluntad del particular hace posible que la norma se aplique a un supuesto de hecho concreto; la voluntad del particular se yuxtapone al contenido del acto. Por el contrario, la voluntad del particular contribuye a la formación del contenido del contrato, forma parte del supuesto en que va aplicarse la norma, constituye con la "voluntad" de la Administración, expresada en la decisión resultado de un procedimiento, el núcleo mismo, indivisible del ente jurídico que es el contrato, que por eso deviene "ley entre las partes". En este caso la voluntad del particular es condición de validez, a diferencia del anterior en el que es solo de eficacia.

3. Reconstrucción de la categoría contractual.

Rechazada la singularidad del contrato administrativo como derivación, modulación o exorbitancia del contrato civil, habría que buscarla en relación con la institución o categoría del contrato. Volver a las fuentes, al *duarum in idem placitum consensus* del venerable Derecho romano. Ese acuerdo que vincula a las partes es lo esencial de un contrato. Desde ese punto de vista, se distingue del acto administrativo, que expresa unilateralidad, sea como imposición forzosa o requiera una aceptación del posible destinatario en el que no se produce la citada mutua vinculación. El contrato, a diferencia del acto, permite o demanda una igualdad de posiciones, aunque las partes sean de diferente naturaleza.

La diferencia con el contrato civil proviene de cómo se manifiestan ambas partes: poder público y particular. El primero lo hace a través de actos que culminan en la oferta al particular, cualquiera que sea el modo de nombrarla. Unida a la expresión de la voluntad del particular vincula a ambas partes. Hablar de voluntad del poder público, utilizada también usualmente para definir el acto administrativo, no pasa de ser una metáfora. La referencia personalizada del agente que contrata es una de las dificultades de los contratos del *goverment* en los EEUU y una muestra de lo arcaico de su sistema jurídico, derivado de la procedencia británica.

Aquellos actos responden a la misión de servir el interés general que incumbe al poder público. En ese sentido, el poder público se encuentra limitado desde el inicio: si es necesario o razonable el contrato, qué repercusiones financiero–económicas tiene, que tipo de contrato, de qué forma si existen varias en el ordenamiento, con quien puede o no contratar.

La singularidad, "el enigma del contrato administrativo", en expresión de un querido colega (Ariño), consiste en el modo en que el poder público se manifiesta para el nacimiento del contrato, distinto del que concierne al particular; no en la existencia de facultades o potestades exorbitantes, así consideradas desde la perspectiva civilista. Y es subrayable que la actuación de la administración que conduce a la formalización del contrato tiene, no obstante, explicación en elementos característicos de todo contrato, como el objeto, precio y valor estimado o cuantía.

Los derechos y obligaciones de ambas partes contratantes surgen de lo pactado. En otros términos, el interés general queda ínsito en el contrato; no es necesario acudir a un interés general ajeno al contrato para ejercer potestades o prerrogativas, *ius variandi, factum principis*, en relación con el equilibrio de lo pactado que también se plantea en los contratos civiles.

La igualdad en el contrato no tiene que impedir la realización del interés general que la Administración debe servir. Dicho de otra manera, el interés general que justifica el contrato no debe desnaturalizar la relación contractual, con su conjunto de derechos y obligaciones. Por eso, me he manifestado en contra de la permanencia de las prerrogativas de la Administración en los contratos públicos. Lo que en la construcción del contrato administrativo, tanto en la teoría como en el Derecho positivo, se realiza con el ejercicio de potestades extracontractuales, en la que defiendo se llevaría a cabo dentro del contrato en virtud de los derechos y obligaciones en él establecidas. Esa es la fundamental diferencia.

El interés general se limita al contrato. La concreción de ese interés general se realizará en la preparación y adjudicación, o formalización, del contrato. En ello radica la peculiaridad de los contratos públicos, que ha quedado desatendida en la construcción doctrinal expuesta, al fijarse en las exorbitancias en la ejecución del contrato y su justificación. La importancia de esa, llamada a veces de una manera equívoca, etapa precontractual viene a ser determinante de la singularidad de los contratos públicos.

Ciertamente la presencia de la Administración es significativa, pero no tanto por estar investida de potestades, cuanto por exigencias de servir el interés general y por el modo de manifestarse. Por lo que se refiere a este último punto, se realiza mediante un procedimiento integrado por actos cuya inexistencia o no conformidad a Derecho invalidan el acuerdo en que se concreta el contrato: por ejemplo, anuncio de licitación, de admisión de los candidatos, selección, adjudicación en cuyo análisis no es ocasión de entrar, a los que anteceden actuaciones preparatorias que tienen que ver, en definitiva, con principios de buena administración.

La decisión de la Administración en todo caso, resulta ampliamente predeterminada por el bloque normativo que integran la ley y los pliegos de condiciones administrativas o técnicas. Su justificación estriba en cumplir con la misión encomendada a la Administración de servir el interés general. Desde este punto de vista van a cobrar relevancia jurídica principios como el de igualdad y no discriminación, razonabilidad o eficiencia, transparencia, integridad que se han reforzado en el Estado social y democrático de Derecho.

Esto es lo diferencial respecto del contrato entre particulares en el que el principio dominante es la autonomía de la voluntad que ha de desenvolverse en el marco de la ley, solo un límite para aquella. Esa actuación de la Administración que conduce a la formalización del contrato tiene, no obstante, explicación en elementos característicos de los contratos, como el objeto, precio y valor estimado o cuantía. No resulta anómala en la actividad contractual de la Administración. Se corresponde con el procedimiento que, como parte, ha de desarrollar la Administración para fijar la decisión que constituirá la oferta contractual. El objeto del contrato es determinante y condicionante de esa decisión que conduce a la selección del contratista asegurando la concurrencia.

4. La unidad del contrato.

De acuerdo con lo expuesto, la denominada fase precontractual forma parte del contrato. Es el modo, insisto, en que la Administración manifiesta su decisión que con la expresada voluntad del contratista constituye el contrato. Tiene como misión fundamental la determinación del interés general, que no es algo aleatorio, ante el cual el poder contratante pueda ser indiferente, desde el planteamiento de la posibilidad y conveniencia del contrato, teniendo por supuesto en cuenta las disponibilidades financieras. Todos los pasos que ha de dar el poder contratante están predeterminados, como queda claro en las Directivas de la UE. Son obligaciones del poder contratante, "adjudicador", con el contratista y también con los ciudadanos.

Hasta tal punto resulta prevalente esta etapa que desde ella se influye en la misma ejecución del contrato. Si el poder contratante o adjudicador quiere imponer condiciones relativas a la ejecución del contrato han de estar vinculadas al objeto del contrato y, por supuesto, han de indicarse en la convocatoria de la licitación o en los pliegos de la contratación. Lo mismo puede decirse de la prórroga y de un modo equivalente en lo que se refiera a la cadena de subcontratación.

La jurisprudencia del Tribunal de la UE ofrece abundantes muestras de la finura con que se examina esa parte del contrato, no confundiendo, por ejemplo criterios de selección y criterios de adjudicación con motivo de examinar la experiencia.

Han de concretarse también las políticas que se pretenda que cumpla la contratación, trátese de mejoras sociales, sostenibilidad ecológica o innovación y progreso tecnológico, participación de la Pymes… Tiene interés subrayar las nuevas sensibilidades, pero no aportan novedades para la conformación jurídica de la contratación. También aquí existe el peligro, aumentado por la facilidad de obtener información, de convertir al jurista en un politólogo.

Si, como he sostenido, los derechos y obligaciones nacen del contrato, es responsabilidad del poder contratante definir correctamente a lo que se compromete y cómo se compromete y con quien se compromete, habida cuenta que en este último caso la ley determina con quién no puede contratar. Cumplir con ese deber es buena administración para la óptima realización del interés general que ha de procurar el contrato. Es su responsabilidad.

Esa fase en el *íter* del contrato tiene una importancia relevante desde el punto de vista de la naturaleza o categoría del contrato público, como he venido sosteniendo y para hacer real el mercado único en la UE. Las directivas de 2004 y de 2014 contemplan los contratos públicos desde esa perspectiva; no se refieren a la ejecución del contrato, que queda a la disposición de los Estados miembros, salvo que interfiera en los principios sobre los que se garantiza la realidad de ese mercado. Y ha de subrayarse que aunque las Directivas se aplican a unos concretos contratos, obras, suministros, servicios y últimamente también concesiones y solo por debajo de determinados umbrales, la jurisprudencia ha declarado que los principios se aplican a todos.

La influencia de esa perspectiva se manifiesta de un modo paradigmático en la modificación del contrato, en la medida en que suponga la alteración del contenido esencial –he sostenido– del contrato, la invalidación del principio de igualdad de trato entre los posibles licitadores, variar las bases del mismo, enmascarar la necesidad de una nueva licitación. Las “reglas del juego” han de mantenerse a lo largo de todo el tiempo, estando prohibida su alteración no solo antes de la adjudicación, sino también en la fase de la ejecución del contrato, como ha reconocido el TJUE (asunto C–496/99 entre otros). Precisamente esa jurisprudencia ha sido tenida en cuenta para la formulación de las Directivas

La Directiva 2014/24/UE del Parlamento Europeo y del Consejo, de 26 de febrero, que sustituye a la de 2004, contiene un largo artículo, el 72, sobre el asunto estableciendo cuando puede llevarse a cabo la modificación sin necesidad de iniciar un nuevo procedimiento de contratación.

Esas modificaciones son posibles cuando “estuvieran ya previstas en los pliegos iniciales de la contratación, en cláusulas de revisión claras, precisas e inequívocas, entre las que puede haber cláusulas de revisión de precios u opciones”. Todo ello forma parte del contrato que el contratista asume y que todos los licitadores conocían. La modificación del contrato se realiza en virtud de lo contenido en el contrato, del que proceden derechos, obligaciones y limitaciones, no es el ejercicio unilateral de una potestad o prerrogativa ajena al contrato, habilitada en el ordenamiento jurídico positivo con carácter general y, por tanto, conocida por todos licitantes.

Se refuerza la tesis al establecerse la obligación de los poderes adjudicadores de publicar en el diario Oficial de la Unión las modificaciones realizadas, en aras de que la transparencia asegure el principio fundamental de la igualdad de trato, clave para la competencia o concurrencia y lógicamente para que los interesados puedan impugnar la modificación.

En ningún caso puede alterarse la naturaleza global del contrato, ni ampliar de forma importante el ámbito del contrato, ni alterar el equilibrio económico del contrato en beneficio del contratista “de una manera que no estaba prevista en el contrato”. La modificación, para que sea legalmente posible, necesita el amparo del contrato formalizado; no está amparada en una prerrogativa de la Administración ajena al contrato.

A su vez, el artículo 73 de la misma Directiva advierte a los Estados miembros de la UE que deben velar por que los poderes adjudicadores tengan la posibilidad de rescindir un contrato público, cuando haya sido objeto de una modificación sustancial que habría exigido un nuevo procedimiento de contratación.

Con esas previsiones se trata de combatir la realidad negativa de los "reformados", en lenguaje usual, de lo que no es ajeno el poder contratante, que ha sido denunciada por la doctrina científica (Gimeno), el Consejo de Estado y la jurisprudencia española y del TJUE.

No obstante el esfuerzo realizado queda hueco para el progreso. Existen términos susceptibles de interpretación que, en todo caso, deberían ser tratados como conceptos jurídicos indeterminados y no como ámbitos de discrecionalidad. La modificación posible del contrato deriva de él mismo y no de una prerrogativa ajena a él.

Sin entrar en un análisis detallado, vale la pena subrayar que esa modificación es posible si su necesidad deriva de "circunstancias que un poder adjudicador diligente no hubiera podido prever" y que la modificación del contrato se considerará "sustancial" cuando tenga como resultado un contrato "de naturaleza materialmente diferente a la del celebrado inicialmente".

Qué alcance tiene esa diligencia para prevenir, en qué consiste la imprevisión censurable. Mucho tiempo antes de que se publicaran esas Directivas, a mediados de siglo XIX se da respuesta a esa pregunta con motivo de los contratos celebrados para los alumbrados públicos de las ciudades. El pacta sunt servanda frustraba la incorporación de los adelantos que demandaba la sociedad en pleno desarrollo de la idea del progreso que los nuevos adelantos técnicos aseguraban. Es el conocido conflicto del gas y la electricidad. Para lo que aquí interesa, se llega a entender que el Municipio debió tener en cuenta esos avances y por tanto habría de considerarse implícita en el contrato "la cláusula de progreso".

En la jurisprudencia del TJUE se encuentran contestaciones al hilo de los casos. Qué necesidades nuevas estarían amparadas por una imprevisión que no es debida a falta de diligencia. La utilización del interés general entendido desde la prerrogativa de la Administración, del que implícitamente se presenta como titular, puede dar lugar a admitir la modificación del contrato por la existencia de necesidades nuevas. Es lo que reprochó el TJUE al Reino de España al permitir caracterizarlas como un supuesto imprevisible ya que –se trataba de líneas ferroviarias de alta velocidad, una seña de identidad, orgullo del país– "permitiría a la entidad adjudicadora modificar a su arbitrio, durante la fase de ejecución del contrato, las propias condiciones de la licitación".

La relevancia de la llamada de un modo equívoco fase "precontractual" se corrobora por la rescisión del contrato cuando el contratista en el momento de la adjudicación estuviese en situación que justifica su exclusión, como es la corrupción. El contrato existía, aunque fuese nulo y seguiría existiendo si no se anula. En suma, la licitación, como conjunto de actos no es simplemente precontractual.

La incorrecta implementación de lo que va a constituir la decisión del poder contratante para la adjudicación o formalización del contrato, lo que se denomina como fase precontractual, es la causa más frecuente de muestras de corrupción. De indicios de manipulación en las licitaciones públicas advirtió también en España la Comisión Nacional de los Mercados y de la Competencia.

En último término, esta preocupación por la licitación entronca con una primera regulación de la contratación administrativa, anterior a la invasión francesa, el Decreto de Bravo Murillo de 1852. Se trataba, al introducir la subasta, de "establecer ciertas trabas saludables, evitando los abusos fáciles de cometer en una materia de peligrosos estímulos y de garantizar a la Administración contra los tiros de la maledicencia".

5. Los Tribunales u órganos independientes de recursos contractuales.

Es reconfortante comprobar que el Derecho español, de orientación francesa en cuanto al contrato administrativo, haya dado pasos en la dirección que vengo defendiendo. Por impulso de la Unión Europea las posibles irregularidades que puedan afectar a cada uno de los actos de la criticada fase precontractual, incluida la adjudicación, son recurribles ante un ente independiente, un Tribunal administrativo de recursos contractuales mediante un procedimiento breve. Contra su resolución, tanto el particular como la Administración pueden recurrir a la jurisdicción contencioso–administrativa. No opera ya el ejercicio de la prerrogativa de la Administración, que se presenta como titular del interés público y se manifiesta por la aplicación de un acto administrativo unilateral y ejecutivo, aunque posteriormente revisable judicialmente.

La experiencia desde su creación en 2011, Central al nivel de todo el Estado o de Comunidades autónomas, es muy positiva. Una muestra es el elogio que hace el Tribunal supremo en sentencia de 23 de octubre de 2014. El asunto versaba sobre la concesión de servicio de abastecimiento de aguas a una amplia población que enfrentó con la Generalitat de Cataluña a dos importantes empresas, defendidas por destacados profesionales. La singularidad del pleito para el Tribunal Supremo radicaba, y es lo que interesa subrayar, en que se ponía en cuestión la resolución del Órgano administrativo de recursos contractuales que había declarado no conforme a Derecho la adjudicación.

El elogio se dirige a la iniciativa de la Unión Europea instando a los Estados miembros a crear entes de ese tipo y erradicar la "firma acelerada de los contratos para hacer irreversibles las consecuencias de la decisión de adjudicación de contratos"; un mecanismo de garantía prejudicial. Al resolver de acuerdo con el citado órgano administrativo independiente se elogia también su hacer, que cuenta con una "cualificada presunción de legalidad y acierto" muy superior a la de los actos administrativos ordinarios; para decirlo de un modo más concreto, superior al ejercicio de la prerrogativa por la Administración, fundada en un "privilegio de autotutela" que se corresponde a la criticada anteriormente concepción del Derecho administrativo.

También el elogio ha sido realizado en sede doctrinal (Santamaría), aludiendo a las insuficiencias de la tutela jurisdiccional, con la calificación de "el contencioso precontractual" (Baño) que, por lo expuesto no resulta adecuado al supuesto de la anulación de la adjudicación ya que el contrato existía. Una inercia de la doctrina generalizada.

No es cuestión de analizar las numerosas resoluciones que tienen en cuenta la jurisprudencia del TJUE y del TS español. Versan sobre los diferentes del procedimiento licitatorio, declarando la inadmisión de ese recurso especial de contratación, su desestimación, pero también su estimación parcial o total. Se anulan pliegos de condiciones o cláusulas administrativas y prescripciones técnicas, adjudicación del contrato en sus diferentes tipos y de las distintas Administraciones, del Estado, autonómico o municipal y por razones de forma y de fondo.

Siempre queda la instancia del control judicial; lo que se ha sustituido es la utilización de la prerrogativa, el acto administrativo ejecutivo. Lo expuesto sobre la modificación del contrato me ha llevado a sostener que el procedimiento ante los Tribunales administrativos de recursos contractuales podría generalizarse.

6. Contratación pública y buena administración.

La tesis expuesta, al sostener la integración de lo que la unidad del contrato como fuente de los derechos y obligaciones, sin necesidad de acudir a prerrogativas de la Administración ajenas, así como el entendimiento de la licitación como el específico modo que el poder público tiene de manifestar su decisión que con la aceptación del particular integra el contrato, y que no excluye la negociación, es razonable que se ponga el acento en lo tradicionalmente se ha venido llamando licitación.

Por ello, cobran singular importancia los principios que la rigen expresamente previstos en el ordenamiento jurídico respectivo, en las Directivas para el caso de la Unión Europea. En sentido coincidente se ha podido rotular, también desde la perspectiva de la Unión Europea: "El nuevo Derecho de la contratación pública: de las prerrogativas de la Administración a la garantía de los principios generales" (Moreno Molina).

El artículo 25,1 del Texto refundido de la Ley de contratos del sector público (Real Decreto legislativo 3/2011) dice que "podrán incluirse cualesquiera pactos, cláusulas y condiciones, siempre que no sean contrarios al interés público, al ordenamiento jurídico y a los principios de buena administración". La expresión proporciona una pista: la buena administración no es un bloque compacto; se compone de varios principios que podrían ser integrados en el genérico de buena administración

A lo largo de la Directiva de 2014, por citar una norma que ha de ser transpuesta por todos los Estados miembros de la UE, se habla de *transparencia* unida a la publicidad de los actos de licitación y que ha de existir en la cadena de subcontratación (105), que no se reduce a la publicidad, que ha detenerse en cuenta en la contratación electrónica emergente. El procedimiento negociado sin publicidad se convierte con facilidad en un nicho de corrupción; de *proporcionalidad*, en la imposición de requisitos para hacer posible la participación de las PYME en la contratación pública (83); de *eficiencia*, relacionado con el de *sostenibilidad*, fundamental como criterio para la adjudicación y una interpretación omnicomprensiva de la tradicional "oferta económicamente más ventajosa", que ahora se entiende desde el "cálculo del coste de ciclo de vida"(costes relativos a la adquisición, utilización, mantenimiento, final de vida, como los de recogida y reciclado), al establecer la relación coste–eficacia, calidad–precio, y que incluyen aspectos cualitativos, medioambientales y/o sociales, vinculados al objeto del contrato, que es determinante y que la Directiva ejemplifica (artículo 67); de *diligencia*, para prever las circunstancias que justifiquen la necesidad de modificación del contrato (artículo 72, i). Con base en lo dispuesto sobre motivos de exclusión para participar en el procedimiento de contratación (artículo 57) se ha enunciado el principio de *integridad,* de un innegable contenido ético, anticorrupción.

En definitiva, la buena administración de la contratación pública consistiría en el cumplimento de esos o equivalentes principios que no son meros principios programáticos ya que tienen suficiente densidad jurídica para ser invocados jurisdiccionalmente.

Convendría no minusvalorar la buena administración como principio cuya realización equivaldría a la realización de lo justo, el fin primordial del Derecho, en el ámbito de los contratos públicos. No tiene que forzarse, en este caso, su comprensión configurándolo como un derecho fundamental, actuando de manera que el jurista es sustituido por el politólogo. El artículo 41 de la Carta de derechos fundamentales de la Unión Europea no le proporciona esa cobertura, aunque se haya admitido con ligereza doctrinal.

La jurisprudencia de la UE ha declarado que (sentencia del Tribunal General de 26 de febrero de 2013, asuntos T–65/10, T–133/10. T–138/10, España/ Comisión Europea) "los redactores de la Carta no concibieron el derecho a la buena administración como un derecho autónomo, sino más bien como derechos específicos; que el derecho a la buena administración no constituye, por sí misma, que tenga por objeto conceder derechos a los particulares (sentencia del Tribunal General de 6 de diciembre de 2001, Area Cova y otros/Consejo y Comisión, T– 166/99, con cita de otras), excepto cuando constituye la expresión de derechos específicos".

Solo tienen esa consideración las concretas manifestaciones de la genérica buena administración que en él se relacionan y no es este el momento de desarrollar, como tampoco para analizar en qué sentido principios tal como suelen enunciarse en la doctrina latinoamericana pueden coincidir con derechos fundamentales de orientación alemana, que personalmente introduje en el ordenamiento español en una ley de 1977 como acaba de ser recientemente reafirmado (Lavilla) y se incorporaron a la Constitución de 1978. El apartado 1 del artículo primero reproducía el postulado de la ley como expresión de la *volonté* general. Respondía a la doctrina dominante de influencia francesa que a lo más que había llegado era a la referencia a las libertades, en la tradición francesa.

En la Constitución se reconocen concretos derechos y libertades públicas; su ejercicio podrá regularse solo por ley "que en todo caso deberá respetar su contenido esencial"–esto es clave para su calificación– y que han de ser interpretados también de conformidad con declaraciones universales y tratados y acuerdos internacionales. Desde esa perspectiva cobra su razón de ser la centralidad de la dignidad de la persona y, en consecuencia, el carácter servicial de la Administración, ya que esos derechos constituyen el núcleo esencial de los intereses generales, y cuya efectividad ha de ser garantizada. Es cierto, por ejemplo, que el "proceso debido", el *due proces* americano, considerado como principio equivale al derecho fundamental a la tutela judicial efectiva. Pero, entiendo que la identidad no puede ser generalizada.

7. Reflexión conclusiva.

La tesis que se ha desarrollado permite servir el interés general, que justifica la existencia de contratos en que interviene un poder público, sin desnaturalizar la categoría jurídica contractual común. No es preciso acudir al ejercicio de potestades públicas ajenas al contrato. Lo que caracteriza a ese contrato es el singular modo en que se compromete el poder público, que no es un mero procedimiento precontractual.

Desde esa aproximación es más fácil encontrar un punto de encuentro con los contratos del poder en el mundo anglosajón y en definitiva en nuestro mundo globalizado. De ello es una muestra la reconocida aproximación, con sus dificultades (Miguez), entre la UE y la OMC en el modo de contratar, en el ámbito y umbrales de los contratos y en la resolución de diferencias y también que resultan más hacederos los contratos de Estado celebrados al amparo de Tratados para fomento de las inversiones.

En lo que se ha expuesto ha tenido se ha tratado de reflejar la coherencia de la reflexión sobre la contratación pública desde el comienzo lejano de la actividad académica. Aunque se haya recorrido respetuosamente "contra corriente", no han faltado reconocimientos doctrinales y de Derecho positivo. Existe un método jurídico, un modo de razonar que es quizá lo más importante a transmitir.

No se trata tanto de definir el Derecho administrativo, a lo que obligaba la recia reglamentación de los concursos para acceder a la cátedra universitaria, como de definirse ante el Derecho. La preocupación por las categorías jurídicas no es el fin, sino el modo de procurarlo. Su depuración de gangas ajenas al Derecho, no impide caer en una falaz pureza del mismo.

El Derecho, que es *ars* pero también *techné*, ha de regular los hechos sociales de manera ajustada o congruente a los mismos. En síntesis, la incorporación del "deber ser" al "ser", por decirlo de un modo deliberadamente dialéctico, responde a la realización de la justicia. Lo justo concierne al otro en una relación de igualdad, al que es miembro de una comunidad por razones de solidaridad, a los de generaciones futuras incluso para la sostenibilidad de la casa común a habitar.

La corrupción tiene un innegable sentido desde lo ético. El Derecho no es ni puede ser ajeno a esos fenómenos, aunque no sea el único remedio. El principio de integridad está ya incorporado al Derecho positivo. Existen, sin embargo, cuestiones no bien resueltas por la discordancia del ámbito penal y el administrativo (Aymerich).

La apelación a la pureza del Derecho, para no contaminarse con una "ley natural" que se entiende como una imposición metajurídica, puede llegar, y ha llegado, a imponer otro orden natural, que corresponde a una antropología metajurídica propia, que se presenta como superación de lo que venía siendo aceptado en una larga tradición cultural. El muro que se decía insalvable entre el *sein* y el *sollen* ha terminado por ser volado.

La historia contemporánea ofrece muestras de la utilización instrumental de la positividad del Derecho, vulnerando derechos de la persona, degradando su dignidad. No es esa la función del *ars boni et aequi*. La incorporación del *sollen* al *sein* se hace con toda propiedad a través de principios, reconocidos como mínimo por el de convencionalidad internacional, de los derechos fundamentales que tienen una referencia inexcusable en la dignidad de la persona. Desde esa perspectiva ha de entenderse la misión servicial del poder público en todas sus actuaciones, y en concreto en la contratación pública, para procurar el bien común, que la Administración Pública debe servir.

BIBLIOGRAFÍA

El proceso de la definición del Derecho administrativo, ENAP, 1967

La distinción entre norma y acto administrativo, ENAP, 1967.

La cláusula de progreso en los servicios públicos. ENAP, 1968

"La actuación contractual de la Administración Pública española. Una perspectiva histórica", *RAP*, 1982.

"Para una reconstrucción dogmática de los contratos administrativos" *Anuario de la Facultad de Derecho de la Universidad de A Coruña*, 2005.

La estructura de los contratos públicos. Norma, acto, contrato. Iustel, Madrid, 2008

"Una concepción iusadministrativista de los contratos públicos", *Categorías jurídicas en el Derecho administrativo*, Iustel, Madrid, 2011.

"Las prerrogativas de la Administración en los contratos administrativos", *RAP*, 2013

"Un meeting point de los ordenamientos jurídicos sobre contratación pública", *RAP*, 2015.

"La buena administración como derecho fundamental en la Carta de la UE y su invocación en los Estados miembros", *Liber amicorum Fausto de Quadros*, Almedina, Coimbra, 2016.

Derecho administrativo revisado, Andavira, Santiago de Compostela, 2016

9 LAS RELACIONES ENTRE EL ACUERDO MUNDIAL SOBRE CONTRATACIÓN PÚBLICA Y LAS DIRECTIVAS DE LA UNIÓN EUROPEA. HACIA EL DERECHO GLOBAL DE LOS CONTRATOS ADMINISTRATIVOS

José Antonio Moreno Molina
Catedrático de Derecho Administrativo
Universidad de Castilla–La Mancha (España)

1. La nueva legislación de la Unión Europea sobre contratación pública y su incorporación de las obligaciones derivadas del Acuerdo de Contratación Pública de la Organización Mundial del Comercio

La contratación pública constituye uno de los sectores en que el desarrollo del Derecho administrativo de la Unión Europea[1] ha llegado más lejos y, consiguientemente, donde la armonización de los ordenamientos de los Estados miembros se está produciendo con mayor intensidad[2]. En efecto, la Unión cuenta con unas muy desarrolladas reglas sobre los procedimientos de preparación, selección, adjudicación y ejecución de los contratos públicos de obras, suministros y servicios.

El completo "corpus iuris" europeo sobre contratación pública está integrado tanto por normas de Derecho originario y de Derecho derivado como por la decisiva jurispru-

1 Acerca del desarrollo del Derecho administrativo europeo puede verse SCHWARZE, J., *Europäisches Verwaltungsrecht*, 2 vols., Nomos Verlagsgesellschaft, Baden-Baden, 1988; NIETO GARRIDO, E. y MARTÍN DELGADO, I., *Derecho administrativo europeo en el Tratado de Lisboa*, Marcial Pons, Madrid, 2010 y *European Administrative Law in the Constitutional Treaty*, Hart Publishing, Oxford, 2007; MUÑOZ MACHADO, S., MESTRE DELGADO, J. F. y ÁLVAREZ GARCÍA, V.: "La europeización de las garantías de los derechos y la universalización en Europa de algunas políticas de bienestar", en MUÑOZ MACHADO, S., GARCÍA DELGADO, J. L. y GONZÁLEZ SEARA, L. (Dirs.): *Las estructuras del bienestar en Europa*, Civitas/Escuela Libre Editorial. 2000 y MACKENZIE STUART, A.J., "Recent Developments in English Administrative Law - the Impact of Europe?", en CAPOTORTI, F. y otros (Eds.), *Du droit international au droit de l'intégration. Liber Amicorum Pierre Pescatore*, Nomos Verlagsgesellschaft, 1987.

2 Un análisis en general del Derecho europeo de la contratación pública y su influencia sobre el ordenamiento jurídico español puede encontrarse en GIMENO FELIÚ J.M., *La nueva contratación pública europea y su incidencia en la legislación española*, Civitas, Madrid, 2006 y MORENO MOLINA, J.A., *El nuevo Derecho de la contratación pública de la Unión Europea. Directivas 4.0,* Chartridge Books Oxford, Oxford (Reino Unido), 2015.

dencia del Tribunal de Justicia de la Unión Europea que las ha interpretado y cuya doctrina han ido incorporando las sucesivas directivas europeas en la materia.

La principal norma europea vigente es la Directiva 2014/24/UE del Parlamento y del Consejo, de 26 de febrero de 2014, sobre contratación pública, que ha derogado a la Directiva 2004/18/CE, del Parlamento Europeo y del Consejo de 31 de marzo de 2004, sobre coordinación de los procedimientos de adjudicación de los contratos públicos de obras, de suministro y de servicios. Pero también cabe destacar a la Directiva 2014/23/UE del Parlamento y del Consejo, de 26 de febrero de 2014, relativa a la adjudicación de contratos de concesión, sin precedente en la normativa europea; la Directiva 2014/25/UE del Parlamento y del Consejo, de 26 de febrero de 2014, relativa a la contratación por entidades que operan en los sectores del agua, la energía, los transportes y los servicios postales y por la que se deroga la Directiva 2004/17/CE; la Directiva 2014/55/UE del Parlamento Europeo y del Consejo, de 16 de abril de 2014, relativa a la facturación electrónica en la contratación pública; y la Directiva 2009/81/CE del Parlamento Europeo y del Consejo de 13 de julio de 2009, sobre coordinación de los procedimientos de adjudicación de determinados contratos de obras, de suministro y de servicios por las entidades o poderes adjudicadores en los ámbitos de la defensa y la seguridad.

Pues bien, en la elaboración de la Directiva 2014/24/UE, ha desarrollado un papel muy relevante el Acuerdo de Contratación Pública (en adelante, ACP) de la Organización Mundial del Comercio (OMC)[3], cuyo texto reformado aprobado en 2012 constituye una de las bases de la directiva europea[4].

En relación con los contratos regulados por los anexos I, II, IV y V de la Directiva 2014/24 y las notas generales correspondientes a la Unión Europea del apéndice I del ACP, los poderes adjudicadores deben cumplir las obligaciones que les impone el ACP aplicando la Directiva a los operadores económicos de terceros países que sean signatarios de los mismos.

Pero también la UE ha influido notablemente en el proceso de reforma del ACP y a ella se debe que el texto revisado del Acuerdo siga el orden secuencial de un procedimiento de contratación, aproximando así su estructura a la de las directivas europeas sobre contratos públicos y logrando una mejor legibilidad y una mayor claridad[5].

---

3 Son partes en el ACP Armenia, Canadá, la Unión Europea en relación con sus 28 Estados miembros, Hong Kong-China, Islandia, Israel, Japón, Corea, Liechtenstein, los Países Bajos en relación con Aruba, Noruega, Singapur, Suiza, Taipei Chino (Taiwán) y los Estados Unidos.

4 *V.*, la Propuesta de Decisión del Consejo relativa a la celebración del Protocolo por el que se modifica el Acuerdo sobre Contratación Pública (COM 2013, 143 final, de 22 de marzo de 2013); la Propuesta de Decisión del Consejo por la que se establece la posición que debe adoptar la Unión Europea en el seno del Comité de Contratación Pública con respecto a las Decisiones de aplicación de determinadas disposiciones del Protocolo por el que se modifica el Acuerdo sobre Contratación Pública (COM(2013) 142 final, de 22 de marzo de 2013) y el Anexo a la Propuesta de Decisión del Consejo por la que se establece la posición que debe adoptar la Unión Europea en el Comité de Contratación Pública por lo que respecta a las decisiones de aplicación de determinadas disposiciones del Protocolo por el que se modifica el Acuerdo sobre Contratación Pública (COM(2013) 142 final, de 22 de marzo de 2013).

5 Apartado 2.1 de la exposición de motivos de la Propuesta de Decisión del Consejo relativa a la celebración del Protocolo por el que se modifica el Acuerdo sobre Contratación Pública (COM(2013) 143 final, de 22 de marzo de 2013).

El antecedente más relevante de la nueva Directiva europea sobre contratación pública es la Estrategia Europa 2020 para un crecimiento inteligente, sostenible e integrador (COM 2010, 2020), que considera a los contratos públicos como uno de los instrumentos basados en el mercado que deben utilizarse para alcanzar estos objetivos, mejorando el entorno empresarial y las condiciones para que las empresas innoven y fomentando un uso más generalizado de la contratación ecológica que favorezca una economía con pocas emisiones de carbono y que haga un uso más eficaz de los recursos.

Al mismo tiempo, la Estrategia Europa 2020 hace hincapié en que la política de contrataciones públicas debe garantizar un uso más eficaz de los fondos públicos y en que los mercados públicos deben seguir teniendo una dimensión que abarque a toda la Unión.

La Directiva 2014/24 tiene como objetivo principal incrementar la eficiencia del gasto público para garantizar los mejores resultados posibles de la contratación en términos de relación calidad/precio, a través de la simplificación y flexibilización de las normas sobre contratación pública[6], y permitir que los compradores utilicen mejor la contratación pública en apoyo de objetivos sociales comunes como la protección del medio ambiente, una mayor eficiencia energética y en el uso de los recursos, la lucha contra el cambio climático, la promoción de la innovación, el empleo y la integración social y la prestación de servicios sociales de alta calidad en las mejores condiciones posibles[7].

Plantea así la necesidad de simplificar las normas, incrementar su eficiencia y eficacia y hacer que se adapten mejor a la evolución del contexto político, social y económico[8].

2. Objetivos del Acuerdo de Contratación Pública

El Acuerdo sobre Contratación Pública de la OMC fue firmado el 15 de abril de 1994, al mismo tiempo que el Acuerdo por el que se establece la OMC, y entró en vigor el 1 de enero de 1996.

---

6 MORENO MOLINA, J.A., "La cuarta generación de directivas de la Unión Europea sobre contratos públicos", en AAVV (dir. GIMENO FELIÚ, J.M., coord. BERNAL BLAY, M.A.), *Observatorio de Contratos Públicos 2012*, Aranzadi, Cizur Menor (Navarra), 2013, págs. 115 a 163.

7 *V.*, PERNÁS GARCÍA, J., *Contratación Pública Verde*, La Ley, Madrid, 2011 y "El uso estratégico de la contratación pública como apoyo a las políticas ambientales", en *Observatorio de políticas ambientales 2012* , Civitas, Cizur Menor, 2012, págs. 299-323; RODRÍGUEZ MARTÍN-RETORTILLO, M.C., "Principios de la contratación y responsabilidad social", *Anuario da Facultade de Dereito da Universidade da Coruña*, nº 18 (2014), págs. 479 a 488 y VALCÁRCEL FERNÁNDEZ, P., "Impulso de la compra pública para la innovación (CPI) a través de las distintas modalidades de contratación conjunta: análisis de casos", *Compra conjunta y demanda agregada en la contratación del sector público: un análisis jurídico y económico*, Aranzadi, Cizur Menor, 2016, págs. 349 y ss.

En este punto, por lo que se refiere al ámbito del ACP, la Decisión del Comité de Contratación de 30 de marzo de 2012 (GPA/113, p. 10) adopta un programa de trabajo con respecto a la contratación sostenible (el párrafo 8.a) del artículo XXII del Acuerdo dispone que las Partes adoptarán y revisarán periódicamente un programa de trabajo, incluido el relativo a la contratación sostenible), que se iniciará tras la entrada en vigor del Protocolo por el que se modifica el ACP.

8 GIMENO FELIÚ, J.M., "Nuevos escenarios de política de contratación pública en tiempos de crisis económica", *El Cronista del Estado Social y Democrático de Derecho*, Nº 9 (2010).

Se trata de uno de los acuerdos "plurilaterales" que figuran en el Anexo 4 del Acuerdo de Marrakech por el que se establece la OMC, lo que significa que no todos los Miembros de la Organización están obligados por él.

El objetivo del ACP es establecer un marco multilateral de derechos y obligaciones equilibrados en materia de contratación pública, con miras a conseguir la liberalización y la expansión del comercio mundial.

De esta forma, establece una serie de derechos y obligaciones entre sus Partes con respecto a sus respectivas leyes, reglamentos, procedimientos y prácticas nacionales en la esfera de dicha contratación.

El Acuerdo se basa en un enfoque de lista inclusiones para determinar el ámbito de aplicación. En el Apéndice I del ACP se enumeran las entidades sujetas de cada país. En el Anexo 1 del citado Apéndice figuran las entidades del gobierno central; en el Anexo 2 las de los gobiernos subcentrales, y en el Anexo 3 todas las demás entidades que realicen compras conforme al Acuerdo (incluyendo tanto empresas gubernamentales como aquéllas correspondientes a servicios públicos). Las entidades que se enumeran en los anexos están sujetas a las disposiciones del Acuerdo, en lo que respecta a sus compras de bienes y servicios si el valor de la compra sobrepasa unos umbrales determinados, que no son uniformes debido a que existen algunas diferencias entre los países signatarios; y si los bienes y servicios objeto de la compra no están exentos de la cobertura del ACP.

El proceso para la revisión del ACP ha tenido dos importantes hitos, al llegarse a un primer acuerdo en 2006 y culminar las negociaciones el 15 de diciembre de 2011. La Decisión sobre los resultados de las negociaciones celebradas de conformidad con el párrafo 7 del artículo XXIV del ACP, se adoptó formalmente el 30 de marzo de 2012[9].

La nueva versión del ACP ha modificado tanto el Preámbulo, como los artículos I a XXIV y los Apéndices del Acuerdo de 1994[10].

El principal objetivo de la revisión del ACP ha sido impulsar una mayor liberalización y expansión del comercio internacional y mejorar el marco en que este se desarrolla.

En este sentido, se reconoce en el Preámbulo del Protocolo por el que se modifica el ACP que los compromisos en materia de procedimiento en el marco del Acuerdo "deberán ser suficientemente flexibles para responder a las circunstancias específicas de cada Parte", y que hay que tener en cuenta "las necesidades de desarrollo, financieras y comerciales de los países en desarrollo, en particular de los países menos adelantados"[11].

---

9 *V.*, la página oficial de la OMC, http://www.wto.org/spanish/tratop_s/gproc_s/negotiations_s.htm, fecha de consulta 20 de julio de 2016.

Sobre el proceso de renovación del acuerdo sobre contratación pública de la OMC véase Anderson, R. D., "Renewing the WTO Agreement on Government Procurement: Progress to Date and Ongoing Negotiations", *Public Procurement Law Review*, Issue 4 (2007).

10 ARROWSMITH, S. y ANDERSON, R.D., *The WTO Regime on Government Procurement: Challenge and Reform,* Cambridge University Press, 2011.

11 El artículo V del Protocolo por el que se modifica el ACP prevé que en las negociaciones de adhesión al Acuerdo y en la aplicación y administración del mismo, las Partes prestarán una atención especial a las circunstancias y las necesidades de desarrollo, financieras y comerciales de los países en desarrollo y de los "países menos adelantados", reconociendo que dichas circunstancias y necesidades pueden variar significativamente de un país a otro. Conforme a lo previsto en el citado precepto y cuando se reciba una solicitud a tal efecto, las Partes concederán trato especial y diferenciado: a) a los países menos adelanta-

Resulta fundamental para avanzar en la liberalización de las compras públicas la utilización de medios electrónicos y por ella apuesta el ACP.

Los principales objetivos de la renegociación del ACP han sido mejorar y actualizar el Acuerdo, a la luz, entre otras cosas, de la evolución de la tecnología de la información y los métodos de contratación; ampliar el ámbito de aplicación del Acuerdo; y eliminar las medidas discriminatorias que seguían aplicándose[12].

En este sentido, el Comité de Contratación Pública adoptó dos Decisiones sobre las modalidades para las negociaciones sobre la ampliación del ámbito de aplicación y la eliminación de las medidas y prácticas discriminatorias (GPA/79 y GPA/79/Add.1).

Las negociaciones también tenían por objeto facilitar la adhesión al Acuerdo de nuevas Partes, en especial países en desarrollo[13].

En diciembre de 2006, los negociadores llegaron a un acuerdo provisional acerca de la revisión del texto del Acuerdo plurilateral de 1994. Sin embargo, el acuerdo estaba sujeto a una verificación jurídica, y al resultado mutuamente satisfactorio de la ampliación de las listas de entidades gubernamentales cuya contratación está abierta a la competencia. El 15 de diciembre de 2011 se adoptó en Ginebra, a nivel ministerial, una decisión sobre los resultados de todos los aspectos de las negociaciones.

El nuevo texto entraña una revisión a fondo de las disposiciones del ACP a fin de que sean más fáciles de utilizar, con apoyo principalmente en la utilización de los medios electrónicos en el proceso de contratación. Se ha previsto mayor flexibilidad en algunos ámbitos, por ejemplo, plazos más breves para la contratación de bienes y servicios de un tipo que esté disponible en el mercado comercial. Asimismo, se ha definido más claramente el trato especial y diferenciado para los países en desarrollo, con lo que se espera facilitar la adhesión de esos países en el futuro; y se ha prestado especial atención a los procedimientos nacionales de recurso para las impugnaciones presentadas por los proveedores y las normas para modificar las listas de cobertura de las Partes.

Según una estimación preliminar de la OMC, los beneficios en materia de acceso a los mercados representan entre 80.000 y 100.000 millones de dólares anuales[14].

Estos beneficios se deben a una reducción de los valores de umbral y a la incorporación de nuevas entidades y sectores en los actuales Anexos del Apéndice I de las Partes en el Acuerdo. Las Partes en el ACP, en su conjunto, han añadido por lo menos 200 entidades adicionales en sus listas.

---

dos; y b) a cualquier otro país en desarrollo, en los casos y en la medida en que el trato especial y diferenciado responda a sus necesidades de desarrollo.

12 Sobre la renovación del acuerdo sobre contratación pública de la OMC véase Anderson, R. D., "Renewing the WTO Agreement on Government Procurement: Progress to Date and Ongoing Negotiations", *Public Procurement Law Review*, Issue 4 (2007).

13 Hay que tener en cuenta que las negociaciones en el marco del ACP no formaron parte de la denominada Ronda de Doha de negociaciones de la OMC, que abarcaba otros muchos temas.

14 *V.*, http://www.wto.org/spanish/tratop_s/gproc_s/negotiations_s.htm,
Fecha de consulta 6 de febrero de 2017.

3. Ámbito de aplicación del Acuerdo e influencia sobre la Directiva de la Unión Europea 2014/24 sobre contratación pública

El ACP es aplicable a todas las leyes, reglamentos, procedimientos o prácticas relativos a los contratos que celebren las entidades sujetas al cumplimiento del Acuerdo que se detallan en el Apéndice I, que a su vez se divide en cinco Anexos correspondientes a cada Parte:

- En el Anexo 1 figuran las entidades de los gobiernos centrales.
- En el Anexo 2 figuran las entidades de los gobiernos subcentrales.
- En el Anexo 3 figuran todas las demás entidades que se rigen en sus contratos por las disposiciones del ACP.
- En el Anexo 4 constan, mediante enumeración positiva o negativa, los servicios abarcados por el ACP.
- En el Anexo 5 constan los servicios de construcción abarcados.

A efectos de la aplicación del ACP, para determinar el valor de los contratos se tendrán en cuenta todas las formas de remuneración, con inclusión de cualesquiera primas, honorarios, comisiones e intereses abonables[15]. La elección del método de valoración por la entidad no podrá ser utilizada con la finalidad de impedir la aplicación del Acuerdo, ni se podrá fraccionar una convocatoria de licitación con esa intención (artículo II del Protocolo por el que se modifica el ACP).

Los valores de umbral pertinentes se detallan en los Anexos correspondientes a cada Parte y no son comunes a todas las partes firmantes. Cada una de ellas negocia sus propios umbrales. Así, por lo que se refiere a la Unión Europea se prevé, para las entidades de los gobiernos centrales, un umbral de 130.000 derechos especiales de giro (DEG) para los contratos de suministros y servicios, y de 5.000.000 DEG para los contratos de obras. Por su parte, para las entidades subcentrales[16], los umbrales son de 200.000 DEG para suministros y servicios, y 5.000.000 DEG para obras.

El artículo I del ACP declara su aplicabilidad a "las adquisiciones mediante cualquier instrumento contractual, incluidos métodos tales como la compra, la compra a plazos o el arrendamiento, financiero o no, con o sin opción de compra, e incluida cualquier combinación de productos y servicios.". Eso sí, siempre que se trate de contratos de un valor no inferior al valor de umbral pertinente que se indica en el Apéndice I.

---

15 El ACP se aplicará a todos los contratos públicos cuyo valor se estime igual o superior al valor de umbral en el momento de la publicación del anuncio según lo previsto en el artículo IX.

16 En el Protocolo por el que se modifica el ACP, en los compromisos del apéndice 1 de la Unión Europea figura en su anexo 2 que se entiende por entidades subcentrales todas las autoridades contratantes de las unidades administrativas tal como se definen en el Reglamento (CE) nº 1059/2003 – Reglamento NUTS-

A efectos del Acuerdo, por "autoridades contratantes subcentrales" se entenderá las autoridades contratantes de las unidades administrativas que entren en NUTS 1 y 2, mencionadas por el Reglamento 1059/2003.

A los efectos del presente Acuerdo, por "autoridades contratantes locales" se entenderá las autoridades contratantes de las unidades administrativas que entren en NUTS 3 y unidades administrativas menores, mencionadas por el Reglamento (CE) nº 1059/2003.

V., la Decisión del Consejo de 2 de diciembre de 2013 relativa a la celebración del Protocolo por el que se modifica el Acuerdo sobre Contratación Pública (2014/115/UE).

Los umbrales establecidos por la Directiva 2014/24 se adaptaron para garantizar su correspondencia a los equivalentes en euros de los umbrales fijados en el ACP. La propia Directiva prevé en su articulado la revisión periódica de los umbrales expresados en euros a fin de adaptarlos, por medio de una operación puramente matemática, a las posibles variaciones del valor del euro en relación con los derechos especiales de giro.

Además de esas adaptaciones matemáticas periódicas se podría incluir un incremento de los umbrales establecidos en el ACP si así se acordara en futuras rondas de negociaciones.

El artículo 6 de la Directiva 2014/24 establece que cada dos años, a partir del 30 de junio de 2013, la Comisión verificará que los umbrales fijados en el artículo 4, letras a), b) y c), corresponden a los umbrales fijados en el ACP, y los revisará en caso necesario de conformidad con el citado artículo.

Con arreglo al método de cálculo previsto en el ACP, la Comisión calculará el valor de esos umbrales basándose en la media del valor diario del euro expresado en derechos especiales de giro (DEG) durante el período de 24 meses que concluya el 31 de agosto que preceda a la revisión que surta efecto el 1 de enero. El valor de los umbrales así revisado se redondeará, en caso necesario, al millar de euros inferior a la cifra resultante de dicho cálculo, para garantizar que se respeten los umbrales vigentes contemplados en el ACP, expresados en DEG.

Cuando lleve a cabo la revisión prevista en el apartado 1 del artículo 6 de la Directiva 2014/24, la Comisión revisará además el umbral previsto en el artículo 13, párrafo primero, letra a), adaptándolo al umbral revisado aplicable a los contratos públicos de obras; y el umbral previsto en el artículo 13, párrafo primero, letra b), adaptándolo al umbral revisado aplicable a los contratos públicos de servicios adjudicados por poderes adjudicadores subcentrales.

Cada dos años, a partir del 1 de enero de 2014, la Comisión determinará los valores, en las monedas nacionales de los Estados miembros cuya moneda no es el euro, de los umbrales contemplados en el artículo 4, letras a), b) y c), revisados con arreglo al apartado 1 del artículo 6. Al mismo tiempo, la Comisión determinará el valor, en las monedas nacionales de los Estados miembros cuya moneda no es el euro, del umbral contemplado en el artículo 4, letra d).

Con arreglo al método de cálculo previsto en el ACP, la determinación de dichos valores se basará en la media de los valores diarios de dichas monedas, correspondientes al umbral aplicable expresado en euros durante el período de 24 meses que concluya el 31 de agosto que preceda a la revisión que surta efecto el 1 de enero.

A principios del mes de noviembre siguiente a su revisión, la Comisión publicará en el Diario Oficial de la Unión Europea los umbrales revisados contemplados en el apartado 1, su contravalor en las monedas nacionales contempladas en el apartado 3, párrafo primero, y el valor determinado de conformidad con el apartado 3, párrafo segundo.

La propia Directiva 2014/23 reconoce en su Considerando 134 que la Comisión debe analizar los efectos en el mercado interior resultantes de la aplicación de los umbrales e informar al respecto al Parlamento Europeo y al Consejo. Al hacerlo, debe tener en cuenta factores tales como el nivel de contratación transfronteriza, la participación de las pymes[17], los costes de transacción y la correlación entre los costes y los beneficios.

Hay que tener en cuenta que con arreglo a su artículo XXII, apartado 7, el ACP será objeto de nuevas negociaciones tres años después de su entrada en vigor, y posteriormente de forma periódica. En ese contexto, debe examinarse la adecuación del nivel de los umbrales, teniendo en cuenta la incidencia de la inflación en caso de que transcurra mucho tiempo sin que se modifiquen los umbrales en el ACP. En caso de que el nivel de los umbrales cambiara como consecuencia de ello, la Comisión, cuando proceda, debe adoptar una propuesta de acto jurídico para modificar los umbrales fijados en la presente Directiva.

4. Reconocimiento de los principios generales de la contratación

A. *La novedosa regulación de los principios en el ACP reformado*

El artículo IV del anexo del Protocolo por el que se modifica el ACP enuncia y define los principios generales, que sistematiza en 6 apartados referidos a: no discriminación, uso de medios electrónicos, ejecución de la contratación, normas de origen, compensaciones y medidas no específicas de la contratación.

La nueva regulación mejora notablemente en cuanto a sistemática y contenido a la anterior versión del ACP, que dedicaba el artículo III al principio de "Trato nacional y no discriminación" y el artículo IV a las "Normas de origen".

En primer lugar, el nuevo artículo IV sitúa al principio de no discriminación, que está en la esencia misma del propio ACP.

La definición del principio de no discriminación se recoge en el apartado 1 de precepto, que establece que "con respecto a cualquier medida relativa a las contrataciones cubiertas, cada Parte, incluidas sus entidades contratantes, concederá de forma inmediata e incondicional a los bienes y servicios de cualquier otra Parte y a los proveedores de cualquier otra Parte que ofrezcan bienes o servicios de cualquiera de las Partes, un trato no menos favorable que el trato que la Parte, incluidas sus entidades contratantes, concede a:

a) los bienes, servicios y proveedores nacionales; y

b) los bienes, servicios y proveedores de cualquier otra Parte.

En el apartado 2 del precepto se concreta que ninguna entidad contratante nacional dará a un proveedor establecido en su territorio un trato menos favorable que a otro proveedor establecido en dicho territorio en razón del grado de afiliación o propiedad extranjera; ni discriminará contra un proveedor establecido en su territorio en razón de que los bienes o servicios ofrecidos por dicho proveedor para una determinada contratación son bienes o servicios de cualquiera de las otras Partes.

---

17 *V.*, la Comunicación de la Comisión, de 25 de junio de 2008, titulada «Pensar primero a pequeña escala» – «Small Business Act» para Europa: iniciativa en favor de las pequeñas empresas (COM(2008)0394) y la Resolución del Parlamento Europeo sobre la misma (SEC(2008)2102).

Con el fin de mejorar el acceso de las PYME a los contratos públicos, la Comisión publicó en 2008 el "Código europeo de buenas prácticas para facilitar el acceso de las PYME a los contratos públicos", en el que se apoya la Directiva 2014/24.

En relación con el uso de medios electrónicos en los procedimientos de contratación, el ACP obliga a las entidades contratantes a asegurarse de que la contratación se lleve a cabo utilizando sistemas de tecnología de la información y programas informáticos, incluidos los relacionados con la autenticación y codificación criptográfica de información, que sean accesibles en general e interoperables con los sistemas de tecnología de la información y los programas informáticos accesibles en general.

Asimismo, las entidades contratantes mantendrán "mecanismos que aseguren la integridad de las solicitudes de participación y las ofertas, incluida la determinación del momento de la recepción y la prevención del acceso inadecuado" (letra b) del apartado 3 del artículo IV).

Por lo que se refiere a la ejecución de la contratación, se prevé la obligación de respetar la transparencia e imparcialidad de forma que sea compatible con el ACP, utilizando métodos tales como la licitación pública, la licitación selectiva y la licitación restringida. Se quieren evitar así, como señalan expresamente las letras b) y c) del apartado 4 del artículo IV, tanto los conflictos de intereses como las prácticas corruptas.

También contempla el precepto dedicado a los principios generales reglas sobre las normas de origen en las contrataciones cubiertas por el ACP, al prohibir que ninguna Parte aplique a los bienes o servicios importados de otra Parte o suministrados por otra Parte, unas normas de origen que sean diferentes de las que la Parte aplique en el mismo momento en el curso de operaciones comerciales normales a las importaciones o al suministro de los mismos bienes y servicios procedentes de la misma Parte.

Con respecto a las contrataciones cubiertas, ninguna Parte, incluidas sus entidades contratantes, solicitará, tendrá en cuenta, impondrá ni exigirá ninguna compensación.

Por último, hay una referencia a las medidas no específicas de la contratación en el apartado 7 del citado artículo IV. En concreto, se excepciona la aplicación del principio de no discriminación a los derechos aduaneros y cargas de cualquier tipo que se impongan a la importación o que tengan relación con la misma; al método de recaudación de dichos derechos y cargas; a otros reglamentos o formalidades de importación; ni a las medidas que afectan al comercio de servicios, que no sean las medidas que rigen las contrataciones cubiertas.

B. *Los principios en la Directiva 2014/24*

El artículo 25 de la Directiva 2014/24 contempla específicamente las condiciones relativas al ACP. A tal efecto garantiza el respeto del principio de trato nacional: "los poderes adjudicadores concederán a las obras, los suministros, los servicios y los operadores económicos de los signatarios de esos acuerdos un trato no menos favorable que el concedido a las obras, los suministros, los servicios y los operadores económicos de la Union".

Desde el primer considerando de la nueva Directiva se resalta la necesidad de respetar los principios generales en la adjudicación de contratos públicos por o en nombre de las autoridades de los Estados Miembros (una previsión similar recogía el apartado segundo de la exposición de motivos de la Directiva 2004/18/CE). Se identifican estos principios con los reconocidos por "el Tratado sobre el funcionamiento de la Unión Europea y, en particular la libre circulación de mercancías, la libertad de establecimiento y la libre prestación de servicios y de los principios derivados de la misma, tales como el de la igualdad de trato, no discriminación, el reconocimiento mutuo, la proporcionalidad y la transparencia".

Como ya se ha comentado *supra*, a través de una consolidada doctrina, el TJUE ha venido destacando en los últimos años de forma reiterada que la obligación de respeto de los principios de objetividad, imparcialidad y no discriminación en la adjudicación de los contratos públicos, que son la esencia de la regulación normativa de éstos, se extiende no sólo a los limitados contratos que caen dentro del ámbito de aplicación de las directivas comunitarias sobre contratación pública, sino también a todos los contratos que celebren los órganos de contratación sujetos a las directivas, ya que así lo exigen distintos preceptos de los tratados de derecho originario, tal y como han sido interpretados por el propio Tribunal (STJUE de 13 de octubre de 2005, asunto C 458/03, Parking Brixen GMBH)[18].

5. La coincidencia entre el ACP y la Directiva 2014/24 en su impulso de la contratación electrónica

El Preámbulo del ACP, tras su reforma aprobada en 2012, reconoce "la importancia de utilizar y alentar la utilización de medios electrónicos para las contrataciones comprendidas en el presente Acuerdo".

Del mismo modo, en los Considerandos de la Directiva 2014/24 se destaca que "la utilización de medios de información y comunicación electrónicos, y en particular la puesta a disposición de los operadores económicos, licitadores y candidatos por medios totalmente electrónicos de los pliegos de la contratación y la transmisión electrónica de las comunicaciones, lleva a una mayor transparencia y ahorro de tiempo. Por ello, deben establecerse disposiciones para reducir los plazos mínimos en consonancia con la normativa establecida por el ACP y con sujeción a la condición de que sean compatibles con el modo específico de transmisión previsto a escala de la Unión." (Considerando 80).

Frente a la debilidad inicial en la implantación de medios electrónicos tanto del ACP, explicable porque se firma en el año 1994, como de la Directiva 2004/18, antecedente de la Directiva 2014/24, que dejaba libertad a las distintas Administraciones y entidades públicas para utilizar o no instrumentos electrónicos en los procedimientos de contratación pública, el Protocolo por el que se modifica el ACP y la Directiva 2014/24 han apostado por la contratación electrónica.

Cabe destacar en este sentido especialmente a la nueva Directiva europea, que da un importante salto cualitativo al obligar a los Estados a utilizar estos medios electrónicos.

No ocurre así con el ACP, que sin embargo sí prevé que la utilización de estos medios permitirá reducir los plazos en los diferentes momentos del procedimiento.

La obligatoriedad que establece la Directiva 2014/24 se consagra en el artículo 22.1 que señala que los Estados miembros "garantizarán que todas las comunicaciones y todos los intercambios de información en virtud de la presente Directiva, y en particular la presentación electrónica de ofertas, se lleven a cabo utilizando medios de comunicación de conformidad con los requisitos establecidos en el presente artículo. Las herramientas y dispositivos que deban utilizarse para la comunicación por medios electrónicos, así como sus características técnicas, serán no discriminatorios, estarán disponibles de forma general y serán compatibles con los productos informáticos de uso general, y no restringirán el acceso de los operadores económicos al procedimiento de contratación."

---

18 *V.*, GIMENO FELIÚ, J.M., *La nueva contratación pública europea y su incidencia en la legislación española*, Civitas, 2006.

El mercado único europeo y mundial de contratación pública electrónica se enfrenta pues a obstáculos importantes, entre ellos también la falta de interoperabilidad transfronteriza y la complejidad de la interfaz.

Tanto el ACP como la Directiva 2014/24 establecen en su articulado la necesidad del respeto de los principios generales de la contratación cuando se utilicen medios electrónicos en los procedimientos de compras públicas.

El apartado 3 del artículo IV del ACP obliga a las entidades contratantes a asegurarse de que la contratación se lleve a cabo utilizando sistemas de tecnología de la información y programas informáticos, incluidos los relacionados con la autenticación y codificación criptográfica de información, "que sean accesibles en general e interoperables con los sistemas de tecnología de la información y los programas informáticos accesibles en general."

En el mismo sentido, el artículo 22.1 de la Directiva 2014/24, cuando establece las "Normas aplicables a las comunicaciones", señala que las herramientas y dispositivos que deban utilizarse para la comunicación por medios electrónicos, así como sus características técnicas, "serán no discriminatorios, estarán disponibles de forma general y serán compatibles con los productos informáticos de uso general, y no restringirán el acceso de los operadores económicos al procedimiento de contratación."

6. Integridad de los procedimientos contractuales

El Preámbulo del Protocolo por el que se modifica el ACP destaca que la integridad y la previsibilidad de los sistemas de contratación pública son parte integrante de la gestión eficiente y eficaz de los recursos públicos, el desempeño de las economías de las Partes y el funcionamiento del sistema multilateral de comercio.

Al mismo tiempo, reconoce la importancia de disponer de medidas transparentes en materia de contratación pública, de llevar a cabo las contrataciones de forma transparente e imparcial y de evitar conflictos de intereses y prácticas corruptas, en consonancia con los instrumentos internacionales aplicables, tales como la Convención de las Naciones Unidas contra la Corrupción hecha en Nueva York el 31 de octubre de 2003[19], y ratificada tanto por España[20] como por la Unión Europea[21].

La citada Convención establece en su artículo 9 que cada Estado Parte, de conformidad con los principios fundamentales de su ordenamiento jurídico, adoptará las medidas necesarias para establecer sistemas apropiados de contratación pública, basados en la transparencia, la competencia y criterios objetivos de adopción de decisiones, que sean eficaces, entre otras cosas, para prevenir la corrupción. Esos sistemas, en cuya aplicación se podrán tener en cuenta valores mínimos apropiados, deberán abordar, entre otras cosas:

19 *V.*, MEDINA ARNAIZ T., "EU Directives as Anticorruption Measures: Excluding Corruption-Convicted Tenderes from Public Procurement Contracts", *International Handbook of Public Procurement*, Florida, 2009, pp. 105 a 130.

20 Instrumento de ratificación publicado en el BOE nº 171, de 19 de julio de 2006.

21 Decisión del Consejo 2008/201/CE, de 25 de septiembre de 2008, sobre la celebración, en nombre de la Comunidad Europea, de la Convención de las Naciones Unidas contra la corrupción, publicada en el Diario Oficial L 287, de 29 de octubre de 2008.

"a) La difusión pública de información relativa a procedimientos de contratación pública y contratos, incluida información sobre licitaciones e información pertinente u oportuna sobre la adjudicación de contratos, a fin de que los licitadores potenciales dispongan de tiempo suficiente para preparar y presentar sus ofertas;

b) La formulación previa de las condiciones de participación, incluidos criterios de selección y adjudicación y reglas de licitación, así como su publicación;

c) La aplicación de criterios objetivos y predeterminados para la adopción de decisiones sobre contratación pública a fin de facilitar la ulterior verificación de la aplicación correcta de las reglas o procedimientos;

d) Un mecanismo eficaz de examen interno, incluido un sistema eficaz de apelación, para garantizar recursos y soluciones legales en el caso de que no se respeten las reglas o los procedimientos establecidos conforme al presente párrafo;

e) Cuando proceda, la adopción de medidas para reglamentar las cuestiones relativas al personal encargado de la contratación pública, en particular declaraciones de interés respecto de determinadas contrataciones públicas, procedimientos de preselección y requisitos de capacitación."

La Directiva 2014/24 plantea también diversas medidas para garantizar la integridad de los procedimientos de contratación pública, un objetivo también fundamental en la actualidad de nuestro Derecho y prácticas administrativas nacionales[22], para cuya mejor garantía se debe exigir el respeto en todo caso de los principios de igualdad, no discriminación, publicidad, transparencia y libre concurrencia.

7. Procedimientos de adjudicación y negociación

La utilización de negociaciones en los procedimientos de contratación fue contemplada en el ACP desde su versión original de 1994, siempre que se notificase en el anuncio de licitación. Las negociaciones se preveían para identificar los aspectos ventajosos y desventajosos de las ofertas y como límites se obligaba a las entidades contratantes a dar tratamiento confidencial a las ofertas y, en especial, no facilitar información encaminada a ayudar a determinados participantes a que adapten sus ofertas al nivel de otros. En el curso de las negociaciones, preveía el artículo XIV, "las entidades no establecerán ninguna discriminación entre los diversos proveedores."

En el Protocolo por el que se modifica el ACP, también se dedica un precepto, el XII, a la negociaciones en todos los procedimientos de contratación, que las entidades contratantes podrán celebren si han manifestado su intención en el anuncio de la contratación o si de la evaluación efectuada se desprende que ninguna oferta es claramente la más ventajosa según los criterios concretos de evaluación establecidos en el anuncio de la contratación prevista o en el pliego de condiciones.

Ahora bien, el nuevo ACP establece como límites que las entidades contratantes se asegurarán de que cualquier eliminación de proveedores que participen en las negociaciones se lleve a cabo de conformidad con los criterios de evaluación establecidos en el anuncio de la contratación prevista o en el pliego de condiciones; y que al término de las negociaciones se

22 *V.*, GIMENO FELIÚ, J.M., "La Ley de Contratos del Sector Público: ¿una herramienta eficaz para garantizar la integridad? Mecanismos de control de la corrupción en la contratación pública", *Revista Española de Derecho Administrativo*, nº 147 (2010), págs. 517-535 y MEDINA ARNÁIZ, T, "Las respuestas normativas al fenómeno de la corrupción en la contratación pública", *Diario La Ley*, nº 7382 (2010), págs. 1 a 20.

concederá a todos los participantes que no hayan sido eliminados un mismo plazo máximo para presentar ofertas nuevas o revisadas.

La Directiva 2014/24, que contempla que los poderes adjudicadores puedan utilizar como procedimientos normales de adjudicación de los contratos el abierto y el restringido, cuyos equivalentes en el ACP son las licitaciones públicas y las selectivas.

Como procedimientos de utilización limitada, sólo si concurren las causas tasadas que fija la norma, se regulan el procedimiento de licitación con negociación, con o sin publicidad previa, y el diálogo competitivo.

El considerando 42 de la Directiva 2014/24, reconoce que existe una necesidad generalizada de mayor flexibilidad y, en particular, de un acceso más amplio a un procedimiento de contratación pública que prevea negociaciones, como las que prevé el ACP explícitamente para todos los procedimientos. Por ello plantea que, salvo disposición en contrario en la legislación del Estado miembro de que se trate, los poderes adjudicadores deben tener la posibilidad de utilizar un procedimiento de licitación con negociación conforme a lo establecido en la Directiva, en situaciones diversas en las que no es probable que puedan obtenerse resultados satisfactorios de la contratación mediante procedimientos abiertos o restringidos sin negociación.

En el ACP el procedimiento equivalente al negociado de la directivas de contratos públicos es la licitación restringida, que se puede utilizar sólo en el caso de que concurran las causas tasadas que prevé el artículo XIII del protocolo por el que se modifica el ACP y siempre que no se acuda a la misma "con el fin de evitar la competencia entre proveedores o de manera que se discrimine contra los proveedores de cualquier otra Parte o se proteja a los proveedores nacionales"[23].

8. La Ley modelo sobre contratación pública de la ONU

Los principios de transparencia y la no discriminación en la contratación pública, en los que se basan tanto el ACP como la Directiva 2014/24, son también las reglas principales que pretende garantizar la Ley Modelo sobre la Contratación Pública de la Comisión de las Naciones Unidas para el Derecho Mercantil Internacional (CNUDMI).

La Ley Modelo fue aprobada por la CNUDMI en 1993[24], si bien en julio de 2011 se consensuó un nuevo texto que ha reemplazado al original, haciendo hincapié en el uso de comunicaciones electrónicas en la contratación pública.

---

23 Entre las cusas que permitirían a la entidad contratante utilizar el procedimiento de licitación restringida recoge el artículo XIII del protocolo por el que se modifica el ACP que no se hayan presentado ofertas o ningún proveedor haya solicitado participar; que no se hayan presentado ofertas que cumplan los requisitos esenciales del pliego de condiciones; que ningún proveedor reúna las condiciones de participación; que haya habido colusión en la presentación de ofertas, a condición de que no se modifiquen sustancialmente los requisitos del pliego de condiciones; cuando sólo determinado proveedor pueda suministrar los bienes o los servicios y no haya otros bienes o servicios razonablemente sustitutivos o equivalentes en la medida en que sea estrictamente necesario, cuando, por razones de extrema urgencia debidas a acontecimientos que la entidad contratante no podía prever, no sea posible obtener los bienes o los servicios a tiempo mediante licitaciones públicas o selectivas; o en el caso de bienes adquiridos en un mercado de materias primas.

24 El texto de la "Ley Modelo" fue aprobado por la CNUDMI en su 26 periodo de sesiones, celebrado en Viena en 1993.

Los antecedentes de esta norma se sitúan en el 19 período de sesiones de la CNUDMI, celebrado en 1986, cuando ésta decidió dar prioridad a la labor relativa a la contratación pública y encomendar esa la-

La Ley tiene por finalidad servir de muestra o ejemplo a los distintos países para evaluar y modernizar su régimen y prácticas actuales de la contratación pública o para establecer un régimen legal en la materia de no disponer actualmente de uno.

La decisión de la CNUDMI[25] de formular un régimen modelo para la contratación pública se justificó, por tanto, en la inadecuación del régimen existente en algunos países, o en su simple inexistencia. De ello, es fácilmente constatable que resultan ineficiencias en el proceso de contratación, ciertas prácticas abusivas y la no obtención por el comprador público de una contrapartida adecuada por el desembolso de fondos públicos efectuado.

Si bien es común a todos los países la necesidad de que su régimen y prácticas de la contratación pública sean eficientes, ello se requiere especialmente en muchos Estados en desarrollo, así como en países cuyas economías se encuentran en transición. En estos Estados, una gran parte de la contratación está en manos del sector público y muchos de los contratos adjudicados son para proyectos que forman parte del propio proceso de desarrollo económico y social del país.

Pues bien, hacia estos países está principalmente dirigida la "Ley Modelo" sobre contratación pública. Además, ésta puede ayudar a remediar los inconvenientes que dimanan del hecho de que un régimen nacional inadecuado de la contratación pública crea obstáculos para el comercio internacional, al depender una parte importante de ese comercio de dicha contratación.

En consecuencia, el texto de la CNUDMI ha sido concebido como un instrumento destinado a sentar unas bases uniformes en el ámbito de los contratos públicos, susceptibles de servir de modelo a todos aquellos Estados que, por una u otra razón, carecen de una normativa y experiencia adecuadas en la materia. Ahora bien, es preciso advertir que la "Ley Modelo" no tiene naturaleza contractual ni aspira a convertirse en Tratado internacional, es decir, desde el punto de vista jurídico formal, carece de toda fuerza vinculante para los Estados; se trata tan sólo de un "modelo" susceptible de inspirar las legislaciones estatales[26].

En cuanto a su contenido, la "Ley Modelo" trata de significar los rasgos mínimos esenciales que deben caracterizar un régimen moderno de contratación pública. Sus objetivos principales son, en este sentido, desarrollar al máximo la competitividad del

---

bor al Grupo de Trabajo sobre el Nuevo Orden Económico Internacional. El Grupo de Trabajo inició su labor sobre este tema en octubre de 1988, examinando un estudio sobre la contratación pública preparado por la Secretaría. Finalmente, el Grupo elaboró un Proyecto de "Ley Modelo" sobre los contratos públicos de bienes y de obras, que pasó a la Comisión para su aprobación.

25 La CNUDMI es un órgano de la Asamblea General de las Naciones Unidas establecido para fomentar la armonización y unificación del derecho mercantil internacional, con miras a eliminar los obstáculos innecesarios ocasionados al comercio internacional por las insuficiencias y divergencias del derecho interno de los paises que afectan a ese comercio. En este sentido, la CNUDMI ha formulado durante los últimos 25 años convenios internacionales como la Convención de las Naciones Unidas sobre los Contratos de Compraventa internacional de mercaderías y el Convenio de las Naciones Unidas sobre el Transporte Marítimo de Mercancías ("Reglas de Hamburgo"), leyes modelo (como la de arbitraje comercial internacional), así como el Reglamento de Arbitraje y el Reglamento de Conciliación de la CNUDMI.

26 Este tipo de acuerdos son consideradas por la doctrina internacionalista como "Soft Law", esto es, se trata de conjuntos de normas que carecen de fuerza vinculante y que, sin embargo, tienden a influenciar la voluntad de aquellos a quienes se dirigen (SEIDL-HOHENVELDERN, I., "International Economic 'Soft Law'", *Recueil des Cours, Académie de Droit International*, 1979-II, págs. 173 y ss.).

proceso de contratación, dar un trato equitativo a los proveedores y contratistas que se presenten a un concurso público de contratación y aumentar la transparencia y la objetividad. Por lo tanto, la norma circunscribe su radio de acción a las fases preparatorias y a la adjudicación de los contratos públicos, quedando fuera de su interés toda la problemática referida a la ejecución de los contratos (al igual que ocurre con el Derecho comunitario de la contratación pública). El régimen de la "Ley Modelo" va destinado básicamente a la contratación efectuada por "dependencias de la Administración pública y otras entidades o empresas del sector público" (artículo 2), y regula la contratación pública de bienes y de obras.

9. Hacia el derecho global de la contratación pública

La doctrina administrativista lleva años llamando la atención sobre el proceso de desarrollo del Derecho administrativo global[27], que cada vez presenta un mayor impacto en los ordenamientos administrativos nacionales[28].

El Derecho administrativo global ha sido definido como "aquél que incluye los mecanismos, principios, prácticas y los acuerdos sociales que los respaldan y que promueven o que de otra forma afectan la *accountability* de los órganos globales administrativos, en particular asegurándose de que cumplan con los estándares adecuados de transparencia, participación, toma de decisiones razonada, y legalidad, y promoviendo la efectiva evaluación de las normas y decisiones que aprueban"[29].

KINGSBURY recoge como fuentes primarias de este Derecho global los principios extraídos de los Derechos administrativos nacionales, los principios de sistema de la OMC y los principios de los tratados internacionales de contenido ambiental, además de las agencias intergubernamentales (Banco Mundial, ACNUR, Bancos de desarrollo) y agencias internacionales no gubernamentales (COI, Agencia Mundial Antidopaje, etc.), cuya actividad tiene eficacia frente a los particulares[30].

Desde la perspectiva europea se ha puesto más el acento sobre la influencia de las normas y disposiciones de origen internacional sobre el Derecho administrativo nacional[31].

---

27 RODRÍGUEZ ARANA, J., "El Derecho Administrativo global: un derecho principal", *Revista Andaluza de Administración Pública*, nº. 76 (2010), págs. 15-68; MIR PUIGPELAT, O., *Globalización Estado y Derecho (Las transformaciones recientes del Derecho administrativo)*, Civitas, Madrid, 2004; CRUZ ALLI, J., *Derecho administrativo y globalización*, Civitas, Madrid, 2004; BALLBÉ, M., "El futuro del derecho administrativo en la globalización: entre la americanización y la europeización, *RAP* nº 174 (2007); AAVV, *Derecho administrativo global. Organización, procedimiento, control judicial* (PONCE, J., coord.), Marcial Pons-INAP, Madrid, 2010; AAVV, *Las transformaciones del procedimiento administrativo* (BARNÉS, J., coord.), Global Law, Sevilla, 2006.

28 Ver Kingsbury, B.; Krisch, N. y Stewart, R. B., "The Emergence of Global Administrative Law", *68 Law and Contemporary Problems*, 15 (Summer/Autumn 2005). Traducción al castellano del texto en inglés realizada por Paris, G. y Ricart, L., *LL.M. International Legal Studies*, Facultad de Derecho New York University. Texto disponible en: http://www.iilj.org/GAL/documents/Elsurgimientodel-DerechoAdministrativoGlobal.pdf. Fecha de consulta, 2 de marzo de 2017.

29 KINGSBURY, B., "The Administrative Law Frontier In Global Governance", *ASIL proceedings 2005*, págs. 1 y ss.

30 KINGSBURY, B., "The Administrative Law…", *op. cit.*, págs. 4 y ss.

31 Véanse AUBY, J.-B. "Globalización y descentralización", *RAP* nº 156 (2001), págs. 7 y ss. y "La théorie du droit administratif global: brève présentation critique", en http://chairemadp.sciences-

Como hemos podido comprobar en el presente trabajo, uno de los ámbitos que mejor reflejan en la actualidad el proceso de formación, desarrollo y consolidación de este Derecho administrativo global es, sin duda alguna, el de la contratación pública[32]. En efecto, los contratos públicos han sido objeto en los últimos años tanto de importante legislación y acuerdos internacionales, como de jurisprudencia de órganos con jurisdicción internacional que han fijado principios generales, y de actuaciones administrativas, entre otras, de solución de controversias entre Estados u otras partes en disputa[33].

En este sentido, pueden destacarse tanto los comentados ACP y Ley Modelo de Naciones Unidas como las normas en la materia aprobadas por el Banco Mundial[34] y la OCDE[35].

Pero también se podrían señalar las disposiciones sobre contratación pública del Tratado de Libre Comercio suscrito entre México, los Estados Unidos de América y Canadá (TLCAN), el Acuerdo de Promociones Comerciales entre Estados Unidos y Colombia y el Acuerdo de Promoción Comercial Perú–Estados Unidos, así como el protocolo de contrataciones públicas del MERCOSUR[36]. En el continente africano pueden destacarse las reglas aprobadas por la Comunidad Económica y Monetaria del África Central (CEMAC). Todas estas normas y acuerdos no vienen sino a corroborar la tendencia hacia la formación de un Derecho común de la contratación pública.

---

po.fr/pdf/seminaires/2007/Papier_JBA.pdf (fecha de consulta 16 de marzo de 2014); y HARLOW, C., "Global Administrative Law: The Quest for Principles and Values", *The European Journal of International Law*, vol. 17 no.1 (2006), págs. 187 a 214.

32 MORENO MOLINA, J.A., *Derecho global de la contratación pública*, Ubijus, Asociación Internacional de Derecho Administrativo, México, 2011.

33 Todos ellos elementos caracterizadores de la "gobernanza global", véase Stewart, R. B., "U.S. Administrative Law: A Model for Global Administrative Law?", *68 Law and Contemporary Problems*, 15 (Summer/Autumn 2005).

34 Las Normas de Procedimiento del Banco Mundial BP 11.00, se pueden encontrar en http://siteresources.worldbank.org/INTPROCURINSPA/Resources/bp1100Spanish.pdf, fecha de consulta 18 de febrero de 2017.

35 En relación con la contratación pública, la OCDE se ha preocupado sobre todo de desarrollar instrumentos para combatir la corrupción y fomentar la integridad en el sector público. El sitio Web de la Unidad de Lucha contra la corrupción de la OCDE es

www.oecd.org/daf/nocorruption/ (fecha de consulta 18 de marzo de 2017).

Para una visión general del desarrollo de este derecho internacional de la contratación pública puede acudirse a AAVV, "Overview of the Current Work of Key International Institutions in the Field of Public Procurement", *Public Procurement Law Review*, N° 6, 2006, páginas NA 161 a 204.

36 Para el análisis de otros acuerdos internacionales en contratación pública resulta de interés acudir al documento elaborado por las secretarías de ALADI, COMUNIDAD ANDINA Y MERCOSUR en cumplimiento de los mandatos de la I Reunión de Jefes de Estado de la Comunidad Sudamericana de Naciones (Documento ALADI/MERCOSUR/CAN/15/2006, que puede consultarse en la dirección www.mercosur.int/msweb/SM/Documento%20Conjunto/Convergencia13-%20Compras%20del%20sector%20publico.pdf, fecha de consulta 4 de febrero de 2017).

10. LA CONTRATACIÓN PÚBLICA EN LOS AMBIENTES DE GLOBALIZACIÓN

Armando Rodríguez García(*)
Profesor de la Universidad Central de Venezuela.
Director de Postgrado Facultad de Ciencias Jurídicas y Políticas UCV.
Miembro fundador del Foro Iberoamericano de Derecho Administrativo.

Resumen: El tema de los contratos que celebra el Estado ha ocupado lugar de interés constante para el Derecho administrativo, por las particularidades que adoptan las figuras contractuales aplicadas por el Sector Público en el orden científico. Adicionalmente, ese interés se ha incrementado con la ampliación del empleo de los contratos, con ocasión de los cambios operados por la globalización. El enfoque que se ofrece apunta a la consideración de la complejidad presente en la acción pública, para comprender mejor el entorno de los contratos públicos y su alcance, considerando la perspectiva que aporta el Derecho administrativo global.

INTRODUCCIÓN

El empleo de la técnica contractual por parte del Estado es, al igual que sucede con la actividad de cualquier sujeto de derecho, un asunto usual y cotidiano, con abultada presencia en la rutina administrativa; sin embargo, no por ello es un tema irrelevante o carente de atractivo para la reflexión y el estudio de sus particularidades, lo que se manifiesta en la permanente aparición de decisiones formales y reevaluaciones doctrinarias alrededor de esta cuestión, que tocan inclusive, el aspecto primario sobre la existencia o no de los *contratos administrativos*, *contratos públicos*, o *contratos del Estado* como categorías que ostentan identidad o naturaleza jurídica autónoma, por lo que, como objeto de interés práctico y científico, han constituido un tema que "*tiene sustancia polémica*", tal como se señaló hace ya algún tiempo, con una expresión que mantiene su actualidad y vigencia[1].

Así lo reafirma con igual contundencia Meilán Gil, en oportunidad mas recientes y con similar enfoque, cuando precisa que "El contrato ocupa un lugar destacado en la ciencia del derecho, también en el ámbito del Derecho administrativo. No es necesario

(*) Ponencia presentada *al XVI Foro Iberoamericano de Derecho Administrativo*. Santo Domingo, R.D. Octubre 2017.

1 GARCIA DE ENTERRÍA, Eduardo, *La figura del contrato administrativo*. En *Revista de Administración. Pública* (RAP), Número 41, Madrid, 1963. Pág. 100.

insistir en su razonamiento. Por lo que a éste se refiere la categoría del contrato administrativo ha sido objeto de polémica que ha llegado hasta nuestros días. Desconocida o negada en diferentes ordenamientos públicos con regímenes jurídicos no coincidentes de carácter sustantivo o jurisdiccional el titular del Poder a lo largo de la historia ha utilizado la técnica contractual de un modo directo o por el intermedio de una ficción jurídica (Fisco) para atender necesidades que se identifican con el interés de la Corona en el Antiguo Régimen, el bien común, el interés de la Nación o de los vecinos o los intereses generales en Estados democráticos de Derecho"[2]

En efecto, lo indiscutible es que el Estado contrata. En tanto entidad dotada de personalidad jurídica, el Estado asume la cualidad de sujeto de derecho, por lo que se involucra en relaciones jurídicas de diversa índole, entre las cuales aparecen aquellas en las que emplea la técnica jurídica contractual como una herramienta para su desempeño, para el logro de sus fines; y en ese caso lo hace en ejercicio de la *función administrativa*, en tanto formula operativa mediante la cual el Estado se vincula, jurídicamente hablando, con otros sujetos de derecho, sean éstos los particulares, ciudadanos o administrados, o bien, cuando se trate de otros sujetos o entes públicos, con los cuales de establecen nexos contractuales diversos, para cumplir con los cometidos de gestión que tienen asignados.

Al respecto, es conveniente retener en este punto de la aproximación que adelantamos, que la institución contractual no es un asunto ajeno al Derecho administrativo, aunque es forzoso reconocer que su construcción como institución jurídica no parte de sus espacio propios, con lo cual, se pisan terrenos de intenso interés, en el entendido que "el centro de las discusiones temáticas mas apasionadas que en relación con el derecho administrativo se formulan, se refiere de modo muy especial a aquellos problemas que se derivan de la circunstancia de que la Administración pública use para el cumplimiento de sus fines tanto de un derecho *suyo* que le es propio, como del derecho privado y de las instituciones que ése ha elaborado. Afrontar en toda su amplitud este fenómeno constituye, acaso, el problema mas importante que el Derecho administrativo ofrece, agravado además por el hecho de que aquel sistema normativo que como *propio* hemos considerado, se ha fijado históricamente en muchas ocasiones sobre los esquemas facilitados por el derecho privado. Por esto mismo, las instituciones que tienen sede en los dos ordenamientos de los que la Administración se sirve – el ordenamiento privado y el administrativo –, y que a su vez, tal y como en cada uno de ellos están configurados, son empleadas simultáneamente por la Administración pública, son sin duda alguna las que en su planteamiento dogmático han sido objeto de mayor polémica y controversia..."[3]. Aún cuando el transito de análisis que procuramos realizar en este caso no se detiene en esta interesante y frondoso aspecto de la cuestión general, es imprescindible tener presente los datos que nos aporta pues estos guardan estrecha relación con el desarrollo y necesaria adaptación en la conceptualización y el empleo de la técnica contractual en los espacios de la gestión pública, atendiendo a las transformaciones que operan en ese entorno de actuación por múltiples causas dentro de las cuales ocupan posición predominante los cambios que acusa el escenario de actuación por efecto de los avances tecnológicos y el

2 MEILAN GIL, José Luis, *Categorías Jurídicas en el Derecho administrativo.* Escola Galega de Administración Pública / Iustel. Madrid, 2011. Pp-141.

3 MARTIN-RETORTILLO BAQUER, Sebastián, *El Derecho civil en la génesis del derecho administrativo y sus instituciones. Dos Estudios* Instituto García Oviedo Universidad de Sevilla. Sevilla, 1960. Pp. 109.

irreversible proceso de globalización con clara incidencia en la dinámica de las relaciones interinstitucionales de toda índole, así como en la variación perceptual y operacional de valores fundamentales da la contemporaneidad.

Entonces, tomando en consideración los diversos enfoques temáticos que se pueden explorar dentro de la amplia constelación sustantiva que comprende la contratación del Estado, dirigiremos la atención sobre algunos de los asuntos que determinan las complejidades que configuran el perfil conceptual y el espectro funcional de la Administración pública, con particular énfasis en las que se contactan con sus manifestaciones contractuales, tanto en los tramites y procesos de formación del contrato, como en la ejecución y los mecanismos de control dispuestos para garantizar los derechos puestos en juego. Esto se analiza desde la perspectiva que brinda la complejidad del Estado como aparato y como actividad o función, unido al Derecho y sus manifestaciones valorativas e instrumentales que operan históricamente como un factor integrador, todo lo cual adquiere en el momento actual características particularmente destacadas, en atención al marcado e ineludible proceso de globalización que descansa en el avance de las nuevas tecnologías, en particular las relativas a la información y las comunicaciones, lo que impacta masivamente las relaciones culturales, económicas y jurídicas entre sujetos de diverso porte y entidad, y que ahora aparecen regidas por el Derecho público y el Derecho privado de manera prácticamente integrada, interactiva, complementaria o incluso, indistinta.

Ciertamente, la simple percepción de nuestra dinámica cotidiana actual lleva a reconocer, sin dificultad, que la revolución tecnológica de las últimas décadas ha transformado por igual la concepción teórica y el formato práctico de las actividades humanas con alcance mundial, impulsando, en muy breve plazo, el surgimiento y la instalación definitiva de nuevas modalidades de organización, trabajo, relación, comunicación y negocios entre sujetos, a lo cual no puede escapar el aparato administrativo público y a plataforma jurídica que le sirve de soporte.

Este enfoque conduce a comprender que esas circunstancias han tenido en esta materia el carácter de constantes, esto es, de factores siempre presentes, con mayor o menor intensidad o extensión, pero en todo caso, con ineludible influencia en lo que respecta a la concepción teórica básica y sus revisiones o adaptaciones, al igual que en la realización y adaptación práctica de la técnica contractual por parte de la Administración pública.

De inicio, debemos tener en consideración que tal al ejercicio metodológico invita a tomar como punto de partida la revisión de algunos datos relativos al Estado y su categorización jurídica, como *presupuesto subjetivo* inexcusable en cualquier aproximación a la técnica contractual, partiendo de su carácter de acto integrador de voluntades, lo que supone *sujetos* de derecho, que concurran en tal integración.

Tal circunstancia implica, a su vez, considerar las particularidades de la complejidad organizativa que acompaña al Estado como figura jurídica a lo largo de su trayecto histórico. Adicionalmente, para el caso del Estado y todas las posibles estructuras organizativas o entidades públicas que integran su constelación sistémica, aparece como dato inexcusable, la singular y específica sujeción al Derecho que delimita sus actuaciones de cualquier naturaleza, en atención al Principio de Legalidad, lo que determina, en sus líneas esenciales, el perfil de configuración conceptual del Estado de Derecho (Estado social, democrático y constitucional de derecho y de justicia), bajo la concepción más avanzada de civilización, en cuanto a la estructura organizativa y las formas válidas para el ejercicio del Poder, que está forzado a operar bajo el mayor grado de vinculación a la norma jurídica, lo que se traduce en mayor nivel de complejidad funcional en comparación con la operatividad sustentada en el principio de libertad de acción que deja espacio abierto a la voluntad del sujeto, hasta el límite de lo prohibido por la norma, lo que sirve de marco a la actuación de las personas en el campo del Derecho privado.

A su vez, ello hace dirigir la mirada hacia los *aspectos funcionales* que operan jurídicamente para la construcción, expresión y ejecución de la voluntad de los sujetos, lo que en espacio del Derecho administrativo se patentiza en la noción del *procedimiento*. El procedimiento como categoría impregna la totalidad del actuar administrativo, o para ser más preciso en la afirmación, impregna la totalidad de las actuaciones del Estado, pero con la connotación determinante de fungir como una garantía en favor del ciudadano al cual sirve, por lo que también la existencia de las exigencias procedimentales, como requisito esencial de validez de las decisiones públicas, es un dato que igualmente aparece como componente destacado en el escenario que dibuja la complejidad, unido a una de sus principales consecuencias prácticas y jurídicas de su existencia, cual es el *control* sobre las decisiones en general, y desde luego, sobre las contrataciones, tanto en lo que concierne a sus formalidades, como por lo que atañe a su ejecución, de lo que se abren derivaciones hacia la aparición de los mecanismos de responsabilidad institucional y personal.

I. LA COMPLEJIDAD DEL ESTADO ACTUAL.

Para hacer una revisión de la técnica contractual en el espectro que determina la gestión pública del presente resulta adecuado como método, comenzar por recordar el carácter que tiene el Estado como sujeto de la relación contractual y las características que han marcado esa posición en el vínculo jurídico. Por ello, traemos al análisis algunos datos que hemos expresado en anterior oportunidad, en cuanto a entender la utilidad de revisar el sentido histórico de las palabras y la percepción que se tiene de su alcance, lo que usualmente se asocia al sentido mismo de las ideas o instituciones cuyo significado se pretende designar con los vocablos, tal como sucede con la palabra *Estado*, por lo que resulta interesante para abrir el análisis, una breve referencia al punto, como movimiento inicial hacia el objetivo planteado, para lo cual, se retoma lo que hemos expuesto en anterior oportunidad [4].

En efecto, procede indicar de nuevo, que el empleo la palabra "Estado", con la connotación básica que se le atribuye en la actualidad, se ubica históricamente en los inicios del siglo XVI, y su utilización se atribuye a Maquiavelo, en "El Príncipe" (1513), donde la usa para identificar *los dominios que han tenido y continúan teniendo imperio sobre los hombres*. De este modo, tal como lo explica el profesor Moles Caubet, se acuña un neologismo para identificar a un fenómeno nuevo y novedoso: "... La aparición del Estado constituye, la gran novedad de la época moderna, que precisamente se caracteriza por producirse en ella la gran constelación de los Estados europeos (...) Evidentemente el nombre de Estado habría de servir para designar una formación política original, sin identidad con otras anteriores (Reinos, Principados, Imperios). De esta manera registraba una unidad política cuya existencia y persistencia era independiente de la figura del Príncipe y del Rey, e incluso de las colectividades sociales tales como la Iglesia, la Aris-

---

4 *V.*, RODRIGUEZ GARCIA, Armando, *Sobre la complejidad del Estado y las contrataciones administrativas*. En *Revista de la Facultad de Derecho de la Pontificia Universidad Católica del Perú*. N° 66. Lima, 2011

tocracia o las Oligarquías, a pesar de lo destacado de su cometido. El Estado subsiste así separadamente, con impuso propio, de las individualidades, fueran éstas sus gobiernos o sus beneficiarios (...) El Estado, esa realidad emergente de la época, se convierte en un concepto universal, que es el que se expresa con el vocablo "Estado", el mismo en todos los idiomas indo–europeos: "Stato", en italiano; "Êtat"..., en francés; "Staat", en alemán; "State", en inglés. Tanto el concepto Estado, como el nombre, quedaron universalizados. Sin embargo, la palabra no sirve de rótulo a un producto inalterable; al contrario, desde entonces (siglo XVI) ella va adaptándose al proceso evolutivo de aquello que expresa.... "[5], con lo que destacamos dos notas de especial interés en este enfoque, cuales son, el carácter universal o *global* de la noción de Estado y su plasticidad, en el sentido de variabilidad adaptativa al entorno en el cual se desenvuelve, que no es otro más que la Sociedad en la cual tiene presencia, como una pieza integrante de un sistema más amplio y complejo.

Entonces, desde su aparición histórica formal – que en el dominio científico propio de las Ciencias sociales (particularmente el Derecho, la Sociología y la Ciencia Política) se ubica en el período indicado –, se reconoce la existencia del Estado como un fenómeno generalizado, por su universalización; pero además, también se manifiesta su generalización como consecuencia de su estrecha relación de causa–efecto con el reforzamiento o la revitalización del Derecho, en tanto elemento de integración institucional capaz de aportar las bases necesarias para la construcción teórica y la realización práctica de la idea del *Poder político integrado e integrador*, lo que básicamente se resuelve a través de la recepción de Derecho Romano como medio eficiente para contrarrestar a la disgregación y desintegración de los territorios germanos.

En este punto es precisa la apreciación de Heller en su análisis sobre los supuestos históricos del Estado actual, cuando afirma que: "... El Estado sólo podía independizarse como unidad de acción militar, económica y política bajo la forma de una independización como unidad de decisión jurídica universal. La disgregación política del Impero y de los Territorios había acarreado una intolerable inseguridad en el derecho (...) Frente a la disgregación jurídica germana aparecía el Derecho Romano, sistematizado por la burocracia Justiniano, como un *jus certum*....El derecho culto hizo precisa encomendar la Justicia a funcionarios especializados, formados en el Derecho Romano en las universidades del norte de Italia..."[6]

De esta manera se produce la instalación definitiva del Estado como estructura política dispuesta para la integración del Poder, lo que viene acompañado con la configuración de esa estructura orgánica juridificada, en particular por lo que corresponde a la Administración. Desde el punto de vista político, viene a ser la expresión más avanzada de la organización social, de lo que en términos empleados usualmente en estos tiempos, puede entenderse como una manifestación superior de la *sociedad civil organizada* para el manejo de los asuntos colectivos, de aquellos asuntos que por su propia naturaleza no pueden encontrar atención satisfactoria a través de la respuesta singular de los individuos que integran las comunidades.

---

5 MOLES CAUBET, Antonio, "Estado y Derecho (Configuración Jurídica del Estado)". En: *Estudios de Derecho Público*. Universidad Central de Venezuela. Facultad de Ciencias Jurídicas y Políticas. Instituto de Derecho Público. Caracas, 1997, pág. 79.

6 HELLER, Hermann: *Teoría del Estado*. Fondo de Cultura Económica. 6ª reimpresión. México, 1971. pp. 151.

De su parte, el cumplimiento efectivo de esa tarea requiere el empleo de un instrumental jurídico, dentro del cual no se puede descartar la figura del contrato, en atención a su cualidad para dar estabilidad, certeza y confiabilidad de las relaciones intersubjetivas con efecto jurídico.

Ese proceso histórico–político trae consigo importantes transformaciones del Derecho, entre otras, el surgimiento del Derecho Público, y en particular, el Derecho administrativo, que aparece como una rama autónoma dentro de la disciplina jurídica, para atender, precisamente, las relaciones entre el ciudadano y los centros de ejercicio de Poder alojados en la estructura del Estado que, a partir de entonces, se conciben como los centros de Poder de la Sociedad *al servicio del ciudadano*. De allí, las características singulares de ese *nuevo* Derecho que abreva necesariamente en las fuentes de una Ciencia ya desarrollada y madura en categorías e instituciones, aunque, claro está, bajo la óptica de unas relaciones intersubjetivas diferentes, las propias del Derecho civil, común o privado. En el fondo se trata de una realidad que obedece, como se dijo antes, a circunstancias históricas que no pueden dejarse de lado para lograr entender adecuadamente el fenómeno. Tal es el abordaje que destaca Martín–Retortillo al identificar el asunto como "un verdadero préstamo de instituciones del Derecho civil al Derecho administrativo; instituciones y figuras que, al resultar comunes, han exigido e impuesto en primer lugar su diferenciación, y en una fase ulterior, la fijación de su propia sustantividad".[7]

En consecuencia, podemos entender de manera general que el desarrollo de la Sociedad, el proceso de la civilización humana se resume, en buena medida, en el desarrollo y la transformación – la *"adaptación"*– constante del Estado y sus instituciones para la actualización estratégica de sus capacidades organizativas y operativas de respuesta, frente a las exigencias de las comunidades y los individuos por alcanzar y mantener condiciones de vida adecuadas, satisfactorias, lo que también se expresa en niveles conformados como parámetros referenciales que resultan igualmente globales y propenden a su formalización como *derechos* para sistematizar de mejor manera las relaciones de los individuos con los centros de Poder, tal como sucede con los *derechos humanos*.

El proceso sostenido de transformaciones de la Sociedad impone cambios y adaptaciones en la concepción, estructura y funcionamiento del aparato estatal, lo que desemboca en manifestaciones factura diversa, dentro de las cuales tomamos como dato trascendente para este análisis, la conformación del Estado *manager* – en los términos empleados por García–Pelayo – cuya presencia, a los efectos de la intervención en los asuntos de interés colectivo, se manifiesta desde la óptica gerencial y la acción estratégica para el diseño y aplicación de las políticas públicas, lo que conduce a una significativa ampliación en el plexo de su presencia, a la par que se multiplican y diversifican los medios instrumentales, con un protagonismo estatal diferente, que impone un nuevo esquema de relación con los ciudadanos y acentúa la complejidad sistémica del Estado contemporáneo[8].

Dicho en otros términos, el Estado no puede escapar a la dinámica constante que implica el desarrollo general de la Sociedad porque es un componente instrumental de la

---

7 MARTIN-RETORTILLO, Sebastián, *El Derecho civil...* (*cit.*). pp. 7.

8 Al respecto véase, de manera general: GARCIA-PELAYO, Manuel, *Las Transformaciones del Estado Contemporáneo*. Cuya primera edición es de Alianza Editorial, Madrid, 1976. Del mismo autor, *El Estado de nuestro tiempo,* Fundación Manuel García-Pelayo. Caracas, 2007

misma que tiene asignado un rol protagónico, insustituible, hasta donde permite atisbar la prospectiva derivada de una visión actual unida a la trayectoria histórica que se registra. En tal sentido, la dinámica social, económica, científica, tecnológica y política, en fin, la dinámica cultural tantas veces aludida, unida al crecimiento de las interrelaciones humanas e institucionales en términos de variedad, alcance geográfico y demográfico, confiabilidad y nivel de influencia, así como en la velocidad de la comunicación, propia de la era informática y telemática que vivimos, comporta la incorporación de los elementos avanzados de soporte al ilimitado complejo de vínculos que demandan la aplicación de un instrumental jurídico acorde a esta nueva realidad – que además se renueva día tras día –, de donde deriva, bien el diseño de nuevas fórmulas, bien la adaptación de las previamente existentes, para de esa manera, poder ofrecer las respuestas eficientes en el nuevo entorno.

Luego, no es difícil comprender que la figura del contrato y su empleo por parte de la Administración pública tenga presencia históricamente hablando, encuentre vigencia teórica y práctica en el presente, y se continúe aplicando con intensidad en el futuro previsible, como una técnica útil dentro de la realidad jurídico–práctica de la actividad administrativa del Estado.

De allí que la reflexión y análisis, tanto en la dimensión en que se aprecia su concepción y manejo doctrinario, como en el campo de su manejo o aplicación práctica, para ser eficientes, deben considerar las complejidades en las que se inserta y a las que debe adaptarse para cumplir su finalidad instrumental, a lo que necesariamente deben contribuir, con igual nivel de compromiso, la construcción teórica o doctrinaria, la legislación y la jurisprudencia.

Desde luego, la respuesta será más o menos eficiente en función de su direccionalidad, intensidad y oportunidad, y en todo caso, se produce dentro de las particularidades propias de cada ordenamiento doméstico, por lo que concurren por igual, los efectos del entorno globalizado que impacta al Estado y la gobernanza en la actualidad, y las condiciones de cada entidad estatal en particular, lo que viene a determinarse por diferentes factores que van desde el nivel de cultura democrática, burocrática y jurídica que resulte dominante en cada realidad domestica, a la par de las circunstancias políticas imperantes, incluyendo la sensibilidad, nivel de capacidad gerencial y vocación de modernidad que exhiban los gobernantes de turno.

Como se observa de inmediato, acá juega un papel importante uno de los efectos de la globalización, que tiende al impregnar lo que se ha venido entendiendo como espacio propios o exclusivo del *derecho interno*, en cuyo ámbito se da ubicación al Derecho administrativo, para adentrarse – por efecto de la realidad práctica inexcusable – en la tendencia cada vez más acentuada y robusta, de la construcción de un Derecho administrativo global, en cuya concepción se mueve con vigor, la fuerza expansiva que aportan las relaciones económicas entre sujetos de diferente factura.

Las relaciones propias de la globalización traspasan cotidianamente las fronteras de los Estados y necesariamente atraen hacia sí los requerimientos y las consecuencias jurídicas propias del Derecho administrativo, en atención a la dualidad de la realidad que constantemente reclama la presencia de las Administraciones públicas en los diferentes países, en tanto les corresponde actuar por igual, como el sujeto de control sobre las actividades desplegadas por los particulares, así como en las funciones de intervención en la economía mediante actuaciones directas, como agente económico, pero también, a través del estímulo y fomento a la inversión y la orientación general del desarrollo económico y social de los pueblos, todo ello, para recalar siempre en la función atinente a producir el reconocimiento y la respuesta adecuada y oportuna ante la ineludible presencia de las garantías ciudadanas, en cuanto a la debida protección y respeto que conduce a las técnicas de control jurídico sobre los actos y conductas de la Administración y la consecuente responsabilidad del Estado o de sus funcionarios, según sea el caso.

Es así como, actualmente resulta no solo factible, sino necesario, aceptar la aparición de un verdadero *espacio administrativo global*, que comporta algunas implicaciones potencialmente políticas, a la par de otras expresiones de naturaleza normativa que giran en torno a la aparición de una geografía moldeada en los perfiles – seguramente tenues en sus trazos iniciales, pero que cada vez aparecen con mayor definición – de sus rasgos, apuntando hacia la definición progresiva de una suerte de gobernanza global que difumina las líneas duras de categorías anteriormente absolutas en su formato, como podría se la soberanía, y dirige su sentido hacia estadios que admiten sin dificultad escenarios de *supranacionalidad* operativa, distinta de las clásicas relaciones internacionales entre Estados o sujetos de Derecho internacional, mediante el emplazamiento de relaciones jurídicas entre administraciones y ciudadanos, administrados, prestadores o usuarios de diferentes unidades estatales, de diversas naciones y países, interactuando en un escenario económico, social y jurídico–público, que les resulta común.

Esa realidad encuentra apropiada representación, en condiciones superiores a la de simple expectativa experimental, en los procesos de integración (inicialmente diseñadas como alianza económica, y luego plataforma política común, pero siempre contando con el substrato jurídico) que alcanzan la consolidación de robustos y sólidos escenarios, como puede ser la Unión Europea, o, en una escala de intensidad u objetivos diferentes, el caso del MERCOSUR, en Latinoamérica, aunque también se incluye la diversidad de mecanismos multilaterales de menor proyección institucional, pero que, en todo caso plantean previsiones de interrelación que comprometen la presencia de las Administraciones públicas en sus modos de actuar y el perfil de su concepción, atado a valores con escala de universalidad.

De este modo es lógicamente factible, y metodológicamente acertado el abordaje de las bases mismas de configuración de esas nuevas manifestaciones que, generadas en la fuerza impulsora de los cambios provenientes del desarrollo en sus expresiones tecnológicas y económicas, conducen directamente a las adaptaciones y transformaciones de los centros de poder y gestión pública, a favor de los nuevos requerimientos impuestos a la gobernabilidad en general, que tiene como andamiaje organizativo, como soporte operativo y como mecanismo funcional, a las Administraciones públicas de los distintos países, con sus particularidades específicas, pero en todo caso, bajo la égida de unos principios y técnicas uniformes en su origen y con referentes históricos comunes en sus antecedentes, por lo que permiten apreciaciones comunes para la construcción, interpretación y aplicación del Derecho, a la par que enfrentan desafíos también comunes.

En las formulaciones conceptuales primarias de estas nuevas aproximaciones científicas sobre el fenómeno, encontramos planteamientos de este porte: "...La conceptualización del derecho administrativo global presupone la existencia de una administración global o transnacional. Nosotros sostenemos que existe suficiente cantidad de administración global y transnacional como para poder identificar hoy en día un "espacio administrativo global" multifacético, poblado de varios diversos tipos de instituciones regulatorias administrativas y de varios tipos de entidades que son los sujetos de la regulación, incluyendo no solo Estados, sino también individuos, empresas, y ONGs. (...) Entender a la gobernanza global como una forma de administración nos permite reformular muchas de las preocupaciones comunes sobre la legitimidad de las instituciones internacionales de un modo más específico y focalizado. Nos proporciona una distancia crítica útil sobre las extendidas demandas de déficit democráticos de estas instituciones, a menudo sobredimensionadas. También desvía la atención de los académicos de la gobernanza global a varios mecanismos de *accountability* en la toma de decisiones administrativas, incluyendo en el derecho administrativo, que e los sistemas domésticos operan al lado, aunque no en forma independiente, de los procesos democráticos clásicos como las elecciones y el control parlamentario y presidencial. Esta investigación resalta de un modo útil, hasta qué punto los mecanismos procedimentales de participación y de revisión, que se dan por supuestos en la acción administrativa doméstica, faltan a nivel global. Al mismo tiempo, la investigación invita al desarrollo de procedimientos institucionales, principios y recursos, aunque no con el objetivo de construir una democracia global completamente hecha y derecha (que es hoy en día ilusorio.)"[9].

En resumen, es una realidad indiscutible que, a escala mundial, la Administración pública que se conoció a finales de la primera mitad del siglo pasado se transforma de manera ostensible durante la etapa constituida por el resto de esa centuria, y esa transformación se acentúa con mayor profundidad y con un ritmo de mayor aceleración en las últimas dos décadas.

Con ello se hace evidente el grado de complejidad que impregna la función administrativa pública contemporánea, por la extensión de la estructura que la realiza, lo que a su vez incrementa el número, variedad e intensidad de los relacionamientos internos o institucionales, por la amplitud y diversidad de los campos sustantivos de presencia directa o indirecta que llegan a tocar todas las posibles expresiones del comportamiento de los ciudadanos y las instituciones, pero además, y con un relieve mas destacado, desde la óptica de análisis que nos ocupa en esta oportunidad, pues ocurre dentro de un mapa que desborda cómodamente las fronteras tradicionales del Estado, y en función de un dinamismo indetenible, apuntalado por los avances tecnológicos, que incrementa el conocimiento y transfiere en tiempo real la percepción de valores componentes de calidad de vida, como lo son la democracia, la justicia y la libertad, todo lo cual impone adaptar la visión para mejorar la capacidad de respuesta.

Los principales rasgos de esos cambios se ubican, de una parte, en la morfología del aparato administrativo público, mediante la tendencia a incorporar como agentes a nuevos actores de la gestión pública con un perfil distinto al que conoce la estructura tradicional de la Administración directa jerarquizada y las estructuras descentralizadas *clásicas*, con la emergencia y el empleo decidido de figuras más cercanas al Derecho privado, lo que ha llevado incluso, a identificar el fenómeno como la aparición de una "Administración paralela"[10]. Adicionalmente, la tendencia se acentúa con la aparición de estructuras específicas dispuestas para reforzar las funciones de control (regulación, autorización, inspección y sanción) sobre las actividades que legalmente se ubican dentro de los ámbitos de la policía administrativa, de modo tal que "tanto la regulación como el con-

9 Ver KINGSBURY, Benedict; KRISH, Nico; y STUART, Richard, "El surgimiento del Derecho administrativo global". En *"El nuevo Derecho Administrativo Global en América Latina"*. Institute for Internacional Law and Justice, New York University School of Law / Universidad de San Andrés. Ed. Res Publica Argentina (rpa). Buenos Aires, 2009. Pp. 25 y 37.

10 Ver: GORDILLO, Agustín, *La Administración paralela,* Civitas, Madrid, 1997

trol de su observancia son atribuidas en muchos sectores, en buena medida, aun nuevo tipo de Administración pública, proveniente – una vez más – del mundo anglosajón: las denominadas *Administraciones independientes"*[11].

De la mano con la ampliación morfológica que se ha indicado, también se diversifican y crecen los métodos de actuación que emplea el nuevo tipo de Administración pública para el cumplimiento de sus cometidos, lo que ocurre, entre otras modalidades, mediante el incremento o la modificación del instrumental operativo que se pone a disposición de la gestión pública actual. Como es lógico dentro de ese arsenal de instrumentos jurídicos de actuación se cuenta en lugar preponderante, por su natural utilidad, la figura del contrato, lo que lleva a precisar el asunto advirtiendo que, "comienza a hablarse de *contratación pública* para abarcar tal ampliación de potenciales sujetos contratantes"[12]

II. LA CONTRATACIÓN PÚBLICA EN EL AMBIENTE GLOBAL.

El escenario crecientemente complejo y globalizado al cual nos hemos venido refiriendo en las líneas anteriores no permite excluir de su contexto ningún elemento contenido en el arsenal de mecanismos de actuación que corresponde emplear al Estado; antes bien, esa realidad inocultable ejerce presión para depurarlo, actualizarlo, adaptarlo y potenciarlo, para el mejor cumplimiento de sus fines, resumiendo por tales el servicio a la persona humana, lo que, de por sí, se comporta como un desafío que el medio ambiente cultural globalizado impone a la Administración de nuestro tiempo. Uno de los parámetros que acotan el campo en el cual deben enfrentarse tales desafíos, es el de la inexcusable sujeción al Derecho, en particular, a las coordenadas que maneja el derecho administrativo, con su particular perfil, caracterizado por la *inquieta esencia* de su objeto, como una de sus mas destacadas notas definitorias; inquietud ésta, que viene dada por esa gran *movilidad*, de cuyas manifestaciones surge su servidumbre respecto de la *oportunidad*, su estrecha cercanía con la política y la inmediatividad de los fines de la Administración, todo lo cual termina por derivar en el alto grado de sensibilidad para responder a la evolución de las realidades socioeconómicas.[13]

Es en ese arsenal instrumental para la gestión administrativa pública donde se ubica la modalidad propia del negocio jurídico que corresponde a los contratos, por lo que resulta, obviamente, una categoría netamente jurídica, perteneciente al dominio del Derecho; sin embargo, no hay que olvidar que tales categorías jurídicas no constituyen fines en sí mismas, por el contrario, su existencia obedece a razones y requerimientos de orden práctico, de naturaleza funcional, a cuyo cabal cumplimiento y realización eficaz, prestan cauces formales de certeza y confiabilidad.

Desde este ángulo aparece en primera línea, el tratamiento jurídico–positivo; como es evidente, cada ordenamiento establece un régimen de actuación que vincula al aparato administrativo del Estado y determina las categorías dispuestas para su empleo, dentro

---

11 MIR PUIGPELAT, Oriol, *Globalización, Estado y Derecho. Las transformaciones recientes del derecho Administrativo.* Thomson Civitas, Madrid, 2004. Pp.118.

12 DEL PIAZZO, Carlos, *Tránsito de la contratación administrativa a la contratación pública.* En VVAA, Carlos DEL PIAZZO(Coordinador), "Transformaciones actuales del Derecho Administrativo". FCU, Montevideo, 2010

13 MEILAN GIL, José Luis. *El proceso de la definición del Derecho administrativo.* Madrid. Escuela Nacional de Administración Pública.1967. 85 p,

de las cuales aparece el contrato. Entonces, los aspectos concretos del asunto, tendrán siempre un referente positivo con las particularidades propias que fija cada ordenamiento concreto; sin embargo, ello no objeta ni impide una aproximación global que se desarrolla mediante el empleo de categorías conceptuales o teóricas, así como referencias comparadas que permiten una visión más amplia y frondosa, lo que contribuye a fortalecer la apreciación.

Resulta oportuno recordar brevemente algunas referencias acerca del origen y la trayectoria básica inicial operada para la incorporación de las categorías jurídicas, tal como sucede con la figura del contrato en el espectro del Derecho administrativo, en tanto disciplina de relativa reciente aparición. Ciertamente, el Derecho administrativo, por influjo de su propia esencia sustantiva, nace y se desarrolla de manera especialmente singular, pues en definitiva se sustenta en la limitación al ejercicio de Poder para respeto y beneficio de la libertad. Hay acuerdo en ubicar su origen en Francia, lo que conduce a incorporar el entorno político y las circunstancias prácticas presentes en su gestación, para tener una apreciación integral del fenómeno, pues no se trata de un producto proveniente de una elaboración cerrada, de una voluntad conclusiva y uniforme, sino de un proceso social, lo que impone unas determinadas soluciones prácticas que configuran un diseño particular, pero no necesariamente único; de ello cual deriva la posibilidad cierta de que aparezcan variaciones de respuestas en diversos ordenamientos que, atendiendo a sus propias realidades, no se apartan de lo que viene a ser su concepción medular.

Así ocurre con el Consejo de Estado, que aparece como la solución organizativa y funcional práctica para el control del Gobierno, por medio de una vía distinta a las establecidas en el ordenamiento jurídico francés del momento, para aplicación del Derecho civil, del Derecho común, lo que contribuye decisivamente, desde esta perspectiva, a la identificación y autonomía del Derecho administrativo.

Así lo puso de manifiesto Prosper Weil al relatar las primeras etapas del Derecho administrativo, en lo que califica como su *Prehistoria*: " ... No siendo un verdadero órgano judicial y limitándose a preparar las decisiones del Jefe de Estado, el Consejo de Estado permanecía al margen de las disposiciones del Código Civil. De ahí que fuese rápidamente establecida la no aplicación de las normas del Código referente a arrendamiento de servicio, contratos y responsabilidad en los litigios en que la administración actuase como parte. Sustraída a los tribunales, la administración se veía también fuera del control del derecho civil. Y es así como el Consejo de Estado forjó, actuando ante cada caso concreto, las reglas aplicables a la administración, y como se firmó la existencia de un derecho administrativo autónomo; es decir de un derecho que, ciertamente, podría tener alguna semejanza en determinados puntos concretos con el derecho civil, pero que no derivaba su autoridad del Código Civil. El Consejo de Estado ha segregado el derecho administrativo como una glándula segrega su hormona: la jurisdicción ha precedido al derecho y, sin aquella, éste no hubiese nacido..."[14]. Se destaca la fuerte carga de pragmatismo que acompaña al proceso de construcción del Derecho administrativo, y de muchas de sus las instituciones, lo que a su vez reafirma el carácter instrumental que subyace en su existencia.

Se destaca la referencia de Weil a la precedencia de la jurisdicción al *derecho*, en cuanto a la disciplina específica del Derecho administrativo, en tanto la jurisprudencia

14 WEIL Prosper, *El derecho administrativo*. Taurus Ediciones, Madrid 1967. Pp 23.

del Consejo de Estado antecede a los instrumentos legales que *formalizan normativamente* las instituciones y categorías. No debemos perder de vista que la obra creativa del Consejo de Estado – como la de cualquier cuerpo dotado de facultades decisorias o consultivas –descansa, en definitiva, en la fuerza de creación científica, en el conocimiento y la construcción doctrinaria que ponen en práctica sus titulares.

Lo que ahora interesa destacar es ese tránsito que acentúa sus aspectos de orden práctico hacia la conformación de los instrumentos, técnicas y categorías que se instalan en el contexto sustantivo del Derecho administrativo y contribuyen en su configuración y adaptación constante – dentro de los cuales se encuentra la figura del contrato –, tal como sucede en relación con los grandes retos que plantean a la Administración pública algunos acontecimientos de relevancia, como han sido las Guerras Mundiales del siglo pasado y las confrontaciones bélicas más cercanas en el tiempo, por su impacto sobre la economía, la política y el derecho en general, además, de las transformaciones y cambios que, sin tener ese carácter devastador, producen igualmente impactos de consideración en condiciones de paz, como ha sucedido con los avances tecnológicos y su influencia sobre los negocios y la gobernabilidad. En este orden de ideas se inscribe el comentario de Myrdal, en cuanto a que "la intervención del Estado en los países occidentales no ha sido resultado de una decisión deliberada de planificar, sino que en general precedió a la planificación. El orden regular ha sido que la intervención causó la planificación. Y la planificación, una vez aparecida, se convirtió en una cosa muy diferente…"[15]. De este modo se comprende como las nuevas técnicas, actividades y figuras de organización que se emplean en la Administración Pública son formulaciones que responden a las exigencias o motivaciones provenientes del entorno.

Entonces, la incorporación de la técnica contractual en la administración pública, se perfila como una cuestión "… teóricamente admitida por la doctrina, acogida sin reservas por la jurisprudencia, corroborada por la práctica administrativa y, en nuestro ordenamiento jurídico–positivo, consagrada por la Constitución y por las leyes"[16], con lo cual, se resalta, de una parte, el carácter instrumental de la técnica contractual, y de otra, como consecuencia, el conjunto de particularidades que en su categorización, tratamiento normativo y respuesta jurisprudencial se recojan en cada realidad nacional.

Para completar adecuadamente el panorama se debe añadir el dato cierto sobre las influencias que la tendencia natural al intercambio de experiencias provoca, y que se afianza como escenario de signo cultural con la globalización. El contacto inmediato entre realidades diversas, que aparece como marca destacada en la realidad contemporánea, y en particular, en los procesos de integración a los que ya hemos hecho mención; tal como destaca el profesor Jorge Salomoni en la oportunidad de estudiar la cuestión de los contratos públicos en el contexto de los procesos de integración: "…todo proceso de integración regional constituye, fundamentalmente, un proceso cultural. (…) la integración solo podrá realizarse cuando se vaya conformando un sistema de valores comunes entre los actores del proceso, que incluye una visión del mundo en el que se vive y hacia

15 MYRDAL, Gunnar, *El Estado del futuro*. México. Fondo de Cultura Económica. Primera reimpresión. 1971. pág. 33. 295 p.

16 FARÍAS MATA, Luís Henrique, *La teoría del contrato administrativo en la doctrina, legislación y jurisprudencia venezolanas*. Gobernación del Distrito Federal. Caracas, 1968. Pp. 15

el cual se pretende ir, y que el propio proceso sea internalizado como bueno por esos mismos ciudadanos de los países miembros de la unión"[17].

En este punto encontramos la convergencia de diversos elementos que ameritan ser considerados en contexto.

Por una parte, aparece la construcción de la categoría del *contrato administrativo*, dentro del Derecho administrativo, que solo se puede entender cabalmente apelando a la revisión histórica, la cual, a su vez, nos indica un origen cargado de razones prácticas, de respuestas prácticamente coyunturales que coinciden en la fórmula contractual como mecanismo adecuado ante circunstancias que podrían considerarse diametralmente opuestas en atención a cada experiencia nacional. El profesor Meilán Gil pone de manifiesto en forma contundente y precisa tal referente, cuando analiza el contraste de la preponderancia entre el empleo prevalente del acto administrativo o de la utilización del contrato en función de las circunstancia en que se encuentre el gobierno, desde el punto de vista de su soporte económico y el punto de equilibrio de poder entre el Estado y la sociedad, contrastando la diferencia entre el caso de Alemania, que opta por fortalecer el empleo de la decisión unilateral, el acto administrativo, y la opción británica, norteamericana, francesa y española, en la cual, por causa diversas, se privilegia la figura del contrato como instrumento operativo: "...En Gran Bretaña el triunfo del parlamentarismo es temprano. La experiencia de Cromwell vacunó de la tentación de una excesiva concentración de poder ejecutivo. El dogma de la democracia, la primacía del pueblo, están en el nacimiento mismo del Estado americano. En Francia, aunque más tardíamente, se llega en 1785 a la instauración de una república parlamentaria: El Estado será la burguesía triunfante.

Alemania irá por derroteros distintos. La supremacía del estado sobre la sociedad tendrá un fundamento ideológico –Hegel– y un instrumento político –Bismark– *El Estado es la realización de la idea moral o ética*, sostendrá el primero. La virtualidad del *principio monárquico* será despejada por el Canciller y respaldada por sus éxitos internacionales. La sociedad alemana capitula ante el Estado. La fortalecida Administración del naciente imperio alemán, ni ideológica ni económicamente, está acuciada por la necesidad de pactar con la sociedad para el desarrollo de sus actividades.

Justamente la contraria es la situación de España a lo largo de todo el siglo XIX. Un Estado débil, política y económicamente ante grupos pequeños, pero activos, de burguesía nacional o ante los invasores extranjeros; una Administración endeudada, además, por las guerras carlistas.

En estas circunstancias, el contrato viene a ser el punto de unión entre Estado y sociedad, aquí, al menos, nunca tajantemente separados. El contrato será la salida normal para la realización de las obras y los servicios públicos reclamados insistentemente por la sociedad, según testimonio expresivo de los documentos de la época. Y es que cuando el Estado no puede imponerse a los particulares pacta con ellos. La técnica contractual

17 SALOMONI, Jorge Luís, "Contratos administrativos". En *"Contratos Especiales en el Siglo XXI"*. (Coordinador Roberto M. López Cabana). Abeldo-Perrot. Buenos Aires. 1999. pp. 402.

proporciona entonces a los particulares fortalecidos una garantía a imagen y semejanza a la del Derecho civil."[18]

Lo cierto es que a partir de la etapa histórica en la que se ubica el surgimiento del Derecho administrativo, signada por importantes cambios políticos, como lo fueron la Independencia de las colonias Norteamericanas y la Revolución francesa, también operaron transformaciones económicas globalizadas y globalizadoras, que se expresan en la Revolución Industrial y sus consecuencias directamente vinculadas a la producción, al incremento del tráfico de mercancías, las transformaciones en los instrumentos de negocio y los avances tecnológico, todo lo cual impacta en el espectro social y abre paso a concepciones filosóficas que empujan a una presencia activa y dinámica del Estado, lo que atrae el empleo de instrumentos de negociación.

III. SUJETO, FORMAS Y CONTROL EN EL CONTEXTO GLOBALIZADO COMPLEJO.

La progresión del Estado hacia modalidades y modulaciones de actuación que buscan sincronía funcional y eficiente con la dinámica de las manifestaciones sociales, políticas y económicas, que a su vez aparecen y se difunden en la geografía bajo expresiones semióticas cada vez mas similares, lo que conduce al empleo de un lenguaje uniforme, arrastra a la configuración de una administración pública con perfiles diferentes a los que modularon su imagen en el surgimiento de su concepción inicial, con lo que también se redefinen los parámetros conceptuales de la disciplina jurídica.

Weil lo pone de manifiesto al reflexionar sobre el impacto que producen los cambios operados en Europa como consecuencia de la primera guerra mundial, sobre las instituciones jurídico–administrativas empleadas para la época: "... Al comenzar la primera guerra mundial, el derecho administrativo había ya adquirido su personalidad propia. Sin embargo, eso no significa que no haya ocurrido nada después de 1920. Efectivamente, los cambios económicos y sociales provocaron muy rápidamente una grave crisis de crecimiento, de la que el derecho administrativo comienza actualmente a desembarazarse ..."[19]; en este sentido la tendencia se manifiesta franca y abiertamente en síntomas tales como el incremento de la intervención en actividades económicas por parte del Estado, la progresiva desaparición de las líneas rígidas que marcaban la frontera sustantiva del servicio público con la incorporación de particulares dotados de prerrogativas que hasta el momento eran monopolizadas por la Administración, lo que abona a favor de una penetración mayor de categorías propias del derecho privado en la gestión pública, que hace tambalear la concepción del servicio público como pilar fundamental para el soporte conceptual del Derecho administrativo.

No obstante, prevalece una concepción de superioridad, encarnada en privilegios y prerrogativas a favor de la Administración, lo que se expresa en términos directos y sin disimulo, como una cualidad que caracteriza la posición del Estado en las relaciones jurídico administrativas que tienen como causa la figura del contrato. Así, por ejemplo, para finales de la primera mitad del siglo XX, Alvarez Gendin ofrece esta definición: "El

18 MEILAN GIL, José Luís, *Para una reconstrucción dogmática de los contratos administrativos.* Anuario da Facultade da Dereito da Universidade da Coruña. Diversidad de La Coruña. N° 8. La Coruña 2005. Pág. 510.

19 WEIL Prosper, Op. cit.. Pp. 31

contrato público – comúnmente denominado administrativo – es una obligación bilateral convenida, es decir, consensual, en la que una de las partes se encuentra en una posición privilegiada en relación a la otra, por lo que respecta al cumplimiento de las obligaciones convenidas, sin que ello implique una merma en los derechos económicos que la otra parte pueda hacer valer…"[20]

Más adelante, aunque no desvinculado de aquellos antecedentes, se abre una clara y generalizada deriva de la gestión pública hacia la aplicación de moldes civilistas o mercantilistas, tradicionales o novedosos, que conducen a lo que se ha identificado como una "huida del Derecho administrativo", montada sobre las transformaciones que se hacen presentes a partir de la puesta en marcha de políticas de privatizaciones y desregulación, lo que conducen a entender que "… El Poder ha descubierto otras maneras de actuar. Maneras que, desde luego, no pasan por el Derecho Administrativo, que no solo era el derecho pensado para la Administración , sino también el derecho de la garantía del administrado, vía sometimiento y sujeción de la administración a derecho…"[21].

No cabe duda en cuanto a que se trata de una tendencia sostenida y generalizada, que por el transcurso del tiempo, se transforma, de expectativa en experiencia, tal como lo manifestaba García de Enterría: "…Arranca el fenómeno, cada vez más visible, de la tentación de adoptar para las Administraciones los modos privados de gestión, lo que implica una *huida del Derecho Administrativo.* Esa práctica es conocida, sobre todo a partir de la generalización del sistema de empresas públicas, que comienza en el período de entreguerras y se generaliza con las nacionalizaciones de la postguerra y por el efecto de las doctrinas socialistas. Pero lo singular del hecho ahora estudiado viene de la aplicación de estas técnicas, no a empresas industriales o comerciales, sino a verdaderos servicios públicos materiales que no es imaginable que puedan funcionar sin someterse al Derecho Público…"[22].

Ahora bien, lo que resulta más destacable de la experiencia aludida es la estrecha vinculación entre la Administración pública y la dinámica social, económica y política en cuyo entorno está obligada a actuar, que se convierte entonces en el escenario que configura su entorno natural y propio; pero además, pasa a ser el combustible necesario para su puesta en marcha y su funcionamiento adecuado. Esto solo alcanza niveles satisfactorios de desempeño, cuando su diseño arquitectónico y sus mecanismos operativos o de funcionamiento se adaptan a las exigencias que provienen de ese entorno.

En ese mismo trayecto temporal se producen – en alguna medida, también con el rasgo de expresión global o generalizada – una marcada tendencia a la ubicación de ser humano y sus derechos como centro y destino del ejercicio del poder público, lo que conduce a entender que "el Derecho administrativo global debe responder a un ordenamiento social y democrático, al servicio de intereses universales de la Humanidad"[23],

---

20 ALVAREZ GENDIN, Sabino, *Manual de Derecho Administrativo.* Librería General. Zaragoza, 1941. Pp. 236.

21 *V.,* SORIANO GARCIA, José Eugenio, *Desregulación, Privatización y Derecho administrativo.* Real Colegio de España. Bolonia, 1993. Pág. 2

22 GARCIA DE ENTERRIA, Eduardo, *Prólogo* a la obra de M. Chinchilla, B. Lozano y S. Del Sanz: *Nuevas perspectivas del derecho Administrativo. Tres Estudios.* Madrid, 1992

23 MEILAN GIL, José Luis, *Una aproximación al Derecho administrativo global.* Global Law Press / Editorial Derecho Global. Madrid, 2011. Pp. 15

con lo cual se destaca el carácter servicial de la función administrativa pública y como contracara, el derecho a un buen gobierno y una buena administración que ostenta el ciudadano.[24]

De esta manera, el empleo de unas u otras técnicas jurídicas como elementos instrumentales, tiene como telón de fondo la presencia fortalecida de los esos postulados, y al ser parte natural del dinamismo donde se desenvuelve la acción administrativa del Estado en forma similar, estandarizada, se coloca en la posición de una categoría global, tanto n su concepción teórica como en su aplicación práctica.

Al igual que las instituciones jurídico privadas han evolucionado hacia un sentido social, las que nacen en el campo del Derecho administrativo se matizan, se adaptan o son sustituidas por figuras que abonan a favor de mejores rendimientos prácticos de realización de la gestión a favor de las condiciones de vida de la persona humana. Tal como hace ver Enrique Rivero Ysern, refiriéndose a algunas categorías que nos podrían parecer pétreas e inconmovibles en su concepción y estructura, "... la propiedad y la libertad de industria y comercio pierden su carácter absoluto, y se ven relativizadas y reconocidas solo en la medida en que ayudan a la comunidad ...."[25], en virtud de su adaptación a las exigencias de un mundo cambiante.

Ahora bien, no obstante la variabilidad y adaptabilidad presentes en el fenómeno de la Administración pública, que se refleja de forma ineludible en el campo del Derecho administrativo y sus instituciones, aparecen componentes estables, constantes, que permiten observar la similitud del asunto en todas las latitudes.

Así, en el tema de los contratos *del Estado* – o los contratos en los cuales participa el Estado para el cumplimiento de sus fines –, independientemente del grado de intensidad que jueguen los componentes de derecho privado en un momento determinado, aparecen siempre componentes de orden jurídico público como lo son: un ***sujeto*** (Administración Pública) con particularidades jurídicas en su estructura (la organización administrativa y los principios que la rigen, entre ellos, principalmente, competencia y jerarquía), que además está ineludiblemente vinculado a unas ***formas o modos funcionales*** de actuar (procedimientos administrativos) que de ninguna manera puede obviar si pretende lograr la producción de decisiones válidas en derecho, lo que se complementa con mecanismos de ***control*** jurídico interno y externo (recursos administrativos y control jurisdiccional). La presencia de estos componentes se mantiene inalterable y con todo el vigor generador de consecuencias jurídicas, a lo largo de todas las manifestaciones que supone la aplicación de la técnica contractual, es decir, en la formación del contrato, particularmente por lo que corresponde a la decisión de contratar y la selección del contratista, luego, durante la ejecución del contrato, y finalmente en relación con las modalidades de control (primordialmente por lo que atañe a las formas judiciales), como manifestación de la garantía de la relación jurídico–administrativa.

Estos componentes, que resultan ineludibles para la conformación de la figura objeto de atención, corresponden, en su origen y en su tratamiento, a los espacios epistemológicos propios del Derecho administrativo, con independencia de la categoría formal

---

24 Al respecto, véase: RODRIGUEZ-ANA MUÑOZ, Jaime, *El Buen Gobierno y la Buena Administración de Instituciones Públicas*. Thomson Aranzadi. Madrid, 2006.

25 RIVERO YSERN, Enrique, *El Derecho Administrativo y las relaciones entre particulares*. Instituto García Oviedo. Universidad de Sevilla. Sevilla, 1969.Pp. 15.

(pública o privada) en la que podamos ubicar convencionalmente los dispositivos normativos que resulten aplicables, pues debemos tener presente que "construir sólo a partir de los textos legales es tanto como renunciar a comprender cabalmente su sentido"[26]; además, como contribución metodológica especialmente valiosa para la comprensión de estos fenómenos, es oportuno recordar la existencia de la técnica de las conexiones como mecanismo de integración en el sistema del Derecho Administrativo, conforme a la cual, normas del Derecho privado pueden regir en el campos del Derecho Público y viceversa, mediante *envíos* de las normas de uno a otro sistema, tal como sucede en el campo del Derecho Internacional Privado, o bien, mediante la aplicación de normas de Derecho privado por funcionarios administrativos (ej. celebración del matrimonio), o la aplicación de las condiciones establecidas en textos legales administrativos que son condicionantes de la aplicación del Derecho privado en las actividades que despliega la Administración[27]. En síntesis, el asunto medular es que la *movilidad* pertenece a la esencia de la Administración Pública, y en consecuencia, es consustancial al Derecho administrativo, de donde deriva su servidumbre respecto a la oportunidad y su cercanía y apego a la dinámica política, que se hace presente en su especial sensibilidad para responder a la evolución de las realidades socioeconómicas.[28]

Es acá donde destaca la complejidad como telón de fondo del escenario donde desarrolla su actuación la Administración pública, con rasgos acentuados y cada vez más globales, en nuestro tiempo, por lo que, la adecuada comprensión de los problemas y alcances de la técnica contractual desplegada por el Estado, debe acumular a los conocimientos anclados a las categorizaciones jurídicas estrictamente hablando, la apreciación científica del fenómeno esencial, su comprensión como un sistema complejo.

La realidad instalada en el asunto de la contratación pública contemporánea invita a no quedarse atado a las formulas superadas y permitirse explorar nuevos horizontes, sin que ello comporte desvirtuar los principios teóricos fundamentales de la disciplina. Tal es el mayor desafío para la ciencia jurídica, y particularmente para el Derecho administrativo, pues, se trata de "procurar una valoración científica de las mutaciones en curso para explicarlas y encauzarlas", tal como lo anuncia y pone en práctica el profesor Carlos Del Piazzo[29].

---

26 MEILAN GIL José Luís *El proceso de la definición del Derecho administrativo.* Escuela Nacional de Administración Pública. Madrid, 1967. Pp. 47.

27 *V.*, MOLES CAUBET Antonio, *Lecciones de Derecho Administrativo. Revista de la Facultad de Ciencias Jurídicas y Políticas. Universidad Central de Venezuela.* Nº 84. Caracas, 1992. Pp. 93 y stes.

28 MEILAN GIL José Luís, *El proceso de definición* .... Cit.

29 DEL PIAZZO, Carlos E., *Los tres tránsitos de la contratación pública. Revista de Derecho Público.* Numero 22. Año 44. Montevideo, 2013. Pp. 74.

11 EL GOBIERNO DIGITAL Y LA FIRMA ELECTRÓNICA

Jorge Enrique Romero Pérez (*)
Catedrático emérito de la Universidad de Costa Rica

INTRODUCCIÓN

De acuerdo con el desarrollo de la ciencia y la tecnología, la firma digital o electrónica, ha permitido su uso en los sectores privados y en el público.

Mostraremos varios aportes normativos de Costa Rica, Colombia, México, España y la Comisión de las Naciones Unidas para el desarrollo del Derecho Mercantil, a modo de ejemplo, con el fin de visualizar la regulación de esta firma y sus efectos respectivos.

Asimismo, dejaremos indicado un glosario útil y la bibliografía correspondiente.

I. GOBIERNO DIGITAL

Líneas de acción para establecer un gobierno más transparente, productivo, competitivo y capaz de proporcionar mejores servicios para la sociedad (MIDIPLAN, 2010):

Calidad de Servicio:

–Mejora de la calidad de los servicios

–Centralización del proceso (una sola ventanilla)

–Servicio oportuno

–Disponibilidad de servicios

–Ahorro en costos y tiempo

–Promoción del acceso a los canales municipales

Transparencia y participación:

–Visibilidad de los asuntos públicos

–Conocimiento de la administración gubernamental

–Responsabilidad

–Nuevos canales que faciliten la participación ciudadana y el control social

–Fácil interacción y retroalimentación

(*) jorgerp10@gmail.com . Tels. 00–506 2250 1160; 00–506 2259 4844, Apartado postal : 1264, Y Griega 1011, San José. Costa Rica

Eficiencia del Gobierno:

–Información de calidad, oportuna y normalizada

–Interoperabilidad de las entidades

–Racionalizando los recursos

–Restablecimiento de procesos y procedimientos

–Efectividad del gobierno

Acceso:

–Interconexión de las instituciones por medio de banda ancha

–Integración de los servicios

–Disponibilidad del Internet para toda la población

–Normalización de registros (ciudadanos, productos, firmas entre otros)

Administración y políticas:

–Monitorear el impacto de las acciones

–Regulación de los procedimientos y las tecnologías

–Interoperabilidad

–Publicación y capacitación

–Administración del proyecto

II. LEY N° 8454 DEL 30 DE AGOSTO DEL 2005, DE CERTIFICADOS, FIRMAS DIGITALES Y DOCUMENTOS ELECTRÓNICOS. COSTA RICA.

Artículo 1.– Ámbito de aplicación.

Esta ley se aplicará a toda clase de transacciones y actos jurídicos públicos o privados (…).

El Estado y todas las entidades públicas quedan expresamente facultados para utilizar los certificados, las firmas digitales y los documentos electrónicos, dentro de sus respectivos ámbitos de competencia.

Comentario:

Esta ley tuvo como finalidad regular el uso y el reconocimiento jurídico de la firma digital, dándole la misma validez y eficacia jurídica que el uso de una firma manuscrita u otra análoga que implique la manifestación de la voluntad, así como autorizar al Estado o administración pública en su conjunto, para su uso práctico y efectivo (Monge, p. 10).

Artículo 8.– Alcance del concepto firma digital

Entiéndase por firma digital cualquier conjunto de datos adjunto o lógicamente asociado a un documento electrónico, que permita verificar su integridad, así como identificar en forma unívoca y vincular jurídicamente al autor con el documento electrónico.

Alcance del concepto firma digital certificada:

Una firma digital se considerará certificada cuando sea emitida al amparo de un certificado digital vigente, expedido por un certificador registrado.

Comentario:

En estos numerales se define lo que es una firma digital y la firma digital certificada.

Para la existencia de una real seguridad transaccional es necesario que el documento sea válido: que la transacción sea segura y que produzca los efectos jurídicos pretendidos para las partes; y, además, que sea válida la asunción de obligaciones, realizadas por los medios electrónicos. (Monge, p. 29).

Artículo 9. Valor equivalente.

Los documentos y las comunicaciones suscritos mediante firma digital, tendrán el mismo valor y la eficacia probatoria de su equivalente firmado en manuscrito. En cualquier norma jurídica que se exija la presencia de una firma, se reconocerá de igual manera tanto la digital como la manuscrita.

Los documentos públicos electrónicos deberán llevar la firma digital certificada.

Comentario:

Se define normativamente que la firma digital o electrónica y la firma hecha a mano, tienen jurídicamente un valor equivalente para todos los efectos ; a la vez que se instaura que los documentos públicos electrónicos tienen que llevar la firma digital certificada.

Una de las funciones primordiales de la firma digital, es la de mostrar la identidad, autenticidad, y a la vez acreditar la integridad del contenido del documento electrónico (Monge, p. 32).

III. REGLAMENTO A LA LEY DE CERTIFICADOS, FIRMAS DIGITALES Y DOCUMENTOS ELECTRÓNICOS, DECRETO EJECUTIVO N° 33018 – MICIT (MINISTERIO DE CIENCIA Y TECNOLOGÍA) DEL 20/03/2006. COSTA RICA:

Artículo 2, inciso 24: la firma digital es el conjunto de datos adjunto o lógicamente asociado a un documento electrónico, que permita verificar su integridad, así como identificar en forma unívoca y vincular jurídicamente al autor del documento.

Artículo 2, inciso 25: la firma digital certificada es la firma digital que haya sido emitida al *amparo de un certificado digital válido y vigente, expedido por un certificador registrado.*

Comentario:

En este numeral, relativo a las definiciones, lo que debe entenderse por firma digital y por firma digital certificada.

Por su parte, el **artículo 3** manda:

Aplicación al Estado. A los efectos del párrafo segundo del numeral 1 de la ley, los Supremos Poderes, el Tribunal Supremo de Elecciones, los demás órganos constitucionales y todas las entidades públicas podrán adoptar separadamente las disposiciones particulares que requiera su ámbito específico de competencia o la prestación del servicio público, incluyendo la posibilidad de fungir como certificador respecto de sus funcionarios.

Comentario:

El tema de la firma digital aplicada a la administración pública o Estado, se establece que cada una de las entidades de derecho público, pueden adoptar disposiciones concretas al tenor de la competencia de cada uno de ellos y de la respectiva prestación de servicios públicos; agregando que además, pueden llevar a cabo la tarea de certificador de sus agentes públicos.

El **artículo 4**, **Incentivo de los mecanismos de gobierno electrónico**, dispone:

Con excepción de aquellos trámites que necesariamente requieran la presencia física del ciudadano, o que éste opte por realizarlos de ese modo, el Estado y todas las dependencias públicas incentivarán el uso de documentos electrónicos certificados y firmas digitales para la prestación directa de servicios a los administrados, así como para facilitar la recepción, tramitación y resolución electrónica de sus gestiones y la comunicación del resultado correspondiente.

Comentario:

Se establece que hay un deber de motivación y de incentivación para todo el Estado para la utilización de documentos electrónicos y de firmas digitales, dentro del contexto del gobierno digital.

IV. NORMATIVA DE COLOMBIA:

a) Ley 527 del 18 de agosto de 1999 y sus reformas

Artículo 2.– Definiciones.

Presenta 6 definiciones, las cuales se han incorporado al glosario, bajo la identificación de LCo (ley Colombia).

Artículo 5º. Reconocimiento jurídico de los mensajes de datos.

No se negarán efectos jurídicos, validez o fuerza obligatoria a todo tipo de información por la sola razón de que esté en forma de mensaje de datos.

Comentario:

Se le da fuerza y efectos jurídicos al mensaje de datos.

Artículo 9º. Integridad de un mensaje de datos.

Para efectos del artículo anterior, se considerará que la información consignada en un mensaje de datos es íntegra, si ésta ha permanecido completa e inalterada, salvo la adición de algún endoso o de algún cambio que sea inherente al proceso de comunicación, archivo o presentación. El grado de confiabilidad requerido, será determinado a la luz de los fines para los que se generó la información y de todas las circunstancias relevantes del caso.

Comentario:

Se parte del supuesto de que la información que se encuentre en un mensaje de datos es íntegra; pero, se establecen requisitos y límites para que esa presunción sea efectiva.

Artículo 14. Formación y validez de los contratos.

En la formación del contrato, salvo acuerdo expreso entre las partes, la oferta y su aceptación podrán ser expresadas por medio de un mensaje de datos. No se negará validez o fuerza obligatoria a un contrato por la sola razón de haberse utilizado en su formación uno o más mensajes de datos.

Comentario:

En materia contractual, la oferta y su aceptación, se puede manifestar a través de uno o varios mensajes de datos.

Artículo 28. Atributos jurídicos de una firma digital.

Cuando una firma digital haya sido fijada en un mensaje de datos se presume que el suscriptor de aquella tenía la intención de acreditar ese mensaje de datos y de ser vinculado con el contenido del mismo.

Comentario:

Se establece la presunción de que si la firma digital se ubica en un mensaje de datos, el suscriptor tuvo la intención de acreditar el mensaje y de vincularse al mismo.

b) Reglamento al artículo 7 de la ley N° 527 de 1999

(Decreto N° 2364 del 22 de noviembre del 2012)

Presenta 4 definiciones, que se han incluido en el glosario con la identificación: RCo (reglamento Colombia).–

Artículo 7. Firma electrónica pactada mediante acuerdo. Salvo prueba en contrario, se presume que los mecanismos o técnicas de identificación personal o autenticación electrónica según el caso, que acuerden utilizar las partes mediante acuerdo, cumplen los requisitos de firma electrónica.

Comentario:

Para proteger el uso de la firma electrónica, se parte del supuesto de que se cumple con los requisitos para su utilización; indicándose "salvo prueba en contrario".

V. CÓDIGO DE COMERCIO DE MÉXICO,

En su **numeral 89**, define la firma electrónica así:

Son los datos en forma electrónica consignados en un mensaje de datos, adjuntados o lógicamente asociados al mismo por cualquier tecnología, los cuales son utilizados para identificar al firmante en relación con el mensaje de datos que signa, y es indicativa que el firmante aprueba la información contenida en el mensaje de datos y produce los mismos efectos jurídicos que la firma autógrafa, siendo admisible como prueba en juicio. (García, p. 104, 2016).

Comentario:

Se dan estos elementos fundamentales derivados del concepto:

1. Medio de identificación del firmante autor del mensaje, formado por un conjunto de datos, ajenos al mensaje de datos signado, adjuntados o asociados a éste último,

2. Es la aprobación o autorización del firmante de la información que contiene el mensaje de datos o documentos electrónico que signa,

3. Es un equivalente funcional a la firma autógrafa, pues tiene los mismos efectos,

4. Sirve como prueba en el juicio correspondiente (García, pp. 105 y 106, 2016).

VI. LEY DE FIRMA ELECTRÓNICA N° 59 DEL 19 DE DICIEMBRE DEL 2003, ESPAÑA

Artículo 3. Firma electrónica, y documentos firmados electrónicamente.

1. La firma electrónica es el conjunto de datos en forma electrónica, consignados junto a otros o asociados con ellos, que pueden ser utilizados como medio de identificación del firmante.

2. La firma electrónica avanzada es la firma electrónica que permite identificar al firmante y detectar cualquier cambio ulterior de los datos firmados, que está vinculada al firmante de manera única y a los datos a que se refiere y que ha sido creada por medios que el firmante puede mantener bajo su exclusivo control.

3. Se considera firma electrónica reconocida la firma electrónica avanzada basada en un certificado reconocido y generada mediante un dispositivo seguro de creación de firma.

4. La firma electrónica reconocida tendrá respecto de los datos consignados en forma electrónica el mismo valor que la firma manuscrita en relación con los consignados en papel.

5. Se considera documento electrónico el redactado en soporte electrónico que incorpore datos que estén firmados electrónicamente.

6. El documento electrónico será soporte de:

a) Documentos públicos, por estar firmados electrónicamente por funcionarios que tengan legalmente atribuida la facultad de dar fe pública, judicial, notarial o administrativa, siempre que actúen en el ámbito de sus competencias con los requisitos exigidos por la ley en cada caso.

b) Documentos expedidos y firmados electrónicamente por funcionarios o empleados públicos en el ejercicio de sus funciones públicas, conforme a su legislación específica.

c) Documentos privados.

7. Los documentos a que se refiere el apartado anterior tendrán el valor y la eficacia jurídica que corresponda a su respectiva naturaleza, de conformidad con la legislación que les resulte aplicable.

8. El soporte en que se hallen los datos firmados electrónicamente será admisible como prueba documental en juicio. Si se impugnare la autenticidad de la firma electrónica reconocida, con la que se hayan firmado los datos incorporados al documento electrónico, se procederá a comprobar que por el prestador de servicios de certificación, que expide los certificados electrónicos, se cumplen todos los requisitos establecidos en la ley en cuanto a la garantía de los servicios que presta en la comprobación de la eficacia de la firma electrónica, y en especial, las obligaciones de garantizar la confidencialidad del proceso así como la autenticidad, conservación e integridad de la información generada y la identidad de los firmantes. Si se impugna la autenticidad de la firma electrónica avanzada, con la que se hayan firmado los datos incorporados al documento electrónico, se estará a lo establecido en el apartado 2 del artículo 326 de la Ley de Enjuiciamiento Civil.

9. No se negarán efectos jurídicos a una firma electrónica que no reúna los requisitos de firma electrónica reconocida en relación a los datos a los que esté asociada por el mero hecho de presentarse en forma electrónica.

10. A los efectos de lo dispuesto en este artículo, cuando una firma electrónica se utilice conforme a las condiciones acordadas por las partes para relacionarse entre sí, se tendrá en cuenta lo estipulado entre ellas.

Comentario:

En este numeral 3, se definen la firma electrónica, firma electrónica avanzada y firma electrónica reconocida.

Igualmente se define el documento electrónico y se indica de cuáles elementos se considera soporte. Asimismo, se establece el valor jurídico de los documentos electrónicos y de la firma digital en un proceso judicial, lo cual vale también en un proceso administrativo.

Artículo 4. Empleo de la firma electrónica en el ámbito de las Administraciones públicas.

1. Esta ley se aplicará al uso de la firma electrónica en el seno de las Administraciones públicas, sus organismos públicos y las entidades dependientes o vinculadas a las mismas y en las relaciones que mantengan aquéllas y éstos entre sí o con los particulares.

Las Administraciones públicas, con el objeto de salvaguardar las garantías de cada procedimiento, podrán establecer condiciones adicionales a la utilización de la firma electrónica en los procedimientos. Dichas condiciones podrán incluir, entre otras, la imposición de fechas electrónicas sobre los documentos electrónicos integrados en un expediente administrativo. Se entiende por fecha electrónica el conjunto de datos en forma electrónica utilizados como medio para constatar el momento en que se ha efectuado una actuación sobre otros datos electrónicos a los que están asociados.

Comentario:

Se establece el uso de la firma electrónica al interior del Estado y entre éste y el sector privado.

En los procedimientos administrativos públicos, el Estado podrá establecer condiciones adicionales al uso de la firma digital. Podrá hacer uso de la fecha electrónica, que se entiende como el conjunto de datos electrónicos, usados para la constatación del momento de actuación en relación a otros datos digitales a los cuales estén asociados.

2. Las condiciones adicionales a las que se refiere el apartado anterior sólo podrán hacer referencia a las características específicas de la aplicación de que se trate y deberán garantizar el cumplimiento de lo previsto en el artículo 45 de la Ley 30/1992, de 26 de noviembre, de Régimen Jurídico de las Administraciones Públicas y del Procedimiento Administrativo Común. Estas condiciones serán objetivas, proporcionadas, transparentes y no discriminatorias y no deberán obstaculizar la prestación de servicios de certificación al ciudadano cuando intervengan distintas Administraciones públicas nacionales o del Espacio Económico Europeo.

Comentario:

Las condiciones adicionales deben cumplir con lo que dispone el numeral 45 de la Ley de régimen jurídico de las administraciones públicas y del procedimiento administrativo común; y, además cumplir con ciertos requisitos que se señalan.

3. Las normas que establezcan condiciones generales adicionales para el uso de la firma electrónica ante la Administración General del Estado, sus organismos públicos y las entidades dependientes o vinculadas a las mismas se dictarán a propuesta conjunta de los Ministerios de Administraciones Públicas y de Ciencia y Tecnología y previo informe del Consejo Superior de *Informática y para el impulso de la Administración Electrónica.*

Comentario:

Las citadas condiciones generales adicionales para el uso de la firma electrónica ante el Estado, deben ser propuestas por los Ministerios de Administraciones Públicas y de

Ciencia y Tecnología, mediante un previo informe del Consejo Superior de Informática y para el impulso de la Administración electrónica . Estos requisitos de funcionamiento los considero adecuados respecto de la buena utilización de la firma digital.

4. La utilización de la firma electrónica en las comunicaciones que afecten a la información clasificada, a la seguridad pública o a la defensa nacional se regirá por su normativa específica.

Las Administraciones públicas, con el objeto de salvaguardar las garantías de cada procedimiento, podrán establecer condiciones adicionales a la utilización de la firma electrónica en los procedimientos. Dichas condiciones podrán incluir, entre otras, la imposición de fechas electrónicas sobre los documentos electrónicos integrados en un expediente administrativo. Se entiende por fecha electrónica el conjunto de datos en forma electrónica utilizados como medio para constatar el momento en que se ha efectuado una actuación sobre otros datos electrónicos a los que están asociados.

Comentario:

Las citadas condiciones adicionales deben cumplir con los requisitos de ser objetivas, proporcionadas, transparentes, no discriminatorias y no deben ser un obstáculo al servicio de certificación a las personas.

VII. LEY MODELO SOBRE LAS FIRMAS ELECTRÓNICAS, DE LA COMISIÓN DE LAS NACIONES UNIDAS PARA EL DERECHO MERCANTIL INTERNACIONAL.

12 de diciembre del 2001.

Su **artículo 2**, se refiere a las definiciones de acuerdo a los fines de la presente Ley. Están incorporadas en el glosario bajo la letra C (Comisión).

Su **artículo 3**, regula la igualdad de tratamiento de las tecnologías para la firma.

Ninguna de las disposiciones de la presente ley, con la excepción del numeral 5:

(las partes podrán establecer excepciones a la presente ley o modificar sus efectos mediante acuerdo, salvo que ese acuerdo no sea válido o eficaz conforme al derecho aplicable),

será aplicada de modo que excluya, restrinja o prive de efecto jurídico cualquier método para crear una firma electrónica que cumpla los requisitos enunciados en el párrafo 1 del artículo 6:

(cuando la ley exija la firma de una persona, ese requisito quedará cumplido en relación con un mensaje de datos si se utiliza una firma electrónica, que a la luz de todas las circunstancias del caso, incluido cualquier acuerdo aplicable, sea fiable y resulte igualmente apropiada para los fines con los cuales se generó o comunicó ese mensaje) o que cumpla de otro modo los requisitos del derecho aplicable.

Comentario:

Esta ley modelo, manda que lo que ella establece tiende a proteger la firma electrónica.

VIII. DEFINICIONES O GLOSARIO

(Nota: si la definición está tomada del libro de García 2016, pp. 125 a 129, se indica con una **G**; si se toma del Reglamento de Costa Rica, se le coloca una **R**; si es de la Comisión de las Naciones Unidas para el Derecho Mercantil Internacional: **C**; si es la ley N° 527 de 1999, de Colombia: **LCo**; si es del reglamento al artículo 7 de esta ley N° 527 de 1999, decreto N° 2364 del 22 de noviembre del 2012: **RCo**).

Acuerdo sobre el uso del mecanismo de firma electrónica: acuerdo de voluntades mediante el cual se estipulan las condiciones legales y técnicas a las cuales se ajustarán las partes para realizar comunicaciones, efectuar transacciones, crear documentos electrónicos o cualquier otra actividad mediante el uso del intercambio electrónico de datos. **RCo**

Autenticación: verificación de la identidad de un individuo.

a. En el proceso de registro, es el acto de evaluar las credenciales de la entidad final (por ejemplo, un suscriptor) como evidencia de que realmente es quien dice ser.

b. Durante el uso, es el acto de comparar electrónicamente las credenciales y la identidad enviada (Ej., código de usuario y contraseña, certificado digital, etc.) con valores previamente almacenados para comprobar la identidad. **R**

Autenticación mutua: proceso mediante el cual dos entidades verifican su identidad en forma recíproca. **R**

Autenticidad: la veracidad, técnicamente constatable, de la identidad del autor de un documento o comunicación. La autenticidad técnica no excluye el cumplimiento de los requisitos de autenticación o certificación que desde el punto de vista jurídico exija la ley para determinados actos o negocios. **R**

Autoridad de registro (ar): entidad delegada por el certificador registrado para la verificación de la identidad de los solicitantes y otras funciones dentro del proceso de expedición y manejo de certificados digitales. Representa el punto de contacto entre el usuario y el certificador registrado. **R**

Bitácoras de auditoría: registro cronológico de las actividades del sistema, que son suficientes para habilitar la reconstrucción, revisión, y la inspección de la secuencia del entorno y las actividades secundarias o primarias para cada evento en la ruta de una transacción desde su inicio hasta la salida del resultado final. **R**

Certificación: proceso de creación de un certificado de llave púbica para un suscriptor. **R**

Certificado: se define como todo mensaje de datos u otro registro que confirme el vínculo entre un firmante y los datos de creación de firma electrónica. **G**

Se entenderá todo mensaje de datos u otro registro que confirme el vínculo entre un firmante y los datos de creación de la firma. **C**

Certificado digital: una estructura de datos creada y firmada digitalmente por un certificador, del modo y con las características que señalan este Reglamento y su anexo, cuyo propósito primordial es posibilitar a sus suscriptores la creación de firmas digitales, así como la identificación personal en transacciones electrónicas. Sin perjuicio del concepto anterior, la Dirección de certificadores de firma digital, podrá autorizar a los certificadores registrados la generación de certificados con propósitos diferentes o adicionales a los indicados. **R**

Certificado suspendido: cesación temporal o interrupción de la validez de un certificado. **R**

Certificado válido: se refiere a aquel certificado que se encuentra activo, que ha sido emitido por un certificador registrado. **R**

Certificador: la persona jurídica pública o privada, nacional o extranjera, prestadora del servicio de creación, emisión y operación de certificados digitales. **R**

Certificador raíz: el nodo superior autocertificante de la jerarquía nacional de certificadores registrados. **R**

Certificador registrado: el certificador inscrito y autorizado por la Dirección de Certificadores de Firma Digital. **R**

Certificador padre: certificador registrado que se encuentra en la posición inmediata superior con respecto a otro certificador registrado, en la jerarquía de certificadores. **R**

Certificador subordinado: certificador registrado que se encuentra en la posición inmediata inferior con respecto a otro certificador registrado, en la jerarquía de certificadores. **R**

Comercio electrónico: comprende todas aquellas transacciones comerciales, nacionales e Internacionales, que se realizan por intercambio electrónico de datos y por otros medios de comunicación electrónica. **G**

Abarca las cuestiones suscitadas por toda relación de índole comercial, sea o no contractual, estructurada a partir de la utilización de uno o más mensajes de datos o de cualquier otro medio similar. Las relaciones de índole comercial comprenden, sin limitarse a ellas, las siguientes operaciones: toda operación comercial de suministro o intercambio de bienes o servicios; todo acuerdo de distribución; toda operación de representación o mandato comercial; todo tipo de operaciones financieras, bursátiles y de seguros; de construcción de obras; de consultoría; de ingeniería; de concesión de licencias; todo acuerdo de concesión o explotación de un servicio público; de empresa conjunta y otras formas de cooperación industrial o comercial; de transporte de mercancías o de pasajeros por vía aérea, marítima y férrea, o por carretera. **LCo**.

Compromiso: violación de la seguridad de un sistema, por haber ocurrido una divulgación no autorizada de información sensible. **R**

Contrato electrónico: es el celebrado sin la presencia física de las partes, prestando éstas su consentimiento en origen y destino por medio de equipos electrónicos de tratamiento y almacenaje de datos, concretados por medio de cable, radio, medios ópticos o cualquier medio transmisor en vía electrónica, con la ficción jurídica, de que su celebración debe tenerse como si se realizase entre sujetos físicamente presentes. **G**

Control múltiple: condición mediante la cual dos o más partes, separada y confidencialmente, tienen la custodia de los componentes de una llave particular, pero que individualmente no tienen conocimiento de la llave resultante. **R**

Datos de activación: valores de datos (que no son las llaves), que son requeridos para operar los módulos criptográficos y que necesitan ser protegidos (ejemplo: PINs, frase clave, biométricos o llaves distribuidas manualmente). **R**

Datos de creación de firma: son los datos únicos, como códigos o claves criptográficas privadas, que el firmante genera de manera secreta y utiliza para crear su firma electrónica, logrando un vínculo entre ésta y su persona. Esta definición determina los elementos de confidencialidad y de vinculación entre su creador y la propia firma. **G**

Datos de creación de la firma electrónica: datos únicos y personalísimos, que el firmante utiliza para firmar. **RCo**

Datos de verificación de firma: son los datos, consignados como códigos o claves criptográficas públicas, que se utilizan para verificar la firma electrónica. **G**

Derecho a la autodeterminación informativa : facultad de la persona de determinar quién puede conocer, almacenar, usar y transmitir sus datos personales. **G**

Declaración de las prácticas de certificación (dpc): declaración de las prácticas que utiliza el certificador para la emisión de los certificados (define el equipo, las políticas y los procedimientos que el certificador utiliza para satisfacer los requerimientos especificados en las políticas del certificado que son soportados por él). **R**

Destinatario: es la persona designada por el emisor para recibir el mensaje de datos, que no actúa a título de intermediario con respecto a dicho mensaje. **G**

Dirección de certificadores de firma digital (dcfd): dependencia del Ministerio de Ciencia y Tecnología, encargada de la administración y supervisión del sistema de certificación digital. **R**

Dispositivo de creación de firma: es un programa o un aparato informático que sirve para aplicar los datos que se hayan generado para crear la firma. **G**

Dispositivo de verificación de firma: es un programa o un aparato informático que sirve para aplicar los datos de verificación de firma. **G**

Dispositivo o modulo seguro de creación de firmas (mscf): dispositivo que resguarda las claves y el certificado de un suscriptor, utilizado para generar su firma digital y que, al menos, garantiza:

a. Que los datos utilizados para la generación de la firma solo pueden producirse una vez en la práctica y se garantiza razonablemente su confidencialidad;

b. Que existe una expectativa razonable de que los datos utilizados para la generación de la firma no pueden ser descubiertos por deducción y la firma está protegida contra falsificación por medio de la tecnología disponible a la fecha, siendo posible detectar cualquier alteración posterior; y,

c. Que los datos empleados en la generación de la firma pueden ser protegidos de modo fiable por el firmante legítimo, contra su utilización por cualesquiera terceros. **R**

Dispositivo seguro de creación de firma: es un de creación de firma y es necesario:

1. Que garantice que los datos utilizados para la firma puedan producirse sólo una vez y que asegure, razonablemente, su secreto.

2. Que exista seguridad razonable para que dichos datos no puedan dan ser derivados de los de verificación de firma o de la propia firma y que la firma no pueda ser falsificada con la tecnología existente en cada momento.

3. Que los datos de creación de firma puedan ser protegidos fiablemente por el signatario contra la utilización por otros.

4. Que el dispositivo utilizado no altere los datos o el documento que deba firmarse, ni impida que éste se muestre al signatario antes del proceso de firma. **G**

Documento electrónico: cualquier manifestación con carácter representativo o declarativo, expresada o transmitida por un medio electrónico o informático. **R**

Emisor: es toda persona que al tenor del mensaje de datos, haya actuado a nombre propio o en cuyo nombre se haya generado y enviado ese mensaje antes de ser archivado, y que no haya actuado a título de intermediario. **G**

Ente costarricense de acreditación (eca): la dependencia pública a que se refiere la "Ley del Sistema Nacional para la Calidad", N° 8279 de 2 de mayo del 2002. **R**

Entidad de Certificación. Es aquella persona que, autorizada conforme a la presente ley, está facultada para emitir certificados en relación con las firmas digitales de las personas, ofrecer o facilitar los servicios de registro y estampado cronológico de la transmisión y recepción de mensajes de datos, así como cumplir otras funciones relativas a las comunicaciones basadas en las firmas digitales. **LCo**

Entidad final: suscriptor del certificado. **R**

Firma digital: conjunto de datos adjunto o lógicamente asociado a un documento electrónico, que permita verificar su integridad, así como identificar en forma unívoca y vincular jurídicamente al autor con el documento. **R**

Se entenderá como un valor numérico que se adhiere a un mensaje de datos y que, utilizando un procedimiento matemático conocido, vinculado a la clave del iniciador y al texto del mensaje permite determinar que este valor se ha obtenido exclusivamente con la clave del iniciador y que el mensaje inicial no ha sido modificado después de efectuada la transformación. **LCo**

Firma digital certificada: una firma digital que haya sido emitida al amparo de un certificado digital válido y vigente, expedido por un certificador registrado. **R**

Firma electrónica: se entenderán los datos en forma electrónica consignados en un mensaje de datos, o adjuntados o lógicamente asociados al mismo, que puedan ser utilizados para identificar al firmante en relación con el mensaje de datos e indicar que el firmante aprueba la información recogida en el mensaje de datos. **C**

Métodos tales como, códigos, contraseñas, datos biométricos, o claves criptográficas privadas, que permite identificar a una persona, en relación con un mensaje de datos, siempre y cuando el mismo sea confiable y apropiado respecto de los fines para los que se utiliza la firma, atendidas todas las circunstancias del caso, así como cualquier acuerdo pertinente. **RCo**

Firmante: se entenderá la persona que posee los datos de creación de la firma y que actúa por cuenta propia o por cuenta de la persona a la que representa. **C**

Persona que posee los datos de creación de la firma y que actúa en nombre propio o por cuenta de la persona a la que representa. **RCo**

Infraestructura de llave pública (pki por sus siglas en inglés): Se refiere a una estructura de hardware, software, personas, procesos y políticas que emplean tecnología de firma digital para proveer una asociación verificable entre una llave pública y un suscriptor específico que posee la llave privada correspondiente. **R**

Firmante: es la persona que posee los datos de creación de firma y actúa a nombre propio o de la persona que representa, o signatario que es la persona física que cuenta con un dispositivo de firma y que actúa en nombre propio o en el de una persona física o jurídica a la que representa.

Puede ser cualquier persona la firmante, al no hacer distinción alguna respecto de que ésta sea física o moral, ya que no existe ningún impedimento legal para que una persona moral sea titular de firma electrónica, máxime que se utiliza fundamentalmente en las operaciones de comercio empresarial, por lo que los Datos de creación de firma, son generados por persona física debidamente facultada por ésta, para realizar actos de representación de la corporación mediante la citada firma.

La posesión de la firma, como ya se ha indicado, se refiere al de Datos que la contiene, esto a su codificación, es lo que del uso exclusivo del firmante, como es el caso de la firma autógrafa o manuscrita en papel, en este caso lo que se posee o tiene por su creador o autor, como sería su nombre o firmas propias, quien solo debe tener el dispositivo de creación por ser la creó, y que lo identifica de manera exclusiva. **G**

Integridad: propiedad de un documento electrónico que denota que su contenido y características de identificación han permanecido inalterables desde el momento de su emisión, o bien que –habiendo sido alterados posteriormente– lo fueron con el consentimiento de todas las partes legitimadas. **R**

Habeas data: significa en términos generales un recurso pronto y expedito para lograr que un dato que obre en archivos, registros, bases de datos sea complementado, actualizado, corregido, bloqueado, destruido, o bien que una sede de datos, sean incluidos en esos mismos registros, archivos, bancos o bases además que permita accesar a los mismos. **G**

Intercambio Electrónico de Datos (EDI). La transmisión electrónica de datos de una computadora a otra, que está estructurada bajo normas técnicas convenidas al efecto. **LCo**

Intermediario: es toda persona que actuando por cuenta de otra, envía, recibe o archiva sus mensajes de Datos, o presta algún servicio a dicho respecto. **G**

Ley: La Ley de Certificados, Firmas Digitales y Documentos electrónicos, Ley número 8454 del 30 de agosto del 2005. **R**

LGAP: La Ley General de la Administración Pública. **R**

Lineamientos técnicos: el conjunto de definiciones, requisitos y regulaciones de carácter técnico–informático. **R**.

LRC: Lista de revocación de certificados. **R**

Mensaje de datos: es la información generada, enviada, da o archivada por medios electrónicos, ópticos o cualquier tecnología. **G**

Se entenderá la información generada, enviada, recibida o archivada o comunicada por medios electrónicos, ópticos o similares, como pudieran ser, entre otros, el intercambio electrónico de datos (EDI), el correo electrónico, el telegrama, el telex o el telefax. **C.**

La información generada, enviada, recibida, almacenada o comunicada por medios electrónicos, ópticos o similares, como pudieran ser, entre otros, el Intercambio Electrónico de Datos (EDI), Internet, el correo electrónico, el telegrama, el télex o el telefax **LCo.**

Mecanismo en línea para verificar el estado del certificado: mecanismo mediante el cual se permite a las partes que confían, consultar y obtener, la información del estado de un certificado sin requerir para ello el uso de una LRC. **R**

Oficina de tarjetas (card bureau): agente del certificador registrado o de la autoridad de registro que personaliza la tarjeta de circuito integrado (o tarjeta inteligente), que contiene la llave privada del suscriptor (como mínimo). **R**

Parte confiante: se refiere a las personas físicas, equipos, servicios o cualquier otro ente que confía en la validez de un certificado emitido por un certificador específico. **R**

Parte que confía: es la persona que siendo o no el destinario, actúa sobre la base de un certificado o de una firma electrónica, es decir, es toda aquella persona que no siendo un destinatario específico acepta el mensaje de datos, y debe diferenciarse de la parte confiable que es el sujeto que funge como intermediario. **G**

Se entenderá la persona que pueda actuar sobre la base de un certificado o de una firma electrónica. **C**

Políticas del certificado (pc): conjunto de reglas que indican la aplicabilidad del certificado a una comunidad particular y/o clase de aplicaciones con los requerimientos comunes de seguridad. **R**

Prestador de servicios de certificación: es la persona moral, institución pública, notario o corredor público, que presta servicios relacionados con firmas electrónicas y que expide los certificados respecto de éstas. Es la persona física o moral que expide certificados, pudiendo prestar, además, otros servicios en relación con la firma electrónica, sólo pueden ser prestadores de estos servicios: los corredores o notarios públicos, de acuerdo con el artículo 100 del Código de Comercio de México. **G**

Se entenderá la persona que expide certificados y puede prestar otros servicios relacionados con las firmas electrónicas. **C**

Productor de bases de datos: es el que recoge las informaciones desde diversas fuentes y las somete a un tratamiento que permita su consulta a través de medios automatizados. **G**

Protocolo en línea para determinar el estado del certificado (ocsp por sus siglas en inglés): protocolo suplementario para determinar el estado actual de un certificado. **R**

Recuperación de llaves: capacidad de restaurar la llave privada de una entidad a partir de un almacenamiento seguro, en el caso de que se pierda, corrompa o que por cualquier otra razón se convierta en no utilizable. **R**

Re–emisión de llaves del certificado: proceso por medio del cual una entidad con un par de llaves y un certificado previamente emitidos, luego de la generación de un nuevo par de llaves, recibe un nuevo certificado y una nueva llave pública. **R**

Reglamento: este reglamento. **R**

Renovación del certificado: proceso donde una entidad emite una nueva instancia de un certificado existente, con un nuevo período de validez. **R**

Repositorio: sistema de almacenamiento y distribución de certificados e información relacionada (Ej., almacenamiento y distribución de certificados, almacenamiento y recuperación de políticas de certificación, estado del certificado, etc.). **R**

Rol de confianza: función de trabajo que permite ejecutar labores críticas. Si dichas labores se ejecutan de una forma insatisfactoria puede ocurrir un impacto adverso, que dará como resultado una degradación en la confianza que provee el certificador. **R**

Sello de garantía (*tamper evident):* características de un dispositivo que proveen evidencia de que existió un intento de ataque sobre él. **R**

Servicios de validación de certificados: servicios provistos por el certificador registrado o sus agentes que ejecutan la tarea de confirmar la validez del certificado a una tercera parte que confía. **R**

Servidor: es el que administra uno o más servicios o productos informáticos existentes en el mercado, a través de alguno de los sistemas de telecomunicaciones disponibles (telefonía, satelitales, cables). Cuenta para ello con una estructura técnica adecuada (puertas o portales) que le permiten organizar eficientemente las entradas de los múltiples usuarios a los diversos servicios de consulta o transacción. **G**

Sistema de información: es todo sistema utilizado para generar, enviar, recibir, archivar o procesar de alguna forma de mensaje de datos. **G**

Se entenderá todo sistema utilizado para generar, enviar, recibir, archivar o procesar de alguna otra forma mensajes de datos. **LCo**

Suscriptor: la persona física a cuyo favor se emite un certificado digital y que lo emplea para los propósitos señalados en este reglamento, en conjunto con las claves, contraseñas y/o dispositivos necesarios al efecto y de cuya custodia es responsable. **R**

Titular del certificado: es la persona a cuyo favor se expide el certificado. **G**

Transportador: es el organismo público o privado que dispone o mantiene alguna red de telecomunicaciones, sea en régimen de propiedad (entes estatales), o en carácter de permisionario (empresas, entidades mixtas). **G**

Usuario: es el beneficiario del servicio, que lo utiliza a través de una terminal, conectado al servidor de la información (banco de datos) o gestor de transacciones (transferencias, telecompras, mensajerías, entre otros). **G**

Verificación de firma: Con relación a la firma digital, significa determinar con precisión:

(1) que la firma ha sido creada durante el período operacional de un certificado válido, utilizando la llave pública listada en el certificado; y,

(2) que el mensaje no ha sido alterado desde que la firma fue creada. Rutilización concreta de la firma electrónica relativa a información clasificada, seguridad pública o defensa nacional, será regulada por la respectiva normativa. Se trata de una excepción a la normativa general. **R**

CONCLUSIÓN

En el plano del gobierno digital, el tema de la firma electrónica es clave para la modernización del funcionamiento del Estado; y, el cumplimiento entre otros aspectos como la rendición de cuentas de los empleados y funcionarios públicos (agentes públicos) y de la transparencia de la actuación del sector público.

La Asociación Bancaria Costarricense, (ABC), pide a la Superintendencia General de las Entidades Financieras (SUGEF) más tiempo para exigir a sus clientes la firma digital. La SUGEF puso como plazo el 31 de diciembre del 2017 para que el 100 % de sus clientes usara la firma digital en sus transacciones en línea. La ABC solicitó a la SUGEF un plazo mayor para la utilización de la firma digital, debido a la complejidad operativa y el costo. Para la Cámara de Bancos, exigir la firma digital traerá limitaciones a los usuarios de la banca electrónica (Oscar Rodríguez, La Nación, sábado 30/04/16, p. 27 A).–

BIBLIOGRAFÍA

Barahona, Juan Carlos (dirección) (2015) Evaluación de la calidad de la prestación de servicios públicos por medios digitales en Costa Rica (Alajuela, Costa Rica, Instituto Centroamericano de Administración de Empresas, INCAE, www.incae.edu) Campoli, Gabriel (2004) Firma electrónica en el régimen comercial mexicano, (México: Porrúa)

DOMÍNGUEZ–MACAYA, Jaime (2011) Claves para una contratación pública electrónica eficaz, (Madrid: El consultor de los ayuntamientos– La Ley)

GARCÍA, Raquel (2016) La firma electrónica, desde el punto de vista jurídico, (México: Porrúa)

LABORDE, Carolina (2010) Electronic Signatures in International Contracts (Berne: Peter Lang Press; European University Studies)

LEÓN, Soyla et al (2009) La firma electrónica avanzada, (México: Oxford University Press)

MICÓ, Javier (2007) La firma electrónica de notarios y registradores y el documento público Electrónico (Valencia, España: Tirant lo Blanch)

MASON, Stephen (2012) Electronic Signatures in Law (UK: Cambridge University Press)

MIDIPLAN (Ministerio de planificación nacional y política económica) (2010), Plan maestro de gobierno digital de Costa Rica, (San José, Costa Rica, www.midiplan.go.cr)

MONGE, Ignacio (2009) Ley de certificados, firmas digitales y documentos electrónicos, Comentada y concordada (San José: Editorial Investigaciones Jurídicas)

REYES, Alfredo (2003) La firma electrónica y las entidades de certificación, (México: Porrúa)

ROMERO–PÉREZ, Jorge Enrique (2013) Contratación electrónica del Estado. Costa Rica, (San José: Editorial Universidad de Costa Rica)

(2012) Derecho Internacional de las Contrataciones públicas electrónicas, (San José: Editorial Universidad de Costa Rica)

Schellekens, M H M (2004), Electronic Signatures: Authentication Tecnology from a Legal Perspective, (The Hague: T M C Asser Press)

12. LA CONTRATACIÓN PÚBLICA Y SU APERTURA A LA GLOBALIZACIÓN

José Mario Serrate Paz
Profesor de la Universidad Católica Boliviana San Pablo

I. LIMINARES

HACIA LA GLOBALIZACIÓN.

Resulta necesario para exponer sobre el tema que nos ocupa referirnos previamente a la globalización en general, como fenómeno abarcativo de un nuevo panorama general con sus avances y complicaciones que hoy conforma un mundo real entre nosotros. El proceso de integración de la globalización comprende a todos los sectores de la manifestación humana, arte, ciencia y tecnología.

El proceso de la globalización nace, podríamos decir, con las primeras manifestaciones del hombre para con sus semejantes, acercando sus problemas y necesidades para el logro de respuestas a los mismos. La globalización es la contracara del aislamiento. Su avance en el tiempo y en el espacio, con marchas y contramarchas en el recorrido, conforma en la actualidad un hecho irreversible, que no se lo puede negar, y menos si comparamos los dos extremos temporales: el ayer con el hoy.

La globalización incide directa y abiertamente en todos los recursos naturales: aire, agua y tierra. Se la intensifica en el mundo de las comunicaciones: internet, transporte y energía. Afecta a los Estados, a sus órganos e instituciones tanto públicas como privadas, en todos sus niveles y al ser humano, en todo su entramado social como en su individualidad.

El proceso de la globalización en todas sus facetas avanza, cada vez más velozmente. Se percibe a todas luces un aceleramiento. Entran en ese universo todos los quehaceres del ser humano y, la tecnología le imprime su sello dinámico.

Focalizando el tema destacamos el derecho y la ética como ciencias normativas y del deber ser y como verdaderos instrumentos necesarios para ordenar realidades y brindar seguridad en un relacionamiento integral de actividades. Esta realidad sucintamente expuesta, nos emplaza en este Foro, a estudiar, analizar y profundizar la globalización desde el punto de vista del derecho, y al derecho desde la perspectiva de la globalización.

Cada vez es mayor la interrelación que se va gestando en el derecho y en especial en el regulatorio que sus consecuencias no pueden ser resueltas aplicando el derecho administrativo doméstico, teniendo que apelarse a distintos convenios internacionales o a organismos supranacionales en demanda de decisiones de esta envergadura.

Hay una actividad administrativa global que se ha venido construyendo especialmente en el campo regulatorio, tanto en el ámbito público como privado, llámense gobiernos, sindicatos o entidades empresariales que influyen directamente en los ordenamientos jurídicos domésticos,

Así tenemos las Naciones Unidas, nacida el año 1945, que por voluntad de sus propios Miembros puede tomar medidas sobre los problemas que enfrenta la humanidad: como la paz y la seguridad, los derechos humanos, el desarme, el terrorismo, las emergencias humanitaria y de salud, la igualdad de género, la gobernanza, la producción de alimentos, el cambio climático, el desarrollo sostenible, y mucho más.

Como hombres de derecho, frente a un fenómeno real, tenemos que comprometernos con una globalización que respete y afiance al hombre como piedra sillar de la humanidad y en el campo específico de las contrataciones administrativas, que es el tema principal de este Foro, velar en su articulación por los valores y principios generales del derecho, como garantía de un mundo mejor al que todos aspiramos.

No podemos dejar de mencionar que en el sistema de las contrataciones administrativas, en la que se manejan los fondos públicos de los Estados exclusivamente para satisfacer las necesidades de la comunidad, en forma paralela a la globalización, se ha asentado incrementándose todos los días, el fenómeno de la corrupción, con ribetes también de globalización, permeabilizando las instancias de control o de rendición de cuentas. La corrupción globalizada, no conoce fronteras, se esconde en un rostro invisible dejando terribles secuencias: menos escuelas, menos hospitales, menos techos para hogares, en síntesis menos y deficientes servicios públicos.

He ahí el reto al que se nos emplaza. Estudiar los desafíos de la globalización para la contratación pública y por ende su patología. Se han inventado estructuras, se tejen nuevas ingenierías para que con las prodigiosas tecnologías que aparecen, podamos aproximarnos a una sociedad más justa y solidaria, siempre, en el marco de un Estado de Derecho.

En este orden de ideas es meritorio e inteligente que el FIDA abriendo nuevos horizontes haya convocado a sus miembros para que cada uno de los asistentes, desde sus países, traiga a este escenario iberoamericano la vivencia de nuestras normativas jurídicas nacionales desde la óptica de la globalización.

II. NORMAS BÁSICAS DEL SISTEMA DE ADMINISTRACIÓN DE BIENES Y SERVICIOS. NB–SABS

El fenómeno de la globalización no es enteramente novedoso en Bolivia. Si nos remontamos a los primeros albores de la República de su vida independiente, en su ordenamiento jurídico aparecieron en el escenario valores y principios que perduran en el tiempo y en el espacio, a los que podríamos llamar normas jurídicas supranacionales, las que hoy perviven en nuestro escenario jurídico.

Estas normas jurídicas globalizadas incorporadas a nuestro derecho doméstico en el siglo XIX, gravitan en nuestro actual y vigente ordenamiento jurídico. Su repercusión en nuestro derecho administrativo y puntalmente, en el marco de las contrataciones administrativas es relevante, ya sea en forma directa como indirecta, en forma inmediata como mediatamente.

Las Normas Básicas del Sistema de Administración de Bienes y Servicios, se subdivide en Bolivia en tres Subsistemas:

El Subsistema de **Contratación** de Bienes y Servicios Art. 12

El Subsistema de **Manejo** de Bienes Art. 112

El Subsistema de **Disposición** de Bienes. Art. 171

Los tres subsistemas se definen como un conjunto interrelacionado, de normas jurídicas, técnicas y administrativas y de principios que regulan los *procesos de contratación* de bienes, obras, servicios generales y servicios de consultoría y el de manejo y disposición de bienes. Es decir no es solamente un conjunto de normas sino de principios y valores con fuste integracionista.

En nuestro sistema normativo actual de las contrataciones Administrativas, tanto en su manejo y disponibilidad de los bienes que se encuentren bajo su cuidado, como en la toma de decisiones, fluyen los principios de *optimizar la disponibilidad,* de *controlar los bienes,* de *minimizar los costos*, de imponer *la igualdad de trato*, y de dar fiel cumplimiento a la no *discriminación*, de arraigar la *transparencia*, la *imparcialidad, la concurrencia, la publicidad* y la *objetividad,* inmersos en el derecho doméstico global recepcionados en nuestras primeras leyes.

2.1. Imperativos Éticos en las Contrataciones Administrativas.

Las Normas Básicas de Contrataciones Administrativas, de 1995, incorporó a su texto un novedoso ANEXO, que opera bajo el Título de Imperativos para la Conducta Ética del Servidor Público que interviene en la Contratación de Bienes y Servicios del Estado, conteniendo conceptos universales que traspasan el tiempo y el espacio. Es decir, pertenecen a un derecho administrativo globalizado.

Estos valores aquí agrupados nos ponen de manifiesto su empotramiento con el Derecho Administrativo Globalizado que el siglo XXI pretende construir. Estos Imperativos, comportan el carácter de obligatoriedad para todos los servidores públicos que en forma directa o indirecta intervienen en las contrataciones de las entidades públicas…" es decir que el Anexo tiene la misma jerarquía normativa que las contenidas en el mencionado Reglamento.

La relevancia de estos Imperativos para la conducta ética del Servidor Público que interviene en las Contrataciones Administrativas, impone a la Dirección General de Normas de Gestión Pública del Ministerio de Economía y Finanzas Públicas, la obligatoriedad de promover la ética institucional y constituirse en la Unidad responsable de la introducción, difusión, capacitación, actualización y consolidación de estos Imperativos.

En su articulado explicita estos valores cuya substancia trascienden, como se dijo, en el espacio y en el tiempo, es decir son conceptos globalizados resaltando los principios y valores éticos, que a decir del portugués Alain Tobelem, nada es más universalmente legítimo y generador de progreso durable para la humanidad entera.

La ciencia del derecho considera estos valores como principios integracionistas que responden a una propensión generalizada que va cobrando carta de ciudadanía en el derecho positivo de varios países. Valores sustentados en garantías y principios que sirven de guía al funcionario en sus decisiones y actuaciones. Así tenemos: ***(Responsabilidad, Transparencia, Integridad, Justicia, Verdad y Respeto a las personas)***

Estos Imperativos para la Conducta Ética para el Servidor Público que interviene en la contratación de bienes y servicios incrusta valores y principios supranacionales, aproxima conceptos, recrea órganos e instituciones, y utiliza un lenguaje universal como herramienta necesaria de apertura para que su contenido trascienda más allá de fronteras artificiales y transmita una vigencia relevante al margen de la época en que se dictó.

Comentemos estos valores que lo consideramos parte integrante de un Derecho Administrativo Globalizado.

2.1.1. Responsabilidad.– Este valor surge como la *disposición* de aplicar estrictamente, conforme a lo establecido en las normas y funciones que hacen al cargo, de acuerdo a razonable criterio e impone a dicho funcionario público la obligación de:

- *representar* ante sus superiores aquellas actuaciones administrativas que se consideran inadecuadas.
- *buscar* lo que es correcto para todos los involucrados en la contratación y que de forma natural y lógica promueva el bien común.
- *responder* directamente por la naturaleza y consecuencias de los propios actos y decisiones; ante sus superiores y la sociedad por los resultados de sus acciones y también de *responder* por las quehaceres de los inferiores más aún si han sido ejecutadas por instrucciones suyas.
- *responder* para que cuando se presenten algunas lagunas legales sean suplidas con los principios generales del derecho promoviendo el bien común.
- *buscar* en todo momento el máximo beneficio en favor del bien común en el uso y destino que se dé a los bienes y servicios adquiridos o prestados por el Estado.

El servidor público tiene la responsabilidad también por el contenido de la información entregada a las partes e interesados y difundidas al público en general.

2.1.2. Transparencia. Este valor surge como la *disposición de actuar con claridad,* sin esconder lo que debe ser conocido. La Administración Pública debe ser un templo sin biombos. El funcionario público debe dejarse ver en el ejercicio de sus funciones pensando que el titular de la soberanía es el pueblo y el funcionario el obligado a responderle fielmente. La transparencia es imprescindible para que toda actividad llegue directamente a las partes interesadas y al conocimiento público, ya sea, en la iniciación de la actividad administrativa, en el proceso de tramitación o en la toma de decisiones o en sus consecuencias.

2.1.3. Integridad.– Este valor surge como la constante *disposición de no vulnerar*, por ningún motivo, los valores y principios éticos para que el funcionario público tanto en su actuación en la vida pública y privada garantice su total independencia de criterio, resguardando su vida social para evitar proposiciones deshonestas y evitar rumores que dañan su imagen.

En el desempeño de sus tareas el Servidor Público debe volcarse con total entrega y promover las más altas normas de conducta éticas. Es un modelo en y para la sociedad. En el instante de presentarse situaciones de conflicto de intereses, en observancia al principio de imparcialidad, debe estar atento de *pedir su excusa;* además de *denunciar* ante sus superiores situaciones irregulares que se presenten.

2.1.4. Justicia. Este valor surge como la *constante voluntad de dar a cada cual* lo que le es debido. El concepto justicia encierra varios principios, como ser: **el respeto, la equidad, la igualdad y la libertad.**

Los funcionarios públicos deberán velar por la aplicación imparcial de la normativa aplicable evitando beneficiar directa o indirectamente a unos en detrimento de otros teniendo que evaluar su interpretación con objetividad.

Y también deberán velar por los legítimos intereses del Estado y por otorgar el mismo trato a todos los concurrentes en todas las instancias que de una u otra forma pongan en su consideración la necesidad de tomar decisiones.

2.1.5. Verdad. Este valor surge como la *conformidad de lo que uno trasmite o comunica, con la realidad de los hechos evitando interpretaciones sesgadas.* En el campo del derecho administrativo prima el principio de la verdad material frente al principio de la verdad formal.

Significa la necesidad de realizar todos los esfuerzos que sean requeridos con la finalidad de comunicar y transmitir información fidedigna, en forma clara y oportuna, a quien legalmente lo requiera. Y proteger la información confidencial evitando que los datos en su poder puedan beneficiar de forma directa o indirecta a terceros.

En la elaboración de pliegos, reglamentos, convocatorias, informes u otros documentos, se deben establecer cláusulas claras, expresando lo que se desea comunicar de forma tal que pueda ser comprendido por todos los interesados.

2.1.6. Respeto a las personas. Este valor surge como la actitud de *reconocimiento de la dignidad de los demás* y de aceptación de sus derechos, se debe otorgar trato respetuoso e igualitario a todas las personas que por una u otra razón intervengan en la actividad de las Contrataciones Administrativas, sin privilegios ni discriminación alguna.

El Servidor Público en su relación con los particulares debe imprimir confianza, cooperación y la lealtad. Cuando observe el Servidor Público situaciones de trato discriminatorio o trato deferente por razones de amistad, parentesco, origen social, o por correligionariedad política deberá intervenir de forma directa o mediante denuncia, con la finalidad de evitar el daño o su prolongación.

Conscientes del derecho de cada persona a preservar su buen nombre, el Servidor Público debe evitar participar en rumores que puedan dañar imágenes de personas y de aceptar y tomar en cuenta aquellas opiniones que se hallan en contra de lo que consideren como correctas, sin menoscabar la libertad de opinión.

III. NORMAS CONSTITUCIONALES GLOBALIZADAS CON REPERCUSIÓN EN LAS CONTRATACIONES ADMINISTRATIVAS

Como las normas globalizadas del derecho no son ni antiguas ni modernas, he querido en el presente trabajo bucear en el tiempo y darle prevalencia al andamiaje jurídico de nuestras primeras leyes (Constitución Política del Estado) desde la primera, en el año 1826.

Si bien la Constitución Política del Estado Boliviano forma parte de las que en doctrina se denominan constituciones rígidas, en la práctica ha sufrido muchas, por no decir permanentes modificaciones, las que individualizaremos en este trabajo identificándolas con el año de su promulgación.

Desde el primer texto constitucional y en sus primeras modificaciones hasta la última, apreciamos una constelación de valores y principios que los podemos categorizar como derecho globalizado, que sustenta la estructura orgánica del país y las bases fundamentales de un Estado de Derecho.

En la primera Constitución llamada bolivariana y sus primeras modificaciones, se sienta expresamente el principio de que *"no hay poder humano sobre las conciencias"* (C. 1826, Art. 6), valioso principio que obliga a la autoridad pública a cimentarlo dentro del régimen político con vocación de futuro y continuidad.

El principio citado se entrelaza con la norma que prescribe: *las acciones privadas, que de ningún modo ofenden al orden público* establecido por las leyes, ni perjudican a un tercero, están reservadas sólo a Dios y exentas de toda autoridad. (C. 1831, Art 158). Valioso principio que delimita las competencias de un ordenamiento jurídico del fuero íntimo de las personas.

Se suma al principio de que las garantías y derechos reconocidos en los artículos de la Constitución no podrán alterarse por las leyes que reglamentan su ejercicio Principio en permanente contradicción entre órganos del poder en la disputa de sus competencias.

Y se agrega a que los principios prescriptos en la Constitución no deben entenderse como negación de otros derechos o garantías que de no estar enunciados, nacen del principio de la soberanía del pueblo o de la forma republicana del gobierno. (C. 1861, Art. 18). Nos habla de un derecho no escrito que tiene la misma valencia que el escrito. Es el principio de las implicitudes constitucionales que nos marca que en la interpretación constitucional no debe apegarse solamente a la letra muerta del texto.

Estos tres principios son de importancia en una sociedad democrática pues su inobservancia socaba los cimientos de un Estado de Derecho. Son normas, pilares en la delimitación de las competencias, son verdaderas normas globalizadas sobre las que descansa el ordenamiento jurídico de un país que se rige por un sistema de leyes e instituciones.

3.1. El principio general y universal de la libertad quedó plasmado cuando el texto constitucional establece que "Nadie está obligado a hacer lo que no manda la ley o impedido de hacer lo que ella no prohíbe" (C. 1834, Art. 159). Este principio sienta las bases para labrar un bienestar, proyectar un desarrollo y germinar una sociedad inclusiva.

El derecho de circular, salir e ingresar a su territorio las veces que sean necesarias. (C. 1826, Art. 151) manda constitucional universalizada, que la encontramos en su similitud en otros textos constitucionales. No concebimos una sociedad que restrinja este derecho a su población.

La primera Constitución de Bolivia, en el Capítulo único De las Garantías, asegura y garantiza a todos los habitantes los valores de su *libertad civil*, su *seguridad individual, su propiedad*, y su *igualdad ante la ley ya premie o ya castigue.* (C. 1826, Art. 149).

Respecto a estas garantías, *el concepto de propiedad* se extiende también al ámbito de la propiedad intelectual cuando establece que todo inventor tendrá *la propiedad de sus descubrimientos* y de sus producciones y se complementa cuando instituye que la ley reconoce la propiedad generada en la elaboración de escritos de todo género garantizándola durante la vida de su autor. (C. 1826, Art. 156 y C. 1851, Art. 21).

Expropiación: sobre la garantía a la *propiedad privada* sienta el principio que nadie puede ser obligado *a ceder su propiedad sino es por causa de utilidad pública y mediante una justa y previa indemnización.* (CC. 1830, Art. 290).

Como se puede apreciar, al cuño individualista propio de la época, los constituyentes, imponen al derecho de propiedad, un límite en el tiempo, e imponen una previa indemnización justa, como compensación al propietario del bien sustraído, en pro del bien común.

Seguridad en los contratos con el Estado. Se presume la buena fe de la Administración Pública cuando establece que todo contrato o compromiso contraído por el Estado, conforme a las leyes, es inviolable. (C. 1868, Art. 18).

Esta norma se inspira en los principios de confianza, cooperación y de lealtad en la actuación de los Servidores Públicos.

Derecho a publicar sus pensamientos.– En el mismo sendero proclama a todos los habitantes del suelo patrio el derecho a la libertad de publicar sus pensamientos ya sea oral o por escrito y el derecho de poder publicarlos por medio de las imprentas, sin previa censura. (C. 1826, Art. 150). Este principio de libertad de pensamiento, se encuentra jurídicamente universalizado.

Libertad religiosa se establece este principio en sus dos aspectos a) la libertad de conciencia, que descansa en la intimidad del hombre para que en su fuero interno no se produzca interferencias coactivas que le dañen, y en el b) la libertad de culto que se sustenta en el derecho de profesar libremente sus creencias religiosas. (C. 1880, Art. 2).

3.2. Separación de poderes. Desde los albores de la república se mantuvo en los textos constitucionales los principios republicanos de **separación** de los Órganos de poder (C. 1861, Art. 10) así como el principio de **control** de los actos de los gobernantes y el de **publicidad** de toda actuación estatal, que se complementan con la manda constitucional que solo mediante ley se pueden promulgar y reglamentar los Códigos (C. 1878, Art. 20) que sin solución de continuidad se ha mantenido hasta la vigente Constitución.

Lamentablemente con la dictación de las primeras NB–SABS, el 03/08/1995 hasta la vigente de 28/06/2009, en todo lo relacionado a la parte sustancial de las *contrataciones administrativas* son reglamentadas por un Decreto Supremo del Órgano Ejecutivo y no por una ley de la república, conforme lo preceptuado constitucionalmente.

3.3. Derecho de igualdad ante la ley. Este principio de igualdad está garantizado desde la Primera Constitución (C. 1826, Art. 149) hasta la última que garantiza su plenitud, prohibiendo y sancionando toda forma de discriminación *fundada en razón del sexo, color, edad, orientación sexual , identidad de género, origen, cultura, nacionalidad, ciudadanía, idioma, credo religioso, ideología, filiación política o filosófica, estado civil, condición económica o social, tipo de ocupación, grado de instrucción, discapacidad, embarazo, u otras que tengan por objetivo o resultado anular o menoscabar el reconocimiento, goce o ejercicio, en condiciones de igualdad, de los derechos de toda persona.* Este principio responde a la categoría indiscutible de un derecho globalizado con gravitación en el derecho administrativo y puntualmente en las contrataciones administrativas.

Como se puede apreciar, el constituyente legisló para todos los habitantes la igualdad de trato frente a la ley, lo hizo para evitar privilegios, discriminaciones odiosas, favoritismos segregacionistas. En la práctica muchas ve ces estos principios son desvirtuados. Ejemplo: Un llamado a licitación en el marco de las contrataciones administrativas que en base a los principios constitucionales es pública, mediante la vía reglamentaria se han multiplicado las excepciones en todas las modalidades de contratar, que la norma pasa a ser la excepción.

3.4. Derecho a la jurisdicción – Estipulan las primeras Constituciones de Bolivia, como principio básico republicano el derecho que tienen todos los habitantes del territorio para elevar sus quejas y de ser oídos por todas las autoridades (C. 1831, Art. 159) y reitera que "todos los bolivianos tienen la facultad de reclamar sus derechos ante los depositarios de la autoridad pública y de representar por escrito al Congreso o al Poder Ejecutivo (C. 1839, Art. 161).

Este derecho hoy conocido como el derecho de acceso a la jurisdicción, que conlleva implícitamente la obligación de la Autoridad de dar respuesta formal y pronta, fue expresamente reconocido en nuestra Ley de Procedimiento Administrativo, en la Sección dedicada a los derechos de las personas, textualmente obliga a la autoridad a dar una respuesta fundada y motivada a las peticiones y solicitudes que se formulen. (LPA. 2341, Art. 16, h).

Así lo reitera el actual texto constitucional que asegura a toda persona ser protegida oportuna y efectivamente por los jueces y tribunales en el ejercicio de sus derechos e intereses legítimos. (C. 2009, Art. 115, I).

En el II, parágrafo del citado artículo establece que el Estado garantiza el derecho al **debido proceso**, a la defensa y a una justicia plural, pronta, oportuna, gratuita, transparente y sin dilaciones.

Pese a lo establecido en la normativa sobre estas garantías constitucionales, en *materia contenciosa–administrativa*, se vulnera estos principios: El administrado afectado en sus derechos subjetivos o intereses legítimos tiene que recurrir ante el Tribunal Supremo de Justicia como único tribunal competente para conocer las demandas relacionadas a los contratos, negociaciones o concesiones del Poder Ejecutivo.

Más aún, en los Procesos contencioso – administrativo a que diere lugar las resoluciones del Poder Ejecutivo, la demanda tiene que interponerse ante el Tribunal Supremo de Justicia. Lo deplorable en estos casos es que el proceso será tramitado en la vía ordinario de puro derecho, dejando al litigante sin poder ofrecer su prueba para asumir su defensa en franca violación al debido proceso que alberga el de ofrecer, producir y controlar la prueba.

3.4.1. Convenios Internacionales.– En el siglo pasado aparecen estos contenidos de acceso a la jurisdicción en convenios internacionales los que fueron más tarde ratificados por el Estado Boliviano. Así tenemos:

a). La Declaración Americana de los Derechos y deberes del hombre de Bogotá de 2 de mayo de 1948, en su art. XVIII, dispone: "Toda persona puede ocurrir a los tribunales para hacer valer sus derechos. Asimismo, debe disponer de un procedimiento sencillo y breve por el cual la justicia lo ampara contra actos de la autoridad que violen en perjuicio suyo, alguno de los derechos fundamentales consagrados constitucionalmente"

b). La Declaración Universal de los derechos del hombre, aprobada por las Naciones Unidas en París de 10 de diciembre de 1948, en sus artículos 8 y 9, dispone: "Toda persona tiene derecho a un recurso efectivo ante los tribunales nacionales competentes, que la ampare contra actos que violen sus derechos fundamentales reconocidos por la Constitución o por la ley.

c). El Pacto de San José de Costa Rica, sobre Derechos Humanos del 22/11/1969, en su art. 25 dispone: "Toda persona tiene derecho a un recurso sencillo y rápido o a cualquier recurso efectivo, ante los jueces o tribunales competentes, que lo ampare contra actos que violen sus derechos fundamentales reconocidos por la Constitución, la ley o la presente Convención, aun cuando tal violación sea sometida por personas que actúen en ejercicio de sus funciones oficiales".

3.4.2. Legitimación Procesal.– Al dictarse la Ley de Medio Ambiente se dio en Bolivia un avance en el campo del derecho administrativo, como fue la ampliación de la figura de la legitimación procesal, extendiéndola a toda persona para que en forma individual o en representación de otra, pueda ejercer las acciones civiles derivadas de los daños cometidos contra el medio ambiente. (L.1333, Art. 102)

Siguiendo esa línea, la vigente Constitución establece que cualquier persona a título individual o en representación de una colectividad está facultada para ejercitar las acciones legales en defensa del derecho al medio ambiente. (C.2009, Art. 34, 135 y 136)

3.5. Derechos Humanos. En el Derecho Administrativo se ve reflejada la importancia de los derechos humanos por la acogida constitucional que han tenido y en especial por el carácter globalizado que han impreso.

El Pacto de San José de Costa Rica en una breve síntesis, en su artículo 32, ha establecido que estos derechos están limitados por los derechos de los demás, por la seguridad de todos y por las justas exigencias del bien común, en una sociedad democrática.".

La evolución histórica de los derechos humanos se la clasifica:

Derechos de Primera Generación. Son los que protegen los derechos civiles y libertades públicas. Se los consagró en la Declaración Universal de los Derechos del Hombre y del Ciudadano del 12/08/1789 y desde allí han venido escalando y universalizándose.

Derechos de Segunda Generación: Coloca al hombre en condiciones de igualdad frente al Estado para reclamar la protección de sus derechos fundamentales. Rompe las trabas que impedían demandar al Estado y va en pro de eliminar los condicionantes procesales que hoy todavía rigen.

Derechos de Tercera Generación: Se los conoce también como derechos difusos o intereses legítimos cuya titularidad corresponde a un número indeterminado de sujetos. En tal sentido cualquier persona puede actuar en nombre propio dentro de un proceso en tutela de un interés que particularmente no le corresponde.

Estos derechos por su extensión resulta muy difícil su enumeración, más lo importante es que muchos Estados han establecido en su Carta Constitucional que los tratados e instrumentos internacionales en materia de derechos humanos que hayan sido firmados, ratificados o a los que se hubiera adherido que declaren derechos más favorables a los contenidos en la Constitución tendrán aplicación preferente. (C. 2009, Art. 256).

3.6. Publicidad de la actuación administrativa. Este principio tiene raigambre constitucional y se encuentra dentro de los principios que caracterizan mejor el concepto republicano, de ahí deriva la publicidad obligatoria de toda actividad gubernamental. La publicidad actúa como una garantía para los administrados y permite medir la responsabilidad de los funcionarios púbicos.

En mérito a este principio las NB–SABS, la publicidad es adoptada como norma general obligatoria, en el sistema de adquisición de bienes y servicios. La convocatoria a una licitación pública con debido tiempo y forma multiplica la presencia de interesados, brinda mayores oportunidades al Estado para seleccionar ofertas y asegura a los interesados seguir paso a paso las diversas y complejas etapas de su procedimiento. Es decir la publicidad no se agota con la convocatoria sino perdura hasta la ejecución y sus consecuencias.

Con la publicidad se asegura la **concurrencia** que es otro elemento esencial en la mecánica de adquirir bienes y servicios de parte de la Administración Pública. Las condicionantes, las limitaciones o recaudos innecesarios que la obstaculizan afectan el principio viciando la limpidez del procedimiento.

3.7. Derecho a la participación.– En un sentido amplio político–jurídico entendemos por participación la técnica de concertar actividades auspiciadas legalmente sin alterar competencias formalmente establecidas en un ambiente de coordinación, buena fe y armonía en la consecución de objetivos que persiguen el fin común.

En la Constitución de 2004, en su art. 1, I, establece que el Estado boliviano adopta para su gobierno la forma democrática, representativa y **participativa**.

Acorde con el parágrafo I del primer artículo, prescribe que *el pueblo delibera y gobierna por medio de sus representantes y mediante la Asamblea Constituyente*, la *Iniciativa legislativa ciudadana y el Referéndum*, como mecanismo constitucional de democracia directa y participativa. (C. 2004, Art. 4). Todas formas participativas de gobernar.

Como se puede apreciar, es distintamente redactado al anterior tenor constitucional que establecía "que el pueblo no delibera ni gobierna sino por medio de sus representantes y de las autoridades creadas por ley".

El derecho de la ciudadanía de participar libremente en la formación de los poderes del Estado y en su ejercicio y control de los mismos es un enunciado supranacional y que en algunos países va *in crescendo*, por lo menos formalmente.

Siguiendo a esta Constitución, la vigente, reitera el principio de *participación ciudadana* afirmando que todo ciudadano tiene derecho a participar en la formación, ejercicio y control del poder político y en el sufragio, mediante voto igual, universal, directo, individual, secreto, libre y obligatorio, escrutado públicamente. (C. 2009, Art. 11).

En el Titulo VI sobre Participación y Control Social, impone a las entidades del Estado *generar espacios de participación y control social por parte de la sociedad* (C. 2009, Art. 241, VI) y *apoyar al órgano electoral en transparentar las postulaciones de los candidatos para los cargos púbicos que correspondan*. (C. 2009, Art. 242, inc. 10).

Siguiendo con la misma tesitura, en lo referente a la política fiscal, impone la determinación del gasto y de la inversión pública los *que deben regirse por mecanismos de participación ciudadana* y de planificación técnica y ejecutiva estatal. (C. 2009, Art. 321, II).

Respecto a las relaciones internacionales, son una ventana de apertura al Derecho Global. El Estado promoverá sobre los principios de una relación justa, equitativa las relaciones de *integración social, política, cultural y económica con los demás Estados, naciones y pueblos del mundo*. (C. 2009, Art. 265)

Otro ejemplo de Participación Ciudadana la tenemos en el campo del Derecho Procesal Penal integrando los Tribunales de Sentencia con Jueces Ciudadanos a los que se extrae de una lista insaculada anualmente del Padrón Electoral y siguiendo el protocolo del citado Código (CPP. Art. 57 a 66).

La Audiencia Pública es otra instancia de participación ciudadana constituye una instancia de participación en el proceso de toma de decisión administrativa o legislativa, mediante la cual se habilita un espacio institucional para que todos aquellos que puedan verse afectados o tengan un interés particular, expresen su opinión al respecto.

Y así del texto constitucional también tenemos:

La Iniciativa Privada. En la Cuarta Parte de la Constitución, en la que se refiere a la Estructura y Organización Económica del Estado, se reconoce, respeta y protege la *Iniciativa Privada* como herramienta funcional para que contribuya al desarrollo económico, social y fortalezca la independencia económica del país. (C. 2009, Art. 308).

Hay que tener en cuenta que la Iniciativa Privada no se limita a las actividades directamente lucrativas, sino que se extiende también a muy diversos fines, como pueden ser las fundaciones u organizaciones no gubernamentales que por su multiplicidad compatibilizan beneficiosamente con los fines de interés común.

La Participación en la Ley de Medio Ambiente.– La población tiene el derecho a la participación en la gestión ambiental, a ser consultada e informada previamente sobre decisiones que pudieran afectar a la calidad del medio ambiente. (C. 2009, Art. 343).

Conservar, proteger y aprovechar los recursos naturales. Es deber del Estado y la población conservar, proteger y aprovechar de manera sustentable los recursos naturales y las biodiversidad, así como mantener el equilibrio del medio ambiente. (C. 2009, Art. 342).

La ley de Medio Ambiente, dispone sobre el derecho de todas persona natural o jurídica *de participar en la gestión ambiental y el deber de intervenir activamente en la defensa y conservación del medio ambiente* y, le franquea derechos como el de ser: informada veraz, oportuna y suficientemente sobre las cuestiones vinculadas con la protección del medio ambiente, así como a formular peticiones y promover iniciativas de carácter individual o colectivo, ante las autoridades competentes que se relacionen con dicha protección. (L. 1333, Art. 92 y 93).

Esta Ley incorpora la *Audiencia Pública* institución emergente del Derecho Administrativo Global, para resolver las peticiones e iniciativas de los particulares ante el Organismo y en caso de negativa o de no realizarse la audiencia, el particular tiene el derecho de presentarse ante la Autoridad Superior, denunciando la violación de sus Derechos. (L. 1333, Art. 94).

3.8. Campo Tributario.– En este campo se establece que las contribuciones se repartirán proporcionalmente, a los ingresos con un concepto claro de gradualidad sin ninguna excepción ni privilegio. (C. 1826, Art. 153). Estipula que la igualdad es la base del impuesto y de las cargas públicas. Ningún servicio personal es exigible, sino en virtud de ley o de sentencia fundada en ley. (C. 1861, Art. 9). Esta Norma responde también a la categoría de Derecho Globalizado.

3.9. Trato igualitario a los extranjeros. Es otro principio de carácter universal sin dobleces que pregona nuestra Constitución desde sus albores como República y que se mantiene en forma constante y permanente que claramente favorece el flujo migratorio y el intercambio de culturas.

Todos los extranjeros de cualquier nación que provengan, serán admitidos en Bolivia y podrán vivir en ella garantizándoles su libertad civil, su propiedad, su seguridad y el ejercicio de su industria, conforme a las leyes o a los tratados públicos. (C. 1839, Art. 162). Norma de avenencia supranacional que destraba fronteras y abona las bases para una convivencia humana sin distingo de nacionalidades, idiomas, colores de piel, ni de credos religiosos.

Acordes con estos principios traemos a colación el pronunciamiento de la OMC cuando afirma que en las Normas sobre compras del sector público del Tratado de Libre Comercio de América del Norte, encontramos como principios fundamentales para los extranjeros, *los de trato no menos favorable que el más favorable dispensado a los nacionales y de no discriminación.*

El asilo político también es una institución a considerarse en este trabajo. El tema del asilo de los exiliados políticos si bien se sitúa en el campo del derecho internacional público esta institución ha sido reconocida constitucionalmente (C. 1961, Art. 18). La mecánica de buscar y recibir asilo en territorio extranjero ha sido reconocida por la Convención Americana sobre Derechos Humanos (Art. 22.7). Convención Internacional que mereció la ratificación por el Estado boliviano.

3.10. Derecho al trabajo: Respecto al derecho al trabajo las categorías jurídicas que mencionaremos no están limitadas por las coordenadas de tiempo y de espacio, pues son categorías universales que trascienden el lugar donde se originan y el tiempo donde se promulgan.

En consonancia con el principio de igualdad de todos los habitantes ante la ley (C. 1826, Art. 149) la norma constitucional dispone que "quedan abolidos los empleos y privilegios hereditarios (C. 1826, Art. 154).

Y sobre el derecho mismo del trabajo expresa: "Ningún género de trabajo, industria o comercio puede ser prohibido…" (C. 1826, Art. 155). En el mismo sentido se impone que "no se reconoce en el territorio nacional ningún género de servidumbre y nadie podrá ser obligado a prestar trabajos personales sin la *justa retribución* y sin su pleno consentimiento" (C. 1938, Art. 5).

Con el correr del tiempo se avanzó un grado más y se garantizó la libre asociación profesional y sindical y se le dio plena vigencia al contrato colectivo de trabajo. Es más se reconoce el Fuero Sindical y el derecho de huelga, como medio de defensa de los trabajadores, y se advierte con fuerza de ley que éstos no pueden ser despedidos, ni perseguidos ni presos por sus actividades sindicales." (C. 1945, Art. 126)

Hemos recogidos estas normas, que guardan similitud en la forma de expresión y de identidad substancial con las establecidas por otros países que podemos decir conforman un incipiente derecho globalizado.

En cuanto a los Servidores Públicos se rige por los principios de servicio exclusivo a los intereses de la colectividad; legalidad o sometimiento a la Constitución y a las leyes; imparcialidad; reconocimiento del derecho de los ciudadanos a desempeñar cargos públicos y al mérito, capacidad e idoneidad funcionaria; igualdad de oportunidades sin discriminación de ningunas naturaleza; reconocimiento capacitación y perfeccionamiento de los Servidores Públicos; honestidad y ética en el desempeño del servicio público; gerencia por resultado y responsabilidad por las función pública. (L. 2027 del Estatuto del Servidor Público, 1999)

3.11. Irretroactividad de la Ley.– La ley solo dispone para lo venidero y no tiene efecto retroactivo (C. 1938, Art. 31) y posteriormente aparecen dos excepciones: en materia social cuando se lo determine expresamente y en materia penal cuando beneficia al delincuente. (C. 1967, Art. 33). La Constitución vigente añade otras excepciones, en materia laboral, cuando lo determine expresamente a favor de los trabajadores y en materia de corrupción, para investigar, procesar y sancionar los delitos cometidos por servidores públicos contra los intereses del estado. (C. 2009, Art. 123).

Las leyes no son obligatorias sino después de su publicación. Acorde con el principio general de que en aplicación de la ley, el principio es el de la irretroactividad.

La irretroactividad en materia no penal rige cuando afecta derechos adquiridos e incorporados al patrimonio en aplicación al principio de inviolabilidad de la propiedad.

IV. NORMAS DE DERECHO INTERNO NACIONAL, INSPIRADAS EN UN DERECHO GLOBAL

Como anteriormente señalamos, las normas globalizadas del derecho no son ni antiguas ni modernas, he querido en el presente trabajo bucear en el tiempo y dar prevalencia al andamiaje jurídico de nuestras primeras leyes: Código Civil de 1830 y de su Procedimiento de 1832, Código Penal de 1834 y de su Procedimiento Criminal de 1898, Código Mercantil de 1834, normas jurídicas que atestiguan la perennidad de su vigencia.

4.1. Principios de derecho Civil.– Entre varias normas que consideramos pertenecen al Derecho Globalizado destacamos las siguientes:

4.1.1. Protección a los Derechos de la personalidad.– **El Código Civil** vigente, protege los derechos de la personalidad por ser inherentes al ser humano y que como tal están fuera del comercio. Y el mismo artículo dice que cualquier limitación a su libre ejercicio es nula cuando afecta al orden público o a las buenas costumbres. (CC, Art. 21).

Por su lado, los siguientes artículos, prescriben que los derechos de la personalidad se ejercen por las personas individuales, sin ninguna discriminación: ya sea de raza, sexo, credo religioso y los considera a estos derechos inviolables por ser atributos de la personalidad confiriéndole a su titular, cuando los vea afectados, la facultad de demandar el cese de este hecho aparte del resarcimiento por el daño moral y material. (CC, Art. 22 y 23).

4.1.2. Ausencia u oscuridad de la Ley.– Los jueces no pueden dejar de fallar por ausencia u oscuridad de la ley. Se busca reivindicar al juez o al administrador de no inhibirlo en su potestad jurisdiccional o administrativa de aplicar la solución justa al caso concreto. En el mismo sentido en materia administrativa, la Administración Pública no podrá dejar de resolver el asunto sometido a su conocimiento aduciendo falta, oscuridad o insuficiencia de los preceptos legales aplicables (LPA, Art. 52, II)

4.1.3. La inembargabilidad de los bienes.– Esta es una excepción universalizada a la embargabilidad de los bienes del deudor que actúan como la garantía del patrimonio de los acreedores. (CPC, Art. 318)

Un fallo del Tribunal Constitucional Plurinacional, reitera lo establecido en el citado artículo del CPC, enumerando los siguientes bienes como inembargables (SENTENCIA CONSTITUCIONAL 1439/2011–R):

Sueldos y salarios, salvo que se trate de pensiones de asistencia familiar

Pensiones, jubilaciones, montepíos, rentas de vejez o invalidez y demás beneficios sociales.

Prendas de su uso personal y muebles imprescindibles de su vivienda y el de su familia, salvo que la deuda provenga de la adquisición de los mismos.

Los libros relativos a la actividad del deudor.

Los objetos de trabajo (herramientas) del deudor imprescindibles

Los artículos de consumo y subsistencia personal.

Los mausoleos, sarcófagos y nichos.

4.1.4. De los delitos y cuasi delitos civiles: "Todo aquel que causa un daño a otro está en la obligación de repararlo" Y por lo causado por su omisión y negligencia. (CC. 1830, Arts. 966 y 967)

4.1.5. Abolición de la cárcel por deuda, que viene del derecho romano, con la ley *Poetelia Papiria* y que en Bolivia, en 1905, por ley del 11 de octubre fue abolida, son conquistas de la humanidad positivizadas en los ordenamientos, que pertenecen al derecho globalizado.

4.1.6. Vicios de evicción, obligación de reparar aunque no sea pactada. Aunque las partes convengan en que el vendedor no se someta a la evicción, quedará responsable a todo lo que resulte de un hecho que le sea personal. Anula toda convención contraria. (CC. 1830, Arts. 1045) es responsable de los vicios ocultos, aun cuando no los haya conocidos., a no ser que en este caso, se haya estipulado que no estaría obligado a ninguna garantía, (CC. 1830, Art. 1059)

4.2. Derecho Comercial.–

4.2.1. El Secreto Bancario. Hoy lo percibimos al derecho administrativo global dando sus frutos, como por ejemplo en la exención del secreto bancario para la investigación de hechos de corrupción, en los casos de delitos financieros, en aquellos que se investiguen fortunas y en los procesos de recuperación de bienes del Estado.

La abolición del secreto bancario y la regulación financiera son normas supranacionales, que si bien afecta el derecho de privacidad, se impone en aras de intereses superiores, y siempre mediando la venia judicial. Así se ha establecido en el país, bajo inspiración y bajo la forma de convenios internacionales.

4.2.2. Acrónimos. No podemos dejar de mencionar los acrónimos en materia comercial, que han cobrado carta de ciudadanía globalizada incorporándose en nuestras prácticas comerciales: Son una clasificación internacional de funcionamiento de los gastos, seguros, riesgos y sobre la responsabilidad del vendedor y comprador. Definen obligaciones de las partes involucradas. Estandariza las reglas internacionales de comercio respecto a logística y transporte. Citando algunos así tenemos:

CIF: *Cost, Insurance, Freight.* Su traducción: "Costo, seguro, flete". El vendedor se compromete a cubrir los gastos de envío, seguro y transporte, desde las bodegas del vendedor hasta el embarque de la mercadería al barco en el puerto de origen.

FOB: *Free on Board.* E**s el más antiguo e históricamente el más usado**. Sus siglas en inglés significan "libre a bordo". El vendedor asume los costos y los riesgos de la mercancía hasta ser cargado al barco que el comprador estipuló en el puerto de origen.

FAS *Free alongside ship*, En español significa "libre junto al buque". En estos dos términos que pertenecen a los términos del comercio internacional, se evidencia una pequeña diferencia. En relación al FAS, el vendedor termina con sus obligaciones una vez que coloca la mercancía al costado del buque, trasladando el riesgo de pérdida o daño al comprador en ese momento.

4.3. Procedimiento.

4.3.1. Deberes del Juez, El primer Código de Procedimiento Civil de Bolivia, establece que ningún juez puede excusarse de fallar en las causas sometidas a su conocimiento, bajo pretexto de falta, oscuridad o insuficiencia de la ley. El magistrado debe pronunciar sentencia según la equidad que nace de las leyes, aplicando disposiciones que comprenden casos semejantes al hecho particular que ocurre. (CPC. 1832, Art. 949). Norma jurídica que pervive en la actualidad y por lo que se la puede reconocer como norma jurídica globalizada.

Toda esta rica constelación de principios recogidas en los albores de la República, ha dado origen a Convenios y Tratados internacionales constituyéndose en un verdadero derecho globalizado.

4.3.2. Confesión de parte, relevo de prueba. Nos encontramos frente a un axioma jurídico que significa que quien confiesa algo libera a la contraparte del cargo de la prueba. Lo recoge nuestro primer Código procesal. Su permanencia en la actualidad nos permite calificarlo como perteneciente al sistema globalizado que marcha inexorablemente. (CPC. 1832, Art. 258)

4.4. Principios de Derecho Penal y sus instituciones: Consideramos valioso la incorporación en este trabajo de principios de Derecho Penal y de sus instituciones, por su estrecha relación con el Derecho Administrativo y en especial los recogidos por nuestro Derecho Sancionatorio Administrativo, entre estos principios podemos citar:

El trato igualitario, ya que es la propia Constitución Nacional la que proclama la igualdad de todos los habitantes frente a la ley y el de Constitucionalidad, ya que de no serlo estaría excluida.

Nullum crimen sine lege en tres aspectos: de *exclusividad*, refiriéndose a que sólo la ley puede crear delitos; *irretroactividad*, refiriéndose a que la norma creadora del delito debe ser anterior al hecho punible; y la *prohibición de analogía,* que obliga a ser clara y definida.

Nulla poena sine lege garantizando que nadie puede ser penado sin ley previa, prohibiendo la retroactividad de aplicar nuevas o más severas leyes.

Nadie está a obligado a declarar contra sí mismo en materia penal, ni lo están sobre el mismo hecho, sus parientes consanguíneos hasta el cuarto grado inclusive, ni los afines hasta el segundo. (C. 1880, Art. 10)

La **extradición**, esta figura responde a un principio fundamental de interés internacional y que como tal se han suscriptos varios tratados para su operatividad, es decir es la entrega que un Estado hace a otro Estado de una persona acusada o condenada por un delito que se encuentra en su suelo, para que el país requirente lo enjuicie o le ejecute la pena.

El derecho en favor de los **extranjeros de pedir y recibir asilo por persecución política** comprende también el derecho a no ser expulsado o entregado a otro Estado en contra de la voluntad del peticionante. La petición en pro de la reunificación familiar destaca la nota importante para considerar este derecho como humanitario, su frecuencia la vemos cuando las Embajadas conceden refugio en sus dependencias diplomáticas. Su protocolo se establece a través de tratados y en ausencia de estos se procede por los estándares de la cortesía internacional.

Retroactividad y ultra actividad de la ley penal se aplican en materia penal cuando resulte más benigna al enjuiciado. Esta excepción, es un principio supranacional de apartarse del principio general de irretroactividad, aplicable en el ámbito del derecho privado.

En función de la garantía del ciudadano se establecen principios que pertenecen a una categoría de Derecho reconocidos internacionalmente, por ejemplo:

–Nadie puede ser penado sin juicio previo basado en ley anterior al hecho del proceso, en garantía del justiciable. (C. 1843, Art. 90).

–La competencia territorial del juez del lugar en el que se cometió el delito, en garantía del justiciable, en pro de los jueces naturales.

–La presunción de inocencia mientras no se establezca su culpabilidad

–Derecho de ser asistido por un defensor proporcionado por el Estado; y de ser asistido por un traductor en el caso de que no hable el idioma del juzgador;

–A ser comunicado previa y detallada de la acusación formulada;

–Derecho a no declarar contra sí misino o a declararse culpable;

–Derecho recurrir del fallo al Juez Superior;

–La invalidez de la declaración del inculpado hecha con coacción de cualquier naturaleza;

–El inculpado absuelto por una sentencia firme no podrá ser sometido a nuevo juicio por los mismos hechos.

Posteriormente, se aplicó la ley penal más benigna, reiterada por el Pacto de San José de Costa Rica, Art. 9, y el Pacto Internacional de Derechos Civiles y Políticos , art. 15.– que constituyeron un derecho supraestatal.

Nuevos delitos: La nueva calificación impuesta por el derecho internacional, como ser los delitos de lesa humanidad: tortura, genocidio, discriminación racial, son normas globalizadas reguladas por diversos tratados internacionales, que hoy el derecho doméstico ha tomado como suyas.

Y también bajo la inspiración de convenios internacionales se ha dictado en Bolivia, normas estableciendo un sistema de protección al denunciante y a testigos con la finalidad de proteger a los servidores y ex servidores públicos, personas particulares y su entorno familiar, que sean susceptibles de sufrir una represalia, aplicando así a personas que realizaron, realicen o se dispongan a realizar una actividad protegida respecto a los delitos de crimen organizado, terrorismo, corrupción y narcotráfico, trata y tráfico de personas y/o violación de derechos fundamentales. (L. 458, Arts. 1–3).

4.5. Ley de Medio Ambiente. Merece mención especial la **Ley** del **Medio Ambiente, creada bajo el** N° 1333/92, convirtiéndose en el factor principal en la política ambientalista y bajo su techo se ha elaborado un marco regulatorio. Más que normas ha sentado principios estableciendo respeto, conservación y promoción del medio ambiente, en armonía con tratados internacionales sobre la materia, es decir con una visión universalizada.

Esta ley que desde ya la consideramos supranacional, pues impone que todas las obras tanto públicas como privadas deben contar con una categorización de la Evaluación del impacto ambiental, concepto generalizado que va más allá de las fronteras territoriales.

La *licencia* instrumento que habilita una actividad, se torna indispensable para iniciar o continuar toda obra que tenga un impacto ambiental, para lo cual se debe seguir rigurosamente un conjunto de procedimientos administrativos que aseguren la preservación del medio ambiente.

La importancia de esta ley es que incentiva la investigación y el desarrollo científico y tecnológico, para ello trata de:

–promover un amplio proceso de participación pública en los particulares;

–promover tratados y acciones internacionales de preservación, conservación y control de fauna y flora y de áreas protegidas, de cuencas y/o ecosistemas compartidos con uno o más países. (L. 1333, Art. 29).

–regular las acciones del hombre con relación a la naturaleza que se traduce en desacelerar el uso de energía ineficiente y, la reducción de emisiones de dióxido de carbono.

–promover el desarrollo sostenible, que representa el proceso mediante el cual se satisfacen las necesidades de la actual generación, sin poner en riesgo la satisfacción de necesidades de las generaciones futuras con la finalidad de mejorar la calidad de la población.

– regular y controlar la producción, introducción y comercialización de productos farmacéuticos, agro–tóxicos y otras sustancias peligrosas y/o nocivas para la salud y/o del medio ambiente.

– de prohibir la introducción, depósito y tránsito por territorio nacional de desechos tóxicos, peligrosos, radioactivos que constituyan un peligro para la salud de la población en consonancia con una visión globalizada de conservación del medio ambiente. (L. 1333, Art. 31).

Otro aporte de esta Ley, fue la creación de la figura *del actor arrepentido,* beneficiándolo con atenuar su responsabilidad cuando:

1. Confiese a la autoridad ambiental la infracción antes de haberse iniciado el procedimiento sancionatorio. Se exceptúan los casos de flagrancia.

2. Cuando el actor resarza o mitigue por iniciativa propia el daño causado o cuando compense o corrija el perjuicio causado antes de iniciarse el procedimiento sancionatorio ambiental, siempre que con dichas acciones no se genere un daño mayor.

V. ACCIONES CONSTITUCIONALES, TAMBIÉN GLOBALIZADAS.

En el mismo sentido refuerzan el derecho de acceso a la jurisdicción y en defensa de las libertades, derechos y garantías de la población, las figuras jurídicas globalmente reconocidas del Habeas Corpus, Amparo Constitucional, el Habeas Data. Con la última Constitución se han añadido la Acción de Cumplimiento y la Acción Popular, relacionada con los derechos de Tercera Generación. (C. 2009, Arts. 134 y 135)

5.1. Habeas Corpus o Acción de libertad en defensa de toda persona que considere que su vida está en peligro, que es ilegalmente perseguida o que es indebidamente procesada o privada de libertad personal procesal, permitiendo interponer esta acción con el máximo informalismo y la mayor flexibilidad procesal inspirada en las garantías de la persona como epicentro del Estado de Derecho. (C. 1938, Art. 8).

5.2. El Habeas data o acción de protección de privacidad. Esta acción legitima a toda persona que considere estar indebida o ilegalmente impedida de conocer, objetar u obtener la eliminación o rectificación de los datos registrados por cualquier medio físico, electrónico, magnético o informático, en archivos o bancos de datos públicos o privado, o que afecten su derecho fundamental a la intimidad y privacidad personal o familiar a su imagen honra y reputación. (C. 2005, Art. 23)

5.3. Acción de Cumplimiento.– Frente a incumplimiento de los Servidores Públicos de disposiciones constitucionales o legales con el objeto de garantizar la ejecución de las normas omitidas, el Estado brinda esta garantía, imprimiéndole en su operatividad el procedimiento de la Acción de Amparo. (C. 2009, Art. 134).

5.4. Amparo Constitucional.– Esta figura la podemos inscribir como principio supranacional por su perfil garantista que tutela los derechos y libertades contra actos u omisiones ilegales o indebidas de los Servidores Públicos o de persona individual o colectiva, que restrinjan, supriman o amenacen restringir o suprimir los derechos reconocidos por la Constitución. (C. 1967, Art. 19).

5.5. Acción Popular.– Esta acción procede contra todo acto u omisión de las autoridades o de personas individuales o colectivas que violen o amenacen con violar derechos o intereses colectivos, vinculados al patrimonio, al espacio, la seguridad y salubridad pública, el medio ambiente y otros de similar naturaleza. (C. 2009, Art. 135).

Esta acción tiene dos particularidades: a) que podrá interponerse por cualquier persona a título personal o en representación de una colectividad lo que otorga una legitimidad procesal ampliada y b) que para la efectividad de este accionar se aplica el procedimiento de la acción de amparo constitucional. (C.2009, Art. 136, II).

VI. CONCLUSIONES

Este trabajo sobre el relacionamiento del derecho globalizado con las Contrataciones Administrativas hemos dado relevancia a nuestra primera Constitución Política del Estado, promulgada en 1826 y las subsiguientes; así como a los primeros Códigos Civil, Penal y Mercantil y sus procedimientos que datan de la década del 30 del siglo XIX y el Código de Procedimiento Criminal de la década del 90 del mismo siglo, de los que hemos extraído algunas normas que consideramos tienen vigencia universales y que se presentan en la actualidad, en ordenamientos jurídicos vigentes, con un ropaje modernizado, atestiguando su perennidad.

Los Imperativos para la Conducta Ética del Servidor Público que interviene en la contratación de bienes y servicios del Estado que han incorporado a nuestro ordenamiento jurídico las NB–SABS, es un instrumento guía para conseguir mejores niveles de administración y constatar si se actúa dando fiel cumplimiento a dichos principios.

Que los principios de igualdad, transparencia, publicidad y concurrencia se plasmen en pro de eliminar el monstruo de la corrupción, que como se dijo anteriormente, también se encuentra globalizada. Para tales efectos se debe acollarar la publicidad con la transparencia y la información y las técnicas de control con el servicio de inteligencia financiera actualmente globalizadas.

Así contribuiremos en convertirnos como productores de excelencia, reduciendo a sus justos costos la contratación de obras, de bienes, servicios y consultorías de la Administración Pública en lo puntual, y en lo general, alcanzar una globalización democratizada, traducida en el mundo en pro de un crecimiento equilibrado.

Santa Cruz–Bolivia, 30 de abril de 2017

13. LOS MECANISMO DE PREVENCIÓN CONTRA LA CORRUPCIÓN EN LA CONTRATACIÓN PÚBLICA EN HONDURAS

Héctor Martín Cerrato[1]

RESUMEN: Una descripción de los principales indicadores o banderas rojas que se identifican en el ciclo de compras públicas de Honduras específicamente en la etapa de actos preparatorios, así como los mecanismos que se aplican para prevenir la corrupción en cada una de ellas, y la propuesta de creación de unidad de inteligencia estatal en materia de contratación pública.

PALABRA CLAVE: Contratación pública. Corrupción en la Contratación Pública. Vulnerabilidad en el Ciclo de la Contratación Pública. Mecanismos de Prevención.

ABSTRACT: A description of the main indicators or red flags identified in the public procurement chain of Honduras specifically at the stage of preparatory acts, as well as the mechanisms that are applied to prevent corruption in each of them, and the proposal of creating a state intelligence unit in the area of public procurement.

I. INTRODUCCIÓN

La corrupción es un fenómeno social que se manifiesta en todo el ámbito de la Administración Pública, sin embargo una de las áreas más proclives hacer objeto de corrupción dentro del Estado es la Contratación Pública.

La Contratación Pública se caracteriza por ser un área susceptible de ser objeto de corrupción, ya sea por contrataciones en las que haya habido colusión o por procesos cuya realización haya sido poco eficiente, debido a esto se busca obtener medidas que ayuden a prevenir la corrupción y que garanticen la publicidad, eficiencia y transparencia en cada proceso, sin que se disminuya la competencia entre los participantes pero se logre obtener calidad en cada adquisición.

Un ejemplo de ello es que recientemente en el año 2016 y 2017; el Continente Americano fue sacudido por un caso de corrupción denominado "[2]Odebrecht" por el cual

---

1 Abogado experto en Contratación Pública, con una maestría en Contratación Pública de la Universidad de Castilla la Mancha, España; una especialización en Derechos Humanos de la Universidad Nacional Autónoma de Honduras; una especialización en Derecho Administrativo de la Universidad Central de Venezuela. Profesor universitario de Derecho Administrativo de la Facultad de Derecho de la Universidad Nacional Autónoma de Honduras

2 El Caso Odebrecht es una investigación del Departamento de Justicia de los Estados Unidos publicada el 21 de diciembre de 2016 sobre la constructora brasileña Odebrecht (empresa que cuenta con 70 años de

varios países vieron afectada su gobernabilidad, cuando directivos de esta empresa internacional admitieron haber pagado a funcionarios de gobiernos de América de alto nivel, la cantidad de ochocientos millones de dólares como soborno para asegurar la adjudicación de procesos de obra pública.

En ese sentido más allá de conocer los mecanismos de corrupción utilizados, el conflicto de intereses existentes o el deficiente uso de los recursos públicos, lo que el Estado debería buscar es obtener medidas que ayuden a prevenir y combatir la corrupción; como lo sería la creación de una unidad de inteligencia estatal en materia de contratación pública.

II. VULNERABILIDADES EN EL CICLO DE LA CONTRATACIÓN PÚBLICA

El Banco Mundial reunió a varios expertos para establecer un enfoque técnico y útil para identificar y atacar la corrupción, estableciendo una[3] hoja de ruta de las vulnerabilidades de la cadena de compras públicas por cada una de las etapas del ciclo de la contratación; la cual propone una serie de medidas correctivas y preventivas.

A continuación tomando como modelo esta hoja de ruta presentare los indicadores de riesgo que corresponde a la cadena de compras públicas de Honduras.

III. DISEÑO E IDENTIFICACIÓN DEL PROYECTO (EQUIVALE A EVALUACIÓN DE NECESIDADES)

1. Identificación de necesidades (Diseño e identificación del proyecto) [4]

La Administración Pública en Honduras, consecuente con el Principio de Sana y Buena Administración, solamente puede ejecutar proyectos que se integren dentro de un programa de acción ampliamente discutido y aprobado. El Principio de Eficiencia, que se deriva de aquél y que rige la actividad de contratación, exige que toda contratación forme parte de un proyecto. Por lo anterior, el Reglamento de la Ley de Contratación del Estado impone la obligación de acreditar, por parte de los órganos encargados de la contratación, el objeto del contrato, la necesidad que se pretende satisfacer y el fin público perseguido.

Es oportuno mencionar que en esta etapa del ciclo de la contratación, influye el factor político, ya que los funcionarios de Estado identifican necesidades en pro-de favorecer a las comunidades en las cuales tiene algún interés político; tan es así que podríamos citar la "Construcción del Puerto de Amapala" ya que a pesar de que esta zona no era estratégica para la construcción de un puerto, dicho proyecto fue realizado debido a que el Presidente de la República de ese período era originario de dicha comunidad.

---

historia; uno de los gigantes del sector a nivel mundial y emplea a 128.000 personas. Sus últimos ingresos brutos alcanzaron los 107.000 millones de reales) en la que se detalla que la misma habría realizado coimas de dinero y sobornos, a funcionarios públicos del gobierno de 12 países: Angola, Argentina, Colombia, Ecuador, Estados Unidos, Guatemala, México, Mozambique, Panamá, Perú, República Dominicana y Venezuela, 2 durante los últimos 20 años, para obtener beneficios en contrataciones públicas.

3 Campos. J. Edgardo y Pradhan, Sanjay *"Las múltiples caras de la corrupción: Aspectos vulnerables por sectores"*

4 Orellana Mercado Edmundo *"La Contratación Administrativa en Honduras"* edición 2013, página número 63

Siguiendo el modelo planteado por Campos y Pradhan las banderas rojas que aplican a esta etapa son las siguientes:

N°	Banderas Rojas en la etapa de: **Identificación de necesidades (Diseño e identificación del proyecto)**
1	El Estado no tiene suficiente capacidad de controlar a las agencias descentralizadas a cargo del proceso de contratación.
2	El plan de contratación se basa principalmente en procesos competitivos locales, excluyendo licitaciones internacionales.
3	El diseño del plan de contratación no incluye ningún esquema de control de la corrupción.
4	No se consideran soluciones alternativas menos costosas.

En cuanto a los mecanismos de prevención que actualmente se aplican en Honduras para la etapa de identificación de necesidades (Diseño e identificación del proyecto) específicamente en el caso de la compra de bienes esta la contratación electrónica (Convenio marco) ya que debido a la naturaleza de esta nueva modalidad de contratación se consideran factores adicionales al precio (principio del mejor valor del dinero), se asegura la competencia entre los proveedores, así como se garantiza la transparencia de las mismas, y se disminuyen los costos de recursos humano.

2. Elaboración del plan anual de compras y contrataciones

Uno de los objetivos del Sistema de Compras del Estado de Honduras es garantizar que el Estado contrate la obra pública, los bienes y servicios y la consultoría en las mejores condiciones, basados en los principios de eficiencia, publicidad, transparencia, igualdad y libre competencia; considerando lo anterior las compras deben ser programadas.

Las banderas rojas identificadas en este acto son las siguientes:

N°	La bandera roja identificada en la **elaboración del plan anual de compras y contrataciones**
1	La negativa de los funcionarios que trabajan en los órganos contratantes a planificar sus adquisiciones.
2	La no utilización del modelo estándar del plan anual de compras y contrataciones (PACC) establecido por la ONCAE.

Los mecanismos de prevención que actualmente se aplican son el establecimiento por parte de la ONCAE de un modelo estándar de elaboración del plan anual de compras y contrataciones (PACC) así como la obligatoriedad de utilizar dicho modelo y la capacitación normativa y técnica a todas las instituciones del Estado.

IV. PUBLICIDAD, PRECALIFICACIÓN, PREPARACIÓN DEL PLIEGO Y PRESENTACIÓN DE LAS OFERTAS (EQUIVALE A PREPARACIÓN).

1. Publicidad [5]

Uno de los principios que rige la contratación pública en Honduras es el principio de publicidad el cual preceptúa que se garantiza el acceso a los oferentes a la información relacionada con la actividad administrativa.

En ese sentido la invitación a presentar ofertas también llamada por la doctrina *aviso de licitación*, se hará, según lo establecido en el artículo 41 del Reglamento de la Ley, a saber:

> "mediante avisos que se publicarán en el Diario Oficial La Gaceta, y por lo menos en un diario de circulación nacional, con la frecuencia y anticipación que se determine de acuerdo con la naturaleza e importancia de las prestaciones objeto de la licitación".

Las banderas rojas identificadas en este acto son las siguientes:

N°	Las banderas rojas identificadas en la **publicidad**.
1	No se publicita la invitación en un contrato adjudicado por licitación competitiva.
2	La invitación en un contrato de alto valor que, por tanto, podría interesar a potenciales oferentes extranjeros, sólo se publicita en medios locales.
3	La publicación no incluye toda la información que necesitan los potenciales oferentes (por ejemplo, carece del nombre del funcionario o dirección de la organización en la que pueden retirarse los pliegos, o de la fecha límite para presentar ofertas).
4	La publicación se realiza tres o cuatro días antes de que deban presentarse las ofertas o de que deba cumplirse con otros requisitos de calificación.

Sin embargo el gran problema del acto de publicidad en Honduras, es que los órganos contratantes no publican.

En cuanto a los mecanismos de prevención: En la actualidad el principio de publicidad solo se ha logrado aplicar de forma eficiente y eficaz a través de la contratación electrónica, ya que la difusión de información se realiza de forma inmediata. (Esto considerando que el mayor problema que se identifica en Honduras es la baja publicación entre otros)

2. Precalificación

De conformidad con nuestra legislación, se puede afirmar que la precalificación es un procedimiento por el cual se determina quienes entre todos los interesados, califican para participar en una o varias licitaciones, presentando ofertas.

En la precalificación, según nuestra normativa, se verifican todos aquellos aspectos que permita a la Administración establecer quienes están verdaderamente calificados

5 Ley de Contratación del Estado, artículo número 6 principio de publicidad y transparencia.- Decreto N° 74-2001 publicado en el Diario Oficial la Gaceta N° 29583

para participar en la licitación de que se trate, presentando ofertas que sean económica, profesional y técnicamente convenientes.

Las banderas rojas identificadas en este acto son las siguientes:

N°	Las banderas rojas identificadas en la **precalificación**
1	No se otorga suficiente tiempo para preparar y enviar las solicitudes de precalificación.
2	La precalificación exige que los participantes entreguen una voluminosa cantidad de documentación administrativa en múltiples copias y la falta de un solo documento importa el rechazo.
3	Para poder solicitar la precalificación se exige la previa incorporación en un registro del Estado.
4	Los requisitos de precalificación son deliberadamente excluyentes. Por ejemplo, en un contrato para la construcción de una represa en un país asiático se exigía haber construido dos represas similares allí en los últimos cinco años, cuando en el país no se habían construido represas en más de una década.
5	No se establece un sistema de evaluación de las calificaciones de los participantes o se establece un sistema subjetivo, como la calificación por mérito.
6	Participantes que han sido precalificados exitosamente para varios contratos luego no participan de las licitaciones de ninguno de ellos.

En cuanto a los mecanismos de prevención, en la actualidad no hay ninguno establecido, sin embargo considerando el objetivo de la precalificación, propongo el siguiente:

Utilizar la base de datos del Registro de Proveedores y Contratistas del Estado, como herramienta de precalificación (considerando que la Ley de Contratación del Estado establece la obligatoriedad a los proveedores inscritos en el Registro de Proveedores y Contratistas del Estado de actualizar su información (técnica, legal y financiera) Ya que en Honduras la precalificación sigue la secuencia del procedimiento del Registro de Proveedores en Honduras (Como buena práctica a mencionar estaría el Fondo Hondureño de Inversión Social el cual maneja un banco de ejecutores).

3. Elaboración y aprobación del pliego de condiciones

El pliego de condiciones, según el artículo 39 de la LCE, incluirá la información necesaria para que los interesados puedan formular válidamente sus ofertas; su contenido incluirá las reglas especiales de procedimiento, los requisitos de las ofertas y los plazos, también incluirá el objeto, las especificaciones técnicas y las condiciones generales y especiales de contratación, según se disponga reglamentariamente"

Atendiendo este artículo, el Pliego de Condiciones puede ser dividido en dos partes, a saber: la que regula el procedimiento a seguir en la licitación y la que determina las condiciones del contrato. La primera norma el comportamiento de los particulares y de la Administración en el procedimiento; la segunda, anticipa las cláusulas del contrato.

Las banderas rojas identificadas en este acto son las siguientes:

N°	La bandera roja identificada en la **elaboración y aprobación del pliego de condiciones**
1	El pliego se emite de un modo distinto a los modelos de pliego de uso obligatorio existentes.
2	Las especificaciones técnicas contienen nombres de marcas o refieren a productos de un solo fabricante.
3	El pliego no contiene reglas claras sobre cómo preparar las ofertas o como estructurar los precios a presentar.
4	El pliego no establece los criterios de evaluación y el modo en que se aplicarán.

En cuanto a los mecanismos de prevención que actualmente se aplican podemos mencionar: el establecimiento por parte de la ONCAE de un modelo estándar de pliego de condiciones y la obligatoriedad de utilizar dicho modelo.

4. Presentación de las ofertas

La licitación es un procedimiento iniciado de oficio por la Administración y el llamado a licitación es una invitación a presentar ofertas, formulada por aquélla.

La presentación de la oferta, en primer lugar, se entiende como una solicitud para que se admita la participación del interesado en calidad de oferente; en segundo lugar, como una auténtica *oferta de contrato.* Lo anterior lo reconoce nuestra legislación como una presunción es decir la aceptación de las condiciones establecidas en el pliego de condiciones.

La bandera roja identificada en este acto es:

Bandera roja que se identifica en el acto de **presentación de ofertas**
La entidad no lleva actas de las reuniones previas a la licitación, incluyendo las preguntas y respuestas, o no se las entrega a todos los oferentes.

En cuanto a los mecanismos de prevención: Considerando el análisis institucional de Rose-Ackerman referido a oportunidades, incentivos y capacidades de control (Sistemas electrónicos de compra y el control social) serían estos los mecanismos de prevención que se han aplicado con éxito en Honduras.

V. ETAPA DE EVALUACIÓN, POS-CALIFICACIÓN Y ADJUDICACIÓN (EQUIVALE A SELECCIÓN Y ADJUDICACIÓN).

Evaluación: La Ley de Contratación del Estado de Honduras en su artículo número 33 establece que para la revisión y análisis de las ofertas en los procedimientos de selección de contratistas el órgano responsable de la contratación designara una comisión de evaluación integrada por tres (3) o cinco (5) funcionarios de amplia experiencia y capacidad, la cual formulara la recomendación correspondiente.

En los contratos de obra pública y suministro de bienes y servicios, el método o criterio de evaluación se hará considerando: La oferta de precio más bajo o la oferta que se considere la más económica o ventajosa y por ello mejor calificada. (Siempre que la oferta cumpla las condiciones de participación). Por lo anterior la regla general es que oferta más conveniente siempre será la del precio más bajo.

La excepción a la regla general es que tanto la Ley como el Reglamento de contratación, considerando la naturaleza del bien o de la prestación permitirá la evaluación de ofertas en base a criterios objetivos (beneficios ambientales, compatibilidad de equipos, disponibilidad de repuestos, etc.) Finalizada la evaluación, la Comisión debe elaborar su dictamen o informe y remitirlo al titular del órgano competente para que proceda a la adjudicación.

Pos-calificación: En cuanto a la pos-calificación no se encuentra contemplada en nuestra legislación por lo que no me referiré a la misma.

Adjudicación: Para realizar la adjudicación el órgano contratante deberá emitir una resolución motiva (observando los criterios previstos en el pliego de condiciones) en el caso de que el contrato se adjudicara a un oferente cuya ofertas no sea la del precio más bajo; la resolución que se emita deberá ser suficientemente motivada (considerando antecedentes y criterios de adjudicación) y deberá contar con la aprobación de la máxima autoridad.

Bandera roja identificada	Observación
Se producen demoras injustificadas en la evaluación de las ofertas y la selección del ganador.	**Normativa:** La Ley de Contratación preceptúa el principio de eficiencia, en base al cual los procedimientos deben estructurarse, reglamentarse e interpretarse de forma tal que permitan la selección de la oferta más conveniente al interés general en condiciones de celeridad, racionalidad y eficiencia **Control:** Se debe controlar si el tiempo insumido en la evaluación fue razonable en función del plazo pre-establecido y al número y complejidad de las ofertas presentadas. (considerando también el concepto de eficiencia y los tipos de control que establece la Ley Orgánica del Tribunal Superior de Cuentas)
Se producen demoras injustificadas en la evaluación de las ofertas y la selección del ganador.	**Normativa:** La Ley de Contratación preceptúa el principio de eficiencia, en base al cual los procedimientos deben estructurarse, reglamentarse e interpretarse de forma tal que permitan la selección de la oferta más conveniente al interés general en condiciones de celeridad, racionalidad y eficiencia **Control:** Se debe controlar si el tiempo insumido en la evaluación fue razonable en función del plazo pre-establecido y al número y complejidad de las ofertas presentadas. (considerando también el concepto de eficiencia y los tipos de control que establece la Ley Orgánica del Tribunal Superior de Cuentas)

Bandera roja identificada	Observación
Los miembros del comité de evaluación carecen de la experiencia técnica necesaria	**Hallazgo:** El personal que integra las unidades de compra en muchas ocasiones no tiene el nivel académico necesario para desarrollar una expertise técnica en la materia (sucede con frecuencia en las Corporaciones Municipales) **Noticia a citar** (http://www.latribuna.hn/2015/10/29/cna-presenta-nueva-linea-de-ivestigacion-por-caso-ihss)
Un pequeño grupo de personas controla el proceso en la entidad compradora.	**Control:** Segregación de funciones: Se debe obtener evidencia de que exista una adecuada separación de funciones en la fase de selección y contratación, verificando, cuando aplique, que se encuentren debidamente delimitados los procesos, de tal forma que una unidad administrativa o persona no ejerza el control total de una operación
Los perdedores presentan muchas quejas sobre la evaluación y el proceso, especialmente cuando se descartan ofertas con precios más bajos.	**Normativa:** El Reglamento de la Ley de Contratación del Estado establece que cuando se adjudique un contrato a un oferente que no sea el del precio más bajo, la resolución por la que se acuerde la adjudicación deberá ser suficientemente motivada, considerando los antecedentes del caso y los criterios de adjudicación previstos en el pliego de condiciones (La falta de motivación producirá la nulidad de la adjudicación) Además de que dicha adjudicación está sujeta a la aprobación de una autoridad superior)
Las quejas recibidas durante la evaluación incluyen un alto grado de detalle sobre el proceso de evaluación, con detalles de las ofertas de otros participantes, lo que puede indicar que los miembros del comité de evaluación están suministrando información confidencial.	**Normativa:** La Ley de Contratación del Estado establece el principio de transparencia como garan-tía en todos los trámites del proceso de contratación pública. **Hallazgo:** En Honduras existe una práctica inadecuada en el acto de apertura de las ofertas, y se deriva de una mala interpretación del principio de transparencia, en consecuencia el personal de las unidades de compra proporciona información demás durante este acto, lo que ocasiona que los proveedores durante la etapa de evaluación manejen sus propios informes en los cuales indican los errores de otros competidores como causales de descalificación, tomando así el papel de evaluadores
El mismo oferente gana repetidamente contratos similares.	**Hallazgo:** Órganos de la sociedad civil en Honduras, han denunciado el hecho de que cada vez que se da un cambio de Gobierno aparecen nuevas empresas y otras desaparecen, observando así que el factor político juega un papel importante en la adjudicación de contratos.

Bandera roja identificada	Observación
Los precios de todas excepto una de las ofertas son muy cercanos entre sí y significativamente superiores al costo estimado por el comprador, mientras que la oferta restante es significativamente inferior a todas las demás y cercana al costo estimado.	**Normativa:** Si se presenta una oferta anormalmente más baja en relación con las demás ofertas o con el presupuesto estimado por el órgano responsable de la contratación, se pedirá información adicional al oferente a fin de conocer en detalle los elementos, incluyendo la memoria de cálculo, de la estructuración de sus precios unitarios que considero para preparar su oferta, con el propósito de establecer su capacidad real para cumplir satisfactoriamente con el contrato en las condiciones ofrecidas, pudiendo practicarse otras investigaciones, así como también la exigencia de una garantía equivalente al 30% del monto del contrato
Se presentan similitudes entre las ofertas (por ejemplo, en el formato de la oferta, tipo de letra, precios unitarios, ortografía, errores gramaticales y aritméticos o en los documentos fotocopiados).	**Hallazgo:** Esta vulnerabilidad sucede más en las compras menores o compras por cotización
Los participantes presentan idénticos ítems, por ejemplo, la misma fabricación y modelo, lo que puede indicar que la especificación técnica se basó en un único producto).	**Normativa:** Tanto la Ley como el Reglamento ya establecen la prohibición de incluir la referencia de marcas comerciales. **Hallazgo:** Este tipo de vulnerabilidad sucede en nuestro país por 3 razones: 1.- Por falta de espertise técnica en la materia (aunado a la poca formación) 2.- Los funcionarios utilizan criterios personales de compra al momento de realizar las especificaciones técnicas. 3.- Falta de ética
Oferentes en competencia tienen un dueño común.	**Hallazgo:** Esta vulnerabilidad aplica en Honduras, sin embargo a través del Registro de Proveedores y Contratistas del Estado se identificó que el factor en común son los socios, no el representante legal.
Se revisa o se vuelve a emitir el informe de evaluación.	**Normativa:** El Reglamento de la Ley de Contratación del Estado establece que antes de emitir la resolución de adjudicación, el titular del órgano responsable de la contratación podrá oír los dictámenes que considere necesarios.
No se realiza una verificación matemática de las ofertas o ella favorece equivocadamente a un participante.	**Normativa:** El Reglamento de la Ley de Contratación del Estado preceptúa un análisis comparativo de las ofertas, preparándose un cuadro en el que muestre: precio de comparación entre las ofertas de licitadores que ofrecieren bienes fabricados en el país o que ofrecieren bienes importados, o de

Bandera roja identificada	Observación
	contratistas de obras públicas nacionales o extranjeras.
Un participante evaluado debió haber sido descalificado según la información presentada en su oferta.	**Normativa:** La Ley y el Reglamento de Contratación ya establecen las causales de descalificación de una oferta. **Hallazgo:** Este tipo de vulnerabilidad sucede en nuestro país por 2 razones: 1.- Por falta de espertis técnica en la materia (aunado a la poca formación) 2.- Falta de ética
El participante con el precio más bajo resulta descalificado y la explicación que se da, si hay alguna, es insuficiente.	**Normativa:** El Reglamento de la Ley de Contratación del Estado establece que cuando se adjudique un contrato a un oferente que no sea el del precio más bajo, la resolución por la que se acuerde la adjudicación deberá ser suficientemente motivada, considerando los antecedentes del caso y los criterios de adjudicación previstos en el pliego de condiciones (La falta de motivación producirá la nulidad de la adjudicación) Además de que dicha adjudicación está sujeta a la aprobación de una autoridad superior)
Se utilizan aclaraciones para ocultar negociaciones financieras con el ganador.	Este tipo de vulnerabilidad solo puede ser controlada a través de la formación continua en la cual se incluya la ética como parte de los temas a instruir.
Se identifican conflictos de interés en miembros del comité de evaluación.	**Normativa:** La identificación de un conflicto de interés por parte de los miembros de la comisión evaluadora constituye una causal de inhabilidad para participar en la evaluación de ofertas
Se falsifican currículum vitae en propuestas de servicios de consultoría.	**Normativa:** La comisión evaluadora cuenta con las facultades de verificar e investigar la información proporcionada por el oferente, sin embargo en nuestro país la escasa formación y la falta de ética, ocasionan esta vulnerabilidad
Las demoras para negociar y suscribir el contrato son injustificadas.	**Hallazgo:** El pliego de condiciones armonizado, ya cuenta con las condiciones del contrato a realizar, sin embargo existe una mala práctica de retrasar la realización del mismo (a pesar de contar con ya con los lineamientos a seguir) ocasionando que el proceso se demore.
El contrato no se ajusta a las especificaciones del pliego.	**Normativa:** El Reglamento de la Ley de Contratación del Estado establece que las cláusulas del contrato no deberán ser contrarias a las bases previstas en el pliego de condiciones.
El monto del contrato difiere del establecido en el informe de evaluación.	**Hallazgo:** Esta vulnerabilidad sucede en nuestro País, por la falta de formación y poca importancia que se le da a la planificación

Bandera roja identificada	Observación
El contrato permite variaciones no permitidas por el pliego.	**Normativa:** El Reglamento de la Ley de Contratación del Estado establece que las cláusulas del contrato no deberán ser contrarias a las bases previstas en el pliego de condiciones.
Se establecen requerimientos de subcontratación.	**Normativa:** Salvo que el contrato disponga lo contrario, el contratistas podrá subcontratar con tercero, la celebración de estos subcontratos estará sometida al cumplimiento de requisitos (autorización, que los trabajos no excedan del 40% del monto del contrato, responsabilidad del contratistas) la persona a la cual se subcontrate debe tener la capacidad para contratar así como también no estar comprendido en las inhabilidades que señala la Ley.
El personal encargado de las decisiones de adjudicación participa de su supervisión.	**Control:** Se debe obtener evidencia de que exista una adecuada separación de funciones en la fase de selección y contratación, verificando, cuando aplique, que se encuentren debidamente delimitados los procesos, de tal forma que una unidad administrativa o persona no ejerza el control total de una operación.

VI. SISTEMA DE INDICADORES[6]

Además de la hoja de ruta he decidido revisar e incorporar a este trabajo los indicadores de reducción de oportunidades e indicadores de control realizados en Honduras, es preciso señalar que he actualizado los datos al 2017.

El estudio que seguimos tuvo como propósito analizar de un modo sistemático los mecanismos de control y las disposiciones anticorrupción, de transparencia y de participación ciudadana de los marcos normativos que regulan las compras públicas.

1. Los indicadores de reducción de oportunidades

Contienen 7 variables a saber: 1.-Leyes de ética pública, 2.- principios/objetivos relevantes, 3.- clausulas anticorrupción, 4.- declaración de integridad, 5.-Inhabilidades para contratar, 6.- conflictos de interés y requisitos de probidad para funcionarios, 7.- modelo de pliego obligatorio.

Es oportuno mencionar que solo detallare aquellas variables en las cuales se dio algún tipo de cambio en Honduras, que origino el cumplimiento o no del indicador en mención:

6 Volosin Natalia "Transparencia y Anticorrupción en las Compras Públicas en América Latina y el Caribe" Programa ICT4GP documento de trabajo N° 15.

Indicadores de oportunidad	Cumplimiento en Honduras	Observación
Leyes de Ética Pública	**Si cumple**	El Código de Ética del Servidor Público fue creado mediante decreto N° 36-2007

Indicadores de oportunidad: Principios / Objetivos relevantes	Cumplimiento en Honduras
Transparencia.	Si cumple
Publicidad.	Si cumple
Integri-dad/moralidad/ética/probidad/honradez/honestid ad/buena fe.	**Si cumple**, en los considerandos de la Ley de Compras Eficientes y transparentes se establece propiciar la integridad en los procesos de adquisición
Imparcialidad.	No cumple
Responsabilidad.	Si cumple
Control.	No cumple
Participación/control social.	No cumple

Indicadores de oportunidad	Cumplimiento en Honduras	Observación
Declaración de integridad	**Si cumple**	En el 2015 se emita una declaración de integridad para ser incorporada a los procesos de contratación pública.

Indicadores de oportunidad: Inhabilidades para contratar	Cumplimiento en Honduras
Funcionarios/empleados en general.	Si cumple
Funcionarios/empleados de la entidad contratante o vinculada a la contratación.	
Ex funcionarios/empleados.	Si cumple
Familiares de funcionarios/empleados.	Si cumple
Sociedades de funcionarios/empleados.	Si cumple
Sociedades de familiares de funcionarios/empleados.	Si cumple
Procesadores/condenados por delitos contra	Si cumple

Indicadores de oportunidad: Inhabilidades para contratar	Cumplimiento en Honduras
la propiedad/administración pública/delitos de corrupción/delitos relacionados con la conducta de su negocio profesional/pena de inhabilitación para la función pública.	
Empresas cuyos directivos hayan sido condenados por esos delitos.	Si cumple
Quienes intervinieron en etapas previas de la misma contratación/personas vinculadas a ellos.	**Si cumple**
Quienes intervengan en etapas posteriores.	**Si cumple**

2. Los indicadores de reducción de oportunidades

Contienen 6 variables a saber: 1.-Leyes de acceso a la información pública, 2.- participación ciudadana, 3.- responsabilidad de funcionarios, 4.- responsabilidad de oferentes/contratistas 5.-mecanismos de control específicos en las compras, 6.-independencia del órgano rector.

Es oportuno mencionar que solo detallare aquellas variables en las cuales se dio algún tipo de cambio en Honduras, que origino el cumplimiento o no del indicador en mención:

Indicadores de control	Cumplimiento en Honduras	Observación
Leyes de acceso a la información pública	**Si cumple**	La Ley de Transparencia y Acceso a la Información Pública fue creada mediante decreto N° 170-2006

Indicadores de oportunidad: Clausulas anticorrupción	Cumplimiento en Honduras
Integración de determinados organismos.	Si cumple
Facultades de denuncias.	**Si cumple**
Participación como observadores en los actos públicos del proceso.	No cumple
Rol específico de control de irregularidades.	No cumple
Participación elaborada de pliegos obligatoria.	No cumple
Participación elaborada de pliegos facultativa.	No cumple
Legitimación activa para impugnar determinados actos o para participar del proceso de impugnación.	No cumple
Participación del proceso de selección de determinados funcionarios.	No cumple

Indicadores de oportunidad: Clausulas anticorrupción		Cumplimiento en Honduras
Indicadores de control	Cumplimiento en Honduras	Observación
Modelo de pliegos obligatorio	**Si cumple**	Desde el año 2010 se cuenta con pliegos estándar y el uso de los mismos es obligatorio

Indicadores de control	Cumplimiento en Honduras	Observación
Responsabilidad de los funcionarios y responsabilidad de los oferentes/contratistas	**Si cumple**	Se encuentran establecidas en la Ley de Contratación del Estado y su Reglamento

Indicadores de control	Cumplimiento en Honduras	Observación
Mecanismos de control específicos de compras	No cumple	Se cuenta con una herramienta de auditoría para procesos de contratación pública, sin embargo la misma no ha sido aplicada.

Indicadores de control	Cumplimiento en Honduras	Observación
Independencia del órgano rector	No cumple	De acuerdo a la nueva estructura de organización del Poder Ejecutivo (aprobada desde el 2014 a la fecha) el órgano rector se encuentra jerarquizado, limitando la independencia técnica y funcional con la cual contaba

VII. SISTEMAS ELECTRÓNICOS DE COMPRA, AUDITORIAS FORENSES Y EL CONTROL SOCIAL

En la primera parte de este trabajo se pudo observar las vulnerabilidades o banderas rojas, así como los indicadores de reducción de oportunidades e indicadores de control realizados en Honduras.

Para esta segunda etapa me gustaría abordar las propuestas de transparencia internacional para prevenir la corrupción mencionada en el documento de trabajo "Datos abiertos, corrupción y compras públicas"; a saber:

	Estado	Proveedores	Sociedad
Desarrollo de eficiencia	Retroalimentar decisiones de compra, planificación y gestión de contratos	Visualizar y acceder a oportunidades de negocios (menores costos de transacción, mayor participación y competencia, mayor innovación)	Retroalimentar participación ciudadana (decisiones colaborativas, mayor legitimidad, mejores políticas de compras)
Transparencia y accountability	Controlar mediante auditorias, visitas in situ y análisis de las red flags	Controlar mediante análisis de red flags (imput de impugnaciones y de otras vías de participación)	Controlar mediante análisis de red flags[7]

De estos reviso las experiencias 3 mecanismos de prevención que han tenido éxito en Honduras, a saber: Los sistemas electrónicos de compras, las auditorias forenses y el control social.

1. Sistemas electrónicos de compras en Honduras:

En el año 2010 con el propósito de mejorar los procesos de adquisiciones públicas de Honduras, se introduce mediante disposiciones generales del presupuesto, la adquisición de bienes y servicios bajo las modalidades de convenio marco y compras conjuntas (para la adquisición de bienes y servicios), realizadas a través de medios electrónicos y aplicables a la administración pública centralizada.

Es así que después de un estudio realizado se identificó en Chile y Panamá un modelo de adquisición exitoso, en el cual se desarrollaban nuevas modalidades de contratación pública a través de medios electrónicos; a saber: Convenio marco, compra conjunta y subasta a la inversa.

Por lo anterior la Oficina Normativa de Contratación y Adquisiciones del Estado, inicio el proceso de derecho comparado, para identificar la forma de desarrollo de estas nuevas modalidades de contratación

Previo al proceso de implementación de estas nuevas modalidades de contratación pública, se contrató consultores internacionales a fin de que se capacitara al personal existente y este tuviese un conocimiento del tema en mención.

Así como también la ONCAE por medio de los técnicos informáticos con los que contaba en ese momento, creo en el sistema de información de contratación y Adquisiciones del Estado “Honducompras”, un módulo que permitiera a las instituciones del Estado realizar compras a través de un medio electrónico, dicho modulo fue denominado “[8]Catalogo Electrónico”.

7 Volosin Natalia; Datos abiertos, corrupción y compras públicas. Iniciativa Latinoamericana por los datos abiertos open data, documento de trabajo 2015.

8 El Estado de Honduras durante el año 2013 logro obtener porcentajes considerables de ahorros (Catalogo electrónico: 27 millones de lempiras y Compra Conjunta: 13 millones de lempiras.)

La implementación de esta nueva modalidad de compra electrónica permitió un avance considerable en cuanto a la eficiencia y garantía de transparencia de los procesos, así como la aplicación del mejor valor del dinero.

Ya que si analizamos por si solo el sistema de información de contratación y adquisiciones del Estado de Honduras (conocido como Honducompras) el mismo es utilizado como una herramienta de transparencia, pero sin embargo la limitante de este sistema es que la generación de información depende de la difusión por etapas (ciclo de contratación) que realicen los usuarios del sistema.

2. Auditoria Forenses: Programa de Eficiencia y Transparencia en Honduras

Honduras a lo largo de su historia ha recibido de la comunidad internacional, importantes recursos financieros que han sido efectuados mediante donaciones y préstamos; pero fue en el año de 1998 cuando esos recursos se incrementaron a consecuencia del huracán Mitch, debido a las tareas de reconstrucción que las mismas implicaron. Esto planteo la necesidad de fortalecer la operación y control del sector público responsable de la utilización de dichos recursos, a efectos de garantizar los principios de eficiencia y transparencia que tanto los países donantes como prestatarios requieren y sobre todo, la sociedad hondureña como receptora final de dichos recursos expresados en las contrataciones y adquisiciones realizadas por el Estado.

Por todo lo mencionado, el Estado de Honduras, suscribió con el Banco Interamericano de Desarrollo, un contrato de préstamo de cooperación técnica cuya elegibilidad fue obtenida en el mes de junio del año 2002, luego del cumplimiento por parte del Gobierno de las respectivas condiciones previas, entre ellas la promulgación de una nueva Ley y Reglamento en materia de Contratación del Estado.

Ante la necesidad de modernizar la Contratación Pública, Honduras solicito al Banco Interamericano de Desarrollo (BID) ayuda para financiar un programa para fortalecer y modernizar el Sistema de Contratación y Adquisiciones Estatales.

Como todo programa de compras y contrataciones, este contaba con tres actividades básicas: normar, ejecutar y controlar, cada uno de los siguientes componentes en el programa están relacionados directa o indirectamente con el fortalecimiento de dichas actividades:

El programa de eficiencia y transparencia[9], ha sido el único medio en Honduras en el cual se ha aplicado el concepto de auditoría forense ya que se basó en actividades que iban más allá de controlar procesos y solicitar documentos.

9 El costo estimado de este Programa fue de US$ 23.4 MM, cuyos recursos fueron obtenidos a través de organismos internacionales tales como: Préstamo del Banco Interamericano de Desarrollo US$ 14.6 MM. Y donaciones provenientes de la Cooperación Internacional US$ 8.8 MM. Los Cooperantes Internacionales que apoyaron este programa fueron: Canadá, España, Estados Unidos de América, Inglaterra, Suiza y Suecia.

3. El control social en la Contratación Pública en Honduras[10]

En el año 2014 el Gobierno de la República de Honduras, ordeno la intervención del Instituto Hondureño de Seguridad Social por considerar indicios razonables de corrupción en los procesos de compras realizados durante el período de 2010-2013.

Debido a lo anterior el Consejo Nacional Anticorrupción comenzó a recibir una serie de denuncias sobre este caso, lo que derivó en el desarrollo de un proceso de investigación; al margen del ya realizado por los órganos competentes del estado.

El resultado de este proceso de investigación fue que el mismo logro activar líneas de investigación a través de la presentación de informes de investigación y pruebas; las cuales fueron utilizadas por el Ministerio Público para la presentación de requerimientos fiscales.

CONCLUSIONES

Después de haber analizado las vulnerabilidades del ciclo de compras de Honduras y los mecanismos de prevención utilizados en la actualidad y ponderar los avances efectuados a la fecha de acuerdo al sistema de indicadores; podemos establecer que a pesar de ello la corrupción continúa en nuestro país.

La reciente experiencia en Honduras en parte de las buenas prácticas de auditorías efectuadas y lo referente al control social, así como la gestión de la contratación electrónica en los convenios marco y las compras conjuntas, se enmarca en la propuesta que se diagrama en el documento de trabajo "Datos abiertos, corrupción y compras públicas".

	Estado	Proveedores	Sociedad
Desarrollo de eficiencia	Retroalimentar decisiones de compra, planificación y gestión de contratos	Visualizar y acceder a oportunidades de negocios (menores costos de transacción, mayor participación y competencia, mayor innovación)	Retroalimentar participación ciudadana (decisiones colaborativas, mayor legitimidad, mejores políticas de compras)
Transparencia y accountability	Controlar mediante auditorias, visitas in situ y análisis de las red flags	Controlar mediante análisis de red flags (imput de impugnaciones y de otras vías de participación)	Controlar mediante análisis de red flags

Estoy plenamente convencido de que este es el camino para que sean un verdadero medio de desarrollo para la gestión pública en la satisfacción de las necesidades de los

10 Según Peruzzotti y Smulovitz, el accionar de los agentes de la accountability social "tiene como objetivo monitorear el comportamiento de los funcionarios públicos, exponer y denunciar actos ilegales de estos y activar la operación de agencias horizontales de control" En ese sentido ambos autores afirman que la accountability social logra activar los mecanismos formales de control. En base a lo anterior aunque los medios de control social no sean un "mecanismo formal" el accionar de ellos logra activar los medios legales de control como son los órganos sancionadores.

ciudadanos, logrando el alineamiento de los grandes elementos: desarrollo, eficiencia y transparencia

Asimismo considero que como medida de prevención y combate a la corrupción en nuestro país; toda la información identificada sobre las vulnerabilidades existentes en la cadena de compras debe ser analizada por un equipo especializado en materia de contratación pública, es decir, una unidad de inteligencia estatal en materia de contratación pública; la cual analice e informe de forma oportuna, a fin de evitar que la corrupción siga afectando la gobernabilidad del país.

II. PLANIFICACIÓN DE LA CONTRATACIÓN PÚBLICA (Valoración de necesidades; presupuestación y financiación; contratación e inversión pública)

14. LA PLANEACIÓN DE LAS CONTRATACIONES PÚBLICAS EN EL PERÚ

Jorge Danós Ordóñez[1]

El objeto de esta ponencia presentada al XII Foro Iberoamericano de Derecho Administrativo, conforme nos ha sido solicitado por los organizadores, es la descripción y análisis del régimen de planeación, programación o diseño estratégico de las contrataciones estatales en el Perú.

Mediante la síntesis del marco legal peruano que regula las referidas materias nos proponemos poner en relieve la importancia determinante que los referidos procesos tienen en el ciclo de la contratación pública, porque son los que establecen las bases fundamentales para que las compras estatales se realicen de manera eficiente sujetándose a los principios constitucionales de libre competencia, igualdad, transparencia y de procurar la mejor utilización de los recursos financieros públicos, con el objeto de que las entidades puedan contar oportunamente con los bienes, servicios y obras que requieran para cumplir con los cometidos de tutela de los interés generales que el ordenamiento jurídico les encarga para defender los derechos de las personas y satisfacer las necesidades de la sociedad.

I. RÉGIMEN DE LAS CONTRATACIONES ESTATALES EN EL PERÚ

En el Perú son dos los principales regímenes de contrataciones estatales en el Perú:

1.– El régimen de contrataciones del Estado regulado por la Ley N° 30225 y sucesivas modificaciones que comprende la contratación por parte del Estado de bienes, servicios y de obras (que en adelante denominaremos como "régimen de compras estatales"); y

2.– El denominado régimen marco de promoción de la inversión privada mediante asociaciones público privadas y proyectos en activos regulado por el Decreto Legislativo N° 1224 y sucesivas modificaciones, que regula los procesos y modalidades de promoción de la inversión privada para el desarrollo de infraestructura pública, servicios públicos, servicios vinculados a estos, proyectos de investigación aplicada y/o innovación tecnológica y la ejecución de proyectos en activos (que en adelante denominaremos "régimen de Apps").

---

1 Profesor categoría principal de la Facultad de Derecho de la Pontificia Universidad Católica del Perú en el curso de Derecho Administrativo. Presidente de la Asociación Peruana de Derecho Administrativo. Miembro del Foro Iberoamericano de Derecho Administrativo. Ex presidente de la Asociación Iberoamericana de Estudios de Regulación – ASIER. Miembro honorario del Instituto Chileno de Derecho Administrativo y del Instituto Mexicano de Derecho Administrativo. Socio del Estudio Echecopar abogados. datitster@gmail.com

En ambos casos se trata de ordenamientos legales, que en función de las singularidades que le son propias de las figuras jurídicas que regulan, establecen reglas específicas para disciplinar el planeamiento de los procesos contractuales de los regímenes a su cargo.

La presente ponencia solo estará referida a la planeación del régimen que hemos denominado de compras estatales.

II. LAS FASES DE LOS PROCESOS DE CONTRATACIÓN ESTATAL

En la doctrina existe consenso que los procesos de contrataciones públicas siguen una serie ordenada de fases o ciclos:

1.– Fase de Programación y actos preparatorios.– Comprende la planificación de las necesidades de bienes, obras, servicios, infraestructuras y de servicios públicos, la aprobación de los respectivos planes de contrataciones o de proyectos de inversión, determina la modalidad del contrato idóneo para cubrir la necesidad, la forma de financiarlo, la organización administrativa a cargo de desarrollar el respectivo procedimiento de selección y la elaboración de las bases que lo regulen. Al respecto Dice Alberto Retamozo L. que: "En la fase de planificación o preparatoria se cumplen los presupuestos que tornan jurídicamente posible la manifestación de voluntad contractual administrativa, es el inicio de la preparación de la voluntad estatal, la que se ira perfeccionando a lo largo del proceso de selección, y en la cual asumen responsabilidad directa los funcionarios que participan en ella, por cuanto son solo ellos quienes intervienen…"[2].

2.– Fase de selección.– Inicia con la convocatoria del procedimiento de selección específico y concluye con el otorgamiento de la buena pro al postor ganador y su consentimiento.

3.– Fase de ejecución contractual.– Inicia con la suscripción del contrato estatal con el postor ganador que se convierte en contratista hasta su liquidación y/o conclusión.

En términos generales también pueden diferenciarse las fases descritas del ciclo de contratación estatal en solo dos: la fase interna y la externa[3]. La interna que constituye el objeto de esta ponencia se desarrolla exclusivamente al interior de la administración pública. La fase externa que involucra la participación de los privados como postores comprende las dos fases siguientes de selección y de ejecución contractual, es decir en esta segunda fase se determina al contratista que realizará las prestaciones contratadas, se suscribe el respectivo contrato y concluye con su ejecución.

III. LA PLANEACIÓN EN EL RÉGIMEN DE COMPRAS ESTATALES

El marco normativo de los instrumentos y actividades comprendidas en la fase del proceso de planeación de las compras estatales se encuentra regulado por la Ley de contrataciones del estado[4] (arts. 15° al 19°) y con mayor detalle en el reglamento de la citada

---

2 En: Contrataciones y adquisiciones del Estado y normas de control. Análisis y comentarios. Tomo I . 11edición. Gaceta Jurídica. Lima, 2016, pg 497.

3 Lo señala Juan Carlos Morón Urbina en: La Contratación Estatal. Gaceta Jurídica. Lima 2016, pg 389.

4 Nos referimos a la Ley N° 30225 de 8 de julio del 1014 y a sus sucesivas modificaciones, las últimas de las cuales fueron aprobadas mediante el Decreto Legislativo N° 1341 del 7 de enero del 2017

ley[5] en el título II que establece las reglas para la planificación (arts. 5° al 7°) esencialmente referidas al Plan Anual de Contrataciones y en el Título III que regula las actuaciones preparatorias (arts. 8° al 31°) que comprende las reglas sobre:

– La formulación de los requerimientos,

– La determinación del tipo de procedimiento contractual,

– La determinación del valor referencial,

– Las reglas para impedir el fraccionamiento indebido,

– Las reglas sobre el expediente de contratación,

– Los órganos a cargo del procedimiento de contratación,

– El procedimiento y los factores de evaluación de las propuestas.

Trataremos a continuación los aspectos que consideramos más relevantes a efectos de realizar una presentación panorámica de las reglas de planeación en el régimen que denominamos de compras públicas:

a. El Plan Anual de Contrataciones[6]

Es un documento de gestión que cada entidad estatal elabora en el cual se deben prever todas las contrataciones de bienes, servicios, consultorías y obras durante el año fiscal, en función de las metas presupuestales y necesidades (prioridades) de cada entidad pública, las que a su vez han sido formuladas por todos los órganos y dependencias de aquella, en atención al cumplimiento de sus funciones y al logro de los objetivos institucionales que se quieran alcanzar.

El Plan de cada entidad pública debe contener por lo menos la siguiente información: el objeto de la contratación, la descripción de los bienes, servicios u obras a contratar, el valor estimado de la contratación, el tipo de procedimiento de selección que corresponde en atención al objeto de la contratación y al valor estimado de la misma, el tipo de moneda y de ser el caso el tipo de cambio, la fuente de financiamiento, el nivel de centralización o de desconcentración de la facultad de contratar y la fecha prevista de la convocatoria. La regla es que el Plan de cada entidad debe compilar el planeamiento de todas las contrataciones que realizará en cada año fiscal con independencia del tipo de procedimiento de selección al cual deba sujetarse y al régimen legal aplicable.

Dicho Plan cumple tres finalidades:

(i) Permite programar los procedimientos de selección para la contratación de bienes, servicios y obras que se requerirán durante un año fiscal, en consonancia con las actividades que se proyecten realizar en el respectivo Plan Operativo Institucional (POI) de la entidad y con cargo a los recursos presupuestales que le hayan sido legalmente asignados;

5 Nos referimos al texto del reglamento de la ley de contrataciones del estado aprobado mediante Decreto Supremo N° 350-2015-EF y sus sucesivas modificaciones vigentes a la fecha de escribir esta ponencia, la última de las cuales ha sido aprobada mediante el Decreto Supremo N° 056-2017-EF de 19 de marzo del 2017, que introduce reformas al reglamento, en consonancia con las modificaciones al régimen de la ley de contrataciones dispuestas por el antes citado Decreto Legislativo N° 1341.

6 Regulado por el artículo 15° de la ley de contrataciones estatales los arts. 5° al 7° del reglamento y la Directiva N° 005-2017-OSCE/CD de marzo del 2017.

(ii) Es un medio de información que permite difundir y facilitar a los posibles interesados en contratar con el Estado el acceso a la información de los procedimientos de selección programados a través del sistema electrónico de contrataciones con el Estado (SEACE) que opera el organismo regulador de las compras públicas (OSCE), mediante el portal de internet de las entidades adquirentes y también la puesta a disposición de los posibles interesados en el órgano encargado de las contrataciones de cada entidad para que pueda ser revisado y/o adquirido a costo de reproducción, y

(iii) Es un instrumento para medir la gestión de la entidad porque permite la evaluación del avance en la ejecución de los procedimientos de selección para, de ser el caso, que se puedan adoptar las medidas correctivas necesarias para corregir errores y mejorar los procesos internos con la finalidad de cumplir con las metas y objetivos de la respectiva entidad en beneficio de la población, y de corresponder, deslindar las responsabilidad respectivas de los funcionarios a cargo de su cumplimiento, tareas que se encargan al órgano encargado de las contrataciones de la entidad quien debe informar al Titular de la misma para que adopte las medidas de impulso que considere pertinentes, bajo el enfoque de la gestión por resultados.

El Plan anual de contrataciones debe ser aprobado por el Titular de la entidad o por el funcionario a quien se hubiera delegado dicha facultad, de acuerdo con las normas de organización interna de cada entidad, por regla general antes de que se inicie el ejercicio presupuestal o a mas tardar durante las dos primeras semanas del nuevo año, puede ser modificado en cualquier momento durante el ejercicio fiscal para: (i) incluir o excluir contrataciones, en caso se produzca una reprogramación de la metas institucionales de la entidad o una modificatoria de la asignación presupuestal y (ii) cuando se modifique el tipo procedimiento administrativo de selección a utilizar para contratar como resultado de la determinación final del valor referencial.

Desde la perspectiva del régimen de compras estatales la primera parte de la fase de programación o planeamiento se materializa en el respectivo Plan Anual de Contrataciones que aprueba cada entidad pública a partir del cual se da inicio al desarrollo de las actividades que el marco legal denomina actuaciones preparatorias, que sintetizaremos a continuación, las que culminan con la convocatoria del respectivo procedimiento administrativo de selección que da inicio a la siguiente fase, de carácter ya no interna sino pública, cuyo objeto es la selección del contratista.

b. La formulación de los requerimientos. La estandarización [7]

Como bien señala Christian Guzmán N. el requerimiento "es la primera fase"[8] del conjunto de actividades internas que el marco legal denomina "actuaciones preparatorias" de las contrataciones, lo formula alguna de las áreas usuarias de la entidad pública, en base al Plan anual de contrataciones del ejercicio fiscal.

Las normas que regulan la formulación de los requerimientos tienen como denominador común procurar la eficiencia en su determinación para que las entidades identifiquen que es lo que necesitan y como lo necesitan para cumplir oportunamente sus objetivos institucionales en beneficio de la colectividad e impedir que se recurra al estable-

---

7 Regulado por los arts. 8° al 10° de la Ley de contrataciones y también arts. 8° al 10° de su reglamento.

8 En: "Manual de la Ley de Contrataciones del Estado. Análisis de la ley y de su reglamento". *Gaceta Jurídica*, Lima enero 2015, pg. 233.

cimiento de requisitos o exigencias que generen direccionamiento o que menoscaben la participación de postores, con el objeto de garantizar la vigencia de los principios constitucionales de igualdad y de libre competencia que rigen la contratación estatal y permitir que los proveedores puedan ofertar productos, servicios u obras que se ajusten a las necesidades objeto del requerimiento.

En tal sentido se dispone que corresponde a la respectiva área usuaria de la entidad interesada en la adquisición de algún bien, servicio u obra, determinar las especificaciones técnicas, los términos de referencia o el expediente técnico, con la descripción objetiva y precisa de las características y/o requisitos funcionales relevantes para cumplir la finalidad pública de la contratación y las condiciones de lugar, plazo y modo, en las que deba ejecutarse, debiendo en todo momento asegurar la calidad técnica del requerimiento y reducir la necesidad de su reformulación por errores o deficiencias técnicas que afecten el procedimiento de contratación.

Las reformas legales realizadas recientemente[9] han abierto la posibilidad para que a pedido de la respectiva área usuaria, sea el órgano encargado de las contrataciones el que determine las especificaciones técnicas, los términos de referencia, así como los requisitos de calificación, cuando por la naturaleza del objeto de la contratación el área usuaria no cuente con la capacidad o el conocimiento suficiente para hacerlo y más bien el órgano encargado de las contrataciones, en razón de las actividades que realiza, este en mejores condiciones para formularlo, caso en el cual el citado requerimiento deberá ser aprobado por el área usuaria.

También las recientes reformas[10] han dispuesto, por primera vez en el ordenamiento peruano de compras públicas, que en el caso que se requiriera la contratación de obras, la planificación deberá incluir la identificación y asignación de riesgos previsibles de ocurrir durante la ejecución de la obra, así como las acciones y planes de intervención para reducirlos o mitigarlos, para lo cual deberá clasificarlos por niveles en función de su posibilidad de ocurrencia y de su posible impacto en la ejecución de la obra, teniendo en cuenta sus características y las condiciones del lugar de su ejecución.

En la formulación del requerimiento el área usuaria debe evitar señalar requisitos incongruentes o desproporcionados que direccionen la contratación a favor de determinado postor o impidan la competencia, como por ejemplo exigir que el postor acredite contar con personal especializado en materias que no forman parte del objeto de la contratación, o que se presente una ficha técnica del fabricante para cada uno de los bienes ofertados, entre otras exigencias.

En los requerimientos de bienes la regla es que en principio se prohíbe hacer referencia a un fabricante determinado, la procedencia, o a un procedimiento concreto de fabricación, tampoco a marcas, patentes o tipos particulares, o a un origen o producción determinados, ni en general a cualquier descripción que oriente la contratación hacia ellos, vulnerado los principios de libertad de competencia, concurrencia , eficiencia y eficacia, salvo que la entidad haya implementado un proceso de estandarización debidamente

---

9 Reforma al texto del art. 8° de la Ley de contrataciones estatales dispuesta por el Decreto Legislativo N° 1341, cuya justificación obra en la sección 2.1.13 de la exposición de motivos de esta última norma.

10 En el texto del art. 32.2 de la ley de contrataciones, desarrollado por los arts. 8.2 y 116.3 del reglamento y por la Directiva 012-2017-OSCE/CD titulada “Gestión de riesgos en la planificación de la ejecución de obras”

autorizado por su Titular, en cuyo caso deben agregarse las palabras "o equivalentes" a continuación de dicha referencia. La estandarización es un proceso de racionalización que una entidad debe aplicar respondiendo a criterios técnicos y objetivos cuando le resulta inevitable contratar un bien o servicio de una determinada marca o tipo particular, tales como maquinarias, equipos vehículos u otros tipos de bienes, así como ciertos servicios especializados, dado que solo dicho tipo de bien o servicio garantiza la funcionalidad, operatividad o el valor económico del equipamiento o infraestructura preexistente de la entidad[11]. Sin embargo la estandarización no presupone que solo exista un proveedor único en el mercado nacional, no constituye en si misma una autorización para realizar una contratación directa, razón por la que, en principio, la entidad para adquirir los bienes o servicios que haya estandarizado esta obligada a convocar a un procedimiento administrativo de selección de contratistas, salvo que invoque una causal de exoneración para que se le permita la compra directa por causal de proveedor único de un bien o servicio, cumpliendo rigurosamente los requisitos que establece el marco legal.

Sólo se exceptúa de la referida prohibición, la referencia a un material bibliográfico específico existente en el mercado, cuya adquisición obedece a las justificaciones previstas en el reglamento.

Asimismo, se establece que el requerimiento deben incluir las exigencias previstas en leyes, reglamentos técnicos, normas metrológicas y/o sanitarias nacionales, que regulen con carácter obligatorio el objeto de la contratación, si las hubiere. De existir normas técnicas de carácter voluntario aprobadas por el organismo nacional de normalización (antes INDECOPI, ahora ENACAL) se permite tomarlas como parámetro para la adquisición siempre que se cumplan los requisitos que establece el reglamento.

Se permite la modificación del requerimiento con posterioridad a su formulación, para mejorar, actualizar o perfeccionar las especificaciones técnicas, los términos de referencia y el expediente técnico, así como los requisitos de calificación hasta antes de la aprobación del expediente de contratación, previa justificación y contando con la aprobación del área usuaria.

c. La Homologación de requerimientos[12]

Como señala Juan Carlos Morón "A fin de evitar la dispersión de requerimientos por parte de las entidades, suele plantearse la homologación o uniformización de requerimientos por las autoridades nacionales o sectoriales del Poder Ejecutivo en caso de bienes o servicios de adquisición recurrente o uso masivo, como medicamentos, materiales educativos, etc. .....De este modo, se evita que las entidades hagan inviable una determinada política sectorial realizando adquisiciones de bienes distintos o distraigan tiempo en definir las características de los bienes por si mismos ...."[13].

11 La estandarización es definida en el anexo único del reglamento de la ley de contrataciones y regulada por la Directiva N° 004-2016-OSCE/CD "Lineamientos para la contratación en la que se ha referencia a determinada marca o tipo particular".

12 Regulado por el art. 17° de las ley de contrataciones y por los arts. 9° y 10° de su reglamento y desarrollado por la Directiva 004-2016-PERUCOMPRAS denominada " Procedimiento de homologación de bienes y servicios".

13 En: *La Contratación Estatal, opus cit*, pg 391.

La homologación de bienes o servicios es un proceso solo previsto para las entidades del Poder Ejecutivo que formulan políticas nacionales y/o sectoriales, a efectos de que se establezcan las características técnicas de los requerimientos y/o los requisitos de calificación en general, en base a algún rasgo diferenciador, de aquellos bienes y servicios que sean de uso frecuente, de uso masivo por las entidades y/o aquellos identificados como estratégicos para el sector bajo su competencia, en base a una metodología que contemple análisis técnicos que garanticen objetividad y demuestren los beneficios tangibles y sustanciales que se obtendrán para el cumplimiento de sus funciones.

Corresponde al titular de la entidad que realiza la homologación la aprobación, modificación y exclusión de determinado bien o servicio de dicho proceso, para lo cual debe contar con la opinión favorable de PERU COMPRAS[14] y publicarse en el Diario Oficial.

La contratación de los requerimientos de bienes o servicios que hayan sido objeto de homologación se realiza por regla general mediante el procedimiento de selección de adjudicación simplificada, sin perjuicio de las excepciones que establece el reglamento.

En la página web institucional de PERÚ COMPRAS se señala que el régimen de homologación presenta los siguientes beneficios:

"**Beneficios para las entidades públicas**:

- Faculta la implementación de políticas sectoriales mediante la determinación de especificaciones de bienes y/o servicios.
- Facilita la agregación de la demanda, al eliminar la variabilidad de las características de los bienes y/o servicios contratados por las entidades del Estado.
- Facilita la transferencia de bienes y/o servicios entre entidades del Estado (interoperatividad).
- Agiliza la formulación de requerimientos y simplifica el proceso de contratación.
- Promueve la determinación de estándares de bienes y servicios orientados a la calidad de las compras públicas.
- Permite trazabilidad de los bienes y/o servicios contratados.

Beneficios para los proveedores:

- Amplía las posibilidades de abastecer a más de una entidad con un bien o servicio homologado.
- Promueve la especialización en la producción y/o comercialización de bienes y/o servicios.

---

14 Es la central de compras públicas creada mediante el Decreto Legislativo N° 1018 como organismo público adscrito al Ministerio de Economía y Finanzas también competente para realizar: i) Las compras corporativas obligatorias de acuerdo a lo que se disponga mediante un Decreto Supremo con el voto aprobatorio del Consejo de Ministros; ii) Las compras corporativas facultativas que le puedan encargar las entidades administrativas, iii) Cualquier otra adquisición específica que le pueda haber sido encomendada mediante Decreto Supremo con el voto aprobatorio del Consejo de Ministros o que una entidad estatal le haya encargado mediante las suscripción de un convenio interinstitucional, y iv) la promoción y conducción de los procesos de selección para la generación de Convenios Marco para la adquisición de bienes y servicios, así como suscribir los acuerdos correspondientes.

- Facilita la transparencia, al facultar la participación de los proveedores en los procesos de homologación.
- Favorece el desarrollo de la oferta de bienes y/o servicios de calidad".

d. Los estudios de mercado y la determinación del valor referencial[15]

La realización de los estudios de mercado es una de las actuaciones preparatorias más relevantes que debe realizar el órgano encargado de las contrataciones de la entidad porque tiene como objeto principal determinar el valor referencial de los bienes, servicios u obras a contratar, a la vez de servir como fuente de información relevante e insumo para la correcta orientación del procedimiento de contratación a convocarse.

El estudio o indagación de mercado se realiza sobre la base de las especificaciones técnicas, términos de referencia, según se trate de bienes o servicios, respectivamente, las características, condiciones, cantidad y calidad de los bienes o servicios que requiera adquirir, así como los requisitos de calificación establecidos por el área usuaria en función de las necesidades que se pretenden satisfacer. El reglamento establece que además de determinar el valor referencial de la contratación, también debe servir para recopilar como mínimo la siguiente información en orden a promover la competencia y eficiencia en el respectivo procedimiento de selección que se convoque: a) la existencia o no de pluralidad de marcas o de postores que puedan cumplir a cabalidad con el requerimiento, y b) si existe o no la posibilidad de distribuir la buena pro entre varios postores, porque se dan casos en que el requerimiento de una entidad puede tener tal magnitud que los proveedores del mercado no puedan abastecer la totalidad de la demanda y por tal razón sea necesario distribuir la adquisición entre varios postores. La experiencia enseña que en muchos casos también puede servir para recopilar información útil para la determinación de los factores de evaluación de las propuestas, para identificar mejores soluciones a las necesidades, realizar ajustes a las características técnicas y/o condiciones de lo que se va a contratar, cuando por ejemplo las determinadas por el área usuaria tengan errores o no estén tecnológicamente actualizadas, y cualquier otra elemento que tenga incidencia positiva para garantizar la eficiencia en el proceso de contratación.

En la elaboración del estudio de mercado el órgano encargado de las contrataciones de la entidad debe indicar los criterios, procedimientos y metodología utilizados discrecionalmente para determinar el valor referencial, para lo cual tienen la calidad de fuentes a tomar en consideración: las cotizaciones, presupuestos, portales o páginas web, catálogos, precios históricos con una antigüedad razonable para no distorsionar los precios del mercado, estructuras de costos, además de otras fuentes no enunciadas, provenientes de proveedores o fabricantes que se dediquen a las actividades que constituyen el objeto del respectivo requerimiento (que tengan experiencia) y que proporcionen información referida a contrataciones iguales o similares a la requerida.

El numeral 11.3 del reglamento de la ley refuerza la importancia de la correcta realización del estudio de mercado porque dispone la proscripción de cualquier clase de práctica que direccione la contratación para favorecer a un determinado proveedor, que

15 Regulado por el art. 18° de la ley de contrataciones y los arts. 18° y 19° de su reglamento y desarrollado por la Directiva N° 010-2017-OSCE-CD "Disposiciones sobre el resumen ejecutivo del Estudio de Mercado".

incida de manera negativa o afecte las condiciones de competencia en el proceso de contratación.

La determinación del valor referencial de los bienes, servicios u obras objeto del requerimiento sirve como base para establecer i) el tipo de procedimiento administrativo de selección que corresponde convocar y correlativamente ii) gestionar la asignación de los recursos presupuestales para sufragar las prestaciones que se contraten.

La reciente reforma al texto del artículo 18° de la ley de contrataciones estatales dispuesta por el Decreto Legislativo 1341 dispone la eliminación del concepto de "valor estimado" de carácter no publico, que fuera introducido por la ley N° 30225 aplicado exclusivamente para la adquisición de bienes y servicios (a excepción de los casos de consultoría y de ejecución de obras en los que seguía utilizándose la regla del valor referencial de carácter público), retornando al concepto tradicional de valor referencial aplicable todo tipo de adquisiciones, que por regla general tiene que ser público y registrarse en la base de datos pública – SEACE que administra el organismo rector – OSCE .

Sin embargo el artículo 12° del reglamento vigente permite que por excepción a la regla general de la obligación de hacer público el valor referencial, se pueda disponer su carácter reservado solo en los casos de adquisiciones de bienes y servicios, pero siempre y cuando el órgano encargado de las adquisiciones de la entidad lo justifique mediante un informe que sea aprobado por el titular de la misma. Dicha reserva del importe del valor referencial debe cesar cuando el respectivo comité a cargo del procedimiento administrativo de selección lo haga de conocimiento de los postores ya sea en el acto público de apertura de los sobres de la propuesta que contiene la oferta económica o en el acto de otorgamiento de la buena pro al postor ganador, según corresponda. En los procedimientos de selección en los que por excepción se utilice el mecanismo del valor referencial reservado para la adquisición de bienes o servicios no operan los límites mínimos y máximos para admitir la oferta económica que dispone el régimen legal de contrataciones estatales.

La antigüedad máxima del valor referencial a utilizar para la convocatoria del respectivo procedimiento administrativo de selección depende del objeto del requerimiento, que en el caso de bienes y servicios no puede ser mayor a tres (3) meses a partir de la aprobación del expediente de contratación, y que en el caso de la consultoría y ejecución de obras, no puede tener una antigüedad mayor a los seis (6) meses contados a partir de la fecha de determinación de sus respectivos presupuestos. Sin embargo, se deja abierta la puerta para que el valor referencial pueda actualizarse hasta antes de la convocatoria.

Los elementos que deben ser obligatoriamente tomados en cuenta para determinar el importe del valor referencial varían en función del objeto de requerimiento, según se trate de: (i) la adquisición de bienes y servicios, (ii) de consultoría o (iii) de ejecución de obras y (iv) de la contratación de seguros patrimoniales.

En el caso de la contratación de bienes y servicios además de los criterios reseñados para la elaboración de los estudios de mercado, para la determinación del valor referencial se deben incluir todos los tributos, seguros, transporte, inspecciones, pruebas y de ser el caso, los costos laborales y cualquier otro concepto que pueda incidir sobre el valor de los bienes o servicios a adquirir.

Tratándose de ejecución de obras, el valor referencial es el monto del presupuesto de obra establecido en el Expediente Técnico de la Obra[16] aprobado por la entidad, para cuya elaboración deben realizarse las indagaciones de mercado necesarias que le permitan contar con el análisis de precios unitarios actualizados por cada partida y subpartida, teniendo en cuenta los insumos requeridos, las cantidades, precios o tarifas; además de los gastos generales variables y fijos así como la utilidad del contratista, sin perjuicio de incluir también los tributos, seguros y los otros conceptos complementarios similares que se aplican a las adquisiciones de bienes y servicios.

Se prevé la posibilidad de que en caso el valor referencial sea materia de observación por los participantes, porque no propicia la participación de postores debido a que padece de deficiencias en su elaboración, corresponda al órgano a cargo del procedimiento de selección (que por regla general es el comité especial) poner dicha observación en conocimiento del órgano a cargo de las contrataciones de la entidad o de la dependencia a cargo de la determinación del valor referencial para opinión, para que de considerarlo pertinente modifique el valor referencial cuestionado y proceda a aprobar uno nuevo.

e. Certificación de disponibilidad del crédito presupuestario

Para que prospere la adquisición de los bienes, servicios u obras que las entidades requieren para poder cumplir con la satisfacción de las necesidades públicas es requisito indispensable para dichas entidades recabar la certificación de que se cuenta con los recursos presupuestales disponibles para cumplir con los compromisos contractuales que asuman, desde la convocatoria de un procedimiento administrativo de selección hasta la suscripción del respectivo contrato.

En los casos en que algún procedimiento administrativo de selección se realice dentro del último trimestre de un determinado año fiscal y el otorgamiento de la buena pro, la suscripción de contrato y por ende su ejecución se realice en el año fiscal siguiente, la certificación que otorgue la oficina de presupuesto de la entidad de que se cuenta con la provisión de recursos presupuestales, bajo responsabilidad del titular de la entidad, requiere acreditar que en el proyecto de ley de presupuesto del sector público del año siguiente se ha previsto el importe de los recursos programados para tal efecto, señalando las metas previstas e indicando la fuente de financiamiento con cargo al cual se financiará el respectivo crédito presupuestal.

f. Prohibición de fraccionamiento[17]

El marco legal de la contratación estatal proscribe toda posibilidad de fraccionar artificialmente el objeto de una contratación unitaria que tenga como consecuencia: i) dividir la contratación para que sea tramitada a través de la realización de dos o más procedimientos de selección con la finalidad de que se tramite a través de alguno de menor rigurosidad; ii) evadir la aplicación del régimen legal y reglamentario de contrataciones estatales para dar lugar a contrataciones iguales o inferiores a ocho (8) unidades imposi-

---

16 Que en el anexo del reglamento de la ley es definido como: " El conjunto de documentos que comprende: memoria descriptiva, especificaciones técnicas, planos de ejecución de obras, metrados, presupuesto de obra, fecha de determinación del presupuesto de obra, análisis de precios, calendario de avance de obra valorizado, formulas polinómicas y, si el caso lo requiere, estudio de suelos, estudio geológico, de impacto ambienta u otros complementarios".

17 Regulado por el art, 20º de la ley y por el art. 19º de su reglamento.

tivas tributarias que por mandato de la ley en función de su reducida cuantía están excluidas del ámbito de aplicación de la ley, pero sujetos a supervisión de OSCE, y/o iii) evadir el cumplimiento de los tratados o compromisos internacionales que incluyan disposiciones sobre contratación pública, que como el caso del TLC firmado con Estados Unidos establece ciertos umbrales mínimos para determinar si el procedimiento administrativo de selección se regirá o no por dichos convenios internacionales.

Como se puede apreciar la proscripción del fraccionamiento intencional o doloso en materia de contrataciones estatales a través de la realización de varios procesos menores de adquisiciones en lugar de realizar el que correspondería legalmente, tiene como fundamento garantizar el proceso normal de programación de las contrataciones evitando manipulaciones que tengan como objetivo evadir la rigurosidad de algunos procedimientos administrativos de selección o incluso de direccionarlos para favorecer a determinados postores, afectando la competencia, en perjuicio de las posibilidades del Estado de poder utilizar de la mejor manera los recursos públicos.

Por tal razón el artículo 19° del reglamento establece que existen situaciones objetivas en las que el fraccionamiento es permitido por excepción porque no se produciría para distorsionar el régimen de programación de las contrataciones, así sucede: a) cuando se adquieres bienes o servicios idénticos a los contratados anteriormente durante el mismo ejercicio fiscal; b) cuando la contratación completa no se pudo realizar en su oportunidad, debido a que no se contaba con los recursos presupuestales disponibles suficientes para realizar dicha contratación completa, o porque surge una necesidad adicional a la programada; o, c) cuando la contratación se realice a través de los catálogos electrónicos de acuerdo marco.

g. Sistemas de contratación[18]

El reglamento establece que en las adquisiciones que realice el Estado debe determinarse la aplicación de cualquiera de los seis (6) sistemas de contratación que se prevé con la finalidad de que los precios se puedan fijar en función al objeto principal del contrato y la posibilidad o no de poder determinar con exactitud las cantidades, magnitudes o calidad de las prestaciones requeridas.

Sintetizaremos los referidos sistemas de contrataciones a continuación:

–El sistema a suma alzada debe aplicarse cuando las cantidades, magnitudes y calidades de la prestación que se va a adquirir están claramente determinadas en los documentos que describen el objeto de la contratación, por esa razón se le requiere que el postor formule su propuesta por un monto fijo integral y por un determinado plazo de ejecución para cumplir con el requerimiento.

Tratándose de la contratación de obras se establece que el postor debe formular su oferta considerando los trabajos necesarios para el cumplimiento de la prestación requerida según los planos, especificaciones técnicas, memoria descriptiva y presupuesto de la obra, debiendo presentar para la suscripción del contrato el desagregado de partidas que da origen a su oferta.

–El sistema de precios unitarios se utiliza cuando no se conoce con exactitud o precisión las cantidades o magnitudes requeridas. En este sistema el postor formula su oferta

18 Regulado por el art. 14° del Reglamento de la ley de contrataciones

proponiendo precios unitarios en función de las cantidades referenciales contenidas en los documentos de selección y que se valorizan en relación a su ejecución real, durante un determinado plazo de ejecución.

–El sistema mixto de suma alzada y precios unitarios aplicable en los casos que las prestaciones comprendan magnitudes o cantidades que están definidas en las especificaciones o en el expediente técnico con exactitud y precisión, las que podrán contratarse bajo el sistema de suma alzada, simultáneamente con elementos cuyas magnitudes o cantidades no definidas con precisión, los que podrán ser contratados bajo el sistema de precios unitarios.

–El sistema de tarifas, aplicable para las contrataciones de servicios de consultoría, cuando no puede conocerse con precisión el tiempo de prestación del servicio, caso en el cual el postor formulará su oferta proponiendo tarifas en base al tiempo estimado o referencial para la ejecución de la prestación.

–El sistema en base a porcentajes, aplicable exclusivamente en la contratación de servicios de cobranzas o recuperaciones.

–El sistema en base a un honorario fijo y una comisión de éxito.

h. Modalidades de ejecución contractual[19]

El reglamento permite que siempre que existan motivos que lo justifiquen, como por ejemplo cuando se pretenda la rápida operatividad de la prestación a adquirirse o la complejidad de la prestación lo exija, que la entidad pueda escoger contratar bajo la modalidad de ejecución contractual llave en mano, cuando en el caso de obras el objeto de la contratación en conjunto comprenda además de la construcción, el equipamiento y su montaje hasta la puesta en servicio de la obra contratada y en el caso que el objeto de la contratación sean bienes, se pueda también requerir además de su entrega, que se proceda a su instalación y puesta en funcionamiento .

La segunda modalidad de ejecución contractual prevista por el reglamento pero que solo podría ser utilizada por las entidades del Poder Ejecutivo para la contratación de obras es la del concurso oferta, mediante la cual el postor debe ofertar la elaboración del expediente técnico y la ejecución de la obra, siempre y cuando el valor referencial de esta última supere un monto más o menos equivalente a tres (3) millones de dólares.

i. El expediente de contratación[20]

Como una medida de orden, para facilitar la revisión de los antecedentes, se dispone que la documentación de todas las actuaciones de cada uno de los procedimientos de contratación se recojan debidamente ordenadas en el denominado expediente de contratación en el que se recopila desde el requerimiento inicial del área usuaria hasta su finalización con el cumplimiento total de las obligaciones derivadas del contrato, incorporado también las incidencias que se puedan producir con la posible interposición del recur-

19 Regulado por el art. 15° y la 14ta disposición complementaria final del reglamento de la ley de contrataciones.

20 Regulado por el art. 21° del reglamento de la ley.

so de apelación[21] y los medios de ejecución de controversias en la ejecución contractual, como es el caso del arbitraje, según corresponda.

Corresponde al órgano encargado de las contrataciones de cada entidad la responsabilidad de llevar el expediente de cada proceso de contratación (salvo en el período en que la custodia del expediente esté a cargo del respectivo comité de selección) y de someterlo a la aprobación del funcionario competente, de acuerdo a las normas de organización interna de la entidad, en forma previa a la respectiva convocatoria. Es obligación de las demás dependencias de la entidad colaborar con el órgano responsable de llevar el expediente facilitándole las copias de toda la documentación que tenga relación con el proceso para que el expediente se mantenga completo.

El artículo 21° del reglamento de la ley de contrataciones establece la información que el expediente de contratación obligatoriamente debe contener, en el que se recopilan esencialmente buena parte de las actuaciones preparatorias que describimos y analizamos en esta ponencia, tal es el caso de:

– El requerimiento de las áreas usuarias de la entidad;

– El documento que aprueba el proceso de estandarización de los bienes o servicios a adquirir, cuando corresponda;

– El estudio de mercado realizado, y su actualización cuando corresponda;

– El resumen ejecutivo del respectivo estudio de mercado;

– El valor referencial;

– La certificación de la existencia de crédito presupuestario y/o la previsión presupuestal;

– La opción de realizar la contratación por paquete, lote y tramo, cuando corresponda;

– La determinación del procedimiento de selección, el sistema de contratación y, cuando corresponda, la modalidad de contratación con el sustento correspondiente;

– La formula de reajuste, de ser el caso;

– La declaratoria de viabilidad y verificación de la viabilidad, cuando esta última exista, en el caso de contrataciones que forman parte de un proyecto de inversión pública;

– En el caso de modalidad mixta debe cumplir con las disposiciones del Sistema nacional de Programación Multianual y Gestión de inversiones, en caso corresponda;

– En el caso de las obras contratadas bajo la modalidad de ejecución llave en mano que cuenten con el componente equipamiento, deben señalarse las especificaciones técnicas de los equipos requeridos;

– En el caso de ejecución de obras, el sustento de que procede efectuar la entrega parcial del terreno, de ser el caso,

– El sustento máximo del número de consorciados, cuando corresponda; y

21 Mediante el cual los postores que se consideren afectados pueden impugnar los actos dictados durante el desarrollo del respectivo procedimiento administrativo de contratación, hasta antes del perfeccionamiento del contrato (art. 41° Ley de contrataciones del Estado).

– Cualquier otra documentación necesaria conforme a la normativa que regula el proceso de contratación:

j) Órganos administrativos que intervienen en la programación y actos preparatorios.–

Nos referimos a cuatro:

I.– **El área usuaria**.

Es cualquier dependencia de alguna entidad estatal que en función de las competencias legalmente asignadas formula un requerimiento para la adquisición de un bien, servicio o contratación de las obras que estiman necesario para cumplir oportunamente sus objetivos institucionales en beneficio de la colectividad. Además de colaborar y participar en la planificación de las contrataciones, durante la etapa de ejecución contractual le corresponde ejercer las labores de supervisión de su cumplimiento, para otorgar la correspondiente conformidad, salvo que se haya asignado a otro órgano dicha función.

II.– **Órgano encargado de las contrataciones**.–

Es la dependencia que realiza específicamente las actividades relativas a la gestión de la logística o abastecimiento en cada entidad. Además de las diversas funciones que cumple durante la etapa de programación y actos preparatorios, se le encarga la gestión administrativa del contrato que se suscriba, lo que a tenor del artículo 4° del reglamento de la ley comprende el trámite del perfeccionamiento de dicho contrato, la aplicación de las penalidades al contratista, el procedimiento de pago, en lo que corresponda, entre otras actividades de índole administrativa.

El reglamento es particularmente enfático en exigir que el personal de la referida dependencia debe ser especializado en la materia y contar con certificaciones que los acrediten técnicamente

III.– **El titular de la entidad**.–

Es la más alta autoridad ejecutiva a la que el régimen de contrataciones estatales le asigna funciones de aprobación, autorización y supervisión en las diferentes etapas del ciclo de contratación estatal, las que puede delegar en otros funcionarios, a excepción de ciertas decisiones que el régimen le exige adoptar directamente

IV.– **El comité especial**[22].–

Es un órgano colegiado y de carácter autónomo encargado de seleccionar al proveedor que brindará los bienes, servicios u obras requeridos por el área usuaria.

Existen dos tipos de comités especial: i) el permanente, designado para desarrollar todos los procedimientos de adjudicación directa y de menor cuantía que se realicen en el curso de una año y ii) el ad hoc, para cualquier procedimiento específico, pero en especial para desarrollar los procedimientos administrativos de licitación o concursos públicos.

Está integrado por tres (3) miembros y su designación corre a cargo del titular de la entidad o a quien este haya delegado dicha función, de los cuales uno (1) debe pertenecer al órgano encargado de las contrataciones y por lo menos uno (1) debe tener conoci-

22 Regulado por los arts 22° al 25° del reglamento de la ley de contrataciones estatales.

miento técnico en el objeto de la contratación. En el caso de ejecución de obras en general se requiere que por lo menos dos (2) integrantes del comité cuenten con conocimiento técnico en el objeto de la contratación. En la misma oportunidad de la designación, deberá establecerse el integrante que lo presidirá y nombrarse el mismo número de suplentes. Se autoriza la posibilidad de recurrir a expertos independientes cuando la entidad no cuente con especialistas que tengan suficiente conocimiento técnico en el objeto de la contratación.

En cuanto a sus funciones corresponde al comité especial: elaborar las bases administrativas del respectivo procedimiento administrativo de selección y organizarlo, conducirlo y ejecutarlo desde su convocatoria hasta su culminación, con el consentimiento de la buena pro o la cancelación del proceso.

La autonomía e independencia funcional que el régimen legal otorga al comité especial para el ejercicio de sus funciones es muy importante para salvaguardar el correcto desarrollo de los procedimientos de selección[23], por dicha razón se establece que sus integrantes solo pueden ser removidos mediante decisión escrita y motivada por causales específicas y que salvo que se encuentren en alguna situación de conflicto de interés que deberán acreditar, su cargo es irrenunciable.

j. La determinación del factor de competencia [24].

El factor de competencia o de evaluación son aquellos criterios que se deben establecer en las bases para seleccionar entre las propuestas presentadas a la mejor o más ventajosa oferta en comparacion con las otras.

El reglamento establece la posibilidad de determinar diversos factores de evaluación según el objeto de la contratación, es decir en función de que se requiera: i) la contratación de bienes, servicios en general, modalidad mixta y obras (el precio, plazo de entrega, mejoras que se ofrezcan, garantía de fábrica, etc.); ii) la contratación de servicios de consultoría en general (la metodología propuesta, calificaciones y/o experiencia del personal clave, equipamiento, infraestructura, etc.) y ii) en el caso de consultores individuales (la experiencia en la especialidad, calificaciones y entrevista).

La determinación adecuada del factor de competencia o criterios de evaluación tiene una enorme trascendencia en la contratación estatal porque permite a las entidades públicas contratar en las mejores condiciones para poder contar con la mejor calidad y en forma oportuna las prestaciones requeridas para atender las demandas de la población, obtener los mejores precios y por ende maximizar la utilización de los recursos públicos y garantizar que no puedan ser utilizados para direccionar la contratación en favor de determinados agentes económicas, afectando la competencia y la igualdad entre los postores.

En términos generales existe consenso que los parámetros de evaluación y factor de competencia para la selección de la mejor propuesta en los procedimientos administrati-

23 El art. 25.5 del reglamento establece que: " Los integrantes del comité de selección se encuentran obligados a actuar con honestidad, probidad, transparencia e imparcialidad en el ejercicio de sus funciones, debiendo informar con oportunidad sobre la existencia de cualquier conflicto de interés y de comunicar a la autoridad competente sobre cualquier acto de corrupción de la función pública del que tuvieran conocimiento durante el desempeño de su encargo, bajo responsabilidad".

24 Regulado por los arts 29° y 30° del reglamento de la ley de contrataciones estatales.

vos de selección deben tener las siguientes características esenciales: ser objetivos, razonables y proporcionales, así como pertinentes o congruentes con el objeto contractual.

k. La aprobación de las bases[25]

Las bases constituyen el documento en el cual se consignan las condiciones y requisitos de los procedimientos de contratación pública que deben cumplir los agentes económicos que tengan interés en participar como postores para llegar a contratar con las entidades estatales. En síntesis las bases regulan la actuación de todos los participantes o intervinientes en un procedimiento de contratación administrativa.

Son elaboradas por el comité especial para cada uno de los procedimientos de selección atendiendo a las condiciones particulares del objeto de la convocatoria, a su naturaleza y complejidad (las características de lo que se va a contratar, el valor referencial, los plazos y calendario, el sistema o modalidad, etc.) y aprobadas por el funcionario competente de la entidad conforme a sus normas de organización interna, utilizando obligatoriamente las bases estándar que aprueba el Organismo Supervisor de las Contrataciones – OSCE, estando prohibido de modificar la sección general de las referidas bases estándar, que contiene las reglas comunes aplicables a todos los procedimientos de selección de un mismo tipo, bajo causal de nulidad del procedimiento de selección.

Si bien el artículo 27° del reglamento establece expresamente una extensa relación de ítems que las bases deben obligatoriamente contener, es claro que la información más relevante a consignar es la producida con motivo de la realización de los principales actos preparatorios de la contratación que hemos venido analizando en esta ponencia y que obran en el respectivo expediente de la contratación, documento que sirve de insumo importante para la preparación de las bases.

En nuestra opinión la información más importante que debe estar contenida en las bases es la siguiente:

– El objeto de la contratación, es decir la identificación de los bienes, servicios u obras que serán objeto del respectivo procedimiento competitivo de selección, así como las características, cantidad y condiciones del objeto contractual, que se consignarán en las especificaciones técnicas (para la adquisición de bienes), términos de referencia (para la contratación de servicios) o en el expediente técnico para la contratación de obras. Cuidar de consignar en las bases las características técnicas del objeto contractual con claridad y precisión constituye requisito esencial para promover la más amplia participación de proveedores que tengan interés en competir para poder contratar con el Estado, lo cual permite cumplir con los otros principios constitucionales de transparencia de los procedimientos de contratación y del uso eficiente de los recursos públicos.

– El valor referencial que ha sido determinado como producto de los estudios de mercado.

– Los sistemas de contratación y las modalidades de ejecución contractual.

– Los factores de evaluación de las propuestas.

---

25 Regulado por los arts. 26° y 27° del reglamento de la ley de contrataciones estatales y por la Directiva N° 001-2017-OSCE/CD "Bases y solicitud de expresión de interés estándar para los procedimientos de selección a convocar en el marco de la ley N° 30225".

– Y, en general, las reglas a las que deberá ceñirse el trámite del respectivo procedimiento administrativo de contratación, así como los derechos y obligaciones de la entidad pública contratante y del contratista ganador de la buena pro.

La experiencia demuestra que las bases constituyen el documento más importante de la fase de programación y actos preparatorios porque de su claridad, precisión y objetividad depende buena parte del éxito de la contratación.

Con la preparación y aprobación de las bases finaliza la etapa de programación y de actos preparatorios para posteriormente iniciar la fase de selección del procedimiento de contratación.

IV. EL TIEMPO EN LOS PROCESOS DE PROGRAMACIÓN Y ACTOS PREPARATORIOS

Partiendo de la premisa que las contrataciones constituyen esencialmente un medio para que las entidades estatales puedan contar con los bienes, servicios y obras que requieren para poder cumplir con los cometidos de tutela y satisfacción de los intereses públicos que el ordenamiento jurídico les encomienda y que las fases y los procedimientos administrativos de contrataciones son parte de los procesos logísticos de las entidades, creemos conveniente traer a colación en esta ponencia la información recopilada por OSCE[26] respecto del tiempo promedio de duración de la primera fase del ciclo de la contratación constituida por los procesos de programación y de actos preparatorios de las contrataciones estatales, teniendo en cuenta que es tradicional que el ordenamiento jurídico de las compras públicas no tienda a establecer plazos para que las entidades estatales desarrollen las actividades que forman parte de los procesos de programación y actos preparatorios del proceso de contratación estatal.

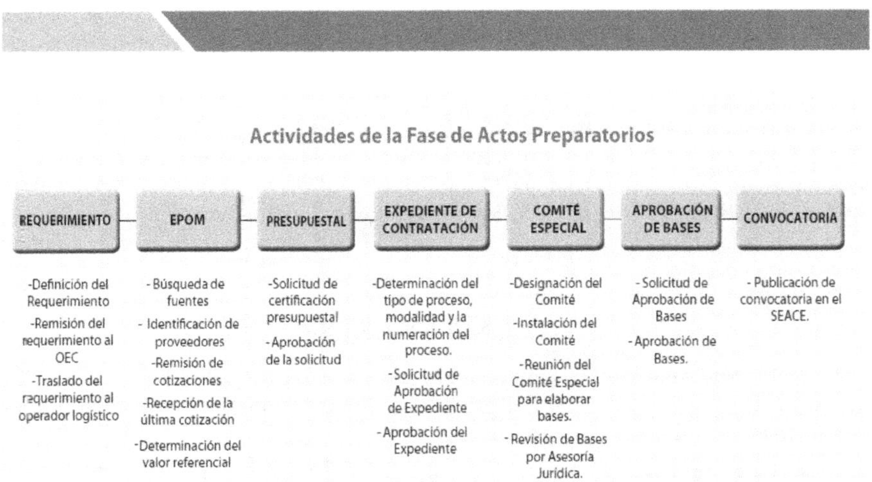

26 Cuadros tomados del documento que obra en la página web institucional de OSCE : "*Al día. Revista Institucional*" N° 4, edición 4/2015, titulado "Análisis económico de las contrataciones públicas".

Medición de la Duración de actos preparatorios en los procesos de selección en los años 2009, 2012 y 2014

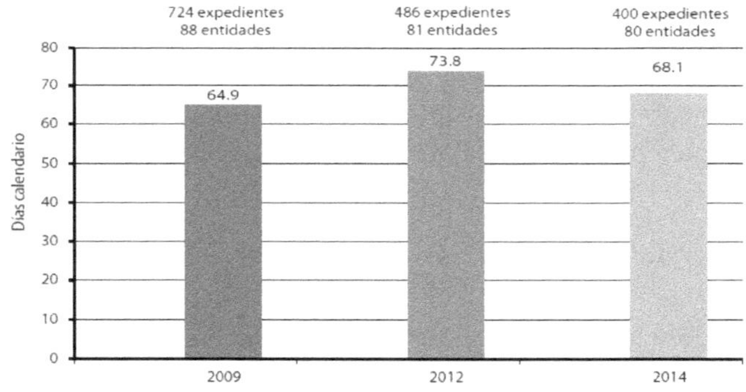

Elaboración: Oficina de Estudios Económicos-OSCE

Como se puede apreciar de este último cuadro las investigaciones del área de estudios económicos del órgano rector de las contrataciones estatales en el Perú – OSCE concluyen que el tiempo promedio de demora de la fase de programación y actos preparatorios en el año 2009 fue de 65 días calendarios (alrededor de dos meses), en el año 2012 el promedio fue de 74 días calendarios (2 meses y medio aproximadamente) y que en el año 2014, el plazo promedio fue de 68.1 días calendarios.

Señala el citado informe de OSCE que los funcionarios de las áreas logísticas de las entidades entrevistados para la investigación dieron cuenta que a dicha fecha eran dos las causas que generaban demoras en la fase de programación y realización de actos preparatorios: i) Un defectuosa elaboración de los requerimientos realizados por cada área usuaria, lo que tenía como consecuencia que con mucha frecuencia los estudios de mercado tenían que ser modificados y/o actualizados, con la consiguiente inversión de mayores tiempos, y ii) la espera por un tiempo mayor al previsto de las respuestas a las solicitudes de cotización por parte de los proveedores, muchas veces provocadas por el establecimiento subrepticio de barreras de acceso para postular, lo que les generaba desaliento para participar.

V. CONCLUSIONES

La fase de programación y de realización de los actos preparatorios de la contratación constituye una etapa esencial del proceso de contrataciones estatales que predetermina en forma determinante su éxito o fracaso.

En esta etapa comienza a formarse la voluntad del Estado para contratar la cual se perfeccionará a lo largo del ciclo logístico para la adquisición de las prestaciones requeridas.

La regulación legal de las distintas actuaciones internas de la administración que se realizan durante esta etapa tienen como común denominador garantizar la regularidad del proceso y los siguientes objetivos que también sirven de criterios y principios rectores en la realización de la programación y de todos los actos preparatorios:

– Promover la eficiencia para garantizar la oportunidad de las adquisiciones y la calidad de los productos a contratar, obtener las mejores condiciones en la transacción comercial y el precio correcto

– Garantizar la correcta planificación en la utilización de los recursos públicos

– Promover la competencia entre los agentes económicos que desean proveer al estado

– Garantizar que los órganos intervinientes en el proceso y sus funcionarios estén obligados a actuar con honestidad, probidad, transparencia e imparcialidad.

– Prevenir los conflictos de interés y la corrupción.

15 PLANIFICACIÓN DE LA CONTRATACIÓN PÚBLICA

Carlos E. Delpiazzo (*)

I. DOBLE DELIMITACIÓN DEL OBJETO

El título propuesto convoca, como cuestión introductoria, la delimitación de los conceptos que involucra: la planificación y la contratación en el sector público de la economía.

1. La planificación como instrumento de buena administración

Desde el punto de vista conceptual, la planificación responde a una opción política que admite el más amplio abanico de posibilidades, desde la sustitución del automatismo del mercado por la elección deliberada de determinadas alternativas de acción, hasta la opuesta que promueva el libre juego de la oferta y la demanda, en cuyo caso el plan consistirá en la previsión de medidas tendientes a eliminar los obstáculos institucionales o estructurales que se opongan al juego del mercado [1].

Si bien la planificación es en sí misma una técnica instrumental y operativa, como actividad teleológica supone la previa determinación de los fines a perseguir. Ello es así porque sin una visión integral de todos los factores, materiales y humanos, sin una defi-

---

(*) Doctor en Derecho y Ciencias Sociales por la Universidad Mayor de la República Oriental del Uruguay. Catedrático de Derecho Administrativo en la Facultad de Derecho de la Universidad de Montevideo. Ex Catedrático de Derecho Administrativo, de Derecho Informático y de Derecho Telemático en la Facultad de Derecho de la Universidad Mayor de la República. Ex Decano de la Facultad de Derecho de la Universidad Católica del Uruguay Dámaso Antonio Larrañaga. Autor de 69 libros y más de 500 trabajos publicados en el país y en el exterior. Profesor Invitado del Instituto Nacional de Administración Pública (España). Profesor Visitante de la Especialización en Derecho Administrativo de la Universidad de Belgrano (Argentina). Profesor Extraordinario Visitante de la Universidad Católica de Salta (Argentina). Miembro del Comité Académico de la Maestría de Derecho Administrativo de la Facultad de Derecho de la Universidad Austral (Argentina) y de la Comisión Académica del Programa de Doctorado de Derecho Administrativo Iberoamericano liderado por la Universidad de La Coruña (España). Ex Director y miembro del Instituto Uruguayo de Derecho Administrativo, del Instituto de Derecho Administrativo de la Universidad Notarial Argentina, de la Asociación Argentina de Derecho Administrativo, de la Asociación de Derecho Público del Mercosur, de la Asociación Centroamericana de Derecho Administrativo, de la Academia Internacional de Derecho Comparado, de la Asociación Iberoamericana de Derecho Administrativo, y del Instituto Internacional de Derecho Administrativo. Secretario General del Foro Iberoamericano de Derecho Administrativo.

1 Carlos E. DELPIAZZO – "Derecho Administrativo Especial" (A.M.F., Montevideo, 2015), volumen 1, tercera edición actualizada y ampliada, págs. 275 y 276.

nición precisa de sus propósitos, sin una previsión sistemática, la Administración no puede ser eficiente ni cumplir la función servicial y dinámica que le ha sido asignada[2].

Siendo así, la planificación constituye una herramienta fundamental para la efectiva concreción del mandato de buena administración, en tanto supone la adecuada elección de los medios y de la oportunidad de ejercicio de las competencias con relación al fin específico que se quiere satisfacer. Se trata de una nota propia de la función administrativa ya que la misma debe cumplirse de la forma más oportuna y más adecuada para la obtención de los fines objeto de la función pública[3].

En el Derecho uruguayo, la reforma constitucional de 1967 tuvo uno de sus ejes en la planificación, no sólo desde el punto de vista programático [4] sino también institucional, a través de la creación de la Oficina de Planeamiento y Presupuesto como dependencia de la Presidencia de la República[5].

Ello implica el reconocimiento de la planificación como herramienta de relevancia fundamental para el cumplimiento de la buena administración tanto respecto a la fijación de los fines como en orden a la elección de los medios.

Por eso, no puede sino compartirse la afirmación de que "hacer bien las cosas comprende tanto la correcta determinación de fines como la adecuada selección de medios para alcanzarlos. Es que si no se determinan correctamente los fines, las cosas no se pueden hacer bien; pero si se determinan bien los fines y no se eligen los medios adecuados, no se puede alcanzar el fin debido. Por tanto, aún admitiendo que lo más importante es la determinación de los fines, no se puede desdeñar los medios para hacer las cosas bien" [6].

La perspectiva de la buena administración ofrece una nueva mirada a la planificación contractual, especialmente desde su naturaleza principal, sin desconocer que ella es un deber para la Administración y un derecho para los administrados [7] y que, como tal, encierra no sólo una dimensión jurídica (en tanto regla de Derecho con máximo valor y

---

2 José Luis BRUNO – "La planificación y el Derecho constitucional", en Rev. de la Facultad de Derecho y Ciencias Sociales (Montevideo, 1968), Año XIX, N° 1-2, pág. 228 y sigtes.; Julio PRAT – "Administración y planificación", en "Orden económico y Derecho Administrativo" (A.M.F., Montevideo, 1980), pág. 93 y sigtes.; y Mariano R. BRITO – "Planificación y libertad en el Estado social de Derecho", en Rev. Uruguaya de Estudios Administrativos (Montevideo, 1977), Año I, N° 1, pág. 39 y sigtes.

3 Carlos E. DELPIAZZO – "Derecho Administrativo General" (A.M.F., Montevideo, 2015), volumen 1, segunda edición actualizada y ampliada, pág. 81.

4 Héctor BARBE PÉREZ – "Aspectos administrativos en la reforma constitucional uruguaya" (C.E.N., Montevideo, 1967), pág. 15 y sigtes.

5 José Luis BRUNO - "Organismos de planificación: Comisión de Inversiones y Desarrollo Económico (CIDE) y Oficina de Planeamiento y Presupuesto", en Cuaderno de la Facultad de Derecho y Ciencias Sociales (Montevideo, 1967), N° 19, pág. 213 y sigtes.; y Milton RUIBAL, Elbio LOPEZ ROCCA y Saúl BURSZTIN - "Oficina de Planeamiento y Presupuesto" (A.M.F., Montevideo, 1972).

6 Augusto DURAN MARTINEZ – "La buena administración", en Estudios de Derecho Administrativo (La Ley Uruguay, Montevideo, 2010), N° 1, pág. 176.

7 Carlos E. DELPIAZZO - "La buena administración como imperativo ético para administradores y administrados", en Rev. de Derecho. Publicación arbitrada de la Facultad de Derecho de la Universidad Católica del Uruguay (Montevideo, 2014), N° 10, pág. 41 y sigtes.

fuerza) y ética (pautada por su ser buena) sino también una dimensión tecnológica (en la medida que las TICs operan como factor de facilitación y colaboración [8]).

En primer lugar, que *la buena administración es un principio* resulta con evidencia de que constituye uno de los soportes primarios estructurales del sistema jurídico todo, al que todos los principios prestan su contenido. Ello es así porque "en todo sistema jurídico hay cantidad de reglas de gran generalidad, verdaderamente fundamentales, en el sentido de que a ellas pueden vincularse, de un modo directo o indirecto, una serie de soluciones expresas del Derecho positivo a la vez que pueden resolverse, mediante su aplicación, casos no previstos, que dichas normas regulan implícitamente"[9].

La propia designación de "principios" alude a lo primero, o sea, lo que antecede plenamente a cuanto le sigue. Por eso, "Háblase de principios habitualmente para referirse a aquellos primeros criterios o fundamentos que expresan el asiento –piedras sillares– de un ordenamiento (jurídico, en la especie que nos ocupa). Criterios de verdad que se procura hallar. Su noción de base alude entonces, a un sentido no sólo ontológico sino también lógico, en cuanto atendemos con ellos a unos soportes primarios estructurales del sistema entero del ordenamiento jurídico, al que prestan todo su sentido"[10].

En efecto, "Cuando se habla de principio, lo primero que viene a la mente es la idea de inicio, de comienzo, de lo que se parte, y que se refiere a una acción, a una actividad, a un procedimiento o iter o camino, que se desarrolla y lleva a un término, a un fin. La idea de principio lleva en sí la de aquello que origina, que es origen o fuente de algo"[11].

En segundo lugar, que *la buena administración es general* deriva de que trasciende un precepto concreto y no se confunde con apreciaciones singulares o particulares.

En rigor, lo general se opone a lo particular, de modo que no equivale a vaguedad sino que resulta abarcativo en su supuesto de la categoría o clase de sujetos abstractamente comprendidos sin individualizarlos. Es más: en la medida que refieren a las verdades supremas del Derecho, resultan virtualmente comunes a todos los sistemas ya que la afirmación de que los principios generales son válidos solamente para un sistema, es una contradicción con su "ratio juris" de carácter universal que, desde los romanos, ha sido patrimonio común de nuestra conciencia jurídica [12].

En tercer lugar, que *la buena administración es una regla de Derecho* queda fuera de toda duda en la medida que constituye una fórmula técnica del mundo jurídico y no de un simple criterio moral, de una buena intención o de una vaga directiva, más allá de la dimensión ética que encierra y que, por cierto, debe presidir todo el obrar administrativo.

---

8 Carlos E. DELPIAZZO - "Dimensión tecnológica de la buena administración", en Anuario "Derecho Informático" (F.C.U., Montevideo, 2015), tomo XV, pág. 166 y sigtes.

9 Alberto Ramón REAL - "Los principios generales de Derecho en la Constitución uruguaya" (Montevideo, 1965), pág. 16, y en A.A.V.V. - "Los principios generales de Derecho en el Derecho uruguayo y comparado" (F.C.U., Montevideo, 2001), pág. 87 y sigtes.

10 Mariano R. BRITO - "Derecho Administrativo. Su permanencia, contemporaneidad, prospectiva" (U.M., Montevideo, 2004), pág. 37 y sigtes.

11 Eduardo SOTO KLOSS - "Derecho Administrativo" (Editorial Jurídica de Chile, Santiago, 1996), tomo II, pág. 20.

12 Giorgio DEL VECCHIO - "Los principios generales del Derecho" (Bosch, Barcelona, 1979), pág. 49.

A pesar de que los principios no se presentan habitualmente con la estructura típica de una regla de Derecho, ninguna duda puede existir acerca de que revisten el carácter de tal[13].

Siendo así, todos los principios constituyen fuente directa y principal de Derecho[14] porque "sería ontológicamente absurdo y lógicamente contradictorio que siendo principios generales sólo se apliquen si no hay texto, sino que los textos deben estar de acuerdo a los principios y los principios de acuerdo a la naturaleza de las cosas"[15].

En cuanto a su significación específica, en la medida que administrar quiere decir servir [16], el principio de buena administración es inherente a la función administrativa en el Estado constitucional de Derecho y refiere al servicio debido al bien común, que supone que todos y cada uno los componentes del cuerpo social puedan alcanzar plenamente los fines propios de su dignidad[17]. Como bien se ha dicho, "Existen instituciones públicas porque, con antelación, existen intereses comunes que atender convenientemente. Y existen intereses comunes porque las personas en conjunto e individualmente consideradas, precisan de ellos. Por tanto, es la persona y sus necesidades colectivas quienes explican la existencia de instituciones supraindividuales ordenadas y dirigidas a la mejor satisfacción de esos intereses comunitarios, de forma y manera que su gestión y dirección se realicen al servicio del bienestar general, de todos, no de una parte, por importante y relevante que ésta sea"[18]

En nuestro país, la noción de buena administración aparece recogida en la propia Constitución, cuyo art. 311 establece que cuando el Tribunal de lo Contencioso Administrativo declare la nulidad de un acto administrativo "en interés de la regla de Derecho o de la buena administración, producirá efectos generales y absolutos".

Quiere decir que el constituyente ha conceptuado a la buena administración como una regla de Derecho con el contenido previsto en el art. 23, lit. a) del decreto ley N°

---

13 Juan Pablo CAJARVILLE PELUFFO - "Reflexiones sobre los principios generales de Derecho en la Constitución uruguaya", en Estudios Jurídicos en memoria de Alberto Ramón Real (F.C.U., Montevideo, 1996), pág. 173 y sigtes., y en A.A.V.V. - "Los principios generales de Derecho en el Derecho uruguayo y comparado" cit., pág. 137 y sigtes.

14 Carlos E. DELPIAZZO – "Derecho Administrativo General" cit., volumen 1, segunda edición actualizada y ampliada, pág. 127 y sigtes.; "Reconocimiento de los principios generales de Derecho en el Derecho Administrativo uruguayo", en Jaime ARANCIBIA y José Ignacio MARTINEZ (Coordinadores) - "La primacía de la persona. Estudios en homenaje al Prof. Eduardo Soto Kloss" (Legal Publishing, Santiago de Chile, 2009), pág. 229 y sigtes.; y "Recepción de los principios generales de Derecho por el Derecho positivo uruguayo", en A.A.V.V. - "Los principios en el Derecho Administrativo Iberoamericano. Actas del VII Foro Iberoamericano de Derecho Administrativo" (Netbiblo, La Coruña, 2008), pág. 607 y sigtes.

15 Héctor BARBE PEREZ - "Los principios generales de Derecho como fuente de Derecho administrativo en el Derecho positivo uruguayo", en Estudios Jurídicos en memoria de Juan José Amézaga (Montevideo, 1958), pág. 37 y sigtes., y en A.A.V.V. - "Los principios generales de Derecho en el Derecho uruguayo y comparado" cit., pág. 19 y sigtes.

16 Carlos E. DELPIAZZO – "Derecho Administrativo Uruguayo" (Porrúa – UNAM, México, 2005), pág. 7.

17 Carlos E. DELPIAZZO - "Bien común, sociedad y Estado", en Rev. de Derecho de la Universidad de Montevideo (Montevideo, 2012), Año XI N° 21, pág. 81 y sigtes.

18 Jaime RODRIGUEZ ARANA – "El derecho a la buena administración en las relaciones entre ciudadanos y Administración Pública", en Anuario da Facultade de Dereito da Universidade da Coruña (La Coruña, 2012), N° 16, pág. 260.

15.524 de 9 de enero de 1984, a cuyo tenor se considera tal "todo principio de Derecho o norma constitucional, legislativa, reglamentaria o contractual". De lo contrario, el Tribunal carecería de jurisdicción para pronunciarse acerca de la contrariedad de cualquier acto a la buena administración ya que fue creado precisamente para conocer "de las demandas de nulidad de los actos administrativos definitivos, cumplidos por la Administración, en el ejercicio de sus funciones, contrarios a una regla de Derecho o con desviación de poder", según reza el art. 309.

Como bien se ha dicho, la referencia del art. 311 a la buena administración vale como consagración expresa, a nivel constitucional, de una regla de Derecho que se impone siempre a la Administración, por efecto de dicha mención, y es la de que las autoridades administrativas deben siempre ejercer sus potestades con el designio de perseguir el interés del servicio [19].

Queda así de manifiesto que la buena administración no hace al mérito sino a la legitimidad del quehacer administrativo, el cual no sólo debe ajustarse al principio de juridicidad sino que debe actuar de acuerdo con las exigencias de la buena administración ya que "administrar bien es algo más que respetar el principio de legalidad" [20].

2. ¿Contratación administrativa, pública o estatal?

Desde el punto de vista conceptual, si bien tanto en el Derecho comparado como en el lenguaje corriente se emplean como sinónimas las expresiones "contratación administrativa" [21], "contratación estatal" [22] y "contratación pública" [23], en rigor las mismas no pueden identificarse ya que, por un lado, el ámbito de lo público es más amplio que el de lo estatal y, por otro lado, lo administrativo tiene un sentido no sólo institucional sino también de actividad [24].

En primer lugar, sin perjuicio de la diversidad de criterios que la doctrina ha exhibido para caracterizar a la *contratación administrativa*, es valor aceptado que la misma res-

---

19 Horacio CASSINELLI MUÑOZ – "El interés legítimo como situación jurídica garantida en la Constitución uruguaya", en Perspectivas del Derecho Público en la segunda mitad del siglo XX (Instituto de Estudios de Administración Local, Madrid, 1969), tomo III, pág. 281 y sigtes., y en Horacio CASSINELLI MUÑOZ – "Derecho Constitucional y Administrativo" (La Ley Uruguay, Montevideo, 2010), pág. 324 y sigtes.

20 Graciela RUOCCO – "La buena administración y el interés general", en Augusto DURAN MARTINEZ y Marta HANNA DE ROSA (Coordinadores) – "Etica, Estado de Derecho y buena administración" (U.C.U., Montevideo, 2013), pág. 97.

21 Así: Carlos E. DELPIAZZO – "Manual de Contratación Administrativa" (PRONADE, Montevideo, 1992 y 1994, y Editorial Universidad, Montevideo, 1997), 2 tomos; y "Contratación Administrativa" (U.M., Montevideo, 1999, reedición 2005).

22 Así: Mario LINARES – "El contrato estatal" (Grijley, Lima, 2002); y José Luis BENAVIDES - "El contrato estatal" (Universidad Externado de Colombia, Bogotá, 2005).

23 Así: José Luis LOPEZ MUÑIZ y Juan C. LAGUNA DE PAZ (Coordinadores) – "Contratación pública" (Marcial Pons, Madrid, 1996); y José A. MORENO MOLINA y Andry MATILLA CORREA (Coordinadores) - "Contratos públicos en España, Portugal y América Latina" (Difusión Jurídica, Madrid, 2008).

24 Carlos E. DELPIAZZO – "¿Contratación administrativa, estatal o pública?", en Carlos E. DELPIAZZO (Coordinador) – "Comentarios al TOCAF sobre la Contratación Pública" (U.M., Montevideo, 2015), tomo II, pág. 13 y sigtes.

ponde predominantemente a un criterio orgánico [25]: si interviene una Administración pública en ejercicio de la función administrativa, el contrato que celebre será un contrato administrativo en sentido amplio (por oposición a la superada doctrina que distinguía entre contratos administrativos en sentido estricto y contratos privados de la Administración).

En segundo lugar, la referencia a *contratación estatal* o a compras estatales alude al similar ámbito de los contratos en que una entidad estatal (integrante del Estado en sentido amplio como organización jurídica de la colectividad) es parte del acuerdo generador de obligaciones y derechos con fuerza vinculante para las partes.

En tercer lugar, la *contratación pública* responde a un criterio funcional más amplio, en virtud del cual se procura responder a la diversificación de contratantes y globalización de los mercados [26], superando el dato de la Administración pública actuante por el criterio del poder adjudicador, el cual no sólo comprende a las Administraciones públicas sino también a otras entidades del sector público no estatal o privadas creadas para satisfacer necesidades de interés general las que quedan abarcadas por el régimen positivo de contratación [27].

En el Derecho uruguayo, a diferencia del panorama que exhibe el Derecho comparado –en el que es dable constatar una extensión del alcance subjetivo de la normativa relativa a contratos en los que está presente, mediata o inmediatamente, el poder público– el marco regulatorio vigente se filia a la noción tradicional de contratación administrativa, sin perjuicio de algunas inflexiones.

Así, mientras crece con fuerza una tendencia normativa a escapar al intento de categorización de las Administraciones públicas (de por sí difícil por la diversidad organizativa de los distintos Estados integrados en espacios mayores), haciendo referencia a los denominados "poderes adjudicadores", es decir, entes que disponen del poder público de adjudicar contratos, cualquiera sea su naturaleza jurídica [28], en nuestro país permanece vigente el concepto clásico de contratación administrativa, por lo que las personas públicas no estatales y las sociedades anónimas de propiedad estatal se rigen por el Derecho común y no están alcanzadas por todas las normas de Derecho público vigentes en materia contractual.

---

25 Carlos E. DELPIAZZO – "Contratación Administrativa" cit., pág. 7 y sigtes; y "Derecho Administrativo Uruguayo" cit., pág. 203 y sigtes.

26 Carlos E. DELPIAZZO - "Sujetos de la contratación pública", en "Contratación Pública" (Adrus, Arequipa, 2013), volumen 2, pág. 725 y sigtes.; y "Acerca de los sujetos en los contratos públicos", en Estudios de Derecho Administrativo (La Ley Uruguay, Montevideo, 2013), Nº 8, pág. 87 y sigtes.

27 Carlos E. DELPIAZZO - "Tránsito de la contratación administrativa a la contratación pública", en Carlos E. DELPIAZZO (Coordinador) - "Nuevos aspectos de las relaciones administrativas" (F.C.U., Montevideo, 2011), pág. 337 y sigtes.

28 José Luis BENAVIDES y Pablo MORENO CRUZ (Editores) – "La contratación pública en América Latina" (Universidad Externado de Colombia, Bogotá, 2016); y Martín María RAZQUIN LIZARRAGA - "Contratos públicos y Derecho comunitario" (Aranzadi, Pamplona, 1996), pág. 223 y sigtes.

II. IMPORTANCIA DE LA GESTACIÓN CONTRACTUAL

La planificación de la contratación pública corresponde a la denominada fase preparatoria, siguiendo la ya decantada diferenciación que hace la doctrina entre las etapas preparatoria, esencial e integrativa [29] de los procedimientos respectivos[30].

En ella revisten especial importancia los trabajos de preparación, la presupuestación necesaria y la confección de los pliegos de condiciones.

Desde el punto de vista conceptual, la aludida etapa preparatoria se caracteriza por ser principalmente interna a la Administración, comprendiendo básicamente los estudios de factibilidad técnica, jurídica, económico–financiera y política de la contratación a realizar, la preparación del pliego de condiciones y la decisión genérica de contratar –que luego se especificará al realizar el llamado con el cual se inicia la etapa esencial– manifestada fundamentalmente en la aprobación del pliego.

En el Derecho uruguayo, para una mejor administración de los recursos del Estado[31], el art. 43 del Texto Ordenado de la Ley de Contabilidad y Administración Financiera (TOCAF)[32] manda planificar las contrataciones públicas en los siguientes términos: "Los ordenadores de gastos adoptarán las medidas necesarias para contratar los suministros o servicios por grupos de artículos o servicios, de forma de facilitar la presentación del mayor número posible de oferentes" (inc. 1°). Agrega que "Las previsiones de necesidades de suministros, servicios y obras y las respectivas contrataciones deberán hacerse de la forma que mejor se adecue al objeto de estas últimas y a las necesidades y posibilidades de la Administración contratante" (inc. 2°).

Complementariamente, el art. 24 de la ley N° 19.355 de 19 de diciembre de 2015 ordena a todos los organismos comprendidos en el TOCAF elaborar "planes anuales de contratación de bienes y servicios con el asesoramiento de la Agencia de Compras y Contrataciones del Estado"[33].

---

29 Renato ALESSI – "Instituciones de Derecho Administrativo" (Bosch, Barcelona, 1970), tomo I, pág. 193 y sigtes.; Roberto DROMI – "Licitación pública" (E.C.A., Buenos Aires, 1995), pág. 96 y sigtes.; y Alberto Ramón REAL – "Licitación pública. Adjudicación y contrato. Vicios", en La Justicia Uruguaya, tomo 76, sección Doctrina, pág. 77 y sigtes.

30 Carlos E. DELPIAZZO – "Manual de Contratación Administrativa" cit., tomo 1, tercera edición actualizada, pág. 93 y sigtes.; "Contratación Administrativa" cit., pág. 165 y sigtes.; "Derecho Administrativo Uruguayo" cit., pág. 262 y sigtes.; y "Derecho Administrativo General" cit., volumen 1, segunda edición actualizada y ampliada, pág. 487 y sigtes., y Pablo LEIZA ZUNINO – "Contratos de la Administración Pública" (F.C.U., Montevideo, 2012), pág. 287 y sigtes.

31 Mariana BUZO – "Hacia una mejor administración de los recursos del Estado", en Carlos E. DELPIAZZO (Coordinador) – "Renovación de la contratación pública" (F.C.U., Montevideo, 2013), pág. 443 y sigtes.

32 Carlos E. DELPIAZZO – "Texto Ordenado de Contabilidad y Administración Financiera" (F.C.U., Montevideo, 2016), décimo segunda edición, págs. 51 y 52.

33 La Agencia de Compras y Contrataciones del Estado (ACCE) fue creada en el ámbito de la Presidencia de la República con la finalidad de "promover y proponer acciones tendientes a la mejora de la gestión y la transparencia de las compras y, en general, de las contrataciones del sector público", y está regulada actualmente en los arts. 150 y 151 del TOCAF (ver: Carlos E. DELPIAZZO - "Texto Ordenado de Contabilidad y Administración Financiera" cit., págs. 12 y sigtes. y 114 y sigtes.; Pablo SCHIAVI – "La Agencia de Compras y Contrataciones del Estado (ACCE). Desafíos de una nueva gestión en las compras y contrataciones del Estado", en Estudios de Derecho Administrativo (La Ley Uruguay, Montevi-

Al presente, no pueden resultar ajenos a dicha planificación los aspectos relativos a la sustentabilidad de la contratación pública, los cuales deben contemplar aspectos ambientales, de eficiencia energética, sociales y éticos en la preparación (y luego en la ejecución) de los contratos respectivos[34].

2. Presupuestación y financiación

Desde el punto de vista conceptual, corresponde a esta etapa preparatoria la determinación de si del contrato a celebrar derivarán ingresos o egresos para la Administración y, en el segundo caso, si los mismos deben ser atendidos con cargo a rubros de funcionamiento o de inversión.

Modernamente, en materia presupuestal, es constatable la migración de una *noción estática*, de mero documento de carácter administrativo y contable, a una *noción dinámica*, como instrumento de política económica mediante el cual las Administraciones actúan sobre la realidad vinculada a su competencia[35].

Consecuentemente, cabe caracterizar al presupuesto como el "programa financiero para un período determinado de tiempo, aprobado por la autoridad competente y que contiene los gastos que se autorizan y, en la mayoría de los casos, una estimación de los recursos previstos"[36].

Más descriptivamente, puede decirse que el presupuesto es "el programa financiero del Estado para un período determinado": es un programa en el sentido etimológico de la palabra, con la significación de declaración previa de lo que se piensa hacer en determinada materia; es financiero en la medida que se vincula a la obtención de recursos; y está acotado a un período determinado de tiempo porque no es posible hacer un programa financiero de duración indefinida ya que ello implicaría desconocer la realidad de los ciclos económicos [37].

En el Derecho uruguayo, siguiendo la distinción que aporta el art. 214, inc. 2°, lit. A) de la Constitución al regular el contenido del presupuesto, mientras que los gastos de funcionamiento (o corrientes) son aquellos que no alteran la capacidad instalada de la economía así como los destinados a consumos cuyos beneficios se agotan de una sola vez, los gastos de inversión (o de capital) son aquellos que aumentan la capacidad insta-

---

deo, 2013), N° 8, pág. 113 y sigtes.; y Santiago PEREZ IRURETA – "La Agencia de Compras y Contrataciones del Estado", en Carlos E. DELPIAZZO (Coordinador) – "Renovación de la contratación pública" (F.C.U., Montevideo, 2013), pág. 435 y sigtes.

34 Carlos E. DELPIAZZO – "Contratación pública sostenible en Uruguay", en José PERNAS GARCIA y Rafael VALIM (Coordinadores) – "Contratación pública sostenible: una perspectiva iberoamericana" (Bubok, La Coruña, 2014), pág. 67 y sigtes.; "Contratación pública y sustentabilidad", en Rev. Derecho & Sociedad (Lima, 2015), N° 44, pág. 65 y sigtes.; "Contratación pública y sustentabilidad", en Carlos E. DELPIAZZO (Coordinador) – "Comentarios al TOCAF sobre la Contratación Pública" (U.M, Montevideo, 2015), tomo II, pág. 57 y sigtes.; y "Sostenibilidad y contratación del sector público", en Rev. de Derecho y Tribunales (Montevideo, 2016), N° 30, pág. 89 y sigtes.

35 Carlos E. DELPIAZZO – "Derecho Administrativo General" (A.M.F., Montevideo, 2013), volumen 2, pág. 173 y sigtes.; y "El sistema presupuestario nacional", en Rev. Uruguaya de Derecho Constitucional y Político, tomo III, N° 18, pág. 367 y sigtes.

36 Juan Carlos PEIRANO FACIO – "Deuda pública y Presupuesto" (F.C.U., Montevideo, 1976), pág. 55 y sigtes.

37 Oscar SARLO y Jorge COLLAZO – "Actividad financiera, Derecho financiero y Derecho presupuestario" (F.C.U., Montevideo, 1975), pág. 41 y sigtes.

lada de la economía o cuyos beneficios son duraderos o persisten en el mediano y largo plazo[38].

Hasta la aprobación del decreto ley Nº 14.867 de 24 de enero de 1979, los presupuestos regulaban los gastos de funcionamiento y de inversión básicamente por las mismas reglas[39].

Al presente, según la definición dada por el art. 73 de la ley Nº 18.719 de 27 de diciembre de 2010, "Se considera inversión pública a los efectos presupuestales, la aplicación de recursos a todo tipo de bienes y actividades que incrementen el patrimonio físico de los organismos que integran el Presupuesto Nacional, con el fin de ampliar, mejorar, modernizar, reponer o reconstruir la capacidad productora de bienes o prestadora de servicios. Incluye asimismo los pagos sin contraprestación cuyo objeto sea que los perceptores adquieran activos de capital. Esta definición comprende los estudios previos de los proyectos a ser ejecutados".

Complementariamente, en virtud de los arts. 23 a 25 de la ley Nº 18.996 de 7 de noviembre de 2012 se conformó el Sistema Nacional de Inversión Pública "con el objeto de ordenar y orientar el proceso de inversión en el país a fin de optimizar la asignación de recursos"[40].

En materia contractual, lo normal es que los contratos destinados a la obtención de servicios se atiendan con cargo a rubros de funcionamiento mientras que los contratos que tienen por objeto la realización de obras se financian con cargo a créditos de inversiones provenientes de recursos presupuestales o de endeudamiento o que resultan de aportes del sector privado (como en los contratos de concesión).

3. Trascendencia de los pliegos de condiciones

Desde el punto de vista conceptual, es inocultable la trascendencia teórica e importancia práctica que tiene la adecuada preparación de los pliegos de condiciones en orden a la buena administración.

Para su *caracterización*, puede decirse que el pliego de condiciones es el conjunto de cláusulas elaboradas unilateralmente por la Administración con el triple fin de especificar el suministro, obra o servicio a licitar (objeto), establecer las condiciones del contrato a celebrarse (relación jurídica) y determinar aspectos del trámite a seguir (procedimiento) [41].

---

38 Carlos E. DELPIAZZO – "Derecho Administrativo General" *cit.*, volumen 2, pág. 187 y sigtes.

39 Carlos E. DELPIAZZO - "La unidad de caja en la gestión financiera del Estado", en La Justicia Uruguaya, tomo LXXXI, sección Doctrina, pág. 35 y sigtes.

40 Carlos E. DELPIAZZO – "Régimen de inversiones", en Carlos E. DELPIAZZO (Coordinador) – "Comentarios al TOCAF sobre la Hacienda Pública" (U.M., Montevideo, 2012), pág. 99 y sigtes.

41 Carlos E. DELPIAZZO - "Manual de Contratación Administrativa" cit., tomo 1, tercera edición actualizada, pág. 94 y sigtes.; "Contratación Administrativa" cit., pág. 166; "Derecho Administrativo Uruguayo" cit., pág. 262 y sigtes.; y "Derecho Administrativo General" cit., volumen 1, segunda edición actualizada y ampliada, pág. 487 y sigtes.

Además de ese triple fin –definir el objeto, la relación jurídica y el procedimiento para la selección del cocontratante– el pliego de condiciones cumple una *doble función* [42]:

a) antes del perfeccionamiento del contrato, indica a los interesados las condiciones que deben reunir sus ofertas, las características de lo que se demanda y aspectos tan importantes para los proponentes como modalidades de cotización, formas de pago del precio, plazo de mantenimiento de la oferta, monto y formas de la garantía, lugar, día y hora del acto de apertura, etc.; y

b) cuando el contrato se perfecciona, el pliego se convierte en la parte sustancial del contenido contractual, incorporándose al mismo y constituyéndose, al decir de la doctrina, en "ley del contrato".

Desde el punto de vista de su *naturaleza jurídica*, es necesario distinguir entre los pliegos de condiciones generales y los pliegos de condiciones particulares. Respecto a los primeros, se entiende que constituyen verdaderos reglamentos –así los califica expresamente por dos veces el art. 47 del TOCAF– y que, como tales, deben publicarse. En cambio, los segundos se reputan actos administrativos para cuya comunicación basta la notificación a los interesados[43].

Innecesario resulta destacar que, en cualquier caso, los pliegos de condiciones deben someterse a las reglas de Derecho de superior valor y fuerza y, de modo particular, a los principios generales de Derecho, entre los cuales destaca al efecto el principio de buena administración.

En el Derecho uruguayo, se realizan varias distinciones en cuanto a la tipología de pliegos de condiciones.

En primer lugar, *atendiendo a su contenido*, los arts. 47 y 48 del TOCAF distinguen entre "pliegos de bases y condiciones generales" y "pliegos de bases y condiciones particulares".

Según decantada enseñanza, "Los primeros contienen cláusulas aplicables a todos los contratos de la misma categoría; los segundos las cláusulas relativas a un contrato determinado" [44].

Al tenor del mencionado art. 47 del TOCAF, "El Poder Ejecutivo, previo informe de la Agencia de Compras y Contrataciones del Estado y con la conformidad del Tribunal de Cuentas, podrá formular reglamentos o pliegos únicos de bases y condiciones generales para los contratos de:

---

42 José María BOQUERA OLIVER – "La selección de contratistas" (Instituto de Estudios Políticos, Madrid, 1963), pág. 48.

43 Carlos E. DELPIAZZO – "Derecho Administrativo General" cit., volumen 1, segunda edición actualizada y ampliada, pág. 488.

44 Enrique SAYAGUES LASO – "Tratado de Derecho Administrativo" (Montevideo, 1963), tomo I, pág. 561.

a) Suministros y servicios no personales[45].

b) Obras públicas[46].

Dichos pliegos deberán contener como mínimo:

1) Los requisitos de admisibilidad de las propuestas, los efectos de la falta de cumplimiento del contrato y, en particular, las penalidades por mora, casuales de rescisión y la acción a ejercer con respecto a las garantías y los perjuicios del incumplimiento, determinados con precisión y claridad.

2) Las condiciones económico–administrativas del contrato y su ejecución.

3) Los derechos y garantías que asisten a los oferentes.

4) Toda otra condición o especificación que se estime necesaria o conveniente, o ambas cualidades, para asegurar la plena vigencia de los principios generales de la contratación administrativa.

Dichos reglamentos o pliegos serán de uso obligatorio para todas las administraciones públicas estatales en las contrataciones que superen $ 1:500.000 (un millón quinientos mil pesos uruguayos) salvo en lo que no fuere conciliable con sus fines específicos, establecidos por la Constitución de la República o la ley".

Por su parte, el art. 48 del TOCAF establece que "El pliego de bases y condiciones generales será complementado con un pliego de bases y condiciones particulares por cada contratación" (inc. 1º).

En lo sustancial, "Dicho pliego deberá contener como mínimo (inc. 2º):

a) La descripción del objeto.

b) Las condiciones especiales o técnicas requeridas.

c) El o los principales factores que se tendrán en cuenta para evaluar las ofertas, así como la ponderación de cada uno a efectos de determinar la calificación asignada a cada oferta, en su caso.

d) El o los tipos de moneda en que deberá cotizarse, el procedimiento de conversión en una sola moneda para la comparación de las ofertas y el momento en que se efectuará la conversión.

e) Las clases y monto de las garantías, si corresponden.

f) El modo de la provisión del objeto de la contratación.

g) Si se otorgan o no beneficios fiscales o de otra naturaleza y la determinación de los mismos.

---

45 Por Decreto Nº 131/014 de 19 de mayo de 2014 se aprobó el Pliego Unico de Bases y Condiciones Generales para la Contratación de Suministros y Servicios no Personales.

46 Por Decreto Nº 257/015 de 23 de setiembre de 2015 se aprobó el Pliego Unico de Bases y Condiciones para los Contratos de Obra Pública, y por Decreto Nº 171/016 de 6 de junio de 2016 se le efectuó un agregado al art. 11.3.5 sobre actualización de precios.

h) Toda otra especificación que contribuya a asegurar la claridad necesaria para los posibles oferentes.

El ordenador interviniente determinará el precio del pliego particular o que no tenga costo.

El pliego particular podrá establecer que la adjudicación se pueda dividir de determinada forma entre dos o más oferentes.

Cuando el pliego particular no determine precisamente la cantidad a comprar, los oferentes podrán proponer precios distintos por cantidades diferentes de unidades que se adjudiquen.

En ningún caso, el pliego particular podrá exigir a los oferentes requisitos que no estén directamente vinculados a la consideración del objeto de la contratación o a la evaluación de la oferta, salvo que se encuentren establecidos en alguna disposición legal que expresamente lo exija para la presentación de ofertas y no consten en el Registro Único de Proveedores del Estado (RUPE), reservándose sólo al oferente que resulte adjudicatario la carga administrativa de la demostración de estar en condiciones formales de contratar, sin perjuicio de las responsabilidades penales, civiles o administrativas que pudieran corresponder".

En segundo lugar, otra clasificación interesante es la que, *atendiendo al criterio de la mayor o menor exhaustividad de sus estipulaciones,* distingue entre pliegos de condiciones analíticos y sintéticos.

Así, en tanto en los pliegos de condiciones analíticos se establecen minuciosamente todas las condiciones relativas al objeto, la relación jurídica y el procedimiento, dejando librado a los oferentes prácticamente la sola indicación del precio como elemento variable, en los pliegos de condiciones sintéticos se fijan las bases de modo abreviado y se habilita a los proponentes la determinación de la forma, modo, precio, plazo y demás especificaciones de la prestación solicitada [47].

En tercer lugar, *atendiendo a la sustantividad de su contenido*, suelen contraponerse los denominados pliegos administrativos a los pliegos técnicos.

Mientras que los primeros contienen fundamentalmente cláusulas de orden jurídico, los segundos se caracterizan por contener primordialmente cláusulas de carácter técnico [48].

Como es obvio, cualquiera sea el tipo de pliego de condiciones de que se trate, su contenido deberá ajustarse a las reglas de Derecho de superior rango y, especialmente, a los principios generales de Derecho que enuncia el art. 149 del TOCAF: flexibilidad, publicidad, igualdad, concurrencia, razonabilidad, delegación, ausencia de ritualismo, materialidad frente al formalismo, veracidad salvo prueba en contrario, transparencia y buena fe [49]. Dicha enumeración no es –no podría serlo– de carácter taxativo, de modo

47 Bartolomé FIORINI e Ismael MATA – "Licitación pública. Selección del contratista estatal" (Abeledo Perrot, Buenos Aires, 1972), pág. 79.

48 Roberto DROMI – "Licitación pública" *cit.*, p. 259.

49 Carlos E. DELPIAZZO - "Eficacia aplicativa de los principios generales de Derecho en la contratación administrativa", en Anuario de Derecho Administrativo, tomo XIII, p. 65 y ss.; "Los principios generales en la contratación pública", en Juan Carlos CASSAGNE y Enrique RIVERO ISERN (Directores) - "La contratación pública" (Hammurabi, Buenos Aires, 2007), tomo 1, pág. 543 y sigtes., y "Extensión de los

que no excluye la aplicación de otros principios no referidos en ella, tal como acontece con el de buena administración.

III. PLANIFICACIÓN E INVERSIÓN

Los recursos necesarios para la atención de los requerimientos en materia de infraestructura y servicios requeridos por la sociedad deben integrar el programa financiero del Estado, el cual supone la planificación de las inversiones a realizar y cómo financiarlas.

1. Caracterización

Desde el punto de vista conceptual, la noción de inversión se vincula con las de ahorro y de consumo[50], asociándose normalmente a la formación de capital.

Consecuentemente, *en el lenguaje económico*, se considera inversión "el aumento neto del capital real de la comunidad (equipos, edificios, existencias de mercancías, etc.), mientras que los profanos hablan de inversión cuando compran un terreno, unas acciones o cualquier título de propiedad; para los economistas, en cambio, todo eso no son realmente sino meras transferencias, en las que lo que uno invierte otro lo desinvierte. Técnicamente, sólo hay inversión neta cuando se crea un nuevo capital real"[51].

De modo coincidente, *en el campo del Derecho público*, es habitual que la doctrina especializada llegue al concepto de inversión a partir de las tipologías del gasto[52].

Así, junto a las tradicionales clasificaciones administrativas (que distinguen según la competencia orgánica para gastar) y por objeto (que atienden a la naturaleza o índole del gasto), modernamente se pone el acento en las clasificaciones económicas (que agrupan los gastos según sean de funcionamiento o corrientes y de inversión o capital) y programáticas (o por objetivos) y según la fuente de financiamiento (considerando el origen de los fondos aplicables).

Siguiendo un criterio tendiente a mostrar los efectos de la intervención del Estado en la economía, ya ha quedado dicho que los gastos de funcionamiento (o corrientes) son aquellos que no alteran la capacidad instalada de la economía así como los destinados a consumos cuyos beneficios se agotan de una sola vez, mientras que los gastos de inversión (o de capital) son aquellos que aumentan la capacidad instalada de la economía o cuyos beneficios son duraderos o persisten en el mediano y largo plazo.

A su vez, es frecuente distinguir entre la inversión pública y la privada, atendiendo a su regulación primordial por el Derecho público o por el Derecho común, a la naturaleza del sujeto que la realiza y a la índole u origen de los fondos aplicados[53].

---

principios generales", en Carlos E. DELPIAZZO (Coordinador) – "Comentarios al TOCAF sobre la Hacienda Pública" (U.M., Montevideo, 2012), p. 43 y ss.

50 Gervasio A. POSADAS BELGRANO – "Economía Política" (F.C.U., Montevideo, 1969), tomo II, pág. 293 y sigtes.

51 Paul A. SAMUELSON – "Curso de Economía Moderna" (Aguilar, Madrid, 1973), p. 239.

52 Giuliani FONROUGE - "Derecho Financiero" (Depalma, Buenos Aires, 1965), volumen I, pp. 36 y ss. y 233 y sigtes.; Dino JARACH – "Finanzas Públicas" (Cangallo, Buenos Aires, 1978), pág. 169 y sigtes.; y Martha VIDAL - "La gestión financiera del Estado" (F.C.U., Montevideo, 2009), pág. 126 y sigtes.

53 Carlos E. DELPIAZZO - "Consideración jurídica de la inversión privada", en Congreso Internacional de Derecho Administrativo: Derecho Administrativo en el siglo XXI (Adrus, Arequipa, 2013), volumen II,

En el mundo globalizado de nuestros días [54], la liberalización del comercio internacional y el aumento de la competencia en los mercados, los flujos transfronterizos masivos y, consecuencialmente, la realización de inversiones en los distintos países por parte de extranjeros, han determinado la proliferación de leyes nacionales y tratados internacionales de protección de inversiones extranjeras [55], en los cuales el concepto de inversión se define con gran amplitud, aludiendo a "todo tipo de activo" o "todo aporte o bien invertido en cualquier sector de la actividad económica" [56].

Así, según se ha dicho, "cabría dentro de la noción de inversión no sólo la que implique aporte de capital (propiedad de bienes muebles o inmuebles, corporales e incorporales como los derechos de propiedad intelectual, concesiones, etcétera) sino también la conformada por prestaciones de servicios, transferencia de tecnología, contratos de cooperación industrial (como los de participación de producción o de beneficios), de gestión, de franquicia, de licencia, llave en mano, u otros. Este criterio ha sido el seguido en la práctica por el CIADI, así como el adoptado, por ejemplo, en el art. 1° del Protocolo de Colonia para la Promoción y Protección Recíproca de Inversiones en el Mercosur" [57].

En el Derecho uruguayo, participando de tal amplitud conceptual, la legislación ha definido tanto a la inversión pública como a la privada.

Mientras que la primera ya ha sido referenciada a partir del texto del art. 73 de la ley N° 18.719 de 27 de diciembre de 2010, para caracterizar a la segunda cabe hacer caudal del art. 7° de la ley de promoción de inversiones N° 16.906 de 7 de enero de 1998[58], a cuyo tenor se entiende genéricamente por inversión privada (sea nacional o extranjera), "la adquisición de los siguientes bienes destinados a integrar el activo fijo o el activo intangible:

a) bienes muebles destinados directamente al ciclo productivo;

b) equipos para el procesamiento electrónico de datos;

c) mejoras fijas afectadas a las actividades industriales y agropecuarias;

---

pág. 911 y sigtes.; y "Régimen de la inversión privada en el sector público", en Rev. CADE de Doctrina y Jurisprudencia (Montevideo, 2015), tomo XXX, pág. 5 y sigtes.

54 Carlos E. DELPIAZZO - "Perspectiva latinoamericana del Derecho Administrativo Global", en Víctor HERNANDEZ MENDIBLE (Coordinador) - "Desafíos del Derecho Administrativo Contemporáneo. Conmemoración del centenario de la Cátedra de Derecho Administrativo en Venezuela" (Ediciones Paredes, Caracas, 2009); "Global Administrative Law and Comparative Administrative Law in Latin America", en Jaime RODRIGUEZ ARANA MUÑOZ y Javier ROBALINO (Coordinadores) - "Global Administrative Law: towards the Ius Commune or a Lex Administrativa?" (Cameron May, Londres, 2010); y "Hacia un Derecho Administrativo Global", en Aurilivi LINARES MARTINEZ y A. SADDY (Coordinadores) - "Estudos sobre Regulaçao e Crises dos Mercados Financeiros" (Lumen Juris, Río de Janeiro, 2011), pág. 289 y sigtes.

55 Carlos E. DELPIAZZO – "Derecho Administrativo Especial" (A.M.F., Montevideo, 2010), volumen 2, segunda edición actualizada y ampliada, pág. 712 y sigtes.

56 Mario LINARES – "El Sistema internacional de protección de la inversión extranjera y los contratos públicos" (Grijley, Lima, 2006), pág. 35 y sigtes.; y José Antonio MORENO RODRIGUEZ – "Temas de contratación internacional, inversiones y arbitraje" (Catena, Asunción, 2006), pág. 203 y sigtes.

57 Cristina VAZQUEZ – "Protección de inversiones extranjeras. Desafío actual del Derecho Administrativo", en Rev. Derecho y Tribunales (Montevideo, 2012), N° 19, pág. 35 y sigtes.

58 Carlos E. DELPIAZZO – "Régimen de inversiones", en Carlos E. DELPIAZZO (Coordinador) – "Comentarios al TOCAF sobre la Hacienda Pública" (U.M., Montevideo, 2012), pág. 100 y sigtes.

d) bienes inmateriales tales como marcas, patentes, modelos industriales, privilegios, derechos de autor, valores llave, nombres comerciales y concesiones otorgadas para la prospección, cultivos, extracción o explotación de recursos naturales; y

e) otros bienes, procedimientos, invenciones o creaciones que incorporen innovación tecnológica y supongan transferencia de tecnología".

De todos modos, inversión pública y privada no son íntegramente separables sino interdependientes, discutiéndose en los ámbitos académicos y políticos si el Estado debe limitarse a proveer la infraestructura básica y asegurar reglas de juego estables para que se desarrolle la inversión privada o si debe cumplir un rol activo a través del denominado "gasto público productivo", en el entendido de que existe una relación positiva entre la inversión pública y la inversión privada y un impacto también positivo sobre el crecimiento y la mejora del bienestar general de la economía [59].

2. Obtención

Desde el punto de vista conceptual, en el marco del cometido de conducción de la economía [60], el Estado destina fondos públicos provenientes de la recaudación tributaria o del endeudamiento a la inversión y procura captar fondos privados a través de estímulos jurídicos y económicos [61], acudiendo para ello tanto al instrumento contractual como al instrumento asociativo.

Mediante el instrumento contractual, los ordenamientos jurídicos contemplan desde larga data no sólo *contratos* especialmente idóneos a ese efecto, sino también *procedimientos* de contratación dirigidos a promover iniciativas particulares.

En primer lugar, respecto a las modalidades de colaboración público privada (en sentido amplio) de base contractual, las más importante son las *concesiones*, sin perjuicio de otras figuras negociales[62].

Como ya he tenido oportunidad de señalarlo antes de ahora, lo propio de las concesiones es crear un derecho en cabeza de alguien que no lo disponía hasta ese momento, razón por la cual nuestra doctrina ha coincidido en definir a la concesión "como el acto de Derecho público que confiere a una persona (física o jurídica, privada o pública) un derecho o un poder que antes no tenía, mediante la trasmisión de un derecho o del ejercicio de un poder propio de la Administración" [63], destacando que "la concesión entrega una potestad jurídica incorporando un derecho al patrimonio jurídico del individuo, aumentando su capacidad" [64].

---

59 Federico GONZALEZ – "Inversión pública e inversión privada en Uruguay: ¿crowding-in o crowding out?", en Rev. de Ciencias Empresariales y Economía (U.M., Montevideo, 2007), Año 6, pág. 99 y sigtes.

60 Carlos E. DELPIAZZO – "Derecho Administrativo Especial" (A.M.F., Montevideo, 2009), volumen 1, segunda edición actualizada y ampliada, pág. 223 y sigtes.; y "El Banco Central del Uruguay" (A.M.F., Montevideo, 1998), segunda edición actualizada y ampliada, págs. 2 y 3.

61 Carlos E. DELPIAZZO – "Panorama general de incentivos a la inversión privada" en la Ley on line.

62 Carlos E. DELPIAZZO - "Colaboración público privada en la ejecución contractual de obras públicas", en Rev. de Derecho y Tribunales (Montevideo, 2007), Nº 4, pág. 11 y sigtes.

63 Enrique SAYAGUES LASO - "Tratado de Derecho Administrativo" cit., tomo I, pág. 421.

64 Aparicio MENDEZ - "Teoría del órgano" (A.M.F., Montevideo, 1971), pág. 100.

Específicamente, la *concesión de obra pública* es el contrato a través del cual la Administración comete a una persona la construcción a su costo de una obra pública y la faculta temporalmente para cobrar determinadas sumas a quienes la utilizan, como medio de financiar la inversión realizada [65].

Sin perjuicio de tal modalidad habitual de financiamiento (pura), existen formas alternativas o compartidas entre concedente y concesionario (mixtas), a las que deben agregarse las técnicas financieras utilizadas para la obtención de fondos, tales como el "proyect finance" o la securitización [66].

A su vez, puede definirse genéricamente la *concesión de servicios* como un contrato de la Administración sometido a un régimen predominante de Derecho público, mediante el cual la entidad estatal que los presta sin exclusividad, acuerda con un tercero la ejecución de los mismos, con prescindencia de los aspectos de organización y funcionamiento, con plazo, por cuenta y riesgo del concesionario, bajo la vigilancia y control de la Administración concedente y percibiendo como retribución el precio que pagarán los usuarios del servicio.

Dentro de dicho género, existen distintas especies de concesiones, entre las cuales reviste particular importancia la concesión de servicio público pero también hay otras especies, tales como la concesión de servicios públicos impropios y la concesión de otros servicios accesorios [67].

Igualmente, pueden considerarse expresivos de participación público privada los llamados *fideicomisos públicos*, entendiendo por tales los contratos por los cuales la Administración, en su carácter de fideicomitente, trasmite la propiedad de bienes de dominio público o privado del Estado previa habilitación legal, o afecta fondos públicos a un fiduciario, para realizar una actividad privada de interés público[68], sin que ello excluya inversión por los particulares. Al respecto, fideicomisos y concesiones pueden ser complementarios en orden al financiamiento de obras y servicios[69].

Más específicamente, a partir de la consideración de las experiencias comparadas[70], se puede constatar que la tendencia imperante en nuestros días orienta la colaboración de

---

65 Carlos E. DELPIAZZO - "Contratos de obra pública y de concesión de obra pública", en VIII Jornadas Internacionales de Derecho Administrativo Allan R. Brewer Carías (FUNEDA, Caracas, 2005), tomo I, pág. 215.

66 Javier GUIRIDLIAN LAROSA – "Contratación pública y desarrollo de infraestructuras" (Lexis Nexis, Buenos Aires, 2204), págs. 31 y sigtes. y 63 y sigtes., y Alberto RUIZ OJEDA (Coordinador) – "La financiación privada de obras públicas" (Civitas, Madrid, 1997), pág. 69 y sigtes.

67 Carlos E. DELPIAZZO - "Manual de Contratación Administrativa" cit., tomo II, pág. 71 y sigtes., y "Contratación Administrativa" cit., pág. 381 y sigtes.

68 Carlos E. DELPIAZZO - "Acerca del fideicomiso público", en Carlos E. DELPIAZZO (Coordinador) – "Comentarios al TOCAF sobre la Contratación Pública" (U.M, Montevideo, 2015), tomo II, pág. 269 y sigtes.; Eduardo LUST HITTA - "El fideicomiso público en el Uruguay", en X Coloquio de Derecho Público (F.C.U., Montevideo, 2006), pág. 128; y Alicia M. LOPEZ QUINTANA - "Fideicomiso público en el régimen jurídico uruguayo", en Anuario de Derecho Comercial (F.C.U., Montevideo, 2006), tomo 11, pág. 122.

69 Jaime F. MALAGON - "Fideicomiso y concesión" (Porrúa, México, 2002), pág. 92 y sigtes.

70 José Luis ECHEVARRIA PETIT - "Qué se entiende por Participación Público Privada (PPP)", en Rev. de los Antiguos Alumnos del IEEM (Montevideo, 2005), Año VIII, Nº 21, pág. 81 y sigtes.; "Aspectos jurídicos y factores de éxito de los P3", en Rev. de los Antiguos Alumnos del IEEM cit., Año VIII, Nº 21, pág. 91 y sigtes.; y "Participación conjunta del sector público y del sector privado en proyectos de in-

los particulares con la Administración a través de los denominados *contratos de participación pública privada*, recientemente incorporados a nuestro Derecho positivo [71].

En segundo lugar, desde el punto de vista de los procedimientos de contratación previstos para captar la inversión privada en proyectos de interés público, merece especial mención la llamada *iniciativa privada*, caracterizada por ser un procedimiento no promovido de oficio por la Administración sino por el particular interesado [72].

Nuestro Derecho positivo reconoce dos procedimientos de contratación administrativa promovidos por los interesados, similares en nombre y regulación.

Por otra parte, corresponde agregar que en los *procedimientos competitivos* de contratación pueden contemplarse factores de evaluación que privilegien la canalización de la inversión privada en el sector público.

Mediante el instrumento asociativo, también puede articularse la canalización de inversión privada y pública, lo que puede concretarse a través de diversas "*figuras asociativas*", expresión que uso desde hace años para abarcar las múltiples posibilidades de coparticipación entre actores públicos y privados [73].

En el Derecho uruguayo, el instrumento contractual es particularmente idóneo para captar inversión privada en el sector público[74].

En cuanto al instrumento asociativo, a partir de la definición teórica de sociedad de economía mixta y con base en el art. 188 de la Constitución, cabe distinguir entre las asociaciones de fuente constitucional y las de fuente legal:

a) entre las primeras, es posible diferenciar las sociedades de economía mixta de Derecho público de las de Derecho privado[75]; y

b) entre las segundas, en la medida que la Constitución no agota el elenco de posibles figuras asociativas, múltiples leyes han habilitado a los Entes Autónomos y Servicios Descentralizados para asociarse [76], cubriendo diferentes áreas de actividad, tanto en

---

fraestructura en la experiencia canadiense", en Rev. de Derecho de la Universidad de Montevideo, Año II (2003), N° 3, pág. 73 y sigtes.

71 Carlos E. DELPIAZZO – "Caracterización conceptual y positiva", en Carlos E. DELPIAZZO (Coordinador) – "Comentarios a la ley de participación público privada" (U.M., Montevideo, 2012), pág. 11 y sigtes.; Cristina VAZQUEZ – "El régimen de participación público privada" (A.M.F., Montevideo, 2011), pág. 36 y sigtes.; y Adrián GUTIERREZ y colaboradores – "Participación público privada en Uruguay" (CADE, Montevideo, 2012), pág. 63 y sigtes.

72 Carlos E. DELPIAZZO – "Contratación Administrativa" cit., págs.. 302 y 303.

73 Carlos E. DELPIAZZO - "Manual de Contratación Administrativa" cit., tomo II, pág. 153 y sigtes.; y "Contratación Administrativa" cit., pág. 495 y sigtes.

74 Carlos E. DELPIAZZO - "La sociedad como instrumento de inversión público privada", en Eva HOLZ y Rosa POZIOMEK (Directoras) - "25 años de la ley de sociedades comerciales. Necesidad de su reforma. Homenaje al Profesor Dr. Siegbert Rippe" (FAFCEA, Montevideo, 2014), pág. 277 y sigtes.; y "Promoción y captación de la inversión privada en el sector público", en Felipe ROTONDO (Coordinador) – "Regulación de la actividad privada" (F.C.U., Montevideo, 2015), pág 109 y sigtes.

75 Carlos E. DELPIAZZO - "Las sociedades de economía mixta en el marco de nuestro Derecho público", en Rev. Uruguaya de Estudios Administrativos (Montevideo, 1978), Año II, N° 2, pág. 17 y sigtes.

76 Carlos LABAURE - "Los Entes Autónomos y Servicios Descentralizados y su participación en sociedades comerciales", en Aspectos administrativos en las leyes de urgencia y de presupuesto. Homenaje a la memoria del Prof. Héctor Barbé Pérez (Grafinel, Montevideo, 2002), pág. 240 y sigtes., y "Novedades en materia de sociedades de economía mixta", en Anuario de Derecho Administrativo, tomo XV, pág. 83

el país como fuera del territorio nacional, facultando incluso a los Gobiernos Departamentales para asociarse [77].

Al respecto, se impone una advertencia: acudir a figuras asociativas para obtener la canalización de inversión privada hacia el sector público o para conjuntar inversión pública con inversión privada con determinado fin de bien común constituye un uso genuino del instrumento que no puede confundirse con el fenómeno –de moda en nuestros días– de recurrir al Derecho privado para posibilitar una migración de las Administraciones públicas del régimen jurídico público que les es propio, a través de lo que antes de ahora he llamado "*fugas regulatorias*" (con respecto a las actividades comprendidas en su competencia) o "*fugas organizativas*" (con respecto a su institucionalidad) [78].

Dichas "*fugas organizativas*" constituyen un uso patológico y, por ende, censurable [79] del instrumento asociativo porque se traducen en la creación de entidades instrumentales del obrar de la Administración tendientes a evadir las normas de Derecho público, especialmente en materia de control y responsabilidades [80].

IV. PLANIFICACIÓN Y PLIEGOS DE CONDICIONES

La planificación de la contratación pública se concreta, en buena medida, a la hora de confeccionar los pliegos de condiciones particulares.

Por eso, vale la pena detenerse en siete aspectos relevantes –hay otros– relativos a los mismos: los estudios previos necesarios, la adecuada determinación del objeto requerido, la prevención de la corrupción, las pautas claras para el análisis de los oferentes, los criterios para el análisis de las ofertas, el alcance y límites de las negociaciones posibles, y la previsión de mecanismos eficaces de solución de controversias si ellas se plantean durante la vida futura del contrato.

1. Estudios previos

Desde el punto de vista conceptual, si bien lo normal es que el diseño de los pliegos particulares sea realizado por la Administración interesada en promover la contratación de que se trate, *puede ocurrir que la etapa preparatoria del procedimiento respectivo se inicie no sólo de oficio sino también por iniciativa privada* en algunos casos[81].

---

y sigtes.; y Emilio BIASCO - "Las participaciones estatales en la Constitución uruguaya", en Anuario de Derecho Administrativo, tomo VIII, pág. 75 y sigtes.

77 Álvaro RICHINO – "La participación de los Gobiernos Departamentales en sociedades comerciales, ¿es constitucional?", en Anuario de Derecho Administrativo (Montevideo, 2004), tomo XI, pág. 71 y sigtes.

78 Carlos E. DELPIAZZO y Graciela RUOCCO – "Tratado Jurisprudencial y Doctrinario sobre Actos y Contratos de la Administración" (La Ley Uruguay, Montevideo, 2013), tomo I, pág. 323 y sigtes.

79 Gabriel DELPIAZZO ANTON – "Censura de la huida del Derecho Administrativo a través de sociedades comerciales", en Rev. de Derecho de la Universidad de Montevideo, Año VII (2008), N° 13, pág. 125 y sigtes.

80 Carlos E. DELPIAZZO - "La responsabilidad estatal ante la huída del Derecho Administrativo", en Rev. Argentina del Régimen de la Administración Pública (Buenos Aires, 2009), Año XXXI, N° 370, pág. 157 y sigtes.; y en Rev. de Direito Administrativo e Constitucional (Belo Horizonte, 2009), Año 9, N° 35, pág. 13 y sigtes.

81 Eduardo MERTEHIKIAN - "La iniciativa privada en la concesión de obra y de servicios públicos" (Abaco, Buenos Aires, 1992), especialmente págs. 91 y sigtes., y 131 y sigtes.

Por otra parte, aún cuando la mentada etapa preparatoria es interna de la Administración, no excluye la eventual *participación de terceros y aún de interesados*, situaciones que merecen ser distinguidas.

En primer lugar, respecto a terceros, es posible que en algunos casos la correcta definición del pliego de condiciones particulares y de su objeto requiera de estudios especializados para la realización de los cuales la Administración no cuente con funcionarios capacitados y deba acudir a la contratación de quienes tengan la idoneidad necesaria a través de contratos de consultoría[82] o similares.

En segundo lugar, diferente es la situación cuando, en la etapa de diseño del pliego particular, la Administración promueve consultas a través de invitaciones a "data rooms", llamados a expresiones de interés u otros mecanismos de participación de los potenciales interesados.

Tales iniciativas ofrecen como ventajas más destacables la amplia participación de todos los interesados, la obtención y el intercambio de información relevante, el mejoramiento de los anteproyectos o bases para el futuro contrato, la prevención de eventuales impugnaciones, y la consiguiente facilitación y transparencia del procedimiento de selección.

Las referidas instancias de participación no deben confundirse con la realización de negociaciones previas al procedimiento de selección, tal como suele ocurrir en el ámbito privado, en el que frecuentemente se desarrollan tratativas precontractuales[83].

De todos modos, no deben confundirse las tratativas (contingentes) con la ulterior propuesta (necesaria); puesto que la negociación implícita en las tratativas se ubica en la primera fase del "iter" y refiere a voluntades "en movimiento", que todavía no se han decidido, la diferencia fundamental entre tratativas y oferta es la que va de una voluntad que aún no tiene intención de contraer una obligación a la voluntad que se emite luego con intención de obligarse.

El pasaje de las tratativas a la propuesta presupone un cambio en la voluntad del sujeto que negocia con la Administración; requiere que éste decida que el negocio le conviene y, por ende, sustituya en el momento oportuno – cuando se materializa el llamado– la voluntad de discutir o tratar por la voluntad de contratar. Por ende, de existir, dichas negociaciones precontractuales en la etapa preparatoria carecen de toda fuerza vinculante y no puedan generar supuestos de responsabilidad.

En suma, en perspectiva teórica, aún cuando lo normal es que los estudios preparatorios necesarios para la elaboración de los pliegos son de resorte de la Administración, pueden existir casos en que los mismos estén a cargo de particulares, sea porque estos son los promotores de una iniciativa, sea porque han sido convocados como consultores o invitados a opinar y aportar elementos tendientes la mejor determinación del objeto a contratar, sobre todo cuando la complejidad de éste lo hace necesario o conveniente.

---

82 Carlos E-.DELPIAZZO – "Contratación Administrativa" cit., pág. 435 y sigtes; Ismael MATA – "El contrato de consultoría", en Estudios de Derecho Administrativo. Publicación en homenaje al Centenario de la Cátedra (Montevideo, 1979), tomo II, pág. 245 y sigtes.; Cesare VACCA y Arnoldo KLEIDERMACHER – "Contrato de consultoría" (Buenos Aires, 1991), pág. 43 y sigtes.; y Eva María MENENDEZ SEBASTIÁN – "El contrato de consultoría y asistencia" (Civitas, Madrid, 2002), pág. 97 y sigtes.

83 Carlos E. DELPIAZZO – "La negociación en los contratos administrativos", en La Contratación Administrativa en Uruguay y Argentina frente al Mercosur" (I.E.E.M., Montevideo, 1993), pág. 124 y sigtes.

En el Derecho uruguayo, con respecto a la primera de las hipótesis planteadas, o sea, *que la etapa preparatoria del procedimiento respectivo se inicie no sólo de oficio sino también por iniciativa privada,* corresponde tener presente la normativa regulatoria de las llamadas iniciativas privadas en el campo de la contratación pública.

Sobre el particular, coexisten en nuestro Derecho dos procedimientos de contratación administrativa promovidos por los interesados, similares en nombre y regulación [84].

Por una parte, con antecedentes de rango reglamentario en materia de obras públicas, los arts. 19 y 20 de la ley N° 17.555 de 18 de setiembre de 2002 regularon la llamada simplemente *iniciativa*, como un procedimiento autónomo, el cual se encuentra reglamentado por el Decreto N° 442/002 de 28 de setiembre de 2002[85].

Conforme a dicha normativa, se faculta al Estado, los Entes Autónomos, los Servicios Descentralizados y los Gobiernos Departamentales "a recibir iniciativas relativas a actividades susceptibles de ser ejecutadas directamente por los organismos referidos o de ser concesionadas de acuerdo".

Al respecto, el procedimiento y los derechos de los promotores de la iniciativa se ajustan a las siguientes bases:

a) en la fase de presentación de la iniciativa, el promotor asumirá los riesgos de su elaboración y la Administración dispondrá de un plazo máximo de 90 días para examinarla, debiendo guardarse confidencialidad;

b) en caso de ser aceptada la iniciativa por la Administración, ésta levantará la confidencialidad y requerirá los estudios de factibilidad, los que serán llevados a cabo por el promotor a su cargo y controlados en su calidad, costo y plenitud por la Administración;

c) cumplida dicha etapa a satisfacción de la Administración, ésta dispondrá de un plazo máximo de 120 días para convocar a audiencia pública, llamar a licitación o promover el procedimiento competitivo que determine por razones de buena administración, el cual podrá adjudicarse por subasta pública;

d) adoptada por la Administración la decisión de someter la iniciativa a cualquiera de los procedimientos competitivos señalados, la iniciativa quedará transferida de pleno derecho a la Administración;

e) si el promotor se presentare al procedimiento competitivo solo o integrado a un consorcio o sociedad, tendrá como única compensación el derecho a beneficiarse con un porcentaje no menor al 5 % ni mayor al 20 % sobre el valor ofertado, no deberá abonar los pliegos y si su oferta no resultara ganadora, podrá solicitar que se promueva un procedimiento de mejora de oferta; y

f) si el promotor resolviese no presentarse al procedimiento competitivo, tendrá como única compensación el derecho al cobro de una compensación por única vez equi-

---

84 Carlos E. DELPIAZZO – "Derecho Administrativo General" cit., volumen 1, segunda edición actualizada y ampliada, pág. 510 y sigtes.; y Carlos E. DELPIAZZO y Graciela RUOCCO – "Tratado Jurisprudencial y Doctrinario sobre Actos y Contratos de la Administración" (La Ley Uruguay, Montevideo, 2013), tomo I, págs. 255 y 256.

85 Carlos E. GUARIGLIA – "La contratación administrativa y la iniciativa privada", en Estudios Jurídicos en homenaje al Profesor Daniel Hugo Martins" (F.C.U., Montevideo, 2008), pág. 408 y sigtes.

valente al costo efectivamente incurrido y comprobado en la etapa previa, la que será abonada por el adjudicatario.

Quiere decir que el procedimiento de iniciativa desemboca, en caso de que la misma sea del interés de la Administración, en un procedimiento competitivo, que puede ser la licitación pública u otro, entre los que la ley menciona a la audiencia pública, procedimiento no regulado expresamente en nuestro Derecho positivo en materia de contratación administrativa.

Por otra parte, una parecida modalidad de *iniciativa privada* se introduce en la ley de participación público privada N° 18.876 de 19 de julio de 2011 [86].

De acuerdo al art. 35 de dicha ley, "Las iniciativas privadas cuya ejecución, a juicio del proponente, requiera de la implementación de un contrato de participación público privada, serán presentadas ante la Corporación Nacional para el Desarrollo, acompañadas de la información relativa al proyecto y a su viabilidad, analizada a nivel de prefactibilidad".

Continúa el art. 36, en paralelo con la normativa general que viene de reseñarse, estableciendo que "Aceptada la proposición inicial, con o sin modificaciones, el proponente deberá elaborar y presentar el estudio de factibilidad".

Una vez obtenido el preceptivo informe de la Oficina de Planeamiento y Presupuesto y del Ministerio de Economía y Finanzas a que refiere el art. 18 de la ley, se realizará un llamado público en los términos del art. 19, es decir, para un procedimiento competitivo, que podrá ser una licitación, subasta o cualquier otro que no fuere contrario a los principios generales admitidos en la normativa vigente.

En cuanto a los derechos del proponente de un proyecto a ser ejecutado mediante un contrato de participación público privada, también son similares a los del régimen general, a saber (arts. 37 y 38):

a) obtener el reembolso de los costos aceptados vinculados con la realización del estudio de factibilidad en caso de resultar adjudicatario;

b) obtener una ventaja de hasta el 10 % de la valoración que se realice de su oferta respecto a la mejor;

c) no abonar los pliegos; y

d) mantener la confidencialidad del proyecto hasta el llamado público o por dos años si el mismo no se efectuare.

Con respecto a la segunda hipótesis planteada, o sea, la que dice relación con la eventual *participación de terceros y de potenciales interesados* en la etapa preparatoria de cualquier contratación, corresponde formular algunos distingos.

En primer lugar, respecto a terceros, debe tenerse presente la norma contenida en el art. 46, N° 4° del TOCAF, a cuyo tenor "Están capacitados para contratar con el Estado las personas físicas o jurídicas, nacionales o extranjeras, que teniendo el ejercicio de la capacidad jurídica que señala el Derecho común, no estén comprendidas en alguna disposición que expresamente se lo impida o en los siguientes casos:.... 4) Haber actuado

86 Maximiliano CAL LAGGIARD – "Procedimiento de iniciativa privada", en Carlos E. DELPIAZZO (Coordinador) – "Comentarios a la Ley de Participación Público Privada" (U.M., Montevideo, 2012), pág. 231 y sigtes.

como funcionario o mantenido algún vínculo laboral de cualquier naturaleza, asesor o consultor, en el asesoramiento o preparación de pliegos de bases y condiciones particulares u otros recaudos relacionados con la licitación o procedimiento de contratación administrativa de que se trate".

Quiere decir que el legislador ha considerado como una implicancia para ser oferente con posibilidades de contratar el haber actuado en la etapa preparatoria, en el entendido de que "no sería justo que quien hubiera tenido acceso, injerencia o incluso opinión en la confección del pliego y en el establecimiento de las condiciones que luego darán paso al contrato que el sujeto elegido va a celebrar con la Administración contratante, pueda proponerse como elegible" [87].

En segundo lugar, respecto a potenciales interesados, salvo las hipótesis legalmente previstas, se estima contrario al principio de igualdad que alguien se ubique en una posición más ventajosa respecto al resto que le permita acomodar de mejor modo su situación con mayor antelación y elementos de juicio.

De todos modos, corresponde deslindar el caso de la mayor o menor experiencia que pueda alguien tener frente al objeto a licitar, lo cual en modo alguno atenta contra el principio de igualdad. En efecto, el principio de igualdad de los licitantes no significa que todos los participantes en un procedimiento competitivo de selección deban ser iguales, lo cual sería absurdo. Se trataría de una equivocada interpretación de la igualdad que resultaría no sólo antijurídica sino atentatoria del interés público y del interés particular del servicio ya que conduce a dejar fuera a quien supuestamente exhibe mejores antecedentes. Con tal criterio, los antecedentes en actividades similares a las que son objeto del procedimiento competitivo, se transformarían automáticamente en causales de exclusión, y los méritos se convertirían en deméritos[88].

2. Adecuación al objeto requerido

Desde el punto de vista conceptual, la clara y precisa identificación del objeto es requisito fundamental en el pliego de condiciones. Sólo así las ofertas responderán a lo que la Administración efectivamente pretende. Sin este requisito los interesados no sabrán exactamente que proponer, o sus propuestas no podrán ser cotejables con el mínimo de objetividad para garantizar un tratamiento igualitario a los concurrentes [89]. Por eso, la identificación del objeto no se cumple simplemente con su enunciación sucinta sino con toda la información que permita determinar su especie [90].

La determinación del objeto del futuro contrato se alcanza mediante pluralidad de características o variables, cuyo número aumenta con la complejidad de la obra, bien o servicio de que se trate, debiendo llegarse al máximo posible. Pero ello no implica la

---

87 Andrea CHANQUET – "Capacidad para contratar con el Estado", en Carlos E. DELPIAZZO (Coordinador) – "Comentarios al TOCAF sobre la Contratación Pública" (U.M., Montevideo, 2013), tomo I, pág. 139

88 Carlos E. DELPIAZZO – "Normas y principios de la contratación administrativa" (F.C.U., Montevideo, 2002), pág. 36.

89 Ximena PINTO – "Cuatro problemas que presentan los pliegos de condiciones", en Carlos E. DELPIAZZO (Coordinador) – "Nuevos aspectos de las relaciones administrativas" (F.C.U., Montevideo, 2011), pág. 438 y sigtes.; y Roberto DROMI – "Licitación Pública" cit., pág. 248.

90 Rodrigo ESCOBAR GIL – "Teoría General de los Contratos de la Administración Pública" (Legis, Bogotá, 2003), pág. 75.

ausencia de límites: por un lado, el pliego no puede incluir características excesivas o irrelevantes para la satisfacción del interés público que se procura atender con el contrato, pero, por otro lado, tampoco podrá contener especificaciones tan minuciosas que lleven a singularizar un objeto que no es singular [91].

Por esa razón, se ha señalado que el criterio administrativo especificador del objeto tiene un límite mínimo y un límite máximo. Sin el primero, no existen condiciones para una comparación que pueda resolverse sobre la base de pautas preestablecidas para valorar equitativamente las propuestas. El segundo apunta a que la elasticidad del criterio no esté determinada únicamente por la voluntad del administrador, so pena de cometer arbitrariedad [92].

En tal sentido, atendiendo a las necesidades concretas enmarcadas en lo planificado, no es posible continuar con la práctica de confeccionar los pliegos de condiciones en base a textos anteriores, muchas veces elaborados en otras épocas o para satisfacer otros requerimientos, sino que se impone habilitar la presentación de alternativas planteadas por los interesados, aún cuando ello dificulte la comparación posterior.

En el Derecho uruguayo, ya ha quedado dicho que, de acuerdo al art. 48, lit. a) del TOCAF, el primer aspecto esencial de cualquier pliego de condiciones particulares es "la descripción del objeto".

Correlativamente, según el art. 63, inc. 2° del mismo TOCAF, "Las ofertas deberán ajustarse razonablemente a la descripción del objeto requerido, teniendo en cuenta la complejidad técnica del mismo". Agrega el inc. 3° que "Se considerará que las condiciones técnicas establecidas en el pliego de condiciones particulares tienen carácter indicativo para la consecución del objeto del llamado".

Por otra parte, al tenor del inc. 4° del mismo art. 63 se habilita a que "Si el pliego de condiciones particulares así lo autoriza, podrán presentarse modificaciones, alternativas o variantes, inclusive sin presentación de la propuesta básica".

Significa que los órganos competentes deben procurar diseñar "buenos pliegos" [93], para lo cual se requiere evitar restricciones innecesarias que tengan como efecto la reducción del número de oferentes, y centrarse en el desempeño funcional del objeto pretendido a través de la descripción de "qué" es lo que se busca lograr, más que de "cómo" lograrlo.

Bajo ese enfoque, interesa remarcar las expresiones "razonablemente" e "indicativo" que usa nuestra ley.

Por un lado, tal como lo enseñara Eduardo J. COUTURE, la idea de razonabilidad es uno de los más valiosos standards de nuestro tiempo[94], y en el caso traduce buena administración en la medida que apunta a la amplitud en el juicio de admisibilidad, de modo

91 Juan Pablo CAJARVILLE PELUFFO – "Sobre Derecho Administrativo" (F.C.U., Montevideo, 2012), tomo II, tercera edición actualizada y ampliada, pág. 325 y sigtes.

92 Roberto DROMI – "Licitación Pública" cit., pág. 249.

93 Makarena FERNANDEZ CEDRES – "Configuración de prácticas anticompetitivas en el marco de las licitaciones públicas", en Carlos E. DELPIAZZO (Coordinador) – "Nuevos aspectos de las relaciones administrativas" (F.C.U., Montevideo, 2011), pág. 141.

94 Eduardo J. COUTURE – "Estudios de Derecho Procesal Civil" (Ediar, Buenos Aires, 1949), tomo II, pág. 225.

que la apreciación de las ofertas sea idónea y proporcionada, es decir, adecuada en relación al fin y balanceada en la relación costo beneficio.

De la misma manera, el carácter indicativo de las especificaciones técnicas apunta a descartar una imperatividad exagerada que conduzca a la descalificación de ofertas que pueden ser idóneas al objeto pretendido.

Asimismo, se impone como sugerencia de buena administración motivar la presentación de soluciones innovadoras y opciones alternativas. Como bien se ha dicho, no es una buena práctica vedar las variantes, máxime cuando la Administración a veces pide cosas que no son sensatas o no constituyen una eficiente inversión de fondos públicos, o respecto de las cuales existen alternativas mejores o más baratas[95].

3. Prevención de la corrupción

Desde el punto de vista conceptual, cabe coincidir con la caracterización amplia de la corrupción como "la utilización de una determinada posición, sea cual sea, para procurar obtener para sí o para otro, un beneficio indebido cualquiera sea su naturaleza". Al respecto, como bien se ha dicho, "No interesa que el beneficio sea económico para que haya corrupción. No interesa que haya daño al Estado o a la organización a la cual el corrupto pertenece. No interesa tampoco que el sujeto sea funcionario público o no. Lo que importa son dos cosas: a) que un sujeto, en virtud de ocupar una determinada posición, sea cual sea y donde sea, ejerza sus poderes para procurar obtener un beneficio de cualquier naturaleza para sí o para otro, que de no tener esa posición no lo habría podido obtener; y b) que ese beneficio sea ilegítimo" [96].

Por eso, antes de ahora, haciendo propias las palabras del Preámbulo de la Convención de las Naciones Unidas contra la Corrupción suscrita en Mérida (México) del 9 al 11 de diciembre de 2003, he enfatizado que la corrupción socava "los valores de la democracia, la ética y la justicia" [97].

En el Derecho uruguayo, son varias las disposiciones expresas dictadas con sentido preventivo de la corrupción en la gestación de la contratación pública.

Así, el art. 49 del TOCAF dispone que "La comprobación de que en un llamado a licitación se hubieren formulado especificaciones o incluido cláusulas cuyo cumplimiento sólo sea factible para determinada persona o entidad, de manera que el llamado esté dirigido a favorecer situaciones particulares, dará lugar a su anulación inmediata en el estado de trámite que se encuentre, y a la iniciación, también inmediata, del sumario pertinente para determinar los responsables".

---

95 Agustín A. GORDILLO – "Tratado de Derecho Administrativo" (F.D.A., Buenos Aires, 2000), tomo 2, cuarta edición, págs. XII-24 y XII-25.

96 Augusto DURAN MARTINEZ – "Corrupción. Mecanismos sociales y jurídicos para su control", en La Justicia Uruguaya, tomo 134, sección Doctrina, págs. 7 y 8; y "Corrupción y derechos humanos. Aspectos de Derecho Administrativo", en Estudios sobre Derechos Humanos (Ingranusi, Montevideo, 1999), pág. 138; y en Estudios en memoria de Héctor Frugone Schiavone (A.M.F., Montevideo, 2000), págs. 155 y 156.

97 Carlos E. DELPIAZZO – "Etica y corrupción en la contratación pública", en Carlos E. DELPIAZZO y Rogerio GESTA LEAL (Coordinadores) – "Etica pública y patologías corruptivas" (U.M., Montevideo, 2014), págs. 250 y 251.

Complementariamente, los arts. 50 a 55 del mismo TOCAF enfatizan en los diversos aspectos que hacen a la publicidad –y, más aún, a la transparencia– de los procedimientos de contratación.

Asimismo, otras normas apuntan a similar objetivo preventivo, tal como es el caso del art. 4°, lit. E) de la ley de defensa de la competencia N° 18.159 de 20 de julio de 2007, que prohíbe "la coordinación de la presentación o abstención a licitaciones o concursos de precios públicos o privados". De este modo, se cierra el camino a los pactos colusorios, consistentes en acuerdos o prácticas concertadas que tienen por objeto restringir o falsear la libre competencia[98].

Desde la perspectiva de la buena administración, se impone la capacitación de los funcionarios en las buenas prácticas, la difusión de una cultura asentada en valores, y la articulación de políticas públicas consistentes[99].

4. Análisis de los oferentes

Desde el punto de vista conceptual, me gusta partir de la consideración de cada oferente como un colaborador de la Administración que responde con su presentación a la satisfacción de las necesidades definidas como objeto del procedimiento competitivo de selección.

La idea de colaborador, por oposición a la de adversario, impregna de un nuevo talante no sólo la preparación de los contratos públicos sino también su ejecución[100].

En el Derecho uruguayo, al tenor del art. 46 del TOCAF, para poder contratar con el Estado y con el objeto de que éste no se vea dañado en sus intereses, el contratante debe reunir condiciones de idoneidad moral, técnica y financiera. En principio, la idoneidad moral se presume, debiendo la técnica y financiera ser probada por el oferente por medio de hechos positivos[101].

A su vez, en orden a la determinación de quién es el oferente que aporta la propuesta más conveniente, hace años que insisto en "el cuidado en asegurar una ejecución efectiva del contrato" [102] como mandato de buena administración que, superando aspectos formales, cale en lo sustancial de cada proponente.

Afortunadamente, la nueva redacción dada al art. 65 del TOCAF en su párrafo final ha recogido este criterio, estableciendo que "Se deberá:

a) Prever razonablemente una ejecución efectiva y eficiente del contrato.

b) Obtener las mejores condiciones de contratación de acuerdo con las necesidades de la Administración.

---

98 Makarena FERNANDEZ CEDRES – "Configuración de prácticas anticompetitivas en el marco de las licitaciones públicas" cit., pág. 138 y sigtes.

99 Carlos E. DELPIAZZO – "Etica y corrupción en la contratación pública" cit., pág. 268 y sigtes.

100 Carlos E. DELPIAZZO – "Derecho Administrativo General" cit., volumen 1, segunda edición actualizada y ampliada, págs. 422 a 424.

101 Esther MUÑOZ DE HAM – "Normas de Ordenamiento Financiero" (F.C.U., Montevideo, 1988), págs. 35 y 36.

102 Carlos E. DELPIAZZO - "Manual de Contratación Administrativa" cit., tomo 1, tercera edición actualizada, pág. 113; y "Contratación Administrativa" cit., pág. 192.

c) Juzgar los antecedentes de los oferentes y el contenido de las ofertas en base a los criterios objetivos que se determinen en los pliegos".

Desde el punto de vista práctico, "si bien los pliegos deben interpretarse restrictivamente en resguardo de la igualdad de los participantes, ante una norma dudosa, frente a una interpretación de la que surja la exclusión de un oferente, y aquella otra que permita su participación, debe prevalecer la admisión de la oferta" [103], haciendo caudal de la máxima "in dubio pro oferente".

Asimismo, "la observancia del deber de buena administración y la moralidad en la gestión pública obligan a los funcionarios a asegurar la concurrencia del mayor número de proponentes, en un plano de igualdad y a seleccionar la oferta más ventajosa, con la mayor objetividad y publicidad, de modo que la adjudicación sea no sólo acertada sino moralmente inobjetable"[104].

5. Análisis de las ofertas

Desde el punto de vista conceptual, es valor generalmente aceptado que la oferta presentada en un procedimiento competitivo de contratación pública debe satisfacer tres tipos de requisitos: subjetivos, objetivos y formales. Los requisitos subjetivos refieren al proponente; los objetivos al contenido de la oferta; y los formales a la instrumentación de la misma. Consecuentemente, será admisible toda propuesta que cumpla tales exigencias, y resultará inadmisible aquella que no las reúna[105].

Quiere decir que el examen de admisión o de admisibilidad de las ofertas es una cuestión previa y distinta a la valoración de su conveniencia, consistente en apreciar la "correspondencia" de la oferta presentada a tiempo, a las exigencias contenidas en los pliegos de condiciones y demás normas aplicables[106].

Como bien se ha dicho, "una cosa es la correspondencia de la oferta con la exigencia de los pliegos y otra es su calidad de más conveniente a los efectos de la adjudicación. Es que la oferta correspondiente, y por lo tanto admisible en el procedimiento, puede no ser conveniente, y de aquí que será rechazada en el momento de la adjudicación luego de ser comparada –mediante una actividad de valoración que cumplirán los órganos competentes de la Administración licitante– con las otras ofertas correspondientes y, en especial, con la oferta que, además de correspondiente, resulte objetivamente conveniente. A la inversa, la calidad de oferta conveniente no podrá purgar el vicio de falta de correspondencia que la pueda aquejar, dado el carácter riguroso del procedimiento de selección del contratista estatal. Precisamente, la falta de correspondencia no precisará, para su comprobación y declaración, de ninguna comparación con las propuestas de los restantes concursantes. La correspondencia es una calidad que pertenece a la oferta en sí misma (aunque en relación con los requisitos de los pliegos licitatorios); en cambio la conve-

---

103 Roberto DROMI – "Las ecuaciones de los contratos públicos" /E.C.A., Buenos Aires, 2001), p. 42.

104 Daniel Hugo MARTINS – "Valoración de nuestro sistema de compras estatal", Carlos E. DELPIAZZO (Coordinador) – "Nuevos aspectos de las relaciones administrativas" (F.C.U., Montevideo, 2011), p. 468.

105 Roberto DROMI – "Licitación Pública" *cit.*, p. 357 y ss.

106 Carlos E. DELPIAZZO – "Contratación Administrativa" *cit.*, p. 207 y ss.

niencia es el resultado de una relación comparativa, una virtud de la oferta en su relación con las propiedades de las restantes propuestas" [107].

En el Derecho uruguayo, se recoge la distinción entre el examen de admisibilidad de cada oferta (analizada individualmente) y la valoración de su conveniencia (realizada comparativamente con las demás admitidas).

Mientras que el primero traduce una actividad primordialmente reglada consistente en apreciar la correspondencia de cada oferta con los requerimientos subjetivos, objetivos y formales consignados en el ordenamiento jurídico aplicable que no precisa para su comprobación de ningún cotejo con las demás propuestas (porque es una calidad que refiere a la oferta considerada en sí misma), el análisis de conveniencia es el resultado de una comparación (porque refiere a la relación de la oferta con las demás admitidas) donde, dependiendo de los pliegos, puede existir un cierto margen de discrecionalidad [108].

En tal sentido, el art. 47 del TOCAF incluye "los requisitos de admisibilidad de las propuestas" como parte de los pliegos generales, en tanto que el art. 48 refiere a "el o los principales factores que se tendrán en cuenta para evaluar las ofertas así como la ponderación de cada uno" como contenido necesario de los pliegos particulares.

Del mismo modo, el art. 66 del TOCAF prevé que "El informe de la Comisión Asesora de Adjudicaciones deberá contener los fundamentos que respalden su juicio de admisibilidad y su opción por la oferta más conveniente, exponiendo las razones de la misma" (inc. 3°).

Más específicamente, el examen de admisibilidad aparece regulado en los arts. 63 y 65 del TOCAF [109].

De acuerdo al inc. 1° del art. 63 del TOCAF, con la redacción dada por el art. 36 de la ley N° 18.834 de 4 de noviembre de 2011, "Los oferentes deberán presentar sus ofertas en las condiciones que se establezca en los pliegos respectivos, pudiendo agregar cualquier otra información complementaria pero sin omitir ninguna de las exigencias *esenciales* requeridas".

A su vez, el art. 65 del TOCAF, con el texto dado por el art. 39 de la citada ley N° 18.834, establece en su inc. 5° lo que textualmente preceptuaba antes el inc. 2° del art. 54 del anterior TOCAF, a saber: "La admisión inicial de una propuesta no será obstáculo a su rechazo si se constataren luego defectos que violen los requisitos legales o aquellos *sustanciales* contenidos en el respectivo pliego". Y agrega en el inc. 6°: "Se consideran apartamientos *sustanciales* aquellos que no pueden subsanarse sin alterar materialmente la igualdad de los oferentes"

De dichos textos merece destacarse la referencia a "esenciales" y "sustanciales" para calificar las exigencias requeridas para la admisibilidad de las propuestas. Quiere decir que las mismas pueden omitir exigencias no esenciales y contener apartamientos no sustanciales sin que tales circunstancias aparejen su inadmisión o rechazo.

107 Rodolfo Carlos BARRA – "Contrato de Obra Pública" (Abaco, Buenos Aires, 1986), tomo II, pp. 616 y 617.

108 Carlos E. DELPIAZZO y Graciela RUOCCO – "Tratado Jurisprudencial y Doctrinario sobre Actos y Contratos de la Administración" cit., tomo I, pág. 263 y sigtes.

109 Carlos E. DELPIAZZO y Graciela RUOCCO – "Tratado Jurisprudencial y Doctrinario sobre Actos y Contratos de la Administración" cit., tomo I, pág. 266.

Adicionalmente, la actual redacción dada al art. 65 del TOCAF prevé en su inc. 3° que en el acto de apertura "no se podrá rechazar la presentación de ninguna propuesta sin perjuicio de su invalidación posterior y se controlará si en las propuestas se ha adjuntado la garantía constituida cuando ello correspondiera". Ello significa que no podrá negarse la recepción de ninguna oferta. Por el contrario, dispone el texto legal en su inc. 7° que, "La Administración podrá otorgar a los proponentes un plazo máximo de dos días hábiles para salvar los defectos, carencias *formales* o errores evidentes o *de escasa importancia*". Por lo tanto, a diferencia de los aspectos sustanciales o esenciales, los defectos o carencias formales así como los errores evidentes o de escasa importancia no meritan el rechazo de una oferta sino el otorgamiento de un plazo de dos días para su subsanación.

Por su parte, respecto a la comparación de las ofertas [110], al tenor de la parte final del citado art. 65 del TOCAF, "Examinada la admisibilidad de las ofertas, a los efectos de determinar la *oferta más conveniente a los intereses de la Administración pública y las necesidades del servicio*, se tendrán en cuenta los factores de evaluación cuantitativos y cualitativos aplicables en cada caso, que deberán constar en el pliego de condiciones particulares".

El mismo concepto de "*oferta más conveniente a los intereses de la Administración pública y las necesidades del servicio*" se reitera en el art. 68 del TOCAF.

6. Alcance y límites de las negociaciones posibles

Desde el punto de vista conceptual, toda negociación consiste en tratar una determinada cuestión, procurando su mejor logro. En el ámbito de la contratación, implica el diálogo acerca del futuro pacto a alcanzar y, en el campo específico de la contratación pública, debe estar presidido por el objetivo de alcanzar, desde la colaboración, la oferta más conveniente a los intereses de la Administración y las necesidades del servicio [111].

En el Derecho uruguayo, la negociación está prevista como una etapa contingente e incidental en el marco de un procedimiento competitivo, que implica el intercambio de opiniones con el objeto de lograr la concertación de un acuerdo entre las partes (Administración y potenciales interesados), sin participación de terceros [112].

Así resulta del inc. 13 del art. 66 del TOCAF: "Si el pliego particular lo prevé en el caso de presentación de ofertas similares, se podrán entablar negociaciones con los respectivos oferentes, a fin de obtener mejores condiciones técnicas, de calidad o de precio". Agrega el inc. 14 que "Si los precios de la o las ofertas recibidas son considerados manifiestamente inconvenientes, el ordenador o en su caso la Comisión Asesora debidamente autorizada por éste, podrá solicitar directamente mejoras en sus condiciones técnicas de precio, plazo o calidad".

Respecto a los supuestos habilitantes de la negociación, la ley requiere que esté prevista en el pliego de condiciones particulares y establece que debe tratarse de ofertas similares. Aunque nada aclara al respecto, cabe inferir que la negociación será promovi-

---

110 Carlos E. DELPIAZZO y Graciela RUOCCO – "Tratado Jurisprudencial y Doctrinario sobre Actos y Contratos de la Administración" cit., tomo I, págs. 266 y 267.

111 Carlos E. DELPIAZZO – "La negociación en los contratos administrativos" cit., pág. 121 y sigtes.

112 Carlos E. DELPIAZZO y Graciela RUOCCO – "Tratado Jurisprudencial y Doctrinario sobre Actos y Contratos de la Administración" cit., tomo I, pág. 351 y sigtes.

da por la Comisión Asesora de Adjudicaciones o el ordenador competente en su caso (tal como se establece en la misma disposición para la mejora de ofertas) y que la similitud podrá referir a la calificación o al precio (tal como también se prevé para la mejora de ofertas).

Por lo tanto, no podrán realizarse negociaciones entre la Administración y los proponentes si ello no fue avisado desde la convocatoria y únicamente en el supuesto de ofertas admisibles que puedan considerarse similares. Significa que sólo podrá negociarse en la fase esencial del procedimiento competitivo (no antes ni después), que sólo podrá hacerse en el caso de similitud y que siempre deberá apuntarse al fin de alcanzar la oferta más conveniente.

Desde la perspectiva de la buena administración, la negociación, cuando el Derecho positivo la habilita, es un instrumento sumamente útil para mejorar los resultados de la contratación pública, dentro de los parámetros de la colaboración y la probidad de administradores y administrados.

No constituye un supuesto ni debe confundirse con la renegociación, entendida como instrumento de revisión de un contrato ya celebrado y en plena ejecución, cuando se ha producido una alteración que lo justifica como alternativa procurada por las partes (vía autónoma) que prevenga o evite acudir a un tercero –juez o árbitro– para superar el problema planteado (vía heterónoma), generalmente asociado a la ruptura del equilibrio económico financiero de lo pactado [113].

7. Solución de controversias

Desde el punto de vista conceptual, cabe constatar en la confección de los pliegos una recepción creciente del arbitraje como medio idóneo para la resolución de conflictos de intereses con autoridad de cosa juzgada en tiempo mínimo y con todas las garantías, venciendo una fuerte resistencia a la recepción del instituto, todavía respaldada por opiniones descalificantes de su pertinencia en la contratación pública.

Prescindiendo de tradiciones jurídico culturales adversas al arbitraje [114], la afirmación de la improcedencia de acudir a la vía arbitral para superar las dificultades que puedan suscitarse en cuanto a la interpretación, el alcance, el cumplimiento y la extinción de las obligaciones resultantes de los contratos en que la Administración es parte, ha estado generalmente asociada a dos tipos de consideraciones, ligadas a disposiciones positivas concretas: la improcedencia de la transacción en el ámbito de las relaciones jurídico administrativas y la presencia del interés público en la actuación de los entes estatales. No obstante, ninguna de ambas líneas argumentales es suficiente para descartar la solución arbitral en los contratos públicos.

En primer lugar, *por lo que refiere a la transacción*, si bien es cierto que generalmente no pueden someterse a proceso arbitral las cuestiones respecto a las cuales está prohibida la transacción (como es el caso del estado civil de las personas), en cambio no

113 Carlos E. DELPIAZZO y Graciela RUOCCO – "Tratado Jurisprudencial y Doctrinario sobre Actos y Contratos de la Administración" *cit.*, tomo I, pág. 351 y sigtes.

114 Agustín GORDILLO - "Tratado de Derecho Administrativo" *cit.*, tomo II, cuarta edición, pág. XVII-1 y sigtes.

es cierto que el objeto de los contratos de la Administración sea indisponible o esté fuera del comercio de los hombres [115].

Quienes postulan la tesis negativa, se fundan en que sólo es posible transar respecto a las relaciones jurídicas en que las partes tienen poder de disposición, y en que si la actuación de la Administración es válida, la transacción a su respecto resultaría viciada por la intención de favorecer al co–contratante mientras que si es inválida, lo sería por aprovecharse de la necesidad de éste.

Más allá de la relatividad de tales argumentos, la doctrina moderna sustenta la tesis afirmativa en más sólidos fundamentos referidos a la competencia de los órganos públicos para ejercer atribuciones propias de la llamada zona de reserva de la Administración [116], sin perjuicio de la existencia de previsiones legales habilitantes.

Además, quienes sostienen que las entidades estatales no pueden transar no piensan en la Administración deudora o demandada, respecto a la cual el principio de buena administración y la propia índole del contrato como regla de Derecho pueden hacer aconsejable la transacción.

En segundo lugar, *no alcanza la sola invocación del interés público* para excluir el arbitraje porque el interés público debe estar presente en toda la actuación estatal y no sólo en la contractual[117].

En efecto, la admisión del arbitraje no implica comprometer el interés público en su superioridad frente a los intereses particulares y aún en su indisponibilidad. Pactar la cláusula compromisoria no es contrario al interés público cuando el ordenamiento jurídico, explícita o implícitamente, atribuye competencia a una entidad pública para ello. Por cierto, el ejercicio de la competencia (que es deber–poder) también es de interés público, como igualmente lo es el respeto del derecho del co–contratante cuando la solución arbitral de conflictos fue establecida en el contrato. Es que cuando el Estado contrata, más allá del fin concreto que se persiga, siempre debe estar presente el interés público.

En el fondo, la negación del arbitraje en la contratación pública se apoya en la vieja y confusa distinción entre los contratos administrativos y los contratos privados de la Administración, impuesta por los sistemas de doble jurisdicción y que, en último término, es una manifestación de la perimida teoría de la doble personalidad del Estado, por lo que la previsión del arbitraje es perfectamente admisible en los pliegos de condiciones[118].

---

115 Miguel S. MARIENHOFF - "Tratado de Derecho Administrativo" (Abeledo Perrot, Buenos Aires, 1978), tomo III-A, pág. 613 y sigtes.

116 Héctor Jorge ESCOLA - "Tratado integral de los contratos administrativos" (Depalma, Buenos Aires, 1977), vol. I. pág. 497 y sigtes.; y Miguel S. MARIENHOFF - "Tratado de Derecho Administrativo" *cit.*., tomo III-A, pág. 610 y sigtes.

117 Mariano R. BRITO - "Principio de legalidad e interés público", en *La Justicia Uruguaya*, tomo XC, sección Doctrina, pág. 11 y sigtes.

118 Susana LORENZO - "Arbitraje", en *Contratación Administrativa* (F.C.U., Montevideo, 1989), pág. 108 y sigtes.

En el Derecho uruguayo, la solución arbitral de las controversias que se susciten con motivo de la interpretación y ejecución de los contratos públicos resulta hoy indiscutible [119].

Así lo reconoce el TOCAF, que contiene varias referencias positivas al arbitraje en el campo del Derecho público, como cuando habilita comprometer gastos sin que exista crédito presupuestal disponible para el "cumplimiento de laudos arbitrales" (art. 15, num. 1) y cuando contempla "la solución arbitral de las controversias contractuales" como una de las posibles normas a incluir en los contratos de la Administración celebrados "en aplicación de contratos de préstamo con organismos internacionales de crédito de los que la República forma parte o de donaciones modales" (art. 45).

También los tratados de fomento y protección recíproca de inversiones suscritos por Uruguay con diversas naciones han previsto expresamente la cláusula arbitral[120].

Asimismo, el art. 25 de la ley N° 16.906 de 20 de enero de 1998, dictada con el objeto de promover las inversiones, faculta a acudir opcionalmente a la vía judicial o a la vía arbitral[121].

Más radicalmente, el art. 54 de la ley N° 18.786 de 19 de julio de 2012, que regula el contrato de participación público privada, obliga a las partes a someterse a arbitraje en caso de cualquier controversia[122].

Finalmente, con carácter general, los arts. 472 a 507 del Código General del Proceso (CGP) regulan el proceso arbitral con amplio alcance[123].

Las ventajas que el instrumento arbitral ofrece tanto a las entidades estatales como a sus contrapartes contractuales son por demás evidentes.

Su amplitud en cada caso estará determinada por los términos de la cláusula compromisoria –a cuidar en la confección de los pliegos de condiciones– sin perjuicio de que, en nuestro Derecho, los tribunales arbitrales no pueden entender en materia de in-

---

119 Carlos E. DELPIAZZO – "Manual de Contratación Administrativa" cit., tomo I, pág. 151 y sigtes., y "Contratación Administrativa" cit., págs. 252 y sigtes. y 257 y sigtes; Daniel Hugo MARTINS – "El arbitraje en la contratación administrativa", en Estudios de Derecho Administrativo (La ley Uruguay, Montevideo, 2013, N° 8, pág. 713 y sigtes., y "Los laudos de los tribunales arbitrales internacionales de la CTME de salto Grande y del CIADI del Banco Mundial", en La Justicia Uruguaya, tomo 133, sección Doctrina, pág. 111 y sigtes.; Jorge ECHEVARRIA LEUNDA – "El arbitraje y contratación administrativa", en Rev. de Derecho de la Universidad de Montevideo, Año II (2003), N° 4, pág. 39 y sigtes., y "Normas aplicables al arbitraje internacional y al nacional. Cláusula arbitral y compromiso arbitral", en La Justicia Uruguaya, tomo 129, sección Doctrina, pág. 33 y sigtes.; Augusto DURAN MARTINEZ – "Arbitraje en contratos administrativos", en Casos de Derecho Administrativo (Montevideo, 2005), tomo IV, pág. 131 y sigtes.; y Felipe ROTONDO – "Conciliación y arbitraje en los contratos administrativos", en Anuario de Derecho Administrativo (Montevideo, 2002), tomo IX, pág. 75 y sigtes.

120 Esteban M. YMAZ VIDELA - "Protección de inversiones extranjeras. Tratados bilaterales. Sus efectos en las contrataciones administrativas" (La Ley, Buenos Aires, 1999), pág. 9 y sigtes.

121 Santiago CARNELLI y otros – "Ley de Inversiones" (F.C.U., Montevideo, 1998), pág. 33 y sigtes.

122 Daniel Hugo MARTINS – "Solución de controversias en los contratos PPP con especial referencia al arbitraje", en Estudios de Derecho Administrativo (La Ley Uruguay, Montevideo, 2012), N° 6, pág. 425 y sigtes., y Adrián A. GUTIERREZ – "Solución de controversias (arbitraje) en la ley de participación público privada (PPP)", en La Justicia Uruguaya, tomo 145, sección Doctrina, pág. 73 y sigtes.

123 Carolina GIUFFRA – "Teoría y Práctica del Proceso Arbitral en el Código General del Proceso" (F.C.U., Montevideo, 2007).

constitucionalidad de las leyes (reservada a la Suprema Corte de Justicia) ni de nulidad de actos administrativos (reservada al Tribunal de lo Contencioso Administrativo).

Salvo tales limitaciones, la previsión de la solución arbitral para resolver las controversias que puedan suscitarse a propósito de la interpretación, ejecución o extinción de un contrato público, puede estipularse sin necesidad de autorización legal no sólo por razones de buena administración sino porque "pactar el arbitraje no constituye un acto de disposición que requiera texto expreso" [124].

V. CONCLUSIONES

Para terminar, es evidente que "Una correcta planificación de la futura contratación será esencial para propender al logro de los objetivos y fines de la gestión contractual de la Administración", aspecto en el cual los pliegos de condiciones juegan un rol fundamental [125].

Como reza el Código Iberoamericano de Buen Gobierno aprobado en Montevideo el 23 de junio de 2006, entre las reglas vinculadas a la gestión pública, se impone la actuación "de acuerdo con los principios de legalidad, eficacia, celeridad, equidad y eficiencia", vigilando "la consecución del interés general y el cumplimiento de los objetivos del Estado" (num. 26) y administrando "los recursos materiales y financieros del Estado con austeridad, evitando cualquier tipo de uso impropio" (num. 31).

Para ello, uno de los retos del Derecho Administrativo actual es hacer operativos los principios generales como reglas de Derecho y, entre ellos, el de buena administración. Bajo esa óptica, resulta inocultable la importancia teórica y práctica de gestar la contratación pública desde esa perspectiva.

---

124 Enrique SAYAGUES LASO – "Tratado de Derecho Administrativo" cit., tomo I, pág. 545, y tomo II, pág. 118.

125 José Luis BENAVIDES – "Contratos públicos, Estudios" (Universidad Externado de Colombia, Bogotá, 2014), pág. 220 y pág. 185 y sigtes.

16. LAS ALIANZAS PÚBLICO PRIVADA COMO MECANISMO ALTERNATIVO EN LA PLANIFICACIÓN Y FINANCIACIÓN DE PROYECTOS PÚBLICOS EN REPÚBLICA DOMINICANA

Rafael R. Dickson Morales[1]
Licenciado en Derecho

1. Introducción

La construcción de obras de infraestructuras, así como la buena administración en la gestión de servicios públicos actualmente se encuentra permeada por la utilización de las fórmulas y proyectos que se suelen denominar colaboración público–privada, alianzas público–privada o asociación público–privada (en lo adelante "APP"), muchas veces la participación del sector privado era realizada a través de concesiones, pero últimamente se hace mayor referencia a la APP, reforzando más el concepto de asunción, distribución o administración de los riesgos por parte del sector privado.

Cuando la restricción al endeudamiento público puede constituir un obstáculo para los gobiernos en la ejecución de su planes en obras y servicios, incluso cuando no exista crisis económica o restricciones presupuestarias, estas alternativas resultan ser atractivas para los gobiernos, ya que el sector privado financia en gran medida el proyecto, a veces sin necesidad de aval o garantía estatal, pudiéndose reorientarse el gasto público en otras obras y necesidades sociales, donde el sector privado no estaría dispuesto a participar.

Se pudiera sostener que el origen de la utilización de APP proviene de la traducción de las *public private partnerships (PPP)*, cuyo país precursor es el Reino Unido, y que a finales del siglo pasado comenzó a utilizar una alternativa de capital privado conocida como la *Private Finance Iniciative (PFI)*, la cual posteriormente evolucionó hacia los actuales *Public Private Partnerships (PPP).*

En el Derecho de la Unión Europea la APP fue tratado de manera directa y precisa en el Libro Verde sobre la colaboración público–privada[2], así como en otras comunicacio-

1 Profesor de la Facultad de Derecho de la Universidad Iberoamericana (UNIBE) de la asignatura Derecho Administrativo I y II. Profesor de la Facultad de Derecho de la Universidad Autónoma de Santo Domingo (UASD) de la asignatura Teoría General de los Contratos en la Maestría de Derecho Procesal Administrativo. Doctorando del Doctorado de Derecho Administrativo Iberoamericano. Abogado en ejercicio socio de DMAC | Despacho Jurídico.

2 Comunicación de la Comisión de las Comunidades Europeas (COM) (2004) 327, de fecha 30 de abril de 2004.

nes de la Unión Europea como fueron la Comunicación de la Comisión de las Comunidades Europeas (COM) (2005) 569, de fecha 15 de noviembre de 2005, la Resolución legislativa del Parlamento Europeo sobre la colaboración público–privada y el Derecho comunitario en materia de contratación pública y concesiones (2006/2043(INI)), y la Comunicación interpretativa de la Comisión relativa a la aplicación del Derecho comunitario en materia de contratación pública y concesiones a la colaboración público–privada institucionalizada (APPI), de fecha 5 de febrero de 2008 (2008/C 91/02), entre otras comunicaciones, hasta la actual Directiva 2014/23/UE del Parlamento Europeo y del Consejo de fecha 26 de febrero de 2014.

La APP puede ser una opción que permita el desarrollo de proyectos de infraestructura y gestión de servicios públicos necesarios para la continuación del desarrollo y bienestar social de nuestro país. La falta de recursos públicos de los gobiernos imposibilita muchas veces dar respuesta a las obras necesarias, así como a una eficiente gestión del servicios público. Es por ello, que es conveniente poder utilizar fondos provenientes del sector privado para la financiación y gestión de esas necesidades para beneficio de las personas. Ahora bien, la efectividad de proyectos bajo esta modalidad dependerá de varios factores, entre ellos una buena y correcta regulación en la fase conceptual del proyecto, durante su construcción, y ejecución y toda la vida del contrato, una buena planificación y objetivos públicos claros y la contribución a las personas del proyecto, así como una eficiente asignación y administración de los riesgos y del proyecto.

A partir del Libre Verde, algunos Estados miembros de la Unión Europea incorporaron dentro de sus legislaciones internas la figura de la APP. Igualmente, por la importancia de esta figura, así como sus beneficios muchos países iberoamericanos han adoptado en su legislación nacional leyes específicas que regulan la APP, tales son los casos de Argentina, Colombia, México, Uruguay, Chile, Perú, entre otros. Aquí es oportuno aclarar, sin entrar en un análisis profunda, señalar que existen ciertas diferencias prácticas entre la concepción latinoamericana de las APP y la de la Comunidad Europea, en especial sobre las cuestiones contables y determinación del activo público y su afectación en dichas cuentas.

En el caso de la República Dominicana actualmente existen varios proyectos sobre APP, tal y como presentaremos más adelante. Dentro del marco del presente trabajo, considero importante realizar un breve recuento histórico de las principales normativas sobre contratación pública en nuestro país, con el objetivo contextualizar al lector sobre el ordenamiento jurídico dominicano. Como se podrá observar muchas de las disposiciones sobre este material han sido de reciente incorporación y todavía necesitan madurarse y desarrollarse hasta obtener una mayor regulación técnica en algunos aspectos de la contratación pública, muy en especial sobre las concesiones y la APP.

2. Breves antecedentes históricos de las principales normativas de la contratación pública en República Dominicana.

Desde el nacimiento de la República Dominicana como Estado independiente el 27 de febrero de 1844 no encontramos relevantes disposiciones directas y expresas que regularan objetivamente la actuación contractual de la Administración Pública.

Uno de los primeros precedentes legislativos en realizar una mención directa sobre contratos administrativos lo fue la Ley 1494 de fecha 2 de agosto de 1947. Esta Ley que regula la jurisdicción contenciosa administrativa, aún vigente, indica en su artículo 3[3] que la competencia para conocer las cuestiones relativas al cumplimiento, caducidad, rescisión, interpretación y efectos de los contratos administrativos es el Tribunal Superior Administrativo. Es así, que sin existir disposiciones que regularan el contrato administrativo desde el año 1947 en el ordenamiento jurídico dominicano existía la categoría jurídica de contrato administrativo, como son las concesiones, servicios públicos o de construcción de obras públicas, pero sin un soporte o contenido conceptual.

Una de las primeras leyes que reguló expresamente la contratación pública fue la Ley N° 295 de Aprovisionamiento del Gobierno promulgada en fecha 30 de junio de 1966. El objetivo principal de dicha legislación era la de crear "*un sistema nacional de aprovisionamiento que garantice una inversión eficiente de los dineros utilizados en la adquisición, conservación y distinción de servicios generales a los organismos del Gobierno*"[4].

Esta Ley supuso un gran avance en materia de transparencia y de control, ya que instauró un sistema para la adquisición de bienes por parte del Estado, que anterior a la aprobación de dicha Ley no existía en el país. De igual forma, evitó que se produjeran compras y adquisiciones sin presupuesto establecido o sin tener la necesidad de adquirir dichos bienes, así como que se efectuaran compras indistintamente en todas las dependencias del Estado sin contar con una entidad central de vigilancia y control.

Subsecuentemente, vino la necesidad de regular la forma de adjudicar obras del Estado que comprendieran grandes sumas de dinero, para aquella época. Como consecuencia de esto, se dicta la Ley N° 105[5], de fecha 17 de marzo de 1967, que somete a concurso público la adjudicación de todas las obras de ingeniería y arquitectura de más de Diez Mil Pesos Dominicanos (RD$10,000.00). Esto implicó ciertos requisitos para la adjudicación de dichas obras e incentivo parcialmente la competencia para obras mayores.

Aunque la Ley N° 105 significó un avance para la libre competencia y transparencia, por lo menos desde el punto de vista normativo, en la práctica no tuvo un impacto sustancial para la adjudicación de obras, y durante mucho tiempo la obras se adjudicaron de manera directa basándose en la autorización que otorgaba dicha ley a las obras menores de RD$10,000.00.

La próxima normativa que incide en la contratación pública, todavía hoy vigente, surge en un contexto proteccionista, cuyo objetivo es regular la participación de los extranjeros en los concursos y sorteos de obras en el país, lo que incluso pudiera ser contradictorio con la apertura actual a los acuerdos de libre comercio, ya que obliga a los inversionistas extranjeros, salvo aquellos nacionales de países signatarios de dichos tratados, a suscribir acuerdos de participación o uniones temporales con empresas locales.

---

3 El artículo 3 de la Ley 1494 del 1947 establece que: "El Tribunal Superior Administrativo será la jurisdicción competente para conocer y decidir, en primera y última instancia, las cuestiones relativas al cumplimiento, caducidad, rescisión, interpretación y, efectos de los contratos administrativos (concesiones y contratos de servicios púbicos o de construcción de obras públicas) celebrados por el Estado, los establecimientos públicos, (el Distrito de Santo Domingo, las Comunes y Distrito Municipales con personas o empresas particulares, como igualmente los que versen sobre el uso y goce de las dependencias del dominio público del Estado, las Comunes o Distritos Municipales.

4 Considerando de la Ley N° 295 de Aprovisionamiento del Gobierno. Promulgada el 30 de junio de 1966. *Gaceta Oficial* N° 8994.

5 Ley N° 105 que somete a concurso para su adjudicación, todas las obras de ingeniería y arquitectura de más de RD$10,000.00. Promulgada el 16 de marzo de 1967. *Gaceta Oficial* N° 9026.

Ley N° 322 sobre concurso y sorteo de obras del Estado para ser adjudicadas a extranjeros y nacionales asociados, de fecha 02 de junio de 1981, como ya adelantamos, estableció que para que una persona física o jurídica extranjera pudiera participar en cualquier modalidad de contratación con el Estado dominicano debe estar asociada con una empresa nacional o de capital mixto[6].

La participación mínima que tenía que tener el socio dominicano es de un 50%. Actualmente, esta Ley continúa vigente, por lo que en las licitaciones públicas internacionales, salvo que la empresa sea nacional de un Estado suscribiente de algún tratado de libre comercio, deberá cumplir con dicha disposición, de lo contrario la legislación dispone que los contratos realizados en contravención a la ley serían nulos de pleno derecho[7].

Consideró oportuno hacer referencia a una legislación que revolucionó la inversión privada en el sector público. Me refiero a la Ley N° 141–97 de fecha 24 de junio de 1997, sobre Reforma de la Empresa Pública que instituye la comisión de reforma de las empresas públicas para capitalizar ciertas empresas públicas, lo que permitía que el sector privado adquiriera participación en la propiedad y gestión de las empresas estatales[8].

Igualmente, durante los próximos años surgieron leyes sectoriales que establecían disposiciones particulares sobre concesiones, como es el caso de las Telecomunicaciones, mediante la Ley N° 153–98[9], y Electricidad, mediante la Ley N° 125–01,[10] entre otras.

Posteriormente, se emite un Decreto–Puente sobre contrataciones pública, el Decreto N° 63–06, de fecha 23 de febrero de 2006[11], cuyo objetivo era poner acorde a las disposiciones de los tratados de libre comercio la regulación de la contratación pública. En ese sentido, señalaba uno de sus considerandos que: *"aspira a conciliar el contenido disperso y obsoleto de las normas vigentes con la necesidades derivadas del proceso integración de la República Dominicana a esquemas bilaterales y multilaterales de libre comercio, muy especialmente al que se estab a-*

---

6 El artículo 1 de la Ley *N° 322 que establece que para que una empresa o persona física extranjera pueda participar en concursos, sorteos o mediante cualquiera otra modalidad de adjudicación o pueda ser contratada por el Estado Dominicano, dicha persona física o empresa deberá estar asociada con una empresa nacional o de capital mixto.* Promulgada el 02 de junio de 1981. *Gaceta Oficial* N° 9556, dispone que: "*A partir de la entrada en vigencia de la presente Ley, para que una empresa o persona física extranjera pueda participar en concursos, sorteos, o mediante cualquiera otra modalidad de adjudicación, o pueda ser contratada por el Estado Dominicano, sus instituciones autónomas, los ayuntamientos o empresas en las que el Estado Dominicano figure como accionista, para la ejecución de cualquier obra o trabajo, dicha empresa o persona física extranjera deberá estar asociada con una empresa nacional o de capital mixto*".

7 El artículo 4 de la Ley 322 dispone que: "Los concursos, sorteos y contratos elaborados en contravención de uno cualquiera de los requisitos anteriores, serán nulos de pleno derecho".

8 Ley N° 141-97 general de reforma de la empresa pública. Promulgada el 24 de junio de 1997. *Gaceta Oficial* N° 9957.

9 Ley N° 153-98, General de Telecomunicaciones. Promulgada el 27 de mayo de 1997. *Gaceta Oficial* N° 9983.

10 Ley N° 125-01, General de Electricidad. Promulgada el 26 de julio de 2001. *Gaceta Oficial* N° 10095.

11 Decreto N° 63-06 que aprueba el reglamento de compras y contrataciones de bienes, servicios, obras y concesiones. Promulgado el 23 de febrero de 2006. *Gaceta Oficial* N° 10358.

tado de Libre Comercio suscrito con Centroamérica y los Estados Unidos, y el cual fuera ratificado por el Congreso Nacional mediante la Resolución N° 357–05, de fecha 9 de septiembre de 2005".

Finalmente, desde agosto de 2006 se dicta la Ley Nº 340–06[12] que establece el marco regulatorio para las contrataciones que realiza la Administración Pública, estableciendo entre otras cosas, los procedimientos administrativos de selección del contratista, así como los derechos y obligaciones de los actores en la contratación pública. Por último, se dicta en el año 2012, el reglamento de la ley sobre compras y contrataciones de bienes, servicios, obras y concesiones mediante el Decreto Nº 543–12 de fecha 06 de septiembre del 2012.

3. Bases Constitucionales de las Alianzas Público Privada.

En la actualidad, la constitucionalización del derecho permea casi toda la actividad estatal. La contratación pública no es una excepción. En ese sentido, existen ciertos derechos fundamentales que inciden en esta actividad, incluyendo las APP. Por esta razón, presento las principales disposiciones constitucionales que pueden incidir en las APP y su futura regulación en nuestro país. Aun cuando, existe una relación entre la constitución y la contratación pública, el grado de relación dependerá de la configuración constitucional de cada país.

La Constitución Dominicana[13] (en lo adelante "CD") en el Título II regula todo lo relativo a los Derechos, Garantías y Deberes Fundamentales. En el primer Capítulo establece los derechos fundamentales protegidos expresamente por la CD. Estimo que conforme a nuestra Carta Magna, los principales derechos fundamentales que tienen un impacto en la contratación pública serían los siguientes:

El artículo 39 de la CD se establece que: "*Todas las personas nacen libres e iguales ante la ley, reciben la misma protección y trato de las instituciones, autoridades y demás personas y gozan de los mismos derechos, libertades y oportunidades, sin ninguna discriminación por razones de género, color, edad, discapacidad, nacionalidad, vínculos familiares, lengua, religión, opinión política o filosófica, condición social o personal*". En ese sentido, la Constitución Dominicana en los numerales 1 y 3 del artículo 39 dispone que: "*1) La República condena todo privilegio y situación que tienda a quebrantar la igualdad de las dominicanas y los dominicanos, entre quienes no deben existir otras diferencias que las que resulten de sus talentos o de sus virtudes*" y "*3) El Estado debe promover las condiciones jurídicas y administrativas para que la igualdad sea real y efectiva y adoptará medidas para prevenir y combatir la discriminación, la marginalidad, la vulnerabilidad y la exclusión*". Esta disposición implicaría la igualdad en proyectos de APP.

El artículo 50 de la CD sobre la Libertad de Empresa, en su numeral 3 establece: "*El Estado puede otorgar concesiones por el tiempo y la forma que determine la ley, cuando se trate de explotación de recursos naturales o de la prestación de servicios públicos,*

---

12 Ley Nº 340-06 sobre Compras y Contrataciones de Bienes, Servicios, Obras y Concesiones. Promulgada el 18 de agosto de 2006. *Gaceta Oficial* Nº 10380.

13 Constitución de la República Dominicana. Proclamada el 26 de enero de 2010 y modificada el 13 de junio de 2015. *Gaceta Oficial* Nº 10885.

asegurando siempre la existencia de contraprestaciones o contrapartidas adecuadas al interés público y al equilibrio medioambiental".

Como veremos más adelante las concesiones dependiendo el ordenamiento jurídico, pueden implicar una forma de APP. En ese sentido, este artículo habilita al Estado Dominicano otorgar concesiones para la prestación de servicios públicos, pero requiere una contraprestación adecuada al interés público, que recaerá al sector privado.

Por otra parte, el artículo 128 de la CD establece las atribuciones del Presidente de la República y en su numeral 2, literal d, establece la siguiente atribución: "*Celebrar contratos, sometiéndolos a la aprobación del Congreso Nacional cuando contengan disposiciones relativas a la afectación de las rentas nacionales, a la enajenación de bienes del Estado, al levantamiento de empréstitos o cuando estipulen exenciones de impuestos en general, de acuerdo con la Constitución. El monto máximo para que dichos contratos y exenciones puedan ser suscritos por el Presidente de la República sin aprobación congresual, será de doscientos salarios mínimos del sector público*".

Asimismo, el artículo 93, numeral 1, literal k de la CD sobre las atribuciones del Congreso Nacional, establece: "*Aprobar o desaprobar los contratos que le someta el Presidente de la República, de conformidad con lo que dispone el artículo 128, numeral 2), literal d), así como las enmiendas o modificaciones posteriores que alteren las condiciones originalmente establecidas en dichos contratos al momento de su sanción legislativa*".

Otra disposición de la CD que habilita el desarrollo de fórmulas asociativas con el sector privado es el artículo 147 sobre la finalidad de los servicios públicos, que establece que: "*Los servicios públicos están destinados a satisfacer las necesidades de interés colectivo. Serán declarados por ley. En consecuencia: 1) El Estado garantiza el acceso a servicios públicos de calidad, directamente o por delegación, mediante concesión, autorización, asociación en participación, transferencia de la propiedad accionaria u otra modalidad contractual, de conformidad con esta Constitución y la ley; 2) Los servicios públicos prestados por el Estado o por los particulares, en las modalidades legales o contractuales, deben responder a los principios de universalidad, accesibilidad, eficiencia, transparencia, responsabilidad, continuidad, calidad, razonabilidad y equidad tarifaria*".

Una disposición interesante sobre fórmulas asociativas entre el sector público y el privado, es el artículo 219 de la CD que indica lo siguiente: "*El Estado fomenta la iniciativa económica privada, creando las políticas necesarias para promover el desarrollo del país. Bajo el principio de subsidiaridad el Estado, por cuenta propia o en asociación con el sector privado y solidario, puede ejercer la actividad empresarial con el fin de asegurar el acceso de la población a bienes y servicios básicos y promover la economía nacional.*

Si bien esta disposición no se refiere a obras o servicios públicos y la intervención del sector privado en las mismas, sino más bien permite posibilidad de la participación subsidiaria del Estado en ciertas actividades empresariales, es de vital importancia ya que se indica la posibilidad de realizar asociaciones entre el sector público y privado para realizar proyectos de bienes y servicios básicos que promuevan la económica nacional, y como resultado se pueda traducir en beneficio de las personas. Es mi entender que esto sería uno de los objetivos fundamentales de las APPs.

Finalmente, el artículo 244 de la CD establece que: "*Los particulares sólo pueden adquirir, mediante concesiones que autorice la ley o contratos que apruebe el Congreso Nacional, el derecho de beneficiarse, por todo el tiempo que estipule la concesión o el contrato y cumpliendo con las obligaciones que la una y el otro les impongan, de exenciones, exoneraciones, reducciones o limitaciones de impuestos, contribuciones o derechos fiscales o municipales que inciden en determinadas obras o empresas hacia las que convenga atraer la inversión de nuevos capitales para el fomento de la economía nacional o para cualquier otro objeto de interés social. La transferencia de los derechos otorgados mediante contratos estará sujeta a la ratificación por parte del Congreso Nacional*".

Esta disposición por igual incide en los proyectos que puedan realizarse bajo la modalidad de APP, ya que independientemente de las disposiciones que puedan establecerse en la ley que se apruebe sobre APP, si existen incentivos fiscales o exenciones se deberá requerir la aprobación del Congreso Nacional para su validez.

Luego de analizar las principales disposiciones constitucionales que incidirán en la APP, se delimitará el concepto de APP.

4. La delimitación conceptual de la Alianza Público–Privada.

La aproximación a un concepto de alianza o colaboración pública privada podría resultar en un esfuerzo quizás poco práctico, ya que estrictamente se podría sostener que cuando los particulares contratan con la Administración Pública colaboran o se asocian de una u otra manera a la ejecución de las finalidades públicas, cuyo último fin es de satisfacer las necesidades de las personas. Ahora bien, no es discutido por una mayoría de la doctrina que cuando se habla de APP se identifican ciertos elementos particulares que permitirían establecer una definición general de lo que implica esta manera de contratar o realizar proyectos con la Administración Pública.

La Organización para la Cooperación y el Desarrollo Económicos (OECD, por sus siglas en ingles) define[14] la APP como un acuerdo entre Gobierno y uno o más socios privados (que puede incluir operadores y entidades financieras), mediante el cual los socios privados ofrecen el servicio de manera tal que los objetivos de prestación de servicios del Gobierno están alineados con los objetivos de rentabilidad de los socios privados y donde la eficacia de la alineación depende de una suficiente transferencia del riesgo a los socios privados.

De conformidad con el Fondo Monetario Internacional (FMI), una APP se refiere a los acuerdos en los que el sector privado suple servicios y activos en forma de infraestructura que tradicionalmente habían sido proporcionados por el Gobierno. En adición a la ejecución por la parte privada y la financiación de la inversión pública, la APP tienen otras dos características importantes: hay un énfasis en la prestación de servicios, así como en la inversión, por el sector privado; y una distribución o transferencia significativa del riesgo desde el gobierno al sector privado. Esta colaboración ha abarcado una amplia gama de proyectos de infraestructura social y económica, pero utilizadas principalmente para construir y operar hospitales, escuelas, prisiones, carreteras, puentes y

14 Organization For Economic Co-OPeration and Develpcment (OCDE), "*Public-Private Partnerships in Pursuit of Risk Sharing and Value for Money*", p. 17, 2008.

túneles, metros y redes ferroviarias, sistemas de control de tráfico aéreo, y plantas de agua y saneamiento[15].

El Consejo Canadiense para Asociación Público–Privada (*Canadian Council for Public–Private Partnerships*) ha definido la APP como: "*El emprendimiento de cooperación entre sectores público y privado, basado en la experiencia de cada socio, que satisface de mejor forma necesidades públicas bien definidas, a través de la distribución adecuada de los riesgos, recursos y recompensas*".[16]

Se pudiera señalar que dentro del ámbito del derecho comunitario europeo, el significado de la APP tiene una connotación que no implica una modalidad contractual particular, sino un sinnúmero de fórmulas asociativas. Así ha señalado el Prof. Gimeno Feliú al indicar que: "*Así, en el ámbito comunitario, la colaboración público–privada, a través de sistemas concesionales, se refiere, en general, a las diferentes formas de cooperación entre las autoridades públicas y privadas y el mundo empresarial, cuyo objetivo es garantizar la financiación, construcción, renovación, gestión o el mantenimiento de una infraestructura o la prestación de un servicio*". [17]

Sin tratar de establecer un concepto especifico de APP, al hablar de APP, considero son las distintas formas de colaboración o cooperación entre la Administración Pública y el sector privado, con el objetivo de realizar un proyecto de larga duración que implique la financiación, construcción, renovación, gestión o el mantenimiento de una infraestructura o la prestación de un servicio por parte del socio privado en beneficio de la colectividad, asumiendo este ciertos riesgos, en especial los de operatividad y económicos.

Con respecto a las características de la APP, se puede sostener que se caracteriza por su larga duración, complejidad, tanto por las obligaciones como en los sujetos participantes, que excede en mucho la relación bilateral entre Administración Pública y concesionario en el contrato tradicional de concesión. En estos tipos de proyectos, aún cuando no suscriban directamente acuerdos con la Administración Pública, participan también otras entidades, como serían las instituciones de financiamiento, constructores, desarrolladores, subcontratistas, entre otros que requieren revisar la ingeniería y estructura legal de la APP.

La duración larga de la relación contractual es otro elemento caracterizador de la APP. Esto implica que el contrato debe estructurarse de manera tal que exista una cooperación entre ambas partes, Administración Pública y sector privado a fin de poder materializar un proyecto bajo la modalidad de APP. En el Libro Verde se establecen también una serie de características que suelen presentarse en las operaciones de APP.

La financiación del proyecto suele ser otro elemento señalado para identificar una APP. Muchas veces este elemento ha sido resaltado como una de las principales bondades de la APP, en especial en tiempos de crisis económica, lo que parecería aliviar a la Administración Pública, y que ésta pueda utilizar recursos públicos para otras obras o

---

15 *Ibídem*, p. 17.

16 Definición extraída de la página oficina del Canadian Council for PPP en http://www.pppcouncil.ca/resources/about-ppp/definitions.html.

17 Gimeno Feliú, J. *El Nuevo paquete legislativo comunitario sobre contratación pública. De la Burocracia a la estrategia (el contrato público como herramienta del liderazgo institucional de los poderes públicos).* Primera edición, 2014. Editorial Arazandi, España, p. 139.

necesidades públicas. Más adelante, abundaré sobre aspectos financieros y presupuestarios respecto de la APP en el ordenamiento jurídico dominicano.

Otro elemento fundamental es la transferencia de riesgos al sector privado. Al respecto se sostiene que: "*nos podamos encontrar ante un APP y no ante otras modalidades contractuales, básicamente la del contrato de obras que es el contrato del que se pretende desligar, precisamente por sus efectos en relación con el déficit público*"[18].

Esto nos lleva a analizar el principal elemento caracterizador de la APP, que es la asignación o reparto de riesgos que ocurre entre el sector privado y la Administración Pública. En esta asignación especial de riesgos, se transfieren al sector privado riesgos que habitualmente eran soportados por la Administración Pública. No obstante lo anterior, ello no implica necesariamente que el sector privado asuma todos los riesgos. Sobre esta cuestión, y en este trabajo, solo señalaré que la asignación de los riesgos en una APP se deberá realizar para cada proyecto individualmente, en función de las capacidades respectivas de las partes para evaluarlos, mitigarlos, controlarlos y gestionarlos.

Desde el año 2000, la Comisión Europea ha expresado que la transferencia de riesgo, es una característica esencial de la APP, al sostener que: "*El derecho de explotación implica también la transferencia de la responsabilidad de explotación, que engloba los aspectos técnicos, financieros y de gestión de la obra. Es al concesionario a quien incumbe, por ejemplo, la tarea de realizar las inversiones necesarias para que su obra pueda, de forma útil, ponerse a disposición de los usuarios. También recae sobre él la carga de la amortización de la obra. Por otra parte, el concesionario no sólo asume los riesgos vinculados a cualquier construcción, sino que deberá también soportar los riesgos vinculados a la gestión y frecuentación del equipamiento. De las consideraciones precedentes se deduce que, en una concesión de obras, los riesgos inherentes a la explotación se transfieren al concesionario*"[19].

La misma comunicación establece que: "*Si el reembolso de las financiaciones corriera a cargo del órgano de contratación, sin riesgos vinculados a la gestión de la obra, faltaría el elemento de riesgo y el contrato debería calificarse como contrato de obras y no como concesión. Además, si durante la duración del contrato o al término del mismo el concesionario recibe, directa o indirectamente (en forma de reembolso, de compensación de pérdidas o de otra forma), una remuneración distinta de la correspondiente a la explotación, el contrato ya no podría ser tildado de concesión. En ese caso, la compatibilidad de la financiación adicional tendría que ser analizada a la luz del conjunto de disposiciones pertinentes de Derecho comunitario.*

Es así, que por lo menos de los documentos de la Unión Europea se deriva que el elemento diferencial entre la concesión de obra o de servicios, la APP y los contratos públicos "ordinarios" de obras o de servicios es que en las concesiones el concesionario tiene el derecho a explotar la obra o el servicio. Esto implica, como se ha dicho, que: "*se transfiere al concesionario un riesgo operacional de carácter económico que supone la posibilidad de que el concesionario no recupera las inversiones realizadas ni cubra los*

18 GONZÁLEZ GARCÍA, Julio V. Colaboración público-privada e infraestructuras de transporte. Entre el contrato de colaboración entre el sector público y el sector privad y la atipicidad de la gestión patrimonial. Editorial Marcial Pons, Madrid, España, 2010, p. 30.

19 Comunicación de la Comisión de las Comunidades Europeas (COM) (2000/C 121/02), de fecha 24 de marzo de 2000.

costes que haya sufragado para explotar las obras o los servicios adjudicados en condiciones normales de funcionamiento si bien parte del riesgo siga asumiéndolo el poder o entidad adjudicadora"[20].

Con respecto a esta última característica de los contratos o fórmulas de APP, sobre la asignación de los riesgos, existen varios precedentes del Tribunal de Justicia de la Unión Europea (TJUE)[21] que permiten ir estableciendo este elemento como fundamental para determinar si estamos en presencia o no de algún tipo de APP.

Así pues, compartimos el criterio que sostiene el Prof. Gimenu Feliú, cuando señala que: "*de lo anterior se desprende que cuando un negocio jurídico, aunque reúna algunas características de la concesión, como es el caso de que se encomiende la organización del servicio al contratista, pero no contemple la asunción del riesgo de explotación tantas veces mencionado, no podrá considerarse a los efectos de la legislación de contratos del sector público como una concesión de servicios"*.[22]

Asimismo, la última Directiva 2014/23/UE en su considerando 19, plasma lo que anteriormente había sostenido la Comisión Europea, al señalar que: *no puede considerarse una concesión, cuando la reglamentación específica del sector elimina el riesgo estableciendo una garantía en beneficio del concesionario en virtud de la cual se compensen las inversiones y costes sufragados para la ejecución del contrato*[23]. En definitiva, esta Directiva ha otorgado especial atención al riesgo operacional y su transferencia al socio privado, para configurar la presencia de una concesión, y también, por lo menos en el ordenamiento comunitario proyectos bajo la modalidad de APP.

A continuación expondré como la APP han sido abordada en la República Dominicana.

5. La figura de la alianzas público privada en República Dominicana.

La figura de la APP en la República Dominicana hasta el momento no se encuentra expresamente regulada. No obstante lo anterior, no quiere decir, que no existen formas de colaboración entre el sector público y el privado. De hecho, existen ciertos contratos de concesiones de carreteras, puertos y aeropuertos que pudieran tener algunas características de una APP, pero no todas que impliquen su configuración.

En ese mismo sentido, en los últimos tiempos en reiteradas ocasiones el gobierno dominicano ha hecho referencias a la conveniencia de realizar fórmulas público–privada para determinados proyectos, incluso ha indicado que el proyecto de la Nueva Barquita en Santo Domingo es fruto de una APP, claro está no reúnen las características que he expuesto anteriormente. De todas maneras, lo importante es que parecería existir un interés político de impulsar las alianzas público–privada. Lo anterior se evidencia por los

---

20 Blanco López, Francisco. La Directiva 23/2014 de Contratos de Concesión. El "Riesgo Operacional". Vol. 24 Extraordinario XXIII Congreso 2014, p. 90.

21 Sentencia de 13 de octubre de 2005 (Parking Brixen GMB), la sentencia de 13 de noviembre de 2008, Comisión/Italia, C-437/07, y la sentencia WAZV Gotha. Sentencia de 10 de marzo de 2011 en el asunto C-274/09, Privater Rettungsdienst und Krankentransport Stadler y Zweckverband fur Rettungsdienst und Feuerwehralarmierung Passau.

22 *Ob. Cit.*, Gimeno Feliu, J. p. 33.

23 Considerando 19 de la Directiva 2014/23/UE del Parlamento Europeo y del Consejo de fecha 26 de febrero de 2014.

distintos proyectos que en el pasado han existido, así como el anteproyecto que actualmente se trabaja desde finales del 2016 por el Ministerio de la Presidencia.

Haciendo un sucinto recuento de los principales proyectos que han existido tendentes a regular las APP, podemos encontrar que en el Senado de la República Dominicana, en el año 2008, existió un anteproyecto de Ley General de Asociación Pública Privada en Infraestructura para la Provisión de Servicios Públicos[24].

El objetivo principal que tenía dicho proyecto era establecer los principios y las normas generales que regirán en los contratos de asociación pública privada, destinados a la creación, desarrollo, uso y goce, explotación, mantenimiento, modernización, ampliación y mejoramiento de los bienes del Estado, de sus servicios públicos asociados y otros complementarios a éstos, incluyendo la provisión de los equipamientos necesarios. Este proyecto contenía una serie de definiciones que hubieran generado un interesante debate conceptual y doctrinal respecto de la conceptualización de esos contratos. Dentro de las principales definiciones estaban Alianzas Público Privadas o APP[25], Proyecto de Alianzas Público Privada o Proyecto[26], y Contrato de Alianza Público Privada o Contrato[27].

En adición a este proyecto, existía otro proyecto de Ley de Concesiones de Obras y Servicios Públicos[28], aprobado en el Senado de la República en fecha 24 de julio del año 2007. El Senado determinó que ambas iniciativas legislativas tenían la misma naturaleza, que es la concesión de obras públicas al sector privado, sin que el Estado dominicano tenga que invertir recursos económicos, razón por la cual procedió a desestimar, en ese momento, el proyecto de ley de alianzas públicos privada.

---

24 Depositada en el Senado de la República Dominicana el 22/9/2008. En Agenda para Tomar en Consideración el 23/9/2008. Tomada en Consideración el 23/9/2008. Enviada a Comisión el 25/9/2008. Informe de Gestión Firmado el 20/1/2009. En Agenda el 20/1/2009. Informe de Gestión Leído el 20/1/2009. Perimida el 25/02/2009.

25 Definición sobre Alianza Público Privada establecida en el proyecto de ley de 2008: El instrumento jurídico mediante el cual el Estado faculta, a cualquier persona moral o jurídica para diseñar, proyectar, financiar y ejecutar, en un plazo determinado, la construcción, desarrollo, mantenimiento y explotación, o sólo la explotación, de una obra de infraestructura para la provisión de un servicio público, otorgando el derecho a la Sociedad Contratante a recibir la correspondiente retribución económica a través del cobro a los usuarios de la obra y servicios públicos prestados de una tarifa definida en el contrato, o mediante aportes y/o garantías otorgadas por el Estado que le permita la recuperación de su inversión y el mantenimiento de la infraestructura y la prestación de los servicios en los niveles satisfactorios comprometidos contractualmente.

26 Definición sobre Proyecto de Alianzas Público Privada o Proyecto establecida en el proyecto de ley de 2008: creación, desarrollo, uso y goce, explotación, mantenimiento, modernización, ampliación y mejoramiento de nuevas instalaciones de infraestructura y equipamiento asociados, así como la rehabilitación, modernización, expansión u operación y el mantenimiento de instalaciones de infraestructura ya existentes y el otorgamiento de servicios públicos a través de sujetos privados que aportan recursos para lograr el desarrollo de la infraestructura y/o provisión de los servicios asociados, todo ello sobre bienes del Estado.

27 Definición sobre Contrato de Alianza Público Privada o Contrato establecida en el proyecto de ley de 2008: acuerdo o acuerdos de voluntades jurídicamente vinculantes, celebrados entre el Estado y la Sociedad Contratante en que se fijen las condiciones, derechos y obligaciones para la ejecución de un proyecto de Alianza Público Privada en el marco de esta ley. . En todo caso, se entenderá que los pliegos de condiciones del proyecto formarán parte integral del contrato. El contrato será suscrito por la Autoridad Contratante, el Director Ejecutivo de la Agencia y el Secretario de Hacienda.

28 Esta iniciativa fue reintroducida en la Cámara de Diputados de República Dominicana para su conocimiento mediante una Comisión Especial.

Por otra parte, a finales del año 2014 se reintrodujo en la Cámara de Diputados un anteproyecto de Ley General de Concesiones de Obras y Servicios Públicos (en lo adelante "Proyecto Ley Concesiones")[29], el cual contempla disposiciones sobre la participación público–privada (en lo adelante "PPP"). En este proyecto define a la PPP como *la modalidad de concesión en virtud de la cual el Estado Dominicano a través de una entidad contratante celebra con una persona jurídica un contrato en cuyos términos ésa persona se compromete a poner a disposición del Estado Dominicano cierta infraestructura, equipamientos, y a prestar un servicio público, el cual no se considera rentable; recibiendo el concesionario en concepto de contraprestación, además de una tarifa si esta es factible, el pago de una cantidad única o periódica hasta un monto fijado en el contrato, que implica endeudamiento o compromiso de pagos futuros por parte del Estado.*

La definición propuesta en el Proyecto Ley Concesiones de PPP es completamente diferente y distante de lo que es el sentido real de una APP, por lo que de ser aprobado de esa manera presentaría grandes inconvenientes prácticos y plantearía discusiones teóricas. Lo importante a destacar, en este punto es que pareciera, que el ordenamiento dominicano optaría por la solución de establecer que la PPP es una modalidad particular de concesión, y no una figura contractual autónoma.

Finalmente, en la actualidad existe un anteproyecto[30] aún en discusión (en lo adelante Anteproyecto APP), cuyo objetivo es aprobar una ley de alianzas públicos privadas, que implicaría algunos cambios a los proyectos anteriormente presentados. En especial, lo interesante y novedoso, sin entrar en un análisis profundo, es la definición que presenta sobre la APP. La definición que se establece contiene una referencia fundamental sobre la transferencia y asignación de riesgos y se encuentra más acorde con la verdadera naturaleza de proyectos bajo esta modalidad.

Al respecto, define el Anteproyecto como APP: "*instrumento o mecanismo de vinculación entre instancias, organismos o entidades del sector público y personas jurídicas de derecho privado, nacionales o extranjeras, que se materializa a través de la suscripción de un contrato, acuerdo o convenio con fuerza vinculante entre la autoridad pública contratante y la persona de derecho privado, para la provisión, gestión y/u operación de bienes o servicios públicos en el cual están precisados los riesgos y la asignación de estos para cada uno de los sectores y actores*"[31]. Esta definición parecería apartarse de la visión comunitaria de que las concesiones y APPs serían prácticamente lo mismo.

Para concluir esta parte, considero que la definición propuesta en el Anteproyecto APP implica un avance sustancial respecto de la definición propuesta en los proyectos anteriores, lo cual consideró un acierto. No obstante lo anterior, debemos esperar la aprobación de la normativa que regularía la APP, para determinar si la definición propuesta resulta ser clara y precisa.

De todos modos, se habrá de considerar otros aspectos fundamentales en la normativa que tenga a bien aprobar el Congreso Nacional para regular la APP. Lo que resulta claro es que, en nuestro país, no se desarrollarían proyectos bajo esta modalidad, sin un

29 El proyecto fue reintroducido en fecha 29 de septiembre de 2014.

30 Anteproyecto en discusión y trabajo sobre Ley de Alianzas Públicos Privadas de finales del año 2016.

31 Artículo 1 sobre definiciones en el anteproyecto aún en discusión sobre Ley de Alianzas Públicas Privadas, agosto 2016

marco regulatorio actualizado y adecuado, que tome en consideración las experiencias de otros países, replicando sus aciertos y mejorando los desaciertos.

6. Aspectos presupuestarios y de planificación en la contratación pública

La contratación pública como actividad de la Administración tiene una vital importancia en las cuestiones presupuestarias y gasto público, ya que se requieren que las compras, obras y servicios públicos se encuentren debidamente presupuestadas. Así pues, el primer aspecto es cumplir cabalmente con la normativa vigente relativa a la planificación presupuestaria.

La CD establece las primeras directrices respecto a temas presupuestarios, y su incidencia en la contratación pública, ya que si no existen las partidas presupuestas correspondientes en los distintos órganos del Estado no se podría llevar a cabo esta actividad. Veamos las principales disposiciones constitucionales al respecto.

Al respecto el artículo 233 de la CD dispone que: "*Corresponde al Poder Ejecutivo la elaboración del proyecto de Ley de Presupuesto General del Estado, el cual contempla los ingresos probables, los gastos propuestos y el financiamiento requerido, realizado en un marco de sostenibilidad fiscal, asegurando que el endeudamiento público sea compatible con la capacidad de pago del Estado. Párrafo.– En este proyecto se consignarán de manera individualizada las asignaciones que correspondan a las diferentes instituciones del Estado*".

Conforme a esta disposición en la Ley de Presupuesto General del Estado cada institución del Estado tendría las asignaciones en dicha Ley, y de allí provendrían los recursos para realizar las compras y contrataciones públicas. Asimismo, la CD establece mecanismos precisos para la modificación del presupuesto aprobado, ya sea para incluir nuevas partidas o modificar las que figuren en la Ley de Presupuesto General del Estado.

El artículo 237 de la CD establece la obligación de reportar las fuentes, estableciendo que: "*No tendrá efecto ni validez la ley que ordene, autorice un pago o engendre una obligación pecuniaria a cargo del Estado, sino cuando esa misma ley identifique o establezca los recursos necesarios para su ejecución*". Esto es de vital importancia para las erogaciones que se hagan con sustento a contratos públicos, ya que se deberán contar con la debida instrumentación de los mismos, los fondos correspondientes y realizar los trámites administrativos a fin de que la correspondiente institución pública pueda realizar los pagos.

La planificación es fundamental en la contratación pública. Señalaba el Profesor Ariño[32] que la eficacia del sistema de contratación pública descansa, en una buena preparación del contrato en sus tres componentes esenciales que son: el proyecto técnico, el esquema contractual y el plan financiero. Esto es en pocas palabras planificación.

En lo que respecta al tema de la planificación, la CD en su artículo 241 establece la estrategia de desarrollo, indicando que: "*El Poder Ejecutivo, previa consulta al Consejo Económico y Social y a los partidos políticos, elaborará y someterá al Congreso Nacional una estrategia de desarrollo, que definirá la visión de la Nación para el largo plazo. El proceso de planificación e inversión pública se regirá por la ley correspondiente*".

32 ARIÑO ORTÍZ, Gaspar. Problemática actual de la contratación de las Administraciones públicas en la Contratación Pública, Jornadas de Valladolid, 27-29 de enero de 1993. Coordinadores López Muñiz, José Luis y Laguna de Paz, Juan Carlos. Marcial Pons, España, p. 19.

En virtud de dicha disposición se dictó la Ley N° 1–12 sobre Estrategia Nacional de Desarrollo 2030, promulgada el veinticinco (25) días del mes de enero del año dos mil doce (2012). Conforme a dicha normativa, se busca definir qué país desean tener los dominicanos y dominicanas para el año 2030, y cuáles son las mejores vías para lograrlo. Es una lástima que en dicha iniciativa no se incluyera expresamente las cuestiones de APPs. De hecho en lo que respecta a la contratación pública las escasas referencias en la normativa no implican una estrategia definida y precisa ante esta importante actividad de la Administración Pública.

Por otro lado, a raíz del Acuerdo de Libre Comercio entre Centroamérica, Estados Unidos y la República Dominicana (DR–CAFTA[33]), así como de otros acuerdos institucionales de apoyo tanto del Banco Interamericano de Desarrollo, como de otras instituciones, se iniciaron los procesos para reformar la administración financiera del Estado, que abarcaba los sistemas de presupuesto, tesorería, crédito público y contabilidad gubernamental, así como mecanismos de controles tanto internos como externos. Así pues, desde el año 2004 se aprobaron leyes cuyo objetivo era la transformación y modernización de dichos sistemas con el objetivo de que fuera uniforme.

Dentro de las principales leyes que fueron aprobadas durante ese proceso se encuentran la Ley de Crédito Público N° 6–06, de fecha 20 de enero de 2006, Ley Orgánica de Presupuesto para el Sector Público N° 423–06, de fecha 17 de noviembre de 2006, Ley de Planificación e Inversión Pública No. 487–06, de fecha 28 de diciembre de 2006, Ley N° 5–07 sobre Administración Financiera del Estado, de fecha 8 de enero de 2007, Ley de Contraloría N° 10–07, de fecha 8 de enero de 2007. En ese sentido, a continuación presentaré algunas disposiciones expresas que tienen incidencia en la cuestión presupuestaria y de planificación para la contratación pública, y que pudieran tener incidencia en proyectos de APP.

El artículo 31 de la Ley N° 498–06 sobre planificación e inversión pública señala que: "*Inversión pública es todo gasto público destinado a ampliar, mejorar o reponer la capacidad productiva del país con el objeto de incrementar la producción de bienes y la prestación de servicios. Incluye todas las actividades de preinversión e inversión de las instituciones del sector público, y se corresponde con el concepto de inversión bruta de capital fijo definida en el Manual del Sistema de Cuentas Nacionales de la Organización de las Naciones Unidas*".

Asimismo, el artículo 32 define lo que sería un proyecto de inversión cuando señala que: "*Proyecto de inversión es la creación, ampliación o rehabilitación de una determinada actividad productiva. Incluye, entre otras, las obras públicas en infraestructura, la construcción y modificación de inmuebles, las adquisiciones de bienes muebles e inmuebles asociadas a estos proyectos, y las rehabilitaciones que impliquen un aumento en la capacidad y vida útil de los activos.*

PÁRRAFO: Los proyectos de inversión incluyen tanto los estudios que se requerirán en la fase de preinversión como la puesta en marcha de los mismos.

De estas disposiciones, lo importante a rescatar es que la norma que vaya a regular las APPs debe tomar en consideración la categorización del proyecto como inversión pública o no, a fin de que no tenga algún tipo de incidencias en las cuentas públicas y

33 Acuerdo de Libre Comercio entre Centroamérica, Estados Unidos y la República Dominicana (DR-Cafta) ratificado por la República Dominicana en fecha 1 de marzo de 2007.

que impacte las partidas presupuestarias. De no ser contemplado pudiera significar que toda la ingeniería de la APP no descargue las partidas presupuestarias, por lo menos cuando se trate de proyectos de APP de financiamiento privado sin ningún tipo de garantía pública.

Otra ley que impacta las operaciones presupuestarias y de planificación de la contratación pública y que afectaría las APPs, si no son contempladas en la norma que se aprueba, es la Ley N° 6–06 sobre crédito público. Esta norma establece como una operación de crédito público: "*la ejecución de contratos de bienes, obras o servicios cuyo pago total o parcial se estipule realizar en más de un ejercicio financiero posterior al que se haya efectuado el devengamiento del gasto*". Por ende, entrarán dentro de esta categoría los contratos de obras o servicios cuyo pago se deba realizar en diferentes ejercicios financieros, y se regirán por el sistema creado al efecto.

Así pues, será necesario encarar cuál sería el tratamiento de cara a operaciones de crédito público en la norma sobre APP. Constituirían estos excepciones a las operación de crédito público? Lo importante en la etapa que se encuentra la discusión de la norma de APP es que se tengan en cuenta todos estos aspectos, a fin de que la regulación sea lo más clara y efectiva posible.

Finalmente, el artículo 32 del reglamento de aplicación de la Ley 340–06, aprobado mediante Decreto N° 543–12, dispone que: "*Ningún procedimiento de compras o contrataciones podrá ser iniciado si no se dispone de la respectiva apropiación presupuestaria y cuota de compromiso, mediante la emisión de la Certificación de Existencia de fondos, emitida por el Director Administrativo–Financiero o Financiera de la Entidad Contratante.*

Párrafo I: Le Entidad Contratante, previamente a la convocatoria, deberá contar con una certificación de existencia de fondos en el sentido de que tiene aprobación presupuestaria y que va estar considerada en la programación financiera de la ejecución. En tal certificación se hará constar el número de la partida y los recursos disponibles a la fecha de suscripción del documento."

Con una correcta normativa de APP esta disposición no sería necesaria, por lo menos para aquellos proyectos estructurados bajo un financiamiento privado, sin ninguna intervención o aval público. Estas cuestiones deben quedar expresamente establecidas, definidas, y analizadas tomando en consideración las leyes indicadas anteriormente, a fin de que no se generen contradicciones con los proyectos de APP y las normas sobre planificación, presupuesto, contabilidad, crédito público, y otras disposiciones financieras de la Administración Pública.

Por otro lado, generalmente la ejecución de proyectos realizados bajo una APP respetan los plazos[34] de ejecución y los presupuestos, al estar involucrado y asumir parte de dichos riesgos el sector privado. Asimismo, cuando el socio privado es bien elegido pudieran aprovecharse de la innovación en distintas áreas de la ejecución del proyecto, traduciéndose el mismo en mayor eficiencia.

---

34 El informe de la PFI (Private Finance Initiative) performance report del año 2009, elaborado por la National Audit Office del Reino Unido señala y confirma que, en genral la APP funciona mejor que las adjudicaciones en lo que respecto a la ejecución del presupuesto y a la ejecución puntual (65% ejecuta el presupuesto y el 69% los plazos pactados). Informe disponible en http://www.nao.org.uk/report/pfi-constructuion-performance.

El Gobierno debe estar consciente que no todos los proyectos se pueden realizar bajo esta modalidad y que es primordial que toda iniciativa para realizar una APP sea evaluada previamente para confirmar su factibilidad económica, técnica y financiera. Además es importante tener en cuenta que todo esto se hace para beneficio de las personas. Si esas condiciones no se reúnen, a mi entender el proyecto debe ser descartado.

De ahí que la utilización de herramientas, como el *Public Sector Comparator*, utilizado en algunos países como Inglaterra, Australia, Hong Kong y Canadá para evaluar si la APP sería costo–efectiva, lo que incluye la evaluación de la seriedad de las propuestas recibidas. Siempre he sostenido en mi práctica profesional que, cuando se presentan ciertos proyectos "*demasiados buenos para ser verdad*", hay que casi descartarlos por sus "tantas bondades" o analizarlos muy bien para asumir el riesgo.

Finalmente, es importante tener en cuenta para fines de planificación que este tipo de estructuras incrementa enormemente los costos de transacción, incluso en algunas legislaciones pueden reconocerse costos al sector privado aún cuando se no materialice el proyecto. En ese sentido, se pudiera comprometer recursos públicos en la fase de preparación, tal y como ha sido señalado al indicarse que: *"puede requerir el compromiso de recursos significativos en la fase de preparación y licitación, y a menudo implican unos costes de transacción importantes*[35].

De hecho, por ejemplo, el Canadian Council en uno de sus "*Best Practices Papers*", ha indicado que el Estado debería comprometerse en los pliegos a reembolsar determinados costos a los oferentes cuando la eliminación o anulación de la licitación no se debe a malas propuestas o a culpa de los oferentes. Eso le genera un grado de compromiso importante al convocante, y consecuentemente, otorga seguridad a los eventuales oferentes.

8. Alternativas de la APP en la financiación de proyectos públicos y eficacia para evitar crisis.

Una de las ventajas generalmente señaladas de la APP es que logra invertir fondos provenientes del sector privado en infraestructuras o gestión de servicio público para las que no existen suficientes recursos públicos disponibles.

Asimismo, permite que el sector público pueda destinar recursos a servicios que no tienen la posibilidad de ser financiados por los privados, con lo cual de alguna manera se recoge el principio actual de la realidad administrativa, y que se encuentra expresamente establecida en nuestra CD en el artículo 219, que el Estado sea un prestador subsidiario, prestando aquellos servicios que no se pueden financiar de otra manera, y haga accesible a las personas con pocos recursos, determinados bienes o servicios que de otra manera no se podrían financiar.

Un aspecto que me parece no estaría en discusión es el aprovechamiento de posibles fuentes alternativas para la recuperación de la inversión por el sector privado. Es decir, el sector privado, generalmente es capaz de generar recursos, que no son propios de un determinado servicio, pero que están de alguna manera relacionado a este. Ese pudiera

35 COLON DE CARVAJAL, Borja. El Contrato de Colaboración entre Público y el Sector Privado como instrumento eficaz para salir de la Crisis. Contratación del Sector Público Local, 3era Edición. La Ley, 2013, p. 2138.

también presentarse en las obras de infraestructura pública o gestión de servicios públicos. De esta forma, fondos que de otra manera no se generarían, se pudieran generan por servicios accesorios o relacionados. Esta creación de nuevas oportunidades es mucho más dinámica en el sector privado que en el sector público, por las recompensas que el sector privado encuentra en las mismas.

Un ejemplo de lo anterior pudiera ser el caso de las carreteras, si el contrato lo permite, el concesionario pudiera obtener recursos de la publicidad en la carretera, de concesionando restaurantes, estaciones de combustibles, áreas de recreo, entre otras. En una APP, esas fuentes de recursos deberían de tener alguna contrapartida, y esa contrapartida, puede consistir en que se asuma algún riesgo que de otra forma no se asumiría.

El Anteproyecto APP establece dos tipo de APP las de iniciativa pública y privada. Ambas pudieran ser con o sin transferencia de activos públicos. La definición de las APP de tipo pública es la siguiente: "*es la iniciativa pública que busca resolver un problema de carácter público relacionado con la provisión o gestión de un bien o servicio público, trasladando al sector privado la presentación de posibles soluciones y que para su realización se requiere la disposición total o parcial, en cualquier fase del proyecto y/o vigencia del contrato, de recursos del presupuesto público, garantías públicas contingentes y/o implica la enajenación de activos de propiedad del Estado a un agente privado. Se incluye en el concepto de activos públicos el otorgamiento de garantía del Estado Dominicano por el mínimo plazo de duración del contrato y sus adendas o un aval de una institución competente del Estado Dominicano*".

La definición para las APP de tipo privada con transferencia de activos públicos es la siguiente: *es la iniciativa privada presentada por parte de la persona jurídica de carácter privado ante el Estado Dominicano, para la provisión o gestión de bienes o servicios de interés públicos y que para su realización se requiere la disposición total o parcial, en cualquier fase del proyecto y/o vigencia del contrato, de recursos del presupuesto público, garantías públicas contingentes y/o implica la enajenación de activos de propiedad del Estado a un agente privado. Se incluye en el concepto de activos públicos el otorgamiento de garantía del Estado Dominicano o un aval de una institución del Estado Dominicano por el plazo del contrato y sus adendas*.

Como se puede observar el primer caso, es decir de una APP pública con transferencia de activos públicos no implicaría una alternativas en la financiación ya que en definitiva el Estado sería responsable de erogar los pagos y fondos del proyecto. En todo caso, el valor que agrega el sector privado sería básicamente de buscar el financiamiento y posiblemente extender las fechas de repago, pero en definitiva afectaría el endeudamiento público. No ocurre lo mismo para las APP sin transferencias de activos públicos, por lo menos de acuerdo a su definición. Veamos.

La definición para las APP de tipo público sin transferencia de activos públicos es la siguiente: "*es la iniciativa pública que busca resolver una problemática pública relacionada con la provisión o gestión de un bien o servicio público, partiendo de la solución propuesta del sector público y que para su realización no requiere de recursos del presupuesto público, ni garantías públicas contingentes según lo dispuesto en la Ley 6–06, ni implican la enajenación de activos de propiedad del Estado en favor de un agente privado*".

Por su parte, las APP de tipo privada sin transferencia de activos públicos serían: "*es la iniciativa privada presentada por parte de la persona jurídica de carácter privado ante el Estado Dominicano, para la provisión o gestión de bienes o servicios de interés públicos y que para su realización no requieren recursos del presupuesto público, ni garantías públicas contingentes, ni implica la enajenación de activos de propiedad del Estado en favor de un agente privado".*

Ha sido discutido y cuestionado si las APPs efectivamente liberan recursos públicos. Algunos sostiene que el ahorro de no pagar por la inversión, en valor presente, equivale a los costos de capital incluidos en los pagos que hace el gobierno (o deja de recibir de los usuarios por tarifas/peajes) durante la concesión. Incluso algunos llegan a expresar que las APPs "esconden" la verdadera contabilidad pública y por ello suelen ser muy populares por los gobiernos porque precisamente "adelantan" las inversiones sin que las mismas suelan ser contabilizadas como gastos del gobierno.

Me parece que esas criticas se pudieran tener más o menor cabida en la medida que esté configurado el ordenamiento jurídico de cada país. Lo que sí considero es que conforme a la definición propuesta en el Anteproyecto APP de las APP de tipo privada sin transferencia de activos públicos parecería efectivamente liberar recursos públicos, por lo que el Gobierno los pudiera reorientar o utilizar en otras necesidades públicas. De todas maneras, creo que es un tema que deberá estudiarse con mayor profundidad, ya que, si bien el activo del proyecto APP formaría parte del patrimonio del sector privado, qué pasaría y como se registraría el concluirse el contrato, y consecuentemente transferirse al Estado Dominicano? Esa cuestiones entre otras contablemente y financieramente deben ser abordadas en el Anteproyecto APP.

Por último, el Anteproyecto APP establece una obligatoriedad para el manejo de la estructura financiera de las APPs, indicando que todos los recursos que se manejen en el proyecto, cualquiera sea su fuente conforme, deberán ser administrados por medio de la conformación de un fideicomiso integrado por todos los activos presentes y futuros vinculados al proyecto. El Anteproyecto APP indica que en el fideicomiso se establecerán las erogaciones presentes o futuras de aportes presupuestarios durante cualquiera de las etapas del proyecto o vigencia del contrato y sus adendas. Si bien, la utilización del fideicomisa pudiera representar una garantía adicional de la factibilidad y uso correcto de los fondos del proyecto, es importante, tener claro como sería la implementación de este fideicomiso debido a las implicaciones legales de la aprobación anual del presupuesto.

Se requiere un compromiso del Gobierno a largo plazo y la voluntad política de compartir la inversión en grandes proyectos con el sector privado. En esta parte los contratos de estabilidad o contratos–ley pudiera ser una alternativa eficiente, para que el sector privado tenga certeza y reglas claras de la inversión que estarían realizando bajo un proyecto de APP.

No es casual que las APPs se hayan desarrollado en países que presentan una tradición de respeto a los derechos de propiedad privada. Asimismo, es deseable que los países cuenten con buenas perspectivas de crecimiento económico y que tenga un desarrollo importante en su mercado de capitales. Esto para mitigar los riesgos de las proyecciones de demanda del servicio concesionado, así como permitir al inversionista estructurar un Project Finance para la etapa de construcción, que pudieran implicar incluso, bajo estrictas regulaciones, que los fondos de pensiones puedan realizar ciertas inversiones.

9. Reflexiones finales

Las APPs pueden ser una modalidad que permita el desarrollo de proyecto necesarios para nuestro país. Ahora bien, su efectividad dependerá de varios factores, el primero de ellos es de una buena y correcta regulación. Entiendo que se ha avanzado en la estructuración de un Anteproyecto APP mucho más juicioso que versiones anteriores. Eso es un avance, todavía faltan otras etapas en la revisión y que sea debidamente aprobada una ley de APP. En esta etapa es importante que tanto el sector público y privado colaboren revisar y analizar a profundidad el Anteproyecto APP y que todos los actores que estarían involucrados en una APP puedan expresar sus consideraciones.

Por otro lado, una clave para el éxito de este tipo de proyectos es la capacidad de planificación de la inversión pública de qué, cómo y porqué se define un proyecto para ser ejecutado mediante un APP. Para países, como el nuestro cuyas instituciones aún se encuentran en proceso de fortalecimiento y consolidación, determinar inversiones, conceptualizar, preparar y negociar un contrato de APP, para luego hacer una efectiva fiscalización al concesionario es todo un reto, pero a la vez una oportunidad de demostrar las capacidades de los actores, así como cambiar el rumbo de las inversiones, tomando y partiendo como eje fundamental la centralidad de la persona humana.

El establecimiento de una oficina especializada, técnica objetiva e imparcial sobre APP que permita analizas los proyectos, gestionar, comparar y compartir el conocimiento de proyectos de APP es deseable. Uno de los retos de las APPs es contar con una efectiva y leal competencia capaz de seleccionar a la empresa más eficiente. Esta oficina pudiera jugar un rol fundamental en el éxito de este tipo de proyectos.

Como es sabido por quienes interactúan en la contratación pública, ya sea desde el sector público o privado, muchas veces un proyecto es efectivo o no desde la elaboración de los pliegos y también por la debilidad de los comités de selección que no hace su papel de evaluación correctamente, y en algunos casos, como se ha visto en toda Latinoamérica recientemente, como consecuencia del caso de Odebrecht, existen prácticas de corrupción en ambos sectores públicos y privados. Lo que da como resultado que no gane la mejor oferta sino el mejor postor, implicando exorbitantes sobrevaluaciones y renegociaciones completamente deshonestas y acciones dolosas en perjuicio del patrimonio público.

La identificación y definición de las necesidades públicas insatisfechas pudiera ser uno de los puntos de partida para el uso de las APP. En países en vía de desarrollo – y hasta en los desarrollados –, las necesidades son siempre superiores a los medios de que se dispone para satisfacerlos, y ello lleva necesariamente a priorizar los mismos, identificando en cuáles pudiera participar el sector privado financiando los mismos bajo una APP.

Reitero, que lo importante en este aspecto, y compartiendo el criterio del Profesor Rodríguez Arana, es que los proyectos no sean estructurados en su totalidad por las cuestiones económicas. Se debe considerar y tener siempre en cuenta que la actividad contractual de la Administración Pública, incluyendo las APPs tienen su fundamento en satisfacer las necesidades de las personas, es decir, su centralidad es el ser humano.

Finalmente, creo que el futuro de las APPs sea exitoso en nuestro país, se debe considerar las experiencias de países que ya han tenido varias generaciones de concesiones e incluso de normas de APP. Asimismo, dentro del Anteproyecto APP que actualmente se discute, si bien contiene disposiciones que implican un avance de las versiones anteriores, no es menos cierto que existen algunos elementos que pueden ser reforzados y analizados con mayor profundidad dentro de la discusión y análisis legislativo para generar una normativa efectiva sobre APPs. Al respecto comparto, algunos de ellos:

1. La nueva normativa debe ser nacional. Es decir, que abarque también a la Administración Local, y que proyectos bajo APPs se empiecen a utilizar como formas de gestionar proyectos en la Administración Local. Si bien es necesaria una reforma estructural de la Ley de Municipios, entiendo que se pudieran establecer disposiciones que permitan que las APPs puedan ser utilizadas efectivamente por la Administración Local.

2. Demostrar que los proyectos de APP generan valor respecto a otros procedimientos de licitación convencionales. Asimismo, generar y reforzar normativamente los estudios técnicos de factibilidad de un proyecto APP, a fin de evitar que sean distorsionados, y que las APPs no se utilicen para poner en marcha proyectos que no se justifican social y económicamente y que acaben generando importantes cargas presupuestarias en el futuro.

3. Establecer mecanismos efectivos para obtener toda la permisología necesaria en proyectos APP. Es decir, crear un mecanismo uniforme para las aprobaciones administrativas requeridas para un proyecto APP.

4. Conseguir que la trasferencia o asignación de riesgos a los diferentes agentes del proyecto sea la más adecuada para agregar valor. Esto a mi entender implicaría por lo menos:

a. Crear políticas de distribución y asignación de riesgos. La preparación de este documento deberá contar con la participación activa de los agentes que interactúan en el proyecto.

b. Establecer un procedimiento previo a la presentación de ofertas o proyectos bajo esta modalidad, a fin de que los interesados puedan presentar a la Administración Pública su proposición respecto de la asignación de riesgos.

c. Adoptar como criterio para asignar un riesgo, quien se encuentre en mejor posición de evaluarlo, prevenirlo, controlarlo y administrarlo, así como quien disponga de mejores instrumentos de protección y mitigación.

d. Establecer mecanismos transparentes durante el proceso de asignación de riesgos.

5. Que se ejerza una buena administración tanto por la Administración Pública como por el sector privado, en la gestión del proyecto durante la ejecución del mismo, que implique una efectiva supervisión y fiscalización.

6. Mayores mecanismos para garantizar una leal y efectiva competencia en proyectos presentados bajo esta modalidad. Igualmente, que el comité de evaluación de la licitación sea independiente y con un personal técnico de carrera.

7. Ejercer una mayor transparencia en la fase de planificación y estudios que sustenta un proyecto bajo la modalidad de APP. Fomentar la transparencia, así como mecanismos de observación y seguimiento continuo del proyecto.

8. Utilizar mecanismos alternativos de solución de controversias para dirimir conflictos que surjan entre quienes interactúen en el proyecto, involucrando a un personal técnico e independiente. Esto puede ser logrado a través del uso del arbitraje o según mi criterio estableciendo y creando tribunales administrativos para la contratación administrativo, con salas especializadas para diversos temas, siendo uno las APPs.

BIBLIOGRAFÍA:

ARIÑO ORTÍZ, Gaspar. *Problemática actual de la contratación de las Administraciones públicas en la Contratación Pública*, Jornadas de Valladolid, 27–29 de enero de 1993. Coordinadores López Muñiz, José Luis y Laguna de Paz, Juan Carlos. Marcial Pons, España.

BLANCO LÓPEZ. Francisco. "La Directiva 23/2014 de Contratos de Concesión". *El "Riesgo Operacional"*. Vol. 24 Extraordinario XXIII Congreso 2014.

COLON DE CARVAJAL, Borja. *El Contrato de Colaboración entre Público y el Sector Privado como instrumento eficaz para salir de la Crisis. Contratación del Sector Público Local*, 3era Edición. La Ley, 2013.

GIMENU FELIÚ, José María (Director) y Bernal Blay, Miguel Ángel (Coordinador). *Observatorio de Contratos Públicos 2011*. Thomson Reuters. Navarra, 2012.

GIMENO FELIÚ, J. *El Nuevo paquete legislativo comunitario sobre contratación pública. De la Burocracia a la estrategia (el contrato público como herramienta del liderazgo institucional de los poderes públicos)*. Primera edición, 2014. Editorial Arazandi, España.

Informe de la PFI (Private Finance Initiative) performance report del año 2009.

Organization For Economic Co–OPeration and Develpcment (OCDE), "*Public–Private Partnerships in Pursuit of Risk Sharing and Value for Money*", 2008.

17. POLÍTICA Y ECONÓMICA Y CONTRATACIONES PÚBLICAS

Ismael Mata

I. LA ORIENTACIÓN DEL PODER DE COMPRA ESTATAL

El texto original de la Constitución Nacional de Argentina (CN) sancionada en 1853, entre las atribuciones del Congreso Federal, incluyó una norma[1] llamada del "progreso" o "desarrollo", con previsión de un conjunto de fines destinados a lograr mediante "leyes protectoras" de esos fines, la prosperidad del país y el adelanto y bienestar de todas las provincias, a través de planes de educación, promoción industrial, construcción de obras públicas, inversiones extranjeras y el fomento de la inmigración, incluyendo la aplicación de "concesiones temporales de privilegios y recompensas de estímulo".

En el marco de esa previsión constitucional, fruto del genial inspirador de la CN[2], Argentina fue adoptando diversos regímenes de fomento, que se extendieron y consolidaron siguiendo la creciente intervención del Estado en la economía, a través de políticas directas e indirectas, que por su carácter oscilante y falta de continuidad no resultaron eficaces para lograr los objetivos propios de un desarrollo sostenido y armónico del país.

A pesar de las señaladas oscilaciones de las políticas públicas entre el proteccionismo y la apertura del mercado interno, lo concreto es que el Estado, tanto el Nacional como las provincias, resultan grandes consumidores de bienes y servicios, básicamente exigidos por una demanda social en constante aumento.

El señalado dualismo acerca de la política económica, tiene una larga historia sin solución en la práctica, aunque quizá puede señalarse la visión conciliadora del llamado "proteccionismo competitivo", conforme al cual se sostiene que la competencia interna resulta mejor que la del extranjero y la política económica debería estimular la interna reduciendo las importaciones; con ello se mantendrían las ventajas de la competencia y se evitarían los inconvenientes del libre comercio.

---

1 CN, art. 75, inciso 18, cuyo texto expresa: "Proveer lo conducente a la prosperidad del país, al adelanto y bienestar de todas las provincias, y al progreso de la ilustración, dictando planes de instrucción general y universitaria, y promoviendo la industria, la inmigración, la construcción de ferrocarriles y canales navegables, la colonización de tierras de propiedad nacional, la introducción y establecimiento de nuevas industrias, la importación de capitales extranjeros y la exploración de los ríos interiores, por leyes protectoras de estos fines y por concesiones temporales de privilegios y recompensas de estímulo". La reforma constitucional de 1994, agregó una nueva cláusula promocional como inciso 19 del mismo artículo.

2 ALBERDI, Juan Bautista, "Bases y puntos de partida para la organización política de la República Argentina", obra en la que incluyó un "proyecto de constitución según las bases desarrolladas en el libro", que se publicó en Valparaíso (Chile) en 1852.

En tal sentido, expresa Ravi Batra que "La sustitución de la competencia extranjera por la rivalidad interna es una idea que se fundamenta exclusivamente en la teoría económica"..."La idea es desarrollar intensamente la rivalidad entre las empresas locales mientras se las protege de las depredaciones de los exportadores foráneos"[3].

La política económica estatal, seguida por Argentina y otros países, llamada "Orientación del poder de compra del Estado", consiste en que las adquisiciones de bienes y servicios del sector público, además de atender a las necesidades primarias de dicho sector, se destinan a la contribución del crecimiento económico y el desarrollo general.

> "Una política activa de compras estatales, a cambio de algunos costos adicionales en el corto plazo, permite significativos beneficios en el mediano y largo plazo en razón de los impactos positivos y externalidades que las nuevas compras generan sobre diversas variables económicas y sociales, y sobre el desarrollo científico y tecnológico[4]".

Los argumentos que sirvieron de base para adoptar de modo orgánico la política de "orientación" fueron expuestos en el mensaje de Elevación del proyecto que luego fue sancionado como Ley N° 18.875 y que, en lo sustancial, fueron los siguientes:

a. Dicho poder de compra tiene una profunda incidencia sobre la economía del país, en particular sobre el sector industrial, la construcción y los servicios de ingeniería y consultoría.

b. Debe ser objetivo gubernamental contribuir a una demanda sostenida y creciente para las empresas industriales, de construcción y las proveedoras de servicios locales, dentro de las exigencias de calidad y costos indispensables para el proceso de crecimiento.

c. La política de adquisición de bienes de producción nacional, aún cuando pudiera implicar compras a precios superiores a los internacionales, salvaguarda los propios intereses de las reparticiones y empresas estatales, ya sea a través del desarrollo de sus fuentes de provisión y de los efectos indirectos que incrementan su capacidad de inversión.

d. No debieran admitirse créditos del exterior para estudios de factibilidad atados a la importación de la consultoría extranjera, ya que suelen implicar el diseño y el proyecto para lo extranjero.

e. En materia de obras públicas, caben consideraciones similares a las referidas a los bienes industriales, siendo esencial mantener una demanda sostenida y creciente, adecuando la magnitud de los proyectos a la capacidad de ejecución existente.

En concreto, las referidas políticas de protección vinculadas con el poder de compra o de contratación del Estado, pueden agruparse y caracterizarse del siguiente modo:

1. Políticas que actúan sobre el diseño de la demanda del sector público (también se las conoce como de "configuración" o de "preinversión") que son previas al llamado de los oferentes para celebrar un contrato específico, tal es el caso de las denominadas políticas de "desagregación", como la separación entre: proyecto y obra, partes componentes de un proyecto, obra y financiamiento, tecnología "medular" y "periférica", etc.;

2. Políticas que vedan o condicionan la participación de las empresas extranjeras, v.gr. reserva de mercado, obligación de asociarse con empresas nacionales, etc.; y

---

3 Ravi BATRA, "El mito del Libre Comercio", Ed. Vergara, Buenos Aires, 1994, pp. 185/186.

4 ARAOZ, Alberto, "La política de compras del Estado como instrumento de desarrollo tecnológico", estudio preparado para UPADI-UNESCO, Buenos Aires, 1982, Resumen, pp. a) y b).

3. Políticas que se siguen en la adjudicación de los contratos y que consisten en tratamientos de carácter preferencial, v.gr., en favor de las empresas "locales de capital interno" (Art. 12, ley 18.875) o de los bienes de origen nacional.

Las políticas indicadas en el punto 2) constituyen requisitos de admisibilidad en la contratación, mientras que las mencionadas en 3) se aplican en la etapa de evaluación de las ofertas, como un factor para determinar la conveniencia.

Los dos regímenes básicos de la "orientación" en los contratos administrativos del Estado Nacional son el llamado "Compre Argentino" (Decreto Ley 5.340/63) y "Contrate Nacional" (Ley 18.875). El primero se refiere a la adquisición de bienes y productos de origen nacional (objeto de la adquisición), mientras que el segundo versa sobre la contratación con empresas nacionales de servicios (sujeto de la contratación).

II. LA INTERPRETACIÓN DE LOS 'PRIVILEGIOS' EN EL DERECHO ARGENTINO

Corresponde agregar que en el derecho argentino, incluso en el caso de los contratos administrativos, se suelen brindar tratamientos preferenciales o privilegiados a favor de los cocontratantes, particularmente en la concesión de servicios públicos, ya que el concesionario recibe por delegación del Estado atribuciones y ventajas especiales, lo que ha originado que en el sistema jurídico los derechos conferidos a los prestadores de tales servicios sean de interpretación restrictiva.

En tal sentido, la Corte Suprema de Justicia Federal desde hace mucho tiempo y siguiendo procedentes doctrinarios y jurisprudenciales norteamericanos, ha sostenido que las dudas de interpretación deben ser resueltas con criterio adverso al concesionario. En esa línea pueden señalarse las sentencias del Alto Tribunal que figuran en Fallos 146:297; 149:218; 308:618; 316:382; 323:337, etc. Más recientemente en el caso "Aguas Argentinas S.A. c/Ente Tripartido de Obras y Servicios Sanitarios s/proceso de conocimiento" (causa A. 551. XXXVIII), en sentencia de fecha 14 de junio de 2005, la Corte se remitió al dictamen del Procurador General, quien expresó que "en materia de interpretación de concesiones, nada debe tomarse como concedido sino cuando es dado en términos inequívocos o por una implicancia igualmente clara. La afirmativa necesita ser demostrada, el silencio es negación y la duda es fatal para el derecho del concesionario".

III. EL "COMPRE ARGENTINO"

Esta política de contratación consiste en un tratamiento preferencial que se aplica en el acto de adjudicación del contrato y que en el derecho argentino, tanto en el orden nacional como provincial, dicho acto es la decisión sobre la conveniencia de las ofertas presentadas al procedimiento de selección.

La regla básica del "compre" se expresa como la obligatoriedad para el sector público de adquirir exclusivamente materiales, mercaderías y productos de origen nacional, a condición de que su precio resulte "razonable".

Sus rasgos característicos son:

a. Se trata de una preferencia a favor de los bienes de origen nacional en el momento de comparar su precio con los de origen extranjero. Desde el punto de vista jurídico opera como factor de adjudicación y no como condición de admisibilidad, a diferencia de la política de "contrate nacional" (ley 18.875), que impide la participación de las empresas extranjeras salvo supuestos de excepción;

b. Consiste en una preferencia "calificada", es decir, que para su aplicación deben seguirse pautas establecidas en cuanto a la comparación de precios y las condiciones para determinar el origen o la nacionalidad de los bienes.

Corresponde agregar que si faltare la regulación de dichos aspectos, la preferencia tendría carácter simple y operaría a igualdad de condiciones entre el bien local y el extranjero;

a. La preferencia reviste carácter "objetivo" porque se sustenta en las condiciones de origen (nacionalidad) y el valor de los bienes ofrecidos, sin tener en cuenta –en principio– la nacionalidad de la empresa o persona del proveedor[5]. En cambio, es "subjetiva" la política del "contrate" atento a que su aplicación se sujeta a los requerimientos que debe satisfacer el oferente o contratante para ser considerado una empresa "local" o "local de capital interno";

b. Constituye una preferencia cuya aplicación es obligatoria para el sector público, incluyéndose en el mismo a las personas privadas prestadoras, licenciatarias, concesionarias y permisionarias de obras y servicios públicos y los respectivos subcontratistas directos (art. 1°, ley 25.551)[6];

c. Es de índole extra–arancelaria, ya que los derechos de importación son tenidos en cuenta sólo a los efectos de la comparación de precios y, además, el sector público estatal es un importador "privilegiado", es decir, que está exento del pago de los referidos derechos;

d. Es una política que tiene asignada una alta prioridad, ya que su incumplimiento suele acarrear graves consecuencias jurídicas, como la nulidad de los contratos celebrados en infracción (art. 10, D.L. 5340/63), responsabilidad penal de los agentes públicos (art. 14, Ley 25.551) y prohibición para contratar cuando se trata de una sociedad privada comprendida en el régimen (art. 10, id);

e. Para quienes invoquen un derecho subjetivo, un interés legítimo, o un interés difuso o un derecho colectivo, se prevé un recurso administrativo, contra los actos que se consideren lesivos de las normas del régimen (art. 8, Ley 25.551); y

f. Por lo general, va acompañada de políticas concurrentes destinadas a asegurar su eficacia, como por ejemplo, la elección de proyectos cuyo diseño posibilita la mayor participación posible de bienes producidos por la industria nacional (V. arts. 2°, Ley 18.875 y 6°, Ley 25.551).

Un bien se considera de origen nacional cuando ha sido producido o extraído en Argentina, siempre que el costo de las materias primas, insumos o materiales importados nacionalizados, no supere el 40% de su valor bruto de producción.

En particular, se prevén los casos siguientes: a) mineral extraído y beneficiado en el país; b) producto agropecuario producido en el territorio nacional; c) bien industrial manufacturado en el país con materias primas, productos semielaborados o partes produ-

5 V. más adelante el caso de las PYMES.

6 En Ecuador se asimilan al sector público los privados favorecidos con medidas de fomento y en Brasil los beneficiarios de exenciones impositivas.

cidos también en el mismo; d) producto industrial manufacturado en el país con materias primas, productos semielaborados o partes provenientes del exterior, cuando no puedan producirse localmente a precios razonables; y e) producto industrial manufacturado en la República por plantas industriales que desarrollen un plan de integración aprobado o establecido por el Estado, aunque no se cumplan las condiciones indicadas en el punto anterior.

Por su parte, el precio del bien nacional se considera "razonable", cuando no supera al valor de un bien importado, luego de una comparación en la que el precio de este último se integra con todos los gastos e impuestos necesarios para su nacionalización, incluso el derecho de importación, el que se tiene en cuenta sólo para el cálculo, ya que el Estado –como se dijo– es un "importador privilegiado" que está exento de su pago. El procedimiento de comparación hace que la preferencia sea de carácter "calificada" y no meramente "simple".

Si el precio del bien de origen extranjero, una vez efectuado el cotejo, resulta más conveniente, se conceden las autorizaciones de importación. Asimismo, se encuentran previstos otros supuestos en que la referida autorización puede otorgarse, tales como la urgencia, importaciones provenientes de países integrantes de ALADI, calidad insatisfactoria el producto nacional, etc. (Art. 12, D.L. 5340/63).

La ley 18.875 establece un conjunto de "políticas concurrentes" para ser aplicadas durante la etapa de configuración de la demanda estatal, las que están destinadas a asegurar la protección y el desarrollo de la industria nacional:

1. como criterio general, si para la ejecución del proyecto de obra o servicio existían diferentes alternativas técnicamente viables, deben elegirse las que permitan el uso de insumos nacionales;

2. las especificaciones tienen que ajustarse a los bienes que pueden producirse en el país.

3. si el bien nacional sólo puede ser provisto hasta un determinado límite de especificación (volumen, potencia, tamaño, etc.), el proyecto tiene que encuadrarse dentro de ese límite;

4. las especificaciones de los proyectos deben fraccionarse en el mayor grado posible, con el fin de facilitar la máxima participación de la industria nacional;

5. los plazos de entrega de la provisión tienen que ser compatibles con la capacidad de producción de la industria nacional;

6. en el caso de compras reiteradas de bienes o susceptibles de ser normalizadas, se debe procurar la celebración de acuerdos de largo plazo con la industria nacional para asegurarle una demanda programada, exigiendo como contrapartida, inversiones, reducciones de costos y mejoras de calidad; y

7. si se trata de operaciones con agencias gubernamentales de otros países u organismos internacionales condicionadas a la reducción del derecho de importación, debe establecerse un conjunto de acciones tendientes a asegurar que la reducción a la protección de los bienes nacionales se sujete estrictamente vinculada a las exigencias del financiamiento (art. 4° Ley 18.875).

La misma ley para la construcción de obras y la provisión de servicios, prescribe la contratación exclusiva con empresas locales (reserva subjetiva de mercado), salvo casos excepcionales y aprobados por una resolución del ministerio sectorial, con el sustento de una demostración con razones valederas para la licitación o contratación internacional.

Las modalidades de contratación, en especial, la distribución de las obras y la provisión de servicios en el tiempo, se ajustarán en lo posible a la capacidad de ejecución de las empresas locales, asegurándoles una demanda uniforme y sostenida.

Para determinar la condición de empresa "local", la ley prevé distintos requisitos básicamente destinados a verificar la radicación del poder de decisión conforme al principio de la realidad económica (indicadores de nacionalidad).

IV. LA NUEVA LEGISLACIÓN ARGENTINA

La Ley 23.697 (llamada de "Reforma Económica") suspendió sin plazo los regímenes de "compre" y "contrate", así como "toda otra norma que establezca regímenes asimilables", reconociendo una preferencia de hasta el 10% a favor de los bienes nacionales, sobre el valor de los bienes extranjeros nacionalizados, incluyendo aranceles (Art. 23).

Finalmente, en Argentina, la Ley 25.551 (B.O. 31/12/01) instituyó un "Régimen de Compras del Estado Nacional y Concesionarios de Servicios Públicos", subtitulado "Compre Trabajo Argentino", y –como ya señalé– con el restablecimiento del D.L. 5340/63 y la Ley 18.875, en la medida "que no se opongan" a la nueva normativa[7].

Los rasgos salientes del "Compre Trabajo Argentino" son:

1. Política Básica: otorgar preferencia a los bienes de origen nacional en la adquisición o locación de bienes.

2. Sujetos Obligados (ámbito subjetivo): a) organismos y personas estatales nacionales; y b) b.l) sociedades privadas prestadoras, licenciatarias, concesionarias y permisionarias de obras y servicios públicos (vínculo directo con el Estado); y b.2) subcontratistas directos de los anteriores.

3. Bienes protegidos con la preferencia (ámbito objetivo): los de origen nacional, entendiéndose por tales los producidos o extraídos en la Argentina, siempre que el costo de las materias primas, insumos o materiales importados nacionalizados, no supere el 40% de su valor bruto de producción[8].

4. Preferencia o trato preferencial:

a. Calificada. a.1) objetiva: 5% para los bienes de origen nacional, cualquiera sea el proveedor; y a.2) subjetiva: 7% cuando los bienes de dicho origen son ofertados por sociedades calificadas como PYMES.

b. Simple. b.1) Bienes que se apliquen a la producción de bienes o servicios y que se vendan o presten en mercados desregulados y en competencia con empresas no obli-

---

7 En el tiempo que transcurrió entre ambas leyes se dictaron distintas normas en la materia, como: a) el Decreto 1224/1989 que estableció una preferencia del 5% a favor de los bienes nacionales y restableció parcialmente la política del "contrate"; b) el Decreto 2284/1991 dejó sin efecto la preferencia anterior e introdujo para ambos regímenes un trato preferencial simple, con lo cual el objetivo del fomento se tornó innocuo; c) el Decreto 909/2000 reimplantó un sistema de preferencias calificadas para el sector público.

8 El precio de la mercadería a su salida de fábrica calculado a partir del costo de producción, es uno de los criterios previstos en el Código Aduanero para caracterizar los precios base y de comparación (arts. 676, inc.e) y 677, inc.g).

gadas por el régimen de la ley (art. 3, segundo párrafo); y b.2) Bienes que se incorporen a las obras, se utilicen para su construcción o para la prestación de tales servicios públicos (art. 30, tercer párrafo).

Las preferencias simples previstas en la nueva ley plantean el problema de establecer qué situaciones se ha querido regular. El caso indicado en el punto b.1) precedente, parece referirse a la actividad empresarial del Estado desenvuelta en mercados competitivos (bienes o servicios "que se vendan o presten en mercados desregulados en competencia"), para permitir una gestión más flexible, con márgenes para competir que podrían verse comprometidos si se aplicasen los porcentajes de las preferencias calificadas.

En cambio, resulta desorientador el supuesto del punto b.2) que otorga una preferencia simple a favor de bienes que se incorporen a las obras o se empleen en su construcción o bien, en la prestación de "tales" servicios públicos. En primer lugar, cabe destacar que la norma (art. 3 de la ley) no califica a las obras como "públicas", pero si lo hace para "tales servicios públicos", que en ningún lugar del artículo fueron mencionados. Ahora bien, si se tratase de obras y servicios públicos estarían comprendidos en los términos del art. 1° y la preferencia debiera ser calificada.

5. Beneficiarios: cualquier empresa que ofrezca bienes de origen nacional y PYMES, con márgenes del 5% y 7%, respectivamente.

6. Pautas de comparación entre las ofertas de bienes de origen nacional y extranjero:

a. Deben ser aptos para producir idénticas o similares[9] prestaciones; b) los precios se expresarán en condiciones de pago al contado, sin gastos o cargas financieras; y c) El precio de los bienes no nacionales debe incluir los derechos de importación y todos los impuestos y gastos exigidos para su nacionalización a un importador no privilegiado.

Las pautas de comparación plantean el problema de la línea de demarcación entre las preferencias "simples" y "calificadas", con respecto al cual considero que un cotejo sobre precios de contado, sin gastos o cargas financieras, no modifica el carácter simple de la preferencia, ya que se trata de realizar la comparación sobre términos homogéneos, en cambio, cuando se incluyen todos los impuestos y gastos necesarios para la nacionalización del bien por un importador no privilegiado, la preferencia pasa a ser calificada, ya que el adquirente por pertenecer al sector público tiene justamente el carácter de privilegiado y está exento de los derechos de importación.

7. Garantías de acceso a la contratación: a través de la publicidad en el Boletín Oficial y el establecimiento de un valor límite para la adquisición de los pliegos (art. 5°).

8. Política de diseño: se prescribe la adopción de las alternativas técnicamente viables para asegurar la preferencia a favor de los bienes de origen nacional (art. 6°).

9. Política de desagregación: se debe proceder al fraccionamiento del proyecto para que el financiamiento externo cubra exclusivamente la compra de los bienes que no se producen en el país (art. 7°).

10. Derecho de oposición: Se prevé con amplitud, a favor de quienes invoquen un derecho subjetivo, un interés legítimo, un interés difuso o un derecho colectivo contra los actos presuntamente violatorios del régimen. Es interesante destacar que si el agravio

---

9 Ver el comentario sobre el concepto de "similaridad" en la legislación de Brasil, en GOTTHEIL, Luis "El Compre Argentino" (dentro de un enfoque global de la economía)". Buenos Aires, 1982, págs. 49/52

consiste en la restricción a participar de la selección o de las tratativas contractuales, el recurrente deberá reiterar o realizar una oferta en firme con su garantía, junto con la presentación del recurso. El recurso se presenta ante el comitente, tiene efecto suspensivo de la contratación y en caso de que éste los rechace, debe remitirse a la Secretaría Sectorial, la que decidirá en forma definitiva.

11. Alta prioridad del régimen: para los casos de infracción a sus normas, se establece una sanción penal si se trata de agentes públicos, y la prohibición de contratar con el Estado por un plazo de 3 a 10 años, en el caso de las empresas privadas alcanzadas por las obligaciones legales.

V. COMPRE PROVINCIAL

Como ya hemos destacado, algunas provincias de Argentina, siguiendo la política nacional establecieron regímenes locales de "compre" y de "contrate". Más recientemente, pueden señalarse los casos de Córdoba (arts. 74 y 75, Ley 8.836) y Buenos Aires (Ley 12.496, que modificó la Ley de Contabilidad 7.764).

En la ley cordobesa se fijan los márgenes de preferencia del 5%, cuando los productos sean originarios o fabricados en la provincia, y del 2,5% cuando sean extraprovinciales, pero se comercialicen en forma habitual por empresas con domicilio legal en su territorio. Resulta interesante destacar que los márgenes de protección se reducen progresivamente en el tiempo, con lo que se ha tratado de instaurar un incentivo a la competitividad.

Con respecto al "contrate", la preferencia en favor de las empresas cordobesas es de hasta el 5%, con una reducción gradual del 1% por año.

VI. COMPRE CIUDADANO

A través de las leyes 590 y su modificatoria la 595 (t.o. Decreto 744/01), el Gobierno de la Ciudad de Buenos Aires estableció un derecho de prioridad a favor de los proveedores de bienes y servicios de producción nacional, para las contrataciones que realice el sector público de dicho Gobierno, en el que se incluyen las empresas concesionarias, licenciatarias o permisionarias de servicios públicos.

Para la aplicación de la prioridad o preferencia establecida se sigue el siguiente orden, a condición de igualdad de la calidad:

1. micro y pequeñas empresas que produzcan los bienes o servicios nacionales objeto de la contratación, con domicilio fiscal en la Ciudad y con precio ofertado igual o con una diferencia de hasta 5%, respecto de la mejor oferta;
2. las demás empresas nacionales que produzcan la misma clase de bienes o servicios, con domicilio fiscal en la Ciudad y con precio igual al de la mejor oferta;
3. las demás micro y pequeñas empresas, con la misma clase de producción y con precio igual al de la mejor oferta;
4. las demás empresas nacionales, con la misma clase de producción y precio en iguales condiciones que en el caso anterior;
5. las demás empresas que produzcan bienes o servicios nacionales objeto de la contratación; y
6. las demás empresas.

Por su parte, para las contrataciones que realicen las concesionarias, licenciatarias y permisionarias de servicios públicos, el orden de preferencia será el mismo, pero a condición de "igualdad de calidad y precio ofertado" (no sólo de calidad como en el caso anterior) y sin establecer el margen de diferencia del 5% para las micro y pequeñas empresas nacionales.

En segundo lugar, en el régimen se introduce una preferencia calificada a favor de las empresas nacionales, al permitirles igualar la mejor oferta de una empresa extranjera.

VII. LA EXPERIENCIA COMPARADA

1. México

Tradicionalmente México desarrolló una serie de políticas destinadas a la protección de la industria nacional, en particular, a través de planes de adquisición de bienes de capital y el manejo discrecional de las autorizaciones de importación, con prohibición de su otorgamiento cuando existía producción nacional suficiente del bien requerido u otro que podía ser usado como sustituto.

Por su parte, para las adquisiciones de bienes de capital por el sector público, se estableció a partir de 1978 un margen de preferencia del 15% para los de origen nacional, más el flete y el eventual ajuste del precio del bien importado, teniendo en cuenta el valor normal en el país de origen (cláusula antidumping).

La Ley de Adquisiciones, Arrendamientos y Servicios del Sector Público[10], estableció un trato preferencial a favor de los bienes producidos en el país, a partir de la distinción entre licitaciones públicas nacionales e internacionales. En las primeras se sigue una política de "reserva de mercado" a favor de las personas de nacionalidad mexicana y de los bienes producidos en el país con un "contenido nacional" de por lo menos 50%, tomándose en cuenta para su determinación la mano de obra, insumos de los bienes y demás aspectos fijados por la Secretaría de Economía, mediante reglas de carácter general.

Se distinguen entre aquéllas con cobertura de tratados y las de carácter abierto. En las primeras sólo podrán participar licitantes mexicanos y extranjeros de los países con los que México tenga celebrando un tratado de libre comercio con previsión de compras del sector público y bajo cuya cobertura expresa se haya convocado la licitación.

En cambio, respecto de las licitaciones internacionales abiertas, en las que pueden participar licitantes mexicanos y extranjeros, los organismos y entidades licitantes optarán, en igualdad de condiciones, por el empleo de los recursos humanos del país y por la adquisición y arrendamiento de bienes producidos en el país, que cuenten con el "contenido nacional" ya indicado, los cuales deben contar en la comparación de ofertas, con un margen de preferencia del 15% en el precio respecto de los bienes de importación.

2. Ecuador

La Constitución de Ecuador dispone que en las compras públicas "se priorizarán los productos y servicios manuales, en particular los provenientes de la economía popular y solidaria, y de las micro, pequeñas y medianas unidades productivas" (art. 288).

10 Publicada en el Diario Oficial de la Federación el 10 de noviembre de 2014 y última reforma en el año 2014.

Por su parte la Ley Orgánica del Sistema Nacional de Contratación Pública (SNCP, año 2008), estableció las reglas para hacer efectivo el principio constitucional, a saber:

- en los contratos con préstamos o cooperación internacional se procurará adoptar medida para la participación directa o asociada de proveedores nacionales;
- para la adquisición de bienes en el extranjero se requiere, previamente, verificar la no existencia de producción u oferta nacional (la verificación se realiza de conformidad con el instructivo emitido por el Instituto Nacional de Contratación Pública, INCOP, que es la entidad rectora del sistema);
- se confiere un trato preferencial a favor de las micro, pequeñas y medianas empresas (MIPYME), siempre que su oferta se catalogue como de origen nacional;
- si se autoriza la contratación de consultoría extranjera, deben incorporarse los porcentajes mínimos de participación nacional.

En el presente año se reorganizó el sistema por medio de la Ley Orgánica para la Eficacia de la Contratación Pública, en la cual la participación nacional queda sujeta a las pautas siguientes:

- en los estudios preparatorios de la demanda pública, proceder a la desagregación tecnológica y a la fijación de los porcentajes mínimos de participación nacional o local;
- en todos los procedimientos de contratación se preferirá al oferente de bienes, obras o servicios que incorpore mayor componente de origen ecuatoriano, a los actores de la economía popular y solidaria y MIPYMEs, por medio de preferencias proporcionales sobre las ofertas de otros proveedores, reserva de mercado, subcontratación preferente, entre otras medidas;
- para la adquisición de bienes, obras o servicios que no sean de origen ecuatoriano, previamente debe verificarse la inexistencia de ofertas de ese origen, "mediante mecanismos ágiles que no demoren la contratación".
- la entidad responsable de la contratación incluirá la obligación de transferencia de tecnología y de conocimiento en toda contratación de origen no ecuatoriano.

3. Estados Unidos

La compra de bienes domésticos a precios razonables es una antigua política del Gobierno Federal, ya que luego de la Guerra de Secesión, en 1875, se sancionó la primera "Buy American Act" (compre Americano).

Con motivo de la crisis de 1929 se presentaron en el Congreso Federal distintos proyectos con el objeto de restringir la importación de productos extranjeros y hacia fines de la Administración Hoover (1933), se sancionó un nuevo régimen de compre que con distintas modificaciones se mantuvo hasta la actualidad.

Las compras deben orientarse hacia los bienes extraídos, producidos o fabricados en el país y, en atención al carácter objetivo del sistema, los mismos pueden ser provistos por empresas extranjeras.

Los productos industriales deben tener la incorporación física de insumes locales por lo menos en un 50 % ("fiftypercent test"), sin que se considere la mano de obra, la utilidad, el transporte, los costos fijos ni los envases.

La razonabilidad del precio se establece mediante un mecanismo de comparación que permite a la agencia compradora optar por una preferencia del 6 % del precio del bien extranjero, más los derechos y gastos de importación, o por la alternativa del 10 % de dicho precio, con exclusión de los derechos y gastos ("prueba de diferencia"). No obstante, en los últimos años el régimen ha tenido dos excepciones importantes: a) bienes comprendidos en el Acuerdo del GATT sobre Compras Gubernamentales; y b) bienes incluidos en "memorandos de entendimiento" con algunos países, en especial, miembros de la OTAN.

4. Unión Europea

El Tratado de Roma contiene normas destinadas a asegurar la libre circulación de los bienes entre los distintos países miembros de la Comunidad, evitando acciones distorsivas de la competencia, sea por la acción de las empresas o las políticas de los Gobiernos a favor de los productos nacionales.

En 1966 la Comisión de la Comunidad dispuso, a través de una Directiva, que los Estados miembros eliminaran toda diferencia de trato entre los productos nacionales y los que en virtud del Tratado debían ser admitidos a la libre circulación. En particular, la decisión se refería a las disposiciones que:

a) prohibieran el uso total o parcial de un producto importado; b) impusieran la utilización total o parcial de un producto nacional; y c) subordinaran la concesión de un beneficio a la misma utilización.

La Directiva preveía diversas excepciones (v.gr. productos agrícolas) y su inaplicabilidad a las adquisiciones del Estado, sus colectividades territoriales y otras personas de derecho público.

Una posterior Directiva de 1969 hizo extensiva al sector público la obligación de no discriminar entre bienes nacionales y los provenientes de otros países de la Comunidad, a través de medidas equivalentes a una "restricción cuantitativa a la importación". La misma Directiva agregó a la lista de prácticas restrictivas, las siguientes:

a) exigencia de un depósito o caución para la importación; b) subordinar la admisión de productos importados a la reciprocidad acordada con el Estado del cual provienen los bienes; c) prohibir durante la ejecución del contrato la sustitución de los bienes por otros de iguales características que los acordados, originarios de otro Estado miembro; d) establecer para la admisión, la autorización de otro organismo distinto del adjudicador; y e) imponer a los proveedores la apertura de una cuenta postal o bancaria en el país contratante.

También en 1966 el Consejo de la Comunidad estableció un "Régimen de Compras Públicas" que obliga a seguir el procedimiento de la licitación pública, con posibilidad de participación de las empresas y proveedores de todos los países miembros, cuando la adquisición supera un monto determinado, caso en el que no resulta posible establecer preferencias para los bienes nacionales

En la realidad, los países integrantes de la Comunidad tendieron a eludir las licitaciones públicas, acudiendo a selecciones privadas o contrataciones directas para favorecer a los bienes de origen nacional.

5. Inglaterra

En Inglaterra el Departamento de Energía acordó con la "Asociación de Operadores Costa–Afuera del Reino Unido" (UKKOA) a través del memorando de fecha 3/11/75, revisado el 2/2/81, que el mencionado Departamento se obligaba a asegurar la máxima participación posible de las empresas de la comunidad en la provisión de bienes de la industria de hidrocarburos "Costa Afuera", y recíprocamente, los miembros de la Asociación se comprometieron a utilizar bienes y servicios de origen británico, cuando resultaran competitivos en cuanto especificaciones, calidad, plazo de entrega y precios. El Gobierno expresó el propósito de que la industria manufacturera del Reino debía proveer, sobre bases competitivas, una parte mayoritaria y progresivamente creciente de los bienes requeridos para el desarrollo de su plataforma continental y el establecimiento de un creciente mercado de exportación.

6. Banco Mundial

Los prestatarios de créditos del Banco podrán solicitarle un margen preferencial a favor de los bienes fabricados en el país, cuando se los compare con ofertas de bienes fabricados en el extranjero, de acuerdo con las condiciones del convenio de préstamo y siempre que se especifique en los pliegos de la licitación.

Con relación a las obras de países miembros cuyo PBN per cápita esté por debajo de un nivel especificado, podrán establecerse preferencias en favor de las ofertas de contratistas nacionales, cuando se comparen con las de contratistas extranjeros.

Para la comparación, las ofertas que reúnan los requisitos se clasificarán en uno de los tres grupos siguientes:

a) *Grupo A*: ofertas de bienes fabricados en el país del Prestatario, siempre que la mano de obra, las materias primas y los componentes provenientes del país del Prestatario representen más del 30% (treinta por ciento) del precio fábrica del producto ofrecido.

b) *Grupo B*: todas las demás ofertas de bienes fabricados en el país del Prestatario.

c) *Grupo C*: ofertas de bienes fabricados en el extranjero, que ya han sido importados o que se importarán directamente.

El precio cotizado por los licitantes del Grupo A y B debe incluir todos los derechos e impuestos pagados o pagaderos por los materiales o componentes comprados en el mercado nacional o importados, pero deben excluir el impuesto sobre las ventas y otros impuestos semejantes que se apliquen al producto terminado. Los precios cotizados por los licitantes del Grupo C deben ser CIF (en lugar de destino), excluidos los derechos de aduana y otros impuestos de importación ya pagados o por pagarse.

En la primera etapa, todas las ofertas evaluadas de cada grupo deben ser comparadas para determinar la oferta evaluada como la más baja dentro de cada grupo. Luego, las ofertas evaluadas como las más bajas dentro de cada grupo deben ser comparadas entre sí y si, como resultado de esta comparación, una oferta del Grupo A o del Grupo B resulta ser la más baja, ésta debe ser seleccionada para la adjudicación del contrato.

Si como resultado de la comparación efectuada con arreglo al párrafo precedente, la oferta evaluada como la más baja es una del Grupo C, a continuación todas las ofertas de este grupo deben ser comparadas con la oferta evaluada más baja del Grupo A, después de agregar una suma igual al 15% (quince por ciento) del precio CIF propuesto al precio evaluado de cada una de las ofertas de bienes importados y a importar del Grupo C, y solamente para efectos de esta comparación adicional. Si se evalúa la oferta del Grupo A como la más baja, ésta deberá ser seleccionada para la adjudicación del contrato. De lo contrario, se debe seleccionar la oferta evaluada como la más baja del Grupo C de conformidad con lo indicado precedentemente.

7. Banco Interamericano de Desarrollo

Las "Políticas para la Adquisición de Bienes y Obras financiadas por el Banco Interamericano de Desarrollo (2011)", establecen que la libre competencia es la base de la eficiencia de las contrataciones públicas. En la mayoría de los casos, el método más apropiado es la licitación pública internacional (LPI), adecuadamente administrada, con la concesión de las preferencias apropiadas para los bienes de fabricación nacional, permitiendo que en las licitaciones públicas internacionales para la adquisición de bienes se aplique un margen de preferencia a favor de los bienes nacionales y regionales de hasta un 15% del valor de la licitación.

Un bien se considera de origen local cuando el costo de los materiales, mano de obra y servicios locales empleados en su fabricación, represente no menos del 30% de su costo total.

Para la comparación de precios entre las ofertas de los bienes nacionales y extranjeros se sigue un procedimiento similar al seguido por el Banco Mundial, descripto precedentemente.

No se aplican márgenes de preferencia en el caso de contratos de responsabilidad única o de tipo llave en mano para el suministro de ítems separados de equipamiento, así como de instalaciones complejas o servicios de construcción.

8. GATT (Actual Organización Mundial del Comercio)

El Acuerdo General sobre Aranceles Aduaneros y Comercio (GATT) es un tratado multilateral que entró en vigor en 1948 y que tiene por objeto estimular el comercio mundial a través de su liberalización y la reducción de los obstáculos al intercambio.

El GATT consistía en un Código de normas y en un "foro" o ámbito de discusión, donde los países podían negociar para ampliar el comercio recíproco.

Un principio básico que regula el Acuerdo es la cláusula de la nación más favorecida, que tiende a suprimir las discriminaciones entre las partes: todas ellas deben concederse mutuamente un trato tan favorable como el que otorguen a cualquier otro país, en cuanto a la aplicación de los derechos de importación y exportación.

Otro principio fundamental es que la protección de la industria nacional debe tener lugar a través de un arancel aduanero y no con medidas extra–arancelarias (subsidios, permisos de importación, etc.)

Este principio aspira a hacer transparente el grado de protección de los bienes nacionales y de ese modo facilitar la competencia y el comercio internacional.

No obstante, los acuerdos en el marco del GATT permiten excepciones a dichos principios a favor de los países en desarrollo, a través de un trato diferenciado y más favorable.

Los principios señalados se consolidaron después de la Ronda Uruguay de negociaciones que apuntó básicamente a la liberalización del comercio de servicios y que transformó el foro del GATT en la Organización Mundial del Comercio.

De acuerdo con la política de eliminar las trabas extra–arancelarias al comercio y como consecuencia de la Ronda de Toldo (1973–1979), en el ámbito del GATT se elaboró un Acuerdo sobre Compras del Sector Público, estableciendo reglas detalladas sobre el modo en que el sector público debe proceder a la selección y adjudicación en la compra de bienes, de acuerdo con los principios de trato nacional y no discriminación.

Las reglas se aplican a todos los contratos de compra de un valor igual o superior a 150.000 DEG, sin que se pueda dividir una convocatoria de licitación para reducir la demanda por debajo de ese valor.

El referido Acuerdo entró en vigencia el 1/1/1981 y tratándose de un acto plurilateral su aceptación o adhesión es voluntaria para los países Contratantes del Acuerdo General. Cabe destacar que Argentina no adhirió al Acuerdo sobre Compras del Sector Público, por lo que sus normas no resultan aplicables a las compras estatales.

VIII. EL "COMPRE" Y LOS TBI

Argentina ha celebrado numerosos tratados bilaterales relativos a protección recíproca de inversiones[11] para cuya aplicación no es menester verificar la realidad económica de la inversión por la empresa extranjera, sino simplemente su nacionalidad, determinada por lo general, a través del indicador de radicación del "control" o "poder de decisión".

Por lo tanto, en rigor los beneficiarios de la protección son los "inversores" (una vez establecida su nacionalidad), más que las "inversiones", tratándose de una protección subjetiva reforzada con una enumeración amplia y no taxativa de los bienes y servicios que se consideran inversión, dentro de la cual se encuentran incluidos los contratos administrativos y, en principio, las adquisiciones de bienes por el Estado a través del contrato de suministro.

No obstante, con relación a este tipo de compras corresponde examinar cada tratado en particular y, en tal sentido, suelen contener dos clases de principios o estándares: absolutos y relativos, incluyéndose entre los primeros el trato justo y equitativo y la no discriminación, mientras que los segundos comprenden el trato nacional y la cláusula de nación más favorecida.

Con relación al trato no menos favorable al nacional, a veces se introduce en los tratados la posibilidad de prever excepciones destinadas a preservar y promover la industria nacional, en cambio, en otros casos, nada se prevé sobre el punto o bien, se considera una infracción al estándar la adopción de medidas que restrinjan la adquisición de materias primas y otros insumos.

Para la aplicación de los estándares también se emplea la distinción entre las etapas de admisión de la inversión y del tiempo posterior a la misma, restringiendo la aplicación para este último caso, aunque hay tratados que específicamente se refieren a admisión.

Corresponde asimismo destacar que en algún caso se incluye la cláusula de requisitos de desempeño ("performance requirements"), que prohíbe la exigencia de que el inversor adquiera bienes o servicios de carácter local.

Por último, debe señalarse que la cláusula de nación más favorecida incluida en los tratados permite que las ventajas reseñadas puedan ser exigidas por los inversores amparados por tratados que no las tienen previstas (multilateralización de los tratados).

Como puede advertirse la trama normativa creada por los TBI aparece como cerrada

---

11 Ver el estudio de Esteban M. YMAZ VIDELA "Protección de Inversiones Extranjeras. Tratados Bilaterales. Sus efectos en las contrataciones administrativas". Buenos Aires, 1999.

y resulta difícil su compatibilidad con una política de "compre" nacional. No obstante, considero, en primer lugar que corresponde distinguir las situaciones siguientes: a) oferta de un bien originario de un país parte de un TBI celebrado con Argentina, formulada por una empresa nacional; b) oferta de un bien de las mismas condiciones, presentada por una empresa extranjera de un país distinto al que celebró el TBI; y c) oferta de un bien de las mismas condiciones, realizada por una empresa nacional del país que celebró el TBI.

El Tratado sólo alcanzaría el último caso, de modo que la aplicación de una política de "compre" en los dos primeros supuestos no ofrece reparos jurídicos.

A su vez, con respecto a la tercera situación a mi entender hay que diferenciar entre los momentos o etapas del proceso de contratación, de modo que una oferta de bienes previa a la celebración del contrato de provisión, no constituye una "inversión" sino una expectativa de ella, y el Estado receptor tiene en ese segmento de su demanda, la libertad de aplicar una política de "compre" de manera razonable y no discriminatoria.

Sobre este tema resulta de interés el fallo dictado por la Sala n de la Cámara Federal de La Plata el 8/5/01, en la causa "Fomento de Construcciones y Contratas S.A.c/Municipalidad de Avellaneda" donde se discutía la constitucionalidad de algunas cláusulas de los pliegos de bases y condiciones para licitar la recolección de residuos del municipio, que condicionaban la participación de las empresas extranjeras, en el marco del TBI celebrado con España.

El Tribunal a través del voto de la mayoría sostuvo las posiciones siguientes: a) La tutela se refiere a las inversiones ya realizadas o ya efectuadas conforme a la legislación de la Parte receptora y a los sujetos titulares de ellas (voto del Dr. Frondizi). b) No afecta la potestad del Estado de reglamentar –por cierto razonablemente– las condiciones en que los sujetos interesados podrán formular, en las licitaciones públicas, propuestas de futuras inversiones, o a las que deberán ajustarse las propuestas mismas ni extenderse a tales sujetos, lo que es cosa bien diferente (id). c) Dentro de estos alcances, el trato de igual favor a inversores de la otra parte se verifica respecto de las inversiones ya efectuadas sobre la base de la ley nacional de cada Parte (id). d) En el derecho argentino, no hay normas que excluyan a las sociedades extranjeras de participar en licitaciones públicas, pero sí existen otras que favorecen a los nacionales, v.gr. Ley. 23.697, art. 3; Dec. 1224/89; Ley 12.946 de la Provincia de Buenos Aires. Los municipios también pueden, dentro de ciertos límites razonables, tutelar, preferentemente a las sociedades argentinas en cuanto a la participación en las licitaciones que llamen (id). e) No basta con la reciprocidad normativa sino a la concreta en el campo en que se plantea la cuestión, circunstancia que debe ser acreditada por quien aspira al amparo del TBI (id). f) Finalmente cabe destacar un considerando del mismo voto que se refiere a las circunstancias reales del país : "En la situación actual por la que atraviesa la vida económica y social de la República, caracterizada por la coexistencia entre el peso agobiante de la deuda externa y la persistencia de una profunda recesión –cuyas causas son diversas, pero entre las cuales no puede ocultarse la significativa incidencia de la grosera discriminación contra algunas de nuestras más importantes y valiosas exportaciones resultante de las políticas altamente proteccionistas, aplicadas con protervia por los países de la Unión Europea pese a las reiteradas denuncias hechas por nuestro país y por el Grupo Cairns en los foros internacionales competentes– con la secuela de la desocupación y del deterioro constante de las empresas radicadas en la Argentina, es de público y notorio constatar la presencia de una fuerte exigencia social de tutela del capital y del trabajo argentinos".

IX. COMENTARIO FINAL

De acuerdo con lo que expuse precedentemente y en otros trabajos sobre el tema, considero que pueden formularse las propuestas siguientes:

1. una sana política en la materia debe partir de la colaboración entre el Estado y sus proveedores, sustentada en un compromiso mutuo por el cual el primero adopte y mantenga una política y planes de compras subordinados a ella y, en lo que toca a la industria nacional, producir la mejora gradual de sus condiciones de competitividad al amparo de una demanda pública sostenible. En ello consiste la concertación básica;

2. el marco legal debe permitir un proceso dinámico y flexible de ajuste, diferenciado por sector, con ponderados márgenes de protección, requisitos de "origen", programas de desarrollo industrial y precisas metas temporales;

3. debiera administrarse con sumo cuidado la política del compre, respecto de las sociedades privadas alcanzadas por ella, preservando su libertad empresaria y aplicando, en la medida de lo posible, la regulación por incentivos; y

4. en síntesis: considero de gran importancia perfeccionar la referida política, que casi todos los países practican, tendiendo a preservar de modo más eficiente la industria nacional y no a desarrollar preferentemente la industria extranjera, sobre la base de una división internacional del trabajo impuesta desde los centros del poder económico.

18. LOS CONTRATOS PÚBLICOS "INCOMPLETOS" Y LOS DE "LARGA DURACIÓN" EN SERVICIOS PÚBLICOS

Alejandro Pérez Hualde

1. Introducción. Contratos de "larga duración".

Desde hace un tiempo dedicamos nuestra atención a desentrañar los componentes complejos y singulares del contrato de concesión de servicios públicos. Lo caracterizamos como uno de aquellos que acaba de incorporar formalmente el nuevo Código Civil y Comercial argentino (en adelante CCC) bajo la denominación de contrato *"de larga duración"*[1].

Señalamos que el concepto viene de la doctrina que sigue en Argentina a Ricardo Lorenzetti[2], uno de los autores de la reforma del mencionado Código, quien lo analiza en su Tratado de los Contratos. También referimos que el mismo encuentra su origen en los contratos *"di durata"* que la doctrina italiana trató a mediados del siglo XX de la mano de Oppo[3] y de Messineo[4] y que fue objeto de un profundo análisis por Morello[5].

El art. 1011 CCC argentino no aporta una definición pero sí incluye una descripción de algunos de sus caracteres: *"En los contratos de larga duración el tiempo es esencial para el cumplimiento del objeto, de modo que se produzcan los efectos queridos por las partes o se satisfaga la necesidad que las indujo a contratar. Las partes deben ejercitar sus derechos conforme con un deber de colaboración, respetando la reciprocidad de las*

---

1 Esta ponencia ha sido elaborada sobre la base de la que oportunamente fuera presentada en las X Jornadas de Derecho Administrativo Iberoamericano, celebradas en Pazo de Mariñán, organizadas por la Universidad de La coruña, España, entre los días 3 y 7 de abril de 2017; ver también Alejandro PÉREZ HUALDE, *El Contrato de Concesión de Servicios Públicos como Contrato "de Larga Duración"*, publicado en la revista Derecho y Sociedad, n° 45, p. 81-89, Lima, 2016.

2 Ricardo Luis LORENZETTI, *Tratado de los contratos*, tomo I, Rubinzal Culzoni, Santa Fe, 1999.

3 Giorgio OPPO, *I contratti di durata*, in Rivista del diritto commerciale, 1943-I y 1944-I; también en *Obbligazioni e negozio giuridico. Scritti giuridici*, t. III, Cedam, Padova, 1992, p. 200 y sgs. El autor reconoce la precedencia efectiva de los estudiosos alemanes a principios de la segunda década del siglo XX (Gierke, Krückmann y Gschnitzer).

4 Francesco MESSINEO, *Doctrina general del contrato*, Notas de Derecho Argentino por Vittorio Neppi, trad. de Fontanarrosa, Sentís Melendo y Volterra, Ediciones Jurídicas Europa-América, Buenos Aires, tomo I. También se registran antecedentes en el derecho británico bajo la denominación de *"long term contracts"*.

5 Augusto M. MORELLO, *Los contratos de larga duración y la necesidad de una renegociación permanente*, La Ley, t. 1989-C, p. 1227.

obligaciones del contrato, considerada en relación a la duración total. La parte que decide la rescisión debe dar a la otra la oportunidad razonable de renegociar de buena fe, sin incurrir en ejercicio abusivo de los derechos".

En su momento recordamos que en este contrato las partes han previsto, según Lorenzetti, la satisfacción *"de intereses a lo largo de una vinculación prolongada, y por ello no establecen su acuerdo definiendo materialmente los bienes, sino estableciendo normas procedimentales. De tal modo, no establecen el precio definitivo porque suponen que habrá cambios inflacionarios; no disponen las características definitivas de la cosa porque saben que habrá cambios tecnológicos; no aseguran una obligación de hacer determinada porque seguramente habrá distintas maneras de prestar esa obligación a lo largo del tiempo"*[6].

En otras palabras, los contratos *"de larga duración"* se encuentran sometidos a permanentes mutaciones; las obligaciones son concebidas como parte de un proceso; su objeto es desarrollado en el tiempo ya que no es pasible su cumplimiento en forma instantánea sino en una prolongación temporal, pues ese mismo objeto consiste en una definición de una operación jurídica que contiene elementos indeterminados, reglas de contextura abierta y procedimientos para su determinación. Se trata de una realidad que *"obliga a que el contrato, en la fase de desenvolvimiento o ejecutoria, requiera de una sucesiva adaptación que viene impuesta por la naturaleza de su propio despliegue y la repercusión del cambio de circunstancias"*[7].

La doctrina ha puesto en evidencia que *"el contrato se refiere a conductas multidimensionales, a veces no fáciles de medir ni de estandarizar; se proyecta sobre un futuro de resultados inciertos –cambios tecnológicos, regulatorios, etc.– y supone un notable intercambio de información propia –esto es, no conocida por la otra parte– para poder facilitar, o posibilitar, la realización de las conductas contractuales. Además, las partes han de realizar inversiones –equipos de investigación ad hoc, realización de pruebas y ensayos preclínicos y clínicos sobre ciertas sustancias– que tienen poco o ningún valor fuera de esa específica relación contractual"*[8].

Señalamos que la naturaleza del contrato ocasiona una permanente dinámica que obliga a las partes a prestar atención a los cambios que, lejos de ser imprevistos –ni necesariamente imprevisibles–, son esperados más allá de la imprecisión de su contenido, carácter, magnitud y efectos económicos. Es por ello que la normativa prevé, conforme lo recomienda la doctrina, mecanismos de sostenimiento del equilibrio dinámico de las prestaciones durante la ejecución del contrato.

En ese orden se inscriben las recomendaciones de la Comisión de las Comunidades Europeas, autora del *"Libro Blanco"*, sobre la previsión de *"la existencia de una cláusula evolutiva que permita adaptar las exigencias en función de las necesidades e inquietudes cambiantes de los consumidores y usuarios y de la variación del entorno económico y tecnológico"*; y, en esta misma línea, José Luis Martínez López–Muñiz[9] incluye

---

6 Ricardo LORENZETTI, *Obligaciones y Contratos. Doctrinas Esenciales*, en revista La Ley, 1997-E, 1103.

7 MORELLO, cit., p. 3.

8 Marcelo HERSALIS, *Los contratos de larga duración*, en revista jurídica La Ley, tomo 2011-D, p. 807.

9 José Luis MARTÍNEZ LÓPEZ-MUÑIZ, *Servicio público, servicio universal y 'obligación de servicio público' en la perspectiva del Derecho Comunitario: los servicios esenciales y sus regímenes alternati-*

como particularidad necesaria su *"adaptación progresiva a la evolución técnica y a los cambios sociales"*. Es por esta razón que Morello[10] denomina a este contrato como uno de aquellos de *"renegociación permanente"* y que el civilista Jorge Joaquín Llambías –ya antes– denomina contratos *"fluyentes"* pues se trata de contratos *"que hacen brotar poderes jurídicos que requieren ser fecundados por la acción del tiempo"*[11].

También se ha sostenido que *"son los contratos de tracto sucesivo. Si nos remontamos al origen etimológico de la palabra tracto, viene del vocablo latino 'tractus' que es un período de tiempo que transcurre entre dos hechos, o el espacio que los separa, pero a su vez los relaciona, estableciendo entre ellos una relación o enlace causal y sucesivo según la Real Academia de la Lengua Española, como algo que sucede o sigue a otra"*[12].

Ya destacaba en este rumbo, el italiano Oppo, que *"en definitiva, la relación sinalagmática existente entre las prestaciones recíprocas en los vencimientos singulares no tienen necesidad de encontrar su fundamento en la construcción contraria: el carácter sinalagmático de las prestaciones que se contraponen en los momentos singulares de ejecuciones se encuentra en la causa del contrato de duración, causa que, cuando el contrato es bilateral, consiste en hacer que las partes obtengan por un cierto tiempo prestaciones recíprocas estables. La sinalagmaticidad, así como existe entre las dos obligaciones duraderas, así existe también en cada uno de los momentos singulares de ejecución: la relación sinalagmática de cada acto de ejecución está implícita en la relación sinalagmática de las dos primeras"*[13].

Por todo ello, sostenemos que son caracteres fundamentales del contrato: a) la duración es esencial; b) es imposible su ejecución instantánea; c) no hay precisión en las cantidades y modalidades de las prestaciones; d) puede no haber plazo determinado; e) su mutabilidad hace a su naturaleza; f) pueden surgir nuevas obligaciones en su ámbito; g) es un proceso; h) es de renegociación obligada; y, i) su rescisión anticipada está limitada y sujeta a algunas condiciones previas para su concreción[14].

Pero también se registran fuertes críticas a esta figura; se ha sostenido que *"Se crea así una categoría imprecisa"*... *"Es sabido que cualquier normativa o cláusula que abra la puerta en forma indiscriminada a una 'renegociación' del contrato, durante su*

---

vos, en *"Os caminhos da privatização da Administração Pública"*, Stvdia Ivridica, nº 60, Colloquia 7, Universidade de Coimbra, Coimbra Editora, 2001.

10 MORELLO, *ob. cit.*, p. 1227.

11 Jorge Joaquín LLAMBÍAS, *Tratado de Derecho Civil. Obligaciones*, tomo I, *Teoría general de la obligación. Efectos de las obligaciones. Teoría general de los privilegios*, 4° ed. act. Por Patricio RAFFO BENEGAS, Editorial Perrot, Buenos Aires, 1995, p. 270; el autor sigue expresamente en este punto a Alejandro RAYCES, *Reducción legal de intereses y arrendamientos*, revista Jurisprudencia Argentina, t. 42, sección doctrina, p. 19.

12 Hernando PARRA NIETO, *Terminación de los contratos de larga duración por advenimiento de circunstancias que impiden la realización de su fin o finalidad*, presentado al mencionado profesor por Stefanny DÍAZ BLANCO, Margarita HURTADO LONDOÑO, Fernando PÉREZ MÉNDEZ, Sara RUEDA y Jesús Daniel VILLEGAS GUTIÉRREZ, Universidad Externado de Colombia, Bogotá, mayo de 2014, en www.academia.edu/8024233/TERMINACI%C3%93N_UNILATERAL_DEL_CONTRATO_Y_TEOR%C3%8DA_DE_LA_IMPREVISION?auto=download (entrada 31/01/2017).

13 OPPO, *I contratti di durata...*, *cit.*

14 PÉREZ HUALDE, *cit.*, p. 84. Hemos completado la enumeración descriptiva con algunos elementos que detectamos en la bibliografía que se ha sumado a este ensayo.

desarrollo o en oportunidad de su extinción, disminuye la obligatoriedad de los compromisos contractuales con menoscabo para la seguridad jurídica"[15].

2. Contratos "incompletos"

No es una novedad la existencia de contratos incompletos, donde las partes no previeron todas y cada una de las obligaciones y derechos, pues ese ha sido el campo de acción de las normas supletorias que poseen los marcos legales que los rigen[16]; pero no es a este vacío que se refieren hoy quienes han introducido desde la economía el tratamiento de los contratos incompletos sino a aquel que surge de las indeterminaciones por incertidumbres existentes y asumidas –involuntaria o deliberadamente– por las partes al momento de su celebración y que no poseen alguna normativa supletoria que permita su cobertura[17].

Podríamos afirmar que no todos los contratos incompletos son de *"larga duración"* pero todos estos sí son contratos necesariamente incompletos desde el punto de vista de su economía y por eso nuestro interés en analizarlos a la luz de los avatares del contrato de concesión de servicios públicos.

No obstante las críticas y las prevenciones al respecto, su presencia en el mundo jurídico en general se ha visto potenciada de modo relevante en el mundo económico, debido a que los profesores del Massachusetts Institute of Technology (MIT), Oliver Hart y Bengt Holmström, obtuvieron el premio Nobel de Economía 2016 con su *"Teoría del contrato"*. Esta teoría se sustenta en el pago por rendimiento contractual de tal modo de desarrollar una habilidad suficientemente detallada del instrumento *ex ante* de tal modo de prever medidas y rendimientos *ex post* cuando se desenvuelven en un mundo tan cambiante que lleva a la necesidad de tener que celebrar contratos evidente –e inevitablemente– *"incompletos"*.

Esta raza de los *"incomplete contracts"* es explicada para el mundo de la economía por Oliver Hart y John Moore, muchos años antes del premio obtenido por el primero, sobre la base de considerar que *"uno de los más serios problemas que encaran los escritores de un contrato es aquel de especificar todos los aspectos relevantes para el funcionamiento del contrato. En particular, puede ser prohibitivamente costoso indicar las acciones precisas que cada parte en el contrato debería tomar en cada eventualidad*

---

15 Diego SERRANO REDONNET, *Los contratos de larga duración en el nuevo Código Civil y Comercial*, en www.pensamientocivil.com.ar/system/files/los-contratos_de_larga_duracion_en_el_nuevo_codigo_civil_y_comercial.pdf#viewer.action=download (entrada 13/02/2017). Cita en su apoyo a Patrick BOLTON, *Renegotiation and the Dynamics of Contract Design*, European Economic Review 34 (1990), ps. 303-310, y Drew FUDENBERG y Jean TIROLE, *Moral Hazard and Renegotiation in Agency Contracts*, Econometrical 58 (1990), ps. 1279-1319.

16 Ian AYRES y Robert GERTNER, *Cubriendo vacíos en contratos incompletos: una teoría económica sobre reglas supletorias*, en revista Themis, nro. 47, Pontificia Universidad Católica del Perú, Lima, p. 195 y sgs.; allí se hace constar que el trabajo originario fue publicado en el Yale Law Journal, nro. 99, en 1989, bajo el título *"Filling gaps in incomplete contracts: an economic theory of default rules"*.

17 Es más, si se trata de contratos públicos, la normativa no suele ser supletoria sino imperativa, lo que impide su operación supletoria en la medida en que el funcionario no podría haber pactado lo contrario.

concebible. Debido a estos 'costes de transacción', las partes pueden, en la práctica, terminar escribiendo un contrato muy incompleto"[18].

Asumen así la realidad de que en algunos casos *"el mayor problema que enfrentan los redactores del contrato es anticiparse y hacer frente adecuadamente a las numerosas contingencias que pueden surgir durante el curso de lo que puede ser una relación muy larga"*[19].

Cabe tener presente que la doctrina ha destacado que el carácter incompleto del contrato es fundamentalmente económico; esto quiere decir que podría ser un contrato jurídicamente completo pero económicamente incompleto[20]. La incompletitud contractual señala ausencias o deficiencias de previsión en el campo económico que arrastran inevitablemente consecuencias en el jurídico.

Y esto es una lógica derivación del punto de acceso desde el cuál abordamos el carácter de *"larga duración"* de nuestro contrato en análisis pues lo hacemos desde su comportamiento económico que es el que exige el cuidado de su equilibrio mediante respuestas a los distintos avatares que se presentan en su desempeño; pues –como señala Marco Farina, *"la laguna económica socava, de manera particular, aquellas relaciones contractuales complejas y que despliegan sus efectos en el tiempo"... "se aprecia durante la ejecución del contrato, incide en la relación, no en el contenido"*[21]; y si hay incidencia en la relación, hay cuestión jurídica.

La búsqueda de equilibrio impone una visión económica que, en el caso del servicio público, se ve completada y orientada por su meta social de inclusión de los sectores vulnerables que reclaman su satisfacción y hacen pie en su base de garantía constitucional que juega por encima de las contingencias contractuales y que obligan a la respuesta adecuada.

Consecuentemente, dado que no es posible *"planificar para cualquier eventualidad concebible, los contratos típicamente contienen grandes brechas"...*, concluyen afirmando como hipótesis que *"nuestra suposición es que esto está conectado con la asunción de una ilimitada racionalidad. Dado que las partes tienen capacidad ilimitada para concebir todas las posibles situaciones de costo–beneficio –...– cualquier renegociación puede ser anticipada e incorporada en el proceso de revisión previsto en el contrato original"*[22]. Nada más alejado de la realidad cotidiana.

---

18 Oliver HART and John MOORE, *Incomplete contracts and renegotiation*, Working Paper Department of Economics, nr 367, January 1985, Massachusetts Institute of Technology, http://www.archive.org/details/incompletecontra00hart (entrada en febrero de 2017), p. 1.

19 HART y MOORE, *ob. cit.*, p. 1.

20 Marco FARINA, *Integración del contrato "incompleto" en el ordenamiento italiano*, en *Revista de Derecho Privado*, Nº 29, julio-diciembre, Bogotá, 2015, p. 119; el autor destaca cómo en un efoque jurídico los contratos incompletos son la excepción y no la regla, mientras que *"Desde la perspectiva económica, el carácter incompleto del contrato parece, por tanto, ser una condición fisiológica de todos los contratos: la regla y no la excepción"*. Ver en http://revistas.uexternado.edu.co/index.php/derpri/article/view/4327

21 FARINA, *ob. cit.*, p. 120.

22 HART y MOORE, cit., p. 38 y 39; también Alejandro Augusto CONTRERAS, *Contratos incompletos y complejidad. Hacia la administración de la indeterminación*, Responsabilidad Civil y Seguros, 2010-VI, p. 16, cita on line: AR/DOC/3510/2010, p. 17.

Por ello, ante la evidencia de la conducta humana que desvirtúa esa afirmación hipotética –pues no existe esa racionalidad ilimitada–, sostienen que *"en orden a entender la renegociación como un fenómeno de equilibrio, parecería por lo tanto que podríamos abandonar esa asunción de la racionalidad ilimitada. Huelga decir que este es un tema vital –siempre tan difícil– para futuras investigaciones"*[23].

Precisa Contreras que en este punto, *"los contratantes se ven ante la necesidad de acordar: (i) frente a un estado de las cosas (State of the World), el cual es difícil de ser anticipado; (ii) frente a sucesos o cosas que aunque observados no pueden ser descriptos en su totalidad; (iii) o frente a casos en los cuales si bien deben emitir un acuerdo, las propias partes se auto restringen de detallar el contenido completo y prefieren diferir temas para el futuro"*[24].

En el documento de presentación oficial del premio Nobel, la descripción efectuada por la Comisión deja constancia de que el carácter incompleto del contrato de la teoría podría deberse a la imposibilidad de describir –o que ello fuera extremadamente oneroso– todas las posibles contingencias futuras (condiciones del mercado, estados de naturaleza, etc.) por adelantado; cuando hay demasiadas eventualidades factibles para describir, o incluso para prever y no es posible la opción de no suscribir contrato alguno. La *"laudatio"* pone énfasis especial en las calidades que debe reunir la contraparte, atento a que será con quien habrá que acordar los cambios necesarios frente a las contingencias; asimismo, adquieren singular relevancia los mecanismos de sostenimiento del equilibrio –que Lorenzetti califica de *"dinámico"*– de las prestaciones y en los procedimientos de resolución de los conflictos[25].

> *"Un contrato es incompleto si existen contingencias que podrían afectar el intercambio más adelante y no pueden incorporarse, al momento de su celebración, ya sea porque son imprevistas o difíciles de describir, observar o cuantificar"*[26].

La multiplicidad y complejidad de las causas que pueden llevar a la calificación de *"incompleto"* al contrato no incluyen necesariamente una información asimétrica inicial[27]; debemos ser conscientes de que podría haber un buen equilibrio de ignorancia –o de conocimiento– en las partes acerca de los avatares por venir. Imaginemos las posibilidades de cambios en los ordenamientos urbanísticos que podrían impactar de lleno sobre los contratos de concesión de servicios públicos de distribución de electricidad, gas natural o agua potable y saneamiento.

---

23 HART y MOORE, *ob. cit.*, 39.

24 CONTRERAS, *ob. cit.*, p. 3.

25 The Committee for the Prize in Economic Sciences in Memory of Alfred Nobel, *Oliver Hart and Bengt Holmström: Contract Theory*, 10 de octubre de 2016, p. 26.

26 Fernando H. NAVAJAS, *Le integración de la infraestructura y los contratos incompletos: el gas natural en el Sono Sur*, en revista Integración y Comercio, Banco Intgeramericano de Desarrollo, Sector de Integvbración y C omercio, Instituto para la Integración de América Latina y el Caribe, nro. 28, año 12, enero-junio de 2008, p. 31.

27 Esta situación podría tener otras pautas de cobertura como aquella que recomienda resolver en contra de la parte que poseía la información (ver AYRES y GERTNER, ob. cit., p. 203); y en el terreno público, no debemos olvidar el respuesta de la Corte Suprema en *"Radeljack"* que obliga a la contratante particular advertir a la administración sobre la existencia de circunstancias que podrían afectar el cumplimiento del contrato (Corte Suprema, en La Ley, t. 1990-C, p. 1).

La influencia de las teorías económicas sobre contratos incompletos, y su carácter generalizado[28] en los contratos denominados *"complejos"* –como el de servicios públicos–, ha motivado la reorganización y ha obligado al rediseño de la estructura de las empresas comprometidas mediante instrumentos como la descentralización de sus riesgos y de los incentivos, como así también de la integración vertical de los grupos societarios involucrados[29]. También se ha investigado su impacto en los ciclos productivos[30] y los riesgos que acarrea cuando el contrato ha sido asignado en un concurso de precios y no es posible conocer el costo futuro de las adaptaciones y renegociaciones que sin duda sobrevendrán durante la vida de ese acuerdo y la esperable estrategia[31] ya prevista –y no necesariamente expuesta– por el cocontratante frente a esa realidad esperable e inevitable[32].

Aun así, hay doctrina que sostiene que suscribir *"incomplete contracts"* es mejor que emplear la figura del contrato aleatorio si las partes acuerdan una forma razonable de futura distribución de los superávits[33] y de los riesgos sobrevinientes; en especial, se ha recomendado con ese fin, una referencia explícita y detallada de la estructura de costos de la contratación[34] ya que ello es útil también para fundamentar la necesidad de transparencia y rendición de cuentas en las relaciones contractuales y las organizaciones, públicas y privadas[35]. A la vez que contribuye, en el caso público, a una adecuada motivación del acto de adjudicación del contrato a la hora de concluir su licitación pública.

En la generalidad de los casos hay coincidencia en la doctrina en sostener que esa anunciada renegociación, fruto de una revisión constante, genera nuevos costos de transacción[36]; y que esta realidad, también debe ser ponderada a la luz de las posibilidades de corrupción y de la capacidad de negociación de la parte que representa al gobierno[37], lo cual genera dificultades importantes para quienes enfocan la relación desde un punto

---

28 FARINA, *ob. cit.*, p. 123.

29 Philippe AGHION, Nicholas BLOOM and John VAN REENEN, *Incomplete Contracts and the Internal Organization of Firms*, NBER Working Paper N° 18842, February 2013. También ver Gene M. GROSSMAN and Elhanan HELPMAN, *Incomplete Contracts and Industrial Organization*, NBER Working Paper N° 7303, August 1999.

30 Pol ANTRÀS, *Incomplete Contracts and the Product Cycle*, NBER Working Paper N° 9945, August 2003.

31 Podría presentarse una eventual *"retención estratégica de información"* por una de las partes, como lo sugieren AYRES y GERTNER y la exponen como causal de penalidades contractuales (ob. cit. p. 206).

32 Patrick BAJARI, Stephanie HOUGHTON and Steve TADELIS, *Bidding for Incomplete Contracts: An Empirical Analysis*, NBER Working Paper N° 12051, February 2006.

33 Maija HALONEN-AKATWIJUKA and Oliver D. HART, *More is Less: Why Parties May Deliberately Write Incomplete Contracts*, NBER Working Paper N° 19001, April 2013.

34 Henrik HORN, Giovanni MAGGI and Robert W. STAIGER, *Trade Agreements as Endogenously Incomplete Contracts*, NBER Working Paper N° 12745, December 2006.

35 Fernando GÓMEZ y Juan José GANUZA, *La teoría económica del contrato recibe el Nobel*, en Editorial InDret, n° 4/ 2016.

36 Carlos Alberto BARRETO NIETO, *Modelo de Asociación pública-privada: un enfoque de Teoría de contratos*, en *Revista de Economía Institucional*, Vol. 13, n° 25, segundo semestre/2011, *Red de Revistas Científicas de América Latina y el Caribe, España y Portugal*, Universidad Autónoma del Estado de México, p. 254, ver en http://www.redalyc.org/toc.oa?id=419&numero=21464 (entrada 5 de marzo de 2017).

37 BARRETO NIETO, *cit.*, p. 273.

de vista estrictamente económico coyuntural. Este ámbito de decisión pública impone la necesidad de conocer y exhibir con claridad y precisión una visión estructural –que necesariamente es política– del complejo espacio donde se establecerá el servicio público motivo de la contratación.

La doctrina sobre contratos *"incompletos"* se refiere a contratos jurídicamente válidos; donde lo que falta no afecta a alguno de los elementos esenciales del contrato, en otras palabras, *"la ausencia de completitud solo puede ser enunciada respecto de un contrato eficaz"*[38]; y esto es así con mayor razón en el mundo de los contratos de la administración donde son numerosos los aspectos que exigen respaldo normativo efectivo en función del principio de legalidad que los enmarca[39].

3. La realidad de la contratación pública.

Los economistas que analizan este fenómeno, no siempre tienen claramente visualizada la distinta naturaleza de los beneficios esperados por cada una de las partes; mientras el inversor privado buscará la disminución de costos y de riesgos y su máximo beneficio económico, el gobierno deberá perseguir –por ejemplo– la máxima calidad y eficiencia del servicio público que se traduce en el cumplimiento estricto de los caracteres del mismo: generalidad, continuidad, igualdad, obligatoriedad y regularidad. Para la parte pública, el beneficio económico es importante pero pasa a un segundo plano en la medida en que está condicionada por la garantía constitucional de control sobre la calidad y eficiencia de esos servicios (art. 42 CN)[40].

Sobre esta base, Navajas intepreta que *"en economía, la teoría contractual explora los mecanismos de buen gobierno, mientras que la ley contractual aplicada se centra en el comportamiento del tribunal"*[41] que eventualmente resolverá, o no, el posible litigio; por nuestra parte estamos haciendo un esfuerzo de enfoque jurídico dirigido a desentrañar pautas y precauciones que orienten a la autoridad que le toca celebrar o, en su caso, controlar el desempeño de los funcionarios que interactúan para hacer realidad la mejor contratación de la buena administración del bien común.

La eventual existencia de cambios introducidos unilateralmente por la Administración durante el contrato, por causas que incluyen los avatares de las distintas políticas, de corte social y económico, en materia de servicios públicos de los distintos gobiernos que se sucedan durante el tiempo prolongado de su ejecución, constituyen otro factor

---

38 FARINA, *ob. cit.*, p. 121.

39 Ver Corte Suprema argentina, caso *"Lix Klett"*, en Fallos, 335:1385, de julio de 2012.

40 La garantía constitucional en materia de servicios públicos es la del control de su calidad y eficiencia. La *"calidad"* de algún objeto o de un servicio es definida como *"la capacidad de un conjunto de características intrínsecas para satisfacer requisitos"* (normas ISO 9000); por lo tanto, el *"control de calidad"*, como garantía constitucional no es otra que la comprobación permanente de que el servicio público se presta efectivamente cumpliendo los *"requisitos"* necesarios para la satisfacción de la necesidad que tiene por objeto específico, y que –con ese fin- lo hace en cumplimiento estricto de los caracteres esenciales de *"generalidad"* –también denominada *"universalidad"*- en su alcance, que supone la razonabilidad de las tarifas, de tratamiento en la *"igualdad"* equitativa , asegurando su *"continuidad"*, bajo un sistema de *"regularidad"* y en estricto cumplimiento de su *"obligatoriedad"*. Se trata de satisfacer plenamente los caracteres que son, precisamente, los que la ley respectiva ha tenido como finalidad cuando ha establecido la cobertura de esa necesidad bajo el régimen propio imperativo del derecho público.

41 NAVAJAS, *ob. cit.*, p. 31.

difícil de prever para las partes al momento de celebrar el contrato; sobre todo cuando se ha advertido sobre las posibles tentaciones que conllevan los gobiernos de corte populista[42].

Esa garantía de control de calidad que es guía para el gobierno, es también conocida para el inversor privado que no puede ignorarla en la medida en que su contratante estatal juega con las cartas abiertas obligado por su naturaleza pública; es más, ese compromiso del gobierno con la calidad así entendida, se transforma en el disparador de numerosas modificaciones en el contrato, exigidas desde la parte estatal, normalmente en el terreno de la innovación tecnológica y en los avatares económicos, que imponen la permanente renegociación en procura del sostenimiento de ese equilibrio, que Lorenzetti califica de *"dinámico"*, de las prestaciones futuras. Cabe recordar que el *"rebus sic stantibus"* además de constituir un principio contractual, se convierte en una meta expresa y sostenida de las partes a lo largo del contrato de *"larga duración"*.

Es muy alta la proporción de contratos de *"larga duración"* que suscriben los gobiernos en la actualidad. Las concesiones de uso privativo de bienes del dominio público, de construcción de grandes obras públicas pagaderas con su explotación comercial, los contratos de generación y transmisión de energía, de producción y conducción de gas natural y de agua potable, los de distribución de los distintos servicios públicos, etc..., los contratos de suministro y de consultoría, todos ellos están comprendidos en el concepto pero no siempre han sido abordados en ese carácter; las concesiones han sido tratadas como si todas fueran contratos de concesión de obra y los de suministros y de consultoría como simples contratos de compraventa o de locación de servicio, respectivamente.

El enfoque propuesto por las nuevas técnicas de abordaje al contrato de concesión de servicios públicos, que es el de naturaleza más relevante que suscribe el sector público, nos lleva a revisar algunas situaciones que, desde este ángulo de análisis, deben ser replanteadas desde el punto de vista de los controles que exige la contratación pública. Sobre todo en estos tiempos de corrupción en alta escala.

4. Nuevas exigencias para la contratación pública.

Las novedades que provienen del mundo de la economía tienen consecuencias importantes en el nuestro de la contratación pública, en especial en la concesión de explotación de un servicio público.

Tal vez las exigencias sean las de siempre, pero sin duda es necesario revisarlas muy minuciosamente porque si somos conscientes de que se mueven en otro escenario, si es debidamente ponderado, puede mejorar grandemente la calidad de la contratación estatal en materia de servicios públicos.

a) Revaloración del carácter "intuitu personae" del contrato celebrado por la Administración.

Siempre fueron importantes las cualidades personales de quien contrata con la administración. La ponderación del significado propio del contrato vinculado con el bienestar

42 Vitor RHEIN SCHIRATO y Júlio César MOREIRA BARBOZA, *Levando a sério a remuneração nos contratos públicos de longo prazo, Revista Iberoamericana de Derecho Administrativo y Regulación Económica*, N° 18, Abril 2017, cita IJ-CCIC-531 del 19/04/2017, p.2.

general impuso como necesaria la consideración especial de los componentes que permiten arribar a una valoración de las cualidades especiales que debe reunir quien concurre a contratar con el sector público.

Ya acertaba Marienhoff cuando opinaba que *"es éste un principio general, válido para todos los contratos administrativos; todos son concluidos 'intuitu personae', aun los que se llevan a cabo por licitación"*[43]; ello porque alguna doctrina sostenía que algunos contratos revestían la calidad de *"intuitu rei"* considerando irrelevante la persona del contratante, como en algunos suministros.

Es una constante de nuestra tradición doctrinaria la de distinguir los conceptos de oferta *"más conveniente"* de aquella *"más barata"*; es más, ha sido necesario precisar en alguna ocasión que cuando ha existido un paso previo de análisis de antecedentes, comúnmente llamado procedimiento de *"doble sobre"*, se impondría la necesidad de adjudicar al de menor precio. Pero en este ámbito de acuerdos de *"larga duración"*, la seguridad de que el contrato atravesará por renegociaciones y reestructuraciones, que cambiarán los contenidos de las prestaciones, desplaza necesariamente aún más la ponderación de la licitante desde el cálculo de los precios hacia las cualidades y capacidades personales del oferente. ¿De qué vale estimar los aspectos estrictamente económicos que seguro cambiarán?

Es en las cualidades propias del oferente, en la confianza que merezca[44], donde habrá que poner el acento específico pues es con esa persona con la que habrán de acordarse los sucesivos cambios en los términos de la contratación en aras de sostener el equilibrio del contrato y la continuidad de las prestaciones que, en todos los casos –como en este los servicios públicos–, son ininterrumpibles. Es muy importante tener en cuenta la advertencia de que esta adaptación de costos y de precios de las prestaciones del contrato en curso es uno de los principales factores de encarecimiento y de frustración del sistema de licitación pública[45].

Nótese que, si bien sería posible judicializar la obligación al concurrir a la renegociación imponiendo una actitud acorde a la naturaleza del contrato, y a la letra del art. 1011 CCC, de ningún modo podría el juez del contrato[46] llenar los contenidos comerciales y de definiciones de calidad del servicio público en crisis contractual. Es más, el juez podría calificar la conducta de buena o mala fe en los contratantes que *"deben ejercitar sus derechos conforme con un deber de colaboración"* (art. 1011 CCC) y establecer consecuencias jurídicas si se presentara un *"ejercicio abusivo"* de los derechos, pero sin incurrir en la determinación de los contenidos comerciales y prestacionales del servicio público pues invadiría el ámbito de otro poder.

---

43 Miguel S. MARIENHOFF, *Tratado de derecho Administrativo*, tomo III-A, 3ra ed. act., Abeledo Perrot, Buenos Aires, 1983, p. 316.

44 Sobre el valor esencial que posee la confianza en el concesionario, ver Ismael FARRANDO (h), *La relación jurídica del usuario con el concesionario de servicios públicos*, en SARMIENTO GARCÍA y otros, *Los servicios públicos*, prólogo de Juan Carlos CASSAGNE, Depalma, Buenos Aires, 1994, p. 23 y ss.

45 BAJARI, HOUGHTON y TADELIS, *cit.*, p. 28.

46 Gastón JÉZE, *Principios generales del Derecho Administrativo*, tomo V, Depalma, Buenos Aires, 1950, p. 409 y sgs.; el juez estaría inmiscuyéndose en facultades del Poder Ejecutivo sobre contenidos de los servicios públicos.

Por esta razón, atento a que en el ámbito de la renegociación es esperable una actitud de manipulaciones estratégicas[47] en las partes, a que es posible algún grado de corrupción[48], resulta fundamental la calificación de los antecedentes y trayectoria de comportamiento contractual de la persona, física o jurídica, con la que se lleva a cabo la contratación inicial. Es especialmente ponderable la apertura y transparencia de la información que debe brindar la empresa privada concesionaria durante la ejecución del contrato a la hora de sostener y de recomponer, en su caso, el equilibrio contractual perdido.

Asimismo, deberán tomarse las precauciones para evitar el cambio, sin previa autorización expresa, de personas o de accionistas que modifiquen la calidad personal de la contratante particular, mediante la prohibición de cesiones totales o parciales del contrato y de la composición sustancial de su paquete accionario.

Esta realidad nos coloca frente a un nuevo criterio o abordaje de la seguridad jurídica que no estriba en la inamovilidad de las cláusulas contractuales que nos resuelven todo sino en la aptitud y –fundamentalmente– la actitud de la contraparte que asegura la predisposición a compartir la tarea de recomposición oportuna del contrato.

b) Revalorización de las cláusulas tendientes a garantizar el sostenimiento del equilibrio dinámico de las prestaciones.

Se pregunta la doctrina cuál es el equilibrio a sostener en las renegociaciones que las partes podrían prever en el momento inicial de la contratación[49]; como señalaron Hart y Moore[50], la racionalidad ilimitada no puede ser asumida como posible en estos casos.

Si bien es posible plantearse como objetivo el mantenimiento de aquel equilibrio logrado al instante inicial de contratación, pues resulta muy relevante si el origen que tuvo la contratación fue de carácter licitatorio –como sistema de sostenimiento de su principio de igualdad–, no siempre es posible determinarlo con precisión, pues son numerosas las variables que pueden afectar aquella situación originaria[51].

Es otra razón, precisamente, para que la selección del oferente adjudicatario no recaiga sobre consideraciones exclusivamente de precios o de cánones, sino sobre calidades técnicas y morales del mismo. Se presenta la paradoja de que son los economistas los que han detectado el problema de la imposibilidad de prever las futuras contingencias en los contratos complejos, pero nada pueden hacer desde la economía –ni desde el análisis económico del derecho[52]– y se ven en la necesidad de contar con elaboraciones jurídicas igual de complejas, personalizadas (verdaderos prototipos contractuales), para

---

47 BAJARI, HOUGHTON y TADELIS, *cit.*, p. 6.

48 BARRETO NIETO, *cit.*, p. 273. Ver en especial: José María GIMENO FELIU, *El necesario big-bang contra la corrupción en materia de contratación pública y su modelo de control*, en *Revista Internacional Transparencia e Integridad, RITI*, n° 2, septiembre-Diciembre 2016, p. 5; allí el autor señala que : *"las empresas españolas consideraron que la causa más destacada en esta fase eran las modificaciones de las condiciones contractuales después de la celebración del contrato (69%), en relación con todas las infracciones que pudieran darse en el conjunto del ciclo de la contratación"*.

49 Patrick BOLTON, *Incomplete contracts and renegotiation. Renegotiation and the dynamics of contract design*, en European Economic Review, n° 34, 1990, North-Holand, p. 306.

50 HART y MOORE, *cit.*, p. 38 y 39.

51 Ver Roberto DROMI, *Las ecuaciones de los contratos públicos*, Ciudad Argentina, Buenos Aires, 2001.

52 CONTRERAS, *ob. cit.*, p. 26.

evitar seguir la lógica economicista que los llevaría a eludir el contrato por su inseguridad y falta de precisión.

El equilibrio a sostener será aquel necesario para asegurar la continuidad de la prestación en el tiempo en que se analiza; sobre todo si se trata de un servicio público en ejecución o de una función esencial de la administración. Acá es donde juegan un rol determinante las autoridades independientes de control, en el caso argentino serían los *"organismos de control"* previstos por el art. 42 CN aún pendientes de realización efectiva en su pleno significado constitucional[53].

El equilibrio del contrato debe ser actual, concreto –no teórico–, debe ser también verificable y sostenible desde el punto de vista financiero para que se garantice realmente la continuidad del servicio público –si de ese contrato se tratara– o la seguridad del suministro, si este fuera el caso. Se trata de establecer en todo lo posible ab initio una base o tasa interna de retorno esperada de la explotación del servicio por el contratante[54]; a ella se le agrega una cláusula de determinación del precio frente a los avatares que eventualmente lo puedan afectar[55].

Cabe tener presente que la dimensión contractual que adquieren las órdenes impartidas por el concedente o el suministrado, en los contratos de concesión o de suministro –respectivamente–, que los distingue conceptualmente de lo que significa el ejercicio del *"ius variandi"*[56] de los contratos de obra pública, por ejemplo, permite hacer un análisis de equilibrio de prestaciones que no se limita a la conceptual reparación *"in integrum"* de esta opción sino que debe ser ponderada en el conjunto de relaciones comprendidas por el contrato en *"tracto"* y teniendo en consideración su *"duración total"* (art. 1011 CCC).

La naturaleza del contrato obliga a repensar los límites de la regulación pública frente a la dinámica propia del contrato en su transcurso y realización temporal y a establecer parámetros objetivos en las cláusulas que el contrato debe contener para sostener el equilibrio económico financiero del mismo[57].

c) Recalificación de los controles sobre los comportamientos económicos de los contratos públicos a fin de prever la verificación de sus renegociaciones.

Si bien el contrato de concesión del servicio público es bilateral, son múltiples los sujetos involucrados en la relación jurídica de base. Sólo basta considerar el interés de los

---

53 Ver nuestro *Los "organismos" federales de control en la constitución: de servicios públicos y fiscal*, prólogo de Enrique Bulit Goñi, Editorial Ciencias de la Administración, Buenos Aires, 2014.

54 RHEIN SCHIRATO y MOREIRA BARBOZA, *ob. cit.*, p. 9.

55 Y no se trata de una cláusula de indexación que en el ordenamiento argentino está prohibida (Ley 25561) como lo aclaran conceptualmente Jacques GHESTIN y Marc BILLIAU, *El precio en los contratos de larga duración*, traducción de Luis Moisset de Espanés y Ricardo de Zavbalía, Zavalía Editor, Buenos Aires, 1990, p. 109.

56 Sostiene que el *"ius variandi"* debe responder al ejercicio de facultades contractuales, Libardo RODRÍGUEZ RODRÍGUEZ con la colaboración de Jorge Enrique SANTOS R., *El equilibrio económico en los contratos administrativos*, Temis, Bogotá, 2009, p. 46 y sgs.; mientras que identifica al *"ius variandi"* con una potestad implícita de la administración e irrenunciable, Raúl Enrique GRANILLO OCAMPO, *La distribución de los riesgos en la contratación administrativa*, prólogo de Juan Carlos CASSAGNE, Astrea, Buenos Aires, 1990, p. 92.

57 Ver RODRÍGUEZ RODRÍGUEZ *ob. cit.*, p. 202 y ss.

usuarios, verdaderos acreedores –con acción directa–, quienes no podrían ser excluidos de su participación en la tramitación de la renegociación en curso[58].

El aseguramiento de participación de las asociaciones de usuarios en los organismos de control argentinos, que prevé en forma expresa como *"necesaria"* el art. 42 CN, adquiere importancia trascendente en este momento de recomposición contractual. La alta profesionalidad técnica imprescindible de esos organismos de control se hace también ineludible en esta instancia cuando se trata de contratos sobre servicios públicos.

El control sobre la ejecución del contrato de *"larga duración"* impone la necesidad de reelaborar los esquemas antiguos, sobre todo por el acierto de Contreras cuando afirma que *"la realidad presenta muchas posibilidades en juego, y porque las tecnologías y los nuevos medios agregan flujos de información que pretendiendo multiplicar las opciones para las partes, producen un gran cúmulo de contingencias y riesgos a distribuir"*[59] lo cual equivale a colocar en manos del funcionario una serie de decisiones sucesivas, no previstas al inicio, que sólo pueden ser asumidas en la medida en que la naturaleza del contrato las haya habilitado por vía implícita para toda la duración del cumplimiento del mismo.

Por esa razón es esencial la incorporación de instrumentos de verificación de posibles maniobras de corrupción en ese ámbito de relación directa que se mantiene abierto durante el contrato, en una interacción de órdenes de modificación –para asegurar el progreso de la prestación y su adaptación a la técnica más moderna– y respuestas de renegociación que reflejen el mayor esfuerzo y mantengan vigente el sinalagma del contrato.

Ha señalado con acierto Marco Farina que en caso de que *"una contingencia provoque un desequilibrio tal que el contratante aventajado pueda aprovecharse de la nueva situación de hecho para renegociar los términos de la relación en sentido favorable a él, la cláusula de la buena fe aparece como límite a las tentativas de abuso"*[60].

Debe considerarse especialmente el grado de indeterminación que posee el contrato *"incompleto"*, como lo destaca Contreras[61], porque esa realidad provoca una dificultad mucho mayor a la hora del control de los comportamientos de las partes sobre todo desde el control público imprescindible en los contratos de concesión de servicios públicos en salvaguarda de la garantía constitucional de control de calidad y eficiencia que la Carta magna atribuye a las *"autoridades"* en general[62]. Se impone necesariamente un replanteo de los controles y de la profesionalidad de quienes desempeñen tamaña tarea desde el sector público[63].

---

58 BOLTON, cit., p. 310. Tampoco sería posible a la luz de la jurisprudencia de la Corte Suprema en el caso *"CEPIS"* –ya referido- si está en revisión el monto de la tarifa o –agregamos nosotros- una modificación sustancial del servicio.

59 CONTRERAS, *ob. cit.*, p. 21.

60 FARINA, *ob. cit.*, p. 133.

61 CONTRERAS, *oc. cit.*, p. 17.

62 La Corte Suprema ha determinado que *"cuando el referido texto constitucional, al encomendarles esas funciones, habla de 'autoridades', (al igual que lo hace el encabezamiento de la Segunda parte de la Constitución 'Autoridades de la Nación'), no solo alude al Poder Legislativo y al Poder Ejecutivo, en sus respectivas competencias, sino que también, en idénticas condiciones, incluye a los jueces"* (D. 275. XLVI., caso "Defensor del Pueblo de la Nación c/ Trenes de Buenos Aires TBA" voto del Dr. Fayt).

63 Claro que esa profesionalidad puede volverse también en base de cuestionamiento sobre la previsibilidad del riesgo y de su posible inclusión en los costos iniciales cuando se trata de partes muy conocedoras del

d) Redimensionamiento de los requerimientos y condiciones de financiación.

Debemos ser conscientes de las dificultades que la naturaleza del contrato implica para su financiación; sobre todo si es externa. La calidad y la credibilidad de las partes se convierten en esenciales a esos efectos. Es altamente probable que un eventual financista del contrato, de las inversiones que, por ejemplo, el concesionario del servicio público esté obligado a realizar, exigirá su participación activa en la instancia de recomposición de las prestaciones; exigirá integrar la conformación de esa reformulación de obligaciones recíprocas que pueden provocar variaciones sobre el cúmulo de riesgos iniciales sobre cuya previsión se ha asentado su compromiso de financiación del contrato.

Es frecuente la cesión de derechos económicos del concesionario en favor de quien compromete fondos en el proyecto financiero que respalda sus obligaciones de inversión; pero también es usual que la concedente cedida se resista a esas cesiones o que las condicione en modo no siempre aceptable para el financiador. Cabe recordar las recomendaciones de la doctrina en el sentido de que los *"riesgos que no son diversificables ni asegurables, la aversión de las empresas al riesgo, las asimetrías de la información y otros costos que hacen incompletos los contratos, se necesitan para crear aspectos involuntarios ex post en los términos del contrato"*[64].

Consideramos que, así como es de prever la necesaria participación de los representantes de usuarios, del organismo de control, también habrá que contemplar la presencia activa –mayor o menor según la etapa de desarrollo del contrato– de quien financia las obligaciones del concesionario bajo la modalidad de proyecto financiero.

e) Revisión de las cláusulas de rescisión contractual unilateral.

Se ha incluido tradicionalmente entre las facultades *"exorbitantes"* de la Administración en el ámbito de los contratos que celebra la que le permite rescindirlos en forma unilateral invocando razones de oportunidad, mérito o conveniencia[65]; ella ha suscitado una gran discusión doctrinaria, pero no es en este análisis un problema, porque está resuelto por el marco normativo y por la naturaleza del contrato.

Ha establecido la doctrina que en los contratos de *"larga duración"* la cláusula rescisoria *"no puede sostenerse que integre la lista negra que autoriza a priori a descalificarla como vejatoria, puesto que la decisión de rescindir en sí misma considerada no es jurídicamente reprochable, porque no es contraria a derecho, aunque sí debe admitirse*

---

negocio en cuestión que hoy se pretende afectado por avatares y que podrían justificar el reclamo de recomposición del equilibrio *"perdido"*; en este sentido ver Álvaro LUNA YERGA y María XIOL BARDAJÍ, *Rebus sic stantibus: ¿un paso atrás? Comentario a la STS, 1ª, 15.10.2014 (Ar. 6129) y a la jurisprudencia posterior de la Sala Primera del Tribunal Supremo sobre la regla rebus sic stantibus*, en revista InDret, *Revista para el Análisis del Derecho*, N° 2/2015, Barcelona, p. 7; el fallo trata sobre la crisis sobrevenida en el negocio hotelero español.

64 Sherwin ROSEN, *Los contratos implícitos: una reseña*, en revista El trimestre económico, Fondo de Cultura Económica, México; donde el autor deja constancia de que el trabajo ha sido tomado del *"Journal of Economic Literature"*, vol. XXIII, septiembre 1985, traducido por Eduardo L. Suárez, p. 237.

65 Hemos sido críticos en nuestro *Exorbitancia de las prerrogativas de la administración en los contratos*, en AIDA, Opera Prima de Derecho Administrativo, *Revista de la Asociación Internacional de Derecho Administrativo*, año 5, opus nro. 9, Enero - Junio 2011, Universidad Nacional Autónoma de México, Facultad de Estudios Superiores Acatlán, Coordinación de Posgrado, Instituto Internacional de Derecho Administrativo *"Agustín Gordillo"*, Asociación Internacional de Derecho Administrativo, México, 2011, p. 175-226.

que genera in limine una situación de evidente desequilibrio, abriendo la posibilidad de que el contratante fuerte ejerza su poder en forma abusiva"... y precisa que *"el ejercicio es abusivo, cuando es realizado con arbitrariedad e intempestividad, generando una natural reprobación de la conducta de la empresa económicamente más fuerte, pero ello sin embargo, no autoriza a consagrar la perpetuidad del contrato, pues no es dable imaginar que las partes se obligaron ad eternum, pudiendo siempre rescindirlo si media justa causa. Como ha dicho la Corte Federal con acierto (CS, 4/8/1988, Automotores Saavedra S.A. c. Fiat Argentina S.A., ED, tomo 133, pág. 117) estabilidad no supone eternidad"*[66].

Como hemos sostenido antes, negamos la naturaleza exorbitante de la cláusula porque no responde a la definición de exorbitancia que ha elaborado la doctrina y jurisprudencia de Argentina, en el sentido de que su presencia en el ámbito de los contratos privados sería causal de nulidad inmediata. No es así; son numerosos los contratos donde se prevé expresamente esta posibilidad de rescisión unilateral, como es también el caso de la locación de obra civil.

En el contrato de *"larga duración"* está contemplada esa facultad como propia de la naturaleza del mismo, pues el art. 1011 CCC la tiene por obvia, y ha motivado análisis específicos por la doctrina especializada[67]. Aunque en todos los casos su ejercicio es limitado y sujeto a previas tramitaciones de renegociación que eviten llegar al extremo de la conclusión del contrato. El rol judicial puede ser importante en esta eventualidad ya que, como destaca Marco Farina, con la *"frecuencia que el juez colma eventuales lagunas, con la pretensión de reconstruir la voluntad real o presunta de las partes"*[68].

La administración contratante y los organismos de control, deben poseer equipos muy profesionalizados que le permitan evaluar muy precisamente las circunstancias a la hora de tomar una decisión tan severa como la rescisión del contrato de *"larga duración"*. Es aconsejable que los pliegos y las condiciones de contratación posean previsiones en ese sentido para evitar abusos que luego puedan perjudicar el interés público comprometido en la contratación.

5. Reflexión final.

La teoría del contrato de los ganadores del Premio Nobel 2016 en el mundo de la economía, brinda un aporte muy útil para una ponderación más comprensiva de la figura jurídica del contrato de *"larga duración"* que tiene especial significación y utilidad en nuestro Derecho Administrativo.

En especial, permite reforzar nuestra línea de pensamiento tendiente a fortalecer la idea de procurar no salir del marco que brinda el contrato y sus implicancias; de resolver los avatares contractuales sobre la base de consideraciones de ese mundo sin recurrir a

66 Alejandro E. FREYTES, *La rescisión unilateral y los contratos de duración*, en *Revista de la Facultad, Universidad Nacional de Córdoba*, año 2010, p. 157; ver: www.revistas.unc.edu.ar/index.php/refade/article/download/6285/7371; (entrada 31/1/2017).

67 Ver PARRA NIETO, *cit.;* También María Paula TORRILLO, *Rescisión unilateral de contratos de larga duración*, IJ Editores, cita online: IJ-XCVIII-286, Buenos Aires, 2017; también Juan P. LORENZINI, *La rescisión unilateral en los contratos de duración y su tratamiento en el Código Civil y Comercial de la Nación*, en ERREIUS, 3 de marzo de 2017, Buenos Aires, 2017; ver https://blog.erreius.com/

68 FARINA, *ob. cit.*, p. 132.

figuras extrañas, propias de la relación de mando o de conducción política, que distorsionan la realidad contractual y la llevan a un ámbito donde es frecuente la respuesta autoritaria que poco contribuye a la realización de los objetivos que bien pueden desarrollarse en el espacio del contrato tanto respecto de los intereses privados como de los públicos comprometidos en el emprendimiento.

Finalmente, podemos concluir recordando el *"deber de salvaguarda"* que rescata Marco Farina[69] cuando señala la necesidad de colaboración mutua de las partes para el logro de la plena realización de las metas de cada una de ellas en la relación jurídica que, como hemos señalado, en el caso de la administración es pública y oficialmente conocida y obligatoria para ella.

69 FARINA, *ob. cit.*, p. 132.

19. PLANIFICACIÓN DE LA CONTRATACIÓN PÚBLICA

José Iván Sánchez Aldana Morales
México

I. INTRODUCCIÓN.

La contratación pública es un mecanismo que utiliza el Estado para cumplir sus obligaciones consagradas en los ordenamientos legales, desde la Carta Magna hasta la ley y disposición específica, cubriendo las necesidades de la sociedad a la que sirve, ya sea en la contratación de bienes y servicios, así como en la realización de obras públicas, es a través de este mecanismo legal donde se ejecutan y materializan los planes y proyectos de la Administración Pública. La contratación pública puede ser analizada desde diversos aspectos dentro de su proceso, desde la planeación hasta su materialización con la recepción de los bienes, servicios o entrega de las obras, recorriendo diversas fases y sustentada en principios, metodologías y procedimientos sustentados en el marco jurídico aplicable.

El presente estudio se enfocará en la etapa de planificación de la contratación, desde su origen en donde los servidores públicos deben realizar un estudio profundo y serio de todas las condiciones, supuestos y alcances para llevar a buen fin el objetivo de la contratación, pasando por la programación y analizando el rubro de la presupuestación, el cual es piedra angular en este proceso, relacionando todo estos rubros con las medidas para evitar la corrupción y transparentar la gestión administrativa, hasta finalmente ejecutar la contratación y cumplimiento de los objetivos planeados con el suministro de bienes, servicios u obras públicas que pretenda realizar el Estado, ya sea por el mismo o por interpósita persona mediante los diversos mecanismos de ejecución.

II. LA CONTRATACIÓN PÚBLICA.

Para estar en condiciones de entrar en el tema de planificación de la contratación pública, resulta fundamental tener una aproximación respecto de lo que se entiende por contratación pública, en este sentido, puede ser el mecanismo a través del cual, el Estado en su función de administrador lleva a cabo la contratación de adquisiciones, arrendamientos, servicios y obras, que la Administración Pública realiza para satisfacer las necesidades de la sociedad a la que sirve, "lo que se busca es analizar la factibilidad y eficiencia de las actuaciones estatales de carácter bilateral respecto al objeto de las mismas y su valor aproximado, y así procurar recoger para el régimen jurídico de los negocios del Estado el concepto según el cual la escogencia de contratistas, la celebración de contratos, la ejecución y liquidación de los mismos, no pueden ser, de ninguna manera, producto de la improvisación."[1]

En este orden de ideas como contrato administrativo se puede considerar que es "la relación negocial, de tipo bilateral, que celebra la Administración con el particular colaborador, por un precio determinado y para la satisfacción del interés público como contraprestación y finalidad al mismo tiempo, previo análisis selectivo del contratista si la ley así lo exige."[2] Los contratos administrativos revisten como finalidad el de cubrir las necesidades del interés público, ya que como lo menciona el autor estos contratos se rigen en los criterios de los servicios públicos, de utilidad pública y de interés público.[3]

Reiterando lo anteriormente señalando, la finalidad constituye el elemento teológico en el contrato estatal, es decir, el propósito por el cual se contrata, que no puede ser otro, en tratándose de ese tipo de contratos, que la satisfacción del interés general. Los contratos que celebra el Estado lo hace con el propósito de cumplir en forma integral y cabal los fines para los cuales ha sido instituido, en caso de apartarse de ellos se incurre en desviación de poder.[4]

Ahora bien, y por señalar uno de los principios en los que se rige el Derecho Administrativo y que se encuentra directamente vinculado con los fines del Estado, es el principio de racionalidad, siendo la congruencia con el interés general y objetividad, como lo refiere el Doctor Rodríguez–Arana, en el ejercicio de potestades o poderes administrativos calificados de exorbitantes o extraordinarios; debiendo de seguir una conducta de ejemplaridad y de buena fe "en el caso de la buena fe se entiende bien precisamente por la naturaleza de los poderes que ejerce la Administración y por su especial misión de servicio objetivo al interés general."[5]

Una vez tenido este acercamiento de lo que se entiende por contratación pública, abordaré el tema para el caso Mexicano, en el artículo 134 de la Constitución Política de los Estados Unidos Mexicanos se señala:

> *Artículo 134. Los recursos económicos de que dispongan la Federación, los estados, los municipios, el Distrito Federal y los órganos político–administrativos de sus demarcaciones territoriales, se administrarán con eficiencia, eficacia, economía, transparencia y honradez para satisfacer los objetivos a los que estén destinados.*
>
> *[...]*
>
> *Las adquisiciones, arrendamientos y enajenaciones de todo tipo de bienes, prestación de servicios de cualquier naturaleza y la contratación de obra que realicen, se adjudicarán o llevarán a cabo a través de licitaciones públicas mediante convocatoria pública para que libremente se presenten proposiciones solventes en sobre cerrado, que será abierto públicamente, a fin de asegurar al Estado las mejores condiciones disponibles en cuanto a precio, calidad, financiamiento, oportunidad y demás circunstancias pertinentes.*

---

1 Expósito Vélez, Juan Carlos, *La configuración del contrato de la Administración Pública en Derecho Colombiano y Español,* Universidad Externado de Colombia, Bogotá, 2003, p. 601-602.

2 *Ibid.*, p. 256.

3 Delgadillo Gutiérrez, Luis Humberto, *Elementos de derecho administrativo*, Primer curso, 2a ed. Limusa, México, 2007, *Cfr.* p. 273.

4 *Cfr.*, Fandiño Gallo, Jorge Eliécer, *La contratación estatal,* Leyer, Bogotá, 2014, p. 74.

5 Rodríguez-Arana, Jaime, *Aproximación al derecho administrativo constitucional Elementos de derecho administrativo*, Novum, México, 2011, cfr p.103-104.

Cuando las licitaciones a que hace referencia el párrafo anterior no sean idóneas para asegurar dichas condiciones, las leyes establecerán las bases, procedimientos, reglas, requisitos y demás elementos para acreditar la economía, eficacia, eficiencia, imparcialidad y honradez que aseguren las mejores condiciones para el Estado.

La ejecución de la contratación pública en México, se sustenta principalmente en lo establecido en la Ley de Adquisiciones, Arrendamientos y Servicios del Sector Público (LAASSP) y en la Ley de Obras Públicas y Servicios Relacionados con las Mismas (LOPSRM), en donde se establecen los supuestos a través de las cuales se podrán llevar a cabo los procedimientos de contratación, que más delante se explicarán.

A efecto de tener un panorama general de la materia que regula la LOPSRM, señalo el concepto de obra pública propuesta por el Doctor Béjar, "La obra pública en general es la actividad técnica de construcción, modificación, mejora o ampliación de inmuebles propiedad del Estado, generalmente destinados a un servicio público o a la explotación de un recurso natural, indispensablemente para el cumplimiento de sus fines."[6], por su parte Marienhoff señala que "es un bien que crea la actividad humana. Obra pública es aquella en cuya creación o realización interviene –directa o indirectamente– el Estado (lato sensu). En cambio, el contrato de obra pública es una de las formas o maneras en que la obra puede realizarse."[7]

Asimismo dentro de las características torales que es conveniente señalar con respecto a lo que se consideran como obras públicas en términos de la LOPSRM, se pueden señalar las siguientes: los trabajos que tengan por objeto construir, instalar, ampliar, adecuar, remodelar, restaurar, conservar, mantener, modificar y demoler bienes inmuebles.[8]

Con relación a la LAASSP se puede señalar que el contrato de suministro se logra definir doctrinalmente como "un acto jurídico acuerdo de voluntades sujeto a normas de Derecho Público, que celebra la Administración Pública con una o varias personas de derecho privado o particulares, por medio del cual, el contratante de la administración, se obliga a proporcionar determinados artículos, mercaderías, bienes muebles, o mantenimientos necesarios para la satisfacción de intereses generales o para la prestación de servicios que al Estado corresponden, durante un plazo determinado; puede ser a plazo fijo o de tracto sucesivo, mediante el precio que es fijado unilateralmente por la propia administración, tomando en consideración las condiciones normales del mercado en ese momento."[9]

A fin de redundar al respecto, "El cumplimiento del contrato de suministro consiste en la entrega de las cosas en el tiempo y lugar pactados y de conformidad con las prescripciones técnicas y cláusulas administrativas incluidas en el contrato y su verificación

6 Béjar Rivera, Luis José, *Curso de Derecho Administrativo*, Ed. Oxford University Press, México, 2007, pp. 248 y 249.

7 Marienhoff Miguel S., *Tratado de Derecho Administrativo*, Abeledo-Perrot, 4ta. Ed., Tomo III-B, Buenos Aires, Argentina, 1998, p. 512.

8 *Cfr.* Art. 3 y 4 Ley de Obras Públicas y Servicios Relacionados con las Mismas.

9 Acosta Romero Miguel, *Segundo curso de Derecho Administrativo*, Ed. Porrúa, México, 2a. Ed., 1993, pp. 652 y 653.

se realiza a través de un esquema semejante, aunque más simple, que el previsto para el contrato de obras."[10]

Con estos antecedentes de la contratación pública en México y las leyes en que se sustentan, se puede continuar con la siguiente etapa dentro del proceso de contratación pública que es la planeación.

III. PLANEACIÓN, PROGRAMACIÓN Y PRESUPUESTACIÓN DE LA CONTRATACIÓN PÚBLICA Y SUS EFECTOS.

La planeación, programación y presupuestación, resultan elementos torales en la contratación de adquisiciones, arrendamientos, servicios y obras que realiza la administración pública para llegar a su cometido de forma eficiente y efectiva. Con respecto al principio de Planeación, tema fundamental del presente escrito "es un concepto propio del Estado social de Derecho, como criterio garantizador de la legalidad y del interés general, pilares fundamentales dentro de la sociedad actual."[11] Esto en virtud a que la planeación es una fase en la que se debe basar la actuación del Estado y los diversos órganos que la componen, a efecto de brindar garantías en su quehacer siendo responsables ante sus gobernados.

En este orden de ideas, se puede citar que "La Planeación es un actividad del Estado y en general de toda organización que es necesaria para establecer prioridades conforme a una escala de valores o de cuestiones políticas en la que se determine qué es lo que se debe alcanzar, o como se debe alcanzar y qué medio se debe utilizar para obtener esas finalidades que pueden ser a corto, mediano o largo plazo."[12] Sin lugar a dudas, este proceso administrativo de planeación resulta un elemento de suma importancia para el ejercicio de la función administrativa.

Para el caso Mexicano, es en el artículo 26 aparatado A, de la Constitución Política de los Estados Unidos Mexicanos, en donde se establecen las bases para el sistema de planeación del Estado, con soporte fundamental en el Plan Nacional de Desarrollo, que es un instrumento relevante y que rige la programación y presupuestación de toda la Administración Pública Federal. De acuerdo con la Ley de Planeación, todos los programas sectoriales, especiales, institucionales y regionales que definen las acciones del gobierno, deberán elaborarse en congruencia con el citado Plan.

Por su parte la Ley de Planeación requiere que la iniciativa de Ley de Ingresos de la Federación y el Proyecto de Decreto del Presupuesto de Egresos de la Federación (PEF) ambos a cargo de la Cámara de Diputados, compaginen con los programas anuales de ejecución que emanan de éste.[13] La cabal aplicación y ejecución de estos instrumentos legales cuyo objeto es la administración del erario público, resultan cruciales para el buen desarrollo del país.

La Secretaría de Hacienda y Crédito Público dentro de sus atribuciones, verificará periódicamente, la relación que guarden los programas y presupuestos de las diversas

---

10 García de Enterría Eduardo, Fernández Tomás-Ramón, *Curso de Derecho Administrativo*, Tomo. II, Ed. Civitas, 2ª edición, Madrid, 1977, p. 526.

11 Expósito Vélez, Juan Carlos, *Op. cit.*, p. 600.

12 Acosta Romero Miguel, Segundo curso de Derecho Administrativo, *Op. cit.*, p. 816.

13 http://pnd.gob.mx

dependencias y entidades de la Administración Pública Federal, así como los resultados de su ejecución, con los objetivos y prioridades del Plan y los programas regionales y especiales.[14]

En este contexto legal y con la finalidad de enfocarnos en la planeación de la contratación pública, es conveniente señalar que la planeación puede definirse como "una herramienta para la gestión contractual pública, que implica que todo proyecto que pretendan adelantar las entidades públicas debe estar precedido de estudios encaminados a determinar su viabilidad técnica y económica, con ello se pretende dar aplicación a la racionalidad del gasto público en concordancia con las necesidades públicas en un momento determinado, razón por la cual, previamente a la ejecución de un contrato, la Administración debe efectuar los estudios de factibilidad, proyectos e investigaciones necesarios para determinar su conveniencia, necesidad, oportunidad y valor aproximado de acuerdo con la fluctuación y estado del mercado."[15] En este orden de ideas y complementando el concepto anterior, de igual forma la planeación "consiste en identificar los objetivos generales de una institución o de un conjunto de instituciones, a corto, mediano y largo plazo; definir las políticas o estrategias para alcanzar esos objetivos; ordenarlos de acuerdo a lo prioritario; establecer el marco normativo dentro del cual se desenvuelven las acciones de la institución y dar las bases para poder realizar las otras funciones generales de la administración (organización y control)[16], en estas concepciones se contemplan los principales elementos que debe contener la planeación en las contrataciones públicas, todo proyecto que pretenda realizar la Administración Pública estará sustentado en un profundo estudio en donde se consideren estas variables, debe ser un trabajo debidamente programado con antelación a la ejecución de la realización de las obras, adquisiciones o servicios que se contraten, salvo los casos de emergencia, los cuales se encuentran debidamente sustentados y contemplados en las leyes, poniendo siempre en primer plano la eficiencia y eficacia en el proceso de contratación y en su resultado final, previendo dentro de los instrumentos en los que se basa este proceso, los estudios y proyectos, elección del procedimiento de contratación, elección legal del contratista, pasando por las bases de contratación y finalmente el contrato respectivo, cada uno de estos aspectos tienen que ver directa o indirectamente con el éxito de la contratación y fin de que se trate.

El objetivo de la contratación resulta en principio una pieza fundamental para cumplir con los supuestos establecidos en el 134 Constitucional invocado en la primera parte de este trabajo, esto, junto con los elementos formales del proceso de contratación, darán certeza y un efectivo resultado que se espera por parte del Estado y por ende en beneficio de la sociedad.

Tal como lo señala el autor, el legislador pone en cabeza de la entidad contratante la obligación expresa de escoger, definir y delimitar el objeto a contratar, para lo cual exige estudios, proyectos, diseños y demás análisis necesarios para el correcto planteamiento de la necesidad de la Administración al momento dar a conocer a los particulares u otras

---

14 Artículo 14, fracción VII *Ley de Planeación* y Artículo 31 Ley Orgánica de la Administración Pública Federal.

15 Expósito Vélez, Juan Carlos, *Op. cit.*, p. 602.

16 Morales-Paulín Carlos A., *El Proceso Administrativo Público: La Planeación-Programación, la Organización y el control de la Administración Pública* , Porrúa, 1999, p.8 .

entre entidades estatales o deseo de contratar. La ley lo que pretende es que se tenga toda la información como si la misma entidad fuera a ejecutar el objeto del contrato estatal; todo esto porque no sólo se compromete el buen funcionamiento de la Administración, sino que además se ve implicado el patrimonio público, y en últimas la consecución del fin principal del Estado, cuál es el interés general, todo por medio de la contratación pública.[17] La planeación de la contratación pública es sin lugar a dudas uno de los procesos fundamentales que el Derecho Público y el Derecho Administrativo regulan, ya que este proceso es fuente del cumplimiento de las obligaciones del Estado, las cuales se traducen en obras, bienes y servicios para atender las necesidades de la población, dentro del marco regulatorio en el que se maneja el Estado y sus instituciones.

Dentro de las diversas etapas señaladas del proceso de contratación, se encuentra el estudio de las condiciones de mercado de los bienes, servicios y aspectos inherentes a las obras públicas, esto, para determinar el precio del contrato, basados entre otros aspectos en la oferta y la demanda, tipo de cambio según la moneda a utilizar, materiales a utilizar, especificaciones técnicas de los mismos que se requieran de acuerdo con las necesidades que se pretendan cubrir, entre muchas variables más, sin lugar a dudas y en materia monetaria, puede haber factores externos que no pudiera ser exactos y ser imponderables, sin embargo y como se ha planteado en este estudio, la Administración Pública debe prever estos aspectos ya que a través de estos análisis y proyectos de contratación, servirán como soporte para llegar a buen fin, asegurando al Estado las mejores condiciones en cuanto a precio, calidad, financiamiento, plazos de entrega, garantías y demás condiciones que son en beneficio del Estado y de la sociedad.

Como lo expone el autor en la ciencia administrativa, el control como función del proceso administrativo "permite conocer las realizaciones comparadas con las metas y planes, establecer normas de autoevaluación y tomar la acción correctiva que se considere más adecuada".[18] Este es un elemento muy importante dentro de las funciones de la Administración Pública, y que no es exclusiva del proceso de contratación, ya que dentro de este proceso administrativo se debe implementar mecanismos de control, seguimiento, evaluación y corrección que nos lleven al cabal cumplimiento de los objetivos planteados.

En este sentido, otro aspecto muy importante dentro del control lo representa el orden que "tiene como propósito evitar pérdidas de tiempo, de esfuerzo y de recursos y por lo tanto el control como proceso, puede coadyuvar a satisfacerlo a la vez que lo utiliza para evaluar las condiciones imperantes en la empresa o institución. El ordenamiento material debe tratar de sistematizarse a fin de facilitar y controlar las operaciones, y para ello hay que tener certeza de que no hay sólo un orden aparente, sino que éste es efectivo.[19] Actualmente existen infinidad de mecanismos y herramientas tecnológicas que sirven para llevar controles y orden en las diversas ramas de las actividades de las Administración Pública, desde controles básicos con herramientas informáticas, hasta el control y supervisión a través de *software* o sistemas especializados que a través de la misma contratación pública se pueden adquirir o contratar en estas actividades de control, que por supuesto son aplicables y se utilizan actualmente en materia de contrataciones públicas,

17 Expósito Vélez, Juan Carlos, *Op. cit.*, p. 605.

18 Morales-Paulín Carlos A., *Op. cit*, p. 16.

19 Morales-Paulín Carlos A., *Op. cit*, p. 21.

herramientas que sin lugar a dudas son relevantes para la operación, control, orden y que sirven para transparentar las actividades que el Estado desempeña a través de sus órganos burocráticos.

Dentro del estudio respecto de los planes "La planificación presupone por tanto una cierta medida de autonomía, tanto en relación con la fijación de objetivos como también la elección de los medios."[20] Esta autonomía que se menciona en el Derecho Alemán, le concede al Estado, libertad para establecer sus metas, estrategias y mecanismos para llevarlos a cabo, sin embargo, también le confiere responsabilidades para la correcta ejecución de sus objetivos, cumpliendo en todo momento con las disposiciones legales aplicables en la materia de que se trate, para el caso de estudio que nos ocupa la contratación pública.

En este contexto, "La obra pública no debe ser producto del capricho y de la improvisación, sino fruto de la previsión derivada de una meditada y cuidadosa planeación que determine fundadamente sus fines, objetivos y metas, sus procedimientos, estrategias y prioridades, en concordancia con el interés público y las necesidades de la comunidad, así como sus características y tiempos de ejecución."[21] Como ya se expuso en el primer apartado de este trabajo, en México la contratación pública de adquisiciones, arrendamientos, servicios y obras, está fundamentada principalmente en la Ley de Adquisiciones Arrendamientos y Servicios del Sector Público (LAASSP), así como para el caso de obras públicas, en la Ley de Obra Pública y Servicios Relacionados con las Mismas (LOPSRM), con sus respectivos reglamentos y lineamientos, son reglamentarias del citado artículo 134 constitucional, en donde en sus diversos apartados se establecen puntualmente los sujetos aplicables de las leyes, por su puesto un apartado de planeación, programación y presupuesto que se abordará a continuación, de igual forma establecerá los procedimientos de contratación y el desarrollo de los mismos, dentro de los que se señalan la Licitación pública, invitación a cuando menos tres personas y la adjudicación directa, la excepción a la licitación pública; en la LAASSP y LOPSRM, se establece el apartado de contratos y su ejecución, pasando por la información y verificación del proceso de contratación, finalizando con el rubro de infracciones, sanciones y solución de controversias, cabe señalar, como se menciona en el primer artículo de las citadas leyes, que las empresas productivas del Estado como son Petróleos Mexicanos y la Comisión Federal de Electricidad y sus empresas productivas subsidiarias, quedan excluidas de la aplicación de estos ordenamientos, ya que dichas empresas cuentan con un régimen especial de contratación.

Dentro de los aspectos relevantes en el rubro de planeación, programación y presupuesto, objeto del presente estudio, en la LAASSP y LOPSRM destacan los siguientes:[22]

Las contrataciones que se realicen deberán estar acorde con los objetivos y prioridades del Plan Nacional de Desarrollo y de los programas sectoriales, institucionales, regionales y especiales que correspondan, y en sus respectivos programas anuales.

En esta materia también se establece, que las dependencias y entidades según las características, complejidad y magnitud de los trabajos formularán sus programas anuales

20 Maurer Hartmut, *Derecho Administrativo Alemán*, UNAM, México, 2012, p. 423.

21 Fernández Ruiz Jorge, Derecho Administrativo Contratos, Ed. Porrúa, México, 3ra. Ed., 2009, p. 287.

22 *Cfr.* Artículo del 18-25 Ley de Adquisiciones Arrendamientos y Servicios del Sector Público, y 17-26 Ley de Obra Pública y Servicios Relacionados con las Mismas.

de adquisiciones, arrendamientos, servicios, obras públicas y de servicios relacionados con las mismas, así como sus respectivos presupuestos, dichos programas se elaborarán conforme a los objetivos y metas a corto, mediano y largo plazo. De igual forma se deberán considerar las acciones previas, durante y posteriores a la realización de dichas operaciones incluyendo los costos y recursos necesarios para realizar los trabajos, en donde se tome en cuenta y si evite la duplicidad de trabajos o interrupción de servicios públicos, los avances tecnológicos. En materia de obras públicas los estudios de preinversión que se requieran para definir la factibilidad técnica, económica, ecológica y social de los trabajos. De igual forma se debe considerar la calendarización física y financiera de los recursos necesarios, las unidades responsables de su instrumentación y ejecución, los resultados previsibles, la observancia de las normas aplicables conforme a la Ley Federal sobre Metrología y Normalización o, a falta de éstas, las normas internacionales, así como los requerimientos de mantenimiento de los bienes muebles e inmuebles. Como se menciona por el Doctor Delpiazzo, esta etapa "se caracteriza por ser totalmente interna a la Administración, es decir, sin participación de los administrados. Comprende básicamente los estudios de factibilidad técnica, jurídica, económico–financiera y política de la contratación a realizar, la imputación provisoría del gasto de conformidad al crédito presupuestal disponible, la preparación del pliego de condiciones y la decisión genérica de contratar manifestada fundamentalmente en la aprobación del pliego." [23]

En este orden de ideas, en materia de obras públicas y servicios relacionados con las mismas, las investigaciones, asesorías, consultorías y estudios que se requieran, incluyendo los proyectos arquitectónicos y de ingeniería necesarios, asimismo la adquisición y regularización de la tenencia de la tierra, así como la obtención de los permisos de construcción necesarios, autorizaciones y licencias que se requieran.

Finalmente, las leyes señalan que se deben considerar de forma enunciativa y no limitativa, las demás previsiones que tengan que tomarse en cuenta según la naturaleza y características de las adquisiciones, arrendamientos o servicios de los trabajos en materia de obras públicas.

Asimismo, el programa anual de adquisiciones, arrendamientos, servicios, obras y los servicios relacionados con estas últimas, deberán ser puestos a disposición del público en general, a través de CompraNet (sistema informático de México implementado para el control de la compras de la Administración Pública) y de su página en Internet, a más tardar el 31 de enero de cada año, su correspondiente al ejercicio fiscal de que se trate, pudiendo ser adicionadas, modificadas, suspendidas o canceladas, informando a la Secretaría de la Función Pública y actualizando en forma mensual el programa en CompraNet.

Las leyes LAASSP y LOPSRM, señalan que la planeación, programación, presupuestación y el gasto de las adquisiciones, arrendamientos y servicios, obras y servicios relacionados con las mismas, se sujetará a las disposiciones específicas del Presupuesto de Egresos de la Federación, así como a lo previsto en la Ley Federal de Presupuesto y Responsabilidad Hacendaria y demás disposiciones aplicables, de esta forma los recursos destinados a ese fin se administrarán con eficiencia, eficacia, economía, transparen-

23 *Cfr.*, Delpiazzo Carlos E., *Derecho Administrativo Uruguayo*, Porrúa ; UNAM, Instituto de Investigaciones Jurídicas, México, 2005, p. 262.

cia, honradez e imparcialidad para satisfacer los objetivos a los que fueren destinados. Las dependencias y entidades, bajo su responsabilidad, podrán convocar, adjudicar o contratar adquisiciones, arrendamientos y servicios, obras y servicios relacionados con las mismas, con cargo a su presupuesto autorizado y sujetándose al calendario de gasto correspondiente. Este rubro es de suma importancia ya que en caso de no cumplir con esta disposición podrían ser sancionados en términos de la legislación en esta materia. En este orden de ideas, se requiere contar con el presupuesto asignado debidamente, a efecto de poder realizar las contrataciones, la Ley de Ingresos de la Federación así como el Decreto de Presupuesto de Egresos de la Federación, disponen fechas para autorizar los techos presupuestales a la Administración Pública Federal.

Un rubro fundamental para llevar a cabo las contrataciones públicas, es el manejo de los recursos económicos, en este sentido cabe mencionar que "Para realizar sus actividades y satisfacer las necesidades públicas, el Estado necesita recursos económicos, los cuales obtiene, administra y aplica de acuerdo con los planes y programas previamente elaborados. Esta práctica de obtención, manejo y aplicación de los recursos del Estado recibe el nombre de actividad financiera, la cual no solo constituye un medio para alcanzar sus fines, sino que también cumple con una función instrumental, toda vez que a través de ella se logra la satisfacción de necesidades públicas, por medio de la política financiera debidamente programada, además que representa el instrumento planificador para alcanzar los fines estatales. Por ello, la actividad financiera del Estado constituye la actividad de medios y fines.[24]

Como lo mencionan los doctores, la actividad financiera del Estado se integra por tres momentos o fases: la planeación, la obtención, el manejo o gestión, y la aplicación o gastos de recursos económicos, considerando las necesidades públicas a satisfacer calculado los ingresos y gastos que necesitará para satisfacerlas (presupuesto).[25]

Al respecto y como se ha mencionado en este estudio, los instrumentos fundamentales en México para la administración de los recursos y su ejecución, son la Ley Federal de Presupuesto y Responsabilidad Hacendaria, la Ley de Ingresos de la Federación y el Decreto del Presupuesto de Egresos de la Federación, como los mencionan los autores, estos instrumentos integran una unidad en general y son las herramientas para establecer el presupuesto, mediante los principios de universalidad, es decir que todos los gastos debe estar autorizados en el Decreto de Presupuesto de Egresos de la Federación, especialidad, es decir que los todos los gastos debe ser a través de la asignación de partidas presupuestales detalladas y concretas.[26]

En este sentido y como se estipula en la LFPRH, la Ley de Ingresos y el Presupuesto de Egresos se elaborarán con base en objetivos y parámetros cuantificables de política económica, acompañados de sus correspondientes indicadores del desempeño, los cuales, junto con los criterios generales de política económica y los objetivos, estrategias y metas anuales, en el caso de la Administración Pública Federal, deberán ser congruentes con el Plan Nacional de Desarrollo y los programas que derivan del mismo.[27]

---

24 Delgadillo Gutiérrez, Luis Humberto, Lucero Espinosa Manuel, *Compendio de derecho administrativo: segundo curso*, Porrúa, Cuarta ed., México, 2008, p. 1.

25 *Cfr.*, *Ibid.*, p. 2.

26 *Cfr.*, *Ibid.*, p. 9.

27 *Cfr* Artículo 16 Ley Federal de Presupuesto y Responsabilidad Hacendaria.

De igual forma establece que la programación y presupuestación anual del gasto público, se realizará con apoyo en los anteproyectos que elaboren las dependencias y entidades para cada ejercicio fiscal, basándose principalmente en las políticas del Plan Nacional de Desarrollo y los programas sectoriales, políticas de gasto público que determine el Ejecutivo Federal, las metas y avances físicos y financieros del ejercicio fiscal anterior y los pretendidos para el ejercicio siguiente, programa financiero del sector público y en general en las previsiones de gasto que resulten deberán definirse el tipo y la fuente de recursos que se utilizarán.[28]

Conforme con las facultades de la Cámara de Diputados, esta deberá aprobar anualmente el Presupuesto de Egresos de la Federación, previo examen, discusión y, en su caso, modificación del Proyecto enviado por el Ejecutivo Federal, de igual forma podrá autorizar en dicho Presupuesto las erogaciones plurianuales para aquellos proyectos de inversión en infraestructura que se determinen conforme a lo dispuesto en la ley reglamentaria.

El Ejecutivo Federal hará llegar a la Cámara la Iniciativa de Ley de Ingresos y el Proyecto de Presupuesto de Egresos de la Federación, a más tardar el día 8 del mes de septiembre, y la Cámara de Diputados deberá aprobar el Presupuesto de Egresos de la Federación a más tardar el día 15 del mes de noviembre.[29] De forma ordenada y a través de los mecanismos establecidos, se suministraran los recursos conforme a los anteproyectos de egresos que cada dependencia programó con antelación, a efecto de cumplir con sus compromisos y ejecución de sus proyectos.

De acuerdo con las etapas para obtener el presupuesto el cual es un elemento fundamental para poder planear la contratación de adquisiciones, arrendamientos, servicios y obras que realiza la Administración Pública, este aspecto es la piedra angular en donde se basa la contratación, y es con base en este, en donde se podrán realizar las gestiones y planes para poder contar en tiempo y forma con los bienes.

En materia presupuestal, "un presupuesto constituye un programa de trabajo de la corporación política durante un lapso determinado, expresado su costo en términos monetarios, el cual es formulado, aplicado y controlado por el Poder Ejecutivo, y autorizado por el Poder Legislativo.[30] El manejo del presupuesto en la Administración Pública resulta crucial para la ejecución de las actividades en cualquier materia, ya que en él se deben administrar y ajustar en su caso los gastos y los ingresos, debe estar acorde y directamente vinculado con la planeación, anteproyecto y ejecución del gasto, para que de esta forma y de manera ordenada, como ya se ha mencionado se desarrollen las actividades cabalmente cumpliendo los objetivos de la dependencia de que se trate en el rubro específico.

"El control presupuestal tiene como finalidad verificar, por parte de los órganos que lo tienen a su cargo, el exacto cumplimiento del gasto público, a los que se les fincarán las responsabilidades resarcitorias por los daños o perjuicios causados a la Hacienda Pública Federal o al patrimonio de las entidades paraestatales."[31]

---

28 *Cfr.* Artículo 25 Ley Federal de Presupuesto y Responsabilidad Hacendaria.

29 *Cfr.* Fracción IV artículo 94 Constitución Política de los Estados Unidos Mexicanos.

30 *Cfr.*, *Ibid.*, p 15-16.

31 *Cfr.*, *Ibid.*, p 46.

En mi opinión y sin pretender manifestar que he encontrado la solución a los problemas de la Administración Pública, considero que es en la etapa de planeación, programación y presupuestación, el origen y fuente a través de la cual, cualquier proyecto y objetivo que se establezcan las dependencias de la Administración Pública Federal, podrían tener éxito o no, es una herramienta fundamental, el orden, la planeación, seguimiento y ejecución, serán fundamentales para el logros de las metas.

En esta sentido se puede mencionar el artículo 126 de la Constitución Política de los Estados Unidos Mexicanos, en donde se establece que no podrá hacerse pago alguno que no esté comprendido en el Presupuesto o determinado por la ley posterior.

Un aspecto relevante dentro del manejo presupuestal es la plurianulidad, que resulta debido a la concepción del proyecto de que se trate, existen aquellos que requieren mayor tiempo para su ejecución que otras, por lo que rebasan un ejercicio fiscal, teniendo la necesidad de extenderse, en este sentido y de forma excepcional se podrán considerar estos gastos en ejercicios posteriores debidamente programados y sustentados.

Por su parte la Doctora Ivanega, hablando respecto de los caracteres que reúne el presupuesto como instrumento de programación económico y social, a fin de dar cumplimiento a las políticas de desarrollo en el ámbito de la producción pública, asimismo lo menciona como un instrumento de gobierno, esto en virtud a que la mayor parte de las decisiones del gobierno conducen acciones que se expresan a través del presupuesto y finalmente como instrumento de administración, en virtud a que se establece un programa a fin de lograr objetivos concretos, teniendo la necesidad de conocer los recursos disponibles y procedimientos a emplearse en el proceso de combinación de insumos para la producción de bienes y/o servicios, de esta forma los ejecutores de los objetivos concretos deberán encontrar en el presupuesto una guía de acción que elimine o minimice la necesidad de decisiones improvisadas.[32]

Como la etapa de ejecución y materialización los proyectos de la administración, el gasto público "es toda erogación efectuada por el Estado para adquirir bienes intermedios y factores de producción, con el objeto de combinarlos adecuadamente para la producción de bienes y servicios públicos o para adquirir directamente bienes en el mercado con destino a asumir la función de bienes públicos, sin necesidad de transferencia para el Estado." [33]

Finalmente, un instrumento muy importante de la Administración Pública que ayuda a la rendición de cuentas, es la cuenta pública la cual es el informe de los poderes de la Unión y los entes públicos federales rinden de manera consolidada a través del Ejecutivo Federal, a la Cámara de Diputados sobre su gestión financiera, con el objeto de evaluar los resultados de la misma, comprobar si se ha ajustado a los criterios señalados por el Presupuesto y verificar el cumplimiento de los objetivos contenidos en los programas, esto conforme a las facultades exclusivas de la Cámara de Diputados consagradas en la fracción VI del artículo 74 de la Carta Magna.

Dentro de los aspectos que influyen directamente en la contratación pública resulta un rubro de suma importancia, la corrupción, en México adicionalmente a los mecanismos establecidos en las principales leyes de contratación LAASSP y LOPSRM, así co-

---

32 *Cfr.*, Mabel Ivanega Miriam, Instituciones de Derecho Administrativo, Universidad Externado de Colombia, Colombia, 2010, p. 328-329.

33 *Cfr. Ibid.*, p. 331.

mo en la Ley Federal de Responsabilidades de los Servidores Público y Ley General de Responsabilidades Administrativas, se publicó en el Diario Oficial de la Federación, la Ley Federal Anticorrupción en Contrataciones Públicas, en la que se establecen las responsabilidades y sanciones para evitar actos por parte de los servidores públicos, personas físicas y morales de nacionalidad mexicana o extranjera, que incurran con motivo de su participación en las contrataciones públicas de carácter federal.[34] La corrupción pública es "la desviación del interés público que se desarrolla a través del abuso del cargo con el fin de obtener un beneficio extraposicional".[35] En este sentido, hoy en día ya no solamente los servidores públicos son observados ya que en el sector privado, personas físicas y morales en algunos casos son los que originan la corrupción.

Asimismo son diversos instrumentos internacionales de los que México forma parte en el rubro de abatir la corrupción, por señalar alguno se encuentra la Convención Interamericana contra la Corrupción, aplicable a los estados miembros de la Organización de los Estados Americanos (OEA), en la cual se establecen los propósitos para prevenir, detectar, sancionar y erradicar la corrupción.[36] De igual forma instituciones internacionales como Transparencia Internacional y su representación en México, Transparencia Mexicana, actúan de forma trascendente para estos fines. La comunidad internacional ha mostrado su intención de fomentar la creación de sistemas de contratación pública basados en la transparencia, la competencia y la objetividad. Sin embargo, los intereses económicos y la diversidad de los ordenamientos jurídicos de cada país han dificultado el establecimiento de procedimientos uniformes para la selección de contratistas.[37]

Como lo menciona el Doctor Delpiazzo en su análisis de los vicios en la contratación administrativa, se destaca que "Respecto a la Administración Pública, puede ocurrir que existía incompetencia (ya sea por materia, territorio, grado y tiempo, falta de crédito presupuestal, falta de autorización para contratar, o vicios en la voluntad (error, violencia dolo u otros propios del consentimiento).[38] Son diversas la fuentes que originan la corrupción, desde los mecanismos administrativos que están diseñados para realizar estas funciones, hasta aspectos personales de valores y principios de los actores que intervienen en la contratación pública. En el sentido de aspectos administrativos, un mecanismo muy relevante para atacar a corrupción es, automatizar y transparentar la gestión administrativa de los servidores públicos mediante la rendición de cuentas, reduciendo con esto, la discrecionalidad de los mismos en su accionar, esto, apoyados en la tecnología existente ya al interior de las instituciones públicas, respecto a los valores y principios, considero fundamental la capacitación continua en diversas materias, por supuesto en la materia de contrataciones públicas así como temas relativos a axiología, a través de los cuales concienticen a las partes que participan en las contrataciones, respecto del daño que genera la corrupción así como, las repercusiones legales en que podrían caer. En este sentido y como lo menciona el autor "las medidas represivas son las más llamativas pero

34 *Cfr.* Artículo 1° Ley Federal Anticorrupción en Contrataciones Públicas.

35 Castro Cuenca, Carlos Guillermo, *La Corrupción en la Contratación Pública en Europa,* Ratio Legis, España, 2009, p.33.

36 http://www.oas.org/es/sla/ddi/tratados_multilaterales_interamericanos_B-58_contra_Corrupcion.asp

37 Castro Cuenca, Carlos Guillermo, García López Luisa Fernanda, Martínez Vargas Juan Ramón, *La Contratación Estatal: Teoría General: perspectiva comparada y regulación internacional,* Universidad del Rosario, Bogotá, 2010, p. 121.

38 *Cfr.* Delpiazzo Carlos E., *Op. cit. Cfr.* 251.

no son siempre las más eficaces; es más eficaz el control y la prevención que el castigo."[39] De aquí la importancia como se ha mencionado en este estudio, del control y los mecanismos para llevar a cabo las contrataciones púbicas, son fundamentales para evitar que se prolifere la corrupción.

Dentro las principales herramientas para evitar la corrupción en materia de contrataciones públicas resultan, transparencia y rendición de cuentas de quehacer de la administración pública, la modernización de la administración pública a través de las herramientas tecnológicas que hoy en día están disponibles, establecer servicio profesional de carrera en el que se incluya capacitación permanente a los funcionarios relacionados en esta materia, incluir y persuadir de igual forma al sector privado que participe en contrataciones gubernamentales mediante mecanismos objetivos.

"Mientras los individuos de la especie humana nos desenvolvemos en el ámbito de la libertad y encontramos en la ley un límite a esa libertad, las entidades públicas, al revés, encuentran en la ley la fuente de su actuación; no actúan por ende con libertad sino en función de las reglas de la competencia, que ubica a los órganos públicos en una situación de poder–deber."[40] La responsabilidad de los servidores públicos en el ejercicio de sus funciones, debe ser en apego al principio de legalidad como se mencionó, sin embargo el sector privado es una pieza clave para que se dé el círculo virtuoso y se erradique la corrupción.

La necesidad de la planificación estatal es hoy en día, en principio, indiscutida. Se deriva, desde el punto de vista jurídico, del mandato del Estado social de la Ley Fundamental y, desde un punto de vista material, de la creciente división de funciones en el ámbito estatal, de la escasez de los recursos y capacidades disponibles, así como de los diferentes y, a menudo, contrapuestos intereses presentes de una comunidad plural. Con ayuda de la planificación no sólo las medidas de las instancias estatales deberían estar dirigidas de forma coordinada y orientada a sus objetivos, sino que también deberían darse impulsos para el ámbito económico y social.[41]

IV. CONCLUSIONES.

Del tema en estudio, la planificación de la contratación pública, esta contratación como fuente y mecanismo que utiliza el Estado para cumplir con sus obligaciones legales, cubriendo las necesidades de la sociedad a la que sirve, a través de bienes, servicios y obras públicas, se analizaron los aspectos generales de la contratación pública en México, posteriormente se estudió más a profundidad la planificación, analizada como planeación, programación y presupuestación de la contratación pública, en donde se recalcaron las obligaciones de los servidores públicos involucrados en el proceso, debiendo realizar estudios profundos y serios de todas las condiciones, supuestos y alcances para llevar a buen fin el objetivo de la contratación, se mencionó la libertad que tiene el Estado para establecer sus metas, estrategias y mecanismos para llevarlos a cabo, dentro de los alcances y estrategias previamente establecidas, sin embargo sobresale el

39 Cárdenas Jaime, Mijangos María de la Luz, *Estado de Derecho y Corrupción,* Porrúa, UNAM, 2005, p. 88.

40 Delpiazzo Carlos E., *Op., cit,* p. 219.

41 Maurer Hartmut, *Derecho Administrativo Alemán*, UNAM, México, 2012, p. 421.

aspecto de responsabilidad que tiene el mismo para la correcta ejecución de sus objetivos.

Dentro del trabajo expuesto, resulta de suma importancia para cualquier proyecto y objetivo que se establezcan las dependencias de la Administración Pública Federal en materia de contratación, la correcta presupuestación y ejecución del presupuesto como una herramienta fundamental, sustentada en el orden, la planeación, seguimiento y ejecución.

Finalmente se abordó la corrupción y las medidas para evitarla, dentro de las principales herramientas para evitar la corrupción en materia de contrataciones públicas resultan la transparencia y rendición de cuentas del quehacer de la Administración Pública, la modernización de la misma a través de las herramientas tecnológicas que hoy en día están disponibles, establecer servicio profesional de carrera en el que se incluya capacitación permanente a los funcionarios relacionados en esta materia, incluir y persuadir de igual forma al sector privado que participe en contrataciones gubernamentales mediante mecanismos objetivos, asimismo los valores y principios de los actores que intervienen en la contratación pública resultan cruciales para abatir la corrupción, la responsabilidad de los servidores públicos en el ejercicio de sus funciones, debe ser en apego al principio de legalidad como se mencionó, sin embargo el sector privado es una pieza clave para que se dé el círculo virtuoso y se erradique la corrupción. En este sentido la transparencia y la planeación son principios que deben de ir de la mano.

Finalmente, se concluye con esta cita "Definitivamente lo que no se planea no se puede administrar, y no se pueden administrar los recursos; por lo tanto, no se puede medir los resultados, y en consecuencia no se pueden controlar."[42]

V. BIBLIOGRAFÍA

Fuentes Bibliográficas.

ACOSTA ROMERO, Miguel, *Segundo curso de Derecho Administrativo*, Ed. Porrúa, México, 2a. Ed., 1993.

BÉJAR RIVERA, Luis José, *Curso de Derecho Administrativo*, Ed. Oxford University Press, México, 2007.

CÁRDENAS JAIME, Mijangos María de la Luz*, Estado de Derecho y Corrupción*, Porrúa, UNAM, 2005.

CASTRO CUENCA, Carlos Guillermo, *La Corrupción en la Contratación Pública en Europa*, Ratio Legis, España, 2009.

CASTRO CUENCA, Carlos Guillermo, García López Luisa Fernanda, Martínez Vargas Juan Ramón, *La Contratación Estatal: Teoría General: perspectiva comparada y regulación internacional*, Universidad del Rosario, Bogotá, 2010.

DELGADILLO GUTIÉRREZ, Luis Humberto, *Elementos de derecho administrativo*, Primer curso, 2a ed. Limusa, México, 2007.

42 Expósito Vélez, Juan Carlos, *Op. cit.*, p. 616.

DELGADILLO GUTIÉRREZ, Luis Humberto, LUCERO ESPINOSA Manuel, *Compendio de derecho administrativo: segundo curso*, Porrúa, Cuarta ed., México, 2008.

DELPIAZZO Carlos E., *Derecho Administrativo Uruguayo*, Porrúa; UNAM, Instituto de Investigaciones Jurídicas, México, 2005.

EXPÓSITO VÉLEZ, Juan Carlos, *La configuración del contrato de la Administración Pública en Derecho Colombiano y Español*, Universidad Externado de Colombia, Bogotá, 2003.

FANDIÑO GALLO, Jorge Eliécer, *La contratación estatal*, Leyer, Bogotá, 2014.

FERNÁNDEZ RUIZ Jorge, *Derecho Administrativo Contratos*, Ed. Porrúa, México, 3ra. Ed., 2009.

MABEL IVANEGA Miriam, *Instituciones de Derecho Administrativo*, Universidad Externado de Colombia, Colombia, 2010.

MARIENHOFF Miguel S., *Tratado de Derecho Administrativo*, Abeledo–Perrot, 4ta. Ed., Tomo III–B, Buenos Aires, Argentina, 1998.

MAURER Hartmut, *Derecho Administrativo Alemán*, UNAM, México, 2012.

MORALES–PAULÍN Carlos A., *El Proceso Administrativo Público: La Planeación–Programación, la Organización y el control de la Administración Pública*, Porrúa, 1999.

RODRÍGUEZ–ARANA, Jaime, *Aproximación al derecho administrativo constitucional Elementos de derecho administrativo*, Novum, México, 2011.

Legislación

Constitución Política de las Estados Unidos Mexicanos.

Ley de Adquisiciones Arrendamientos y Servicios del Sector Público.

Ley de Ingresos de la Federación para el ejercicio fiscal 2017.

Ley de Obras Públicas y Servicios Relacionados con las Mismas.

Ley de Planeación.

Ley Federal Anticorrupción en Contrataciones Públicas.

Ley Federal de Presupuesto y Responsabilidad Hacendaria.

Ley Federal de Responsabilidades de los Servidores Públicos.

Ley Federal sobre Metrología y Normalización.

Ley General de Responsabilidades Administrativas.

Ley Orgánica de la Administración Pública Federal.

Páginas de Internet

http://www.oas.org.

III. PREPARACIÓN DE LOS CONTRATOS POR LA ADMINISTRACIÓN (Elaboración de Pliegos de Condiciones; Prevención de la Corrupción; Contratación Pública y Libre Competencia)

20. LA LICITACIÓN: PREÁMBULO DEL CONTRATO ADMINISTRATIVO EN MÉXICO

Jorge Fernández Ruiz

I. INTRODUCCIÓN

En el orden jurídico mexicano se puede considerar administrativo todo contrato celebrado entre un particular, o varios, y la administración pública en ejercicio de función administrativa, para satisfacer el interés público, con sujeción a un régimen jurídico exorbitante del derecho ordinario.

La exorbitancia del régimen jurídico al que se somete el contrato administrativo está presente desde la etapa preliminar a su celebración en la que se selecciona al cocontratante de la administración pública, tarea que admite dos alternativas: la adjudicación directa y la licitación, la cual tiene por propósito determinar al cocontrante financiera, técnica y moralmente idóneo de la administración pública, en razón del precio y condiciones que ofrece en su propuesta en respuesta a una convocatoria o invitación formulada por la propia administración.

El tema de la contratación pública y su preámbulo de licitación pública está imbricado con el de la corrupción administrativa, por ser el contrato administrativo y su adjudicación un área de oportunidad para ésta, por lo que en mi opinión representa uno de los principales nichos de corrupción pública, de ahí la importancia de una adecuada regulación jurídica de la licitación como mecanismo de adjudicación de los contratos del Estado.

II. INSERCIÓN DEL CONTRATO ADMINISTRATIVO EN LA CONSTITUCIÓN

El constitucionalismo mexicano reconoció por primera vez al contrato administrativo —y a la subasta como forma para adjudicarlo— en la Constitución de 1917, al disponer en la versión original de su artículo 134: "Todos los contratos que el Gobierno tenga que celebrar para la ejecución de obras públicas, serán adjudicados en subasta, mediante convocatoria, y para que se presenten proposiciones en sobre cerrado, que será abierto en junta pública."

Dicho precepto constitucional fue reformado en 1982, para sustituir la subasta por la licitación y quedar en el tenor siguiente:

> (...)
>
> Las adquisiciones, arrendamientos y enajenaciones de todo tipo de bienes, prestación de servicios de cualquier naturaleza y la contratación de obra que realicen, se adjudicarán o lle-

varán a cabo a través de licitaciones públicas mediante convocatoria pública para que libremente se presenten proposiciones solventes en sobre cerrado, que será abierto públicamente, a fin de asegurar al Estado las mejores condiciones disponibles en cuanto a precio, calidad, financiamiento, oportunidad y demás circunstancias pertinentes.

(...)

III. ETAPAS DE LA CONTRATACIÓN ADMINISTRATIVA EN MÉXICO

El contrato administrativo está previsto en México como la culminación de un proceso integrado en tres etapas: la preliminar, la ejecutiva y la final o complementaria; la etapa ejecutiva incluye la selección del cocontratante de la administración pública, que admite varias modalidades, una de las cuales es la licitación.

1. Etapa preliminar

Se dedica la etapa preliminar del proceso de contratación administrativa a orientar a la administración pública en la celebración de sus contratos y su consiguiente aplicación de recursos. En México, esta etapa preliminar debe incluir las actividades de planeación, programación y presupuestación de los contratos del sector público, de acuerdo con los fines, objetivos y metas predeterminados por el Estado en el Plan Nacional de Desarrollo, para garantizar, como dispone el artículo 25 constitucional, un desarrollo integral y sustentable, que fortalezca la soberanía nacional y su régimen democrático y que, mediante el fomento del crecimiento económico, del empleo y de una más justa distribución del ingreso y la riqueza, propicie el sano ejercicio de la libertad y la dignidad de los individuos, grupos y clases sociales.

En el ámbito federal, el marco jurídico de la etapa preliminar del proceso de contratación administrativa está integrado principalmente por los artículos constitucionales 25, 26, 73, fracciones VIII, XXIX–D, XXIX–E, XXIX–W y XXX–, 74 f. IV, 89 fracción I, 90, 100, 126 y 134, así como la Ley Orgánica de la Administración Pública Federal, la Ley Federal de las Entidades Paraestatales, la Ley de Planeación, la Ley General de Deuda Pública, la Ley Federal de Presupuesto y Responsabilidad Hacendaria, la Ley General de Bienes Nacionales, la Ley de Adquisiciones, Arrendamientos y Servicios del Sector Público, y la Ley de Obras Públicas y Servicios Relacionados con las mismas.

2. Etapa ejecutiva

Los pasos principales del proceso de contratación administrativa en la etapa ejecutiva consisten en la selección del cocontratante de la administración pública, la celebración del contrato, la ejecución y cumplimiento de las obligaciones contractuales, y en su caso, las modificaciones del contrato.

3. Etapa final

Principalmente atañe la última etapa del proceso de contratación administrativa a la terminación y finiquito del contrato, a exigir la evicción y saneamiento cuando haya lugar a ello, a imponer las sanciones aplicables cuando se incurriere en las causales respectivas y, en su caso, hacer efectivas las fianzas y garantías otorgadas.

IV. FORMAS DE SELECCIÓN DEL CONTRATISTA

La legislación y la doctrina mexicanas prevén dos formas básicas para seleccionar a quien va a contratar con la administración pública mediante un contrato administrativo, o a convertirse en titular de una concesión administrativa; una es la adjudicación directa, en la que sin mayor preámbulo se designa al cocontratante o concesionario, tal como ocurre en los contratos de prestación del servicio público cuando éste lo presta un ente público, por ejemplo el contrato de suministro de energía eléctrica que celebra la Comisión Federal de Electricidad con los particulares que desean usar dicho servicio; o bien, se trata de contratos de poca monta, o de aquellos de un único cocontratante posible, o en los que se celebran con motivo de casos de desastre o de alteración del orden social, o bien en el otorgamiento de concesiones de ciertos bienes del dominio público.

La otra forma de selección es la licitación, basada en un régimen de competencia en el que los aspirantes se presentan en respuesta a una convocatoria o invitación previas a efecto de contender en condiciones de igualdad.

1. La licitación

Vengo de decirlo, el vocablo licitación se ha empleado, en la terminología jurídica mexicana, como sinónimo de subasta, concurso y remate; el artículo 134 constitucional, en su texto vigente se refiere a "licitaciones" para la adjudicación de los contratos del gobierno, mientras que su texto original usó la palabra "subasta".

Se entiende por licitación, en el contexto jurídico–administrativo mexicano, el procedimiento administrativo desarrollado en un régimen de competencia o contienda, encaminado a seleccionar al cocontratante de la administración pública de un contrato administrativo. Dicho procedimiento debe estar animado por el propósito de obtener para la administración todos los beneficios que permitan la justicia y la equidad.

En los contratos y concesiones que se sujetan al requisito de licitación, unos y otras derivarán de ella; por tanto, no deberán celebrarse u otorgarse, en tanto no quede satisfecho tal requisito, pero cubierto éste, en una etapa preliminar a la celebración del contrato o al otorgamiento de la concesión, el procedimiento de licitación queda concluido y no forma parte del contrato ni de la concesión, que, por cierto, pudieran no llegar a celebrarse u otorgarse. En consecuencia, licitación y contrato administrativo son dos institutos jurídicos independientes aun cuando interrelacionados, por ser ocasionalmente la primera, requisito del segundo.

A. *Principios fundamentales de la licitación*

Sobresalen entre los principios de la licitación: la legitimidad, la concurrencia, la isonomía, la competencia, la imparcialidad, la transparencia y la publicidad.

a) La legitimidad

Alude la legitimidad al régimen jurídico establecido para regular la licitación, cuyo incumplimiento da lugar a la nulidad del procedimiento, por tratarse de normas de derecho público.

b) La concurrencia

Es imprescindible atender el principio de concurrencia, para que pueda darse la contienda característica de la licitación, la cual no puede existir si sólo se presenta un solo aspirante a cocontratante o ninguno.

c) La isonomía

Predica el principio de isonomía la igualdad de los administrados frente a la administración, lo que en el caso de la licitación, implica el tratamiento igual en situación igual, de todos cuantos contienden para convertirse en cocontratante de la administración pública en un caso específico.

d) La competencia

El principio de competencia supone la concurrencia de contendientes a la adjudicación de un contrato administrativo, lo cual implica la ausencia de acuerdos entre ellos para propiciar el triunfo de alguno en particular, o para que quien gane obtenga una utilidad desmesurada.

e) La imparcialidad

Conlleva la imparcialidad la ausencia de prevención o designio anticipado a favor o en contra de algún contendiente, en aras de la rectitud del fallo de la licitación.

f) La transparencia

En virtud de la transparencia, la licitación se debe desarrollar bajo un procedimiento que permita a los interesados conocer las condiciones y requisitos bajo los cuales se celebra y las causas, razones y motivos de las resoluciones recaídas en él, en cada una de sus etapas, merced a una clara y suficiente información.

g) Lapublicidad

Garantiza el principio de publicidad la legitimidad y transparencia del procedimiento de licitación, y propicia, además, la participación ciudadana y el control judicial.

B. *Formas de licitación*

La licitación admite dos formas fundamentales en el ámbito federal mexicano: la pública y la privada, también conocida como cerrada o de invitación restringida, según se convoque públicamente a los interesados que satisfagan determinados requisitos o se invite directamente sólo a unos potenciales cocontratantes; el artículo 27 de la Ley de Obras Públicas y Servicios Relacionados con las Mismas, reconoce esas dos formas de selección de cocontratante, en la segunda de las cuales, según previene el artículo 41 de dicho ordenamiento legal, sólo se invita a pocas personas, que no deberán ser menos de tres.

V. EL PROCEDIMIENTO DE LICITACIÓN PÚBLICA

La licitación pública es un procedimiento administrativo que en el orden jurídico mexicano es, en ciertos casos, obligatorio para la administración, sujeto a un régimen de derecho público, encaminado a seleccionar, de entre un conjunto de aspirantes que responden a una convocatoria pública, al cocontratante de un contrato administrativo que mejor asegure a la administración la obtención de todos los beneficios que permitan la justicia y la equidad.

El artículo 22 de la Ley de Adquisiciones, Arrendamientos y Servicios del Sector Público obliga a las dependencias y entidades de la administración pública federal, a establecer comités de adquisiciones, arrendamientos y servicios, y el artículo 25 de la Ley de Obras Públicas Relacionadas con las Mismas obliga a los titulares de tales dependencias y a los órganos de gobierno de dichas entidades, a establecer comités de obras públicas, a los que, por igual, se encomienda, principalmente, revisar los programas y presupuestos, de adquisiciones, en el primer caso, y de obras públicas, en el segundo; en ambos casos, dictaminar sobre la procedencia de no celebrar licitaciones públicas por encontrarse en alguno de los supuestos de excepción previstos en la respectiva ley; además, proponer las políticas, bases y lineamientos en la materia de la respectiva ley; autorizar la creación de subcomités; así como elaborar y aprobar el manual de integración y funcionamiento del propio comité, conforme a las bases que expida la Contraloría correspondiente.

En los términos de la reforma al artículo 22 de la Ley de Adquisiciones, Arrendamientos y Servicios del Sector Público, publicada en el Diario Oficial de la Federación de 5 de septiembre de 2007, los referidos comités de adquisiciones, arrendamientos y servicios, incluirán en las políticas, bases y lineamientos que propongan, los aspectos de sustentabilidad ambiental que deberán observarse en las adquisiciones, arrendamientos y servicios, con el objeto de optimizar y utilizar de forma sustentable los recursos para disminuir costos financieros y ambientales.

1. Modalidades de la licitación pública

La licitación puede ser abierta o restringida, según se convoque a todo interesado o sólo a quienes satisfagan determinados requisitos; por ejemplo: tener cuando menos un determinado capital contable, o estar previamente inscritos en un padrón o registro, para lo cual debieron satisfacer diversos requerimientos; por ejemplo, acreditar experiencia, solvencia económica, o haber cumplido con las inscripciones y registros que les sean exigibles en el orden fiscal o administrativo.

En lo que atañe a la nacionalidad de los aspirantes, las licitaciones públicas pueden ser nacionales o internacionales; en las primeras sólo pueden contender los nacionales, en tanto que en las internacionales pueden participar tanto nacionales como extranjeros.

2. Etapas de la licitación pública

Se desarrolla la licitación pública a través de diversas etapas sucesivas previstas en la correspondiente normativa jurídica; conforme a la mexicana del ámbito federal, sobresalen las siguientes:

A. *Elaboración y publicación de la convocatoria*

Tanto las adquisiciones, arrendamientos y servicios, como los contratos de obras públicas y servicios relacionados con las mismas, se adjudicarán, por regla general, a través de licitaciones públicas, mediante convocatoria pública para que libremente se presenten proposiciones solventes en sobre cerrado, que será abierto públicamente, según previenen los artículos 26 de la Ley de Adquisiciones, Arrendamientos y Servicios del Sector Público, y 27 de la Ley de Obras Públicas y Servicios Relacionados con las Mismas.

Se entiende por convocatoria, en el contexto de la contratación, el anuncio o citación con que se llama a posibles interesados en participar en la licitación para la adjudicación de un determinado contrato a celebrarse con la administración pública; en el caso de licitación pública, el llamamiento habrá de ser público, general, impersonal e indeterminado. Se trata de una declaración unilateral de voluntad de la administración convocante, en ejercicio de función administrativa, con efectos jurídicos directos respecto de casos individuales específicos, lo cual significa que estamos frente a un acto administrativo creador de un derecho, en favor de los interesados, cual es el de participar, previa satisfacción de los requisitos respectivos, en una competencia para designar al cocontratante de un contrato administrativo.

Las convocatorias para licitación pública pueden referirse a uno o más bienes o servicios, o una o más obras públicas o servicios relacionados con las mismas, y deberán contener en su caso, lo dispuesto en el artículo 29 de la Ley de Adquisiciones, Arrendamientos y Servicios del Sector Público, o en su caso, en el artículo 31 de la Ley de Obras Públicas y Servicios Relacionados con las mismas.

En lo que a la publicación de la convocatoria atañe, habrá de recordarse que la publicidad es esencial en la licitación pública, por cuya razón deberá anunciarse cuando menos a través de ciertos medios, y referirse a toda persona que resulte interesada, sin perjuicio de que ésta, en su caso, deba satisfacer determinados requisitos para contender en la licitación.

El artículo 134 constitucional, vengo de decirlo, impone la obligación de publicar la convocatoria de toda licitación pública relativa a adquisiciones, arrendamientos y enajenaciones de todo tipo de bienes, prestación de servicio de cualquier naturaleza y contratación de obra de la administración pública; a este respecto, de conformidad con lo previsto en los artículos 30 de la Ley de Adquisiciones, Arrendamientos y Servicios del Sector Público, y 32 de la Ley de Obras Públicas y Servicios Relacionados con las Mismas, la publicación de la convocatoria a la licitación pública se realizará a través de CompraNet,[1] y su obtención será gratuita. Además, simultáneamente, se enviará para su publicación en el Diario Oficial de la Federación, un resumen de la convocatoria a la licitación y el dato de cuando se publicó en CompraNet; asimismo, la convocante pondrá a disposición de los licitantes copia del texto de la convocatoria.

Debe publicarse la convocatoria de la licitación con la debida anticipación a la fecha de celebración del acto de presentación y apertura de proposiciones, a efecto de que los interesados tengan la oportunidad efectiva de convertirse en contendedores de la licitación.

B. *Elaboración y entrega de la proposición u oferta*

Los interesados en celebrar contrato administrativo con la administración pública, mediante su participación en un procedimiento de licitación, se convierten en licitantes, según la legislación mexicana, cuando satisfacen los requisitos para serlo, establecidos en la normativa vigente, y presentan proposición u oferta debidamente requisitada en los términos de la convocatoria y de las bases de licitación respectivas. Las leyes federales mexicanas de adquisiciones y de obras públicas, con buen tino, prohíben recibir en las

1 "CompraNet es el sistema electrónico de información pública gubernamental sobre adquisiciones, arrendamientos, servicios, obras públicas y servicios relacionados con las mismas.

El sistema es operado por la Secretaría de la Función Pública a través de la Unidad de Política de Contrataciones Públicas, mismo que cuenta con una herramienta transaccional que permite llevar a cabo procedimientos de contratación 100% electrónicos." Secretaría de la Función Pública.

licitaciones públicas, propuestas de quienes por ciertas razones o circunstancias resultan impedidos para hacerlo.

En los términos el artículo 34 de la Ley de Adquisiciones, Arrendamientos y Servicios del Sector Público, y del artículo 36 de la Ley de Obras Públicas Servicios Relacionados con las Mismas.

La entrega de proposiciones se hará en sobre cerrado que contendrá la oferta técnica y económica. En el caso de las proposiciones presentadas a través de CompraNet, los sobres serán generados mediante el uso de tecnologías que resguarden la confidencialidad de la información de tal forma que sean inviolables, conforme a las disposiciones técnicas que al efecto establezca la Secretaría de la Función Pública.

La documentación distinta a la proposición podrá entregarse, a elección del licitante, dentro o fuera del sobre que la contenga.

C. *Apertura de proposiciones*

El artículo 35 de la Ley de Adquisiciones, Arrendamientos y Servicios del Sector Público y el artículo 37 de la Ley de Obras Públicas y Servicios Relacionados con las Mismas, regulan el acto de presentación y apertura de ofertas y la forma de levantar el acta correspondiente.

D. *Emisión del fallo y, en su caso, adjudicación*

El procedimiento de licitación para seleccionar al cocontratante de la administración culmina con el fallo respectivo, el cual puede producirse en el sentido de determinar como cocontratante a uno de quienes contendieron en ella, o bien, optar por una adjudicación compartida entre varios de los oferentes elegibles; o, por último, declarar desierta la licitación. Independientemente de su sentido, se debe fundar y motivar el fallo, habida cuenta que se trata de un acto administrativo por el cual la administración pública, previo análisis y evaluación de las ofertas admitidas, resuelve cuál o cuáles son las más convenientes y, en consecuencia, ubica a su autor o a sus autores como su cocontratante o sus cocontratantes; o, en su caso, declara desierto el concurso.

a) Evaluación de las proposiciones

Se requiere que el fallo fundado y motivado en cualquier licitación, cuente con una evaluación basada en un análisis detallado y cuidadoso de las proposiciones. que permita, en su caso, seleccionar al cocontratante idóneo por ser de entre los oferentes el que reúna las condiciones legales técnicas y económicas determinadas por la administración pública convocante, y asegure el cumplimiento de las obligaciones correspondientes; en caso de igualdad de tales condiciones por parte de varios licitadores, se preferirá la oferta de precio más bajo, o a la proposición que asegure las mejores condiciones disponibles en cuanto a precio, calidad, financiamiento, oportunidad y demás circunstancias pertinentes.

En tales términos se pronuncian el artículo 36 Bis de la Ley de Adquisiciones, Arrendamientos y Servicios del Sector Público, y el artículo 38 de la Ley de Obras Públicas y Servicios Relacionados con las Mismas.

b) Dictamen y fallo de la licitación

La administración convocante, al finalizar la evaluación, debe emitir un dictamen que resuma los actos que integraron el procedimiento de licitación, los criterios empleados para la evaluación de las ofertas, los motivos que dieron lugar a la aceptación o rechazo de las propuestas, los nombres tanto de los licitadores cuyas ofertas cumplieron con los requisitos respectivos, como de aquellos cuyas propuestas económicas no fueron aprobadas, así como la relación, en orden descendente, de los que presentaron las ofertas calificadas de solventes.

Acorde con el referido dictamen, la administración pública convocante emite su fallo que, en su caso, determina al licitador triunfante; así lo prevé el Reglamento de la Ley de Obras Públicas y Servicios Relacionados con las Mismas, al disponer:

> *Artículo 39.* La convocante emitirá un fallo, el cual deberá contener lo siguiente:
>
> I. La relación de licitantes cuyas proposiciones se desecharon, expresando todas las razones legales, técnicas o económicas que sustentan tal determinación e indicando los puntos de la convocatoria que en cada caso se incumpla;
>
> II. La relación de licitantes cuyas proposiciones resultaron solventes, describiendo en lo general dichas proposiciones. Se presumirá la solvencia de las proposiciones, cuando no se señale expresamente incumplimiento alguno. En el caso de haberse utilizado el mecanismo de puntos y porcentajes para evaluar las proposiciones, se incluirá un listado de los componentes del puntaje de cada licitante, de acuerdo a los rubros calificados que se establecieron en la convocatoria;
>
> III. Nombre del licitante a quien se adjudica el contrato, indicando las razones que motivaron la adjudicación, de acuerdo a los criterios previstos en la convocatoria, así como el monto total de la proposición;
>
> IV. Fecha, lugar y hora para la firma del contrato, la presentación de garantías y, en su caso, la entrega de anticipos, y
>
> V. Nombre, cargo y firma del servidor público que lo emite, señalando sus facultades de acuerdo con los ordenamientos jurídicos que rijan a la convocante. Indicará también el nombre y cargo de los responsables de la evaluación de las proposiciones.

c) La adjudicación compartida

La Ley de Adquisiciones, Arrendamientos y Servicios del Sector Público, establece en su artículo 39, respecto de las licitaciones de contratos de adquisiciones y servicios, la posibilidad de adjudicación compartida, a condición de justificación previa de tal reparto y siempre que se haya previsto así en las bases de licitación, en cuyo caso, el porcentaje diferencial admisible en precio, para considerar a los oferentes que coparticipen como adjudicatarios de la contratación, no podrá exceder el diez por ciento al de la proposición solvente más baja, lo cual me parece injusto e indebido, porque propicia un trato desigual para los contendientes de la licitación, en perjuicio de quien cotizó el precio más bajo, por lo que debiera modificarse tal disposición a efecto de que se reparta la contratación entre varios oferentes, a condición de que a todos se pague conforme al precio señalado en la proposición que resultó ganadora.

d) Licitación desierta

Es posible que el fallo de la licitación consista en declararla desierta, ya por no haber licitadores, o bien, porque habiéndolos, sus posturas no satisfagan los requisitos establecidos en las bases de la licitación o sus precios fueran inaceptables; así lo dispone el artículo 38 de la Ley de Adquisiciones, Arrendamientos y Servicios del Sector Público.

E. *Excepciones a la licitación pública*

El artículo 134 constitucional previene que podrá prescindirse de la licitación pública cuando tal procedimiento no sea idóneo para asegurar las mejores condiciones disponibles en cuanto a precio, calidad, y demás circunstancias pertinentes, en cuyo caso. el artículo 41 de la Ley de Adquisiciones, Arrendamientos y Servicios del Sector Público, al igual que el artículo 42 de la Ley de Obras Públicas y Servicios Relacionados con las Mismas, prevén como excepciones a la licitación pública las siguientes:

a) Excepciones comunes a la licitación de contratos de obra pública y de adquisiciones, arrendamientos y servicios.

- Cuando el contrato sólo pueda celebrarse con una determinada persona por estar referido a obras de arte, titularidad de patentes de derechos de autor u otros derechos exclusivos;
- Cuando peligre o se altere el orden social, la economía, los servicios públicos, la salubridad, la seguridad o el ambiente de alguna zona o región del país, como consecuencia de desastres producidos por fenómenos naturales;
- Cuando existan circunstancias que puedan provocar pérdidas o costos adicionales importantes, debidamente justificados;
- Cuando se realicen con fines exclusivamente militares o para la Armada, o se necesiten para garantizar la seguridad interior de la nación; además, tratándose de obras públicas o de servicios relacionados con las mismas, cuando comprometan información de naturaleza confidencial para el Gobierno Federal;
- Cuando, por derivar de caso fortuito o fuerza mayor, no sea posible obtener bienes o servicios o ejecutar los trabajos mediante el procedimiento de licitación pública en el tiempo requerido para atender la eventualidad de que se trate; en este supuesto, las cantidades, conceptos o trabajos, deberán limitarse a lo estrictamente necesario para afrontar el caso;
- Cuando se hubiere rescindido el contrato licitado por causas imputables al proveedor o contratista que hubiese resultado ganador en la licitación, caso en el que podrá adjudicarse el contrato al oferente que en la licitación respectiva hubiera presentado la siguiente proposición solvente más baja, a condición de que su postura no resulte superior al diez por ciento de la ganadora.
- Se realice una licitación pública que haya sido declarada desierta;

b) Excepciones a la licitación de contratos de adquisiciones, arrendamientos y servicios:

- Cuando existan razones justificadas para requerir bienes de marca determinada;
- Cuando se refieran a productos perecederos, productos alimenticios básicos o semiprocesados, o bienes usados;
- Cuando versen sobre servicios de consultoría cuya difusión pudiera ir en detrimento del interés público o comprometer información confidencial del gobierno federal;
- Cuando se contraten con campesinos o grupos urbanos marginados;
- Siempre que se trate de bienes requeridos por la administración pública para su comercialización o para someterlos a procesos productivos en cumplimiento de su objeto o fines propios

- Cuando se refieran al mantenimiento, conservación, restauración y reparación de bienes, sin que sea posible precisar su alcance, ni determinar el catálogo de conceptos y cantidades de trabajo, ni otras especificaciones semejantes.
- Cuando se contraten con quienes, sin ser proveedores habituales de la administración pública, ofrecen bienes en condiciones excepcionalmente favorables, por encontrarse en estado de disolución o liquidación, o bajo intervención judicial;
- Siempre que se trate de servicios profesionales prestados por personas físicas.

c) Excepciones a la licitación de contratos de obra pública:

- Cuando se contraten trabajos de conservación, mantenimiento, restauración, reparación y demolición de inmuebles, sin que sea posible determinar su alcance, catálogo de conceptos, cantidades de trabajo, ni demás especificaciones, o elaborar el programa de ejecución;
- Siempre que se trate de trabajos que requieran básicamente de mano de obra campesina o urbana marginada, y que la administración pública contrate directamente con los habitantes beneficiarios de la localidad donde deba ejecutarse la obra;
- Otra excepción a la licitación pública se establece en el artículo 42 de la Ley de Adquisiciones, Arrendamientos y Servicios del Sector Público, al igual que en el artículo 43 de la Ley de Obras Públicas y Servicios Relacionados con las Mismas, la cual se sustenta en el escaso monto del contrato respectivo, a condición de que no se fraccione con objeto de no exceder los límites establecidos para tal efecto en los presupuestos de egresos de la Federación y del gobierno del Distrito Federal.

En las excepciones antes referidas se permite la adjudicación directa o la designación del cocontratante mediante el procedimiento de licitación restringida, en este último caso cuando no se trate de proveedor único.

F. *Los licitantes y sus proposiciones*

Se consideran interesados en una licitación específica, quienes, en respuesta a la convocatoria correspondiente, adquieren el pliego de condiciones o las bases de licitación respectivas; esos interesados pasan a ser oferentes o proponentes cuando formulan y presentan una oferta o propuesta para contender en la licitación, y se convierten en licitantes cuando son admitidos como tales por no incurrir en ninguno de los impedimentos preestablecidos para ello y cumplir los requisitos impuestos en la normativa aplicable; de entre ellos, uno devendrá cocontratante, de no declararse desierta la licitación.

Por tanto, interesado, oferente –o proponente– y licitante, no son sinónimos, toda vez que si bien es cierto que todos los licitantes son oferentes o proponentes y todos ellos resultan interesados en la licitación, no todos los interesados, sino sólo quienes presenten oferta o proposición, llegan a ser proponentes u oferentes, los que tampoco todos se convierten en licitantes, sino únicamente quienes son admitidos como tales por haber satisfecho los requisitos y condiciones correspondientes, previstos o detallados en la ley, en el reglamento y en las bases de la licitación, así como por no tener impedimento para serlo.

La Ley de Obras Públicas y Servicios Relacionados con las Mismas, en su artículo 35, al igual que la Ley de Adquisiciones, Arrendamientos y Servicios del Sector Público, en su artículo 36, establecen implícitamente como requisitos para ser licitante, entregar mediante sobre cerrado la propuesta técnica y económica.

Hace más de dos décadas, la legislación mexicana exigía como requisito para participar como contendiente en la licitación de contratos de obra pública y de adquisiciones, arrendamientos y servicios del sector público, el estar inscrito en el respectivo padrón de obras públicas o de proveedores, los cuales fueron suprimidos por la Ley de Adquisiciones y Obras Públicas, actualmente abrogada, sin que la nueva legislación haya restablecido la existencia de dichos padrones.

Acerca de la conveniencia o inconveniencia de que exista un padrón de posibles cocontratantes de la administración pública, se debe tener presente que ésta queda obligada a requerir de sus cocontratantes acreditar su idoneidad en tres vertientes: moral, técnica y financiera. La idoneidad moral puede presumirse, desvirtuándose por proporcionar información falsa para participar en la licitación respectiva o en otra diferente; o por actuar con dolo o mala fe en algún proceso administrativo o judicial, por citar algunos ejemplos. La idoneidad técnica y financiera, en cambio, por tratarse de hechos positivos fácilmente comprobables, deben ser acreditados por el interesado.

La inexistencia de un padrón de posibles cocontratantes de la administración pública repercute en un procedimiento de licitación más lento y laborioso, por cuanto exige en cada caso el examen y análisis de la idoneidad de los oferentes, que podría obviarse si éstos ya la hubieran acreditado previamente mediante su inscripción en el padrón respectivo; además propicia la corrupción, al permitir la proliferación de cocontratantes no idóneos, especialmente en los casos de licitaciones mediante invitación restringida y de adjudicaciones directas.

Desde las primeras leyes federales regulatorias de las adquisiciones de la administración pública y de las obras públicas, expedidas en 1965, se establecieron los respectivos padrones de proveedores y de contratistas, que perduraron en las sucesivas leyes de tales materias, hasta la entrada en vigor de la ya abrogada Ley de Adquisiciones y Obras Públicas que, en la práctica, los suprimió al no incluirlos en su articulado.

En el capítulo II de su título segundo, la abrogada Ley de Obras Públicas, publicada en el *Diario Oficial de la Federación* el 30 de diciembre de 1980, regulaba la existencia y funcionamiento del Padrón de Contratistas de Obras Públicas. De manera parecida, la también abrogada Ley de Adquisiciones, Arrendamientos y Prestación de Servicios Relacionados con Bienes Muebles, publicada en el Diario Oficial de la Federación de 8 de febrero de 1985, regulaba también, en el capítulo II de su título segundo, la existencia y funcionamiento del Padrón de Proveedores.

Bajo diversas modalidades, los padrones de contratistas y proveedores, funcionan en diversos Estados de la República, por ejemplo, la Ley de Obras Públicas del Estado de Guerrero, número 266, promulgada el 30 de junio de 2004, dedica el capítulo segundo de su título segundo a la regulación del Padrón de Contratistas de Obra Pública del Estado, y en su artículo 30, expresamente prohíbe a las dependencias y entidades de la administración pública, celebrar contratos de obra pública con recursos estatales con personas que no se encuentren inscritas en dicho padrón.

G. *Las garantías en la licitación*

La normativa jurídica debe tratar, mediante diversas medidas, de asegurar el éxito de las licitaciones de los contratos administrativos, entre otras, imponiendo a los oferentes la obligación de respaldar la seriedad de su proposición por medio del otorgamiento de una garantía. La ausencia de obligación de garantizar la seriedad de la oferta permite que ésta se haga de manera irresponsable, y hasta puede dar lugar a que algunos, deliberadamente, formulen proposiciones sin el ánimo de cumplirlas, pero en connivencia con funcionarios de la convocante, con el propósito de dar lugar a la posterior adjudicación directa del contrato respectivo.

No obstante de que se trataba de procedimientos distintos, la abrogada Ley de Adquisiciones y Obras Públicas, en su artículo 38, establecía los tipos de garantías que debían otorgar quienes participaban en las licitaciones o celebraban los contratos que regulaban dicho ordenamiento; así, esa ley, en su fracción I, determinaba que los primeros deberían garantizar la seriedad de las proposiciones en los procedimientos de licitación pública; y en el antepenúltimo de sus párrafos facultaba a los titulares de las dependencias y órganos de gobierno de las entidades para fijar las bases, forma y porcentajes a que habría de apegarse la garantía referida.

En lo concerniente a la vigencia de las garantías de seriedad, el segundo párrafo de la fracción I del artículo 38 de la abrogada Ley de Adquisiciones y Obras Públicas, disponía:

La convocante conservará en custodia las garantías de que se trate hasta la fecha del fallo, en que serán devueltas a los licitantes salvo la de aquél a quien se hubiere adjudicado el contrato, la que se retendrá hasta el momento en que el proveedor o contratista constituya la garantía de cumplimiento del contrato correspondiente.

Desgraciadamente, tanto la Ley de Obras Públicas y Servicios Relacionados con las Mismas, como la Ley de Adquisiciones, Arrendamientos y Servicios del Sector Público, no exigen la garantía de seriedad en los contratos que regulan, circunstancia que, aunada a la carencia de padrones de contratistas y proveedores, abre la posibilidad de que en las licitaciones respectivas se presenten propuestas sin el ánimo de cumplirlas, para propiciar la adjudicación directa de los contratos, con fines ilícitos.

En sus respectivos artículos 48 vigentes, tanto la Ley de Obras Públicas y Servicios Relacionados con las Mismas (artículo 48), como la Ley de Adquisiciones, Arrendamientos y Servicios del Sector Público, los proveedores y contratistas que celebren contratos regulados por tales leyes deben garantizar los anticipos que, en su caso, reciban, así como el cumplimiento de los contratos respectivos.

Respecto a las modalidades de las garantías, de acuerdo con la legislación federal mexicana, serán fijadas discrecionalmente por los titulares de las dependencias y los órganos de gobierno de las entidades convocantes; entre las más usuales figuran el depósito en efectivo, el depósito bancario, el cheque en garantía, la fianza, la carta de crédito y el aval bancario; también puede otorgarse mediante prenda o hipoteca.

H. *Los vicios en la licitación*

La inobservancia de los preceptos que rigen el procedimiento de la licitación puede viciar ésta al grado de llegar a provocar su nulidad, sin perjuicio de actuar contra los servidores públicos que incurrieron en la correspondiente infracción; nulidad y responsabilidades que pueden promover tanto la administración pública como los particulares interesados en la licitación. En su último párrafo, el artículo 15 de la Ley de Adquisiciones, Arrendamientos y Servicios del Sector Público, al igual que el mismo numeral de la Ley de Obras Públicas y Servicios Relacionados con las Mismas, dispone al respecto: "Los actos, contratos y convenios que las dependencias y entidades realicen en contravención a lo dispuesto por esta ley, serán nulos previa determinación de la autoridad competente."

Numerosos son los vicios en que se puede incurrir en el procedimiento de licitación, destacan, en orden cronológico: carencia o insuficiencia de partida presupuestal, defectos relativos a la convocatoria de la licitación, defectos relativos a las bases de la licitación, irregularidades en la apertura de ofertas, y anomalías en el fallo.

a) Carencia o insuficiencia de partida presupuestal

En el orden jurídico mexicano, de conformidad con lo dispuesto en el artículo 126 constitucional "No podrá hacerse pago alguno que no esté comprendido en el presupuesto o determinado por ley posterior", por lo que la licitación a la que convoque la administración pública sin tener la partida presupuestal correspondiente con suficiente saldo estará viciada de origen.

b) Defectos relativos a la convocatoria

Puede ocurrir que de plano se omita indebidamente la publicación de la convocatoria o que no se publique en todos los medios de comunicación en que debiera aparecer o no se haga con la debida anticipación a la presentación y apertura de proposiciones; o, en fin, que no contenga toda la información prevista en la Ley de la materia.

c) Irregularidades en la apertura de ofertas

Asimismo pueden producirse otros defectos que vicien el procedimiento de licitación, bien sea en el acto de presentación y apertura de ofertas, o por rechazar ofertas presentadas en tiempo, ya por recibirlas después de vencido el plazo respectivo o sin cumplir las formalidades previstas en la Ley de la materia; o por no levantar las actas de la presentación y apertura de proposiciones.

e) Anomalías en el fallo

De igual modo, es posible que las anomalías en el fallo de la licitación también vicien el procedimiento respectivo; pudiendo consistir, por ejemplo, en declarar indebidamente desierta la licitación; en dictar el fallo sin fundarlo en el dictamen respectivo; o se adjudique sin tomar en cuenta el precio más bajo, cuando dos o más propuestas resulten solventes y, por tanto, satisfagan la totalidad de requerimientos de la convocante; o se haga la adjudicación en favor de alguna de las personas impedidas en los términos de la Ley de la materia.

I. *Ventajas e inconvenientes de la licitación pública*

La licitación pública para la adjudicación de contratos administrativos se inspira en ciertos principios rectores, cuales son el de igualdad; el de eficacia, eficiencia y probidad en el manejo de los fondos del erario; y el de obtener las mejores condiciones posibles para la administración pública; empero, su utilización presenta aspectos a favor y en contra del interés público.

a) Ventajas

La licitación propicia la competencia de los potenciales proveedores y contratistas del sector público, lo que, en principio, redunda en mejores condiciones en cuanto a precio, calidad, oportunidad y condiciones de pago; asimismo, la licitación facilita la adjudicación a favor de quien, en condiciones de igualdad, ofrezca las condiciones más favorables y provechosas para la administración pública; de igual manera, la licitación permite el control y vigilancia de los servidores públicos encargados de la misma, por parte de todos los oferentes, lo que reduce las posibilidades de corrupción.

b) Inconvenientes

Destaca entre los principales inconvenientes de la licitación, la lentitud del procedimiento, que suele agudizarse con las inconformidades e impugnaciones hechas valer por los licitadores, dando lugar al retraso en la formulación del fallo, lo cual provoca el incremento de los costos, y, por ende, de los precios; empero, salvo contratos de urgente celebración, o de poca monta, o de único cocontratista posible, la licitación presenta mayores ventajas que inconvenientes.

VI. LA LICITACIÓN POR INVITACIÓN RESTRINGIDA

En ocasiones no conviene a la administración la realización de licitaciones públicas para seleccionar a su cocontratante en un contrato administrativo, como lo reconoce la propia Constitución General de la República en el texto vigente de su artículo 134; cuando tal ocurre podrá recurrirse, en algunos casos, a la selección mediante un procedimiento de licitación restringida, y en otros, menos frecuentes, a la adjudicación directa; uno y otro mecanismos los prevé la Ley de Adquisiciones, Arrendamientos y Servicios del Sector Público, el primero bajo la denominación de "procedimiento de invitación a cuando menos tres personas", por el que se podrá optar, en los términos del artículo 40 de dicha Ley:

En consecuencia, en el ámbito federal mexicano se puede considerar que la excepción de la licitación pública es la licitación restringida; en tanto que la excepción de la excepción viene a ser la adjudicación directa; dicho sea de otra manera: la licitación pública se habrá de sustituir, generalmente, mediante licitación restringida y, excepcionalmente, por medio de adjudicación directa. Así lo confirma la Ley de Adquisiciones, Arrendamientos y Servicios del Sector Público en el último párrafo de su artículo 42, al disponer que en el supuesto de que dos procedimientos de invitación a cuando menos tres personas hayan sido declarados desiertos, se podrá adjudicar directamente el contrato, lo cual abre amplias facilidades a la corrupción, dada la posibilidad de que deliberadamente se invite a personas que de antemano se sabe que no van a responder a la invitación.

a) Igualdad, concurrencia y competencia en la licitación privada

Los principios de igualdad y concurrencia se vulneran en la licitación privada, dada la exclusión arbitraria de un número indeterminado de potenciales interesados que no reciben invitación a participar en la misma, por lo que de esta suerte resultan discriminados; también se afecta, aun cuando en menor medida, el principio de competencia, al reducirse el número de competidores; empero, con tales restricciones, rigen de todas formas dichos principios, así como el de transparencia –este último sin limitación alguna–, aplicables los cuatro a la licitación, de los cuales nos hemos ocupado en páginas anteriores.

b) Diferencia entre licitación privada y pública

Como queda dicho, en los términos del artículo 134 constitucional, la licitación pública, es la regla general para la adjudicación de ciertos contratos administrativos, establecida para asegurar al Estado las mejores condiciones disponibles en cuanto a precio, calidad, financiamiento, oportunidad y demás circunstancias pertinentes; en tanto que la licitación cerrada o privada y la adjudicación directa vienen a ser las excepciones que confirman dicha regla, las cuales serán procedentes cuando las licitaciones públicas no resulten idóneas para asegurar las condiciones referidas.

Se manifiesta la diferencia entre licitación pública y privada, tanto en el aspecto de publicidad –la primera publica su invitación en tanto que la segunda no—, como en el universo de potenciales licitadores, que en la licitación pública puede llegar a ser enorme, en contraste con la licitación privada, en el que siempre será reducido.

c) Causas que permiten la licitación privada

La licitación privada se justifica cuando existan razones de seguridad nacional, o de que se trate de adquisición de bienes perecederos, granos y productos alimenticios básicos, o de bienes usados; o bien, de urgencia derivada de grave peligro o desastre; de escasez de proveedores; de servicios imprecisos; de licitación previa declarada desierta; de rescisión de contrato anterior; de mecanismo de adquisición inusual; o de cocontratantes campesinos o pertenecientes a grupos urbanos marginados; o bien, por tratarse de contratos de escasa cuantía. El artículo 42 de la Ley de Obras Públicas y Servicios Relacionados con las mismas, al igual que el artículo 41 de la Ley de Adquisiciones, Arrendamientos y Servicios del Sector Público, señala razones o motivos de este tipo para optar válidamente por la licitación privada.

VII. LA ADJUDICACIÓN DIRECTA

Se argumenta a favor de la adjudicación directa de los contratos administrativos, la posibilidad de celebrarlos con oportunidad, al obviarse trámites burocráticos engorrosos que impiden la adopción de decisiones rápidas, oportunas y eficaces, sustituyendo la concurrencia y competencia de potenciales cocontratantes mediante estudios de mercado, consultas y sondeos. Por el contrario, se aduce no sólo la corrupción propiciada por el amplio margen de discrecionalidad del servidor público facultado para adjudicarlo, sino el encarecimiento del precio derivado de la ausencia de concurrencia y, por ende, de competencia entre potenciales oferentes.

De conformidad con el artículo 26 de la Ley de Adquisiciones Arrendamientos y Servicios del Sector Público, las dependencias y entidades podrán celebrar contratos de adquisiciones, arrendamientos y servicios, mediante el mecanismo de adjudicación directa, el cual, teóricamente será, al igual que la licitación privada, una alternativa posible en los casos previstos en los artículos 41 y 42 de la misma Ley, y prácticamente mecanismo obligado, tratándose de proveedor único, bienes usados, servicios imprecisos, mecanismo de adquisición inusual, y de cocontratantes especiales.

VIII. INCREMENTO DE LA NORMATIVA DE LA LICITACIÓN PÚBLICA

Lamentablemente se ha incrementado el número de ordenamientos jurídicos de carácter general y obligatorio que regulan la licitación y la contratación pública en el ámbito federal, lo que propicia confusión que redunda en su mala aplicación, como son las normas internas del Poder Legislativo y del Poder Judicial para la contratación de sus compras, arrendamientos, servicios y obras públicas —por no serles aplicables la Ley de Adquisiciones, Arrendamientos y Servicios del Sector Público ni ley de Obras Públicas y Servicios Relacionados con las Mismas—, a las que se suman la Ley de Petróleos Mexicanos y la Ley de la Comisión Federal de Electricidad —ambas publicadas el 11 de agosto de 2014—, así como la Ley de Asociaciones Público Privadas, mismas que regulan de manera diferente las licitaciones y contrataciones públicas, para dar paso a un caos normativo.

IX. CONCLUSIÓN

Son numerosas las reformas de los Múltiples ordenamientos legales que rigen la licitación y la contratación públicas, sin embargo prosiguen vigentes los resquicios legales que propician la indebida adjudicación de los contratos y el incumplimiento de las respectivas obligaciones de proveedores y contratistas, por lo que ronda la impresión de que tales modificaciones a la normativa correspondiente son sólo un ejercicio de gatopardismo encaminado a cambiar todo para que todo que igual, en afán de no matar la gallina de los huevos de oro que anida la corrupción

La deficiente regulación jurídica de la licitación pública y su consecuente contratación pública, aunada al incumplimiento de contratistas y proveedores de las obligaciones contraídas en muchos contratos cubiertos con recursos federales y locales, ha dado lugar a un saqueo sin precedentes de las arcas públicas, como lo evidencian los casos de los ex–gobernadores de Veracruz, Quintana Roo, Sonora, Chihuahua, Guerrero, Michoacán, Durango, Zacatecas, Nuevo León, Tamaulipas y Coahuila, por citar sólo los más recientes cuyos ilícitos ascienden a miles de millones de dólares.

Urge revisar, unificar y corregir la normativa correspondiente a la licitación y a la contratación públicas en México, como una contribución al urgente e inaplazable combate a la corrupción.

X. BIBLIOGRAFÍA

Grau, Armando Emilio, *"Licitación (Derecho administrativo)"*, Enciclopedia Jurídica Omeba, Buenos Aires, Buenos Aires, Bibliográfica Omeba, 1964, t. XVIII.

Armienta Hernández, Gonzalo, *Tratado teórico–práctico de los recursos administrativos,* México, Porrúa, 1991.

Margain Manatou, Emilio, *El recurso administrativo en México,* 2ª ed., México, Porrúa, 1992.

Cassagne, Juan Carlos, *El contrato administrativo*, Buenos Aires, Abeledo Perrot, 1999.

Delpiazzo, Carlos. *Contratación administrativa,* Montevideo, Universidad de Montevideo, 1999.

Fernández Ruiz, Jorge, *Derecho administrativo.* Contratos, 4a. ed., México, Porrúa, 2017.

21. LA PREVENCIÓN DE LA CORRUPCIÓN Y LA CONTRATACIÓN PÚBLICA

Víctor Rafael Hernández–Mendible[*]

I. INTRODUCCIÓN

El artículo 2 de la Constitución de la República reconoce a la ética, como uno de los valores superiores del Estado social y democrático de Derecho, siendo éste justamente el origen del estudio de los controles institucionales de la lucha contra la corrupción.

Etimológicamente la palabra ética tiene su fuente en la palabra griega *ethos*, que viene a expresar la "costumbre", "el modo habitual de obrar" y desde el punto de vista sustantivo, la ética se refiere al estudio filosófico de la acción y la conducta humana analizada en su conformidad o no con la recta razón[1].

Según esto se puede definir la ética como el "conjunto de principios y normas morales que regulan las actividades humanas de acuerdo con la recta razón", constituyéndose en la primera de las ciencias prácticas[2].

Lo anterior permite afirmar que la ética nace como un principio filosófico que tiene raíces no jurídicas, pero que producto de profundas transformaciones técnicas, científicas y culturales, así como del desarrollo de la sociedad ha evolucionado hasta su introducción y plena incorporación al ordenamiento jurídico, transformándose en un principio rector tanto de la función pública, como de la vida de las personas en cualquier sociedad democrática.

---

* Doctor en Derecho. Profesor-Director del Centro de Estudios de Regulación Económica en la Universidad Monteávila (Venezuela) y profesor de la Universidad del Rosario en la Maestría de Derecho Administrativo, así como profesor invitado en la Maestría de Derecho Administrativo en la Pontificia Universidad Católica Madre y Maestra; y miembro de la Comisión Académica del Doctorado en Derecho Administrativo Iberoamericano de la Universidad de La Coruña. Miembro del Foro Iberoamericano de Derecho Administrativo, de la Asociación Iberoamericana de Estudios de Regulación, de la Red de Contratos Públicos en la Globalización Jurídica; fundador del Instituto Internacional de Derecho Administrativo, de la Asociación Iberoamericana de Derecho Administrativo, Asociación Internacional de Derecho Municipal y de la Red de Investigación de Derecho de los Bienes Públicos. www.hernandezmendible.com

1 Comadira, Julio Rodolfo, Ética pública, *Derecho Administrativo,* Universidad Nacional Autónoma de México, México, 2005, pp. 341-342.

2 Rodríguez-Arana Muñoz, Jaime, La dimensión ética de la función pública (Consideraciones Generales), *Congreso Internacional de Derecho Administrativo. X Foro Iberoamericano de Derecho Administrativo El Salvador 2011*, Corte Suprema de Justicia de El Salvador, San Salvador, 2011, p. 387.

En tal sentido se ha planteado la necesidad de un aumento cualitativo del nivel ético, pues "si la Ética es, o debe ser, una condición intrínseca a la democracia, debemos buscar fórmulas para colocar la exigencia ética en el lugar que debe ocupar"[3], lo que impone el establecimiento de los sistemas educativos que formen en los valores de libertad y democracia en un ambiente de humanización de la realidad.

Es así como se debe apostar a los valores de la libertad, la igualdad, la justicia y la democracia, pues sin valores y sin virtudes cívicas falla el fundamento de la democracia y se rebaja el grado de la dignidad de la persona humana, lo que conduce a que los ciudadanos abandonen su condición de hombres libres y responsables y actúen obsesionados únicamente por los asuntos materiales[4].

Entre la consciencia individual formada en los valores (moral autónomamente considerada, influida en muchos casos por la formación filosófica y religiosa, así como en otros por la carencia de éstas) y la moral de la sociedad (que lleva al conglomerado social a esperar de los individuos que la integran un comportamiento determinado), van a establecerse en el ordenamiento jurídico, unos principios o valores esenciales que se aspira sean exigidos por una determinada comunidad y cumplidos por todas las personas que se desenvuelven en dicha sociedad, quienes son los destinatarios de la regulación y que una vez juridificados serán premiados o sancionados por las instituciones democráticas, cuando su conducta sea conforme o contraria a las reglas que fundamentan el Estado de Derecho.

Esto ha permitido distinguir dentro de la ética, entre la privada (acciones de la persona cuyos efectos directos recaen sobre sí mismo) y la pública (acciones de la persona cuyos efectos directos se proyectan sobre los demás), lo que podría resultar relativamente sencillo cuando se trata de una persona que no es conocida, que no ejerce alguna función pública o que no tiene ningún vínculo o compromiso político o administrativo, que en principio, lo obligue a actuar de manera correcta y responsablemente rendir cuentas de sus actuaciones u omisiones al resto de la sociedad; y mucho más complejo, cuando se pretende valorar la conducta ética de quienes aspiran a ocupar cargos o empleos públicos, así como de aquellos que los desempeñan o que incluso han culminado tales responsabilidades, pero que siguen sujetos a obligaciones inherentes derivadas de su precedente actividad, en cuyo caso se torna más complicado separar cuando tales personas se comportan en el ámbito de lo privado o de lo público, para exigirles la conducta correcta.

No obstante, como bien se ha advertido "no se trata de dos Éticas radicalmente distintas, sino de dos partes o enfoques de una misma disciplina, que tiene como objeto la moralidad como cualidad que corresponde a los actos humanos por el hecho de proceder en libertad, y que determinará la consideración de los mismos como buenos o malos"[5]. En razón de ello, se sostiene que "la unidad de la persona y los principios generales de la Ética imponen su aplicación igualmente a quien está investido de un cargo público y a

3 Rodríguez-Arana Muñoz, Jaime, Estado, ciudadanos y sociedad, *Derecho Administrativo Iberoamericano. 100 autores en homenaje al postgrado de Derecho Administrativo en la Universidad Católica Andrés Bello*, tomo 1, Ediciones Paredes, Caracas, 2007, p. 449.

4 Rodríguez-Arana Muñoz, Jaime, Ob. cit., p. 450.

5 Delpiazzo, Carlos E., De la ética individual a la ética pública, *Congreso Internacional de Derecho Administrativo. X Foro Iberoamericano de Derecho Administrativo El Salvador 2011*, Corte Suprema de Justicia de El Salvador, San Salvador, 2011, p. 789.

quien se encuentra en un ámbito privado o en su hogar, por lo que resulta incoherente cambiar de principios éticos según que uno se encuentre en un acto público o en una reunión particular"[6].

Más allá de estas dificultades, para nadie es un secreto que en la sociedad actual el desempeño de la función pública se encuentra en tela de juicio por la opinión pública, es así como en cualquier encuesta, sondeo de opinión o medición de aceptación, se pone de manifiesto la desconfianza que tienen las personas hacia la dirigencia política, los funcionarios públicos y las instituciones del Estado, entre otras razones por la falta de transparencia, ausencia de responsabilidad y la carencia de ética en la gestión de los asuntos públicos.

Pero no se puede soslayar, que el sector privado no escapa a muchos de los cuestionamientos que se le pueden efectuar al sector público, más aún, después del estallido de la crisis económica mundial, que puso de relieve la falta de transparencia, la irresponsabilidad y la escasa, si no, ausencia absoluta de ética en la gerencia privada de algunas de las principales corporaciones financieras mundiales.

Una de las manifestaciones de la carencia de ética es la corrupción, que no es un fenómeno nuevo, tal como ha señalado Séneca, es un mal de los hombres y no un mal de los tiempos.

Es así como la corrupción se puede manifestar a través de una convención o concierto de voluntades, donde una de las personas que tiene algún tipo de responsabilidad o poder sobre bienes o recursos públicos, permite, tolera o acepta su uso, administración, disfrute o apropiación en contravención a la legalidad.

Ello no significa desconocer que los bienes y recursos privados, también pueden ser utilizados por quienes estando en una situación de ventaja, favorable para ello, disponen de poder o dirección en una organización privada, para emplearlos en su beneficio personal, en contravención a las reglas jurídicas, de autorregulación y las éticas que deben informar la gestión privada, traduciendo esto último en la sociedad actual en una contravención a los principios del buen gobierno corporativo.

Por tanto, el flagelo de la corrupción se puede manifestar tanto a nivel público como privado y deriva en relevantes consecuencias negativas para la sociedad, lo que ha generado una notable preocupación de las organizaciones en la comunidad internacional, que se han enfocado en el estudio del problema, mediante la promoción de foros, conferencias y congresos, la suscripción de instrumentos internacionales, dirigidos a proteger a la sociedad, rescatar a las instituciones democráticas y promover las condiciones para prevenirla y combatirla eficazmente y erradicarla de manera definitiva de la sociedad a nivel global.

Si bien la corrupción se ha transformado en una pandemia que afecta a todas las sociedades y que corroe tanto a las instituciones públicas como a las corporaciones privadas, igual en los países desarrollados que en aquellos en vías de desarrollo, con la particularidad que cuando se descubre en los primeros, parecen existir mecanismos más eficaces para determinar las responsabilidades e imponer los correctivos y sanciones que correspondan; mientras que en los segundos, donde las instituciones democráticas presentan mayor debilidad y las sociedades tienen menor consciencia crítica de las conse-

6 Delpiazzo, Carlos E., Ob. cit., p. 790.

cuencias negativas que le genera la tolerancia a la corrupción y la impunidad, la exigencia de rendición de cuentas y la determinación de las responsabilidades no reporta la transcendencia social que debería, para que las personas se sientan motivadas a exigir la efectiva aplicación de los controles institucionales y de las consecuencias que se deriven de los mismos[7].

En la doctrina científica se ha sostenido que algunas de las justificaciones de la corrupción pueden derivar de razones económicas, jurídico–institucionales, culturales y morales[8].

Al respecto se señalan entre las económicas, el permitir o tolerar la existencia o constitución de prácticas monopólicas, que concentran el poder económico, actúan sin controles efectivos y conducen al desarrollo de conductas ilícitas para aumentar su poder; en lo atinente a las jurídico–institucionales, se encuentran las insuficiencias o carencias normativas, la debilidad de los controles institucionales, la ineficiencia de la Administración Pública en lograr sus cometidos, la escasa remuneración y falta de preparación de los funcionarios públicos, la poca transparencia en las reglas de contratación, la disfunción del sistema de justicia y la impunidad en las sanciones de aquellas personas que tienen las mayores responsabilidades políticas y gubernamentales; en el plano cultural, la creencia o convicción que los bienes públicos no tienen dueños que los reclamen, sino que se encuentran allí para quienes los necesiten, a lo que se suman las "sociedades de cómplices", donde no existe ninguna sanción social a quienes se apoderan de los bienes que no le pertenecen, por el contrario se le premia y reconoce públicamente como inteligentes, astutos y muy vivos; en el plano moral, la mayor justificación es la ausencia de valores y la carencia de referentes éticos, "si todos lo hacen es porque debe ser lo correcto".

Todos estos factores han contribuido al progreso alcanzado por la corrupción, que ha sido inversamente proporcional al nivel de corrosión de las instituciones democráticas.

Es por ello que al igual que sucede en el mundo contemporáneo con la mayoría de las instituciones, el régimen jurídico del combate o lucha contra la corrupción, es un tema de plena actualidad que ha traspasado las fronteras nacionales y que ha demandado la intervención de las organizaciones internacionales.

Es así como se aprecia que el ordenamiento jurídico constituye una herramienta en la lucha contra la corrupción y que éste tiene como fundamento textos de origen internacional y nacional, que serán analizados en este trabajo.

7 Picado, Sonia advierte que "... la ausencia de corrupción, o la presencia de niveles bajísimos, no necesariamente nos hará más ricos, pero la combinación de altos niveles y la sensación de impunidad (aunque solo fuera eso una sensación) definitivamente obstruyen nuestras posibilidades de mejorar en cualquiera de los campos que contribuye al desarrollo humano. Esto último, especialmente, nos debería indicar que el problema, o más bien, su capacidad de limitar las opciones de una sociedad en materia de desarrollo, estaría entonces no en la presencia o en la ausencia del fenómeno, sino en la forma como se le enfrente". Ética Pública y Corrupción, *El derecho público a comienzos del siglo XXI. Estudios en Homenaje al profesor Allan R. Brewer Carías*, Tomo III, Thomson-Civitas, Madrid, 2003, p. 3380.

8 Joaquín González, *Corrupción y justicia democrática,* Ed. Clamores, Madrid, 2000, p. 107.

II. EL FUNDAMENTO INTERNACIONAL DEL COMBATE CONTRA LA CORRUPCIÓN

El marco normativo de la lucha contra la corrupción se ha configurado internacionalmente a través de la realización de conferencias y convenciones, así como de la producción de declaraciones, instrumentos y resoluciones, que se han venido adoptando durante los últimos cuarenta años, dirigidas a fomentar la construcción de un ordenamiento jurídico homogéneo en los distintos países que integran la comunidad internacional.

En lo concerniente al escenario internacional, fue en la ciudad de Caracas, donde se suscribió la Convención Interamericana contra la Corrupción, el día 29 de marzo de 1996, que luego fue ratificado por el Congreso de la República y finalmente se convirtió en ley[9].

Posteriormente, en el marco de la Cumbre del Foro Económico Mundial de Davos en enero de 1999, el Secretario General de la Organización de las Naciones Unidas anunció el Pacto Mundial o *Global Compact*, que se pondría en ejecución hasta julio de 2000 y que constituía hasta ese momento la iniciativa internacional más audaz sobre el particular, al establecer como objetivo fomentar la ciudadanía corporativa, involucrando a las empresas en la gestión y solución de los retos sociales y medio ambientales, surgidos en el marco de la globalización o mundialización.

Originalmente, el Pacto Mundial se encontraba conformado por 9 principios que tenían como fundamento la Declaración Universal de Derechos Humanos, la Declaración de la Organización Internacional del Trabajo sobre principios fundamentales y derechos laborales, así como la Declaración de Río sobre Medio Ambiente y Desarrollo.

El día 31 de octubre de 2003, se aprobó la Convención de las Naciones Unidas contra la Corrupción, por lo que a mediados de 2004 se resolvió reforzar estos nueve principios con un décimo, dirigido a la lucha contra la corrupción, fundamentado en la Convención de las Naciones Unidas contra la Corrupción. Así se tiene que los diez principios del Pacto Mundial se concretan en los siguientes puntos:

Primero: Las empresas deben apoyar y respetar la protección de los derechos humanos fundamentales, reconocidos internacionalmente, dentro de su ámbito de influencia.

Segundo: Los empresarios deben asegurarse de que sus empresas no son cómplices en la vulneración de los derechos humanos.

Tercero: Las empresas deben apoyar la libertad de asociación y el reconocimiento efectivo del derecho a la negociación colectiva.

Cuarto: Las empresas deben apoyar la eliminación de toda forma de trabajo forzoso o realizado bajo coacción.

Quinto: Las empresas deben apoyar la erradicación del trabajo infantil.

Sexto: Las empresas deben apoyar la abolición de las prácticas de discriminación en el empleo y la ocupación.

Séptimo: Las empresas deberán mantener un enfoque preventivo que favorezca el medio ambiente.

---

9 *Gaceta Oficial* N° 36.211, de 22 de mayo de 1997.

Octavo: Las empresas deben fomentar las iniciativas que promuevan una mayor responsabilidad ambiental.

Noveno: Las empresas deben favorecer el desarrollo y la difusión de las tecnologías respetuosas con el medio ambiente.

Décimo: Las empresas deben trabajar contra la corrupción en todas sus formas, incluidas la extorsión y el soborno.

El Pacto Mundial sienta los cimientos para que las organizaciones empresariales asuman voluntariamente como propios, los retos que plantea la sociedad mundial a comienzos de siglo, para contribuir al desarrollo sostenible de la comunidad internacional y local. A esta iniciativa se pueden sumar tanto los respectivos gobiernos como las organizaciones no gubernamentales.

En Venezuela, la Convención de las Nacionales Unidas contra la Corrupción, fue ratificada y es ley de la República[10].

Estos antecedentes del origen internacional, junto a las iniciativas regionales desarrolladas fundamentalmente por organizaciones no gubernamentales, permiten establecer los cimientos que dan soporte al Derecho contra la corrupción, en cada uno de los países del continente americano.

De allí que por ser comunes a todos los países, no serán objeto de mayor desarrollo, dado el espacio que se tiene para efectuar la presente exposición. Seguidamente se procederá a desarrollar el marco jurídico nacional que sirve de sustento al Derecho contra la corrupción.

III. EL FUNDAMENTO CONSTITUCIONAL DEL COMBATE CONTRA LA CORRUPCIÓN

En el ordenamiento jurídico existen disposiciones de origen nacional que sientan los cimientos constitucionales de la lucha contra la corrupción tanto a nivel público como privado.

En efecto, el artículo 2 de la Constitución reconoce un Estado social y democrático de Derecho, que se inspira en los valores superiores de la libertad, la justicia, la igualdad, la solidaridad, la responsabilidad social y la preeminencia de los derechos humanos, la ética y el pluralismo político. Este Estado tiene como fines esenciales el desarrollo de la persona, el respeto a la dignidad humana, la promoción de la prosperidad, el bienestar y la garantía del cumplimiento de los principios, derechos y deberes reconocidos en la Constitución.

Es importante resaltar que siendo la Constitución la norma suprema o la norma de normas, tanto los ciudadanos como los órganos que ejercen el Poder Público deben actuar con estricta sujeción a ella y es por ello que corresponde analizar, lo que se ha dispuesto en el ordenamiento constitucional a los fines de combatir la corrupción.

3.1. El marco institucional de la lucha contra la corrupción

Desde la perspectiva institucional, la Constitución establece la existencia de distintos órganos de control:

---

10 *Gaceta Oficial* N° 38.192, de 23 de mayo de 2005.

En principio, el órgano de control por antonomasia es la Asamblea Nacional, que ejerce el Poder Legislativo Nacional[11], a nivel regional es el Consejo Legislativo[12] y a nivel municipal es el Concejo o Cámara Municipal[13], que tienen atribuida la competencia para ejercer las funciones de control sobre el gobierno y la Administración Pública nacional, regional o local respectivamente.

El órgano legislativo nacional ejerce las funciones de control a través de los siguientes mecanismos: Las interpelaciones, las investigaciones, las preguntas, las autorizaciones y las aprobaciones parlamentarias previstas en la Constitución y la ley. El órgano parlamentario puede declarar la responsabilidad política y con fundamento en el principio de colaboración de los órganos que ejercen el Poder Público, puede instar al Poder Ciudadano que ejerza las acciones a que haya lugar para hacer efectiva tal responsabilidad[14].

La anterior referencia lleva a efectuar una digresión respecto a la integración de la organización estatal en Venezuela. Es así como los órganos que ejercen el Poder Público Nacional, según la concepción pentapartita de distribución del Poder establecida en la Constitución, son: Ejecutivo, Legislativo, Judicial, Ciudadano (integrado por la Contraloría General de la República, el Ministerio Público y la Defensoría del Pueblo) y Electoral[15]. Todos ellos son órganos que ejercen el Poder Público en la entidad político territorial denominada República, quien ostenta la personificación jurídica del Estado, tanto en el ámbito nacional como internacional[16].

Justamente corresponde a los órganos que ejercen el Poder Ciudadano prevenir, investigar y sancionar los hechos que atenten contra la ética pública y la moral administrativa; velar por la buena gestión y la legalidad en el uso del patrimonio público, el cumplimiento y la aplicación del principio de la legalidad en toda la actividad administrativa del Estado[17] y que la gestión fiscal sea ejecutada con fundamento en los principios de eficiencia, solvencia, transparencia, responsabilidad y equilibrio fiscal[18].

En concreto, se debe destacar que los órganos de control, vigilancia y fiscalización de los ingresos, gastos y bienes públicos nacionales, estadales y municipales son la Contraloría General de la República[19], la Contraloría Estadal[20] y la Contralo-ría Municipal[21] respectivamente.

---

11 Artículo 187.3 de la Constitución.

12 Artículo 162 de la Constitución.

13 Artículo 168.2 de la Constitución.

14 Artículo 222 de la Constitución.

15 Artículo 136 de la Constitución.

16 Corte Suprema de Justicia en Sala Político Administrativa, sentencia de 20 de enero de 1983, expresó que "... desde que entró en vigencia la actual Constitución [23 de enero de 1961], en el campo jurídico venezolano tienen igual significación los términos de República y Estado, aunque esta última expresión será preferentemente empleada cuando se trate de distinguir las actividades públicas de las actividades privadas".

17 Artículo 274 de la Constitución.

18 Artículo 311 de la Constitución.

19 Artículo 287 de la Constitución.

20 Artículo 163 de la Constitución.

21 Artículo 176 de la Constitución.

3.2. El reconocimiento del derecho de los ciudadanos a una gestión transparente

La Administración Pública debe actuar al servicio de los ciudadanos, con fundamento en los principios de honestidad, eficiencia, eficacia, transparencia, rendición de cuentas y responsabilidad en el ejercicio de la función pública, con sometimiento pleno a la ley y al Derecho[22]. Como contrapartida a este deber esperable y exigible de la Administración Pública, se encuentra el derecho de los ciudadanos a ser informados oportuna y verazmente, sobre el estado de las actuaciones en que estén directamente interesados y a conocer las resoluciones definitivas que se adopten sobre el particular[23].

En virtud de ello tienen derecho a tener acceso a los archivos y registros administrativos, sin perjuicio de los límites aceptables dentro de una sociedad democrática en asuntos relacionados con la seguridad interior y exterior, a la investigación criminal y a la intimidad de la vida privada, conforme a la ley que regula la materia de clasificación de documentos de contenido confidencial o secreto. La propia Constitución prohíbe la censura a los funcionarios públicos que sean requeridos a informar sobre los asuntos bajo su responsabilidad[24].

3.3. Las conductas exigibles a los funcionarios

Los funcionarios están al servicio del Estado y no de parcialidad política alguna, estando impedidos de celebrar contratos con las entidades públicas, directamente o a través de interpuesta persona, ni en representación de otras, salvo las excepciones establecidas en el ordenamiento jurídico[25].

Existe una prohibición a desempeñar más de un cargo público remunerado, salvo los académicos, accidentales, asistenciales o docentes de conformidad con las leyes. En cualquier caso, la aceptación de un segundo destino que no sea de los exceptuados en la Constitución, implícitamente supone la renuncia del primero, salvo cuando se trate de suplentes, mientras no reemplacen definitivamente al principal[26].

3.4. Las sanciones contempladas en casos de corrupción

Aunque en principio la Constitución prohíbe la confiscación, admite que excepcionalmente podrán ser objeto de tal medida extintiva de la propiedad, los bienes de las personas que hayan sido declarados responsables de delitos cometidos contra el patrimonio público, siempre que medie una sentencia firme, así como los bienes de quienes se hayan enriquecido ilícitamente al amparo del Poder Público[27].

Cabe destacar que la Constitución prohíbe que sea negada la extradición de los extranjeros responsables de delitos de legitimación de capitales, delincuencia organizada internacional y delitos contra el patrimonio de otros Estados.

---

22 Artículo 141 de la Constitución.

23 Artículo 143 de la Constitución.

24 Artículo 143 de la Constitución.

25 Artículo 145 de la Constitución.

26 Artículo 148 de la Constitución.

27 Artículo 116 de la Constitución.

Además, el texto constitucional establece que no se admite la prescripción de las acciones judiciales, dirigidas a sancionar los delitos contra el patrimonio público[28].

IV. EL FUNDAMENTO LEGAL DEL COMBATE CONTRA LA CORRUPCIÓN

Seguidamente se procederá a efectuar una mención en orden cronológico de las leyes que en desarrollo de la Constitución, integran el régimen jurídico contra la corrupción. Es pertinente mencionar que estos textos legales, contienen dos tipos de normas: una que contemplan sanciones de naturaleza administrativa y otras que establecen delitos y penas.

4.1. La Ley Orgánica del Poder Ciudadano

La Ley Orgánica del Poder Ciudadano[29], tiene como finalidad regular a uno de los órganos del Poder Público Nacional, que lo ejercen colegiadamente la Defensoría del Pueblo, el Ministerio Público y la Contraloría General de la República, a través del órgano denominado Consejo Moral Republicano[30], que tiene entre otras las siguientes competencias[31]:

1. Prevenir, investigar y sancionar los hechos que atenten contra la ética pública y la moral administrativa.

2. Velar por la buena gestión y la legalidad en el uso del patrimonio público.

3. Velar por el cumplimiento de los principios constitucionales del debido proceso y de la legalidad, en toda la actividad administrativa del Estado.

4. Calificar las faltas graves que hubieren cometido los magistrados del Tribunal Supremo de Justicia.

5. Intentar por órgano del Ministerio Público las acciones a que haya lugar, para hacer efectiva la responsabilidad de los funcionarios públicos, que hayan sido declarados políticamente responsables por el Poder Legislativo, en ejercicio de su competencia de control.

6. Imponer a las autoridades y demás funcionarios de la Administración Pública las sanciones establecidas en la Ley.

7. Remitir a los órganos competentes las denuncias, solicitudes y actuaciones cuyo conocimiento les corresponda, sin perjuicio de la actuación que pueda corresponderle conforme a la Ley.

A los efectos de la imposición de las sanciones, el legislador definió qué se debe entender por ética pública y moral administrativa. En tal sentido señala[32]:

Se considera que la ética pública consiste en el "sometimiento de la actividad que desarrollan los servidores públicos, a los principios de honestidad, equidad, decoro, lealtad, vocación de servicio, disciplina, eficacia, responsabilidad, transparencia y pulcritud".

---

28 Artículo 271 de la Constitución.

29 *Gaceta Oficial* Nº 37.310, de 25 de octubre de 2001.

30 Artículos 1 y 9 de la Ley Orgánica del Poder Ciudadano.

31 Artículo 10 de la Ley Orgánica del Poder Ciudadano.

32 Artículo 6 de la Ley Orgánica del Poder Ciudadano.

Por otra parte, la moral administrativa, es considerada como "la obligación que tienen los funcionarios, empleados y obreros, de los organismos públicos, de actuar dando preeminencia a los intereses de Estado, por encima de los intereses de naturaleza particular o de grupos, dirigidos a la satisfacción de las necesidades colectivas".

Efectuada esta definición, la Ley realiza una precisión adicional. Bajo el epígrafe "*De las sanciones*", señala que se entiende "que atentan contra la ética pública y la moral administrativa, los funcionarios públicos o funcionarias públicas, que cometan hechos contrarios a los principios de honestidad, equidad, decoro, lealtad, vocación de servicio, disciplina, eficacia, responsabilidad, puntualidad y transparencia"[33].

A los fines de no dejar a la libre interpretación del operador jurídico que se entiende por tales principios, que deben orientar el quehacer de los funcionaros públicos, procede a definirlos de la siguiente manera:

a) La honestidad obliga a todo funcionario público a actuar con probidad y honradez, lo cual excluye cualquier comportamiento en desmedro del interés colectivo.

b) La equidad obliga a todo funcionario público a actuar, respecto de las personas que demanden o soliciten su servicio, sin ningún tipo de preferencias y sólo en razón del mérito, legalidad, motivaciones objetivas con base al principio constitucional de la no discriminación, y sin consideraciones ajenas al fondo del asunto y a la justicia.

c) El decoro impone a todo funcionario público la obligación de comunicarse en un lenguaje adecuado y con respeto en la manera de conducirse durante el ejercicio de las funciones y tareas asignadas.

d) La lealtad impone para todo funcionario público la obligación de respetar el ejercicio legítimo de las funciones encomendadas a otras instituciones; de ponderar, en el ejercicio de las funciones propias, la totalidad de los intereses públicos implicados, y la fidelidad, constancia y solidaridad con el ente en el cual presta sus servicios.

e) La vocación de servicio implica que los funcionarios públicos están al servicio de las personas y en su actuación darán preferencia a los requerimientos de la población y a la satisfacción de sus necesidades, con exclusión de conductas, motivaciones e intereses distintos de aquellos del ente para el cual prestan sus servicios.

f) La disciplina comporta la observancia y estricto cumplimiento al orden legal establecido, por parte de los funcionarios públicos.

g) La eficacia entraña el deber de todo funcionario público de dar cumplimiento óptimo y en el menor tiempo posible a los objetivos y metas fijados en las normas, planes y compromisos de gestión, bajo la orientación de políticas y estrategias establecidas por los órganos del Poder Público Nacional.

h) La responsabilidad significa la disposición y diligencia en el ejercicio de las competencias, funciones y tareas encomendadas, tomar la iniciativa de ofrecerse a realizarlas, así como la permanente disposición a rendir cuentas y a asumir las consecuencias de la conducta, sin excusas de ninguna naturaleza, cuando se requiera o juzgue obligatorio.

i) La puntualidad exige de todo funcionario público que los compromisos contraídos y las tareas, encargos y trabajos asignados sean cumplidos eficazmente, dentro de los lapsos establecidos en las normas o los que se haya convenido a tal efecto.

---

33 Artículo 45 de la Ley Orgánica del Poder Ciudadano.

j) La transparencia exige de todo funcionario público la ejecución diáfana de los actos de servicio y el respeto del derecho de toda persona a conocer la verdad, sin omitirla, ni falsearla, en observancia de las garantías establecidas en el artículo 143 de la Constitución.

Las sanciones que se pueden imponer por el incumplimiento de los principios que informan las definiciones de ética pública y moral administrativa, son la amonestación y la censura[34]. La primera, la amonestación "consiste en la comunicación escrita dirigida al sancionado, mediante la cual se describe el acto, hecho u omisión en el que hubiere incurrido y que atente contra la ética pública o la moral administrativa, instándole a corregir su conducta y previniéndole sobre la aplicación de sanciones más severas en caso de contumacia[35]".

La segunda, la censura "constituye la manifestación pública dirigida al sancionado, en la que se le reprocha un acto, hecho u omisión de tal connotación que infringe de manera intolerable, perjudicial o notoria, los deberes que sustentan los valores trascendentales de la República. Se aplicará también la censura pública a los sancionados que, habiendo sido amonestados por el Consejo Moral Republicano, mantengan su actitud contumaz"[36]. Una vez que ésta quede firme será difundida por los medios de comunicación.

Una vez que el Consejo Moral Republicano impone la sanción de censura pública, si el destinatario se declara contumaz o en rebeldía para acatarla, éste podrá elaborar un informe y recomendar o solicitar a la autoridad competente la imposición de la suspensión, remoción o destitución del funcionario censurado[37].

4.2. La Ley del Estatuto de la Función Pública

La Ley del Estatuto de la Función Pública[38] tiene por objeto regular las relaciones de empleo público entre los funcionarios públicos y las Administraciones Públicas, estableciendo un sistema de dirección y de gestión de la función pública y de articulación de la carrera; así como el sistema de administración de personal, el cual incluye la planificación de recursos humanos, procesos de reclutamiento, selección, ingreso, inducción, capacitación y desarrollo, planificación de la carrera, evaluación de méritos, ascensos, traslados, transferencia, valoración y clasificación de cargos, escalas de sueldos, permisos y licencias, régimen disciplinario y normas para el retiro[39].

Este texto normativo establece dos modalidades de sanciones disciplinarias: La amonestación escrita y la destitución.

Se tipificaron como causales de amonestación escrita, entre otras, las siguientes:[40]

1. Negligencia en el cumplimiento de los deberes inherentes al cargo.

---

34 Artículo 47 de la Ley Orgánica del Poder Ciudadano.

35 Artículo 48 de la Ley Organica del Poder Ciudadano.

36 Artículo 49 de la Ley Orgánica del Poder Ciudadano.

37 Artículo 51 de la Ley Orgánica del Poder Ciudadano.

38 *Gaceta Oficial* N° 37.522, de 6 de septiembre de 2002.

39 Artículos 1 y 9 de la Ley del Estatuto de la Función Pública.

40 Artículo 83 de la Ley del Estatuto de la Función Pública.

2. Perjuicio material causado por negligencia manifiesta a los bienes de la República, siempre que la gravedad del perjuicio no amerite su destitución.

3. Realizar campaña o propaganda de tipo político o proselitista, así como solicitar o recibir dinero u otros bienes para los mismos fines, en los lugares de trabajo.

4. Recomendar a personas determinadas para obtener beneficios o ventajas en la función pública.

En tanto que se tipificaron como causales de destitución, en otras, las siguientes[41]:

1. La adopción de resoluciones, acuerdos o decisiones declarados manifiestamente ilegales por el órgano competente, o que causen graves daños al interés público, al patrimonio de la Administración Pública o al de los ciudadanos. Los funcionarios públicos que hayan coadyuvado en alguna forma a la adopción de tales decisiones estarán igualmente incursos en la presente causal.

2. La falta de probidad, vías de hecho, injuria, insubordinación, conducta inmoral en el trabajo o acto lesivo al buen nombre o a los intereses del órgano o ente de la Administración Pública.

3. La arbitrariedad en el uso de la autoridad que cause perjuicio a los subordinados o al servicio.

4. El perjuicio material severo causado intencionalmente o por negligencia manifiesta al patrimonio de la República.

5. La condena penal o auto de responsabilidad administrativa dictado por la Contraloría General de la República.

6. La solicitud o recepción de dinero o cualquier otro beneficio, valiéndose de su condición de funcionario público.

7. La revelación de asuntos reservados, confidenciales o secretos de los cuales el funcionario público tenga conocimiento por su condición de tal.

8. La participación por sí o por interpuestas personas, en firmas o sociedades que estén relacionadas con el respectivo órgano o ente, cuando estas relaciones estén vinculadas directa o indirectamente con el cargo que se desempeña.

Cabe destacar, que las antes mencionadas no son las únicas infracciones y sanciones disciplinarias tipificadas en la Ley de Estatuto de la Función Pública, pero si las relacionadas con el objeto del presente análisis.

4.3. La Ley Orgánica de la Contraloría General de la República y el Sistema Nacional de Control Fiscal

La Ley Orgánica de la Contraloría General de la República y el Sistema Nacional de Control Fiscal[42] tiene por objeto regular las funciones de la Contraloría General de la República, el Sistema Nacional de Control Fiscal y la participación de los ciudadanos en el ejercicio de la función de control[43].

41 Artículo 84 de la Ley del Estatuto de la Función Pública.

42 *Gaceta Oficial* N° 6.013, de 23 de diciembre de 2010.

43 Artículo 1 de la Ley Orgánica de la Contraloría General de la República y el Sistema Nacional de Control Fiscal.

La Contraloría General de la República tiene atribuida la competencia de control, vigilancia y fiscalización de los ingresos, gastos y bienes públicos, así como de las operaciones relativas a los mismos, cuyas actuaciones se orientarán a la realización de auditorías, inspecciones y cualquier tipo de revisiones fiscales en los organismos y entidades sujetos a su control. En ejercicio de sus funciones, verificará la legalidad, exactitud y sinceridad, así como la eficacia, economía, eficiencia, calidad e impacto de las operaciones y de los resultados de la gestión de los organismos y entidades sujetos a su control[44].

El legislador define el Sistema Nacional de Control Fiscal como el "conjunto de órganos, estructuras, recursos y procesos, que integrados bajo la rectoría de la Contraloría General de la República, interactúan coordinadamente a fin de lograr la unidad de dirección de los sistemas y procedimientos de control que coadyuven al logro de los objetivos generales de los distintos entes y órganos sujetos a la Ley, así como también al buen funcionamiento de la Administración Pública"[45].

Tal Sistema tiene como objetivo fortalecer la capacidad del Estado para ejecutar eficazmente su función de gobierno, lograr la transparencia y la eficiencia en el manejo de los recursos del sector público y establecer la responsabilidad por la comisión de irregularidades relacionadas con la gestión por las entidades sometidas a la Ley[46].

Se encuentran tipificados como supuestos generadores de responsabilidad administrativa los actos, hechos u omisiones que se mencionan seguidamente[47]:

1. La adquisición de bienes, la contratación de obras o de servicios, con inobservancia total o parcial del procedimiento de selección de contratistas que corresponda en cada caso, según lo previsto en la Ley de Contrataciones Públicas[48], su Reglamento y en las demás normas aplicables.

2. La omisión, retardo, negligencia o imprudencia en la preservación y salvaguarda de los bienes o derechos del patrimonio de un ente u órgano público.

3. El no haber exigido garantía a quien deba prestarla o haberla aceptado insuficientemente.

4. La celebración de contratos por funcionarios públicos, por interpuesta persona o en representación de otro, con los entes u órganos públicos, salvo las excepciones que establezcan las Leyes.

5. La utilización en obras o servicios de índole particular, de trabajadores, bienes o recursos que por cualquier título estén afectados o destinados a los entes y órganos públicos.

---

44 Artículo 2 de la Ley Orgánica de la Contraloría General de la República y el Sistema Nacional de Control Fiscal.

45 Artículo 4 de la Ley Orgánica de la Contraloría General de la República y el Sistema Nacional de Control Fiscal.

46 Artículo 23 de la Ley Orgánica de la Contraloría General de la República y el Sistema Nacional de Control Fiscal.

47 Artículo 91 de la Ley Organica de la Contraloría General de la República y el Sistema Nacional de Control Fiscal.

48 Allan R. Brewer-Carías, Víctor R. Hernández-Mendible et al, *Ley de Contrataciones Públicas*. 4ª ed., actualizada y aumentada, Editorial Jurídica Venezolana, Caracas, 2014.

6. La expedición ilegal o no ajustada a la verdad de licencias, certificaciones, autorizaciones, aprobaciones, permisos o cualquier otro documento en un procedimiento relacionado con la gestión de los entes y órganos públicos, incluyendo los que se emitan en ejercicio de funciones de control.

7. La ordenación de pagos por bienes, obras o servicios no suministrados, realizados o ejecutados, total o parcialmente, o no contratados, así como por concepto de prestaciones, utilidades, bonificaciones, dividendos, dietas u otros conceptos, que en alguna manera discrepen de las normas que las consagran. En estos casos la responsabilidad corresponderá a los funcionarios que intervinieron en el procedimiento de ordenación del pago por cuyo hecho, acto u omisión se haya generado la irregularidad.

8. El endeudamiento o la realización de operaciones de crédito público con inobservancia de la Ley Orgánica de la Administración Financiera del Sector Público o de las demás Leyes, reglamentos y contratos que regulen dichas operaciones o en contravención al plan de organización, las políticas, normativa interna, los manuales de sistemas y procedimientos que comprenden el control interno.

9. La omisión del control previo.

10. La falta de planificación, así como el incumplimiento injustificado de las metas señaladas en los correspondientes programas o proyectos.

11. La afectación específica de ingresos sin liquidarlos o enterarlos al Tesoro o patrimonio del ente u organismo de que se trate, salvo las excepciones contempladas en las Leyes especiales que regulen esta materia.

12. La realización de gastos o adquisición de compromisos de cualquier naturaleza que puedan afectar la responsabilidad de los entes y órganos públicos, sin autorización legal previa para ello, o sin disponer presupuestariamente de los recursos necesarios para hacerlo; salvo que tales operaciones sean efectuadas en situaciones de emergencia evidente, como en casos de catástrofes naturales, calamidades públicas, conflicto interior o exterior u otros análogos, cuya magnitud exija su urgente realización, pero informando de manera inmediata a los respectivos órganos de control fiscal, a fin de que procedan a tomar las medidas que estimen convenientes, dentro de los límites de esta Ley.

13. La apertura con fondos de un ente u órgano público, en entidades financieras, cuenta bancaria a nombre propio o de un tercero, o depositar dichos fondos en cuenta personal ya abierta, o sobregirarse en las cuentas que en una o varias de dichas entidades, tenga el organismo público confiado a su manejo, administración o giro.

14. El pago, uso o disposición ilegal de los fondos u otros bienes de que sean responsables el particular o funcionario respectivo, salvo que éstos comprueben haber procedido en cumplimiento de orden de funcionario competente y haberle advertido por escrito la ilegalidad de la orden recibida, sin perjuicio de la responsabilidad de quien impartió la orden.

15. La aprobación o autorización con sus votos, de pagos ilegales o indebidos, por parte de los miembros de las juntas directivas o de los cuerpos colegiados encargados de la administración del patrimonio de los entes y órganos públicos, incluyendo a los miembros de los cuerpos colegiados que ejercen la función legislativa en los Estados, Distritos, Distritos Metropolitanos y Municipios.

16. El ocultar, permitir el acaparamiento o negar injustificadamente a los usuarios, las planillas, formularios, formatos o especies fiscales, tales como timbres fiscales y papel sellado, cuyo suministro corresponde a alguno de los entes y órganos públicos.

17. La adquisición, uso o contratación de bienes, obras o servicios que excedan manifiestamente a las necesidades del organismo, sin razones que lo justifiquen.

18. La autorización de gastos en celebraciones y agasajos que no se correspondan con las necesidades estrictamente protocolares del organismo.

19. La negligencia que permita prescribir o permita que desmejoren acciones o derechos de los entes y órganos públicos, por no hacerlos valer oportunamente o hacerlo negligentemente.

20. El concierto con los interesados para que se produzca un determinado resultado, o la utilización de maniobras o artificios conducentes a ese fin, que realice un funcionario al intervenir, por razón de su cargo, en la celebración de algún contrato, concesión, licitación, en la liquidación de haberes o efectos del patrimonio de entes y órganos públicos, o en el suministro de los mismos.

21. Las actuaciones simuladas o fraudulentas en la administración o gestión de alguno de los entes y órganos públicos.

22. El empleo de fondos de alguno de los entes y órganos públicos, en finalidades diferentes de aquellas a que estuvieron destinados por Ley, reglamento o cualquier otra norma, incluida la normativa interna o acto administrativo.

23. La orden de iniciar la ejecución de contratos en contravención a una norma legal o sublegal, al plan de organización, las políticas, normativa interna, los manuales de sistemas y procedimientos que comprenden el control interno.

24. La negativa estando obligado a ello, a permitir las visitas de inspección o fiscalización de los órganos de control o que no les suministraren los libros, facturas y demás documentos que requieren para el mejor cumplimiento de sus funciones.

25. El incumplimiento de la obligación a rendir cuenta, en la debida oportunidad, sin justificación o que las presentaren reiteradamente incorrectas o no prestaren las facilidades requeridas para la revisión.

26. El incumplimiento de las normas e instrucciones de control dictadas por la Contraloría General de la República.

27. La designación de funcionarios que hubieren sido declarados inhabilitados por la Contraloría General de la República.

28. La retención o el retardo injustificado en el pago o en la tramitación de órdenes de pago.

29. Cualquier otro acto, hecho u omisión contrario a una norma legal o sublegal al plan de organización, las políticas, normativa interna, los manuales de sistemas y procedimientos que comprenden el control interno.

Las potestades sancionatorias de los órganos de control serán ejercidas siguiendo el procedimiento establecido en la Ley para la determinación de responsabilidades y comprende las facultades siguientes[49]:

49 Artículo 93 de la Ley Orgánica de la Contraloría General de la República y el Sistema Nacional de Control Fiscal.

1. La declaración de responsabilidad administrativa de los funcionarios, empleados y obreros que presten servicio en los entes públicos, así como de los particulares que hayan incurrido en los actos, hechos u omisiones generadores de dicha responsabilidad.

2. La imposición de la sanción de multa en los supuestos contemplados en la Ley.

3. La imposición de las sanciones de suspensión sin goce de sueldo por 24 meses, la destitución y la inhabilitación para el ejercicio de funciones públicas, hasta por un máximo de 15 años.

La imposición de la sanción administrativa de inhabilitación para el ejercicio de cargos públicos ha sido cuestionada por considerarse que contraviene la Constitución, al imponerse en violación del debido proceso y del derecho a ser juzgado por los jueces naturales y eventualmente, ser sancionado mediante una sentencia.

Al respecto el artículo 65 de la Constitución prohíbe que una persona que haya sido condenada por delitos cometidos durante el ejercicio de un cargo público u otros que afecten el patrimonio público, pueda optar a postularse para un cargo de elección popular, durante el tiempo que establezca la ley, conforme a la gravedad del delito y a partir del cumplimiento de la condena.

En este orden de ideas, el artículo 42 de la Constitución señala que el ejercicio de los derechos políticos sólo puede ser suspendido por sentencia judicial firme, en los casos que determine la ley.

Por su parte, el artículo 23.2 de la Convención Americana de Derechos Humanos, que tiene valor y rango constitucional en virtud de lo establecido en el artículo 23 de la Constitución, también exige que la restricción de los derechos políticos se realice mediante condena expedida por un juez competente, previo proceso penal.

Tal como se puede apreciar, la Constitución exige que para imponer la inhabilitación política para ser elegido, se produzca la previa declaración del delito y consecuente condena por un tribunal competente, lo que es totalmente distinto de lo contemplado en la Ley Orgánica de la Contraloría General de la República y el Sistema Nacional de Control Fiscal.

En este sentido se ha pronunciado la sentencia de la Corte Interamericana de Derechos Humanos, al expresar que "En consecuencia, al no cumplir con el requisito de previsibilidad y, además, teniendo en cuenta lo señalado en el sentido que el artículo 105 de la LOCGRSNCF permite la restricción del derecho a ser elegido por una autoridad que no es juez penal (*supra* párrs. 107 y 108), la Corte concluye que en el presente caso se vulneraron los artículos 8.1, 23.1.b y 23.2, en relación con los ar-tículos 1.1 y 2 de la Convención Americana"[50].

---

50 La Corte Interamericana de Derechos Humanos, en sentencia de 1° de septiembre de 2011, caso López Mendoza *vs.* Venezuela, en razón de ese argumento y de los otros contenidos en el fallo, estableció varias violaciones a la Convención Americana de Derechos Humanos y concluyó en lo siguiente: "**DISPONE:** Por unanimidad, que:

1. Esta Sentencia constituye *per se* una forma de reparación.
2. El Estado, a través de los órganos competentes, y particularmente del Consejo Nacional Electoral (CNE), debe asegurar que las sanciones de inhabilitación no constituyan impedimento para la postulación del señor López Mendoza en el evento de que desee inscribirse como candidato en procesos electorales a celebrarse con posterioridad a la emisión de la presente Sentencia, en los términos del párrafo 217 del presente Fallo.

4.4. La Ley contra la Corrupción

La Ley contra la Corrupción[51] tiene por objeto el establecimiento de normas que regulan el establecimiento de normas que rijan la conducta que deben asumir las personas sujetas a la misma, a los fines de salvaguardar el patrimonio público, garantizar el manejo adecuado y transparente de los recursos públicos, con fundamento en los principios de honestidad, transparencia, participación, eficiencia, eficacia, legalidad, rendición de cuentas, responsabilidad y corresponsabilidad establecidos en la Constitución de la República, así como la tipificación de los delitos contra el patrimonio público y las sanciones que deberán aplicarse a quienes infrinjan estas disposiciones[52].

Esta Ley establece un conjunto de principios y disposiciones que tienen como finalidad prevenir la corrupción y salvaguardar el patrimonio público. En esencia éstos son los siguientes:

4.4.1. Los derechos de los ciudadanos

Las personas tienen derecho a ser informadas por los funcionarios públicos sobre la utilización de los bienes y el gasto de los recursos que integran el patrimonio público[53].

Los particulares tienen el derecho de solicitar a los órganos y entes públicos, cualquier información sobre la administración y custodia del patrimonio público.

Las personas tienen derecho a acceder y obtener copia de los documentos y archivos correspondientes, para examinar o verificar la información que se les suministre, de acuerdo con el ordenamiento jurídico vigente[54].

Los particulares y las organizaciones de la sociedad que tengan conocimiento de la comisión de hechos sancionados por la Ley, en donde se encuentren involucrados recursos públicos, deberán acudir a las autoridades competentes, a los fines de denunciarlos[55].

---

3. El Estado debe dejar sin efecto las Resoluciones Nos. 01-00-000206 de 24 de agosto de 2005 y 01-00-000235 de 26 de septiembre de 2005 emitidas por el Contralor General de la República, en los términos del párrafo 218 del presente Fallo.
4. El Estado debe realizar las publicaciones indicadas en el párrafo 222 de la presente Sentencia, en el plazo de seis meses contado a partir de la notificación de la misma.
5. El Estado debe, en un plazo razonable, adecuar el artículo 105 de la Ley Orgánica de la Contraloría General de la República y del Sistema Nacional de Control Fiscal, de acuerdo a lo señalado en el párrafo 225 de esta Sentencia.
6. El Estado debe realizar el pago de la cantidad establecida en el párrafo 243, por concepto de reintegro de costas y gastos dentro del plazo de un año contado a partir de la notificación de la presente Sentencia, en los términos de los párrafos 244 a 248 de la misma.
7. El Estado debe, dentro del plazo de un año contado a partir de la notificación de esta Sentencia, rendir a la Corte un informe sobre las medidas adoptadas para cumplir con la misma.
8. La Corte supervisará el cumplimiento íntegro de esta Sentencia, en ejercicio de sus atribuciones y en cumplimiento de sus deberes conforme a la Convención Americana, y dará por concluido el presente caso una vez que el Estado haya dado cabal cumplimiento a lo dispuesto en la misma".

51 *Gaceta Oficial* N° 5.637, de 7 de abril de 2003, parcialmente reformada según *Gaceta Oficial* N° 6.155, de 19 de noviembre de 2014.

52 Artículo 1 de la Ley contra la Corrupción.

53 Artículo 9 de la Ley contra la Corrupción.

54 Artículo 10 de la Ley contra la Corrupción.

Los particulares y las organizaciones de la sociedad tienen derecho a participar en la formulación, evaluación y ejecución presupuestaria de acuerdo con el nivel político territorial correspondiente, de conformidad con la Constitución y la Ley[56].

A tal efecto, la Oficina Nacional de Presupuesto someterá periódicamente a consulta pública, el diseño de los indicadores de gestión a que se refiere la Ley Orgánica de Administración Financiera del Sector Público, de conformidad con el procedimiento establecido en la Ley Orgánica de la Administración Pública[57].

El Ejecutivo Nacional debe someter a consulta pública el anteproyecto de Ley del Marco Plurianual del Presupuesto y el anteproyecto de Ley de Presupuesto Anual, antes de su presentación a la Asamblea Nacional, de conformidad con lo establecido en la Ley Orgánica de Administración Pública[58].

4.4.2. Las obligaciones de los funcionarios públicos

Los funcionarios públicos están al servicio del Estado y no de parcialidad política o económica alguna. En consecuencia, no podrán destinar el uso de los bienes públicos o los recursos que integran el patrimonio público para favorecer a partidos o proyectos políticos, o a intereses económicos particulares[59].

El nombramiento y remoción o destitución de los funcionarios públicos no podrán estar determinados por afiliación u orientación política alguna y se realizará de conformidad con lo dispuesto en la Constitución y en las leyes[60].

Los sueldos y salarios de los funcionarios públicos serán suficientes para garantizar su independencia política y económica en el ejercicio de la función pública[61].

Los funcionarios públicos actuarán de conformidad con lo establecido en la ley. Cuando una disposición legal o reglamentaria deje a su juicio o discrecionalidad una decisión, medida o providencia, ésta deberá ser suficientemente motivada y mantener la debida proporcionalidad y adecuación con el supuesto de hecho y con los fines de la norma, y cumplir los trámites, requisitos y formalidades necesarios para su validez y eficacia[62]–[63].

Los funcionarios públicos tienen la obligación de responder civil, penal, administrativa y disciplinariamente por la administración de los bienes y recursos públicos, de conformidad con lo establecido en la ley[64]–[65].

55 Artículo 10 único aparte de la Ley contra la Corrupción.

56 Artículo 12 de la Ley contra la Corrupción.

57 Víctor R. Hernández-Mendible, Los procedimientos administrativos en Venezuela, *Visión Actual de los Procedimientos Administrativos. III Congreso de Derecho Administrativo*, Editorial Jurídica Venezolana-CAJO, Caracas, 2011, pp. 126-135.

58 Artículo 11 de la Ley contra la Corrupción.

59 Artículo 13 de la Ley contra la Corrupción.

60 Artículo 14 de la Ley contra la Corrupción.

61 Artículo 15 de la Ley contra la Corrupción.

62 Artículo 19 de la Ley contra la Corrupción.

63 Corte Suprema de Justicia en Sala Político Administrativa, sentencia de 2 de noviembre de 1982, ratificada por Corte Suprema de Justicia en Sala Político Administrativa, sentencia de 9 de abril de 1987.

64 Artículo 21 de la Ley contra la Corrupción.

4.4.3. Los deberes de los funcionarios públicos

Los funcionarios públicos en la administración de los bienes y recursos públicos, deben actuar con sujeción a los principios de honestidad, transparencia, participación, racionalidad, eficiencia, eficacia, legalidad, rendición de cuentas y responsabilidad[66], procurando la disminución del gasto y la mejor utilización de los recursos disponibles en atención a los fines públicos[67], previstos en el presupuesto correspondiente[68].

Los funcionarios públicos en la administración y custodia del patrimonio público deben actuar con decencia, decoro, probidad y honradez, de forma que la utilización de los bienes y el gasto de los recursos se haga conforme al ordenamiento jurídico y que se logre la consecución de las finalidades establecidas para lograr una mayor economía, eficacia y eficiencia[69].

También los funcionarios públicos deben instruir los procedimientos y demás trámites administrativos procurando su simplificación y respetando los principios de economía, celeridad, eficacia, objetividad, imparcialidad, honestidad, transparencia, buena fe y confianza, establecidos en la Ley Orgánica de la Administración Pública y en la Ley Orgánica de Procedimientos Administrativos[70].

Toda la información que tengan los funcionarios públicos sobre la administración del patrimonio público tiene carácter público, salvo las excepciones que por razones de seguridad y defensa expresamente establezca la ley[71].

En virtud de ello, los funcionarios públicos tienen el deber de informar a los ciudadanos sobre la utilización de los bienes y el gasto de los recursos que integran el patrimonio público, cuya administración les corresponde.

A tal efecto, deben publicar trimestralmente y poner a la disposición de cualquier persona en las oficinas de atención al público o de atención ciudadana que existan, un informe detallado de fácil manejo y comprensión, sobre el patrimonio que administran, con la descripción y justificación de su utilización y gasto.

El informe podrá efectuarse por cualquier medio impreso, audiovisual, informático o cualquier otro que disponga el ente, de acuerdo con lo previsto en el ordenamiento jurídico vigente[72].

Los funcionarios públicos a que se refiere la Ley Orgánica de la Contraloría General de la República y del Sistema Nacional de Control Fiscal deberán rendir cuentas de los bienes y recursos públicos que administren de conformidad con las disposiciones establecidas en dicha Ley. En todo caso, el informe de rendición de cuentas correspondiente será público y de acceso a cualquier ciudadano[73].

---

65 Tribunal Supremo de Justicia en Sala Político Administrativa, sentencia 1030, de 9 de mayo de 2000.

66 Artículo 6 de la Ley contra la Corrupción.

67 Artículo 17 de la Ley contra la Corrupción.

68 Artículo 18 de la Ley contra la Corrupción.

69 Artículo 7 de la Ley contra la Corrupción.

70 Artículo 16 de la Ley contra la Corrupción.

71 Artículo 8 de la Ley contra la Corrupción.

72 Artículo 9 de la Ley contra la Corrupción.

73 Artículo 20 de la Ley contra la Corrupción.

Los funcionarios públicos ceñirán sus actuaciones a las disposiciones del Código de Ética para el Funcionario Público, sin perjuicio de las demás disposiciones aplicables[74].

4.4.4. La nueva organización institucional contra la corrupción

La reforma de la Ley contra la Corrupción introdujo una disposición que crea una nueva organización administrativa, que constituye el cuerpo nacional de prevención, análisis, inteligencia e investigación contra la corrupción dependiente jerárquicamente del Presidente de la República, cuyo objeto es prevenir, precisar, combatir y neutralizar los delitos derivados y conexos asociados al fenómeno de la corrupción y otras en detrimento del tesoro nacional, vinculados a la delincuencia organizada, en todas las instancias del Poder Público y el sector privado[75].

V. EL CÓDIGO DE ÉTICA DE LOS SERVIDORES PÚBLICOS

El Código de Ética del Funcionario Público[76], expedido por el Contralor General de la República, consistía en un decálogo de principios éticos que debían cumplir todos aquellos que se desempeñasen como funcionarios; mientras que el Código de Conducta de los Servidores Públicos[77], expedido por el Presidente de la República, tenía por objeto fundamental normar la conducta de los servidores públicos, respecto a los principios éticos que debían regir el ejercicio de las funciones que desempeñan en la Administración Pública Nacional[78].

Ambos textos han sido fusionados en el Código de ética de los servidores públicos[79] expedido por el Contralor General de la República que tiene por objeto regular los principios rectores de los deberes y conductas que deben observar los servidores públicos en el ejercicio de las funciones que desempeñen, a fin de promover los valores reconocidos en la Constitución de la República y prevenir hechos que atenten, amenacen o lesionen la ética pública y la moral administrativa.

A los efectos del mencionado Código se consideran servidores públicos, aquellas personas que investidas de funciones públicas, permanentes o transitorias, remuneradas o gratuitas, originadas por elección, por nombramiento, designación o contrato, otorgado por la autoridad competente, desempeñan actividades o funciones en nombre o al servicio de los entes u organismos del sector público nacional, estadal, municipal, aun cuando realice actividades fuera del territorio de la República.

5.1. El decálogo de principios éticos de los servidores públicos

Los principios éticos que informan la conducta de los servidores públicos en el cumplimiento de sus funciones, copiando la regulación derogada son los siguientes[80]:

---

74 Artículo 22 de la Ley contra la Corrupción.

75 Disposición Transitoria Segunda de la Ley contra la Corrupción.

76 *Gaceta Oficial* Nº 3.268, de 13 de agosto de 1997.

77 *Gaceta Oficial* Nº 36.496, de 15 de julio de 1998.

78 Artículo 1 del Código de Ética de los Servidores Públicos.

79 *Gaceta Oficial* Nº 40.314, de 12 de diciembre de 2013.

80 Artículo 3 del Código de Ética de los Servidores Públicos.

5.1.1. La honestidad

El Código comienza por referirse al principio de honestidad, que impone a todos los servidores públicos el deber de actuar con probidad y honradez, lo cual excluye cualquier comportamiento en desmedro del interés colectivo.

Aunque todos los principios son interdependientes, se comienza por otorgar prevalencia a la honestidad[81], sin desconocer que la redacción es tautológica.

La honestidad impone actuar siempre teniendo en consideración que los fines públicos excluyen cualquier comportamiento en desmedro del interés general, que persiga de alguna manera el provecho personal o grupal de los servidores públicos o de terceros cualesquiera que éstos sean, o que busquen u obtengan por sí mismo o por interpuesta persona.

La honestidad de los servidores públicos debe ser practicada según los siguientes criterios:

a) Los servidores públicos deben rechazar en el ejercicio de sus funciones los regalos, invitaciones, favores, dádivas, pago de viajes, uso de medios de transporte o cualquier clase de halagos, beneficios materiales o inmateriales, ofrecidos por personas o grupos interesados en obtener decisiones favorables o de cualquier tipo.

b) Los servidores públicos deben abstenerse en forma absoluta de ejercer sus funciones o autoridad con fines distintos al interés público. A tal efecto no deben, en ninguna circunstancia, vincular su vida privada con el desempeño del cargo que ejerce, ni utilizarlo para hostigamiento, acoso o seducción de cualquier tipo.

c) Los servidores públicos deben abstenerse de celebrar contratos de cualquier naturaleza con la República, por sí mismos, ni por terceras personas.

d) Los servidores públicos deben inhibirse de conocer o participar por sí o por terceras personas en asuntos en los cuales tengan directa o indirectamente especial interés.

e) Las entrevistas con funcionarios de alta jerarquía o particulares interesados en una determinada decisión, deberán ser efectuadas en la respectiva oficina o lugar de trabajo del funcionario.

f) El acceso a los datos e informaciones que dispongan los servidores públicos debido al ejercicio de sus funciones y competencias, no debe ser utilizado para fines distintos de los institucionales.

g) Los subalternos no deben ser obligados a realizar durante el tiempo de trabajo, actividades correspondientes a los asuntos e intereses personales de sus superiores.

h) Ningún servidor público después de asumir su cargo o funciones puede continuar desempeñándose como administrador de sus negocios particulares, inversiones o empresas, si éstas menoscaban el estricto cumplimiento de sus deberes, en cuyo caso deberán delegar sus poderes de administración.

i) Quienes hayan ejercido funciones públicas se abstendrán, por un año, de utilizar la información obtenida en el ejercicio de su cargo en contra de los intereses de la República.

81 Artículo 4 del Código de Ética de los Servidores Públicos.

j) Los servidores públicos mostrarán la rectitud e integridad de su conducta eligiendo siempre entre dos posibles soluciones la mejor y más ventajosa para el bien común.

k) Los servidores públicos ejercerán con moderación y discreción las prerrogativas inherentes al cargo y se abstendrá de ello cuando cause algún perjuicio a los legítimos intereses de las personas relacionadas con el asunto.

l) Los servidores públicos en ninguna circunstancia retardarán o dificultarán a cualquier ciudadano el ejercicio regular de sus derechos, en especial cuando pueda causarle daño moral o material.

5.1.2. La equidad

La equidad exige a los servidores públicos, actuar respecto a las personas que demandan o solicitan sus servicios, sin ningún tipo de preferencias y sólo en razón del mérito, legalidad, motivaciones objetivas y sin consideración de género, religión, etnia, posición social y económica u otras características ajenas al fondo del asunto planteado y a la justicia.

La equidad de los servidores públicos debe ser practicada según los siguientes criterios:

a) Todo aquel que solicite o demande atención o servicio ante los servidores públicos deberá recibir un tratamiento imparcial y objetivo.

b) La prestación del servicio se debe en igual, cantidad o calidad a todas las personas, concediendo la misma oportunidad a todos y cada uno de ellos. Estarán justificados sólo aquellos tratamientos especiales amparados por ley o resolución del organismo competente con estricta sujeción a aquella.

c) Para la justa y correcta prestación del servicio, los servidores públicos deben estar permanentemente consciente de que su trabajo está regido por el interés de ser útil a quien demande un servicio, sin considerar condición social, política, económica, religiosa, étnica, o de cualquier otro orden, respetando fielmente sus derechos individuales.

d) La actitud asumida por los servidores públicos en los actos del servicio no debe permitir que odios, simpatías, antipatías, caprichos, presiones o intereses de orden personal o grupal interfieran en el trato con el público, con otras autoridades o con sus compañeros de trabajo, superiores o subordinados.

5.1.3. El decoro

El decoro demanda que los servidores públicos actúen con respeto para sí y para los ciudadanos, que recurran en solicitud de atención o demanda de algún servicio. Respeto que ha de exteriorizar siendo circunspecto en el lenguaje y en la adecuada manera de conducirse durante el ejercicio de las funciones y tareas asignadas.

El decoro de los servidores públicos debe ser practicado según los siguientes criterios:

a) Los servidores públicos en todo momento, lugar y circunstancia deben evitar los excesos, manteniendo una conducta acorde con las normas jurídicas y buenas costumbres socialmente establecidas.

b) Los servidores públicos durante el ejercicio de sus funciones y especialmente cuando atiendan al público, se abstendrán de practicar tertulias, juegos, lances bromistas o conversaciones telefónicas.

c) El tratamiento al público será de "usted" y se evitarán familiaridades, coloquialismos y toda suerte de lenguaje no cónsono con la seriedad y formalidad del caso. A tal efecto el abuso de confianza en el trato con el público e inclusive entre funcionarios debe evitarse.

d) Los servidores públicos siempre deberían dispensar cortesía en el trato con el público.

5.1.4. La lealtad

La lealtad conduce a que todos los servidores públicos deban respetar el ejercicio legítimo de las funciones encomendadas a otras instituciones; de ponderar, en el ejercicio de sus funciones la totalidad de los intereses públicos implicados.

Esta lealtad supone una manifestación permanente de fidelidad, que se debe traducir en constancia y solidaridad con la institución, niveles supervisores, compañeros y subordinados. Cuando se ejercita en ausencia de los superiores alcanza su máxima expresión valorativa.

La lealtad de los servidores públicos debe ser practicada según los siguientes criterios:

a) Los servidores públicos deben comunicar inmediatamente a sus superiores cualquier acto contrario al ordenamiento jurídico, así como rechazar las presiones de superiores jerárquicos, contratantes, interesados o cualquiera que desee obtener favores, ventajas o beneficios indebidos mediante acciones ilegales o inmorales.

b) Los servidores públicos debe mantener una actitud que permita fortalecer la solidaridad y confraternidad con sus compañeros de trabajo, mediante el respeto mutuo, el trato cordial y la racional tolerancia, permitiendo la armonía de la estructura organizacional.

c) Los servidores públicos deben divulgar entre sus compañeros de trabajo la existencia y el contenido del Código de Ética de los servidores públicos e instar a su cumplimiento.

d) Los servidores públicos son los principales custodios de los bienes de la dependencia y ambiente de trabajo donde se desempeñan y deben comunicar inmediatamente a sus superiores o al ente correspondiente de los daños causados a dichos bienes.

5.1.5. La vocación de servicio

La vocación de servicio es una consecuencia del deber de los servidores públicos de estar al servicio de las personas, que conduce a darle satisfacción a sus necesidades, con exclusión de conductas, motivaciones e intereses distintos de la organización para el cual prestan sus servicios.

Por tanto, la vocación de servicio excluye actuaciones, conductas, motivaciones e intereses que no sean los institucionales y se patentiza en acciones de cumplimiento diligente a las tareas asignadas, lo que supone la disposición para dar oportuna y esmerada atención a los requerimientos y trabajos encomendados, apertura y receptividad para encauzar cortésmente las peticiones, demandas, quejas y reclamos del público, así como el contestarlos pronta y oportunamente.

La vocación de servicio de los servidores públicos debe ser practicada según los siguientes criterios:

a) Los servidores públicos deben desempeñar su cargo en función de las obligaciones que le confieren, utilizando todos sus conocimientos y su capacidad física e intelectual, con el fin de obtener los mejores resultados.

b) Los servidores públicos deben actuar permanentemente con solidaridad, respeto, cordialidad, tolerancia y consideración para con el público.

c) Los servidores públicos, para el cabal ejercicio de sus funciones, deben solicitar de sus superiores que les informen las funciones, los deberes, los procedimientos, la ubicación jerárquica y los canales regulares de comunicación propios del cargo que deben ejercer.

5.1.6. La disciplina

La disciplina significa la observancia y estricto cumplimiento del ordenamiento jurídico por parte de los servidores públicos, en el ejercicio de sus funciones.

La disciplina de los servidores públicos debe ser practicada según los siguientes criterios:

a) Los servidores públicos acatarán las órdenes superiores, sin menoscabo del cumplimiento del ordenamiento jurídico establecido, ni la negación de los valores inherentes a la dignidad humana.

b) Los servidores públicos respetarán los principios y prácticas de la continuidad administrativa, siempre que se ajusten a Derecho, independientemente de cuáles sean sus afiliaciones políticas o simpatías electorales.

c) Los servidores públicos que no comparten los criterios de las órdenes recibidas darán cumplimiento a las mismas, dejando constancia de su inconformidad ante el órgano competente. Sólo podrá exceptuarse de su acatamiento por inconstitucionalidad, ilegalidad o cuando el conflicto de intereses o derechos le afecte directamente, conforme a lo previsto en el ordenamiento jurídico.

d) La complicidad en el incumplimiento de órdenes recibidas no podrá justificarse alegando un beneficio mayor para la institución, ni por el acatamiento de órdenes superiores.

e) Los servidores públicos no deben bajo ninguna circunstancia abandonar su lugar de trabajo sin estar debidamente autorizados, así como tampoco extraer documentación o información reservada para uso único y exclusivo de la dependencia donde desempeña funciones.

5.1.7. La eficacia

La eficacia comporta la realización de los programas y actuaciones gubernamentales y administrativas al menor costo para los contribuyentes, en el menor tiempo posible y con logro óptimo de los objetivos planteados.

La eficacia de los servidores públicos debe ser practicada según los siguientes criterios:

a) Es deber de todo superior jerárquico de un despacho público crear, promover y mantener una infraestructura técnico–administrativa, mediante la cual las disposiciones del Código de Ética sean efectivamente aplicables, tales como directivas, manuales, instructivos y cualquier otro instrumento que se idóneo.

b) Es deber de todo superior jerárquico de un despacho público disponer y mantener abiertos canales de información para la recepción, atención y tratamiento de quejas, reclamos, denuncias, peticiones, solicitudes y sugerencias que el público y la ciudadanía en general planteen sobre los deberes y comportamiento ético de los servidores públicos. A tal efecto en todos los despachos y dependencias públicas se organizarán y dispondrán oficinas, servicios o procedimientos para este cometido.

c) Los despachos públicos colaborarán entre sí y se prestarán toda la atención e información necesaria que posibiliten el mejor cumplimiento de lo prescrito en el Código de Ética.

d) Los superiores jerárquicos deberán organizar debidamente su tiempo de audiencia a la ciudadanía, de manera de evitar largas antesalas y esperas indefinidas.

e) En caso de formación de largas colas de público en espera de que se le atienda, los supervisores deberán organizar el trabajo de los funcionarios, adoptando las medidas necesarias para resolver prontamente la situación.

f) El uso de los recursos científicos y tecnológicos al alcance, así como la disposición a ser capacitado para el logro de mejores resultados en su aplicación, será práctica obligada de los servidores públicos.

g) Los servidores públicos deben llevar un registro continuo y actualizado de las actividades atinentes a las labores desempeñadas, con el fin de autoevaluar sus logros y resultados.

5.1.8. La responsabilidad

La responsabilidad significa disposición y diligencia en el cumplimiento de las competencias, funciones y tareas encomendadas, el tomar la iniciativa de ofrecerse a realizarlas; así como la permanente disposición a rendir cuentas y a asumir las consecuencias de la conducta pública sin excusas de ninguna naturaleza, cuando se requiera o se juzgue obligatorio.

La responsabilidad de los servidores públicos debe ser practicada según los siguientes criterios:

a) Todo superior jerárquico de un despacho público velará porque en los actos de juramentación y toma de posesión de los cargos se lean las partes pertinentes del Código de Ética y se entregue un ejemplar al nuevo servidor.

b) Los servidores públicos deben reconocer sus limitaciones al momento de realizar actividades de servicio, en especial, cuando se trate de contacto directo con las personas y solicitar si fuere necesario, la debida capacitación y colaboración en el área donde lo requiera.

c) Los servidores públicos no deben evadir los compromisos contraídos con las personas, que acuden en solicitud de la debida prestación de servicios.

d) Los servidores publicos como custodios principales del patrimonio de la dependencia y ambiente de trabajo donde se desempeñan, deben ser fiel y permanente vigilantes de los documentos, bienes e intereses que de ese despacho le han sido confiados.

e) Los servidores públicos deben solicitar y acordar en cuanto corresponda las licencias y los permisos sin violar imperativos éticos, en forma moralmente justificada y legalmente correcta.

f) Los servidores públicos deben considerarse los primeros obligados con el pago de los impuestos, tasas y contribuciones, y no evadirlos por ningún concepto.

5.1.9. La puntualidad

La puntualidad exige de los servidores públicos que los compromisos contraídos y las tareas, encargos y trabajos asignados sean cumplidos dentro de los lapsos establecidos o convenidos. Ello demanda exactitud y precisión en el cumplimiento de los horarios para el desarrollo de las actividades ordinarias y extraordinarias relacionadas con sus labores.

La puntualidad de los servidores públicos deber ser practicada según los siguientes criterios:

a) Los horarios de trabajo serán cumplidos exactamente como han sido establecidos.

b) Los servidores públicos encargados de atender al público comenzarán su horario de trabajo sin mayores dilaciones y al terminar manifestarán cortésmente y no de manera abrupta, la conclusión de sus labores.

c) La modificación de horarios debe garantizar al usuario recibir el mismo servicio ofrecido o mejorado, por lo cual no deberán hacerse cambios de horarios que lesionen el derecho del público asistido.

d) Las pausas en el trabajo no deben prolongarse injustificadamente; los horarios corridos sólo podrán establecerse si está asegurado su efectivo cumplimiento.

e) Los servidores públicos no deben por ningún concepto acortar el tiempo de trabajo en vísperas de festividades o fines de semana. Tampoco se tolerará la prolongación de los asuetos por días feriados que ocurran hacia el comienzo o fin de la semana laboral.

5.1.10. La transparencia

La transparencia exige de los servidores públicos la ejecución diáfana de los actos del servicio e implica que éstos tienen en principio carácter público y son accesibles al conocimiento de toda persona natural o jurídica que tenga interés legítimo en el asunto.

La transparencia de los servidores públicos debe ser practicada según los siguientes criterios:

a) Toda persona tiene derecho a conocer la verdad. Los servidores públicos no deben omitirla o falsearla, en menoscabo de lo establecido en la ley.

b) La disposición arquitectónica de los despachos públicos deberá realizarse y mantenerse en forma tal que evite el exceso de antesalas y un ambiente físico intimidatorio para la ciudadanía.

c) Los servidores públicos con el cumplimiento de los procedimientos previamente establecidos, deben permitir al usuario conocer los pasos a seguir y mostrar un trabajo que no ofrezca dudas en relación a su ejecución.

d) La transparencia en los actos del servicio público exige, en especial, que la información de que dispongan los despachos y dependencias públicas ha de considerarse susceptible de acceso a toda persona que tenga interés legítimo sobre el asunto. La reserva como excepción deberá ser expresamente declarada y fundamentada en razones debidamente justificadas de conformidad con la Ley.

e) Los servidores públicos encargados de adquisiciones y compras deberán publicar periódicamente y en sitio visible al público una relación de los bienes adquiridos y servicios contratados, el objeto y valor de tales bienes y servicios, su destino, el nombre del adjudicatario, así como las licitaciones declaradas desiertas. La relación se hará en lenguaje sencillo y asequible al ciudadano común.

5.1.11. La pulcritud

Aunque el principio de pulcritud se encontraba en el Código de conducta actualmente derogado, no integra expresamente parte del conjunto de principios éticos enumerados en el Código vigente, –porque de haberse incluido éste, se excedería de la condición de decálogo–, debe considerarse que como todo principio tiene valor jurídico más allá de su expreso reconocimiento en el derecho positivo, lo que hace que sea pertinente considerado en este análisis.

La pulcritud entraña la adecuada presentación de los bienes públicos, la preocupación por el ambiente físico de trabajo y, en todo caso, el no contribuir a aumentar su deterioro, por desidia. Asimismo, implica la apropiada presentación personal de los servidores públicos durante el ejercicio de sus funciones.

La pulcritud de los servidores públicos debe ser practicada según los siguientes criterios:

a) La apariencia personal de los servidores públicos debe ser de general aceptación, esmerándose en la medida en que sus posibilidades se lo permitan en mantener el mayor cuidado posible en su vestimenta, así como el cumplimiento de las normas higiénicas básicas.

b) Los servidores públicos deben ser fiel y permanente vigilantes de la preservación, el mantenimiento y la adecuada presentación de las instalaciones físicas y los bienes de la dependencia donde labora.

c) El establecimiento, el manejo y la conservación de archivos y registros merecerá especial cuidado, como fuente de antecedentes y experiencias que faciliten la gerencia pública y como muestra de respeto y valoración por la memoria e historia institucional.

5.2. El decálogo de deberes de los servidores públicos

Los servidores públicos, además de los deberes establecidos en otras disposiciones del ordenamiento jurídico, tienen los siguientes deberes de actuación:

1. Salvaguardar en todo momento los intereses del Estado y la preservación del patrimonio público.

2. Actuar con estricto apego a lo previsto en la Constitución y el resto del ordenamiento jurídico que deben regir su comportamiento, en la realización cabal de todas las tareas que le hayan sido asignadas.

3. Dedicar todos sus esfuerzos para cumplir, con la máxima eficiencia y la más alta eficacia, la misión que le esté encomendada.

4. Realizar permanentemente actividades de superación personal y de colaboración en el mejoramiento institucional de la Administración Pública y, en particular, del ente u organismo donde presten sus servicios.

5. Rehusar con firmeza inequívoca el mantenimiento de relaciones o de intereses, con personas u organizaciones, que sean incompatibles con sus cargos y con las atribuciones y funciones que le estén asignadas.

6. Proceder con objetividad e imparcialidad en todas las decisiones que le corresponda tomar y en los asuntos en los que deba intervenir.

7. Rechazar en cualquier caso y circunstancia y no solicitar jamás, ni para sí mismo ni para terceros, pagos, prebendas, privilegios u otros beneficios indebidos con ocasión de los servicios que deba prestar.

8. Ajustar su conducta, de modo estricto y sin excepciones, a favor de la transparencia en la Administración Pública manteniendo la confidencialidad y reserva de información, salvo las excepciones que expresamente establezca la ley.

9. Tratar a las personas con absoluto respeto y prestar sus servicios y colaboración de manera eficiente, puntual y pertinente, sin abusar en modo alguno de la autoridad y atribuciones que le sean conferidas, con ocasión del cargo que desempeñe.

10. Denunciar ante el Poder Ciudadano, su superior jerárquico o ante los órganos de control fiscal competentes, aquellos actos de los que tuvieren conocimiento en ejercicio de sus funciones, que pudieran atentar, amenazar o lesionar la ética pública y la moral administrativa.

5.3. El decálogo de prohibiciones a los servidores públicos

Al considerarse contrarias a las conductas y deberes que incumben a los servidores públicos, se enuncian las siguientes prohibiciones:

1. Intervenir en la toma de decisiones, actos, contratos o resolución de asuntos en los que tenga interés de naturaleza particular, directo o indirecto; del que pueda resultar algún beneficio para el servidor público.

2. Prestar servicios de asesoramiento o gestionar asuntos relacionados con su cargo, por sí mismo o a través de un tercero, de los que pueda resultar algún beneficio directo para el servidor público.

3. Utilizar en beneficio propio información secreta, reservada o confidencial de la que hubiere tenido conocimiento con ocasión del ejercicio de sus funciones.

4. Obtener ventajas, concesiones o privilegios, en razón del cargo o posición ocupada dentro del órgano o ente en el cual se desempeña o se haya desempeñado durante los últimos cinco (5) años, o en aquellos sobre los que dicho organismo o entidad ejerza control de tutela, estatutario o accionarial, en contraposición a los intereses de dichos órganos o entes.

Se considera que el servidor público ha obtenido un beneficio, ventaja o privilegio, cuando éste se hubiere obtenido a favor de su cónyuge, concubina o parientes dentro del cuarto grado de consanguinidad o segundo de afinidad; o para terceros con los que tenga o haya tenido, durante los últimos cinco (5) años, relaciones profesionales, laborales o de negocios.

5. Litigar o tramitar asuntos administrativos o judiciales, en representación de terceros, en contra del órgano o ente del cual es beneficiario de una jubilación.

6. Patrocinar, asesorar, asistir o representar directa o indirectamente a cualquier persona o entidad en materias o asuntos que estos demanden, en contra de los intereses

del órgano o ente en el cual se desempeña o haya desempeñado durante los últimos cinco (5) años.

7. Ofrecer información, asesorar o representar a cualquier persona en asuntos, acciones, procedimientos o reclamaciones en contra de los intereses del Estado, en los cuales hubiere intervenido mientras prestaba servicios en algún órgano o ente del sector público.

8. Utilizar el patrimonio público para financiar actividades destinadas a favorecer o perjudicar los intereses particulares de organizaciones con fines políticos, grupos de electores o candidatura a cargos de representación popular; o hacer uso del cargo o función desempeñada para tales fines.

9. Utilizar recursos del órgano o ente donde presta sus servicios, para identificar bienes, obras o vestimenta de servidores públicos, con su nombre, imagen, símbolos, seudónimo o eslogan con el fin de promocionar su gestión.

10. Realizar cualquier acto, hecho u omisión o no inhibirse del conocimiento, tramitación o resolución de algún asunto que bajo los supuestos contemplados en el Código, constituya una situación en la que su interés particular, directo o indirecto, se contraponga a los intereses del Estado.

5.4. Las modalidades para incentivar la práctica de los principios

A los efectos de las evaluaciones de la conducta de los servidores públicos que actúan con sujeción al Código, se debe considerar la misma como referencia valorativa válida para su evaluación desempeño y el otorgamiento de ascensos[82].

Cabe destacar que se eliminó el Consejo Nacional de Ética Pública, que tenía por finalidad la vigilancia, el seguimiento y la evaluación de lo establecido en el Código[83].

5.5. Las sanciones a las que remite el Código

No se debe olvidar que el Código de Ética de los servidores públicos es un instrumento de rango sublegal, por lo que en principio no puede establecer delitos y penas, ni infracciones y sanciones administrativas sin contravenir la prohibición establecida en la Constitución[84].

No obstante, el Código señala que sin perjuicio de la responsabilidad penal, civil, administrativa y disciplinaria en que pudieren incurrir los servidores públicos por la inobservancia de las disposiciones contenidas en el Código, se considera que quienes incurran en actos, hechos u omisiones que atenten, amenacen o lesionen la ética pública o la moral administrativa, serán sancionados con amonestación o censura, de conformidad con lo previsto en la Ley Orgánica del Poder Ciudadano.

A tales fines se considera que se atentan contra la ética pública o la moral administrativa, los servidores públicos, que cometan hechos contrarios a los principios de honestidad, equidad, decoro, lealtad, vocación de servicio, disciplina, eficacia, responsabilidad', puntualidad y transparencia.

---

82 Artículo 8 del Código de Ética de los Servidores Públicos.

83 Artículo 31 del derogado Código de Conducta de los Servidores Públicos.

84 Artículo 49.6 de la Constitución.

VI. LA LEY DE CONTRATACIONES PÚBLICAS

La reciente Ley de Contrataciones Públicas[85] forma parte del bloque de reformas para luchar contra la corrupción, al menos esa fue una de las razones que expresó el Ejecutivo Nacional para introducir las modificaciones al texto legal. Pero lejos de asegurar la transparencia de las actuaciones de los contratantes[86], de manera paradójica, se han incrementado tanto las categorías de contratos excluidos totalmente del ámbito de aplicación de la Ley[87]; como la cantidad de contratos cuya formalización, no requiere el cumplimiento previo de los procedimientos administrativos de selección de contratistas que establece la Ley[88], para garantizar las condiciones de igualdad, publicidad y competencia.

Incluso cabe destacar que el texto anterior a la reforma de la Ley de Contrataciones Públicas, remitía a la regulación reglamentaria que debía expedir el Ejecutivo Nacional mediante decreto, en el que debía establecer los procedimientos administrativos especiales de selección de contratistas. Ahora, la Ley vigente elimina la remisión a las disposiciones reglamentarias y expresamente dispone que las categorías de contratos enumerados como excluidos de los procedimientos de selección de contratistas contemplados en la Ley, deberán ser adjudicados directamente por la máxima autoridad competente.

Del texto de la Ley no se infiere si esa "adjudicación directa" constituye una nueva modalidad de selección para esta categoría de contratos o si se trata de la denominada contratación directa, a la que se refieren la Ley y el Reglamento.

Otro aspecto que parece oponerse a la deseada transparencia en la contratación pública, surge de la disposición que habilita al Presidente de la República para que adicionalmente a los casos contemplados en la Ley, él pueda dictar medidas temporales que excluyan de las modalidades de selección de contratistas a determinadas categorías de bienes, servicios y obras que requieran los contratantes, cuando éstos sean considerados mediante decreto como estratégicos.

No obstante, luego de establecer esta nueva normativa, la Ley establece unos supuestos de responsabilidad administrativa, –que se suman a los antes mencionados en este trabajo, incluso algunos se superponen– que se mencionan seguidamente[89]:

1. La omisión de actividades previas al proceso de selección de contratistas.

2. La no aplicación de la modalidad de selección de contratista correspondiente, según la Ley.

3. La inobservancia o contravención de los principios establecidos en la Ley.

4. La omisión de la elaboración del presupuesto base para la aplicación de las modalidades de selección de contratistas.

5. La omisión de la solicitud o recibo del compromiso de responsabilidad social o que sea destinado a situaciones distintas de las establecidas en la Ley.

---

85 *Gaceta Oficial* N° 6.154, de 19 de noviembre de 2014.

86 Artículo 1 de la Ley de Contrataciones Públicas.

87 Artículo 4 de la Ley de Contrataciones Públicas.

88 Artículo 5 de la Ley de Contrataciones Públicas.

89 Artículo 166 de la Ley de Contrataciones Públicas.

6. El incumplimiento de los lapsos establecidos en la Ley para la tramitación de los procedimientos, sin expedir los actos motivados que justifiquen tal incumplimiento.

7. El incumplimiento de las actividades relacionadas con el control del contrato.

8. La no realización del cierre administrativo de los contratos.

9. La omisión de someter a la Comisión de Contrataciones los informes de recomendación por consulta de precios en plan excepcional o derivadas de modalidades de concursos cerrados fallidos, si su cuantía excede las cinco mil unidades tributarias (5.000 U.T.) para adquisición de bienes, diez mil unidades tributarias (10.000 U.T.) para prestación de servicios y veinte mil unidades tributarias (20.000 U.T.) para ejecución de obras.

10. La omisión de someter a la Comisión de Contrataciones para su preceptiva opinión, los actos motivados que se elaboren para Contrataciones Directas cuando por su cuantía exceda las cinco mil unidades tributarias (5.000 U.T.) para adquisición de bienes, diez mil unidades tributarias (10.000.U.T.) para prestación de servicios y veinte mil unidades tributarias (20.000 U.T.) para ejecución de obras.

11. La omisión de verificación de la suficiencia de las garantías que se requieran o no las haga valer oportunamente.

12. El incumplimiento de las medidas temporales para la inclusión, promoción, desarrollo y preferencias a los pequeños y medianos actores económicos.

13. La selección de la modalidad de contratación directa o consulta de precios en violación de la Ley y su Reglamento.

14. La aprobación o negación de manera injustificada de la calificación del Registro Nacional de Contratistas, o el incumplimiento de los plazos establecidos para ello.

15. La negación a los particulares del acceso a los expedientes administrativos en los cuales posean interés.

16. El incumplimiento del deber de suministrar al Servicio Nacional de Contrataciones, la información requerida.

17. La abstención injustificadamente de declarar la nulidad del acto o del contrato, según lo previsto en la Ley.

Los supuestos anteriores serán sancionables, conforme a la Ley Orgánica de la Contraloría General de la República y del Sistema Nacional de Control Fiscal.

VII. CONSIDERACIONES FINALES

El estatuto de los derechos, deberes y obligaciones que deben regir la actuación, omisión y hechos de los funcionarios públicos en el manejo de los bienes y recursos públicos y en su interrelación con los particulares, debería constituir fundamento suficiente para que no se produjesen actos de corrupción en la gestión pública y se garantizase que ésta se llevase a cabo con transparencia, participación, rendición de cuentas, responsabilidad y sometimiento pleno a la Ley y al Derecho.

Sin embargo, tales disposiciones y los respectivos controles no son suficientes, si no existe una ética respecto a la cosa pública y una auténtica conciencia cívica de los derechos y obligaciones que les corresponden a las personas frente a los funcionarios que prestan servicios en la Administración Pública, entre las que sobresalen el derecho a solicitar la rendición de cuentas, a requerir información y a que la gestión sea transparente y responsable, en fin, al derecho fundamental al buen Gobierno y la buena Administración[90].

Lo anterior luce evidente si se tiene en cuenta que en Venezuela existe un amplio régimen de normas y controles para prevenir y combatir la corrupción, que comprende ámbitos como el penal, administrativo, ético–económico, fiscal–presupues-tario y contencioso–administrativo.

A pesar del conjunto de disposiciones internacionales y nacionales que regulan la gestión pública, desde los tratados internacionales, pasando por la propia Constitución, las leyes y los reglamentos, el país se encuentra sumido en una absoluta falta de transparencia, en total opacidad en la administración de los bienes públicos, en una carencia de información pública, en el imperio de la deshonestidad e irresponsabilidad en el manejo de los recursos públicos, en la carencia de la aplicación de los controles y en la plena impunidad de quienes siendo responsables de los recursos y bienes públicos los administran como si fueran propios, al extremo de apropiárselos y patrimonializarlos para beneficio personal.

Es así como en la actualidad impera el irrespeto a las leyes, la falta de conciencia respecto al deber cívico de cumplirlas, la impunidad que observa la sociedad de quienes las transgreden cada día desde los cargos públicos sin ningún rubor, lo que pone en evidencia el divorcio entre el régimen ético–jurídico y la realidad.

Esto es alentado por el autosecuestro que se han infligido los representantes de los otros órganos del Poder Nacional para controlar al Poder Ejecutivo y a la Administración Pública, desapareciendo así los controles institucionales y democráticos, dando paso con ello a una élite política que se comporta inmune –aunque de manera temporal, en virtud de que los delitos de corrupción no prescriben[91]– a cualquier responsabilidad que se le pueda imputar, en la convicción de que las leyes no se les aplican y que su brazo sancionador y la justicia, nunca los van a alcanzar.

Es así como durante la primera década del siglo XXI, el segundo gobierno más largo de los últimos cien años en Venezuela, se ha transformado en el gobierno con más ingresos económicos *per capita* en toda la historia republicana y también en el más corrupto desde el descubrimiento de América, tal como lo reflejan los distintos informes elaborados sobre la materia.

Por ello, más allá de las leyes lo que se impone es una transformación consciente, una conversión del ser humano quien debe comenzar por respetarse a sí mismo, para entonces respetar a las demás personas y desde luego tanto los bienes de éstos, como los bienes y recursos públicos. Cuando las personas son funcionarios públicos, no pueden actuar para beneficio propio, incurrir en conflicto de intereses, no pueden comportarse como si el cargo les perteneciera y les habilitara para hacer lo que quieran, no pueden tener una conducta soberbia y utilizar los bienes públicos a su antojo, sino que se impone el respeto como un deber de servicio en sus relaciones con todos los ciudadanos y de correcta gestión de los bienes públicos, es decir, se trata sin duda de una auténtica transformación hacia una conducta ética.

---

90 Artículos 141 y 143 de la Constitución.

91 Artículo 271 de la Constitución.

Este cambio de comportamiento no se logra por decreto, pero ello no puede conducirnos a desfallecer en la lucha contra la corrupción, no podemos acostumbrarnos y menos aún resignarnos a que todo se dañe, se destruya, se deteriore o se pudra sin haber tratado de repararlo, corregirlo, evitarlo o salvarlo, pues cuando "una sociedad, un país se acostumbra a estas prácticas y actitudes y las toma como normales, es una sociedad y un país que terminan pudriéndose..."[92], es por ello que luego de doscientos años de la Independencia política de la Corona de España, se encuentra plenamente vigente la propuesta del Libertador respecto a que "Moral y luces son nuestras primeras necesidades[93]", lo que lleva a apostar por la educación en los valores, las ideas y los principios de la libertad, la justicia, la democracia y el respeto a la dignidad humana.

El rescate de las instituciones del Estado y de la democracia, requiere que se restablezca en la sociedad un ambiente de honradez, transparencia, participación, responsabilidad en la gestión pública, es decir, de pleno respeto a la Ley y al Derecho, poniendo fin a la impunidad a través del ejercicio efectivo de los controles democráticos e institucionales, pero esto solo podrá lograrse si se tiene en cuenta que uno de los grandes retos en el futuro inmediato, es el reto ético[94] que es aquel que puede garantizar que el buen Gobierno y la buena Administración, se transformen de un *desideratum* en un auténtico principio, un deber y un derecho fundamental en el Estado Democrático de Derecho en Venezuela.

92 Etcheverrey Estrazulas, Nicolás, Un torneo de nuestros tiempos. Ética profesional ¿por qué y para qué?, *Revista de la Facultad de Derecho N°17*, Montevideo, 2000, p. 78.

93 Bolívar, Simón, *Discurso del Congreso de Angostura*, de 15 de febrero de 1819.

94 Rodríguez-Arana Muñoz, Jaime, La dimensión ética de la función pública (Consideraciones Generales), *Congreso Internacional de Derecho Administrativo. X Foro Iberoamericano de Derecho Administrativo El Salvador 2011*, Corte Suprema de Justicia de El Salvador, San Salvador, 2011, p. 388.

22. EL COMBATE A LA CORRUPCIÓN EN LAS CONTRATACIONES PÚBLICAS

Alejandro Orrico Gálvez[1]
México

INTRODUCCIÓN

El 27 de mayo de 2015 se publicó en el Diario Oficial de la Federación (DOF), la reforma constitucional en materia de combate a la corrupción, en el que se pasó de un esquema que privilegiaba los aspectos punitivos de la actuación indebida de los servidores públicos[2] a uno integral en materia de prevención, detección y sanción de responsabilidades administrativas y hechos de corrupción, en donde intervienen autoridades de todos los niveles en dichas materias, así como en la fiscalización y control de recursos públicos coordinados mediante el sistema nacional anticorrupción.[3]

---

1 Licenciado en Derecho por la Universidad Nacional Autónoma de México (UNAM); Especialista en Derecho Administrativo y en Derecho Fiscal, Maestro en Ciencias Jurídicas y en Derecho Administrativo, así como Doctor en Derecho por la Universidad Panamericana, campus México; miembro del Claustro de Doctores de la Facultad de Derecho de la UNAM, así como miembro del Sistema Nacional de Investigadores del CONACYT, con la distinción de Candidato a Investigador.

2 Las responsabilidades de los servidores públicos se han previsto en todas las constituciones de nuestro México independiente, así como en diversas leyes de carácter federal, siendo mediante reforma constitucional publicada en el DOF el 28 de diciembre de 1982, que se prevé la posibilidad de sancionarlos administrativamente, identificándose a partir de entonces tres etapas:

La primera con la emisión de la Ley Federal de Responsabilidades de los Servidores Públicos publicada en el DOF el 31 de diciembre de 1982.

La segunda con la emisión de la Ley Federal de Responsabilidades Administrativas de los Servidores Públicos, publicada en el DOF el 13 de marzo de 2002.

La tercera a partir de la emisión y entrada en vigor de la Ley General de Responsabilidades Administrativas, publicada en el DOF el 18 de julio de 2016.

Cfr. Béjar Rivera Luis José y Alejandro Orrico Gálvez, *Régimen de la función pública y régimen de responsabilidades administrativas de los servidores públicos*, Espress, México, 2014, p.p. 46.

3 El sistema nacional anticorrupción es la instancia de coordinación entre las autoridades de todos los órdenes de gobierno competentes en la prevención, detección y sanción de responsabilidades administrativas y hechos de corrupción, así como en la fiscalización y control de recursos públicos, cuya interacción se realiza a través de un Comité Coordinador integrado por los titulares de la Auditoría Superior de la Federación, la Fiscalía Especializada en Combate a la Corrupción, la Secretaría de la Función Pública, el presidente del Tribunal Federal de Justicia Administrativa, el presidente del Instituto Nacional de Transparencia, Acceso a la Información y Protección de Datos Personales, un representante del Consejo

Con este nuevo esquema, no solo se busca sancionar a los servidores públicos que incurren en las mencionadas faltas y hechos, sino también, como parte del mismo sistema, a los particulares que se encuentran vinculados con las mismas, constituyéndose en un freno para prácticas indebidas que se dan, entre otras, en materia de contrataciones públicas, resultando aplicables sanciones a los particulares que van desde el ámbito económico hasta la disolución de personas morales.[4]

A la luz de este nuevo esquema de control, el 18 de julio de 2016 se publicó en el DOF un paquete de leyes secundarias en la materia,[5] de donde cabe resaltar, a la luz del XVI Foro Iberoamericano de Derecho Administrativo, la instrumentación de nuevas medidas para el control de las contrataciones públicas, que contribuyen a la tutela de los principios que rigen a estas últimas:

- Salvaguarda de las mejores condiciones disponibles en cuanto a precio, calidad, financiamiento, oportunidad y demás circunstancias pertinentes.
- Administración eficiente, eficaz, económica, transparente y honrada de los recursos económicos, para satisfacer los objetivos a los que estén destinados.
- Aplicación imparcial de los recursos públicos.[6]

Lo anterior, sin perjuicio de la obligación, por parte de los entes públicos, de dar cumplimiento a las disposiciones de la legislación especial en materia de contrataciones, constituida por la Ley de Adquisiciones, Arrendamientos y Servicios del Sector Público; Ley de Obra Pública y Servicios relacionados con las mismas; Ley de Asociaciones Público–Privadas, y Ley General de Bienes Nacionales,[7] dentro de las que destacan, en materia de control: La determinaciones de perfiles de puesto y capacitación para los servidores públicos encargados de contrataciones públicas; la prohibición de financiar proveedores; la participación de testigos sociales; obligaciones relacionadas con la planeación, programación y presupuestación, los procedimientos de contratación mediante

---

de la Judicatura Federal y otro del Comité de Participación Ciudadana, quien presidirá el Comité. *Cfr.* Orrico Gálvez, Alejandro, *De la atribución del tribunal contencioso administrativo mexicano en materia de imposición de sanciones a servidores públicos*, en Rodriguez Arana, Jaime y otros (Coord.), *Contenciosos Administrativos en Iberoamerica*, Tomo II, Universidad de Puerto Rico, Puerto Rico, 2015, p.p. 1159 y 1160

4 Previo a la entrada en vigor de la Ley General de Responsabilidades Administrativas en análisis, las responsabilidades y sanciones a personas físicas y morales, por infracciones con motivo de su participación en las contrataciones públicas, así como por infracciones en transacciones comerciales internacionales, debían perseguirse por vía separada, mediante el procedimiento y sanciones previsto en la Ley Federal Anticorrupción en Contrataciones Públicas, publicada en el DOF el 11 de junio de 2012.

5 Con motivo de este paquete se emitieron: la Ley General del Sistema Nacional Anticorrupción, la Ley General de Responsabilidades Administrativas, la Ley Orgánica del Tribunal Federal de Justicia Administrativa y la Ley de Fiscalización y Rendición de Cuentas de la Federación. De la misma manera se reformaron, adicionaron y derogaron diversas disposiciones del Código Penal Federal, Ley General de Contabilidad Gubernamental, Ley Orgánica de la Administración Pública Federal, Ley de Coordinación Fiscal y la Ley Orgánica de la Procuraduría General de la República.

6 Artículo 134 de la Constitución Política de los Estados Unidos Mexicanos, publicada en el DOF el 5 de febrero de 1917.

7 *Cfr.* Béjar Rivera, Luis José, *El combate a la corrupción en materia de contrataciones públicas*. Comentarios sobre la legislación mexicana federal, Contratación administración pública, Nº 145, Sección reflexiones, spe 2016, Editorial La Ley.

licitación pública, de invitación a cuando menos tres personas y adjudicación directa, así como las relativas a los requisitos que deben contener los contratos públicos.

En la presente ponencia se analizarán las nuevas medidas de control previstas en materia de contrataciones por la legislación en materia de combate a la corrupción, así como otras instituciones relevantes del nuevo régimen de responsabilidades administrativas y del sistema nacional anticorrupción, que las complementan, a efecto de contar con una visión sistémica de la eficacia y eficiencia de estas nuevas instancias de combate a la corrupción.

1. Obligaciones de los servidores públicos relacionados con contrataciones.

Los servidores públicos se encuentran obligados a cerciorarse, antes de la celebración de contratos de adquisiciones, arrendamientos o para la enajenación de todo tipo de bienes, prestación de servicios de cualquier naturaleza o la contratación de obra pública o servicios relacionados con ésta, que el particular manifieste bajo protesta de decir verdad que no desempeña empleo, cargo o comisión en el servicio público o, en su caso, que a pesar de desempeñarlo, con la formalización del contrato correspondiente no se actualiza un conflicto de interés.[8]

Esta obligación es trascendental para el combate a la corrupción, ya que al obtener una declaración expresa y por escrito del potencial proveedor o contratista de sus vínculos con funcionarios públicos, se obtiene un control eficaz y eficiente en el control de prácticas indebidas, pues en caso de que se omita información o deliberadamente se falte a la verdad, este hecho se constituiría como un acto de mala fe de los particulares que elevaría las penas aplicables por sus actos indebidos.

Para efectos de la manifestación señalada en el presente apartado, cabe tener presente que en caso de que el contratista sea una persona moral, dichas manifestaciones deberán presentarse respecto a los socios o accionistas que ejerzan control sobre la sociedad, entendiéndose por estos a los administradores o a quienes formen parte del consejo de administración, o bien conjunta o separadamente, directa o indirectamente, mantengan la titularidad de derechos que permitan ejercer el voto respecto de más del cincuenta por ciento del capital, tengan poder decisorio en sus asambleas, estén en posibilidades de nombrar a la mayoría de los miembros de su órgano de administración o por cualquier otro medio tengan facultades de tomar las decisiones fundamentales de dichas personas morales.

Las manifestaciones respectivas deberán constar por escrito y previo a la celebración del acto en cuestión deben hacerse del conocimiento del Órgano Interno de Control (OIC)[9] del organismo gubernamental, quien tendrá a su cargo supervisar la ejecución de

8 El conflicto de interés se entiende como la posible afectación del desempeño imparcial y objetivo de las funciones de los Servidores Públicos en razón de intereses personales, familiares o de negocios.

9 Se pueden identificar dos tipos de OIC, los coordinados por la Secretaría de la Función Pública, para efectos de la Administración Púbica Federal, así como los de entes públicos al exterior de dicha Administración. Dentro de sus principales funciones se encuentran: Investigación de probables responsabilidades administrativas; fiscalización de control interno de recursos públicos; presentación de denuncias de probables delitos de corrupción; prevenir, corregir, investigar y sancionar actos u omisiones que pudieran constituir faltas y sanciones administrativas no graves, así como impugnar en su caso las determinaciones que en materia de responsabilidades administrativas graves tome el Tribunal Federal de Justicia Administrativa. *Cfr.* Huacuja Betancourt, Sergio Eduardo y Germán Sergio Merino Conde, *El sistema nacional anticorrupción: ¿un Prometeo comunicando el ígneo don de la esperanza o un Sísifo afanán-*

los procedimientos de contratación pública por parte de los contratantes para garantizar que se lleva a cabo en los términos de las disposiciones en la materia, llevando a cabo las verificaciones procedentes si descubren anomalías.

En caso de que el servidor público incumpla con esta obligación incurrirá en falta administrativa no grave, siendo factible imponerle una sanción consistente en amonestación pública o privada; suspensión del empleo, cargo o comisión; destitución de su empleo, cargo o comisión, o inhabilitación temporal para desempeñar empleos, cargos o comisiones en el servicio público y para participar en adquisiciones, arrendamientos, servicios u obras públicas.

Finalmente, para efectos de la obligación referida en el presente apartado, el legislador, con la finalidad de homologar criterios respecto del contenido de esta manifestación en todos los niveles de gobierno, señala como obligación de los servidores públicos aplicar los formatos que al efecto emita el Comité Coordinador del sistema nacional anticorrupción, para que los particulares formulen el manifiesto de vínculos o relaciones de negocios, personales o familiares, así como de posibles conflictos de interés, bajo el principio de máxima publicidad y en los términos de la normatividad aplicable en materia de transparencia.

A la fecha de la presente ponencia no han entrado en vigor las disposiciones que facultan al Comité Coordinador para la emisión de este formato, sin embargo, se estima que al menos preverán los contenidos de los actuales formatos de la Administración Pública Federal, dentro de los que se encuentran:

i. El listado de servidores públicos con los que el particular, sus cónyuges y parientes en primer grado, tienen algún vínculo, dentro de los que destacan funcionarios mando medio y superior, así como de servidores públicos que intervienen en las contrataciones públicas y en el otorgamiento y prórroga de licencias, permisos, autorizaciones y concesiones, frente a los particulares, y

ii. La obligación de manifestar, bajo protesta de decir verdad, el vínculo o la relación personal, de parentesco consanguíneo o por afinidad hasta el primer grado, o de negocios con los mencionados servidores públicos y las personas siguientes: El propio declarante y su cónyuge, ascendientes y descendientes; los integrantes del consejo de administración o administradores de la persona moral que representa; director o gerente general o funcionario de los tres niveles inferiores a cualquiera de éstos, o las personas físicas que posean directa o indirectamente el control de al menos el diez por ciento de los títulos representativos del capital social de la persona moral que representa.[10]

2. Protocolo de actuación en contrataciones.

Es emitido por el Comité Coordinador del sistema nacional anticorrupción e implementado por la Secretaría de la Función Pública y los OIC de los organismos guberna-

---

dose en una culminación imposible?, en Auditoría Superior de la Federación, *Fiscalización, Transparencia y Rendición de Cuentas*, Tomo 2, Auditoría Superior de la Federación, México, 2015, p.p. 268 a 270.

10 Acuerdo por el que se expide el protocolo de actuación en materia de contrataciones públicas, otorgamiento y prórroga de licencias, permisos, autorizaciones y concesiones, publicado en el DOF el 20 de agosto de 2015.

mentales, siendo sujetos de éste los servidores públicos relacionados con contrataciones públicas.

Tienen por objeto establecer las reglas de actuación de los servidores públicos cuando establezcan contacto con particulares en contrataciones públicas, ya sea en la tramitación, atención y resolución para la adjudicación de un contrato, otorgamiento de una concesión, licencia, permiso o autorización y sus prórrogas.

Estos protocolos tienen su antecedente más próximo en las ocho acciones ejecutivas para prevenir la corrupción y evitar posibles conflictos de interés instruidas por el Presidente de la República el 5 de agosto de 2015, que tenían como finalidad la adopción de un enfoque moderno que garantice, con políticas públicas efectivas que la toma de decisiones gubernamentales no sea vulnerada por intereses privados.[11]

A la fecha de la presente ponencia no han entrado en vigor las disposiciones que facultan al Comité Coordinador para la emisión de estos protocolos, sin embargo, se estima que al menos tomarán como base los emitidos por la Administración Pública Federal,[12] en los cuales se establece que su incumplimiento por parte de los servidores públicos es causal de responsabilidad administrativa, así como que su inobservancia, no afectará por sí misma la validez jurídica de los actos.

Dentro de las principales conductas que deben seguir servidores públicos de la Administración Pública Federal se encuentran, sin perjuicio del cumplimiento de las disposiciones jurídicas que regulan las contrataciones públicas, el otorgamiento y prórroga de licencias, permisos, autorizaciones y concesiones, las siguientes:

i. Reglas generales para el contacto con particulares. Los servidores públicos deberán conducirse con diligencia, rectitud, imparcialidad, honradez, legalidad y respeto, así como atender estrictamente las disposiciones jurídicas que regulan sus obligaciones, el conflicto de interés y los casos en que deberán abstenerse de intervenir y de excusarse para conocer de determinados asuntos.

En cumplimiento a estos principios, cuando algún servidor público tenga conocimiento de actos u omisiones de particulares o de otros servidores públicos que comprometan la actuación con la que deben desempeñarse en sus empleos, cargos o comisiones, deberán hacerlo del conocimiento del OIC y, en su caso, del área jurídica de la dependencia o entidad de que se trate, a efecto de que se tomen las medidas que resulten conducentes.

Asimismo, las dependencias y entidades deben informar a los particulares, con fines de certeza y seguridad jurídica, al inicio de los procedimientos o en el primer contacto, de la obligación que tienen los servidores públicos de observar el protocolo, que las comunicaciones telefónicas serán grabadas y las reuniones, visitas y actos públicos videograbados, así como que dicha información podrá ponerse a disposición de las autoridades encargadas de verificar la legalidad de los procedimientos; la protección y tratamiento que se dará a sus datos personales, así como su derecho de presentar queja o denuncia, ante el OIC.

11 http://www.gob.mx/sfp/acciones-y-programas/acciones-ejecutivas-para-prevenir-la-corrupcion-y-evitar-posibles-conflictos-de-interes, consultado el 12 de abril de 2017.

12 ACUERDO por el que se expide el protocolo de actuación en materia de contrataciones públicas, otorgamiento y prórroga de licencias, permisos, autorizaciones y concesiones, Ob. Cit.

Con la finalidad de buscar la eficiencia y eficacia de estas acciones, el protocolo de la Administración Pública Federal dispone que el contacto con particulares deberá llevarse a cabo a través de los medios de comunicación que provea la dependencia o entidad o en sus inmuebles, que el dispositivo en el que se almacenen las grabaciones y videograbaciones formará parte del expediente del procedimiento, así como que el contacto se efectuará preferentemente por escrito (en medios físicos o electrónicos) con la finalidad de que exista constancia del asunto.

ii. Celebración de Reuniones. En las reuniones con particulares deberá mediar cita previa de la cual el servidor público dará aviso a su superior jerárquico, así como al titular del OIC, este último mediante oficio o correo electrónico al menos con dos días hábiles de anticipación a la celebración de las reuniones, señalando lugar, fecha, hora, el objeto de la reunión y la información relacionada con el procedimiento de que se trate, para que, en su caso, el mencionado titular del OIC designe a un representante para que asista a la reunión.

Durante su celebración deberán estar presentes al menos dos servidores públicos de las áreas relacionadas con las contrataciones públicas, debiendo levantarse una minuta que deberá ser firmada por los participantes y contendrá al menos: la fecha, la hora de inicio y de conclusión, los nombres completos de todas las personas que estuvieron presentes y el carácter, cargo o puesto directivo con el que participaron, así como los temas tratados.

La minuta de la reunión se integra al expediente y una copia se envía al titular del OIC, en un plazo no mayor a dos días hábiles contados a partir de su formalización.

iii. Visitas. Cuando en los procedimientos sea necesario realizar visitas a los inmuebles relacionados con los mismos, se deberá llevar a cabo en la fecha y hora que se señale en los documentos que establezcan las bases del procedimiento específico cuando sea el caso, o bien, en la que el servidor público haya comunicado a los particulares.

En estos casos también debe darse aviso al titular del OIC por oficio o correo electrónico en los términos y para los efectos señalados para la celebración de reuniones.

Al inicio de cada visita el servidor público responsable del acto deberá identificarse ante todos los asistentes, a quienes pedirá que se registren en la lista que al efecto se elabore, asentando cuando menos sus nombres completos y el carácter, cargo o puesto directivo con el que participan.

Al igual que en la celebración de reuniones, se debe levantar una minuta que deberá ser firmada por los participantes y contener al menos: la fecha, la hora de inicio y de conclusión, los nombres completos de todas las personas que estuvieron presentes y el carácter, cargo o puesto directivo con el que participan, así como los temas tratados, la cual se debe integrar al expediente respectivo y se debe enviar copia al titular del OIC en un plazo no mayor a dos días hábiles contados a partir de su formalización.

iv. Actos públicos. Cuando en términos de las disposiciones aplicables sea procedente llevar a cabo este tipo de actos, se debe dar aviso al titular del OIC, en los mismos términos que para la celebración de reuniones.

Al inicio de estos actos el servidor público responsable deberá identificarse ante todos los asistentes, a quienes pedirá que se registren en la lista que al efecto se elabore, asentando cuando menos sus nombres completos y el carácter, cargo o puesto directivo con el que participan.

Por su parte, el servidor público que presida el acto informará a los participantes que una vez iniciado el mismo no se permitirá el acceso a ninguna otra persona, o servidor público ajeno al acto.

v. Procedimientos deliberativos. En estos casos, como pudieran ser evaluaciones y análisis de información, el protocolo de actuación señala que los servidores públicos se abstendrán de proporcionar información, previo a la notificación de la resolución correspondiente.

3. Información servidores públicos que participan en contrataciones públicas y procedimientos de contrataciones

Como parte de la instrumentación del sistema nacional anticorrupción, se implementará la Plataforma Digital Nacional[13] como instancia única que integra y conecta los diversos sistemas que posean datos que permitan implementar acciones y medidas preventivas para el combate a la corrupción.[14]

En dicha plataforma se incorpora información generada por las autoridades que integran el sistema nacional anticorrupción, dentro de la que se encuentran sistemas con información específica relacionada con esta ponencia, en materias de servidores públicos que intervienen en procedimientos de contrataciones públicas, e información pública de contrataciones, dentro de los que se podrá consultar lo siguiente:[15]

i. Sistema de servidores públicos que intervienen en contrataciones. Incluye los nombres y adscripción de los servidores públicos que intervienen en procedimientos para contrataciones, ya sea en la tramitación, atención y resolución para la adjudicación de un contrato, otorgamiento de una concesión, licencia, permiso o autorización y sus prórrogas, así como la enajenación de bienes muebles y aquellos que dictaminan en materia de avalúos.

---

13 El Comité Coordinador del sistema nacional anticorrupción emitirá las bases para el funcionamiento de la Plataforma Digital Nacional que permita cumplir con los procedimientos, obligaciones y disposiciones señaladas en la Ley General del Sistema Nacional Anticorrupción y la Ley General de Responsabilidades Administrativas, atendiendo a las necesidades de accesibilidad de los usuarios.

Los integrantes del sistema nacional promoverán la publicación de la información contenida en la plataforma en formato de datos abiertos, conforme a la Ley General de Transparencia y Acceso a la Información Pública y la demás normatividad aplicable.

El sistema nacional establecerá las medidas necesarias para garantizar la estabilidad y seguridad de la plataforma, promoviendo la homologación de procesos y la simplicidad del uso de los sistemas electrónicos por parte de los usuarios.

14 *Cfr.* Dictamen de las Comisiones Unidas de Anticorrupción y Participación Ciudadana; de Justicia; y de Estudios Legislativos, Segunda; que contiene proyecto de decreto por el que se expide la Ley General del Sistema Nacional Anticorrupción, la Ley General de Responsabilidades Administrativas y la Ley Orgánica del Tribunal Federal de Justicia Administrativa. p. 49

15 En términos del artículo 49 de la Ley General del Sistema Nacional Anticorrupción, la Plataforma Digital Nacional se conformará además de los sistemas señalados, al menos por el Sistema de Evolución patrimonial, de declaración de intereses y constancia de presentación de declaración fiscal; Sistema nacional de Servidores públicos y particulares sancionados; Sistema de información y comunicación del Sistema Nacional y del Sistema Nacional de Fiscalización, y Sistema de denuncias públicas de faltas administrativas y hechos de corrupción.

En este sistema, también se incluye la relación de particulares, personas físicas y morales, que se encuentren inhabilitados para celebrar contratos con los entes públicos derivado de procedimientos administrativos.

Toda la información es actualizada quincenalmente, conforme a los formatos y mecanismos para registrar la información determinados por el Comité Coordinador del sistema nacional anticorrupción.

La información de este sistema debe ponerse a disposición de todo la sociedad a través de Internet, ello con fines de transparencia.

ii. Sistema de Información Pública de Contrataciones. Cuenta con información pública que remitan las autoridades competentes al Comité Coordinador del sistema nacional anticorrupción a solicitud de éste, para el ejercicio de sus funciones y los objetivos de las Leyes Generales de Responsabilidades Administrativas y del Sistema Nacional Anticorrupción.

La información pública de contrataciones debe ponerse a disposición de todo público a través de Internet.

La legislación general en análisis no hace mayor referencia a la información que se registrará en este sistema, por lo que se deberá esperar a las determinaciones que al efecto tome el mencionado Comité, para conocerla.

Sin perjuicio de lo anterior, se estima que existirá relación entre esta información y la que actualmente generan las dependencias y entidades de la Administración Pública Federal en los sistemas electrónicos de información pública gubernamental sobre adquisiciones, arrendamientos y servicios, así como sobre obras públicas y servicios relacionados con las mismas, que tienen como fines:

- Contribuir a la generación de una política general en la Administración Pública Federal en materia de contrataciones;
- Propiciar la transparencia y seguimiento de las adquisiciones, arrendamientos y servicios del sector público, y
- Generar la información necesaria que permita la adecuada planeación, programación y presupuestación de las contrataciones públicas, así como su evaluación integral.

Dichos sistemas contendrá por lo menos, la siguiente información, la cual deberá verificarse que se encuentra actualizada por lo menos cada tres meses:

- Los programas anuales de adquisiciones, arrendamientos y servicios de las dependencias y entidades;
- El registro único de proveedores;
- El padrón de testigos sociales;
- La información derivada de los procedimientos de contratación;
- Las notificaciones y avisos relativos a los procedimientos de contratación y de la instancia de inconformidades;
- Los datos de los contratos suscritos;
- El registro de proveedores sancionados, y
- Las resoluciones de la instancia de inconformidad que hayan causado estado.

4. Mecanismos generales de prevención

No se encuentran relacionados de manera directa con controles de combate a la corrupción en contrataciones públicas, sin perjuicio de ello, tienden a fortalecer el entorno de control de los organismos gubernamentales, a partir de los cuales se consideran, implementan y verifican aspectos permanentemente en las organizaciones, que permitirán tener un ambiente de confianza y seguridad en la conducta y labores a desempeñar por los servidores públicos, dentro de los que se encuentran:

i. Integridad y valores éticos. Refleja las directrices de acción que deben tener los servidores públicos en el desempeño de sus empleos, cargos y comisiones, los cuales si bien son de carácter permanente, pueden ser objeto de modificación para amoldarse a las crecientes necesidades e intereses de las partes relacionadas con la organización.

Por disposición de la Ley General de Responsabilidades Administrativas, los servidores públicos deben observar en el desempeño de su empleo, cargo o comisión, los principios de disciplina, legalidad, objetividad, profesionalismo, honradez, lealtad, imparcialidad, integridad, rendición de cuentas, eficacia y eficiencia.[16]

Aunado a ello deben observar las directrices siguientes:

- Actuar con apego a derecho;
- Conducirse con rectitud sin obtener o pretender algún beneficio, ni buscar o aceptar compensaciones, prestaciones, dádivas, obsequios o regalos;
- Satisfacer el interés superior de las necesidades colectivas;
- Dar a las personas en general el mismo trato;
- Ejecutar el servicio con orientación al logro de resultados;
- Administrar los recursos públicos bajo su responsabilidad, sujetándose a los principios de eficiencia, eficacia, economía, transparencia y honradez;
- Promover, respetar, proteger y garantizar los derechos humanos;
- Corresponder a la confianza que la sociedad les ha conferido;
- Evitar y dar cuenta de posibles intereses en conflicto, y
- Abstenerse de realizar tratos o promesas privadas que comprometa al Estado mexicano.

Asimismo, los servidores públicos deben dar cumplimiento al Código de Ética que emita la Secretaría de la Función Pública o los OIC, en apego a los lineamientos del sistema nacional anticorrupción, para que en su actuación impere una conducta digna que responda a las necesidades de la sociedad y que oriente su desempeño.

16 Estos principios se constituyen como los bienes jurídicamente tutelados, los cuales son los principios que rigen el ejercicio de la función pública, los que tienen diferentes caracteres, así por ejemplo la legalidad es de tipo jurídico, la honradez, lealtad e imparcialidad de tipo moral, y la eficiencia de carácter material, *Cfr.* Lucero Espinosa, Manuel, *Ley Federal de Responsabilidades Administrativas de los Servidores Públicos comentada*, Porrúa, México, 2011, p. 30

Aunado a estos, se tienen los principios rectores que rigen el servicio público: legalidad, objetividad, profesionalismo, honradez, lealtad, imparcialidad, eficiencia, eficacia, equidad, transparencia, economía, integridad y competencia por mérito.

Los organismos gubernamentales, considerando las funciones que a cada una de ellas les corresponde y previo diagnóstico que al efecto realicen, podrán implementar acciones para orientar el criterio que en situaciones específicas deberán observar los servidores públicos.

Como parte de este entorno de control, se prevé que la Secretaría de la Función Pública podrá suscribir convenios de colaboración con las personas físicas o morales que participen en contrataciones públicas, así como con las cámaras empresariales u organizaciones industriales o de comercio, con la finalidad de orientarlas en el establecimiento de mecanismos de autorregulación que incluyan la instrumentación de controles internos y un programa de integridad que les permita asegurar el desarrollo de una cultura ética en su organización.

En este caso, para el diseño y supervisión de estos mecanismos, se considerarán las mejores prácticas internacionales sobre controles, ética e integridad en los negocios, además de incluir medidas que inhiban la práctica de conductas irregulares, que orienten a los socios, directivos y empleados de las empresas sobre el cumplimiento del programa de integridad y que contengan herramientas de denuncia y de protección a denunciantes.

ii. Establecimiento organizacional para el logro de los objetivos de la entidad. Los entes públicos deben crear y mantener condiciones estructurales y normativas que permitan el adecuado funcionamiento del Estado en su conjunto, y la actuación ética y responsable de cada servidor público.

En el ámbito de las contrataciones públicas, los titulares de los organismos públicos son responsables de que, en la adopción e instrumentación de las acciones que deban llevar a cabo en cumplimiento de la legislación en materia de contrataciones, se observen criterios que promuevan la modernización y desarrollo administrativo, la descentralización de funciones y la efectiva delegación de facultades.

iii. Orientación a los empleados al cumplimiento de sus responsabilidades. Consiste en la determinación de atribuciones para la resolución de conflictos de manera individual o en equipo; así como el establecimiento de políticas y prácticas de recursos humanos que determina el nivel de integridad, comportamiento ético, competencia y responsabilidad que se espera de las personas.

En este sentido se tipifican las faltas administrativas no graves y graves en que pueden incurrir los servidores públicos, encontrando dentro de las primeras las obligaciones de desempeñar sus funciones observando disciplina y respeto; denunciar los actos u omisiones que en ejercicio de sus funciones llegare a advertir; atender las instrucciones de sus superiores; presentar en tiempo y forma las declaraciones de situación patrimonial y de intereses; registrar, integrar, custodiar y cuidar la documentación e información que tenga bajo su responsabilidad, e impedir o evitar su uso, divulgación, sustracción, destrucción, ocultamiento o inutilización indebidos; supervisar a los servidores públicos sujetos bajo su dirección; rendir cuentas sobre el ejercicio de las funciones, y colaborar en los procedimientos judiciales y administrativos en los que sea parte.

Por su parte, se consideran faltas administrativas graves el cohecho,[17] peculado,[18] desvío de recursos públicos,[19] utilización indebida de información,[20] abuso de funcio-

17 Entendido como el servidor público que exija, acepte, obtenga o pretenda obtener, por sí o a través de terceros, con motivo de sus funciones, cualquier beneficio no comprendido en su remuneración como servidor público, que podría consistir en dinero; valores; bienes muebles o inmuebles, incluso mediante

nes,[21] actuación bajo conflicto de interés,[22] contratación indebida,[23] enriquecimiento oculto u ocultamiento de conflicto de interés,[24] tráfico de influencias,[25] encubrimiento,[26] desacato,[27] obstrucción de justicia,[28]

---

enajenación en precio notoriamente inferior al que se tenga en el mercado; donaciones; servicios; empleos y demás beneficios indebidos para sí o para su cónyuge, parientes consanguíneos, parientes civiles o para terceros con los que tenga relaciones profesionales, laborales o de negocios, o para socios o sociedades de las que el servidor público o las personas referidas formen parte.

18 El servidor público que autorice, solicite o realice actos para el uso o apropiación para sí o para su cónyuge, parientes consanguíneos, parientes civiles o para terceros con los que tenga relaciones profesionales, laborales o de negocios, o para socios o sociedades de las que el servidor público o las personas referidas formen parte, de recursos públicos, sean materiales, humanos o financieros, sin fundamento jurídico o en contraposición a las normas aplicables.

19 El servidor público que autorice, solicite o realice actos para la asignación o desvío de recursos públicos, sean materiales, humanos o financieros, sin fundamento jurídico o en contraposición a las normas aplicables.

20 El servidor público que adquiera para sí o para su cónyuge, parientes consanguíneos, parientes civiles o para terceros con los que tenga relaciones profesionales, laborales o de negocios, o para socios o sociedades de las que el servidor público o las personas referidas formen parte, bienes inmuebles, muebles y valores que pudieren incrementar su valor o, en general, que mejoren sus condiciones, así como obtener cualquier ventaja o beneficio privado, como resultado de información privilegiada de la cual haya tenido conocimiento.

21 El servidor público que ejerza atribuciones que no tenga conferidas o se valga de las que tenga, para realizar o inducir actos u omisiones arbitrarios, para generar un beneficio para sí o para su cónyuge, parientes consanguíneos, parientes civiles o para terceros con los que tenga relaciones profesionales, laborales o de negocios, o para socios o sociedades de las que el servidor público o las personas antes referidas formen parte, o para causar perjuicio a alguna persona o al servicio público.

22 El servidor público que intervenga por motivo de su empleo, cargo o comisión en cualquier forma, en la atención, tramitación o resolución de asuntos en los que tenga conflicto de interés o impedimento legal

23 El servidor público que autorice cualquier tipo de contratación, así como la selección, nombramiento o designación, de quien se encuentre impedido por disposición legal o inhabilitado por resolución de autoridad competente para ocupar un empleo, cargo o comisión en el servicio público o inhabilitado para realizar contrataciones con los entes públicos, siempre que en el caso de las inhabilitaciones, al momento de la autorización, éstas se encuentren inscritas en el sistema nacional de servidores públicos y particulares sancionados de la plataforma digital nacional.

24 El servidor público que falte a la veracidad en la presentación de las declaraciones de situación patrimonial o de intereses, que tenga como fin ocultar, respectivamente, el incremento en su patrimonio o el uso y disfrute de bienes o servicios que no sea explicable o justificable, o un conflicto de interés.

25 El servidor público que utilice la posición que su empleo, cargo o comisión le confiere para inducir a que otro servidor público efectúe, retrase u omita realizar algún acto de su competencia, para generar cualquier beneficio, provecho o ventaja para sí o para terceros con los que tenga relaciones profesionales, laborales o de negocios, o para socios o sociedades de las que el servidor público o las personas referidas formen parte.

26 El servidor público que cuando en el ejercicio de sus funciones llegare a advertir actos u omisiones que pudieren constituir faltas administrativas, realice deliberadamente alguna conducta para su ocultamiento.

27 El servidor público que, tratándose de requerimientos o resoluciones de autoridades fiscalizadoras, de control interno, judiciales, electorales o en materia de defensa de los derechos humanos o cualquier otra competente, proporcione información falsa, así como no dé respuesta alguna, retrase deliberadamente y sin justificación la entrega de la información, a pesar de que le hayan sido impuestas medidas de apremio conforme a las disposiciones aplicables.

28 Los servidores públicos responsables de la investigación, substanciación y resolución de las faltas administrativas incurrirán en obstrucción de la justicia cuando:

En complemento a estas disposiciones, y con fines de erradicación de la corrupción se establecen los actos punibles de los particulares vinculados con faltas administrativas graves, dentro de los que se encuentran: Soborno[29], participación ilícita en procedimientos administrativos,[30] tráfico de influencias,[31] utilización de información falsa,[32] obstrucción de facultades de investigación,[33] colusión,[34] uso indebido de recursos públicos,[35] y contratación indebida de ex servidores públicos.[36]

- Realicen cualquier acto que simule conductas no graves durante la investigación de actos u omisiones calificados como graves;

- No inicien el procedimiento correspondiente ante la autoridad competente, dentro del plazo de treinta días naturales, a partir de que tengan conocimiento de cualquier conducta que pudiera constituir una falta administrativa grave, faltas de particulares o un acto de corrupción, y

- Revelen la identidad de un denunciante anónimo protegido.

29 El particular que prometa, ofrezca o entregue cualquier beneficio indebido a uno o varios Servidores Públicos, directamente o a través de terceros, a cambio de que dichos servidores públicos realicen o se abstengan de realizar un acto relacionado con sus funciones o con las de otro servidor público, o bien, abusen de su influencia real o supuesta, con el propósito de obtener o mantener, para sí mismo o para un tercero, un beneficio o ventaja, con independencia de la aceptación o recepción del beneficio o del resultado obtenido.

30 El particular que realice actos u omisiones para participar en los mismos sean federales, locales o municipales, no obstante que por disposición de ley o resolución de autoridad competente se encuentren impedido o inhabilitado para ello.

También se considera participación ilícita en procedimientos administrativos, cuando un particular intervenga en nombre propio pero en interés de otra u otras personas que se encuentren impedidas o inhabilitadas para participar en procedimientos administrativos federales, locales o municipales, con la finalidad de que ésta o éstas últimas obtengan, total o parcialmente, los beneficios derivados de dichos procedimientos. Ambos particulares serán sancionados en términos de la legislación aplicable.

31 El particular, que para inducir a la autoridad, use su influencia, poder económico o político, real o ficticio, sobre cualquier servidor público, con el propósito de obtener para sí o para un tercero un beneficio o ventaja, o para causar perjuicio a alguna persona o al servicio público, con independencia de la aceptación del servidor o de los servidores públicos o del resultado obtenido.

32 El particular que presente documentación o información falsa o alterada, o simulen el cumplimiento de requisitos o reglas establecidos en los procedimientos administrativos, con el propósito de lograr una autorización, un beneficio, una ventaja o de perjudicar a persona alguna.

33 El particular que, teniendo información vinculada con una investigación de faltas administrativas, proporcione información falsa, retrase deliberada e injustificadamente la entrega de la misma, o no dé respuesta alguna a los requerimientos o resoluciones de autoridades investigadoras, substanciadoras o resolutoras, siempre y cuando le hayan sido impuestas previamente medidas de apremio conforme a las disposiciones aplicables.

34 El particular que ejecute con uno o más sujetos particulares, en materia de contrataciones públicas, acciones que impliquen o tengan por objeto o efecto obtener un beneficio o ventaja indebidos en las contrataciones públicas de carácter federal, local o municipal.

Cuando los particulares acuerden o celebren contratos, convenios, arreglos o combinaciones entre competidores, cuyo objeto o efecto sea obtener un beneficio indebido u ocasionar un daño a la Hacienda Pública o al patrimonio de los entes públicos.

Cuando la infracción se hubiere realizado a través de algún intermediario con el propósito de que el particular obtenga algún beneficio o ventaja en la contratación pública de que se trate, ambos serán sancionados.

35 El particular que realice actos mediante los cuales se apropie, haga uso indebido o desvíe del objeto para el que estén previstos los recursos públicos, sean materiales, humanos o financieros, cuando por cualquier circunstancia maneje, reciba, administre o tenga acceso a estos recursos.

iv. Nombramiento de los integrantes del OIC. Para la selección de estos se deberán observar, además de los requisitos establecidos para su nombramiento, un sistema que garantice la igualdad de oportunidades en el acceso a la función pública con base en el mérito y los mecanismos más adecuados y eficientes para su adecuada profesionalización, atrayendo a los mejores candidatos para ocupar los puestos a través de procedimientos transparentes, objetivos y equitativos.

v. Supervisión y mejora continua. Uno de los principios más importantes del control interno se encuentra en la supervisión periódica de la eficacia y eficiencia de los controles implementados en la organización, pues si bien en un momento determinado pudieran funcionar y erradicar cualquier riesgo de incumplimiento, esta situación pudiera variar por el mero transcurso del tiempo.

En seguimiento a este principio, los OIC se encuentran obligados a evaluar anualmente el resultado de las acciones específicas que hayan implementado en materia de mecanismos de prevención, y proponer, en su caso, las modificaciones que resulten procedentes, informando de ello a la Secretaría de la Función Pública.

Aunado a ello, a fin de dar imparcialidad a este análisis, el Comité Coordinador del sistema nacional anticorrupción podrá emitir recomendaciones con el objeto de adoptar las medidas necesarias para el fortalecimiento institucional en su desempeño y control interno y con ello la prevención de faltas administrativas y hechos de corrupción, las cuales son valoradas por los OIC, debiendo informar de la atención que se dé a éstas y, en su caso, sus avances y resultados.

5. Declaración de situación patrimonial y de intereses, así como constancia de presentación de declaración fiscal.

La legislación en materia responsabilidades administrativas clasifica estas declaraciones como una herramienta de rendición de cuentas, aun que derivado de la información que concentran se trata más de de una herramienta que coadyuva a la transparencia, sin perjuicio de ello, es indudable que se trata de un control invaluable en el combate a la corrupción.

Lo anterior, considerando que a partir de la información que los servidores públicos rinden, es posible: i. Dar seguimiento a la evolución de su situación patrimonial, incluyendo la de sus cónyuges, concubinas o concubinarios y dependientes económicos directos, ii. Recibir información y determinar el conjunto de intereses de un servidor público a fin de delimitar cuándo éstos entran en conflicto con su función, y iii. Tener certeza de que el servidor público cumple con sus obligaciones fiscales y de esta manera contar con un elemento más para el cruce de información de sus ingresos en un determinado ejercicio fiscal.

En el sistema de evolución patrimonial, de declaración de intereses y de constancias de presentación de la declaración fiscal de la Plataforma Digital Nacional, se inscribirán los datos públicos de los servidores públicos obligados a presentar declaraciones de

---

También se considera uso indebido de recursos públicos la omisión de rendir cuentas que comprueben el destino que se otorgó a dichos recursos.

36 El particular que contrate a quien haya sido servidor público durante el año previo, que posea información privilegiada que directamente haya adquirido con motivo de su empleo, cargo o comisión en el servicio público, y directamente permita que el contratante se beneficie en el mercado o se coloque en situación ventajosa frente a sus competidores. En este supuesto también será sancionado el ex servidor público contratado.

situación patrimonial y de intereses,[37] así como la constancia que emita la autoridad fiscal, sobre la presentación de la declaración anual de impuestos.

Respecto de esta información, la Secretaría de la Función Pública y los OIC serán responsables de inscribir y mantener actualizada en el mencionado sistema la información correspondiente a los declarantes a su cargo, así como de realizar una verificación aleatoria de las declaraciones patrimoniales que obren en dicho sistema, así como de la evolución del patrimonio de los servidores públicos.

De no existir ninguna anomalía expedirán la certificación correspondiente, la cual se anotará en dicho sistema, mientras que en caso de encontrar alguna, las mencionadas autoridades deberán iniciar la investigación que corresponda.

Aunado a lo anterior, en un enfoque incluyente de combate a la corrupción, el sistema nacional anticorrupción a través de su Comité Coordinador establece mecanismos para promover y permitir la participación de la sociedad en la generación de políticas públicas dirigidas al combate a las distintas conductas que constituyen faltas administrativas.

CONCLUSIONES

Como se puede observar de los controles analizados en esta ponencia, las nuevas instituciones que se constituyen en México para combate a la corrupción en materia de contrataciones públicas, resultan un gran avance en la erradicación de prácticas indebidas en esta materia, sobre todo si se visualizan en conjunto con las herramientas para fortalecer el entorno de control de las organizaciones gubernamentales, las cuales son un complemento importante a los controles que prevé la legislación especial en la materia.

Lo anterior, también se ve fortalecido a la luz de los mecanismos de supervisión y mejora continua que prevé la propia legislación, ya que a partir de estos se puede verificar periódicamente la eficiencia y eficacia de los controles, a fin de ser mejorados permanentemente y que verdaderamente cumplan con sus finalidades.

Sin perjuicio de ello, se estima oportuno seguir verificando las mejores prácticas internacionales en la materia, a fin de seguir cerrado espacios a la corrupción y con ello lograr un mejor manejo de los recursos públicos.

Al efecto, podría establecerse como obligación de los entes públicos de todos los niveles de gobierno, el pacto de cláusulas anticorrupción en los contratos públicos, esto es, el compromiso de las partes a cumplir con las Reglas para Combatir la Corrupción, como el de la Cámara Internacional de Comercio o a implementar y mantener un programa corporativo de cumplimiento contra la corrupción.[38]

En este sentido, estas cláusulas también podrían establecer la obligación de las partes de abstenerse de realizar cualquier acto de corrupción, ello bajo la pena de recisión del contrato y el cobro de las penas convencionales pactadas, lo cual resultaría un estimulo para la realización de conductas integrales y la debida supervisión del personal involucrado en la operación.

---

37 Las declaraciones patrimoniales y de intereses serán públicas salvo los rubros cuya publicidad pueda afectar la vida privada o los datos personales protegidos por la Constitución. Para tal efecto, el Comité Coordinador, a propuesta del Comité de Participación Ciudadana, emitirá los formatos respectivos, garantizando que los rubros que pudieran afectar los derechos aludidos queden en resguardo de las autoridades competentes.

38 https://iccwbo.org/publication/icc-anti-corruption-clause/, consultado el 12 de abril de 2017.

BIBLIOGRAFÍA

AUDITORÍA SUPERIOR DE LA FEDERACIÓN, *Fiscalización, Transparencia y Rendición de Cuentas*, Tomo 2, Auditoría Superior de la Federación, México, 2015

BÉJAR RIVERA, Luis José, *El combate a la corrupción en materia de contrataciones públicas*. Comentarios sobre la legislación mexicana federal, Contratación administración pública, número 145, Sección reflexiones, spe 2016, Editorial La Ley.

——— y Alejandro ORRICO GÁLVEZ, *Régimen de la función pública y régimen de responsabilidades administrativas de los servidores públicos*, Espress, México, 2014.

LUCERO ESPINOSA, Manuel, *Ley Federal de Responsabilidades Administrativas de los Servidores Públicos comentada*, Porrúa, México, 2011.

RODRÍGUEZ ARANA, Jaime y otros (Coord.), *Contenciosos Administrativos en Iberoamérica*, Tomo II, Universidad de Puerto Rico, Puerto Rico, 2015.

Legislación.

Constitución Política de los Estados Unidos Mexicanos.

Código Penal Federal.

Ley General de Bienes Nacionales.

Ley General de Contabilidad Gubernamental.

Ley General de Responsabilidades Administrativas.

Ley General del Sistema Nacional Anticorrupción.

Ley de Adquisiciones, Arrendamientos y Servicios del Sector Público.

Ley de Asociaciones Público–Privadas.

Ley de Coordinación Fiscal.

Ley de Fiscalización y Rendición de Cuentas de la Federación.

Ley de Obra Pública y Servicios relacionados con las mismas.

Ley Orgánica de la Administración Pública Federal.

Ley Orgánica de la Procuraduría General de la República.

Ley Orgánica del Tribunal Federal de Justicia Administrativa.

ACUERDO por el que se expide el protocolo de actuación en materia de contrataciones públicas, otorgamiento y prórroga de licencias, permisos, autorizaciones y concesiones.

Dictamen de las Comisiones Unidas de Anticorrupción y Participación Ciudadana; de Justicia; y de Estudios Legislativos, Segunda; que contiene proyecto de decreto por el que se expide la Ley General del Sistema Nacional Anticorrupción, la Ley General de Responsabilidades Administrativas y la Ley Orgánica del Tribunal Federal de Justicia Administrativa.

Páginas de internet.

www.gob.mx/sfp

www.iccwbo.org

IV. PREPARACIÓN DE LOS CONTRATOS POR LOS INTERESADOS (Elaboración de las Ofertas; Cuestiones de admisibilidad y conveniencia)

23. EL FOMENTO DE LAS MEDIDAS DE AUTORREGULACIÓN DE LA CONDUCTA DE LOS CONTRATISTAS DEL ESTADO: Un importante avance

Juan Carlos Morón Urbina[1]

"El secreto del éxito se encuentra en la sinceridad y la honestidad. Si eres capaz de simular eso, lo tienes hecho."
Groucho Marx.

1. Planteamiento general

Del mismo modo como para bailar y discutir, se requieren dos personas, para la corrupción administrativa también es necesaria la concurrencia, en connivencia, del corruptor y del corrupto. Como bien se ha expresado, la corrupción tiene una dimensión de intercambio patrimonial voluntario, dado que "se basa en la interacción entre dos o más personas, entre las cuales una inicia o induce un acto corrupto y otra lo acepta. Se trata de un intercambio de beneficio –recompensa que suele suceder de forma voluntaria y con mutuo acuerdo–"[2]

No obstante esta relación bilateral, el énfasis tradicional del esfuerzo jurídico de actuación preventiva y persecutoria de la corrupción han estado centrados en el agente público, mediante instrumentos de control interno previo y concurrente (ej. Conflictos de intereses, declaraciones patrimoniales y de intereses, estructuras administrativas adecuadas para favorecer la detección de estas inconductas) y también con énfasis represivo (ej. Instrumentos de fiscalización, organismos de fiscalización superior, responsabilidades acumulativas penales, administrativas o civiles/patrimoniales, procedimientos de responsabilidad y auditorias, acuerdos entre autoridades de investigación penal).

---

1 Abogado por la Universidad San Martín de Porres. Maestría en Derecho Constitucional por la Pontificia Universidad Católica del Perú. Directivo de la Asociación Peruana de Derecho Administrativo, miembro de la Asociación Peruana de Derecho Constitucional y de la Sociedad Peruana de Derecho de la Construcción. Miembro del Foro Iberoamericano de Derecho Administrativo y de Asociación Internacional de Derecho Administrativo – AIDA (2016). Profesor de diversos cursos de derecho administrativo a nivel de pregrado y Maestrías en las Facultades de Derecho de la Pontificia Universidad Católica del Perú, de San Martin de Porres, y en la Universidad de Piura. Socio del Estudio Echecopar. Email: juancarlos.moron@echecopar.com.pe

2 ARGANDOÑA, Antonio y MOREL BERENDSON, Ricardo; LA LUCHA CONTRA LA CORRUPCIÓN: UNA PERSPECTIVA EMPRESARIAL. Cuadernos de la Cátedra "la Caixa" de Responsabilidad Social de la Empresa y Gobierno Corporativo. N° 4. Julio de 2009; p. 08.

En ese contexto, el presente ensayo explora –en la línea de lo expuesto por el profesor GIMENO FELIU[3]– la reciente tendencia a la prevención jurídica enfocada en las inconductas de los contratistas del Estado desde el derecho administrativo e identifica la reciente pero inconexa incorporación en el derecho peruano de la autorregulación regulada de los programas de cumplimiento (compliance), auto correctoras o de self–cleaning.

2. De la autorregulación espontanea de la conducta de los proveedores a su autorregulación regulada y el estatus de contratista estatal

Contrariamente a lo que se podría pensar, es evidente que los ámbitos de plena libertad en las relaciones humanas dentro del espacio público han ido atenuándose no solo por el desarrollo de categorías e instrumentos de intervención administrativa, sino por el fenómeno de la autorregulación privada, entendida como la capacidad de las personas naturales y jurídicas para imponerse autónomamente estándares de comportamiento activo u omisivo sin la injerencia externa del Estado.

Desde la domestica autolimitación individual voluntaria, pasando por los controles internos de la más variada extensión y peculiaridad en las organizaciones privadas hasta la conformación de organizaciones sociales que dictan pautas para sus integrantes, la autorregulación es un fenómeno común y por qué no decirlo, indispensable. Eso es particularmente adecuado en las relaciones comerciales como contratistas estatales, dada la alta exigencia de probidad que es exigible al colaborador de la administración en el logro de los cometidos públicos.

Contemporáneamente no se concibe como estándar de empresario razonable que asuma riesgo de incurrir en actuaciones indebidas en sus relaciones contractuales con la administración.[4] Este riesgo conduce a consecuencia que van desde los meramente legales, como penalidades, multas y reclamos de indemnizaciones, y sanciones penales; hasta riesgos comerciales y operativos, como la perdida de títulos habilitantes para acceder o mantenerse en algunos mercados, incluso ahora con efectos fuera de los territorios nacionales por aplicación de los acuerdos internacionales y tratados de libre comercio en materia de compras públicas. A dichos efectos directos se suman los indirectos como reducir su capacidad de supervivencia y rentabilidad futura, restringir la capacidad de negocios; hasta riesgos reputacionales, a partir del descredito de verse inmerso en alguna acción indebida en la contratación estatal, incluyendo, los casos de corrupción, implican la disminución del valor de la empresa, la afectación de la marca, la reducción de las ventas, el encarecimiento o dificultades para obtener crédito y fuentes de financiamiento, dificultad para mantener o captar talento, etc. [5]

---

3 GIMENO FELIU; José María; "Decálogo de Reglas para prevenir la corrupción en los Contratos Públicos". Ahí el autor propone como octava regla, la promoción de los programas de compliance en las empresas, dado que como es obvio "La integridad y su prevención no debe abordarse de marera unidireccional. El sector empresarial debe dar un paso al frente". http://www.obcp.es/index.php/mod.opiniones/mem.detalle/id.180/relcategoria.121/relmenu.3/chk.8d4923392a9fb6f59d7b26a0db10b756

4 ARGANDOÑA, Antonio y MOREL BERENDSON, Ricardo; LA LUCHA CONTRA LA CORRUPCIÓN: UNA PERSPECTIVA EMPRESARIAL. Cuadernos de la Cátedra "la Caixa" de Responsabilidad Social de la Empresa y Gobierno Corporativo. Nº 4. Julio de 2009.

5 UNOCDC. Programa anticorrupción de ética y cumplimiento para las empresas: Guía Práctica. Oficina de las Naciones Unidas contra la Droga y el Delito, Naciones Unidas, Nueva York, Octubre 2013, p- 12.

Con el objetivo de prevenir estos riesgos las empresas autónomamente decidieron mediante esfuerzos individuales, primero, y luego, en sus niveles asociativos (ej. Gremios) pero siempre desde el Sector Privado, emprender el camino para instalar, fortalecer y monitorear sus controles internos, particularmente en las áreas implicadas en las relaciones con las compras públicas y gestionar de mejor manera sus riesgos de incumplir las normas de este ámbito. Así, las acciones de mejoramiento de sus controles internos emprendidas son entendidas como acciones y procesos llevados a cabo por las diversas áreas de la empresa destinadas a proporcionar una garantía razonable, mas no seguridad absoluta, sobre la eficacia y eficiencia de las operaciones, la confiabilidad de la información financiera, el cumplimiento de las leyes, reglamentos y políticas que les fueran aplicables, para lo cual se identifican, como componentes esenciales que interactúan entre sí: el ambiente de control (la cultura o actitud general de la empresa con respecto al control y la probidad, la evaluación de riesgos (que identifica y evalúa los riesgos para alcanzar los objetivos de la empresa), las actividades de control (las acciones, normas y procedimientos que tiende a asegurar que se cumplan las normas, directrices y políticas de la empresa para evitar los riesgos identificados.), la información y comunicación (mecanismos que permiten que el personal de la entidad capte e intercambie la información requerida para desarrollar, gestionar y controlar sus operaciones.) y el monitoreo o supervisión (como elementos que evalúan los elementos anteriores para determinar si éste está operando en la forma esperada o si es necesario hacer modificaciones).[6]

Ahora bien, contemporáneamente estas conductas de autorregulación en diversos sectores del relacionamiento con la actividad gubernamental, ya no están siendo dejadas a la espontaneidad y a la heterogeneidad del esfuerzo individual o gremial, sino que, por el contrario, bajo diversas formas e intensidades a una promoción activa desde la Administración. Así se ha planteado correctamente que estas iniciativas cada vez más "están condicionadas externamente por los poderes públicos, lo cual obliga a tomar en consideración las relaciones entre la autorregulación y la intervención pública dirigida a posibilitar, fomentar y condicionar su desarrollo"[7].

De este modo, aparecen una serie de nuevas interrelaciones entre lo público y lo privado impulsadas por el Estado como nuevo agente promotor o interventor, en diversas formas, de la regulación privada, surgiendo el fenómeno de la autorregulación regulada, entendida de un modo general como "el control público de la autorregulación privada" o la "regulación de la autorregulación". [8] Entre las diversas formas de regulación de la autorregulación privada que se pueden identificarse en el derecho comparado[9] podemos

6 Resulta de particular interés revisar al respecto los Informe COSO I (1992) y COSO II (2014) preparados por el COMMITTEE OF SPONSORING ORGANIZATIONS que sienta las bases con una visión integral de lo que es el control interno de las empresas. Ver: Committee of Sponsoring Organizations of the Treadway Commission http://www.coso.org/default.htm

7 ARROYO JIMENEZ; Luis; Introducción a la Autorregulación". En el colectivo "Autorregulación y sanciones", Dirigido por Arroyo Jiménez, Luis y Nieto Martin, Adán; Editorial Lex Nova, Colección Derecho Público, Valladolid, 2008, p. 23.

8 ESTEVE PARDO, José; "Autorregulación, Génesis y Efectos". Aranzadi, Thomson Company, Navarra, 2002, p. 160.

9 Para este punto nos fundamos en las exposiciones realizadas por los profesores ARROYO JIMENEZ; Luis; *op. Cit.*, p. 26 y DARNACULLETA GARDELLA, Ma. Merce; "Derecho Administrativo y autorregulación: La Autorregulación regulada". Universidad de Girona. http://dugi-

diferenciar la autorregulación vinculante, la autorregulación aprobada, la autorregulación compelida o estimulada, y la autorregulación con efectos administrativos, que explicaremos a continuación.

La autorregulación vinculante o corregulación es el modo de intervención administrativa mediante la cual la autoridad aprueba previamente los estándares de conducta privada, la estructura y contenido de la autorregulación para que las personas naturales o jurídicas en base a ello aprueben sus regulaciones. Este es el ejemplo, de la regulación preventiva de lavado de activos para los bancos, quienes aparecen intensamente regulados en esta materia.

La autorregulación aprobada es la que siendo elaborada por los particulares necesita ser sometida a la aprobación de la autoridad administrativa previamente para poder ser aplicada. Así sucede cuando se exige a las empresas de transporte que aprueben sus planes de contingencia para el transporte de residuos peligrosos y los sometan a la autoridad posteriormente.

La autorregulación compelida o estimulada es aquella que es inducida por la autoridad mediante incentivos tanto positivos, para su existencia y vigencia, como negativos, implicando asumir consecuencias gravosas en caso de no haberlos adoptarlos autónomamente, pero sin definirse contenidos específicos ni aprobar previamente las normas internas por la administración.

La autorregulación con efectos administrativos es aquella autorregulación que es adoptada privadamente pero sin ser aprobada ni exigida obligatoriamente por la autoridad, por su existencia misma el ordenamiento le asigna algún efecto jurídico habilitante para la realización de una actividad, tales como efecto probatorio, formar parte de los requisitos para alcanzar algún permiso o título administrativo de libre aspiración, como por ejemplo, para obtener cuando pedir una licencia o un registro se pide contar con un plan de seguridad aprobado. [10]

Como podemos apreciar, estos nuevos modos de regulación estatal de la autorregulación privada, tienen como objetivo –como afirma ESTEVE PARDO–[11], "(...) que esa autorregulación privada, que en buena medida se impone en los territorios antaño dominados por la Administración, sirva también con objetividad los intereses generales"

---

doc.udg.edu/bitstream/handle/10256/4787/tmdg.pdf?sequence=10. Luego publicada bajo el título "Autorregulación y derecho público: la autorregulación regulada". Marcial Pons, Madrid, 2005, p. 341.

10 No constituye ejemplo de autorregulación regulada de las empresas sino de regulación administrativa directa la aprobación positiva de reglas de conducta por parte del Estado con prohibiciones, incompatibilidades, deberes negativo y positivo, etc. Este es el caso, por ejemplo, de la Ley Nº 84 de 18 de Junio de 2002 denominada Código de Ética para Contratistas, Suplidores, y Solicitantes de Incentivos Económicos de las Agencias Ejecutivas del Estado Libre Asociado de Puerto Rico, que regula la conducta de los contratistas y proveedores de bienes o servicios con las agencias ejecutivas del Estado Libre Asociado de Puerto Rico, y establece que la aceptación de dichas normas es condición esencial e indispensable para que éstos o sus representantes puedan efectuar transacciones o establezcan convenios con las agencias ejecutivas.

11 ESTEVE PARDO, José; *"Autorregulación, Génesis y Efectos"*. Aranzadi, Thomson Company, Navarra, 2002, p. 172.

2.1. Autorregulación espontanea de la conducta empresarial en la contratación pública:

Como mencionamos antes, la posibilidad de incurrir en actos indebidos en relación con las compras públicas es real y patente cotidianamente. Los estímulos perversos para alcanzar metas de ventas sin escrúpulos, la actitud colusiva o corrupta de la competencia que al no ser detectada incentiva a realizar las mismas prácticas, las exigencias extorsivas de los agentes públicos, están presentes todos los días. Por ello, actuando, algunas veces, por convicción y apego a los valores, en otros, por evitar los riesgos asociados a los actos indebidos, y, en algunos casos por desarrollar un marketing o prestigio comercial sostenible alrededor de una conducta ética[12], las empresas que suelen tener relaciones con el Estado, han emprendido iniciativas preventivas de lucha contra sus propios actos indebido y prácticas corruptivas. En general, nos encontramos frente a la corriente de la ética de los negocios o ética empresarial, por la que los negocios incorporan voluntaria y conscientemente el respeto a los principios éticos, las personas, las comunidades y el medio ambiente[13]

Estas prácticas preventivas espontaneas que las empresas desarrollan conllevan una serie de beneficios comerciales derivados de mantener públicamente una posición contraria a la corrupción, tales como: aumentar las posibilidades de acceder a nuevos mercados y aliarse con otras empresas u organizaciones de igual perfil, ser más atractiva para las instituciones financieras, mejorar las posibilidades de obtener contratos o licencias públicas, fomenta buenas relaciones laborales y un entorno, ser más atractiva para el ingreso de nuevos capitales que las atacadas con corrupción, si fuera parte de una cadena de suministro como proveedor de grandes empresas, éstas querrán saber si tiene implantado un programa de lucha contra la corrupción en vigor, ya que las multinacionales están sujetas a leyes y requisitos que a su vez extienden a sus proveedores. [14]

En el escenario de la autorregulación de la conducta debida de los contratistas cobran particular relevancia las acciones internas de aprobar Códigos de Ética institucionales, la ejemplaridad empresarial, la capacitación en valores del personal, la selección de personal considerando aspectos de valores e integridad, y las auditorias éticas, como instrumentos aplicables para verificar el grado de cumplimiento de los deberes éticos establecidos en la organización[15]

Los Códigos éticos empresariales, declaración de valores, principios rectores, códigos de conducta o como quiera llamárseles son el modelo de autorregulación de las em-

---

12 Puede leerse al respecto: HUNSTMAN, Jon M., *"Es negocio ser honrado. Una brújula moral para dirigir (se)"*. Grupo Planeta 2006. También Kliksberg, Bernardo; *Ética para empresarios. ¿Por qué las empresas y los países ganan con la Responsabilidad Social Empresaria?* Ediciones Ética y Economía.

13 DARNACULLETA GARDELLA, Ma. Merce; *"Derecho Administrativo y autorregulación: La Autorregulación regulada"*. Universidad de Girona

14 ARGANDOÑA, Antonio y MOREL BERENDSON, Ricardo; *La lucha contra la corrupción: Una perspectiva empresarial.* Cuadernos de la Cátedra "la Caixa" de Responsabilidad Social de la Empresa y Gobierno Corporativo. N° 4. Julio de 2009; p. 14.

15 RODRÍGUEZ CORDOVA, María del Pilar; CASTAÑO VÉLEZ, Carlos Felipe; ZULUAGA ARCILA, Héctor Felipe; OSORIO GÓMEZ, Valentina; DUQUE URIBE, Verónica; La auditoría ética: herramienta para fortalecer la integridad del carácter organizacional. Innovar, *Revista de Ciencias Administrativas y Sociales. Universidad Nacional de Colombia*, Volumen 16, Numero 27, Enero-Junio 2006, pp. 25-46.

presas por el que se proclaman determinados estándares morales y se obligan institucionalmente a seguirlos al momento de tomar decisiones la organización y sus miembros. [16]

En estos documentos, se afirman formal, pública y explícitamente los principios que definen los estándares del comportamiento específico de la empresa, grupo económico o gremio, conteniendo valores que deben ser aplicados casuísticamente a lo largo del tiempo, para diferente toma de decisiones.

Los programas de cumplimiento o compliance que congregan procedimientos de control interno especialmente enfocados en asegurar razonablemente que la empresa cumple con las exigencias regulatorias impuestas por las normas o la autoridad en sus relaciones con las entidades públicas y contienen una serie de elementos que luego revisaremos.

En el ámbito de la autorregulación ética[17] empresarial no se agota con los códigos de conducta o principios (autorregulación normativa) sino que pueden darse también a la concesión de etiquetas o signos que certifican y garantizan el cumplimiento de los tales códigos[18] (autorregulación declarativa), e incluso un régimen disciplinario en caso se incumpla el código de ética.

2.2. Autorregulación de la conducta de los empresarios en la contratación pública: la influencia del softlaw

La tendencia a la autorregulación de aspectos éticos del empresariado con relación a los tratos con la administración se ha visto impulsada fuertemente por diversos instrumentos de softlaw. En particular desde el Décimo Principios del Pacto Mundial de las Naciones Unidas que proclama la exigencia que todas "Las empresas deben trabajar contra la corrupción en todas sus formas, incluidas extorsión y soborno"[19]

Las organizaciones internacionales productoras del derecho administrativo global han producido recomendaciones, resoluciones, modelos, guías, códigos o estándares de

---

16 LOZANO AGUILAR, José Félix; "Códigos Éticos y auditorias éticas". *Revista Veritas*, Volumen II, N° 17, (2007), pp. 225-251.

17 DARNACULLETA GARDELLA, Ma. Merce; *"Derecho Administrativo y autorregulación: La Autorregulación regulada"*. Universidad de Girona; p. 203.

18 El ISO 37001:2016 Anti-bribery management systems. Requeriments with guidance for use, contiene los requisitos y procedimientos para que las organizaciones privadas y públicas implementen, mejoren, revisen, un sistema de gestión anti soborno integrado o separado del resto de su sistema de control interno gerencial. En particular las reglas prestan atención preventiva a las acciones de soborno por parte de la propia organización, por parte del personal que actúa a nombre de la organización, por parte de los socios de negocios, prevención de la corrupción en las organizaciones, sobornos por interpósita persona, entre otros, con el objeto de prevenir, detectar y dar tratamiento a estas prácticas dentro de las organizaciones. https://www.iso.org/obp/ui/#iso:std:iso:37001:ed-1:v1:en

También está la BS 10500: Anticorrupción y ética empresarial, que ofrece un sistema de gestión anticorrupción para organizaciones de todo el mundo. También ofrece un sistema para cumplir los requisitos legales, como la ley de anticorrupción del Reino Unido,

19 El Pacto Mundial de Naciones Unidas (Global Compact) es una iniciativa internacional que promueve implementar 10 Principios universalmente aceptados para promover la responsabilidad social empresarial en las áreas de Derechos Humanos y Empresa, Normas Laborales, Medio Ambiente y Lucha contra la Corrupción en las actividades y la estrategia de negocio de las empresas. Con más 13.000 entidades firmantes en más de 145 países, es la mayor iniciativa voluntaria de responsabilidad social empresarial en el mundo.

conducta que si bien no resultan vinculantes jurídicamente de manera directa, por su autoridad técnica suelen ser base para la futura normativa, para el diseño de políticas públicas o son incorporadas mediante actos específicos como norma aplicables. Estos estándares conforman lo que se ha venido en denominar el softlaw[20], un derecho flexible o blando o simplemente pre–derecho caracterizados por reflejar la tendencia actual de determinados temas y poseer una indudable fuerza promotora hacia cambios normativos para conformar paulatinamente verdaderas políticas públicas globales en varios sectores[21]

A continuación vamos a pasar revista a los principales instrumentos[22] que han cumplido esta función respecto a la autorregulación de los aspectos comerciales de las personas jurídicas con la administración, en particular con motivo de las contrataciones.

2.2.1 *Los principios empresariales para contrarrestar el soborno de transparencia Internacional.*

Un primer documento relevante es el denominado "Los Principios Empresariales para Contrarrestar el Soborno" (tercera edición, 2013),[23] [24] desarrollados por Transparencia International y Social Accountability International, proporciona un marco de desarrollo de una política efectiva anti–corrupción por los agentes privados.

Este documento presenta como uno de sus dos principios que "La empresa deberá comprometerse a implementar un programa para contrarrestar soborno. El Programa contra el soborno de la empresa presentara esfuerzos que incluyen valores, código de conducta, políticas y detalladas procedimientos, gestión de riesgos, la comunicación interna y externa, formación y orientación, controles internos, supervisión, monitoreo y garantía.

---

20 **SARMIENTO**, Daniel. *El softlaw administrativo. Un estudio de los efectos jurídicos de las normas no vinculantes de la Administración.* Civitas, Madrid, 2008.

21 **FERNÁNDEZ LAMELA**, Pablo; "Globalización y derecho público: Introducción al derecho administrativo internacional", en Cienfuegos Salgado, David y López Olvera, Miguel Alejandro, *Estudios en homenaje a don Jorge Fernández Ruiz – Derecho Administrativo*, México, UNAM, 2005, pp. 45-63, www.juridicas.unam.mx.

22 Una relación de los documentos mencionados de alcance general, comprende los siguientes:

Reglas de conducta y recomendaciones para combatir la corrupción. Cámara de Comercio Internacional. Publicadas en 1977 y revisadas por última vez en 2011.

Principios PACI. Iniciativa de Alianza contra la corrupción (PACI- Partnering Against Corruption Initiative) del Foro Económico Mundial, lanzados en el año 2004. Edición de 2009.

Principios Empresariales para Contrarrestar el Soborno. Una iniciativa de Transparency International y Social Accountability International (2002).

Principios Empresariales para Contrarrestar el Soborno - Edición para Pequeñas y Medianas Empresas (PYMES) de 2008.

http://www.negocioslimpios.org/recursos/iniciativas-anticorrupcion

23 http://www.pactomundial.org/2015/04/anticorrupcion-2/principios-empresariales-para-contrarrestar-el-soborno-de-transparencia-internacional-ingles-2/

24 También hay una versión adaptada parta pequeñas y medianas empresas denominado "Principios Empresariales para Contrarrestar el Soborno destinada a las pequeñas y medianas empresas (PYMES). http://www.transparency.org/whatwedo/publication/principios_empresariales_para_contrarrestar_el_soborno_edicion_para_pequena

En ese mismo sentido, de comprometer un programa de cumplimiento especifico de relacionamiento con la administración para los negocios, el mismo documento específica que:

> 3.1. La empresa debe desarrollar un programa que claramente y en detalle razonable, articula los valores, políticas y procedimientos que se utilizarán para evitar prácticas de soborno en todas las actividades bajo su control efectivo.
>
> 3.2 La empresa debe diseñar y mejorar su programa basado en la evaluación del riesgo continuo.
>
> 3.3 El Programa debe ser consistente con todas las leyes aplicables para combatir el soborno en cada uno de las jurisdicciones en las que la empresa realiza su actividad.
>
> 3.4 La empresa debe desarrollar el programa en consulta con los empleados, los sindicatos u otros órganos de representación de los empleados y otras partes interesadas.
>
> 3.5 La empresa debe garantizar que se le informa de todo el material de asuntos externos interna y para el desarrollo y la aplicación efectiva del Programa, y en particular las mejores prácticas emergentes, incluyendo el compromiso con las partes interesadas pertinentes.

2.2.2. *Recomendación del Consejo OCDE para Fortalecer la Lucha contra el cohecho de servidores públicos extranjeros en transacciones comerciales internacionales*

Otro hito relevante es la Recomendación del Consejo para Fortalecer la Lucha Contra el Cohecho de Servidores Públicos Extranjeros en Transacciones Comerciales Internacionales adoptada por el Consejo el 26 de noviembre de 2009[25].

Ahí se establece con claridad que:

> "RECOMIENDA, en vista del efecto corrosivo de pagos de facilitación, en especial sobre el desarrollo económico sustentable y sobre el estado de derecho, que los países miembros: (…) ii. Deben alentar a las empresas para que prohíban o se opongan al uso de pagos de facilitación en los controles internos de la compañía, las medidas o programas de ética y cumplimiento; al reconocer que los pagos de ese tipo en general son ilegales en los países donde se hacen, y en todos los casos deben justificarse con precisión en los registros financieros y en los libros contables de esas empresas. Del mismo modo, recomienda: "alentar: a las empresas para que diseñen y adopten controles internos adecuados, medidas o programas de ética y cumplimiento para la prevención y detección del cohecho internacional".

Esta Recomendación posee el Anexo II dedicado a la Guía de Buenas Prácticas Sobre Controles, Ética y Cumplimiento dirigida a las empresas para que instituyan y garanticen la eficacia de los controles internos, las medidas o los programas de ética y cumplimiento para prevenir y descubrir el cohecho de servidores públicos extranjeros en sus transacciones comerciales internacionales (en lo sucesivo denominado —cohecho internacional. A dicho efecto, contiene una serie de pautas flexibles para que sean adaptadas por las compañías, de acuerdo con sus circunstancias individuales, por ejemplo su tamaño, tipo, estructura legal y el sector geográfico e industrial de operación.

---

25 https://www.oecd.org/daf/anti-bribery/ConvCombatBribery_Spanish.pdf

Entre las recomendaciones pertinentes tenemos las siguientes:

1. un apoyo fuerte, explícito y evidente, así como el compromiso de los directivos de alto rango para los controles internos, las medidas o programas de ética y cumplimiento de la compañía para prevenir y detectar el cohecho internacional.

2. una política empresarial articulada y trasparente que prohíba el cohecho internacional;

3. acatar esta prohibición y los controles internos, las medidas o programas de ética y cumplimiento respectivos es el deber de las personas en todos los niveles de la compañía;

4. vigilar las medidas o programas de ética y cumplimiento concernientes al cohecho, incluida la autoridad para denunciar asuntos directamente a órganos supervisores independientes como comités de auditoría, juntas directivas o consejos de supervisión, es el deber de los funcionarios de alto rango de la empresa, con un nivel adecuado de autonomía de la administración, los recursos y la autoridad;

5. Las medidas o programas de ética y cumplimiento para prevenir y detectar el cohecho internacional, aplicables a todo el personal, deben incidir en las siguientes áreas: i) regalos ii) hospitalidad, agasajos al cliente y gastos de representación; iii) viajes de clientes; iv) contribuciones políticas; v) donaciones para fines benéficos y patrocinios; vi) dádivas e vii) instigación y extorsión

6. Las medidas o programas de ética y cumplimiento aplicables a terceros, cuando proceda y sujeto a planes contractuales, como agentes y otros intermediarios, consultores, representantes, distribuidores, contratistas y proveedores, consorcios y socios en coinversión (en lo sucesivo denominados —socios empresariales||; incluidos, los siguientes elementos indispensables: i) la debida diligencia respaldada por riesgos documentados correctamente en lo concerniente a la contratación, así como la vigilancia constante y adecuada de los socios empresariales; ii) informar a los socios empresariales sobre el compromiso de la compañía para acatar las leyes sobre las prohibiciones contra el cohecho internacional; y las medidas o programa de ética y cumplimiento de la compañía para prevenir y detectar ese cohecho; y iii) buscar un compromiso recíproco de los socios comerciales.

7. Un sistema de procedimientos financieros y contables, por ejemplo un sistema de controles internos, diseñado razonablemente para asegurar que se lleven libros, registros y cuentas fieles y exactas para asegurar que no puedan usarse con fines de cohecho internacional ni de ocultar ese delito;

8. medidas diseñadas para asegurar la comunicación periódica, y la capacitación documentada de todos los niveles de la compañía, sobre las medidas o programa de ética y cumplimiento de la compañía respecto al cohecho internacional y, cuando proceda, para las subsidiarias;

9. medidas adecuadas para fomentar y apoyar de manera positiva el cumplimiento de las medidas o programas de ética y cumplimiento contra el cohecho internacional, en todos los niveles de la compañía;

10. procedimientos disciplinarios adecuados para abordar en todos los niveles de la compañía, entre otras cosas, las violaciones a las leyes sobre el cohecho internacional, así como las medidas o programa de ética y cumplimiento de la compañía con respecto al cohecho internacional;

11. medidas eficaces para: i) proporcionar asesoría y orientación a directores, funcionarios, empleados y, cuando sea apropiado, a socios empresariales sobre el acatamiento

de las medidas o el programa de ética y cumplimiento de la compañía, incluido cuando necesiten asesoría urgente sobre situaciones difíciles en jurisdicciones extranjeras; ii) la protección y denuncia interna y cuando sea posible confidencial por parte de directores, funcionarios empleados y, cuando aplique, de socios empresariales, no dispuestos a violar la ética ni las normas profesionales por instrucciones o presión de superiores jerárquicos, así como para directores, funcionarios, empleados y, cuando aplique, socios empresariales, dispuestos a denunciar de buena fe y con motivos razonables violaciones a la ley, las normas profesionales o la ética ocurridas dentro de la compañía; y iii) comprometerse a tomar las medidas adecuadas en respuesta a esas denuncias;

12. Revisiones periódicas de las medidas o programas de ética y cumplimiento, diseñadas para evaluar y aumentar su eficacia para prevenir y detectar el cohecho internacional; tomando en cuenta adelantos pertinentes en el campo y las normas internacionales e industriales en evolución.

2.2.3. *Reglas de la Cámara de Comercio Internacional (ICC) para Combatir la Corrupción*

Este documento es un reflejo de las prácticas sobre ética y cumplimiento adoptadas por empresas líderes y cuenta con numerosas contribuciones hechas por los comités nacionales de la ICC, compañía miembros, y expertos de la Comisión de Responsabilidad Corporativa y Anticorrupción.[26]

Las reglas proporcionan un modelo de cumplimiento que es aplicable a empresas grandes, medianas y pequeñas, y están construidas sobre la base de otros documentos preparados por ICC como el "Manual de Combate a la Corrupción, Prácticas Corporativas" y varios lineamientos de la ICC sobre temas específicos de integridad.

Este documento, contiene los "Elementos de un Programa Corporativo de Cumplimiento eficiente" (Sección tercera), indicando que las Empresas deben implementar un programa corporativo de cumplimiento que (i) refleje estas Reglas (ii) que esté basado en los resultados de una valoración periódica de los riesgos que se enfrentan en el ambiente de negocios de la Empresa (iii) se adapte a las circunstancias particulares de la Empresa y , (iv) esté enfocado a prevenir y detectar la corrupción y de promover una cultura de integridad en la Empresa.

A dicho efecto, el documento enumera un conjunto muy completo de las mejores prácticas y medidas que un programa de cumplimiento merecería aplicar, entre las cuales pueden mencionarse:

---

26 La International Chamber of Commerce (ICC) fue la primera asociación de negocios en emitir un marco de reglas anticorrupción con la publicación efectuada en 1977 de las Reglas de Conducta para el Combate a la Extorsión y al Soborno. Después de esa primera publicación, fueron revisadas de manera importante en 2011. Las reglas pretenden ser un método de autorregulación por parte de los negocios internacionales y constituir lo que se considera una buena práctica comercial en la lucha contra la corrupción. Estas reglas de la ICC responden directamente a la llamada del G-20 y al requerimiento de la UNCAC para que las empresas aumentaran sus esfuerzos para luchar contra la corrupción. La edición 2011 del Reglamento de la ICC sobre la Lucha contra la Corrupción consta de tres partes: i) Establece las Reglas adecuadas.; ii) Trata de políticas que las empresas deben promulgar para apoyar el cumplimiento de las Normas; y, iii) Enumeran los elementos propuestos para un programa efectivo de cumplimiento corporativo.

a) expresar un fuerte, explícito y visible apoyo y compromiso hacia el Programa Corporativo de Cumplimiento por parte del Consejo de Administración o por parte de otro organismo con facultad de decisión sobre la Empresa, así como por la alta administración de la Empresa;

b) otorgar el mandato al Consejo de Administración u otro organismo con facultad de decisión sobre la Empresa, o al comité relevante de la misma, para conducir evaluaciones de riesgo periódicas y revisiones independientes del cumplimiento c) inculcar el sentido de responsabilidad en los individuos a todos niveles de la Empresa para cumplir con las políticas de la misma, y para participar en el programa de cumplimiento;

d) designar a uno o más funcionarios de alto rango para vigilar y coordinar el programa corporativo de cumplimiento proporcionándoles un nivel adecuado de recursos, autoridad e independencia, y que reporten periódicamente; e) emitir lineamientos apropiados para alentar el comportamiento esperado y para disuadir los comportamientos prohibidos por las políticas y el programa de la Empresa;

f) realizar el "due diligence" o investigación apropiada, en la selección de sus directores, funcionarios y empleados así como de los Socios Comerciales;

g) diseñar procedimientos financieros y contables a fin de asegurar el mantenimiento claro y preciso de los libros, registros y cuentas, para asegurar que no puedan utilizarse para propósitos de soborno o encubrimiento;

h) establecer y mantener sistemas apropiados de control y procedimientos de reporte, incluyendo auditorias independientes;

i) asegurar la comunicación periódica interna y externa respecto a su política anticorrupción;

j) proporcionar lineamientos y capacitación para identificar la corrupción en las transacciones comerciales cotidianas y especiales de la Empresa,

k) incluir la revisión de capacidades éticas de negocios en la evaluación del desempeño y promociones de la administración y medición del logro de objetivos no solo contra indicadores financieros, sino también en cuanto a la forma en que se han logrado los objetivos, y específicamente sobre el cumplimiento con las políticas anticorrupción de la Empresa;

l) Ofrecer canales confiables para exponer, aun de manera anónima, preocupaciones, buscar consejo o reportar violaciones sin temor a represalias, discriminación o acciones disciplinarias;

m) actuar en violaciones reportadas o detectadas, tomando la acción correctiva y las medidas disciplinarias apropiadas, y analizar la posibilidad de hacer públicas las medidas correctivas tomadas;

n) buscar mejorar el programa de cumplimiento mediante certificación externa, verificación o auditoria;

ñ) Apoyar las acciones colectivas tales como proponer o apoyar pactos anticorrupción con respecto a proyectos específicos o iniciativas anticorrupción a largo plazo dentro del sector público y/o con competidores o pares en los segmentos comerciales respectivos.

2.2.4. *Ética, Anticorrupción y Elementos de Cumplimiento (Manual para empresas)*

La OCDE, UNODC y el Grupo del Banco Mundial prepararon este Manual[27] como una herramienta útil y practica a compañías que buscan asesoría sobre cumplimiento en una sola publicación, sin crear más documentos, acuerdos, declaraciones o principios de integridad. Este documento posee tres secciones: i) Marco Legal internacional de la lucha contra la corrupción; ii) Evaluación de riesgos; y, iii) Desarrollo e implementación de una ética anticorrupción y un programa de cumplimiento.

La segunda parte de este documento se expone de manera estructurada un método para evaluar, de manera dinámica y permanente, el riesgo de corrupción en la empresa desarrollado en seis pasos: establecimiento del proceso, identificación de la exposición del riesgo de corrupción por áreas, operaciones, transacciones, etc.,, clasificación del riesgo inherente según su probabilidad de ocurrencia e impacto potencial, identificación y clasificación de los controles de mitigación, cálculo del riesgo residual después de considerar el impacto de los controles de mitigación, y el desarrollo del plan de acción.

La última parte de este importante documento muestra el desarrollo e implementación de una ética anticorrupción y un programa de cumplimiento a partir de un análisis paralelo de algunos instrumentos empresariales de reconocimiento internacional, como, el Código de Conducta anticorrupción para empresas (Foro de cooperación económica Asia–Pacifico APEC, Principios empresariales para contrarrestar el soborno (Transparencia Internacional), Guía de Buenas prácticas sobre controles internos, ética y cumplimiento (OCDE), Lineamientos para el cumplimiento de la integridad (Banco Mundial), Principios para contrarrestar el soborno (PACI: Iniciativa Alianza contra la Corrupción del Foro Económico Mundial) y Reglas para combatir la corrupción (Cámara de Comercio Internacional).

2.2.5. *Programa anticorrupción de ética y cumplimento para las empresas: Guía Práctica*

La Oficina de las Naciones Unidas contra las Drogas (UNODC) preparó este documento (2013)[28] para ofrecer diversas consideraciones prácticas sobre los distintos pasos que las empresas pueden seguir para prevenir la corrupción en sus operaciones y establece un programa anticorrupción de ética y cumplimento efectivo.

En su contenido se consideran como componentes esenciales del programa anticorrupción sugerido a las empresas: el respaldo y compromiso del personal directivo en la prevención, el desarrollo de un programa anticorrupción, supervisión del programa, una política clara, visible y accesible que prohíba la corrupción, las políticas deben ser detalladas para las áreas y acciones expuestas a mayor riesgo, la aplicación de esta política a los socios comerciales, comunicación y capacitación, búsqueda de orientación, detección y denuncia de infracciones, el tratamiento adecuado de las infracciones y exámenes y evaluaciones periódicas del programa.

---

27 https://www.unodc.org/documents/corruption/Publications/2014/Etica-Anticorrupcion-Elementos-Cumplimiento.pdf

28 https://www.unodc.org/documents/corruption/Publications/2013/13-85255_Ebook.pdf

Interesa destacar que este documento identifica una serie de características que deben tener todos los programas anticorrupción para ser efectivo, eficiente y sostenible en el tiempo. Nos referimos a la necesidad que el programa sea consistente con todas las normas aplicables, adaptable a individualidad de la empresa y sus áreas, participación de las partes interesadas en su elaboración, responsabilidad compartida para todos los miembros de la empresa sin salvedades, accesibilidad para todos los interesados, fácil de comprender, promover una cultura institucional basada en la confianza y no en el control excesivo, receloso y formal, aplicabilidad a todas las situaciones, considerarlo como un proceso continuo actualizable a nuevas realidades y cambios, y eficiente en el uso de recursos.

Como podemos constatar de esta revisión, la utilidad de los programas corporativos de cumplimiento, aplicables a las empresas privadas y, exigibles a todo su personal en sus diversos niveles, con motivo de su relacionamiento con la administración, es una estrategia altamente recomendada por diversas autoridades y consensos para controlar preventivamente los riesgos asociados, entre otros aspectos, a la contratación pública. A lo largo de estos documentos se puede advertir un desarrollo doctrinario bastante amplio sobre el contenido, elaboración, características, alcances y aplicación de los programas de cumplimiento normativo, siendo una acción preventiva de alcance general sobre todos los riesgos normativos en que la empresa puede incurrir y no uno de índole penal, tributario, laboral, etc.[29]

2.3. Autorregulación regulada de la conducta de los empresarios en la contratación pública

Asociando lo revisado hasta el momento, no existe óbice para que la autoridad regule la hasta ahora autorregulación espontanea de los empresarios en sus relaciones con las entidades para la contratación pública. Más bien, como hemos visto en algunos de los documentos revisados en la sección anterior, es recomendable que sea normado bajo diversas maneras. Por ejemplo, si fuera la autoridad quien regulara íntegramente los programas de cumplimento que las empresas deben aplicar nos encontraríamos frente a un supuesto de "autorregulación vinculante o corregulación".

Podría también pensarse en otro modo de intervención si se hiciera obligatorio que las empresas postoras presenten sus programas de cumplimiento para alguna aprobación de la autoridad administrativa (autorregulación aprobada)

Por otro lado, podría pensarse en que la aplicación de programas de cumplimiento por los postores pudiera servir como causal de atenuación o eximente de responsabilidad en caso de haber incurrido en alguna falta o, al contrario, si se considera como causal para suspender sanciones una vez incurrida si la empresa adopta algunos de estos programas, estaríamos frente a un caso de "autorregulación con efectos administrativos".

29 Existe en la doctrina la posición de entender estos programas de compliance como un aspecto únicamente penal con el cual manifiesto mis diferencias. Al respecto puede leerse GÓMEZ-JARA DÍEZ, C.: "La responsabilidad penal de las personas jurídicas en el ámbito público: ¿hacia los Compliance Programs anti-corrupción como exigencias legales de contratación pública?", en la obra colectiva La gestión de los Fondos Públicos: Control y responsabilidades, Thomson - Aranzadi, Cizur Menor (Navarra), 2013, págs. 1235 – 1251; y también GOMEZ JARA DIEZ, Carlos; "Responsabilidad penal de las personas jurídicas y contratación pública. A propósito de la nueva Directiva europea sobre contratación pública". Diario La Ley N° 8423, Sección Tribuna, 18 de noviembre de 2014, Año XXXV, Editorial La Ley.

También podría pensarse en una autorregulación compelida o estimulada si se permitirá que las reglas de los procesos de selección asignaran mayor puntaje a las empresas que cuenten con programas de compliance aplicados. Finalmente podría pensarse –como sucede en Estados Unidos[30]– que la Administración exija a todo potencial contratista suyo la aplicación de programas de cumplimiento especiales, teniendo como fundamento que la administración solo debe contratar con “buenos ciudadanos corporativos”[31]

Un ejemplo real de esta regulación de la autorregulación dirigida a garantizar el cumplimiento de las normas de contratación pública es la considerada en Europa en el artículo. 57.6 de la Directiva 2014/24/UE del Parlamento Europeo y del Consejo del 26 de febrero de 2014[32] y articulo 38.9 de la Directiva 2014/23/UE (para concesiones)[33], cuando asigna efectos beneficiosos a las empresas que cuentan con programas de compliance para poder eximirse de reglas comunes de exclusión y prohibición de contratar.

---

30 Harlan Gottlieb, Kevin L. Phelps; “The Government Contract Compliance Handbook”, Seyfarth Shaw LLP Staff, Seyfarth Shaw LLP. Edición ilustrada. Editor W. Green, 2014

31 GOMEZ JARA DIEZ, Carlos; “Responsabilidad penal de las personas jurídicas y contratación pública. A propósito de la nueva Directiva europea sobre contratación pública”. Diario La Ley Nº 8423, Sección Tribuna, 18 de noviembre de 2014, Año XXXV, Editorial La Ley.

32 6. Todo operador económico que se encuentre en alguna de las situaciones contempladas en los apartados 1 y 4 podrá presentar pruebas de que las medidas adoptadas por él son suficientes para demostrar su fiabilidad pese a la existencia de un motivo de exclusión pertinente. Si dichas pruebas se consideran suficientes, el operador económico de que se trate no quedará excluido del procedimiento de contratación.

A tal efecto, el operador económico deberá demostrar que ha pagado o se ha comprometido a pagar la indemnización correspondiente por cualquier daño causado por la infracción penal o la falta, que ha aclarado los hechos y circunstancias de manera exhaustiva colaborando activamente con las autoridades investigadoras y *que ha adoptado medidas técnicas, organizativas y de personal concretas, apropiadas para evitar nuevas infracciones penales o faltas.*

Las medidas adoptadas por los operadores económicos se evaluarán teniendo en cuenta la gravedad y las circunstancias particulares de la infracción penal o la falta. Cuando las medidas se consideren insuficientes, el operador económico recibirá una motivación de dicha decisión.

Los operadores económicos que hayan sido excluidos por sentencia firme de la participación en procedimientos de contratación o de adjudicación de concesiones no tendrán derecho a acogerse a la posibilidad prevista en el presente apartado durante el período de exclusión resultante de dicha sentencia en el Estado miembro en el que la sentencia sea ejecutiva.

33 9. Todo operador económico que se encuentre en alguna de las situaciones contempladas en los apartados 4 y 7 podrá presentar pruebas de que las medidas adoptadas por él son suficientes para demostrar su fiabilidad, no obstante la existencia del motivo pertinente para la exclusión. Si dichas pruebas se consideran suficientes, el operador económico de que se trate no quedará excluido del procedimiento.

A tal efecto, el operador económico deberá demostrar que ha compensado o se ha comprometido a compensar cualquier daño causado por la infracción penal o la falta, que ha aclarado los hechos y circunstancias de manera exhaustiva colaborando activamente con las autoridades investigadoras *y que ha adoptado medidas técnicas, organizativas y personales concretas que resulten apropiadas para evitar nuevas infracciones penales o faltas. Las medidas adoptadas por los operadores económicos se evaluarán teniendo en cuenta la gravedad y las circunstancias particulares de la infracción penal o la falta. Cuando las medidas se consideren insuficientes, el operador económico interesado recibirá una exposición de motivos de dicha decisión.*

Los operadores económicos que hayan sido excluidos por sentencia firme de participar en procedimientos de contratación o adjudicación de concesión no tendrán derecho a hacer uso de la facultad prevista en el presente apartado durante el período de exclusión resultante de dicha sentencia en los Estados miembros en que la sentencia es efectiva.

En efecto, esta norma indica que cuando el postor ha realizado un programa de compliance considerado suficiente por la administración[34] podrá ser exceptuado de la situación de inhabilitación en la que se puede encontrar por haber sido condenado mediante sentencia firme por participación en una organización delictiva, corrupción, fraude, terrorismo o delito ligado a las actividades terroristas, entre otros, o si, el postor ha quebrado o está sometido a un procedimiento de insolvencia o liquidación, si ha cometido una falta profesional grave que pone en entredicho su integridad, si hubiere llegado a acuerdos con otros operadores económicos destinados a falsear la competencia, cuando haya mostrado deficiencias significativas o persistentes en el cumplimiento de un requisito de fondo en el marco de un contrato público anterior, entre otras.

Esta medida como lo reconoce la doctrina[35] "permitirá exceptuar la aplicación del sistema de causas de exclusión/prohibiciones de contratar, que hasta ahora operaba de manera automática sobre los operadores económicos en quienes concurrían dichas causales de inhabilitación. Un comportamiento no ejemplar en el pasado determinaba *ope legis* la falta de actitud para seguir contratando con el sector público en el futuro. La nueva previsión permitirá cierta relajación del dogma de las prohibiciones de contratar, premiando la corresponsabilidad en la prevención de nuevos delitos o infracciones administrativas".

En esta línea, las medidas de programa de cumplimiento, según el diseño de la Comunidad Europea atienden al principio de proporcionalidad, dado que "incorporan a la contratación una opción de política criminal para lograr uno de los objetivos perseguidos con las prohibiciones de contratar, esto es, promover la integridad, pero sin la pérdida de competitividad que supone tener que excluir a ciertos operadores económicos de los procedimientos de selección"[36] De tal modo, los programas de cumplimiento operan, junto con otras medidas, con una posibilidad incentivada por el ordenamiento para que los excluidos de la contratación pública puedan rehabilitarse de esa condición, si la autoridad competente aprecia que existen esas condiciones a partir de la suficiencia del documento de cumplimiento.

3. Algunas ideas para la instalación de programas de cumplimiento para postores y contratistas en el régimen sancionador de contratación.

3.1. Antecedentes de la regulación de la autorregulación en ámbitos sectoriales en el derecho peruano.–

En el derecho peruano, no existe exigencia general que las empresas cuenten con un Programa de Cumplimiento ni con alguna medida especifica de prevención de los ries-

34 La regulación presenta como déficits relevantes no indicar el mínimo de contenido del programa de compliance a ser empleado por la empresa, ni los criterios bajo los cuales la autoridad competente podrá determinar la suficiencia del programa para dar una seguridad razonable que en el futuro no se producirá una acción indebida, así como adolece de precisiones sobre la autoridad competente para evaluar la medida adoptada y levantar el impedimento legal existente.

35 BERNAL BLAY, Miguel; "Los programas de compliance en el "nuevo" derecho de los contratos públicos". 16/02/2015. Recuperado de http://www.obcp.es/index.php/mod.opiniones/mem.detalle/id.187/relcategoria.121/relmenu.3/chk.8d0c9270f8eaa98376156f16842727dd.

36 MEDIDA ARNAIZ, Teresa; La necesidad de reformar la legislación sobre contratación administrativa para luchar contra la corrupción: las obligaciones que nos llegan desde Europa", *Revista Vasca de Administración Pública* Nº 104.2, 2016, pp. 77-113.

gos inherentes a la corrupción en sus organizaciones, distintos a las auditorias de estados financieros (que involucra revisión de algunos aspectos normativos generales), como podrían ser los Códigos de Ética, auditorias éticas, selecciones de personal con énfasis en valores, etc. Eso se encuentra en aun en el ámbito de la autorregulación espontanea.[37]

No obstante, existen ya algunas regulaciones sectoriales y temáticas que regulan su existencia, bajo diversas formas y matices, para prevenir los riesgos empresariales en materia laboral, de lavado de activos, y recientemente para el riesgo de incurrir en delito de cohecho activo trasnacional.

Conforme **al régimen de prevención de lavado de activos**[38], se impone a determinadas empresas[39] algunos deberes legales, desde la emisión de Reportes Periódicos sobre operaciones sospechosas o inusuales, asignar dentro de sus organizaciones a un funcionario de nivel de gerente denominado Oficial de Cumplimiento a dedicación exclusiva, quien se encargará de vigilar el cumplimiento del sistema de prevención dentro de la empresa y reportar directamente al Directorio o al Comité Ejecutivo de su empresa, someterse a una Auditoría Interna, que formulará un plan anual especial al programa de prevención de lavado de dinero o de activos, orientado a mejorar el sistema de control interno para la prevención y una Auditoría Independiente o Externa, que emitirá un informe especial sobre el sistema de prevención.

Como se puede inferir, un punto central es la exigencia legal que cada empresa señalada cuente con un programa de cumplimiento preventivo[40] asociado a estos delitos,

---

37 ESPINOZA BONIFAZ, Augusto Renzo; Programas de cumplimiento: un mecanismo de autorregulación regulada para las personas jurídicas. Recuperado http://www.derecho.usmp.edu.pe/sapere/ediciones/edicion_11/articulos/1.%20Programas%20de%20cumplimento.pdf

38 Ley Nº 27693 y sus normas modificatorias se creó a la Unidad de Inteligencia Financiera del Perú (UIF-Perú) y se estableció el presente régimen.

39 Las empresas del sistema financiero y del sistema de seguros, las empresas emisoras de tarjetas de crédito y/o débito, las cooperativas de ahorro y crédito, los fiduciarios o administradores de bienes, empresas y consorcios, las sociedades agentes de bolsa, sociedades agentes de productos y sociedades intermediarias de valores, las sociedades administradoras de fondos mutuos, fondos de inversión, fondos colectivos, y fondos de seguros de pensiones, la Bolsa de Valores, otros mecanismos centralizados de negociación e instituciones de compensación y liquidación de valores, la Bolsa de Productos, las empresas o personas naturales dedicadas a la compra y venta de vehículos, embarcaciones y aeronaves, las empresas o personas naturales dedicadas a la actividad de la construcción e inmobiliarias, los casinos, sociedades de lotería y casas de juegos, incluyendo bingos, tragamonedas, hipódromos y sus agencias, y otras similares, los almacenes generales de depósito, las agencias de aduana, las empresas que permitan que mediante sus programas y sistemas de informática se realicen operaciones sospechosas. Asimismo están sujetas a las obligaciones de reportar operaciones sospechosas quienes se dediquen a la compra y venta de divisas, el servicio de correo y courrier, el comercio de antigüedades, el comercio de joyas, metales y piedras preciosas, monedas, objetos de arte y sellos postales, los préstamos y empeño, las agencias de viajes y turismo, hoteles y restaurantes, los Notarios Públicos, los Martilleros Públicos, las personas jurídicas o naturales que reciban donaciones o aportes de terceros, los despachadores de operaciones de importación y exportación, los servicios de cajas de seguridad y consignaciones, que serán abiertas con autorización de su titular o por mandato judicial, Laboratorios y empresas que producen y/o comercialicen insumos químicos que se utilicen para la fabricación de drogas y/o explosivos, las personas naturales y/o jurídicas dedicadas a la compraventa o importaciones de armas, dedicadas a la fabricación y/o comercialización de materiales explosivos, gestores de intereses en la administración pública, empresas mineras, y organizaciones e instituciones públicas receptoras de fondos que no provengan del erario nacional.

40 Resolución S.B.S. N° 2660-2015, Reglamento de Gestión de Riesgos de Lavado de Activos y del Financiamiento del Terrorismo

consistente en: i) mecanismos para la detección de operaciones inusuales y sospechosas que permitan alcanzar un conocimiento suficiente y actualizado de sus clientes, de la banca corresponsal y de su personal; ii) Establecer un manual donde conste el sistema para detectar operaciones sospechosas de lavado de activos y/o del financiamiento de terrorismo; y, iii) Que estos mecanismos se basen en un conocimiento adecuado del mercado financiero, bursátil y comercial, con la finalidad de determinar las características usuales de las operaciones que se efectúan respecto de determinados productos y servicios, y así poder compararlas con las operaciones que se realizan por su intermedio.

El programa de cumplimiento comprende el Manual para la Prevención del Lavado de Activos y/o Financiamiento del Terrorismo que contiene las políticas, mecanismos y procedimientos establecidos para la prevención del lavado de activos y financiamiento del terrorismo siguiendo el "Contenido Básico del Manual para la Prevención del Lavado de Activos y del Financiamiento del Terrorismo", aprobado por la SBS. Además, al manual se deberá incorporar la "Guía de Operaciones Inusuales" elaborada por el sujeto obligado sobre la base de lo establecido por la autoridad, y un Código de conducta destinado a asegurar el adecuado funcionamiento del Sistema de Prevención del Lavado de Activos y Financiamiento del Terrorismo que contenga, entre otros aspectos, los principios rectores, valores y políticas que deben aplicarse para administrar el riesgo de exposición.

Otro de los sectores en los que se abordan los programas de cumplimiento de las empresas privadas es en el ámbito de las **relaciones laborales con el objetivo de prevenir los riesgos para los trabajadores**[41]**.** En este régimen, se consagra como uno de sus principios, el de prevención por el que cada empleador garantiza, en el centro de trabajo, el establecimiento de los medios y condiciones que protejan la vida, la salud y el bienestar de los trabajadores, y de aquellos que, no teniendo vínculo laboral, prestan servicios o se encuentran dentro del ámbito del centro de labores.

En aplicación del principio anotado, la normativa establece como medidas de prevención y protección, la eliminación y control de los peligros y riesgos en su origen, en el medio de transmisión y en el trabajador, privilegiando el control colectivo al individual; el tratamiento, control o aislamiento de los peligros y riesgos, adoptando medidas técnicas o administrativas; la reducción de los peligros y riesgos, adoptando sistemas de trabajo seguro que incluyan disposiciones administrativas de control; la programación de la sustitución progresiva y en la brevedad posible, de los procedimientos, técnicas, medios, sustancias y productos peligrosos por aquellos que produzcan un menor o ningún riesgo para el trabajador; finalmente, en último caso, se contempla la medida de facilitar equipos de protección personal adecuados, asegurándose que los trabajadores los utilicen y conserven en forma correcta.

En ese contexto, la normativa orienta a los empleadores para que autorregulándose apliquen medidas de prevención de los riesgos laborales, tales como: a) Gestionar los riesgos, sin excepción, eliminándolos en su origen y aplicando sistemas de control a aquellos que no se puedan eliminar. b) Diseñar los puestos de trabajo, ambientes de trabajo, la selección de equipos y métodos de trabajo, la atenuación del trabajo monótono y repetitivo, todos estos deben estar orientados a garantizar la salud y seguridad del trabajador. c) Eliminar las situaciones y agentes peligrosos en el centro de trabajo o con

41 Ley N° 29783, Ley de Seguridad y Salud en el Trabajo.

ocasión del mismo y, si no fuera posible, sustituirlas por otras que entrañen menor peligro. d) Integrar los planes y programas de prevención de riesgos laborales a los nuevos conocimientos de las ciencias, tecnologías, medio ambiente, organización del trabajo y evaluación de desempeño en base a condiciones de trabajo. e) Mantener políticas de protección colectiva e individual, y finalmente, f) Capacitar y entrenar anticipada y debidamente a los trabajadores.

Es eje central de esta regulación, como típico elemento de programa de cumplimiento, se exigen a los empleadores que realicen evaluación de riesgos una vez al año como mínimo o cuando cambien las condiciones de trabajo o se hayan producido daños a la salud y seguridad en el trabajo. Si los resultados de la evaluación de riesgos lo hacen necesarios, se realizan: a) Controles periódicos de la salud de los trabajadores y de las condiciones de trabajo para detectar situaciones potencialmente peligrosas. b) Medidas de prevención, incluidas las relacionadas con los métodos de trabajo y de producción, que garanticen un mayor nivel de protección de la seguridad y salud de los trabajadores.

Finalmente, los instrumentos disuasorios de la omisión de realizar este análisis de riesgos de cumplimientos laborales son dos: la declaración que el incumplimiento del empleador del deber de prevención genera la obligación de pagar las indemnizaciones a las víctimas, por los perjuicios laborales que se produzcan y la sanción penal por no adoptar las medidas preventivas necesarias para que los trabajadores desempeñen su actividad, poniendo en riesgo su vida, salud o integridad física.

El paso más reciente en este proceso de regulación de la autorregulación de las empresas se ha dado con la aprobación de la **Ley que regula la responsabilidad de las personas jurídicas por el delito de cohecho activo transnacional**.[42] Esta norma califica expresamente como circunstancia atenuante de la comisión del delito, si el autor adoptó e implementó, después de la comisión del delito de cohecho activo transnacional y antes del inicio del juicio oral, de un modelo de prevención, conforme a lo dispuesto la propia norma.

Es evidentemente un modo de promover que las empresas expuestas al riesgo de incurrir en este delito adopten e implementen en sus organizaciones, con anterioridad a la comisión del delito, un modelo de prevención adecuado a su naturaleza, riesgos, necesidades y características, consistente en medidas de vigilancia y control idóneas para prevenir el delito de cohecho activo transnacional o para reducir significativamente el riesgo de su comisión. Este modelo de prevención puede ser certificado por terceros debidamente registrados y acreditados ante una autoridad pública, con la finalidad de acreditar el cumplimiento de todos los elementos

Este modelo de prevención, conforme a la propia norma, debe contener como mínimo los siguientes elementos:

a. Una persona u órgano, designado por el máximo órgano de administración de la persona jurídica, que ejerza la función de auditoría interna de prevención y que cuente con el personal, medios y facultades necesarios para cumplirla adecuadamente. Esta función se ejerce con la debida autonomía respecto del órgano de administración, sus propietarios, accionistas o socios, salvo en el caso de la micro, pequeña y mediana empresa, donde puede ser asumida directamente por el órgano de administración.

---

42 Ley N° 30424, Ley que Regula la Responsabilidad Administrativa de las personas jurídicas por el delito de Cohecho Activo Transnacional.

b. Medidas preventivas referidas a:

1. La identificación de las actividades o procesos de la persona jurídica que generen o incrementen riesgos de comisión del delito de cohecho activo transnacional.

2. El establecimiento de procesos específicos que permitan a las personas que intervengan en estos, programar y ejecutar sus tareas o labores de una manera que prevenga la comisión del delito de cohecho activo transnacional.

3. La identificación de los procesos de administración y auditoría de los recursos financieros que permitan a la persona jurídica prevenir su utilización en la comisión de la conducta delictiva de cohecho activo transnacional.

4. La existencia de sistemas de denuncia, protección del denunciante, persecución e imposición de sanciones internas en contra de los trabajadores o directivos que incumplan el modelo de prevención.

c. Un mecanismo de difusión y supervisión interna del modelo de prevención, el cual debe ser aprobado por un reglamento o similar emitido por la persona jurídica.

Una vez producida la alegación de la eximencia por haber implementado un programa de cumplimiento, el fiscal o el juez, según corresponda, verifican la efectiva implementación y funcionamiento del modelo de prevención. Si en el curso de las diligencias preliminares se acredita la existencia de un modelo de prevención implementado con anterioridad a la comisión del delito de cohecho activo transnacional, el fiscal dispone el archivo de lo actuado, mediante decisión debidamente motivada. En caso de que la investigación preparatoria se hubiese formalizado, el juez puede, a petición del Ministerio Público, dictar auto de sobreseimiento de conformidad con la normatividad procesal vigente.

3.2. El Fomento de los programas de cumplimiento en la contratación pública

El desarrollo reciente de la normativa sobre compras públicas en armonía con lo que establece la doctrina y estándares internacionales contemporáneos[43] en el país ha fomentado que las empresas contratistas del Estado adopten autónomamente programas de cumplimiento, teniendo como incentivo la atenuación y/o eximencia de posibles sanciones para los casos en que se pueden incurrir en inconductas.

El primer fomento para la aplicación de estos programas de cumplimiento, lo encontramos en la reforma a la Ley de Contrataciones planteada en el Decreto Legislativo N° 1341. En esa norma se establece (art. 50.7) que:

> "Son causales de graduación de la sanción, aún por debajo del mínimo previsto, la ausencia de intencionalidad del infractor, la inexistencia o grado mínimo de daño a la entidad, el reconocimiento de la infracción antes que sea detectada, la ausencia de sanciones anteriores, la conducta correcta dentro del procedimiento sancionador, **y la adopción e implementación, después de la comisión de la infracción y antes del inicio del procedimiento sancionador**

---

43 *V.*, al respecto, NIETO MARTIN; Adam; Autorregulación, compliance y justicia restaurativa. En el colectivo "Autorregulación y sanciones", Dirigido por Arroyo Jiménez, Luis y Nieto Martin, Adán; Editorial Lex Nova, Colección Derecho Público, Valladolid, 2008, p. 23 y DARNACULLETA I GARDELLA, m. Merce; Autorregulación, sanciones administrativas y sanciones disciplinarias". En el colectivo "Autorregulación y sanciones", Dirigido por Arroyo Jiménez, Luis y Nieto Martin, Adán; Editorial Lex Nova, Colección Derecho Público, Valladolid, 2008, p. 23.

de un modelo de prevención debidamente certificado, adecuado a su naturaleza, riesgos, necesidades y características de la contratación estatal, consistente en medidas de vigilancia y control idóneas para prevenir actos indebidos y conflictos de interés o para reducir significativamente el riesgo de su comisión. El Tribunal debe motivar su decisión de graduar la sanción.

Esta regulación permite reducir sanción por debajo del mínimo, en caso que una empresa incurra en algunas de las siguientes infracciones: i) desistirse o retirar propuesta en un proceso de selección; ii) incumplir con perfeccionar el contrato; iii) Incumplimiento dedicación exclusiva del residente o supervisor; iv) no sanear vicios ocultos pese a ser requerido para ello, v) ocasionar la resolución del contrato por incumplimiento; vi) obligaciones post contractuales; vii) presentar información inexacta; viii) Registrarse o participar sin RNP, ix) Formular estudios o expedientes con omisiones

Las condiciones que esta normativa exige para que este modelo de prevención sea útil como factor de atenuación, es que sea adoptado después de la comisión de la infracción, que el Programa se encuentre Certificado, sea adecuado a las particularidades de la contratación estatal, que incluya medidas de vigilancia de riesgos, prevención de actos indebidos y conflictos de interés.

Con ellos se está regulando, bajo la forma de fomento, la implantación en las empresas proveedoras del Estado, de los programas de cumplimiento normativo conforme nos recomiendan Los Principios Empresariales para Contrarrestar el Soborno de Transparencia Internacional, la Recomendación del Consejo para Fortalecer la Lucha Contra el Cohecho de Servidores Públicos Extranjeros en Transacciones Comerciales Internacionales, las Reglas para Combatir la Corrupción de la Cámara de Comercio Internacional (ICC) y los documentos denominados Ética, Anticorrupción y Elementos de Cumplimiento (Manual para empresas) y Programa anticorrupción de ética y cumplimento para las empresas: Guía Práctica.

En nuestra opinión, esos programas de cumplimiento para ser aceptables deberían satisfacer los contenidos y características que proponen los organismos internacionales antes mencionados, entre otros ya mencionados resaltamos: comprender códigos de ética, mapa de riesgos adecuado para la actividad contractual con el Estado,, preparar lineamientos claros sobre áreas claves en el relacionamiento con el cliente Estado, incidiendo en las siguientes áreas: i) regalos ii) hospitalidad, agasajos al cliente y gastos de representación; iii) viajes de clientes; iv) contribuciones políticas; v) donaciones para fines benéficos y patrocinios; vi) dádivas e vii) instigación y extorsión; realizar monitoreo, informes de cumplimiento, capacitación, sistemas de denuncias y auditoria al cumplimiento de este plan.[44]

Ahora bien como pudiera interpretarse mal, la exigencia del plan de cumplimiento no es un simple protocolo de revisiones periódicas' un instrumento para eludir responsabilidades o un salvoconducto para infringir normas, sino que las empresas deben estar en capacidad de demostrar que se trata de un plan actuante y vigente en la organización, teniendo un compromiso de la empresa en contra de las acciones indebidas. Cierto es que la adopción de un programa de cumplimiento no implica evitar en absoluto incurrir

44 ALONSO ALONSO, Enrique; "Los informes de cumplimiento normativo". Cuadernos de derecho para ingenieros / coord. por Miguel Ángel Agúndez, Julián Martínez-Simancas Sánchez, Vol. 14, 2012 (Cumplimiento normativo. Compliance), págs. 21-42.

en actos indebidos, sino la posibilidad razonable que ello no se producirá y, si ocurre, la posibilidad real de detectarlo más pronto y corregirlo. Como ha quedado dicho, la comisión de una infracción siempre se mantendrá como un riesgo, pero de modo residual para cualquier plan de compliance. En ese mismo sentido, que si la empresa por algún evento aislado incurre en una falta no descalifica la idoneidad del programa de cumplimiento, siempre que sea auto controlado y sancionado por sus controles internos.

El segundo instrumento de fomento que nuestro ordenamiento ha receptado se encuentra en la modificatoria dispuesta por el Decreto Legislativo N° 1352[45] al régimen de Responsabilidad Administrativa de personas jurídicas frente a los delitos de cohecho activo nacional o transnacional. Bajo este régimen, las empresas tienen en su favor la posibilidad de atenuar la responsabilidad administrativa que les cupiera si adoptan e implementan después de la comisión de un delito y antes del inicio del juicio oral, de un modelo de prevención (art. 12) y, además pueden ser eximidos de sanción si adoptan ese modelo de prevención con anterioridad a la comisión de la infracción (art. 17) o si la acción la cometen alguno de sus representantes eludiendo el modelo de prevención implementado. Dicho modelo de prevención debe ser adecuado a la naturaleza, riesgos, necesidades y características de la actividad contractual con el Estado, y particularmente debe contar con los siguientes elementos mínimos (art. 17.2.1.): i) un encargado de la prevención encargados por el máximo órgano de administración de la empresa; ii) identificación, evaluación y mitigación de riesgos para prevenir la comisión de delitos; iii) implementación de procedimientos de denuncia; iv) difusión y capacitación periódica del modelo; v) evaluación y monitoreo continuo;

4. Conclusiones

1.1. La evolución jurídica reciente para prevenir la corrupción en las contrataciones públicas ha llevado a analizar la conducta de las empresas proveedoras del Estado para prevenir, detectar y tratar a su interior, el riesgo de ocurrencia de cualquier práctica de soborno y corrupción por parte de ellas mismas, de quienes actúan en su nombre o de sus coinversionistas. Un hito en esta evolución lo marcó el Décimo Principio del Pacto Mundial de las Naciones Unidas que proclamo que "Las empresas deben trabajar contra la corrupción en todas sus formas, incluidas extorsión y soborno"

1.2. Partiendo de los esfuerzos individuales y corporativos de autorregulación espontanea por parte de las propias empresas para adoptar voluntariamente buenas prácticas preventivas del soborno y demás actos corruptos en sus relaciones contractuales, se ha conformado una estructura bastante homogénea de recomendaciones mediante diversos instrumentos de softlaw. Los más importantes documentos de este tipo son: Los principios empresariales para contrarrestar el soborno de Transparencia Internacional, la Recomendación del Consejo OCDE para Fortalecer la Lucha Contra el Cohecho de Servidores Públicos Extranjeros en Transacciones Comerciales Internacionales, las Reglas de la Cámara de Comercio Internacional (ICC) para Combatir la Corrupción, la Ética, Anticorrupción y elementos de cumplimiento (Manual para empresas), el Programa anticorrupción de ética y cumplimiento para las empresas: Guía práctica, y recientemente la ISO 37001:2016. En todos estos casos, en términos muy similares se plantean la necesidad de incorporar a las organizaciones empresariales programas de cumplimiento (complaince).

45 Adquirirá vigencia a partir del 1 de enero del 2018.

1.3. Existe también consenso que estos Programas de cumplimiento deben ser adecuados a la empresa, a su entorno legal y a los niveles de riesgos que tiene cada una incurrir en sobornos y prácticas corruptas, adaptable a individualidad de la empresa y sus áreas. Ese mismo consenso existe sobre la necesidad que deben generarse con participación de las partes interesadas en su elaboración, que la responsabilidad debe ser compartida con todos los miembros de la empresa sin salvedades, y que una vez establecido, deber brindarse accesibilidad a todos los interesados, su contenido debe ser fácil de comprender, dirigirse a promover una cultura institucional basada en la confianza y no en el control excesivo, receloso y formal, y, debe ser considerado como un proceso continuo inserto en el proceso gerencial de la empresa y actualizable a nuevas realidades y cambios, y contar con eficiente uso de recursos.

1.5. El softlaw creado muestra que existe un consenso en que estos programas de cumplimiento cuenten con elementos como:

i) Códigos de conducta;

ii) Políticas y procedimientos para acciones sensibles de relacionamiento público como conflictos de intereses, regalos hospitalidad, agasajos al cliente y gastos de representación; viajes de clientes; contribuciones políticas; donaciones para fines benéficos y patrocinios; dádivas, instigación y extorsión, contratación de personal y conformación de equipos (en particular respecto de ex funcionarios y servidores), postulaciones a procesos, obtención y mantenimiento de los títulos habitantes para contratar con el Estado, conformación de tribunales para solucionar controversias, negociación de modificaciones contractuales. Evitar los incentivos perversos para las áreas de ventas de las empresas, etc.

iii) Basarse en un análisis del riesgo de corrupción identificado por áreas, por operaciones y transacciones, clasificar el riesgo inherente según su probabilidad de ocurrencia e impacto potencial, identificación y clasificación de los medios de mitigación, cálculo del riesgo residual después de considerar el impacto de los controles de mitigación, y el desarrollo del plan de acción.

iv) Cautelas especiales con los socios empresariales (socios, proveedores y subcontratistas), incluida, la debida diligencia en su selección, respaldada por riesgos documentados correctamente diferenciados en la contratación, así como la vigilancia constante y adecuada de los socios empresariales, informándoles del compromiso de la compañía para acatar las leyes sobre las prohibiciones; y las medidas o programa de ética y cumplimiento de la compañía para prevenir y detectar ese cohecho; y buscar un compromiso recíproco de los socios comerciales;

v) Medidas eficaces para proporcionar asesoría y orientación a directores, funcionarios, empleados sobre el acatamiento de las medidas o el programa de ética y cumplimiento de la compañía, canales internos para la protección a la denuncia y confidencialidad por parte de directores, funcionarios empleados y, cuando aplique, de socios empresariales, de modo que no estén dispuestos a violar la ética ni las normas profesionales por instrucciones o presión de superiores jerárquicos, así como para directores, funcionarios, empleados y, cuando aplique, a los socios empresariales.

vi) Designar a uno o más funcionarios de alto rango para vigilar y coordinar el programa corporativo de cumplimiento proporcionándoles un nivel adecuado de recursos, autoridad e independencia, y que reporten periódicamente;

1.6. El siguiente paso de esta autorregulación fue administrar jurídicamente la conducta empresarial mediante diversos esquemas de intervención, tales como, la "autorregulación vinculante o corregulación, la aprobación de la autorregulación, el fomento de la autorregulación mediante el reconocimiento de determinados beneficios a la autorregulación de los programas de cumplimiento ("autorregulación con efectos administrativos"), como sucede con el artículo 57.6 de la Directiva 2014/24/UE del Parlamento Europeo y del Consejo del 26 de febrero de 2014 y los recientes casos peruanos de la Ley de Contrataciones del Estado y del Decreto Legislativo N° 1352 al régimen de Responsabilidad Administrativa de personas jurídicas frente a los delitos de cohecho activo nacional o transnacional.

1.7. En estos dos casos, el derecho nacional de las contrataciones estatales se ha puesto a la vanguardia fomentando los programas de cumplimiento en las empresas proveedoras y contratistas del Estado para prevenir desde su interior las prácticas corruptas y el soborno.

Lima, 16 de Febrero de 2017.

V. SUSTENTABILIDAD DE LOS CONTRATOS PÚBLICOS (Dimensión ambiental; Dimensión social; Dimensión ética)

24. A CONTRATAÇÃO PÚBLICA NO BRASIL: A NECESSÁRIA PROMOÇÃO DO DESENVOLVIMENTO NACIONAL SUSTENTÁVEL

Luiz Egon Richter[1]
Brasil

INTRODUÇÃO

O Estado Democrático de Direito contemporâneo transcende a noção limitadora imposta por um conjunto de obrigações de não fazer, característica típica do Estado Liberal clássico, para um conjunto de obrigações de fazer e, por isso, exigindo–se do Estado–administrador a elaboração, implementação e execução de políticas públicas adequadas para o atendimento dos direitos fundamentais de segunda dimensão – direitos sociais econômicos e culturais – sem afastar, contudo, as obrigações de não fazer, que protegem os direitos fundamentais de primeira dimensão, especialmente aqueles que se irradiam do valor liberdade.

As obrigações de fazer caracterizam–se por ações objetivas da Administração Pública, notadamente por aquelas que têm a finalidade de concretizar os direitos fundamentais sociais, que se irradiam do princípio fundamental "dignidade da pessoa humana" em sintonia com os objetivos fundamentais que visam a construir uma sociedade livre, justa e solidária; garantir o desenvolvimento nacional; erradicar a pobreza e a marginalização, reduzir as desigualdades sociais e regionais e promover o bem de todos, sem preconceitos de origem, raça, sexo, cor, idade e quaisquer outras formas de discriminação.

É neste contexto que a contratação pública adquire a sua importância como instrumento de realização do interesse público, notadamente naquelas situações em que a Administração Pública não tem os meios adequados ou, ainda que os tenha, opta pela contratação de agentes que atuam no mercado nacional ou internacional sempre que esta opção se mostrar vantajosa, não apenas no aspecto econômico–financeiro, mas de uma forma ampliada, em que se destaca a sustentabilidade nas perspectivas ambiental, social e ética.

Os critérios objetivos que a Administração Pública elege para aferir a proposta mais vantajosa, no âmbito da licitação pública, devem levar em consideração não apenas os aspectos econômico–financeiros, mas o interesse público como um todo – o imediato, que atende às demandas sociais, e o mediato, que atende às demandas da própria Admi-

---

1 Doutorando em Direito. Mestre em Desenvolvimento Regional. Especialista em Direito Constitucional pela Universidade de Santa Cruz do Sul-UNISC e especialista em Direito das Coisas pela Universidade do Vale dos Sinos-UNISINOS. Professor da graduação da Universidade de Santa Cruz do Sul-UNISC, na disciplina de Direito Administrativo e Registrador Público imobiliário. E-mail luizr@unisc.br

nistração Pública – em sintonia com os objetivos arrolados no texto constitucional que impõem à Administração Pública uma atuação em favor da dignidade da pessoa humana.

Portanto, nesta perspectiva, se amplia a responsabilidade da Administração Pública no contexto da contratação pública, porque não é mais suficiente a utilização de critérios que têm como referência apenas o preço, porque o preço não tem um valor em si. O critério econômico–financeiro só se justifica se estiver em sintonia com outros critérios que levam em consideração os valores que informam os meios e os fins, no âmbito dos quais aparece a sustentabilidade.

Esclarece–se que a contratação pública objeto do presente texto é a regida pela legislação nacional, destacando–se a Lei federal n.° 8.666/93, que dispõe sobre as normas gerais sobre licitação e contratação pública, e as demais leis correlatas, afastando, portanto, outras espécies de contratação pública ou outros Estados soberanos e instituições internacionais de direito privado ou direito público.

Neste contexto, o artigo 3°, da Lei federal n.° 8.666/93, institui normas para licitações e contratos da Administração Pública e dá outras providências, prevê que a licitação destina–se a garantir a observância do princípio constitucional da isonomia, a seleção da proposta mais vantajosa para a administração e a promoção do desenvolvimento nacional sustentável e será processada e julgada em estrita conformidade com os princípios básicos da legalidade, da impessoalidade, da moralidade, da igualdade, da publicidade, da probidade administrativa, da vinculação ao instrumento convocatório, do julgamento objetivo e dos que lhes são correlatos.

Com base no texto legal acima e as disposições legais sobre licitação e contratação públicas, assim como os princípios fundamentais, objetivos fundamentais e, também, os princípios que informam a Administração Pública previstos na Constituição Federal, far–se–á, ainda que breve, uma abordagem sobre a promoção do desenvolvimento nacional sustentável, em especial sobre os seus contornos e o seu conteúdo a fim de verificar se fica restrita à sustentabilidade ambiental, ou se vai além, alcançando também a sustentabilidade nas perspectivas econômica, social e ética.

Para alcançar o desiderato, far–se–á inicialmente uma abordagem mais genérica sobre a contratação pública no Brasil, em especial o seu regime jurídico, os princípios informativos e conformativos e os objetivos da licitação pública. Na sequência, abordar–se–á a contratação pública no Brasil na perspectiva do Direito Administrativo global, notadamente sobre os pontos de convergência da legislação. A seguir, tratar–se–á da contratação pública e a sustentabilidade na perspectiva constitucional e, por fim, a promoção do desenvolvimento nacional sustentável no âmbito das contratações públicas no Brasil, com a finalidade de verificar se fica restrita à sustentabilidade ambiental ou se alcança, também, as sustentabilidades econômica, social e ética.

1. A contratação pública no Brasil

A Administração Pública, ainda que não de forma exclusiva, tem a responsabilidade de gerir o interesse público, que na perspectiva rousseniana era o interesse comum, fonte de legitimação do poder estatal. Atualmente, o interesse público, na perspectiva da Constituição federal brasileira, sofreu uma ressignificação porque deixou de ser confundido com o interesse do Estado e, com esse entendimento, afasta–se a tese da supremacia do interesse público sobre o privado sem qualquer ponderação entre os interesses envolvidos.

O interesse público, na perspectiva constitucional, pode ser entendido como o interesse atrelado aos direitos fundamentais, que têm como núcleo central o princípio da dignidade da pessoa humana e não o interesse da Administração Pública. Neste sentido, o Estado deixa de ser o tutor da sociedade, porque os comandos organizadores da sociedade e do Estado estão previstos na Constituição, compostos por um conjunto de regras e princípios que apresentam conteúdo axiológico, do qual a Administração Pública não pode se afastar sempre que for fazer a gestão do interesse público.

Por isso, cabe a crítica à concepção de interesse público como expressão absoluta do Estado e, por consequência, da Administração Pública. "A expressão 'interesse público' não apresenta conteúdo próprio, específico e determinado. Costuma ser invocada para a satisfação dos interesses escolhidos pelo governante, o que é absolutamente incompatível com a ordem jurídico–constitucional vigente"[2]

A gestão do interesse público, plural e constitucional, exige da Administração Pública atuação positiva no sentido de concretizá–lo e, neste contexto, a contratação pública, quando a Administração Pública não dispuser de meios próprios ou comprovadamente a contratação no âmbito do mercado for vantajosa, pode servir de valioso instrumento, desde que operada em sintonia com as regras e os princípios axiológicos que informam os meios a serem utilizados e os fins a serem alcançados.

E, para tanto, a Constituição Federal prevê em seu artigo 22, inciso XXVII, a competência privativa da União para legislar sobre normas gerais de licitação e contratação, em todas as modalidades, para as administrações públicas diretas, autárquicas e fundacionais da União, Estados, Distrito Federal e Municípios. Todavia, a Constituição admite, por lei complementar, que os Estados exerçam a competência legislativa para fazer leis sobre questões específicas relacionadas às licitações e contratações públicas.

O artigo 37 da Constituição Federal impõe às Administrações públicas diretas e indiretas, de quaisquer dos Poderes da União, dos Estados, do Distrito Federal e dos Municípios, obediência aos princípios da legalidade, impessoalidade, moralidade, publicidade e eficiência e, no inciso XXI do mesmo artigo, prevê que "ressalvados os casos especificados na legislação, as obras, serviços, compras e alienações serão contratados mediante processo de licitação pública que assegure igualdade de condições a todos os concorrentes, com cláusulas que estabeleçam obrigações de pagamento, mantidas as condições efetivas da proposta, nos termos da lei, o qual somente permitirá as exigências de qualificação técnica e econômica indispensáveis à garantia do cumprimento das obrigações".

No artigo 173, localizado no Título que dispõe sobre a Ordem Econômica e Financeira, consta que "ressalvados os casos previstos nesta Constituição, a exploração direta de atividade econômica pelo Estado só será permitida quando necessária aos imperativos da segurança nacional ou a relevante interesse coletivo, conforme definidos em lei" e o parágrafo primeiro impõe que lei deve estabelecer o estatuto jurídico da empresa pública, da sociedade de economia mista e de suas subsidiárias que explorem atividade econômica de produção ou comercialização de bens ou de prestação de serviços. Esta lei deve dispor sobre o regime de licitação e contratação de obras, serviços, compras e alienações, para a empresa pública e sociedade de economia mista, sem afastar a observância dos princípios que regem a administração pública.

2 JUSTEN FILHO, Marçal. *Comentários à lei de licitações e contratos administrativos*, 17ª edição, revista, atualizada e ampliada, São Paulo: Editora *Revista dos Tribunais*, 2016, pp. 108-109.

Por tanto, a Constituição Federal admite a contratação de obras, serviços, compras e alienações, sempre que o atendimento ao interesse público não possa ser atendido diretamente pela Administração Pública por alguma impossibilidade ou quando a contratação junto ao mercado se mostrar mais vantajosa. Além das obras, serviços, compras e alienações, a Constituição Federal autoriza, também, de acordo com o artigo 175, a contratação da prestação de serviços públicos, sob regime de concessão ou permissão, mediante prévia licitação pública.

Na sequência, far–se–ão considerações sobre o regime jurídico da contratação pública autorizada pela Constituição Federal, esclarecendo que o regime jurídico não fica restrito ao contrato administrativo, pois este compreende apenas a formalização do ajuste entre órgãos ou entidades da Administração Pública e particulares, por meio de acordo de vontades necessários à formação do vínculo e a estipulação de obrigações recíprocas, independentemente da denominação que vier a ser utilizada.

1.1. *Do regime jurídico da contratação pública no Brasil*

A Administração Pública, para cumprir as obrigações impostas pela Constituição e a resolução de demandas contingenciais, formaliza contratos, ancorada na ideia de um acordo entre dois ou mais sujeitos, por meio dos quais adquirem, resguardam, modificam ou extinguem direitos e por força deste acordo, assumem obrigações recíprocas, independentemente se o contrato for de direito privado ou público.

O ordenamento jurídico brasileiro permite que a Administração Pública formalize contratos de direito privado e público, cada qual com o seu regime jurídico adequado. Nos contratos de direito privado, a Administração Pública participa do negócio jurídico sem a utilização de prerrogativas públicas, como ocorre nos contratos de direito público, em que a Administração Pública pode se valer de poderes que desigualam a relação jurídica contratual.

A Lei federal de n° 8.666/93 – lei geral de licitações e contratos da Administração Pública – no artigo 2°, parágrafo único, apresenta uma definição legal ampla de contrato da Administração Pública ao estabelecer que "contrato todo e qualquer ajuste entre órgãos ou entidades da Administração Pública e particulares, em que haja um acordo de vontades para a formação de vínculo e a estipulação de obrigações recíprocas, seja qual for a denominação utilizada".

No bojo desta definição ampla de contrato administrativo estão compreendidos todos os ajustes que a Administração Pública pode firmar entre órgãos ou entidades da Administração Pública e particulares, cada qual com o seu regime jurídico próprio e adequado, o que revela que a Administração Pública possui amplo leque de possibilidades de ajustes para o atendimento de suas necessidades internas e da coletividade. Portanto, é um "gênero que comporta várias espécies, que são os acordos de vontade, os contratos administrativos em sentido estrito e os contratos de direito privado".[3]

O contrato administrativo em sentido estrito está sujeito a um regime jurídico publicista que atribui à Administração Pública prerrogativas, que não integram os contratos de direito privado. Prerrogativas que decorrem de lei e têm por finalidade assegurar a concretização das obrigações assumidas pelo contratado, por meio do exercício do princípio

---

3 JUSTEN FILHO, Marçal. *Comentários à lei de licitações e contratos administrativos*, 17ª edição, revista, atualizada e ampliada, São Paulo: Editora *Revista dos Tribunais*, 2016, p.1074.

da autoexecutoriedade, além de permitir a alteração e extinção unilateral dos contratos administrativos sempre com amparo em justificativas de interesse público.

Nesta perspectiva, o contrato administrativo em sentido restrito "é um acordo de vontades, em que uma das partes integra a Administração Pública, orientado a constituir relação jurídica submetida ao regime de direito público e destinada a satisfazer de modo direito necessidades da Administração Pública ou a constituir uma delegação a um particular da prestação de serviço público".[4]

O que identifica o contrato administrativo em sentido estrito é o regime jurídico publicista que mune de prerrogativas públicas o ente administrativo contratante. Prerrogativas que decorrem do regime jurídico de direito público, que outorga poderes de alterar, extinguir, modificar, aplicar sanções ao contratado, exigir garantias, entre outras, da pessoa contratada pela Administração Pública.

No contexto da contratação pública em sentido estrito, é possível distinguir duas categorias de contratos, de acordo com o regime jurídico aplicável, que são os contratos de colaboração e os contratos de delegação.[5] Os contratos compreendidos no âmbito da primeira categoria se destinam a satisfazer a instrumentalização de meios, tais como a contratação de compras, serviços e obras e, também, as alienações de bens públicos inservíveis à Administração Pública.

A base matricial do regime jurídico dos contratos de colaboração encontra–se predominantemente na Lei federal n.° 8.666, de 21 de junho de 1993, que dispõe justamente sobre o regime jurídico geral sobre licitações e contratos da Administração Pública, que compreende o processo licitatório, dispensa e inexigibilidade de licitação, as modalidades de licitação concorrência, tomada de preços, convite, concurso e leilão, assim como as normas gerais sobre os contratos da Administração Pública.

No plano da teleologia, a licitação destina–se a garantir a observância do princípio constitucional da isonomia, a seleção da proposta mais vantajosa para a administração e a promoção do desenvolvimento nacional sustentável e será processada e julgada em estrita conformidade com os princípios básicos da legalidade, da impessoalidade, da moralidade, da igualdade, da publicidade, da probidade administrativa, da vinculação ao instrumento convocatório, do julgamento objetivo e dos que lhes são correlatos.

E os contratos administrativos regidos pela Lei federal n° 8.666, de 21 de junho de 1993, regulam–se pelas suas cláusulas e pelos preceitos de direito público, aplicando–se–lhes, supletivamente, os princípios da teoria geral dos contratos e as disposições de direito privado, devendo estabelecer com clareza e precisão as condições para sua execução, expressas em cláusulas que definam os direitos, obrigações e responsabilidades das partes, em conformidade com os termos da licitação e da proposta a que se vinculam. Também os contratos decorrentes de dispensa ou de inexigibilidade de licitação devem atender aos termos do ato que os autorizou e da respectiva proposta.

O regime jurídico dos contratos administrativos instituído por esta Lei confere à Administração, em relação a eles, a prerrogativa de modificá–los, unilateralmente, para melhor adequação às finalidades de interesse público, respeitados os direitos do contra-

4 JUSTEN FILHO, Marçal. *Comentários à lei de licitações e contratos administrativos*, 17ª edição, revista, atualizada e ampliada, São Paulo: Editora *Revista dos Tribunais*, 2016, p.1076

5 *Idem*, p. 1077

tado; rescindi–los, unilateralmente, nos casos especificados no inciso I do art. 79 desta Lei; fiscalizar a sua execução; aplicar sanções motivadas pela inexecução total ou parcial do ajuste.

Em se tratando de serviços essenciais, a Administração Pública pode ocupar provisoriamente bens móveis, imóveis, utilizar pessoal e executar os serviços vinculados ao objeto do contrato, na hipótese da necessidade de acautelar apuração administrativa de faltas contratuais pelo contratado, bem como na hipótese de rescisão do contrato administrativo.

A Administração Pública tem a prerrogativa de unilateralmente elaborar, implementar e executar o contrato administrativo. Além disso, o contratado também goza de garantias, que impedem a Administração Pública de alterar unilateralmente aspectos econômico–financeiro, sem prévia concordância do contratado e, também, a obrigatória revisão para que se mantenha o equilíbrio contratual.

Eventual declaração de nulidade do contrato administrativo opera retroativamente, impedindo os efeitos jurídicos que ele, ordinariamente, deveria produzir, além de desconstituir os já produzidos. Todavia, a nulidade não exonera a Administração do dever de indenizar o contratado pelo que este houver executado até a data em que ela for declarada e por outros prejuízos regularmente comprovados, contanto que não lhe seja imputável, promovendo–se a responsabilidade de quem lhe deu causa.

Entende–se, entretanto, que a decretação de nulidade de contratos da Administração Pública, ainda que eivados de vício, não pode ficar adstrita a mera ilegalidade formal, porque toda contratação opera efeitos materiais, substanciais, que precisam ser levados em consideração no momento do controle de legalidade. Se por um lado a ilegalidade – decorrente de regra ou da não observância de princípios – que afeta a essência do contrato, enseja, em tese, a decretação de nulidade, por outro, deve–se levar em consideração os princípios da segurança jurídica e da boa–fé.

A segurança jurídica se irradia para o objeto contratado e, por extensão, à proteção dos direitos fundamentais concretizados, razão pela qual a decretação de nulidade não pode colocar em risco os direitos fundamentais. Nessa perspectiva, o princípio instrumental da proporcionalidade orienta no sentido de que a melhor solução a ser tomada pela Administração Pública, diante de um contrato eivado de ilegalidade formal e substancial, é aquela que menos sacrifício impõe aos direitos fundamentais.

Se o contratado agiu de boa–fé e, mesmo assim, o contrato for decretado nulo, isto não significa simplesmente prejuízo para o contratado. Pelo contrário, além de ser pago por tudo aquilo que o contrato lhe assegurava, também deve receber indenização por todos os prejuízos que eventualmente houver sofrido.[6] Todavia, se o contratado participou na consumação da ilicitude, terá direito tão somente àquilo que o contrato lhe assegurava, sem a compensação por perdas e danos.[7]

Entende–se, todavia, que à luz do princípio da moralidade pública, não é lícito que o contratado obtenha ganho financeiro – lucro – se valendo de comportamento corruptivo. Por essa razão a Administração Pública, ou o Poder Judiciário, no exercício do controle

6 JUSTEN FILHO, Marçal. *Comentários à lei de licitações e contratos administrativos*, 17ª edição, revista, atualizada e ampliada, São Paulo: Editora *Revista dos Tribunais*, 2016, p.1139.

7 *Idem*, p.1140

da contratação pública, deveriam "confiscar" o ganho financeiro auferido. Esclarece-se que não se trata de impor ao contratado, neste caso, confisco do valor investido na execução do contrato, mas do excedente que representa o ganho auferido.

Outra Lei federal importante é a de nº 10.520, de 17 de julho de 2002, que dispõe sobre o regime jurídico da modalidade de licitação pregão, realizada de forma presencial ou eletrônica, que se destina à aquisição de bens e serviços comuns, que são aqueles cujos padrões de desempenho e qualidade possam ser objetivamente definidos por meio do instrumento convocatório, utilizando especificações usuais no mercado, que se caracteriza pelo fato de não se definir em face de faixas de valores a serem pagos pela contraprestação, como ocorre com a concorrência, tomada de preços e convite.

Existe, também, o Regime Diferenciado de Contratação-RDC, instituído pela Lei federal n.º 12.462, de 4 de agosto de 2011, que se caracteriza pela flexibilidade do processo licitatório, aplicado, inicialmente, exclusivamente às licitações e contratos necessários à realização dos Jogos Olímpicos e Paraolímpicos de 2016, constantes da Carteira de Projetos Olímpicos a ser definida pela Autoridade Pública Olímpica (APO); e II – da Copa das Confederações da Federação Internacional de Futebol Associação – Fifa 2013 e da Copa do Mundo Fifa 2014, definidos pelo Grupo Executivo – Gecopa 2014 do Comitê Gestor instituído para definir, aprovar e supervisionar as ações previstas no Plano Estratégico das Ações do Governo Brasileiro para a realização da Copa do Mundo Fifa 2014 – CGCOPA 2014, restringindo-se, no caso de obras públicas, às constantes da matriz de responsabilidades celebrada entre a União, Estados, Distrito Federal e Municípios, assim como de obras de infraestrutura e de contratação de serviços para os aeroportos das capitais dos Estados da Federação distantes até 350 km (trezentos e cinquenta quilômetros) das cidades sedes dos mundiais referidos nos incisos I e II.

Atualmente, foi estendido às ações integrantes do Programa de Aceleração do Crescimento (PAC); para contratação das obras e serviços de engenharia no âmbito do Sistema Único de Saúde – SUS; contratação das obras e serviços de engenharia para construção, ampliação e reforma e administração de estabelecimentos penais e de unidades de atendimento socioeducativo; das ações no âmbito da segurança pública; das obras e serviços de engenharia, relacionadas a melhorias na mobilidade urbana ou ampliação de infraestrutura logística; dos contratos de locação de bens móveis e imóveis, nos quais o locador realiza prévia aquisição, construção ou reforma substancial, com ou sem aparelhamento de bens, por si mesmo ou por terceiros, do bem especificado pela administração e, também, das ações em órgãos e entidades dedicados à ciência, à tecnologia e à inovação.

Os contratos compreendidos na última, ou seja, os de delegação, destinam-se a repassar à iniciativa privada o exercício de algumas competências administrativas, de sorte que a execução das atividades administrativas é prestada por particulares munidos das prerrogativas públicas necessárias e suficientes para levar a bom termo a execução da atividade.

Destacam-se, no âmbito dos contratos de delegação, a concessão, permissão e autorização de serviços aéreos, nos termos da Lei federal n.º 7.565, de 19 de dezembro de 1986; a concessão e permissão de serviços e obras públicas, cujo regime jurídico está definido na Lei federal n.º 8.987, de 13 de fevereiro de 1995; a concessão, permissão e autorização dos serviços de energia elétrica, regido pela Lei federal n.º 9.074, de 7 de julho de 1995; a concessão, permissão e autorização dos serviços de telecomunicações, regido pela Lei federal n.º 9.472, de 16 de julho de 1997; a Lei federal n.º 11.079, de 30 de dezembro de 2004, que institui normas gerais para licitação e contratação de parceria público–privada no âmbito da administração pública e, ainda, a Lei federal n.º 12.485, de 12 de setembro de 2011, que dispõe sobre a concessão e permissão do serviço de TV a cabo.

Além destes serviços referidos existem outros que também têm o seu regime jurídico definido em leis especiais, assim como a delegação de serviços públicos em favor de pessoas naturais, cuja outorga não se dá por meio de contrato, mas por meio de ato administrativo, com base na legislação específica, como é o caso dos serviços notariais e de registros públicos, sem prévia licitação, mas por meio de concurso público, com previsão no artigo 236 da Constituição Federal e o regime jurídico definido na Lei federal n.º 8.935, de 18 de novembro de 1994.

O regime jurídico geral, assim como os regimes jurídicos parciais em razão das peculiaridades de cada um, são orientados por um conjunto de princípios fundamentais, instrumentais e finalísticos que dispõem sobre as ideias mestres dos temas licitação pública e contratação pública. É justamente este conjunto de princípios que será abordado na sequência, fazendo–se considerações, ainda que breves, mas certamente contribuem para uma melhor compreensão do contexto da contratação pública.

1.2. *Dos objetivos da licitação pública no Brasil*

Da lei geral de licitações e contratos administrativos – 8.666/93 – é possível extrair as seguintes normas finalísticas: garantia da observância do princípio constitucional da isonomia, a seleção da proposta mais vantajosa para a administração e a promoção do desenvolvimento nacional sustentável, ressalvando a existência de outras normas finalísticas expressas ou implícitas no texto legal, como, por exemplo, a competitividade, porque sem ela não existe a possibilidade de licitação, assim como eficácia e eficiência, porque as licitações e contratações têm que ser eficazes e eficientes.

O princípio da isonomia no processo licitatório e, por extensão, na contratação pública, está previsto expressamente no inciso XXI, do artigo 37, da Constituição Federal, ao dispor que "ressalvados os casos especificados na legislação, as obras, serviços, compras e alienações serão contratados mediante processo de licitação pública que assegure igualdade de condições a todos os concorrentes..."

A escolha do contratante e da proposta acarreta diferenciação entre os particulares, ou seja, a Administração Pública dá tratamento diferenciado em face do interesse público singular da demanda a ser atendida. Por isso, nesta perspectiva, a diferenciação e a discriminação entre os particulares são inafastáveis.[8]

Em termos jurídicos o princípio da isonomia orienta no sentido de que deve ser assegurado tratamento igualitário a todos os que se encontram na mesma situação jurídica, afastando, necessariamente, as discriminações e diferenciações arbitrárias fundamentadas no livre arbítrio dos responsáveis pelo processamento da licitação e contratação pública, portanto, sem base jurídica, ofensivas ao princípio da proporcionalidade, ou seja, "só se admite a discriminação adequada e necessária a obter um resultado compatível com os valores tutelados pela ordem jurídica.[9]

8 JUSTEN FILHO, Marçal. *Comentários à lei de licitações e contratos administrativos*, 17ª edição, revista, atualizada e ampliada, São Paulo: Editora *Revista dos Tribunais*, 2016, p.93.

9 *Idem*, p. 94.

Outro objetivo é a seleção da proposta mais vantajosa para a administração, que pode ser caracterizada como "a adequação e satisfação do interesse coletivo por meio da contratação pública".[10] Afasta–se, de imediato, a ideia de que a proposta mais vantajosa para a Administração Pública possa representar desvantagem para o contratado. Pelo contrário, se isto fosse aceito estaríamos diante da possibilidade de locupletamento ilícito por parte da Administração Pública, o que não é admitido pela Constituição Federal.

A proposta vantajosa tem como elemento mediador a relação custo–benefício para a Administração Pública, ou seja, o maior benefício, sem prejudicar o contratado, pelo menor custo. No contexto da economicidade, a vantagem para a Administração Pública deve ser orientada pelo princípio da eficiência, ou seja, no aproveitamento racional e satisfatório dos bens econômicos contratados[11], o que afasta de plano a utilização do critério econômico–financeiro – menor preço – sem a observância do princípio da eficiência, que pode ser entendida, no contexto, como a qualidade necessária e adequada exigida do objeto para efeitos de satisfação da demanda pública.

Todavia, a proposta mais vantajosa não se resume apenas no atendimento ao binômio economicidade–eficiência, porque, numa perspectiva mais ampla, de um lado afasta toda e qualquer possibilidade de que a contratação possa ser desvantajosa para a Administração e, de outro, impõe à Administração Pública buscar incessantemente qualificar o processo licitatório, utilizando critérios objetivos que levem à contratação eficiente e eficaz e o controle da execução do contrato, porque é no resultado fático da execução do contrato que a vantagem ou desvantagem se materializa.

Pode–se afirmar que a proposta mais vantajosa deve ser considerada nos planos econômico, social, ético e ambiental. No plano econômico, o contrato não pode apresentar desequilíbrios entre as obrigações assumidas e os bens contratados; no plano social, toda contratação pública deve ser em benefício da sociedade, ainda que indiretamente, quando a contratação tem por objeto bem para a Administração Pública; no plano ético, a Administração Pública deve orientar–se pelo princípio da moralidade, de sorte que o processo de licitação e contratação pública não sejam viciados pela corrupção e outras patologias que ferem os princípios e objetivos fundamentais da República Federativa do Brasil, e, por fim, a vantagem no plano ambiental, que se resume na impossibilidade de contratação pública que comprometa o meio ambiente de forma sustentável.

A promoção do desenvolvimento nacional sustentável é o terceiro objetivo, incorporado à Lei federal n.° 8.666/93 por força da Medida Provisória 495/2010 convertida na Lei federal de n.°12.349/2010, cuja finalidade, de acordo com a exposição de motivos, é a de agregar às finalidades das licitações públicas o desenvolvimento econômico nacional, consignando "em lei a relevância do poder de compra governamental como instrumento de promoção do mercado interno, considerando–se o potencial de demanda de bens e serviços domésticos do setor público, o correlato efeito multiplicador sobre o nível de atividade, a geração de emprego e renda e, por conseguinte, o desenvolvimento do país".

O Decreto de n° 7.746, de 5 de junho de 2012, estabeleceu critérios, práticas e diretrizes gerais para a promoção do desenvolvimento nacional sustentável por meio das contratações realizadas pela administração pública federal direta, autárquica e fundacio-

10 *Idem*, p.97

11 *Idem*, p. 97

nal e pelas empresas estatais dependentes, que poderão adquirir bens e contratar serviços e obras considerando critérios e práticas de sustentabilidade objetivamente definidos no instrumento convocatório, devidamente justificados nos autos sem afetar o caráter competitivo do certame.

De acordo com o Decreto regulamentador, são diretrizes de sustentabilidade, entre outras: menor impacto sobre recursos naturais como flora, fauna, ar, solo e água; preferência para materiais, tecnologias e matérias–primas de origem local; maior eficiência na utilização de recursos naturais como água e energia; maior geração de empregos, preferencialmente com mão–de–obra local; maior vida útil e menor custo de manutenção do bem e da obra; uso de inovações que reduzam a pressão sobre recursos naturais; e origem ambientalmente regular dos recursos naturais utilizados nos bens, serviços e obras.

Os objetivos expressos e implícitos e seus critérios devem ser mediados pelo conjunto de princípios que informam e conformam os processos de contratação pública, de sorte que haja conformação com a lei e o direito. Além dos princípios setoriais que informam a licitação e a contratação pública, existem outros princípios, notadamente os fundamentais, que também norteiam a contratação pública.

1.3. *Dos princípios informativos e conformativos da contratação pública no Brasil*

O artigo primeiro da Constituição brasileira prevê que a República Federativa do Brasil é formada pela união indissolúvel dos Estados e Municípios e do Distrito Federal, constitui–se em Estado Democrático de Direito tendo como fundamentos: a soberania, a cidadania, a dignidade da pessoa humana, os valores sociais do trabalho e da livre iniciativa e o pluralismo político.

No artigo terceiro, por sua vez, apresenta o conjunto dos objetivos fundamentais da República Federativa do Brasil, que são: a construção de uma sociedade livre, justa e solidária; a garantia do desenvolvimento nacional; a erradicação da pobreza e a marginalização, assim como a redução das desigualdades sociais e regionais; e promoção do bem de todos, sem preconceitos de origem, raça, sexo, cor, idade e quaisquer outras formas de discriminação.

É a partir dos princípios fundamentais e dos objetivos fundamentais que se irradiam os demais princípios que informam a ordem jurídica, notadamente os princípios que informam a Administração Pública como um todo, que são os princípios da legalidade, impessoalidade, moralidade, publicidade e eficiência, assim como os da ordem econômica, que são: a soberania nacional; a propriedade privada; a função social da propriedade; a livre concorrência; a defesa do consumidor; a defesa do meio ambiente, inclusive mediante tratamento diferenciado conforme o impacto ambiental dos produtos e serviços e de seus processos de elaboração e prestação; a redução das desigualdades regionais e sociais; a busca do pleno emprego e o tratamento favorecido para as empresas de pequeno porte constituídas sob as leis brasileiras e que tenham sua sede e administração no País; e, por consequência, os princípios setoriais da licitação e contratação pública.

São princípios setoriais básicos da licitação e contratação pública, de acordo com a Lei geral de licitação e contratação pública, a legalidade, a impessoalidade, a moralidade, a igualdade, a publicidade, a probidade administrativa, a vinculação ao instrumento convocatório, o julgamento objetivo e os que lhes são correlatos, como por exemplo, a economicidade, eficiência e o desenvolvimento nacional sustentável.

A Lei federal nº 8.987, de 13 de fevereiro de 1995, que dispõe sobre o regime jurídico da concessão e permissão de serviços públicos, prevê que toda concessão de serviço público, precedida ou não da execução de obra pública, será objeto de prévia licitação, nos termos da legislação própria e com observância dos princípios da legalidade, moralidade, publicidade, igualdade, do julgamento por critérios objetivos e da vinculação ao instrumento convocatório.

No regime diferenciado de contratação, instituído pela Lei federal n.º 12.462 de 4 de agosto de 2011, as licitações e contratações realizadas em conformidade com o referido regime deverão observar os princípios da legalidade, da impessoalidade, da moralidade, da igualdade, da publicidade, da eficiência, da probidade administrativa, da economicidade, do desenvolvimento nacional sustentável, da vinculação ao instrumento convocatório e do julgamento objetivo.

O conjunto de princípios setoriais extraíveis do ordenamento jurídico brasileiro, não esgota a principiologia aplicável porque, no mundo globalizado, a contratação pública pode ser vista numa perspectiva global, o que certamente contribui para a universalização de princípios aplicáveis às contratações públicas, razão pela qual, far–se–ão breves considerações acerca da contratação pública brasileira na perspectiva do cenário global.

2. A contratação pública brasileira na perspectiva do cenário global

A contratação pública, a despeito de apresentar–se ordinariamente como de interesse público imediato no âmbito do Estado nacional, é certo que, na atualidade, num mundo em que a globalização é uma realidade, não se pode afastá–la de conceitos e princípios que vão se sedimentando em face da globalização, que "necesita estar regida por principios de justicia, que proporciona sentido y justificación al Derecho".[12]

Todavia, de acordo com Cassese, o espaço jurídico global apresenta regimes reguladores de caráter setorial, cada um com o seu respectivo sistema e o próprio aparato destinado a impor a sua observância, porque faltam os princípios e as regras gerais de um órgão superior que dirija e controla o funcionamento dos subsistemas.[13]

Mesmo quando firmada entre um Estado naacional, seus entes administrativos com uma empresa com sede no âmbito do Estado nacional e o capital também nacional, pode ter efeitos econômicos, sociais e ambientais em partes ou no mundo todo. Ademais, nem sempre é possível prever os efeitos práticos que poderão advir das contratações públicas, notadamente àquelas relacionadas a grandes obras de infraestrutura que podem causar impactos além da fronteira do próprio país, nas dimensões econômica, ambiental e social.

O movimento que redundou na globalização teve, desde a sua origem, natureza econômica, embora outas dimensões contribuíram para a implementação da dimensão econômica. No plano econômico, a globalização se caracteriza pela "entrada por un fenómeno de apertura de los espacios económicos, de desarrollo de los intercambios internacionales", embora a globalização econômica "se nutre de otras realidades al mar-

12 GIL, José Luis Meilán. *Una aproximación al derecho administrativo global*. Sevilla-ES: Global Law Press-Editorial Derecho Global, 2011, p.19.

13 CASSESE, Sabino. El Derecho Global: justicia y democracia más allá del Estado, Sevilla-ES: Global Law Press-Editorial Derecho Global, 2010, p. 24

gen de las descritas, que, em su naturaleza, no son realmente originales, y se constatan en otros períodos históricos"[14]

Todavia, a dimensão econômica não esgota a globalização, porque ela possui outras dimensões, especialmente a dimensão cultural e ideológica, que se apoia num substrato técnico: "el desarrollo de potentes vectores de comunicación (internet, la television por satélite) [...].[15] Esses vetores de comunicação amplificam os valores culturais da globalização, ainda que a compreensão e a concretização se deem de formas diversas.

> "Son los valores de la competencia económica y de la sociedad de mercado a escala mundial; pero también los Estados de Derecho de Derecho y los de la ética de los derechos fundamentales, o de protección del patrimonio ecológico mundial, valores todos ellos de los que puede decirse que constituyen u8n componente de la ideología global como los de apertura comercial y la competencia que acompañan a la globalización económica".[16]

A outra dimensão é a social, "en sentido de los movimientos que afectan directamente a los modos de vida y de trabajo de los habitantes del planeta (AUBY, 2012, p. 41). A dimensão social se caracteriza especialmente pela introdução de hábitos comuns de consumo e também a mobilidade das atividades econômicas, provocando fluxos de emprego, "em especial desde los países desarrollados hacia los países em vías de desarrollo.[17]

A concretização destas dimensões por si só é insuficiente porque elas necessitam de um amálgama jurídico e, nesta perspectiva, aos poucos vai sendo construído um Direito Administrativo Global. "Un Derecho en construcción, un Derecho que asegura que los poderes públicos globales se ejercen al servicio del interés general global de acuerdo con la justicia"[18], destacando–se as contratações públicas cujos princípios gerais "ayudan sobremanera a construir un Derecho Administrativo Global de la contratación administrativa que parta precisamente de los postulados del Estado de Derecho[19], especialmente os de matriz romano–germânica.

Portanto, a contratação pública, na perspectiva do Direito Administrativo Global, tem como ponto de partida, como premissa, os mesmos postulados do Estado de Direito, em especial a legalidade, a separação de funções e a proteção aos direitos fundamentais no âmbito dos quais se destacam a igualdade e a não discriminação, o que possibilita a validez universal. Todavia, como escreve Jaime Rodrigues–Araña, o Direito Administrativo Global está em construção,

> "Por eso, este incipiente Derecho Público Global opera, como es lógico, a través de principios, a través de principios que proyectan la cláusula del Estado de Derecho, en un intento de evitar que la racionalidad económica o la racionalidad técnica terminen por convertirse en la fuente primera y más relevante de este Ordenamiento Jurídico Administrativo Global".[20]

---

14 AUBY, Jean-Bernard. La globalización, el derecho y el Estado. Sevilla-ES-Global Law Press-Editorial Derecho Global, 2012, p.38.

15 *Idem*, p. 40

16 *Idem*, p.40

17 *Idem*, p.40

18 RODRIGUES-ARAÑA, Jaime, IN: Derecho internacional de las contrataciones administrativas / Ernesto Jinesta Lobo. -1ª. ed.- San José, C.R.: Guayacán, 2011, p.17

19 *Idem*, p. 17.

20 *Idem*, p. 19

Para evitar que a racionalidade econômica termine por estabelecer–se como fonte primária do ordenamento jurídico administrativo global, a utilização de princípios jurídicos radicados na noção de Estado de Direito é fundamental e, neste contexto, "en materia de contratación se han construido precisamente al calor de los principios: del principio de no discriminación, de publicidad, de libre concurrencia"[21], os quais sofreram desdobramentos em face dos direitos fundamentais e, por isso,

> "en esta materia los principios generales de igualdad de trato, de transparencia, de objetividad, de imparcialidad, o de equidad han sido quienes han hecho posible la elaboración de Normas relativas a las compras públicas a cuyo través se ha instaurado un verdadero Derecho Administrativo Global de la Contratación Pública."[22]

Fazendo–se o cotejamento dos princípios gerais da contratação pública, na perspectiva do Direito Administrativo Global, com os princípios setoriais que regem a licitação e a contratação pública no Brasil – os princípios da legalidade, da impessoalidade, da moralidade, da igualdade, da publicidade, da eficiência, da probidade administrativa, da economicidade, do desenvolvimento nacional sustentável, da vinculação ao instrumento convocatório e do julgamento objetivo, verifica–se que a principiologia do ordenamento jurídico brasileiro, no plano formal, está em sintonia com os princípios que conformam e informam a contratação pública global.

Esta sintonia no plano formal se dá em boa medida porque a Constituição brasileira tem como um de seus fundamentos o princípio da dignidade da pessoa humana, do qual se irradiam todos os demais direitos fundamentais, que também está presente nos demais Estados nacionais constitucionais, que têm como postulado os direitos fundamentais. Há, portanto, um postulado básico comum do qual se irradiam os princípios da contratação pública global.

Deste postulado básico é possível referir que a legislação brasileira que dispõe sobre a contratação pública brasileira, no plano formal, está em sintonia com os princípios que informam o Direito Administrativo Global, voltado à contratação pública, destacando–se o princípio da transparência, da resolução de conflitos de forma extrajudicial e a sustentabilidade, sem afastar, por suposto, outros princípios.

O princípio da transparência aumenta a *accountabilty*, ou seja, amplia a capacidade de controle e de responsabilidade dos agentes públicos responsáveis pelas contratações públicas, inclusive na perspectiva global, superando, assim, a ideia clássica do controle interno de cada Estado, de acordo com os seus mecanismos jurídicos. Por isso,

> "Cabe ressaltar que o processo de contratação pública já não pode ser entendido como o mesmo de anos atrás, houve a alteração desse direito em virtude da globalização/internacionalização do direito. Isto quer dizer que a visão monista que se tem do direito administrativo não se coaduna mais com as novas relações transfronteiriças que o Estado passou a ter"[23].

Nesta perspectiva, o princípio da transparência, na condição de valor do Direito Administrativo Global, aumentou a responsabilidade (*accountability*) da Administração

---

21 *Idem*, p.19

22 *Idem*, p.42

23 SILVA, Alice Rocha da; SANTOS, Ruth Maria Pereira dos. A influência do Direito Administrativo Global no processo brasileiro de Contratação Pública à luz do Princípio da Transparência. Rev. Brasileira de Políticas Públicas (Online), Brasília, v. 6, nº 2, 2016 p. 65.

Pública. No Brasil, o Princípio da Transparência ainda está direcionado, quase que inteiramente, para a gestão do gasto público, excluindo outras formas de controle das licitações e que geram um alto índice de irregularidades e corrupção. Por isso a necessidade de inserir o Princípio da Transparência nas relações adjudicatórias, a fim de criar maior responsabilidade dos administradores públicos, bem como diminuir os casos de corrupção oriundas das licitações.[24]

Todavia, a despeito da previsão legal no direito brasileiro, o processo de contratação pública exige o máximo de transparência, porque o nível de accountability no processo brasileiro de contratação pública é muito baixo ou inexistente e, dessa forma, desenvolver ações no sentido de buscar na Teoria do Direito Administrativo Global e nas normas internacionais, destacando–se aqui, a Convenção das Nações Unidas contra a Corrupção (UNCAC), a qual foi ratificada em dezembro de 2005, a maximização da responsabilidade/prestação de contas dos agentes públicos[25].

À medida que os contratos públicos se internacionalizam, este fenômeno provoca o declínio do controle jurídico dos contratos pelo Poder Judiciário dos Estados nacionais, perdendo, assim, uma competência clássica e permitindo a autocomposição por meio de instrumentos como, por exemplo, a arbitragem nacional ou internacional. Isto tudo porque,

> "al aceptar que las instituciónes internacionales establezcan reglas aplicables a sus contratos públicos y que unos jueces distintos a los suyos se pronuncien sobre contencioso relativos a sus contratos públicos, los Estados consienten que la emanación del Derecho de esos contratos se les escape parcialmente"[26]

No Brasil, por força da Lei federal de nº 13.140, de 26 de junho de 2015, foi introduzida a autocomposição no âmbito da Administração Pública, de sorte que a União, os Estados, o Distrito Federal e os Municípios poderão criar câmaras de prevenção e resolução administrativa de conflitos, no âmbito dos respectivos órgãos da Advocacia Pública, onde houver, com competência para, entre outras, dirimir conflitos entre órgãos e entidades da administração pública.

A despeito da previsão legal da utilização de mecanismos extrajudiciais para a composição de conflitos envolvendo a Administração Pública direta e indireta, ainda não se têm elementos suficientes para a comprovação do êxito ou não destes instrumentos. Todavia, é inegável que o Brasil, no plano formal, segue o mesmo caminho dos outros Estados no contexto da globalização ao desjudicializar os conflitos.

O princípio da sustentabilidade é um valor universal que informa as contratações públicas de todos os Estados que têm preocupação não só com o meio ambiente, mas também as demais sustentabilidades, destacando–se a social e a econômica. A sustentabilidade é um importante princípio mediador nas relações jurídicas de contratação pública. Por isso, na sequência, far–se–ão considerações sobre a contratação pública e a sustentabilidade na perspectiva constitucional.

---

24 *Idem*, p. 66

25 SILVA, Alice Rocha da; SANTOS, Ruth Maria Pereira dos. A influência do Direito Administrativo Global no processo brasileiro de Contratação Pública à luz do Princípio da Transparência. Rev. Brasileira de Políticas Públicas (Online), Brasília, v. 6, nº 2, 2016 p. 65, p. 67.

26 AUBY, Jean-Bernard. *La globalización, el derecho y el Estado*. Sevilla-ES-Global Law Press-Editorial Derecho Global, 2012, p.85.

3. Asustentabilidade na perspectiva da Constituição Federal brasileira

Antes da Constituição de 1988 já havia alguma preocupação com a proteção ambiental, que se refletia em algumas leis esparsas como o Código Florestal de 1965, os Códigos de Caça, de Pesca e de Mineração, todos de1967, e a Lei da Ação Civil Pública de 1985. Todavia, o período era caracterizado como pró–desenvolvimentista, estimulada pelo governo, ainda que velado, de "crescimento econômico a qualquer custo".[27]

É a partir da promulgação da atual Constituição que se aprofundou a preocupação com a proteção do meio ambiente, por meio de instrumentos formais e substancias, pela chamada "constitucionalização do direito ambiental", que se encontra albergada em inúmeros artigos da Constituição, ressaltando o artigo 225 que estabelece as diretrizes para a tutela geral do meio ambiente; o artigo 5.°, XXIII e 170, III, 182,§ 2.° e 186 que dispõem sobre a função social da propriedade; os artigos 21, XIX, 23, III, VI e VII, e 24, VI, VII e VIII) que dispõem sobre a divisão de competências, em matérias de proteção ambiental, entre a União, Estados, Distrito federal e Municípios; o artigo 176, VI que prevê a defesa do meio ambiente como um dos princípios informadores da ordem econômica e o artigo 216 que dispõe sobre o patrimônio cultural brasileiro.

Ressalta–se que o direito fundamental ao meio ambiente ecologicamente equilibrado, previsto no artigo 225, *caput*, é um direito fundamental de terceira dimensão, que tem por finalidade a proteção do direito fundamental à vida digna, previsto no artigo 1.°, III, da Constituição. Percebe–se que estamos diante de duas dignidades, a do meio ambiente e a da vida, que se relacionam como causa e efeito recíprocos, ou seja, sem um ambiente ecologicamente equilibrado (digno), não tem como materializar a vida (digna) da pessoa humana e o contrário também, sem uma vida digna a dignidade do meio ambiente fica prejudicada. Por isso,

> "O objeto de tutela jurídica não é tanto o meio ambiente considerado nos seus elementos constitutivos. O que o direito visa proteger é a qualidade do meio ambiente em função da qualidade de vida. Pode–se dizer que há dois objetos de tutela, no caso: um imediato, que é a qualidade do meio ambiente, e outro mediato, que é a saúde, o bem–estar e a segurança da população, que se vêm sintetizando na expressão qualidade de vida".[28]

Ademais, constituem objetivos fundamentais da República Federativa do Brasil a construção de uma sociedade livre, justa e solidária, a garantir o desenvolvimento nacional, a erradicação da pobreza e a marginalização e reduzir as desigualdades sociais e regionais e a promoção do bem de todos, sem preconceitos de origem, raça, sexo, cor, idade e quaisquer outras formas de discriminação.

Neste contexto, é possível reconhecer a sustentabilidade como um princípio constitucional que impõe, ao Estado e à sociedade, comportamentos éticos para o desenvolvimento que assegurem o bem–estar, material e imaterial, não apenas para as atuais geraçções, mas também para as futuras, o que afasta, de imediato, qualquer possibilidade de reconhecimento, como lícitas, ações – públicas ou privadas, que tendam a comprometer o meio ambiente para as futuras gerações.

---

27 DRUMMOND, J.; BARROS-PLATIAU, A. F. G. *Brazilian environmental laws and policies*, 1934-2002: a critical overview. Law and policy, n. 1, 2006, p. 84

28 BONAVIDES, P. Curso de direito constitucional. 14 ed. São Paulo: Malheiros, 2004, p. 54

Para Juarez Freitas[29], trata–se de um princípio que "vincula plenamente e se mostra inconciliável como o reiterado descumprimento da função socioambiental de bens e serviços" e propõe um conceito para o princípio da sustentabilidade como um princípio constitucional,

> "que determina, com eficácia direta e imediata, a responsabilidade do Estado e da sociedade pela concretização solidária do desenvolvimento material e imaterial, socialmente inclusivo, durável e equânime, ambientalmente limpo, inovador, ético e eficiente, no intuito de assegurar, preferencialmente de modo preventivo e precavido, no presente e no futuro, o direito ao bem–estar".[30]

O princípio da sustentabilidade tem, como pano de fundo, dois pilares constitucionais que são o meio ambiente digno e a dignidade da pessoa humana, numa relação de causa e efeito recíprocos, ou seja, a dignidade da pessoa humana depende da dignidade ambiental e a dignidade ambiental depende da dignidade humana e, neste contexto, a sustentabilidade é multidimensional, porque é "jurídico–política, ética, social, econômica e ambiental.[31]

Transcende, pois, a esfera ambiental, porque o meio ambiente é o espaço onde a vida acontece, o que leva a concluir que na perspectiva constitucional brasileira a sustentabilidade deve mediar todas as relações públicas e privadas, de sorte que a Instituição Estado seja sustentável como organização política e jurídica na perspectiva futura; que a atuação do Estado e as relações entre os sujeitos no âmbito da sociedade sejam orientadas por valores éticos que assegurem a sustentabilidade institucional e social; que a dignidade da pessoa humana seja um valor universal, concretizada por meio de políticas públicas que não comprometam as futuras gerações; que a economia se balize por parâmetros que levem em consideração o equilíbrio entre os custos e benefícios, que veda o desperdício e que a eficiência seja condicionada pela eficácia.

Assim, é possível afirmar que o princípio da sustentabilidade é um valor constitucional,[32] que baliza todo ordenamento jurídico de forma sistêmica, "por ser necessária para a continuidade e progresso da sociedade em termos humanitários"[33] por isso "intenta o desenvolvimento continuado e durável, socialmente redutor de iniquidades, voltado para presentes e futuras gerações, sem endossar o crescimento econômico irracional, aético, cruel e mefistofélico"[34]

---

29 FREITAS, Juarez. *Sustentabilidade*: direito ao futuro, 3.ª ed. Belo Horizonte: Editora Fórum, 2016, p. 41.

30 *Idem*, p. 42.

31 *Idem*, p. 53

32 FREITAS, Juarez. *Sustentabilidade*: direito ao futuro, 3.ª ed. Belo Horizonte: Editora Fórum, 2016 p.118

33 COELHO, Saulo de Oliveira Pinto e ARAÚJO, André Fabiano Guimarães de. A sustentabilidade como princípio constitucional sistêmico e sua relevância na efetivação interdisciplinar da ordem constitucional econômica e social: para além do ambientalismo e do desenvolvimentismo, disponível em: http://www.seer.ufu.br/index.php/revistafadir/article/view/18499 acessado em 28 de março de 2017.

34 FREITAS, Juarez. *Sustentabilidade*: direito ao futuro, 3.ª ed. Belo Horizonte: Editora Fórum, 2016, p. 118

4. Promoção do desenvolvimento nacional sustentável no âmbito das contratações públicas no Brasil

Nos objetivos fundamentais, a Constituição brasileira indica que o Estado brasileiro tem sob sua responsabilidade a construção de uma sociedade livre, justa e solidária, por meio do desenvolvimento nacional (sustentável), com a finalidade de erradicar a pobreza e a marginalização, assim como reduzir as desigualdades sociais e regionais, promovendo o bem de todos, sem preconceitos de origem, raça, sexo, cor, idade e quaisquer outras formas de discriminação.

A ordem econômica é fundada na valorização do trabalho humano e na livre iniciativa e tem por fim assegurar a todos existência digna, conforme os ditames da justiça social, orientada, dentre outros, pelos princípios da função social da propriedade e defesa do meio ambiente, inclusive mediante tratamento diferenciado conforme o impacto ambiental dos produtos e serviços e de seus processos de elaboração e prestação.

É assegurado a todos o direito ao meio ambiente ecologicamente equilibrado, bem de uso comum do povo e essencial à sadia qualidade de vida, impondo–se ao Poder Público e à coletividade o dever de defendê–lo e preservá–lo para as presentes e futuras gerações e, além disso, o exercício da Administração Pública deve observar os princípios da legalidade, impessoalidade, moralidade, publicidade e eficiência.

Em apertada síntese, estes são alguns dos fundamentos do desenvolvimento nacional sustentável, a partir dos quais é possível afirmar que desenvolvimento nacional sustentável afasta, por incompatibilidade, a noção de desenvolvimento com crescimento econômico e "não pode prescindir de fomentar avanços sociais, como garantir o acesso mínimo a bens e serviços essenciais e possibilitar às pessoas o desenvolvi mento de suas capacidades e a busca de seus objetivos".[35]

Nesta perspectiva, as contratações públicas não podem permanecer atreladas à noção de crescimento econômico como sinônimo de desenvolvimento, mas incorporar o valor constitucional sustentabilidade multidimensional que compreende as sustentabilidades jurídico–política, ética, social, econômica e ambiental. A sustentabilidade jurídica está diretamente relacionada ao exercício sustentável da política, porque o ordenamento jurídico é fruto do exercício da política e se essa não for sustentável, a possibilidade de a ordem jurídica carecer de sustentabilidade é real.

O princípio da sustentabilidade, na sua dimensão político–jurídica, "ecoa no sentido de que a sustentabilidade determina, com eficácia direta e imediata, independentemente de regulamentação, a tutela jurídica do direito ao futuro"[36], ou seja, todas as decisões políticas são necessariamente condicionadas pela "intertemporalidade dos direitos e deveres fundamentais das gerações presentes e futuras, sempre que viável diretamente"[37].

Quando os governos não possuem sustentabilidade orgânica abre–se o caminho para a corrupção, porque a sustentabilidade governamental passa a ser artificial e ela tem um

---

35 EMERY, Emerson Baldotto. *Desenvolvimento sustentável*: princípio da eficiência em procedimentos licitatórios. Belo Horizonte: Fórum, 2016, p. 66.

36 FREITAS, Juarez. *Sustentabilidade*: direito ao futuro, 3.ª ed. Belo Horizonte: Editora Fórum, 2016, p.72

37 *Idem*, p.72

"custo" que pode repercutir nas contratações públicas na forma de corrupção, atendendo a interesses espúrios em detrimento das atuais e futuras gerações.

A dimensão ética da sustentabilidade implica o dever ético indeclinável de "agir de modo tal que possa ser universalizada a produção do bem–estar duradouro, no íntimo e na interação com a natureza"[38], por isso as contratações públicas devem visar à dignidade da pessoa humana de forma duradoura, sem impor encargos insustentáveis às futuras gerações.

Entende–se também que, no contexto da dimensão ética da sustentabilidade, todas as contratações públicas devem estar em sintonia com a moralidade pública, cujo valor condiciona os meios e os fins, de sorte que nenhuma contratação apresente desvios com os comandos e valores constitucionais. A não observância da moralidade nas contratações públicas não compromete apenas as gerações atuais, mas as futuras também.

A sustentabilidade na dimensão social se caracteriza pela sustentabilidade dos direitos sociais, notadamente os de segunda dimensão, que apresenta instrumentos formais e substanciais para dignificar a vida humana numa perspectiva intergeracional. Neste sentido, as contratações públicas não podem comprometer o bem–estar das presentes e futuras gerações.

O ambiente limpo é um direito das gerações atuais e não deve ser comprometido para as gerações futuras.[39] Partindo desta premissa, a sustentabilidade na dimensão ambiental tem como suporte a vida digna no meio ambiente digno, afastando de pronto qualquer retrocesso ambiental porque "se uma lei, ao regular um mandamento constitucional, instituir determinado direito, ele se incorpora ao patrimônio jurídico da cidadania e não pode ser absolutamente suprimido"[40], ou seja, está–se diante do princípio da vedação ao retrocesso ambiental.

Nesta perspectiva, as políticas públicas de contratação não podem albergar qualquer possibilidade que ofenda o princípio da sustentabilidade na dimensão ambiental, o que requer a observância do conjunto de regras e princípios que protegem o meio ambiente, além dos objetivos fundamentais previstos na Constituição que impõem à Administração Pública atuação em conformidade com a Lei e o Direito.

E, por fim, a sustentabilidade na dimensão econômica tem como ponto nuclear a adequação entre custos e benefícios dos empreendimentos públicos e privados na perspectiva econômica, de sorte que a sustentabilidade "lide adequadamente com custos e benefícios, diretos e indiretos, assim como o 'trade–off' entre eficiência e equidade entra e intergeracional", além do combate ao desperdício e que a regulação do mercado permita "que a eficiência guarde real subordinação à eficácia"[41]

Nesta perspectiva, toda contratação pública, para ser sustentável, deve levar em consideração os parâmetros econômicos orientados para o equilíbrio entre custos e benefícios, o combate ao desperdício e que a eficiência exigida não se sobreponha à eficácia protetiva do meio ambiente ecologicamente equilibrado.

---

38 *Idem*, p. 65.

39 FREITAS, Juarez. *Sustentabilidade*: direito ao futuro, 3.ª ed. Belo Horizonte: Editora Fórum, 2016, p.68

40 BARROSO, Luiz Roberto. *O direito constitucional e a efetividade de suas normas*: limites e possibilidades na Constituição Brasileira, 8.ª ed. Rio de Janeiro: Renovar, 2006, p.152.

41 FREITAS, Juarez. *Sustentabilidade*: direito ao futuro, 3.ª ed. Belo Horizonte: Editora Fórum, 2016, p.68

CONCLUSÕES

Propôs–se a fazer uma investigação acerca da contratação pública na perspectiva do princípio do desenvolvimento nacional sustentável, com a finalidade de apurar se a promoção do desenvolvimento nacional sustentável, no âmbito das contratações públicas no Brasil, fica restrita à sustentabilidade ambiental ou se alcança, também, as sustentabilidades econômica, social e ética.

Os contratos firmados pela Administração Pública no Brasil podem estar sujeitos ao regime jurídico de direito privado e de direito público. Nos contratos de direito privado, as prerrogativas da Administração Pública não alcançam a mesma potência dos contratos de direito público, que se caracterizam justamente pela desigualdade jurídica em face do conjunto de prerrogativas em favor da Administração Pública.

As licitações públicas têm por objetivo a garantia da observância do princípio constitucional da isonomia, a seleção da proposta mais vantajosa para a administração e a promoção do desenvolvimento nacional sustentável, ressalvando a existência de outras normas finalísticas expressas ou implícitas no texto legal, como, por exemplo, a competitividade, porque sem ela não existe a possibilidade de licitação, assim como eficácia e eficiência, porque as licitações e contratações têm que ser eficazes e eficientes.

Toda contratação pública, independentemente do regime jurídico, deve estar em sintonia com os princípios fundamentais, os objetivos fundamentais, direitos fundamentais em todas as suas dimensões, além do conjunto de princípios setoriais que orientam os processos licitatórios e os contratos.

Fazendo–se o cotejamento entre os princípios gerais que informam a contratação pública no Brasil e os princípios que informam a contratação na perspectiva do Direito Administrativo Global, conclui–se que a sintonia entre os dois está no plano formal, deixando a desejar no plano substancial.

O princípio da sustentabilidade tem, como pano de fundo, dois pilares constitucionais que são o meio ambiente digno e a dignidade da pessoa humana, numa relação de causa e efeito recíprocos, ou seja, a dignidade da pessoa humana depende da dignidade ambiental e a dignidade ambiental depende da dignidade humana e, neste contexto, a sustentabilidade é multidimensional, porque é jurídico–política, ética, social, econômica e ambiental e, por consequência, sistêmico e vinculante para toda a contratação pública.

E por fim, na perspectiva do princípio da promoção do desenvolvimento nacional sustentável no âmbito das contratações públicas no Brasil, é possível afirmar que, em face da sua pluridimensionalidade, a sustentabilidade no âmbito da contratação pública não fica adstrita à ambiental, mas também se estende para a sustentabilidade jurídico–política, ética, social e econômica.

BIBLIOGRAFÍA

AUBY, Jean–Bernard. *La globalización, el derecho y el Estado.* Sevilla–ES–Global Law Press–Editorial Derecho Global, 2012.

BARROSO, Luiz Roberto. *O direito constitucional e a efetividade de suas normas*: limites e possibilidades na Constituição Brasileira, 8.ª ed. Rio de Janeiro: Renovar, 2006.

BONAVIDES, P. Curso de direito constitucional. 14 ed. São Paulo: Malheiros, 2004.

CASSESE, Sabino. El Derecho Global: justicia y democracia más allá del Estado, Sevilla–ES: Global Law Press–Editorial Derecho Global, 2010.

EMERY, Emerson Baldotto. *Desenvolvimento sustentável*: princípio da eficiência em procedimentos licitatórios. Belo Horizonte: Fórum, 2016.

FREITAS, Juarez. *Sustentabilidade*: direito ao futuro, 3.ª ed. Belo Horizonte: Editora Fórum, 2016.

GIL, José Luis Meilán. *Una aproximación al derecho administrativo global*. Sevilla–ES–Global Law Press–Editorial Derecho Global, 2011.

JINESTA LOBO, Ernesto. Derecho internacional de las contrataciones administrativas. –1ª. ed.– San José, C.R.: Guayacán, 2011, p.17

JUSTEN FILHO, Marçal. *Comentários à lei de licitações e contratos administrativos*, 17ª edição, revista, atualizada e ampliada, São Paulo: Editora Revista dos Tribunais, 2016.

RODRIGUES, Carlos Sérgio Madureira. *Entre contratação pública ecológica e a contratação pública sustentável* – compreender o presente, transpor o futuro. Coimbra: Universidade de Coimbra, 2014.

SILVA, Alice Rocha da; SANTOS, Ruth Maria Pereira dos. A influência do Direito Administrativo Global no processo brasileiro de Contratação Pública à luz do Princípio da Transparência. Rev. Brasileira de Políticas Públicas (Online), Brasília, v. 6, nº 2, 2016.

25 LA FACULTAD DE RESCISIÓN DEL CONTRATO ADMINISTRATIVO POR PÉRDIDA DE CONFIANZA

Ismael Farrando
Argentina

1. Introducción. Agradecimientos

Una vez más he sido invitado a la antigua y noble ciudad de Santo Domingo, República Dominicana, a compartir con dilectos amigos y enjundiosos juristas, este XVI Foro Iberoamericano de Derecho Administrativo dedicado al importante temario que versará sobre las *"Bases y retos de la contratación pública en el escenario global"*.

No quiero dejar de agradecer preliminarmente a nuestros apreciados Presidente y Secretario del FIDA, respectivamente, Profs. Jaime Rodríguez Arana–Muñoz y Carlos Delpiazzo; como así también a los organizadores de tan magno evento, en la persona del amigo Olivo Rodríguez, como igualmente a la fundación FINJUS y a al Dr. Servio Tulio Castaños Guzmán.

Felicitaciones a todos ellos por el loable esfuerzo puesto de manifiesto en la organización académica y logística de este nuevo FORO IBEROAMERICANO de DERECHO ADMINISTRATIVO, que tanto nos enorgullece a todos!.

2. Presentación de la hipótesis: es válida la rescisión de un contrato administrativo por pérdida de confianza en la otra parte que ha violado la buena fe contractual [1].

Como primera cuestión, formulamos como hipótesis de esta ponencia, la procedencia de la rescisión de un contrato administrativo, y la posibilidad de entablar las eventuales reparaciones por los daños que se causen, basada en la *perdida de confianza de una parte respecto de la otra que ha violado la buena fe contractual.*

Desde nuestra óptica sostenemos que esa hipótesis es válida, ya que la contratación administrativa se basa en un principio cardinal, que es luz para muchos otros principios, que *es el principio de buena fe.* Decimos que es "luz" porque los principios iluminan a

---

1 La presente ponencia actualiza, y pone al día, un comentario a fallo anterior del autor, sobre el precedente jurisprudencial: *"Actuar Agrupación Consultores Técnicos Universitarios Argentinos S.A. y Otros c/ Agua y Energía Eléctrica Sociedad del Estado s/ Contrato Administrativo"*, de la CSJN Argentina (18/07/02, - A. 308.XXXVI), publicado en el Suplemento de Derecho Administrativo – Coordinador: Carlos Botassi, Bs. As., 28 de mayo de 2003 (JA 2003-II).

los derechos de las partes, e importan categorías jurídicas superiores a los que los contratantes deben ceñirse, y ejercer sus derechos y obligaciones recíprocos enmarcados en esos principios.

La buena fe es un principio que es inherente en sí mismo al contrato administrativo, lo constituye desde sus raíces, en la medida que aquí estamos en presencia de intereses públicos que sólo se justifican por el Bien Común que está en juego en el actuar del Estado, que se constituye, nada más y nada menos, en la causa final de aquél. *No se podría construir ese Bien Común sino a partir de la buena fe.*

Por ende sostenemos que, si alguna de las partes rompe esa condición esencial, ya sea, para que el contrato se conforme o constituya luego de un procedimiento de selección –o según los casos de excepción en forma directa–, o continúe en el tiempo o se agote en su objeto, *la buena fue debe estar presente en todo este tiempo y derrotero hasta la consumación final del contrato*. Si en algún estadio del mismo ese principio es roto por alguna de ellas, la otra podrá alegar la falta de ese elemento esencial para la continuación del contrato y proceder a su rescisión por haberse violado un límite insuperable: *la buena fe.*

Y hay casos, como veremos más adelante que la violación de ese principio de buena fe, por una parte, hace que la otra le pierda confianza; y en este caso ese hecho de pérdida de confianza se convierte en sí mismo como causal de rescisión. Por cierto que deberá estar suficientemente fundada y que existan antecedentes indubitables que le hayan hecho perder esta confianza, elemento que es esencial en la vida contractual.

El principio de la buena fe, desde su inicio, se encumbra como una fuerte directriz y fue principio mayor en la reforma del Código Civil y Comercial de la Nación. Desde el comienzo, el art. 9 del CCCN establece que: "*Los derechos deben ser ejercidos de buena fe*".

Desde la óptica del contrato administrativo, por nuestra parte también agregamos, que las obligaciones y deberes contractuales deben ser cumplidos y llevados a cabo de buena fe.

El principio de *buena fe* ha sido reafirmado por el nuevo Código Civil y Comercial de la Nación, además de su Art. 9 liminar, en varias partes de su articulado; deteniéndonos ahora en la norma del Art. 961 referido a los contratos, donde se señala que éstos *no solo obligan a lo que está formalmente expresado en el contrato*, "*sino a todas las consecuencias que puedan considerarse comprendidas en ellos, con los alcances en que razonablemente se habrían obligado un contratante cuidadoso y previsor*".

Dicen Herrera, Camelo y Picasso que "...el principio de buena fe es medular en el derecho privado. Se exige en el actuar y la sujeción a él se presume en tanto no se demuestre lo contrario. Se lo considera un factor de moralización de las relaciones intersubjetivas. La norma constituye una aplicación específica del principio general sistémico de buena fe, enunciado en el Art. 9° CCCN, que actúa como directriz para establecer los alcances del principio de obligatoriedad; establece cuáles son los alcances de las obligaciones asumidas por los contratantes, más allá del enunciado expreso de las estipulaciones del contrato que las vincula. La buena fe es fuente de deberes secundarios de conducta que se agregan a los deberes primarios propios de cada contrato; es fuente de interpretación, regla de integración, límite al ejercicio de los derechos y puede operar también como eximente de responsabilidad [2].

> "La buena fe tiene gravitación en todas las etapas de la contratación. Ella se exige tanto en la etapa de negociaciones previas a la concreción de un contrato (art. 991 CCCN) como en el momento de su celebración, en su etapa funcional o de ejecución y hasta en la post–contractual, cuando las partes se restituyen bienes empleados en la ejecución del contrato concluido. El de buena fe es, asimismo, el criterio rector que guía la interpretación de las disposiciones contractuales (Art. 1061 CCCN). La considerada es la *"buena fe–confianza" o "buena fe–lealtad"*, que debe ser evaluada según un estándar objetivo medio, el de *"un contratante cuidadoso y previsor"*, categoría cuyo molde habrá de ser llenado en cada caso concreto, según sus circunstancias." [3]

Y si este principio se considera cardinal en el derecho privado, en el Derecho Público lo es más! Ello, por los fines tuitivos y generales del actuar del Estado y por los intereses públicos en juego que siempre están comprometidos –o debieran estarlo sin excepciones– en todo obrar o actuación estatal.

El cumplimiento del principio de buena fe genera obligaciones recíprocas entre ambas partes del contrato administrativo.

> "...Quien actúa con buena fe debe, por ejemplo, mantener informada a la otra parte sobre las circunstancias que puedan incidir en el cumplimiento de las obligaciones a cargo de cada una de las contratantes, aun cuando ello no hubiera sido expresamente enunciado en el contrato que los vincula; debe custodiar los bienes que la otra parte deja en su esfera de control, en razón de la ejecución del contrato; debe trasladar a la otra parte la información que pueda incidir en el cumplimiento de las obligaciones a cargo de cada una de las contratantes, etc. Existe un deber básico de colaboración y de prevención entre las partes. Es que la buena fe determina que un conjunto de conductas deba considerarse obligación accesoria o deber secundario de conducta, implícito en las relaciones jurídicas de fuente contractual; como ocurre con la información que las partes deben trasladarse entre sí o la seguridad que un proveedor debe proporcionar a un usuario o adquirente de sus productos" [4].

La buena fe implica un deber de coherencia del comportamiento, que consiste en la necesidad de observar en el futuro la conducta que los actos anteriores hacían prever, regla que gobierna tanto el ejercicio de los derechos como la ejecución de los contratos [5].

Sobre este esencial principio de la contratación, Herrera, Caramelo y Picasso también expresan que: "...la buena fe exige hablar claro, no ocultar información necesaria para la deliberación y requerir también la información que se considere necesaria para el propio discernimiento. También la buena fe puede exigir, dadas las circunstancias, el no hablar,

---

2 Marisa Herrera - Gustavo Caramelo - Sebastián Picasso, Directores, *"Código Civil y Comercial de la Nación Comentado"*, Tomo III, Libro Tercero, Artículos 724 a 1250, SAIJ en http://www.saij.gob.ar/docs-f/codigo-comentado/CCyC_TOMO_3_FINAL_completo_digital.pdf

3 Marisa Herrera - Gustavo Caramelo - Sebastián Picasso, Directores, "Código Civil y Comercial de la Nación Comentado", Tomo III, Libro Tercero, Artículos 724 a 1250, *Ibídem.*

4 *Ibídem.*

5 CSJN, *"Produmet S.A. c/ Sociedad Mixta Siderurgia Argentina s/ Cumplimiento de contrato"*, 19/10/2000, Fallos: 323:3035.

el guardar silencio y sujetarse al deber de confidencialidad establecido en el Art. 992 CCyC [6].

Es evidente, por último, que *la violación de la buena fe es un factor generador de responsabilidad.* Y en el caso de los contratos administrativos que estamos viendo, como se afecta las denominadas "*buena fe confianza*" o "*buena fe lealtad*", autoriza en derecho a la otra parte a la rescisión contractual.

Bien se ha dicho que "...la buena fe genera confianza y la defraudación de la confianza constituye un factor apto para generar responsabilidad. La doctrina de la apariencia, la fuerza jurígena de los usos y la interpretación conforme a la buena fe–lealtad son hoy principios vertebrales del derecho común. La existencia o ausencia de buena fe debe ser evaluada frente a las circunstancias de cada acto en concreto. Cada uno de los contratantes debe actuar de modo tal de no defraudar la confianza en él depositada por el otro" [7].

3. Antecedentes y fundamentación jurisprudencial. El quebrantamiento de la buena fe y la pérdida de confianza:

El *principio de "buena fe" es esencial en la contratación administrativa,* y así lo ha reiterado nuestro Máximo Tribunal en el fallo *"Astarsa S.A."* [8] ya que el punto central del fundamento la sentencia de la Corte en ese fallo (que confirmó los pronunciamientos de primera y segunda instancia), está basada en el *incumplimiento del principio de la "buena fe contractual".*

En efecto, la Corte Suprema de Argentina en ese precedente señala, en lo medular, que un emplazamiento a firmar un "acta acuerdo" en un plazo perentorio de 24 horas y bajo apercibimiento de considerar retirada la oferta, *es contrario al deber de buena fe al amparo del cual deben celebrarse los contratos administrativos* (Fallos: 311:971; 314;491 y 315: 158).

Por nuestra parte pensamos que es muy loable el fundamento dado por la Corte Suprema para confirmar las sentencias anteriores, y ponderamos en su oportunidad dicho fallo [9]. Hay una buena –y noble– dosis de "moralidad" que se advierte en la Corte Suprema argentina al fundamentar el fallo en un "*principio general del derecho*" [10] *como lo es* la *buena fe contractual.*

---

6 Marisa Herrera - Gustavo Caramelo - Sebastián Picasso, Directores, *"Código Civil y Comercial de la Nación Comentado"*, en http://www.saij.gob.ar/docs-f/codigo-comentado/CCyC_TOMO_3_FINAL_completo_digital.pdf.

7 Gustavo Caramelo, en Marisa Herrera, Gustavo Caramelo y Sebastián Picasso, Directores, *"Código Civil y Comercial de la Nación Comentado"*, en http://www.saij.gob.ar/docs-f/codigo-comentado/CCyC_TOMO_3_FINAL_completo_digital.pdf.

8 CSJN, *"Astarsa S.A."*, del 05/09/06, en "Jurisprudencia Argentina", Bs. As., Lexis Nexis, Suplemento de Derecho Administrativo, Coordinador: Carlos Botassi, Marzo de 2007, con comentario de Ismael Farrando: *"La buena fe como principio de la contratación administrativa"*.

9 Ver nota anterior.

10 Puede ampliarse sobre el particular en CASSAGNE, Juan Carlos, *Los principios generales del derecho en el Derecho Administrativo,* Bs. As., Abeledo – Perrot, 1988, ps. 47 y s.s.

En trabajos publicados con anterioridad *hemos propiciado la estricta aplicación del principio de "moralidad" al procedimiento licitat*orio [11] haciendo notar como "fortaleza" de la licitación pública, la renovada postura sostenida por la jurisprudencia en la aplicación de estrictos principios morales en los procesos licitatorios, declarando nulos procedimientos donde no se haya cumplido estrictamente con aquéllos; v.gr., los casos de "coimas" detectadas en funcionarios públicos [12], que es el caso que motivó esta ponencia, sentencia por la cuál, como lo hemos anticipado, la Corte Suprema *confirmó una rescisión contractual por motivos de inmoralidad.* Todo ello porque *la ética* [13], *es en definitiva, un principio mayor que debe envolver a todo procedimiento de selección.*

Podemos agregar que en Brasil, BANDEIRA de MELLO ya había expresado su opinión en sentido similar, señalando que los *"cánones de lealtad y buena fe"* se incluyen en el ámbito de la "moralidad administrativa" [14].

Nuestra Corte Suprema había dicho ya en el caso *"Necon S.A. c/ D.N.V"* (R.E.D. 26–201) que *los contratos deben celebrarse, interpretarse y ejecutarse de buena fe y de acuerdo con lo que verosímilmente las partes entendieron o pudieron entender, obrando*

---

11 FARRANDO, Ismael, *La licitación pública en su estado actual,* en Farlei Martins Riccio de Oliveira, Coordinador y Co-autor, *Direito Administrativo Brasil – Argentina,* "Estudos em homenagem al Prof. Agustín, *cit*, p. 474.

12 *"Actuar Agrupación Consultores Técnicos Universitarios Argentinos S.A. y Otros c/ Agua y Energía Eléctrica Sociedad del Estado s/ Contrato Administrativo"*, CS, (18/07/02; A. 308.XXXVI), con nota de Ismael FARRANDO (h.), *Rescisión del contrato administrativo por pérdida de confianza*, en Jurisprudencia Argentina, Lexis Nexis, Suplemento de Derecho Administrativo, 28/05/2003 (J.A. 2003-II), p. 61.

13 MARIENHOFF había dicho que "... la *moral* debe es otro elemento que ha de considerarse esencial en el acto administrativo" y que: "...dada la transcendencia que en todo orden debe reconocerse a la moral en la expresión y desarrollo de las relaciones humanas, respecto al acto administrativo se hace indispensable erigirla en elemento *"autónomo"* o *"específico"* del mismo" *Cfr.* MARIENHOFF, Miguel S., *Tratado de Derecho Administrativo,* T° II, Bs. As., Abeledo – Perrot, 1975, ps. 345/346, N° 415. Nosotros hemos adherido a esa tesitura señalando que: "... La exigencia de la CICC de combatir toda forma de corrupción; la decisión de combatir todos los actos de corrupción en el ejercicio de las funciones públicas; la instauración de normas éticas que rijan estas actividades; la advertencia de la necesidad de contar con órganos de control superior, con el fin de desarrollar mecanismos modernos para prevenir, detectar, sancionar y erradicar las prácticas corruptas; como la previsión específica del Art. VI, 2 de la CICC en cuanto a que también se aplicarán sus preceptos "...en relación con cualquier otro acto de corrupción no contemplado en ella...", nos convencen que, armónicamente con estos preceptos de jerarquía internacional (tratado internacional) en el mismo basamento del inc. f) del art. 7° del Dto. ley 19.549, se encuentra normativizado *el elemento de la "moral" como requisito esencial del acto administrativo".* Cfr: FARRANDO, Ismael, *Teoría sobre los elementos, vicios y nulidades del acto administrativo,* en "El procedimiento administrativo en la Argentina", en *Estudios de Derecho Administrativo IX,* Instituto de Estudios de Derecho Administrativo (IEDA), Mendoza, Ed. Diké, 2003, ps. 260/61.

14 BANDEIRA DE MELLO, Celso Antonio, *Curso de Derecho Administrativo,* Primera Edición en español, traducción del portugués por Valeria Esfefanía LABRAÑA PARRA, México, Ed. Porrúa y Universidad Nacional Autónoma de México, 2006, p.84, N° 10. Amplía señalando que: *"Según los cánones de lealtad y de buena fe, la Administración habrá de proceder en relación con los administrados con sinceridad y llaneza, estándole prohibido cualquier comportamiento astuto, contaminado de malicia, producido de manera que confunda, dificulte o minimice el ejercicio de derechos por parte de los ciudadanos". (Ibídem).*

con cuidado y previsión, principios aplicables al ámbito de los contratos administrativos" [15].

Ahora bien, nos interesa precisar el concepto y alcance del principio de *"buena fe*, para lo cuál, con GONZALEZ PÉREZ decimos que *"...comporta la necesidad de una conducta leal, honesta, aquella conducta que, según la estimación de la gente, puede esperarse de una persona"* [16].

Por otra parte debemos también destacar que, al jugar este principio en las *"relaciones recíprocas"*, es decir, *"en la actitud de uno en relación con otro", significa que "este otro", según la estimación habitual de la gente, puede esperar determinada conducta del uno, o determinadas consecuencias de su conducta, o que no ha de tener otras distintas o perjudiciales"* [17].

Por último, se ha expresado –en lineamientos que compartimos plenamente [18]– que: *"...la buena fe significa confianza, seguridad y honorabilidad basadas en ella,* por lo que se refieren sobre todo al cumplimiento de la palabra dada; especialmente, la palabra fe, fidelidad, quiere decir que una de las partes se entrega confiadamente a la conducta leal de otra en el comportamiento de sus obligaciones, fiado en que ésta no lo engañará". (...) *La buena fe incorpora el valor ético de la confianza"* [19].

4. Los casos "Actuar" y "Astarsa" (CSJN). Análisis de los institutos jurídicos administrativos en juego que conllevan a una rescisión contractual en el Derecho Público

Debemos decir aquí que los fundamentos de la Cámara que precedió al fallo de la Corte Suprema en la causa *"Astarsa S.A."* citada en el parágrafo anterior, se centraron en el argumento principal referido *a que la administración había perdido la confianza en su contratista; que ya no existía credibilidad por su parte, que al estar en presencia de una relación de consultoría* [20] era evidente la calificación de *intuitu personae* [21] que

---

15 Ampliar en PEREZ HUALDE, Alejandro, en FARRANDO, Ismael - MARTINEZ, Patricia, Directores, *Manual ...*, ps. 282/83.

16 GONZÁLEZ PÉREZ, Jesús, *El principio general de la buena fe en el derecho administrativo,* Madrid, Ed. Civitas, 1983, ps. 42/43.

17 GONZÁLEZ PÉREZ, Jesús, *El principio general de la buena fe...*, p. 44, con cita de LACRUZ, *Elementos de Derecho Civil*, Madrid, 1974, T° I, p. 252 y *Manual de Derecho Civil,* Barcelona, 1979, p. 135.

18 Pueden verse también nuestro aporte en FARRANDO, Ismael, *Procesos de selección del contratista. "Burocracia y formalismo vs. transparencia y moralidad pública"*, en *Temas de Derecho Administrativo,* T° III, Foro de Abogados de San Juan, Instituto de Derecho Administrativo, San Juan 1999, p. 38 y s.s.

19 GONZÁLEZ PÉREZ, Jesús, *El principio general de la buena fe...*, p. 45. Sobre rescisión contractual *"por pérdida de confianza"* puede ampliarse en FARRANDO (h.) Ismael, *Rescisión del contrato administrativo por pérdida de confianza*, en Jurisprudencia Argentina, Lexis Nexis, Suplemento de Derecho Administrativo, 28/05/2003 (J.A. 2003-II), p. 61.

20 Regida por la ley 22.460. Puede ampliase en Cesare Vacca y Arnoldo Kleidermacher, *Contrato de Consultoría,* Bs. As., Ediciones Interoceánicas, Colección "Derecho Económico", 1991, p. 19 y s.s. Los autores se refieren a los antecedentes de la definición en la Guía de la UNCTAD (ONU) respecto del contrato de *consulting engineering*, y a la dada por el art. 2°, inc. 1° de la ley como "...toda prestación de servicios profesionales, científicos y técnicos de nivel universitario, cumplidos bajo la forma de locación de obra intelectual o de servicios y realizada por firmas consultoras o consultores."

21 Se puede ampliar sobre este característica en el contrato administrativo en Daniel Gómez Sanchis, *Contratos Administrativos: Versión clásica – Parte II*, en Ismael Farrando —Director—, *Contratos Administrativos,* Lexis Nexis – Abeledo Perrot, 2002, Cap. XIV, p. 431 y s.s.

poseía el contrato y que la transparencia [22] era una condición esencial de validez del contrato, que debía reflejarse en la celebración y ejecución [23] del mismo.

La Cámara ponderó especialmente que, el contrato de consultoría, por la especial relación que importa, y por su significación teleológica (aceptar los consejos y propuestas del consultor) era un contrato *intuitu personae* [24] donde la confianza era esencial. Habiendo *"perdida de confianza"*, (tipificada por el hecho que en la causa penal se había acreditado que el inspector de la obra había recibido sumas de dinero de la contratista por un importe equivalente al 1,5% del adelanto recibido de A. y E.) *se justificaba entonces el distracto administrativo.*

La Cámara Contencioso administrativa también fundamentó su postura para confirmar el rechazo de la acción con distintos basamentos: a) en el hecho de que, durante la relación contractual la administración y en ejercicio del principio de autotutela, podía tomar decisiones que gozaran de presunción de legitimidad y hacerlas ejecutorias; b) en que el art. 1103 del C.Civil [25] no era necesariamente aplicable al derecho administrativo [26]; c) en la potestad disciplinaría que se derivaría del art. 37 de la ley 22.140 respecto de sus agentes y que se equiparaba a un verdadero "poder disciplinario" en el ámbito de los contratos [27]; d) que los integrantes del consorcio sabían de los pagos ilegales realizados

22 Ampliar respecto de la "transparencia" en la contratación administrativa en Mónica Buj Montero, *La licitación pública: principios generales*, en Ismael Farrando —Director—, *Contratos Administrativos,* Lexis Nexis – Abeledo Perrot, 2002, Cap. III, p. 96 y s.s. ; en Alejandro Pérez Hualde, *El llamado a licitación,* en ob. cit., Cap. VII, ps. 276/278 (publicidad del llamado) y en Ismael Farrando (h.) y Mónica Buj Montero, *Conclusiones sobre la licitación pública,* ob. cit., Cap. XI, punto 3.d): "Implementación de adecuados mecanismos de control social que aseguren la transparencia de la contratación". Gordillo ha recalcado, permanentemente, la importancia de estos principios que consagra y protege la Convención Interamericana contra la corrupción. Ver Agustín Gordillo, *Tratado de Derecho Administrativo,* 5° ed., T° I, Bs. As., Fundación de Derecho Administrativo, 1998, Cap. XVI y T° III, 5° ed., 2000, Cap. IX, II, punto 11, y en su "Prólogo" a *Contratos Administrativos*, ob.cit., p. 11 y s.s., en especial, punto III.2 "Ética, corrupción, equidad, eficiencia, eficacia". *V.,* también la ley 26.097/2006 por la que se adopta la Convención de las Naciones Unidas contra la corrupción. Puede ampliarse en Antonio Argandoña, *"La Convención de las Naciones Unidas contra la corrupción y su impacto sobre las empresas internacionales",* en IESE, Universidad de Navarra, en http://www.iese.edu/research/pdfs/DI-0656.pdf.

23 Se puede ampliar en referencia a la "sanción rescisoria" en el contrato administrativo en Ismael Farrando (h.), *Sanciones contractuales*, en Ismael Farrando —Director—, *Contratos Administrativos,* Lexis Nexis – Abeledo Perrot, 2002, Cap. XXI, p. 581 y en cuanto a la extinción contractual "por fraude", en Hugo Marcelo Parrino, *Extinción – Parte II, ob. cit.,* Cap. XXV, p. 659 y s.s.

24 Señala Marienhoff que "...no es la idoneidad técnica o financiera del eventual cesionario o del subcontratista lo que se vincula al carácter *"intuitu personae"* del contrato, sino la simple estructura moral de éstos, ya que la administración debe contratar con personas buenas ya que de las malas poco puede esperarse, de ahí que la administración habiendo contratado con una persona determinada de antecedentes satisfactorios, dicha persona no pueda transferir su contrato sin la anuencia de la Administración, porque ésta tiene el indiscutible derecho de saber quien será su colaborador, y si los antecedentes personales de este, aconsejan o no a relacionarse con él", citado por Hugo Marcelo Parrino, en Ismael Farrando (h.) —Director—, *Contratos administrativos*, Cap. XXV, p. 664.

25 Hoy derogado y reemplazado por el nuevo texto del art. 1777 del CCCN.

26 La actora había alegado que en virtud del (ex) art. 1103 del C. Civil (que decía que "después de la absolución del acusado no se podrá tampoco alegar en el juicio civil la existencia del hecho principal sobre el cual hubiese recaído absolución") al haberse absuelto en sede penal a dos de los directores del consorcio (no al inspector de obra que fue condenado) no se podía alegar administrativamente la existencia del hecho que dio motivo a la rescisión contractual (pago de "coimas").

27 Por nuestra parte no compartimos este razonamiento, como lo exponemos en las reflexiones finales.

al inspector de obra [28]; e) que el comportamiento de los integrantes del consorcio resultaba suficiente para configurar la *"pérdida de confianza"* esgrimida por la Administración para extinguir el contrato; f) y que dicha pérdida de confianza no resultaba rebatida por el hecho que, posteriormente, la Secretaría de Energía hubiera contratado con una de las firmas integrantes del consorcio ni por la asociación de dicha firma con A. y E. para participar en un proyecto en un país extranjero (Costa Rica).

El posterior derrotero judicial llevó a la Corte Suprema argentina confirmara la sentencia de Cámara [29]. Así pues, quedó firme el rechazo de la demanda que había intentado anular la decisión administrativa declaratoria de la rescisión contractual por culpa del consorcio basándose en la *ruptura de la relación de confianza y buena fe entre las partes con la consecuente pérdida de la credibilidad.*

También quedó firme la decisión de rechazar la indemnización de daños y perjuicios solicitados por la actora "Actuar" y las otras consultoras asociadas, en cuanto a la pretensión que la Administración debía abonarles los rubros correspondientes a lucro cesante, daño moral, pérdida de chance y la restitución de ciertos vehículos comprados para uso del consorcio pero en atención a los trabajos contratados.

La decisión del máximo Tribunal también dejó firme el rechazo del agravio de la actora concerniente a la ejecución de la garantía contractual que pretendía la Administración frente al consorcio. Se impusieron las costas a la actora (art. 68 CPCCN).

La Corte desestimó que el acto administrativo de rescisión fuera ilegítimo.

En primer lugar –y con razón– la Corte mencionó que, concretamente, la causal se había previsto específicamente en los pliegos. En efecto, según el numeral 6.12.1, la Administración podría rescindir el contrato *por culpa de la contratista*, "cuando la consultora incurriere en dolo, fraude o grave negligencia o contraviniere las obligaciones y condiciones del contrato".

La Corte también utilizó la primera parte del art. 1198 del C. Civil [30] en cuanto a la "ejecución de buena fe" del contrato, calificándolo como *"principio cardinal"* (Cons. 10°) tanto del ordenamiento privado como *público.* Calificó que la conducta asumida por el consorcio era *impropia de un contratista del Estado* (Cons. 12°), haciendo especial referencia que la doctrina de los "actos propios" tiene una primordial base *ética* [31] (Cons. 15°).

---

28 La Corte resalta no obstante, en el Considerando 13), como también lo había señalado la Cámara en uno de sus votos, la *violencia moral* con la que se forzó la voluntad de los directivos y se venció su resistencia a la exigencia del pago por parte del inspector de obra.

29 La vía procesal utilizada –correctamente– por la actora para elevar sus agravios a la Corte fue el *recurso ordinario de apelación*, en virtud de estar dirigido contra una decisión definitiva en una causa en que la Nación es parte indirectamente y el valor cuestionado superaba el mínimo previsto por el art. 24 inc. 6°, ap. a) del decreto - ley 1285/58 modificado por ley 21.708 y reglamentado por la Acordada N° 1360/91 de la C.S.

30 Hoy remplazado por el nuevo Art. 961 y c.c. del CCCN. a los que nos hemos referido en el parágrafo anterior.

31 Sobre la vinculación de las contrataciones públicas con los principios éticos y democráticos puede verse nuestro trabajo: Ismael Farrando (h.), *Procesos de selección del contratista. Burocracia y formalismo vs. Transparencia y moralidad pública",* en Altamira Gigena, Julio Isidro, Bazán Víctor y Otros, *Temas de Derecho Administrativo*, T° III, Foro de Abogados de San Juan, Instituto de Derecho Administrativo, San Juan, 1999, p. 37 y s.s.

Por último, en cuanto a los argumentos relevantes para este análisis, la Corte descalificó la postura alegada por la actora en torno al art. 1103 [32] del C. Civil en la medida que deslindó la valoración que puede hacerse de la conducta en sede penal con la ponderación de la misma en otra órbita (en el caso: la órbita administrativa y las disposiciones de la ley de servicios de consultorías).

Varios son los institutos jurídico–administrativos que entran en juego en el estudio y decisión de este caso por parte de la Sala III de la Cam. Nac. Contenciosoadministrativo y, oportunamente, por la Corte que confirma su tesitura.

Examinaremos solo los más relevantes, a nuestro criterio, a saber:

La causal de *"falta de confianza"* ¿surge directamente –de "suyo"– de la ley 19.549 aplicable a los contratos administrativos? El hecho de que el inspector de obra haya exigido pagar una "coima" [33] a la contratista y la actitud de ésta de haberla abonado ¿operaba como causal de anulación o nulidad automática del contrato?

Respecto de la tipificación como vicio de "falta de confianza", advertimos que, así denominada, no existe como casual taxactiva de nulidad del acto administrativo en la ley nacional.

Ahora bien ¿existió "fraude" como vicio que legitimara la rescisión del contrato por parte de la administración? [34].

Era evidente que por lo menos "fraude" existía [35]. Si bien entendemos que este fraude no era relativo a "prestaciones materiales" motivo del contrato [36], habida cuenta de que, de las particulares características del contrato de consultoría, se había cometido

---

32 Hoy art. 1777 del CCCN.

33 Delito de *"concusión"*, según el art. 266 Código Penal. El inspector de obra fue condenado en el fuero criminal federal, tanto en primera como en segunda instancia.

34 Una de las causales expresas que invocó la Administración para rescindir el contrato (y que fue aceptada por la Corte para rechazar la demanda que tendía a revisar tal decisión) fue la tipificación del numeral 6.12.1. del Pliego General de Condiciones de A. y E. que hacía referencia al "dolo" o "fraude" por parte del consultor, y que permitía, configurada dicha causal, rescindir por "causales imputables al consorcio".

35 Respecto del "fraude " en el contrato de obra pública, véanse las interesantes premisas asentadas ya hace tiempo por Mó en su pionera obra sobre la materia, en atención al comentario del art. 50 inc. a) de la ley de Obras Públicas N° 13.064, que permite a la Administración rescindir el contrato "cuando el contratista se haga culpable de fraude o grave negligencia o contravenga las obligaciones y condiciones estipuladas en el contrato". *Cfr.* Fernando Mó, *Régimen legal de las obras públicas. Doctrina, Legislación. Jurisprudencia,* Bs. As., Depalma, 1966, PS. 322/323. También puede compararse el instituto en Osvaldo M. Bezzi, *El contrato de obra pública*, T° I, La Plata, Ed. LEX, 1977, Cap. XV, p. 3.

36 En lo referente a la "cantidad" o "calidad" del producto objeto de contratación. A diferencia con el contrato de obra pública, en este contrato se considera que existe fraude cuando: "... mediante ardid, se entrega una obra de menor calidad a la contratada, menor cantidad o recibiendo pagos indebidos..." *Cfr.* Hugo Marcelo Parrino, en *Contratos Administrativos*, *ob. cit.* p. 659; señalando como ejemplo este autor el caso de que alguna repartición nacional "... realizara un contrato de concesión de obra pública con una empresa privada y la obligación de ésta fuera la de construir una ruta con una capa asfáltica de un determinado grosor y se utiliza mucho menos material del contratado o de menos calidad; de esta manera el cocontratante ingresará indebidamente a su patrimonio la diferencia del valor..." (*ibídem*). Por su parte, Bezzi cita como ejemplos el empleo de materiales de mala calidad; hormigón armado con menos hierro que el indicado en el análisis de precios y en las liquidaciones presentadas; la construcción de vigas de apoyo de menor longitud que la requerida por el pliego por razones de seguridad del edificio, etc. *Cfr.* Osvaldo Bezzi, *El Contrato de obra pública,* T° I, *ob. cit.,* Cap. XV, p. 3.

"fraude" a la *confianza legítima* [37] depositada en todo consultor en la medida que, el "objeto" de la contratación de toda consultoría, es nada más y nada menos que un producto que importa "seguir el consejo" o las "recomendaciones" del consultor.

Además, existía una expresa previsión legal en la "ley del contrato" que era la ley 22.460 sobre Servicios de Consultoría, que en virtud de su art. 19 inc. b), permitía al contratante "...en cualquier momento la rescisión unilateral del contrato..." cuando la contratada *"...incurra en dolo, fraude o grave negligencia..."*. Este argumento fue hecho valer por la Corte en su Considerando 8°.

Hemos dicho con anterioridad que las *sanciones rescisorias* constituyen "... la *máxima sanción* que puede imponer la Administración a su co–contratante y consiste en la *extinción* del vínculo contractual por culpa del contratista. Le ocasiona consecuencias graves, ya que, pierde el contrato sin recibir ninguna indemnización, la sanción le importa un antecedente disvalioso para futuras contrataciones e importa también –en algunos casos– la obligación de indemnizar a la Administración" [38].

También señalamos en dicha oportunidad que, al ser la "máxima sanción" debía estar precedida de una "intimación previa" o "constitución en mora" [39] al igual que en las medidas coercitivas o sustitutivas, en la medida que "... *se debe tener la certeza efectiva de que no existe otro medio* para hacer cumplir las obligaciones estipuladas en el contrato..." [40]. *Evidentemente estimamos que el caso en análisis debe constituir una de las pocas excepciones a la regla de la "intimación previa", en la media que, la causal de "pérdida de confianza" se consuma instantáneamente.*

Es un hecho automático que produce el *"quiebre de la buena fe"* depositada en el consultor. El quiebre se produce "de suyo", en forma instantánea.

En el caso, ¿cuál sería la intimación pertinente? ¿A recomponer la confianza? *Es evidente que cuando la confianza se ha perdido es casi imposible recomponerla* mediante intimación alguna. Diríamos en lenguaje "eudemonista" parafraseando a Carlos Grecco [41], que en las relaciones humanas se puede quebrar la confianza depositada en otro sujeto por un hecho grave solamente, aunque haya existido confianza en muchos años. Aquí es legítimo presumir que, ante la gravedad del suceso, la confiabilidad y el respeto al otro sujeto se rompen o disminuyen instantáneamente. No hay que olvidar que el "objeto" del contrato descansaba en los *juicios o recomendaciones* del consultor.

Por ello, estimamos que el instituto fue legítimamente utilizado por la Administración como facultad rescisoria, en virtud de su especial previsión en los pliegos y en la ley que regía el contrato [42].

---

37 *Cfr.* Pedro Coviello, *La confianza legítima*, en El Derecho, T° 177, p. 894 y s.s.

38 Ismael Farrando (h.), *Sanciones Contractuales*, en *Contratos administrativos...*, Cap. XXI, p. 582.

39 Ismael Farrando (h.), *ibídem.*

40 Ismael Farrando (h.), *ibídem*, con cita de Susana Lorenzo de Viega Jaime, *Sanciones Contractuales*, en *Contratación Administrativa*, Montevideo, Fundación de Cultura Universitaria, 1989, p. 101.

41 Poder de policía "eudemonista" es la acepción utilizada por Grecco para simbolizar la tesis que acepta el poder de policía que "busca la felicidad". *Cfr.* Carlos Grecco, *Poder de Policía*, en "Actualidad en el Derecho Público", N° 12 – 2000, Bs. As., Ad Hoc, 2000, p. 72.

42 Es la tesis que hemos sostenido en *"Sanciones contractuales"*, Cap. XXI del *Contratos Administrativos, ob. cit*, p. 571, punto IV.

5. A modo de conclusión.

Ahora bien, no escapan a nuestro entender otras reflexiones que fluyen, también, de la meditación y análisis de los hechos y el derecho en torno de los casos "Actuar" y "Astarsa" (CSJN) a los que nos hemos referido en esta ponencia.

Por una parte advertimos que en el art. 14 de la ley 19.549, aplicable a los contratos administrativos, no existe taxativamente la casual de nulidad por "fraude" o "dolo recíproco". La causal está prevista, respecto del *dolo,* "en cuanto se tengan como existentes hechos o antecedentes inexistentes o falsos". Hutchinson enseña que el "alcance" que le otorga la norma, nos indica que el vicio está en la "causa" ("hechos o antecedentes que le sirvan de causa", art. 7 –Dto. – ley 19549–) [43]. Ahora bien, que esta hipótesis no se encuentre prevista expresamente en el art. 14, ¿importaría que el acto es solo anulable por el carácter residual que tiene el art. 15 del Dto. – ley 19.549?

Entendemos que no. Por una parte, en las excepciones a la estabilidad que consagra el art. 18 del Dto. – ley 19.549 se encuentra la causal tipificada para el caso que "...el administrado hubiera conocido el vicio...", conocida en doctrina como *connivencia dolosa*[44] que se patentiza en la conducta *carente de buena fe en el particular*[45] .

Por otra parte, coincidimos con Gordillo cuando señala que, "...al existir connivencia dolosa del funcionario y el administrado *el acto es nulo* y no anulable, pues la trascendencia del dolo es mucho mayor" [46]. Gordillo refuerza su tesis en considerar a dicho acto "nulo" –y no anulable– en base a la aplicación de la Convención Interamericana contra la Corrupción (CICC) [47] y la ley 26.097 [48], que adopta para la República Argentina a partir del año 2006 la Convención de las Naciones Unidas de Nueva York (2004) contra la Corrupción.

---

43 Tomás Hutchinson, *Régimen de procedimientos administrativos. Ley 19.549,* Bs. As., Astrea, 1992, p. 125.

44 Mónica Buj Montero, *El acto administrativo: caracteres,* en Ismael Farrando (h.) – Patricia R. Martínez, —Directores—, *Manual* ..., p. 245.

45 Mónica Buj Montero, *ibídem.* Puede ampliarse en el caso "Guarrochena, Crespo", también de la Sala III de la Cam. Nac. Fed. Contenciosoadministrativo, en La Ley, T° 1984-D-363.

46 Agustín Gordillo, *Tratado* ..., T° III, 5° ed, *ob. cit.,* Cap. IX, p. 50. Señala el autor que esta postura es compartida por Cassagne (IX-51, nota 11.12). Puede ampliarse también en el excelente artículo de Julio R. Comadira "*¿Cuándo el particular "conoce el vicio" del acto administrativo? A propósito del artículo 18 de la LNPA,* en "Suplemento Administrativo" – Doctrina, en el sitio http://www.elDial.com - Ed. Albremática, donde el autor concluye que: "A modo de resumen de todo lo expuesto en este acápite, es posible concluir que: a) si existe connivencia dolosa entre el particular y el funcionario, el acto no sólo *puede* sino que *debe* ser revocado por la Administración; b) si el administrado interviene dolosamente en la generación del vicio, el acto puede ser revocado en sede administrativa; c) cuando el vicio en el acto corresponde a una cuestión de hecho, el mero conocimiento por el particular de su existencia (que no debe presumirse), alcanza para permitir la revocación del acto; d) si el vicio está vinculado con un problema de derecho, el sólo conocimiento también basta, pero teniendo en cuenta que: d.1) si el vicio no es manifiesto, el conocimiento no se presume, consecuencia del principio de legitimidad de los actos administrativos y la buena fe del particular, d.2) no siendo así si la afectación del acto es manifiesta, notoria, patente o evidente, donde lo que corresponde es presumir que el particular conocía el vicio y no actuó de buena fe".

47 Agustín Gordillo, *ibídem.*

48 Ley 26.097/2006 por la que se adopta la Convención de las Naciones Unidas contra la Corrupción (Nueva York 2004).

Estas argumentaciones en torno a la aplicación de los principios enunciados en torno al art. 18 del Dto. – ley 19.549, no fueron traídas ni analizadas en este caso.

No obstante todo lo expuesto, como bien señala Cassagne [49], si bien es cierto que es reconocida la facultad de Administración de declarar la invalidez de un contrato administrativo "por sí y ante sí", es decir, sin acudir a los jueces para decretar la nulidad del respectivo contrato, en el caso, como en la mayoría de los contratos en curso de ejecución, no podría decirse que no existen *derechos subjetivos que se estén cumpliendo* [50]. Atento a este valladar, por principio, no se podría haber declarado nulo el contrato, o su invalidez, por la sola voluntad administrativa [51]. No obstante, la declaración fue válida, como hemos ya expuesto, porque la causal estaba prevista expresamente en los pliegos y en la ley que regía el contrato (art. 19 inc. b), ley 22.460), haciendo esta última hincapié en que podía declararse de modo "unilateral" y "en cualquier momento".

Igualmente también nos vemos compelidos a expresar que no compartimos, en absoluto, el argumento de la Cámara en cuanto a extender la aplicación de los principios inherentes a la potestad disciplinaria –que rigen en el contrato de función pública [52] entre el agente estatal y la Administración– a otros contratos administrativos. Una cosa es la relación "jerárquica" que existe en el contrato de función pública (que presupone incluso ciertos deberes de "obediencia") y otra cosa muy distinta es la relación jurídica bilateral que se da en otro tipo de contratos donde no existe dicha jerarquía.

Por ello hemos –anteriormente– deslindado los campos de las responsabilidades que son "contractuales" con la aplicación de otros principios que rigen en otras esferas "extracontractuales" –podríamos decir– como son aquellas donde la Administración puede hacer valer su "poder de policía". Esto ya lo hemos advertimos al decir que este tipo de sanción resolutoria por culpa del contratista, más que una verdadera sanción administrativa unilateral es, simplemente, *un efecto del incumplimiento del contrato* [53].

En base a estas premisas es que también hemos sostenido con anterioridad que, tanto por la importancia del tema, como por el hecho de tener en cuenta los efectos de esta importante "sanción" (que como hemos dicho más que sanción es un "efecto" del in-

---

49 Juan Carlos Cassagne, *El contrato administrativo,* Bs. As., Abeledo – Perrot, 1999, p. 105.

50 Sobre la extensión del concepto de "estabilidad", sus excepciones y la necesidad de ocurrir la vía judicial en los casos que tipifica el art. 17 de la ley 19.549 (derechos subjetivos que se estén cumpliendo) véase a Mónica Buj Montero, *Acto administrativo, caracteres,* en Ismael Farrando (h.) – Patricia Martínez —Directores—, *Manual ...,* Cap. IX, ps. 244/245. Confrontar con las serias reflexiones de Julio Rodolfo Comadira, *La anulación de oficio del acto administrativo. La denominada "cosa juzgada administrativa",* Bs. As., Astrea, 1981, en especial, ps. 179/183.

51 En este sentido, bien señala Cassagne que "...como el sistema de la L.N.P.A. prescribe la regla de la estabilidad de los actos administrativos unilaterales (con mayor razón los contratos) la potestad de la Administración para declarar la nulidad de un contrato resulta, en la práctica, carente de operatividad toda vez que si los contratos que no se hayan extinguido por cumplimiento de su objeto o vencimiento de término, generan siempre *"derechos subjetivos que se están cumpliendo"* (conforme al texto del art. 17 de la L.N.P.A.)". *Cfr.* Juan Carlos Cassagne, *El contrato...,* p. 105.

52 Al momento del fallo de segunda instancia —que es el que introduce este razonamiento, inválido para nuestra opinión— se encontraba vigente el Régimen Jurídico Básico de la función pública regido por la derogada ley 22.140. Actualmente rige el Marco Regulatorio de la Función Pública establecido por la ley 25.164 y reglamentado por el Dto. 1421/2002 (B.O. 09/08/02).

53 Ismael Farrando (h.), *Sanciones contractuales,* en *Contratos ...,* p. 582.

cumplimiento contractual) *no podrá fundarse nunca la rescisión del contrato en las atribuciones de "policía" o de "poder de policía"* [54].

Esta es la tesis de Marienhoff [55], que hemos seguido, en cuanto a que las sanciones contenidas en los reglamentos de policía no pueden ser aplicadas para reprimir incumplimientos contractuales; no es éste el objeto ni la finalidad de tales reglamentos. Su indebida aplicación traduciría, entonces, una *desviación de poder*; se estaría aplicando una norma para un fin distinto al que ella responde [56].

Y por último, no podemos dejar de señalar que no ha pasado desapercibida – entendiendo, por el contrario, que es de toda necesidad ahondar– la pretendida "justificación" de su conducta por parte del consorcio contratista, en cuanto a la referencia de que el inspector de obra *"... había quedado ubicado en una "posición estratégica" para entorpecer la aprobación de los trabajos y dilatar eternamente los pagos, tal como había quedado demostrado –según el consorcio– con la demora en el pago del anticipo..."*

Dicha alegación, no por su falta de proposición ética, ni por su falta absoluta de justificación, nos debe dejar sin un profundo análisis del porqué se ha llegado a plantear en un expediente judicial.

Aquí subyace el por demás importante tema del "control de los controladores". ¿Quién controla, en los hechos, al "controlador" oficial del Estado que es el inspector de obra?

No se justificaría jamás el hecho ilícito consumado como causal absolutoria de responsabilidad, pero el hecho en sí, fue –y es– una realidad que, lamentablemente, no con poca frecuencia pueda presentarse en el mundo de las obras públicas o de otros contratos administrativos.

Gordillo con extrema crudeza y valentía ha denunciado que "...el control social de la eficiencia y eficacia de las contrataciones es un imperativo de la hora si esperamos no seguir dejando a las generaciones venideras más y peores deudas que las que acarreamos. El control social, a su vez, debe ejercerse sobre los jueces, los funcionarios y los ex funcionarios: en su vida, en sus escritos, en su acción. Pues, como dice el texto sagrado: "Por sus obras los conoceréis..." [57].

En suma, el Estado deberá seleccionar correctamente a sus "controladores". Se necesitan "honrados" y eficaces funcionarios públicos para ello, como reclama Gordillo [58]. Recordamos también, en concordancia, la división que efectuaba Marienhoff [59], refiriéndose a los contratistas, en personas "buenas" o personas "malas".

Todo ello nos demuestra la necesidad de instar, una vez más, e incansablemente, el estricto cumplimiento de los principios de *una indispensable ética pública.*

---

54 Ismael Farrando (h.), *Sanciones ...*, p. 582. Sobre las nociones de "policía" y "poder de policía" puede en nuestro trabajo: *Poder de Policía y Derecho Público Provincial*, en Dardo Pérez Guilhou y Otros, Instituto Argentino de Estudios Constitucionales y Políticos, *Derecho Público Provincial*, T° II, Ed, Martín Fierro, Distr. Depalma, Mendoza, 1991, p. 281.

55 Miguel S. Marienhoff, *Tratado de Derecho Administrativo,* Reimpresión, T° III-A, Bs. As., Abeledo – Perrot, 1974, p. 447, N° 747 A.

56 Ismael Farrando (h.), *Sanciones ..., ob. cit*, p. 583.

57 Agustín Gordillo, en Ismael Farrando (h.), Director, *Contratos Administrativos, ob. cit.,* "Prólogo", p. 13, punto 3.

58 Agustín Gordillo, "Prólogo", *cit.,* p. 13, N° 2, "in fine".

59 Ver nota 13.

26. EL MANTENIMIENTO Y CONSERVACIÓN EN EL PROCEDIMIENTO DE CONTRATACIÓN Y EL "CICLO DE VIDA" COMO CRITERIO DE ADJUDICACIÓN DEL CONTRATO Y GARANTÍA DE LOS DERECHOS FUNDAMENTALES.

Almudena Fernández Carballal

ABSTRACT: La relación calidad–precio–eficacia de la prestación como principal criterio de valoración de las ofertas constituye una de las principales novedades introducidas por el Derecho Comunitario – **Directiva 2014/24/UE del Parlamento Europeo y del Consejo de 26 de febrero de 2014 sobre contratación pública–** en el Derecho de la Contratación Pública. Se analiza en el presente estudio el "ciclo de vida" como criterio de adjudicación y, en especial, el mantenimiento y conservación de la prestación como parte integrante del mismo, como fase ejecutiva de la formalización del contrato, como derecho de los usuarios y como deber público y social que garantiza el derecho a la ciudad como uno de los fines de la contratación pública. La transición del paradigma de ciudad–negocio a ciudad–derecho como uno de los retos de la globalización

I. EL CARÁCTER DINÁMICO DEL PROCESO DE CONTRATACIÓN Y LA VINCULACIÓN AL FIN DEL CONTRATO.

El estudio del Derecho de la contratación debe partir de dos causas o presupuestos, por obvios que puedan resultar, como son el carácter dinámico y complejo del procedimiento de contratación desde un punto de vista formal, y la vinculación al fin de dicho procedimiento en relación con el objeto del contrato, desde una perspectiva material o sustantiva y para cuya eficacia el Ordenamiento jurídico pone en manos de la Administración un conjunto de potestades e instrumentos, con el fin último de garantizar determinados derechos fundamentales de las personas y, en particular, los derechos sociales, como destinatarios de la concreta prestación, obra o producto de que se trate.

En Europa, el Tratado de Funcionamiento de la Unión Europea (art. 292), y la Carta Europea de los Derechos Fundamentales de la Unión Europea proclamada en el Consejo Europeo de Niza el 7 de diciembre de 2000 protege y promueve una serie de principios fundamentales que son esenciales para el modelo social europeo. El Parlamento Europeo hizo un llamamiento a favor de un pilar europeo de derechos sociales sólido a fin de reforzar los derechos sociales (como es el acceso a los servicios esenciales (agua, saneamiento energía, transportes, comunicaciones) y a una cohesión económica social y territorial de calidad, en la que juegan un papel importante los equipamientos comunitarios. Unas prestaciones cuya calidad y eficacia están directamente vinculadas a los sistemas de contratación pública de los países de la Unión Europea[1].

Así, por una parte, ha de partirse del doble carácter innato a todo procedimiento de contratación. Su carácter dinámico, derivado de su articulación en cuatro grandes fases, presididas todas ellas por los principios rectores de la buena administración, como 1) la licitación del contrato; 2) la adjudicación del contrato; 3) la ejecución del contrato y; 4) el mantenimiento y conservación de la prestación (obra, servicio, producto) objeto del contrato. Y es, asimismo, un procedimiento que participa de las características de lo que la doctrina administrativa ha calificado de procedimientos complejos. Esto es, un procedimiento integrado por otros procedimientos, cada uno de los cuales aisladamente considerado carece de sentido, el cual les viene dado, precisamente, por su conexión con vistas a la producción del acto que culmina el último de ellos. De manera, que el acto que pone fin a cada uno de los procedimientos simples es requisito sine qua non para abrir el siguiente, si bien vinculándose la Administración en cuanto a las determinaciones que existieron en las etapas precedentes, siendo la formalización del contrato el momento de su perfección

En el ordenamiento jurídico español, la Ley de Contratos del Sector Público, Texto Refundido aprobado por el Real Decreto Legislativo 3/2011, de 14 de noviembre (en adelante TRLCSP), es la principal norma que regula la contratación pública española. Aunque en ella no se define la adjudicación del contrato, se entiende que la misma es el acto declarativo de la Administración en virtud del cual el contrato pertenece en su ejecución a una determinada persona física o jurídica, denominada contratista. Por lo tanto, la ejecución del contrato puede conceptualizarse como fase intrínseca de la adjudicación, momento en el que se inicia el desarrollo del objeto del contrato para garantizar su concreta finalidad, una determinada prestación.

Ahora bien, la ejecución del contrato es sólo el inicio del desarrollo del objeto del contrato. Como condición de eficacia y calidad del objeto del contrato, el mantenimiento de la prestación de que se trate en condiciones de calidad e idoneidad y el coste que sello supone debe estar presente desde la fase de la licitación del contrato. Todo el procedimiento que da vida al contrato está vinculado a un fin: garantizar una prestación que sirva a los intereses generales de la comunidad. El presente estudio (centrado en el "coste de mantenimiento"como uno de los costes que integran el coste del ciclo de vida como criterio de adjudicación de los contratos) se utiliza el término "prestación objeto del contrato" por referencia a un producto, servicio u obra, en función del tipo del contrato.

En el Ordenamiento español, el TRLCSP, en su redacción originaria, y siguiendo sus precedentes legales, contemplaba como el principal efecto jurídico del acto administrativo de la adjudicación la existencia del contrato administrativo. Tras la reforma de 2010, la perfección del contrato se remite al momento de la formalización, salvo los contratos

1 *V.*, Resolución del Parlamento Europeo, de 19 de enero de 2017, sobre un pilar europeo de derechos sociales [2016/2095 (INI); Declaración de Bratislava de 16 de septiembre de 2016; Declaración de Roma de 25 de marzo de 2017; Declaración conjunta de interlocutores sociales de 24 de marzo de 2017. Vid, asimismo, la Recomendación (UE) 2017/761 de la Comisión Europea de 26 de abril de 2017 sobre el pilar europeo de derechos sociales. *Cfr.* RODRÍGUEZ-ARANA MUÑOZ, J: Derecho Administrativo y Derechos Sociales Fundamentales, Global Law Press-INAP, Sevilla, primera edición, 2015; Función Social de la Administración, Tomos I y II (coeditor), Editorial Universidad del Rosario, Bogotá, 2016;

sujetos a regulación armonizada, que se perfeccionan de conformidad con la legislación por la que se rijan (artículo 27.1).

En consecuencia, la adjudicación del contrato es el acto que pone fin al procedimiento de selección del contratista, si bien la perfección del contrato ha de entenderse remitida al momento de la formalización del mismo, que constituye así el verdadero acto creador de derechos y obligaciones para las partes contratantes. Unos derechos y obligaciones que se materializan en la fase de ejecución del contrato, pero también, y muy significativamente, en la conservación y mantenimiento de la prestación objeto el mismo.

Pues bien, la conservación y el mantenimiento de una concreta prestación y, más específicamente, los costes de dicha conservación o mantenimiento constituyen una de las principales novedades introducidas por el Derecho Comunitario en el Derecho de la Contratación Pública.

Elevada a la categoría de auténtica "institución jurídica" en otros sistemas legales del Derecho Público (como es el del urbanismo)[2], la conservación y mantenimiento se proyecta: a) como elemento integrante de las bases que ha tener contener los Pliegos; b) como criterio de valoración de las ofertas; c) como criterio del adjudicación del contrato ; d) como deber social de tracto continuado en el tiempo una vez concluida la ejecución del contrato con la recepción de la obra o servicio de que se trate.

Así, un deber social del contratista o de la Administración en función del tipo de gestión indirecta o directa de la prestación que es independiente de la rentabilidad del bien raíz, que además no debe medirse sólo con los frutos civiles que produce –rentas– sino también por la revalorización del mismo por el mero transcurso del tiempo y por la actividad de la comunidad, por el uso que la comunidad hace de la misma y por el coste de su mantenimiento en unas condiciones normales para servir a su finalidad, lo que a raíz de la Directiva 2014/2024 /UE debe ser considerado por el poder adjudicador como uno de los criterios de valoración de las ofertas y de adjudicación del contrato, como se analiza en estas páginas .

Y así como correlativo a ese deber, está el derecho que tiene la Comunidad a que la Administración Pública le preste los servicios básicos, como son los de alumbrado público, el abastecimiento de agua potable, alcantarillado y pavimentación de la vía pública[3] en las condiciones necesarias para garantizar su seguridad, salubridad y ornato público y en orden a su conservación a los largo de toda su vida útil[4].

Dicho de otra manera, está avocada al fracaso cualquier alegación por parte del contratista en el sentido que la falta de conocimiento de la rentabilidad del producto, servicio u obra hace imposible el cálculo de las obras de conservación y mantenimiento. O en otros términos y con carácter general, no puede entenderse como causa justificativa de la

2 *V.*, STS 9.II.1998 (Ar. 4306); Sala c-a, Secc. 4ª, Pte. E. Carrión Moyano, en relación con la conservación urbanística, íntimamente ligada con la fase de ejecución del contrato público y la conservación de la prestación.

3 *Vid.*, STS 16.II.1999, c-a, Secc 6ª, Pte Xiol Ríos.

4 *V.* a propósito de una renovación de la red de alcantarillado, STS 14.X.1991 (Ar. 7649), Sala c-a, Secc. 4ª, Pte. J. García Estartús.

exención del cálculo este coste, razones o consideraciones de índole económica que pueda aducir el contratista[5].

Siendo así el mantenimiento o la conservación de la prestación objeto del contrato un deber general que hasta el momento debería entenderse implícito como un deber básico de todo el sistema de la contratación pública, a raíz de las Directiva 2014/24UE se convierte en una determinación jurídica que ha de estar presente a los largo del proceso de contratación

II. LA NOCIÓN DE CRITERIOS DE ADJUDICACIÓN Y LA CALIDAD DE LA CONTRATACIÓN PÚBLICA EN LAS DIRECTIVAS SOBRE CONTRATOS PÚBLICOS.

Las Directivas constituyen el instrumento esencial del sistema comunitario de contratación pública. Así se ha reconocido de manera oficial en el Libro Verde[6]. En el caso de la Directiva 2014/24/UE en la que se apoya el presente estudio, es indudable la especial relevancia que tiene la noción criterios de adjudicación. De acuerdo con el principio de buena regulación, la Directiva apela por la utilización de fórmulas sencillas y lo más racionales posibles y fomenta una mayor orientación hacia la calidad de la contratación pública[7].

Así, y para evitar confusión con los criterios de adjudicación tradicionales como es la «oferta económicamente más ventajosa» en las Directivas 2004/7/CE y 2004/18/CE, se opta por una terminología diferente: " la mejor relación calidad –precio". Los Estados miembros debían disponer explíocitamente que la oferta económicamente más ventajosa debe evaluarse sobre la base de **la mejor relación calidad–precio o d**e la relación coste–eficacia, teniendo los poderes adjudicadores libertad para fijar normas de calidad adecuadas utilizando especificaciones técnicas o condiciones de rendimiento del contrato.

La adjudicación de los contratos debe basarse en criterios objetivos que garanticen **el respeto de los principios de transparencia, no discriminación e igualdad de trato con el fin de garantizar una comparación objetiva del valor relativo de los licitadores que permita determinar, en condiciones de competencia efectiva, qué oferta es la oferta económicamente más ventajosa en clave de calidad** de la contratación pública.

Estos criterios deben permitir efectuar una evaluación comparativa del nivel de rendimiento de cada oferta respecto del objeto del contrato tal como se define en las especificaciones técnicas. En el contexto de la mejor relación calidad–precio, la presente Directiva incluye una **lista no exhaustiva de posibles criterios de adjudicación que incluyen aspectos sociales y medioambientales.**

---

5 *V.*, STS 9.II.1998 (Ar. 1531), Sala c-a, Secc. 5ª, Pte. J.M. Sanz Bayón.

6 Libro verde. La contratación pública en la Unión Europea: reflexiones para el futuro, Comunicación adoptada por la Comisión de 27 de noviembre de 1996.

7 *Cfr.*, Sobre los principios de la buena Administración, *Cfr.* RODRIGUEZ-ARANA MUÑOZ, J.: El buen gobierno y la buena administración de instituciones públicas, Aranzadi-Thomson, Pamplona, 2006; El ciudadano y el poder público: el principio y el derecho al buen gobierno y a la buena administración, Reus, Madrid, 2013; El derecho a una buena administración para los ciudadanos, Netbiblo-INAP, 2013; The right to a good administration for citizens, Inap, Madrid, 2015 "Los principios generales del Derecho de la contratación pública", *Revista Derecho de la Pontificia Universidad Católica del Perú*, nº 66, 2011.-

Los poderes adjudicadores deben elegir los criterios de adjudicación que les permitan obtener obras, suministros y servicios de gran calidad que respondan lo mejor posible a las necesidades de la comunidad. Unas necesidades que están presentes después de la fase de la ejecución del contrato y que deben estar garantizadas como condición de eficacia de su objeto. Lo que determina que para valorar cuál es la oferta económicamente más ventajosa y el coste más bajo, el poder adjudicador debe basarse en un planteamiento que considere **el coste del ciclo de vida, precisándolo** en los pliegos de la contratación con la suficiente concreción y detalle, y determinado **la ponderación relativa que atribuya al mismo con una amplitud máxima adecuada y razonable que, en todo caso, debe estar motivada . En el supuesto contrario, el pliego incurriría en un vicio de indefinición. Como ha señalado RODRIGUEZ–ARANA MUÑOZ, "en lo contratos administrativos, el juego del interés público al que debe servir objetivamente la Administración, explica su especial posición jurídica y sus potestades en la contratación"[8] .**

La determinación de los criterios de adjudicación exige que tengan relación directa con el objeto del contrato, una adecuada motivación, su previa delimitación en los pliegos o, en su caso, en el anuncio de licitación con ponderación de los mismos. Así ha declarado el Tribunal de Justicia de la Unión Europea la obligación de que el pliego de cláusulas detalle los requisitos y condiciones en la prestación de las variantes o mejoras en aras al respeto del principio de igualdad de trato de los licitadores, en la Sentencia de 16 de octubre de 2003[9].

O como ha declarado el TJUE en Sentencia de 4 de diciembre de 2003[10], "los principios de igualdad de trato y de transparencia de los procedimientos de adjudicación implican que las entidades adjudicadoras deben atenerse a la misma interpretación de los criterios de adjudicación a lo largo de todo el procedimiento. De ello se deduce que, en el caso de que el órgano que conoce del recurso anule una decisión relativa a algún criterio de adjudicación, la entidad adjudicadora no puede continuar válidamente el procedimiento de adjudicación haciendo abstracción de dicho criterio, puesto que ello equivaldría a modificar los criterios aplicables al procedimiento en cuestión"

El Derecho comunitario sobre contratos públicos pone el acento en la fase de preparación y adjudicación del contrato[11]. **Se trata de garantizar que todos los licitadores tengan ocasión de ponderar sus ofertas con pleno conocimiento de los elementos que van a ser valorados, para evitar que la indefinición de las mejoras y su ponderación les impida poder formular sus ofertas en condiciones de plena igualdad, de acuerdo a sus características y potencial empresarial y sus estrategias, dentro del principio de libertad de mercado[12].**

---

8 *Cfr.* RODRÍGUEZ- ARANA MUÑOZ, J: "Las prerrogativas de la Administración en los contratos de las Administraciones Públicas", en la *Contratación administrativa en Iberoamérica*, Ed. Cameron May, Londres, 2008, p. 460.

9 *Asunto Traunfellner GMBH.*

10 *Asunto C-448/01, EVN AG y Wienstrom GmbH contra República de Austria.*

11 *Cfr.* MEILAN GIL, JL: Los contratos públicos en el Derecho de la Unión Europea, La contratación administrativa en España e Iberoamerica, Ed. Cameron-May, Londres2008, p. 526

12 *V.*, en el ordenamiento español, los arts. *1, 147 y 150 del TRLCSP.*

El conocimiento de los criterios de adjudicación con la suficiente concreción en la medida de lo posible y previsible constituye un elemento determinante del contenido del contrato, porque posibilita una adecuada formación de las ofertas, permite efectuar una valoración de las mismas sujeta a criterios reglados conforme al principio de interdicción de la arbitrariedad de los poderes públicos.

III. LA RELACIÓN CALIDAD–PRECIO–EFICACIA DE LA PRESTACIÓN COMO PRINCIPAL CRITERIO DE VALORACIÓN DE LAS OFERTAS. ESPECIAL REFERENCIA A LOS "COSTES DE MANTENIMIENTO" DE LA PRESTACIÓN COMO PARTE INTEGRANTE DEL "COSTE DEL CICLO DE VIDA". SU REGULACIÓN EN EL DERECHO COMUNITARIO

Como se ha señalado, constituye el objeto de este estudio el mantenimiento y conservación de la prestación (obra, servicio, producto), a propósito de uno de los criterios de valoración de las ofertas que vino a introducir la Directica 2014/24/UE del Parlamento Europeo y del Consejo de 26 de febrero de 2014 del Parlamento Europeo y del Consejo de 26 de febrero de 2014 sobre contratación pública y por la que se deroga la Directiva 2004/18/CE que regula los criterios de valoración de las ofertas.

Una de las novedades de la mencionada Directiva 2014/24/UE, conocida como la Directiva clásica, ha sido **potenciar la calidad sobre el precio en la valoración de las ofertas e incluir el ciclo de vida como criterio de valoración de las mismas.**

A raíz de esta Directiva, para **determinar la oferta más ventajosa o la oferta "mejor relación calidad – precio" (como señalan las Directivas** *2004/7/CE y 2004/18/CE)* **la decisión relativa a la adjudicación del contrato no debe basarse como criterio preferente en el precio o el coste, sino que ha de tener en cuenta otros factores o criterios de valoración.**

Con la finalidad de fomentar una mayor orientación hacia la calidad de la contratación pública, la Directiva 2014/24 UE introduce el "ciclo de vida" como criterio de valoración de las ofertas, basado en la relación coste – eficacia de la prestación objeto del contrato. Su determinación será el resultado de una ponderación o valoración motivada de distintos factores. Así, los frutos que produce la prestación, la revalorización de la misma por el mero transcurso del tiempo, la actividad o utilización que hace de ella la Comunidad y todos los costes que exigirá su mantenimiento y conservación a lo largo del tiempo en unas normales condiciones que garanticen la seguridad pública de la prestación, su funcionalidad pública, su habitabilidad pública, su salubridad pública, su accesibilidad pública y también su ornato público.

Al ser recogido este criterio en la Directiva, su función informadora llega no sólo hasta esta norma sino a la normativa de los Estados. En el caso español, así ha de entenderse el art. 1 del Real Decreto Legislativo 3/2011, de 14 de noviembre, por el que se aprueba el texto refundido de la Ley de Contratos del Sector Público (en adelante TRLCSP) conforme al cual el objetivo de un procedimiento de contratación pública es seleccionar **la oferta económicamente más ventajosa** y **para determinar** la oferta económicamente más ventajosa han de utilizarse los criterios de valoración.

Como ha declarado el TSJCE, las previsiones de la Directiva "poseen efecto directo por resultar, desde el punto de vista de su contenido, incondicionales y suficientemente precisas, es decir, que no necesitan de ninguna medida particular de aplicación, por lo que los particulares pueden invocarlas frente al Estado, bien cuando éste se abstiene de adaptar el Derecho interno a la Directiva dentro el plazo, bien cuando hace una adaptación incorrecta"[13].

En España, existe actualmente un Proyecto de Ley de Contratos, por la que se transponen al ordenamiento jurídico español las Directivas del Parlamento Europeo y del Consejo, 2014/23/UE y 2014/24/UE, de 26 de febrero de 2014. Un Proyecto de Ley extenso, de 340 artículos y 44 disposiciones, que está en cuestionamiento tanto por su tramitación acelerada como urgente, porque deja un escaso ámbito de intervención normativa a las Comunidades Autónomas y por la **defectuosa técnica legislativa** empleada.

En su artículo 146 se introduce este nuevo criterio de adjudicación en los siguientes términos. Bajo la rúbrica: "Definición y cálculo del ciclo de vida", dispone el Proyecto de Ley:

> 1. A los efectos de esta Ley se entenderán comprendidos dentro del **«ciclo de vida» de un producto, obra o servicio** todas las fases consecutivas o interrelacionadas que se sucedan durante su existencia y, en todo caso: la investigación y el desarrollo que deba llevarse a cabo, la fabricación o producción, la comercialización y las condiciones en que esta tenga lugar, el transporte, la utilización y el mantenimiento, la adquisición de las materias primas necesarias y la generación de recursos; todo ello hasta que se produzca la eliminación, el desmantelamiento o el final de la utilización.
>
> 2. El **cálculo de coste del ciclo de vida** incluirá, según el caso, la totalidad o una parte de los costes siguientes en que se hubiere incurrido a lo largo del ciclo de vida de un producto, un servicio o una obra:
>
> a) los costes sufragados por el órgano de contratación o por otros usuarios, tales como:
>
> 1.º Los costes relativos a la adquisición,
>
> 2.º Los costes de utilización, como el consumo de energía y otros recursos,
>
> 3.º Los costes de mantenimiento,
>
> 4.º Los costes de final de vida, como los costes de recogida y reciclado.
>
> b) Los costes imputados a externalidades medioambientales vinculadas al producto, servicio u obra durante su ciclo de vida, a condición de que su valor monetario pueda determinarse y verificarse; estos costes podrán incluir el coste de las emisiones de gases de efecto invernadero y de otras emisiones contaminantes, así como otros costes de mitigación del cambio climático.
>
> En los casos en que una norma de la Unión Europea haga obligatorio un método común para los costes del ciclo de vida, se aplicará el mismo a la evaluación de los citados costes.
>
> 3. Cuando los órganos de contratación evalúen los costes mediante un planteamiento basado en el cálculo del coste del ciclo de vida, indicarán en los pliegos los datos que deben facilitar los licitadores, así como el método que aquellos utilizarán para determinar los costes de ciclo de vida sobre la base de dichos datos.
>
> El método utilizado para la evaluación de los costes imputados a externalidades medioambientales cumplirá todas las condiciones siguientes:
>
> a) Estar basado en criterios verificables objetivamente y no discriminatorios; en particular, si no se ha establecido para una aplicación repetida o continuada, no favorecerá o perjudicará indebidamente a empresas determinadas;

13 *V.*, Sentencias del TSJE de 20 de septiembre de 1988 (As 31/87), de 24 de septiembre de 1998, As- c-76/97 entre otras.

b) Ser accesible para todas las partes interesadas;

c) La información necesaria debe poder ser facilitada con un esfuerzo razonable por parte de las empresas, incluidas aquellas procedentes de Estados signatarios del Acuerdo sobre Contratación Pública de la Organización Mundial de Comercio o de otros Estados signatarios de algún otro Acuerdo Internacional que vincule a España o a la Unión Europea"

El presente estudio se centra en uno de esos costes sufragados por el órgano de contratación o por otros usuarios, como son los costes de mantenimiento del producto, servicio u obra, y su relación con los costes de final de vida.

Con este nuevo planteamiento en clave de coste–eficacia, el poder adjudicador deberá considerar como criterio de valoración **el cálculo del coste del ciclo de vida, que incluye entre otros, los costes de mantenimiento, como estadio intermedio, de tracto continuado entre los costes de utilización y los de final de vida. Un final de vida que dependerá en gran medida de la calidad del mantenimiento y de la conservación de la prestación por los usuarios y por las partes contratantes, respectivamente, en función en el caso de la conservación de quien haya asumido en el contrato este "deber social".**

¿Se trata el mantenimiento y la conservación de la prestación de un límite interno que define todo contrato del sector público y como tal límite ha de tenerse en cuenta cuando se trata de adjudicar contratos?. ¿Se trata de uno de los rasgos o caracteres que forman parte de la propia fisionomía del contrato y que contribuyen, por una parte, a definir el contenido el contrato, a su estatutorización, y por otra parte, a garantizar su última finalidad: hacer efectivos los derechos fundamentales de los usuarios de la prestación objeto del contrato?.

Convertido el ciclo de vida de la prestación como criterio de valoración decisivo en la elección de la oferta, el mismo requerirá su concreción entre los requisitos que formule el poder adjudicador en las especificaciones técnicas. Como declara la STCE de 10 de mayo de 2012 (As. C–368/10) Comisión Europea: "los criterios de adjudicación, que son también condiciones generales de un contrato público, ya que serán decisivos en la elección de la oferta que sea seleccionada entre las que cumplen los requisitos formulados por el poder adjudicador en las especificaciones técnicas"

Se trata de un concepto el del "ciclo de vida" que si bien inicialmente podría parecer como jurídico indeterminado, el mismo se integra por remisión a un conjunto de parámetros de calidad de carácter reglado que señala el art. 68 de la Directiva. En concreto

a) la calidad y eficacia de la prestación, que incluye el valor técnico, las características estéticas y funcionales, la accesibilidad, la seguridad, el diseño para todos los usuarios, las características sociales, medioambientales e innovadoras, y la comercialización y sus condiciones;

b) la calidad y eficiencia del personal, esto es, la organización, la cualificación y la experiencia de los agentes encargados de ejecutar el contrato

c) la calidad y eficacia de los efectos de la fase de ejecución del contrato, como el servicio posventa y la asistencia técnica y condiciones de entrega tales como la fecha de entrega, el proceso de entrega y el plazo de entrega o el plazo de ejecución.

En consecuencia, la normativa de cada Estado miembro deberá considerar este criterio y transponerlo en su ordenamiento con el debido desarrollo normativo. Y en su virtud, el legislador prever bien que *los poderes adjudicadores no tengan la facultad de utilizar solamente el* precio *o el coste como único criterio de adjudicación o bien limitar la aplicación de ese criterio a determinadas categorías de poderes adjudicadores o a determinados tipos de contratos, siendo el coste de mantenimiento de la prestación a lo largo de toda su vigencia al servicio de la Comunidad o lo que es lo mismo "el coste de mantenimiento del ciclo de vida" uno de los criterios determinantes para garantizar la calidad y eficacia de la contratación pública.*

Queda así superada cualquier postura doctrinal que identifique o integre el concepto del coste del ciclo de vida con el coste ambiental del ciclo de vida o que considere éste como prioritario en la fase de licitación, en la valoración de las ofertas y en la adjudicación del contrato14. El coste de mantenimiento de la prestación (producto, servicio u obra) es distinto a los costes ambientales externos.

El coste de mantenimiento se vincula y afecta al hábitat urbano y a garantizar una imagen urbana en todo momento que garantice al individuo un estándar mínimo de bienestar. Es incuestionable la llamada que hace la Directiva 2014/24/UE a los poderes públicos para fomentar políticas urbanas en las que se opte por modelos de ciudad con un estándar normal de seguridad pública, de habitabilidad pública, de salubridad pública, de accesibilidad pública en las obras y servicios que estructuran la ciudad que permitan garantizar el disfrute y desarrollo de los derechos fundamentales.

La contratación pública juega un importante papel. El mantenimiento de la prestación (obra o servicio) ha de estar presente en todo el proceso de contratación desde la licitación con la formulación de las bases del pliego por el órgano de contratación hasta la ejecución del contrato. Los gastos o costes que se devenguen del mantenimiento y de una normal conservación de la prestación objeto de un contrato público ocupan un lugar decisivo a raíz de la cuarta generación de Directivas sobre contratación y un límite que en todo caso, debe delimitar el contenido de los contratos públicos de obras, suministros y servicios en los sectores tradicionales.

Un repaso de las distintas clases y elementos de composición de las dotaciones urbanísticas que por su área de servicio conforman la Ciudad sirven como ejemplo para concluir como un buen anuncio de licitación y una buena valoración de las ofertas en este tipo de contratos que tenga en cuenta el mantenimiento de la obra, suministro o servicio y los costes que su mantenimiento exige como deber social, inciden directamente en el bienestar de la sociedad y en las condiciones de vida e la persona.

Podrían darse ejemplos concretos. Si bien la enumeración de los elementos estructurales que conforman la ciudad, resulta suficiente para constatar que la última finalidad de un contrato público, como es ejecutar una prestación al servicio del interés general, con independencia de su forma de gestión, sólo se alcanza teniendo presente el "coste del mantenimiento" desde que se inicia un proceso de contratación hasta la última fase de ese proceso, la fase de conservación y mantenimiento.

Los cuatro elementos determinantes que estructuran la ciudad están vinculados precisamente a la eficacia del ejercicio de los derechos fundamentales relacionados con el bienestar social y las condicione de vida:

14 Sobre el coste ambiental del ciclo de vida, vid. Directiva 2011/92/UE de 13 de diciembre, de evaluación de las repercusiones de determinados proyectos públicos y privado sobe el medio ambiente.

1) Las comunicaciones y sus zonas de protección: autopistas, autovías, carreteras, canales, etc, vías pecuarias, peatonales, paseos marítimos, puertos, aeropuertos, estaciones y terminales de los modos de transporte como el metro y el tranvía, ferrocarriles, gasolineras, etc.

2) Los espacios libres: parques, jardines públicos y zonas verdes, espacios de recreo y expansión, parques deportivos

3) *Los equipamientos: administrativos (*Administración Pública, Ayuntamiento, policía, protección civil, defensa y acuartelamiento, bomberos contra incendios, cárceles–penitenciario, correos, telégrafos y teléfonos, juzgados, Registro civil, Registro de la Propiedad, Seguridad social y empleo, tributos y recaudación, mataderos, etc.), comerciales, culturales, docentes, sanitarios, cementerios, asistenciales, religiosos, ocio culturales o recreativos.

4) Infraestructuras de urbanización: abastecimiento de agua, saneamiento, energía eléctrica, limpieza, basuras, residuos lodos y sólidos, alumbrado público, gas, TV y FM, etc.).

No es infrecuente encontrarse con contratos de obras o servicios que tengan por objeto alguno de los elementos o dotaciones de las señaladas, y en los que pueden existir la posibilidad de variantes en la solución final. De ahí, la necesidad de tener como un criterio prioritario de valoración de las ofertas el del coste de utilización y mantenimiento. A modo de glosa, en Europa acudimos a la era de los "arquitectos estrella" para obras en las que posteriormente su conservación y utilización tiene un coste elevadísimo por no poder limpiar las ventanas desde el interior del edificio o tener que contratar grúas para dichas limpiezas, o por el paisajismo de diseños de jardines en los que los servicios de mantenimiento no pueden realizar sus labores debido a la ubicación de la dotación o a la existencia de condicionantes de seguridad y salud (taludes imposibles, riesgo de caídas al vacío, etc...). Y así, un decálogo de obras en las que no se valoró adecuadamente el posterior coste de utilización y de mantenimiento y conservación.

El efecto que ha de atribuirse a la Directiva 2014/24/UE al introducir el coste de utilización y de mantenimiento de las obras y servicios en los procedimientos de contratación como criterio de valoración de las ofertas (arts. 67 y 68) debe ser directo en todo proceso de contratación que tenga por objeto una obra, producto o suministro cuyo destino sea contribuir a hacer Ciudad. O en otros términos, necesarios para garantizar el derecho a la ciudad.

IV. EL CRITERIO DEL COSTE DE MANTENIMIENTO Y SU INTEGRACIÓN POR REMISIÓN A ELEMENTOS REGLADOS LIGADOS AL OBJETO DEL CONTRATO

El criterio del coste de mantenimiento de la prestación como uno de los principales criterios de valoración de las ofertas cuando se trate de obras o servicios necesarios para garantizar el derecho a unas condiciones de vida tiene como finalidad que aquellos se mantengan en condiciones de seguridad, salubridad, accesibilidad, funcionalidad con la finalidad tanto de evitar riesgos a personas y cosas o peligros para la higiene o la salud así como para el adecuado sostenimiento de la llamada imagen urbana o una ciudad con un estándar o condiciones normales" o "mínimas" de mantenimiento.

Pero cuáles son dichas condiciones normales de mantenimiento de la prestación que permitan calcular los costes de mantenimiento de una concreta obra o servicio en el momento de la presentación de las ofertas.

La referencia a dichas condiciones deben preverse en el pliego. Se trata de "condiciones normales", no de un mantenimiento que suponga mejoras de interés general o que suponga obras más allá de las necesarias para que la prestación pueda cumplir la finalidad con la que fue ejecutada. Ahora bien, es obligación del contratista a la hora de elaborar su oferta concretar y valorar dicho coste amparándose en el proyecto de urbanización o edificación que se presente con la oferta. Pues son las mismas condiciones las de mantenimiento que las que el proyecto debe definir y que servirán para valorar la adecuación del proyecto con la finalidad que se prevé para la prestación objeto del contrato. Se trata de definir las obras "estrictamente necesarias" e "imprescindibles" para garantizar que la concreta prestación podrá mantenerse en condiciones de seguridad, salubridad, funcionalidad y accesibilidad públicas a lo largo de su existencia en evitación de desgracias personales o de daños materiales y de proveer a la seguridad pública y personal como condiciones necesarias de calidad de vida y bienestar.

La seguridad, salubridad y el ornato públicos constituyen conceptos jurídicos indeterminados en los que ha de darse preferencia en su apreciación a las valoraciones de quien institucionalmente tiene encomendado el cuidado de los intereses colectivos, frente a los criterios lógicamente subjetivos de los particulares. Lo que no significa que en la aplicación de tales conceptos juegue la voluntad de la Administración, pues tal apreciación ha de consistir en un juicio de comprensión de unas circunstancias reales que, en este caso, vendrán definidas en las ofertas, debiendo el poder adjudicador valorar cuál responde a una oferta más ventajosa calidad –coste –eficacia en lo que se refiere a la viabilidad técnica y económica de mantenimiento de la obra o servicio.

Como es sabido, todo tipo de obra exige, por su propia naturaleza y disposición reglamentaria, la redacción de un proyecto o estudio previo en que se detallen las exigibles, en base a unas inexcusables exigencias por razones de seguridad o salubridad, no siendo admisibles intimaciones genéricas o carentes de precisión[15].

Cuando se trata de un contrato de obra o de servicios se exige que en la oferta se acompañe el correspondiente proyecto técnico, cuya finalidad , entre otras, es también, la de garantizar la seguridad, salubridad y habitabilidad, e incluso la estética de las construcciones, teniendo la Administración que velar por tal seguridad y demás condiciones ordinarias de mantenimiento. Y esta seguridad y salubridad se va a derivar, en buena medida, de la formación del profesional que redacte el proyecto, por lo que la titularidad profesional del proyectista de la obra forma asimismo parte, como uno de los elementos a considerar para determinar la "suficiencia" del proyecto presentado y la valoración del coste de ciclo de vida[16].

Así, el contenido de una oferta se ajustará plenamente a los fines perseguidos de conservación o mantenimiento , cuando los costes reflejados en la oferta tengan por única y exclusiva finalidad mantener la urbanización, la construcción , la instalación , etc en condiciones de seguridad y salubridad para "en general los ciudadanos que por allí transiten o permanezcan de modo más o menos habitual"[17] y para no causar un perjuicio o poner en situación de riesgo la "normalidad del uso" de la edificación, construcción,

15 *V.*, STS 26.II.2001 (Ar. 2802), Sala c-a, Secc. 5ª, Pte. J. Rodríguez-Zapata Pérez.

16 *V.*, STS 2.IV.1998 (Ar. 2792), Sala c-a, Secc. 5ª, Pte. J.M. Sanz Bayón

17 *V.*, STS 6.V.1998 (Ar. 3614), Sala c-a, Secc. 5ª, Pte. J.M. Sanz Bayón

instalación o servicio o la salud de los usuarios.[18]. Unos costes, por otra parte, que deben ser precisos y concretos en la medida de lo posible y previsible, pues de lo contrario la oferta incurriría en un vicio de indefinición en este aspecto en el momento de su valoración.

Por un lado, en los pliegos de la contratación, los poderes adjudicadores indicarán los datos que deben facilitar los licitadores y el método que utilizará el poder adjudicador para determinar el coste del ciclo de vida[19], pudiendo ser suficiente en el anuncio de licitación la referencia a una declaración genérica sobre la necesidad de integrar en la oferta el elemento de los costes de mantenimiento, en las ofertas es necesario que se cumpla el requisito de la concreción del contenido y valoración del mantenimiento de la prestación en la medida de lo racionalmente posible y previsible[20]. Un contenido que variará en función del tipo del contrato y del tipo de prestación objeto del contrato pero que requiere el requisito de la concreción.

La indicación y precisión de los costes de mantenimiento ha de ser suficiente para que posibilite al poder adjudicador conocer cual s la oferta más ventajosa en los términos ya indicados. Los costes de mantenimiento deberán estar en las ofertas delimitados y concretados con suficiente precisión y claridad en su contenido, , toda vez que, de acuerdo con el principio de proporcionalidad, una vez adjudicado el contrato, solamente podría exigirse al contratista el mantenimiento previamente valorado y necesario par que la prestación pueda cumplir su finalidad[21].

No son suficientes declaraciones genéricas, ni fórmulas abiertas que se debatan entre una inadmisible disyuntiva abstracta, como tampoco la mera repetición del tenor literal del pliego o del precepto legal. El requisito de la concreción de los costes de mantenimiento e, incluso, la especificación de la metodología a seguir –y su valoración–, en la medida de lo racionalmente posible y previsible constituye presupuesto necesario e imprescindible para la validez y eficacia de una concreta oferta. En otros términos, y desde una perspectiva finalista, la "definición del contenido de una orden de ejecución se erige en requisito formal indispensable para que pueda alcanzar su fin.

En sentido contrario, una adjudicación de un contrato amparada en una oferta que no contenga en general una relación detallada de los costes de mantenimiento de la obra, servicio o producto de que se trate, podría incluso incurrir en una imposibilidad de ejecución que determinaría, la nulidad de pleno derecho del acuerdo del poder adjudicador; ante "un supuesto de imposibilidad determinante de la nulidad de pleno derecho" prevista en el Ordenamiento español en el art. 47.1, c) de la Ley 39/2015 , de Procedimiento Administrativo Común.

---

18 *V.*, STS 23.XII.1998 (Ar. 9731), Sala c-a, Secc. 5ª, Pte. J. Yague Gil.

19 *Cfr.* MORENO MOLINA, JA, AA.VV. Claves para la aplicación de la Directiva 2014/24/UE, sobre contratación pública, Ed. El Consultor, Madrid, 2016 p. 192 y ss.

20 *V.*, STS 16.I. 2001 (Ar. 1181), Sala c-a, Secc. 5ª, Pte. R. Enríquez Sancho

21 *V.*, STS 9.II.1998 (Ar. 1531), Sala c-a, Secc. 5ª, Pte. J.M. Sanz Bayón

V. EL DERECHO A LA CIUDAD COMO UNO DE LOS FINES DE LA CONTRATACIÓN PÚBLICA. LA TRANSICIÓN DEL PARADIGMA DE CIUDAD–NEGOCIO A CIUDAD–DERECHO COMO UNO DE LOS RETOS DE LA GLOBALIZACIÓN

Es necesario hablar de una "aldea" global, de un entorno global, de una comunidad global, de un espacio global y, por supuesto, de un Derecho global, que ordena las relaciones sociales conforme a criterios de justicia. El derecho global se basa en un orden principista que influye en la realidad[22].

La contratación pública debe estar presidida por un conjunto de reglas sociales de comportamiento que, entre otros aspectos, contribuyan a la dignificación de la imagen urbana dentro de la ecuación que, en toda relación administrativa ha de existir entre la prerrogativa de la Administración y la garantía de los administrados, no sólo como "pilar básico en un Estado de Derecho"[23], sino además en cuanto finalidad última del Derecho administrativo.

Como se señaló en la última Cumbre de la Organización para la Cooperación y desarrollo (OECD) celebrada en México en el año 2015, "todos queremos ciudades en las que podamos disfrutar la vida y desarrollar nuestros derechos". Resulta necesaria la transición del modelo de casa al modelo de ciudad en el desarrollo de las políticas urbanas, y la existencia de un hábitat urbano y de una imagen urbana que, en todo momento, permita al individuo un estándar mínimo de bienestar. Ciudades con un estándar normal de la calidad, como fin último de las políticas urbanas.

El Derecho global tiene presente la tradición jurídica. Como ha declarado la doctrina "toma de ella sus grandes tesoros"[24] y lo más importante es que rescata el concepto de persona para el Derecho, y con la persona, la dignidad, al que se somete el ordenamiento global por propia voluntad.

Pues bien, en relación con el mantenimiento de la prestación (obra, servicio o suministro) como coste integrante del ciclo de vida de la misma y condición de eficacia de la adjudicación de un contrato, la impronta del *ius commune* y de los principios clásicos del derecho romano se recuperan por la Directiva 2014/24/UE sobre contratación al introducir la herramienta del coste del ciclo de vida y, en concreto, los costes de mantenimiento como uno de los medios para determinar la oferta económica más ventajosa (art. 68). La solidez y seguridad, la comodidad, la ordenación, disposición, proporción, el decoro y economía y la calidad de las edificaciones y construcciones se enraizaron como sabios principios teóricos de la buena edificación[25] –y construcción– y como condiciones normales de mantenimiento de todo tipo de obra.

---

22 *Cfr.* PHIILIP C. JESSUP: The Internacional Problem of Governing Mankid; The Castle Press, Claremont, California, 1947, p. 2.; RICHARD FALK: Law in a Emerging Global Village, A Post-West pahalian Perspectives (tansnational Publishers, Inc. Nueya York, 1998, p. 39-42.; RODRIGUEZ – ARANA MUÑOZ, J: La respuesta jurídica a la corrupción en la contratación pública en Brasil y España (codirección), Thomson-Reuters-Aranzadi, Pamplona, 2016; El Derecho Administrativo Global y el Arbitraje Internacional de Inversiones, Inap, Madrid, 2016

23 *V.*, STS 10.XII.1987 (Ar. 9648), Sala 4ª, Pte. A. Martín del Burgo y Marchán

24 *Cfr.* DOMINGO OSLÉ, R.: Que es el Derecho Global, Ed. CGPJ, Madrid, 2008, p. 222.

25 *Cfr.* CASTAÑEDA, J.: *Compendio de los diez libros de Arquitectura de Vitrubio*, Escrito en francés por Claudio Perrault (traducción), Imprenta de D. Gabriel Ramírez, Año de M. DCC. LXI, pp. LXXXVI y ss.

Como se ha analizado a lo largo de este trabajo, son esas condiciones normales las que integran el concepto de costes de mantenimiento que ha previsto como novedad la Directiva 2014/24/UE en su art. 68 como uno de los criterios de valoración de las ofertas y de adjudicación de los contratos. Esas condiciones contribuirán a que el objeto del contrato, una determinada prestación (obra, servicio o suministro) sirva en el tiempo a su finalidad y en condiciones de calidad que garanticen el derecho a la ciudad o el derecho a unas condiciones de vida, como uno de los retos de la globalización en materia de contratación pública, la transición del paradigma ciudad como negocio en los procedimientos de contratación a ciudad como derecho[26], como ha sido reconocido por el Tribunal Europeo de Derechos Humanos, el Tribunal de justicia Europeo, o el Tribunal de la Corte Europea de Derechos Humanos.

BIBLIOGRAFÍA

RODRÍGUEZ–ARANA MUÑOZ, J: *Derecho Administrativo y Derechos Sociales Fundamentales*, Global Law Press–INAP, Sevilla, primera edición, 2015;

Función Social de la Administración, Tomos I y II (coeditor), Editorial Universidad del Rosario, Bogotá, 2016;

El buen gobierno y la buena administración de instituciones públicas, Aranzadi–Thomson, Pamplona, 2006

El ciudadano y el poder público: el principio y el derecho al buen gobierno y a la buena administración, Reus, Madrid, 2013

El derecho a una buena administración para los ciudadanos, Netbiblo–INAP, 2013; The right to a good administration for citizens, Inap, Madrid, 2015;

"Los principios generales del Derecho de la contratación pública", *Revista Derecho de la Pontificia Universidad Católica del Perú*, nº 66, 2011.–

"Las prerrogativas de la Administración en los contratos de las AdministracionesPúblicas", en la *Contratación administrativa en Iberoamérica*, Ed. Cameron May, Londres, 2008.

MEILAN GIL, JL: *Los contratos públicos en el Derecho de la Unión Europea, La contratación administrativa en España e Iberoamerica*, Ed. Camero, Londres, 2008,

MORENO MOLINA, JA. y VV, AA: *Claves para la aplicación de la Directiva 2014/24/UE, sobre contratación pública*, Ed. El Consultor, Madrid, 2016

ORDOÑEZ SOLIS, D.: *La contratación pública en la Unión Europea*, Ed Aranzadi, Navarra, 2002.

RAFAEL FERNÁNDEZ ACEVEDO Y PATRICIA VÁLCARCEL FERNANDEZ (Dtr): *La contratación púbica a debate: presente y futuro*, Ed. Civitas–Thomson, Pamplona 2014,

SANCHEZ MORÓN, M: *El Derecho de los contratos públicos en la Unión europea y sus estados miembros*; Ed. Lex Nova, Valladolid, 2011.

26 *V., Carta Mundial por un Derecho a la ciudad.*

27. LAS DIMENSIONES SOCIAL Y ÉTICA DE LOS CONTRATOS PÚBLICOS

Dra. Mirian M. Ivanega

I. POLÍTICA PÚBLICA Y CONTRATACIÓN PÚBLICA[1].

1. La contratación pública como política pública

Es necesario considerar que la contratación pública es una política pública, sin perjuicio de las políticas públicas que se desarrollen a través de ellas. En este marco confluyen objetivos, decisiones, normas y necesidades que se entrelazan para configurar un verdadero sistema que dependerá y estará influido por diversos factores (económicos, financieros, sociales, etc.)

Excede al presente profundizar acerca del ciclo de las políticas públicas y de los enfoques que han explicado su conformación y desarrollo. Pero aun a riesgo de cometer omisiones en un tema tan enriquecedor como el de las políticas públicas, hemos de enumerar básicamente las principales fases de formulación y aplicación de aquellas[2], para luego referenciar a los estudios de organizaciones internacionales en cuanto a las particularidades de la contratación pública como objetivo, en especial por las finalidades que debe perseguir, los principios que la informan y el grado de importancia que tiene en el desarrollo de las económicas locales y nacionales.

En primer término, cabe indicar que la raíz de las políticas públicas son problemas que se identifican como políticos y como tales son colectivos y fuente de conflicto. Así,

---

1 En esta ocasión nos referiremos a los contratos públicos y en forma particular al abordar la normativa nacional a los contratos administrativos. Respecto a la denominación de tales figuras, cabe remitirse a los estudios de Juan Carlos Cassagne. Este autor señala que el campo de la contratación pública presenta múltiples matices, que torna casi imposible elaborar una teoría unitaria comprensiva de todo el universo contractual regido por el derecho público que abarque principios comunes. Ello no implica negar que la categoría principal siga siendo la figura del contrato administrativo, pero debe reconocer la existencia de otras especies contractuales en las que se aplica el derecho internacional y en menor medida el derecho administrativo. Por ejemplo es factible advertir la existencia de contratos celebrados por la Administración y demás órganos estatales, que en ejercicio de la función materialmente administrativa, que por ejemplo se rijan parcialmente por el derecho privado, o que sean interadministrativos. Cassagne Juan C. El contrato administrativo, Lexis Nexis-Abeledo Perrot, Buenos Aires, 2005, p. 13/16. Ver también Gordillo Agustin, Tratado de derecho administrativo. T.1 Parte General, Fundación Derecho Administrativo, 11° edición, Buenos Aires, 2014, p. X-3/4.

2 Seguimos en el tema a Jean-Baptiste Harguindéguy en *Análisis de Políticas Públicas*, 2da. Edición, Tecnos, Madrid, 2015.

desde el punto de vista constructivista, tales políticas existen para resolver unos problemas que son asuntos sociales. "(...) un asunto social no es un problema político hasta que alguien lo convierta en ello (...) Dicho de otra forma, no hay problemas políticos *per se* (o muy pocos), sino asuntos sociales (hechos neutrales) que son convertidos en problemas (que pueden entrar en la agenda política)". En la etapa de construcción de un problema se articulan una serie de criterios y elementos (especificidad, relevancia social, temporal, nivel de complejidad, existencia de precedentes históricos) en la cual la retórica y el marco interpretativo que permite entender el entorno, tienen un papel formador relevante[3].

Pero no todos los problemas serán objeto de tratamiento para articular las vías de solución, sino solo aquellos que se incorporen a la "agenda política", segundo paso del ciclo, en el cual los analistas especializados consideran significativa la atención del público "es decir la suma de la capacidad de atención de los individuos" y que además representa un campo donde se libran luchas políticas para incluir o excluir de la agenda determinados asuntos (elites y movimientos sociales, empresariales e incluso los medios de comunicación, etc.).

Luego, se sucederá la etapa de la toma de decisiones, esencia de las políticas públicas en la que se decidirán las soluciones a adoptar. *A priori* hará falta calcular qué aspectos positivos y negativos acarrea cada solución posible y elegir la mejor, o en su caso la que resulte menos perjudicial. Sin embargo, es una fase más compleja que ello, pues no existe una forma unilateral de decidir sobre los asuntos políticos, como tampoco es posible encontrar un único concepto del término "decisión". En este último aspecto, cabe indicar que por un lado existe una diferencia fundamental entre las decisiones sobre asuntos técnicos y las que vinculan asuntos políticos, y por el otro pueden presentarse decisiones "positivas" (que implican la elección entre varias opciones) y "no–decisiones" (forma de "sesgar" la actividad política)[4].

Por último, cierran el ciclo la implementación y la evaluación. La ejecución es un proceso que consiste en poner en práctica las decisiones políticas. "Es una fase fundamental en cualquier análisis de política pública porque es el momento en que se plasman las ideas en hechos reales", la que ha sido objeto de especial atención y estudio a partir del año 2000, dejando de lado la división tajante entre política y administración, pues l La realidad fue mostrando una serie de fallos que aparecían en un programa gubernamental entre el momento que era creado por los políticos y la aplicación por parte de la administración.

En cuanto a la evaluación como etapa en el que se estudia el uso de los recursos y las consecuencias de un programa público, debe remarcarse que se trata de una práctica centrada en dos aspectos vinculados: las organizaciones y los programas de acción pública. Entramos aquí en el terreno de los controles, los procedimientos para llevarlos a cabo (y en este sentido la influencia que tuvieron las medidas de la "nueva gestión pública") y las modalidades "*ex ante*", "*en itinere*" y *ex post*"[5].

Ahora bien, entendemos que en los múltiples caminos que han que transitarse en el universo de las políticas públicas, las contrataciones públicas presentan ciertas particula-

3 Jean-Baptiste Harguindéguy, *op. cit.*, p. 41.

4 *Ib*, p. 63/64.

5 *Ib*., p.104 /109.

ridades. Aquí debe considerarse que la necesidad que a través de ellas se satisface, ha constituido previamente un asunto que se caracterizó como problema y que por ende fue incluido en una agenda cuya solución se implementa a través del contrato. Éste pasa a constituirse en "la solución" al problema planteado.

Esta "carga" que lleva sobre sus espaldas la contratación pública, obliga a que todas las etapas que la componen tiendan a lograr el objetivo previsto originariamente (la compra del bien, la prestación de un servicio, la construcción de una obra, etc.), porque es esencialmente el instrumento considerado idóneo para solucionar un problema, reiteramos satisfacer una necesidad pública o social.

La importancia de las contrataciones también es verificable a través de los índices y estadísticas elaborados por la Organización Mundial del Comercio (OCM)[6] que muestran el alto de grado de incidencia que aquellas tienen en la economía de un país, como por ejemplo que tanto en los países desarrollados como en los países en desarrollo, la contratación pública representa alrededor del 15% del producto interno bruto (PIB).

Teniendo en cuenta que uno de los principales objetivos de la mayoría de los regímenes de contratación es optimizar el uso de los recursos públicos, el primer interrogante que surge es ¿Qué necesidad se quiere satisfacer? ¿Qué se requiere contratar?, para luego plantear ¿Cuáles son los recursos presupuestarios disponibles? ¿Sobre cuáles y cómo incidirá la contratación en otras políticas? (vgr. ambientales, sociales, promoción de sectores económicos, etc.) ¿Qué obstáculos pueden presentarse en la tramitación de la contratación? ¿En qué etapas de la contratación se presentarían? (vrg. oposición de la sociedad, consecuencias negativas en sectores económicos, etc.) ¿Qué factibilidad existe de que se dilate el procedimiento contractual y cuáles serían las causas? (vgr. previsión de impugnaciones, presentación de medidas cautelares, etc.)

En el marco de la OMC se firmó el Acuerdo sobre Contratación Pública (ACP) – acuerdo plurilateral negociado que no incluye a todos los miembros, cuyo revisión entró en vigor el 6 de abril de 2014– cuya finalidad es abrir la mayor cantidad posible de operaciones de contratación pública al comercio y la competencia internacionales, y velar por la transparencia y la defensa de la buena gobernanza.

El objetivo fundamental del ACP es la apertura mutua de los mercados de contratación pública y consta principalmente de dos partes: el texto del Acuerdo y las listas de compromisos de las parte en materia de acceso a los mercados. Su texto contiene normas –que si bien no se aplican automáticamente a todas las contrataciones– disponen que deban garantizarse condiciones de competencia abiertas, equitativas y transparentes. La segunda parte del Acuerdo, la constituyen las listas de cobertura que permite indicar si una actividad de contratación está abarcada o no por él.

En atención a que se está ante un tratado internacional vinculante, el ACP está administrado por el Comité de Contratación Pública, integrado por representantes de todas las partes.

En términos generales, las dos versiones del Acuerdo se basan en los principios de: no discriminación, transparencia y equidad procesal, "y contienen los mismos elementos:

6 https://www.wto.org/spanish

- garantías de trato nacional y no discriminación para los proveedores de las Partes en el Acuerdo con respecto a la contratación de los bienes, servicios y servicios de construcción abarcados establecidos en las listas de cada Parte;
- disposiciones relativas a la adhesión al Acuerdo y a la existencia de trato especial y diferenciado para los países en desarrollo y los menos adelantados;
- prescripciones detalladas de procedimiento relativas al proceso de contratación destinadas a garantizar que la contratación abarcada en el marco del Acuerdo se realice de una forma transparente y competitiva que no discrimine a los bienes, servicios o proveedores de otras Partes;
- prescripciones adicionales sobre la transparencia de la información relacionada con la contratación (por ejemplo, legislaciones y reglamentos pertinentes);
- disposiciones relativas a las modificaciones y rectificaciones de los compromisos de las Partes relativos al ámbito de aplicación;
- prescripciones relativas a la disponibilidad y naturaleza de los procedimientos internos de revisión para las impugnaciones de los proveedores que deben tener todas las Partes en el Acuerdo;
- disposiciones relativas a la aplicación del Entendimiento sobre Solución de Diferencias de la OMC en esta esfera; y
- un "programa incorporado" para el perfeccionamiento del Acuerdo, la ampliación del ámbito de aplicación y la eliminación de las restantes medidas discriminatorias mediante la continuación de las negociaciones".

Estos acuerdos muestran la importancia de las contrataciones públicas y la influencia que ejercen en las políticas públicas internas y externas de los países.

En similar sentido, la Organización para la Cooperación y el Desarrollo Económicos (OCDE) expone que la contratación pública es un pilar fundamental de la prestación de servicios para los gobiernos, por el gran volumen de gasto que representa, que bien gobernados pueden y deben desempeñar un papel importante para fomentar la eficiencia del sector público y a su vez establecer la confianza de los ciudadanos. "Los sistemas de contratación pública bien diseñados también contribuyen a alcanzar objetivos políticos urgentes como la protección del medio ambiente, la innovación, la creación de empleo y el desarrollo de las pequeñas y medianas empresas"[7].

Como piedra angular de la gobernanza estratégica, la Recomendación OCDE de 2015 incluye que: a) apoya la asignación adecuada de los recursos públicos mediante la utilización de la contratación pública como una herramienta estratégica; b) permite una mayor eficiencia en el gasto público, por ejemplo un ahorro del 1% representa 43 mil millones de euros al año en los países de la OCDE; c) mitiga los riesgos como la ineficiencia y la corrupción.

Esas sugerencias se basan en los principios fundamentales de la Recomendación del año 2008 sobre el fortalecimiento de la integridad en la contratación pública, pero los amplía para reflejar el rol fundamental que debe desempeñar la gobernanza de la contratación pública para lograr la eficiencia y promover los objetivos de las políticas públicas.

---

7 https://www.oecd.org

Sin perjuicio de la eficiencia y la rentabilidad como objetivos primordiales de la contratación pública, los gobiernos también la utilizan para perseguir fines adicionales de política secundaria: promoción de un crecimiento verde sostenible, el desarrollo de pequeñas y medianas empresas, la innovación, las normas para una conducción empresarial responsable, objetivos de política industrial más amplia[8].

Para garantizar el uso estratégico y holístico de la contratación pública ese Organismo Internacional propugna doce (12) principios integrados, que configuran una referencia para la modernización de los sistemas de adquisiciones, que puede aplicarse a todos los niveles del gobierno y las empresas estatales, que aborda todo el ciclo de adquisiciones y que también integra la contratación pública con otros elementos de la gobernanza estratégica, como la presupuestación, la gestión financiera y otras formas de prestación de servicios. Ello son: Transparencia – Integridad– Participación – Acceso –Equilibrio – Eficiencia –E–Procurement–Capacidad–Evaluación–Gestión De Riesgos–Responsabilidad –Integración.

En definitiva, la contratación pública es una suma de complejidades, realidades y políticas que trascienden las fronteras de un país y que ha obligado a que organizaciones internacionales se involucraran directamente a través de directivas y recomendaciones, enfatizando la eficiencia y la transparencia.

2. Política pública y necesidades sociales.

Como se indicó toda contratación está ligada a la satisfacción, directa o indirectamente, de una necesidad pública, social. Tiene su razón de ser en el objetivo que se persigue y se obtiene a través de ella.

Todas las etapas de la contratación están involucradas con tal propósito contractual, esto es partiendo de la decisión de contratar y de fijar el qué y para qué, pasando por toda la tramitación del procedimiento, llegando a la ejecución y la conclusión.

Por ende, la necesidad a satisfacer no configura un elemento aislado o temporario, sino que informa todo el desarrollo de la vida del contrato.

Al ser la sociedad la que se presenta como destinataria de la actuación pública contractual es factible considerar que todos los objetivos a perseguir por ésta sean sociales, sin perjuicio de las especificidades de las políticas secundarias que se cumplan tras ellas (por ejemplo ambiental).

La necesidad social o pública (con la idea de que pertenece a todos) puede estar referida directamente a la sociedad y a la satisfacción de un derecho fundamental o a la ac-

---

8 La OCDE informa que la mayoría de los países (94%), entre ellos Chile, Alemania y Japón, han desarrollado estrategias o políticas para apoyar la contratación pública ecológica, las PYME y/o los bienes y servicios innovadores. Sólo dos países, Estonia y la República Eslovaca, nunca elaboraron una estrategia de contratación pública ni una política para abordar los objetivos de la política secundaria a nivel central.En contraposición, el número de países de la OCDE que reportan medir los resultados de sus estrategias o políticas para promover objetivos ambientales o socioeconómicos es significativamente menor y muestra diferencias entre los objetivos de la política. Entre los países encuestados que tienen una estrategia o una política desarrollada a nivel central o entidades contratantes, veinte de ellos (69%), entre ellos Bélgica, Portugal, Suecia y Estados Unidos miden los resultados de su estrategia o política para apoyar la contratación pública ecológica. Dieciocho (62%), en particular, Australia, Polonia y Eslovenia, miden los resultados de su estrategia o política de apoyo a las PYME. Sólo once países (39%), entre ellos Canadá, Corea y el Reino Unido, miden el impacto de su política o estrategia para fomentar bienes y servicios innovadores.

ción dirigida a cubrir una exigencia de la propia organización estatal (caso presente en los denominados contratos de suministros) supuesto en el cual la comunidad también se verá beneficiada, en la medida que la falta de insumos y elementos necesarios para gestionar en forma eficiente, repercute negativamente en el servicio que debe brindar toda organización pública a aquella.

En este sentido, cabe recordar lo expresado por los profesores Escola y Comadira respecto a que la idea de interés público, de necesidad colectiva, debe ser entendida en sentido amplio, de acuerdo "con el alcance que modernamente tiene en la Administración que no la restringe a aquellos fines que son de estricto carácter jurídico, sino que lo extiende al servicio de los más amplios intereses sociales, o sea, a todo aquello en lo que el interés público esté, en cierta forma, directamente implicado"[9].

Desde el ángulo de la política pública, es inadmisible que su adopción transite carriles distintos a los indicados por la Constitución y la legislación. Administrar y disponer de los recursos públicos para fines contrarios a la juridicidad es corrupción, cuyos efectos perjudica sin piedad a aquellos que supuestamente debían verse beneficiados por una política plasmada en la contratación: los ciudadanos.

Una de las fases en las cuales la necesidad a satisfacer se hace visible es el "pliego de bases y condiciones" (también denominados pliegos de condiciones, bases del concurso, etc.) en el cual se verá plasmada el bien, servicio u obra a contratar, así como las condiciones a cumplir por los futuros oferentes.

Tales pliegos contienen un conjunto de prescripciones que comprenden desde reglas de procedimiento, condiciones y requisitos técnicos y financieras de las ofertas, criterios de selección e incluso cláusulas de naturaleza contractual que regirán la relación con el adjudicatario[10].

Más allá de los tipos de pliego que la doctrina y la legislación establezcan[11], es importante considerar que su contenido los convierte en "la ley entre las partes" como lo señaló la Corte Suprema de Justicia de la Nación (CSJN) en la República Argentina, rigiendo todo el procedimiento contractual hasta su conclusión[12].

Hay por lo tanto justificadas razones para exigir que tales pliegos sean claros, transparentes, precisos, que permitan la sana competencia, la igualdad, la buena fe, evitando que "encubran" otros objetivos o que se "dirijan" a beneficiar ocultamente a determinadas empresas.

---

9 Comadira Julio Rodolfo, Escola Héctor Jorge, Comadira Julio Pablo, Curso de Derecho Administrativo, Tomo I, Capítulo XII (el autor del capítulo es Héctor Jorge Escola actualizado por Julio Rodolfo Comadira) Abeledo Perrot, Buenos Aires, 2012.

10 Cassagne Juan C., op.cit., p. 94/96.

11 En el caso de la República Argentina, se distinguen los pliegos de contenido general y los pliegos particulares o técnicos; los primeros contienen disposiciones generales vinculadas a los contratos de una misma clase o categoría (por ejemplo obra pública, suministros) o a todos los contratos de la Administración Pública. Los pliegos particulares se refieren a un contrato específico, cierto y determinado, respecto del cual se establecen las condiciones particulares. Comadira Julio R., La Licitación Pública, Lexis Nexis, 2da. Edición actualizada y ampliada, Buenos Aires, 2006, p. 156.

12 CSJN Fallos 179:249; 308:618; 316:3157; 329:5319.

II. LA DIMENSIÓN SOCIAL. ALGUNOS EJEMPLOS EN LA REPÚBLICA ARGENTINA

Una definición común a la hora de considerar tales dimensiones es la aceptada internacionalmente como "*compras públicas sustentables*", que aluden "*a aquellas que implican la adopción de criterios ambientales y sociales, además de los económicos, como condición para la compra de bienes o contratación de servicios. Las organizaciones, siguen este proceso para satisfacer sus necesidades de bienes, servicios, trabajo e insumos de manera de obtener valor por su dinero sobre la base del ciclo de vida, con la finalidad de generar beneficios para la institución, para la sociedad y la economía, al tiempo que se minimiza el impacto sobre el medio ambiente. (Definición adoptada por la MTF on SPP (Marrakech Task Forceon Sustainable Public Procurement – Grupo de Trabajo de Marrakech sobre Compras Públicas Sostenibles) en su primera reunión y actualmente adoptada globalmente)*". A través de ella se persigue lograr el equilibrio entre los tres pilares del desarrollo sustentable: económico, social y medioambiental. Los factores económicos considerarán los costos del producto/servicio durante todo el ciclo de vida del producto (compra, mantenimiento, funcionamiento y costos de gestión del final de vida útil, más los costos de eliminación de residuos). Los factores sociales incluirán determinados valores tales como: la justicia social e igualdad, seguridad e higiene laboral, derechos humanos y condiciones laborales. Por último, en los factores ambientales han de evaluarse las emisiones al aire, tierra y agua, el cambio climático, la biodiversidad, así como la utilización de los recursos naturales durante todo el ciclo de vida del producto[13].

Ahora bien, nos interesa detenernos en la dimensión social de la contratación pública la que, como se sostuvo, se encuentra en el propio fin de ésta, pues siempre va a corresponderse, directa o indirectamente, con una necesidad de la comunidad[14].

A ésta la denominaremos "dimensión social genérica", para distinguirla de la "dimensión social especial" que refiere al contrato público como instrumento para aplicar políticas públicas de diversa índole, a través de ella podrán incluirse objetivos específicos vinculados, por ejemplo, a los derechos y necesidades de ciertos sectores en condiciones de vulnerabilidad social. Surgen así las cláusulas sociales, a través de las cuales se incorporan asuntos de esa naturaleza (vgr. que prevean situaciones de discapacidad, género, etc.) que formarán parte de las bases incorporadas a los pliegos, valoradas al momento de la adjudicación y controladas en la etapa de la ejecución contractual[15].

Se trata en definitiva de la aplicación de fondos públicos, en conexión con la responsabilidad que las empresas asumen frente a la sociedad. Lo cierto es que esas políticas deben encontrar una aplicación concreta y efectiva –de lo contrario se convierten en

---

13 www.argentinacompra.gov.ar

14 El artículo 1 del Decreto 1023/2001, establece "*El Régimen de Contrataciones de la Administración Nacional, tendrá por objeto que las obras, bienes y servicios sean obtenidos con la mejor tecnología proporcionada a las necesidades, en el momento oportuno y al menor costo posible, como así también la venta de bienes al mejor postor, coadyuvando al desempeño eficiente de la Administración y al logro de los resultados requeridos por la sociedad (...)*".

15 Las cláusulas sociales se han definido como "la inclusión de aspectos sociales en los procesos de contratación pública, bien como requisito previo (Reserva de Mercado), como elemento de valoración (Criterio de Adjudicación), o como una obligación (Condición de Ejecución)"en http://www.clausulassociales.org.

ilusorias– entre leyes y reglamentos que obliguen a que las contrataciones públicas constituyan una efectiva herramienta de política social.

En la República Argentina, cabe mencionar el régimen de "efectores sociales" que ha permitido incluir dentro del sistema de proveedores, a sectores que se encuentran en situaciones de vulnerabilidad y de desventaja respecto de empresas.

La Ley N° 25.865 –que modificó la Ley de Impuesto al Valor Agregado– incorporó al régimen de reducción de alícuota de dicho tributo a un nuevo sujeto económico con características propias, denominado Efector de Desarrollo Local y Economía Social, creándose por Decreto 189/2004 un Registro Nacional en el ámbito del Ministerio de Desarrollo Social, como un instrumento para facilitar la inclusión en la economía formal. Se trata de emprendedores que facturan por sus servicios y productos, que se incorporan al sistema previsional y reciben los servicios de una obra social, además de tener la posibilidad de ser proveedores del Estado[16].

Paralelamente, se modificó el Decreto 1023/2001 (Régimen de Contrataciones de la Administración Pública Nacional) incorporándose al inciso d) de su artículo 25, que los procedimientos de selección serán: "...d) CONTRATACIÓN DIRECTA. La selección por contratación directa se utilizará en los siguientes casos (...) 10. Los contratos que previo informe al MINISTERIO DE DESARROLLO SOCIAL, se celebren con personas físicas o jurídicas que se hallaren inscriptas en el Registro Nacional de Efectores de Desarrollo Local y Economía Social, reciban o no financiamiento estatal".

A partir del año 2016, con la entrada en vigencia de la nueva reglamentación (Decreto 1030/2016) de aquel decreto se dispone que el informe previo exigido por la anterior disposición se consideraría cumplido con la inscripción en el Registro correspondiente (artículo 24). En cuanto a la publicidad, el artículo 44 establece que se enviarán invitaciones a por lo menos tres proveedores inscriptos en el Registro Nacional con un mínimo de tres días hábiles de antelación "a la fecha de apertura de las ofertas o a la fecha de vencimiento del plazo establecido para la presentación de las ofertas inclusive, o para el retiro o compra del pliego inclusive, o para la presentación de muestras inclusive, la que operare primero, cuando esa fecha se anterior a la fecha de apertura de las ofertas y difusión en el sitio de internet de la OFICINA NACIONAL DE CONTRATACIONES o en el sitio del sistema electrónico de contrataciones, desde el día en que se cursen las respectivas invitaciones, en la forma por los medios que establezca el Órgano Rector".

El Efector Social en condiciones de inscribirse en el Registro, es aquella persona que está realizando una única actividad productiva y que ve dificultada su inserción en la economía formal, por encontrarse en una situación de vulnerabilidad social.

La noción de vulnerabilidad social involucrada en su definición, identifica a grupos sociales, hogares e individuos que por su menor disponibilidad de activos materiales (ingresos, vivienda) y no materiales (protección social: salud, educación y seguridad social), quedan expuestos a sufrir alteraciones bruscas y significativas en sus niveles de vida, en especial ante cambios en la situación laboral de sus miembros activos.

La actividad económica debe ser sustentable, por lo tanto debe contar con la posibilidad de desarrollarse en un tiempo prolongado; para eso el inscripto debe poseer un

16 http://www.desarrollosocial.gob.ar/monotributosocial - https://www.afip.gob.ar -

cúmulo de capacidades, experiencia en la actividad y conocimiento del mercado en el que el proyecto laboral se llevará a cabo.

Asimismo, debe tratarse de una actividad económica genuina, enmarcada en el Desarrollo Local y la Economía Social, respondiendo al perfil productivo de su región, motivo por el cual se evalúa el entorno barrial y comunitario donde se realiza la actividad, la provisión de insumos de la región, la potencial generación de empleo, la vinculación con redes comunitarias, la motivación de la inscripción, etc.

El Registro fortalece los proyectos en marcha e impulsa la creación de nuevas iniciativas, recuperando las capacidades y valores que identifican a los emprendedores. Ello permite participar en la economía en igualdad de condiciones y promover la inclusión social.

Basado en la información aportada en el momento de la inscripción con carácter de declaración jurada, el personal del Registro releva y evalúa las condiciones en que se encuentren los inscriptos, para determinar su situación de vulnerabilidad.

La condición de Efector Social conlleva la del "monotributo social", categoría tributaria permanente, creada con el objeto de facilitar y promover la incorporación a la economía formal de aquellas personas. Eso les posibilita emitir facturas, acceder a las prestaciones de una obra social nacional sindical (con cobertura para hijos, cónyuge o conviviente) e ingresar al sistema previsional. Además el efector puede convertirte en proveedor del Estado, empresas privadas y organizaciones no gubernamentales.

Otra norma a citar es la Ley 22.431 (y modificatorias) que obliga al Estado nacional —entendido como los tres poderes que lo constituyen, organismos descentralizados o autárquicos, entes públicos no estatales, empresas del Estado y empresas privadas concesionarias de servicios públicos— a ocupar personas con discapacidad, "que reúnan condiciones de idoneidad para el cargo en una proporción no inferior al cuatro por ciento (4%) de la totalidad de su personal y a establecer reservas de puestos de trabajo a ser exclusivamente ocupados por ellas (...)". Específicamente, los sujetos obligados priorizarán –a igual costo y conforme establezca la reglamentación– "las compras de insumos y provisiones de aquellas empresas que contraten a personas con discapacidad, situación que deberá ser fehacientemente acreditada".

Este somero recorrido de la normativa nacional argentina, constituye una muestra de la importancia de las dimensiones sociales –genérica y especial, en nuestra clasificación– del contrato público.

En efecto, la realidad –no solo nacional– muestra la necesidad de redefinir el análisis de tales contrataciones, a la luz del impacto que producen en diversos órdenes en la persona humana: su trabajo, desarrollo social, económico y cultural, su bienestar y el de su familia, junto a sus motivaciones personales y expectativas; es decir su dignidad está vinculada en mayor o menor medida con aquellos bienes, servicios y obras que el Estado contratará.

III. LA DIMENSIÓN ÉTICA.

Ética pública y contratación pública "deben" conformar una unidad no solo en términos normativos–formales, sino fundamentalmente en un sentido teleológico.

Referirse a ellas como compartimentos estancos, es partir de bases hipócritas y facilitadoras de una visión incompleta de la relación que las une.

El manejo de recursos públicos a través de las contrataciones, presupone que desde la elección de la necesidad a cubrir en adelante, la ética pública está presente porque ella se impone como elemento connatural a tal gestión.

La ética que ha de predicarse de la totalidad de funcionarios y servidores públicos, tiene una gravitación especial en aquellos que intervienen directa o indirectamente en las contrataciones; hay un mayor deber de diligencia, probidad y transparencia.

Por ello entendemos que referirse a la dimensión ética de los contratos públicos es aludir a la finalidad pública a cumplir, a la eficiencia y la legalidad del procedimiento utilizado, a la adjudicación debidamente motivada, a la ejecución acorde con los parámetros iniciales y a los objetivos perseguidos.

En ese marco, los principios generales de concurrencia, igualdad, transparencia, eficacia, buena fe, responsabilidad, entre otros, configuran un bloque informador del contrato público, cuyo cumplimiento conforman tal dimensión.

En definitiva, la ética está presente en la contratación pública desde su formación como herramienta de política pública hasta su conclusión y cumplimiento de objetivos.

Por ello, dejará ser una solución para convertirse en un problema (entre otras causales) cuando se aparte de las finalidades públicas que debe perseguir y se convierta en un centro de corrupción.

Este flagelo implica no solo el aprovechamiento de una posición de poder con el objeto de obtener ventajas personales con detrimento de otros, sino también "la cooperación concertada de dos o tres actuantes que obtienen ventajas privadas ilegales a costa de terceros. La corrupción sirve a muy pocos seres humanos, pero sus consecuencias dañinas afectan a todos los demás muy gravemente ya que provocan el aumento de la pobreza de pueblos enteros, estados y regiones"[17].

Las Convecciones Interamericana y de las Naciones Unidas contra la Corrupción imponen los principios de la publicidad, equidad y eficiencia de las contrataciones públicas (art. III, inc. 5° de la CICC y arts. 7, 9 y 10 de la Convención de las Naciones Unidas contra la Corrupción) que transforman de pleno derecho en antijurídicas las adjudicaciones y los precios finales –a su extinción– que no se publiquen en el Boletín Oficial, fueren inequitativas para los usuarios (*pacta tertiis non nocent*), o impliquen dispendio sin causa de fondos públicos, etc.[18]

En el caso de la República Argentina, el mencionado Decreto 1023/01 establece en el artículo 3° los principios generales a los que debe ajustarse la gestión de las contrataciones, teniendo en cuenta las particularidades de cada una de ellas: "a) Razonabilidad del proyecto y eficiencia de la contratación para cumplir con el interés público comprometido y el resultado esperado; b) Promoción de la concurrencia de interesados y de la competencia entre oferentes; c) Transparencia en los procedimientos; d) Publicidad y difusión de las actuaciones; e) Responsabilidad de los agentes y funcionarios públicos que autoricen, aprueben o gestionen las contrataciones; f) Igualdad de tratamiento para interesados y para oferentes. Desde el inicio de las actuaciones hasta la finalización de la

---

17 Kratzenberg Rüdiger, Prevención de la corrupción y controles jurídicos en contrataciones, ponencia en la Conferencia Internacional organizada por la ASIP e Inwent, en http://asip.org.ar/

18 Gordillo Agustín, op. cit., VI-17/VI-18. Para este autor la corrupción transnacional y su lavado de dinero son crímenes de lesa humanidad.

ejecución del contrato, toda cuestión vinculada con la contratación deberá interpretarse sobre la base de una rigurosa observancia de los principios que anteceden".

A su vez, el artículo 9 regula la transparencia prescribiendo que "La contratación pública se desarrollará en todas sus etapas en un contexto de transparencia que se basará en la publicidad y difusión de las actuaciones emergentes de la aplicación de este régimen, la utilización de las tecnologías informáticas que permitan aumentar la eficiencia de los procesos y facilitar el acceso de la sociedad a la información relativa a la gestión del Estado en materia de contrataciones y en la participación real y efectiva de la comunidad, lo cual posibilitará el control social sobre las contrataciones públicas. Asimismo, teniendo como base el principio de transparencia, la apertura de las ofertas siempre realizará en acto público, siendo ello también aplicable a las contrataciones públicas electrónicas".

La presencia de actos corruptos es causal determinante del rechazo de la propuesta u oferta en cualquier estado de la licitación o de la rescisión de pleno derecho del contrato; en tal sentido el artículo 10 consagra que tales conductas son las que se configuran como dar u ofrecer dinero o cualquier dádiva a fin de que: a) Funcionarios o empleados públicos con competencia referida a una licitación o contrato, hagan o dejen de hacer algo relativo a sus funciones; b) o para que hagan valer la influencia de su cargo ante otro funcionario o empleado público con tal competencia, a fin de que éstos hagan o dejen de hacer algo relativo a sus funciones; c) cualquier persona haga valer su relación o influencia sobre un funcionario o empleado público con esa competencia, con el objeto de que éstos hagan o dejen de hacer algo relativo a sus funciones. Serán considerados sujetos activos de esta conducta quienes hayan cometido tales actos en interés del contratista directa o indirectamente, ya sea como representantes administradores, socios, mandatarios, gerentes, factores, empleados, contratados, gestores de negocios, síndicos, o cualquier otra persona física o jurídica. Las consecuencias de estas conductas ilícitas se producirán aun cuando se hubiesen consumado en grado de tentativa".

En forma consecuente, la Ley 25.188 de Ética en el ejercicio de la Función Pública, estableció pautas de comportamiento ético así como las situaciones de incompatibilidad y conflicto de interés que pueden acarrear la nulidad absoluta del acto y contrato, sin perjuicio de fijar que las firmas contratantes o concesionarias, serán solidariamente responsables por la reparación de los daños y perjuicios que por tales actos le ocasionen al Estado[19].

Por lo tanto, estas disposiciones y otras que las complementan y que regulan las formas e publicidad y difusión de los procedimientos, la preservación de la igualdad, entre otras, son muestra de la existencia de previsiones normativas adecuadas.

Pero, nuevamente afirmamos que las normas no son suficientes[20]; Códigos, leyes, catálogos constituyen herramientas relevantes aunque incompletas, en la medida que no se complementen con controles preventivos y sanciones efectivas.

19 Artículo 2 inc. h), 13, 14, 15, 16 y 17.

20 Cita obligada en el análisis de los efectos que la normativa tiene sobre la corrupción, es el profesor argentino Héctor Mairal que hace referencia a las causas jurídicas de la corrupción, entendiendo que el derecho "además de servir de instrumento a un sistema económico que fomente la corrupción, también puede actuar independientemente como factor de corrupción. Ello no deja de ser paradojal ya que su misión debiera ser coadyuvar en la lucha contra el fenómeno. Sin embargo, en nuestro país se observa que

La corrupción ha invadido todos los terrenos y las contrataciones públicas siguen configurando un ámbito proclive a tal desvío.

Una y otra vez, sectores sociales, políticos, económicos, académicos, recurren a las estadísticas internacionales y a las denuncias de los medios de comunicaciones o asociaciones, para reclamar por transparencia y ética, para criticar y reprochar la inercia de los gobiernos. Pero es insuficiente; los resultados están a la vista: la corrupción no se ha detenido, por el contrario parece avanzar a pasos agigantados.

Sin embargo, esta realidad no debe ser obstáculo para avanzar en la búsqueda de caminos que permitan ir desplazando el flagelo y sus efectos negativos sobre la sociedad y sus derechos.

Para ello, creemos que la detección "a tiempo" de los desvíos e irregularidades, un efectivo control interno que prevenga conductas de esa naturaleza y un sistema de responsabilidades de los servidores y funcionarios públicos que derive en sanciones ejemplificativas, constituyen mecanismos eficaces.

IV. CONCLUSIONES

Tal como lo señala el profesor Jaime Rodríguez Arana Muñoz, la contratación pública no puede considerarse una simple actividad económica de la Administración, "en términos análogos a los de los operadores privados en el mercado". La actuación de la Administración ha de exceder la eficiencia económica como fin último, ya que debe considerar valores y principios que incumben al interés público. De esta forma es factible afirmar que "la contratación pública no sólo es el instrumento para la ejecución de obras, establecimiento de servicios o prestación de suministros, sino también presenta una gran potencialidad para incidir en las políticas económicas y sociales"[21].

El escenario de las contrataciones públicas muestra una realidad intrincada, pero no por ello imposible de clarificar.

Los factores que inciden en su origen, desarrollo y conclusión pueden ensamblarse y ser comprendidos en función de los objetivos públicos, en la medida que exista en la sociedad y los gobernantes el arraigado convencimiento de que la administración y disposición de los recursos públicos no constituyen ámbitos personales o privados.

---

en muchos casos actúa como su aliado". En Las raíces legales de la corrupción, Cuadernos Res Pública Argentina, Ediciones RAP, Buenos Aires 2007, p. 18.

21 Rodríguez Arana Muñoz Jaime, El derecho administrativo ante la crisis (el Derecho Administrativo Social), *Revista Eurolatinoamericana de Derecho Administrativo* vol. 2 | n. 2 | julio/diciembre 2015, Santa Fe, Argentina.

28. LA CONTRATACIÓN PÚBLICA SUSTENTABLE

Ernesto Jinesta L.[1]
(Costa Rica)

INTRODUCCIÓN

En esta contribución nos hemos propuesto, en primer término, perfilar los rasgos esenciales de la "Contratación Pública Sustentable", incluyendo bajo esta denominación común, la "Contratación Pública Ecológica" y la "Contratación Pública Social". Cada una de las dos partes en que se divide el trabajo, trata de brindar una aproximación general y caracterización, ya sea de la contratación ecológica o de la social para que tenga alguna utilidad para los operadores jurídicos, sobre todo en el caso costarricense, donde, en particular, la contratación social todavía no ha sido regulada y desarrollada.

Como se trata de una obra colectiva que recoge las perspectivas de desarrollo de esos temas en varios países, en cada uno de los dos segmentos, se hace referencia al estado de cosas y la regulación jurídico–positiva que existe en el ordenamiento jurídico costarricense.

En el entorno iberoamericano tiene un especial significado el estudio, la divulgación, regulación e implementación efectiva de las "Compras Públicas Sustentables" que procuran un desarrollo sostenible, precisamente, por las acusadas necesidades en este sub–continente de protección del ambiente, ante una explotación histórica irracional del mismo, y de los grupos sociales vulnerables o en desventaja, ante una pobreza, expoliación e inequidad, también, crónicas.

De ahí, la necesidad, dentro del género de las "compras públicas sustentables" de abordar el estado de desarrollo y la regulación de las "compras públicas ecológicas" que introducen la variable medioambiental durante todo el ciclo de formación, ejecución y

---

1 Catedrático de Derecho Administrativo Universidad Escuela Libre de Derecho (UELD) -Costa Rica-, Profesor y miembro de las Comisiones Redactora y Académica Programa de Doctorado en Derecho Administrativo Iberoamericano (DAI), Universidades de la Coruña, España, Nacional del Litoral (Argentina), Nacional del Nordeste (Argentina), de Montevideo (Uruguay), Veracruzana (México), de Guanajuato (México), Santo Tomás de Tunja (Colombia), de Piura (Perú), Monteávila (Venezuela), Hispanoamericana (Nicaragua), Escuela Libre de Derecho (Costa Rica), Director y profesor programa de doctorado en Derecho Administrativo UELD, Presidente de la Asociación Costarricense de Derecho Administrativo, Miembro de la Asociación Internacional de Derecho Administrativo (AIDA), el Foro Iberoamericano de Derecho Administrativo (FIDA), Vicepresidente, por Costa Rica, de la Asociación Iberoamericana de Derecho Administrativo, miembro de honor Asociaciones Mexicana, Dominicana y nicaragüense de Derecho Administrativo. www.ernestojinesta.com.

extinción del contrato administrativo. Lo mismo sucede con las "compras públicas sociales" que incorporan, en el mismo circuito contractual administrativo, las denominadas "cláusulas sociales" para lograr ciertos valores como la integración, la justicia, la equidad y la solidaridad sociales.

I. CONTRATACIÓN PÚBLICA ECOLÓGICA (CPE)

1. Beneficios CPE

Durante muchos años los poderes públicos han soslayado el valor medioambiental de los productos, servicios y obras que contratan, sin embargo, esto cambió con el surgimiento del concepto de "desarrollo sostenible", sea el que atiende las necesidades actuales sin sacrificar la capacidad de las generaciones futuras para satisfacer las suyas (Informe Brundtland "Nuestro Futuro Común" de 1987 y Declaración de Río de Janeiro de 1992, producto de la Conferencia de la Organización de las Naciones Unidas sobre el Ambiente y el Desarrollo).

Anualmente, los poderes públicos gastan un significativo porcentaje del PIB en la adquisición de bienes y servicios, creando, con tal poder de compra, un vasto y complejo mercado de la contratación pública que determina, finalmente, tendencias sostenibles y responsables de producción y consumo. De ahí la necesidad de fomentar la adquisición de bienes y servicios ecológicos que fomente un mercado para los que son respetuosos con el medioambiente. Los poderes públicos, entonces, tienen un liderazgo natural en fomentar un desarrollo sustentable. Por su parte, el ambiente del planeta está sometido a serias amenazas como el cambio climático, lo gases de efecto invernadero, la lluvia ácida, contaminación, degradación de los bosques, pérdida de la biodiversidad, desertificación, sobre–explotación de los recursos marinos y de los mantos acuíferos, etc., y los poderes públicos deben garantizarlo, defenderlo y preservarlo.

La CPE, también, incentiva el desarrollo de tecnologías ambientales por parte de los proveedores de tales bienes y servicios[2]. Adicionalmente, genera un ahorro presupuestario tomando en consideración el "costo del ciclo de vida" (CCV) de un contrato administrativo o del producto (extracción materiales, materia prima utilizada en la producción o procesamiento, distribución, uso, reutilización, eliminación, disposición final o reciclaje, sea de la "cuna a la tumba") que debe ser objeto de análisis por los poderes públicos (ACV –análisis del ciclo de vida–), para no solo dejarse llevar por el precio de compra (v. gr. bienes o equipo que ahorran energía o agua o procuran su uso eficiente)[3]. Es preferible adquirir un bien que tenga una vida útil prolongada, que sea fácilmente reparable, "recargable" o reutilizable y reciclable, que sea energéticamente eficiente, que utilice energías renovables, etc. a un mayor costo, que otro producto que cuesta menos pero que

2 V. COM (2008) 400, Bruselas 16.7.2008, "Contratación pública para un medio ambiente mejor", Comunicación de la Comisión al Parlamento Europeo, al Consejo, al Comité Económico y Social Europeo y al Comité de las Regiones.

3 Comisión Europea, Manual sobre contratación pública ecológica, 2ª. Edición, junio 2011, p. 6. Además del ahorro tiene beneficios ambientales para toda la comunidad como la reducción de gases de efecto invernadero (v. gr. por uso de electricidad ecológica), consumo de energía eléctrica (v. gr. ordenadores con eficiencia energética) o del agua (inodoros y grifería eficiente en edificios públicos).

tiene una vida útil más corta, no es susceptible de ser reparado, reutilizado o reciclado[4]. En definitiva "Un producto ecológico es aquel que tiene un menor impacto en el medio ambiente durante todo su ciclo de vida, que cumple la misma o mejor función que un producto no ecológico y que alcanza las mismas o mejores cuotas de calidad y de satisfacción para el usuario"[5]

El factor medioambiental en la contratación pública, contribuye a mejorar la relación calidad–precio al invertirse los dineros públicos con lo que se consigue, también, un rendimiento máximo del dinero de los contribuyentes. En tal sentido la ponderación de los criterios medioambientales conduce a adjudicar a la oferta económicamente más ventajosa (para la protección del ambiente) y no a la más barata[6] que puede dañarlo.

La utilización sostenible de los recursos naturales y de las materias primas, empleadas en la producción de un bien que debe ser proveído a los poderes públicos, utilizado en la construcción de una obra pública o la prestación de una servicio público, beneficia tanto al medioambiente como a la economía en su conjunto, creando oportunidades para las "economías ecológicas emergentes".

La variable medioambiental en la contratación pública impulsa la competitividad, la investigación, el desarrollo y la innovación de la industria en el uso de "eco–tecnologías" que reducen el impacto o huella ambiental.

Adicionalmente, la CPE tendrá un efecto reflejo necesario en la contratación privada, en cuanto los proveedores privados participan de la cadena del suministro público, promoviendo en ese ámbito la utilización de criterios ecológicos que es lo que se ha denominado "ecologizar" la contratación privada promoviendo la utilización de materias primas, métodos de producción, envasado y etiquetado, etc. conforme a criterios de protección al medioambiente. Consecuentemente, una política pública ambiental de compras públicas ecológicas bien concebida, diseñada e implementada tiene efectos multiplicadores incalculables y de gran repercusión en la creación de una conciencia y cultura de protección y defensa del ambiente.

Lo anterior resulta congruente, con la proclamación casi generalizada del derecho humano y fundamental de carácter prestacional o social a un ambiente sano y ecológicamente equilibrado y que tiene una eficacia extensiva y progresiva en un sentido vertical y horizontal, con lo que vincula no solo a los poderes públicos sino, incluso a los sujetos de Derecho privado, según la teoría de la irradiación de los derechos fundamentales al ámbito privado.

La CPE, además de beneficiar el medioambiente, mejora la imagen del poder adjudicador o administración contratante y del contratista, sin mayores cambios estructurales. Se requiere de una planificación estratégica nacional y concertada para formar y capacitar a los funcionarios públicos encargados de las adquisiciones públicas, para garantizar el acceso efectivo y expedito a la información ambiental, en la definición de sectores prioritarios para implantar la CPE y el diseño de un procedimiento ecológico de contratación pública.

4 V. Guía de compras públicas sustentables, argentinacompra, Jefatura de Gabinete de Ministros, Presidencia de la Nación, Noviembre 2011.

5 V. Compras Verdes, Catálogo de Productos y Proveedores de Aragón. Prescripciones técnicas para la compra pública sostenible, Gobierno de Aragón, 2007.

6 V. Comisión Europea, Manual sobre contratación pública ecológica, 2ª. Edición, junio 2011, pp. 22-23.

2. Origen

La preocupación por la CPE surge como consecuencia de una recomendación adoptada por el Consejo de la Organización para la Cooperación y el Desarrollo Económico (OCDE) el 23 de enero 2002 N° C (2002) 3 *"para mejorar el comportamiento medioambiental de la contratación pública"*[7]. Por su parte, en la Cumbre Mundial sobre el Desarrollo Sostenible, celebrada en diciembre de 2002 en Johannesburgo, se instó a las autoridades nacionales competentes, de todos los niveles, a *"fomentar políticas de contratación pública que favorezcan el desarrollo y la difusión de mercancías y servicios favorables al medio ambiente"*. Como consecuencia de lo anterior, se creó en 2003 en Marrakech un Grupo de Estudio sobre la contratación sostenible para difundir y fomentar el uso de prácticas ecológicas en la contratación pública ("Marrakech Task Force")[8].

En la Unión Europea[9] arranca con la Comunicación de la Comisión sobre la política de productos integrada de 2003, en la que se recomendaba a los Estados miembros adoptar planes de acción nacionales en materia de CPE antes de finalizar el año 2006[10]. La UE, actualmente, cuenta con el "Manual sobre contratación pública ecológica"[11] en su 2ª edición de junio de 2011 emitido por la Comisión Europea para orientar a los gobiernos nacionales sobre la materia. También existe un tupido entramado de directivas y políticas tales como los siguientes: 1) Directiva 2004/18/CE, sobre coordinación de los procedimientos de adjudicación de los contratos de obras, de suministro y de servicios; 2) Directiva 2004/17/CE, sobre la coordinación de los procedimientos de adjudicación de contratos en los sectores del agua, de la energía, de los transportes y de los servicios postales; 3) Reglamento (CE) N° 1177/2009 por el que se modifican las Directivas 2004/17/CE, 2004/18/CE y 2009/81/CE del Parlamento Europeo y del Consejo en lo que concierte a sus umbrales de aplicación en materia de procedimientos de adjudicación de contratos; 4) Contratación pública para un medio ambiente mejor COM(2008)400 y su documento de trabajo SEC (2008)2126; 5) Plan de acción sobre consumo y producción sostenibles y una política industrial sostenible COM(2008)397; 6) La contratación precomercial: impulsar la innovación para dar a Europa servicios públicos de alta calidad y sostenibles COM(2007)799; 7) Comunicación interpretativa de la Comisión sobre el Derecho comunitario aplicable en la adjudicación de contratos no cubiertos o solo parcialmente cubiertos por las Directivas sobre contratación pública 2006/C 179/02; 8) Directiva 2009/33/CE relativa a la promoción de vehículos de transporte por carretera limpios y energéticamente eficientes; 9) Reglamento (CE) N° 106/2008, relativo a un programa comunitario de etiquetado de la eficiencia energética para los equipos ofimáticos; 10) Directiva 2010/31/UE, relativa a la eficiencia energética de los edificios; 11) Directiva 2010/30/UE, relativa a la indicación de consumo de energía y otros recursos por parte de los productos relacionados con la energía, mediante el etiquetado y una

---

7 http://www.oecd.org

8 http://www.unep.fr/scp/marrakech/taskforces/pdf/Procurement2.pdf

9 Sobre el desarrollo de la CPE en el ámbito europeo consultar el excelente trabajo de PERNAS GARCÍA (J.J.), Contratación pública verde, Madrid, La Ley, 1ª. Edición, 2011, in totum.

10 Sin embargo existen precedentes como la "Estrategia de la Unión Europea para un desarrollo sostenible adoptada por el Consejo Europeo de Gotemburgo de 2001 COM (2001) 264 y el "Sexto Programa de Acción en Materia de Medio Ambiente" adoptados por el Consejo y el Parlamento Europeos en 2002, Decisión N° 1600/2002/CE de 22 de julio de 2002.

11 Disponible en http://ec.europa.eu/environment/gpp (hay versión en español).

información normalizada; 12) Reglamento N° 66/2010, relativo a la etiqueta ecológica; 13) Directiva 2009/125/CE, por la que se instaura un marco para el establecimiento de requisitos de diseño ecológico aplicables a los productos relacionados con la energía; 14) Reglamento (CE) N° 1221/2009, relativo a la participación voluntaria de organizaciones en un sistema comunitario de gestión y auditoría medioambientales (EMAS); 15) Reglamento (UE) N° 995/2010 por el que se establecen obligaciones de los agentes que comercializan madera y productos de la madera; 16) Directiva 2002/96/CE, sobre residuos de aparatos eléctricos y electrónicos (RAEE); 17) Directiva 2002/95/CE, sobre restricciones a la utilización de determinadas sustancias peligrosas en aparatos eléctricos y electrónicos; 18) Reglamento (CE) N° 1907/2006, relativo al registro, la evaluación, la autorización y la restricción de las sustancias y preparados químicos (REACH); 19) Directiva 2009/28/CE, relativa al fomento del uso de energía procedente de fuentes renovables y 20) Directiva 2008/98/CE, sobre los residuos o Directiva marco de residuos.

3. Obstáculos para la implantación CPE

En el entorno europeo se lograron identificar una serie de obstáculos o de barreras para la implantación de la CPE[12], que resultan igualmente extrapolables al entorno iberoamericano, con algunas variantes y adaptaciones obvias, que son los siguientes:

Primero.– Limitaciones de los criterios medioambientales establecidos para productos, obras y servicios; cuando existen, los mecanismos para darlos a conocer, como base de datos, suelen ser insuficientes, lo que precisa de garantizar su acceso efectivo y expedito y una grado de interoperabilidad significativo.

Segundo.– Insuficiente información sistematizada sobre el coste de los productos durante su ciclo de vida y de los costes relativos de los productos y servicios respetuosos con el medio ambiente.

Tercero.– Escaza sensibilización acerca de los beneficios de los productos y servicios respetuosos con el medio ambiente.

Cuarto.– Incertidumbre jurídica acerca de posibilidad de incluir criterios o especificaciones medioambientales en el pliego de condiciones o cartel, selección, exclusión y adjudicación de las ofertas (v. gr. asignando una mayor puntuación o porcentaje), en las especificaciones técnicas mínimas de la oferta y en el clausulado de ejecución del respectivo contrato administrativo.

Quinto.– Falta de liderazgo y apoyo político y de recursos para promover la CPE, así como la ausencia en el diseño de políticas públicas claras sobre el particular.

Sexto.– Inexistencia de un intercambio coordinado y fluido de las mejores prácticas y de la información.

4. Medidas para superar los obstáculos a la CPE

Para solventar las barreras a la CPE en Iberoamérica, se podrían tomar una serie de medidas, sin pretensión de exhaustividad, como las siguientes:

12 V. COM (2008) 400, Bruselas 16.7.2008, "Contratación pública para un medio ambiente mejor", Comunicación de la Comisión al Parlamento Europeo, al Consejo, al Comité Económico y Social Europeo y al Comité de las Regiones.

Primera.– Desarrollar y ejecutar un proceso para establecer criterios comunes o uniformes a nivel nacional y en los espacios de integración regional de Iberoamérica, para evitar distorsiones del mercado y la afectación de la libre concurrencia (etiqueta ecológica, normas ISO, requisitos de eficiencia energética de equipos ofimáticos "Energy Star", flota vehicular limpia y eficiente energéticamente, bio–carburantes y bio–líquidos, uso de energías de fuentes renovables). En el caso del espacio iberoamericano, este factor tiene gran importancia, habida cuenta de los precarios, débiles y aislados procesos de integración regional (v. gr. Comunidad o Unión Centroamericana).

La regulación asimétrica de la CPE en Iberoamérica, a diferencia de la experiencia de la Unión Europea, básicamente, en los espacios nacionales o locales, puede provocar serias distorsiones del mercado de compras públicas, propiciando el "dumping ambiental o ecológico", puesto que, los proveedores de los países de la región con una normativa escaza o ausente sobre las compras públicas ecológicas, pueden ofrecer precios predatorios en perjuicios de las industrias y empresas locales de los ordenamientos nacionales que sí han implementado las compras ecológicas.

Sobre el particular, ciertos organismos regionales deben asumir un rol protagónico y responsable en la elaboración de modelos, recomendaciones, directivas o guías acerca de lo que debe ser la CPE en el entorno iberoamericano, aunque no tengan un carácter estrictamente vinculante, para lograr un grado importante de uniformidad.

Segunda.– Contar con información confiable y fidedigna sobre el costo de los productos durante su ciclo de vida (CCV) que facilite el análisis respectivo (ACV).

Tercera.– Brindar una asesoría jurídica y operacional oportuna a los poderes adjudicadores o administraciones contratantes.

Cuarta.– Planificación estratégica y diseño de una política nacional y regional, así como la imposición de un objetivo con indicadores cuantitativos (v. gr. número de contratos ecológicos frente a los que no lo son) y cualitativos (v. gr. ahorro público obtenido con los contratos ecológicos) y un seguimiento puntual y oportuno[13].

Quinta.– Determinación de sectores "prioritarios" o "estratégicos" para la implantación de la CPE, tomando en consideración criterios tales como las posibilidades de mejora o de impacto en el medio ambiente, el gasto o presupuesto público, la repercusión o influencia en la oferta y el mercado (volumen de compra por las administraciones públicas), el efecto para los hábitos de los consumidores (relevancia y visibilidad del bien, obra o servicio entre la opinión pública) o , la disponibilidad de mercado y la eficiencia económica.

En general, en la experiencia de la Unión Europea, que puede resultar aprovechable en el espacio iberoamericano, se han identificado los siguientes sectores prioritarios:

13 El gobierno Belga se fijo un ambicioso objetivo para que en el 2020 se alcance un 100% de la CPE; en 2008 el gobierno de Austria se impuso diferentes objetivos a cumplir para el 2010 en informática un 95%, electricidad un 80%, en papel un 30%, en productos de limpieza un 95% y en flota vehicular un 20%. Un objetivo realista y no ambicioso podría ser lograr, gradualmente, que en un quinquenio, un 50% de las contrataciones públicas –por importe y cantidad- incluyan criterios de la CPE. Los objetivos de la CPE deben alcanzarse de forma gradual y progresiva.

a. La construcción y remodelación sostenible, con edificios de bajo consumo energético o energéticamente autosuficientes (v. gr. con energía renovable generada in situ como paneles solares y turbinas eólicas, reutilización aguas pluviales y grises, materiales de construcción no peligrosos, tóxicos, reciclados, etc.).

b. La alimentación y el suministro de comidas (productos ecológicos –agricultura orgánica– en comedores escolares, sodas o restaurantes institucionales).

c. Transporte y, en general, servicios de transporte (vehículos eléctricos, híbridos o de bajas emisiones).

d. Energía, con el uso de maquinaria, equipo y vehículos que procuren el uso eficiente de la misma.

e. Equipo tecnológico y de oficina como muebles de madera sostenible cuyo origen legal sea verificable y fácilmente trazable.

f. Ropa, uniformes y textiles.

g. Papel y servicio de impresión, fomentando el uso de aquel que sea reciclado, políticas de "cero papel" y de utilización intensiva de los medios digitales o de las TIC's.

h. Productos y servicios de limpieza.

i. Equipo utilizado en el sector sanitario.

j. Reciclaje, recolección y tratamiento desechos sólidos.

Sexta.– Que las entidades financieras de carácter regional, al brindar un empréstito público para construir obras públicas o prestar servicios públicos, impongan la utilización de la CPE (v. gr. el Banco Interamericano de Desarrollo –BID–, Banco Centroamericano de Integración Económica –BCIE–).

Séptima.– La sensibilización, formación y capacitación acerca de las ventajas y beneficios de la CPE para los funcionarios públicos que son responsables y participan, directa o indirectamente, en la contratación pública.

5.– Definición CPE (Contratación Pública Ecológica)[14]

La CPE, por sus siglas en español, ha sido definida como el proceso en el que los poderes públicos tratan de adquirir bienes, servicios y obras con un impacto medioambiental reducido durante su ciclo de vida, en comparación con otros que pueden adquirir en el mercado[15].

Los criterios ambientales pueden aplicarse en la determinación de las necesidades publicas, el objeto contractual, las especificaciones técnicas, las ofertas, los criterios de selección, exclusión y adjudicación y en el clausulado para la ejecución contractual. Consecuentemente, la idea es que el criterio medioambiental sea transversal y penetre todas las fases del ciclo de la contratación pública.

---

14 En inglés es conocida con las siglas GPP "Green Public Procurement".

15 V. COM (2008) 400, Bruselas 16.7.2008, "Contratación pública para un medio ambiente mejor", Comunicación de la Comisión al Parlamento Europeo, al Consejo, al Comité Económico y Social Europeo y al Comité de las Regiones.

6. Proyección de la CPE en las diversas etapas de preparación, formación, formalización y ejecución del contrato administrativo.

A. *Definición del objeto contractual*

La fase preparatoria es trascendental para integrar los criterios ambientales. Lo primero es la definición del objeto del contrato (producto, servicio u obra) según las necesidades reales o concretas, criterios y el impacto medioambiental.

Así, en contratos de suministro de productos debe ponderarse los materiales para su producción o fabricación, la utilización de materia prima renovable, el consumo energía y agua, la vida útil, la posibilidad de reciclado o reutilización al final vida útil. En contratos de servicios debe valorarse la ejecución contractual respetuosa con el medioambiente, la gestión para minimizar el impacto ambiental, los productos y materiales utilizados en la prestación del servicio. En los contratos de obra todo lo anterior y el impacto de la ésta en el medioambiente.

Todas estas consideraciones deben efectuarse siempre que no se distorsione el mercado, limitando u obstaculizando su acceso y la libre concurrencia, sea tomando en consideración las salvaguardias contra la discriminación y a favor de la igualdad de trato, la transparencia y la proporcionalidad.

B. *Selección del procedimiento de contratación*

Se debe verificar los impactos ambientales de la adquisición prevista, antes de definir el procedimiento, de ahí la importancia de la asesoría, las consultas al mercado, el dialogo con proveedores y los contratos de Investigación y desarrollo.

Según el tipo de procedimiento de contratación elegido, así se aplicaran los criterios medioambientales.

En un procedimiento de contratación pública abierto (v. gr. licitación pública), se podrá elegir entre una amplia gama de soluciones potencialmente respetuosas con el ambiente, en tanto que en un procedimiento restringido puede haber una evaluación previa o precalificación de la capacidad técnica ambiental de los eventuales oferentes aptos.

Para reducir costos, pueden celebrarse acuerdos marco para no repetir procedimientos de licitación (v. gr. adquisición de equipo cómputo según la oferta económicamente más ventajosa por rendimiento energético, diseño ecológico para minimizar el impacto final agotada la vida útil y para facilitar su reciclado, la restricción de sustancias tóxicas o peligrosas; el suministro de papel reciclado o de bosques sostenibles, parque de vehículos limpios y energéticamente eficientes, etc.).

También puede haber contratación pública conjunta por varios poderes públicos, lo que reduce los costos administrativos y facilita compartir los conocimientos medioambientales (v. gr. la contratación de servicios limpieza de edificios con reducción de ciertos productos químicos, uso de micro–fibra para evitar mayores residuos, etc.; los contratos de rendimiento energético –CRE– para que la autoridad pública que ocupa un edificio cuente por la empresa que suministra servicios con una eficiencia energética superior y la reducción en el consumo).

C. *Invitación*

La invitación debe contener, por imperativo de los principios de publicidad, transparencia y libre concurrencia, una clara referencia ecológica para que los oferentes potenciales sean conocedores que los criterios medioambientales son importantes para el contrato.

D. *Pliego de condiciones y especificaciones técnicas*

En el cartel o pliego de condiciones se incluyen las especificaciones técnicas mesurables, claras y comprensibles, tales como el rendimiento, eficiencia, materiales, procesos y métodos de producción –uso de materiales reciclados o reutilizados–, no uso de ciertas sustancias peligrosas o tóxicas perjudiciales para el medioambiente o la salud humana, la forma de prestación de un servicio o de construcción de una obra respetuosa con el ambiente.

Se deben incluir variantes o especificaciones flexibles, para que los oferentes puedan proponer otras soluciones alternativas que sean equivalentes o más respetuosas del ambiente. Es preciso incorporar la forma de evaluar el cumplimiento de tales especificaciones de forma directa (v. gr. la etiqueta ecológica o "ecoetiqueta" que contiene características medioambientales del producto o servicio durante su ciclo de vida –CCV y ACV–, el cumplimiento de normas ISO, etc.) o equivalente o indirecta por cualquier otro medio de prueba.

E. *Selección y exclusión de proveedores*

En la evaluación de la capacidad técnica, es posible tomar en consideración la experiencia y la competencia en relación con los aspectos medioambientales referidos al objeto del contrato.

Así se puede ponderar la capacidad del contratista para reducir al mínimo los residuos, para el evitar vertidos o fugas contaminantes, el ahorro y eficiencia energética, la reducción del consumo del combustible fósil que genera los gases de efecto invernadero, la reducción en la perturbación de los hábitats naturales, el personal capacitado en materia de protección medioambiental con que cuenta, el equipo técnico para la protección del medioambiente y la experiencia previa en la ejecución contratos públicos ecológicos.

Tratándose de contratos de servicios y de obras, se puede evaluar la capacidad para implementar medidas adecuadas e idóneas de gestión ambiental durante la ejecución del contrato (v. gr. certificado según normas ISO o equivalentes).

Se puede otorgar un puntaje superior al oferente que propone y demuestra un comportamiento medioambiental superior al mínimo exigido en las especificaciones del contrato.

Será, también, posible la exclusión de oferentes cuando hayan infringido, reiteradamente, la legislación medioambiental, si constituye una falta tipificada conforme a la legislación nacional (regulación pendiente), utilizando el principio de proporcionalidad y de interdicción de las sanciones perpetuas.

F. *Adjudicación*

Debe adjudicarse a la oferta económica y medioambiental más ventajosa, lo que incluye, desde luego, criterios medioambientales para ponderarla, según parámetros verificables objetivamente y previamente anunciados. Se podría asignar un % al precio (40%) y otros a la calidad ambiental (60%).

Tiene importancia la etiqueta ecológica cuando son productos, no una determinada, y los sistemas de gestión ambiental durante la ejecución del contrato tratándose de servicios y obras. Asimismo el coste del ciclo de vida (CCV) que no solo toma en consideración el precio de compra, sino el proceso integral de adquisición, posesión o mantenimiento y eliminación (v. gr. en adquisición de una flota vehicular es posible establecer umbrales máximos de emisiones de CO2 y de consumo medio de combustible por km recorrido) y un ciclo de vida útil más prolongado que asegure su no sustitución frecuente (aunque sea más cara su adquisición), en contratos de obras el ahorro de agua y energía. También se debe tener en cuenta el costo medioambiental externo (externalidad ambiental) para la sociedad (v. gr. cambio climático, contaminación acuíferos, etc.).

G. *Ejecución del contrato*

En el clausulado del contrato se pueden incorporar las variables y criterios medioambientales para asegurar su observancia durante toda la ejecución contractual. Incluso, es posible prever sanciones por el incumplimiento de los compromisos medioambientales o un sistema de bonificaciones por su observancia. Lo anterior es posible siempre y cuando que se haya anunciado en el cartel o pliego, no se genere discriminación y guarden vinculación con el objeto del contrato.

En el contrato de suministro, por ejemplo, que el proveedor haga entregas grandes para evitar el impacto ambiental del transporte reiterado de pequeñas cantidades de suministros y se trate de producción local para minimizar los requerimientos de transporte y el consumo de combustibles fósiles, que lo haga fuera de horas pico del tránsito vehicular y que recicle o reutilice el embalaje, etc.

En el contrato de obras públicas o de servicios públicos, se debe procurar la gestión ambiental integral (v. gr. ISO–14001), que se cuente con personal formado en el impacto ambiental de su trabajo, la reducción, al mínimo, de los residuos del contrato, la utilización eficiente del agua y de la luz, etc.

Para el cumplimiento de tales cláusulas, se requiere de una supervisión o fiscalización eficaz y adecuada, ya sea por la propia administración contratante, un tercero con experticia en la materia o el contratista con pruebas objetivas y fácilmente comprobables de cumplimiento.

7. Desarrollo y regulación normativa Costa Rica

A. *Ley de Regulación del Uso Racional de la Energía, Nº 7447 de 3 de noviembre de 1994*

Este texto legislativo, pionero por la fecha de su promulgación (1994), es aplicable a todos los sectores de la sociedad –incluido el público y privado–, tiene por objetivo fundamental (artículo 1°)

> "consolidar la participación del Estado en la promoción y la ejecución gradual del programa de uso racional de la energía. Asimismo, se propone establecer los mecanismos para alcanzar el uso eficiente de la energía y sustituirlos cuando convenga al país, considerando la protección del ambiente.
>
> Esos mecanismos se basarán en tres postulados: la obligación de ejecutar proyectos de uso racional de la energía en empresas de alto consumo, el control sobre los equipos y las instala-

ciones que, por su uso generalizado, incidan en la demanda energética y el establecimiento de un sistema de plaqueo que informe a los usuarios de su consumo energético."

En particular, impone la *"eficiencia energética"* a la industria de producción, ensamble e importación de maquinaria, equipo y vehículos, siendo que en el artículo 25, párrafo 1°, se indica que

"Para asegurar un consumo energético eficiente, las instituciones y las empresas públicas, centralizadas y descentralizadas, deberán acatar las disposiciones que dicte el Poder Ejecutivo en materia energética, especialmente en lo relativo al uso y la adquisición de materiales, equipo, maquinaria, vehículos y en cuanto al tendido de nuevas instalaciones eléctricas."

Esta ley, también, regula la exención de impuestos (selectivo de consumo, ventas, *ad valorem*) de ciertos productos o equipos, nacionales o importados, que generan eficiencia energética (artículo 38), con lo que incentiva su consumo y adquisición por los entes públicos y los particulares[16].

B. *Ley de Fortalecimiento y Modernización de las Entidades Públicas del Sector de Telecomunicaciones, N° 8660 de 8 de agosto de 2008*

"ARTÍCULO 12.– Compras verdes

Autorízase al ICE y sus empresas, para que promuevan la compra y utilización de materiales reutilizables, reciclables, biodegradables y valorizables, así como de productos fabricados con material reciclado bajo procesos ambientalmente amigables, que cumplan las especificaciones técnicas requeridas por la Administración Pública.

Para ello, en la valoración de las licitaciones y compras directas, deberán dar un veinte por ciento (20%) adicional a los oferentes que, en igualdad de condiciones, demuestren que los productos ofrecidos, incorporan los criterios de la gestión integral de residuos, así como la gestión del residuo, una vez terminada su vida útil.

16 Calentadores solares de agua para todo uso, con certificación de eficiencia expedida por un laboratorio acreditado; tanques de almacenamiento de agua para sistemas de calentamiento solar del tipo termosifón; paneles de generación eléctrica fotovoltaica, de cualquier capacidad; Sistemas de control para paneles fotovoltaicos, generadores eólicos e hidroeléctricos de corriente directa; convertidores estáticos de corriente directa en alterna para sistemas fotovoltaicos, eólicos y generadores hidroeléctricos de corriente directa; baterías de plomo ácido de ciclo profundo y baterías de níquel-cadmio y níquel-hierro, con capacidades mayores a 50 amperios-hora; cabezales economizadores de agua caliente para duchas y fregaderos, con consumo inferior a 9,5 litros/minuto; luminarias fluorescentes y halógenos eficientes; generadores eólicos e hidroeléctricos para uso no relacionado con la generación privada de electricidad, que señala la Ley N.° 7200, de 28 de setiembre de 1990; equipos de control de voltaje y frecuencia para generadores eólicos e hidroeléctricos; equipos electrodomésticos de corriente directa, para utilizarse con paneles fotovoltaicos, generadores eólicos e hidroeléctricos de corriente directa; materiales para construir equipos para aprovechar las energías renovables; vidrio atemperado con menos de cero coma cero dos por ciento (0,02%) de contenido de hierro; aislantes térmicos para colectores solares como polisocianurato y poliuretano, los aditivos para elaborarlos o ambos; placas absorbentes y tubos aleteados para calentadores de agua; perfiles de aluminio específicos para construir calentadores solares de agua; aislantes térmicos para tuberías de agua; cualquier aislante térmico útil para mejorar el aislamiento de tanques de almacenamiento de agua calentada con sistemas solares; instrumentos de medición de variables relacionadas con las energías renovables, tales como: medidores de temperatura, medidores de presión de fluidos, anemómetros para medir la dirección y la velocidad del viento y medidores de la radiación solar; sistemas de bombeo alimentados con sistemas fotovoltaicos y eólicos; refrigeradores y cocinas solares. Bombas de ariete.

La Proveeduría de la Institución deberá incluir, en los carteles de licitación o de compra directa, criterios ambientales y de ciclo de vida de los productos, para evaluar las licitaciones de conformidad con los criterios establecidos en el Reglamento de esta Ley."

C. *Reglamento al Título II de la Ley de Fortalecimiento y Modernización de las Entidades Públicas del Sector Telecomunicaciones, Decreto Ejecutivo Nº 35.148 de 24 de febrero de 2009*

"CAPÍTULO III

Compras verdes

Artículo 194.– El ICE (Instituto Costarricense de Electricidad) y sus empresas promoverán las compras verdes en sus procesos de adquisición de bienes y servicios, de conformidad con el art. 12 de la Ley Nº 8660. Por compra verde se comprenderá la contratación con la inclusión de criterios ambientales relacionados con una o varias de las etapas del ciclo de vida del producto por comprar; sea desde la extracción de la materia prima, su fabricación, distribución y uso, hasta su disposición final.

Cuando se incorporen criterios ambientales relacionados con una o varias de las etapas del ciclo de vida del producto por comprar, el ICE deberá dar un veinte por ciento (20%) adicional a los oferentes que, en igualdad de condiciones, demuestren que los productos ofrecidos, incorporan los criterios de la gestión integral de residuos, así como la gestión del residuo, una vez terminada su vida útil.

Artículo 195.– En sus carteles, cláusulas de admisibilidad o de calificación, el ICE y sus empresas podrán contemplar, con respeto y equilibrio de los principios de eficiencia y razonabilidad, cláusulas que reconozcan el uso de materiales reutilizables, reciclables, biodegradables y valorizables, así como productos fabricados con material reciclado bajo procesos ambientales amigables y la disposición integral de los residuos, pudiendo ser éstos certificados por terceros imparciales.

Artículo 196.– El ICE definirá la política de compras verdes del ICE y sus empresas, los objetivos ambientales de las compras, los planes de capacitación dirigidos a lo técnico y la sensibilización de compras verdes, campañas de difusión, plan de propuesta, desarrollo y monitorio de compras verdes, cláusulas tipo a incorporar en los carteles."

D. *Ley para la Gestión Integral de Residuos, Nº 8.839 de 24 de junio de 2010*

El artículo 29 preceptúa lo siguiente:

"ARTÍCULO 29.– Compras del Estado

Autorízase a las instituciones de la Administración Pública, empresas públicas y municipalidades para que promuevan la compra y la utilización de materiales reutilizables, reciclables, biodegradables y valorizables, así como de productos fabricados con material reciclado bajo procesos ambientalmente amigables que cumplan las especificaciones técnicas requeridas por la Administración Pública; dicha condición podrá comprobarse por medio de certificaciones ambientales y otro mecanismo válido establecido vía reglamento.

Para ello, en la valoración de las licitaciones y compras directas concursables deberán dar un veinte por ciento (20%) adicional a los oferentes que, en igualdad de condiciones, demuestren que los productos ofrecidos incorporan criterios de la gestión integral de residuos, así como la gestión del residuo una vez terminada su vida útil. Para el caso de las compras directas deberán incorporarse criterios que promuevan la gestión integral de residuos.

Las dependencias correspondientes de las instituciones de la Administración Pública, empresas públicas y municipalidades encargadas de elaborar los carteles de licitación o de compra directa establecerán criterios ambientales y de ciclo de vida de los productos para evaluar las licitaciones, de conformidad con los criterios establecidos en el Reglamento de esta Ley."

E. *Reglamento para la elaboración de Programas de Gestión Ambiental Institucional en el Sector Público de Costa Rica, Decreto Ejecutivo N° 36499–S–MINAET de 17 de marzo de 2011*

Constituye el desarrollo del artículo 28 de la Ley para la Gestión Integral de Residuos, N° 8839, que establece la necesidad de los entes públicos de formular Planes de Gestión Ambiental para mejorar su desempeño en ese ámbito. A través de este reglamento, se le impone a todos los entes públicos elaborar, implementar y actualizar un *"Programa de Gestión Ambiental Institucional"* (PGAI) que es definido en el artículo 2° como

> "(...) un instrumento de planificación que se fundamenta en los principios metodológicos de un Sistema de Gestión Ambiental. Se parte de un diagnóstico ambiental del quehacer institucional que considere todos los aspectos ambientales inherentes a la organización, incluyendo los relacionados con la eficiencia energética, residuos y cambio climático, entre otros aspectos ambientales. A partir de este diagnóstico, se priorizan, establecen e implementan medidas de prevención, mitigación, compensación o restauración de los impactos ambientales, ya sea a corto, mediano o largo plazo."

Ulteriormente, se dictó la *"Guía para la Elaboración de los Programas de Gestión Ambiental Institucional en el Sector Público de Costa Rica"* mediante resolución del Ministerio de Ambiente, Energía y Telecomunicaciones (MINAET) N° R–429–2011–MINAET de 22 de julio de 2011.

En esta guía se indica que las *"compras verdes"* re–conceptualizadas como *"compras sustentables"* son un componente clave de tales programas y se dispone lo siguiente:

> "4.2.2.2 Adquisición de bienes y transferencia tecnológica
>
> La compra de bienes es una actividad básica en cualquier institución, incluye desde la adquisición de materiales, implementos de oficina, equipos, compra de vehículos, insumos para actividades de limpieza, mantenimiento y hasta servicios.
>
> El PGAI promueve una política de adquisición de bienes basada en el concepto de Compras Públicas Sustentables (CPS), proceso por medio del cual las organizaciones satisfacen sus necesidades de bienes, servicios, trabajos y utilidades, tomando en cuenta de forma integrada aspectos sociales, económicos y ambientales. Dentro de las CPS, se encuentra el concepto de compras verdes, donde se satisface la necesidad de la institución que da origen a la compra, sin descuidar el impacto ambiental que ésta ocasionará. Este concepto impulsa la innovación en productos y servicios más amigables con el ambiente, al crear una demanda por parte del Estado (...) Del mismo modo, al incorporar procesos de innovación y tecnologías respetuosas con el medio ambiente se permite la mejora en la disposición y acceso a la información especializada."

Uno de los fines de los PGAI, indicado en tal guía, es la *"ambientalización"* de la administración pública o del sector público, entendiendo ese concepto como la *"Promoción de una mejora continua en la calidad ambiental de las entidades públicas que incluye también la promoción de acciones de toma de conciencia por parte de los funcionarios públicos en temas de mejora en la calidad del medio ambiente."*. El que se sustenta en *"(...) tres objetivos: a) promover una mejora continua en la calidad ambiental de las entidades públicas; b) impulsar acciones de toma de conciencia por parte de los funcionarios públicos en temas de mejora en la calidad del medio ambiente; y c) reducir las emisiones de gases de efecto invernadero (GEI) de manera que se encamine al Sector Público a la C–Neutralidad al 2021. De esta forma la ambientalización del sector público genera iniciativas de protección ambiental "desde la casa"*

F. *Directriz Nº 17–MINAET de 29 de abril de 2011 para que los órganos, entes, instituciones y empresas del Sector Público Central y Descentralizado elaboren planes de eficiencia energética*

Ese plan formará parte del Plan de Gestión Ambiental Institucional, disponiéndose lo siguiente:

> "*Artículo 2º*—En la elaboración del Plan de Eficiencia Energética se incorporarán acciones inmediatas y de mediano plazo, tales como:
>
> a) *Acciones Inmediatas.*
>
> 1. Medidas de ahorro en diferentes usos de energía como: la iluminación, aires acondicionados, equipos de cómputo, el uso de transporte y otros.
> 2. Comunicar los lineamientos obligatorios sobre el uso racional de la energía y sensibilizar a los funcionarios en el tema.
> 3. Realizar evaluaciones permanentes del consumo energético en equipos, sistemas y transporte de la institución.
> 4. Ejecutar en forma permanente, programas de mantenimiento correctivo y preventivo en su flota vehicular, equipos consumidores de electricidad e instalaciones eléctricas.
> 5. Incluir en sus compras, los lineamientos de compras sustentables y compras verdes.
> 6. Otros a conveniencia de las instituciones enfocadas a la eficiencia energética.
>
> b) *Acciones de mediano plazo*
>
> 1. Definir y ejecutar gradualmente, en los diferentes usos de la energía, un programa de sustitución de las tecnologías obsoletas por tecnologías eficientes."

II. CONTRATACIÓN PÚBLICA SOCIAL

Introducción

La "contratación pública social", que constituye una manifestación específica de la denominada "contratación pública sostenible" es aquella que procura la inclusión de cláusulas sociales durante el procedimiento de contratación (cartel o pliego de condiciones, oferta, calificación, adjudicación) y en la fase de ejecución del contrato administrativo. De esta manera, a través de la contratación administrativa, por la inversión que ésta supone y su impacto en el PIB, se promueva el cumplimiento y observancia de las normas tuitivas de los trabajadores, se impulsan políticas sociales de fomento del empleo y de supresión de la desigualdad en contra de grupos o colectivos en desventaja a quienes se les dificulta su inserción en el mercado laboral. La "contratación pública social" contribuye a promover la "responsabilidad social empresarial" (RSE) y el ejercicio del "comercio justo" por parte de las empresas adjudicadas.

Estas cláusulas sociales pueden estar dispuestas como requisito previo (v. gr. prohibición) para participar como oferente, criterio de ponderación o de calificación de la oferta o como una obligación contractual durante la ejecución del contrato administrativo.

1. Aproximación conceptual

El concepto de "cláusulas sociales", no es unívoco, por cuanto, comprende diversas figuras y pueden tener un contenido heterogéneo. Tenemos, así, las cláusulas sociales para procurar la observancia escrupulosa por parte del contratista de las normas contenidas en diversos convenios de la Organización Internacional del Trabajo (OIT), en las constituciones nacionales sobre la protección del trabajador, el pleno empleo y la seguridad social, la legislación laboral, de riesgos de trabajo y de la seguridad social, así como sus reglamentos de desarrollo, la legislación de protección de los discapacitados, de igualdad de oportunidades para las mujeres y de fomento de la contratación con las pequeñas y medianas empresas (PYMES) o entidades sin fines de lucro.

La Dirección General de Empleo, Asuntos Sociales e Igualdad de Oportunidades de la Comisión Europea, en octubre de 2010 ("Adquisiciones sociales. Una guía para considerar aspectos sociales en las contrataciones públicas", Luxemburgo, Oficina de Publicaciones de la Unión Europea, 2011), definió las "contrataciones públicas socialmente responsables" (CPSR) como *"(...) las operaciones de contratación que tienen en cuenta uno o más de los siguientes aspectos sociales: oportunidades de empleo, trabajo digno, cumplimiento de los derechos sociales y laborales, inclusión social (incluidas las personas con discapacidad), igualdad de oportunidades, diseño de accesibilidad para todos, incluidas las cuestiones de comercio ético y un cumplimiento voluntario más amplio de la responsabilidad social de las empresas (RSE) (...)".*

2. Ventajas

Dentro de las ventajas de las CPSR que señala la Comisión Europea en el documento citado, están las siguientes: a) Ayuda en el cumplimiento de la legislación social y laboral, incluidos los programas y compromisos de políticas nacionales e internacionales relacionadas; b) estimula los mercados éticos, justos y con conciencia social; c) demuestra habilidades de gobernanza sensible a lo social; d) fomenta la integración de personas, por ejemplo con discapacidad, pequeñas empresas, mujeres o minorías y e) garantiza gastos públicos más eficaces.

3. Objeciones

En general, estas cláusulas sociales resultan admisibles para promover el logro de objetivos sociales, siempre que exista una previsión legal expresa (principio de legalidad), el interés social que pretenden satisfacer se justifique y sea proporcional a la eventual limitación de la libre concurrencia o competencia que pueden representar[17].

Su admisión no es una cuestión pacífica, por cuanto, sobre todo a nivel de la contratación pública internacional o regional, puede provocar distorsiones en la libre competencia, de otra parte, se ha sostenido que son de difícil valoración o cuantificación objetiva[18].

---

17 *V.* MARTÍNEZ FONS (Daniel), *Cláusulas sociales, libre competencia y contratación pública*, Barcelona, Fundación Alternativas, 2009, p. 47.

18 *V.* LESMES ZABALEGUI (Santiago), "Posibilidades, tendencias y buenas prácticas de la compra pública ética y social en España". En *El Comercio Justo en Andalucía 2010: Situación actual y realidad territorial,* Córdoba, Universidad de Córdoba, 2012, p. 27; este autor que habla de una "contratación

4. Tipología de cláusulas sociales

A. *Respeto de la normativa de protección a los trabajadores*

El establecimiento de este tipo de clausulas sociales se justifica no solo por cuanto los poderes públicos deben velar y garantizar el cumplimiento de las normas de protección de los trabajadores, de sus derechos humanos y fundamentales – obligación impuesta y que dimana de Derecho Internacional Público, el ordenamiento jurídico constitucional e infra constitucional–, sino, también, procurar la libre competencia o concurrencia de los potenciales oferentes. En efecto, evita que los oferentes se inclinen a obtener una posición competitiva de ventaja como consecuencia de la reducción de los costos laborales e inobservancia de los derechos de los trabajadores, distorsionando la libre concurrencia con empleo de mano de obra barata (dumping socio–laboral)[19].

Sobre el particular, la OIT ha emitido una serie de Convenios de protección de los trabajadores y de prohibición de ciertas contrataciones laborales ilegítimas, que constituyen un estándar mínimo de protección y que debe ser respetado por toda empresa que pretenda contratar con una entidad pública (v. gr. Convenios Nos 29 –trabajo forzoso–, 87 –libertad sindical y negociación colectiva–, 100 –igualdad retributiva–, 105 –abolición del trabajo forzoso–, 138 –edad mínima para trabajar y 182 –sobre trabajo infantil–). Particular mención merece el Convenio de la OIT No. 94, relativo a las cláusulas de trabajo en los contratos celebrados por las autoridades públicas y la Recomendación No. 84 que lo complementa, que tienen por objeto asegurar que las empresas que brindan servicios a las Administraciones Públicas observen los estándares laborales aplicables. De esta manera se pretende asegurar que los trabajadores contratados por el adjudicatario, remunerados, indirectamente, con fondos públicos, disfruten de condiciones laborales mínimas (salario, jornada laboral, descanso, etc.) y, por consiguiente, que no se aproveche la reducción de tales estándares mínimos para obtener una ventaja competitiva[20].

Obviamente, el ordenamiento jurídico constitucional de cada país establece, también, una serie de derechos fundamentales de los trabajadores y medidas de protección, que son desarrollados o regulados por el ordenamiento jurídico infra constitucional (leyes y reglamentos, v. gr. en materia de seguridad social, salud ocupacional y de prevención de riesgos del trabajo).

Al respecto, se pueden valorar extremos tales como la estabilidad del empleo en la plantilla de la empresa oferente, particularmente la concertación de contrato por tiempo indefinido, nuevas contrataciones laborales durante la ejecución contractual, el índice de siniestralidad laboral, observancia de la normativa sobre prevención de riesgos laborales, ausencia de denuncias por incumplimiento de la normativa laboral, condiciones de trabajo en el lugar de ejecución del contrato, el respeto de los derechos laborales durante la

---

pública socialmente responsable" califica tales objeciones de prejuicios fácilmente refutables, dado que, tales cláusulas sociales son jurídicamente admisibles, pueden hacer menos costosa la contratación pública, ser objetivamente cuantificables, permiten luchar contra el dumping socio-laboral y la ausencia de responsabilidad social en la contratación pública.

19 *V.* MARTÍNEZ FONS (Daniel), *Cláusulas sociales, libre competencia y contratación pública*, pp. 15-16.

20 *V.* RODRÍGUEZ-PIÑERO Y BRAVO-FERRER (M.), "Contratación pública y condiciones de trabajo". *Relaciones Laborales*, N° 4, 2008, p. 5.

cadena o proceso de producción, etc. Obviamente, en esta materia debe haber mesura[21], dada la aplicación de los principios de legalidad, de modo que no se pueden imponer requisitos no contemplados en la ley, de transparencia (claridad o comprensión de la cláusula social y su cuantificación objetiva) y de igualdad o libre concurrencia, de manera que no se transforme en una discriminación encubierta. Asimismo, debe existir una adecuación de la cláusula social y el contrato, sea que exista una vinculación proporcionada entre el objeto del contrato –condiciones técnicas– y el contenido de la cláusula social.

Es lugar común, que las legislaciones de cada país incluyan como prohibición para participar como oferente en un procedimiento de contratación pública a las empresas que hayan incurrido en delitos o faltas administrativas graves y firmes en contra de la legislación que garantiza la seguridad social, la salud ocupacional y la prevención de riesgos y, en general, la que regula los derechos de los trabajadores.

B. *Inserción laboral (contratación de desempleados)*

Estas cláusulas sociales procuran actuar las políticas públicas contra el desempleo, así, entonces, se pondera, como criterio de adjudicación, si la empresa oferente y eventualmente adjudicataria brinda trabajo a desempleados de larga duración – en una situación de paro prolongado–, a jóvenes con o sin formación, adultos maduros y mayores.

C. *Pequeñas y medianas empresas (PYMES).*

Respecto de las denominadas PYMES, Moreno Molina ha expresado "(...) el fomento de la participación de las pequeñas y medianas empresas (PYMEs) en la contratación pública constituye uno de los factores esenciales de la cohesión económica y social (...) debido a su contribución al empleo y a la viabilidad económica y financiera, sobre todo de las regiones menos desarrolladas (...) En general, las PYMEs se muestran reacias a negociar contratos transnacionales con administraciones extranjeras, debido no sólo a su falta de información sobre los contratos públicos existentes, sino también por la envergadura de los contratos, los costes que conlleva la preparación de las ofertas, las condiciones contractuales, los desplazamientos, los retrasos en los pagos, los recursos judiciales en caso de conflictos y, en definitiva, la creencia, muy extendida, de que la contratación pública no es verdaderamente libre"[22].

De ahí la necesidad de introducir cláusulas sociales sobre el particular, para facilitarle a las PYMES la posibilidad de participar, ofertar y concursar en la contratación pública, suprimiendo o reduciendo las barreras, costes –directos e indirectos– y obstáculos que suelen enfrentar este tipo de empresas para acceder a la misma. Consecuentemente, se deben adoptar medidas para simplificar y hacer más accesibles a las PYMES los procedimientos de contratación pública y los pliegos del cartel, ya sea como contratistas directos o subcontratistas –en la subcontratación tienen mayores oportunidades–, promoviendo la igualdad, diversidad y equidad de los oferentes y proveedores, todo en función de la capacidad de producción y especialidad de las PYMES.

---

21 V. MARTÍNEZ FONS (Daniel), *Cláusulas sociales, libre competencia y contratación pública*, pp. 38-39.

22 MORENO MOLINA (José Antonio), *Contratos públicos: Derecho Comunitario y Derecho Español*, Madrid, McGraw-Hill, 1996, pp. 64-65.

D. *Integración socio–laboral de los discapacitados*

A través de estas cláusulas sociales, se puede ponderar y conceder preferencia, al momento de la adjudicación, a aquel oferente que tenga en su plantilla como trabajadores fijos a un porcentaje significativo de personas con alguna discapacidad. Igualmente para las empresas adjudicatarias que sub contraten con centros especiales de empleo de estas personas o con un trabajador autónomo discapacitado o efectúen donaciones o patrocinios en apoyo de esa población vulnerable.

Desde luego, que cada ordenamiento jurídico, también, puede establecer como prohibición para participar como oferente en una compra pública la comisión de discriminaciones o infracciones de la normativa que protege a las personas con discapacidad.

En España, por ejemplo, existen los denominados "contratos reservados" (Disposición Adicional Quinta del Real Decreto Legislativo 3/2011 de 14 de noviembre que aprueba el Texto Refundido de la Ley de Contratos del Sector Público) que permite adjudicar contratos públicos, exclusivamente y como excepción de los principios de igualdad y libre concurrencia, a los denominados "Centros Especiales de Empleo", *"cuando al menos el 70 por 100 de los trabajadores afectados sean personas con discapacidad que, debido a la índole o gravedad de sus deficiencias, no puedan ejercer una actividad profesional en condiciones normales"*.

E. *Igualdad de oportunidad para mujeres (contratación pública con perspectiva de género).*

Se logra a través de cláusulas sociales que valoren y otorguen preferencia, respecto del oferente o adjudicatario, la adopción y cumplimiento de las medidas tendentes a promover la igualdad efectiva entre mujeres y hombres en el mercado laboral (v. gr. evitando condiciones laborales precarias y la diferencia salarial, para facilitar la compatibilidad entre la vida familiar y laboral –evitando la doble jornada–, prevención del acoso sexual, respeto del período de lactancia, protección de la madre trabajadora embarazada, acceso equilibrado y representativo a cargos directivos o administrativos por las mujeres, formación y promoción profesional de las mujeres en la empresa, etc.)

F. *Otros grupos o colectivos de personas que sufren de exclusión social y dificultad de inserción laboral*

Dentro de estos grupos podemos señalar a las personas que han egresado de centros o instituciones de protección de personas menores de edad (v. gr. orfanatos, albergues temporales), personas con problemas adictivos o drogodependencia rehabilitados, ex reclusos en proceso de reinserción social.

5. Marco normativo de la Contratación Pública Social en Costa Rica

A. *Constitucional*

Podemos señalar que la Constitución Política de 7 de noviembre de 1949 ofrece un marco constitucional significativo para el desarrollo legislativo de las compras públicas sociales. En efecto, el artículo 33 establece el principio de la igualdad y de no discriminación, inherente a la dignidad humana al preceptuar que *"Toda persona es igual ante la ley y no podrá practicarse discriminación alguna contraria a la dignidad humana"*, este precepto constitucional tiene particular proyección tratándose de las cláusulas sociales para fomentar la contratación pública, por parte de los adjudicatarios, de personas discapacitadas, de mujeres o de otros grupos vulnerables. Bajo el Título V de la Constitución, se regulan los *"Derechos y Garantías Sociales"*, siendo que el artículo 50, párrafo 1°, a manera de directiva dirigida a todos los poderes públicos impone el *"más adecuado reparto de la riqueza"*, el ordinal 51 impone la *"protección especial del Estado" "la madre"* y *"el enfermo desvalido"*. Los numerales 56 a 74 establecen los derechos de los trabajadores tales como el *"salario mínimo, de fijación periódica, por jornada normal, que procure bienestar y existencia digna"*, disponiéndose que *"El salario será siempre igual para trabajo igual en idénticas condiciones de eficiencia"* (artículo 57, párrafo 1°), la jornada ordinaria de trabajo diurno (sin que pueda exceder de ocho horas diarias y cuarenta y ocho horas a la semana), jornada ordinaria de trabajo nocturno y la remuneración de las horas extraordinarias con un 50% más (artículo 58), los días de descanso y las vacaciones anuales pagadas (artículo 59), los derechos a la sindicalización (artículo 60), a la huelga (artículo 61), a celebrar convenciones colectivas (artículo 62), el pago de la cesantía por despido sin justa causa (artículo 63). Dentro de las principales obligaciones constitucionales , dentro del capítulo indicado, destacan que *"Todo patrono debe adoptar en sus empresas las medidas necesarias para la higiene y seguridad del trabajo"* (artículo 66), las obligaciones constitucionales del Estado de velar *"por la preparación técnica"* de los trabajadores (artículo 67), de emitir *leyes "para la protección especial a las mujeres y a los menores de edad en su trabajo"* (artículo 71), de crear un *"seguro de desocupación"*, un *"sistema técnico y permanente de protección a los desocupados involuntarios"* y de procurar *"la reintegración de los mismos al trabajo"* (artículo 72), creación de un sistema universal de la seguridad social contra riesgos de enfermedad, invalidez, maternidad, vejez, muerte y demás contingencias determinadas por ley (artículo 73). Finalmente, el artículo 74 constitucional indica que tales derechos y garantías son irrenunciables y no taxativos, por cuanto no excluye otros derivados del *"principio cristiano de justicia social"* y de una *"política permanente de solidaridad nacional"*.

A la regulación constitucional deben agregarse los Convenios de la OIT ya mencionados y suscritos por el Estado costarricense, los que a tenor del artículo 48 constitucional y de la jurisprudencia constitucional pueden tener un rango constitucional o supra constitucional si ofrecen un umbral de protección superior al brindado por las normas constitucionales.

B. *Infraconstitucional*

Empero, a nivel sub constitucional –legislativo y reglamentario–, la regulación y desarrollo de la compra social resulta, prácticamente, inexistente, con algunas salvedades muy puntuales y acotadas, que confirman su carácter embrionario.

En efecto, pese a contar modernas leyes en ciertas materias socialmente sensibles (v. gr. Ley de Promoción de la Igualdad Real de la Mujer, N° 7142 de 8 de marzo de 1990 y Ley de Igualdad de Oportunidades para las Personas con Discapacidad, No. 7600 de 19 de octubre de 2006), las regulaciones en materia de contratación pública social no pasan de los siguientes ámbitos:

B.1.– *Criterio de participación y de exclusión: Cumplimiento de las obligaciones con la seguridad social*

El artículo 74 de la Ley Constitutiva de la Caja Costarricense de Seguro Social (N° 17 de 22 de octubre de 1943 y sus reformas) –ente público autónomo encargado del gobierno y administración de la seguridad social, según el artículo 73 de la Constitución–, dispone que es requisito estar inscrito como patrono o como trabajador independiente o en ambas modalidades y encontrarse al día en el pago de las obligaciones, para poder *"(...) 3.– Participar en cualquier proceso de contratación con la Administración Pública, central o descentralizada, con empresas públicas o con entes públicos no estatales, fideicomisos o entidades privadas que administren o dispongan, por cualquier título, de fondos públicos."*

El Reglamento a la Ley de la Contratación Administrativa (Decreto Ejecutivo N° 33411 de 27 de septiembre de 2006 y sus reformas), en su artículo 65, inciso c), exige que toda oferta de un proveedor nacional, debe contener una certificación expedida por la entidad pública encargada del gobierno y administración de los seguros sociales (seguridad social) en el siguiente sentido:

> "Certificación de que el oferente se encuentra al día en el pago de las obligaciones obrero patronales con la Caja Costarricense de Seguro Social (en adelante CCSS), o bien, que tiene un arreglo de pago aprobado por ésta, vigente al momento de la apertura de las ofertas. La Administración podrá señalar en el cartel en qué casos la certificación de la CCSS no deba aportarse, porque se cuenta con acceso directo al sistema de dicha entidad y pueda verificar por sí misma la condición del participante. En todo caso la Administración podrá constatar en cualquier momento, el cumplimiento de las obligaciones obrero patronales.
>
> En caso de que el oferente presente certificación de que no se encuentra inscrito como patrono ante la CCSS, y del objeto licitado se derive tal obligación, la Administración le solicitará explicación, la que en caso de resultar insatisfactoria de acuerdo a los lineamientos establecidos por la CCSS, provocará la exclusión del concurso y la denuncia ante las autoridades correspondientes de cobro de la CCSS."

Se establece, así, legislativa y reglamentariamente, una cláusula social para que todo potencial oferente, adjudicatario o contratista cumpla, cabalmente, con las obligaciones para el sustento de la seguridad social. El incumplimiento de este requisito, le impide la participación a un oferente y, obviamente, puede determinar su legítima exclusión.

B.2. *Cláusula de incumplimiento contractual: Incumplimiento de las obligaciones con la seguridad social.*

El mismo artículo 74 de la Ley Constitutiva de la Caja Costarricense de Seguro Social, prevé una causal específica de incumplimiento contractual en la contratación pública al indicar lo siguiente: *"En todo contrato con estas entidades, incluida la contratación de servicios profesionales, el no estar inscrito ante la Caja como patrono, trabajador independiente o en ambas modalidades, según corresponda, o no estar al día en el pago de las obligaciones con la seguridad social, constituirá causal de incumplimiento contractual. Esta obligación se extenderá también a los terceros cuyos servicios subcontrate el concesionario o contratista, quien será solidariamente responsable por su inobservancia."*

Como se ve esta cláusula social, tiene por objeto fundamental que todo contratista y subcontratista, durante la fase de ejecución contractual, cumpla con los deberes y obligaciones para con la seguridad social.

B.3. *Contratación administrativa preferente con la PYMES*

Una posición legislativamente privilegiada, por motivos objetivos y razonables, que constituye una excepción al principio de la libre concurrencia, la ostentan las PYMES, dado que, Ley de Fortalecimiento de las pequeñas y medianas empresas (PYMES) N° 8262 de 2 de mayo de 2002, en su artículo 20 dispone que las administraciones públicas deben diseñar un programa de compras de bienes y servicios que asegure una participación mínima de las PYMES en el monto total de compras públicas e, incluso, se les escoja, de modo preferente, respecto de otros proveedores cuando sus productos sean de calidad equiparable, abastecimiento y precio igual o inferior al de otros, todo lo anterior para fomentar su crecimiento y desarrollo[23]. Esa ley ha sido desarrollada el "Reglamento especial para la promoción de la PYMES en las compras de bienes y servicios de la Administración" (Decreto Ejecutivo N° 33305–MEIC–H de 13 de junio de 2006).

Asimismo, en el Anexo 9.1.2 (b) (i), Sección G "Notas Generales" del Tratado de Libre Comercio República Dominicana–Centroamérica–EE.UU– (aprobado por la Ley Referendaria N° 8622 de 21 de noviembre de 2007) se dispuso, para el caso de Costa Rica, que el Capítulo Nueve de Contratación Pública de ese instrumento multilateral no se aplica a los programas de compras de la Administración pública para favorecer a las pequeñas, medias y micro empresas (PYMES).

BIBLIOGRAFÍA

AA. VV., *The law of green an social procurement in Europe* –Roberto Caranta y Martín Trybus editores–, Copenhagen, Djøf Publishing, 2010.

ARROWSMITH (S.) y KUNZLIK (P.), *Social and environmental policies in EC procurement law.* New directives and new directions, Cambridge, Cambridge University Press, 2009.

BLÁSQUEZ ROMÁN (J.) y RAMÍREZ HORTELANO (P.), "Las cláusulas sociales en la contratación administrativa". *Contratación Administrativa Práctica*, N° 42, 2005.

ESCRIHUELA MORALES, F.J., *La contratación del sector público*, Madrid, La Ley, 1ª. Edición, 2007.

---

23 *"Artículo 20.—Para estimular el crecimiento y desarrollo de las PYMES, la Administración Pública desarrollará, bajo la coordinación del MEIC, un programa de compras de bienes y servicios que asegure la participación mínima de las PYMES en el monto total de compras para cada institución o dependencia de la Administración Pública; este programa se regirá de conformidad con las siguientes disposiciones:*

a) Serán escogidas, preferentemente respecto de los demás oferentes, las PYMES de producción nacional cuyos productos sean de calidad equiparable, abastecimiento adecuado y precio igual o inferior al de los productos importados. En condiciones de igual precio, calidad y capacidad de suministros y servicios, las entidades públicas, preferirán a las PYMES de producción nacional; además, tomarán en cuenta los costos de bodegaje, seguro y costo financiero en que se podría incurrir al comprar el producto.

b) Las compras del sector público no discriminarán ni sesgarán de modo alguno a las empresas nacionales frente a las extranjeras, ni a las PYMES frente a las empresas de mayor tamaño, al establecer mecanismos de pago, lugar o plazo de entrega, ni por otros parámetros de comparación.

c) El Estado establecerá procedimientos que les faciliten a las PYMES el cumplimiento de requisitos y trámites relativos a las compras; para ello se brindará la adecuada asesoría a las que participen en el proceso de licitación. Las entidades públicas remitirán anualmente al MEIC sus planes de compras, de conformidad con los procedimientos y plazos establecidos en el Reglamento especial de compras de bienes y servicios del sector público.

d) Cuando el MEIC evidencie el incumplimiento de lo previsto en este artículo, lo trasladará a las autoridades competentes y emitirá las recomendaciones necesarias."

GARRIGA DOMÍNGUEZ, A. y ALVAREZ GONZÁLEZ, S., "Notas sobre el derecho a disfrutar de un medio ambiente adecuado". En *Políticas públicas ambientales* –Editor Alvaro Sánchez Bravo–, Sevilla, Arcibel Editores, 2008.

GIMENO FELIU (J.M.), "Los procedimientos y criterios de adjudicación y la posibilidad de valorar aspectos sociales y medioambientales". En *Contratación de las Administraciones Públicas: Análisis práctica de la nueva normativa sobre contratación pública*, Barcelona, Atelier, 2004.

GONZÁLEZ RÍOS, I., "Régimen jurídico de la eficiencia y ahorro energético". *Revista Jurídica de Navarra*, N° 50, julio–diciembre, 2010.

JINESTA LOBO, E., "Contratación Administrativa" –Tomo IV, *Tratado de Derecho Administrativo*–, San José, Ediciones Guayacán–Iusconsultec S.A., 1ª. Edición, 2010.

LESMES ZABALEGUI (Santiago), "Posibilidades, tendencias y buenas prácticas de la compra pública ética y social en España". En *El Comercio Justo en Andalucía 2010: Situación actual y realidad territorial*, Córdoba, Universidad de Córdoba, 2012.

LOZANO CUTANDA, B., *Derecho Ambiental Administrativo*, Madrid, Dykinson, 10 edición, 2009.

MARTÍNEZ FONS (Daniel), *Cláusulas sociales, libre competencia y contratación pública*, Barcelona, Fundación Alternativas, 2009.

MARTÍNEZ PALLARÉS (P.L.), "Reflexiones sobre la inclusión de aspectos sociales y medioambientales como criterios de adjudicación de los contratos públicos". *Contratación Administrativa Práctica*, N° 18, 2003.

MOLINA NAVARRETE (C.), "Relaciones laborales, política de empleo y compra pública socialmente responsable: Las cláusulas sociales en la Ley N° 30/2007, de 30 de octubre, de Contratos del Sector Público". *Revista de Trabajo y Seguridad Social*, N° 302, 2008.

MORENO MOLINA (J.A.), "Cláusulas sociales en la contratación administrativa". *Contratación Administrativa Práctica*, N° 60, 2007.

PÉREZ–ILZARBE (J.A.), "Las cláusulas sociales en la reforma de la legislación de contratos del sector público". *Zerbitzuan*, N° 40, 2006.

PÉREZ LUÑO, A.E., "El medio ambiente como fin constitucional de los Estados de Derecho". En *Políticas públicas ambientales* –Editor Alvaro Sánchez Bravo–, Sevilla, Arcibel Editores, 2008.

PERNAS GARCÍA, J.J., *Contratación pública verde*, Madrid, La Ley, 2011.

PLEITE GUADAMILLAS (F.), "Las cláusulas sociales en la contratación administrativa". *Contratación Administrativa Práctica*, N° 56, 2006.

RODRÍGUEZ ARANA, J., MORENO MOLINA, J.A., JINESTA LOBO, E. y NAVARRO MEDAL, K., *Derecho internacional de las contrataciones administrativas*, San José, Konrad Adenauer Stiftung, 1ª. Edición, 2011.

RODRÍGUEZ ESCANCIANO (S.), "Trabajo y exclusión social en el nuevo sistema de contratación del sector público". *Revista de Trabajo y Seguridad Social,* Nos. 305–306, 2008.

RODRÍGUEZ–PIÑERO Y BRAVO–FERRER (M.), "Contratación pública y condiciones de trabajo". *Relaciones Laborales,* N° 4, 2008.

ROMERO GONZÁLEZ, E., "Configuración de políticas de desarrollo sostenible". En *Políticas públicas ambientales* –Editor Álvaro Sánchez Bravo–, Sevilla, Arcibel Editores, 2008.

RUIZ TUTOR, J., "Eficiencia energética en la Administración Pública". En *Crisis y reforma de la Administración Pública* –Director Manuel Arenilla Sáez–, La Coruña, Netbiblo S.L., 2011.

SÁNCHEZ BRAVO, A., "Derecho humano al medio ambiente y políticas públicas ambientales". En *Políticas públicas ambientales* –Editor Álvaro Sánchez Bravo– Sevilla, Arcibel Editores, 2008.

VALCÁRCEL FERNÁNDEZ, P., "Impulso decisivo en la consolidación de una contratación pública responsable. Contratos verdes: de la posibilidad a la obligación". *Actualidad Jurídica Ambiental,* 18 de abril de 2011.

29 LA CONTRATACIÓN PÚBLICA COMO INSTRUMENTO DE POLÍTICAS DE PRODUCCIÓN Y CONSUMO SOSTENIBLES

*Juan Manuel Otero Varela**

1. Introducción.

Desde hace ya varios años, el *desarrollo sostenible* se ha convertido en la política más importante del ámbito internacional, prácticamente la totalidad de los temas de la agenda internacional de los países afiliados a la Organización de las Naciones Unidas (ONU), así como de aquellos asociados a otros organismos, se encuentra vinculada con tópicos que se asientan directamente en este concepto o bien, se relacionan con alguno de los múltiples aspectos u objetivos que abarca.

En efecto, el desarrollo sostenible es sin duda alguna, uno de los tópicos más relevantes en el escenario internacional, no solamente por sus objetivos, que han servido de base para delinear las grandes metas de cooperación y desarrollo internacional desde hace poco más de cuatro décadas, sino que también han buscado permear en mayor o menor medida, en las políticas públicas nacionales de los Estados.

Este concepto se fundamenta en tres principios esenciales que le dan base y, a su vez, resumen los objetivos que lo integran. Estos principios son el desarrollo económico, el desarrollo social y la protección del medio ambiente, siendo el último de éstos el que más atención ha merecido a nivel global.

El *Consumo y la Producción Sostenibles* (CPS) es solamente uno de los muchos conceptos que han florecido en forma accesoria al desarrollo dostenible, sin embargo, desde la Conferencia de las Naciones Unidas sobre el Medio Ambiente y el Desarrollo (CNUMAD), celebrada en Río de Janeiro en 1992, dicho objetivo ha tomado una fuerza creciente, hasta ubicarse como uno de los nuevos 17 Objetivos del Desarrollo Sostenible, contenidos en la Agenda 2030 para el Desarrollo Sostenible, aprobada en 2015. Es debido a esta evolución que se han generado una serie de documentos y guías que han permitido que los países adopten o diseñen diversas políticas públicas relacionadas con este objetivo, adaptándolas a su realidad y necesidades internas, así como los instrumentos necesarios para concretarlas, aspectos que serán parte del análisis a realizar de este trabajo.

---

* Doctor en Derecho por la Universidad Panamericana, Campus México. Profesor de Derecho Administrativo. Director académico de los programas de Maestría en Derecho Administrativo y Maestría en Derecho Económico de la Universidad Panamericana. Miembro asociado del Foro Iberoamericano de Derecho Administrativo y miembro del Sistema Nacional de Investigadores del Conacyt.

Uno de los muchos instrumentos de política pública que históricamente han coadyuvado al consumo y producción sostenibles, son las compras públicas, que cuando son asociadas a este objetivo, también son conocidas bajo la figura de contratación sustentable, a través de la cual se generan ciertas condiciones, criterios o requisitos instrumentados previo, durante o posteriormente al procedimiento de contratación y que destacan alguno de los principios básicos en los que se funda el desarrollo sostenible, es decir, que además de cubrir o satisfacer alguna necesidad particular del Estado, fomentan el desarrollo de una política desde una perspectiva social, económica o ambiental.

Bajo esta tesitura, es importante analizar algunos conceptos que han cobrado auge a raíz de esta novedosa concepción de la figura contractual, como es la contratación pública sostenible; la contratación pública con responsabilidad social y las cláusulas sociales en la contratación administrativa, con la finalidad de poder identificar su sentido y significado, así como su ubicación dentro de esta reciente taxonomía y una vez abordados estos temas, será necesario revisar cómo se han ido materializando, particularmente en el ámbito del gobierno Federal mexicano.

El objetivo de este trabajo está muy lejos de buscar agotar la temática aquí propuesta, todo lo contrario, se trata de un acercamiento a la cuestión, que permita advertir una lectura distinta de la contratación pública, una arista poco convencional a la luz de su concepción clásica, que ha sido tradicionalmente vinculada a la eficiencia económica y el control de gasto.

2. Desarrollo sostenible. Orígenes y concepto.

Si tuviéramos que señalar el momento a partir del cual se acuñó el término de desarrollo sostenible o sustentable[1], tendríamos que decir que fue en el informe denominado *Nuestro Futuro Común*, también conocido como Informe *Bruntland*, en honor a la presidenta de la Comisión Mundial para el Medio Ambiente y el Desarrollo de la ONU, la noruega *Gro Harlem Bruntland*, mismo que fue presentado en el año de 1987.[2]

En este documento, se trabajó analizando la situación del mundo hasta ese momento y demostró que el camino que la sociedad global había tomado estaba destruyendo el ambiente por un lado y dejando a cada vez más gente en la pobreza y la vulnerabilidad, postulando que la protección ambiental había dejado de ser una tarea nacional o regional para convertirse en un problema global, que todo el planeta debía atender para buscar revertir la degradación actual.

También se concluyó en dicho documento que se debía dejar de ver al desarrollo y al ambiente como si fueran cuestiones separadas[3], ya que la degradación ambiental es con-

1 Para efectos de este trabajo se hará referencia a los términos sostenible o sustentable de manera indistinta, aunque hay que precisar que existen autores que hacen distinciones entre estos términos.

2 Una copia del informe puede ser consultada en https://www.scribd.com/doc/105305734/ONU-Informe-Brundtland-Ago-1987-Informe-de-la-Comision-Mundial-sobre-Medio-Ambiente-y-Desarrollo (Consultada el 27 de marzo de 2017). Un breve resumen puede ser consultado en: https://desarrollosostenible.wordpress.com/2006/09/27/informe-brundtland/#comments (Consultada el 27 de marzo de 2017).

3 *Cfr.* Naciones Unidas, *Informe Brundtland*. (Ago 1987). Informe de la Comisión Mundial para el Medio Ambiente y el Desarrollo, pp. 17 y 18. Esta idea fue desarrollada a partir de otros trabajos de la ONU, como la Conferencia de las Naciones Unidas sobre el Medio Humano de Estocolmo de 1972, en la que se incorporó a los temas de trabajo de la comunidad internacional la relación entre el desarrollo económico y la degradación ambiental. Con motivo de esta conferencia fue creado el Programa de las Naciones Unidas para el Medio Ambiente (PNUMA) que hasta el día de hoy sigue siendo el principal orga-

secuencia tanto de la pobreza como de la industrialización, por lo que la atención a dicha problemática debía involucrar a todos los países y regiones, con independencia de su desarrollo económico.

De acuerdo con dicho documento, el desarrollo sostenible descansa en tres pilares o líneas de acción básicas, que pretende atender de manera equilibrada: el desarrollo económico, el desarrollo social y la protección del medio ambiente[4].

La importancia de este documento no sólo reside en el hecho de lanzar el concepto de *desarrollo sostenible*, definido como aquel que permita a la humanidad *"[...] asegurar que satisfaga las necesidades del presente sin comprometer la capacidad de las futuras generaciones para satisfacer las propias [...]"*[5], sino que este fue incorporado a todos los programas de la ONU y sirvió de eje, por ejemplo, CNUMAD, celebrada en Río de Janeiro en 1992, también denominada Cumbre de la Tierra[6] y posteriormente, como principio rector para el desarrollo mundial a largo plazo.

3. Producción y consumo sostenibles.

3.1. *Concepto y evolución.*

La importancia de la Declaración de Rio radica en la búsqueda de propuestas y objetivos reales y concretos para solucionar los efectos negativos de la relación entre desarrollo económico y degradación ambiental o, dicho de otra manera, la posibilidad de eliminar de la fórmula de desarrollo económico el componente de degradación ambiental.

Uno de los conceptos fundamentales para cumplir con los objetivos de la Cumbre de la Tierra es el de *"producción y consumo sostenibles"*, que fue expuesto en el Principio 8 de la Declaración de Rio, destacando que *"Para lograr un desarrollo sostenible y una mayor calidad de vida para sus pueblos, los estados deberán reducir y eliminar los patrones insostenibles de producción y consumo y promover políticas demográficas apropiadas"*[7], creando así un lazo entre el desarrollo y el consumo sostenibles.

Prueba de lo mencionado en el párrafo que antecede es el diagnóstico expuesto en el segundo documento aprobado por la Conferencia de Rio, al que se le denominó Programa 21 y a través del cual la comunidad internacional determinó que *"[...] las principales causas del continuo deterioro del medio ambiente mundial son los patrones insostenibles de consumo y producción, particularmente en los países industrializados, que son motivo de grave preocupación y que agravan la pobreza y los desequilibrios."*[8] y esta-

---

nismo mundial en la materia. *Cfr.* http://www.cinu.mx/temas/medio-ambiente/medio-ambiente-y-desarrollo-so/ (Consultada el 27/03/2017).

4 *Cfr.* http://www.un.org/es/ga/president/65/issues/sustdev.shtml.

5 *Cfr.* Naciones Unidas. Informe Brundtland, *Op. Cit.*, nota 2, p.23.

6 *Cfr.* http://www.cinu.org.mx/temas/des_sost/conf.htm#tierra.

7 *Ibid* p. 3.

8 *Cfr.* http://www.cinu.org.mx/eventos/conferencias/johannesburgo/documentos/Agenda21/Programa-cap04.htm, numeral 4.3.

bleció diversos planes de acción específicos para lograr el desarrollo sostenible en los ámbitos nacional, regional e internacional[9].

Dentro del Programa de referencia se advierten algunos aspectos que permiten precisar aún más el concepto de consumo y producción sostenibles, así como las acciones a seguir por la comunidad internacional, tal es el caso del Capítulo 4 *"Evolución de las modalidades de consumo"*, que explica, entre otros aspectos, que *"Debemos considerar la necesidad de adoptar nuevos conceptos de riqueza y prosperidad, lo cual no sólo permitirá alcanzar mayores estándares de vida mediante el cambio de los estilos de vida, sino también nos hará menos dependientes de los recursos finitos de la Tierra y nos colocará en armonía con las capacidades de ésta".*[10]

Para tales efectos, se prevén diversos programas para la elaboración de políticas y estrategias nacionales para fomentar la transformación de las modalidades insostenibles de consumo, dentro de los cuales se establece, entre otras acciones, el *"Liderazgo a través de las compras de los gobiernos"*, con el objeto de *"[...] fomentar la aparición de un público consumidor informado y ayudar a las personas y a las unidades familiares a hacer una selección ecológicamente fundamentada [...]".*[11]

Con relación a esta acción en particular se explica aún más que *"Los gobiernos desempeñan también un papel en el consumo, especialmente en los países en donde el sector público ocupa un lugar preponderante en la economía y puede tener considerable influencia tanto en las decisiones empresariales como en las opiniones del público. Esos gobiernos deberían por lo tanto revisar la política de compra de sus organismos y departamentos de modo que puedan mejorar cuando sea posible el aspecto ecológico de*

---

9 Dentro del preámbulo del Programa 21 es posible encontrar dos parágrafos en los que se declaran de manera inequívoca los objetivos perfilados por la comunidad internacional frente al desarrollo sostenible:

"1.3 El Programa 21 aborda los problemas acuciantes de hoy y también trata de preparar al mundo para los desafíos del próximo siglo. Refleja un consenso mundial y un compromiso político al nivel más alto sobre el desarrollo y la cooperación en la esfera del medio ambiente. Su ejecución con éxito incumbe, ante todo y sobre todo, a los gobiernos. Las estrategias, planes, políticas y procesos nacionales son de capital importancia para conseguir esto. La cooperación internacional debe apoyar y complementar tales esfuerzos nacionales. En este contexto, el sistema de las Naciones Unidas tiene una función clave que desempeñar. Otras organizaciones internacionales, regionales y subregionales tienen también que contribuir a ese esfuerzo. Asimismo, se debe alentar la participación más amplia del público y la participación activa de las organizaciones no gubernamentales y de otros grupos."

"1.6 En relación con las áreas del programa que constituyen el Programa 21 se describen las bases para la acción, los objetivos, las actividades y los medios de ejecución. El Programa 21 es un programa dinámico. Los diversos agentes lo ejecutarán en consonancia con las diferentes situaciones, capacidades y prioridades de los países y de las regiones con plena observancia de todos los principios que figuran en la Declaración de Río sobre el Medio Ambiente y el Desarrollo. El Programa 21 podría evolucionar con el tiempo en función de los cambios de las necesidades y de las circunstancias. Este proceso marca el comienzo de una nueva asociación mundial para un desarrollo sostenible." http://www.cinu.org.mx/eventos/conferencias/johannesburgo/documentos/Agenda21/Programa21.htm

10 *Cfr.* http://www.cinu.org.mx/eventos/conferencias/johannesburgo/documentos/Agenda21/Programa-cap04.htm.

11 *Cfr.* http://www.cinu.org.mx/eventos/conferencias/johannesburgo/documentos/Agenda21/Programa-cap04.htm, numeral 4.22.

sus políticas de adquisición, sin prejuicio de los principios del comercio internacional."[12]

Posteriormente, dentro del marco de la Cumbre para la Tierra +5 de 1997, la Asamblea General de la ONU determinó analizar la ejecución de los principios de la Declaración de Rio, a través del Programa 21[13].

Mediante este informe se reafirmó la reducción y eliminación de las modalidades de producción y consumo insostenibles y se revisaron los progresos a nivel nacional e internacional, destacando en este ámbito que esta cuestión puede relacionarse, entre otras cosas, con el uso de la energía y las emisiones, el agua, los alimentos, los productos forestales y los desechos.

Con relación al principio de producción y consumo sostenible, el informe destaca que los Estados han tomado medidas legislativas de diverso tipo para aplicar dicho principio, destacando que: *"Algunos han adoptado leyes y reglamentaciones que contienen instrumentos normativos, económicos y sociales y en los que se prevén, entre otras cosas, el cobro de impuestos para la protección del medio ambiente, incluidos impuestos diferenciados relacionados con la energía, el etiquetado ecológico, los procedimientos de verificación del medio ambiente, los impuestos a los productos y las multas por contaminación, las normas sobre emisiones y los mecanismos de compraventa de derechos de contaminación, las reglamentaciones en materia de reciclado y la utilización de sistemas de ordenación ambiental."*[14]

Después de los objetivos trazados en la Declaración del Milenio se llevó a cabo la Cumbre Mundial sobre el Desarrollo Sostenible, realizada en Johannesburgo en el año 2002[15] y en la cual se aprobó el plan de aplicación correspondiente, que se basó en los progresos realizados y las lecciones aprendidas desde la Cumbre de la Tierra, y prevé un enfoque más específico, con medidas concretas y metas cuantificables y con plazos.

Mediante este Plan se reasumió la responsabilidad conjunta de fomentar y fortalecer los tres pilares inseparables de la protección del medio ambiente, el desarrollo social y el desarrollo económico a nivel local, nacional, regional y mundial.

Con motivo de esta Cumbre se crearon grupos especiales de estudio relacionados con el desarrollo sustentable, tal es el caso del proceso de Marrakech, encabezado por Suiza, a través del cual se conformó un grupo para el estudio de la modificación de los patrones de producción y consumo, como parte los objetivos previstos en dicha Cumbre, así como de las compras públicas sostenibles, como referiremos más adelante.

---

12 *Cfr.* http://www.cinu.org.mx/eventos/conferencias/johannesburgo/documentos/Agenda21/Programa-cap04.htm, numeral 4.23.

13 A este documento se le denominó Cumbre para la Tierra +5 de 1997. *Cfr.* Naciones Unidas, *Declaración de Río sobre el Medio Ambiente y el Desarrollo: aplicación y ejecución Informe del Secretario General*, 1997 *Cfr.* http://www.cinu.org.mx/eventos/conferencias/johannesburgo/documentos/declaracrio.pdf.

14 *Ibid.*, p. 17.

15 *Cfr.* Naciones Unidas, *Cumbre Mundial sobre Desarrollo Sostenible*, 2002. http://www.cinu.org.mx/eventos/conferencias/johannesburgo/documentos/dec_johannesburgo.pdf

Para concluir con este apartado tendríamos que referirnos a la Cumbre de las Naciones Unidas para la aprobación de la agenda para el desarrollo después de 2015[16], también conocida como la Agenda 2030 para el Desarrollo Sostenible, a través de la cual se adoptaron un conjunto de objetivos globales para erradicar la pobreza, proteger el planeta y asegurar la prosperidad para todos.

Mediante este documento se establecen 17 nuevos objetivos del desarrollo sostenible[17], con 169 metas, que buscan tener un alcance mayor a los objetivos del milenio aprobados en la Declaración del Milenio del año 2000, al abordar las causas fundamentales de la pobreza y la necesidad universal de lograr un desarrollo a favor de todas las personas. Los objetivos abarcan las tres dimensiones del desarrollo sostenible a las que nos hemos venido refiriendo, es decir, el crecimiento económico, la inclusión social y la protección del medio ambiente.[18]

Los nuevos objetivos mundiales buscan tener una mayor amplitud, con la pretensión de afrontar las desigualdades, el crecimiento económico, el acceso a un trabajo decente, las ciudades y los asentamientos humanos, la industrialización, los océanos, los ecosistemas, la energía, el cambio climático, el consumo y la producción sostenibles, la paz y la justicia. Estos nuevos objetivos son de aplicación universal para todos los países, mientras que los objetivos del desarrollo del milenio únicamente estaban dirigidos a los países en desarrollo.

La intención de esta Cumbre y del documento que se deriva de la misma consiste en que tanto los objetivos, como sus metas estimularán durante los próximos 15 años la acción en las siguientes esferas de importancia crítica para la humanidad y el planeta: a) Las personas; b) El planeta; c) La prosperidad; d) La paz y e) Las alianzas[19].

También se reconoce que la erradicación de la pobreza en todas sus formas y dimensiones, incluida la pobreza extrema, es el mayor desafío a que se enfrenta el mundo y constituye un requisito indispensable para el desarrollo sostenible, así como a construir sociedades pacíficas, justas e inclusivas, a proteger los derechos humanos y promover la igualdad entre los géneros y el empoderamiento de las mujeres y las niñas, y a garantizar una protección duradera del planeta y sus recursos naturales.

De todos los objetivos enunciados destaca, para efectos del presente trabajo, el marcado con el número 12, que se refiere a las modalidades de consumo y producción sostenibles, a través del cual se establecen, entre otras metas, la prevista en el numeral 12.7, que impone el deber a los países suscriptores de *"Promover prácticas de contratación pública que sean sostenibles, de conformidad con las políticas y prioridades nacionales".*[20]

Esta agenda, aprobada por la Asamblea General de la ONU en septiembre de 2015 y que entró en vigor hasta el año siguiente, estará vigente hasta el año 2030, por lo que debido a su reciente implementación, aún es demasiado pronto para tener algún avance o

16 Naciones Unidas, Asamblea General, *Cumbre de las Naciones Unidas para la aprobación de la agenda para el desarrollo después de 2015*, Naciones Unidas 2015.

17 *Ibid* p 16.

18 *Ibid* p. 2.

19 *Ibid* p. 2 y 3.

20 *Ibid* p 26.

noticia acerca de su instrumentación, ello con independencia de que una buena parte de los objetivos y metas planteados resultan continuaciones a políticas generadas desde hace varios años, como es el caso de la producción y el consumo sostenibles y la contratación pública como instrumento para su instrumentación.

De los antecedentes señalados, es posible advertir que, a pesar de que los objetivos del desarrollo sustentable han ido evolucionando con el tiempo, por lo que hace a la contratación pública, al parecer se ha reducido su ámbito de aplicación al desarrollo políticas de consumo y producción sostenible, así como a ciertos criterios ambientales, sin embargo, como veremos un poco más adelante, la contratación pública sustentable también puede atender a criterios de orden social, como la equidad de género y la inclusión de grupos vulnerables al sector productivo y medidas de protección al trabajo y acceso a la seguridad social.

El común denominador de estos programas atiende a la versatilidad o maleabilidad en el establecimiento de las políticas, así como en las estrategias y los instrumentos para su consecución, toda vez que corresponde a cada Estado, la determinación de dichos aspectos, atendiendo a sus necesidades y a su propia realidad.

3.2. *Guías para programas nacionales sobre consumo y producción sustentables.*

Con motivo del Proceso de Marrakech y en coordinación con el PNUMA, se desarrollaron una serie de trabajos encaminados a coadyuvar con los Estados en el diseño, análisis y toma de decisiones para la instrumentación de políticas de consumo y producción sustentable, conscientes de que dicho enfoque es una de las respuestas clave para proteger el medio ambiente y mejorar la calidad de vida a través del desarrollo sustentable[21].

El objetivo de estos trabajos consiste en la promoción del desarrollo y la adaptación de políticas integradas o articuladas a través de la generación de programas nacionales que buscan generar situaciones óptimas de beneficio mutuo (gana–gana) a través de la promoción del diálogo entre diversos actores, la participación de productores y consumidores (actores clave para el desarrollo) y alentar la promoción de la innovación en las empresas y en la sociedad en general a través de instrumentos de política y soluciones de mercado[22].

Estas Guías ofrecen lineamientos detallados para los gobiernos y otros actores interesados sobre cómo desarrollar, implementar, monitorear y mantener programas nacionales de consumo y producción sustentable, para lo cual dicho documento propone los pasos siguientes: 1. establecer un grupo o consejo asesor; 2. realizar un diagnóstico y análisis de oportunidades; 3. definir el marco institucional; 4. identificar áreas prioritarias; 5. definir objetivos y metas; 6. seleccionar políticas e instrumentos; 7. obtener aprobación oficial del programa; 8. ejecutar el programa; 9. documentar, monitorear y evaluar; 10. mantener y mejorar el programa[23].

---

21 *Cfr.* Naciones Unidas, Programa de Naciones Unidas para el Medio Ambiente. *Planificación para el cambio. Guías para programas nacionales sobre consumo y producción sustentables*, Naciones Unidas 2008, p. 106.

22 *Ibid*, p. 3 y ss.

23 De acuerdo con las mencionadas guías no existe un enfoque único ni una fórmula única sobre cómo debe o debería ser instituido un programa de consumo y producción sostenible, sin embargo, existen principios clave que deberían ser considerados en todos los casos, entre los que se incluyen: 1. obtener el compromiso y el liderazgo de las máximas autoridades; 2. iniciar un proceso de consulta abierto y participa-

No es el objetivo de este trabajo entrar a un análisis detenido de las guías, basta decir que se trata de un documento que plantea la posibilidad de establecer programas nacionales en materia de consumo y producción sostenible, partiendo del estudio de diversas políticas y estrategias que se han ido generando, incluso de forma previa a su identificación con este objetivo del desarrollo o a partir de su determinación en dichos programas, con la finalidad de integrar y articular todos esos esfuerzos.

Bajo este contexto, existe una gran variedad de áreas prioritarias o instrumentos que resultan clave para los programas de consumo y producción sustentable y su establecimiento dependen de los intereses de orden político, económico y social que atañen a cada país, como pueden ser instrumentos normativos, a través de los cuales se regulan ciertas actividades, estableciendo límites o prohibiciones a ellas; los instrumentos económicos, que pueden ser cargas impositivas, aranceles, multas o subsidios; actividades de educación y capacitación en todos los ámbitos posibles, a nivel público y privado; compras públicas sustentables; acuerdos voluntarios con los sectores productivos para el empleo de etiquetas ecológicas, diseños ecológicos y sistemas de gestión ambiental, entre otros.

4. La contratación pública como instrumento de política pública.

La contratación pública es una actividad instrumental del Estado, esto quiere decir que la contratación pública no puede ser considerada como un fin en sí mismo, sino que debe ser visualizada como una herramienta jurídica al servicio de los poderes públicos para el cumplimiento efectivo de sus fines o sus políticas públicas.[24]

En este tenor, Jana Palacios destaca que:

> "Las compras gubernamentales son un instrumento central de la política pública. Por una parte, proveen a los gobiernos de insumos necesarios para gobernar y ofrecer servicios públicos, y por la otra, en ocasiones se utilizan para la instrumentación de políticas de comercio, de

---

tivo; 3. definir objetivos, acciones, metas e indicadores; 4. basar el programa en un análisis comprehensivo y confiable; 5. complementar el programa con otras iniciativas y/o políticas nacionales existentes; y desarrollar planes de acción sectoriales o temáticos, por ejemplo, las compras públicas sustentables. *Ibidem*

24 En este sentido se manifiesta Gimeno Feliú al referirse a esta actividad, destacando que:

"[...] los contratos públicos no constituyen exclusivamente un medio de abastecerse de materias primas o de servicios en las condiciones más ventajosas para el Estado, sino que, en la actualidad, a través de la contratación pública, los poderes públicos realizan una política de intervención en la vida económica, social y política del país, lo que convierte a la contratación pública en un ámbito de actividad a través del cual poder orientar determinados comportamientos de los agentes económicos intervenientes: quienes quieran acceder a los contratos públicos deberán cumplir necesariamente con las exigencias que determinen las entidades adjudicadoras."

Gimeno Feliú, José María, "Compra Pública Estratégica", en Pernas García, J. José (dir.), *Contratación Pública Estratégica*, Thomson Reuters, España, 2013, pp. 45 y 46. En el mismo sentido se pronuncia Bernal Blay, concluyendo que la contratación pública puede y debe ser una técnica que permita conseguir objetivos sociales, ambientales o de investigación, en la convicción de que estos comportan una adecuada comprensión de cómo deben canalizarse los fondos públicos. *Cfr.* Bernal Blay, Miguel Ángel, "Hacia una contratación pública socialmente responsable: Las oportunidades de la Ley 30/2007, de 30 de octubre, de Contratos del Sector Público",http://www.aragon.es/estaticos/ImportFiles/22/docs/Instituto%20Aragon%C3%A9s%20Adm%20P%C3%BAblica/Revista%20Aragonesa%20Adm%20P%C3%BAblica/Monograf%C3%ADas/Monogr%C3%A1fico%20X/BERNAL_10_X.pdf. (acceso, 10/04/2016).

desarrollo industrial y de apoyo a sectores específicos de una economía (...) cómo reactivar la economía por medio del gasto público, políticas de desarrollo regional, apoyo a grupos vulnerables, desarrollo de la pequeña y mediana empresa, entre otros."[25]

Como ejemplo de lo anterior, se puede advertir que la propia legislación en materia de compras públicas ha incorporado varias acciones relacionadas con políticas públicas de diversa índole, como es el caso del fortalecimiento de la participación de las micro, pequeñas y medianas empresas; el establecimiento de mecanismos de competencia económica; la inclusión de criterios ambientales y mecanismos de compras sustentables; el apoyo en el desarrollo de políticas sectoriales y el planteamiento de metodologías para impulsar la innovación de bienes y servicios.[26]

Estas acciones pueden o deben ser implementadas a través de estrategias específicas de contratación, haciendo uso de figuras jurídicas incrustadas previamente en la legislación administrativa, ya sea sobre instrumentos de orden sustantivo, como figuras contractuales específicas o bien, de tipo adjetivo, formando parte de los procedimientos de contratación, cuando la naturaleza de los bienes o servicios requeridos por la Administración permite su incorporación a los mismos, quedando, sobre todo en este último supuesto, como verdaderas cláusulas sociales, que tienen por objeto generar condiciones de coparticipación con el sector privado en el cumplimiento del interés general.[27]

5. La contratación pública sostenible

Como se advierte en el apartado introductorio de este trabajo, desde hace algunos años se observa una mayor incidencia en las disposiciones programáticas y normativas en materia de contratación pública, que tienen como finalidad fomentar el desarrollo de políticas de diversa naturaleza, como la económica, la ambiental y social, a las que se ha dado por denominar en su conjunto como contratación sostenible.

En este sentido, la contratación sostenible ha sido desarrollada instrumental y conceptualmente con motivo de las políticas generadas en la Cumbre Mundial sobre el Desarrollo Sostenible, celebrada en diciembre de 2002 en Johannesburgo. Como consecuencia de esos trabajos se creó en 2003, en Marrakech, un grupo de estudio sobre la contratación sostenible, encabezado por Suiza.[28]

Sobre este aspecto, señala María Teresa Brunete que en el proceso de Marrakech se determinaron, entre otros objetivos, el establecimiento de mecanismos para la incorpora-

25 Palacios, Jana et al., "Rendición de cuentas y compras de gobierno", *Cuadernos sobre rendición de cuentas*, N° 5, Secretaría de la Función Pública, México, 2011, p. 11.

26 *V.*, Unidad de Política de Contrataciones Públicas, *Política General de Contrataciones Públicas*, Secretaría de la Función Pública, México, 2012, pp. 17 y ss.

27 En este sentido se pronuncia Jaime Rodríguez-Arana al señalar que: *"A través de la contratación pública se puede conseguir una acción pública que debe promover condiciones para que las empresas contratistas, a través de las adecuadas cláusulas en los pliegos, se comprometan en el comercio justo, en la promoción del empleo, en la conciliación laboral, en la protección del medio ambiente, en la prohibición del trabajo infantil, etc.". Cfr.* Rodríguez-Arana Muñoz, Jaime, "La contratación del sector público como política pública" en: Pernas García, J. José (dir), *Contratación pública estratégica*, España, Thomson Reuters, 2013, p. 44.

28 *V.*, Marrakech Task Force on Sustainable Public Procurement (mtf on spp), http://www.unep.fr/scp/marrakech/taskforces/pdf/Procurement2.pdf y http://www.unep.fr/scp/marrakech/. (acceso, 23 de abril de 2017).

ción de la variable ambiental y social en la contratación de los Gobiernos Estatales de todo el mundo teniendo en cuenta las diferentes situaciones políticas y económicas.[29]

La concreción de los objetivos previstos sugiere, en definitiva, que se trata de conjugar el desarrollo humano con la preservación de los recursos y, por el otro lado, el consumo responsable, entendido como uso de bienes y servicios que responden a necesidades básicas y proporcionan una mejor calidad de vida, al mismo tiempo que minimizan el uso de recursos naturales, materiales tóxicos y emisiones de contaminantes sobre el ciclo de vida, de tal manera que no pone en riesgo las necesidades de las futuras generaciones (Simposio de Oslo, 1994).[30]

La conjunción de estos términos se ha concretado en la conceptualización de *compras sostenibles*, entendidas como un proceso mediante el cual las organizaciones satisfacen sus necesidades de bienes y servicios, utilizando sus recursos de manera eficiente a lo largo de toda su vida útil, de modo que se generen beneficios no solo para la organización sino también para la sociedad y la economía, minimizando al mismo tiempo los daños al ambiente.[31]

Este tipo de instrumentos tiene por objetivo lograr el equilibrio adecuado entre los tres pilares del desarrollo sostenible: 1) los factores económicos incluyen los costos de los bienes y servicios a lo largo de todo su ciclo de vida, como los de adquisición, mantenimiento, operaciones y gestión al final de la vida útil (incluida la eliminación de desechos) en consonancia con una gestión financiera adecuada; 2) los factores sociales incluyen la justicia social y la equidad; la seguridad; los derechos humanos y las condiciones laborales, y c) los factores ambientales incluyen las emisiones al aire, suelo y agua, el cambio climático, la biodiversidad, el uso de los recursos naturales y la escasez de agua a lo largo de todo el ciclo de vida del producto.[32]

El cumplimiento de estos objetivos contribuye, como lo señala Jaime Rodríguez–Arana, a una humanización de la realidad, pues es posible, vaya si lo es, diseñar las técnicas contractuales, de manera que la centralidad de la dignidad del ser humano brille por su presencia.[33]

---

29 Brunete de la Llave, María Teresa, *Criterios sociales y medioambientales en la contratación pública*, (Federación de Municipios y Provincias Castilla-La Mancha), p. 9, http://www.conr.es/sites/default/files/archivos/Criterios%20sociales%20y%20medioambientales%20en%20la %20contratacion%20publica.%20Federacion%20Municipios%20y%20Provincias%20CLM..pdf (acceso, 18/04/2016).

30 *Ibídem*.

31 Fuente: Procuring the Future, informe del Grupo de Trabajo del Reino Unido sobre adquisición sostenible (junio de 2006). Definición adoptada por el Grupo de Trabajo sobre Adquisición Sostenible liderado por Suiza, del que forman parte Suiza, los Estados Unidos de América, el Reino Unido, Noruega, Filipinas, Argentina, Ghana, México, China, la República Checa, el estado de Sao Paulo (Brasil), el pnuma, iisd, la Organización Internacional del Trabajo (oit), la Comisión Europea (Dirección General de Medio Ambiente) y el Consejo Internacional para las Iniciativas Ambientales Locales. Dicha definición fue también la que adoptaron el pnuma y el daes en el contexto del proceso de Marrakech sobre producción y consumo sostenibles. Citado en El abc del cps, Aclarando Conceptos sobre el Consumo y la Producción Sostenible, Programa de las Naciones Unidas para el Medio Ambiente, 2010, p. 18, http://www.unep.org/10YFP/Portals/50150/downloads/publications/ABC/ABC%20of%20SCP%20Spanish.pdf. (acceso, 12/04/2016).

32 *Ibídem*.

33 Rodríguez-Arana Muñoz, Jaime, *op. cit.*, nota 27, p. 32.

Retomando lo expuesto por Brunete, la compra pública sostenible se integra de aspectos ecológicos, éticos y sociales. Es así que mediante este nuevo esquema se encuentran agrupados o comprendidos los siguientes tipos de contratación, por un lado, la compra verde o ecológica y, por el otro, la compra ética y social.

La compra verde o ecológica se fundamenta en la incorporación de criterios medioambientales en la contratación pública; como ejemplos cabe citar desde la compra de ordenadores y edificios, que se caractericen por su eficiencia energética, muebles hechos con maderas sostenibles, papel y material de oficina reciclado, vehículos eléctricos, transportes públicos acordes con el medio ambiente, alimentos procedentes de agricultura ecológica para colegios, guarderías, residencias, etc., electricidad producida a partir de fuentes de energía renovables, aires acondicionados y todo tipo de suministros eléctricos que incorporen soluciones medioambientales modernas o construcciones inteligentes.

Por su parte, la compra ética y social, desde la perspectiva ética, puede comprender garantías sobre el cumplimiento de condiciones laborales dignas y comercio justo. Y desde la social, considera aspectos a tener en cuenta en la contratación como la calidad en el empleo (siniestralidad, precariedad, remuneración digna, etc.), la perspectiva de género, las personas con discapacidad, o la contratación con pequeñas y medianas empresas.[34]

Todos estos objetivos han sido desarrollados con mayor profundidad y amplitud en la normativa de la Unión Europea, tal como puede observarse de una de las disposiciones más recientes en materia de contratación pública, la Directiva 2014/24/UE del Parlamento Europeo y del Consejo de 26 de febrero de 2014 sobre contratación pública y por la que se deroga la Directiva 2004/18/CE ,[35] que introduce la variable medioambiental durante todo el ciclo de formación, ejecución y extinción del contrato administrativo. Lo mismo sucede con las "compras públicas sociales" que incorporan, en el mismo circuito contractual administrativo, las denominadas "cláusulas sociales" para lograr ciertos valores como la integración, la justicia, la equidad y la solidaridad sociales. De esta Directiva se desprenden algunos aspectos que resulta importante resaltar a continuación:

> 1. "(2) La contratación pública desempeña un papel clave (…) como uno de los instrumentos basados en el mercado que deben utilizarse para conseguir un crecimiento inteligente, sostenible e integrador, garantizando al mismo tiempo un uso más eficiente de los fondos públicos. Con ese fin, deben revisarse y modernizarse las normas vigentes sobre (…) la participación de las pequeñas y medianas empresas (PYME) en la contratación pública, y de permitir que los contratantes utilicen mejor la contratación pública en apoyo de objetivos sociales comunes".[36]
>
> 2. "(41) Ninguna disposición en la presente Directiva debe impedir la imposición o ejecución de medidas necesarias para proteger el orden, la seguridad y la moralidad públicos, la salud, la vida humana y animal y la conservación de las especies vegetales o de otras medidas medioambientales, en particular teniendo en cuenta el desarrollo sostenible, siempre que di-

34 *V.*, Brunete de la Llave, María Teresa, *Criterios sociales y medioambientales en la contratación pública*, *op. cit.*, nota 29, p. 15.

35 Directiva 2014/24/UE. Publicada en el *Diario Oficial de la Unión Europea* de fecha 28 de marzo de 2014.

36 *Ibíd.*, I. 94/65.

chas medidas sean conformes con el (...) Tratado de Funcionamiento de la Unión Europea (TFUE)".[37]

3. "(47) La investigación y la innovación, incluidas la innovación ecológica y la innovación social, se encuentran entre los principales motores del crecimiento futuro y ocupan un lugar central de la Estrategia Europa 2020. Los poderes públicos deben hacer la mejor utilización estratégica posible de la contratación pública para fomentar la innovación. La adquisición de bienes, obras y servicios innovadores desempeña un papel clave en la mejora de la eficiencia y la calidad de los servicios públicos, al mismo tiempo que responde a desafíos fundamentales para la sociedad. Contribuye a obtener la mejor relación calidad–precio en las inversiones públicas, así como amplias ventajas económicas, medioambientales y sociales, al generar nuevas ideas, plasmarlas en productos y servicios innovadores y, de este modo, fomentar un crecimiento económico sostenible".[38]

4. "(91) El artículo 11 del TFUE requiere que las exigencias de la protección del medio ambiente se integren en la definición y en la realización de las políticas y acciones de la Unión, en particular con objeto de fomentar un desarrollo sostenible. La presente Directiva clarifica de qué modo pueden contribuir los poderes adjudicadores a la protección del medio ambiente y al fomento del desarrollo sostenible, garantizando al mismo tiempo la posibilidad de obtener para sus contratos la mejor relación calidad–precio".[39]

5. "(93) Cuando disposiciones nacionales determinen la remuneración de determinados servicios o establezcan precios fijos para determinados suministros, es preciso aclarar que sigue siendo posible evaluar la rentabilidad basándose en otros factores que no sean únicamente el precio o la remuneración. En función del servicio o producto de que se trate, dichos factores incluirían, por ejemplo, condiciones de entrega y pago, aspectos de servicio posventa (alcance de los servicios de atención al cliente y de repuestos) o aspectos sociales o medioambientales (por ejemplo si los libros se imprimen en papel reciclado o papel de la actividad maderera sostenible, el coste se imputa a externalidades medioambientales o si se fomenta la integración social de personas desfavorecidas o miembros de grupos vulnerables entre las personas asignadas a la ejecución del contrato). Dadas las numerosas posibilidades de evaluar la relación calidad–precio basadas en criterios sustantivos, es preciso evitar el recurso a la división en lotes como único medio de adjudicación del contrato".[40]

En adición a los lineamientos expuestos, dentro del articulado de la propia Directiva se establecen como principios de adjudicación de los contratos la transparencia y la igualdad de trato de los operadores económicos, debiendo tomar en cuenta:

"[...] la necesidad de garantizar la calidad, la continuidad, la accesibilidad, la asequibilidad, la disponibilidad y la exhaustividad de los servicios, las necesidades específicas de las distintas categorías de usuarios, incluidos los grupos desfavorecidos y vulnerables, la implicación y la responsabilización de los usuarios y la innovación. Además, los Estados miembros podrán disponer que la elección del proveedor de servicios se haga sobre la base de la oferta económicamente más ventajosa, teniendo en cuenta criterios de calidad y de sostenibilidad en el caso de los servicios sociales."[41]

37 *Ibíd.*, I. 94/71.

38 *Ibíd.*, I. 94/72.

39 *Ibíd.*, I. 94/82.

40 *Ibíd.*, I. 94/83.

41 Artículo 76, de la Directiva, I. 94/138.

De la simple lectura a los párrafos que anteceden, queda claro que la concepción del contrato público y la política de contratación misma han ido migrando, de los criterios de simple eficiencia económica a criterios más elaborados,[42] que condicionan la adjudicación no solamente a la procedencia técnica o funcional de los bienes o servicios, sino también a la responsabilidad social de los oferentes. Como señala Rodríguez–Arana,

> "[...] hemos construido un Derecho de la contratación pública en constante evolución que se adapta a los tiempos, sin perder por ello de vista la esencia, la sustancia de esta categoría jurídico–administrativa: su ordenación permanente al interés general. Y esta tarea se ha realizado, se realiza, desde una posición reformista, posición de gran calado y relevancia en el conjunto de las diferentes políticas públicas."[43]

Es por ello que, paralelo al concepto de contratación sostenible, se ha ido construyendo el de "contratación pública socialmente responsable", cuyo contenido y finalidad es complementario al primero, en virtud de que engloba aspectos relacionados con la consecución de empleo de calidad y la inserción socio–laboral, así como el fomento del comercio justo y la preocupación por el medioambiente, poniendo un especial acento en la erradicación de todo comportamiento discriminatorio a través de la eliminación de las barreras con las que se encuentran las personas con discapacidad así como en el establecimiento de medidas que garanticen la plena igualdad entre mujeres y hombres.[44]

A este concepto se asocian operaciones que tienen en cuenta oportunidades de empleo, trabajo digno, cumplimiento con los derechos sociales y laborales, inclusión social (incluidas las personas con discapacidad), igualdad de oportunidades, diseño de accesibilidad para todos, consideración de los criterios de sostenibilidad, incluidas las cuestiones de comercio ético y un cumplimiento voluntario más amplio de la responsabilidad social de las empresas. Sobre este último rubro se advierte que la contratación pública debe ser una clara herramienta para su impulso, enviando señales al mercado de que serán reconocidas y premiadas las empresas que brindan a la sociedad un valor adicional a sus actividades comerciales, implicándolas en la consecución de objetivos sociales y ambientales.[45]

---

42 En este mismo sentido, Gimeno Feliú destaca que *"si bien es cierto que la política de contratación pública está orientada a la consecución de objetivos de eficiencia económica, también lo está, y esto conviene resaltarlo especialmente, a la consecución de objetivos sociales y medioambientales"*. Gimeno Feliú, José María, *La nueva contratación pública europea y su incidencia en la legislación española*, Civitas, Madrid, 2006, p. 47.

43 Rodríguez-Arana Muñoz, Jaime, *op. cit.*, nota 27, p. 34.

44 Molina Navarrete, Cristóbal, "Relaciones laborales, política de empleo y compra pública socialmente responsable: las cláusulas sociales en la Ley 30/2007, de 30 de octubre, de Contratos del Sector Público", *Revista de Trabajo y Seguridad Social*, cef, Nº 302, 2008, p. 7.

45 *V.*, Bernete García, Juan, "Cláusulas sociales en la contratación pública: nuevos instrumentos para el fomento del empleo a nivel local", Observatorio Local de Empleo del Ayuntamiento de Fuenlabrada, *Cuadernos de Trabajo Social*, Vol. 26-1 (2013) pp. 85-94. Para el autor, este tipo de políticas trae consigo beneficios paralelos para el Estado, pues disminuye el gasto público destinado a programas sociales, rentas básicas, subsidios por desempleo o gastos sanitarios y, por otro lado, genera ingresos a la hacienda pública vía diversas cargas impositivas, https://revistas.ucm.es/index.php/CUTS/article/viewFile/40691/40092 (acceso, 19/04/2016). Sobre contratación pública socialmente responsable, también puede consultarse el trabajo de Martínez Fons, Daniel, "Cláusulas sociales, libre competencia y contratación pública", Documento de trabajo 153/2009, http://www.fundacionalternativas.org/public/storage/laboratorio_documentos_archivos/f04408dde31c25ad9d03a44a1cddb9f6.pdf (acceso, 22/04/2016).

6. Las cláusulas sociales en el contrato público.

Cuando se habla de contratación pública sostenible, surge habitualmente otro concepto vinculado con la instrumentación o concreción de esos elementos en diversas fases o etapas del procedimiento de contratación o de la actividad contractual misma. Este concepto es conocido como cláusulas sociales y con él se aglutina al conjunto de criterios que pueden ser incluidos en los procedimientos de contratación pública, por virtud de los cuales se incorporan al contrato aspectos de política social como requisito previo (criterio de admisión), como elemento de valoración (puntuación) o como obligación (exigencia de ejecución).[46] De la definición propuesta se puede desprender que:

1. Las cláusulas sociales integran aspectos de política pública en diferentes fases del procedimiento de contratación pública,[47] por lo que se pueden incluir conjunta o separadamente de acuerdo con lo siguiente:

   a. Como un requisito previo o criterio de admisión:
      - Mediante prohibiciones para contratar por el incumplimiento de normativa de carácter social.
      - Mediante el requerimiento de solvencia técnica o la acreditación de experiencia en la temática social que forme parte del objeto del contrato.
      - Mediante la figura del contrato menor y el procedimiento negociado.

   b. Como un elemento de valoración o criterio de adjudicación:
      - Incorporando criterios, requisitos, características o compromisos de carácter social en el sistema de evaluación que determinará la adjudicación del contrato.

   c. Como una exigencia de ejecución o criterio de obligación:
      - Estableciendo condiciones obligatorias de carácter social para la ejecución del contrato.

2. Su contenido puede ser sumamente diverso, atendiendo a una gran variedad de políticas que pueden ser instrumentadas,[48] ya sea de fomento o desarrollo económico, de orden social o carácter ambiental, como es el caso de las que, a manera de ejemplo, se relacionan a continuación:

   a. Inserción socio–laboral de personas con dificultades en el mercado laboral o discapacitadas.

   b. Accesibilidad universal y diseño para todas las personas.

---

46 Consejería para la Igualdad y Bienestar Social de la Junta de Andalucía, "Cláusulas sociales", *Dossier para la contratación pública sostenible*, 2011, p. 10, http://www.juntadeandalucia.es/igualdadybienestarsocialo-pencms/system/bodies/Drogodependencia/Publicacion/CLAUSULAS_SOCIALES/clausulas_sociales_web.pdf (acceso, 28/04/2016).

47 *V.*, Lesmes Zabalegui, Santiago y Lorena Axpe Orobiogoikoetxea, *"Incorporación de la perspectiva de género en los contratos públicos. Desarrollo del artículo 20.2 de la Ley 4/2005, para la igualdad de mujeres y hombres"*, Fondo Social Europeo, Unión Europea, http://www.kideitu.euskadi.eus/s53-6532/es/contenidos/informacion/avances_proyecto/es_kideitu/adjuntos/Contratacion_publica.pdf p. 5 (acceso, 28/04/2016).

48 *Ibíd.*

c. Calidad en el empleo (estabilidad laboral, condiciones salariales).
d. Contratación de Empresas de Inserción y Centros Especiales de Empleo.
e. Seguridad y salud laboral.
f. Suministro de productos de comercio justo.
g. Eficiencia energética y requerimientos medioambientales.
h. Cumplimiento de las Convenciones de la Organización Internacional del Trabajo.
i. Perspectiva de género, o igualdad entre mujeres y hombres.

3. Su previsión, contenido, alcance e instrumentación debe estar establecida en una norma jurídica que la regule y habilite al área administrativa contratante su utilización, con independencia de que debe formar parte del pliego de condiciones o bases de participación, como un requisito o condición más, que debe o puede ser acreditado, con la finalidad de no quebrantar el principio de igualdad de condiciones de participación entre los interesados y de no limitar la libre competencia entre los mismos.

Se trata de introducir en la figura del contrato administrativo otros intereses públicos que trascienden el objeto directo de cada contrato individualmente considerado, es decir, concebir la contratación administrativa, gracias a la inclusión de cláusulas sociales, como un instrumento para llevar a cabo políticas públicas[49] que persiguen un fin común en el sentido más amplio, consistente en la satisfacción del interés general.

7. Los programas nacionales de producción y consumo sostenibles en México

En el caso de México, la generación de estas políticas públicas encuentra actualmente como punto de partida el Plan Nacional de Desarrollo 2013–2018[50] que, dentro de los objetivos para construir un México Próspero, particularmente en el punto 4.4., establece que será necesario *"Impulsar y orientar un crecimiento verde incluyente y facilitador que preserve nuestro patrimonio natural al mismo tiempo que genere riqueza, competitividad y empleo"*.

De acuerdo con dicho objetivo y en cumplimiento a lo establecido en el Proceso de Marrakech, con fecha 5 de noviembre de 2012, el gobierno federal mexicano, por conducto de la Secretaría de Medio Ambiente y Recursos Naturales emitió la Estrategia Nacional de Producción y Consumo Sustentable (ENPyCS) como un instrumento estratégico de la política ambiental, con el objetivo general de fomentar prácticas de producción y consumo que contribuyan al desarrollo sustentable de México, con miras a lograr en 2020 una sociedad mexicana comprometida y participativa, hacia una economía equitativa, caracterizada por la adopción de estilos de vida basados en la responsabilidad económica, social y ambiental.

49 Espín Sáez, Maravillas, "El contrato administrativo como instrumento para ejercer políticas públicas. Fomento del empleo estable y contratación con empresas de trabajo temporal", *Revista Jurídica de la Comunidad de Madrid*, N° 1-01 enero 1999, http://www.madrid.org/cs/Satellite?c=CM_Revista_FP&cid=1109168495291&esArticulo=true&idRevistaElegida=1109168490932&language=es&pagename=RevistaJuridica%2FPage%2Fhome_RJU&seccion=1109168469706&siteName=RevistaJuridica (acceso, 20/04/2016).

50 Publicado en el Diario Oficial de la Federación de fecha 20 de mayo de 2013.

En dicho documento se toma como base para el análisis temático relacionado con la producción y el consumo sustentable, seis de los temas identificados como prioritarios en el Proceso de Marrakech: Educación para el consumo sustentable; Edificación y Construcción sustentable; Estilos de vida sustentables; Productos sustentables; Compras Públicas sustentables y Turismo sustentable.

Tomando como base los temas identificados como prioritarios, en dicho documento se planteó como objetivo general: *"Fomentar prácticas de producción y consumo que contribuyan al desarrollo sustentable de México."*, teniendo como base los objetivos específicos siguientes:

1. Contribuir a los cambios en los patrones de producción y consumo aplicando el enfoque de equidad de género los cuales favorezcan un empleo digno y acceso equitativo a las oportunidades de satisfacción de necesidades básicas y realización de aspiraciones conformando con ello una mejor calidad de vida.

2. Impulsar procesos de producción, distribución y consumo sustentables que reduzcan los impactos económicos, sociales y ambientales de los mismos, así como de los productos y servicios.

3. Desarrollar mercados sustentables a nivel local, nacional, regional e internacional orientados a productos sustentables, que generen empleos verdes y contribuyan al combate de la pobreza, incorporando el enfoque de equidad de género.

4. Promover el consumo sustentable en las cadenas de suministro tanto a nivel público como privado con estrategias y acciones diferenciadas en función de la situación de género identificada.

5. Generar un marco institucional amplio, plural, diverso e incluyente para el desarrollo de sinergias, la elaboración de sistemas de planeación, implementación, seguimiento y evaluación de programas y planes de acción, su financiamiento y rendición de cuentas, incorporando la perspectiva de equidad de género.

Por su parte, con motivo de dicho documento de corte estratégico y, en cumplimiento de lo previsto en el Programa Nacional de Desarrollo, se dispuso la elaboración del Programa Especial de Producción y Consumo Sustentable (PEPyCS)[51], con el fin de vincular las diferentes instancias del sector público involucradas con la producción y el consumo, así como al sector privado y social, para transitar hacia estilos de vida y patrones de producción y consumo sustentables.

En dicho documento se plantea como uno de los objetivos prioritarios a atender el correspondiente al incremento de las compras públicas sustentables, identificando a estas bajo los rubros siguientes:

a. Las compras de productos que tengan los Sellos A y B del Fideicomiso para el Ahorro de Energía Eléctrica (FIDE), Garantía de Ahorro de Energía Eléctrica y Contribuye al Ahorro de Energía Eléctrica respectivamente.
b. Las compras de papel certificado conforme a la Norma Mexicana NMX–N–107–SCFI–2010, Industrias de celulosa y papel – Contenido mínimo de fibra reciclada de papel para la fabricación de papel periódico, papel para bolsas y envoltu-

51 Publicado en el Diario Oficial de la Federación de fecha 28 de abril de 2014.

ras, papel para sacos, cartoncillo, cajas corrugadas y cajas de fibra sólida – especificaciones, evaluación de la conformidad y ecoetiquetado.

c. Las compras de productos de madera certificados conforme a la Norma Mexicana NMX–AA143–SCFI–2008, para la certificación del manejo sustentable de los bosques.
d. Las compras de productos que tengan la certificación ambiental de la Secretaría de Medio Ambiente y Recursos Naturales (SEMARNAT) de ecoetiquetado de huella de carbono y huella hídrica para productos y servicios en México, en elaboración por la SEMARNAT.
e. Otros productos con certificaciones ambientales internacionales registradas por la SEMARNAT.

Algunas de estas previsiones ya formaban parte de la operación jurídica cotidiana en la materia, como es el caso de las compras de papel certificado o de productos confeccionados con madera e incluso aquellas disposiciones relacionadas con el ahorro de energía, lo que nos permite advertir que las medidas estratégicas de consumo y producción sustentable adoptadas mediante la estrategia nacional y el programa especial, que pretenden instrumentarse a partir de las compras sustentables, son medidas que por lo general ya habían sido adoptadas por nuestro sistema jurídico y con estas disposiciones buscan ser mantenidas.

Otra característica propia de las compras públicas sustentables en nuestro sistema jurídico es el hecho de que su contenido abraza al medio ambiente como uno de los pilares del desarrollo sostenible y, consecuentemente, de la producción y el consumo sostenibles, descartando la posibilidad de considerar otro tipo de cláusulas sociales.

8. Compras sustentables y cláusulas sociales en la contratación pública mexicana.

En atención a los conceptos y los elementos que integran la contratación pública sostenible y las cláusulas sociales, expuestos brevemente en los puntos que anteceden, es importante destacar que en el caso mexicano parece generase una distinción entre lo que se puede entender por contratación pública sustentable y las cláusulas sociales en la contratación pública.

Bajo este contexto, por poner un ejemplo, la propia Ley de Adquisiciones, Arrendamientos y Servicios del Sector Público prevé que las licitaciones públicas de bienes o servicios deben asegurar al Estado las mejores condiciones disponibles en cuanto a precio, calidad, financiamiento, oportunidad, crecimiento económico, generación de empleo, eficiencia energética, uso responsable del agua, optimización y uso sustentable de los recursos, así como la protección al medio ambiente y demás circunstancias pertinentes;[52] además, se prevé que las dependencias y entidades establecerán en las políticas, bases y lineamientos, los aspectos de sustentabilidad ambiental, incluyendo la evaluación de las tecnologías que permitan la reducción de la emisión de gases de efecto invernadero y la eficiencia energética, que deberán observarse en las adquisiciones, arrenda-

52 Artículo 26, de la laassp.

mientos y servicios, con el objeto de optimizar y utilizar de forma sustentable los recursos para disminuir costos financieros y ambientales.[53]

Tomando en cuenta los aspectos que hemos venido comentando, podemos distinguir la contratación pública mexicana medida que corresponden al establecimiento de cláusulas sociales dentro de la contratación pública y que responden a criterios de orden social, como los siguientes:

1. En el caso de las Micro, Pequeñas y Medianas Empresas (Mipymes):

- Se pueden otorgar puntos adicionales en la evaluación a empresas con dichas características para fomentar las compras con las mismas, pudiendo otorgarles entre el 10 y el 50% de anticipo cuando fabriquen bienes cuyo proceso sea superior a 60 días.[54]
- Se les pueden otorgar puntos cuando produzcan bienes con innovación tecnológica, conforme a la constancia correspondiente emitida por el Instituto Mexicano de la Propiedad Industrial, con la condición de que esta última no tenga una vigencia mayor a cinco años.[55]

2. El otorgamiento de puntos a personas con discapacidad o a la empresa que cuente con trabajadores con discapacidad en una proporción del 5% cuando menos de la totalidad de su planta de empleados, cuya antigüedad no sea inferior a seis meses, la cual debe acreditarse con el aviso de alta al régimen obligatorio del Instituto Mexicano del Seguro Social.

3. El otorgamiento de puntos a las empresas que hayan aplicado políticas y prácticas de igualdad de género, conforme a la certificación correspondiente emitida por las autoridades y organismos facultados para tal efecto, en términos de la Ley General para la Igualdad entre Mujeres y Hombres

Pero también existen otro tipo de requisitos, criterios o condiciones que, de acuerdo con nuestro propio esquema jurídico–programático, atienden a aspectos de consumo y producción sustentable, como es el caso de los supuestos siguientes:

1. Para la adquisición de madera, muebles y suministros de oficina fabricados con madera, deben de requerirse certificados de terceros registrados ante la Secretaría de Medio Ambiente y Recursos Naturales, que garanticen el origen y el manejo sustentable de los aprovechamientos forestales de donde proviene dicha madera.[56]

2. En la adquisición del papel para uso de oficina, debe contener mínimo 50% de fibras de material reciclado o naturales no derivadas de la madera o de materias primas provenientes de aprovechamientos forestales manejados de manera sustentable en el territorio nacional certificadas y elaborados en procesos con blanqueado libre de cloro.[57]

3. Para el caso de Obra Pública será considerada la inclusión de estudios, planes y programas de impacto ambiental, así como sus efectos en la construcción de obras.[58]

---

53 Artículos 22, fracción III, de la laassp.

54 Artículo 13, segundo párrafo, de la laassp.

55 Artículo 14, segundo párrafo, de la laassp.

56 Artículo 26, tercer párrafo, de la laassp.

57 Artículo 26, cuarto párrafo, de la laassp.

58 Artículo 20, de la lopsrm.

La distinción planteada es a todas luces real y el establecimiento de compras sustentables, así como la existencia de cláusulas sociales son elementos que, sin lugar a dudas, deben de ir permeando con mayor profundidad en nuestro sistema de contrataciones públicas, aun cuando no sean vistos todavía como esquemas integrales, incluso a pesar de que algunos autores refieren como un riesgo el empleo de las compras de gobierno como sustituto de una política industrial o económica, debido a que introducir un objetivo secundario, como políticas de desarrollo industrial o apoyo a grupos vulnerables, implica una desviación del objetivo principal de un sistema de compras que es adquirir bienes y servicios de forma eficiente, además de ser contrario a la libre competencia, debido a que, para impulsar una política como las que se han mencionado (desarrollo regional, apoyo a grupos vulnerables, entre otros), se requiere dar preferencia a ciertos participantes sobre otros.[59]

Estos argumentos guardan una cierta razón; sin embargo, no atienden al objetivo con el que han sido confeccionados los criterios de contratación sostenible y las cláusulas sociales, en los que el costo–beneficio no se encuentra necesariamente vinculado únicamente a parámetros de orden económico o de eficiencia en el gasto público.

Finalmente, si el contrato administrativo es un instrumento más que la Administración tiene a su alcance para llevar a cabo su actividad y, en cumplimiento de su fin último, busca satisfacer las necesidades del interés general, resulta válido, desde el punto de vista jurídico y administrativo, que dicho instrumento sea optimizado hasta su máximo posible, de tal manera que, mediante su empleo, puedan concretarse varios objetivos o metas igualmente importantes en forma simultánea, haciendo copartícipe de todo ello a los distintos sectores de la sociedad.

BIBLIOGRAFÍA

BERNAL BLAY, Miguel Ángel, "Hacia una contratación pública socialmente responsable: Las oportunidades de la Ley 30/2007, de 30 de octubre, de Contratos del Sector Público".

BERNETE GARCÍA, Juan, "Cláusulas sociales en la contratación pública: nuevos instrumentos para el fomento del empleo a nivel local", Observatorio Local de Empleo del Ayuntamiento de Fuenlabrada, *Cuadernos de Trabajo Social*, Vol. 26–1 (2013).

BRUNETE DE LA LLAVE, María Teresa, *Criterios sociales y medioambientales en la contratación pública*, (Federación de Municipios y Provincias Castilla–La Mancha).

Conferencia de las Naciones Unidas sobre el Medio Ambiente y el Desarrollo (CNUMAD), celebrada en Río de Janeiro en 1992.

---

59 *Cfr.* Palacios, Jana et al., *op. cit.*, nota 25, p. 11. En el mismo sentido se pronuncia Miguel Ángel Bernal Blay, al señalar que

> *"debemos tener presente desde ya mismo que la contratación pública puede no resultar idónea siempre para la consecución de fines sociales, pues no está diseñada para ello, sino principalmente para alcanzar objetivos de eficacia y eficiencia económica. De este modo, y reconociendo que la finalidad de las denominadas cláusulas sociales son perfectamente atendibles y deben merecer medidas concretas en el ordenamiento jurídico, debemos afirmar que la contratación pública ni sirve para suplir al resto de medidas tendentes a satisfacer dichos objetivos, ni en todo caso los contratos públicos resultan aptos para contener dichas cláusulas."*

V., Bernal Blay, Miguel Ángel, *op. cit.*, nota 24, p. 214.

Conferencia de las Naciones Unidas sobre el Medio Humano de Estocolmo de 1972.

Consejería para la Igualdad y Bienestar Social de la Junta de Andalucía, "Cláusulas sociales", *Dossier para la contratación pública sostenible*, 2011.

Cumbre Mundial de las Naciones Unidas sobre el Desarrollo Sostenible, llevada a cabo en Johannesburgo (Sudáfrica) 26 de agosto a 4 de septiembre de 2002.

El ABC del CPS, Aclarando Conceptos sobre el Consumo y la Producción Sostenible, Programa de las Naciones Unidas para el Medio Ambiente, 2010.

ESPÍN SÁEZ, Maravillas, "El contrato administrativo como instrumento para ejercer políticas públicas. Fomento del empleo estable y contratación con empresas de trabajo temporal", *Revista Jurídica de la Comunidad de Madrid*, N° 1–01 enero 1999.

GIMENO FELIÚ, José María, "Compra Pública Estratégica", en Pernas García, J. José (dir.), *Contratación Pública Estratégica*, Thomson Reuters, España, 2013.

GIMENO FELIÚ, José María, *La nueva contratación pública europea y su incidencia en la legislación española*, Civitas, Madrid, 2006.

LESMES ZABALEGUI, Santiago y Lorena Axpe Orobiogoikoetxea, "Incorporación de la perspectiva de género en los contratos públicos. Desarrollo del artículo 20.2 de la Ley 4/2005, para la igualdad de mujeres y hombres", Fondo Social Europeo, Unión Europea, s/f.

Marrakech Task Force on Sustainable Public Procurement (MTF on SPP)

MARTÍNEZ FONS, Daniel, "Cláusulas sociales, libre competencia y contratación pública", Documento de trabajo 153/2009.

MOLINA NAVARRETE, Cristóbal, "Relaciones laborales, política de empleo y compra pública socialmente responsable: las cláusulas sociales en la Ley 30/2007, de 30 de octubre, de Contratos del Sector Público", *Revista de Trabajo y Seguridad Social*, CEF, N.° 302, 2008.

Naciones Unidas, Asamblea General, Cumbre de las Naciones Unidas para la aprobación de la agenda para el desarrollo después de 2015

Naciones Unidas, Asamblea General, Declaración del Milenio de las Naciones Unidas, 2000.

Naciones Unidas, Cumbre Mundial sobre Desarrollo Sostenible, 2002.

Naciones Unidas, Declaración de Río sobre el Medio Ambiente y el Desarrollo: aplicación y ejecución Informe del Secretario General, 1997.

Naciones Unidas, Informe Brundtland. (Ago 1987). Informe de la Comisión Mundial para el Medio Ambiente y el Desarrollo.

PALACIOS, Jana et al., "Rendición de cuentas y compras de gobierno", *Cuadernos sobre rendición de cuentas*, N°. 5, Secretaría de la Función Pública, México, 2011.

PARSONS, Wayne, *Políticas públicas. Una introducción a la teoría y la práctica del análisis de políticas públicas*, Flacso, México, 2007.

Planificación para el cambio. Guías para programas nacionales sobre consumo y producción sustentables.

Procuring the Future, informe del Grupo de Trabajo del Reino Unido sobre adquisición sostenible (junio de 2006).

RODRÍGUEZ–ARANA MUÑOZ, Jaime, "La contratación del sector público como política pública", en Pernas García, J. José (dir.), *Contratación pública estratégica*, Thomson Reuters, España, 2013.

ROTH DEUBEL, André–Noël, *Políticas públicas. Formulación, implementación y valuación*, 5ª ed., Ediciones Aurora, Bogotá, 2006.

Secretaría de la Función Pública, *Estrategias de Contratación: Informe de Resultados 2009–2012*, SFP, s/f.

Secretaría de la Función Pública, *Estudio Comparativo (Benchmarking) en Contrataciones Públicas*, SFP, s/f.

Secretaría de la Función Pública, *Las contrataciones públicas como herramienta para impulsar el crecimiento económico*, SFP, s/f.

Secretaría de la Función Pública, *Libro Blanco. Transformación del Sistema de Contrataciones Públicas de la Administración Pública Federal*, período 2007–2012, SFP, México, 2012.

Unidad de Política de Contrataciones Públicas, *Política General de Contrataciones Públicas*, Secretaría de la Función Pública, México, 2012.

30. SUSTENTABILIDAD DE LOS CONTRATOS PÚBLICOS CON ESPECIAL REFERENCIA AL URUGUAY

Dr. Felipe Rotondo[1]

I. UBICACIÓN Y RELEVANCIA TEMÁTICA

I.1 Los entes públicos tienen una competencia asignada por el ordenamiento jurídico, la cual implica, en esencia, el cumplimiento de deberes. Para ello emiten actos unilaterales y celebran contratos, instrumentos estos últimos que tienen como finalidad la adquisición de bienes o servicios o la realización de obras públicas, la cual no queda enervada por la promoción, a la vez, de políticas sociales a las que corresponde situar, en equilibrio, en el contexto de lo público debido[2].

Aquella finalidad es un presupuesto de la contratación pública, a la cual contribuye la "*ventaja o provecho que le procura la otra parte*"[3]

La secuencia de hechos y actos del procedimiento de contratación tiende, precisamente, a hallar el contratante más idóneo ya que, en aras del interés público, la administración debe seleccionar a quien sea capaz de dar plena y adecuada ejecución al respectivo objeto contractual[4].

I.2 El Texto Ordenado de Contabilidad y Administración Financiera uruguayo (en adelante TOCAF) establece los "*principios generales de actuación y contralor en materia de la Ley de Contabilidad y Administración Financiera del Estado*"[5], la que comprende la actividad contractual.

Ellos son flexibilidad; publicidad, igualdad de los oferentes y concurrencia en los procedimientos competitivos para el llamado y la selección de las ofertas; razonabilidad;

---

1 Profesor Titular de Derecho Administrativo en la Facultad de Derecho de la Universidad de la República Oriental del Uruguay y en Cursos de Maestría en la Universidad de Montevideo.

2 Corresponde a "*un justo medio, la promoción pero sin una intervención deformante del objetivo de cualquier procedimiento de selección, esto es, contar con la oferta más conveniente*", Linares, Mario. Contratación Pública. Derecho Local, Internacional y de la Integración. Linares Consultores 10 años. 2ª edición. Lima 2013, p. 178.

3 Código Civil uruguayo, art. 1287, que define la "*causa final*" en los contratos onerosos.

4 Rotondo Tornaría, Felipe. Manual de Derecho Administrativo. 9ª edición Mdeo. 2015, pp. 388-390.

5 Art. 149 del decreto del Poder Ejecutivo N° 150/012 de 11-V-2012, que recopila y ordena, por mandato legal, normas con valor y fuerza de ley.

delegación; ausencia de ritualismo; materialidad frente al formalismo; veracidad salvo prueba en contrario; transparencia, buena fe.

Todos ellos sirven, además, "de criterio interpretativo para resolver las cuestiones que puedan suscitarse en la aplicación de las disposiciones pertinentes"[6].

I.3 El principio general de materialidad implica que procede atender a lo significativo, a las circunstancias cuya promoción coadyuva al interés público y, solamente cuando a ello sirve, considerar lo formal.

En ese sentido, la inclusión de las dimensiones de la contratación sustentable o sostenible es sustantiva, lo que surge de su propia denominación*"*[7]*;* configura una política pública que se proyecta de manera transversal en las diversas etapas del ciclo de la contratación, con la relevancia que tiene el "*poder de compra del Estado".*

Es que *"los contratos públicos son un instrumento muy útil para desarrollar políticas sociales", "dentro de una nueva visión estratégica de la contratación, la cual considera no solo los objetivos principales, sino aquellos secundarios o colaterales, relacionados con los primeros, pero que permiten cumplir con el cometido estatal de manera más integral, y al final, más eficiente", en "sintonía perfecta con los objetivos principales de la contratación pública"*[8].

Estos objetivos deben situarse en el marco de los principios de actuación antes señalados y, por lo mismo, no pueden llevar a su desconocimiento.

I.4 *"La noción de sostenibilidad se basa en el imperativo de garantizar la disponibilidad de los recursos de la Tierra para nuestros descendientes, mediante una gestión que contemple la protección ambiental, la justicia social y el desarrollo sostenido de la economía en nuestras sociedades. (...)"*[9].

"El poder de compra de los gobiernos puede influir sobre los mercados, a fin de orientarlos hacia la provisión de bienes y servicios que favorezcan el desarrollo sostenible, promoviendo así un consumo más responsable, actuando directamente sobre la esencia de la cuestión: la relación entre el consumo y la producción".

---

6 El decreto 30/003 de 23-I-2003, sobre Normas de Conducta en la Función Pública, art. 20, explicita: *"Los funcionarios públicos tienen la obligación de respetar estrictamente los procedimientos de contratación aplicables en cada caso y de ajustar su actuación en la materia"* a los principios correspondientes.

7 Los términos sostenible y sustentable son, al efecto, sinónimos. El Diccionario de la Real Academia Española define lo sostenible, 2da. acepción, adj.: "*especialmente en ecología y economía", lo "que se puede mantener durante largo tiempo, sin agotar los recursos o causar grave daño al medio ambiente".* La palabra sustentable, más relacionada con el anglosajón sustainable development, significa lo "*que se puede sustentar",* el "*conservar algo en su ser o estado".*

8 Canónico Sarabia, Alejandro. Responsabilidad social y compras públicas en Venezuela, en Función Social de la Administración. FIDA-Universidad del Rosario. T. II Bogotá 2016, pp. 1169 y ss,, con cita de. J.M. Gimeno Feliú, El nuevo paquete legislativo comunitario sobre contratación pública. De la burocracia a la estrategia. Ed. Aranzadi 2014, p. 19. Los aspectos sociales no son asuntos de menor entidad, *"consisten en objetivos que no justifican la contratación pero que, sin embargo, conllevan aparejada una mejora con respecto a la situación preexistente de la sociedad".*

9 Curso On Line de la OEA sobre Gestión de Compras Públicas-2010, Módulo II, cuyos términos se recogen en los párrafos que siguen.

En la última década del siglo XX aparecen las Compras Verdes en el escenario mundial, las que *"incluyen aspectos ambientales en las políticas y los procedimientos de compra y contratación pública. Tienen en cuenta tanto los niveles de actuación sobre el ambiente como el uso de materias primas, métodos de producción ambientalmente amigables (en los casos en que sea relevante para el producto final o servicio), buenas prácticas, eficiencia energética, energías renovables, las emisiones, los residuos, el potencial de ser reciclado, los productos químicos peligrosos, etc."*.

A partir de 2002, principalmente como resultado de la Cumbre de Johannesburgo, se amplía el concepto y comienza a hablarse de Compras Sostenibles, con incorporación de criterios sociales y éticos *"que se evidencian en los procesos productivos sin que necesariamente se vean reflejados en el producto final, siendo más difícil evaluarlos. Por ejemplo, respecto al trato que reciben los empleados de una determinada industria que produce algún bien que la institución pública adquiere normalmente"*.

En ese contexto se enfoca el concepto *de "la oferta más conveniente"*[10]. Las compras públicas sostenibles se entienden como "*El proceso que siguen las organizaciones para satisfacer sus necesidades de bienes, servicios, trabajo e insumos de manera que obtengan valor por su dinero sobre la base del ciclo de vida, con la finalidad de generar beneficios para la institución, para la sociedad y la economía, al tiempo que se minimiza el impacto sobre el ambiente.*

El Ciclo de Vida (o análisis de Ciclo de Vida) consiste en el examen de un producto, proceso, sistema o función a lo largo de su existencia, buscando caracterizar su impacto ambiental, desde la extracción del recurso natural, su procesamiento para la transformación en producto, transporte, consumo/uso, reutilización, reciclaje, hasta su disposición final".

I.5 De esta manera, la contratación pública sustentable "*consiste en la integración de aspectos ambientales, sociales y éticos en la preparación y ejecución de los contratos que celebran los organismos del sector público"*[11].

Ella condice con el interés general del cual el Estado es eminente protagonista y se adecua al principio de solidaridad, "*valor jurídico implícito en el plexo de valores del sistema constitucional democrático"*[12].

II. DIMENSIÓN AMBIENTAL

II.1 Noción y normativa general

II.1.1 El ambiente refiere al "*entorno vital natural o conjunto de circunstancias físicas que rodean a los seres vivos (básicamente aire, tierra y agua) y los procesos*

10 Términos del art. 68 del TOCAF: *oferta más conveniente "a los intereses de la Administración Pública y las necesidades del servicio"*. intereses y necesidades que recogen los elementos señalados.

11 Delpiazzo, Carlos E. Contratación pública y sustentabilidad, en *Revista Derecho & Sociedad* Nº 44, Lima-junio 2015, pp. 65 y ss.

12 Bidart Campos, Germán. La Rerum Novarum: hace cien años y hoy, en Constitución y Derechos Humanos. Buenos Aires 1991. *"(...) si puede afirmarse que el hombre es constitutivamente un ser libre, en la misma medida es constitutivamente solidario. Su gran opción moral es vivir libre y solidariamente"*, Rodríguez-Arana Muñoz, Jaime Configuración ética de las nuevas ideologías: más allá de los sistemas ideológicos cerrados. Anuario de Derecho Administrativo. T. XIV Mdeo.2007, p. 55.

biológicos ligados a ello. Desde esta perspectiva, el medio ambiente estaría constituido por los recursos naturales (aire, suelo, agua, flora, fauna y costas) así como las relaciones que entre ellos se generan (clima, paisaje y espacios naturales)"[13].

En una visión amplia, *"es un sistema natural, al que por ser ecológico llamamos ecosistema, integrado por un complejo de elementos inorgánicos y orgánicos –entre los cuales se encuentra el Hombre como parte inseparable del mismo – de los tres Reinos de la Naturaleza y en los tres estados de la materia, totalmente interdependientes (...) es todo lo que constituye la Biosfera"*[14] *"(...), se entiende por ambiente el marco de vida en que el hombre desenvuelve su existencia. Por ello, entendido en su plenitud y desde un punto de vista humanista comprende la naturaleza y las modificaciones que en ella introduce el ser humano"*[15].

El ambiente configura un bien en sí mismo además de condición para el goce de otros bienes jurídicos, por lo cual exige protección. A su respecto el Estado asume un cometido fundamental, con actividades de diversa naturaleza: preventiva, correctiva (sancionatoria y reparatoria), de fomento, promoción y colaboración"[16], las cuales se proyectan en la contratación pública.

II.1.2 La relevancia del ambiente ha llevado a su regulación por normas internacionales y comunitarias[17].

También a su constitucionalización a través de disposiciones relativas a derechos de las personas y cometidos estatales.

En ese sentido, en el Uruguay el derecho al ambiente sano y equilibrado se fundamenta en principios inherentes a la personalidad humana, cuya operatividad se asegura por la debida aplicación *directa* de los preceptos constitucionales que reconocen, expresa o implícitamente, derechos a las personas, en particular a la vida, a la integridad física, salud, etc.

---

13 Delpiazzo, Carlos E. Derecho Administrativo Especial. AMF 3ª ed. Mdeo.2015, T. I, p. 504.

14 Magariños de Mello, Mateo. J. La protección del medio ambiente, en Reforma constitucional 1997 en Rev. Urug. de Der. Const. y Pol. Serie Congresos y Conferencias Nº 16, p. 43.

15 Hutchinson, Tomás. Breve análisis de la responsabilidad ambiental desde el punto de vista del Derecho Público, en Homenaje a Héctor Frugone Schiavone. Universidad Católica del Uruguay. Mdeo.2000, p. 287.

16 Rotondo Tornaría, Felipe. Sostenibilidad ambiental urbana. Ordenamiento Territorial y Ambiente, con referencia especial al Uruguay, en Sostenibilidad ambiental urbana. Ed. Álvaro Sánchez Bravo. ArCiBel Ed., Sevilla-España 2012, pp. 107 y ss.

17 "La cuestión ambiental atañe a la humanidad en su totalidad, Res. 43/95, Asamblea General de Naciones Unidas. El Protocolo Adicional a la Convención Americana de Derechos Humanos, San Salvador-1988 (ley uruguaya Nº 16.519 de 22-VII-1994), art. 11 prevé que "1*) Toda persona tiene derecho de vivir en un medio ambiente sano y a contar con servicios públicos básicos. 2) Los Estados Partes promoverán la protección, preservación y mejoramiento del medio ambiente"*. El Acuerdo Marco sobre Ambiente en el MERCOSUR, Asunción, Paraguay-2001 (ley uruguaya Nº 17.712 de 27-XI-2003), reafirma el compromiso con los principios de la Declaración de Río de Janeiro sobre Ambiente y Desarrollo-1992 y establece que las acciones deben orientarse inter alia a la promoción de la protección del ambiente y el aprovechamiento eficaz de los recursos mediante la coordinación de políticas sectoriales, con base en los principios de gradualidad, flexibilidad y equilibrio; la incorporación del componente ambiental en las políticas sectoriales y en la toma de decisiones para el fortalecimiento de la integración; la promoción del desarrollo sustentable con el apoyo entre sectores ambientales y económicos; el tratamiento integral y prioritario de las causas de los problemas ambientales, etc.

Ese fundamento mantiene vigor pero, además, el 14 de enero de 1997 entró a regir una reforma constitucional que agregó: "*La protección del medio ambiente es de interés general. Las personas deberán abstenerse de cualquier acto que cause depredación, destrucción o contaminación graves al medio ambiente. La ley reglamentará esta disposición y podrá prever sanciones para los transgresores*" (art. 47).

En la reforma constitucional de 31 de octubre de 20014, se añadió a esa disposición: "*El agua es un recurso natural esencial para la vida. El acceso al agua potable y al saneamiento, constituyen derechos humanos fundamentales*". "*La política nacional de aguas y saneamiento estará basada en: a) el ordenamiento del territorio, conservación del Medio Ambiente y la restauración de la naturaleza. b) la gestión sustentable, solidaria con las generaciones futuras, de los recursos hídricos y la preservación del ciclo hidrológico que constituyen asunto de interés general (...). d) el principio por el cual la prestación del servicio de agua potable y saneamiento deberá hacerse anteponiendo las razones de orden social a las de orden económico*".

II.1.3 La Ley "*General de Protección del Medio Ambiente*", N° 17.283 de 28–XI–2000, declara de interés general la protección de la calidad del agua, suelo y paisaje; la conservación de la diversidad biológica y de la configuración de la costa, la reducción y adecuado manejo de sustancias tóxicas y desechos; la prevención, eliminación, mitigación y compensación de impactos ambientales negativos; etc.

Reconoce que "*Los habitantes de la República tienen el derecho a ser protegidos en el goce de un ambiente sano y equilibrado*" y establece que "*Es deber fundamental del Estado y de las entidades públicas en general, propiciar un modelo de desarrollo ambientalmente sostenible, protegiendo el ambiente y, si éste fuere deteriorado, recuperarlo o exigir que sea recuperado*".

Establece "*principios de política ambiental*", entre ellos la distinción de la República como 'País Natural' "*desde una perspectiva económica, cultural y social del desarrollo sostenible*"[18]. Asimismo detalla los "*instrumentos de gestión ambiental*", tales como normas jurídicas, directrices, estándares de calidad, educación, sanciones administrativas y medidas complementarias, incentivos económicos, la propia organización institucional ambiental[19].

18 También la prevención y previsión como "*criterios prioritarios*"; la regla de que ante el "*peligro de daño grave o irreversible, no podrá alegarse la falta de certeza técnica o científica absoluta como razón para no adoptar medidas preventivas*"; la incorporación gradual de nuevas exigencias como "*supuesto para la efectiva integración de la dimensión ambiental al desarrollo económico y social*"; la participación dado que la protección del ambiente es "*un compromiso que atañe al conjunto de la sociedad, por lo que las personas y las organizaciones representativas tienen el derecho-deber de participar en ese proceso*"; *la* "*transectorialidad*" al requerirse *la integración y coordinación de los sectores públicos y privados involucrados; el* "*adecuado manejo de la información ambiental*" para asegurar su disponibilidad y accesibilidad; la cooperación internacional.

19 En otro aspecto, faculta al Poder Ejecutivo a incluir como inversión, con beneficios fiscales, bienes muebles destinados a la eliminación o mitigación de impactos ambientales negativos o a la debida recomposición del ambiente y las mejoras fijas afectadas al tratamiento de los efectos ambientales de las actividades industriales y agropecuarias.

II.2 Normativa sobre Evaluación de Impacto Ambiental[20].

Considera dicho impacto, "*toda alteración de las propiedades físicas, químicas o biológicas del medio ambiente causada por cualquier forma de materia o energía resultante de las actividades humanas que directa o indirectamente perjudiquen o dañen: I. La salud, seguridad o calidad de vida de la población. II. Las condiciones estéticas, culturales o sanitarias del medio. III. La configuración, calidad y diversidad de los recursos naturales*".

Somete a estudios de evaluación diversas actividades u obras, públicas o privadas[21], las que exigen autorización del Ministerio de Vivienda, Ordenamiento Territorial y Medio Ambiente, previo procedimiento administrativo que incluye un período de manifiesto y, también, la realización de una audiencia pública, cuando se "*considere que el proyecto implica repercusiones graves de orden cultural, social o ambiental*".

II.3 Normativa concerniente a contratación pública

II.3.1 Al Poder Ejecutivo corresponde reglamentar "*el otorgamiento, en las contrataciones y adquisiciones*" realizadas por organismos estatales y paraestatales[22], "*de márgenes de preferencia en el precio de bienes, servicios y obras públicas, fabricados o brindados por productores o proveedores de cualquier nacionalidad, siempre que cumplan con normas o certificaciones de calidad, de seguridad, medio ambientales, o de cualquier otro tipo, que se entiendan necesarios y adecuados para estimular la presentación de mejores ofertas*" (TOCAF, art. 61).

También establecer "*las políticas, bases y lineamientos de los aspectos de sustentabilidad ambiental que deberán observarse en las contrataciones de bienes, obras y servicios con el objeto de optimizar y utilizar de forma sustentable los recursos para disminuir costos ambientales*" (TOCAF art. 152).

La normativa internacional, constitucional y legal sobre protección ambiental permite incluir clausulas al respecto en los Pliegos de Condiciones, sin esperar el dictado de la reglamentación a que refieren esas disposiciones[23].

II.3.2 El Pliego Único de Bases y Condiciones Generales para los contratos de obra pública (aprobado por decreto N° 257/015 de 23–IX–2015), apartado 49, dispone: "*El contratista deberá cumplir con las Especificaciones Ambientales Generales establecidas en las normas vigentes*" y "*Conforme a la entidad de la obra, el Pliego Particular podrá establecer un rubro por concepto de "Recuperación ambiental" y "su forma y condiciones de aplicación*".

Incluye como causal de rescisión *unilateral* por parte de la Administración, el "*incumplimiento de las normas medio ambientales*", ap. 52.1

20 Ley N° 16.466 de 14-I-1996 y su reglamentación (decreto N° 349/005 modificado por el N° 416/013).

21 Construcción, rectificación y ensanche de carreteras; construcción de puentes, puertos, aeropuertos, plantas de tratamiento y disposición final de residuos tóxicos y peligrosos, terminales de carga y descarga y de pasajeros, construcción de muelles, escolleras; complejos turísticos y recreativos, cementerios, etc., El Poder Ejecutivo puede incorporar otras actividades, construcciones y obras.

22 Estas son personas jurídicas de Derecho público no estatales.

23 Yelpo, Andrea, Requerimientos de los Pliegos de Condiciones Particulares, en Renovación de la Contratación Pública. Instituto de Derecho Administrativo. Universidad de la República. Carlos E. Delpiazzo Coord. Mdeo. 2013, pp. 75 y ss. plantea ese criterio.

II.3.3 La ley sobre "*el marco regulatorio aplicable al régimen de contratos de Participación Público–Privado*"[24], se fundamenta en *principios*, entre ellos el relativo a la "*Protección del desarrollo sustentable*", de manera que en la ejecución de los proyectos debe propenderse "*al desarrollo sustentable de la sociedad y de la economía, adoptando medidas de protección al medio ambiente en beneficio de las generaciones actuales y futuras*".

El proponente debe presentar un estudio de pre factibilidad que incluya un "*análisis ambiental que permita evaluar su impacto*". Por su parte el contenido de los contratos comprende, preceptivamente, "*la obligación del contratista de aplicar lo que, en cada momento, y según el progreso de la ciencia, disponga la normativa técnica, medioambiental, de accesibilidad y eliminación de barreras y de seguridad de los usuarios que resulte de aplicación*"[25].

III EFICIENCIA ENERGÉTICA: SU FOMENTO

III.1 Noción y normativa general

La eficiencia energética se toma especialmente en cuenta porque impacta en el costo de funcionamiento y de operación de los bienes que la Administración adquiere, a lo largo de toda su vida útil, en la que el uso de un bien menos eficiente se refleja en mayores costos de energía, además de su incidencia en otros aspectos, entre ellos, el ambiental; por ello se la considera en apartado separado.

La ley N° 18.597 de 21–IX–2009 declara de interés nacional el uso eficiente de la energía, que define como "*todos los cambios que resulten en una disminución económicamente conveniente de la cantidad de energía necesaria para producir una unidad de producto o para satisfacer los requerimientos energéticos de los servicios que requieren las personas, asegurando un igual o superior nivel de calidad y una disminución de los impactos ambientales negativos cuyo alcance abarca la generación, trasmisión, distribución y consumo de energía. Asimismo se comprende dentro del concepto de uso eficiente de energía la sustitución en el uso final por parte de los usuarios de energía de las fuentes energéticas tradicionales, por fuentes de energía renovables no convencionales que permitan la diversificación de la matriz energética y la reducción de emisiones de gases contaminantes*", art. 2 "A".

El Plan Nacional de optimización energética 2015–2024 (aprobado por decreto N° 211/015 de 3–VIII–2015) establece, entre otros aspectos, la figura del "*gestor en energía*" en organismos públicos y empresas privadas a los efectos del control, monitoreo, planificación y ejecución de acciones tendientes a la mejora del uso energético.

Agrega que "*el Estado debe ser ejemplo paradigmático de una gestión eficiente, dinámica y moderna, (...)*".

---

24 N° 18.781 de 19-VII-2011, Estos contratos son "*aquellos en que una Administración Pública encarga a una persona de derecho privado, por un período determinado*" (máximo 35 años), *el diseño, la construcción y la operación de infraestructura o algunas de dichas prestaciones, además de la financiación*", art. 2°.

25 Decreto reglamentario N° 17/012, arts. 44 y 65.

III.2 Normativa específica sobre contratación pública

III.2.1 "*En aquellas contrataciones públicas que tengan por objeto la adquisición de equipamiento intensivo en el uso de energía, la Administración Central, las Administraciones Municipales, los Entes Autónomos y los Servicios Descentralizados deberán considerar, en la evaluación de las propuestas, el costo asociado al ciclo de vida de los productos, contemplando a tales efectos no sólo el costo directo asociado a la provisión de los equipamientos, sino también el costo asociado a la operación durante su vida útil y los costos asociados a su disposición final*" (TOCAF, art. 79, agregado por la ley de Eficiencia Energética N° 18.597 antes citada, art. 26)[26].

Además, los Organismos u órganos estatales incluidos en el Presupuesto Nacional "*que celebren contratos remunerados por desempeño con empresas de servicios energéticos registradas en el Ministerio de Industria, Energía y Minería" (en adelante MIEM), "podrán disponer para el pago de los mismos, de hasta el cien por ciento de los ahorros generados en el consumo del suministro objeto del contrato. Dichos ahorros efectivos podrán ser utilizados en el ejercicio en que se producen o en el ejercicio siguiente, hasta la finalización del pago del contrato celebrado"*[27]

Asimismo habilita la contratación directa o por el procedimiento que el ordenador del gasto determine por razones de buena administración (en vez de la licitación pública u otro procedimiento competitivo expresamente previsto), respecto a "l*os contratos con empresas de servicios energéticos públicas o privadas que se encuentren registradas en el MIEM y que se desarrollen bajo el esquema de Contratos Remunerados por Desempeño, en los cuales la inversión sea financiada íntegra o parcialmente por la empresa de servicios energéticos"*[28].

III.2.2 Bajo el título *"Compras estatales de artefactos, vehículos o maquinarias"*, el Plan Nacional de optimización energética (decreto 211/015 ya citado), *expresa que "se impulsará la adopción de criterios de evaluación" "que consideren el costo inicial y el costo de uso durante la vida de los equipos. Para ello desde el MIEM se desarrollarán criterios, pliegos tipo y recomendaciones en el sistema de compras" y "herramientas de información on line y aplicaciones web para facilitar la comparación de tecnología de acuerdo a las diferentes condiciones de uso".*

IV. DIMENSIÓN SOCIAL

IV.1 Referencia general

Con esta dimensión se trata de verificar que los oferentes y adjudicatarios cumplan, *"directamente e indirectamente –en las subcontrataciones – los derechos fundamentales de los trabajadores establecidos en la respectiva Constitución, los convenios de la OIT, las convenciones y declaraciones en materia de derechos sociales, la legislación laboral protectiva de los trabajadores que aseguran condiciones de trabajo justas, dignas y equitativas, la reducción de la pobreza y la vigencia de la justicia social y la solidaridad, que fomenten la prohibición de la explotación infantil y en general de la trata de*

---

26 Encomienda a la reglamentación determinar la fórmula de cálculo para cuantificar el beneficio.

27 Ley 18.834 de 4-XI-2011, art. 59. A esta norma refiere el Plan 2015-2024 respecto a diagnósticos o auditorías energéticas.

28 Figura en el TOCAF, art. 33 "C" numeral 26.

personas en condiciones laborales esclavizantes, el trabajo de las mujeres en condiciones equivalentes, la contratación de personas en paro y de discapacitados, la responsabilidad social de las empresas, la preferencia en la contratación de las "Pymes" y, en general, la práctica de un comercio justo"[29] .

V.2 Normativa concerniente a la contratación pública

El encare inclusivo y de promoción de la responsabilidad social empresarial surge de regímenes como los siguientes:

IV.2.1 Fomento de la Contratación Pública para el Desarrollo

El Programa así denominado permite emplear procedimientos especiales de contratación, que sean adecuados para desarrollar proveedores nacionales, en particular micro, pequeñas y medianas empresas y pequeños productores agropecuarios y para estimular el desarrollo científico–tecnológico y la innovación (TOCAF, art. 59).

En cada ejercicio, hasta un 10% del monto total de las contrataciones de bienes, servicios y obras públicas, realizadas en el ejercicio anterior por los organismos estatales y paraestatales, serán realizadas según los términos establecidos en el Programa.

"(...), *las adquisiciones y contrataciones realizadas bajo este programa por un organismo particular, no podrán superar el 20% del total de adquisiciones y contrataciones realizadas por ese mismo organismo en cada ejercicio. En el marco del programa podrán emplearse, entre otros instrumentos, márgenes de preferencia en el precio y mecanismos de reserva de mercado, en favor de productores y proveedores nacionales*", con cierto tope.

Las contrataciones realizadas bajo el mecanismo de reserva de mercado a productores o proveedores nacionales, no pueden superar el 10% del total de contrataciones realizadas por un mismo organismo en cada ejercicio. En todos los casos se exige a los productores y proveedores contrapartidas que contribuyan a la sustentabilidad en el mediano plazo de las actividades estimuladas.

El Programa de Contratación Pública para el Desarrollo incluye diversos Sub Programas, entre ellos:

A) para el Desarrollo de las Micro, Pequeñas y Medianas Empresas[30]/[31], que coordina el MIEM, a través de la Dirección Nacional de Artesanías, Pequeñas y Medianas

29 Jinesta, Ernesto L. Modernización de la contratación pública en el entorno iberoamericano: la contratación pública ecológica (CPE), en Contratación Pública. Doctrina Nacional e Internacional. Adrus Editores. Vol, I, Arequipa 2013, pp. 545 y ss.

30 En base a la ley Nº 16.201 de 13-VIII-1991 de promoción de las MIPYMES, el Poder Ejecutivo fijó las categorías: las micro empresas ocupan no más de 4 personas y sus ventas anuales excluido el IVA no superen 2 millones de Unidades Indexadas (UI); las pequeñas, ocupan no más de 19 personas y sus ventas no superan 10 millones de UI y las medianas, ocupan no más de 99 personas y sus ventas no superan los 75 millones de UI (valor de la UI: 3,5947 pesos uruguayos a marzo de 2017).

31 La ley Nº 18.046 de 24-X-2006, art. 136, modificada por leyes Nº 18.172 de 31-VIII-2007, art. 198 y 18.362 de 6-X-2008, art. 46 dispuso que en las contrataciones realizadas por organismos públicos *"se otorgará prioridad a los bienes, servicios y obras públicas, fabricados o brindados por micro, pequeñas y medianas empresas"*, excepto para áreas del sector público en competencia directa. El decreto Nº 800/008 fijó los porcentajes de prioridad: 20% a una oferta de MIPYMES *"siempre que exista al menos una oferta que no califique como nacional"* y 10%, *"cuando todas las demás ofertan califiquen como nacionales"*. La prioridad aplica si los bienes ofertados por las MIPYMES contienen un porcentaje de

Empresas; B) para el Desarrollo de Pequeños Productores Agropecuarios, coordinado por el Ministerio de Ganadería, Agricultura y Pesca. C) para el Desarrollo Científico–Tecnológico y la Innovación, coordinado por la Agencia Nacional de Investigación e Innovación.

El Poder Ejecutivo puede crear y reglamentar nuevos subprogramas, definiendo la participación en el monto total previsto para el Programa[32].

IV.2.2 Fomento de la producción familiar agropecuaria y pesca artesanal

La ley N° 19.292 de 16–XII–2014 las declara de interés general y crea "*un régimen de compras estatales*" para beneficiar a las Organizaciones habilitadas, mediante "*un mecanismo de reserva mínima de mercado del 30% para las compras centralizadas y del 100% para las no centralizadas, de bienes alimenticios*", "*siempre que existe oferta*"[33].

Esas Organizaciones son integradas por al menos cinco productores, de los cuales como mínimo el 70% deben ser familiares, agropecuarios o pescadores artesanales.

Prioriza "*las compras en circuitos de proximidad o circuitos cortos*", que el decreto reglamentario N° 86/015 de 27–II–2015 entiende como "*comercialización directa, sin intermediación entre la 'Organización Habilitada' y el Estado*" y encomienda al Poder Ejecutivo establecer las condiciones del precio máximo para que la reserva sea efectiva[34].

El régimen no se aplica en los siguientes casos: si en los seis meses anteriores hubo incumplimiento de la Organización Habilitada; si los productos que ofrece no cuentan con habilitación sanitaria o los precios experimentan un aumento excepcional según parámetros reglamentarios, aumento que se ha previsto como el incremento en valores constantes superior al 25% en relación al promedio del mismo mes de los tres años anteriores, según registros del Observatorio Granjero o del Instituto Nacional de Estadística

IV.2.3 Promoción para las Micro, Pequeñas y Medianas Empresas (MIPYMES) en obras públicas

El Pliego Único de Bases y Condiciones Generales para los contratos de obra pública (aprobado por decreto 257/015) brinda preferencia en el precio para cuando intervengan

---

integración nacional no menor al 30% y provoca un cambio de partida en la clasificación arancelaria en igualdad de condiciones con la mejor oferta realizada.

32 TOCAF, art. 60. Por ejemplo, el decreto 194/014 creó el Sub Programa de Contratación Pública para el Desarrollo de la Industria Farmacéutica respecto a bienes de industrias del sector o servicios prestados o ejecutados directamente por ellas y que califiquen como nacionales.

33 La reserva refiere a "*productos agropecuarios en su estado natural, los productos artesanales y los productos de la pesca artesanal*". También a los productos procesados "siempre que sean elaborados con materia prima de los productores integrantes de las Organizaciones habilitadas sin que exista un cambio en la propiedad durante el proceso industrial".

34 Prevé que "*El precio de los bienes ofertados que se presenten en una adquisición pública no podrá superar en más de un 40% los precios relevados por el Observatorio Granjero*"; si no están relevados, no podrá superar el precio medio del Índice de Precios al Consumidor y, entonces, el precio máximo lo podrá determinar el Ministerio de Ganadería, Agricultura y Pesca. Este lleva el Registro Nacional de Organizaciones Habilitadas.

MIPYMES con materiales y mano de obra nacionales, si hay paridad de calidad y aptitud (apartado 11.5)[35].

El margen de preferencia será del 8% (4% para medianas empresas) "*cuando compitan entre sí o bien cualquiera de las categorías o todas ellas frente a obras que no califiquen como MIPYME y siempre que no existan ofertas de obras que no califiquen como nacionales*"[36][37].

IV.2.4. Atención de discapacitados

La ley N° 18.651 de 19–II–2010, sobre "*Protección integral de personas con discapacidad*", contiene disposiciones destinadas a asegurar el acceso, ingreso, uso y egreso en edificios públicos o privados con concurrencia de público y exige incluir en todos los pliegos de licitación para su construcción, cláusulas que obliguen a aplicar las normas técnicas pertinentes (arts. 68 a 71).

Por otra parte obliga a los organismos públicos, estatales y no estatales, "*a ocupar personas con discapacidad que reúnan condiciones de idoneidad para el cargo en una proporción mínima no inferior al 4% de sus vacantes*", art. 49; plantea incentivos para privados que contraten a dichas personas, art. 56 y, además, confiere a estas prioridad respecto a la concesión de bienes estatales "*para la explotación de pequeños emprendimientos comerciales o de servicios*", art. 54.

Prevé que "*En caso de disponerse la privatización total o parcial de entes del Estado o la tercerización de servicios prestados por los mismos, en los pliegos de condiciones se establecerán normas que permitan asegurar las preferencias y beneficios*" estipulados legalmente para los discapacitados.

IV.2.5 Talleres de Producción Protegida

Son tales las "*instituciones u organizaciones sin fines de lucro que cuenten con personería jurídica y que produzcan bienes o presten servicios, con el objetivo de capacitar y ocupar laboralmente a personas con discapacidad*", "*(...) que no estén, en forma transitoria o permanente, en situación de integrarse al mercado laboral abierto. Dichas entidades deberán contar además con la aprobación por parte de la Comisión Nacional Honoraria de Discapacidad*" (ley N° 19.159 de 25–X–2013)[38].

---

35 "*Se considera que existe paridad de calidad o aptitud entre ofertas cuando las mismas cumplan los requisitos exigidos en el Pliego Particular*".

36 "*El margen de preferencia a la obra que califique como nacional de micro y pequeñas empresas será del 16% y para mediana empresa del 12%, en cualquier circunstancia en que participe una empresa que no califique como nacional y su oferta sea válida*"

37 Disposiciones similares tiene el Pliego Único de Bases y Condiciones Generales para Contratos de Suministros y Servicios No Personales, aprobado por decreto 131/014 (apartado 10.5.2).

38 Las utilidades de las entidades deben reinvertirse en ellas mismas; es esencial "*entre sus objetivos asegurar un empleo remunerado, la prestación de servicios de adaptación laboral y social que requieran sus trabajadores, a la vez que sirvan como un medio de integración del mayor número de trabajadores discapacitados al régimen de trabajo convencional*". Para acceder a los beneficios, entre ellos fiscales, los Talleres deben inscribirse en el registro de instituciones que atienden personas con discapacidad del Ministerio de Trabajo y Seguridad Social.

En materia de contratación pública prevé:

A. Una preferencia a bienes y servicios de estos Talleres, equivalente a la establecida para los que califiquen como nacionales[39], la que puede ser cualitativa, cuantitativa o mixta, establecida "*con toda precisión en el pliego particular de condiciones respectivo*".

B. La autorización para contratar *directamente* bienes o servicios "*cuya producción o suministro*" esté a cargo de dichos Talleres, hasta el monto establecido para la licitación abreviada.

IV.2.6 Inserción laboral de personas liberadas

En relación a procesados y penados liberados, en todos los pliegos de licitación de obras y servicios públicos debe incluirse la obligación de las empresas contratantes "*de inscribir en las planillas de trabajo un mínimo equivalente al 5% del personal afectado a tareas de peones, medio oficial, oficial o similares*", *si* están registrados en la Bolsa de Trabajo de la Dirección Nacional de Apoyo al Liberado"[40].

IV.2.7 Promoción de empleo en el ámbito local

Se propicia la utilización de mano de obra *local, en relación a* demanda de personal no permanente, peones prácticos u obreros no especializados, por un mínimo de siete jornadas de trabajo efectivo en obras publicas efectuadas por empresas contratadas o sub contratadas por organismos públicos, cuando su personal permanente no sea suficiente. Debe acreditarse el cumplimiento de esta normativa[41].

IV.3 Contratación directa por razones sociales

Las contrataciones del Estado se realizan como regla "*mediante licitación pública u otro procedimiento competitivo expresamente previsto*", como son la licitación abreviada, el pregón o puja a la baja (para contrataciones de las que deriven gastos de funcionamiento o inversión) y la subasta o remate (si derivan entradas o recursos para la Administración)[42].

La normativa habilita, sin embargo, la contratación directa (sin un procedimiento previo) o mediante *"el procedimiento que el ordenador determine por razones de buena*

---

39 Art. 58 del TOCAF, norma general que aplica el margen de preferencia *"siempre que exista paridad de calidad o aptitud"* con *los no nacionales, en los procedimientos competitivos y en las contrataciones directas por excepción, "cuando el monto supere el establecido para la obligatoriedad del pliego único de licitación"*. El margen no rige para los entes estatales del dominio industrial, comercial y financiero, respecto a "*servicios que se encuentren de hecho o de derecho en regímenes de libre competencia*".

40 Ley N° 17.897 de 14-IX-2005, art. 14, modificado por la N° 19.438 de 14-X-2016, art. 32. El decreto N° 226/006 dispone que los organismos públicos incluirán cláusulas en los pliegos de bases y condiciones particulares, previniendo sobre el régimen ocupacional de referencia.

41 Ley N°18.516 de 26-VI-2009. Las empresas contratadas para ejecutar obras deben comunicar la necesidad de personal a las Comisiones Departamentales de Trabajo, las que llevan un Registro de Aspirantes por categoría en base al cual se efectuará sorteo público para la distribución. El decreto reglamentario N° 255/010 precisa que la vecindad del personal se delimita por hasta 100 kilómetros de la zona en que se realizarán las obras, en forma independiente de la frontera de los Departamentos en que se divide el país; un porcentaje (5%) corresponderá a personas liberadas de la zona.

42 TOCAF, art. 33 y ss.

administración" en numerosos casos de excepción (40), en algunos de los cuales puede verse un fundamento de inclusión social, tales como los siguientes[43]:

A. *"Para adquirir bienes, contratar servicios o ejecutar obras cuya producción o suministro esté a cargo de una cooperativa social debidamente inscripta ante el Ministerio de Desarrollo Social (MIDES) o de un monotributista social MIDES, hasta el monto establecido para la licitación abreviada".*

B. *"La contratación de bienes o servicios por parte del Ministerio de Desarrollo Social, cualquiera sea su modalidad, con sindicatos de trabajadores, asociaciones de profesionales y fundaciones vinculadas a las Universidad de la República".*

C. *"La adquisición de alimentos por parte del Ministerio del Interior, cuya producción o suministro esté a cargo de cooperativas de productores y que se realice mediante convenios en los que participen las Intendencias Departamentales y con la finalidad de abastecer a los establecimientos carcelarios".*

D. *"La contratación de bienes o servicios y convenios con asociaciones y organizaciones que nuclean a micro, pequeñas y medianas empresas, que suscriba la Dirección Nacional de Artesanías, Pequeñas, y Medianas Empresas, del Ministerio de Industria, Energía y Minería".*

IV.4 Cumplimiento de normativa laboral

La normativa sobre contratación pública además de coadyuvar al acceso a un trabajo digno y a su protección, tiende a asegurar la remuneración debida, el cumplimiento de las obligaciones sobre salubridad, seguridad, etc. en el trabajo.

En relación a cláusulas al respecto, cabe distinguir entre las que *"implican para el postor incumplidor un gravamen adverso: no permitirse su admisión al proceso, asignarle mejor puntaje, y similares"*; y *"aquellas que involucran más bien, establecer un estándar positivo para que el postor o contratista se esfuerce" en alcanzar la exigencia debida*[44].

IV.4.1 Normativa laboral especifica

La atención del cumplimiento referido se fundamenta en el Convenio N° 94 de la Organización Internacional del Trabajo (ley uruguaya N° 12.030 de 10–XII–1953) y surge claramente del decreto N° 475/005 de 14–X–2005, que estableció que *"En los pliegos de condiciones generales o especiales relativos a la contratación de empresas para prestar servicios al Estado (limpieza, vigilancia, mantenimiento, etc.) deberán incluirse cláusulas que garanticen a los trabajadores de esas empresas: a) los salarios, horas de trabajo y demás condiciones de empleo de acuerdo a las leyes, laudos y/o convenios colectivos vigentes para dichas ramas de actividad; b) que se cumpla con las normas de seguridad e higiene que correspondan; y c) que se viertan los aportes y contribuciones de seguridad social al Banco de Previsión Social".*

43 TOCAF, art. 33 "C", numerales 20 (modificado por ley N° 19.438 de 14-X-2016, art. 17), 25, 36 (agregado por ley N° 19.355 de 19-XII-2015, art. 21) y 37 (agregado por la ley N° 19.438, art. 16).

44 Morón Urbina, Juan Carlos. Las cláusulas socio-laborales en la Contratación Pública. Hacia una contratación responsable, en Función social de la Administración FIDA-Universidad del Rosario cit. T.II, pp. 1360-1361.

También que "*se incluirá una cláusula por la cual la autoridad pública contratante se reserva el derecho de exigir a la empresa contratada la documentación que acredite el pago de salarios y demás rubros emergentes de la relación laboral así como los recaudos que justifiquen que está al día en el pago de la póliza contra accidentes de trabajo así como las contribuciones de seguridad social, como condición previa al pago de los servicios prestados*"[45].

IV.4.2 Continuación

El Pliego Único de Bases y Condiciones Generales para los Contratos de Obra Pública (aprobado por decreto Nº 257/015), establece que "*Toda obra deberá, desde su inicio, poseer lugares adecuados con destino a servicios sanitarios, duchas, vestuarios y comedor*" en las condiciones correspondientes (apartado 37)[46] y que "*El contratista tendrá la responsabilidad total y exclusiva de su condición de empleador con todos sus trabajadores*", en cuanto a la normativa sobre prevención de riesgos, denuncia de accidentes de trabajo y enfermedades profesionales y cumplimiento de laudos de Consejos de Salarios a fin de fijar la retribución (apartado 38)[47].

También prevé que "*La Administración será informada sobre el monto y el estado de cumplimiento de las obligaciones laborales, previsionales*", etc. y le faculta a exigir documentación que lo acredite. Cuando el contratista no lo haga, "*podrá retener de las obligaciones que tenga a favor del contratista el monto correspondiente*".

Las condiciones señaladas "*se consideran una obligación esencial y su incumplimiento pueda dar lugar a la rescisión del contrato*".

Otra normativa en la materia, que aplica a "t*odo patrono o empresario que utilice subcontratistas, intermediarios o suministradores de mano de obra*", incluidos los organismos públicos, determina que *serán responsables solidarios "de las obligaciones laborales de estos hacia los trabajadores contratados, así como del pago de las contribuciones a la seguridad social (...)*""[48].

Por su parte, la ley sobre contratos de Participación Público Privada Nº 18.781 ya citada, art. 4 "K", incluye como principio el de "*Respeto a los derechos laborales y las normas legales que lo regulan en particular en lo que refiere al reconocimiento y respeto a los ámbitos de la negociación colectiva*".

---

45 Existe normativa de interés sobre calidad del empleo, perspectiva de género, etc. En este sentido, los Convenios de la OIT Nº 100 sobre igualdad de remuneración entre mano de obra masculina y femenina por un trabajo de igual valor y Nº 156 sobre igualdad de oportunidades y de trato entre trabajadores y trabajadoras con responsabilidades familiares, que aplica "*a todas las ramas de actividad económica y a todas las categorías de trabajadores*" (esos Convenios fueron aprobados en Uruguay por ley Nº16.063 de 6-X-1989).

46 Según decreto Nº 125/014 de 7-V-2014 y concordantes.

47 La ley Nº 18.098 de 12-I-2007 prevé que este cumplimiento por las empresas adjudicatarias debe figurar en los pliegos de bases y condiciones particulares para la ejecución de servicios.

48 Ley Nº 18.099 de 24-I-2007. La Nº 18.251 de 6-I-2008, art. 4 prevé que el patrono tiene derecho a ser informado por los subcontratistas sobre el monto y el estado de cumplimiento de las obligaciones laborales, previsionales, etc.; si ello no se acredita, pueden retener el monto respectivo de los pagos que corresponda para atender tales obligaciones.

V. DIMENSIÓN ÉTICA

V.1. Referencia general

La juridización de la ética se aprecia en la contratación pública en la que rigen principios ya mencionados, entre ellos los de publicidad y transparencia, igualdad de oferentes y concurrencia, razonabilidad, buena fe, etc. ya que importa el buen uso de los fondos públicos, la lucha contra la corrupción y, en fin, una buena administración.

Se verifica una cultura ética de la buena contratación la que se proyecta sobre los funcionarios de la Administración[49] y sobre quienes con ella contratan, en un tema de valores para el cual es relevante la educación y, por cierto, el control y la eventual aplicación de sanciones.

En materia de contratación pública resultan insoslayables la publicidad de la información sobre los llamados y los contratos en sí; la formulación de las bases con criterios objetivos de selección y la estabilidad en su aplicación y mecanismos eficaces de control, interno y externo.

V 2. Normativa con proyección en la contratación pública

V.2.1 La ley N° 17.060 de 23–XII–1998 sobre *"normas referidas al uso indebido del poder público (corrupción)"*, tiene un Capítulo (III) denominado *"Control Social"*, el cual dispone: *"Los organismos públicos darán amplia publicidad a sus adquisiciones de bienes y contrataciones de servicios, de acuerdo a las pautas que fije el Poder Ejecutivo o el órgano jerarca en su caso (...)"*, art. 5; *"Los actos, documentos y demás elementos relativos a la función pública pueden ser divulgados libremente, salvo que por su naturaleza deban permanecer reservados o secretos (...)"*, art. 7[50].

49 El Estatuto del Funcionario de la Administración Central, aprobado por ley N° 19.121 de 20-VIII-2013, dispone que el *"perfil del funcionario"* radica en una *"actitud y aptitud"* enfocadas *"a servir las necesidades de la comunidad"* y refiere a los *"valores" de* transparencia, imparcialidad, buena fe, probidad, eficacia, eficiencia, responsabilidad y ética, art. 4 apartados 3 y 6.

50 El 17-X-2008 se promulgó la ley N° 18.381 de Acceso a la Información Pública para *"promover la transparencia de la función administrativa de todo organismo público, estatal o no estatal"*. Considera información pública la que emane o posea cualquiera de ellos *y "presume pública toda información producida, obtenida, en poder o bajo (su) control"*; las excepciones son de interpretación estricta. Los organismos deben difundir en forma permanente información mínima que comprende *"presupuesto asignado, su ejecución con los resultados de las auditorías que en cada caso corresponda" y las "concesiones, licitaciones, permisos o autorizaciones otorgadas, especificando los titulares o beneficiarios de estos"* (art. 5 D y E). El decreto N° 232/010, art. 38 num.21 precisa que debe publicarse *"el objeto, nombre o razón social del titular, así como si el contrato involucra el aprovechamiento de bienes, servicios o recursos públicos"*; el num. 17 que *"En caso de los pliegos de bases y condiciones particulares de los procedimientos licitatorios que representen gastos de funcionamiento o de inversión y las resoluciones que dispongan la adjudicación en dichos procedimientos, las que declaren desiertas o dispongan el rechazo de todas las ofertas presentadas, deberá establecerse un vínculo electrónico con el sitio www.comprasestatales.gub.uy (...)"*. Por ley N° 19.355 de 19-XII-2015, art. 82 se establece que tal información debe publicarse en formato abierto.

V.2.2. Las nuevas tecnologías que permiten una administración más servicial y transparente, inciden en la materia[51].

En ese sentido, "*Es obligatoria la publicación en el sitio web de Compras y Contrataciones Estatales, de la convocatoria a procedimientos competitivos correspondientes a contrataciones de obras y servicios, incluyendo la publicación del pliego de condiciones particulares así como de sus modificaciones o aclaraciones (...)*":

"*Todas las administraciones públicas estatales deberán dar publicidad, en el mismo sitio del acto de adjudicación, declaración de desierta o rechazo de ofertas, de todos sus procedimientos de contratación de monto superior al 50% del límite de compra directa, incluidas las realizadas por mecanismos de excepción, así como a las ampliaciones y los actos de reiteración de gastos observados por el Tribunal de Cuentas (...)*", (TOCAF, art. 50, en texto dado por ley N° 19.355 de 19–XII–2015, art. 29)[52]/[53].

V.2.3 Los Pliegos de Bases y Condiciones Particulares deben establecer no solamente los principales factores a tener en cuenta para evaluar las ofertas, sino también "*la ponderación de cada uno de los elementos a efectos de determinar la calificación asignada a cada oferta, en su caso*" (TOCAF, art. 48 "C")[54].

Con ello se trata de concretar en esta perspectiva el principio de transparencia[55]

V.2.4 "*La comprobación de que en un llamado a licitación se hubieren formulado especificaciones o incluido cláusulas cuyo cumplimiento solo sea factible para determinada persona o entidad, de manera que el llamado esté dirigido a favorecer situaciones particulares, dará lugar a su anulación inmediata en el estado de trámite que se encuentre, y a la iniciación, también inmediata, del sumario pertinente para determinar los responsables*" (TOCAF, art. 49).

V.2.5 La propia Constitución prohíbe al Presidente de la República, Ministros de Estado y legisladores "*intervenir como directores, administradores o empleados en empresas que contraten obras o suministros*" con cualquier organismo estatal (arts. 124, 171 y 178). También a las autoridades departamentales y locales respecto a contratos

51 "*Las TICs, en especial Internet proveen medios que facilitan la tarea de rendición de cuentas, el acceso a los procesos públicos y la uniformidad de los procesos, lo que a su vez disminuye la discrecionalidad de los funcionarios*", Curso On Line de la OEA, *cit.*

52 En otro aspecto, la ley N° 18.600 de 21-IX-2009, reconoce "*la admisibilidad, validez y eficacia jurídicas del documento electrónico y de la firma electrónica*" *y* establece que, en general, todos los organismos del Estado "*podrán ejecutar o realizar actos,* celebrar contratos *y expedir cualquier documento, dentro de su ámbito de competencia, suscribiéndolos por medio de firma electrónica o firma electrónica avanzada*". Por su parte, la ley N°19.355 de 19-XII-2015, art. 74 reconoce, de modo general, el derecho de las personas a relacionarse electrónicamente con la Administración Pública, sin exclusión de los medios tradicionales.

53 El TOCAF, art. 34, prevé que el pregón o puja a la baja puede efectuarse en forma electrónica, modalidad que reglamentó el decreto 196/015; el art. 36 sobre convenios marco, establece que el régimen requiere que los bienes y servicios comprendidos en la tienda virtual se publiquen en el sitio web de compras y contrataciones del Estado, lo que se reglamentó por decreto 42/015 y el art. 65, sobre apertura de las licitaciones electrónicas, fue reglamentado por decreto 275/013. .

54 Se trata de concretar en esta perspectiva el principio de transparencia, conf. Curso On Lline de la OEA *cit.*

55 Conf. Curso On Line de la OEA *cit.*

con el respectivo Gobierno Departamental o con un órgano publico con el cual dicho Gobierno se relacione (art. 291).

La ley "anticorrupción" N° 17.060 citada, contiene similar prohibición para Directores de Entes Autónomos, Servicios Descentralizados del Estado, quienes *"no podrán intervenir como directores, administradores o empleados en empresas que contratan obras o suministros en el Ente Autónomo o Servicio Descentralizado cuyo Directorio o Dirección General integren"*, art. 26.

V.2.6 El Capítulo VI de la ley recién citada, bajo el titulo *"Aspectos administrativos"*, contiene otras normas de interés, entre ellas la de que *"Los funcionarios públicos que cumplen funciones en las reparticiones encargadas de la adquisición de bienes y servicios deberán rotar periódicamente en la forma que establezca la respectiva reglamentación. La rotación se hará sin desmedro de la carrera administrativa"*, art. 23[56].

V.2.7 La separación radical del interés público y del privado es una exigencia ética y jurídica que se explicita en las Normas de Conducta en la Función Pública (decreto N° 30/003 de 23–I–2003, reglamentario de la ley N° 17.060), el cual prevé el deber de excusarse en los casos en que pueda presentarse un conflicto de intereses, sin necesidad de petición o recusación, en las actuaciones que puedan crear incompatibilidades con el servicio.

Asimismo incluye mecanismos de prevención, imponiendo la obligación de formular una declaración jurada de implicancias ante el jerarca del servicio, con mención de las actividades o vínculos con empresas privadas que puedan generar situaciones de conflicto con el interés público.

Bajo la denominación de "*Buena administración financiera*", dispone que todos los funcionarios con tareas vinculadas a la gestión patrimonial del Estado deben ajustarse a las normas aplicables, *"a los objetivos y metas previstas, al principio de buena administración en la relativo al manejo de los dineros o valores públicos y a la custodia o administración de bienes de organismos públicos. Sus transgresiones constituyen faltas administrativas aun cuando no ocasionen perjuicios económicos"* (art. 23).

En general el incumplimiento de los deberes que recogen las Normas de Conducta en la Función Pública citadas, y la violación de sus prohibiciones constituyen "*faltas disciplinarias*" (art. 38)[57].

VI. ANOTACIONES FINALES

VI.1 El Plan Estratégico 2015–2020 de la Agencia de Compras y Contrataciones[58], expresa que se trata de lograr que las compras públicas sean herramienta de desarrollo

56 El decreto reglamentario N° 30/003, art. 24, dispone que la rotación *"deberá hacerse efectiva cada treinta meses continuos en el desempeño de esa función, pudiendo el jerarca prorrogar el cometido, en casos excepcionales fundados en la necesidad del servicio o en la falta de recursos humanos en el organismo, siempre que el resultado de la evaluación de desempeño en el período no arroje observaciones a la gestión"*.

57 V. Rotondo Tornaría, Felipe. "La conducta debida del funcionario público", en *Pasado y Presente del Derecho Administrativo Uruguayo*. Instituto de Derecho Administrativo. FCU Mdeo. 2012, pp. 141 y sigs.

sostenible; intensificar su planificación, la interoperabilidad con los diversos sistemas de la cadena de suministro, la estandarización de procesos, el uso de las TICs, el incremento de la competencia y la calidad de los productos contratados, la incorporación de la sustentabilidad como requisito en la gestión de las compras públicas, con elementos de monitoreo, evaluación y control.

Afirma que "*Sin una acción adecuada de compras o contrataciones, la eficiencia de las funciones del Estado se ve afectada indefectiblemente. Una gestión eficiente de las compras públicas brinda además valor agregado en la disminución de costos, el aumento de la calidad, la transparencia y la rendición de cuentas. La calidad de los servicios públicos depende en buena medida de la calidad de las compras o contrataciones asociadas a la prestación de esos servicios*".

Tiene en cuenta la proporción importante de la contratación pública (alrededor del 12% del Producto Interno Bruto): "*el Estado es el principal comprador de un mercado interno de dimensiones reducidas, siendo en muchos sectores el único o principal cliente, por lo cual su poder para incidir en la sustentabilidad de la producción y oferta de bienes y servicios es significativo*", permitiendo fomentar "*la producción y adquisición de bienes con mejor desempeño social y ambiental, presentando incentivos a los proveedores mediante la incorporación de estos criterios en sus compras y contrataciones. Asimismo, la consideración de los costos asociados a todo el ciclo de vida de los productos que el Estado adquiere, promueve un manejo más eficiente de los fondos públicos*".

VI.2 La cuestión en examen tiene profunda raíz en el sistema jurídico.

Los contenidos de este no pertenecen al pensamiento dominado por una lógica de tipo matemático, sino a un campo regido por la lógica de lo razonable, una especie de razón vital e histórica[59], en el cual son eje los principios que poseen una evidente base ética.

En ese contexto la contratación pública sustentable no puede dejar de integrar las políticas con perspectiva social, propias del Estado constitucional de Derecho, el cual implica acciones positivas del Estado, sean de carácter "*normativo*" o "*factico*"[60] (ambas se presentan en el tema considerado), adecuándolas al principio del desarrollo sostenible, inherente a la personalidad humana[61].

La Administración de ese Estado se vuelve, por lo mismo, protagonista en la concreción de tales políticas a la vez que se abre a la participación y la colaboración del sector privado en aras de la realización del bien común.

---

58 Órgano desconcentrado de la Presidencia de la República que lleva el Registro Único de Proveedores del Estado, asesora sobre mejores prácticas, capacita sobre normativa de contratación pública, etc. (TOCAF, art. 151).

59 Recasens Siches. Luis. *Tratado General de Filosofía del Derecho*. Ed. Porrúa S.A. México 1978, pp. 642-645.

60 Alexy, Robert. *Teoría de los derechos fundamentales*. Centro de Estudios Políticos y Constitucionales. 2ª ed. en español. Madrid, 2008, pp. 171 y ss.

61 Piñar Mañas, José Luis. "El desarrollo sostenible como principio jurídico", en *Estudios de Derecho Público Económico*, en *homenaje al Prof. Sebastián Martín-Retortillo*. Eudesa, Civitas, Madrid, 2003, pp. 190-191.

31. BASES Y RETOS DE LA CONTRATACIÓN PÚBLICA EN EL ESCENARIO GLOBAL

Un vigoroso impulso de la Contratación Pública Verde en la Directivas Comunitarias se 2014.

Francisco Javier Sanz Larruga
Catedrático de Derecho Administrativo
Universidad de A Coruña

I. PRELIMINAR

Desde tiempos recientes, la doctrina ius–administrativista –la más destacada sobre contratación pública– viene subrayando la creciente orientación "estratégica" e "instrumental" de esta tradicional actividad administrativa contractual[1]. La inserción de los objetivos ambientales, sociales y de innovación son cada vez más frecuentes en la normativa sobre contratación pública, tanto a nivel internacional, a nivel supranacional (como la Unión Europea), como en el caso de muchos de los Estados iberoamericanos[2]. En realidad, como señala el Prof. MEILÁN GIL, la utilización de la contratación como instrumento político no supone novedad, "la novedad –afirma– reside en los objetivos medioambientales, sociales, innovadores; se integran con toda naturalidad en la preparación y formulación de los que será la decisión de la Administración que con la voluntad del particular constituirá el contrato"[3].

1 *Cfr.* en esta dirección la importante obra colectiva dirigida por el Prof. PERNAS GARCÍA: *Contratación Pública Estratégica*, Thomson Reuters, Cizur Menor, 2013. *V.*, también, el trabajo de GIMENO FELIÚ, J.M.: "Las nuevas Directivas -"cuarta generación"- en materia de contratación pública. Hacia una estrategia eficiente en compra pública", en *Civitas. Revista Española de Derecho Administrativo*, 159 (2013), pp. 39-106.

2 *Cfr.* la obra colectiva dirigida por los Profesores J. PERNAS GARCÍA y R. VALIM.: *Contratación pública sostenible: una perspectiva iberoamericana*, Derecho Público Global-Bubok Publishing S.L., 2014

3 "Un *meeting point* de los ordenamientos jurídicos sobre contratación pública", en *Revista de Administración Pública*, 198 (215), p. 73. En el mismo trabajo se concluye que en la "contratación estratégica" se pone de manifiesto cómo la institución del contrato se pone "al servicio del desarrollo integral de Europa" (…) "se lleva a cabo para satisfacer las necesidades de los ciudadanos; para la más eficiente realización del interés general. En ese sentido podría afirmarse que se ha pasado desde el contrato administrativo a la contratación pública al servicio de las políticas públicas" (*Ibídem*. p. 73). En parecidos términos se pronuncia en el Prólogo a la obra, ya citada, de la "Contratación Pública Estratégica" (pp. 19-27).

El voluminoso gasto público en obras, productos y servicios –que en el caso de la Unión Europea representa en torno a un 14% de su PIB[4]– supone un importante incentivo para la promoción de políticas públicas a favor del desarrollo social y promoción del empleo, el fomento del desarrollo sostenible y, más recientemente, la innovación y el desarrollo tecnológicos. Asimismo, esta actividad de "contratación pública responsable" constituye un modelo ejemplificador para las empresas y demás actores económicos y sociales en la consecución de los fines y objetivos del Estado Social y Democrático de Derecho. Metas, si cabe, más urgentes en el presente momento de crisis económica global.

Consciente de que esta temática ha tenido ya un largo desarrollo doctrinal (en la Unión Europea y, también, en Iberoamérica)[5], vamos a acotar el objeto de nuestro estudio a un aspecto concreto de la llamada "contratación pública sostenible o responsable" –que hoy comprende objetivos ambientales y sociales e incluso innovativos[6]–, más en particular, a la "contratación pública verde"[7] o "contratación pública ecológica", que puede definirse (siguiendo a la Comisión Europea) como "un proceso por el cual las autoridades públicas tratan de adquirir mercancías, servicios y obras con un impacto ambiental reducido durante su ciclo de vida, en comparación con el de otras mercancías, servicios y obras con la misma función primaria que se adquirirían en su lugar"[8]. Y, concretando, todavía más, mi objeto de análisis en esta colaboración, el tratamiento de la "contratación pública verde" lo haremos, de manera necesariamente sintética, sobre las novedades aportadas a este cuerpo jurídico y doctrinal por las Directivas de la Unión Europea referidas a la "contratación pública de cuarta generación", es decir, la Directiva 2014/23/UE, relativa a la "adjudicación de contratos de concesión", la Directiva 2014/24/UE sobre "contratación pública" y la Directiva 2014/25/U, relativa a la "contratación por entidades que operan en los sectores del agua, la energía, los transportes y los servicios postales", todas ellas con fecha de 26 de febrero de 2014[9].

---

4 En el caso de España, asciende al 18,5% del PIB.

5 Además de las obras citadas hasta ahora, en el ámbito de la Unión Europea cabe destacar la obra de CARANTA, R., y TRYBUS, M. (Eds): *The law of green an social procurement in Europe*, Djøf Publishing, Copenhagen, 2010

6 Integrando todos estos conceptos hoy se habla de "compras públicas sostenibles e innovadoras". Así, por ejemplo, en el Grupo de Trabajo 6 del Congreso Nacional de Medio Ambiente de 2016 (CONAMA2016), coordinado por la *Asociación para la Sostenibilidad y el Progreso de las Sociedades* (ASYPS).

7 *V.*, Por todos, la obra pionera en España de PERNAS GARCÍA, J.: *Contratación Pública Verde*, La Ley, Madrid, 2011. Más recientemente, cuando estamos redactando este trabajo se acaba de publicar la obra colectiva *Nueva contratación pública: mercado y medio ambiente*, Tomson Reuters-Aranzadi, Pamplona, 2017.

8 *Cfr.* documento COM (2008) 400, sobre "Contratación pública para un medio ambiente mejor".

9 Publicadas todas ellas en el mismo DOUE L 94, de 28 de marzo de 2014. La fecha prevista para la transposición de estas Directivas en los países miembros finalizó el 18 de abril de 2016. En el caso de España, la transposición sigue pendiente de la aprobación del Proyecto de Ley de Contratos del Sector Público que se encuentra en estos momentos (mayo de 2017) en su trámite parlamentario en las Cortes Españolas. Sobre el análisis de las nuevas Directivas pueden citarse los trabajos de GIMENO FELIÚ y otros: *Las nuevas Directivas de Contratación Pública*, Thomson Reuters, Cizur Menor, 2014 y, también, el trabajo de M. M. RÁZQUIN LIZARRAGA: "Las nuevas Directivas sobre contratación pública de 2014: aspectos clave y propuestas para su transformación en España", en *Revista de Administración Pública*, nº 196 (2015), pp. 97-135

II. BREVE REFERENCIA A LOS PRECEDENTES Y A SU MARCO JURÍDICO–POLÍTICO

Como se describe en la monografía del Prof. PERNAS GARCÍA, la contratación pública verde "ha ido ganando presencia en sede internacional, comunitaria e, incluso autonómica desde finales de los años noventa"[10]. En la esfera internacional, el "Acuerdo sobre Contratación Pública" de la Organización Mundial del Comercio (OMC), en particular, desde su revisión de 2006, prevé expresamente la variable ambiental en sus especificaciones técnicas y en los criterios de evaluación de ofertas[11]; y, más recientemente, con motivo de la aprobación da la "Agenda 2030 y los Objetivos de Desarrollo Sostenible", se ha puesto de manifiesto la importancia de la "contratación pública sostenible" para "garantizar las modalidades de consumo y producción sostenibles" (Objetivo nº 12)[12].

En el ámbito de la Unión Europea, la proyección del principio de integración ambiental en todas las políticas comunitarias (a partir de la "Cumbre de Cardiff" de 1998) y su posterior plasmación en el art. 11 del Tratado de Funcionamiento de la Unión Europea[13], desencadenó que la contratación pública asumiera la "condición de instrumento de mercado para la sostenibilidad ambiental, lo cual –como señala PERNAS GARCÍA– no desvirtúa su objetivo de garantizar el principio de la libre concurrencia en el acceso a los mercados públicos, sino, más bien, lo pone al servicio del objetivo comunitario del desarrollo sostenible"[14]. En los comienzos del siglo XXI, en la "ecologización de la contratación pública" se pueden destacar los siguientes hitos fundamentales:

- la Comunicación interpretativa de la Comisión Europea sobre "la legislación comunitaria de contratos públicos y las posibilidades de integrar los aspectos medioambientales en la contratación pública" de 2001[15]
- la Comunicación de la Comisión Europea sobre "política de productos integrada. Desarrollo del concepto de ciclo de vida medioambiental" de 2003, en la que se anima a los Estados miembros a la adopción de un "plan de acción" para la "ecologización de la contratación pública"[16].
- la aprobación de la Directiva 2004/17/CE, de 31 de marzo, sobre la coordinación de los procedimientos de adjudicación de contratos en los sectores del agua, de la energía, de los transportes y de los servicios postales[17], y la Directiva 2004/18/CE, de 31 de marzo, sobre coordinación de los procedimientos de ad-

10 *Contratación Pública Verde*, *cit.* p. 35.

11 *Ibídem*. pp. 36 y ss.

12 *Cfr.* el documento titulado: *Agenda 2030 y los Objetivos del Desarrollo Sostenible. Una oportunidad para América Latina y Caribe*, CEPA, Santiago de Chile, 2017, p. 37.

13 *Cfr.* mi estudio sobre "La integración europea y el principio comunitario de integración ambiental", en *Derecho Administrativo e Integración Europea. Libro Homenaje al Profesor José Luis MARTÍNEZ LÓPEZ-MUÑIZ* (en prensa).

14 *Contratación Pública Verde*, *cit.* p. 43.

15 COM(2001) 274 final, Bruselas, 4 de julio de 2001

16 COM(2003) 302 final, Bruselas, 18 de junio de 2003.

17 Publicada en el DOUE L 134, de 30 de marzo de 2004. Directiva derogada y sustituida por la Directiva 2014/24/UE.

judicación de los contratos públicos de obras, de suministro y de servicios[18]. Estas Directivas han permitido impulsar la contratación pública verde mediante el desarrollo de herramientas destinadas a facilitar la compresión y aplicación de esta modalidad de contratación por parte de los poderes adjudicadores de los Estados miembros[19].

- la Estrategia de la Unión Europea en materia de contratación pública verde contenida en la Comunicación de la Comisión Europea de 2008 sobre "contratos públicos para un medio ambiente mejor"[20].
- el "Plan de acción sobre consumo y producción sostenibles, política industrial sostenible" de 2008 que recoge un paquete de medidas de apoyo y recomendaciones para incrementar y mejorar la contratación pública verde en la Unión Europea[21].

Desde la perspectiva del Derecho Ambiental –y orientados, en parte, por la "Estrategia para un crecimiento inteligente, sostenible e integrador" del 2010[22]–, la aprobación de normativas y requisitos sobre eficiencia energética[23], sobre etiquetado ecológico[24], sobre el sistema comunitario de gestión y auditoría ambientales[25], sobre determinado

18 Publicada en el DOUE L 134, de 30 de marzo de 2004. Directiva derogada y sustituida por la Directiva 2014/24/UE. El estudio más completos de estas Directivas de contratación pública en su perspectiva ambiental se encuentra en la monografía, tantas veces citada, del Prof. J. PERNAS GARCÍA.

19 Para facilitar su aplicación e interpretación ha sido particularmente importante la promoción por la Comisión Europea de un manual que lleva por título: *Compras ecológicas. Manual sobre la contratación pública ecológica*, que ha publicado hasta el momento tres ediciones (1ª de 2005; 2ª de 2011; y 3ª de 2016). En el caso de España las Directivas comunitarias sobre contratación pública fueron transpuestas en virtud de la Ley 30/2007, de 30 de octubre, de Contratos del Sector Público, que integró, entre otras materias, las consideraciones ambientales y sociales en el régimen de la contratación pública, "yendo más allá –como afirma PERNAS GARCÍA- en algunos aspectos que la Directiva 2004/18. Esta es una de las novedades más relevantes de la Ley de Contratos del Sector Público" (*Contratación Pública Verde*, cit. p. 56). En la actualidad, el texto vigente en España sobre contratación pública se encuentra en el Real Decreto Legislativo 3/2011, de 14 de noviembre, por el que se aprueba el Texto Refundido de la Ley de Contratos del Sector Público, a la espera de su sustitución por el proyecto de Ley que está ahora en la tramitación parlamentaria para su aprobación por las Cortes Generales.

20 COM(2008) 400 final, de 16 de julio de 2008.

21 COM(2008) 397 final, de 16 de julio de 2008.

22 COM2010) 2020 final,

23 *Cfr.* por ejemplo, la Directiva 2009/33/CE, relativa a la promoción de vehículos de transporte por carretera limpios y energéticamente eficientes. *V.*, el comentario de VALCÁRCEL FERNÁNDEZ, P.: "Un paso de gigante hacia la contratación ambientalmente sostenible. La obligación de comprar vehículos de transporte por carretera limpios y energéticamente eficientes", en *Revista Contratación Administrativa Práctica*, nº 112 (2011), pp. 48-57. Por su parte el Prof. PERNAS GARCÍA analiza en su monografía este Directiva 2009/33/CE como ejemplo paradigmático de cómo tiene lugar "el fomento de la contratación pública verde desde la política y el Derecho Ambiental" (Contratación Pública Verde, *cit.* pp. 62-66).

24 *Cfr.* el Reglamento (CE) nº 66/2010, relativo a la etiqueta ecológica. *V.*, al respecto el trabajo de PERNAS GARCÍA, J.: "El uso de las etiquetas para la integración de las consideraciones ambientales y sociales en los procedimientos de adjudicación de los contratos públicos", en *Revista Contratación Administrativa Práctica*, nº 125 (2013).

25 *Cfr.* el Reglamento (CE) nº 1221/2009, relativo a la participación voluntaria de las organizaciones en el un sistema comunitario de gestión y auditoría medioambientales (EMAS).

tipo de residuos, etc., están proyectándose, con gran eficacia, sobre los procedimientos de contratación pública verde[26].

A partir de la aprobación de las referidas Directivas de 2004, en palabras del Prof. PERNAS GARCÍA, "la contratación pública va ganando fuerza como instrumento de mercado para reforzar los objetivos, no sólo de la política ambiental, sino también de otras políticas públicas (industrial, de innovación)"[27]. Finalmente, no cabe olvidar aquí la interpretación favorable del Tribunal de Justicia de la Unión Europea a la introducción de criterios y condiciones ambientales en la contratación pública[28].

III. INTEGRACIÓN AMBIENTAL EN LAS DIRECTIVAS DE CONTRATACIÓN PÚBLICA DE 2014. SUS MANIFESTACIONES Y NOVEDADES MÁS RELEVANTES.

1. Introducción. Líneas maestras de la reforma del 2014

Ya hemos destacado al principio de este trabajo cómo la reforma del régimen de contratación pública comunitaria en virtud de las Directivas de "cuarta generación" se ha caracterizado, entre otros aspectos, por incidir en la enorme potencialidad de la contratación pública para alcanzar objetivos estratégicos –como el relativo a la protección ambiental, a la solidaridad social, a la promoción del empleo, o al fomento de la innovación– que van más allá de la mera actividad de contraprestación en qué consiste esta actividad administrativa[29]. Por su parte, la profesora M. C. ALONSO GARCÍA, al estudiar las novedades introducidas por la Directiva 2014/24/UE no duda en afirmar la "generosa admisión de las cláusulas ambientales en la contratación pública" aunque "con la debida cautela de la salvaguarda de los principios de no discriminación, libre prestación de servicios y libre circulación de mercancías, de tal forma que se eviten distorsiones a la libre competencia"[30].

---

25 Una relación detallada de requisitos sectoriales y otras normativas pertinentes sobre contratación pública ecológica en el Anexo del manual de la Comisión sobre "contratación pública ecológica", 3ª edición de 2016.

27 *Contratación Pública Verde*, *cit.* p. 49. Y, en esta dirección cita la "Estrategia Europa 2020" una de cuyas prioridades es la de promover una economía "que haga un uso más eficaz de los recursos, que sea más verde y competitiva". Asimismo, se cita el "*Libro Verde* sobre la modernización de la política de contratación pública de la UE. Hacia un mercado europeo de la contratación pública más eficiente" recogido en el documento COM (2011) 15 final, de 27 de enero de 2011.

28 En particular la Sentencia del TJUE en el caso "Concordia Bus Finland" (C-513/99) de 17 de septiembre de 2002 (sobre exigencia de la relación de las condiciones ambientales con el objeto del contrato). *V.*, También las sentencias del TJUE de 4 de diciembre de 2003, "Wienstrom GmbH, contra Republik Österreich", sobre la utilización de energías renovables, y de 10 de mayo de 2012, "Comisión Europea/Países Bajos" (C-368/10) sobre el uso de las ecoetiquetas.

29 *Cfr.* en este sentido el trabajo de RÁZQUIN LIZARRAGA, M. M.: "Las nuevas Directivas sobre contratación pública de 2014: aspectos clave y propuestas para su transformación en España", en *Revista de Administración Pública*, nº 196 (2015), p. 103

30 "Las novedades introducidas por la Directiva 2014/24/UE en la contratación pública verde", en *Las nuevas Directivas de contratación pública* (ponencias sectoriales X Congreso de la Asociación Española de Profesores de Derecho Administrativo), Madrid, 2015, p. 280. *Cfr.* también su trabajo: "La consideración de la variable ambiental en la contratación pública en la nueva Directiva 2014/24/UE", en *La Ley. Unión Europea*, nº 26 (2015).

Respecto del régimen jurídico de las Directivas de 2004, en la que también se daba entrada a los condicionamientos ambientales en la contratación pública, se advierten –siguiendo al Prof. PERNAS GARCÍA[31]– en las nuevas Directivas de 2014 varias líneas directrices:

1°.– la reafirmación del "doble enfoque" (voluntario–obligatorio), es decir que, "ante las grandes diferencias existentes entre los distintos sectores y mercados, no sería apropiado imponer a la contratación unos requisitos medioambientales y sociales y de innovación con carácter general y obligatorio" (Considerando 95 de la Directiva 2014/24/UE). Y, en este sentido, citando al Considerando 2° de la misma Directiva, la contratación pública debe "permitir que los compradores utilicen menor la contratación pública en apoyo de objetivos sociales comunes"[32].

2°.– El otorgamiento de una mayor seguridad jurídica y de la clarificación en el uso de los criterios o cláusulas ambientales. Como veremos en los apartados siguientes, las posibilidades en el uso de los criterios o cláusulas ambientales en la contratación pública deben contribuir a determinar o valorar las características del producto aunque no siempre sean visibles. También se potencia el uso de los criterios de calidad como acompañamiento a los criterios relacionados con los costes económicos[33].

3°.– Reforzamiento en el uso de los instrumentos económicos y de mercado como elemento de garantía de los principios de la contratación e integración simplificada de la variable ambiental (etiquetas ambientales, sistemas de gestión ambiental, cálculo del coste del ciclo de vida, etc.).

4°.– Empeño por el cumplimiento del Derecho Ambiental (exclusión de operadores económicos, no adjudicación de los contratos, rechazo de las ofertas anormalmente bajas, etc.)[34]. Además, es indudable que la creciente existencia de una normativa ambiental específica (por ejemplo, la dirigida al logro de ahorro energético) coadyuva a la propia "ecologización" de la contratación pública.

La gran importancia dada a la "innovación" en las Directivas de contratación de 2014, la "contratación pública ecológica puede ser un motor fundamental de innovación, al proporcionar a la industria incentivos reales para desarrollar productos y servicios

---

31 *Cfr.* sus trabajos: "Contratación pública verde: hacia una mayor claridad jurídica en el uso estratégico de las compras públicas", en *Observatorio de Políticas Ambientales 2013*, Aranzadi, Navarra, 2013; y "El uso de las etiquetas para la integración de las consideraciones ambientales y sociales en los procedimientos de adjudicación de los contratos públicos", en *Revista Contratación Administrativa Práctica*, n° 125 (2013).

32 De una mera posibilidad (la introducción de condicionamientos ambientales en la contratación pública) vista con recelo se trata ahora de considerarla como un instrumento de mercado que es preciso fomentar y exigir. El mismo Considerando 2° de la Directiva 2014/24/UE afirma que "la contratación pública desempeña un papel calve en la Estrategia Europa 2020 (…) como uno de los instrumentos de mercado que deben utilizarse para conseguir un crecimiento inteligente, sostenible e integrador, garantizando a un mismo un uso eficiente de los fondos públicos".

33 *Cfr.* el art. 67 de la Directiva 204/24/UE.

34 *Cfr.* el Considerando 37 de la Directiva 2014/24/UE: "en aras de la integración adecuada de los requisitos ambientales (…), resulta especialmente importante que los Estados miembros y los podres adjudicadores tomen las medidas pertinentes para velar por el cumplimiento de sus obligaciones en el de la legislación medioambiental (…) tanto nacionales como de la Unión Europea". *V.*, también el art. 18, 2 de la misma Directiva.

ecológicos"[35]. Y, de otra parte, la apertura de las Directivas de una transición hacia un modelo de licitación basado íntegramente en herramientas electrónicas –que se podrá en marcha a partir de 2018 (o de 2017, en el caso de los organismos centrales de adquisición), esta apuesta electrónica puede representar una herramienta muy valiosa para respaldar la aplicación de la contratación pública verde[36], además de los beneficios que para el propio medio ambiente implica su uso.

Frente a algunos de los más señalados obstáculos a la implantación de la contratación pública verde como el relativo al desconocimiento de los beneficios económicos o a una percepción errónea de la magnitud de los costos de esta modalidad de contratación[37], el análisis de los costes del ciclo de vida que regula –como luego veremos– con más detalle las Directivas de 2014 constituye una buena respuesta. Otras pegas en la extensión de la contratación pública verde requieren una mayor información y un suficiente apoyo político. Así, el Manual de *Adquisiciones Ecológicas* de la Unión Europea de 2016[38], pone de manifiesto una serie de medidas que se consideran claves en la aplicación de la contratación pública verde:

1ª.– la definición de una "*política de contratación pública ecológica*" que incluya objetivos, prioridades[39] y plazos claros, además de indicar el alcance de las actividades de adquisición comprendidas, los sujetos responsables de su aplicación, los mecanismos para su seguimiento, etc.

2ª.– la *formación y orientación del personal* constituye también una prioridad que no cabe olvidar. "El personal deberá disponer de competencias prácticas, conocimiento y acceso a la información adecuados"[40].

3ª.– Facilitar *fuentes de información* para los criterios en materia de contratación pública verde, no sólo para la selección de los licitadores y adjudicación de los contratos sino también para determinar las especificaciones y cláusulas de ejecución de los contratos[41].

4ª.– Disponer de un *sistema de seguimiento y revisión* eficaces en la aplicación de las políticas de contratación pública verde[42].

---

35 UNIÓN EUROPEA, *Adquisiciones ecológicas*, cit. Introducción. Y se añade aquí que "esto es particularmente cierto en sectores en los que los compradores públicos representan una proporción elevada del mercado (por ejemplo, los sectores de la construcción, los servicios de salud o los transportes).

36 *Ibídem*. Apartado 1.5.

37 *Cfr*. PERNAS GARCÍA, J.: *Contratación Pública Verde*, *cit*. pp. 29 y 30.

38 *Cfr*. UNIÓN EUROPEA, *op. cit*. en su Capítulo 1º sobre "Aplicación de la política de contratación ecológica".

39 Así, por ejemplo, a la hora de identificar qué sector de productos, servicios y obras priorizar, deberán tenerse en cuenta, en un principio, tres factores principales: impacto ambiental, importancia presupuestaria y potencia para influir en el mercado. (*Ibídem*. Apartado 1.2.1).

40 *Ibídem*. Apartado 1.3. Por ejemplo, es preciso orientar al personal para explicar cómo integrar las consideraciones ambientales en el procedimiento de licitación, cómo formular los criterios ambientales en los pliegos de condiciones técnicas, cómo evaluar los costes del ciclo de vida en las licitaciones, etc.

41 *Ibídem*. Apartado 1.4. En el propio *Manual* se recoge el link donde se puede encontrar la información de los criterios fijados por la Unión Europea en materia de contratación pública verde, relativos a productos y a servicios: http://ec.europa.eu/environment/gpp/eugppcriteriaen.htm

42 *Ibídem*. Apartado 1.6.

5°.– Creación de *redes y promoción de actividades de cooperación*[43].

Seguidamente, en los apartados siguientes, vamos a analizar de modo sumario la incidencia de las consideraciones ambientales en todo el régimen de la contratación pública contenido en las Directivas de 2014, que se reflejan, no sólo en las fases del procedimiento de contratación (fase preparatoria y fase de ejecución), sino también a través de las normas de exclusión y selección de contratistas, así como de las técnicas de definición de los costes del ciclo de vida, la especificación de los procesos de producción sostenibles o la utilización de los criterios de adjudicación ambiental para identificar las ofertas más sostenibles.

2. Objeto, requisitos y proceso de la contratación.

La definición del objeto en la contratación –del producto, servicio, obra que se desea contratar– es de vital importancia en la preparación de la actividad contractual en la que se quiera introducir condicionamientos ambientales (o de cualquier otro tipo, como los sociales o laborales). En este sentido, uno de los límites más señalados –en la doctrina y en la jurisprudencia– es que los criterio o cláusulas ambientales han de estar estrechamente "vinculados al objeto del contrato", lo cual es esencial a la hora de adjudicación del contrato[44]. Además, dichos criterios y cláusulas han de ser suficientemente precisas y mensurables[45].

Como en toda contratación pública, aunque los poderes adjudicadores tienen libertad a la hora de elegir el objeto del contrato de forma que satisfaga sus necesidades, sin embargo, dicha libertad tiene unas salvaguardias para preservar los principios de no discriminación, de libre circulación de mercancías y de la libertad de prestación de servicios, recogidas en los Tratados[46]. De aquí que, en las especificaciones técnicas en las que se delimite y caracterice el objeto contractual no se deben crear obstáculos injustificados que distorsionen la competencia[47].

En la preparación de los contratos públicos, con la finalidad de definir el objeto y los requisitos del contrato hay que determinar las "especificaciones técnicas medioambientales" –que deberán reflejarse en el pliego de las especificaciones técnicas–. La regulación de las Directivas de 2014 es en esta cuestión similar a las de 2004:

- deben ser claras y precisas, igualmente comprensibles por parte de todos los operadores y que pueda verificar el cumplimiento a la hora de evaluar las ofertas[48]
- deben garantizar a los operadores económicos acceso en condiciones de igualdad[49]

---

43 *Ibídem*. Apartado 1.7.

44 *Ibídem*. Apartado 3.1.

45 Por ejemplo, a la definir el objeto del contrato, desde el punto de vista de su funcionalidad ambiental, han de evaluarse las necesidades reales teniendo en cuenta el posible impacto ambiental y, demás identificando, los principales efectos ambientales según el tipo de contrato de que se trate. (*Cfr. Adquisiciones ecológicas, cit.* Apartados 3.1.2 y 3.1.3.

46 *Ibídem.*

47 *Cfr.* art. 42, 2 de la Directiva 2014/24/UE y 60,2, de la Directiva 2014/25/UE.

48 UNIÓN EUROPEA, *Adquisiciones ecológicas*, cit. Apartado 3.2.1.

- pueden formularse con referencia a normas europeas, nacionales o internacionales en términos de rendimiento o funcionalidad[50]. Pero, también, debe aceptarse la prueba de cumplimiento de una norma equivalente (informe de verificación o certificado expedido por organismo de evaluación de la conformidad)[51].
- deben permitir la apertura de la contratación a la competencia y para la consecución de los objetivos de sostenibilidad[52]

Por otra parte, las "etiquetas ecológicas" son fuente de información útiles para desarrollar los requisitos del contrato de cara a la licitación[53]. Conforme a los Considerandos 74° de la Directiva 2014/24/UE y 85° de la Directiva 2014/25/UE, las entidades adjudicadoras que deseen adquirir obras, suministros o servicios con determinadas características ambientales ... deben poder remitirse a etiquetas concretas: etiqueta ecológica europea, ídem plurinacionales o cualquier otras... siempre que las exigencias de la etiqueta estén vinculadas al objeto del contrato[54]. La novedad que, esta materia, aportan las Directivas de 2014 –frente a las de 2004– es, justamente, la posibilidad de remitirse a etiquetas concretas (a diferencia de la relativa indeterminación de las precedentes).

Un medio de introducir una mayor flexibilidad en las especificaciones técnicas es el caso de las "variantes", lo cual puede dar lugar a que los licitadores propongan una solución más respetuosa con el medio ambiente[55]. Los licitadores pueden presentar una solución alternativa que cumpla determinados requisitos mínimos previamente identificados pero que podría no cumplir su especificación íntegramente[56]. Con las Directivas de 2014 se alienta a los poderes adjudicadores a permitir la presentación de variantes con mayor frecuencia debido a la importancia que adquiere ahora el objetivo estratégico de la innovación.

Finalmente, por lo que se refiere a la elección de los procedimientos de contratación, cada sistema tiene sus ventajas e inconvenientes[57]. El "procedimiento abierto" permite una amplia selección de licitadores con soluciones que deben ser respetuosas con el medio ambiente, pero impide hacer una selección previa respecto quienes pueden tener

---

49 *Cfr.* arts. 42,2 Directiva 2014/24/UE y 60,2 Directiva 2014/25/UE

50 *Cfr.* arts. 42,3 de la Directiva 2104/24/UE y 60,3 de la Directiva 2014/25/UE. Las especificaciones pueden referirse a los materiales utilizados e incluso a los métodos de producción utilizados (UNIÓN EUROPEA, *Adquisiciones ecológicas*, cit. Apartado 3.3.

51 UNIÓN EUROPEA, *Adquisiciones ecológicas*, cit. Apartado 3.2.2.

52 *Cfr.* Considerando 74° de Directiva 2014/24/UE y el 83 Directiva 2014/25/UE

53 Como describe el Manuel de la UNIÓN EUROPEA sobre *Adquisiciones ecológicas* (Apartado 3.5), en el contexto de las "especificaciones técnicas" las "etiquetas ecológicas" pueden utilizarse:

"para ayudarle a elaborar sus especificaciones técnicas al objeto de definir las características de los productos o los servicios que vaya a adquirir"

"para comprobar el cumplimiento de esos requisitos..."

54 Sobre la regulación de las "etiquetas" *Cfr.* los arts. 61 de Directiva 2014/25/UE y art. 43 de la Directiva 2014/24/UE.

55 *Cfr.*, los arts. 45 de Directiva 2014/24/UE y 64 Directiva 2014/25/UE

56 *Cfr.* UNIÓN EUROPEA, *Adquisiciones ecológicas*, cit. Apartado 3.4.

57 Antes de la elección, una posibilidad que no puede desdeñarse y que permiten las Directivas de 2014 son las "consultas al mercado", con el fin de disponer conocimiento del mercado y, en particular, "sobre la disponibilidad, el coste y las posibles repercusiones prácticas de elegir alternativas más ecológicas" (Ibídem. Apartado 2.4).

una mayor capacidad técnica sobre cuestiones ambientales; por su parte, el procedimiento restringido puede evaluar dicha capacidad técnica en una fase previa pero la limitación en el acceso de licitadores puede dejar fuera ofertas de elevado comportamiento ambiental[58]. Sin embargo, las autoridades públicas pueden utilizar el procedimiento de licitación con "negociación" y el "dialogo competitivo" para realizar adquisiciones o servicios que requieran una adaptación de las soluciones existentes y, por este motivo, estos procedimientos –por la flexibilidad que entrañan– pueden ofrecer ventajas para la contratación pública verde, por "permitir entender y controlar mejor el efecto que ejercen los requisitos medioambientales sobre el coste"[59].

3. Sujetos de la contratación: exclusión y selección de licitadores.

Desde la perspectiva del operador económico –los potenciales contratistas o licitadores– se dan dos criterios subjetivos que permiten la inclusión de las variables ambientales en la contratación pública: la exclusión de los licitadores y los criterios para su selección.

En lo que atañe a la exclusión de los licitadores –cuyos motivos están contemplados en los arts. 57 de la Directiva 2014/24/UE, 80,1 de la Directiva 2014/25/UE y 38, 4 a 8 de la Directiva 2014/23/UE–, los criterios previstos en la normativa se refieren a circunstancias en las que los operadores puede encontrarse y que motivan, normalmente, que los órganos de contratación no quieran contratar con ellos[60]. En el caso de la comisión de infracciones penales graves la exclusión en obligatoria[61]. Algunos de los casos de exclusión más importantes se refieren al "incumplimiento de la legislación medioambiental nacional, internacional o de la UE"[62], a la "negligencia profesional grave que ponga en cuestión la integridad del licitador"[63], etc. Los poderes adjudicadores podrán excluir a un operador si son capaces de demostrar, por cualquier medio, que dicho operador ha incumplido las obligaciones ambientales aplicables en virtud de la legislación nacional o de la UE[64].

---

58 *Ibídem*. Apartado 2.3.

59 *Idem*. No obstante, se añade que "ambos procedimientos exigen un cierto nivel de cualificación y experiencia en con los proveedores si se pretende obtener resultados óptimos". Cuando la solución ideal no está disponible todavía en el mercado se puede utilizar la solución de una "asociación para la innovación". El Prof. PERNAS GARCÍA –si bien, refiriéndose al régimen de contratación de las Directivas de 2004- opina que, "razones excepcionales de protección ambiental pueden justificar el recurso a un procedimiento más flexible, el procedimiento negociado, que permita conseguir los objetivos ambientales de forma más rápida y efectiva" (*Contratación pública Verde*, *cit.*, pp. 194-211 y 217.

60 *Ibídem*. Apartado 4.2.

61 *Cfr*. art. 57, 1 de la Directiva 2014/24/UE. En virtud del Considerando 100 de la Directiva 2014/24/UE, como novedad, pueden señalarse excepciones a las exclusiones obligatorias cuando concurren circunstancias excepcionales.

62 *Cfr*. art. 57,4, letra a) de la Directiva 2014/24/UE. También, de acuerdo con el Considerando 102 de la Directiva 2014/24/UE, en caso de incumplimiento de normativa ambiental, antes de su exclusión, se permite a los operadores económicos tomar medidas para rectificar o reparar dicho incumplimiento.

63 *Cfr*. art. 57,4 letra c) de la Directiva 2014/24/UE.

64 UNIÓN EUROPA, *Adquisiciones ecológicas*, *cit.*, Apartado 4.2.

Como veremos más adelante, las vulneraciones del derecho ambiental también se pueden utilizar como argumento para denegar la adjudicación de un contrato a un operador, rechazar una oferta anormalmente baja o exigir la sustitución del contratista[65].

En virtud de los "criterios de selección" –regulados en el art. 58 de la Directiva 2014/24/UE– se evalúa la idoneidad del operador económico para ejecutar el contrato, tanto solvencia económica y financiera, como sus capacidades técnicas y profesionales[66]. En todo caso, un requisito general aplicable a todos los criterios de selección es que éstos "deben estar relacionados con el objeto del contrato y ser proporcionales a dicho objeto"[67].

Una novedad de las Directivas de 2014, en relación con los medios de prueba que los poderes adjudicadores pueden exigir a los licitadores es que aquellos tienen obligación de aceptar el "documento europeo único de contratación" (DEUC), como prueba preliminar de cumplimiento de los criterios de exclusión y de selección[68]. También cabe la presentación de certificados expedidos por organismos independientes que acrediten que el operador económico cumple con determinadas normas de aseguramiento de la calidad[69].

4. Adjudicación del contrato y valoración de las ofertas. Los costes del ciclo de vida.

Las Directivas de contratación de 2014 clarifican mucho mejor que las de 2004 de qué modo pueden contribuir los poderes adjudicadores a la protección ambiental y al fomento del desarrollo sostenible en la adjudicación de los contratos, garantizando al mismo tiempo la posibilidad de obtener para sus contratos la mejore relación calidad–precio. No obstante, el procedimiento de adjudicación no atribuye a los poderes adjudicadores una libertad de decisión ilimitada, ya que deben respetarse, una vez más, la vinculación de las condiciones ambientales al objeto del contrato; además se debe garantizar la posibilidad de competencia real, y, en todo caso, las condiciones y requisitos han de aparecer claramente en el anuncio de la licitación y en el pliego de condiciones, junto a las respectivas ponderaciones que sean precisas[70].

A la hora de evaluar la calidad de las ofertas, los poderes adjudicadores deben comparar los costes respectivos y, por tal motivo, todos los contratos han de adjudicarse sobre la base del "principio de la oferta económica más ventajosa". No obstante, las Directivas de 2014, más allá del simple coste económico hay otros factores –entre ellos los ambientales– que pueden influir en el valor de la oferta desde el punto de vista de la autoridad contratante; además, el coste o el precio que, indisolublemente, forman parte de la evaluación de las ofertas se pueden calcular sobre la base de los costes del "ciclo de

65 *Ibídem.*

66 Así, por ejemplo, los recursos técnicos y humanos, la experiencia y referencias, la cualificación educativa y profesional del personal, etc.

67 *Ibídem.* Apartado 4.3. Así, por ejemplo, en determinados supuestos es adecuado exigir en el licitador una capacidad técnicas específicamente ambiental y, de otra parte, puede resultar determinante –en algunos casos- que las empresas que concurren a la licitación estén adheridas algún sistema de gestión ambiental (EMAS o ISO 14001).

68 *Cfr.* art. 59 de la Directiva 2014/24/UE. Y sobre el documento DEUC: http://ec.europa.eu/growth/espd

69 *Cfr.* arts. 62 de la Directiva 2014/24/UE y 81 de la Directiva 2014/25/UE.

70 UNIÓN EUROPEA, Adquisiciones ecológica, cit. Apartado 5.1.2.

la vida", como veremos seguidamente[71]. A diferencia de las "especificaciones técnica" que vimos anteriormente –que se evalúan de acuerdo con los criterios de aceptación o exclusión–, con los "criterios de adjudicación" se ponderan y puntúan el modo en que las ofertas que se presentan tienen un mayor rendimiento ambiental y, por lo tanto, las que obtienen una mayor calificación.

En la aplicación de los criterios de adjudicación es preciso determinar, en su caso, las preferencias sobre los niveles de rendimiento ambiental que se exigen en las ofertas. Para tal fin, se utilizan métodos de ponderación que se otorgan a cada criterio de cara a la evaluación final de las ofertas y, en particular, sobre los aspectos ambientales[72]. En esta evaluación pueden utilizarse "etiquetas" referidas a las características ambientales de los productos, servicios u obras, así como los "sistemas de gestión medioambiental" (EMAS, ISO 14001)[73]. Y, además, en algunos casos pueden utilizarse informes de verificación y certificados expedidos por organismos de evaluación de la conformidad para demostrar los niveles de rendimiento ambiental de la actividad de que se trata[74].

En la fase de adjudicación del contrato –para determinar la oferta económicamente más ventajosa– la consideración de los "costes del ciclo de vida", aún no siendo del todo novedoso, tal como está regulado en las nuevas Directivas de 2014[75], están llamados a tener un especial protagonismo en esta nueva etapa de la contratación pública[76]. Como dice DELGADO FERNÁNDEZ, se trata de "un instrumento altamente eficaz en la búsqueda de la oferta económicamente más ventajosa dando la posibilidad de incluir en un mismo criterio todo tipo de condicionantes, incluso los sociales y ambientales y de incluirlos en una, varias o todas las fases de la vida de un producto o servicio"[77].

En el art. 67, 2 de la Directiva 2014/24/UE se prevé la posibilidad de que la oferta económicamente más ventajosa pueda determinarse utilizando un planteamiento que atienda a la relación coste–eficacia, como el cálculo del "ciclo de vida"[78]:

> "La oferta económicamente más ventajosa desde el punto de vista del poder adjudicador se determinará sobre la base del precio o coste, utilizando un planteamiento que atienda a la relación coste–eficacia, como el cálculo del coste del ciclo de vida con arreglo al artículo 68, y podrá incluir la mejor relación calidad–precio, que se evaluará en función de criterios que incluyan aspectos cualitativos, medioambientales y/o sociales vinculados al objeto del contrato público de que se trate"

71 *Ibídem*. Apartado 5.1.

72 *Ibídem*. Apartado 5.2.2.

73 *Ibídem*. Apartados 5.2.3. y 5.2.4.

74 *Ibídem*. Apartado 5.2.5.

75 *Cfr*. arts. 67 y 68 de la Directiva 2014/24/UE y 82 y 83 de la Directiva 2014/25/UE

76 UNIÓN EUROPEA, *Adquisiciones ecológicas*, cit. Apartado 5.3.

77 "El cálculo del coste del ciclo de vida en la contratación administrativa", *Gabilex* nº 7 (septiembre de 2016), pp. 147. Añade la autora que "su utilización como criterio garantiza, si se aplica adecuadamente, una valoración de forma completamente objetiva e igualitaria" (*Ibídem*. p. 148).

78 En el apartado 20º del art. 2 de la Directiva 2014/24/UE se define "ciclo de vida" como: "todas las fases consecutivas o interrelacionadas, incluidos la investigación y el desarrollo que hayan de llevarse a cabo, la producción, la comercialización y sus condiciones, el transporte, la utilización y el mantenimiento, a lo largo de la existencia de un producto, una obra o la prestación de un servicio, desde la adquisición de materias primas o la generación de recursos hasta la eliminación, el desmantelamiento y el fin de un servicio o de una utilización".

En el art. 68 de la Directiva 2014/24/UE se contienen las directrices sobre el contenido de esta técnica:

1°.– Sobre el cálculo del coste del ciclo –que como dispone el citado art. 68,1, "incluirá en una medida pertinente la totalidad o una parte de los costes siguientes a lo largo del ciclo de vida de un producto, un servicio o una obra" y, en particular, se describen:

"a) costes sufragados por el poder adjudicador o por otros usuarios, tales como:

i) los costes relativos a la adquisición,

ii) los costes de utilización, como el consumo de energía y otros recursos,

iii) los costes de mantenimiento,

iv) los costes de final de vida, como los costes de recogida y reciclado;

b) los costes imputados a externalidades medioambientales vinculadas al producto, servicio u obra durante su ciclo de vida, a condición de que su valor monetario pueda determinarse y verificarse; esos costes podrán incluir el coste de las emisiones de gases de efecto invernadero y de otras emisiones contaminantes, así como otros costes de mitigación del cambio climático".

2°.– para poder utilizar este instrumento, dispone el art. 68, 2 que. "Cuando los poderes adjudicadores evalúen los costes mediante un planteamiento basado en el cálculo del coste del ciclo de vida, indicarán en los pliegos de la contratación los datos que deben facilitar los licitadores, así como el método que utilizará el poder adjudicador para determinar los costes de ciclo de vida sobre la base de dichos datos"[79].

3°.– finalmente, el art. 68, 3 dispone que "cuando un acto legislativo de la Unión haga obligatorio un método común para calcular los costes del ciclo de vida, este método común se aplicará a la evaluación de los costes del ciclo de vida"[80].

Se trata, en definitiva, de una herramienta que mide la sostenibilidad en su triple versión –ambiental, social y económica–, tomando todos o una parte de sus elementos durante su ciclo de vida. Así, por ejemplo, en cuando a la sostenibilidad ambiental, deben estudiarse todos los impactos ambientales potenciales que, tanto en la utilización de los recursos como en las consecuencias de sus emisiones, se producen a lo largo del ciclo de vida de un producto o de un sistema de producción[81]. En el contexto de la eficiencia energética y del rendimiento ambiental del proyecto, el análisis coste–beneficio requiere

---

79 Como sigue disponiendo el art. 68, 2 con respecto al "método utilizado para la evaluación de los costes imputados a externalidades medioambientales", "cumplirá todas las condiciones siguientes:

a) estar basado en criterios verificables objetivamente y no discriminatorios; en particular, si no se ha establecido para una aplicación repetida o continuada, no favorecerá o perjudicará indebidamente a operadores económicos determinados;

b) ser accesible para todas las partes interesadas;

c) todo operador económico normalmente diligente, incluidos los operadores económicos de terceros países, que sea parte en el Acuerdo o en otros acuerdos internacionales que vinculen a la Unión, ha de poder facilitar los datos exigidos con un esfuerzo razonable".

80 En el anexo XIII figura una lista de tales actos legislativos y, cuando es necesario, de los actos delegados que los completan. Se otorgan a la Comisión los poderes para adoptar actos delegados con arreglo al artículo 87 en lo referente a la actualización de esa lista cuando tal actualización resulte necesaria debido a la adopción de nueva legislación que haga obligatorio un método común o a la derogación o modificación de los actos jurídicos vigentes.

81 *Cfr.* DELGADO FERNÁNDEZ, M. R.: "El cálculo del coste del ciclo de vida en la contratación administrativa", *cit.* y *loc. cit.* p. 126 y 127.

la valoración financiera de todos los costes (inversión, explotación, mantenimiento, eliminación al final de la vida, costes ambientales externos, etc.)[82]. Al tratarse de un valor monetario, debería valorarse mediante fórmulas diseñadas al respecto y es necesario que en los pliegos de condiciones se determinen con claridad los datos que, con tal fin, deben incluir en las ofertas los licitadores, las fórmulas para la valoración correspondiente, etc.

Las ventajas en la determinación de la oferta económica más ventajosa son indudables, pero como cabe olvidar posibles problemas que pueden presentarse con este sistema de cálculo del coste de vida: aumento de los importes de licitación y adjudicación, sobrevaloración de los criterios, procedimientos desiertos, etc[83]. No obstante, estos obstáculos "disminuirán –como concluye DELGADO FERNÁNDEZ– según se avance en su aplicación y aumenten los conocimientos respecto de los gestores de contratación y que sólo se podrán resolver con la voluntad decidida de las Administraciones contratantes"[84].

Finalmente, otro supuesto que afecta al proceso de valoración de las ofertas por los poderes adjudicadores es el relativo a las "ofertas anormalmente bajas" –reguladas en el art. 69 de la Directiva 2014/24/UE–. Desde la perspectiva de la contratación pública verde, "una oferta con costes muy bajos puede plantear dudas en cuanto al cumplimiento de la legislación ambiental o a la viabilidad de la oferta en relación con los requisitos medioambientales"[85]. En estos casos, los poderes adjudicadores deben solicitar a los operadores económicos que expliquen el precio o los costes propuestos (*cfr*. art. 69, 2) y así podrán evaluar la información solicitada, estando obligados, en todo caso, a rechazar una oferta anormalmente baja (art. 69,3)[86].

5. Cláusulas ambientales en la ejecuciónción y cumplimiento del contrato

Por último, también en la fase de ejecución y cumplimiento del contrato pueden proyectarse las cláusulas contractuales que destaquen la importancia de los compromisos ambientales (o sociales) de los contratistas, previendo, además medidas correctoras en caso de incumplimiento, así como sistemas de seguimiento de los compromisos y su proyección sobre los posibles subcontratistas[87]. Lo mismo que en otras fases del procedimiento contractual, las consideraciones ambientales deben estar relacionadas con el objeto del contrato y deben difundirse con antelación[88]. Como novedad introducida por las Directivas de 2014, se ha pasado de contemplar en los últimos años la previsión de

---

82 *Ibídem*. p. 127 y 128.

83 *Ibídem*. pp. 143-147.

84 Como señala la misma autora, la aplicación de esta herramienta experimentarán un estimulo importante si se aprueban como prevé el art. 68, 3 de la Directiva 2914/24/UE normas de cálculo generales para toda la UE. Respecto de las infraestructuras *Cfr.* el trabajo de SÁNCHEZ TRUJILLANO, A. y otros: "Cálculo del coste del ciclo de vida en la contratación administrativa. Reflexiones desde las Administraciones Públicas", *Revista Carreteras*, nº 1 (2016).

85 UNIÓN EUROPEA, *Adquisiciones ecológicas*, cit. Apartado 5.4.

86 *Ibídem*. Igualmente, el art. 84, 3 de la Directiva 2014/25/UE.

87 *Ibídem*. Apartado 6.1.

88 *Cfr.* Considerandos 97 a 99 de la Directiva 2014/24/UE y 102 a 104 de la Directiva 2014/25/UE. Asimismo, los arts. 70 de la Directiva 2014724/UE y 87 de la Directiva 2014/25/UE.

condiciones especiales de ejecución del contrato a imponerlas bajo amenaza de penalizaciones.

La operatividad de las cláusulas con condicionamientos ambientales en la ejecución contractual dependerá del tipo de contratos (suministros, ejecución de obras y servicios, etc.)[89]. En todo caso, para la eficaz aplicación de las cláusulas se hace imprescindible la supervisión del cumplimiento del contrato, bien sea a través de la solicitud de pruebas al contratista, la comprobación por las propias autoridades, la contratación de terceros para til fin, etc[90].

Finalmente, con relación a la "subcontratación" también es preciso, en virtud los Considerandos 72 de la Directiva 2014/23/UE, 105 de la Directiva 2014/24/UE y 110 de la Directiva 2014/25/UE, que los subcontratistas, en su caso, cumplan con las obligaciones aplicables a los ámbitos del derecho ambiental, social y laboral.

IV. CONCLUSIONES

La revisión operada en la contratación pública en virtud de las Directivas de 2014 supone una considerable mejora y un notable impulso por lo que se refiere a la contratación pública verde, aunque esta conclusión es plenamente aplicable a la misma contratación pública estratégica de la que aquella forma parte (junto a los objetivos sociales y de innovación). La voluntad del legislador comunitario es patente en cuanto a potenciar el cumplimiento del derecho ambiental que, como hemos visto, se proyecta sobre todas las fases del procedimiento contractual, desde su preparación hasta su ejecución (exclusiones de licitadores, criterios de adjudicación, condiciones para la ejecución)[91].

Frente a los obstáculos que se presentaban en la aplicación de las Directivas de 2004, las nuevas normas del 2014 han clarificado los modos de incluir la vertiente ambiental en las diferentes fases del proceso de contratación. En particular, el uso de las etiquetas ecológicas para conformar las especificaciones técnicas de los contratos puede facilitar su extensión a diferentes modalidades contractuales; se trata, sin duda de uno de los más importantes instrumentos para el desarrollo y la aplicación práctica de las compras públicas verdes. La misma opción de las nuevas Directivas sobre la implantación de la "contratación electrónica" beneficia las posibilidades de información y transparencia, tan relevantes en el proceso de contratación pública.

Por lo que se refiere a los criterios de adjudicación, se refuerza en las Directivas de 2014 la búsqueda de la calidad de los contratos públicos; se pretende lograr una "mejor calidad–precio" en los contratos como un concepto más avanzado que el previsto en las Directivas de 2004 sobre la "oferta económicamente mas ventajosa". Y, en esta dirección, la progresiva implantación en la contratación pública verde del enfoque del "ciclo de vida" puede contribuir a reducir las reticencias que, en este tipo de contratación, se han venido produciendo. El "coste del ciclo de vida" de un producto o un servicio, no sólo sirve para medir mejor su impacto ambiental pleno, sino que va a garantizar, si se aplica bien, un uso más eficaz y eficiente de los fondos públicos.

89 UNIÓN EUROPEA, *Adquisiciones ecológicas*, cit. Apartados 6.2. y 6.3.

90 *Ibídem*. Apartado 6.4.

91 Como señala PERNAS GARCÍA, "entre el Derecho Ambiental y el Derecho de la contratación pública puede establecerse (...) un "feedback" con efectos sinérgicos positivos para los objetivos públicos de ambos sistemas" (*Contratación Pública Verde*, cit. p. 217).

También, como ya hemos señalado, en el periodo de ejecución y cumplimiento del contrato se incluyen las condiciones técnico–ambientales, considerándose como requisitos objetivos del contrato, y se articulan mecanismos de supervisión para su mantenimiento a lo largo de la ejecución del contrato, inclusive cuando se produce la subcontratación.

Finalmente, la decidida apuesta de las Directivas de 2014 sobre la innovación pueden incidir muy positivamente sobre la aplicación y proliferación de la contratación pública verde. Ahora solo resta que en los países miembros como España se transpongan con acierto sus potencialidades de cara a la contratación pública sustentable que, no obstante, precisan destacadamente de una voluntad política en su promoción y en el fomento de los objetivos estratégicos que se propone.

V. BIBLIOGRAFÍA.

ALONSO GARCÍA, M. C.: "Las novedades introducidas por la Directiva 2014/24/UE en la contratación pública verde", en *Las nuevas Directivas de contratación pública* (ponencias sectoriales X Congreso de la Asociación Española de Profesores de Derecho Administrativo), Madrid, 2015, pp. 279–289.

ALONSO GARCÍA, M. C.: "La consideración de la variable ambiental en la contratación pública en la nueva Directiva 2014/24/UE", en *La Ley. Unión Europea*, nº 26 (2015).

CARANTA, R., y TRYBUS, M. (Eds): *The law of green an social procurement in Europe*, Djøf Publishing, Copenhagen, 2010.

DELGADO FERNÁNDEZ, M. R.: "El cálculo del coste del ciclo de vida en la contratación administrativa", *Gabilex* nº 7 (septiembre de 2016), pp. 114–152.

ESCRIHUELA MORALES, F. J.: "Criterios de adjudicación medioambientales en la contratación del sector público", *Revista Contratación Administrativa Práctica*, nº 134 (2014).

GÁLLEGO CÓRCOLES, I.: "Aplicación de medidas de gestión medioambiental como requisito de acreditación de la solvencia técnica", *Revista Contratación Administrativa Práctica*, nº 134 (2014).

GIMENO FELIÚ, J.M.: "Las nuevas Directivas –"cuarta generación"– en materia de contratación pública. Hacia una estrategia eficiente en compra pública", en Civitas. *Revista Española de Derecho Administrativo*, 159 (2013), pp. 39–106.

GIMENO FELIÚ, J. M.: "Compra pública estratégica", en *Contratación Pública Estratégica*, J. PERNAS (DIR.), Aranzadi, Cizur Menor, 2013, pp. 45–79.

GIMENO FELIÚ, J. M., y otros: *Las nuevas Directivas de Contratación Pública*, Thomson–Reuters, Cizur Menor, 2015.

LÓPEZ DONAIRE, B.: "La valoración del factor ambiental en la contratación pública", en *Gabilex* nº 1 (enero de 2015), pp. 133–154.

LÓPEZ TOLEDO, P.: "La contratación pública verde y su nueva regulación en el Derecho de la Unión Europea", en *Revista Práctica de Contratación Administrativa*, nº 134 (2014), pp. 1–17.

LÓPEZ TOLEDO, P.: *La consideración de aspectos ambientales en la contratación pública*, (Tesis doctoral inédita), Universidad Castilla–La Mancha, Cuenca, 2014.

PERNAS GARCÍA, J.: *Contratación Pública Verde*, La Ley, Madrid, 2011.

PERNAS GARCÍA, J.: –"El uso estratégico de la contratación pública como apoyo a las políticas ambientales", en *Observatorio de Políticas Ambientales 2012*, Aranzadi, Navarra, 2012.

PERNAS GARCÍA, J.: "Contratación pública verde: hacia una mayor claridad jurídica en el uso estratégico de las compras públicas", en *Observatorio de Políticas Ambientales 2013*, Aranzadi, Navarra, 2013.

PERNAS GARCÍA, J.: "El uso de las etiquetas para la integración de las consideraciones ambientales y sociales en los procedimientos de adjudicación de los contratos públicos", en *Revista Contratación Administrativa Práctica*, nº 125 (2013).

PERNAS GARCÍA, J. (Dir.): *Contratación pública estratégica*, Aranzadi, Cizur Menor, 2014.

RÁZQUIN LIZARRAGA, M. M.: "Las nuevas Directivas sobre contratación pública de 2014: aspectos clave y propuestas para su transformación en España", en *Revista de Administración Pública*, nº 196 (2015), pp. 97–135.

RÁZQUIN LIZARRAGA, M. M. (Dir.): *Nueva contratación pública: mercado y medio ambiente*, Tomson Reuters–Aranzadi, Pamplona, 2017.

RODRÍGUEZ CAMPOS, S. (Coord.): *Las nuevas Directivas de contratos públicos y su transposición*, Marcial Pons, Madrid, 2016.

SÁNCHEZ TRUJILLANO, A. y otros: "Cálculo del coste del ciclo de vida en la contratación administrativa. Reflexiones desde las Administraciones Públicas", *Revista Carreteras*, nº 1 (2016).

SANZ LARRUGA, F. J.: "La integración europea y el principio comunitario de integración ambiental", en *Derecho Administrativo e Integración Europea. Libro Homenaje al Profesor José Luis MARTÍNEZ LÓPEZ–MUÑIZ,* 2017 (en prensa).

UNIÓN EUROPEA: *Adquisiciones ecológicas. Manuel sobre la contratación pública ecológica*, 3ª ed. Oficina de Publicaciones, Luxemburgo, 2016.

VALCÁRCEL FERNÁNDEZ, P.: "Impulso decisivo en la consolidación de una contratación pública responsable. Contratos verdes: de la posibilidad a la obligación", *Actualidad Jurídica Ambiental*, 18 de abril de 2011.

VALCÁRCEL FERNÁNDEZ, P.: "Un paso de gigante hacia la contratación ambientalmente sostenible. La obligación de comprar vehículos de transporte por carretera limpios y energéticamente eficientes", en Revista *Contratación Administrativa Práctica*, nº 112 (2011), pp. 48–57.

ADDENDA BIBLIOGRÁFICA SOBRE LA CONTRATACIÓN PÚBLICA SUSTENTABLE EN IBEROAMÉRICA (AMÉRICA LATINA).

ANDRADE, E.: "As denominadas "licitaçoes sustentáveis" no Brasil", en Actas I Congresso sobre Compras Públicas: para una contrataçao Pública Estratégica, (Coord. I. C. FONSECA), UNIVERSIDAD DE MINHO, Braga, 2015, pp. 37 y ss.

BEJAR RIVERA, L. J. y OTERO VARELA, J. M.: "La contratación pública sustentable en México", en *Contratación Pública Sostenible: una perspectiva iberoamericana,* (PERNAS GARCÍA, J. y VALIM, R. (Dirs.), Bubok Publishing, S.L. 2015, pp. 25–89.

CEGESTI (2008): *Manual para la implementación de Compras Verdes en el sector público de Costa Rica*, San José de Costa Rica, 2008.

CEGESTI: *Hacia una política de compras públicas sustentables en Centroamérica. Recomendaciones y lecciones aprendidas del proyecto: Implementación de políticas ambientales en las contrataciones públicas en Centroamérica*, San José de Costa Rica, Costa Rica, 2010.

CIUDAD AUTÓNOMA DE BUENOS AIRES: *Compras Públicas Sustentable. Manual para incorporar criterios de sustentabilidad en las compras* (sin fecha de publicación).

DELPIAZZO RODRÍGUEZ, C. E.: "La contratación pública sustentable en Uruguay", en *Contratación Pública Sostenible: una perspectiva iberoamericana,* (PERNAS GARCÍA, J. y VALIM, R. (Dirs.), Bubok Publishing, S.L. 2015, pp. 91–118.

DELPIAZZO RODRÍGUEZ, C. E.: "Contratación pública y Sustentabilidad", en *Derecho & Sociedad*, 44 (2015), pp. 65–74.

FOY VALENCIA, P.: "Consideraciones sobre la contratación pública sostenible" ("verde")", en *Revista de Derecho PUCP*, nº 66 (2011), pp. 335–350.

JEFATURA DE GABINETE DE MINSTROS DE REPÚBLICA DE ARGENTINA: *Guía de compras sustentables*, Buenos Aires, 2011.

JINESTA, E.: "Modernización de la contratación pública en el entorno Iberoamericano: la contratación pública ecológica (CPE)", En *Contratación Pública –XII Foro Iberoamericano de Derecho Administrativo*, Arequipa 2013–, Lima, Adrus Editores, Volumen I, 2013, pp. 545–570.

JINESTA, E.: "Contratación pública sustentable", en *Contratación Pública Sostenible*, J. PERNAS GARCÍA y R. VALIM, Bubok Publishing, S.L. 2014, pp. 95 y ss.

MERCOSUR: Proyecto Piloto de Compras Públicas Sustentables en el MERCOSUR. Las compras públicas en el MERCOSUR. Propuesta para la incorporación de criterios de sustentabilidad, PNUMA–MERCOSUR (sin fecha de publicación).

MINISTERIO FEDERAL DE COOPERACIÓN ECONÓMICA Y DESARROLLO DE ALEMANIA: *Alianza del Pacífico: Situación General de la Producción y el Consumo Sostenibles en Chile, Colombia, México y Perú*, México DF, 2016.

MINISTERIO DE MEDIO AMBIENTE Y DESARROLLO SOSTENIBLE Y CENTRO NACIONAL DE PRODUCCIÓN MÁS LIMPIA Y TECNOLOGÍAS AMBIENTALES DE COLOMBIA: *Guía conceptual y metodológica de compras sostenibles* (sin fecha de publicación).

MOSCARIELLO, Agustín R.: "La contratación verde en el Derecho Argentino", en Revista *Derecho y Debate*.

PEÑA AYALA, S.: *Análisis del marco legal de compras públicas en Ecuador: oportunidades y barreras para la incorporación de criterios sostenibles*, PNUMA, Quito, Ecuador, 2016.

PERNAS GARCÍA, J. y VALIM, R. (Dirs.), *Contratación Pública Sostenible: una perspectiva iberoamericana,* Bubok Publishing, S.L. 2015.

RED INTERAMERICANA DE COMPRAS GUBERNAMENTALES–OEA: *Las compras públicas sustentables en América Latina. Estado de avance y elementos clave para su desarrollo* (Victoria BELÁUSTEGUI), IDRC–CRDI, 2011.

RED INTERAMERICANA DE COMPRAS GUBERNAMENTALES–OEA: *Ma-*

nual para agentes de compras de la Red Interamericana de Compras Gubernamentales. Implementando compras públicas sostenible en América Latina y Caribe, IISD, Ginebra (sin fecha de publicación).

ROMERO PÉREZ, J. E.: "Las compras verdes. Enfoque ambiental en la contratación pública", en *Revista de Ciencias Jurídicas*, nº 120 (2009), pp. 109–140.

SISTEMA ECONÓMICO LATINOAMERICANO Y DEL CARIBE (SELA): *Las compras públicas como herramienta de desarrollo en América Latina y el Caribe*, Caracas, 2014.

VALIM, R.: "La contratación pública sustentable en Brasil", *Contratación Pública Sostenible: una perspectiva iberoamericana,* (PERNAS GARCÍA, J. y VALIM, R. (Dirs.), Bubok Publishing, S.L. 2015, pp. 243–265.

32. EL CONTRATO NORMADO COMO INSTRUMENTO DEL ESTADO REGULADOR. LA CONTRATACIÓN COMO ELEMENTO DE ARTICULACIÓN DEL SECTOR ELÉCTRICO

Mtro. Carlos A. Villanueva Martínez[*]

I. INTRODUCCIÓN

Conforme a la temática definida para la presente edición del FIDA, el documento que se pone a consideración de los miembros del Foro, se inscribe en el apartado correspondiente a los "Desafíos de la globalización para la contratación pública", en particular en relación con sus "transformaciones".

Acorde con ello, en las páginas siguientes se plantea cómo la institución jurídica del contrato se ha convertido en una herramienta más del catálogo del que puede echar mano el *Estado Regulador,* a fin de lograr la consecución de los fines y objetivos que el Derecho positivo le impone.

Para ello, se presenta a manera de ejemplo el caso de la regulación de la industria eléctrica mexicana, que para efectos del presente trabajo se asume como un ejemplo de la globalización jurídica, no en su acepción de régimen jurídico supraestatal, sino como la recepción en un sistema jurídico nacional de modelos regulatorios inicialmente desarrollados en el extranjero, lo que se considera como una muestra de la convergencia de los diferentes modelos jurídicos[1].

II. LA CONTRATACIÓN ADMINISTRATIVA EN MÉXICO.

En México, la contratación que realiza el Estado, y particularmente la Administración Pública, es un tema recurrente desde el punto de vista jurídico y, por ende, de los más analizados por los teóricos del Derecho Administrativo, ampliamente desarrollado desde el punto de vista legislativo y reglamentario, y constantemente objeto de resoluciones jurisdiccionales. No está por demás apuntar que su relevancia es de tal magnitud,

---

* Profesor de Posgrado de la Facultad de Derecho de la Universidad Panamericana, Campus Ciudad de México.

1 Según Watson, citado por Fedtke, el "préstamo" de otros sistemas es actualmente la forma más generalizada de cambio jurídico. Sobre las razones de ello, y las condicionantes que afectan estos procesos, *Cfr.* Fedtke, Jörg, "Legal Transplants" en Smits, Jan M., *Elgar Encyclopedia of Comparative Law*, Edward Elgar Publishing Limited, UK 2006, pp. 434-437.

que su discusión rebasa los límites del ámbito estrictamente jurídico y se extiende a la discusión de lo *público* en su más amplia acepción, por sus implicaciones políticas, económicas y sociales, tanto desde el punto de vista estrictamente local como internacional[2].

Así, la doctrina reconoce la necesidad de la autoridad estatal de recurrir a la contratación pública para el cumplimiento de diversos fines y tareas que el Derecho positivo le impone, que no pueden ser alcanzados o cumplidos mediante el recurso al mandamiento autoritativo propio del acto administrativo[3]. Resulta evidente que en la medida en que a la atribución de policía tradicional se suman las de servicio público[4], económico–industriales y de fomento, el Estado requiere allegarse de bienes y servicios de diversa índole para el cumplimiento de las tareas que el Derecho le impone, lo que no puede realizar sin el concurso voluntario de los particulares.

Desde el punto de vista teórico, en México se ha aceptado que el Estado puede celebrar contratos bajo régimen de derecho privado o de derecho público, dando lugar a lo que algunos autores denominan *contratos civiles de la Administración* frente a los *contratos administrativos* en sentido estricto[5]. Sin embargo, en la práctica y en la legislación los primeros han sido marginados por los segundos, quedando reducidos a un catálogo muy limitado de supuestos, al haberse adoptado como criterio constitucional para la determinación del régimen de contratación, el uso o ejercicio de recursos públicos[6]. Por supuesto, esta perspectiva está directamente vinculada con una determinada concepción o modelo de Estado, el denominado Estado de bienestar o Estado gestor, con todo el

---

2 Durante los años 2011 y 2015 a 2017, la Organización para la Cooperación y el Desarrollo Económico (OECD), publicó estudios específicos sobre los procedimientos de contratación de los principales organismos públicos federales en México, en los sectores de salud y de energía, el Instituto Mexicano del Seguro Social, el Instituto de Seguridad y Servicios Sociales para los Trabajadores del Estado, la Comisión Federal de Electricidad y Petróleos Mexicanos.

3 *Cfr.* Delgadillo Gutiérrez, Luis Humberto y Lucero Espinosa, Manuel, *Compendio de Derecho Administrativo. Primer Curso*, 3ª. Edición actualizada, Edit. Porrúa, México 1988, p. 309.

4 En sus orígenes, el tema de los contratos administrativos en Francia aparece claramente vinculado con la noción de servicios públicos, y ello es lógico si se considera que si bien la jurisprudencia francesa adoptó dicha noción para delimitar el ámbito de competencia de la jurisdicción contencioso-administrativa, la actividad prestacional en sentido materia no fue asumida de forma inmediata por la propia Administración, sino que la realizaba con el concurso de particulares. En este sentido, Fernández Ruiz vincula su surgimiento a los *arrêt* Rotschild, Blanco, Feutry, así como el caso Thérond, todos ellos vinculados a la noción de servicios públicos, lo que mueve al autor a afirmar *"[...] la teoría del contrato administrativo surge y se desarrolla en clara compenetración con la idea del servicio público [...]"*, *Cfr.* Fernández Ruiz, Jorge *Derecho Administrativo. Contratos*, Edit. Porrúa-IIJ UNAM, Serie Doctrina Jurídica, Núm. 20, México 2000, pp. 64-70.

5 *Cfr.* Delgadillo Gutiérrez, Luis Humberto y Lucero Espinosa, Manuel, *Op. Cit.*, p. 310.

6 Los párrafos tercero y cuarto del artículo 134 Constitucional *disponen "Las adquisiciones, arrendamientos y enajenaciones de todo tipo de bienes, prestación de servicios de cualquier naturaleza y la contratación de obra que realicen, se adjudicarán o llevarán a cabo a través de licitaciones públicas mediante convocatoria pública para que libremente se presenten proposiciones solventes en sobre cerrado, que será abierto públicamente, a fin de asegurar al Estado las mejores condiciones disponibles en cuanto a precio, calidad, financiamiento, oportunidad y demás circunstancias pertinentes [...] Cuando las licitaciones a que hace referencia el párrafo anterior no sean idóneas para asegurar dichas condiciones, las leyes establecerán las bases, procedimientos, reglas, requisitos y demás elementos para acreditar la economía, eficacia, eficiencia, imparcialidad y honradez que aseguren las mejores condiciones para el Estado."*

cúmulo de tareas y responsabilidades que ello implica, y para lo cual requiere allegarse de una cantidad ingente de bienes, servicios y obras, de manera que al recurrir a la contratación lo hace como demandante de la prestación y por tanto asume el carácter de obligado al pago de la contraprestación pactada, es decir, se trata fundamentalmente de actividades de *procura,* de forma que el énfasis en el uso y aplicación de recursos públicos y en el procedimiento de selección de la contraparte como condicionante del régimen de contratación resulta entendible.

En este contexto, el contrato administrativo es definido como "[...] una obligación bilateral, sinalagmática, en la que una de las partes es la Administración Pública con las prerrogativas inherentes a su condición jurídica, y la otra un particular o una entidad pública, destinada a realizar determinados fines o relaciones, sometidos a ciertas reglas particulares exorbitantes, entre ellas la forma que deben revestir y la de estar sometidos, en su caso, a la jurisdicción contencioso–administrativa."[7] Acorde con la opinión anterior, se afirma que para que un contrato sea considerado como de carácter administrativo, requiere que una de sus partes sea una persona de derecho público, en ejercicio de una función administrativa; que su celebración observe formalidades especiales; su contenido incluya cláusulas exorbitantes del derecho privado no contrarias al derecho público, inadmisibles en un contrato de derecho privado haciendo imposible su celebración entre particulares; su fin sea la satisfacción de necesidades de carácter general mediante la prestación de un servicio público o el logro del interés público o de la utilidad pública y que sus controversias sean competencia del órgano jurisdiccional facultado para conocer de asuntos de derecho administrativo[8].

Sin embargo, este paradigma de la contratación que podríamos considerar clásico[9], puede estar empezando a ser disfuncional por insuficiente, al no reflejar las nuevas realidades que se derivan del cambio y la transformación que conllevan el tránsito hacia el esquema del Estado Regulador, como modelo de Estado prevaleciente en el mundo occidental. Esta mudanza en el modelo de Estado se traduce en el replanteamiento de las relaciones Estado–Sociedad y consecuentemente, los fines del Estado, y tiene su reflejo jurídico en una nueva serie de atribuciones y tareas estatales, más cercanas a la dirección y coordinación de la actividad de terceros que a la gestión estatal directa. Para el caso mexicano, el cambio descrito ha sido reconocido expresamente por el Pleno de la Suprema Corte de Justicia de la Nación en reciente resolución[10].

Bajo este nuevo modelo, el Estado recurre también a la figura del contrato, pero lo hace bajo términos que, en principio, no cumplen con todos los elementos antes descritos, lo que dificulta su calificación como contratos administrativos, aunque se estima que

---

7 Serra Rojas, Andrés, *Derecho Administrativo. Doctrina, Legislación y Jurisprudencia,* Tomo II, 14ª. Edición, corregida y aumentada, Edit. Porrúa, México 1988, pp. 524-525.

8 *Cfr.* Fernández Ruiz, Jorge, *Op. Cit.*, p. 81.

9 Para los sistemas de influencia francesa, pero no así para el caso alemán o para el ámbito anglosajón, como claramente lo evidencian los desarrollos constitucionales norteamericano y del Reino Unido, que parten de racionalidades distintas (*Cfr.* Meilán Gil, José Luis, *Derecho Administrativo Revisado*, Andavira Editora, Colecc. Ciencia y Pensamiento Jurídico, España 2016, pp.153-161.

10 Al respecto *vid.* ESTADO REGULADOR. EL MODELO CONSTITUCIONAL LO ADOPTA AL CREAR A ÓRGANOS AUTÓNOMOS EN EL ARTÍCULO 28 DE LA CONSTITUCIÓN POLÍTICA DE LOS ESTADOS UNIDOS MEXICANOS, Tesis: P./J. 46/2015, Gaceta del Semanario Judicial de la Federación, Décima Época, Libro 26, Tomo I, Enero de 2016, p. 339.

tampoco se surten las condiciones, ni las características, materia y objeto de estos contratos se avienen con asignarles el tratamiento de contratos civiles de la administración o meros contratos de derecho privado.

Una primera manifestación de este rompimiento se presenta con la adopción del modelo de las *public private partnership* anglosajonas mediante la incorporación sistema jurídico de la Ley de Asociaciones Público Privadas[11] y su Reglamento[12], que permiten al Estado, entre otras, el financiamiento, construcción, operación de infraestructura y prestación de servicios a terceros (que puede ser el algún ente estatal o los particulares como usuarios), mediante contratos de largo plazo, asignados previo procedimiento administrativo de selección de la contraparte por el Estado. En estos contratos, la Administración Pública continúa siendo parte contratante, aunque no necesariamente la destinataria o beneficiaria de la prestación, por lo que eventualmente puede que tampoco se encuentre obligada al pago de la contraprestación.

Sin embargo, para efectos del presente trabajo interesa presentar un esbozo del universo de contratos que derivan de la nueva regulación de la industria eléctrica mexicana, que se estima constituyen una categoría diferenciable de las antes indicadas, a fin de mostrar cómo el contrato se ha convertido en un instrumento de regulación sectorial, razón por la cual se argumenta, existen elementos para considerar la pertinencia de reconocerlos como una nueva categoría de *contratos públicos*.

III. ORGANIZACIÓN DE LA INDUSTRIA ELÉCTRICA.

Como resultado de la reforma constitucional de 2013 y la legislación secundaria que de ella se ha derivado[13], la actual estructura de la industria eléctrica se asemeja mucho al modelo de servicios públicos competitivos descrito por el profesor Ariño Ortiz[14]. Es decir, se pueden identificar en el nuevo modelo regulatorio la desintegración del sector y la separación de actividades (tanto horizontal como vertical), así como el establecimiento de regímenes jurídicos diferenciados para las actividades competitivas y las consideradas no competitivas. Es posible también identificar una separación entre las autoridades como forma de repartir y desconcentrar las diferentes competencias, de forma que se puede distinguir una autoridad responsable de las políticas públicas, un regulador inde-

---

11 Publicada en el DOF el 12 de enero de 2012, y su última reforma el 21 de abril de 2016.

12 Publicado en el DOF el 5 de noviembre de 2012, y su última reforma el 20 de febrero de 2017.

13 Específicamente en materia de electricidad, se han expedido las leyes de la Industria Eléctrica (LIE); la Ley de la Comisión Federal de Electricidad (LCFE); de Energía Geotérmica; de los Órganos Reguladores Coordinados en materia de Energética (LORCME); sus respectivos reglamentos (excepto de la LORCM, que no tiene), a lo que se suma una ingente y creciente cantidad de normatividad administrativa emitida por las autoridades sectoriales.

14 Conforme a los planteamientos de este autor, en la reforma en comento es claro que se hace una desintegración del sector y una separación de actividades; se establece un régimen jurídico diferenciado para las actividades susceptibles de competencia y otro para las que no lo son, y se establece una autoridad reguladora independiente así como una nueva práctica regulatoria, que es en parte, el tema del presente documento. Si bien no son todos los elementos que identifican al nuevo modelo, conforme al planteamiento del autor en cita, se estima que con los antes indicados es posible afirmar que el diseño sectorial producto de esta reforma corresponde con este modelo. *Cfr.* Ariño Ortiz, Gaspar, *Principios de Derecho Público Económico. Modelo de Estado, Gestión Pública, Regulación Económica*, Universidad del Externado de Colombia, Fundación de Estudios de Regulación, Colombia 2003, pp. 594-616.

pendiente, así como un operador independiente tanto del mercado eléctrico como del sistema eléctrico[15].

Así, la *industria eléctrica* comprende las actividades de generación, transmisión, distribución y comercialización de energía eléctrica, así como la planeación y el control del Sistema Eléctrico Nacional (SEN), y cuando a ellas se suma la proveeduría de insumos primarios para ella, se les refiere de forma conjunta como *sector eléctrico* (art. 2 LIE). La generación, transmisión, distribución, comercialización y la proveeduría de insumos primaria de insumos se realizarán de forma independiente entre ellas y bajo condiciones de estricta separación legal[16], mientras que el Suministro Básico se separará de otras modalidades de comercialización (art. 8 LIE)

Este rediseño regulatorio no implica una simple privatización entendida como el traspaso de tareas estatales a manos privadas y su correspondiente *despublicatio*; por el contrario, su régimen continúa siendo preponderantemente de Derecho Administrativo, y por tanto Público, con una significativa participación estatal en todas sus actividades. Así, para salvaguardar el acceso abierto, la operación eficiente y la competencia en la industria eléctrica, la Comisión Federal de Electricidad (CFE)[17] realizará las actividades de generación, transmisión, distribución, comercialización, Suministro Básico, Suministro Calificado, Suministro de Último Recurso, la proveeduría de insumos primarios para la industria eléctrica, así como las actividades auxiliares y conexas de la misma, de manera estrictamente independiente entre ellas, para lo cual establecerá la separación contable, funcional y estructural que se requiera entre sus divisiones, regiones, empresas productivas subsidiarias (EPS) y empresas filiales (EF), de acuerdo con la LIE y en términos de la estricta separación legal que establezca la Secretaría de Energía (SENER), la normatividad en materia de competencia económica y la regulación que establezca la Comisión Reguladora de Energía [CRE] (art. 10 LCFE). Los "Términos para la estricta separación legal de la Comisión Federal de Electricidad"[18], en su numeral 1.2.1 disponen que las referidas actividades, serán realizadas por la CFE de manera independiente entre sí, bajo condiciones de estricta separación legal y a través de empresas productivas subsidiarias, empresas filiales o cualquier modelo de asociación previsto por la LCFE[19].

---

15 Para una descripción detallada de la estructura de la industria, *vid.* Villanueva Martínez, Carlos A., "La Nueva Regulación del Sector Eléctrico en México. Una visión panorámica de su marco jurídico", en *Derecho de la Energía en América Latina*, Universidad de Externado, 2 Tomos, Colombia 2017, (en prensa).

16 No se incluye en los ordenamientos de mérito una definición de separación legal, sin embargo, en la práctica esto se ha entendido en el sentido de que las actividades deben ser realizadas por personas distintas y que actúen de forma independiente, a fin de evitar prácticas anticompetitivas (concentraciones, colusiones, subsidios cruzados, etc.).

17 Hasta la reforma en comento, la CFE era el organismo público encargado del servicio público de energía eléctrica como actividad estratégica reservada al Estado y, por tanto, bajo un esquema de monopolio público vertical y horizontalmente integrado. Evidentemente, la reforma del sector, orientada a la apertura al sector privado y a la creación de un mercado de electricidad presupone la desintegración empresarial de este organismo, aunque no su desaparición, ya que sigue realizando todas y cada una de las actividades que reconoce la LIE como parte del sector eléctrico.

18 Emitidas por la SENER en cumplimiento del Transitorio Cuarto de la LIE, y publicadas en el DOF el 11 de enero de 2016, y modificadas según publicación de fecha 19 de septiembre de 2016.

19 A partir de la reforma en comento, la CFE, al igual que sus empresas productivas subsidiarias asumen la calidad de empresas productivas del Estado, nueva categoría de persona jurídica de exclusiva propiedad estatal (que no requiere la concurrencia de otro asociado o socio), mientras que sus filiales son empresas constituidas con arreglo a las disposiciones de Derecho privado (civil o mercantil). No están incluidas en

Además, las actividades anteriores se someten a regímenes jurídicos diferenciados, como reflejo lógico de su distinta naturaleza jurídica y el grado de participación que en cada una se reconoce a los particulares.

La Transmisión y la Distribución, son servicios públicos que constituyen *áreas estratégicas*[20], por lo que el Estado mantiene su titularidad, sin perjuicio de poder celebrar contratos con particulares (arts. 27 Constitucional y 2 de la LIE), sujetos a las condiciones generales que expida la CRE, que deberán reflejar los usos comunes de la industria eléctrica a nivel nacional e internacional (art. 27 LIE)[21];

La planeación y el control del SEN son también *áreas estratégicas*. La primera es una atribución que corresponde a la Secretaría de Energía (SENER)[22]; mientras que el Control Operativo del SEN recae en el Centro Nacional de Control de Energía (CENACE)[23].

Las actividades de generación, transmisión, distribución, comercialización y el Control Operativo del SEN son consideradas de *utilidad pública*, y se sujetan a *obligaciones de servicio público y universal*[24]. La generación y la comercialización son actividades que se realizan en régimen de libre competencia, sujetas a permiso administrativo en algunos casos[25].

---

la relación de entes que conforme a la Ley Orgánica de la Administración Pública Federal integran ésta, y están expresamente excluidas de la Ley Federal de las Entidades Paraestatales. De acuerdo con la LCFE, se sujetan exclusivamente al régimen especial que dicho ordenamiento establece para las empresas productivas del Estado. Lo anterior permite afirmar que no son parte de la Administración Pública, aunque sí estatales.

20 De acuerdo con los arts. 25 y 28 de la Constitución Federal, son áreas que el sector público tiene a su cargo por lo que en ellas el Estado ejerce funciones de forma exclusiva y sin constituir por ello monopolio; se distinguen de las *áreas prioritarias* en las que el sector público puede participar por sí o con los sectores social y privado para impulsarlas y organizarlas.

21 En cumplimiento de lo anterior, la CRE emitió la Resolución Núm. RES/948/2015 "Resolución por la que la Comisión Reguladora de Energía expide las Disposiciones Administrativas de Carácter General en materia de Acceso Abierto y Prestación de los Servicios en la Red Nacional de Transmisión y las Redes Generales de Distribución de Energía Eléctrica", (DOF 16/febrero/2016) y su anexo único (DOF 26/febrero/2016), en vigor a la entrada en operación del Mercado Eléctrico Mayorista, conforme a su Resolutivo Tercero.

22 Así lo disponen los artículos 33 de la Ley Orgánica de la Administración Pública Federal y 13 y 14 de la LIE.

23 De acuerdo con el artículo 107 de la LIE, es un organismo descentralizado de la Administración Pública Federal, con personalidad jurídica y patrimonio propio, que además tiene a su cargo la operación del Mercado Eléctrico Mayorista (MEM) y el acceso abierto y no indebidamente discriminatorio a la Red Nacional de Transmisión y las Redes Generales de Distribución, entre otras.

24 Estas consisten en *(i)* otorgar acceso abierto a la Red Nacional de Transmisión y las Redes Generales de Distribución en términos no indebidamente discriminatorios; *(ii)* ofrecer y prestar el Suministro Eléctrico a todo el que lo solicite, cuando sea técnicamente factible, en condiciones de eficiencia, Calidad, Confiabilidad, Continuidad, seguridad y sustentabilidad; *(iii)* cumplir con las disposiciones de impacto social y desarrollo sustentable establecidas en la LIE; *(iv)* contribuir al Fondo de Servicio Universal Eléctrico; *(v)* cumplir con las obligaciones en materia de Energías Limpias y reducción de emisiones contaminantes que al efecto se establezcan, y *(vi)* ofrecer energía eléctrica, potencia y Servicios Conexos al MEM basado en los costos de producción conforme a las Reglas del Mercado y entregar dichos productos al SEN cuando sea técnicamente factible, sujeto a las instrucciones del CENACE (art. 4 LIE).

25 En generación, requieren permiso las Centrales con capacidad mayor o igual a 0.5 MW y las de cualquier tamaño representadas por un Generador en el MEM (art. 43 LIE). La Comercialización comprende

El Suministro es considerado un *servicio de interés público*, que se presta en diferentes modalidades (Básico, Calificado y de Último Recurso), y está sujeto a permiso de la CRE. En su modalidad de Suministro Básico se califica, además, como una *actividad prioritaria para el desarrollo nacional,* que debe prestarse de forma separada de otras modalidades de comercialización.

Con independencia de la separación de actividad, las autoridades poseen amplias facultades y responsabilidades. La política, regulación y vigilancia de la industria eléctrica corresponden al Estado por conducto de la SENER y la CRE, con el objetivo de *(i)* garantizar la eficiencia, Calidad[26], Confiabilidad[27], Continuidad[28] y seguridad del SEN; *(ii)* promover que las acciones de la industria eléctrica se realicen bajo criterios de sustentabilidad; *(iii)* impulsar la inversión y la competencia en donde sea factible en la industria; *(iv)* propiciar la expansión eficiente de la industria respetando los derechos humanos de las comunidades y los pueblos; *(v)* fomentar la diversificación de la matriz de generación de energía eléctrica, así como la seguridad energética nacional; *(vi)* apoyar la universalización del Suministro Eléctrico, y *(vii)* proteger los intereses de los Usuarios Finales (art. 6 LIE). Además, deben cumplir con las *obligaciones de servicio público y universal*, así como con el mandato expreso a las autoridades administrativas y jurisdiccionales para proveer lo necesario para que no se interrumpan dichas actividades (art. 7 LIE).

No obstante la segmentación de actividades antes descrita, la electricidad opera como un *sistema*[29] y por ello, todas las actividades anteriores están necesariamente vinculadas entre sí, dado que unas constituyen el presupuesto material de las otras (no hay suministro sin generación, ni conducción de energía sin la infraestructura de transmisión y distribución), mientras que las últimas constituyen el factor de viabilidad económica de las

diversas actividades, y sólo quienes presten el Suministro o representen a Generadores Exentos, requieren permiso (art. 46 LIE); los demás sólo se deben registrarse ante la CRE (art. 12, fracc. XXX, LIE).

26 Definida como el grado en el que las características y condiciones del Suministro Eléctrico cumplen con los requerimientos técnicos determinados por la CRE con el fin de asegurar el correcto desempeño e integridad de los equipos y dispositivos de los Usuarios Finales (art. 3, fracc. II, LIE).

27 Se entiende como la habilidad del SEN para satisfacer la demanda eléctrica de los Usuarios Finales bajo condiciones de suficiencia y Seguridad de Despacho, conforme a los criterios respectivos que emita la CRE (art. 3, fracc. X, LIE).

28 Definida como la satisfacción de la demanda eléctrica de los Usuarios Finales con una frecuencia y duración de interrupciones menor a lo establecido en los criterios respectivos que emita la CRE (art. 3, fracc. XI, LIE).

29 Sobre el particular, Fabra observa que el "[...] concepto de sistema se adecua, en su acepción más estricta, al suministro de electricidad. Nada de lo que suceda en una instalación de generación, de transporte, de distribución o de consumo es ajeno al resto de las instalaciones. Ninguna conducta que implique a la materialidad del suministro puede considerarse ajena respecto al resto de las conductas o de las instalaciones del sistema. [...] El suministro de electricidad se realiza de acuerdo con estrictas especificaciones técnicas para que pueda ser útil. Entre ellas la tensión y la frecuencia. Todas las instalaciones conectadas a una red están obligadas a funcionar en sincronismo. Se trata de una coordinación exacta que no admite desviaciones. De alguna manera el sistema eléctrico es una máquina única en la que cada central, cada línea y cada consumidor son piezas cuya vinculación material no es menos intensa que la que presentan las piezas de un motor de explosión. [...] Pero la máquina es muy compleja y su funcionamiento equilibrado no menos delicado. Para garantizar el equilibrio es necesario *operar el sistema.* Se trata de una función técnica que introduce fuertes restricciones a la libre actuación de los agentes." (Fabra Utray, Jorge, *¿Liberalización o regulación? Un Mercado para la Electricidad,* Instituto Pascual Madoz del Territorio, Urbanismo y Medio Ambiente de la Universidad Carlos III de Madrid y Marcial Pons Ediciones Jurídicas y Sociales, S.A., Madrid 2004., p. 71).

primeras (el cobro que se hace a los Usuarios Finales incluye el cargo tarifario por cada una de las actividades). Sin embargo, al estar a cargo de agentes económicos[30] independientes, su vinculación no puede ser impuesta o forzada mediante el recurso tradicional al acto de autoridad unilateral, sino que requiere el empleo de contratos como mecanismo jurídico de vinculación entre los ejecutores de estas actividades.

IV. EL CONTRATO COMO FACTOR DE ARTICULACIÓN SECTORIAL.

Conforme a la LIE, la CRE autoriza a propuesta del CENACE, los modelos de contrato que este último debe celebrar con los participantes del mercado, así como los modelos de convenio que debe celebrar con los Transportistas y Distribuidores (arts. 12, fracc. XIV, y 38 LIE). Por otra parte, le corresponde expedir los modelos de contrato de interconexión de Centrales Eléctricas, de conexión de Centros de Carga, de compraventa por los Generadores Exentos, de compraventa por usuarios de suministro básico con demanda controlable y demás que se requieran (art. 12, fracc. XV, LIE).

IV.1. Modelos de Contrato que propone el CENACE a la CRE

El CENACE publicó el "Acuerdo por el que se emiten los modelos de Convenios de Transportistas y Distribuidores, así como los modelos de Contratos de Participantes del Mercado Eléctrico Mayorista, en las modalidades de Generador, Suministrador, Comercializador no Suministrador y Usuario Calificado"[31], Sin embargo, el contenido general de dichos modelos de convenios y contratos fue normativamente definido por las DACGRNT–RGD[32].

a. Contrato de Participante en el Mercado. El celebrado con el CENACE en la modalidad de Generador, Comercializador, Suministrador, Comercializador no Suministrador o Usuario Calificado, cuyos términos y condiciones están sujetos a la previa autorización de la CRE, pero no basta con la formalización del contrato, ya que son las Reglas del Mercado[33] (Reglas) las que establecen los requisitos mínimos para adquirir esta calidad,

30 El término "agente económico" es definido por la Ley Federal de Competencia Económica como "[t]oda persona física o moral, con o sin fines de lucro, dependencias y entidades de la administración pública federal, estatal o municipal, asociaciones, cámaras empresariales, agrupaciones de profesionistas, fideicomisos, o cualquier otra forma de participación en la actividad económica" (art. 3, fracc. I). Como apunta González de Cossío, se trata de una definición no exenta de críticas, aunque le reconoce mérito por su amplitud, si bien este autor la define en términos mucho más sencillos como cualquier forma de participación en un mercado, como un operador que ejerce alguna acción en un mercado (*Cfr.* González de Cossío, Francisco, *Competencia*, Edit. Porrúa, México, 2017, pp. 155-188).

31 DOF 25 de enero de 2016.

32 Resolución Núm. RES/948/2015 "Resolución por la que la Comisión Reguladora de Energía expide las disposiciones administrativas de carácter general en materia de acceso abierto y prestación de los servicios en la Red Nacional de Transmisión y las Redes Generales de Distribución de Energía Eléctrica" (DOF 16 de febrero de 2016, mientras que su anexo se publicó el 26 del mismo mes).

33 Término por el cual se refieren, en forma conjunta, las Bases del Mercado Eléctrico que emita la CRE (Bases) y las Disposiciones Operativas del Mercado que emita el CENACE (art. 3, fracc. XXXVIII, LIE). Las Bases se definen como las disposiciones administrativas de carácter general que contienen los principios de diseño y operación del MEM incluyendo las subastas a las que se refiere la LIE (art. 3, fracc. I, LIE), mientras que las Disposiciones s e definen como las bases operativas, criterios, guías, lineamientos, manuales, procedimientos y demás disposiciones emitidas por el CENACE, en los cuales se definirán los procesos operativos del MEM, de conformidad con las Bases (art. 3, fracc. XX, LIE). por

determinan sus derechos y obligaciones y definen los mecanismos para la resolución de controversias (art. 96 LIE). Su contenido mínimo está establecido por las DACGRNT–RGD[34]. El contrato se rige e interpreta conforme a las leyes de México, conforme a la LIE, su Reglamento y demás disposiciones que emanen de éstas, sin perjuicio de que en lo no previsto por ella, se consideran mercantiles los actos de la industria eléctrica, por lo que se regirán por el Código de Comercio y, de modo supletorio, por las disposiciones del Código Civil Federal, remitiendo específicamente a las reglas sobre contenido de las cláusulas contractuales e interpretación contenidas en este último ordenamiento (arts. 1839 a 1857), siendo competentes los tribunales federales con domicilio en la Ciudad de México.

b. Convenios con Transportistas y Distribuidores. Celebrados con el CENACE por los Transportistas y Distribuidores, ya sea que se trate de organismos o empresas productivas del Estado o sus empresas productivas subsidiarias, que presten estos servicios públicos o bien de particulares ya que el Estado, a través de la SENER, los Transportistas o los Distribuidores puede formar asociaciones o celebrar contratos[35] con ellos para que lleven a cabo por cuenta de la Nación, entre otros, el financiamiento, instalación, mantenimiento, gestión, operación, ampliación, modernización, vigilancia y conservación de la infraestructura necesaria para prestar estos servicios públicos (arts. 30 y 31 LIE), y por ello SENER está facultada para convocar a los particulares para la celebración de estas asociaciones o contratos, para supervisar y calificar los procesos correspondientes y para ordenar la celebración de las asociaciones o contratos respectivos (art. 32 LIE). el objeto de estos convenios es regir la prestación y facturación de los servicios Públicos referidos, estableciendo las acciones de coordinación necesarias para la operación técnica y comercial de dichos servicios, bajo criterios de eficiencia, Calidad, Confiabilidad, Continuidad, seguridad, y sustentabilidad del SEN, garantizando el acceso abierto efectivo y no indebidamente discriminatorio a los elementos de la RNT y de las RGD que forman parte del Mercado Eléctrico Mayorista [MEM] (art. 8 DACGRNT–RGD). Por lo que se refiere a la legislación aplicable, en el caso de Transportistas y

---

única ocasión, la SENER emitió las primeras Reglas del Mercado, que incluyen tanto las Bases como las Disposiciones Operativas del Mercado que la SENER determinó (art. Tercero Transitorio LIE).

34 De acuerdo con su artículo 9, el CENACE deberá incluir en los contratos de Participante del Mercado, como mínimo: *(i)* Los mecanismos bajo los cuales el CENACE actuará como enlace en las operaciones comerciales entre los Transportistas y Distribuidores y los Participantes del Mercado, y *(ii)* Los mecanismos bajo los cuales el CENACE instruirá a los Transportistas y Distribuidores a interrumpir los servicios a Participantes del Mercado morosos o que de alguna otra forma incumplan con las Condiciones Generales para la prestación de los servicios de trasmisión y distribución.

35 De acuerdo con este precepto, dichas asociaciones y contratos se sujetarán a las siguientes condiciones: *(i)* El Estado será responsable de la prestación del Servicio Público de Transmisión y Distribución de Energía Eléctrica, siendo los particulares con quienes el Estado contrate, solidariamente responsables en la prestación del servicio, en el ámbito del objeto de su participación; *(ii)* Las asociaciones y contratos se deberán sujetar a la regulación tarifaria y a las condiciones de prestación de los servicios que expida la CRE; *(iii)* La adjudicación de las asociaciones y contratos se realizará a través de procesos competitivos que garanticen la libre concurrencia; *(iv)* El porcentaje mínimo de contenido nacional será determinado por la Secretaría, siempre y cuando los tratados internacionales y acuerdos comerciales suscritos por México no establezcan un porcentaje y existan proveedores nacionales que puedan satisfacer dicho contenido; *(v)* Las asociaciones y contratos deberán prever la transferencia de tecnología y conocimiento a los Transportistas y Distribuidores, y *(vi)* En la constitución de gravámenes sobre los derechos derivados de las asociaciones y contratos, se hará constar que, bajo ninguna circunstancia, se podrán dar en garantía los bienes del dominio público objeto de los mismos.

Distribuidores, se remite a la LIE, la LCFE (cuando la contraparte no sea un contratista a cargo del servicio público); sus Reglamentos, la LORCME y supletoriamente por el Código Civil Federal, el Código Federal de Procedimientos Civiles y demás ordenamientos jurídicos aplicables, y que las controversias se someten a los tribunales federales con domicilio en la Ciudad de México.

En todos los convenios y contratos antes indicados, el CENACE siempre es parte y frente a él, dependiendo de la actividad de que se trata, puede aparecer como contraparte, una persona de Derecho privado o de Derecho Público; además todos ellos prevén sujetarse al mecanismo de solución de controversias establecidos en las Reglas del Mercado (y para el caso de los convenios con Transportistas y Distribuidores, a los mecanismos que establezca la CRE);

IV.2. Modelos de Contrato que expide la CRE.

Se trata de los contratos de interconexión y de conexión que los Transportistas y Distribuidores están obligados celebrar para interconectar y conectar a sus redes, respectivamente, a las Centrales Eléctricas y Centros de Carga[36] cuyos representantes lo soliciten, en condiciones no indebidamente discriminatorias siempre que sea técnicamente factible. Esta es una obligación de *servicio público y universal*. La formalización de estos contratos se realiza previa instrucción del CENACE a los Transportistas y Distribuidores, en base a los modelos emitidos por la CRE (art. 33 LIE). En cumplimiento de la obligación anterior, la CRE ha expedido diversos modelos de contrato para abarcar una pluralidad de supuestos, que se mencionarán a continuación en forma cronológica.

a. El modelo de Contrato de Interconexión de Acceso Abierto y no Indebidamente Discriminatorio para Centrales Eléctricas Interconectadas a la Red Nacional de Transmisión o a las Redes Generales de Distribución[37]. Se trata de un contrato susceptible de ser celebrado entre personas de Derecho público o de Derecho privado, de forma que estamos frente a un contrato en el que pudiera no tener participación un ente público. Las partes que lo suscriban se obligan a someter sus controversias a los mecanismos de resolución de controversias que resulten aplicables de conformidad con lo señalado en las Reglas, sin perjuicio de que todo lo no expresamente previsto en el contrato se regirá por la LIE, el Código de Comercio, la LCFE, sus Reglamentos, la LORCME, y supletoriamente por el Código Civil Federal, el Código Federal de Procedimientos Civiles y demás ordenamientos jurídicos aplicables y que en caso de controversia, las partes se someten a la jurisdicción de los tribunales federales donde se ubique el Punto de Interconexión[38].

b. El modelo de Contrato de Conexión de Acceso Abierto y no Indebidamente Discriminatorio para Centros de Carga conectadas a tensiones mayores a 1 kV a la Red Nacional de Transmisión o a las Redes Generales de Distribución[39], que también puede

36 Definido como las instalaciones y equipos que, en un sitio determinado, permiten que un Usuario Final reciba el Suministro Eléctrico. Los Centros de Carga se determinarán en el punto de medición de la energía suministrada (art. 3, fracc. VII, LIE).

37 Contenido en la Resolución Núm. RES/949/2015 (DOF 3 de febrero y sujeta a una aclaración publicada el 4 de mayo, ambos de 2016).

38 Definido en el propio modelo como el punto en donde se delimitan las fronteras operativas y de responsabilidad entre el Transportista o Distribuidor o Contratista y una Central Eléctrica.

39 Contenido en la Resolución Núm. RES/950/2015 (DOF 4 de febrero y sujeta a una aclaración publicada el 4 de mayo, ambos de 2016).

ser suscrito sin que alguna de las partes sea un ente público, y en el que las partes se obligan a someter sus controversias a los mecanismos de resolución de controversias que resulten aplicables de conformidad con lo señalado en las Reglas, sin perjuicio de que todo lo no expresamente previsto en el contrato se regirá por la LIE, el Código de Comercio, la LCFE, sus Reglamentos, la LORCME, y supletoriamente por el Código Civil Federal, el Código Federal de Procedimientos Civiles y demás ordenamientos jurídicos aplicables y que, en caso de controversia, las partes se someten a la jurisdicción de los tribunales federales donde se ubique el Punto de Conexión[40].

c. Modelo de Contrato de Interconexión de Acceso Abierto y no Indebidamente Discriminatorio para la Importación de Energía Eléctrica mediante una Central Eléctrica ubicada en el Extranjero y conectada Exclusivamente al SEN[41], que puede ser suscrito sin que alguna de las partes sea un ente público, y en el que las partes convienen que las controversias que se presenten se sujetarán a los mecanismos de solución de controversias que resulten aplicables (sin remitir expresamente a las Reglas, por lo que quedan en el ámbito de la CRE conforme al artículo 12, fracc. XXV, LIE), cuyas resoluciones se elevarán a cosa juzgada y, por ende, serán inapelables en los términos de las disposiciones aplicables. En lo no expresamente previsto en el contrato se regirá por la LIE, el Código de Comercio, la LCFE, sus Reglamentos, la LORCME, y supletoriamente por el Código Civil Federal, el Código Federal de Procedimientos Civiles y demás ordenamientos jurídicos aplicables y en caso de controversia, las partes se someten a la jurisdicción de los tribunales federales donde se ubique el Punto de Interconexión[42].

d. Modelo de Contrato de Interconexión para Exportación de Energía Eléctrica a Guatemala, desde una central ubicada en el territorio nacional, para ser utilizado por los Permisionarios de Exportación Legados[43], y en la que también se incluyen los Modelos de Convenio de Compraventa de Excedentes y del Servicio de Transmisión de Energía. Se refiere a un caso especial, ya que se trata de dar cumplimiento al mandato legal de respetar los permisos otorgados antes de la Reforma constitucional y la publicación de la LIE, subsanado la ausencia de un contrato de interconexión para exportación destinado a los permisionarios de esta modalidad, aún a pesar de que la CRE no cuenta con atribuciones específicas para ello. Se trata de un contrato y convenios específicos, destinados a ser formalizados entre la CFE y el permisionario de esta modalidad (en la resolución se hace mención a un permisionario en específico), de forma que en este caso particular una de las partes es un ente público (la CFE) y la otra un particular con la calidad de permisionario. El contrato de interconexión especifica que las controversias que se presenten y que las partes no puedan superar en un plazo de 30 días naturales, se resolverán conforme al procedimiento arbitral que pacten entre ellas (sin mencionar o remitir a las Reglas de Mercado). En cuanto a la legislación aplicable, tanto el contrato como los convenios se rigen e interpretan de acuerdo con las leyes mexicanas, en particular la LIE, y las controversias serán competencia de los Tribunales Federal de la ciudad de México.

---

40 Definido en el propio modelo como el punto en donde se delimitan las fronteras operativas y de responsabilidad entre el Transportista o Distribuidor y un Centro de Carga.

41 Contenido en la Resolución Núm. RES/951/2015 (DOF 8 de febrero y sujeta a una aclaración publicada el 4 de mayo, ambos de 2016).

42 Definido en el propio modelo como el punto en donde se delimitan las fronteras operativas y de responsabilidad entre el Transportista o Distribuidor o Contratista y una Central Eléctrica.

43 Contenido en la Resolución Núm. RES/376/2016 (DOF 9 de junio de 2016).

e. Modelo de contrato para la operación técnica y comercial de la Distribución y el Suministro de Energía Eléctrica[44], que se debe celebrar entre Distribuidores y Suministradores para la prestación de servicios a los Suministradores de servicios básicos que atiendan a Usuarios Finales no Participantes del Mercado conectados a elementos de las Redes Generales de Distribución[45]. El modelo, que se denomina como Contrato Marco, se acompaña como un apéndice de las referidas DACGRNT–RGD, y en él se indica que puede ser suscrito tanto por Suministradores de Servicios Básicos como por Suministradores de Último Recurso, su objeto es regir las actividades de coordinación necesarias para la interacción entre el Suministrador y el Distribuidor o Contratista, que involucren elementos de las RGD que no formen parte del Mercado Eléctrico Mayorista y por cuanto a la legislación aplicable, señala que todo lo no expresamente previsto en el contrato se regirá por la LIE, la LCFE (para el caso del Distribuidor), sus Reglamentos, la LORCME y, supletoriamente, por el Código de Comercio, por el Código Civil Federal, el Código Federal de Procedimientos Civiles y demás ordenamientos jurídicos aplicables y que en caso de controversia, las partes se someterán a la jurisdicción de los tribunales federales con residencia en el Distrito Federal. Este contrato puede ser celebrado sin la intervención de un ente público, dado que tanto la actividad de Distribución como la de Suministro pueden ser llevadas a cabo por personas de Derecho privado.

f. Modelo de Contrato de interconexión a las RGD para Centrales Eléctricas con capacidad menor a 05. MW[46], que se celebra entre el Distribuidor (sea un ente público o un contratista) y la persona física o moral propietaria de la Central, cuyas controversias en relación con las actividades reguladas serán resueltas mediante el procedimiento que establezca la CRE, sin hacer ninguna remisión a los procedimientos previstos en las Reglas (lo cual es entendible tratándose de un Generador que no opera en el MEM) ni especificar una legislación o los tribunales competentes (por lo que debe estarse a los principios que establece el art. 5 de la LIE, que remite supletoriamente a Derecho privado y considera mercantiles las controversias).

Esta resolución también incluye el Modelo de Contrato que celebrarán el Suministrador de Servicios Básicos y el Generador Exento[47] para determinar la contraprestación aplicable por la energía eléctrica, que se formaliza entre el Suministrador de Servicios Básicos (que puede ser una persona de Derecho público o de Derecho privado), y la

---

44 Contenido en el Apéndice D del Anexo de las ya referidas DACGRNT-RGD.

45 El artículo 10 de las DACGRNT-RGD, establece el contenido mínimo de este contrato, que debe incluir: (i) Los mecanismos bajo los cuales el Suministrador actuará como enlace en las operaciones comerciales entre el Distribuidor y el Usuario conectado; (ii) Los mecanismos bajo los cuales el Suministrador instruirá al Distribuidor a interrumpir los servicios a Usuarios Finales morosos o que incumplan con las Disposiciones Administrativas de Carácter General que establecen las Condiciones Generales para la Prestación del Suministro Eléctrico (DACGPS); (iii) Los contratos referidos se someterán a la aprobación de la Comisión, y (iv) La prestación de los servicios de distribución a Usuarios de Servicios Básicos será gestionada por los Suministradores de Servicios Básicos, quienes se sujetarán a las DACGPS que al efecto expida la CRE.

46 Previsto en el Anexo III de la Resolución Núm. RES/142/2017, que contiene las disposiciones administrativas de carácter general, los modelos de contrato, la metodología de cálculo de contraprestación y las especificaciones técnicas generales, aplicables a las centrales eléctricas de generación distribuida y generación limpia distribuida (DOF el 7 de marzo de 2017).

47 Se define así al propietario o poseedor de una o varias Centrales Eléctricas que no requieren ni cuenten con permiso para generar energía eléctrica en términos de la LIE (art. 3, fracc. XXV, LIE).

persona física o moral propietaria de la Central. En materia de controversias, contiene idénticas estipulaciones que el contrato anterior.

a. Modelos de Contratos de Cobertura Eléctrica[48], que pueden ser celebrados por Generadores, Comercializadores y Usuarios Calificados, y se formalizan a través de subastas que celebra el CENACE (art. 97 LIE). Para los Suministradores, la CRE establece los requisitos y montos mínimos de Contratos de Cobertura que deben celebrar relativos a energía eléctrica y Productos Asociados que suministrarán a los Centros de Carga que representen, y verificará su cumplimiento (art. 52 LIE), y el caso específico de los Suministradores de Servicios Básicos, celebrarán estos contratos exclusivamente a través de las subastas que celebre el CENACE[49] (art. 53 LIE). De acuerdo con las Bases del Mercado, las Subastas son de dos tipos, de Mediano[50] y de Largo Plazo[51], y se formalizan mediante la suscripción de modelos de contrato que conjuntamente con las bases de licitación, están sujetos al procedimiento de autorización que establezcan los Manuales (Base 14.1.4 inciso e). Adicionalmente, el Manual de Subastas de Largo Plazo[52], dispone en su numeral 4.1, que los contratos que se utilizarán en este tipo de subastas, estarán contenidos en las Bases de Licitación de cada subasta, y que deberán cumplir con lo previsto por la LIE, su Reglamento, las Bases y el propio Manual. Es claro entonces, que estos contratos se celebran de conformidad con un modelo que se incluye como parte de las bases de la licitación correspondiente, y cuya observancia es obligatoria para quienes resulten ganadores o adjudicados en dichos procedimientos.

b. Contratos de Suministro. El Usuario Final debe celebrar un contrato con un Suministrador[53], que debe cumplir con las condiciones generales para el Suministro emitidas la CRE (art. 51 LIE), hoy previstas en las CGPS[54], que regulan las tres modalidades de

---

48 Acuerdo entre Participantes del Mercado mediante el cual se obligan a la compraventa de energía eléctrica o Productos Asociados en una hora o fecha futura y determinada, o a la realización de pagos basados en los precios de los mismos (art. 3, fracc. XII, LIE), mediante los que se realizan operaciones de compraventa de energía eléctrica, potencia o Servicios Conexos en un nodo del SEN, así como Derechos Financieros de Transmisión, estando obligados a informar al CENACE conforme a las Reglas. También podrán celebrarlos para adquirir o realizar operaciones relativas a los Certificados de Energías Limpias, sujetándose a la regulación que emita la CRE para validar la titularidad de dichos certificados.

49 No obstante lo anterior, en atención a lo dispuesto por la LIE, la Base 14.1.3 señala que también pueden celebrar estos contratos a través de Contratos Legados asignados en términos del Décimo noveno Transitorio de la LIE. De acuerdo con dicho precepto, estos contratos se asignan para minimizar los costos del Suministro Básico y reducir las tarifas finales en beneficio de los usuarios. Corresponde a la SENER, con opinión de la CRE, establecer los términos, plazos, criterios, bases y metodologías de los Contratos Legados para el Suministro Básico y determinar los mecanismos para su evaluación; mecanismos que podrán ejecutarse de manera coordinada o independiente de las subastas.

50 Se llevará a cabo anualmente para contratos de cobertura de energía eléctrica y Potencia para los tres años siguientes.

51 Se llevará a cabo anualmente para contratos de cobertura de Potencia, energía eléctrica de fuentes limpias y Certificados de Energías Limpias; la entrega de estos productos iniciará tres años después de llevarse a cabo la subasta y tendrá una duración de quince o veinte años.

52 Publicado en el DOF el 19 de noviembre de 2015.

53 Excepto para el caso de la modalidad de último recurso, que no posee un modelo específico, sino que debe estar prevista en los contratos de Suministro Calificado o de Participante del Mercado en su modalidad de Usuario Calificado.

54 Contenidas en la Resolución Núm. RES/999/2015, "Resolución por la que la Comisión Reguladora de Energía expide las disposiciones administrativas de carácter general que establecen las condiciones generales para la prestación del suministro eléctrico" [CGPS] (DOF 18 de febrero de 2015; el Anexo de di-

esta actividad, especificando para cada una los derechos y obligaciones del Suministrador y el Usuario. Así, buena parte del contenido de la relación contractual se deriva directamente de un mandato normativo, que debe ser recogido y reconocido por las partes que intervienen en el contrato, con independencia de la existencia o no de un modelo.

Para el caso del Suministro Calificado, que se presta en régimen de libre competencia, se establece que los Suministradores serán libres de acordar los términos contractuales que a sus intereses convengan, mientras éstos no se contrapongan a lo previsto en las CGPS ni en ninguna otra disposición jurídica aplicable (Disp. 26, fraccs. I y III, CGPS). De esta forma, es claro que los contratos correspondientes deberán recoger el marco normativo aplicable a esta modalidad.

Para las modalidades de Suministro Básico y de Último Recurso, la regulación obliga a los suministradores a contar con modelos de contrato, que deben ser sometidos a la aprobación de la CRE (Disp. 9.1 fracc. III y 37.1 fraccs. II y III, CGPS), y en el caso del Suministro Básico, también registrados ante la Procuraduría Federal de Protección al Consumidor (Disp. 8, fracc. III, y 9.1, fracc. V, CGPS). Estos modelos pueden ser modificados para establecer condiciones especiales, que deben ser notificadas a la CRE y hacerse extensiva a cualquier otro usuario que se ubique en el mismo supuesto. Además, la celebración de estos contratos no es optativa, ya que los suministradores de estas modalidades están obligados a prestar el servicio a todo aquel que lo solicite, dentro de las zonas en las que operen, salvo casos específicamente exceptuados por las CGPS.

Claramente que la mayor intensidad regulatoria corresponde a la modalidad de Suministro Básico, por lo que las referidas CGPS prefiguran el contenido del modelo de contrato que deberá elaborar cada Suministrador[55], sin perjuicio de lo cual para todas ellas se establece un procedimiento se atención de quejas de los usuarios, en el que el Suministrador debe ser necesariamente la primera instancia, a reserva de que los casos en los que no se logre acuerdo sean primero sometidos a la PROFECO o a la CRE según corresponda (Disp. 9, fracc. III; 24; 34 y 44, CGPS), o bien a los tribunales ya que, las referidas CGPS se rigen por la LIE y su Reglamento, la LORCME y las disposiciones administrativas que resulten aplicables, aunque siendo mercantiles, los actos celebrados entre Suministradores y Usuarios Finales se rigen por el Código de Comercio y, de modo supletorio, por las disposiciones del Código Civil Federal, el Código Federal de Procedimientos Civiles, la Ley Federal de Procedimiento Administrativo, Ley Federal de Protección al Consumidor y demás disposiciones aplicables (Disp. 2, CGPS).

Finalmente, un supuesto distinto a los anteriores corresponde a los modelos de contratos para la adquisición, uso, goce o afectación de terrenos, bienes o derechos que debe ser utilizados por los Transportistas, Distribuidores y Generadores, que deben ser elaborados por la Secretaría de Desarrollo Agrario, Territorial y Urbano (SEDATU) y la SE-

cha Resolución, publicado el 4 de marzo de 2015, así como su modificación mediante la Resolución Núm. RES/1915/2016 "Resolución por la que la Comisión Reguladora de Energía modifica los incisos iv, VII y VIII, del apéndice III, del anexo a la Resolución RES/999/2015 por la que se expiden las Disposiciones Administrativas de Carácter General que establecen las Condiciones Generales para la prestación del Suministro Eléctrico", publicada el 18 de febrero de 2016).

55 Es importante mencionar que a la fecha no están disponibles los nuevos contratos para el Suministro Básico, a pesar de que conforme a lo dispuesto por el Transitorio VII de las CGPS, se otorgó a los Suministradores de Servicios Básicos un plazo de 30 días a partir de su publicación, para presentar a la CRE los nuevos modelos.

NER (art. 74, fracc. VIII, LIE), que serán impuestos a los particulares afectados por la construcción de infraestructura eléctrica, y en los cuales puede no participar un ente público. A la fecha, estos modelos no se encuentran disponibles, al no haber sido emitidos por las autoridades mencionadas.

V. LA PROBLEMÁTICA CATEGORIZACIÓN DE ESTOS CONTRATOS.

Los contratos anteriores no resultan subsumibles a ninguna de las dos categorías a las que se refiere la doctrina administrativista tradicional de la contratación pública mexicana. Es decir, no corresponden a los que en México se han denominado *contratos administrativos,* pero tampoco a los llamados *contratos civiles de la Administración.* Siguiendo esta línea argumentativa, el paso lógico sería afirmar que no se trata de contratos que se considerarían parte de la contratación administrativa, con independencia del régimen al que estén sujetos.

Llevando el razonamiento anterior al extremo, se tendría que considerar si estamos ante contratos de Derecho Privado, es decir, contratos de naturaleza civil o mercantil. Sin embargo, no puede dejar de observarse que la remisión a normas de Derecho Privado es de carácter expresamente supletorio en materia sustantiva (aunque no en lo procesal, ya que no se sujetan a la jurisdicción contencioso–administrativa), y que, en principio, se trata de contratos que se rigen primordialmente por normas de Derecho Público, al estar expresamente vinculados con actividades calificadas como de *utilidad pública, prioritarias para el desarrollo, servicios de interés general o servicios públicos* y, en todo caso, sometidas a *obligaciones de servicio público y universal.* También debe considerarse que el contenido obligacional de los contratos mencionados está sustraído al ámbito de libertad contractual de las partes, al menos en sus principales aspectos, ya que se trata de modelos de contratos establecidos mediante resolución administrativa de observancia obligatoria para quienes deseen participar en dichas actividades además de que, en varios de los casos analizados, el contenido de las cláusulas está expresamente especificados en disposiciones administrativas de carácter general, de modo que el modelo no es sino la transcripción o cumplimiento de las dichas disposiciones, y en algunos casos, su celebración es obligatoria.

La siguiente alternativa sería considerar que no se trata de contratos, sin embargo, este desarrollo argumentativo tampoco parece poder sostenerse, ya que aun cuando se basan en modelos establecidos mediante disposiciones administrativas de carácter general o forman parte de un procedimiento administrativo de carácter competitivo para su asignación, se estima que se trata de verdaderos contratos en la medida en que se basan en la voluntad de cada una de las partes que en ellos intervienen, que expresan su consentimiento libremente, elemento esencial para la existencia del negocio jurídico y no un mero elemento de validez (formalidad), como sucedería de tratarse de actos administrativos sujetos a la aceptación del destinatario. También debe considerarse que la expresión de la voluntad de las partes crea una mutua dependencia causal entre las prestaciones a que cada parte se compromete, y que son el fundamento de las obligaciones y derechos recíprocos entre ellas, lo que les confiere el carácter de contratos sinalagmáticos[56].

56 *Cfr.* Ariño Ortiz, Gaspar, "El Enigma del Contrato Administrativo", *Revista de Administración Pública,* N° 172, Madrid, enero-abril (2007), pp. 90-91.

Otro elemento a tomar en consideración es que no se trata de un solo tipo de contrato, se trata de una pluralidad de modelos, cada uno con un objeto específico lo que se traduce en una diversidad de contrapartes, que pueden ser públicas (ya sean parte de la Administración Pública o no), o privadas ambas. Lo único que parece relacionarlos es que todos están vinculados con la operación regular de la industria eléctrica, y que se refieren a las actividades que sustentan la operación del MEM o lo respaldan, soportando la operación en red de esta industria al poner en contacto la oferta y la demanda de energía eléctrica y haciendo efectivo el acceso en condiciones no indebidamente discriminatorias a las infraestructuras que constituyen el monopolio natural. Es decir, estamos ante contratos a los que recurre el Estado para organizar el correcto funcionamiento de un sector regulado, mediante la ordenación de los diversos participantes que en él intervienen.

Lo anterior parece abonar al entendimiento de por qué los contratos que nos ocupan no resultan subsumibles en las categorías administrativas tradicionales; estando plenamente aceptado que el Estado puede válidamente recurrir al uso de la contratación para el cumplimiento de sus fines[57], todo parece sugerir que estamos frente a su uso para el ejercicio de una nueva atribución, que es la función de regulación económica[58].

Frente al modelo de Estado de Bienestar, que recurría a la contratación como medio para adquirir bienes y servicio destinados al cumplimiento de sus fines, ahora se utiliza como para la dirección y conducción de la actividad de terceros (que pueden ser entes públicos o privados), en áreas sujetas a una intervención regulatoria. Es decir, ante el abandono paulatino de la gestión estatal directa y la apertura a la participación privada en sectores o ámbitos anteriormente reservados al Estado y gestionados en forma monopólica, se hace necesario el ejercicio de nuevas atribuciones de dirección, coordinación y conducción[59], a fin de asegurar la regular operación y funcionamiento de sectores

57 “[l]as políticas públicas utilizan el contrato para conseguir sus objetivos, como pueden utilizar, y así ocurre, con otras categorías, trátese de imposiciones o limitaciones unilaterales o de disposiciones necesitadas de aceptación por el particular, en lo que tradicionalmente se llamaba fomento”, *vid.* Meilán Gil, José Luis, *Op. Cit.*, p. 182.

58 Según reconoce acertadamente Ariño, “[…] la regulación siempre ha existido, no es un invento de hace apenas algunos años; la adecuación *(sic)* es el instrumento que utiliza el Estado y los poderes públicos en todos sus niveles para controlar y someter a los poderes privados, los poderes que no han sido investidos democráticamente ni por ninguna constitución, pero que se dan de hecho en la realidad, que dominan la vida económica de un país y que a veces, discriminan o maltratan a los ciudadanos.” (*V.*, Ariño Ortiz, Gaspar, “Generalidades de la Regulación”, en Rodríguez Ibáñez, María del Pilar *Et. Al.*, (Coordinadores), *Regulación de Servicios Públicos y Energía. Lecturas Selectas*, Ed. Porrúa, Universidad Autónoma de Nuevo León y ASIER, México 2016, p. 3); entendemos que con ello se refiere a la tradicional atribución de policía administrativa; sin embargo, la regulación *económica* parece ser algo nuevo, y en este sentido, se define como “[…] la actividad de la Administración consistente en el control continuo de un mercado mediante la imposición a sus operadores de obligaciones jurídicas proporcionales a misiones de interés general objetivamente determinadas, según la valoración que en un ámbito de extraordinaria discrecionalidad realiza la Administración.” (*V.*, Montero Pascual, Juan José, *Regulación económica. La actividad administrativa de regulación de los mercados*, 2ª. Edición, Tirant lo Blanch, Valencia 2016, p. 40), es en este sentido que se afirma que constituye una nueva atribución, producto del cambio del modelo de Estado.

59 Esteve Pardo refiere la discusión desarrollada en la órbita germánica denominada *Steurungsdiskussion*, relativa a la capacidad del Derecho y del Estado para timonear, para conducir la compleja sociedad actual, a partir de la observación de los crecientes problemas de ejecución de las leyes y los frecuentes y extensos déficits de ejecución observados en sectores complejos pero cada vez más relevantes, así como la existencia de sistemas sociales autorreferenciales (Niklas Luhmann), lo que da origen al fenómeno de

que resultan socialmente relevantes o sensibles. En este ámbito, como complemento de la actuación administrativa mediante manifestaciones unilaterales (acto administrativo individual o general), el contrato se presenta como un instrumento idóneo para coordinar la actuación de una pluralidad de agentes económicos que participan en las actividades que integran dichas áreas o sectores regulados[60].

Estas nuevas funciones de la Administración Pública son reflejo del cambio en la concepción del Estado y sus fines[61], así como de la forma en que se relaciona con la sociedad[62], y que han tratado de ser explicitadas con diversas denominaciones, ya sea que se hable del modelo de Estado Cooperativo[63], que abandonando la rígida estructura jerárquica acude a la sociedad en busca de formas de interacción perdurables que le permitan allegarse de información para mejorar su capacidades de conducción, o del

---

la autorregulación invocando el conocimiento experto que deja de lado las leyes procedentes de instancias representativas pero carentes del conocimiento y el lenguaje necesario para regular eficazmente un sector (pero que a su vez, carece precisamente de legitimidad democrática). Esta discusión, sin estar concluida ha arrojado aportaciones positivas, como la apertura de las instituciones jurídicas y políticas a la realidad social sobre la que se proyectan, así como el estudio y conocimiento de los poderes normativos y organizativos de la sociedad, que se producen y articulan a través de la autorregulación. Lo anterior ha dado origen al fenómeno de la *autorregulación regulada*, entendida como la autorregulación de origen social que se encuadra en el ordenamiento jurídico y es asumida por él (*Cfr.* Esteve Pardo, José, *La nueva relación entre Estado y sociedad. Aproximación al trasfondo de la crisis*, Marcial Pons, Madrid 2013, pp. 165-168).

60 "[...] la celebración de contratos es la forma de actividad administrativa que más se apega a los postulados modernos, ya que requiere interacción constante con los administrados, que en muchos casos (la mayoría hoy) terminan reemplazando a la Administración en la prestación de servicios públicos." *V.*, Expósito Vélez, Juan Carlos, "La contratación estatal a la luz de la teoría general del derecho administrativo como sistema", en Barnés Vázquez, Javier, *et. Al* (Editores), *Perspectiva de una reforma. Estudios de Derecho Administrativo a partir de la obra de Eberhard Schmidt-Assmann*, Universidad Externado de Colombia, Colombia 2016, p. 460.

61 Afirma Cassese que los factores que originan las reformas administrativas del último cuarto del siglo XX, son las dificultades de la Hacienda Pública para financiar el aumento de tareas de las Administraciones Públicas, con el consecuente recurso al endeudamiento público y el temor a la bancarrota estatal, lo que llevó a la exigencia de reducir las tareas de gestión y suministro del Estado y el desarrollo del papel del Estado contratante y el Estado regulador; otro motivo es la insatisfacción con el desempeño del sector público; el tercero lo identifica en la internacionalización que obliga a ajustar los sistemas nacionales con los de otros países y a coordinarlos. *Cfr.* Cassese, Sabino, *La Globalización Jurídica*, INAP-Marcial Pons, Madrid 2006, p. 196.

62 "La reforma del Estado significa un proceso de redistribución del poder social en el cual unos actores emergen, otros desaparecen, y nuevas relaciones se instalan dentro del Estado, dentro de la sociedad y en las relaciones entre ambos polos. Es, por lo tanto, un proceso político que convoca fuerzas, movilizaciones y resistencias. El sentido que asumió esta concepción fue el de promover un Estado más democrático y más eficiente, por lo cual se hacía necesario transformar las ramas del poder público nacional, y, simultáneamente, avanzar en la descentralización y promover la organización de la sociedad civil; la orientación esencial era, como se ha dicho, impulsar la democratización mediante un Estado más eficiente, capaz de enfrentar los desafíos de la pobreza, la injusticia y la inequidad; todo lo cual requiere una AP capaz de expresar esos valores y de cumplir esos objetivos, sometida a una interlocución orgánica, permanente y abierta con la sociedad civil." *V.*, Blanco, Carlos, *"La Reforma de la Administración Pública y la Reforma del Estado en América Latina"* en *Administración & Cidadanía, Revista de la Escuela Gallega de Administración Pública,* Vol. 3, nº 3, monográfico 2009, p. 22.

63 *Cfr.* Schmidt-Assmann, Eberhard, *La teoría General del Derecho Administrativo como Sistema. Objeto y fundamentos de la construcción sistemática,* INAP-Marcial Pons, Madrid 2003, p. 39. En relación con la contratación, el autor de mérito señala que.

Estado Regulador a pesar de las imprecisiones sobre su sentido[64], o más recientemente del concepto Estado Garante como una rectificación del anterior[65]. Evidentemente, estas transformaciones, cualquiera que sea la denominación que se adopte, se ven reflejadas en el Derecho Administrativo, para traducir esos nuevos fines en atribuciones, competencias y facultades, a fin de asegurar el pleno sometimiento a Derecho de las autoridades[66] y la correcta ordenación de una actividad cuyos resultados trascienden a la sociedad en su conjunto.

Cabe apuntar que estás transformaciones podrían considerarse también como expresión de la globalización jurídica[67], ya que muchas de sus manifestaciones son resultado precisamente de trasplantes legales, a través de los cuales una jurisdicción adopta mode-

---

64 "El concepto o modelo de Estado regulador está por precisar y definir con unanimidad, si es que alguna vez se alcanza esa caracterización generalizada. En cualquier caso resulta de interés a nuestros efectos lo que con esta denominación se expresa, que no es, en lo sustancial, otra cosa que la pérdida por el Estado de las posiciones de titularidad, sobre servicios, sobre medios financieros, sobre conocimientos, sobre medios humanos en las que había fundado sus facultades de intervención sobre la sociedad y la economía. Dos concepciones de Estado regulador, una estricta y otra más amplia, pueden advertirse en ese horizonte [...] La primera se centra en los servicios económicos de interés general, particularmente los servicios en red, y tiene su eje principal de poder en las llamadas autoridades reguladoras. La segunda concepción se extiende más allá de los servicios de interés general y la actividad económica para caracterizar la nueva postura y orientación del Estado ante la pérdida de posiciones de dominio en la que había venido amparando tradicionalmente su regulación en el ámbito económico y en otros mucho." *V.*, Esteve Pardo, José, *Op. Cit.*, pp. 175-176.

65 "La actividad estatal de regulación vendría, en definitiva, caracterizada por una doble finalidad: de un lado, por la finalidad de garantizar, con distintas intensidades reguladoras, la existencia de mecanismos de competencia entre operadores, corrigiendo los llamados <<fallos de los mercados>>, y, de otro, por la finalidad de cumplir con las exigencias derivadas de los intereses generales. Ni que decir tiene que es esta última finalidad la que da su verdadero sentido a la actividad de regulación de los poderes públicos, que ha de estar por ello, necesariamente vinculada a los mandatos constitucionales, sobre todo a los de contenido económico y social [...] En nuestros días, el Estado regulador es, pues, al mismo tiempo y necesariamente, un Estado garante o garantista (*Gewährleistungsstaat*), esto es, un Estado que, al haber dejado de ser, en gran medida, un Estado gestor o prestacional (*Leistungsstaat*), debe garantizar, mediante las oportunas medidas normativas y organizativas, los servicios de carácter esencial que han pasado a ser gestionados por sujetos privados, procurando, a la vez, que la actividad de dichos sujetos se lleve a cabo con los imprescindibles niveles de objetividad, accesibilidad y calidad [...] la extensión de los principios y normas de Derecho público a estos sujetos privados y a sus relaciones recíprocas se convierte así en una de las características fundamentales del nuevo Estado Garante." (*V.*, Carro Fernández-Valmayor, José Luis, "Reflexiones sobre las transformaciones actuales del Derecho Público, en especial del Derecho Administrativo", *Revista de Administración Pública*, N° 193, Madrid, enero-abril (2014), p. 35.

66 "La actividad económica del Estado y de la Administración es uno de los ámbitos más afectados por los cambios derivados del proceso de globalización y de integración en espacios políticos y económicos supranacionales, hasta el punto de invalidar los paradigmas, categorías, esquemas y técnicas establecidas desde el modelo de Administración económica del Estado social." *V.*, Alli Aranguren, Juan-Cruz, *Derecho Administrativo y Globalización,* Thomson Aranzadi, Civitas Ediciones, Madrid, España, 2004, p. 216.

67 Esta particular manifestación de la globalización no está exenta de críticas; así Cassese identifica tres defectos; la ausencia de un orden general y de un gobierno; su investidura o legitimación y su eficacia. Conforme a la primera, afirma que, estando lleno de regímenes sectoriales con sus normas e instituciones, adolece de principios y reglas generales así como de un órgano superior que dirija y controle los subsistemas. Respecto de la segunda crítica, refiere al déficit democrático de las organizaciones de alcance global, mientras que la tercera atañe a la ausencia de mecanismos que aseguren el cumplimiento de las decisiones de alcance global. *Cfr.* Cassese, Sabino, *El Derecho Global: Justicia y democracia más allá del Estado*, Global Law Press, España 2010, pp. 23-24.

los o instituciones propios de otra. En el caso que nos ocupa, el recurso al contrato como instrumento de gobierno (*government by contract*) ha sido una práctica común en jurisdicciones ajenas a la tradición administrativista de raigambre francés[68]; lo mismo que la atención de necesidades generales a través de instituciones distintas al servicio público, como es el caso de las *public utilities* anglosajonas, cuyo modelo ahora traducimos adaptándolo a nuestra realidad con el esquema de los denominados *servicios públicos competitivos*, en el que el concepto tradicional de servicio público (con la consiguiente *publicatio* de la actividad), es sustituido por nociones como servicios de interés general (económicos y no económicos), sujetos a regulación económica y cuyos operadores privados son sometidos a cargas específicas bajo los conceptos de *obligaciones de servicio público* y de *servicio universal.*

Dicho en otras palabras, desde la perspectiva del Derecho y la legislación mexicana y en relación a algunas de las recientes reformas, no se puede hablar de un desarrollo propio sino de la copia e imitación de modelos, conceptos y categorías propios del Derecho Anglosajón (particularmente norteamericano por lo que se refiere al modelo de regulación económica) y del Derecho Comunitario europeo (por lo que hace a las nociones sustitutivas de la categoría de servicio público). En el caso específico de la industria eléctrica, existen dos modelos regulatorios preponderante a nivel internacional[69], y uno de ellos, que es el que ahora adopta México, implica el abandono de la prestación estatal directa en régimen de monopolio, por la intervención de múltiples agentes cuyas actividades requieren ser normada, reguladas y controlada por la autoridad.

Es aquí donde la figura contractual cobra relevancia como instrumento jurídico idóneo para la correcta articulación de la industria, mediante el control y seguimiento de la intervención de los agentes que en ella interactúan, y justifica el por qué la Administración Pública, el Estado, no pueden mantenerse al margen o desentenderse no sólo del contenido obligacional de dichos contratos, sino de su cumplimiento y ejecución, ya que de ello depende el correcto y oportuno abasto de un insumo indispensable para la regularidad de la vida social, como es la electricidad. Pero el reto no es exclusivo para la Administración Pública; al trasladarse el modelo de la prestación estatal a un modelo competitivo con múltiples agentes relacionados a través de contratos, las controversias que inevitablemente surgirán acerca de su ejecución y cumplimiento, habrán de ser solventa-

---

68 Para el caso Británico, Hunt afirmaba ya en 1997, que el contrato ha sustituido a la dirección y el control como paradigma de la regulación. *Cfr.* Hunt, Murray, "Constitutionalism and the Contractualisation of Government in the United Kingdom", en Taggart. Michael, *The Province of Administrative Law*, Hart Publishing, Oxford, UK 1997, p. 21.

69 Ferney Moreno describe de forma sucinta, pero con precisión, las características generales tanto del modelo de monopolio público, como del modelo de libre competencia y las subcategorías de este último, relacionándolos con los países latinoamericanos, y menciona que los países cambian alternativamente de un modelo a otro (*Cfr.* Moreno, Luis Ferney, "Los modelos de regulación de electricidad en América Latina", en Rodríguez Ibáñez. María del Pilar *Et. Al.*, [Coordinadores], *Regulación de Servicios Públicos y Energía. Lecturas Selectas*. Ed. Porrúa, Universidad Autónoma de Nuevo León y ASIER, México 2016, pp. 239-248). Sin embargo, la evidencia empírica muestra que la mayoría de los países más desarrollados han optado por el modelo de libre competencia, ya sea desde sus orígenes o por haber abandonado el monopolio público. A manera de ejemplo, *vid.* Mancero Bucheli, Gabriela, *Experiencias internacionales en casos de competencia en el sector eléctrico y gasífero*, Universidad Externado de Colombia, Col. De Estudios en Derecho Minero y Energético, Colombia 2011, así como Molina, Miguel, *La reforma de los mercados eléctricos. Una aportación para el debate en México*, CEPADEME-Miguel Ángel Porrúa, México 2002).

das ante el Poder Judicial de la Federación[70], lo que otorga un protagonismo y relevancia a los jueces y tribunales en la medida en que, a través de sus sentencias, pueden incorporar factores disruptivos para la operación del modelo o incrementar sus costos al agregar factores de incertidumbre, en la medida en que los juzgadores ignoren o soslayen el interés general subyacente en la resolución de las controversias individuales que se sometan a su conocimiento.

Bajo estas consideraciones, el recurso al contrato como instrumento de regulación para coordinar[71] y dirigir la actividad de una pluralidad de agentes económicos que concurren en un mercado[72] determinado (en este caso el de electricidad), se presenta como una alternativa natural para el ejercicio de las facultades de regulación inherentes a este nuevo modelo de Estado[73] y como una necesidad para la debida articulación de un sector industrial cuyo correcto funcionamiento trasciende a los intereses de las partes implicadas en cada contrato, lo que hace indispensable la intervención de la autoridad administrativa, tanto en sede administrativa como jurisdiccional, en representación del interés general subyacente en la continua, regular y permanente operación de una industria destinada a la satisfacción de una necesidad de carácter general.

Este es uno de los aspectos de mayor incertidumbre y, por tanto, de riesgo, de la reforma eléctrica mexicana. Se trata de una nueva regulación sectorial, que adopta instituciones, modelos y esquemas aparentemente probados en otras jurisdicciones pero que, precisamente por su carácter sectorial, debe insertarse en el contexto más amplio del sistema jurídico mexicano y someterse al control de un Poder Judicial Federal que, en principio, no parece plenamente familiarizado con conceptos de regulación económica; con las modificaciones que sufre el principio de división de poderes con la adopción del modelo de Estado Regulador y la intervención que en ellos tienen los reguladores independientes, pero sobre todo, para apreciar y ponderar la relevancia del interés general subyacente en la resolución de controversias relativas al cumplimiento y ejecución de contratos, particularmente desde la perspectiva del Derecho privado (civil o mercantil). Es decir, no basta adoptar modelos probados; la efectividad y los resultados de los tras-

---

70 En este sentido, Sorace, haciendo referencia a Malaret en relación con los servicios públicos reconoce, desde la perspectiva europea, que el nuevo modelo implica un aumento en la *jurisdización* (sic) del sector, ya que todos los actos relativos a las relaciones entre los poderes públicos y las empresas según el nuevo modelo, pueden ser objeto de control del juez (*Cfr.* Sorace, Doménico, *Estado y servicios públicos. La perspectiva europea*, Palestra Editores, Lima 2006, p. 70).

71 "[...] el *contrato administrativo* es la forma jurídica de la Administración cooperativa.", (*V.*, Schmidt-Assmann, Eberhard, *Op. Cit*, p. 39).

72 "El mercado constituye una institución jurídica para la asignación de recursos, dotada de unas reglas referidas a la propiedad, los contratos y la responsabilidad como núcleo jurídico de un mercado desregulado. En ellas se definen los derechos y facultades del titular de la propiedad sobre los activos tangibles e intangibles, las formas de los contratos y el contenido de las obligaciones permiten los intercambios, y la responsabilidad contractual o extracontractual hace posible evaluar los riesgos de las actividades económicas." *V.*, Alli Aranguren, Juan-Cruz, *Op. Cit.*, p. 296.

73 "[...] la contratación pública rebasa el sentido que podría deducirse de un procurement. El contrato público no es solo un medio jurídico para que la Administración cubra 'sus' necesidades. Se lleva a cabo para satisfacer las necesidades de los ciudadanos; para la más eficiente realización del interés general. En ese sentido podría afirmarse que se ha pasado desde el contrato administrativo a la contratación pública al servicio de políticas públicas.", *vid.* Meilán Gil, José Luis, *Op. Cit.*, p. 182.

plantes legales es un asunto complejo y que produce resultados diversos en función de las circunstancias y particularidades propias de la jurisdicción que importa el modelo[74]

En esta misma línea de pensamiento, se considera que reformas como la que se comenta llevarán eventualmente a la discusión de la problemática de la transposición de valores públicos a agentes particulares en una industria reestructurada pero claramente sometida a un interés general, y ello hace necesario y justificaría la extensión de un régimen de derecho administrativo[75] para garantizar el debido cumplimiento de las obligaciones contractuales[76] que dan sustento a la cadena industrial que concluye con el suministro al usuario, en la medida en la que se trata de una actividad prestacional de interés general, y respecto de la cual el Estado no puede desentenderse[77].

VI. CONCLUSIONES.

Las páginas precedentes constituyen apenas un esbozo de los diversos temas tratados, y un intento para tratar de presentarlos entrelazados, demostrando su vinculación. En este contexto, asumiendo que quedan aún muchas líneas de investigación abiertas, es imposible ofrecer conclusiones que puedan considerarse suficientemente sólidas. Me limito por tanto a proponer, a manera de resumen, algunas líneas argumentativas sobre los conceptos tratados.

---

74 Sobre la complejidad, dificultades y particularidades que derivan de la importación de ideas legales para el sistema que las recibe, *Cfr.* Fedtke, Jörg, "Legal Transplants" en Smits, Jan M., *Elgar Encyclopedia of Comparative Law*, Edward Elgar Publishing Limited, UK 2006, pp. 434-435.

75 En este sentido, Carro Fernández-Valmayor señala que "[e]l concepto de interés general aparece, pues, más que cualquier otro, como el concepto central explicativo de la unidad y de la extensión del Derecho público, y muy en particular del Derecho administrativo, que encuentra, además, en muchos países, una expresa base constitucional. Se comprende así la situación actual de la aplicación, en muchos casos, del Ordenamiento jurídico-público a toda una serie de relaciones entre sujetos privados en las que no se da la presencia de una Administración pública, pero en las que están presentes indudables intereses generales. En este sentido, el actual proceso de *désétatisation de la société*, de *Entstaatlichung*, de disminución del protagonismo interventor del Estado, no debería suponer la paralela restricción del ámbito de aplicación del Derecho Público, como tampoco la desaparición de toda posibilidad de intervención de aquel en la regulación de las relaciones sociales y económicas. Un Derecho público necesariamente vinculado a la idea de interés general exige siempre su aplicación allí donde dicho interés pueda verse, de cualquier forma, afectado." (*V.*, Carro Fernández-Valmayor, José Luis, *Op. Cit.*, pp. 25-26).

76 Es menester señala que alguna doctrina distingue entre la Administración-sujeto y la Administración-actividad, que pueden no recaer en el mismo sujeto, y que cuando se está ante un ente que actúa como Administración-actividad, el Derecho Administrativo no es aplicable a su estructura, organización y funcionamiento interno, aunque pueda ser aplicable a su actividad si con ella se afecta a los intereses públicos o tiene una dimensión pública, dando pie a considerar al Derecho Administrativo no sólo como un derecho estamental sino como el derecho de los intereses públicos o colectivos (*Cfr.* Ariño, Ortiz, Gaspar, "El Enigma…", pp. 92-93).

77 "Las privatizaciones de actividades de servicio público debe suponer la modificación de los modos de gestión, pero no hacerles perder totalmente su carácter originario, en el sentido de seguir considerando que se trata de servicios necesarios a la sociedad, lo que debiera llevar al establecimiento de sujeciones específicas en cuanto a la disponibilidad y obligatoriedad de las prestaciones, de igualdad de los usuarios, de investigación y adecuación al progreso, de igualdad en el derecho de los usuarios, de neutralidad de los servicios, de participación en las políticas administrativas que le puedan afectar, etcétera. Todo ello forma parte de la idea de la necesaria presencia de los poderes públicos incluso en una economía globalizada y de mercado […]". *V.*, Alli Aranguren, Juan-Cruz, *Derecho Administrativo y Globalización*, Thomson Aranzadi, Civitas Ediciones, Madrid, España, 2004, p. 313.

El nuevo modelo de organización de la industria eléctrica en México puede ser considerado como un ejemplo de la globalización jurídica, a partir de la noción de trasplantes legales, en la medida que adopta un modelo probado en otras jurisdicciones. Esta práctica, siendo frecuente y comprensible, no está exenta de problemas en cuanto a la incorporación del nuevo modelo a un sistema distinto, que o se adapta al elemento incorporado, o lo desvirtúa. Así, los resultados de estas operaciones poseen un grado inevitable de incertidumbre.

Este nuevo modelo se sustenta en un importante componente de regulación económica, expresado tanto en normas jurídicas unilaterales como en el recurso a la contratación, para organizar y controlar una pluralidad de agentes que intervienen en la cadena de procesos que integran la industria. La autoridad recurre indistintamente al acto administrativo o al contrato como herramienta de regulación, según se requiera para los fines que busca alcanzar.

Los contratos que se utilizan en el nuevo modelo, al provenir originalmente de jurisdicciones ajenas a la tradición del Derecho Administrativo, no resultan subsumibles a lo que en México se ha considerado como contratos de la administración, pero tampoco parece factible considerarlos como contratos privados, aunque sus controversias se remitan a los tribunales de Derecho civil o mercantil. Su régimen jurídico principal claramente exorbitante del Derecho común; la ausencia de libertad contractual para determinar su contenido; el mandato y las responsabilidades de corte garantista que se imponen a las autoridades y la naturaleza de los intereses protegidos que incorporan obligaciones de servicio público y universal, hacen que se imponga la necesidad de reconocer que se trata de contratos sometidos a Derecho público. Estas características y su empleo como instrumento regulatorio, permiten considerar la posibilidad de construir a partir de ellos, una categoría distinta de contratos *públicos*, con independencia de la naturaleza jurídica de las partes que en ellos intervienen.

El principal riesgo parece ubicarse en su régimen jurisdiccional; si bien la jurisdicción contencioso–administrativa no es propia de estos contratos en los países de donde se adopta el modelo regulatorio, en México esta sí existe y, además el Poder Judicial de la Federación cuenta con tribunales especializados en materia administrativa. Esto permite inferir que los tribunales civiles y mercantiles no están familiarizados con incorporar dentro sus valoraciones, aspectos relativos al interés general, la utilidad pública, obligaciones de servicio público y universal, así como las complejidades y particularidades de una industria que opera en red, con el sentido que estos conceptos tienen desde la perspectiva de la regulación económica.

VII. BIBLIOGRAFÍA

ALLI Aranguren, Juan–Cruz, *Derecho Administrativo y Globalización,* Thomson Aranzadi, Civitas Ediciones, Madrid, España, 2004.

ARIÑO Ortiz, Gaspar, “El Enigma del Contrato Administrativo”, *Revista de Administración Pública*, núm. 172, Madrid, enero–abril (2007), pp. 79–102.

ARIÑO Ortiz, Gaspar, *Principios de Derecho Público Económico. Modelo de Estado, Gestión Pública, Regulación Económica*, Universidad del Externado de Colombia, Fundación de Estudios de Regulación, Colombia 2003.

BARNÉS Vázquez, Javier, *et. Al* (Editores), *Perspectiva de una reforma. Estudios de Derecho Administrativo a partir de la obra de Eberhard Schmidt–Assmann*, Universidad Externado de Colombia, Colombia 2016.

BLANCO, Carlos, "La Reforma de la Administración Pública y la Reforma del Estado en América Latina" en *Administración & Cidadanía, Revista de la Escuela Gallega de Administración Pública,* Vol. 3, nº 3, monográfico 2009.

CARRO Fernández–Valmayor, José Luis, "Reflexiones sobre las transformaciones actuales del Derecho Público, en especial del Derecho Administrativo", *Revista de Administración Pública*, núm. 193, Madrid, enero–abril (2014), pp. 11–44.

CASSESE, Sabino, *El Derecho Global: Justicia y Democracia más allá del Estado*, Global Law Press, España 2010.

——————————, *La Globalización Jurídica*, INAP–Marcial Pons, Madrid 2006.

DELGADILLO Gutiérrez, Luis Humberto y Lucero Espinosa, Manuel, *Compendio de Derecho Administrativo. Primer Curso*, 3ª. Edición actualizada, Edit. Porrúa, México 1988.

ESTEVE Pardo, José, *La nueva relación entre Estado y sociedad. Aproximación al trasfondo de la crisis*, Marcial Pons, Madrid 2013.

FABRA Utray, Jorge, *¿Liberalización o regulación? Un Mercado para la Electricidad,* Instituto Pascual Madoz del Territorio, Urbanismo y Medio Ambiente de la Universidad Carlos III de Madrid y Marcial Pons Ediciones Jurídicas y Sociales, S.A., Madrid 2004.

FERNÁNDEZ Ruiz, Jorge, *Derecho Administrativo. Contratos*, Edit. Porrúa–IIJ UNAM, Serie Doctrina Jurídica, Núm. 20, México 2000.

GONZÁLEZ de Cossío, Francisco, *Competencia*, Edit. Porrúa, México 2017.

MEILÁN Gil, José Luis, *Derecho Administrativo Revisado*, Andavira Editora, Colecc. Ciencia y Pensamiento Jurídico, España 2016.

MONTERO Pascual, Juan José, *Regulación económica. La actividad administrativa de regulación de los mercados*, 2ª. Edición, Tirant lo Blanch, Valencia 2016.

RODRÍGUEZ Ibáñez, María del Pilar *Et. Al.,* (Coord.), *Regulación de Servicios Públicos y Energía. Lecturas Selectas*, Ed. Porrúa, Universidad Autónoma de Nuevo León y ASIER, México 2016.

SCHMIDT–Assmann, Eberhard, *La teoría General del Derecho Administrativo como Sistema. Objeto y fundamentos de la construcción sistemática,* INAP–Marcial Pons, Madrid 2003.

SERRA Rojas, Andrés, *Derecho Administrativo. Doctrina, Legislación y Jurisprudencia,* Tomo II, 14ª. Edición, corregida y aumentada, Edit. Porrúa, México 1988.

SMITS, Jan M., *Elgar Encyclopedia of Comparative Law*, Edward Elgar Publishing Limited, UK 2006.

SORACE, Doménico, *Estado y servicios públicos. La perspectiva europea*, Palestra Editores, Lima 2006.

TAGGART. Michael, *The Province of Administrative Law*, Hart Publishing, Oxford, UK 1997.

VI. PRINCIPIOS RECTORES DE LA CONTRATACIÓN PÚBLICA, (Importancia de los Principios Generales de Derecho; Incidencia en la Planificación; Incidencia en la preparación; Incidencia en la ejecución)

33. LA CONTRATACIÓN PÚBLICA EN GUATEMALA

Hugo Haroldo Calderón Morales
Universidad de San Carlos de Guatemala

1. Los contratos administrativos

El contrato como institución jurídica, no es exclusiva del derecho civil, más parece ser una institución que pertenece a la teoría general del derecho, puesto que lo podemos aplicar a cualquier rama de la ciencia jurídica, así encontramos la existencia de contratos civiles, mercantiles, laborales, administrativos, etcétera.

La realidad es que el Estado necesita bienes y servicios, los que no le es posible producir por sí mismo, tampoco puede obtenerlos de los particulares por la vía de arbitrariedad y de manera autoritaria, obligando a los particulares le proporcionen los bienes y servicios que necesita para el cumplimiento de su finalidad, ya que contrariaría el Estado de derecho en que pretendemos vivir; es por tales razones que necesita establecer relaciones contractuales con los particulares para su obtención.

Así cada día vemos como la administración pública realiza una gran cantidad de relaciones contractuales, de compraventa de muebles e inmuebles, arrendamiento de bienes, de servicios profesionales, de obra pública, de suministros, etc.

Consecuentemente cuando surge la administración consensuando con los particulares, comprándole suministros, solicitando una obra pública o algún servicio, que la administración por imposibilidad material no puede realizar, es cuando nace el contrato administrativo.

Naturalmente hay que tomar en cuenta que hay que distinguir los contratos privados de la administración, con el contrato administrativo, los que se pueden diferenciar por la disciplina del vínculo, puesto que mientras los contratos de derecho privado de la administración se regulan en su contenido por las normas de derecho privado, los contratos administrativos se sujetan a las normas y principios existentes en el derecho público, en el que se admiten únicamente la aplicación supletoria de las normas privadas, compatibles con el mismo.

Aunque no aceptado por la doctrina moderna, se ha llegado a considerar esa relación entre la administración y los particulares, no como contrato, sino como un acto eminentemente administrativo, en donde al momento que el particular otorga su consentimiento surtía sus efectos. Esta teoría corresponde a las negativas o de negación del contrato administrativo.

2. Teorías acerca del contrato administrativo

Ya dijimos que el Estado tiene una finalidad y que por sí el éste no puede llenar su cometido y que este cometido tiene requerir de la colaboración de los particulares y se ve en la necesidad de requerir recursos humanos, materiales y financieros, lo que implica personal técnico, bienes y servicios, a cuyo efecto la administración pública, al no poder llenar su cometido, la que obtiene de manera voluntaria o forzosa; en el primer caso, en el libre ámbito de la bilateralidad contractual; en cuanto al segundo a través del acto administrativo de manera unilateral.

Con la colaboración voluntaria la administración pública logra con los particulares las compras, arrendamientos, suministros, obras públicas, publicidad y propaganda, asistencia y servicios técnicos, concesión de servicios públicos.

La colaboración voluntaria de los particulares se da esencialmente, bajo el sistema contractual, primero dentro del marco del derecho privado, y más tarde, con sujeción un régimen jurídico especial, tras el advenimiento de normas especiales *(el derecho administrativo).*

En este sentido el Estado, a través de sus órganos administrativos tiene que ponerse en igualdad de condiciones frente a los particulares y estrictamente de someterse al consenso de voluntades en igualdad de condiciones con los particulares, puesto que se trata de adquirir derechos y obligaciones, tanto del Estado como de los particulares.

3. Surgimiento del contrato administrativo

El surgimiento del contrato administrativo tiene su inicio en la doctrina francesa, con una fuerte base en los fallos del Concejo de Estado francés.

El *maestro Jorge Fernández Ruiz (Ibídem),* dice que la aparición del contrato administrativo estuvo muy distante de ser pacífica. La voz de numerosos e importantes juristas se alzó para impugnar su existencia, en un esfuerzo por desvincular los argumentos de quienes lo postulaban como una categoría contractual especial, diferente a la del contrato regulado por el derecho privado.

En la actualidad el contrato administrativo ha logrado su aceptación general tanto en la legislación como en la jurisprudencia y en la doctrina, pese a que especialmente en la última subsistan opiniones aisladas para impugnarlo. Importa, pues, determinar si en esencia el llamado contrato administrativo se configura como un negocio contractual o si, como afirma *Otto Mayer,* es un acto administrativo unilateral, como sugiere una parte de la doctrina italiana; y de acreditarse su calidad contractual, determina si el contrato administrativo es distinto al derecho privado o solo una de sus variedades.

4. Corrientes a cerca de la existencia del contrato administrativo

Por consiguientes se hace necesario entonces, hacer un estudio de las corrientes contrapuestas, que son fundamentalmente de los que niegan la categoría de los contratos administrativos y los que si aceptan dicha categoría y las múltiples corrientes sobre la misma.

5. La negación de la categoría de los contratos administrativos

En esta corriente existen tres tendencias:

a. La que niega los llamados contratos administrativos el carácter de contrato, al considerarlo que se trata de un acto unilateral de la administración ; se discute la evidente desigualdad jurídica de las partes, así como la inexistencia de la autonomía de la voluntad, puesto que la de la administración pública es reglada y normada, y la de los particulares se reduce a aceptar las condiciones impuestas unilateralmente por los órganos administrativos, Se aduce también que en el contrato administrativo el hecho de su objeto queda fuera del comercio.

b. La tendencia que rechaza, desde la posición monista la existencia de diversas categorías de contratos, como sería el derecho privado y los de derecho público o administrativo, pero no admite ninguna diferencia entre derecho público y derecho privado.

c. Y la tendencia de la corriente negativa del contrato administrativo los asimila a los contratos de derecho privado, al considerar a las normas y principios de éste, suficientes para regular en su totalidad lo relativo a todos los contratos celebrables por la administración pública.

6. La corriente positiva del contrato administrativo

Desde el punto de vista subjetivo, se establece que un contrato es administrativo si cuando menos una de las partes contratantes es un órgano administrativo y los estudiosos de esta materia han considerado que cuando aparece la administración pública obrando como tal, relacionándose con los particulares, contrayendo derechos y obligaciones, sometiéndose a libre manifestación de la voluntad, es *contrato administrativo.*

El *Profesor Gordillo* dice: En una primera orientación, la más antigua, se interpreta que todos los contratos celebrados por la administración es decir, una persona estatal con sujetos privados de derecho están sometidos al derecho privado, es decir, que no hay allí una categoría nueva de contratos, además de los contratos privados. Esta es por ejemplo la solución clásica de la doctrina alemana, donde sin embargo se admite la categoría del contrato interadministrativo, aquel celebrado entre distintas administraciones. *(Gordillo, Agustín, Tratado de Derecho Administrativo, pág. 12).*

Y no necesariamente quedan sujetos a la normativa administrativa, por lo mismo que el derecho administrativo se encuentra en formación, como ya lo analizamos en la relaciones del derecho administrativo con otras ramas jurídicas y sociales, éste tiene íntima relación con el derecho civil. El derecho administrativo se desprende de aquel y en la actualidad la contratación administrativa queda sujeta a muchas normas del contrato civil, que se aplican por integración de normas o en forma supletoria, cuando no se encuentran en normas administrativas, que regulan esta clase de contratos.

Lo mismo sucede con la contratación civil que en algún momento se utilizan normas del derecho administrativo para la contratación en particulares, por ejemplo cuando para la construcción de edificios o puentes en propiedad privada usan las normas *COGUANOR* o el denominado libro azul de normas técnicas en la construcción de puentes de la Dirección General de Caminos *(Ministerio de Infraestructura y Vivienda).*

7. La negación del contrato civil de la administración

A decir del *Profesor Agustín Gordillo*: Los autores norteamericanos se refieren a los contratos del gobierno dando por sentado que, dentro de una miríada de normas, jurisprudencia y costumbres especiales, de todos modos existe una única categoría genérica de contratos de la administración.

También son derecho español y de las contrataciones internacionales. No hay un contrato puramente privado de la administración, pero sí distintos tipos de regímenes jurídicos de contratos del Estado, con mayores o menores elementos de derecho público. *(Ibidem).*

Cuando pensamos en el contrato administrativo, normalmente pensamos en un contrato de obra, de suministro, etc., pero cuando la contratación es una compraventa de bienes muebles e inmuebles, un arrendamiento de maquinaria o de un bien inmueble, que suscribe el Estado, da la apariencia de ser un contrato civil, lo que pasa es que no deja de ser administrativo, pero de distinta clase que los primeros. Hay que distinguir que cuando aparece como parte del contrato el Estado, es administrativo. Por ello se dice que en las esferas estatales, se conciben los contratos privados de la administración y el contrato administrativo, como lo explicaremos más adelante.

Desde luego la contratación administrativa en Guatemala, está cargado de regulación civilista, que se hacen de una aplicación supletoria del código civil para esta clase de contratos y además de los requisitos formales que tienen los mismos, así como normas del derecho notariado.

No existe en nuestra legislación una ley que enmarque los requisitos que deben llevar esta clase de contratos, únicamente el procedimiento de la licitación, la compra directa, etc. Contenidos en la ley de Contrataciones del Estado, por esa razón se aplican normas civiles y notariales.

8. Distinción entre contratos civiles, mercantiles y administrativos

Es indiscutible que el Estado como una persona jurídica, es sujeto de adquirir derechos y obligaciones y en el desarrollo de su actividad obtiene de los particulares prestación de servicios, compra de bienes o suministros, creación de obras, etc.

El Estado para su actividad necesita de la compra de bienes, creación de obras, arrendamiento de bienes inmuebles o muebles, que le son necesarios para desarrollar su finalidad. La administración pública se ve en la necesidad de contratar con los particulares, contratos que son de la misma naturaleza que los contratos civiles, para el cumplimiento de la finalidad que persigue la propia administración, obviamente necesita de bienes y servicios de toda índole para el cumplimiento menester.

Cuando estudiamos la personalidad del Estado, pudimos establecer que éste tiene una personalidad y que no siempre es de soberanía sino que en algunos casos debe someterse a la manifestación de voluntades. En el caso de los contratos el Estado debe ponerse en una situación de igualdad con los particulares, pues un contrato no se puede imponer por la fuerza, dejaría de ser contrato.

Se puede decir que los contratos administrativos tienen una característica especial y es que en ellos una de las partes es la administración pública y que la competencia de los órganos, se regula por el derecho administrativo y dentro de la misma ley administrativa se regulan requisitos de forma y solemnidades especiales en su creación, las que son distintas de las que exige la ley civil. Las leyes administrativas imponen especiales procedimientos para llegar a la contratación administrativa, por ejemplo, la licitación, mientras que en el derecho civil o mercantil lo que importa es únicamente la voluntad de las partes, única condición para suscribirlos.

Como lo expusimos anteriormente, existe confusión en cuanto a la forma que adoptan los contratos o la clase de contrato que se suscriba con el Estado, es criterio del autor que la distinción fundamental entre el contrato civil y el administrativo, independiente que los contratos van cargados de cláusulas de materia civil, es en cuanto aparece el Estado como parte del contrato, éste será administrativo, independiente del objeto del contrato. Naturalmente, con la concebida diferenciación entre contratos privados de la administración con el contrato administrativo propiamente dicho.

En una segunda forma tradicional de ver la cuestión se distingue dentro del total de los contratos celebrados por la administración, los contratos regidos por el derecho privado y los contratos administrativos. Es claro que la distinción está emparentada con otras: acto civil y acto administrativo, dominio privado y público, etcétera.

Una primera diferencia con el criterio anterior es que supone que realmente existe el contrato puramente civil del Estado. El criterio utilizado para hacer la distinción es sumamente variado, según los autores y el país e incluso la época de que se trate.

En esta posición parte de una idea implícita, que el contrato civil fuera lo normal y el contrato administrativo lo excepcional, sobre todo porque una vez identificado el segundo como tal, quedará sometido a las reglas especiales del derecho administrativo antes que las del derecho común.

A su vez, en los casos no previstos se recurrirá analógica o supletoriamente al resto del derecho administrativo antes que al derecho civil o comercial, cuestión esta última harto compleja que requiere un cuidadoso estudio en cada caso.

9. Los tres supuestos clásicos de contrato administrativo

Según este criterio un contrato de la administración puede ser administrativo por una cualquiera de las siguientes razones.

10. Determinación de la ley

Dice *Gordillo:* El primer caso tradicional y unívoco en la jurisprudencia y la doctrina nacional y comparada es aquél en que el carácter administrativo del contrato surge por determinación expresa o implícita de la ley, es decir, porque la ley que regula el contrato le ha dado un régimen administrativo y no de derecho común. Sin duda es un pleonasmo, ¿pero no lo es acaso toda definición? *(Ibidem).*

En nuestro país los contratos de obra, las concesiones el contrato de suministro, se encuentran regulados en la Ley de Contrataciones del Estado y la contratación de los funcionarios públicos en la Ley de Servicio Civil, puesto que ya se ha reconocido el carácter contractual de la relación que une al funcionario o empleado público con el Estado.

Y existen variadas formas de contratación administrativa, reguladas en la Ley de Contrataciones del Estado, que veremos más adelante.

11. Voluntad de las partes

El contrato también puede denominar como administrativo por determinación expresa o implícita de las partes, *(El Estado y un Particular),* aún en ausencia de un texto legal expreso que lo califique de administrativo. Se dice que ello ocurre cuando la administración contrata bajo un régimen de cláusulas exorbitantes al derecho común, esto es, régimen y/o cláusulas que están fuera de la órbita normal del derecho privado, únicamente se aplican por incorporación o en una forma supletoria.

Se tienen que dar algunas condiciones cuando la administración contrata:

En primer lugar bajo un procedimiento de derecho público como es la licitación pública, de acuerdo a las bases de licitación y condiciones impuestas por la administración en forma unilateral, hay que tomar en cuenta que los contratos administrativos se derivan de procedimientos y actos administrativos;

Que se incluye dentro del contrato cláusulas por las que puede aplicar y ejecutar por sí ciertas penalidades *(extinción unilateral por acto administrativo, multas por retardo, pérdida de la fianza o del depósito de garantía, ejecución por terceros en caso de incumplimiento, etc.);*

Cuando la obra no se puede realizar, sin culpa de las partes, se exime asimismo de responsabilidad por falta de pago o mora en los pagos;

La potestad que se excluye la indemnización de lucro cesante si no cumple con el contrato; Se da carácter precario a los derechos del contratista, o subcontratistas en su caso *(la provisión de bienes, obras o servicios a los concesionarios o licenciatarios), etc.*

En tales casos la conclusión es obvia: se interpreta por simple pleonasmo que el contrato ha quedado automáticamente, por la propia voluntad de las partes contratantes, sometido a un régimen de derecho público, siendo por lo tanto un contrato administrativo y no un contrato de derecho privado de la administración.

12. El interés público de los usuarios afectados

Por fin, aunque un contrato celebrado en ejercicio de funciones administrativas públicas no esté incluido en el derecho público por disposición de la ley ni por la voluntad expresa o implícita de las partes al incluir cláusulas exorbitantes al derecho privado, puede todavía ser un contrato administrativo si se refiere en forma directa a la prestación o al funcionamiento de un servicio público *(por ejemplo, el contrato de concesión o licencia de servicios públicos)* o en cualquier caso si tiene por objeto directo de algún modo asociar *(lato sensu: concesión, licencia, permiso, suministros o servicios, etc.)* al contratante privado a la gestión de un servicio público.

La conclusión que sacamos es que parece una aclaración superflua. Sería lo mismo que incluir en la definición de acto administrativo, reglamento administrativo o función administrativa, el fin público. Si adoptamos el criterio de que el emisor del acto o del contrato es una entidad estatal, ésta por definición sólo puede perseguir fines públicos, tendientes a cumplir finalidad pública.

Ello incluye, como dice *Gordillo:* los contratos de concesión y permiso de uso del dominio público, guiados por la cláusula, usualmente expresada en los pliegos, llamada de precario; hasta ahora los tribunales se han resistido a calificar de ilegal una cláusula de tal índole, posiblemente guiados por la vieja idea del voluntario sometimiento a un régimen reglamentario, que ya hemos criticado en otro lugar.

En estos últimos casos, en particular en la concesión de servicios públicos, el privilegio que supone una licencia o concesión otorgada por el Estado en restricción al principio de libre competencia sólo es compatible con la Constitución si se interpreta el contrato en forma restrictiva, incluyendo en particular un control de costos para la formación de la tarifa y en forma amplia las causales de caducidad del privilegio de exclusividad o de la concesión misma. *(Ibidem).*

No existen solo dos categorías de contratos de la administración, puesto que en la práctica existe toda una gama de esta clase de contratos administrativos.

Sea que se admita una clasificación en la globalidad de los contratos de la administración pública, o que se parta de la posición que distingue los contratos privados de la administración globalmente de los contratos que son administrativos alternativamente por la disposición expresa o implícita de la ley, la voluntad expresa o implícita de las partes, o el objeto del contrato, hay siempre distintos regímenes jurídicos para regular diferentes contratos administrativos, o privados con notas administrativas, de cualquier manera no podemos restringir esta categoría a la existencia única de dos categorías de contratación.

Al respecto dice *Gordillo:* pensamos básicamente que no hay dos categorías de contratos, civiles y administrativos, sino toda una gama, susceptible de clasificación, que comienza desde: *a)* contratos celebrados por la administración en un virtual pie de igualdad jurídica con otro sujeto de derecho público o privado; *b)* con ligeras notas de derecho público; y *c)* en un crescendo de potestades y privilegios estatales. Tendríamos así:

> a. en el *primer* caso, la compraventa de inmuebles, arrendamiento de bienes inmuebles para oficinas de la administración, arrendamiento de bienes muebles para uso de la administración, y el contrato de crédito externo, etc.;
>
> b. en el *segundo*. el subsidio, la subvención, la donación;
>
> c. En el *tercero,* locación y concesión o permiso de uso del dominio privado o público del Estado, contrato de suministro y de obra pública, relación de empleo público; concesiones de obras públicas, concesiones y licencias de servicios públicos, contrato de empréstito público interno. *(Ibidem).*

Dicho en otras palabras, aunque reduzcamos la clasificación a dos categorías, contratos civiles y administrativos de la administración, la segunda especie es susceptible de subdivisiones en atención a diversos regímenes jurídicos dentro del sistema del derecho administrativo.

13. Principios especiales del contrato administrativo

Dentro del contrato administrativo, se aplica el principio que el derecho público prevalece sobre el derecho privado, los principios jurídicos que orientan la interpretación de su contenido, así como a la suscripción del contrato son especiales y pertenecen al derecho administrativo.

14. Jurisdicción especial

Los conflictos derivados del cumplimiento o interpretación de los contratos administrativos, son sometidos a una jurisdicción especial privativa, que es el Tribunal de lo Contencioso Administrativo. De conformidad con el artículo 14 de la Ley de lo Contencioso Administrativo, establece que la jurisdicción Contencioso Administrativo, también conoce de las cuestiones referentes a la interpretación, cumplimiento, rescisión y efectos de los contratos celebrados por la administración pública para obras y servicios públicos.

15. Elementos

Los elementos más importantes del contrato administrativo, que las diversas doctrinas internacionales de derecho administrativo *(Gabino Fraga, Manuel María Diez, entre otros),* son los siguientes:

16. Sujetos

Dentro del contrato administrativo necesariamente existen dos o más partes, porque es bilateral, donde interviene el *Estado* y sus entidades y una persona privada individual o jurídica, anteponiendo cada cual sus derechos e intereses, los del Estado el interés público y los particulares sus intereses privados, pero en armonía y respetando la libre determinación de las partes para suscribirlo.

Los sujetos tienen que cumplir ciertas condiciones para la celebración del contrato, por un lado el órgano administrativo debe ser competente para la celebración del contrato, de lo contrario existiría un vicio que lo tornaría nulo. Por otro lado el particular, La persona individual o jurídica o moral, las que deben tener plena capacidad para contratar, puesto que de no tenerla el contrato sería inválido. En toda contratación administrativa deben existir más de dos personas, especialmente la voluntad, es decir el consentimiento expreso para la suscripción y firma del contrato.

17. El consentimiento de los sujetos

Tanto el Estado y sus entidades como la persona individual o jurídica, deben expresar libremente su voluntad. En este caso el Estado no puede hacer uso del ejercicio de su soberanía para imponer a los particulares un contrato.

Como lo expresa *Fraga,* es indudable que el Estado no está obligado a intervenir en todos los casos imponiendo su voluntad a los particulares. *(Fraga, Pág. 395).* En algunos casos puede obtener la colaboración voluntaria de éstos y lograr de ellos por medio de un arreglo consensual la prestación de bienes o servicios personales. Existen muchos casos en los cuales hay correspondencia entre el interés del Estado y el de los particulares. Desde el momento que tal correspondencia existe no se hace necesario el empleo del mando imperativo de parte del poder público para salvar su eficaz cumplimiento de sus atribuciones. Solamente cuando la realización de ésta en una forma regular y continua depende la de estos bienes y servicios y no existiere la colaboración adecuada de los particulares, el Estado tiene que proceder por la vía del mando, imponiendo unilateralmente su voluntad.

18. Principios del contrato administrativo

Creemos que los principios más importantes de aplicársele al contrato administrativo son los que se aplican para la formación de *los procedimientos y actos administrativos previos a la contratación,* que consideramos son los siguientes:

19. Imparcialidad

Por un lado tanto el Estado como las personas individuales o jurídicas deben manifestar su voluntad, pues un contrato no puede ser impuesto por la soberanía del Estado, aquí es donde se pone de manifiesto la voluntad de derecho privado del Estado.

Por otro lado en la Ley de Contrataciones del Estado, al establecer en sus artículos 12 y 13, que existen *impedimentos* tales como: *a)* Ser parte en el asunto. *b)* Haber sido representante legal, Gerente o empleado o alguno de sus parientes, asesor, abogado o perito, en el asunto o en la empresa ofertante. *c)* Tener él o alguno de sus parientes, dentro de los grados de ley, interés directo o indirecto en el asunto. *d)* Tener parentesco dentro de los grados de ley, con alguna de las partes. *e)* Ser pariente dentro de los grados de ley, de la autoridad superior de la institución. *f)* Haber aceptado herencia, legado o donación de alguna de las partes. *g)* Ser socio o partícipe con alguna de las partes. *h)* Haber participado en la preparación del negocio, en cualquier fase.

De la misma manera dicha ley establece la obligación de las personas que se incluyan dentro de los siguientes supuestos, deben presentar las excusas, para no participar en las juntas de licitación, tales como: *a)* Cuando tengan amistad íntima o relaciones con alguna de las partes, que según las pruebas y circunstancias hagan dudar de la imparcialidad. *b)* Cuando el integrante o sus descendientes tengan concertado matrimonio con alguna de las partes, o con parientes consanguíneos de alguna de ellas. *c)* Cuando el integrante viva en la misma casa con alguna de las partes, exceptuándose el caso de hoteles o pensiones. *d)* Cuando el integrante haya intervenido en el asunto que se convoque. *e)* Cuando el integrante o sus parientes dentro de los grados de ley, hayan sido tutores, protutores, guardadores, mandantes o mandatarios de alguna de las partes o de sus descendientes, cónyuges o hermanos. *f)* Cuando la esposa o los parientes consanguíneos del integrante hayan aceptado herencia, legado o donación de algunas de las partes. *g)* Cuando alguna de las partes sea comensal o dependiente del integrante o éste de aquellas. *h)* Cuando el integrante, su esposa, descendientes, ascendientes o hermanos y alguna de las partes hayan otorgado un contrato escrito del que resulte una relación jurídica que aprovecha o dañe al integrante o a cualquiera de sus parientes mencionados. *i)* Cuando el integrante, su esposa o parientes consanguíneos tengan juicio pendiente con alguna de las partes o lo hayan tenido un año antes. *j)* Cuando el integrante, antes de adjudicar, haya externado opinión en el asunto que se ventila. *k)* Cuando del asunto pueda resultar daño o provecho para los intereses del integrante, su esposa o alguno de sus parientes consanguíneos. *l)* Cuando el integrante, su esposa, o alguno de sus parientes consanguíneos tengan enemistad grave con alguna de las partes. Se presume que hay enemistad grave por haber dañado o intentado dañar unas de las partes al integrante o éste, a cualquiera de aquellos, en su persona, su honor o sus bienes, o a los parientes de unos y otros mencionados en este inciso. A todas las causales expresadas, comprenden también a los abogados y representantes de las partes.

Como podemos ver, este principio alcanza y obliga no solo a la administración como tal sino también a las personas, sean funcionarios públicos o no, que deban actuar dentro del procedimiento administrativo, de formación del contrato administrativo.

Respecto a la administración, de ninguna manera puede ser imparcial en lo relativo al bien común y al interés general, los que son principios que la administración debe guardar, servir y cumplir con la mayor objetividad, pero si debe ser imparcial en lo relativo a los procedimientos para la contratación administrativa.

En cuanto a las personas actuantes en la juntas de licitación, deben guardar la estricta imparcialidad en los conflictos que se puedan suscitar entre los intereses particulares, que puedan plantearse en el procedimiento administrativo.

20. Legalidad objetiva y juridicidad

Estos principios que son la base de todo el derecho administrativo, implica que la administración debe estar sometida al ordenamiento jurídico establecido, lo que implica que debe estar sometido al derecho *(juridicidad),* precisamente ahí es donde radica un Estado de Derecho.

En virtud de este principio, dice *Delpiazzo,* se explica que el procedimiento administrativo tenga carácter instructorio *(en el sentido que debe ser impulsado por la administración),* que prive la verdad material por oposición a la verdad formal, que el desistimiento o fallecimiento del interesado no impida a la administración continuar el procedimiento hasta su finalización, que deba darse amplia oportunidad de defensa al administrado, que las decisiones de la administración que estén adecuadamente motivadas y, en general, que ésta actúe con apego al derecho. *(Delpiazzo, Derecho Administrativo Uruguayo, Pág. 178).*

Con estos principios *(legalidad y juridicidad),* se fundamenta el Estado de Derecho, organismos y órganos del Estado, por consecuencia la administración pública, únicamente puede hacer los que el ordenamiento jurídico expresamente le autoriza, en los términos y forma que éste le determina, el particular tiene permitido hacer lo que el ordenamiento jurídico no le prohíbe; de esa cuenta su actuación deberá fundarse en el derecho vigente; por tal razón el contrato administrativo queda sujeto al ordenamiento jurídico determinado.

21. Impulso de oficio

La impulsión de oficio, denominada instrucción de oficio o impulsión de oficio, el principio mediante el cual la administración debe adoptar los recaudos conducentes a la impulsión del procedimiento hasta la resolución o acto administrativo final, así como la respectiva notificación del mismo.

Queda establecido en el artículo 2 de la Ley de lo Contencioso Administrativo, al establecer Principios. Los *expedientes administrativos deberán impulsarse de oficio,* se formalizarán por escrito, observándose el derecho de defensa y asegurando la celeridad, sencillez y eficacia del trámite. La actuación administrativa será gratuita.

En el derecho guatemalteco se excluye de este principio la caducidad –a nuestra manera de entender inconstitucional– del procedimiento, de conformidad con el artículo 5 de la LCA, que establece: Archivo. Se archivarán aquellos expedientes o trámites en los que los administrados dejen de accionar por más de seis meses, siempre que el órgano administrativo haya agotado la actividad que le corresponde y lo haya notificado.

22. Verdad material

La búsqueda de la verdad material en el procedimiento administrativo, dice *Delpiazzo,* al igual que toda actividad administrativa, es un pilar fundamental del quehacer estatal, conforme al cual debe procurarse el conocimiento de la realidad y las circunstancias tal cual aquella y ésta son, independientemente, de cómo hayan sido alegadas por las artes. *(Ibídem).*

En la legislación guatemalteca no existe normativa que regule la verdad material como tal, sin embargo con la aplicación de la legalidad y de la juridicidad, la aplicación de los principios es necesaria y conveniente para que los actos de la administración estén apegados al derecho.

A decir de *Delpiazzo,* en íntima conexión con el principio instructorio de la impulsión de oficio, la procura de la verdad material se opone a la verdad formal, de modo que la decisión a adoptarse por la administración en el procedimiento administrativo, respectivo lo sea en base a los hechos reales y no a simples alegaciones, con independencia de la voluntad de las partes. *(Ibidem).*

23. Procedimiento escrito, economía, celeridad, eficiencia y otros principios

Como ya ha quedado apuntado en el artículo 2 de la LCA, al establecer los principios sobre los que debe asentarse el procedimiento administrativo, señala: Los expedientes administrativos deberán impulsarse de oficio, se formalizarán por *escrito, observándose el derecho de defensa y asegurando la celeridad, sencillez y eficacia del trámite*. La actuación administrativa *será gratuita.*

1. *Procedimiento y contrato escrito*: todo procedimiento debe formalizarse *por escrito,* sea que se inicie de oficio, por petición o denuncia del interesado, así como las

actuaciones que se realicen deben quedar en actas, es el caso de los procedimientos previos a la contratación pública, hasta el contrato administrativo debe quedar por escrito, salvo el caso señalado en el artículo 50 al establecer que puede omitirse el contrato escrito, en el caso que se trate de mercancías, obras, bienes o servicios que sean adquiridos en el mercado local o entrega inmediata, siempre que el monto de la negociación no exceda de cien mil quetzales.

2. *Economía procedimental*: La economía implica que en el procedimiento de contratación pública, debe carecer de cualquier trámite innecesario, por lo que todo aquello que retarde el procedimiento, debe ser desechado, para lograr la mayor eficacia.

3. *Derecho de defensa:* En el procedimiento de contratación debe garantizarse el derecho de defensa de los particulares, como ya lo hemos expresado en el presente trabajo es un derecho inherente a la persona humana, regulada por norma constitucional *(artículo 12),* así como en normas ordinarias *(artículo 2 Ley de lo Contencioso Administrativo).*

4. *Celeridad en el procedimiento:* La celeridad significa que no debe perderse tiempo en los procedimientos de contratación, por el fin que persigue la administración pública, principio que va de la mano con el de economía procedimental.

5. *Eficacia:* La eficacia implica que de un procedimiento que se aplique la economía procedimental y la celeridad, implica que el procedimiento resulta eficaz, la eficacia implica la prontitud con que se realiza un procedimiento administrativo, y tan pronto sea decidido con mayor prontitud se suscribirá el contrato administrativo y finalmente pronto se satisface el requerimiento del Estado.

6. *gratuidad:* Todo procedimiento debe ser en forma gratuita, tal y como lo establece el artículo 2 de la Ley de lo Contencioso Administrativo, que señala que hay que aplicarlo como un principio del procedimiento, salvo que el ordenamiento jurídico establezca que debe cancelarse algo a la administración pública, por ejemplo, que el particular tenga que comprar las bases de una licitación pública.

24. Informalismo a favor del administrado

Dentro del contrato administrativo deben observarse las formalidades mínimas, contenidas normalmente dentro del derecho administrativo. El informalismo en el derecho administrativo implica que los procedimientos administrativos carece de formalidades excesivas, tales como se desarrolla en el proceso judicial. Muchas leyes administrativas señalan algunos requisitos que debe contener algún procedimiento, pero se trata de formalidades de naturaleza necesaria, por ejemplo que se señale lugar para recibir notificaciones, los nombres y apellidos del particular, su petición concreta; carecen de formalidades como auxilio profesional de Abogado, de timbres fiscales.

Esta es una de las características que tiene el derecho administrativo y especialmente los procedimientos que se desarrollan en el mismo.

25. Debido procedimiento

Para la suscripción de los contratos administrativos debe cuidarse de cumplir con los procedimientos previos contenidos en la ley, por ejemplo, la licitación la cotización, etc. Ya hemos señalado que uno de los principios fundamentales del derecho administrativo es el debido procedimiento administrativo, que implica la aplicación de todos los principios que lo inspiran. Como los contratos se derivan, como lo veremos adelante, de procedimientos administrativos, es necesario que se garantice el cumplimiento con la debida transparencia.

26 Principio de transparencia

El principio de transparencia implica que todo lo actuado en un procedimiento se pueda ver, que no exista nada oculto, por eso es que en la actividad contractual los procedimientos deben ser públicos e imparciales, con la finalidad de garantizar la igualdad de oportunidad entre las personas individuales o jurídica que pretendan contratar con la administración pública. Con transparencia se garantiza la escogencia objetiva de los contratistas que garanticen las mejores ventajas y las más convenientes para el Estado.

Por último con transparencia también se garantiza la moralidad administrativa, no solo de la administración pública, sino también los particulares que pretenden, a través de los procedimientos *(compra directa, cotización o litación),* contratar con el Estado.

27. Principio de responsabilidad

El principio de responsabilidad tiene una íntima relación con el principio de transparencia, puesto que lo que busca es garantizar la moralidad administrativa, la rectitud, de los funcionarios públicos y particulares que pretende contratar con el Estado y la eficacia y eficiencia en la actividad contractual del Estado, en la LCE se encuentran una serie de prohibiciones que garantizan estos principios que hemos enunciado. Un procedimiento de contratación con transparencia y con responsabilidad garantiza a la población que los recursos del Estado, que son producto de los impuestos de los particulares, se inviertan de manera honesta, con lo que se logrará que los actos de corrupción sean menos y la administración pública recobre la confianza en su población.

28. Principio de la ecuación contractual o equilibrio financiero del contrato

Este principio consiste en que los contratos estatales se mantendrá la igualdad y equilibrio entre los derechos y obligaciones al momento de contratar con el Estado, hay que recordar que, no obstante, la superioridad del Estado frente a los particulares.

Hay que recordar que el Estado, al contratar con los particulares se pone en igualdad de condiciones frente a los particulares, puesto que la actividad contractual se somete al libre ejercicio de la manifestación de voluntades.

Por ello el contrato debe dejar fijados entre las partes los acuerdos y pactos necesarios sobre pagos y sus formas de anticipos, sobre costos, imprevistos, etc., así como las formas de cómo el particular va a cumplir con sus obligaciones. Con ello se garantiza al Estado el cumplimiento del particular de la entrega de la cosa, como la realización de la obra o la prestación del servicio y al particular se le garantice los pagos por el mismo concepto.

29. El incumplimiento de los contratos administrativos

La falta de cumplimiento de las obligaciones y deberes que devienen del contrato, por cualquiera de las partes, puede traer como consecuencia un mayor costo del contrato en perjuicio de alguna de las partes contratantes, con lo que se adquiere el derecho de recuperar el equilibrio entre las partes contratantes, lo que trae como consecuencia acciones de responsabilidad contractual por incumplimiento de una de las partes.

30. Teoría del hecho del príncipe

Se presenta la teoría del hecho del príncipe, dice *Libardo Rodríguez,* cuando el equilibrio económico del contrato se rompe en virtud del ejercicio, por parte de la entidad pública contratante, de alguno de sus poderes o prerrogativas, es decir, cuando la entidad pública *(el príncipe)* agrava por un hecho suyo las condiciones de ejecución del contrato, caso en el cual es obligada a indemnizar al contratista. *(Libardo Rodríguez, Derecho Administrativo General y Colombiano, Pág. 350).*

31. Teoría de la imprevisión

Esta significa que cuando ocurren acontecimientos excepcionales y anormales, imprevisibles y extraños a las partes, que vienen a hacer más onerosa la situación del contratante, con el peligro de llegar a la quiebra, se produce un estado extracontractual, lo que significa que ya no es la situación prevista dentro del contrato. Obliga al contratante a seguir cumpliendo con el contrato y la administración le otorga una compensación, no por la ganancia omitida, sino por las pérdidas sufridas por el contratante a consecuencia de los acontecimientos excepcionales.

La teoría de la imprevisión normalmente se puede dar dentro del *contrato de concesiones* de prestación de servicios públicos y la administración pública asume parte de las pérdidas que sufre el concesionario a cambio que se siga prestando el servicio público, lo que normalmente se les denomina los *subsidios.*

Esto es lo que normalmente ha sucedido en Guatemala con el servicio de transporte urbano, que ha tenido que ser subsidiado.

De acuerdo con la misma doctrina esta teoría se justifica jurídicamente porque, por una parte el concesionario no puede dejar la explotación del servicio sino por una fuerza de causa mayor, y por la otra, porque no podría evidentemente ser la intención de las partes la de que si esos acontecimientos externos y anormales se verifican, subsistiera íntegramente el régimen de la concesión primitiva. *(Gabino Fraga, Pág. 251).*

Para Libardo Rodríguez, la teoría de la imprevisión consiste en que cuando se rompe el equilibrio económico por causa de un hecho excepcional e imprevisible, independiente del contrato y de la voluntad de las partes, que trastorna las condiciones de ejecución que aquel hasta el punto que ella se tornaría prácticamente imposible, la persona pública contratante debe pagar una indemnización al contratista que le permita a este último continuar la ejecución.

La LCE en su *artículo 7* establece que: Se entiende por fluctuación de precios el cambio en más *(incremento)* o en menos *(decremento)* que sufran los costos de los bienes, suministros, servicios y obras, sobre la base de los precios que figuran en la oferta de adjudicatarios e incorporados al contrato; los que se reconocerán por las partes y los aceptarán para su pago o para su deducción. Tratándose de bienes importados se tomará como base, además, el diferencial cambiario y las variaciones de costos. En todo caso se seguirá el procedimiento que establezca el reglamento de la presente ley. Con esto *(incremento o decremento),* se pretende dar al contrato administrativo un equilibrio entre las partes.

Por su parte el artículo 85 señala también que: El retraso del contratista en la entrega de la obra o de los bienes y suministros contratados y por causas imputables a él, se sancionará con el pago de una multa por cada día de atraso, equivalente al cero punto cinco por millar (0.5o/oo) del valor total del contrato; cuando éste comprenda la ejecución de más de una obra, la sanción se calculará solamente sobre el valor de la o las obras en que se diere el retraso. Las multas por retraso en ningún caso excederán del cinco por ciento (5%) del valor del contrato. Si esto ocurre, la entidad contratante podrá rescindir el contrato sin responsabilidad de su parte y sin perjuicio de aplicar las medidas que establece esta ley y su reglamento. Con esta norma también se castica con multas al particular que no cumpla, por su culpa, por incumplimiento del contrato.

32. Las sujeciones materiales imprevistas

Se trata de dificultades materiales que se presentan estrechamente relacionadas con la ejecución del contrato administrativo, que aparece de manera imprevista para el contratista, por lo que aparece más gravosa para el contratista para la ejecución del contrato. Por ejemplo como lo que ha pasado en un paso a desnivel del denominado Tecún Umán, que el nivel de los drenajes de agua pluviales no daban el nivel, por lo que se tuvo que trabajar en bajarlos para poder realizar la obra. En este caso funciona lo que se le denomina los *"sobre costos",* por lo que el contratista tuvo el derecho a recobrar el equilibrio financiero del contrato, mediante el pago de los sobre costos necesarios para la culminación de la obra.

Por ello es importante contar en el contrato administrativo con una cláusula que establezca que son un derecho del contratista a cobrar lo que no está pactado, pero que de no realizarse los imprevistos, la obra no se puede concluir. Por ello es necesario hacer referencia en los contratos del contenido del artículo La LCE en su artículo 7 establece que: Se entiende por fluctuación de precios el cambio en más *(incremento)* o en menos *(decremento)* que sufran los costos de los bienes, suministros, servicios y obras.

33. Definición de contrato administrativo

Para la doctrina internacional existe una variada gama de definiciones, dependiendo de la corriente que se estudie, para distinguir al contrato. Lo innegable es que el contrato administrativo tiene una indiscutible existencia, que constituye uno de los medios a través de los cuales se manifiesta la actividad de la administración, que no necesariamente es de imposición unilateral, como el acto administrativo, sino también se somete al consenso de voluntades.

Por ejemplo para la doctrina *brasileña,* representada en *Bandeiro de Mello,* el contrato administrativo es: un tipo de acuerdo celebrado entre la administración y terceros en el cual, en virtud de la ley, de cláusulas pactadas o del tipo de objeto, la permanencia del vínculo y las condiciones preestablecidas se someten a imposiciones de interés público susceptible de variación, salvo los intereses patrimoniales del contratante privado.

Los principales contratos administrativos serían los de concesión de servicios públicos, los de obra pública, de concesión de uso del dominio público –como lo indica *Heley López Meires*– citada por *Bandeiro,* a ellos se les añaden a los contratos de suministro en general. *(Bandeiro de Mello, Curso de Derecho Administrativo, Pág. 549).*

El contrato administrativo, para la mayoría de doctrinas es: *una declaración de voluntad de los organismos del Estado, así como sus órganos y entidades autónomas y descentralizadas, con una persona individual o colectiva, privada o pública, nacional o internacional, con el compromiso del primero de pagar honorarios o un precio por la actividad, servicio o bien, que le presta el contratante, bajo las condiciones establecidas en las leyes de orden público y sometidos en caso de conflicto o incumplimiento gene-*

ralmente a la jurisdicción privativa de lo contencioso administrativo, pero por voluntad de las partes al arbitraje.

El contrato administrativo es una obligación bilateral, convenida, es decir consensual en la que una de las partes se encuentra en una situación privilegiada en relación a la otra, por lo que respecta al cumplimiento de las obligaciones convenidas, sin que ello implique una merma de los derechos económicos que la otra pueda hacer valer. *(Álvarez–Gendín, Derecho Administrativo, Pág. 369)*

Como lo expresa el *maestro Fernández Ruiz:* debe prevalecer, en nuestra opinión, un criterio mixto que permita considerar como contratos administrativos aquellos en los que una de las partes sea la administración pública, en ejercicio de una función administrativa, con observancia de formalidades especiales, y contenido de cláusulas exorbitantes de derecho privado, más no contrarias al derecho público, o al logro de la utilidad pública. En requemen proponemos definir:

> "Contrato administrativo es el celebrado por un particular, o varios, y la administración pública, en ejercicio de función administrativa, para satisfacer el interés público, con sujeción a un régimen exorbitante de derecho privado" (Ibídem).

Esta definición trae algunas consecuencias jurídicas y doctrinarias, que sometemos a la consideración.

a. En primer lugar los contratos celebrados entre particulares, aún se refieran a actividades de la administración no pueden ser contratos administrativos. En ocasiones existe la subcontratación derivado de un contrato administrativo, pero el suscrito entre particulares no se considera como administrativo.

b. Los contratos celebrados entre órganos administrativos de distinta competencia, tampoco son considerados en rigor como contratos administrativos, la doctrina lo denomina como contratos interorgánicos.

c. Tampoco serán administrativos los celebrados por los órganos administrativos entre sí o con otras instituciones, sin que implique la satisfacción del interés público y sin sujetarse a un régimen exorbitante de derecho privado, tales como los convenios de compromisos políticos o de futura cooperación entre instituciones.

34. El procedimiento para la contratación administrativa

Los procedimientos restrictivos que adopta nuestro sistema jurídico guatemalteco son: la compra directa, la cotización y la licitación pública, salvo las excepciones que la misma ley y reglamento establecen.

A. *La compra directa*

La forma normal por la que se realiza la contratación pública es a través de la *cotización y la licitación,* de conformidad con los procedimientos establecidos en el ordenamiento jurídico, pero excepcionalmente se puede realizar la inversión pública a través de la compra directa, es decir sin licitación ni cotización.

De conformidad con el artículo 43 Reformado por el artículo 3 del Decreto 34–2001, del Congreso, vigente desde el *(07 de Agosto de 2001),* el cual queda así: Compra directa. La contratación que se efectúe en un solo acto, con una misma persona y por un precio de hasta treinta mil quetzales, se realizará bajo la responsabilidad y autorización previa de la autoridad administrativa superior de la entidad interesada, tomando en cuenta el precio, calidad, el plazo de entrega y demás condiciones que favorezcan los intereses del Estado, sus entidades descentralizadas y autónomas, siguiéndose el procedimiento que establezca dicha autoridad.

Por su parte el artículo 44 establece los casos de excepción:

1. No será obligatoria la licitación ni la cotización en las contrataciones en dependencias y entidades públicas, conforme el procedimiento que se establezca en el reglamento de la ley en los casos siguientes:

1.1 La adquisición de bienes, contratación de obras, servicios y suministros para salvaguardar las fronteras, puentes, los recursos naturales sujetos a régimen internacional o a la integridad territorial de Guatemala.

1.2 La compra y contratación de bienes, suministros, obras y servicios indispensables para solucionar situaciones derivadas de los estados de excepción declarados conforme la Ley Constitucional de Orden Público que hayan ocasionado la suspensión de servicios públicos, o que sea inminente tal suspensión. Las declaraciones que contemplan los subincisos 1.1 y 1.2 deberán declararse como tales por el Organismo Ejecutivo en Consejo de Ministros, a través de Acuerdo Gubernativo.

1.3. La compra y contratación de bienes, suministros, obras y servicios que sean necesarios y urgentes para resolver situaciones de interés nacional o beneficio social, siempre que ello se declare así, mediante acuerdo, tomado por el respectivo presidente de cada uno de los organismos del Estado,

1.4 La compra de bienes, muebles e inmuebles y acondicionamiento de embajadas, legaciones, consulados, o misiones de Guatemala en el extranjero; deberá, sin embargo, existir partida específica presupuestaria previa, o regularse con lo establecido en el Artículo 3 de la presente Ley.

1.5 La contratación de obras o servicios para las dependencias del Estado en el extranjero; deberá, sin embargo, existir partida específica previa, o regularse con lo establecido en el Artículo 3 de la presente Ley.

1.6 La compra de armamento, municiones, equipo, materiales de construcción, aeronaves, barcos y demás vehículos, combustibles, lubricantes, víveres y la contratación de servicios o suministros que se hagan para el Ejército de Guatemala y sus instituciones, a través del Ministerio de la Defensa Nacional, en lo necesario para el cumplimiento de sus fines.

1.7 La compra de metales necesarios para la acuñación de moneda, sistemas, equipos, impresión de formas de billetes y títulos– valores, que por la naturaleza de sus funciones requiere el Banco de Guatemala. La compra de oro y plata deberá hacerse a los precios del día según cotización internacional de la bolsa de valores de Londres o menor.

1.8 La compra de bienes inmuebles que sean indispensables por su localización para la realización de obras o prestación de servicios públicos, que únicamente puedan ser adquiridos de una sola persona, cuyo precio no sea mayor al avalúo que practique el Ministerio de Finanzas Públicas.

1.9 La contratación de servicios profesionales individuales en general.

1.10 La compra y contratación de bienes, suministros y servicios con proveedores únicos. La calificación de proveedor y servicio único o exclusivo se hará conforme procedimiento que se establece en el reglamento de esta Ley.

B. *La cotización*

La cotización es otro de los procedimientos señalados por el ordenamiento jurídico guatemalteco, mediante el cual se puede realizar la contratación administrativa, y consiste en solicitar tres cotizaciones para establecer cuál de las tres es la que más favorece al Estado.

De conformidad con el artículo 38.– Reformado por el artículo 1 del Decreto 73–2001, del Congreso, vigente desde el (09 de Enero de 2002), el cual queda así: Monto. Cuando el precio de los bienes, o de las obras, suministros o la remuneración de los servicios exceda de treinta mil quetzales (Q. 30,000.00) y no sobre pase los siguientes montos, la compra o contratación podrá hacerse por el sistema de cotización, así:

a) Para las municipalidades que no exceda de novecientos mil quetzales (Q. 900,000.00).

b) Para el Estado y otras entidades, que no exceda de novecientos mil quetzales (Q. 900,000.00).

En el sistema de cotización, la aprobación de los formularios, designación de la junta y la aprobación de la adjudicación; compete a las autoridades administrativas que en jerarquía le siguen a las nominadas en el artículo 9 de la Ley.

Si los bienes, suministros o remuneración de los servicios están contemplados en el contrato abierto, entonces procederá la cotización. De realizarse la misma será responsable el funcionario que la autorizó.

El artículo 39 por su parte establece: Formulario de cotización. Mediante formulario de cotización, deberá obtenerse un mínimo de tres ofertas firmes solicitadas a proveedores que se dediquen en forma permanente a ese giro comercial y esté legalmente establecido para el efecto y que estén en condiciones de vender o contratar los bienes, suministros, obras o servicios requeridos. Los formularios de cotización, las bases, especificaciones generales, especificaciones técnicas, disposiciones especiales y planos, según procedan, deberán entregarse sin costo alguno a los interesados en presentar ofertas.

Adicionado por el Art. 7 del Decreto 11–2006 del Congreso de la República de fecha 18 de Mayo de 2006, el cual queda así: "La entidad o persona contratante no deberá fijar especificaciones técnicas o disposiciones especiales que requieran o hagan referencia a determinadas marcas, nombres comerciales, patentes, diseños, tipos, orígenes específicos, productores o proveedores, salvo que no exista otra manera suficientemente precisa y comprensible para describir los requisitos de la contratación y siempre que, en tales casos, se incluyan en las especificaciones, requisitos, documentos y formularios de cotización expresiones como: o equivalente, o semejante, o similar, o análogo."

C. *La Licitación pública*

1. *Definición*

El concepto de *"licitación"* ha sido usada de manera equivoca, por algunas doctrinas internacionales, puesto que al referirse a la figura, se han usado como sinonimia las de concurso o subasta, las que resultan impropias desde el punto de vista jurídico, puesto que en derecho resultan ser diferentes en su significado y aplicación.

Desde su punto de vista etimológico y gramatical, significa, de acuerdo con el *primero licitación* se deriva de la voz latina *licitatione, licitatio–onis* que significa venta en subasta; de acuerdo con *el segundo,* consiste en la acción de licitar, que significa *ofrecer precio por una cosa en subasta o almodenda.*

Dentro del campo de la contratación administrativa el término licitación se aparta de la concepción etimológica y gramatical del concepto, para asumir una acepción propia del derecho administrativo.

Para la doctrina *uruguaya,* a partir de *Sayaguéz Lazo,* citado por *Delpiazzo,* define a la licitación pública como un procedimiento, relativo al modo de celebrarse determinados contratos, cuya finalidad es la determinación de la persona que ofrece a la administración condiciones más ventajosas; consiste en una invitación a los interesados para que, sujetándose a una determinadas bases, llamadas pliegos de condiciones, formulen propuestas de las cuales la administración seleccionará la más ventajosa y todo el procedimiento se inspira para alcanzar la finalidad buscada, en los principios de igualdad de los licitantes y cumplimiento estricto del pliego. *(Delpiazzo, Pág. 258).*

Para la doctrina argentina, referida a través de *Comadira,* la licitación pública es un modo de selección de los contratistas de entes públicos en ejercicio de la función administrativa, por medio del cual éstos invitan públicamente, a los posibles interesados para que, con arreglo a los pliegos de bases y condiciones pertinentes, formulen propuestas de entre las cuales se seleccionará las más conveniente al interés público. *(Comadira,* pág. 620*).*

De esta caracterización se puede desprender que se trata de un procedimiento administrativo, que finaliza con un acto administrativo, del que se deriva el contrato administrativo, en los que se deben aplicar los principios que inspiran al derecho administrativo, del procedimiento, del acto y del contrato.

La licitación en el campo del derecho administrativo, se considera como un procedimiento administrativo, por el que la administración elige, a través de un acto administrativo, como cocontratante a la persona física o jurídica que ofrece las condiciones más ventajosas para el Estado.

En tal virtud la licitación pública presenta las siguientes características:

a. Se trata de un procedimiento, que se compone de una serie de actos jurídicos, regulados por normas de carácter administrativo.

b. Este procedimiento tiene por como finalidad un acto administrativo, mediante el cual se escoge una persona con la que, la administración pública ha de celebrar un contrato administrativo.

c. La selección se hace sobre la persona que ofrece al Estado las condiciones más ventajosas y convenientes.

Cabe señalar que las condiciones más ventajosas y convenientes para el Estado, no necesariamente van a ser las que ofrezcan el menor precio, esto resulta inexacto, puesto que la licitación tiene como finalidad escoger al licitador que ya ha ofrecido las condiciones más convenientes para la administración pública, el precio más bajo dista mucho de representar las condiciones más ventajosas y convenientes para el Estado.

Efectivamente, la oferta más baja de precio no siempre resulta la más conveniente para el Estado, por el contrario puede ser la que más perjudique a la administración, por eso la administración no debe proceder de manera automática, como lo señalan algunas doctrinas, puesto que la conveniencia y ventajas para el Estado se establecen por el análisis del oferente *(calidad, experiencia, respaldo del económico del oferente, prestigio en el mercado, etc.).*

2. Naturaleza jurídica

Cabe señalar que la licitación es un llamado que la administración hace a los particulares, de manera impersonal, para que las personas individuales o jurídicas formulen a la administración de sus ofertas, a fin que se pueda realizar la contratación pública, de ninguna manera se trata de hacer propuestas de la administración, por el contrario las recibe de los particulares.

Para *bercaitz,* citado por *Delgadillo y Lucero,* señala que la naturaleza jurídica de la licitación, se derivan dos consecuencias:

1. Quien se presenta y formula una oferta, debe ajustarse estrictamente a las condiciones fijadas en el llamado, quedando obligado a su mantenimiento durante el plazo que aquél establezca en las normas que lo rijan.
2. La administración puede aceptar o rechazar las ofertas que se le hagan, sin responsabilidad alguna de su parte. *(Delgadillo y Lucero, Pág. 331).*

También se discute en la doctrina internacional si la licitación pública es *¿acto complejo? o si ¿es un procedimiento administrativo?.*

No se puede considerar como un acto complejo, pues éstos para su emisión se requieren la concurrencia de la voluntad de dos competencia de dos o más órganos administrativos, por tal motivo el acto complejo es un acto único.

La licitación si puede considerarse como una sucesión de actos jurídicos, que se orienta tecnológicamente, a la selección de la oferta más conveniente y ventajosa para el Estado y para el interés público. El procedimiento termina con un acto simple de adjudicación e inmediatamente culmina con el contrato administrativo.

La licitación pública gravita en la órbita del procedimiento administrativo, que se integra por un serie ininterrumpida de actos jurídicos, que constituye una secuencia, ordenada y metodológica de diversos estadios, que tienen un contenido propio e indispensable para su configuración, pero que por sí solo no es suficiente para darle vida al contrato administrativo.

En su momento, *Marienhoff,* citado por *Comadira,* explicó que los diversos tramos que en su camino recorre ese procedimiento están dados por el pliego de bases y condiciones, la invitación o llamado a la licitación, la presentación de propuestas, la apertura de los sobres, la adjudicación, y, eventualmente, el perfeccionamiento o formalización del contrato administrativo. *(Comadira, Pág. 621).*

Ya en adelante hablaremos de los pasos que debe contener la licitación, pero podemos observar, que generalmente existen *tres momentos* en la licitación, *la primera:* el *procedimiento* que constituyen una serie de actos jurídicos que van dentro del procedimiento; *un segundo* momento que es un *acto administrativo,* que se le denomina la *adjudicación* al contratista; y un *último momento,* que es el más importante, y con el que culmina todo el procedimiento de la licitación, que es el *contrato administrativo.*

Pero dentro de los tres momentos que ya hemos enunciado, se puede que los actos jurídicos configuradores del inter licitatorio con: *a)* que exista una partida presupuestaria para el gasto; *b)* la autorización, pro quien corresponda, para realizar el gasto público; *c)* Elaboración del pliego o términos de referencia; *d)* el acto del llamado a los particulares a participar en concurso; *e)* la publicación del acto del llamado a los particulares; *f)* compra del pliego de condiciones o términos de referencia; *g)* pedido de aclaraciones de los eventuales oferentes; *h)* formulación de aclaraciones de la administración; *i)* acto de apertura de las ofertas; y, *j)* Las impugnaciones.

3. Finalidades de la licitación

En fin una de las principales finalidades que persigue la licitación es el garantizar que el Estado, obtenga las mejores condiciones en la contratación administrativa, relativas a precio, calidad, etc., que le puede ofrecer los particulares.

Otra de las finalidades de la licitación es conseguir en el gasto público, la transparencia del mismo, que contempla la eficacia y la eficiencia en los procedimientos de licitación, los que a su vez integran la moralidad administrativa en el gato.

El régimen de la competencia del régimen de la licitación crea las condiciones permiten que la administración obtenga las mejores condiciones en la contratación administrativa. Por otro lado dice *Delgadillo y Lucero,* al contemplar como finalidad la moralidad administrativa, evita que pueda existir complicidad entre funcionarios y contratistas o proveedores del Estado, que llevarían a adjudicaciones con motivos diversos a los requeridos por la administración pública. Por ello se ha establecido en los ordenamientos jurídicos relativos a obras públicas y adquisiciones, la nulidad absoluta de los actos administrativos, actos simples de la administración, incluso de los contratos que se hayan realizado en contravención a las normas jurídicas que regulan el procedimiento licitatorio, y además el fincamiento de responsabilidades administrativas de los servidores públicos que hubieren incurrido en tales irregularidades. *(Ibídem).*

Se puede concluir diciendo que: la licitación es: *un procedimiento administrativo que tiene por finalidad, la transparencia, la moralidad administrativa y la calidad del gasto público, por razones de orden público y que el gasto público es una vía para el logro de la finalidad que pretende el Estado, el bien común.*

4. Principios de la licitación

Como la licitación es un procedimiento administrativo, naturalmente rigen los principios que ya hemos establecido para el procedimiento, como un instrumento por medio del cual el Estado cumple a cabalidad con su función administrativa.

Existe en la doctrina internacional una serie de principios que inspiran a la licitación pública, trataremos los más importantes y que pudiera pensarse que la violación de los mismo pueda dar motivos que acciones, para declarar la nulidad absoluta de los mismo. Entre otros principios encontramos los siguientes:

4.1. Juridicidad

Indudablemente que una de las condiciones necesarias en la licitación es la vigencia irrestricta del orden jurídico administrativo, por lo que es innegable la aplicación de este principio, por cuanto, como ya lo hemos explicado, la administración pública guatemalteca debe actuar siempre apegada a la juridicidad, por lo que establece el artículo 221 de la Constitución Política de la República. El principio significa en forma concreta: resolver en base a derecho.

Este principio tiene plena vigencia en el procedimiento de la licitación púbica y nuclea en ese sentido *(derecho),* que ya ha sido reconocido por la mayoría de doctrinas internacionales.

4.2. La concurrencia

El principio de concurrencia implica la posibilidad de participación de un mayor número de ofertas, con lo que se le permite a la administración pública, tener un margen amplio de selección del oferente que le otorgue al Estado las mejores condiciones y sea la más conveniente para el mismo.

Por tal razón la concurrencia tiene por objeto que el procedimiento licitatorio se presente la mayor cantidad de oferentes; porque si lo que la administración pretende, la satisfacción del interés público, al contratar con personas individuales o jurídicas particulares, la finalidad es que éstos ofrezcan las mejores garantías, que implican solvencia científica o técnica, profesional, económica, calidades en general, es necesario que la selección se haga entre participantes que estén capacitados para cumplir a cabalidad con los términos de referencia y brindar de una manera adecuada la prestación requerida.

En tal virtud la legislación guatemalteca, regula que la publicación de la convocatoria debe realizarse en el diario oficial y uno de los de mayor circulación en el país, con la finalidad que todos aquellos que tengan interés en participar tengan pleno conocimiento del llamado de la administración; pero también en Guatemala existe un portal electrónico en donde debe ser publicado mediante el sistema de mecanismos electrónicos de Internet, en la que todos los órganos y organismos del Estado deben publicar sus licitaciones.

Por tal razón en el portal o sitio denominado guatecompras.com, todos los órganos deben publicar sus licitaciones, bajo responsabilidad del funcionario que incumpla, con lo que se le da mayor concurrencia a las licitaciones.

4.3. La igualdad

Esto implica el tratamiento igualitario y no discriminatorio que los órganos de la contratación darán a los licitadores y candidatos, por lo que constituye uno de los principios más importantes, puesto que es donde tiene su mayor asiento la moralidad administrativa que en rigor debe tener el procedimiento de licitación.

Este principio nace de la propia Constitución, al establecer en su artículo 4: *En Guatemala todos los seres humanos son libres e iguales en dignidad y derechos. El hombre y la mujer, cualquiera que sea su estado civil, tienen iguales oportunidades y responsabilidades.* Incluidos claro está, los oferentes de una licitación pública.

El trato igualitario para los oferentes de una licitación abarca a todos los estadios del procedimiento de selección, desde su inicio hasta la culminación, consistente en la adjudicación y la suscripción del contrato administrativo. Mantiene su vigencia, según *Comadira,* incluso luego de celebrarse el acuerdo de voluntades, porque la administración no podrá durante el desarrollo de la relación contractual modificar las bases licitatorias para favorecer ni para perjudicar a su contraparte. *(Comadira. pág. 636).*

De esta manera, este principio exige que la adjudicación se haga a aquel oferente que, prestando las mejores condiciones ventajosas y convenientes para el Estado, que se haya ajustado a las bases de la licitación, de lo contrario la administración se verá en el problema de no tener parámetros para comparar ofertas.

Este principio rige para todas las parte involucradas en el procedimiento de la licitación y en todas las fases del procedimiento, sin crear favoritismos, para que el acto no sea viciado de inmoralidad administrativa.

Por esa razón la LCE establece en su artículo adiciona un párrafo que establece: *La entidad licitante o contratante no deberá fijar especificaciones técnicas o disposiciones especiales que requieran o hagan referencia a determinadas marcas, nombres comerciales, patentes, diseños, tipos, orígenes específicos, productores o proveedores, salvo que no exista otra manera suficientemente precisa y comprensible para describir los requisitos de la licitación o contratación, y siempre que en tales casos, se incluyan en las especificaciones, requisitos y documentos de licitación o contratación, expresiones como: o equivalente, o semejante, o similar, o análogo.* Lo que hace que los que tengan interés en participar no tengan limitación alguna para poder hacerlo.

4.4. La publicidad

Este también tiene raíces constitucionales, puesto que la publicidad de los actos de la administración pública, es una de las características más importantes de la forma republicana de gobierno, que adopta el artículo 30 de la CPR que establece: *Publicidad de los actos administrativos. Todos los actos de la administración son públicos. Los interesados tienen derecho a obtener, en cualquier tiempo, informes, copias, reproducciones y certificaciones que soliciten y la exhibición de los expedientes que deseen consultar, salvo que se trate de asuntos militares o diplomáticos de seguridad nacional, o de datos suministrados por particulares bajo garantía de confidencia.* En el procedimiento licitatorio implica la posibilidad que los interesados conozcan todo lo relativo acerca de la licitación, de principio a fin.

La publicidad, dice *Delgadillo y Lucero,* es un principio rector de todo procedimiento administrativo, pues implica el leal conocimiento de las actuaciones administrativas, requisito esencial del debido proceso y que a su vez presupone una característica de la garantía de audiencia del gobernado. *(Delgadillo y Lucero, Pág. 334).*

El carácter público del procedimiento licitatorio no solo permite la afluencia de interesados, con lo que se potencia la concurrencia de oferentes, además asegura la corrección del trámite, porque al estar a la vista la actuación administrativa, los conduce a extremar el celo en la rectitud de sus actuaciones, para evitar la responsabilidad en la que se pueda incurrir.

4.5. La oposición o contradicción

El principio de oposición o contradicción deriva del principio del debido proceso contenido en el artículo 12 de la Constitución que señala: Derecho de defensa. La defensa de la persona y sus derechos son inviolables. Nadie podrá ser condenado, ni privado de sus derechos, sin haber sido citado, oído y vencido en proceso legal ante juez o tribunal competente y preestablecido. Ninguna persona puede ser juzgada por Tribunales Especiales o secretos, ni por procedimientos que no estén preestablecidos legalmente.

Es frecuente que en los procedimientos licitatorios existan intereses contrapuestos de los particulares interesados en ofertar. Por tal razón, el procedimiento tiene un carácter contradictorio, que la administración pública está obligada a asegurar, la participación igualitaria de los oferentes, permitiendo y resolviendo las impugnaciones planteadas por los que se crean perjudicados en las decisiones de las juntas de licitación.

El respeto a cabalidad del principio contradictorio, además de cumplir con el principio del debido proceso, implica una mayor eficacia de la administración pública, por el interés público que representa, como lo afirma *Gordillo,* citado por *Delgadillo y Lucero,* ...la contradicción en tales casos se da principalmente en el propio interés público, ya que con las objeciones y pruebas de los contrainteresados la administración contará con mayores elementos de juicio y estará en más adecuadas condiciones de tomar la decisión que mejor corresponda a los intereses de la colectividad; si en cambio, se decide sólo en vista a las argumentaciones y documentos del propio solicitante, su decisión tiene un margen mayor de error y de inoportunidad. Queda dicho entonces que también será ilegítima la determinación tomada en tales condiciones de parcialidad. *(Delgadillo y Lucero, Pág. 335).*

Aparte del principio del debido proceso, se garantiza el derecho a la legítima defensa a que tiene derecho el particular frente a la administración pública, consagrado en el artículo 12 que ya citamos como en el artículo 2 de la Ley de lo Contencioso Administrativo, que señala: *Principios. Los expedientes administrativos deberán impulsarse de oficio, se formalizarán por escrito, observándose el derecho de defensa y asegurando la celeridad, sencillez y eficacia del trámite. La actuación administrativa será gratuita.*

Como hemos podido observar los principios que se imponen para la licitación pública, son en su mayoría, los mismos principios que corresponden al procedimiento administrativo, por la naturaleza procedimental de la misma, por tal razón deben ser respetados todos y cada uno de estos principios.

e. *El fracaso de la licitación pública*

Un llamado al procedimiento de licitación pública puede fracasar por distintas razones, pero fundamentalmente por la ausencia de presentación de ofertas *(licitación desierta),* por haberse formulado propuestas inadmisibles, o porque las propuestas presentadas, resultan inconvenientes para los intereses del Estado.

La distinción de los conceptos de oferta inadmisible y oferta inconveniente, las señala *Comadira,* como: *el primero* corresponde a la propuesta apartada de las exigencias especificadas en el pliego, mientras que *el segundo,* en cambio se refiere a las situaciones que se configura cuando la oferta, aún ajustándose al pliego, resulta, no obstante, inconveniente por razones de precio, financiamiento u otras circunstancias. *(Comadira, Pág. 643).* En estos casos se puede declarar desierta la licitación sin responsabilidad de las partes que intervienen en el procedimiento.

Puede también que el procedimiento de la licitación pueda fracasar, por falta de fondos del Estado, que no tenga la disponibilidad de los mismos y que por esa razón se deje sin efecto el procedimiento.

f. *Las fases generales de la licitación pública*

La licitación pública, como en todo procedimiento administrativo, requiere de una serie sistemática de actos jurídicos que se desarrollan dentro de las distintas etapas o fases que se cumplen *(actos jurídicos sin consecuencias jurídicas),* para llegar al acto administrativo final *(la adjudicación),* y concluir con el contrato administrativo.

Estas fases frecuentemente, de acuerdo a la doctrina internacional y a las disposiciones legales y reglamentarias guatemaltecas, son:

1. *La autorización presupuestaria*

La celebración de un contrato público, representan para la administración compromisos que afecta el erario nacional. Por ello, para el cumplimiento de los compromisos que el Estado adquiere, es necesario que exista la disponibilidad de una partida presupuestaria con los fondos indispensables para el cumplimiento contractual, para lo que también se requiere que sea autorizado en el presupuesto de ingresos y egresos de la Nación.

Por otra parte, pueden existir casos en los que se requiera autorización previa a la contratación pública, que deba ser otorgada por un órgano u organismo distinto de la administración pública, como el caso que la contratación rebase las asignaciones presupuestarias aprobadas para el ejercicio en que se celebro la contratación, o el caso que los compromisos se vallan a cumplir con empréstitos que sobre pasan los aprobados, etc.

Para este efecto la Ley Orgánica del presupuesto en su artículo 10 señala: Contenido. El presupuesto de cada uno de los organismos y entes señalados en esta ley será anual y contendrá, para cada ejercicio fiscal, la totalidad de las asignaciones aprobadas para gastos y la estimación de los recursos destinados a su financiamiento, mostrando el resultado económico y la producción de bienes y servicios que generarán las acciones previstas. Acorde también con la Ley de Contrataciones del Estado que contiene normas específicas de la licitación, montos, procedimientos etc.

Pero para el efecto de iniciación del procedimiento de la licitación es necesario señalar lo dispuesto en el artículo 3 de la LCE que señala: Reformado por el Art. 1 del Decreto del Congreso N° 27–2009 de fecha 10 de Agosto de 2009 el cual queda así: Disponibilidades Presupuestarias. Los organismos del Estado, entidades descentralizadas y autónomas, unidades ejecutoras y las municipalidades a que se refiere el artículo primero, podrán solicitar ofertas *aún si no se cuenta con las asignaciones presupuestarias* que permitan cubrir los pagos. Para la adjudicación definitiva y firma del contrato, *si se requerirá la existencia de partida y créditos presupuestarios* que garanticen los recursos necesarios para realizar los pagos por los avances de ejecución a ser realizados en el ejercicio fiscal correspondiente. Solicitadas las ofertas no podrá transferirse la asignación presupuestaria para otro destino, salvo que se acredite que los recursos no serán utilizados durante el ejercicio fiscal en vigor para cubrir avances de ejecución. Cuando el contrato continúe vigente durante varios ejercicios fiscales, la entidad contratante debe asegurar las asignaciones presupuestarias correspondientes.

2. *Preparación de las bases o pliego de condiciones*

La Ley de contrataciones del Estado, es una ley que se aplica para la administración pública en general *(entidades centralizadas, descentralizadas y autónomas),* pero es de aplicación obligatoria para los demás organismos del Estado *(Legislativo y Judicial).*

Es una de las características más importantes de la licitación de las bases de la misma, que contiene una descripción detallada de la contraprestación requerida por la administración pública, que va a ser la base de la contratación. Es necesario hacer la acotación que para llegar a la licitación pública en Guatemala, el monto de la contratación debe ser mayor a los novecientos mil quetzales.

Por ello la LCE establece en su artículo 17 que: Cuando el monto total de los bienes, suministros y obras, exceda de las cantidades establecidas en el Artículo 38, la compra o contratación deberá hacerse por Licitación Pública, salvo los casos de excepción… De lo contrario se establece de conformidad con lo que ya hemos indicado anteriormente *(compra directa o cotización).*

Los documentos que se requieren para que se realice la licitación, de conformidad con el artículo 19 de la LCE, con: Para llevar a cabo la Licitación Pública, deberán elaborarse, según el caso, los documentos siguientes:

1. Bases de Licitación.

2. Especificaciones generales.

3. Especificaciones técnicas.

4. Disposiciones especiales, y

5. Planos de construcción, cuando se trate de obras.

Los requisitos que deben contener las bases de licitación, de conformidad con la LCE son:

1. Condiciones que deben reunir los oferentes.

2. Características generales y específicas, cuando se trate de bienes y servicios.

3. Lugar y forma en donde será ejecutada la obra, entregados los bienes o prestado los servicios.

4. Listado de documentos que debe contener la plica, en original y copias requeridas, una de las cuales será puesta a disposición de los oferentes.

5. Indicación de que el oferente deberá constituir, según el caso, las garantías necesarias, que le señala la ley.

6. En casos especiales y cuando la autoridad superior lo considere oportuno, las garantías que deberá constituir el contratista, con indicación de los riesgos a cubrir, su vigencia y montos.

7. Forma de pago de la obra, de los bienes servicios.

8. Porcentaje de anticipo y procedimiento para otorgarlo, cuando este se conceda.

9. Lugar, dirección exacta, fecha y hora en que se efectuará la diligencia de presentación, recepción y apertura de plicas.

10. Declaración Jurada de que el oferente no es deudor moroso del Estado ni de las entidades administrativas.

11. Indicación de la forma de integración de precios unitarios por renglón.

12. Criterios que deberán seguir la Junta de Licitación para calificar las ofertas recibidas.

13. Indicación de los requisitos que se consideren fundamentales, y

14. Modelo de oferta y proyecto de contrato.

Por ello las bases o pliego de licitación incluyen condiciones específicas de carácter jurídico, técnico y económico, que se resumen por un lado en cláusulas de carácter general, las cuales constituyen verdaderas disposiciones jurídicas de carácter reglamentario en cuanto versan sobre procedimientos administrativos; y por otro lado, cláusulas especiales que constituyen disposiciones específicas, de naturaleza contractual, relativas al contrato que el particular va a celebrar con el Estado.

Como se puede observar la etapa de la preparación de la bases de la licitación es de suma importancia, puesto que en ellas en donde la administración pública determina lo que va a contratar, la forma y las condiciones, y sobre todo las obligaciones y responsabilidades y derechos de las partes contratantes.

Las bases licitatorias producen efectos jurídicos, por lo que la administración pública no puede modificarlas después de haber hecho la convocatoria de la misma, sino de ciertos límites, para garantizar la igualdad, transparencia, y todos los principios que le son propios. Por ello el artículo 19 Bis.– Adicionado por el Art. 3 del Decreto 11–2006 del Congreso de la República de Guatemala de fecha 18 de Mayo de 2006, el cual queda así: Modificaciones a las bases de licitación. Cuando una entidad contratante, en el curso de una licitación, modifique los requisitos o criterios de las bases de licitación referidos en el artículo 19 anterior, transmitirá a todos los oferentes, concursantes y proveedores que estén participando en la licitación, las modificaciones realizadas, por escrito y por los medios más expeditos posibles, incluyendo el Sistema de Información de Contrataciones y Adquisiciones del Estado de Guatemala –GUATECOMPRAS–. Los oferentes, concursantes y proveedores que estén participando en la licitación y que reciban las modificaciones, contarán con un tiempo razonable, no menor de ocho (8) días hábiles, para modificar y volver a presentar sus ofertas.

Las bases de licitación pueden ser generales, técnicas y especiales, por ello el artículo 20 de la LCE, señala que: *La autoridad superior velará porque las especificaciones generales, técnicas, disposiciones especiales o planos de construcción, sean congruentes o se ajusten al contenido de las bases y con las necesidades que motiven la contratación.*

3. *Publicación de la convocatoria*

Siendo la finalidad de la licitación pública la invitación general e indeterminada que se hace a todos aquellos posibles interesados en contratar con la Administración pública, la forma por la que se logra este objetivo es la invitación a través de la convocatoria, mediante publicaciones en el Diario Oficial y dos veces en otro de los de mayor circulación en el país, así como en un portan Internet denominado el Sistema de Información de Contrataciones y Adquisiciones del Estado de Guatemala –GUATECOMPRAS–. Esto queda contenido en el artículo 23 de la LCE, que señala: *Reformado por el Art. 5 del Decreto 11–2006 del Congreso de la República de fecha 18 de Mayo de 2006, el cual queda así: "Publicaciones. Las convocatorias a licitar se publicarán por lo menos dos veces en el diario oficial y dos veces en otro de mayor circulación, así como en el Sistema de Información de Contrataciones y Adquisiciones del Estado de Guatemala – GUATECOMPRAS–, dentro de un plazo no mayor de quince (15) días hábiles entre ambas publicaciones Entre la última publicación y el día fijado para la presentación y recepción de ofertas, deberá mediar un plazo no menor de cuarenta (40) días.*

Nótese que son normas jurídicas las que establecen cuales medios publicitarios deben difundirse la convocatoria y, por ello, tales medios son de carácter obligatorio para el órgano que convoca.

La omisión de la publicación de la convocatoria, así como de los requisitos que debe contener con la anticipación señalada, para que los interesados tengan el tiempo necesario para hacer sus propuestas u ofertas, da como resultado la nulidad de la licitación sea declarada viciada por falta de formalidad.

4. *Presentación de las ofertas o propuestas*

Efectuada la publicación de la convocatoria respectiva, los que tengan interés en participar podrán presentar sus ofertas, en la licitación pública pueden participar todas aquellas personas que cumplan con los requisitos establecidos *(Registro de Precalificados),* así como los que no tengan impedimento legal alguno para postularse, como satisfacer los requisitos de la convocatoria y bases de la licitación.

Aunque la licitación pública va dirigida a todos los posibles interesados en iniciar una relación contractual con el estado, el ordenamiento jurídico debe cumplirse con los requisitos ya señalados anteriormente.

Ello es señalado por el artículo 25 de la LCE, que establece: Presentación de una sola oferta por persona. Cada persona individual o jurídica, nacional o extranjera, podrá presentar una sola oferta. En ningún caso se permitirá a un compareciente la representación de más de un oferente. Quien actúe por sí no puede participar representando a un tercero. Si se determinare la existencia de colusión entre oferentes, serán rechazadas las ofertas involucradas, sin prejuicio de la adopción de las medidas que determine el reglamento de.

De igual manera se señala en el artículo 26 de mismo cuerpo normativo que: Los oferentes que participen en las licitaciones, cotizaciones y quienes estuvieran comprendidos en los casos de excepción contemplados en esta ley, presentará junto con la oferta, declaración jurada de no estar comprendidos en ninguno de los casos a que se refiere el Artículo 80 de la ley. Si se descubriere falsedad en la declaración, la autoridad a que corresponda la adjudicación descalificará a aquel oferente, sin perjuicio de poner el hecho en conocimiento de los tribunales de justicia.

También señala el artículo que en caso que la falsedad de la declaración fuere descubierta estando en ejecución o terminando el servicio o la obra respectiva, los adjudicatarios responderán por los daños o perjuicios que se produzcan por tal causa, aplicándoles las sanciones previstas en la presente ley y trasladando lo conducente a los tribunales de justicia.

5. *Apertura de plicas de ofertas*

Una vez vencido el plazo para la admisión de las ofertas, en sesión pública, el día y hora señalados en las bases de la licitación, la junta convocante procederá a la apertura de las plicas, que previamente se han presentado en sobre cerrado, que contiene las ofertas y propuestas.

La LCE señala que: no se aceptará alguna más y se procederá al acto público de apertura de plicas. De todo lo actuado se levantará el acta correspondiente en forma simultánea.

La apertura es un acto formal en la que participa una comisión de licitación integrada por cinco miembros, que podrán ser o no trabajadores del órgano administrativo licitante, ante la presencia de los oferentes, la que constituye un fase procedimental y que tiene por finalidad que se hagan públicas las ofertas recibidas por la comisión.

La apertura de los sobres y lectura de las propuestas, dice *Dormí,* citado por *Delgadillo y Lucero,* traducen una operación material y un acto de trámite de la administración, respectivamente, por el que se permite a los oferentes tener conocimiento de todas ellas, vigilar el proceso, verificar su legalidad y asegurar la imparcialidad del licitante y su trato igualitario. El acto es verbal y actuado, porque las leyes imponen el levantamiento de un acta que refleja todo lo acontecido durante su desarrollo. *(Delgadillo y Lucero, Pág. 343).*

Para que el acto tenga plena validez se levanta el acta respectiva, en la que se deja constancia de todo lo que aconteció en la sesión, que se incluyan las observaciones que los participantes crean conveniente y firmada por todos los que a ella comparecieron.

El artículo 24 de la LCE, establece que: Transcurridos treinta (30) minutos de la hora señalada para la presentación y recepción de ofertas, no se aceptará alguna más y se procederá al acto público de apertura de plicas. De todo lo actuado se levantará el acta correspondiente en forma simultánea.

6. *Admisión de las ofertas*

La admisión de las plicas que contienen las ofertas, constituye un acto administrativo, que tiene todas las características del acto, cuyo objetivo es admitir a los licitadores a la fase de evaluación de las propuestas presentadas en tiempo, siendo uno de sus efectos inmediato es investir al proponente aceptado de una determinada situación jurídica de las que dan nacimiento a derechos y obligaciones que el ordenamiento jurídico establece.

Entre los derechos y los deberes recíprocos de la licitante y el licitador, dice *Delgadillo y Lucero,* que como efectos de la oferta pueden surgir, tenemos los siguientes:

1. Admitida la oferta nace para el licitador el derecho, y recíprocamente el deber del órgano licitante, de tomar en cuenta dicha oferta, a efecto de seleccionar la más conveniente para el Estado, por lo que su inconveniencia deberá estar debidamente fundada y motivada.

2. Para los licitadores admitidos surge el deber de mantener y sostener sus ofertas, de manera inalterada, hasta la fecha en que se dé a conocer el fallo respectivo.

3. La aceptación de de la oferta origina derecho del oferente para que en caso de empate pueda mejorar su propuesta. *(Delgadillo y Lucero, Pág. 344).*

7. *Adjudicación*

La adjudicación constituye un acto administrativo, por lo que es unilateral del órgano licitante, mediante el cual determinará cuál es la oferta que tiene las mayores ventajas y conveniencias para el Estado, consecuentemente es la que declara aceptada.

Previamente a la adjudicación, el órgano licitador deberá proceder al estudio y análisis de las ofertas que cumplieron con todos los requisitos, a efecto de escoger la que sea más conveniente para el Estado.

El artículo 33 de la LCE, establece: Dentro del plazo que señalen las bases, la Junta adjudicará la Licitación al oferente que ajustándose a los requisitos y condiciones de las bases, haya hecho la proposición más conveniente para los intereses del Estado. La Junta hará también una calificación de los oferentes que clasifiquen sucesivamente. En el caso de que el adjudicatario no suscribiere el contrato, la negociación podrá llevarse a cabo con solo el subsiguiente clasificado en su orden.

Por su parte el artículo 34 señala que: La Junta, cuando proceda, adjudicará parcialmente la Licitación: a) Si así se estableció en las bases; b) Siempre que convenga a los intereses del Estado; c) Atendiendo a la naturaleza de los bienes, suministros, obras o servicios; d) Si no forma parte de una obra unitaria.

El artículo 35 señala que: Dentro del plazo de tres días de dictaminada la resolución razonada, la Junta deberá hacer la respectiva notificación a cada uno de los oferentes.

Finalmente el artículo 36 establece: Dentro del plazo de dos (2) días siguientes a que quede firme lo resuelto por la Junta, esta cursará el expediente a la autoridad superior, la que aprobará o improbará lo actuado y en este último caso, con exposición razonada, ordenará su revisión con base en las observaciones que formule. Si se ordenare la revisión, dentro del plazo de dos (2) días el expediente volverá a la Junta, la que revisará la evaluación y hará la adjudicación dentro del plazo de cinco (5) días de recibido el expediente. La Junta podrá confirmar o modificar su decisión, en forma razonada. Devuelto el expediente a la autoridad superior, ésta aprobará lo actuado por la Junta, quedando a salvo el derecho de prescindir. Tanto la aprobación como la improbación, la hará la autoridad superior dentro del plazo de cinco (5) días de recibido el expediente.

Este acto administrativo, constituye, dice *Delgadillo y Lucero,* la última fase del procedimiento licitatorio, que se efectúa para la preparación de la voluntad contractual administrativa, y que produce los siguientes efectos:

1. Libera de cualquier obligación a los licitadores cuyas ofertas hayan sido desestimadas y les genera el derecho de retirar sus documentos y garantías.

2. Notificada la adjudicación al beneficiario, queda concertada la contratación, con independencia de su formalización en el instrumento respectivo; por ello, nace el derecho del adjudicatario de ser indemnizado por daños y perjuicios en caso que la administración pública se negare a realizar el contrato respectivo.

3. Constituye un punto de partida conforme al cual comienza a generarse los derechos y obligaciones de las partes contratantes.

4. Por lo tanto, establece un deber jurídico correlativo del licitante, de contratar con el adjudicatario.

5. Crea un derecho subjetivo al adjudicatario.

6. Obliga a la administración pública a mantener inalterables las bases de la licitación.

7. Da lugar a la obligación del adjudicatario a integrar las garantías de cumplimiento del contrato. *(Ibídem).*

Aquí prácticamente finaliza la etapa procedimental de la licitación pública, aunque con participación de los oferentes, las decisiones, resoluciones y actos administrativos son de carácter unilateral de la administración, por eso dijimos al principio que la adjudicación es un acto administrativo, que pone fin al procedimiento, pero únicamente de licitación, puesto que da inicio a otra fase que es de carácter bilateral, el contrato administrativo.

8. *Perfeccionamiento o formación del contrato administrativo*

Realizada la adjudicación de la obra, suministro o servicio, al ser notificada al oferente seleccionado se procede al faccionamiento del contrato respectivo, a efecto que lo suscriban las partes contratantes.

Como señala el artículo 3 de la LCE que: *para la adjudicación definitiva y firma del contrato, si se requerirá la existencia de partida y créditos presupuestarios*, lógicamente para garantizar que la obra, suministro o servicio efectivamente se va a realizar, por otra parte que el Estado va a cumplir con las obligaciones que conlleva la relación contractual.

De conformidad con la LCE se establece que los contratos que se celebren en aplicación de la presente ley, serán suscritos dentro del plazo de diez (10) días contados a partir de la adjudicación definitiva en representación del Estado cuando las negociaciones sean para las dependencias sin personalidad jurídica por el respectivo ministro del ramo. Dicho funcionario podrá delegar la celebración de tales contratos, en cada caso, en los viceministros, directores generales o directores de unidades ejecutoras.

Cuando los contratos deban celebrarse con las entidades descentralizadas y las municipalidades, serán suscritos por la autoridad que corresponda de acuerdo con su ley orgánica o conforme el Código Municipal, supletoriamente en aplicación del párrafo primero del artículo.

Cuando se trate de negociaciones que deban efectuar las dependencias de la Presidencia de la República, serán suscritos por el secretario general, quien podrá delegar dicha facultad, en cada caso, en los titulares de las citadas dependencias.

Para las negociaciones de los organismos Legislativo y Judicial, del Tribunal Supremo Electoral y Corte de Constitucionalidad, el contrato deberá ser suscrito por el presidente de cada organismo.

Los contratos deberán faccionarse en papel membretado de la dependencia interesada o en papel simple con el sello de la misma. Cuando tengan que inscribirse o anotarse en los registros, deberán constar en *Escritura Pública, autorizada por el Escribano de Gobierno.* Sin embargo, el contrato podrá autorizarlo otro *notario,* siempre que los honorarios profesionales que se causen no sean pagados por el Estado.

Como se puede notar, se considera que el contrato se perfecciona con el otorgamiento del documento, a partir de la suscripción y firma, el cual constituye el elemento eficiente para la prueba de la relación contractual, que de otro modo se hará con el acto administrativo de la adjudicación y las respectivas notificaciones y los documentos que se desprenden del procedimiento administrativo. Este último caso cuando no sea necesaria la suscripción y firma del contrato administrativo.

35. Figuras jurídicas del contrato administrativo

En relación con los procedimientos para la contratación administrativa, se pueden dar algunas figuras jurídicas que tienen que ser tomadas en cuenta, en la contratación administrativa

a. *Afectación y desafectación*

1. *Afectación*

La afectación significa la sujeción de una propiedad al régimen especial de dominio público, por la utilidad pública a que la misma se destina.

Presupone un poder de disposición y es un acto jurídico administrativo con efectos específicos que se diferencia de los actos administrativos usuales por cuanto carece de destinatario, o sea, se dirige a una cosa, no a una persona y ni siquiera su propietario puede considerarse destinatario, puesto que su persona es indiferente a la administración.

La afectación se produce a través del procedimiento de la expropiación forzosa, la afectación requiere de los procedimientos establecidos dentro de la Ley de Contrataciones del Estado.

2. *Desafectación*

La desafectación se da cuando la administración pública, saca de sus inventarios los bienes de su propiedad y los traslada, por los procedimientos establecidos en la ley, a propiedad de los particulares, por el procedimiento de la subasta pública.

b. *Regulación legal*

Lo relacionado con la adquisición y disposición de los bienes del Estado se encuentra regulado dentro del Decreto número 57–92 del Congreso de la República de Guatemala, "Ley de Contrataciones del Estado."

La consideración más importante sobre la creación de esta Ley fue que en la aplicación del Decreto 35–80 del Congreso de la República, Ley de Compras y Contrataciones; se habían confrontado serios problemas y obstáculos para la pronta ejecución de obras y adquisición de bienes, suministros y servicios que requiere el Estado y sus entidades.

El Decreto 57–92 del Congreso de la República es una ley relativamente nueva, promulgada el 5 de octubre de 1,992.

El reglamento de la ley de contrataciones del Estado, se encuentra contenido dentro del acuerdo Gubernativo número 1056–92, promulgado el 22 de diciembre de 1,992, por el Presidente de la República en Consejo de Ministros.

Estos dos instrumentos tienen una gran importancia, pues todos los organismos del Estado, Ejecutivo, Legislativo y Judicial y todos los órganos descentralizados y autónomos del país se encuentran sometidos a éstos instrumentos legales.

La Ley de Contrataciones del Estado, tiene como objeto principal, regular lo relativo a la compra, venta y contratación de bienes, suministros, obras y servicios que requieran los organismos del Estado, sus entidades descentralizadas y autónomas, unidades ejecutoras, las municipalidades y las empresas públicas estatales o municipales, las que quedan sujetas a esta ley *(artículo 1o.).*

Sólo existe una salvedad dentro de la ley, cuando se trata de convenios y tratados internacionales, de los cuales Guatemala sea parte, y en este caso quedan sujetos a los mismos, y las municipalidades que en caso de instituciones internacionales quedan obligadas a consultar al Ministerio de Finanzas Públicas.

Esta es una ley muy importante pues se trata del *control para el buen manejo de los fondos públicos.*

En la Ley de Contrataciones del Estado se encuentran varios sistemas para la realización de compras de los órganos y organismos del Estado, dentro de las cuales encontramos, *el sistema de cotización, el contrato abierto, régimen de licitaciones públicas y la compra directa.,* las cuales ya se analizaron con anterioridad.

Dentro de la Ley se encuentran enumerados los organismos, entidades del Estado que deben ser sometidos a la ley en la que se fijan montos dentro de los cuales se deben someter los diferentes sistemas para la realización de las compras que el Estado debe realizar.

Como ya quedó apuntado, todas las instituciones deben someterse a esta ley, sin embargo, como toda regla, ésta tiene sus excepciones, como el caso de la actividad minera y petrolera que debe realizarse de conformidad con sus propias leyes y reglamentos.

En relación a los montos totales de los bienes, suministros y obras, si se exceden de las cantidades que da el artículo 38 de la Ley de Contrataciones del Estado, es necesario someterlos al procedimiento de la licitación pública.

36. Extinción de los contratos administrativos

Los contratos administrativos pueden ser extinguidos por dos formas, por una extinción normal del contrato y por extinción anormal del contrato.

a. *Extinción normal*

Existe extinción normal del contrato cuando este termina por el cumplimiento de las condiciones pactadas dentro del contrato administrativo y en las que no ha habido variación alguna, esto implica haber cumplido con la entrega de bienes, prestación de servicios, creación de obras y la administración también ha cumplido con el pago.

b. *Extinción anormal*

También el contrato administrativo, puede terminar o extinguirse en una forma anormal; en este caso pueden existir varias situaciones por las que el contrato pueda extinguirse, señalamos algunas de estas causas:

a. Por cumplimiento de su objeto antes del plazo contractual;

b. Por incumplimiento de su objeto vencido el plazo;

c. Por incumplimiento del contratante;

d. Por incumplimiento del contratista;

e. Por rescisión bilateral del contrato;

f. Por rescisión unilateral del contrato;

g. Por imposibilidad material de terminar la obra, servicio o entrega de bienes;

h. Por imposibilidad material de realizar el pago de la obra, servicio o bienes, por parte del Estado.

Así mismo los contratos se pueden suspender temporal o definitivamente, siendo una de sus causas principales la de interpretación del contrato, lo cual es sometido a la jurisdicción Contencioso–Administrativo.

37. La Jurisdicción de la contratación administrativa

En Guatemala, de conformidad con el artículo 221 de la Constitución Política, establece que el Tribunal de lo Contencioso–Administrativo tiene la función de contralor de la juridicidad de la administración pública y tiene atribuciones para conocer en caso de contienda por actos o resoluciones de la administración y de las entidades descentralizadas y autónomas del Estado, así como en los casos de controversias derivadas de contratos y concesiones administrativas.

Así mismo el artículo 14 de la Ley de lo Contencioso–Administrativo, establece que la jurisdicción contenciosa administrativa, conocerá también de las cuestiones referentes a la interpretación, cumplimiento, rescisión y efectos de los contratos celebrados por la administración pública para obras y servicios públicos.

El artículo 102 de la LCE, Reformado por el Art. 13 del Decreto 11–2006 del Congreso de la República de fecha 18 de Mayo de 2006, el cual queda así: ...toda Controversia relativa al incumplimiento, interpretación, aplicación y efectos de los actos o resoluciones de las entidades a que se refiere el artículo 1 de la presente ley, así como en los casos de controversias derivadas de contratos administrativos, después de agotada la vía administrativa y conciliatoria, se someterán a la jurisdicción del Tribunal de lo Contencioso Administrativo.

Por su parte el artículo 103 Reformado por el Art. 14 del Decreto 11–2006 del Congreso de la República de fecha 18 de Mayo de 2006, el cual queda así: Arbitraje. Si así lo acuerdan las partes, las controversias relativas al cumplimiento, interpretación, aplicación y efectos de los contratos celebrados con motivo de la aplicación de la presente ley, se podrán someter a la jurisdicción arbitral mediante cláusula compromisoria o convenio arbitral. Toda controversia relativa al cumplimiento, interpretación, aplicación y efectos de los contratos celebrados con motivo de la aplicación de la presente ley, se someterá a la jurisdicción del Tribunal de lo Contencioso Administrativo o a la jurisdicción arbitral mediante cláusula compromisoria o convenio arbitral. No se podrá iniciar acción penal, sin la previa conclusión de la vía administrativa o del arbitraje.

Así como el artículo 103 Bis Adicionado por el Art. 15 del Decreto 11–2006 del Congreso de la República de fecha 18 de Mayo de 2006, el cual establece: Jurisdicción Ordinaria. Se consideran de índole civil y de la competencia de la jurisdicción ordinaria, las cuestiones en que el derecho vulnerado sea de carácter civil y también aquellas que emanen de actos en que el Estado haya actuado como sujeto de derecho privado.

BIBLIOGRAFÍA

BANDEIRA DE MELLO, Celso Antonio, *"Curso de Derecho Administrativo"*, Editorial Roque de Palma, Buenos Aires, Argentina.

CALDERÓN MORALES, Hugo Haroldo, *"Derecho Administrativo Guatemalteco"*, Primera Edición, Editorial Porrua, Instituto de Investigaciones Jurídicas, Universidad Autónoma de México, México, 2003

———*"Manual de Derecho Administrativo" Una Perspectiva desde los ordenamientos Jurídicos de Guatemala y España,* Primera Edición, Editorial Marqués Tallers Gráfics – Girona– Catalunya, Universidad Autónoma de Barcelona, España, 2002

———*"Derecho Administrativo II"*, Segunda Edición actualizada, Montana Impresos, Guatemala, 2000.

———*"Derecho Administrativo I"*, Editorial Fénix,, Guatemala, 2002.

———*"Derecho Administrativo II"*, Editorial Fénix,, Guatemala, 2002.

———*"Derecho Administrativo Parte Especial"*, Editorial Orión,, Guatemala, 2002.

———*"Derecho Procesal Administrativo"*, Editorial fénix, Guatemala, 2001.

COMADIRA, Julio Rodolfo y Escola, Héctor Jorge, *"Derecho Administrativo Argentino"*, Editorial Porrúa, Universidad Autónoma de México, Guatemala, 2006.

DELPIAZZO Carlos E., *Derecho Administrativo Uruguayo*, Editorial Porrúa México, Universidad Nacional Autónoma de México, 2005.

DELGADILLO GUTIÉRREZ, Luis Humberto, *"Compendio de Derecho Administrativo"*, Editorial Porrúa, México, 2002.

FERNÁNDEZ RUIZ, Jorge, *Derecho Administrativo, Contratos,* Editorial Porrúa, Universidad Autónoma de México, México, 2000.

———*Derecho Administrativo Contrato Administrativo*, Editorial Porrúa México, Universidad Nacional Autónoma de México.

——— *"Seguridad Pública Municipal",* Primera edición, Colección FUNDAp. Derecho, Administración y Política, Compañía Editorial Impresora y Distribuidora S.A., México 2003.

——— *"Servicios Públicos Municipales"*, Primera edición, Instituto Nacional de Administración Pública AC, Universidad Nacional Autónoma de México, Instituto de Investigaciones Jurídicas, Editorial Punto Gráfico, México 2002.

FRAGA, Garbino, *"Derecho Administrativo"*, Vigésima Primera edición, Editorial Porrúa, S.A., México 1981.

GORDILLO, Agustín, "Tratado de Derecho Administrativo", Tomo 1, *Parte General,* Quinta Edición, Fundación de Derecho Administrativo, Buenos Aires, 1998.

GORDILLO, Agustín, "Tratado de Derecho Administrativo", Tomo 2, "*La Defensa del Usuario y del Administrado*, Cuarta Edición, Fundación de Derecho Administrativo, Buenos Aires, 2000.

RODRÍGUEZ–ARANA MUÑOZ, Jaime, *Derecho Administrativo Español*, Editorial Porrúa, Universidad Nacional Autónoma de México, México, 2005.

RODRÍGUEZ R. Libardo, *Derecho Administrativo General y Colombiano*, Editorial Temis S.A. Bogotá Colombia.

SERRA ROJAS, Andrés, *Derecho Administrativo,* Editorial Porrúa, Sexta Edición, Tomo I, México.

Constitución Política de la República de Guatemala, 1986.

Ley de lo Contencioso Administrativo.

Ley de Contrataciones del Estado y su Reglamento.

Ley del Tribunal y de Contraloría de Cuentas.

Código Civil, Decreto Ley 106.

Ley de Hidrocarburos, Decreto Ley 109–83 del Jefe de Estado y sus Reglamentos.

Ley de Minería, Decreto 41–93 del Congreso de la República de Guatemala y su Reglamento.

Ley de Orden Público, Decreto.

Código de Comercio.

34 ¿ES POSIBLE ESTABLECER LA JERARQUÍA EN LOS PRINCIPIOS DE LA CONTRATACIÓN PÚBLICA?

*Germán Cisneros Farías**

INTRODUCCIÓN

Para llegar al establecimiento de una jerarquía en los principios generales de la contratación pública, es necesario despejar con un sentido metodológico varios conceptos, entre ellos los siguientes: jerarquía, elementos de la jerarquía, jerarquía normativa, jerarquía administrativa, principios generales del derecho, principios generales de la contratación pública, interpretación general de la ley y de los principios correspondientes.

Entendemos que la plenitud del derecho no permite silencios o vacíos por parte del legislador. Ciertamente en la ley pueden quedarse sin regulación algunos aspectos que escapan a la iniciativa del legislador, o que en su caso, la dinámica social ha creado otras circunstancias no previstas por el legislador.

Lo anterior se da o puede darse en una ley pero no en el derecho. Este , recurre para integrar los vacíos dejados por la ley a ciertas correcciones lógicas como puede ser la analogía, la equidad o los principios generales del derecho; por lo tanto, se puede pensar que tales correcciones de la ley dejan en libertad– discrecionalidad y posible arbitrariedad– al juzgador de un caso administrativo. Se requiere entonces que los principios generales del derecho, y en este caso, los principios generales de la contratación pública, jueguen su papel con ciertas reglas, árbitro y resultado final.

De eso se trata el presente trabajo, de establecer una jerarquía lógica en los principios generales del derecho, bajo la posibilidad de que esto sea realizable; por ello nos apresuramos desde la introducción a puntualizar lo siguiente: el establecimiento de una jerarquía (en el derecho) cualesquiera que esta sea, lleva implícita la idea de orden, de disciplina normativa, es decir, se trata de un procedimiento metodológico, tanto en su fase productora como posteriormente en su fase ejecutora. Este orden o disciplina es tanto más rígido o formal según se trate del lugar, preeminencia o superioridad en que se encuentre "ordenada" o ubicada dicha jerarquía. En la doctrina se afirma que esta idea de orden

---

* Doctor en derecho por la UNAM, miembro del sistema nacional de investigadores, miembro de la academia mexicana de ciencias, profesor –investigador de la Universidad Autónoma de Nuevo León en la facultad de derecho y criminología, coordinador de derecho comparado en el centro de investigación de tecnología jurídica y criminológica, profesor titular de derecho administrativo y profesor en el doctorado en derecho en la UANL-México

está presente, con mayor o menor fuerza, en todo el entramado jurídico, de ahí el interés doctrinal –dogmático– por desarrollar un estudio sistemático, científico de esta materia.

Efectivamente, la jerarquía se puede establecer a partir del orden jurídico vigente en un país determinado. Esto es factible dado que somos, en la tesis de Dworkin[1], vasallos de la ley. Estamos inmersos en un universo de leyes, pero éstas no están sueltas, no son individualidades, son sistemas, subsistemas, instituciones que penden, están atadas a un orden jerárquico superior. De eso se trata este trabajo, de determinar si los principios de la contratación pública es posible atarlos a una jerarquía determinada.

Comenzamos.

1. ¿Qué entendemos por jerarquía jurídica? Sus elementos

Dentro del terreno del derecho, Jerarquía y Poder constituyen una sinonimia conceptual. Ambos conceptos debemos despejarlos, pues constituyen el punto central o enlace de este trabajo.

Desde un punto de vista lógico, la jerarquía jurídica se refiere a un procedimiento metodológico para describir y organizar las manifestaciones del Poder. Desde esta perspectiva encontramos tres aspectos didácticos substanciales: a) un procedimiento como **forma** metodológica; b) un objeto del procedimiento como **fin** y; c) el poder mismo o la **materia** del procedimiento. Así, **forma, fin** y la **materia** del procedimiento, constituyen el concepto jerarquía jurídica.

Veamos ahora la circunstancia del Poder.

Sin la consideración didáctica de esta característica, es decir el Poder, no se entiende, carece de sentido el concepto de jerarquía. La literatura jurídica, en particular la lucha de las instituciones políticas da cuenta de este desenvolvimiento, las más de las veces, con acentos trágicos para la humanidad. No es indispensable insistir en este tema.

Empero, conviene recordar por su transcendencia en el rubro de este trabajo – jerarquía jurídica– que este concepto toma fuerza y nueva dirección a partir de la Revolución francesa con el derrumbamiento del Estado absolutista, porque es entonces cuando la Ley se revela, aunque matizada por la Constitución como la autoridad superior[2], como el poder mismo, el nuevo poder. Pero no ha sido tan solo la autoridad superior la que ha sido substituida, en este caso el Rey, sino también "la voluntad" que lo designó como autoridad o Rey, o sea, la voluntad divina, substituyéndola por la voluntad, en este caso la voluntad del pueblo o de la nación. La Revolución francesa es el movimiento histórico encargado de las substituciones de dos grandes personas jurídicas: el rey substituido por el reino de la Ley y; la voluntad divina substituida por la voluntad popular. Ley y voluntad, o, voluntad y ley, tienen desde entonces otro significado.

El Poder, representado por el rey, se ha desmitificado por una institución impersonal, abstracta, general cuyas dimensiones y consecuencias no se conocen, al menos en esas

1 DWORKIN Ronald, El imperio de la justicia, editorial Gedisa, Barcelona, 1988, p. 11

2 << No hay en Francia autoridad superior a la de la Ley>>, art. *3* de la sección 1.a, del capítulo II de la Constitución de *1971*

geografías, de ahí su construcción como el ídolo de una "religión" inédita para la civilización humana[3].

2. Jerarquía y legalidad.

Hemos dicho que con la presencia histórica del nuevo concepto de la Ley (en substitución del rey) elaborada en acato a la voluntad popular, se anuncia para la civilización moderna que la libertad es el único y más apreciado objetivo de esta, así el nuevo producto llamado Ley deberá entenderse protegiendo un derecho relacionado con la libertad.

En contraposición a esa tesis, es fácil entender que los anteriores productos regulatorios, no llevan dicho propósito, y en todo caso, se caracterizaban por ahondar los costos sociales y reforzar los privilegios del *ancien régime*. En este nuevo entramado de la Ley–Libertad, en que se da la presencia del concepto jerarquía, ahora atrapada en la legalidad del poder.

La Ley ahora tiene dueño, fin y destinatario. Al aplicarse, permítaseme el pleonasmo, los aplicadores no olvidarán este triángulo filosófico–político, generándose entonces el principio de jerarquía administrativa, o sea la presencia de autoridades fijas con facultades de regulación e inspección especificadas en una Ley que manda y todos los funcionarios, administrativos o judiciales, en cuanto agentes o comisionados por el pueblo, son sus simples ejecutores, que comprueban que el supuesto de hecho previsto por la Ley se ha producido y que seguidamente se limitan a particularizar la consecuencia jurídica que la ley ha determinado su procedencia.

Se trata finalmente de que en correspondencia con la libertad, el poder sea organizado, controlado, jerarquizado mediante la Ley, para evitar facultades imprecisas, discrecionales que de nueva cuenta lleven a la cúspide del poder a una autoridad distinta y ajena a la voluntad popular. En algunos casos mediante la Ley el poder judicial sea controlado estableciendo sus procesos de organización, competencia, control por órganos distintos al menos en el inicio de sus nombramientos, es decir, creándose la jerarquía jurisdiccional. Lo mismo ocurre con la jerarquía administrativa, de la cual más adelante habremos de desarrollar y; finalmente la organización del poder legislativo, en la llamada *jerarquía normativa.*

3. La Jerarquía Normativa

Como arriba hemos apuntado legalidad y jerarquía son dos consecuencias del "reino de la ley". La primera apunta a la defensa de la libertad facultando al funcionario para realizar solo lo que ella determina. Su quehacer viene encerrado en una norma.

No más, no menos; en tanto la jerarquía implica organizar sus funciones –las de gobernantes– bajo un procedimiento normativo generalmente de carácter secundario. En ambos casos es la ley la que orienta los conceptos de legalidad y de jerarquía.

La sencilla conceptualización que hemos anotado, requiere de precisiones metodológicas –didácticas– que en seguida debemos realizar, para subrayar su aguda importancia en el derecho. Iniciaremos este despeje metodológico adentrándonos en terrenos de la jerarquía normativa.

---

3 CISNEROS, Farías Germán, en "Jerarquía Normativa Vs. Jerarquía Administrativa" en *Anuario de la Función Pública*, Universidad de Piura, Thomson Reuters, 2015, p. 91.

Ciertamente hemos estado hablando del "reino de la ley", pero, ¿de qué ley o leyes hablamos, de qué universo legal estamos partiendo?, ¿a qué micro o macro–mundo nos referimos?¿O, acaso todas las leyes son iguales?¿Hay leyes superiores o inferiores?

Para responder a estas preguntas debemos precisar los conceptos relativos al sistema y al ordenamiento jurídico. Hablemos de este último.

Aunque muy débilmente este tema sobre el sistema y el ordenamiento de la ley, ya había sido tratado en la doctrina alemana[4], ciertamente debemos a Hans Kelsen haberlo abordado con profundidad para arribar a su propuesta de lo que hemos llamado *jerarquía normativa* o la *pirámide kelseniana del ordenamiento jurídico.* Para este renombrado jurista la validez de la norma jurídica permite la construcción escalonada de leyes superiores y leyes inferiores, bajo los términos por él propuestos, en relaciones de supra y subordinación de validez.[5]

El concepto de jerarquía normativa no aparece en la literatura kelseniana de manera específica con tal denominación sin embargo aparece de manera implícita al considerar el ordenamiento jurídico construido sobre la base piramidal y en el vértice la norma fundante de todo su entramado jurídico. Por ello se considera que si bien es cierto que Hans Kelsen no lo consideró como una jerarquía normativa, sí estableció criterios de aplicación, de validez en la solución de conflictos entre normas, de ahí la consideración doctrinal de la presencia jerárquica de normas supra y subordinadas[6], aparece en este escenario la ley superior llamada Constitución en su expresión doctrinal de Estado constitucional que da un nuevo acento a la jerarquía normativa estableciendo que en la producción de leyes se ha de respetar las exigencias constitucionales entre, ellas la participación democrática de las minorías en la toma de las decisiones transcendentales de la sociedad[7].

Esta preocupación por la conceptualización doctrinal de la jerarquía normativa o del ordenamiento jurídico ha pasado al terreno del derecho administrativo con otro nombre, en este caso jerarquía administrativa, aunque con matices más prácticos, menos abstractos como en la anterior disciplina ya mencionada que en la opinión de Requena López, se centra en los terrenos del poder ejecutivo: El campo natural de lo jerárquico en el ámbito *iusadministrativista* es el de las relaciones entre ley y reglamento, relaciones que marcan decisivamente el análisis de la jerarquía y la panoplia de conceptos de que se nutre y que pesan como una losa en cualquier aproximación a la propia jerarquía y sobre todo atendiendo a esta respecto a las relaciones Ley– Reglamento, ocupan un lugar preferente tanto en el análisis de la reserva de ley, justamente en el referido espacio normativo de la administración misma, como en el más amplio y genérico principio de legalidad, como principio matriz que somete toda la acción administrativa[8].

---

4 F.C.V. SAVIGNY, y PUCHTA R. Von Ihering abordaron estos temas; y con breve diferencia de tiempo Maurice Houriou, Santi Romano y Bobbio, lo han desarrollado arribando a conclusiones diversas, a lo que se le ha denominado la pirámide Kelseniana del ordenamiento jurídico.

5 CISNEROS Farías Germán, *Op. Cit.*, 91

6 KELSEN, Hans *Teoría pura del derecho*, trad. R. J. Vernengo, Porrúa, México, 2000, pp. 232 y 284.

7 REQUENA López, Tomás *El principio de la jerarquía normativa,* Thomson-Civitas, Madrid, 2004, p. 32.

8 REQUENA López, Tomás *Ídem* p. 48.

Se entiende que la jerarquía normativa se da desde la misma ley, es decir es esta la que además de proclamar sus propias diferencias –Ley–Reglamento–declara también su propia superioridad como un todo, ante cualquier posible "invasión"externa de otro discurso normativo y se autocalifica de "suprema", supraordenadora, supralegalidad, etc., por aquello de las confusiones conceptuales. Si bien es cierto que esta proclamación no implica una jerarquía normativa, sí puede considerarse como el inicio de tal concepto, pues a partir de tal deslinde se dan las gradaciones de la materia, es decir todo el ordenamiento jurídico como en seguida lo vernos.

Bobbio nos dice que en una estructura jerárquica como la del ordenamiento jurídico los términos ejecución y producción son relativos porque la misma norma puede ser considerada, a un mismo tiempo, ejecutiva y productiva; ejecutiva respecto de la norma superior, y productiva respecto de la norma inferior[9]. Luego este jurista nos presenta una jerarquía normativa a partir de la cual se desenvuelve, nace la jerarquía administrativa, al decirnos: las leyes ordinarias ejecutan la Constitución y producen los reglamentos. A su vez los reglamentos ejecutan las leyes ordinarias y producen los comportamientos conforme a ellos. Todas las fases del ordenamiento jurídico son a un mismo tiempo ejecutivas y productivas, con excepción de las que están en el grado más alto y de las que están en el grado más bajo. El grado más bajo está compuesto por actos ejecutivos, ya que estos son solo ejecutivos y no productivos. El grado más alto está constituido por la norma fundamental que, por lo tanto, es solo productiva y no ejecutiva[10].

En este espacio es prudente preguntarnos ya, quién produce los llamados principios generales de la contracción pública y; desde esa respuesta avisorar la posibilidad jerarquía de ellos.

Esta sencilla presentación del ordenamiento jurídico se vuelve compleja en el momento mismo de la aplicación de todo el entramado normativo, e incluso, de su interpretación, por lo que es muy común que en el proceso productivo de las normas y en su realización correspondiente se presenten las llamadas *antinomias jurídicas,* y en algunos casos las incompatibilidades, que esencialmente consisten en conflictos dentro de la jerarquía normativa. Al respecto, y ya para concluir este numeral debemos conocer las tesis de Norberto Bobbio en estos casos.

El citado jurista italiano define la antinomia como aquella situación en la que se encuentran dos normas, cuando una de ellas obliga y la otra prohíbe, o cuando una obliga y la otra permite un mismo comportamiento. Y apunta que para la consideración de esta situación deben presentarse dos condiciones: pertenecer a un mismo ordenamiento y tener el mismo ámbito de validez. Afirma también, y con esto cerramos el tema, tres reglas fundamentales para resolver las antinomias en un ordenamiento jurídico: un criterio cronológico, balo el aforismo *lex posterior derogat priori;* Un criterio jerárquico con el aforismo *lex posterior derogat inferior;* y por último, un criterio de especialidad que corresponde al aforismo *lex especialis derogat generali*[11].

9 BOBBIO, Norberto *Teoría general del derecho*, trad. Jorge Guerrero, Temis, Bogotá, 1999, p. 163.

10 BOBBIO, Norberto ídem, p. 163.

11 BOBBIO, Norberto *ídem*, pp. 188-195.

4. La jerarquía administrativa

En tanto la jerarquía normativa se explica y entiende bajo el aparato de producción –lo que implica retomar la tesis del poder– pues todos entendemos que este apartado implica distribución de funciones, facultades, derechos, etcétera, la jerarquía administrativa se explica y entiende bajo el apartado de la ejecución, del procedimiento, de la operación. Esta circunstancia obliga a separar metodológicamente ambas jerarquías y considerar al primer apartado dentro del ordenamiento jurídico y al segundo dentro del sistema jurídico. Habrá entonces jerarquías normativas en la producción del ordenamiento jurídico; y tendremos jerarquía administrativa en la ejecución organización de un sistema jurídico, entre ellos los principios de la contratación pública

Así el concepto de jerarquía administrativa debe explicarse dentro de la teoría de los sistemas, como enseguida lo veremos.

En ambos casos, tanto en la jerarquía normativa como en la jerarquía administrativa, se da un procedimiento tal como hemos dicho en espacios anteriores, en la primera con carácter productor en tanto en la segunda será un procedimiento ejecutor. El procedimiento o los procedimientos que llevan a la construcción de una jerarquía –normativa o administrativa– tienen propósitos distintos, además del relativo a la producción y ejecución ya mencionados, tiene, en opinión de Luis Pastor[12] la de proteger de las incoherencias, incompatibilidades o correcciones de las normas situadas en distintos niveles, cuando las disposiciones tengan igual rango y san contradictorias, ello bajo el principio de seguridad, es decir, la jerarquía normativa, sujeta a un procedimiento productor lleva la idea de establecer la seguridad jurídica.

Para nosotros, como más adelante lo estudiaremos, la jerarquía administrativa, lleva el propósito en su "jerarquización", de establecer, ejecutar los intereses generales.

Precisado lo anterior, regresemos al punto de considerar a la jerarquía administrativa dentro de un sistema jurídico y desde ahí construir todo el entramado lógico de ese concepto.

En el primer numeral hemos afirmado que el concepto de jerarquía jurídica –sin las consideraciones de normativa o administrativa– se refiere <<a un procedimiento metodológico para describir y organizar las manifestaciones del poder>>; y además, hemos despejado de inmediato el concepto poder dentro del derecho, desde la perspectiva de la Revolución francesa con grandes e importantes implicaciones para el derecho administrativo. Despejado este, nos referimos ahora a la jerarquía jurídica como procedimiento metodológico; y al procedimiento descriptivo y al procedimiento de organización.

Nos apresuramos para indicar que, tanto la jerarquía normativa en su presentación como ordenamiento jurídico, como la jerarquía administrativa en su desarrollo como sistema jurídico usan, los procedimientos metodológicos descriptivo y de organización, aunque sus acentos son diferentes, como más adelante lo veremos, dando lugar a términos jurídicos de diferente denominación; sin embargo, es el caso puntualizar que la jerarquía administrativa usa dichos procedimientos metodológicos y descriptivos, y de organización con acentos y características muy particulares, al punto tal que a veces se le considera como "propietaria" de tales procedimientos, sin que lo sea, pues en apego a la

---

12 En el volumen III, *La Constitución Española y las fuentes del derecho*, en sus artículos <<Sistema Jurídico y Constitución>>, editado por Instituto de Estudios Fiscales, Madrid, 1979, p. 1604.

verdad científica pueden ser utilizados por ambas clasificaciones de jerarquías, en todo caso le es privativo su uso a la jerarquía jurídica. Ha sido esta pretensión –la de exclusividad– la que ha ocasionado distracciones doctrinales que han retardado el encuentro del adecuado concepto de la jerarquía, tanto normativa como administrativa.

El carácter metodológico del procedimiento con el cual se inicia y termina el establecimiento de una jerarquía jurídica –normativa o administrativa–, es decir su objetivo y finalidad debe estar presente en los diferentes espacios de ella, independientemente del nombre que reciban dichos espacios. Afirmamos lo anterior porque a veces centramos nuestra discusión en los nombres o denominaciones de dichos espacios y perdemos de vista la secuencia metodológica por la que debe o deben caminar los fines de dicha jerarquía.

Este procedimiento metodológico de orden, de disciplina en el establecimiento de la jerarquía –normativa o administrativa– se aprecia en los eslabones jurídicos internos que responden siempre a los ámbitos de validez, según se trate la materia motivo de jerarquía, pudiendo responder a la validez o unidad de la materia, espacio, tiempo o persona sujeta o sujetas a una "jerarquización" o competencia, es decir, estos ámbitos de validez de manera coherente ordenan, relacionan metodológicamente la parte, las partes con el todo de que se trate, proporcionando la idea de unidad.

Podemos afirmar que, sin un sentido de orden interno no hay jerarquía. Es tan fuerte este sentido de orden interno en la jerarquía, referido a los ámbitos de validez, que algunos doctrinarios clasifican a la jerarquía en elemento interno y en elemento externo; este subrayado constituye un pleonasmo jurídico, pues no hay jerarquía sin un sentido interno o lo que es lo mismo, hablar de jerarquías implica el orden interno de sus eslabones jurídicos que lo establecen, es decir, nos estamos refiriendo a la forma, fin y la materia del procedimiento para describir y organizar las manifestaciones del Poder.

5. Los principios del derecho en la corrección de un sistema jurídico

Ya hemos abordado el tema de la jerarquía, ahora veamos el tema de los principios. El principio que rige la integración de la ley, se refiere a la plenitud del derecho.

Pueden existir lagunas en la ley pero no existen en el derecho.

Los casos no previstos por el legislador deben ser resueltos de diferente manera: pueden ser tomando en cuenta el sentido de la ley; tomando como referencia los casos semejantes respecto a los cuales existe una norma aplicable; aceptando el valor o valores jurídicos tutelados por el derecho que tengan relación con el caso no previsto; aplicando la analogía juris; aceptando los principios de la equidad, o los principios generales dl derecho.

Dice Bobbio: debemos entender por plenitud: "...la propiedad por la cual un ordenamiento jurídico tiene una norma para regular cada caso, pues ausencia de lagunas en un ordenamiento significa plenitud, y esto, se resuelve por el mismo ordenamiento o sistema jurídico.." Así, tomando en cuenta de manera directa todo el ordenamiento jurídico relativo a la materia del caso de controversia; o de manera indirecta, las materias correlacionadas con el caso; o a veces, aplicando de manera supletoria otros ordenamientos jurídicos de mayor jerarquía, se resuelve el caso planteado. A ese principio emanado de todo el sistema legal o de los ordenamientos jurídicos positivos, se le llama en la doctrina principio de plenitud del derecho.[13]

Por ello asentamos que los modos lógicos de que se vale un sistema jurídico para corregir sus propias fallas, ausencia de norma específica, deficiencias particulares de un conjunto normativo, e incluso de lagunas legales, son los siguientes:

La analogía juris; la equidad; los principios generales del derecho.

6. Los principios generales en la integración de la ley

De los anteriores modos lógicos, nos interesa explicar el último de ellos.

A los principios generales del derecho se les identifica de la manera siguiente:

* Son principios de derecho natural.
* Principios dictados por la razón y admitidos por el derecho.
* Derecho universal común, generado por la naturaleza.
* Pauta normativas o directrices de lo que debe ser.
* Principios o aforismos del derecho romano.
* Normas directas o principios cardinales que orientan la justicia de un sistema.
* Normas fundamentales del derecho o normas base de la ciencia jurídica.

Tomando en cuenta las afirmaciones anteriores y el punto de vista de otros juristas avezados en el tema, podemos considerar que la mayoría coincide en los siguientes tres apartados que se identifican con los principios generales del derecho:

a. Derecho natural: Equivalen a las normas del derecho natural, esto es, son normas que no han encontrado formalidad conceptual ni sanción estatal, pero que poseen innegable vigencia, validez y obligatoriedad, por formar parte de un sistema superior divino, puesto en el corazón de todos los hombres.

b. Derecho positivo inmerso en los sistemas orgánicos jurídicos o en el orden vigente de un Estado: Son los principios que informan el derecho positivo y que son sus presupuestos lógicos y necesarios. Pertenecen a todo el sistema orgánico de un Estado y pueden ser vigentes o haber sido vigentes en otra época, pero que siempre han estado en la esencia de una norma jurídica obligatoria, válida y eficaz.

c. Aforismo o principios jurídicos del derecho romano: Constituyen las reglas, brocardos, aforismos, o máximas dictadas por los jurisconsultos romanos y que al no estar insertos en el derecho positivo, orientan la función jurisdiccional, en ausencia de una ley completa.[14]

7. Los principios generales del derecho administrativo. Características

Ciertamente los principios generales son muchos y distintos, por lo que no es posible enumerarlos en este trabajo. De ellos, (de los principios generales del derecho) la doctrina ha derivado ciertos principios generales exclusivos o aplicables al derecho administrativo.

---

13 CISNEROS, Farías Germán , *Derecho Sistemático*, editorial Porrúa, México, 2015, p. 250

14 CISNEROS, Farías Germán, Ídem, 256.

Veamos, en una primera etapa sus características, y después enunciemos de manera particular los principios aplicables en el derecho administrativo, pero en la especificidad de la contratación pública.

Características:

a. Los principios generales del derecho administrativo carecen de supuesto de hecho

Mientras las leyes responden a una cierta estructura lógica, donde tanto la proposición central constituida por el supuesto de hecho que ella determina como su consecuencia, se encuentran formuladas "con similar propósito de precisión"[15] , los principios aparecen con un margen de indeterminación y abstracción[16] que los lleva a requerir siempre de un acto posterior que los precise en una formulación más detallada, ya sea en su incorporación al derecho positivo o a falta de éste, en su aplicación al caso concreto[17]. Ciertamente las leyes centran su fuerza existencial en el supuesto de hecho, en tano los principios carecen de supuesto de hecho[18] los que deben ser cubiertos, en principio, por los legisladores o jueces, dadas las restricciones que pesan sobre la Administración para determinar su propia competencia, por ello, deben considerarse como correctores lógicos o teleológicos de alguna deficiencia de la ley misma.

b. Todo principio contiene un valor pero no todo valor configura un principio jurídico exigible como tal

En cuanto a los valores, se ha procurado distinguir cuando nos referimos al valor no lo hacemos en el sentido de algo útil sino como equivalente a bien, es decir, algo objetivo que resulta estimable por su cualidad intrínseca que suele ser el centro de un principio jurídico y, en cierto modo, refleja la relación de éste con la ley natural.[19]

Por ello afirmamos, en cuanto a los valores en correspondencia con los principios, éstos últimos no permiten especificar los supuestos en que se aplican, ni las consecuencias jurídicas que, en concreto, deben seguirse, los principios, sin llegar a ser normas analíticas, traducen un mayor grado de concreción[20] y resultan vinculantes o exigibles. Como puede apreciarse, el valor, así definido, se parece a la directiva o directriz de Dworkin en cuanto apunta a un estándar –que al igual que el principio debe ser observado– pero que reposa en un objetivo político, económico o social que persigue la comunidad.

---

15 *Cfr.* DURÁN Martínez, Augusto, Los principios generales del derecho en el Derecho Administrativo uruguayo. Aplicación por el legislador, el administrador y el juez, Junta de Castilla y León, Netbilo, La Coruña, 2007, ps. 595/596; VIGO RODOLFO L., "Los principios generales del derecho" JA 1986-III-864.

16 Para DE DIEGO la abstracción de los principios es superior a la de las normas correspondiendo su estudio tanto a los filósofos del derecho como a los juristas prácticos, y en un pasaje del prólogo que hiciera a la obra del DEL VECCHIO afirma: "Considerados, en efecto, los principios generales del derecho en su más amplia y comprensivo sentido"

17 *Cfr.* DURÁN Martínez, Augusto, Neoconstitucionalismo…, *Op .Cit.,* p. 88.

18 PRIETO SanchíS, Luis, Constitucionalismo y positivismo, UNAM-Fontamara, 2ª ed. México, 1997, pp. 30/31.

19 CASSAGNE , Juan Carlos, Los grandes principios del derecho público constitucional y administrativo, edición La Ley, Buenos Aires , 2015,p. 35

20 PÉREZ Luño, Antonio E. Derechos humanos, Estado de Derecho y constitución, 4°ed., Tecnos, Madrid, 1991, pp. 286 y ss.

Para fines de estipular la jerarquía y la legalidad , aceptamos que , la diferencia entre valor y principio dista de ser clara pues independientemente de que en algunos principios existe un menor grado de concreción que en otros, los valores siempre deben ser observados cuando razonablemente son susceptibles de ser captados por el sistema jurídico. ¿Podría acaso negarse –por ejemplo– que la justicia, la buena fe, la protección de la libertad y de la igualdad no constituyen principios generales del derecho exigibles?[21] , se cuestiona Cassagne [22] , y por nuestra parte, ampliamos el cuestionamiento de que los principios: ¿Pueden ser susceptibles de establecerse en ellos, alguna jerarquía?

Esta respuesta la daremos en el transcurso de nuestro trabajo, después de enumerar y analizar de manera general los principios generales del derecho administrativo.

8. Los principios en la contratación pública

No debemos olvidar que el contrato es Ley entre las partes, y con más razón se da este principio en la contratación pública. En efecto, los contratos de obras, de gestión de servicios públicos, de concesión de obras públicas, de suministro, de servicios y de colaboración entre el sector público y el sector privado son, ante todo, contratos, y como tales vinculan a las partes contratantes, que están obligadas a cumplirlos según su tenor. Estas ideas básicas, que proclama en diferentes leyes de la materia y por lo mismo son perfectamente validas, en cuanto afirmación de principio, en el ámbito administrativo. Los contratos administrativos se ajustaran al contenido de los pliegos particulares, cuyas clausulas se consideran parte integrante de los respectivos contratos. Y, en consecuencia, de obligada observancia, no pudiendo por ello ser modificadas salvo por razones de interés público y siempre que las modificaciones sean debidas a necesidades nuevas o causas imprevistas debidamente justificadas.

Esta ultima precisión, junto con la que se contiene ciertas leyes (los contratos.... obligan no sólo al cumplimiento de lo expresamente pactado, sino también a todas las consecuencias que, según su naturaleza, sean conformes a la buena fe, al uso y a la Ley), da la medida de las singularidades de los contratos en general, todos los cuales están impregnados de una idea esencialmente finalista, que preside necesariamente todo su desarrollo.

De acuerdo con García de Enterría y Ramón Fernández[23], el fin atrapa todas las regulaciones de la contratación pública.

Lo que se persigue, según estos tratadistas, con estos contratos es satisfacer de la mejor manera posible el interés público; se trata, ante todo, de construir la obra pública que demanda el interés general, de prestar el servicio público en las condiciones que exijan en cada momento las necesidades públicas que el servicio está llamado a cubrir, de facilitar a la Administración las cosas muebles que ha menester. Si para conseguir estos fines, implícitos en el contrato y connaturales al mismo, es necesario adaptar a las nuevas necesidades los términos de lo pactado, esta adaptación es obligada. La inalterabili-

21 BELADIEZ Rojo, Margarita, Los principios jurídicos, 1° ed., reimpresión, Tecnos, Madrid, 1997, pp. 75 y ss.

22 CASSAGNE, Op Cit, p.36

23 GARCÍA de Enterría, Eduardo - RAMÓN Fernández Tomás, Curso de Derecho Administrativo tomo I, décimo quinta edición, Thomson Reuters Madrid, 2011, p. 765

dad del fin impone o puede imponer la alteración parcial o, mejor aún, la adaptación del objeto.

9. El fin como principio de jerarquía lógica en la contratación pública

De esta manera, en la tesis mencionada, el fin orienta todo el pliego de las bases de la contratación pública, pues este principio está orientado a conseguir los fines generales de una sociedad. No olvidemos que el derecho administrativo como parte del derecho público se ha establecido con el propósito de satisfacer las necesidades diarias, comunes, colectivas, generales de una sociedad por medio de la administración pública estatal.

Lo anterior nos impele a considerar que la interpretación de los contratos debe darse atendiendo al argumento teleológico que se encuentra en la relación misma tanto de la ley de la materia como en su reglamentación y en los pliegos contractuales.

El argumento teleológico esta encadenado a conseguir un propósito, en este caso conseguir la justicia en general.

En la práctica, para el uso del argumento teleológico se identifica, o se trata de identificar, el telos con el fin concreto del precepto. El legislador, al momento de crear la norma, lo hace para conseguir un objeto determinado, lo que conduciría a la concepción de la ley como un medio para alcanzar un fin determinado. También se hace referencia al término finalidad cuando se asocia a un fin general de la materia o de una institución regulada. En esta situación, el sentido de la norma o de la ley no estaría encerrada en sí misma, sino en relación con el objetivo más general que se perdigue en la regulación de una determinada materia o institución jurídica.[24]

10. El principio general de la buena fe

La buena fe presupone que tanto la voluntad de la Administración como la del particular o administrativo y, en general, los elementos del acto o contrato han sido producto de una conducta recta, leal y honesta. Se trata de una derivación del principio de la dignidad de la persona humana.

La buena fe se vincula con los comportamientos éticos de las personas cuya exigibilidad se incorpora al derecho que, al tener en cuenta la moral, implica otra ruptura del positivismo legalista. Ella resulta directamente aplicable al derecho administrativo y rige con independencia de su reconocimiento por el derecho positivo, si bien las tendencias de los ordenamientos se inclinan por su incorporación expresa, ya sea como principio general en el Código Civil o bien, como ocurre en Colombia, a través de la recepción constitucional del principio (art. 83), cuya proyección al procedimiento administrativo ha sido ampliamente desarrollada por la jurisprudencia y doctrina de ese país.[25]

11. El principio general de la confianza legitima

La finalidad del principio estriba en mantener la intangibilidad de los derechos que nacen al amparo de un acto o contrato administrativo (pilar de la competencia y libertad económica) siempre que la verificación de la ilegalidad del acto se produzca luego de haber transcurrido un tiempo razonable susceptible de generarle al particular una legítima confianza en la estabilidad de la decisión y de sus derechos.

---

24 CISNEROS, Farías , Germán, Argumentación y Discurso jurídico, Trillas, México, 2014, p. 53

25 CASSAGNE, Op. Cit. P.52

Se trata de situaciones con una apariencia de legalidad o ausencia de vicios manifiestos, con independencia del carácter absoluto o relativo de la invalidez, que genera el derecho a la estabilidad del acto administrativo (v.gr. un permiso urbanístico revocado por la Administración por razones de legitimidad después de autorizarse el comienzo de las obras y habilitado el inmueble).

En cuanto al fundamento de la seguridad jurídica[26] , nos dice Cassagne que se esgrime como basamento del principio de la confianza legítima, el Tribunal de Estrasburgo lo sitúa en el Preámbulo del Tratado que declara el Estado de Derecho como patrimonio común de todos los integrantes.[27]

Veamos este principio, dentro del derecho comparado.

En el sistema argentino el fundamento se encuentra en el valor de la seguridad jurídica y en los postulados del Estado de Derecho contenidos en los artículos 14, 16, 17 y 18 de la C.N .[28] y aunque en los tribunales del sistema interamericano de derechos humanos no ha tenido aún recepción, el principio tiene similar encuadre a la luz de los preceptos de la CADH [29] Una aplicación puntual del principio de confianza legítima consiste en limitar el efecto retroactivo de la declaración de invalidez del acto administrativo[30] , cuando se dan los presupuestos requeridos para que el administrado haya tenido una "expectativa razonable" en la certidumbre de su derecho y haya obrado de buena fe. En el derecho alemán el principio de la protección de la confianza adquiere mayor fuerza en el caso de la renovación de actos favorables, salvo que se hubiera producido un cambio de circunstancias que transforme al acto en "antijurídico". En este último supuesto, la protección de la confianza juega en el sentido de permitir la renovación a partir del momento en el que se produzca el cambio de las circunstancias. Excepcionalmente, se admite la renovación con efectos retroactivos *ex tunc* en aquellos supuestos en que las subvenciones o ayudas públicas no han sido empleadas conforme a su finalidad.[31]

12. Principio de igualdad

El principio de igualdad y no discriminación se hace efectiva a través de la libre concurrencia de las empresas a los contratos que vaya a celebrar la Administración; en todos los procedimientos tienen derecho a participar en concurrencia los empresarios interesa-

---

26 MEDAUAR, Odete, O Direito Administrativo em Evolucao, 2° ed., *Revista dos Tribunais*, San Pablo, 2003, ps. 246 y ss. En Francia, el Consejo de Estado lo considera un principio general del derecho (C.E. Ass. 24 de marzo de 2006 Soc. KPMG) no ocurriendo lo mismo con el principio de la confianza legítima cuya APLICACIÓN –SEGÚN EL Consejode Estado, se limita al derecho comunitario. CE-9 de mayo de 2001- caso "Entreprise Freymuth".

27 GUTIÉRREZ Colantuono, Pablo A.-Justo, Juan B. (colab.) Administración Pública..., cit., p. 104. Uno de los casos paradigmáticos que cita es "Pine Valley" del año 1991, en el que se consideró que un permiso urbanístico anulado había generado expectativas legitimas o razonables para ejercer los derechos derivados del acto.

28 COVIELLO, Pedro J.J., *La protección de la confianza del administrado*, Lexxis Nexxis, Abeledo-Perrot, Buenos Aires, 2004, p. 85.

29 GUTIÉRREZ Colantuono, Pablo A.-Justo, Juan B. (colab.) *Administración Pública..., cit.*, p. 106, con citas de fallos de la CIDH (Cayara c/Perú. Excepciones preliminares), párrafo 63, entre otros.

30 *Cfr.* COVIELLO, Pedro J.J., *La protección de la confianza..., cit.*, ps. 229/234.

31 MAURER, Hartmut, *Derecho Administrativo parte general* ,Marcial Pons Madrid, 2011, pp. 324/325.

dos. Pero también el principio de igualdad tiene diversas proyecciones en la regulación de los diferentes procedimientos de selección de contratistas.

En general, la jurisprudencia, en aplicación del principio de la igualdad, reputa <<fundamental que los potenciales licitadores conozcan, en el momento de preparar sus ofertas, todos los factores que la entidad adjudicadora tomará en consideración para seleccionar la oferta económicamente más ventajosa y, si ello es posible, la importancia relativa de los mismos>>

13. Principio de transparencia

Se trata, en el campo de la contratación, de asegurar, por un lado, el uso de los fondos públicos más adecuado a la legalidad y a la eficiencia, y, por otro, que todos los contratistas reciben una información suficiente de las condiciones que van a determinar la adjudicación del contrato y el objeto de éste.

El principio de confidencialidad obliga a los órganos de contratación a no divulgar la información facilitada por los empresarios que éstos hayan designado como confidencial, reserva que alcanza, desde luego, a los secretos técnicos o comerciales y a los aspectos confidenciales de las ofertas. También el contratista deber respetar el carácter confidencial de la información a que tenga acceso con ocasión de la ejecución del contrato a la que se le hubiera dado tal carácter en los pliegos o en el contrato mismo, o que, por su propia naturaleza, deba ser tratada como tal. Este deber se mantendrá durante un plazo de cinco años desde el conocimiento de la información, salvo que los pliegos o el contrato establezcan un plazo mayor.

14. Factores para el establecimiento de la jerarquía en los principios de la contratación pública

Tomando en cuenta que la ley, como instrumento superior y ordenador de las disposiciones subsecuentes en determinada materia, dan lugar a la prevalencia del interés general en la contratación pública, entonces todas las disposiciones inferiores, incluyendo a los principios generales del derecho administrativo deben supeditarse a la jerarquía positiva que el legislador ha determinado.

Tal como hemos asentado en páginas anteriores, los principios del derecho, en ausencia de una ley específica o del silencio del legislador, entonces deben considerarse como correcciones lógicas del orden jurídico. De ahí que surja un problema relativo a cuál de ellos aplicar en ese caso concreto. pues como ya hemos dicho se da un silencio o un vacío legislativo.

Para coptar la posible arbitrariedad del juzgador en la aplicación de un principio general administrativo para un caso que se encuentra indeterminado o con silencios legislativos, entonces deben tomarse en cuenta dos factores importantes para el establecimiento de la jerarquía en la aplicación de los principios generales de la contratación pública, siendo éstos los siguientes:

a. La prevalencia del fin sobre el objeto de contrato

Los contratos de obras, de gestión de servicios públicos, de concentración de obras públicas, de suministro, de servicios y de colaboración entre el sector público y el sector privado son, ante todo, contratos, y como tales vinculas a las partes contratantes, que están obligadas a cumplirlos según su tenor.

Lo que se persigue con estos contratos, nos dice García de Enterría[32] es satisfacer de la mejor manera posible el interés público; se trata, ante todo, de construir la obra pública que demanda el interés general, de prestar el servicio público en las condiciones que exijan en cada momento las necesidades públicas que el servicio está llamado a cubrir, de facilitar a la Administración las cosas muebles que ha menester. Si para conseguir estos fines, implícitos en el contrato y connaturales al mismo, es necesario adaptar a las nuevas necesidades los términos de lo pactado, esta adaptación es obligada. La inalterabilidad del fin impone o puede imponer la alteración parcial o, mejor aún, la adaptación del objeto. El contrato es Ley entre las partes, pero junto a la lex contractu hay otras leyes que exigen primariamente la satisfacción del interés general. La armonización necesaria que ambas leyes obliga a buscar el equilibrio contractual en un punto diferente. Ese equilibrio, esa proporcionalidad o aequalitas de las prestaciones respectivas de las partes, que es consustancial a la idea misma del contrato, existe también en los contratos administrativos y se mantiene siempre a lo largo de su ejecución, cualquiera que sea la incidencia que en el desarrollo de los mismos puedan tener los poderes que se reconocen en la Administración contratante. Las alteraciones o adaptaciones que el interés público exige introducir en la obra, servicio o suministro contratados tienen en todo caso su contrapartida en un deber legal de respetar la llamada "ecuación financiera" del contrato

b. El poder de interpretación unilateral del contrato

La ley reserva igualmente a la Administración la facultad de resolver en forma unilateral y ejecutoria cuantas incidencias surjan entre la Administración y el contratista en la ejecución de un contrato por diferencia en la interpretación de lo convenido, mediante expediente contradictorio (es decir, con intervención y audiencia del contratista), sin que la tramitación de este expediente dé lugar normalmente a la paralización de las obras. Precisamente en esto estriba la justificación de esta potestad de interpretación unilateral de los contratos administrativos. Se trata, en efecto, de evitar que las posibles divergencias entre la Administración y el contratista puedan traducirse en un perjuicio para el interés público, como inevitablemente ocurriría si, producidas éstas, hubiera de quedar en suspenso la ejecución de la obra o la prestación del servicio hasta tanto se resolviese en firme la controversia por el Juez competente.

La prerrogativa de interpretación unilateral de los contratos administrativos así justificada carece, por lo tanto, de todo contenido material o sustantivo. No se trata de que la Administración pueda decidir libremente sobre el alcance real de lo pactado, sino de asegurar una decisión que provisionalmente permita continuar la obra, servicio o suministro contratados sin interrupciones perjudiciales para el interés general. La facultad interpretativa que se reconoce a la Administración no tiene otro alcance ni se traduce en reglas especiales distintas de las que establecen con carácter general la legislación española de la materia. Todo lo anterior permite a la administración, en primer lugar, tener a la vista el fin perseguido y, posteriormente en caso de duda o silencio del legislador, acudir a los principios generales del derecho administrativo.

32 GARCÍA de Enterría, Op. Cit. P. 766

CONCLUSIONES

PRIMERA. Toda nuestra actividad humana se encuentra regulada por un universo incontable de leyes. Ese universo gira organizado en sistemas, subsistemas, instituciones, principios que obedecen a un orden interior denominado Jerarquía.

SEGUNDA. La Jerarquía jurídica se define como un procedimiento metodológico para describir y organizar las manifestaciones del poder. Tal procedimiento tiene forma, fin y materia. Así, la jerarquía jurídica obedece a una forma o método; a un objeto o fin del procedimiento; y a la materia del poder mismo.

TERCERA. En la aplicación de la ley para un caso concreto, debe aplicarse de tal universo de leyes la que corresponda, según su jerarquía; así, la jerarquía normativa determina el orden de su aplicación.

CUARTA. Ante la vigencia de leyes aplicables a un caso concreto, además de la jerarquía normativa procede la interpretación, argumentación lógica de las leyes aplicables. El problema se presenta en la ausencia de leyes, vacíos legales, o silencios legislativos.

QUINTA. Ante esto último–ausencia, vacíos o silencios –procede la aplicación de correctores lógicos del derecho, tales como la analogía juris, equidad y principios generales del derecho.

SEXTA. Estamos ya ante la aplicación de principios generales del derecho para un caso concreto, cabe aquí preguntarse: ¿Cómo procede la aplicación de un principio general del derecho administrativo? ¿Hay discrecionalidad en su aplicación o tal vez arbitrariedad en la solución del caso?

SEPTIMA. En la contratación pública existe una jerarquía en la aplicación de principios, y se da en la determinación que al respecto haga una ley, o en el fin o interés general que se especifique en el pliego de la licitación pública respectiva.

OCTAVA. Con la aplicación del principio teleológico mencionad derrumbamos el muro de la discrecionalidad o de la arbitrariedad administrativa en los casos de la contratación de la obra pública.

Monterrey, Nuevo León,
México a 8 de mayo del 2017

BIBLIOGRAFÍA

BELADIEZ Rojo, Margarita, *Los principios jurídicos*, 1° ed., reimpresión, Tecnos, Madrid, 1997.

BOBBIO, Norberto, *Teoría de derecho*, trad. Jorge Guerrero, Temis, Bogotá, 1999, p. 163.

CASSAGNE, Juan Carlos, *Los grandes principios del derecho público constitucional y administrativo*, edición La Ley, Buenos Aires, 2015, p. 35.

CISNEROS, Farías Germán, en "Jerarquía Normativa versus Jerarquía Administrativa" en *Anuario de la Función Pública*, Universidad de Piura, Thomson Reuters, 2015.

_______________ *Derecho Sistemático*, editorial Porrúa, México, 2015.

COVIELLO, PEDRO J.J., *La protección de la confianza del administrado*, Lexxis Nexxis, Abeledo–Perrot, Buenos Aires, 2004.

DWORKIN Ronald, *El imperio de la justicia,* editorial Gedisa, Barcelona, 1988.

DURÁN Martínez, Augusto, *Los principios generales del derecho en el Derecho Administrativo uruguayo. Aplicación por el legislador, el administrador y el juez, Junta de Castilla y León*, Netbilo, La Coruña, 2007, ps. 595/596;

VIGO RODOLFO L., *"Los principios generales del derecho"* JA 1986–III–864.

_______________ *Neoconstitucionalismo y derecho administrativo*, la Ley, Montevideo, 2012.

F.C.V. Savigny, y R. von Ihering abordaron estos temas; y con breve diferencia de tiempo Maurice Houriou, Santi Romano y Bobbio, lo han desarrollado arribando a conclusiones diversas, a lo que se le ha denominado la pirámide Kelseniana del ordenamiento jurídico.

GARCÍA DE ENTERRÍA, Eduardo –FERNÁNDEZ Tomás Ramón, Curso de Derecho Administrativo tomo I, decimo quita edición, Thomson Reuters, 2011.

GUTIÉRREZ COLANTUONO, Pablo A.–JUSTO, Juan B. (colab.) *Administración Pública..., cit.*, p. 106, con citas de fallos de la CIDH (Cayara c/Perú. Excepciones preliminares), párrafo 63, entre otros).

KELSEN, Hans *Teoría pura del derecho,* trad. R. J. Vernengo, Porrúa, México, 2000.

MAURER, Hartmut, *Derecho Administrativo parte general*, Marcial Pons, Madrid 2011.

PÉREZ LUÑO, Antonio E. *Derechos humanos, Estado de Derecho y constitución,* 4°ed., Tecnos, Madrid, 1991.

PRIETO SANCHÍS, Luis, *Constitucionalismo y positivismo*, UNAM–Fontamara, 2ª ed. México, 1997, *cit.*, ps. 30/31.

REQUENA LÓPEZ, Tomás *El principio de la jerarquía normativa,* Thomson–Civitas, Madrid, 2004.

35. LOS PRINCIPIOS GENERALES DE LA CONTRATACIÓN PÚBLICA EN LOS CONTRATOS PARCIALMENTE REGIDOS POR EL DERECHO PRIVADO

Pedro José Jorge Coviello[*]

INTRODUCCIÓN

Desde el surgimiento de las instituciones iusadministrativas no dejaron de plantearse discusiones en torno a la entidad de los contratos administrativos.

Hay que tener presente que el Derecho Administrativo no se configura realmente sino con posterioridad a la Revolución Francesa. Una necesidad más política que jurídica fue la que le dio nacimiento, como lo demuestra la ley de los revolucionarios franceses del 16–24 de agosto de 1790, que vedaba a los tribunales ordinarios intervenir en los asuntos de los poderes públicos, entre ellos y principalmente, el Ejecutivo. El porqué de ello es evidente: los revolucionarios no fueron ingenuos y no querían que los jueces ordinarios los controlaran ... como ocurre ahora, por más democrático que sea un gobierno (veamos, si no, los conceptos del presidente TRUMP sobre los jueces que le dictan medidas en su contra). He allí la razón del nacimiento de la jurisdicción administrativa, o *contencioso administrativo*, y, en definitiva, del Derecho Administrativo[1].

Los juristas o, si se quiere, operadores jurídicos de los gobiernos revolucionarios que se sucedieron luego de su sangrienta eclosión, fueron delineando diversas formulaciones jurídicas para definir ese nuevo derecho que, *aparentemente*, no tenía vinculación con las normas y principios que daban razón al derecho privado de ese entonces, ni posteriormente con el Código de Napoleón, ni, mucho menos, con el derecho regio.

Ciertamente, ese novel derecho no era algo que surgía de la nada, como aparentemente se puede creer: se sustentó, justamente, en instituciones del Derecho Regio y del Derecho Canónico[2]. Y es a partir de ideas aparentemente contrapuestas entre la autoridad estatal y la libertad propia de los contratos que se configuró la teoría de los contratos

---

* Profesor titular ordinario de la Pontificia Universidad Católica Argentina.

1 Cuya prosapia muestra así un origen poco honorable; por suerte se ha redimido.

2 Me remito a las exposiciones de Luis Villar Palasí, *Técnicas remotas del Derecho Administrativo*, Instituto Nacional de la Administración Pública (INAP), Madrid, 2001, y de José Luis Meilán Gil, *Categorías jurídicas en el Derecho Administrativo*, Escola Galega de Administración Pública – Iustel, Madrid, 2011, *passim*. De este último autor, también: *La estructura de los contratos públicos. Norma, acto y contrato*, Iustel, Madrid, 2008, en especial cap. III.

administrativos. Y el objetivo de la formulación de los contratos administrativos era la misma que dio origen al Derecho Administrativos: que los jueces no intervinieran en ciertas vinculaciones contractuales de la Administración, como se verá más abajo.

En los últimos años ha mostrado la teoría una dirección muy particular en aras de la elaboración de principios que de una u otra manera puedan ser unitarios tanto a los contratos típicamente públicos, hasta los contratos regidos parcialmente por el derecho privado y, por qué no, a los contratos de naturaleza pública celebrados entre particulares.

Si se estudian las obras clásicas, nacionales y extranjeras, se apreciará que los contratos que se denominaban "de derecho privado de la Administración" no merecían mayor tratamiento específico, salvo meritorios trabajos de GALLI BASUALDO[3] o de GALLEGOS FEDRIANI[4] sobre el tema, aunque en algún momento esbocé algunas pacatas ideas sobre el tópico[5]. Por ello será necesario precisar a qué nos referimos cuando hablamos de "contratación" administrativa, es decir: ¿sólo a los contratos tradicionalmente calificados administrativos o también a los contratos regulados parcialmente por el derecho privado, celebrados por el Estado?

En todo este tema de los contratos tradicionalmente denominados administrativos hubo, quizás, confusiones, discusiones y hasta una eminencia como el profesor ARIÑO ORTIZ, llegó a hablar, con un título propio de una novela de misterio, de: "*El enigma del contrato administrativo*"[6] (y algo de razón tiene).

Hago una aclaración sobre el uso de los vocablos: a lo largo del presente trabajo utilizaré indistintamente las denominaciones "contratos privados" o "contratos de derecho privado de la Administración", si bien considero que la expresión correcta es, conforme el criterio al que adhiero, "contratos parcialmente regidos por el derecho privado". Asimismo, las denominaciones "contratos de la Administración" o "contratos públicos" las utilizaré indistintamente para referirme a todos los contratos estatales, estén regidos o no totalmente por el Derecho Administrativo.

1. Algo de historia

1.1. La influencia de la Revolución Francesa

Como se adelantó, el nacimiento de la figura del contrato administrativo es el mismo de la jurisdicción contencioso administrativa: excluir a los jueces ordinarios del conocimiento de determinados tópicos que interesaban al gobierno revolucionario.

---

3 Galli Basualdo, Martín: "El contrato de derecho privado de la Administración", en Cassagne, Juan Carlos (Director): *Tratado general de los contratos públicos*, La Ley, Buenos Aires, 2013, pp. 89-175.

4 Gallegos Fedriani, Pablo: "Los contratos privados de la Administración", en AAVV: *Régimen de contrataciones y compre nacional*, Ediciones RAP, Buenos Aires, 2002, pp. 29 y sigs.

5 Coviello, Pedro J. J.: "Los contratos de derecho privado de la Administración" en *Cuestiones de contratos administrativos. Jornadas organizadas por Universidad Austral. Facultad de Derecho*, ediciones Rap, Buenos Aires, 2007, pp. 227 y sigs.

6 Ariño Ortiz, Gaspar: "El enigma del contrato administrativo", *Revista de Administración Pública*, N° 172, Centro de Estudios Constitucionales, Madrid, enero-abril, 2007, pp. 79 y sigs. El texto reproduce la conferencia pronunciada por el autor en la Academia Nacional de Derecho y Ciencias Sociales el 27/11/2006, con motivo de su incorporación como Académico Correspondiente, estando el discurso de recepción estuvo a cargo del prof. Juan Carlos Cassagne. Publicado en Anales – Año LI, segunda época, N°. 44..

En el contexto de distintos ribetes que rodearon su alumbramiento, el contrato administrativo apareció como la figura que permitía residenciar en el ámbito administrativo determinadas relaciones que eran de particular importancia para dichos revolucionarios, sobre todo para evitar que los jueces interfirieran en ellas, y que eran tres: los contratos de suministros para los ejércitos, los contratos de obras y servicios, y la venta de bienes nacionales. Y, sobre todo en estas últimas ventas, realizadas mediante el desapoderamiento de la Iglesia y de la nobleza de sus bienes inmuebles, y su posterior enajenación, se evitaba que existiera alguna interferencia de los jueces ordinarios en punto a la juridicidad de tal enajenación[7] (dudo igual que la hubiera; la guillotina siempre estaba a mano ...).

En esos momentos política y jurídicamente álgidos surgiría la distinción entre actos de autoridad y actos de gestión, siendo éstos últimos aquellos en los que la Administración actuaba como cualquier particular, o sea, sin la "*puissanse public*". Así dentro de los actos de autoridad no eran, en un principio, concebir aquéllos (suministro, obras y venta de bienes públicos) como "contratos", puesto que su naturaleza contractual los aproximaba a la provincia del derecho civil. Las irregularidades observadas especialmente en la venta de tierras públicas llevaron a la necesidad de evitar, como dije, la "intromisión" de los jueces ordinarios. De allí la hábil pirueta jurídica de considerar a dichos contratos como una especie *sui generis* para el caso, de *actos administrativos*, con lo cual bajo ese argumento, orzó la relación hacia el rumbo del *acto de autoridad*, con lo que la habilitación de la competencia contencioso administrativa tenía abierta su ruta. Por cierto que no debemos dejar de tener presente que el "nuevo" derecho no fue tan original, puesto que, como se adelantó, tuvo que asentarse en parte importante de sus institutos en el derecho regio y aún del Derecho Canónico[8], y en materia contractual ello no fue una excepción[9].

Después de ello vendría el camino triunfal del contrato administrativo y las distintas teorías conformadas con la doctrina que hizo coro favorable a una realidad fundamentalmente política, en la que como muchas veces ocurre, los juristas elaboran alambicadas construcciones serviciales para esconder la corrupción o la arbitrariedad. Pero sería injusto no valorar el esfuerzo llevado adelante por los grandes juristas franceses y el Consejo de Estado para dar forma a la institución del contrato administrativo. Así vendría su caracterización por la finalidad del servicio público y más tarde por la presencia de las cláusula exorbitantes, o en forma más precisa, por la presencia de un régimen exorbitante[10].

7 Villar Palasí, José Luis y Villar Ezcurra, José Luis: *Principios de Derecho Administrativo, t. III – Contratación administrativa*, Universidad de Madrid, Facultad de Derecho, Madrid, 1983, pp. 8 y sigs.

8 Ver obras antes citadas de Villar Palasí y de Meilán, y también de Villar: *Técnicas remotas del Derecho Administrativo*, Instituto Nacional de la Administración Pública (INAP), Madrid, 2001.

9 Carboneill, André: "Le régime juridique des contrats de la personne publique sous l'Ancién Regime", Revue juridique de l'Océan Indien (RJOI) Nro. 6, año 2005-2006, pp. 23 y sigs. Ver también trabajos citados en la nota precedente.

10 Este tema lo desarrollé en el trabajo "Actualidad de la teoría general del contrato administrativo en la jurisprudencia de la Corte Suprema de Justicia de la Nación", en Cassagne, Juan Carlos (Director): *Tratado general de los contratos públicos*, La Ley, Buenos Aires, 2013, pp. 89-175. Un tratamiento valiosísimo de la evolución histórica del contrato administrativo se puede ver en: Muñoz Machado, Santiago: *Tratado de Derecho Administrativo y Derecho Público General,* tomo IV, *La actividad administrativa*, Iustel, Madrid, 2011, pp. 3012 y sigs.

Casi se puede decir que el reconocimiento de la figura y la razón de ser del contrato administrativo la daría la realidad de la Unión Europea.

1.2. La ventura del contrato administrativo

Tuvo distinto andamiento según los ordenamientos de los distintos países europeos. Aquí expondré en general lo ocurrido en los principales países antes de la incorporación de ellos a la Unión Europea.

Alemania, desde una postura negativa de la posibilidad de la existencia de un contrato entre la Administración y los administrados, expresada por sus grandes autores, como MAYER[11] o FLEINER, [12], hasta la aceptación de dicha posibilidad luego de la II Guerra, pero incluidos en la categoría de contratos privados de la Administración, negados de la competencia de la jurisdicción administrativa (que, conviene aclarar, es jurisdiccional y no inserida en la Administración), considerándose administrativos sólo los celebrados entre instituciones estatales en el art. 50 de la Ley de Procedimiento Administrativo Alemana[13].

En Italia tampoco se acepto hasta hoy en día la figura del contrato administrativo, considerándoselos sólo como contratos privados. Sin embargo, la etapa de formación se considera regida por el Derecho Administrativo[14].

España, en cambio, a lo largo del siglo XX no puso en discusión su existencia, pareciéndose la construcción dogmática y legislativa muy próxima a la francesa.

Gran Bretaña tradicionalmente los consideró propios del *common law*, por donde se seguía que no se diferenciaban de los contratos que celebraban los particulares entre sí. No obstante, con agudeza un autor inglés sostuvo que cuando la corona está presente las cosas cambiaban. Y realmente es así cuando se observan las prerrogativas que el gobierno presenta en la contratación pública[15].

Pero sería la Unión Europea la que daría, a mi entender, un cambio notorio en la materia estudiada. Veamos a continuación.

2. Las directivas de la Unión Europea y su incidencia en los países miembros.

2.1. Los fines comunitarios

La creación de las distintas comunidades europeas originarias como la Comunidad Europea del Carbón y del Acero (1951) y más tarde la Comunidad Económica Europea y la Comunidad Europea de la Energía Atómica (1957). Esa unión, que con los años fue ampliando sus miembros, denominaciones y contenido, hasta la denominación actual,

---

11 Mayer, Otto: *Le Droit Administrarif Allemand*, t. I, Giard & Brière, Paris, 1903, pp. 59 y sigs. (traducción francesa del propio autor).

12 Fleiner, Fritz: *Instituciones de Derecho Administrativo*, Labor, Barcelona, 1933, pp. 155 y sigs. Trad. de Sabino Álvarez Gendín.

13 Huergo Lora, Alejandro: "El derecho de los contratos públicos en Alemania", en Sánchez Morón, *El derecho de los contratos públicos en la Unión Europea y sus estados miembros*, Lex Nova-Universidad de Alcalá, Valladolid, 2011, pp. 103-121.

14 Casetta, Elio: *Manuale di Diritto Ammninistrativo*, 10ª ed., Giuffrè, Milán, 2008, p. 577. Clarich, Marcello: *Manuale di diritto amminisrativo*, Il Mulino, Bolonia, 2013, p. 425.

15 Foulkes, David: *Administrative Law*, 8ª ed. Butterworths, Londres, 1995, p. 435.

Unión Europea, buscó, desde la conformación por el Tratado de Roma de 1957 de la Comunidad Económica Europea, asegurar y lograr las "cuatro libertades": *libre circulación de mercancías* (a través de una unión aduanera), la *libre circulación de personas, trabajadores y empleados*, la *libre prestación de servicios* y, finalmente, la *libre circulación de capitales*.

Puede decirse que se constituía una nueva forma de Derecho Administrativo aplicable a las relaciones entre los administrados de distinta nacionalidad dentro de la comunidad europea, y los respectivos Estados. Antes era la relación de los administrados con el Estado en el que residían, ahora era con otros Estados, y no era un Derecho Internacional Público, sino un Derecho Administrativo Europeo. Así, se pasaba de la típica tensión autoridad–libertad, en la recordada descripción de GARRIDO FALLA, a la de un derecho enderezado a asegurar dichas libertades. Era necesario, entonces, lograr un mercado abierto y competitivo. Jean RIVERO había en algún momento escrito que los derechos administrativos de los estados miembros, que eran el reflejo directo de las soberanías nacionales y sus particularismos históricos, podían, mejor que otras disciplinas jurídicas, fundamentarse en la unidad.[16] Y de dicho particularismo que favorecía un mercado cerrado y protegido, el nuevo derecho se constituía para remover dichos obstáculos a fin de crear el nuevo mercado común[17].

2.2. El contrato público como modelo de legalidad comunitaria

Uno de los temas álgidos fue el de la contratación pública. El tema saliente aquí se daba cuando el "poder adjudicador", en el lenguaje comunitario era considerado estatal, más allá de la forma adoptada por la entidad contratante. Precisamente, una de las que se denominó a fines de la década de 1980 y principios de la de 1990, "huida del Derecho Administrativo", se dio cuando el estado respectivo invocaba que una empresa era privada y no estatal, porque asumía una figura del Derecho Privado. Otra forma típica era requerir que el material a proveer respondiera a cualidades sólo cumplimentadas por empresas nacionales, lo cual era una forma de esconder el "compre nacional", como fue en los casos 45/87 "Comisión vs. Irlanda", sentencia del Tribunal de Justicia de las Comunidades Europeas (TJCE) del año 1988, o en el caso 21/88 "Du Pont", del año 1990, o el caso 3/88, "Comisión vs. Italia", del año 1989.

Es interesante observar cómo, a través tanto de la normativa comunitaria dictada como de la jurisprudencia del entonces Tribunal de las Comunidades Europeas, y a partir del año 2009, Tribunal de Justicia de la Unión Europea, y asimismo del entonces Tribunal de Primera Instancia de las Comunidades Europeas, y ahora Tribunal General de la Unión Europea[18], se fue conformando una doctrina no ya del *contrato administrativo* en sí, sino del genéricamente denominado *contrato público*.

16 Rivero, Jean: "Vers un droit commun européen: nouvelles perspectives en droit administatif", artículo recogido en *Pages de doctrine*, t. II, L.G.D.J., París, 1980, pp. 489-502.

17 Ver entre otros: Chiti, Mario P. *Diritto Amministrativo Europeo*, Giuffrè, Milán 1999, *passim*. González-Varas Ibáñez, Santiago: *El Derecho Administrativo Europeo*, Instituto Andaluz de Administración Pública, Sevilla, 2000, *passim*. Ciertamente la nómina de obras que han tratado este tema son numerosas y muchísimo más actualizadas, pero extenderme en su mención y detalle desviaría del tema principal.

18 Sobre la reorganización de los tribunales de la Unión Europea, ver: Horspool, Margot y Humphreys, Matthew: *European Union Law*, 7ª ed., Oxford University Press, Oxford 2012, pp. 67 y sigs.

Lo que ocurre es que esa noción y su contenido se construyó bajo la influencia del contrato administrativo francés[19], que era la institución jurídica que coadyuvaba al aseguramiento de los fines comunitarios antes señalados, en especial, el principio de legalidad comunitaria. Es que el contrato administrativo, lo mismo que el acto administrativo, son instituciones basilares de la legalidad administrativa; son los cauces por donde debe navegar la actividad estatal. Fuera de ello, anarquía o dictadura.

2.3. Las directivas comunitarias

Por ello las distintas directivas, desde las primeras del año 1971, hasta llegar a las más recientes[20], han fijado las bases del momento crítico de la contratación, que es el de la selección y la adjudicación. En virtud de que tanto la regulación como la jurisprudencia tenían que buscar un equilibrio entre las distintas posturas nacionales en torno del contrato administrativo, en general hicieron distinciones sobre si un contrato debe considerarse administrativo o privado, sino simplemente, lo que interesa es que el poder adjudicador sea estatal. Y ese poder adjudicador, debe ser, además, como lo rotulan las directivas, un organismo público, ello es, que "*se haya creado específicamente para satisfacer necesidades de interés general que no tengan carácter industrial o mercantil*" (Directivas 2014/23 UE, art. 6.4.a), o 2014/24 UE, art. 2. 1. 4) a).

En el espíritu de dichas directivas, lo mismo que las que las precedieron, no interesaba que el contrato fuera "administrativo" o de "derecho privado", sino que fuera celebrado con un "poder adjudicador" creado para cumplir una *finalidad pública*. Por ello la denominación genérica como *contrato público* para dichos contratos fue la forma de englobarlos.

Pero se observa que no interesa si se trata, por ejemplo, de un contrato celebrado por una entidad u órgano estatal que carece de fin público, como podría ser la contratación de una empresa estatal. Ciertamente, no se trata de un criterio fácil de fijar a primera vista, puesto que, como en un profundo estudio se apuntó, pueden haber entes que cumplen actividades de interés público, aunque no hayan sido constituidos para ello, o que las actividades de carácter industrial o comercial puedan tener interés público, esto entre otras situaciones mencionables[21].

3. La incidencia de las directivas de la UE en los países miembros. Otros ejemplos.

En la normativa comunitaria, como se expuso, carece de trascendencia la regulación específica de los contratos considerados o regidos por el derecho privado. Lo que inter-

---

19 González-Varas Ibáñez, *El Derecho Administrativo Europeo*, cit., p. 249. Del mismo autor: *El contrato administrativo*, Civitas, Madrid, 2003, p. 234.

20 Directiva 2014/23/UE del Parlamento Europeo y del Consejo, de 26 de febrero de 2014, relativa a la adjudicación de contratos de concesión; Directiva 2014/24/UE del Parlamento Europeo y del Consejo, de 26 de febrero de 2014, sobre contratación pública y por la que se deroga la Directiva 2004/18/CE; Directiva 2014/25/UE del Parlamento Europeo y del Consejo, de 26 de febrero de 2014, relativa a la contratación por entidades que operan en los sectores del agua, la energía, los transportes y los servicios postales y por la que se deroga la Directiva 2004/17/CE

21 Chinchilla Marín, Carmen: "La juirisprudencia del TJUE sobre contratos públicos (I). Ámbito subjetivo y objetivo de aplicación de las directivas", en Sánchez Morón, Miguel (Director): *El derecho de los contratos públicos en la Unión Europea y sus estados miembros*, Lex Nova-Universidad de Alcalá, Valladolid, 2011, pp. 31 y sigs., esp. pp. 45-56.

esa es la finalidad pública del que se considera poder adjudicador. Si la finalidad de su creación es cumplir un fin público, la normativa lo incluye en su zona de sujeción jurídica.

3.1. Las realidades española y francesa

En cambio, vale tener en cuenta, en orden a la posición que aquí se expondrá, que en la normativa española (para poner uno de los ejemplos) la ley 30/2007 menciona genéricamente dentro de su ámbito a los "contratos del sector público" [22]. (En la actualidad, está vigente el texto refundido de la Ley de Contratos del Sector Público, aprobado por el Real Decreto Legislativo 3/2011, del 14/11/2011, y sus modificatorios.)

3.1.1. Dicha ley, más allá de que se mantiene en su texto la denominación clásica "contratos administrativos" y "contratos privados" de la Administración (cfr. arts. 18 y sigs. de la ley), pero va más allá de la normativa comunitaria, al incorporar a los contratos de derecho privado al régimen de derecho público en la faz de adjudicación, y de su modificación, en estos términos:

> "Los contratos privados se regirán, en cuanto a su preparación y adjudicación, en defecto de normas específicas, por la presente ley y sus disposiciones de desarrollo, aplicándose supletoriamente las restantes normas de derecho administrativo o, en su caso, las normas de derecho privado, según corresponda por razón del sujeto o entidad contratante. En cuanto a sus efectos y extinción, estos contratos se regirán por el derecho privado.
>
> "No obstante, serán de aplicación a estos contratos las normas contenidas en el Título V del Libro I, sobre modificación de los contratos [arts. 92 bis y sigs. de la ley]."

Puede decirse que es la "faz crítica" del procedimiento contractual que tiene carácter público, más allá de la naturaleza del ente público, esté o no encuadrado o no en la Administración Pública o se trate de entidades empresariales del Estado[23].

En el derecho español se ha hecho la distinción, precisamente, y en relación a los contratos de derecho privado de la Administración, que esa etapa previa es de derecho público, a cuyo fin se aplicó la doctrina de los "*actes dètachables*" del derecho administrativo francés[24].

3.1.2. En Francia la doctrina de los "*actes dètachables*", aunque dio lugar a ciertas confusiones[25], se ha reconocido que ella ha constituido "un bastión adelantado del prin-

---

22 Entre otras obras, ver: Rodríguez- Arana, Jaime y Moreno Molina, José Antonio: *Derecho Administrativo Español. Tomo III. Los contratos del sector público*, Netbiblo, 2014 (no se cita el lugar de impresión).

23 Santamaría Pastor, Juan Alfonso: *Principios de Derecho Administrativo general*, 3ª ed., Iustel, Madrid, 2015, t. II, pp. 193-194. Sánchez Morón, Miguel: *Derecho Administrativo. Parte general,* 11ª ed., Tecnos, Madrid, 2016, pp. 608-609

24 Esteve Pardo, José: *Lecciones de Derecho Administrativo*, 6ª ed., Marcial Pons, Madrid, 2016, pp. 321 y sigs.

25 Richer, Laurent: *Droit des contrats administratifs*, 4ª ed., L.G.D.J., Paris, 2004, pp. 168-169. Guettier, Christophe: *Droit des contrats administratifs*, PUF, Paris, 2004, pp. 426 y sigs. Waline, Jean: *Droit Administratif*, 26ª ed. Dalloz, Paris, 2016, pp. 486-489. Marcus, Laure: *L'unité des contrats publics*, Dalloz, 2010, pp. 322 y sigs. Hay un trabajo mencionable de Stéphanie Clamens, "La distinction entre contrats administratifs et contrats de droit privé au regard du dualisme juridictionnel", en la publicación digital Revue de l'actualité juridique française, año 2001, RAJF.org.

cipio de legalidad en el seno del contrato"[26], ello sin perjuicio de que aparecen desde hace algún tiempo cuestionamientos a dicha doctrina[27].

Fue la doctrina de los actos separables la que en cierto modo desvirtuó la "plenitud" del derecho privado sobre los contratos privados de la Administración, al haberse admitido el denominado recurso por exceso de poder respecto a la faz precontractual del contrato de derecho privado"[28] (es importante tener presente que dicho recurso es de mera legalidad, por lo cual la legitimación es amplia). Lo cual, desde ya, muestra que no hay mucha "pureza" privatística en dichos contratos, más allá de que en los casos de contratos celebrados en el marco de una gestión comercial o industrial se ha negado la posibilidad de interponer dicho recurso[29].

En fin, sin necesidad de profundizar el tema en el derecho administrativo francés, que en cierto modo muestra perfiles dubitativos, conviene mencionar que los profesores MODERNE y DELVOLVÉ señalaron la siguiente cuestión: "¿Se puede decir que los contratos de derecho privado hechos por personas públicas obedecen en todos sus puntos al derecho contractual privado? Sería seguramente excesivo, y algunos autores han establecido hace poco que las cosas estaban lejos de ser tan simples"[30].

Lo cierto es que en Francia desde hace ya un tiempo, y aparte de los autores citados, hay una línea que tiende a desdibujar una línea de frontera drástica entre los contratos administrativos y los contratos privados, sino antes bien, se busca algo así como una confluencia de ambas especies[31]. Hasta se ha buscado una relajación de una teoría general del contrato administrativo, sino, más bien una teoría que vaya hacia una escala de la "administratividad" (*"administrativité"*) de los contratos, hasta niveles intermedios o grados[32].

3.2. Otros países europeos

3.2.1. En Gran Bretaña pese a que fue común la idea de que los contratos celebrados por el Estado o la Corona, se regían por el *common law*, la realidad ha sido otra, puesto que, como escribió FOULKES, "el hecho de que uno o ambas partes contratantes sea una autoridad pública puede implicar un apartamiento de dichas reglas, o la aplica-

---

26 Richer, *Droit des contrats administratifs*, cit. p. 169.

27 Macera, Bernard-Frank: "Pasado, presente y future de la teoría de los 'actos separables' en el derecho francés de la contratación pública", en *Revista de Derecho Administrativo*, Nº 32, Depalma, setiembre-diociembre 1999, pp. 275 y sigs.

28 Richer, Laurent: *Droit des contrats administratifs*, 4ª ed., LGDJ, París, 2004, pp. 168 y sigs. Ver también respecto a los actos separables en material contractual: Guettier, *ob. cit.*, pp. 427 y sigs.

29 Richer, *ob. cit.*, p. 170. Sobre la teoría general de los actos separables en el derecho francés, ver también: De Laubadère: *Traité*, t. I, p. 536, Nº 900. Stassinopoulos, Michel: *Traité des actes administratifs*, edic. Collection de l'Institut Français d'Athénes, Atenas, 1954, p. 265. Lamarque, Jean *Recherches sur l'application du droit privé aux services publics administratifs*, L.G.D.J., París, 1960, pp. 175 y sigs. Delvolvé, Pierre: *L'acte administratif*, Sirey, París, 1983, pp. 81-83, nros. 166-168.

30 Moderne, Frank y Delvolvé, Pierre: "Las transformaciones contemporáneas del contrato administrativo en el derecho francés", *Revista de Derecho Administrativo*, Nros. 7/8, Depalma, Buenos Aires, 1991, pp. 265 y sigs.

31 Clamens, trab. cit. SEUBE, Jean-Baptiste: "Contrats de droit privé – contratas administratifs: points de convergence?" en *RJOI* Nº 6, año 2005-2006, pp. 39 y sigs. (trabajo para reflexionar).

32 Brenet, François: "La théorie du contrat administrative. Evolutions récentes", en Actualité Juridique. Droit Administratif (AJDA), 2003, p. 919 y sigs.

ción de reglas especiales"[33]. En definitiva, la existencia de los "public contracts", por sus características especiales, no ofreció mayor discusión en Gran Bretaña[34], y así se habla en relación a estos contratos de concurrencia ("*competitive process*"), criterios de selección, transparencia, publicidad y motivación ("*reasoned decisión–making"*)[35].

En tal sentido, basta la lectura del "Statutory Instrument" 2015 Nº 102, bajo el título "Public procurement. The public contracts regulation 2015", donde la regulación resulta similar a la de los países que tuvieron que adoptar las señaladas directivas de la UE. Ahora bien, el "Brexit" sin duda producirá cambios en estas regulaciones británicas, pero su alcance es difícil de determinar, aunque el sistema instituido hasta ese momento seguramente dejará su huella en futuro[36].

3.2.2. Por su lado tanto en Alemania[37] como en Italia[38], países que tradicionalmente no aceptan la existencia de contratos administrativos, lo cierto es que la imposición que en materia contractual les fue impuesta por la UE, muestra que la característica fundamental de aquéllos, cuyo momento crítico, como se dijo, es el previo a la adjudicación, ha sido en definitiva recibido por dichas legislaciones.

3.3. Los organismos internacionales

Otros ejemplos en materia de contratación pública (que así se la denomina por lo general), son las "Normas sobre adquisiciones de bienes, obras y servicios distintos a los de consultoría con préstamos del BIRF, crédito a AIF y donaciones por prestatarios del Banco mundial", emanadas del Banco Internacional de Reconstrucción y Fomento/ Banco Mundial, o la ley modelo de la Comisión de las Naciones Unidas para el Derecho Mercantil Internacional (CNUDMI), rotulada como "Ley modelo de la CNUDMI sobre la contratación pública de bienes, obras y servicios", o las exigencias impuestas en los proyectos financiados por el Banco Interamericano de Desarrollo, y señalados, entre otros documentos, en el Documento GN–2349–6, "Políticas para la adquisición de obras y bienes financiados por el Banco Interamericano de desarrollo", de febrero de 2006.

Dejo de lado el tratamiento, que en modo alguno puede ser insoslayable en esta materia, del derecho global de las contrataciones públicas, que han merecido tratamiento [39].

---

33 Foulkes, David: *Administrative Law,* cit. p. 435.

34 Craig, Paul P.: *Administrative Law*, 4ª ed. , Sweet &Maxwll, Londres, 1999, pp. 124-125

35 Craig, *Administrative Law*, *cit.* p. 131.

36 Arrowsmith, Sue: "The implications of Brexit for the law on public and utilities procurement", en el sitio *Achilles. Consultancy & training*. www.achilles.com

37 Huergo Lora, Alejandro: "El derecho de los contratos públicos en Alemania", art. cit. en Sánchez Morón, *El derecho de los contratos públicos en la Unión Europea y sus estados miembros, cit.*, pp. 103-121.

38 Como se aprecia en el "*Nuovo Codice appalti*", decreto legislativo nro. 50 del 18/4/2016.

39 Aguilar Valdez, Oscar: "Sobre las fuentes y principios del derecho global de las contrataciones públicas" en *Revista de Derecho Administrativo*, Nº 75, Abeledo Perrot, Buenos Aires, 2011, p. 1 y sigs. Una versión actualizada fue incluida en Cassagne, Juan Carlos (Director), *Tratado de la Contratación Pública*, t. II, La Ley, Bs As, 2013, p. 677-730. Moreno Molina, José Antonio: *Derecho global de la contratación pública*, Ubijus, México, 2011. Rodríguez Arana, Jaime; Moreno Molina, José Antonio, Jinesta Lobo, Ernesto, Navarro Medal, Karlos: *Derecho Internacional de las Contrataciones Administrativas*, Ediciones Guayacán, San José de Costa Rica, 2011. Benavídes, José Luis: *Contratos públicos. Estudios*, Universidad del Externado. Bogotá, 2014, pp. 15 y sigs.

4. Contratos administrativos, contratos de "derecho privado" de la Administración y contratos públicos

4.1. ¿Contratos "privados" de la Administración?

Hace casi veinte años el profesor MAIRAL habló de la "peligrosidad" de una teo-ría general del contrato administrativo, que fue respondida por el profesor CASSAGNE[40]. El debate fue ciertamente muy provechoso. Pero ahora agregaría otro componente –sin deseo de iniciar debate alguno– cuál es el de la peligrosidad de una teoría excluyente del contrato de derecho privado de la Administración.

¿Existen contratos de derecho privado de la administración? Y aquí se presenta otro problema que también ha sido polémico, desde que en nuestro derecho se dan conflictos entre los que sostienen su existencia[41], de quienes la niegan[42], para lo que prefieren hablar de contratos de la Administración. Se dice por parte de los que los niegan, que todos los contratos que celebra la Administración son *administrativos*, por más que el régimen por el que se rige el respectivo ente u órgano sea de derecho privado.

40 El artículo del profesor Héctor Mairal se titulaba "De la peligrosidad o inutilidad de una teoría general del contrato administrativo", El Derecho del 18/9/1998, al que le siguió la respuesta del profesor Juan Carlos Cassagne: "Un intento doctrinario infructuoso: El rechazo de la figura del contrato administrativo", El Derecho, del 23/11/1998. A ellos siguieron una serie de réplicas y dúplicas.

40 Si se entiende que dicha doctrina general sirve para justificar, como es moneda corriente, la arbitrariedad y el capricho estatal, es cierto que es "peligrosa". Pero no conozco otro camino para "juridizar" la actuación estatal en el ámbito contractual. Quizás el problema surgido estaría en que, como lo apuntó Brenet en el mencionado trabajo –y personalmente me lo había dicho mucho antes el profesor Mairal–, es que no existe "*el* contrato administrativo", sino "*contratos* administrativos". Lo que ocurre es que se ha pretendido aplicar en forma genérica una doctrina que en la propia Francia fue erigida en torno al "contrato estrella", que es el de *concesión de servicios públicos*, como lo destaca Brenet. Reproduce este autor lo escrito por Drago que la tentación fue "trasponer las reglas de la concesión en los contratos [*marchés*] públicos y de considerar que la concesión era el tipo mismo del contrato administrativo" (Roland Drago: 'Parodoxes sur les contrats administratifs', en *Études offertes à Jacques Flour*, Defrénois, 1979, p. 151). Véase, si no, que en nuestro país se sostuvo que la Administración podía reducir, como si fuera un contrato de suministro, de concesión de servicios o de obra pública, los salarios de los empleados públicos (caso "Guida", Fallos: 323:1566, 2000).

41 Bielsa, Rafael: *Derecho Administrativo*, 6ª ed., t. II,La Ley, Buenos Aires, 1964, pp. 175 y sigs. Marienhoff, Miguel S.: *Tratado de Derecho Administrativo*, t. III-A, 4ª ed., Abeledo-Perrot, Buenos Aires, 1994, pp. 44 y sigs. Berçaitz, Miguel Ángel: *Teoría general de los contratos administrativos*, 2ª ed., Depalma, Buenos Aires, 1980, pp. 146 y sigs. Cassagne, Juan Carlos: *El contrato administrativo*, 2ª ed., Lexis Nexis, Buenos Aires, 2005, esp. pp. 43 y sigs.Id.: *Curso de Derecho Administrativo*, 11ª ed. La Ley, Buenos Aires, 2016, t. II, pp. 358-360. Comadira, Julio Rodolfo; Escola, Héctor Jorge y Comadira, Julio Pablo: *Curso de Derecho Administrativo*, Abeledo Perrot, Buenos Aires, 2012, t. I, pp. 758-763.

42 Gordillo, Agustín A.: "Contratos administrativos", en AAVV: *Contratos Administrativos*, Asociación Argentina de Derecho Administrativo, Buenos Aires, 1977, pp. 9 y sigs. Barra, Rodolfo Carlos: *Principios de Derecho Administrativo*, Ábaco, Buenos Aires, 1980, *passim*. Id. *Contrato de obra pública*, t. I., Ábaco, Buenos Aires, 1984, pp. 37 y sigs. También Brewer –Carias participa del criterio del régimen común uniforme del derecho público de los contratos estatales, lo que lo lleva a la utilización del concepto genérico de contratos de la Administración (Brewer-Carias, Allan Randolph: *Contratos administrativos*, Editorial Jurídica Venezolana, Caracas, 1992, pp. 44 y sigs.). Ver también: Durán Martínez, Augusto: "El contrato administrativo en Uruguay", en *Estudios Jurídicos*, Universidad Católica del Uruguay, Nº 12, 2014, pp. 117 y sigs.; número en *homenaje al gran profesor uruguayo Mariano Brito*.

No podemos olvidar que –como lo expuse en un trabajo anterior[43]– en la doctrina española GASCÓN Y MARÍN[44] sostenía –ya desde la primera edición de su *Tratado*[45] – que no debía haber contratos exclusivamente regidos por el derecho común, "ya que la capacidad y forma de obrar de la Administración regúlase por el derecho administrativo; ni debe haberlos que por su objeto prescindan en absoluto de los principios jurídicos del derecho común en lo que es esencial en materia de contratación".

ÁLVAREZ GENDÍN[46] habló de contratos administrativos, como término genérico, que en su especificación podían ser públicos o privados. En su augusta madurez, este autor siguió utilizando la misma denominación, "entendiendo por contrato administrativo todo el que celebre la Administración en sus diversos grados, trátese de contratos de Derecho público o de Derecho privado"[47]. Es más, quizás adelantando la denominación actual vigente en Europa, tituló los dos capítulos del tomo I de su Tratado, bajo el epígrafe "De los contratos públicos" (caps. XXI y XXII).

De su lado, en el derecho uruguayo, SAYAGUÉS LASO prefirió la denominación común de *contratos de la Administración*, comprensiva de los pro–piamente administrativos y los de derecho privado de la Administración[48]; agrego que en dicho derecho, una voz actual, la del profesor Durán Martínez, afirma que "no hay dos tipos de contratos cuando contrata la Administración: unos de derecho privado, otros, los administrativos. Siempre que la Administración contrata celebra un contrato administrativo"[49]. Otra voz cuya autoridad es eminente, como la del profesor GARCÍA DE ENTERRÍA[50] , nos lo presentaría dentro de la postura de quienes prefieren utilizar la misma locución, sobre todo cuando reniega de una posición sustantivadora del contrato administrativo. Del otro lado de los Andes, SOTO KLOSS mostró una posición crítica en punto al aislamiento de los contratos administrativos de los denominados civiles, apuntando que había elementos que en uno y otro permanecían idénticos como la presencia de una Administración, la competencia y la formación del acuerdo de voluntades[51].

---

43 Coviello, Pedro José Jorge: "El criterio determinante del carácter administrativo de los contratos", en AAVV: *La contratación administrativa en España e Iberoamérica*, Cameron May-Junta de Castilla y León, Londres, 2008, pp. 99 y sigs.

44 Gascón y Marín, José: *Tratado de Derecho Administrativo*, 10ª ed., Reus, Madrid, 1948, p. 247.

45 Misma editorial, Madrid, 1921, p. 241.

46 Álvarez Gendín, Sabino A.: *Los contratos públicos. Doctrina y legislación*, Reus, Madrid, 1934, p. 43.

47 *Tratado general de Derecho Administrativo*, t. I, Bosch, Barcelona, 1958, p. 381.

48 Sayagués Laso, Enrique: *Tratado de Derecho Administrativo*, 4ª ed., edición de los herederos del autor, Montevideo, 1974, t. I, p. 537.

49 Durán Martínez, Augusto: "El contrato administrativo en Urugual", en Estudios Jurídicos. Publicación de la Facultad de Derecho de la Universidad Católica del Urugual, N2° 12, 2014, pp. 11.7 y sigs

50 García de Enterría, Eduardo: "La figura del contrato administrativo", RAP, 41-99. Id. y Tomás Ramón Fernández, *Curso de Derecho Administrativo*, t. I, 5ª ed., Civitas, Madrid, 1989, reimpr. 1991, pp. 670 y sigs.,

51 Soto Kloss, Eduardo: "Contratos de la Administración. Características y diferencias". Separata de la ponencia presentada en el Primer Congreso Internacional y IV Jordanas Nacionales de Derecho Administrativo. Mendoza, 1977. También del mismo autor: "La contratación administrativa: un retorno a las fuentes clásica del contrato", *Revista de Administración Pública*, N° 86, mayo-agosto de 1978, Madrid, Centro de Estudios Constitucionales, pp. 569-584.

4.2. ¿Contratos estatales con finalidad privada?

De lo antes expuesto puede apreciarse que en la doctrina no se discutió mayormente la existencia de los contratos de derecho privado de la Administración, pero no se pudo negar que existían componentes de derecho público. Ahora bien, ¿es posible que un contrato de los denominados de derecho privado de la Administración tenga un fin privado o particular, que no sea público?

La respuesta a mi entender es negativa, porque el Estado, cuando contrata –cualquiera de los tres poderes contrata– *no lo puede hacer de otra forma que no sea para satisfacer el interés general o el bien común*. De ninguna manera es éticamente concebible que pueda tener algún fin particular (de "alguien" o algún gobernante o funcionario ... no hacen falta más aclaraciones). Y por ello es que hay que hablar aquí del *principio de legalidad o juridicidad como sostén fundamental de toda la actuación estatal.*

Tomando el título del profesor MAIRAL, me atrevería a decir que existe la peligrosidad de una teoría *exclusivamente* privatista del contrato "privado" o parcialmente regido por el derecho privado de la Administración.

4.3. Los contratos públicos.

Y así se llega a la denominación que hoy en día se ha vuelto tan común, de hablar de los "contratos públicos". En realidad es una forma de denominar genéricamente a ambas especies de contratos de la Administración, sin perjuicio de la *"modulación"* que los caracteriza, como escribió el maestro GARCÍA DE ENTERRÍA[52] .

Cabe destacar que en el prólogo a la tesis de Laure MARCUS, más arriba citada[53], DELVOLVÉ puso de relieve la una *"appellation nouvelle: celle de contrats publics"*, llegándose a no hablar más, en la terminología francesa, de "*marchés publics*". Al mismo tiempo puso de relevancia la idea de que existe una unidad en materia contractual administrativa, en torno a la selección ("*passation*") en los contratos públicos[54].

El siempre recordado maestro español GARCÍA–TREVIJANO FOS, muchos años hace, había sido bien claro: "toda la parte relativa a la formación de voluntad, a la organización, al sujeto, a la capacidad, la competencia, etc., pertenece a una zona común de todos los contratos de la Administración y no a los contratos administrativos" (el resaltado en el original)[55] .

Recientemente, en una conferencia pronunciada en nuestro país, SANTAMARÍA PASTOR[56] sostuvo, en criterio que comparto, que "no es lícito dejar a un lado el hecho de que, cuando la Administración contrata en régimen de derecho privado no deja de ser una organización que debe velar por los intereses públicos y hacer un uso especialmente

---

52 "La figura", art. *cit.*

53 Marcus, Laure: *L'unité des contrats publics*, Dalloz, 2010.

54 Delvolvé, Pierre, *ob. cit.* pp. XI-XIII.

55 García-Trevijano Fos, José Antonio: "Principios sobre los contratos de la Administración con especial referencia a la esfera local", *Revista de Estudios de la Vida Local*, año XV, mayo-junio 1956, N° 87, pp. 301 y sigs.

56 Santamaría Pastor, Juan Alfonso: "La situación actual del derecho de la contratación pública", conferencia pronunciada el 20/10/2016 en el marco del IV Congreso Internacional de abogacía estatal, local y federal, "La protección del interés público en el estado constitucional de Derecho", Buenos Aires, 18-20/10/2016, organizado por la Procuración General de la Ciudad Autónoma de Buenos Aires.

cuidadoso de los recursos monetarios que compromete al contratar; y que, por tanto, el ámbito de la autonomía de la voluntad se encuentra mucho más condicionado y limitado que cuando el contratante es un sujeto privado. Pero, además, esta bipolaridad radical de la contratación, en la que un contrato es administrativo por completo (en cuyo caso, la Administración se encuentra en todo caso armada hasta los dientes con toda clase de poderes y privilegios) o total e íntegramente privado (supuesto en el que la Administración carece de cualquier instrumento para asegurar el interés público: ¿o es que tal interés no concurre en los contratos privados?) no tiene ninguna lógica."

En este orden de ideas, ya en su momento, BREWER–CARÍAS había escrito en diversos trabajos que "todos los contratos públicos están sujetos en una forma u otra al derecho público (administrativo), al menos en relación con las regulaciones relativas a las competencias de los entes y órganos públicos para suscribirlos, o a la selección de los contratistas (licitación), o en relación con su ejecución, de manera que no hay contratos públicos que estén sólo sujetos al derecho privado supuestamente opuestos a los contratos a los contratos administrativos sujetos al derecho administrativo", precisando que "la noción de contrato administrativo sólo puede ser aceptada para identificar un tipo de contrato público"[57].

De su lado, DELPIAZZO, estudiando el tema a la luz de la práctica y la legislación internacional de los últimos años, sostuvo que "aparece el nuevo concepto de *contratación pública* con pretensión de responder a las exigencias del cambiante mundo en el que vivimos, tanto desde el punto de vista internacional como de los Estados nacionales y desde el punto de vista conceptual"[58] (justamente, el epígrafe del acápite reza: "*De la contratación administrativa a la contratación pública*").

En definitiva, pues, la locución contratos públicos sirve para englobar a todos los contratos que celebra el Estado, y señalar que el marco que la juridicidad debe estar ínsito especialmente en los contratos parcialmente regidos parcialmente por el derecho privado. Ciertamente, dicha denominación a mi entender actualiza la que clásicamente se denominó "contratos de la Administración", de forma tal que se pueda utilizar la misma locución en ámbitos jurídicos diversos. Es decir, hay un sujeto bien perfilado para estos contratos: el Estado como una de las partes (excluimos aquí lo referente a si pueden existir contratos "administrativos" entre particulares).

Pero debe quedar claro que no porque se trate de un contrato celebrado por un organismo estatal, el derecho público le será aplicado *in totum*, como alguna vez se pretendió. Lo que hay que determinar es qué principios del derecho público se les aplican.

4.4. Las dos especies de contratos estatales y su actualidad

A modo de síntesis de lo hasta aquí visto: ha sido común mencionar a ambas especies de contratos, administrativos y privados, que celebra la Administración Pública como si se tratara de realidades distintas, en las que en una estaría presente el Derecho Público y en la otra no, o, en todo caso, sin la preocupación de hacer referencia o hincapié en el grado de incidencia del Derecho Administrativo. En realidad, éste, no deja de estar pre-

57 Brewer-Carías, Allan R.: "Los contratos del Estado y la ley de contrataciones públicas. Ámbito de aplicación", en *Ley de Contrataciones Públicas*, Editorial Jurídica Venezolana, Caracas 2009, pp. 9 y sigs.

58 Delpiazzo, Carlos E.: *Derecho Administrativo General*, Amalio M. Fernández, volumen 1, Montevideo2011, p. 381.

sente, toda vez que hay un componente común, que es el *principio de legalidad o juridicidad*. Por más que el contrato respectivo esté regulado por el derecho privado (pensemos en el pasaje de avión de una empresa estatal), el Derecho Administrativo estará siempre presente, cuanto menos en un grado menor. Pero nunca será una disciplina que necesite invitación para intervenir y hasta imponerse, según los casos.

Puede afirmarse que de la lectura de normativa vinculada a los contratos públicos, especialmente en el marco comunitario y el global, esas dos tradicionales especies casi no se mencionan, o se difuminaron, sino que lo que importa es el ajuste de *todos* los contratos estatales a la *moralidad* y a la *legalidad* o *juridicidad* de la actuación administrativa, sea en el campo del Derecho público como del Derecho privado.

Y ello porque el Estado es siempre *uno*, sea cual fuere el ropaje que adopte en su actuación. De tal modo, pues, los principios que regulan la contratación pública serán básicamente los mismos, adaptados a las respectivas modalidades de cada especie de contrato.

5. Los principios de la contratación pública y los contratos privados de la Administración

5.1. La jurisprudencia y la regulación contractual

En la jurisprudencia argentina no resulta tarea fácil encontrar pronunciamientos que señalen un sendero en punto a la determinación del régimen aplicable a los contratos regidos por el derecho privado, de la que se pueda extraer componentes comunes para erigir una doctrina sobre ellos.

Directamente, no se discutió si había o no contratos regidos por el derecho privado. Más bien se encuentra el estudio de la materia cuando se trata de determinar la competencia, y es, precisamente esta jurisprudencia la que sirvió para establecer cuándo hay contrato administrativo, en virtud del régimen jurídico aplicable, y nada más[59] . Ahora bien, en algunos casos fue algo contradictoria porque, según las distintas épocas, era común (y ahora también) regular el encuadre jurídico de entidades estatales, excluyendo de su régimen respectivo la aplicación de las leyes de procedimiento administrativo, de contrataciones o de obra pública[60] . Entonces, cuando se quería encuadrar una relación contractual como propia del Derecho Administrativo se invocaba dicha exclusión legal.[61] Lo que ocurre es que porque un régimen legal establezca que no se aplican regí-

59 El tema lo expuse en "El criterio de contrato administrativo en la jurisprudencia de la Corte Suprema de Justicia de la Nación", *El Derecho* t. 111-845, 1984

60 Por ejemplo la Ley de Sociedades del Estado, nro 20507, del año 1974, en cuyo art. 6° se establece: "No serán de aplicación a las sociedades del Estado las leyes de contabilidad, de obras públicas y de procedimientos administrativos."

61 Como ocurrió en el caso "Horacio Osmán Henne Albano c. Transportes de Buenos Aires (en liquidación) s. cobro de $ 24.854.907,12 m/n", Fallos: 270:446, sentencia del 22/5/68, donde pese a que se reconoció que el contrato respectivo tenía un fin público, no se lo podía considerar de obra pública por no serle aplicable el régimen de la ley de obras públicas a la empresa estatal de ferrocarriles. Algo similar ocurrió en el caso "Intecar S.C.A. c/ Ferrocarriles Argentinos s/ cobro ordinario sobre mayores costos", Fallos: 301:525, del 28/6/79.

menes legales típicos del Derecho Administrativo, ello no significa que la relación no deje de estar regida por los principios del Derecho Público, como[62] .

Pero, desgraciadamente, ha sido moneda corriente en nuestro país que cuando se quieren evitar los controles públicos se haga referencia a dicha exclusión. Valga como ejemplo lo dispuesto en la ley de sociedades del Estado 20.705, que establece en el art. 6:

> "No serán de aplicación a las sociedades del Estado las leyes de contabilidad [derogada por la ley de administración financiera del Estado, nº 24.156, del año 1992] , de obras públicas y de procedimientos administrativos."

Otro tanto ocurrió con la ley 26.741 que cuyo pomposo título fue *"Declárase de interés público nacional el logro del autoabastecimiento de hidrocarburos*", declarando la expropiación de Y.P.F. S.A. y Repsol YPF Gas S.A., y en cuyo art. 15 se dispuso:

> "Para el desarrollo de su actividad, YPF Sociedad Anónima y Repsol YPF GAS S.A., continuarán operando como sociedades anónimas abiertas, en los términos del Capítulo II, Sección V, de la Ley 19.550 [la ley de sociedades comeriales] y normas concordantes, *no siéndoles aplicables legislación o normativa administrativa alguna que reglamente la administración, gestión y control de las empresas o entidades en las que el Estado nacional o los Estados provinciales tengan participación."*

Es decir, hay una evitación de lo público, incluido el control. Lo mismo se ha dado con las empresas Aerolíneas Argentinas y Austral que en virtud de lo establecido en el art. 22 de la ley de presupuesto 26.546 –y las sucesivas leyes de presupuesto que se refirieron a ella– de consuno con el art. 17 de la ley 27.198, del año 2015, ley de presupuesto para el año 2016, se estableció en el confuso y entremezclado artículo 17, y en lo que aquí interesa, lo siguiente:

> "Las empresas comprendidas en el presente artículo se rigen por las normas y principios de derecho privado, y en particular en cuanto a su naturaleza, por los términos del capítulo II, sección V, de la ley 19.550, no siéndoles aplicables legislación o normativa administrativa alguna que reglamente la administración, gestión y/o control de las empresas o entidades en las que el Estado nacional o los Estados provinciales tengan participación."

Tal laguna, no impediría aplicar la analogía a dichos contratos considerados de derecho privado. En efecto, cuando el contrato tenga un fin público, que es a mi juicio lo que tipifica al contrato como administrativo[63], no podrá dejar de aplicarse el Derecho Administrativo. Insisto: que la ley diga que no se aplica una determinada normativa, *no impide se apliquen analógicamente los principios jurídicos que regulan el contrato respectivo.*

CASSAGNE, en ese sentido, ha escrito respecto a las empresas públicas, que el hecho de que en virtud del decreto delegado 1023/2001, que instituye el Régimen de contrata-

62 Por ejemplo, entre otros, sucedió en el caso "Gas del Estado c. Lindoro I.C.S.A. s. ordinario" Fallos: 306:328 (1984), donde declaró que la causa era de competencia contencioso administrativa, pese a que el régimen de la empresa Gas del Estado era el de una Sociedad del Estado, cuyo régimen excluye la aplicación de las antes citadas normas públicas. Ha habido casos también donde pese a que también se trataba de entidades empresariales, la Corte aplicó disposiciones de carácter público como en los casos de Fallos: 308:821; "Rosa María Juana Martínez Suárez de Tinayre y Otro v. Argentina Televisora Color LS 82 Canal 7 S. A. (ATC – Canal 7)", del año 1986, y Fallos: 311:750: "La Buenos Aires Compañía de Seguros S.A. v. Petroquímica Bahía Blanca S.A.", de 1988.

63 Como lo sostuve en el trabajo "Actualidad de la teoría general del contrato administrativo en la jurisprudencia de la Corte Suprema de Justicia de la Nación", *cit.*

ciones de la Administración Nacional, ellas resulten excluidas de su aplicación,[64] no "es óbice para la aplicación analógica de la prescripciones de dicho régimen cuando el contrato contenga elementos propios del derecho administrativo conforme lo ha reconocido la jurisprudencia de la Corte [cita aquí el caso "Gas del Estado c. Lindoro I.C.S.A. s. ordinario" Fallos: 306:328 (1984)] en materia de Sociedades del Estado, entre otros supuestos." Agrega, "[n]o obstante lo expuesto, como la licitación o el concurso constituyen procedimientos que poseen fundamento constitucional (arts. 16, 42, 2ª parte y 75, inc. 23, CN), consideramos que deben observarse también en el ámbito de las contrataciones de las empresas públicas ... por una razón inherente a la jerarquía de los principios en juego (igualdad, defensa de la competencia y concurrencia)"[65].

5.2. Los principios aplicables a los contratos públicos parcialmente regidos por el derecho privado

5.2.1. Los principios de moralidad y de la legalidad administrativa

El principio de moralidad o ética en la actividad estatal es hoy en día es el primero que se cita cuando se habla de la actuación de los funcionarios públicos, sean políticos o no. La lucha contra la corrupción es una constante, especialmente en los países iberoamericanos[66]. No en vano nuestro país firmó la "Convención Interamericana contra la corrupción", aprobada por la ley 24.759, promulgada en el año 1997, y también la "Convención de las Naciones Unidas contra la Corrupción", adoptada en Nueva York, Estados Unidos de América, el 31 de octubre de 2003, aprobada por la ley 26.097, del año 2006, normas ellas que en su universo comprenden el ámbito de las contrataciones públicas, sean cuales fueren los órganos o empresas públicas contratante.

Asimismo, en el ámbito nacional se ha dictado la "Ley de ética pública", ley 25.188, del año 1999, que exige en su art. 2°, inc. *h),* que los sujetos obligados por la ley (en realidad todos los funcionarios y empleados públicos de los tres poderes; cfr. art. 5°), deben

> "[o]bservar en los procedimientos de contrataciones públicas en los que intervengan los principios de publicidad, igualdad, concurrencia, razonabilidad."

Exigencia que conjuga, entre otras, con las de observancia de los principios y pautas éticas de

> "honestidad, probidad, rectitud, buena fe y austeridad republicana" (art. 2°, inc. *b)*), y de privilegiar el "interés público sobre el particular" (art. 2°, inc. *c)*).

Por otro lado, en el "Régimen de contrataciones de la Administración Nacional", establecido por el decreto–delegado 1023/2001, se han plasmado normas sobre la trasparencia en las contrataciones (art. 2°, inc. c), y art. 9°), como también pautas contra la corrupción (art. 10). Más allá que de la lectura del articulado de dicho régimen no aparece la referencia o extensión a las contrataciones regidas por el derecho privado, lo cierto

64 Art. 2° del decreto delegado, que remite al art. 2°, inc. a, de la ley 24.156, de Administración Financiera del Estado.

65 Cassagne, JuanCarlos: "Reflexiones sobre los contratos de las empresas públicas", *El Derecho Administrativo* (EDA), 2007-548.

66 Sobre el principio de moralidad: Morón Urbina, Juan Carlos*: La contratación estatal*, Gaceta Jurídica, Lima, 2016, pp. 197- 200.

es que, cuanto menos por analogía, y en relación a las normas internacionales citadas, y las de ética pública, no cabe duda que tales principios le resultan extensibles.

Pasando ahora al *principio de legalidad*, puede decirse que, así como la moralidad es la esencia del de legalidad, de éste se desgranan los demás. En efecto, es cierto que la contratación privada o entre particulares, sometida al derecho privado, también debe estar sujeta al ordenamiento jurídico. Pero aquí entran a jugar otros componentes que son los propios del derecho público.

Cuando es el Estado el que actúa, no hay pliegue de su actuación que esté excluido de la observancia estricta del principio de la legalidad. Es más no tiene en materia de contratación regida por el derecho privado la "libertad" de que gozan los particulares o las empresas privadas. Más bien se puede decir que el Estado tiene *deberes que cumplir*, y no *libertad* de actuación, que no ostenta (un Estado es políticamente libre, pero jurídicamente esclavo de la ley). Por ello aún en ese ámbito privado lo hace por razones de bien común.

Precisamente, la visión actual del quehacer estatal está marcada a fuego con los principios que emanan de las normas locales e internacionales contra la corrupción. Por ello, la lógica que anima la regulación de los típicos contratos administrativos es extensible prácticamente sin adaptación a los contratos parcialmente regidos por el derecho privado. Ciertamente, como veremos, la circunstancia de que la Administración actúe en dichos contratos administrativos en pie de igualdad con los particulares contratante, no por ello deja, insisto, de actuar sujeta a la legalidad, *pero no aparece con las prerrogativas que ostenta en la contratación regida por el derecho público.*

5.2.2. El principio de competencia.

La entidad estatal contratante debe en primer lugar tener competencia para el ejercicio del cometido que el ordenamiento le ha asignado. Vamos a poner un ejemplo: un intendente municipal no puede alquilar un inmueble del municipio para realizar una feria artesanal –que es evidente que no se trata de un contrato que tiene un fin público, propio del cumplimiento de las finalidades estatales– si no posee la competencia que le asigna el ordenamiento. En general, la doctrina coincide con ello[67].

A propósito de la competencia, en la causa "EFA c/ Inforex", del 29/03/1983[68], la Sala III de la Cámara Nacional de Apelaciones en lo Contencioso Administrativo Federal (aunque posteriormente la Corte Suprema lo revocó, al considerar que las cláusulas del contrato eran propias del derecho público[69]) sostuvo que "resulta imprescindible destacar que en general acepta la doctrina la existencia de contratos de la Administración *parcialmente reglados por el derecho privado*, a los que acude cuando realiza una actividad industrial o comercial. En tales casos, se aplicará el derecho civil o comercial para reglar al menos el objeto del acto, *aunque la competencia aparezca siempre disciplinada por el derecho administrativo.*"

67 Cassagne, *Curso, cit.* t. II, pp. 374-376. Comadira, Julio R.; Escola, Héctor J., y Comadira, Julio Pablo: *Curso de Derecho Administrativo*, cit. t. I, p. 761. Gallegos Fedriani, "Los contratos privados de la Administración", cit.

68 *Revista Rap*, nro. 62, p. 96

69 Fallos: 306:762, 1984.

Observemos la trascendencia que tiene este aspecto si se advierte que si el contrato era de derecho privado pero quien lo celebró no tenía competencia, la Administración debe, en principio, anularlo en su propia sede o la judicial. Y aquí juega el derecho público y no el privado.

Pero supongamos un contrato que forma parte del giro comercial propio de una sociedad anónima del Estado. ¿Se podrá invocar la incompetencia cuando es una empresa pública? Más bien, sería de preguntarse si no habría que aplicar aquí los principios del derecho civil en cuanto a la capacidad o incapacidad del representante de la entidad estatal para celebrar el contrato. Claro es que se sostiene como bandera fundamental en estos casos de que en el ámbito administrativo hablamos de competencia y no de capacidad. En esos casos, estimo que cuando la "competencia" pueda aparecer un tanto confusa en el caso, o cuando hubo actividad *aparente* del órgano respectivo del funcionario o empleado, nada impediría acudir al derecho privado, sobre todo cuando se trata de una actividad empresarial. Habría que ponderar la gravedad del vicio, y tener presente si juega o no allí la confianza legítima, sin perjuicio de la responsabilidad penal o disciplinario del empleado.

5.2.3. El principio de la finalidad pública (mediata o inmediata) del contrato

Juegan aquí fundamentalmente la causa y la finalidad. La actuación estatal *no puede ser concebible para otro fin que no sea el bien común*. El logro de éste puede ser en forma directa o indirecta. Es decir, puede actuar como *poder público* cuando la causa que lleva a su actuación la realización directa del bien común o interés público. Cuando lo hace en forma indirecta, evidentemente no aparece ya clara la prerrogativa estatal.

Por ello las decisiones que se adopten aún en el ejercicio de actividades principalmente regidas por el derecho privado no pueden estar exentas de tener razón suficiente no sólo en el régimen aplicable y en los antecedentes, sino también en los fines estatales, sean directos o indirectos.

Cuando se opta por el régimen de derecho privado, se hace, siempre, por un fin que va más allá del propio interés coyuntural. Vamos al caso de las empresas públicas. La actividad estatal fincó en una necesidad propia de una época. Exagerada o no en ciertos casos, lo cierto es que la causa existía. Y para que no se crea que ello obedecía a una voracidad de absorber todo por parte del Estado, basta remontarse a lo que a mediados del siglo pasado ocurría en el resto del mundo para comprobar que lo nuestro no era un mero capricho. Bueno, cuando se habla de esa actividad que tiene en definitiva un fin público, éste se cumple mediante la vía instrumental del derecho privado. En realidad, en estos casos *el derecho privado es un instrumento del derecho público*.

Pero la *causa* debe siempre existir, lo mismo que la *finalidad*, aunque la estrictez de su exigencia pudiera amenguarse. Lo veremos en cuanto a sus razones en el elemento objeto.

5.2.4. El objeto

En la doctrina[70], lo mismo que en el fallo "Inforex", antes mencionado, se hace referencia a que el objeto se rige en principio por el derecho privado. En realidad, si el contenido del contrato, que es de derecho privado, lógico es que así pueda entenderse. Pero

---

70 Cassagne, *Curso*, *cit.* , t. II, p. 375

si apreciamos el contenido en un sentido más amplio, incluida la legalidad, veremos que también aquí es mixto, puesto que el derecho público no deja de estar presente en esta materia.

Vamos a explicar un poco esto: Si digo que el contrato es de derecho público, es lógico que el Estado no pueda resignar al ejercicio de sus prerrogativas, que forman parte del que se ha denominado clásicamente *régimen jurídico exorbitante*, o, mejor, *régimen administrativo*, como lo formula CASSAGNE. Así, por ejemplo podrá ejercer el *ius variandi*, y hasta rescindir el contrato por razones de oportunidad o mérito (aunque creo que esta prerrogativa estatal, tan cara a algunos, es muy relativa, porque tales razones *deben existir*, y no están sujetas al voluntarismo del funcionario de turno[71]).

Si, en cambio, el contrato es de derecho privado, por más que se diga que se trata de contratos parcialmente regidos por el derecho privado, lo lógico es que no se pueda hacer uso de tales prerrogativas[72]. Como ha escrito GALLI, "la existencia explícita (o virtual) no genera prerrogativas de poder público genéricas a favor de la administración, no dispara la aplicación de régimen administrativo al contrato de derecho privado, ni convierte en administrativo a un contrato de derecho privado, ya que es obvio que en virtud de su objeto, por su naturaleza y finalidad habrá de estar regido por el derecho civil o comercial"[73].

Ello se dio en la causa "Líneas de Transmisión del Litoral S.A. (LITSA) c/ EBISA (Emprendimientos Energéticos Binacionales S.A.)" EBISA, de la Sala I de la Cámara Nacional de Apelaciones en lo Contencioso Administrativo Federal, del 3/3/2005. EBISA una sociedad anónima estatal, había rescindido un acuerdo de prórroga en el marco de un contrato COM (construcción, operación y mantenimiento) en el que LITSA era el operador. El fundamento era una decisión de la asamblea de accionistas de la sociedad estatal. Los accionistas eran, de una parte, Nucleoeléctrica Argentina S.A. (NASA) una sociedad anónima, de capital íntegramente estatal, con el 1 %, y por la otra, con el 99 %, la Secretaría de Energía y Puertos.

Se hizo lugar a la medida cautelar porque, por un lado, el contrato respectivo *no preveía la cláusula rescisoria*, y segundo, porque por el hecho de ser entidades estatales, "*lo cierto es que por tratarse de entidades estatales (por más que revistan la naturaleza de sociedades anónimas), están igualmente sujetas, como todo el Estado, al principio de legalidad.*" Es decir, el único motivo era una decisión del directorio de la sociedad estatal, pero sin dar fundamento alguno, sólo había una supuesta votación.

Creo que aquí hay entonces un componente fundamental a tener en cuenta: el objeto o contenido se rige en principio por el derecho privado. En esto están de acuerdo los autores. Pero el objeto propio de los actos estatales tampoco deja de estar presente: lo contrario significaría admitir que el aporte ético que implica el principio de la legalidad en la actuación de los poderes públicos pudiera estar ausente en los contratos que celebran las distintas entidades estatales.

71 Creo que no exagero si digo que en tal caso el funcionario no solo será responsable administrativamente, sino también penalmente.

72 Cassagne, *Curso*, t. II, *cit.*, p. 375.

73 Galli, Basualdo, "El contrato de derecho privado de la Administración", trabajo *cit.*

Ahora bien: hay que distinguir dos cosas: una es que el objeto del contrato reúna las condiciones de validez. Otra es, si dentro del objeto comprendemos las prerrogativas estatales: ¿podría admitirse la existencia de cláusulas exorbitantes, o, aún más, si la entidad estatal puede hacer uso de las prerrogativas, por ejemplo, rescindiendo un contrato por razones de oportunidad, mérito o conveniencia?

Si el contrato se regula por el derecho privado, más allá de que larvado esté el derecho público, la respuesta debe ser en principio negativa. Puesto que *la prerrogativa existe en y para el ejercicio de la actuación dentro del marco del derecho público*, que es del ejercicio de las funciones propias o específicas del Estado.

Por cierto que esto es como dije un principio, puesto que la actividad estatal es tan difusa, amplia, confusa, contradictoria y desconocida, que la sorpresa se encuentra en cada vuelta del camino de su estudio.

5.2.5. El principio del formalismo en la contratación privada estatal

¿Es exigible cumplir con las típicas formas administrativas en esos contratos? Habría que diferenciar: cuando se trata de una actividad comercial o industrial es lógico que se aminoren. Pensemos solamente en la actividad bancaria o en la prestación de un servicio público.

Pero qué ocurre con las *adquisiciones* de las empresas públicas: ¿necesitará llamarse siempre a licitación o concurso? ¿No afectaría ello su giro por la demora que implicarían los procedimientos de selección?

Si uno de los objetivos fundamentales de la actuación estatal es su legalidad y trasparencia, no cabe duda que la aplicación de los sistemas de concurrencia del régimen de las adquisiciones y las obras estatales es fundamental.

Quizás puedan organizarse sistemas que, técnicamente, permitan una mayor agilidad y rapidez en su giro, dentro de esas pautas formales a las contrataciones regidas por el derecho privado mayormente. Así, puede admitirse que en una empresa pública, y con eficaz control, se pueda contratar mediante procedimientos expeditos. Mas no podría decirse lo mismo en la contratación que lleve a cabo una entidad estatal que no desarrolle una actividad industrial o comercial.

Obsérvese que en el marco de la Unión Europea hay una exigencia de si la entidad contratante o "poder adjudicador", aunque celebre un contrato que podría considerarse privado, tiene un fin público se aplicará el régimen de selección y concurrencia. No hay que olvidar, por ejemplo, que para los derechos administrativos alemán e italiano no existen los contratos administrativos, en la forma que los entendemos jurídicamente en los países iberoamericanos.

Lo que importa es que la denominada "huída del derecho público" que tanto preocupó a los españoles, a través de la aplicación de fórmulas as de derecho privado a determinadas actuaciones estatales, no signifique una burla a la legalidad. Con acierto, RODRÍQUEZ–ARANA y MORENO MOLINA han escrito: "Hoy se entiende mayoritariamente, tanto por nuestra doctrina como por nuestros Tribunales de Justicia, que la contratación administrativa y la contratación privada poseen unas sustancia común, el derecho civil, sobre la que actúan, matizándola, las exigencias derivadas de que una de las partes en el contrato es una Administración Pública." A ello agregan: "al ser la Administración una persona jurídico pública, que está vinculada al principio de legalidad y sometida al servicio objetivo de los intereses generales, el proceso de formación de todos los contratos que celebre se rige por normas públicas, de Derecho administrativo"[74].

Vale lo escrito por CASSAGNE, y reproducido más arriba, que la licitación o el concurso constituyen procedimientos que poseen fundamento constitucional, que deben observarse también en el ámbito de las contrataciones de las empresas públicas ... por una razón inherente a la jerarquía de los principios en juego (igualdad, defensa de la competencia y concurrencia)"[75].

En conclusión, la circunstancia de que se puedan aplicar técnicas del derecho privado, no significa abandonar la técnica del derecho público en todo aquello que signifique y requiera la observancia de la trasparencia y la legalidad estatal.

5.2.6. Otros principios extensibles

En materia de contratos administrativos se han enunciado los siguientes principios y valores en juego en la contratación administrativa[76]: *(i)* concurrencia y competencia, *(ii)* proporcionalidad y racionalidad, *(iii)* eficiencia, *(iv)* publicidad y difusión, y transparencia; *(v)* de responsabilidad y *(vi)* igualdad de tratamiento para interesados y para oferentes.

¿Son extensibles a los contratos parcialmente regidos por el derecho privado?

El mero enunciado de ellos nos muestra que en su esencia no resultan extraños a la contratación regida por el derecho privado, ello a la luz de los principios antes expuestos. En efecto, una contratación privada estatal no puede estar ajena a la observancia de las normas que regulan la actividad estatal en su totalidad, con las lógicas adaptaciones al menester de cada organismo, ente o empresa pública.

Es cierto que hay que buscar que la eficacia en la actuación estatal, por ejemplo, en la actividad empresaria estatal. Pero dentro de la eficiencia está la legalidad y la transparencia como componentes de la eticidad pública. No es lógico trasladar el espíritu burocrático, por lo general lento, carente muchas veces de entusiasmo y vocación, a la actuación empresaria estatal. Desgraciadamente, es lo que ocurrió en las empresas públicas, donde lo que imperaba en sus integrantes era más el espíritu de la burocracia que el de una empresa que busca resultados con eficiencia.

En definitiva, más allá de la rigidez que se debe sostener respecto a los contratos típicamente administrativos, a los que, sin duda, les son aplicables aquellos principios, en la contratación regida parcialmente por el derecho privado, también les serán aplicables, como antes se dijo, con las lógicas adaptaciones a cada caso

Lo que llevo dicho en punto a los principios, puede bien resumirse en estos conceptos de José Luis BENAVIDES: "La gestión de recursos públicos y las finalidades particulares de interés general, incluso en las empresas comerciales del Estado, imponen la aplicación de principios constitucionales, administrativos y de contratación pública que se erigen hoy como un terreno común y universal. Así la legalidad, motivación, derecho de defensa, transparencia, publicidad, imparcialidad, moralidad, eficacia, eficiencia, oficia-

74 Rodríguez- Arana y Moreno Molina, *Derecho Administrativo Español.* Tomo III, *cit.*, p. 4..

75 Cassagne, Juan Carlos: "Reflexiones sobre los contratos de las empresas públicas", *El Derecho Administrativo (EDA)*, 2007-548.

76 Me guío, básicamente, por lo expuesto por Cassagne, *Curso*, t. II, *cit.*, pp. 405 y sigs.

lidad, realidad, razonabilidad, celeridad, economía, confianza legítima y buena fe constituyen referentes y orientadores básicos de toda actuación contractual de la Administración, independientemente del régimen del contrato y de la actividad de la entidad concernida"[77].

6. Conclusión

Con el presente trabajo sólo he intentado poner de relieve una serie de aspectos que ni en la doctrina ni la jurisprudencia han merecido suficiente tratamiento, y dado lugar a confusiones.

Me afirmo decididamente en la opinión de que no es posible sostener que hay contratos *totalmente* privados de la Administración. Hay contratos *parcialmente* regidos por el derecho privado, toda vez que la base fundamental y el sustento de la acción estatal *está en el derecho público*, ello es el Derecho Constitucional y el Derecho Administrativo, en especial.

Hemos visto y sufrido en los países iberoamericanos una tendencia a huir del derecho público, y me pregunto si fue para buscar la eficiencia o para que dicho derecho no alcance a ciertas actividades del Estado en las que los virus de la corrupción pululan, y que las vacunas de la juridicidad las destruirían (piensa mal y acertarás, me decía mi padre).

Precisamente, el contrato administrativo tiene sentido en punto a enmarcar la actividad contractual del Estado dentro del orden jurídico, al que no escapan los contratos parcialmente regidos por el derecho privado. Ambos son en definitiva contratos públicos.

En fin, hay mucho que recorrer en este campo de los denominados contratos de derecho privado de la Administración, poco transitado en muchos de sus sectores, cuanto menos en nuestro país. Hay una gran tarea por delante para los estudiosos del tema aquí abordado, y espero que el presente trabajo haya servido como inicio de mayores y mejores investigaciones académicas, aparte de las muy valiosas existentes, para dar –tomando el título de la conferencia del profesor ARIÑO ORTIZ– el encaje jurídico del "*enigma del contrato privado de la Administración*".

---

77 Benavídes, José Luis: "Tendencia generales de la contratación pública en América Latina", en Benavídes, José Luis y Moreno Cruz, Pablo, (eds.): *La contratación pública en América Latina*, Universidad del Externado, Bogotá, 2016, pp. 49 y sigs.

36. PRINCIPIOS RECTORES DE LA CONTRATACIÓN ADMINISTRATIVA INCIDENCIA EN LA EJECUCIÓN DE LOS CONTRATOS ADMINISTRATIVOS

*Augusto Durán Martínez**

I. INTRODUCCIÓN

1. Estimo necesario comenzar con algunas consideraciones generales respecto al contrato administrativo y respecto a los principios.

2. Efectuadas esas consideraciones, indicaré los principios que informan nuestro tema para, luego, centrar la atención sobre los principales y su proyección en la ejecución del contrato.

II. CONSIDERACIONES GENERALES SOBRE EL CONTRATO ADMINISTRATIVO

1. Estas consideraciones generales sobre los contratos administrativos se justifican porque desde hace mucho se discute, y se sigue discutiendo, sobre ellos.

Así, se discute si existen o no. En caso de que se admita su existencia, se discute acerca de los criterios de distinción con los contratos civiles. Se discute si la Administración, además de los contratos reconocidos como administrativos, celebra otros contratos de derecho privado. Se discute si el contrato administrativo pertenece a un género más amplio, *contrato*, o no, así como respecto a la terminología: contrato administrativo, contrato público, contrato de la Administración o contrato del Estado.

Tanto se discute, que ARIÑO ORTÍZ habló del "enigma del contrato administrativo".[1]

Más bien preferiría hablar del enigma de los seres humanos, que nos negamos a ver con claridad las cosas que son claras. Por eso, estimo que debemos comenzar por referirnos someramente a algunas cosas esenciales.

---

* Catedrático de Derecho Administrativo en la Facultad de Derecho de la Universidad de la República y en la Facultad de Derecho de la Universidad Católica del Uruguay. Catedrático de Procesos Constitucionales en la Facultad de Derecho del Instituto Universitario CLAEH. Director del Departamento de Derecho Administrativo y Decano Emérito de la Facultad de Derecho de la Universidad Católica del Uruguay.

1 ARIÑO ORTÍZ, Gaspar, "El enigma del contrato administrativo", en CASSAGNE, Juan Carlos (Director). *Tratado general de los contratos públicos*. LA LEY, Buenos Aires, 2013, vol. I, pp. 59 y ss.

2. Entiendo por contrato administrativo aquél en que, por lo menos, una de las partes es la Administración o, más precisamente, una persona pública estatal.[2]

Los términos *contrato administrativo* y *contrato público*, que a menudo se toman como sinónimos, no son intercambiables. El término *contrato público* tiene una extensión mayor que el de *contrato administrativo*, ya que comprende contratos celebrados por personas públicas no estatales.

Todos los contratos administrativos son contratos públicos, pero no todos los contratos públicos son administrativos. En este estudio referiré exclusivamente a los contratos administrativos.

3. Como se ha dicho, el contrato administrativo es una especie del género contrato.

4. PORFIRIO, en *La Isagoge* –que suele publicarse precediendo *El órganon* de ARISTÓTELES– distingue cinco categorías: el género, la diferencia, la especie, lo propio y el accidente.[3]

PORFIRIO da tres acepciones de género. En sentido filosófico, que es el que nos interesa, lo define como "el atributo esencial aplicable a muchas especies diferentes".[4]

Con relación a la especie expresa: "La especie se dice de la forma de cada cosa".[5]

Luego aclara que "en cada categoría hay ciertos términos que son generalísimos, otros especialísimos; luego, entre estos dos extremos, los más genéricos y los más específicos, hay otros términos que son a la vez géneros y especies. El término generalísimo es aquel por encima del cual no puede haber género que le supere; el término especialísimo es aquel por bajo del cual no puede haber especie que le sea inferior. Entre lo más genérico y lo más específico hay otros términos que son a la vez géneros y especies, aunque relativamente en verdad a términos diferentes."[6]

Con relación a la palabra *diferencia*, dice que tiene un sentido común, un sentido propio y un sentido aun más propio que los demás. En este último sentido "se dice que una cosa difiere de otra, cuando es distinta por una diferencia específica. Así, el hombre difiere del caballo por una diferencia específica, por su cualidad de ser racional."[7]

Como se percibe, con la diferencia nos acercamos al concepto de esencia que predominó después de ARISTÓTELES, entendida como "el *qué* de una cosa, esto es, no *que* la cosa sea (o el hecho de ser la cosa), sino *qué* es."[8]

Con relación a lo propio enseñaba PORFIRIO que es una cualidad que forma parte de la naturaleza de una cosa aunque no integre su esencia.[9]

---

2 DURÁN MARTÍNEZ, Augusto, "El contrato administrativo en Uruguay", en *Estudios Jurídicos*. Facultad de Derecho. Universidad Católica del Uruguay. Montevideo, 2014, Nº 12, p. 121; DURÁN MARTÍNEZ, Augusto, "Principios de la contratación administrativa", en *Estudios de Derecho Administrativo*. LA LEY Uruguay, 2013, Nº 8, pp. 49 y ss.

3 PORFIRIO. *Introducción a las categorías (La Isagoge)*, en *ARISTÓTELES. Tratado de lógica (el órganon)*. Editorial Porrúa, S.A., México, 1993, p. 5

4 PORFIRIO, *ob. cit., loc. cit.*, p. 6.

5 PORFIRIO, *ob. cit., loc. cit.*, p. 7.

6 PORFIRIO, *ob. cit., loc. cit.*, p. 7.

7 PORFIRIO, *ob. cit., loc. cit.*, p. 10.

8 FERRATER MORA, José. *Diccionario de filosofía abreviado*. Editorial Sudamericana, Buenos Aires, 1993, p. 121.

Y de accidente decía que es "aquello que puede sobrevenir y desaparecer, sin llevar consigo la destrucción del sujeto." Los hay separables o inseparables. También lo define como "lo que puede darse o no en el mismo sujeto." Asimismo ha dicho de él que "es lo que no es género, ni diferencia, ni especie, ni propio, y que sin embargo se da siempre en el sujeto."[10]

5. Comentando estos conceptos, LARROYO expresó: "El género es lo común de las especies"... "La definición consiste en determinar la esencia de una cosa, mediante el género próximo y la diferencia específica..." "Lo propio es una característica de una cosa, aunque no forma parte de su diferencia." [...] "El accidente de una cosa es una cualidad que dicha cosa puede o no tener..." "La clasificación consiste en descubrir las especies de un género."[11]

6. Nuestro Código Civil, por su artículo 1247, define el contrato como "una convención por la cual una parte se obliga para con la otra, o ambas se obligan recíprocamente a una prestación cualquiera, esto es, a dar, hacer o no hacer alguna cosa".

Parto de la definición del Código Civil no por incurrir en un "civilcentrismo" ya superado sino porque, como lo advirtió GAMARRA, nuestro Código Civil efectúa una verdadera teoría general del contrato.[12] En su artículo 1247 define el contrato, no el contrato civil.[13]

Conforme a esta definición, el contrato es un género respecto al contrato administrativo, pero es una especie respecto a otro género más amplio, la convención. El contrato es, pues, un género–especie.

El término *convención* tiene diversos sentidos. Uno de ellos es *acuerdo*. Dos personas, así, pueden ponerse de acuerdo en un enunciado científico o en designar un objeto con la misma palabra, generando una convención científica o lingüística, dice DE CORES.[14]

Sin embargo, OÑATE decía que la convención es género del contrato, pero no género inmediato, sino mediato.[15]

La opinión de Pedro DE OÑATE S.J. importa porque fue un integrante de la Escuela de Salamanca con una marcada trayectoria en América del Sur. Fue Provincial de la Compañía de Jesús en la Provincia del Paraguay, en época en que dicha Provincia comprendía todo el territorio de lo que es hoy Paraguay y Uruguay, gran parte del territorio de la actual Argentina y una parte del territorio actual de Brasil. Como Provincial del Paraguay, fue uno de los fundadores de la Universidad de Córdoba, en la que dictó Cáte-

---

9 PORFIRIO, *ob. cit.*, *loc. cit.*, p. 12.

10 PORFIRIO, *ob. cit.*, *loc. cit.*, pp. 12 y ss.

11 LARROYO, Francisco, "Preámbulo a la Introducción a las categorías, de PORFIRIO (La Isagoge)", en *ARISTÓTELES*, *ob. cit.*, p. 1.

12 GAMARRA, Jorge. *Neoconstitucionalismo, Código y ley especial*. F.C.U. Montevideo, 2012, p. 25.

13 DURÁN MARTÍNEZ, Augusto, "El contrato administrativo en…", *loc. cit.*, p. 123.

14 DE CORES HELGUERA, Carlos. *Pasado, presente y futuro de la Teoría General del Contrato. Una mirada desde la tradición jesuítica*. Facultad de Derecho. Universidad Católica del Uruguay. Montevideo, 2015, p. 397.

15 DE OÑATE, Pedro, S.J. *De contractibus*, t. I, D.1.S.IV, Nº 34, citado por DE CORES HELGUERA, Carlos. *Pasado, presente y futuro…*, p. 397.

dra y allí escribió su monumental obra *De Contractibus*. Fue, así, tal vez, el primer catedrático de contratos en estas latitudes y su obra, escrita en el Siglo XVII, fue el primer tratado de contratos escrito en el Cono Sur de América.[16]

Como se comprenderá, por la importancia que tuvo la Universidad de Córdoba para esta parte del Continente el pensamiento de OÑATE debe ser tenido en cuenta. En el caso de Uruguay con mayor razón, porque además de la influencia cultural general debemos recordar que el autor de nuestro Código Civil, Tristán NARVAJA, era cordobés.

El género inmediato del contrato es el pacto, decía el ilustre jesuita, porque el pacto es un acuerdo de voluntades. La convención puede ser un acuerdo de voluntades pero no necesariamente; según OÑATE, puede ser también por movimientos de lugar o por intelecto.[17]

El contrato es, así, una convención, pero una convención que, a su vez, es un pacto. El acuerdo de voluntades es la diferencia específica que distingue al pacto de otras convenciones.

MARIÑO LÓPEZ, al comentar el artículo 1247, expresa que "contrato es una *convención*, es decir, un acuerdo de voluntades de dos o más personas que produce efectos jurídicos". Y, enseguida, aclara: "lo que diferencia al contrato de otras convenciones es su *función: producir obligaciones*."[18]

Como se percibe, MARIÑO LÓPEZ no menciona el pacto. Pero no me parece que la posición del jesuita español y la del civilista uruguayo sean inconciliables, porque MARIÑO LÓPEZ considera la convención como acuerdo de voluntades, es decir, lo que es pacto para OÑATE.

Pero no todo pacto es un contrato. El contrato es un pacto que genera obligaciones. Eso es lo que dice el artículo 1247 del Código Civil.

Sin embargo GAMARRA ha advertido con razón que no basta este artículo para obtener una definición correcta de contrato. Dice que esa definición hay que completarla teniendo en cuenta el inciso segundo del artículo 1291 del Código Civil.[19]

Este artículo 1291 establece:

> "Los contratos legalmente celebrados forman una regla a la cual deben someterse las partes como a la ley misma.
>
> Todos deben ejecutarse de buena fe y por consiguiente obligan, no sólo a lo que en ellos se expresa, sino a todas las consecuencias que según su naturaleza sean conformes a la equidad, al uso o a la ley."

Tampoco OÑATE se queda en el acuerdo de voluntades creador de obligaciones; dice, creador de voluntades en justicia.[20] La obligación en justicia es la diferencia específi-

---

16 DE CORES HELGUERA, Carlos, "La teoría del contrato en la tradición jesuítica", en *Estudios Jurídicos*. Facultad de Derecho de la Universidad Católica del Uruguay. Montevideo, 2007, N° 3, pp. 91 y ss.; DE CORES HELGUERA, Carlos. *Pasado, presente y futuro*..., pp. 317 y ss.

17 DE OÑATE, Pedro, S.J. *De contractibus*, t. I, D.1.S.IV, N° 34, citado por DE CORES HELGUERA, Carlos. *Pasado, presente y futuro*..., p. 397.

18 MARIÑO LÓPEZ, Andrés. *Código Civil de la República Oriental del Uruguay comentado, anotado y concordado*. LA LEY Uruguay. Buenos Aires, 2009, p. 634.

19 GAMARRA, Jorge. *Buena fe contractual*. F.C.U. Montevideo, 2011, p. 13.

ca del contrato con relación al pacto; concretamente, la obligación en justicia conmutativa.[21] El contrato es, para OÑATE, "el pacto que obliga por la justicia conmutativa."[22]

7. He hecho especial hincapié en OÑATE por la importancia que este autor tiene en la gestación de la teoría general del contrato y en la elaboración misma del concepto de contrato.

Observó con razón DE CORES que el desarrollo de la teoría general del contrato es de aparición tardía en la historia del derecho. Aparece con la Segunda Escolástica, sobre todo en la obra de los teólogos juristas de la Escuela de Salamanca, en especial de la Compañía de Jesús y, concretamente, en la obra de Pedro DE OÑATE S.J.[23] Antes de la obra de OÑATE, los tratados sobre contratos estudiaban los contratos en particular, pero no efectuaban un desarrollo de teoría general del contrato. Antes de *De Contractibus* no hubo nada parecido.

Con relación al concepto de contrato, OÑATE no solo parte del razonamiento aristotélico en base al género próximo y la diferencia específica, sino que toma la posición de la primera escolástica en cuanto a la referencia a la justicia conmutativa. Pero sin desdeñar el equilibrio de las prestaciones, no menciona el intercambio de prestaciones en su definición. Es que con la definición clásica del contrato, intercambio de prestaciones basado en lo justo, la donación no es contrato. En cambio, para OÑATE, sí lo es. Es que para OÑATE, sin perjuicio de que en la donación, pese a que no hay intercambio de prestaciones, igualmente el donatario asume ciertas obligaciones y, por sobre todo, hay acuerdo de voluntades.

Este segundo aspecto es especialmente importante. Es cierto que la voluntad estaba ya presente en ARISTÓTELES,[24] pero el consentimiento en OÑATE adquirió una relevancia como no había tenido antes. Se trata de un consentimiento que presupone la libertad; es un libre consentimiento. "Ni el Rey ni el Papa tienen poder para sustituir el libre consentimiento del hombre. Pueden obligar a sus súbditos, dice DE CORES explicando el pensamiento de OÑATE, pero no por contrato." "...incluso Dios, en su omnipotencia, no puede sustituir la voluntad del hombre para hacer un contrato, porque creó al hombre con libertad, y el contrato es un acto libre."[25] Esa libertad, centro del contrato, está en el centro de la formación ignaciana, ya que está en el centro de los Ejercicios Espirituales de San Ignacio de LOYOLA.

De lo expresado se desprende la raíz natural del contrato, de lo que deriva el supravalor de algunos de los principios que lo informan.

---

20 DE OÑATE, Pedro, S.J. *De contractibus*, t. I, D.1.S.IV, N° 34, citado por *DE CORES HELGUERA, Carlos. Pasado, presente y futuro...*, p. 398.

21 DE CORES HELGUERA, Carlos. *Pasado, presente y futuro...*, p. 399.

22 DE OÑATE, Pedro, S.J. *De contractibus*, t. I, D.1.S.IV, N° 34, citado por DE CORES HELGUERA, Carlos. *Pasado, presente y futuro...*, p. 395.

23 DE CORES HELGUERA, Carlos. *Pasado, presente y futuro...*, pp. 42 y ss.

24 ARISTÓTELES. *Moral a Nicómaco*. Colección Austral. Espasa-Calpe. Madrid, 1972. Libro Quinto, Cap. II, p. 132; DURÁN MARTÍNEZ, Augusto, "Efectos y cumplimiento de los contratos administrativos", en *DURÁN MARTÍNEZ, Augusto. Neoconstitucionalismo y Derecho Administrativo*. LA LEY Uruguay. Buenos Aires, 2012, p. 462.

25 DE CORES HELGUERA, Carlos. *Pasado, presente y futuro...*, p. 458.

DE CORES, comentando el pensamiento de OÑATE en este punto, expresa que "el imperativo de la justicia conmutativa... pasa a ser concebido no solo como un equilibrio de prestaciones... sino como un lazo vinculante generado por el libre consentimiento... que debe ser cumplido porque es justo que se cumpla."[26]

> "A partir de estas premisas, la justicia conmutativa será entendida no solo como equilibrio objetivo de las prestaciones, sino como fuerza vinculante de los pactos libremente consentidos. El tema de la libertad humana, que aparece como central en la espiritualidad ignaciana, resulta entonces ser el *topos* desde el cual los jesuitas analizan la esencia del contrato, y surge inexorablemente ligada con los orígenes de la teoría del contrato como figura general."[27]

Con su visión del contrato, OÑATE logra la unidad del contrato al unir lo que se llamó el contrato *in fieri* concebido como consentimiento y el contrato *in facto esse*, como la misma obligación.[28]

El concepto de contrato de OÑATE no supone a mi juicio, como se ha dicho, una ruptura con la concepción anterior. Más bien estimo que significa una evolución natural del concepto aristotélico–tomista. Lo explicitado por OÑATE ya estaba en potencia en ARISTÓTELES,[29] pero OÑATE lo desarrolló mejor que nadie y puso énfasis donde antes no se había puesto.

8. La afinidad de la concepción de nuestro Código Civil con el concepto de OÑATE es muy clara. El artículo 1247 recoge el acuerdo de voluntades creador de obligaciones y el artículo 1291, con su referencia a la equidad y a la buena fe, remite a la justicia.

Podemos así definir el contrato como un acuerdo de voluntades creador de obligaciones, basado en lo justo. Lo justo es el objeto de la justicia particular en el caso de la justicia conmutativa porque, si bien en el contrato administrativo la justicia distributiva está presente, como contrato de derecho público que es está presente en lo previo;[30] una vez celebrado el contrato, las relaciones entre los contratantes en el contrato administrativo se rigen por la justicia conmutativa.[31]

9. Es importante tener en cuenta esta definición esencial de contrato, porque los aspectos diferenciales que justifican la especie contrato administrativo no pueden desnaturalizar la esencia. Si lo hacen, entonces el llamado *contrato administrativo* no sería un contrato.

De esa definición, así, derivan principios que rigen en todos los contratos, por lo que no pueden ser desconocidos en ninguna de las especies de contratos. A los contratos administrativos se aplica, pues, el régimen general de los contratos.[32]

---

26 DE CORES HELGUERA, Carlos. *Pasado, presente y futuro*..., p. 409 y ss.

27 DE CORES HELGUERA, Carlos. *Pasado, presente y futuro*..., p. 459.

28 DE CORES HELGUERA, Carlos. *Pasado, presente y futuro*..., p. 389 y ss.

29 DURÁN MARTÍNEZ, Augusto, "Efectos y cumplimiento de...", loc. cit., p. 455.

30 DURÁN MARTÍNEZ, Augusto, "Efectos y cumplimiento de...", *loc. cit*., p. 459.

31 CASSAGNE, Juan Carlos. *El contrato administrativo*. 2ª edición. Lexis Nexis. Abeledo Perrot. Buenos Aires, 2005, pp. 132 y ss.; DURÁN MARTÍNEZ, Augusto, "Efectos y cumplimiento de...", loc. cit., p. 459; DE CORES HELGUERA, Carlos, "El equilibrio en los contratos con la Administración", en *Estudios de Derecho Administrativo*. LA LEY Uruguay, 2013, Nº 8, p. 683.

32 DE CORES HELGUERA, Carlos, "El equilibrio en los...", *loc. cit.*, pp. 668 y ss.

III. CONSIDERACIONES GENERALES SOBRE LOS PRINCIPIOS GENERALES DE DERECHO

1. Los principios generales son atributos esenciales de las cosas; de ahí que se diga que derivan de la naturaleza de las cosas.[33]

Si esa cosa es la persona humana, los principios tendrán una determinada dimensión; si esa cosa es algo creado por el hombre tendrán una dimensión inferior, porque nada de lo creado por el hombre es superior a sí mismo. La fuerza de creación del hombre no es comparable con la de Quien lo creó.[34]

La diferencia específica que distingue al hombre de los demás animales, es su condición de racional. La razonabilidad, que hace a la naturaleza humana, es lo que configura la *imago Dei*.[35] De ahí proviene la dignidad del hombre y el supravalor de los primeros principios.

2. Conforme a lo expuesto, el valor y fuerza de los principios varía según su origen. Si derivan de una norma de derecho positivo tendrán el valor y fuerza de la norma de la cual son extraídos; si derivan de la persona humana, tendrán valor y fuerza preeminente en el ordenamiento jurídico.

3. Pero, a menudo, el derecho positivo recoge principios preexistentes al propio derecho positivo. Y en este caso, como decía GONZÁLEZ PÉREZ, "cuando un principio se positiviza, no pierde su carácter principal, no se produce una transformación de esencia normativa que transforma un principio general en parte de la Constitución o ley: seguirá siendo un principio general del Derecho y también norma jurídica de aplicación inmediata y no solo en defecto de ley o de costumbre."[36]

En estos casos, el principio tendrá el valor y fuerza no de la norma positiva infravalente que lo recoge, sino de la que efectivamente deriva. Y si no deriva de ninguna norma, sino de la persona humana, tendrá máximo valor y fuerza.

Pacíficamente se admite que los principios son la causa y base del ordenamiento jurídico, y por eso lo informan y orientan[37] en procura del cumplimiento de su fin.

De ahí se extrae que son reglas de conducta destinadas a regular la vida del hombre en sociedad. Son pues reglas jurídicas.

También hoy en día se admite que las reglas de derecho configuran un género que comprende dos especies: los principios y las normas. Esto es admitido no solo por la doctrina mayoritaria,[38] sino también por nuestro derecho positivo.[39]

---

33 DURÁN MARTÍNEZ, Augusto, "Los principios generales de derecho en el derecho administrativo. Aplicación por el legislador, el administrador y el juez", en *DURÁN MARTÍNEZ, Augusto, Neoconstitucionalismo y Derecho Administrativo*. LA LEY Uruguay. Buenos Aires, 2012, p. 87.

34 DURÁN MARTÍNEZ, Augusto, "Los principios generales de...", *loc. cit.*, p. 87.

35 PONTIFICIO CONSEJO "JUSTICIA Y PAZ". *Compendio de la Doctrina Social de la Iglesia*. Librería Editorial Arquidiocesana. Montevideo, 2005, pp. 53 y ss.

36 GONZÁLEZ PÉREZ, Jesús, *La dignidad de la persona*. Civitas. Madrid, 1986, p. 85.

37 GONZÁLEZ PÉREZ, Jesús, *op. cit.*, p. 87; CASSAGNE, Juan Carlos, "Los principios generales del derecho en el Derecho Administrativo", Academia Nacional de Derecho y Ciencias Sociales de Buenos Aires, Anticipo de *Anales*, año XXXII, segunda época, N° 25, Buenos Aires, 1987, p. 29.

38 CASSAGNE, Juan Carlos. *Los grandes principios del derecho público (Constitucional y Administrativo)*. LA LEY, Buenos Aires, 2015, p. 33; DURÁN MARTÍNEZ, Augusto, "Los principios generales

En suma, todos los principios son reglas de derecho, aplicables directamente sin necesidad de texto de derecho positivo que los recoja.

Si el derecho positivo los recoge, facilita su aplicación. En ese caso, se aplica el principio a través de la especificación que efectúa el derecho positivo.[40] Claro que el derecho positivo, al recoger un principio, no puede desconocerlo ni desnaturalizarlo, ni alterar su valor y fuerza.

El valor y fuerza de cada principio varía según su origen. Los primeros principios, por derivar de la persona humana, son supravalentes; los demás tienen valor y fuerza de la norma de que derivan.

Si no hay texto de derecho positivo que recoja expresamente el principio, ni texto normativo análogo, se aplica directamente el principio.

IV. PRINCIPIOS QUE RIGEN EN MATERIA DE CONTRATOS ADMINISTRATIVOS

1. El Texto Ordenado de Contabilidad y Administración Financiera, aprobado por el decreto N° 150/012, de 11 de mayo de 2012 (TOCAF–2012), por su artículo 149 enumeró una serie de principios en materia de contratación administrativa.[41]

Estos principios son:

"A) Flexibilidad.

B) Publicidad, igualdad de los oferentes y concurrencia en los procedimientos competitivos para el llamado y la selección de las ofertas.

C) Razonabilidad.

D) Delegación.

E) Ausencia de ritualismo.

F) Materialidad frente al formalismo.

G) Veracidad salvo prueba en contrario.

H) Transparencia.

---

de...", *loc. cit.*, p. 87; DURÁN MARTÍNEZ, Augusto, "Los grandes principios de derecho público (Constitucional y Administrativo) de Juan Carlos CASSAGNE", en *Estudios de Derecho Administrativo*. LA LEY Uruguay. Montevideo, 2016, N° 14, p. 1180.

39 El artículo 23, literal a) del decreto-ley N° 15.524, de 9 de enero de 1984, que recoge el concepto proveniente del artículo 345 de la ley N° 13.318, de 28 de diciembre de 1964. Según nuestra regla de derecho es "todo principio de derecho o norma constitucional, legislativa, reglamentaria o contractual."

40 BARBÉ PÉREZ, Héctor, "Los principios generales de derecho como fuente de derecho administrativo en el derecho positivo uruguayo", en BARBÉ PÉREZ, Héctor/ REAL, Alberto Ramón/ CAJARVILLE PELUFFO, Juan Pablo/ MARTINS, Daniel Hugo. *Los principios generales de derecho en el derecho uruguayo y comparado*. F.C.U. Montevideo, 2001, pp. 27 y ss.

41 Este artículo tiene su fuente en el artículo 131 del TOCAF anterior, que lo reitera con algunas variantes. Una de esas variantes la vemos en el acápite. El acápite del citado artículo 131 dice: "Los principios generales de actuación y contralor de los organismos estatales en materia de contrataciones serán:". En cambio, el acápite del artículo 149 vigente dice: "Los principios generales de actuación y contralor en materia de la Ley de Contabilidad y Administración Financiera del Estado serán los siguientes:".

Como se percibe, el texto vigente no menciona a los contratos, pero los principios en él enumerados, rigen a los contratos administrativos puesto que estos se encuentran comprendidos en la ley a que refiere.

l) Buena fe."

2. No es este el único texto normativo que enumera principios en materia de contratos administrativos. Así, el artículo 4 de la ley N° 18.786, de 19 de julio de 2011, con relación a los contratos de participación público privada (P.P.P.) enumera los siguientes principios: a) transparencia y publicidad; b) protección del interés público; c) eficiencia económica; d) adecuada distribución de riesgos; e) transferencia, f) ecuanimidad; g) temporalidad; h) responsabilidad fiscal; i) control; j) protección del desarrollo sustentable; k) respeto a los derechos laborales y las normas legales.

Los principios mencionados precedentemente enunciados para los contratos de P.P.P. se aplican a todos los contratos administrativos, aunque no necesariamente en la forma que se especifican para los contratos de P.P.P.

3. Los principios mencionados precedentemente no son exclusivamente de los contratos administrativos. En efecto, algunos de ellos se aplican en el procedimiento administrativo común[42] aunque, desde luego, admiten ciertas variantes en su especificación según se apliquen en un ámbito o en otro.

Debe señalarse, asimismo, que los principios indicados en los textos normativos mencionados, no son los únicos aplicables en materia contractual.

Hay otros principios que aunque no han sido mencionados son igualmente aplicables por derivar de la esencia del contrato, como el de asimilación del contrato a la ley; de la esencia de la actividad administrativa, como el principio de la buena administración; de la esencia misma del derecho, como el de buena fe,[43] y de la esencia del Estado Constitucional de Derecho, como el de que toda controversia que no pueda resolverse amigablemente por las partes debe resolverse por medio de la actividad jurisdiccional.

---

42 El decreto N° 500/991, de 27 de setiembre de 1991, por su artículo 2 establece:

"**ARTÍCULO 2°.** La Administración Pública debe servir con objetividad los intereses generales con sometimiento pleno al Derecho y debe actuar de acuerdo con los siguientes principios generales:

imparcialidad;

legalidad objetiva;

impulsión de oficio;

verdad material;

economía, celeridad y eficacia;

informalismo en favor del administrado;

flexibilidad, materialidad y ausencia de ritualismos;

delegación material;

debido procedimiento;

contradicción;

buena fe, lealtad y presunción de verdad salvo prueba en contrario;

motivación de la decisión;

gratuidad.

Los principios señalados servirán también de criterio interpretativo para resolver las cuestiones que puedan suscitarse en la aplicación de las reglas de procedimiento."

43 DURÁN MARTÍNEZ, Augusto, "Principios de la contratación...", *loc. cit.*, pp. 50 y ss.; DURÁN MARTÍNEZ, Augusto, "El contrato administrativo...", *loc. cit.*, pp. 124 y ss.

4. No referiré a todos los principios indicados dado la índole de este estudio. Tampoco analizaré la proyección de los principios en todas y cada una de las etapas del contrato, ya que el objeto de este trabajo se circunscribe a la ejecución.

De manera que referiré únicamente al que considero el principal: el principio de la asimilación del contrato a la ley y únicamente en su proyección sobre la ejecución del contrato.

No obstante lo expuesto advierto que este principio está vinculado con otros, por lo que a esos necesariamente habré de referir puesto que, de lo contrario, este estudio resultaría incompleto.

V. PRINCIPIO DE ASIMILACIÓN DEL CONTRATO A LA LEY Y SU PROYECCIÓN EN LA EJECUCIÓN DEL CONTRATO ADMINISTRATIVO

1. El principio de la asimilación del contrato a la ley está recogido expresamente en el primer inciso del artículo 1291 del Código Civil: "Los contratos legalmente celebrados forman una regla a la cual deben someterse las partes como a la ley misma." De ahí la conocida expresión, *el contrato es ley entre las partes*.

Esta expresión, desde luego, tiene un sentido analógico: no hay confusión posible entre ley y contrato. Lo que este principio prescribe a través de esta expresión es el efecto vinculante del contrato entre quienes lo han celebrado. Las partes quedan sometidas a la regla de derecho que juntas han creado.[44]

2. Sin embargo, pese al reconocimiento que tiene este principio por todos, durante mucho tiempo una numerosa y calificada doctrina ha sostenido la existencia de una serie de *prerrogativas exorbitantes* por parte de la Administración en el marco de los contratos administrativos que desde hace mucho me ha dejado perplejo, por lo que he cuestionado tal posibilidad.[45]

Entre esas prerrogativas de la Administración llamadas exorbitantes, en general se menciona: a) la potestad de modificación unilateral del contrato; b) la potestad de rescindir unilateralmente el contrato; c) la potestad de dirección del contrato; d) la potestad de interpretación del contrato; e) la inadmisión de la *exceptio non adimpleti contractus* contra la Administración.[46]

3. No obstante lo expresado, en los últimos tiempos se ha notado una reacción en la doctrina.

Por lo pronto, se ha cuestionado la terminología de *prerrogativas exorbitantes*.[47] La expresión *prerrogativa* denota privilegio; la Administración tiene potestades, no privile-

---

44 DURÁN MARTÍNEZ, Augusto, "Ejecución de los contratos administrativos. Eficacia vinculante. El contrato como regla de Derecho. Mutabilidad del contrato", en *DURÁN MARTÍNEZ, Augusto. Estudios de derecho administrativo. Parte General*. Montevideo, 1999, p. 264; DURÁN MARTÍNEZ, Augusto, "El contrato administrativo…", *loc. cit.*, p. 124.

45 DURÁN MARTÍNEZ, Augusto, "Ejecución de los contratos…", *loc. cit.*, pp. 265 y ss.; DURÁN MARTÍNEZ, Augusto, "¿Prerrogativas exorbitantes?", en *Estudios de Derecho Administrativo*. LA LEY Uruguay, 2013, N° 8, pp. 564 y ss.

46 DURÁN MARTÍNEZ, Augusto, "¿Prerrogativas…?", *loc. cit.*, p. 567.

47 CASSAGNE, Juan Carlos, "Las prerrogativas de poder público en los contratos administrativos", en RODRÍGUEZ-ARANA MUÑOZ, Jaime/ SANZ RUBIALES, I./ SENDÍN GARCÍA, Miguel A. (Directores) *La contratación administrativa en España e Iberoamérica*. Junta de Castilla y León. CECLAP.

gios. La expresión *exorbitante* tenía sentido cuando se entendía que el Derecho Administrativo era un Derecho de excepción con relación al Derecho Civil, concebido como el Derecho común. Pero esto no es así;[48] esa concepción ya está superada.[49]

MEILÁN GIL propone el abandono de las prerrogativas de la Administración en los contratos administrativos.[50]

Por otro lado, son cada vez menos los que sustentan esas llamadas prerrogativas exorbitantes por principio y, cuando lo hacen, lo hacen con considerables limitaciones.

Pero es bueno insistir en este tema, pues subsiste alguna doctrina que sustenta todavía las prerrogativas exorbitantes y la Administración, por cierto, se aferra a ellas.

4. No bien se profundiza un poco en el tema, salta a la vista que las llamadas prerrogativas exorbitantes resultan incompatibles con el principio cardinal de los contratos: la asimilación del contrato a la ley, dicho de otro modo, con la fuerza vinculante del contrato y con los principios con él relacionados.

5. Veamos en primer término el *jus variandi.*

Si los contratos tienen efecto vinculante ellos obligan a las partes, por lo que es inconcebible que una de ellas, unilateralmente, pueda modificarlos.

Por otro lado, como se ha dicho, el contrato presupone la libertad; presupone un consentimiento libre. Los contratantes han asumido libremente determinadas obligaciones; esas obligaciones y no otras. Si se le impone a una parte unilateralmente por la otra parte, obligaciones que no se han consentido, se afecta la libertad.

Téngase presente, asimismo, que por un contrato las partes, además de asumir obligaciones, pueden adquirir derechos. Por tanto, si una de las partes lo modifica unilateralmente puede privar a la otra parte de derechos legítimamente adquiridos. Puede verse, así, afectada la propiedad.

Recuérdese, asimismo, que si bien cuando la Administración decide contratar lo hace en aplicación de la justicia distributiva; una vez celebrado el contrato, las relaciones entre las partes se rigen por la justicia conmutativa. Rige entre ellas el principio de igualdad. Este principio no se restringe a la igualdad de los oferentes como dice el TOCAF en el artículo 149, literal B), sino también rige entre las partes y se proyecta en la ejecución del contrato.[51] Por tanto, admitir el *jus variandi*, supone quebrar esa igualdad.

FIDA. Londres, 2008, p. 52; MATA, Ismael, "Prerrogativas de la Administración en la contratación pública", en RODRÍGUEZ-ARANA MUÑOZ, Jaime/ SANZ RUBIALES, I./ SENDÍN GARCÍA, Miguel A. (Directores) *La contratación…*, p. 26.

48 Ver VERGARA BLANCO, Alejandro. *El Derecho administrativo como sistema autónomo. El mito del Código Civil como "derecho común"*. Abeledo Perrot. Legal Publishing. Santiago de Chile, 2010.

49 DURÁN MARTÍNEZ, Augusto, "¿Prerrogativas…?", *loc. cit.*, p. 571.

50 MEILÁN GIL, José Luis, "Las prerrogativas de la Administración en los contratos administrativos: propuesta de revisión", en RODRÍGUEZ-ARANA MUÑOZ, Jaime/ SENDÍN GARCÍA, Miguel A./ DANÓS ORDÓÑEZ, Jorge Elías/ CÁCERES ARCE, Jorge Luis/ ROJAS MONTES, Verónica Violeta/ HUAMÁN PAREDES, Neil Amador. *Contratación Pública*. XII Foro Iberoamericano de Derecho Administrativo. Adrus Editores. Lima, 2013, vol. II, p. 70.

51 RUOCCO, Graciela, "La igualdad en la contratación administrativa", en *Estudios de Derecho Administrativo*. LA LEY Uruguay, 2013, N° 8, pp. 424 y ss.; DURÁN MARTÍNEZ, Augusto, "El contrato administrativo en…", *loc. cit.*, p. 137.

El artículo 1253 del Código Civil contempla el principio de igualdad. Tiene incidencia en la modificación unilateral, así como en la rescisión unilateral y en general en las otras potestades llamadas exorbitantes.

Este artículo establece: "La validez y el cumplimiento de los contratos no pueden dejarse al arbitrio de uno de los contrayentes".

Comentando este artículo, MARIÑO LÓPEZ expresó: "Las partes se encuentran en situación de *igualdad*. En coordinación con lo dispuesto por el artículo 1294, una de ellas no puede, por sí misma, extinguir el contrato, modificarlo o decidir incumplir las obligaciones que de éste surgen sin padecer una respuesta coactiva desfavorable del sistema jurídico. Como consecuencia, una parte no puede extinguir el contrato por su sola voluntad, aun cuando así se haya pactado en él. Se requiere un hecho externo a la voluntad del declarante que habilite el desistimiento unilateral."[52]

Posteriormente MARIÑO LÓPEZ precisó estos conceptos. En tal sentido expresó:

> "Las partes del contrato pueden estipular la rescisión o modificación unilateral del contrato, siempre que se respete el artículo 1253 CC. Para ello, el derecho a desistir unilateralmente del contrato o a modificarlo unilateralmente debe estar condicionado a la sobreviniencia de hechos o circunstancias de hecho exteriores a la voluntad del recedente que ameriten tal extinción.
>
> De ese modo, quedan garantizadas la libertad y la igualdad, concretadas en el contrato y, en definitiva, el Estado de Derecho."[53]

Lo expresado por MARIÑO LÓPEZ es enteramente compartible y aplicable al contrato administrativo. En efecto, el artículo 1253 del Código Civil no refiere al contrato civil sino al contrato. Por tanto, se aplica al contrato administrativo por participar de la esencia del contrato, como especie de contrato que es.

Sin duda, asimismo, el *jus variandi* afecta la seguridad jurídica, porque eso supone la posibilidad de cambiar las reglas de juego unilateralmente; con ello, la confianza legítima y la buena fe aparecen también vulneradas.

Es cierto que pueden existir cambios en las circunstancias que aconsejen una modificación. La vieja cláusula *rebus sic stantibus* impone esa modificación para mantener el equilibrio de las prestaciones.[54] Pero la también vieja cláusula *pacta sunt servanda* no permite la modificación unilateral.

Si nos encontramos ante una de esas circunstancias, corresponde que las partes de común acuerdo efectúen la modificación. Pero si no hay acuerdo, estamos ante una hipótesis de conflicto; corresponde, así, que este conflicto se solucione por medio de la función jurisdiccional, incluida la jurisdicción arbitral, puesto que en un Estado Constitu-

---

52 MARIÑO LÓPEZ, Andrés, *Código Civil de la República Oriental del Uruguay*..., p. 640.

53 MARIÑO LÓPEZ, Andrés, "La extinción y la modificación del contrato administrativo por declaración unilateral de voluntad de la Administración", en *Estudios de Derecho Administrativo*. LA LEY Uruguay, 2013, N° 8, p. 43.

54 DURÁN MARTÍNEZ, Augusto, "Ejecución de los contratos...", *loc. cit.*, p. 272; DURÁN MARTÍNEZ, Augusto, "¿Prerrogativas...?", *loc. cit.*, pp. 575 y ss.

cional de Derecho todo conflicto que no pueda resolverse en forma amigable se resuelve por vía jurisdiccional.[55]

La proyección del principio de asimilación del contrato a la ley y de los otros principios relacionados mencionados sobre la ejecución del contrato impide el *jus variandi* de principio.[56]

Esta afirmación precedentemente efectuada en base a los principios, también procede conforme a nuestro derecho positivo. En efecto, los artículos 7, 8, 10, 32 y 72 de la Constitución[57] recogen los principios indicados, algunos de ellos, ciertos principios y otros, todos ellos. Por tanto, aunque no se acepte mi visión iusnaturalista, igualmente, con una visión positivista, una interpretación desde la Constitución lleva en este caso a la misma solución.

No podemos, por otro lado, dejar de encarar nuestro tema desde la perspectiva del bloque de constitucionalidad o, en otra terminología, bloque de derechos o de derechos humanos.

Las opiniones varían en cuanto al contenido del bloque. Así, por ejemplo, RISSO FERRAND concibió el bloque "como el conjunto de disposiciones constitucionales e internacionales referidas a los derechos fundamentales, sin perjuicio de la aceptación de los derechos implícitos."[58] Por su parte LARRIEUX expresó que para nuestra Suprema Corte de Justicia "el bloque de derechos está integrado por aquellos asegurados en el texto formal de la Carta, los contenidos en las convenciones de derecho internacional y los que se deducen de los principios y valores inherentes a la persona, sin perder su naturaleza jurídica o fuente normativa y sobre los cuales el intérprete debe preferir la que

---

55 DURÁN MARTÍNEZ, Augusto, "Ejecución de los contratos...", *loc. cit.*, p. 273; DURÁN MARTÍNEZ, Augusto, "¿Prerrogativas...?", *loc. cit.*, p. 577.

56 En el mismo sentido ver GUARIGLIA, Carlos E. "Mutabilidad o inmutabilidad de las prestaciones objeto de los contratos administrativos en el derecho administrativo uruguayo", en *Estudios de Derecho Administrativo.* LA LEY Uruguay, 2013, Nº 8, pp. 522 y ss.

57 "**Artículo 7º.** Los habitantes de la República tienen derecho a ser protegidos en el goce de su vida, honor, libertad, seguridad, trabajo y propiedad. Nadie puede ser privado de estos derechos sino conforme a las leyes que se establecieren por razones de interés general."

"**Artículo 8º.** Todas las personas son iguales ante la ley, no reconociéndose otra distinción entre ellas sino la de los talentos o lasvirtudes."

"**Artículo 10.** Las acciones privadas de las personas que de ningún modo atacan el orden público ni perjudican a un tercero, están exentas de la autoridad de los magistrados.

Ningún habitante de la República está obligado a hacer lo que no manda la ley, ni privado de lo que ella no prohíbe."

"**Artículo 32.** La propiedad es un derecho inviolable, pero sujeto a lo que dispongan las leyes que se establecieren por razones de interés general. Nadie podrá ser privado de su derecho de propiedad sino en los casos de necesidad o utilidad públicas establecidos por una ley y recibiendo siempre del Tesoro Nacional una justa y previa compensación. Cuando se declare la expropiación por causa de necesidad o utilidad públicas, se indemnizará a los propietarios por los daños y perjuicios que sufrieren en razón de la duración del procedimiento expropiatorio, se consume o no la expropiación; incluso los que deriven de las variaciones en el valor de la moneda."

"**Artículo 72.** La enumeración de derechos, deberes y garantías hecha por la Constitución, no excluye los otros que son inherentes a la personalidad humana o se derivan de la forma republicana de gobierno."

58 RISSO FERRAND, Martín. *Algunas garantías básicas de los derechos humanos*. Segunda edición actualizada y ampliada. Pontificia Universidad Javeriana. Grupo Editorial Ibáñez. Bogotá, 2011, p. 77.

mejor protege."[59] En tanto, yo he entendido por *bloque de constitucionalidad* el conjunto de reglas de derecho incluidas en la Constitución y los derechos humanos reconocidos o no por la Carta, contenidos o no en las convenciones internacionales.[60]

En cualquiera de esos tres conceptos las prerrogativas exorbitantes resultan incompatibles con el bloque de constitucionalidad, en cuanto por acto administrativo afectan la libertad o la igualdad o la seguridad jurídica o la propiedad o todos esos derechos, con lo que violan los principios de los cuales derivan esos derechos.

Es cierto que el artículo 7 de la Constitución admite privar el goce de algunos derechos, entre los que se encuentra el de libertad, seguridad y propiedad. Pero ello por ley y por razones de interés general. Es decir, no puede ser por cualquier motivo: tiene que ser por razones de interés general, razones que deben existir, no pueden ser un invento del legislador, puesto que estamos ante un concepto jurídico indeterminado por lo que, en definitiva, la determinación del concepto queda bajo el control de la Suprema Corte de Justicia al efectuar el control jurisdiccional de constitucionalidad de la ley. Y no cualquier acto jurídico puede privar de estos derechos, tiene que ser la ley, en sentido orgánico formal.

Pero, además, la ley, al regular el contrato deberá hacerlo en forma racional y sin desnaturalizar el contrato. Si al regular lo desnaturaliza, se cambia la esencia y el contrato dejará de ser contrato. Por más que la ley diga que el contrato es un aparato que usamos para navegar bajo el agua, eso no será un contrato sino un submarino.

En casos excepcionales, el reglamento podrá admitir el *jus variandi* si cuenta con una debida cobertura legal; si no, no podrá, puesto que el *jus variandi* supone la afectación de determinados derechos fundamentales que, como se ha visto, solo pueden ser limitados por ley, y dictada por razones de interés general.

Se ha discutido si el propio contrato puede prever el *jus variandi*.

Estimo que ni el contrato puede preverlo. No lo puede prever porque, para eso, tiene que estar previsto en los pliegos. Como los pliegos se aprueban por acto administrativo, por las razones indicadas, no pueden prever limitaciones que la Constitución reserva a la ley. Y si no está previsto en el pliego, algo tan importante como el *jus variandi* no puede añadirse después en el contrato al momento de su otorgamiento.[61]

Para los contratos administrativos en general el artículo 74 del TOCAF–2012 reguló la modificación de las prestaciones objeto de los contratos administrativos.

En tal sentido estableció:

> "**Art. 74**. Las prestaciones objeto de contratos podrán aumentarse o disminuirse, respetando sus condiciones y modalidades y con adecuación de los plazos respectivos, hasta un máximo de 20% (veinte por ciento) o del 10% (diez por ciento) de su valor original en uno y otro caso y siempre que el monto definitivo no sobrepase el límite máximo de aprobación pa-

59 LARRIEUX, José, "Caso GELMAN Vs. Uruguay. Justicia transicional. Carta Interamericana de Derechos Humanos y el control de convencionalidad", en *La Justicia Uruguaya*, año LXXIV, t. 147, marzo 2013, pp. J. Com. 21 y ss.

60 DURÁN MARTÍNEZ, Augusto, "El control de convencionalidad y el derecho público interno", en *La Justicia Uruguaya*, año LXXV, t. 149, febrero 2014, p. D. 26.

61 DURÁN MARTÍNEZ, Augusto, "Ejecución de los contratos…", *loc. cit.*, pp. 262 y ss.

ra el cual está facultada la respectiva autoridad. Cuando exceda ese límite deberá recabarse la aprobación previa de la autoridad competente.

También podrán aumentarse o disminuirse en las proporciones que sean de interés para la Administración y que excedan de las antes indicadas, con acuerdo del adjudicatario y en las mismas condiciones preestablecidas en materia de su aprobación.

En ningún caso los aumentos podrán exceder el 100% (cien por ciento) del objeto del contrato."

De este artículo se desprende que la única modificación prevista es cuantitativa, con un límite máximo del 20% del valor original del contrato y con respeto a la ecuación económico financiera del contrato.

Esta referencia al valor original del contrato significa que el aumento de prestaciones que puede imponer la Administración no puede implicar un aumento de más del 20% del precio originalmente pactado (no el nominal sino indexado a la fecha de la modificación) sin que se tengan en cuenta las variaciones de precios ocurridas por eventuales modificaciones anteriores. Admitir que se pueda correr la base de cálculo a los montos resultantes de modificaciones anteriores conllevaría un claro fraude a la ley.

También este artículo establece límites de procedimiento, pues si ese aumento sobrepasa el límite autorizado para ese órgano para contratar se debe recabar la aprobación de la autoridad competente.

De manera que toda modificación que signifique un aumento de ese 20% no puede imponerse unilateralmente. Conforme a la ley, requiere el mutuo consentimiento.

De este artículo 74 del TOCAF se extrae claramente que la regla es la inexistencia de la potestad de modificación unilateral del contrato. La excepción precisamente es este artículo que la admite en las condiciones expresamente allí indicadas. Como esta es una norma de excepción es de interpretación estricta: la modificación unilateral solo es posible con estricto cumplimiento de los requisitos allí previstos.

También este artículo establece límites a la modificación del contrato de común acuerdo.

Los contratos administrativos tienen un régimen más estricto que los de derecho privado para su modificación. En efecto, en un contrato privado ambas partes tienen discrecionalidad para modificarlo. Pero en un contrato administrativo, esa modificación solo es admisible si sirve al bien común y también al interés de la Administración contratante, interés que naturalmente debe estar ordenado al bien común.

De más está decir que esa modificación debe ajustarse a todos los principios generales del derecho y en especial los que informan la contratación administrativa. No se puede por esta vía, por ejemplo, desconocer el principio de igualdad, ni sanear situaciones provocadas por ofertas de imposible cumplimiento a fin de ganar una licitación, con la esperanza de modificarla después.

En los casos en que las modificaciones de contratos sean admisibles, las mismas se encuentran en este artículo además de los límites sustantivos indicados un límite cuantitativo infranqueable: los aumentos no pueden exceder el 100% del objeto del contrato.

A mi juicio esto es una regulación racional, asegura el equilibrio de la ecuación económico financiera del contrato, se efectúa por ley y razones de interés general pueden justificarla, por lo que considero que este artículo no es inconstitucional.

El artículo 47 de la ley N° 18.786, de 19 de julio de 2011 regula la modificación en los contratos de P.P.P. No lo analizo, pues este estudio refiere a los contratos administrativos en general. Simplemente diré que ese artículo no es inconstitucional, efectúa una regulación razonable y me remito a lo que he escrito al respecto.[62]

6. Pasemos ahora a la rescisión unilateral.

Curiosamente BÉNOIT, que con tanta vehemencia se opuso al *jus variandi*, admitió la potestad de la administración de rescindir unilateralmente un contrato.[63]

Admite la rescisión unilateral, inclusive la parcial, por entender que reviste menor gravedad que la modificación, ya que la modificación implica un acto positivo: impone al cocontratante obligaciones originariamente no aceptadas, mientras que la rescisión tiene un contenido negativo pues entraña una supresión o disminución de las obligaciones sin mengua de sus derechos –a su juicio–, ya que a través de la indemnización que corresponde se le respeta el beneficio económico que había perseguido al celebrar el contrato.[64]

Si bien coincido con BÉNOIT en cuanto a que la rescisión unilateral resulta menos grave que la modificación, los mismos fundamentos que me llevaron a rechazar la potestad de modificación unilateral me llevan a no aceptar una potestad de la Administración de rescisión unilateral por principio.

El principio de buena fe, el de seguridad jurídica y el de igualdad vedan toda potestad de modificación unilateral o de rescisión unilateral por principio.

Es cierto que el Estado y los particulares no son iguales. Eso hace que existan procedimientos especiales para las contrataciones del Estado, diversas a las de particulares. Pero si el Estado decide contratar, una vez celebrado el contrato no puede esgrimir una posición privilegiada. Queda atado por la regla que él mismo ha contribuido a crear.

De más está decir que si la rescisión se pretende por razones de legitimidad o de incumplimiento del cocontratante particular, como esas son hipótesis de conflicto ello es resorte de la función jurisdiccional.[65] Con mayor razón, en estos casos resulta inadmisible una rescisión unilateral. Ni siquiera ello es admisible existiendo ley habilitante pues esa ley sería inconstitucional, ya que supondría atribuir a un órgano administrativo una potestad propia de la función jurisdiccional.

El artículo 74 del TOCAF–2012, como se ha visto, también refiere a la rescisión unilateral. Solo admite la parcial y con los mínimos exigidos para la modificación, con la diferencia de que el límite cuantitativo es fijado en el 10% del valor original del contrato.

Considero que también esta parte de este artículo es razonable y se ajusta a la Constitución, por las mismas razones señaladas cuando referiré a la modificación unilateral también allí regulado.

---

62 DURÁN MARTÍNEZ, Augusto, "Modificación de los contratos de participación público-privada", en *Estudios de Derecho Administrativo*. LA LEY Uruguay, 2012, N° 6, pp. 334 y ss.

63 BÉNOIT, Francis P. *Le droit administratif français*. Librairie Dalloz. Paris, 1968, pp. 592, 616 y ss; 565 y ss. y 661 y ss.

64 BÉNOIT, Francis P., *Le droit administratif...*, pp. 661 y ss.

65 CAJARVILLE PELUFFO, Juan Pablo, "Extinción de los contratos administrativos", en CAJARVILLE PELUFFO, Juan Pablo, *Sobre Derecho...*, t. II, pp. 427 y ss.

También considero que el acuerdo de voluntades exigido para toda rescisión que exceda del 10 % no puede ser excluido por los pliegos ni por el propio contrato, por las razones indicadas al estudiar la modificación unilateral.[66]

También el TOCAF–2012, en su artículo 70, refiere a la rescisión unilateral al prever la rescisión unilateral de la Administración en caso de incumplimiento grave del contratista.

He considerado este artículo inconstitucional puesto que el determinar si hubo o no incumplimiento y si de existir, este es grave o no, es una hipótesis de conflicto. Y toda hipótesis de conflicto debe ser resuelta en ejercicio de la función jurisdiccional y, en principio, por el Poder Judicial.[67]

Admito que el artículo 51 de la ley N° 18.786 al enumerar las causales de extinción de los contratos de P.P.P., en el literal C prevé la rescisión unilateral por incumplimiento del contrato.

Podría pensarse que es una solución igual a la del artículo 70 del TOCAF y adolece así de la misma inconstitucionalidad. Pero no es así, porque la ley N° 18.786 en toda hipótesis de conflicto impone el arbitraje (artículo 54), por lo que para determinar si hubo incumplimiento hay que pasar por el arbitraje.[68]

7. En líneas generales, por las mismas razones que rechazo el *jus variandi* y la potestad de rescisión unilateral del contrato, rechazo la potestad de interpretación, la de dirección del contrato, y admito la *exceptio non adimpleti contractus*.

Por cierto que cada parte tiene derecho a interpretar el contrato. Necesariamente se debe interpretar el contrato para su ejecución. Pero ninguna tiene derecho a imponer su interpretación a la otra. Y si una parte ejecuta el contrato conforme a su interpretación, asume las consecuencias de su interpretación; en definitiva, en caso de diferencias decide el juez.

La dirección del contrato es inadmisible porque la Administración no es dueña del contrato. Una cosa es la dirección de la obra, como dice BÉNOIT en el contrato de obra pública, porque el Estado es el dueño de la obra,[69] y otra muy distinta la dirección del contrato. Una potestad de dirección del contrato atenta también contra la seguridad jurídica y el principio de igualdad, y también puede atentar contra el principio de la buena fe.

La interpretación y la dirección del contrato en definitiva dejan la ejecución del contrato al arbitrio de uno de los contrayentes, en el caso, de la Administración, lo que viola abiertamente el principio de igualdad, especificado, entre otros, en el artículo 1253 del

66 DURÁN MARTÍNEZ, Augusto, "¿Prerrogativas...?", *loc. cit.*, pp. 587 y ss. En contra CAJARVILLE PELUFFO, Juan Pablo, "Extinción de los contratos..., *loc. cit.*, p. 426.

67 DURÁN MARTÍNEZ, Augusto, "¿Prerrogativas...?", *loc. cit.*, p. 588. En el mismo sentido, SAETTONE MONTERO, Mariella, "Extinción del contrato administrativo", en *Estudios de Derecho Administrativo*. LA LEY Uruguay, 2013, N° 8, pp. 540 y ss.

68 DURÁN MARTÍNEZ, Augusto, "Resolución unilateral de un contrato de P.P.P. por incumplimiento del contratista", en *Estudios de Derecho Administrativo*. LA LEY Uruguay, 2012, N° 6, pp. 611 y ss.; DURÁN MARTÍNEZ, Augusto, "¿Prerrogativas...?", *loc. cit.*, pp. 590 y ss.

69 BÉNOIT, Francis P., *Le droit administratif ...*, pp. 649 y ss.

Código Civil, artículo que por su generalidad, como ya se vio, también es aplicable a los contratos administrativos.[70]

La *exceptio non adimpleti contractus* es admisible. No hay ninguna razón para que no se pueda esgrimir contra la Administración. La Administración no puede, si no cumple, exigir el cumplimiento de la otra parte. Eso no es justo y, si no es justo, es antijurídico. Además, es de interés público la tutela de los intereses particulares.[71] Justamente, el bien común está para el desarrollo de la persona humana, lo que implica que interés general e interés particular deben conjugarse en términos de coordinación y no en función del sacrificio de uno en aras del otro. Si la Administración no cumple, pretender que el cocontratante deba igualmente cumplir significa su ruina por hechos imputables a la Administración, lo que no es constitucionalmente aceptable; además de lo expresado, esto es claramente contrario a la buena administración. Cabe señalar, por otro lado, que admitir la *exceptio non adimpleti contractus* para una de las partes y no para la otra no se compadece con el principio de igualdad.

Por cierto que la aplicación de la *exceptio non adimpleti contractus* debe ser razonable, proporcionada a la entidad del incumplimiento, tal como ocurre en los contratos de derecho privado.

8. Se pretende fundar las llamadas prerrogativas exorbitantes en el interés público que persigue la Administración al contratar.

Es obvio que la Administración persigue el interés público; no podría perseguir un interés privado, pues de ser así su actuación sería ilegítima.

Pero el interés público que persigue la Administración, llamado por algunos *interés público secundario*,[72] debe ser acorde al interés general, llamado también por algunos *interés público primario*.[73] [74] "La Administración no es titular del interés general, sino su servidora, con sometimiento pleno a la ley y el Derecho.[75]

---

70 ORDOQUI CASTILLA, Gustavo, *Desequilibrio en los contratos (Privados y Públicos)*. Universidad Católica del Uruguay. Montevideo, 2008, p. 540.

71 DURÁN MARTÍNEZ, Augusto, "Ejecución de los contratos...", en DURÁN MARTÍNEZ, Augusto, *Estudios de Derecho Administrativo*..., p. 271; DURÁN MARTÍNEZ, Augusto, *Casos de Derecho Administrativo*. Montevideo, 2007, vol. V, pp. 212 y ss.; CAJARVILLE PELUFFO también opinó en la misma dirección. En efecto, en tal sentido escribió: ... "hay que afirmar, como lo recordaba el Dr. Durán, que también el respeto a los derechos de los individuos es de interés público. Este no es solo un postulado filosófico y de convicción política, es una solución constitucional de derecho positivo uruguayo; cada vez que la Constitución de la República consagra un derecho y establece que podrá limitarse por ley por razones de interés general, está partiendo del supuesto de que ese derecho subjetivo es compatible con el interés general y sólo dejará de serlo cuando y en la estricta medida en que una ley formal así lo declare limitándola; está suponiendo en última instancia que el respeto a los derechos de los individuos es coherente con el interés público, que el interés público no exige en principio el desconocimiento de esos derechos, salvo que una ley establezca la necesidad de limitarlos por razones de interés general." CAJARVILLE PELUFFO, Juan Pablo, "Extinción de los contratos...", *loc. cit.*, p. 422.

72 ALESSI, Renato. *Instituciones de derecho administrativo*. Bosch. Barcelona, 1970, t. I, pp. 184 y ss.; BANDEIRA DE MELLO, Celso Antônio. *Curso de Direito Administrativo*. 15ª edição. Malheiros editores. São Paulo, 2003, p. 63.

73 ALESSI, Renato. *Instituciones*..., t. I, pp. 184 y ss.; BANDEIRA DE MELLO, Celso Antônio. *Curso*..., p. 63.

74 DURÁN MARTÍNEZ, Augusto, "Derechos prestacionales e interés público", en *DURÁN MARTÍNEZ, Augusto. Neoconstitucionalismo y*..., pp. 212 y ss.; DURÁN MARTÍNEZ, Augusto, "Principios de la contratación...", loc. cit., pp. 73 y ss.; DURÁN MARTÍNEZ, Augusto, "Límites a la concesión de acti-

Esta distinción entre interés público e interés general está expresamente recogida en la ley N° 15.786, de 19 de junio de 2011, cuando al enumerar en su artículo 4 los principios que informan a los contratos de P.P.P., en su literal B incluye el de protección del interés público. Y en su explicitación expresa que todo proyecto de P.P.P. deberá procurar el beneficio público, respetando el interés general.

Esto no es exclusivo de los contratos de P.P.P., sino que rige en toda la actividad administrativa, lo que incluye a los contratos administrativos en general. Pero lo interesante de esta ley es que distingue interés público de interés general y adecuadamente subordina el interés público al interés general.[76]

El interés general o interés público primario es el interés de la colectividad como un todo, en otros términos, el conjunto de intereses individuales, en tanto integrantes de una colectividad, así como de los distintos intereses públicos o públicos secundarios. Dicho de otro modo, los intereses particulares y los intereses públicos o públicos secundarios integran el interés general o interés público primario.[77]

Por eso es que no hay contraposición entre el interés privado y el público. El contrato administrativo es un contrato entre partes desiguales[78] pero que se igualan al celebrar el contrato. Esas partes persiguen fines distintos, un fin público el Estado, un fin privado el particular, pero no contrapuestos. Si fuesen contrapuestos, como bien señaló SOTO KLOSS, no sería posible el acuerdo.[79] El fin privado coadyuva con el público, lo que convierte al cocontratante particular en colaborador de la Administración.[80] No hay en el contrato administrativo una relación de subordinación sino de colaboración.[81]

El interés público secundario no puede servir de fundamento para sustituir las prerrogativas exorbitantes como principio, porque solo es atendible en cuanto coincide con el primario. Y el interés público primario no puede invocarse para sustentar estas prerrogativas, porque no puede servir de fundamento para desconocer el bloque de constitucionalidad. Es más, es de interés público primario, o de interés general, el respeto del bloque de constitucionalidad.[82]

vidades públicas", en *Estudios de Derecho Administrativo*. LA LEY Uruguay. Montevideo, 2014, N° 9, pp. 93y ss.

75 MEILÁN GIL, José Luis "Las prerrogativas de la Administración en...", *loc. cit.*, p. 70.

76 DURÁN MARTÍNEZ, Augusto, "Principios de la contratación...", *loc. cit.*, p. 73.

77 DURÁN MARTÍNEZ Augusto, "Límites a la concesión...", *loc. cit.*, pp. 94 y ss.

78 CASSAGNE, Juan Carlos, "La contratación pública: tensiones actuales y clásicos dilemas", en RODRÍGUEZ-ARANA MUÑOZ, Jaime/ SENDÍN GARCÍA, Miguel A./ DANÓS ORDÓÑEZ, Jorge Elías/ CÁCERES ARCE, Jorge Luis/ ROJAS MONTES, Verónica Violeta/ HUAMÁN PAREDES, Neil Amador. *Contratación Pública*. XII Foro Iberoamericano de Derecho Administrativo. Adrus Editores. Lima, 2013, vol. I, pp. 32 y ss.

79 SOTO KLOSS, E., "La contratación administrativa: un retorno a las fuentes clásicas del contrato", en *Revista Uruguaya de Estudios Administrativos*. Montevideo, 1979, vol. 1, p. 53.

80 DURÁN MARTÍNEZ, A., "Ejecución de los contratos...", *loc. cit.*, pp. 265 y ss.

81 CASSAGNE, Juan Carlos, "La contratación pública: tensiones...", *loc. cit.*, p. 32.

82 DURÁN MARTÍNEZ Augusto, "Extinción del contrato administrativo", en RODRÍGUEZ-ARANA MUÑOZ, Jaime/ SENDÍN GARCÍA, Miguel A./ DANÓS ORDÓÑEZ, Jorge Elías/ CÁCERES ARCE, Jorge Luis/ ROJAS MONTES, Verónica Violeta/ HUAMÁN PAREDES, Neil Amador. *Contratación Pública*. XII Foro Iberoamericano de Derecho Administrativo. Adrus Editores. Lima, 2013, vol. II, pp. 787 y ss.

Hace muchos años expresé: "...debe evitarse esa oposición interés general– interés particular o por lo menos no exagerarla ya que es de interés general la tutela de los intereses particulares."[83]

9. Por último, corresponde encarar nuestro tema a la luz de la noción de regla de derecho conforme al derecho positivo uruguayo.

El artículo 309 de la Constitución concibe un contencioso administrativo de anulación de actos administrativos por razones de legitimidad. En efecto, considera susceptible de la acción anulatoria todo acto administrativo contrario a la regla de derecho. Y, el artículo 23, literal a) del decreto–ley N° 15.524, de 9 de enero de 1984, entiende por regla de derecho "todo principio de derecho a norma constitucional, legislativa, reglamentaria o contractual".

Nuestro derecho positivo reconoce así, expresamente, la condición de regla de derecho del contrato, así como de todo principio de derecho. Como toda modificación o rescisión unilateral del contrato o rechazo de la *exceptio non adimpletis contractus*, se efectúa por acto administrativo o actuación que suponga dirección de contrato o interpretación de contrato supone un acto administrativo, estos actos resultan contrarios a la regla de derecho por violación del contrato y por desconocer los principios explicitados en este estudio.[84]

VI. APRECIACIONES FINALES

1. Lo expuesto demuestra que la proyección de los principios fundamentales inherentes a los contratos y los que se relacionan con ellos y los que sin derivar de los contratos igualmente se aplican a ellos, que he señalado, vedan las llamadas prerrogativas exorbitantes que durante tanto tiempo se han sustentado.

2. Estas potestades no existen de principio. Razones de interés general pueden justificar que la ley asigne a la Administración potestades razonables, que la auxilien en su misión de servir con objetividad los intereses generales, sin desnaturalizar el contrato.

En el Uruguay, el único artículo legislativo que de una manera general regula legítimamente la modificación y la rescisión unilateral del contrato es el artículo 74 del TOCAF–2012. Digo el único que de manera general regula legítimamente el tema, porque el artículo 70 del TOCAF–2012 lo hace en forma inconstitucional, al prever la rescisión unilateral por incumplimiento grave del contratista, pues esta es una hipótesis de conflicto que debe resolverse por medio de la función jurisdiccional.

3. No hay ley, en cambio, que refiera a la dirección, la interpretación del contrato ni a la *exceptio non adimpleti contractus* para los contratos administrativos en general, por lo que los principios ya señalados vedan tal potestad de dirección o interpretación unilateral del contrato y no permiten descartar la excepción señalada.

---

83 DURÁN MARTÍNEZ, Augusto, "Ejecución de los contratos...", *loc. cit.*, p. 271. En análogo sentido ver CAJARVILLE PELUFFO, Juan Pablo, "Extinción de los...", *loc. cit.*, p. 441 y BANDEIRA DE MELLO, Celso Antônio, "A noção jurídica de interesse público", en BANDEIRA DE MELLO, Celso Antônio, *Grandes temas de direito administrativo*. Malheiros Editores. São Paulo, 2009, p. 182.

84 DURÁN MARTÍNEZ, Augusto, "Ejecución de los....", *loc. cit.*, pp. 275 y ss.; DURÁN MARTÍNEZ, Augusto, "Efecto y cumplimiento...", *loc. cit.*, pp. 473 y ss.; DELPIAZZO, Carlos E., "Nuevamente sobre el contrato como regla de derecho", en *Estudios de Derecho Administrativo*. LA LEY Uruguay, 2011, N° 3, p. 69.

BIBLIOGRAFÍA

ALESSI, Renato. *Instituciones de derecho administrativo*, t. I. Bosch. Barcelona, 1970.

ARIÑO ORTÍZ, Gaspar, "El enigma del contrato administrativo", en CASSAGNE, Juan Carlos (Director). *Tratado general de los contratos públicos*, vol. I. LA LEY, Buenos Aires, 2013.

ARISTÓTELES. *Moral a Nicómaco*. Colección Austral. Espasa–Calpe. Madrid, 1972.

ARISTÓTELES. *Tratado de lógica (el órganon)*. Editorial Porrúa, S.A., México, 1993.

BANDEIRA DE MELLO, Celso Antônio. *Curso de Direito Administrativo*. 15ª edição. Malheiros editores. São Paulo, 2003.

BANDEIRA DE MELLO, Celso Antônio, "A noção jurídica de interesse público", en BANDEIRA DE MELLO, Celso Antônio, *Grandes temas de direito administrativo*. Malheiros Editores. São Paulo, 2009.

BARBÉ PÉREZ, Héctor, "Los principios generales de derecho como fuente de derecho administrativo en el derecho positivo uruguayo", en BARBÉ PÉREZ, Héctor/ REAL, Alberto Ramón/ CAJARVILLE PELUFFO, Juan Pablo/ MARTINS, Daniel Hugo. *Los principios generales de derecho en el derecho uruguayo y comparado*. F.C.U. Montevideo, 2001.

BÉNOIT, Francis P. *Le droit administratif français*. Librairie Dalloz. Paris, 1968.

CAJARVILLE PELUFFO, Juan Pablo, "Extinción de los contratos administrativos", en CAJARVILLE PELUFFO, Juan Pablo, *Sobre Derecho Administrativo*, t. II. Segunda edición ampliada. F.C.U. Montevideo, 2008.

CASSAGNE, Juan Carlos, "Los principios generales del derecho en el Derecho Administrativo", Academia Nacional de Derecho y Ciencias Sociales de Buenos Aires, Anticipo de *Anales*, año XXXII, segunda época, Nº 25, Buenos Aires, 1987.

CASSAGNE, Juan Carlos. *El contrato administrativo*. 2ª edición. Lexis Nexis. Abeledo Perrot. Buenos Aires, 2005.

CASSAGNE, Juan Carlos, "Las prerrogativas de poder público en los contratos administrativos", en RODRÍGUEZ–ARANA MUÑOZ, Jaime/ SANZ RUBIALES, I./ SENDÍN GARCÍA, Miguel A. (Directores) *La contratación administrativa en España e Iberoamérica*. Junta de Castilla y León. CECLAP. FIDA. Londres, 2008.

CASSAGNE, Juan Carlos, "La contratación pública: tensiones actuales y clásicos dilemas", en RODRÍGUEZ–ARANA MUÑOZ, Jaime/ SENDÍN GARCÍA, Miguel A./ DANÓS ORDÓÑEZ, Jorge Elías/ CÁCERES ARCE, Jorge Luis/ ROJAS MONTES, Verónica Violeta/ HUAMÁN PAREDES, Neil Amador. *Contratación Pública*, vol. I. XII Foro Iberoamericano de Derecho Administrativo. Adrus Editores. Lima, 2013.

CASSAGNE, Juan Carlos. *Los grandes principios del derecho público (Constitucional y Administrativo)*. LA LEY, Buenos Aires, 2015.

DE CORES HELGUERA, Carlos, "La teoría del contrato en la tradición jesuítica", en *Estudios Jurídicos*, N° 3. Facultad de Derecho de la Universidad Católica del Uruguay. Montevideo, 2007.

DE CORES HELGUERA, Carlos, "El equilibrio en los contratos con la Administración", en *Estudios de Derecho Administrativo*, N° 8. LA LEY Uruguay, 2013.

DE CORES HELGUERA, Carlos. *Pasado, presente y futuro de la Teoría General del Contrato. Una mirada desde la tradición jesuítica*. Facultad de Derecho. Universidad Católica del Uruguay. Montevideo, 2015.

DELPIAZZO, Carlos E., "Nuevamente sobre el contrato como regla de derecho", en *Estudios de Derecho Administrativo*, N° 3. LA LEY Uruguay, 2011.

DE OÑATE, Pedro, S.J. *De contractibus*, citado por DE CORES HELGUERA, Carlos. *Pasado, presente y futuro de la Teoría General del Contrato. Una mirada desde la tradición jesuítica*. Facultad de Derecho. Universidad Católica del Uruguay. Montevideo, 2015.

DURÁN MARTÍNEZ, Augusto, "Ejecución de los contratos administrativos. Eficacia vinculante. El contrato como regla de Derecho. Mutabilidad del contrato", en DURÁN MARTÍNEZ, Augusto. *Estudios de derecho administrativo. Parte General*. Montevideo, 1999.

DURÁN MARTÍNEZ, Augusto, *Casos de Derecho Administrativo*, vol. V. Montevideo, 2007.

DURÁN MARTÍNEZ, Augusto, "Efectos y cumplimiento de los contratos administrativos", en DURÁN MARTÍNEZ, Augusto. *Neoconstitucionalismo y Derecho Administrativo*. LA LEY Uruguay. Buenos Aires, 2012.

DURÁN MARTÍNEZ, Augusto, "Derechos prestacionales e interés público", en DURÁN MARTÍNEZ, Augusto. *Neoconstitucionalismo y Derecho Administrativo*. LA LEY Uruguay. Buenos Aires, 2012.

DURÁN MARTÍNEZ, Augusto, "Los principios generales de derecho en el derecho administrativo. Aplicación por el legislador, el administrador y el juez", en DURÁN MARTÍNEZ, Augusto, *Neoconstitucionalismo y Derecho Administrativo*. LA LEY Uruguay. Buenos Aires, 2012.

DURÁN MARTÍNEZ, Augusto, "Derechos prestacionales e interés público", en DURÁN MARTÍNEZ, Augusto. *Neoconstitucionalismo y Derecho Administrativo*. LA LEY Uruguay. Buenos Aires, 2012.

DURÁN MARTÍNEZ, Augusto, "Modificación de los contratos de participación público–privada", en *Estudios de Derecho Administrativo*, N° 6. LA LEY Uruguay, 2012.

DURÁN MARTÍNEZ, Augusto, "Resolución unilateral de un contrato de P.P.P. por incumplimiento del contratista", en *Estudios de Derecho Administrativo*, N° 6. LA LEY Uruguay, 2012.

DURÁN MARTÍNEZ, Augusto, "¿Prerrogativas exorbitantes?", en *Estudios de Derecho Administrativo*, N° 8. LA LEY Uruguay, 2013.

DURÁN MARTÍNEZ, Augusto, "Principios de la contratación administrativa", en *Estudios de Derecho Administrativo*, N° 8. LA LEY Uruguay, 2013.

DURÁN MARTÍNEZ, Augusto, "Extinción del contrato administrativo", en RODRÍGUEZ–ARANA MUÑOZ, Jaime/ SENDÍN GARCÍA, Miguel A./ DANÓS ORDÓÑEZ, Jorge Elías/ CÁCERES ARCE, Jorge Luis/ ROJAS MONTES, Verónica Violeta/ HUAMÁN PAREDES, Neil Amador. *Contratación Pública*, vol. II. XII Foro Iberoamericano de Derecho Administrativo. Adrus Editores. Lima, 2013.

DURÁN MARTÍNEZ, Augusto, "El contrato administrativo en Uruguay", en *Estudios Jurídicos*, N° 12. Facultad de Derecho. Universidad Católica del Uruguay. Montevideo, 2014.

DURÁN MARTÍNEZ, Augusto, "Límites a la concesión de actividades públicas", en *Estudios de Derecho Administrativo*, N° 9. LA LEY Uruguay. Montevideo, 2014.

DURÁN MARTÍNEZ, Augusto, "El control de convencionalidad y el derecho público interno", en *La Justicia Uruguaya*, año LXXV, t. 149, febrero 2014.

DURÁN MARTÍNEZ, Augusto, "Los grandes principios de derecho público (Constitucional y Administrativo) de Juan Carlos CASSAGNE", en *Estudios de Derecho Administrativo*, N° 14. LA LEY Uruguay. Montevideo, 2016.

FERRATER MORA, José. *Diccionario de filosofía abreviado*. Editorial Sudamericana, Buenos Aires, 1993.

GAMARRA, Jorge. *Buena fe contractual*. F.C.U. Montevideo, 2011.

GAMARRA, Jorge. *Neoconstitucionalismo, Código y ley especial*. F.C.U. Montevideo, 2012.

GONZÁLEZ PÉREZ, Jesús, *La dignidad de la persona*. Civitas. Madrid, 1986.

GUARIGLIA, Carlos E. "Mutabilidad o inmutabilidad de las prestaciones objeto de los contratos administrativos en el derecho administrativo uruguayo", en *Estudios de Derecho Administrativo*, N° 8. LA LEY Uruguay, 2013.

LARRIEUX, José, "Caso GELMAN Vs. Uruguay. Justicia transicional. Carta Interamericana de Derechos Humanos y el control de convencionalidad", en *La Justicia Uruguaya*, año LXXIV, t. 147, marzo 2013.

LARROYO, Francisco, "Preámbulo a la Introducción a las categorías, de PORFIRIO (La Isagoge)", en *ARISTÓTELES. Tratado de lógica (el órganon)*. Editorial Porrúa, S.A., México, 1993.

MARIÑO LÓPEZ, Andrés. *Código Civil de la República Oriental del Uruguay comentado, anotado y concordado*. LA LEY Uruguay. Buenos Aires, 2009.

MARIÑO LÓPEZ, Andrés, "La extinción y la modificación del contrato administrativo por declaración unilateral de voluntad de la Administración", en *Estudios de Derecho Administrativo*, N° 8. LA LEY Uruguay, 2013.

MATA, Ismael, "Prerrogativas de la Administración en la contratación pública", en RODRÍGUEZ–ARANA MUÑOZ, Jaime/ SANZ RUBIALES, I./ SENDÍN

GARCÍA, Miguel A. (Directores) *La contratación administrativa en España e Iberoamérica*. Junta de Castilla y León. CECLAP. FIDA. Londres, 2008.

MEILÁN GIL, José Luis, "Las prerrogativas de la Administración en los contratos administrativos: propuesta de revisión", en RODRÍGUEZ–ARANA MUÑOZ, Jaime/ SENDÍN GARCÍA, Miguel A./ DANÓS ORDÓÑEZ, Jorge Elías/ CÁCERES ARCE, Jorge Luis/ ROJAS MONTES, Verónica Violeta/ HUAMÁN PAREDES, Neil Amador. *Contratación Pública*, vol. II. XII Foro Iberoamericano de Derecho Administrativo. Adrus Editores. Lima, 2013.

ORDOQUI CASTILLA, Gustavo, *Desequilibrio en los contratos (Privados y Públicos)*. Universidad Católica del Uruguay. Montevideo, 2008.

PONTIFICIO CONSEJO "JUSTICIA Y PAZ". *Compendio de la Doctrina Social de la Iglesia*. Librería Editorial Arquidiocesana. Montevideo, 2005.

PORFIRIO. *Introducción a las categorías (La Isagoge)*, en *ARISTÓTELES. Tratado de lógica (el órganon)*. Editorial Porrúa, S.A., México, 1993.

RISSO FERRAND, Martín. *Algunas garantías básicas de los derechos humanos*. Segunda edición actualizada y ampliada. Pontificia Universidad Javeriana. Grupo Editorial Ibáñez. Bogotá, 2011.

RUOCCO, Graciela, "La igualdad en la contratación administrativa", en *Estudios de Derecho Administrativo*, N° 8. LA LEY Uruguay, 2013.

SAETTONE MONTERO, Mariella, "Extinción del contrato administrativo", en *Estudios de Derecho Administrativo*, N° 8. LA LEY Uruguay, 2013.

SOTO KLOSS, E., "La contratación administrativa: un retorno a las fuentes clásicas del contrato", en *Revista Uruguaya de Estudios Administrativos*, vol. 1. Montevideo, 1979.

37. EL PRINCIPIO DE LA BOA–FE OBJETIVA Y EL CONTRATO ADMINISTRATIVO

Silvio Luís Ferreira Da Rocha[1]

Brasil

1. El concepto de contrato

El contrato, en la sociedad moderna, representa un importante instrumento jurídico de transferencia de riquezas, al punto de ser concebido como el criterio de mayor relevancia para diferenciar la sociedad moderna de las sociedades antiguas. Mientras el viejo derecho fijaba de manera irrevocable la posición del hombre desde su nacimiento, el derecho moderno le permite crearla por convenciones, y, en tesis, lo libera de las amarras que lo prendían cuando las relaciones sociales eran determinadas por su status en el medio social.[2]

El concepto de contrato previsto en la mayoría de los Códigos Civiles, elaborados a principios del siglo pasado, visto como el acuerdo de voluntades de dos o más personas destinado a constituir, regular o extinguir una relación jurídica, ha sufrido una larga evolución.[3]

En la concepción moderna el contrato se presenta como una categoría general y abstracta que se confunde con la convención (acuerdo de voluntades). El concepto de contrato dejó las cerradas y restringidas categorías de los tipos fijos y pasó a privilegiar el

---

1 Maestro y Doctor en Derecho Civil por la PUC-SP y Doctor y Libre-Docente en Derecho Administrativo por la PUC-SP. Profesor de Derecho Civil y Derecho Administrativo de la PUC-SP. Juez Federal en São Paulo.

2 Es el paso del status al contrato. Conforme Alberto de AMARAL JÚNIOR, Protección del consumidor en el contrato de compra y venta, p. 25-26, "en las sociedades antiguas e incluso durante la Edad Media, las relaciones de cambio se determinan por el status. Esto significa que la condición para la existencia del intercambio no es el libre acuerdo entre los contratistas sino la posición que el individuo ocupa dentro de cierta jerarquía parental ". Según Miguel María de SERPA LOPES, Curso de derecho civil, vol. III, p. "Mientras que en el status, la posición del sujeto de derecho se caracteriza por situarlo en un plano independiente de su voluntad, en la fase del predominio de la noción de contrato las pretensiones jurídicamente reconocidas fluyen o resultan del hecho del hombre constituir un ser dotado de voluntad Libre y consciente".

3 Este concepto, aceptado a principios del siglo XIX e introducido en el Código Civil Francés de 1804 por conferir una posición de destaque a la voluntad, fue el resultado de lento proceso evolutivo, que sufrió influencias de determinantes ideológicos, políticos, sociales y económicos, que, en razón de los límites de esta tesis, no serán analizados íntegra y con profundidad.

consenso, volviéndose, así, capaz de abarcar todas las figuras concretas creadas por la voluntad de las partes.

La sistematización y elevación del contrato a una categoría abstracta se produjo por primera vez en el Derecho francés con la promulgación del Código Civil francés en 1804. El Código, punto culminante de varios siglos de evolución del Derecho francés, acogió principios fundamentales del derecho privado moderno, entre ellos la deshonación de la propiedad territorial y la libertad del contrato.

Esta renovación en el derecho francés debe ser analizada en el contexto del iluminismo, amplio movimiento europeo que criticaba el viejo régimen y la desigualdad ante la ley (concretada en los privilegios fiscales para las órdenes de la nobleza y del clero, en el acceso limitado a los cargos públicos, en las limitaciones A las personas ya la propiedad y en las intervenciones arbitrarias e imprevisibles de la Corona) y pasó a exigir en la esencia "libertad" e "igualdad" para todos.

El Código Civil francés consolidó el paradigma de la voluntad como expresión suprema e inderogable del individuo y de su libertad y eligió el contrato como fuente primordial de las obligaciones.

El concepto de negocio jurídico desarrollado por Friedrich Carl Von Savigny despertó, aún más, la atención sobre el papel de la voluntad, pues ejerció una profunda influencia en la doctrina europea y contribuyó a radicalizar el proceso de generalización y abstracción del concepto de contrato. En base a la definición de negocio jurídico que habría de tornarse prevalente –una declaración de voluntad dirigida a producir efectos jurídicos– se creó un concepto capaz de englobar una serie de fenómenos que tienen en común la elevación de la voluntad a elemento clave de su definición.[4]

Se atribuyó a la voluntad individual la función de causa primera del Derecho privado. En este, el comercio jurídico creció amparado en la noción de contrato, entendiendo que toda obligación, por implicar en restricción a la libertad individual, tendría que provenir de un acto de voluntad del deudor, y, además, que todos los resultados de ese acto eran justos: Qui dit contractuel dit juste.

Se produjo la igualación formal de los sujetos jurídicos que hicieron irrelevante la posición económico–social de las partes y los términos reales del intercambio económico realizado, bastando la capacidad de los emisores de las declaraciones de voluntad. Los dos postulados fundamentales de la doctrina individualista clásica se resumen en las siguientes fórmulas: Ninguna obligación sin contrato y toda obligación libremente consentida es justa. La doctrina denominó ese fenómeno de voluntarismo, que llegó al extremo de ignorar la existencia anterior del derecho objetivo al atribuir a la voluntad el papel de fuente exclusiva de la creación del Derecho.

---

4 Enzo ROPPO, El contrato, p. 49. De acuerdo con Custodio de la Piedad Ubaldino MIRANDA, Interpretación e integración de los negocios jurídicos, p. 26, fue Savigny quien llamó la atención sobre el papel de la voluntad en el negocio jurídico, al distinguirlo del simple acto jurídico, en la medida en que en éste, a diferencia de aquél, el agente no tendría como objetivo principal la obtención de Efectos jurídicos; En el acto jurídico (no negociable) el sujeto se refería a un fin extrajurídico, de modo que los efectos jurídicos se producirían sin que el agente los hubiera visto, o los hubiera, sino en un plano secundario.La voluntad constituye, según esta noción, el elemento esencial del negocio, no pasando la declaración de simple medio de exteriorización de esa voluntad que, como hecho psíquico interno que es, sería, de otro modo, inapreensible.

En la teoría clásica, la noción de contrato se amparó en el principio de la autonomía de la voluntad, piedra angular de la dogmática novecentista, que se particularizó en el derecho contractual en la libertad de contratar, cuyo concepto abarca los poderes de auto–regencia de intereses, de las condiciones contractuales y de la elección del tipo de contrato conveniente a la actuación de la voluntad, manifestándose por lo tanto bajo un triple aspecto: a) libertad de contratar propiamente dicha; B) libertad de estipular el contrato; C) la libertad de determinar el contenido del contrato.

La autonomía de la voluntad y la libertad contractual, al lado del equilibrio entre los poderes y la representación política, constituyeron algunos de los principios básicos informadores del Estado liberal que, por creer en un proceso económico centrado en el equilibrio natural de la producción y circulación de riquezas, concebió sus instituciones jurídicas como mediadoras de antagonismos y conciliadoras de interés.

2. La crisis de la concepción tradicional del contrato

La elección de la voluntad como elemento fundamental del concepto de contrato se debió a un proceso histórico influenciado por diversos factores, entre ellos, el derecho canónico, el derecho natural y las teorías contractuales. Esta elección representó la síntesis de las ideas difundidas en los pensamientos jusnaturalistas e iluministas que vislumbraron en la voluntad humana la fuente de cualquier transformación operada en el mundo del derecho, lo que dio origen al denominado voluntarismo jurídico. El ideal voluntarista, sin embargo, era irrealizable. Incluso en el auge del liberalismo no se puso en práctica la autonomía irrestricta de la voluntad o la plena libertad contractual. El principio de autonomía de la voluntad, consagrado en el Código Civil francés, estaba limitado por el concepto de orden público y buenas costumbres. En efecto, el artículo 6 del Código Civil francés preveía la imposibilidad de derogar las leyes que afectaban el orden público y las buenas costumbres por convenciones particulares. Citado artículo era un contrapeso a la autonomía de la voluntad prevista en el artículo 1.134. Las personas podían autorregular sus intereses mientras no sobrepasaran los límites del orden público y las buenas costumbres. La declinación del voluntarismo coincide con la crisis del paradigma del derecho privado moderno moldeado por el Estado liberal, cuyas vertientes eran la autonomía de la voluntad, la responsabilidad civil predominantemente subjetiva y la propiedad privada.

La crisis, según Alberto de Amaral Jr., representa la incapacidad del paradigma para solucionar los nuevos problemas sociales propuestos dentro de los límites estructurales establecidos. Los nuevos problemas surgieron con la industrialización, causada especialmente por la revolución industrial y tecnológica, que eliminó la antigua producción artesanal de los productos y transformó progresivamente el mercado en el destinatario de gran cantidad de productos fabricados en serie, tipificados y unificados. Estas revoluciones posibilitaron el surgimiento de oligopolios y viabilizaron el proceso de acumulación capitalista al desmitificar la idea de un proceso económico centrado en el equilibrio natural de la producción y circulación de riquezas. Los conflictos entre las fuerzas involucradas en el proceso de producción y circulación de riquezas acarrearon la adopción de un nuevo modelo de Estado, no más liberal, que dejaba a los agentes económicos actuar libremente, pero intervencionista, que llamaba para sí la responsabilidad de controlar, estimular y dirigir la economía.[5]

En el plano jurídico, la autonomía de la voluntad y la libertad de contratar se mostraron inadecuadas en la disciplina y eliminación de los conflictos sociales emergentes. La autonomía de la voluntad operó la igualdad formal de los contratistas, pero no aplacó la desigualdad real de los contratistas.

La profundización de esta desigualdad, desencadenada por el proceso productivo a gran escala y por la concentración de riquezas por una minoría de la población, obligó al Estado a abandonar el postulado liberal de la no intervención y pasar a disciplinar el mercado con miras a equilibrar a las partes contratantes. La intervención del Estado con el objetivo de disciplinar y limitar el principio de la autonomía de la voluntad fue denominada de dirigismo contractual. El dirigismo contractual representó la intervención del Estado en el contenido del contrato que rompe el centro del concepto de la autonomía privada consistente en la armonía entre lo querido y lo realizado. Con el dirigismo contractual lo realizado no siempre es el querido, pues el realizado muchas veces es predeterminado por el Estado. De la triple elección asignada a la autonomía privada: a) contratar o no contratar; B) elegir la otra parte; C) determinar el contenido de las obligaciones asumidas, el Estado interviene justamente en esta última, disciplinando, muchas veces, el contenido de las obligaciones asumidas. El Estado recuperó de los particulares esta fracción de autonomía que había abandonado en la era del liberalismo y, entonces, tomando una ruta contraria a la que Maine había descrito pasamos del contrato al status. El contrato adquirió un carácter estatutario y surgieron los contratos de adhesión, los contratos de tipos.

Además, se desarrollaron otros principios contractuales y se centraron en las relaciones jurídicas contractuales.

3. Principios jurídicos contemporáneos del sistema contractual

Las nuevas realidades engendraron otra forma de contratar, marcada por dos momentos lógicos y cronológicos diversos. En el primer momento, el contratista económicamente más fuerte redacta las cláusulas que formarán parte del contenido que pretende concluir, de modo uniforme, con un número indeterminado de personas, a las llamadas condiciones generales de los contratos. En el segundo momento, la parte contractual económicamente más débil se adhiere a este pre–esquema y origina el llamado contrato de adhesión.

Los principios contractuales se mostraron inadecuados a la disciplina de las nuevas técnicas de formación de los contratos. La teoría contractual fue revisada con énfasis en la concepción social del contrato, que se preocupa no sólo con la manifestación de voluntad libre y consciente de las partes (preocupación exclusiva de la teoría tradicional),

---

5 Según Alberto de AMARAL JR., Protección del consumidor en el contrato de compra y venta, p. "El desarrollo del sistema industrial a finales del siglo XVIII, alteró profundamente el modo de producción de los bienes, modificando, en consecuencia, la cara de la economía moderna. La energía y las máquinas transformaron la naturaleza del trabajo. La sustitución de la energía humana por la energía Energía mecánica pasó a ser la base de la productividad, ya que la producción en serie de bienes se convirtió en la característica dominante del sistema industrial.

sino con la condición social y económica de las partes, El contrato y la búsqueda de un equilibrio contractual real (artículo 421 del Código Civil).

En la concepción social del contrato la ley ocupa un papel destacado –no sólo papel suplementario– al intervenir con mayor intensidad en la economía del contrato y valorar la confianza, las expectativas y la buena fe de las partes.

3.1. Del principio de buena fe (artículo 422 del Código Civil)

Entre los modernos principios, cabe destacar el principio de la buena fe que impone a los contratistas actuar de acuerdo con un patrón genérico, objetivo, de comportamiento, que exigirá de ellos actuación reflejada, respetuosa, leal, no abusiva, o lesiva, que constituye fuente de deberes especiales de conducta durante el vínculo contractual, denominadas obligaciones accesorias y causa que limita el ejercicio abusivo de derechos objetivos.

Las funciones de la buena fe son múltiples, pero cuatro de ellas son ampliamente reconocidas, como la función interpretativa, la integrativa, la de limitación al ejercicio de derechos subjetivos y la de creación de deberes a los contratistas.

En la función interpretativa la buena fe objetiva exige la rigurosa evaluación de las circunstancias del negocio jurídico, de los usos del lugar de la celebración para que revele el sentido y el alcance de las cláusulas contractuales, respetando el programa socioeconómico del contrato.

La función integradora actúa en los espacios dejados por los contratistas derivados de imprevisión, habla de cautela o mutación de las circunstancias actuales, pero requiere adecuación a la realidad del contrato ya los intereses patrimoniales y existencias de los contratistas, con miras a preservar el negocio y los efectos jurídicos deseados por las partes.

La función limitadora repercute en la prohibición de la redacción de cláusulas contractuales abusivas, en la reducción del derecho de resolver el contrato por incumplimiento, si se cumplió la sustancialidad de la prestación, es decir, caracterizado el denominado adimplemento sustancial, o en la prohibición del abuso de la posición jurídica, explicitada por las figuras de la *suppressio, surrectio, tu quoque e venire contra factum proprium.*

Con relación a la función de crear deberes jurídicos, al lado de la obligación principal, hay deberes, obligaciones accesorias, que inciden en todas las fases de la relación jurídica contractual, como la de informar, la de cooperar, de cuidar. No se derivan necesariamente del contrato celebrado entre las partes, pero surgen en el escenario de la relación contractual en virtud de un dispositivo legal o por la aplicación del principio de buena fe objetiva.

Por el deber de informar a los contratistas deben proporcionar, respectivamente, toda la información necesaria para que puedan formar una opinión aclarada en cuanto a firmar o no el contrato. Es un deber bilateral que obliga tanto a uno, como al otro y se divide en los deberes de aconsejar y de aclarar.

El deber de aconsejar existe, tan sólo, para el especialista en determinado asunto, como el médico en relación al paciente, mientras que el deber de aclarar no requiere de la parte un conocimiento específico sobre el asunto.

El deber de cooperar o colaborar obliga a la parte a actuar con lealtad, prohíbe de impedir u obstruir a la otra de cumplir el contrato y al mismo tiempo le asegura el derecho de cumplir su obligación, sin que su ejecución sea impedida, razón por la cual se aleja del contrato toda exigencia excesiva, burocrática o absurda.

El deber de cuidar o de seguridad tiene por finalidad proteger al contratista de daños a su patrimonio o a su persona, lo que presupone actuación diligente de la parte contraria, tanto en la ejecución del contrato, como en el ejercicio de sus derechos.

Estos deberes, que se derivan del contrato, de la ley, o directamente del principio de la buena fe pueden ser transgredidos, lo que se reconoce por la violación positiva del contrato y por medio del cumplimiento inexacto, sin que la realización de la prestación principal pueda exonerar el deudor de la responsabilidad civil por la quiebra del contrato o más específicamente por la violación del principio de buena fe objetiva.

4. Incidencia de los principios contemporáneos en los contratos administrativos

Necesitamos reflejar el impacto de estos principios contemporáneos en el desarrollo de la dogmática del contrato administrativo. Si el propio de la teoría del contrato administrativo fue el alejarse, con razonable éxito, la incidencia de los principios tradicionales de la libertad de contratar y de la fuerza obligatoria de los contratos, nos queda indagar si esa misma teoría serviría, también, para apartar la incidencia de los principios contemporáneos, entre ellos, la buena fe.

5. El concepto de contrato administrativo

La doctrina administrativa diverge acerca de la existencia del contrato administrativo como categoría autónoma del derecho administrativo. Una corriente de autores niega su existencia, por no encontrar las características presentes en el contrato del derecho privado, en especial la incidencia de los principios tradicionales arriba mencionados. Así, de esta forma, la comparación entre los contratos privados y los contratos administrativos indicaría diferencias radicales que impedirían considerarlos especies de un mismo género. Una segunda corriente de autores, en sentido opuesto, cree que todos los contratos celebrados por la Administración son contratos administrativos. Bastaría, pues, la presencia de la Administración en uno de los polos de la relación jurídica para caracterizar el ajuste como contractual. Una tercera corriente de autores lo considera especie del género contratos de la Administración, sometido a régimen jurídico de derecho público que deroga el derecho privado contractual y lo extrapola. Entonces, tendríamos contratos de la Administración, como género, y contratos administrativos, como especie.

El ordenamiento jurídico brasileño acogió esta tercera teoría, pues el art. 54 de la Ley 8.666 / 1993 enuncia la existencia de contratos administrativos, que obedecen a un régimen jurídico que confiere prerrogativas a la Administración, en contraposición a los contratos de la Administración, que obedecen sólo en lo que corresponde al régimen jurídico exorbitante (artículo 62, § 3, de la Ley 8.666 / 1993).[6] De esta forma, el contrato

6 Las peculiaridades son reconocidas por la ley. El art. 54 de la Ley 8.666 / 1993 establece que "los contratos administrativos de que trata esta Ley se rigen por sus cláusulas y por los preceptos de derecho público, aplicándose los suplementos de la teoría general de los contratos y las disposiciones de derecho privado ". Por su parte, el art. 58 establece que el régimen jurídico de los contratos administrativos "confiere a la Administración, en relación con ellos, la prerrogativa de: I - modificarlos unilateralmente para mejor adecuación a las finalidades de interés público, respetando los derechos del contratado; II - rescin-

administrativo puede ser definido como "un tipo de convención entre la Administración y terceros en la cual, en virtud de la ley, de cláusulas pactadas o del tipo de objeto, la permanencia del vínculo y las condiciones preestablecidas se sujetan a cambiantes imposiciones de interés público, exceptuando los intereses patrimoniales del contratista privado". Por lo tanto, el contrato administrativo, si comparado con el contrato privado, presenta peculiaridades, que pueden ser resumidas en la presencia de prerrogativas de (a) modificar unilateralmente el contenido del contrato, para mejor adecuarlo a las finalidades de interés público, respetando los derechos del, contratado; (B) rescindirlo unilateralmente, en los casos especificados; (C) fiscalizarle la ejecución; Y (d) aplicar sanciones motivadas por la no ejecución total o parcial del ajuste.

Así, el contrato administrativo puede ser caracterizado por proporcionar a la Administración prerrogativas que se describen en el art. 58 de la Ley 8.666 / 1993, entre ellas: la de inestabilizar el vínculo contractual por la alteración unilateral y por la resilidad unilateral, la de fiscalizar la ejecución; la de aplicar sanciones motivadas por la no ejecución total o parcial del ajuste; o en los casos de servicios esenciales, la de asumir provisionalmente su gestión.

Para muchos, los poderes atribuidos a la Administración serían preceptos de orden público y no podrían ser renunciados previamente por ella; Aun cuando no previstos expresamente en el contrato pueden presumir, de modo que la Administración siempre podrá hacer uso de ellos.

Los autores, sin embargo, critican ese posicionamiento doctrinal, fuertemente amparado en las lecciones francesas, secundado, después, por el legislador. María João Estorninho, por ejemplo, sostiene que el contrato administrativo francés fue una invención de la doctrina para encubrir el uso por la Administración de técnicas autoritarias donde tal les era vedado y que surgió cuando la Administración empezó a sentirse 'esparcida' en los esquemas contractuales rígidos del Derecho privado, en los que no podía moverse a su antojo ni podía, en particular, modificar las cláusulas al gusto de las variaciones del interés público, aunque a ella le repugnaba recurrir pura y simplemente a la solución unilateral y autoritaria, De modo que le restó recrear el concepto de contrato administrativo para, en la forma contractual, ocultar la realidad en la que la Administración podría, en última instancia, recurrir a sus prerrogativas de autoridad.[7]

dirlos, unilateralmente, en los casos indicados en el inciso I del art. 79 de esta Ley; III - fiscalizarles la ejecución; IV - aplicar sanciones motivadas por la no ejecución total o parcial del ajuste; - en los casos de servicios esenciales, ocupar provisionalmente bienes muebles, inmuebles, personal y servicios vinculados al objeto del contrato, en la hipótesis de la necesidad de acautelar escrutinio administrativo de faltas contractuales por el contratado, así como en la hipótesis de rescisión del contrato administrativo ". De acuerdo con Marçal JUSTEN FILHO (Comentarios a la Ley de Licitaciones y Contratos Administrativos, 13a ed., 707): "Una de las características del régimen jurídico de los contratos administrativos reside, tal como se expuso, en la atribución a la Administración Pública de competencias peculiares, consistentes en el deber-poder de innovar, unilateralmente, las condiciones originalmente pactadas. Por tradición, estas competencias se denominan prerrogativas especiales, pero esto no debe inducir al aplicador a una interpretación literal. No existen, en un Estado Democrático de Derecho, prerrogativas ni privilegios, en el sentido medieval de los términos. Se trata de competencias subordinadas al Derecho y cuya atribución deriva de la concepción instrumental de la Administración Pública".

7 María João ESTORNINHO, *Requiem por el Contrato Administrativo*, Coimbra, Librería Almedina, p. 44.

6. La modificación unilateral

La principal marca distintiva del contrato administrativo es el permiso otorgado a la Administración de inestabilizar, en cierta medida, el vínculo jurídico instaurado entre ella y el administrado, por la modificación unilateral de lo que fue pactado en cuanto a las obligaciones del contratado.

El poder de inestabilizar el vínculo jurídico por la posibilidad de alterar unilateralmente el objeto del contrato y el modo de su ejecución están previstos en los arts. 58, I, y 65, I, "a" y "b, de la Ley 8.666 / 1993. El art. 65, I, "a" e "b" de la Ley 8.666 permite la modificación unilateral del contrato por la Administración cuando haya modificaciones del proyecto o de las especificaciones, para mejor adecuación técnica a sus objetivos – es decir, alteraciones cualitativas –, o cuando haya La modificación del valor contractual como consecuencia del aumento o disminución cuantitativa de su objeto, en los límites legales – es decir, alteraciones cuantitativas. Los límites legales de acrecimiento o disminución son de hasta un 25%, para obras, servicios o compras, del valor inicial actualizado del contrato y de hasta el 50% del valor inicial actualizado del contrato en el caso de reforma de edificios o de equipamientos, de acuerdo con el Art. 65, § 1o, de la Ley 8.666 / 1993.

6.1. Naturaleza jurídica

La inestabilización del vínculo contractual por el ejercicio del poder de alterar se produce por decisión unilateral expresada en un acto administrativo. Este acto constituye el contratado y la Administración en una nueva situación jurídica, modificadora de la preexistente. El acto varandi se dirige a una relación obligatoria determinada y produce sobre ella efectos modificativos. Aunque por acto administrativo, las alteraciones unilaterales deberán ser formalizadas por aditivo contractual, ex vi de lo que dispone el art. 65 de la Ley 8.666 / 1993. La denominada competencia de inestabilizar el vínculo atribuido a la Administración Pública no significa título jurídico para que la Administración incumpla compromisos contractuales contraídos. Hay vinculación a la fuerza obligatoria de los contratos y el principio de la buena fe objetiva lo limita.

6.2. Objeto

El poder de modificar el contrato administrativo se refiere al objeto del contrato y, por lo tanto, a las cláusulas contractuales. En sentido amplio, consiste en: a) la modificación en las prestaciones reglamentarias del contrato y (b) la adecuación de sus efectos en relación con las condiciones contratadas.

El objeto inmediato y principal es la alteración visada, que podrá ser cualitativa o cuantitativa, según lo determinado en el art. 65 de la Ley 8.666 / 1993 – hipótesis definidas como taxativas y que no admiten interpretación extensiva.

Tales hipótesis se justifican si se engastan con la finalidad pública a ser alcanzada, de modo que se prohíbe alteración de prestaciones ajenas a esos supuestos.

Se prohíbe también el ejercicio del ius varandi en el grupo de materias descritas en el art. 65, II, de la Ley 8.666 / 1993, que sólo puede ser objeto de modificación por decisión bilateral.

El objeto mediato serán las compensaciones y las adecuaciones necesarias, ya que el acto modificativo del contrato tendrá que reconocer el impacto de las modificaciones y realizar la adecuación de las demás condiciones del contrato a ellas, especialmente la recomposición del equilibrio económico financiero.

6.3 Presupuestos habilitantes del ejercicio de modificación unilateral del contrato administrativo

El *ius varandi* demanda la presencia de supuestos objetivos o materiales, es decir, ocurrencias capaces de desencadenar el poder de modificar unilateralmente el contrato administrativo. Se enfoca, destete, el motivo que autoriza el ejercicio de la competencia modificadora, siendo que en muchos casos habrá actividad interpretativa y remanente ejercicio de competencia discrecional.

Dos son las causas materiales que pueden desencadenar el *ius varandi*.

La modificación de las condiciones circunstanciales que presidieron la formación del contrato por hechos nuevos. Se discute si hay necesidad, o no, de que los hechos nuevos se revisan de la calidad de la imprevisibilidad, es decir, si eran ignorados por las partes, por absoluta imposibilidad de preverlos o conocerlos. La buena fe objetiva reclama, en este caso, la imprevisibilidad o la irresistibilidad de tales hechos. Considera que es necesario calificar de imprevisibles tales hechos, de modo que el recurso al *ius varandi* estará condicionado a la verificación de situaciones nuevas, inéditas e imprevisibles al tiempo de la celebración del contrato.

Los errores cometidos por la Administración en la formulación de las condiciones contractuales. Muchos consideran ser insostenible, por ser contrario al interés público, obligar a la Administración a cumplir un contrato cuyo objeto, concebido erróneamente, sea totalmente inadecuado a la satisfacción del interés público y, por un apego excesivo al formalismo, obligue a rescindir la avención y instalar nuevo procedimiento licitatorio, precedido de la corrección del objeto.

No obstante, el principio de buena fe objetiva requiere que se alejan los errores cometidos por la Administración como motivo apto para fundamentar la revisión unilateral del contrato, pues contrario al principio de buena fe objetiva por caracterizar una situación incompatible con ella, cerca del *venire contra factum proprium* pues fue la Administración quien incurrió en error al formular las condiciones contractuales.

En el derecho brasileño, según Judith Martins–Costa "aunque no sistematizada, la regla según la cual es inadmisible al prevaricador que violó deberes contractuales aprovecharse de la propia violación tiene una amplia aplicación en los tribunales, sea por la invocación del adagio *turpitudinem suam allegans non auditur*, sea por su variante de la teoría de la confianza y de la apariencia o por la aplicación del principio que *cohega* el venir contra *factum proprium*.

La locución *venire* contra *factum proprium* traduce el ejercicio de una posición jurídica en contradicción con el comportamiento asumido anteriormente por el ejercitante.

El fundamento técnico–jurídico del *venire* contra *factum proprium* residiría en la protección de la confianza de la contraparte, la cual se concreta mediante la actuación de un hecho generador de confianza, en los términos en que ésta es tutelada por el orden jurídico; La adhesión de la contraparte porque confió en este hecho; El hecho de la contraparte ejercer alguna actividad posterior en razón de la confianza que en ella fue generada; El hecho de ocurrir, en razón de conducta contradictoria del autor del hecho generador de la confianza, la supresión del hecho en que se sentó la confianza, generando perjuicio o iniquidad insoportable para quien confiaba.

Así, habida cuenta de la incidencia del principio de buena fe en este tema, los errores cometidos por la Administración en la formulación de las condiciones contractuales justifican una modificación consensuada de las condiciones de ejecución del contrato o, en su caso, la rescisión del contrato, precedida de indemnización del contratista, que frente al principio de buena fe confió en los estudios realizados por la Administración y en los proyectos básico y ejecutivo formulados por ella.

6.4. Conclusión

Podemos afirmar que incluso la Administración Pública, investida en sus prerrogativas, no puede apartarse de los deberes creados por la observancia de la buena fe. Este principio puede, en sus respectivas funciones interpretativa, integradora y limitadora, disminuir o incluso suprimir pretensiones o derechos de la Administración en materia contractual.

Podemos afirmar que el fin de toda relación jurídica contractual establecida con la Administración es el cumplimiento del contrato, tal como ordinariamente pactado, excepto alteraciones que deban ser promovidas para apartar posiciones activas unilaterales consideradas abusivas del principio de buena fe.

El estudio de este principio contemporáneo aplicado a los contratos administrativos debilitará muchas de las prerrogativas reconocidas unilateralmente en favor de la Administración y provocarán la aproximación del trato entre los contratos privados y los contratos administrativos.

BIBLIOGRAFÍA

ALVES, José Carlos Moreira. *Derecho romano,* vol. 2. Río de Janeiro: Forense.

AMARAL JÚNIOR, Alberto do. "Protección del consumidor en el contrato de compra y venta. San Pablo": *Revista de los Tribunales.*

BESSONE, Darcy. *Del contrato, teoría general.*

CAENEGEN, R.C Van, *Una introducción histórica al derecho privado.* San Pablo: Martins Fuentes.

CORDERO, Antonio Manuel da Rocha y Menezes. *De la buena fe en el derecho civil,* Coimbra: Almedina.

DINIZ, Maria Helena DINIZ, "Curso de Derecho Civil Brasileño", *Teoría de las Obligaciones Contractuales y Extracontractuales*, 25ª edición. San Pablo: Saraiva.

PIETRO, Maria Sylvia Zanella Di. *Derecho Administrativo,* 24a ed., São Paulo: Atlas, 2011.

ESTORNIDO, Maria João, *Requiem por el Contrato Administrativo*, Coimbra: Librería Almedina.

GODOI, Claudio Luiz, *Bueno de Función social del contrato.* San Pablo: Saraiva.

GOMES, Orlando. *Transformaciones generales del derecho de las obligaciones.*

Contratos, 18ª edición. *De la ciudad de Río de Janeiro*: Forense.

GONÇALVES, Carlos Roberto, "Derecho Civil Brasileño", 3, *Contratos y Actos Unilaterales*, 9ª edición. San Pablo: Saraiva

GORLA, Gino. *El contrato.*

GOUNOT, Emmanuel. "La autonomía de la volonté", en droit privé. *Contribution à l'étude critique de l'individualisme juridique.*

JUSTEN FILHO, Marcial. *Comentarios a la Ley de Licitaciones y Contratos Administrativos*, 13a ed. San Pablo: Dialéctica.

MAINE, Henry Summer MAINE. *L'ancien Droit, consideré dans ses rapports avec l'histoire de la societé primitive et avec les idées modernes.*

MAYORCA, Sergio, *Il contratto, profili della disciplina generale.*

MARQUES, Claudia Lima. "Contratos en el código de protección de los consumidores, el nuevo régimen de las relaciones contractuales". San Pablo: *Revista de los Tribunales.*

MARTINS–COSTA, Judith. "La buena fe en el derecho privado". San Pablo: *Revista de los Tribunales.*

MELLO, Celso Antônio Bandera de. *Curso de Derecho Administrativo*, 29a ed., São Paulo, Malheiros Editores, 2012.

MESSINEO, Francesco y CICU, Antonio. *Trattato di diritto civile y commerciale. Il contratto in genere*, vol. XXI, t.1. Milán: Editora Giuffrè.

MIRANDA, *Custodio de la Piedad Ubaldino.* Interpretación e integración de los negocios jurídicos

PEREIRA, Caio Mário da Silva. *Instituciones de derecho civil*, v. 3. San Pablo: Saraiva.

POPS, Carlyle, "La eficacia externa de los negocios jurídicos", en la *Teoría General de los contratos*, coordinada por Renan LOTUFO y Giovanni Ettore NANNI. São Paulo: Atlas.

POTHIER, Robert Joseph. *Tratado de las obligaciones personales y recíprocas*, t.I, p.5, traducido por José Homem Corrêa Telles.

REALE, Miguel. *Nueva fase del derecho moderno.*

ROCHA, Silvio Luís Ferreira da ROCHA, "Curso Avanzado de Derecho Civil", volumen 3, Contratos. San Pablo; *Revista de los Tribunales.*

ROPPO, Enzo. *El contrato.*

RODRIGUE, Silvio, *Derecho civil*, vol. III. San Pablo: Saraiva

RUGGIERO, Roberto. *Instituciones de derecho civil*, t. II, p. 251.

SERPA LOPES, Miguel María de. *Curso de derecho civil*, vol. III.

VILLEY, Michel. *Y en el caso de que se trate de un delito.*

WIEACKER, Franz. *Historia del Derecho Privado Moderno.* Lisboa: Fundación Calouste Gulbenkian.

38. LOS PRINCIPIOS GENERALES DE LA CONTRATACIÓN PÚBLICA GLOBAL

(Especial referencia al Derecho Comunitario Europeo)

Jaime Rodríguez–Arana
Presidente del Foro Iberoamericano de Derecho Administrativo
Catedrático de Derecho Administrativo y
Director del Grupo de Investigación de Derecho Público Global
Universidad de La Coruña

I. INTRODUCCIÓN

La globalización es un fenómeno que también ha llegado al Derecho Público. En efecto, la realidad nos demuestra que en determinados sectores del Derecho Administrativo existen normas y actos con pretensión de validez supranacional. Son normas que se elaboran poniendo en cuestión la teoría clásica de las fuentes del Derecho y el sistema de producción normativa. Como el Derecho Administrativo Global está "in fieri", en formación, es cada vez más importante subrayar la naturaleza principal de este sector del Ordenamiento asegurando, de algún modo, que esta rama del Derecho garantice que los Poderes públicos globales se realicen al servicio del interés general global de acuerdo con la justicia. Ni hay todavía una Administración pública global, ni un Poder ejecutivo global, ni un Poder judicial global, como tampoco disponemos de una Constitución global. Sin embargo, la realidad nos demuestra que en algunos sectores, el de la contratación pública especialmente, los principios generales ayudan sobremanera, como vamos a estudiar con particular énfasis en el Derecho Comunitario Europeo, a construir un Derecho Administrativo Global de la contratación administrativa que parta precisamente de los postulados del Estado de Derecho[1].

En materia de contratos, son los Entes públicos supranacionales o globales quienes, a partir de la objetividad, transparencia, igualdad de trato o prohibición de discriminación por razón de nacionalidad, han construido un Ordenamiento jurídico comunitario europeo que, por mor de las características de la integración comunitaria europea, obligan jurídicamente a los Estados miembros.

---

1 *Cfr.* La reciente obra de los profesores y pioneros B. KINGSBURY/R.W STEWART, Hacia el derecho Administrativo Global: Fundamentos, Principios y Ámbito de Actuación, Global Law Press, Sevilla, 2016.

En este trabajo me propongo reflexionar sobre el Derecho Administrativo Global, analizando un sector concreto: la contratación pública desde la perspectiva de los principios generales del Derecho, con especial referencia al Derecho Comunitario Europeo. Sector en el que efectivamente el Derecho que lo disciplina es de contenido prudencial y consecuencia de la fuerza de la integración, en este caso de la integración comunitaria. Además, y es importante destacarlo, los principios generales que presiden el régimen de la contratación pública en Europa surgen de la metodología del pensamiento plural, abierto, dinámico y complementario: sistema de aproximación al estudio de las categorías jurídicas sobre el que descansa el modelo del Estado social y democrático de Derecho[2]. En este sentido, los principios que vamos a analizar están en la misma base de un fenómeno de integración en el que la libertad, la competencia, la igualdad de trato, la no discriminación, la transparencia, la imparcialidad y la objetividad presiden el entero sistema normativo de la contratación administrativa en el seno de la Unión Europea.

II. SOBRE EL DERECHO ADMINISTRATIVO GLOBAL.

La existencia del Derecho Administrativo Global es, a día de hoy, una realidad indudable. Poco a poco, va inundando los sectores tradicionales del Derecho Administrativo Interno o Nacional. Esto es así, entre otras razones, porque las categorías y las instituciones del Derecho Administrativo no están limitadas a unas determinadas y concretas coordenadas espacio–temporales. Más bien, se trata de categorías y conceptos de validez universal, que podrían tener un sentido o una intensidad diferente según cuál sea el modelo de Estado en el que nos encontremos. Por ejemplo, los contratos públicos, aquellos que celebran los Entes del sector público, en su fisonomía general y en su articulación concreta, suelen presentar unos obvios rasgos comunes que justamente demuestran la existencia de esta categoría jurídico–administrativa desde su nacimiento[3].

Los Entes públicos, por utilizar una terminología muy amplia en la que entran todas las Administraciones públicas, además de sociedades y otros organismos que manejan fondos públicos, suelen convocar, con publicidad y concurrencia, a las empresas para realizar actividades de interés general que la propia institución solicitante ni está en condiciones de realizar por sí misma, ni probablemente deba hacerlo. La Unión Europea, el Mercosur, Naciones Unidas, el Banco Mundial, el Fondo Monetario Internacional, el Banco Interamericano de Desarrollo y otros órganos y organismos de dimensión supranacional contratan con empresas la realización de terminadas obras o servicios públicos siguiendo una tipología que aunque ha nacido en el Derecho Administrativo Interno, hoy es una realidad en el denominado Derecho Administrativo Global de la contratación pública[4].

El problema que hoy presenta este Derecho Administrativo Global es que es un Derecho en construcción, que se está desarrollando poco a poco. Por eso, este incipiente Derecho Público Global opera, como es lógico, a través de principios, a través de principios que proyectan la cláusula del Estado social y democrático de Derecho, en un intento

2 *V.*, J. RODRIGUEZ-ARANA, Derecho Administrativo Español, I, Netbiblo, A Coruña, 2008, pp 1-5

3 *V.*, J. RODRÍGUEZ-ARANA, "Los principios generales del Derecho de la contratación pública", *Revista de Derecho de la Pontificia Universidad Católica del Perú*, Nº 66, 2011.

4 *Cfr.* J. RODRÍUEZ-ARANA/E. JINESTA/J.A MORENO MOLINA/K.NAVARRO, Derecho Internacional de la Contratación pública, Guayacán, Costa Rica, 2011.

de evitar que la racionalidad económica o la racionalidad técnica terminen por convertirse en la fuente primera y más relevante de este Ordenamiento Jurídico Administrativo Global[5].

El caso de la contratación pública es, en este punto, paradigmático puesto que, como se analiza en esta ponencia, los principales instrumentos supranacionales, globales, en materia de contratación se han construido precisamente al calor de los principios: del principio de no discriminación, del principio de igualdad, del principio de publicidad, del principio de libre concurrencia. Principios que son la expresión de la obligatoriedad que tienen los Entes públicos, por manejar fondos públicos, de actuar con transparencia, fomentar la igualdad y adjudicar el contrato al la oferta mejor para el interés general, que es siempre el elemento central que gravita y preside el entero régimen jurídico de aplicación. Es decir, en materia de contratos públicos, los principios han sido la base de las normas que ulteriormente se han elaborado[6]. El caso, por ejemplo, en el espacio jurídico europeo, de las Directivas comunitarias en la materia, nos excusa ahora de mayores comentarios.

En el ámbito de la contratación pública es dónde, a mi juicio, el desarrollo del Derecho Administrativo Global ofrece más solvencia, precisamente a causa de haberse diseñado sobre los cimientos de los principios tradicionales de la contratación pública, que son prácticamente comunes en casi todos los Ordenamientos del planeta, inspirados en el Derecho de matriz romano–germánica[7].

La existencia de regulaciones globales es patentes en sectores como el de la seguridad pública, la regulación de la energía, las telecomunicaciones, la inmigración, el medio ambiente, la llamada ayuda al desarrollo y muy especialmente, la contratación pública. Esto es así, entre otras razones, porque hoy la interdependencia y la cooperación intergubernamental nos enseñan que la solución a muchos problemas de dimensión pública ha de buscarse a través de esta nueva versión del pensamiento abierto, plural, dinámico y complementario que se llama globalización[8].

Este nuevo panorama afecta sobremanera a los principios sobre los que descansa el Derecho Administrativo. Es verdad que en nuestra disciplina coexisten dos tradiciones jurídicas que están siendo afectadas por la globalización. Más, desde luego, el sistema jurídico–administrativo de corte francés que el esquema del "rule of law" de inspiración anglosajona. Pero, en cualquier caso, ambos sistemas tienen que "aggiornarse" a la nueva realidad. Es más, en sede de principios, los fundamentos del Estado de Derecho, aquellos sobre los que se han levantado ambos edificios jurídicos, cobran ahora una especial relevancia porque no podemos ocultar que estas nuevas formas de actividad pública de dimensión global no pueden, no deben escapar al control jurídico que legitima la acción pública[9]. En el ejercicio de estos poderes regulatorios, que tienen diferentes pro-

5 *Cfr.* A. MASCAREÑO, Justicia global y justicia sectorial en la sociedad mundial: momentos de universalidad en la lex mercatoria, Dilemata , nº 13, 2013, pp. 46-68.

6 *V.*, J. DEL OLMO ALONSO/M. SÁNCHEZ MORÓN, M. (coord.), El derecho de los contratos públicos en la Unión Europea y sus estados miembros, Lex Nova, Valladolid, 2011.

7 *Vid* in toto P. STEIN, El derecho romano en la historia de Europa: historia de una cultura jurídica. Siglo XXI de España Editores, Madrid, 2001.

8 J.L. MEILÁN GIL, Una aproximación al Derecho Público Global, Global Law Press, Sevilla, 2013., p. 5

9 *V.*, C. SIRVENT GUTIERREZ, Sistemas jurídicos comparados, Porrúa, México, 2006, especialmente los capítulos dedicados al modelo romano-germánico y al anglosajón.

tagonistas, incluso de naturaleza privada, deben asegurarse técnicas que impidan que la tentación de eludir el control sea la principal característica de la denominada nueva Administración global que despliega su actividad en el llamado espacio jurídico global. Por eso, en los inicios, en los primeros balbuceos de este todavía incipiente Derecho Administrativo Global, la jurisprudencia, y sobre todo los principios del Derecho sobre los que se levantó esta magnífica construcción jurídico–política, están fundando un nuevo Derecho Público Universal, que como señala agudamente el profesor Meilán, es ya un Derecho prudencial[10].

En el sistema continental europeo, el control jurídico de ámbito judicial de la actividad administrativa se ubicó en manos del Consejo de Estado, un organismo público de naturaleza jurisdiccional. Asimismo, la Administración pública en esta tradición jurídico–administrativa actúa sometida a un Derecho diferente al Común para las personas jurídicas ordinarias, repleto de privilegios y prerrogativas en cuanto servidora del interés general.

En la otra orilla, nunca mejor escrito, la Administración era considerada como una persona jurídica más sometida al Derecho que interpretan los Tribunales ordinarios. En ambos casos, como es lógico, la Administración estaba sometida a la ley y al Derecho. En el Derecho Administrativo anglosajón, poco a poco, se empezaron a aplicar a los contratos públicos reglas propias de un sistema que asume que la existencia de fondos públicos obliga a disponer de un régimen jurídico adecuado a tal característica. Los contratos privados se rigen por la ley de la autonomía de la voluntad con los límites propios establecidos en los Códigos correspondientes, mientras que los contratos públicos, por la existencia de fondos públicos, están sometidos, a los principios de publicidad, objetividad, equidad, concurrencia, igualdad de trato, transparencia. Principios hoy de aplicación, por mor de la fuerza del Derecho Público Comunitario Europeo, a todos los países de la Unión Europea, sean de tradición anglosajona o francesa[11]

En este contexto, las experiencias de Derecho Administrativo Global en distintos sectores como puede ser el de los derechos humanos, el del comercio internacional, el cultural, el agrícola, el de la contratación pública, el deportivo, entre otros, todos ellos de dimensión universal, van a mostrarnos un conjunto de resoluciones de naturaleza judicial y unas normas y prácticas administrativas que, desde luego, superan las fronteras nacionales. En efecto, desde el principio de legalidad, hasta la separación de los poderes pasando por la primacía de los derechos fundamentales de las personas sin perder de vista la relevancia del pluralismo, de la racionalidad, de la transparencia, del buen gobierno, de la rendición de cuentas, así como de la instauración de un efectivo sistema de "cheks and balances", encontramos principios y criterios del Estado de Derecho, que nos permiten hablar de un Derecho Administrativo Global de base principal. Base principal, insisto, que en materia de contratos es patente[12].

---

10 J. RODRIGUEZ-ARANA, Approach to the principles of Global Administrative Law, in J. ROBALINO-J. RODRIGUEZ-ARANA (Editors), Cameron&May, London, 2010, pp. 33-91.

11 *V.*, El estudio de J.M. GIMENO FELIU., La nueva contratación pública europea y su incidencia en la legislación española, Editorial Thomson-Aranzadi, Cizur Menor (Navarra), 2005, donde se demuestra la profunda incidencia del Derecho Comunitario de la Contratación pública en la legislación nacional en la materia.

12 J.C. CASSAGNE, Principles of Global Administrative Law, in J. ROBALINO/J. RODRIGUEZ-ARANA, *Op. cit.* pp. 3-11.

En materia de contratación pública, nos topamos con un problema complejo porque en el espacio europeo resulta que el principio de igualdad de trato es desconocido muchas veces a favor de las empresas nacionales por diferentes "razones", desde la promoción de la industria nacional, hasta la protección de la economía propia. Como es sabido, el 80% de los contratos públicos son adjudicados a licitadores nacionales.

En materia de contratación, los principios son la clave de bóveda del sector[13]. Sin principios, que además son globales, no hay sistema global de contratación pública global[14].

La europeización del Derecho Administrativo es hoy una realidad. Una realidad que, sin embargo, no está del todo asumida por los Estados miembros ni interiorizada por numerosos operadores jurídicos de los Estados de la Unión Europea[15]. Una de las razones de tal situación se encuentra, efectivamente, en las resistencias mostrencas a la compartición de espacios de soberanía a la Unión por parte de los Estados y por un emergente nacionalismo que impide que el espacio jurídico global sea la realidad que debiera tras tantos años de andadura comunitaria.

En cualquier caso, se trata de un proceso jurídico imparable que, con luces y sombras, poco a poco va calando en la conciencia jurídica europea. La europeización del Derecho Administrativo es un proceso que se va produciendo a golpe de reglamento, a golpe de directiva y, en la medida en que ambas fuentes del Derecho son de aplicación obligatoria en los Estados miembros de la Unión, en esa medida el Derecho Administrativo Comunitario va siendo más conocido y también más utilizado por los Tribunales de justicia de los países miembros. Estas normas jurídicas han venido disciplinando la acción sectorial de la Administración, esfera de actuación de la Administración europea que contiene las principales políticas públicas de la Unión: agricultura, pesca, seguridad, política social, entre otras. En materia de contratación, a pesar de la claridad de las Directivas, no se puede ocultar que el principio de igualdad de trato sigue siendo una quimera ante el proteccionismo existente en determinados sectores y frente a la preferencia de las empresas nacionales para la adjudicación de contratos públicos de ciertas relevancia. En cambio, cuando es la Unión Europea, no los Estados miembros, quien protagoniza el proceso de selección de los contratistas, entonces los principios del derecho Europeo de la Contratación pública se aplican sin mayores problemas[16].

---

13 *V.*, El pionero trabajo de los profesores B. KINGSBURY, N. KRISCH y R. B. STEWART, "The Emergence of Global Administrative Law", *Law and Contemporary Problems,* 15, (Summer-Autumn, 2014)

14 *V.*, C. E. DELPIAZZO, *Los principios generales en la contratación pública*, (Dir) Juan Carlos CASSAGNE y Enrique RIVERO YSERN, *Hammurabi*, Buenos Aires, 2007.

15 *V.*, El preclaro y revelador estudio del profesor S. CASESE *Derecho Administrativo: Historia y futuro*, Global Law Press, Sevilla, 2014.

16 M. BALLBÉ/R. MARTÍNEZ, *Law and Globalization; Between the United States and Europe*, in J. ROBALINO/J. RODRIGUEZ-ARANA, *Op. cit,* pp 137-215.

III. LOS PRINCIPIOS GENERALES Y EL DERECHO ADMINISTRATIVO GLOBAL

En el Derecho Administrativo los principios siempre han sido fundamentales, probablemente porque al ser un Derecho relativamente reciente, al menos en su conformación científica, han servido de guía para su construcción y desarrollo[17].

Los principios generales, que son la esencia del Ordenamiento, nos ayudarán a realizar esa fundamental tarea de asegurar y garantizar que el poder público en todo momento se mueve y actúa en el marco del Derecho. Es más, su carácter inspirador del Ordenamiento nos lleva a reconocer en los principios las guías, los faros, los puntos de referencia necesarios para que, en efecto, el Derecho Administrativo no se convierta en una maquinaria normativa al servicio del poder de turno sin más asideros que las normas escritas y las costumbres que puedan ser de aplicación en su defecto. En el caso del Derecho de la Contratación Pública Global, los principios, como ya hemos señalado, juegan un papel central para la existencia de este sector del Derecho Administrativo Global. Son principios que, como los de objetividad, racionalidad, igualdad de trato, suponen que el Derecho Administrativo Global cumpla la función que tiene encomendada: la ordenación racional de los asuntos públicos de dimensión global de acuerdo con la justicia.

En el caso de la contratación pública global han sido precisamente los principios generales los que han permitido la elaboración de normas de orden global que han establecido el régimen de los contratos públicos de numerosos Entes públicos de la denominada Administración Pública Global. Estos principios permiten en todo momento conocer si las licitaciones se realizan en el marco del Estado de Derecho. O lo que es lo mismo, si las licitaciones se conducen con arreglo al interés general global poniendo a disposición de los ciudadanos del mundo obras y servicios públicos de calidad que permitan la mejora real de las condiciones de vida del pueblo.

A este propósito debe tenerse presente que el Tribunal Supremo español señaló por sentencia de 18 de febrero de 1992 que "los principios generales del Derecho, esencia del Ordenamiento jurídico, son la atmósfera en que se desarrolla la vida jurídica, el oxígeno que respiran las normas, lo que explica que tales principios informen las normas– art. 1.4 del Código Civil– y que la Administración esté sometida no sólo a la ley sino también al Derecho –art. 103 de la Constitución–. Y es claro que si estos principios inspiran la norma habilitante que atribuye una potestad a la Administración, esta potestad ha de actuarse conforme a las exigencias de los principios". Esta jurisprudencia tiene, en mi opinión, una proyección jurídica que va más allá de nuestras fronteras puesto que perfila la función, el significado y la operatividad de los principios generales como elementos informadores del Ordenamiento jurídico en general.

Por eso, los principios generales, como elementos informadores y criterios esenciales, han de ser tenidos muy en cuenta no sólo por el intérprete de la norma, sino también por quien la elabora. En materia de contratación pública los principios son tan relevantes que ellos mismos son los que sostienen todo el entramado normativo de la contratación pública, y son ellos mismos los que aseguran que la contratación pública está presidida por los postulados del Estado de Derecho. Es decir, la objetividad, la transparencia, la

---

17 *V.*, El muy reciente estudio del profesor argentino J.C. CASSAGNE, *Los grandes principios del Derecho Público (Constitucional y Administrativo)*, Reus, Madrid, 2016.

igualdad de trato, la motivación de las adjudicaciones, son materias que están disciplinadas por principios generales que han sido llevados al cuerpo de las principales Normas que regulan la contratación pública a nivel global.

Es verdad que muchos principios han venido al mundo jurídico como consecuencia del trabajo de la doctrina y la jurisprudencia. Se comprueba estudiando el Derecho Administrativo Norteamericano y el Derecho Administrativo Comunitario Europeo, éste último especialmente en materia de contratos públicos. En otros casos, además, aparecen, como no pude ser menos, reflejados en las normas. Pero lo más importante es que existen por si mismos porque son la proyección en la realidad jurídica de la esencial idea de justicia que trasciende al Ordenamiento y le da sentido[18]. Desde este punto de vista, los principios son previos al Ordenamiento. Podría decirse que son su fundamento y que el Ordenamiento se justifica en la medida en que dichos principios inspiran y presiden el sistema normativo. En el caso de la contratación pública global, esta afirmación es, sencillamente, exacta.

Si pensamos en la contratación pública y en el progresivo vaciamiento, en el espacio jurídico europeo, del principio de igualdad de trato, comprenderemos hasta que punto el desconocimiento de los principios generales en materia de contratación pública termina por desnaturalizar el sentido y significado de una categoría jurídica que aplicada al Derecho Administrativo, se justifica en la medida en que se pone a disposición de la ciudadanía obras y servicios públicos, o de interés general, en las mejores condiciones técnicas posibles que permitan el progreso y el desarrollo del país en cuanto mejoran las condiciones de vida de los ciudadanos.

Conviene llamar la atención acerca de que el Tribunal Supremo español, cuando ha ido construyendo la teoría del control de la discrecionalidad administrativa a través de los principios generales, ha conectado la existencia de dichos controles al genio expansivo del Estado de Derecho[19]. Efectivamente, el Estado de Derecho es un Estado de justicia, es un Estado en que el poder ha de actuar conforme a patrones y cánones formales y sustanciales. Si nos quedamos únicamente en la vertiente procedimental y formal del poder resulta evidente que éste puede terminar, ejemplos hay y lacerantes de todos conocidos, siendo la principal y más efectiva terminal del autoritarismo y la ausencia de medida. Por eso, la existencia de controles sustanciales viene determinada por los principios, que son, como vuelve a recordar esta sentencia, la atmósfera en que se desarrolla la vida jurídica, el oxígeno que respiran las normas.

En efecto, en materia de contratación, estos principios permiten a los Tribunales de Justicia enjuiciar las actuaciones de los Entes públicos en la materia asegurando que las licitaciones se han realizado de acuerdo con los mínimos exigibles por el Estado de Derecho para la contratación pública: objetividad, imparcialidad, publicidad, concurrencia, igualdad de trato...

Hoy en día, la mayor parte de los principios generales del Derecho están recogidos en las normas escritas. En materia de contratación pública global, como se comprobará en el siguiente epígrafe, los principios generales han sido recogidos en las Normas europeas que regulan la materia. Durante largo tiempo estos principios fueron construidos y

---

18 J.C. CASSAGNE, *Los principios generales del Derecho en el Derecho Administrativo*, Abeledo-Perrot, Buenos Aires, 1992.

19 Sentencia del Tribunal Supremo español de 8 de octubre de 1990.

levantados gracias al trabajo de la jurisprudencia y de la doctrina científica. Luego, pasaron a las normas hasta el día de hoy en el que, afortunadamente, los principios generales del Derecho, en materia de contratación pública global así es, están explícitamente reconocidos en las principales Normas que regulan los más relevantes sectores del quehacer de los Entes públicos.

En nuestro tiempo, la consideración del buen gobierno y de la buena administración de los asuntos públicos es, desde luego, otro elemento principial del Derecho Administrativo Global. En la Declaración del Milenio de Naciones Unidas y en los más destacados documentos de reforma del Estado de casi todos los países, a veces incluso en el marco de leyes y normas administrativas, hoy el derecho a la buena administración y al buen gobierno es, desde luego, un derecho de los ciudadanos. Como es lógico, en materia de contratación pública también es de aplicación este principio de la buena administración.

En efecto, la consideración central del ciudadano en las modernas construcciones del Derecho Administrativo y la Administración pública proporciona, en efecto, el argumento medular para comprender en su cabal sentido este nuevo derecho fundamental a la buena administración, reconocido en el artículo 41 de la Carta Europea de los derechos fundamentales. La persona, el ciudadano, el administrado o particular según la terminología jurídico administrativa al uso, ha dejado de ser un sujeto inerte, inerme e indefenso frente a un poder que intenta controlarlo, que le decía lo que era bueno o malo para él, al que estaba sometido y que infundía, gracias a sus fenomenales privilegios y prerrogativas, una suerte de amedrentamiento y temor que terminó por ponerlo de rodillas ante la todopoderosa maquinaria de poder en que se constituyó tantas veces el Estado.

En materia de contratación pública no debemos perder de vista que las obras públicas o que los servicios públicos o de interés general objeto de las licitaciones, han de ser realizados de la mejor manera posible, técnica y económicamente, precisamente porque los ciudadanos tienen derecho a que los fondos públicos que van a financiar dichas actividades son de su propiedad y que, por ello, tienen derecho a recibir obras y servicios de interés general que permitan unas mejores condiciones de vida para todos. Esta dimensión de la actividad pública, ahora afortunadamente está en el centro de la discusión sobre el alcance y el significado del quehacer de la Administración pública en el Estado social y democrático de Derecho.

El derecho a la buena administración es un derecho fundamental de todo ciudadano comunitario a que las resoluciones que dicten las instituciones europeas sean imparciales, equitativas y razonables en cuanto al fondo y al momento en que se produzcan. Dicho derecho según el artículo 41 de la Carta Europea de los Derechos Fundamentales de 2000 incorpora, a su vez, cuatro derechos. Ahora, sin embargo, nos interesa sólo subrayar que este derecho fundamental a la buena Administración exige de las autoridades públicas que en materia de contratación pública se conduzcan de acuerdo con la equidad, la imparcialidad, y en tiempos razonables. Es decir, los principios de transparencia, de imparcialidad, de motivación, de racionalidad, de igualdad de trato, entre otros, son principios integrados también en la obligación de buena Administración que ha de caracterizar las actuaciones de la Administración pública, también en materia de contratos públicos.

Es más, puede decirse, de alguna manera, que el repertorio de principios del Derecho Administrativo Global parte de esta capital consideración. Por una razón fundamental: porque las exigencias de transparencia, racionalidad, motivación, objetividad, responsabilidad, participación, pluralismo... que debe caracterizar a la acción de la Administración global se deducen de este derecho del ciudadano, por ser el dueño de las instituciones públicas, a una buena administración y a un buen gobierno de los asuntos públicos.

En materia de contratos públicos, como vamos a examinar a continuación, los principios han presidido las normas que se han ido elaborando por los diferentes Entes públicos globales. Transparencia, igualdad de trato, licitación pública, imparcialidad, equidad, cláusula de progreso científico, centralidad de la condición humana. Es más puede decirse que es la materia de contratos públicos la que mejor ayuda a comprender el sentido principal que tiene el Derecho Administrativo Global.

IV. LOS PRINCIPIOS GENERALES DE LA CONTRATACIÓN PÚBLICA EN EL DERECHO ADMINISTRATIVO GLOBAL.

En el marco de las Directivas de la Unión Europea de 2014, los principios generales de la contratación pública son el fundamento de la contratación pública y se caracterizan por su transversalidad en todas las fases del procedimiento de contratación, aplicándose además no sólo a los contratos que caen dentro del ámbito de aplicación de las Directivas comunitarias sobre contratación pública, sino también a todos los contratos que celebren los órganos de contratación sujetos a las Directivas[20].

En efecto, como es sabido, la misma existencia de la contratación pública en los espacios supranacionales debe su razón de ser a la relevancia de los principios generales de la contratación pública. En efecto, la contratación pública no adquiere carta de naturaleza normativa multilateral o global en el seno de los intercambios comerciales de la Organización Mundial del Comercio hasta 1994, el 15 de abril en Marrakech, en que se firma en el seno de esta organización internacional de comercio, el acuerdo sobre contratación pública. Acuerdo que trae causa de la necesidad de evitar la discriminación en la contratación pública. El acuerdo constituye el corolario necesario de la proyección del principio de igualdad de trato, o de no discriminación, a los contratos que se realicen entre el sector público y las empresas de los diferentes países para la realización de obras y servicios públicos de relevancia. El acuerdo figura en el anexo 4 del Acuerdo de Marrakech y obliga a los países que lo rubricaron.

El problema de este acuerdo, que se ha actualizado en 2006 es, como dice el profesor Moreno Molina[21], que se aplica a un concreto y limitado número de países de gran relevancia comercial, estableciéndose obligaciones demasiado débiles como para que se pueda llevar completamente a la práctica. Además, la previsión en 2006 de la resolución

---

20 En este sentido, la sentencia del Tribunal de Justicia de la Unión Europea de 10 de marzo de 2011, asunto C-274/09, *Privater Rettungsdienst*, en su apartado 49 establece que *"es preciso añadir que, a pesar de que, en el estado actual del Derecho de la Unión, los contratos de concesión de servicios no se rigen por ninguna de las directivas mediante las cuales el legislado de la Unión ha regulado el ámbito de los contratos públicos, las autoridades públicas que celebran tales contratos están obligadas, no obstante, a respetar las normas fundamentales del Tratado FUE, en particular los artículos 49 TFUE y 56 TFUE, así como a cumplir la obligación de transparencia que de ellos se deriva, en caso de que el contrato en cuestión revista un interés transfronterizo cierto, circunstancia que corresponde apreciar al órgano jurisdiccional remitente (véase, en este sentido, la sentencia de 13 de abril de 2010, Wall, C-91/08, Rec. p. I-0000, apartados 33 y 34 y jurisprudencia* allí *citada)".*

21 J.A. MORENO MOLINA, Derecho global de la contratación pública, Ubijus Editorial, México, 2011, p. 23.

de conflictos a través de arbitrajes pone de manifiesto hasta qué punto es necesario un Tribunal Administrativo Global de contratación pública integrado por personas expertas en la materia en las que concurran las condiciones de imparcialidad y objetividad. El acuerdo es de aplicación en la Unión Europea a partir de la Decisión del Consejo 94/800 formando parte del Derecho Comunitario Europeo.

En el marco de las Naciones Unidas debemos citar la llamada ley modelo sobre contratación pública en materia de bienes, obras y servicios. Se trata de un texto elaborado en el seno de la Comisión de Naciones Unidas para el Derecho Mercantil Internacional que está en revisión y actualización y que se aprobó en 1993. La influencia de las directivas de la Unión Europea en materia de contratación es obvia. En realidad, este texto está diseñado como modelo en el que puedan inspirarse los países que no disponen de regulación en materia de contratación pública o, en su caso, actuar incluso como derecho supletorio. Obviamente, los principios están muy presentes en este modelo, especialmente los de transparencia, objetividad y equidad.

En las normas sobre compras del sector público del Tratado de Libre Comercio de América del Norte encontramos también, como principios fundamentales, los de trato no menos favorable que el más favorable dispensado a los nacionales y de no discriminación. En el seno del área de libre comercio de las Américas el grupo de trabajo sobre compras del sector público está trabajando en un borrador de normas que parten de los principios básicos de la contratación pública. Igualmente, el protocolo sobre contrataciones públicas de Mercosur parte del principio de igualdad de trato y prácticas de no discriminación en materia de bienes y servicios.

Los principios han pasado de la jurisprudencia del alto Tribunal Europeo a las Directivas de contratación que hoy los reconocen en sus primeros considerandos y artículos. Así, el Derecho Comunitario Europeo ofrece una nueva perspectiva para comprender la contratación pública, buscando el objetivo de asegurar la transparencia, la objetividad y la no discriminación en la adjudicación de los contratos, para garantizar el establecimiento del mercado interior y evitar que la competencia resulte falseada.

V. ESPECIAL REFERENCIA A LOS PRINCIPIOS DE LA CONTRATACIÓN PÚBLICA EN LAS RECIENTES DIRECTIVAS DE LA UNIÓN EUROPEA

En efecto, es en el marco de la Unión Europea dónde esta cuestión está mejor regulada y mejor articulada. Probablemente porque, como señala Moreno Molina, el espacio jurídico europeo es el ámbito territorial supranacional en el que más y mejor se están armonizando los Ordenamientos jurídicos de los Estados miembros de la Unión Europea. Los Derechos Internos en la materia no presentan grandes diferencias. Además, la apertura al mercado de la contratación pública, exigencia de la esencia del sistema del Derecho Comunitario Europeo, obliga a diseñar unas normas muy exigentes en lo que se refiere a la participación de contratistas en las licitaciones que el sector público de cada país convoca para la realización de obras o servicios de interés general. El problema, que no es menor, estriba en que no es fácil ni sencillo que los Estados miembros dejen sin contratar para esas obras o servicios a las empresas nacionales, generándose un proteccionismo y nacionalización que en esta materia echa tantas veces por tierra los principios de igualdad y no discriminación, así como los de transparencia y objetividad.

Las razones que se aducen para justificar estas prácticas nacionalistas o proteccionistas, como señala Moreno Molina, son de diverso tipo[22]. Que si la contratación pública, por su envergadura, es una derivación de la política económica nacional, que si a través de la contratación pública se puede intervenir en la vida política, económica y social de los diferentes países, que si se puede ayudar a la reconversión industrial en determinados sectores, que si es un instrumento de apoyo al empleo en industrias en crisis, que si afecta al prestigio nacional, etc, etc, etc. En realidad, contemplamos en la cotidianeidad que el principio de igualdad de trato cede en numerosas ocasiones por estas y otras argumentaciones. Incluso, en ocasiones nos encontramos como señala Moreno Molina con prácticas difíciles de imaginar en un mercado que se califica de competitivo, tales, como, por ejemplo, el reparto de mercados tácitos[23].

En las nuevas Directivas aprobadas por la Unión Europea en 2014 sobresale el principio vertebral de la transparencia[24]. En efecto, la Directiva 2014/24/UE del Parlamento Europeo y del Consejo, de 26 de febrero de 2014, sobre contratación pública, establece ya en el Considerando primero que la adjudicación de contratos públicos por las autoridades de los Estados miembros o en su nombre, ha de respetar los principios de los Tratados Fundacionales y, en particular, la libre circulación de mercancías, la libertad de establecimiento y la libre prestación de servicios, así como los principios que se derivan de estos, tales como los de igualdad de trato, no discriminación, reconocimiento mutuo, proporcionalidad y transparencia[25].

El Considerando 45 esta Directiva dispone que el procedimiento de licitación con negociación debe ir acompañado de salvaguardias adecuadas que garanticen la observancia de los principios de igualdad de trato y de transparencia. En particular, los poderes adjudicadores deben indicar con antelación los requisitos mínimos que caracterizan la naturaleza del procedimiento, los cuales no deben ser alterados en las negociaciones para garantizar el principio de igualdad de trato.

Los criterios de adjudicación y su ponderación deben permanecer estables a lo largo de todo el procedimiento y no deben ser objeto de negociación para garantizar la igualdad de trato de todos los operadores económicos. Las negociaciones deben tender a mejorar las ofertas con objeto de permitir a los poderes adjudicadores adquirir obras, suministros y servicios perfectamente adaptados a sus necesidades específicas. Con el fin de garantizar la transparencia y la trazabilidad del proceso, señala la Directiva, se documentarán debidamente todas las fases del mismo[26].

---

22 *Ibidem*

23 Como señaló la sentencia del Tribunal Supremo español de 17 de octubre de 2000, la manifestación más genuina del principio de igualdad de trato es la publicidad en la contratación y su incidencia en los distintos sistemas de selección del contratista. Sin previa publicidad de la contratación no existiría tampoco concurrencia.

24 Sobre el principio de transparencia en la nueva Directiva *V.*, M. A. SANMARTÍN MORA, "La transparencia en la contratación pública, nuevas perspectivas", *Revista Contratación Administrativa Práctica*, nº 129, ene-feb 2015, pp. 39-42.

25 *V.*, Sentencias del Tribunal de Justicia de la Unión Europea: 21.09.1988, *Gebroeders Beentjes*, asunto C-31/87, Rec. p. I-4635, y de 26.09.2000, *Comisión/Francia Nord-Pas-de-Calais*, asunto C-225/98, Rec. p. I-7445.

26 *V.*, J. PINTOS SANTIAGO, Derecho *Global Administrativo y de la Contratación pública*, Tesis doctoral, Universidad de Castilla-La Mancha, 2016, pp. 274 y ss

Además, el Considerando 52 señala que la información y comunicación electrónica son instrumentos que pueden simplificar la publicación de los contratos aumentando la eficiencia y transparencia de los procedimientos de contratación. El Considerando 58, por su parte, dispone que es necesario garantizar un nivel adecuado de transparencia que tenga en cuenta la verificación del cumplimiento o no del principio de igualdad de trato. En particular, es fundamental que aquellas comunicaciones orales con los licitadores que puedan incidir en el contenido y la evaluación de las ofertas estén documentadas de modo suficiente y a través de los medios adecuados, como los archivos o resúmenes escritos o sonoros de los principales elementos de la comunicación[27]. Si tales conversaciones o reuniones no se recogen por escrito la arbitrariedad inherente a la opacidad y oscuridad viciará la vida del contrato indefectiblemente, volviéndose al ambiente de oscuridad y ambigüedad tan propicio para que florezca la corrupción.

También el Considerando 61 establece que para garantizar la transparencia y la igualdad de trato, el Considerando 61 de esta Directiva establece que los poderes adjudicadores deben indicar en los pliegos de la contratación para el acuerdo marco los criterios objetivos que regirán la elección[28].

El uso de las nuevas tecnologías debe realizarse en el marco de publicidad, igualdad y transparencia. Por eso esta Directiva insiste en estos principios. El Considerando 68 manda que se establezcan normas tendentes a garantizar que la utilización de las nuevas técnicas cumple lo dispuesto en la presente Directiva, en especial de acuerdo con los principios de igualdad de trato, no discriminación y transparencia.

En este sentido, el Considerando 80 de la Directiva afirma que la utilización de medios de información y comunicación electrónicos, en particular la puesta a disposición de los operadores económicos, licitadores y candidatos por medios totalmente electrónicos de los pliegos de la contratación y la transmisión electrónica de las comunicaciones, lleva a una mayor transparencia y ahorro de tiempo. Ahora bien, para garantizar la transparencia necesaria en el contexto de los procedimientos de contratación que conlleven la celebración de negociaciones y diálogos con los licitadores, aquellos de estos últimos que hayan hecho una oferta admisible deben, excepto cuando existan motivos graves para no hacerlo, estar también autorizados a solicitar información sobre la ejecución y el avance del procedimiento[29].

De acuerdo con el Considerando 90, la nueva Directiva establece que la adjudicación de los contratos debe basarse en criterios objetivos que aseguren el respeto de los principios de transparencia, no discriminación e igualdad de trato con el fin de garantizar una comparación objetiva del valor relativo de los licitadores que permita determinar, en condiciones de competencia efectiva, qué oferta es la oferta económicamente más ventajosa. Para garantizar el cumplimiento del principio de igualdad de trato en la adjudicación de los contratos, los poderes adjudicadores deben estar obligados a procurar la transparencia necesaria para permitir a todos los licitadores estar razonablemente informados de los criterios y modalidades que se aplicarán en la decisión relativa a la adjudicación del contrato[30].

27 *Ibidem.*

28 *Ibidem.*

29 Considerando 82

30 Considerando 90

Uno de los aspectos en los que la corrupción hace acto de presencia en la contratación pública es la subcontratación. Por eso, ahora el Considerando 105 de la Directiva señala que es preciso velar para que haya transparencia en la subcontratación, pues así se facilita a los poderes adjudicadores información sobre quién está presente en los lugares en que se realizan las obras de construcción encargadas por ellos o qué empresas están prestando servicios en edificios, infraestructuras o zonas tales como ayuntamientos, escuelas municipales, instalaciones deportivas, puertos o autopistas que dependen de los poderes adjudicadores o sobre los que ejercen una supervisión directa. Además, como reconoce expresamente la Directiva, es menester ampliar las obligaciones de transparencia, permitiendo el pago directo a los subcontratistas o al permitir o exigir a los poderes adjudicadores que verifiquen que los subcontratistas no se encuentran en ninguna de las situaciones en las que se justificaría la exclusión de operadores económicos.

Los principios de transparencia y de igualdad de trato son omnipresentes en la Directiva que ahora estamos examinando. Así, en su Considerando 110 se dispone que de acuerdo con los principios de igualdad de trato y de transparencia, el licitador adjudicatario no deberá ser sustituido por otro operador económico, por ejemplo cuando se rescinda un contrato debido a deficiencias en su ejecución, sin la convocatoria de una nueva licitación.

Desde la perspectiva de la lucha contra la corrupción, la nueva Directiva 2014/24/UE, dispone que la trazabilidad y transparencia de la toma de decisiones en los procedimientos de contratación es fundamental para garantizar unos procedimientos adecuados, incluida la lucha eficaz contra la corrupción y el fraude.

Si en los Considerandos de la Directiva son constantes las apelaciones a los principios generales de la contratación, lo mismo acontece en el articulado de esta norma de la Unión Europea. En efecto, Por su parte, la Sección Segunda del Capítulo III del Título de la nueva Directiva de contratos Públicos lleva como rúbrica: "Publicación y transparencia".

Además, el artículo 40 se refiere a la cuestión de las consultas preliminares del mercado en los siguientes términos:

> "Antes de iniciar un procedimiento de contratación, los poderes adjudicadores podrán realizar consultas del mercado con vistas a preparar la contratación e informar a los operadores económicos acerca de sus planes y sus requisitos de contratación. Para ello, los poderes adjudicadores podrán, por ejemplo, solicitar o aceptar el asesoramiento de expertos o autoridades independientes o de participantes en el mercado, que podrá utilizarse en la planificación y el desarrollo del procedimiento de contratación, siempre que dicho asesoramiento no tenga por efecto falsear la competencia y no dé lugar a vulneraciones de los principios de no discriminación y transparencia".

El artículo 56 es también bien claro en este sentido:

> "cuando la información o documentación que deben presentar los operadores económicos sea o parezca ser incompleta o errónea, o cuando falten determinados documentos, los poderes adjudicadores podrán, salvo que se disponga de otro modo en la normativa nacional que dé cumplimiento a la presente Directiva, solicitar a los operadores económicos de que se trate que presenten, completen, aclaren o añadan la información o documentación pertinente dentro de un plazo adecuado, siempre que dichas solicitudes se hagan en plena conformidad con los principios de igualdad de trato y transparencia".

Los principios generales de la contratación, como es lógico, tienen una relevancia fundamental en el momento de la adjudicación. De ahí que el artículo 76 disponga que:

> "los Estados miembros establecerán normas nacionales para la adjudicación de los contratos sujetos a lo dispuesto en el presente capítulo, a fin de garantizar que los poderes adjudicadores respetan los principios de transparencia y de igualdad de trato de los operadores económicos. Los Estados miembros serán libres de determinar las normas de procedimiento aplicables, siempre que tales normas permitan a los poderes adjudicadores tener en cuenta la especificidad de los servicios en cuestión".

La transparencia, principio vertebral y central de la contratación, también lo encontramos, como es lógico, en las otras Directivas de 2014. A saber, en la Directiva 2014/25/UE, relativa a la contratación por entidades que operan en los sectores del agua, la energía, los transportes y los servicios postales y por la que se deroga la Directiva 2004/17/CE y la Directiva 2014/23/UE, relativa a la adjudicación de contratos de concesión. Así y sólo a título de ejemplo esta última incide en materia de transparencia, como señala PINTOS SANTIAGO, en los considerandos 4, 6, 33, 53, 24, 61, 67, 68, 72, 74, 77, en los artículos 3, 7, 10 y 35 y en el Anexo III[31].

En los Acuerdos y Tratados firmados por la Unión Europea con otros países nos encontramos también en presencia de principios. El Acuerdo entre la Unión Europea y Chile de 2002 tiene un título IV dedicado a las compras públicas en el que ocupan un lugar muy destacado los principios de transparencia, racionalidad, no discriminación, igualdad de trato, competitividad abierta y efectiva. El Tratado de Libre Comercio entre la Unión Europea y México del 2000 reconoce en el apartado correspondiente a las compras públicas el principio de trato nacional y de no discriminación. En el mismo sentido, la Unión Europea tiene Acuerdos comerciales, de asociación y cooperación con países vecinos y con países de Asia que igualmente incorporan los principios básicos de la contratación pública europea.

Es verdad que en el Tratado de las Comunidades Europeas no hay preceptos específicos en materia de contratación pública. La razón es sencilla: en 1950 la contratación pública era una actividad poco relevante. Además, en esta materia en el seno de la Unión Europea nos encontramos con dos tradiciones jurídicas bien distintas y dispares que dificultaban una solución unitaria. Mientras que en los países del régimen de derecho administrativo francés, la doctrina del contrato administrativo inspiraba los Derechos en la materia, en el mundo anglosajón, los contratos celebrados por las Autoridades públicas eran simples contratos civiles regulados por el Derecho Privado, como toda la actividad administrativa, que en el Reino Unido no es más que una persona jurídica privada espacial, pero a fin de cuentas una persona jurídico privada. En reformas posteriores se incluyó un artículo 163 por el que se decide apoyar los esfuerzos de cooperación de las empresas permitiéndoles la plena utilización del mercado interior de la Unión Europea, en particular por medio de la apertura de la contratación pública. Es, pues, el mercado interior el criterio que ha permitido la existencia de un acercamiento, armonización, de los Derechos Internos en la materia como consecuencia de las Directivas de la Unión Europea, que han consagrado una serie de principios, que son comunes al espacio jurídico administrativo europeo, de aplicación tanto a los países de tradición jurídica anglosajona como francesa. Como señala Moreno Molina, se trata de principios que han cum-

31 J. PINTOS SANTIAGO, *Derecho Global* ... p. 279.

plido, y cumplen, el papel de imprescindible elemento configurador del Derecho Europeo de los contratos públicos. En Europa, pues, puede decirse que los principios son la razón de ser del Derecho Administrativo de la Contratación Pública.

En este ámbito de la contratación pública, los principios generales de aplicación facilitan que en el sector exista un ambiente de seguridad y certeza jurídica en materia de aplicación e interpretación que ayuda a que los fondos públicos que se destinan a obras y servicios públicos o de interés general en la Unión Europea y en cada uno de los Estados miembros cumplan la finalidad que tienen asignada. Como afirma Moreno Molina, estos principios parten de reglas alojadas en el Tratado de la CE y en el actual proyecto de Tratado Internacional por el que se instituye una Constitución para Europa. Estos principios, hoy recogidos expresamente en las Directivas que regulan esta materia son el fundamento de todo el Derecho Administrativo de los Contratos públicos[32].

El propio Tribunal de Justicia de la Unión Europea, el órgano público que más ha contribuido a reforzar la relevancia de los principios en materia de contratación pública, ha señalado que los principios de objetividad, imparcialidad y no discriminación en la adjudicación de los contratos públicos se extiende no sólo a los contratos sobre los que recaen las directivas en la materia. Esta afirmación trae causa del carácter ciertamente fragmentario de las directivas en materia de contratación pública, que no son regulaciones completas y acabadas sobre contratación pública, por lo que el Tribunal de Justicia de la Unión Europea, siendo consciente de que los Estados miembros siguen siendo libres para mantener o adoptar normas sustantivas o procedimentales que disciplinen los contratos públicos, afirma que tal disponibilidad normativa de los Estados es comunitaria " a condición de que se respeten todas las disposiciones aplicables del Derecho Comunitario y, en particular, las prohibiciones derivadas de los principios consagrados por el Tratado"[33]. Esta doctrina es plenamente congruente con la propia naturaleza del Derecho Comunitario, que tiene carácter preferente y es de aplicación directa en los Estados. De ello se deriva, como corolario necesario, que los principios que se encuentran ínsitos en las disposiciones del Tratado son de general aplicación en los Ordenamientos jurídicos internos de los diferentes Estados miembros de la Unión. Una cosa es que las Directivas hayan tenido que regular determinados sectores, determinado materias y otra muy distinta que los principios generales no se apliquen a los supuestos no contemplados o excluidos de las directivas.

El Derecho Comunitario es un Derecho que se está confeccionado en el tiempo y que no está acabado. Los principios del Tratado, sin embargo, tienen una vocación de proyección permanente sobre las Normas que concretan el Tratado, por lo que este Ordenamiento, que en cada momento tiene el grado de evolución y de delimitación material que es posible, está constantemente iluminado por la luz de los principios, que ayudan a comprender el alcance y sentido de las distintas instituciones y categorías que vertebran el Derecho Administrativo Europeo. En este sentido, la sentencia del Tribunal de Justicia de la Unión. Como ahora se denomina, de 3 de octubre de 2005, Parking Brixen GMBH, dispone que "pese a que en el estado actual del Derecho Comunitario, los contratos de concesión de servicios públicos se encuentran excluidos del ámbito de aplicación de la Directiva 92/50, las Autoridades públicas que los celebren están obligadas no obstante a

32 *V.*, J. PINTOS SANTIAGO, *Derecho Global Administrativo* ..., pp. 225 y ss.

33 Sentencia del Tribunal de Justicia de las Comunidades Europeas CEI y Bellini de 9 de julio de 1987.

respetar, en general, las normas fundamentales del Tratado CE y, en especial, el principio de no discriminación por razón de nacionalidad".

En esta sentencia de 3 de octubre de 2005 encontramos los fundamentos jurídicos que permiten comprender el alcance que tiene el principio de no discriminación en el Derecho Comunitario Europeo[34]. Por una parte , el Tribunal de Justicia de la Unión recuerda que el artículo 12 del Tratado proclama la prohibición de toda discriminación por razón de nacionalidad, el artículo 43 prohíbe las restricciones a la libertad de establecimiento de los nacionales de un Estado miembro en el territorio de otro Estado miembro y el artículo 49, también del Tratado, prohíbe igualmente las restricciones a la libre prestación de servicios dentro de la Comunidad para los nacionales de los Estados miembros establecidos en un país de la Comunidad, hoy de la Unión Europea, que no sea el del destinatario de la prestación.

Efectivamente, en estos preceptos del Tratado se formula categóricamente el principio de no discriminación por razón de nacionalidad, que tiene diferentes posibilidades y que, en todo caso, se extiende a todas las relaciones jurídicas que se produzcan entre nacionales de un Estado miembro y otro Estado miembro y viceversa, como es obvio.

El Tribunal de Justicia de la Unión Europea, como se llama el anterior Tribunal de Justicia de las Comunidades Europeas, ha señalado en sentencia de 5 de diciembre de 1989, Comisión–Italia, que los artículos 43 y 49 de Tratado son una expresión particular del principio de igualdad de trato, como también es manifestación de este principio la prohibición de discriminación por razón de nacionalidad, tal y como ha precisado este Tribunal por sentencia de 8 de octubre de 1980, Uberschar. La sentencia de 3 de octubre de 1985, del Tribunal Europeo, ha precisado, en esta dirección, que el principio de igualdad de trato de los licitadores en la jurisprudencia relativa a las directivas comunitarias en materia de contratación pública tiene por objeto que todos los licitadores dispongan de las mismas oportunidades al formular el contenido de sus ofertas, con independencia de su nacionalidad. En este sentido, se comprende que este principio, conectado al de libertad de establecimiento, implique, en cuanto igualdad de trato y prohibición de la discriminación por razón de nacionalidad, que, como sigue diciendo esta sentencia, en esta materia de la contratación pública exista una obligación de transparencia que permita que la Autoridad pública concedente se asegure de que los mencionados principios sean respetados. Es más, como sigue razonando esta resolución judicial, "esta obligación de transparencia que rehace sobre dicha Autoridad, consiste en garantizar, en beneficio de todo licitador potencial, una publicidad adecuada que permita abrir a la competencia la concesión de servicios y controlar la imparcialidad de los procedimientos de adjudicación".

En esta sentencia nos encontramos, pues, con todos los principios generales de la contratación pública: publicidad, concurrencia, objetividad, transparencia, imparcialidad, igualdad de trato, prohibición de discriminación por razón de nacionalidad. En realidad, el mandato del artículo 163 del Tratado de abrir la contratación pública al mercado, algo que era una consecuencia lógica de los principios del Tratado, alumbró la construcción de una serie de principios que ya estaban establecidos como propios en los Ordenamientos jurídicos internos de muchos de los países de la Unión Europea, que entendieron que el régimen de Derecho Administrativo de la contratación pública, en unos casos no podía

34 J.A. MORENO MOLINA, *Derecho Global*…., p. 25.

llevar a un sistema cerrado de pétreos privilegios de la Administración adjudicadora que cercenara la publicidad y libre concurrencia y, en otros, era un sistema fundado en la competencia y en el mercado abierto. Ahora, la competencia, la libertad de establecimiento, la eliminación del monopolio, ha supuesto que en la contratación pública en la Unión Europea los países de tradición continental europea y los países de tradición anglosajona hayan de convivir con un régimen jurídico en que existiendo competencia existe también como criterio central, un entendimiento del interés general más abierto y dinámico.

El principio de licitación, de adjudicación en un proceso abierto y competitivo en materia de contratación pública, ha sido también reconocido en la sentencia de 2005 que ahora estoy glosando. La licitación es, además, consecuencia, dice el Tribunal Europeo, de otro precepto del Tratado, el 86, que establece que los Estados miembros no adoptarán ni mantendrán, respecto de las empresas públicas y aquellas empresas a las que concedan derechos especiales o exclusivos, ninguna medida contraria a las Normas del presente Tratado.

El Derecho de los contratos públicos en los países de la UE obedece a principios comunes, a patrones comunes, que han sido alumbrados en el Tratado CE a partir de la idea central de la competencia, del principio de igualdad y del libre establecimiento, consecuencia de la conformación de un mercado interior en el obviamente las reglas sobre un sector de tanta trascendencia económica como la contratación pública ha de seguir unos criterios uniformes. Esta realidad ha sido posible gracias a la aprobación de un conjunto de directivas que han promovido la aplicación de estos principios en todos los Estados miembros. Insisto, el esfuerzo de los países de contrato administrativo y de los países de contrato civil para someterse a estos principios demuestra hasta qué punto es posible una tarea de síntesis, como la realizada en materia de servicios públicos y servicios de interés general, de ambas tradiciones jurídicas, incorporando lo mejor y más razonable de cada uno de los sistemas jurídicos en el marco de los principios que han de presidir la materia de la contratación pública en Europa: transparencia, no discriminación y objetividad[35].

Tal y como ha señalado Moreno Molina, los principios que están en la base del Derecho Comunitario de la contratación pública, parten del los propios principios del Derecho originario establecido en el Tratado. A saber, la prohibición de toda discriminación por razón de nacionalidad, el principio de libre circulación de mercancías, el principio de libre establecimiento y de servicios y las Normas sobre competencia. En el marco de estos principios se entiende el concreto régimen jurídico diseñado por las directivas para la contratación pública en la Unión Europea con las modulaciones efectuadas por la propia jurisprudencia del Tribunal de Justicia de la Unión Europea, que ha precisado que estos principios son de general aplicación, aunque estemos en sectores excluidos del ámbito de aplicación de estas normas comunitarias. Así, por ejemplo, la sentencia de 22 de septiembre de 1988, tras afirmar la exclusión de la directiva de un determinado contrato, señaló a continuación, que el principio de libre circulación de mercancías, del artículo 28 del Tratado es de general observancia. En el mismo sentido, ahora en relación con los principios de establecimiento y libre prestación de servicios, el Tribunal de

35 En este sentido, por ejemplo, la Directiva 2004/18/CE en el artículo 2 y la Directiva 2004/17/CE en su artículo 10 eran bien claras.

Justicia de la Unión Europea, en sentencia de 5 de diciembre de 1989, entendió que tales principios del derecho originario deben cumplirse en todo caso aunque estemos en un caso de un contrato excluido del ámbito de las directivas comunitarias.

La jurisprudencia del Tribunal de Justicia de la Unión Europea reclama que las directivas en la materia se interpreten conforme con los principios del Tratado. Así, por ejemplo, la sentencia de 12 de marzo de 1990 ha sentado que no se pueden interpretar estas directivas de acuerdo con una ley nacional contraria a los principios del Tratado. Es más, el principio de prohibición de toda discriminación, a pesar de su escasa virtualidad operativa en la realidad, es considerado por el Tribunal Europeo como el fundamento de todo el sistema de contratación pública a nivel comunitario, tal y como ha establecido la sentencia europea de 22 de junio de 1993. Este principio es una manifestación del más general de igualdad de trato, que según la sentencia europea de 14 de diciembre de 2004, reclama que no se traten de forma diferente situaciones que son comparables y que situaciones distintas no sean tratadas de manera idéntica, salvo que ese trato esté justificado objetivamente. Este principio es calificado de fundamental por el propio Tribunal Europeo, en cuya virtud, sentencia de 13 de julio de 1993, se prohíben las discriminaciones manifiestas basadas en la nacionalidad (...) sino también cualquier otra forma encubierta de discriminación que, aplicando otros criterios de distinción, conduzca de hecho al mismo resultado.

El principio de igualdad de trato impide, según el Tribunal de Justicia Europeo, que el poder adjudicador tenga en cuenta una modificación realizada por un licitador, porque tal situación provocaría una situación de ventaja para uno de los oferentes, lo que rompe el principio. Principio, que como también ha precisado la jurisprudencia comunitaria, está inseparablemente unido al de transparencia, pues no es posible autorizar que los competidores dispongan de distintas condiciones a la hora de presentar sus ofertas tal y como ha señalado la sentencia de 25 de abril de 1996. Resulta interesante subrayar que en esta materia la jurisprudencia europea ha señalado que la gestión diligente del proceso de contratación pública es exigencia de los principios de buena administración y de igualdad de trato (sentencia de 29 de abril de 2004). El principio de buena administración, al que hicimos referencia en el anterior epígrafe, es considerado, tras la Carta Europea de los Derechos Fundamentales, también como principio de obligatorio cumplimiento para los poderes adjudicadores en el marco de la gestión del proceso de la contratación administrativa[36].

Estos principios, que son corolario necesario del principio de competencia y de igualdad de trato, suponen, es claro, una evidente limitación a una interpretación expansiva de lo que en el Derecho de los contratos administrativos son los privilegios o prerrogativas de la Administración. Ahora, estos principios modulan de tal manera el ejercicio de estas potestades, que bien puede decirse que no serán congruentes con el Derecho Comunitario Europeo cuando la realización de estas potestades produzca una quiebra de dichos principios. Quiebra que no será tal cuando se produzca una desigualdad justifica-

---

36 En este sentido, merece la pena destacar que el propio Defensor del Pueblo de la UE, en virtud del principio de la buena Administración, destacó en su decisión de 22 de abril de 2002, que según las buenas prácticas administrativas, en los procedimientos de licitación la Administración debe atenerse a las normas establecidas para tales procedimientos", normas que están presididas, como bien sabemos, por los principios generales de la contratación pública que se derivan a su vez de los principios de Derecho originario señalados en este epígrafe.

da objetivamente, lo que sólo puede acontecer cuando tal situación se ampare en razonadas razones de interés general, convenientemente argumentadas en el caso concreto por el poder adjudicador. De esta manera, el entendimiento de los tradicionales poderes extraordinarios de la Administración en materia de contratos administrativos, "potestas variandi", rescisión unilateral, interpretación unilateral, ha de hacerse en el marco de los principios generales que se derivan del Tratado CE. En este sentido, por ejemplo, la sentencia europea de 25 de abril de 1996 ha entendido que la atribución a la entidad adjudicataria de una libertad incondicional de elección no es conforme al Derecho Comunitario. Es decir, se prohíbe la arbitrariedad, que es, como diría Locke, la ausencia de racionalidad. De esta manera, como sigue diciendo esta sentencia, la mera circunstancia de que un criterio de adjudicación verse sobre un dato que se conocerá con precisión después de la adjudicación del contrato, no puede interpretarse en el sentido de que confiere a la entidad dicha libertad incondicional.

También el principio de libre circulación de mercancías es de aplicación a la contratación pública en la dimensión comunitaria puesto que como señala atinadamente Moreno Molina, es el principal título que justifica la intervención comunitaria en la materia[37]. Igualmente, el derecho de establecimiento y al libre prestación de servicios son principios que permiten la eliminación de discriminaciones, tanto por razón de nacionalidad, como por cualquier otra razón, encubierta o no, que traiga consigo la quiebra del principio de igualdad de trato.

En fin, los principios de la contratación pública en el espacio jurídico europeo surgen de la proyección de la luz de los principios fundamentales del Tratado sobre una realidad hasta no hace mucho tiempo considerada irrelevante, pero que hoy en día tiene una importancia trascendental también para el desarrollo económico y la cohesión social de los países y de los Entes supranacionales. En este caso, los principios examinados, si tenemos en cuenta la sentencia de 17 de noviembre de 1993 del Tribunal de Justicia Europeo, traen causa de la realización del mercado interior basado en libertad de establecimiento y libre prestación de servicios, así como de la necesidad de garantizar la efectividad de los derechos reconocidos por el Tratado en materia de contratación pública, que son los de competencia, publicidad, igualdad de trato y prohibición de discriminación, objetividad, imparcialidad y transparencia.

V. REFLEXIÓN CONCLUSIVA

El Derecho Administrativo Global es un Derecho "in fieri", en formación, que no está sistematizado, que todavía no se ha estudiado con pretensiones sistémicas, aunque se admite su existencia como se reconoce que la globalización también alcanza, como no, al campo del Derecho Administrativo. Los autores que en mi opinión más han estudiado el tema, Kingsbury, Krisch y Stewart, cuyo estudio sobre la emergencia del Derecho Administrativo Global es uno de los materiales más relevantes sobre la materia, son partidarios de ir con cautela, siguiendo más bien un enfoque pragmático. Observar lo que funciona y construir desde esa perspectiva[38]. En el caso del Derecho de la contratación pública gracias a la Unión Europea, se ha construido todo un sector del Derecho Admi-

37 J.A. MORENO MOLINA, *Derecho Global*…., p. 35.

38 B. KINGSBURY, N. KRISCH y R. B. STEWART, "The Emergence of Global Administrative Law", 68 *Law and Contemporary Problems*, 15, (Summer-Autumn, 2014), p. 45.

nistrativo Global de contenido principal que, como observamos, se está extendiendo por todo el globo puesto que se trata de principios que se derivan, de forma general, de una experiencia de integración sellada por los compromisos del Estado de Derecho tal y como es la UE.

Las diversas maneras de comprender el Derecho, el Ordenamiento jurídico, plantean algunas dificultades acerca del establecimiento de principios sobre los que levantar el edificio del Derecho Administrativo Global, pues no hay una Constitución global, ni tampoco poderes públicos a nivel global claramente establecidos. En materia de contratación pública, el espacio jurídico administrativo de la Unión Europea puede considerarse como un ejemplo a seguir por las razones anteriormente expuestas. Sin embargo, sobre la base de la Declaración Universal de los Derechos Humanos es más que posible, junto a la realidad de las normas, actos y resoluciones judiciales que se producen en este ámbito, establecer un catálogo de principios que para quien escribe deben partir de la cláusula del Estado social y democrático de Derecho. Si somos fieles a lo que supuso la aparición del Derecho Administrativo en Europa tras la caída del Antiguo Régimen, tenemos que ser conscientes de que hoy el régimen general de nuestra disciplina requiere de nuevos impulsos jurídicos que restauren, que recuperen el sentido del Derecho Administrativo como un Derecho que lucha por reducir a los poderes públicos y económicos a sus justos límites. A través del principio de buena Administración, compendio donde lo haya del sentido de sus principios inspiradores: racionalidad, participación, pluralismo, rendición de cuentas, transparencia, revisión, responsabilidad, encontramos un buen camino para ir construyendo un orden jurídico–administrativo global que permita que, en efecto, el Derecho Administrativo sea lo que debe ser: el Derecho del poder para la libertad.

Agustín Gordillo nos recuerda en un estudio de este tiempo que son precisamente los principios de seguridad jurídica y de justicia los principios que deben presidir esta nueva expresión de la tendencia permanente a la unidad del Ordenamiento jurídico que hoy, para el caso del Derecho Administrativo, denominamos, Derecho Administrativo Global[39]. En ese sentido, proyectando ambos principios sobre la realidad económica, el principio de racionalidad, del que hemos tratado extensamente en estas líneas bajo la denominación de objetividad o igualdad de trato con prohibición de discriminación, se nos presenta, como advierte el profesor Gordillo como un principio que es la misma proyección del más general principio de racionalidad derivado del Estado de Derecho al funcionamiento de la actividad económica, y los contratos públicos juegan un papel importante en este ámbito.

A través de los postulados del pensamiento abierto, plural, dinámico y complementario, es más sencillo comprender el alcance del Derecho Administrativo Global, de entre sus muchas versiones y aproximaciones, a partir de esta perspectiva de garante y asegurador de los derechos de los ciudadanos. Si nos quedamos en un enfoque funcional que legitime los excesos y los abusos de una tecnoestructura que no aspira más que al dominio global a través del poder político y la economía, entonces habremos perdido el tiempo. En este tiempo en que el Derecho Administrativo Global está surgiendo, en lugar de renunciar a establecer el solar sobre el que levantar este edificio, estas páginas pretenden

39 *V.*, A. GORDILLO, *Tratado de Derecho Administrativo*, Fundación de Derecho Administrativo, Buenos Aires, 2013, p. 12.

precisamente contribuir al debate sobre la necesidad de que el Derecho Administrativo Global, como Derecho que es y por ello producto cultural, ha de expresar un punto de vista sobre la justicia de base profundamente humanista, de manera que la libertad solidaria de los ciudadanos pueda ser garantizada también desde el Orden jurídico administrativo global. En materia de contratos, como ha quedado expuesto, la libertad, la competencia, la igualdad de trato, la objetividad o la transparencia reclaman un Derecho que piense más en los ciudadanos y menos en los poderes de los Entes públicos.

En materia de contratación pública se trata de facilitar a los ciudadanos servicios, suministros y obras públicas que repercutan positivamente en sus condiciones de vida. Para ello, los tradicionales poderes de la Administración en los países de contrato administrativo han de entenderse de otra manera, como poderes que pueden operarse cuando lo exija el interés general concreta y puntualmente argumentado. El Derecho Administrativo de la Unión Europea en materia de contratación pública ha traído la idea de que en esta materia, al manejarse fondos públicos, que son de todos y cada uno de los ciudadanos que viven en un mercado interior, ha de buscarse en cada caso, sea del país y nacionalidad que sea, la empresa que esté en mejores condiciones de hacer la mejor obra, prestar el mejor servicio o el mejor l suministro en cada caso.

39. LA CONTRATACIÓN PÚBLICA DESDE LA PERSPECTIVA DE LOS PRINCIPIOS */**

Libardo Rodríguez Rodríguez

INTRODUCCIÓN

Los principios generales del derecho constituyen una categoría jurídica fundamental dentro del estudio de la teoría general del derecho y, por lo mismo, son aplicados, con diversas particularidades, por todas las ramas del conocimiento jurídico. Se trata de una categoría general y fundamental para entender la complejidad de cualquier disciplina del derecho, incluido sin duda el derecho administrativo, rama en la cual los principios generales gozan de una especial importancia.

En otras palabras, para entender correctamente una rama del derecho, como lo es el derecho administrativo, resulta muy importante el conocimiento de los principios generales del derecho y su aplicación concreta en la respectiva disciplina jurídica, en la medida en que dichos principios constituyen una categoría jurídica que siempre debe ser tenida en cuenta dentro del universo de instituciones a considerar en el estudio de esa disciplina.

Es así como, en buena parte de los sistemas de derecho, existen normas que señalan expresamente que los principios generales del derecho son fuente del ordenamiento jurídico, o por lo menos su jurisprudencia así lo ha aceptado. Pero en otros ordenamientos jurídicos el contenido concreto del concepto mismo y el listado de principios generales del derecho no se encuentran desarrollados ni precisados sistemáticamente por la legislación ni por la jurisprudencia, por lo cual en esos casos es labor de la doctrina realizar dicho desarrollo y sistematización y propiciar su aplicación en las diferentes ramas del derecho.

En esas circunstancias, como suele ocurrir con todos los temas propios de la teoría del derecho, la categoría de los principios generales ha sido objeto de múltiples contro-

---

* Por LIBARDO RODRÍGUEZ RODRÍGUEZ. Profesor de Derecho Administrativo. Exconsejero de Estado de Colombia. Presidente del Instituto Internacional de Derecho Administrativo – IIDA. Miembro del Foro Iberoamericano de Derecho Administrativo, de la Academia Internacional de Derecho Comparado y Miembro Honorario de la Real Academia de Jurisprudencia y Legislación de España.

** Ponencia presentada en el XVI Foro Iberoamericano de Derecho Administrativo, "Bases y retos de la contratación pública en el escenario global", realizado en Santo Domingo, República Dominicana, durante los días 2 y 3 de octubre de 2017.

versias doctrinales, especialmente entre las corrientes iusnaturalistas y positivistas. Estas controversias se han visto acentuadas con las posiciones jurídicas planteadas por el llamado *nuevo derecho*, que corresponde a una línea contemporánea de pensamiento filosófico del derecho, que pretende superar las construcciones teóricas tradicionales para formular una nueva idea del derecho, que constituya una especie de "tercera vía" o una alternativa entre el derecho natural y el positivismo[1].

En virtud de lo anterior, la visión tradicional de los principios generales del derecho, la cual no ha estado exenta de controversias entre los expositores de ese sistema tradicional, aparentemente aparece superada por una supuesta reformulación de los mismos por parte del llamado *nuevo derecho*, que pareciera ser opuesta a esa visión tradicional. No obstante, como lo hemos desarrollado en otro estudio, las diferencias realmente no son tan profundas y se trata simplemente de otra forma de presentar una categoría jurídica construida paulatinamente a través de la historia[2].

Obviamente, estas controversias entre los teóricos del derecho se han reflejado en la forma como la categoría de los principios generales se aplica en cada una de las ramas del conocimiento jurídico, entre ellas, el derecho administrativo. Es decir, que dependiendo de la posición teórica que se asuma respecto de la institución, variará su aplicación en la respectiva disciplina jurídica.

Pero, además, aún dentro de una rama específica del conocimiento jurídico, los ordenamientos jurídicos han desarrollado, directa o indirectamente, principios generales aplicables a una sección o una subrama específica, lo cual implica, dentro del derecho administrativo, que existen también principios generales propios de un sector específico de la actividad administrativa. Es así como existen principios generales propios de la organización y funcionamiento de la administración pública, de los procedimientos administrativos, de las actuaciones disciplinarias, de las actuaciones de policía, de la actividad ordenadora del suelo y de la actividad contractual, entre otros.

Dentro del marco anterior, para hacer una presentación de los principios rectores de la contratación pública, haremos una presentación general de la importancia de los principios generales del derecho en el derecho administrativo y su relación con las demás fuentes de esta rama del derecho (I) para, con base en ella, analizar la aplicación de los principios en el tema específico de la contratación pública (II).

I. LA IMPORTANCIA DE LOS PRINCIPIOS GENERALES DEL DERECHO EN EL DERECHO ADMINISTRATIVO Y SU RELACIÓN CON LAS DEMÁS FUENTES DE ESTA RAMA DEL DERECHO

De la misma manera como ocurre con todas las demás ramas del derecho, en el derecho administrativo, no sólo desde el punto de vista histórico sino también en la actuali-

---

1 En relación con la búsqueda de una "tercera vía" más allá del positivismo y el derecho natural, véase a Arthur Kaufmann, *Filosofía del derecho*, traducción de la 2ª ed., Bogotá, Universidad Externado de Colombia, 1999, pp. 93 y ss.

2 *V.*, Libardo Rodríguez Rodríguez, "Los principios generales del derecho en el derecho administrativo. Reflexiones sobre el pensamiento de García de Enterría", en Allan Brewer-Carías, Luciano Parejo Alfonso y Libardo Rodríguez Rodríguez (coords.), *La protección de los derechos frente al poder de la administración. Libro homenaje al profesor Eduardo García de Enterría*, Bogotá-Caracas, Temis, Tirant Lo Blanch, Editorial Jurídica Venezolana y Asociación Internacional de Derecho Administrativo, 2014, pp. 137 y ss.

dad, los principios generales del derecho constituyen una herramienta indispensable para la solución de los problemas jurídicos que surgen de la aplicación e interpretación del ordenamiento jurídico administrativo[3], aunque también tienen una función creadora, esto es, como fuente para la redacción de normas de derecho administrativo[4].

Desde una perspectiva histórica puede afirmarse que en el surgimiento del derecho administrativo francés, en ausencia de una reglamentación sistemática de las diversas instituciones o sectores que integran el derecho administrativo, los principios generales del derecho jugaron un papel muy importante, pues su reconocimiento y aplicación a casos concretos permitieron al juez administrativo construir con cierto dinamismo y ajustándose a las necesidades y realidades cambiantes de la actuación de la administración pública, los límites de dichas actuaciones. Pero también han sido útiles para que la doctrina sistematice los diversos aspectos que integran la materia.

En relación con esta importancia histórica de los principios generales del derecho para el surgimiento y primeras etapas del derecho administrativo francés, resulta muy ilustrativa la posición expuesta por el jurista galo GASTÓN JÈZE, en el prefacio a la edición argentina de su obra, al señalar al respecto:

El derecho administrativo francés es una creación del Consejo de Estado, actuando como tribunal administrativo. En Francia no existe código administrativo. Los principios de este derecho han sido desarrollados paulatinamente por los numerosos fallos dictados con motivo de otros tantos litigios. No existen reglas rígidas como las insertas en los Códigos. El Consejo de Estado va introduciendo reformas, a medida que se producen cambios en las condiciones generales, económicas y sociales. Así, el derecho administrativo francés evoluciona constantemente, y siempre se halla adaptado al medio[5].

Esas razones históricas del carácter eminentemente jurisprudencial del derecho administrativo francés y el carácter no codificado del mismo, que explican la gran importancia de los principios generales del derecho en el derecho administrativo, conservan vigencia actualmente en la medida en que el derecho administrativo francés contemporáneo mantiene esas características generales[6].

Además de esas razones históricas, la distribución de competencias normativas entre el poder legislativo y el ejecutivo, consagrada en la Constitución francesa de 1958, ha hecho que los principios generales del derecho constituyan uno de los más importantes instrumentos de control de los reglamentos autónomos que profiere el ejecutivo y que no se encuentran sometidos a la ley, en la medida en que el juicio de legalidad de dichos

---

3 *V.*, a Juan Carlos Cassagne, "Los principios generales del derecho en el derecho administrativo", en *Estudios de derecho público*, Buenos Aires, Ediciones Depalma, 1995, pp. 1 y ss. y *Los grandes principios del Derecho Público (constitucional y administrativo)*, Madrid, Editorial Reus, 2016.

4 En este sentido, véase a Jaime Rodríguez-Arana, *Aproximación al derecho administrativo constitucional*, México, Novum, 2011, pp. 169 y ss.

5 Gaston Jèze, *Principios generales del derecho administrativo*, traducción de la 3ª ed. francesa, Buenos Aires, Ediciones Depalma, 1948, p. xxviii.

6 *V.*, a Georges Vedel, *Derecho administrativo*, traducción de la 6ª ed. francesa, Madrid, Biblioteca Jurídica Aguilar, 1981, pp. 229 y ss. Más recientemente, puede verse a Jacqueline Morand-Deviller, *Curso de derecho administrativo*, traducción de la 15ª ed. francesa, Bogotá, Universidad Externado de Colombia, 2017, pp. 295 y ss.

actos del ejecutivo no se hace únicamente respecto de la Constitución sino también de los principios generales del derecho[7].

En el derecho administrativo español, la importancia de los principios generales del derecho surge también desde una perspectiva histórica, en la medida en que este derecho *"no tiene su origen en una construcción legislativa, sino en una lenta e irregular elaboración jurisprudencial y doctrinal"*, de tal manera que *"han sido los principios generales, más que las normas escritas, las paredes maestras en torno a las cuales se ha ido levantando el régimen jurídico de las administraciones públicas"*[8].

Desde un punto de vista más contemporáneo, la importancia de los principios generales del derecho para el derecho administrativo español se encuentra especialmente en que dicha categoría permite precisar la aplicación de leyes que se limitan a ordenar un fin político concreto, limitar la sobrevaloración de los intereses de la administración pública cuando ésta produce normas jurídicas y realizar un control efectivo sobre el ejercicio de potestades administrativas discrecionales[9].

Por último, desde el punto de vista de la doctrina del derecho administrativo, la importancia de los principios generales del derecho se encuentra en que con base en los mismos pueden ser mejor comprendidas las diversas materias que integran esta rama del derecho. En efecto, tanto en la época en que el derecho administrativo era un derecho fundamentalmente pretoriano, como en la actualidad frente a la hiperinflación de producción normativa relacionada con la actividad de la administración pública, los principios generales del derecho han sido un instrumento para organizar y sistematizar el estudio de las materias que son objeto del derecho administrativo, sin que ello signifique que ese estudio deba basarse únicamente en los principios generales.

En ese orden de ideas, como lo resalta el profesor EDUARDO GARCÍA DE ENTE-RRÍA, si bien históricamente los principios generales del derecho, especialmente en el derecho francés, constituyeron la expresión esencial de un sistema nuevo de derecho construido a partir de la jurisprudencia, que vio en ellos el mecanismo de articulación y engranaje del sistema jurídico, actualmente, además de esa función de ser la esencia de los ordenamientos jurídicos, también prestan otras muy importantes funciones relacionadas con el quehacer de la administración pública en ejercicio de las funciones que contemporáneamente desarrolla. Con ello se supera la visión tradicional sobre las funciones de los principios generales del derecho, como son las de ser instrumentos de creación, interpretación e integración del derecho, que son uniformes para todas las ramas del conocimiento jurídico, y se logra concretar una visión propia de la utilidad de dichos principios en el derecho administrativo.

Es así como los principios generales del derecho o principios jurídicos, en la visión de GARCÍA DE ENTERRÍA, constituyen uno de los mecanismos que más fácilmente permite garantizar la sumisión de la administración pública a la legalidad y el ejercicio pleno

---

7 *V.*, a Guy Braibant y Bernard Stirn, *Le droit administratif français*, 6ª ed., Paris, Presses de Sciences Po et Dalloz, 2003, pp. 261 y ss, y a René Chapus, *Droit administratif général*, 8ª ed., Paris, Editions Montchrestien, 2001, pp. 111 y ss.

8 Juan Alfonso Santamaría Pastor, *Principios de derecho administrativo*, 3ª ed., Madrid Iustel, 2015, pp. 164 y 165.

9 *V.*, a Luciano Parejo Alfonso, *Lecciones de derecho administrativo*, 8ª ed., Valencia, Tirant Lo Blanch, 2016, pp. 127 y 128.

del control judicial sobre sus actividades. En efecto, el citado profesor resaltó las utilidades específicas que tienen los principios generales del derecho en el derecho administrativo, de una parte, como mecanismo para dar coherencia al cada día mayor número de normas de carácter administrativo, originadas en el legislador y en la propia administración pública y, de otra, como referente especial para el control de actividades administrativas de connotación muy particular, como lo es el ejercicio de las potestades discrecionales[10]. En suma, los principios generales del derecho, además de las funciones generales que prestan para todo el ordenamiento y para todas las ramas del conocimiento jurídico, constituyen instrumentos especiales que tiene el derecho administrativo para hacer frente a sus problemas específicos no solo como fuentes del ordenamiento jurídico sino como instrumentos que el juez puede utilizar para el control de las actividades administrativas.

II. LA APLICACIÓN DE LOS PRINCIPIOS EN LA CONTRATACIÓN PÚBLICA

La contratación pública, al constituir uno de los sectores más importantes de la actividad de la administración pública contemporánea, se ha visto influenciada por la aplicación de los principios generales del derecho. Esta influencia podemos constatarla en cuatro ámbitos principales diferentes:

De una parte, algunos de los conocidos como principios generales del derecho se aplican a la actividad contractual de la administración.

En segundo lugar, en virtud del carácter especial, pero en cierta forma subsidiario del derecho administrativo respecto del derecho común en algunos temas, a la contratación pública se aplican algunos principios básicos de la contratación privada.

En tercer lugar, dada la importancia de los principios generales del derecho en el conjunto del derecho administrativo, que hemos analizado en el punto anterior, a la institución específica de la contratación pública también se aplican algunos de los principios generales del derecho administrativo.

Finalmente, en cuarto lugar, el auge de la figura de los principios generales del derecho ha llegado hasta el punto de propiciar el desarrollo de principios propios y específicos para los contratos públicos, los cuales, según la doctrina, constituyen *"el fundamento de toda la normativa pública sobre contratación y se caracterizan por su transversalidad, ya que alcanzan y se manifiestan en todas las fases contractuales, preparatorias y ejecutorias"*[11].

En relación con esos diversos campos de influencia, sin necesidad de entrar en la polémica sobre la aplicación iusnaturalista o positivista de los principios, puede afirmarse que dicha aplicación en el campo de la contratación pública depende, en buena medida, de la recepción de ellos por parte del ordenamiento jurídico de cada sistema o país, sea que esa recepción se haga por vía normativa o jurisprudencial, lo cual se constituye en una fuente más para la investigación y análisis propios del derecho comparado. Por

10 *V.*, a Eduardo García de Enterría, *Reflexiones sobre la ley y los principios generales del derecho*, Madrid, Civitas, 1984, pp 21 y ss.

11 José Antonio Moreno Molina y César Augusto Romero Molina, *Principios de la contratación pública en la jurisprudencia*, Bogotá, Grupo Editorial Ibáñez, 2015, p. 27.

ejemplo, en el derecho colombiano, el artículo 23 de la Ley 80 de 1993 (Estatuto General de Contratación de la Administración Pública), al referirse a los principios en las actuaciones contractuales de las entidades estatales, expresa que las actuaciones de quienes intervienen en la contratación estatal se desarrollarán con arreglo, además de los principios específicos que desarrollaremos más adelante, a los que rigen la función administrativa, los que resultan de las normas que regulan la conducta de los servidores públicos, a las reglas de interpretación de la contratación, a los principios generales del derecho y a los particulares del derecho administrativo.

En ese orden de ideas, para comprender la forma como se aplican los principios en las actuaciones contractuales, podemos identificar y analizar cuatro grupos de principios aplicables en la contratación pública: algunos principios generales del derecho (A), algunos principios de los contratos privados (B), algunos principios particulares del derecho administrativo (C) y los principios propios de la contratación pública (D).

A. *Los principios generales del derecho aplicables en la contratación pública*

El artículo 23 de la Ley 80 de 1993, como ya se expresó, prevé que a la contratación pública le son aplicables los principios generales del derecho. Al respecto, a pesar de las dificultades propias que plantean dichos principios, la doctrina, según la corriente de pensamiento que aplique, ha hecho diversas clasificaciones de los mismos.

En ese sentido, por ejemplo, GIORGIO DEL VECCHIO ha identificado como principios generales del derecho, entre otros, los siguientes: el principio de soberanía de la ley, el principio de división de los poderes, el principio de igualdad de todos ante la ley y el principio de personalidad jurídica de las personas ante la ley[12].

Así mismo, otra doctrina afirma que forman parte de los principios generales del derecho, que se suelen extraer de las reglas de derecho positivo, entre otros, la prohibición de aplicación retroactiva de las normas, la protección de los derechos adquiridos, la responsabilidad por los daños causados, la prohibición de abuso del derecho, la prohibición del enriquecimiento sin justa causa y la prohibición de sacar provecho de la propia torpeza[13].

Los anteriores principios generales del derecho tienen una aplicación directa en los aspectos básicos del derecho administrativo, precisamente por su carácter genérico, incluido el tema de las actuaciones contractuales de la administración pública. En efecto, a título de ejemplo, además de que en el derecho positivo colombiano se reconoce expresamente la aplicación de los principios generales del derecho a la actividad contractual, en la jurisprudencia administrativa se encuentran diversos ejemplos de aplicaciones de dichos principios.

Así, como expresiones de la aplicación de los principios generales del derecho en materia de contratación pública podemos mencionar, entre otras, las siguientes: los principios de protección de los derechos adquiridos y de la responsabilidad por los daños

---

12 En ese sentido, véase a Giorgio del Vecchio, *Los principios generales del derecho*, Barcelona, Bosch Casa Editorial Urgel, 1971, pp. 137 y ss.

13 *V.*, a Marco Gerardo Monroy Cabra, *Introducción al derecho*, 16ª ed., Bogotá, Edit. Temis, 2015, pp. 452 y ss y a Arturo Valencia Zea y Álvaro Ortiz Monsalve, *Derecho civil*, t. i, Parte general y personas, 16ª ed., Bogotá, Temis, 2010, pp. 219 y ss.

causados sirven como fundamento de la figura del equilibrio económico del contrato, al tiempo que fundamentan todo el sistema de responsabilidad contractual de la administración pública[14]; el principio de la prohibición del abuso del derecho constituye un límite general al ejercicio de las prerrogativas y potestades unilaterales de la administración en el marco de un contrato público[15]; el principio de prohibición del enriquecimiento sin justa causa se ha desarrollado como un factor de responsabilidad de la administración pública en relación con la ejecución de prestaciones propias de un contrato sin que se hubiere llegado a perfeccionar el mismo[16], y el principio de la prohibición de sacar provecho de la propia torpeza se ha utilizado como límite al derecho al restablecimiento del equilibrio económico del contrato como efecto de la ocurrencia de situaciones imprevistas e imprevisibles[17].

De acuerdo con lo anterior, es evidente que ciertos principios generales del derecho tienen plena aplicación en las actuaciones contractuales de la administración pública, algunas veces como fundamento de otras figuras del régimen contractual y, en otros casos, como límites al ejercicio de diversos poderes y derechos reconocidos en materia de contratación pública.

B. *Los principios de los contratos privados aplicables en la contratación pública*

Como se expresó, a pesar de su especialidad y de formar parte del derecho administrativo, a la actividad contractual de la administración pública le resultan aplicables los principios básicos de los contratos, principalmente desarrollados por el derecho privado, aunque con algunas matizaciones o modulaciones derivadas de la aplicación del régimen jurídico de la administración pública[18].

Dentro de esos principios básicos u orientadores de los contratos se suelen enunciar el consensualismo, la autonomía de la voluntad, la libertad contractual, la normatividad o fuerza obligatoria, la relatividad o efecto relativo y la buena fe, entre otros[19], algunos de los cuales resultan aplicables a la contratación estatal, como se reconoce en Colombia en el Estatuto General de Contratación de la Administración Pública.

---

14 Sobre la aplicación de estos principios a los contratos públicos, véase a Miguel S. Marienhoff, *Tratado de derecho administrativo*, t. III-A, 4ª ed., Buenos Aires, Abeledo-Perrot, 1996, N° 761.

15 En relación con el abuso del derecho y las prerrogativas contractuales, véase a Rodrigo Escobar Gil, *Teoría general de los contratos de la administración pública*, Bogotá, Legis, 199, pp. 301 y ss.

16 Sobre la aplicación del enriquecimiento sin justa causa, véase a José Luis Benavides, "Enriquecimiento sin justa causa y contratos públicos", en Contratos públicos. Estudios, Bogotá, Universidad Externado de Colombia, pp. 255 y ss.

17 Al respecto, véase a Libardo Rodríguez Rodríguez, *El equilibrio económico en los contratos administrativos*, 3ª ed., Bogotá-Caracas, Temis y Editorial Jurídica Venezolana, 2015, pp. 27 y ss

18 *V.*, a Eduardo García de Enterría, "La figura del contrato administrativo", en *Revista de Administración Pública*, n° 41, mayo-agosto de 1963, Madrid, Instituto de Estudios Políticos, pp. 110 y ss.

19 Al respecto, véase a Ricardo Luis Lorenzetti, *Tratado de los contratos. Parte general*, 2ª ed., Buenos Aires, Rubinzal-Culzoni, 2014, pp. 131 y ss; a Nicolás Pájaro Moreno, "El contrato y sus principios orientadores", en Marcela Castro de Cifuentes (coord.), *Derecho de las obligaciones*, Bogotá, Temis y Universidad de los Andes, 2009, pp. 329 y ss, y a Felipe Osterling Parodi, "Principios contractuales", en Carlos A Soto Coaguila (coord.), *Teoría general de los contratos. Homenaje a Ricardo Luis Lorenzetti*, Buenos Aires, La Ley 2012, pp. 125 y ss.

En efecto, la autonomía de la voluntad y, en consecuencia, los principios derivados de la misma como lo son la libertad contractual, la fuerza obligatoria del contrato y la relatividad o efecto relativo, son aplicables a la contratación pública en Colombia, como expresamente lo reconocen los artículos 13, 32 y 40 de la Ley 80 de 1993, en virtud de los cuales en los contratos estatales se aplica la autonomía de la voluntad, junto con todas las consecuencias derivadas de dicho principio.

No obstante, en materia de contratación pública la extensión de los principios derivados de la autonomía de la voluntad no es tan amplia como ocurre en el derecho privado. Es así como, en cuanto a la libertad contractual, el deber de planeación limita la libertad de contratar o no contratar; el principio de selección objetiva y los procedimientos de selección del contratista limitan la libertad de elección del cocontratante, y las reglas imperativas aplicables a la actuación administrativa limitan la libertad en la determinación del contenido del contrato y de escogencia del tipo contractual aplicable[20].

A su vez, si bien es cierto que a los contratos públicos son aplicables los principios de la *lex contractus* y del *pacta sunt servanda*, en virtud de los cuales los contratos deben ser cumplidos en los estrictos términos en que fueron pactados, también lo es que la aplicación del principio del equilibrio económico del contrato, que explicaremos más adelante, constituye una limitación o una modulación a esa fuerza obligatoria de los contratos públicos[21].

Por su parte, la relatividad o efecto relativo, esto es, que los contratos solo producen efectos entre las partes que los celebran, es también un principio plenamente aplicable a los contratos públicos, de tal manera que los mismos no pueden tener obligatoriedad sino respecto de la parte pública y su cocontratante y, por lo mismo, no pueden aprovechar directamente a terceros[22]. Sin embargo, en tratándose de contratos públicos, no puede perderse de vista que ellos pueden tener efectos que beneficien o afecten a terceros derivados del interés general que dichos contratos buscan satisfacer.

Finalmente, la buena fe es también aplicable a los contratos públicos en Colombia, como expresamente lo reconoce el artículo 28 de la Ley 80 de 1993, en una aplicación específica de un principio constitucional en virtud del cual las relaciones con la administración deben guiarse por dicho principio de la buena fe. Este principio ha sido frecuentemente utilizado por el Consejo de Estado para derivar del contrato diversas conductas tanto para la entidad estatal contratante como para su contratista en las diversas fases de la actividad contractual[23].

---

20 En relación con la aplicación de la libertad contractual en materia de contratos públicos, véase a José Luis Benavides. *El contrato estatal*, 2ª ed., Bogotá, Universidad Externado de Colombia, 2002, pp. 131 y ss.

21 *V.*, a Eduardo García de Enterría, "Riesgo y ventura y fuerza mayor en el contrato administrativo", en *Revista de Administración Pública*, N° 2, mayo-agosto de 1950, Madrid, Instituto de Estudios Políticos, pp. 87 y ss.

22 Sobre los efectos que produce el contrato administrativo, véase a André de Laubadère, Franck Moderne y Pierre Delvolvé, *Traité des contrats administratifs*, vol. i, 2ª ed., Paris, LGDJ, 1984, N° 451: "los efectos generales de los contratos administrativos no son diferentes de aquellos de los contratos civiles [como son] la creación de obligaciones vinculantes para las partes, la responsabilidad eventual de aquellas en caso de un incumplimiento de sus obligaciones, la restricción a las partes del carácter vinculante del contrato".

23 Sobre el principio de la buena fe en materia contractual, véase a Rodrigo Escobar Gil, "El principio general de la buena fe en los contratos administrativos", en *Vniversitas, Revista de la Pontificia Universidad Javeriana*, N° 72, 1986, pp. 105 y ss.

C. *Los principios del derecho administrativo aplicables en la contratación pública*

En cuanto a los principios generales del derecho administrativo aplicables a la contratación pública, corresponden a todos aquellos que surgen de los diversos temas tratados tradicionalmente en los cursos de derecho administrativo, como es el caso del principio de legalidad[24], del principio de equilibrio entre prerrogativas públicas y garantías administrativas[25], el principio de separación de las autoridades administrativas y judiciales, etc.

En efecto, la aplicación de los principios generales del derecho administrativo condiciona las actuaciones contractuales de las autoridades administrativas, lo cual es perfectamente lógico si se tiene en cuenta que dichas actuaciones contractuales son materia propia del derecho administrativo. Es así como, por ejemplo, la aplicación del principio de legalidad impone la aplicación de las competencias administrativas en materia contractual y condiciona la utilización de poderes unilaterales y cláusulas excepcionales. De manera semejante, el principio del equilibrio entre prerrogativas públicas y garantías administrativas sirve como fundamento de las diversas teorías del equilibrio económico del contrato e igualmente limita la utilización de los poderes unilaterales.

Es así como, a título de ejemplo, en Colombia el artículo 23 de la Ley 80 de 1993 señala que a las actuaciones contractuales se aplican los postulados que rigen la función administrativa, junto con las normas que regulan la conducta de los servidores públicos.

Los primeros hacen referencia a los principios que se encuentran consagrados en los artículos 209 de la Constitución y 1° y 3° del Código de Procedimiento Administrativo y de lo Contencioso Administrativo –CPACA, referentes a que los funcionarios tendrán en cuenta que la actuación administrativa tiene por finalidad proteger y garantizar los derechos y libertades de las personas, la primacía de los intereses generales, la sujeción de las autoridades a la Constitución y demás preceptos del ordenamiento jurídico, el cumplimiento de los fines estatales, el funcionamiento eficiente y democrático de la administración, y la observancia de los deberes del Estado y de los particulares, así como los principios del debido proceso, igualdad, imparcialidad, buena fe, moralidad, participación, responsabilidad, transparencia, publicidad, coordinación, eficacia, economía y celeridad[26].

De manera más precisa, el artículo 3° del citado Código manifiesta que las actuaciones administrativas, en las cuales se incluyen las contractuales, deben desarrollarse con arreglo a los principios del debido proceso, igualdad, imparcialidad, buena fe, moralidad, participación, responsabilidad, transparencia, publicidad, coordinación, eficacia, eco-

24 En relación con el contenido general de este principio, véase a Libardo Rodríguez Rodríguez, "El principio de legalidad en el derecho administrativo", en *Estudios jurídicos en homenaje al profesor Juan Pablo Cajarville Peluffo*, Montevideo, Fundación de Cultura Universitaria, 2011, pp. 182 y ss.

25 Sobre este principio, véase a Eduardo García de Enterría y Tomás-Ramón Fernández, *Curso de derecho administrativo*, t. I, 15ª ed., Madrid, Thomson Reuters Civitas, 2015, pp. 54 y ss.

26 Sobre estos principios que rigen las actuaciones administrativas y su relación con la actividad contractual, puede verse a Luis Guillermo Dávila Vinueza, *Régimen jurídico de la contratación estatal*, Bogotá, Legis, 2016, pp. 1 y ss.

nomía y celeridad, con lo cual se reiteran algunos principios de origen constitucional y se consagran otros de carácter simplemente legal[27]. Según la citada norma:

— En virtud del *principio del debido proceso*, las actuaciones administrativas se adelantarán de conformidad con las normas de procedimiento y competencia establecidas en la Constitución y la ley, con plena garantía de los derechos de representación, defensa y contradicción. Además, concretamente en materia sancionatoria, se observarán adicionalmente los principios de legalidad de las faltas y de las sanciones, de presunción de inocencia, de *non reformatio in pejus* (prohibición de agravar la situación del sancionado al resolverse los recursos administrativos) y de *non bis in idem* (prohibición de tramitar más de un procedimiento sancionatorio con el mismo objeto).

— Por su parte, el *principio de igualdad* obliga a que las autoridades den el mismo trato y protección a las personas e instituciones que intervengan en las actuaciones bajo su conocimiento. Lo anterior, sin perjuicio de que sean objeto de trato y protección especial las personas que por su condición económica, física o mental se encuentran en circunstancias de debilidad manifiesta.

— En virtud del *principio de imparcialidad*, las autoridades tienen el deber de desarrollar los procedimientos teniendo en cuenta que la finalidad de los mismos consiste en asegurar y garantizar los derechos de todas las personas sin discriminación alguna y sin tener en consideración factores de afecto o de interés y, en general, cualquier clase de motivación subjetiva.

— A su vez, el *principio de buena fe* se traduce legalmente en que las autoridades y los particulares presumirán el comportamiento leal y fiel de unos y otros en el ejercicio de sus competencias, derechos y deberes.

— De acuerdo con el *principio de moralidad*, todas las personas y los servidores públicos están obligados a actuar con rectitud, lealtad y honestidad en las actuaciones administrativas.

— De otra parte, como efecto del *principio de participación*, las autoridades promoverán y atenderán las iniciativas de los ciudadanos, organizaciones y comunidades encaminadas a intervenir en los procesos de deliberación, formulación, ejecución, control y evaluación de la gestión pública.

— En virtud del *principio de responsabilidad*, las autoridades y sus agentes asumirán las consecuencias por sus decisiones, omisiones o extralimitación de funciones, de acuerdo con la Constitución, las leyes y los reglamentos.

— En cumplimiento del *principio de transparencia*, la actividad administrativa es del dominio público, por lo cual toda persona puede conocer las actuaciones de la administración, salvo reserva legal.

— Muy relacionado con el anterior, el *principio de publicidad* impone a las autoridades el deber de dar a conocer al público y a los interesados, en forma sistemática y permanente, sin que medie petición alguna, sus actos, contratos y resoluciones, mediante las comunicaciones, notificaciones y publicaciones que ordene la ley, incluyendo el empleo de tecnologías que permitan difundir de manera masiva tal información.

— Por su parte, el *principio de coordinación* se traduce en que las autoridades concertarán sus actividades con las de otras instancias estatales en el cumplimiento de sus cometidos y en el reconocimiento de sus derechos a los particulares.

— En virtud del *principio de eficacia*, las autoridades buscarán que los procedimientos logren su finalidad y, para el efecto, removerán de oficio los obstáculos puramente formales, evitarán decisiones inhibitorias, dilaciones o retardos y sanearán las irregularidades procedi-

27 Sobre los principios de las actuaciones administrativas, véase a Luis Enrique Berrocal Guerrero, *Manual del acto administrativo*, 7ª ed., Bogotá, Ediciones del Profesional, 2016, pp. 442 y ss.

mentales que se presenten, en procura de la efectividad del derecho material objeto de la actuación administrativa.

— A su vez, el *principio de economía* implica que las autoridades deberán proceder con austeridad y eficiencia, optimizar el uso del tiempo y de los demás recursos, procurando el más alto nivel de calidad en sus actuaciones y la protección de los derechos de las personas.

— Por último, el *principio de celeridad* supone que las autoridades impulsarán oficiosamente los procedimientos, e incentivarán el uso de las tecnologías de la información y las comunicaciones, a efectos de que los procedimientos se adelanten con diligencia, dentro de los términos legales y sin dilaciones injustificadas.

Finalmente, en relación con la previsión del artículo 23 de la Ley 80 de 1993, en el sentido de que a las actuaciones contractuales se aplican las normas que regulan la conducta de los servidores públicos, en materia de principios debe tenerse en cuenta que el artículo 3° de la Ley 909 de 2004 (actual ley del empleo público, la carrera administrativa y la gerencia pública) dispone que la función pública se desarrolla teniendo en cuenta los principios constitucionales de igualdad, mérito, moralidad, eficacia, economía, imparcialidad, transparencia, celeridad y publicidad, principios que en términos generales son los mismos ya analizados y que resultan igualmente aplicables a la contratación pública, en la medida de que de dichas actuaciones son expresión de la actividad de los servidores públicos competentes en materia contractual.

D. *Los principios propios de la contratación pública*

Además de los principios generales del derecho, de los principios generales de los contratos privados, y de los principios especiales del derecho administrativo, analizados en los literales anteriores, los ordenamientos jurídicos que desarrollan regímenes especiales para los contratos públicos generalmente consagran principios específicos para las actuaciones relacionadas con esos contratos. Así, en Colombia, de acuerdo con los artículos 23, 27 y 28 de la Ley 80 de 1993, y 5° de la Ley 1150 de 2007, las actuaciones de quienes intervengan en la contratación estatal deben desarrollarse con arreglo a los principios de transparencia, economía y responsabilidad; al principio del equilibrio económico del contrato; al principio de interpretación, y al principio de la selección objetiva, respectivamente, los cuales pasamos a analizar.

1. El principio de transparencia

En términos generales, puede decirse que este principio consiste en que la actividad contractual debe realizarse de manera pública e imparcial, a fin de garantizar la igualdad de oportunidades en el acceso a la contratación, la escogencia objetiva de los contratistas y la moralidad administrativa, tanto por los funcionarios como por los ciudadanos interesados en la contratación[28].

Como manifestaciones concretas de este principio, el artículo 24 de la Ley 80 de 1993, con las modificaciones introducidas por la Ley 1150 de 2007, consagra las siguientes:

28 Sobre este principio, véase a Luis Guillermo Dávila Vinueza, *Régimen jurídico de la contratación estatal*, cit., pp. 244 y ss.; y a Juan Ángel Palacio Hincapié, *La contratación de las entidades estatales*, 8ª ed., Medellín, Librería Jurídica Sánchez R. Ltda., 2015, pp. 61 y ss.

a) En los procesos contractuales los interesados tendrán oportunidad de conocer y controvertir los informes, conceptos y decisiones que se rindan o adopten, para lo cual se establecerán etapas que permitan el conocimiento de dichas actuaciones y otorguen la posibilidad de expresar observaciones.

b) Las actuaciones de las autoridades serán públicas y los expedientes que las contengan estarán abiertos al público, permitiendo en el caso de licitación el ejercicio del derecho de los proponentes a solicitar que el acto de adjudicación se lleve a cabo en audiencia pública.

c) Las autoridades expedirán, a costa de las personas que demuestren interés legítimo, copias de las actuaciones y propuestas recibidas, respetando la reserva de que gocen legalmente las patentes, procedimientos y privilegios.

d) En los pliegos de condiciones o términos de referencia se indicarán los requisitos objetivos necesarios para participar en el correspondiente proceso de selección; se definirán reglas objetivas, justas, claras y completas que permitan la confección de ofrecimientos de la misma índole, aseguren una escogencia objetiva y eviten la declaratoria de desierta de la licitación o concurso; se definirán con precisión las condiciones de costo y calidad de los bienes, obras o servicios necesarios para la ejecución del objeto del contrato; no se incluirán condiciones y exigencias de imposible cumplimiento, ni exenciones de la responsabilidad derivada de los datos, informes y documentos que se suministren; se definirán reglas que no induzcan a error a los proponentes y contratistas y que impidan la formulación de ofrecimientos de extensión ilimitada o dependan de la voluntad exclusiva de la entidad; se definirá el plazo para la liquidación del contrato, cuando a ello hubiere lugar, teniendo en cuenta su objeto, naturaleza y cuantía. Las estipulaciones de los pliegos o términos de referencia y de los contratos que contravengan los aspectos anteriores, o dispongan renuncias a reclamaciones por la ocurrencia de los hechos mencionados, serán ineficaces de pleno derecho.

e) En los avisos de publicación de apertura de la licitación o concurso y en los pliegos de condiciones o términos de referencia, se señalarán las reglas de adjudicación del contrato.

f) Los actos administrativos que se expidan en la actividad contractual o con ocasión de ella, salvo los de mero trámite, se motivarán en forma detallada y precisa, e igualmente lo serán los informes de evaluación, el acto de adjudicación y la declaratoria de desierto del proceso de escogencia[29].

g) Las autoridades no actuarán con desviación o abuso de poder, ejercerán sus competencias exclusivamente para los fines previstos en la ley y les será prohibido eludir los procedimientos de selección objetiva y los demás requisitos previstos en la legislación contractual.

h) Los avisos de cualquier clase por medio de los cuales se informe o anuncie la celebración o ejecución de contratos por las entidades estatales, no podrán incluir referencia alguna al nombre o cargo de ningún servidor público.

---

29 Sobre estos actos, llamados *actos administrativos contractuales*, y aunque con referencia al estatuto de contratación anterior, puede verse a Libardo Rodríguez Rodríguez, "El acto administrativo contractual", en *Contratos administrativos, nuevo régimen legal*, Biblioteca de la Cámara de Comercio de Bogotá, N° 6, 1983, pp. 103 y ss.; y del mismo autor, "Los actos separables en la contratación administrativa", en *El nuevo procedimiento administrativo*, Universidad de los Andes y Cámara de Comercio de Bogotá, 1989, pp. 153 y ss.

2. El principio de economía

Mediante este principio se busca fundamentalmente imprimir agilidad al proceso de contratación pública, para lo cual se suprimen trámites, requisitos y autorizaciones innecesarios que entraban, encarecen y dilatan dicho proceso[30].

Para el logro de ese objetivo el artículo 25 de la Ley 80 de 1993 prevé las siguientes reglas, con las modificaciones introducidas por la Ley 1150 de 2007 y por el artículo 87 de la Ley 1474 de 2011:

a) En las normas de selección y en los pliegos de condiciones o términos de referencia para la escogencia de contratistas, se cumplirán y establecerán procedimientos y etapas estrictamente necesarios para asegurar la selección objetiva de la propuesta más favorable. Para este propósito, se señalarán términos preclusivos y perentorios para las diferentes etapas de la selección y las autoridades darán impulso oficioso a las actuaciones.

b) Las normas de los procedimientos contractuales se interpretarán de tal manera que no den ocasión a seguir trámites distintos y adicionales a los expresamente previstos o que permitan valerse de los defectos de forma o de la inobservancia de requisitos para no decidir o proferir providencias inhibitorias.

c) Se tendrá en consideración que las reglas y procedimientos constituyen mecanismos de la actividad contractual que buscan servir a los fines estatales, a la adecuada, continua y eficiente prestación de los servicios públicos y a la protección y garantía de los derechos de los administrados.

d) Los trámites se adelantarán con austeridad de tiempo, medios y gastos y se impedirán las dilaciones y los retardos en la ejecución del contrato.

e) Se adoptarán procedimientos que garanticen la pronta solución de las diferencias y controversias que con motivo de la celebración y ejecución del contrato se presenten.

f) Las entidades estatales abrirán licitaciones o concursos e iniciarán procesos de suscripción de contratos, cuando existan las respectivas partidas o disponibilidades presupuestales.

g) La conveniencia o inconveniencia del objeto por contratar y las autorizaciones y aprobaciones para ello, se analizarán o impartirán con antelación al inicio del proceso de selección del contratista o al de la firma del contrato, según el caso.

h) El acto de adjudicación y el contrato no se someterán a aprobaciones o revisiones administrativas posteriores, ni a cualquier otra clase de exigencias o requisitos, diferentes de los previstos en este estatuto.

i) En los procesos de contratación intervendrán el jefe y las unidades asesoras y ejecutoras de la entidad que se señalen en las correspondientes normas sobre su organización y funcionamiento.

j) Los jefes o representantes de las entidades a las que se aplica la presente ley, podrán delegar la facultad para celebrar contratos en los términos previstos en el artículo 12 del estatuto y con sujeción a las cuantías que señalen sus respectivas juntas o consejos directivos. En los demás casos, dichas cuantías las fijará el reglamento.

k) Las corporaciones de elección popular y los organismos de control y vigilancia no intervendrán en los procesos de contratación, salvo en lo relacionado con la solicitud de audiencia pública para la adjudicación en caso de licitación. No obstante, de conformidad con lo previsto en los artículos 300, numeral 9, y 313, numeral 3, de la Constitución Polí-

30 Sobre el principio de economía, véase a Luis Guillermo Dávila Vinueza, *Régimen jurídico de la contratación estatal*, cit., pp. 257 y ss.; y a Juan Ángel Palacio Hincapié, *La contratación de las entidades estatales*, cit., pp. 66 y ss.

tica, las asambleas departamentales y los concejos municipales autorizarán a los gobernadores y alcaldes, respectivamente, para la celebración de contratos.

l) Previo a la apertura de un proceso de selección, o a la firma del contrato en el caso en que la modalidad de selección sea contratación directa, deberán elaborarse los estudios, diseños y proyectos requeridos y los pliegos de condiciones, según el caso. Cuando el objeto de la contratación incluya la realización de una obra, en la misma oportunidad la entidad contratante deberá contar con los estudios y diseños que permitan establecer la viabilidad del proyecto y su impacto social, económico y ambiental. Esta condición será aplicable incluso para los contratos que incluyan el diseño dentro del objeto[31].

m) Las autoridades constituirán las reservas y compromisos presupuestales necesarios, tomando como base el valor de las prestaciones al momento de celebrar el contrato y el estimativo de los ajustes resultantes de la aplicación de la cláusula de actualización de precios[32].

n) Las entidades incluirán en sus presupuestos anuales una apropiación global destinada a cubrir los costos imprevistos ocasionados por los retardos en los pagos, así como los que se originen en la revisión de los precios pactados por razón de los cambios o alteraciones en las condiciones iniciales de los contratos por ellas celebrados.

o) Las autoridades no exigirán sellos, autenticaciones, documentos originales o autenticados, reconocimientos de firmas, traducciones oficiales, ni cualquier otra clase de formalidades o exigencias rituales, salvo cuando en forma perentoria y expresa lo exijan leyes especiales.

p) En las solicitudes que se presenten en el curso de la ejecución del contrato, si la entidad estatal no se pronuncia dentro del término de los tres (3) meses siguientes, se entenderá que la decisión es favorable a las pretensiones del solicitante en virtud del silencio administrativo positivo. Pero el funcionario o funcionarios competentes para dar respuesta serán responsables en los términos del estatuto[33].

q) Las entidades no rechazarán las solicitudes que se les formulen por escrito aduciendo la inobservancia del peticionario de las formalidades establecidas por la entidad para su tramitación y oficiosamente procederán a corregirlas y a subsanar los defectos que se adviertan en ellas. Igualmente, estarán obligadas a radicar las actas o cuentas de cobro en la fecha en que sean presentadas por el contratista, procederán a corregirlas o ajustarlas oficiosamente si a ello hubiere lugar y, si esto no fuere posible, las devolverán a la mayor brevedad explicando por escrito los motivos en que se fundamente tal determinación.

r) La declaratoria de desierta de la licitación o concurso únicamente procederá por motivos o causas que impidan la escogencia objetiva y se declarará en acto administrativo en el que se señalarán, en forma expresa y detallada, las razones que han conducido a esa decisión.

s) Los fondos destinados a la cancelación de obligaciones derivadas de contratos estatales podrán ser entregados en administración fiduciaria o bajo cualquier otra forma de manejo que permita la obtención de beneficios y ventajas financieras y el pago oportuno de lo adeudado.

---

31 Sobre los estudios de factibilidad, técnicos y diseños, véase a Luis Guillermo Dávila Vinueza, *Régimen jurídico de la contratación estatal*, cit., pp. 272 y ss.

32 Sobre la actualización y revisión de precios, véase a Libardo Rodríguez Rodríguez, *El equilibrio económico en los contratos administrativos*, cit., pp. 200 y ss.

33 Sobre el silencio administrativo en materia contractual, véase a Juan Ángel Palacio Hincapié, *La contratación de las entidades estatales*, cit., pp. 52 y ss.

3. El principio de responsabilidad

Íntimamente relacionado con el principio de transparencia, y también en la búsqueda de garantizar la moralidad, la rectitud y la diligencia en la actividad contractual de la administración, el artículo 26 del estatuto consagra el principio de responsabilidad, tanto de los funcionarios como de los contratistas, por medio de las siguientes reglas[34]:

a) Los servidores públicos están obligados a buscar el cumplimiento de los fines de la contratación, a vigilar la correcta ejecución del objeto contratado y a proteger los derechos de la entidad, del contratista y de los terceros que puedan verse afectados por la ejecución del contrato.

b) Los servidores públicos responderán por sus actuaciones y omisiones antijurídicas y deberán indemnizar los daños que se causen por razón de ellas.

c) Las entidades y los servidores públicos responderán cuando hubieren abierto licitaciones o concursos sin haber elaborado previamente los pliegos de condiciones, términos de referencia, diseños, estudios, planos y evaluaciones necesarios, o cuando los pliegos de condiciones o términos de referencia hayan sido elaborados en forma incompleta, ambigua o confusa que conduzca a interpretaciones o decisiones de carácter subjetivo por parte de aquellos.

d) Las actuaciones de los servidores públicos estarán presididas por las reglas sobre administración de bienes ajenos y por los mandatos y postulados que gobiernan una conducta ajustada a la ética y a la justicia.

e) La responsabilidad de la dirección y manejo de la actividad contractual y la de los procesos de selección será del jefe o representante de la entidad estatal, quien no podrá trasladarla a las juntas o consejos directivos de la entidad, ni a las corporaciones de elección popular, a los comités asesores, ni a los organismos de control y vigilancia de la misma.

f) Los contratistas responderán cuando formulen propuestas en las que se fijen condiciones económicas y de contratación artificialmente bajas con el propósito de obtener la adjudicación del contrato.

g) Los contratistas responderán por haber ocultado inhabilidades, incompatibilidades o prohibiciones, o por haber suministrado información falsa.

h) Los contratistas responderán y la entidad velará por la buena calidad del objeto contratado.

4. El principio del equilibrio económico del contrato

El principio de la ecuación económica o del equilibrio económico del contrato se encuentra consagrado en el artículo 27 del estatuto y sobre el mismo pueden hacerse los siguientes comentarios generales[35]:

a) El equilibrio económico es un principio de los contratos administrativos que consiste en que las prestaciones que las partes pactan de acuerdo con las condiciones tomadas en consideración al momento de presentar la propuesta o celebrar el contrato, deben permanecer equivalentes hasta la terminación del mismo, de tal manera que si se rompe esa

34 Sobre el principio de responsabilidad, véase a Luis Guillermo Dávila Vinueza, *Régimen jurídico de la contratación estatal*, cit., pp. 343 y ss.; y a Juan Ángel Palacio Hincapié, *La contratación de las entidades estatales*, cit., pp. 66 y ss.

35 Sobre el principio del equilibrio económico del contrato, véase a Libardo Rodríguez Rodríguez, *El equilibrio económico en los contratos administrativos*, cit. y a Gaspar Ariño Ortiz, *Teoría del equivalente económico de los contratos administrativos*, Madrid, Instituto de Estudios Administrativos, 1968.

equivalencia nace para el afectado el derecho a una compensación pecuniaria que la restablezca.

b) A pesar de que tradicionalmente la doctrina ha entendido que el principio es solo aplicable al cocontratante de la administración y de que, hasta donde se tienen noticias, en la práctica solo se conocen aplicaciones del principio a favor de los particulares, ello no significa que dicho principio no pueda aplicarse a favor de la administración pública, por lo cual el concepto expuesto en el numeral anterior debe entenderse como una concepción amplia del principio, en el sentido de que puede beneficiar a ambas partes del contrato, aunque con particularidades de acuerdo con cada una de las causales que dan lugar a su aplicación.

c) La aplicación sistemática de este principio es un aporte del derecho administrativo a la teoría general de los contratos, en la medida en que ha venido a limitar la aplicación del principio de riesgo y ventura, tradicional y propio de la institución jurídica de los contratos, de acuerdo con el cual, en aplicación estricta de los conceptos de autonomía de la voluntad y del contrato como ley para las partes, el cambio en las condiciones contractuales no permite la revisión del mismo ni la condena a compensación o indemnización algunas.

d) La aplicación de este principio en los contratos de la administración encuentra su origen en Francia a comienzos del siglo xx, época a partir de la cual ha venido siendo adoptado, en mayor o menor medida, por los diversos países que aplican la teoría del contrato administrativo. En Colombia, la aplicación de este principio se remonta a la década de los setenta del siglo xx.

e) El principio del equilibrio económico de los contratos administrativos encuentra su justificación en las necesidades de prestación continua y eficiente del servicio público; como contrapartida a las prerrogativas del poder público de que goza la administración en un contrato administrativo; en los principios constitucionales del deber general que tiene el Estado de reparar los daños antijurídicos generados por sus actuaciones, la obligación de mantener la igualdad ante las cargas públicas y la garantía del patrimonio de los particulares; en la justicia contractual, y en la conmutatividad del contrato administrativo.

f) A pesar de la aparente generalidad del principio, no toda alteración de las condiciones previstas al momento de presentación de la propuesta o de la celebración del contrato conlleva su aplicación, pues para que ella sea procedente se requiere que se haya producido por acontecimientos que no sean imputables a la parte que reclama el restablecimiento; que los acontecimientos sean posteriores a la presentación de la propuesta o la celebración del contrato; que la alteración sea causada por un álea anormal, y que la afectación de la economía del contrato sea grave y anormal.

g) Los efectos jurídicos de la aplicación del principio parten de la base de que se trata de una teoría de orden público, por lo cual el cocontratante perjudicado debe continuar con la ejecución del contrato y la parte perjudicada tiene derecho a la reparación de los perjuicios sufridos por la ruptura del equilibrio. Sin embargo, esos efectos varían respecto de cada una de las causales que dan lugar a la ruptura del equilibrio económico del contrato.

h) No obstante la falta de uniformidad en las clasificaciones de las causales que dan lugar a la ruptura del equilibrio económico del contrato, elaboradas por la doctrina y la jurisprudencia, puede decirse que ellas se concretan en la *potestas variandi*, el hecho del príncipe, la teoría de la imprevisión y, con algunas discusiones y particularidades, el incumplimiento del contrato.

5. El principio de interpretación de la contratación estatal

De acuerdo con el artículo 28 del Estatuto General de Contratación de la Administración Pública, este principio consiste en que en la interpretación de las normas sobre contratos estatales, relativas a procedimientos de selección y escogencia de contratistas, y a las cláusulas y estipulaciones de los contratos, se tendrán en consideración los fines y los principios de que trata el mismo Estatuto, los mandatos de la buena fe y la igualdad y equilibrio entre prestaciones y derechos que caracteriza a los contratos conmutativos. Como puede verse, este principio busca garantizar la aplicación de otros principios tanto de derecho privado como especiales de la contratación pública[36].

6. El principio de la selección objetiva

Este principio, previsto en el artículo 5° de la Ley 1150 de 2007, modificado por el artículo 88 de la Ley 1474 de 2011, consiste en que la escogencia del contratista debe hacerse a favor de aquel que hace el ofrecimiento más favorable a la entidad y a los fines que ella busca, sin tener en consideración factores de afecto o de interés y, en general, cualquier clase de motivación subjetiva[37]. Para el efecto, la norma citada establece que los factores de selección y calificación que establezcan las entidades estatales en los pliegos de condiciones, deben tener en cuenta los siguientes criterios:

a) La capacidad jurídica y las condiciones de experiencia, capacidad financiera y de organización de los proponentes serán objeto de verificación de cumplimiento como requisitos habilitantes para la participación en el proceso de selección y no otorgarán puntaje, salvo en el caso a que se refiere el literal d) siguiente de estos criterios. La exigencia de tales condiciones debe ser adecuada y proporcional a la naturaleza del contrato que se pretende suscribir y a su valor. La verificación documental de estas condiciones será efectuada por las cámaras de comercio al realizar la inscripción en el Registro Único de Proponentes.

b) La oferta más favorable será aquella que, teniendo en cuenta los factores técnicos y económicos de escogencia y la ponderación precisa y detallada de los mismos, contenida en los pliegos de condiciones, resulte ser la más ventajosa para la entidad, sin que la favorabilidad la constituyan factores diferentes a los contenidos en dichos documentos. A su vez, en los contratos de obra pública, el menor plazo ofrecido no será objeto de evaluación. Así mismo, la norma agrega que para determinar la oferta más favorable, la entidad debe efectuar las comparaciones del caso mediante el cotejo de los ofrecimientos recibidos y la consulta de precios o condiciones del mercado y los estudios y deducciones de la entidad o de los organismos consultores o asesores designados para ello.

   Igualmente, la norma prevé que en los procesos de selección en los que se tengan en cuenta los factores técnicos y económicos, la oferta más ventajosa será la que resulte de aplicar alguna de las siguientes alternativas: la ponderación de los elementos de calidad y precio soportados en puntajes o fórmulas señaladas en el pliego de condiciones, o la ponderación de los elementos de calidad y precio que representen la mejor relación de costo–beneficio para la entidad.

c) Sin perjuicio de la verificación de los requisitos habilitantes para la participación en el proceso de selección, en los pliegos de condiciones para las contrataciones cuyo objeto sea la adquisición o suministro de bienes y servicios de características técnicas uniformes y común utilización, las entidades estatales incluirán como único factor de evaluación el menor precio ofrecido.

36 Sobre la interpretación de los contratos estatales, véase a Pedro Antonio Lamprea Rodríguez, *Contratos estatales*, Bogotá, Temis, 2007, pp. 351 y ss.

37 Sobre el principio de selección objetiva, véase a Juan Carlos Expósito Vélez, "El deber de selección objetiva", en AA. VV., *Contratación estatal: estudios sobre la reforma del estatuto contractual*, Bogotá, Universidad Externado de Colombia, 2009, pp. 121 y ss., y a Andrés Mutis Vanegas y Andrés Quintero Múnera, *La contratación estatal: análisis y perspectivas*, Bogotá, Pontificia Universidad Javeriana y Fundación Social, 2001, pp. 84 y ss.

d) En los procesos para la selección de consultores se hará uso de factores de calificación destinados a valorar los aspectos técnicos de la oferta o proyecto. De esta manera, se podrán utilizar criterios de experiencia específica del oferente y del equipo de trabajo, en el campo de que se trate, pero en ningún caso se podrá incluir el precio como factor de escogencia para la selección de esta clase de contratistas.

e) La ausencia de requisitos o la falta de documentos referentes a la futura contratación o al proponente, que no sean necesarios para la comparación de las propuestas, no servirán de título suficiente para el rechazo de los ofrecimientos hechos. En consecuencia, todos aquellos requisitos de la propuesta que no afecten la asignación de puntaje, podrán ser solicitados por las entidades en cualquier momento, hasta la adjudicación. No obstante, en los procesos de selección en los que se utilice el mecanismo de subasta, solo podrán ser solicitados hasta el momento previo a su realización.

f) Las certificaciones de sistemas de gestión de calidad no serán objeto de calificación, ni podrán establecerse como documento habilitante para participar en licitaciones o concursos.

CONCLUSIONES

Como resultado de los análisis y comentarios expresados en las páginas anteriores, podemos extraer las siguientes conclusiones:

1. La categoría de los principios generales del derecho ha sido objeto de múltiples controversias doctrinales, especialmente entre las corrientes iusnaturalistas y positivistas, las cuales se han visto acentuadas con las posiciones jurídicas asumidas por el llamado "nuevo derecho", que se ha reflejado en la forma como que se aplican dichos principios en las diversas ramas del conocimiento jurídico, incluyendo al derecho administrativo.

2. La tendencia históricamente jurisprudencial del derecho administrativo y el carácter no codificado del mismo fundamentan la importancia que han tenido los principios generales del derecho en el derecho administrativo, en la medida en que ha sido labor de la jurisprudencia la construcción de los principios jurídicos que orientan la actuación de la administración pública.

3. Además de las funciones creadora, interpretativa e integradora, contemporáneamente los principios generales son importantes para el derecho administrativo porque contribuyen de manera especial al control judicial de ciertas actividades de la administración pública, como las discrecionales, que carecen de referentes normativos claros, y porque sirven de apoyo a la doctrina en el estudio de las materias que son objeto del derecho administrativo.

4. Los principios generales del derecho también han tenido influencia en el tema de la contratación pública, que se concreta en la aplicación directa de los mismos en ciertos aspectos de los contratos públicos, la aplicación de ciertos principios de la contratación privada, la aplicación de los principios particulares del derecho administrativo a ciertas materias contractuales y el desarrollo de principios propios de las actuaciones contractuales públicas.

5. Los principios generales del derecho tienen aplicación en las actuaciones contractuales de la administración pública, algunas veces como fundamento de otras figuras del régimen contractual y, en otros casos, como límites al ejercicio de diversos poderes y derechos reconocidos en materia de contratación pública, como es el caso de los principios de protección de los derechos adquiridos, de la responsabilidad por los daños causados, de la prohibición del abuso del derecho, de prohibición del enriquecimiento sin justa causa y de la prohibición de sacar provecho de la propia torpeza.

6. A su vez, los principios básicos de los contratos privados como el consensualismo, la autonomía de la voluntad, la libertad contractual, la normatividad o fuerza obligatoria, la relatividad o efecto relativo y la buena fe, también tienen aplicación en la contratación pública hasta el punto de haber sido consagrados expresamente algunos de ellos en las normas contractuales públicas, aunque dicha aplicación se hace con algunas matizaciones o modulaciones derivadas de la naturaleza del régimen jurídico de la administración pública.

7. De otra parte, dado que la contratación pública constituye un sector específico del derecho administrativo, a ella también se aplican diversos principios del derecho administrativo, incluyendo los tradicionalmente desarrollados por dicho derecho, así como los principios constitucionales de la función administrativa, los principios generales de las actuaciones administrativas y los principios que rigen la conducta de los servidores públicos, los cuales condicionan y limitan las actuaciones contractuales y, a la vez, sirven de fundamento a diversas figuras de la contratación pública.

8. Finalmente, en los sistemas jurídicos que desarrollan un régimen de derecho administrativo para los contratos públicos se consagran principios propios para la actividad contractual de la administración, como es el caso en Colombia de los principios de transparencia, economía, responsabilidad, equilibrio económico, interpretación y selección objetiva, cada uno de los cuales tiene diversas expresiones concretas desarrolladas por el mismo ordenamiento jurídico.

Bogotá, D.C., abril de 2017

40. IMPORTANCIA DE LOS PRINCIPIOS GENERALES DE DERECHO EN LA CONTRATACIÓN PÚBLICA

Graciela Ruocco *

1. Introducción.

Los principios son –al decir de BRITO– *"...aquellos primeros criterios o fundamentos que expresan el asiento –piedras sillares– de un ordenamiento jurídico..."*.[1]

Principio es "lo primero, o sea lo que antecede plenamente a cuanto le sigue".[2]

Son *generales* en cuanto están formulados en términos abstractos y omnicomprensivos, incluyendo en su supuesto la categoría o clase de sujetos sin individualizarlos.

Y, finalmente, son *de Derecho* ya que no se trata de orientaciones morales, sino de reglas técnicas, propias de la vida jurídica.

Por su parte, hablar de *contratación pública*, supone comprender mucho más que la "contratación administrativa" o la "contratación de la Administración", habida cuenta del efecto producido por la "huida" del Derecho Administrativo.[3]

DELPIAZZO ha destacado que "*...la expansión del sector público de la economía y la globalización de los mercados, facilitada y potenciada por la convergencia tecnológica, ha generado importantes cambios en la organización administrativa clásica, dando lugar a lo que se ha llamado "Administración paralela" o "parasistema administrativo", singularizado por la creación y actuación de diversidad de personas públicas no estatales y entidades privadas de propiedad estatal, todas actuando por cuenta del Esta-*

---

* Profesor Titular Grado 5 de Derecho Administrativo de la Facultad de Derecho de la Universidad Católica del Uruguay. Profesor Agregado Grado 4 de Derecho Público de la Facultad de Derecho de la Universidad de la República. Especialista en Derecho con énfasis en Derecho Constitucional y Derechos Humanos. Miembro del Foro Iberoamericano de Derecho Administrativo. Miembro de la Asociación de Derecho Público del Mercosur. Miembro de la Red Internacional de Bienes Públicos..

1 BRITO, Mariano. "Caracteres de los principios generales de Derecho en el Derecho administrativo uruguayo". En *Los principios en el Derecho Administrativo uruguayo*. Amalio M. Fernández. Montevideo. 2009. p. 14.

2 CAGNONI, José A. "La primacía de la persona: el principio personalista". En *Revista de Derecho Público*. 2003. N° 24, p. 135, citado por DELPIAZZO, Carlos. "Recepción de los Principios Generales de Derecho por el Derecho positivo uruguayo". En *Los principios en el Derecho Administrativo uruguayo*. Amalio M. Fernández. Montevideo. 2009. p. 35.

3 DELPIAZZO, Carlos. *Derecho Administrativo General*. Volumen I. Segunda edición actualizada y ampliada. Amalio M. Fernández. Montevideo. 2015, p. 409.

do, ejecutando políticas públicas y financiándose mayoritariamente –cuando no exclusivamente– con fondos provenientes de la recaudación estatal. Así, en la medida que dichos nuevos sujetos también contratan con terceros para el cumplimiento de fines públicos, resulta desbordado el mentado criterio orgánico signado por la presencia de una Administración pública para identificar a la contratación administrativa y el consiguiente régimen jurídico aplicable a la misma. Consecuentemente, comienza a hablarse de contratación pública para abarcar tal ampliación de potenciales sujetos contratantes.[4]

El tránsito hacia el concepto más amplio de *contratación pública* deriva de diversas causas, sintetizadas por el autor, con su habitual claridad, provenientes de esa diversificación de actores en el campo contractual, que ya no se restringe a la figura de la Administración contratante, entendida como órgano público y estatal en ejercicio de función administrativa; y también resultantes de la convergencia tecnológica; y de los procesos de integración y globalización. En aplicación, pues, de un *criterio funcional* (y ya no sólo orgánico) el marco normativo de Derecho Público en materia de contrataciones alcanzará a "*...todo ente que disponga del poder público de adjudicar contratos (con independencia de su ubicación institucional y naturaleza jurídica)*", introduciendo, así la noción de "*poder adjudicador*".[5] Aunque nuestro país está lejos de aceptar esta nueva categoría jurídica.

En la terminología del Derecho positivo uruguayo, el contrato es una especie dentro del género "*actos administrativos*", en tanto manifestación de voluntad de la Administración que produce efectos jurídicos (artículo 120 del reglamento de procedimiento administrativo nacional, Decreto N° 500/991), lo que evidencia su unidad formal, su unidad de fin y su carácter instrumental.

La contratación pública se encuentra precedida de los procedimientos de selección del contratista, que con mayor o menor extensión, permiten identificar el co–contratante que mejor se adecua al objeto contractual. Dichos procedimientos especiales constituyen una especie dentro del género "*procedimientos administrativos*" por lo que evidencian su común naturaleza:

"a) implica un conjunto de actos y operaciones materiales coordinados entre sí, coligados los unos con los otros, según un orden secuencial de trámites y formalidades;

b) persigue un fin, que ordinariamente es el dictado de un acto administrativo [en la caso la adjudicación], encauzando la actividad administrativa en orden a la eficacia de su gestión y, al mismo tiempo, garantizando el respeto de los derechos e intereses particulares involucrados; y

4 DELPIAZZO, Carlos. "Los tres tránsitos de la Contratación Pública". En *Revista de Derecho Público*. Años 22. Número 44. Noviembre 2013, p. 61.

5 DELPIAZZO, Carlos. *Derecho Administrativo General*... cit. pp. 409 a 414. Del mismo autor, "Promoción de la Ética y Neutralización de la Corrupción en la Contratación Pública". En *Congreso Internacional de Derecho Administrativo*. Foro Iberoamericano de Derecho Administrativo. San Juan de Puerto Rico. 2015. En CD, p. 796.

c) tiene una naturaleza instrumental no sólo respecto al dictado o ejecución de un acto [adjudicación/contrato] (inmediatamente) sino al logro del interés público o bien común (mediatamente) que debe presidir todo el obrar de la Administración."[6]

Es por ello que acierta DURÁN MARTÍNEZ cuando señala que resultan aplicables al procedimiento de contratación los principios del procedimiento administrativo general, aunque no estén mencionados en el cuerpo que explicita los principios de la contratación. Tal es el caso, por ejemplo del principio del debido proceso, entre otros.[7]

En el proceso de selección del contratista, todos los principios generales de Derecho juegan un papel primordial, siendo que se les reconoce una cuádruple función *directiva, interpretativa, integradora* y *constructiva*[8], según se verá.

Esa importancia de los principios se revela también en la etapa de celebración y ejecución de los contratos.

El Estado es instrumento al servicio del hombre y del todo social, configurándose a su respecto una situación de poder–deber, o más aún, de *deber–poder*, en la expresión acuñada por Celso Antonio BANDEIRA DE MELLO.[9]

En esa situación de respeto por la libertad, la Administración debe garantizar la observancia de los principios generales de Derecho en todas sus manifestaciones y cualquiera sea la instancia del proceso de contratación, en tanto la persona existe antes que el Estado y a cuyo servicio y protección debe obrar este último.[10]

Dice CASSAGNE: "*...la incorporación de las normas y fórmulas que traducen las nuevas tendencias transformadoras han de respetar, con carácter imperativo, la separación de poderes, las competencias y garantías del Estado constitucional, y, sobre todo, el principio de legalidad y el debido proceso adjetivo o tutela administrativa efectiva, además de todos los principios generales de carácter institucional típicos del procedimiento administrativo —como el formalismo, la economía, la celeridad, la sencillez y la eficacia, entre otros—.*[11]

Las mismas certeras apreciaciones pueden –y deben– trasladarse al campo de los principios específicos de la contratación pública.

---

6 DELPIAZZO, Carlos. "El tiempo en el procedimiento administrativo". en *Revista da ProcuradoríaGeral do Municipio de Juiz de Fora.* Belo Horizonte. 2012. Año 2, N° 2, p. 289.

7 DURÁN MARTÍNEZ, Augusto. "Principios de la contratación administrativa", en *Estudios de Derecho Administrativo.* LA LEY Uruguay, 2013, N° 8, p. 57.

8 DELPIAZZO, Carlos. "Recepción de los principios generales de Derecho por el Derecho positivo uruguayo". En *Los principios en el Derecho Administrativo uruguayo.* Amalio M. Fernández. Montevideo. 2009. pp. 36-37.

9 BANDEIRA DE MELLO, Celso A. *Curso de Direito Administrativo.* Malheiros. Sao Pablo. 2002. 14ª edición, p. 124. Invocado por Mariano BRITO. Caracteres de los principios generales de Derecho en el Derecho administrativo uruguayo... cit. p. 22. También convocado por DELPIAZZO, Carlos. "Recepción de los principios... cit., p. 50.

10 BRITO, Mariano. Caracteres de los principios generales de derecho... cit. pp. 22-23 y 28.

11 CASSAGNE, Juan C. "La transformación del procedimiento administrativo y la LNPA (Ley Nacional de Procedimientos Administrativos). En *Revista de Derecho de la Facultad de Derecho de la Pontificia Universidad Católica de Perú.* N° 67. Año 2011. p. 31.

2. Alcance y significación de los principios en la contratación pública.

Los principios que rigen la contratación pública son los cimientos, la base o el fundamento sobre la cual se asienta todo el sistema de contratación pública y juegan un papel esencial en la *interpretación* y *aplicación* de las normas en la materia.

Se caracterizan por su transversalidad al alcanzar todas las fases contractuales (preparación, adjudicación, modificación y ejecución)[12], excediendo sus efectos más allá de su perfeccionamiento, dadas las insuficiencias del Derecho positivo para resolver las controversias de integración y coordinación que se plantean y reclaman la acción del Derecho para el ordenamiento de la vida humana en sociedad.[13]

Se puede decir que han adquirido un carácter universal ante el surgimiento del Derecho Administrativo global de la Contratación que debe su razón de ser, en primer lugar a la doctrina y a la jurisprudencia dando contenido a los principios generales de igualdad de trato, de transparencia, de objetividad, de imparcialidad, o de equidad. Esencial ha sido la labor del Tribunal de Justicia de la Unión Europea que ha ido construyendo desde sus inicios una importante jurisprudencia en torno a los principios generales.[14]

Estos principios, han hecho posible la elaboración de Normas relativas a las compras públicas, hasta el punto de normativizarse.

De manera que, al decir de RODRÍGUEZ ARANA, la misma existencia de la contratación pública en los espacios supranacionales debe su razón de ser a la relevancia de los principios generales de la contratación pública.[15]

Ha dicho DELPIAZZO que "*Si en todos los campos del Derecho la importancia de los principios generales de Derecho es cardinal, ello es especialmente cierto en el ámbito del Derecho Administrativo, donde sólo un esqueleto firme de principios permite orientarse en medio de innumerables normas sometidas a un proceso de cambio incesante. Además, son los principios generales de Derecho el principal antídoto frente a la normación burocrática y la garantía de permanencia frente a las modas que ocasionalmente se suscitan al influjo de ideología o tendencias políticas de momento, especialmente en un ámbito de encuentro entre las entidades estatales y los particulares tan relevante como es el de la contratación pública*".[16]

---

12 MORENO MOLINA, José Antonio. *Los principios generales de la contratación administrativa*, ed. Bomarzo, Albacete, 2006.

13 LEAL, María Cecilia. "Principios de igualdad y concurrencia". En *Comentarios al TOCAF sobre la contratación pública. Tomo I. Coordinador Carlos DELPIAZZO.* Universidad de Montevideo. Montevideo. 2013, pp. 25-26.

14 Para el TS "*Los principios generales del Derecho, esencia del ordenamiento jurídico, son la atmósfera en la que se desarrolla la vida jurídica, el oxígeno que respiran las normas, lo que explica que tales principios "informen" las normas -art. 1.4° Tít. Preliminar del CC- y que la Administración esté sometida no sólo a la Ley sino también al Derecho -art. 103.1° CE-. Y es claro que si tales principios inspiran la norma habilitante que atribuye una potestad a la Administración, esta potestad ha de actuarse conforme a las exigencias de los principios". (STS* de 18 de febrero de 1992. Ponente: Delgado Barrios, J.).

15 RODRÍGUEZ-ARANA MUÑOZ, Jaime. *Contratación Administrativa Práctica*, N° 140, Sección Reflexiones, Noviembre 2015, Editorial La Ley.

16 DELPIAZZO, Carlos –*Normas y principios de la contratación administrativa*. FCU. Montevideo. 2002, pp. 27 y ss; del mismo autor: "Eficacia aplicativa de los principios generales de derecho en la contratación administrativa". En *Anuario de Derecho Administrativo*. tomo XIII. FCU. Montevideo. 2006, p. 67.

BARBÉ PÉREZ sostuvo con acierto el valor y fuerza de fuente directa y principal de Derecho de los principios porque "*...sería ontológicamente absurdo y lógicamente contradictorio que siendo principios generales sólo se apliquen si no hay texto, sino que los textos deben estar de acuerdo a los principios y los principios de acuerdo a la naturaleza de las cosas*".[17]

Lo cierto es que los principios son valores indiscutibles, que encuentran su fundamento en la convicción socialmente dominante o en la ley natural, que los hace universales, al punto que nadie los puede negar.[18]

CASSAGNE señala que "*...los principios generales del derecho cumplen funciones distintas, pero articuladas entre sí*". Y destaca con VIGO, que "*...esas funciones se refieren a su esencia ontológica, a su valor preceptivo o a su alcance cognocitivo, ya sea para dilucidar el sentido de una norma o dar la razón de ella y hasta para integrar nuevas formulaciones jurídicas*".[19]

Desde su *esencia ontológica*, los principios generales de Derecho constituyen la causa y la base del ordenamiento porque son los soportes centrales de todo el sistema al cual prestan su sentido.[20]

Es lo que DELPIAZZO ha denominado *función directiva general* de los principios en todo el proceso de creación del Derecho, condicionando el contenido que haya de darse a las normas jurídicas en trance de elaboración.[21]

En su mérito, la ley no puede contravenir los principios generales de Derecho, pues ellos existen independientemente de su reconocimiento legislativo o de su aplicación por el juez.

Desde su valor *preceptivo*, los principios funcionan como orientadores e informadores del ordenamiento, permitiendo la *interpretación* correctiva o extensiva de las normas, o incluso su desaplicación, construyendo una solución justa y socialmente aceptable para cada caso, por la vía de precisar el significado de dichas normas escritas y su sentido o finalidad.[22]

Una importante característica común a las legislaciones nacionales sobre compras públicas en América Latina es su reconocimiento expreso de los principios generales que rigen en la materia y que desarrollan cada vez más una decisiva función interpretativa. Señala MORENO que ante la enorme cantidad de normas legales y reglamentarias que en la actualidad regulan los contratos públicos, los principios generales de la

17 BARBE PÉREZ, Héctor. "Los principios generales de derecho como fuente de derecho administrativo en el derecho positivo uruguayo". En AA.VV. *Los principios generales de derecho en el derecho uruguayo y comparado*. FCU. Montevideo. 2001, p. 29.

18 RUOCCO, Graciela. "Principios Generales de Derecho Administrativo". En *Estudios de Derecho Administrativo*. Director: Augusto DURÁN MARTÍNEZ. Nº 11. La Ley Uruguay. Montevideo. 2015, p. 385.

19 CASSAGNE, Juan C. *Los grandes principios del Derecho Público (constitucional y administrativo)*. Colección de Derecho Administrativo. Director, José Luis PIÑAR MAÑAS. Editorial REUS S.A. Madrid. 2016, p. 100.

20 Ibídem. p. 100.

21 DELPIAZZO, Carlos *Derecho Administrativo General... cit.*, p. 127.

22 *Cfr.* DELPIAZZO, C. *Derecho Administrativo General...* cit. p. 127; CASSAGNE, J.C. *Los grandes principios del Derecho Público...* cit., p. 101. LEIZA ZUNINO, Pablo. *Contratos de la Administración Pública*. FCU. Montevideo. 2012, p. 202.

contratación pública deben aportar claridad y seguridad jurídica en la aplicación e interpretación del Derecho de los contratos.[23]

De la función interpretativa de los principios CASSAGNE[24], siguiendo a GONZÁLEZ PÉREZ, extrae tres reglas fundamentales:

a. la aplicación de las normas debe hacerse de la forma más acorde con el principio;

b. la interpretación extensiva de la norma hasta contemplar el principio en toda su magnitud, o bien su interpretación restrictiva del texto legal hasta comprender sólo los supuestos que sean coherentes con el principio;

c. la interdicción de toda interpretación que contradiga directa o indirectamente el principio.

Desde su *alcance cognocitivo*, los principios cumplen una función *integradora* de los vacios, carencias o lagunas que exhibe el ordenamiento jurídico, facilitando la labor del juez a la hora de resolver conflictos en ausencia de norma escrita.[25]

A esta triple función de los principios, DELPIAZZO agrega la *función constructiva*, en cuanto actúan como estructuradores o sistematizadores de la materia jurídica.[26]

Este papel de los principios en el campo de la contratación pública es destacado por RODRÍGUEZ ARANA, MORENO MOLINA, JINESTA LOBO y NAVARRO MEDAL en el marco del Derecho Administrativo Global.[27]Señalan los autores que los principios generales de la contratación pública se presentan como un *necesario elemento unificador* que aporta claridad y seguridad jurídica en la aplicación e interpretación, no sólo del Derecho interno, sino del Derecho comunitario europeo de los contratos. Sostienen que los principios se basan en reglas comunitarias de naturaleza constitucional recogidas en el Tratado de la Comunidad Europea y en el Proyecto de Constitución Europea, y son el fundamento de todo el Derecho público sobre contratos de las Administraciones.[28]

Las Directivas sobre contratos públicos recogen de forma destacada los principios generales más específicos en la materia. Así, la Directiva 2004/18/CE, sobre contratos del sector público, establece en su artículo 2 que "*los poderes adjudicadores darán a los*

---

23 MORENO MOLINA, José A.*Derecho Global de la Contratación Pública*. Colección Actualidad del Derecho Administrativo en el mundo. Número 4. Directores: Jorge FERNÁNDEZ RUIZ, Miguel A. LOPEZ OLVERA, Isaac A. DAMSKY (h). Foro Mundial de Jóvenes Administrativistas. Primera edición. México. Ubijus. 2011, p. 97.

24 CASSAGNE, J.C.*Los grandes principios del Derecho Público*... cit., p. 101.

25 *Cfr*. DELPIAZZO, C. *Derecho Administrativo General*... cit. p. 127; CASSAGNE, J.C. *Los grandes principios del Derecho Público*... cit., p. 101

26 DELPIAZZO, C. *Derecho Administrativo General*... cit. pp. 127-128.

27 RODRIGUEZ ARANA, Jaime, MORENO MOLINA, José Antonio, JINESTA LOBO, Ernesto y NAVARRO MEDAL, Karlos. *DerechoInternacional de las Contrataciones Administrativas*. Konrad Adenauer Stiftung. San José de Costa Rica. Primera edición. 2011, Ediciones Guayacán.. pp. 105 y ss.

28 RODRIGUEZ ARANA, Jaime, MORENO MOLINA, José Antonio, JINESTA LOBO, Ernesto y NAVARRO MEDAL, Karlos. *Derecho* Internacional de las Contrataciones Administrativas... cit. p. 105; MORENO MOLINA, José A. *El Derecho de la Unión Europea en Materia de Contratos Públicos*.www.osce.gob.pe/consucode/userfiles/image/moreno.pdf, p. 26; MORENO MOLINA, José A.; MORENO MOLINA, José A. *El Nuevo Derecho de la Contratación Pública de la Unión Europea. Directivas 4.0*. ChartridgeBooks Oxford. UnitedKingdom. 2015, p. 17.

operadores económicos un tratamiento igualitario y no discriminatorio y obrarán con transparencia". Por su parte, la Directiva 2004/17/CE, sobre contratos en los sectores especiales, prescribe en su artículo 10 que "*las entidades adjudicadoras tratarán a los operadores económicos en pie de igualdad y sin discriminaciones, y actuarán con transparencia*".[29]

DELPIAZZO destaca, asimismo que la jurisprudencia administrativa y judicial han acudido permanentemente a los principios también "*...por su potencialidad ética para hacer verdad la buena administración...*".[30]

A punto de partida de las funciones que dejamos expuestas, cabe destacar el papel de los principios como límite a la *discrecionalidad* del poder adjudicador, constituyéndose en una verdadera *garantía* de los derechos de los oferentes, primero, y de los adjudicatarios/contratistas, después. Y esto es así porque las potestades discrecionales deben ejercerse legítimamente y con la debida adecuación a sus fines, desterrando la arbitrariedad.

En este sentido, dice CASSAGNE, que los "*...principios cumplen no ya la forma de compensar la desigualdad que trasunta la posición jurídica del particular en relación al Estado, sino que implican medios de protección tendientes a impedir las arbitrariedades de los poderes públicos que suelen lamentablemente matizar y caracterizar el obrar estatal*".[31]

Más aún. En lo que refiere específicamente al acto administrativo de adjudicación, entendemos que los principios juegan un papel trascendente en la selección de la oferta "*más conveniente*", verdadero concepto jurídico indeterminado, en cuya determinación la relevancia de los principios es indiscutible.

Asimismo, se presentan como restricciones al ejercicio del poder reglamentario, cuyo ejercicio debe ajustarse a los principios. Su violación deriva inexorablemente en la ilegitimidad de toda norma general que emita la Administración, ya se trate de reglamentos de ejecución o autónomos.

Más aún. Debemos concluir con DURÁN MARTÍNEZ que "*Todos los operadores jurídicos, al aplicar los principios generales de derecho, deben tener en cuenta su valor y fuerza; y para su interpretación, previo a la aplicación, deben poner especial atención en la técnica de la ponderación*".[32]

La importancia de los principios generales que derivan de un acto reglamentario encuentra un límite en su subordinación a la ley. Por ello una norma legal posterior puede desconocerlo en virtud de su fuerza activa; y si es anterior no puede ser derogada por su fuerza pasiva o de resistencia.[33] Es la situación que se plantea –salvo que se tratara de una materia reservada al reglamento– con las disposiciones de un pliego general de condiciones que rige el procedimiento competitivo de determinado tipo de contrataciones,

29 RODRIGUEZ ARANA, Jaime, MORENO MOLINA, José Antonio, JINESTA LOBO, Ernesto y NAVARRO MEDAL, Karlos. *Derecho* Internacional de las Contrataciones Administrativas... *cit.* p. 110.

30 DELPIAZZO, C. "Promoción de la Ética y Neutralización de la Corrupción en la Contratación Pública" ...*cit.*, p. 801.

31 CASSAGNE, J.C. *Los grandes principiosdel Derecho Público...cit.* p. 102.

32 DURÁN MARTÍNEZ, Augusto. "Los principios generales de derecho en el derecho administrativo. Aplicación por el legislador, el administrador y el juez". En VV.AA. *Los principios en el Derecho Administrativo uruguayo*. Amalio M. Fernández. Montevideo. 2009. p. 101.

33 *Ibídem*, p. 102.

verdadero *reglamento*, así como de las contenidas en un pliego particular de condiciones, dictado para un procedimiento en particular, que tiene el carácter de *disposición general*. No podría incluirse en tales textos, por ejemplo, disposiciones contrarias a los principios legales de flexibilidad, ausencia de ritualismo o materialidad frente al formalismo, imponiendo formalidades excesivas e innecesarias.

Más aún puede decirse lo mismo respecto de otros principios de mayor valor y fuerza, provenientes de la Constitución o incluso supraconstitucionales.

Lo dicho debe extenderse a la actividad administrativa de carácter particular y concreto, donde los principios generales de Derecho se erigen en verdaderos límites a la potestad discrecional de la Administración.

El valor y fuerza de los principios se revela en toda su significación, asimismo, frente al legislador a la hora de regular la contratación pública, y frente al juez que deberá aplicarlos para resolver los conflictos sometidos a su decisión.

El legislador no podría establecer un régimen de preferencias en el proceso de selección del contratista que determinara exclusiones contrarias al principio de igualdad, que no tuvieren respaldo constitucional o supraconstitucional, como así tampoco podría establecer normas contrarias a principios como el desarrollo sostenible o la tutela jurisdiccional o administrativa efectiva, por citar algunos principios de más reciente aparición.

Por su parte, la importancia de los principios generales de Derecho en materia de contratación se advierte claramente frente al juez, que deberá desaplicar las disposiciones en la materia que sean contrarias a aquellos, con el único límite que le impone el sistema uruguayo concentrado de control jurisdiccional de constitucionalidad de las leyes, cuando se enfrenta a un conflicto en que se encuentra involucrado un principio de base legal.[34]

3. Enumeración y trascendencia de los principios recogidos en el TOCAF.

Los principios generales de Derecho no se hallan exhaustivamente enumerados en el Derecho positivo.[35] Porque como expresa HAURIOU, lo característico de los principios "*...es existir y valer sin texto*".[36]

Ahora bien. Si se explicitan, dice CAJARVILLE que: "*No debe confundirse la inducción de un principio de normas positivas, con el acogimiento por ellas de un principio preexistente. Las normas legales o reglamentarias pueden atribuir determinados derechos en los casos a que se refieren, precisamente porque se admite la existencia de un principio general que los reconoce. En tal caso, en verdad el principio no se induce de aquellas normas legales o reglamentos, sino que la existencia del derecho resulta de la convicción socialmente dominante o de la conciencia jurídica*

34 *Ibídem*, pp. 112-113.

35 REAL, Alberto R. "Los principios generales del Derecho en la Constitución uruguaya". En *Los principios generales de Derecho en el Derecho comparado y uruguayo*. FCU. Montevideo. 2001, p. 33.

36 HAURIOU, Maurice. *Principios de Derecho Público y Constitucional*. Madrid. 2ª edición. Traducido por Carlos Ruiz del Castillo, p. 327.

colectiva, o si se prefiere, de la forma en que se concibe el 'Derecho Natural'.[37]

Como dice CASSAGNE, esta "*...recepción no implica diluir la jerarquía que poseen los principios generales del derecho como fuente del ordenamiento...*".[38] La vigencia de los principios como fuente del Derecho no depende de su recepción formal por el ordenamiento positivo pues constituyen el fundamento de las demás fuentes del Derecho.[39]

En el mismo sentido, concluye DURÁN MARTÍNEZ: "*...En todos estos casos, el principio tendrá el valor y fuerza no de la norma positiva infravalente que lo recoge sino de la que efectivamente deriva. Y si no deriva de ninguna norma, sino de la persona humana, tendrá máximo valor y fuerza.*[40]

Recuerda el autor que "*....como decía GONZÁLEZ PÉREZ, los principios, por el hecho de ser recepcionados por el derecho positivo, no dejan de ser principios, por lo que no adquieren necesariamente el valor y fuerza de la norma que los recoge.*[41]

Coincidentemente, dice DELPIAZZO: "*Obviamente, la traducción de los principios generales de Derecho en disposiciones positivas de diverso rango no puede implicar su limitación taxativa –se trata de meras enunciaciones– ni la congelación de su rango normativo. Por tanto, la mencionada enumeración no agota la lista de normas positivas que los explicitan ni el elenco de principios generales aplicables en nuestro país*".[42]

BREWER CARÍAS –refiriéndose al procedimiento administrativo general– ha destacado y descripto minuciosamente, una verdadera corriente codificadora del Derecho Administrativo que ha venido consolidándose en América Latina, en un proceso de aproximaciones sucesivas, sentando y perfeccionando las bases sobre las que reposa.[43]

---

37 CAJARVILLE, J.P. "Relaciones de los 'Principios Generales' con otras fuentes del Derecho Administrativo". En VV.AA. *Los principios en el Derecho Administrativo uruguayo*. Amalio M. Fernández. Montevideo. 2009. pp. 69.

38 CASSAGNE, Juan C. "Neoconstitucionalismo y acto administrativo... *cit.*", p. 36; del mismo autor: "*El principio de legalidad y el control judicial de la discrecionalidad administrativa. .. cit.*", p. 21; *Cfr.* MEILÁN GIL, J.L. "Los principios generales del Derecho desde la perspectiva del Derecho público en España". En *Actas del VII Foro Iberoamericano de Derecho Administrativo.* Valladolid y Salamanca. Junta de Castilla y León. Nerbilo. La Coruña. 2008, p. 414.

39 CASSAGNE, Juan C. *Los grandes principios del Derecho Público (constitucional y administrativo).* Colección de Derecho Administrativo. Director, José Luis PIÑAR MAÑAS. Editorial REUS S.A. Madrid. 2016, p. 99.

40 DURÁN MARTÍNEZ, Augusto. "Los principios generales de derecho en el derecho administrativo. Aplicación por el legislador, el administrador y el juez"...*cit.*, pp. 97.

41 DURAN MARTÍNEZ, Augusto. El procedimiento Administrativo en el Uruguay. En *Procedimiento Administrativo.* La Ley Argentina. Tomo II. p. 1120. GONZÁLEZ PÉREZ, J., *La dignidad de la persona humana.* Civitas. Madrid, 1986, p. 85; DURÁN MARTÍNEZ, A., "El derecho administrativo entre legalidad y derechos fundamentales", en *DURÁN MARTÍNEZ, A., Estudios de Derecho Público. Montevideo*, 2008, vol. II, pp. 261 y ss.

42 DELPIAZZO, Carlos. "Recepción de los principios generales de Derecho por el Derecho positivo uruguayo", en Actas del VII Foro Iberoamericano de Derecho Administrativo (Netbiblo, La Coruña, 2008), p. 607 y ss.; y en Mariano R. BRITO, Juan Pablo CAJARVILLE PELUFFO, Carlos E. DELPIAZZO y Augusto DURAN MARTINEZ - "Los principios en el Derecho Administrativo uruguayo" (A.M.F., Montevideo, 2009), p. 42.

43 BREWER CARÍAS, Allan R. "Los principios generales del procedimiento administrativo en la Ley 1437 de 2011 contentiva del Código de Procedimiento Administrativo y de lo Contencioso Administrativo de Colombia". En *Visión Actual de los Procedimientos Administrativos.* Coordinado por Alejandro

Nuestro país no ha sido ajeno a esa tendencia[44], que ha optado por explicitar los principios de la contratación pública en normas con valor y fuerza de ley (TOCAF: Texto Ordenado de Contabilidad y Administración Financiera), sin perjuicio de la aplicación de los principios propios del procedimiento administrativo general, que se encuentran codificados en nuestro país por vía reglamentaria desde 1966.[45]

El Artículo 2° del reglamento del procedimiento administrativo uruguayo, Decreto N° 500/991, aplicable en materia de procedimiento de selección del contratista por ser una especie de procedimiento administrativo, anticipa en su acápite el principio de principios: "*La Administración Pública debe servir con objetividad los intereses generales con sometimiento pleno al Derecho...*", lo que traduce una clara influencia de la Constitución española.[46]

> "Ese acápite –dice DURÁN MARTÍNEZ– constituye la clave de interpretación y aplicación de los principios enumerados en el artículo...y"...revela un apartamiento de la vertiente autoritaria heredada de la Revolución Francesa, un reconocimiento de la naturaleza misional de la Administración y en definitiva de la primacía de la persona humana. Esta fórmula supone el reconocimiento de que los derechos fundamentales son el núcleo indiscutible de los intereses generales".[47]

Todo lo cual, indudablemente, denota la influencia de las ideas del denominado 'neoconstitucionalismo', y conduce inexorablemente a que las actividades contrarias a dichos principios puedan ser controladas con mayor precisión por los tribunales de la jurisdicción contencioso–administrativa, aún en una postura positivista extrema.[48]

Advertimos el abandono de un paradigma en las relaciones entre la administración y los administrados, en que el balance se inclinaba siempre a favor de la primera, a través de la regulación de sus poderes, potestades y prerrogativas, y sobre las obligaciones de

---

CANÓNICO SARABIA. III Congreso de Derecho Administrativo. Margarita. 2011. Centro de Adiestramiento Jurídico 'CAJO'. Editorial Jurídica Venezolana. Caracas. 2011, p. 14. En el mismo sentido, ver del autor: "La regulación del procedimiento administrativo en América Latina con ocasión de la primera década (2001-2011) de la Ley de Procedimiento Administrativo General del Perú (ley 27444)" En *Revista de Derecho de la Facultad de Derecho de la Pontificia Universidad Católica de Perú.* N° 67. Año 2011. p. 48.

44 *Cfr.* DURÁN MARTÍNEZ, Augusto. "Tendencias actuales del procedimiento administrativo en el Uruguay". En *Revista de Derecho Público.* Años 2011. N° 40. FCU. p. 27.

45 DELPIAZZO, C. El tiempo en el procedimiento administrativo... cit., Decreto N° 575/966, de 23 de noviembre de 1966, Decreto N° 640/973, de 8 de agosto de 1973 y Decreto N° 500/991, de 27 de setiembre de 1991. p. 288. También, del mismo autor, "Recepción de los Principios Generales de Derecho por el Derecho positivo uruguayo"... *cit.*, pp. 41-42.

46 El artículo 103, inciso 1, de la Constitución española dice: *"La Administración Pública sirve con objetividad los intereses generales y actúa de acuerdo con los principios de eficacia, jerarquía, descentralización, desconcentración y coordinación con sometimiento pleno a la ley y al Derecho."*

47 DURÁN MARTÍNEZ, A. El procedimiento administrativo en el Uruguay. En*Procedimiento Administrativo.* Héctor Pozo Gowland... [et.al.]. – 1ª ed. - Buenos Aires: LaLey, 2012. Tomo II, p. 1125. Con cita de MEILÁN GIL., J.L., "Intereses generales e interés público desde la perspectiva del derecho público español", en *BACELLAR FILHO, R.F./WUNDER HACHEM, D. (Coordenadores), Direito Administrativo e interesse público. Estudos em homenage mao Professor Celso Antônio Bandeira de Mello.* Instituto de Direito Romeu Felipe Bacellar. Editora Fórum. Belo Horizonte, 2010, pp. 72 y ss.

48 RUOCCO, Graciela. "Visión actual de los principios del procedimiento administrativo". En VV.AA. *El procedimiento administrativo y la función pública en la actualidad.* Coordinador: Felipe ROTONDO. FCU. Montevideo. 2014, p. 90.

los administrados, más que sobre sus derechos. Asistimos a una transformación sustancial de ese balance, desde que se viene afirmando una situación de equilibrio entre los poderes de la Administración y los derechos de los administrados.

De manera que, como manifestación del carácter servicial de la Administración, se incluye un conjunto de principios organizativos y de actuación que intentan guiar la conducta de las administraciones, y cuyo alcance y enumeración van adaptándose a las distintas épocas.

Lo cierto es que la evolución reseñada por BREWER–CARÍAS en los países latinoamericanos, al influjo de la vivida en el continente europeo, demuestra que ha tomado tiempo generar la convicción de la necesidad de reunir en un solo cuerpo los principios, no por considerar que ello es necesario para la consagración de los derechos y principios que en tales documentos se incluyen, sino por la conveniencia de explicitarlos como derechos fundamentales, no sólo como mandatos de optimización, y así evitar –o al menos contribuir a resolver– problemas interpretativos.

Su explicitación en normas de Derecho positivo no es imperiosa, no obstante lo cual, al decir de DELPIAZZO: "*Aún cuando los principios generales de Derecho no requieren ser recogidos por disposiciones positivas ya que — como tales — forman parte del ordenamiento jurídico como soportes estructurales del mismo, su explicitación tiene un importante valor pedagógico y aplicativo.*"[49]

Comprobamos así en todos los cuerpos normativos adoptados en Latinoamérica, la preocupación por interpretar y aplicar el derecho en clave de derechos humanos en sede administrativa, recibiendo la normativa proveniente del Derecho Internacional de los derechos humanos.[50]

Nuestro Derecho acompaña la tendencia a explicitar los principios de la contratación pública. El artículo 149 del TOCAF incluye una enumeración –por cierto, no taxativa– al disponer:

> Los principios generales de actuación y contralor en materia de la Ley de Contabilidad y Administración Financiera del Estado serán los siguientes: A) Flexibilidad. B) Publicidad, igualdad de los oferentes y concurrencia en los procedimientos competitivos para el llamado y la selección de las ofertas. C) Razonabilidad. D) Delegación. E) Ausencia de ritualismo. F) Materialidad frente al formalismo. G) Veracidad salvo prueba en contrario. H) Transparencia. I) Buenafe. Los principios antes mencionados servirán de criterio interpretativo para resolver las cuestiones que puedan suscitarse en la aplicación de las disposiciones pertinentes.[51]

Esta disposición agrega a su versión anterior, tres principios de enorme trascendencia, que revelan la tendencia que venimos de destacar de enfatizar los derechos humanos, al recibir los principios de *razonabilidad, transparencia y buena fe*.

---

49 DELPIAZZO, Carlos - "Recepción de los principios generales de Derecho por el Derecho positivo uruguayo", cit, p. 607 y ss.; y "Los principios en el Derecho Administrativo uruguayo" *cit.*, p. 31 y ss.

50 *Cfr.* DURÁN MARTÍNEZ, A. El Procedimiento Administrativo en el Uruguay... *cit.*, p. 1125.

51 Fuente: Ley N° 15.903 de 10/noviembre/987, con el agregado del artículo 659 (ARTICULO VI) de la Ley 16.170 de 28/diciembre/990, con la redacción dada por el artículo 52 de la Ley N° 18.834, de 4/noviembre/011.

Efectuaremos una muy breve relación de todos los principios recogidos por el Derecho positivo nacional, destacando la importancia que exhiben en sus proyecciones en la contratación pública.

4. *Flexibilidad (literal A), materialidad frente al formalismo (literal F) y ausencia de ritualismo (literal E)*

Estos tres principios se encuentran íntimamente vinculados a los ritos procedimentales, que deben ser evitados en cuanto supongan el apego a las formas por sí mismas, prescindiendo del contenido y fines perseguidos.

La *flexibilidad,* por oposición a la rigidez y el uniformismo, impone adaptar las formas a las circunstancias de cada caso, impidiendo que la relación entre los contratantes quede encorsetada en reglas pétreas, sino que ambiente un vínculo fluido y dinámico de colaboración entre las partes.[52]

Es claro que este principio pone el acento en el carácter instrumental del procedimiento, que al decir de DURÁN MARTÍNEZ, "*...debe ser herramienta dúctil para el fin propuesto y adecuarse a las características y necesidades de cada caso...,*[53] no pudiendo operar respecto de requisitos esenciales o sustantivos.[54]

La *ausencia de ritualismo* implica que la forma es un medio y no un fin en sí mismo, que se deben eliminar exigencias de trámites, formalismos o recaudos innecesarios que dificulten innecesariamente el desarrollo del procedimiento.[55]

El principio de *materialidad,* llamado también de trascendencia[56], pone el acento en lo significativo, en la idoneidad de las formas con relación al fin.

La *materialidad* atiende a la materia de la contratación, al contenido y objeto del pacto, de manera de jerarquizar la sustancia en detrimento de los elementos secundarios.

La omisión o incumplimiento parcial de las formas de instrumentación de la voluntad, tales como la escritura, la fecha de celebración del contrato, la firma de los contratantes, etc., pueden afectar en diverso grado la validez o en su caso la eficacia del contrato, según la importancia de la transgresión. Es por ello que la doctrina, seguida por la jurisprudencia, ha distinguido las formas *esenciales* cuya inobservancia provoca invalidez, de las *no esenciales*, que pueden ser subsanadas.

El Derecho positivo ha recogido este distingo[57], diferenciando los que se consideran apartamientos sustanciales, que no pueden subsanarse sin alterar materialmente la igual-

---

52 *Cfr.* DELPIAZZO, C. *Derecho Administrativo General... cit.,* p. 476.

53 DURÁN MARTÍNEZ, Augusto. "Principios de la contratación administrativa"... *cit.,* p. 59.

54 LEIZA ZUNINO. P. *Los contratos de la administración pública... cit.*, p. 157.

55 FRUGONE SCHIAVONE, H., citado por DURÁN MARTÍNEZ, A. El procedimiento administrativo en el Uruguay... *cit.*, p. 1131. *Cfr.* DURÁN MARTÍNEZ, Augusto. "Principios de la contratación administrativa"... *cit.*, p. 60.

56 CAJARVILLE PELUFFO, J.P., ""Introducción al procedimiento administrativo uruguayo", *Sobre Derecho Administrativo*, t. II. *Segunda Edición Ampliada.* F.C.U. Montevideo, 2008, pp. 247 y ss. DURÁN MARTÍNEZ, Augusto. "Principios de la contratación administrativa"... *cit.*, p. 61.

57 El *Artículo 63* del TOCAF, inciso primero, establece: Los oferentes deberán presentar sus ofertas en las condiciones que se establezca en los pliegos respectivos, pudiendo agregar cualquier otra información complementaria pero sin omitir ninguna de las *exigenciasesenciales requeridas.*

dad de los oferentes, de aquellos defectos, carencias formales o errores evidentes o de escasa importancia, que pueden ser subsanados.

Afirma IVANEGA que aún cuando el significado y trascendencia de las formas en el Derecho administrativo es muy superior al que asume en el derecho privado, la aplicación del principio no implica un procedimiento sin formas, pues ello no sería posible dentro del principio de juridicidad que informa toda la actividad administrativa. En consecuencia, no hay obstáculo alguno para que se pueda entender en el sentido de que en el procedimiento administrativo no se utilizan las formas sacramentales que son de rigor en la actuación ante los órganos judiciales.[58]

Su aplicación impide que el particular pierda un derecho por el incumplimiento de un deber formal, con lo que obliga a la administración a optar por la solución más favorable para aquel. En definitiva, se propugna un equilibrio entre la acción administrativa que no puede ser entorpecida y el derecho de los administrados a no encontrarse sometidos a rigorismos que los perjudiquen, porque sería inconstitucional negar una solución al particular por causas meramente formales.[59]

Por otra parte, estos principios facilitan la competencia entre oferentes en el procedimiento de selección, al tiempo que reafirman el rol de colaborador que asume el particular en la contratación, al contribuir en la gestión de los fines públicos.

Estos principios son señalados por BARNES[60], seguido entre nosotros por DURÁN MARTÍNEZ[61], como principios propios de los procedimientos de primera generación, en los que la Administración resuelve como si de un juez se tratara.

Precisamente entre los principios de los procedimientos de primera generación BARNES destaca el principio antiformalista, a favor del administrado, quien no se verá sometido a formatos o actuaciones en exceso formales (lo que conocemos como *informalismo en favor del administrado*). Y también en beneficio de la Administración, en cuanto lo principal es la decisión que se tome y no las normas de procedimiento, dado su carácter accesorio, subordinado o instrumental (entre nosotros: *ausencia de ritualismos*).[62]

El *Artículo 65* del mismo cuerpo, incisos quinto, sexto y séptimo, dispone: La admisión inicial de una propuesta no será obstáculo a su rechazo si se constataren luego defectos que violen los requisitos legales o aquellos*sustanciales* contenidos en el respectivo pliego.

Se consideran apartamientos sustanciales aquellos que no pueden subsanarse sin alterar materialmente la igualdad de los oferentes.

La Administración podrá otorgar a los proponentes un plazo máximo de dos días hábiles para salvar los defectos, carencias formales o erroresevidentes o de escasa importancia; este plazo podrá ampliarse para el casode proveedores del exterior y en tal caso se aplicará a todos losoferentes.

58 IVANEGA, Miriam. El principio del informalismo en el procedimiento administrativo. En *Revista de Derecho de la Facultad de Derecho de la Pontificia Universidad Católica de Perú.* N° 67. Año 2011, p. 166.

59 *Ibídem*. p. 155.

60 BARNES, Javier. "Una reflexión sobre los principios generales del procedimiento administrativo". En *Estudios de Derecho Administrativo.* Año 2012. N° 5, pp. 3 y ss.

61 DURÁN MARTÍNEZ, A. El procedimiento administrativo en el Uruguay… cit. p. 1114.

62 *Cfr*. BARNES, J. op. cit. p. 41.

De este principio derivan otros como la *subsanabilidad, conservación, economía y eficacia.*

5. *Buena fe (literal I)y veracidad salvo prueba en contrario (literal G)*

Estos principios imponen una actuación conforme a los principios éticos de probidad y decoro a todos quienes intervienen en el proceso de contratación y la ejecución de los contratos.

El principio de *buena fe* obliga al interesado a tomar los hechos conforme a la verdad, proceder con lealtad, no actuar de modo temerario, prestar las informaciones que le fueren solicitadas y colaborar con el esclarecimiento de los hechos.[63]

Del principio de buena fe derivan a nuestro juicio el de la *relevancia del precedente administrativo* y el de *confianza legítima*, el de respeto de los *derechos adquiridos* y de aplicación de la '*teoría de los actos propios*'; en fin, todas manifestaciones del principio de seguridad y con él, el de seguridad jurídica, que resultan de trascendencia connotada en materia de contrataciones.

La posibilidad de interpretaciones discrepantes por la propia Administración, en momentos distintos, genera una grave perturbación e inestabilidad jurídica, además de una sensación generalizada de injusticia. Existiendo decisiones administrativas anteriores que hayan constituido derechos, no cabe a la Administración, con ofensa a la isonomía, negar a otras personas los mismos derechos, cuyos hechos constitutivos hayan ocurrido en la situación fáctica y jurídica.[64]

La protección de la *confianza legítima* ha adquirido identidad propia, basada en las reglas especiales que se imponen en la relación entre la Administración y los particulares, aplicándose como mecanismo para conciliar el conflicto entre los intereses público y privado, cuando la administración crea expectativas favorables para el administrado, dentro de la legalidad, y lo sorprende al eliminar súbitamente esas condiciones.

Estos principios contienen un modelo de conducta que se origina en la moral institucionalizada por el Derecho y por tanto se atienen a las reglas de la moral social que exige honestidad, confianza, rectitud, decoro, coherencia, credibilidad que otorga la palabra dada y mayor objetividad, para que el particular pueda evolucionar en un medio jurídico estable y previsible.[65]

La buena fe rige las relaciones entre la Administración y los habitantes, sirviéndole de fundamento al ordenamiento jurídico, informando la labor del intérprete, orientando el ejercicio de la potestad discrecional y constituyendo un decisivo instrumento de integración del sistema de fuentes.

Es por ello, que el principio de la protección de la confianza legítima tiene incidencia en la limitación de las potestades discrecionales y regladas de las autoridades administrativas cuando éstas se han dirigido a modificar de manera abrupta derechos de particula-

---

63 PERLINGEIRO, Ricardo Traducción: Ruth Stella Correa Palacio Los principios de procedimiento administrativo en Brasil y los desafíos de igualdad y de seguridad jurídica...cit., p. 338.

64 Ibídem. p. 349.

65 PERLINGEIRO, Ricardo *Los principios de procedimiento administrativo en Brasil y los desafíos de igualdad y de seguridad jurídica*...cit., p. 445.

res.[66] También el principio puede invocar separa limitar la potestad de revisión o modificación de oficio del contrato.

Finalmente, el principio de *veracidad* salvo prueba en contrario no hace sino recoger un principio del derecho procesal civil que indica que sólo deben probarse los hechos controvertidos.[67]

Erigir a la veracidad como principio tiene el efecto de oponerse a la desconfianza, evitando que esa desconfianza y el ritualismo se retroalimenten.[68]

6. *Delegación (literal D)*

Es un principio que, a través de las distintas modalidades de la centralización, busca agilizar el funcionamiento de la Administración. El término delegación no ha sido utilizado en el sentido técnico jurídico sino que incluye todos los supuestos de asignación de atribuciones para el dictado de actos a nombre propio o del superior, sea con facultades decisorias o de mera preparación o ejecución de aquéllas.[69]

Se busca quebrar el habitual centralismo burocrático, que hace depender de la decisión formal de autoridades superiores la solución de los problemas más rutinarios de la Administración.[70] No contribuye a la eficacia administrativa y la buena administración derivar al jerarca toda decisión final, evitando trámites innecesarios, la lentitud en la actuación administrativa, la irresponsabilidad de los mandos medios y el autoritarismo.[71]

7. Principios de publicidad (literal B) y transparencia (literal H).

FIX–ZAMUDIO, bajo el nombre de '*principio de información*' lo define como el conocimiento preciso del procedimiento y de las resoluciones que afectan a los administrados a fin de que puedan hacer la defensa de sus derechos.[72]

La publicidad está indisolublemente ligada a la transparencia, ésta a la democracia y ésta al régimen republicano, por lo que sin duda alguna estos principios hunden sus raíces en el artículo 72 de la Constitución.[73]

En cuanto al alcance de este principio, DELPIAZZO[74] destaca su manifestación en el doble sentido de facilitar la competencia y evitar que las actuaciones de selección se

---

66 *Cfr.* RODRÍGUEZ-RODRÍGUEZ, Libardo. La revocación o retiro de los actos en la Ley de Procedimientos Administrativos. En *Estudios de Derecho Administrativo.* La Ley Uruguay. Año 2012. N° 5, pp. 201 y ss.

67 CAJARVILLE PELUFFO, J.P., citado por DURÁN MARTÍNEZ, A. El procedimiento administrativo en el Uruguay… cit., p. 1137.

68 DELPIAZZO, C. "Promoción de la Ética y Neutralización de la Corrupción en la Contratación Pública"…cit., p. 806.

69 *Cfr.* DURÁN MARTÍNEZ, A. El procedimiento administrativo en el Uruguay… cit., p. 1132.

70 *Cfr.* DURÁN MARTÍNEZ, Augusto. "Principios de la contratación administrativa"… cit., p. 61.

71 *Cfr.* DELPIAZZO, C. *Derecho Administrativo General…* cit., p. 482.

72 FIX-ZAMUDIO, Héctor. *Introducción a la justicia administrativa en el ordenamiento mexicano.* México. El Colegio Nacional. 1983, p. 32.

73 DURÁN MARTÍNEZ, A., *Derecho a la protección de datos personales y al acceso a la información pública. Hábeas Data.* 2ª Edición actualizada y ampliada. Amalio M. Fernández. Montevideo, 2012, p. 101.

74 DELPIAZZO, C. *Derecho Administrativo General… cit.,* p. 477.

cumplan en forma clandestina y oculta a los ojos de los participantes, permitiéndoles el derecho a conocer el contenido de las ofertas de sus competidores, con el límite de las actuaciones calificadas como confidenciales.

Asimismo ello contribuye a enervar maniobras de corrupción y asegura la eficiencia de los sistemas de contratación, al tiempo que permite la crítica pública, facilita la participación ciudadana y potencia el control judicial.[75]

Vinculado al principio de publicidad, la *transparencia* va más allá, asegurando la claridad en el uso y disposición de los fondos públicos.

8. *Principio de razonabilidad (literal C).*

El actuar razonable se juzga en consideración a la finalidad atribuida, y exige que las decisiones sean proporcionalmente adecuadas a dicha finalidad.

Dice COVIELLO que la razonabilidad refiere al resultado de un proceso de valoración de los distintos componentes a tener en cuenta en una decisión, que va más allá del ajuste formal a la ley, y que apunta, por el contrario, al contenido de la decisión, constituyéndose en un elemento fundamental para el control de legitimidad.[76]

El principio de proporcionalidad, directamente relacionado con la idea de 'balance', implica el juicio resultante de un triple test, de adecuación, necesidad y proporcionalidad en sentido estricto.[77]

La medida administrativa lesiva de un derecho debe ser juzgada estos tres pasos secuenciales: 1) debe ser adecuada, esto es, cuando por su naturaleza favorece el resultado deseado (principio de pertinencia en la terminología alemana); 2) es necesaria cuando no existe posibilidad de elegir otro medio tan eficaz para el logro de tal resultado y que no conlleve un daño al derecho fundamental o que signifique un daño menor. 3) Finalmente, la afectación del derecho no debe tener una intensidad tal que no guarde relación con la importancia del fin perseguido y las restricciones impuestas al sujeto titular del derecho (proporcionalidad en sentido estricto).

Si no se logra sortear el triple test que dejamos descripto, se incurre en ilegitimidad.

Este principio se vincula con los de flexibilidad, ausencia de ritualismo y materialidad frente al formalismo, ya que si las formas se exigen por las formas mismas, hay desproporción y falta de razonabilidad.

Toda actividad estatal para ser constitucional debe ser razonable, esto es, lo opuesto a lo arbitrario, conforme a la razón, lo justo, moderado, prudente.[78]

---

75 GORDILLO, Agustín. *Tratado de Derecho Administrativo* F.D.A., Buenos Aires, 1998, tomo 2, 3ª edición, pp. XII-9 y ss.

76 COVIELLO, Pedro. "El principio de proporcionalidad en el procedimiento administrativo". En *Revista de Derecho de la Facultad de Derecho de la Pontificia Universidad Católica de Perú.* N° 67. Año 2011. p. 148.

77 *Cfr.* COVIELLO, Pedro. *loc. cit.* p. 145; RISSO FERRAND, Martín. *Algunas garantías básicas de los Derechos Humanos.* FCU. 1ª edición. Montevideo. 2008. p. 35.

78 *Cfr.* LINARES QUINTANA, Segundo. *Tratado de Interpretación Constitucional.* AbeledoPerrot. Buenos Aires. 1998, p. 559.

9. *Principio de igualdad y concurrencia (literal B)*

La *igualdad* de los oferentes debe estar presente en todo el proceso de selección del contratista, pero trasciende el trámite previo, hacia la etapa de ejecución del contrato para preservar los derechos de los oferentes no seleccionados ante eventuales cambios en la contratación.

Este principio se proyecta, pues, frente a la formulación de los pliegos de condiciones, impidiendo cláusulas discriminatorias destinadas a favorecer la presentación de algunos interesados en desmedro de otros; a la presentación y valoración de las propuestas, vedando la modificación de las propuestas ya presentadas y asegurando su evaluación objetiva; y a la celebración y ejecución de los contratos, asegurando la coherencia del compromiso con los pliegos de condiciones, la inalterabilidad de la sustancia del contrato y de su ecuación económico financiera.

La transgresión del principio de igualdad conduce a la nulidad del procedimiento de contratación en el estado en que se encuentre.[79]

La *concurrencia* alienta la competencia y permite al poder adjudicador contar con la mayor cantidad posible de alternativas de elección, para escoger con más posibilidad de acierto la que proponga las mejores condiciones según el objeto específico de cada procedimiento.[80]

CASSAGNE destaca que la concurrencia es la médula de todo el procedimiento licitatorio y en la duda debe resolverse siempre a favor de este principio.[81]

---

79 El artículo 49 del TOCAF uruguayo recoge la aludida consecuencia jurídica ante la comprobación de que en un llamado a licitación se hubieren formuladoespecificaciones o incluido cláusulas cuyocumplimiento sólo sea factible paradeterminada persona o entidad, de manera que el llamado esté dirigido a favorecersituaciones particulares.

80 DELPIAZZO, C. *Derecho Administrativo General... cit.*, p. 480.

81 CASSAGNE, J.C. *Los grandes principios del derecho público... cit.*, p. 398.

41. LAS FUNCIONES INFORMADORA, INTERPRETATIVA E INTEGRADORA DE LOS PRINCIPIOS SUPRALEGALES, EN LA CONTRATACIÓN PÚBLICA.

Rodrigo Salazar Muñoz[1]

I. NOTA INTRODUCTORIA

Es un privilegio personal y profesional poder participar, junto con tantos amigos y colegas, en la edición XVI del Foro Iberoamericano de Derecho Administrativo. Esta vez, exponiendo algunas de las consideraciones a las que arribé en mi tesis doctoral sobre los principios supralegales del Derecho Administrativo, referidas a la contratación pública.

Con el término de principio supralegal identificamos a las normas jurídicas no escritas[2] que mandatan deónticamente algo, al traer aparejadas órdenes relacionadas con el deber ser, tales como: hacer, deber, permitir, obligar o prohibir[3]. De ahí que, por ejemplo, el principio supralegal de igualdad imponga el deber de tratar de la misma manera a los administrados, en el ámbito del Derecho Administrativo.

Sin profundizar en el debate, con la finalidad de ubicar el objeto de estudio del presente trabajo, resulta ineludible determinar el significado que, para nosotros, tienen dos términos: principio supralegal y principio institucionalizado. El primero, como se ha mencionado, describe a los mandatos deónticos no escritos; mientras que, el segundo identifica a los mandatos escritos o normas objetivas, en las que se reconocen expresamente los principios supralegales.

---

1 Doctor en Derecho, Maestro en Ciencias Jurídicas, Maestro en Derecho Administrativo y Licenciado en Derecho por la Universidad Panamericana, Campus México, donde también es catedrático. Especialista en Comercio Exterior por la Universidad Complutense de Madrid. Catedrático en la Universidad La Salle, Campus Ciudad de México, donde también ha sido Jefe de la Carrera de Derecho. Miembro del Foro Iberoamericano de Derecho Administrativo, de la Red Internacional de Bienes Públicos y de la Barra Mexicana Colegio de Abogados.

2 *Cfr.* BÉJAR RIVERA, Luis. "Principios, Normas y Supletoriedad en el Derecho Administrativo". En: *Praxis de la Justicia Fiscal y Administrativa.* Año 6. Núm. 16. México: Centro de Estudios Superiores en materia de Derecho Fiscal y Administrativo del Tribunal Federal de Justicia Fiscal y Administrativa, 2014. pp. 1-6.

3 *Cfr.* PRIETO SANCHÍS, Luis. *Neoconstitucionalismo, Principios y Ponderación.* México: Editorial Ubijus, 2014. p. 87.

En ese sentido, los principios supralegales constituyen normas no escritas que mandatan a los distintos operadores jurídicos, distintas directrices de conducta[4], al imponerles la obligación realizar algo *"[...] en la mayor medida posible, dentro de las posibilidades jurídicas y reales existentes [...]"*[5], como sostiene Alexy.

Para Rodríguez–Arana, los principios supralegales constituyen una de las principales fuentes del Derecho, en general, y del Derecho Administrativo, en particular, porque:

> "Los principios generales del derecho son fuente del derecho, y, por tanto, también del derecho administrativo. En un sistema normativo que bebe en las fuentes de un positivismo ya superado por la realidad y la aspiración a la justicia, los principios adquieren especial relevancia en la medida que son el alma de la racionalidad jurídica, en la medida en que a través de ellos es posible aspirar a cánones de justicia material que impidan la dictadura del formalismo jurídico [...]"[6]

El objetivo de la presente ponencia consiste en demostrar que los principios supralegales ejercen distintas funciones en la contratación pública, que derivan de la esencia normativa[7] y de la eficacia jurídica de tales principios, que *"[...] opera[n] en cualesquiera ámbitos donde la creación y la aplicación de las normas [escritas] tengan lugar; pero su eficacia se encuentra en función inversa de la madurez y del grado de perfección legislativa [...]"*[8], como menciona Santamaría Pastor.

La contratación pública consiste en la actividad realizada por el Estado o por la Administración para celebrar contratos, ya sea con algún ente público o con un particular[9], para hacerse de todo tipo de bienes, servicios y obra pública, bajo el imperio de las normas escritas y de los principios supralegales que la identifican, operan y condicionan.

Existe un gran número de principios supralegales que se vinculan a la contratación pública, algunos que existen sólo en función de ella y otros tantos que comparte con otras especialidades del Derecho Administrativo, al igual que con otras ramas del Derecho, como sucede con: el supraprincipio de proporcionalidad, los principios generales del Derecho, los principios supralegales relacionados con la tutela de la dignidad humana o los principios supralegales comunes a todo Derecho Público, por mencionar algunos ejemplos.

Entre los principios supralegales que rigen de manera exclusiva la contratación pública realizada mediante licitación pública[10], se encuentran: el principio supralegal de

---

4 *Cfr.* SANTAMARÍA PASTOR, Juan Alfonso. *Principios de Derecho Administrativo*. Vol. I. 4ª ed. España: Editorial Centro de Estudios Ramón Areces, 2002. pp. 161 y 162.

5 ALEXY, Robert. *Teoría de los Derechos Fundamentales.* 2ª ed. Madrid: Centro de Estudios Constitucionales, 2012. p. 67.

6 RODRIGUEZ-ARANA, Jaime. *Aproximación al derecho administrativo constitucional.* México: Novum, 2011. p. 71.

7 Utilizando el sentido más amplio de la palabra norma, que supone *"[...] un mandamiento, un reglamento, una orden. Sin embargo, mandar no es la única función de la norma, ya que también puede decretar, permitir, autorizar y derogar."*. KELSEN, Hans. *Teoría general de las normas*. reimpr. Delory Jacobs (trad.). México: Trillas, 2010. p. 19.

8 SANTAMARÍA PASTOR, Juan... *Op. cit.* pp. 164-165.

9 *Cfr.* LÓPEZ-ELÍAS, José Pedro. *Aspectos jurídicos de la licitación pública en México.* México: UNAM, 1999. p. 6.

10 En México, la contratación administrativa, en el ámbito federal, se realiza mediante licitación pública, invitación a cuando menos tres personas y adjudicación directa. *Cfr.* Art. 26. *Ley de Adquisiciones,*

concurrencia, que permite la participación del mayor número de oferentes, para que la Administración obtenga las mejores condiciones de contratación; el principio supralegal de igualdad, que prohíbe la preferencia de un oferente frente a los otros; y, el principio supralegal de transparencia, que supone el derecho de los interesados de conocer lo concerniente al proceso de licitación.[11]

Distintos administrativistas como Carlos Delpiazzo[12] o Fernando Garrido Falla[13] sostienen que los principios supralegales constituyen una de las fuentes directas o normativas del Derecho Administrativo. Tal idea supone, naturalmente, que los principios supralegales también constituyan una de las fuentes normativas de la contratación pública, al tratarse de una de las especialidades de la rama administrativa del Derecho.

Con la presente ponencia se pretende demostrar que los principios supralegales constituyen una de las fuentes primordiales de la contratación pública, al ejercer tres principales funciones sobre las normas escritas que la regulan y sobre los contratos públicos en los que se hace efectiva: la función inspiradora, la función interpretativa y la función integradora.

II. LA FUNCIÓN INFORMADORA

La premisa sobre la función informadora que realizan los principios supralegales sobre la contratación pública, al inspirar los textos normativos en los que se regula y las cláusulas de los contratos públicos, se comprueba de tres maneras: cuando los principios supralegales se institucionalizan directamente en los textos normativos; cuando parte del contenido de los principios supralegales se refleja en tales textos; y, cuando los principios irradian su contenido en los contratos públicos.

La función informadora de los principios supralegales ha sido referida por Cassagne, en su definición de Derecho Administrativo, al concebirlo como la disciplina encargada del obrar de la Administración, que *"[...] recibe aportes provenientes de la experiencia y del conjunto de principios generales que completan el entramado del derecho público e informan su contenido axiológico, dándole su peculiar fisonomía"*[14].

Para Garrido Falla, los principios supralegales *"[...] informan el ordenamiento jurídico escrito, [...] [debiendo] inspirar el ordenamiento positivo [...]"*[15]. De ahí que,

---

Arrendamientos y Servicios del Sector Público. Diario Oficial de la Federación, 10 de noviembre de 2014.

11 Tesis: I.4o.A.587 A. *Semanario Judicial de la Federación y su Gaceta.* México: Poder Judicial de la Federación, 2007. t. XXVI. p. 2652.

12 *"En tercer lugar, dentro de las fuentes directas, es habitual distinguir entre las fuentes escritas y las no escritas, ubicándose la Constitución y la ley entre las primeras y los principios generales del Derecho entre las segundas".* DELPIAZZO, Carlos E. *Derecho Administrativo General.* Vol. 1. Uruguay: Editorial y Librería Jurídica Amalio M. Fernández, 2011. p. 98.

13 *"Se desprende de lo anterior que una enumeración de fuentes del Derecho administrativo estatal ha de tener en cuenta las siguientes: a) Fuentes directas: a') Fuentes escritas: La Constitución, los Reglamentos Comunitarios, la ley (orgánica y ordinaria), los Tratados internacionales publicados en España y los reglamentos estatales (con rango de Real Decreto o dictados por autoridades inferiores)10. b') Fuentes no escritas: La costumbre y los principios generales del Derecho [...]".* GARRIDO FALLA, Fernando. *Tratado de Derecho Administrativo.* Vol. I. 13ª ed. España: Editorial Tecnos, 2002. pp. 193-194.

14 CASSAGNE, Juan Carlos. *El acto administrativo, teoría y régimen jurídico.* México: Porrúa, 2014. p. 1.

15 GARRIDO FALLA, Fernando... *Op. cit.* p. 305.

Vergara Blanco mencione que la función informadora impacta en *"[...] todo el proceso de creación del Derecho [escrito], condicionando el contenido que haya de darse a las normas jurídicas en trance de elaboración [...]"*[16].

Lo anterior, porque el sistema jurídico donde se regulan el Derecho Administrativo y la contratación pública, se integra por dos tipos de normas que se entrelazan y sistematizan: los principios supralegales y las normas escritas. Por ello, Martín Rebollo ha afirmado que:

> "El Derecho Administrativo es, pues, la parte del Ordenamiento jurídico que regula a las Administraciones Públicas y está configurado por el conglomerado de normas (Leyes y reglamentos) que se refieren a aquéllas, pero también –y [,] además– por los principios que inspiran y sustentan dichas normas, que son fruto de la historia, de la evolución social y política, y, en definitiva, del conjunto de ideas básicas mayoritariamente asumidas en cada tiempo que llamamos cultura."[17]

La primera evidencia de la función informadora radica en la institucionalización que las normas escritas del Derecho Administrativo ejercen, al reconocer expresamente dentro de los textos normativos toda clase de principios supralegales; como sucede, por ejemplo, con el principio supralegal de igualdad que informó, inspiró e irradió al artículo primero de la Constitución mexicana, al establecer que: *"[...] [e]n los Estados Unidos Mexicanos todas las personas gozarán de los derechos humanos reconocidos en esta Constitución y en los tratados internacionales de los que el Estado Mexicano sea parte [...]"*[18]; y al ordenar que:

> "Queda prohibida toda discriminación motivada por origen étnico o nacional, el género, la edad, las discapacidades, la condición social, las condiciones de salud, la religión, las opiniones, las preferencias sexuales, el estado civil o cualquier otra que atente contra la dignidad humana y tenga por objeto anular o menoscabar los derechos y libertades de las personas."[19]

De la misma manera, la Constitución mexicana institucionaliza principios supralegales que rigen de manera exclusiva lo concerniente a la contratación pública, para asegurarle al Estado las mejores condiciones de contratación, mediante la licitación pública, la invitación a cuanto menos tres personas o la adjudicación directa. Entre ellos se encuentran los principios institucionalizados de: economía, eficacia, eficiencia, imparcialidad y honradez.[20]

Resulta conveniente destacar que ni la fuerza jurídica de los principios supralegales ni su naturaleza de mandato deóntico no escrito se ven comprometidas con su institucionalización. Pese a ello, en un Derecho particularmente formalista como lo es el mexica-

---

16 SANTAMARÍA PASTOR, Juan... *Op. cit.* p. 164.

17 MARTÍN REBOLLO, Luis. *Leyes Administrativas.* 17ª ed. España: Thomson Reuters, 2011. p. 56.

18 Art. 1°. *Constitución Política de los Estados Unidos Mexicanos.* México: Diario Oficial de la Federación, 27 de enero de 2016.

19 *Ídem.*

20 *Cfr.* Art. 134. *Ídem.*

no[21], resulta conveniente institucionalizar los principios supralegales, para darles plena operatividad.

Lo anterior, porque los principios institucionalizados en la Constitución tienen, en relación con el resto de normas jurídicas: un máximo rango, al estar reconocidos en la norma fundamental, lo que provoca que se impongan sobre cualquier otra norma o principio inferior; una máxima fuerza jurídica, en tanto que su tutela y cumplimiento son vigilados por los distintos tribunales; y, un máximo grado de indeterminación, pues constituyen mandatos de optimización, cuya realización no se encuentra específicamente delimitada, sino que debe actualizarse en la mayor medida posible, de acuerdo a las circunstancias de los casos concretos.[22]

Ahora bien, la función informadora que los principios supralegales realizan en la contratación pública no se agota con su institucionalización, al también informar el contenido de las normas escritas que la rigen. Para comprobar tal aseveración basta con comparar los textos normativos a la luz de los principios supralegales, para evidenciar la inspiración que éstos realizan sobre aquéllos.

Lo anterior se demuestra, por ejemplo, con el principio supralegal de transparencia que rige a la contratación pública realizada mediante licitación, que consiste en el derecho de conocer todos los actos concernientes al proceso de licitación.[23] Pese a que dicho principio supralegal no se encuentre reconocido expresamente, del proceso de licitación pública, regulado en artículo 26 de la Ley de Adquisiciones, Arrendamientos y Servicios del Sector Público, se comprueba la irradiación que el referido principio realizó al mencionado texto normativo, que establece:

> "Las adquisiciones, arrendamientos y servicios se adjudicarán, por regla general, a través de licitaciones públicas, mediante convocatoria pública, para que libremente se presenten proposiciones, solventes en sobre cerrado, que será abierto públicamente, a fin de asegurar al Estado las mejores condiciones disponibles en cuanto a precio, calidad, financiamiento, oportunidad, crecimiento económico, generación de empleo, eficiencia energética, uso responsable del agua, optimización y uso sustentable de los recursos, así como la protección al medio ambiente y demás circunstancias pertinentes, de acuerdo con lo que establece la presente Ley."[24]

Sin embargo, la función informadora que los principios supralegales ejercen en la contratación pública no se limita a los actos de institucionalización y de irradiación de contenido en las normas escritas que regulan lo concerniente a la contratación pública, al también permear a los actos de creación de los contratos públicos.

Respecto de cómo los principios supralegales rigen el acto de adjudicación y creación de los contratos públicos, la ley de la materia establece que:

> "[...] [al momento de contratar, de acuerdo con las] circunstancias que concurran en cada caso, deberá motivarse [la adjudicación] en criterios de economía, eficacia, eficiencia, impar-

21 Al respecto véase: SALAZAR MUÑOZ, Rodrigo. *Neoconstitucionalismo: ¿nuevo paradigma del Derecho Administrativo?. La constitucionalización del Derecho Administrativo mexicano*. España: Editorial Académica Española, 2016.

22 *Cfr.* ALEXY, Robert, "Derechos fundamentales y estado constitucional democrático". En: CARBONELL, Miguel (comp.), *Neoconstitucionalismo(s)*. 4ª ed. Madrid: Trotta, 2009. pp. 32-37.

23 Tesis: I.4o.A.587 A. *Semanario Judicial de la Federación y su Gaceta.* México: Poder Judicial de la Federación, 2007. t. XXVI. p. 2652.

24 Art. 26. *Ley de Adquisiciones, Arrendamientos y Servicios del Sector Público... Op. cit.*

> cialidad, honradez y tran
>
> , y el dictamen de procedencia de la contratación será autorizado por el titular de la dependencia o entidad, o aquel servidor público en quien éste delegue dicha función [...]"[25]

Con lo argumentado se comprueba la primera función que los principios supralegales ejercen en la contratación pública, la relativa a la irradiación que realizan en las distintas normas jurídicas en las que la contratación se regula, ya sean generales, como la Constitución, las leyes o los reglamentos, o individualizadas, como los contratos públicos.

III. LA FUNCIÓN INTERPRETATIVA

Por conducto de la interpretación jurídica, los operadores jurídicos fijan o establecen el alcance o extensión de los textos normativos y de las cláusulas contractuales, a la luz de los principios supralegales que irradian contenido en ellos. Por ello, gracias a la interpretación, las autoridades y los tribunales administrativos encuentran el significado gramatical del ordenamiento y de los contratos, al desentrañar sus sentidos jurídicos.[26]

Aunado a lo anterior, la interpretación jurídica resulta imprescindible para resolver las dudas o controversias que se susciten con motivo de la oscuridad, vaguedad o imprecisión de las normas escritas y de las cláusulas contractuales. Los principios supralegales permiten resolver tales problemáticas, por sus funciones informadora e integradora, al iluminar las deficiencias de los textos normativos y contractuales con su contenido, proporcionándoles significado y alcance.

Lo anterior ocurre, en palabras de Santamaría Pastor, porque:

> "[...] los principios son reglas extrasistema, que se utilizan simultáneamente con las normas escritas para [...] precisar el significado de las normas escritas y su sentido o finalidad, así como para ampliar o reducir su ámbito de vigencia o incluso para excluir su aplicación".[27]

Pero, la función interpretativa de los principios supralegales trasciende a lo anterior, al impactar en la aplicación de las normas escritas que rigen la contratación pública, al igual que en la ejecución de los contratos públicos, al permitir, como menciona Santamaría Pastor, *"[...] construir una solución justa y socialmente aceptable para cada caso o conflicto [...]"*[28], como una consecuencia hermenéutica[29].

---

25 Art. 16. *Ídem.*

26 *Cfr.* Tesis II.1o.84 A. *Semanario Judicial de la Federación y su Gaceta.* México: Poder Judicial de la Federación, 1994. t. XIII. p. 466.

27 SANTAMARÍA PASTOR, Juan... *Op. cit.* p. 164.

28 *Ídem.*

29 *"[...] La hermenéutica, por su parte, se caracteriza por los siguientes rasgos: 1) su antipositividad, en cuanto considera que el derecho no sólo son reglas dictadas por el legislador, el derecho es sobre todo práctica social que se entiende necesariamente desde su interpretación y aplicación; 2) la precompren- , esto es, que la relación con un texto jurídico depende del contexto en el que se inscribe, necesita de experiencias previas, de "pre-juicios"; 3) la interpretación no puede verse en forma atomista y lineal, sino que es una actividad circular entre el texto normativo, el caso, el ordenamiento y el contexto, y 4) el sujeto de la interpretación , el conocimiento jurídico es al mismo tiempo comprensión y praxis."*. CÁRDENAS GRACIA, Jaime. *Introducción al estudio del Derecho.* México: Nostra Ediciones, 2009. pp. 281-282.

Al interpretar y aplicar las normas jurídicas y los contratos públicos, los principios supralegales proporcionan, en determinados casos y bajo ciertas reglas, la mejor solución que en Derecho proceda, por el supraprincipio de proporcionalidad y por el principio supralegal *pro personae,* en el caso mexicano.

En México, por conducto del supraprincipio de proporcionalidad, los órganos de jurisdicción administrativa que revisan la creación, cumplimiento y ejecución de los contratos públicos eligen, mediante un ejercicio de ponderación, los principios supralegales que permiten aplicar justicia en los casos concretos, considerando las circunstancias y exigencias propias de cada asunto.[30]

Por lo anterior, Béjar Rivera menciona que el supraprincipio de proporcionalidad permite ponderar:

> "[...] la legalidad, al igual que los otros principios [supralegales], por definición no oponibles entre sí, que interactúen de tal forma que la decisión administrativa, sea de la Administración Pública o del juzgador administrativo, efectivamente sea una cuestión de justicia que atienda a la realidad y no que ésta se someta a la norma"[31]

Al igual que el supraprincipio de proporcionalidad armoniza y pondera toda clase de principios supralegales y de principios institucionalizados para proporcionar la solución más justa al caso concreto, el principio supralegal *pro personae* permite a las autoridades administrativas que licitan, suscriben y ejecutan los contratos públicos, optar por los principios supralegales que proporcionen la mayor protección de los derechos humanos[32] de los administrados, porque:

> "El principio pro–persona, se basa en que los derechos inherentes a la persona reconocidos jurídicamente como universales; y como les decía, como mandatos de optimización, deben ser protegidos por el Estado, por sus instituciones, por sus agentes, por sus empleados, por sus funcionarios y servidores públicos, y en este caso considero que la aplicación y la operación del principio pro– persona se manifiesta a través de tres reglas: La conservación de la norma más protectora; la aplicación de la norma más favorable en presencia de conflictos normativos que requieren la primacía de uno de estos derechos, así como la interpretación con el sentido más protector en cuanto a desentrañar el sentido y la visión más favorable."[33]

---

30 *Cfr.* "Resolución del expediente varios 912/2010". En: COSSIO DÍAZ, José R., MEJÍA GARZA, Raúl M., y, ROJAS ZAMUDIO, Laura P. *El caso Radilla, Estudios y Documentos.* México: Porrúa, 2012. pp. 876-880.

31 BÉJAR RIVERA, Luis José. *Fundamentos de Derecho Administrativo, Objeto, Historia, Fuentes y Principios.* México: Tirant lo Blanch, 2012. p. 110.

32 Siempre que no exista un límite expreso a un derecho fundamental que se contenga en la Constitución, en cuyo caso se estará a la restricción constitucional, como lo ha establecido el Pleno de la Suprema Corte de Justicia de la Nación en la Jurisprudencia por Contradicción de tesis 293/2011, cuyo rubro establece: *"DERECHOS HUMANOS CONTENIDOS EN LA CONSTITUCIÓN Y EN LOS TRATADOS INTERNACIONALES. CONSTITUYEN EL PARÁMETRO DE CONTROL DE REGULARIDAD CONSTITUCIONAL, PERO CUANDO EN LA CONSTITUCIÓN HAYA UNA RESTRICCIÓN EXPRESA AL EJERCICIO DE AQUÉLLOS, SE DEBE ESTAR A LO QUE ESTABLECE EL TEXTO CONSTITUCIONAL.".* *Cfr.* Tesis P./J. 20/2014 (10a.). *Semanario Judicial de la Federación y su Gaceta.* México: Poder Judicial de la Federación, 2014. T. I. libro 5. p. 202.

33 Según afirmó la Primera Sala de la Suprema Corte de Justicia de la Nación en la Tesis denominada *"INTERPRETACIÓN CONFORME. NATURALEZA Y ALCANCES A LA LUZ DEL PRINCIPIO PRO PERSONA". Cfr.* Tesis 1a. CCCXL/2013. *Semanario Judicial de la Federación y su Gaceta.* México: Poder Judicial de la Federación, 2013. T. I. p. 530.

Se destaca que, el principio *pro personae* opera de manera distinta en sede administrativa y en sede jurisdiccional, por las reglas del modelo mexicano de control constitucional y de convencionalidad: que permite a las autoridades administrativas realizar interpretación conforme, en sentidos amplio y estricto, sin que puedan inaplicar normas generales; y, que faculta a los órganos de jurisdicción administrativa para ejercer, junto con la ejecución de la interpretación conforme, inaplicar o invalidar las normas que no resulten benéficas para los administrados.[34]

Con lo mencionado se demuestra que la función interpretativa de los principios supralegales sirve a las autoridades y tribunales administrativos para desentrañar el sentido y alcance de los textos normativos y de los contratos públicos que aplican; al igual que, en algunos casos y bajo ciertas reglas, para aplicar la mejor solución que en Derecho proceda.

IV. LA FUNCIÓN INTEGRADORA

La función integradora supone la actividad que realizan los principios supralegales en la contratación pública, en ausencia de normas escritas o de cláusulas contractuales que contemplen alguna solución. Ello significa que la mencionada función opera en dos momentos: supliendo las lagunas del régimen jurídico en el que se regula la contratación; y, supliendo las lagunas de las cláusulas contractuales.

En México, la función integradora se circunscribe a los tribunales de amparo que conocen asuntos administrativos, dejando fuera a las autoridades y tribunales administrativos ordinarios; aunque deba atribuírseles, como se comprueba con los siguientes razonamientos.

Sobre la función integradora, Garrido Falla alude que la aplicación de los principios supralegales *"[...] es subsidiaria y que, por tanto, sólo podrán ser invocados a falta de texto jurídico escrito aplicable a la cuestión controvertida, sin perjuicio, claro está, de su <<carácter informador del ordenamiento jurídico>> [...]"*[35]. Con ello, el profesor español delimita dicha función a los órganos jurisdiccionales, alejándola de los administrativos.

De la misma manera, Vergara Blanco postula que la función integradora se limita a la sede jurisdiccional, al puntualizar que los principios supralegales cumplen *"[...] una función integradora de las lagunas del sistema normativo [...] [al tratarse de una competencia] clásica que permite al Juez resolver en Derecho los conflictos que se le plantean en ausencia total de norma escrita [...]"*[36].

La función integradora del juzgador sirve, en parte, para suplir las deficiencias de la función materialmente legislativa[37]. Por conducto de los principios supralegales, los órganos jurisdiccionales superan el vacío normativo. Por ello, García Máynez arguye que:

---

34 *Cfr.* "Resolución del expediente varios 912/2010". En: COSSIO DÍAZ, José. *et. al. Op. cit.* pp. 876-880.

35 GARRIDO FALLA, Fernando... *Op. cit.* p. 196.

36 SANTAMARÍA PASTOR, Juan... *Op. cit.* p. 164.

37 En su acepción más amplia, entendido no sólo al Poder Legislativo, sino a cualquier potestad competente para crear normas materialmente legislativas, como el Poder Ejecutivo, al expedir los reglamentos. *Cfr.* Art. 1°. *Constitución Política de los Estados Unidos Mexicanos... Op. cit.*

"No hay que perder de vista que en todos aquellos casos en que las fuentes formales resultan insuficientes para procurar a la autoridad judicial un criterio de solución, quedan los jueces y tribunales colocados en situación muy semejante a la del mismo legislador. Pues, así como éste, al realizar su actividad, ha de preocuparse por transformar en preceptos formalmente válidos los principios generales del derecho o, como sería preferible decir, las exigencias de la justicia, el juez está obligado a establecer las normas de decisión para los casos imprevistos, no de manera arbitraria, sino en la misma forma en que el legislador lo habría hecho, de haberlos tenido presentes. La única diferencia que entre las dos actitudes existe, radica en que el legislador debe formular reglas de índole abstracta, aplicables a un número indefinido de casos, en tanto que el juez ha de descubrir la norma de solución para una situación singular. Si se admite que el legislador no debe nunca perder de vista esos principios generales, habrá que aceptar, igualmente, que el orden jurídico es, en mayor o menor medida, realización de tales principios, y que volver a ellos cuando el legislador guarda silencio, equivale a completar, de manera armónica y coherente, la obra legislativa."[38]

De los tres sujetos que deben ejercer la función integradora de los principios supralegales en los distintos ámbitos de la contratación pública, los órganos jurisdiccionales del Poder Judicial de la Federación son los que poseen competencia legal para ejecutarla, al resolver los juicios de amparo en materia administrativa, al establecer que: "*[a] falta de disposición expresa [de la Ley de Ampa*
Federal de Procedimientos Civiles y, en su defecto, los principios generales [...]"[39].

En el caso mexicano, la actualización de la función integradora por parte de las autoridades administrativas y del Tribunal Federal de Justicia se antoja un tanto complicada, porque las leyes que regulan sus actuaciones señalan al Código Federal de Procedimientos Civiles como el único ordenamiento supletorio, sin que reconozcan a los principios supralegales con tal carácter.[40]

Sin embargo, sostenemos que la función integradora debe realizarse por la Administración y por los tribunales de lo contencioso administrativo para suplir las lagunas de las normas escritas y de los contratos públicos, al estar vinculados al conjunto de fuentes normativas del Derecho Administrativo, que se integran por el universo de normas objetivas y por el conjunto de principios supralegales que lo rigen.

Pese a lo anterior, para dar plena operatividad a la función integradora en sede administrativa, sería conveniente que en el ordenamiento mexicano se contemplara alguna disposición que reconociera que la Administración y los tribunales de lo contencioso administrativo se encuentran sujetos al imperio del Derecho positivo y de los principios supralegales; como ocurre, por ejemplo, con el artículo 103 de la Constitución Española, que refiere que: "*[...] [l]a Administración Pública sirve con objetividad los intereses generales y actúa de acuerdo a los principios de eficacia, jerarquía, descentralización, desconcentración y coordinación con sometimiento pleno a la ley y al Derecho [...]*"[41].

---

38 GARCÍA MÁYNEZ, Eduardo. *Introducción al estudio del Derecho.* 33ª ed. México: Porrúa, 1982. p. 372.

39 Art. 2. *Ley de Amparo.* México: Diario Oficial de la Federación, 17 de junio de 2016.

40 *Cfr.* Art. 1°. *Ley Federal del Procedimiento Administrativo.* México: Diario Oficial de la Federación, 9 de abril de 2012. *Cfr.* Art. 1°. *Ley Federal del Procedimiento Contencioso Administrativo.* México: Diario Oficial de la Federación, 13 de junio de 2016.

41 *Constitución Española.* España: 1978. Recuperado de: http://www.lamoncloa.gob.es/documents/constitucion_es1.pdf el 15 de febrero de 2017.

Con lo narrado se comprueba que la función integradora de los principios supralegales debe ser ejercida por todos los operadores jurídicos relacionados con la contratación pública, por su vinculación al sistema de fuentes normativas del Derecho Administrativo, al permitirles suplir las lagunas del ordenamiento al igual que las de los contratos públicos.

V. A MANERA DE CONCLUSIÓN

En el presente trabajo hemos expuesto las principales funciones que los principios supralegales realizan sobre los contratos públicos y sobre las normas escritas que regulan lo concerniente a la contratación pública. Con ello, hemos reivindicado la importancia que los principios supralegales revisten para tal especialidad, al margen de las normas escritas en las que ésta se regula.

Pese a que la contratación pública se rija por el principio de legalidad, imponiendo a las normas escritas como su principal fuente, se ha demostrado que los principios supralegales integran el catálogo de fuentes de la especialidad, por su naturaleza normativa y por las acciones que realizan sobre el sistema jurídico escrito en el que se regula, al inspirarlo, interpretarlo e integrarlo.

Con lo expuesto se comprueba que los principios supralegales tienen injerencia en los distintos momentos de la contratación pública, pues: la función informadora se realiza de manera previa a la ejecución de los contratos públicos, al inspirar el contenido de sus cláusulas y el de las distintas normas jurídicas en las que se regulan; mientras que, las funciones interpretativa e integradora se efectúan durante la ejecución de los contratos, al permitir su aplicación y su cumplimiento.

Los principios supralegales resultan indispensables para la planeación, adjudicación, y ejecución de los contratos públicos, porque gracias a ellos las normas aplicables y las cláusulas contractuales: reciben parte de su contenido, por la función inspiradora; son interpretadas y aplicadas, proporcionando la solución más justa o beneficiosa que en Derecho proceda, por la función interpretativa; y, finalmente, porque permiten aplicar los contratos en ausencia de normas o cláusulas, por su función integradora.

BIBLIOGRAFÍA

"Resolución del expediente varios 912/2010". En: COSSIO DÍAZ, José R., ME-JÍA GARZA, Raúl M., y, ROJAS ZAMUDIO, Laura P. *El caso Radilla, Estudios y Documentos.* México: Porrúa, 2012. pp. 876–880.

ALEXY, Robert, "Derechos fundamentales y estado constitucional democrático". En: CARBONELL, Miguel (comp.), *Neoconstitucionalismo(s).* 4ª ed. Madrid: Trotta, 2009. pp. 32–37.

ALEXY, Robert. *Teoría de los Derechos Fundamentales.* 2ª ed. Madrid: Centro de Estudios Constitucionales, 2012.

BÉJAR RIVERA, Luis José. *Fundamentos de Derecho Administrativo, Objeto, Historia, Fuentes y Principios.* México: Tirant lo Blanch, 2012. p. 110.

BÉJAR RIVERA, Luis. "Principios, Normas y Supletoriedad en el Derecho Administrativo". En: *Praxis de la Justicia Fiscal y Administrativa.* Año 6. Núm. 16. México: Centro de Estudios Superiores en materia de Derecho Fiscal y Administrativo del Tribunal Federal de Justicia Fiscal y Administrativa, 2014.

CÁRDENAS GRACIA, Jaime. *Introducción al estudio del Derecho.* México: Nostra Ediciones, 2009. pp. 281–282.

CASSAGNE, Juan Carlos. *El acto administrativo, teoría y régimen jurídico.* México: Porrúa, 2014.

Constitución Española. España: 1978. Recuperado de: http://www.lamoncloa.gob.es/documents/constitucion_es1.pdf el 15 de febrero de 2017.

Constitución Política de los Estados Unidos Mexicanos. México: Diario Oficial de la Federación, 27 de enero de 2016.

DELPIAZZO, Carlos E. *Derecho Administrativo General.* Vol. 1. Uruguay: Editorial y Librería Jurídica Amalio M. Fernández, 2011.

GARCÍA MÁYNEZ, Eduardo. *Introducción al estudio del Derecho.* 33ª ed. México: Porrúa, 1982. p. 372.

GARRIDO FALLA, Fernando. *Tratado de Derecho Administrativo.* Vol. I. 13ª ed. España: Editorial Tecnos, 2002.

KELSEN, Hans. *Teoría general de las normas.* reimpr. Delory Jacobs (trad.). México: Trillas, 2010.

Ley de Adquisiciones, Arrendamientos y Servicios del Sector Público. Diario Oficial de la Federación, 10 de noviembre de 2014.

Ley de Amparo. México: Diario Oficial de la Federación, 17 de junio de 2016.

Ley Federal del Procedimiento Administrativo. México: Diario Oficial de la Federación, 9 de abril de 2012.

Ley Federal del Procedimiento Contencioso Administrativo. México: Diario Oficial de la Federación, 13 de junio de 2016.

LÓPEZ–ELÍAS, José Pedro. *Aspectos jurídicos de la licitación pública en México.* México: UNAM, 1999.

MARTÍN REBOLLO, Luis. *Leyes Administrativas.* 17ª ed. España: Thomson Reuters, 2011.

PRIETO SANCHÍS, Luis. *Neoconstitucionalismo, Principios y Ponderación.* México: Editorial Ubijus, 2014.

RODRIGUEZ–ARANA, Jaime. *Aproximación al derecho administrativo constitucional.* México: Novum, 2011.

SALAZAR MUÑOZ, Rodrigo. *Neoconstitucionalismo: ¿nuevo paradigma del Derecho Administrativo?: La constitucionalización del Derecho Administrativo mexicano.* España: Editorial Académica Española, 2016.

SANTAMARÍA PASTOR, Juan Alfonso. *Principios de Derecho Administrativo.* Vol. I. 4ª ed. España: Editorial Centro de Estudios Ramón Areces, 2002. pp. 161 y 162.

Semanario Judicial de la Federación y su Gaceta. México.

42. LA RESERVA DE LA INFORMACIÓN EN MATERIA DE CONTRATACIÓN PÚBLICA.

*Guillermo A. Tenorio Cueto**

1. Introducción

El presente trabajo tiene como finalidad recorrer los caminos de la transparencia administrativa a partir de la contratación pública y de las excepciones a ese principio. Sabemos que la transparencia, dentro del marco de las libertades informativas, perfecciona el sistema democrático dotando de información al ciudadano de un adecuado ejercicio en lo público.

En ese sentido propongo este tema asumiendo de inicio que como sucede con otros derechos y obligaciones derivados de los estándares internacionales de las libertades informativas no debemos movernos por absolutos siendo que dichos derechos admiten excepciones. Ese es el caso de la seguridad pública y de la seguridad nacional.

Estas excepciones no suponen la arbitrariedad o la discrecionalidad de la autoridad, sino que suponen un ejercicio adecuado de la responsabilidad del Estado al momento de contratar. Para efecto de las negativas de la información proponemos un sistema fundamentado en la llamada "prueba de daño", donde el Estado pueda materializar una adecuada fundamentación y motivación respecto a las negativas de la información.

El estudio se focaliza en el ordenamiento jurídico mexicano pero es exportable a cualquier realidad jurídica que haya incorporado un sistema de transparencia administrativa o un derecho de acceso a la información. La llamada "prueba de daño" no es privativa del caso de México y puede ayudar mucho en la construcción de un sistema no discrecional de acceso a la información pública.

De igual manera el estudio trata de situarse en el marco jurídico internacional de protección a los derechos humanos para la justificación de la llamada "prueba de daño" con lo cual, desde nuestro particular punto de vista, hace más asequible la radicación de la misma en sedes nacionales. Se ha tomado el caso del sistema interamericano de derechos humanos el cual participa activamente en materia de libertades informativas con el sistema europeo.

* Catedrático de Derecho a la Información en la Universidad Panamericana; Director General del Centro de Estudios Superiores en materia de derecho fiscal y administrativo del Tribunal Federal de Justicia Administrativa; Miembro del Sistema Nacional de Investigadores; Autor de diversos libros y artículos especializados en materia de libertades informativas; gtenorio@up.edu.mx.

2. Seguridad nacional y seguridad pública

Es imperante señalar que una política de transparencia acompañada de la necesaria creación del derecho de acceso a la información pública no supone un ejercicio absoluto, es decir que, este tipo de políticas y de derechos tienen algunas limitaciones las cuales deben estar establecidas adecuadamente en el marco constitucional así como en la legislación secundaria.

En materia de libertades informativas hablamos del test tripartito establecido por el estándar internacional de derechos humanos donde se refiere que estas limitaciones deben estar claramente previstas por la legislación y las mismas deben ser claras y precisas para establecerse como un límite al ejercicio del derecho cuidando preponderantemente las ambigüedades o las inexactitudes.

En ese sentido el marco jurídico interamericano sobre el derecho a la libertad de expresión que publica la relatoría especial para la libertad de expresión de la Comisión Interamericana de derechos humanos, establece que:

> "Según ha sido interpretado por la jurisprudencia interamericana, el artículo 13.2 de la Convención Americana exige el cumplimiento de las siguientes tres condiciones básicas para que una limitación al derecho a la libertad de expresión sea admisible: (1) la limitación debe haber sido definida en forma precisa y clara a través de una ley formal y material, (2) la limitación debe estar orientada al logro de objetivos imperiosos autorizados por la Convención Americana, y (3) la limitación debe ser necesaria en una sociedad democrática para el logro de los fines imperiosos que se buscan; estrictamente proporcionada a la finalidad perseguida; e idónea para lograr el objetivo imperioso que pretende lograr"[1].

Cobra especial sentido señalar que estas limitaciones a la libertad de expresión engloban a todo el sistema de las libertades informativas incluido el derecho de acceso a la información y por consiguiente la política de transparencia. Como sabemos para el sistema interamericano el derecho de acceso a la información forma parte integral de la libertad de expresión a través de una de sus facultades que es la libertad de investigar, pues a partir de la misma el particular potencia un derecho fundamental fuertemente arraigado a la consagrada libertad.

Dichas limitaciones constituirán un marco jurídico claro, preciso y sobre todo orientado al logro de objetivos imperiosos y con finalidades claramente establecidas. En ese sentido entender a estas limitaciones como una carta abierta para el legislador o para la administración sería un absurdo. Ellas constituyen para la política de transparencia un papel protagónico siempre y cuando se establezcan bajo los estándares adecuados.

Una de las más típicas limitaciones de la política de transparencia y del derecho de acceso a la información tiene que ver con la seguridad nacional y la seguridad pública En ese sentido por ejemplo la Ley de acceso a la información pública gubernamental y de protección de datos personales de México establece como información reservada lo siguiente

> *Artículo 13.* Como información reservada podrá clasificarse aquélla cuya difusión pueda:
>
> I. Comprometer la seguridad nacional, la seguridad pública o la defensa nacional;

---

1 Marco Jurídico Interamericano sobre el derecho a la libertad de expresión, Relatoría especial para la libertad de expresión, Comisión Interamericana de Derechos Humanos, OEA, 2010, p. 24.

Como podemos observar aún y cuando el concepto se encuentra referido en la ley sería complejo que ya en la práctica pudiéramos dejar al arbitrio de cualquier funcionario público la posibilidad de interpretar los conceptos de seguridad nacional y de seguridad pública pues a lo mejor desde su perspectiva mucha de la información que el maneja pudiera concebirse como información reservada por motivos de seguridad nacional o seguridad pública.

Sabemos que el concepto de seguridad nacional y el de seguridad pública suponen aspectos distintos por tal motivo abordaremos en las líneas siguientes una aproximación al concepto de seguridad nacional y posteriormente lo distinguiremos del de seguridad pública. Para cada uno de ellos abordaremos como la política de transparencia impacta en dichos conceptos y como el derecho de acceso a la información puede encontrar resquicios para su acción.

Refiere Ernesto Villanueva que la seguridad nacional es uno de estos conceptos de los que suelen denominarse "conceptos jurídicos indeterminados", es decir que tienen diversas significaciones[2] y que por ello puede prestarse a confusiones. A pesar de ello y en consecuencia de lo referido en líneas anteriores sobre la claridad y la precisión de la ley en cuanto a las limitaciones en torno a las libertades informativas, es preciso referir que el Estado debe darse a la tarea de generar definiciones que nos permitan establecer que debemos entender por seguridad nacional y como la misma se puede ver amenazada por la revelación de determinada información.

En el caso mexicano ya veíamos que la ley de acceso a la información nos refiere que la información se puede clasificar como reservada cuando comprometa la seguridad nacional. En ese sentido no define el concepto y mucho menos pretende hacerlo. Lo cierto es que el Estado Mexicano genera a través de la Ley de Seguridad Nacional una serie de amenazas que si bien es cierto no inciden directamente en la construcción de un concepto si permiten aproximarnos a entender que tipo de actos pueden constituir una amenaza a dicho concepto.

En ese sentido la referida Ley de seguridad nacional refiere en su artículo 5 las amenazas a la misma, entendiendo por ellas:

I. Actos tendentes a consumar espionaje, sabotaje, terrorismo, rebelión, traición a la patria, genocidio, en contra de los Estados Unidos Mexicanos dentro del territorio nacional;
II. Actos de interferencia extranjera en los asuntos nacionales que puedan implicar una afectación al Estado Mexicano;
III. Actos que impidan a las autoridades actuar contra la delincuencia organizada;
IV. Actos tendentes a quebrantar la unidad de las partes integrantes de la Federación, señaladas en el artículo 43 de la Constitución Política de los Estados Unidos Mexicanos;
V. Actos tendentes a obstaculizar o bloquear operaciones militares o navales contra la delincuencia organizada;
VI. Actos en contra de la seguridad de la aviación;
VII. Actos que atenten en contra del personal diplomático;
VIII. Todo acto tendente a consumar el tráfico ilegal de materiales nucleares, de armas químicas, biológicas y convencionales de destrucción masiva;

2 VILLANUEVA, "*Derecho de acceso…*" *op. cit.* p. LXXI.

IX. Actos ilícitos en contra de la navegación marítima;
X. Todo acto de financiamiento de acciones y organizaciones terroristas;
XI. Actos tendentes a obstaculizar o bloquear actividades de inteligencia o contrainteligencia, y
XII. Actos tendentes a destruir o inhabilitar la infraestructura de carácter estratégico o indispensable para la provisión de bienes o servicios públicos.

De igual manera, la referida Ley de seguridad nacional en su artículo 51 nos permite aproximarnos a la misma a partir del derecho de acceso a la información y refiere que además de las amenazas ya descritas con anterioridad, se considerará información reservada la siguiente:

I. Aquella cuya aplicación implique la revelación de normas, procedimientos, métodos, fuentes, especificaciones técnicas, tecnología o equipos útiles, a la generación de inteligencia para la seguridad nacional, sin importar la naturaleza o el origen de los documentos que la consignen, o;
II. Aquella cuya revelación pueda ser utilizada para actualizar o potenciar una amenaza.

Como referíamos con anterioridad, si bien es cierto la ley no nos dota de una definición sobre el concepto si nos aproxima a una serie de actos (amenazas) e información, que constituyen una amenaza a la seguridad nacional. En ese sentido el Instituto Federal de Acceso a la Información y Datos Personales elaboró los lineamientos generales para la clasificación y desclasificación de la información de las dependencias y entidades de la administración pública federal, tratando de proponer una serie de variables en las cuales el servidor público pudiera establecer una primera aproximación a la seguridad nacional.

En ese sentido dichos lineamientos refieren en el artículo 18 que:

> "La información se clasificará como reservada en los términos de la fracción I del artículo 13 de la Ley, cuando se comprometa la seguridad nacional, esto es, cuando la difusión de la información ponga en riesgo acciones destinadas a proteger la integridad, estabilidad y permanencia del Estado Mexicano, la gobernabilidad democrática, la defensa exterior y la seguridad interior de la Federación, orientadas al bienestar general de la sociedad que permitan el cumplimiento de los fines del Estado constitucional"[3].

Bajo esta óptica observamos cuatro variables que alertan al funcionario sobre la posible vulneración a la seguridad nacional en el revelado de información, ellos son a) la integridad, estabilidad y permanencia del Estado Mexicano, b) la gobernabilidad democrática, c) la defensa exterior y d) la seguridad interior de la Federación;

Cada una de estas variables representa una amenaza, daño o vulneración a la seguridad nacional en diversos aspectos. En ese sentido la primera de ellas que es la integridad, estabilidad y permanencia del Estado Mexicano, puede ser vulnerada a través de dos acciones, ellas son:

---

3 Lineamientos generales para la clasificación y desclasificación de la información de las dependencias y entidades de la administración pública federal; Al respecto y ya de manera sistemática se puede consultar el Marco Teórico Metodológico del Instituto de Acceso a la Información y Datos Personales del año 2003.

a. Menoscabar o lesionar la capacidad de defensa del territorio nacional, entendiendo como tal el establecido en el artículo 42 de la Constitución Política de los Estados Unidos Mexicanos, por otros estados o sujetos de derecho internacional, o
b. Quebrantar la unidad de las partes integrantes de la Federación señaladas en el artículo 43 de la Constitución Política de los Estados Unidos Mexicanos[4].

Sobre el particular el Marco teórico metodológico del IFAI refiere como posibles ejemplos de documentos que pudieran encuadrarse en estos supuestos los siguientes:

a. Documentos con información sobre el despliegue táctico y operativo de las fuerzas armadas en el territorio nacional.
b. Documentos con información sobre operaciones militares y navales.
c. Documentos con información que genere una expectativa de derecho sobre el territorio nacional para un sujeto de derecho internacional[5].

A este respecto me parece oportuno agregar que la revelación de documentos deberá incluir a las adquisiciones, compras, enajenaciones o contrataciones que el Estado realice en materia de seguridad nacional como por ejemplo:

a. Documentos con información acerca de la contratación de equipo destinado a operaciones militares o de seguridad nacional con finalidad de defensa.
b. Documentos con información de los proveedores de equipo destinado a operaciones militares o de seguridad nacional con finalidad de defensa.
c. Documentos con información acerca de la construcción de inmuebles destinados a la resguarda de la seguridad nacional.
d. Documentos con información acerca de proveedores de insumos de inmuebles destinados a la resguarda de la seguridad nacional.

La segunda de las variables que mencionan los lineamientos sobre seguridad nacional es la Estabilidad Institucional la cual supone una serie de acciones que:

> "ponen en riesgo las acciones destinadas a proteger la estabilidad de las instituciones de la Federación cuando la difusión de la información pueda afectar la integridad física de las máximas autoridades de los tres Poderes de la Unión y de los órganos con autonomía constitucional, que en el caso del Poder Ejecutivo Federal son el Presidente de los Estados Unidos Mexicanos, los Secretarios de Estado y el Procurador General de la República"[6].

En este caso el Marco teórico metodológico del IFAI refiere como ejemplos los siguientes casos:

a. La revelación de datos personales o detalles sobre las actividades privadas de las máximas autoridades de los poderes de la Unión y sus familiares.

---

4 *Idem.*

5 *Idem.*

6 *Idem.*

b. Información sobre determinadas rutas de transportación de las autoridades; información personal sobre quienes integran su escolta o equipo de seguridad[7].

La tercera de las variables que contemplan los Lineamientos a los que nos hemos venido haciendo referencia es la que tiene que ver con la gobernabilidad democrática. En ese sentido se establece que se vulnera la seguridad nacional a través de esta variable cuando la información pueda:

a. Impedir el derecho a votar y a ser votado, o
b. Obstaculizar la celebración de elecciones federales[8].

Es claro que para esta variable, el objeto de protección esta ceñido a los asuntos electorales pues para efectos de la consolidación democrática y la estabilidad de las mismas instituciones democráticas es fundamental que no se vulneren los principios rectores de esta. En ese sentido se refieren como ejemplos de vulneración a la seguridad nacional los siguientes:

a. La revelación de información que pueda impedir la expedición de credenciales de elector o que permita falsificarlas
b. La información que permita acceder al sistema informático de contabilización de votos con el propósito de alterar los resultados electorales[9].

Las dos últimas variables tienen propuestas por los lineamientos tienen que ver con la defensa exterior e interior de la Federación. En ese sentido entendemos que se pone en riesgo la defensa exterior cuando:

> "la difusión de la información pueda obstaculizar o bloquear las acciones de prevención o defensa que lleva a cabo el Estado Mexicano frente a otros estados o sujetos de derecho internacional".

A este respecto, se considera como un buen ejemplo de información a proteger la siguiente:

a. Información táctica o estratégica sobre las instalaciones, proyectos y acciones militares o navales relacionadas con el Plan DN–1 de Defensa y la Armada[10].

Como ya referíamos la última de las variables es la relativa a la defensa interior la cual se pondrá en riesgo cuando derivado de la difusión de la información se pueda:

a. Obstaculizar o bloquear operaciones militares o navales contra la delincuencia organizada;
b. Obstaculizar o bloquear actividades de inteligencia o contrainteligencia;
c. Menoscabar o dificultar las estrategias o acciones contra la delincuencia organizada;
d. Menoscabar o dificultar las estrategias para combatir la comisión de los delitos contra la seguridad de la Nación, previstos en el Código Penal Federal;

7 *Idem.*

8 *Idem.*

9 *Idem.*

10 *Idem.*

e. Destruir o inhabilitar la infraestructura de carácter estratégico a que se refieren los párrafos cuarto y séptimo del artículo 28 de la Constitución Política de los Estados Unidos Mexicanos;
f. Destruir o inhabilitar la infraestructura de carácter indispensable para la provisión de bienes o servicios públicos de agua potable, vías generales de comunicación o servicios de emergencia, o
g. Obstaculizar o bloquear acciones tendientes a prevenir o combatir epidemias o enfermedades exóticas en el país según lo dispuesto por el artículo 73 fracción XVI.2.a) de la Constitución Política de los Estados Unidos Mexicanos.

Sobre este particular se refieren como ejemplos los siguientes:

a. Información sobre instalaciones de dependencias con atribuciones de seguridad interior.
b. Información sobre testigos e informantes de actividades del crimen organizado que estén al servicio del Estado Mexicano.
c. Información sobre las rutas de transportación de narcóticos y los operativos en ellas.
d. Planes para desarticular grupos dedicados al narcotráfico, al robo de vehículos, lavado de dinero, contrabando de bienes o al tráfico de personas.
e. Información sobre la operación de infraestructura de telecomunicaciones, la energía, los transportes, los sistemas de agua potable y los servicios de emergencia, excluyendo la relacionada con los costos y gastos de operación corrientes, de adquisición o de mantenimiento.
f. Información detallada sobre operativos encubiertos o sorpresivos de erradicación y de intercepción (terrestre, aérea y anfibia) antinarcóticos y/o el combate al crimen organizado.

Estas cuatro variables que nos plantean los lineamientos no deben significar una carta abierta para el gobernante donde pretenda eludir el principio de máxima publicidad, por el contrario y en consecuencia de los estándares internacionales se constituyen como auténticas situaciones excepcionales pues se proponen como aspectos que permiten preservar la estabilidad e integridad tanto de la nación como de las instituciones que la protegen.

En prácticamente todas las potestades delegadas del Estado, encontraremos información que colinde con estas variables y por ello desde la construcción del sistema se establecen una serie de mecanismos de transparencia que buscarán no colindar con ellas. En ese sentido, las llamadas "obligaciones de transparencia" constituyen el régimen principal y general de todas las instituciones públicas delegadas que componen al Estado.

Las variables que hemos venido refiriendo, constituyen el régimen excepcional en materia de seguridad nacional y deben adecuarse y corresponderse a la regla general del principio de máxima publicidad en tanto sea posible. Sabemos que ello puede inclusive manifestarse al momento de la clasificación de la información cuando sólo alguna parte, alguna página o algún párrafo es el que contiene información reservada, siendo en ese momento la parte que quedará como clasificada como reservada mientras que, todo el resto del documento, deberá ser entregado en la llamada "versión pública".

En las páginas posteriores hablaremos de cómo estas vulneraciones a la seguridad nacional deberán plasmarse a partir de un elemento conceptual muy importante que es la llamada prueba de daño, en donde podremos proponer una elaboración adecuada de cómo consolidar este régimen de excepción sin la vulneración al principio de máxima publicidad.

El segundo de los conceptos tomamos a partir del artículo 13 de la Ley Federal de Transparencia y Acceso a la información pública y protección de datos personales, es el referido a la seguridad pública.

Por seguridad pública en términos del artículo 21 de la Constitución Política de los Estados Unidos Mexicanos debemos entender a aquella función del Estado que comprende la prevención de los delitos, la investigación y persecución para hacerla efectiva, así como la sanción de las infracciones administrativas. Esta función a cargo de la Federación, los Estados, el Distrito Federal y los Municipios estará orientada por diversos principios los cuales son: legalidad, objetividad, eficiencia, profesionalismo, honradez y respeto a los derechos humanos[11].

Sabemos también que la seguridad pública se distingue de la seguridad nacional a partir de su objeto. En ese sentido entendemos que la aquella tiene como centro de protección los bienes jurídicos de toda persona que vive dentro del Estado[12]. En ese sentido la distinción se encuentra justamente ahí, pues la seguridad nacional tiene un objeto de estudio más ambicioso que es el Estado y sus instituciones.

En ese sentido Jorge Fernández Ruiz nos refiere que el concepto de seguridad pública:

> "...constituye una expresión polisémicas y anfibológica, dados sus diversos significados y variadas interpretaciones pues es lo mismo un derecho de los integrantes de la población del Estado que una actividad obligatoria del Estado, cuya realización garantizará dicho derecho, sentido este último en el que existe confusión en el orden jurídico mexicano porque pese a que se trata de una función pública, erróneamente se le considera también un servicio público..."[13].

Por su parte Augusto Sánchez Sandoval refiere que:

> "La seguridad pública cumple la función conservadora del orden social, con base en un orden jurídico que controle al poder y norme sus relaciones con los ciudadanos y de estos entre sí. Es decir, la existencia y permanencia de un orden público y de un orden privado como condición necesaria para la vida social. Así la seguridad pública se constituye en la manifestación de la acción gubernamental, ejercida para salvaguardar la integridad, intereses y bienes de las personas, y de las entidades públicas y privadas"[14].

Como podemos apreciar la seguridad pública engloba en si mismo a la seguridad ciudadana y al orden público, esto debido al sistema mixto que nuestro país ha asumido. En ese sentido Ignacio Carrillo refiere que esta idea mixta es debida a que nuestro siste-

---

11 Artículo 21 de la Constitución Política de los Estados Unidos Mexicanos.

12 En ese sentido el Marco Metodológico del IFAI del año 2003 se refiere que se considerará vulnerada la seguridad pública cuando la información revelada ponga en peligro la integridad de las personas así como el orden público

13 *Cfr.* FERNANDEZ RUIZ, Jorge, "*Seguridad pública Municipal*", FUNDAP, México, 2003.

14 *Cfr.* SANCHEZ SANDOVAL, Augusto, "*Derechos humanos, seguridad pública y seguridad nacional*", INACIPE, México, 2000, p. 83

ma "junto con las instancias policiales públicas concurren las de seguridad privada, que son complementarias y auxiliares de las primeras y que no pueden en forma alguna entenderse sustitutivas, por lo que prevalecerá en materia de seguridad privada respecto de la seguridad pública"[15].

Al igual que sucede con la seguridad nacional, la seguridad pública es abordada por los lineamientos de clasificación generales para la clasificación y desclasificación de la información de las dependencias y entidades de la Administración Pública Federal a través de dos variables.

En ese sentido dichos lineamientos en su artículo 19 refieren que se comprometerá la seguridad pública "cuando la difusión de la información ponga en peligro la integridad y los derechos de las personas, así como el orden público"[16].

La primera variable será la integridad y derechos de las personas. Dicha variable se actualizará cuando la información otorgada permita:

a. Menoscabar la capacidad de las autoridades de seguridad pública para preservar y resguardar la vida o la salud de las personas;
b. Afectar el ejercicio de los derechos de las personas, o
c. Menoscabar o dificultar las estrategias para combatir las acciones delictivas distintas de la delincuencia organizada.

En ese sentido el ya citado Marco teórico metodológico del IFAI nos refiere como posibles ejemplos el otorgar información sobre:

a. Investigaciones sobre bandas del crimen organizado.
b. Acciones futuras para controlar la actividad delincuencial en una zona geográfica determinada.
c. Información sobre auxilio a personas amenazadas por algún peligro o que hayan sido víctimas de algún delito.

La segunda de las variables que se consideran en materia de seguridad pública es el orden público el cual podrá ponerse en peligro cuando:

a. Entorpecer los sistemas de coordinación interinstitucional en materia de seguridad pública;
b. Menoscabar o dificultar las estrategias contra la evasión de reos;
c. Menoscabar o limitar la capacidad de las autoridades para evitar la comisión de delitos, o
d. Menoscabar o limitar la capacidad de las autoridades encaminadas a disuadir o prevenir disturbios sociales que pudieran desembocar en bloqueo de vías generales de comunicación o manifestaciones violentas.

Al respecto los ejemplos de la información que pudiera poner en peligro al orden público serían:

---

15 *Cfr.* CARRILLO PRIETO, Ignacio, "*Policía y estado democrático de derecho*", PORRUA, México, 2004, p. 13.

16 "Lineamientos...", *op. cit.* p. 19

a. Información obtenida por intercambio de las diferentes dependencias dedicadas a la seguridad pública del país y que esté por producir la captura de integrantes de grupos delictivos.
b. Información sobre los códigos de encriptación de la Red Nacional de Telecomunicaciones y sus frecuencias exclusivas para seguridad pública.
c. Información sobre el Centro Nacional de Información y Telecomunicaciones (CNIT) o C$–Nacional, el que alberga al sistema nacional de información y al Centro de control, Comando, Comunicación y Cómputo de la Red IRIS, permitiendo el intercambio de información de las bases de datos de manera segura[17].

Como podemos apreciar, el marco referencial para establecer el tipo de información que se encuentra susceptible de ser clasificada con motivo de seguridad pública o seguridad nacional, queda claramente definida no sólo por los supuestos previstos por la legislación de la materia sino también por las normas explicativas y documentos de trabajo que el órgano garante ha establecido para la materia.

Una vez que hemos establecido un marco conceptual referencial de la política de transparencia y acceso a la información y luego de haber abordado dos de los supuestos de clasificación de la información que más comúnmente se presentan, ya sea en la discusión académica o ya sea en la labor ordinaria del servicio público, pasemos a un siguiente apartado donde veremos cómo esta causales de clasificación pueden presentarse en el día a día del flujo informativo a través de la celebración de contratos públicos.

3. Transparencia y procedimientos de contratación pública en materia de seguridad

Para efectos de este apartado hemos decidido establecer una primera diferenciación entre los procedimientos licitatorios y los procedimientos de adjudicación directa refiriendo en cada uno de ellos los efectos de la transparencia de cara a los aspectos de revelación de información en materia de seguridad.

3.1 Licitación pública

El primero de los procedimientos de los que hablaremos será la licitación pública como instrumento de la administración para contratar bienes y servicios.

Señala Manuel Lucero que la licitación:

a. Es un procedimiento, dado que se compone de una serie de actos regulados por las normas administrativas.
b. Tiene como finalidad seleccionar a la persona, física o jurídica, con la cual habrá de celebrar un contrato determinado la administración pública.
c. Selecciona sobre quien ha ofrecido las condiciones más ventajosas para la administración pública[18].

---

17 Marco teórico… *op. cit.* p. 56.

18 *Cfr.* LUCERO, Manuel, "*La licitación pública*", 2ª ed. México, Porrúa, 2002, p. 9.

Por su parte Carlos Delpiazzo, refiere que es:

> "...un procedimiento relativo al modo de celebrarse determinados contratos, cuya finalidad es la determinación de la persona que ofrece a la Administración, condiciones más ventajosas; consiste en una invitación a los interesados para que, sujetándose a unas determinadas bases, llamadas pliegos de condiciones, formulen propuestas de las cuales la Administración selecciona la más ventajosa, y todo el procedimiento se inspira para alcanzar la finalidad buscada, en los principios de igualdad y cumplimiento estricto al pliego"[19].

En ese sentido, refiere Luis José Béjar, existen diversos principios que irradian a este procedimiento como son la publicidad, la concurrencia, la igualdad, la transparencia y la oposición[20], todos ellos destinados al pertinente desarrollo del procedimiento que no sólo tiene como finalidad la contratación del bien o servicio determinado sino también que la Administración y en último caso el Estado, demuestre la optimización de recursos en la contratación de los referidos insumos.

Para el caso que nos ocupa nos centraremos en dos de los principios referidos, por un lado en el principio de publicidad y por otro en el principio de transparencia.

El principio de publicidad de este tipo de procedimientos encuentra su asiento conceptual vinculado a la tarea primigenia del estado democrático. Queda claro que uno de los elementos matrices de este tipo de Estados es la publicidad de sus actos, entendida esta como la capacidad comunicativa que tiene el Estado de nutrir el espacio público[21], es decir que mediante el principio de publicidad los actos del Estados son susceptibles no sólo de conocimiento sino de crítica racional que permite una adecuada valoración de la toma de decisiones[22].

El proceso licitatorio se encuentra impregnado de dicha publicidad pues el objeto del mismo será que sea conocido para la posible participación de quien desee participar, así como que las propuestas recibidas por la Administración Pública sean conocidas por todos para evaluar que la elección que se ha hecho para una determinada adquisición de un bien o servicio obedece a la lógica de optimización de recursos y mejora en la calidad del bien o servicio de que se trate.

Este principio de publicidad orilla a la administración pública a ello: a elegir adecuadamente en la mayor ventaja para ella. Esta publicidad deberá ser concretada a través de la difusión de la convocatoria, bases, procedimiento y en general toda la información que la misma ley indique y colma el carácter publicitario que la rodea. No perdamos de vista que el principio de publicidad orienta esta difusión teniendo dos finalidades claramente definidas que son por un lado la capacidad de conocimiento del ciudadano respecto a la elección que llevará a cabo la administración pública y por otro la legitimidad misma del procedimiento de cara a los concursantes.

---

19 *Cfr.* DELPIAZZO, Carlos, "*Contratación administrativa*", Universidad de Montevideo, Montevideo, 1999, p. 119.

20 *Cfr.* BEJAR, Luis José, "*Curso de Derecho Administrativo*", NOVUM, México, 2012, pp. 294 y ss.

21 *Cfr.* TENORIO CUETO, Guillermo, "*Derecho a la información*", Porrúa, México, 2009, p. 26.

22 *Idem.*

Hay autores como Juan Carlos Cassagne que fusionan este principio de publicidad con el de transparencia[23], aunque para efectos de este trabajo seguiremos la distinción a efectos de mostrar un carácter diferenciador entre uno y otro.

La licitación pública también está impregnada del principio de transparencia, es decir que no sólo se colma de una publicidad que permite a los concursantes participar en ella y observar que el procedimiento se colme adecuadamente sino que permite al ciudadano entender la lógica del Estado en cuanto a la canalización y optimización de los recursos que se emplean para la sustanciación del procedimiento así como la contratación de bienes y servicios.

El proceso licitatorio se vuelve transparente y susceptible de acceso a la información a partir de la naturaleza propia del mismo procedimiento. Es importante recalcar que, como ya hemos dicho, tampoco el principio de transparencia se manifestará como un absoluto en estos procedimientos, por el contrario encontrará limitaciones a la difusión de la información que emane de él. Estas limitaciones correrán la suerte de la política de transparencia prevista en la ley. En ese sentido se podrá clasificar información derivada de un proceso licitatorio cuando dicha información vulnere los supuestos de la ley que hablan de información reservada o bien cuando existan datos que puedan ser considerados como confidenciales. En uno y otro caso la administración pública deberá o bien clasificar la información como reservada, o generar una versión pública suprimiendo los datos comprometedores.

Lo relevante del principio de transparencia en los procedimientos licitatorios es no perder de vista que lo que existe como fundamento de este principio es que la información ahí contenida es un asunto de interés público[24] por lo que es medular hacer vivir el principio de máxima publicidad ello sin detrimento de la adecuada vivencia de las excepciones planteadas.

La transparencia se manifestará en este tipo de procedimientos a través de la divulgación de los contenidos esenciales del procedimiento, del monto de lo asignado, de los participantes, de la sustanciación del procedimiento, de las irregularidades del mismo, de la asignación del contrato así de cómo los términos del mismo en tanto no se vulneren las excepciones referidas.

Como podemos apreciar el procedimiento licitatorio debe permitir, por su naturaleza propia la publicidad y la transparencia permitiendo llevar al límite el principio de máxima publicidad pero sobre todo destacando el interés público de la asignación de recursos de la administración pública pudiendo con ello tener un mejor control en el destino de los recursos públicos.

3.2. Adjudicación directa

El segundo de los procedimientos que vamos a tratar es el de la adjudicación directa como un segundo mecanismo donde la Administración puede adquirir bienes o servicios.

---

23 *Cfr.* CASSAGNE, Juan Carlos, "*El contrato administrativo*", 3ª ed. ABELEDO PERROT, Argentina 2009.

24 *Cfr.* LUNA PLA, Issa, "*Transparencia política, acceso a la información y consolidación democrática*", TEPJF, Temas Selectos de derecho electoral, Nº 28, México, 2012, p. 18.

Refiere Jorge Fernández Ruiz que:

> "Se entiende por contratación directa o adjudicación directa de un contrato administrativo, la designación de un cocontratante por parte de la administración pública sin mediar una licitación pública o privada de la que se deduzca de manera directa el cocontratante específico"[25].

Por su parte Carlos Delpiazzo al referirse a este tipo de contrataciones nos refiere que ellas también son:

> "una manifestación del sistema de restricción, porque está regulada y prefigurada como un mecanismo excepcional; sólo puede verificarse en determinadas hipótesis, que son las que prevé expresamente la ley"[26].

Como podemos apreciar la contratación o adjudicación directa de un contrato para la adquisición de bienes o servicios constituye en principio un régimen excepcional del sistema de contratación pública, siendo este sistema uno de los más controlados por parte del mismo Estado[27].

Es evidente que este tipo de contratación genera cierto conflicto y tensión entre las diversas posturas respecto al mismo. Es claro que hay quienes apoyan este tipo de contratos aduciendo que se pueden "celebrar con oportunidad, obviarse trámites burocráticos engorrosos que impiden la adopción de decisiones rápidas, oportunas y eficaces"[28].

Por el contrario existen detractores a este tipo de contrataciones pues se argumenta "no sólo la corrupción propiciada por el amplio margen de discrecionalidad del servidor público facultado para adjudicarlo sino el encarecimiento del precio derivado de la ausencia de concurrencia y por ende de competencia entre potenciales oferentes"[29].

Lo anterior sirve para evidenciar que el tema de la adjudicación directa resulta polémico incluso dentro de los mismos especialistas de la contratación administrativa y resulta todavía más complejo cuando se analiza desde la óptica de una política de transparencia y acceso a la información.

Hemos venido señalando que el derecho de acceso a la información y la política de transparencia no constituyen derechos absolutos para el ciudadano, ni obligaciones absolutas para el Estado y hemos referenciado que al menos los estándares internacionales en materia de libertades informativas nos refieren un claro "test tripartito"[30] para establecer estas limitaciones.

Este llamado "*Test Tripartito*" reconoce que en materia de libertades informativas existen limitaciones y las mismas deben:

a. Establecerse mediante leyes redactadas de manera clara y precisa.
b. Estar orientadas al logro de objetivos legítimos

25 *Cfr.* FERNANDEZ RUIZ, *op. cit.* p. 209.

26 *Cfr.* DELPIAZZO, *op. cit.* p 84.

27 *Cfr.* RUIZ GARCÍA, Laura, "*Contratos Administrativos*", FLORES EDITOR Y DISTRIBUIDOR, México, 2010, p. 186.

28 *Cfr.* FERNANDEZ RUIZ, *op. cit.* p. 209.

29 *Idem.*

30 Marco Jurídico Interamericano… *op. cit.* p. 24.

c. Ser necesarias en una sociedad democrática para el logro de los fines imperiosos que persiguen, estrictamente proporcionadas a la finalidad que buscan e idóneas para lograr el objetivo imperioso que pretenden[31].

Para el caso que nos ocupa hemos venido entendiendo que estas limitaciones al derecho de acceso a la información y a la política de transparencia sigue la misma suerte de este llamado *test* no sólo en función del estándar internacional sino de la adopción del mismo a través de la Suprema Corte de Justicia de la Nación[32] a través de la resolución de algunos casos en la materia.

Todo lo anterior es relevante para el punto de partida de nuestro análisis sobre el tema de la adjudicación directa. Es claro que en materia de transparencia y acceso a la información las limitaciones a los mismos conceptos deberán estar claramente establecidos en la ley, orientadas al logro de objetivos legítimos y ser necesarias para el logro de objetivos imperiosos que se buscan.

Cuando impregnamos del principio de transparencia a la adjudicación directa, esta no supone un ejercicio arbitrario de la administración pues en principio deberá incluir todos y cada uno de los principios de la contratación pública y sólo por excepción deberá suprimir el principio de transparencia y acceso a la información en virtud de la naturaleza de la misma.

En ese sentido la Ley de Adquisiciones, Arrendamientos y Servicios del Sector Público prevé en su normativa las causas en las cuales la administración pública debe generar la contratación a través de la adjudicación directa y en materia de seguridad hace hincapié que dicha adjudicación ni siquiera debe ser susceptible a algún comité de adquisición en función de la protección de la información que en ese supuesto podría comprometer la misma seguridad.

Ahora bien inclusive en este supuesto podría pensarse que el margen de discrecionalidad es total para el funcionario y que en aras de dicha discrecionalidad podría comprometer recursos públicos sin tener mayor grado de responsabilidad o bien sin apegarse en nada a los principios democráticos del Estado de Derecho. Esto es incorrecto en función de lo siguiente.

Como hemos venido refiriendo en los apartados anteriores, la política de transparencia y acceso a la información se rigen bajo el principio de máxima publicidad, incluida la información que suele clasificarse como reservada. Esto significa que aún y cuando establezcamos un periodo de reserva no significa que la información nunca podrá ser pública o del dominio pública por el contrario significa que la información en cuestión ingresa a una especie de "limbo publicitario" donde permanecerá el tiempo de reserva.

Algunos autores refieren que:

> "Como se ha venido sosteniendo esta reserva es una mera excepción del principio de máxima publicidad. La reserva no es consecuencia de un margen de arbitrariedad, ni tampoco significa solapar la discrecionalidad. Tampoco implica un reducto de arbitrariedad donde el funcionario se refugia para encubrir su actuar. La razón de la fundamentación y de la motiva-

---

31 *Idem.*

32 Desde el año 2009 la Suprema Corte de Justicia de la Nación ha recibido y adoptado los estándares internacionales en materia de libertad de expresión como es el famoso caso La jornada vs Letras Libres. Amparo Directo 28/2010 que conoció la Primera Sala de la Suprema Corte de Justicia de la Nación.

ción para la reserva de la información supone aniquilar esas prácticas nocivas para el ejercicio democrático de la transparencia. El servidor público está obligado a referir el perjuicio que la revelación de la información supondrá para la comunidad o la supervivencia del Estado. Esta información que se reserva nada tiene que ver con los *arcana imperii* de la antigüedad, por el contrario la reserva de información impacta sobre cuestiones públicas y su condición de reservada no supone una creciente condición de poder respecto al que desconoce la información"[33].

Las adquisiciones directas en materia de seguridad pública o nacional no suponen una inhabilitación de la política de transparencia, por el contrario perfeccionan el sistema proponiendo una serie de valores comunitarios que deben ser protegidos antes de la revelación de la información. Dicha información sólo espera un tiempo mayor para poder ser difundida.

Como sabemos el régimen de la adjudicación directa, en términos del artículo 134 de la Constitución Política de los Estados Unidos Mexicanos, debe ser considerado como un régimen excepcional en toda la administración insistiendo en que tampoco supone un régimen arbitrario tratándose de la materia de seguridad en función del objeto y naturaleza misma de la información a resguardar.

Para el caso que nos ocupa es relevante señalar que el funcionario público que se mueve por los temas de clasificación de la información por motivos de seguridad nacional o seguridad pública, no sólo se apoya en la legislación sino que debe realizar un auténtico estudio que respalde su actuar para poderse encuadrar en los supuestos normativos. Este estudio normalmente establece el daño que presente, probable y específico que puede causarse por la revelación de la información.

Sólo como corolario del presente apartado valdría la pena volver a insistir en que tanto la licitación pública como la adjudicación directa en materia de seguridad nacional o seguridad pública no se evaden de la política de transparencia. El funcionario público y los órganos garantes deben trabajar concienzudamente en permitir al ciudadano la información cuando esta sea oportuna y pertinente, guardar racionalidad en el gasto y generar documentos sustentados y razonables en donde se explique claramente la causa de la reserva de la información.

A esta explicación se le denominará "prueba de daño" de la cual nos ocuparemos en el siguiente apartado.

4. La prueba de daño

4.1 Marco conceptual sobre "daño" en materia de transparencia y acceso a la información

El concepto daño lo podemos rastrear desde el derecho romano en donde "*Damnum*" significaba "la pérdida que sufre un propietario por detrimento de una cosa que le pertenece"[34]. Por su parte la Real Academia Española de la Lengua refiere este concepto como: "Causar detrimento, perjuicio, menoscabo, dolor o molestia".

Este concepto de daño ha permeado la cultura de transparencia y acceso a la información de diferentes manera en las políticas de la materia en todos los países que poseen

33 *Cfr.* TENORIO, *op. cit.* p. 66.

34 D'ORS, Álvaro, "*Derecho privado romano*", EUNSA, Navarra, 1983, p. 426.

normativa reguladora del tema. Para efectos de nuestro apartado el concepto de daño estará vinculado al menoscabo, detrimento, y perjuicio que se puede causar a la cosa pública por la revelación de una información que debe ser reservada.

Lo anterior nos lleva a proponer si la información en manos del Estado que por esencia debe ser pública puede ser susceptible de causar daño al mismo Estado. La respuesta es afirmativa y debería ampliarse a entender que la revelación de la información no sólo puede en algunas ocasiones causar daño al Estado o al gobierno en turno, sino también la revelación de la información puede causar un daño a particulares.

El daño a causar deberemos analizarlo desde las dos perspectivas de la clasificación de la información. Por un lado respecto a la información reservada y por otro respecto a la información confidencial.

Es evidente que respecto a esta segunda la prueba de daño es claramente definida y circunscrita a la protección de un valor determinado que es la protección de los derechos de la personalidad, en concreto la vida privada a través de datos o datos sensibles que son de exclusivo manejo del individuo del que emanan[35].

En ese sentido la revelación de los datos personales cobran una capital importancia e identificación en el manejo de la información. El daño causado por el otorgamiento de ella es evidente y concreto. De cualquier manera la legislación en materia de transparencia en el caso mexicano establece una serie de instrucciones en materia de protección de datos en posesión de los sujetos obligados que les faculta y les obliga en materia de la información considerada como confidencial.

El segundo de los supuestos es el daño que se causa en el caso de la información reservada. A diferencia de lo ocurrido en el caso de la información confidencial, los bienes jurídicos protegidos no son tan fácilmente identificables. Si bien es cierto hablamos de un daño al Estado, éste es difícil de construir aún y cuando se apele a los conceptos de seguridad que es donde radicaremos el análisis.

El daño en materia de información reservada y en concreto la prueba de que se causará algún daño por la revelación de la información, ni siquiera es materia de la misma ley. En ese sentido Sergio López–Ayllón y Alejandro Posadas refieren que "aunque la ley no establece explícitamente una prueba de daño, esta se deriva implícitamente del lenguaje del artículo 13"[36] de la legislación y de su exposición de motivos en donde al referirse a la información reservada se hace referencia al elemento de daño[37].

En ese sentido el Reglamento de la ley en su artículo 27 ya establece una obligación de establecer y referir, al momento de clasificar la información, la consideración de daño que causaría la difusión de la información. Al respecto refiere dicho artículo:

> *Artículo 27.* Al clasificar expedientes y documentos como reservados o confidenciales, los titulares de las unidades administrativas deberán tomar en consideración el daño que causaría su difusión a los intereses tutelados en los artículos 13, 14 y 18 de la Ley.

---

35 Ya la Ley de Acceso a la Información Pública Gubernamental en su artículo 3 refiere que los datos personales son: "Cualquier información concerniente a una persona física identificada o identificable".

36 *Cfr.* LOPÉZ AYLLÓN, Sergio, POSADAS, Alejandro, "*Las pruebas de daño e interés público en materia de acceso a la información. Una perspectiva comparada*". en Derecho Comparado de la Información, enero-junio de 2007, IIJ-UNAM, México, 2007, p. 31.

37 *Idem.*

Como podemos apreciar, la clasificación de expedientes no es una tarea arbitraria del funcionario público, por el contrario el mismo reglamento le impone una serie de obligaciones y una de ellas es el establecer en la clasificación la consideración de daño que ocasionaría la revelación de la información.

De igual manera los lineamientos de clasificación generales para la clasificación y desclasificación de la información de las dependencias y entidades de la Administración Pública Federal en su artículo 8° refieren el tema de la prueba de daño y obligan al servidor público al momento de clasificar la información a establecer lo siguiente:

Octavo. Al clasificar la información con fundamento en alguna de las fracciones establecidas en el artículo 13 de la Ley, no será suficiente que el contenido de la misma esté directamente relacionado con las materias que se protegen en dicho artículo, sino que deberá también considerarse la existencia de elementos objetivos que permitan determinar si la difusión de la información causaría un daño presente, probable y específico a los intereses jurídicos tutelados por dicho precepto.

De la lectura de este artículo se desprenden varios elementos a considerar. El primero de ellos la existencia de elementos objetivos que permitan determinar si la difusión de la información causaría un daño y posteriormente el mismo artículo refiere si dicha revelación causaría un daño con diversas características a saber: presente, probable y específico.

Es claro que el espíritu de la política de transparencia es irradiar el principio de máxima publicidad y con ello inclusive en los casos de excepción generar un dique a la arbitrariedad de la opacidad. En ese sentido quien clasifique la información deberá, clara y objetivamente, detectar el daño que puede generar la difusión de la información.

4.2 Daño presente

Como hemos venido mencionando la objetividad en la detección del daño deberá venir acompañada de la materialización del impacto de la información. Así pues se tendrá que especificar de qué manera la revelación de la información afecta directa y actualmente a la seguridad pública o seguridad nacional.

Por daño presente deberemos entender ese menoscabo, detrimento o perjuicio que la revelación de la información causa por el simple hecho de ser revelada. Es decir que no supone una especulación teórica acerca del daño, por el contrario, quien clasifica la información de inmediato sabe que la misma actualiza y genera una situación de alarma respecto a su difusión.

El daño presente deberá redactarse en esa clave asumiendo de inmediato la vinculación objetiva con los supuestos normativos estableciendo un marco general del daño sobre la información a revelar. Esta descripción deberá contener al menos lo siguiente:

a. Valoración objetiva del daño en relación con el supuesto normativo.
b. Impacto del acto que genera la información, en la seguridad.
c. Impacto de la revelación de la información en la operabilidad de la seguridad.

4.3 Daño probable

A diferencia del daño presente, el llamado daño probable incide directamente en la suposición, no especulativa sino deductiva, de un menoscabo o detrimento a la seguridad pública o seguridad nacional alertando, quien clasifica la información de la "cascada" de problemas con sus respectivas consecuencias que suscitaría la revelación de la información.

Por daño probable debemos entender esa aproximación futura a partir de los elementos que la realidad me está indicando. El daño probable se vincula con una actividad prudencial del funcionario que le permite observar las consecuencias seguras deducidas del estudio de la actualidad y observar los efectos negativos de la revelación de la información.

A diferencia de lo que sucede con el daño presente, el daño probable deberá redactarse en signo de alerta y versara fundamentalmente sobre consecuencias y efectos. En ese sentido dicho daño deberá redactarse conteniendo al menos lo siguiente:

a. Valoración objetiva del daño en relación con el supuesto normativo.
b. Efectos que causará la revelación de la información en materia de seguridad.
c. Impacto consecuencial de la revelación de la información.
d. Disminución de la seguridad en función del acto que genera la clasificación de la información.

4.4. Daño específico

La última de las características que presenta el tratamiento del daño es la que versa sobre el daño específico. Ya vimos en las dos anteriores como se habla de una especie de daño general, otra de daño futuro y nos faltaría una tercera sobre el daño concreto para cerrar el marco objetivo en la generación del daño.

En consecuencia de ello se establece la idea de daño específico el cual significa no sólo establecer un marco general y unas consecuencias a futuro sino que significa el establecimiento de la institución concreta donde recaerá el daño. Con ello quien clasifica la información deberá detallar en donde del Estado específicamente, se genera el daño.

A diferencia de los dos anteriores, el daño específico deberá redactarse teniendo como objetivo esa concreción en cuanto institución que deba ser protegida por la seguridad pública o nacional o el aspecto societario que busque protegerse. Este tipo de daño deberá redactarse teniendo en consideración lo siguiente:

a. Valoración objetiva del daño en relación con el supuesto normativo.
b. El órgano del Estado, dependencia del gobierno o entidad social que busca protegerse.
c. Persona o personas a las cual se puede causar daño (no se busca establecer los nombres, se busca entender que con la revelación de la información ciertos servidores públicos por poner un ejemplo, se encontraría en situación de vulnerabilidad).
d. Las funciones del gobierno que podrían verse afectadas o disminuidas.

Como podemos apreciar la prueba de daño no supone un ejercicio arbitrario en materia de seguridad, sino por el contrario queda sujeta a un régimen de motivación exhaustiva para probar la gravedad de la revelación de la información.

5. Conclusiones

Un sistema de transparencia y acceso a la información no debe propiciar un sistema de discrecionalidad para la administración pública por el contrario, en el marco de la ley, debe auspiciar un marco en donde se promueva el acceso a la información procurando el sano equilibrio entre lo público y lo reservado

La seguridad pública y la seguridad nacional se presentan como dos excepciones al principio de transparencia administrativa. Estas excepciones, que promueven reservar la información con el ánimo de vincularlas a valores colectivos de mayor calado no significan para el sistema un acto de discrecionalidad, por el contrario, las negativas de información al ciudadano respecto a estas excepciones, deberán estar claramente fundadas y motivadas.

En materia de contratación pública estas excepciones, a partir del principio de la prueba de daño que todo funcionario del Estado deberá proponer, potencian la adecuada vivencia de la política de transparencia y legitiman la respuesta negatoria de acceso a la información a la ciudadanía.

La excepcionalidad no supone un ejercicio de discrecionalidad ni arbitrariedad, por el contrario estas excepciones permiten al Estado un adecuado funcionamiento en aras de la protección del interés general, pero en materia de transparencia y acceso a la información es necesario fijar que estas excepciones deberán justificar su naturaleza a partir del daño causado a la sociedad a algún tercero.

BIBLIOGRAFÍA

ARELLANO GAUULT, David y LEPORE, Walter, "Reformas de transparencia: Hacer endógena la transparencia organizacional. El caso de México" en F*oro Internacional,* Vol. 49, núm. 2 (Apr–Jun 2009) / http:// www.jstor.org/stable/27755808.

———————————, "Derecho de la información", EUNSA, 1997, Navarra, España.

ARENA, G, "Transparencia administrativa y democracia", en *Revista Vasca de administración pública*, núm. 37, 1993.

BEJAR, Luis José, *"Curso de Derecho Administrativo"*, NOVUM, México, 2012.

CASSAGNE, Juan Carlos, *"El contrato administrativo"*, 3ª ed. ABELEDO PERROT, Argentina 2009.

COTINO, Lorenzo, *"Transparencia y derecho de acceso a los documentos en la Constitución europea y en la realidad de su ejercicio"*.

DELPIAZZO, Carlos, *"Contratación administrativa"*, Universidad de Montevideo, Montevideo, 1999, p. 119.

DESANTES GUANTER, José María, *"Derecho a la Información"*, COSO, España 2004.

DIEZ PICAZO, Luis María, *"Sobre secretos oficiales"*, CIVITAS, Madrid, 1998.

FERNÁNDEZ RAMOS, Severiano, *"El derecho de acceso a los documentos administrativos"*, Marcial Pons, Madrid, 1997.

FERNÁNDEZ RUIZ, Jorge, *"Seguridad pública Municipal"*, FUNDAP, México, 2003.

FERRIZ SÁNCHEZ, Remedios, *"El derecho a la información"*, COSMOS, Valencia 1974.

FOX, Jonathan, "Transparencia y rendición de cuentas", en ACKERMAN, John, *"Más allá del acceso a la información"*, SIGLO VEINTIUNO EDITORES.

——————————, "The Uncertain Relationship between Transparency and Accountability", *Development in Practice*, Volume 17, Numbers 4–5, August 2007.

HERNÁNDEZ VALDEZ, Alfonso, "¿Qué es y para qué sirve la transparencia?", *Recta Ratio,* año 1, núm. 2, (enero–junio, 2005).

KOPITS George (2000), "Calidad de gobierno: Transparencia y responsabilidad", BID, *Conferencia sobre transparencia y desarrollo en América Latina y el Caribe*, Buenos Aires, Argentina.

LOPÉZ AYLLÓN, Sergio, POSADAS, Alejandro, "Las pruebas de daño e interés público en materia de acceso a la información. Una perspectiva comparada" en *Derecho Comparado de la Información,* enero–junio de 2007, IIJ–UNAM, México, 2007.

LUCERO, Manuel, *"La licitación pública"*, 2ª ed. México, Porrúa, 2002.

—————————— y RÍOS GRANADOS, Gabriela; *"Transparencia, acceso a la información tributaria y el secreto fiscal. Desafíos en México"*; 2010.

——————————, "Transparencia política, acceso a la información y consolidación democrática", TEPJF, *Temas Selectos de derecho electoral* núm. 28, México, 2012, p. 18.

MERINO, Mauricio, "La transparencia como política pública", en ACKERMAN, John, *"Más allá del acceso a la información",* SIGLO XXI, México, 2008.

ORNELAS NUÑEZ, Lina, "*Acceso a la información en el Poder Ejecutivo Federal*", *Cfr.* CONCHA CANTU, Hugo *et. al*, "*Transparentar al Estado: la experiencia mexicana de acceso a la información*", IIJ–UNAM, México 2005.

RODRÍGUEZ ZEPEDA, Jesús, "Estado y Transparencia: un paseo por la filosofía política", IFAI– *Cuadernos de Transparencia* 04, México 2007.

RUIZ GARCÍA, Laura, *"Contratos Administrativos",* FLORES EDITOR Y DISTRIBUIDOR, México, 2010, p. 186.

SÁNCHEZ SANDOVAL, Augusto, "*Derechos humanos, seguridad pública y seguridad nacional,* INACIPE, México, 2000, p. 83.

SORIA, Carlos, "Ética y empresa informativa", en *Veracidad y objetividad. Desafíos éticos en la sociedad de la información*, COSO, Valencia, 2003.

TENORIO CUETO, Guillermo, "El Derecho a la información. Entre el espacio público y la libertad de expresión", Porrúa, México 2010,

——————————, "La constitucionalización del acceso a la información pública gubernamental", en BEJAR RIVERA, Luis José (coord.) *"Derecho Administrativo. Perspectivas contemporáneas"*, PORRÚA–UNIVERSIDAD PANAMERICANA, México 2010.

UVALLE, Ricardo, "Fundamentos éticos, políticos y técnicos de la transparencia", en *Revista de Administración Pública,* núm. especial, vol. XLIII, septiembre–diciembre, Nueva Época, 2008.

VERGARA, Rodolfo, "La transparencia como problema", IFAI, *Cuadernos de transparencia* núm. 05, México, 2005.

VILLANUEVA, Ernesto, "Derecho de acceso a la información pública en Latinoamérica", IIJ–UNAM, México, 2003.

OTRAS FUENTES

1. Acuerdo general de la comisión de transparencia, acceso a la información pública gubernamental y protección de datos personales de la Suprema Corte de Justicia de la Nación, del 9 de julio de 2008 relativo a los órganos y procedimientos para tutelar en el ámbito de éste tribunal los derechos de acceso a la información, a la privacidad y a la protección de datos personales garantizados en el artículo 6°. Constitucional.

2. Convención Americana sobre los derechos humanos.

3. Ley de responsabilidad civil para la protección del derecho a la vida privada, el honor y la propia imagen en el Distrito Federal

4. Ley federal de transparencia y acceso a la información pública gubernamental.

5. Marco Jurídico Interamericano sobre el derecho a la libertad de expresión, Relatoría especial para la libertad de expresión, Comisión Interamericana de Derechos Humanos, OEA, 2010, p. 24.

6. Lineamientos generales para la clasificación y desclasificación de la información de las dependencias y entidades de la administración pública federal; Al respecto y ya de manera sistemática se puede consultar el Marco Teórico Metodológico del Instituto de Acceso a la Información y Datos Personales del año 2003.

43. SOBRE LA "PUBLICATIO" EN EL RÉGIMEN DE LA CONTRATACIÓN ADMINISTRATIVA: LAS NOCIONES DE "ACTIVIDADES RESERVAS AL ESTADO," "UTILIDAD PÚBLICA," "INTERÉS SOCIAL," "SERVICIO PÚBLICO," "DOMINIO PÚBLICO" Y "ORDEN PÚBLICO"

Allan R Brewer-Carías

I. SOBRE LA "PUBLICATIO" EN EL DERECHO PÚBLICO

Conforme al principio de la libertad económica que existe en los países democráticos occidentales, como por ejemplo lo garantiza el artículo 112 de la Constitución venezolana, todas las personas tienen el derecho de dedicarse libremente al ejercicio de la actividad económica de su preferencia, sin más limitaciones que las previstas en la Constitución y las que establezcan las leyes por razones de desarrollo humano, seguridad, sanidad, protección del ambiente u otras de interés social. Ello implica que si bien el principio general es el de la libertad económica, la misma siempre puede ser limitada o restringida por el Estado, pero sólo mediante leyes, es decir, mediante actos sancionados por la Asamblea Nacional actuando como legislador (reserva legal).

Ello no excluye, sin embargo, la posibilidad que tiene el Estado de reservarse determinadas actividades económicas, servicios, industrias o bienes para su exclusivo desarrollo, en cuyo caso se produce lo que se ha llamado una "*publicatio,*" en el sentido de que la actividad reservada se excluye del ámbito de las actividades que los particulares puedan ejercer libremente, pudiendo solo desarrollarlas cuando específicamente se les otorga el derecho de hacerlo, por ejemplo, mediante una concesión administrativa, que es uno de los contratos públicos (contrato administrativo) por excelencia.

En este contexto de actividades *reservadas al Estado* es, por tanto, donde puede decirse que se ha producido una "*publicatio;*" término que conforme lo reseñó José Ignacio Hernández respecto de la doctrina española, fue "acuñado inicialmente por Villar Palasí, y tiene su origen en el derecho romano, y que identificaba el acto por el cual se sustraía a un bien del tráfico jurídico entre los particulares. La *publicatio* de actividades económicas equivale, entonces, en consecuencia a su reserva al Estado." [1]

---

1 Véase José Ignacio Hernández, "Disciplina jurídico Administrativa de la Libertad Económica. La diatriba actual entre libertad económica y Estado Social," en *VII Jornadas Internacionales de Derecho Administrativo. Allan Randilph Brewer Carías. E principio de legalidad y el ordenamiento jurídico administrativo de la libertad económica*, FUNEDA, Tomo I, Caracas 2004, p. 200. p. 201

Por ello, conforme lo destacó el mismo José Ignacio Hernández:

> "las actividades económicas responden, en una *summa divisio,* a una distinción dual: hay actividades económicas que han sido reservadas al Estado; junto a ellas, hay también actividades que no han sido reservadas, pero cuya ordenación y limitación asume la Administración. No existen categorías intermedias: o una actividad está reservada al Estado o no lo está. Reserva entendida, en última instancia, como la técnica más drástica de intervención del Estado, a través de la cual éste asume, para sí, la *titularidad* de determinada actividad económica, excluyendo a los particulares (Martín-Retortillo Baquer; Brewer-Carías). En las actividades reservadas, los particulares no tienen derecho alguno a desplegar su iniciativa: ese derecho ha de ser *concedido* por la Administración, cuando así haya sido admitido en el marco de la Ley concreta de reserva."[2]

Para apreciar el sentido y efectos de la distinción, a la cual nos hemos referido en otras ocasiones,[3] puede acudirse por ejemplo al régimen legal de las actividades mineras que en Venezuela están reguladas en la Ley de Minas, [4] y en la cual se pueden distinguir dos tipos de actividades: en *primer lugar*, las actividades que el Estado se ha reservado y que se realizan directamente sobre bienes que han sido declarados como del dominio público, como es el caso de los yacimientos o minas, y que son las actividades de exploración y explotación mineras. Éstas, por estar reservadas al Estado no pueden ser realizarlas por los particulares libremente, los cuales sólo pueden desarrollarlas mediante la obtención de una concesión administrativa por parte del Estado. Es respecto de esas actividades que puede afirmarse que se ha operado una *publicatio.*

En *segundo lugar,* en materia minera hay otras actividades conexas o auxiliares con la minería, que el Estado no se ha reservado, y que aun cuando están sometidas a un régimen de derecho público regulado en la Ley de Minas, para su realización sin embargo no se requiere concesión administrativa alguna que deba ser otorgada por el Estado, sino que se realizan solamente bajo el control y vigilancia del mismo.

En este caso, están las actividades de beneficio, almacenamiento, tenencia, circulación, transporte y comercialización, interna o externa, de las sustancias extraídas" de los yacimientos (art. 1, Ley de Minas) o, en otras palabras, las actividades de "almacenamiento, tenencia, beneficio, transporte, circulación y comercio de los minerales" (art. 86, Ley de Minas). Estas son actividades calificadas en la Ley como "conexas o auxiliares" de la minería, que solo están sujetas "a la vigilancia e inspección por parte del Ejecutivo

---

2 El mismo autor comenta que: "En las actividades reservadas al Estado, como puede anticiparse, hay una significativa atenuación de esa cobertura legal, pues la intervención opera en áreas del quehacer económico que han sido excluidas de la libre iniciativa privada. La jurisprudencia venezolana (sentencia de la Sala Político-Administrativa de 26 de marzo de 1993, caso *RCTV* y de la entonces Corte Suprema de Justicia en Pleno de 13 de febrero de 1997, caso *Venevisión*) insistió sobre este punto, al sostener que la reserva destruye los derechos de los particulares, permitiendo a la Administración desplegar "potestades de intervención, notablemente más penetrantes que los que pudieran operar frente a un simple particular actuando en su condición ordinaria de ciudadano.". *Idem*, p. 200.

3 Véase Allan R. Brewer-Carías, "El derecho de propiedad y la libertad económica. Evolución y situación actual en Venezuela" en *Estudios sobre la Constitución. Libro Homenaje a Rafael Caldera*, Tomo II, Facultad de Ciencias Jurídicas y Políticas, Universidad Central de Venezuela, Caracas 1979, pp. 1.139-1.246; e "Introducción al Régimen Jurídico de las Nacionalizaciones en Venezuela", en *Archivo de Derecho Público y Ciencias de la Administración*, Vol. III, 1972-1979, Tomo I, Instituto de Derecho Público, Facultad de Ciencias Jurídicas y Políticas, Universidad Central de Venezuela, Caracas 1981, pp. 23-44.

4 Véase en *Gaceta Oficial* No. 5.382 Extra. de 8 de septiembre de 1999.

Nacional y a la reglamentación" por el mismo, previendo la Ley, sin embargo, que las mismas, precisamente por no estar reservadas al Estado, "cuando así convenga al interés público, el Ejecutivo Nacional podrá reservarse mediante decreto" cualquiera de dichas actividades conexas o auxiliares con respecto a determinados minerales.

Si dicha reserva al Estado se produce, como sucedió en Venezuela, por ejemplo, en materia de la industria del hierro[5]. y del oro,[6] puede decirse entonces que respecto de las mismas se produjo una "*publicatio*." De lo contrario, no estando reservadas al Estado, los particulares, incluidos los concesionarios mineros, pueden realizarlas en ejercicio de su libertad económica, por supuesto, sujetos a la vigilancia del Estado.

II. EL SIGNIFICADO DE LA DECLARATORIA LEGAL DE DETERMINADAS ACTIVIDADES COMO DE "UTILIDAD PÚBLICA O INTERÉS SOCIAL"

En contraste con la reserva de actividades al Estado, que originan la *publicatio* del régimen aplicable a las actividades o bienes reservados, con frecuencia se encuentran en las leyes una declaratoria de determinadas actividades o la materia que regulan como de "utilidad pública" o de "interés social," en cuyo caso no puede hablarse de que se haya producido una *publicatio.* El único propósito del legislador con tales declaratorias en esos casos, es facilitar y agilizar la eventual posibilidad de que el Estado pueda proceder a expropiar bienes de propiedad privada que sean necesarios para la realización de dichas actividades reguladas en las leyes respectivas.

Es decir, la declaratoria de actividades como de "utilidad pública" o de "interés social," no tiene ningún efecto general de *publicatio* del régimen de las mismas, sino solo de responder a la garantía constitucional de la propiedad privada, que conforme al artículo 115 de la Constitución venezolana le impone al Estado la condición de previa de que para poder decretar la expropiación de cualquier clase de bienes de propiedad privada, la actividad específica que motive dicha expropiación, debe haber sido declarada previa y formalmente en una ley como de utilidad pública o interés social.[7]

Así lo dispone expresamente, como se dijo, el artículo 115 de la Constitución venezolana al exigir que para que el Poder Ejecutivo pueda decretar la expropiación de bienes de propiedad privada, ello sólo puede hacerlo por "causa de utilidad pública y social"[8] que debe haber sido declarada previamente en una ley, que es lo que puede moti-

---

5 Ley Orgánica de Ordenación de las Empresas que Desarrollan Actividades en el Sector Siderúrgico en la Región de Guayana, Decreto Ley Nº 6.058, de 30 de abril de 2008, en *Gaceta Oficial* Nº 38.928, de 12 de mayo de 2008.

6 Ley Orgánica que Reserva al Estado las Actividades de Exploración y Explotación del Oro así como conexas y auxiliares a esta, Decreto Ley Nº 8.413, de 23 de agosto de 2011, en *Gaceta Oficial* Nº 39.759, de 16 de septiembre de 2011,

7 Sobre la evolución histórica del régimen de la propiedad privada y de la libertad económica, véase Allan R. Brewer-Carías, "El Derecho de Propiedad y la Libertad Económica. Evolución y situación actual en Venezuela," en *Estudios sobre la Constitución* (Libro-homenaje a R. Caldera), Tomo II, Universidad Central de Venezuela, Caracas 1979, pp. 1140 ss.

8 Artículo 115 de la Constitución de la República Bolivariana de Venezuela: "Se garantiza el derecho de propiedad. Toda persona tiene derecho al uso, goce, disfrute y disposición de sus bienes. La propiedad estará sometida a las condiciones, restricciones y obligaciones que establezca la ley con fines de utilidad pública o de interés general. *Sólo por causa de utilidad pública o interés social*, mediante sentencia firme y pago oportuno de justa indemnización, podrá ser declarada la expropiación de cualquier clase de bienes."

var y justificar la expropiación. Lo mismo, conforme a la Constitución, se ha exigido tradicionalmente la Ley de Expropiación por causa de utilidad pública o interés social (Arts. 7.1 y 13),[9] como condición previa para poder decretarse la expropiación.

Por ello, la propia Ley de Expropiación, para facilitar la expropiación de bienes, incluye en su artículo 14, una declaratoria general de una serie de actividades consideradas de antemano como de utilidad pública o interés social, a los efectos de exceptuarlas "de la formalidad de declaratoria previa de utilidad pública," que incluyen:

> "la construcciones de ferrocarriles, carreteras, autopistas, sistemas de transporte subterráneo o superficial, caminos, edificaciones educativas o deportivas, urbanizaciones obreras, cuarteles, hospitales, cementerios, aeropuertos, helipuertos, los terrenos necesarios para institutos de enseñanza agrícola y pecuaria, las construcciones o ensanche de estaciones inalámbricas o conductores telegráficos; así como los sitios para el establecimiento de los postes, torres y demás accesorios de las líneas conductoras de energía eléctrica; acueductos, canales y puertos; los sistemas de irrigación y conservación de bosques, aguas y cualquiera otra relativa al saneamiento, ensanche o reforma interior de las poblaciones; la colonización de terrenos incultos y la repoblación de yermos y montes."

Respecto de otras actividades no comprendidas en esta enumeración, el requisito de que por ley se las declare como de utilidad pública y social para que pueda decretarse la expropiación de bienes, la condición es la que se cumple a través de múltiples leyes especiales, de manera que sin necesidad de otra ulterior declaratoria de "interés social o utilidad pública" en relación con las actividades que regulan, se pueda proceder a iniciar el procedimiento expropiatorio.

Sólo para citar unos ejemplos, la declaratoria de "utilidad pública o interés social" se puede encontrar por ejemplo, en leyes de larga tradición como la Ley de Aguas[10] (art. 7), la Ley de Bosques[11] (arts. 4), la Ley de Minas[12] (art. 3), la Ley de Tierras y Desarrollo Agrario[13] (art. 68), la Ley del Sistema de Transporte Ferroviario Nacional14 (art. 2), y la Ley Orgánica de Hidrocarburos[15] (art. 4). Más recientemente, en otras leyes relativas a actividades más específicas, algunas incluso ya derogadas, igualmente se encuentra la declaratoria de utilidad pública a efectos expropiatorios, como es el caso de la Ley para la defensa de las personas en el acceso a los bienes y servicios, en la cual se declararon como de utilidad pública e interés social, todos los bienes necesarios para desarrollar las actividades de producción, fabricación, importación, acopio, transporte, distribu-

---

9 Véase la Ley de Expropiación por causa de utilidad pública o interés social, en *Gaceta Oficial* N° 37.475 de 01-07-2002. Véanse los comentarios a dicha Ley en Allan R. Brewer-Carías, "Introducción general "Introducción General al régimen de la expropiación," en el libro: Allan R. Brewer-Carías, Gustavo Linares Benzo, Dolores Aguerrevere Valero y Caterina Balasso Tejera, *Ley de Expropiación por Causa de Utilidad Pública o Interés Social*, Colección Textos Legislativos, N° 26, 1ª edición, Editorial Jurídica Venezolana, Caracas 2002, pp. 7-100.

10 Véase en *Gaceta Oficial* N° 35.595, de 2 de enero de 2007

11 Véase en *Gaceta Oficial* N° 40.222, de 6 de agosto de 2013

12 Véase en *Gaceta Oficial* N° 40.222, de 6 de agosto de 2013

13 Véase en *Gaceta Oficial* N° 5.991 Extraordinario, de 29 de julio de 2010

14 Véase Decreto Ley N° 6.069 de 14-05-2008, en *Gaceta Oficial* N° 5.889 Extraordinario, de 31 de julio de 2008

15 Véase Reforma Parcial del Decreto Ley Orgánica N° 1.510 de 02-11-2001, en *Gaceta Oficial* N° 38.493, de 4 de Agosto de 2006.

ción y comercialización de alimentos, bienes y servicios declarados de primera necesidad;[16] la Ley de Salud Agrícola Integral en la cual se declaran de utilidad pública, interés nacional e interés social, los bienes y servicios propios de las actividades de salud agrícola integral, por lo que cuando medien motivos de seguridad, podrá sin mediar otra formalidad, decretarse la adquisición forzosa de la totalidad de un bien o de varios bienes necesarios para la ejecución de obras o el desarrollo de actividades de salud agrícola integral; [17] la Ley del Instituto Nacional de la Vivienda (INAVI), en la cual se declara de utilidad pública la construcción de viviendas de interés social cuya ejecución directa o indirecta corresponda al Instituto Nacional de la Vivienda[18]; y la Ley Orgánica de seguridad y soberanía agroalimentaria, en la cual se declaran de utilidad pública e interés social los bienes que aseguren la disponibilidad y acceso oportuno a los alimentos, así como las infraestructuras necesarias. [19]

En estos casos, así como en todos las demás leyes en las cuales se declaran ciertas actividades como de utilidad pública o interés social, tal declaratoria simplemente tiene el propósito de permitir y agilizar los procedimientos expropiatorios, no implicando que todo lo que corresponda ser realizado en el marco de su regulación esté sometido necesariamente un régimen de derecho público, y que esa sola declaratoria pueda transformar todo el régimen jurídico de una actividad, sometiéndola al derecho público.

Es decir, la declaratoria de una actividad como de utilidad pública o interés social a los efectos de permitir y aligerar los procesos de expropiación de bienes de propiedad privada, en el derecho venezolano no implica en forma alguna una *publicatio* de su régimen jurídico que excluya la actividad del ámbito de la libertad económica, pues con ello nada se reserva al Estado. Por ello, por ejemplo, la Sala Constitucional del Tribunal Supremo de Justicia ha considerado por ejemplo que "para que haya servicio público, incluso, la ley debe haber reservado al Estado la actividad económica, de manera que exista "*publicatio* de la misma que excluya la libre iniciativa económica en el sector (artículos 112 y 113 constitucionales)."[20]

En consecuencia, el hecho por ejemplo, la misma la Ley de Minas, que es una ley que sin duda establece un régimen legal de derecho público, en su artículo 3 disponga que "Se declara de utilidad pública la materia regida por esta Ley," no significa que todas las actividades que regula y todos los bienes relativos a las mismas sean reservadas al Estado, y que respecto de todos y todas se haya producido alguna "*publicatio*."

La *publicatio,* en realidad, en el derecho venezolano relativo a la minería sólo se produce respecto de bienes o actividades que el Estado se haya reservado, es decir, que haya excluido de las actividades que pueden realizar los particulares en ejercicio de su libertad

16 Véase Decreto Ley N° 6.092 de 27-05-2008)

17 Véase Decreto Ley N° 6.129 de 03-06-2008),

18 Véase Decreto Ley N° 6.267 de 30-07-2008 en *Gaceta Oficial* N° 5.892 de-07-2008

19 Véase Decreto Ley N° 6.071 de 14-05-2008, *Gaceta Oficial* N° 5.889 Extraordinaria de 31-07-2008).

20 Véase la sentencia No 825 de la Sala Constitucional de 06-05-2004 (Caso: *Banco del Caribe C.A. Banco Universal .vs. Superintendencia de Bancos y otras Instituciones Financieras*), en *Revista de Derecho Público*, No. 97-98, Editorial Jurídica Venezolana, Caracas 2004, pp. 273-274. Ratificada por sentencia de la Sala Constitucional No. 266 de 16-03-2005 (Caso: Impugnación de los artículos 10 y 16 de la Ordenanza sobre Tarifas del Servicio de Aseo Urbano y Domiciliario en el Municipio Libertador del Distrito Federal), en *Revista de Derecho Público*, No. 101, Editorial Jurídica Venezolana, Caracas 2005, p. 156.

económica, y ello no ocurre por la sola declaración de "utilidad pública" o de "interés social" de la materia que regula de la Ley, sino como se ha dicho de otras expresas previsiones que en materia minera están en la propia Ley, como son la consideración de los las minas o yacimientos de cualquier clase existentes en el territorio nacional como *bienes del dominio público*, que pertenecen a la República, y que son inalienables e imprescriptibles (art. 2); o la *reserva al Estado de las actividades de exploración y explotación* de las sustancias minerales, en particular de las ubicadas en las minas o yacimientos, las cuales solo pueden realizar los particulares mediante concesión administrativa otorgada por el Estado, que "otorgan derechos e imponen obligaciones a los particulares para el aprovechamiento de los recursos minerales existentes en el territorio nacional" (art. 24).

III. SOBRE LA NOCIÓN DE "SERVICIO PÚBLICO" EN EL DERECHO ADMINISTRATIVO VENEZOLANO

Una de las actividades en relación con las cuales se puede producir la *publicatio* son las que el Estado se reserva igualmente mediante ley, con el carácter de "servicios públicos," con la explícita voluntad de retirarla del área del quehacer económico de la libertad de empresa.

Esta noción de "servicio público," en efecto, en el derecho venezolano se refiere solo a las actividades *destinadas a para satisfacer necesidades colectivas*, conforme a declaración y regulación expresa en una ley,[21] como sucede por ejemplo con la actividad de transporte ferroviario regulado como de servicio público en la Ley del Sistema de Transporte Ferroviario Nacional,[22] o por ejemplo, en los artículos 4 y 60 de la Ley Orgánica de Hidrocarburos, [23] o en los artículos 4 y 5 de la Ley Orgánica de Hidrocarburos Gaseosos. [24]

En el ámbito de estas dos últimas leyes, en las cuales se declara, en general, a las actividades que regulan como de utilidad pública o interés social,[25] por ejemplo, solo se declaran como "servicio público" las actividades de suministro, almacenamiento, transporte, distribución y expendio de los productos derivados de hidrocarburos *para el consumo colectivo interno, por estar destinadas a satisfacer necesidades colectivas*, es decir, del público en general, a la colectividad en su conjunto, y que por tanto, requieren, por ello, de continuidad."[26] Como textualmente lo indica el artículo 60 de la Ley de Hidrocarburos: "*constituyen un servicio público* las actividades de suministro, almacenamiento, transporte, distribución y expendio de los productos derivados de los hidrocarburos, señalados por el Ejecutivo Nacional (conforme al artículo 59), destinados al consumo colectivo interno."

---

21 Véase Allan R. Brewer-Carías, *Administrative Law in Venezuela*, EJV International, 2015, pp. 209-212.

22 Véase *Gaceta Oficial* N° 37.313 de 30 de octubre de 2001

23 Véase *Gaceta Oficial* N° 37.323 del 13 de noviembre de 2001

24 Véase *Gaceta Oficial* N° 36.793 de 23 de septiembre de 1999

25 El artículo 4 de la Ley Orgánica de Hidrocarburos, y de la Ley Orgánica de Hidrocarburos Gaseosos establecen, con el mismo texto, que: "Las actividades a las cuales se refiere esta Ley, así como las obras que su realización requiera, se declaran de utilidad pública y de interés social."

26 Esto lo ha confirmado la Sala Político Administrativa del Tribunal Supremo en sentencia No. 255 de 09-02-2006 (caso *Estación San Luis Del Este II, C.A vs. Shell Venezuela Productos)*, en *Revista de Derecho Público*, No. 105, Editorial Jurídica venezolana, Caracas 2005, p. 178.

Esa declaración legal implica, por ejemplo, que conforme al artículo Art. 61 de la propia Ley Orgánica de Hidrocarburos, los precios de dichos productos deben ser fijados por el Ejecutivo Nacional por órgano del Ministerio de Energía y Minas. Dichos precios pueden fijarse mediante bandas o cualquier otro sistema que resulte adecuado, tomando en cuenta las inversiones y la rentabilidad de las mismas. Además, el Ministerio debe adoptar medidas para garantizar el suministro, la eficiencia del servicio y evitar su interrupción. Además, por tratarse de servicios públicos, las personas naturales o jurídicas que deseen ejercerlas deben obtener previamente permiso del Ministerio de Energía y Minas, y su cesión o traspaso requiere la autorización previa del Ministerio de Energía y Minas.

Disposiciones similares se encuentran incorporadas en la Ley Orgánica de Hidrocarburos Gaseosos de 1999, en la cual se declara, entre todas las actividades que regula, que sólo constituyen un "servicio público" aquellas relacionadas, directa o indirectamente, con el transporte y distribución de gases de hidrocarburos destinados al *consumo colectivo*. Por ello, también, la misma Ley establece que los almacenadores, transportistas y distribuidores de hidrocarburos gaseosos tienen la obligación de prestar el servicio en forma. Tratándose de servicios públicos, el artículo 12 de la LOHG también autoriza al Ministerio de Energía y Minas para determinar los precios de los hidrocarburos gaseosos desde los centros de producción y procesamiento, atendiendo principios de equidad. Además, los Ministerios de Energía y Minas y de la Producción y el Comercio, conjuntamente, deben fijar las tarifas que se aplicarán a los consumidores finales y a los servicios que se presten de conformidad con la Ley.

De lo anterior resulta, por tanto, conforme a esos ejemplos regulatorios, que por voluntad expresa del legislador, en las leyes respectivas el Estado se reserva determinadas actividades destinadas a *satisfacer necesidades colectivas* de la población en general, que además, las asume como obligación prestacional, y que por tanto, los particulares no pueden realizar sino en virtud de una concesión o permiso del propio Estado. Esas son las actividades que pueden ser consideradas como "servicio público," lo que, por tanto, siempre requiere de un texto legal expreso que las califique, estableciendo además, el sentido de la reserva al Estado de las mismas.

Es decir, "servicio público" en el derecho venezolano son las actividades prestacionales que debe asumir el Estado, *tendientes a satisfacer necesidades generales o colectivas, en cumplimiento de una obligación constitucional o legal* y en relación con las cuales, los particulares se encuentran limitados en cuanto a que no pueden desarrollarlas libremente, sea porque el Estado en algunos casos se las ha reservado, o sea porque el Estado las regula y ordena.[27] Por ello, cuando la Sala Político Administrativa del Tribunal Supremo de Justicia, ha buscado definir un contrato como "contrato administrativo"), exige que "el objeto del contrato esté vinculado a la *prestación de un servicio*

27 Véase Allan R. Brewer-Carías, "Comentarios sobre la noción de servicio público como actividad prestacional del Estado y sus consecuencias," en *Revista de Derecho Público*, N° 6, EJV, Caracas, 1981, pp. 65-71; "El régimen constitucional de los servicios públicos," en *VI Jornadas Internacionales de Derecho Administrativo "Allan R. Brewer-Carías"*, Fundación de Estudios de Derecho Administrativo, Tomo I, Caracas 2002; y en *Estudios de Derecho Administrativo 2005-2007*, Editorial Jurídica Venezolana, Caracas 2007, pp. 528 ss.; y Allan R. Brewer-Carías, *Administrative Law in Venezuela*, EJV International, 2015, pp. 209-212. Véase también, José Ramón Parada, "*Los servicios públicos en España*", en *El derecho Público a comienzos del Siglo XXI. Estudios en Homenaje al Profesor Allan R. Brewer-Carías*, Madrid, 2003, pp. 1845-1869.

público que *tiende a la satisfacción de un interés general, como lo es la educación,*"[28] en el sentido de *necesidad colectiva, que interesa a toda la colectividad.*

De esta definición sobre lo que en Venezuela es un "servicio público," resulta entonces lo siguiente: en *primer lugar,* que siempre se trata de una actividad, consistente en *dar o hacer algo a favor de otros*, colectivamente, en suma, de prestar. Se trata, por tanto, de una actividad prestacional; pero no de cualquier tipo de prestación sino de una que es de *interés público colectivo*, de toda la población, es decir, de la colectividad en general, por lo que los sujetos a los cuales se destina son todos, al público en general, como sería por ejemplo, el *servicio ferroviario de transporte, el servicio de correos, el servicio de protección a la salud, los servicios de transporte colectivo terrestre, los servicios de educación o el servicio de distribución de productos* derivados del petróleo o gas. Como lo ha dicho la Sala Político Administrativa del Tribunal Supremo de Justicia al referirse al servicio de agua potable y de saneamiento, los mismos "constituyen verdaderos servicios públicos, y como tales se encuentran dirigidos *a satisfacer necesidades de interés general o colectivo.*"[29]

En *segundo lugar,* esa actividad prestacional para ser considerada como "servicio público" por su vinculación al interés general, corresponde cumplirla *obligatoriamente* al Estado, es decir, a los entes públicos, por estar así establecido como *obligación en la Constitución o en las leyes,*[30] como la establecida en el artículo 60 de la Ley Orgánica de Hidrocarburos. Por tanto, no toda actividad prestacional de interés público que realicen los entes públicos puede considerarse como un "servicio público," pues hay prestaciones que no se imponen obligatoriamente al Estado, sino sólo aquellas que éstos asumen porque cumplen una obligación constitucional o legal. Por ello, precisamente es que los servicios públicos no pueden ser prestados libremente por los particulares, sino mediante concesión, licencia, permiso o autorización, como por ejemplo sucede con los servicios públicos domiciliarios y los servicios de policía, o los servicios de suministro de productos derivados en la industria petrolera, todos para satisfacer necesidades colectivas. Por ello, en las leyes que los regulan, como lo ha constatado la Sala Político Administrativa

---

28 Véase la sentencia de la Sala Político Administrativa del Tribunal Supremo No. 592 de 07-05-2009 (Caso: *Universidad de Carabobo vs. Ministerio de Salud*), en *Revista de Derecho Público*, No. 118, Editorial Jurídica Venezolana, Caracas 2009, p. 291.

29 Véase sentencia de la Sala Político Administrativa No. 224 de 07-02-2007 (Caso: *Armando Casal Casal; Interpretación del Art. 86 de la Ley Orgánica para la Prestación de los Servicios de Agua Potable y de Saneamiento*, publicada en la *Gaceta Oficial* N° 5.568 de fecha 31-12-2001. Véase además, en *Revista de Derecho Público*, No. 109, Editorial Jurídica Venezolana, Caracas 2007, p. 135 ss. En esta sentencia, la Sala agregó que "Estos servicios públicos, pueden ser de dos tipos: i) "*uti universi*" o ii) "*uti singuli*". En el primer caso, los gastos de organización y funcionamiento son cubiertos, en principio, mediante impuesto (*vgr.* servicios de seguridad y defensa de la nación, policía de seguridad, etc), pues dichos servicios se encuentran directamente vinculados a la vida misma del Estado, siendo la comunidad el verdadero beneficiario. En el segundo de los casos, servicios "*uti singuli*", excepcionalmente, dichos gastos son pagados a través del impuesto. Por lo general, son pagados por el usuario en su totalidad (gas, teléfono, agua, transporte, etc.) o en parte (correos y telégrafos); pues, de lo contrario tales gastos, mediante el impuesto, recaerían sobre la totalidad de los habitantes en perjuicio de quienes no utilizan dichos servicios. (*Ver.* Miguel Marienhoff. *Tratado de Derecho Administrativo.* Tomo II)." *Idem* p. 138.

30 Por ello, en relación con la noción de servicio público, algunos autores han concluido que solo las actividades expresamente calificadas como tales en las leyes pueden ser consideradas como servicios públicos. Véase José Peña Solís, *Manual de Derecho Administrativo*, Vol. 3, Caracas 2003, pp. 336 *ss.*

del Tribunal Supremo, se declara expresamente que tales servicios constituyen "servicios públicos" atribuyéndose al Estado su prestación.[31]

En *tercer lugar,* tratándose de una actividad prestacional que corresponde como obligación al Estado, de acuerdo al principio de alteridad, los usuarios, es decir, la colectividad o el público en general, tienen un correlativo derecho constitucional o legal a recibir la prestación, como sucede por ejemplo, con el derecho a la protección de la salud, que las personas incluso, pueden reclamar judicialmente. Por ello, el artículo 259 de la Constitución de 1999 le atribuye a la jurisdicción contencioso-administrativa competencia para resolver los "reclamos por la prestación de los servicios públicos" (Art. 259), lo que se regula en la Ley Orgánica de la Jurisdicción Contencioso Administrativa al considerar como sujetos a control "las entidades prestadoras de servicios públicos en su actividad prestacional" (Arts. 7.5; 9.5) estableciendo el procedimiento para conocer de "los reclamos por la omisión, demora o deficiente prestación de los servicios públicos" (Art. 65.1). Estos servicios públicos, por supuesto, no son cualquier prestación o actividad de interés general, sino las actividades prestacionales obligatorias impuestas al Estado respecto de las cuales los ciudadanos tienen derecho de percibirlos en forma regular y continua, teniendo el derecho además para reclamarlos judicialmente.

En *cuarto lugar,* desde el momento en el cual una actividad se configura legalmente como un servicio público a cargo de los entes públicos, la misma queda sustraída de las que pueden ser desarrolladas libremente por los particulares, en el sentido que esencialmente y conforme se establezca en las leyes (reserva legal), el Estado puede limitarlas y restringirlas, exigiendo por ejemplo, para que los particulares puedan desarrollarlos, una concesión, una autorización, un permiso, un registro o cualquier tipo de autorización o habilitación,[32] sometiéndose entonces la actividad a un régimen de derecho público.

En todo caso, la idea clave a los efectos de la conceptualización jurídica del servicio público, es la existencia de una obligación constitucional o legal a cargo del Estado para la realización de la actividad prestacional. Ello contribuye a deslindar los servicios públicos de las actividades prestacionales que el Estado asume y realiza como mero empresario pero que no se ejecutan en virtud del cumplimiento de una obligación constitucional o legal alguna, y respecto de las cuales también existe el derecho de los particulares a desarrollarlas libremente. Por ello, el servicio público así entendido, como obligación prestacional a cargo del Estado, sólo puede tener su origen directamente en la Constitución o en la ley,[33] como es el caso de las previsiones mencionadas, por ejemplo de la Ley Orgánica de Hidrocarburos y de la Ley Orgánica de Hidrocarburos Gaseosos, pues sólo en los textos legales, conforme al principio de reserva legal previsto en la

31 Véase en relación con el servicio público de electricidad, por ejemplo, la sentencia No. 846 de 31-05-2007 (Caso: *C.A. La Electricidad de Caracas vs. Ministro de Producción y el Comercio (Ministro del Poder Popular para las Industrias Ligeras y el Comercio*), en *Revista de Derecho Público*, No. 110, Editorial Jurídica Venezolana, Caracas 2007, p. 159-161.

32 Véase Allan R. Brewer-Carías, "Comentarios sobre la noción de servicio público como actividad prestacional del Estado y sus consecuencias" en *Revista de Derecho Público*, N° 6, Editorial Jurídica Venezolana, Caracas, 1981, pp. 68 *ss.*

33 Véase José Peña Solís, *Manual de Derecho Administrativo*, Vol. 3, Caracas 2003, pp. 336 *ss.*

propia Constitución (Art. 112), es que puede limitarse o restringirse la libertad económica.[34]

Esta noción de servicio público en su sentido propio, como la actividad prestacional obligatoria del Estado destinada a satisfacer necesidades colectivas, es la que se sigue en el derecho venezolano, tanto en la doctrina de derecho administrativo[35] como en la jurisprudencia;[36] y también en el derecho administrativo comparado, donde a pesar de las sucesivas crisis de la noción,[37] la misma no llega a ser identificada con cualquier actividad desarrollada por el Estado, pues carecería de todo sentido.

Al contrario se la vincula con una actividad prestacional para satisfacer necesidades colectivas que debe ser asegurada o asumida por el Estado; y este ha sido el sentido tradicional del término "*service publique*" en la doctrina francesa general de derecho administrativo,[38] incluso la más reciente influenciada por las exigencias del derecho

34 Precisamente por ello, la Ley Orgánica de Hidrocarburos reserva la calificación como "servicio público" única y exclusivamente a las actividades de suministro, almacenamiento, transporte, distribución y expendio de los productos derivados de los hidrocarburos que señale el Ejecutivo Nacional, destinados al *consumo colectivo interno* (Arts. 59, 60); y la Ley Orgánica de Hidrocarburos Gaseosos también reserva la calificación como "servicio público" única y exclusivamente a las actividades relacionadas, directa o indirectamente, con el transporte y distribución de gases de hidrocarburos *destinados al consumo colectivo* (Art.5). En ambos casos, el elemento esencial es la actividad prestacional para la satisfacción de una necesidad colectiva o de consumo colectivo.

35 Véase Allan R. Brewer-Carías, "Comentarios sobre la noción del servicio público como actividad prestacional del Estado y sus consecuencias" en *Revista de Derecho Público*, N° 6, Editorial Jurídica Venezolana, Caracas 1981, pp. 65-71; "El régimen constitucional de los servicios públicos" en *VI Jornadas Internacionales de Derecho Administrativo Allan Randolph Brewer-Carías El nuevo servicio público. Actividades reservadas y regulación de actividades de interés general (electricidad, gas, telecomunicaciones y radiodifusión),* Caracas 2002, Fundación de Estudios de Derecho Administrativo FUNEDA, Caracas 2003, pp. 19-49; José Araujo Juárez, *Derecho Administrativo General. Servicio Público,* Ediciones Paredes, Caracas 2010, 58-79; José Araujo Juárez, "Régimen Jurídico de los servicios económicos de interés general," en *El Derecho Público a comienzos del Siglo XXI: Estudios en Homenaje al Profesor Allan R. Brewer-Carías*, Ed. Civitas, Madrid, 2003, pp. 1.969-1.978; Eloy Lares Martínez, *Manual de Derecho Administrativo,* 12ª ed., Universidad Central de Venezuela, Caracas 2001, pp. 203-209; José Peña Solís, *Manual de Derecho Administrativo,* Vol. 3, Col. Estudios Jurídicos, Tribunal Supremo de Justicia, Caracas, 2003, pp. 325-345; José Ignacio Hernández G., "Un ensayo sobre el concepto de servicio público en el derecho venezolano," en *Revista de Derecho Público*, N° 89-92, Editorial Jurídica venezolana, Caracas, 2002, pp. 47-75.

36 Por ejemplo, en la sentencia de la Sala Político Administrativa del Tribunal Supremo de Justicia No. 1811 de 10-12-2011 (Caso: *Tadeo-Anzoátegui, C.A. vs. Municipio Turístico El Morro "Licenciado Diego Bautista Urbaneja" Del Estado Anzoátegui*), al considerar el servicio público de aseo consideró que en el mismo "priva el interés general de la comunidad sobre el particular de la contratista, tratándose de una necesidad básica de la población que comporta la protección de derechos humanos fundamentales, tales como: el derecho a la salud, a la vida digna de la sociedad y a la preservación del medio ambiente, consagrados en la Constitución de la República Bolivariana de Venezuela, en virtud de lo cual la autoridades deben actuar de manera célere y eficiente para garantizar la debida prestación del servicio." En *Revista de Derecho Público*, No. 120, Editorial Jurídica Venezolana, Caracas 2009 pp. 137-139.

37 Véase entre los más recientes ensayos en la materia: Jaime Orlando Santofimio, "Los servicios públicos: vicisitudes y fundamentos de un tema jurídico inconcluso e impreciso" en *El derecho Público a comienzos del Siglo XXI: Estudios en Homenaje al Profesor Allan R. Brewer-Carías*, Ed. Civitas, Madrid, 2003, pp. 1882-1956; Diego Zegarra Valdivia, *El servicio Público. Fundamentos*, Palestra, Lima 2005.

38 Véase en general Guy Braibant y Bernard Stirn, *Le droit administratif français,* 5e éd., Col. Amphithéâtre, Presses de Sciences-Po – Dalloz, Paris 1999, pp. 139-143; René Chapus, *Droit administratif général,* T. I, 9e éd., Col. Domat Droit Public, Montchrestien, Paris, 1995, pp. 513-525;

comunitario europeo.[39] Igualmente ha sido el sentido tradicional en América Latina, por ejemplo, en la doctrina argentina.[40] Igual sucede con la doctrina del derecho administrativo anglosajón, donde la expresión "servicio público" tiene precisamente el particular significado relativo a "*public utility,*"[41] expresión que identifica a los servicios *prestados al público en general* por entidades o corporaciones públicas o mediante concesión de estas. En consecuencia, también en el derecho anglosajón, no toda actividad de interés público puede ser considerada como servicio público, sino sólo aquellas que consisten en una actividad de prestación de interés público destinada a satisfacer las necesidades colectivas o del público en general o de confort y conveniencia de la comunidad entendida como globalidad, como por ejemplo son los servicios de ferrocarriles, de transporte, de teléfonos, de gas, de electricidad, de agua, pueden considerarse como "servicios públicos."

En consecuencia, por ejemplo, una actividad prestacional de un servicio de transporte por parte de una empresa privada a una empresa del Estado, para garantizarle el transporte a su personal mediante aviones ejecutivos, no se puede nunca calificar como un "servicio público," pues es una actividad prestacional, de carácter comercial, si, ciertamente, de un "servicio," pero no "público" sino en beneficio solo y exclusivamente de una empresa del Estado para la realización de sus actividades cualquiera que ellas sean.

Pierre Delvolvé, *Le droit administratif,* 3e éd., Coll. Connaissance su droit, Dalloz, Paris 2002, pp. 42-47; Jacques Moreau, *Droit administratif,* Coll. Droit fondamental – Droit administratif, PUF, Paris, pp. 311-316; Jean Waline, *Précis de Droit administratif,* 22e ed., Coll. Droit public – Science politique, Dalloz, Paris 2008, pp. 339-359.

39 Véase en general, Stéphane Braconnier, *Droit des services publics*, 2e éd., Col. Thémis droit, PUF, Paris, 2007, pp. 157-184; Claudie Boiteau, «Vers une définition du service public (À propos de l'arrêt du Conseil d'État, Section, 22 février 2007, Association du personnel relevant des établissements pour inadaptés – APREI),» en *Revue française de droit administratif,* 2007, N° 4, pp. 803-811; Sabine Boussard, «L'éclatement des catégories de service public et la résurgence du « service public par nature », en *Revue française de droit administratif,* 2008, N° 1, pp. 43-49; Laetitia Janicot, « L'identification du service public géré para une personne privée, » en *Revue française de droit administratif,* 2008, N° 1, pp. 67-79; Michaël Karpenschif, «Vers une définition communautaire du service public, » en *Revue française de droit administratif,* 2008, N° 1, pp. 58-66; Christophe Le Berre, «La logique économique dans la définition du service public, » en *Revue française de droit administratif,* 2008, N° 1, pp. 50-57; Marceau Long. «Service public et réalités économiques du XIX siècle au droit communautaire, » en *Revue française de droit administratif,* 2001, N° 6, pp. 1161-1168; François Séners, « L'identification des organismes privés chargés d'une mission de service public, » Concl. Sur CE, Sect., 6/4/2007, Ville d'Ais-en Provence, » en *Revue française de droit administratif,* 2007, N° 4, pp. 812-820. Note Jean-Claude Nouence, pp. 821-827.

40 Véase por ejemplo, Agustín Gordillo, *Tratado de Derecho Administrativo*, Tomo 2 La Defensa del Usuario y del Administrado, 4ta Edición, Buenos Aires 2000, pp. VI-33 ss.; Juan Francisco Linares. *Derecho Administrativo*, Buenos Aires, 1986, pp. 509 ss.; Benjanmín Villegas Basavilvaso, *Derecho Administrativo*, Vol. III (Primera Parte General, Instituciones Fundamentales), Buenos Aires, 1951. pp. 4 ss.

41 Véase por ejemplo Peter L Strauss et al., *Administrative Law. Cases and Comments*, University Casebooks Series, New York, 1995, pp. 339 *ss. Cf.* José Peña Solís, *Manual de Derecho Administrativo*, Vol. 3, Caracas 2003, p. 381. Conforme al *Black's Law Dictionary,* el término "*public service*" se aplica a las actividades o entidades "que especialmente satisfacen las necesidades del público en general o que conducen al confort y conveniencia de la comunidad entera, como las compañías de ferrocarriles, de gas, de agua o de luz eléctrica; y compañías que suministran transporte público." Si el servicio público es prestado por una empresa privada debe tener "una apropiada concesión del Estado para satisfacer la necesidad o conveniencia del público general, incapaz de ser satisfecha mediante a través de empresas privadas en competencia." Véase Allan R. Brewer-Carías, *Administrative Law in Venezuela*, EJV International, 2015, p. 210.

El criterio anteriormente expuesto y la definición de "servicio público", es la misma que la establecida por la Sala Político Administrativa de la anterior Corte Suprema de Justicia, en sentencia de 5 de agosto de 2004 (caso ***DHL Fletes Aéreos C.A.***), según lo indicado a continuación:

> "El servicio público puede ser definido como la actividad administrativa de naturaleza prestacional destinada a satisfacer necesidades colectivas de manera regular y continua, previamente calificada como tal por un instrumento legal, realizada directa o indirectamente por la Administración Pública y por tanto, sometido a un régimen de Derecho público. (José Peña Solís. "La Actividad Administrativa de Servicio Público: Aproximación a sus Lineamientos Generales", en *Temas de Derecho Administrativo. Libro Homenaje a Gonzalo Pérez Luciani*, Vol. I. Tribunal Supremo de Justicia. Colección Libros Homenaje N° 7, Caracas 2002. Pág. 433).
>
> Los servicios públicos contienen una serie de elementos que los caracterizan, entre los que están la actividad prestacional, la satisfacción de necesidades colectivas (o la vinculación al principio de la universalidad del servicio), la regularidad y continuidad del servicio, la calificación por ley de la actividad como servicio público (*publicatio*), la gestión directa o indirecta de la Administración Pública, y su consecuencial régimen de Derecho público"[42]

En otra sentencia de la Sala Constitucional del Tribunal Supremo N° 825 de 6 de abril de 2004 (Caso: *Banco del Caribe C.A. Banco Universal vs. Superintendencia de Bancos y otras Instituciones Financieras*) al considerar que efectivamente la actividad de intermediación financiera que realizan los bancos está "vinculada con la preservación de un interés general," sin embargo, dijo la Sala, "no constituye una actividad de prestación de servicio público, ya que, entre otros aspectos de derecho sustantivo, no existe en la mencionada ley o en la Constitución una reserva a favor del Estado de dicha actividad económica, es decir, no existe *publicatio* de la misma que excluya la libre iniciativa económica en el sector (artículos 112 y 113 constitucionales)."[43]

En el caso de la Ley de Minas, por ejemplo, en la misma no se ha declarado a actividad minera alguna como "servicio público, como en cambio sí ocurrió por ejemplo, como se ha mencionado, en la Ley Orgánica de Hidrocarburos y en la Ley Orgánica de Hidrocarburos Gaseosos para actividades destinadas a satisfacer necesidades colectivas (servicio de gas por ejemplo). La Ley de Minas, en cambio, lo que estableció fue que para el caso de que alguna de las actividades conexas a la actividad minera (como por ejemplo podría ser el trasporte o almacenamiento), lo preste un particular "a terceros como actividad lucrativa," la ley estableció no que dicha actividad sea un servicio público, sino que "revisten el carácter de servicio público" a los efectos de la fijación de tarifas por el Estado, es decir, que por considerarse que "revisten el carácter de servicio

---

42 Véase sentencia No. 1002 de la Sala Político Administrativa del Tribunal Supremo de Justicia de 05-08-2004 (Caso: *DHL Fletes Aéreos C.A.. y otros*), en http://www.tsj.gov.ve/decisiones/spa/Agosto/01002-050804-1995-11546.htm

43 Véase sentencia No 825 de la Sala Constitucional de 06-05-2004 (Caso: *Banco del Caribe C.A. Banco Universal vs. Superintendencia de Bancos y otras Instituciones Financieras*), en *Revista de Derecho Público*, No. 97-98, Editorial Jurídica Venezolana, Caracas 2004, pp. 273-274; ratificada por sentencia de la Sala Constitucional No. 266 de 16-03-2005 (Caso: *Impugnación de los artículos 10 y 16 de la Ordenanza sobre Tarifas del Servicio de Aseo Urbano y Domiciliario en el Municipio Libertador del Distrito Federal*), en *Revista de Derecho Público*, No. 101, Editorial Jurídica Venezolana, Caracas 2005, p. 156.

público [...] en consecuencia, estarán sujetas al pago de las tarifas que establezca el Ministerio de Energía y Minas" (art. 87)

Es decir, en materia minera la *publiciatio* sólo se ha operado respecto de las actividades de exploración y explotación mineras, y no respecto de las actividades auxiliares o conexas, las cuales además de no estar reservadas al Estado, tampoco han sido declaradas como servicio público reservado al Estado, lo cual, por lo demás, en ningún caso podría derivarse de lo que se establece en el artículo 87 de la Ley cuando dispone que cuando algunas de las actividades auxiliares o conexas (almacenamiento, tenencia, beneficio, transporte, circulación y comercio de los minerales):

> "sean prestadas a terceros como actividad lucrativa, *revisten el carácter de servicio público* y, en consecuencia, estarán sujetas al pago de las tarifas que establezca el Ministerio de Energía y Minas."

Esta previsión no declara a todas las actividades conexas o auxiliares a la minería como servicio público, sino sólo prevé que cuando alguna de ellas se realice por un particular, concesionario o no, "como actividad lucrativa," la misma "reviste el carácter de servicio público" a los efectos de que estén "sujetas al pago de las tarifas" que establezca el Ministerio de Energía y Minas.

Ello, por supuesto, tiene un alcance limitado en el marco de las regulaciones económicas, que es el de considerar que ciertas actividades auxiliares o conexas que realicen los particulares (concesionarios o no) como actividad lucrativa "revisten el carácter de servicio público" a los efectos de sujetar su pago a una tarifa fijada por el Estado; lo que en ningún puede llevar a considerar que se trata de declaratoria general de todas las actividades conexas o auxiliares como "servicio público", pues ello implicaría la reserva de las mismas al Estado, lo que no está previsto en la ley.

IV. SOBRE LA "PUBLICATIO" EN MATERIA DE BIENES Y LA NOCIÓN DE DOMINIO PÚBLICO

Así como en materia de servicios públicos se produce una *publicatio* cuando el Estado se una actividad prestacional determinada; igualmente en materia de bienes, también se produce una *publicatio* cuando el Estado se reserva la propiedad o titularidad de dichos bienes al declararlos como del dominio público.

El Código Civil, en efecto, clasifica los bienes según las personas a quienes pertenecen, indicando que "pertenecen a la Nación, a los Estados, a las Municipalidades, a los establecimientos públicos y demás personas jurídicas y a los particulares" (art. 538).

Todos esos bienes, en general, de acuerdo con el Código Civil, se rigen por el régimen regulado en el mismo Código respecto de la propiedad privada, que incluso se aplica a los bienes del "dominio privado" del Estado (art. 544: "Las disposiciones de este Código se aplicarán también a los bienes del dominio privado, en cuanto no se opongan a las leyes especiales respectivas"), quedando exceptuados sin embargo, aquellos bienes pertenecientes a las entidades públicas, respecto de los cuales se haya producido una "*publicatio*" al haber sido reservados al Estado, al decláraselos como del dominio público, lo que implica que los mismos son inalienables e imprescriptibles (art. 543 CC.), encontrándose en consecuencia sometidos a un régimen de derecho público.

La enumeración clásica de bienes del dominio público en el Código Civil establecida desde finales del siglo XIX, que se refiere a "los caminos, los lagos, los ríos, las murallas, fosos, puentes de las plazas de guerra y demás bienes semejantes" (art. 539), se complementó durante el transcurso del siglo XX con nuevas regulaciones en leyes especiales, como la Ley Orgánica de Bienes Públicos de 2012, reformada en 2014[44] y con la previsiones constitucionales incorporadas en la Constitución de 1999, respecto de los yacimientos mineros que se los declara expresamente como bienes del dominio público. En esa misma línea, la Ley de Minas de 1999 estableció que "las *minas o yacimientos* minerales de cualquier clase existentes en el territorio nacional pertenecen a la República, son bienes del dominio público y por tanto inalienables e imprescriptibles."

Todos los bienes del dominio público, por tanto están reservados al Estado, y los mismos se clasifican en el Código Civil, como de uso público o de uso privado de los entes públicos del Estado (art. 540). Los primeros abarcan aquellos bienes de uso común a los que el público en general puede acceder aun cuando existan regulaciones estatales para su ejercicio, por ejemplo, el poder circular en las vías públicas o navegar en las aguas.

Los bienes del dominio público de uso privado del Estado, por otra parte, son aquellos respecto de los cuales el Estado se ha reservado su uso y explotación, no teniendo las personas derecho de uso de los mismos, como es el caso, por ejemplo, del uso y explotación de los yacimientos mineros, salvo cuando el Estado le concede a los particulares el ejercicio exclusivo de esas actividades que se ha reservado, mediante el otorgamiento de una concesión, *creando* en cabeza del concesionario a través de esta figura jurídica el derecho que se le concede y que antes no tenía.

V. SOBRE LA NOCIÓN DE ORDEN PÚBLICO Y LOS CONTRATOS PÚBLICOS

Por último, otra noción fundamental en el cambo del derecho público o privado, particularmente relacionado también con la contratación pública, es la noción de "orden público" que en el ordenamiento jurídico venezolano se refiere a la condición que tienen determinadas previsiones legales que por su contenido y significación para el orden jurídico, son de aplicación inmediata, de carácter mandatorio e imperativo, incluso para contratos existentes, y que no pueden en forma alguna relajarse o modificarse por convenios entre particulares. De allí la previsión del artículo 6 del Código Civil, que dispone que "no pueden renunciarse ni relajarse por convenios particulares las leyes en cuya observancia están interesados el orden público o las buenas costumbres."

Este concepto de normas de orden público se aplica por tanto a disposiciones legales que conciernen al orden legal general e indispensable para la existencia de la propia comunidad, o que conforman la estructura básica de la sociedad, o que establecen limitaciones a la libertad económica como la propia libertad de contratar (lo que sólo puede hacerse mediante ley formal), como por ejemplo, en materia de derecho público general, son las que establecen competencias o atribuciones de los entes y órganos del Estado, entre ellas las competencias de los jueces, aquellas que conciernen, por ejemplo, a los poderes tributarios de las entidades públicas, al debido proceso de garantías legales o las

44 Véase en *Gaceta Oficial* N° 6155, de 19 de noviembre de 2014. Véase sobre esta Ley: también Allan R. Brewer-Carías, *Código de Derecho Administrativo*, Editorial Jurídica Venezolana, Caracas 2013 páginas 115 ss.

que se refieren a la inalienabilidad de bienes del Estado, como son los del dominio público, todas las cuales son de aplicación obligatoria y ninguna de las cuales puede relajarse por convenios entre particulares[45]. En el campo del derecho privado, por otra parte, que fue donde se originó el concepto, se consideran como normas en las que está interesado el orden público, todas las relativas al estado de las personas, como por ejemplo, las relativas al matrimonio, la *patria potestad*, el divorcio o la adopción.[46]

Como lo explicó Joaquín Sánchez-Covisa:

> "Las *normas de orden público* son aquellas normas que encarnan en un momento dado el concepto objetivo de justicia que rige en una colectividad humana. Al establecer una norma de orden público, el Estado determina el "deber ser" forzoso e imperativo que exige en ese momento la conciencia jurídica colectiva. Es por eso que tales normas no pueden ser renunciadas ni relajadas por convenios entre particulares. En tal sentido, el deber de fidelidad entre los cónyuges, la indemnización de los accidentes profesionales o el pago de impuestos no pueden ser relajados por la voluntad de los particulares. Son normas de orden público y, en cuanto tales, representan la idea de lo objetivamente justo en una comunidad jurídica de nuestros días."[47]

Conforme a este concepto, el mismo Sánchez-Covisa argumentó que "la puesta en vigor de una norma de orden público significa que un nuevo concepto objetivo de justicia es exigencia imperiosa de la colectividad en un determinado sector de la vida social, o sea, que es un concepto definido del interés colectivo rige en las materias afectadas por la norma en cuestión." [48]

Dentro de estas disposiciones de orden público se mencionan, por ejemplo, las que "regulan la duración de la jornada de trabajo, la tarifa de transporte o la participación del empleado en las utilidades de la empresa,"[49] siendo así la "naturaleza de la provisión" el

---

45 Por ejemplo, en la Decisión N° 276 de la Sala de Casación del Tribunal Supremo de Justicia del 31 de Mayo de 2007, se considera como norma de orden público no es cualquiera, sino las de *orden público constitucional* en relación con la garantía del debido proceso y del derecho a la defensa que son las que con razón se consideran en la sentencia como de orden público, y respecto de las cuales en la misma se afirma que: "el concepto de orden público representa una noción que *cristaliza todas aquellas normas de interés público que exigen observancia incondicional*, y que no son derogables por disposición privada. La indicación de estos signos característicos del concepto de orden público, esto es, la necesidad de la observancia incondicional de sus normas, y su consiguiente indisponibilidad por los particulares, permite descubrir con razonable margen de acierto, cuándo se está o no en el caso de infracción de una norma de orden público" (Véase en http://historico.tsj.gob.ve/decisiones/scc/mayo/RC-0276-310502-00959.HTM).

46 Véase Allan R. Brewer-Carías, *Contratos Administrativos*, en Allan R. Brewer-Carías, *Contratos Administrativos. Contratos Públicos. Contratos del Estado*, Editorial Jurídica Venezolana, Caracas 2013, pp. 316-323.

47 Véase Joaquín Sánchez-Covisa, *La vigencia temporal de la Ley en el ordenamiento jurídico venezolano*, Academia de Ciencias Políticas y Sociales, Caracas 2007, p.179. En este mismo sentido, Francisco López Herrera, citando a Henri Lepge (*Traité Élementaire de Droit Civil Belge*, Bruilant, Bruxelles, 1941-1949, Vol. I, o 101), "declaró que "las disposiciones y leyes de orden público son las que se refieren a los intereses esenciales del Estado que afectan a la colectividad, o que fijan en el derecho privado el fundamento jurídico fundamental basado en el orden económico y moral de una sociedad determinada. Para determinar que una provisión como de orden público, es necesario analizar en cada caso, el espíritu de la institución y examinar qué y por qué tiene relación con las demandas esenciales de la colectividad o la base fundamental del derecho privado." Véase Francisco López Herrera, *La nulidad de los contratos en la legislación civil de Venezuela*, Caracas 1952, p. 96.

48 *Idem*, p, 180.

49 *Idem*, p. 185.

único aspecto que permite calificar una disposición como de "orden público" y por lo tanto de aplicación obligatoria.[50] Entre esas normas de orden público, en el ámbito del derecho público, están, como antes se ha indicado, las disposiciones de las leyes en las cuales se atribuyen competencias a los órganos o entes de la Administración Pública, por lo que por ejemplo, el artículo 26 de la Ley Orgánica de la Administración Pública,[51] al regular el principio de la competencia dispone que:

> "Artículo 26. Toda competencia atribuida a los órganos y entes de la Administración Pública será de obligatorio cumplimiento y ejercida bajo las condiciones, límites y procedimientos establecidos; será irrenunciable, indelegable, improrrogable y *no podrá ser relajada por convención alguna*, salvo los casos expresamente previstos en las leyes y demás actos normativo".

Ahora bien, aplicando estos conceptos al ámbito de los contratos, incluyendo los contratos públicos, los mismos entonces se rigen fundamentalmente por lo acordado por las partes en sus cláusulas, siéndoles aplicable las normas del Código Civil y de las demás leyes que rigen por ejemplo determinados sectores de actividad, o en general a los contratos públicos, en forma supletoria, salvo que contengan disposiciones de orden público en cuyo caso las mismas son de aplicación obligatoria en los contratos sin que las partes puedan relajarlas mediante convención. Por ello, es obligación de las partes en los contratos, identificar las normas de orden público que puedan estar establecidas en los textos de las leyes que puedan ser aplicables a la relación contractual, y que no pueden comprometerse mediante cláusulas contractuales, siendo absolutamente excepcional el que la totalidad de las disposiciones de una Ley sean declaradas expresa y globalmente como de orden público.

Una excepción en Venezuela fue por ejemplo, la Ley de Precios Justos se 2014[52], en cuyo artículo 2 se dispuso que "Las disposiciones de la presente Ley son de orden público e irrenunciables por las partes;" y de la Ley Orgánica que reserva al Estado bienes y servicios conexos a las actividades primarias de Hidrocarburos de 2009 en cuyo artículo 7 se estableció que "Las disposiciones de la presente Ley son de orden público y se aplicarán con preferencia a cualquier otra disposición legal vigente en la materia."[53]

En el caso del régimen de los contratos públicos, la Ley de Contrataciones Públicas de 2014,[54] como cuerpo normativo que se aplica a todos los contratos públicos que tienen por objeto la adquisición de bienes, la prestación de servicios y ejecución de obras (art. 1) celebrados por los entes públicos que se enumeran en la misma (art. 3), no contiene alguna declaración similar de carácter general que declare que todas sus disposiciones son de orden público, lo que no excluye por supuesto que la misma contenga algunas disposiciones que pueden considerarse como de orden público, como lo son las relativas a los procesos de selección de contratistas para adjudicación de contratos, o aquellas que por referirse a competencias del poder público atribuidas a los órganos o entes públicos, son de obligatoria aplicación.

---

50 *Idem*, p. 206.

51 Véase en *Gaceta Ofiical* No. 6147 de 17 de noviembre de 2014.

52 *Gaceta Oficial*, N° 40.340 de 23-01-2014

53 *Gaceta Oficial* N° 39.173 de 7 de mayo de 2009

54 Gaceta Oficial N° 6.154 Extra. de 19 de noviembre de 2014

Es decir, la Ley de Contrataciones Públicas en su globalidad no es una ley de orden público, ni así ha sido declarada en su texto, ni en el artículo 1° de la misma se ha declarado que todas sus normas sean de "obligatorio cumplimiento." La última frase del artículo 1°, que declara mandatorio los "procesos" regulados en la Ley, que se agregó en la reforma de la Ley en 2014, debe considerarse sólo como una ratificación de que las disposiciones de la ley que se refieren a los "procesos de adjudicación de contratos o selección de contratistas" que si son obligatorias, y que se refiere al aspecto medular que dio origen a la Ley.

En efecto, desde la promulgación de la Ley de Licitaciones en 1990, [55] que fue sustituida por la Ley de Contrataciones Públicas dictada en 2008, [56] el propósito del legislador fue básicamente regular los procesos de selección de contratistas para la adjudicación de los contratos públicos, habiendo la nueva Ley continuado básicamente regulando dichos procesos, casi exclusivamente. Por ello, al comentar dicha Ley de Contrataciones Públicas de 2008, expresamos que:

> "a pesar de su nombre, la Ley ni regula todos los contratos estatales, ni regula la actividad de contratación pública en general de los entes públicos ni de las Administraciones Públicas (nacional, estadal y municipal). En realidad, sigue siendo, con algunas modificación una Ley de delimitado alcance, destinada básicamente a regular el procedimiento de selección de contratistas (licitación) y respecto de ciertos (no todos) los contratos públicos. Por ello, la única Ley precedente que deroga expresamente esta nueva Ley es la vieja Ley de Licitaciones, por lo que en su parte medular, sigue siendo un cuerpo normativo destinado a regular el régimen de selección de contratistas (art. 36 a 92) en ciertos contratos públicos."[57]

La reforma de dicha Ley de 2014, como se expresó en la Exposición de Motivos de la misma que la precede en la publicación en la *Gaceta Oficia,* estuvo motivada por la preocupación sobre la persistencia de "algunas deficiencias significativas *en los procesos*," y el propósito de reforzar los procesos de adjudicación de contratos y selección de contratistas de conformidad con la disposiciones de la Ley. Por ello, sin duda, el propósito de la introducción en el texto de la reforma de la Ley en 2014, de la última frase del artículo 1°, era ratificar el carácter de "obligatorio cumplimiento" de "los procesos referidos en la Ley" que no son otros que los destinados a la adjudicación de contratos y selección de contratistas (concurso abierto, concurso cerrado, contratación directa, contratación electrónica).

Esos procesos de selección de contratistas, y no la totalidad de los artículos y previsiones de la ley, son los que el legislador quiso reforzar en su imperatividad al ratificar que son de obligatorio cumplimiento. Los mencionados procesos fueron establecidos desde la promulgación de la *Ley de Licitaciones* de 1990 y luego, como se dijo, incorporados en el texto de la Ley de Contrataciones Públicas del 2008, indicando igualmente su carácter de obligatorio cumplimiento. Por lo tanto, la reforma de 2014, con el agregado de la mencionada última frase del artículo 1°, en realidad no innovó en nada, sino que

---

55 *Gaceta Oficial*, N°39.181 del 19 de mayo de 2009

56 La última reforma fue publicada en *Gaceta Oficial*, N° 5.556 Extra. de 13 de noviembre de 2001

57 Véase Allan R. Brewer-Carías, "Ámbito de aplicación de la Ley de Contrataciones Públicas," en Allan R. Brewer-Carías *et al.*, *Ley de Contrataciones Públicas*, Editorial Jurídica Venezolana, Caracas 2008, pp. 11-12.

ratificó el carácter de los procesos de selección de contratistas como de cumplimiento obligatorio.

Pero además de las previsiones de la Ley relativas a los procesos de selección de contratistas, en la Ley de Contrataciones Públicas también se han regulado expresamente en dicha Ley diversas potestades de la Administración contratante en relación con todos los contratos públicos, como por ejemplo, las potestades de modificación unilateral de las condiciones de ejecución de las prestaciones objeto del contrato (arts. 130, 131); de sancionar las faltas del contratante (Art. 139); y de rescisión unilateral del contrato (Art. 127; arts. 152 ss.).[58] Dichas prerrogativas o poderes extraordinarios de la Administración contratante, deben considerarse como previsiones de orden público, independientemente de que puedan ser objeto de regulación en las cláusulas de los contratos públicos, como sucede con frecuencia.

Por último, debe precisarse que como solo en las leyes se pueden establecer previsiones de orden público, por tratarse de disposiciones limitativas a la libertad de contratar, que es manifestación de la libertad económica, las mismas en ningún caso podrían establecerse en reglamentos, como por ejemplo el Reglamento de la Ley de Contrataciones Públicas, a cuyas normas en ningún caso podría atribuírseles el carácter de orden público.

New York, julio 2017

---

58 Véase Carlos García Soto, "Posición de la Administración en su actividad contractual. El caso de la ley de Contrataciones Públicas y su reglamento," en Allan R. Brewer-Carías et al., *Ley de Contrataciones Públicas*, Editorial Jurídica Venezolana, Caracas 2012, pp. 198 ss.; y José Ignacio Hernández, "El contrato administrativo en la Ley de Contrataciones Públicas venezolana," en Allan R. Brewer-Carías, et al., *Ley de Contrataciones Públicas*, Editorial Jurídica venezolana, Caracas 2012, pp. 184-186.

VII. POTESTADES Y DERECHOS EN LA CONTRATACIÓN PÚBLICA (Eficacia vinculante de los contratos; colaboración entre las partes; Solución de controversias; interpretación)

44. LA CLÁUSULA EXORBITANTE EN LOS SISTEMAS DE CONTRATACIÓN PÚBLICA

*José Araujo–Juárez**

INTRODUCCIÓN

§1. Advertencia — El tema de los contratos públicos en general es un elemento central para el cumplimiento de la función constitucional que tiene asignada la Administración Pública, y como tal es una de las instituciones fundamentales del Derecho administrativo contemporáneo. Sin embargo, en este ensayo solo procederemos a analizar críticamente aquellas cuestiones que, siendo controvertidas en la doctrina, constituyen al mismo tiempo uno –y tal vez el más relevante– de los temas de los sistemas de contratación pública: la teoría de la cláusula exorbitante que, a nuestro juicio, demanda una revisión a la luz de la esencia misma del contrato, y no solo desde la vertiente y la óptica del Derecho administrativo, sino cuenta tenida del proceso de constitucionalización del Derecho administrativo y sus categorías jurídicas, del Derecho administrativo constitucional[1] que nos obliga a interpretar todo el ordenamiento jurídico *desde* la Constitución (G. BIDART CAMPOS)[2] o *conforme a* la Constitución (E. GARCÍA DE ENTERRÍA)[3].

Por otro lado, es indiscutible que las causas de la trascendencia que ha cobrado la contratación pública van desde el crecimiento continuo de las necesidades colectivas, la aparición de nuevos cometidos administrativos en los diferentes campos (económico, social, cultural, etc.), el desarrollo de las nuevas tecnologías, la idea nueva de colaboración más activa del ciudadano en las tareas de la Administración Pública o, en fin, la inadaptación del Derecho privado para tomar en cuenta los objetivos específicos del interés general y regular el conjunto de derechos y deberes que viene a compensar el ejercicio del Poder Público, entre otras, y éstos cambios motivan una nueva reflexión.

---

* Profesor de Postgrado de la Universidad Católica Andrés Bello. Miembro del Foro Iberoamericano de Derecho Administrativo, del Instituto Internacional de Derecho Administrativo, de la Asociación de Derecho Administrativo Iberoamericano, y de la Asociación Española e Iberoamericana de Profesores e Investigadores de Derecho Administrativo; y Miembro de Honor de la Asociación Mexicana de Derecho Administrativo y de la Asociación Dominicana de Derecho Administrativo.

1 Araujo-Juárez, J., *Derecho Administrativo Constitucional*, CIDEP-EJV, Caracas, 2017.

2 Bidart Campos, G., *Teoría General de los derechos humanos*, Astrea Buenos Aires, 1991, pp. 386 y ss.

3 García de Enterría, E., y Fernández, T.-R., *Curso de Derecho administrativo*, t. I, 12ª. ed., Madrid, Editorial Thomson, Madrid, 2004, pp. 126 y ss.

§2. Contratación Pública — El Art. 141 de la C le asigna a la Administración Pública la misión constitucional de servir, con sometimiento pleno a la ley y al Derecho y con eficacia, a los ciudadanos. Para el cumplimiento de su función constitucional asignada, aquella no siempre procede por vía unilateral mediante actos o reglamentos administrativos, sino que con frecuencia requiere celebrar relaciones contractuales, actividad a la que se califica como actividad contractual de la Administración, y que crece exuberantemente no solo en intensidad, sino también en radio de acción, materias y ámbitos.

Este conjunto de relaciones contractuales, prescindiendo por de pronto de rotulaciones, se agrupan en Latinoamérica también bajo la denominación inespecífica propuesta en los años 60 por E. SAYAGUÉS LASO[4] de "contratos de la administración" –o si se prefiere la calificación genérica de contrato público, del Estado o estatal, o de la Administración, según lo ha hecho un importante sector de la doctrina venezolana–[5], al poner el acento en la circunstancia de que en todos los contratos que celebra la Administración Pública existen componentes tanto de Derecho público como de Derecho privado, y que al efecto de nuestra exposición concierne a la contratación pública.

§3. Sistemas de contratación pública — El contrato público es un concepto que ha dado lugar a continuas polémicas doctrinarias y a una jurisprudencia masiva, a veces confusa y contradictoria, por lo que sin duda algo enigmático y contradictorio encierra una institución jurídica que ha necesitado de tantas explicaciones (G. ARIÑO ORTIZ)[6]. En efecto, sostiene J.C. CASSAGNE[7], el campo de la contratación pública es fértil en la producción de un conjunto inagotable de dilemas o problemas que van desde la negación de la existencia misma de la figura del contrato en general en la esfera pública, pasando por quienes lo reconocen como la especie más significativa, hasta aquellos que reconocen su existencia, y como consecuencia de lo cual los Derechos positivos integrarían, como una suerte de *suma divisio*, los dos modelos o sistemas de contratación pública o estatal por antonomasia, así:

a. Los Derechos positivos que desconocen la categoría del contrato administrativo, y que agruparían el sistema civilista o privatista de contratación pública o también denominado modelo privado de contratación administrativa –en el Derecho continental europeo (Alemania, Italia) y en el mundo anglosajón (Inglaterra)–.

b. Y los Derechos positivos donde se reconoce la categoría del contrato administrativo (como género de los contratos que celebra la Administración Pública –Argentina, Colombia, España, Francia, Uruguay– o en todo caso como la especie más significativa

---

4 Sayagués laso, E., *Tratado de Derecho Administrativo*, 4a. edición, puesta al día por Daniel Hugo Martins, Montevideo, 1974, t.I, p. 537. El mismo autor recuerda que la denominación y el sentido de la misma no es nueva, porque ya V. SANTAMARÍA DE PAREDES la había utilizado en su *Curso de Derecho Administrativo*, 6ª. edición, Madrid, 1903. En esa línea se puede incluir a GARCÍA DE ENTERRÍA, E., Ob. cit., nota 3, t. I, p. 679; y que en los países europeos por influencia del Derecho comunitario europeo hoy se denominan bajo el concepto genérico de "contratos públicos".

5 BREWER-CARÍAS, A.R., "Los contratos del Estado y la Ley de Contrataciones Públicas. Ámbito de aplicación", en *Ley de Contrataciones Públicas*, Col. Textos Legislativos N° 44, 4ta. Edición actualizada y aumentada, EJV, Caracas, 2014, p. 11; y "La contratación pública en Venezuela", en *Tratado General de los Contratos Públicos*, Dir. Juan Carlos Cassagne, Ed. La Ley, Buenos Aires, 2013, t. II, pp. 8 y 9.

6 Ariño Ortiz, G., "El enigma del contrato administrativo", en *Tratado General de los Contratos Públicos*, Dir. Juan Carlos Cassagne, Ed. La Ley, Buenos Aires, 2013, t. I, p. 59.

7 Cassagne, J.C., "La contratación pública", en *Tratado General de los Contratos Públicos*, Dir. Juan Carlos Cassagne, Ed. La Ley, Buenos Aires, 2013, t. I, p. 3.

de estos –Venezuela–), y que integran, a su vez, el sistema administrativista de contratación pública o también denominado modelo público de contratación administrativa.

Ahora bien, el porqué de la distinción de figuras contractuales diversas dentro de los mencionados sistemas de la contratación pública del Derecho comparado, lo cual remite a considerar a algunos como distintos y singulares respecto de los demás es, justamente, uno de los más importantes problemas tratados por la doctrina, que nos conduce a ofrecer aquí algunas claves de comprensión y poder examinar el estado del arte de la "cláusula exorbitante", cuya presencia se advierte en los mencionados sistemas de contratación pública.

No dudamos que la teoría de la cláusula exorbitante es ciertamente un problema difícil, que arrastra un importante lastre tanto histórico como dogmático, y donde van a estar implicadas las cuestiones básicas del Derecho administrativo entero, es decir, la presencia de la Administración Pública como sujeto y la modulación en su ámbito de las categorías del Derecho común (GARCÍA DE ENTERRÍA)[8], de ahí que la necesidad de su mejor conocimiento se justifica por sí sola y que resume la finalidad completa de esta exposición.

§4. Plan — Ahora bien, la admisión de la categoría general del contrato público, es deudora, como otras del Derecho administrativo, de las construcciones doctrinales y jurisprudenciales que, sin duda alguna, siguen siendo muy relevantes en esta materia. Y también es cierto que la puesta en juego de la cláusula exorbitante es de gran calado tanto para los contratistas cuyos derechos deben ser garantizados sin falla, como para las propias autoridades administrativas encargadas de dar satisfacción al interés general, y que deberían gozar de una seguridad jurídica suficiente para operar correctamente su misión.

Por otro lado, es sabido que la contratación pública se encuentra en constante mutación. Los modos de intervención no cesan de evolucionar. Pero mientras que por un lado se puede constatar que, cada vez más la Administración Pública de los sistemas jurídicos contemporáneos se ve reconocer más frecuentemente la posibilidad de ejercer en el ámbito contractual prerrogativas de poder público, por otro es también muy cierto que los derechos fundamentales de las personas ocupan un lugar central en la medida que constituyen el núcleo duro de los intereses públicos que el Estado y, en particular, la Administración Pública, deben servir respetándolos y teniéndolos como guía de su actuación (J.L. MEILÁN GIL).[9]

En mérito a lo antes expuesto, la existencia todavía hoy en el Derecho comparado de la "huidiza" noción de cláusula exorbitante, suscita numerosas cuestiones que deben situarse como punto de partida de todo estudio sobre el régimen de cualquier sistema de contratación pública. Tal es el propósito de un ensayo de mayor aliento que se encuentra en imprenta: buscar agrupar, sin la pretensión de la exhaustividad ni de la experticia sabia, a grandes rasgos, el régimen de los principios y garantías de la cláusula exorbitante en los sistemas de contratación pública. Sin embargo, por razones de exigencia editorial y de mayor claridad, reduciremos nuestra exposición, así: una breve introducción

8 García de Enterría, E., *Ob. cit.*, nota 2, t. I, p. 695.

9 Meilán Gil, J.L., *Categorías Jurídicas en el Derecho Administrativo*, IUSTEL, 1a. edición, Madrid, 2011, p. 186.

sobre los antecedentes históricos (i); el fundamento jurídico–público (ii); y por último, la propuesta de reconstrucción de la teoría de la cláusula exorbitante (iii).

I. ANTECEDENTES HISTÓRICOS

§5. Cuestión previa — J.L. VILLAR PALASÍ[10], uno de los pioneros de este tipo de investigación, sostiene que es un hecho comprobado que las técnicas jurídicas alumbradas en un determinado momento histórico tienden a pervivir en el futuro, por lo que seguir la pista de los conceptos, las categorías y las instituciones del Derecho administrativo desde sus orígenes constituye, más que un ejercicio de erudicción, es un requisito esencial para su comprensión actual y su proyección en el devenir. Así las cosas, la perspectiva histórica obliga, pues, a sumergirse en el contexto en que cada institución nace y se desarrolla, y en el caso que nos es de consideración presente, en el Antiguo Régimen.

A. *Antiguo Régimen*

§6. Origen — El titular del poder a lo largo de la historia ha utilizado las técnicas contractuales de un modo directo o por el intermedio de una ficción jurídica (*fiskus*), para atender necesidades que se identificaban en el Antiguo Régimen con el interés de la Corona (MEILÁN GIL)[11], pero también del bien común, de los vecinos o, en suma, del interés general en el Estado constitucional de Derecho en la era contemporánea.

Y ello es así desde la perspectiva histórica, sostiene J. ARANA–RODRÍGUEZ[12], por cuanto siempre ha existido la necesidad de atender los asuntos que trascienden la dimensión personal por ser comunes al conjunto del pueblo, esto es, intereses generales, es por lo que se tiene noticia que desde las primeras civilizaciones se encuentran organizaciones públicas que bajo las más diversas formas han estado encargadas precisamente de atender los asuntos comunes. Y de la misma manera se encuentran, desde el principio, el reconocimiento y el ejercicio correlativo de una serie de poderes que exceden el marco común, necesarios para administrar a esos intereses generales con eficacia. Tema este que plantea, por razones obvias, el mismo origen histórico del propio Derecho administrativo general y de sus categorías jurídicas.

§7. Privilegios — J.L. MESTRE[13] sostiene que en el Antiguo Régimen, la toma de conciencia de la especificidad de las normas y reglas jurídico–públicas con respecto al *ius commune*, vino acompañada de la puesta en valor de la dualidad del objeto de dichas reglas. Por un lado, las reglas públicas que constituyen privilegios en beneficio de las administraciones medioevales existentes. Del otro, las reglas públicas que buscan temperar el uso de esos privilegios en nombre de la equidad y de la justicia que un monarca o señor feudal debían asegurar a sus súbditos. Pero también es cierto, ello no se logra sino de manera incompleta.

En efecto, los privilegios de que disponían bajo el Antiguo Régimen las administraciones son de dos órdenes. Los primeros consistían en poderes (*prerrogatives exorbi-*

10 Villar Palasi, J. L., *Técnicas remotas del derecho administrativo*, INAP, Madrid, 2001, p. 11.

11 Meilán Gil, J.L., *Ob. cit.*, nota 9, p. 142.

12 Arana-Rodríguez, J., *Aproximación al Derecho Administrativo Constitucional*, EJV, Caracas, 2007, pp. 15 y 16.

13 Mestre J.-L., *Introduction historique au droit administratif francais*, PUF, Paris, 1985, pp. 153 y ss.

tants), que dan a dichas administraciones los medios para imponer su voluntad. Los segundos, se presentan bajo la forma de garantías excepcionales, que les van a asegurar en diversas circunstancias una protección superior a aquella que se ofrecen en las relaciones del *ius commune*.

En efecto, la doctrina que se ha ocupado de la historia del Derecho administrativo nos muestra cómo los mencionados privilegios permitían a las administraciones ejercer su ascendencia, tanto sobre las actividades como de los bienes de los súbditos, y también de imponer una verdadera sujeción a sus contratistas. Tal es el caso relacionado con aquellos a quienes se les confiaba por contrato la ejecución de una obra pública o la gestión de un servicio, y frente a quienes las administraciones disponían de poderes o prerrogativas exorbitantes, que derivan de la preeminencia que ostentaban, durante la Edad Media, los titulares del poder público. Las administraciones medioevales estarán, pues, en la posición de someter a sus contratistas a su voluntad.

§8. Bien común — MESTRE[14] sostiene que, por otro lado, tampoco es extraño al medio jurídico medieval la noción de beneficio o bien común (*profit commun*), y que impregna el funcionamiento de la administración real puesto que el rey tiene, precisamente, por misión asegurar el bien común del reino.

Ahora bien, si el cumplimiento del bien común justificaba la atribución al monarca de prerrogativas exorbitantes, a su vez, el ejercicio de los mismos quedaba subordinado a esa satisfacción. De ahí que también estaban limitados por su finalidad, que es al mismo tiempo su fundamento. Por tanto, de manera general la satisfacción del bien común aparece –en principio– como la finalidad de la acción del conjunto de las administraciones medioevales, así como fundamento y límite de las prerrogativas exorbitantes de que disponen. El concepto de bien común –o en un lenguaje contemporáneo de interés general–, va a jugar también un papel esencial en la subordinación del ejercicio de los poderes de orden administrativo a reglas de Derecho.

De ahí que en lo esencial se mantiene –en el marco de la historia del Derecho administrativo– el resabio de reglas del mundo jurídico medieval que afirman la superioridad del titular del poder frente a quienes se les conceda una parte de las *prerrogatives exorbitans* que detentan y que, a su vez, fueron tempranamente adoptadas también por las administraciones municipales que acudieron al mecanismo de la concesión a semejanza de los señores feudales. Todas esas virtualidades contenidas en reglas públicas especiales como las mencionadas se irán consolidando en el curso del Antiguo Régimen.

§9. Privilegios contractuales — Es así como el régimen jurídico de las concesiones señoriales poco a poco fue dando nacimiento al régimen jurídico de los contratos administrativos a través de la evolución, según lo han demostrado estudios específicos.

Particularmente, MESTRE[15] sostiene que para administrar sus posesiones, el rey y los señores feudales debían necesariamente acudir a intermediarios, que los representaban frente a sus súbditos. Y es en los mencionados compromisos contractuales donde también está, precisamente, el origen de las concesiones que presentan rasgos remarcables, que luego irán a persistir y subyacer en el particularismo del Derecho de los contratos administrativos, así: por un lado, buscan asegurar la situación preeminente del señor

---

14 Mestre, J.-L., *Ob. cit.*, nota 13, pp. 98 y ss.

15 Mestre, J.-L., Ob. cit., nota 13, pp. 45 y 46.

concedente frente a su concesionario; y por otro lado, van a irradiar sus efectos sobre los terceros que son los súbditos –o los administrados en el lenguaje contemporáneo–, pues al beneficiario de la concesión se le investía de las *prerrogatives de puisance public*, muchas veces indicándose en el acto de concesión con lujo de detalles.

Así las cosas, sostiene MESTRE[16], por virtud de sus *prerrogatives de puisance public*, las administraciones medioevales se encuentran en la posición de someter a sus contratantes a sus voluntades. No solo podrán velar de manera permanente por la buena ejecución de los compromisos contraídos, sino que ejercen un verdadero poder de dirección, dando instrucciones y órdenes a los emprendedores de obras públicas o gestores de los servicios y, si fuere el caso, las órdenes encerraban verdaderas modificaciones juzgadas necesarias por la administración, o incluso podían llegar a rescindir el contrato de su propia voluntad.

Ahora bien, muchas veces se reservaban tales *prerrogatives de puisance publique* expresamente dentro de las estipulaciones contractuales. Es más, incluso si se habían olvidado de insertarlas reconociéndolas expresamente tales facultades, en caso de necesidad o de utilidad, eran también libres de tomar una decisión unilateral hasta alcanzar su formalización

§10. Principio general de formalismo contractual — El proceso de formalización de los contratos de la Administración Pública, señala F. MODERNE[17], es un rasgo común en todos los sistemas jurídicos de contratación pública europeos. Y ese proceso formalizador se hizo a partir de los antiguos pliegos de cláusulas y condiciones generales del siglo XIX (principio general de formalismo contractual) o de legalización de la fase de adjudicación (GONZÁLEZ–VARA IBÁÑEZ).[18]

En efecto, en sus comienzos para la institución de la teoría del contrato administrativo, se tomaron como punto de partida las bases que existían en la esfera del Derecho civil[19], sin advertirse diferencias entre ambas categorías jurídicas. Sin embargo, esa postura empezó a dejarse atrás en el siglo XIX al admitirse la diferencia en función del esquema estructural de los actos de autoridad y los actos de gestión (A. DE LAUBADERE, GARCÍA DE ENTERRÍA)[20].

En efecto, el contrato de la Administración durante el siglo XIX fue considerado inicialmente como típico de la gestión ordinaria (acto de gestión) y no como la manifestación genuina de un poder público –acto de autoridad–. Fue la época de la primera sistematización del Derecho administrativo (VIVIEN, CORMENIN, DE GERANDO) desarrollada fundamentalmente por E. LAFERRIÉRE[21], y en la que prevaleció (hasta finales del siglo

16 Mestre, J.-L., Ob. cit., nota 13, pp. 46 y ss.

17 Moderne, F.,"La contratación pública en el derecho administrativo francés conteporáneo", en *Tratado General de los Contratos Públicos*, Dir. Juan Carlos Cassagne, Ed. La Ley, Buenos Aires, 2013, t. II, p. 521.

18 *Ibídem*, p. 579.

19 DUGUIT, L., Traité de Droit Cosntitutionel, t. III, Fontemoing, Paris, 1923, pp. 41 y ss.

20 De Laubadere, Moderne, F. et Delvolvé, P., *Traité des contrats administratifs*, t. I, 2a. ed., LGDJ, Paris, 1983, p 29; y GARCÍA DE ENTERRÍA, E., "La figura del Contrato Administrativo", en RAP N° 41, Madrid, p. 101.

21 Laferriére, E., *Traité de la juridiction administrative et des recours contentieux*, Paris, Berger-Levrault et Cie, 1887, réédition LGDJ, Paris, 1989.

XIX) la distinción entre: por un lado, los actos de autoridad que dictaba la Administración obrando como titular del poder público (sometidos al Derecho administrativo y a la competencia del juez administrativo); y por el otro, los actos de gestión donde la Administración se despojaba de su *imperium* y actuaba con el mismo título que los sujetos privados (sometidos al Derecho privado y a la competencia del juez civil), siendo que estos últimos no necesitaban el uso de *prerrogatives de puisance public* y no merecían, por tanto, la protección de un juez especializado, por consiguiente, sometiéndose la Administración Pública en tales casos a los modos de gestión contractuales del *ius commune*.

Luego ya entrado el siglo XX se fue superando la teoría donde el contrato de la Administración era considerado como un acto de gestión ordinaria por un criterio material, al caracterizársele como aquél referido a la organización o al funcionamiento de los servicios públicos[22], y se fue admitiendo, paulatinamente, la idea de que ciertos contratos interesaban al funcionamiento de los servicios públicos ("ejecución directa e inmediata de una misión de servicio público", "ejecución misma de un servicio público" o cuando constituyen una "modalidad de ejecución de un servicio público"), mientras que otros se caracterizaban por la presencia necesaria de una o más cláusulas exorbitantes del *ius commune*. En ambos casos, tales contratos no podían ser considerados contratos de derecho privado y, además, merecían una protección particular a través de reglas de Derecho Público y, finalmente, bajo el control del juez administrativo.

En mérito a lo antes expuesto se puede señalar que los sistemas de contratación pública actuales son, en cierto modo, herederos de las doctrinas mencionadas. En tal sentido se puede concluir con J.P. BENOIT,[23] cuando presentía que el lugar ampliamente reconocido a los poderes de la Administración Pública en el actual derecho de los contratos administrativos, debía derivar de la autoridad señorial. La dificultad mayor vendrá de la fundamentación e identificación en un contrato determinado de tal tipo de cláusulas exorbitantes, aspecto que abordaremos a continuación.

II. FUNDAMENTO JURÍDICO–PÚBLICO

§11. Cuestión previa — Un sector de la doctrina encabezada por O. MAYER[24] señalaba que parecía incompatible la idea de contrato con la idea de poder público, pues: "El Estado manda siempre unilateralmente [...]; y el contrato no tiene acomodo posible en el derecho público [...], y así, el contrato del Estado constituiría, una "imposibilidad lógica" (MEILÁN GIL)[25]. Mientras que otro sector entendió que la presencia del Estado en la relación contractual transformaba la naturaleza y estructura de ésta, dando lugar a un nuevo instituto jurídico al que llamaron contrato administrativo.

22 JÈZE, G., *Los principios generales de derecho administrativo*, Paris, 1925-1936, trad. esp., Depalma, Buenos Aires, 1948, t. III, pp. 316 y ss.

23 BENOIT, F.-P., *Derecho Administrativo*, Madrid, Nº 1033, p. 587.

24 Mayer, O., *Derecho administrativo alemán*, 4 vols., trad. directa del original francés de 1903, Depalma, Buenos Aires, 1949-1951.

25 MEILAN GIL, J.L., "Para una reconstrucción dogmática de los contratos administrativos", en Anuario Facultad de Derecho de la Coruña, 2005, pp. 508 y 509.

Al respecto, lo primero que se debe insistir es que el denominado Derecho Administrativo Constitucional[26] plantea la necesidad, más que de arrumbar categorías esenciales del Derecho Administrativo, de revisar y repensar dogmas y principios considerados hasta no hace mucho como las señas de identidad de una rama del Derecho que se configuraba esencialmente a partir del régimen de exorbitancia de la posición jurídica de la Administración Pública y de las prerrogativas de poder público consecuentes, como correlato necesario de su papel de gestor, nada más y nada menos, que del interés público, conceptos y categorías que hoy encajan mal y que por ello se deben avenir (*conforme a*) con los nuevos paradigmas constitucionales, y todo ello en aras a su adecuación al nuevo modelo de la cláusula constitucional del Estado democrático y social de Derecho y de Justicia que proclama el Art. 2 de la Constitución vigente.

Así las cosas, sostiene ARANA–RODRÍGUEZ,[27] instituciones señeras del Derecho administrativo como los poderes, prerrogativas o potestades de que goza la Administración Pública para cumplir su papel de organización, de cumplir con eficacia sus labor constitucional de estar al servicio y disposición del ciudadano (ejecutividad, ejecutoriedad, *potestas variandi*, potestad sancionadora, etc.), requieren de nuevos planteamientos, pues, como vimos más arriba, nacieron en contextos históricos y jurídicos bien distintos y en el seno de sistemas políticos bien diferentes, por lo que su comprensión actual debe de la concepción del Derecho administrativo contemporáneo.

§12. Derecho administrativo como Derecho autónomo — El principio de autonomía del Derecho administrativo comporta, al decir de J. RIVERO[28], la exigencia de ir afirmando su autonomía dentro de una tarea diferenciadora en un doble sentido: dentro del ámbito general del Derecho público, frente al Derecho constitucional, y también frente al Derecho común o privado.

En este último caso, esta tarea condujo a la existencia de un verdadero préstamo de instituciones y categorías jurídicas las cuales han impuesto, en primer lugar, su diferenciación o modulación, y en una fase ulterior, la fijación de su propia identidad, esto es, demostrar que son realmente algo distinto desde el punto de vista de ya sea de su naturaleza, o ya de su régimen jurídico.

Es por ello que la importancia del fallo BLANCO consiste no solo en haber sustraído al "Estado–poder público" del Derecho común, sino también por haber consagrado los principios que constituyen las bases del *régime administratif* y que le dan su originalidad e interés al afirmar, claramente, la aplicación de reglas especiales, llamadas tempranamente "exorbitantes del Derecho común", esto es, al oponer las "reglas especiales" del Derecho administrativo a las del Derecho privado, concebido este último para ejercer –y la expresión no ha desaparecido del lenguaje contemporáneo–, como expresión del "derecho común" entendido como derecho aplicable a todos.

---

26 *V.*, Araujo-Juárez, J., *Ob. cit.*, nota 1, p. 373 y ss.

27 Arana-Rodríguez, J., *Ob. cit.*, nota 12, p. 60.

28 Rivero, J. y Waline, J., *Droit administratif*, 21ème éd., Paris, Dalloz, 2006; y *Derecho administrativo*, Traducción de la 9na. Edición, Instituto de Derecho Público, Facultad de Ciencias Jurídicas y Políticas, Universidad Central de Venezuela, Caracas, 1981.

§13. Derecho administrativo como Derecho normal — También cuando se estudia el ordenamiento jurídico–administrativo, sostiene M.F. CLAVERO ARÉVALO[29], no suele ser corriente el planteamiento de un problema muy rico en consecuencias teóricas y prácticas atinente a la naturaleza de las normas de este ordenamiento. Tal problema no es otro sino la situación del Derecho administrativo ante el doble dilema siguiente: Derecho normal–Derecho especial, por un lado; y Derecho común–Derecho excepcional, por el otro, en el entendido que son términos que se corresponden a conceptos técnico–jurídicos que deben ser empleados en terminología jurídica con todo rigor científico.

Sobre el primero de los dilemas Derecho normal–Derecho especial, debemos recordar cómo la doctrina administrativa tradicional hubo considerado desde sus propios orígenes durante mucho tiempo al Derecho administrativo como un Derecho especial o excepcional por oposición al Derecho civil, calificado este como Derecho común. En tal sentido, nos recuerda MEILÁN GIL[30], que ello obedeció, no tanto por la carencia de normas que hoy se calificarían materia administrativa, como por la insuficiente atención de su estudio en comparación con el del Derecho privado, pues durante siglos solo este era considerado como el Derecho auténtico, y por influencia de la pandectística alemana, el Derecho privado se confirmará en su consideración de *ius commune*.

En tal sentido, CLAVERO ARÉVALO[31] concluye que el Derecho administrativo es un Derecho normal en el sentido técnico del vocablo. Y es por ello que tan sólo se podría hoy seguir pensando en el carácter especial, excepcional o exorbitante del Derecho administrativo utilizando el término en un sentido no técnico, de que las normas del Derecho privado sufren excepciones o serían exorbitantes cuando se aplican a la Administración Pública.

En efecto, el Derecho administrativo hoy día debe considerarse como un Derecho normal en sentido técnico, pues su objeto, la función administrativa del Estado o de los entes públicos, ni es una anormalidad transitoria ni mucho menos supervivencia caduca de otros tiempos. La Administración Pública y la función administrativa son realidades permanentes y constantes que se han dado en todo tiempo y lugar, y que son consustanciales a la propia idea de organización política.

§14. Derecho administrativo como Derecho común — Finalmente, cuando se califica un ordenamiento como Derecho común, según CLAVERO ARÉVALO,[32] significa que sus normas regulan la totalidad de las relaciones de los entes a que se refieren; por el contrario, calificar a un ordenamiento como Derecho especial, significa que sus normas solo regulan un aspecto parcial de la vida de las personas jurídicas para quienes se dicta y, por ende, se quiere significar científicamente dos cosas: la aplicación preferente de sus normas a la materia regulada, y el carácter supletorio del Derecho común en relación con las deficiencias de la legislación especial (DE CASTRO)[33].

---

29 Clavero Arévalo, M.F., "Consecuencias de la concepción del Derecho administrativo como ordenamiento común y normal", en *RGLJ*, 1952, Instituto Editorial Reus, Madrid, 1952, pp. 3 y 4.

30 Clavero Arévalo, M.F., Ob. cit., nota 29, p. 18.

31 Clavero Arévalo, M.F., *Ob. cit.*, nota 29, pp. 5 y 6.

32 Clavero Arévalo, M.F., *Ob. cit.*, nota 29, p. 27.

33 De Castro, F., *Derecho Civil de España*, 1949, Madrid, p. 103.

Veamos entonces cuál ha sido la postura de la que pudiéramos denominar doctrina administrativa clásica, como M. WALINE[34], quien señala que el Derecho administrativo es un "régimen de excepción" con relación al Derecho privado, en la medida en que los principios del Derecho privado son descartados, ya que todas las teorías del Derecho privado se encuentran modificadas.

Frente a esta postura, otro sector de la doctrina entre los que se encuentra BALLBÉ,[35] quien hubo planteado el problema en sus justos términos al decir que no hay medios hábiles para defender la tesis de la pretendida especialidad del Derecho administrativo, ya que el Derecho público y el Derecho privado son dos géneros de ordenamientos jurídicos y, por tanto, aquél no es con relación a éste un Derecho especial o excepcional, ni mucho menos peculiar o exorbitante.

En mérito a lo antes expuesto, el argumento de BALLBÉ debe estimarse fundamental, ya que no puede existir relación de género a especie entre los ordenamientos o sistemas jurídicos que pertenecen a géneros distintos del Derecho, uno al público y otro al privado, puestos que los principios, valores jurídicos y fines esenciales que orientan a una y otra rama del Derecho, no solo deben estimarse distintos, sino en muchas ocasiones antagónicos. Y esta es la razón fundamental por la cual ya debería superarse la posición tradicional de que el Derecho administrativo debería de definirse con relación al Derecho común o privado.

En el mismo orden de ideas en la doctrina contemporánea, MEILÁN GIL[36] sostiene que no puede ponerse en duda que el Derecho administrativo es un *ius commune*. Dentro de la unidad del Derecho constituye un Ordenamiento jurídico sectorial completo, con principios, instituciones y categorías propias con capacidad de auto–integración para resolver, en su ámbito, el problema último de las lagunas legales que plantea la realidad y las eventuales contradicciones que su aplicación pueda provocar.

§15. Conclusión — En mérito a lo antes expuesto podemos concluir con carácter general que si bien en sus orígenes se calificó el Derecho administrativo como "exorbitante del derecho común", por considerársele ya un Derecho especial o ya un Derecho excepcional, ha sido tan alta la dinámica expansión que, en la actualidad, se debería calificar como lo que es: un Derecho autónomo, normal y común.

III. RECONSTRUCCIÓN JURÍDICA DE LA TEORÍA DE LA CLÁUSULA EXORBITANTE

§16. Planteamiento de la cuestión — La figura de los contratos públicos, como por lo demás acontece hoy día con el propio Derecho administrativo y las restantes categorías jurídicas, debe ser sometida a un proceso de revisión y depuración conceptual.

En efecto, la literatura jurídica sobre la materia si bien numerosa, se ha construido doctrinalmente tomando como referente el tradicionalmente denominado *ius commune* (Derecho civil o privado), tanto si se habla de identidad sustancial, de exorbitancia o en fin de modulación. Sin embargo, compartimos la posición del MEILÁN GIL[37], en el senti-

34 Waline, M., *Manuel Elementaire de Droit administratif*, Paris, 1946, p. 8.

35 BALLBÉ, M., Voz, "Derecho administrativo", en *Enciclopedia Seix*, Madrid, 1949, p. 73.

36 Meilán Gil, J.L., Ob. cit., nota 9, p. 17.

37 Meilán Gil, Ob. cit., nota 9, p. 146.

do que se debería plantear la cuestión más adecuadamente desde una perspectiva propia del Derecho administrativo, como correspondería a su concepción de *ius commune* y –agregamos– de Derecho autónomo y normal.

En efecto, es sabido que la carencia originaria de sustantividad en los orígenes del Derecho administrativo produjo una verdadera importación de categorías jurídicas desde el Derecho común. Y es que la figura del contrato, al igual que la propiedad, la responsabilidad, y un gran etc., es un concepto de la Teoría general del Derecho. En este orden de ideas, MEILÁN GIL[38] sostiene que el planteamiento adecuado y la solución razonable es entender, desde la unidad última del Derecho, que el contrato es un supraconcepto, que abarca tanto los contratos que operan en el ámbito privado como los contratos que lo hacen en el ámbito público.

Así las cosas, se observa que a medida que se fue desarrollando el proceso de auto–integración y autonomía del Derecho administrativo, las categorías inicialmente "prestadas" comenzaron a tener una modulación *ius administrativa* cada vez más intensa, tan acusada que hoy día comporta una regulación sin equivalente en el Derecho privado (L. PAREJO ALFONSO),[39] dotando a las nuevas categorías jurídicas ya sea de una clara sustantividad o ya de un régimen propio que alumbra soluciones que sólo pueden ser entendidas a la luz de los nuevos principios que caracterizan al Derecho administrativo contemporáneo, en función de los criterios que le han caracterizado y que analizaremos de seguidas.

A. *Criterios del contrato administrativo*

§17. Criterios clásicos — En el desarrollo del Derecho administrativo, la insuficiencia de los criterios tradicionales hizo surgir las corrientes de pensamiento que dieron origen a las dos grandes escuelas cuyas teorías han servido para la pretensión de definir el sistema de Derecho administrativo entero. Como ideas–fuerza, estas teorías, han gozado de predominio en una época concreta.

En tal sentido, HAURIOU[40] sostiene que son dos las nociones fundadoras o maestras del Derecho administrativo: por un lado, la teoría de servicio público como la obra (el fin) que ha de ser ejecutada por la Administración Pública; y por el otro, la teoría de prerrogativas de poder público (o de medios exorbitantes del Derecho).

En mérito a lo antes expuesto, DE LAUBADÉRE[41] señala que en la determinación del criterio del contrato administrativo, desde sus orígenes, dos grandes criterios clásicos han ocupado y continúan haciendo el papel protagónico, y son: la noción de servicio público, y la noción de cláusula exorbitante.

El primero criterio consiste en una cierta vinculación del contrato en cuestión con una actividad calificada como servicio público. Sin embargo, la insuficiencia que tendría la noción de servicio público *–lato sensu–* para configurar el criterio determinante de la teoría del contrato administrativo provocó el segundo criterio inaugurado en Francia por

38 Meilán Gil, Ob. cit., nota 9, p. 149.

39 Parejo Alfonso, L., "El Régimen Jurídico General de la Contratación en España", en *Biblioteca Jurídica Virtual del Instituto de Investigaciones Jurídicas de la Universidad Autónoma de México*, p. 266.

40 M. Hauriou, *Précis de droit administratif et droit public,* 12ème. éd., Sirey, Paris, 1933, Réédition, Dalloz, Paris, 2002.

41 De Laubadère, A., Moderne, F. et Delvolvé, P., Ob. cit., nota 20, p. 144.

el fallo SOCIEDAD DE GRANITOS PORFÍDICOS DE VOSGES del Consejo de Estado[42], y que reside en la presencia dentro del contrato de cláusulas "diferentes de aquellas que se establecen entre un particular y un comerciante cualesquiera", esto es, que difieren bastante de aquellas que se encuentran en los contratos comunes por parecer francamente insólitas; y se les denomina, por tal razón, "cláusulas derogatorias del derecho común" o, más usualmente "cláusulas exorbitantes del derecho común" o "cláusulas exorbitantes del derecho privado". Desde entonces ha jugado un papel muy importante, consagrándose la doble idea de la identificación del contrato administrativo por el carácter de las estipulaciones que contiene y por el criterio de la cláusula exorbitante.

§18. Criterios contemporáneos — Asimismo, DE LAUBADÉRE[43] sostiene que después el Consejo de Estado le va a dar un desarrollo nuevo al criterio de la cláusula exorbitante al extenderla con el empleo de la noción de *régime exorbitant*, y que ha devenido al lado del criterio de la cláusula exorbitante como otro criterio autónomo. En efecto, en el fallo SOCIETE LA RIVIERE DE SANT[44], el contrato en cuestión no podía vinculársele a la noción de servicio público ni tampoco a la cláusula exorbitante al no contener ninguna cláusula de ese género pero, en su defecto, desde ciertos puntos estaba regulado por un régimen exorbitante, en razón de las reglas particulares que derivaban de ciertas disposiciones reglamentarias que le resultaban aplicables.

Desde entonces, la orientación nueva en que consiste la fórmula según la cual el carácter administrativo de un contrato puede resultar del régimen exorbitante al cual se encuentra sujeto, va a formar parte también de la definición jurisprudencial del contrato administrativo, o más propiamente, se constituirá en otro criterio del contrato administrativo[45]. Que si bien el calificativo exorbitante se vincula a los dos criterios, en este supuesto no está referido a estipulaciones voluntaria y libremente convenidas en el contrato por las partes, sino a reglas sacadas de fuentes externas a las partes que pueden ser leyes o reglamentos, y que fijan el marco jurídico dentro del cual se inscribe el contrato en cuestión. La diferencia fundamental entre ambos criterios se refiere al rol que juega la voluntad de las partes en la estipulación de las cláusulas exorbitantes, mientras que está ausente en el criterio del régimen exorbitante.

En mérito a lo anterior, DE LAUBADÉRE[46] concluye que en vez de denominar criterio de la cláusula exorbitante, debe denominarse criterio de la presencia de los elementos exorbitantes, en razón de que pueden tener por origen: ya sea estipulaciones incluidas por las partes (cláusula exorbitante), o ya en razón de un marco jurídico exterior a la voluntad de las partes pero al cual el contrato está sujeto (régimen exorbitante).

§19. Teoría de la modulación — La carencia originaria de sustantividad en los orígenes del Derecho administrativo, –hemos mencionado– produjo un verdadero préstamo de diversas categorías jurídicas desde el Derecho privado.

Ahora bien, a medida que se fue desarrollando el proceso de auto–integración y autonomía del Derecho administrativo, las categorías prestadas, como acontece con la

42 *V., Los Grandes Fallos de la Jurusprudencia Administrativa Francesa*, Ed. Librería del Profesional, Bogotá, 2000,N° N° 29, pp. 99 a 102.

43 De Laubadére, A., Ob. cit., nota 20, t. I, p. 158 y 159.

44 *V., Conseil d'Etat, Sect.* 19 *janv.* 1973, *Société déxplotation électrique de la rivière du Sant*, Rec. 48.

45 De Laubadére, A., Ob. cit., nota 20, t. I, p. 229

46 De Laubadére, A., Ob. cit., nota 20, t. I, p. 210.

teoría general de los contratos, comenzaron a tener una modulación *ius administrativa* cada vez más intensa, tan acusada que según un sector de la doctrina va a comportar una regulación sin equivalente en el Derecho privado (PAREJO ALFONSO)[47], dotando a la nuevas categorías administrativas de una clara sustantividad propia que alumbra soluciones que sólo pueden ser entendidas a la luz de los nuevos principios que caracterizan al Derecho administrativo, dominado por la noción de interés general o público como valor predominante y no por el interés del particular (GARCIA DE ENTERRIA).[48]

Por su parte, GARCÍA DE ENTERRÍA[49] (quien se ha manifestado en contra de la sustantividad de los contratos administrativos) sostiene que la tesis sustantivadora del contrato administrativo que le permitió mantenerse sobre la base del criterio de las denominadas cláusulas exorbitantes del Derecho común, va a ser objeto de cuestionamiento después de la segunda mitad del siglo XX, una vez que se comprueba la posibilidad de proceder con normalidad a la gestión de los servicios públicos, e hizo surgir un espíritu revisionista que vino a poner en cuestión las afirmaciones centrales en que esa tesis se fundamentaba.

Sin embargo GARCÍA DE ENTERRÍA [50] estima que se produce también una suerte de "modulación" en los contratos estatales en una cadencia que va, desde aquellos típicamente públicos y que se regulan fundamentalmente por el Derecho público, como las concesiones administrativas en general, mientras que otros se regulan por el Derecho privado, como la compraventa inmobiliaria, no obstante lo cual siempre en algunos puntos rige el Derecho público. Ello llevaría a SARMIENTO GARCÍA a proponer prescindir de la expresión contrato administrativo, y hablar en cambio de: "contratos de la administración" o "en la función administrativa", y solo a estos se aceptaría que con algunos de ellos se siga utilizando la expresión "contrato administrativo", en tanto se regulen por el Derecho administrativo en una "medida importante"[51].

Y es que como nos recuerda el propio GARCÍA DE ENTERRÍA,[52] a la distinción que comienza siendo una distinción que juega solo en el plano del reparto jurisdiccional entre la jurisdicción administrativa y la jurisdicción común, posteriormente comienza un traslado a la gestión de los contratos de las técnicas de actuación de la Administración Pública y, sobre todo, de su habitual privilegio de autotutela, sobre el cual se da inicio al proceso de sustantivación de la figura del contrato administrativo, y que culmina con la posición de que van a estar regidos por el Derecho administrativo que se inicia, como lo advirtiéramos más arriba, con la construcción del primer criterio sistematizador, esto es, el de actos de autoridad–actos de gestión; y luego con el criterio material del servicio público y, como obligada consecuencia de este planteamiento de base será para G. JÉZE –el creador más relevante de la teoría del contrato administrativo– la aplicación de un régimen jurídico especial compuesto de reglas exorbitantes del Derecho común, surgidas e impuestas por y para la gestión de los servicios públicos.

---

47 Parejo Alfonso, L, Ob. cit., nota 39, p. 260.

48 García de Enterría, E., "La figura del contrato administrativo", *en Revista de Administración Publica*, 1963, Madrid, pp. 110 y ss.

49 García de Enterría, *Ob. cit.*, nota 2, t. I, p. 694.

50 García de Enterría, E., *Ob. cit.,* nota, t. I, p. 694.

51 Sarmiento García, p. 48.

52 García de Enterría, E., *Ob. cit.,* nota 2, t. I, p. 689.

En consecuencia, GARCÍA DE ENTERRÍA[53] sostiene que la correspondencia funcional y estructural entre contrato administrativo y contrato de Derecho privado estaría afectada de unas determinadas "modulaciones de régimen jurídico" más o menos significativas, por el hecho que unos de los contratantes sea precisamente la Administración Pública y por las peculiaridades de su "giro o tráfico" particular. Incluso para quienes sostienen que la sustantividad del contrato administrativo es un "falso problema", no dejan de reconocer que tienen una serie de connotaciones propias que los diferencian de los contratos privados, aunque no de igual intensidad en todos ellos (JL. VILLAR PALASÍ).[54]

Ahora bien, la doctrina comienza a advertir que esa diferencia de naturaleza y esa diversidad de régimen jurídico de los contratos administrativos por oposición a los contratos privados de la Administración Pública que se predica como algo axiomático dista mucho de ser tan radical como aparenta. Y así GARCÍA DE ENTE-RRÍA[55] observa que las especialidades propias de la contratación pública que aparecen en el curso del siglo XIX y en las que más tarde, e incluso hoy, se pretenderá localizar las famosas "exorbitancias" que singularizan al contrato administrativo (prerrogativas de decisión unilateral en materia de interpretación, modificaciones e incluso rescisiones y sanciones), surgirían siempre por vía de pactos ("pliegos de condiciones" fijados por la Administración Pública y a los cuales el contratista se adhiere), y no por imposición de un texto legal expreso, y tiene inicialmente además un carácter provisional, destinado a no entorpecer el curso del objeto del contrato administrativo con el surgimiento de una discrepancia y la tramitación de un ulterior proceso.

Son, pues, las exigencias derivadas del "giro o tráfico" específico característico y peculiar de la Administración Pública contratatante, las que imponen esa modulación de bulto o especialmente intensa del tipo contractual privado correspondiente en cada caso que va a singularizar el contrato administrativo, y no una supuesta distinción de naturaleza.

§20. Régimen administrativo — El problema central que sigue planteándose en torno del contrato administrativo según CASSAGNE[56], es hasta qué punto su construcción se independiza de las normas y principios del Derecho común –que vinieron rigiéndolo desde que el Estado comenzó a utilizar la técnica contractual en forma esporádica– y en qué medida ha adquirido una fisonomía peculiar y típica del Derecho público.

Así las cosas, si bien un sector importante de la doctrina nacional postula la superación del contrato administrativo como categoría autónoma y diferente del contrato de Derecho privado, ello no ha sido suficiente para orillar una construcción teórica que, apoyada en la causa del fin de interés público relevante, se integra por reglas, principios y prerrogativas de poder público propios del Derecho administrativo, y cuyo bloque configura el por mucho tiempo denominado "régimen exorbitante del Derecho común", o régimen típico o, más propiamente, la presencia de un *régime administratif* que también se proyecta sobre el entero sistema de contratación pública.

---

53 García de Enterría, E., *Ob. cit*, nota 2, t. I, p. 695.

54 Villar Palasí, J.L, y Villar Escurra, J.L., *Principios de Derecho Administrativo*, t. III, Universidad de Madrid, 1983, pp. 18 y 19.

55 García de Enterría *Ob. cit.*, nota 2, t. I, p. 694.

56 Cassagne, J.C., *Ob. cit.*, nota 7, p. 20.

En el segundo caso, las prerrogativas de poder público son las que justifican el sometimiento de los contratos administrativos a una jurisdicción especial y, además, proporcionarían según cierto sector de la doctrina, el fundamento para una naturaleza específica. Y las mismas se explicitarían en las denominadas cláusulas exorbitantes. Serán siempre válidas en un contrato administrativo a diferencia del contrato civil, y aunque no se incluyan en él existirían siempre *ex lege*. De ahí que la distinción entre ambas técnicas contractuales –de Derecho público y de Derecho privado– tiene implicaciones muy importantes, por cuanto su razón de ser consiste en que no ha de regir el mismo régimen típico del Derecho administrativo, según vemos más adelante.

El obvio corolario es que las controversias que se originan en torno a los contratos privados –o si se prefiere regidos preponderantemente por el Derecho privado–, corresponderían a la competencia de la jurisdicción común; mientras que, por el contrario, los contratos administrativos –o si se prefiere regidos preponderantemente por el Derecho administrativo–, serían del fuero de la jurisdicción contencioso administrativa.

Así las cosas, GARCÍA DE ENTERRÍA[57] afirma que la "modulación más intensa" y explicable en una cierta "unidad de sentido" que es la institución contractual, se produciría con los llamados contratos administrativos como el resultado de una doble exigencia: las peculiaridades de la Administración Pública como organización pública, y las peculiaridades de su "giro o tráfico" peculiar y propio.

Lo primero explica casi todas las reglas peculiares de la etapa de formación del contrato, que son por ello extensivas a la totalidad de los contratos en que la Administración Pública interviene y no sólo a los estrictamente llamados contratos administrativos. Por ejemplo, la regla de la competencia, la regla de procedimiento, de habilitación previa para transigir o enajenar, de formación interna de la voluntad administrativa, de exigencia de créditos en los presupuestos, de fiscalización de la operación financiera, de formalización del contrato, y un gran etc.

Lo segundo es, justamente, lo característico del contrato administrativo *strictu sensu*, y se manifiesta sobre todo en las reglas de las etapas de ejecución, cumplimiento y extinción de los contratos administrativos. Aquí está de manera especial el campo de las llamadas "cláusulas exorbitantes" de los contratos de la Administración Pública.

Y es así como GARCÍA DE ENTERRÍA[58] concluye que existirá, pues, y así lo denomina expresamente, contrato administrativo en todos aquellos casos en que la Administración Pública que celebra un contrato se mueve en el ámbito de su "giro o tráfico" característico; es decir, dentro del campo concreto de las competencias y atribuciones cuyo ejercicio constituye su misión y responsabilidad específicas y, por tanto, introducirá en la figura contractual una "modalización peculiar" que es la que permite calificarlos de contratos administrativos propiamente dichos.

Y así, la singularidad del contrato administrativo se vendrá a definir, según GARCÍA DE ENTERRÍA,[59] justamente, por su extravase de los módulos contractuales privados. Es lo que se va a llamar, rehabilitando un término histórico originado en el proceso de formación del Derecho público, como independiente del Derecho privado romano, el crite-

57 García de Enterría, *Ob. cit.*, nota 2, t. I, p. 693.

58 García de Enterría, *Ob. cit.*, nota 2, t. I, p. 695.

59 García de Enterría, *Ob. cit.*, nota 2, t. I, p. 690.

rio de las "cláusulas exorbitantes del derecho común". Así, el contrato administrativo sería un contrato en el que están presentes o contenidas cláusulas contractuales de esa naturaleza, no explicable desde el Derecho común de las obligaciones. Y así el planteamiento expuesto llegará hasta nuestros días, con no demasiadas correcciones. Así se sigue aceptando la existencia del contrato administrativo si bien ya no por su naturaleza, sino por su régimen jurídico específico, que son tales a falta de texto expreso que así lo establezca e, incluso, de declaración de las partes en ese sentido, en razón de su "régimen preponderante de Derecho público", y no de la inclusión en los mismos de las denominadas "cláusulas exorbitantes del derecho común".

De ahí que GARCÍA DE ENTERRÍA[60] concluya que la importancia real de la distinción entre dos conceptos jurídicos radica en el hecho de que cada concepto remite a un régimen jurídico diferente; que por eso la trascendencia de la distinción será mayor o menor según sea la distancia existente entre ambos regímenes, y en el caso concreto de los contratos de la Administración entre los de carácter administrativo y los de carácter privado la distinción se habrá de hacer por series o tipos de contratos, y con esta cita entonces llegamos al punto de inicio.

Y ese no es otro que el planteamiento señalado por la doctrina, en cuanto que en Derecho lo que importa no son tanto las categorías como los regímenes jurídicos. Las normas, en principio, no tienen por objeto clasificar sino establecer el régimen jurídico de los fenómenos reales. Es la doctrina la que, siguiendo la estela de las normas, agrupa fenómenos que tienen el mismo régimen y con ellos *–a posteriori–* construye las categorías jurídicas. Así lo hemos aprendido del Derecho romano, cuyo mejor heredero en este punto ha sido el Derecho administrativo.

Finalmente, en el mundo del Derecho solo interesan las categorías jurídicas en tanto en cuanto de ellas deriven a su vez consecuencias jurídicas distintas, pues de lo contrario se estaría creando un estilismo jurídico separado de la realidad y del fin último del Derecho que, al fin y al cabo, es lo único que importa, como afirmaba JEHRIG.

§21. Principio de publificación — Por otro lado, desde la negación del contrato administrativo en algunos sistemas de contratación pública, la doctrina observa que ha pasado al reconocimiento de una tendencia *iuspublicista* (publificación) que admite contratos con prerrogativas de poder público (CASSAGNE)[61], aun cuando se continúe negando la configuración sustantiva autónoma y diferenciada de la categoría del contrato administrativo.

Así las cosas, como muy bien sostiene MEILÁN GIL[62], la admisión de prerrogativas de poder público se acepta desde posiciones que sostienen tanto la naturaleza civil de los contratos denominados administrativos (sistema civilista o privatista de contratación pública), como desde las que defienden su naturaleza o sustantividad administrativa (sistema administrativista de contratación pública).

En efecto, sostiene CASSAGNE[63], pese a las distintas terminologías que se utilizan, existe una tendencia creciente a reconocer una serie de principios y prerrogativas de

60 García de Enterría, *Ob. cit.*, nota 2, t. I, 705.

61 Cassagne, J.C., *Ob. cit.*, nota 7, p. 6.

62 Meilán Gil, J.L., *Ob. cit.*, nota 9, p. 144 y 145.

63 Cassagne , J.C., *Ob. cit.*, nota 7, p. 6.

derecho público en los ordenamientos que regulan los sistemas de contratación pública, lo que no es óbice para que vayan surgiendo nuevas orientaciones doctrinarias que propician la atenuación de los poderes exorbitantes. En efecto, sobre todo en el ámbito europeo, a través de la influencia que el Derecho comunitario ha irradiado en los derechos nacionales, se observa una tendencia creciente hacia la *iuspublificación* de los sistemas de contratación pública, que se proyecta incluso hacia los antiguos esquemas contractuales regidos por el Derecho privado. Esa *iuspublificación* se revela en las reglas que regulan el procedimiento de selección que excluyen, en principio, la libertad para elegir el contratista y el reconocimiento de prerrogativas de poder público que acompañan la ejecución del contrato, su extinción y los efectos que ella produce.[64]

En efecto, aún en los ordenamientos jurídicos que no reconocen ni un régimen ni la categoría del contrato administrativo o equivalente, los contratos públicos en general estarán sometidos al Derecho privado, lo que es solo en teoría, puesto que allí también en la práctica los contratos públicos están llenos de peculiaridades, de excepciones o derogaciones al Derecho común, lo que no es inconveniente a que jueguen cláusulas que no son normales en los contratos entre particulares, bien por la vía del clausulado contractual o bien por la proyección sobre el contrato de un conjunto de privilegios subjetivos que acompañan siempre al Estado, lo que lleva a concluir a ARIÑO ORTIZ[65], que el enigma no estaría en el concepto de contrato administrativo, sino en el concepto genérico de contrato estatal o "contrato de Estado".

En otras palabras, como también sostiene GARCÍA DE ENTERRÍA,[66] porque se reconocen facultades que equivalen a las prerrogativas de poder público y que se introducen como cláusulas en los contratos que los particulares han de aceptar para que nazca el contrato y que son reproducción de lo que figura en Instrucciones internas de servicios, o en los contratos–tipo. Y que aún en el caso de que no se hayan incluido expresamente pueden ser operativas, si es razonable entender que debieran estarlo. Por tanto, tales cláusulas que se insertan en los *public contract* (resolver e interpretar las diferencias, modificar el precio, imponer penalidades o sanciones, rescindir unilateralmente el contrato, etc.), se asemejarían a las prerrogativas de poder público de los sistemas públicos de contratación pública del Derecho administrativo europeo y latinoamericano, y tendrían como finalidad principal atender al interés público (*the public interest*), y asimismo garantizar la supervisión de la Administración Pública sobre la ejecución de los contratos públicos.

En mérito a lo antes expuesto, se observa que aún en un sistema civilista de contratación pública por excelencia como el inglés, existen también prerrogativas de poder público, y en general en aquellos países (Alemania, Italia) donde no se admite el contrato administrativo, se puede muy bien afirmar que ellos han sufrido una intensa *iuspublificación*. Y de ser así, ello no obsta, sino todo lo contrario, para seguir matizando y corrigiendo el ejercicio de las prerrogativas de poder público frente a los contratistas y hacer hincapié en la propuesta de atenuar la relevancia o, más propiamente, agrego, llevar a su exacta dimensión la teoría de la cláusula exorbitante, aspecto este que pretendemos tratar de seguidas.

---

64 Cassagne , J.C., *Ob. cit.*, nota 7, pp. 18 y 19.

65 Ariño Ortiz, G., *Ob. cit.*, nota 6, P. 60.

66 Garcia de Enterria, E., *Ob. cit.*, nota 2, t. I, p. 694.

Así las cosas, aunque diferentes los sistemas de contratación pública en las posiciones de partida y en las conclusiones, las prerrogativas de poder público se consideran como una cuestión central y su fundamento *extra contractum* o *ex lege* permite un punto de aproximación, aspecto este sobre el cual volveremos más adelante.

§22. Cláusulas administrativas — La primera objeción que plantea García de Enterría[67] a la doctrina sustantivadora del contrato administrativo, es la de que parte de una idea convencional de lo que la "autonomía" científica e institucional del Derecho administrativo pretende. Que no necesita expresarse en singularidad radical de sus instituciones sobre las que son propias del Derecho administrativo. Por una tradición histórica bien conocida, las instituciones básicas del Derecho tienen su génesis en el Derecho común, lo que no implica que no sea posible la aplicación de los mismos a otros sectores, ni que esta aplicación tenga que comportar un régimen institucional radicalmente diferente.

Ahora bien, es sabido que en el Derecho administrativo, ya se le entienda como "Derecho propio" (García de Enterría)[68] o como "Derecho común" (Meilán gil)[69] de las Administraciones Públicas, en cuanto sujetos, se modulan las instituciones jurídicas generales o de la Teoría general del Derecho, conforme a las exigencias de desenvolvimiento propias de esos sujetos. Por tanto, sostiene García de Enterría,[70] y nos adherimos a su planteamiento, el problema no ha de referirse en términos de "singularidad", "sustantividad" o "exorbitancia" sino, más sencillamente, sin dramatismo, inquiriendo cuáles son esas modulaciones o variantes que introduce la presencia subjetiva de la Administración Pública sobre la abstracta institución contractual. Asimismo, agregamos, no debemos olvidar que las categorías jurídicas que se califican de administrativas se integran, precisamente, por reglas, potestades y principios públicos propios del Derecho administrativo, y cuyo bloque configura el régimen típico, esto es, la presencia de un régimen administrativo que también se proyecta sobre el sistema de contratación pública.

Y es aquí en este régimen administrativo donde aparecerían las denominadas indistintamente "modulaciones", "variantes", "derogaciones" o en lenguaje superado "exorbitancias del Derecho común", donde surge lo característico del Derecho administrativo como "Derecho autónomo", "Derecho común" y "Derecho normal", y que se proyectan en las denominadas cláusulas exorbitantes (resabio del carácter de especiales, excepcionales o derogatorias) del Derecho común (en razón de lo cual esta terminología resulta hoy día obsoleta), y es por eso mismo que proponemos sustituirla por lo que realmente son: "cláusulas administrativas", esto es, instrumentos comunes y normales en los sistemas de contratación pública.

Desde este planteamiento concluimos que es posible, por de pronto, tipificar una modulación general que el sistema de Derecho administrativo introduciría siempre de manera común y normal bajo el rótulo de cláusulas administrativas propiamente tales en toda clase de contratos del sistema de contratación pública, sea de los contratos llamados administrativos, sea de los contratos privados estrictamente tales. Así estos dos tipos de

67 García de Enterría *Ob. cit.*, nota 2, p. 694.

68 García de Enterría, *Ob. cit.*, nota 2, p. 692.

69 Meilán gil, J.L., *Ob. cit.*, nota 9, p. 17.

70 García de Enterría, E., *Ob. cit.*, nota 2, t. I, p. 694.

contratos, ahora sí bajo la cobertura o categoría jurídica de mayor amplitud con la nomenclatura de "contrato público", "contrato estatal" o "contrato del Estado", se unificarían en su *régimen jurídico público* en aspectos muy relevantes, ya sea en la etapa de formación o también llamada "zona común" –competencia, procedimiento administrativo de selección, presupuesto, etc.– (contratos administrativos y contratos privados), o ya en las etapas de ejecución y terminación (contratos administrativos *strictu sensu*).

Solo así, sostiene GARCÍA DE ENTERRÍA[71], si dentro del conjunto contractual se especifica a un grupo de ellos a los que calificar de contrato administrativo *strictu sensu,* se trata de una medida pragmática determinada por el criterio de que allí donde "la modulación alcanza una cierta intensidad", y donde también es más conveniente que su conocimiento se atribuya a jueces especializados en Derecho administrativo que a los jueces comunes u ordinarios, porque su conocimiento necesariamente requiere, y ello nadie lo pondría en duda, el conocimiento experto del "régimen jurídico peculiar" de la Administración Pública.

Así las cosas, sólo desde la óptica de la primacía del interés general sobre el interés particular que debe presidir la interpretación de toda contratación pública, puede entenderse el sentido actual del Derecho común y normal en qué consiste el Derecho administrativo –más que de "exorbitancia" o "derogaciones" del Derecho común– sobre la base de principios propios, totalmente lógicos y consecuentes con su naturaleza jurídico–pública, y que juegan orgánicamente para la construcción de la teoría del contrato administrativo. Y es que como ha demostrado el autor J. J. RIVERO[72] –y su análisis se admite hoy día corrientemente– el régimen jurídico–público no tiene siempre un sentido de incremento de las potestades o prerrogativas de la Administración Pública –prerrogativas "en más"–, sino que a veces implica su reducción –prerrogativas "en menos" o "sujeciones"–.

En mérito a lo antes expuesto, podemos concluir junto con MEILÁN GIL[73], que no tiene sentido seguir manteniendo la defensa de las prerrogativas de poder público o potestades administrativas contractuales como algo "exorbitante del derecho común". Forman parte necesaria de la función encomendada constitucionalmente a la Administración Pública y esencial del Derecho administrativo. Así se ha visto también por la lúcida jurisprudencia española al afirmar[74]:

> [...] **La potestad que la Constitución y las leyes encomiendan a la Administración no son privilegios, sino instrumentos normales para el cumplimiento de sus fines** y, en definitiva, para **la satisfacción de los intereses generales**. (resaltados nuestros)

De ahí que en última instancia la tarea a dilucidar, concluye MEILÁN GIL,[75] es si las prerrogativas de poder público o potestades administrativas contractuales que se reconocen legalmente a la Administración Pública son más poder que servicio. Así las cosas, la cláusula exorbitante o más propiamente la cláusula administrativa dejó de ser el elemen-

---

71 García de Enterría, E., *Ob. cit.*, nota 2, t. I, p. 692.

72 RIVERO, J. "¿Existe un criterio de Derecho administrativo ?", en *Páginas de Derecho Administrativo*, Universidad del Rosario, Temis, Bogotá, 2002, p. 27.

73 Meilán Gil, J.L., *Ob. cit.*, nota 9, p. 168.

74 *V.*, STS de 27 de marzo de 1986, *cit.*, por Meilán Gil, J.L., *Ob. cit.*, nota 9, p. 168.

75 Meilán Gil, J.L., *Ob. cit.*, nota 9, p. 27.

to o criterio diferenciador por excelencia entre el contrato administrativo propiamente dicho y el contrato de derecho común o privado, sustituido hoy día por otro elemento como lo es el régimen administrativo típico o de Derecho administrativo común y normal.

45. EL CONTROL JURÍDICO DE LOS CONTRATOS PÚBLICOS EN CHILE

Gladys Camacho Cépeda [1] [2]

1. La naturaleza de los contratos públicos.

La contratación pública es reconocida como un valioso instrumento de políticas públicas y de planes de desarrollo para la consecución de objetivos sociales y económicos de interés general (vr.gr. inclusión, género, instrumento contra cíclico, etc.) [3] [4]. No hay que olvidar que el Estado y sus organismos constituyen importantes demandantes de bienes y servicios en la economía, tanto que su consumo es una variable macroeconómica determinante del gasto público elemento coadyuvador de la dinamización de la economía en general[5]. Percibido el Estado como cliente se torna en uno de los consumidores

1 Profesora Asociada de Derecho Administrativo y responsable de la Cátedra OCDE-Ministerio Relaciones Exteriores "Probidad y Transparencia Públicas", es Coordinadora del Área de Derecho Administrativo del Departamento de Derecho Público de la Facultad de Derecho de la Universidad de Chile. Doctora en Derecho por la Universidad Carlos III de Madrid y Magister en Administración Pública por la Universidad de Alcalá (Madrid). Miembro del Foro Iberoamericano de Derecho Administrativo y de la Asociación Internacional de Derecho Administrativo.

2 Siglas empleadas: CPR: Constitución Política de la República; LOCBGAE: Ley Orgánica Constitucional de Bases Generales de la Administración del Estado N° 18.575; LOCCGR: Ley Orgánica Constitucional de la Contraloría General de la República N° 10.336; MOP: Ministerio de Obras Públicas; OCDE: Organización para la Cooperación y el Desarrollo Económico; BID: Banco Interamericano de Desarrollo; MIPE: Micro y Pequeña empresa.

3 GIMENO señala: "*la contratación pública no puede ser considerada como un fin en sí mismo –ni mera burocracia- , sino que debe ser visualizada como una potestad o herramienta jurídica al servicio de los poderes públicos para el cumplimiento efectivo de sus fines o sus políticas públicas*", GIMENO FELIU, J.M., Integridad y Transparencia. El modelo de la contratación pública, en Debates sobre Gobierno abierto: transparencia y participación ciudadana como pilares de calidad democrática, 25 septiembre de 2015, p. 2.

4 Sólo en mercado público (relativo a las compras de suministros y servicios), los datos corroboran la eficacia del instrumento de la contratación desde la perspectiva social. En 2015, a pesar de la desaceleración económica el incremento de los volúmenes transados fue de 19,5%, alcanzando los US$ 12.157 millones versus los US S 10.200 obtenidos en el año anterior. En el mismo período, el segmento de la micro y pequeña empresa (MIPE) creció su participación en este mercado alcanzando el 45,40%, muy superior al que obtuvo en el mismo período la mediana empresa (con 16,15%) y al 38,45% de las grandes compañías. Dirección ChileCompra, Informe Cuenta Pública 2016, Santiago.

5 De acuerdo con la OCDE, la contratación de la Administración Pública en América Latina y el Caribe alcanza el 20% del gasto público total. OCDE-BID; "Informe Panorama de las Administraciones Públi-

más relevantes de la economía, pues su demanda tiene la virtud de ser un gran acicate para activar diversos sectores económicos. De otro lado, el alto interés de los particulares por lograr acceder a la contratación pública y la envergadura de los recursos que se disponen a través de este mecanismo ayudan a configurar un espacio de elevado riesgo de corrupción y de ineficiencia en torno a la contratación pública. En este contexto el control jurídico sobre la contratación administrativa cobra mayor relevancia para resguardar que el instrumento contractual responda a los fines públicos para los cuales se emplea.

Como ya se ha señalado en anterior oportunidad, en el ordenamiento jurídico chileno no se ha incorporado la institución del contrato administrativo del modo como sucede en Francia y España (PANTOJA)[6], no obstante la gran influencia que estos países tienen sobre nuestro Ordenamiento. De este modo, en nuestro sistema jurídico coexisten una gran diversidad de contratos públicos en los cuales el Estado es una de las partes contratantes, pero que no son contratos administrativos en la definición técnica que se les atribuye por la doctrina, caracterizados por un régimen de derecho público en el que la Administración tiene usualmente una posición jurídica de supremacía y de prerrogativas[7].

Como consecuencia, se acepta la naturaleza administrativa del contrato únicamente tomando como criterio la regulación especial que el legislador ha establecido, esto por ejemplo, sucede respecto del contrato de obra pública, la concesión de servicio público y la concesión de obra pública, no existiendo hasta el momento una regulación general de los contratos administrativos, que establezca los principios generales de la contratación pública[8]. Es común señalar que las únicas indicaciones que el constituyente ha establecido en la Carta Política en materia negocial pública están ligadas a la reserva de ley de las habilitaciones necesarias para que el Estado, sus organismos, sus empresas o las municipalidades puedan celebrar algunos contratos previsiones contenidas en el artículo 63 nº 7, 8 y 10 de la Constitución Política (vgr. Empréstitos, operaciones de crédito, venta, arrendamiento y concesión de bienes). De este modo el Texto Constitucional no regula de manera orgánica el instituto de la contratación administrativa ni sus principios[9] y deja al legislador la definición completa de los términos en que dichos contratos deberán celebrarse[10][11].

---

cas. América Latina y el Caribe", 2014, p. 104. Disponible en: https://publications.iadb.org/bitstre-am/handle/11319/6597/Panorama%20de%20las%20Administraciones%20Públicas%20América%20Latina%20y%20el%20Caribe%202014.pdf?sequence=1 (consulta: 25/04/2017), pág. 104.

6 *V.*, PANTOJA BAUZÁ, R., La Contratación Administrativa, Apuntes de Clase, Facultad de Derecho de la Universidad de Chile, Santiago, 2005.

7 CAMACHO CÉPEDA, G., Los contratos administrativos en especial el contrato de suministro, en Derecho Administrativo. 120 años de cátedra, [coordinador: Rolando Pantoja B.], Editorial Jurídica de Chile, Santiago, 2008, p. 363.

8 CASSAGNE, J.C., plantea la necesidad de una teoría integral frente a la inexistencia de un régimen jurídico unitario del contrato administrativo, en Cuestiones de Derecho Administrativo, Ediciones Depalma, Buenos Aires, 1987, pp. 72-74.

9 MORAGA KLENNER, C., Tratado de Derecho Administrativo. La Actividad Formal de la Administración del Estado, (coordinador: Rolando Pantoja B.), Tomo VII, AbeledoPerrot-LegalPublishing, Santiago, 2010, p. 367-368.

10 *V.*, MORAGA KLENNER, C., La Contratación Administrativa, Apunte de Cátedra, Facultad de Derecho de la Universidad de Chile, Santiago, 2.003, p.15.

Sin embargo, es posible extraer de la Carta Política directrices atingentes a la materia contractual reparando en los preceptos que modelan la Constitución Económica. Para reconocer las directrices constitucionales que se extienden a la materia contractual pública se ha de atender a aquellos preceptos constitucionales que condicionan la actuación económica del Estado y sus organismos, así como de los agentes económicos. Estos preceptos constituyen las previsiones generales que condicionan el orden económico permitiendo afirmar que la Constitución Económica tiene como presupuesto un sistema de mercado en donde la libre competencia se convierte en un valor central del sistema económico por cuanto garantiza la eficiencia del sistema en la asignación de recursos escasos. De un lado, la Constitución Política (CPR), en su artículo 19 nº 22, reconoce garantías a los particulares para ser tratados por igual por parte del Estado y sus organismos, proscribiendo discriminaciones arbitrarias en materia económica. Es esta previsión constitucional la que permite identificar uno de los fundamentos para instituir al sistema concursal como regla básica de la contratación administrativa.

Por otra parte, el principio de servicialidad que constituye al Estado como una organización vicarial para lograr alcanzar el bien común (artículo 1 CPR), contiene un mandato implícito de ser eficaz y eficiente en el empleo de los recursos públicos. Igualmente, la probidad, transparencia y publicidad estatuidas como bases de la institucionalidad (nuevo artículo 8 CPR), obligan a que la gestión de recursos públicos se haga de modo escrutable a fin de que se pueda enjuiciar el método que se ha empleado en la administración de los mismos, lo que también remite a apreciar la eficacia y eficiencia de la utilización de los recursos públicos.

En consonancia con las directrices constitucionales ya señaladas la LOCBGAE, establece en el artículo 9, la única normativa general de carácter principial que rige la contratación administrativa cual es la referida a los principios generales de la contratación administrativa de libre concurrencia de los oferentes y de igualdad ante las bases administrativas, referidos para el procedimiento concursal de la contratación.

En el ámbito administrativo el deber de servicialidad se traspone para la Administración del Estado (artículo 3 LOCBGAE), y la obliga a actuar con eficacia en sus cometidos y con eficiencia en la utilización de los recursos públicos, porque ello es exigencia del interés general (artículo 53 de la LOCBGAE). Esta previsión le exige adoptar los medios idóneos para decidir y también garantizar la integridad ética y profesional en la administración de los recursos públicos que se gestionen, lo que obliga la observancia del principio de probidad administrativa.

---

11 La Constitución Política, en materia de contratos públicos, reserva las siguientes materias a la ley en el Art. 63. el cual preceptúa: "*Sólo son materias de ley: 7) Las que autoricen al Estado, a sus organismos y a las municipalidades, para contratar empréstitos, los que deberán estar destinados a financiar proyectos específicos. La ley deberá indicar las fuentes de recursos con cargo a los cuales deba hacerse el servicio de la deuda. Sin embargo, se requerirá de una ley de quórum calificado para autorizar la contratación de aquellos empréstitos cuyo vencimiento exceda del término de duración del respectivo período presidencial. Lo dispuesto en este número no se aplicará al Banco Central; 8) Las que autoricen la celebración de cualquier clase de operaciones que puedan comprometer en forma directa o indirecta el crédito o la responsabilidad financiera del Estado, sus organismos y de las municipalidades. Esta disposición no se aplicará al Banco Central; 9) Las que fijen las normas con arreglo a las cuales las empresas del Estado y aquellas en que éste tenga participación puedan contratar empréstitos, los que en ningún caso podrán efectuarse con el Estado, sus organismos o empresas; 10) Las que fijen las normas sobre enajenación de bienes del Estado o de las municipalidades y sobre su arrendamiento o concesión;*"

Al mismo tiempo, con la redefinición del Estado que enfatiza su servicialidad y mitiga fuertemente sus privilegios de soberanía, la contratación administrativa se imprime –cuando el legislador así lo determina– de aspectos regulados con el objetivo de garantizar el respeto de los principios que informan la actuación pública. De tal modo, que la institución contrato administrativo en nuestro Ordenamiento jurídico está referida a las previsiones que el legislador adopta para suplir la inexistencia de autonomía de la voluntad en la Administración[12], así como para acotar la supuesta libertad de contratación de la Administración que "*existe*" o más bien se admite en cuanto la Administración puede celebrar una variedad de pactos que no están establecidos taxativamente ni regulados en toda su extensión, por cuanto la opción del legislador en materia contractual es la de regular los tipos importantes de contratación y dentro de ellos, los aspectos más relevantes que le interesa cautelar. En consecuencia, en algunos contratos administrativos a causa del interés público que hay implícitos en ellos, al igual que en algunos contratos del ámbito privado como los bancarios, el franchising, entre otros, el legislador establece ciertas previsiones para que dichas actividades se realicen con los resguardos correspondientes para el adecuado cumplimiento del principio de legalidad, el buen funcionamiento del sistema económico y la confianza de los agentes que intervienen. Ahora bien, si en ciertos contratos se reconocen algunos "privilegios" para la parte pública interviniente se debe a que en esa concreta relación el interés general que ella actualiza requiere de dicha previsión especial. En otros casos, la regulación del contrato administrativo se orienta, especialmente, a establecer el *íter* o los procedimientos que debe cumplir la Organización pública contratante para que su actuación sea legítima y con arreglo al principio de legalidad. Establecida una regulación en materia de contratación, las prescripciones que la conforman se tornan vinculantes y constituyen los parámetros para fiscalizar la correcta actuación de la Administración, así como el ajuste adecuado de la misma a lo dispuesto en las leyes como expresión de la voluntad general, manifestada a través del Congreso. No es preciso insistir en la importancia de los instrumentos de control sobre la extensa actividad de contratación de los órganos del Estado para que, precisamente, se asegure que tanto el obrar de los funcionarios como el empleo de los fondos públicos respondan cualitativa como cuantitativamente a los fines públicos que legitiman esa actividad[13] [14].

---

12 En este punto se acoge la teoría de los profesores VILLAR, en cuanto en el ámbito administrativo no es posible asimilar el acto administrativo (y derivado de ello, se entiende que tampoco el contrato administrativo) a un negocio jurídico, pues ello haría derivar consecuencias jurídicas que no pueden ser aceptadas en el Derecho público por cuanto el negocio jurídico se vincula a la autonomía de la voluntad como fuente generadora de efectos jurídicos. De tal modo que, como indican los citados autores, en el ámbito del derecho administrativo no es propio hablar de la existencia de una autonomía de voluntad tal como la dogmática civil ha construido este concepto. *V.*, VILLAR PALASÍ, J.L. y VILLAR EZCURRA, J.L., Principios de Derecho Administrativo, T.II, 2ª edición, Universidad Complutense, Madrid, 1987, p.p. 59-60.

13 La corrupción en la contratación pública es fuente de descrédito de las instituciones y de desconfianza hacia el proceso democrático, siendo un lugar de encuentro entre el poder político y el económico los riesgos de corrupción se elevan en el caso de la contratación pública. AYMERICH, C., Corrupción y Contratación Pública: Análisis de las nuevas directivas europeas de contratos y concesiones públicas, en *Revista Aragonesa de Administración Pública* N° 45-46, 2015, Zaragoza, p. 210.

14 Carabineros de Chile es una de las instituciones más valoradas del país, sin embargo, en el último tiempo está en una situación compleja debido al destape de sendos casos de corrupción. Uno de ellos, se relaciona con la adquisición fragmentada a un mismo proveedor, con el objeto de no superar los límites legales que exigen acudir a licitación pública. Con diferencia de segundos entre una y otra adquisición, la entidad realizó 18 compras de 6.671 pares de botas cada una por un monto que superan los 500 millones de

2. Los tipos de controles jurídicos de los contratos públicos

Uno de los factores que inciden en la configuración de los controles jurídicos de la contratación pública constituye la alta dispersión del régimen contractual[15], debido a la carencia de un régimen jurídico general. Lo que en nuestro medio caracteriza la regulación contractual es la existencia de una serie de normas legales que establecen regímenes contractuales especiales, existiendo formas y procedimientos contractuales específicos que se traducen en "variopintas formas contractuales que se diferencian, fundamentalmente, en su objetivo, su objeto y procedimiento de preparación, ejecución y control, lo que da cuenta de una altísima dispersión normativa"[16]. Aunque advertimos la gran diversidad de contratos que se celebran por la Administración del Estado[17] este trabajo principalmente se referirá a dos regulaciones que son las más importantes: la contenida en la Ley N° 19.886, de bases sobre contratos administrativos de suministro y prestación de servicios (en adelante Ley de Compras Públicas N° 19.886) y la de Concesiones de Obras Públicas aprobada por D.F.L. N° 161, de 1991, de Ministerio de Obras Públicas[18] (en adelante Ley de Concesiones de Obras Públicas o DS 900/MOP).

La necesidad del control sobre la contratación pública es indudable por muchas razones, pero todas ellas se pueden reconducir a las exigencias del sistema democrático y el Estado de Derecho. El primero apela a la naturaleza limitada del poder que es implícito en un régimen democrático constitucional que obliga a la transparencia y la rendición de cuentas, por el segundo, los poderes públicos están sometidos al Derecho[19]. Particularmente, el control en la contratación pública se vuelve más urgente, pues se reconoce que ésta constituye una de las partidas de gasto público más importantes por lo que los ries-

---

pesos. 24Horas.cl, Denuncian posible fraude de Carabineros al comprar botas para funcionarios. Disponible en: http://www.24horas.cl/nacional/denuncian-posible-fraude-de-carabineros-al-comprar-botas-para-funcionarios--2342912, [consulta: 30 de marzo de 2017].

15 Sobre este tema ya nos hemos referido en CAMACHO, G., CHILE. Informe Nacional, en La contratación pública en América Latina, Benavides, (editores: J.L. y Moreno Cruz, P.), Universidad Externado de Colombia, 2015.

16 *Íbid.*

17 La Resolución Contralora N° 1.600, de 2008, a fin de determinar cuáles contratos están sujetos al trámite de toma de razón discrimina entre los siguientes contratos: 1) de adquisición de bienes inmuebles; 2) adquisición de suministro de bienes muebles; 3) adquisición o enajenación de créditos, instrumentos financieros y valores mobiliarios; 4) convenios marco suscritos por la Dirección de Compras y Contratación Pública; 5) los efectuados por las Fuerzas Armadas para fines de seguridad nacional; 6) para la adquisición de acciones u otros títulos de participación en sociedades; 7) aceptación de donaciones modales; 8) para la transferencia gratuita de inmuebles; 9) de prestación de servicios entre entidades públicas; 10) para la ejecución de acciones de apoyo relacionadas con los fines del Servicio, 11) de prestación de servicios; 12) de traspaso de servicios o para la administración de establecimientos o bienes; 13) para la encomendación de funciones entre servicios públicos; los especiales de operación petrolera; 14) ransacciones judiciales; 15) de obras públicas (adquisiciones para la ejecución de obras públicas; proyectos y estudios relacionados con la ejecución de obras públicas, etc.); 16) concesiones de telecomunicaciones, gas, eléctricas, sanitarias, de obras públicas, marítimas, energía geotérmica, viales (para locomoción colectiva y plantas de revisión técnica), etc.

18 El texto refundido, coordinado y sistematizado de esta ley se aprobó por D.S. N° 900, de 1996, de Ministerio de Obras Públicas.

19 VALADÉS señala que en un sistema democrático "el poder debe: a) estar distribuido, b) ser regulado, c) estar limitado, d) ser accesible, e) ser predecible, f) ser eficaz, y g) estar controlado", en VALADÉS, D., El control del poder, 3ra. edición, Editorial Porrúa-UNAM, México, 2006, p. 9.

gos de corrupción y de ineficiencia pueden suponer importantes costos para el país "Debido a las grandes cifras y al volumen de los contratos públicos, el costo de la corrupción puede ser muy alto. Transparencia Internacional estima que, a nivel mundial, el daño provocado por la corrupción normalmente oscila entre el 10% y 25% del valor del contrato. Si se considera que en ALC [América Latina y el Caribe] las transacciones de contratación pública representan hasta el 20% del PIB, los ahorros potenciales de reducir la corrupción en dicho ámbito son considerables"[20].

Las clasificaciones de los controles son muy diversos atendiendo a distintos criterios, así desde la perspectiva del ámbito de actuación, Loewenstein habla de controles verticales y horizontales, estos últimos que operan dentro del aparato estatal pueden ser intra o interorgánicos y pueden denominarse más simplificadamente controles internos o externos. Los controles verticales "operan entre todos los detentadores constitucionales del poder y las fuerzas sociopolíticas de la sociedad estatal"[21]

En la organización administrativa pública los *controles internos* se fundan en el principio jerárquico de la organización administrativa en cuya virtud las jefaturas administrativas pueden controlar no solo la legalidad sino también la oportunidad, eficacia y eficiencia de la actuación de sus subordinados (artículo 11 LOCBGAE). De otro lado, la forma de organización de un servicio también puede contemplar la atribución de funciones de control a un órgano interno especializado usualmente denominado fiscalía, unidad de control interno o unidad de auditoría interna o bien a un órgano colegiado representativo como el concejo municipal o concejo regional respecto del alcalde o del intendente regional. El control que pueden realizar estas unidades puede comprender no solo el jurídico sino también el financiero, el de gestión y el de conveniencia u oportunidad.

Ahora bien, contemplando la Administración del Estado como un complejo orgánico que debe actuar bajo los principios de coordinación y de unidad de acción, a fin de colaborar con las funciones de gobierno y administración del Presidente de la República, clasificamos como controles internos aquellos que realizan sobre otros algunos órganos centralizados o descentralizados por razones de su especialidad (vr.gr. Consejo para la Transparencia, Dirección de Presupuestos del Ministerio de Hacienda, Ministerio de Desarrollo Social y el Consejo de Auditoría Interna General de Gobierno), con excepción de la Contraloría General de la República por la autonomía constitucional que tiene ésta última. De este modo, en la evaluación y el cumplimiento de los fines del gasto o inversiones, sobre todo el sector público se yergue el control de la Dirección de Presupuestos particularmente, a través del la generación de información de desempeño y la promoción de prácticas para mejorar y eficientar el gasto. (D.F.L. N° 106, de 1960, de Ministerio de Hacienda). De otro lado, por su importancia en el ámbito contractual se debe apuntar que en los contratos de concesión de obra pública el control primario sigue reposando en el inspector fiscal al que la normativa le reconoce amplias facultades para el cumplimiento de su labor.

---

20 OCDE-BID. Informe Panorama de las Administraciones Públicas. America Latina, *op. cit.*, p. 101.

21 HUERTA OCHOA, C., Teoría del Control, Capítulo IV, en Mecanismos Constitucionales para el Control del Poder Político, Instituto de Investigaciones Jurídicas-UNAM, 3ª edición, 2010, p. 108. Disponible en: https://archivos.juridicas.unam.mx/www/bjv/libros/6/2749/7.pdf , [consulta: 30 de marzo de 2017].

Respecto de los *controles interorgánicos o externos* en materia de contratación pública tenemos: la Cámara de Diputados, los tribunales ordinarios de justicia, el Tribunal Constitucional, la Contraloría General de la República[22], el Tribunal de la Contratación Pública. Si bien la Cámara de Diputados como cámara fiscalizadora del Gobierno podría desarrollar actuaciones de fiscalización (como requerimientos de información, interpelación, comisiones investigadoras), su labor de control en materia de contratación es por su propia naturaleza, de índole política y no ha tenido mucha significación. Destaca entre los controles inter orgánicos el control judicial que debe resolver las controversias relacionadas con la actividad contractual de la Administración del Estado a través del conocimiento principalmente de: los recursos especiales que se han creado en algunos casos; demandas de indemnización contra los órganos de la Administración del Estado; los recursos de protección y los de amparo económico que se interponen vinculados a la actividad contractual. El Tribunal Constitucional también cumple una labor de control, especialmente, a través de la resolución de recursos de inaplicabilidad (N° 6, artículo 93 CPR) actividad que ha generado una jurisprudencia que incide en los procesos de contratación pública[23].

Siempre dentro de los controles externos, a lo señalado se añaden:

a) El control que ejerce la Contraloría General de la República, órgano administrativo autónomo constitucional (artículo 98 CPR). Sin duda, la singularidad de nuestro sistema la encarna la Contraloría General de la República entidad que realiza el control de legalidad de los actos de la Administración. Esta potestad la ejerce mediante el trámite de toma de razón y controles de reemplazo. Además, la Constitución Política le atribuye potestades fiscalizadoras del ingreso y la inversión de los fondos públicos y el examen y juzgamiento de cuentas. Estas atribuciones se complementan y se potencian con la potestad dictaminadora que la faculta a interpretar las normas jurídicas que inciden en el ámbito administrativo, pronunciamientos que son de obligatorio cumplimiento por parte de los órganos de la Administración del Estado y la facultad de realizar auditorías de cumplimiento de la legalidad en resguardo del patrimonio público y la probidad, potestades todas ellas, que en el ámbito contractual tienen especial relevancia.

b) En el ámbito del contrato de suministros el legislador ha creado un tribunal especial denominado Tribunal de la Contratación Pública[24], que tiene una competencia limitada pues se circunscribe a conocer los conflictos relacionados con los procedimientos concursales regulados por la Ley de Compras Públicas N° 19.886, suscitados desde la aprobación de las bases de la respectiva licitación y su adjudicación (inciso 2° del artículo 24). Este tribunal no forma parte del Poder Judicial aunque sí está bajo la superintendencia directiva, económica y correccional de la Corte Suprema.

---

22 Si bien el Órgano Contralor forma parte de la Administración del Estado (artículo 1 de la LOCBGAE), su carácter autónomo constitucional hace más conveniente clasificarlo como órgano de control externo.

23 Tal es el caso de la Sentencia Rol N° 1.968-11, de 15 de mayor de 2012 que se pronuncia sobre las inhabilidades para contratar con el Estado como limitación al derecho a ejercer una actividad económica.

24 *V.*, CAMACHO CÉPEDA, G. El Tribunal de la Contratación Pública: una década de su funcionamiento, en Tendencias Actuales en Contratación Pública, (director: Eloy Espinos-Saldaña), Gaceta Jurídica, Lima, 2014, pp. 105-176; y LARA ARROYO, JL. Y GARCÍA-HUIDOBRO HERRERA, L.E., Aspectos críticos de la solución de controversias en la contratación administrativa bajo la Ley N° 19.886: el caso del Tribunal de Contratación Pública, en Procedimiento Administrativo y contratación pública. Estudios a diez años de la entrada en vigencia de las leyes 19.880 y 19.886, (coordinadores: G. Bocksang y J.L. Lara), LegalPublishing-Thomson Reuters, Santiago, 2013, p. 405-448,

c) En relación con los contratos de suministros y de servicios la Dirección Chile-Compra, si bien no está definida como un órgano fiscalizador su función de administrar el sistema de información de las compras públicas le permite contribuir al control de esta actividad. Con el objetivo de mejorar la eficiencia del sistema de compras públicas ha creado un Observatorio electrónico que analiza las transacciones que se realizan en el portal, entre otras, interpone sus buenos oficios para resolver problemas, detecta malas prácticas y pone en conocimiento de la Contraloría General los casos que pueden configurarse como actuaciones no ajustadas a derecho, además de generar valiosa información sobre el funcionamiento de este mercado público[25].

d) Finalmente, otro control externo también reside en el Consejo para la Transparencia. En virtud de la Ley de Transparencia N° 20.285 que ordena publicar los contratos que los órganos de la Administración del Estado celebren, así como los actos administrativos que afecten a terceros, el cumplimiento de estas obligaciones de transparencia activa son fiscalizadas por el Consejo para la Transparencia. En definitiva la transparencia ha permitido disponer de importante información para promover el ejercicio más eficaz del control ciudadano (control vertical), pues como señala DELPIAZZO "*Más allá de la publicidad, la transparencia refiere a la diafanidad del obrar público, permitiendo ver con claridad el actuar de la administración en la disposición y uso de los fondos públicos y en el obrar de sus funcionarios*"[26].

3. Eficacia y eficiencia de los controles jurídicos

Para poder analizar el sistema chileno de controles jurídicos se los clasificará de acuerdo a la etapa en la que estos se producen, vale decir: pre–contractual y contractual. En este trabajo no nos referiremos a la etapa post contractual ya que las diferencias existentes en esta etapa usualmente lo tornan una materia judicial.

En la *etapa pre–contractual* se considera el planeamiento en un sentido restringido[27] que básicamente comprende la identificación de las necesidades, su priorización y programación. En la etapa pre–contractual también es importante el aseguramiento de la disponibilidad presupuestaria, la determinación de la forma de contratar[28], la elaboración de las bases licitatorias en los procedimientos concursales, el procedimiento licitatorio y finalmente la adjudicación. En la *etapa contractual* del contrato, se comprende la suscripción o perfeccionamiento del contrato, su cumplimento o ejecución y la terminación.

---

25 *V.*, www.observatorio.chilecompra.cl

26 DELPIAZZO, C., Triple dimensión del principio de transparencia en la contratación administrativa, en *Revista Trimestral de Direito Publico* (Sao Paulo), N° 46, 2007, p. 3.

27 Como plantea APONTE, particularmente en los contratos de obras públicas, la labor de planificación contractual puede ser conceptualizada de un modo mucho más amplio comprendiendo las etapas propias del procedimiento contractual vinculadas a la ejecución, desarrollo y cumplimiento del contrato. Ciertamente, esta es una forma de conceptualizar la planeación de la actividad contractual sustantivamente superior y más útil para el aseguramiento de la calidad de la gestión pública obteniendo un exitoso contrato y la satisfacción de la necesidad pública que le dio origen. APONTE DÍAZ, I., Las fallas de planeación y su incidencia en el contrato estatal de obra, en *Revista digital de Derecho Administrativo* N° 11 (2004). Disponible en: http://revistas.uexternado.edu.co/index.php/Deradm/article/view/3831/4087.

28 En términos generales hay tres modalidades de contratación: la licitación pública como procedimiento principal, la licitación privada y el trato directo, estos últimos procederán solo si se cumplen los supuestos que la ley habilita a recurrir a esas modalidades (artículo 9 LOCBGAE).

En general, durante la etapa pre–contractual los controles jurídicos que nuestro sistema cuenta son fundamentalmente controles internos, que se verifican por parte de las fiscalías o unidades de control interno y/o unidades de auditoría interna, como estructuras internas del órgano correspondiente. Este control está fundamentalmente orientado a verificar y evaluar el cumplimiento de los fines y de la obtención de las metas programadas.

Se ha de tener en cuenta que la actuación de los órganos de la Administración del Estado debe estar en armonía con la planificación estratégica de la acción del Estado que se realiza en cada servicio de la Administración Pública que deberán considerar en su formulación ciertos valores que reconocemos como transversales, tales como la equidad, inclusión y desarrollo social, la perspectiva de género, la protección ambiental, entre otros. La relevancia que como sociedad hemos dado a estos valores jurídicos ha permeado la institucionalidad. Así, el Ministerio de Planificación se transformó en Ministerio de Desarrollo Social enfatizando su labor de la administración, coordinación y evaluación de la consistencia y coherencia de las políticas, planes y programas en materia de equidad y/o desarrollo social, a nivel nacional y regional (artículo 1, Ley Nº 20.530), lo que permite sostener que hoy en día en la evaluación social de los programas del Estado deben estar presentes como parte del proceso presupuestario mismo, debiendo ser un factor a considerar en la actividad de contratación.

Complementariamente, es también importante la labor que desempeña la Dirección de Presupuestos, dependiente del Ministerio de Hacienda que realiza un control de gestión, de ejecución presupuestaria y de evaluación de proyectos de inversión del sector público (DFL 106, de 1960, de Ministerio de Hacienda).

La etapa de planeamiento del contrato resulta fundamental para que éste responda adecuadamente a las necesidades e intereses públicos que lo originan y fundamentan. Una buena planeación ahorra muchos recursos, eficientiza la actividad de los servicios públicos y previene conflictos futuros, pero corresponde distinguir la actividad de planeación en materia de compras públicas de suministros y servicios y la que se realiza en relación con los contratos de obras públicas.

En el ámbito de las compras públicas, el planeamiento se materializa a través de Plan Anual de Compras y Contrataciones (artículo 12, Ley Nº 19.886) que deberá ser debidamente publicitada en el sistema de información de las compras públicas[29] al igual que la evaluación periódica que cada institución deberá realizar. Por lo que respecta al contenido del Plan es muy sencillo, consiste en un listado de bienes y/o servicios que se contratarán durante cada mes del año, con indicación de su especificación, número y valor estimado, la naturaleza del proceso por el cual se adquirirán o contratarán y la fecha aproximada en que se publicitará el llamado a participar (artículo 98 del D.S. Nº

29 De acuerdo a lo que informa la Dirección ChileCompra son más de 850 entidades del Estado las que contratan a través del portal Mercado Público. Entre ellos, se encuentran los ministerios, servicios públicos, municipalidades, hospitales, Fuerzas Armadas y de Orden, organismos que de acuerdo con la Ley Nº 19.886, deben contratar a través de Mercado Público. A ellos, se suman otros que sin estar obligados a adquirir a través de este portal, lo hacen de manera voluntaria, tales como: Senado, Cámara de Diputados, Corporación Administrativa del Poder Judicial, Fundación de Orquestas Juveniles e Infantiles de Chile y Metro S.A., entre otros. Sin embargo, solo 736 organismos públicos publicaron su Plan de Compra 2017, lo que indica que hay un gran espacio para mejorar en este rubro. *V.*, Mercadopublico.cl, Plan de Compra. Disponible en: https://www.mercadopublico.cl/Home/PlanDeCompra [consulta: 22 abril de 2017].

250, de 2004, Ministerio de Hacienda)[30]. Tal como se ha regulado este instrumento de planificación de las adquisiciones no es obligatorio que el servicio se sujete a éste[31]. La obligación del servicio es hacer el plan, evaluarlo y publicitar estos procesos en el portal Mercado Público. De otro lado, la Dirección ChileCompra, no es un organismo fiscalizador sino coordinador del funcionamiento del mercado electrónico de las compras públicas, por lo que a pesar de ser la entidad que en mejor posición se encuentra para constatar los incumplimientos a este respecto no tiene autoridad para demandar su realización. Con todo, se ha de destacar que esta Dirección realiza una gran labor de transparentar la información que obtiene del funcionamiento de mercado público, lo que coadyuva al correcto ejercicio del control ciudadano. Mientras tanto, por lo que respecta a la transparencia del sistema de compras públicas no hay duda de los avances alcanzados, sin embargo, queda aún pendiente de superar el desafío mayor, cual es, la eficiencia del gasto. Ciertamente, el hecho de que el deber de elaborar y publicitar el Plan Anual de Compras no tenga una mecanismo que asegure su cumplimiento afecta, en especial, la eficiencia del gasto. Un organismo que ha tenido escasas pero significativas intervenciones a este respecto ha sido también la Fiscalía Nacional Económica, la cual fundada en su finalidad de proteger la competencia ha reprochado pliegos de licitación por vulnerar el principio de la libre competencia demandando la intervención del Tribunal de la Libre Competencia. En concreto lo que actualiza la intervención de la Fiscalía es que los servicios públicos contratantes incorporen en su política de contratación el principio de libre competencia[32].

Del examen de las obligaciones de transparencia activa que establece la Ley de Transparencia N° 20.285 para todos los órganos de la Administración del Estado, se puede observar que la forma como se cumplen estas obligaciones en el caso de las compras públicas reguladas por la Ley N° 19.886, es incluyendo un vínculo al portal de compras públicas, www.mercadopublico.cl, a través del cual podrá accederse a toda la información relativa a los contratos o procesos de adquisición realizados por el respectivo servicio u organismo[33]. Un defecto que tiene esta forma de publicidad es que en la web del sistema de información de ChileCompra si bien se consigna todo lo relacionado hasta la celebración del contrato, no se consignan datos importantes como las modificaciones del mismo esto es porque la Ley de Compras Públicas N° 19.886 no lo exige. De

---

30 En relación con la elaboración y evaluación del plan anual la Dirección ha aprobado la Directiva N° 6 de enero de 2007, que contiene las orientaciones para realizar dichos procesos. Sumariamente los principales lineamientos que contiene la citada directiva N° 6 son los siguientes: 1) Usar el plan de compras como un instrumento de gestión institucional; 2) Definir un responsable y los procedimientos para implementar y monitorear el plan de compras públicas; 3) Involucrar a todas las unidades de la organización en la elaboración del Plan; 4) Vincular el Plan de Compras al proceso presupuestario y ajustarse a los fondos disponibles; 5) Incluir información de calidad, que aporte a la gestión institucional y a la transparencia; 6) Especificar Plan de Contratación de Medios de Comunicación; 7) No incluir información relacionada con los contratos vigentes y de compras confidenciales; 8) Monitorear cumplimiento y modificaciones del Plan; y 9) Ingresar oportunamente el Plan de Compras y sus modificaciones al sistema www.chilecompra.cl

31 El artículo 99 del D.S. 250, de 2004, Ministerio de Hacienda, claramente preceptúa que "bajo ninguna circunstancia el Plan Anual de Compras obliga a las Entidades o a la Dirección [ChileCompra] a efectuar los Procesos de Compras en conformidad a él".

32 Ver sentencia de la Corte Suprema de 15 de junio de 2009 recaída en causa Rol N° 1.855-2009.

33 Instrucción General N° 11 del Consejo para la Transparencia sobre Transparencia Activa, numeral 1.5, aprobada en sesión ordianria N° 491, de 27 de diciembre de 2013.

este modo, se traspasa la debilidad de las normas que regulan las obligaciones de publicidad en el sistema de compras públicas al cumplimiento de las obligaciones de transparencia activa que exige la Ley de Transparencia N° 20.285, generándose un forma no virtuosa de colaboración entre estas dos regulaciones. Particularmente, en el caso de los contratos de concesiones de obra públicas esto se complica aún más pues la unidad administrativa dentro del Ministerio de Obras Públicas (MOP) que las tiene a cargo (Coordinación de Concesiones) no tiene regularizado su estatus orgánico, en consecuencia, no tiene un portal propio de transparencia ("Gobierno Transparente") como sí disponen todos los servicios centralizados de esa cartera (vr.gr. vialidad, aguas, etc.). Esto condiciona que las obligaciones de transparencia activa que le corresponde cumplir sean informadas en el portal de transparencia del MOP junto o más bien confundidas con la información de este Ministerio lo que dificulta su acceso.

Especialmente, en las contrataciones de obras públicas y las contrataciones que se realizan en virtud de las inversiones del Ministerio de Obras Públicas, la etapa de planificación, también exige la realización de estudios, obtención de autorizaciones diversas (presupuestarias) que condicionan el objeto del contrato. En relación a los proyectos financiados con inversión pública directa la Dirección General de Obras Públicas apoya con la gestión de proyectos de consultorías y obras, su fortaleza radica en que los servicios de la Administración central deben recurrir a ésta a fin de ejecutar su plan de inversiones en infraestructura. Por lo que respecta a las concesiones es la Coordinadora de Concesiones la que programa los procedimientos licitatorios para la contratación de estudios, proyectos y ejecución de obras públicas fiscales a través del Sistema de Concesiones y propone las condiciones administrativas y económicas a las que se sujetarán los procesos de licitación, para el otorgamiento de la concesión. De este modo, la planificación que lidera la Dirección de Planeamiento del MOP, proporciona las políticas, programas, prioridades, cronograma y presupuestos de los proyectos de obras públicas. Así se obtiene la definición de las necesidades de infraestructura, estimado de inversiones y se registra los proyectos existentes y los proyectos por definir. Aspecto no menos importante es la determinación de la modalidad contractual que se empleará: licitación pública, licitación privada o trato directo, según los condicionamientos legales de cada una. Finalmente, la elaboración de las bases licitatorias que regularán el proceso concursal en caso que éste sea el mecanismo contractual. Esta etapa culmina con la selección del contratista y adjudicación del contrato.

Los controles externos en la etapa pre–contractual de las compras públicas, fundamentalmente están radicados en la Contraloría General de la República y el Tribunal de la Contratación, con diferencias importantes.

Por lo que respecta al ámbito de competencia que tiene el Órgano Contralor éste es universal respecto de todos los órganos que integran la Administración del Estado ya que la Constitución le atribuye el poder de ejercer el control de legalidad de los actos de la Administración, pero claro está en materia contractual destacan el trámite de toma de razón y las auditorías que realiza el órgano de Control a fin de fiscalizar, el cumplimiento de la normativa legal, la integridad del patrimonio público y el respeto del principio de probidad.

En el ámbito de las compras públicas, el control de legalidad preventivo que se traduce en el trámite de toma de razón el criterio delimitador de la afectación a este control es el monto involucrado en la adquisición complementado por la modalidad de contratación (licitación privada, trato directo o licitación pública). De acuerdo a ambos estándares se determina si la operación está o no afecta al trámite de toma de razón. De acuerdo a la Resolución Contralora N° 1.600 de 2008, Fija Normas sobre Exención del Trámite de Toma de Razón[34], están sujetos a este trámite la adquisición o suministro de bienes muebles y de servicios (incluyendo los de ejecución de obras), realizados por trato directo o licitación privada por un monto superior a 2.500 UTM. Si estos contratos se realizan mediante licitación pública el monto de exención aumenta a 5.000 UTM. Por otro lado, si bien el artículo 9.6.1 preceptúa que las resoluciones aprobatorias de los convenios marco suscritos por la Dirección ChileCompra estará afectas al trámite de toma de razón, en el mismo artículo, inciso 3°, se dispone que las adquisiciones de suministros de bienes muebles o de servicios efectuados en ejecución de un convenio marco suscrito por la Dirección de Compras y Contratación Pública, el contrato estará exento. Esto último se orienta a agilizar la tramitación de las adquisiciones.

En materia de contratos de obras públicas están afectas a toma de razón las adquisiciones para la ejecución de obras públicas que son consecuencia de una propuesta privada por un monto superior a 5.000 UTM o de una propuesta pública, de un monto superior a 10.000 UTM (artículo 9.4.1, Resolución Contralora 1.600/2008). El acto administrativo que aprueba las bases administrativas, como los actos que la modifiquen, deberán también realizar este trámite siempre que se refieran a contratos afectos a toma de razón.

Con todo, de acuerdo al artículo 9.5 de la Resolución Contralora N° 1.600, de 2008, estarán exentos del trámite de toma de razón los decretos o resoluciones que, sin importar los montos involucrados, aprueben las bases administrativas cuando éstas se ajusten a un formato tipo aprobado previamente por el Órgano Contralor.

Entre las reglas generales del trámite de toma de razón en materia contractual se encuentras las siguientes:

a) los actos administrativos que aprueben las bases administrativas deberán contenerlas íntegramente en el cuerpo del decreto o resolución, incluyendo las especificaciones y documentos que la integran (artículo 6, Resolución Contralora 1.600, de 2008 y Dictamen N° 25.446/2008);

b) estarán afectos todos los actos administrativos que aprueben las modificaciones de bases administrativas siempre que aquellas estén afectas al trámite de toma de razón (artículo 9.5, Resolución Contralora 1.600/2008);

c) cuando el texto del contrato se contengan en las bases administrativas tomadas razón o ajustadas a un formato tipo previamente aprobado por la Contraloría General, el acto de adjudicación estará afecto y la aprobación del contrato estará exenta (artículo 9.6.4, Resolución Contralora 1.600/2008);

Es relevante señalar que la Resolución Contralora N° 1.600 no dispone la afectación al trámite de toma de razón de los actos administrativos que aprueban un aumento de obra o una obra extraordinaria, no obstante que las bases licitatorias, la adjudicación y el contrato hayan sido estado afectos. Esta exención debilita el control y genera un ámbito de riesgo de corrupción.

---

34 Aunque de acuerdo a la denominación que adopta la citada resolución así como lo que establece la LOC de la Contraloría General de la República N° 10.336, en el inciso 5° del artículo 10, la resolución debía establecer las materias exentas del trámite de toma de razón por considerarlas "no esenciales", la Resolución Contralora N° 1.600 lo que fija son las materias afectas a este trámite.

El Tribunal de la Contratación como órgano de control externo en la etapa pre contractual cumple una labor muy importante en las adquisiciones efectuadas mediante el método concursal reguladas por la Ley de Compras Públicas N° 19.886[35]. Este tribunal es la expresión de la ineficacia del legislador para establecer un sistema general de Justicia Administrativa, siendo un órgano no integrado en el Poder Judicial. A pesar de la denominación que emplea el legislador para aludir a este órgano no tiene competencias sobre todo el proceso de la contratación ni sobre todas las modalidades de contratar. Así actúa solo en la etapa pre–contractual, excluyendo la fase de planeamiento (desde la aprobación de las bases licitatorias y hasta el acto de adjudicación) y no es competente para conocer de: 1) los conflictos jurídicos que surgen en las contrataciones por trato directo[36]; 2) los reclamos contra actos preparatorios de la licitación; y 3) de las decisiones adoptadas con posterioridad al acto adjudicatorio.

Las causas que se siguen en este Tribunal tienen una tramitación especial, tratándose de un proceso de naturaleza breve y sumaria. Desde su establecimiento, ligado a la generalización del Sistema de Información de Compras Públicas en el sector público centralizado y descentralizado, el Tribunal de la Contratación ha incrementado significativamente el número de causas que ha venido conociendo. Con todo, si bien los fallos de este tribunal han ido construyendo una jurisprudencia que ha sido consistente, su significación aún es limitada dada la configuración que le ha dado el legislador.

En la *etapa contractual*, los controles internos en las compras públicas, igualmente descansan en las jefaturas y en las unidades de control interno o de auditoría que son los responsables de velar por los principios de juridicidad, probidad, transparencia, eficacia y eficiencia. El control interno de la actividad del órgano se produce, por regla general y en virtud de lo prescrito por el artículo 11 de la LOCBGAE, jerárquicamente por las autoridades y jefaturas en el marco de sus competencias respecto del funcionamiento y de la actuación del órgano, comprendiendo la eficiencia, eficacia, legalidad y oportunidad de las mismas. Dicha idea está reforzada en otros textos legales, entre otros, por el artículo 64 literal a) del Estatuto Administrativo General aprobado por la Ley N° 18.834 y por el artículo 61 literal a) del Estatuto Administrativo para Funcionarios Municipales aprobado por la Ley N° 18.833. Así, se sostiene que "*dado que lo que se busca a través del contrato es la satisfacción de una necesidad pública, el órgano administrativo correspondiente tendrá la facultad de controlar o supervisar su correcta ejecución*"[37].

En lo que respecta a las obras públicas, particularmente, en los contratos de concesiones de obras públicas atendiendo las potestades del Ministerio de Obras Públicas para inspeccionar y vigilar el cumplimiento por parte del concesionario de sus obligaciones,

35 Sobre las características y competencias de este tribunal, *vid.* Camacho Cépeda, G. *El Tribunal de Contratación Pública en Chile: una década de funcionamiento, en …*

36 La Ley de Compras Públicas N° 19.886, establece que este deberá conocer de: 1) La acción de impugnación contra actos u omisiones, ilegales o arbitrarios, ocurridos en procedimientos administrativos de contratación con organismos públicos regidos por la Ley N° 19.886. En consecuencia, el Tribunal es competente para conocer de los conflictos jurídicos que surjan en una licitación por ilegalidades en que puedan incurrir los organismos públicos regidos por la Ley N°19.886 y que tengan lugar entre la aprobación de las bases de la respectiva licitación y su adjudicación, ambos inclusive (artículo 24); y 2) La decisión de la Dirección de Compras y Contratación Pública de rechazar o aprobar la inscripción de un proveedor en el Registro de Contratistas que lleva dicha dirección (artículo 16 inciso sexto).

37 BERMUDEZ, J., Derecho Administrativo General, Ed. Abeledo Perrot Legal Publishing-Thomson Reuters, 2ª edición, 2011, p. 229.

tanto en la fase de construcción como en la de explotación de la obra, surge una figura especial, que es el Inspector Fiscal[38], funcionario que será el encargado de velar porque se cumplan los términos del contrato, ejerciendo una potestad de dirección en la ejecución asegurando la voluntad de la Administración, estando habilitado para imponer las multas en caso de incumplimiento (inciso 2º del artículo 29, Ley de Concesiones de Obras Públicas). La creación del Inspector Fiscal tiene respaldo en las intensas atribuciones legales que se le reconocen al MOP, así como en disposiciones reglamentarias así como en las previsiones contractuales[39]. Ahora bien, la labor del Inspector fiscal se traduce en la dirección de la ejecución del contrato y el control de gestión del concesionario todo ello asegurando el cumplimiento de las normas legales que sean aplicables (laborales, ambientales, urbanísticas, etc.). Para cumplir su labor imparte órdenes e instrucciones al concesionario, demanda el cumplimiento de las obligaciones de informar y aprueba ciertos actos del concesionario[40]. No obstante que se le reconocen amplísimas facultades al Inspector Fiscal la limitación objetiva de su labor, por lo general, deviene del tipo de incardinación que tiene con el MOP y la carencia de recursos adecuados para llevar a cabo su labor, entre ellos la posibilidad de disponer oportunamente de la asesoría especializada que se requiere en contratos complejos[41].

También en el ámbito de los contratos de concesión de obra pública, las Comisiones Conciliadoras y Arbitrales se constituyen en órganos de control como consecuencia que son las que resuelven toda controversia o reclamación producida por la interpretación o aplicación del contrato o que surja de su ejecución (artículo 36 del DS 900, Ministerio de Obras Públicas, de 1996 y artículo 84 del Reglamento de la Ley de Concesiones[42]). La intervención de la Comisión también está presente en los reclamos por la imposición de las multas de alta cuantía, la suspensión de la concesión o en el caso que el MOP preten-

38 En realidad para cada concesión habrán dos fiscales: uno para la etapa de construcción y otro para la etapa de operación u explotación de la concesión y no sería extraño que en algunos casos coincidieran en el tiempo.

39 Las facultades del Inspector Fiscal están señaladas en los artículos 40 y 4º del Reglamento de la Ley de Concesiones de Obra Pública, Decreto Supremo Nº .... Cada concesión tiene dos inspectores, uno para la etapa de construcción y otro para la operación de la concesión.

40 MANRIQUEZ, señala: Los mecanismos de control contemplados en los contratos de concesión entienden al control como la potestad de dirección (la transmisión de la voluntad del MOP al concesionario, control interno) y el control de la gestión del concesionario (revisión del cumplimiento de los planes, solicitudes de información, órdenes tendientes a la corrección de fallas en la gestión, imposición de planes de reducción de riesgo), que involucran a su vez el cumplimiento de la legislación laboral, ambiental y urbanística", en MANRÍQUEZ MENDOZA, E., El principio de control administrativo en el contrato de concesión de obra pública, Memoria para optar el Grado de Licenciado en Ciencias Jurídicas y Sociales, 2011, p. 248.

41 De acuerdo con Manriquez, "las amplísimas facultades del Inspector Fiscal se ven anuladas por la ausencia total de certidumbre respecto a la asignación de recursos; la imposibilidad física que tiene la persona natural llamada Inspector Fiscal para ejercer tantas y tan variadas funciones en ausencia de una empresa asesora, los imponderables contractuales y la inestabilidad laboral de los Inspectores Fiscales", en MANRÍQUEZ MENDOZA, E., El principio de control administrativo en el contrato de concesión de obra pública, *op. cit.*, p. 384.

42 Los textos legales citados corresponden a la versión previa a la promulgación de la Ley 20.410. Se señala este sistema "antiguo" por cuanto este sistema rige para todos los concesionarios que no han optado dentro del plazo legal, para cambiarse al nuevo sistema.

da declarar el incumplimiento grave que daría a lugar a la caducidad de la concesión[43]. Todo contrato de concesión de obra pública debe tener una comisión conciliadora que de no obtener resultado en sus gestiones podía transformarse en Comisión Arbitral[44]. El sistema de resolución de conflictos basado en las Comisiones se deslegitimó por la falta de independencia que éstas acusaron[45] y por la relevancia que cobraba el Presidente en ese contexto. Ello ha pretendido ser solucionado con la Ley 20.410 que crea un nuevo sistema aplicable a las nuevas concesiones de obras públicas y voluntario para las concesiones pre–existentes[46]. Sin embargo, dada la renuencia de las concesionarias para optar por el nuevo sistema de resolución de controversias, el modelo antiguo sigue vigente en el mayor número de los casos.

Por su parte, los controles externos en la etapa contractual tienen en la labor de la Contraloría General un referente intenso. Así, la Resolución Contralora N° 1.600 de 2008, establece que si se trata de un proceso que desde sus inicios ha estado afecto al trámite de toma de razón, lo estarán también los actos que aprueben las siguientes medidas: a) Si se dispone el pago de indemnizaciones y el pago de gastos generales; b) Si se dispone la devolución de retenciones; c) Si se dispone el término anticipado del contrato y su liquidación final; d) Si se dispone compensaciones de saldos de distintos contratos de un mismo contratista; y e) Si se dispone el traspaso de contratos (artículo 9.4.3).

Asimismo, respecto de la aplicación de las multas en un contrato se hará administrativamente, a través de decreto o resolución fundada (artículo 11, Ley 19.886). Dicho acto administrativo estará siempre afecto a toma de razón, sea que se trate o no de un contrato que por su monto está sosmetido a este trámite (artículo 9.4.5, Resolución Contralora 1.600/2008).

Respecto de los controles externos en la etapa contractual la Contraloría General de la República también fiscalizará el cumplimiento de las disposiciones legales y reglamentarias relacionadas con la administración de los recursos del Estado efectuando audi-

43 RUFIÁN LIZNA, D., Políticas de concesión vial: análisis de las experiencias de Chile, Colombia y Perú, Serie Gestión Pública N° 16, CEPAL, 2002, p. 37.

44 La Comisión Conciliadora está integrada por tres miembros designados del siguiente modo: el concesionario y el MOP designaban un titular y un suplente y el tercer titular, quien desempeñará la Presidencia de la Comisión, era designado de mutuo acuerdo entre las partes o a falta de éste por el Presidente de la Corte de Apelaciones de Santiago (artículo 85, Decreto Supremo 956, de 1999, de Ministerio de Obras Públicas).

45 A este respecto se señala al sistema de nombramiento como un factor coadyuvante a la pérdida de independencia de los integrantes de la Comisión Conciliadora, así señalan que "*las características propias del sistema en lo que respecta al nombramiento de los integrantes, originaron, en cierta medida, la pérdida la tan ansiada independencia, por cuanto cada parte designaba a quién considerara más ad hoc con sus propios intereses, convirtiendo al presidente de la Comisión en el personaje más relevante, no tanto por sus facultades, sino por la relevancia que tenía su opinión en el conflicto*". *V.*, BARRALES BETANOURT, C. y VARGAS GALLEGOS, C., Sistema de Concesiones de Obras Públicas, solución de conflictos e Introducción de los Dispute Boards o Paneles de Expertos, Memoria para optar al grado de Licenciado en Ciencias Jurídicas y Sociales, Facultad de Derecho de la Universidad de Chile, Santiago, 2012, pp. 73-74.

46 En otra oportunidad se ha explicado el nuevo sistema que introduce la Ley N° 20.410, Modifica la Ley de Concesiones de Obras Públicas. *V.*, CAMACHO CÉPEDA, G., Las novedades de la Ley 20.410 en la regulación de las concesiones de obra pública en Chile. El último acomodo del traje para la colaboración público privada, en *Revista Iberoamericana de Derecho Administrativo y Regulación Económica*, IJ-LLXXIII-482, 2014.

torías a fin de verificar "*el cumplimiento de las normas jurídicas, el resguardo del patrimonio público y la probidad administrativa*" (artículo 21 A LOCCGR Nº 10.336). Las auditorías se han constituido en valiosos instrumentos para verificar el cumplimiento de los contratos pero su eficacia es limitada en el sentido que no todos los contratos son auditados por la Contraloría General (su capacidad operativa no da abasto) ni cuando lo son se realizan en la oportunidad más adecuada, pues seguramente ha transcurrido un plazo significativo desde el término del contrato. Para mitigar esta situación el Órgano Contralor podría plantear se le conceda autorización legal para contratar servicios de auditoría que bajo su supervisión le ayuden a ampliar su necesaria fiscalización.

Por último en el ámbito administrativo también las obligaciones de transparencia se constituyen en un importante control externo en la etapa de ejecución contractual aunque padecen ciertas dificultades que limitan su eficacia. Por lo general, no es posible acceder a las incidencias que conlleva la ejecución contractual (vr.gr. multas, recepción parcial; recepción final; término anticipado del contrato; ampliaciones del contrato; etc.) sino ejerciendo el derecho de acceso a la información. En el caso de los contratos de concesiones de obra públicas lo señalado se complica aún más pues la unidad administrativa que las tiene a cargo (Coordinación de Concesiones) dentro del Ministerio de Obras Públicas no tiene regularizado su estatus orgánico careciendo de un portal propio de transparencia (banner conocido como "Gobierno Transparente") como sí lo tienen todos los servicios centralizados de esa cartera (vr.gr. Dirección de Vialidad, Dirección de Aguas, etc.). Esto condiciona, por ejemplo, que la información de las multas que se imponen a las concesionarias por parte del MOP sea informada en el portal de transparencia del Ministerio junto con la información que éste publica, dificultando su acceso.

Finalmente, un importante mecanismo de control externo en la etapa contractual lo constituye el control jurisdiccional de los tribunales ordinarios de justicia. Como se ha señalado el Tribunal de la Contratación Pública sólo actúa en la etapa licitatoria de las compras públicas, resolviendo las controversias hasta el acto de adjudicación, razón por la cual con posterioridad a este acto sólo cabe a los afectados recurrir a los tribunales ordinarios de justicia, interponiendo los recursos constitucionales o legales según el caso (vr.gr. recurso de protección, reclamo de ilegalidad, acción ordinaria de indemnización de perjuicios, etc.).

En el caso de los contratos de concesión de obras públicas los conflictos que surgen en la ejecución del contrato tienen dos modelos de resolución a partir de la promulgación de la Ley Nº 20.410. Eso indica que hay dos sistemas de resolución de controversias que coexisten, pero la significación del sistema antiguo es mucho mayor por cuanto las empresas concesionarias no han ejercido la opción de optar por el nuevo sistema que el legislador les habilitó. Así, las Comisiones Conciliadoras propias del sistema previo a la Ley Nº 20.410 constituyen el mecanismo de solución de controversias prioritario. Si no alcanzan el común acuerdo entre las partes el concesionario tiene dos opciones: o solicitar que la Comisión Conciliadora se constituya en Comisión Arbitral o bien acudir ante la Corte de Apelaciones (artículo 36, Ley de Concesiones de Obras Públicas aprobada por D.F.L. Nº 161, de 1991, de Ministerio de Obras Públicas). La carencia de facultades coercitivas para la ejecución del fallo de la Comisión Arbitral y la consecuente generación de incertidumbre de como la entidad concedente iba a cumplirlo han sido acicate para que se generen formas peculiares de término de los conflictos. Así en, en gran número de casos el cumplimiento de los fallos se efectuó mediante la negociación de convenios complementarios que contenían formas de pago distintas a las falladas y que favorecían primordialmente a la entidad concedente[47]. En este contexto, razonablemente, la vía judicial en la solución de conflictos de concesiones de obras públicas ha sido un mecanismo natural de composición. Así las empresas han demandado al Ministerio de Obras Públicas para obtener compensaciones económicas, lo que ha dado a lugar significativos compromisos presupuestarios o bien se solventaron con la modificación de las condiciones de la concesión (aumento de duración o monto de los peajes, entre otros)[48]. Las causas de las condenas económicas que ha sufrido el Estado mayoritariamente tienen que ver con ineficiencias en el cumplimiento de algunas obligaciones esenciales para la buena ejecución del contrato, tales como: el retraso en los procesos licitatorios y el aumento de las obras con posterioridad a la adjudicación del contrato de concesión. Factores que pueden al menos minimizarse o incluso evitarse con una buena planificación del contrato.

4. Conclusiones

La existencia de una diversidad de regímenes contractuales que crean "jurisdicciones" y formas de solución de controversias disímiles complejiza las formas de control de la actividad contractual, genera dificultades para que la jurisprudencia sea sistemática y debilita la consistencia de los criterios o estándares empleados lo que finalmente termina enviando señales equívocas a las contrapartes contratantes.

El enfoque del control administrativo externo de la Contraloría General en materia contractual debe estar puesto en las auditorías que deben ser oportunas en la detección de los incumplimientos y en la persecución de las responsabilidades correspondientes. Para ello, el Órgano Contralor debe promover las modificaciones legales que le permitan contratar estos servicios externamente y le ayuden a potenciar la eficacia de su labor fiscalizadora.

En lo que respecta a los contratos de concesiones de obra pública la experiencia ha evidenciado que la falta de planificación y preparación de los proyectos a ejecutar, más allá de los procedimientos habilitados para la presentación de las propuestas procedentes de iniciativas privadas, han afectado la eficacia y eficiencia de estos contratos, y en consecuencia su legitimidad. La planeación como instrumento de gestión de la actividad contractual debe profundizarse y también garantizarse a fin de que coadyuve a que los contratos cumplan su objeto y se eviten costos significativos para el erario público.

Finalmente, a partir de la entrada en vigencia de la Ley de Transparencia el control de la actividad contractual se ha profundizado por la disposición de información relevante en materia contractual a disposición al público, pero aún quedan flancos que deben subsanarse.

---

47 BARRALES BETANCOURT, C., Sistema de Concesiones de Obras Públicas, solución de conflictos e introducción de los Dispute Boards o Paneles de Expertos, Memoria para optar el Grado de Licenciado en Ciencias Jurídicas y Sociales, Facultad de Derecho de la Universidad de Chile, 2012,p. 83.

48 Según JADRESIC: "Los reclamos resueltos al año 2005, ya sea mediante conciliación o fallo de las comisiones arbitrales, involucraban demandas por alrededor de 10 millones de UF, habiéndose aceptado compensaciones por sólo 4,7 millones de UF (es decir, 47%) las que no necesariamente se pagaron en su totalidad en efectivo, sino también mediante cambios en las condiciones de la concesión (por ejemplo, duración o monto de peajes). JADRESIC, A., Solución de controversias mediante comisiones de expertos en Chile, en Foco, Nº 101, Expansiva, Santiago, p. 11. Disponible en: <http://www.expansiva.cl/media/en_foco/documentos/08052007140306.pdf> [Consulta: 17 abril de 2017].

BIBLIOGRAFÍA

APONTE DÍAZ, I., "Las fallas de planeación y su incidencia en el contrato estatal de obra", en *Revista digital de Derecho Administrativo* N° 11 (2004). Disponible en: http://revistas.uexternado.edu.co/index.php/Deradm/article/view/3831/4087.

AYMERICH, C., "Corrupción y Contratación Pública: Análisis de las nuevas directivas europeas de contratos y concesiones públicas", en *Revista Aragonesa de Administración Pública* N° 45–46, 2015, Zaragoza, p. 209–239.

BARRALES BETANOURT, C. y VARGAS GALLEGOS, C., *Sistema de Concesiones de Obras Públicas, solución de conflictos e Introducción de los Dispute Boards o Paneles de Expertos,* Memoria para optar al grado de Licenciado en Ciencias Jurídicas y Sociales, Facultad de Derecho de la Universidad de Chile, Santiago, 2012.

CAMACHO CÉPEDA, G., *Los contratos administrativos en especial el contrato de suministro, en Derecho Administrativo.* 120 años de cátedra, [coordinador: Rolando Pantoja B.], Editorial Jurídica de Chile, Santiago, 2008, pp. 357–391.

, *El Tribunal de la Contratación Pública: una década de su funcionamiento, en Tendencias Actuales en Contratación Pública*, (director: Eloy Espinos–Saldaña), Gaceta Jurídica, Lima, 2014, pp. 105–176

, "Las novedades de la Ley 20.410 en la regulación de las concesiones de obra pública en Chile. El último acomodo del traje para la colaboración público privada", en *Revista Iberoamericana de Derecho Administrativo y Regulación Económica*, IJ–LLXXIII–482, 2014

, *Chile. Informe Nacional, en La contratación pública en América Latina*, (editores: Benavides, J.L. y Moreno Cruz, P.). Universidad Externado de Colombia, 2015.

CASSAGNE, J.C., plantea la necesidad de una teoría integral frente a la inexistencia de un régimen jurídico unitario del contrato administrativo, en *Cuestiones de Derecho Administrativo*, Ediciones Depalma, Buenos Aires, 1987.

DELPIAZZO, C., "Triple dimensión del principio de transparencia en la contratación administrativa", en *Revista Trimestral de Direito Publico* (Sao Paulo), N° 46, 2007, pp. 5 y ss.

GIMENO FELIU, J.M., *Integridad y Transparencia. El modelo de la contratación pública, en Debates sobre Gobierno abierto: transparencia y participación ciudadana como pilares de calidad democrática*, 25 septiembre de 2015.

HUERTA OCHOA, C., "Teoría del Control", Capítulo IV, en *Mecanismos Constitucionales para el Control del Poder Político, Instituto de Investigaciones Jurídicas–* UNAM, 3ª edición, 2010. Disponible en: https://archivos.juridicas.unam.mx/www/bjv/libros/6/2749/7.pdf, [consulta: 30 de marzo de 2017].

LARA ARROYO, JL. Y GARCÍA–HUIDOBRO HERRERA, L.E., "Aspectos críticos de la solución de controversias en la contratación administrativa bajo la Ley N° 19.886: el caso del Tribunal de Contratación Pública", en *Procedimiento Administrativo y contratación pública. Estudios a diez años de la entrada en vigencia de las leyes 19.880 y 19.886*, (coordinadores: G. Bocksang y J.L. Lara), Legal Publishing–Thomson Reuters, Santiago, 2013, p. 405–448.

MANRÍQUEZ MENDOZA, E., *El principio de control administrativo en el contrato de concesión de obra pública*, Memoria para optar el Grado de Licenciado en Ciencias Jurídicas y Sociales, 2011.

MORAGA KLENNER, C., *Tratado de Derecho Administrativo. La Actividad Formal de la Administración del Estado*, (coordinador: Rolando Pantoja B.), Tomo VII, AbeledoPerrot–LegalPublishing, Santiago, 2010.

, *La Contratación Administrativa*, Apunte de Cátedra, Facultad de Derecho de la Universidad de Chile, Santiago, 2003.

OCDE–BID; "Informe Panorama de las Administraciones Públicas. América Latina y el Caribe", 2014. Disponible en: https://publications.iadb.org/bitstram/handle/11319/6597/Panorama%20de%20las%20Administraciones%20Públicas%20América%20Latina%20y%20el%20Caribe%202014.pdf?sequence=1 (25/04/2017).

PANTOJA BAUZÁ, R., *La Contratación Administrativa*, Apuntes de Clase, Facultad de Derecho de la Universidad de Chile, Santiago, 2005.

RUFIÁN LIZANA, D., "Políticas de concesión vial: análisis de las experiencias de Chile, Colombia y Perú", *Serie Gestión Pública* N° 16, CEPAL, 2002

VALADÉS, D., *El control del poder*, 3ra. edición, Editorial Porrúa–UNAM, México, 2006

VILLAR PALASÍ, J.L. y VILLAR EZCURRA, J.L., *Principios de Derecho Administrativo*, T.II, 2ª edición, Universidad Complutense, Madrid, 1987.

Normativa citada

Ley N° 19.886, de bases sobre contratos administrativos de suministro y prestación de servicios.

D.S. N° 250, de 202004, de Ministerio de Hacienda, Aprueba Reglamento de la Ley N° 19.886 de bases sobre contratos administrativos de suministro y prestación de servicios.

Ley de Concesiones de Obras Públicas aprobada por D.F.L. Nº 161, de 1991, de Ministerio de Obras Públicas, cuyo texto refundido, coordinado y sistematizado se aprobó por D.S. Nº 900, de 1996, de Ministerio de Obras Públicas.

Ley de Bases Generales de la Administración del Estado N° 18.575, cuyo texto refundido, coordinado y sistematizado se aprobó por D. F.L. N° 1/1963 de 2001, de Ministerio Secretaría General de la Presidencia.

Ley Nº 20.530, Crea el Ministerio de Desarrollo Social y Modifica cuerpos legales que indica.

Decreto Supremo 956, de 1999, de Ministerio de Obras Públicas.

Resolución Contralora N° 1.600, de 30 de octubre de 2008, de la Contraloría General de la República, Fija Normas sobre Exención del Trámite de Toma de Razón.

46. SOLUCIÓN DE CONTROVERSIAS EN LA CONTRATACIÓN PÚBLICA SALVADOREÑA

Miguel Ángel Cardoza Ayala

I. INTRODUCCIÓN

En el cumplimiento de sus funciones y de sus fines institucionales, las administraciones públicas necesitan permanentemente adquirir bienes y servicios con recursos públicos. Generalmente a esos procesos que inician desde la selección del proveedor hasta la formalización de los mismos y que permiten las adquisiciones o compras del Estado se denominan contratación pública o contratación administrativa.

Uno de los principales objetivos de los regímenes de contratación es optimizar el uso de los recursos, generalmente escasos. En general, se considera que un régimen de contratación transparente y no discriminatorio es el mejor instrumento para alcanzar ese objetivo, ya que permite aprovechar al máximo la competencia entre los proveedores[1], que a su vez ofrecen productos y servicios a precios competitivos que benefician a todos los agentes involucrados en el proceso de la compra.

Por disposición constitucional[2] en El Salvador, a propósito de las contrataciones públicas, se obliga a procesos competitivos denominados licitaciones en la determinación de los proveedores, y a partir del año dos mil, en la Ley de Adquisiciones y Contrataciones de la Administración Pública, conocida como LACAP[3],normativa que desarrolla y actualiza la figura de la contratación pública.

La aprobación de la LACAP buscaba concentrar en un único cuerpo normativo todo lo relacionado al tema, dejando así atrás el sistema anterior en el cual no todas las con-

---

1 Organización Mundial del Comercio, Panorama General de la Labor de OMC en materia de contratación pública. 09 de febrero de 2017. Disponible para consulta a través de: https://www.wto.org/spanish/tratop_s/gproc_s/overview_s.htm

2 Artículo 234 Constitución de la República "Cuando el Estado tenga que celebrar contratos para realizar obras o adquirir bienes muebles en que hayan que comprometerse fondos o bienes públicos, deberán someterse dichas obras o suministros a licitación pública, excepto en los casos determinados por la ley" Diario Oficial Número 142, Tomo 280, de 29 de Julio de 1983.

3 Ley de Adquisiciones y Contrataciones de la Administración Pública, promulgada mediante Decreto Legislativo N° 868, de fecha 05 de abril del año 2000, publicado en el Diario Oficial N° 88 Tomo 347 del 15 de mayo del mismo año.

trataciones de la administración pública se sujetaban al mismo régimen[4] por ejemplo en los casos de los Ministerios de Obras Públicas y de Salud Pública y Asistencia Social que tenían regulaciones especiales para la realización de sus compras[5].

Además, dicha promulgación tenía el objetivo de buscar procedimientos idóneos y equitativos para las contrataciones en la administración pública, lo cual implicó un giro importante en la adquisiciones de bienes y servicios, pues era la primera vez que una ley se ocupaba de regular coherentemente la organización de quienes participan en la compras del Estado, con reglas que provenían más del Derecho Administrativo que de la concepción civilista que caracterizó a las anteriores normativas.

Sin duda esta ley ha permitido dar un paso firme en la carrera por modernizar el gasto en la administración pública, que además se encuentra en consonancia con el compromiso de lograr un uso racional del recurso público, que hasta entonces se había considerado ausente de controles.

En la LACAP, para garantizar el cumplimiento de sus fines, se reconocen como principios comunes a la contratación pública[6] el de publicidad, libre competencia e igualdad que son equivalentemente válidos en el contexto internacional, y por regla general, en la elección del contratista se reconocen tres formas para la contratación pública, estas incluyen contratistas nacionales, contratistas extranjeros y combinaciones entre ellos.

En dicha ley se establecen tres formas de contratación, ampliamente reconocidas en la doctrina internacional y suficientemente normadas, pero en cualquiera de los tres casos la forma de contratación, las reglas que las desarrollen deben estar determinadas dentro las condiciones propias del proceso en las bases del mismo, y de acuerdo a la legislación vigente, son las siguientes.

La licitación pública, que es el procedimiento administrativo de preparación de voluntad contractual, por el que el ente público en ejercicio de la función administrativa invita a los interesados para que, sujetándose a las bases fijadas en un pliego de condiciones, formulen propuestas entre las cuales se seleccionará y aceptará las más conve-

---

4 Existían diversidad de normas que regulaban los contratos públicos o administrativos; entre ellos la Ley de Suministros, Las Disposiciones Generales del Presupuesto, El Código Municipal, etc. Que establecían diferentes procedimientos de selección de contratistas.

5 Todas estas normas fueron derogadas por medio del Artículo 174 de la LACAP.

6 Fundamentalmente: Legalidad, libre competencia, igualdad, publicidad o transparencia. En ese sentido, la Sala de lo Contencioso Administrativo, mediante sentencia pronunciada el treinta de octubre de 2015, en el proceso referencia 82-2009, ha reconocido que: "(...) durante la sustanciación del procedimiento licitatorio debe mantenerse un trato igualitario entre los oferentes. Ello, en síntesis, se traduce en la estricta observancia de la legalidad, aplicando el ordenamiento que rige la licitación pública sin ningún tipo de discriminación que beneficie injustamente a unos en perjuicio de otros.

Asimismo, la administración pública debe buscar la concurrencia de la mayor cantidad de ofertas en beneficio del interés público, ya que permite elegir al contratante que satisfaga mejor las expectativas del ente administrativo. Por tanto, el interés de la Administración al prevenir al ofertante para el cumplimiento de los requisitos, no es el de procurar su descalificación, ni el simple cumplimiento de una etapa formal, sino la obtención de toda la información que le permita identificar, mediante las siguientes etapas, la oferta que mejor satisfaga el interés público que persigue"En el mismo sentido, *V.*, Sentencia pronunciada por la Sala en mención de fecha diecinueve de noviembre de 2004, en el proceso referencia 126-G-2002: "El principio de igualdad en un proceso licitatorio establece que todos los oferentes deben ostentar un trato igualitario frente a la Administración, así: Debe existir una consideración de las ofertas en plano de igualdad y concurrencia frente a los demás oferentes; debe existir un respeto a los plazos establecidos en el desarrollo del procedimiento, evitando así favorecer a alguno de los concurrentes".

niente al ente administrativo. Dicho procedimiento constituye una secuencia de actos de carácter administrativo, que culmina con la adjudicación, acto por el cual el licitante determina, declara y acepta la propuesta más ventajosa, habilitando la futura celebración del contrato[7]. La licitación pública será aplicable cuando se trate de contratación de bienes y construcción de obras[8].

El concurso público, es el procedimiento que tiene por objeto la adquisición de servicios personales de consultoría, y por el cual se promueve la competencia, invitando públicamente a todas las personas naturales o jurídicas interesadas en la presentación de éste tipo de servicios[9].

También está la libre gestión, que trata de un procedimiento simplificado por medio del cual las instituciones seleccionan al contratista que les proveerá obras, bienes, servicios, hasta por el monto establecido en la ley[10]. La libre gestión es entonces un procedimiento de preparación de voluntad contractual, pues la institución contratante invita a los interesados para que formulen sus propuestas, entre las que seleccionará y aceptará las más ventajosa, cuando la contratación por los costos del servicio pretendido, no exceda el equivalente a diez salarios mínimos urbanos[11] y cuando se tratare de ofertante único, en todo caso previo a la celebración del contrato la institución deberá emitir una resolución razonada[12].

En la contratación directa, estamos en presencia de un procedimiento excepcional de selección de contratista por situaciones especiales establecidas previamente por la ley y manteniendo en lo posible los criterios de competencia, permite seleccionar al contratista idóneo para determinada la prestación[13]. O sea, se trata de una forma en que una institución contrata a una o más personas naturales o jurídicas, manteniendo los criterios de competencia cuando aplique, salvo en los casos que no fuere posible debido a la causa que motiva la contratación. Tomando en cuenta las condiciones y especificaciones técnicas previamente definidas[14].

Los sujetos que según la ley están sometidos a su control, en principio son por una parte, las personas naturales o jurídicas, nacionales o extranjeras que oferten o contraten con las administraciones públicas o del Estado, en los cuales se comprometan fondos públicos, esto incluye los provenientes de los fondos de actividades especiales o finan-

---

7 Sentencia pronunciada por la Sala de lo Contencioso Administrativo de la Corte Suprema de Justicia, el quince de diciembre del año dos mil. Proceso de referencia 87-P-99. Disponible para consulta on-line: http://www.jurisprudencia.gob.sv

8 "El Procedimiento de licitación se aplicará siempre que se trate de las contrataciones de bienes y construcción de obras" Artículo 39 inciso 2° LACAP

9 Artículo 60 LACAP.

10 Artículo 40 y 68 LACAP.

11 Por Decreto Ejecutivo N°s 1, 2, 3, y 4 publicados en el Diario Oficial N° 236, Tomo 413 del 19 de diciembre de 2016 el salario mínimo urbano al mes, equivale a $300.00 dólares de los Estados Unidos de América.

12 Sentencia Pronunciada por la Sala de lo Contencioso Administrativo de la Corte Suprema de Justicia, el ocho de marzo de dos mil diez. Proceso de referencia 212-2006.Disponible para consulta on-line a través de: www.jurisprudencia.gob.sv.

13 Barriere Ayala, J., 2011 El Marco Legal de los Contratos Públicos en El Salvador, Ediciones B&G Consultores. Página 75.

14 Artículo 71 LACAP.

ciadas con fondos municipales. Y por otra parte, las entidades públicas que adquieren o contratan haciendo uso de ese tipo de fondos.

Además la ley establece como sujeto a su control las contrataciones en el mercado bursátil, o sea el espacio donde a través de empresas particulares especializadas se realizan y facilitan el intercambio o se negocian bienes y servicios, con el objeto de lograr mejores precios o condiciones, que ejecutan las instituciones en operaciones de bolsa legalmente establecidas, cuando así convenga a los intereses públicos; y los asocios públicos privados como una modalidad de participación de la inversión privada en actividades públicas.

Con la LACAP la contratación administrativa requiere además del respaldo crediticio, la intervención de órganos diversos, la sustanciación de un medio formal que varía según el procedimiento y la contratación.

Cualquiera que sea la forma de contratación, por la naturaleza de las partes que intervienen, por los problemas de mala planificación de las obras del Estado, por la corrupción, constantemente se pueden presentar controversias que retrasan las obras o los suministros, tanto en la fase de selección del contratista y preparatoria del contrato, como en la fase de ejecución de los mismos, lo que justifica la necesidad de un sistema de mecanismos que permitan resolver de manera pronta las controversias que se presenten, lo cual pasaremos a examinar en los siguientes apartados.

II. SOLUCIÓN DE CONTROVERSIAS EN LA LEGISLACIÓN SALVADOREÑA. EL ARBITRAJE Y EL TRATO DIRECTO.

Uno de los objetivos más importantes de la LACAP, bajo la pretensión de la satisfacción de los fines públicos, es la posibilidad de evitar el retraso de los procesos de adquisiciones y contrataciones del Estado, debido a lentitud en los procesos judiciales que impedirían la ejecución de los contratos administrativos y retrasarían los fines que se pretenden satisfacer. Evitando generar un recurso de revisión cuyo objeto sería agotar la vía administrativa para acudir al contencioso administrativo o un amparo que conocen de actos no de contratos[15].

Esas razones son las que el legislador en su configuración, a pesar de establecer competencia a los tribunales, decide abrir espacio a un medio alterno de solución de las controversias como el arbitraje, bajo la idea de lograr resolver las disputas entre los intervinientes de los contratos públicos, de manera más ágil evitando los costos que significan tanto para el particular como para el Estado, los procesos judiciales lentos que duran años.

Dentro de las regulaciones de la LACAP se busca la posibilidad de una salida en igualdad de condiciones en el caso del conflicto contractual, equiparando las figuras del contratante y el contratista para efectos de encontrar una salida viable y justa sin abusos de ninguna de la partes[16] porque una vez celebrado el contrato y en su fase de ejecución e inclusive después de terminado la relación contractual pueden surgir polémicas en cuanto a la obligaciones de las partes.

15 Barriere Ayala, J., 2011. *Obra citada* en página 4.

16 Barriere Ayala, J., 2011. *Obra citada* en página 4.

En la ley[17], se estableció como mecanismo para resolver controversias que se susciten, además de la intervención judicial, el arreglo directo y el arbitraje[18].

Estos mecanismo se impulsaron gracias a la aprobación en el año 2002 de la Ley de Mediación, Conciliación y Arbitraje[19] que dio paso a la consolidación del arbitraje pasando a ser un procedimiento privado e informal[20], cuyo centro de mediación quedo en manos de la Cámara de Comercio, una asociación de empresarios reconocida en el país.

Se debe recordar que los contratos administrativos han sido considerados "contratos intuito personae" y "contratos de adhesión"[21], porque son dictados en forma unilateral por cada institución, lo cual permite pensar la utilidad de tener métodos alternos.

De acuerdo a la normativa respectiva, se prevé que al arbitraje solo se puede acudir una vez que se hubiera agotado el arreglo directo, de tal suerte que cualquiera que sea la forma en que se resuelva la disputa siempre será necesario intentar el acuerdo entre partes de manera directa.

En el arreglo directo, primera acción recíproca de diálogo, las partes contratantes procuran solucionar sus diferencias sin otra intervención que ellas mismas, sus representantes y sus delegados especialmente acreditados, dejando constancia escrita en acta de los puntos controvertidos y de las soluciones en su caso.

Cuando una de las partes solicitare el arreglo directo dirigirá nota escrita a la contraparte, puntualizando las diferencias y solicitará la fijación del lugar día y hora para deliberar[22], después de la recepción de la solicitud se le debe dar trámite en un plazo de quince días.

Cuando la institución que contrata es la que solicita el arreglo directo en la misma solicitud se indica el lugar, día y hora en que deben reunirse las partes para la negociación.

Esta forma de resolver las disputas es la más utilizada aunque no se cuente con cifras estadísticas que sostengan esta aseveración. La razón la encontramos en el hecho de que tanto el particular que ejecuta la obra o provee el bien o servicio y que espera recibir el pago correspondiente que generalmente implica recuperar la inversión, y por otro lado la administración pública, que espera ejecutar los fondos presupuestados y lograr la obra, obtener el bien o el servicio, con ello satisfacer necesidades de la colectividad.

Por ello, lo que primero se busca es llegar a un acuerdo directo por el interés de ambos y permitir prontamente el cumplimiento de lo acordado en los términos pactados, o como

17 Título VIII Solución de Controversias, Capítulo I, Resolución de diferencias, Artículo 161 en adelante. LACAP.

18 Título VIII Solución de controversias, Capítulo I Arreglo directo y arbitraje. Artículos 161 en adelante. LACAP

19 *Ley de Mediación Conciliación y Arbitraje*, emitida el 11 de julio de 2002, publicado en el Diario Oficial N° 153 Tomo 356 de fecha 21 de agosto de 2002. El artículo 25 de la referida ley, plantean el arbitraje como viable (aunque no de manera exclusiva) en los contratos administrativos. "En las controversias derivadas de los contratos que el Estado Salvadoreño o las personas de derecho público celebren con nacionales o con extranjeros domiciliados, se estará a lo dispuesto en leyes especiales o en tratados o convenios internacionales y, en su defecto, a lo establecido por esta Ley."

20 Mejía, H. 2014, *Manual de Derecho Administrativo*, Editorial Cuscatleca. Página 272.

21 Barriere Ayala, J. *Obra citada* en página 4.

22 Título VIII, Solución de Controversias, Capítulo I, Sección I Arreglo Directo, Artículo 163 y 164, LACAP.

ocurre a veces se logran arreglos parciales, ya sea por no haberse tratado todos los puntos en discordia, o de haberse discutido no se logra arreglo en todos.

Existen dos disposiciones de las que, consideradas de forma aislada, se pueden extraer igual número de conclusiones, pero de signo distinto. La primera disposición es el art. 161 de la LACAP que establece que «Para resolver las diferencias o conflictos que surgieren durante la ejecución de los contratos, se observará el procedimiento establecido en este capítulo, en particular el arreglo directo y el arbitraje de árbitros arbitradores».

Para muchos, de esta disposición se deriva, especialmente cuando utiliza la expresión «se observará», el carácter obligatorio del arbitraje en la contratación administrativa, de tal modo que no haría falta ninguna cláusula contractual que contengan el compromiso de las partes de someterse a esta forma de composición de conflictos; es más, se ha llegado a sostener que una cláusula contractual en la que se declare la intención de renunciar al arbitraje debe entenderse por no escrita dada la obligación que impone el artículo antes citado.

Pero, hay una segunda disposición, el art. 165, que señala que «Intentado el arreglo directo sin hallarse solución a alguna de las diferencias, podrá recurrirse al arbitraje de árbitros arbitradores». Esta disposición utiliza el verbo «podrá», lo que permite considerar que en la contratación administrativa el sometimiento al arbitraje sigue siendo potestativo.

Independiente de cuál haya sido la intención del legislador, el carácter opcional del arbitraje, además de ser de su esencia, se ve reforzado por lo dispuesto en el art. 23 de la Constitución, que también refleja el ineludible carácter postestivo y convencional del arbitraje.

En el caso del arbitraje, esta es una institución de larga data en el país, regulado de antaño en el anterior Código de Procedimientos Civiles, el actual Código de Comercio, la ley de Procedimientos Mercantiles y el Código de Trabajo en sus diferentes ediciones.

El arbitraje en El Salvador ha pasado por diferentes etapas, la primera con una regulación privatista y total intervención judicial, desde el nombramiento y juramentación de los árbitros, hasta la ejecución del laudo arbitral. Durante esta etapa, se generó una opinión poco favorable a la utilización de esta vía de solución por la demora en el tiempo, especialmente los contratos administrativos que eran resueltos en la jurisdicción ordinaria.

La reforma judicial llevada a cabo en El Salvador a partir de los años ochenta, tuvo entre uno de sus líneas de desarrollo, los mecanismos de solución alterna a las disputas, frente a la lentitud de los procesos judiciales, lo que trajo un impulso institucional a la figura del arbitraje, es una de las razones más importantes para que la nueva Ley de Adquisiciones y Contrataciones del Estado incluyera de manera expresa la utilización del arbitraje.

En el texto de la ley se introduce como un mecanismo para resolver las controversias, en un inicio sujeto a las reglas de procedimiento civil y por tanto con participación judicial, pero es hasta que se aprueba la Ley de Mediación, Conciliación y Arbitraje que se logra consolidar esta figura, ya que pasa a ser un procedimiento privado, o sea que las partes acuerdan someter la disputa a una o varias personas imparciales denominados árbitros, a quienes se les encarga que resuelvan la controversia en procedimientos menos formales, mediante una decisión definitiva obligatoria para las partes.

Esto permitió que la justicia arbitral se expandiera especialmente en el campo de la contratación pública, ya que por regla general los conflictos se sometían al arbitraje, con lo cual los problemas en la ejecución de los contratos administrativos se resolvieron de manera más expedita. Se había logrado encontrar una alternativa a la justicia ordinaria y además se había logrado escapar de su control excepto cuando se tratare de los casos de nulidad de laudo arbitral a través del respectivo recurso.

De acuerdo a la LACAP, se da paso al arbitraje cuando habiendo agotado la vía del arreglo directo no se obtuviere ninguna solución a la controversia, las partes de mutuo acuerdo deciden nombrar entonces, a un tercero independiente que es la persona en quien recaerá la decisión sobre la solución del tema sujeto a discusión.

En este sentido, la legislación salvadoreña en materia de contrataciones públicas reconoce el arbitraje en derecho y el arbitraje técnico. Siendo estos dos potestativos para la Administración su inclusión en el contenido del contrato mediante la cláusula compromisoria.

Además hay que considerar la posibilidad de su exclusión del régimen legal, según el artículo 4 letra b) de la ley[23], cuando los fondos provengan de convenio, tratados o empréstitos internacionales y en tales instrumentos se disponga otra forma de resolver los conflictos.

Para proceder al arbitraje, se requiere la redacción del convenio arbitral el cual debe contener al menos la designación del tipo de arbitraje al cual se someten las partes, el número de árbitros, su forma de elección, la definición del procedimiento arbitral, el cual podrá ser institucional o ad–hoc en el primer caso se designará con claridad el nombre de la institución a cuyas reglas se someterá el arbitraje, pudiendo ser nacionales o extranjeras. Además debe establecerse el lugar donde se desarrollará el arbitraje.

En el caso de arbitraje ad–hoc, el convenio debe incluir los plazos máximos para desarrollar el arbitraje, y determinación de quien paga la remuneración de los árbitros.

En relación a los árbitros, éstos deben tener amplia consideración moral, reconocida competencia en ciencias jurídicas, para el caso de derecho o en la ciencia arte u oficio concerniente al fondo de la disputa en caso del arbitraje técnico, y además independencia e imparcialidad de juicio.

En la demanda de arbitraje sólo se pueden incluir los puntos que en el trato directo no hayan sido resueltos, la parte demandada podrá introducir nuevos hechos y argumentos y aún contrademandar cuando la contrademanda esté relacionada directamente con los hechos planteados.[24]

En la actualidad el tratamiento del arbitraje ha cambiado, luego del escenario que los impulsó, a raíz de inconvenientes en el manejo de algunos casos de arbitrajes contra el Estado de El Salvador[25], la Asamblea Legislativa en el año 2009 reformó la Ley de Mediación, Conciliación y Arbitraje y la LACAP, para someter a control judicial los laudos arbitrales, es así que a partir de la reforma se puede presentar recurso de apelación ante las Cámaras de Segunda instancia en materia civil de la jurisdicción donde se dicta el

23 Mejía, H. 2014. Citado en página 6.

24 Título VIII, Solución de Controversias, Capítulo I, Sección I Arreglo Directo, Artículo 165, LACAP

25 Sentencia pronunciada por la Sala de lo Contencioso Administrativo a las ocho horas treinta y cinco minutos del día treinta y uno de octubre de dos mil seis, en el proceso de lesividad referencia 295-A-2004, en el cual a pesar de orden judicial, el tribunal de arbitraje siguió conociendo el caso. Disponible para consulta online: http://www.jurisprudencia.gob.sv

laudo, además de establecer que el arbitraje en el que está involucrado el Estado será exclusivamente de derecho.

Estas reformas enfrentaron la oposición del sector empresarial, al grado que se presentó un recurso de inconstitucionalidad en la Sala de lo Constitucional de la Corte Suprema de Justicia, atacando especialmente la posible violación a la disposición constitucional por la garantía de la opción voluntaria de someterse al arbitraje y además se perdía la integralidad del mecanismo tal como había sido concebido.

No obstante dicho tribunal en la sentencia resolvió el amparo planteado[26], señalando que la libertad que establece la constitución no es absoluta, que más bien consideran que por razones de trascendencia constitucional se justifica dicha limitación.

Además justifico el control judicial sobre lo resuelto en los laudos arbitrales, ya que una decisión irrevocable sólo puede dictarla un juez, a quien por disposición constitucional se le ha dado expresamente tal facultad.

III. INTERVENCIÓN JUDICIAL EN LA SOLUCIÓN DE LOS CONFLICTOS

Desde el punto de vista de la LACAP y por las reglas generales del derecho, en la solución de los conflictos provenientes de los contratos públicos, tanto en su etapa de formación o ejecución, se debe recurrir a las instancias judiciales, aun y cuando en la misma ley se da la posibilidad de métodos alternos como el trato directo y el arbitraje.

Por otro lado, es una conducta recurrente en las administraciones públicas el rechazo a la figura del arbitraje, lo que se refleja en la redacción de los contratos administrativos que deja a los tribunales la solución de los conflictos, lo que se ocurrirá como regla general, ya que por ser contratos de adhesión se repite su estructura.

Tema de debate lo constituye la determinación del instrumento más idóneo por razones de carácter técnico, para conocer de las controversias que se susciten a nivel contractual, en vista de que dichos conflictos generalmente son de carácter técnico aunque tenga una estrecha relación con la aplicación de la legislación correspondiente.

En El Salvador, en el caso de conflicto producto de la ejecución de contratos, especialmente del incumplimiento de las obligaciones contractuales, conocen los tribunales comunes, o sea en materia civil y mercantil, y se aplican además los métodos alternos, el trato directo o el arbitraje, como ya se ha señalado anteriormente.

Además, si bien es cierto que en la jurisdicción contenciosa administrativa existen procesos que tienen su origen en el incumplimiento del plazo pactado para la entrega de una obra determinada, o de bienes y materiales cuyo pacto se encuentra establecido en el contrato suscrito con la administración, se debe aclarar que la Sala de lo Contencioso Administrativo, no entra en ningún momento a valorar la legalidad o ilegalidad del contrato administrativo.

La Sala ha entendido por vía de jurisprudencia, que el mecanismo que activa su competencia es la declaración unilateral de parte de la administración pública contratante, es decir, que debe configurarse un acto administrativo.

---

26 Sentencia Pronunciada por la Sala de lo Constitucional de la Corte Suprema de Justicia, el veinticinco de junio de dos mil catorce. Proceso de referencia 620-2010. Disponible para consulta on-line: http://www.jurisprudencia.gob.sv

En ese sentido, frente a una declaración unilateral de voluntad por parte de la administración pública contratante, la Sala podrá conocer pero solo para el efecto de analizar la legalidad o no de dicha declaración, bajo el parámetro de disposiciones de carácter secundario que considere el administrado contratista se le ha violentado. Así, se puede verificar si se siguió el procedimiento establecido para dar por terminado el contrato, pero sin ser posible declarar la ilegalidad de una cláusula contractual.

Este ejemplo ilustra la línea delgada entre el contrato y la declaración unilateral de voluntad que la Sala ha respetado de conformidad a su competencia establecida en la ley de la jurisdicción contenciosa administrativa y en la jurisprudencia de dicho tribunal.

En esta misma línea, la Sala puede conocer de los actos de preparación, adjudicación y cualquier otra declaración unilateral en los contratos administrativos.

En sentencia definitiva pronunciada por la Sala de lo Contencioso Administrativo (Ref. 83–D–2000[27]), demanda presentada contra la Dirección General del Instituto Salvadoreño del Seguro Social contra la decisión de dar por terminado el contrato de suministro de servicios de prótesis, la Sala declaro legal el acto administrativo impugnado debido a que constató que la terminación unilateral del contrato se llevó a cabo previa audiencia del contratante, respetando el procedimiento mínimo que debe proceder a la declaratoria de caducidad.

La Sala no controla la legalidad de las convenciones sino únicamente de las manifestaciones unilaterales, no se puede valorar si una cláusula contractual es ilegal o no, los contratantes se tienen que someter a la jurisdicción común o a algún medio alterno de solución.

Entonces los contratos administrativos per se, no tienen un control directo, de existir incumplimiento de dichos contratos y si el contratista considera que la administración ha cometido ilegalidades debe recurrir a los mecanismos que la ley establece.

El primer mecanismo que la ley establece en la intervención de los tribunales comunes, en la actualidad este mecanismo lo constituyen los tribunales de lo civil y lo mercantil. Es indudable que la LACAP en ese sentido, se encuentra influenciada con una corriente de contenido civilista, bajo cuyo ámbito se atrae todo lo relacionado con la figura de los contratos.

Además por la participación de un particular en la relación contractual con el Estado, el legislador establece que sea el juzgador común que atienda estas controversias, tal como ha venido siendo en el código civil, pasando por alto la calidad especial del contrato administrativo, cuya regulación pertenece a una rama especial del derecho.

Los artículo 5 y 23 de la LACAP remiten al derecho común como regla supletoria, en consonancia del artículo 20 del Código Procesal Civil y Mercantil que se auto atribuye una calidad de esencialmente supletorio, con lo cual se está ampliando la competencia de dicho tribunales, los cuales la tienen ya determinada, como los tribunales de lo laboral, de familia, competencia que les está dada por la ley especial.

Esta configuración legislativa puede cuestionarse, primero porque la vía judicial común no es el medio idóneo para resolver las controversias provenientes de la conformación o ejecución de contratos públicos. Segundo, porque cuando la LACAP remite a

27 Disponible para consulta on-line a través de: www.jurisprudencia.gob.sv.

la jurisdicción común, no está dando competencia o jurisdicción a determinados jueces, lo cual corresponde a la organización interna del sistema judicial.

Además puede ocurrir que al ser presentada una demanda por incumplimiento contractual, de que el juzgado de lo civil y mercantil que la reciba se declare incompetente, por falta de norma expresa.

Entonces, de la revisión de las diferentes normas nos encontramos que en el ámbito jurisdiccional no existe juez que pueda conocer de los contratos administrativos, ya que la regulación de la LACAP no confiere expresamente tal competencia, por tanto es importante que en la futura ley de la jurisdicción contenciosa administrativa se resuelva tal situación, lo cual trataremos más adelante.

Por otro lado, a nivel constitucional la regulación existente establece la libertad de contratar conforme a las leyes, lo que comprende (i) el derecho a decidir si se quiere o no contratar, esto es, el derecho a decidir la celebración o no celebración de un contrato; (ii) el derecho a elegir con quién se quiere contratar; y (iii) el derecho a determinar el contenido del contrato, es decir la forma y modo en que quedarán consignados los derechos y obligaciones de las partes.

Además el art. 23 de la constitución establece que a nadie se le puede privar de resolver sus asuntos por medio de la transacción o el arbitramento[28].

Al respecto es oportuno señalar, algo ya sabido, el alto costo que significa enfrentar la justicia arbitral, sobre todo en arbitrajes internacionales, aunque no pocos, sostienen que la gran virtud de ser una justicia pronta, ya que en cuestión de meses los conflictos pueden estar resueltos.

Hay que revisar también la figura del Juez Natural[29], en la medida de que en los contratos administrativos existe de por medio el interés público, lo que además justifica procedimientos y herramientas idóneas para lograr una mayor certeza de que la administración ha actuado conforme a las normas que le habilitan, las cuales son de naturaleza administrativa[30].

---

28 "Se garantiza la libertad de contratar conforme a las leyes, ninguna persona que tenga la libre administración de sus bienes puede ser privada del derecho de terminar sus asuntos civiles y comerciales por transacción o arbitramento." Art. 23 Constitución de la República. (Citada en página 2).

29 Barriere Ayala, J., 2011. *Obra citada* en página 4.

30 Sobre el contenido del derecho al juez natural, la Sala de lo Constitucional ha dicho que tal categoría jurídica protegible a través del amparo, exige en su contenido la convergencia de cuatro elementos: (a) que el Órgano Judicial haya sido creado previamente por la norma jurídica; (b) que ésta le haya investido de jurisdicción y competencia con anterioridad al hecho motivador de la actuación o proceso judicial; (c) que su régimen orgánico y procesal no permita calificarle de juez ad hoc, especial o excepcional, y (d) que la composición del Órgano Judicial venga determinada por ley, siguiéndose en cada caso concreto el procedimiento legalmente establecido para la designación de sus miembros. Por ello el art. 15 Cn. no se extiende a garantizar un juez concreto, sino únicamente comprende el derecho a que la causa sea resuelta por el juez competente; así resulta válido señalar que el derecho al juez natural, se ve vulnerado al atribuirse indebidamente un asunto determinado a una jurisdicción que no corresponde. En efecto, mientras que el ejercicio de diversos derecho y libertades requiere una normativa de desarrollo que especifique sus límites respecto a otros derechos, y provea las condiciones para su efectividad, tal no es el caso en cuanto a este derecho, cuyo ejercicio queda garantizado por la mera aplicación en cada supuesto de las normas preexistentes atributivas de competencias; de manera que el contenido de este derecho se agota con esa aplicación, sin necesidad de norma alguna que lo desarrolle, o precise las condiciones de su ejercicio. Sentencia amparo 237-2001.Disponible para consulta on-line a través de: www.jurisprudencia.gob.sv

Revisando el derecho comparado y la doctrina de los expositores del derecho administrativo, hay mayor aceptación en la necesidad de una jurisdicción especial para que se conozcan las controversias provenientes de los contratos públicos, no obstante en El Salvador, el contrato administrativo como ya se dijo no es controlado en la jurisdicción contencioso administrativo, más sin embargo, los actos administrativos por separado, como la imposición de multas, declaratorias de caducidad, entre otros, si son sujetas de revisión en el proceso contencioso administrativo.

Si bien es cierto que la rapidez en la solución de las controversias en el caso de los contratos administrativos, es una ventaja considerable, es de importante atención el hecho de que en este tipo de contratos siempre media el interés general, es por ello que es recomendable que dichas controversias sean sometidas a la jurisdicción especializada en la materia administrativa, extendiendo la posibilidad de inclusión de una cláusula de compromiso arbitral, siempre que sea de común acuerdo por las partes.

IV. TRATAMIENTO EN TRATADOS INTERNACIONALES

Con la promoción internacional del libre comercio y la no discriminación de bienes y servicios extranjeros se da paso a los acuerdos de integración económica y a los tratados de libre comercio; en el contexto de la globalización de los mercados internacionales, a raíz de toda esta corriente mundial, que también incorpora la contratación estatal, viene a reconstruir el panorama de la contratación pública, con la internacionalización de las compras estatales.

Aunque el derecho comunitario centroamericano no se ha desarrollado con el ritmo deseado, en las legislaciones internas sí se aprecian algunas modificaciones producidas en muchos casos por los Tratados de índole comercial, y de las cuales no ha estado exento el régimen de la contratación pública.

Especial importancia ha tenido en esta materia el Tratado de Libre Comercio celebrado por los países de Centro América, República Dominicana y Estados Unidos (TLC). A diferencia de lo que persiguen las regulaciones internas, eficacia y transparencia en la contratación pública, los Tratados tienen como principal objetivo alcanzar un mercado libre y único para todas las empresas de los Estados parte.

En esa línea de regulación común se apunta el TLC, el cual dedica el Capítulo IX a la Contratación Pública, donde se destacan los principios de trato nacional, transparencia y debido proceso.

En ese capítulo el tratado recoge un importante listado de medidas no sólo sustantivas sino también procedimentales que aseguren la apertura de los mercados, la publicidad de los contratos, la no discriminación de las empresas con origen en los Estados parte y la funcionalidad de los procedimientos.

Este tratado que El Salvador en compañía de seis países más ratificó en el año de 2004, mismo que entro en vigencia en 2006; fundamentalmente el Tratado pretende que en materia de contratación pública, se brinde a los empresarios extranjeros un trato al menos igualmente favorable como si de un nacional se tratare.

En ese sentido una empresa nacional no tiene ninguna ventaja en una licitación pública viéndose obligada a competir bajo las mismas reglas de una empresa no natural del Estado contratante. Es obligación del Estado que la convocatoria de licitaciones, si es el caso, sea hecha pública de manera abierta[31].

El tratado establece los procedimientos para las contrataciones públicas, aboliendo todas las disposiciones nacionales al respecto, los procedimientos que se realizan son homogéneos en toda la región, por lo que cualquier empresa conocerá las normas incluso si invierte fuera de su propio Estado.

Los mecanismos de solución de controversias en la ejecución de contrataciones tienen como fin evitar o solucionar las controversias comerciales que surjan respecto a la interpretación o aplicación del Tratado, o cuando cualquiera de las partes considere que hay una medida vigente o en proyecto que es inconsistente con el Tratado o causa anulación o menoscabo.

En el capítulo veinte del Tratado se determinan las reglas que rigen el proceso de solución de controversias que cuentan con varias etapas: 1) consultas técnicas, 2) consultas a nivel de la Comisión Administradora del Tratado y 3) como último recurso, se puede solicitar el establecimiento de un panel arbitral, que examina la controversia y emite un informe.

En el caso de que la parte demandada no cumpla con las recomendaciones del panel arbitral establecidas en el informe se puede recurrir a dos vías para conminar al cumplimiento del mismo: 1) que la parte reclamante solicite al panel arbitral la autorización de suspender beneficios comerciales de nivel equivalente al daño; o 2) que la parte demandada pague una compensación monetaria equivalente al 50% del monto que ha determinado para la suspensión de beneficios.

En la medida de lo posible cada parte promoverá y facilitará el recurso del arbitraje y a otros medios alternativos para la solución de controversias comerciales internacionales entre la zona del libre comercio, disponiendo de procedimientos adecuados para la observación de los convenios de arbitraje y el reconocimiento y ejecución de los laudos que se pronuncien en las controversias, las partes deben ajustarse a las disposiciones de la Convención de Naciones Unidas sobre el Reconocimiento y Ejecución de Sentencias Arbitrales Extranjeras, de 1958, o de la Convención Interamericana sobre Arbitraje Comercial Internacional de 1975.

V. SOLUCIÓN DE CONTROVERSIAS EN EL ANTE PROYECTO DE NUEVA LEY DE LA JURISDICCIÓN CONTENCIOSO ADMINISTRATIVO.

Una de las deficiencias de la actual Ley de la Jurisdicción Contencioso Administrativa es la restricción del objeto de conocimiento del proceso contencioso a las controversias suscitadas en relación con la legalidad de los actos administrativos, lo que produce que el modelo de protección jurisdiccional frente a la actividad administrativa se ve limitado al admitir como únicas pretensiones posibles aquellas que derivan de la ilegalidad de los actos administrativos típicos.

---

31 Capitulo Nueve Contratación Pública, Artículo 9.4 Publicación del aviso de contratación Futura. Tratado de Libre Comercio entre Estados Unidos de América, Centro América y República Dominicana. Disponible para consulta on-line:
https://es.wikipedia.org/wiki/Tratado_de_Libre_Comercio_entre_Estados_Unidos,_Centroam%C3%A9rica_y_Rep%C3%BAblica_Dominicana#Contrataci.C3.B3n_p.C3.BAblica

De la lectura de la ley se puede concluir que una clausula general de competencia con una acepción más amplia, se funda en distinción conceptual de actos de la administración pública y actos administrativos típicos. La segunda categoría tiene ya contenido y alcance determinados por la doctrina, la primera no se usa como sinónimo sino que más genérico que acogería a todo tipo de actuaciones administrativas, por tanto estamos en presencia de dos categorías distintas.

Frente a esta situación, ha sido la jurisprudencia dada por la Sala de lo Contencioso Administrativo, que de manera restrictiva se ha inclinado por ajustar el objeto de la jurisdicción al conocimiento de las pretensiones derivadas de las declaraciones unilaterales de voluntad dictadas por las administraciones públicas en el ejercicio de potestades administrativas.

Otras disposiciones de la ley parecen inducir esta restricción ya que en la parte que regula los presupuestos de procesabilidad, el procedimiento y reglas de legitimación derivadas de la existencia de un acto administrativo.

En una nueva legislación que deba aprobarse y actualmente se discute, la jurisdicción contenciosa administrativa debe permitir al particular plantear pretensiones derivadas de otras actuaciones de carácter administrativo distintas al acto administrativo típico.

Algunas de esa forma de actividad pertenecen naturalmente a la materia por su origen y fundamento y son formas jurídicas de actuación ya recogidas por el ordenamiento, como las disposiciones de carácter general emitidas por la administración pública.

Otro caso, el que nos ocupa, es la regulación y control del contencioso de los contratos administrativos, los cuales por decisión jurisprudencial de la sala, se encuentran fuera del ámbito, pero en cualquier nueva normativa deben quedar incorporados.

Actualmente en el caso de los contratos administrativos, el ámbito competencial de la jurisdicción contencioso administrativa viene determinado por el conjunto de trámites que deba proseguir la administración pública hasta el momento de la formalización del contrato, incluyendo por tanto, los actos administrativos de preparación, adjudicación y formalización.

Por vía de la jurisprudencia de la sala, reconoce la impugnabilidad[32] de la adjudicación de los contratos celebrados por la administración, en la medida que dichas adjudicaciones constituyen propiamente actos administrativos.

Además, la administración dicta actos con ocasión de la ejecución y cumplimiento de estos contratos, pero el instrumento procesal configura legislativamente, son los tribunales comunes, el trato o arreglo directo y el arbitraje, por lo que actualmente estos asuntos no corresponden al ámbito del contencioso administrativo.

Frente al criterio jurisprudencial de la Sala, al revisar la naturaleza misma de los contratos administrativos, éstos debería estar sometidos a la jurisdicción contencioso administrativa, porque desde el punto de vista sustantivo, están sometidos al derecho administrativo, determinados por su objeto y en los que se aprecia una posición exorbitante de la administración.

32 Gamero Casado, E., "Derecho Administrativo, La Jurisdicción Contencioso Administrativo, El Acto Administrativo", *Monografías*, Primera Edición Consejo Nacional de la Judicatura, Escuela de Capacitación Judicial, 2001.

El criterio finalista[33] que entiende, en el caso de los contratos administrativos son aquellos cuya finalidad es desarrollar las funciones de la administración pública, por tanto deben estar sujetos a control del contencioso administrativo.

En el mes de octubre del año dos mil dieciséis, la Corte Suprema de Justicia presentó a la Asamblea Legislativa[34] anteproyecto de Ley de la Jurisdicción Contencioso Administrativa, texto que está siendo discutido por una comisión especial de diputados juntamente con representación de magistrados de la sala de lo contencioso administrativo.

En dicho anteproyecto ya se incluye de manera expresa en las actuaciones y omisiones impugnables, los actos derivados de preparación y adjudicación de los contratos celebrados por la administración pública.

Además se regulan los actos administrativos relativos a los contratos, los cuales también pueden ser objeto de impugnación, específicamente los actos de preparación y adjudicación de todos los contratos que celebre la administración, tanto privados como administrativos.

El anteproyecto también regula la impugnación de los actos administrativos que se refieren a la interpretación, ejecución y extinción de los contratos administrativos.

VI. CONCLUSIÓN.

El Salvador ha entrado en una nueva ruta de revisión de los procedimientos y actos administrativo y su control judicial, ya que se han elaborado sendos ante proyectos de Ley de Procedimientos Administrativos y de nueva Ley de la Jurisdicción Contencioso Administrativa, proceso que se enmarca en la discusión nacional sobre el exceso de trámites y requisitos en los distintos procesos que se realizan en las administraciones públicas, lo cual ha decir de representantes empresariales frena la posibilidad de desarrollo.

En este espacio se ha logrado incluir una aspiración de muchos años de los estudiosos del derecho administrativo salvadoreño, la ampliación del objeto de conocimiento del contencioso, especialmente al conocimiento de los contratos administrativos y los actos del particular concesionario, y así lo establece ya el ante proyecto que se discute.

Con ello, se reconoce que el juez de lo contencioso es el juez natural para conocer de los conflictos derivados de los contratos administrativos, lo cual obligará a hacer un replanteamiento de la LACAP, para excluir de dicho conocimiento a los jueces comunes, aunque preservando siempre los métodos alternos del arreglo directo y el arbitraje.

Para mientras se llevan a cabo dichas reformas, la modificación a la LACAP obliga a resolver la controversia en los tribunales comunes, poco conocedores de la leyes administrativas o de las áreas especializadas o técnicas de que se trate la controversia, aunque la utilización de los métodos alternos esta siempre abierta por las regulaciones constitucionales.

La práctica ha demostrado que el trato directo y el arbitraje son las formas más usadas para resolver las controversias, probablemente sea por la oportunidad que los mis-

33 García Gómez de Mercado, F., *Alcance Actual del Control Judicial de la Actividad de la Administración,* Editorial Comares, S.L. Granada, España, 2001.

34 Acuerdo aprobado por Corte Plena del día veintidós de septiembre del año dos mil dieciséis, enviado para aprobación a la Asamblea Legislativa.

mos interesados lleguen a acuerdos o porque el caso puede ser atendido por conocedores de la temática, garantizando una intervención más ilustrada e idónea.

La firma de tratados internacionales como el TLC, han introducido nuevos aspectos a la discusión, en cuanto se trastocan las regulaciones nacionales, para disfrutar de los aparentes beneficios económicos y sociales que tales instrumentos proporcionan al desarrollo nacional.

Con todo, el tema sigue estando abierto al debate, los argumentos a favor y en contra están equilibrados entre tribunales comunes y el arbitraje, y ahora se da la posibilidad de que las nuevas judicaturas del contencioso administrativo conozcan de los controversias provenientes de los contratos administrativos, por lo que inicia otra discusión, de la cual esperamos encontremos métodos más efectivos que permitan cumplir el objetivo de la pronta y cumplida justicia.

47. LAS POTESTADES Y DERECHOS EN LA CONTRATACIÓN PÚBLICA

*Juan Carlos Cassagne**

1. Liminar

Hablar de prerrogativas públicas indica una referencia necesaria a los poderes que una de las partes (la Administración Pública) ejerce o puede ejercer en un contrato administrativo.

Las prerrogativas de poder público derivan de las potestades[1] que la Administración tiene atribuidas por el ordenamiento jurídico. Son, por lo tanto, facultades que colocan a la Administración en una situación de supremacía y al particular de sujeción a la potestad siempre y en la medida que se encuentren establecidas y tasadas[2] en forma expresa por ley y no sean ilimitadas e irrazonables ya que, en tales casos, se incurriría la arbitrariedad como vicio de origen que se proyecta al acto de aplicación o ejercicio de la potestad.

Las prerrogativas de poder público que derivan del ordenamiento no deben confundirse con aquellos que se establecen o pactan en los contratos que celebra la Administración, incluso aquellos regidos en punto al objeto, por el derecho privado. En tal caso, se regirán por el derecho administrativo pero no llegan a teñir de naturaleza pública a todo el contrato que sigue siendo privado.

E término prerrogativa pública nos parece que explica mejor lo que acontece en el plano del contrato administrativo que es el de "*clausula exorbitante*" que sigue siendo utilizado por la doctrina francesa[3] habida cuenta que el poder de la Administración no

---

* Profesor Emérito de la UCA y Consulto de la UBA. Miembro de Número de la Academia Nacional de Derecho y Ciencias Sociales de Buenos aires, correspondiente de la Real Academia de Ciencia Morales y Políticas de Madrid y Académico Honorario de la Real Academia de Jurisprudencia y Legislación de Madrid.

1 García de Enterría, Eduardo y Fernández, Tomás Ramón, *Curso de Derecho Administrativo,* T° I, 13ª, Thomson-Civitas, Madrid, 2006, 447 y ss.

2 *Ibídem*, ps. 455-456, afirman que "*un poder ilimitado destruiría los derechos de los demás sujetos", (op. cit.*, p. 455).

3 Richer, Laurent, *Droit des Contrats Administratifs,* 4ª ed., L.G.D.J., París, 2004, p. 90 y ss; Canedo, Marguarite, *L'exorbitance du droit des contrats administratifs,* en *L'exorbitance du droit administratif en question(s),* Etudes réunies par Fabrice Mellenary, ed. Université de Poitiers (France), Poitiers, 2004, p. 148 y ss, explica como la exorbitación de los contratos administrativos es cada vez menor un derecho

deriva del propio contrato sino que le viene asignado desde afuera por la posición jurídica que le reconoce potestades conforme al principio de legalidad.

Este punto de la teoría del contrato administrativo asume una trascendencia mayúscula para justificar la razón de ser del contrato administrativo que ante algunos pensaban que era una construcción derivada de la atribución a la justicia en contencioso–administrativo con todas las letras se ha reconocido que "*hoy, sin embargo, la verdadera razón de fondo que justifica la aplicación de esta prerrogativa está en la relación inmediata del contrato con las necesidades públicas*"[4].

Prácticamente, con excepción de alguna posición reciente[5] la doctrina comparada de raíz hispánica se inclina por la tesis de que la prerrogativa (que algunos denominan potestad, pero que, en rigor, traduce el ejercicio de la misma) constituye el eje que permite caracterizar la figura del contrato administrativo[6], incluso de los partidarios de la tesis unitaria del contrato administrativo basada en la modulación especial[7] de su régimen jurídico.

2. Evolución de la teoría del contrato administrativo

Desde la negación del contrato administrativo en algunos países de Europa Continental (Ej. Italia y Alemania) y en el mundo anglo–sajón, se pasó al reconocimiento de una tendencia publicista que admite contratos con prerrogativas de poder público[8], aun cuando se continuó negando la configuración autónoma y diferenciada de la categoría del contrato administrativo. Interesa destacar, asimismo que, en Colombia, se ha abierto paso una concepción que atribuye la condición de contratos administrativos a todos los contratos estatales con fundamento en que, si bien están regidos por un régimen jurídico mixto (público–privado) se rigen por regulaciones especiales –distintas a las prescriptas en los contratos entre particulares así como por el hecho de que, en cualquier caso, se encuentran sometidos a la jurisdicción contencioso–administrativa[9].

En el estadio actual de la evolución de la teoría del contrato administrativo, el modelo español, basado en la concepción francesa, ha alcanzado cierto predominio en la mayoría de los países de Iberoamérica. En efecto, pese a las distintas terminologías que se utilizan, se mantiene la tendencia a reconocer un conjunto de principios y prerrogativas de derecho público en los ordenamientos que rigen la contratación estatal, lo que no es

---

irreductible al derecho civil, cuya penetración en el derecho público es creciente, particularmente en el régimen de los contratos administrativos (op. cit. ps 149-171).

4 García de Enterría, Eduardo y Fernández, Tomás Ramón, *Curso…*, cit. T° I, p. 695.

5 Meilan Gil, José Luis, *Derecho Administrativo Revisado,* ed. Andavira, Santiago de Compostela, 2016, p. 141 y ss.

6 *V.*,: Bielsa, Rafael, *Derecho Administrativo,* 7ª ed. Actualizada por Roberto Enrique Luqui, La Ley, Buenos Aires, 2017, p. 955 y ss.

7 García de Enterría, Eduardo y Fernández, Tomás Ramón, *Curso…, cit.,* T° I, p. 687 y ss.

8 Lo hemos explicado en numerosos trabajos, véase por ejemplo: En torno a la categoría del contrato administrativo (una polémica actual) en el libro *Contratos Administrativos*, Jornadas organizadas por la Universidad Austral, ed. Ciencias de la Administración, Buenos Aires, 2000, p. 37, texto y nota 79 y 47, texto y nota 5.

9 Rodríguez R., Libardo, *Derecho Administrativo General y Colombiano,* Temis, 15ª ed., Bogotá, 2007, ps. 408-413; un criterio similar propugna Brewer-Carias, Allan R., *Derecho Administrativo,* T° 1, Universidad Externado de Colombia, Universidad Central de Venezuela, 2005, p. 282 y ss.

óbice a que vayan surgiendo nuevas orientaciones doctrinarias que propician la eliminación de la llamada presunción de legitimidad que caracteriza a los actos administrativos[10] o, al menos, la atenuación de los poderes exorbitantes.

En lo que hay coincidencia es en la configuración de una zona común de la contratación pública, sobre todo en el derecho comunitario europeo y, particularmente, en el derecho español que, como antes se señaló, comprende también a determinadas contrataciones privadas (en los sectores del agua, la energía, los transportes y las telecomunicaciones[11]).

Ahora bien, otra de las tensiones que enfrenta la concepción francesa del contrato administrativo se origina en el proceso de globalización o mundialización que, al procurar la unificación de las instituciones jurídicas de los países, intenta suplantar a los derechos nacionales. Este fenómeno que, en algunos ámbitos, ha tenido una generalización parcial, como la operada en el derecho comunitario europeo, no ha llegado, sin embargo, a sustituir a los derechos nacionales de los países que integran la Unión. Sin embargo, podría conducir a un cambio de enfoque, particularmente en lo relativo a los principios de no discriminación y concurrencia. Estos principios tienen una jerarquía superior a la que posee la ley interna para los países que han celebrado tratados internacionales que contienen normas preceptivas o vinculantes.

Últimamente, se ha pretendido sostener la existencia de un derecho global en la contratación pública[12], dentro del cual se incluyen diferentes ordenamientos provenientes de tratados internacionales o de instituciones creadas por éstos, tales como los de: 1) la OMC; 2) la Comisión de la UN para el derecho mercantil internacional; 3) el Banco Mundial; y, 4) la OCDE, entre otros.

Sin embargo, cabe advertir que, ese derecho global tiene carácter fragmentario y que carece, por lo común, de fuerza vinculante y coexiste con el derecho emergente de los Tratados Bilaterales de Libre Comercio cuyas cláusulas vinculan a los respectivos países y, por si fuera poco, convive también con el derecho proveniente de los Acuerdos de Integración en los cuales, la fuerza del carácter vinculante es menor, salvo en materia de la responsabilidad internacional del Estado incumplidor.

Hay, pues, una gran diversidad de regímenes jurídicos que quedan fuera de las soberanías nacionales. Aunque sin haberse configurado aun, en el plano internacional, un derecho global vinculante en lo que concierne al régimen de la ejecución y extinción de los contratos, no puede negarse que la tendencia mundial hacia la globalización conduce a una suerte de "*ius commune*", cuyos principios van plasmándose en los ordenamientos nacionales[13], en forma gradual, quizás sin la celeridad que demanda el comercio internacional.

---

10 Durán Martínez, Augusto *La presunción de legitimidad del acto administrativo. Un mito innecesario y pernicioso* en *Estudios de Derecho Público,* Vol. II, Mastergraf, Montevideo, 2008, p. 227 y ss.; Rhein Schirato, Vitor, *Repensando a perténencia dos atributos dos atos administrativos,* en el libro *Os caminos dos atos administrativos, Revista dos Tribunais*, Sao Paulo, 2011, ps. 125-130.

11 Art. 3 de la ley 48/98 de 30 de diciembre.

12 Moreno Molina, Juan Antonio, *Derecho global de la Contratación Pública,* ed. Ubijos, México, 2011, p. 37 y ss.

13 Aguilar Valdez, Oscar R., *Sobre las fuentes y principios del derecho global de las contrataciones públicas,* publicado originalmente en RDA-2011-175-1 y reproducido en *Summa de Derecho Administrativo,* ed. Abeledo-Perrot, Vol. I, Buenos Aires, 2013, especialmente p. 113 y ss.

3. Peculiaridades que exhibe la teoría del contrato administrativo

En los contratos administrativos regidos fundamentalmente por principios y normas de derecho público, la concepción contractual se configura sobre la base de un acuerdo de voluntades cuyo régimen refleja la distinta posición de las partes en función de los intereses que persiguen. Mientras la finalidad que persigue la Administración es la realización del bien común, que radica en la causa relevante de interés público que lo justifica, el contratista persigue, en cambio, un interés individual, de naturaleza privada, aun cuando conectado con el interés público, de un modo mediato, a través del contrato que celebra.

Esa diversidad de fines se particulariza en las prerrogativas de poder público que, en el marco del principio del equilibrio contractual, exhibe, empero, una situación de desigualdad que el régimen de garantías a favor del contratista procura compensar, al menos en el campo de una buena Administración.

Es por otra parte evidente que las dificultades que existen para compensar los daños que irrogan al contratista las tendencias pro–Estado, que animan a determinados regímenes jurídicos, chocan muchas veces con los principios *pro–homine*, *pro–libertate*, y, consecuentemente, el de la interpretación más favorable al administrado, que conectados con el principio de la dignidad humana, integran el plexo garantístico de diversos tratados internacionales que fueron incorporados a la Constitución, tras la reforma de 1994 (art. 75 inc. 22 C.N.). Por estas razones, las tendencias actuales tienden a morigerar o atenuar los principios pro Estado (en sentido amplio) en el campo de la contratación pública.

La desigualdad que justifica la prerrogativa de poder público se halla siempre conectada a los fines concretos que la Administración deberá acreditar en cada caso que pretenda ejercerla, no bastando su alegación. Tampoco implica una relación de subordinación sino de colaboración.

Al propio tiempo, si se repara en el papel que cumple la igualdad en la teoría de la justicia la desigualdad propia de la contratación administrativa aparece, esencialmente, como el producto de una relación de justicia conmutativa sin alterar el equilibrio de las prestaciones alcanzado en el acuerdo de voluntades en el que la igualdad se realiza de objeto a objeto, en proporción al valor de la cosa. Por lo tanto, como lo venimos sosteniendo desde nuestros primeros trabajos en la materia[14] en el contrato administrativo conviven las tres especies clásicas de la justicia, al contener tanto derechos y obligaciones propios de la conmutación voluntaria como de la justicia distributiva, ordenadas ambas especies (conmutativa y distributiva) a la realización del bien común (justicia legal).

Lo expuesto no implica que el contratista no pueda reclamar ante la Administración por la violación del principio general de igualdad (como proyección de la igualdad ante la ley que predica el art. 16 C.N.) en las diferentes fases o etapas de la contratación pública.

Por lo demás, la desigualdad de las partes se refleja, asimismo, en el punto de partida del sinalagma contractual que es la declaración de voluntad ya que, al contrario de lo que

---

14 *V.*, nuestro libro *Cuestiones de Derecho Administrativo,* ed. Depalma, Buenos Aires, 1987, Cap. VIII, *La igualdad en la contratación administrativa,* p. 93 y ss., y *Revista E.D.*, T° 100, p. 899.

acontece con el contratista privado (limitado solo por las reglas inherentes a la capacidad y al orden público), la Administración tiene limitada su libertad negocial en mayor medida pues ésta solo puede ejercerse dentro de los límites de la competencia (que siempre posee una naturaleza normativa u objetiva) y del ordenamiento positivo que acota la aptitud de contratación (vgr. la autorización presupuestaria que emite el Legislativo).

4. Las prerrogativas de poder público y las garantías compensatorias

El rasgo característico del contrato administrativo, prevaleciente en el sistema jurídico argentino, como en el modelo franco–español y, en general, en Iberoamérica, radica en la presencia de prerrogativas públicas.

Estas prerrogativas pueden provenir tanto del ordenamiento general, en cuyo caso constituyen verdaderas potestades, como del pliego de bases y condiciones que, "a posteriori", pasa a integrar el contrato, pero también pueden surgir del clausulado expreso del acuerdo de voluntades. Las prerrogativas no pueden ser implícitas –en cuanto violan la prohibición de arbitrariedad, ya que el contratista privado no las pudo prever al celebrar el contrato[15]. Si bien no vamos a efectuar aquí el análisis pormenorizado de toda la problemática que gira en torno a ellas, las más destacables en su efectividad práctica, son la "potestas variandi" y la revocación del contrato por razones de oportunidad, mérito o conveniencia.

Frente a estas potestades se ha generalizado la tendencia a garantizar la intangibilidad de la ecuación económica financiera del contrato mediante una adecuada compensación o indemnización comprensiva del daño emergente y del lucro cesante, con el objeto de mantener el equilibrio contractual alterado o los perjuicios provocados por la ruptura anticipada del contrato administrativo por razones de interés público (que a nuestro juicio, al igual que la expropiación, requiere ley declarativa y previa indemnización para mantener incólume la garantía de la propiedad prescripta en el art. 17 de la C.N.).

En lo que concierne a la posibilidad de la autotutela ejecutiva (el llamado privilegio de decisión unilateral y ejecutiva) el sistema argentino se ha interpretado, con respecto al acto administrativo, que la ejecutoriedad no lleva consigo el uso de la coacción la cual, en principio y por su naturaleza, compete a los jueces (principio del art. 12 LNPA recogido también en el precepto que lleva el número homónimo en la Ley de Procedimientos Administrativos de la Ciudad de Buenos Aires). En otras palabras, en nuestro país la autotutela, la más de las veces, es de carácter declarativo y solo de un modo excepcional se admite la llamada autotutela ejecutiva, al contrario de lo que acontece en el ordenamiento español. De ese modo, el sistema argentino se aproxima al francés[16].

---

15 Jeanneret de Pérez Cortes, María, *Acto Administrativo y Contrato Administrativo,* Jornadas organizadas por la Universidad Austral de la Facultad de Derecho, ed. Ciencias de la Administración, Buenos Aires, 2000, p. 144 y ss.

16 *Vid.*, Cassagne, Juan Carlos, *Curso de Derecho Administrativo,* T° I, 10ª ed., La Ley, Buenos Aires, 2011, p. 733 y ss.

5. Contratos administrativos regidos parcialmente por el derecho privado

La existencia de contratos de la Administración parcialmente reglados por el derecho privado es, por lo general, propugnada por la doctrina nacional[17] y extranjera[18], aun por los sostenedores de la concepción unitaria en materia de actos y contratos administrativos[19].

La discrepancia surge en punto al reconocimiento de este tipo de contratos como categoría jurídica diferenciada, ya sea que se los llame contratos mixtos o contratos privados de la Administración, donde la competencia y, en principio, la forma se hallan regidas por el derecho administrativo, y el objeto, por el derecho civil o comercial.

En general, en nuestro país, la Administración Pública solía acudir a esta clase de contrataciones cuando realizaba una actividad industrial o comercial, tal como sucedía con las denominadas empresas del Estado en cuya legislación se establecía que la respectiva actividad se hallaba sometida al derecho privado en todo lo relativo a sus actividades específicas[20].

Así, cuando estas empresas actuaban en el mercado utilizando las técnicas de la contratación privada, se aplicaba el derecho civil o comercial para reglar al menos el objeto del acto, toda vez que la competencia resultaba siempre encuadrada en el derecho administrativo. En tal caso, la aplicación del derecho privado se realizaba en forma directa o bien subsidiaria, y no por analogía, como en el caso de un contrato administrativo en sentido estricto.

La característica distintiva de este tipo de contrato es la ausencia de un régimen jurídico exorbitante de derecho común, no procediendo la ejecutoriedad, la aplicación y la ejecución de multas en sede administrativa así como la sustitución directa del contratista, entre otros supuestos.

---

17 Bielsa, Rafael, *Derecho administrativo,* T° II, 6ª ed., La Ley, Buenos Aires, 1964-1966, p. 175; Berçaitz, Miguel Ángel, *Teoría general de los contratos administrativos,* Depalma, Buenos Aires, 1952, y 2ª ed., 1980, ps. 240-241; Fiorini, Bartolomé A., *Manual de Derecho Administrativo*, T° I, La Ley, Buenos Aires, 1968, p. 414; Diez, Manuel María, *Derecho administrativo*, T° II, 1ª ed., Bibliográfica Omeba, Buenos Aires, 1965, ps. 440 y ss; Marienhoff, Miguel S., *Tratado de Derecho Administrativo*, T° III-A, 2ª ed., act., 1978, ps. 85 y ss; señala al respecto Bielsa que la necesidad de distinguir los contratos civiles o comerciales, que celebra la Administración, de los contratos administrativos, es tan evidente e incuestionable que toda discusión sobre ello es obvia y que "La circunstancia de que el régimen interno (financiero, contable, etc.) sea uno para todos los contratos, administrativos o no, tiene su explicación en el principio de que todos los bienes del Estado están sujetos a un sistema patrimonial uniforme y responsable" (Bielsa, Rafael, Derecho administrativo, *cit.*, T II, p. 175, nota 24).

18 Laubadère, André de, *Traité de droit administratif,* T° I, 9ª ed., act., por Jean-Claude Venezia e Ives Gaudemet, LGDJ, París, 1984, p. 29 y ss; Benoit, Francis P., *Le droit administratif français*, Salloz, Paríz, 1968 y su traducción: *El derecho administrativo francés,* Instituto de Estudios Administrativos, p. 595 y ss ; Sandulli, Aldo M., *Manuele di Diritto Amministrativo*, 10ª ed., Jovene, Nápoles, 1979 ; Garrido Falla, Fernando, *Tratado de Derecho Administrativo,* T° II, 4ª ed., Instituto de Estudios Políticos, Madrid, 1966, p. 37 y ss.

19 Gordillo, Agustín A., *Empresas del Estado,* Macchi, Buenos Aires, 1966, ps. 84-86.

20 Art. 1°, Ley 13.653, t.o. por dec. 4053/55, modificado por la ley 15.023. Ver también sobre esta cuestión: Escola, Héctor J., *Tratado integral de los contratos administrativos,* 2ª ed., Depalma, Buenos Aires, 1977, p. 252 y ss., concluye aceptando los contratos privados de la Administración.

Pero ¿qué acontece si en un contrato parcialmente reglado por el derecho privado se introduce una cláusula exorbitante por voluntad de las partes contratantes (aunque en definitiva se trate de la adhesión del particular a ella)? En tal caso es evidente que habrá una injerencia parcial del derecho administrativo, pero su inserción no convierte de por sí a todo el contrato en administrativo[21].

Su régimen es, pues, de una naturaleza muy peculiar y la competencia para entender en las causas relativas a este tipo de contratos mixtos –en los que prevalece el derecho privado– es la civil y comercial, y no la contencioso–administrativa[22]. Esta particular naturaleza justifica el interés jurídico de la distinción que supera aun a los argumentos que le atribuyen vinculación con la arcaica doctrina de la doble personalidad del Estado, ya que la circunstancia de que una persona jurídica pública estatal tenga capacidad para celebrar tanto contratos administrativos como contratos parcialmente reglados pro el derecho privado, no provoca un desdoblamiento en la personalidad del ente (que siempre tendrá carácter público), al igual que lo que sucede en relación con las personas jurídicas privadas, que pueden realizar tanto contratos civiles y comerciales como administrativos, sin que ello implique fraccionar su personalidad.

Por otro lado, la concepción unitaria de los contratos que celebran las personas públicas estatales (que les atribuye condición pública por el sujeto), además de contrariar la realidad (como lo comprueba el hecho de que cualquier persona jurídica privada posee aptitud para celebrar contratos de derecho público), no tiene cabida en el ordenamiento nacional que rige las contrataciones[23].

La jurisprudencia de nuestro más alto tribunal ha recogido la distinción apuntada al atribuir, en forma reiterada, carácter civil[24] a determinados contratos celebrados por la Administración Pública, como el de compraventa y el de arrendamiento de tierras fiscales.

6. Los contratos sobre actos y potestades administrativas

Una figura contractual regida por el derecho público a la que la doctrina española le ha prestado especial atención[25] es la de los llamados "*contratos públicos*" del derecho alemán[26]. El objeto de estos contratos, es sustancialmente, la regulación, por vía bilateral, de actos y potestades administrativas que, aun cuando podrían serle impuestas unilateralmente al particular por la Administración, se considera conveniente para ambas partes, muchas veces por economía procedimental o eficiencia administrativa y privada, establecerlas en un marco contractual. Este tipo de contrato puede determinar no sólo el alcance del ejercicio de las prerrogativas estatales (sobre todo cuando éste opera en la zona de la discrecionalidad), sino también, aunque no sea imprescindible la presencia de

21 Entrena Cuesta, Rafael, *Consideraciones sobre la teoría de los contratos de la Administración, Revista de Administración Pública*, Nº 42, Instituto de Estudios Políticos, Madrid, 1963, p. 64, cita en su apoyo las opiniones de García de Enterría, Pequignot, García Trevijano Fos y Laubadère (nota 72).

22 Conf. Marienhoff, Miguel S., *Tratado…, cit.* Tº III-A, p. 124 y ss.

23 Cassagne, Juan Carlos, *Reflexiones sobre los contratos de las empresas públicas,* EDA, 2007-548.

24 Vgr. Horteloup, Andrés c. Provincia de Santa Cruz, Fallos 259:343 (1964).

25 Huergo Lora, Alejandro, *Los contratos sobre los actos y las potestades administrativas,* Civitas, Madrid, 1998, p. 23 y ss.

26 Krebs, Walter, *Contratos y convenios entre la Administración y los particulares,* trad. Por Julio Nieto König, *Documentación Administrativa,* nos. 235-236, Madrid, 1993, p. 55 y ss.

la relación sinalagmática del contenido del acto administrativo, con las prestaciones del contrato[27], una serie de cargas y obligaciones para el contratista (vgr. construcción de un puente en un proyecto de urbanización) – que de otro modo estarían a cargo del Estado– como el otorgamiento de ventajas fiscales o promocionales.

En la Argentina, un antecedente acerca de esta clase de contratos, aun cuando no fueron objeto de sistematización ni de tratamiento doctrinario o jurisprudencial como una figura distinta al contrato administrativo clásico, se encuentra en los contratos de promoción industrial de la ley 20.560.

La problemática que plantea la celebración de esta clase de contratos se vincula fundamentalmente con la protección de los terceros interesados en obtener un contrato similar (principio de igualdad) y en la participación de los ciudadanos eventualmente afectados. Pero, en todo caso, producida que fuera su incorporación al plano jurídico real de nuestro derecho, resulta evidente que –como se ha sostenido– *"la celebración de un convenio no permite a la Administración liberarse de ninguno de los límites a que está sometida cuando actúa unilateralmente"*, aplicándoseles, en forma supletoria, los principios que regulan los contratos administrativos[28].

7. Consecuencias de la caracterización del contrato administrativo

La adopción de las dos categorías de contratos de la Administración que venimos postulando –enrolados en la posición que afirma una concepción finalista[29] acerca del contrato administrativo– genera una serie de consecuencias en punto a las obligaciones que nacen del acuerdo de voluntades que difieren del régimen establecido en la ley civil, donde las prestaciones son, en principio, equivalentes y deben interpretarse con arreglo a criterios comunes y uniformes para ambas partes. En cambio, en el contrato administrativo, al incorporarse la causa fin o finalidad al contrato se introduce el interés público relevante e inmediato como elemento esencial durante las diferentes etapas de la ejecución contractual[30], proyectándose al campo interpretativo y especialmente al plano de la igualdad de los contratistas que resulta una nota típica (la desigualdad proveniente de la posición jurídica de la Administración)[31] de los contratos administrativos. De todo ello volveremos a ocuparnos más adelante al tratar lo concerniente a la ejecución contractual.

a. La interpretación del contrato administrativo

En materia de hermenéutica, sin descartar la aplicación analógica de las normas civiles y comerciales, una de las principales diferencias con los contratos de la Administra-

27 Huergo Lora, Alejandro, *Los contratos…, cit.*, p. 252 y ss.

28 Huergo Lora, Alejandro, *Los contratos…, cit.*, ps. 437-438.

29 En España, la denominada sustantividad del contrato administrativo y la admisión correlativa del contrato de la administración regido por el derecho privado viene siendo sostenida por distintos autores: Villar Palasí, José Luis, *Lecciones sobre contratación administrativa*, Facultad de Derecho de la Universidad Complutense, Madrid, 1969; Monedero Gil, Oscar, *Doctrina del contrato del Estado*, Instituto de Estudios Fiscales, Madrid, 1977; Ariño Ortíz, Gaspar, *Contrato del Estado y Common Law*, en el estudio prólogo hecho al libro de Monedero Gil antes citado, y Solas Rafecas, José María de, *Contratos administrativos y contratos privados de la Administración*, p. 22 y ss, especialmente p. 41, nota 46 *in fine*.

30 Ver Solas Rafecas, José María de, *Contratos…, cit.*, ps. 32-33.

31 Martín-Retortillo Baquer, Sebastián, *El derecho civil en la génesis del derecho administrativo y de sus instituciones*, Civitas, Madrid, 1996, p. 108 y ss.

ción regidos por el derecho privado radica en la circunstancia de que el interés público relevante e inmediato, incorporado al contrato administrativo, juega un papel esencial y autónomo como criterio sustantivo de interpretación[32]. Para otro sector, en cambio, el interés público no permite configurar un criterio interpretativo autónomo y solo se lo tiene en cuenta al formalizar el contrato o al investigar "*la voluntad negocial*"[33], no obstante lo cual se reconoce la configuración de una prerrogativa de interpretación unilateral del contrato[34].

En cualquier caso, es evidente que cuando la interpretación no afecta a la causa final o finalidad del contrato administrativo, sino al particular contratista (vgr. prestaciones pecuniarias a cargo de la Administración), el interés público no juega como criterio interpretativo, debiendo acudirse a las normas de la legislación civil o comercial[35].

En ese sentido parece orientarse la jurisprudencia del Alto Tribunal, al establecer la aplicación del principio según el cual los contratos deben celebrarse, interpretarse y ejecutarse de buena fe y de acuerdo con lo que verosímilmente las partes entendieron o pudieron entender, obrando con cuidado y previsión, a los contratos administrativos[36]; así como el principio de buena fe informa y fundamenta todo el ordenamiento jurídico, tanto público como privado[37].

*b. Un supuesto especial: la procedencia de la **exceptio non adimpleti contractus** y la rescisión o resolución del contrato administrativo ante el incumplimiento de la Administración*

Como se verá más adelante, el funcionamiento de la Como se verá más adelante, el funcionamiento de la *exceptio non adimpleti contractus* en determinados contratos administrativos –como la concesión o licencia de servicio público– difiere del establecido para los contratos regidos por el derecho civil o comercial habida cuenta de que la finalidad pública o causa fin que preside el acuerdo de voluntades viene a colocar, en un primer plano, el cumplimiento de la finalidad pública inmediata cuando esta finalidad se encuentra directamente vinculada a la prestación de un servicio público.

Se ha sostenido que esta peculiaridad, típica de la concesión o licencia de servicios públicos, limita las facultades del contratista para ejercer la *exceptio non adimpleti contractus*[38] y, consecuentemente, para suspender la ejecución del contrato administrativo, a

32 Solas Rafecas, José María de, *Contratos...,cit.*, ps. 37-38.

33 García de Enterría, Eduardo – Fernández, Tomás Ramón, *Curso de Derecho Administrativo,* tº 1, 1ª Ed., (1974); 5ª ed. (1989); 7ª ed. (1995); 9ª ed., (1999); 10ª ed., (2000); Civitas, Madrid, p. 505 y ss.

34 En este sentido, los autores mencionados en la nota precedente (op. y lugar cit.) expresan que "*no se trata de que la Administración pueda decidir libremente sobre el alcance real de lo pactado, sino de asegurar una decisión que provisionalmente permita continuar la obra, servicio o suministro contratado sin interrupciones perjudiciales para el interés general*".

35 Conf. Solas Rafecas, José María de, *Contratos..., cit.*, ps. 39-40.

36 Del dictamen del procurador General de la Nación que la Corte hace suyo *in re*: "Sebastián Maronese e Hijos SA c. Instituto Provincial de la Vivienda", S.3.XXXVII, sent. del 16/11/2004.

37 Del dictamen de la Procuradora Fiscal que la Corte hace suyo *in re*: "Aguas Argentinas SA c. Ente Tripartito de Obras y Servicios Sanitarios s/proceso de conocimiento", A. 1561.XL y A.1339.XL., sent. del 17/4/2007.

38 Marienhoff, Miguel S., *Tratado..., cit.*, t. III-A, p. 376 y ss.

los supuestos en que exista una razonable imposibilidad de cumplirlo en las condiciones convenidas.

Desde luego que un atraso en los pagos a cargo de la Administración de cierta magnitud habilita al concesionario o licenciatario para suspender la ejecución y pedir la rescisión o resolución del contrato en sede judicial, en tanto el hecho de la Administración (v.gr., mora en los pagos) provoque una razonable imposibilidad de continuar la ejecución contractual[39] o una mayor onerosidad de significativa importancia. La procedencia de la citada *exceptio* constituye la regla general y se sustenta en un principio de justicia[40], pero, sobre todo, en el principio general de la buena fe que exige, como se ha dicho[41], no sólo que los contratos deben celebrarse con arreglo a dicho principio y para ser cumplidos, sino que también han de interpretarse y ejecutarse de buena fe, conforme a lo que las partes entendieron o pudieron entender actuando con cuidado y previsión (art. 1198, CCiv.).

c. El poder modificatorio de la Administración en los contratos administrativos

Otra de las diferencias fundamentales estriba en la potestad que el ordenamiento puede atribuir, de un modo expreso, a la Administración para introducir modificaciones, en forma unilateral, a lo pactado en los contratos administrativos, poder que puede razonablemente ejercer dentro de los límites establecidos en cada ordenamiento especial (v.gr., obras públicas) y a condición de que no se altere el fin del contrato[42] ni las obligaciones esenciales y que se efectúe la pertinente compensación económica que permita mantener el equilibrio financiero del contrato[43].

Ahora bien, el *ius variandi* puede relacionarse con dos principios fundamentales del contrato administrativo[44]: a) el de la *lex contractus* articulado en el art. 1197, CCiv., aplicable al derecho administrativo[45] con las peculiaridades de esta disciplina[46], y b) el

---

39 Ésta es la doctrina que fluye del caso "Cinplast IAPSA v. ENTel. s/ordinario", Fallos 316:212 (1993); en ese fallo, el Alto Tribunal adoptó la tesis sustantiva para considerar que un contrato de suministro celebrado con la ex ENTel. revestía carácter administrativo en virtud de su objeto que consistía "en la prestación de un servicio destinado a cumplir el fin público de las telecomunicaciones". En rigor, no se trataba en el caso de un servicio, sino de un suministro y el atraso en los pagos fue de bastante magnitud, pero esto no cambia el razonamiento jurídico que consideramos correcto, no obstante la injusticia de la sentencia en lo que concierne a los hechos de la causa y su interpretación.

40 Marienhoff, Miguel S., *Tratado...*, cit., t. III-A, p. 377, nro. 730.

41 Mertehikian, Eduardo, "*La excepción de incumplimiento contractual y su aplicación al contrato de obra pública*", LL 1994-D, 311.

42 Marienhoff, Miguel S., *Tratado..., cit.*, t. III-A, ps. 399-403. Algunos autores como Benoit en Francia y Durán Martínez en Uruguay han negado la configuración, en principio y como regla general, de la *potestas variandi;* véase Durán Martínez, Augusto, "Ejecución de los contratos administrativos", en *Contratación administrativa,* Fundación de Cultura Universitaria, Montevideo, 1968, p. 64. El principio de la mutabilidad unilateral del contrato administrativo también ha sido sostenido en la doctrina brasileña: Bandeira de Mello, Celso A., *Curso de direito administrativo*, 24a ed., Malheiros Editores, San Pablo, 2007, p. 611 y ss., y Oliveira Franco Sobrinho, Manoel de, *Contratos administrativos*, Saraiva, San Pablo, 1981, ps. 50-51.

43 Ariño Ortiz, Gaspar, *Teoría del equivalente económico en los contratos administrativos*, Instituto de Estudios Administrativos, Madrid, 1968, p. 248 y ss.

44 Distinción que, según Solas Rafecas, no siempre ha sido puesta de manifiesto con nitidez (Solas Rafecas, José María de, *Contratos..., cit.*, p. 41).

45 Marienhoff, Miguel S., *Tratado..., cit.*, t. III-A, ps. 334, 451-452.

46 *V.*, sobre el punto Brewer Carías, Allan R., *Contratos administrativos*, *cit.*, ps. 160-161.

principio de la inalterabilidad del contrato que tiende a preservar la igualdad de los terceros de cara a los beneficios públicos.

En el primer supuesto, el *pacta sunt servanda* impide que el poder modificatorio altere la ecuación económico–financiera del contrato administrativo mientras que, en el segundo, el *ius variandi* no se ejerce como una excepción al principio de inalterabilidad del contrato, sino que juega como un supuesto de articulación entre la finalidad y el contenido de las obligaciones concretamente asumidas por ambas partes[47].

En ese sentido, la Corte tiene dicho reiteradamente que, por una parte, los contratos administrativos constituyen una ley para las partes[48]; en ellos el principio es siempre el cumplimiento de lo pactado y la modificación unilateral llevada a cabo por la Administración con independencia del contratista no puede ser justificada a la luz de lo dispuesto por el art. 1197, CCiv.[49].

Esta compatibilidad entre la potestad modificatoria (ya sea el caso de una modificación unilateral prevista, en forma expresa, en el ordenamiento o pactada entre las partes) y el principio de inalterabilidad es la que permite que la Administración introduzca modificaciones a los contratos ante el cambio de circunstancias para cumplir con la finalidad perseguida, lo cual será lícito y justo en cuanto las modificaciones fueran objetivamente necesarias, esto es, cualquiera hubiera sido el contratista seleccionado en condiciones normales y en la medida en que no se suprima el riesgo empresario[50].

Si se observa lo que ha acontecido en el plano de la realidad, éste ha sido el sentido con que se ha venido ejerciendo la *potestas variandi* en aquellos contratos de cierta duración y trascendencia, como la concesión de servicios públicos, donde el particular mantiene un vínculo asociativo con la Administración, sin perjuicio de sus poderes de control y de los derechos contractuales del concesionario.

8. Conclusiones

En la materia de la contratación pública la tendencia prevaleciente, en una considerable porción del derecho comparado, continúa afiliada a la construcción administrativista, de base francesa y española, al considerar, como especie principal de la contratación de las Administraciones Públicas, la figura del contrato administrativo en razón de su objeto, caracterizado por un fin público relevante, su pertenencia al llamado giro o tráfico común de la Administración y un régimen jurídico dotado de prerrogativas de poder público que se integra también por las garantías que tienden a mantener el equilibrio contractual, el "*pacta sunt servanda*" y la buena fe.

La categoría del contrato resulta común a los derechos privado y público[51], si bien la regulación positiva del primero es mucho más detallada y completa, gozando de mayor estabilidad al no estar sujeta a los continuos cambios de la política estatal en materia de contrataciones públicas.

47 Solas Rafecas, José María de, *Contratos…, cit.*, ps. 40-43.

48 Fallos 313:376 (1990); Fallos 315:1760 (1992).

49 Fallos 312:84 (1989), citado *in re* "Pradera del Sol v. Municipalidad de General Pueyrredón", sent. del 2/12/2004.

50 *V.*, Ugolini, Daniela B., "*El nuevo rol del Estado y los contratos administrativos*", ED 148-870.

51 Martín-Retortillo Baquer, Sebastián, *El derecho civil…, cit.* p. 54 y ss.

En estas reflexiones surge otra conclusión que se impone en razón de la naturaleza de ciertos contratos. Así, resulta razonable que la compra–venta y el arrendamiento o locación de cosas ajenos al tráfico administrativo, se rijan por el derecho privado en punto a su objeto, careciendo, en tales casos, de sentido las prerrogativas de poder público que deben reservarse para los contratos en los que se halle interesado, en forma directa e inmediata, el interés público o bien común, excluyendo los que resultan meramente instrumentales a tales fines.

Por otra parte, las tensiones que soporta la teoría del contrato administrativo provienen de fuentes distintas. Una de ellas consiste en la regresión que implica la huida hacia el derecho privado de las llamadas empresas públicas a las que se las sustrae de los procedimientos de selección y consecuentes controles que deberían regir para toda la Administración, afectando los principios de publicidad, concurrencia e igualdad, y, al menos, la transparencia en el obrar de las empresas estatales.

La segunda tensión que enfrenta la contratación pública se traduce en los nuevos enfoques que pugnan por incorporarse a nuestra legislación y jurisprudencia a raíz del llamado derecho global de las contrataciones públicas[52] (aunque en gran parte no sea vinculante) y de últimas, por la aplicación de los principios generales que contienen los tratados internacionales que se extienden a toda la actividad administrativa que tendrá que incorporar los nuevos paradigmas y sus principios operativos, aunque esta operatividad sea en algunos casos derivada, en el sentido de que precisa ser complementada por los poderes Legislativo y/o Ejecutivo de cada Estado Nacional.

En el escenario descrito afloran también nuevas formas y tipos contractuales, como las asociaciones público–privadas, los fideicomisos públicos etc. planteando una problemática inter–disciplinaria en la que surge necesidad de abordar la armonización entre los distintos intereses en juego junto a la utilización racional y eficiente de los bienes públicos, el grado de intervención y financiación estatal y, sobre todo, la medida de los riesgos que asumirá en cada operación el contratista privado.

Y aunque nos parece que aún falta mucho tiempo para que la regulación de los regímenes internacionales que prescriben los procedimientos de contratación de las Administraciones Públicas sea vinculante y generalizada, la recepción por los ordenamientos nacionales de principios y reglas comunes implicará una tarea difícil y compleja. El dinamismo de la contratación pública no basta y resulta necesario encontrar soluciones compatibles con la seguridad jurídica que contribuyan a favorecer la radicación de las inversiones necesarias para el crecimiento económico social de nuestros países.

Tampoco debemos confiar solo en el derecho positivo y menos en la doctrina que encarna el positivismo que como decía IHERING *"es la huida del propio pensamiento, el dejarse abandonarse en la ley como una herramienta sin voluntad..."* [53] pero si podemos pensar que cada avance cultural y supone afirmar la necesidad de que en nuestras sociedades y desganadas repúblicas triunfen el derecho y la justicia sobre la corrupción y la pobreza.

---

52 *Ver*: Aguilar Valdez, Oscar R., *op. cit.*, p. 97 y ss.

53 Ihering, Rudolf V., *¿Es el derecho una ciencia?*, traducido del alemán, Ed. Comares, Granada, 2002, p. 56. Este libro que recoge sus últimas conferencias pronunciadas en Viena permaneció inédito durante la vida de Ihering, publicándose recién en 1998.

En lograrlo estriba la misión fundamental del derecho público manteniendo siempre una interrelación armónica y de equilibrio con el derecho privado, relación de analogía[54] y no de subsidiariedad, relación de complementación y no de subordinación.

54 Vid Vergara Blanco, Alejandro, *El Derecho Administrativo como sistema Autónomo. El mito del Código Civil como Derecho Común,* Abeledo-Perrot, Santiago de chile, 2010, especialmente p. 29 y ss.

48. CONTRATOS PÚBLICOS Y CONCURSO DE ACREEDORES EN DERECHO ESPAÑOL

Iñigo del Guayo Castiella
Catedrático de Derecho Administrativo
Universidad de Almería

1. Introducción

El ordenamiento jurídico español tiene algunas especialidades cuando la empresa que incurre en una situación de insolvencia y debe acudir a un concurso de acreedores es un contratista de la Administración Pública. Esas especialidades tienen por finalidad, principalmente, proteger el interés general presente en la correcta ejecución de un contrato público. Por esa razón, la Ley núm. 22/2003, de 9 de julio, concursal (en adelante, LC) remite a la legislación de contratos del sector público, constituida por el Real Decreto Legislativo núm. 3/2011, de 14 de noviembre, por el que se aprueba el texto refundido de la Ley de Contratos del Sector Público (en adelante, TRLCSP). En la actualidad, el Congreso de los Diputados tramita una nueva Ley de Contratos del Sector Público, que vendrá a sustituir el TRLCSP, cuya tramitación está avanzada. En este trabajo se analiza alguna de las novedades que incluye el proyecto en materia concursal.

2. Remisión de la Ley Concursal a la legislación de contratos del sector público, en materia de efectos del concurso sobre los contratos administrativos

El art. 67 de la Ley Concursal española (ley núm. 22/2003, de 9 de julio, concursal: en adelante LC) dice así:

> «1. Los efectos de la declaración de concurso sobre los contratos de carácter administrativo celebrados por el deudor con Administraciones públicas se regirán por lo establecido en su legislación especial.
>
> 2. Los efectos de la declaración de concurso sobre los contratos de carácter privado celebrados por el deudor con Administraciones públicas se regirán en cuanto a sus efectos y extinción, por lo establecido en esta Ley.

El precepto se encuentra ubicado dentro del Capítulo III *(«De los efectos sobre los contratos»)*, del Título III *(«De los efectos de la declaración de concurso»)*. Los efectos de la declaración de concurso sobre los contratos de carácter administrativo, celebrados por el deudor–concursado con administraciones públicas, se rigen por lo establecido en su legislación especial. Se trata de una norma de carácter meramente referencial, no sustantiva. La legislación especial a la que se refiere la LC es, en la actualidad, el Real

Decreto Legislativo núm. 3/2011, de 14 de noviembre, por el que se aprueba el texto refundido de la Ley de Contratos del Sector Público (TRLCSP)[1].

Similar remisión se encuentra en la Disposición Adicional Segunda ter LC (con el encabezamiento *Régimen especial aplicable a las situaciones de insolvencia de las empresas concesionarias de obras y servicios públicos, o contratistas de las administraciones públicas*), que dispone lo siguiente[2]:

> «*En los concursos de empresas concesionarias de obras y servicios públicos o contratistas de las administraciones públicas, se aplicarán las especialidades que se hallen establecidas en la legislación de contratos del sector público y en la legislación específica reguladora de cada tipo de contrato administrativo*» (los párrafos segundo y tercero de esa Disposición Adicional versan sobre la acumulación de concursos en el caso de concursos de empresas concesionarias de obras y servicios públicos o contratistas de la Administración).

De acuerdo con el apartado 2, del art. 67 LC, los efectos de la declaración de concurso, sobre los contratos de carácter privado celebrados por el deudor con administraciones públicas se rigen, en cuanto a sus efectos y extinción, por lo establecido en la propia LC, concretamente por lo que disponen los arts. 61 a 70, ambos inclusive. La referencia a *sus efectos y extinción* significa *a contrario sensu* que lo relativo a su preparación y adjudicación, aquello que se conoce como los *actos separables*, se rige por el Derecho administrativo el conocimiento de las cuestiones litigiosas relativas a los actos separables, corresponde a la jurisdicción contencioso–administrativa.

3. La declaración del concurso como causa (potestativa u obligatoria) de resolución del contrato administrativo

En la medida en que la LC remite a la legislación administrativa, en materia de efectos de la declaración del concurso sobre los contratos administrativos, conviene examinar si, y en qué medida, el TRLCSP contiene unas previsiones realmente distintas a las contenidas en la LC, a propósito de los efectos del concurso sobre los contratos del deudor concursado. Pues bien, el principal efecto de la remisión que el art. 67 LC hace al TRLCSP es que *el contrato* puede *ser resuelto por la Administración y aun debe ser resuelto si se llega a abrir la fase de liquidación* en el seno del concurso.

De acuerdo con el art. 223, letra b, del TRLCSP, tanto la declaración de concurso, como la declaración de insolvencia en cualquier otro procedimiento, son causas de resolución del contrato. Para que opere la causa *declaración del concurso* es preciso que se haya abierto, efectivamente, el concurso, no siendo suficiente la mera solicitud.

De acuerdo con el art. 224, 2 TRLCSP, fuera de los casos de declaración de insolvencia en cualquier procedimiento y de apertura de la fase de liquidación en el seno de un concurso (dos circunstancias que imponen la obligación de resolver), la resolución del contrato puede instarse por aquella parte a la que no le sea imputable la declaración del concurso de acreedores (en el cual no se haya abierto aún la fase de liquidación).

El art. 224, 5 TRLCSP establece que en caso de declaración de concurso y mientras no se haya producido la apertura de la fase de liquidación, *la Administración potestati-*

1 *BOE* N° 276, de 16 de noviembre de 2011.

2 Fue introducida por el art. único 1, 10 del Real Decreto-ley N° 11/2014, de 5 de septiembre, de medidas urgentes en materia concursal (*BOE* N° 217, de 6 de septiembre de 2014).

vamente continuará el contrato, si el contratista presta las garantías suficientes, a juicio de aquélla, para su ejecución (el art. 224 TRLCSP lleva por encabezamiento, «aplicación de las causas de resolución», y está ubicado en el Capítulo V, relativo a la «extinción de los contratos», Sección 3ª , relativa, a su vez, a la «resolución de los contratos»).

La Administración pública contratante puede decidir que el contrato continúe, es decir, que no se resuelva, a pesar de que el contratista haya sido declarado en concurso de acreedores, pero esa posibilidad no debería ser destacada como una especialidad respecto del régimen común relativo a los efectos del concurso sobre los contratos del concursado. El mantenimiento de los contratos del deudor es hoy un principio del derecho concursal. El régimen de la LC favorece el mantenimiento de los contratos y, por tanto, la especialidad del TRLCSP estribaría en la posibilidad de resolver el contrato, una vez declarado el concurso, aunque no haya incumplimiento por parte del contratista. La propia dicción del precepto del TRLCSP, donde se aborda esta cuestión *(«la Administración potestativamente continuará el contrato si el contratista prestare las garantías suficientes»)*, es la que da pie a pensar que la especialidad radica en la decisión de que el contrato continúe, cuando, por el contrario, la continuidad del contrato (como parte del principio de continuidad de la actividad profesional y empresarial del concursado) es la regla que, con las salvedades expuestas, contiene la LC. La potestad conferida a la Administración para que, aun cuando el contratista haya sido declarado en concurso, decida que el contrato continúe, además de estar en sintonía con la LC, obedece, también, al principio general del derecho administrativo de conservación de los actos administrativos y, en general, de la actividad administrativa, incluida la contractual. Se sirve mejor a los intereses generales si no se interrumpe la prestación del servicio o la construcción de la obra pública (siempre, claro está, que el contratista pueda seguir cumpliendo), pues los contratos administrativos son un instrumento de servicio a los intereses generales.

Así como las decisiones del juez del concurso sobre la continuidad o resolución de los contratos del concursado se han de adoptar, siempre, en *interés del concurso*, las decisiones de la Administración Pública, sobre la continuidad o resolución del contrato administrativo, en caso de concurso, se han de adoptar en función del *interés general* representado por el efectivo cumplimiento del contrato administrativo. En puridad, no se ha de oponer el interés del concurso, al interés general representado por el objeto del contrato administrativo, sino que, en el fondo, el interés del concurso –representado por la satisfacción del crédito de los acreedores y, como corolario, por el mantenimiento de la actividad del concursado– es, también, de interés general. Se trata, sencillamente, de dos intereses generales distintos, no contrapuestos, al primero de los cuales ha de servir el juez del concurso y, al segundo, la Administración Pública contratante. Y el legislador, hasta el momento, ha decidido conferir a la Administración la decisión de establecer si el interés general aconseja que el contrato administrativo se siga cumpliendo o, por el contrario, aconseja que se resuelva.

La decisión de la Administración de resolver el contrato o, por el contrario, de mantenerlo, cuando el contratista ha sido declarado en concurso, y no se ha abierto la fase de liquidación, es el fruto del ejercicio de una potestad discrecional. Como todas las potestades discrecionales, su ejercicio puede ser controlado por los tribunales, con objeto de impedir que se vulneren los aspectos reglado de la decisión (como, por ejemplo, la exigencia de un procedimiento con audiencia del interesado) o de que la Administración se comporte de forma arbitraria. Entre los principios que habrían de ser respetados en la decisión, como forma de evitar cualquier arbitrariedad, destaca el principio de proporcionalidad, que implica que los beneficios de la resolución del contrato para los intereses públicos deben ser mayores que los perjuicios derivados de la incidencia de la resolución en la suerte del concurso.

La decisión de la Administración de dar continuidad al contrato, aun cuando se haya abierto el concurso de acreedores, se sujeta a una condición. Dice el art. 224, 5 TRLCSP que la continuidad es posible *si el contratista prestare las garantías suficientes a juicio de aquélla para su ejecución*. De una interpretación según el contexto se desprende que, en todo caso, son necesarias garantías adicionales a las prestadas con ocasión de la adjudicación y formalización del contrato pues, en otro caso, el precepto hubiera debido expresarse de otra manera. Está también claro que si el contratista no presta garantía adicional ninguna, la Administración, aunque quiera, no podrá decidir que el contrato continúe, dada la forma en que está redactada la condición.

El plan de viabilidad al que se refiere la LC en varias ocasiones (por ejemplo, art. 100) puede considerarse como garantía suficiente, pero no es la única garantía posible, ni puede afirmarse *a priori* y en todo caso, que la Administración esté obligada a aceptar como garantía suficiente dicho plan de viabilidad. En todo caso, lo normal será que si ese plan de viabilidad existe, la Administración esté obligada a considerarlo como garantía suficiente y una visión dinámica de la garantía conduciría a reputar arbitraria la decisión de resolver un contrato administrativo, aun cuando el juez del concurso haya aprobado un plan de viabilidad.

El art. 224, 5 TRLCSP confiere una excesiva discrecionalidad a la Administración, pues no existen criterios para saber cuándo una garantía puede reputarse como suficiente. En todo caso, tratándose de una potestad discrecional, su ejercicio queda sometido a los controles de toda potestad discrecional y, principalmente, al control mediante los hechos determinantes y a la exclusión de toda arbitrariedad.

El principio de conservación de los actos y de los contratos administrativos impele a considerar que la Administración estará obligada a aceptar como suficientes determinadas garantías y, por tanto, que no podrá oponerse a la continuidad del contrato. De esta manera, la condición se convierte en un requisito excluyente del ejercicio de la potestad discrecional cuando puede alcanzarse de modo fehaciente la conclusión de que la garantía prestada es suficiente. La regulación de la legislación administrativa de contratos parece responder, en líneas generales, al principio de conservación del contrato administrativo, que es el mismo principio inspirador de la LC en materia de efectos de la apertura del concurso sobre los otros contratos del concursado. Sin embargo, ese principio no conduce siempre a las mismas consecuencias que se derivan de tal principio en la LC. La dificultad de comparar ambos grupos de previsiones deriva del hecho que, así como el TRLCSP, al establecer como causa –potestativa– de resolución, la declaración de concurso, hace abstracción del posible incumplimiento en que haya podido incurrir alguna de las partes (Administración Pública y/o contratista), la LC tiene en cuenta el cumplimiento o incumplimiento del contrato, a la hora de diseñar las diversas soluciones. La solución normativa vigente del TRLCSP debería ser modificada. La potestad de resolver el contrato administrativo, pendiente de ejecución, mientras no se haya abierto la fase de liquidación, debe ser eliminada. La suerte de los contratos administrativos, en esos casos, debería ser la contemplada en el art. 61 LC, respecto de los demás contratos. De esta manera, se fomentaría la continuidad de empresas viables, que es una de las finalidades del moderno derecho concursal.

De acuerdo con el art. 224, 2 TRLCSP, el contrato administrativo debe resolverse de modo obligatorio cuando se abre la fase de liquidación en el seno de un concurso de acreedores, apertura que, de conformidad con el art. 144, en relación con el art. 23, ambos de la LC, se ha de hacer mediante auto judicial que se publica en el BOE. Esa circunstancia, dice el TRLCSP, dará siempre lugar a la resolución del contrato, pero, propiamente hablando, no se trata de una causa *automática* de resolución, por cuanto también hace falta un procedimiento administrativo, con audiencia del contratista, para hacerla efectiva.

Esta resolución obligatoria –cuando, en su caso, se abra la fase de liquidación–, constituye, verdaderamente, una especialidad propia de los contratos administrativos, pues, respecto de los contratos civiles y mercantiles, el art. 147 LC establece, durante la fase de liquidación, que siguen aplicándose las normas contenidas en el título III LC (al que pertenecen los arts. 61 a 70), en cuanto no se opongan a las específicas del Capítulo II del Título V (relativo a la liquidación), y esas normas están presididas por el principio de continuidad de los contratos, como corolario del principio de continuidad de la actividad del concursado.

La potestad o prerrogativa de resolución del contrato administrativo, cuyo ejercicio queda expresamente abierto por la declaración del concurso del contratista, se convierte, cuando se abre la fase de liquidación, en obligación de resolver. De acuerdo con el art. 224, 5 TRLCSP, el contrato debe resolverse de modo obligatorio cuando es declarada la insolvencia del contratista en cualquier procedimiento. No se trata, tampoco, de una causa *automática* de resolución, por cuanto también hace falta un procedimiento administrativo, con audiencia del contratista, para hacerla efectiva.

La referencia del TRLCSP a la *«declaración de insolvencia en cualquier otro procedimiento»* es un tanto llamativa, por cuanto la LC persigue la unidad en torno al concurso de acreedores; la referencia a esos otros procedimientos ha de entenderse hecha a algunos procedimientos administrativos especiales, como en el ámbito de la recaudación de recursos del sistema de la Seguridad Social, o procedimientos laborales, que, eventualmente, pueden conllevar una declaración de insolvencia.

Los *«efectos de la resolución»* (de los contratos administrativos) están regulados por el art. 225 del TRLCSP. Su apartado 4, primera frase, dispone que, en todo caso, el acuerdo de resolución del contrato debe contener pronunciamiento expreso acerca de la procedencia o no de la pérdida, devolución o cancelación de la garantía que, en su caso, haya sido constituida. Ese pronunciamiento se hace en el procedimiento administrativo de resolución del contrato y en él es imprescindible, so pena de nulidad, dar audiencia tanto al contratista como, en su caso, a quien haya prestado la garantía.

La libertad de la Administración para pronunciarse sobre el destino de la garantía, queda limitada por el propio art. 225, cuyo apartado 3 establece que *«cuando el contrato se resuelva por incumplimiento culpable del contratista, éste deberá indemnizar a la Administración los daños y perjuicios ocasionados. La indemnización se hará efectiva, en primer término, sobre la garantía que, en su caso, se hubiese constituido, sin perjuicio de la subsistencia de la responsabilidad del contratista en lo que se refiere al importe que exceda del de la garantía incautada»*.

Aunque la indemnización sólo se contempla en caso de incumplimiento culpable del contratista, eso no significa que el contratista declarado en concurso de acreedores (el cual, como se sabe, ni implica incumplimiento, por sí sólo, ni es siempre un concurso culpable), cuyo contrato es resuelto, no deba indemnizar a la Administración, si ha habido daños o perjuicios, de acuerdo con las reglas de responsabilidad del Código Civil y tanto por responsabilidad contractual, como extra–contractual.

La segunda frase del art. 225, 4, del TRLCSP establece que *«sólo se acordará la pérdida de la garantía en caso de resolución del contrato por concurso del contratista cuando el concurso hubiera sido calificado como culpable»*. El precepto excluye que la fianza pueda ser incautada si el concurso no es declarado culpable. La pérdida de la garantía acontece sólo si la insolvencia es punible, es decir, que la resolución por causa del concurso de acreedores no culpable (concurso fortuito), acontecida antes o después de la apertura de la fase de liquidación (es decir, ya sea el concurso causa potestativa, ya obligatoria de resolución) no puede conllevar nunca la pérdida de la garantía, la cual, por tanto, se reintegra a la masa activa del concurso, ya que no ha de destinarse a la finalidad para la cual se constituyó.

4. La declaración de concurso como causa de prohibición de contratar

La solicitud de concurso voluntario (realizada por el propio deudor) y la declaración de concurso necesario (solicitada por uno o varios acreedores, salvo que en el concurso haya adquirido la eficacia un convenio), son causas de prohibición de contratar con la Administración Pública (art. 60, 1, letra b TRLCSP). Sin embargo, la mera solicitud de concurso (necesario), no es causa de resolución del contrato, lo cual puede entenderse como una manifestación más del principio de conservación del contrato administrativo. El llamado pre–concurso, regulado en el art. 5 bis LC, tampoco es causa de la prohibición de contratar.

5. La declaración de concurso y el contrato de concesión de obra pública

Existe un régimen especial para el contrato de concesión de obra pública. La especialidad consiste en que hay unos preceptos específicos para ese tipo de contrato, relativos a los efectos del concurso de acreedores. No hay, propiamente, una regulación sustantiva diferente y algunas especialidades surgieron en los últimos años de crisis económica a propósito de la declaración de concurso de sociedades explotadoras de carreteras en régimen de concesión de obra pública. Los orígenes del contrato de concesión de obra pública, como expediente para que los particulares construyeran y explotaran obras públicas, se remontan a la Ley General de Obras Públicas de 1877. Sus previsiones cayeron en desuso conforme el Estado fue cargando paulatinamente sobre sus hombros con la financiación de las obras públicas. Esta modalidad contractual fue rescatada a finales del siglo XX, en tres normas: en primer lugar, en la Ley núm. 8/1972, de construcción, conservación y explotación de autopistas en régimen de concesión; en segundo lugar, en la Ley de Aguas (en su versión de 1999) como concesión de obras hidráulicas, actualmente contemplada en el RD Legislativo núm. 1/2001, de 20 de julio, por el que se aprueba el Texto Refundido de la Ley de Aguas, y, en tercer lugar, mediante la Ley núm. 13/2003, de 23 de mayo, reguladora del contrato de concesión de obra pública, cuyo contenido fue luego incorporado al TRLCSP.

La Ley núm. 13/2003, de 23 de mayo, reguló con cierto detalle el contrato de concesión de obra pública y su contenido pasó luego al TRLCSP. Se persiguió con él reforzar la presencia de la iniciativa privada en la construcción y posterior explotación de obras públicas, para no sobrecargar los presupuestos de las administraciones públicas. La E. de M. de la Ley núm. 13/2003 explicaba el contrato de la siguiente manera: *«Construcción y explotación de la obra pública en régimen de concesión, confiriendo el protagonismo principal, bajo la tutela y control de la Administración, a la iniciativa y capital priva-*

dos, opción esta en la que queda incluida la variedad del contrato de concesión que incorpora la obligación adicional para el concesionario de construir una obra u obras diferenciadas de la que es objeto de concesión, pero vinculadas a ella».

Dice el art. 253 TRLCSP que las obras públicas objeto de concesión son financiadas, total o parcialmente, por el concesionario, quien, en todo caso, asume el riesgo en función de la inversión realizada. El contrato de concesión de obra pública se diseñó para atraer la inversión privada en la financiación de obras públicas, de ahí que las normas contemplen variadas fuentes de financiación y establezcan diversas medidas a favor de aquellos terceros que han financiado al concesionario.

El TRLCSP contempla, además, la posibilidad de que haya una aportación de recursos públicos, así como la ayuda en la ejecución y en la explotación de las obras, por parte de la Administración Pública. Al realizar aportaciones de recursos públicos *debe respetarse en todo caso el principio de asunción de riesgo por el concesionario* (art. 253, 2, *in fine*, TRLCSP).

El concesionario tiene derecho al mantenimiento del equilibrio (art. 245, letra b TRLCSP). Si cupiese alguna duda, conviene recordar que el concepto de desequilibrio concesional (que ha de ser restablecido, si se altera) no es equiparable al concepto de insolvencia, como presupuesto de apertura del concurso de acreedores. El equilibrio económico–financiero de la concesión se pacta *ab initio*, y debe mantenerse a lo largo de toda la vida de la concesión. La insolvencia es la situación del sujeto que determina la apertura de un concurso de acreedores y puede bien ocurrir, tanto que el concesionario cuya concesión se desequilibra no incurra en ninguno de los presupuestos del art. 2 LC, que determinan la insolvencia, como que el desequilibrio concesional sea la causa de la insolvencia. Y puede también ocurrir, que el empresario–concesionario esté en una situación de insolvencia y no se haya alterado el equilibrio de la concesión.

De acuerdo con el art. 269, letra b, y el art. 270, 2, ambos del TRLCSP (con el encabezamiento, respectivamente, «causas de resolución» y «aplicación de las causas de resolución»), la declaración de concurso es causa *potestativa* de resolución del contrato de concesión de obra pública, mientras que la apertura de la fase de liquidación, en el seno de un concurso de acreedores, *origina siempre* la resolución del contrato. No existe, en sede de causas de resolución del contrato de concesión de obra pública, una previsión específica sobre la posibilidad (potestativa, por tanto) de continuar el contrato, una vez declarado el concurso, y antes de que se haya abierto la fase de liquidación; esa posibilidad, cuya inexistencia para los contratos de concesión de obra pública, carecería de justificación, en comparación con lo previsto por el TRLCSP para los otros contratos administrativos, puede encontrarse reflejada en la previsión conforme a la cual sólo la apertura de la fase de liquidación, origina siempre la resolución, porque, en los restantes casos, dice el TRLCSP, será *potestativo* instar la resolución para la parte a la que no le sea imputable la causa. A ese argumento habría que añadir el consistente en postular la necesidad de aplicar las disposiciones generales del TRLCSP, y los principios generales del Derecho, como el principio de eficacia en el servicio a los intereses generales. En resumen, debe defenderse que cuando el concesionario de obra pública es declarado en concurso de acreedores –sin que se haya abierto la fase de liquidación–, la Administración puede decidir que la concesión continúe, si el contratista proporciona garantías suficientes, a juicio de la Administración.

De acuerdo con el art. 269, letra b, y el art. 270, 2, ambos del TRLCSP (con el encabezamiento, respectivamente, «causas de resolución» y «aplicación de las causas de resolución»), la declaración de insolvencia en cualquier otro procedimiento (distinto del concurso, se entiende), *origina siempre* la resolución del contrato.

En el contrato de concesión de obra pública, el contratista debe asumir el riesgo de la construcción, mantenimiento y explotación de la obra pública, pero ese riesgo debe moderarse, para que las empresas decidan invertir en la construcción de obras públicas. La financiación del concesionario es muy diversa. Los principales sistemas de financiación son la emisión de obligaciones, la hipoteca de la concesión, los créditos participativos y la cesión de créditos. En este contexto, el ordenamiento jurídico contempla garantías variadas, a favor de los acreedores hipotecarios de la concesión o de los poseedores de títulos de la empresa concesionaria o de los poseedores de los títulos–valores representativos de créditos del concesionario, ligados a la concesión. Uno de los obstáculos para la obtención de financiación era la ausencia de mecanismos suficientes de protección de la inversión en obra pública (por medio de la inversión del concesionario), frente a los riesgos en que incurrían los cesionarios del crédito del contratista, particularmente en caso de que quebrase o suspendiese pagos (tras la LC, que fuese declarado en concurso de acreedores). Precisamente, esas garantías se vinieron diseñando para situaciones de insolvencia del concesionario.

En los últimos tiempos, la cesión de créditos del contratista–concesionario a favor de terceros, ha alcanzado mayor importancia, en el contexto de una proliferación de técnicas de colaboración entre los poderes públicos y las empresas, particularmente para la financiación privada de obras públicas *(public–private partnership)*. Esta cesión está contemplada en el art. 218 TRLCSP. Lo verdaderamente novedoso no ha consistido en la cesión de créditos (como vemos, admitida desde hace tiempo), cuanto en la aceptación de la posibilidad de ceder créditos futuros, mediante su titulización. Esa fórmula se consolida al calor de la reaparición, a partir de 1995, de la figura de la concesión de obra pública. El recurso del concesionario a los mercados financieros, para financiar las obligaciones de inversión adquiridas en la concesión de obra pública, ha implicado la aparición de un complejo entramado de relaciones jurídicas, unas entre el concesionario y la Administración concedente, y otras entre el concesionario y sus financiadores. En el marco de la concesión de obra pública, la admisibilidad de la cesión de los derechos de cobro a un tercero (normalmente, una entidad financiera), resultaba insuficiente y, por eso, era necesario «permitir una cesión global de créditos tanto actuales como futuros». Esa fue la vía que la titulización abrió. A ella se refiere el art. 260 TRLCSP.

Un aspecto particularmente controvertido en los últimos años, con ocasión de la declaración de concurso de empresas concesionarias de autopistas, en el contexto de la cesión de créditos contemplada en el art. 218 TRLCSP, ha sido la posibilidad de pignorar anticipadamente créditos futuros. El núcleo del debate ha consistido en qué resistencia ofrecía al concurso la pignoración del derecho del concesionario (a favor de sus financiadores, normalmente bancos) a percibir la indemnización de la Administración en caso de resolución anticipada, como en el caso de resolución por apertura de la fase de liquidación (la llamada Responsabilidad Patrimonial de la Administración o RPA)[3].

---

3 Sobre este tema, *vid.* (por orden cronológico), PULGAR EZQUERRA, J., "Sociedades concesionarias de obra pública, pignoración de créditos futuros y concurso de acreedores", *RdS*, N° 40 (2013), pp. 49-77; GUTIÉRREZ GILSANZ, A., "Virtualidad de la prenda constituida sobre la responsabilidad patrimonial de la Administración a favor de las entidades financieras en el concurso de las sociedades concesionarias de autopistas", *Diario La Ley*, N° 8,074 (2013); PANTALEÓN PRIETO, A. F. y FERNÁNDEZ GRE-

Esa RPA es la contemplada en el art. 271, 1 TRLCSP, que establece que en los supuestos de resolución del contrato, la Administración abonará al concesionario el importe de las inversiones realizadas por razón de la expropiación de terrenos, ejecución de obras de construcción y adquisición de bienes que sean necesarios para la explotación de la obra objeto de la concesión. Está admitida en nuestro ordenamiento la posibilidad de pignorar ese crédito futuro del concesionario (un crédito eventual, porque si no hay resolución anticipada no surge).

La existencia de créditos futuros pignorados dio lugar a algunas sentencias contradictorias, a propósito del grado de resistencia de la prenda a la declaración de concurso, en torno a la redacción originaria del art. 90, 1, 6° LC y su modificación en 2011[4]. Concretamente, ha existido controversia en relación con el momento a partir del cual se había de reputar que el crédito pignorado era resistente al concurso, bien el momento del nacimiento del crédito subyacente a la prenda, bien al momento de su inscripción registral. En un intento de abordar legislativamente este problema, la Ley núm. 40/2015, de 1 de octubre, de Régimen Jurídico del Sector Público[5] ha modificado el art. 90, 1, 6° LC, en punto al privilegio especial de que gozan los créditos garantizados con prenda. Esta misma ley introdujo un apartado 3, nuevo, en el art. 261 TRLCSP, del siguiente tenor:

> «Los derechos derivados de la resolución de un contrato de concesión de obra o de gestión de servicio público, a que se refieren los primeros apartados de los artículos 271 y 288, así como los derivados de las aportaciones públicas y de la ejecución de garantías establecidos en los artículos 254 y 256, sólo podrán pignorarse en garantía de deudas que guarden relación con la concesión o el contrato, previa autorización del órgano de contratación, que deberá publicarse en el "Boletín Oficial del Estado" o en los diarios oficiales autonómicos o provinciales».

Con la reforma llevada a cabo en 2015 se persiguen dos finalidades: por un lado, limitar las facultades de pignoración de los concesionarios de obra pública (ya que sólo se pueden pignorar determinadas deudas, aquellas que guarden relación con la concesión o el contrato); por otro lado, establecer que salvo en relación con la prenda sin desplazamiento (de escasa incidencia práctica), la resistencia de la prenda al concurso se mide por el momento de nacimiento del crédito pignorado y no por la fecha de inscripción en el Registro.

En relación con el art. 271 TRLCSP, y dado que algunas sociedades concesionarias de autopistas se encontraban en concurso de acreedores cuando el Tribunal Supremo impuso indemnizaciones expropiatorias más elevadas que las abonadas a los expropiados para la construcción de determinadas autopistas, el Real Decreto–ley núm. 1/2014, de 24 de enero, de reforma en materia de infraestructuras y transporte y otras medidas económicas[6], añadió un apartado 7 en ese precepto, del siguiente tenor: *«Si el concesionario no cumpliera con las obligaciones del beneficiario en las expropiaciones y en*

GORACCI, B., "El alcance de la resistencia al concurso de la prenda de créditos futuros", *RDCP*, N° 20 (2014), pp. 15-42, MEGÍAS LÓPEZ, J., "La prenda de créditos futuros y el alcance de sus resistencia al concurso (Análisis jurisprudencial a propósito de la STS de 6 de noviembre de 2013)", *RDCP*, N° 21 (2014), pp. 209-218; y Fernández Torres, I., *El concurso de las entidades del sector público y sus contratistas*, ed. Cívitas Thomson Reuters, Cizur Menor, 2015, pp. 260-273.

4 Mediante el Real Decreto-ley N° 38/2011, de 10 de octubre: *BOE* N° 245, de 11 de octubre de 2011.

5 *BOE* N° 236, de 2 de octubre de 2015.

6 *BOE* N° 22, de 25 de enero de 2014.

virtud de resolución judicial, cualquiera que fuera su fecha, la Administración concedente tuviera que hacerse cargo de abonar las indemnizaciones a los expropiados, ésta quedará subrogada en el crédito del expropiado. En todo caso, desde el momento en que se declare la obligación de pago a cargo de la Administración concedente, las cantidades que no le sean reembolsadas minorarán el importe global que corresponda de conformidad con lo dispuesto en el apartado primero de este artículo».

Correlativamente, también se modificó en esa misma ocasión el art. 17, 2 de la Ley núm. 8/1972, de 10 de mayo, de construcción, conservación y explotación de autopistas en régimen de concesión, que pasó a tener la siguiente redacción: *«Dos. En el procedimiento expropiatorio, el concesionario asumirá los derechos y obligaciones del beneficiario y, en consecuencia, satisfará las indemnizaciones de toda índole que procedan por razón de las expropiaciones y ocupaciones temporales necesarias para la ejecución del proyecto.*

No obstante, si el concesionario no cumpliera dichas obligaciones y en virtud de resolución judicial, cualquiera que fuera su fecha, el Estado tuviera que hacerse cargo de abonar tales indemnizaciones a los expropiados, éste quedará subrogado en el crédito del expropiado. En todo caso, desde el momento en que se declare la obligación de pago a cargo del Estado, las cantidades que no le sean reembolsadas minorarán el importe global que corresponda en concepto de responsabilidad patrimonial de la Administración».

6. Las uniones temporales de empresas, la contratación pública y el concurso de acreedores

El art. 7 de la Ley núm. 18/1982, de 26 de mayo, sobre régimen fiscal de agrupaciones y uniones temporales de empresas, define la UTE de la siguiente manera[7]: «Tendrán la consideración de Unión Temporal de Empresas el sistema de colaboración entre empresarios por tiempo cierto, determinado o indeterminado para el desarrollo o ejecución de una obra, servicio o suministro. La Unión Temporal de Empresas no tendrá personalidad jurídica propia». Pues bien, las Administraciones pueden contratar con personas naturales o jurídicas, que tengan plena capacidad de obrar y acrediten su solvencia económica, financiera y técnica o profesional, pero de conformidad con el art. 59 del TRLCSP pueden también contratar con uniones de empresarios que se constituyan temporalmente al efecto (en adelante, UTEs), sin que sea necesaria su formalización de las mismas en escritura pública. Esta previsión tiene naturaleza excepcional, pues las UTEs carecen de personalidad jurídica[8].

Las uniones temporales de empresas (UTEs) presentan algunas peculiaridades desde el punto de vista contractual. A los efectos de valorar y apreciar la concurrencia del requisito de clasificación de los contratistas, se atiende a las características acumuladas de cada uno de ellos, expresadas en sus respectivas clasificaciones. En todo caso, es

7 BOE Nº 137, de 9 de junio de 1982. La Ley ha sido modificada en varias ocasiones, de modo fundamental por la Ley Nº 12/1991, de 29 de abril, de agrupaciones de interés económico (BOE Nº 103, de 30 de abril de 1991).

8 Atribuyen una cierta personificación (*subjetivización*) a estas uniones, los siguientes autores: Sánchez Calero, F. y Sánchez-Calero Guilartte, J., *Instituciones de Derecho Mercantil*, I, 35ª ed., Thomson Reuters Aranzadi, Cizur Menor, 2012, p. 869; y Broseta Pont, M. y Martínez Sanz, F., *Manual de Derecho Mercantil*, Vol. I, 22.ª ed., Tecnos, Madrid, 2015, p. 649.

necesario, para proceder a esta acumulación, que todas las empresas hayan obtenido previamente la clasificación como empresa de obras o de servicios, en relación con el contrato al que opten (art. 68, 5, en relación con el art. 59, ambos del TRLCSP). La referencia del TRLCSP a una *forma reglamentariamente determinada*, para atender a las características acumuladas, ha de entenderse hecha al art. 24, en relación con los arts. 9 a 16, todos ellos del Real Decreto núm. 1098/2001, de 12 de octubre, por el que se aprueba el Reglamento General de la Ley de Contratos de las Administraciones Públicas.

Las empresas que concurran agrupadas en UTEs deben nombrar un representante o apoderado único ante la Administración Pública. A efectos de la licitación, los empresarios que deseen concurrir en una UTE deben indicar los nombres y circunstancias de los que la constituyan y deben asumir el compromiso de constituirse formalmente en UTE en caso de resultar adjudicatarios del contrato. Quien contrata con alguna entidad del sector público es la UTE, y no cada uno de sus miembros, razón por la cual se determina en el TRLCSP que los empresarios quedan obligados solidariamente ante la Administración y que la duración de la UTE ha de ser coincidente con la del contrato hasta su finalización[9].

Así como las UTEs tienen capacidad para contratar, no tienen capacidad para concursar. Las UTEs no tienen capacidad concursal, es decir, no pueden ser declaradas en concurso, según ha puesto de relieve unánimemente la doctrina. Las UTEs entran, más bien, en el supuesto de patrimonios destinados a un fin, que es la colaboración temporal para realizar una actividad consistente en la ejecución de un servicio, obra o suministro, según define a estas UTEs el art 7 de la Ley núm. 18/1982, de 26 de mayo, sobre régimen fiscal de agrupaciones y uniones temporales de empresas y de las sociedades de desarrollo industrial regional Son, por tanto, las entidades colaboradoras quienes, en su caso, se declararán en concurso.

Dado que las UTEs no pueden ser declaradas en concurso, porque no tienen personalidad jurídica (art. 1, 1, de la LC), puede afirmarse que, cuando el contratista es una UTE, circunstancia nada infrecuente, no podría, en rigor, aplicarse la causa de resolución contemplada en el TRLCSP, relativa a la declaración del concurso, ni cuando la empresa declarada en concurso es una de las empresas de la UTE, ni tampoco cuando todas las empresas integrantes de la UTE han sido declaradas en concurso.

No podría afirmarse, por tanto, que, en esos casos, se cumpla el supuesto contemplado en el art. 223, letra b, del TRLCSP porque las UTEs no pueden ser declaradas en concurso, dado que no tienen personalidad jurídica, aunque tengan subjetivación (art. 1, 1 de la LC). En esos casos, no podría decirse, por tanto, que el contratista –la UTE– haya incurrido en los presupuestos para ser *declarada en concurso*, y, al no poder surgir el concurso, no surge la causa legal de resolución.

Parece oportuno encontrar un modo de interpretar la LC y el TRLCSP, en este punto, que contribuya a proteger los intereses que la Administración representa, en los supuestos en que algunas (o todas), de las empresas que forman parte de una UTE–contratista

---

9 *V.*, ampliamente, Juristo Sánchez, R., La Unión Temporal de Empresas Contratistas de Obras, Aranzadi, Cizur 2010. La Sentencia del Juzgado de lo Mercantil Nº 6 de Madrid, de 28 de febrero de 2011 -citada por Sánchez Pérez, L., Variaciones concursales con una UTE, en «Diario la Ley», Nº 7678 (2011), pp. 5-6-, recuerda que la responsabilidad solidaria de los integrantes de una UTE es subsidiaria, como en el seno de las Agrupaciones de Interés Económico.

estén en concurso, y, en definitiva, una interpretación que contribuya al *levantamiento del velo* de la UTE. En ese sentido, podríamos tener en cuenta que, de acuerdo con la normativa de contratos públicos, a efectos de la determinación de la solvencia de la UTE, se acumulan las características acreditadas para cada uno de los integrantes; por tanto, en la práctica, para entender aplicable a las UTEs–contratistas la causa de resolución relativa a la declaración del concurso, es decir, para entender, en términos prácticos, que el contratista –la UTE– está en concurso, deberían estar en concurso o todas las empresas de la UTE o aquellas empresas de la UTE que, por participar en un grado mayoritario en la UTE, su eventual concurso pueda ser interpretado, en la práctica, como un concurso de la UTE–contratista, es decir, que la UTE se encuentre, globalmente, en situación de insolvencia.

Esta interpretación analógica, estaría, en principio, vedada, pues siendo la resolución una circunstancia desfavorable, tanto para el contratista, como para el interés general, habría de aplicarse la máxima *favorabilia amplianda sunt, odiosa restringenda.* Sin embargo, la escasa jurisprudencia existente sobre el particular ha acogido aquella tesis. La Sentencia de 3 de octubre de 2000, del TSJ de Baleares, Sala de lo contencioso–administrativo, ha dicho lo siguiente:

> «(...) el escaso peso que en el caso representaba "N", en concreto un 3 por ciento, unido a la solidaridad que en el cumplimiento de las obligaciones impone la ley, conduce a concluir que, como ya resulta de la propia ley y así se contempla expresamente en el Pliego de Condiciones, la declaración de quiebra que comportaría la resolución del contrato no es la de cualquiera de las empresas integrantes de la Unión Temporal sino la del adjudicatario, esto es, la de todas las empresas que formen parte de dicha Unión».

Esta doctrina se reitera en la Sentencia de 26 octubre de 2001. En todo caso, no parece aceptable la tesis por la cual el concurso de uno de los integrantes de la UTE, sea cual sea su importancia en la UTE, contamina a la UTE misma y «tiene los mismos efectos que una causa de resolución que afecte al contratista cuando este sea una persona jurídica concreta»[10].

En la práctica, por tanto, el concurso de acreedores en que se encuentren, en su caso, los miembros de mayor peso de la UTE, o todos ellos, obligaría a que la Administración haga, de modo expreso y formal, una valoración de la nueva circunstancia (es decir, el concurso contra alguna de las empresas de la UTE). Se aplicarían, de modo analógico, las previsiones del TRLCSP en materia de resolución por concurso de acreedores. Esas previsiones diseñan un ámbito de discrecionalidad de la Administración, también para valorar si la solvencia de la UTE exige o no la dación de garantías adicionales; en definitiva, así como cuando el contratista es una persona con capacidad para concursar, la causa de resolución está determinada por la apertura judicial del concurso, en el caso de las UTEs–contratistas, es la Administración contratante quien, discrecionalmente, debería valorar si hay insolvencia y si, habiéndola, debe o no solicitar garantías adicionales

En relación con el contrato de obras, ha de tenerse en cuenta la Cláusula 68, del Pliego de Cláusulas Administrativas Generales para la Contratación de Obras del Estado, aprobado por Decreto 3854/1970, de 31 de diciembre, la cual, con el encabezamiento

10 Ibáñez García, I., *Uniones temporales de empresas y derecho concursal*, en CEF Legal, Nº 125 (2011), pp. 41-56.

causas de resolución del contrato referidas al caso de agrupación temporal de Empresas, establece lo siguiente:

> «Cuando alguna de las Empresas que forman parte de una agrupación temporal quede comprendida en alguna de las circunstancias previstas en los números 4, 5 y 6 del artículo 157 del Reglamento General de Contratación, la Administración estará facultada para exigir el estricto cumplimiento de las obligaciones pendientes del contrato a las restantes Empresas que formen la agrupación temporal o para acordar la resolución del mismo».

El número 6 del art. 157 del Reglamento de 1975 se refería a la declaración de quiebra o suspensión de pagos, menciones que tras la LC, han de entenderse hechas a la apertura de la fase de liquidación en el seno de un concurso de acreedores. Esta cláusula avalaría la resolución respecto del miembro declarado en concurso (con apertura de liquidación), pero la subsistencia del contrato respecto de aquellos miembros que se hallan en concurso de acreedores.

El art. 69 del Proyecto de Ley de Contratos del Sector Público contiene algunas novedades en relación con la contratación de las UTEs con entidades del sector público. En materia concursal su apartado 8, letra c, dispone lo siguiente: «Cuando alguna o algunas de las empresas integrantes de la unión temporal fuesen declaradas en concurso de acreedores y aún cuando se hubiera abierto la fase de liquidación, continuará la ejecución del contrato con la empresa o empresas restantes siempre que estas cumplan los requisitos de solvencia o clasificación exigidos».

Esta previsión legal parece dar a entender que, en su ausencia, el contrato público habría de resolverse. En el derecho vigente (y en contenido en el proyecto de Ley de Contratos del Sector Público), la apertura de la fase de liquidación en un concurso de acreedores, donde el deudor concursado es un contratista de la Administración, la apertura de la fase de liquidación, da siempre lugar a la resolución del contrato. En el derecho vigente (y en el futuro, de acuerdo también con el Proyecto de Ley de Contratos del Sector Público) si el contratista es declarado en concurso (y mientras no se abra la fase de liquidación), la Administración potestativamente continúa el contrato si el contratista prestare las garantías suficientes a juicio de aquélla para su ejecución. En consecuencia, parece deducirse de la propuesta (art. 69, 8), que la legislación, en el futuro, va a considerar que el concurso de una empresa de la UTE se comunica a los otros miembros, al menos a los efectos de determinar los efectos sobre el contrato público suscrito por la UTE. Sin embargo, existirá una especialidad, porque aun cuando se haya abierto la fase de liquidación, todavía podrá continuarse con el contrato, si se prestan garantías suficientes.

7. Contratos privados de la Administración, contratos administrativos, poderes del juez mercantil y poderes de la Administración

Las especialidades del TRLCSP, respecto de la LC, en materia de efectos del concurso sobre los contratos administrativos, están en el origen de las interferencias que obligan a deslindar los ámbitos competenciales propios del concurso y los que deben residenciarse en otras especialidades jurisdiccionales o en la esfera administrativa. El art. 67 LC remite a la legislación administrativa sobre contratos del sector público, en materia de contratos administrativos, no en materia de contratos privados de la Administración Pública. Respecto de estos segundos, los efectos de la declaración de concurso son los contemplados en la LC.

En el caso de los contratos administrativos, ante la concurrencia de dos o más causas de resolución, la Administración Pública deberá recurrir a aquella que primero se haya producido en el tiempo. Esta solución, reiterada por el TS y el Consejo de Estado, tiene por finalidad que no haya encubrimiento alguno del incumplimiento anterior a la declaración de concurso. Los poderes de la Administración Pública contratante sobre el contrato administrativo, son un tanto mayores que los poderes del juez del concurso sobre los otros contratos del concursado, puesto que los poderes del juez están tamizados por la situación en que se encuentre el contrato, en punto al cumplimiento de las obligaciones de las partes, así como por lo que acuerden la administración judicial, el concursado y la otra parte.

En el caso del concurso del contratista de la Administración, el interés general radica en el cumplimiento del contrato administrativo, pues la Administración lo suscribió para satisfacer ese interés, pero el interés general, ante la insolvencia del contratista, puede radicar también en la resolución del contrato, en la medida en que la insolvencia condujese al incumplimiento, con daño a los intereses generales.

Una manera de sortear la posible colisión entre el interés del concurso y el interés general (que puede exigir el mantenimiento del contrato, o, por el contrario, su resolución), habría sido la consignación legal de determinados criterios para que el juez del concurso decidiese sobre la suerte de los contratos administrativos, provocando que, en esos casos, su decisión estuviese presidida por el interés del contrato administrativo, y no por el interés del concurso. La atribución de esa decisión al juez del concurso hubiese podido contribuir a reducir, a sus justos términos, la discrecionalidad de que goza la Administración Pública para decidir si las garantías adicionales presentadas por el contratista–concursado son suficientes, puesto que nadie mejor que el juez del concurso, el cual tiene una visión global y completa de la situación del concursado, está en mejores condiciones para determinar si tales garantías son, o no, suficientes.

Si la decisión sobre los efectos que el concurso ha de tener sobre los contratos administrativos hubiere correspondido al juez, de acuerdo con unas previsiones que la LC podría haber establecido, previsiones que respondiesen al *interés del contrato administrativo*, y no al *interés del concurso*, el juez mercantil estaría aplicando normas propias del ordenamiento jurídico–administrativo y estaría llamado a adoptar, en su resolución, la posición de la Administración Pública, como organización al servicio objetivo del interés general. La posibilidad apuntada resulta ciertamente aberrante, pero de acuerdo con el sistema jurídico español vigente, no carecería completamente de precedentes, incluidos en la propia LC. Entre la aprobación de la LC en el año 2003, hasta la reforma llevada a cabo en esa Ley en 2014, había un precepto en cuya virtud el juez mercantil estaba llamado a adoptar decisiones fundamentadas en el interés general al que sirve la Administración Pública, distinto del interés del concurso. En la adopción de esas decisiones, el juez estaba llamado a adoptar, de alguna manera, la posición de la Administración Pública. Se trataba de la posibilidad excepcional de que el juez del concurso, a solicitud de parte, pudiese motivadamente autorizar la superación, en la propuesta de convenio, de los límites establecidos para las proposiciones de quita o espera (las cuales, respectivamente, no pueden exceder de la mitad del importe de cada uno de los créditos ordinarios, ni de cinco años a partir de la firmeza de la resolución que apruebe el convenio); el juez del concurso, cuando se tratase del concurso de *empresas cuya actividad pudiese tener especial trascendencia para la economía*, siempre que lo contemplase el plan de viabilidad que se presentara, podía autorizar que se superen esos límites (art. 100, 1 LC).

En la versión original de la LC era preciso, para que el juez autorizase la superación de esos límites, que se acompañase *informe emitido al efecto por la Administración económica competente*. El RDL núm. 3/2009, de 27 de marzo de medidas urgentes en materia tributaria, financiera y concursal ante la evolución de la situación económica[11], suprimió ese requisito, lo cual era una señal más de la tendencia a concentrar en el juez del concurso la adopción de todas las decisiones implicadas en el concurso. Posteriormente, la reforma de la LC ha transcurrido por otro camino. La posibilidad excepcional contemplada en la versión original de la LC en el art. 100, 1, segundo párrafo, se estableció como regla general y no sólo para las empresas *cuya actividad pueda tener especial trascendencia para la economía*. El Real Decreto–ley núm. 11/2014, de 5 de septiembre, de medidas urgentes en materia concursal, suprimió el párrafo segundo del art. 100, 1 LC. Así lo explica la Exposición de Motivos: *«Se levanta la limitación general que con anterioridad existía para los efectos del convenio (quitas del 50 por ciento y esperas de cinco años) pero para superar dichos límites se exige una mayoría reforzada del 65 por ciento»*[12].

11 *BOE* Nº 78, de 31 de marzo de 2009.

12 Para desarrollos más amplios sobre los temas abordados y para el análisis de otras cuestiones suscitadas por los efectos del concurso sobre la contratación administrativa, remito a las siguientes cuatro monografías, por orden cronológico: GUAYO CASTIELLA, I. del, *Sector público empresarial e instituciones paraconcursales*, ed. Marcial Pons, Madrid, 2004; VÁZQUEZ LÉPINETTE, T., *Administraciones Públicas y Derecho Concursal*, ed. La Ley, Madrid, 2006; GUAYO CASTIELLA, I. del, *Contratos del Sector Público y Concurso de Acreedores*, ed. La Ley, Madrid, 2011; y FERNÁNDEZ TORRES, I., *El concurso de las entidades del sector público y sus contratistas*, o.c., *in toto*. Se trata de los cuatro únicos libros existentes sobre el artículo 67 LC. Existen muchas otras aportaciones de gran calidad y clarificadoras de aspectos variados, las cuales se encuentran reseñadas por las respectivas bibliografías de esas cuatro monografías.

49. LAS POTESTADES EXCEPCIONALES EN LOS CONTRATOS DEL ESTADO: UN MECANISMO DE BUENA ADMINISTRACIÓN PÚBLICA

*Ciro Nolberto Güechá Medina**

INTRODUCCIÓN

En los contratos privados, los acuerdos celebrados por las partes muestran un criterio de igualdad entre las mismas; lo que determina que ninguna tenga prerrogativas frente a la otra. En tales circunstancias, no existe poder unilateral de imposición, en la medida que el contrato privado es celebrado entre iguales.

Pero la condición de igualdad que caracteriza al contrato privado, se rompe cuando se trata del contrato administrativo, porque el concepto de igualdad de las partes desaparece, en la medida que una de ellas es pública y está en un plano de desigualdad superior frente al administrado o particular que interviene en el contrato y a la cual se le otorgan una serie de prerrogativas públicas, que en determinadas circunstancias, puede ejercer dentro del proceso de contratación.

La prerrogativa pública que se otorga a la Administración dentro del contrato, proviene de la voluntad del legislador y no solamente del acuerdo entre las partes o de la decisión unilateral de la Administración; en la medida que, los contratos que celebra el Estado constituyen actuación administrativa, subordinada al principio de legalidad y encaminada al cumplimiento tanto de los fines del Estado, como de las propias entidades públicas que los celebran y que en definitiva se determinan por el interés general .

Las potestades que se otorgan a la Administración dentro del trámite administrativo de contratación, se reflejan en las denominadas cláusulas exorbitantes o excepcionales al derecho privado; que son exorbitantes, porque se convierten en verdaderos poderes unilaterales de la Administración y son excepcionales, porque no es usual encontrarlas en el derecho privado, aunque en algunos contratos de naturaleza especial se presentan. Así las cosas, miraremos si las cláusulas del contrato que celebra la Administración, han determinado en muchos eventos la noción de contrato administrativo, para diferenciarlo del contrato privado.

---

* Ph.D – Ph.D–© Ph.D. Decano de la Facultad de Derecho de la Universidad Santo Tomás de Bogotá; investigador del Centro de Investigaciones Socio Jurídicas ydel Doctorado en Derecho de la misma Universidad.

Potestades que tienen como finalidad otorgar a las Administraciones Públicas, poderes excepcionales para el desarrollo adecuado del servicio público, lo que permitirá una buena administración pública, que redundará en beneficio de todos los ciudadanos.

1. En Francia: la teoría clásica de las cláusulas exorbitantes.

Por otra parte, hay que decir, que el criterio de las cláusulas exorbitantes en el Derecho Francés, determina que las partes del contrato se han sometido a un régimen de poder público, donde se les otorgan derechos ajenos a los que operan en los contratos civiles y comerciales y que por su naturaleza son diferentes a las cláusulas que se incluyen en los contratos de Derecho Privado.

Así las cosas, un contrato es administrativo, si incluye una cláusula exorbitante al derecho común, que para los franceses puede surgir de cláusulas extrañas o inhabituales al Derecho Privado o de prerrogativas de poder público; y que hace que el contrato se rija por reglas de Derecho Público y los conflictos surgidos del mismo sean sometidos a la jurisdicción contencioso administrativa.

Pero la inclusión de cláusulas exorbitantes en los contratos que celebra la Administración y que son determinantes de competencia, van a generar un tema de discusión, en el sentido, si es la voluntad de las partes la que determina que hagan parte del contrato o sí es el mandato legal el que en ultimas decide cuando se deben pactar y cuando no; porque dependiendo de uno u otro caso, será o no, la cláusula exorbitante el resultado de una potestad pública.

En efecto, si la cláusula exorbitante depende únicamente de la voluntad de las partes del contrato, no podríamos decir que se trata de potestad pública, en la medida que serian simples acuerdos de las partes que determinarían derechos u obligaciones a las mismas, pero que no tendrían ninguna obligatoriedad en su inclusión en los contratos que celebra la Administración.

Alguna parte de la doctrina francesa ha dicho, que el contrato que contenga una cláusula exorbitante es administrativo, así no tenga por objeto la propia ejecución del servicio público por el particular, ya que si se presentara la ejecución del servicio público, sería superflua la inclusión de la cláusula exorbitante; y el criterio de identificación del contrato sería el de servicio público. Pero esta concepción nos enfrentaría a que el capricho de las partes primara en el criterio administrativo del contrato y que la potestad pública, que gira en torno a la noción de cláusula exorbitante, se convertiría en muchos casos en una potestad privada; pues la voluntad del particular contratista así lo determinaría y entonces, el acuerdo de voluntades típico del contrato privado, estaría primando en la noción de contrato administrativo.

Por otro lado y con un criterio de poder público como identificador del contrato administrativo, se ha dicho por la doctrina francesa, que la cláusula exorbitante constituye prerrogativa exorbitante del derecho común; que no sólo depende de la voluntad de las partes contratantes, sino que puede determinarse del propio contenido del contrato, en la medida que si el juez administrativo, detecta en el mismo la existencia de una prerrogativa pública, el contrato ha de tenerse por administrativo, así la voluntad de las partes diga otra cosa ; ya que la simple intención de los contratantes no puede ser la que exclusivamente determine la naturaleza del contrato y por tal la competencia para el conocimiento de los conflictos nacidos de los contratos administrativos, pues la competencia para conocer de los mismos, no puede estar subordinada a la voluntad de las partes en el contrato, que la determinaría cuando se le otorgue o no, el carácter de exorbitante del derecho común a una cláusula; y en estos términos se escoja al juez competente, lo cual sería contrario a derecho, pues el criterio de competencia no depende de las partes sino de la ley.

Por otra parte, en el sistema galo se han concebido varias clases de cláusulas exorbitantes, las cuales traemos a colación así:

1.1. Cláusulas ajenas o imposibles al derecho privado.

Estas incluyen aquellas cláusulas que otorgan derechos o imponen obligaciones a las partes del contrato, que no sería posible incluirlas dentro de los acuerdos contractuales del Derecho Privado, lo que determina que sean extrañas al ordenamiento civil o comercial, en la medida a que como lo plantea el profesor Benavides, son típicamente públicas porque son exclusivas del Derecho Administrativo.

La jurisprudencia administrativa francesa, ha calificado a esta clase de cláusulas exorbitantes, como aquellas que por su naturaleza son ajenas al consentimiento dentro de las leyes civiles y comerciales ; es decir, las que otorgan ciertas prerrogativas que no es posible consentir dentro del marco del Derecho Privado, tales como, la que autoriza a la Administración para proceder o actuar de oficio en la solución de los litigios o conflictos , o la cláusula de modificación unilateral del contrato por una de las partes ; ya que estas estipulaciones no son posibles en los contratos de los particulares, en la medida de la existencia de un principio de igualdad de las partes contratantes, por lo que las mentadas cláusulas no tienen asidero dentro de este régimen de contratación, pues romperían el principio mencionado.

El profesor José Luís Benavides, cuando se refiere a las cláusulas exorbitantes ajenas a los contratos entre particulares, las identifica como exclusivas del Derecho Administrativo, que no están basadas en las prerrogativas o poderes de la Administración frente a los contratistas, sino sobre la especificidad de la Administración misma ; respecto de lo cual nos separamos, en la medida que precisamente lo que determina la exorbitancia en esta modalidad de cláusulas ajenas al Derecho Privado, es la existencia de prerrogativas de poder público otorgadas a la Administración frente al administrado, que rompe el principio de igualdad en la contratación; en la medida que otorga ciertos beneficios a la misma y que si se llega al caso, que los beneficios se asignen al particular, la prerrogativa proviene de la Administración, que con una facultad de poder público los puede consentir dentro del acuerdo de voluntades del contrato, pero que en todo caso constituyen la excepción .

Por otra parte, especial atención merece la aclaración, si la cláusula ajena o imposible al Derecho Privado, implica necesariamente una cláusula ilícita a los contratos entre particulares, lo cual podemos afirmar que no, porque cláusulas como la terminación unilateral del contrato, si es pactada entre particulares no es considerada ilícita, en virtud del principio de la autonomía de la voluntad de los particulares, que si no atentan contra el orden público o las buenas costumbres, no puede considerarse como ilícita ; criterio que ha sido el de la jurisprudencia francesa, que en diferentes decisiones ha aceptado la licitud de la cláusula de terminación unilateral de los contratos privados .

1.2. Las cláusulas inusuales al derecho privado.

Estas cláusulas son viables dentro del derecho privado, lo que quiere decir, que pueden ser estipuladas sin que llegue a ser ilícita su inclusión dentro de un contrato entre particulares; siendo entonces su principal característica, el hecho de su escasa o inusual ocurrencia dentro de esta clase de contratos; precisando entonces, que la exorbitancia de la cláusula estaría en el hecho de ser inusual dentro del ordenamiento de los particulares.

La concepción de la cláusula inusual como cláusula exorbitante, permite decir con la mayoría de la doctrina, que la exorbitancia de las cláusulas del contrato administrativo se presenta en esta clase de cláusulas, ya que la autonomía de la voluntad entre particulares, permite que las cláusulas ajenas o imposibles al Derecho Privado, puedan ser estipuladas, siempre que no atenten contra el orden público a las buenas costumbres, llegando al punto de decirse en algunos casos que las únicas cláusulas exorbitantes son las inusuales.

Alguna parte de la doctrina francesa, le ha restado importancia al criterio de cláusula exorbitante para identificar los contratos administrativos, al considerar la noción poco satisfactoria ; pero además, por la falta de claridad en el concepto, ya que como lo expresamos anteriormente, la cláusula ajena o imposible al contrato privado, no constituye una ilegalidad del mismo y además no son totalmente exclusivas de los contratos administrativos, en la medida que el ejercicio de la autonomía de la voluntad permite incluirlas en los acuerdos contractuales entre particulares; en igual forma, porque el contenido de cláusula inusual es de difícil determinación, ya que no existen unos parámetros específicos que permitan concretar el término inusual y en esa medida quedaría sometida a la subjetividad del juez.

Sin embargo, en algunos casos sigue siendo tenida como un criterio de identificación del contrato administrativo, ya que se considera, que no está desprovista de toda lógica para la identificación del contrato administrativo, debido a que permite establecer que un contrato pertenece al Derecho Público y que el mismo toma o retoma una regla de Derecho Público; y porque marca la importancia del criterio orgánico del Derecho Administrativo, en la medida que comportan la presencia de una entidad pública en el contrato administrativo .

Como se puede ver, no existe postura unificada dentro del ordenamiento francés, que explique la noción de cláusula exorbitante, como parámetro para establecer la calidad del contrato administrativo.

2. En España las cláusulas exorbitantes se identifican con prerrogativas de la administración

El criterio de las cláusulas exorbitantes, como identificador de los contratos administrativos, se ha manejado de la siguiente manera en el Derecho Español:

Desde el siglo XIX, la Administración gozó de prerrogativas que le permitían facultades unilaterales dentro de los contras que celebraba ; lo que implicaba que en caso de incumplimiento, la Administración podía obligar a través de medios coercitivos al cumplimiento del contrato y a la consecuente indemnización de perjuicios; facultades estas, que dejan ver un claro antecedente de las denominadas cláusulas exorbitantes que conocemos actualmente, en la medida del otorgamiento de prerrogativas especiales a una de las partes del contrato como es la Administración, para tomar ciertas decisiones, que no son comunes al derecho de los contratos entre particulares; prerrogativas que no sólo dependían de la voluntad de las partes del contrato, sino de la voluntad del legislador, en la medida que las otorgaba a las entidades del Estado ; y que en nuestro ordenamiento nos permitiría hablar de la declaratoria de caducidad del contrato por incumplimiento o la imposición de multas por los retardos injustificados en el cumplimiento del mismo o la declaratoria de incumplimiento para hacer efectiva la cláusula penal pecuniaria o las garantías.

Pero además, mediante el R.D. de 11 de junio de 1886, determinó facultades especiales a la Administración, para resolver dudas respecto del cumplimiento del contrato, lo cual determina un antecedente importante de lo que en nuestro medio conocemos como cláusula de interpretación unilateral del contrato por parte de la Administraciones Públicas. Argumentaciones que nos permiten decir que el criterio de prerrogativa pública, reflejado en las cláusulas exorbitantes del contrato de la Administración, para especificarlo como administrativo y así diferenciarlo del contrato privado, no sólo es de vieja data, sino que ha sido constante dentro del ordenamiento jurídico español, en la medida que ha sido contemplado de una u otra forma tanto por la legislación, como por la jurisprudencia y la doctrina. En efecto, a manera de ejemplo en el RCCL de 1953, al hacer una regulación de los contratos administrativos y privados de la Administración en el sector local, deja ver la existencia de tales prerrogativas y por tal de las cláusulas exorbitantes, lo cual se puede identificar en igual forma, dentro del contenido de la LCE de 1965 y de la LCE de 1973.

Por su parte, la actual Texto Refundido de la Ley de Contratos Española, ratifica el criterio de facultades unilaterales de la Administración, como una noción de las prerrogativas de ésta, dentro de la ejecución del contrato administrativo , lo cual muestra la existencia de las denominadas cláusulas exorbitantes incluidas en el contrato administrativo ; cláusulas que son consagradas de manera genérica en el artículo 210 del Texto Refundido de la Ley de contratos de 2011, pero además, se hace alusión a las mismas en forma específica, cuando se refiere a cada clase de contrato en particular .

Especial atención merece, lo contemplado en el numeral 4 del artículo 211 del Real Decreto Legislativo N° 3 de 2011, que contiene el Texto Refundido de la Ley de Contratos Públicos de España, en cuanto a que: "los acuerdos correspondientes pondrán fin a la vía administrativa y serán inmediatamente ejecutivos" , ya que muestra una prerrogativa más de la Administración, que aunque no es exclusiva de la actividad contractual, sí se deja ver claramente dentro de la misma, la cual se refiere a la posibilidad que tiene la Administración de hacer cumplir los actos administrativos, sin necesidad de acudir al juez administrativo; ya que las decisiones que se tomen en ejercicio de las prerrogativas o de las cláusulas exorbitantes dentro del contrato administrativo, constituyen actos administrativos , que están cobijados por atributos o características de ejecutividad y ejecutoriedad de los mismos .

Hay que decir además, que todas esas prerrogativas que le asisten a la Administración y que se reflejan en las cláusulas exorbitantes, lo que dejan ver, es el claro plano de desigualdad que dentro de la contratación administrativa, se presenta entre las partes que intervienen en el contrato; situación extraña a los contratos celebrados entre particulares, donde por el contrario, lo que impera es un plano de igualdad entre las partes contratantes. Pero esa desigualdad que se presenta en el contrato administrativo, se justifica por el fin de interés general que comporta el contrato administrativo, ya que, lo que se persigue con el mismo es el cumplimiento de los fines generales del Estado y los fines particulares de la entidad pública que celebra el contrato .

Por otra parte, hay que aclarar eso así, que la noción de cláusula exorbitante, si bien es cierto ha sido de constante consagración dentro del ordenamiento jurídico español, no constituye un criterio exclusivo identificador del contrato administrativo, ya que al ser expresión de prerrogativas públicas de que goza la Administración, estas no hacen administrativo al contrato o lo que es lo mismo, no le dan el carácter administrativo; sino que por el contrario, el carácter de administrativo del contrato celebrado por la Administración, es lo que permite la inclusión de estas cláusulas exorbitantes ; es decir, que el contrato administrativo no proviene de la cláusula exorbitante, por la sencilla razón, que al ser las cláusulas exorbitantes expresión de las prerrogativas que goza la Administración y estas son consagradas previamente por la ley y no penden únicamente de la voluntad de las partes en el contrato.

En efecto, cuando hicimos alusión a los poderes o prerrogativas de que es investida la Administración en el Texto Refundido de la Ley de Contratos de España, nos podíamos dar cuenta, que esas prerrogativas están determinadas por la ley, que existen antes de los acuerdos contractuales y que se incluyen en el contrato, en la medida que éste sea administrativo; por lo que la argumentación correcta del criterio de cláusula exorbitante para identificar el contrato administrativo, no opera como criterio esencial sino por el contrario, lo que permite incluir cláusulas exorbitantes en un contrato, es que sea administrativo.

3. En Colombia son potestades de la administración

El criterio de las cláusulas exorbitantes, como identificador del contrato administrativo dentro del sistema colombiano, ha tenido diverso matices, que permiten hacer argumentaciones interesantes, en el sentido de si las cláusulas exorbitantes permiten identificar el contrato administrativo o por el contrario, estas dependen de la existencia de este contrato.

Las cláusulas exorbitantes, constituyen la expresión de prerrogativas que por mandato legal se otorgan a la Administración, lo que hace que el principio de igualdad que caracteriza los contratos privados se rompa y que se le otorgue a las entidades públicas contratantes, privilegios que le permiten desarrollar ciertas actuaciones unilaterales, con la potestad de hacerlas cumplir oficiosamente, es decir, sin necesidad de acudir a la jurisdicción de lo contencioso administrativo, amparada en el principio de la ejecución oficiosa de los actos administrativos .

Si bien es cierto las cláusulas exorbitantes, son estipulaciones contractuales, en la medida que hacen parte del contrato administrativo, constituyen como lo hemos venido afirmado, potestades de la Administración, dentro del contrato, que en algunos opera por mandato legal, en la medida que si no se pactan, se consideran incorporadas al contrato y en otros, sí dependen de la voluntad de las partes incluirlas en el contrato administrativo, ya que es facultativa su consagración en el mismo .

Entonces, habrá que determinar si esas potestades de que goza la Administración y que nacen de la ley y no del contrato, en la medida que están previstas en aquella aún antes de éste, son efectivamente cláusulas exorbitantes, que determinen la noción de contrato administrativo; o si por el contrario, son potestades que se pueden incluir en el contrato, precisamente por ser este administrativo.

Partiendo del cuestionamiento anterior, es pertinente identificar algunos conceptos importantes, así: qué se entiende por cláusula, cláusula exorbitante y potestad; ya que dichas nociones nos permitirán identificar si existe o no un criterio de cláusula exorbitante dentro de nuestro ordenamiento.

3.1 La noción de cláusula, determinada por la voluntad de las partes.

El Diccionario de la Real Academia Española de la Lengua, define la cláusula así: "Cada una de las disposiciones de un contrato, tratado, testamento o cualquier otro documento análogo, público o privado". Definición que nos permite decir, que las cláusulas constituyen acuerdos entre las partes que intervienen en un contrato; acuerdos que están determinados por la autonomía de la voluntad, en la medida que dependen del consenso para ser incluidos. Así las cosas, el acuerdo es lo que determina la existencia de una cláusula en un contrato; pero ese acuerdo, en principio se expresa fundamentalmente en los contratos entre particulares, donde prima el principio de igualdad de las partes contratantes.

Por otra parte, las cláusulas como expresión del convenio entre las partes de un contrato, son perfectamente viables en el contrato administrativo, en la medida que éste no escapa al criterio esencial del contrato privado, en cuanto a que los acuerdos celebrados se expresan en las estipulaciones o cláusulas del mismo y que el postulado de autonomía de la voluntad, opera en principio en igual forma en esta clase de contratos , pero que no se da de manera genérica en los contratos administrativos, como lo dan a entender algunos doctrinantes, en el sentido que sea esta la que determina la inclusión de todas la cláusulas en esta clase de contratos, ya que nuestro estatuto de contratación dispone que en alguna clase de contratos, si determinadas cláusulas exorbitantes no se incluyen, se consideran incorporadas al mismo , lo que determina que sea el mandato de la ley y no la voluntad de las partes, la que hace que formen parte del contrato administrativo.

Lo anterior nos permite decir, que en los contratos administrativos existen dos clases de cláusulas, las que provienen del acuerdo de las partes y las que se derivan de la ley en la medida que obligan a su inclusión en el contrato; las primeras son las típicas cláusulas contractuales, ya que su naturaleza está determinada por la voluntariedad de quienes intervienen en el contrato administrativo y que están referidas principalmente al objeto del contrato y a la ejecución del mismo y las segundas se determinan por las potestades de la Administración, que si tenemos en cuenta y como lo hemos afirmado dependen de la ley, por lo que en estricto sentido no constituirían cláusulas del contrato, sino requisitos del mismo.

3.2. Cláusula exorbitante.

A la noción de cláusula exorbitante se le ha dado diverso tratamiento, pues en algunos eventos se le asimila a potestad pública, en otros a prerrogativas de la Administración , a derechos y obligaciones extrañas a los contratos entre particulares o facultades excepcionales de la Administración etc.; lo que muestra que en la doctrina tanto nacional como extranjera no ha existido un tratamiento uniforme de la misma.

Por su parte la jurisprudencia de nuestra Corte Constitucional, al referirse a las cláusulas exorbitantes de los contratos de la Administración, las ha concebido como un poder de la misma, que se desarrolla dentro del contrato. El Consejo de Estado Colombiano a su turno, ha tenido un criterio de las cláusulas exorbitantes, como prerrogativas de la Administración durante la vigencia del contrato, pero en otros eventos ha hecho alusión a que se trata de poderes de la Administración, para ser ejercidos en la ejecución del contrato. Siendo importante resaltar, que el máximo órgano de la jurisdicción de lo contencioso administrativo, le da la denominación de cláusulas excepcionales, con fundamento en que el actual Estatuto Contractual así lo determina, distinguiéndolas además, de las denominadas cláusulas de privilegio, que aunque le otorgan a la Administración algunas ventajas, que no son absolutamente extrañas al derecho privado, como se podría tratar de la cláusula de reversión, pero atribuyéndole eso sí a las cláusulas excepcionales la naturaleza de potestades .

Como se puede ver, tanto el criterio de la doctrina como de la jurisprudencia, de una u otra forma, cuando se refieren a las cláusulas exorbitantes, hace relación a potestades o prerrogativas de la Administración en la ejecución de los contratos, en ejercicio de su poder de imperio, es decir, en ejercicio del poder público que le asiste, debido a que, cuando una entidad pública celebra un contrato, lo que busca es el cumplimiento de los fines del Estado y de la propia entidad; lo cual implica intereses de carácter general, en la medida que los fines estatales pretenden el bienestar de la comunidad, siendo posible decir con José Roberto Dromi, que los contratos celebrados por la Administración implican un amplio contenido social .

Contenido social que hace del interés general, un interés público, el cual determina una desigualdad de las partes en los contratos que celebran las entidades del Estado, ya que, para la garantía del mismo, se le han otorgado a la Administración unas prerrogativas, de las cuales no puede sustraerse; y que le dan la calidad de sujeto poderoso dentro de la actividad contractual.

Así las cosas, hay que decir que a las cláusulas exorbitantes dentro de nuestro ordenamiento jurídico, se las ha identificado con potestades de que goza la Administración en la actividad contractual y que se expresan dentro de las estipulaciones del contrato administrativo; pero que habrá que precisar, si esas estipulaciones determinan la existencia de las prerrogativas o potestades de la Administración o por el contrario, estas no dependen del contrato.

3.3. Las potestades de la administración en los contratos administrativos, son anteriores al contrato – falacia de las cláusulas exorbitantes y/o excepcionales.

Cuando en un contrato administrativo se incluye un acuerdo o estipulación contractual, que exprese una potestad o prerrogativa de la Administración, no nace del acuerdo de las partes del contrato, sino que por el contrario, esta ha sido previamente establecida en la ley y lo que se plasma en el contrato es el cumplimiento de la norma que obliga a su inclusión. En efecto, el Estatuto Contractual ha previsto unas potestades o prerrogativas a favor de la Administración, que le permiten que la actividad contractual logre su finalidad propuesta.

Dentro de esas potestades la Ley 80 de 1993 en el artículo 14, hace referencia a los medios que puede utilizar la Administración para lograr el cumplimiento de los fines que se persiguen con la contratación, medios que no son otra cosa que potestades otorgadas a la misma y que se determinan desde dos puntos de vista, así: el primero hace referencia a la dirección, control y vigilancia de la ejecución del contrato ; y el segundo, a la inclusión de las cláusulas excepcionales al derecho común, dentro de los contratos que celebra la Administración.

La consagración de cláusulas excepcionales dentro del contrato administrativo o estatal, en los términos del artículo 14 de la Ley 80 de 1993 , permite decir que, más que cláusulas exorbitantes o excepcionales, se trata de potestades o prerrogativas previas al contrato estatal, en la medida que son establecidas con anterioridad al mismo por una norma legal y que si no se incluyen se consideran pactadas ; así la misma norma diga que existe un poder facultativo de pactarlas o no, dentro de los contratos de prestación de servicios y los de suministro; pues si hacemos una interpretación sistemática podemos decir, que la posibilidad de pactar las cláusulas excepcionales en los contratos de prestación de servicios y de suministros se convierte en obligatoria, cuando a reglón seguido, el propio artículo 14 de la Ley 80 de 1993, sin hacer distinción alguna de contratos, hace referencia a que en los casos previstos en el numeral segundo, las cláusulas se consideran pactadas, así no se consignen expresamente; lo que determina que no es la voluntad de las partes en el contrato, la que hace existir prerrogativas o potestades a favor de la Administración, sino la propia ley; y como la norma no distingue, por principio de interpretación hay que decir, que no le es posible distinguir al intérprete y es pertinente afirmar, que la obligatoriedad de inclusión de prerrogativas de la Administración es para todos los contratos que celebra la Administración, excluyendo eso si, los que expresamente ha previsto la ley.

Así las cosas, es viable decir con el profesor Escobar Gil, que lo que comúnmente se llaman cláusulas excepcionales, son en verdad prerrogativas extracontractuales de la Administración, que nacen de la ley y que son previas al contrato estatal o administrativo ; lo que permite afirmar que dentro de nuestro ordenamiento, no existen cláusulas excepcionales o exorbitantes, sino potestades o prerrogativas de la Administración dentro de la actividad contractual, que le determinan una situación de privilegio frente al administrado parte en el contrato, el cual se justifica por los fines de interés general que se persiguen con la contratación estatal; argumentación que se puede reafirmar cuando el Consejo de Estado, se refiere a potestades excepcionales de la Administración previstas en el ordenamiento jurídico .

Las argumentaciones anteriores, llevan a determinar que el criterio de cláusula exorbitante, no permite la identificación de los contratos que celebra la Administración como administrativos, para diferenciarlos de los de Derecho Privado, sino por el contrario, por ser administrativo el contrato, se permite la inclusión de potestades a favor de la Administración .

Solo por vía de excepción podríamos hablar de cláusulas excepcionales en el derecho colombiano, y sería frente a las multas y la cláusula penal pecuniaria; en efecto, por mandato del artículo 17 de la Ley 1150 de 2007, las multas nacen del acuerdo entre las partes del contrato, pero una vez pactadas, la entidad pública las puede imponer sin necesidad de acudir al juez natural de contrato y además hacerlas efectivas por jurisdicción coactiva.

La ley 1150 de 2007, permite que las partes en un contrato pacten multas, lo que significa que la voluntad de la entidad pública y del particular es la que permite que dicho acuerdo se plasme en el contrato; pero una vez pactado, se convierte en un poder de la entidad pública, que puede ejercer directamente, sin más requisito que cumpliendo el debido proceso , pero sin tener que acudir a la jurisdicción; en ese momento, la igualdad que existió cuando se pactó la multa se rompe y la entidad pública adquiere una favorabilidad superior, que le permite ejercer el poder que ha nacido del acuerdo.

La misma circunstancia ocurre con la cláusula penal pecuniaria, la cual debe pactarse en el contrato, para que la entidad pública pueda declarar el incumplimiento del mismo y hacerla efectiva, pues si no se pacta no se puede imponer, en la medida que no existe una tabla o lista de valores de cláusulas penales para aplicar en los contratos, como tan poco ocurre con las multas. Aquí también se debe surtir el debido proceso del artículo 86 de la Ley 1474 de 2011.

3.4. Las principales potestades de la administración en el derecho colombiano.

El Estatuto contractual Público de Colombia, ha previsto unos poderes de las entidades públicas dentro del trámite administrativo de contratación, con la finalidad de lograr el cumplimiento del objeto en los contratos que celebre, pero fundamentalmente proteger el servicio público, evitando su afectación y parálisis.

El primer medio que tiene una entidad pública para lograr el cumplimiento de lo que pretende con un contrato, es la facultad de dirección y vigilancia sobre el mismo; en efecto, corresponde a la Administración controlar la ejecución del contrato y en esta medida, más que una atribución o potestad, es una obligación que debe cumplir .

En segundo lugar, la Administración posee unas potestades excepcionales para lograr el cumplimiento del fin del contrato, que se involucran que las mal llamadas clausulas excepcionales o como las he preferido llamar, potestades excepcionales, que corresponden a la caducidad del contrato, terminación unilateral, modificación unilateral, interpretación unilateral, reversión, reciprocidad, tratamiento de ofertas nacionales, multas, declaratoria de incumplimiento para hacer efectiva la cláusula penal pecuniaria y las garantías .

Ante la existencia de un contrato que deba pactar cláusulas o potestades excepcionales en los términos del artículo 14 de la Ley 80 de 1993, se entienden pactadas así no se consignen expresamente en el mismo, porque si bien es cierto, el mencionado artículo hace referencia a que en los contratos de suministro y de prestación de servicios es facultativo pactarlas, a renglón seguido se dice que en todos los contratos del numeral segundo del referido artículo, si no se pactan se entienden pactadas, lo cual incluye los contratos de prestación de servicios y suministro.

Implica lo anterior, que existe un primer grupo de contratos donde es obligatorio incluir cláusulas o potestades excepcionales; pero a la par hay un segundo grupo en los cuales es prohibido pactarlas, ya sea por la naturaleza del contrato o la calidad de las partes que intervienen en el mismo, en los términos del parágrafo del artículo 14 de la Ley 80 de 1993.

Así las cosas, tenemos dos grandes clases de contratos, unos que obligan a incluir cláusulas o potestades excepcionales y otros que las prohíben; pero existe un tercer grupo en los cuales no se ha dicho si se prohíbe o se obliga pactarlas, ya que el artículo 14 de la Ley 80 de 1993 no incluye todos los contratos en la regulación; circunstancia que amerita identificar, en que grupo hay que involucrarlos, si en loso que obliga a pactarlas o en los que prohíbe.

Para tal decisión tenemos que enfrentar dos principios de la contratación público, como son el de la autonomía de la voluntad y el de la habilitación legal; frente al primero, las entidades públicas pueden celebrar todos los contratos que estén previstos en el derecho privado y realizar los acuerdos que implique su voluntariedad, siempre que estén acordes a la legalidad, el orden público y las buenas costumbres porque ese es el espíritu del principio de la autonomía de la voluntad .

Por su parte, el principio de la habilitación legal, que es una expresión del principio de legalidad, indica que las autoridades públicas, solo pueden realizar los actos que una norma legal los faculte; es decir, que para el efecto de la actividad de contratación pública, solamente es posible pactar e incluir en los contratos los acuerdos y requisitos que permita la ley .

Implica lo anterior y frente al cotejo de los dos principios mencionados, la jurisprudencia del Consejo de Estado, restringiendo la autonomía de la voluntad, le hadado prevalencia al criterio de la habilitación legal y en esta medida, ha dicho que en los contratos en que no está previsto en una norma incluir cláusulas o potestades excepcionales, no es posible hacerlo, ya que en materia de procedimiento administrativo de contratación, las autoridades administrativas, están sujetas al sometimiento de la legalidad ; por esta razón hemos dicho en múltiples oportunidades que en asuntos de contratos públicos no existe discrecionalidad administrativa.

Considero que al obligarse a la existencia de una norma que expresamente permita la inclusión de cláusulas o potestades excepcionales en un contrato, que no se incluya en los enunciados en el artículo 14 de la Ley 80 de 1993 o en otra disposición específica, se está atentando contra el principio de la autonomía de la voluntad; pero además se está yendo más allá del criterio de legalidad y mal interpretando el principio de la habilitación legal previstos en la Ley 80 de 1993, por las siguientes razones:

En primer lugar, los artículos 13 y 32 de la Ley 80 de 1993 son claros en permitir la autonomía de la voluntad en los contratos del Estado, lo que significa que existe una habilitación legal para la aplicación de dicho principio, y en esta medida, si se efectúa un acuerdo entre las partes de incluir cláusulas excepcionales en un contrato que no esté enlistado en el artículo 14 de la Ley 80 de 1993, no se está violando el criterio de legalidad ni la habilitación legal, porque una norma ya lo previó.

Entonces, no es la discrecionalidad unilateral de las partes en el contrato, la que determina la utilización de la autonomía de la voluntad para incluir una cláusula o potestad excepcional, sino la autorización o habilitación que la ley ha otorgado y en este momento se cumple tal principio; pero además, los artículos cuarto y catorce de la Ley 80 de 1993, cuando hace referencia a los derechos y deberes de las entidades públicas en los contratos estatales y de los medios para el cumplimiento del objeto del contrato, son claros en permitir que las entidades públicas utilicen ciertas prerrogativas para su cumplimiento, que se determinan a título enunciativo en el artículo catorce de la Ley 80 de 1993, pues las restricciones, se consignaron expresamente en el parágrafo del mismo artículo.

Significa, que el legislador quiso expresamente que en dichos contratos no se pactaran, pero como no podía enumerar todos los contratos en que se podían incluir, pues simplemente lo hizo a título enunciativo y en los que no nombró ha de entenderse que opera el principio de autonomía de la voluntad, es decir, que debería poder pactarse; obviamente, cumpliendo criterios de legalidad, interés general, orden público, buenas costumbres, así como la naturaleza y especificidad de cada contrato, pues en algunos casos y como los acuerdos que están facultadas para celebrar las entidades públicas son tan amplios, puede suceder que no opere la consignación de una cláusula o potestad excepcional.

En mi parecer, el permitir la inclusión de cláusulas o potestades excepcionales en los contratos en que el legislador no ha dicho nada expresamente, beneficia la contratación pública, el interés general y protege el servicio público, ya que son instrumentos que tiene la Administración para lograr el cumplimiento de los contratos; porque a veces, una decisión que jurídicamente es correcta, tal vez afecta la actividad contractual, como ocurre con la inclusión de potestades excepcionales en contratos que se rigen por el derecho privado.

En efecto, la Jurisprudencia del Consejo de Estado ha dicho, que en los contratos de régimen exceptuado, es decir, que se regulan por normas de derecho privado y no por el Estatuto Contractual Público, no es posible incluir cláusulas o potestades excepcionales, en la medida que estas son de derecho público administrativo y la regulación de dichos contratos son de derecho privado; decisión que argumentativamente es correcta, pero que en la práctica afecta la gestión administrativa, ya que una entidad pública que contrate con el régimen privado queda de alguna manera maniatada en el ejercicio de potestades excepcionales y tendrá que acudir al juez del contrato para imponer sanciones administrativas al contratista incumplido, lo cual en nuestro parecer afecta la función de servicio público.

CONCLUSIONES

Implica lo consignando en la ponencia, que las denominadas clausulas excepcionales o exorbitantes, lo que constituyen son prerrogativas o potestades de las administraciones públicas, que implican el otorgamiento de poderes unilaterales a las entidades del Estado, para que los ejerzan en provecho de un adecuado ejercicio del servicio público y de esta manera se determina una adecuada función administrativa.

En efecto, no es posible darle el mismo tratamiento a las partes de un contrato privado, que a las que intervienen en un contrato público, por la finalidad que se busca con el mismo, en el sentido de la prestación de servicio público y en general la solución de las necesidades de todas las personas.

Una adecuada función administrativa, implica otorgarle poderes unilaterales a las administraciones públicas, para que en un plano de desigualdad superior frente a los contratistas, pueda buscar el cumplimiento de los contratos públicos y el fin que se persigue con los mismos.

BIBLIOGRAFÍA

ALESSI, Renato. *Instituciones de Derecho Administrativo*, tomo I, Barcelona, Casa Editorial Bosch, 1970.

ARIÑO ORTIZ, Gaspar. "El Contrato Administrativo en el Derecho Español", En: *Conferencias de Contratación Administrativa*, Universidad Externado de Colombia, 2004.

– *La reforma de la ley de contratos del Estado*, Madrid, Unión Editorial, S.A., 1984

– *Principios de Derecho Público Económico*, Bogotá, Universidad Externado de Colombia, 2003.

– *Teoría del equivalente económico en los contratos administrativos*, Madrid, Instituto de Estudios Administrativos, 1968

BALLESTEROS FERNÁNDEZ, Ángel y CASTELAO RODRÍGUEZ, Julio. *Contratos de las administraciones públicas: Comentarios al Texto Refundido de la Ley*. Madrid, Editorial Publicaciones Abella, tercera edición, 2000

BENAVIDES, José Luís. *El contrato estatal*, segunda edición, Bogotá D.C., Universidad Externado de Colombia, 2004.

BERCAITZ, Miguel Ángel. *Teoría general de los contratos administrativos*, segunda edición, Buenos Aires Argentina, Ediciones de Palma, 1980

CARRETERO PÉREZ, Adolfo. *El contrato administrativo ante la ley de bases de contratos del Estado*, Madrid, RAP. N° 45, 1964.

DÁVILA VINUEZA, Luis Guillermo. *Régimen jurídico de la contratación estatal: Aproximación crítica a la ley 80 de 1993*, Bogotá, Editorial Legis, 2001.

ESCOBAR GIL, Rodrigo. *Teoría general de los contratos de la administración pública*, Bogotá, Editorial Legis, segunda reimpresión, 2003.

ESCOLA Héctor José. *Tratado integral de los contratos administrativos*, vol. I, Buenos Aires Argentina, Editorial Depalma, 1977.

EXPÓSITO VÉLEZ, Juan Carlos. *La configuración del contrato de la administración pública en Derecho Colombiano y Español, Bogotá*, Universidad Externado de Colombia, 2004.

FERNÁNDEZ ASTUDILLO, José María. *Contratación administrativa*, Barcelona, Editorial Bosch S. A., 2002.

GRANILLO OCAMPO, Raúl Enrique. *Distribución de los riesgos en la contratación administrativa*, Buenos Aires Argentina, Editorial Astrea, 1990.

GUETTIER, Christophe. *Droit des contrats administratifs*, Thémis Droit, París 2008.

HERRERA BARBOSA, Benjamín. *Contratos Públicos*, segunda reimpresión, Bogotá, Ediciones Jurídicas Gustavo Ibáñez, 2005.

MONEDERO GIL, José. *Doctrina del contrato del Estado*, Madrid, I.E.F. 1997.

50. LA SOLUCIÓN DE CONTROVERSIAS EN LA CONTRATACIÓN PÚBLICA Y EL ARBITRAJE INTERNACIONAL DE INVERSIONES *

Una perspectiva desde el derecho venezolano

José Ignacio Hernández G. **

INTRODUCCIÓN

El Derecho Administrativo reconoce que el Estado, para cumplir con sus cometidos, celebra contratos con el sector privado. La actividad contractual del Estado es, así, una parte de su actividad administrativa. En Iberoamérica, siguiendo al Derecho Francés, la actividad contractual de la Administración se basa en la distinción entre el contrato administrativo y el contrato civil de la Administración. El primero tiene por objeto o causa al servicio público y, por ello, se somete a Derecho Administrativo; el segundo, por el contrario, no tiene por objeto o causa el servicio público y por ende, se somete a Derecho Privado. Como resultado de lo anterior, las controversias derivadas del contrato administrativo son conocidas por la jurisdicción contencioso–administrativa mientras que las controversias basadas en el contrato civil de la Administración son conocidas por la justicia civil.

Actualmente varios países de Iberoamérica han comenzado a superar esa rígida distinción, a favor de la progresiva uniformidad del régimen jurídico de la actividad contractual de la Administración, actividad que queda sometida, así, a la interaplicación del Derecho Público y el Derecho Privado. De ello ha surgido el concepto, más general, de contrato público o contrato del Estado.

La tradicional distinción entre el contrato administrativo y el contrato civil de la Administración permite explicar, al menos en parte, la tradicional reticencia al arbitraje como método de solución de controversias surgidas con ocasión a la actividad contractual de la Administración. Así, el recelo hacia el arbitraje tiene una causa general: el Derecho Administrativo en Iberoamérica se ha basado en el dogma de la acción unilateral de la Administración para atender al interés general, con lo cual, el arbitraje se ha reducido, al considerarse que éste no aplica en materias de orden público. Más en con-

---

* El presente trabajo forma parte de la investigación sobre Derecho Administrativo Global adelantada en el Instituto de Investigación Jurídicas de la Universidad Católica Andrés Bello.

** Doctor en Derecho, Universidad Complutense de Madrid. Profesor de Derecho Administrativo en la Universidad Central de Venezuela y en la Universidad Católica Andrés Bello. Director del Centro de Estudios de Derecho Público, Universidad Monteávila.

creto, la doctrina Calvo ha generado desconfianza hacia el arbitraje, especialmente, internacional, al preferirse la regla del trato nacional y la jurisdicción de los Tribunales domésticos.

La globalización ha coadyuvado a superar ambos obstáculos. La actividad contractual de la Administración no es ya una actividad puramente doméstica. Por el contrario, es una actividad internacional. Lo es, por un lado, pues los contratos del Estado suelen suscribirse con operadores extranjeros. Lo es, además, pues la actividad contractual de la Administración se somete, cada vez con mayor frecuencia, al Derecho Internacional. Esto es así incluso en contratos domésticos, por ejemplo, ante la aplicación de estándares de organismos internacionales que proveen financiamiento para este tipo de contratos.

Otro control destacado es el arbitraje internacional de inversiones. En efecto, el arbitraje internacional de inversiones es un mecanismo que permite resolver controversias relacionadas con los contratos de la Administración en dos sentidos muy distintos. Por un lado, ese arbitraje permite resolver ***controversias contractuales***, o sea, controversias basadas en incumplimiento de las obligaciones contractuales. Tal arbitraje tiene su fundamento en el acuerdo de voluntades entre el Estado y el inversor de someter a arbitraje las controversias contractuales; como tal, ese arbitraje queda limitado por esa cláusula y por el propio contrato. Junto a este modelo, encontramos el arbitraje basado en Tratados, el cual permite resolver ***controversias extracontractuales,*** o sea, controversias basadas en la violación de los estándares de protección del inversor que aplican incluso en relación con la actividad contractual del Estado. Este arbitraje tiene un ámbito más amplio, pues se basa en el consentimiento perfeccionado a través del Tratado, el cual es extensible a cualquier reclamo fundado en cualquier violación a los estándares por éste reconocidos. Sin embargo, no toda controversia surgida con ocasión a contratos públicos puede ser sometida a arbitraje de acuerdo con Tratados, pues se requiere, por parte del Estado, una actividad que reúna características especiales, referidas al ejercicio de potestades públicas.

De esa manera, la solución de controversias derivadas de contratos públicos a través del arbitraje internacional de inversiones forma parte de los controles que aplican sobre la Administración desde el Derecho Administrativo Global. Para desarrollar ese tema trataremos, en *primer lugar,* el arbitraje en la contratación pública venezolana. Luego, y en *segundo* lugar, analizaremos al arbitraje internacional como modo de solución de controversias, haciendo especial énfasis en el arbitraje basado en Tratados. La *tercera* y última parte se destina, a modo de recapitulación, a explicar que el arbitraje como modo de solución de controversias derivadas de contratos públicos, propende a la uniformidad de la actividad contractual de la Administración desde el Derecho Administrativo Global.

I. EL ARBITRAJE EN LA CONTRATACIÓN PÚBLICA VENEZOLANA: ENTRE LA CLÁUSULA CALVO Y LA APERTURA DEL DERECHO ADMINISTRATIVO

1. Los obstáculos tradicionales al arbitraje como método de solución de controversias en la contratación pública: la impronta de la tesis del contrato administrativo

El arbitraje en la contratación pública, dentro del Derecho Administrativo venezolano, se ha enfrentado a los obstáculos que el arbitraje ha tenido –en general– dentro del Derecho Administrativo, ante la supuesta incompatibilidad entre los métodos de solución de controversias basados en el mutuo acuerdo y el dogma de la acción unilateral de la Administración[1].

En efecto, como ha sucedido en general en el Derecho Administrativo Iberoamericano, en Venezuela, el Derecho Administrativo históricamente se ha centrado en torno a la figura del ***acto administrativo*** como decisión unilateral derivada del ejercicio de la ***potestad administrativa***. En tal sentido, la potestad administrativa es concebida como un poder–deber de la Administración que como tal resulta inderogable e indisponible, tal y como precisa en Venezuela la Ley Orgánica de la Administración Pública en relación con la ***competencia administrativa***[2].

Consecuentemente, todo lo relacionado con el acto administrativo y la potestad administrativa se ha considerado ***indisponible*** para la Administración. Derivado de lo anterior, se considera que todo lo relacionado con el acto administrativo y la potestad administrativa no puede ser objeto de ***transacción***. Finalmente, con base en todo este razonamiento, se concluye que el arbitraje queda restringido en relación con el acto administrativo y la potestad administrativa, en tanto el arbitraje se excluye en materias respecto de las cuales no se admite la transacción[3].

---

1 Esta visión tradicional es resumida por Brewer-Carías de la siguiente manera: "*la transacción en materia de Derecho público nunca puede versar sobre el ejercicio de una facultad reglada o vinculada de la Administración (...) sino sólo en los supuestos en que exista una potestad discrecional*" ("Las transacciones fiscales y la indisponibilidad de la potestad y competencias tributarias", en *Jurisprudencia de la Corte Suprema de Justicia 1930-1947 y estudios de Derecho administrativo. Tomo I. Ordenamiento constitucional y funcional del Estado,* Instituto de Derecho Público de la Universidad Central de Venezuela, Caracas, 1975, p. 48). *V.*, también a Ruan, Gabriel, "Comentarios sobre la aplicabilidad del instituto de la transacción a la actividad de la Administración Pública", en *Revista de Derecho PúblicoN° 7,* Caracas, 1981, pp. 89 y ss.

2 La potestad administrativa es la denominación técnica que recibe esta actuación de imperio del Estado. *Cfr.*: Araujo-Juárez, José, *Derecho administrativo. Parte General,* Paredes, Caracas, 2007, pp. 25 y ss., y Rondón de Sansó, Hildegard, *Teoría general de la actividad administrativa,* Ediciones Liber, Caracas, 2000, pp. 44 y ss. En tanto la potestad administrativa es indisponible, en Venezuela se han concluido que el arbitraje no puede pactarse en relación con el ejercicio de la potestad. De allí, por ejemplo, el reducido ámbito de los acuerdos convencionales como forma de terminación del procedimiento administrativo. *Cfr.*: Ruan, Gabriel, "Visión crítica sobre la transacción en el Derecho Tributario. Hacia los acuerdos procedimentales", en *Revista de Derecho Tributario N° 105,* Caracas, 2005, pp. 205 y ss., quien analiza la figura de los "acuerdos procedimentales". *V.*, lo que exponemos, sobre ello, en Hernández G., José Ignacio, *Lecciones de procedimiento administrativo,* FUNEDA, Caracas, 2012, pp. 253 y ss.

3 Huego Lora ha criticado, desde el Derecho español, estas conclusiones generales. *V., Los contratos sobre los actos y las potestades administrativas,* Civitas, Madrid, 1998, pp. 268 y ss.

Tras este razonamiento, que se insiste, puede estimarse difundido en Latinoamérica, subyace lo que consideramos es un dogma del Derecho Administrativo centrado en el Estado, esto es, ***el dogma de la acción unilateral de la Administración.*** Esto implica que la gestión del interés público por la Administración parte de su decisión unilateral, expresada en el acto administrativo, revisable solo en dos instancias: ante la propia Administración, como resultado de la llamada potestad de autotutela revisora, y ante los órganos de la jurisdicción contencioso–administrativa. Este dogma de la acción unilateral se contrapone al arbitraje, cuya base es siempre el acuerdo de voluntad entre las partes.

Ahora bien, es preciso señalar que el consentimiento de la Administración para someter a arbitraje disputas relacionadas con el acto y la potestad administrativa, en modo alguno supone que la Administración está renunciando o cediendo al ejercicio de esa potestad. La transacción, como se sabe, requiere precisamente de la cesión o disposición de derechos. Pero cuando la Administración otorga su consentimiento para dirimir disputas mediante el arbitraje, ni cede ni dispone de la potestad que le atribuye la Ley. Por el contrario, la Administración solo está consintiendo a que la revisión de la potestad y del acto administrativo sea realizada mediante el arbitraje, de similar manera a que el acto y la potestad pueden ser revisados por un Tribunal.

Asimismo, es preciso recodar que, al menos según la posición mayoritaria, los árbitros ejercen la función jurisdiccional[4]. Por lo tanto, al manifestar su consentimiento para someter a arbitraje disputas relacionas con el acto y la potestad, la Administración consiente a que la revisión jurisdiccional del acto y de la potestad sea realizada mediante el arbitraje, en lugar de los órganos de la jurisdicción contencioso–administrativa. La Constitución venezolana ofrece en este sentido un punto de apoyo, al señalar que el arbitraje forma parte del sistema de justicia. Con base en ello, cierta jurisprudencia –que parece aislada– ha considerado que los árbitros pueden dirimir controversias entre el ciudadano y la Administración, con la misma extensión que esas controversias pueden ser resueltas por los Tribunales de la jurisdicción contencioso–administrativa[5].

Ahora bien, los obstáculos al arbitraje respecto de controversias basadas en el acto y en la potestad, se han trasladado a la actividad contractual de la Administración Pública. Ello es consecuencia de la impronta que la tesis del contrato administrativo ha tenido en Venezuela, como en general lo ha tenido en el Derecho Administrativo Iberoamericano[6].

---

4 Por todos, *vid.* Oppetit, Bruno, *Teoría del arbitraje,* Legis, Bogotá, 2006, p. 57.

5 De conformidad los artículos 253 y 258 de la Constitución de Venezuela, como ha recordado incidentalmente la Sala Constitucional, el arbitraje forma parte de los medios alternativos de justicia integran el sistema de justicia (sentencia de la Sala Constitucional de 17 de octubre de 2008, caso *Hildegard Rondón de Sansó*). De allí que, desde una perspectiva general, esa sentencia concluyó que el ámbito del arbitraje coincide con el ámbito de la función jurisdiccional del Juez. Se trató, sin embargo, de una aseveración general, que no parece haber incidido en el limitado alcance que el arbitraje tiene en el Derecho Administrativo Venezolano. *Cfr.*: Diaz Candia, Hernando, *El correcto funcionamiento expansivo del arbitraje,* Legis, Caracas, 2013, pp. 53 y ss. Del autor, también, vid. "El arbitraje en el contencioso administrativo", en *XXXVIII Jornadas J.M. Domínguez Escobar. Avances jurisprudenciales del contencioso administrativo en Venezuela*, Barquisimeto, 2013, pp. 443 y ss.

6 En Venezuela, los obstáculos al arbitraje se centran en la actividad administrativa expresada a través de la potestad y del acto. Por el contrario, la actividad administrativa expresada en prestaciones regidas instrumentalmente por el Derecho Privado, como sucede con la actividad de gestión económica, no presenta este obstáculo. Consecuentemente el arbitraje se admite con mayor amplitud en este tipo de actividad

En efecto, bajo la visión tradicional, la actividad contractual de la Administración puede quedar sometida a un régimen jurídico–privado o a un régimen jurídico–administrativo, de acuerdo con el objeto o causa del contrato. Cuando ese objeto o causa es el servicio público, la actividad contractual de la Administración se somete a Derecho Administrativo, a consecuencia de lo cual, la Administración puede ejercer ciertas "prerrogativas", denominadas "cláusulas exorbitantes". De acuerdo con la doctrina y jurisprudencia, se trata en realidad de poderes de actuación extracontractuales y unilaterales. Esto significa que la Administración, en el marco del contrato administrativo, es titular de potestades que le permiten dictar actos administrativos[7].

Es por lo anterior que el arbitraje tiende a reducirse en el contrato administrativo, pues como vimos, el arbitraje se reduce respecto de controversias relacionadas con la potestad y con el acto, incluso, con ocasión a las potestades de la Administración presentes en tal contrato.

Por el contrario, en la actividad contractual sujeta a Derecho Privado, el arbitraje no se enfrenta a tales obstáculos. Esta distinción, incluso, es reconocida en la Ley de Arbitraje Comercial venezolana, que regula, en general, el arbitraje como método de solución de controversias de índole comercial[8].

Esta conclusión, para nosotros, es criticable. Por un lado, la propia distinción categórica entre el contrato administrativo sometido a Derecho Administrativo en contraposición al contrato de la Administración sometido a Derecho Civil, no luce adecuada de cara al régimen jurídico de la actividad contractual de la Administración, cuya tendencia es hacia la unificación, como queda establecido en la Ley de Contrataciones Públicas[9].

---

administrativa, como lo reconoce la Ley de Arbitraje Comercial. *Cfr.*: Badell Madrid, Rafael, "Medios alternativos de solución de conflictos en el Derecho administrativo venezolano. Especial referencia al arbitraje en los contratos administrativos", en *Congreso Internacional de Derecho administrativo en homenaje al Profesor Luis H. Farías Mata, Tomo II,* Universidad de Margarita, Caracas, 2006, pp. 116 y ss., y Fraga Pittaluga, Luis, *El arbitraje en el Derecho administrativo,* Caracas, 2000, pp. 79 y ss. Es por ello que el arbitraje suele admitirse con mayor amplitud en la actividad contractual de la Administración, en la medida en que ésta acuda al Derecho Privado. *V.*, Moles Caubet, Antonio, "El arbitraje en la contratación administrativa", en *Estudios de Derecho Público,* Universal Central de Venezuela, Caracas, 1997, pp. 207 y ss.

7 Por todos, vid. Brewer-Carías, Allan, *Tratado de Derecho Administrativo. Derecho Público en Iberoamérica. Volumen III. Los actos administrativos y los contratos administrativos*, primera edición, Civitas Thomson Reuters, Madrid, 2013, pp. 830 y ss.

8 Como vimos, las controversias relacionadas con la actividad de la Administración de naturaleza contractual, incluso contractual, pueden someterse a arbitraje de acuerdo con la Ley de Arbitraje Comercial. Pero ese régimen no aplicaría al contrato administrativo, en la medida en que aquí la Administración no despliega una actividad comercial traducida en el ejercicio de la potestad. *V.*, sobre ello, en general, a Loreto González, Irene, *et al,*"El arbitraje y el sector público", en El arbitraje en Venezuela. Estudios con motivo de los 15 años de la Ley de Arbitraje Comercial, Centro de arbitraje de la Cámara de Caracas-Centro de Conciliación y Arbitraje (CEDCA) y Club Español de Arbitraje, Caracas, 2013, pp. 559 y ss.

9 La tesis del contrato administrativo tiene plena vigencia en la mayoría de la doctrina y en la jurisprudencia venezolana, a pesar de que la Ley de Contrataciones Públicas uniformó el régimen de la actividad administrativa contractual. *V.*, nuestra posición en Hernández G., José Ignacio, "El contrato administrativo en la Ley de Contrataciones Públicas de Venezuela" en *Revista de Administración Pública N° 176,* Madrid, 2008, pp. 363 y ss. Así, la Ley de Contrataciones Públicas aplica por igual a todo contrato suscrito por la Administración, el cual es calificado como contrato público.

De otro lado, la cláusula arbitral (incluso, en el contrato administrativo) no supone para la Administración renuncia a los derechos o poderes jurídicos que le corresponden en el marco de su actividad contractual. Por el contrario, a través de esa cláusula la Administración acepta que el ejercicio de esos derechos o poderes (incluyendo los poderes o "prerrogativas" del contrato administrativo) quedarán sometidos al control arbitral. Con lo cual, a través de la cláusula arbitral la Administración ratifica tales derechos y poderes, pues el control arbitral requiere del ejercicio de esos derechos y poderes.

2. La cláusula Calvo y los obstáculos al arbitraje (nacional e internacional) en la contratación pública

Otro obstáculo al arbitraje en la contratación pública en Venezuela se relaciona con una doctrina de Derecho Internacional de profundo arraigo en Latinoamérica, como es la llamada doctrina Calvo. De esa doctrina, como explicamos aquí, ha surgido un obstáculo general al arbitraje, y otro obstáculo especial al arbitraje gobernado por el Derecho Internacional[10].

De esa manera, y en apretada síntesis, la doctrina Calvo postula que las relaciones entre el Estado y los extranjeros deben quedar sometidas al Derecho doméstico, de forma tal que cualquier controversia debe ser resuelta por los Tribunales domésticos. En realidad, esta doctrina surge en el Derecho Internacional como respuesta de los Estados receptores de capital a los Estados exportadores de capital que postulaban la tesis del ***estándar mínimo internacional,*** esto es, el principio conforme al cual las relaciones entre el Estado y los extranjeros deben someterse a estándares de protección regidos por el Derecho Internacional, cuando el Derecho doméstico no cumple con las exigencias esperadas en países civilizados. Esto es importante tomarlo en cuenta, pues el objetivo de la doctrina Calvo no es excluir al arbitraje como método de solución de controversias, sino excluir la aplicación del Derecho Internacional[11].

La doctrina Calvo no llegó a formar parte de la costumbre internacional, principalmente, por la oposición de los Estados exportadores de capital. Sí se logró, en todo caso, establecer como principio general que las controversias entre Estados y extranjeros no podía dar lugar a actos de guerra[12]. Ante la imposibilidad de lograr la aceptación general de esta doctrina, entonces, los Estados receptores de capital optaron por incluir esta doctrina como cláusula obligatoria en sus contratos. Ello se logró incluso incorporando esa disposición en normas constitucional. Con lo cual, la doctrina Calvo pasó a ser una cláusula obligatoria en la contratación pública. Tal es el origen de la cláusula Calvo[13].

Por ello, el objetivo de la cláusula Calvo –como sucede con la doctrina del mismo nombre– es asegurar la aplicación del Derecho doméstico a las controversias contractua-

---

10 Sobre la doctrina Calvo, entre otros, vid. Dugan, Christopher, *et al*, *Investor-State Arbitration,* Oxford, 2008, pp. 26 y ss., y Shea, Donald R., *The Calvo clause,* University of Minessota Press, 1955, pp. 11-32.

11 Por ello, la doctrina Calvo postula la tesis del trato nacional, mientras que la doctrina del estándar mínimo internacional postula la tesis del trato internacional. *V.*, Newcombe, Andrew y Paradell, Lluís, *Law and Practice of Investment Treaties: Standards of Treatment*, Kluwer Law International, 2009, pp. 8 y ss.

12 En general, puede verse para esta evolución, entre otros, a Vandevelde, Kenneth J., *Bilateral Investment Treaties History, Policy, and Interpretation,* Oxford University Press, 2010, pp. 195 y ss.

13 Weiler, Todd, *The Interpretation of International Investment Law: Equality, Discrimination, and Minimum Standards of Treatment in Historical Context,* Martinus Nijhoff Publishers, 2013, pp. 235 y ss.

les surgidas entre Estados y extranjeros. Pero esa cláusula, en su aplicación, tiene un efecto colateral: al afirmar la jurisdicción exclusiva de los Tribunales Nacionales, esa cláusula excluye también al arbitraje como método de solución de controversias, incluyendo al arbitraje doméstico[14].

Tal efecto excede del propósito de esa cláusula. De esa manera, si el objetivo de tal cláusula es asegurar que controversias contractuales entre el Estado y el inversor queden regidas por el Derecho doméstico, ello no se opone al arbitraje en general, sino solo al arbitraje internacional, en tanto éste pasa por aplicar el Derecho Internacional, y no el Derecho doméstico. No obstante, debido a su formulación amplia, la cláusula Calvo termina por obstruir al arbitraje (nacional o internacional) como método de solución de controversias.

Sin embargo, tampoco la cláusula Calvo logró su objetivo. Como tempranamente se admitió en el arbitraje internacional, esa cláusula solo puede regir para ***controversias contractuales***, o sea, disputas basadas en la violación de obligaciones contractuales. Fuera de ese ámbito, la cláusula Calvo no tiene efecto alguno. Por ello, esa cláusula no rige a controversias entre el Estado y los extranjeros derivadas de la violación del Derecho Internacional, pues esas controversias son extracontractuales[15].

3. La cláusula Calvo en la era de los Tratados Bilaterales de Inversión. Especial referencia a Latinoamérica

Aun cuando la cláusula Calvo no logró impedir la aplicación del Derecho Internacional, por la explicación antes dada, lo cierto es que esa cláusula sí fue aceptada en el Derecho doméstico, incluso, con rango constitucional. Tal es la situación común en Latinoamérica[16]. Por ejemplo, el artículo 422 de la Constitución de Ecuador dispone lo siguiente:

> "No se podrá celebrar tratados o instrumentos internacionales en los que el Estado ecuatoriano ceda jurisdicción soberana a instancias de arbitraje internacional, en controversias contractuales o de índole comercial, entre el Estado y personas naturales o jurídicas privadas"

---

14 Por arbitraje doméstico entendemos aquel sometido a un solo Derecho, típicamente, aquel de la nacionalidad de las partes del arbitraje. El arbitraje internacional, por el contrario, implica la solución de controversias entre sujetos de distinta nacionalidad, lo que supone aplicar un Derecho distinto al de la nacionalidad. El arbitraje internacional de inversiones es un arbitraje internacional pues se rige por el Derecho Internacional, aun cuando ello no lleva necesariamente a la exclusión del Derecho doméstico. Por ello, la distinción entre arbitraje doméstico y arbitraje internacional es meramente descriptiva.

15 En efecto, esa cláusula fue objeto de interpretación por las Comisiones Mixtas de arbitraje conformadas a finales del siglo XIX y comienzos del siglo XX. Los resultados de esas interpretaciones fueron inconsistentes, al menos, hasta el caso *United States (North America Dredging Company of Texas) vs. México*, de 1926, decidido por la Comisión General de Reclamos de Estados Unidos y México. Con esa decisión se acotó que si bien la cláusula no es necesariamente inválida, ella tampoco puede extenderse más allá de su estricto ámbito contractual, y en especial, ella no puede precluir la aplicación de mecanismos de protección ante la violación del Derecho Internacional. Tal fue un argumento insistentemente defendido por Estados Unidos, según el cual, la protección basada en Derecho Internacional era un deber del Estado y no un derecho del extranjero, con lo cual, éste no podía disponer de ese deber a través de una cláusula. El análisis del caso, en Shea, *The Calvo clause*, cit., pp. 194-230.

16 Suele insistirse en la difusión de la cláusula Calvo en las Constituciones de Latinoamérica. *V.*, García-Mora, Manuel, "The Calvo clause in Latin American Constitutions and International Law", en *Marquette Law Review*, Vol. 3, N° 4, 1950, pp. 205 y ss.

Por su parte, el artículo 336 de la Constitución de Bolivia, en materia de hidrocarburos, prevé que *"no se reconocerá en ningún caso tribunal ni jurisdicción extranjera y no podrán invocar situación excepcional alguna de arbitraje internacional, ni recurrir a reclamaciones diplomáticas"*.

Siguiendo el principio general en la materia, el artículo 151 de la Constitución de Venezuela señala:

> "En los contratos de interés público, si no fuere improcedente de acuerdo con la naturaleza de los mismos, se considerará incorporada, aun cuando no estuviere expresa, una cláusula según la cual las dudas y controversias que puedan suscitarse sobre dichos contratos y que no llegaren a ser resueltas amigablemente por las partes contratantes, serán decididas por los tribunales competentes de la República, de conformidad con sus leyes, sin que por ningún motivo ni causa puedan dar origen a reclamaciones extranjeras"

En otros casos, se reitera el principio de trato nacional, influenciado por la doctrina Calvo. Así, por ejemplo, el artículo 100 de la Constitución de Colombia dispone que, como regla, los extranjeros disfrutarán en Colombia de los mismos derechos civiles que se conceden a los colombianos y gozaránde las garantías concedidas a los nacionales.

Tomando en cuenta esta tradición, puede comprenderse la sorpresa con la cual el Derecho Internacional apreció el giro de Latinoamérica hacia los Tratados Bilaterales de Inversión (TBIs) en la década de los noventa del pasado siglo[17]. Como luego ampliaremos, los TBIs constituyen una forma de Tratado ideada a fines de la década de los cincuenta, y cuyo objetivo es reconocer estándares de protección al inversor frente al Estado sede, que incluyen el reconocimiento del arbitraje como método de solución de controversias. Dentro de los métodos de arbitraje internacional de inversiones reconocidos, se encuentra el arbitraje administrado por el Centro Internacional de Arreglo de Disputas relativas a Inversiones (CIADI), cuyo Convenio entró en vigencia en 1965, con la oposición de Latinoamérica[18].

Algunos opinaron que la celebración de TBIs por Latinoamérica evidenció que la doctrina Calvo había sido abandonada. Otros opinaron que Latinoamérica suscribió esos Tratados, simplemente, para mejorar su competitividad en los mercados internacionales, sin conocer con exactitud las implicaciones de esos Tratados[19]. La crisis de Argentina, a comienzos del presente siglo, pareció corroborar esta segunda interpretación[20]: Latino-

---

17 Para una panorámica general, *vid.* Garibaldi, Oscar, "Carlos Calvo Redivivus: The Rediscovery of the Calvo Doctrine in the Era of Investment Treaties", en *Transnational Dispute Management Volume 3, N° 5,* 2006. *V.*, también a Manning-Cabrol, Denise, "The imminent death of the Calvo clause and the rebirth of the Calvo principle: equality of foreign and national investors", en *Law & Policy International Business* N° 26, 1994-1995, pp. 1195 y ss.

18 *V.*, lo que exponemos en Hernández G., José Ignacio, "El CIADI en el marco del Derecho Administrativo Global: una visión desde el Derecho Administrativo Latinoamericano", en *El Derecho Administrativo Global y el arbitraje internacional de inversiones. Una perspectiva iberoamericana en el marco del cincuenta aniversario del CIADI,* INAP, Madrid, 2016, pp. 197 y ss.

19 Sornarajah, M., *The international law on foreign investment,* Cambridge University Press, 2010, pp. 130 y ss.

20 En 2001 Argentina atravesó una crisis económica que llevó al Gobierno a adoptar medidas de excepción. Tales medidas estaban basadas en el Derecho Público doméstico y que, como tal, quedaban sometidas al control del Poder Judicial doméstico. Sin embargo, diversos inversionistas consideraron que esas medidas violaban los estándares de tratamiento reconocidos en TBIs suscritos por Argentina. Por ello, sometieron tales controversias al arbitraje internacional. *V.*, Álvarez, José y Khamsi, Kathryn, *"The Argentine*

américa comprendió que el arbitraje internacional de Inversiones basado en Tratados, permite la revisión arbitral de medidas públicas de intervención en la economía, como el control de cambio y el control de precio.

La reacción no tardó. Desde Latinoamérica volvió a denunciarse que el arbitraje internacional de inversiones violaba la soberanía del Estado para intervenir en la economía, soberanía que debía quedar regulada solo por el Derecho doméstico. Como consecuencia de ello, Bolivia, Ecuador y Venezuela optaron por denunciar la Convención CIADI. Esto comprobó que, en Latinoamérica, la doctrina Calvo sigue siendo un principio de gran relevancia[21].

4. A favor de una nueva interpretación de la doctrina Calvo: la verdadera naturaleza del arbitraje como método de solución de controversias

A pesar de lo anterior, creemos que es posible compatibilizar la doctrina Calvo con el arbitraje como método de solución de controversias contractuales.

Así, y en *primer* lugar, es preciso recordar que el objetivo de esta doctrina no es excluir al arbitraje en general, sino solo excluir –o reducir– la aplicación del Derecho Internacional en controversias entre el Estado y el extranjero. Con lo cual, el arbitraje doméstico, esto es, aquel basado en el Derecho doméstico, no se opone a esta doctrina.

En *segundo* lugar, debemos recodar que la doctrina Calvo, en su expresión de cláusula contractual obligatoria, solo aplica a controversias contractuales. Es por ello que las normas constitucionales y legales que recogen esa cláusula no impiden la aplicación del arbitraje internacional basado en Tratados, en tanto ese arbitraje no conoce directamente de reclamos contractuales sino de reclamos extracontractuales, basados en la violación del TBI y de las demás fuentes de Derecho Internacional aplicables.

En *tercer* lugar, la inclusión de la cláusula Calvo en el ordenamiento jurídico doméstico no debe implicar necesariamente la exclusión del arbitraje, siempre y cuando la formulación de esa cláusula deje a salvo los métodos de solución de controversias basados en el mutuo acuerdo, como sucede con el artículo 151 de la Constitución de Venezuela. De esa manera, el arbitraje siempre es consecuencia del mutuo consentimiento, sea que ese consentimiento se forma a través del contrato, sea que derive de la oferta de arbitraje incluida en el TBI. Por ello, cuando se prevé, como cláusula, que las controversias que no llegaren a ser resueltas de mutuo acuerdo serán sometidas a los Tribunales, debe entenderse que ello deja a salvo, precisamente, el derecho de las partes a pactar, de mutuo acuerdo, solucionar la controversia a través de arbitraje, incluso, si ese acuerdo se perfecciona a partir del Tratado.

Finalmente, y en *cuarto* lugar, es preciso insistir en la adecuada valoración del arbitraje como método de solución de controversias, incluso, contractuales. Así, el arbitraje no debe ser visto como un mecanismo por medio del cual el Estado renuncia a derechos

Crisis and Foreign Investor", en *The Yearbook of International Investment and Policy 2008/2009*, Oxford University Press, 2009, pp. 379 y ss. *V.*, también a Miles, Kate, *The Origins of International Investment Law: Empire, Environment, and the Safeguarding of Capital*, Cambridge University Press, 2013, pp. 322 y ss.

21 Titi, Catherine, "Investment arbitration in Latin America the uncertain veracity of preconceived ideas", en *Arbitration International Law N° 30*, 2014, pp. 357 y ss.

o potestades, sino por el contrario, debe ser valorado como un mecanismo que permite la revisión de esos derechos o potestades.

De acuerdo con lo anterior, el arbitraje internacional como método de solución de controversias surgidas entre el inversor y el Estado con ocasión a los contratos públicos, debe compatibilizarse con la doctrina Calvo. Para ello, es preciso insistir en que a través de ese arbitraje la Administración no renuncia al ejercicio de los derechos y poderes que le corresponden en el marco del contrato, sino que por el contrario, accede a que el ejercicio de esos derechos y poderes sea revisado por el Tribunal Arbitral, que ejerce la función jurisdiccional bajo el acuerdo entre el inversor y el Estado, expresado en la cláusula arbitral o en el Tratado. De ello resulta que el arbitraje es un instrumento que permite el control jurisdiccional externo de la actividad administrativa contractual, todo lo cual propende a alcanzar, en el espacio global, el Estado de Derecho y los principios propios de la buena Administración. Esta conclusión, como veremos, es más contundente en el arbitraje basado en Tratados[22].

5. A modo de recapitulación: los dos obstáculos del arbitraje como método de solución de controversias contractuales. Su necesaria superación

De acuerdo con lo expuesto, el arbitraje en el marco de los contratos públicos se enfrenta, en el Derecho Administrativo, a dos obstáculos: *(i)* el dogma de la actuación unilateral e indisponible de la Administración y *(ii)* la doctrina Calvo.

En virtud del primer obstáculo, se considera que el arbitraje no tiene cabida en el Derecho Administrativo en la medida en que esté en juego el ejercicio de la potestad administrativa, incluso, en el marco de la actividad contractual de la Administración. Así, bajo la tesis del contrato administrativo, la Administración puede ejercer potestades, las cuales, al ser indisponibles, no podrían ser objeto de arbitraje.

En virtud del segundo obstáculo, las relaciones entre el extranjero y el Estado, incluso, de tipo contractual, deben quedar sometidas al Derecho doméstico, con lo cual, toda controversia debe ser conocida por los Tribunales domésticos.

Ambos obstáculos lucen, hoy día, inadecuados.

En efecto, el carácter indisponible de la potestad administrativa no se opone a la aplicación del arbitraje como método de solución de controversias, en tanto a través de ese arbitraje la Administración no dispone de sus potestades, sino que accede a que el ejercicio de esas potestades sea revisado mediante el arbitraje. Esto es particularmente relevante en el caso del arbitraje internacional de inversiones, pues ese arbitraje, precisamente, tiene por objeto revisar si la actividad contractual del Estado se adecua al TBI, así como a las demás fuentes del Derecho Internacional aplicables, como la costumbre y los principios generales de Derecho. Desde este punto de vista, la función del arbitraje internacional de inversiones es similar a la función de la jurisdicción contencioso–

22 Principalmente, *vid.* Wälde, Thomas, "The Specific Nature of Investment Arbitration", en Kahn, Philippe y Wälde, Thomas, (editores), *Les Aspects Nouveaux Du Droit Des Investissements Internationaux*, Martinus Nijhoff Publishers, 2007, pp. 42 y 76. Igualmente, *vid.* Stephan W. Schill, "International Investment Law and Comparative Public Law: Ways out of the Legitimacy Crisis?", tomado de <http://www.iilj.org/research/documents/if2010-11.schill.pdf> [Consulta: 23.07.2014]. Esta conclusión será ampliada luego.

administrativa[23]. Así, en ambos casos se ejerce la revisión jurisdiccional de la actividad –o inactividad– de la Administración con dos propósitos: *(i)* revisar su conformidad con el ordenamiento jurídico y *(ii)* proteger los derechos del ciudadano. Ambos fines están presentes en el arbitraje internacional de inversiones, en tanto éste permite controlar la adecuación de la actividad o inactividad de la Administración (incluso, contractual) al ordenamiento jurídico internacional, protegiendo los derechos del inversor reconocidos en los estándares de protección previstos en el Tratado[24].

Tampoco la doctrina Calvo debe ser un obstáculo al arbitraje. Por un lado, esa doctrina no se opone al arbitraje doméstico: antes por el contrario, ese arbitraje, en tanto aplica el Derecho doméstico, se ajusta a la doctrina Calvo, dado que el objetivo central de ésta es asegurar el trato nacional. Por lo que respecta al arbitraje internacional, tampoco esa doctrina impide absolutamente la aplicación del arbitraje, en tanto su incorporación como "cláusula" obligatoria solo podría regir para resolver disputas contractuales pero no así disputas extracontractuales. Tal es el caso, precisamente, de las disputas que se plantean en el ámbito del arbitraje internacional de inversiones basado en Tratados, pues éstas solo conocen de violaciones al Tratado y demás fuentes de Derecho Internacional aplicable. Es decir, se trata de disputas extracontractuales.

En resumen, el arbitraje no debe proscribirse de manera absoluta para resolver controversias contractuales en el ámbito del Derecho Administrativo. Así, el arbitraje doméstico permite el control jurisdiccional de la actividad contractual de la Administración de cara a su adecuación al ordenamiento jurídico doméstico. Por su parte, el arbitraje internacional de inversiones permite el control jurisdiccional de la actividad contractual de la Administración de cara al Tratado aplicable. En ambos casos, el arbitraje actúa como un instrumento de control de la Administración que previene su abuso de poder en salvaguarda de los derechos del contratista. Con lo cual, el arbitraje cumple –debe cumplir– con los fines propios del Derecho Administrativo basado en la centralidad del ciudadano[25].

---

23 Esta conclusión ha sido aceptada en el Derecho Comparado. Entre otros, vid.Ortino, Federico, "The Investment Treaty System as Judicial Review", en *American Journal of International Arbitration N° 24,* 2013, pp. 437 y ss. *V.,* también a Moloo, Rahim y Jacinto, Justin M., "Standards of Review and Reviewing Standards: Public Interest Regulation in International Investment Law", en Sauvant, Karl P., *Yearbook on International Investment Law & Policy 2011-2012,* Oxford University Press, 2013, p. 539. Igualmente, vid. Burke-White, William W. y Von Staden, Andreas, "Private Litigation in a Public Law Sphere: The Standard of Review in Investor-StateArbitrations", en *The Yale Journal of International Law, Número 35,* 2010, pp. 283 y ss.

24 Esta es una de las principales conclusiones que sostenemos en Hernández G., José Ignacio, *Derecho Administrativo y arbitraje internacional de inversiones,* Editorial Jurídica Venezolana-CIDEP, Caracas, 2016, pp. 121 y ss.

25 Tal y como ha observado Jaime Rodríguez-Arana, *"el tiempo de la definición unilateral del interés público pasó. Hoy el interés general se define desde los postulados del pensamiento abierto, plural, dinámico y complementario"* (*Aproximación al Derecho Administrativo Constitucional,* Editorial Jurídica Venezolana, Caracas, 2007, p. 158).

II. EL ARBITRAJE INTERNACIONAL DE INVERSIONES Y SU PARTICULAR EFECTO SOBRE LA CONTRATACIÓN PÚBLICA

1. Preliminar. La particularidad del arbitraje basado en Tratados frente al arbitraje basado en contratos

En la sección anterior analizamos las causas por las cuales el arbitraje, en general, no debe proscribirse como método de solución de controversias surgidas con ocasión a la actividad contractual de la Administración. Ahora corresponde ampliar algunas consideraciones sobre la especial naturaleza del arbitraje basado en Tratados, en contraposición con el arbitraje basado en contratos.

Así, el principio general en materia de arbitraje, ya explicado, es que se requiere del consentimiento de las partes a fin de que las disputas que entre ellas surjan sean resueltas a través de este medio. En el Derecho Internacional ese consentimiento puede formarse de dos maneras, de lo cual surgen dos tipos distintos de arbitraje.

A. *El arbitraje basado en contratos*

Así, en primer lugar, el arbitraje puede tener su origen en el contrato celebrado entre el Estado y el inversor. Tal contrato puede contener la *cláusula arbitral,* esto es, la cláusula en virtud de la cual ambas partes acceden a que cualquier ***controversia contractual*** sea resuelta a través del arbitraje. Ese arbitraje se limita, por ello, a controversias contractuales, esto es, disputas surgidas con ocasión al incumplimiento del contrato. La cláusula arbitral, a su vez, puede disponer sobre el Derecho aplicable, el cual podrá ser el Derecho doméstico o el Derecho extranjero. Incluso, cabe la posibilidad de pactar el arbitraje de equidad[26].

Este tipo de arbitraje se enfrenta a especiales obstáculos en Latinoamérica, debido a la proliferación de la doctrina Calvo, como ya vimos. De esa manera, en el Derecho Venezolano, la regulación general del contrato público prevé como cláusula general, aquella conforme a la cual las controversias contractuales solo podrán ser resueltas por los Tribunales aplicando el Derecho doméstico. Así, el artículo 133 del *Reglamento de la Ley de Contrataciones Públicas* dispone lo siguiente:

> "Todas las dudas, controversias y reclamaciones que puedan suscitarse con motivo del contrato y que no llegaren a ser resueltas por las partes de común acuerdo, serán decididas por los tribunales competentes de la República Bolivariana de Venezuela de conformidad con sus leyes, sin que por ningún motivo ni causa puedan dar origen a reclamaciones extranjeras"

En nuestra opinión, esa norma solo tiene el carácter de cláusula general de contratación, en el sentido que solo regirá si las partes la incorporan al contrato. Por el contario, las partes pueden optar por no incorporar esa cláusula y pactar, por el contrario, el arbitraje como método de solución de controversias, incluyendo el arbitraje doméstico o internacional[27]. Pero incluso afirmando que esa norma es de obligatoria aplicación, es

26 En cuanto al contrato o acuerdo como fuente de consentimiento del arbitraje internacional, entre otros, vid. Dolzer, Rudolf y Schreuer, Christoph, *Principles of International Investment Law,* cit., pp. 239 y ss.

27 Sobre el valor jurídico de las "condiciones generales de contratación", vid. Lupini Bianchi, Luciano y Ruan Santos, Gabriel, "Consideraciones sobre las Condiciones Generales de Contratación para la Ejecución de Obras de la Administración Pública" en *Revista de Derecho PúblicoN° 12,* Caracas, 1982, pp. 5 y ss. En general, vid. Díaz Chirino, Víctor, "El mecanismo de arbitraje en la Contratación Pública", en *Ley de Contrataciones Públicas,* Editorial Jurídica Venezolana, Caracas, 2014, pp. 415 y ss.

necesario observar que ella hace alusión a las controversias "*que no llegaren a ser resueltas por las partes de común acuerdo*", lo cual permite que las partes contratantes, de común acuerdo, accedan a resolver controversias –actuales o futuras– a través del arbitraje.

Como ya observamos, esta solución es compatible con el citado artículo 151 de la Constitución de Venezuela, norma que no contiene una prohibición absoluta del arbitraje en la actividad contractual del Estado. Por un lado, esa norma solo aplica a cierto tipo de controversias de un tipo excepcional de contrato, conocido como "contrato de interés público". Además, y en todo caso, esa norma permite que las partes, de común acuerdo, resuelvan controversias a fin de no someter éstas al conocimiento de los Tribunales. Ese común acuerdo abarca al arbitraje, que no es, por ello, un mecanismo proscrito en la citada norma constitucional[28].

Junto al anterior régimen general, cabe recordar que el régimen especial del contrato de concesión, expresamente, reconoce al arbitraje como método de solución de controversias que surjan con ocasión a ese contrato[29].

No obstante lo anterior, la teoría general del contrato administrativo –admitida en Venezuela, a pesar de no contar actualmente con cobertura legal– genera un obstáculo adicional, en tanto se ha considerado que el arbitraje no puede versar sobre controversias que pasen por declarar la ilegalidad del acto administrativo, incluyendo a aquél dictado en el marco del contrato administrativo. En la práctica, y con cierta reminiscencia a la tesis del "acto favorable", esto exige diferenciar las controversias basadas en el incumplimiento del contrato –que pueden someterse a arbitraje– de las controversias basadas en el acto administrativo dictado en ejercicio de las potestades o "prerrogativas" de la Administración –que quedan excluidos de tal arbitraje[30].

---

28 La interpretación del artículo 151 de la Constitución se enfrenta al obstáculo de interpretar qué es contrato de interés público y, luego, cuál es el alcance de la remisión a la jurisdicción de los Tribunales. En ocasiones, esta norma –tradicional en las Constituciones venezolanas- ha sido interpretada en el sentido de proscribir de manera absoluta todo mecanismo de solución de controversias distinto al administrado por los Tribunales. Tal posición fue sostenida por Alfredo Morles, en "La inmunidad de jurisdicción y las operaciones de crédito público", en *Estudios sobre la Constitución. Libro homenaje a Rafael Caldera, Tomo III*, Caracas, 1979, pp. 1701 y ss. Para un completo análisis de este aspecto, y de una interpretación más flexible, vid. Balzán, Juan Carlos, "El arbitraje en los contratos de interés público a la luz de la cláusula de inmunidad de jurisdicción prevista en el artículo 151 de la Constitución de 1999", en *VIII Jornadas Internacionales de Derecho Administrativo Allan Randolph Brewer-Carías, Los contratos administrativos y los contratos del Estado, Tomo II*, FUNEDA, Caracas, 2006, pp. 339 y ss.

29 Badell Madrid, Rafael, "La inmunidad de jurisdicción y el arbitraje en los contratos del Estado", en *VIII Jornadas Internacionales de Derecho Administrativo Allan Randolph Brewer-Carías, Los contratos administrativos y los contratos del Estado, Tomo II*, FUNEDA, Caracas, 2006, p. 276). *V.*, en especial a Brewer-Carías, Allan, *Contratos administrativos. Contratos Públicos. Contratos del Estado,* Editorial Jurídica Venezolana, Caracas, 2013, pp. 461 y ss., ahora en *Tratado de Derecho Administrativo. Derecho Público en Iberoamérica. Volumen III. Los actos administrativos y los contratos administrativos,* cit., pp. 1.017 y ss.

30 *Cfr.*: Ghersi, Oscar, "Autovinculación y potestades públicas en los contratos estatales", en *Revista Electrónica de Derecho Administrativo Venezolano N° 1,* Caracas, 2013, pp. 210 y ss. El autor comenta, en este sentido, la sentencia de la Sala Político-Administrativa de 14 de julio de 2004, caso *Mineras Las Cristinas,* en la cual se concluyó que "*no puede por vía de arbitraje controlarse la legalidad de un acto administrativo atribuida por el Texto Fundamental (Art. 259), por la Ley Orgánica del Tribunal Supremo de Justicia de la República Bolivariana de Venezuela, por la derogada Ley Orgánica de Corte Suprema de Justicia y demás leyes especiales, a los órganos jurisdiccionales con competencia en lo con-*

Por ello, el arbitraje contractual tampoco permite resolver controversias derivadas del procedimiento de selección de contratistas. Cualquier violación a las normas que rigen a ese procedimiento solo podrían causar controversias extracontractuales, las cuales quedan fuera del arbitraje basado en contratos.

De esa manera, y en resumen, el arbitraje contractual se circunscribe a resolver controversias contractuales basadas en el incumplimiento de las obligaciones reconocidas en el contrato celebrado por la Administración y el inversor.

B. *El arbitraje basado en Tratados*

El arbitraje basado en Tratados tiene un alcance más amplio que el arbitraje contractual. Así, el arbitraje basado en TBIs no tiene por objeto resolver controversias contractuales, sino resolver controversias derivadas de la violación del Tratado. Con lo cual, toda la actividad e inactividad de la Administración relacionada con el contrato –e incluso, traducida en actos administrativos– queda sometida al arbitraje[31].

Para aclarar este aspecto, es preciso recordar algunas notas de los TBIs, así como de los Tratados más amplios conocidos como AAIs. De esa manera, el contenido de los TBIs y los AIIs puede dividirse en tres partes[32].

.– La *primera* parte es la definición del ámbito de aplicación del Tratado, típicamente, a través de los ***conceptos de inversor e inversionista***. Esto es importante pues el TBI solo aplica a quienes tengan la condición de inversor, por lo que respecta a la protección de los bienes que puedan ser considerados inversión.

.– La *segunda* parte es el reconocimiento de ***estándares de protección del inversor frente a la actividad del Estado sede***. Dichos estándares se basan principalmente en reglas conocidas de la responsabilidad internacional del Estado, como por ejemplo, la prohibición de tratos discriminatorios y la protección frente a expropiaciones. De esa manera, el TBI garantiza a quien tenga la condición de inversor que el Estado sede de la inversión respetará estos estándares, con lo cual, éstos limitan la actividad que el Estado puede desplegar respecto del inversor.

.– Por último, la *tercera* parte de estos Tratados contiene reglas adjetivas de solución de controversias surgidas entre el inversor y el Estado sede, típicamente, mediante el arbitraje.

---

tencioso administrativo, lo cual evidencia que al no tenerse la capacidad de disposición sobre lo solicitado por la accionante, ello no puede ser objeto de arbitraje". Por lo tanto, el arbitraje basado en contratos no podría resolver controversias que pasen por determinar la legalidad de los actos administrativos que la Administración puede dictar en el marco del contrato.

31 Es por ello que se ha observado, y con razón, que el arbitraje basado en Tratados se rige por reglas y principios distintos al arbitraje basado en contratos. *Cfr.*: Van Harten, Gus, *Investment Treaty Arbitration and Public Law*, Oxford University Press, 2008, pp. 63 y ss. Explica el autor que en el arbitraje entre el Estado y el inversor basado en una cláusula contractual, priva el principio de la autonomía de las partes, con lo cual, el arbitraje tiene un contenido más específico. Además, el arbitraje basado en contratos atiende usualmente a diferenciales comerciales, derivadas de reclamos contractuales. Por el contrario, el arbitraje basado en Tratados no se ancla en la voluntad de las partes contratantes, sino en la aplicación de los estándares de protección del inversor establecidos en el Tratado. Como resultado, ese arbitraje tiene un ámbito más de control sobre el Estado sede y su Administración.

32 McLachlan, Campbell, *et al*, *International Investment Arbitration*, Oxford University Press, 2008, pp. 25 y ss.

De esa manera, a través del arbitraje puede resolverse cualquier controversia basada en la violación de los estándares de protección del inversor, siempre que esa violación sea imputable al Estado. Por lo anterior, toda la actividad e inactividad del Estado queda sometida al Tratado, muy especial en su actividad administrativa, incluyendo su actividad contractual.

Ahora bien, para que la actividad contractual del Estado pueda dar lugar a una controversia resuelta por medio del arbitraje, se ha exigido el inversor alegue ***algo más*** que la violación del contrato, pues el objeto de ese arbitraje no es resolver controversias basadas en incumplimientos contractuales sino controversias basadas en la violación de los estándares de protección del Tratado. De allí que se ha concluido que la simple actividad contractual del Estado no puede dar lugar a un arbitraje de inversión basado en Tratados, al requerirse una actuación de imperio del Estado susceptible de violar los estándares de protección del inversor[33]. Así, como fue afirmado en el caso *Abaclat y otros vs. Argentina*[34]:

> "Se ha admitido, en principio, que en relación con un reclamo basado en un TBI, el Tribunal Arbitral no tiene jurisdicción cuando el reclamo en cuestión es un simple reclamo contractual. Esto se debe a que el TBI no tiene como propósito corregir o replantear remedios contractuales, y en especial, no tiene como propósito servir como sustituto a los procedimientos judiciales o arbitrales derivados de reclamos contractuales"

Es por ello que una de las cuestiones más complejas del Derecho Internacional de Inversiones es la distinción entre los reclamos contractuales y los reclamos extracontractuales, esto es, los reclamos basados en incumplimientos a obligaciones de contratos celebrados entre el Estado y el inversor, y los reclamos basados en la violación del Tratado[35]. Ciertamente, y como regla, la sola violación de obligaciones contractuales no es suficiente, en tanto el Tribunal Arbitral solo tiene jurisdicción para conocer reclamos del inversor basados en actuaciones u omisiones del Estado sede reputadas contrarias a los estándares reconocidos en el TBI. Consecuentemente, para que el Tribunal Arbitral

---

33 Aun cuando todas las actividades del Estado sede son relevantes para el Derecho Internacional, un simple incumplimiento contractual, al menos como regla, es insuficiente para comprometer su responsabilidad internacional. James Crawford concluye así que "*algo adicional*" es requerido para que el Derecho Internacional sea relevante, como por ejemplo, la denegación de justicia por los Tribunales del Estado en procesos judiciales llevados por la otra parte contratante (*The International Law Commission's Articles on State Responsibility: Introduction, Text, and Commentaries*, Cambridge University Press, 2002, p. 96).

34 *Abaclat y otros vs. Argentina,* Caso CIADI N° ARB/07/5, decisión de jurisdicción y admisibilidad, 4 de agosto de 2011, párrafo 314. *V.*, igualmente el laudo *Impregilo S.p.A. vs. Pakistán,* Caso CIADI N° ARB/03/3, decisión de jurisdicción, 22 de abril de 2005, párrafo 260. Acerca de esa distinción entre la actividad contractual del Estado y la actividad de imperio, *vid. Vigotop Limited vs.Hungría,* Caso CIADI N° ARB/11/22, laudo de 1 de octubre de 2014, párrafos 279, 313 y 442. Recientemente, véase el laudo de 26 de enero de 2016, asunto *Tenaris S.A. y otro vs. Venezuela,* Caso CIADI N° ARB/11/26, párrafo 416. No obstante, la distinción entre reclamos contractuales y reclamos basados en Tratados es difícil de precisar. *Cfr.*: Shany, Yuval, "Contract Claims vs. Treaty Claims: Mapping Conflicts between ICSID Decisions on Multisourced Investment Claims", *American Journal of Internatinal Law N° 99,* 2005, p. 835. *V.*, en general, a Reinisch August, 'The Scope of Investor-State Dispute Settlement in International Investment Agreements' en *Asia Pacific Law Review N° 21,* 2013, pp. 3 y ss.

35 *V.,* sobre ello el complete trabajo de Voss, Jan Ole, *The impact of investment Treaties on Contracts Between Host States and Foreign Investors,* Martinus Nijhoff Publishers, Leiden, 2011, pp. 160 y ss.

tenga jurisdicción en reclamos cuya causa sea la actividad contractual del Estado, es necesario demostrar la conexión entre esa actividad contractual y el Tratado.

En resumen, con esta distinción quiere destacarse que el arbitraje internacional de inversiones fundamentado en Tratados no puede basarse únicamente en incumplimientos contractuales, en tanto el inversor tendrá que demostrar que el Estado ha violado los estándares de protección reconocidos en el Tratado[36]. Ello explica la diferencia entre el arbitraje basado en contratos y el arbitraje basado en Tratados: mientras que el primero se circunscribe a reclamos derivados de incumplimientos contractuales, el segundo se extiende a cualquier actuación del Estado –incluso, con ocasión a los contratos suscritos por éste– que resulte contraria al TBI, con lo cual, ese arbitraje solo puede conocer de reclamos extracontractuales, con la salvedad de la llamada "cláusula paraguas", que luego analizaremos.

C. *El arbitraje contractual y el arbitraje extracontractual paralelo*

En la práctica, el contrato público puede dar lugar a dos arbitrajes paralelos, esto es, simultáneos: uno, basado en la cláusula arbitral y en incumplimientos contractuales; el otro, basado en el TBI y en incumplimientos en los estándares de protección. Ambos arbitrajes pueden coincidir pues ellos versan sobre materias distintas: mientras que el primero conoce de reclamos por incumplimientos contractuales imputables al Estado, el segundo conoce de reclamos por violación a los estándares de protección del Tratado que sean imputables al Estado. Empero, la coexistencia de estos arbitrajes genera diversas dudas, como por ejemplo, los remedios que deben adoptarse para evitar que una doble indemnización acordada en ambos arbitrajes genere, para el inversor, un enriquecimiento sin causa.

Un ejemplo de este problema lo encontramos en el asunto *Venezuela Holdings, B.V. y otros vs. Venezuela.* El Gobierno venezolano suscribió un contrato petrolero con un inversor. Luego de diversos inconvenientes alegados por el inversor, el Estado venezolano dictó una Ley que permitió terminar ese contrato y, eventualmente, expropiar la inversión. Frente a esos hechos el inversor intentó dos arbitrajes: uno basado en incumplimientos contractuales ante la Cámara de Comercio Internacional, y otro basado en violaciones al TBI aplicable, de acuerdo con las reglas del CIADI. En el arbitraje contractual se condenó al Estado a pagar cierta suma de dinero, lo que generó la duda de cómo afectaba ello al arbitraje basado en el TBI.

El Tribunal Arbitral recordó la prohibición de doble compensación, concluyendo que el monto total de la compensación pagadera al inversor es el determinado en el laudo menos el monto que ya recibió por el arbitraje contractual, con lo cual se evitaba la doble compensación[37]. Empero, el Comité *ad hoc* que conoció del recurso de nulidad en contra de ese laudo, consideró que éste estaba indebidamente motivado, entre otros aspectos, en lo relacionado con la doble compensación[38]. Ello demuestra los problemas asociados a la existencia paralela de arbitrajes basados en contratos y basados en Tratados.

---

36 Ortino, Federico "The Investment Treaty System as Judicial Review", en American Journal of International Arbitration N° 24, 2013, pp. 437 y ss.

37 Laudo de 9 de octubre de 2014, en el Caso CIADI N° ARB/07/27, párrafo 381.

38 Decisión sobre anulación del 9 de marzo de 2017, párrafos 147 y 148.

2. Algunos ejemplos relevantes de la incidencia del arbitraje basado en Tratados Bilaterales de Inversión sobre la Contratación Pública: la impronta del Derecho Administrativo Global

La evolución del arbitraje de inversiones basado en Tratados ha permitido la revisión de la actividad contractual del Estado, en la medida en que tal actividad ha sido reputada contraria al TBI. Como vimos, ello requiere demostrar que más allá del posible incumplimiento de cláusulas contractuales, el Estado ha violado los estándares de protección el inversor previstos en el TBI, todo lo cual suele asociarse con la exigencia de una *actividad de imperio* del Estado. En Latinoamérica, la tesis del contrato administrativo ha facilitado la revisión arbitral de la actividad contractual del Estado, pues el Tribunal Arbitral usualmente considera que esa actividad se exterioriza a través de actos de imperio, esto es, actos administrativos dictados en el marco de la actividad contractual del Estado[39].

Ello pone en evidencia la influencia del Derecho Administrativo Global sobre la actividad contractual del Estado. De esa manera, el arbitraje internacional de inversiones puede ser valorado como una herramienta de control del Estado y de su Administración que se desenvuelve en el espacio global, con lo cual, ese arbitraje forma parte del Derecho Administrativo Global. Por ello, a través del arbitraje internacional de inversiones se promueve la uniformidad de la actividad contractual del Estado, pues al margen de la distinción entre el contrato civil de la Administración y el contrato administrativo, toda la actividad contractual del Estado tiende a quedar sometida a los mismos estándares de protección del inversor[40].

A. *Arbitraje internacional y la terminación del contrato: el impacto del estándar expropiatorio*

Probablemente el estándar de protección del inversor que más se ha aplicado para resolver controversias originadas en contratos públicos, es el estándar expropiatorio. Así, el Derecho Internacional ha prestado tradicional atención a la expropiación, incluso, con ocasión a formular el *estándar mínimo internacional*, esto es, el estándar de protección derivado de la costumbre internacional. Luego de la difusión de los TBIs y AAIs, el estándar expropiatorio fue generalmente reconocido. En este sentido, este estándar exige el cumplimiento de diversas garantías jurídicas, a saber, *(i)* que la expropiación se oriente a una causa de interés general; *(ii)* que la expropiación sea consecuencia del debido proceso; *(iii)* que la expropiación sea no–discriminatoria y *(iv)* que la expropiación esté

39 En el Derecho Internacional se ha considerado que el contrato administrativo no responde a una figura de general aceptación. *V.*, el asunto, *Texaco Overseas Petroleum Company v. The Government of the Libyan Arab Republic*, decisión del Tribunal Arbitral Ad Hoc de 19 de enero de 1977. *Cfr.*: Hirsch, Moshe, "Sources of international investment law", cit., pp. 25 y ss. *V.*, también a Gazzini, Tarcisio, "General Principles of Law in the Field of Foreign Investment", en *The Journal of World Investment and Trade, Vol. 10, N° 1*, 2009, pp. 103 y ss. Pero en cualquier caso, para el Tribunal Arbitral lo relevante es la actividad de imperio del Estado, pues aun cuando esa actividad se relacione con un contrato, el objeto del control arbitral se enfocará en determinar si ha habido o no violación a los estándares reconocidos en el Tratado. Por ello, la tesis del contrato administrativo favorece la revisión arbitral de la actividad contractual del Estado, pues esa actividad suele expresarse a través de actos de imperio.

40 Moreno Molina, José Antonio, *Derecho Global de la Contratación Pública,* Ubis, México, 2011, pp. 1 y ss., y Rodríguez-Arana Muñoz, Jaime, "Principios de la contratación pública en el Derecho Administrativo global", en *Derecho PUCP N° 66,* Lima, 2011, pp. 29 y ss.

precedida de la justa indemnización. La violación de cualquiera de esas garantías permitirá concluir en la violación del estándar[41].

Ahora bien, en el Derecho Internacional de las Inversiones se admite que los derechos contractuales –es decir, los derechos del inversor derivados del contrato– son bienes. Por lo tanto, la terminación unilateral del contrato basada en razones de interés general –que es una prerrogativa usual de la Administración bajo la teoría del contrato administrativo– implica, desde el Derecho Internacional, la expropiación de esos derechos contractuales[42].

Así, una de las decisiones que han sido calificadas como expropiación es la terminación unilateral del contrato por el Estado, al entenderse que los derechos del inversionista en el contrato son derechos patrimoniales. No obstante, esa terminación solo se ha estimado relevante frente al Tratado si ella es consecuencia del poder de imperio del Estado; si se trata de una actividad basada en la ejecución del contrato, por el contrario, la tendencia ha sido considerar que tal actividad, en sí misma, es insuficiente para invocar la violación del Tratado. Es por lo anterior que la terminación unilateral del contrato por razones de interés general tiende a ser considerada una medida sujeta al TBI, mientras que la terminación unilateral basada en incumplimientos contractuales tiende a ser considerada una actuación contractual que, por ello, no tiene la entidad suficiente como para ser valorada a la luz del Tratado.

Ahora bien, cuando la terminación unilateral del contrato se equipara a la expropiación, ella queda sujeta al estándar expropiatorio del Derecho Internacional de Inversiones, tal y como sostuvo la Comisión de Reclamos Americana–Mexicana en el caso *Jalapa Railroad*[43]. Por ello, si el Estado actuando como ente soberano, de manera unilateral y coactiva, termina un contrato, estaremos ante una expropiación directa[44].

Ese estándar expropiatorio suele exigir que toda medida expropiatoria sea adoptada en el marco del debido procedimiento, de acuerdo a una causa legítima de interés público, de manera no discriminatoria y mediante el pago de una justa compensación, sin perjuicio de la específica regulación del correspondiente Tratado. En ese ámbito, se acota, la justa compensación no es la garantía única que procede ante la expropiación, pues también se exige que esta medida sea racional, razonable y adecuada[45].

---

41 Puede verse, sobre esto, en general, a Paparinskis, Martin, *The international minimum standard and fair and equitable treatment,* Oxford Monographs in International Law, 2013, p. 67. En cuando al concepto de expropiación en el Derecho Internacional –similar al concepto de expropiación o *takings* en el Derecho Administrativo Comparado- vid. Dasgupta, Riddhi, *International Interplay*, Cambridge Scholars Publishing, 2013, pp. 26-27. En cuanto a las citadas garantías, vid, Reinisch, August, "Expropriation", en *The Oxford Handbook of International Investment Law,* Oxford, 2008, pp. 407-408

42 *V.,* lo que hemos expuesto en *La expropiación en el Derecho administrativo venezolano,* UCAB, Caracas, 2014, pp. 192 y ss.

43 Reinisch, August, "Expropriation", *cit.*

44 En general, sobre la expropiación de derechos contractuales, *vid.* McLachlan, Campbell, *et al, International Investment Arbitration,* Oxford, 2008, pp. 308 y ss.

45 Estas exigencias derivan no sólo del tratamiento específico de la expropiación, sino también, de las exigencias generales que en el ámbito del Derecho Internacional de las Inversiones requieren que el Estado otorgue un trato "justo y equitativo" al inversionista. *Cfr.*: McLachlan, Campbell, *et al, International Investment Arbitration, cit.*, pp. 224 y ss.

Dos ejemplos de la aplicación de este estándar lo encontramos en el caso *Gold Reserve v. Venezuela*[46] y en el caso *Crystallex International Corporation vs. Venezuela*[47]. De esa manera, en el caso *Gold Reserve v. Venezuela*se consideró que la terminación del contrato podía ser una expropiación únicamente si era consecuencia del poder de imperio del Estado; de tratarse de una terminación basada en el ejercicio de derechos contractuales, por el contrario, la terminación no podría ser calificada como una expropiación. Considerando ello, el Tribunal concluyó que la terminación del contrato se había basado en poderes contractuales, con lo cual, no podía ser calificada de expropiación, aun cuando sí quedaba sometida a los otros estándares del Tratado[48].

Por su parte, en el caso *Crystallex International Corporation vs. Venezuela* se observó lo siguiente[49]:

> "A criterio del Tribunal, la cuestión central consiste en determinar si la Demandada, al rescindir el contrato, actuó en el ejercicio de su poder soberano (puissance publique) y no como mera parte contratante. La presencia de este elemento permite distinguir entre meros incumplimientos contractuales (que normalmente no generarían responsabilidad internacional) y actos que, aunque se expresan como contractuales, son, en realidad, actos soberanos que pueden acarrear responsabilidad estatal. En otras palabras, el Tribunal debe determinar, de manera objetiva, si el supuesto ejercicio de un acto contractual presenta las características del ejercicio del poder soberano y, por lo tanto, debe considerarse como acto soberano"

Como se observa, en el ámbito del arbitraje internacional de inversiones basado en Tratados, reclamos contractuales –entiéndase, reclamos basados en incumplimiento de las obligaciones pactadas– son insuficientes, en el sentido que el Tribunal Arbitral solo tiene jurisdicción para revisar la actividad o inactividad del Estado contraria a los estándares de protección. Es por lo anterior que la actuación contractual del Estado solo podría ser conocida por el Tribunal Arbitral, si se trata de una actuación que, incluso basándose en un contrato, sea consecuencia del ejercicio del poder público. En el caso comentado, el laudo arbitral observó que bajo la teoría del "contrato administrativo" (reconocida en el Derecho del Estado sede de la inversión, esto es, Venezuela), la terminación del contrato no era una actividad contractual, sino que por el contrario, era una actuación de imperio:

> "A juicio del Tribunal, esto es suficiente para concluir que hubo expropiación en los términos del Tratado. Sin embargo, el Tribunal está aún más convencido de esa conclusión teniendo en cuenta que, también conforme al derecho venezolano, la rescisión del COM es indiscutiblemente un acto soberano. Primero, la CVG invocó expresamente su potestad de adjudicación y aplicación por sí misma (autotutela), una potestad que sólo pueden ejercer aquellas entidades que actúan como autoridades (y no como partes contratantes). Segundo, la CVG invocó específicamente razones de "oportunidad y conveniencia" para rescindir el COM, lo que constituye un ejemplo de prerrogativas exorbitantes del derecho público derivadas del

---

46 Laudo de 22 de septiembre de 2014, en el Caso CIADI N° ARB (AF)/09/1, párrafo 575 y siguientes.

47 Laudo de 4 de abril de 2016, en el asunto *Crystallex International Corporation vs. Venezuela,* Caso CIADI N° ARB (AF)/11/2.

48 En los párrafos 665 y siguientes del laudo, y citando varios precedentes, el Tribunal Arbitral observó que la terminación del contrato basada en incumplimientos contractuales, como regla, no constituye una expropiación, pues para ello se requiere que el Estado actúa como poder de imperio en ejercicio de su soberanía.

49 Párrafo 692.

poder soberano o ius imperium conforme al derecho venezolano. Por último, la rescisión se efectuó mediante una "Resolución", un acto administrativo formal conforme al derecho venezolano"[50].

En resumen, la jurisprudencia ha concluido que el arbitraje basado en Tratado no puede basarse en reclamos cuya causa sea incumplimientos al contrato, o sea, reclamos contractuales. Por el contrario, ese arbitraje solo puede conocer de la actividad o inactividad administrativa del Estado sede en la cual éste actúe en ejercicio de potestades públicas, incluso, con ocasión a contratos. Por ello, según esta jurisprudencia, la terminación unilateral del contrato solo será considerada una expropiación –a efectos del Tratado– cuando se trate de una decisión adoptada por el Estado actuando como poder de imperio y no cuando se trate de la simple ejecución de una cláusula contractual.

Tal conclusión debe ser criticada, pues parte de una distinción ajena al Tratado. En efecto, como regla el TBI aplica a cualquier medida del Estado sede, sin exigir que se trate de una actuación de imperio. De otro lado, esta distinción parte de un principio que en Derecho Administrativo Comparado tiende a desecharse, cual es considerar que la Administración Pública puede actuar como un particular, incluso a través de su actividad contractual. Desde la perspectiva de la buena Administración, toda la actividad administrativa queda marcada por el servicio a los ciudadanos, con lo cual, no puede existir actividad administrativa que se oriente a satisfacer "intereses privados" de la Administración. Bajo esta perspectiva, debería concluirse que toda la actividad contractual de la Administración, como actividad estatal, queda sujeta al TBI, sin que sea razonable exigir una actuación de imperio.

B. *Arbitraje internacional y las "prerrogativas" de la Administración: el impacto del estándar del trato justo y equitativo*

Junto al estándar expropiatorio, el TBI reconoce estándares no expropiatorios. Sin duda el más relevante –y polémico– es el estándar del "trato justo y equitativo". Ese estándar se inspira en la costumbre internacional que proclama el principio de buena fe. De esa manera, en virtud de ese estándar, el Estado se compromete en otorgar al inversor un trato "justo y equitativo", con lo cual, toda conducta del Estado que sea contraria a ese estándar violará el Tratado, incluso si no tiene efecto expropiatorio. Aun cuando no existen criterios claros para definir en qué consiste el estándar del trato justo y equitativo, generalmente, su valoración se ha efectuado a partir de principios generales como la proporcionalidad, la proscripción de la arbitrariedad y la confianza legítima. La violación a esos principios implica, así, la violación del estándar del trato justo y equitativo[51].

Ese estándar ha sido empleado, igualmente, para dirimir controversias surgidas con ocasión a contratos. La distinción entre los reclamos contractuales y los reclamos extra-

50 Párrafo 796. Para comprender mejor la cita, cabe resumir el caso. Un inversor celebró un contrato minero (llamado Contrato Operativo Minero o "COM"), con un ente de la Administración Pública (la Corporación Venezolana de Guayana o "CVG"). Posteriormente la Administración terminó el contrato alegando incumplimientos contractuales imputables al contratista. Sin embargo, el laudo consideró que la terminación del contrato fue parte de una estrategia basada en motivaciones políticas, y que al terminar el contrato la Administración actúe como poder de imperio, o sea, no se limitó a ejecutar una cláusula contractual.

51 Por todos, vid.Kläger, Roland, *Fair and Equitable Treatment in International Investment Law,* Oxford University Press, 2011, pp. 262 y ss.

contractuales, como elemento para determinar la jurisdicción del Tribunal Arbitral, pierde aquí un poco de fuerza, en el sentido que incluso considerando que la actuación del Estado no reviste la naturaleza de una expropiación –al no ser consecuencia del ejercicio de potestades– esa actuación podría revisarse a través del estándar del trato justo y equitativo.

Así, en el citado caso *Gold Reserve v. Venezuela,* el Tribunal, aun cuando concluyó –como vimos– que la terminación del contrato no podía ser reputado como expropiación, sí consideró que esa terminación –junto a la conducta del Estado relacionada con los contratos del inversor– constituía una violación al estándar del trato justo y equitativo, entre otros aspectos, por la violación de la confianza legítima (párrafo 615).

Otro caso relevante es el *Occidental v. Ecuador*[52], en el cual el Tribunal revisó la terminación de un contrato. En tal laudo, el Tribunal consideró que la terminación del contrato –impuesta como sanción, pues según el Estado, el inversor había cedido el contrato sin su autorización– era una decisión desproporcionada que, como tal, violaba el estándar del trato justo y equitativo (párrafo 452). Igualmente, se consideró que esa terminación era una medida equivalente a la expropiación (párrafo 455).

Como se observa, aun cuando la violación del estándar del trato justo y equitativo no puede basarse únicamente en incumplimientos contractuales, lo cierto es que en la aplicación de ese estándar parece seguirse lineamientos menos rigurosos que los que exigen una actuación de imperio del Estado para que el reclamo pueda reputarse como expropiación.

C. *Arbitraje internacional e incumplimientos contractuales: el impacto de la cláusula paraguas*

El último estándar al cual queremos hacer mención, es el estándar conocido como "cláusula paraguas". De acuerdo con ese estándar, generalmente reconocido en los TBIs, la violación de las obligaciones del Estado relacionadas con la inversión protegida –incluyendo la violación de sus contratos–se considera como violación al Tratado. Por ello el nombre: bajo el "paraguas" del TBI quedarían amparadas violaciones a obligaciones domésticas del Estado para con el inversor[53].

Sin embargo, ello no es suficiente para señalar que cualquier violación contractual es, en virtud del estándar de la cláusula paraguas, una violación al Tratado. Tal interpretación se apartaría del propósito del Tratado, cual es asegurar estándares básicos de protección al inversor frente al Estado, y no solo asegurar el cumplimiento de los contratos suscritos entre el Estado y el inversor. Pero es también cierto que la cláusula paraguas expande el tipo de actuaciones del Estado que pueden ser revisadas bajo el Tratado.

Es por ello que se ha postulado una interpretación restrictiva, como se hizo en el caso *SGS vs. Pakistán*[54], a fin de impedir que obligaciones contractuales fuesen "elevadas",

52 *Occidental Petroleum Corporation, Occidental Exploration and Production Company* v.*The Republic Of Ecuador*, Caso CIADI N°ARB/06/11, Laudo de 5 de octubre de 2012.

53 Dolzer, Rudolf y Schreuer, Christoph, *Principles of International Investment Law,* cit., pp. 153 y ss. Ello aplica a cualquier tipo de "obligación" o "compromiso", tanto derivado de contratos como de Leyes. La redacción de la cláusula paragua, que puede variar en los Tratados, es determinante de cara a interpretar su alcance.

54 *V.*, el laudo de jurisdicción de 6 de agosto de 2003, en el asunto *SGS Société Générale de Surveillance S.A. vs. Pakistán,* Caso ICSID N°. ARB/01/13, párrafos 173 y siguientes. De acuerdo con la interpreta-

sin más, a obligaciones de Tratados. Frente a esa interpretación, especialmente un sector de la doctrina ha estado a favor de esa elevación, considerando que el efecto de este estándar es asegurar al inversor que las obligaciones contractuales con el Estado sean cumplidas[55]. Estas dos interpretaciones se relacionan con el rol con el cual actúa al Estado: la interpretación restrictiva exige que el Estado actúe bajo poder de imperio al momento de violar contratos, para que la cláusula paragua aplique; la interpretación extensiva considera que cualquier actuación –u omisión– del Estado que viole contratos, podrá equipararse a una violación del Tratado[56].

Quizás un punto intermedio pueda encontrarse en la tesis de la deferencia, conforme a la cual, el Tribunal Arbitral debe respetar un margen de apreciación al Estado, de forma tal de impedir que la aplicación del Tratado se sustituya indebidamente en decisiones propias del Estado, incluso, relacionadas con su actividad contractual[57]. De esa manera, y dejando a salvo al específica redacción de la cláusula paragua en el TBI, la violación de obligaciones contractuales del Estado frente al inversor deberían revestir cierto grado de gravedad a fin de poder ser conocidas por el Tribunal Arbitral. De lo contrario, aplicaría el mencionado margen de deferencia.

III. A MODO DE RECAPITULACIÓN: HACIA EL DERECHO GLOBAL DE LA CONTRATACIÓN PÚBLICA

El arbitraje internacional de inversiones es, actualmente, uno de los controles más novedosos que en el espacio global existen sobre el Estado, y en concreto, sobre su Administración. Por lo general la relación jurídica entre el Estado y el inversor se lleva a cabo a través de la Administración, con lo cual, en la práctica, los reclamos arbitrales se basan en la actividad e inactividad de la Administración del Estado sede. Más en concreto, esos reclamos pueden tener su origen en contratos celebrados entre el Estado y el inversor. De todo ello resulta que, actualmente, el arbitraje internacional de inversiones permite la resolución de controversias surgidas con ocasión a los contratos del Estado.

En tal sentido, en el Derecho Internacional la distinción entre controversias contractuales y controversias extracontractuales es fundamental, pues da lugar a dos tipos de arbitraje relacionados con contratos con particularidades propias.

---

ción del Tratado aplicable, el Tribunal se inclinó por una interpretación restrictiva de la cláusula paraguas, concluyendo que solo en casos excepciones el incumplimiento de obligaciones contractuales podía equipararse a una violación del Tratado.

55 *V.*, la discusión en Voss, Jan Ole, *The impact of investment Treaties on Contracts Between Host States and Foreign Investors*, cit., pp. 221 y ss.A favor de la interpretación amplia de cláusula paraguas, entre otros, véase el laudo de 18 de agosto de 2008, en el asunto *Duke Energy Electroquil Partners y otros vs. Ecuador*, Caso CIADI N° ARB/04/19, párrafos 320 y 321.

56 El Comité *ad*-hoc de Anulación del asunto *SGS Societe Generale de Surveillance S.A. vs. Paraguay*, Caso CIADI N° N° ARB/07/29, en decisión de nulidad del 19 de mayo de 2014, observó que "*algunos tribunales arbitrales han requerido el abuso de poderes soberanos para considerar la violación de la cláusula paraguas, pero decide seguir el razonamiento de otros Tribunales (...) para concluir que la cláusula paraguas puede aplicar con independencia de que el Estado ejerza o no poderes soberanos*" (párrafo 133). Paréntesis nuestro.

57 Sobre ello nos hemos ocupado recientemente en Hernández G., José Ignacio, "Regulación económica y arbitraje internacional de inversiones", en *Revista Electrónica de Derecho N° 1*, febrero de 2017, Universidad de Porto, 2017, 1 y ss., disponible en:http://www.cije.up.pt/download-file/1534 [Consulta 23.2.17].

Así, las controversias contractuales, esto es, disputada basadas en el incumplimiento de las obligaciones contractuales contraídas por el Estado frente al inversor, pueden ser resultas por medio del arbitraje contractual, tanto doméstico como internacional. Es decir, el arbitraje basado en una cláusula arbitral. En Latinoamérica se aprecia cierta resistencia al arbitraje como método de solución de controversias contractuales, no solo por la tradicional minusvaloración del arbitraje en el Derecho Administrativo, sino además, por la impronta de la doctrina Calvo. Sin embargo, como pudimos comprobar desde el Derecho venezolano, la adecuada interpretación del marco constitucional y legal aplicable a la contratación del Estado debería orientarse hacia una interpretación favorable al arbitraje, en tanto éste es un mecanismo que, basado en el mutuo consentimiento, permite la revisión jurisdiccional de la actividad contractual de la Administración.

En todo caso, el arbitraje basado en controversias contractuales –o arbitraje contractual– se limita a determinar si hubo o no incumplimiento del contrato, lo que lo aproxima al llamado arbitraje comercial. Ello es así, en especial, cuando la solución de controversias contractuales se somete al arbitraje internacional, por ejemplo, a través del arbitraje administrado por la Cámara de Comercio Internacional o el arbitraje regido por reglas de la Comisión de las Naciones Unidas para el Derecho Mercantil Internacional (UNCITRAL). Este arbitraje internacional es, adjetivamente, similar al arbitraje comercial internacional, con lo cual, su función queda condicionada a interpretar el contrato; declarar si hubo o no incumplimiento a sus obligaciones y, finalmente, adoptar las medidas de reparación que se estimen pertinentes. La jurisdicción del Tribunal Arbitral, consecuentemente, está limitada al ámbito concreto de la cláusula arbitral.

Junto al arbitraje contractual encontramos el arbitraje basado en reclamos extracontractuales, esto es, el arbitraje basado Tratados, como los TBIs y los AAIs. Estos reclamos se basan en la violación de los estándares de protección del inversor reconocidos en Tratados, y que permiten revisar la actividad e inactividad del Estado sede y, especialmente, de su Administración. En este caso, la jurisdicción del Tribunal Arbitral es más amplia que en el arbitraje contractual, pues abarca a toda la actividad e inactividad del Estado que pueda reputarse contraria a los estándares de protección establecidos en el Tratado.

En la situación actual del Derecho Internacional de Inversiones se exige que la actividad contractual, para poder ser valorada a la luz del Tratado, exteriorice una actuación de imperio del Estado sede. Esto quiere decir que el Tratado no puede invocarse, como regla, ante incumplimientos contractuales, pues es necesario demostrar que el Estado, a través de su actividad contractual, actuó en ejercicio del poder público violando los estándares previstos en el Tratado. Esta exigencia restringe el ámbito de control de la actividad contractual del Estado bajo el Tratado, pues se excluye de ese control la actividad basada en cumplimientos o incumplimientos contractuales, salvo la posibilidad de invocar la "cláusula paraguas". Esta conclusión, como señalamos, debe criticarse, pues parte de una distinción que no está presente generalmente en el Tratado, el cual no distingue entre la actividad de imperio del Estado y su "actividad privada". Además, desde la buena Administración, no existe tal cosa como una actividad contractual privada de la Administración sustraída de los principios generales del Derecho Administrativo, tales y como motivación, proporcionalidad y no–discriminación.

Ahora bien, los reclamos contractuales y extracontractuales pueden presentarse en paralelo respecto de un mismo contrato. Así, el inversor puede iniciar el arbitraje contractual alegando el incumplimiento del contrato ante determinada medida del Estado, y además, puede iniciar el arbitraje basado en el Tratado, alegando la violación de los estándares previstos en éste. La diferencia en la causa de ambos reclamos explica la procedencia de este arbitraje paralelo, el cual plantea, sin embargo, diversos problemas prácticos, especialmente a los fines de evitar la doble compensación.

Sea a través de reclamos contractuales o mediante reclamos extracontractuales, lo cierto es que la actividad contractual del Estado hoy queda sometida a controles globales, que forman parte del Derecho Administrativo Global. Bajo esta perspectiva, la distinción entre el "contrato administrativo" y el "contrato civil de la Administración" tiende a difuminarse, a favor de la unidad del *contrato público,* como expresión de la actividad contractual del Estado con el inversor, que será siempre actividad administrativa.

De esa manera, lo relevante en el arbitraje internacional de inversiones, especialmente basado en Tratados, no es la naturaleza administrativa o no del contrato, sino el cumplimiento de ciertos estándares de protección del inversor, los cuales parten de la aplicación de principios generales de Derecho Internacional que abarcan a principios generales de Derecho Administrativo Comparado, reconocidos como fuente del Derecho Internacional de acuerdo con el artículo 38 del Estatuto de la Corte Internacional de Justicia. Entre otros, podemos mencionar a los principios de proporcionalidad, interdicción de la arbitrariedad, confianza legítima y justa indemnización.

Como resultado de lo anterior, el arbitraje internacional de inversiones propende a la uniformidad de la actividad contractual de la Administración. Ya lo relevante no es determinar si la causa u objeto del contrato es el servicio público, a fin de determinar el régimen jurídico aplicable bajo la teoría del contrato administrativo. Ahora lo relevante es que, más allá de ello la Administración debe respetar un conjunto de principios generales que controlan su actividad contractual en el espacio global, a fin de promover el Estado de Derecho y la gobernanza democrática.

Venezuela, marzo de 2017

51. ACCIONES JUDICIALES PARA IMPUGNAR ACTUACIONES Y ACTOS DERIVADOS DE PROCEDIMIENTOS DE CONTRATACIÓN PÚBLICA.

Problemas actuales y propuestas para México

Miguel Alejandro López Olvera[1]

I. INTRODUCCIÓN

Los Estados señalan, en sus Constituciones, los fines que persiguen. En el caso de México, su Constitución, que cumplió el pasado primero de mayo de 2017, cien años de vigencia, no es la excepción, y en diferentes artículos establece esas finalidades. Entre las más importantes, están las enumeradas en el artículo primero, que dispone que "las personas gozarán de los derechos humanos reconocidos en esta Constitución y en los tratados internacionales de los que el Estado Mexicano sea parte, así como de las garantías para su protección", así como la obligación para todas las autoridades, en el ámbito de sus competencias, "de promover, respetar, proteger y garantizar los derechos humanos de conformidad con los principios de universalidad, interdependencia, indivisibilidad y progresividad".[2]

Otras finalidades específicas respecto de diferentes derechos humanos reconocidos en el texto constitucional, se encuentran precisadas en diferentes artículos de la propia Constitución.

La finalidad del Estado, se logra mediante la realización de diversas actividades, las cuales podríamos agrupar básicamente en las relativas al ejercicio de las funciones públicas, a la prestación de los servicios públicos, a la ejecución de las obras públicas, y la ejecución de las actividades socioeconómicas residuales, las cuales pueden ser de interés público o simples.[3]

En materia de contrataciones públicas, el artículo 134 constitucional, establece que "Los recursos económicos de que dispongan la Federación, las entidades federativas, los Municipios y las demarcaciones territoriales de la Ciudad de México, se administrarán

---

1 Investigador de Tiempo Completo en el Instituto de Investigaciones Jurídicas de la UNAM. Miembro del Foro Iberoamericano de Derecho Administrativo.

2 Estas disposiciones se agregaron con la reforma al artículo 1, de la Constitución Política de los Estados Unidos Mexicanos, publicadas en el *Diario Oficial de la Federación* el 10 de junio de 2011.

3 Fernández Ruiz, Jorge y López Olvera, Miguel Alejandro, *Derecho administrativo del Estado de Hidalgo*, México, UNAM-Porrúa, 2007, pp. 25 y 26.

con eficiencia, eficacia, economía, transparencia y honradez para satisfacer los objetivos a los que estén destinados".

En el mismo artículo 134, se ordena que "Las adquisiciones, arrendamientos y enajenaciones de todo tipo de bienes, prestación de servicios de cualquier naturaleza y la contratación de obra que realicen", deberán "asegurar al Estado las mejores condiciones disponibles en cuanto a precio, calidad, financiamiento, oportunidad y demás circunstancias pertinentes".

Sin embargo, la situación actual de las contrataciones públicas es muy lamentable debido a los hechos escandalosos de corrupción. Todos los días aparecen en los diarios y revistas, noticias de hechos de corrupción, precisamente vinculadas a las contrataciones públicas.

Por ejemplo, la Auditoría Superior de Federación, en su informe de fiscalización de la Cuenta Pública correspondiente al año de 2015, señala que existen irregularidades por 165 mil millones de pesos en el ejercicio del gasto público. De acuerdo con este documento, el problema más grave fue el abuso en materia de contrataciones públicas, las cuales, en su gran mayoría, se realizaron sin licitación pública.[4]

Académicos, organizaciones de la sociedad civil y periodistas, han dado cuenta de los abusos de empresarios y servidores públicos en materia de contrataciones públicas. Estas conductas han sido denunciadas en algunos espacios informativos y de investigación, donde se ha opinado que

> a cambio de beneficios privados –unas vacaciones [...], casas de lujo a precio de descuento, o financiamiento de campañas políticas– los funcionarios otorgan favores de alto valor económico a las empresas, como condiciones ventajosas en la contratación de obras públicas del gobierno. En este capitalismo de cuates, los funcionarios y sus contratistas preferidos se reparten el dinero de los contribuyentes, potencialmente generan pérdidas en eficiencia económica y erosionan la legitimidad de las instituciones políticas.[5]

Estos problemas y abusos derivan, precisamente, de los espacios que el marco legal y reglamentario vigente deja a la discrecionalidad, a la opacidad, a la falta de controles interorgánicos, a la simulación de participación ciudadana, y a los limitados alcances de los mecanismos jurisdiccionales de control de las contrataciones públicas.

En este trabajo, haremos un análisis de los principales aspectos jurídicos que dan fundamento a las contrataciones públicas en México, como la finalidad de la contratación pública, las autoridades que participan en estos procedimientos y el procedimiento de contratación pública, destacando los problemas que se mencionaron en el párrafo anterior, y finalizamos con algunas propuestas.

II. FINALIDAD DE LA CONTRATACIÓN PÚBLICA

Según lo determinado por los tribunales del Poder Judicial Federal, "La finalidad de otorgar concesiones o permisos sobre bienes o servicios públicos, se encuentra en la

---

4 La nota completa se puede consultar en http://www.milenio.com/politica/asf-diputados-observaciones-cuenta-publica-2015-milenio-noticias_0_903509904.html

5 Garfias, Ek Francisco, "Corrupción en las compras gubernamentales", *Revista Nexos*, 1 de septiembre de 2015. Se puede consultar en http://www.nexos.com.mx/?p=26157

intención del Estado de que, en coordinación con los particulares, éstos lo auxilien en tareas que son de interés público".[6]

Además, según lo señalado en la introducción de este trabajo, el artículo 134 Constitucional establece que todas las contrataciones en las que el Estado sea parte deberán sujetarse a procedimientos de licitación a fin de asegurar, al interés estatal, las mejores condiciones disponibles en cuanto a precio, calidad, financiamiento, oportunidad y demás circunstancias pertinentes, para acreditar la economía, eficiencia, eficacia, imparcialidad y honradez.[7]

Claudio Moraga Klenner, opina:

> Para que los contratos de la administración puedan cumplir una función útil en el desarrollo nacional es necesario contar, entre muchas cosas previas, con un marco jurídico estable, unas reglas de inversión abiertas que promuevan el ingreso de capitales extranjeros, una adecuada distribución de riesgos y un bajo nivel de corrupción y secretismo.[8]

Así, la finalidad de los contratos administrativos es que el Estado, con la colaboración de los particulares, pueda satisfacer las necesidades de carácter colectivo, en el entendido de que las instituciones del Estado no cuentan con la capacidad necesaria para cumplir con esas necesidades.[9]

Es una tendencia de carácter mundial el acudir a los particulares, para que sean estos últimos los que se encarguen de realizar las obras públicas, prestar servicios, arrendar bienes inmuebles, realizar servicios o dotar a las administraciones de bienes.[10]

Sin embargo, en México se ha abusado de la figura del contrato administrativo, desvirtuándola por completo de su esencia, que es la satisfacción de necesidades para toda la población.

III. AUTORIDADES EN MATERIA DE CONTRATACIÓN PÚBLICA

1. Consideraciones generales

Todos los poderes, órganos y organismos del Estado mexicano, de los tres niveles de gobierno, tienen la facultad de realizar procedimientos de contratación pública.

Cada uno tiene un marco jurídico que les permite realizar esos procedimientos. Ese marco jurídico tiene su principal fundamento en la Constitución y en los tratados inter-

6 Tesis aislada XVI.3o.C T.6 C (10a.), Tercer Tribunal Colegiado en Materias Civil y de Trabajo del Décimo Sexto Circuito, *Semanario Judicial de la Federación y su Gaceta*, Décima Época, Libro XVII, Febrero de 2013, t. 2, p. 1435.

7 Tesis aislada 2a. XXXIX/2002, Segunda Sala, *Semanario Judicial de la Federación y su Gaceta*, Novena Época, Abril de 2002, t. XV, p. 579.

8 Moraga Klenner, Claudio, "Los contratos de la administración como instrumentos de desarrollo para la Nación", Fernández Ruiz, Jorge y Santiago Sánchez, Javier (coords.), *Contratos administrativos. Culturas y sistemas jurídicos comparados*, México, UNAM, 2007, p. 240.

9 *V.*, López-Elías, José Pedro, *Aspectos jurídicos de la licitación pública en México*, México, UNAM, 1999, p. 1.

10 Iribarren Monteverde, Henrique, "El equilibrio económico en los contratos administrativos y la teoría de la imprevisión", *VIII Jornadas Internacionales de Derecho Administrativo "Allan Randolph Brewer-Carías"*, Caracas, 2005, p. 123.

nacionales, principalmente en los de combate a la corrupción. También existen marcos legales generales, a nivel federal y estatal, que establecen los procedimientos de contratación tanto en materia de obra pública como en materia de adquisición de bienes, servicios y arrendamientos.

Asimismo, estos marcos generales facultan a diferentes órganos para expedir normas reglamentarias que desarrollen y pormenoricen las disposiciones de las leyes, tales como reglamentos, políticas, bases y lineamientos, entre otros.

A continuación, explicamos, de manera breve y general, la situación jurídica de las contrataciones públicas en cuanto a las autoridades que intervienen en ellas, tomando como referencia el marco jurídico federal.

Así, explicamos, con base en las leyes orgánicas, la regulación de las competencias y facultades específicas que tienen las autoridades en los tres poderes federales, ejecutivo, judicial y legislativo. Cabe señalar, que a nivel local y municipal, se repite esta situación.

2. Poder Ejecutivo Federal

En el Poder Ejecutivo federal, les corresponde a las Secretarías de Estado, también conocidas como dependencias de la Administración Pública Federal, realizar las adquisiciones, arrendamientos, servicios y obras públicas.

De acuerdo con lo establecido en la Ley Orgánica de la Administración Pública Federal, a las Secretarías de Desarrollo Social, Medio Ambiente y Recursos Naturales, y de Comunicaciones y Transportes, les corresponde:

A la Secretaría de Desarrollo Social, "Promover la construcción de obras de infraestructura y equipamiento para fortalecer el desarrollo e inclusión social, en coordinación con los gobiernos de las entidades federativas y municipales y con la participación de los sectores social y privado".[11]

A la Secretaría de Medio Ambiente y Recursos Naturales,[12] construir "las obras de riego, desecación, drenaje, defensa y mejoramiento de terrenos y las de pequeña irrigación"; "ejecutar las obras de defensa contra inundaciones"; "Ejecutar las obras hidráulicas que deriven de tratados internacionales"; y "las obras y servicios de captación, potabilización, tratamiento de aguas residuales, conducción y suministro de aguas de jurisdicción federal".

A la Secretaría de Comunicaciones y Transportes,[13] "Construir, reconstruir y conservar las obras marítimas, portuarias y de dragado, instalar el señalamiento marítimo"; "Construir aeropuertos federales y cooperar con los gobiernos de los Estados y las autoridades municipales, en la construcción y conservación de obras de ese género"; y "Otorgar concesiones o permisos para construir las obras que le corresponda ejecutar".

Cabe señalar, que por disposición de las leyes De Adquisiciones, Arrendamientos y Servicios del Sector Público, y de Obras Públicas y Servicios Relacionados con las Mismas, "Los titulares de las dependencias y los órganos de gobierno de las entidades, atendiendo a la cantidad de obras públicas y servicios relacionados con las mismas que

---

11 Artículo 32, fracción XII, de la Ley Orgánica de la Administración Pública Federal.

12 Artículo 32 Bis, fracciones XXV, XXVI, XXVIII, XXX y XXXI, de la *Ley Orgánica de la Administración Pública Federal.*

13 Artículo 36, fracciones XVIII, XXIII y XXIV, de la *Ley Orgánica de la Administración Pública Federal.*

realicen, deberán establecer comités de obras públicas" y "de adquisiciones, arrendamientos y servicios".

Estos comités están integrados por el Oficial Mayor o equivalente en la dependencia, quien lo preside; y los vocales, que deberán tener un nivel jerárquico mínimo de director general o equivalente.

Asimismo, el área jurídica y el órgano interno de control de la dependencia o entidad, deberán asistir a las sesiones del Comité, como asesor, con voz pero sin voto, debiendo pronunciarse de manera razonada en los asuntos que conozca el Comité.

La Secretaría de la Función Pública, según la Ley, podrá autorizar la creación de comités en órganos desconcentrados, cuando la cantidad y monto de sus operaciones o las características de sus funciones así lo justifiquen, y también podrá participar como asesor en los comités y subcomités, pronunciándose de manera fundada y motivada al emitir sus opiniones.

De acuerdo con lo dispuesto en la Ley Orgánica de la Administración Pública Federal, a los titulares de las dependencias de la Administración Pública Federal, les corresponde nombrar al oficial mayor, a los titulares de los órganos de control interno y a los directores generales.

3. Poder Judicial Federal

En el Poder Judicial Federal, la Ley Orgánica del Poder Judicial de la Federación, señala que el Consejo de la Judicatura Federal tiene competencia para "Emitir las bases mediante acuerdos generales, para que las adquisiciones, arrendamientos y enajenaciones de todo tipo de bienes, prestación de servicios de cualquier naturaleza y la contratación de obra que realice el Poder Judicial de la Federación, a excepción de la Suprema Corte de Justicia, en ejercicio de su presupuesto de egresos, se ajuste a los criterios contemplados en el articulo 134 de la Constitución Política de los Estados Unidos Mexicanos".[14]

Asimismo, la Comisión de Administración del Tribunal Electoral del Poder Juidicial de la Federación, es competente, para "Emitir las bases mediante acuerdos generales para que las adquisiciones, arrendamientos y enajenaciones de todo tipo de bienes, prestación de servicios de cualquier naturaleza y la contratación de obra que realice el Tribunal Electoral, en ejercicio de su presupuesto de egresos, se ajusten a los criterios previstos en el artículo 134 de la Constitución Política de los Estados Unidos Mexicanos".[15]

Cabe señalar que la Comisión de Administración del Tribunal Electoral del Poder Judicial Federal se integra por el presidente de dicho Tribunal, quien la preside, un magistrado electoral de la Sala Superior designado por insaculación, así como tres miembros del Consejo de la Judicatura Federal.[16]

Asimismo, la Contraloría del Poder Judicial de la Federación es el órgano encargado de "inspeccionar y vigilar el cumplimiento de las normas y disposiciones relativas a los

14 Artículo 81, fracción XVII, de la *Ley Orgánica del Poder Judicial de la Federación*

15 Artículo 209, fracción XXVI, de la *Ley Orgánica del Poder Judicial de la Federación.*

16 Artículo 205, de la *Ley Orgánica del Poder Judicial de la Federación.*

sistemas de registro y contabilidad, contratación y pago de personal, contratación de servicios y recursos materiales del Poder Judicial de la Federación".[17]

4. Poder Legislativo Federal

En la Cámara de Diputados del Congreso de la Unión, la Norma de adquisiciones, arrendamientos y servicios de la Cámara de Diputados, establece, en el artículo 5, que "La Secretaría de Servicios Administrativos y Financieros a través de la Unidad de Recursos Materiales y Servicios, deberán contratar los servicios necesarios para mantener asegurados los bienes que lo requieran, salvo que por la naturaleza de los bienes referidos o el tipo de riesgo a que estén expuestos, el costo de aseguramiento represente una erogación que no guarde relación directa con el beneficio que pudiera obtenerse, en cuyo caso se requerirá autorización de la Junta de Coordinación Política o del Comité de Administración, previa opinión de la Contraloría y de la Unidad Legal, para lo cual se deberán incluir en el Programa Anual de Adquisiciones, Arrendamientos, Servicios, Obras Públicas y Servicios Relacionados con las Mismas, los recursos necesarios".

Asimismo, el artículo 21, de la Norma de obras públicas y servicios relacionados con las mismas de la Cámara de Diputados, dispone que "La Secretaría de Servicios Administrativos y Financieros, a través de la Unidad de Recursos Materiales y Servicios podrá convocar, adjudicar o contratar obras públicas y servicios relacionados con las mismas, cuando cuente con la autorización global o específica, por parte de la Junta de Coordinación Política o del Comité de Administración, del presupuesto de inversión y de gasto corriente, conforme a los cuales deberán elaborarse los programas de ejecución y pagos correspondientes".

Como podemos observar, los órganos encargados de las contrataciones públicas en este Poder del Estado, son servidores públicos que tienen una jerarquía alta.

Sus decisiones están basadas en normas que ellos mismos propusieron, discutieron y expidieron.

Los procedimientos de contratación pública son llevados a cabo por servidores públicos que los superiores jerárquicos nombraron en este Poder del Estado.

5. Análisis y propuestas

Como acabamos de observar, los servidores públicos encargados de las contrataciones púbicas en los tres poderes, así como en los órganos constitucionales, y en los tres niveles de gobierno, son trabajadores de confianza, sujetos a un sistema de carácter jerárquico y centralizado.

Según la jurisprudencia del Poder Judicial Federal, "los trabajadores de confianza realizan un papel de suma importancia en el ejercicio de la función pública del Estado, al tratarse de servidores públicos a los que se confieren funciones de la mayor responsabilidad dentro de las estructuras de los poderes públicos u órganos autónomos, de acuerdo con las funciones que realizan, nivel y jerarquía, y por ello cuentan, en la mayoría de los casos, con poder de dirección o decisorio, o bien, desempeñan cargos que conllevan

17 Artículo 104, fracción IV, de la *Ley Orgánica del Poder Judicial de la Federación*.

obligaciones de naturaleza confidencial, derivado de la íntima cercanía y colaboración con quienes son titulares responsables del ejercicio de esas funciones públicas".[18]

Esta situación, en la práctica, se ha aprovechado, por parte de los titulares de Poderes o de órganos, o por parte de superiores jerárquicos, para nombrar a personas que son incondicionales y que no son capaces de oponerse a las decisiones del jefe, en la mayoría de las ocasiones en detrimento de los intereses de la sociedad.

Aún más, tanto las leyes como también la jurisprudencia del Poder Judicial Federal ha establecido que la relación jerárquica "implica el poder de mando y subordinación del superior en el orden administrativo".

En México, como también en otros países, las administraciones públicas se "organizan con base en un esquema de centralización administrativa, que obedece a una organización jerárquica estructurada piramidalmente, de tal manera que los órganos inferiores se subordinan a los inmediatos superiores y estos a los contiguos de arriba, y así sucesivamente, hasta llegar al vértice de la pirámide, que es el órgano supremo de la administración, investido de la máxima autoridad, que conlleva una amplia potestad sobre sus subalternos merced a la cual los designa, manda, organiza, supervisa, disciplina y remueve, conforme a un modelo de relación jerárquica que le es característico, mediante el ejercicio de los poderes de nombramiento, de remoción, de mando, de decisión, de vigilancia, de disciplina y de revisión".[19]

No obstante lo anterior, tanto la Convención de las Naciones Unidas contra la Corrupción como el Pacto Internacional de Derechos Civiles y Políticos, y la Convención Americana de Derechos Humanos, señalan que en los Estados, las decisiones más importantes de los órganos de los Estados, deben ser tomadas por servidores púbicos independientes e imparciales.

Esto se logra, según estas disposiciones, adoptando sistemas de ingreso al servcio público por medio de convocatorias abiertas, basados en principios de eficiencia y transparencia y en criterios objetivos como el mérito, la equidad y la aptitud.

Además, se deben de incluir procedimientos adecuados de selección y formación de los titulares de cargos públicos que se consideren especialmente vulnerables a la corrupción, así como, cuando proceda, la rotación de esas personas a otros cargos.

Fomentar remuneraciones adecuadas y escalas de sueldo equitativas, teniendo en cuenta el nivel de desarrollo económico del Estado Parte.

Promover programas de formación y capacitación que permitan cumplir los requisitos de desempeño correcto, honorable y debido de sus funciones y les proporcionen capacitación especializada y apropiada para que sean más conscientes de los riesgos de corrupción inherentes al desempeño de sus funciones. Tales programas podrán hacer referencia a códigos o normas de conducta en las esferas pertinentes.

Asimismo, dispone la Convención, cada Estado Parte, de conformidad con los principios fundamentales de su derecho interno, procurará adoptar sistemas destinados a

18 Tesis de jurisprudencia 2a./J. 22/2016 (10a.), Segunda Sala, *Semanario Judicial de la Federación y su Gaceta*, Décima Época, Libro 27, Febrero de 2016, t. I, p. 836.

19 Fernández Ruiz, Jorge y López Olvera, Miguel Alejandro, *op. cit.* (nota 3), pp. 82.

promover la transparencia y a prevenir conflictos de intereses, o a mantener y fortalecer dichos sistemas.[20]

Por su parte, el Comité de Derechos Humanos de la ONU, en su Observación General número 25, en la cual interpretó el artículo 25, del Pacto Internacional de Derechos Civiles y Políticos, dispuso, en los párrafos 23 y 24, que

23. El apartado c) del artículo 25 se refiere al derecho y a la posibilidad de los ciudadanos de acceder, en condiciones generales de igualdad, a cargos públicos. Para garantizar el acceso en condiciones generales de igualdad, los criterios y procedimientos para el nombramiento, ascenso, suspensión y destitución deben ser razonables y objetivos. Podrán adoptarse medidas positivas para promover la igualdad de oportunidades en los casos apropiados a fin de que todos los ciudadanos tengan igual acceso. Si el acceso a la administración pública se basa en los méritos y en la igualdad de oportunidades, y si se asegura la estabilidad en el cargo, se garantizará su libertad de toda injerencia o presión política. Reviste especial importancia garantizar que las personas no sean objeto de discriminación en el ejercicio de los derechos que les corresponden conforme al apartado c) del artículo 25 por cualquiera de los motivos especificados en el párrafo 1 del artículo 2.

24. En sus informes, los Estados deberán describir las condiciones para acceder a la administración pública, y los procesos de nombramiento, ascenso, suspensión y destitución o separación del cargo, así como los mecanismos judiciales u otros mecanismos de revisión aplicables a esos procesos. En los informes también debe indicarse cómo se cumple el requisito de acceso en igualdad de condiciones, y si se han adoptado medidas positivas para promover la igualdad de oportunidades y, en tal caso, en qué medida.

La Corte Interamericana de Derechos Humanos, en el Caso Yatama vs Nicaragua, en la sentencia de Excepciones Preliminares, Fondo, Reparaciones y Costas, del 23 de junio de 2005, señaló que “El derecho a tener acceso a las funciones públicas en condiciones generales de igualdad protege el acceso a una forma directa de participación en el diseño, implementación, desarrollo y ejecución de las directrices políticas estatales a través de funciones públicas. Se entiende que estas condiciones generales de igualdad están referidas tanto al acceso a la función pública por elección popular como por nombramiento o designación”.

Cabe destacar que el 27 de junio de 2015, se publicó, en el *Diario Oficial de la Federación*, un decreto de reformas a la Constitución Federal, en el cual se estableció que en todos los Poderes y órganos del Estado, en los tres niveles de gobierno, contarán con órganos internos de control, encargados de vigilar, entre otras cuestiones, las contrataciones públicas.

El artículo 20, de la Nueva Ley General de Responsabilidades Administrativas, establece que

> Para la selección de los integrantes de los Órganos internos de control se deberán observar, además de los requisitos establecidos para su nombramiento, un sistema que garantice la igualdad de oportunidades en el acceso a la función pública con base en el mérito y los mecanismos más adecuados y eficientes para su adecuada profesionalización, atrayendo a los mejores candidatos para ocupar los puestos a través de procedimientos transparentes, objetivos y equitativos. Los titulares de los Órganos internos de control de los Órganos constitucionales

20 Artículo 7, de la Convención de las Naciones Unidas contra la Corrupción.

autónomos, así como de las unidades especializadas que los conformen, serán nombrados en términos de sus respectivas leyes.

También, la misma Ley General de Responsabilidades Administrativas, dispone que los órganos internos de control, que ahora las define como las unidades administrativas a cargo de promover, evaluar y fortalecer el buen funcionamiento del control interno en los entes públicos, tienen a su cargo revisar el ingreso, egreso, manejo, custodia y aplicación de recursos públicos federales y participaciones federales, así como de recursos públicos locales, según corresponda en el ámbito de su competencia.[21]

En materia de contrataciones públicas, el Comité Coordinador del Sistema Nacional Anticorrupción, será el encargado de expedir el Protocolo de Actuación en Materia de Contrataciones Públicas, el cual será implementado por los respectivos órganos internos de control.

Es muy importante que se cumplan con las disposiciones anteriores, de carácter Constitucional, convencional y legal, con la finalidad de que se cambie el sistema actual de contrataciones públicas de tipo piramidal y se estructure uno nuevo con base en los principios y características establecidos en las normas antes citadas.

También es importante incorporar mecanismos de participación ciudadana, por medio de los cuales, las personas interesadas podamos criticar, opinar e impugnar los nombramientos de los servidores públicos encargados de realizar los procedimientos de contratación pública.

La Comisión Interamericana de Derechos Humanos, en el documento denominado *Garantías para la independencia de las y los operadores de justicia*, considera conveniente que para el nombramiento de jueces, defensores y fiscales, los cuales deben de cumplir los requisitos de la independencia y de la imparcialidad, se celebren audiencias o de entrevistas públicas, adecuadamente preparadas, en las que la ciudadanía, las organizaciones no gubernamentales y otros interesados tuvieran la posibilidad de conocer los criterios de selección, así como a impugnar a las candidatas y candidatos y expresar sus inquietudes o su apoyo".[22]

Estos mismos requisitos se podrían incorporar para el nombramiento de las personas que tienen a su cargo los procedimientos de contratación pública.

IV. PROCEDIMIENTOS DE CONTRATACIÓN PÚBLICA

1. Aspectos generales

Fernando Gómez de Lara y Sergio Eduardo Huacuja Betancourt, señalan que "En virtud de que la licitación pública es un procedimiento y, como tal, supone la concatenación de diversas etapas que conducen a una finalidad, es plausible clasificarlas en mérito de su temporalidad, en tres momentos: etapas previas, etapas propias y etapas posteriores".[23]

---

21 *V.*, los artículos 3, fracción XXI, 10, fracción II, 15, 18, de la *Ley General de Responsabilidades Administrativas.*

22 Comisión Interamericana de Derechos Humanos, *Garantías para la independencia de las y los operadores de justicia*, CIDH, 2013, p. 109.

23 Gómez de Lara, Fernando y Huacuja Betancourt, Sergio Eduardo, *La contratación de bienes, arrendamientos y servicios en la administración pública federal. Un análisis sobre los contratos administrativos*

Dentro de cada etapa se desarrollan una serie de sub etapas, a saber, en el primer momento, en la etapa previa, se encuentra la elaboración de una preconvocatoria y la elaboración de la convocatoria a la licitación pública.

En un segundo momento, están las etapas propias, que incluyen la publicación de la convocatoria; la junta o juntas de aclaraciones; el registro previo de participantes y la revisión de la documentación; el acto de presentación y apertura de proposiciones; y el acto de fallo.

Y en el tercer momento, que son las etapas posteriores, están la formalización del contrato, la ejecución del contrato y el pago.

En cada una de estas etapas, como veremos a continuación, se presentan, en la práctica, una serie de situaciones que, en muchas ocasiones derivan en abusos y actos de corrupción, ya que el marco jurídico permite todas estas situaciones, que son aprovechas por grupos económicos y políticos para beneficio de pocos, en detrimento de la sociedad.

En lo otros dos procedimientos de contratación pública que disponen las leyes, que son la adjudicación directa y la invitación a cuando menos tres personas, no se observan estas etapas.

Nuestro análisis estará centrado en los medios de impugnación que prevé el sistema jurídico, para evidenciar su inutilidad en la práctica. Destacaremos la necesidad de contar con mecanismos de impugnación centrados, principalmente, en acciones de tipo jurisdiccional.

Las Leyes, De Adquisiciones, Arrendamientos y Servicios del Sector Público; y de Obras Públicas y Servicios Relacionados con las Mismas, establecen cuatro mecanismos de impugnación de actuaciones y actos en materia de contratación pública, que son la inconformidad, la conciliación, el recurso administrativo de revisión y el juicio de nulidad.

La Nueva Ley General de Responsabilidades Administrativas, señala también a la denuncia ciudadana, como un mecanismo de control en contra de actos de corrupción.

Veamos con se desarrollan estas etapas y como funcionan los mecanismos de impugnación.

2. Inconformidad

Según lo dispuesto por las leyes citadas anteriormente, la Secretaría de la Función Pública conoce de las inconformidades que se promueven en contra de los actos de los procedimientos de licitación pública o invitación a cuando menos tres personas.

En estos procedimientos, se puede presentar una inconformidad en los siguientes supuestos y plazos.

Convocatoria a la licitación, y juntas de aclaraciones. En este supuesto, la inconformidad sólo podrá presentarse por el interesado que haya manifestado su interés por participar en el procedimiento [...], dentro de los seis días hábiles siguientes a la celebración de la última junta de aclaraciones;

---

y sus implicaciones jurídicas de conformidad con la Ley de Adquisiciones, Arrendamientos y Servicios del Sector Público (LAASSP), México, Novum, 2016.

Invitación a cuando menos tres personas. Sólo estará legitimado para inconformarse quien haya recibido invitación, dentro de los seis días hábiles siguientes;

Acto de presentación y apertura de proposiciones, y el fallo. En este caso, la inconformidad sólo podrá presentarse por quien hubiere presentado proposición, dentro de los seis días hábiles siguientes a la celebración de la junta pública en la que se dé a conocer el fallo, o de que se le haya notificado al licitante en los casos en que no se celebre junta pública.

Cancelación de la licitación. En este supuesto, la inconformidad sólo podrá presentarse por el licitante que hubiere presentado proposición, dentro de los seis días hábiles siguientes a su notificación, y

Actos y omisiones por parte de la convocante que impidan la formalización del contrato en los términos establecidos en la convocatoria a la licitación o en esta Ley. En esta hipótesis, la inconformidad sólo podrá presentarse por quien haya resultado adjudicado, dentro de los seis días hábiles posteriores a aquél en que hubiere vencido el plazo establecido en el fallo para la formalización del contrato o, en su defecto, el plazo legal. En todos los casos en que se trate de licitantes que hayan presentado proposición conjunta, la inconformidad sólo será procedente si se promueve conjuntamente por todos los integrantes de la misma.

Asimismo, en la etapa de la inconformidad, se puede decretar la suspensión de los actos del procedimiento de contratación y los que de éste deriven, siempre que lo solicite el inconforme en su escrito inicial y se advierta que existan o pudieren existir actos contrarios a las disposiciones de esta Ley o a las que de ella deriven y, además, no se siga perjuicio al interés social ni se contravengan disposiciones de orden público.

En su solicitud el inconforme deberá expresar las razones por las cuales estima procedente la suspensión, así como la afectación que resentiría en caso de que continúen los actos del procedimiento de contratación.

La resolución que ponga fin a la instancia de inconformidad o, en su caso, a la intervención de oficio podrá impugnarse por el inconforme o tercero interesado mediante el recurso de revisión previsto en la Ley Federal de Procedimiento Administrativo, o bien, cuando proceda, ante las instancias jurisdiccionales competentes.

Como se puede observar, la inconformidad, no es un medio de impugnación eficaz, en virtud de que es resuelta por la Secretaría de la Función Pública, una dependencia de la Administración Pública Federal, cuyo titular es nombrado por el Presidente de la República, con la aprobación del Senado de la República, que cabe señalarlo, tiene una mayoría de integrantes que pertenecen al partido del Presidente de la República.

Asimismo, según los tribunales del Poder Judicial Federal, "la inconformidad sólo procede respecto de actos dictados en estos últimos procedimientos de contratación con el objeto de examinar la legalidad de las actuaciones encaminadas a determinar a quién o quiénes se otorgan las adquisiciones, arrendamientos o servicios, debido a la concurrencia u oposición de oferentes existentes".[24] Se excluye su aplicación en el procedimiento de adjudicación directa.

---

24 Tesis de jurisprudencia 2a./J. 187/2009, Segunda Sala, *Semanario Judicial de la Federación y su Gaceta*, Novena Época, Noviembre de 2009, t. XXX, p. 421.

3. Recurso de revisión

De acuerdo con lo señalado en las leyes, la resolución que ponga fin a la instancia de inconformidad o, en su caso, a la intervención de oficio podrá impugnarse por el inconforme o tercero interesado mediante el recurso de revisión previsto en la Ley Federal de Procedimiento Administrativo, o bien, cuando proceda, ante las instancias jurisdiccionales competentes.

Las desventajas que se observan en la práctica, de la impugnación por medio del recurso administrativo, son las siguientes:

— Pueden ser factores que compliquen o que retarden la resolución de los asuntos, lo anterior debido a que su instrucción puede requerir demasiado tiempo.

— No siempre permiten una verdadera conciliación, debido a que, en un gran número de casos, la administración pública se limita a confirmar su decisión inicial sin realmente reexaminar el expediente; otras veces es imposible realizar un nuevo examen en razón de la gran extensión del procedimiento.

— La administración puede sentirse tentada de retardar la solución de un asunto, ejemplo de ello lo constituye la solidaridad que existe en los cuerpos administrativos.

En la mayoría de las ocasiones, las personas, lesionadas por los actos o resoluciones administrativos dictados por la administración pública, tienen la convicción de que nada lograrán en esta vía, que no tiene sentido retrasar más el momento de acudir a los estrados de los tribunales, con la exigencia de un recurso que constituirá un trámite inútil.[25]

Observamos que los mismos vicios y prácticas, respecto de los recursos administrativos, se aplican en los Poderes legislativo, judicial y órganos autónomos, tanto federales como locales y municipales.

Por ello, consideramos que las exigencias del derecho a la tutela judicial efectiva se han hecho social, legislativa, doctrinaria y jurisprudencialmente cada día más intensas, siendo cada vez más intolerable el mantenimiento del carácter obligatorio de los recursos administrativos, los cuales en la práctica suelen ser ineficaces y, por tanto, una carga excesiva.[26]

En su lugar, proponemos acciones directas ante las instancias jurisdiccionales, así como la creación de un fuero especializado.

4. Conciliación

De acuerdo con lo señalado en las leyes de adquisiciones, arrendamientos, servicios y de obras públicas, antes citadas, se puede acudir a la conciliación siempre y cuando el procedimiento sea a instancia de los proveedores, derivado de controversias por incumplimiento en los términos y condiciones pactados en el contrato.

Es decir, que una vez celebrado el contrato y durante su periodo de vigencia, pueden surgir controversias derivadas del incumplimiento de los términos y condiciones pacta-

25 González Pérez, Jesús, "La Constitución y la reforma de la jurisdicción contencioso-administrativa", *Revista de Derecho Administrativo*, Buenos Aires, Depalma, Nº 14, año 11, 1999, p. 43 y ss.

26 Prado Moncada, Rafael G., "Comentarios sobre el derecho a la tutela judicial efectiva en el sistema jurídico administrativo venezolano", *Lex. Difusión y análisis*, año VII, Nº 92, febrero de 2003, p. 30.

das en los contratos. Por lo que hace a la autoridad, ésta, si así lo considera pertinente y mediante el procedimiento administrativo, puede proceder a la rescisión del contrato.

En esos casos, las leyes establecen un procedimiento de conciliación para resolver los conflictos.

Gabino Eduardo Castrejón García, al realizar un análisis de la eficacia de este mecanismo, concluye que

> más que un procedimiento conciliatorio para dirimir controversias derivadas de contratos administrativos, se trata de un procedimiento tendiente a obligar fundamentalmente al proveedor a llegar a un arreglo, ya que por una parte lo obliga a cumplir con los términos y condiciones del contrato; en el mejor de los casos a designar a terceros o peritos a que rindan su opinión, que prácticamente estamos en presencia de un arbitraje; y finalmente, a obligar al proveedor a acudir a instancias judiciales para reclamar sus derechos, no así a la autoridad, ya que tiene el procedimiento de rescisión.

En tales condiciones, podemos afirmar que se desvirtúa la conciliación, siendo su procedimiento ineficaz, sobre todo por lo que hace a la parte proveedora, y prácticamente se obliga a acudir a las instancias judiciales para reclamar sus derechos.27

V. DIVISIÓN DE PODERES Y CONTROLES

También es importante señalar en esta materia, lo que dispone el artículo 49, de la Constitución Federal, que dice textualmente:

> El Supremo Poder de la Federación se divide para su ejercicio en Legislativo, Ejecutivo y Judicial.
>
> No podrán reunirse dos o más de estos Poderes en una sola persona o corporación, ni depositarse el Legislativo en un individuo, salvo el caso de facultades extraordinarias al Ejecutivo de la Unión, conforme a lo dispuesto en el artículo 29. En ningún otro caso, salvo lo dispuesto en el segundo párrafo del artículo 131, se otorgarán facultades extraordinarias para legislar.

Este artículo establece el principio de la división de poderes, que es uno de los principios cardinales del gobierno democrático.

Es importante mencionarlo, en virtud de que en la actualidad, como observamos líneas arriba, los procedimientos de contratación pública se llevan a cabo sin la intervención ni control interorganico.

La división de poderes, explica la Suprema Corte de Justicia de la Nación,[28] nunca ha sido concebida en nuestra práctica constitucional como una mera división del trabajo, sino como una técnica al servicio de la libertad de los habitantes del país. Se trata de hacer realidad el principio de que los poderes constituidos por la Constitución deben

---

27 Castrejón García, Gabino Eduardo, "La ineficacia del procedimiento de conciliación en los contratos de la administración pública", Fernández Ruiz, Jorge y Santiago Sánchez, Javier (coords.), *Contratos administrativos. Culturas y sistemas jurídicos comparados*, México, UNAM, 2007, p. 43.

28 *Diario Oficial de la Federación* del 3 de junio de 2002, p. 53. Sentencia y votos concurrentes y de minoría, relativos a la Controversia Constitucional 22/2001, promovida por el Congreso de la Unión en contra del Presidente Constitucional de los Estados Unidos Mexicanos, del Secretario de Energía, de la Comisión Reguladora de Energía y del Secretario de Gobernación.

limitarse mutuamente entre sí, mediante un sistema de pesos y contrapesos que den seguridad, certidumbre y legalidad a todos los actos del gobierno.

Por lo cual, es importante la interpretación que se le dé a la teoría de la división de poderes; ella fue concebida, afirma Agustín Gordillo,[29] "como 'garantía de la libertad', para que 'el poder contenga al poder' a través del mutuo control e interacción de los tres grandes órganos del Estado: Poder Legislativo, Poder Ejecutivo, Poder Judicial".

La Suprema Corte de Justicia de la Nación, por su parte, ha dicho que

> De la interpretación sistemática del texto original de la Constitución Política de los Estados Unidos Mexicanos de cinco de febrero de mil novecientos diecisiete, se advierte que el principio de división de poderes previsto en [el] artículo 49, párrafo primero, no se estableció atendiendo a un criterio material, precisando en forma abstracta que el Supremo Poder se divide, para su ejercicio, en tres funciones, la legislativa, la ejecutiva y la judicial, sino que a la vez que se consagró ese principio, al fijar las atribuciones de los tres poderes, se les confirieron, indistintamente, atribuciones que materialmente corresponden a un diverso poder, reservándose a los Poderes Legislativo y Judicial la potestad para emitir, respectivamente, los actos materialmente legislativos y judiciales de mayor jerarquía en el orden jurídico nacional, circunstancia que se explica por el hecho de que históricamente se había buscado fortalecer a estos dos poderes con el fin de establecer un equilibrio entre ellos y el presidente de la República, jefe de Estado y de gobierno en nuestro sistema constitucional. [...] En complemento a ese sistema, en virtud de que no fue intención del Constituyente reservar a cada uno de los tres poderes la emisión de actos propios de sus respectivas funciones, en aras de permitir el funcionamiento de los propios órganos y a la vez lograr un equilibrio de fuerzas y un control recíproco que garantizara la unidad política del Estado en beneficio del pueblo mexicano, se estableció un mecanismo de colaboración basado en dos medios: por un lado, se exigió la participación de dos de los poderes para la validez de un acto y, por otro, se otorgó a los poderes facultades para emitir actos que materialmente no les corresponden, pero que no por ello tendrían el mismo rango que los actos formalmente legislativos o judiciales. [...][30]
>
> Cada poder desempeña una función diferente; no pueden, ninguno de ellos, ejercer la función del otro, ya que de lo contrario estarían violando el principio de la división de los poderes. Está previsto para que funcione de una forma determinada; es decir, "está contemplado un determinado equilibrio".[31]

Consideramos que en todos los supuestos que hemos explicado y analizado líneas arriba, en los que puede existir una controversia en materia de contratación pública, desde el propio nombramiento de los servidores públicos que se encargarán de llevar a cabo dichos procedimientos, los órganos o servidores púbicos que reglamentan las leyes y el artículo 134 Constitucional, así como las propias controversias en los procedimientos de contratación, todas estas deben ser resueltas por un órgano jurisdiccional que cumpla con las características del artículo 8 y 25 de la Convención Americana de Derechos Humanos, en el sentido de ser un tribunal independiente e imparcial.

29 Gordillo, Agustín, *Tratado de derecho administrativo, t. 1. Parte general*, 8ª ed., Buenos Aires, Fundación de Derecho Administrativo, 2003, cap. III, pp. 3 y 25.

30 *Semanario Judicial de la Federación y su Gaceta*, México, SCJN, Novena época, tesis 2ª. CXXVIII/2001, tomo XIV, Agosto de 2001, p. 227.

31 Gordillo, Agustín, *Tratado de derecho administrativo, t. 1. Parte general*, 9ª ed., México, Porrúa, 2004, p. 71.

El amparo podría ser el mecanismo ideal de control jurisdiccional de los procedimientos de contratación pública,

Por ejemplo, en Colombia, se puede interponer una acción popular en contra de actos derivados de procedimientos de contratación pública, la cual tienen un carácter preventivo, ya que su finalidad es evitar vulneraciones de derechos colectivos.[32]

También es importante destacar que sería deseable la intervención de otros poderes y órganos del Estado, sobre todo, cuando se trate de contrataciones públicas que impliquen gastos multimillonarios donde es necesaria la valoración y el debate por parte de los representantes del Estado.

Tratándose de adquisiciones y obras públicas cuantiosas, se podría señalar también la intervención de la Cámara de Diputados o del Senado de la República o del Congreso local respetivo, para que debatan respecto de las cuestiones de interés público involucradas, además de realizar un dictamen en la Comisión respectiva, para analizar las cuestiones presupuestales presentes y futuras que estén comprometidas.

El artículo 25 de la Convención Americana de Derechos Humanos establece que: "Toda persona tiene derecho a un recurso sencillo, rápido, efectivo" y económico, agrega la Corte Interamericana de Derechos Humanos. Lo que se traduce en la eliminación de las normas que sean incompatibles con este derecho humano, y la expedición de otras que complementen y den operatividad y eficacia de estas directrices.

Por ello, consideramos que se deben de eliminar de los procedimientos de contratación pública, los mecanismos de la inconformidad, la conciliación y el recurso administrativo, ya que en la actualidad resultan incompatibles con los derechos humanos reconocidos en la Constitución y en los tratados internacionales de derechos humanos.

Y se deben de establecer tribunales o salas o juzgados especializados en esta materia, además de diferentes tipos de acciones para impugnar la diversidad de situaciones que se presentan en estos procedimientos de contratación pública.

La Comisión Interamericana de Derechos Humanos, recomienda que se establezcan acciones de tutela cautelar, acciones contra violaciones de derechos humanos individuales y acciones contra violaciones a derechos humanos colectivos.[33]

32 Güecha Medina, Ciro Nolberto, *Contratos administrativos. Control de legalidad en el procedimiento administrativo de contratación*, 2da. ed., Bogotá, Ibañez, 2010, p. 281.

33 Comisión Interamericana de Derechos Humanos, *El acceso a la justicia como garantía de los derechos económicos, sociales y culturales. Estudios de los estándares fijados por el Sistema Interamericano de Derechos Humanos*, Comisión Interamericana de Derechos Humanos, 2007, pp. 77 a 84.

52. LAS MODIFICACIONES A LA LEY DE CONTRATACIONES DEL ESTADO Y LAS REFORMAS AL RÉGIMEN DE SOLUCIÓN DE CONTROVERSIAS: LA EXPERIENCIA PERUANA EN MATERIA DE ARBITRAJE EN CONTRATACIÓN PÚBLICA

Richard J. Martin Tirado[*]

I. INTRODUCCIÓN AL TEMA

El 07 de enero de 2017 se ha publicado en el Diario Oficial El Peruano, el Decreto Legislativo N° 1341, norma que modifica la Ley N° 30225, Ley de Contrataciones del Estado. Posteriormente, con fecha 19 de marzo del mismo año, se ha procedido a la aprobación del Decreto Supremo N° 056–2017–EF, el cual modifica el Reglamento de la Ley N° 30225, aprobado por el Decreto Supremo N° 350–2015–EF.

El objeto del presente artículo es describir en forma sumaria para los lectores no familiarizados con el caso peruano, el conjunto de mecanismos alternativos de resolución de controversias (MARC) existentes en la legislación nacional, y particularmente, proceder a la evaluación de las recientes modificaciones efectuadas al régimen de solución de controversias en el ámbito de la contratación estatal efectuadas en virtud del Decreto Legislativo N° 1341.

Según la exposición de motivos del Decreto Legislativo N° 1341[1], las modificaciones que se han efectuado, buscan establecer un marco normativo para la contratación pública como un instrumento de gestión, a través del cual se maximice el valor de los recursos del Estado para el cumplimiento de los fines públicos, evitando de esta forma, la proliferación de situaciones de corrupción.

En términos generales, las principales modificaciones efectuadas mediante el Decreto Legislativo N° 1341, son las siguientes:

---

* Abogado por la Pontificia Universidad Católica del Perú. Magister en Derecho Administrativo. Maestría en Derecho Internacional Económico. Profesor de Derecho Administrativo en la Pontificia Universidad Católica de Lima, Universidad de Lima, Universidad Esan, entre otras universidades. Miembro del Consejo Directivo de la Asociación Peruana de Derecho Administrativo. Miembro del Foro Iberoamericano de Profesores de Derecho Administrativo. Miembro de la Asociación Iberoméricana de Estudios de Regulación–ASIER.

1 CONGRESO DE LA REPÚBLICA, Exposición de motivos del Decreto Legislativo que modifica la Ley N° 30224–Ley de Contrataciones con el Estado. pp. 02-38 Visto en: http://www.congreso.gob.pe/Docs/comisiones2016/ConstitucionReglamento/files/exposici%C3%B3n_de_motivo 1341.pdf

-Principios que rigen las contrataciones (artículo 2°)
-Supuestos excluidos del ámbito de aplicación (artículo 4°)
-Supuestos excluidos del ámbito de aplicación sujetos a supervisión (artículo 5°)
-Organización de los procesos de contratación (artículo 6°)
-Funcionarios, dependencias y órganos encargados de las contrataciones (artículo 8°)
-Responsabilidades esenciales (artículo 9°)
-Supervisión de la Entidad (artículo 10°)
-Impedimentos (artículo 11°)
-Calificación exigible a los proveedores (artículo 12°)
-Participación en consorcio (artículo 13°)
-Protección y promoción de la competencia (artículo 14°)
-Plan Anual de Contrataciones (artículo 15°)
-Requerimiento (artículo 16°)
-Homologación de requerimientos (artículo 17°)
-Valor referencial (artículo 18°)
-Certificación de crédito presupuestario (artículo 19°)
-Licitación pública y concurso público (artículo 22°)
-Adjudicación simplificada (artículo 23°)
-Selección de consultores individuales (artículo 24°)
-Comparación de precios (artículo 25°)
-Contrataciones directas (artículo 27°)
-Rechazo de ofertas (artículo 28°)
-Declaratoria de desierto (artículo 29°)
-Cancelación (artículo 30°)
-Métodos especiales de contratación (artículo 31°)
-Contrato (artículo 32°)
-Modificaciones al contrato (artículo 34°)
-Modificaciones convencionales al contrato (artículo 34A)
-Subcontratación (artículo 35°)
-Resolución de los contratos (artículo 36°)
-Pago (artículo 39°)
-Responsabilidad del contratista (artículo 40°)
-Recursos administrativos (artículo 41°)
-Declaratoria de nulidad (artículo 44°)
-Medios de solución de controversia de la ejecución contractual (artículo 45°)
-Registro Nacional de Proveedores (artículo 46°)
-Sistema Electrónico de Contrataciones del Estado (artículo 47°)
-Obligatoriedad (artículo 48°)

-Infracciones y sanciones administrativas (artículo 50°)

-Funciones del OSCE (artículo 52°)

-Tribunal de Contrataciones del Estado (artículo 59°)

-Requisitos e impedimentos para ser vocal del Tribunal de Contrataciones del Estado (artículo 60°).

Para efectos del presente documento, nos concentraremos en el análisis de las modificaciones introducidas al régimen de solución de controversias y las dificultades que se presentan con respecto a su aplicación.

II. LOS MECANISMOS ALTERNATIVOS DE SOLUCIÓN DE CONTROVERSIAS APLICABLES AL ORDENAMIENTO JURÍDICO PERUANO EN MATERIA DE CONTRATACIÓN PÚBLICA

2.1. Cuestiones previas

El régimen de solución de controversias que se adopta en diversos países, tiene como fundamento la existencia de un conflicto. Para autores como **ALVARADO VELLOSO**[2], "El litigio sería la afirmación, en el plano jurídico del proceso judicial, de la existencia de un conflicto existente en el plano de la realidad social." Al respecto, el referido autor desarrolla el concepto de *litigio* en los siguientes términos:

a. Conflicto sin litigio: cuando se mantiene en el estricto plano de la realidad, sin disolverse ni resolver el conflicto. En este aspecto, las partes afectadas por el conflicto no acuden al sistema judicial en busca de una solución.

b. Litigio sin conflicto: cuando una de las partes demanda a sabiendas que no hubo conflicto en el plano de la realidad o creyendo que existió aunque así no haya sido. Esta hipótesis puede implicar en forma posterior, un rechazo en la demanda por parte del juez.

c. Litigio con conflicto: esta tercera postura se presenta cuando el litigio es trasladado del plano de la realidad al jurídico del proceso. En tal sentido, el pretendiente demanda afirmando y pudiendo confirmar la razón que le asiste.

En términos históricos, la noción de litigio ha sido inseparable del ejercicio de la función judicial y se sustenta en la existencia de un proceso. No puede concebirse el desarrollo de un proceso sin litigio.

En relación al conflicto, **CUVILLO CONTRERAS**[3], sostiene que "Cuando el acuerdo es total y equilibrado y existe plena voluntad de cumplir, el conflicto está lejos, pero puede surgir en cuanto haya un cambio de circunstancias que haga muy gravoso el cumplimiento."

Con respecto al concepto de conflicto, y a éste con el litigio, es preciso mencionar las implicancias de la función jurisdiccional en el Estado en los siguientes términos: "En

2 ALVARO VELLOSO, Adolfo. "Teoría General del Proceso" Academia Virtual Iberoamericana de Derecho y de Altos Estudios Judiciales, Manual de Teoría General del Proceso – Lección N° 2. Bogotá, 2012. Págs. 01 – 04.

3 CUVILLO CONTRERAS, "La negación y la mediación como sistemas alternativos para la resolución de conflictos (…)". En: *La Ley* N° 1 Sección A Fondo. Madrid, 2010. pp. 01 – 06.

todos los Estados democráticos, y prácticamente en casi todos los que no lo son, la potestad jurisdiccional –el «juzgar y ejecutar lo juzgado»– se atribuye a los Juzgados y Tribunales determinados por las leyes, que actúan conforme a normas preestablecidas."

Desde otra perspectiva, **GONZÁLES DE COSSÍO**[4], afirma que los mecanismos de solución de controversias están conformados por los siguientes instrumentos: la negociación, los procedimientos en los que participa un tercero – neutral para asistir a que las partes lleguen a una solución sin que la decisión sea ejecutable, los procedimientos que concluyen con una decisión que es provisionalmente vinculante, conocidos como "paneles de adjudicación de controversias" (Dispute Boards) y los procedimientos que concluyen con una decisión o laudo que es ejecutable conforme a derecho, los cuales son (i) el litigio y (ii) el arbitraje.

En realidad, el incremento de las relaciones humanas, comerciales y de todo género conlleva a que las relaciones de conflictividad se incrementen. Frente a ello, la función jurisdiccional manifestada en la actividad de los jueces y tribunales del país incurre naturalmente, en retrasos en la resolución de los procesos. En tal sentido, dichos problemas afectan de una u otra forma, el derecho constitucional a la tutela jurisdiccional efectiva. Al respecto, el Tribunal Constitucional del Perú, ha desarrollado esta insuficiencia en la sentencia recaída en el expediente N° 4080–2004–AC/TC, en los siguientes términos: *"El cumplimiento pleno de lo establecido en una decisión judicial supone, por otro lado, la satisfacción real y efectiva,* ***en tiempo oportuno****, de lo decidido por el poder jurisdiccional*[5]*."*

Con respecto a la ejecución de las sentencias, el Tribunal Constitucional ha señalado lo siguiente:

> *Plazo razonable en la ejecución de las sentencias: –*
>
> *El* ***derecho a la ejecución de la decisión de fondo contenida en una sentencia firme, también supone su cumplimiento en tiempo oportuno****.* ***El derecho a obtener un pronunciamiento de fondo en un plazo razonable,*** *ha sido precisado por el Tribunal Constitucional como una "(...) manifestación implícita del derecho al debido proceso y la tutela judicial efectiva reconocidos en la Carta Fundamental (artículo 139°3 de la Constitución) y, en tal medida, se funda en el respeto a la dignidad de la persona humana"*[6].
>
> *(el subrayado es nuestro).*

2.2. Los MARC en el ordenamiento jurídico peruano

En el ordenamiento jurídico peruano, es necesario definir como una cuestión previa a todo análisis sobre el ejercicio de la actividad arbitral, cual es el escenario sobre el que se vienen desarrollando los MARC y el uso específico de algunos de ellos. A partir de este deslinde conceptual, se podrá entender su incidencia directa en la solución de controversias en materia de contratación pública.

En el Perú no ha existido un marco institucional uniforme con respecto a los MARC y menos aún, frente a los problemas derivados de la actividad contractual del Estado. Una de las razones vinculadas a este tipo de restricciones, ha sido y es, la complejidad

---

4 GONZÁLES DE COSSIO, Francisco. *Arbitraje.* Primera Edición. Porrúa México, 2004. p. 94.

5 Expediente N° 4080-2004-AC/TC, F.J. 19.

6 Expediente N° 0549-2004-HC/TC, F.J. 3.

que acompaña a la toma de decisiones por parte de las autoridades gubernamentales. En efecto, la sola posibilidad de tomar decisiones que afecten el destino de los recursos públicos y la consiguiente responsabilidad de parte de las autoridades que adoptan dichas decisiones, reduce el margen de actuación y utilización de los MARC en nuestro país. A diferencia de otros países iberoamericanos como Argentina, Colombia o Brasil, no se ha efectuado en el caso del Perú, una reforma sustantiva sobre estos aspectos. Dicho de otra forma, en nuestro país se ha optado por un modelo de MARC de carácter jurisdiccional, en el que son precisamente terceros investidos de potestades jurisdiccionales, los que administran justicia en forma alternativa al Poder Judicial sobre determinadas materias previamente habilitadas por mandato constitucional y legal. Pese a su importancia y desarrollo en la legislación comparada, los mecanismos alternativos y no adversiales, como son el caso de la negociación, mediación y/o conciliación, no son de uso frecuente.

En principio, los MARC son herramientas que buscan resolver bajo mecanismos extrajudiciales las discrepancias surgidas entre dos o más individuos. Su finalidad es ofrecer espacios donde se busque dar solución a controversias de forma rápida, transparente y eficiente. Según autores como **LEBERMAN y HENRY**[7], los MARC constituyen "un conjunto de prácticas y técnicas que apuntan hacia la resolución de las controversias legales fuera de las cortes, en beneficio de todos los contendientes, para **reducir los costos** del litigio convencional, así como los retrasos a los cuales ordinariamente está sujeto o para **prevenir que futuras disputas sean llevadas también a las Cortes"** (el resaltado es nuestro).

Ahora bien, la definición ofrecida por **LEBERMAN y HENRY** es útil para delimitar algunos aspectos importantes que caracterizan a los MARC y que pueden tener incidencia práctica en su aplicación en un país tan complejo como es el caso del Perú. El primero de dichos aspectos y que cobra notoriedad es el elemento objetivo, pues se desprende que los MARC son instrumentos cuasi jurisdiccionales, a tenor de lo defendido por los citados autores. Otro de los aspectos a evaluar, es el elemento subjetivo que acompaña a los MARC, en la medida en que constituyen una herramienta cuyo uso está reservado para las personas naturales o jurídicas. El tercer aspecto que merece ser destacado, es el referido al elemento teleológico, pues los MARC vienen a ser instrumentos destinados a cumplir una finalidad específica pero a la vez alternativa al rol tradicional del Poder Judicial, esto es, el de proponer un conjunto de plataformas al fuero jurisdiccional y que al mismo tiempo, ofrezcan soluciones para los ciudadanos con el objetivo de reducir costos y prevenir futuras disputas.

Los **MARC** ofrecen una diversidad de opciones y deben ser evaluados en función de la realidad de cada país y en atención a las particularidades que nos ofrecen cada uno de ellos, en mérito a la complejidad, especialización y otros aspectos en controversia. En tal sentido, los MARC más requeridos son los siguientes:

a. Negociación.– Este constituye un tipo de MARC que se caracteriza porque las partes, sin la intervención de un tercero, enfrentan la solución de un problema. Un ejemplo de dicho mecanismo en el caso peruano, es cuando se realiza la negociación colectiva en la etapa de Trato Directo o cuando en materia de expropiación de un bien inmueble

7 LEBERMAN Y HENRY, Lessonsfiam. "The alternative dispute resolutions movemente. p. 530.

por parte del Estado, se permite a las partes que en forma previa pueden negociar en forma directa el pago del justiprecio aplicable al bien afectado.

b. Mediación.– Se trata de un tipo de MARC que se suscita cuando las partes acuden a un tercero neutral que tendrá la misión de iniciar el diálogo entre las partes y promover la búsqueda de soluciones. Es importante señalar, que el tercero no plantea alternativas de soluciones, sino que se limita a ser un facilitador del diálogo, Esta acepción es defendida por autores como **GONZÁLES DE COSSIO**[8], quien manifiesta que la mediación es un proceso informal en el que una tercera parte neutral ayuda a las partes en conflicto a resolver la controversia, pero sin tener la potestad de proponer una solución.

c. Conciliación.– A diferencia de los dos casos anteriores, en este tipo de MARC, las partes recurren a un tercero neutral quien además de iniciar el diálogo, puede formular medidas de solución a las partes[9]. Cabe recalcar que el conciliador propone sugerencias pero la decisión final le corresponde a las partes en conflicto.

En el Perú, según el artículo 5° de la Ley 26872[10], Ley de Conciliación, modificada por el artículo 1° del Decreto Legislativo 1070, la Conciliación es un mecanismo alternativo de solución de conflictos, por el cual las partes acuden ante un Centro de Conciliación Extrajudicial a fin que se les asista en la búsqueda de una solución consensual al conflicto.

El artículo 24° de la Ley 26872, establece que los Centros de Conciliación son instituciones que tienen por objeto ejercer la función conciliadora. La finalidad de los Centros de Conciliación es asistir a los particulares en la búsqueda de una solución consensual de sus conflictos. El artículo 20° de la citada Ley, precisa que el conciliador es la persona capacitada, acreditada y autorizada por el Ministerio de Justicia para ejercer la función conciliadora, y cumple sus labores en un centro de conciliación, propiciando la comunicación entre las partes y eventualmente proponiendo fórmulas conciliatorias no obligatorias.

Para efectos del presente documento, nos interesa destacar que en materia de contrataciones con el Estado, la actividad conciliatoria se encuentra vinculada a la ejecución, interpretación, resolución, inexistencia, ineficacia, nulidad o invalidez del contrato. Según el portal web del OSCE[11], las materias conciliables pueden ser las siguientes:

- ✓ Las relativas a la liquidación del contrato de consultoría y ejecución de obra.
- ✓ Las referidas a la resolución contractual.
- ✓ Las relacionadas con la nulidad del contrato.
- ✓ Las solicitudes de ampliación o reducción de plazo.
- ✓ Las relacionadas con la recepción de bienes, servicios u obras; y/o conformidad de la prestación.
- ✓ Las que versen sobre defectos o vicios ocultos.
- ✓ Las relacionadas con el pago que la Entidad debe efectuar al contratista

8 GONZÁLES DE COSSIO, Francisco. *Arbitraje*. Primera Edición. Porrúa México, 2004. p. 30.

9 *Op. Cit.* GONZALES DE COSSIO. pp. 37.

10 Ley publicada el 28 de junio de 2008.

11 Capítulo IV Conciliación y Arbitraje, visto en: http://portal.osce.gob.pe/osce/content/conciliacion-y-arbitraje

d. Arbitraje.– Este es el único MARC que cuenta con un reconocimiento constitucional expreso en el Perú. En efecto, de acuerdo a lo señalado en la Constitución peruana de 1993 (artículo 139°, inciso 1[12]), el arbitraje constituye una jurisdicción de excepción. En este orden de ideas, se puede afirmar que el arbitraje es una forma– aunque no estatal– de administrar justicia[13]. Del mismo modo, el arbitraje se define como el método por el cual las partes acuerdan someter su controversia a un tercero imparcial o a un tribunal constituido para tal efecto, aplicando a su vez las normas que las partes especifiquen y con la obligación de aceptar al final el laudo o resolución como arreglo definitivo.[14]

En sede nacional, autores como **GARCÍA MONTÚFAR**[15] han señalado que las diferencias entre los tipos de **MARC** se contrastan en los siguientes puntos:

-En el caso de la negociación, el proceso está íntegramente librado a la voluntad de las partes. En la mediación y en la conciliación interviene un tercero (mediador o conciliador) para ayudar a que las partes arriben a un acuerdo.

-Desde de un punto de vista doctrinario, se afirma que la conciliación se distingue de la mediación por el hecho que el conciliador debe proponer una fórmula conciliatoria, mientras que el mediador no tiene esa obligación y por ello puede o no formular una propuesta de solución. La distinción antes señalada, no es tan clara en la legislación peruana pues en algunos casos el conciliador está obligado a formular una propuesta conciliatoria y en otros no, e incluso en el ámbito laboral el conciliador que formula propuestas se entiende que actúa como mediador.

-La conciliación y la mediación se distinguen del Arbitraje por el hecho que el árbitro sí está facultado, por acuerdo de las partes, para poner fin a la controversia mediante la expedición de un laudo arbitral definitivo y con carácter de cosa juzgada.

En función de lo señalado, se advierte que los **MARC** ofrecen una alternativa de acceso a una justicia más real, efectiva y a un costo menor. Tienen múltiples ventajas sobre el proceso judicial, pues son nuevas instancias que permiten el acceso a la impartición de justicia, con procesos más ágiles, atendiendo siempre a los intereses de las partes y fomentando una adecuada gestión de las controversias. Una de las ventajas y peculiaridades que identifican a los **MARC,** es que configuran un abanico de opciones que no se agotan en las fórmulas antes expuestas. En realidad y siempre teniendo presente el escenario institucional aplicable a cada país, se debe tener en consideración que los MARC constituyen una lista abierta que se actualiza constantemente, y busca la innovación y nutrir su *buffet* de métodos, los cuales serán utilizados en atención a la complejidad y necesidad de cada controversia.

---

12 Artículo 139°.- Son principios y derechos de la función jurisdiccional

[...] No existe ni puede establecerse jurisdicción alguna independiente, con excepción de la militar y la arbitral.

13 CASTILLO FREYRE, Mario. *Arbitraje. El Juicio Privado: la verdadera reforma de justicia.* Lima. Biblioteca de Arbitraje. Pp. 39.

14 *Op. Cit.* GONZÁLES DE COSSIO. Pp. 38.

15 GARCÍA MONTÚFAR, Juan. "Los medios alternativos de solución de conflictos" Visto en: Portal Jurídico de la Asociación Derecho & Sociedad de la PUCP. Lima, p. 01. Link: Consulta 30.01.2017 http://blog.pucp.edu.pe/blog/derysoc/2008/08/18/los-medios-alternativos-de-solucion-de-conflictos/

III. EL MARCO INSTITUCIONAL DEL ARBITRAJE EN MATERIA DE CONTRATACIÓN PÚBLICA EN EL PERÚ

3.1. El marco conceptual del arbitraje

Según **LEDESMA**[16], existirían 3 teorías sobre la naturaleza jurídica del arbitraje, las cuales serían: la teoría contractualista, jurisdiccional y la ecléctica.

La teoría contractualista considera al arbitraje como un contrato. En tal sentido, el convenio arbitral nace de la voluntad de las partes, y ello permite que surja la institución y se desarrolle. La autora citando a **FELDESTEIN y LEONARDI**[17], señala que el sustento del arbitraje es el contrato, pues "así como las partes han acordado celebrar determinados negocios, han convenido también el modo de resolver los posibles diferendos". Por ello, defiende la tesis contractual en el entendido que se trata de una justicia privada por nacer de un contrato que tiene por presupuesto el ejercicio de la autonomía de la voluntad y sustentarse en el principio constitucional que autoriza el libre ejercicio de la libertad para contratar. La citada autora y hoy magistrada del Tribunal Constitucional del Perú, menciona que según esta posición en el arbitraje no hay ejercicio de función jurisdiccional porque los árbitros carecen de dicha potestad. La jurisdicción es un atributo estatal reservado en exclusiva a los jueces estatales.

Según la teoría jurisdiccionalista (la cual se opone a la teoría contractualista), el arbitraje es una institución de naturaleza jurisdiccional por sus efectos, por los que la ley le otorga al laudo arbitral el carácter de cosa juzgada. En tal sentido, **MORELLO**[18] menciona lo siguiente: "si bien es cierto que el arbitraje reviste de un componente esencial y determinantemente contractualista que conforma a su naturaleza jurídica, también lo es, que reviste un componente jurisdiccional en cuanto la sentencia arbitral está equiparada a la sentencia judicial en sus efectos más marcables como son la eficacia de la cosa juzgada y ejecución judicial". Por ello, se resalta que el arbitraje podría ser jurisdiccional debido a que la eficacia de este no depende de la voluntad de las partes de someter a la decisión de un tercero la resolución de la controversia surgida entre ellas; sin duda, dicha voluntad es necesaria para que el arbitraje surja, pero una vez manifestado, los efectos de la decisión los establece la ley y son los mismos que los de una sentencia dictada por un tribunal ordinario. Asimismo, se argumentaría que el arbitraje es jurisdiccional también porque se autoriza a los árbitros para actuar en derecho como si fueran órganos jurisdiccionales del Estado, no difiriendo el proceso arbitral del proceso común en cuanto los presupuestos de este se extienden a aquél: los árbitros no son mandatarios de las partes, y deben en el desempeño de su función proceder con la misma.

La teoría ecléctica, en palabras de **LEDESMA**, ha acogido las posiciones contrapuestas de la teoría contractual y de la jurisdiccional. En tal sentido, esta teoría considera al arbitraje como una institución de naturaleza contractual en su origen, pero jurisdiccional en sus efectos. En otras palabras, se afirma que el arbitraje es para –jurisdiccional o cuasi– jurisdiccional o es calificado como un equivalente jurisdiccional.

---

16 EDESMA NARVÁEZ, Marianella. *"Jurisdicción y arbitraje"*. Fondo Editorial de la Pontificia Universidad Católica del Perú. Año 2009 Lima, págs. 30 – 39.

17 FELDESTEIN, Sara y LEONARDI, Hebe *"El arbitraje"*. Abeledo Perrot. Primera edición Buenos Aires 1998.

18 MORELLO, Augusto *"Contrato y proceso"* Abeledo Perrot. Primera edición. Buenos Aires.1990.

A partir de los criterios señalados, **LEDESMA** sostiene que el arbitraje es una institución regulada por normas sustantivas y pertenecientes al derecho civil. De acuerdo a ello, no puede negar la naturaleza contractual del convenio arbitral o la del vínculo que une a los árbitros con las partes. Junto a ello, concurren también otras normas de naturaleza procesal tales como:

-Las que regulan la formalización judicial del arbitraje.

-El control de la forma del laudo.

-La ejecución forzosa.

-La ejecución de las medidas cautelares.

Por las razones expuestas, se concluye que estas características mixtas del arbitraje, nos deben conducir a reconocer el carácter ecléctico del arbitraje, en el sentido que este responde siempre en la voluntad de las partes, al principio de autonomía privada así como a la necesidad de la actividad jurisdiccional para poder lograr la eficacia de éste.

Una vez expuestos los criterios que justifican el origen de la función arbitral, es necesario definir los límites de dicha función. Para autores como **DIEZ – PICAZO**[19], el arbitraje es aquella institución consistente en que dos o más personas pacten entre sí, que un tercero resuelva un litigio ya surgido o que pueda surgir entre ellas, excluyendo de esta forma que los tribunales ordinarios conozcan del mismo.

Para **NATACHA GEDWILLO**, el arbitraje es " .. un mecanismo de solución de conflictos mediante el que una o más personas de común acuerdo someten las disputas suscitadas o que puedan suscitarse entre ellas a la jurisdicción de una o más personas que no son jueces estatales (y en algunos casos ni siquiera son abogados).

La denominación jurisdicción proviene del latín "*iuris dictio*" que etimológicamente significa imponer el derecho o declararlo[20]. En tal sentido, se ha considerado que la jurisdicción es una sola, y se distribuye teniendo en cuenta los diferentes campos de conocimiento y especialidades, mediante la asignación de competencias entre las diferentes ramas, órganos del poder público o particulares para resolver determinados asuntos[21]. Para autores como **HERNÁNDEZ SILVA** citando **LÓPEZ BLANCO**[22], se entiende que la jurisdicción es la función pública de administrar justicia, esto es, de aplicar la ley a un determinado conflicto y la competencia es la facultad que se le otorga a determinados órganos públicos o particulares para ejercer dicha función sobre ciertos asuntos o negocios determinados.

Por su parte, **CAIVANO**[23] menciona que la jurisdicción es la actividad a través de la cual se procura restablecer el orden jurídico vulnerado por conductas humanas contrarias a las que la norma postula. El particular modo de expresarse es a través de la sentencia, donde se concreta la función misma de juzgar mediante la imposición de una conducta específica a las partes, para quienes, en virtud de hallarse sometidos a ella, revisten

19 DIEZ – PICAZO, Ignacio. *Derecho Procesal Civil.* Editorial Centro de Estudios Ramón Areces. Madrid 2000, Pág. 574.

20 LÓPEZ BLANCO, Hernán Fabio *Instituciones de Derecho Procesal Civil colombiano,* Tomo I. Capítulo IV, Jurisdicción y Competencia, Temis, 1974, p. 93.

21 Op. Cit. LÓPEZ BLANCO. pp. 96–97.

22 Op. Cit. LÓPEZ BLANCO. pp. 160–164.

23 CAIVANO, Roque J. *"Arbitraje" Ob cit.,* p. 23-24.

carácter vinculante y obligatorio. Tal obligatoriedad, se traduce en acciones concretas, desde que se habilita la posibilidad de ejercer la fuerza para que se cumpla. En palabras del autor, *"toda sentencia por ser el producto de una actividad jurisdiccional, conlleva la amenaza de que en caso de resistencia o de falta de cumplimiento espontáneo, éste podrá obtenerse de manera coactiva"*.

Según **HERNÁNDEZ SILVA**[24], el arbitraje como un mecanismo alterno de solución de conflictos implica el ejercicio de una función jurisdiccional, pero en éste caso no es la ley la que le otorga la competencia a los árbitros sino que son las mismas partes las que mediante un pacto arbitral, deciden someter su controversia a un conjunto de autoridades ajenas a la jurisdicción ordinaria. En lo que respecta a la competencia aplicable a los árbitros, ello dependerá de las propias restricciones que el ordenamiento jurídico establezca en cada situación jurídica concreta a través de la figura de las "materias no arbitrables" o de las propias reglas de autolimitación que se presenten en cada ordenamiento jurídico a través de las reglas de competencia–competencia que son inherentes al ejercicio de la función arbitral. En consecuencia, la competencia en materia arbitral, se encuentra sometida en primer lugar, a la atribución que la ley en sentido material, le otorga a un determinado sujeto ya sea éste un órgano público o particular para que ejerza determinas funciones, adopte decisiones o profiera determinados actos, bajo las condiciones, reglas y procedimientos previamente fijados por ésta.

Las citas transcritas, nos permiten identificar que el arbitraje constituye una valiosa herramienta para resolver una controversia de dos o más sujetos por parte de un tercero, el cual deriva su competencia de un acuerdo de las partes y no del Estado. En principio, la competencia de los árbitros se deriva de un acuerdo convencional existente entre las partes, a diferencia de lo que ocurre con la competencia de los jueces que deriva de un mandato constitucional y legal.

En su condición de herramienta para la solución de una controversia, el arbitraje debe someterse a un régimen normativo que delimite y determine su ámbito de aplicación. En el Perú por expreso mandato del artículo 139° inciso 1 de la Constitución de 1993, el arbitraje constituye una jurisdicción.

El referido precepto constitucional nos indica a la letra lo siguiente:

> *Artículo 139°.–* Son principios y derechos de la función jurisdiccional:
>
> 1. La unidad y exclusividad de la función jurisdiccional. No existe ni puede establecerse jurisdicción alguna independiente, con excepción de la militar y la arbitral.
>
> No hay proceso judicial por comisión o delegación.
>
> (...)

En forma complementaria a lo señalado, el artículo 62° de la Constitución Política de 1993, establece lo siguiente:

> *Artículo 62°.–* La libertad de contratar garantiza que las partes pueden pactar válidamente según las normas vigentes al tiempo del contrato. Los términos contractuales no pueden ser modificados por leyes u otras disposiciones de cualquier clase. Los conflictos derivados de la

---

24 HERNÁNDEZ SILVA, Aída Patricia. "La caducidad de la acción, la falta de jurisdicción o de competencia". En Recurso de anulación de laudos arbitrales Primera Edición, Universidad Externado de Colombia, 2016. Pp. 128 – 129.

relación contractual sólo se solucionan en la vía arbitral o en la judicial, según los mecanismos de protección previstos en el contrato o contemplados en la ley.

Tal como se aprecia de una lectura literal de ambos dispositivos constitucionales, se ha incorporado el arbitraje como un mecanismo de heterocomposición, que puede ser utilizado libremente por los agentes económicos a efectos de poder resolver sus controversias contractuales. En el caso de nuestro país, dicho mecanismo se ha extendido en forma insospechada al ámbito de la contratación pública, y hoy por hoy, nos encontramos ante un verdadero boom en dicha materia, en la que de no mediar un conjunto de correctivos se pueden terminar distorsionando sus objetivos.

La afirmación antes señalada, encuentra su sustento en el hecho que en materia de contratación pública desde el año 1998, se ha emprendido una reforma al parecer sin vuelta de retorno, en el que se ha optado por un sistema alternativo al Poder Judicial en materia de solución de controversias. En tal sentido, y sin que ello no implique cuestionamientos a su origen constitucional en materia de la "obligatoriedad del arbitraje en materia de contratación estatal", se ha optado por un sistema legal que obliga a acudir a la vía del arbitraje en las controversias entre el Estado y los contratistas en materia de contratos sujetos a la LCE.

En esta línea de argumentación, el artículo 63° de la Constitución de 1993, establece que el Estado y las demás personas de derecho público pueden someter las controversias derivadas de una relación contractual a las reglas del arbitraje nacional o internacional, en los siguientes términos:

> *Artículo 63°.–* La inversión nacional y la extranjera se sujetan a las mismas condiciones. La producción de bienes y servicios y el comercio exterior son libres. Si otro país o países adoptan medidas proteccionistas o discriminatorias que perjudiquen el interés nacional, el Estado puede, en defensa de éste, adoptar medidas análogas.
>
> En todo contrato del Estado y de las personas de derecho público con extranjeros domiciliados consta el sometimiento de éstos a las leyes y órganos jurisdiccionales de la República y su renuncia a toda reclamación diplomática. Pueden ser exceptuados de la jurisdicción nacional los contratos de carácter financiero.
>
> El Estado y las demás personas de derecho público pueden someter las controversias derivadas de relación contractual a tribunales constituidos en virtud de tratados en vigor. Pueden también someterlas a arbitraje nacional o internacional, en la forma en que lo disponga la ley.

Un análisis sistemático de los artículos 62° y 63° con el artículo 139° inciso 1) de la Constitución de 1993, nos revela que la institución del arbitraje ha sido configurada como una excepción a los principios de unidad y exclusividad de la función jurisdiccional, y que al mismo tiempo, tiene una especial incidencia en el universo de las relaciones contractuales que desarrolla el Estado en el ámbito de sus entidades en el derecho interno, así como en los supuestos en los que participa como sujeto de derecho en el ámbito del derecho internacional.

Según **LANDA ARROYO**[25], en el Perú como estado constitucional y democrático de derecho, la autonomía de la voluntad de los agentes privados no es un derecho absoluto o ilimitado y, en este contexto, la institución del arbitraje debe ser ejercida de con-

25 LANDA ARROYO, César. "*El arbitraje en la Constitución de 1993 y en la jurisprudencia del Tribunal Constitucional*" Themis N° 53, 2007, Lima, pp. 30–31.

formidad con la Constitución y las leyes, respetando siempre la plena vigencia de los derechos fundamentales.

LANDA ARROYO, citando a **SANTISTEVAN DE NORIEGA**[26] menciona que el debate en torno a la naturaleza jurídica del arbitraje no se suele plantear en el derecho comparado a nivel constitucional; sin embargo, modernamente al menos cinco países de América Latina han hecho expresa referencia a la institución de arbitraje en sus respectivos textos constitucionales: Colombia, Costa Rica, El Salvador, Paraguay y Perú.

El referido autor señala que si bien la Constitución Peruana de 1993, consagra los principios de unidad y exclusividad de la función jurisdiccional, y con ello se consagraría la existencia de un sistema jurisdiccional unitario, de dicha afirmación no se desprende que el Poder Judicial sea el único encargado de ejercer dicha función, puesto que en el ordenamiento jurídico peruano, existe un ejercicio de la función jurisdiccional en sentido lato o amplio, en la medida en que existen un conjunto de organismos que de acuerdo al propio mandato constitucional, también desarrollan actividades de carácter jurisdiccional, tal como es el caso del Tribunal Constitucional, las Comunidades Campesinas y Nativas en el ámbito de su actuación, el Jurado Nacional de Elecciones, la jurisdicción especializada del fuero militar y, por extensión, el fuero arbitral. En tal sentido y tal como se desprende del texto expreso del artículo 139 inciso 1 de la Constitución de 1993, el arbitraje constituye una de las excepciones a los principios de unidad y exclusividad de la función jurisdiccional, puesto que no existe ni puede establecerse jurisdicción alguna independiente, con excepción de la arbitral y la militar.

En relación a la materia antes comentada, el Tribunal Constitucional en su condición de máximo intérprete de la Constitución en el Perú, se ha pronunciado en el Expediente 6167–2005–PHC/TC (Caso *Cantuarias Salaverry*) sobre los alcances de la función jurisdiccional y en concreto, con respecto a la naturaleza jurisdiccional del arbitraje en los siguientes términos:

> "El artículo 139°, inciso 1 de nuestro ordenamiento constitucional consagra la naturaleza excepcional de la jurisdicción arbitral, lo que determina que, en el actual contexto, el justiciable tenga la facultad de recurrir ante el órgano jurisdiccional del Estado para demandar justicia, pero también ante una jurisdicción privada" (foja 7 de la sentencia)[27].

3.2. El rol del arbitraje en materia de contratación pública en el Perú

Desde el punto de vista de su organización, los Estados diseñan los mecanismos más adecuados a su realidad para administrar las controversias existentes entre los ciudadanos. Este supuesto con las garantías de independencia e imparcialidad, se extienden también para aquellos casos en los que se suscitan controversias entre los ciudadanos y el Estado en sus diversos esquemas de organización y de ámbito de actuación.

En nuestro país existen cifras dramáticas con respecto a la solución oportuna y especializada de las controversias a nivel del Poder Judicial. Ello ha provocado la necesidad de establecer escenarios alternativos de solución de controversias como el arbitraje, con el objeto de garantizar una justicia que afirme los principios de celeridad y eficiencia en

26 SANTISTEVAN DE NORIEGA, Jorge "Arbitraje y jurisdicción desde la perspectiva del Tribunal Constitucional del Perú". En: *Revista Peruana de Arbitraje*. 2006, Lima, p. 19.

27 Proceso de Hábeas Corpus del Tribunal Constitucional del Perú, que recae en el expediente N° 6167-2005-PHC/TC.

la resolución de conflictos, dado que entre otros aspectos, el conjunto de procesos regulados en el Código Procesal Civil, no se cumplen en los 'plazos' y condiciones previstos[28].

En el Perú y como parte de las sucesivas reformas introducidas en materia procesal, se ha apostado por privilegiar la incorporación del arbitraje en diferentes materias, inclusive en aquellos casos en los cuales existe una activa participación del Estado. Tal como lo señalan autores como **BERMÚDEZ TAPIA**, ello ha permitido que a través del arbitraje, se permita una mejora del sistema de impartición de justicia en la medida en que se permite la aplicación de un mecanismo alternativo y efectivo de solución de controversias.

La figura del arbitraje se formaliza en nuestro país con la Ley N° 26572, la antigua ley general del arbitraje peruano, la misma que fuera publicada el año 1996. Más adelante en el año 1998 con la Ley N° 26850, la antigua Ley de Contrataciones y Adquisiciones del Estado, se determinaría de modo obligatorio el acudir a un proceso arbitral o de conciliación extrajudicial. No se trata de una imposición del arbitraje sino de una opción efectuada por el legislador en materia de solución de controversias. Debe advertirse sobre este punto, que las partes conservan el derecho irrestricto derecho de darle contenido a la cláusula arbitral en materia de contratación estatal.

En base al principio de autonomía de la voluntad, se garantiza que el convenio arbitral es el origen del arbitraje. Según el numeral 1 del artículo 13° de la actual Ley peruana de arbitraje (Decreto Legislativo N° 1071), el convenio arbitral es un acuerdo mediante el cual, las partes deciden someter a la vía del arbitraje las controversias que surjan o puedan surgir entre ellas respecto de una relación jurídica contractual o de otra naturaleza.

En el año 2008 y tal como se menciona en la exposición de motivos del Decreto Legislativo N° 1071[29], el Estado peruano se comprometió mediante el Acuerdo de Promoción Comercial suscrito con los Estados Unidos a promover y facilitar el desarrollo del arbitraje como mecanismo alternativo para la solución de controversias en materia comercial. La exposición de motivos del referido cuerpo normativo, menciona en el artículo 21.21 de dicho Acuerdo, la existencia de un conjunto de medios alternativos para la solución de controversias, la obligación de los Estados de promover y facilitar el recurso del arbitraje y otros medios alternativos de solución de controversias comerciales internacionales. Para ello, se prevé que cada parte dispondrá de procedimientos adecuados que aseguren la observancia de los convenios de arbitraje y el reconocimiento y ejecución de los laudos arbitrales que se pronuncien en estas controversias.

Con el objetivo de cumplir con los compromisos internacionales derivados del Acuerdo de Promoción Comercial antes señalado, mediante la Ley N° 29157, el Congreso de la República del Perú delegó al Poder Ejecutivo la facultad de legislar distintas materias a fin de facilitar la implementación del Acuerdo con los Estados Unidos. Como resultado de ello, se aprobó el Decreto Legislativo N° 1071, norma que actualmente regula el régimen general del arbitraje en el sistema jurídico peruano. En el artículo 4°

28 BERMÚDEZ TAPIA, Manuel. "La jurisdicción arbitral en un Estado ineficiente". En: *Manual de Arbitraje Thomson Reuters 2016*. Lima, pp. 28–29.

29 Exposición de motivos del Decreto Legislativo N° 1071, que norma el arbitraje. Link http://spij.minjus.gob.pe/Textos-PDF/Exposicion_de_Motivos/DL-2008/DL-1071.pdf.

del referido Decreto legislativo, se mencionan los alcances generales del arbitraje en el Perú, los cuales pueden resumirse en el siguiente cuadro:

Cuadro 1: Alcances generales del arbitraje en el Perú

Alcances generales del arbitraje en el Perú	
Alcance territorial	La referencia al Estado Peruano comprende el Gobierno Nacional, los Gobiernos Regionales, los Gobiernos Locales y sus respectivas dependencias, así como las personas jurídicas de derecho público, las empresas estatales de derecho público, de derecho privado o de economía mixta y las personas jurídicas de derecho privado que ejerzan función estatal por ley, delegación, concesión o autorización del Estado.
Materia arbitrable	Las controversias derivadas de los contratos y convenios celebrados entre estas entidades estatales pueden someterse también a arbitraje nacional. El Estado puede someter a arbitraje nacional las controversias derivadas de los contratos que celebre con nacionales o extranjeros domiciliados en el país.
Alcance internacional	El Estado puede también someter a arbitraje internacional, dentro o fuera del país, las controversias derivadas de los contratos que celebre con nacionales o extranjeros no domiciliados en el país. En caso de actividades financieras, el arbitraje podrá desarrollarse dentro o fuera del país, inclusive con extranjeros domiciliados en el país.

Asimismo, se menciona que en los asuntos que se rijan por dicho Decreto Legislativo no intervendrá la autoridad judicial, salvo en los casos en que esta norma así lo disponga. En tal sentido, se establece que el tribunal arbitral tiene plena independencia y no está sometido a orden, disposición o autoridad que menoscabe sus atribuciones, tiene plenas atribuciones para iniciar y continuar con el trámite de las actuaciones arbitrales y decidir acerca de su propia competencia y dictar el laudo.

Una de las fortalezas que exhibe el arbitraje y lo convierte en un fuero de especial atracción para las partes, es que ninguna actuación ni mandato fuera de las actuaciones arbitrales podrá dejar sin efecto las decisiones del tribunal arbitral, a excepción del control judicial posterior mediante el recurso de anulación del laudo.

El artículo 13° del referido Decreto Legislativo N° 1071, fortalece los alcances y efectos de la decisión arbitral al señalar en forma expresa lo siguiente:

Artículo 13.– Contenido y forma del convenio arbitral.

1. El convenio arbitral ***es un acuerdo por el que las partes deciden someter a arbitraje todas las controversias o ciertas controversias que hayan surgido o puedan surgir entre ellas respecto de una determinada relación jurídica contractual o de otra naturaleza.***

2. El convenio arbitral deberá constar por escrito. Podrá adoptar la forma de una cláusula incluida en un contrato o la forma de un acuerdo independiente.

3. Se entenderá que el convenio arbitral es escrito cuando quede constancia de su contenido en cualquier forma, ya sea que el acuerdo de arbitraje o contrato se haya concertado mediante la ejecución de ciertos actos o por cualquier otro medio. (resaltado es nuestro)

En resumen, se puede afirmar que el convenio arbitral se basa en la autonomía de la voluntad y la libertad contractual de las personas, como derechos fundamentales consagrados en la Constitución. En este sentido, el ordenamiento jurídico también, autoriza a las partes a sustraerse de la jurisdicción ordinaria, para poder decidir libremente qué controversias en el marco de sus derechos disponibles, pueden someter ante un tribunal arbitral.

Según **SOTO COAGUILA**[30], la Ley de arbitraje peruana exige tener por escrito un convenio arbitral, como una formalidad *ad probationem*, pues se entenderá que consta por escrito cuando se manifieste de cualquier forma o pueda ser probado mediante la ejecución de ciertos actos o por cualquier otro medio.

En el arbitraje que por su propia naturaleza es convencional, las partes acceden de manera voluntaria a un régimen de solución de controversias, invistiendo a un particular de facultades jurisdiccionales. La fuerza obligatoria del laudo tiene un fundamento inmediato en la voluntad de las mismas partes que se comprometieron ex ante a acatarlo, aunque no deja de tener base legal en las normas que asimilan la decisión de ese tercero privado a una sentencia judicial y le reconocen a su decisión una idéntica eficacia.

La jurisdicción que detentan los árbitros en el arbitraje se encuentra amparada por el ordenamiento legal que respalda a la institución del arbitraje, permitiendo de esta forma, que los particulares dentro de su esfera de libertad negocial, sustraigan determinadas contiendas de la jurisdicción de los jueces estatales para otorgarles a otros particulares. Las leyes reconocen a la decisión arbitral el mismo *status* jurídico que a una sentencia judicial, poniendo a su disposición el aparato estatal de coerción para perseguir su cumplimiento forzado[31].

Tal como se ha indicado, a partir de la década de los 90's y por expresa disposición de los artículos 62° y 63° de la Constitución de 1993[32], en el Perú nos encontramos ante

---

30 SOTO COÁGUILA, Carlos. "El convenio arbitral en la Ley peruana de arbitraje de 2008". En: *Tratado de Derecho Arbitral*. Lima: Instituto Peruano de Arbitraje, 2011, Tomo II p. 622.

31 CAIVANO, Roque J. "Arbitraje" *Ob cit.*, p. 24-25

32 Artículo 62°.- Libertad de contratar La libertad de contratar garantiza que las partes pueden pactar válidamente según las normas vigentes al tiempo del contrato. Los términos contractuales no pueden ser modificados por Leyes u otras disposiciones de cualquier clase. Los conflictos derivados de la relación contractual solo se solucionan en la vía arbitral o en la judicial, según los mecanismos de protección previstos en el contrato o contemplados en la Ley. Mediante contratos-Ley, el Estado puede establecer garantías y otorgar seguridades. No pueden ser modificados legislativamente, sin perjuicio de la protección a que se refiere el párrafo precedente.

Artículo 63°.- Inversión nacional y extranjera La inversión nacional y la extranjera se sujetan a las mismas condiciones. La producción de bienes y servicios y el comercio exterior son libres. Si otro país o

un escenario especial, en el que el Estado puede someter las controversias derivadas de sus relaciones contractuales con particulares e inclusive entre entidades públicas en sí mismas consideradas, a la vía arbitral.

En el Perú, el arbitraje se ha configurado pues, como un mecanismo alternativo y efectivo de solución de controversias en el ámbito de la contratación pública. Los casos más emblemáticos y sensibles son los derivados de la Ley de Contrataciones del Estado, las normas de Concesiones de Obras Públicas de Infraestructura y de Servicios Públicos, y el régimen de las Asociaciones Público Privadas[33].

Para autores como **NUÑEZ**[34], en la experiencia peruana se debe entender que el arbitraje es un mecanismo de atracción y seguridad a los inversionistas nacionales o extranjeros en el marco de los proyectos de infraestructura que propicia el Estado En tal sentido, una de las primeras preguntas que se formula el inversionista al evaluar el régimen normativo de nuestro país, es identificar cuáles son los mecanismos más adecuados de protección jurisdiccional. En función de ello, se nos plantea la siguiente interrogante ¿ Cómo se solucionan las controversias en el caso que se suscite una diferencia contractual con el Estado en el caso del ordenamiento jurídico peruano?. Frente a dicha pregunta, la posible solución a dicha interrogante, es la figura de la cláusula arbitral que es la que normalmente permite, hasta cierto montos y criterios, recurrir a un arbitraje nacional, y a partir de otros fundamentos, a un arbitraje internacional, al amparo del mecanismo previsto en el contrato o mediante formulas estandarizadas, tales como un arbitraje a través de organismos multilaterales derivados de tratados internacionales (tipo CIADI), o vía los mecanismos previstos en los Acuerdos Bilaterales de Inversión (BIT).

Con la figura del arbitraje y particularmente en aquellos casos en los que una de las partes es el Estado, se busca otorgar seguridad al inversionista respecto a la aplicación de un mecanismo de solución de controversias de carácter imparcial y alternativo al Poder Judicial. Por esta razón, a través del Decreto Legislativo 1071, el legislador peruano se ha planteado un escenario abierto en el que se mencionan las siguientes materias susceptibles de arbitraje:

> *Artículo 2.–* Materias susceptibles de arbitraje.
>
> 1. Pueden someterse a arbitraje las controversias sobre materias de libre disposición conforme a derecho, así como aquellas que la ley o los tratados o acuerdos internacionales autoricen.

---

países adoptan medidas proteccionistas o discriminatorias que perjudiquen el interés nacional, el Estado puede, en defensa de éste, adoptar medidas análogas. En todo contrato del Estado y de las personas de derecho público con extranjeros domiciliados consta el sometimiento de éstos a las Leyes y órganos jurisdiccionales de la República y su renuncia a toda reclamación diplomática. Pueden ser exceptuados de la jurisdicción nacional los contratos de carácter financiero. El Estado y las demás personas de derecho público pueden someter las controversias derivadas de relación contractual a tribunales constituidos en virtud de tratados en vigor. Pueden también someterlas a arbitraje nacional o internacional, en la forma en que lo disponga la Ley.

33 MARTIN TIRADO, Richard. "La extensión del Convenio Arbitral a partes no signatarias y la intervención de Terceros en el Arbitraje Administrativo". CDA Asociación de estudiantes de la PUCP N° 2012, "Contencioso Administrativo". Lima 2016, pág. 155.

34 NÚÑEZ, Carlos "Arbitraje en concesiones de infraestructura". CDA Asociación de estudiantes de la PUCP N° 16 "Derecho administrativo e inversión pública". Lima 2016, pág. 407-408.

2. Cuando el arbitraje sea internacional y una de las partes sea un Estado o una sociedad, organización o empresa controlada por un Estado, esa parte no podrá invocar las prerrogativas de su propio derecho para sustraerse a las obligaciones derivadas del convenio arbitral.

La normativa aplicable al caso materia de análisis, implica evaluar un amplio temario de controversias susceptibles de solucionarse mediante el arbitraje de libre disposición por las partes, pero en base a la normativa aplicable. Sin embargo, cuando el arbitraje sea internacional, la parte (que puede ser el Estado, una sociedad, organización o empresa controlada por un Estado) no puede invocar su derecho local para eximirse de las obligaciones.

En la normativa general en materia de arbitraje se mencionan los siguientes criterios con respecto al arbitraje *ad hoc* e institucional:

Artículo 7.– Arbitraje ad hoc e institucional.

El arbitraje puede ser ad hoc o institucional, según sea conducido por el tribunal arbitral directamente u organizado y administrado por una institución arbitral.

Las instituciones arbitrales constituidas en el país deben ser personas jurídicas, con o sin fines de lucro. Cuando se trate de instituciones públicas, con funciones arbitrales previstas o incorporadas en sus normas reguladoras deberán inscribirse ante el Ministerio de Justicia.

En caso de falta de designación de una institución arbitral, se entenderá que el arbitraje es ad hoc. La misma regla se aplica cuando exista designación que sea incompatible o contradictoria entre dos o más instituciones, o cuando se haga referencia a una institución arbitral inexistente, o cuando la institución no acepte el encargo, salvo pacto distinto de las partes.

El reglamento aplicable a un arbitraje es el vigente al momento de su inicio, salvo pacto en contrario.

En materia de contratación pública, la LCE ha permitido el auge del arbitraje ad hoc. Sin embargo, el exceso y porque no decirlo la existencia de malas prácticas en este tipo de organización de los arbitrajes, ha llevado en los últimos tiempos al legislador nacional, a plantear una reforma al régimen de los arbitrajes ad–hoc en materia de contratación pública.

El tema no deja de ser polémico, pues aún con los excesos en que se pueda incurrir en el desarrollo de los procesos arbitrajes organizados bajo reglas ad–hoc, la gran pregunta que subyace es si ello, no resulta atentatorio contra la libre voluntad de las partes de elegir a sus árbitros y la forma de organizar el régimen de solución de sus controversias.

En relación a este tema, y siguiendo los argumentos de **SANTOFIMIO GAMBOA**[35], somos de la opinión que existen suficientes argumentos para optar por un régimen de arbitraje institucional en materia de contratación pública, sin embargo dicha opción pasa por la especialización de los centros de arbitraje y una adecuada oferta en el mercado que les permita a los agentes económicos optar dentro de una gama de alternativas adecuadas a sus intereses. Nadie duda que en el estado actual del desarrollo del arbitraje en materia de contratación pública se hacía necesario efectuar este tipo de correctivos, puesto que el arbitraje como mecanismo alterno de solución de conflictos se rige por las normas especiales de la materia, y tratándose de litigios en los cuales se

35 SANTOFIMIO GAMBOA, J.O. *Tratado de Derecho Administrativo, Contencioso Administrativo,* Tomo III. Universidad Externado de Colombia, 2004, pp. 323 – 324.

encuentre de por medio un contrato estatal debe darse aplicación a las disposiciones procesales que de forma especial regulan los términos de caducidad del medio de control de controversias contractuales, porque las normas que rigen los términos de caducidad son de orden público, y de obligatorio cumplimiento para todos sus destinatarios, razón por la cual no le es dado a los árbitros interpretar cosa contraria, ni mucho menos a las partes desconocer estas disposiciones cuando habiliten a los particulares a actuar como árbitros. Desde este punto de vista, existirían fundados argumentos para cuestionar las razones por las cuales en materia de contratación pública, entre otros aspectos a debatir, debieran persistir los arbitrajes *ad–hoc*.

Con respecto al mal denominado arbitraje "administrativo" que en rigor debe ser entendido como el "arbitraje en materia de contratación pública" para evitar su confusión con la actividad administrativa de solución de controversias, OCHOA CARDICH[36] menciona que la vía administrativa a través del Tribunal de Contrataciones con el Estado – OSCE sólo es de aplicación para la etapa precontractual hasta el acto de otorgamiento de la buena pro. En tal sentido, el OSCE en su condición de organismo rector en materia de contratación pública, evita que en la solución de controversias derivadas de la ejecución contractual la Administración Pública sea juez y parte. El citado autor menciona que el capítulo de medios de solución de controversias de la LCE, marca una clara línea divisora en materia de solución de controversias que separa el régimen del "arbitraje administrativo" de la LCE del arbitraje privado, y que el marco normativo especial se fundamenta en razón a la tutela del interés público que está de por medio en la contratación con utilización de fondos del Estado.

Los criterios antes señalados, se explican en el sentido del artículo 45° de la LCE, en los siguientes términos:

> *Artículo 45.* Medios de solución de controversias de la ejecución contractual
>
> 45.1 Las controversias que surjan entre las partes sobre la ejecución, interpretación, resolución, inexistencia, ineficacia o invalidez del contrato se resuelven, mediante conciliación o arbitraje institucional, según el acuerdo de las partes. En el reglamento se definen los supuestos excepcionales para recurrir al arbitraje Ad Hoc. Las controversias sobre la nulidad del contrato solo pueden ser sometidas a arbitraje.
>
> Las partes pueden recurrir a la Junta de Resolución de Disputas en las contrataciones de obras, de acuerdo al valor referencial y demás condiciones previstas en el reglamento, siendo sus decisiones vinculantes. El reglamento puede establecer otros medios de solución de controversias.
>
> La decisión de la Entidad o de la Contraloría General de la República de aprobar o no la ejecución de prestaciones adicionales, no puede ser sometida a conciliación, ni arbitraje ni a la Junta de Resolución de Disputas. Las pretensiones referidas a enriquecimiento sin causa o indebido, pago de indemnizaciones o cualquier otra que se derive u origine en la falta de aprobación de prestaciones adicionales o de la aprobación parcial de estas, por parte de la Entidad o de la Contraloría General de la República, según corresponda, no pueden ser sometidas a conciliación, arbitraje, ni a otros medios de solución de controversias establecidos en la presente Ley o el reglamento, correspondiendo en su caso, ser conocidas por el Poder Judicial. Todo pacto en contrario es nulo.
>
> (...)

---

36 OCHOA CARDICH, César. "El arbitraje administrativo en la Contratación Pública", *Revista Jurídica Thomson Reuters*, Año 1 N° 1, Lima, 2012 pp. 25–28.

Es importante advertir que el carácter jurisdiccional del arbitraje en el Perú pero no el tipo institucional, ha sido reiterado con posterioridad al caso CANTUARIAS SALAVERRY, por diversos pronunciamientos a cargo del Tribunal Constitucional. En especial, nos merece un comentario los alcances de la Sentencia N° 00142–2011–PA/TC, recaída en el caso **SOCIEDAD MINERA DE RESPONSABILIDAD LTDA. MARIA JULIA**[37]. En dicho proceso, el Tribunal Constitucional ha señalado que "...el arbitraje es una jurisdicción independiente del Poder Judicial o jurisdicción común, que se explica

---

37 Fundamentos 22 – 26 de la Sentencia N° 00142-2011-PA/TC:

"El control difuso de constitucionalidad en la jurisdicción arbitral:

22. Líneas arriba hemos recordado que, conforme al artículo 139° inciso 1) de la Constitución, el arbitraje es una jurisdicción independiente del Poder Judicial o jurisdicción común, que se explica no como un mecanismo que desplaza al Poder Judicial, ni tampoco como su sustituto, sino como una alternativa que complementa el sistema judicial, puesta a disposición de la sociedad para la solución pacífica de las controversias, básicamente de orden patrimonial de libre disposición.

23. Esto no afecta el principio de unidad de la función jurisdiccional (que implica que el Estado, en conjunto, posea un sistema jurisdiccional unitario, en el que sus órganos tengan idénticas garantías, así como reglas básicas de organización y funcionamiento), ya que , como ha señalado este Tribunal, "de ello no se deduce que el Poder Judicial sea el único encargado de la función jurisdiccional (pues tal función se le ha encargado también al Tribunal Constitucional, al Jurado Nacional de Elecciones, a la jurisdicción especializada en lo militar y, por extensión, al arbitraje), sino que no exista ningún órgano jurisdiccional que no posea las garantías propias de todo órgano jurisdiccional. Como se ha mencionado, la función jurisdiccional del Estado es una sola y debe ser ejercida con todas las garantías procesales establecidas por la Constitución" (STC 0004-2006-PI/TC, fundamento 10).

24. Siendo el arbitraje una jurisdicción independiente, como expresamente señala la Constitución, y debiendo toda jurisdicción poseer las garantías de todo órgano jurisdiccional (como las del Poder Judicial), es consecuencia necesaria de ello que la garantía del control difuso de constitucionalidad, prevista en el segundo párrafo del artículo 138° de la Constitución, pueda también ser ejercida por los árbitros en la jurisdicción arbitral, pues el artículo 138° no puede ser objeto de una interpretación constitucional restrictiva y literal, como exclusiva de la jurisdicción ordinaria o constitucional; "por el contrario, la susodicha disposición constitucional debe ser interpretada de conformidad con el principio de unidad de la Constitución, considerando el artículo 51.° (...), más aún si ella misma (artículo 38.°) impone a todos –y no solo al Poder Judicial– el deber de respetarla, cumplirla y defenderla" (STC 3741-2004-AA/TC, fundamento 9).

25. Esto resulta más evidente aún si se tiene en cuenta que, conforme ya ha destacado este Tribunal, "el proceso arbitral tiene una doble dimensión pues, aunque es fundamentalmente subjetivo ya que su fin es proteger los intereses de las partes, también tiene una dimensión objetiva, definida por el respeto a la supremacía normativa de la Constitución, dispuesta por el artículo 51° de la Carta Magna; ambas dimensiones, (subjetiva y objetiva) son interdependientes y es necesario modularlas en la norma legal y/o jurisprudencia" (STC 6167-2005-PHC/TC, fundamento 11). En tal sentido, de presentarse en un proceso arbitral una incompatibilidad entre una norma constitucional y una norma legal, los árbitros deben preferir la primera.

26. No obstante, el ejercicio del control difuso de constitucionalidad en la jurisdicción arbitral debe ser objeto, como se acaba de expresar, de modulación por este Supremo Intérprete de la Constitución, con el propósito de que cumpla debidamente su finalidad de garantizar la primacía de la Constitución y evitar así cualquier desviación en el uso de este control constitucional. Por ello, se instituye la siguiente regla:

El control difuso de la jurisdicción arbitral se rige por las disposiciones del artículo VI del Título Preliminar del Código Procesal Constitucional y la jurisprudencia vinculante dictada por este Tribunal Constitucional sobre el control difuso. Sólo podrá ejercerse el control difuso de constitucionalidad sobre una norma aplicable al caso de la que dependa la validez del laudo arbitral, siempre que no sea posible obtener de ella una interpretación conforme a la Constitución y además, se verifique la existencia de un perjuicio claro y directo respecto al derecho de alguna de las partes."

no como un mecanismo que desplaza al Poder Judicial, ni tampoco como su sustituto, sino como alternativa que complementa el sistema judicial, puesta a disposición de la sociedad para la solución pacífica de las controversias."

La postura antes señalada, refuerza lo dispuesto en la Sentencia N° 6167–2006–PHC, caso **CANTUARIAS SALAVERRY**[38], en el que el máximo intérprete de la Constitución menciona que "el reconocimiento de la jurisdicción arbitral comporta la aplicación a los tribunales arbitrales de las normas constitucionales y en particular, de las prescripciones del artículo 139° de la Constitución, relacionadas a los principios y derechos de la función jurisdiccional",

3.3. La independencia e imparcialidad en el ejercicio de la función arbitral en el Perú

Para efectos del presente artículo, nos interesa destacar algunos criterios que resultan inherentes al ejercicio de la función arbitral, tales como la independencia y la imparcialidad, los que aunque puedan parecer sinónimos a primera vista, no lo son. En sede nacional, CARLOS MATHEUS[39] menciona que la independencia e imparcialidad del árbitro son condiciones predisponentes y que implican, no tener ninguna relación cercana –financiera, profesional o personal– con una de las partes o sus consejeros. La independencia se considera en términos ordinarias, a evaluar las relaciones entre el árbitro y las partes, en tanto la imparcialidad concierne más bien a las relaciones entre el árbitro y el objeto de la controversia. En tal sentido, el referido autor, citando **a DOAK BISHOP**

---

38 Fundamentos 12 – 13 de la Sentencia N° 6167-2006-PHC

12. "El reconocimiento de la jurisdicción arbitral comporta la aplicación a los tribunales arbitrales de las normas constitucionales y, en particular, de las prescripciones del artículo 139° de la de Constitución, relacionadas a los principios y derechos de la función jurisdiccional. Por ello, el Tribunal considera y reitera la protección de la jurisdicción arbitral, en el ámbito de sus competencias, por el principio de "no interferencia" referido en el inciso 2) del artículo constitucional antes citado, que prevé que ninguna autoridad puede avocarse a causas pendientes ante el órgano jurisdiccional, ni interferir en el ejercicio de sus funciones. Los tribunales arbitrales, por consiguiente, dentro del ámbito de su competencia, se encuentran facultados para desestimar cualquier intervención y/o injerencia de terceros – incluida autoridades administrativas y/o judiciales– destinada a avocarse a materias sometidas a arbitraje, en mérito a la existencia de un acuerdo arbitral y la decisión voluntaria de las partes.

13. Es por tal motivo que este Tribunal considera conveniente reiterar la plena vigencia del principio de la "kompetenz-kompetenz" previsto en el artículo 39° de la Ley General de Arbitraje –Ley N.° 26572–, que faculta a los árbitros a decidir acerca de las materias de su competencia, y en el artículo 44° del referido cuerpo legal, que garantiza la competencia de los árbitros para conocer y resolver, en todo momento, las cuestiones controvertidas que se promuevan durante el proceso arbitral, incluida las pretensiones vinculadas a la validez y eficacia del convenio. Este Colegiado resalta la suma importancia práctica que reviste dicho principio, a efectos de evitar que una de las partes, que no desea someterse al pacto de arbitraje, mediante un cuestionamiento de las decisiones arbitrales y/o la competencia de los árbitros sobre determinada controversia, pretenda convocar la participación de jueces ordinarios, mediante la interposición de cualquier acción de naturaleza civil y/o penal, y desplazar la disputa al terreno judicial.

Lo expuesto no impide que posteriormente se cuestione la actuación arbitral por infracción de la tutela procesal efectiva, conforme a las reglas del Código Procesal Constitucional."

39 MATHEUS LÓPEZ, Carlos Alberto, *"La independencia e imparcialidad del árbitro"* Prólogo del Prof. Dr. Dr. Dr. H.C. Antonio María Lorca Navarrete. Dijusa, Universidad Nebrija, Corte Vasca de Arbitraje, Instituto Vasco de Derecho Procesal, 2009, San Sebastían. Pág. 176-177.

Y LUCY REED[40], concluye que la distinción entre ambos conceptos suele postularse señalando que un árbitro imparcial es uno que no se predispone en favor, ni se parcializa contra una parte particular o su caso, en tanto que un árbitro independiente es uno que no tiene ninguna relación cercana –financiera, profesional o personal– con una de las partes o sus consejeros. Coincide con HENRY MARC[41] al afirmar que la independencia se considera, comúnmente, como destinada a las relaciones entre el árbitro y las partes, en tanto la imparcialidad concierne más bien a las relaciones entre el árbitro y el objeto de la controversia.

La independencia es de carácter objetivo e implica una situación de no dependencia, factual o jurídica, en relación con los sujetos parciales del arbitraje, la imparcialidad es una noción de carácter subjetivo que consiste en no ser parcial o en actuar dejándose invadir por opiniones preconcebidas y circunstancias extrañas a las cuestiones planteadas en el proceso arbitral.[42]

Los criterios expuestos resultan de vital importancia en el régimen de solución de controversias en materia de contratación pública, puesto que al tratarse de asuntos de interés público en el que se encuentran comprometidos recursos del Estado al servicio de la comunidad, el ejercicio de la función arbitral debe ser desempeñado con altos estándares de imparcialidad e independencia. Sin embargo, es urgente que se establezcan regulaciones normativas que "aterricen" a la propia realidad en la que se encuentra inmersa el régimen de contratación pública, pues muchas de las reglas que sirven para evaluar el ejercicio concreto de la función arbitral, están diseñadas en una lógica de arbitraje privado o comercial, sin atender a la propia naturaleza de la contratación pública y al hecho que una de las partes de dicha relación contractual es el Estado.

IV. EL ROL DEL ESTADO EN EL DENOMINADO "ARBITRAJE ADMINISTRATIVO" EN MATERIA DE CONTRATACIÓN PÚBLICA

4.1. El arbitraje en el Perú se ha extendido al universo de la contratación pública. En tal sentido, no sólo se viene aplicando en los supuestos regulados en la Ley de Contrataciones del Estado, sino que también se ha extendido al régimen general de concesiones de obras públicas de infraestructura y de servicios públicos, y en el caso de las normas sobre Asociaciones Público Privadas.

En el ámbito del derecho interno, existen problemas inherentes al desarrollo de los arbitrajes en aquellos casos en los que participa el Estado, y que no se encuentran resueltos con la sola habilitación otorgada por los artículos 62°, 63° y 139 inciso 1) de la Constitución de 1993. En rigor, el Estado en sus relaciones contractuales reposa su actuación en un conjunto de entidades con distinta denominación. De acuerdo a ello, el concepto de Estado se concretiza en la noción de entidades que forman parte de la Administración

---

40 BISHOP, Doak y REED, Lucy "Practical Guides for Interviewing, Selecting and Challenging Party-Appointed Arbitrators in International Commercial Arbitration" en *Arbitration International - The Journal of London Court of International Arbitration*, N° 4, Londres, 1998, págs. 397-398. Visto en MATHEUS LÓPEZ, Carlos Alberto, "La independencia...", *ob. cit.*, p. 176-177.

41 MARC, Henry "Les obligations d'indépendance et d'information de l'arbitre à la lumière de la jurisprudence récente" en *Revue de L'arbitrage*, N° 2, Paris, 1999, pág. 195. Visto en MATHEUS LÓPEZ, Carlos Alberto, "La independencia...", *ob cit.*, pág. 176-177.

42 MATHEUS LÓPEZ, Carlos Alberto, *"Introducción al Derecho de Arbitraje"*, Semper Veritas, 2006, p. 102.

Pública. En cambio, en el ámbito del derecho internacional, la discusión es distinta, puesto que el Estado no acude a tribunales arbitrales internacionales en función de la actuación de sus organismos o entidades, sino por las obligaciones a las que se ha comprometido genéricamente como Estado y como sujeto de derecho público, al margen de cuál sea la entidad que haya adoptado, tal o cual decisión en el ámbito del derecho interno.

En función de lo señalado, se advierte que existe un tratamiento distinto del Estado en los arbitrajes nacionales e internacionales, donde las relaciones de naturaleza contractual son claramente establecidas sobre la base de una personalidad jurídica unitaria, a diferencia de lo que ocurre en el derecho interno, en el cual, "cada entidad" asumen su postura de defensa en el proceso arbitral. Esta situación es particularmente crítica en el caso del Perú, en el que nos encontramos con sistemas de defensa arbitral que se encuentran " atomizados" por parte del Estado, y en el que inclusive, se puede identificar la existencia de controversias kafkianas entre entidades públicas unas con respecto de otras. A diferencia de lo que ocurre en otros países, en el Perú no existe una Procuraduría General de la República (sistema único de defensa judicial o procesal del Estado), y ello repercute en la existencia de procesos arbitrales entre las mismas organizaciones que forman parte del Estado.

En términos de participación del Estado en los procesos arbitrales, se puede advertir que el Estado ofrece respuestas distintas en el ámbito del derecho interno y en el derecho internacional. En el caso del arbitraje interno y en especial, en los casos del mal llamado "arbitraje administrativo", es posible admitir la intervención de una entidad estatal en múltiples perspectivas de actuación, sea en calidad de parte contratante, parte no signataria e inclusive, admitir los supuestos de intervención de entidades públicas como terceros en el marco de los procesos arbitrales. Dicha circunstancia no se presentas en el caso de los arbitrajes internacionales y en particular, en el caso de los "arbitrajes de inversión", en los que el Estado suele asumir una sólida y estructurada defensa en los procesos que se tramitan en sedes internacionales.

En relación al tema planteado, es importante señalar que en el Perú se viene confundiendo la calificación de "arbitraje administrativo" con la de "arbitraje en materia de contratación pública", por el indebido uso de formulas o terminología propias de otra realidades normativas. En rigor, en nuestro país, tenemos un uso intensivo de la vía arbitral para los casos de arbitraje en contratación pública pero ello no puede denominarse como "arbitraje administrativo" en la medida en la que el arbitraje tiene un reconocimiento expreso e inequívoco como jurisdicción y no como un simple mecanismo de solución de controversias sobre un tema de orden administrativo. Además a diferencia de lo que ocurre en otros países, desde un punto de vista conceptual el ejercicio de la función arbitral es de carácter jurisdiccional y no una simple actividad administrativa de solución de controversias (también conocida como actividad administrativa arbitral).

V. MODIFICACIONES INTRODUCIDAS AL ARBITRAJE EN MATERIA DE CONTRATACIÓN PÚBLICA EN EL PERÚ

En el presente numeral se abordarán las modificaciones incorporadas por el Decreto Legislativo N° 1341 al artículo 45° de la Ley N° 30225, Ley de Contrataciones del Estado, el cual trata sobre los medios de solución de controversias en el ámbito de la ejecución contractual.

Las principales modificaciones incorporadas en dicho artículo que nos interesa destacar son las siguientes:

-En primer lugar, se establece como regla general que las controversias entre las partes sobre la ejecución, interpretación, resolución, inexistencia, ineficacia o invalidez del contrato deben resolverse mediante conciliación o arbitraje institucional y sólo en los casos excepcionales que se establecerán en el Reglamento, podrá recurrirse al arbitraje *ad hoc*. Tal como se ha indicado en los numerales precedentes, se ésta optando por un sistema concentrado e institucional del arbitraje en materia de contratación pública. En nuestra opinión, esta modificación podría estar afectando el principio de autonomía de la voluntad, puesto que el arbitraje constituye un mecanismo alternativo de resolución de conflictos frente a la falta de un sistema estatal eficiente. Si bien se encuentra acreditado en las mejores prácticas internacionales, las mayores bondades que ofrece el arbitraje institucional con respecto del arbitraje ad–hoc, se debería fomentar un sistema abierto y plural de instituciones arbitrales especializadas en materia de solución de controversias en materia de contratación estatal. No dudamos de las ventajas del arbitraje institucional sobre el arbitraje *ad hoc* en temas de organización, transparencia y en los demás aspectos operativos, sin embargo en el caso peruano, ello pasa por acreditar dichas ventajas con un alto sentido de especialización en las materias propias de la contratación pública.

-En segundo lugar, se ha planteado la modificación del artículo 184° del Reglamento de la Ley de Contrataciones del Estado aprobado por el Decreto Supremo N° 056–2017–EF, en el sentido que las partes pueden recurrir en forma excepcional al arbitraje ad hoc en materia de contratación pública, sólo cuando las controversias se deriven de contratos de bienes, servicios y consultoría en general, cuyo monto contractual original sea menor o igual a veinticinco (25) Unidades Impositivas Tributarias – UIT[43]. Cifra que multiplicada por el valor de la UIT para el año 2017[44], daría un total de 101,250 soles que convertido a dólares sería un total de 31,250 dólares[45]. Los argumentos que se exponen para justificar dicha modificación, son que el arbitraje institucional tendría ventajas sobre el arbitraje *ad hoc, puesto que en* temas organizativos y operativos, un arbitraje institucional garantizaría de mejor manera que el proceso arbitral se realice en forma más rápida y eficiente. Además, en el arbitraje institucional se contaría con una institución arbitral, con una administración del arbitraje y con normas reglamentarias que permitirían asegurar un mayor impulso del proceso, así como una mayor vigilancia del cumplimiento de principios y estándares éticos[46].

Una crítica que se advierte a dicho cambio, es que no se sustentaría en estudios o informes concretos que verifiquen las ventajas del arbitraje institucional sobre el arbitraje ad hoc. En realidad, dicha opción legislativa no se sustenta en estadísticas o en información basada en un estudio profundo del caso, en el que quede claro que las instituciones arbitrales efectivamente realizan la resolución de casos de forma más rápida y eficiente. Asimismo, el hecho de que las instituciones arbitrales cuenten con un reglamento interno

43 Artículo 184° del Decreto Supremo N° 056-2017-EF que modifica el Reglamento de la Ley N° 30225, Ley de Contrataciones del Estado, aprobado por el Decreto Supremo N° 350-2015-EF.

44 El valor de la UIT para el año 2017 según el Decreto Supremo N° 353 de fecha 26 de diciembre de 2016 es de 4,050 soles.

45 Conversión realizada con el tipo de cambio oficial para marzo 2017 (3.24 soles)

46 *Ibid* p. 22

para regir los procesos arbitrales a su cargo, no las hace necesariamente más idóneas para el impulso del proceso, toda vez que dichos Reglamentos se rigen supletoriamente por la normativa especializada en contrataciones públicas, la ley que norma el arbitraje, el reglamento y normas especializadas en la materia.

-En tercer lugar, se advierte otra modificación saludable pero que pudiera ser impracticable dada la forma de actuar de los funcionarios públicos encargados de la decisión de impulsar o no, una solución de carácter arbitral. En tal sentido, se ha planteado en el Reglamento de la Ley N° 30225, que frente a la posibilidad que una entidad estatal deba recurrir al arbitraje, la obligación de la entidad estatal de realizar un análisis costo – beneficio, considerando el costo en tiempo y recursos del proceso arbitral, la expectativa de éxito de seguir el arbitraje, y la conveniencia de resolver la controversia en la instancia más temprana posible. La modificación antes señalada, se encuentra reconocida en el artículo 45.5 de la Ley, la cual menciona que una vez presentada la propuesta de conciliación por el contratista, la Entidad debe proceder a realizar el análisis costo–beneficio, considerando el costo en tiempo y recursos del proceso arbitral, la expectativa de éxito de seguir el arbitraje, y la conveniencia de resolver la controversia en la instancia más temprana posible. Asimismo, se menciona en el referido precepto normativo, que constituye responsabilidad funcional impulsar o proseguir la vía arbitral cuando el análisis costo–beneficio determina que la posición de la entidad razonablemente no será acogida en dicha sede. Por su parte la modificación del Reglamento menciona en su artículo 184° que dicha responsabilidad funcional, se aplica a la decisión de:

i) No impulsar o proseguir con la vía arbitral cuando en el informe técnico legal se recomienda acudir a dicha sede; o,

ii) Impulsar o proseguir la vía arbitral cuando el informe técnico legal determine que la posición de la Entidad no será acogida en el arbitraje.

En nuestra opinión, dicha modificación en el caso de ser negativa con respecto a la procedencia del arbitraje, podría implicar niveles de atribución de responsabilidad aplicables al funcionario público encargado de determinar la improcedencia de acudir a la vía arbitral, y probablemente, se termine siempre optando por razones de seguridad, por acudir a la vía arbitral.

De acuerdo con la exposición de motivos que justifica la reforma, con esta disposición se busca impedir que las entidades públicas, prosigan con la vía arbitral en aquellos casos en los que, como resultado de la evaluación del costo beneficio, se determine que la posición de la entidad pública no será acogida o amparada en dicha vía, evitando así que el Estado incurra en costos innecesarios y se exponga a los riesgos propios de seguir un proceso cuya expectativa de éxito es mínima. No obstante lo señalado, se precisa que constituye responsabilidad funcional impulsar o proseguir la vía arbitral si como resultado del análisis costo – beneficio, se determina que la posición de la entidad razonablemente no será acogida en dicha sede.

-En cuarto lugar, se plantea una modificación recogida en el artículo 183° del Reglamento de la LCE, que se encuentra referida a los supuestos en los que se opte por la vía de la conciliación. En tal sentido, se menciona que "*bajo responsabilidad, el Titular de la Entidad o el servidor en quien este haya delegado la función de evaluar la decisión de conciliar o de rechazar la propuesta de acuerdo conciliatorio considerando criterios de costo–beneficio y ponderando los costos en tiempo y recursos del proceso arbitral, la expectativa de éxito de seguir el arbitraje y la conveniencia de resolver la controversia a través de la conciliación. Se podrán considerar los riesgos que representa la contro-*

versia en el normal desarrollo de la ejecución contractual, incluyendo el de no poder alcanzar la finalidad del contrato al no adoptarse un acuerdo conciliatorio. Dicha evaluación debe estar contenida en un informe técnico legal previo debidamente sustentado. Tal como se ha precisado, el Reglamento complementa lo dispuesto por la LCE, mencionando la figura de incluir en un informe técnico legal, el análisis del costo – beneficio. Asimismo, se incluye en dicho informe, al análisis de costo – beneficio que también se deberá efectuar para decidir si la vía conciliatoria es la más eficiente para la Entidad.

-En quinto lugar y por ello no menos importante, se exige para los árbitros en el marco de los procesos arbitrales *ad hoc*, la inscripción en el Registro Nacional de Árbitros administrado por el Organismo Supervisor de las Contrataciones del Estado – OSCE, y además, cumplir con los requisitos establecidos en el numeral 45.6 del artículo 45 de la Ley. Asimismo, se suprime la exigencia de estar inscrito en el Registro Nacional de Secretarios Arbitrales para los secretarios arbitrales. Es importante recalcar que antes de las modificaciones a la Ley de Contrataciones del Estado y su Reglamento, todos los árbitros (sea en procesos institucionales o *ad hoc*) debían estar inscritos en tal Registro.

-En sexto lugar, se establecen precisiones con respecto al número de árbitros que deben participar en un proceso arbitral. Para tal efecto, se agrega que la entidad pública que es parte de la controversia, formula una propuesta sobre el número de árbitros que resuelven las controversias en la cláusula de solución de controversias de la proforma de contrato contenida en los documentos del procedimiento de selección. En este orden de ideas, se menciona que el postor puede consentir o no la propuesta de la entidad al momento de la presentación de su oferta. En el caso de que el postor no esté de acuerdo con la propuesta de la entidad o no se pronuncie al respecto en su oferta o si la entidad no cumple con proponer la fórmula en la proforma del contrato, el arbitraje es resuelto por árbitro único tratándose de un arbitraje *ad hoc* o se determina el número de árbitros correspondiente conforme a las disposiciones del reglamento respectivo en el caso del arbitraje institucional.

-En séptimo lugar, y con relación al convenio arbitral, se agregan los siguientes supuestos en virtud de los cuales, el arbitraje deberá ser iniciado ante cualquier institución arbitral registrada y acreditada ante el organismo encargado de las contrataciones públicas en el Perú (denominado OSCE). En caso de suscitarse alguna contingencia sobre este tema, se establecen reglas especiales para el desarrollo del proceso arbitral.

VI. CONCLUSIONES

-En el Perú existe un marco de protección constitucional del arbitraje como jurisdicción y que ha permitido en materia de contratación pública un desarrollo institucional específico de dicho mecanismo de solución de controversias, que data desde el año 1998 en adelante.

-A pesar de la protección constitucional otorgada al arbitraje en el Perú, no ha existido un marco institucional complementario para el desarrollo de los MARC, y que resulta indispensable para evitar el uso excesivo del arbitraje como única fuente alternativa de solución de controversias. Las experiencias existentes en el derecho comparado, revelan que los MARC resultan herramientas idóneas de solución de controversias que permitan utilizar la vía judicial y arbitral, como mecanismos de excepción. En el caso del Perú, dicha situación ha provocado que se utilicen en forma masiva los mecanismos de solución de controversias de carácter jurisdiccional a cargo de los Tribunales de Justicia y recientemente, a través de la jurisdicción arbitral como una "vía natural" para la solución de controversias. Sin embargo, el uso intensivo y alternativo del arbitraje como mecanismo de solución de controversias en materia de contratación estatal no se encuentra exento de problemas que a través de sucesivas reformas legislativas se ha intentado mitigar sin éxito.

-No existe consenso en establecer cuál es el mecanismo más adecuado para la solución de controversias en materia de contratación pública. En la experiencia peruana, se viene utilizando el arbitraje como una alternativa al rol tradicional del Poder Judicial. Sin embargo, en los últimos años el sistema ha colapsado y hoy en día se cuestiona su uso intensivo y no exento de corrupción por la masiva existencia de malas prácticas. Frente a ello, se han planteado reformas que inciden en los aspectos de organización del sistema y que pretenden solucionar los problemas existentes con un régimen universal de arbitraje institucional en materia de contratación pública sin tomar en consideración, la urgente necesidad de generar reglas especiales para esta materia.

-Las recientes reformas a la legislación peruana en materia de solución de controversias en materia de contratación pública, buscan poner freno a los excesos cometidos pero tienen el grave problema de afectar los principios rectores en materia de autonomía de la voluntad que son inherentes al desarrollo de la actividad arbitral.

-La reciente reforma a la Ley N° 30225 y a su Reglamento, opta por un modelo de subsidiariedad del Estado en materia de organización del arbitraje en materia de contratación pública, que debe ser materia de evaluación en la medida en que se trata de asuntos de interés general y que tienen por mandato constitucional el carácter de jurisdicción. En nuestra opinión, no se encuentra en discusión las mayores ventajas que ofrece el régimen del arbitraje institucional con respecto del arbitraje ad–hoc. El tema materia de debate, es si el Estado debe ser ajeno por razones de interés público, especialización, costos y otros factores, a este tipo de procesos.

-Con el objeto de profundizar las reformas al régimen de solución de controversias en el ámbito de la contratación estatal, es necesario que se apueste por una especialización de los centros de arbitraje privados en dichas materias, pues el arbitraje constituye un tipo de jurisdicción reconocida por la Constitución de 1993, y la eventual remisión a un régimen de organización subsidiaria de la actividad contractual del Estado, correría el riesgo de entregar dicha actividad a un conjunto de entidades privadas.

Lima, abril de 2017

BIBLIOGRAFÍA

BERMÚDEZ TAPIA, Manuel. "La jurisdicción arbitral en un Estado ineficiente". En: *Manual de Arbitraje Thomson Reuters* 2016, Lima.

CASTILLO FREYRE, *El Juicio Privado, La verdadera reforma de la Justicia,* Palestra, 2006, Lima.

CASTILLO FREYRE, *Arbitraje y Constitución*. Volumen 21, Biblioteca de Arbitraje, Palestra, 2012, Lima.

CONGRESO DE LA REPÚBLICA, Exposición de motivos del Decreto Legislativo que modifica la Ley N° 30224 – Ley de Contrataciones con el Estado. pp. 02–38 Visto en: http://www.congreso.gob.pe/Docs/comisio-nes2016/ConstitucionReglamento/files/exposici%C3%B3n_de_motivo_1341.pdf.

DIEZ – PICAZO, Ignacio. *Derecho Procesal Civil.* Editorial Centro de Estudios Ramón Areces, 2000, Madrid.

Exposición de motivos del Decreto Legislativo N° 1071, que norma el arbitraje. Link http://spij.minjus.gob.pe/Textos–PDF/Exposicion_de_Motivos/DL–2008/DL–1071.pdf

FELDESTEIN, Sara y LEONARDI, Hebe *"El arbitraje".* Abeledo Perrot. Primera edición, 1998, Buenos Aires.

GACETA JURÍDICA 2015, La *justicia en el Perú. Cinco grandes problemas.* Documento preliminar 2014 – 2015, Gaceta Jurídica, Lima.

GARCÍA MONTÚFAR, Juan. *"Los medios alternativos de solución de conflictos"* Visto en: Portal Jurídico de la Asociación Derecho & Sociedad de la PUCP. Lima, p. 01. Link: Consulta 30.01.2017 http://blog.pucp.edu.pe/blog/dery-soc/2008/08/18/los–medios–alternativos–de–solucion–de–conflictos/

GONZÁLES DE COSSIO, Francisco. *Arbitraje.* Primera Edición. Porrúa, 2004, México.

HERNÁNDEZ SILVA, Aída Patricia. "La caducidad de la acción, la falta de jurisdicción o de competencia". En *Recurso de anulación de laudos arbitrales*, Primera Edición, Universidad Externado de Colombia, 2016, Bogotá.

LANDA ARROYO, César. "El arbitraje en la Constitución de 1993 y en la jurisprudencia del Tribunal Constitucional" Themis N° 53, 2007, Lima.

LEDESMA NARVÁEZ, Marianella. "Jurisdicción y arbitraje". Fondo Editorial de la Pontificia Universidad Católica del Perú. Año 2009, Lima.

LÓPEZ BLANCO, Hernán Fabio *Instituciones de Derecho Procesal Civil colombiano,* Tomo I. Capítulo IV, Jurisdicción y Competencia, Temis, 1974, Bogotá.

MARTIN TIRADO, Richard. "La extensión del Convenio Arbitral a partes no signatarias y la intervención de Terceros en el Arbitraje Administrativo". CDA Asociación de estudiantes de la PUCP N° 2012, "Contencioso Administrativo". Lima.

MORELLO, Augusto "Contrato y proceso" Abeledo Perrot. Primera edición, 1990, Buenos Aires.

SANSISTEVAN DE NORIEGA, Jorge "Arbitraje y jurisdicción desde la perspectiva del Tribunal Constitucional del Perú". En: *Revista Peruana de Arbitraje.* 2006, Lima.

SOTO COÁGUILA, Carlos. "El convenio arbitral en la Ley peruana de arbitraje de 2008". En: *Tratado de Derecho Arbitral.* Instituto Peruano de Arbitraje, 2011, Tomo II, Lima.

53. EL CONTRATO DE ASOCIO PÚBLICO Y PRIVADO: APROXIMACIONES CONCEPTUALES

*Henry Alexander Mejía**

1. Presentación

La actividad empresarial del Estado es un fenómeno que se ubica posterior a la segunda guerra mundial con las técnicas de la nacionalización de entidades con fines públicos–empresariales, y con la regulación e intervención en el mercado donde el Estado juega un papel protagónico en la actividad económica.

Lo anterior conllevó a que el Derecho Administrativo se transformara, por cuanto el Estado se construiría como gestor y promotor del desarrollo económico y social. Esto originó que se dieran una amplia gama de técnicas de colaboración pública y privadas, por medio de las concesiones de obra pública y servicio público, sociedades de economía mixta, con participaciones de sectores empresariales estratégicos que se ocuparon de los grandes rubros de la economía.

El contrato de Asocio Público y Privado (en adelante APP), es una particularidad más de la colaboración público–privado, dentro de todo el abanico empresarial de parte del Estado. Su surgimiento está marcado por el Derecho Británico –con mayor fuerza en los umbrales del siglo XXI–, como una forma alterna, para no seguir impulsando los procesos de privatización que estaban siendo criticados por su vorágine económica que afectaban económicamente a los usuarios.

Los APP han surgido como una figura jurídica ecléctica para que armonizar los intereses públicos y privados, donde bienes públicos se ponen a disposición durante un plazo determinado, a favor del empresario, sin que implique trasferir al sector privado el bien o el servicio.

Por tanto, uno de los objetivos de este trabajo es tratar de aproximar teóricamente y jurídicamente el contrato de APP para darle identidad jurídica propia, tomando como parámetro como se ha venido regulando en el Reino Unido, España y en países de América latina, tales como: Chile, Perú, Costa Rica, Brasil, donde más ha evolucionado. En

---

* Doctor en Derecho por la Universidad Autónoma de Barcelona, con premio extraordinario (2006), catedrático de Derecho Administrativo y Derecho Constitucional (1999). Profesor en diferentes programas de postgrados impulsados en El Salvador por Universidades nacionales y profesor invitado en diferentes universidades Iberoamericanas. Miembro del Foro Iberoamericano de Derecho Administrativo

cambio, países como México, Colombia y El Salvador apenas comienza resurgir como una nueva técnica de colaboración pública y privada.

2. Orígenes en el Derecho Europeo

La construcción de infraestructuras y la prestación de servicios públicos está siendo influenciada cerca de dos décadas por fórmulas que se suelen denominar como de colaboración público–privada, denominadas también en países de Iberoamérica como Alianzas Públicas y Privadas (APP). Ambas denominaciones deviene como traducción de la expresión británica *Public Private Partnership*, lo cual tienen su origen en el año 1992 como parte de un programa de reformas emprendido por el Gobierno británico presidido por John Major denominado *Private Finance Initiative*, cuyo objetivo fue modernizar las infraestructuras públicas recurriendo a la financiación privada[1].

A partir de este momento recibió el impulso de las autoridades comunitarias en diversas ocasiones, sobre todo con los documentos que surgieron con posterioridad a la publicación de los denominados "Informes Kinnock y Van Miert", que tuvieron como objetivos la financiación de proyectos de la red de transporte europea mediante APP[2].

Lo anterior sirve de base, para que el Consejo Europeo de Lisboa de marzo de 2000 considere a los APP como un instrumento básico para la consecución de las estrategias comunitarias, en el sentido que sigan sus proyectos de inversión en esta modalidad para modernizar las infraestructuras públicas, tal como se aprobó en el Consejo Europeo de Lisboa de marzo de 2000, en donde consideraban a los APP un instrumento básico para la consecución de los objetivos de la denominada "estrategia de Lisboa"[3].

En España se ha utilizado desde 2007, aunque sin raigambre legal – es decir que existiera en la ley una regulación expresa–, en el Programa Agua del Ministerio de Medio Ambiente y en el sistema mixto de gestión y financiación de hospitales en la Comunidad de Madrid. Además, quedó estipulado en el Plan Estratégico de Infraestructuras y Transporte elaborado por el Ministerio de Fomento donde estableció una inversión pública en infraestructuras para los años 2005 a 2020 y supuso la aceptación por parte de la Administración General del Estado de fórmulas de financiación en la inversión pública en carreteras y en ferrocarriles[4].

---

1 Schiavi, Pablo; *La participación pública-privada en el desarrollo de infraestructuras y servicios relacionados en Uruguay primeras reflexiones sobre la Ley N°18.7861*, en *Revista de Derecho de la Universidad de Montevideo*, N° 2, pág. 84.

2 Los modelos de APP surgieron en el Reino Unido a principios de la década de los años noventa del pasado siglo con el fin de optimizar el valor del dinero que pagaban los contribuyentes a través de la participación de empresas del sector privado en todas las áreas de servicios públicos. El sistema se ha ido extendiendo paulatinamente a otros países como Australia, Alemania, Italia, Portugal, Canadá, Chile y también a España. Ver: Gimeno Feliú, José María; *La nueva contratación pública europea y su incidencia en la legislación española*, Civitas, Madrid, 2007, pág. 2.

3 La APP se erigiría en "una solución eficaz para garantizar una infraestructura o para ofrecer un servicio público" siendo su principal objetivo "la mejora de la calidad del servicio prestado a los ciudadanos" Ver: el Dictamen sobre la Comunicación de la Comisión al Parlamento Europeo, al Consejo, al Comité Económico y Social Europeo y al Comité de las Regiones sobre colaboración público-privada y Derecho comunitario en materia de contratación pública y concesiones.

4 Ver González García, Julio V.; *Contrato de colaboración pública-privada*, en "*Revista de Administración Pública*", N° 170, Madrid, mayo-agosto, 2006, pág. 8

Sin embargo, esta fórmula contractual quedó regulada en España con la Ley de Contrato del Sector Público de 30 de octubre de 2007, lo cual quedó plenamente complementada con el Real Decreto Legislativo 3/2011 de 14 de noviembre, por el que se aprueba el Texto Refundido de la Ley de Contratos del Sector Público. El contenido del texto es aplicable a todas las Administraciones públicas españolas, es decir, su ámbito de estudio se extiende tanto por la Administración del Estado, como por las Administraciones de las Comunidades Autónomas y por las Entidades Locales.

Es de destacar que, la regulación en España se hizo a pesar que la Directiva Unión Europea no fue aprobada, esto provocó muchas críticas como lo sostiene Moreno Molina[5], porque se hubiese evitado los problemas que se derivan del ordenamiento jurídico donde no deslinda con claridad esta figura contractual de otros, tales como: el de gestión de servicios públicos y, sobre todo, el de concesión de obra pública.

3. Las distintas modalidades de las APP en la doctrina comparada

Los APP pueden realizarse por múltiples formas como el diseño, construcción, mantenimiento, edificación, explotación y transferencia. La elección de la modalidad dependerá como lo señala Blanquer[6] de los factores tales como: los objetivos de la Administración, la naturaleza del proyecto, la disponibilidad de financiamiento y la actividad que el sector privado pueda y pretenda desarrollar, y por supuesto de modelo económico que impere en cada país.

En principio el Libro Verde de la Comisión Europea[7] distinguió dos modalidades a saber:

a) la puramente contractual donde prevalece el derecho de explotación y su consecuencia directa, donde los socios privados realizan o gestionan infraestructura para la Administración pública, por ejemplo: hospitales, transporte, carreteras, penitenciarias, entre otras. En ellas no hay vínculo directo entre el contratista y el usuario, pero no significa que exista control de éste en sus actividades.

b) donde la remuneración del contratista no son cánones abonados por el usuario, sino pagos periódicos realizados por el socio público. Esos pagos pueden ser fijos, pero también variables calculados en función de la disponibilidad obra, de los servicios correspondientes o incluso de frecuentación de la obra, como ocurre con los peajes en autopistas.

Queda claro que las modalidades propuestas por el Libro Verde no son suficientes para acoger las distintas formas de clasificación que han venido formulándose en el Derecho Comparado, por lo que acudimos al amplio elenco doctrinal elaborado por Acerete Gil[8], donde ocupa una serie de actividades para determinar las modalidades que el operador privado puede realizar, entre las que se destacan: diseñar, construir, operar,

---

5 Moreno Molina, José Antonio y Béjar Luis José; *Las asociaciones públicas y privadas (análisis comparativo)*, Ciudad de México, (en prensa), 2016, S/P.

6 Blanquer Criado, David; *Derecho Administrativo (fin, los medios y el control)*, Tirant lo Blanch, Valencia, 2010, pág. 681.

7 Libro Verde sobre la *Colaboración pública-privada y el Derecho comunitario en materia de contratación pública y concesiones*, aprobado por la Comisión el 30 de abril de 2004.

8 Acerete Gil, José; *Financiación y gestión privada de infraestructuras y servicios públicos, Asociaciones Públicas y Privadas*, Instituto de Estudio Fiscales, 2004, pág. 22.

financiar, gestionar, transferir, arrendar, desarrollar, y adquirir. Además, la combinación de las anteriores formulas, origina una variada forma de APP, siendo las siguientes:

a) Build–Operate–Transfer (BOT)

Un consorcio privado recibe la autorización de la Administración para financiar y construir un equipamiento concediéndole al mismo tiempo la concesión para explotarlo comercialmente durante un determinado periodo. Finalizado el plazo de dicha concesión, las instalaciones pasarán a propiedad de la Administración, quien deberá decidir si se encarga directamente su explotación o lo cede de nuevo a concesión a otro ente privado. Éste es el mecanismo que más se utiliza en las concesiones de infraestructura públicas financiadas a través de la técnica del *Project finance.*

b) Build–Transfer–Operate (BTO)

Es una modalidad similar a la anterior, sin embargo las instalaciones pasan para la prestación del servicio y en propiedad de la Administración contratante inmediatamente tras finalizar su construcción por el operador privado. La explotación del servicio y de la infraestructura podrá explotarla en calidad de arrendamiento a largo plazo que deberá de concederle la Administración Pública.

c) Build–Rent–Operate–Transfer (BROT)

A diferencia de los anteriores, el operador privado explota la infraestructura, pero tiene la potestad de arrendar los bienes físicos por la duración del acuerdo de asocio con el Ente de la Administración.

d) Build–Lease–Operate–Transfer (BLOT)

A diferencia de la anterior modalidad el arrendamiento se contempla la posibilidad de que el arrendatario ejercite una opción de compra de los bienes

e) Build–Own–Operate–Tranfers (BOOT)

En esta modalidad el operador privado se compromete a financiar, construir, explotar, mantener una infraestructura a cambio del derecho de cobrar por ello a los usuarios del servicio público. En virtud de este acuerdo la entidad privada es propietaria de las instalaciones y los bienes hasta el final de la concesión. En todo caso estarán sujetas a control las tarifas del servicio público que preste.

f) Build–Own–Operate (BOO)

Es una variante de la modalidad BOOT, en la que el operador privado es propietario perpetuo del equipamiento y no tiene obligación de traspasarlo a la Administración. Esta modalidad se aproxima a la privatización por que no permitido en la mayoría de países de América latina.

g) Buy–Build–Operate (BBO)

El operador privado adquiere un activo la Administración Pública. Aquel se ocupa de la renovación o ampliaciones necesarias del equipamiento para la prestación de un servicio público, según la demanda, sin que se establezca un momento de finalización. Finalizado el acuerdo los bienes se transfieren a la propiedad de la Administración.

h) Lease–Develop–Operate (LDO)

En esta modalidad en lugar de adquirir los activos, el operador privado le arrienda los bienes inmuebles y muebles a la Administración. La inversión inicial es menor y el interés por la participación del sector privado reside en las mejoras en eficiencia en la prestación del servicio por su capacidad de gestión.

i) Waparroudn Addition (WAA)

Un operador privado financia y construye la ampliación de una infraestructura pública ya existente. Posteriormente gestiona y explota el bien por un periodo determinado o hasta que haya recuperado la inversión inicial y una parte de la rentabilidad sobre ella.

4. Conceptualización de las APP

A pesar de plantear una serie modalidades de APP, no podemos afinar que son las únicas, por lo que nos lleva a concluir que estamos en presencia de un concepto polisémico, y quizás impreciso por las diversas formas en que puede realizarse, tal como lo sostiene Vásquez Garranzo[9], pero con el afán de precisar todas los APP confluyen en modalidades de participación privada en las que se incorpora experiencia, conocimientos, equipos, tecnología, y se comparten y distribuyen riesgos y recursos con el sector público, con el objeto de crear, mejorar, operar o mantener infraestructura o proveer servicios públicos, en el ámbito nacional y municipal[10].

Además, deben cumplirse una serie de características que no deben de faltar en la selección del socio privado, en el contenido del contrato y en la ejecución de cada una las modalidades[11].Entre ellas podemos destacamos las siguientes:

1. Acuerdo entre un Ente de la Administración con un empresario, aunque no existe prohibición que puedan ser sociedades de economía mixta o empresas estatales;

2. Los fines del acuerdo es lograr beneficios de interés público, sin perjuicio que el empresario recupere la inversión y tenga una rentabilidad razonable;

3. El empresario tiene un papel más protagónico, que el contrato sujeto a la Ley de Adquisiciones de la Administración Pública, porque proporciona, infraestructura, tecnología para la mejora de un servicio público u obra pública;

4. Se pretende que los otorgantes logren mejores resultados de forma eficiente, con un menor coste;

5. Además, como todo contrato debe definirse las responsabilidades, de cada otorgante, los costes y riesgos, sin menoscabar el interés general;

---

9 Vásquez Garranzo, Javier; *Contrato de colaboración pública-privada*, AA.VV., "*el nuevo marco de la contratación pública*", directores: Luciano Parejo Alfonso y Alberto Palomar Olmeda, Bosch, Barcelona, 2012, pág. 246.

10 En la escasa doctrina salvadoreña ver al respecto: Suárez Fischnaler, Ricardo Rodrigo; *La colaboración público-privada para el desarrollo de infraestructura y la prestación de sevicios públicos y su tratamiento en el Derecho Salvadoreño,* tesis doctoral, Universidad Dr. José Matias Delgado, 2014, pág. 58.

11 En el mismo sentido lo señala el profesor español Padrós Reig, Carlos; *La articulación del concepto de "colaboración desde el punto de vista del ordenamiento administrativo*", Civitas, en "*Revista Española de Derecho Administrativo*", N° 142/2009, Madrid, 2009.

6. El contrato debe prevalecer el carácter de público, por tanto debe ser supervisado por un Ente público distinto al que concurre a suscribir la voluntad, para garantizar la eficacia en la ejecución de la APP.

En palabras de Cassagne, no cabe duda, que los APP representan en el sector público (cuya preocupación inmediata y directa es el interés general) y el privado (cuya incentivos conducen a maximizar la eficiencia), actuando conjuntamente para conseguir lo que ambos sectores les resulta difícil alcanzar: la eficiencia, que se traducen en la mejora de la calidad de los servicios públicos[12].

Es por ello que los APP, para que resulten viables sus objetivos deben ser compatibles con el cumplimiento de la obligación pública, sin que afecte los fines de lucros del socio privado. A diferencia de una relación de contratación tradicional, el socio privado es estratégico en el desarrollo de soluciones en que busca el Estado para la realización de sus obligaciones públicas. Es decir, que estos acuerdos representan un reparto del riesgo entre los participantes, y tienen como objetivo combinar las mejores habilidades de los sectores público y privado en beneficio mutuo.

Por tanto, el contrato exige la mayor implementación estrictos mecanismos de control y seguimiento del contenido del contrato suscrito por los otorgantes. Estos mecanismos de control deben delegarse a un agente externo que generalmente es Ente administrativo que promueve esta de modalidad de colaboración pública–privada a quien las partes suministren la información necesaria de sus respectivas actividades.

5. Diferencia con las Sociedades de Economía Mixta

Es necesario diferenciar los APP con las sociedades por acciones de economía mixta. Esta diferenciación es de rigor porque hay muchos sectores económicos que confunden ambas categorías por ser formas de colaboración público y privado, pero persiguen fines diferentes. En los APP como ya se sabe el Estado no comparte acciones con los privados. El objetivo fundamental es trasladar riesgos al sector privado y que éste sea competente para rediseñar obras, y/o administrar bienes de uso público, según sea el caso. Es decir no significa que el Estado se aparta del servicio público, pues el privado estará en todo tiempo sujeto a un régimen regulatorio que garantice que la obra o el servicio satisfagan los fines públicos. No constituyen una persona jurídica *per se*, más bien es una alianza contractual sujeta a un plazo determinado, como ya se dijo para fines públicos.

En cuanto, a una sociedad de economía mixta es aquella sociedad mercantil que nace producto de la iniciativa del capital privado en conjunto con el Estado, donde ambas aportaciones, tanto públicas como privadas, estarán destinadas a unificar esfuerzos con miras a ejecutar una actividad económica determinada con finalidad social o explotación de un servicio público. Esta debe ser clasificada como persona de derecho privado o público, de acuerdo con el predominio según el porcentaje de las acciones con que contribuya a la formación del capital social que el Ente Administrativo ejerza en la constitución, administración y dirección de la empresa.

---

12 Cassagne, Juan Carlos; *Curso de Derecho administrativo*, 11ª edición, Tomo II, Thomson Reuters, Buenos Aires, 2016, pág. 550.

6. Regulación de APP en El Salvador

6.1. Su implementación una apuesta a la inversión pública

En El Salvador los APP son de data reciente, en junio de 2013 entró en vigor la Ley de Asocio Público y Privado (en adelante LAPP), y según sus considerandos persigue como objetivos la promoción de la inversión pública en forma conjunta entre el Estado y los inversionistas privados, potenciará el desarrollo de grandes proyectos nacionales en materia de obras públicas, servicios públicos y actividades de interés general, lo que impulsará la economía nacional y el desarrollo social, mediante la elevación de las tasas de inversión pública, la capacidad productiva, permitiéndole al Estado incrementar la inversión social.

Además, ley permitirá un marco de seguridad jurídica, para que el Estado pueda obtener de infraestructura y equipos necesarios y estratégicos para la consecución de sus fines; aprovechando la colaboración del sector privado para que aporte recursos, habilidades y conocimientos para el desarrollo de proyectos que beneficiarán a la población por los proyectos de interés general que se implementarán.

6.2. Ámbito de aplicación de la LAPP

Según el artículo 2 de la LAPP podrán llevar a cabo proyectos de esta naturaleza el Órgano Ejecutivo y sus Ministerios y demás dependencias, las instituciones de carácter autónomo, incluyendo la Comisión Ejecutiva Hidroeléctrica del Río Lempa, y las así municipalidades. El artículo 3 de la LAPP estipula que quedan sujetos a la Ley todos aquellos contratos en los cuales las entidades estatales encarguen a un inversionista privado el diseño y construcción de una infraestructura y sus servicios asociados, o su construcción, reparación, mejoramiento o equipamiento, actividades todas estas, que deberán involucrar la operación y mantenimiento de dicha infraestructura.

También podrán versar sobre infraestructura para la prestación de servicios públicos o la explotación o ejecución de una actividad de interés general. Excluyendo la aplicación de esta modalidad contractual a proyectos concernientes a la salud, seguridad social, incluyendo el Instituto Salvadoreño del Seguro Social (ISSS), seguridad pública, justicia en lo referente a custodia, rehabilitación y trabajo penitenciario de internos, agua, educación, incluyendo la Universidad de El Salvador.

6.3. Modalidades contractuales en la LAPP

Los contratos de APP, según el artículo 4 de LAPP podrán adoptar diferentes modalidades pudiéndose hacer combinaciones de las mismas, esto lo hace más atractivo para el sector privado porque el organismo administrativo promotor puede efectuar muchas de las modalidades que se han expuesto en el apartado 2, y dentro de estas pueden adoptarse son las siguientes:

1. Los asocios en los que la institución contratante del Estado entrega al participante privado bienes u obras materiales de dominio público para que, según corresponda, construya, amplíe, equipe, repare o mantenga una obra a ser explotada y destinada a brindar un servicio público, mediante concesión de obra pública. Estos asocios se dividen en: a) los que impliquen la entrega de bienes u obras materiales que tengan naturaleza de bienes nacionales de uso público; b) los que impliquen la entrega de bienes u obras materiales que tengan naturaleza de bienes fiscales.

2. Los asocios en los que el participante privado destina bienes propios para brindar un servicio público, mediante concesión de servicio público. Estos asocios se dividen en: a) los que no afecten los bienes privados al contrato y que, por tanto, dichos bienes no serán transferidos al Estado al término del mismo; b) los que afecten los bienes utilizados por el privado y que por tanto, dichos bienes al término del contrato pasarán al Estado por ministerio de ley.

3. Los asocios que impliquen la explotación o ejecución de una actividad de interés general. Estos se dividen en: a) los que impliquen la entrega al privado para la explotación de los bienes fiscales; incluyendo aquellos pertenecientes a las instituciones autónomas y municipalidades, b) los que impliquen que el privado destine bienes propios.

Es de aclarar las concesiones reguladas en esta ley, diferencia con las que contiene la Ley de Adquisiciones y Contrataciones de la Administración Pública, que la transferencia del riesgo es mucho mayor hacia el concesionario para conseguir el fin de máxima eficiencia y calidad en el servicio público.

6.4. Organismos públicos de promoción y control de los APP

El Estado tiene la rectoría, competencia y facultades de supervisión del contrato de APP, esto asegura el su papel de regular la actividad que se realizará con cualquiera de las modalidades contractuales. La facultad de coordinar, aprobar los APP es otorgada a la Agencia de Promoción de Exportaciones e Inversiones de El Salvador (PROESA), siguiendo el modelo comparado en asignar a una autoridad administrativa de atraer y promover al inversor privado al país, así lo prescribe el artículo 4 letra a) de la Ley de Creación de PROESA .

Por otra parte, la actividad fiscalizadora se le otorga a dos instituciones, en principio al Ente contractual quien realiza la licitación y quien será parte contractual del inversor privado y sucesivamente la entidad especializada del sector económico donde se realice el proyecto APP, que tendrá a cargo de vigilar la ejecución del contrato, por ejemplo si trata de un proyecto marítimo portuario será la Comisión Ejecutiva Portuaria Autónoma (CEPA), en caso que no exista dicha entidad la LAPP creó para tal fin, el Organismo Fiscalizador (OFAPP), como una entidad autónoma, quien trabajará en coordinación con PROESA, según el artículo 21 de LAPP.

Finalmente existe formalidades legales que deberán de cumplirse antes de la realización del contrato, tales como: la comparecencia del Fiscal General de la República quien representará al Estado en la celebración de cualquiera de las modalidades descritas en el apartado anterior. Del mismo modo la Asamblea Legislativa, deberá aprobar contratos que no impliquen compromisos firmes y contingentes en ejercicios fiscales futuros; en aquellos casos en que estos incluyan concesión de obra pública, que suponga la entrega por un plazo determinado al participante privado, por alguna institución contratante del Estado de bienes u obras materiales que tengan la naturaleza de bienes nacionales de uso público.

Por mandato constitucional (artículos 120 y 233 de la Constitución), cuando se trate de otorgar bienes de uso público, o de cualquier naturaleza estatal deberá la obtenerse la aprobación de la Asamblea Legislativa, previo a la formalización del contrato de APP. Para tal efecto, el presidente de la república remitirá a la Asamblea Legislativa, el proyecto de contrato, y la resolución firme de adjudicación por la institución contratante del Estado, para que proceda a la aprobación o desaprobación del contrato.

En caso que la Asamblea Legislativa no aprobara el contrato de concesión, esto no generará ningún tipo de compromiso económico entre el Estado y los participantes privados, sean en calidad de ofertantes; éstos participarán en los procesos administrativos respectivos por cuenta y riesgo propio, según el artículo 54 de la LAPP.

A casi de cumplir cuatro años de haber entrado en vigencia la ley (21 de marzo de 2017), según el portal del sitio web existen varios proyectos de APP, que se encuentran entrampados y están en la fase de evaluación, entre los que se destacan construcción de terminal de carga del aeropuerto Internacional; mejorar el aeropuerto de Ilopango, (impulsados por CEPA), los proyectos de edificio de parqueo público en el Centro de Gobierno de San Salvador, suministros de tarjetas de circulación y licencias de conducir, Iluminación y video vigilancia de carreteras y el corredor elevado desde el municipio de Soyapango hasta el Boulevard Monseñor Romero (impulsados por el MOP).

Una de las principales causas por las que no se ha concretizado ningún proyecto de contrato de APP, es porque que existe un grave problema ya que los artículos 53 y 54 de LAPP otorga doble aprobación a la Asamblea Legislativa, y ese "dique" vuelve anacrónico el procedimiento de adjudicación y formalización de contrato APP. Por lo tanto esta figura seguirá siendo una expectativa para atraer la inversión privada al país.

7. Regulaciones jurídicas y experiencias de APP en América Latina

7.1. Chile

En América Latina, el modelo más desarrollado es el de Chile, a principio de los años noventa inició una importante renovación y ampliación de su infraestructura con participación del sector privado y con una fuerte presencia de fondos institucionales en calidad de financistas de largo plazo.

Se creó en 2010 una Ley de Concesiones de Obras Públicas que ha sido la que regulado este tipo de colaboración pública privada hasta este momento para el desarrollo de infraestructura viales y hospitales. Se incorporan en ella criterios objetivos para compensar a los actores privados por los actos de las autoridades gubernamentales y se consideran restricciones a la posibilidad de una transferencia no planificada del riesgo económico a la Administración.

Se han establecido límites para las renegociaciones y será preciso organizar concursos adicionales para los trabajos extra de importancia, con vistas a mejorar la transparencia. La reforma también crea un proceso más rápido para poner fin a las concesiones problemáticas, y establece un mecanismo de compensación más preciso. Las actividades y sectores que mayormente se han financiado por medio de las APP, tenemos: carreteras, autopistas urbanas, aeropuertos, cárceles, edificación pública, puertos, ferrocarriles, obras de riego y terminales aduaneros.

7.2. Perú

En la legislación peruana, la APP adopta la forma de una concesión. El concesionario busca el financiamiento y el Estado se compromete al pago en cuotas del costo de inversión, mantenimiento y operación, las mismas que serán reducidas por el peaje u otros recursos conexos que el derecho de concesión pudiese generar, el pago global que el Estado asegura al concesionario en las APP de infraestructura se desglosa en:

a) El Pago Anual por Obras constituye la suma de dinero que el Estado asegurará al concesionario cuyo objetivo es cubrir los costos de Construcción o Mejoramiento y rehabilitación, según sea el caso;

b) el Pago Anual por Mantenimiento y Operación que constituye la suma de dinero que el Estado asegurará al concesionario, durante el periodo de vigencia de la Concesión cuyo objetivo es cubrir los costos de operación y mantenimiento de la inversión en obras.

7.3. Brasil

Según los datos del Banco Mundial, en los últimos quince años, Brasil ha tenido una amplia experiencia con los proyectos APP y ha implementado más proyectos de concesión que cualquier otro país de la región. A escala federal, los proyectos del sector del transporte y energía están regulados por distintas leyes y normativas, como la Ley de Concesiones de 1995 (*Lei de Concessões de Serviços Públicos 8987*) y la Ley de asociaciones público–privadas del 2004 (*Lei Parceria Público–Privada 11079*), que ampliaba la duración de los contratos a 35 años.

Los contratos con financiamiento mixto por parte de los usuarios y el Estado están permitidos, aunque los proyectos en los que el Estado aporte más del 70% de los recursos deben ser aprobados por el Congreso. A pesar del ambiente favorable a la participación privada en la infraestructura de transporte y agua, las empresas estatales dominan el sector eléctrico.

El Estado controla la mayor parte de la generación, transmisión y distribución de la energía. Este predominio del Estado persiste a pesar de la creación de un regulador para el sector energético, la Agencia Brasileña Reguladora de la Electricidad (*Agência Nacional de Energía Elétrica–ANEEL*), y a pesar de la reforma implementada en el 2004 para solucionar el déficit de energía que se produjo entre los años 2000–2001. La reforma del 2004 estableció concursos obligatorios para los contratos a largo plazo a través de compañías distribuidoras como método para atraer la inversión privada hacia la generación.

7.4. Costa Rica

La Ley de Concesiones de Obras Públicas de Costa Rica de 1998 ha permitido la inversión privada en proyectos públicos independientemente de la agencia gubernamental responsable de la contratación del servicio o activo. Una secretaría ejecutiva del Consejo Nacional de Concesiones, una agencia autónoma perteneciente al Ministerio de Obras Públicas y Transporte, tiene la responsabilidad de preparar, desarrollar los concursos y supervisar los proyectos.

Por eso, hasta ahora Costa Rica se ha concentrado en los proyectos de APP de los sectores de transporte y electricidad, aunque ha sido un país más activo en el ámbito del transporte y no ha llevado a cabo un gran número de proyectos.

Costa Rica se ha mostrado bastante cerrada a la participación privada en el sector eléctrico, en consecuencia siguen controladas por empresas estatales, donde el Instituto Costarricense de Electricidad es su principal protagonista. Este instituto posee un tercio de la capacidad de distribución y transmisión y también la mayor parte de la capacidad de generación del país. No obstante, el sector privado sólo puede participar en pequeños proyectos de energías renovables que venden su energía al monopolio estatal. Y no pueden producir más de 20 MW, por lo cual no podrán superar superar el 15% de la capacidad total de generación del país.

8. Reflexiones conclusivas

1. Los APP en la financiación de infraestructuras es un mecanismo que permite a los entes públicos controlar sus gastos difiriendo los pagos, controlar el déficit público conservando y ampliando la capacidad de inversión en proyectos sociales.

2. La prevalencia en todo el mundo de los acuerdos de APP aparece como respuesta a las crecientes dificultades de los sectores públicos para financiar la provisión de servicios de calidad de la forma más eficiente posible.

3. El control de las APP supone un reto muy importante para los órganos de control externo, que deberán adaptar su organización, sus métodos de trabajo y sus planificaciones anuales a la fiscalización de estas nuevas formas de construcción y gestión de infraestructuras.

4. Las administraciones públicas deben ser contundentes en el control de la aplicación y del funcionamiento del modelo de APP, para evitar la corrupción y las prácticas anticompetitivas para evitar que no se cumpla el incremento de la eficiencia económica, de la productividad, de la competividad y de la accesibilidad que justifican el desarrollo de proyectos de participación público privada.

54. LA RESCISIÓN POR RAZONES DE INTERÉS PÚBLICO DE CONTRATOS DE PARTICIPACIÓN PÚBLICO–PRIVADA EN EL DERECHO ARGENTINO

Pablo Esteban Perrino

I. CONTRATOS PARA EL DESARROLLO DE INFRAESTRUCTURA DE INTERÉS PÚBLICO Y RIESGOS

En este trabajo examinaremos el tratamiento que se confiere en la Ley nacional de Contratos de Participación Publico Privada[1] N° 27.328 a la facultad del Estado de extinguir anticipadamente el vínculo contractual por la invocación de razones de interés público[2].

Como es evidente, se trata de una cuestión de suma importancia para cualquier interesado en contratar con el Estado o intervenir en el rol del financiamiento de un proyecto para la generación de infraestructura de interés público por lo que, de no estar razonablemente regulada, puede aumentar considerablemente la exposición a riesgos[3] y llegar al punto de encarecer el proyecto e, incluso tornarlo inviable[4].

---

1 La expresión "Participación Público-Privada" proviene de la traducción de la expresión anglosajona Public Private Partnership.

2 Ello puede plasmarse, según el tipo de contrato, a través de las figuras de la resolución, rescisión o revocación (como comúnmente se la denomina en Argentina) por inoportunidad, mérito o conveniencia y del rescate. La diferencia fundamental entre la resolución, rescisión o revocación y el rescate radica en que esta última figura, cuyo ámbito de actuación se circunscribe a los contratos de gestión de servicios públicos y concesión de obra pública (Cassagne, Juan Carlos, *Curso de Derecho Administrativo*, 11ª ed., Thomson Reuters La Ley, Bs. As., 2016, T. II, p.485), no provoca la extinción del servicio o de la obra concesionada, pues la Administración asume la ejecución del objeto del contrato que le había encomendado al contratista (Marienhoff, Miguel S., *Tratado de Derecho Administrativo*, 2ª ed. Actual., Abeledo-Perrot, Bs. As., 1978, t. III-A, p.575; Pritz, Osvaldo A. F., "El rescate", AAVV colectiva *Los servicios públicos*, coordinada por Marta González de Aguirre, Depalma, Bs. As., 1994, p. 181 y ss.).

3 En tal sentido ha señalado Cassagne: Como condición básica para la implementación del financiamiento privado de obras públicas, el Estado precisa un alto estándar de seguridad jurídica, a través de regulaciones razonables y, sobre todo, estables, destinadas a perduraren el tiempo, no sólo porque éste es un factor preponderante para atraer la participación misma del sector privado en emprendimientos públicos, sino también, como lo ha reconocido el propio Estado, porque el riesgo derivado de la falta de seguridad jurídica es un elemento que indudablemente encarece las obras" (Cassagne, Juan Carlos, *El contrato* administrativo, 3ª ed., Abeledo-Perrot, Bs. As., 2009, ps. 274/275).

4 Financiamiento privado de infraestructuras. Estudio de alternativas y experiencias en proyectos de participación público-privada para América del Sur. Sector transporte", Corporación Andina de Fomento, 2008, p.198, http://www.iadb.org/intal/intalcdi/PE/2008/01701.pdf

Si bien la asunción de riesgos es inherente al ejercicio de cualquier actividad empresarial, cuando esta tiene por objeto el desarrollo de proyectos de infraestructura de interés público, debido a la cuantía y a los largos períodos de maduración de las inversiones, los riesgos son sumamente altos y diversos (riesgos comerciales, de desarrollo del proyecto, de operación, financieros, regulatorios y políticos y derivados de situaciones de fuerza mayor) y pueden afectar la ecuación económica financiera del contrato[5].

En tal sentido, han puesto de resalto Levy y Spiller[6] que la principal diferencia entre los activos de infraestructura y otros tipos de capital está dada por el gran número de imperfecciones de mercado que caracteriza el sector de la infraestructura, lo que hace que la acumulación y operación de estos activos hagan necesario contar con normas que regulen la interacción de las partes y, por tanto, una amplia intervención del Estado. Entre las imperfecciones de mercado que estos autores identifican en la provisión de servicios de infraestructura se encuentran la presencia de activos hundidos (con altos capitales invertidos), que no pueden ser desmontados una vez instalados, tecnologías con importantes economías de escala y el carácter de consumo masivo que tienen los servicios prestados que los hace muy sensibles a las decisiones políticas. Este último punto alienta a la implementación de distintas regulaciones y controles por parte de los gobiernos, no sólo para solucionar imperfecciones y externalidades sino como instrumento de política económica (por ejemplo, para redistribuir el ingreso).

II. LA EXTINCIÓN DE CONTRATOS ADMINISTRATIVOS POR RAZONES DE INTERÉS PÚBLICO EN EL DERECHO ARGENTINO

Uno de los riesgos más importantes a los que se ven expuestos los contratistas y financiadores, y también difícil de atenuar, es el denominado "riesgo político"[7], esto es, el que deriva de aquellas medidas que pueden adoptar las autoridades públicas del país

5 El principio del mantenimiento de la ecuación económica financiera propio de la contratación pública no puede ser entendido como una suerte de seguro para el contratista frente a los eventuales déficit o malos resultados de la gestión contractual, pues éste debe soportar, como regla, los riesgos previsibles que deriven del alea normal del negocio (Conf. Sala III de la Cám. Nac. de Apel. en lo Cont. Adm. Fed., causa "Vector Ingeniería Soc. Colectiva c. Obras Sanitarias de la Nación", sent. del 31/3/99, LL 2000-C, 159 la Sala IV de la mencionada Cámara de Apelaciones, causa "Compañía Misionera de Construcciones S.A. c. Dirección Nac. de Vialidad", sent. del 27/4/1998, LL, 1999-A, 162), mas no los que provienen de aleas administrativas o económicas imprevisibles, ajenas a su voluntad y susceptibles de afectar en su perjuicio las condiciones económicas pactadas al momento de celebración del contrato (Conf. Rodríguez, Libardo R., *El equilibrio económico en los contratos administrativos*, 2ª ed. Temis, Bogotá, 2012, ps. 25/27 y ps. 32/37). En este sentido se ha escrito: "el derecho al mantenimiento del equilibrio de la concesión de servicio público, no puede ser identificado con el aseguramiento total y absoluto del beneficio industrial del concesionario () El mantenimiento del equilibrio económico no puede utilizarse para enmascarar la negligencia o la impericia gestora del concesionario, por lo que el adjudicatario deberá soportar las consecuencias derivadas de su propia torpeza empresarial". (Blanquer Criado, David, *Las concesiones de servicio público*, Tirant lo Blanch, Valencia, 2012, p. 1279).

6 Levy, Brian & Spiller, Pablo T. "A framework for resolving the regulatory problem". In B. Levy & P. Spiller (Eds.), *Regulations, Institutions, and Commitment: Comparative Studies of Telecommunications (Political Economy of Institutions and Decisions*, Cambridge University Press, Cambridge, 1996, p. 1 y ss.

7 Conf. Ver: "Guía Legislativa de la CNUDMI sobre proyectos de infraestructura con financiación privada", elaborada por la Comisión de las Naciones Unidas para el Derecho Mercantil Internacional, Naciones Unidas, Nueva York, 2000, p. 42, (http://www.uncitral.org/pdf/spanish/texts/procurem/pfip/guide/pfip-s.pdf)

receptor de la inversión privada adversas al desarrollo del proyecto objeto del contrato[8]. Un ejemplo muy claro de este tipo de riesgo es el que tiene su causa en la facultad de las autoridades administrativas de extinguir en forma anticipada el contrato con fundamento en motivos de interés público o mérito, oportunidad o conveniencia[9]. Se trata de supuestos de resolución unilateral, sin culpa de las partes y por una razón ajena al contratista como es "la existencia de causas sobrevinientes a la celebración del contrato que lo tornan inadecuado para cumplir sus fines"[10].

En el derecho argentino esta potestad estatal está expresamente consagrada en el régimen de contrataciones nacional en el art. 12, inc. b), 2° párrafo, del decreto 1023/01[11], cuyo ámbito de aplicación es sumamente amplio ya que alcanza a la generalidad de los contratos que celebra la Administración Pública[12] y también en el art. 95 de su decreto reglamentario, 1030/16[13].

---

8 Los riesgos políticos suelen ser divididos en tres grandes categorías: a) riesgos políticos "tradicionales" (por ejemplo, nacionalización, expropiación de los bienes de la sociedad del proyecto o aumento de la carga fiscal que hagan peligrar la amortización de la deuda de la sociedad del proyecto o la recuperación del capital invertido); b) riesgos regulatorios (por ejemplo: introducción de normas más severas para la prestación del servicio, cambios de reglas de juego, decisiones regulatorias influidas por el clima político y social, etc.); y c) riesgos de incumplimiento o cuasi comerciales (por ejemplo, incumplimientos de la autoridad contratante o interrupciones del proyecto imputables a cambios en las prioridades o planes de esa autoridad) (Ver: "Guía Legislativa de la CNUDMI sobre proyectos de infraestructura con financiación privada", elaborada por la Comisión de las Naciones Unidas para el Derecho Mercantil Internacional, Naciones Unidas, Nueva York, 2000, p. 44, (http://www.uncitral.org/pdf/spanish/texts/procurem/pfip/guide/pfip-s.pdf) y Ferro, Gustavo, "Riesgo político y riesgo regulatorio: problemas en la concesión de sectores de infraestructura", ps. 7/8, Serie de Textos de Discusión 25, CEER/UADE. 03/2001.

9 Bien se ha dicho que "en los contratos administrativos, el juego del interés público, al que ha de servir objetivamente la Administración, explica su especial posición jurídica y sus potestades en la contratación" (Rodríguez Arana, Jaime, "Las prerrogativas de la Administración en los contratos de las Administraciones Públicas", AFDUDC, 12, 2008, 795).

10 Berçaitz, Miguel Angel, *Teoría general de los contratos administrativos*, 2ª ed., Depalma, Bs. As., 1980, p. 500. Refiriéndose al rescate Aguilar Valdez escribe: "el mismo únicamente resultaría viable si el interés público invocado se fundase en las necesidades del servicio -V.gr. su reorganización, ulterior despublificación o desmonopolización, etc.- pero no en finalidades de índole fiscal o si lo que se pretendiese es confiar el servicio en iguales condiciones a otros prestadores privados; supuestos éstos últimos que harían del rescate un acto viciado de desviación de poder" (Oscar R. Aguilar Valdez, "Caducidad, rescisión y rescate de concesiones en materia de infraestructura y servicios públicos", AAVV *Servicio Público y Policía*, dirigida por Juan Carlos Cassagne, p.187 y ss.).

11 El art. 12, inc. b), 2° párrafo, del decreto 1023/01 dispone: *"La revocación, modificación o sustitución de los contratos por razones de oportunidad, mérito o conveniencia, no generará derecho a indemnización en concepto de lucro cesante"*. El art., 18 del decreto-ley 19.549, de procedimientos administrativos también contempla la facultad de la Administración Pública de revocar, modificar o sustituir actos administrativos por razones de oportunidad, mérito o conveniencia, indemnizando los perjuicios que causare a los administrados.

12 El art. 4 del decreto 1023/01 establece: *"CONTRATOS COMPRENDIDOS. Este régimen se aplicará a los siguientes contratos: a) Compraventa, suministros, servicios, locaciones, consultoría, alquileres con opción a compra, permutas, concesiones de uso de los bienes del dominio público y privado del Estado Nacional, que celebren las jurisdicciones y entidades comprendidas en su ámbito de aplicación y a todos aquellos contratos no excluidos expresamente.*

b) Obras públicas, concesiones de obras públicas, concesiones de servicios públicos y licencias".

13 El art. 95 del decreto 1030/16 dispone: *"REVOCACIÓN, MODIFICACIÓN O SUSTITUCIÓN. La revocación, modificación o sustitución de los contratos por razones de oportunidad, mérito o conve-*

En el derecho argentino el ejercicio de esta prerrogativa administrativa está sujeto a escasas exigencias y puede ser empleada en cualquier momento durante la ejecución del contrato. Los tres únicos recaudos que debe reunirse son los siguientes:

a) el cumplimiento del debido procedimiento administrativo para el dictado del acto administrativo rescisorio, lo cual conlleva asegurar el derecho constitucional a ser oído previamente[14] (integrante de la tutela administrativa efectiva[15]) del contratista;

b) el deber de motivar[16] debidamente el acto administrativo rescisorio, explicitando las razones concretas de interés público que justifican una decisión tan gravosa[17];

c) indemnizar los perjuicios resultantes de la rescisión puesto las razones en que se sustenta no son imputables al contratista y se afecta su patrimonio. De lo contrario se lesionaría su derecho de propiedad (arts. 14 y 17 de la Const. Nac.) e igualdad ante las cargas públicas (art. 16 de la Const. Nac.), en virtud del sacrificio especial ocasionado y respecto del cual no tiene el deber jurídico de soportar.

III. ALCANCE DE LA INDEMNIZACIÓN

Si bien la doctrina argentina no es pacífica[18] acerca de cuál debe ser la extensión de la indemnización que el contratista tiene derecho a percibir, el art. 12, inc. b), 2° párrafo,

---

niencia, no generará derecho a indemnización en concepto de lucro cesante, sino únicamente a la indemnización del daño emergente, que resulte debidamente acreditado".

14 Art.1, inc. f, apart. 1, decreto-ley 19.549.

15 Ver Perrino, Pablo E. "**El derecho a la tutela administrativa efectiva", AA.VV *"El Derecho Administrativo hoy. 16 años después"*, Jornadas organizadas por la Universidad Austral, Facultad de Derecho, RAP, Bs. As., 2013, p. 75.**

16 Art. 7, inc. d), decreto-ley 19.549.

17 Comadira, Julio Rodolfo, Escola Héctor Jorge y Comadira Julio Pablo (coordinador, colaborador y actualizador), *Curso de Derecho Administrativo*, Abeledo-Perrot, Bs. As., 2012, T. I, p.893 y Balbín, Carlos F. *Tratado de Derecho Administrativo*, La Ley, Bs. As., 2010, T. III, ps. 132/133. En tal sentido Marienhoff rotundamente afirma: "Tratándose de un acto que "extingue" un derecho, la motivación del mismo es de "principio"" (Marienhoff, Miguel S. *Tratado de Derecho Administrativo*, 2ª ed., Abeledo-Perrot, Bs. As.,1978, T. III-A, p. 580)

18 Para una posición, de carácter restrictiva, sólo corresponde indemnizar el daño emergente. Quienes se enrolan en ella consideran que la revocación por inoportunidad se sustenta en principios similares a la expropiación por lo que, al igual que ocurre en materia de expropiación (art. 10, ley 21.499), se debe excluir el resarcimiento del lucro cesante Asimismo, señalan que en la Constitución Nacional no existe ninguna disposición que consagre el principio de integralidad del resarcimiento (Conf. Miguel S. Marienhoff, "El lucro cesante en las indemnizaciones a cargo del Estado", ED 114-949; "Nuevamente acerca del lucro cesante en las indemnizaciones a cargo del Estado"; Julio R. Comadira, *Derecho Administrativo. Acto administrativo. Procedimiento administrativo. Otros estudios*, 2ª ed. act. y ampl., Abeledo-Perrot, Bs. As., 2003, p. 381 y ss.; y Tomás Hutchinson, "La Responsabilidad del Estado por la revocación del contrato administrativo por razones de interés público", AAVV. *Contratos Administrativos*, Ciencias de la Administración, Buenos Aires, 2.000, p. 535 y ss.).

Otros autores entienden que cuando la Administración extingue un contrato por razones de oportunidad corresponde un resarcimiento amplio de los perjuicios comprensivo del lucro cesante, pues el contratista tiene al momento de celebrar el contrato tiene una expectativa de lucro que integra su derecho de propiedad que la Constitución garantiza (arts. 14 y 17). Asimismo, afirman que más allá de los puntos en común que existen entre la expropiación y la revocación por inoportunidad, la primera está rodeada de un conjunto de garantías (tales como la intervención previa del legislador, el pago de la indemnización al tiempo de la privación de la propiedad, la imposibilidad pagar la indemnización mediante la entrega de bonos de consolidación, etc.) que están ausentes en la segunda, por lo que no es correcta asimilar sus

del decreto 1023/01 y el art. 95 de su decreto reglamentario, 1030/16, antes citados, contemplan un resarcimiento acotado que excluye el rubro lucro cesante. Esta solución coincide con la adoptada en el art. 5 de la Ley de Responsabilidad del Estado y de los agentes públicos, N° 26.944[19] en el cual se prevé el alcance de la indemnización en los casos de responsabilidad por la actuación legítima del Estado[20] y se lo circunscribe al "*valor objetivo del bien y los daños que sean consecuencia directa e inmediata de la actividad desplegada por la autoridad pública, sin que se tomen en cuenta circunstancias de carácter personal, valores afectivos ni ganancias hipotéticas*".

Hemos sostenido en diversos trabajos[21] que, la supresión del lucro cesante del alcance de la indemnización establecida en las disposiciones antes mencionadas presenta serios reparos constitucionales[22] y no se ajusta a la jurisprudencia de la Corte Suprema de Justicia de la Nación.

---

consecuencias jurídicas. (Miguel A. Bercaitz, *Teoría general de los contratos administrativos*, 2ª ed., Buenos Aires, 1980, ps. 502/503; Cassagne, Juan Carlos, *Curso de Derecho Administrativo, cit.*, T. II, ps. 483 y 486/487; Rodolfo C. Barra, "Responsabilidad del Estado por revocación unilateral de sus actos y contratos", ED 122-861; Alberto B. Bianchi, "Nuevos alcances en la extensión en la responsabilidad del Estado", E.D., 111-550 y "Requisitos de procedencia de la responsabilidad estatal por actividad legislativa", *Revista RAP* n° 248, p. 9; Máximo Fonrouge, "La indemnización en la revocación del contrato administrativo por razones de oportunidad", AAVV. *Contratos Administrativos,* Ciencias de la Administración, Buenos Aires, 2.000, p. 554; Osvaldo Angel F. Pritz, "El rescate", AAVV. *Contratos Administrativos,* antes cit. p. 243 y ss.; Oscar R. Aguilar Valdez, "Caducidad, rescisión y rescate de concesiones en materia de infraestructura y servicios públicos", *cit.*, p. 187 y ss.; Mabromata, Enrique, "El lucro cesante en la revocación de los contratos administrativos", LL, 1994-B, 352; Eduardo Mertehikian, *La responsabilidad pública,* Abaco, Bs. As., 2001, p. 131 y ss.; Carlos A. Botassi, *Contratos de la Administración provincial*, Scotti editora, La Plata, 1996, p. 92; Mónica Buj Montero, "Rescisión por inoportunidad o conveniencia. Interpretación unilateral", AAVV *Contratos administrativos*, dirigida por Ismael Farrando, Lexis-Nexis Abeledo Perrot, Bs. As., 2002, p. 551 y ss.) y Escola, Héctor Jorge en Comadira, Julio Rodolfo, Escola Héctor Jorge y Comadira Julio Pablo (coordinador, colaborador y actualizador), *Curso de Derecho Administrativo*, Abeledo-Perrot, Bs. As., 2012, T. I, p.893 y Balbín, Carlos F. *Tratado de Derecho Administrativo*, La Ley, Bs. As., 2010, T. III, ps. 132.

19 Ver: Perrino, Pablo Esteban, *La responsabilidad del Estado y de los funcionarios públicos. Código Civil y Comercial. Ley 26.944 comentada*, Thompson Reuters La Ley, Bs. As., 2015, p. 142 y ss.

20 Las disposiciones de ley 26.944 se aplican supletoriamente a los contratos administrativos ante la ausencia de *"normas específicas"* (art. 10 de la ley citada).

21 Perrino, Pablo E., "El alcance de la indemnización en los supuestos de extinción del contrato administrativo por razones de interés público", AA.VV, *La contratación pública*, Cassagne Juan Carlos y Rivero Ysern, Enrique directores, Hammurabi, Bs. As., 2007, T. II, p. 1119 y ss.; "La responsabilidad estatal lícita y la indemnización del lucro cesante", JA 11/11/2009; "El alcance de la indemnización en los supuestos de responsabilidad del Estado por su actividad lícita", obra colectiva, *Responsabilidad del Estado*, Rubinzal-Culzoni, Bs. As. 2008, p. 239 y ss. y *La responsabilidad del Estado y de los funcionarios públicos. Código Civil y Comercial. Ley 26.944 comentada*, Thompson Reuters La Ley, Bs. As., 2015, p. 165 y ss.

22 Criticando el art. 5 de la LRE escribe Mairal: "Nuestra legislación, como también parte de nuestra doctrina, insisten así en identificar, y tratar bajo reglas idénticas, dos situaciones perfectamente diferenciables: la de quien es afectado por una medida de índole general que le ocasiona un agravio especial y que debe superar, para ser indemnizado, el principio de que nadie tiene derecho al mantenimiento de una situación legal o reglamentaria determinada (caso "Cantón", por ejemplo), y la del titular de un derecho emanado de un contrato con el Estado que es vulnerado por el ejercicio de una prerrogativa pública específicamente dirigida a él. Solo en el primer caso puede decirse, estrictamente, que se trata de una responsabilidad de carácter "excepcional" (LRE, art. 5°). En el segundo caso, no hay "excepcionalidad" alguna; en todo país civilizado, el perjuicio causado al cocontratante se indemniza: en algunos países, el Estado carece de esa prerrogativa y, por ende, si la ejerce, incumple el contrato y debe indemnización

De los arts. 14, 16, 17 y 19 de la Constitución Nacional y de la interpretación que de ellos ha efectuado la Corte Suprema nacional se desprende una regla muy clara que prescribe que la indemnización que el Estado debe pagar en los casos que perjudique los derechos de terceros, entre ellos cuando lo haga por motivos de interés público, debe ser "justa"[23], lo cual implica que no debe acarrear el despojo del derecho de propiedad del afectado[24], sino su restitución a la situación previa a la conducta dañosa[25]. Y para que ello ocurra, la indemnización deberá comprender los beneficios económicos futuros[26]

---

plena, mientras que en Francia, de cuyo derecho tomamos esas prerrogativas, se indemniza incluso el lucro cesante, regla que también rige en el derecho español.

El legislador ha incurrido, así, en una doble generalización: primero subsume las dos situaciones descriptas en una sola y luego extiende a su respecto la regla de la expropiación que niega la compensación del lucro cesante, pese a la notoria diferencia que constituye la ausencia de una ley declaratoria de la utilidad pública. Con ello pone en cabeza del funcionario administrativo el enorme poder discrecional de privar al cocontratante de la ganancia que esperaba legítimamente obtener." (Mairal, Héctor A., "La responsabilidad contractual del Estado a la luz de la ley 26.944 y del nuevo Código Civil y Comercial", ED del 26/11/14).

23 La Corte Suprema de Justicia de la Nación en materia expropiatoria considera que el principio de "justa" indemnización, basado en la garantía de la propiedad (art. 17 de la Constitución Nacional) exige que se restituya íntegramente al propietario el mismo valor de que se lo priva, ofreciéndole el equivalente económico que le permita, de ser posible, adquirir otro bien de similares características (CSJN "Benítez, Fructuoso y otra c/ Dirección Nacional de Vialidad", Fallos: 317:377 y "Agua y Energía Eléctrica S.E. c/ Montelpare, Gustavo s/ expropiación - incidente de desindexación", Fallos 326 :2329). El concepto de justa indemnización es empleado en la **Convención Americana sobre Derechos Humanos en los arts.** 21, inc. 2 y 63, inc. 1°. El primero de ellos al regular el derecho de propiedad prescribe: *2. Ninguna persona puede ser privada de sus bienes, excepto mediante el pago de indemnización justa, por razones de utilidad pública o de interés social y en los casos y según las formas establecidas por la ley*. A su vez en el inciso 1° del art. 63 se dispone que cuando la Corte Interamericana decida que hubo violación de un derecho o libertad protegidos en la Convención, *"dispondrá que se garantice al lesionado en el goce de su derecho o libertad conculcados"* y también, *"si ello fuera procedente, que se reparen las consecuencias de la medida o situación que ha configurado la vulneración de esos derechos y el pago de una justa indemnización a la parte lesionada"*. La expresión "justa indemnización" empleada en el art. 63, inc. 2° del Pacto de San José comprende tanto a los perjuicios materiales, lo incluye el daño emergente y el lucro cesante, como a los inmateriales (Ver: García Ramírez, Sergio y Benavidez Hernández, Marcela, *Reparaciones por violación de derechos humanos. Jurisprudencia interamericana*, Porrúa, México, 2014, p. 45 y ss.).

24 Conf. voto concurrente del Dr. Bacqué emitido en el caso "Jucalán Forestal, Agropecuaria SA. / Buenos Aires, Provincia de s/ daños y perjuicios" (Fallos: 312:2266), para fundar la indemnización del lucro cesante. En dicha causa se consideró responsable a la provincia demandada por la inundación de un establecimiento de campo, causado por las obras realizadas para evitar que las aguas afectaran sectores de alta productividad y centros poblados.

25 Conf. Tawil, "El alcance de la indemnización en los supuestos de responsabilidad del Estado por su actividad lícita", obra colectiva, *Responsabilidad del Estado*, Bs. As., Rubinzal Culzoni, 2008, p. 245 y Perrino, Pablo E., "El alcance de la indemnización en los supuestos de extinción del contrato administrativo por razones de interés público", AA.VV, *La contratación pública*, Cassagne Juan Carlos y Rivero Ysern, Enrique directores, Hammurabi, Bs. As., 2007, T. II, p. 1119 y ss.; "La responsabilidad estatal lícita y la indemnización del lucro cesante", JA 11/11/2009 y "El alcance de la indemnización en los supuestos de responsabilidad del Estado por su actividad lícita", obra colectiva, *Responsabilidad del Estado*, Rubinzal-Culzoni, Bs. As. 2008, p. 239 y ss.

26 La Corte Suprema de Justicia de la Nación al fallar en una causa en la que se demandó al Estado Nacional a raíz de la expropiación de un ramal de una línea férrea expresó: "un bien vale, principalmente, por lo que produce o es capaz de producir en épocas o condiciones normales y por las perspectivas que ofrece; elementos constitutivos de lo que se llama "el negocio en marcha" (Causa "F.F.C.C. Entre Rios v Gobierno de la Nación", sent. del 28/12/36, Fallos: 176:363).

cuya existencia esté asegurada de acuerdo al curso natural y ordinario de las cosas, en tanto se encuentran amparados por la garantía del art. 17 de la Constitución Nacional[27].

Es que, como bien se ha se ha escrito, "desde un punto de vista económico, aquello de lo que verdaderamente se ve privado el concesionario o licenciatario cuando se extingue anticipadamente una concesión no es tanto del valor del activo en sí mismo considerado –inversión particularizada– sino el de un negocio en marcha. Dicho de otra forma, a los efectos de determinar el verdadero sacrificio causado al concesionario por el rescate, poca importancia tiene lo invertido tiempo atrás en determinado bien sino que lo relevante está dado por la privación del derecho a continuar operando un negocio productor de beneficios. Recuérdese que de nada vale un activo concesional si se ha privado a su titular del derecho a explotarlo[28] y que cuando éste ofertó por la concesión lo hizo teniendo en consideración no el valor de los activos transferidos sino el flujo de fondos que dicha concesión en operación podía generar por medio de una gestión eficiente"[29]. En igual línea de pensamiento dice Cassagne al referirse a situaciones de extinción anticipada de contratos por razones de interés púbico la indemnización, para ser justa y armonizar con la garantía constitucional de la propiedad, "tiene que representar, como mínimo, el valor objetivo del contrato que se mide, como es obvio, de acuerdo con el plazo faltante para su ejecución y a la rentabilidad calculada, enderezada, en primer término a remunerar las inversiones" [30].

---

27 Si bien como regla el lucro cesante no debe ser excluido de la reparación, ello no significa que no pueda ser equitativamente restringido en su extensión, teniendo en consideración las circunstancias de cada caso. Pues, así como nos parece irrazonable e injusto descartarlo por principio en todos los casos, ya que acarrearía el despojo del derecho de propiedad del afectado también lo es reconocerlo sin limitación alguna (Conf. voto concurrente del Dr. Bacqué antes citado). Es que la reparación en tales casos no puede constituirse en una fuente de beneficios o enriquecimiento para el afectado, quien no puede pretender que se le resarza más que el equivalente de lo que en realidad pierde por la por la actuación estatal lícita lesiva de sus derechos (En igual sentido: Bianchi, "El proyecto de ley de régimen general de los servicios públicos: una evaluación general", obra colectiva *Servicios públicos. Regulación 1er. Congreso nacional*, Ediciones Dike, Mendoza, 2004, p. 131 y ss. y argumento en los casos "Nación c/ Dubini, José y Dubini, Angel", Fallos: 134:142; "Lustig, Ladislao c/ Dubcosky, Jaime - De la Plaza de Castañeda Vega, Silvia c/ Provincia de Córdoba, Fallos 202:81 y "Bco. Hipotecario Nacional c/ Ratto de Prats, María E.", Fallos 237:316).

28 Fonrouge, "Indemnización del contrato administrativo por razones de interés público", en *Contratos Administrativos*, ob. cit; p. 557.

29 Aguilar Valdez, "Caducidad, rescisión y recate de concesiones en materia de infraestructura y servicios públicos", cit., p. 218.

30 Cassagne, Juan Carlos, *Curso de Derecho administrativo*, cit. T. II, p. 488. Esta es la solución que impera en el derecho español. En el art. 288, incs. 1° y 4° del Real Decreto Legislativo 3/2011, de 14 de noviembre, por el que se aprueba el texto refundido de la Ley de Contratos del Sector Público se dispone que en el supuesto de rescate del servicio, además de abonarse al contratista *"el precio de las obras e instalaciones que, ejecutadas por éste, hayan de pasar a propiedad de aquélla, teniendo en cuenta su estado y el tiempo que restare para la reversión"*, *"la Administración indemnizará al contratista de los daños y perjuicios que se le irroguen, incluidos los beneficios futuros que deje de percibir, atendiendo a los resultados de la explotación en el último quinquenio y a la pérdida del valor de las obras e instalaciones que no hayan de revertir a aquélla, habida cuenta de su grado de amortización"*. También en Francia cuando la Administración resuelve unilateralmente un contrato por razones de interés general debe indemnizar el daño emergente y el lucro cesante (conf. Laubadere, André de - Moderne, Frank - Delvolve, Pierre, *Traité des Contrats Administratifs*, 2eme. edition, LGDJ, 1984, pág. 734 et. seq.; Richer, Laurent, *Droit des contrats administratis*, L.G.D.J., París, 1995, ps. 188/189).

Además, en varios pronunciamientos de la Corte Suprema de Justicia de la Nación se ha admitido la indemnización del lucro cesante en supuestos de extinción por razones de interés público de actos y contratos administrativos. Así ocurrió en la causa "Ingeniero Livio Dante Porta y Cía. SRL c/ Empresa Ferrocarriles Argentinos"[31], fallada el 20/9/73. El caso se originó a raíz de un contrato celebrado entre la referida firma y la empresa estatal, por el cual la primera se obligó a realizar un proyecto de locomotoras a vapor; la fabricación de diez de estas máquinas; de repuestos, y remodelación de otras locomotoras. La contratante rescindió el contrato por entender que existió incumplimiento de parte de la contratista y por razones de conveniencia administrativa. El alto tribunal entendió que, de conformidad con las circunstancias de la causa, la extinción del contrato, al calificó de naturaleza administrativa, debía considerarse –en realidad– como una "rescisión" unilateral de la Administración por motivos de oportunidad o conveniencia. Seguidamente, sostuvo que resultaba de aplicación al caso el art. 1638 del Cód. Civil, "según el cual el dueño de la obra puede desistir de la ejecución de ella por su sola voluntad, aunque se haya empezado, indemnizando al locador todos su gastos, trabajos y utilidad que pudiera obtener por el contrato; pudiendo los jueces, en tal situación, reducir equitativamente la utilidad a reconocer si su aplicación estricta condujera a una notoria injusticia".

Nuevamente el máximo tribunal examinó la cuestión al decidir el 20/9/84 la causa "Eduardo Sánchez Granel Obras de Ingeniería S.A.C.I.F.I. v. Dirección Nacional de Vialidad"[32], originado por la extinción unilateral de un contrato administrativo de obra pública antes de que tuviera ejecución, por motivos que fueron considerados como de oportunidad, mérito o conveniencia. También en esta ocasión la Corte –si bien por mayoría– admitió la reparación del lucro cesante con sustento en el art. 1638 del Cód. Civ., el cual considero que era aplicable al caso por analogía.

Nueve años más adelante la Corte Suprema de Justicia volvió a pronunciarse ante una situación de finalización anticipada de un contrato de obra pública intelectual en los autos "Ruiz Orrico, Juan C. c. Estado Nacional (Ministerio de Salud y Acción Social)[33]", sentencia del 24/5/93. En dicha ocasión alto tribunal confirmó la sentencia de Cámara que había condenado al pago de una indemnización por la extinción anticipada del contrato fijada en el 20% de los honorarios correspondientes a la dirección de obra. Para así decidir sostuvo que "la ley 13.064 no prevé la rescisión del contrato por la Administración sin culpa de la contratista, por lo que es aplicable supletoriamente el art. 1638 del Cód. Civil, norma que establece la facultad de los jueces de reducir equitativamente la utilidad a reconocer si su aplicación estricta condujera a una notoria injusticia. Seguidamente expresó: "no corresponde aplicar ciegamente la noción de la reparación plena, cuando ello conduce a situaciones abusivas tales como la del locador que no ha sufrido el perjuicio o lo ha padecido en menor medida que aquélla que se desprendería de una mera aplicación mecánica de la idea de daño indirecto o utilidad no alcanzada. En suma, el reconocimiento de la indemnización debe atender a las circunstancias de cada caso (Fallos: 296:729) a fin de recomponer, con equidad, la situación del contratista que ha

31 Fallos: 286:333.

32 Fallos: 306:1409.

33 Fallos: 316:1025.

invertido su trabajo y su capital para obtener una utilidad razonable y que ve frustrada su ganancia a raíz del desistimiento".

Un nuevo pronunciamiento favorable al reconocimiento del lucro cesante emitió la Corte Suprema de Justicia el 28/7/05 en la causa "El Jacarandá S.A. v. Estado Nacional"[34]. El caso se había originado a raíz de la decisión del Poder Ejecutivo Nacional de dejar sin efecto la adjudicación a El Jacarandá S.A. de la explotación de la frecuencia correspondiente a LT. 14 Radio General Urquiza, de la ciudad de Paraná, y disponer la remisión de las actuaciones administrativas, generadas por la interposición de un recurso de reconsideración, a la Secretaría de Medios de Comunicación de la Presidencia de la Nación para la determinación del resarcimiento por daño emergente que correspondería a la empresa El Jacarandá S.A., conforme a las previsiones del art. 18 del decreto–ley 19549. La Corte, partiendo de la base de que la revocación de la adjudicación de la licencia se había producido por razones de oportunidad, mérito o conveniencia, y después de precisar "que la extensión del resarcimiento debe atender las características particulares de cada situación", afirmó, con cita del fallo recaído in re "Eduardo Sánchez Granel", que "no hay, como principio, fundamento para limitarlo al daño emergente con exclusión del lucro cesante, esto es, de las ventajas económicas esperadas de acuerdo con probabilidades objetivas estrictamente comprobadas (Fallos 306:1409, consids. 4 y 5; 316:1335, consid. 20)".

Cuatro más tarde, el 9 de junio de 2009 *in re* "Zonas Francas Santa Cruz S.A. c/ Estado Nacional – P.E.N. – Dto. 1583/96 s/ daños y perjuicios"[35], el alto tribunal tuvo una nueva ocasión para pronunciarse acerca de la extensión del resarcimiento en un supuesto de derogación de un régimen reglamentario por razones de oportunidad mérito y conveniencia. El reclamo indemnizatorio que motivó la intervención del superior tribunal de la República tuvo su causa en el dictado del decreto del Poder Ejecutivo Nacional nº 1583/96, por el cual se había derogado el decreto nº 520/95 que autorizaba la venta al por menor de mercaderías de origen extranjero provenientes de las Zonas Francas de Río Gallegos y Caleta Olivia, en diversas localidades de la provincia de Santa Cruz. Según la actora, fue en consideración a lo previsto en ese decreto que había optado por celebrar con la Provincia de Santa Cruz un contrato para el establecimiento y la explotación de las zonas francas de esas mismas localidades. A su juicio, la modificación normativa ocasionada por la derogación del decreto 1583/96 alteró sustancialmente las condiciones económicas y financieras que había tenido en cuenta al momento de presentarse en la licitación y tornaba ruinoso el cumplimiento de las obligaciones convenidas, razón por la cual rescindió el contrato que había celebrado con la provincia. A raíz de estos hechos, Zonas Francas Santa Cruz S.A. demandó al Estado Nacional a fin de que se lo condene a pagar los daños y perjuicios derivados del dictado del decreto 1583/96, sobre la base de plantear su nulidad e inconstitucionalidad por carecer de causa y motivación suficientes y por desconocer derechos adquiridos nacidos del régimen jurídico derogado. Subsidiariamente, demandó el pago de una indemnización con sustento en la responsabilidad del estado por su actividad lícita.

Tanto en primera como en segunda instancia se entendió que el Estado tenía la obligación de compensar a la demandante por haberse lesionado derechos adquiridos naci-

34 Fallos: 328:2654.

35 Fallos: 332:1367.

dos al amparo de la normativa que había sido derogada, razón por la cual se condenó al Estado Nacional al pago de una indemnización comprensiva del daño emergente y del lucro cesante reclamado, más intereses.

Al conocer la Corte Suprema del recurso ordinario de apelación deducido por el Estado Nacional contra la sentencia de la alzada, la mayoría del tribunal, resolvió revocar parcialmente el fallo apelado, y fijar la indemnización en una suma significativamente menor a la establecida por la cámara. El alto tribunal redujo el monto correspondiente a la reparación del daño emergente por estimar improcedentes algunos rubros reclamados en tal carácter. Respecto al lucro cesante, si bien reiteró el criterio favorable a su reconocimiento sentado en el citado caso "El Jacarandá", rechazó en el caso su configuración por considerar insuficiente la prueba aportada a tal efecto.

A su vez, en la causa "Malma Trading S.R.L. c. Estado Nacional–Ministerio de Economía y Obr. y Serv. Publ. s/ proceso de conocimiento"[36], fallada el 15/5/14, la Corte Suprema de Justicia si bien rechazó el reclamo indemnizatorio del lucro cesante, no lo hizo por considerar que era como principio improcedente en el ámbito de la responsabilidad estatal por actividad legítima, sino porque consideró que a su respecto, como al igual que con relación a algunos rubros integrantes del daño emergente, el actor no había acreditado que se trataba de perjuicios que constituían un sacrificio desigual, que excedía las consecuencias normales derivadas del ejercicio de la actividad estatal lícita. Dicha causa fue promovida por una empresa importadora contra el Estado Nacional (Ministerio de Economía Obras y Servicios Públicos) a fin de a obtener una indemnización por los daños derivados de la decisión del Ministerio de Economía de no autorizar la importación de una cantidad determinada de motociclos usados. La demandante, de manera subsidiaria, fundó su reclamo en la responsabilidad del Estado por su actividad legítima. La Corte Suprema de Justicia de la Nación, declaró desierto el recurso ordinario de apelación en lo concerniente a los agravios vinculados a la configuración de un supuesto de responsabilidad del Estado por su accionar ilegítimo, pero hizo lugar parcialmente al mismo y declaro procedente el reclamo indemnizatorio con sustento en la responsabilidad estatal legítima de uno de los rubros integrantes del daño emergente. De este modo, el alto tribunal dejó sin efecto la sentencia de la Cámara que, al revocar la de la primera instancia, había rechazado *in totun* la pretensión de la actora.

IV. LA REGULACIÓN DE LA EXTINCIÓN POR RAZONES DE INTERÉS PÚBLICO EN LA LEY DE CONTRATOS DE PARTICIPACIÓN PÚBLICO–PRIVADA

Con la finalidad de propiciar la inversión privada necesaria para dar respuesta al grave déficit[37] que nuestro país tiene en materia de infraestructura pública[38], el 30 de no-

36 Fallos: 337:548.

37 "En la Argentina la inversión en infraestructura como porcentaje del PIB cayó a la mitad en la última década. Particularmente, la participación del sector privado como proporción del producto se redujo ocho veces en relación con la anterior década" (Castro, L.; Szenkman, P. y Lotitto, E. (marzo de 2015) ¿Cómo puede cerrar el próximo gobierno la brecha de infraestructura?" Documento de Políticas Públicas/Análisis N°148. Buenos Aires: CIPPEC).

38 En la literatura económica existe un consenso generalizado de que la inversión en infraestructura pública es fundamental para generar el desarrollo económico-social y, de este modo, elevar la calidad de vida de las personas. En general, se considera que una adecuada dotación de infraestructuras básicas provoca un

viembre de 2016 se publicó en el Boletín Oficial la Ley 27.328, por la cual se regulan los denominados contratos de participación público–privada (contratos de PPP)[39], lo cuales constituyen un instrumento alternativo para la provisión de infraestructuras y servicios públicos[40].

Si bien no existe una noción uniforme e internacionalmente aceptada de los contratos de PPP, se los puede definir como: "acuerdos de cooperación entre entidades públicas y privadas conforme a los cuales, a través de diferentes técnicas, modalidades, y sistemas de transferencias de riesgos y consecuentes responsabilidades tienen por objeto el diseño, construcción, ampliación, mantenimiento, refacción, gestión y/o financiación de infraestructuras y servicios, públicos o de interés público; reteniendo invariablemente la Administración, las potestades de regulación y control de las actividades desarrolladas en tales casos"[41].

Concorde con dicha noción, el art. 1° de la ley 27.328 dispone: *"Los contratos de participación público–privada son aquellos celebrados entre los órganos y entes que integran el sector público nacional con el alcance previsto en el artículo 8° de la ley 24.156 y sus modificatorias (en carácter de contratante), y sujetos privados o públicos*

---

impacto altamente positivo en la productividad, el crecimiento económico y la competitividad internacional de un país y, por sobre todas las cosas, contribuye decisivamente al bienestar y prosperidad de la sociedad. (Ver: Squiglia, Eduardo, Delgado, Ricardo Raúl y Delgobbo, Alberto Luis, *La infraestructura como factor de desarrollo de las economías regionales*, Fundación Benito Roggio, Bs. As. 1995 y Rozas, Patricio y Sánchez, Ricardo "Desarrollo de infraestructura y crecimiento económico: revisión conceptual", CEPAL, Serie Recursos naturales e infraestructura, N° 75, Santiago de Chile, octubre de 2004).

39 Explica Araujo Barceló que la Colaboración Público-Privada ha adquirido una notoria relevancia en el ámbito internacional durante la última década. Han sido muchos los países que han mostrado su interés sobre este fenómeno y han implementado nuevas fórmulas jurídicos-financieras con el propósito de conseguir una mayor implicación del sector privado en la construcción y gestión de bienes y equipamientos públicos, para poder atender así a las novedosas e ingentes necesidades de las sociedades desarrolladas de este nuevo siglo (Araujo Barceló, Alejandro, "La colaboración público-privada: entre indeterminación, flexibilidad e incertidumbre", Documentos nº 4/2013, Instituto de Estudios Fiscales, Universidad Carlos III de Madrid).

40 En tal sentido el art. 2 de la ley 27.328 prescribe: *"Los contratos de participación público-privada constituyen una modalidad alternativa a los contratos regulados por las leyes 13.064 y 17.520, y sus modificatorias, y por el decreto 1023/2001 y sus modificatorias".*

41 Aragone Rivoir, Ignacio, "Participación público-privada para el desarrollo de infraestructuras en Latinoamérica: modelos, pautas de utilización y desafíos"; en *Revista del Derecho de las Telecomunicaciones e Infraestructuras en Red* (REDETI), N° 25, Madrid, 2006, p. 11 y ss. Explica de la Riva que "Una de las constantes más destacadas que se viene observando a nivel macroeconómico en la mayor parte de los países occidentales en los últimos años reside en la preocupación por intentar armonizar la participación de los sectores público y privado en la ejecución de proyectos de infraestructura, con vistas a sumar las ventajas que pueda aportar cada una de esas órbitas. El objetivo consiste en identificar el esquema de articulación más apto para cada proyecto en particular, de modo de dar con la distribución de las cargas y riesgos que resulte más eficiente de cara a cada proyecto. Así nació la figura de la asociación público-privada, conocida también por las siglas "app", o "ppp" en razón de su denominación en inglés (public-private partnership).

Esta expresión, en realidad, hace alusión a una multiplicidad de formas de colaboración entre los poderes públicos y las empresas privadas, destinadas a afrontar asociadamente tanto la construcción de obras de infraestructura como la prestación de servicios públicos". (de la Riva, Ignacio M., "Nuevos modelos de financiación de infraestructuras públicas", *Revista digital de Derecho Administrativo*, N° 17, primer semestre/2017, ps. 193 y ss. http://revistas.uexternado.edu.co/index.php/Deradm/article/viewFile/4835/5698).

en los términos que se establece en la presente ley (en carácter de contratistas) con el objeto de desarrollar proyectos en los campos de infraestructura, vivienda, actividades y servicios, inversión productiva, investigación aplicada y/o innovación tecnológica.

Los proyectos que bajo esta ley se desarrollen podrán tener por objeto, una o más actividades de diseño, construcción, ampliación, mejora, mantenimiento, suministro de equipamientos y bienes, explotación u operación y financiamiento.

El diseño de los contratos tendrá la flexibilidad necesaria para adaptar su estructura a las exigencias particulares de cada proyecto y a las de su financiamiento, de acuerdo a las mejores prácticas internacionales existentes en la materia.

Los contratos de participación público–privada podrán celebrarse cuando previamente se determine que esta modalidad de contratación permite cumplir con los objetivos de interés público tendientes a satisfacer".

En lo que concierne al objeto de este trabajo la ley 27.328 contempla un conjunto de garantías que vienen a equilibrar (no a suprimir) la facultad rescisoria del Estado por razones de mérito, oportunidad o conveniencia y a incentivar su uso prudente y meditado puesto que su ejercicio no condicionado "puede constituir un riesgo imponderable que ni el concesionario ni los prestamistas estén dispuestos a aceptar sin garantía suficiente de que recibirán una indemnización pronta y equitativa de toda pérdida que les sea ocasionada"[42]. Lo que se busca es mitigar los riesgos que asumen los contratistas que tienen a su cargo la ejecución del proyecto de infraestructura, como la de los que lo financian[43], pues, con la finalización anticipada del contrato, no podrán recuperar el flujo de fondos previsto y, muy probablemente, solo tendrán por delante un largo juicio frente al Estado[44].

a) Regulación en el contrato de PPP

Uno de los aspectos más relevantes de los contratos de PPP, que permite distinguirlos de otras figuras contractuales tradicionales, es la modalidad de asignación de los riesgos entre cada una de las partes[45]. Dicho reparto de riesgos no puede ser caprichoso u arbitrario, sino que debe responder a un principio de eficiencia muy concreto que indica que debe asumirlos el socio que esté en mejor condición para evitarlos[46].

42 "Guía Legislativa de la CNUDMI sobre proyectos de infraestructura con financiación privada", elaborada por la Comisión de las Naciones Unidas para el Derecho Mercantil Internacional, Naciones Unidas, Nueva York, 2000, p.174, (http://www.uncitral.org/pdf/spanish/texts/procurem/pfip/guide/pfip-s.pdf) .

43 Afirma Mairal: "La posición del Financista es la más vulnerable de todas dado que debe adelantar, al Encargado del Proyecto, fondos cuyo recupero estará sujeto a riesgos más variados y significativos que cuando presta a una empresa ya existente y con cierta trayectoria". (Mairal, Héctor A. "La asignación de riesgos en la financiación privada de proyectos", Rev. RAP nº 320, p.209 y ss.).

44 Mairal, Héctor A. "La asignación de riesgos en la financiación privada de proyectos", Rev. RAP nº 320, p.209 y ss.

45 En principio el contratista debería asumir los riegos que le son propios por su condición de constructor y empresario que explota un negocio, tales como el riesgo de construcción, el riesgo de disponibilidad, y otros riesgos comerciales. A su vez, es razonable que el Estado asuma el riesgo político que se deriva de la incertidumbre en el tiempo de los cambios en la política pública o en el marco regulatorio.

46 Araujo Barceló, Alejandro, "La colaboración público-privada: entre indeterminación, flexibilidad e incertidumbre", Documentos nº 4/2013, Instituto de Estudios Fiscales, Universidad Carlos III de Madrid.

La adecuada asignación de estos riesgos (distinguiendo entre los diferentes tipos de riesgos que existen) es el elemento clave para minimizar costes y aumentar la eficiencia de los proyectos. Ello tiene importantes repercusiones en el costo de capital y la remuneración del contratista.

Por tal razón, en los incisos b) y p) del art. 9 de la ley 27.328 se exige que en los contratos de participación público–privada se deberá establecer: *"El equitativo y eficiente reparto de aportes y riesgos entre las partes del contrato, contemplando al efecto las mejores condiciones para prevenirlos, asumirlos o mitigarlos, de modo tal de minimizar el costo del proyecto y facilitar las condiciones de su financiamiento, incluyendo, entre otras, las consecuencias derivadas del hecho del príncipe, caso fortuito, fuerza mayor, alea económica extraordinaria del contrato y la extinción anticipada del contrato".* (inc. b) y *"Las causales de extinción del contrato por cumplimiento del objeto, vencimiento del plazo, mutuo acuerdo, culpa de alguna de las partes, razones de interés público u otras causales con indicación del procedimiento a seguir, las compensaciones procedentes en los casos de extinción anticipada, sus alcances y método de determinación y pago."* (inc. p).

Conforme surge de las disposiciones transcritas, la facultad administrativa de rescindir anticipadamente el contrato y sus consecuencias debe ser expresamente previsto en el contrato de PPP[47]. Como es evidente, con ello se aspira a dar previsibilidad y minimizar los conflictos entre las partes[48].

b) órgano competente

Según el art. 9, inc. 12 del Anexo I del Decreto 118/2017, reglamentario de la ley 27.328 *"La extinción unilateral del Contrato PPP por razones de interés público deberá ser declarada por Decreto del PODER EJECUTIVO NACIONAL".*

Es razonable que dada la entidad y consecuencias que acarrea una decisión de este tenor sea el titular y *"responsable político de la administración general del país"*[49] el órgano competente para ello.

---

47 En línea con ello UNCITRAL aconseja: "La posibilidad de una rescisión por motivos de interés público, dondequiera que exista, debe ser dada a conocer a los inversionistas eventuales desde el primer momento y deberá ser expresamente mencionada en el borrador de acuerdo de proyecto que se distribuya con la solicitud de propuestas contractuales" ("Guía Legislativa de la CNUDMI sobre proyectos de infraestructura con financiación privada", elaborada por la Comisión de las Naciones Unidas para el Derecho Mercantil Internacional, Naciones Unidas, Nueva York, 2000, p. 42, http://www.uncitral.org/pdf/spanish/texts/procurem/pfip/guide/pfip-s.pdf)

48 También se requiere en el art. 9, inc. w) de la ley 27.328 que en el contrato se establezcan *"Los procedimientos y métodos que resultarán de aplicación para dirimir las controversias de índole técnica, interpretativa o patrimonial que puedan suscitarse durante la ejecución y* ***terminación del contrato.*** *A estos efectos, podrá constituirse un panel técnico a partir de la entrada en vigencia del contrato, integrado por profesionales y/o representantes de universidades nacionales o extranjeras, en todos los casos, de acreditada independencia, imparcialidad, idoneidad y trayectoria nacional e internacional en la materia, el que subsistirá durante todo el período de ejecución para dilucidar las cuestiones de tal naturaleza que se susciten entre las partes".* (el resaltado es propio).

49 Art. 99, inc. 1°, Const. Nac.

c) Alcance de la indemnización

Frente al criterio restrictivo respecto del alcance de la indemnización que el Estado debe abonar al contratista cuando rescinde el contrato por razones de mérito, oportunidad o conveniencia previsto en el art. 12, inc. b), 2° párrafo, del decreto 1023/01, en el art. 95 de su decreto reglamentarios, 1030/16 y en el art. 5 de la ley 26.944, en el art. 9, inc. p) de la ley de contratos de PPP se prevé que en los casos de *"extinción del contrato por razones de interés público, no será de aplicación directa, supletoria ni analógica ninguna norma que establezca una limitación de responsabilidad, en especial aquellas contenidas en las leyes 21.499 y sus modificatorias y 26.944 y en el decreto 1023/01*[50] *y sus modificatorias".*

Como consecuencia, de la inaplicación de las normas mencionadas, que excluyen la indemnización del lucro cesante, es evidente que este rubro puede integrar el resarcimiento en los casos que el Estado rescinda por motivos de interés público un contrato de PPP[51].

Confirma lo dicho y despeja cualquier duda que pudiera plantearse el art. 11 de la ley 27.328, el cual prescribe: *"La responsabilidad patrimonial de las partes contratantes se sujetará a lo dispuesto en la presente ley, en su reglamentación, en los pliegos y en el contrato: Supletoriamente se aplicarán las normas pertinentes del Código Civil y Comercial de la Nación".*

De tal modo, devienen inaplicables en los contratos de PPP el 3er. párrafo del art. 1° de la Ley 26.944, de Responsabilidad del Estado y de los agentes y funcionarios públicos, y el art. 1764 de la legislación iusprivatista que establecen la inaplicación directa o supletoria de las normas de la responsabilidad civil a la responsabilidad del Estado[52]. En consecuencia, es posible acudir a las disposiciones pertinentes del Código Civil y Comercial que regulan la responsabilidad patrimonial para determinar el alcance de la indemnización.

Además, en el art. 10 de la ley 27.328 se fija dos pautas de suma trascendencia para la determinación de la compensación que debe pagar el Estado como son: que aquella nunca puede ser inferior a la inversión no amortizada[53] que efectuó el contratista y que

50 En el art. 31, inc. b) se determina que a los contratos de PPP no le será de aplicación directa, supletoria, ni analógicamente el decreto 1.023/2001 sus modificatorias y su reglamentación.

51 Afirma, con razón Mairal: "en todo país civilizado, el perjuicio causado al cocontratante se indemniza: en algunos países, el Estado carece de esa prerrogativa y, por ende, si la ejerce, incumple el contrato y debe indemnización plena, mientras que en Francia, de cuyo derecho tomamos esas prerrogativas, se indemniza incluso el lucro cesante, regla que también rige en el derecho español" (Mairal, Héctor A., "La responsabilidad contractual del Estado a la luz de la ley 26.944 y del nuevo Código Civil y Comercial", ED, 260-641).

52 Ver: Perrino, Pablo Esteban, *La responsabilidad del Estado y de los funcionarios públicos. Código Civil y Comercial. Ley 26.944 comentada*, Thompson Reuters La Ley, Bs. As., 2015, p. 52 y ss.

53 "La rescisión del acuerdo de proyecto puede producirse antes de que el concesionario haya podido recuperar el capital invertido, reembolsar sus deudas y obtener la ganancia prevista, lo que puede suponer una muy notable pérdida para el concesionario. La autoridad contratante podría también sufrir pérdidas, al verse tal vez obligada a efectuar una inversión adicional o importantes gastos para, por ejemplo, terminar las obras o mantener en funcionamiento el servicio. Por todo ello, el acuerdo de proyecto suele regular en detalle los derechos y las obligaciones financieras de las partes en el momento de la rescisión". ("Guía Legislativa de la CNUDMI sobre proyectos de infraestructura con financiación privada", elaborada por la Comisión de las Naciones Unidas para el Derecho Mercantil Internacional, Naciones

debe asegurar el pago del crédito tomado para financiar[54] el desarrollo del proyecto objeto del contrato[55].

En cuanto a la metodología de valuación y el procedimiento de determinación de la indemnización, con buen criterio, en el 1° párraf. del art. 10 del Anexo I del decreto 118/2017, reglamentario de la ley 27.328, se determina que "*será establecida en el Pliego y en el Contrato PPP, en base a los principios y procedimientos que, de modo general e internacionalmente, sean aceptados en la materia*".

d) Pago previo de la indemnización

La otra garantía que se prevé en el art. 10 de la ley de cita y que constituye una novedad en nuestro derecho, apunta al momento en que la autoridad contratante que decidió extinguir anticipadamente el contrato debe proceder al pago de la indemnización. Al igual que ocurre en materia de expropiación[56], se exige que antes de la toma de posesión de los activos del contratista se abone el resarcimiento pertinente.

Cabe recordar que un relevante sector de la doctrina sostiene que en los supuestos de revocación de actos y contratos administrativos debe aplicarse el régimen jurídico de la expropiación, incluso postulando la necesidad de que medie una declaración legislativa de interés público[57]. Así Cassagne, después de afirmar que el fundamento de la revocación por oportunidad, mérito y conveniencia tiene cierta similitud con la expropiación, donde el interés privado cede frente al interés público, concluye que en tales casos debe aplicarse en lo pertinente el régimen jurídico del instituto expropiatorio, en virtud de lo dispuesto en el art. 17 de la Const. Nac.[58]

A su vez, Gordillo escribe: "Toda forma de sustitución de un derecho amparado por la garantía constitucional de la propiedad, por una indemnización, debe regirse por el procedimiento expropiatorio stricto sensu del decreto–ley 21.499/77, el cual supone la

---

Unidas, Nueva York, 2000, p. 180, (http://www.uncitral.org/pdf/spanish/texts/procurem/pfip/guide/pfip-s.pdf)

54 "La rescisión del proyecto suele figurar como supuesto de incumplimiento en los acuerdos de préstamo del concesionario. Dado que los acuerdos de préstamo suelen incluir una denominada "cláusula de aceleración" por la que la deuda vence en su totalidad en el supuesto de incumplimiento, la totalidad de la deuda pendiente al rescindirse el acuerdo del proyecto sería exigible y contabilizable como pérdida inmediata del concesionario". ("Guía Legislativa de la CNUDMI sobre proyectos de infraestructura con financiación privada", elaborada por la Comisión de las Naciones Unidas para el Derecho Mercantil Internacional, Naciones Unidas, Nueva York, 2000, p. 180, (http://www.uncitral.org/pdf/spanish/texts/procurem/pfip/guide/pfip-s.pdf).

55 Acertadamente en el 2° párraf. del art. 10 del Anexo I del Decreto 118/2017, reglamentario de la ley 27.328 se precisa que *"sólo corresponderá asegurar el repago del financiamiento pendiente de cancelación que hubiese sido efectivamente aplicado al Proyecto"*.

56 Art. 17 de la Const. Nac.

57 Mairal ha señalado que la analogía de la extinción anticipada de un contratos administrativo por razones de interés público "con la expropiación es particularmente inapropiada: una cosa es el sacrificio de la propiedad privada ante la utilidad pública que declara una ley del Congreso, y otra muy distinta es otorgar al Presidente, Gobernador, intendente o ministro de turno la posibilidad, ante el silencio del contrato, de privar a cualquier contratista del Estado de sus legítimas expectativas de ganancias mediante la mera alegación, que por lo general será judicialmente irrevisible, del interés público". (Mairal, Héctor A., "De la peligrosidad o inutilidad de una teoría general del contrato administrativo", ED, 179-655).

58 Cassagne, Juan Carlos, *Curso de Derecho Administrativo*, *cit.*, T. I p. 827.

calificación de utilidad pública por ley formal con algún grado de especificidad, con más el pago en dinero efectivo (art. 12), en base a una tasación específica para el bien de que se trate (art. 13), más la actualización pertinente desde la desposesión hasta "el momento del efectivo pago" (art. 20) y un incremento indemnizatorio del 10 % en caso de avenimiento directo. (art. 13) El Estado sólo puede recurrir al procedimiento judicial, pidiendo la posesión a cambio de la suma que deposita, si demuestra haber cumplido los pasos del procedimiento extrajudicial (especialmente, la tasación actualizada y específica del bien concreto que se quiere extraer del patrimonio privado) y haber éstos fracasado por falta de avenimiento del particular. Por ello no es constitucionalmente admisible ni sistemático, admitir en el derecho argentino la revocación de actos administrativos por razones de oportunidad, cuando se trata de actos que confieren derechos estables amparados por la garantía constitucional de la propiedad, sin previa ley especial que en forma razonable los califique de utilidad pública y sujetos a expropiación"[59].

Por su parte, Maqueda Fourcade explica que "la admisión del carácter expropiatorio de la revocación por oportunidad, mérito y conveniencia, tendría relevantes consecuencias normativas, entre las que cabe señalar que: (i) integraría las facultades del Congreso; (ii) la revocación sólo podría disponerse mediando una declaración específica o genérica de utilidad pública del Congreso; (iii) la indemnización debería ser justa e integral, y debería pagarse previamente; y (iv) el Congreso sólo podría delegar dicha facultad conforme a las pautas del art. 76 de la Constitución nacional, pudiendo considerarse que se trata de una de las "materias determinadas de administración". El actual art. 18 de la LNPA, así, no parecería satisfacer dichas exigencias constitucionales, pues implicaría una delegación permanente y sin bases para el ejercicio de dicha facultad expropiatoria"[60].

V. CONCLUSIÓN

La posibilidad de que el Estado por razones interés público pueda llegar a extinguir un contrato en cualquier momento –en particular aquellos por los cuales se viabilizan proyectos de infraestructura pública– y que sólo indemnice al contratista el daño emergente irrogado, más allá de los reparos constitucionales que pueda suscitar, constituye un serio riesgo contractual de muy difícil ponderación que puede llegar a tornar inviable la contratación o encarecerla innecesariamente. Enhorabuena, las disposiciones comentadas de ley 27.328 vienen a poner un contrapeso y a desalentar el ejercicio abusivo a una de las más relevantes potestades de la Administración en la contratación pública.

Rev 30 IV 17

---

59 Gordillo, Agustín, *Tratado de derecho administrativo y obras selectas*, FDA, Bs. As., cap. VI, ps. 32/34 y cap. XIII, p. 22.

60 Maqueda Fourcade, Santiago, "La expropiación mediante la revocación por oportunidad, mérito y conveniencia de actos administrativos", AA.VV. *Estudios de Derecho Público*, Alonso Regueira, Enrique M. director, Asociación de Docentes, UBA, Facultad de Derechos y Ciencias Sociales, Bs. As., 2014, p. 184, http://www.derecho.uba.ar/docentes/pdf/estudios-de-derecho/002-edp-2-maqueda-f.pdf

55. CONTRATACIÓN PÚBLICA: DEBERES Y DERECHOS CIUDADANOS

Carlos R. Ríos Gautier[1]

I. INTRODUCCIÓN

Los tiempos convulsos que vivimos en Puerto Rico y en el resto del mundo, incluyendo los efectos de la presidencia de Donald Trump en los EEUU y Puerto Rico, son, lamentablemente, una caricatura triste del futuro incierto que nos espera si no resolvemos el viejo, pero recurrente, problema de la corrupción en la contratación pública. *Como contribución al debate sobre dicho problema* propongo dos elementos fundamentales: primero, que no debe admitirse ningún derecho sin cumplir con los deberes; y lo segundo, pero igualmente importante, es que una sociedad no puede subsistir si no cuenta con ciudadanos virtuosos dentro y fuera del servicio público. Para enmarcar mi argumento, acudo *a la historia antigua buscando nuevas formas de repensar el rol del humano responsable y educado en el desarrollo de una cultura de deberes potenciada por un pronunciado sentimiento de solidaridad.*

La manera como se han incrementado los actos de corrupción en la contratación pública fuerza a recurrir a los principios generales del derecho y a la acción conjunta de los ciudadanos y el gobierno para enfrentar los grandes retos de una nueva economía global. Me mueve una reflexión interesada en los modos en que podamos superar los fracasos del pasado e intentar administrar mejor el proceso de contratación pública desde la perspectiva de los deberes y los derechos del Estado y de sus ciudadanos. Para ello intento puntualizar la función esencial que tienen los servidores públicos a cargo de la formación de un gobierno ejemplar cuyo deber debe ser desplegar el más alto sentido de compromiso y dedicación en su conducta cotidiana. A partir de ahí, y de una no menos importante aportación ciudadana de lealtad recíproca con la sociedad y el propio gobierno, es posible que la administración pública pueda realizar un buen gobierno. Esa combinación es la clave para tener una sociedad funcional y virtuosa.

En esa gestión ha sido estimulante la relectura del *Diario de Sesiones de la Convención Constituyente de Puerto Rico,* así como las innumerables veces que he tenido que

---

1 Abogado litigante en la práctica privada, ex Comisionado de Seguros y ex Secretario de Justicia del Estado Libre Asociado de Puerto Rico, admitido a la práctica por el Tribunal Supremo de Puerto Rico y a la corte de Distrito Federal para el Distrito de Puerto Rico, conferenciante y Miembro Asociado del Foro Iberoamericano de Derecho Administrativo.

recurrir a la filosofía del derecho para resolver problemas legales complejos. Del *Diario de Sesiones* me ha conmovido la 1ra sección de la carta de Derechos que proclama:

> La dignidad del ser humano es inviolable.

Entiendo que a partir de esa sencilla, pero poderosa, oración comienzan todos los demás derechos fundamentales.

En este ensayo daré primero una mirada a los antecedentes históricos de la importancia del "deber" como condición esencial para poder reclamar "derechos". Continuaré con el rol de los principios jurídicos que sobreviven los cambios en las leyes, seguido de ejemplos *de corrupción en el proceso de la contratación pública, que muestran síntomas de una sociedad decadente. Me referiré luego al proceso administrativo y, finalmente, postularé algunas soluciones posibles.*

II. TRASFONDO HISTÓRICO

Encontré la idea de que no debe haber derechos sin deberes en la lectura *del orador y filósofo romano Cicerón (106–43 AC).* [2] *En su imprescindible libro Los deberes, denunció "que no hay género de injusticia peor que la de quienes en el preciso momento en que están engañando simulan ser hombres de bien."* [3] *Cabe señalar que, un par de siglos antes, el filósofo griego Platón (427–348 AC) había dicho: "El extremo de la injusticia es parecer ser justo, no siéndolo."* [4] *Comienzo destacando tres frases de frases de Cicerón que resultan pertinentes al presente tema:*

(1) ...nada que no sea justo puede ser honesto. [33];

(2) ... no debe hacerse nada de lo que no pueda darse una razón aceptable. [53]; y

(3) ... el bien particular de cada uno debe ser el mismo que el de todos. Si cada uno trata de llevárselo para sí, quedará destruida la sociedad humana. [144].

Varios siglos después, ya en nuestra época, perduran las mendacidades y el engaño. *Recientemente, el filósofo bilbaíno Javier* Gomá Lanzón[5] advirtió que "La riqueza moral de una sociedad se mide por el trato a los sectores más vulnerables".[6] Gomá insiste en la dificultad de que pueda prosperar "un proyecto ético sostenible si está basado en la barbarie de ciudadanos liberados, pero no emancipados, personalidades incompletas, no evolucionadas, instintivamente autoafirmadas y desinhibidas del deber." [12] En su lugar propone una teoría cultural de ejemplaridad persuasiva y que promueva una reforma de estilo de vida. [15]. Al preguntarnos sobre la elección entre civilización y barbarie [45], nos invita a reconocer que la vida es breve y que se puede ser ciudadano sin perder la individualidad. [85]. Es decir, libre, y a la vez, ciudadano sirviendo a su sociedad con orgullo.

En resumen, Gomá propone una sociedad con ciudadanos ilustrados prestos a servir en lugar de servirse, a comportarse como es debido sin necesidad de que exista un "hermano mayor" pendiente de disciplinarlo si no lo hace. Un ciudadano que, instintivamen-

---

2 Elías Díaz, Sociología y Filosofía del Derecho, Ed Taurus (1993), p.260.

3 Marco Tulio Cicerón, *Sobre los deberes,* Tecnos (1989), p.25.

4 Id. Escolio 75.

5 Javier Gomá, *Ejemplaridad Pública,* Ed Taurus (2009).

6 "www. publico.es" 3 de junio 2016 08:06H culturas/javier-goma-no hay más.

te, opta por la civilización y no por la barbarie, que reconoce su breve mortalidad y, desde su unicidad, defiende la importancia de ser verdadero. A lo anterior añado que no se trata de un ciudadano cualquiera, sino de un ciudadano ilustrado, pues uno de los peligros mayores que tiene una sociedad es cuando pierde el interés por saber más. En ese sentido la falta de educación y de información constituyen una grave amenaza para la democracia en tanto impiden que el gobernante pueda responder a los problemas ciudadanos y, como efecto, administrar el país con el consentimiento informado de los gobernados, a quienes viene obligado, no solo a responder, sino a rendirles cuentas.

Es por ello que se requiere un mayor aprecio por el consentimiento que le brindamos a los gobernantes. Me refiero a la antigua tradición filosófica occidental y su noción del príncipe filósofo que defiende Platón en La *República*. Para el griego, el ejercicio del poder y la justicia combinaba virtud y sabiduría como los lujos de la ciudad ideal, propuesta por los ideales ilustrados de Condorcet (1743–1794), filósofo y político francés cuyas palabras, a riesgo de que se me tilde de elitista, me parecen siempre oportunas: "Toda sociedad que no está ilustrada por filósofos es engañada por charlatanes."[7]

Para Condorcet era fundamental desarrollar un plan de educación general que hable de deberes, de justicia y de derechos y que sea capaz de fomentar una sociedad ciudadana desde el hombre particular hasta las comunidades que la integran. [76] Denunció cómo "la ignorancia ha contribuido más a establecer la servidumbre que las pasiones, la fuerza o el temor", alertándonos sobre aquellos que tratan de "sumergirnos en la ignorancia, y por consiguiente en la esclavitud." [78]. El debate y pertinencia de esta doctrina alcanza al mundo actual y se recoge en el pensamiento, por ejemplo, de Emilio Menéndez, profesor de Teoría del Derecho en la Facultad de Derecho de la Universidad de Puerto Rico, quien enfatizaba que la labor de filósofo del derecho es distinta a la del abogado, pues opera "fuera del derecho y precisamente para poder enjuiciarlo, no por el vehículo de lo jurídico, del derecho que es, sino del que pueda y deba ser". Menéndez destaca que el filósofo jurídico "se mueve en predios más amplios y con sentido constructivo puede discutir todo… teniendo en cuenta los supuestos sociales y de otros órdenes que le dan vida al Derecho…". [8]

Regreso a Gomá y su sugerencia de orientar el comportamiento moral de las personas hacia el bien común, acentuando que sólo por vía de excepción se debe poner en marcha el aparato represor y coercitivo del Estado.[9] Obvia señalar lo desastroso que resulta el dinero que se gasta para tener cada vez más policías que nos vigilen. Se trata de un gasto público que podría reducirse si contáramos con más ciudadanos ejemplares formados en una educación integradora. De ahí que resulta imperativo cumplir con el deber jurídico sin necesidad de sanciones, y que sea el "espíritu público", enfrentado a todas las formas de servidumbre, de arbitrariedad o de dependencia, quien resulte vencedor en la figura y acción del ciudadano virtuoso al cual me he referido. En ese contexto Gomá sugiere que, sin abandonar lo que el ser humano ha ganado en libertad individual y en respeto a su dignidad, admita "que no está exento del deber general de colaborar

7 Charles Coutel, *Condorcet: Instituir al ciudadano,* Ed. del signo (2004), p. 67.

8 Emilio Menéndez, *Teoría del Derecho*, Ed. Universidad de Puerto Rico (1980), p. 9.

9 Javier Gomá, *supra*, pg. 111.

con la comunidad,[10] siendo capaz de promover un ambiente que exhorte "a elegir la virtud cívica por su propio bien y por el común de la [sociedad]."[11]

Escribo como puertorriqueño, aunque entiendo que esta situación nos es común a todos. Pero si dejamos que nuestros países se nos sigan derrumbando grano a grano, mientras nos mantenemos pendiente del interés propio y no del colectivo, acabaremos sumidos en la peor miseria económica y moral. En el reconocimiento ético y político de que debemos colaborar con la comunidad para promover un ambiente educativo se cumple con lo que Gomá exhorta: "a elegir la virtud cívica por su propio bien y por el bien común de la [sociedad]."[12] En palabras sencillas, a lo que Gomá a lo que nos incita es a aspirar a lograr un pueblo virtuoso compuesto "por ciudadanos relevados del deber de serlo", en tanto ya no sea una imposición sino parte de nuestra naturaleza bajo la advertencia de que no es posible que la democracia se sostenga por ciudadanos "desinhibidos del deber". [240]

Veamos ahora cómo se relaciona lo anterior con los orígenes del derecho estatuido, y la importancia de los principios generales del derecho en su interpretación y aplicación. Atenderé, también, cómo estos principios generales asisten en el proceso de modelar la conducta del ciudadano virtuoso a la cual debemos aspirar.

III. LA IMPORTANCIA DE LOS PRINCIPIOS GENERALES DEL DERECHO EN LA REGLAMENTACIÓN DE LAS AGENCIAS ADMINISTRATIVAS

Pedro Gómez de la Serna (1806–1871), jurista español del siglo XIX, se lamentaba de que la falta de los principios generales del derecho se debe a que la administración pública estuviese en manos "de oscuros oficinistas"."[13] Se pensó, entonces, que con la aprobación de leyes puntuales se podía controlar el ejercicio de discreción de los administradores. Un poco más de un siglo después el profesor español Eduardo García de Enterría[14], enfrentado a la producción masiva de leyes, reglas y reglamentos, confirmó la necesidad de acudir a los principios generales del derecho que desarrollaron los juristas romanos y que nunca han dejado de estar presentes en la conciencia de los hombres del Derecho. De esa manera, los principios generales asisten en el proceso de interpretar y aplicar las leyes. Dicho esto, García de Enterría describe los principios generales del Derecho como un "condensado ético de la justicia y reguladores de todas y cada una de las instituciones positivas de un ordenamiento." Para él, sin los principios generales del Derecho "no es posible siquiera comprender lo más elemental de sus instituciones." Id. pg. 104.[15] Y desde 1984 nos advierte que "la interpretación de la ley más simple no es posible abordarla sin Principios generales."[16]

---

10 Se refiere a la *polis* que, en la antigua Grecia, era la comunidad política constituida por una ciudad que se administraba a sí misma. *Diccionario Clave*.

11 Gomá, supra pg. 125.

12 Gomá, supra pg. 125.

13 Cita tomada de Francisco Sosa Wagner, *La construcción del Estado del Derecho Administrativo,* Marcial Pons (2001), pg. 69.

14 Eduardo García de Enterría, *Justicia y seguridad en un mundo de leyes desbocadas,* Cuadernos Civitas (2004) p. 103-104.

15 García Enterría se refiere entonces a Savigny que pensó las instituciones como "el contrato... el matrimonio, la sucesión testada, el Reglamento, la expropiación forzosa, la propiedad y otras muchas más...

Lo anterior nos trae al principio de la buena fe, la doctrina de los propios actos, el enriquecimiento sin causa o injusto y el fraude a la ley y a otros principios jurídicos, que el profesor español Jesús González Pérez considera particularmente aplicables al derecho administrativo. De ahí que "por buena fe ha de entenderse el cumplimiento leal, honrado y sincero de nuestros deberes para con el prójimo, y el ejercicio también leal, honrado y sincero de nuestros derechos...". De acuerdo con González Pérez, no actúa como tal el que ejercita sus derechos "anormalmente con carácter antisocial..., ni tampoco el que trata de burlar la ley, ... para lograr un resultado prohibido por el Ordenamiento jurídico o contrario al mismo, constituyendo el primer caso un abuso del derecho, y el segundo un fraude a la ley."[17]

Una opinión similar expresa la profesora argentina Delia Matilde Ferreira Rubio, para quien la buena fe debe tener como norma de conducta general un ámbito de actuación lo suficientemente amplio que pueda presidir "el comportamiento interrelacionado con los miembros de la comunidad en todo momento."[18] O, como escribe el profesor argentino Héctor A. Mairal, refiriéndose a los franceses, pero que muy bien debería ser aplicable a todos, la influencia de los principios generales de derecho como fuente de derecho administrativo es fundamental al extremo que "la decisión administrativa que contraría un principio general del derecho incurre en el vicio de 'violación de ley".[19] Asimismo lo evidencia el elocuente argumento de García de Enterría:

> 'Hay además otra razón definitiva para que el derecho administrativo postule de suyo enérgicamente la técnica de los principios generales del derecho, y es la insuficiencia de la sumisión de la Administración a la simple legalidad formal, para que su enfrentamiento con los administrados, supuesta su formidable potenciación actual, pueda discurrir por causas de justicia. Y seguidamente recuerda la frase de Forstoff: '... solo la vinculación a los principios jurídicos materiales puede asegurar hoy la medida necesaria de libertad individual unida a la justicia social, y legitimar el Estado como Estado de Derecho." (166)[20]

Coincido plenamente con González Pérez cuando subraya la importancia del trato que merecen los ciudadanos por parte de la Administración, y no solo proclama la aplicación del principio de la buena fe, sino "que exige su máxima vigencia." Id. p. 38.[21]

---

que cada una de esas instituciones está construida sobre uno o varios principios generales del Derecho propios y específicos, sin perjuicio de que puedan afectarle otros de radio más extenso." Id. pg. 104-05.

16 Citado de Isidoro Álvarez Sacristán, *Los Principios Generales del Derecho,* Ed. Gomylex 2010, pg. 145.

17 Jesús González Pérez, *El principio General de Buena Fe en el Derecho Administrativo,* Ed. Civitas 3ra Ed. (1999), p. 26, citando con aprobación a Ruiz de Velasco, *La buena fe como principio rector...,* << RGLJ>> 1976, I., *p. 560*

18 *La Buena Fe, El principio General en Derecho Civil,* Ed. Montecorvo (1984) P. 228.

19 La Doctrina de los Propios Actos y la Administración Pública, Ed Depalma, (1994). En el mismo Mairal reconoce el legado del derecho francés en su teoría del derecho.

20 García de Enterría, *Reflexiones sobre la ley y los principios generales del derecho,* Madrid 1984, ps. 39"40, La cita de Ernst Forstoff (1902- 1974), jurista alemán defensor del Estado de bienestar en la república Federal de Alemania.

21 Conviene mencionar el caso de *Utility Services v Muncipio de San Juan,* 115 D.P.R. 88 (1984) en que se determinó que se anuló un contrato público por considerar que existía excesiva onerosidad debido a una desproporción exorbitante entre las prestaciones de las partes contratantes. Ese caso contiene una opinión disidente del Juez Rebollo López que merece ser discutida en ocasión de considerar el tema del enriquecimiento injusto en un contrato público, no ya por el ciudadano privado sino por la administración.

Conviene precisar que desde 1974 los principios generales están codificados en el Código Civil español, tanto como prescripciones jurídicas como para asistir en el proceso de orientar e interpretar el derecho. Mientras, en el ordenamiento jurídico puertorriqueño el principio de la buena fe está estatuido jurisprudencialmente desde 1981 mediante el caso de *Velilla v. Pueblo Supermarkets*, 111 DPR 585 cuando, por voz del Juez Presidente José Trías Monge se mandató que: "el requisito de la buena fe es también exigencia general de nuestro derecho y se extiende a la totalidad de nuestro ordenamiento jurídico". Id. 587–588.

Luego de analizado el efecto civilizador que deben tener los principios generales del derecho en la conducta del ciudadano, referiré al tema angustioso de la corrupción y sus efectos nefastos en nuestra sociedad.

IV. LA CORRUPCIÓN EN EL PROCESO DE LA CONTRATACIÓN PÚBLICA MUESTRA SÍNTOMAS DE UNA SOCIEDAD DECADENTE

En el 1973 el gobierno de Hong Kong, todavía colonia de Inglaterra, nombró una comisión para investigar un acto de corrupción fiscal que recibió amplia difusión pública. El entonces Superintendente de la policía Peter Godber se había escapado al Reino Unido sin explicar cómo sus cuentas bancarias excedían por mucho su salario como servidor público.[22] A raíz de ese evento calamitoso, el gobernador de Hong Kong nombró una comisión independiente presidida por John Prendergast, ex director de una división especial de la policía de Hong Kong con vasta experiencia en servicios de inteligencia y contrainsurgencias en lugares de operaciones en que el gobierno estaba bajo asedio por el crimen organizado. Según un estudio que se hizo en el 1974 la economía de Hong Kong había crecido exponencialmente en la década de los 1950 hasta el 1973, cuando se creó una comisión independiente. Se determinó, entre otros hallazgos, que los problemas de corrupción se habían incrementado por la creciente desconexión de actitudes, opiniones y métodos del gobierno hacia la población y que era imperativo tomar acción inmediata para remediarlo.[23] Entre las medidas tomadas sobresalen las siguientes. Primero, establecer una mejor comunicación entre el gobierno y las comunidades para que los ciudadanos pudieran presentar sus quejas. Segundo, una vez identificados los problemas, se aprobaron leyes anti corrupción imponiéndole a la administración el deber de investigar los actos de corrupción ("the investigatory sphere"). Tercero, se crearon mecanismos de consulta para evitar los actos de corrupción ("preventive sphere"). Cuarto, se inició un programa para educar a la comunidad sobre los males de la corrupción y cómo empobrecen al pueblo. Finalmente, se fomentó el apoyo del pueblo para combatir la corrupción. ("community sphere").[24] Los esfuerzos conjuntos de la comunidad y el gobierno produjeron resultados positivos logrando colocar a Hong Kong entre los doce lugares del mundo menos afectados por la corrupción y uno de los mejores lugares del mundo para hacer negocios. Sin embargo, es justo señalar que, al tiempo en que la co-

---

22 Anthony Neoh, *An inmpartial and Uncorrupted Civil Service: Hong Kong's Fight Against Corruption in the Past 34 years*, tomado del libro *Effective Judicial Review*, Ed. Christopher Forsyth, Mark Elliot et al, Oxford University Press (2010), pg. 216. El Dr. Neoh es un abogado postulante en Hong Kong.

23 Id. pg. 220. El estudio se conoció como "A theory of Corruption (1961) The Sociological Review 19 502-514. El Dr. Neoh trabajo con Michael McMullan que llevó a cabo dicho estudio y luego fungió como uno de los jueces de circuito para Inglaterra y "Wales" y ahora está retirado.

24 Id, p. 223.

rrupción gubernamental bajaba, la corrupción en la actividad privada aumentaba. No obstante, esto no afectó la integridad de la rama judicial, ni el alto nivel de transparencia que la comisión anticorrupción logró implantar.

Me detengo, ahora, en otro caso que muestra la relación gobierno, servicio público y corrupción, esta vez en Puerto Rico. El siguiente ejemplo ilustra lo que constituye un contrato éticamente deplorable y premeditadamente ilegal. Un suplidor de equipo médico–quirúrgico en aparente combinación con el Municipio de Ponce, una ciudad al sur y la segunda más importante de Puerto Rico, acordó fabricar un equipo de almacenamiento, despacho y control de medicinas para ser utilizado por el Municipio, a un costo de $ 667,103. El Municipio no celebró subasta porque trató el asunto como una supuesta compra de emergencia, a pesar de que el proceso tomó más de seis meses. Afortunadamente para el pueblo, cuando se fue a entregar el equipo había cambiado la administración y el nuevo alcalde rehusó recibirlo, por lo que el suplidor demandó. El Tribunal de Primera Instancia, aun reconociendo la necesidad de celebrar subasta, pues la compra excedía de $10,000, entendió que existía un estado de emergencia y aplicó al Municipio la doctrina del enriquecimiento injusto. Insatisfecho con una sentencia que le ordenaba pagar por algo que no se había contratado legítimamente, el Municipio recurrió al Tribunal Supremo de Puerto Rico ("TSPR").[25]

El TSPR revocó la sentencia al resolver que el contrato de venta era nulo, razón por la cual el Municipio no tenía que pagar. Explicitó que la buena administración de un gobierno es una virtud de la democracia y ello implica ejecutar sus funciones como comprador con eficacia, honestidad y corrección para proteger los intereses y dineros del pueblo (1005)[26]. Respecto a la existencia de una situación de emergencia, dictó que "la situación debe ser *legítima* y debe r*equerir la entrega inmediata*..." (1007) Luego se preguntó: "[s]i los equipos tardarían varios meses en estar listos, ¿era mucho esperar diez (10) días para efectuar la subasta? Razonó que no concurrieron los requisitos legales para configurar un estado de emergencia, y sobre la doctrina de enriquecimiento injusto expresó que la misma "no se aplicará cuando resulte contrario a una clara política pública, plasmada en un estatuto o en la Constitución." Finalmente, concluyó que los acuerdos con el Municipio se efectuaron en abierta violación de todas las normas del orden público entre gobiernos y entidades privadas. (1011)

En una muestra clara de indignación, el TSPR concluyó diciendo que se negaba "a elevar a rango de *precedente judicial* actos efectuados contra las leyes que encarnan principios fundamentales de política pública y sana administración de fondos públicos, De la manera más enérgica rechazamos esa pretensión." Y procedió a revocar al Tribunal de Primera Instancia. (1012). El TSPR reconoció que no había forma de legalizar lo que no era legal y, al hacerlo, penalizó al suplidor del equipo por su rol en un negocio oscuro o tramposo.

A mi juicio fue una decisión justa y correcta, tanto desde la perspectiva legal como de la ética. Ningún ciudadano que reclama derechos debe poder sostener su reclamación sin evidencia de que ha cumplido con sus deberes. Entiendo que tal cumplimiento significa ser responsable con el proceso de contratación pública al pie de la letra. En el caso

---

25 *Hatton v. Municipio de Ponce*, 134 DPR 1001 (1994)

26 *Mar-Mol, Inc. v. Adm. Servicios Gens.*, 126 D.P.R. 864, 871 (1990)

descrito el suplidor no debió siquiera iniciar el pleito y mereció ser sancionado severamente por haberlo hecho.

Un segundo caso es el *Colegio Internacional SEK de PR v. Escribá,* 135 DPR 64 (1994), en el cual un abogado pretendió cobrar una comisión por mediar en la venta de una propiedad sin contar con una licencia de corredor de bienes raíces. El TSPR desestimó su reclamo al decretar nulo el contrato por causa ilícita. A esos efectos determinó que la ley era clara y así también su lógica: a saber, reglamentar al máximo la profesión de corredor de bienes raíces "por la importancia que la misma tiene en la vida diaria y bienestar de la ciudadanía en general." (662) Al tratarse de actos contrarios al ordenamiento público, el contrato adolecía de causa ilícita y procedía como cuestión de derecho declararlo nulo y concluir que no había derecho a cobrar la comisión. (667). Es más, añadiría, el rol del abogado contratista debe de ser aún más exigente por su condición de abogado a quien se le imputa ser un conocedor de las leyes.

Paso ahora a describir brevemente el proceso administrativo de la contratación, particularmente por la utilidad que ello tiene en evitar el uso arbitrario del poder discrecional de la agencia administrativa y en describir el control judicial que existe para remediarlo.

V. EL PROCESO ADMINISTRATIVO

La corrupción no es el único problema que plantean los contratos públicos. Por ejemplo, un licitador puede verse afectado cuando la Junta de Subastas abusa de su discreción por razones ajenas a actos de corrupción, tales como cuando abusa del derecho, por las razones que sean, que van desde la pobreza de la aplicación del derecho, negligencia en la apreciación de los hechos o meramente parcialidad. De cualquier modo, el bien público, como son los intereses y dineros del pueblo, debe ser prioritario en la adjudicación de las subastas en tanto persigue evitar el gasto excesivo al otorgar el contrato al mejor postor en una competencia libre de favoritismos. Precisamente para ello el TSPR ha establecido las pautas que cito a continuación:

> Primero:
>
> "... la celebración de subastas tiene **el propósito de promover la competencia** en las proposiciones de manera que el Estado consiga que **se realice la obra al precio más bajo posible. [A]l requerirse que la subasta ... se evita que haya...** descuido al otorgarse los contratos." *Torres v. Junta de Subastas*, 169 D.P.R. 886, 897 (2007), citando a *Justiniano v. E.L.A.,* 100 D.P.R. 334, 338 (1971). (Énfasis suplido).
>
> Segundo:
>
> La meta que se persigue es **"la protección de los intereses y los dineros del pueblo** contra el dispendio, la prevaricación, el favoritismo y los riesgos del incumplimiento." *Cancel v. Municipio de San Juan*, 101 D.P.R. 296, 300 (1973). (Énfasis suplido).
>
> Es por ello que la discreción debe ser utilizada para hacer justicia, no para permitir que se actúe arbitrariamente, máxime cuando es el erario el que está en riesgo.

A esos efectos el TSPR ha establecido:

> "[... Las agencias gozan de discreción al evaluar las propuestas sometidas, pues cuando se trata... de la adquisición de servicios técnicos de gran costo y sofisticación, la selección de un proveedor sobre otros puede conllevar decisiones que descansen, no en criterios estrictamente matemáticos, sino en una valoración de la tecnología, y los recursos humanos con que cuenta ésta, a la luz de las necesidades presente y futuras de la agencia". *A.E.E. v. Maxon Engineering Services*, 163 DPR 434, 439 (2004).

Sólo si el licitador más bajo cumple con los requisitos reglamentarios de la agencia y además tiene la capacidad de ejecutar la obra de forma eficiente, deberá resultar agraciado. *Empresas Toledo v. Junta de Revisión*, 168 D.P.R. 771 (2006). Citado con aprobación en *Torres*, *supra*, (2007) a la pág. 898

La subasta pública provee un mecanismo abierto y transparente el cual, mediante un procedimiento justo y equitativo, le permite al Estado obtener el precio más bajo posible por el servicio deseado. La adjudicación de una subasta debe resolverse a la luz del interés público y sólo puede impugnarse si se demuestra que su adjudicación fue arbitraria o irrazonable.[27]

Para determinar que cada uno de los licitadores reúne los requisitos mínimos de competencia y capacidad para competir, el gobierno de Puerto Rico ha delegado en la Administración de Servicios Generales ("ASG") para cualificarlos mediante un registro de contratistas elegibles. Una vez registrados los licitadores potenciales, las distintas agencias pueden entonces invitarlos a participar en ese proceso. La doctrina reconoce que corporaciones públicas como Autoridad de Energía Eléctrica, Autoridad de Edificios Públicos y la Autoridad de Acueductos y Alcantarillados cuentan con el conocimiento especializado para determinar si un contratista puede realizar la obra por el precio y el tiempo pactado. El TSPR les reconoce esa competencia técnica, al concederles deferencia en los casos en que ejercen su discreción por tratarse de situaciones particulares que lo ameritan. El TSPR ha determinado que ello "responde a que, **de ordinario**, la agencia posee una vasta experiencia y especialización que la coloca en mejor posición que el foro judicial para seleccionar el postor que más convenga al interés público." *Caribbean Communications v. Policía de P.R., 176 D.P.R.* 978,1006 (2009). (Énfasis suplido y citas internas omitidas)

La presunción de legalidad y corrección, apuntalada en el conocimiento especializado de la agencia, debe respetarse mientras la parte que la impugne no produzca evidencia suficiente para derrotarla. *Domínguez v. Caguas Expressway Motors,* 148 D.P.R. 387, 397–398 (1999). El peso de la prueba para demostrar que la actuación administrativa fue arbitraria y/o caprichosa recae en la parte que la reclama. El silencio no puede constituirse en prueba, máxime cuando la prueba *voluntariamente suprimida* debe verse con sospecha e interpretarse que resultaría contraria a quien la oculta si la ofreciese. Por otro lado, "... la agencia no puede limitarse a recitar o a repetir frases generales... como único fundamento para su decisión. Las determinaciones de hecho y las conclusiones de derecho, por lo tanto, no pueden ser *pro forma*." *Padín Medina v. Adm. Sist. Retiro*, 171 DPR 950, 962 (2007). (Citas internas omitidas). En efecto, aunque la adjudicación de subastas no requiere rigidez, no se puede proceder con informalidad y contradicción, pues cuando se trata de fondos públicos, la norma debe ser de cumplimiento estricto.

Por último, con respecto a la presentación y validación de la prueba, la decisión administrativa ha de ser informada con conocimiento y comprensión de la evidencia pertinente al caso. *ADCVP v. Tribunal Superior*, 101 DPR 875, 883 (1974). Los Tribunales han establecido los criterios de base racional y evidencia sustancial al momento de revisar las decisiones administrativas. Así, por ejemplo, en *Padín Medina*, *supra*, pág. 960 se subraya que:

---

27 *Great American Indemnity Co. v. Gobierno de la Capital*, 59 D.P.R. 911, 917 (1942). *V.*, además, *Café Fino, S.A. v. Departamento de Agricultura*, 149 D.P.R. 836, 856-857 (1999).

"... las determinaciones de hecho... deben ser lo suficientemente definidas. De este modo se cumple el propósito de poner a los tribunales en posición de revisar de forma inteligente la decisión... y determinar si **los hechos probados** por la agencia ofrecen una **base razonable** para su evaluación. Por lo tanto, la agencia debe exponer los hechos determinados como probados, incluyendo las inferencias que en última instancia creyó justificadas." *Id.* págs. 961–962, citando a *Misión Ind. P.R. v. J.P.*, 146 D.P.R. 64 (1998). (Citas internas omitidas) (Énfasis Suplido).

Sin una explicación racional y fundamentada de la decisión de una agencia administrativa se dificulta la función revisora por un Tribunal de Justicia.[28] Por esa razón, "[l]a motivación implica la explicación de los motivos esenciales de la decisión, esto es, la argumentación debe contener *los hechos y fundamentos de derecho relevantes que condujeron a la autoridad a adoptar dicha decisión...*" Fernando Pablo, *supra*, a la pág. 127 (Itálicas del original.) La falta de explicación, que es lo opuesto a la confiabilidad de la decisión, "*ocasiona siempre indefensión*" en el reglamentado. (123 n153).

"El Derecho siempre exige justificación, demanda razones, preserva la razón. Su naturaleza es la de justificar decisiones, actuaciones. Por eso no puede y no podrá nunca rehuir la cuestión de fundamento. Si no se entiende esto y se siente esto, no se entiende nada."[29]

Por lo tanto, la Junta de Subastas tiene que explicar su decisión, pues cuando la falta de transparencia se combina con la deferencia ciega, culmina en arbitrariedad. Precisamente para evitarlo es que se impone la transparencia. De lo contrario el derecho a la revisión judicial pierde todo sentido. *Punta de Arenas Concrete, Inc. v. Junta de Subastas*, 153 DPR 733, 741 (2001). Además, ya en *L.P.C.& D. v. Autoridad de Carreteras*, 99 DPR 185 (1999), el TSPR había advertido del requisito de que las adjudicaciones de subastas fueran fundamentadas. El mismo es una exigencia del debido proceso de ley y, por lo tanto, promueve una serie de objetivos que permiten:

"(1) proporcionar a los tribunales la oportunidad de revisar adecuadamente la decisión administrativa y facilitar esa tarea; (2) fomentar que la agencia adopte una decisión cuidadosa y razonada dentro de los parámetros de su autoridad y discreción; (3) ayudar a la parte afectada a entender por qué el organismo administrativo decidió como lo hizo, y al estar mejor informada, poder decidir si acude al foro judicial o acata la determinación; (4) evitar que los tribunales se apropien de funciones que corresponden propiamente a las agencias administrativas bajo el concepto de especialización y destreza." *L.P.C.& D., supra, citando, Rivera Santiago v. Secretario de Hacienda,* 119 D.P.R. 649 (1950).

De forma parecida se expresó el TSPR en *Empresas Ferrer v. A.R.P.E.,* 172 DPR 254, 265 (2007) al exigir explicaciones claras para justificar las adjudicaciones para que:

(1) los tribunales tengan la oportunidad de revisar adecuadamente la determinación administrativa ante su consideración; (2) fomenta que los organismos administrativos adopten decisiones cuidadosas y razonadas conforme el ámbito de su autoridad y discreción; (3) ayudan a la parte afectada a entender la razón de la determinación administrativa, permitiendo así que ésta decida si solicita o no su revisión ante el foro apelativo correspondiente o si de lo contrario, acata la misma; (4) promueve la uniformidad intra agencial, en particular cuando el proceso decisorio institucional es adoptado por distintos miembros de un comité especial a quienes les está encomendado celebrar vistas y recibir la prueba; y, (5) evita que los tribunales usurpen funciones propias de las agencias administrativas dado su conocimiento o *expertise*."

28 Marcos M. Fernando Pablo, *La motivación del acto administrativo*, pág. 126, Ed. Tecnos (1993).

29 Tomás R. Fernández, *De la Arbitrariedad de la Administración*, Civitas 4ta Ed. (2002), p. 164.

Al manejar estos trámites administrativos debemos tomar en cuenta que los argumentos de derecho, no importa su trascendencia en un momento dado, deben convivir con los principios generales del derecho. Según el profesor de Harvard Adrián Vermeule,[30] el derecho administrativo es un sistema dinámico, en constante fluctuación. En cualquier momento las decisiones pueden llamar la atención, pero con el tiempo desaparecerán y se requerirá un esfuerzo sostenido de una generación o más para poder superar lo que él denomina el arco de la abnegación del derecho. Esto es, la casi renuencia (por deferencia de los tribunales) de intervenir con las decisiones discrecionales de las agencias.[31]. A partir de ese momento, advierte Vermeulle, el analista del derecho puede jugar un papel modesto, pero constructivo, en reducir interinamente el daño social a nivel interno. Sin embargo, la realidad es que la mayoría de los casos se resuelven en favor de la agencia administrativa, lo que significa que los tribunales se ven más inclinados a concederle deferencia a la administración. El resultado es que el llamado imperio de la ley, cuya virtud se encuentra en que la agencia elabore una decisión persuasiva a base de hechos concretos y pueda aplicarle el derecho en cuestión, ha estado cediendo ante la fuerza avasalladora de la administración. Es decir, según Vermeulle, la deferencia ciega o robótica a las decisiones administrativas seguirá sin vuelta atrás en cuanto a la existencia misma de ese cuarto poder que representa la administración. (15–16.)

A ese respecto Vermuelle atribuye a Valéry Giscard d' Estaing, proponer cuando fue electo presidente de Francia en 1975 que no hay razón para regresar a la situación de antes del 1968, sin otra razón, que no fuere porque el "estado administrativo" existía antes del 1968 y ello dio lugar a las condiciones que condujeron al 1968.[32] Para Vermuelle, que se hace eco de los mismos fundamentos de Giscard cualquier intento de reinstaurar la "Constitución clásica", la cual fortalece el poder judicial, sería inútil si no se logra vencer al "estado administrativo" que cada día adquiere más poder. Como mínimo, concluye diciendo que "el imperio de la ley y el orden constitucional clásico se han ido sin esperanza de revivir." [33] (218).

Con esa nota fúnebre, que más que un presagio se erige como una advertencia de lo que está por venir, nos toca a los abogados estar alertas para que el estado administrativo no aplaste los derechos de los ciudadanos exigiendo que cumplan su deber de buen gobierno. Toca, además, a la ciudadanía, particularmente al ciudadano virtuoso, educado e informado al cual todos debemos aspirar ser, evitar la entrega de los derechos y, lo que es peor, abandonar la exigencia del cumplimiento del deber.

El 31 de octubre de 2003 la Asamblea General de la ONU proclamó el 9 de diciembre como el "Día Internacional contra la Corrupción". Esa decisión se tomó con la fina-

---

30 *Law's Abnegation*, Harvard University Press (2016), p. 14.

31 El texto en ingles lee como sigue: "over a generation or more, to reverse the arc of law's abnegation…."

32 El texto en inglés lee como sigue: "when Valéry Giscard d'Estaing was elected president of France in 1975, he observed that [t]here is no question of returning to the pre-1968 situation if only for the reasons that the pre-1968 situation included the conditions that led to 1968." Jon Elster, *Sour Grapes: Studies in the Subversion of Rationality*, 87n5 (1983).

33 El texto en inglés lee como sigue: "On the same grounds, an attempt to return to the 'classical Constitution' with no massive administrative state and no 'headless fourth branch' of administrative power, is incoherent. Those very institutions, operating a system of mutual interaction, are what produced the administrative state itself. At a minimum, law's empire and the classical constitutional order are beyond all hope of revival."

lidad de crear conciencia sobre su gravedad, así como el papel que puede desempeñar la ONU para combatirla y prevenirla en tanto es un mal que nos concierne a todos. Lo más triste de todo es que "la corrupción genera pobreza,"[34] estimando que sus efectos corrosivos son debidos, en parte, a la politización de las instituciones públicas.

El profesor Guevara Quintanilla nos refiere a un artículo del profesor Lapuente Giné publicado en el periódico El País el 27 de marzo de 2009, en el cual se nos advierte que las "Administraciones más proclives a la corrupción son aquéllas con un mayor número de empleados públicos que deben su cargo a un nombramiento político. El partido que controla un gobierno local puede nombrar una multitud de altos cargos y asesores con plena discreción, por lo que pueden haber cientos de personas cuyos salarios dependen de que un partido determinado gane las elecciones." (115). La clave está, nos dice, en reducir al mínimo los empleados de confianza y depender en los empleados de carrera que ingresan a sus cargos en virtud de su competencia o mérito y no de su lealtad política.

Por otro lado, el profesor Jaime Rodríguez Arana[35] plantea la importancia de la vertiente ética que descansa en un compromiso "… por tener presente las demandas ciudadanas, lo que implica colocar al ciudadano en el lugar central del buen gobierno y reclamar que el aparato público bascule permanentemente hacia la ciudadanía y no hacia la propia organización." (57).

Por último, y no menos importante, Puerto Rico también vive el mundo de transformación económica global que mueve al gobierno considerar aumentar la creación de empresas público/privadas, lo cual fomenta la inspección de obras en proceso y obras terminadas por parte de profesionales privados. Por ello es menester asegurarse de no liberar a la administración de su responsabilidad con la seguridad de las obras y la calidad de los servicios que preste el ente privado. Dicha fiscalización invita, como propone el profesor español Francisco Velasco Caballero[36], a que la contratación de servicios privados se considere como Derecho público, con la fiscalización que ello conlleva, en tanto su objetivo primordial es de interés general incluyendo "sectores donde una de las partes contratantes (ya sea una Administración pública, ya una empresa privada con derechos especiales o exclusivos) goza de una posición de privilegio en el mercado." En su consideración del derecho privado contemporáneo, me suscribo a su juicio de que "[t]ambién es propio del *Derecho privado contemporáneo* la apertura y la transparencia de los mercados contractuales." (Énfasis del original. 144).

VI. NO TODO ESTÁ PERDIDO: IDEAS Y SOLUCIONES Y PALABRAS FINALES

El tema de esta reflexión ha sido *el rol del ciudadano, sus deberes y derechos, enfatizando en que no deben existir derechos sin deberes*, así como la importancia de contar con ciudadanos virtuosos dentro y fuera del gobierno, quienes aseguren una administración que vele porque se respete el debido proceso de ley, la transparencia y la honestidad en el servicio público. A ello he sumado la importancia de los principios generales del

34 Miguel Antonio Guevara Quintanilla, *El Derecho a la Buena Administración,* Publicaciones Univ. Complutense (Madrid, 2010), pg. 114-115.

35 *El ciudadano y el poder público: el principio y el derecho al buen gobierno,* Ed. Reus, S.A. (2012).

36 *Derecho público más Derecho Privado,* Ed. Marcial Pons (2014) pgs. 143-44.

derecho y de poder contar con un proceso administrativo que permita el control judicial de las decisiones inexplicadas e inexplicables de las agencias públicas.

No todo está perdido. Así lo pensado por los filósofos políticos desde los tiempos clásicos hasta el presente, me llevan a retomar ese diálogo con esos pensadores de entonces y los del presente por su relevancia práctica para el derecho administrativo. Al Conde Giovanni Pico della Mirandola (1463–1494), humanista y filósofo italiano del Siglo XV, se le atribuye haber sembrado esperanza en la humanidad y en su capacidad de superarse al reclamar que: *Seremos lo que queramos ser*. Siglos después, el jurista puertorriqueño José Trías Monge[37] refiere a varias instancias del deber jurídico y su horizonte ético al destacar la moral de la aspiración y la moral del deber con respecto a las desigualdades sociales. Para ello cita dos juristas estadounidenses, a John Rawls, quien le "impone a cada generación el deber de legarle una sociedad justa a las generaciones siguientes" (287), y a Roscoe Pound, el más alto exponente de la escuela sociológica norteamericana, quien "consideró que el fin del derecho es el logro del bienestar común, de la felicidad de la ciudadanía o, en la formulación más feliz, el mantenimiento, adelanto y transmisión de la civilización. Con este propósito fundamental en mente, su tarea consiste en la satisfacción de las necesidades humanas, la realización y armonización de los intereses humanos del modo más eficiente posible" (371–372).

A tenor con lo anterior, consigno algunas sugerencias que puedan asistir al proceso de mejorar nuestra calidad de vida al adoptar medidas que fortalezcan el proceso de la contratación pública.

Primero, habría que contar con un banco de licitadores debidamente cualificados y actualizados para competir en una subasta pública por los servicios, artículos o productos que requiera el estado y al mismo tiempo dotar a nuestros ciudadanos del conocimiento necesario para que contribuyan en este proceso.

Segundo, hay que legislar para tener una Junta de Subastas compuestas por personas idóneas nombradas por el Gobernador, con el consentimiento del Senado de Puerto Rico, por un término no menor de 10 años. Es necesario que q la misma se le dote de los recursos técnicos necesarios para poder profesionalizar el proceso. Dicho personal técnico puede incluir profesionales de otras agencias que se transfieran por medio de destaque para no excederse del presupuesto vigente.

Tercero, sugiero la creación de un panel en el Tribunal de Apelaciones para dirimir los casos de subastas públicas, al cual se dote, también, de recursos técnicos de asesoramiento.

Como última propuesta, sugiero la creación de una comisión anticorrupción compuesta por miembros de la sociedad civil. Esta comisión debe evitar el protagonismo y procurar la mayor discreción para comenzar un diálogo que convoque a todos los niveles de nuestra sociedad. De ese modo, por tratarse de una comisión inclusiva, podrá desarrollar procesos que mejoren la educación, la prevención y, finalmente, la fiscalización y enjuiciamiento de la corrupción en Puerto Rico.

De la misma forma que honramos a nuestros próceres, honremos a nuestros servidores públicos y aquellos ciudadanos quienes por su honradez y dedicación, merecen el respeto y el agradecimiento del pueblo al reconocer que no hay derechos sin deberes. De

37 José Trías Monge, *Teoría de la Adjudicación*, Ed. Universidad de P. R. (2000).

otro modo, como nos expone Javier Gomá (274): ¿Un símbolo que no simboliza para qué sirve? Es tiempo ya de que elevemos el concepto de la solidaridad social enlazándola con la figura ejemplar del ciudadano virtuoso. Urge que el gobierno y el sector privado trabajen juntos para crear un ciudadano informado, comprometido con su pueblo y dispuesto a defender que no se pueden reclamar derechos sin cumplir con sus deberes. En esa tarea conviene recordar las lecciones del filósofo alemán ilustrado Inmanuel Kant (1724–1804), para quien todo aquel que actúa por la satisfacción de cumplir con su deber ciudadano sin estar obligado a ello y, para quien: "la buena voluntad no es buena por lo que efectúe o realice, no es buena por su adecuación para alcanzar algún fin que nos hayamos propuesto; es buena sólo por el querer, es decir es buena por sí misma."[38] Esa buena voluntad es, por tanto, potencia y acto que pone de manifiesto nuestra capacidad humana para ejercer el juicio que redunda en el bienestar común, mientras que la corrupción tolerada o alentada *sub silentio* por la inacción del estado es su distorsión.

Lo que sugiero cuesta poco y en cambio produce muchísimo bien. La ejemplaridad de la buena voluntad comienza con las cosas más sencillas, como lograr que nadie tire basura procurando tener la ciudad y los campos más limpios del planeta. O prácticas más complejas como cumplir cada cual con su deber de ser cada día mejores ciudadanos, informados, honrados y educados, así nuestro país sería el verdadero país estrella que anunciamos. Seríamos doblemente buenos, como las medias de lana que el laureado poeta chileno Pablo Neruda se colocaba en cada pie para abrigarse en el invierno. Es con sus palabras que concluyo: "dos veces es belleza la belleza y lo que es bueno es doblemente bueno cuando se trata de dos calcetines de lana en el invierno."[39]

BIBLIOGRAFÍA

Jurisprudencia de Puerto Rico

ADCVP v. Tribunal Superior, 101 DPR 875, 883 (1974) 16

A.E.E. v. Maxon Engineering Services, 163 DPR 434, 439 (2004) 14

Café Fino, S.A. v. Departamento de Agricultura, 149 D.P.R. 836, 856–857 (1999) 15

Cancel v. Municipio de San Juan, 101 D.P.R. 296, 300 (1973) 14

Caribbean Communications v. Policía de P.R., 176 D.P.R. 978,1006 (2009) 15

Colegio Internacional SEK de PR v Escriba, 135 DPR 64, 660–661, 667 (1994) 13

Domínguez v. Caguas Expressway Motors, 148 D.P.R. 387, 397–398 (1999) 16

Empresas Ferrer v. A.R.P.E., 172 DPR 254, 265 (2007) 18

Empresas Toledo v. Junta de Revisión, 168 D.P.R. 771 (2006) 14

Great American Indemnity Co. v. Gobierno de la Capital, 59 D.P.R. 911, 917 (1942) 15

---

38 Kant, Inmanuel, *Fundamentos de la metafísica de las costumbres,* Espasas Calpe, Madrid, 1973, p. 28. Cita tomada del libro de Patricia Debeljuh, *El desafío de la ÉTICA,* Temas Grupo Editorial (2003), p. 60

39 Pablo Neruda, Antología Poética, Ed. De Rafael Alberti, Planeta. 4ta ed. 1985, pg. 263

Comentaristas

FERREIRA RUBIO, Delia Matilde, *La Buena Fe, El principio General en Derecho Civil*, Ed. Montecorvo (1984) P. 228. La referencia a Gorphe es de: Le príncipe de bonne foi, Dalloz, Paris, 1928, nota 8, pg. 47 8

KANT, Inmanuel, *Fundamentos de la metafísica de las costumbres,* Espasas Calpe, Madrid, 1973, p. 28. Cita tomada del libro de Patricia Debeljuh, *El desafío de la ÉTICA,* Temas Grupo Editorial (2003), p. 60 24

MAIRAL, Héctor A., *La Doctrina de los Propios Actos y la Administración Pública*, Ed Depalma, (1994), pg. 166 8

MENENDEZ, Emilio, Teoría del Derecho, Ed. Universidad de Puerto Rico (1980), p.9. 5

NEOH, Anthony, *An inmpartial and Uncorrupted Civil Service: Hong Kong's Fight Against Corruption in the Past 34 years*, tomado del libro *Effective Judicial Review,* Ed. Christopher Forsyth, Mark Elliot et al, Oxford University Press (2010), pg. 216*Effective Judicial Review,* Ed. Christopher Forsyth, Mark Elliot et al, Oxford University Press (2010), pgs. 216, 220, 223 9–10

NERUDA, Pablo, *Antología Poética*, Ed. De Rafael Alberti, Planeta. 4ta ed. 1985, pg. 263. 25

RODRÍGUEZ ARANA, Jaime, *El ciudadano y el poder público: el principio y el derecho al buen gobierno,* Ed. Reus, S.A. (2012), pg. 56–57 21

SOSA WAGNER, Francisco, *La construcción del Estado del Derecho Administrativo,* Marcial Pons (2001), pg. 69. 6

TRÍAS MONGE, José, *Teoría de la Adjudicación*, Ed. Universidad de P. R. (2000), pgs. 287, 371–372 22

VELASCO CABALLERO, Francisco, *Derecho público más Derecho Privado,* Ed. Marcial Pons (2014) pgs. 143–144 21–22

VERMEULE, Adrián, *Law's Abnegation,* Harvard University Press (2016), p. 14, 15–16, 218. 18–19

56. LA INTERPRETACIÓN DE LOS CONTRATOS DE LA ADMINISTRACIÓN

Cristina Vázquez[1]

I. LA INTERPRETACIÓN JURÍDICA

Cualquier análisis de la labor de interpretación del Derecho debe partir de la siguiente premisa: al aplicar una norma jurídica, en ningún caso puede eludirse la tarea de realizar su interpretación.

En este sentido, la doctrina entiende de manera generalizada que aun la aparente claridad textual no excluye la interpretación, dado que la labor interpretativa no se reduce a los supuestos en los que el texto de la norma es ambiguo, contradictorio u oscuro.

Como señala Velásquez, *"...el aforismo tradicional según el cual 'lo que es claro no necesita ser interpretado', debe ser mirado como una auténtica falacia*[2].

En el mismo sentido expresa Betti, que el oficio del intérprete no puede variar en función de que deba aplicar normas claras o ambiguas, sino que, en ambos casos, tendrá la misma función, ya que no puede olvidarse el "*canon hermenéutico de la totalidad*", conforme al cual el enunciado lógico de la norma jurídica es un instrumento dirigido a regular la realidad social, todo ello encuadrado en el marco de la totalidad del ordenamiento jurídico.[3]

---

1 Doctor en Derecho y Ciencias Sociales de la Universidad de la República (Uruguay); Master en Ciencia de la Legislación y Governance Política de la Universitá di Pisa (Italia); Posgrado en Utility Regulation and Strategy de la University of Florida (USA); Posgrados en Gestión de las Energías Renovables y El Sector de Petróleo y sus Derivados del Centro de Educación a Distancia para el Desarrollo Económico y Tecnológico (CEDDET); Posgrado en Defensa de la Competencia de la Comisión de Defensa de la Competencia (España); Profesor Titular de Derecho Administrativo de la Universidad de la República (Uruguay); Director del Instituto Uruguayo de Derecho Administrativo, y Profesor de Procedimientos Administrativos, Regulación y Competencia, y Derecho de la Energía en la Facultad de Derecho de la Universidad de Montevideo; Profesor Invitado de Master en Economía y Regulación de los Servicios Públicos de la Universidad de Barcelona (España); Integrante del Consejo Editorial de la Revista de Derecho y Tribunales; Integrante del Foro Iberoamericano de Derecho Administrativo (FIDA); Integrante Académica Supernumeraria de la Academia Nacional de Economía; autor de libros y artículos sobre temas de la especialidad.

2 VELÁSQUEZ V., Fernando, *Derecho Penal*, Parte general, 3ª Ed., Editorial Temis, Bogotá, 1997.

3 Conf. PICONTÓ NOVALES, Teresa, Teoría general de la interpretación y hermenéutica jurídica: Betti y Gadamer, en Anuario de Filosofía del Derecho IX, 1992, file:///C:/Users/vazquezc/Downloads/Dialnet-TeoriaGeneralDeLaInterpretacionYHermeneuticaJuridi-142224.pdf

Por otra parte, como enseña Mariño[4], citando a Guastini, *"la claridad de una disposición no es a su vez cosa clara... establecer que una disposición es clara es cometido de la interpretación, por lo que, la interpretación se extiende a las disposiciones claras."*

En efecto, Guastini señala que ningún texto normativo tiene un significado unívoco, sino que todo texto es equívoco y está sujeto a controversias.[5]

A efectos de demostrar la convergencia doctrinaria en este punto, resulta pertinente citar definiciones de autores de las más diversas vertientes, acerca del alcance de la interpretación jurídica:

Messineo dice: *"La interpretación es la búsqueda y la penetración del sentido y alcance efectivo de la norma (...), para medir su extensión precisa y la posibilidad de aplicación a las relaciones sociales que han de ser reguladas."*[6]

Trabucchi expresa: *"La interpretación es siempre necesaria porque el texto de la ley es una fría sucesión de palabras que debe reavivarse."*[7]

Señala De Castro y Bravo: *"La norma nada vale mientras no se la entienda primero, y luego no se le haga caso, se respete el mandato que contiene y se fuerce a su cumplimiento"*. [8]

Observa Magalhäes Collaço: *"La interpretación y aplicación del Derecho son operaciones interdependientes, como de solución circular, que constituyen fases sucesivas de adecuación de las normas a la realidad."*[9]

Dermizaky afirma que interpretar *"es mediar entre el texto, signo o símbolo cuyo significado ha de determinarse, y sus destinatarios, con el objeto de llevar a la comprensión de éstos, en un leguaje apropiado, el alcance de aquéllos. El intérprete es, pues, una especie de mediador (de inter y pars: entre pares).*[10]

---

4 MARIÑO LÓPEZ Andrés, La interpretación judicial del contrato en el Derecho uruguayo Estudio del sistema de reglas hermenéuticas del Código Civil, en Anuario de Derecho Civil Uruguayo, Tomo XXVIII, FCU, Mont., 1998, p. 607.

5 Conf. GIMENO, María C., La interpretación jurídica en la obra de Riccardo Guastini, en https://www.google.com.uy/search?q=guastini+mar%C3%ADa+concepci%C3%B3n+gimeno&oq=guastin-i+mar%C3%ADa+concepci%C3%B3n+gimeno&aqs=chrome..69i57.8710j0j7&sourceid=chrome&es_sm=93&ie=UTF-8#q=la+interpretaci%C3%B3n+jur%C3%ADdica+en+la+obra+de+riccardo+guastini+mar%C3%ADa+concepci%C3%B3n+gimeno&*. *V.*, asimismo, CANALE, Damiano, Teorías de la interpretación jurídica y teorías del significado, ISDSN 15-7326, nº 11, Año 2012, pp. 135 a 165.

6 Citado en: VICENTE-ARCHE Domingo, F.: Traducción de la obra de A. Berliri, Principii di Diritto Tributario, I, Madrid, 1964.

7 TRABUCCHI, Alberto, Instituciones de Derecho Civil, traducción de Martínez-Calcerrada, Ed. *Revista de Derecho Privado*, Madrid, 1967.

8 DE CASTRO y BRAVO, Federico, Derecho Civil de España, Civitas, Madrid, 1984.

9 MAGALHÄES COLLAÇO, Isabel, Da qualificaçao em Direito Internacional Privado, Lisboa, 1964.

10 DERMIZAKY, Pablo, La interpretación constitucional, en *Revista N° 1 del Tribunal Constitucional*, noviembre de 1999, Sucre.

Etimológicamente, "*interpretar*" es desentrañar, expresión esta última que recuerda que, en Roma, los "*intérpretes*" descifraban el futuro examinando las entrañas de animales sacrificados.[11]

Ya analizando la cuestión de la interpretación del contrato, Mariño[12] define a la interpretación como *"atribución del significado a un texto"*. Y agrega: "*Se entiende por texto a una estructuración funcional dinámica de signos.*"[13]

Para Mariño, la interpretación consiste en la reformulación del texto, el cual, por otra parte, siempre se separa de la voluntad de su autor. Cuando se trata de interpretación jurídico–normativa se traduce en la atribución de significado a una formulación jurídico–normativa. También señala que la palabra "*interpretación*" alude tanto a la actividad como a su producto.

II. LA INTERPRETACIÓN DE LOS CONTRATOS

II.1. Fases del proceso en que se inserta la interpretación

Rodríguez Russo[14] consigna que la interpretación del contrato ha seguido, en el Derecho comparado, dos grandes modelos: el inspirado en el Código francés, basado en la búsqueda o indagación de la intención común de las partes, y el germánico, parco en la regulación de la actividad interpretativa.

Agrega que esta actividad debe distinguirse de otras que integran el mismo proceso, pero corresponden a etapas diferentes:

a. La "*fijación*" de los hechos, fase previa a la interpretación propiamente tal, en que se procura probar y precisar el conjunto de las circunstancias del contrato a interpretar, a efectos de buscar el sentido que en las mismas se encierra.

b. La "*interpretación*" orientada a asignar significado a la norma contractual.

c. La "*calificación*", como operación técnico–jurídica de reconducción y adecuación del negocio en la tipicidad abstracta diseñada por el legislador, pudiendo concluir en su encuadre positivo en un tipo contractual típico, o en un resultado negativo (tipo contractual atípico).[15]

d. La "*subsunción*", que implica aplicar al negocio ya interpretado y calificado, las normas legales propias de la categoría en la que se lo calificó.

---

11 GARDNER, Jane F., Mitos romanos, traducción de Isabel Bennasar y Miguel Morán, Akal, Madrid, 1995, p. 7.

12 MARIÑO LÓPEZ, Andrés, La interpretación judicial del contrato en el Derecho uruguayo. Estudio del sistema de reglas hermenéuticas del Código Civil cit.

13 Para RODRÍGUEZ RUSSO, Jorge, La interpretación del contrato, 2ª edición, FCU, Mont., 2008, el objeto de la interpretación jurídica es la norma jurídica.

14 *Ibidem*, ps. 56 y ss. Señala el autor que las previsiones del Código Civil uruguayo sobre interpretación de los contratos no dejan espacio para una interpretación integradora al margen de los criterios que consagra y de la integración en sentido propio, esto es, como categoría diversa y autónoma respecto a la interpretación objetiva y a la integración (vid. p. 278).

15 Para MARIÑO, en opinión que compartimos, la "*calificación*" es posterior a la interpretación porque para categorizar un contrato es necesario previamente indagar el significado del texto, ob. cit., p. 615.

A su vez, se distingue la "*integración*", que procura colmar lagunas, de modo que surgen efectos que el contrato no puede producir por la vía de la mera interpretación.[16]

Un aspecto interesante en relación con la interpretación de los contratos es que las reglas que la rigen se encuentran contenidas en el Código Civil, lo que hace necesaria una tarea que involucra dos tipos de interpretación:

a) la de esas disposiciones del Código Civil que, por ser legales, deberá realizarse conforme a las normas de interpretación de la ley, recogidas en el Título Preliminar de dicho Código, y

b) la del contrato mismo en aplicación de las normas específicas para interpretar este tipo de acto, las que se encuentran incluidas en los artículos 1297 y siguientes del mismo Código.[17]

II.2. Naturaleza jurídica y destinatarios de las normas de interpretación

Se ha discutido que estas normas de interpretación tengan la naturaleza de verdaderas normas jurídicas, sea por negarles su carácter imperativo, sea por constatar que su incumplimiento carece de sanción.

Al respecto señala Mariño[18] que no serían normas jurídicas desde una perspectiva estructural (enunciado que prescribe una sanción), pero sí lo son desde una perspectiva funcional y sistémica, en cuanto integran un sistema jurídico.

En todo caso, como observan Mariño y Rodríguez Russo[19], nuestra jurisprudencia, tanto como la de otros países, les ha reconocido la cualidad de verdaderas normas jurídicas, cuya inobservancia amerita la recurribilidad de la sentencia en vía de casación.

Así, por ejemplo, ha expresado la Suprema Corte de Justicia (SCJ) en Sentencia N° 2433/010 de 24 de diciembre de 2010: "*En efecto, las cláusulas que integran los contratos son normas jurídicas en la medida que conforme a la regla que consagra el art. 1291 –principio de asimilación del contrato a la Ley– constituyen normas que vinculan a las partes como la Ley misma. En consecuencia, configura "causal de casación" (art. 270 C.G.P.) el apartamiento del Oficio de los preceptos lógico–jurídicos que tienen por finalidad constatar el significado de la voluntad de los contratantes –imponiendo acudir a los elementos textuales y extra textuales relevantes– como necesario antecedente de la determinación de los efectos jurídicos del negocio* (*Cf.* Sentencia S.C.J. N° 54/995, Sentencia S.C.J. N° 14/001, Sentencia S.C.J. N° 237/002 y Sentencia S.C.J. N° 178/003; Gamarra, *Tratado...*, t. XVIII, 1980, págs. 198–199 y Mariño López, Andrés, "La interpretación del contrato en el Derecho uruguayo", en A.D.C.U., t. XXVIII, pág. 602) (Sentencia S.C.J. N° 389/004)."

---

16 Se identifican como reglas aplicables a esta fase, las incluidas en los artículos 1291 y 1303 del Código Civil. En el segundo inciso del artículo 1291 se apela al principio de buena fe, así como a la equidad, el uso y la ley: "*Todos* (los contratos) *deben ejecutarse de buena fe y por consiguiente obligan, no sólo a lo que en ellos se expresa, sino a todas las consecuencias que según su naturaleza sean conformes a la equidad, al uso o a la ley*. El artículo 1303, por su parte, dispone: "*Las cláusulas de uso común deben suplirse en los contratos, aun cuando no se hallen expresadas en ellos.*"

17 Conf. RODRÍGUEZ RUSSO, Jorge, ob. cit. P. 105.

18 MARIÑO LÓPEZ, Andrés, ob. cit., ps. 603 y s.

19 RODRÍGUEZ RUSSO, Jorge, ob. cit., ps. 108 y ss. y 275. El autor señala que son "*metanormas*" en cuanto fijan reglas para la interpretación de otras normas.

En el mismo sentido, expresa la SCJ, en Sentencia N° 210/016 de 25 de julio de 2016: *"...la interpretación del contrato es una actividad ajustada por una serie de preceptos que fijan los criterios que deben presidir dicha labor, y de estos métodos o criterios lógico–jurídicos el Magistrado no puede apartarse."*

Los destinatarios de las normas de interpretación son todos los sujetos y no solo el Juez o las propias partes contratantes. En general, se admite que dichas partes puedan convenir en una interpretación que se aparte de ellas.

II.3. Tipos de interpretación

La doctrina ha distinguido, en función de una tipología subjetiva (según el autor), la interpretación judicial, de la doctrinal, y de la llamada interpretación auténtica que, para el caso de los contratos, es la realizada por los contratantes en tanto que autores de la norma interpretada. Se señala que también interpretan las normas los juristas que representan o asisten a las partes, así como la opinión pública o grupos sociales particulares.[20]

La interpretación judicial se distingue por la eficacia jurídica del fallo, que produce nuevo texto normativo para el caso.

A partir de una tipología objetiva (según el objeto a interpretar), se distingue la de la Constitución, de leyes, de reglamentos, de contratos, de testamentos, y de actos administrativos, entre otras.

También se observa que los cruces de las tipologías mencionadas dan lugar a relaciones bivariadas entre ellas.

A su vez, Rodríguez Russo[21] sigue la distinción entre interpretación objetiva o declaracionista e interpretación subjetiva o voluntarista. La primera opta por el sentido que la declaración tiene en la común opinión del tráfico jurídico, en tanto que la segunda opta por el sentido que presumiblemente dio al texto el declarante. En otras palabras[22], la objetiva *"trata de eliminar las dudas y ambigüedades de la declaración contractual, atribuyendo a la misma un sentido y un significado a través de criterios objetivos* ("*intentio operis*")*, con prescindencia de lo que pudieron querer las partes";* la subjetiva, en cambio, busca "*averiguar la voluntad común de los contratantes*" ("*intentio auctoris*").

Gamarra, al igual que Rodríguez Russo, observa que las reglas de interpretación subjetiva tienen "*mayor jerarquía*" o "*precedencia*", respecto de las de interpretación objetiva, ya que solo se acudirá a éstas cuando no sea posible *"reconstruir sin dudas la intención común concreta".* [23] A su vez, Rodríguez Russo [24] puntualiza que puede haber ambigüedad en ambos tipos de interpretación.

En cambio, como se verá en el apartado siguiente, Mariño entiende, en opinión que compartimos, que la primera etapa del proceso de interpretación se corresponde con la interpretación objetiva.

---

20 MARIÑO LÓPEZ, Andrés, *ob. cit.*, p. 601.

21 RODRÍGUEZ RUSSO, Jorge, *ob. cit.* ps. 155 y ss.

22 Conf. DÍEZ PICAZO y ROJO AJURIA, citados por RODRÍGUEZ RUSSO, Jorge, *ob. cit.* p. 156.

23 *Ibidem*, ob. cit., p. 169; GAMARRA, Jorge, Tratado de Derecho Civil Uruguayo, Tomo XVIII, FCU, Mont., 1988, p. 215.

24 RODRÍGUEZ RUSSO, Jorge, ob. cit. p. 171.

II.4. Metodología y reglas de interpretación de los contratos

Siguiendo a Haba, Mariño[25] define al método como *"conjunto de operaciones por medio de las cuales, paso a paso, siguiendo un esquema racional, se avanza hacia un fin."* Según señala, la metodología interpretativa del contrato en el Derecho positivo uruguayo está compuesta por el análisis del texto, su sistema de significación (o código que se emplea para asignar significado), su coherencia y análisis contextual, así como pautas de asignación significacional subjetivas y objetivas en los casos de polisemias expresamente indicados.

El sistema de significación o código asocia a las unidades de un sistema sintáctico con las de un sistema semántico, expresa Mariño, otorgándoles una determinada respuesta. Así el artículo 1297 del Código Civil uruguayo establece como sistema de significación o código a considerar para interpretar el contrato, el de "*uso general*":

> "Las palabras de los contratos deben entenderse en el sentido que les da el uso general, aunque el obligado pretenda que las ha entendido de otro modo."

A su vez, la estructura básica del método de interpretación de los contratos establecida en dicho Código se encuentra en el artículo 1298:

> "Habiendo ambigüedad en las palabras, debe buscarse más bien la intención común de las partes que el sentido literal de los términos."

Según expone Mariño, en el citado artículo 1298 se dispone la existencia de dos etapas del proceso interpretativo:

a. En la primera se procura atribuir al texto un significado claro, aplicando el método literal o gramatical ("*intentio operis*"). Ante una disposición que – a partir de dicha actividad interpretativa (de asignación objetiva de significados)– se ha clasificado como clara, *"se la deja estar tal cual",* agotándose la actividad interpretativa en ese primer proceso de interpretación emprendido.

b. En cambio, ante una disposición ambigua (polisémica), debe sometérsela a un segundo proceso de interpretación tendiente a disipar las dudas para encontrar la *"intentio auctoris"* (asignación subjetiva de significados).

El intérprete, en esa segunda etapa, debe proyectarse hacia el pasado y situarse en el contexto histórico y cultural de la celebración del contrato. A continuación debe proyectarse hacia el futuro para encontrar la intención en aquel contexto.

Pensamos, con Mariño y a diferencia de lo sostenido por Gamarra y Rodríguez Russo, que la etapa de interpretación de asignación objetiva de significados precede a la de asignación subjetiva, en razón de que el artículo 1297 preceptúa en primer lugar, entender las palabras de los contratos en el sentido que les da el uso general, aun cuando la parte pretenda que las ha entendido de otro modo. A su vez, el artículo 1298 convoca la intención común de las partes tan solo ante la hipótesis de ambigüedad de las palabras.

Respecto de la duda en el lenguaje jurídico, Mariño analiza, citando a Hart, las tres zonas observables en un concepto: la zona de certeza positiva, la de certeza negativa y la de penumbra. Es a esta última que corresponde la noción de duda.

---

25 MARIÑO, Andrés, ob. cit., p. 604.

El autor distingue, a su vez, la "*ambigüedad*" de la "*vaguedad*". La primera refiere a palabras idóneas para significar dos o más entidades o conceptos. La segunda supone imprecisión del significado, sea de un vocablo o de un conjunto de ellos. Los casos de "*vaguedad*" se resuelven en la primera etapa del proceso de interpretación, atribuyendo sentido de acuerdo a la coherencia interna, tomando el sistema de significación de uso general de los vocablos y considerando la situación contextual.

En este marco, los autores analizan las reglas o pautas subjetivas y objetivas de interpretación de los contratos, consagradas en el Código Civil.

A. *Regla de la asignación de significado conforme al sentido que da a las palabras el uso general*

Esta regla es la establecida en el artículo 1297 antes citado, que Rodríguez Russo[26] ubica entre las subjetivas, en tanto que Mariño, en posición que compartimos según hemos adelantado, considera objetiva.

Rodríguez Russo observa, no obstante, que la disposición hace predominar el significado natural u objetivo sobre el significado especial o particular asignado por el declarante, con fundamento en la seguridad del tráfico jurídico, de manera que el destinatario de la declaración puede confiar en que los términos de la manifestación de voluntad se ajustan al sentido general. Además de ese *"principio de confianza"*, está en juego –según se explicará– el "*principio de autorresponsabilidad*" del autor de la declaración, quien tiene la "*carga de expresarse con claridad*". Dichos principios se aplican sin perjuicio del "*principio de buena fe*" que rige la conducta de todas las partes del contrato.

B. *Regla de la primacía de la intención común de las partes sobre el sentido literal, en casos de ambigüedad*

Esta regla es la recogida en el también ya citado artículo 1298 del Código Civil.

Gamarra[27] ha observado como errónea la exigencia de ambigüedad para la aplicación de la regla.

C. *Regla de la interpretación sistemática*[28] *o coherencia contractual*[29]

Esta regla, a la que tanto Rodríguez Russo como Mariño califican de asignación subjetiva de significado, se encuentra recogida en el artículo 1299:

> "Las cláusulas equívocas o ambiguas deben interpretarse por medio de los términos claros y precisos empleados en otra parte del mismo escrito, cuidando de darles no tanto el significado que en general les pudiera convenir, cuanto el que corresponde por el contexto general."

Mariño observa que el contrato debe interpretarse considerando su propiedad de completitud para asignar significado en caso de polisemia. Esta idea también se recoge bajo la denominación de "*canon de la totalidad*".

26 RODRÍGUEZ RUSSO, Jorge, *ob. cit.* p. 175.

27 GAMARRA, Jorge, ob. cit., ps. 210 y ss.

28 Conf. RODRÍGUEZ RUSSO, Jorge, ob. cit. p. 197.

29 Conf. MARIÑO LÓPEZ, Andrés, *ob. cit.*, p. 612.

D. *Regla de valoración del comportamiento posterior de los contrayentes*

Esta regla, también considerada de asignación subjetiva de significado, por los dos autores citados, se encuentra contenida en el artículo 1301 del Código Civil:

> "Los hechos de los contrayentes, posteriores al contrato, que tengan relación con lo que se discute, servirán para explicar la intención de las partes al tiempo de celebrar el contrato."

Los hechos que la norma toma en consideración tienen lugar en la etapa de ejecución del contrato.

Mariño considera esta regla estrechamente interrelacionada con la establecida en el artículo 1299, en cuanto ampliaría los márgenes del contexto en el que corresponde asignar significado, trayendo a consideración lo que Rodríguez Russo[30] califica de verdadero "*elemento extratextual*", relevante en cuanto la ejecución del contrato constituye un indicio de cómo el mismo se ha entendido.

E. *Regla del recurso a los usos y costumbres en el lugar del contrato*

Esta regla, también considerada por Gamarra, Mariño y Rodríguez Russo, de asignación subjetiva de significado[31], se encuentra recogida en el artículo 1302 del Código Civil:

> "Las cláusulas ambiguas se interpretan por lo que es de uso y costumbre en el lugar del contrato."

E. *Principio de conservación del contrato*

El principio de conservación del contrato (pauta objetiva de asignación de significado y verdadero canon hermenéutico según señala Rodríguez Russo) se encuentra consagrado en el artículo 1300 del Código Civil, en los términos siguientes:

> "Las cláusulas susceptibles de dos sentidos, del uno de los cuales resultare la validez y del otro la nulidad del acto, deben entenderse en el primero.
>
> Si ambos dieren igualmente validez al acto, deben tomarse en el sentido que más convenga a la naturaleza del contrato y a las reglas de la equidad."

F. *Regla de interpretación a favor del deudor ("favor debitoris")*

El primer inciso del artículo 1304 del Código Civil recoge el principio de asignación objetiva de significado, conocido como de "*favor debitoris*":

> "En los casos dudosos que no puedan resolverse según las bases establecidas, las cláusulas ambiguas deben interpretarse a favor del deudor."

Observa Gamarra[32] que la aplicación de este criterio demanda dos exigencias: una procesal, ya que no podría reclamarse el cumplimiento de una obligación cuya existencia no se ha probado, y otra sustancial en cuanto, en caso de duda y a la luz del principio

30 RODRÍGUEZ RUSSO, Jorge, *ob. cit.*, p. 206.

31 RODRÍGUEZ RUSSO da cuenta de que Betti, Scognamiglio y Messineo la consideran de asignación objetiva de significado, *Ibidem*, p. 208.

32 GAMARRA, Jorge, *ob. cit.*, p. 244.

fundamental de libertad que inspira todo el sistema, debe interpretarse restrictivamente sobre la extensión de la obligación.

Se ha señalado el surgimiento de esta regla como resultado de la influencia del cristianismo en el imperio romano hacia el siglo IV D.C., en consideración a la especial situación del deudor, hallando su fundamento en la protección de la parte débil de la relación contractual.

G. *Regla de interpretación contra el autor de la norma ("contra stipulator o stipulatorem" o "contra proferentem")*

Este criterio interpretativo, de asignación objetiva de significado, se encuentra consagrado en el segundo inciso del artículo 1304 del Código Civil:

> "Pero las cláusulas ambiguas que hayan sido extendidas o dictadas por una de las partes, sea acreedora o deudora, se interpretarán contra ella, siempre que la ambigüedad provenga de su falta de explicación."

Como observa Rodríguez Olmos[33], se trata de una regla de interpretación *"arraigada en tiempos lejanos y conservada en la mayoría de los ordenamientos latinoamericanos y europeos, así como en el common law."*

Con origen en la "*ius sacrum*" (derecho sacro), en el Derecho privado se encontró ligada a la formalidad característica de la "*stipulatio*" romana, estructura formal en la que el estipulante formulaba una pregunta que determinaba el contenido, mientras el promitente solo podía responder afirmativamente sin posibilidad de introducir modificaciones.

Encuentra su fundamento en el *"deber de claridad"* de quien fija el contenido de la declaración, esto es, en la "*autorresponsabilidad*" de quien, pudiendo, no tuvo el debido cuidado de expresarse claramente.

Rodríguez Olmos destaca que estamos ante una regla hermenéutica que no puede prescindir del presupuesto de la ambigüedad, salvo que se quiera renunciar a la búsqueda de la intención de las partes, o deje de considerarse la libertad contractual como un valor digno de defensa.

Charny[34], alerta sobre que la regla se vuelve altamente ineficiente si obliga a revisar constantemente las cláusulas contractuales para superar las determinaciones judiciales que protegen demasiado a la parte que no participó en la redacción del contrato. Otra consecuencia negativa de la aplicación de la misma estaría en que haría más difícil la adopción de cláusulas contractuales innovadoras, ante el temor de las resoluciones que podrían tomar los magistrados enfrentados a las ambigüedades. Como tercer aspecto a considerar, el autor observa que el redactor que sea consciente de que la regla *"contra proferentem"* se aplicará en los casos de ambigüedad, simplemente pondrá un precio a la probabilidad de tal eventualidad o introducirá cláusulas más onerosas con el fin de compensar la posible pérdida de ventaja frente a la cláusula potencialmente ambigua.

---

33 RODRÍGUEZ OLMOS, Javier M., Contexto y construcción de la regla *"interpretatio contra proferentem"* en la tradición romanista, en *Revista de Derecho Privado*, N° 14, 2008, en http://revistas.uexternado.edu.co/index.php/derpri/article/viewFile/550/521

34 CHARNY, D., Hipotetical Bargains: *The normative structure of the contract interpretation*, en Michigan Law Review, vol. 89, nº 7, 1991, 1854 y ss., *cit.* por Rodríguez Olmos, *ob. cit.*, p. 106, nota 124.

Tanto la regla de "*favor debitoris*" como la regla de interpretación "*contra proferentem*" se presentan modernamente como eslabones, según observa Rodríguez Olmos, en una cadena de cuestionamientos que invaden la teoría general del contrato, en una discusión actual sobre el posible surgimiento de un nuevo paradigma del contrato, que toma muy especialmente en cuenta el concepto de "*debilidad*" o más precisamente *"asimetría de poder contractual"*. Esta cuestión se pone especialmente de manifiesto en algunos contratos, como es el caso de los contratos de adhesión.

Específicamente en relación con la aplicación de la regla de interpretación *"contra proferentem"* a los contratos del Estado, la jurisprudencia de la Suprema Corte de Justicia ha afirmado, en Sentencia N° 115/007 de 30 de julio de 2007: *"...este extremo torna aplicable la consecuencia normativa prevista en el artículo 1304 del Código Civil, según el cual, si la cláusula ambigua ha sido extendida o dictada por una de las partes, se interpretará en su contra, siempre que tal condición provenga de su falta de explicitación (cf. GAMARRA, ob. cit.,* pág., 245*; RODRÍGUEZ RUSSO, La interpretación de los contratos,* pág. 231, nota al pie*)."*

II.5. Otras disposiciones en materia de interpretación de los contratos

La Sección del Código Civil sobre la interpretación de los contratos incluye, además de los examinados, los artículos 1303, y 1305 a 1307:

> "*Artículo 1303.* Las cláusulas de uso común deben suplirse en los contratos, aun cuando no se hallen expresadas en ellos."

> "*Artículo 1305.* Por generales que sean los términos de un contrato sólo se aplicarán a la materia sobre que se ha contratado."

> "*Artículo 1306.* Cuando el objeto de un contrato es un compuesto de diversas partes, la denominación dada al todo comprende todas las partes que lo forman."

> "*Artículo 1307.* La expresión de un caso se estima hecha por vía de ejemplo, a no ser que aparezca claramente haberse hecho con el objeto de restringir la obligación a ese caso."

III. INTERPRETACIÓN DE LOS CONTRATOS DE LA ADMINISTRACIÓN

III.1. La especie "contrato de la Administración" y su interpretación

La noción de contrato que adopta nuestro Código Civil en su artículo 1247 corresponde a un concepto restringido que es propio de la época de Justiniano[35], en que el contrato tenía eficacia puramente obligacional, pero no eficacia real, requiriéndose el modo para operar el traspaso de la propiedad[36]. Por otra parte, no toda convención se consideraba contrato, sino únicamente las que constituyen obligaciones, quedando fuera aquellas que modifican o extinguen un vínculo preexistente.

Fiel al Derecho Romano, el Código Civil uruguayo define el contrato, diciendo que *"es una convención por la cual una parte se obliga para con la otra, o ambas partes se*

---

35 GAMARRA, Jorge, *Tratado de Derecho Civil Uruguayo*, Tomo VIII, Mont., 1972, p. 7.

36 Durán Martínez destaca la esencia universal del contrato y señala que el propio Aristóteles aludía al acuerdo de voluntades como sustancia del mismo, DURÁN MARTÍNEZ, Augusto, Ejecución de los contratos administrativos, en Contratación administrativa, Mont., 1989, ps. 59 y ss. En sentido similar, DELPIAZZO, Carlos, Contratación administrativa, 2ª edición, UM, Mont., 2004, ps. 217 y ss.

obligan recíprocamente a una prestación cualquiera, esto es, a dar, hacer o no hacer alguna cosa".

El concepto de contrato se expande por primera vez con la sanción del Código Napoleón, logrando eficacia real, y luego por obra del Código italiano de 1865, que además de dotar al contrato de eficacia real, comprende en la categoría, a los acuerdos modificativos o extintivos[37].

Pero no han sido éstos los únicos sentidos en los cuales la noción de contrato se ha extendido. Señala Berçaitz[38] que el concepto de contrato se enriquece como consecuencia de que el individualismo del siglo XIX encuentra en él su forma de expresión más categórica y perfecta. Se produce, así, lo que Hauriou[39] denominara, *"el desborde del contrato"*, en virtud de que las voluntades individuales aparecen como soberanas para organizar en la forma que crean conveniente, sus derechos y obligaciones recíprocas (principio de autonomía de la voluntad).

Los caracteres del contrato, en esa época, son, según expresa este autor 1) la igualdad y libertad de las partes en su formación, ejecución y disolución; 2) la inmutabilidad de sus cláusulas y 3) la limitación de sus efectos a quienes lo han celebrado.

Aquella realidad se modifica como consecuencia de los grandes descubrimientos científicos y tecnológicos que posibilitan la acumulación de enormes capitales. Ello provoca una correlativa transformación en los esquemas jurídicos. Las grandes empresas imponen sus condiciones a quienes con ellas contratan, apareciendo primero el contrato de adhesión y luego, como instrumento de defensa jurídica del trabajador, el contrato colectivo de trabajo[40], y también las normas reguladoras de las relaciones de consumo. La ruptura del equilibrio económico entre las partes contratantes vuelve necesario el intervencionismo estatal a los efectos de tutelar al más débil y restablecer ese equilibrio que era, de algún modo, presupuesto de afirmación del principio de la autonomía de la voluntad. Se vuelve evidente, además, que no siempre existe concordancia entre los intereses de las partes y los intereses generales de la comunidad.

Advienen así, los fenómenos que se han dado en llamar el *"dirigismo contractual"*, la *"publicización del contrato"* y con ellos, la *"crisis del contrato"*. Éste ya no aparece con los caracteres que ostentaba en el siglo XIX, sino que *"deja de ser el resultado del libre juego de dos voluntades autónomas, para convertirse en una operación dirigida por los poderes públicos, representados por el poder administrador y por el juez, a quienes el legislador entrega el control de la forma en que el contrato se concierta, se va cumpliendo y se finiquita"*[41]. Ya en la década de los ochentas del siglo pasado, Berçaitz explica la *"publicización del contrato"* señalando que el contrato de Derecho pri-

---

37 GAMARRA, Jorge, *ob. cit.*, p. 8.

38 BERÇAITZ, Miguel A., *Teoría General de los Contratos Administrativos*, Buenos Aires, 1980, ps. 25 y s.

39 HAURIOU, *cit.* por BERÇAITZ, *ob. cit.*, p. 25.

40 No todos los autores aceptan el carácter contractual del contrato colectivo de trabajo. Así DUGUIT entiende que no se trata de un contrato sino de una *"unión"* en que se fija la regla general según la cual deberán celebrarse en determinada profesión, los contratos individuales de trabajo (cit. por BERÇAITZ, *ob. cit.*, p. 38).

41 BERÇAITZ, *ob. cit.*, ps. 32 y 41 y s. Cita este autor, como ejemplos del dirigismo contractual, la fijación por el Estado, de la duración de la jornada, el descanso, etc. en el contrato de trabajo, o la prórroga en los contratos de locación urbana (p. 63).

vado deja de ser privado, particular de las partes contratantes, para interesar a todos, a la comunidad. *"La autonomía de la voluntad se esfuma como un fantasma: la reemplaza la realidad que vivimos, la idea de la utilidad pública"*[42].

Tan tempranas y sagaces observaciones se ven confirmadas por la evolución posterior. En este sentido, vale la pena mencionar algunas relevantes consideraciones provenientes de los más recientes análisis desde la teoría general del contrato, como el fundado y minucioso estudio publicado por de Cores[43]. En esta obra, el autor señala tanto la crisis del fundamento de la fuerza vinculante del contrato en la teoría clásica –el principio de la autonomía de la voluntad– como la crisis de la idea del contrato en general como categoría unitaria.

De Cores destaca, en lo fundamental y en lo que aquí nos interesa, que:

a. El concepto de contrato propio de la Antigüedad y de la Edad Media –que denomina *"concepción aristotélico–tomista del contrato"*– mantenía en segundo plano la idea del consentimiento o autonomía de la voluntad, elevando a primer rango el requerimiento de justicia contractual o equilibrio objetivo entre las prestaciones.

b. A su vez, la idea del contrato como categoría general, como acuerdo de voluntades que genera obligaciones, es posterior a la reflexión jurídica sobre los contratos especiales.

c. Y aun la idea general del contrato que nos legó la etapa que culmina con la codificación, sufrió transformaciones producto de fenómenos tales como el proceso de socialización del contrato en la perspectiva de su función social, la cuestión del contrato de adhesión o la incorporación de estándares heterónomos respecto de las partes (v.gr. en materia de arrendamientos), entre otros.

d. Por su parte, la crisis actual de la idea de contrato es producto de diversos fenómenos, entre los que destacan la incorporación de la regulación legislativa de las relaciones de consumo y de la práctica de su aplicación analógica, así como la descodificación y la constitucionalización del Derecho privado y la denominada *"fragmentación"* de la teoría general del contrato a partir de la diversificación de regímenes jurídicos para tipos contractuales nuevos y diversos, con la correspondiente pérdida de centralidad del Código Civil.[44]

e. Es así que: *"La idea de contrato como acuerdo de voluntades constituiría solamente un paréntesis en la historia general del pensamiento sobre el contrato, y un paréntesis quién sabe si cerrado ya."*[45]

f. Es tan solo en la perspectiva intermedia propia del periodo de paréntesis aludido, entre la visión de la antigüedad y la de la actual crisis de la idea de contrato, que *"no es*

---

42 *Ob. cit.*, ps. 54 y s.

43 DE CORES, Carlos, Pasado, presente y futuro de la *Teoría General del Contrato. Una mirada desde la tradición jesuítica*, Mont., 2015.

44 *Ob. cit.*, p. 597.

45 *Ob. cit.*, p. 45. El autor adhiere con esta observación a la opinión del profesor chileno Eduardo SOTO KLOSS, en La contratación administrativa; un retorno a las fuentes clásicas del contrato, *en Revista de Administración Pública*, N° 86, mayo-agosto, 1978, Madrid, p. 570.

potestad de ningún Juez o Príncipe, ni del Rey, ni del Papa poder obligar por contrato sin el consentimiento."[46]

g. Por el contrario, en la perspectiva más reciente, se señala que el futuro del contrato, aun del de Derecho Civil, depende en buena parte de la aptitud que muestre este Derecho para asimilar los nuevos enfoques, sin negarles y sin negarse a sí mismo. *"Sobre la base de la utilidad social, se prescribe un límite positivo a la autonomía privada al disponer un control estatal más incisivo sobre la congruidad del intercambio contractual. Así entendida la cuestión, se afirma que el control debe responder inequívocamente a los intereses generales de la sociedad."*[47]

h. De lo expuesto se deduce como uno de los ribetes más claros de la crisis de la visión liberal del contrato, la cuestión del equilibrio contractual y de la llamada *"tendencia hacia la objetivación del contrato"*, derivados de la mayor importancia dada al interés general.[48] Así, *"las tendencias modernas en materia contractual serán valiosas únicamente si logran el desiderátum del bien común, armonizando lo que es bueno para cada uno con lo que es bueno para la generalidad"*.[49]

i. Todo lo expresado tiene lugar en el marco del aludido fenómeno del *"fraccionamiento"* de la teoría general del contrato, cuya idea más clara es formulada por De Nova ya en 1988, cuando plantea la duda de si puede útilmente discutirse sobre el contrato como figura general, expresando respuesta negativa ante las diferencias entre contratos entre empresarios y contratos con consumidores, contratos entre privados, contratos colectivos y contratos con la Administración Pública.[50]

La evolución sufrida por la figura del contrato ha llevado, entonces, a que algún autor pueda sostener su decadencia en la época moderna. Por nuestra parte, coincidimos con el sector de la doctrina que estima que el contrato se ha transformado, desdibujándose algunos de sus postulados clásicos. Sin embargo, ello no obsta a su permanencia como categoría jurídica, como género comprensivo de diversas especies. El contrato que se presenta como único posible, por los autores que sostienen la crisis de la noción, es tan sólo un tipo que se ha dado en el ámbito del Derecho privado, en un lugar y tiempo determinados. Pero el contrato como categoría jurídica general, como género, existe también en el Derecho público, ostentando elementos comunes con aquél, pero también características propias y diferentes.

La doctrina predominante señala que el contrato representa la voluntaria composición de los intereses en conflicto entre las partes. Su nota esencial es, pues, el encuentro de dos voluntades arbitradas para la tutela de los intereses en conflicto. Si ella está presente habrá contrato como categoría jurídica abstracta y genérica, propia de la teoría general del Derecho. Es precisamente este elemento el que nos permite distinguir al contrato del

---

46 *Ob. cit.*, p. 458, cita realizada por DE CORES, del jesuita español Pedro de Oñate, profesor de Lima y Córdoba, a quien menciona como estructurador de una teoría general del contrato, por primera vez, en forma emblemática, en la obra "*De contractibus*".

47 *Ob. cit.*, p. 469, citando a Attilio GUARNERI, Meritvolezza dell´interese e utilità sociale del contratto, en Rivista di Diritto Civile, Nº 5, settembre-ottobre, 1994.

48 *Ob. cit.*, p. 532.

49 *Ob. cit.*, p. 567, citando a Atilio ALTERINI, "Tendencias en la contratación moderna, en Estudios de Derecho Civil", en *homenaje al Profesor Jorge Gamarra*, Mont., 2001, p. 22.

50 *Ob. cit.*, p. 605.

convenio y del acto complejo, en que los intereses no son opuestos, sino concurrentes o paralelos. Pero ello no obsta, como se ha observado, a que esa voluntaria composición de intereses reciba modulaciones, cuya magnitud dependerá de la especie de contrato de que se trate, necesarias para su adecuación al interés general.

Para asegurar su propia existencia y la satisfacción de las necesidades de la colectividad, el Estado contemporáneo solicita frecuentemente, la colaboración de los particulares, o la acepta cuando éstos la ofrecen. Así, la evolución de las ideas ha determinado que la fuerza y la coacción empleadas por el Estado durante mucho tiempo cedan su lugar a la colaboración espontánea. Dentro del sector de colaboración voluntaria aparecen los contratos de la Administración. También pueden formalizarse contratos entre entes públicos.

Es mayoritaria, en doctrina, la posición que sostiene la posibilidad ontológica de los contratos de la Administración[51], como especie del género *"contrato"*, que se caracteriza porque una de las partes intervinientes, al menos, es la Administración.

La tesis que acepta la categoría del contrato de la Administración parte de la comprobación de la existencia de ciertos vínculos entre la Administración y los particulares, que son el resultado de la aplicación de una técnica contractual y cuyo régimen difiere, sin embargo, del aplicable a los contratos civiles[52].

Entre los autores que admiten la existencia de contratos de la Administración, cabe distinguir: por un lado a los que entienden que la Administración puede dictar actos unilaterales, celebrar contratos administrativos y, además, celebrar contratos regidos por el Derecho privado[53]; y por otro, a los que sostienen que siempre que la Administración actúa, la relación jurídica es pública, descartando, así, la posibilidad de contratos civiles o comerciales, aunque sin dejar de reconocer que ciertos contratos permiten la aplicación, en mayor o menor medida, de normas de Derecho privado[54].

Entre nosotros, Sayagués observa que son muy raros los contratos de la Administración que se regulan exclusivamente por el Derecho público y en consecuencia merecen la denominación de administrativos, como lo son también los que se regulan solamente

---

51 Entre otros: MARIENHOFF, Miguel S., *Tratado de Derecho Administrativo*, Tomo III A, Buenos Aires, 1970, ps. 20 y s.; DIEZ, Manuel M., *Derecho Administrativo*, Tomo II. Buenos Aires, 1965, ps. 436 y s.; BERÇAITZ, *ob. cit.*, ps. 134 y s.; JÈZE, Gastón, *Principios Generales del Derecho Administrativo*, III y IV, Buenos Aires, 1949 y 1950 respectivamente, ps. 313 y s.; SAYAGUÉS LASO, Enrique - *Tratado de Derecho Administrativo*, Tomo I, Mont., 1974, ps. 532 y s.; VIDAL PERDOMO, Jaime, *Derecho Administrativo*, Bogotá, 1980., p. 357; DE OLIVEIRA FRANCO SOBRINHO, Manoel, *Contratos administrativos*, Sao Paulo, 1981,ps. 3 y s.; GARCÍA DE ENTERRÍA, Eduardo y FERNÁNDEZ, Tomás Ramón, *Curso de Derecho Administrativo*, Madrid, 1983, Tomo I., ps. 617 y s.; GARRIDO FALLA, Femando - *Tratado de Derecho Administrativo*, Volumen II, Madrid, 1971, ps. 36 y s.; ESCOLA, Héctor Jorge, "Nociones y caracterización de los contratos administrativos", en *Estudios de Derecho Administrativo*, publicados en homenaje al centenario de la Cátedra, Montevideo, 1979. ps. 113 y s.

52 GARRIDO FALLA, *ob. cit.*, p. 36 y s. menciona el *"arrêt"* del Consejo de Estado francés, *"Gaz de Deville-les-Rouen"*, de 10 de enero de 1902, como el que inaugura una nueva etapa en la jurisprudencia francesa que culminará con el nacimiento del régimen típico de los contratos administrativos.

53 Puede decirse que es la opinión unánime en la doctrina francesa y predominante en la doctrina española y latinoamericana.

54 Es la orientación de BARRA, Rodolfo C., *Contrato de obra pública*, Buenos Aires, 1984, p. 21, de algunos autores españoles y de la jurisprudencia mexicana, según SAYAGUÉS LASO, *ob. cit.*, p. 533, nota 3.

por el Derecho privado, debiendo calificarse por ello de privados. *"La realidad muestra que en todos los vínculos de la Administración rige el Derecho público y el Derecho privado, en mayor o menor grado según los casos, no siendo posible establecer el límite donde dejaría de aplicarse uno y comenzaría a regir el otro"*[55].

Esto explicaría las dificultades para hallar un criterio de distinción y hace pensar a Sayagués que es más acertado prescindir de la oposición contrato administrativo – contrato de Derecho privado, adoptando la expresión *"contratos de la Administración"*[56]. Concluye que no es posible establecer una separación neta entre ambas categorías y señala tres principales situaciones que pueden distinguirse en el ámbito de los vínculos contractuales de la Administración: 1) casos en que el vínculo jurídico es exclusivo del Derecho público por tratarse de figuras jurídicas no susceptibles de ser utilizadas entre particulares (v. gr. concesión de servicio público); 2) hipótesis en que el contrato tiene cierta analogía con alguna figura contractual del Derecho privado, pero presenta características diferenciales por la forma de celebración y ejecución, como consecuencia de circunstancias de hecho propias de la actividad de los entes públicos (v. gr. contratos de obras públicas y de suministros); 3) contratos típicos de Derecho privado celebrados por la Administración (como podría ser el caso de un comodato).

En el primer caso el vínculo jurídico se regula, lógicamente, por el Derecho público; en el segundo se establecen normas especiales distintas de las del Derecho privado, aplicándose éste únicamente en lo no previsto y en cuanto no se contraríen los principios generales del Derecho Administrativo; en la tercera hipótesis, el Derecho privado tiene aplicación principal aunque se observa una marcada tendencia hacia el desarrollo de un régimen especial para tales contratos, que lo separa del Derecho común.

Nos parece incuestionable la veracidad contenida en la afirmación de que la división en *"contratos administrativos"* y *"contratos de Derecho privado"* de la Administración no se ajusta a la realidad de las cosas. El análisis de esa realidad nos demuestra que todos los vínculos de la Administración se rigen por el Derecho público en aspectos como el de la competencia, del procedimiento, de la necesidad de habilitación previa (por ejemplo, para ceder), de la formación de la voluntad administrativa, de exigencia de crédito disponible, y de formalización del contrato, entre otros.

En este sentido, parece conveniente prescindir de la expresión *"contratos administrativos"* que sugiere la oposición con los contratos privados, y referir simplemente, como lo hace Sayagués, a *"contratos de la Administración"*[57].

No puede desconocerse que, para la regulación de muchos de los contratos que celebra la Administración, se acude al Derecho privado, por tratarse de tipos contractuales surgidos y desarrollados en aquel ámbito. Pero –como observa buena parte de la doctrina– aún en estas hipótesis se hace evidente el fenómeno de la publicización o publificación de la figura contractual, enmarcada incluso en la relativización de la categoría general de contrato analizada por el Derecho Civil, a que ya hemos aludido. Ello se explica por la circunstancia de que una de las partes, al menos, en la relación jurídica, es una

55 SAYAGUÉS LASO, Enrique, *Tratado de Derecho Administrativo*, Tomo II, Mont., 1974, ps. 536 y ss.

56 En el mismo sentido: DROMI, José R., *Instituciones de Derecho Administrativo*, Buenos Aires, 1973, p. 362.

57 DURÁN MARTÍNEZ también apunta a lo determinante de que uno de los sujetos en el vínculo sea la Administración, en Ejecución de los contratos administrativos cit.

persona de Derecho público, cuya finalidad para actuar será necesariamente la utilidad pública.

Este elemento tiende a operar una mutación en el vínculo jurídico, alejándolo del Derecho privado, en grado variable, y propiciando el desarrollo de un régimen para tales contratos, con influencia del Derecho público.

Nos afiliamos, así, a la tesis que afirma la sustantividad del *"contrato de la Administración"*, lo que supone reconocer la existencia de un Derecho Administrativo de la contratación con principios y normas específicos, distintos de los del Derecho privado. En nuestro Derecho positivo, el Texto Ordenado de Contabilidad y Administración Financiera (TOCAF, aprobado por Decreto Nº 150/012 de 11 de mayo de 2012) refiere en la Sección 2 del Capítulo III del Título I, a todos los contratos del Estado sin distinción alguna, estableciendo, así, su unidad de régimen jurídico.

Consecuentemente con el criterio expuesto, estimamos que los vacíos dejados por las normas que rigen los contratos del Estado deberán colmarse mediante la aplicación de los principios propios del ordenamiento jurídico administrativo, acudiéndose al Derecho privado únicamente cuando el público no ofrezca solución y exista analogía con la situación regulada por aquél.

En particular, resultan aplicables las normas sobre interpretación de los contratos que analizamos en este trabajo. Esta perspectiva es compartida por la doctrina y la jurisprudencia en la materia.

Así, Delpiazzo y Ruocco[58] expresan: *"En la medida que en nuestro Derecho positivo no existen disposiciones específicas acerca de cómo deben interpretarse dichos contratos, es preciso acudir para hacerlo a las normas generales contenidas básicamente en el Código Civil, las cuales –como es obvio– no refieren exclusivamente a los contratos civiles, sino que recogen principios generales al respecto."*

También Cajarville invoca las normas del Código Civil para la interpretación de los contratos de la Administración.[59]

Al respecto se expresa en Sentencia del Tribunal de lo Contencioso Administrativo (TCA) Nº 126/015 de 13 de febrero de 2015: *"La actividad intelectiva reseñada obviamente no resulta privativa de los contratos civiles, sino también de aquellos contratos administrativos en los que los sujetos pactantes (o alguno de ellos) son órganos estatales y su actividad se desarrolla (en todo o en parte) por disposiciones exorbitantes propias del Derecho Público. Pese a ello, la labor interpretativa del órgano jurisdiccional competente es sustancialmente idéntica y sus consecuencias, como en el caso, pueden derivar en la aplicabilidad de normas de procedimiento o referidas a la forma."*

III.2. Las prerrogativas exorbitantes

La cuestión de la existencia o inexistencia y, en su caso, de los límites de las potestades públicas en los contratos de la Administración, ha dividido a la doctrina comparada.

---

58 DELPIAZZO, Carlos y RUOCCO, Graciela, Directores, *Tratado Jurisprudencial y Doctrinario, Actos y Contratos de la Administración*, Tomo I, La Ley, Mont., 2013, p. 357. *V.*, asimismo, Delpiazzo, Carlos, *Sobre interpretación de los contratos públicos*, en Cuaderno 1 de Contratación Pública, Mont., 2017, UM, ps. 225 y ss.

59 CAJARVILLE, Juan P., *Sobre Derecho Administrativo*, Tomo II, FCU, Mont. 2007, ps. 295 y ss.

En síntesis son identificables dos posturas extremas, la de quienes entienden que el ejercicio de prerrogativas de poder público desvirtúa la figura del contrato, y la de quienes opinan que esa figura constituye un género, una de cuyas especies es precisamente el contrato de la Administración. En esta especie es posible el ejercicio de tales prerrogativas sin que la categoría *"contrato"* se vea comprometida, como no lo está en tantos otros de sus variados tipos, incluso en el ámbito del Derecho privado. Ambas posturas aparecen, indudablemente, respectivamente asociadas con las visiones antes expuestas, acerca de las cualidades que definen al contrato y de la relevancia que se atribuye a la autonomía de la voluntad como elemento definidor del mismo.

En la segunda perspectiva, que admite la existencia de prerrogativas de poder público en los contratos de la Administración, todavía es posible distinguir el enfoque de quienes las consideran inherentes a estos contratos por la presencia de un sujeto de Derecho público en ellos, y la de quienes exigen que tengan fuente legal o siquiera reglamentaria por previsión en los pliegos.

A modo de ejemplo, cabe mencionar las observaciones de los ilustres Profesores Juan Carlos Cassagne y José Luis Meilán Gil, expuestas en Congreso de Derecho Administrativo del Foro Iberoamericano de Derecho Administrativo, celebrado en 2015 en la ciudad de San Juan de Puerto Rico.

En su presentación, Meilán Gil[60] reitera su visión en el sentido de proponer la eliminación de las prerrogativas de la Administración en los contratos públicos, que se manifiestan en la utilización de un acto unilateral con efectos ejecutivos, expresando: *"En la ejecución del contrato, la modificación puede afectar el principio de igualdad de trato que debe regir el procedimiento que conduce a la adjudicación del mismo"*.

Cassagne[61], por su parte, destaca: *"El rasgo característico del contrato administrativo, prevaleciente en el sistema jurídico argentino, como en el modelo franco–español y, en general, en Iberoamérica, radica en la presencia de prerrogativas públicas". Y agrega que estas prerrogativas pueden provenir tanto del ordenamiento general, en cuyo caso constituyen verdaderas potestades, como del pliego de bases y condiciones o de las cláusulas del contrato. A su vez, señala que, "frente a estas potestades se ha generalizado la tendencia a garantizar la intangibilidad de la ecuación económica financiera del contrato mediante una adecuada compensación o indemnización comprensiva del daño emergente y del lucro cesante, con el objeto de mantener el equilibrio contractual alterado o los perjuicios provocados por la ruptura anticipada del contrato administrativo por razones de interés público"*.

Ya en nuestro libro *"Modalidades de ejecución de la obra pública"*[62], sosteníamos que se encuentra entre las potestades de la Administración, la de modificación unilateral del contrato durante la ejecución de la obra (*"jus variandi"*). Y mencionábamos como fundamento doctrinario para admitir tal potestad, el de que la Administración tiene la

---

60 MEILÁN GIL, José Luis. "Un meeting point de los ordenamientos jurídicos sobre contratación pública", en *Libro del Congreso*, versión electrónica.

61 CASSAGNE, Juan C., "La *divisio* público-privado: Una dicotomía central de la contratación administrativa", en *Libro del Congreso*, versión electrónica.

62 VÁZQUEZ, Cristina, Modalidades de ejecución de la obra pública, Mont., 1992.

representación del interés público, en tanto que el contratista tiene, en el contrato, únicamente un interés económico, que debe subordinarse al interés de la colectividad[63 64].

En tal sentido, ya adoptábamos como visión articuladora central de nuestra postura, la expresada por Rodolfo Carlos Barra cuando observa que la Administración no sólo goza de *"prerrogativas de poder público"'*, sino que también está sometida a *"cargas de poder público"*, en orden a respetar estrictamente la regla de la proporcionalidad. *"Prerrogativas y garantías; garantías porque hay prerrogativas; prerrogativas porque está en juego el Bien Común. Es un régimen de Derecho Público, es la aplicación de la justicia distributiva"*[65].

Con los años se ha profundizado nuestra convicción de que tal es el fundamento y *"leitmotiv"* de la perspectiva correcta en la materia.

En el mismo sentido, expresa Ariño Ortiz: *"La Administración no puede renunciar a sus potestades ni cercenar su libertad en la gestión del interés general ... La inmutabilidad del contrato (principio del "contractus lex") se ve así matizada, coloreada administrativamente, por la inmutabilidad del fin ..."*[66]

Detrás del argumento del interés público, en enfoque que es aplicable no solo en lo que respecta al *"jus variandi"*, sino a cualquiera de las potestades públicas susceptibles de ser ejercidas en materia contractual, es importante revelar la razón que deriva de la peculiaridad del sujeto contratante cuando éste es el Estado, peculiaridad que –como he podido constatar en una ya larga experiencia como asesora y decisora, primero en el sector público y luego en el privado– tienen presente todos y no toma por sorpresa a ninguno de los sujetos que con él contratan.

Con un criterio orgánico y funcional, la Administración pública es el conjunto de las entidades estatales actuando en función administrativa, esto es el Estado en sentido amplio, como organización jurídica de la colectividad. Las personas jurídicas públicas que contratarán por la Administración serán el Estado Persona Pública Mayor (Estado en sentido estricto), un Gobierno Departamental, un Ente Autónomo o un Servicio Descentralizado.

Pero no podemos olvidar que, detrás de cada uno de esos sujetos de Derecho Público estatales, se encuentra el Estado Nación, en quien reside la soberanía, como lo declara el artículo 4° de la Constitución: *"La soberanía en toda su plenitud existe radicalmente en la Nación, ..."*; Nación ésta, a la que, de acuerdo con el mismo artículo *"compete el derecho exclusivo de establecer sus leyes ..."*, a cuyo servicio están los funcionarios

---

63 Conf. BERÇAITZ, *ob. cit.*, p. 392.

64 No dejábamos de mencionar entonces la postura doctrinaria del querido Profesor uruguayo Augusto Durán Martínez, quien en este punto adhiere a Bénoit, opinando que no puede sostenerse la existencia de una potestad de modificación unilateral del contrato administrativo, como principio, sin perjuicio de aceptar que, en algunos contratos como el de obra pública, el *"jus variandi"* se presenta estrechamente vinculado a la potestad de dirección.

BÉNOIT, F.P., *Le Droit Administratif Français*, Paris, p.168, *cit.*, por DURÁN MARTÍNEZ, Augusto, Ejecución de los contratos administrativos, en Contratación administrativa, Mont., 1989.

65 BARRA, Rodolfo C., "La actualización por desvalorización monetaria del precio contractual en los contratos administrativos", en *Contratos administrativos, regímenes de pago y actualización*. Asociación Argentina de Derecho Administrativo, Buenos Aires, 1977, ps. 149. 150 y 158.

66 ARIÑO ORTIZ, Gaspar, *Teoría del equivalente económico en los contratos administrativos*, IEA, Madrid, 1968, p. 225.

(artículo 58 de la Constitución), de la que todo ciudadano es miembro y, como tal, elector y elegible (artículo 77 de la Constitución), y la que *"adopta para su Gobierno la forma democrática republicana". "Su soberanía será ejercida directamente por el Cuerpo Electoral en los casos de elección, iniciativa y referéndum, e indirectamente por los Poderes representativos establecidos en la Carta, todo conforme a las reglas expresadas en la misma"* (artículo 82 de la Constitución).

Ningún otro sujeto con el que el contratista pueda enfrentarse ostentará estas cualidades y potestades. En puridad, las personas jurídicas estatales no son más que las formas institucionales empleadas por el ordenamiento para actuar como titulares de derechos y obligaciones o, en términos kelsenianos, centros de imputación normativa. Se trata de sujetos tan especiales que más nos recuerdan personajes o máscaras de un mismo actor que es el titular de la soberanía y de las diversas manifestaciones del *"jus imperii"*. En este sentido denomina Ariño Ortiz a la Administración contratante como *"potentior persona"*.

Para dar un ejemplo, cuando el artículo 185 de la Carta nos dice que los diversos servicios del dominio industrial y comercial del Estado serán administrados por Directorios o Directores Generales y tendrán el grado de descentralización que fijen la Constitución y las leyes –viabilizando así la creación de Entes Autónomos y Servicios Descentralizados para actuar en dicho dominio– no hace más que prever los instrumentos institucionales, personas (máscaras) a través de los cuales podrá actuar ese sujeto tan especial en un ámbito determinado de actividad.

¿Puede, entonces, sorprendernos, que un sujeto de tal naturaleza, y dotado en su virtud de la potestad de imperio, pueda –por razones de interés público debidamente fundadas– ejercer poderes de modificación, rescisión y ejecución unilateral y directa en los contratos que suscribe? Entendemos que no puede sorprendernos, máxime cuando, como señalan Barra, Cassagne o Jèze, entre otros, el particular contratista tiene derecho a ser indemnizado plenamente en consecuencia.[67]

Estas conclusiones a las que arribamos desde la perspectiva del Derecho Público resultan hoy todavía menos controversiales a la luz de las posturas que se formulan desde el Derecho privado, antes expuestas, conforme a las cuales el principio de la autonomía de la voluntad ha dejado de constituir el eje de la figura del contrato, como lo era en la visión clásica de la teoría general sobre el mismo, para dejar lugar a una visión mucho más subordinada al interés general o colectivo. Es así que ambas visiones –desde el Derecho público tanto como desde el Derecho privado– parecen converger en un mismo sentido.

La conclusión precedente se ve todavía reforzada por la circunstancia de que el Estado expresará su voluntad al ejercer sus potestades públicas en el marco del contrato, a través del dictado de actos administrativos ejecutivos y ejecutorios.

En efecto, en el Derecho uruguayo, los actos administrativos se ejecutan aun habiendo sido impugnados, salvo en los casos en que una regla de Derecho dispone otra cosa. En especial, en materia contractual, solo tienen efecto suspensivo de la ejecución de los actos, los recursos administrativos que se interponen durante el procedimiento de selección del contratista y, aun en ese caso, la Administración puede levantarlo: *"Los recur-*

---

67 JÈZE, Gastón, *Les Contrats Administratifs de L'Etat, des Départements, des Communes et des Établissements Publics*, Tome II, Paris, 1932, ps. 242 y ss.

sos administrativos tendrán efecto suspensivo, salvo que la Administración actuante por resolución fundada declare que dicha suspensión afecta inaplazables necesidades del servicio o le causa graves perjuicios" (artículo 73, inciso 4° del TOCAF).

En general, es facultad de la Administración suspender de manera transitoria, total o parcial, la ejecución de sus actos, cuando valore que la misma es *"susceptible de irrogar a la parte recurrente daños graves y que de la mencionada suspensión no se siga perturbación grave a los intereses generales o de los derechos fundamentales de un tercero"* (artículo 150 del Decreto N° 500/991 de 27 de setiembre de 1991, de Procedimiento Administrativo).

También el Tribunal de lo Contencioso Administrativo puede disponer la suspensión transitoria, parcial o total de la ejecución de los actos administrativos impugnados, a pedido de la parte actora en la demanda, *"siempre que la misma fuere susceptible de irrogar a la parte actora daños graves, cuyo alcance y entidad superen los que la suspensión pudieren ocasionar a la organización y funcionamiento del órgano involucrado."* La suspensión puede disponerse asimismo por el Tribunal *"cuando, a su juicio, el acto impugnado aparezca, inicialmente, como manifiestamente ilegal"* (artículo 2° de la Ley N° 15.869 de 22 de junio de 1987). La norma aclara que la decisión del Tribunal no importará prejuzgamiento.

En definitiva, entonces, la decisión se ejecutará aun contra la voluntad del afectado, de un modo que no ocurre con las decisiones de los particulares, en virtud de lo que, con certeza iluminadora García de Enterría y Fernández[68] han denominado *"autotutela administrativa"*[69], tanto en su manifestación de *"autotutela declarativa"* como de *"autotutela ejecutiva"*, con fundamento en el interés público que la persona pública representa, en condiciones que no pueden ser sino manifestación de una *"presunción relativa de la juridicidad"* de sus actos, sin perjuicio de su *"impugnabilidad"*.

No cabe duda, entonces que –dados su naturaleza jurídica y régimen jurídico– el Estado puede ejercer los poderes jurídicos aludidos, en el marco de sus relaciones contractuales, dictando actos ejecutivos, ejecutorios y dotados de una presunción relativa de juridicidad; posibilidad que, por iguales razones de naturaleza y régimen jurídicos, no le es dada al particular que con él contrata, el que, en todo caso, recibirá la compensación correlativa sin perjuicio de poder apelar a la *"tutela jurisdiccional efectiva"* para hacer valer sus objeciones a la legitimidad del acto respectivo.

En esta perspectiva, tanto los poderes públicos como las garantías que los equilibran surgen de la lógica del sistema expuesto.

III.3. La prerrogativa interpretativa

En doctrina se ha considerado, entre las prerrogativas o potestades de la Administración, la de interpretación unilateral del contrato.

---

68 GARCÍA DE ENTERRÍA, Eduardo y FERNÁNDEZ, Tomás R., *Curso de Derecho Administrativo*, Madrid, 1983, Ed. Civitas, Tomo I, ps. 472 y ss.

69 Estaríamos ante un principio derivado del sistema y, como tal, regla de Derecho conforme al artículo 23, literal a) del Decreto-Ley Orgánico del Tribunal de lo Contencioso Administrativo N° 15.524 de 9 de enero de 1984.

Al respecto han expresado García de Enterría y Fernández[70] que su fundamento radica en *"evitar que las posibles divergencias entre la Administración y el contratista puedan traducirse en un perjuicio para el interés público, como inevitablemente ocurriría si, producidas éstas, hubiera de quedar en suspenso la ejecución de la obra o la prestación del servicio hasta tanto se resolviese en firme la controversia por el juez competente. La prerrogativa de interpretación unilateral de los contratos administrativos así justificada carece, por lo tanto, de todo contenido material o sustantivo. No se trata de que la Administración pueda decidir libremente sobre el alcance real de lo pactado, sino de asegurar una decisión que provisionalmente permita continuar la obra, servicio o suministro contratados sin interrupciones perjudiciales para el interés general."*

Los autores agregan que la facultad interpretativa de que se trata no se traduce en reglas especiales distintas de las que establecen con carácter general los artículos del Código Civil, y agregan: *"Por lo demás, esa facultad interpretativa está sometida a reglas estrictas en garantía de su objetividad."*

Por su parte, Rodríguez Arana Muñoz[71] analiza la existencia de dos direcciones distintas en relación con la cuestión del interés público como criterio propio de interpretación del contrato de la Administración.

En la primera, en la que ubica a García de Enterría y Fernández, el interés público no se configura como criterio sustantivo de interpretación sino como parámetro a tener en cuenta por la Administración que, posteriormente, aparecerá al investigar la voluntad negocial.

En la segunda, el interés público interviene como criterio autónomo de interpretación, considerando que, al ser la satisfacción de dicho interés la razón de ser de los contratos públicos, el principal criterio de interpretación será precisamente el del "*interés público*" y, para que ello sea así, es que el ordenamiento concede la prerrogativa unilateral.

Rodríguez Arana da cuenta de la jurisprudencia del Tribunal Supremo español que reconoce esta prerrogativa, con fundamento precisamente en el interés público, sin perjuicio de la ulterior revisión jurisdiccional de su ejercicio.

En cualquier caso, la prerrogativa de interpretación no autoriza a la Administración a imponer a la otra parte cláusulas o condiciones que no estuviesen incluidas en el pliego de condiciones (Sentencia de 9 de julio de 1988). A su vez, ella no puede suponer una facultad ejercitada de manera caprichosa o arbitraria. En tal sentido, debe atemperarse con aplicación del principio de interdicción de la arbitrariedad, no resultando sustituible la voluntad realmente emitida, por otra de construcción (Sentencia de 20 de noviembre de 1974).

Por otra parte, en Sentencia del Tribunal Supremo de 24 de enero de 1984, se ha expresado que el privilegio no se mantiene cuando el administrado no se aquieta o conforma y el asunto traspasa las fronteras jurisdiccionales.

70 GARCÍA DE ENTERRÍA, Eduardo y FERNÁNDEZ, Tomás R., *Curso de Derecho Administrativo, cit.*, Tomo I, ps. 673 y s.

71 RODRÍGUEZ ARANA MUÑOZ, Jaime, *Las prerrogativas de la Administración en los contratos de las Administraciones públicas*, en http://ruc.udc.es/dspace/bitstream/handle/2183/7496/AD_12_art_42.pdf

Es de señalar que, según observa Rodríguez Arana Muñoz, en España como en Uruguay, los tribunales hacen aplicación en materia de interpretación de los contratos del Estado, de las disposiciones del Código Civil en la materia.

En definitiva, a juicio del autor, con referencia a las potestades administrativas, como lo es la de interpretación unilateral de los contratos, caben dos soluciones: suprimirlas para que ciudadano y Administración actúen en pie de igualdad, o mantenerlas buscando que su ejercicio esté de acuerdo *"con el servicio objetivo a los intereses generales"*. Y destaca, en opinión que tenemos el honor de compartir: *"El ejercicio razonable, mensurado y proporcionado de los poderes administrativos al servicio objetivo del interés general es el gran desafío del moderno Derecho Administrativo."*

Más allá de las opiniones doctrinarias y pronunciamientos jurisdiccionales mencionados, corresponde tener en cuenta que, en España, el Derecho positivo más reciente regula expresamente el ejercicio de la potestad de interpretación unilateral, en el Texto Refundido de la Ley de Contratos del Sector Público, aprobado por Real Decreto Legislativo 3/2011 de 14 de noviembre de 2011.

En el artículo 210 de dicho Texto se dispone:

> "Dentro de los límites y con sujeción a los requisitos y efectos señalados en la presente Ley, el órgano de contratación ostenta la prerrogativa de interpretar los contratos administrativos, resolver las dudas que ofrezca su cumplimiento, modificarlos por razones de interés público, acordar su resolución y determinar los efectos de ésta."

El artículo 211 establece, por su parte, que, *"en los procedimientos que se instruyan para la adopción de acuerdos relativos a la interpretación, modificación y resolución del contrato deberá darse audiencia al contratista"*.

La norma agrega que dichos acuerdos deben ser adoptados previo informe del Servicio Jurídico correspondiente, salvo en casos que se determinan, así como contar con informe preceptivo del Consejo de Estado u órgano consultivo equivalente de la Comunidad Autónoma respectiva, en los casos de interpretación, cuando se formule oposición por parte del contratista.

También se dispone que *"los acuerdos que adopte el órgano de contratación pondrán fin a la vía administrativa y serán inmediatamente ejecutivos."*

El artículo 230 del Texto también regula la sujeción del contratista a las instrucciones que se le dieren en interpretación técnica del proyecto, por parte del Director facultativo de las obras, y en su caso, el responsable del contrato, en los ámbitos de su respectiva competencia.

Para mayor claridad respecto de las prerrogativas de interpretación de los contratos de la Administración, en el artículo 249, bajo el título *"Prerrogativas y derechos de la Administración"*, se expresa:

> "Dentro de los límites y con sujeción a los requisitos y con los efectos señalados en esta Ley, el órgano de contratación o, en su caso, el órgano que se determine en la legislación específica, ostentará las siguientes prerrogativas y derechos en relación con los contratos de concesión de obras públicas:
>
> a) Interpretar los contratos y resolver las dudas que ofrezca su cumplimiento.
>
> b) Modificar los contratos por razones de interés público debidamente justificadas, de acuerdo con lo previsto en el título V del libro I.

c) Restablecer el equilibrio económico de la concesión a favor del interés público, en la forma y con la extensión prevista en el artículo 258.

d) Acordar la resolución de los contratos en los casos y en las condiciones que se establecen en los artículos 269 y 270.

..."

Nuevamente en este artículo se alude al dictamen preceptivo del Consejo de Estado u órgano consultivo equivalente de la Comunidad Autónoma respectiva en los casos de interpretación, modificación, nulidad y resolución, cuando se formule oposición por parte del concesionario. Y, finalmente, en el artículo 305, se expresa que el contrato se ejecutará con sujeción a lo establecido en su clausulado y en los pliegos, *"y de acuerdo con las instrucciones que para su interpretación diere al contratista el órgano de contratación."*

En Derecho Público se ha convocado, asimismo, en relación con la prerrogativa interpretativa, la "*doctrina de los actos propios*", en contexto con los "*actos previos, coetáneos y posteriores del contrato*", así como la *"doctrina de la inadmisibilidad de las interpretaciones "ad absurdum""*.[72]

También en Colombia se ha trabajado la cuestión de la interpretación unilateral de los contratos de la Administración, contando con una norma expresa en el artículo 15 de la Ley N° 80 de 28 de octubre de 1993:

> "De la interpretación Unilateral. Si durante la ejecución del contrato surgen discrepancias entre las partes sobre la interpretación de algunas de sus estipulaciones que puedan conducir a la paralización o a la afectación grave del servicio público que se pretende satisfacer con el objeto contratado, la entidad estatal, si no logra acuerdo, interpretará en acto administrativo debidamente motivado, las estipulaciones o cláusulas objeto de la diferencia."

Se ha entendido que esta interpretación no obsta al ejercicio del derecho a solicitar el restablecimiento de la ecuación económico–financiera del contrato, cuando corresponda, o al de los derechos de impugnación en vía administrativa y jurisdiccional. Se convoca, asimismo, el criterio de interpretación de la "*carga de claridad*" y se pone el acento en evitar la introducción de modificaciones al contrato bajo la excusa de una supuesta interpretación.[73]

En sentencia del Consejo de Estado de Colombia, de 7 de julio de 2011, se enumeran los siguientes requisitos como necesarios para el legítimo ejercicio de la potestad de interpretación unilateral: que el contrato se encontrare en ejecución, que existieren discrepancias en su interpretación y que las mismas tuvieren virtualidad para paralizar el contrato o perturbarlo, que se hubiere citado al contratista y propugnado el acuerdo sobre la interpretación, que no se hubiere llegado a acuerdo alguno, que mediante la interpretación unilateral no se introdujeren modificaciones al contrato, siendo que la interpretación se adoptare por acto administrativo debidamente motivado.

---

72 Dictamen 242/2008 del Consejo Consultivo de Canarias (STS de 11 de septiembre de 1979, RJ 1979/3448). En el mismo dictamen se señala que la prerrogativa de interpretación no puede ser entendida de un modo absoluto que justifique un proceder no adecuado a una relación concertada (Sentencia del Tribunal Supremo de 20 de abril de 1999): *"Así, es evidente que la interpretación del contrato no es una vía para su reformulación, ni puede encubrir modificaciones..."*

73 ESCOBAR GIL, Rodrigo, *Teoría general de los contratos de la administración pública*, Bogotá, Legis, 2003, p. 341.

En este caso también se acudió al concepto de la "*carga de claridad*" y su consecuente "*principio contra proferentem*".

III.4. Entre la prerrogativa interpretativa y la regla de interpretación "contra proferentem"

A la luz de todo lo expuesto, hallamos una disyuntiva adicional a la formulada por Rodríguez Arana Muñoz (entre suprimir o mantener la prerrogativa interpretativa), y es la que se plantea entre principios que pueden entrar en conflicto, en el ejercicio de dicha prerrogativa.

Admitido que sea que la Administración puede interpretar unilateralmente el contrato por las razones de interés público señaladas por la doctrina, en cualquier caso su interpretación deberá constar en acto administrativo debidamente motivado.

Además de fundar su decisión, la Administración deberá aplicar los criterios de interpretación de los contratos, examinados al inicio de este trabajo.

La dificultad radica en que, entre esos criterios de interpretación de los contratos, se encuentra la regla de interpretación "*contra proferentem*", erigida sobre la "*carga de claridad*" y el "*principio de autorresponsabilidad del stipulator*". Y precisamente, en los contratos del Estado, casi siempre será éste el que asumirá la redacción, a partir de los pliegos y términos de referencia técnicos y jurídicos, culminando con el propio texto contractual.

En la perspectiva adoptada por el Tribunal Español en la antes citada sentencia de 29 de febrero de 1984, la circunstancia de que las cláusulas estén redactadas por la Administración hace que sea ella la mejor dotada para conocer su verdadero sentido, de manera que nadie mejor que ella pueda saber la finalidad con que han sido empleadas y, salvo abuso de poder, error o irracionalidad, sea ella la que puede acometer la tarea sin propósitos egoístas o partidistas, ya que los agentes que por ella obran en nada se favorecen particularmente.[74]

Mas, a la hora de interpretar: ¿aplicará la Administración las reglas de interpretación objetivas y subjetivas tal como ellas han sido formuladas en el Código Civil, incluyendo el principio "*contra proferentem*"? ¿O esta regla quedará excluida porque el contrato de la Administración no puede interpretarse sino desde la perspectiva del interés público que el Estado representa, repugnando a su naturaleza una interpretación en contra de dicho interés y a favor del interés del contratista?

Entendemos que, "*en principio y conforme al deber–ser según el cual la Administración no puede obrar sino en procura del interés público*" (incluyendo el caso en que redacta los pliegos y contratos que celebra):

a. Corresponde a la Administración la potestad de interpretación unilateral de dichos contratos.

b. No corresponde que, en ejercicio de tal potestad, la Administración interprete en contra del interés público, resultándole por tanto inaplicable el criterio de "*interpretatio contra proferentem*".

No obstante, en tal caso, en aplicación del principio de equilibrio entre prerrogativas y garantías de Derecho Público, el Estado deberá asegurar la preservación de la ecuación

74 Conf. RODRÍGUEZ ARANA MUÑOZ, Jaime, *ob. cit.*, p. 809

económico–financiera del contrato, indemnizando al contratista cuando se den los supuestos para ello.

Y todavía corresponde consignar que, si ese deber–ser no se hubiera cumplido, en cuanto la Administración hubiese obrado sin honrar el interés público, ésta deberá, en aplicación del principio de juridicidad, reconducir las actuaciones de manera de conformarse a la regla de Derecho y a dicha finalidad de interés público, lo que podrá implicar la adecuación del texto contractual en lo que fuere necesario.

Naturalmente que el temperamento expuesto resulta de aplicación exclusivamente al supuesto de interpretación por parte de la propia Administración. Diversa es la cuestión cuando el intérprete es el magistrado.

Como se ha anticipado en oportunidad de analizar la regla de interpretación *"contra proferentem"*, en Sentencia N° 115/007 la Suprema Corte de Justicia ha afirmado su aplicación por el Juez, en el caso de contratos del Estado. En efecto, el magistrado interpretará convocando todas las reglas aplicables, sin que se plantee excepcionar la de hacerlo en contra de la Administración como redactora de los documentos contractuales.

57. APUNTES EN TORNO AL RECURSO ESPECIAL EN SEDE ADMINISTRATIVA EN MATERIA CONTRATACIÓN PÚBLICA

Manuel Fermín Cabral[1]

1. Introducción

En los últimos años, resulta notorio el incremento de la intervención del denominado "órgano rector" del sistema de contrataciones públicas, la Dirección General de Contrataciones Públicas (en lo adelante la "DGCP"), instaurado en la Ley N° 340-06, sobre Compra y Contratación de Bienes, Obras, Servicios y Concesiones del Estado, modificada por la Ley N° 449-06 (en lo adelante "Ley 340-06"). Una intervención a través de los mecanismos de control en sede administrativa que prevé la citada legislación: (i) el recurso administrativo especial realizado por los interesados en los procedimientos administrativos de contratación, que lleva consigo el llamado "recurso de alzada o jerárquico impropio" a cargo de la DGCP, y que se encuentra regulado en el artículo 67 de la Ley 340-06; y (ii) el procedimiento administrativo de investigación sobre alegados incumplimientos de las normativas de contratación, previsto en los artículos 71 y siguientes de la Ley 340-06.

En el primero de los casos, el tipo de control ha de iniciarse, en términos estrictos, por el apoderamiento producto de la impugnación en alzada del interesado ("jerárquico impropio"). Esto es, la iniciación oficiosa del procedimiento administrativo está proscrita en este ámbito: en dicho supuesto habrá de intervenir necesariamente el interesado con la promoción formal de la impugnación. De ahí que la esfera del control estará delimitada por el alcance de las pretensiones expuestas por las partes en dicha sede. La congruencia se impondría consecuentemente como principio de actuación dada la naturaleza materialmente jurisdiccional de la función administrativa arbitral. He ahí donde se enmarcaría, pues, el ejercicio de las competencias de la DGCP y lo que impediría que el control se desborde hacia contornos no limitados por el apoderamiento del impugnante; no, al menos, sin observar el principio de contradicción.

Distinto sería el caso del procedimiento administrativo de investigación. El mismo, además de que no hay una demarcación para su libre discurrir —los interesados no limitan el ámbito de la investigación—, podrá iniciarse oficiosamente. Es lo que dispone expresamente el artículo 71 de la Ley 340-06: "Para la investigación de presuntas con-

1 Profesor de derecho administrativo a nivel de grado y postgrado en las universidades PUCMM, UNIBE, UASD e IGLOBAL.

travenciones a la presente ley y sus reglamentos, la Dirección General, en su calidad de Órgano Rector, actuará de oficio o a petición de parte interesada."

Ambos procedimientos suponen, pues, aspectos netamente diferenciados en términos de potestades y competencias administrativas. Empero, la práctica administrativa realizada por la DGCP desconoce tal delimitación: no son pocos los precedentes en los cuales la DGCP anula el acto administrativo de adjudicación por motivos que no fueron expuestos por la parte impugnante y que, por consiguiente, no formaron parte del contradictorio o del debate desarrollado en ocasión de la impugnación. Lo anterior, inclusive, en casos donde el impugnante presentara oportunamente desistimiento de sus pretensiones. Igualmente se desconocen los ámbitos de actuación —en términos de los sujetos pasivos de control— propios de las competencias del órgano rector: es así que este último ejerce poderes de control sobre entes constitucionales y de la administración local que implican una transgresión a la autonomía constitucional de los mismos.

El presente trabajo tiene por finalidad abordar la naturaleza jurídica del recurso especial de contratación pública previsto en la Ley N° 340-06 y sus características principales; la problemática generada a propósito de la legitimación activa, de las actuaciones recurribles y de los sujetos pasivos del control. En fin, ponderar las cuestiones de mayor relevancia que atañen a un mecanismo de control de juridicidad que, como el regulado por los artículos 67 y siguientes de la Ley N° 340-06, cada día adquiere más importancia.

2.- Naturaleza del control especial de contratación pública

2.1.- El carácter revisor del recurso especial de contratación pública: delimitación del procedimiento de investigación.

Las normas reguladoras de lo que hemos denominado como el "procedimiento de control especial de contratación pública" no hacen sino instituir esencialmente un procedimiento más en sede administrativa. Esto es: los artículos 67 y 69 de la Ley N° 340-06 establecen las disposiciones de carácter especial que regulan el procedimiento administrativo para conocer de las "reclamaciones, impugnaciones y controversias" que se generan en ocasión de un procedimiento de contratación pública. Constituye un procedimiento administrativo especial atinente a los recursos administrativos. Se trata, en palabras de SANTAMARÍA PASTOR, de "un procedimiento de revisión de actos administrativos por razones de legalidad, que se plantea y resuelve por órganos de la propia Administración que los dictó, a instancia de quienes se hayan visto afectados negativamente por ellos en sus derechos o intereses legítimos."[2]

De ahí que, en principio, las normas reguladoras de dicho procedimiento, en tanto que recurso administrativo, encuentren resguardo supletorio en la Ley N° 107-13, sobre Derechos de las Personas en sus relaciones con la Administración Pública y de Procedimiento Administrativo, específicamente en la parte relativa a los recursos administrativos. Lo anterior sin desmedro del régimen derogatorio plasmado en el artículo 62 de la Ley N° 107-13, según el cual "[a] partir de la entrada en vigencia de esta ley, quedan derogadas todas las disposiciones contenidas en leyes generales o especiales que le sean contrarias." Así las cosas, tratándose las disposiciones que conciernen al "procedimiento

2 SANTAMARIA PASTOR, Juan Alfonso. (2015). *Los Recursos Especiales en Materia de Contratos del Sector Público*, Pamplona, ARANZADI, 1era. edición, p. 65.

de contratación pública" de normas de naturaleza especial, todas las normativas reguladoras del mismo que contraríen lo prescrito en la Ley N° 107-13, por aplicación del ya citado artículo 62 de esta legislación, se verían derogadas. Cuestiones como el plazo para la interposición de un recurso administrativo resultan impactados en la Ley 340-06, ante la entrada en vigencia de la Ley N° 107-13. No así el plazo para la solución de las impugnaciones. Y es que en los supuestos en los cuales la "normativa reguladora" dispone de un plazo concreto —como al efecto se dispone en el artículo 67 de la Ley 340-06—, el plazo instituido supletoriamente por la Ley N° 107-13 no podrá aplicarse, acorde con lo planteado en el artículo 20 de dicha normativa. En estos supuestos, el legislador respetó los ámbitos normativos sectoriales que establecieren plazos especiales para el conocimiento de determinados procedimientos en sede administrativa. Expresa, en ese tenor, el artículo 20 de la Ley N° 107-13: "La normativa reguladora de cada procedimiento administrativo establecerá un plazo razonable para su tramitación, que podrá ser prorrogado o reducido en función de la complejidad, las cargas de trabajo, la urgencia u otras circunstancias que deberán motivarse adecuadamente."

Sin embargo, la naturaleza de recurso administrativo, con la correspondiente nota de su especialidad, no implica necesariamente visualizar en el mismo un carácter "revisor". Los recursos en sede administrativa —reconsideración y jerárquico— constituyen técnicas de revisión de los actos administrativos, conllevando en muchos casos una modificación de la situación jurídica que los originan, como lo sería la reconsideración o reposición, así como una sustitución del acto administrativo impugnado una vez realizado el enjuiciamiento a su validez jurídica, caso este último frecuentemente visto en la sede jerárquica sobre la base de las competencias propias de los órganos jerárquicamente superiores. Pero igual la sustitución puede verificarse en una reconsideración, puesto que la sede administrativa no limita, en principio, los poderes de revisión del órgano competente: son los llamados "poderes del órgano revisor", mismos que se encuentran reconocidos en el artículo 52 de la Ley N° 107-13, matizados únicamente por la regla de la "reformatio in peius", cuyo beneficiario lo es el recurrente. Dicho texto prescribe: "Poderes del órgano revisor. El órgano competente para decidir un recurso administrativo podrá confirmar, modificar o revocar el acto impugnado, así como ordenar la reposición en caso de vicios de procedimiento, sin perjuicio de la facultad de la Administración para convalidar los actos anulables. En ningún caso la Administración podrá, al resolver el recurso administrativo, agravar la condición jurídica del interesado que interpuso el recurso."

Las vías recursivas antes mencionadas se clasifican, reitero, como recursos administrativos, en tanto que constituyen medios de impugnación de la decisión de una autoridad administrativa, con el objeto de obtener, en sede administrativa, su reforma o extinción.3 De acuerdo con lo planteado por GORDILLO, el recurso de reconsideración es el que se presenta ante el mismo órgano que dictó un acto para que lo revoque, sustituya o modifique por contrario imperio.4 CASSAGNE, por su parte, lo define como aquel que se deduce ante la propia autoridad que ha dictado el acto administrativo o reglamento a fin

3 MARIENHOFF, Miguel. (2004). *Tratado de Derecho Administrativo.* Tomo I. Buenos Aires, Abeledo-Perrot, 5ta. edición, p. 693.

4 GORDILLO, Agustín. (2010). *Tratado de Derecho Administrativo. El procedimiento administrativo,* Buenos Aires, capítulo IX, p. IX-2.

de que lo revoque, derogue o modifique, según sea el caso, por contrario imperio.5 En cambio, el recurso jerárquico puede definirse como *"...la reclamación que se promueve para que el superior jerárquico del autor del acto que se cuestiona, examinado este acto, lo modifique o lo extinga, siguiendo para ello el procedimiento expresamente establecido en las normas vigentes." "Como su propio nombre lo indica, el recurso jerárquico reposa en la existencia de una relación jerárquica, que trasunta una supremacía del órgano superior respecto al inferior. Tal es el fundamento racional."*[6] SANTAMARÍA PASTOR, refiriéndose precisamente a los recursos administrativos, expresa que al resolver estos últimos, "el órgano competente reexamina su legalidad, pero puede también reconsiderar el contenido de los elementos discrecionales que contiene el acto impugnado, de manera que, si estima el recurso, dictará un nuevo acto que sustituye al anterior, ya sea en su totalidad o solo de modo parcial (...) este fenómeno de sustitución puede acaecer válidamente, en los recursos de reposición, porque quien dicta la resolución del recurso es la misma autoridad que emitió el acto impugnado; y, en los recursos de alzada, porque el órgano que ha de resolverlo, en su calidad de superior jerárquico del que dictó el acto recurrido, asume íntegramente, en virtud del recurso, la competencia para pronunciarse sobre el asunto al que se refería dicho acto. Dicho de otra forma, el recurso de alzada produce un desplazamiento de la competencia para resolver hacia el superior jerárquico que ha de decidir sobre el recurso."[7]

No ocurre lo mismo con el recurso administrativo que se incoa ante la DGCP—acorde con el artículo 67 de la Ley N° 340-06—, una vez resuelta la impugnación en la denominada "entidad contratante". Y es que el tipo de control a ser ejercido por el órgano rector, por su especialidad, se enmarca en la naturaleza revisora de este: un control cuyo límite culmina exclusivamente en la juridicidad del acto administrativo que pone fin a la impugnación sometida inicialmente en la entidad contratante. Un tipo de recurso, como más adelante se verá, que no se funda esencialmente en una relación propia de jerarquía; más bien, en una especie de "jerarquía impropia" —tal cual ha sido reconocido doctrinalmente—, cuya excepcionalidad está reservada precisamente a la ley en sentido estricto (reserva de ley). Así lo dispone el párrafo II del artículo 54 de la Ley N° 107-13: "Excepcionalmente, en los casos expresamente establecidos en las leyes, un órgano que no sea superior jerárquico podrá conocer los recursos contra los actos administrativos de un órgano que no le está subordinado, pertenezcan o no a un mismo ente público."

El interesado que opta por la "apelación" —así designa el legislador al "recurso especial de contratación pública"— prevista en el numeral 8 del citado artículo 67, contrario a lo que sería la "reconsideración" plasmada en el numeral 1 de este último texto, no encontrará —o no debería encontrar— otra respuesta a su recurso que no sea, exclusivamente, un examen de juridicidad de lo resuelto, bien sea sobre la resolución de reconsideración conocida por la entidad contratante, o ya sea directamente sobre el acto administrativo dictado por efecto del procedimiento de contratación realizado por la "entidad contratante". No puede, pues, el órgano rector "sustituir" lo decidido por la "entidad contratante" en el ejercicio de sus poderes y competencias: no cuenta con la prerrogativa

5 CASSAGNE, Juan Carlos. (2009). *Derecho Administrativo.* Tomo II. Buenos Aires, Abeledo-Perrot, 7ma. edición, p. 598.

6 MARIENHOFF, Miguel. *Ob. cit.*, p. 711.

7 SANTAMARIA PASTOR, Juan Alfonso, *ob. cit.*, p. 66.

de "modificar" parcial o totalmente lo resuelto en un acto administrativo de adjudicación. Ello es tarea de los recursos administrativos ordinarios, mas no de un recurso de tipo especial, cuyo carácter "revisor" es irrebatible si se observan los fines que ha de perseguir el órgano rector de conformidad con la Ley 340-06, concretamente al decir de los acápites 36.6 y 36.10 de la ley. Podrá, entonces, declarar su invalidez por visos de ilegalidad que comporten la nulidad o anulabilidad del acto recurrido, según sea el caso. En pocas palabras: el órgano rector no puede erigirse en entidad contratante, o, lo que es lo mismo: no "adjudica" ni "revoca" un acto de dicha categoría (adjudicación), así como tampoco le corresponde evaluar la procedencia de "ofertas" realizadas por participantes en un proceso determinado. Esto por citar dos casos. En ese mismo sentido se pronuncia SANTAMARÍA PASTOR, refiriéndose al "recurso especial en materia de contratación" previsto en el ordenamiento español, al establecer lo siguiente: "El TRC ("Tribunal de Recursos Contractuales") no tiene la condición de superior jerárquico del órgano de contratación, ni ostenta la responsabilidad del éxito o fracaso en la consecución del objetivo que el acto impugnado persigue. Es una instancia revisora de su legalidad y, por ello, su función ha de limitarse a examinar la legalidad del acto recurrido, a la luz de las alegaciones de este orden que el recurrente formule, y decidir sobre el ajuste a Derecho del acto; confirmándolo o anulándolo, pero sin poder sustituir su contenido final, ni tampoco en la apreciación de la oportunidad de la decisión adoptada." Lo antes transcrito se corresponde, según lo afirma el autor citado, con los precedentes adoptados en España por el Tribunal Administrativo Central de Recursos Contractuales (TACRC): "Esta fue la doctrina sentada a partir de las importantes RTAC ("resoluciones del Tribunal Administrativo Central") 186 y 221/2011, *Novartis*, luego confirmada en el *leading case* contenido en el RTAC 62/2012, UTE Gomyl-Pegamo, cuyos términos es conveniente reproducir: (...) Empero existe un límite a nuestra competencia respecto de la pretensión articulada por el recurrente que pide que este Tribunal declare la adjudicación del contrato a su favor (apartado *d* de su "suplico"). Este Tribunal tiene exclusivamente una función revisora de los actos recurridos en orden a determinar si se ha producido un vicio de nulidad o anulabilidad (...) de modo que, de existir tales vicios, hemos de proceder a anular el acto o actos, ordenando que se repongan las actuaciones al momento anterior a aquel en el que el vicio se produjo, pero *sin que el Tribunal pueda sustituir la competencia de los órganos intervinientes en el proceso de contratación*, en este caso del órgano de contratación único al que corresponde dictar el acto de adjudicación, so pena de incurrir en incompetencia material sancionada con nulidad radical (...)."[8]

La DGCP es una dependencia del Ministerio de Hacienda; así lo establece el artículo 35, numeral 1, de la Ley 340-06. Dicho órgano está integrado en el denominado "Sistema de Contrataciones de Bienes, Obras, Servicios y Concesiones", cuya definición se encuentra en el artículo 34 de la citada legislación: "El Sistema de Contrataciones de Bienes, Obras, Servicios y Concesiones se organizará en función de los criterios de centralización de las políticas y de las normas y de descentralización de la gestión operativa, teniendo como fin general el de procurar la excelencia y transparencia en las contrataciones del Estado y el cumplimiento de los principios de esta ley." El artículo 35, numeral 1, dispone que los "órganos del sistema" serán: la DGCP, dependencia del Ministerio de Hacienda, que fungirá "junto a la Subdirección de Bienes y Servicios y la Subdirección de Obras y Concesiones como Órgano Rector del Sistema." De ahí que no exista

8 *Ibid.*

una relación de sujeción jerárquica de la DGCP sobre las entidades contratantes sujetas al control especial de ésta, relación que comportaría para el órgano rector los más amplios poderes para conformar una decisión administrativa que conlleve una reposición de la situación jurídica que originó la impugnación. Mas, eso no ocurre en el supuesto analizado.

La DGCP, en reiteración, no tiene autoridad jerárquica sobre las "entidades contratantes". Su competencia reside primeramente en "verificar" la juridicidad del acto administrativo cuestionado y luego, agotada ya la "presunción de validez" de dicho acto, declarar la nulidad o anulabilidad del mismo, salvo lo que pudiera considerarse como un caso excepcional: la pretensión de "ejecución de un contrato ya adjudicado" prevista en los artículos 36.10 y 67.7 de la Ley N° 340-06, aunque referida originariamente a las llamadas "medidas precautorias" (medidas provisionales). En palabras de SANTAMARÍA PASTOR, "no puede acogerse, en consecuencia, la tesis de algún autor que estima, en terminología característica del proceso contencioso, que las potestades del órgano de resolución de recursos no son de mera "anulación", sino también de "plena jurisdicción", correspondiéndole también el restablecimiento de la situación jurídica individualizada. No es así. La resolución estimatoria del recurso no puede reconocer al recurrente más situaciones que las que, indirectamente y de manera refleja, sean consecuencia lógica de la anulación (...) No cabe asimilar la función que estos tribunales desempeñan con la que realizan los órganos de la jurisdicción contencioso-administrativa: los TRCs son órganos integrados en una Administración pública y, por tanto, han de respetar en su función la distribución de competencias decisorias dentro de su Administración respectiva (...) no ostentan responsabilidad alguna sobre el buen fin del procedimiento de licitación, por lo que sería incoherente que asumieran facultades exclusivas de los órganos a los que aquella responsabilidad está atribuida."[9]

La nulidad o anulabilidad decretada por el órgano rector podría catalogarse de exceso si se observara literalmente el ámbito de las competencias dispuestas por la ley para la DGCP. Esto, puesto que la ley no dispone en la parte relativa a los "reclamos" e "impugnaciones" la competencia expresa para anular los actos administrativos que conciernan a un procedimiento de contratación. La reglamentación que complementa la legislación, el Reglamento N° 543-12, en sus artículos 68 y 69, prescribe únicamente el efecto de la infracción a las normas que rigen la contratación pública. Empero, al establecerse la competencia para conocer de la impugnación al órgano rector, parecería una consecuencia lógica que dicho órgano pueda examinar la validez de la actuación impugnada y deducir así lo que ha de producirse una vez verificada una infracción de determinada gravedad para el ordenamiento jurídico. La tutela en sede administrativa, para que sea efectiva y cumplir su papel "revisor", habrá de anular en ocasiones, a instancias del recurrente, el acto administrativo sujeto a revisión. En esto consiste el "carácter revisor" que se le atribuye al control especial de contratación pública y que se asimila al modelo de control judicial que, en la actualidad, se encuentra todavía vigente en la República Dominicana con la Ley N° 1494, que instituyó la Jurisdicción Contencioso-Administrativa, de 1947. Un "carácter revisor" que examina la juridicidad en los comportamientos juzgados en sede administrativa y que puede, al igual que en la sede judicial, cuestionar la validez de un acto administrativo, destruyendo así su presunción de validez, tal y como se infiere de lo plasmado en el artículo 10 de la Ley N° 107-13: "To-

9 *Ibid.*, p. 68.

de acto administrativo se considera válido en tanto su invalidez no sea declarada por autoridad administrativa o jurisdiccional de conformidad a esta ley."

2.1.1. Del procedimiento administrativo de investigación y del recurso especial de contrataciones públicas previsto en los artículos 67 y siguientes de la Ley Nº 340-06.

Tal y como se decía al inicio del presente trabajo, se impone delimitar las características propias del procedimiento administrativo de investigación, cuya regulación se encuentra en los artículos 71 y siguientes de la Ley 340-06, del procedimiento en sede administrativa (recurso especial de contrataciones públicas) que resuelve las impugnaciones y reclamos realizados con ocasión de un procedimiento de contratación pública *in concreto*, impulsado necesariamente por un interesado, y que supone el desarrollo de un proceso con matices claramente diferenciados del primero. Lo precedentemente expuesto ha sido siempre desconocido por el órgano rector: no son pocos las resoluciones administrativas que resuelven "impugnaciones" de interesados cual si fueren procedimientos de investigación, irrespetando la congruencia con las pretensiones de los interesados.

El artículo 71 de la Ley Nº 340-06 dispone que "para la investigación de presuntas contravenciones a la presente ley y sus reglamentos, la Dirección General, en su calidad de Órgano Rector, actuará de oficio o a petición de parte interesada." La finalidad del procedimiento de investigación resulta clara: garantizar el cumplimiento de las disposiciones contenidas en la ley, observando así el órgano rector lo prescrito en el acápite 36.6 de la Ley Nº 340-06, en el sentido de verificar que las entidades de derecho público sometidas al ámbito de la citada legislación cumplan, pues, los postulados de la misma. Se trata evidentemente del ejercicio de poderes de ordenación; en específico: poderes de vigilancia e inspección.

La potestad de inspección constituye una de las manifestaciones típicas del intervencionismo administrativo. Dicha prerrogativa se enmarca, en términos concretos, en la denominada "actividad de ordenación" (de tipología múltiple), también conocida originariamente —y todavía en un segmento importante de la doctrina ius-administrativista— como "poder (o actividad) de policía". La inspección se erige como una de las fórmulas o técnicas de ordenación, cuya relevancia se acrecienta con la consolidación del concepto de Estado Regulador en el marco del Estado Constitucional de Derecho. Al efecto, para el profesor José BERMEJO VERA, en su formidable ensayo titulado "La Administración inspectora", en alusión al concepto y significado de la inspección: "Se habla de actividad, función o potestad de inspección, sin excesiva precisión en este momento, para identificar unas actuaciones, más o menos genéricamente previstas en el ordenamiento jurídico, que habilitan a las Administraciones públicas para llevar a cabo funciones de comprobación o constatación del cumplimiento de la normativa vigente, en su sentido más amplio."[10]

Por su lado, Miguel SÁNCHEZ MORÓN, catedrático español de derecho administrativo, sostiene, en torno al concepto de inspección, lo siguiente: "...es una actividad formalizada que tiene por finalidad verificar igualmente con carácter preventivo o represivo, el cumplimiento de deberes u obligaciones, prohibiciones o limitaciones impuestas por la

10 BERMEJO VERA, José. (1998). *La Administración inspectora.* En *Revista de Administración Pública*, Nº 147, Septiembre-Diciembre, p. 41

legislación vigente. Normalmente esta actividad de inspección se dirige o tiene como consecuencia la adopción de una decisión administrativa que atañe al sujeto o al objeto inspeccionado, ya sea el otorgamiento, modificación o revisión de una autorización o concesión, la recaudación de una deuda tributaria o de otro tipo, la imposición de una sanción o de una obligación de reparación de daños o de reintegro de fondos u otros actos. A veces, sin embargo, la inspección se lleva a cabo simplemente para mejorar la información de la Administración sobre un asunto o materia y poder establecer las estrategias o criterios de actuación más adecuados."[11]

Ricardo RIVERO ORTEGA, al abordar modernamente la potestad de inspección, y reiterando la idea ya expresada por otros autores del "procedimiento formalizado" que antecede y obliga toda inspección, precisa lo que se transcribe a continuación: "La actividad de policía tiene una vertiente represiva, traducida en sanciones, y una vertiente preventiva, realizada a través de labores de comprobación del respeto por las normas. Cuando esa tarea es realizada por funcionarios públicos siguiendo un procedimiento formalizado, y estando los sujetos privados obligados a colaborar con ellos, nos encontramos ante una de las principales potestades actuales de la Administración: la potestad inspectora".[12] Acorde con lo expresado por ALENZA GARCÍA, en el Diccionario Enciclopédico de Derecho Administrativo, dirigido por MUÑOZ MACHADO, se caracteriza por "requerir un elevado concurso de la técnica para su ejercicio, por realizarse de manera inmediata y directa sobre la actividad inspeccionada y, generalmente, con carácter singular y transitorio, sin sujeción a controles permanentes y, finalmente, por su instrumentalidad o accesoriedad en relación con otras potestades de intervención (otorgamiento de autorizaciones) o sancionadoras."[13]

De manera que, al referirse a la potestad de inspección de la Administración, se habla de aquella actividad administrativa dirigida a comprobar o verificar unilateralmente el cumplimiento del ordenamiento jurídico por parte de los sujetos pasivos en la relación de inspección, garantizando la tutela de los bienes jurídicos protegidos. Y esto es lo que justamente significa el procedimiento de investigación previsto en la Ley N° 340-06: verificar el cumplimiento de lo dispuesto por la ley por parte de las entidades de derecho público sujetas al ámbito de aplicación de la indicada normativa. Procedimiento éste que conlleva amplios poderes administrativos —en el marco de las prerrogativas de inspección— a fin de que la Administración pueda verificar eficazmente la observancia o no de los postulados normativos analizados. El artículo 75 de la Ley N° 340-06 así lo refrenda: "El libre acceso a las instalaciones físicas y electrónicas, tales como libros de acta y registros contables, entre otros, en donde se realicen las investigaciones en relación con un oferente o contratista, o una entidad del Sector Público, se podrá efectuar con consentimiento de los proveedores o funcionarios o mediante mandamiento compulsivo y por escrito de la autoridad judicial competente, emitido a solicitud del Director General."

Lo que no resulta posible es confundir ambos procedimientos administrativos: uno y otro tienen fines muy disimiles. Mientras que el procedimiento para regular los "recla-

---

11 SANCHEZ MORON, Miguel. (2007). *Derecho Administrativo.* Parte General. Madrid. Editorial Tecnos, 3era. edición, p. 636

12 RIVERO ORTEGA, Rivero. (2011). *Derecho Administrativo económico.* Madrid. Marcial Pons, 4ta. edición, p. 162.

13 *Diccionario de Derecho administrativo*, compilado por MUÑOZ MACHADO, Santiago, Madrid, Iustel, p. 1890

mos" e "impugnaciones" de los interesados tiene por finalidad resolver, en términos jurídicos, la cuestión objeto de impugnación conforme a las pretensiones expuestas por el recurrente e interesado, el procedimiento de investigación no se encuentra limitado por lo planteado por un denunciante. Y es que la "investigación" se erige en un procedimiento abierto a la discrecionalidad de los poderes de quien ejerce la función inspectora, acorde con los parámetros delineados de la misma, esto es, según los objetivos ya fijados que han de alcanzarse al amparo de la investigación. De ahí que el procedimiento de investigación, a diferencia del recurso especial de contrataciones —cuyos resultados, reitero, estarán delimitados por las pretensiones de los interesados en base a la congruencia debida para el proceso—, pueda arribar a conclusiones distintas de las que pudieran verificarse en la denuncia de un tercero o interesado. Dicho de otro modo: en ocasión de un recurso por ante la DGCP —conforme al régimen del artículo 67 de la Ley 340-06—, elevado por un oferente pretendidamente perjudicado por una adjudicación, el órgano rector no podrá bajo ningún concepto decidir la anulación de este acto administrativo tomando como fundamento una causal distinta a la planteada por el interesado en su recurso.

Todo interesado, según lo dispuesto en el artículo 72 de la Ley —ya en el marco de un procedimiento de investigación—, podrá denunciar una violación a la ley. Dicho texto establece: "Todo interesado podrá denunciar una violación a la presente ley. La denuncia se hará por escrito ante el Órgano Rector, incluyendo las generales y la firma del denunciante, la entidad o funcionario denunciado y la presunta violación a la ley o sus reglamentos." Empero, el Reglamento N° 543-12 va más allá en la regulación de la legitimación activa para la iniciación de una investigación; en ese tenor, el artículo 133 de dicha norma expresa: "Todo ciudadano y ciudadana podrá denunciar una violación al presente Reglamento." Aunque referido a la "violación al presente Reglamento", lo cierto es que la interpretación que el órgano rector ha dado a ambas disposiciones normativas discurre en una extensión de la legitimidad a un nivel, podría decirse, "popular". Esto es: la DGCP ha favorecido la "acción" ("pro actione") en aras de resguardar la juridicidad en las actuaciones de las entidades de derecho público en los procesos de contratación. Distinto es el caso, no obstante, de los recursos de impugnación o reclamaciones, regulados en los artículos 67 y siguientes de la Ley 340-06, en los cuales la exigibilidad de la legitimación activa se acentúa —si bien no encasillada en las visiones restrictivas *iusprivatistas*—, orientándose hacia el concepto de "interés legítimo" imperante en el derecho administrativo, el cual se analizará más adelante. Lo anterior supone una diferencia relevante con el procedimiento administrativo de investigación: en este último, acorde con los precedentes del órgano rector, cualquier persona —no importando si acredita o no un interés personal y directo en la cuestión— podrá impulsar el inicio de la misma mediante la decisión del órgano competente (y la práctica administrativa refleja la proclividad manifiesta a iniciar los procedimientos de investigación ante las denuncias presentadas por particulares); por el contrario, en el supuesto del procedimiento recursivo "especial" la presencia de un interés legítimo resulta innegociable: solo aquellos que demuestren dicho interés podrán enervar eficazmente la intervención y control del órgano rector.

El procedimiento de investigación inicia entonces con la denuncia interpuesta por "cualquier ciudadano o ciudadana". La DGCP, según lo dispone el párrafo I del artículo 72 de la Ley 340-06, "podrá archivar las denuncias que sean notoriamente improcedentes previa comunicación al denunciante" (sanción procedimental esta que, en base a la interpretación administrativa de la DGCP, no ha encontrado eco). En caso de que el órgano rector, conforme al párrafo II del citado artículo 72, "considere procedente la denuncia, conjuntamente con el inicio de la investigación, deberá notificar, tanto la denuncia recibida como la decisión de iniciar el proceso de investigación, a la o las partes afectadas, quienes deberán presentar sus alegatos en los plazos que establezcan los reglamentos." En efecto, una vez finalizada la "investigación de la denuncia", la DGCP, "en su calidad de Órgano Rector de Contrataciones Públicas", dictará una "resolución indicando los resultados de la misma", expresa el párrafo I del artículo 75 de la ley. El párrafo II de este último texto prescribe que "en caso de hechos que violen la ética o moral el acto deberá ser tramitado vía el Secretario de Estado de Finanzas (hoy Ministro de Hacienda), en su calidad de superior jerárquico, quien dictará resolución acogiendo o desestimando la resolución del órgano rector." Finalmente, el Ministro de Hacienda, en todos los casos, "remitirá los resultados de la investigación a la Procuraduría General de la República" (art. 76).

El régimen jurídico del procedimiento de investigación no prevé la atribución del órgano rector para anular un acto administrativo de adjudicación. Y tampoco puede ello inferirse o derivarse de una actividad propia de los poderes de ordenación a los que se hizo referencia con anterioridad. Esto último es de suma relevancia: la naturaleza jurídica del procedimiento administrativo de investigación no permite solventar la tesis anulatoria, tratándose, sobre todo, de que ello constituiría una revisión de juridicidad "encubierta" sobre actos administrativos de contenido favorable para su beneficiario y que, ante la no impugnación de los participantes —interesados— de un procedimiento de contratación, han adquirido firmeza jurídica. Lo expuesto no resulta de entera acogida en las resoluciones dictadas por el órgano rector: son numerosos los casos en los cuales la DGCP decreta la anulación de un acto de adjudicación y, consecuentemente, de todo el procedimiento de contratación con ocasión de un procedimiento administrativo de investigación. En otros casos, la DGCP se limita a declarar la antijuridicidad de las actuaciones llevadas a cabo por las entidades contratantes, sin abordar la validez del acto administrativo investigado ni del procedimiento que le precedió.[14]

Sin desmedro de que lo anterior supone un desconocimiento a los principios de coherencia administrativa, igualdad de trato y de seguridad jurídica, específicamente en su vertiente de la previsibilidad (todos de raigambre constitucional y reconocidos expresamente en el artículo 3 de la Ley N° 107-13), lo cierto es que, aunque el cuestionamiento de la validez —no de la antijuridicidad de la actuación "investigada"— no encuentra rigurosamente sustento jurídico, dicho cuestionamiento podría servir como base para el agotamiento del procedimiento de declaratoria de lesividad de actos administrativos de contenido favorable plasmado en el artículo 45 de la Ley N° 107-13. Es este procedimiento el que habilita a la Administración a anular y repudiar del ordenamiento aquellos actos administrativos "lesivos" para el interés general, viciados de invalidez por irregularidades que impliquen nulidad absoluta o anulabilidad —según sea el caso verificado en el artículo 14 de la Ley N° 107-13—, mediante la vía de la jurisdicción contencioso-administrativa, previa realización del indicado procedimiento. El referido texto del artículo 45 de la Ley N° 107-13 dispone: "Declaración de lesividad de actos favorables. Los

14 Casos en los cuales la DGCP anula la adjudicación o un procedimiento de contratación en el marco de una investigación: DGCP resolución No. 75/2013; DGCP resolución N° 08/2013. Casos en los cuales el órgano rector decide no anular: DGCP resolución N° 16/2013; DGCP resolución N° 23/2013; DGCP resolución N° 39/2013; DGCP resolución N° 26/2011.

órganos administrativos podrán declarar, por iniciativa propia o a solicitud de interesado, lesivos para el interés público los actos favorables para los interesados nulos o anulables, a fin de proceder a su ulterior impugnación ante la jurisdicción contencioso-administrativa."

La declaratoria de antijuridicidad que hace el órgano rector al momento de resolver el procedimiento de investigación debería dar pie a la posterior declaratoria de lesividad del ente u órgano administrativo que emitió el acto de adjudicación. Solo de esta forma podría restársele validez y eficacia a un acto administrativo que ha devenido en firme producto de su no impugnación. Hacerlo a través del procedimiento de investigación implicaría una grave inobservancia de la Ley N° 107-13. Así las cosas, la DGCP solo podría instar a la entidad contratante para que inicie formalmente un procedimiento de declaratoria de lesividad, luego de comprobada la o las infracciones al ordenamiento jurídico-administrativo en el curso del procedimiento de investigación; mas, no puede anular por sí misma —en el marco de un procedimiento de investigación— un acto administrativo, ni mucho menos todo un procedimiento de contratación.

2.2.- El carácter potestativo del recurso especial de contratación pública: la naturaleza optativa de los recursos en sede administrativa.

Tratándose el mecanismo del recurso especial de un "recurso administrativo" —en su concepción más ajustada, un recurso jerárquico impropio—, no hay dudas del carácter optativo del mismo para quienes ostenten la legitimación de impugnar. Lo anterior por aplicación de la reforma legislativa implementada en el año 2007, con la Ley N° 13-07, y que vino a proscribir el carácter preceptivo de los recursos en sede administrativa previo al apoderamiento de la jurisdicción contencioso-administrativa. Esta última regla venía aplicándose desde la Ley N° 1494, que instituyó la Jurisdicción Contencioso Administrativa en la República Dominicana, de fecha 8 de agosto de 1947. No fue sino hasta la Ley N° 13-07 que la regla señalada dejó de aplicarse, resaltándose así la tutela judicial efectiva y, en específico, el derecho de acceso a la justicia. Lo dispuesto en el artículo 4 de la Ley N° 13-07, esto es, el carácter potestativo de los recursos administrativos, al erigirse en una disposición normativa de naturaleza especial ("lex specialis"), derogó la condición preceptiva del recurso plasmado en el artículo 67 de la Ley N° 340-06. Con posterioridad, al consagrarse el derecho a la tutela judicial efectiva en la forma instituida constitucionalmente por el asambleísta del 2010 (artículo 69 de la Constitución), al tiempo de regularse en la Ley N° 107-13 como un derecho subjetivo del administrado derivado del también derecho a la buena administración (hoy de fisonomía "fundamental" al decir del Tribunal Constitucional (TC) en la STC 322-14), el carácter potestativo de los recursos administrativos resulta, pues, incuestionable. En efecto, el artículo 3.17 de la Ley N° 107-13 prescribe el derecho "a interponer recursos ante la autoridad judicial sin necesidad de agotar la vía administrativa previa." Finalmente, el artículo 51 de la citada legislación, disposición esta también de contenido especial —por tanto, derogatoria de cualquier normativa que le sea contraria, a tenor del artículo 62 de la Ley N° 107-13—, establece, en desarrollo del derecho indicado, lo que sigue: "Carácter optativo de los recursos administrativos. Los recursos administrativos tendrán carácter optativo para las personas, quienes a su opción, podrán interponerlos o acudir directamente a la vía contenciosa administrativa. La elección de la vía jurisdiccional hará perder la administrativa, pero la interposición del recurso administrativo no impedirá desistir del mismo en cualquier estado a fin de promover la vía contenciosa, ni impedirá que se interponga el recurso contencioso administrativo una vez resuelto el recurso administrativo o transcurrido el plazo para decidir."

Igual solución se previó en el derecho español. La Ley N° 30/2007, del 30 de octubre, de Contratos del Sector Público —luego modificada por el Real Decreto Legislativo 3/2011, del 14 de noviembre, texto refundido de la Ley de Contratos del Sector Público en su artículo 40.6—, configuró el "recurso especial" de forma tal que se hacía imperativo para los interesados acudir al mismo antes de apoderar a la jurisdicción contencioso-administrativa. Así lo sostiene DÍAZ SASTRE: "El recurso especial en materia de contratación se configuró con carácter obligatorio por el legislador en la versión originaria de la LCSP, en su art. 37. Ante una posible vulneración de las normas de adjudicación, los candidatos y licitadores debían interponer este recurso especial para, posteriormente, en su caso, acceder a la jurisdicción contencioso-administrativa."[15] Y añade dicha autora: "La modificación del carácter obligatorio del recurso parece responder a la voluntad del legislador español de aligerar los exigentes tramites del recurso especial. Si por alguna razón un candidato o licitador no quiere o ya no puede interponer el recurso especial —por ejemplo, por transcurso del breve plazo para su interposición— siempre tendrá abierta la posibilidad de acudir frente a los órganos de la jurisdicción contencioso-administrativa."[16] En igual sentido se pronuncia SANTAMARÍA PASTOR: "La claridad de esta regla y su justificación son evidentes: no hay razón para obligar a los licitadores lesionados en sus derechos a formular una reclamación ante un TRC, previamente al planteamiento de un recurso contencioso, tanto si desconfía de su independencia de criterio como si intuye que su recurso será desestimado por aquél (por haberlo hecho en ocasiones anteriores respecto de supuestos semejantes)."[17]

2.2.1.- El carácter potestativo de la impugnación previa ante la entidad contratante.

Los recursos de reconsideración y jerárquico constituyen las vías impugnativas de mayor vigencia y aplicación en sede administrativa, presentando diferencias en el orden conceptual y, principalmente, en cuanto a su naturaleza jurídica se refiere. Ya en lo que concierne a los requisitos de procedencia que acompañan al recurso jerárquico, y de la propia naturaleza preceptiva o no del recurso de reconsideración, la tendencia doctrinal, jurisprudencial y legislativa —aunque existan divergencias mínimas— favorece la posibilidad de acudir directamente por ante el recurso jerárquico, atendiendo a la naturaleza opcional del recurso de reconsideración. Algunos autores, como GORDILLO, indican esta tendencia, señalando el caso italiano: "En el derecho italiano, a diferencia del recurso jerárquico que es de carácter general, el recurso de oposición o reconsideración es de carácter excepcional; su interposición, como también la del recurso jerárquico, es meramente facultativa para el interesado y no es por ende requisito para la interposición del recurso jurisdiccional. Con ello se ha modificado todo el antiguo sistema de agotamiento obligatorio de la vía administrativa."[18]

15 DIEZ SASTRE, Silvia. (2012). *La Tutela de los Licitadores en la Adjudicación de Contratos Públicos*, Madrid, Marcial Pons, 1era. edición, p. 165.

16 *Ibid.*

17 SANTAMARIA PASTOR, Juan Alfonso, *ob. cit.* p. 71-72.

18 GORDILLO, Agustín, *ob. cit.* p. IX-5.

En el derecho latinoamericano, tal y como lo plantea BREWER-CARÍAS, la excepción que confirma la regla la plasma el derecho venezolano, exigiendo su agotamiento como paso previo al recurso jerárquico en caso de que el acto no agote la vía administrativa. Al efecto, dicho autor expresa: "Esta es una disposición excepcional entre el conjunto de leyes latinoamericanas, porque en todas las otras no se establece este carácter de agotamiento previo del recurso de reconsideración para acudir al recurso jerárquico. Por ello, la Ley del Perú dispone que este recurso es opcional y su no interposición no impide el ejercicio del recurso de apelación (art. 208)."[19]Asimismo, en Argentina se plantea de la misma forma: "En el derecho argentino actual es optativo, pues no es requisito previo al recurso jerárquico, de modo que el particular puede o no utilizarlo, a su elección, antes de proseguir la vía jerarquía."[20] De su lado, Enrique SAYAGUÉS LASO, en su Tratado de Derecho Administrativo, establece en ese mismo sentido: "Esto no implica que sea obligatorio plantear el recurso de reposición antes del jerárquico. Interponer dicho recurso es un derecho y como tal puede renunciarse."[21]

La tendencia doctrinal y legislativa se orienta hacia el criterio facultativo del recurso de reconsideración: es así que el recurso jerárquico, acorde con los autores anteriormente citados, puede ser ejercido de manera directa y sin necesidad de la interposición previa de la reconsideración. De ahí que, tratándose la impugnación o reclamación prevista en el numeral 1 del artículo 67 de la Ley N° 340-06 de un recurso de reconsideración —en términos de su esencia—, y del "recurso especial" de control a cargo de la DGCP de un recurso de "alzada" o "jerárquico impropio", no habría dudas de que el interesado podría, a su opción, apoderar directamente de su pretensión recursiva al órgano rector, cual si se tratara efectivamente de un recurso jerárquico.

2.3. La naturaleza especial del recurso administrativo de contratación instituido en los artículos 67 y siguientes de la Ley N° 340-06.

Con anterioridad se planteaba la relación de jerarquía que existe entre el Ministerio de Hacienda y la DGCP. Esta última constituye entonces una dependencia jerárquica del primero, cuestión esta que se encuentra reconocida en el numeral 1 del artículo 35 de la Ley 340-06 (y a lo que se ha hecho referencia precedentemente en el presente trabajo). La interrogante sería, partiendo de lo expresado: ¿podría, por consiguiente, una vez resuelta la impugnación especial a cargo de la DGCP, interponer el interesado un recurso jerárquico por ante el Ministerio de Hacienda, en tanto que superior jerárquico del órgano rector? La respuesta, que es negativa, ha de encontrarse en la naturaleza especial y consecuentemente excluyente del recurso previsto en el artículo 67 de la Ley 340-06. DÍEZ SASTRE, al referirse al caso español, plantea que "la exclusividad del recurso especial determina su capacidad para sustituir a los recursos administrativos ordinarios en el ámbito de la Administración General del Estado."[22] Y agrega: "El candidato o licitador no puede elegir, por tanto, entre interponer un recurso administrativo de alzada o reposi-

19 BREWER-CARIAS, Allan R. (2003). *Principios del Procedimiento Administrativo en América Latina.*" LEGIS, 1era. edición, p. 307.

20 GORDILLO, Agustín, *ob. cit.*, p. IX-6.

21 SAYAGUES LASO, Enrique. (1999). *Tratado de Derecho Administrativo*. Tomo I, Montevideo. Fundación Cultura Universitaria, 8va. edición, p. 473.

22 DIEZ SASTRE, Silvia, *ob. cit.*, p. 164.

ción o interponer el recurso especial."[23] La doctrina hace hincapié en la disposición expresa del ordenamiento español en la que se establece incuestionablemente la exclusividad del recurso especial, proscribiendo el agotamiento de las vías recursivas ordinarias en sede administrativa. El artículo 40.5 del Texto Refundido de la Ley de Contratos del Sector Público de España "lo dispone con entera claridad, al decir que no procederá la interposición de recursos administrativos ordinarios contra actos enumerados en este artículo."

Dos disposiciones de la Ley 340-06 revelan, aun no sea en los mismos términos, que en dicho texto se acogió la misma regla de la exclusividad recursiva. Por un lado, el numeral 8 del artículo 67 establece en su parte final que la decisión rendida por el órgano rector, apoderado de un recurso jerárquico impropio, da por "concluida la vía administrativa." Reza el citado texto: "Las resoluciones que dicten las entidades contratantes podrán ser apeladas, cumpliendo el mismo procedimiento y con los mismos plazos, ante el órgano rector, dando por concluida la vía administrativa." Y por el otro, el artículo 69 de la citada ley: "Las controversias no resueltas por los procedimientos indicados en el artículo anterior, se someterán al Tribunal de lo Contencioso-Administrativo o, por decisión de las partes, a arbitraje." Ambas disposiciones, al declarar la finalización de la vía administrativa, no dejan espacio a la interposición de un recurso jerárquico, dado que ello supondría restablecer la sede administrativa y contravenir así lo indicado expresamente en una legislación especial que, en dicho acápite, no contraría los designios de la Ley N° 107-13. El contenido de esta última legislación no viene sino a complementar lo plasmado en leyes especiales de procedimiento administrativo, derogando, eso sí, por aplicación del artículo 62 de la misma, todas aquellas disposiciones contenidas en "leyes generales o especiales" que le sean contrarias.

3.- La eficacia del recurso especial de contrataciones: las medidas provisionales.

La Ley 340-06, en lo concerniente al recurso especial de contrataciones, establece la posibilidad que el órgano rector dicte, en el curso de un procedimiento de impugnación, "medidas precautorias oportunas" a fin de "preservar la oportunidad de corregir un incumplimiento potencial" de la ley y sus reglamentos, "incluyendo la suspensión de la adjudicación de un contrato o la ejecución de un contrato que ya ha sido adjudicado." El numeral 7 del artículo 67 de la Ley 340-06 así lo consagra: una prerrogativa exclusiva de la DGCP, también reconocida en el numeral 10 del artículo 36 de dicha ley, que podrá ejercerse "mientras se encuentre pendiente la resolución de una impugnación". La ley entonces contempla la citada prerrogativa de forma expresa, misma que aplicaría igualmente al observarse lo previsto en el artículo 50 de la Ley N° 107-13: "El órgano administrativo ante el cual se recurra un acto administrativo podrá, de oficio o a petición de parte, acordar la suspensión de los efectos del acto recurrido en el caso de que su ejecución pudiera causar grave perjuicio al interesado, o si la impugnación se fundamentare en la nulidad de pleno derecho del acto, pudiendo exigir la constitución previa de una garantía." Puede verificarse que la regulación de las medidas provisionales en la Ley 340-06 reviste de mayor amplitud, en tanto que se prevé la atribución para el órgano rector de acordar cuantas medidas provisionales sean necesarias para "preservar" el objeto de la impugnación. Esto es, no se trata de la clásica fórmula de suspender los

23 *Ibid.*

efectos de un acto administrativo impugnado (como en efecto se prevé en la Ley N° 107-13): también el órgano rector podrá acordar medidas de naturaleza positiva, que dispongan la obligación de hacer a cargo de la Administración recurrida, como lo sería ordenar a ésta la ejecución de "un contrato que ya ha sido adjudicado". Es así que el derecho fundamental a la "tutela administrativa efectiva", acorde con los términos con los que ha sido reconocido este derecho en el artículo 4.1 de la Ley N° 107-13, se encuentra robustecido en el ámbito del recurso especial de contratación previsto en la Ley 340-06. Sin embargo, como es lógico suponer, el interesado, en caso de promover la tutela cautelar en sede administrativa, o la propia "entidad contratante", en caso de oficiosidad, deberán acreditar los presupuestos exigidos para la procedencia de una "medida precautoria":

(i) "Periculim in mora" (peligro en la demora): elemento esencial en todo proceso cautelar, no importa si se verifica en sede administrativa o en sede de lo contencioso administrativo. En palabras de Carmen CHINCHILLA, refiriéndose a la tutela cautelar en sede judicial, "lo que justifica la adopción de medidas cautelares frente a la actuación administrativa impugnada en un recurso contencioso-administrativo es la existencia de un daño (*periculum*), ya producido o de inminente producción, causado por una actuación administrativa, y de una entidad y características tales que va a resultar irreparable o de difícil reparación el día en el que, tras la tramitación del proceso (mora), finalmente se dicte la sentencia que le ponga fin y declare el derecho del recurrente. Así, pues, la razón de ser de las medidas cautelares es el *periculum in mora*, esto es, la necesidad de adoptar las medidas necesarias para garantizar la tutela judicial, otorgada en la sentencia, pueda perder su efectividad debido al tiempo que necesariamente tiene que transcurrir hasta que pueda ser dictada."[24] La Ley 340-06, al regular la prerrogativa de dictar estas "medidas precautorias" en su artículo 67.7, en un primer momento, y la Ley N° 107-13, en un segundo plano (en su artículo 50), destacan la relevancia de preservar el objeto de la contestación surgida a propósito del cuestionamiento a la validez de una actuación administrativa: en el primero de los casos, para "preservar la oportunidad de corregir un incumplimiento potencial de esta ley y sus reglamentos"; en el segundo, "en el caso de que su ejecución pudiera causar grave perjuicio al interesado". Es así que ambas disposiciones pudieran interpretarse de forma armonizada: ambas suponen que el "tiempo" necesario para resolver la impugnación puede conllevar el "incumplimiento" de la ley, así como —y he aquí lo más importante a la luz de la tutela administrativa efectiva— un "grave perjuicio" al interesado que ha impugnado administrativamente.

(ii) ¿Fumus boni juris? En el ámbito de lo contencioso administrativo se dice que no basta el *periculum in mora* para que el órgano jurisdiccional pueda acordar la medida cautelar solicitada. Es necesario, además, que la pretensión goce de la apariencia de buen derecho, es decir, que parezca fundada (*"fumus boni iuris")*. El texto de la Ley N° 13-07, expresa la necesidad de establecer la denominada *"apariencia de buen derecho"*, que no es sino los indicios de que razonablemente quien solicita la adopción de una medida cautelar pueda tener éxito en sus pretensiones sin prejuzgar el fondo. En ese tenor, la doctrina, nueva vez citando a la profesora CHINCHILLA, lo explica a continuación: "Por eso, junto al *periculim in mora*, concurre otro elemento definidor de las medidas cautelares que es el denominado *fumus boni iuris* o apariencia de buen derecho. Es decir, la apariencia inicial, sin prejuzgar el fondo, y realizada a través de criterios objetivos y jurídicos, de que el recurrente es titular del derecho cuyo daño irreversible se intenta evitar y que no tiene el deber jurídico de soportarlo porque, aparente-

24 CHINCHILLA, Carmen. (2006). *La importancia de la Tutela Cautelar en el Proceso Contencioso Administrativo.* En publicación: *"Seminario Internacional: Procedimiento Administrativo y Jurisdicción Contenciosa Administrativa: Garantía del Estado de Derecho."* Santo Domingo, PARME, 1era. edición, p. 105.

mente, la actuación administrativa es contraria a Derecho."[25] A diferencia del contenido de la Ley N° 13-07, ni la Ley N° 340-06, así como tampoco supletoriamente la Ley N° 107-13, prescriben ninguna disposición que haga referencia a la necesidad de que se verifique la "apariencia de buen derecho" para la procedencia de una medida precautoria en sede administrativa. Aunque no se establezca de forma explícita, la "apariencia de buen derecho" siempre habrá de estar presente: no deberá acogerse una pretensión cautelar sin un mínimo de fundamento jurídico, sin siquiera constatar que la impugnación encuentre una posibilidad cierta de éxito. Y es que el *"periculum in mora"* se consolida precisamente con el *"fumus boni iuris"*, dado que el *"periculum"* será mayor en aquél a quien la razón efectivamente le ampare. Habrá, pues, menos razón para denegar la pretensión cautelar en aquellos supuestos cuyo sustento jurídico sea visible de manera ostensible y sin mayores prejuzgamientos.

(iii) ¿Afectación al interés general? Volviendo al ámbito judicial, ámbito en donde la tutela cautelar ha alcanzado mayor desarrollo teórico-práctico, es dable resaltar que el párrafo I, del artículo 7 de la Ley N° 13-07, exige la necesidad de ponderar el interés público previo al dictado de una medida cautelar: que la misma no conlleve, se dirá, una afectación grave al "interés general" o derechos de "terceros". La imposición de una medida cautelar implica un juicio lógico de equilibrio entre dos elementos fundamentales dentro de un ordenamiento: por un lado, los principios de eficacia y ejecutividad del acto administrativo; por el otro, el principio de la tutela judicial efectiva. De ahí que la doctrina y la jurisprudencia planteen el tema de la afectación al interés general como presupuesto jurídico a ponderar para la adopción de una medida cautelar; y este es, pues, el elemento que diferencia plenamente las medidas cautelares en el ámbito del derecho público con las que se conocen en el derecho privado. Sin embargo, la trascendencia de este elemento no reside en procedimientos cuya eficacia, en términos de plazos especiales para resolver oportunamente las peticiones, esté jurídicamente resguardada; y es que, en lo que concierne a los recursos especiales en la contratación pública, el legislador estableció plazos cortos para decidir: quince días calendarios, acorde con el artículo 67.6 de la Ley 340-06, aplicable en razón, primero, del artículo 67.8 de la misma ley, y, segundo, debido a que el plazo ordinario para la solución de procedimientos administrativos regulado en el artículo 20 de la Ley N° 107-13, no puede ni debe tomarse en consideración, en tanto que el legislador, en este supuesto y en otros que taxativamente se plasman en dicha normativa, respetó la regulación sectorial de manera expresa. En consecuencia, los plazos para resolver cualquier petición —no así los plazos para el ejercicio de un derecho, como lo sería, por ejemplo, un recurso administrativo—, ya sea en el ámbito de la contratación pública o en cualquier otro, deberán observar, primariamente, la regulación especial sectorial y, de manera supletoria —en caso de laguna—, el plazo específico del artículo 20 de la Ley N° 107-13. En ese tenor, dos disposiciones normativas resultan entonces importantes de destacar: el artículo 20 de la Ley N° 107-13 y el párrafo III de este último. "La normativa reguladora de cada procedimiento administrativo establecerá un plazo razonable para su tramitación, que podrá ser prorrogado o reducido en función de la complejidad, las cargas de trabajo, la urgencia u otras circunstancias que deberán motivarse adecuadamente. El incumplimiento injustificado de los plazos o las dilaciones procedimentales indebidas generarán el derecho a ser indemnizado por los daños causados, pudiendo repercutirse tales indemnizaciones sobre los responsables de la tramitación (...) Párrafo III. El plazo supletorio de los procedimientos para los que su normativa reguladora no contemple otro específico será de dos meses. Ninguna prórroga de este plazo podrá exceder de un mes." (art. 20, párrafo III, Ley 107-13). De ahí que, dada la especial celeridad que se le impone a la DGCP de resolver las impugnaciones, el interés general no se vería gravemente afectado de dilatarse, por citar un caso, el inicio de una obra pública por quince días, que es el plazo impuesto por la normativa para resolver la impugnación. En estos casos, la preponderancia de la tutela administrativa efectiva, frente al interés general que

25 CHINCHILLA, Carmen, *ob. cit.*, p. 108.

subyace en toda contratación de ese tipo, no puede ser válidamente cuestionada. Un "juicio de equilibrio" terminará por abonar una especie de relevancia mínima del presupuesto objeto de análisis.

4. Problemas en la legitimación activa: los interesados en el recurso especial de contratación pública.

Otra de las cuestiones que resultan de obligado análisis para el presente trabajo lo es lo concerniente a la legitimidad activa de los impugnantes y de quienes puedan intervenir en el citado procedimiento administrativo. En principio, es obligatorio referirse en términos generales a los interesados en el procedimiento administrativo "ordinario o general"; en ese orden, expresa el artículo 17 de la Ley N° 107-13: "Se consideran interesados en el procedimiento administrativo: quienes lo promuevan como titulares de derechos o intereses legítimos individuales o colectivos; los que, sin haber iniciado el procedimiento, tengan derechos o intereses que puedan resultar afectados por las decisiones que se adopten en el mismo; aquellos cuyos intereses legítimos, individuales o colectivos, puedan resultar afectados por la resolución e intervengan en el procedimiento en tanto no se haya dictado resolución definitiva." El párrafo único de dicho texto prescribe, refiriéndose a las organizaciones no gubernamentales, que "las asociaciones y organizaciones representativas de intereses económicos y sociales serán titulares de intereses legítimos colectivos en los términos que la ley reconozca."

La Ley 340-06 no refiere en ese sentido nada especial: los "recurrentes" o "proveedores" (este último concepto está expresado en la primera parte del artículo 67 de la ley) serían entonces los "interesados". Por ello se hace necesario recurrir al concepto del interesado para el orden de lo contencioso administrativo, mismo que constituye el parámetro previsto en el citado artículo 17 de la Ley N° 107-13: el "interés legítimo". Este último, que recibe un tratamiento extensivo en el derecho comparado —asegurando así la plenitud de la tutela judicial efectiva—, ha sido objeto, en la República Dominicana, de criterios jurisprudenciales absolutamente restrictivos para el ámbito de lo contencioso. Se desdibuja así el concepto de "interés legítimo" en el derecho administrativo, en donde su naturaleza cambia ostensiblemente, alejándose de la concepción clásica de los procesalistas locales (Froilán Tavares, hijo, entre otros), y orientándose hacia la visión moderna de la legitimación procesal en función de la ventaja o desventaja a ser obtenida o sufrida por el recurrente, producto de una relación material "unívoca" entre el actor y el objeto del proceso. Lo anterior constituye el criterio firme de la jurisprudencia en el derecho comparado, específicamente en el derecho español: "La legitimación, que constituye un presupuesto inexcusable del proceso, según se desprende de la reiterada doctrina jurisprudencial de esta Sala (...) implica, en el proceso contencioso-administrativo, la existencia de una relación material unívoca entre el sujeto y el objeto de la pretensión deducida en el recurso contencioso-administrativo, en referencia a un interés en sentido propio, identificado y específico, de tal forma que la anulación del acto o la disposición impugnados produzca automáticamente un efecto positivo (beneficio) o negativo (perjuicio), actual o futuro, pero cierto (...) el concepto de interés legítimo (...) que debe interpretarse a la luz del principio *pro actione* (...) equivale a la titularidad potencial de una posición de ventaja o de una utilidad jurídica por parte de quien ejercita la pretensión y que se materializaría de prosperar ésta." (STS del 19 de enero de 2015).

En aplicación de lo expuesto, una de las empresas que participan de la conformación de un "consorcio" tendría legitimidad activa para interponer un recurso especial[26]. De cualquiera de los oferentes, no importando en la fase en la que haya sido excluido, es lógico suponer que pueda recurrir; pero, ¿y aquél "potencial oferente"? El oferente no formalizado, esto es, que no presentó ofertas, pudiera recurrir por ante la DGCP, mas no de cualquier forma: solo habría de impugnar aquellos actos administrativos del procedimiento de contratación que, por citar un caso, le impidieron satisfacer las exigencias de dicho proceso para su incorporación formal como oferente. Tal sería el caso de un pliego de condiciones con cláusulas restrictivas para la participación de interesados: la impugnación iría, concretamente, en contra de dicha actuación.

Otra cuestión objeto de análisis lo es la legitimación fundada en "intereses colectivos"; dicho de otro modo, la legitimación de las asociaciones u organizaciones para impugnar o intervenir en procedimientos administrativos de tipo recursivo. La Ley N° 107-13, en el párrafo único del artículo 17, parece favorecer la legitimación de las mismas al prescribir que "las asociaciones y organizaciones representativas de intereses económicos y sociales serán titulares de intereses legítimos colectivos en los términos que la ley reconozca." Esta última expresión, empero, resulta significativa: si bien la legitimación es permitida, lo es siempre que la ley no establezca restricciones irracionales. La legitimación estará, pues, condicionada, mas no proscrita. Dependerá en gran medida del objeto de la impugnación: la intervención o la impugnación directa, por parte de una asociación sin fines de lucro, podrá encontrar resguardo si se tratase del cuestionamiento *ex - ante* de un pliego de condiciones que limite ilegalmente, al decir de la asociación, el acceso de sus asociados, a quienes estatutariamente habrá de defender. Sin embargo, no podría una entidad asociativa recurrir en contra de un acto administrativo que adjudica una determinada obra pública: en tal supuesto solamente gozarán de legitimación los participantes directos de dicho procedimiento.

La doctrina reconoce, no obstante, la "generosidad" y "amplitud" en la ponderación del llamado "interés legitimador". Así lo expresa SANTAMARÍA PASTOR: "Esta área no es, por así decir, el ámbito natural de este recurso, pensado originariamente para la defensa de las empresas licitadoras; pero en él se ha aplicado también el criterio de generosidad y amplitud en la apreciación del interés legitimador, con las consecuencias negativas (…)."[27] Pero a pesar de dicha "generosidad" y la consabida extensión en una interpretación del texto normativo, el ámbito de actuación de las entidades asociativas, en términos de impugnación, será siempre excepcional: el "objeto" será entonces determinante a la hora de establecer la legitimación de la asociación, puesto que solamente a partir de ahí podrá verificarse o no si del resultado de la impugnación habría un beneficio colectivo para sus asociados. La doctrina y los precedentes administrativos en el derecho comparado parecen reconocer esto del "objeto". Se cita el caso de las "asociaciones empresariales": "…así como en los supuestos —excepcionales— de ausencia de interés, como ha ocurrido en los casos de recursos interpuestos no contra pliegos, sino contra adjudicaciones (por entender que la anulación no le produciría ningún beneficio: (RTAC 543 y 882/2014 y RTAAnd 13/2015), o en aquellos otros en los que la asocia-

26 El Estado, según lo expresa el artículo 37 del Reglamento No. 543-12, "podrá contratar con consorcios, entendiéndose por éstos las uniones temporales de empresas que sin constituir una nueva persona jurídica se organizan para participar en un procedimiento de contratación."

27 SANTAMARIA PASTOR, Juan Alfonso, *ob. cit.*, p. 87.

ción pretendía la exclusión de la oferta adjudicataria (RTAC 543/2014)." No obstante, el propio SANTAMARÍA PASTOR cita lo que considera una "vacilación" de los denominados TRCs: "La RTAC 198/2011 consideró legitimada a la Asociación de Empresas de Seguridad Privada Integral para recurrir no ya el pliego, sino incluso la adjudicación de un contrato por entender que producía una restricción ilegítima de la concurrencia."[28]

5.- Del objeto del control: actuaciones recurribles

Una de las notas distintivas del recurso especial en materia de contratación pública lo es el carácter limitado de su ámbito de control. No todas las actuaciones o comportamientos de la Administración que tengan algún tipo de relación con uno de los contratos regulados por la Ley 340-06 podrán ser recurridos en esta forma. Como mecanismo de control de la juridicidad de las actuaciones de la Administración, dicho recurso estaría condicionado, en principio, al cuestionamiento de la validez de las denominadas "actuaciones administrativas precontractuales" (SANTAMARÍA PASTOR[29]). Esto es: la impugnación ha de dirigirse originariamente en contra de aquellos actos que precedan y preparen la posterior existencia de un contrato de la Administración. De ahí que se revitalice la teoría de la separabilidad de los actos o los "actos separables", mismos que, al decir de LAUBADERE, se erigen en "decisiones administrativas unilaterales que pueden ser aisladas de la conclusión misma del contrato en el conjunto de procedimiento contractual" y que, por ende, "son susceptibles de ser atacados directamente."[30]

Llama la atención, sin embargo, lo dispuesto en la parte *in fine* del artículo 36.10 de la Ley 340-06 —ya citado con anterioridad—, el cual prescribe, en el contexto de las prerrogativas legales del órgano rector, la potestad de este ordenar la "(...) suspensión de la adjudicación de un contrato o la ejecución de un contrato que ya ha sido adjudicado." Lo significativo del texto radica en la facultad de dictar u ordenar medidas para la "ejecución de un contrato que ya ha sido adjudicado". Se trataría, según se observa, de la excepción a la concepción "revisora" (carácter revisor) del recurso especial de contratación —lo que ha sido abordado al inicio del presente trabajo—, y lo que es más: de la extensión del alcance del mismo hacia ámbitos que notoriamente rebasan la actividad administrativa precontractual. El dictado de actuaciones en aras de lograr el cumplimiento de un "contrato que ya ha sido adjudicado", implicaría la excepción a la regla de la delimitación del control de juridicidad del recurso especial de contrataciones a actuaciones que se produjeren con anterioridad a la suscripción del contrato. Al efecto, no se trataría siquiera de la impugnación a una "actuación" o un "comportamiento formalizado" de parte de la Administración: la interposición del citado recurso iría, más bien, contra la omisión antijurídica de la entidad contratante de no ejecutar el "contrato que ya ha sido adjudicado."

No obstante, lo dispuesto en esta normativa se encuadraría, al decir del propio texto, en el marco del dictado de "medidas precautorias oportunas", cuyo fin, más allá de las valoraciones propias de la tutela cautelar, sería el de "preservar la oportunidad de corregir un incumplimiento potencial de la presente ley." Lo anterior parecería sugerir que la prerrogativa de ejecución resulta aplicable únicamente al ámbito cautelar y, por tal

28 *Ibid.*, p. 91.

29 *Ibid.*, p.110.

30 DE LAUBADARE, Andre. (1984). *Traité de Droit Administratif.* T. I, Paris, p. 574.

razón, en el contexto de una impugnación que precisaría del resguardo de su objeto, bien sea ordenando la "suspensión de la adjudicación de contrato" u ordenando, siempre en el marco del recurso interpuesto, la "ejecución de un contrato que ha sido adjudicado", pero que el acto de adjudicación hubiese sido impugnado. Se trataría de promover la ejecución inmediata de un contrato adjudicado por la Administración —en salvaguarda del interés general— mientras se conozca la impugnación de la adjudicación de este. Así las cosas, la "ejecución" del contrato, como pretensión jurídica, estaría restringida estrictamente a la tutela cautelar, garantizando la ejecutividad y ejecutoriedad del acto de adjudicación, en resguardo del interés general que, en un supuesto *in concreto*, demandaría dicha ejecución no importando su impugnación. En todo caso, la interrogante a esta tesis surgiría a propósito del carácter no suspensivo de los recursos en sede administrativa, incluyendo el recurso especial de contratación, lo que haría innecesario el dictado de un acto administrativo que declare la "ejecución" del contrato ya "adjudicado".

Todas las actuaciones del procedimiento administrativo de contratación pública deben respetar la forma del acto administrativo en sus diferentes manifestaciones. Así lo establece el artículo 15 de la Ley Nº 340-06: las actuaciones que se listan a continuación deberán formalizarse mediante un acto administrativo: 1) La convocatoria y determinación del procedimiento de selección; 2) La aprobación de los pliegos de condiciones; 3) La calificación de proponentes en los procesos en dos etapas en los aspectos de idoneidad, solvencia, capacidad y experiencia; 4) Los resultados de análisis y evaluación de propuestas económicas; 5) La adjudicación; 6) La resolución de dejar sin efecto o anular el proceso en alguna etapa del procedimiento o en su globalidad, así como de declarar desierto o fallido el proceso; 7) La aplicación de sanciones a los oferentes o contratistas; 8) Los resultados de los actos administrativos de oposición a los pliegos de condiciones, así como a la impugnación de la calificación de oferentes y a la adjudicación de los contratos.

Estas actuaciones podrán ser objeto de impugnación no obstante la naturaleza jurídica de tipo "preparatorio" o "decisorio" que puedan erigirse en cada caso. Los actos administrativos, al margen de su naturaleza jurídica, serán siempre impugnables en sede administrativa o contencioso-administrativa: la discusión radica en la forma de su impugnación (impugnación directa o indirecta). El acto de trámite —como regla— no puede ser cuestionado, en términos de su validez, de forma autónoma. En tal caso deberá esperarse al dictado del acto decisorio o que ponga fin al procedimiento administrativo. No obstante, el acto administrativo de trámite o preparatorio no siempre será inatacable de forma autónoma o directa: el artículo 47 de la Ley Nº 107-13, más allá de la clásica distinción entre actos definitivos y actos de trámite, resalta la impugnabilidad de un conjunto de actuaciones descritas en el citado texto sin hacer los reparos correspondientes a la tipología del acto administrativo (actos que pongan fin a un procedimiento, imposibiliten su continuación, produzcan indefensión, lesionen derechos subjetivos o produzcan daños irreparables, podrán ser directamente recurridos en vía administrativa). Se habla, pues, de los "actos de trámite cualificado", aquellos que, distintos de los actos de trámite ordinario, no se limitan únicamente a resolver un trámite del procedimiento administrativo, sino que deciden cuestiones sustanciales del mismo: por ejemplo, un acto que excluye en una preselección a un oferente. Este último, que es común en los procedimientos de licitación con características de complejidad, supone la imposibilidad de continuación para dicho oferente, sin desmedro de la lesión al derecho subjetivo o la producción en su perjuicio de un daño irreparable; cuestiones éstas que podrían suscitarse *in concreto*. Diferente sería el supuesto de la impugnación de un acto de mera iniciación de un procedimiento administrativo: en principio, con la citada actuación no se resolvería todavía nada relevante del procedimiento.[31]

Otro aspecto importante, enmarcado en el ámbito de que se trata —el objeto de la pretensión impugnatoria—, concierne a la posibilidad para los interesados de impugnar, por la vía del recurso especial en materia de contratación pública, los pliegos de condiciones o, incluso, las denominadas "notas aclaratorias". En ambos casos se trata de actos que, dada su fisonomía jurídico-normativa —pliegos que con posterioridad se convierten en un instituto con caracteres contractuales—, rigen el procedimiento administrativo de contratación. La Ley 340-06, en su parte referente a las definiciones básicas, específicamente en su artículo 4, define los denominados "pliegos de condiciones" como aquellos "[d]ocumentos que contienen las bases de un proceso de selección y contratación, en las cuales se indican los antecedentes, objetivos, alcances, requerimientos, planos para el caso de obras, especificaciones técnicas o términos de referencia, y más condiciones que guían o limitan a los interesados en presentar ofertas". Las denominadas "notas aclaratorias", por otro lado, no son sino documentos que forman parte también de los referidos pliegos de condiciones, dado que consisten en especificaciones, generalmente de tipo técnico, según la naturaleza o complejidad del objeto de la contratación, que pueden generar condiciones que legalmente limiten "a los interesados en presentar ofertas". Por consiguiente, el pliego de condiciones o de cláusulas, incluyendo sus "notas aclaratorias" y demás documentaciones que los integren, una vez se verifique su publicidad, se imponen y obligan a la Administración contratante en sus actuaciones, en tanto que normas jurídicas de un determinado proceso de contratación pública que vinculan no solamente a la Administración, sino a los particulares oferentes y demás interesados, asemejándose al concepto "lex inter partes".

El pliego de condiciones puede incidir decisivamente en la participación de los oferentes al configurar cláusulas que restrinjan irrazonablemente la posibilidad de presentación de ofertas de los interesados o que favorezcan, en detrimento de otros, a determinados oferentes. Lo anterior supondría la inobservancia de los principios de "igualdad y libre competencia" y de "participación", ambos previstos en la Ley 340-06 (arts. 3.2 y 3.8). De ahí que la legitimación, por tratarse de cuestiones que regulan la forma de incorporación de los interesados en los procedimientos de contrataciones, se extienda considerablemente, admitiéndose la impugnación de un pliego de condiciones promovida por entidades asociativas que tengan por objeto la defensa de los intereses de aquellos asociados que, producto de las cláusulas insertas en dicho pliego, puedan ver restringida

---

31 Silvia DIEZ SASTRE, en torno a lo planteado y haciendo referencia principal al derecho europeo, expresa lo siguiente: "La impugnación de actos de trámite también ha sido objeto de controversia. De hecho la Comisión entendió que la regulación española tradicional que se refiere a la posibilidad de impugnación autónoma de actos de trámite cualificados vulneraba las Directivas. El Tribunal de Justicia, sin embargo, consideró que la alegación de la Comisión no iba acompañada de suficientes pruebas en torno a la vulneración del Derecho europeo por esta regulación. De hecho, en la práctica jurisdiccional española, la posibilidad de impugnar ciertos actos de trámite ha permitido dirigirse contra actuaciones intermedias en el procedimiento de adjudicación como, por ejemplo, la modificación de las bases de un concurso. Parece, por tanto, que en esos casos cabe, sin duda, la impugnación mediante el recurso especial —como se ha aceptado ya en la práctica—. Y esta misma interpretación debe realizarse para los casos de cancelación de la licitación mediante renuncia y desistimiento (…) Se trata de actos que determinan la imposibilidad de continuar con el procedimiento, de modo que deberían ser objeto del recurso especial." (*La Tutela de los Licitadores en la Adjudicación de Contratos Públicos*, (2012), Marcial Pons, p. 167).

su participación en un determinado procedimiento. Igual suerte tendría la legitimación para la impugnación de las notas aclaratorias. La impugnación en contra del pliego de condiciones podrá ser total o parcial. En algunos casos se atacará una cláusula que consigne disposiciones contrarias al ordenamiento jurídico; en otro supuesto, la impugnación podrá ser a su totalidad.

La pretensión impugnatoria en contra del acto administrativo de adjudicación sería, pues, el ámbito natural del recurso especial en materia de contratación pública. Un control que, como ha sido establecido precedentemente, alcanzaría, en su esencia, la validez de dicho acto frente al ordenamiento jurídico que rige el procedimiento administrativo de contratación. Esto último implicaría la verificación de la juridicidad y validez del acto de adjudicación de cara a las normas jurídicas que gobernaron un determinado proceso de contratación, incluyendo el pliego de condiciones, acorde con lo expresado en el artículo 9 de la Ley 340-06. Dicho texto, copiado a la letra, dispone: "Las compras y contrataciones públicas se regirán por las disposiciones de esta ley y su reglamentación, por las normas que se dicten en el marco de las mismas, así como por los pliegos de condiciones respectivos y por el contrato o la orden de compra o servicios según corresponda."

Un aspecto importante resulta ser la tutela en torno a la ejecutoriedad del acto administrativo de adjudicación ante la inercia de la Administración contratante de suscribir el contrato. Y es que el párrafo III del artículo 26 de la Ley N° 340-06 plasma el derecho que tendría el adjudicatario, ante la inactividad de la Administración contratante en suscribir el contrato previamente adjudicado, de "demandar la devolución del valor equivalente a la garantía de mantenimiento de oferta presentada y la indemnización por daños y perjuicios."[32] Ahora bien, ¿podría ese adjudicatario exigir, por el contrario, la "suscripción del contrato", esto es, la ejecución del acto administrativo de adjudicación y no ya el reclamo de los daños y perjuicios y la devolución de la garantía? Sin dudas, la redacción del texto, realizada en la forma de prerrogativa para el adjudicatario, conllevaría entonces a una respuesta afirmativa; sobre todo, si se observa la primera parte del propio párrafo analizado: "Efectuada la notificación al adjudicatario y participantes, ésta genera derechos y obligaciones de la entidad contratante y del adjudicatario a exigir la suscripción del contrato." Es así que la configuración normativa se refiere a un deber específico a cargo de la Administración: suscribir el contrato adjudicado, cumpliendo entonces con el acto administrativo que resolvió adjudicar al contratista o adjudicatario. La obligación radica entonces en el cumplimiento de un acto administrativo, no de un contrato. De ahí la viabilidad de una acción judicial destinada a lograr el cumplimiento de la ley o un acto administrativo: el amparo de cumplimiento. Esto último acorde con lo prescrito en el artículo 104 de la Ley N° 137-11, Ley Orgánica del Tribunal Constitucional y de los Procedimientos Constitucionales, el cual establece lo siguiente: "Amparo de Cumplimiento. Cuando la acción de amparo tenga por objeto hacer efectivo el cumplimiento de una ley o acto administrativo, ésta perseguirá que el juez ordene que el funcionario o

32 El referido texto normativo establece que "efectuada la notificación al adjudicatario y participantes, ésta genera derechos y obligaciones de la entidad contratante y del adjudicatario a exigir la suscripción del contrato. En tal sentido, si el adjudicatario no suscribe el contrato dentro del plazo fijado en el pliego de condiciones, la entidad contratante ejecutará a su favor la garantía y podrá demandar el pago por daños y perjuicios. En caso de que la entidad contratante no suscriba el contrato dentro del plazo estipulado, el adjudicatario podrá demandar la devolución del valor equivalente a la garantía de mantenimiento de oferta presentada y la indemnización por daños y perjuicios."

autoridad pública renuente dé cumplimiento a una norma legal, ejecute un acto administrativo, firme o se pronuncie expresamente cuando las normas legales le ordenan emitir una resolución administrativa o dictar un reglamento."

6.- El ámbito del control: los sujetos pasivos. El caso de las administraciones locales y las llamadas entidades instrumentales

La organización administrativa —esa configuración orgánica para el ejercicio de la función administrativa— se ha visto recientemente impactada, en términos normativos, por la aprobación de una nueva Constitución (26 de enero de 2010), y, en un segundo plano, por la promulgación de la Ley Orgánica de Administración Pública, N° 247-12, en fecha 9 de agosto de 2012. Ambos textos en su conjunto suponen una regulación sin precedentes en la organización administrativa de la República Dominicana. La Constitución del 2010, porque sienta las bases para la ordenación y determinación de la naturaleza jurídica de los entes y órganos que integran la organización administrativa, incluyendo la de aquellos "órganos constitucionales" ("órganos extrapoder") situados orgánicamente fuera de los poderes tradicionales del constitucionalismo contemporáneo (legislativo, ejecutivo y judicial). La segunda, la Ley N° 247-12, en tanto que desarrolla y complementa a la perfección los postulados constitucionales, definiendo, además, importantísimas cuestiones —esenciales para el entendimiento en toda su extensión de la potestad organizatoria— como lo son las técnicas de reordenación de las competencias administrativas entre los entes y órganos de la Administración, entre otros aspectos no menos relevantes.

Pero ambos textos implican no solo el llenado de un vacío discretamente abordado en su momento por una vetusta legislación de 1956 —la entonces denominada Ley Orgánica de Secretarías de Estado, N° 4378—, sino también la revisión e inconstitucionalidad sobrevenida de varias disposiciones normativas que conforman el ordenamiento jurídico-administrativo, entre las que destaca —por su relevancia para el presente trabajo— la Ley 340-06. Y es que la robustez y claridad de las disposiciones constitucionales que refuerzan la autonomía de ciertos entes que así la merecían por su legitimación y la naturaleza de las funciones que realizan en el marco de un Estado Democrático y Social de Derecho (ej.: la Junta Central Electoral), dan al traste con cualquier forma de intervención administrativa que pretendan llevar a cabo órganos desconcentrados dependientes del Ejecutivo a través de sus ministerios. Y esto fue lo que justamente el Tribunal Constitucional, en su sentencia 305-14, relativa al conflicto de competencias suscitado a propósito de la controversia entre la Junta Central Electoral (JCE) y la DGCP, estableció: la improcedencia del control en sede administrativa sobre las actuaciones de los entes con autonomía constitucional —excluyendo erróneamente a las administraciones locales— por parte de entes u órganos integrados en el Poder Ejecutivo.

Ahora bien, ¿aplicaría para las administraciones locales el mismo planteamiento vertido por el Tribunal Constitucional en dicha decisión? La respuesta a esta interrogante, partiendo del concepto de autonomía de los entes públicos en el ordenamiento dominicano, deberá ser afirmativa. A continuación el porqué de esto.

6.1.- La autonomía de las administraciones locales.

El carácter autónomo[33] y descentralizado de las entidades o administraciones locales viene dado por tres textos normativos: (i) la Constitución del 26 de enero de 2010; (ii) la Ley N° 247-12, Ley Orgánica de la Administración Pública (LOAP), de fecha catorce (14) de agosto de 2012; y (iii) la Ley N°. 176-07, del Distrito Nacional y los Municipios, de fecha diecisiete (17) de julio del 2007, legislación esta última que regula todo lo relativo al ámbito municipal o local en la República Dominicana. Al efecto, según el artículo 199 de la Constitución: "El Distrito Nacional, los municipios y los distritos municipales constituyen la base del sistema político administrativo local. Son personas jurídicas de Derecho Público, responsables de sus actuaciones, gozan de patrimonio propio, de autonomía presupuestaria, con potestad normativa, administrativa y de uso de suelo, fijadas de manera expresa por la ley y sujetas al poder de fiscalización del Estado y al control social de la ciudadanía, en los términos establecidos por esta Constitución y las leyes."

De igual forma, y como complemento de la Constitución, la citada LOAP, de fecha catorce (14) de agosto de 2012, en su artículo 46, dispone que "...el Distrito Nacional, los municipios y los distritos municipales constituyen los entes territoriales fundamentales de la división política administrativa del Estado; tienen a su cargo la administración local y gozan de autonomía política y administrativa, dentro de los límites que les señalen la Constitución y la ley." De su lado, la Ley 176-07, en sus artículos 2 y 3 —otra normativa que también es posterior a la Ley 340-06—, define los Ayuntamientos y sus características jurídicas, estableciendo lo siguiente: "Artículo 2.- Definición y Objetivos del Ayuntamiento. El ayuntamiento constituye la entidad política administrativa básica del Estado dominicano, que se encuentra asentada en un territorio determinado que le es propio. Como tal es una persona jurídica descentralizada, que goza de autonomía política, fiscal, administrativa y funcional, gestora de los intereses propios de la colectividad local, con patrimonio propio y con capacidad para realizar todos los actos jurídicos que fueren necesarios y útiles para garantizar el desarrollo sostenible de sus habitantes y el cumplimiento de sus fines en la forma y con las condiciones que la Constitución y las leyes lo determinen (...) Artículo 3.- Características Jurídicas del Órgano de Gobierno del Municipio. El ayuntamiento como entidad de la administración pública, tiene inde-

---

33 Para un determinado sector de la doctrina, autarquía es la denominación correcta para este tipo de organización administrativa. Dice al respecto el insigne administrativista dominicano, Manuel AMIAMA: "Contrariamente a lo que ocurre en las Provincias, los Municipios tienen personalidad jurídica y autonomía o autarquía administrativa. Esta situación de los Municipios es tradicional entre nosotros desde los tiempos coloniales. En diversas formas, ha estado siempre consagrado por la Constitución del Estado. La Constitución consagra todo un título a los Ayuntamientos, que son las instituciones encargadas del gobierno local y la administración de los Municipios (...) La Constitución en su artículo 83 declara que los Ayuntamientos así como los Síndicos, son independientes en el ejercicio de sus atribuciones, las cuales se refieren al gobierno y administración de los Municipios. Esta situación la que se denomina generalmente con la tradicional expresión de autonomía municipal. Pero en realidad no se trata de una verdadera autonomía, ya que los Ayuntamientos no se dan su propia ley de organización y de competencia, lo cual es obra de la ley. Lo que la Constitución quiere decir es que una vez que la ley confiere a los Ayuntamientos una atribución, ellos deben y pueden ejercitarla según su propio criterio y sin previo control de otras autoridades. Se trata pues más bien de una situación de autarquía, más débil que la autonomía, que es, por ejemplo, la situación de los Estados de la Unión Americana. En general, en la organización político-jurídico dominicana no hay ninguna entidad autónoma en sentido estricto. Sí varias autárquicas." (AMIAMA, Manuel A. (2008). Prontuario de Legislación Administrativa Dominicana, Santo Domingo, Publicaciones SEAP, págs. 615-616).

pendencia en el ejercicio de sus funciones y competencias con las restricciones y limitaciones que establezcan la Constitución, su ley orgánica y las demás leyes, cuentan con patrimonio propio, personalidad jurídica y capacidad para adquirir derechos y contraer obligaciones, y, en general el cumplimiento de sus fines en los términos legalmente establecidos."

Fue sobre la base de las disposiciones antes citadas que el Tribunal Constitucional, cuyas interpretaciones y criterios resultan vinculantes para todos los poderes públicos, al dictar su sentencia N° 152/13, de fecha doce (12) de septiembre del año 2013, estableció la naturaleza jurídica de los entes locales y, muy especialmente, el significado y alcance de la denominada "autonomía municipal" en el ordenamiento jurídico. Dice al respecto el máximo intérprete de la Constitución: "El alcance del concepto de autonomía de los entes locales se concretiza en el artículo 2 de la Ley núm. 176-07, al señalar que constituye la entidad política administrativa básica del Estado, asentada en un territorio determinado que le es propio, que goza de "autonomía política, fiscal, administrativa y funcional", gestora de los intereses propios de la colectividad local (...) Como se observa, la autonomía constituye una garantía constitucional que, por su esencia, impide que pueda ser desconocida, vaciada de contenido, o bien llegar a ser suprimida; de esta manera se protege de las tentaciones de ser limitadas por el ejercicio de la función del órgano legislativo y persigue asegurar que en su desarrollo, las características básicas que la identifican no sean reducidas ni deformadas (...) En cuanto a su alcance, la autonomía supone la capacidad de automanejo administrativo y económico de las municipalidades, bien sean municipios o distritos municipales. Respetar su contenido esencial, equivale a no sujetar su capacidad de autogobierno a las decisiones de otras entidades que obstaculicen el cumplimiento de sus funciones."

Más aún, la mejor doctrina administrativista, al abordar el tema de la autonomía local, refrenda todos y cada uno de los planteamientos vertidos por el Tribunal Constitucional en la referida sentencia. En ese sentido, el profesor José ESTEVE PARDO, catedrático de derecho administrativo de la Universidad de Barcelona, en torno al citado concepto de autonomía, expresa lo siguiente[34]: "El principio de autonomía comporta que cada Administración territorial es completamente autónoma en la gestión de las competencias que le han sido atribuidas y que no tienen más límite que el respeto a la legalidad vigente (...) De ese mismo principio se deriva que ninguna Administración está situada en una posición que le permita controlar, fiscalizar y mucho menos dirigir la actividad de otras Administraciones. De manera deliberadamente inexacta pero expresiva podría afirmarse que cada una de ellas es "soberana" en la gestión de sus competencias. Si no puede mantenerse, en rigor, que son soberanas, no es porque existe una Administración por encima de ellas, sino porque están sujetas a la legalidad, al ordenamiento jurídico del Estado (...) La afirmación de la autonomía rechaza de plano la tutela que puedan ejercer una Administración sobre otras, controlando su actuación y corrigiéndola en su caso (...) el control de legalidad no puede ejercerlo ninguna Administración sobre otras Administraciones con facultades anulatorias de sus actos. Esto es algo que no solo se deriva de la afirmación de la autonomía administrativa sino que es una exigencia elemental del Esta-

34 ESTEVE PARDO, José. (2011). *Lecciones del Derecho Administrativo*, Madrid, Marcial Pons, pp.137 y 138.

do de Derecho en el que el control de la legalidad corresponde en exclusiva a los tribunales[35.]

Del mismo modo se pronuncia la doctrina venezolana, en este caso encabezada por Víctor HERNÁNDEZ MENDIBLE, catedrático de la Universidad Andrés Bello, para quien "...la autonomía municipal constituye una garantía institucional de rango constitucional y configuración legal, es decir, constituye una técnica reconocida en la Constitución para garantizar el funcionamiento institucional y la pervivencia de las entidades políticas locales, que le permite cumplir los cometidos que le ha encomendado el ordenamiento jurídico sin la interferencia y vaciamiento de otros poderes públicos, quienes respetando su contenido esencial pueden configurarla a través de la ley, autonomía que en todo caso debe ser tuteladas por los órganos jurisdiccionales[36.]" Y agrega: "Es así como la autonomía se constituye en aquella esfera u órbita de actuación reconocida por el ordenamiento jurídico a la entidad política, que se encuentra establecida en un determinado ámbito territorial dentro de la República, para gestionar con eficiencia tanto sus propios intereses como os concernientes a la vida local. La autonomía supone el otorgamiento o atribución de competencias propias y exclusivas, que en consecuencia no se encuentran sujetas a ninguna forma de control jurídico (subordinación tutela o jerarquía) o interferencia política (impedimento, supresión o alteración) de las demás entidades político-territoriales superiores (República o estados)."[37].

De su lado, la doctrina dominicana, según lo expresa el profesor Eduardo JORGE PRATS, en su obra Derecho Constitucional, sostiene, en torno a lo citado, lo expresado a continuación: "(...) La existencia de municipios autónomos es una garantía institucional lo que significa que hay un núcleo duro, un reducto de poder municipal, indisponible para el Estado. Este núcleo esencial del poder municipal implica: (i) el derecho a la existencia que implica autogobierno municipal, gobierno propio por medio de órganos representativos electos directamente por la colectividad y no por órganos del exterior; (ii) garantía de órganos representativos dotados de determinadas competencias autárquicas; y (iii) garantía de prosecución de intereses propios, es decir, autodeterminación por parte de las poblaciones respectivas a través de sus órganos de gobiernos propios"[38].

En definitiva, nadie discute el carácter autónomo de las entidades locales. Ello constituye, como se ha dicho, una "garantía institucional" que esencialmente tiene por fin preservar la independencia de las autoridades municipales en el desempeño de sus funciones. La autonomía, cuyo origen radica en una norma de rango sustantivo, reviste así de protección a las entidades locales frente a las injerencias de otros poderes públicos en torno a las competencias municipales. Es por esto que las actuaciones emanadas de un gobierno local o municipal: en primer orden, no requieren para su realización y validez de autorización alguna de ente u órgano adscrito o dependiente de la Administración Central y/o Nacional del Estado Dominicano, salvo lo dispuesto en el literal d), del numeral 3, del artículo 128 de la Constitución, en lo que respecta a la "enajenación de

35 *Ibid.*

36 HERNANDEZ MENDIBLE, Víctor Rafael. (2011). En la obra colectiva "*Derecho Administrativo Iberoamericano*", coordinada por dicho autor, ed. Paredes, p. 234.

37 *Ibid.*

38 JORGE PRATS, Eduardo. (2010). *Derecho Constitucional*, Volumen I, Santo Domingo, *Ius Novum*, p. 608.

inmuebles" o de la aprobación de *"...los contratos que hagan* (los ayuntamientos), *cuando constituyan en garantía inmuebles o rentas municipales..."*, en cuyos casos se requerirá de la intervención del Presidente de la República, en su condición de "Jefe de Estado y de Gobierno", nunca de un órgano desconcentrado del Ministerio de Hacienda, como lo es, al efecto, la Dirección General de Contrataciones Públicas. Y, en segundo lugar, los tribunales de justicia, esto es, los órganos jurisdiccionales que integran la jurisdicción contencioso-administrativa, de acuerdo a lo establecido en el artículo 10 de la Ley 176-07 ("Poder Judicial"), son los únicos entes estatales con prerrogativas y competencias para el ejercicio del control de juridicidad de los actos, acuerdos y resoluciones de las administraciones y autoridades municipales. En consecuencia: las administraciones locales no están sometidas a un control de juridicidad de tipo jerárquico o de tutela, o del denominado "control de alzada", sobre sus actos jurídicos (actos y contratos administrativos, resoluciones, ordenanzas, etc.). Todo lo anterior es conteste también en la doctrina. Al efecto, según lo expuesto por el profesor HERNÁNDEZ MENDIBLE: "Es así como el Poder Judicial, por una parte, se convierte en el único mecanismo que garantiza la inviolabilidad de la autonomía /municipal frente al ataque o desconocimiento del que puede ser objeto por los otros Poderes Públicos y, por otra parte, constituye el único control, al cual se encuentran sometidos todos los órganos del Poder Público Municipal, conforme al Estado de Derecho reconocido en la Constitución (...) Por ello se establece que la impugnación de los actos del Municipio sólo podrá realizarse ante los tribunales competentes, de conformidad con la Constitución y la Ley (artículo 168 de la Constitución y 4 de la Ley Orgánica del Poder Público Municipal). Esto supone que todos los actos dictados por los órganos del Poder Público Municipal se encuentran sometidos única y exclusivamente al control jurisdiccional."[39]

Es así que puede afirmarse, como consecuencia de lo expuesto con anterioridad, que para la celebración válida de un contrato entre un Ayuntamiento y una empresa cualquiera, que no se enmarque dentro de la excepción taxativamente señalada en el acápite 128.3.d) de la Constitución, no se amerita de ningún acto de validación o ratificación por parte de la denominada Dirección General de Contrataciones Públicas (DGCP), ni de ningún otro órgano o ente del entramado institucional que conforma la Administración Pública Nacional. Esto último por una razón muy sencilla: la DGCP no es sino un "órgano desconcentrado" del Ministerio de Hacienda de la República Dominicana, otro órgano del Poder Ejecutivo, por lo que, de requerirse una validación en ese tenor, se vulneraría plenamente la garantía constitucional de la autonomía municipal. No se trata, por ende, de un "órgano constitucional del Estado", de naturaleza extrapoder, como lo sería, por ejemplo, la Cámara de Cuentas, la cual sí tiene, en cambio, la prerrogativa constitucional de auditar a todos los poderes públicos —mas no de controlar en la forma planteada para la jurisdicción contencioso-administrativa—, cualquiera que fuese su denominación o naturaleza jurídica, tal y como lo estableció el Tribunal Constitucional en la citada sentencia N° 305/14.

La DGCP no tiene competencia para validar o anular ningún acto administrativo (adjudicación, por ejemplo) referido a una contratación pública realizada por un Ayuntamiento. Ello conllevaría llevarse de encuentro la Constitución, la Ley Orgánica de la Administración Pública (LOAP) y la Ley N° 176-07. Esto es, además del texto constitucional ya citado con anterioridad —nos referimos al artículo 199 de la Constitución—,

39 HERNANDEZ MENDIBLE, Víctor Rafael, *ob. cit.*, p. 247

los principios de juridicidad y competencia, consagrados en los artículos 12.2 y 12.14 de la LOAP, sin desmedro de lo previsto en el artículo 46 de ésta, invalidan absolutamente cualquier intento de "vaciar de contenido" la autonomía municipal, en tanto que garantía constitucional. Esto a pesar de que la Ley 340-06 incluya dentro de su ámbito de aplicación a los ayuntamientos y demás entes locales, puesto que (i) dicha legislación fue derogada tácitamente por la Ley 176-07, específicamente en lo concerniente al control de legalidad, y por la LOAP (Ley 247-12), y (ii) la misma devino en inconstitucional ("inconstitucionalidad sobrevenida") con la aprobación y puesta en vigencia de la Constitución del 26 de enero del 2010 y el reconocimiento expreso en ésta de la autonomía municipal. Naturalmente, lo anterior no quiere decir que los Ayuntamientos no se rijan en todo lo demás por la Ley 340-06, sino que la exigibilidad y control de la legalidad o juridicidad de sus actuaciones en este ámbito, corresponderá a la jurisdicción contencioso administrativa en la forma prevista por la Constitución y la Ley. Y es que no existen en la Administración, como ya ha sido acuñado mayoritariamente por la doctrina *iuspublicista*, "zonas exentas del control de juridicidad".

6.2.- De las "entidades instrumentales" a la "Administración empresaria": organismos autónomos, empresas públicas y sociedades comerciales con participación estatal.

La teoría organizativa-administrativa reconoce la existencia de entidades desvinculadas jerárquica y funcionalmente de la Administración Central; se trata de las llamadas "entidades instrumentales" (SÁNCHEZ MORÓN), tipología que engloba los ya conocidos "organismos autónomos", pero que no se limita solamente a estos. Lo anterior puesto que en el desarrollo de la organización administrativa —campo fuertemente influenciado por el tipo de intervención del Estado en la economía—, surgen otras entidades, con características muy particulares, en cuya forma de actuación se resalta su cercanía a los objetivos de una actividad de tipo "empresarial" —pueden constituirse en entes públicos o privados—, sobre todo de cara al ejercicio de sus potestades y competencias. Se habla así de dos tipologías, principalmente identificadas en la legislación, que, si bien no son enteramente innominadas en el ordenamiento, constituyen manifestaciones organizativas desconocidas en su esencia. Me refiero, por un lado, a las "empresas públicas", y, por el otro, a las calificadas "sociedades comerciales con participación estatal".

En palabras de SÁNCHEZ MORÓN: "...junto a las Administraciones territoriales y en buena medida por separación de éstas, el legislador crea o permite a los propios Gobiernos y Administraciones públicas crear entes con personalidad jurídica propia, a los que se encomiendan funciones o tareas específicas de entre las que asume la Administración o —más allá— el sector público en su conjunto. Este fenómeno de diversificación de las estructuras administrativas mediante la creación de entes no es nuevo, pero en nuestro tiempo está alcanzando dimensiones desconocidas y da lugar a un conjunto variopinto de entidades, que es el que ahora vamos a examinar bajo el denominador común de entidades instrumentales."[40]

Un adecuado punto de partida, para una mejor delimitación de la cuestión, implicaría responder primeramente lo siguiente: ¿qué son los "organismos autónomos"? La doctrina es conteste en definirlos como aquellas personificaciones administrativas instrumen-

---

40 SANCHEZ MORON, Miguel, *ob. cit.*, p. 399.

tales —según expresa SANTAMARÍA PASTOR— a las que se confía la realización de funciones de intervención, promoción y prestación de servicios en régimen no empresarial y, por tanto, con sujeción al Derecho Administrativo. Los organismos autónomos están destinados a realizar actividades de orden netamente administrativo; ello será de su esencia: la prestación o realización de una función administrativa[41]. Su régimen será, en principio, el de derecho público, tal y como lo establece la LOAP en su artículo 42[42].

Sin embargo, ¿qué pasa con aquellas entidades denominadas "empresas públicas"? Este es un concepto plasmado ya en numerosas ocasiones en el ordenamiento jurídico y que fuera obviado —aunque tantas veces citado— en la LOAP. Una prueba de lo anterior: la Ley 340-06, que hace mención de las denominadas "empresas públicas no financieras y financieras" como entes obligados al cumplimiento del régimen de contratación pública, según lo dispone el numeral 5) del artículo 2 de la Ley[43]. Al efecto, el párrafo III de dicho artículo expresa que *"...las empresas públicas no financieras, las instituciones descentralizadas y autónomas financieras y las empresas públicas financieras deberán aplicar las disposiciones de la presente ley."*

La Ley 340-06 no define por supuesto el concepto de "empresa pública", siendo necesario precisarlo doctrinalmente; y ello, vale decir, no ha sido ni será tarea fácil: se trata de un concepto nuevo y distinto a las llamadas "sociedades comerciales con capital público total o parcial" cuyo origen —el de la "empresa pública"— se remonta a las transformaciones administrativas acaecidas a finales del siglo XIX, específicamente a partir de la *"descentralización estatal mediante establecimientos públicos",* como alternativa a la descentralización territorial (reingeniería administrativa francesa en la gestión de los servicios públicos). Esto último se enmarca también en el fenómeno de la *"huida del Derecho Administrativo"* (más reciente), acorde con la terminología acuñada en su momento por el jurista español Gaspar ARIÑO ORTIZ. Veamos, en ese orden, lo planteado por SÁNCHEZ MORÓN, quien destaca las diferencias conceptuales entre los "organismos autónomos" y las llamadas "empresas públicas": "A diferencia de los organismos autónomos, estas entidades gestionan servicios o producen bienes de interés público susceptibles de contraprestación (...) Este criterio de diferenciación no siempre es claro, puesto que también los organismos autónomos pueden ser autorizados a obtener ingresos propios (mediante precios públicos, por ejemplo) por las actividades que realicen (...) Pero lo que se quiere decir es que la actividad de aquellas entidades tiene, como su pro-

41 De acuerdo a la definición dada en el artículo 2 de la LOAP, la "función administrativa" comprende "toda misión, competencia o actividad de interés general, otorgada conforme al principio de juridicidad para regular, diseñar, aprobar, ejecutar, fiscalizar, evaluar y controlar políticas públicas o suministrar servicios públicos, aunque éstos tengan una finalidad industrial o comercial y siempre que no asuman un carácter legislativo o jurisdiccional."

42 "*Artículo 42.*- Régimen de derecho público. Salvo que la ley establezca lo contrario, los organismos descentralizados funcionalmente estarán regidos por el derecho público. La personalidad de derecho público es incompatible con una actividad lucrativa industrial o comercial, salvo que la ley autorice su ejercicio a título accesorio y complementario de la misión principal. En tal caso, la actividad permanecerá regida por el derecho público."

43 El artículo 2 de la Ley N° 340-06, sobre Compras y Contrataciones de Bienes, Servicios, Obras y Concesiones (en lo adelante Ley de Contrataciones), modificada por la Ley N° 449-06, establece que *"están sujetos a las regulaciones previstas en esta ley y sus reglamentos, los organismos del sector público que integran los siguientes agregados institucionales: (...) 5) Las empresas públicas no financieras y financieras."*

pio nombre indica, una naturaleza y finalidad más empresarial, que a veces parece obvia (...) y otras no tanto (...)."[44]

En términos más concretos se expresa BLANQUER CRIADO, al decir, en torno a la *entidad pública empresarial* —otra denominación doctrinal de las "empresas públicas"—, lo siguiente: "(...) es una personificación hibrida, que cuando ejerce potestades administrativas se sujeta al Derecho Administrativo, y en lo demás por el Derecho Privado (...) El Organismo Autónomo, la Agencia y la Entidad Pública Empresarial son titulares de potestades administrativas y tienen en la financiación su principal rasgo diferencial. La regla general es que la Entidad Pública Empresarial la financian los usuarios de los servicios que presta o los consumidores de los productos que elabora o comercializa (...) En cuanto a las actividades administrativas que desarrollan, las Entidades Públicas Empresariales se ocupan de la producción de bienes de interés público susceptibles de contraprestación, y de la prestación de servicios a cambio del pago de una tasa o tarifa (...)."[45] En cuanto a su estatuto jurídico, BLANQUER expresa: "...son un hibrido que está a mitad de camino entre una Sociedad mercantil (pues compiten en el mercado), y un Organismo Autónomo (porque están investidas de potestades exorbitantes) (...).[46]

Las "empresas públicas" constituyen una realidad en la organización administrativa dominicana; ejemplo de ello lo son, específicamente en el aérea eléctrica —que es donde mayor vigencia han tenido—, la Empresa de Transmisión Dominicana (ETED) y la Empresa de Generación Hidroeléctrica Dominicana (EGEHID). Otros modelos son el Consejo Estatal del Azúcar (CEA) y la Autoridad Portuaria Dominicana (APORDOM). Las "empresas públicas" se erigen entonces como personificaciones descentralizadas funcionalmente, al igual que los "organismos autónomos", cuyo funcionamiento se basa en criterios "empresariales", pero que conservan las potestades propias de las Administraciones.

Otras entidades, en cambio, no podrían considerarse como "empresas públicas", puesto que no reúnen las características de un "organismo autónomo": no ejercen ni ostentan potestades administrativas (no dictan actos administrativos y, por consiguiente, no gozan de los privilegios o prerrogativas comunes de los entes públicos: "autotutela", "inembargabilidad", "jurisdicción especial", entre otros). Se trata de las llamadas "sociedades comerciales con capital público", también denominadas "sociedades comerciales con participación estatal", cuya existencia fue reconocida en las letras "c", "d" y "e" del artículo 1 de la Ley General de Acceso a la Información Pública, así como en otras legislaciones. Un ejemplo de ello: el Banco de Reservas (BANRESERVAS)[47]. Dicha entidad

---

44 SÁNCHEZ MORÓN, Miguel, *ob. cit.*, p. 405

45 BLANQUER CRIADO, David. (2013). *Curso de Derecho Administrativo*. Tomo I, Valencia, Tirant Lo Blanch, p. 181-182

46 *Ibid.*, p. 196

47 La Ley N° 6133, de fecha 17 de diciembre de 1962, Ley Orgánica del Banco de Reservas, establece que éste constituye *"una entidad autónoma del Estado, con patrimonio propio, investido de personalidad jurídica, con facultad para contratar y demandar en su propio nombre y derecho. Asimismo, podrá ser demandado, y tendrá, además, las facultades que en esta ley le son concedidas."* (art. 2). Sin embargo, el régimen normativo impuesto por la Ley Monetaria y Financiera establece que las entidades de intermediación financiera, sin excepción, se organizarán como sociedades de comercio; en ese tenor, el artículo 38, literal a), establece que *"los Bancos Múltiples y las Entidades de Crédito se constituirán necesariamente en forma de compañías por acciones que se regirán por las disposiciones de esta Ley y sus Reglamentos (...).* Se trata de una derogación tácita de lo dispuesto en la Ley N° 6133, al entrar en vi-

no realiza acciones que constituyan propiamente una "función administrativa", no obstante la intermediación financiera sea una actividad privada bajo un régimen de autorización previa y regulación dada su relación con el interés general. Su objeto, más bien, es netamente de tipo comercial y, por ende, lucrativo (intermediación financiera), que no involucra *per se* la realización, como se ha dicho, de una función administrativa o la prestación de un servicio público. Del mismo modo, esta entidad no tiene ni puede ejercer potestades administrativas (ejecutoria, sancionadora, etc.). Y, finalmente, la impugnación de sus actuaciones, durante el desarrollo de su actividad comercial, es de la competencia de la jurisdicción ordinaria; esto por el régimen jurídico que le rige. Los últimos dos elementos encajan a la perfección en las denominadas "empresas de distribución de electricidad", las "EDE´s" (EDENORTE, EDESUR y EDEESTE).

Las sociedades comerciales con participación estatal no pueden encasillarse en ninguno de las categorías previstas por la Ley 340-06. Esto puesto que las sociedades comerciales con capital público no se rigen por el derecho público; su régimen, por el contrario, es netamente privado. Así lo sostiene la doctrina: "(...) como regla general, las sociedades del sector público se rigen por el Derecho privado, tanto en lo relativo a su organización como a su actividad. No solo eso, sino que están sometidas a las reglas del derecho de la competencia, al igual que las empresas privadas, ya que su condición de públicas no puede suponerles ventajas ilícitas ni comportar discriminación para otras empresas."[48]

Lo anterior no conlleva decir que en lo relativo a las contrataciones y a otros aspectos este tipo de entidades estén exentas de control. La Ley N° 10-04, que regula el funcionamiento de la Cámara de Cuentas, "órgano constitucional del Estado" y de naturaleza "extrapoder", establece que las "sociedades o empresas cuyo capital esté integrado, aunque sea parcialmente, por aportes del Estado, los municipios o las instituciones autónomas" (art. 1) están regidas por ésta y, por ende, estarán sometidas al ámbito del "control externo" ejercido por la Cámara de Cuentas, según el alcance contemplado en el artículo 248 de la Constitución. Por igual, ciertas decisiones de los entes u órganos que forman parte de los órganos societarios de las compañías de capital público pueden ser objeto de control. Esto es, la voluntad expuesta por un funcionario en un órgano societario constituye, en determinados supuestos —sobre todo en casos de decisiones societarias trascendentales—, la expresión de un mandato emanado de la Administración que tiene a su cargo la representación del Estado en dicha sociedad comercial. Y esto último puede constituirse en una "actuación administrativa separable", por tanto impugnable en sede jurisdiccional. Así lo expresa la doctrina: "Ante todo, la constitución y disolución de estas sociedades, su fusión, transformación o escisión, la adquisición y enajenación de participaciones en las mismas e inclusive la determinación de su objeto social son objeto de decisiones adoptadas por las Administraciones de que dependen, decisiones que constituyen actos administrativos separables del propio negocio jurídico societario (escritura de constitución o suscripción o venta de participaciones, etc.) y de la actividad social. Tales actos administrativos deben adoptarse por el órgano competente (…) En conse-

gencia la Ley Monetaria y Financiera. La naturaleza jurídica del Banco de Reservas es, por tanto, la de una sociedad comercial, específicamente una sociedad anónima con capital público, que funge como una "entidad pública de intermediación financiera" (art. 73, Ley 183-02).

48 GARCIA GOMEZ DE MERCADO, Francisco. (2004). *Manual de Contratación y Responsabilidad de la Administración*. Granada, editorial Comares, 1era. ed., p. 421.

cuencia, dichos actos son impugnables ante la Jurisdicción Contencioso-Administrativa."[49]

El entendimiento de estas "categorías" de la organización administrativa resulta de una relevancia incuestionable. Ello fundamentalmente por dos razones: (i) el régimen jurídico aplicable a estos entes, el cual, como se ha visto, depende de la delimitación de uno u otro. De tratarse de una "empresa pública", que no es sino una entidad estatal, se aplicarán múltiples normativas atinentes al ámbito de lo público (contrataciones públicas, crédito público, planificación e inversión, etc.); y (ii) el régimen de control administrativo y jurisdiccional, que bien pudiera ser una consecuencia de lo anterior, según sea el tipo de control. De ahí la importancia de su estudio a partir de las reglas y principios del Derecho Administrativo.

---

49 SANCHEZ MORON, Miguel, *ob. cit.*, p. 421.

ÍNDICE GENERAL

2. NOVAS DIMENSÕES DO DIREITO DOS CONTRATOS PÚBLICOS

Mário Aroso de Almeida

3. LA CONTRATACIÓN PÚBLICA EN LOS SISTEMAS MIXTOS. UNA VALORACIÓN A PARTIR DE LA COMPARACIÓN ENTRE LOS REGÍMENES MEXICANO Y CANADIENSE

Luis José Béjar Rivera

4. INFLUENCIA INTERNACIONAL EN LA CONTRATACIÓN PÚBLICA

José Luis Benavides

5. APUNTES SOBRE LA INCIDENCIA DE LOS TICS EN LA DINÁMICA DE LAS DIFERENTES ADMINISTRACIONES PÚBLICAS DENTRO DEL ESTADO PERUANO

Eloy Espinosa–Saldaña Barrera

6. "RETOS DE LA CONTRATACIÓN PÚBLICA PANAMEÑA ANTE EL ESCENARIO GLOBAL, EN LAS DIFERENTES ETAPAS DEL PROCESO LICITATORIO"

Carlos Gasnell Acuña

7. OPEN GOVERNMENT: CONSUSTANCIAL CON EL SISTEMA DEMOCRÁTICO Y REPUBLICANO DE GOBIERNO, ASÍ COMO CON EL ESTADO SOCIAL Y CONSTITUCIONAL DE DERECHO

Marco Aurelio González Maldonado

8 EL CONTRATO PÚBLICO COMO UNIDAD

José Luis Meilán Gil

9 LAS RELACIONES ENTRE EL ACUERDO MUNDIAL SOBRE CONTRATACIÓN PÚBLICA Y LAS DIRECTIVAS DE LA UNIÓN EUROPEA. HACIA EL DERECHO GLOBAL DE LOS CONTRATOS ADMINISTRATIVOS

José Antonio Moreno Molina

10. LA CONTRATACIÓN PÚBLICA EN LOS AMBIENTES DE GLOBALIZACIÓN

Armando Rodríguez García

11 EL GOBIERNO DIGITAL Y LA FIRMA ELECTRÓNICA

Jorge Enrique Romero Pérez

12. LA CONTRATACIÓN PÚBLICA Y SU APERTURA A LA GLOBALIZACIÓN

José Mario Serrate Paz

13. LOS MECANISMO DE PREVENCIÓN CONTRA LA CORRUPCIÓN EN LA CONTRATACIÓN PÚBLICA EN HONDURAS

Héctor Martín Cerrato

15 PLANIFICACIÓN DE LA CONTRATACIÓN PÚBLICA

Carlos E. Delpiazzo

16. LAS ALIANZAS PÚBLICO PRIVADA COMO MECANISMO ALTERNATIVO EN LA PLANIFICACIÓN Y FINANCIACIÓN DE PROYECTOS PÚBLICOS EN REPÚBLICA DOMINICANA

Rafael R. Dickson Morales

17. POLÍTICA Y ECONÓMICA Y CONTRATACIONES PÚBLICAS

Ismael Mata

18. LOS CONTRATOS PÚBLICOS "INCOMPLETOS" Y LOS DE "LARGA DURACIÓN" EN SERVICIOS PÚBLICOS

Alejandro Pérez Hualde

21. LA PREVENCIÓN DE LA CORRUPCIÓN Y LA CONTRATACIÓN PÚBLICA

Víctor Rafael Hernández–Mendible

22. EL COMBATE A LA CORRUPCIÓN EN LAS CONTRATACIONES PÚBLICAS

Alejandro Orrico Gálvez

23. EL FOMENTO DE LAS MEDIDAS DE AUTORREGULACIÓN DE LA CONDUCTA DE LOS CONTRATISTAS DEL ESTADO: Un importante avance

Juan Carlos Morón Urbina

26. EL MANTENIMIENTO Y CONSERVACIÓN EN EL PROCEDIMIENTO DE CONTRATACIÓN Y EL "CICLO DE VIDA" COMO CRITERIO DE ADJUDICACIÓN DEL CONTRATO Y GARANTÍA DE LOS DERECHOS FUNDAMENTALES.

Almudena Fernández Carballal

27. LAS DIMENSIONES SOCIAL Y ÉTICA DE LOS CONTRATOS PÚBLICOS

Mirian M. Ivanega

28. LA CONTRATACIÓN PÚBLICA SUSTENTABLE

Ernesto Jinesta Lobo

29 LA CONTRATACIÓN PÚBLICA COMO INSTRUMENTO DE POLÍTICAS DE PRODUCCIÓN Y CONSUMO SOSTENIBLES

Juan Manuel Otero Varela

30. SUSTENTABILIDAD DE LOS CONTRATOS PÚBLICOS CON ESPECIAL REFERENCIA AL URUGUAY

Felipe Rotondo

31. BASES Y RETOS DE LA CONTRATACIÓN PÚBLICA EN EL ESCENARIO GLOBAL

Un vigoroso impulso de la Contratación Pública Verde en la Directivas Comunitarias se 2014.

Francisco Javier Sanz Larruga

32. EL CONTRATO NORMADO COMO INSTRUMENTO DEL ESTADO REGULADOR. LA CONTRATACIÓN COMO ELEMENTO DE ARTICULACIÓN DEL SECTOR ELÉCTRICO.

Carlos A. Villanueva Martínez

33. LA CONTRATACIÓN PÚBLICA EN GUATEMALA

Hugo Haroldo Calderón Morales

34 ¿ES POSIBLE ESTABLECER LA JERARQUÍA EN LOS PRINCIPIOS DE LA CONTRATACIÓN PÚBLICA?

Germán Cisneros Farías

35. LOS PRINCIPIOS GENERALES DE LA CONTRATACIÓN PÚBLICA EN LOS CONTRATOS PARCIALMENTE REGIDOS POR EL DERECHO PRIVADO

Pedro José Jorge Coviello

36. PRINCIPIOS RECTORES DE LA CONTRATACIÓN ADMINISTRATIVA INCIDENCIA EN LA EJECUCIÓN DE LOS CONTRATOS ADMINISTRATIVOS

Augusto Durán Martínez

37. EL PRINCIPIO DE LA BOA–FE OBJETIVA Y EL CONTRATO ADMINISTRATIVO

Silvio Luís Ferreira Da Rocha

38. LOS PRINCIPIOS **GENERALES** DE LA CONTRATACIÓN PÚBLICA GLOBAL

(Especial referencia al Derecho Comunitario Europeo)

Jaime Rodríguez–Arana

39. LA CONTRATACIÓN PÚBLICA DESDE LA PERSPECTIVA DE LOS PRINCIPIOS

Libardo Rodríguez Rodríguez

40. IMPORTANCIA DE LOS PRINCIPIOS GENERALES DE DERECHO EN LA CONTRATACIÓN PÚBLICA

Graciela Ruocco

41. LAS FUNCIONES INFORMADORA, INTERPRETATIVA E INTEGRADORA DE LOS PRINCIPIOS SUPRALEGALES, EN LA CONTRATACIÓN PÚBLICA

Rodrigo Salazar Muñoz

42. LA RESERVA DE LA INFORMACIÓN EN MATERIA DE CONTRATACIÓN PÚBLICA.

Guillermo A. Tenorio Cueto

43. SOBRE LA "PUBLICATIO" EN EL RÉGIMEN DE LA CONTRATACIÓN ADMINISTRATIVA: LAS NOCIONES DE "ACTIVIDADES RESERVAS AL ESTADO," "UTILIDAD PÚBLICA," "INTERÉS SOCIAL," "SERVICIO PÚBLICO," "DOMINIO PÚBLICO" Y "ORDEN PÚBLICO"

Allan R Brewer-Carías

44. LA CLÁUSULA EXORBITANTE EN LOS SISTEMAS DE CONTRATACIÓN PÚBLICA

José Araujo–Juárez

45. EL CONTROL JURÍDICO DE LOS CONTRATOS PÚBLICOS EN CHILE

Gladys Camacho Cépeda

46. SOLUCIÓN DE CONTROVERSIAS EN LA CONTRATACIÓN PÚBLICA SALVADOREÑA

Miguel Ángel Cardoza Ayala

47. LAS POTESTADES Y DERECHOS EN LA CONTRATACIÓN PÚBLICA

Juan Carlos Cassagne

48. CONTRATOS PÚBLICOS Y CONCURSO DE ACREEDORES EN DERECHO ESPAÑOL

Iñigo del Guayo Castiella

49. LAS POTESTADES EXCEPCIONALES EN LOS CONTRATOS DEL ESTADO: UN MECANISMO DE BUENA ADMINISTRACIÓN PÚBLICA

Ciro Nolberto Güechá Medina

50. LA SOLUCIÓN DE CONTROVERSIAS EN LA CONTRATACIÓN PÚBLICA Y EL ARBITRAJE INTERNACIONAL DE INVERSIONES

Una perspectiva desde el derecho venezolano

José Ignacio Hernández G.

51. ACCIONES JUDICIALES PARA IMPUGNAR ACTUACIONES Y ACTOS DERIVADOS DE PROCEDIMIENTOS DE CONTRATACIÓN PÚBLICA.

Problemas actuales y propuestas para México

Miguel Alejandro López Olvera

52. LAS MODIFICACIONES A LA LEY DE CONTRATACIONES DEL ESTADO Y LAS REFORMAS AL RÉGIMEN DE SOLUCIÓN DE CONTROVERSIAS: LA EXPERIENCIA PERUANA EN MATERIA DE ARBITRAJE EN CONTRATACIÓN PÚBLICA

Richard J. Martin Tirado

53. EL CONTRATO DE ASOCIO PÚBLICO Y PRIVADO: APROXIMACIONES CONCEPTUALES

Henry Alexander Mejía

54. LA RESCISIÓN POR RAZONES DE INTERÉS PÚBLICO DE CONTRATOS DE PARTICIPACIÓN PÚBLICO–PRIVADA EN EL DERECHO ARGENTINO

Pablo Esteban Perrino

55. CONTRATACIÓN PÚBLICA: DEBERES Y DERECHOS CIUDADANOS

Carlos R. Ríos Gautier

56. LA INTERPRETACIÓN DE LOS CONTRATOS DE LA ADMINISTRACIÓN

Cristina Vázquez

57. APUNTES EN TORNO AL RECURSO ESPECIAL EN SEDE ADMINISTRATIVA EN MATERIA CONTRATACIÓN PÚBLICA

Manuel Fermín Cabral

www.ingramcontent.com/pod-product-compliance
Lightning Source LLC
LaVergne TN
LVHW080059011026
849160LV00013B/986
9789803654023